수사실무총서 등대지기 Ⅲ

형사특별법
수사실무총서

박 태 곤 편저

법 문 북 스

공소시효의 계산법

(형사소송법 제249조)

구 분	2007. 12. 20. 까지	2007. 12. 21. 부터
사 형	15	25
무 기	10	15
장기10년 이상의 징역금고	7	10
장기10년 미만의 징역금고	5	7
장기5년 미만의 징역금고, 장기10년 이상의 자격정지, 1만원 이상 벌금	3	
장기5년 미만의 징역금고, 장기10년 이상의 자격정지, 벌금		5
장기5년 이상의 자격정지	2	3
장기5년 미만의 자격정지, 구류, 과료, 몰수, 1만원 미만 벌금	1	
장기5년 미만의 자격정지, 구류, 과료, 몰수		1
사람을 살해한 범죄(종범 제외)로 사형 해당 범죄, 13세미만자 및 신체 또는 정신장애자 상대 강간·추행, 준강간·추행, 강간상해·치상	공소시효의 적용 배제	

◆ 개정법(2007. 12. 21.) 시행 전에 범한 죄에 대하여는 종전의 규정 적용
◆ 사건접수 일자 기준이 아니고 범죄 발생일시 기준

● 2024년 개정판을 펴내며

명심보감의 '治政篇(치정편)'에

『관직에 있는 자는 반드시 심하게 성내는 것을 경계하라. 일에 옳지 않음이 있거든 마땅히 자상하게 처리하면 반드시 맞아들지 않는 것이 없으려니와 만약 성내기부터 먼저 한다면 오직 자신을 해롭게 할 뿐이니라. 어찌 남을 해롭게 할 수 있으리오.』

우리 수사경찰관이 반드시 지켜야 할 대목이라 생각하여 인용하였습니다.

『형사특별법 수사실무총서』의 개정판의 특징은 다음과 같습니다.

첫째, 2023. 12. 31. 공포 기준으로 판례와 개정된 법을 반영하였다.

둘째, 문화재보호법이 문화유산의 보존 및 활용에 관한 법률로 법명 변경, 고의로 소음을 발생시킨 행위가 스토킹범죄에 해당한다는 대법원 판례 등 최근 쟁점이 된 법률과 대법원 판례를 추가 반영하였다.

셋째, 범죄사실의 내용도 시대의 변화에 따라 일부 새로운 형태로 추가하였다.

앞으로도 본 저서가 수사관들의 영원한 등대지기가 되도록 꾸준히 연구하고 새로운 정보와 지식을 반영하여 수사관들의 직무수행에 보답하도록 하겠습니다.

끝으로 본 실무총서 개정판이 출판되도록 도움을 준 경찰 후배이자 사위인 서울경찰청에서 근무하고 있는 유경일 경감에게 앞으로도 계속 도와 달라는 부탁과 함께 고맙다는 말을 표하고자 합니다.

2024년 1월

저자 **박 태 곤**

● 책을 펴내며

정약용의 『목민심서』 '형전육조(刑典六條)'에 "송사 판결의 근본은 오로지 문서에 달려 있으니 그 속에 감추어진 간사한 것을 들추고 숨겨져 있는 사특한 것을 밝혀내야 하는데 그것은 오직 현명한 사람만이 할 수 있는 것이다."라는 내용이 있다.

최첨단 과학 수사기법이 발달한 현대에도, 현명한 수사경찰이 되기 위해 좌우명으로 삼아야 하지 않을까 하는 대목이라 생각하여 인용하였다. 또한, 우리 수사경찰관들이 수사서류를 작성하면서 항상 염두에 두어야 할 것이다. 수사서류 작성은 그만큼 중요하다. 수사관 개인이 작성한 서류가 검사의 공소제기 자료가 되고 나아가 공판에서의 중요한 자료로도 사용되기 때문이다.
『수사실무총서 등대지기』는 이런 점을 전제로 집필하였음을 밝힌다.

2003년 처음 『수사경찰의 등대지기』라는 이름으로 수사실무전서가 출간된 후 많은 독자의 관심과 후원으로 해를 거듭하면서 몇 차례 변화했으나 급변하는 상황 속에서 지나간 내용만으로 수사실무서로의 역할을 다할 수 없게 되었다.
또한, 수없이 생산되고 있는 판례와 특별법의 잦은 제정, 개정 등 많은 내용 변화를 간과할 수 없어 부득이 지면을 늘릴 수밖에 없었다.
그래서 수사실무총서 『수사서류 작성과 요령』, 『형법』, 『형사특별법』으로 분권하였다.

『형사특별법 수사실무총서』의 특징은 다음과 같다.
첫째, 중요 특별법 총 171개의 법률을 엄선하여 2018년 1월 31일 기준으로 판례와 법을 정리하였다.

둘째, 각종 특별법을 이해하기 위해서는 먼저 그 법에 나온 중요 용어정리가 중요할 것이다. 그래서 이 점을 감안하여 먼저 용어의 정의를 정리하고 다음으로 벌칙을 정리하였다.

셋째, 특별법에 여러 가지 특칙이 있는 사항에 대해서도 모두 정리하였다. 예를 들어 수사의 전속권, 적용의 범위, 다른 법률과의 관계 등 각종 특칙을 빠짐없이 정리하여 법 적용에 혼선을 예방하였다.

넷째, 주요 상용조항에 대한 범죄사실과 그에 따른 피의자 신문사항 및 해당 판례를 연속 선상에 정리하여 이해에 도움을 주었으며 죄명별로 관련 법조문과 공소시효도 정리하였다.

다섯째, 특별법과 다른 특별법과의 관계도 정리하여 여러 특별법이 경합될 경우 어느 특별법을 적용해야 하는지 여부를 판단할 수 있도록 정리하여 법률의율에 착오를 일으키지 않도록 하였다.

등대는 밤에 뱃길의 위험한 곳을 비추거나 목표로 삼기 위해 등불을 켜놓은 것이다. 이번에 개편되는 "수사실무총서 등대지기" 시리즈는 수사경찰의 업무 수행과 관련하여 잘못된 법률 적용을 올바르게 비추어 주고 실체적 진실발견을 최종목표로 하는 우리 수사경찰의 지침서가 될 수 있도록 하였다.

앞으로도 「수사실무총서 등대지기」가 수험생은 물론 일선에서 활약하는 수사관들에게 좋은 참고서가 되고 올바른 지침서가 되도록 노력하겠다. 많은 관심과 격려를 부탁드린다.

끝으로 「수사실무총서 등대지기」가 새롭게 출판되도록 도와주신 법문북스 김현호 사장님을 비롯한 임직원들에게 감사의 말씀을 전한다.

2018년 2월

저자 朴 泰 坤

Contents

【ㄱ】

【ㄴ】

【ㄷ】

【ㅁ】

【ㅂ】

【ㅅ】

【ㅇ】

【ㅈ】

【 ㅊ 】

【ㅌ】

【ㅍ】

【ㅎ】

【 부 록 】

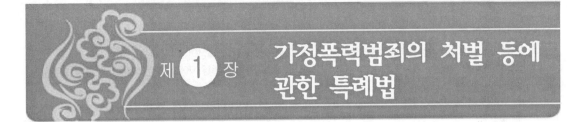

제 **1** 장 가정폭력범죄의 처벌 등에 관한 특례법

Ⅰ. 개념정의 및 다른 법률과의 관계

1. 정 의

제2조(정의) 이 법에서 사용하는 용어의 뜻은 다음과 같다.
1. "가정폭력"이란 가정구성원 사이의 신체적, 정신적 또는 재산상 피해를 수반하는 행위를 말한다.
2. "가정구성원"이란 다음 각 목의 어느 하나에 해당하는 사람을 말한다.
　가. 배우자(사실상 혼인관계에 있는 사람을 포함한다. 이하 같다) 또는 배우자였던 사람
　나. 자기 또는 배우자와 직계존비속관계(사실상의 양친자관계를 포함한다. 이하 같다)에 있거나 있었던 사람
　다. 계부모와 자녀의 관계 또는 적모(嫡母)와 서자(庶子)의 관계에 있거나 있었던 사람
　라. 동거하는 친족
3. "가정폭력범죄"란 가정폭력으로서 다음 각 목의 어느 하나에 해당하는 죄를 말한다.
　가. 「형법」제2편제25장 상해와 폭행의 죄 중 제257조(상해, 존속상해), 제258조(중상해, 존속중상해), 제258조의2(특수상해), 제260조(폭행, 존속폭행)제1항·제2항, 제261조(특수폭행) 및 제264조(상습범)의 죄
　나. 「형법」제2편제28장 유기와 학대의 죄 중 제271조(유기, 존속유기)제1항·제2항, 제272조(영아유기), 제273조(학대, 존속학대) 및 제274조(아동혹사)의 죄
　다. 「형법」제2편제29장 체포와 감금의 죄 중 제276조(체포, 감금, 존속체포, 존속감금),제277조(중체포, 중감금, 존속중체포, 존속중감금), 제278조(특수체포, 특수감금), 제279조(상습범) 및 제280조(미수범)의 죄
　라. 「형법」제2편제30장 협박의 죄 중 제283조(협박, 존속협박)제1항·제2항, 제284조(특수협박), 제285조(상습범)(제283조의 죄에만 해당한다) 및 제286조(미수범)의 죄
　마. 「형법」제2편제32장 강간과 추행의 죄 중 제297조(강간), 제297조의2(유사강간), 제298조(강제추행), 제299조(준강간, 준강제추행), 제300조(미수범), 제301조(강간등 상해·치상), 제301조의2(강간등 살인·치사), 제302조(미성년자등에 대한 간음), 제305조(미성년자에 대한 간음, 추행), 제305조의2(상습범)(제297조, 제297조의2, 제298조부터 제300조까지의 죄에 한한다)의 죄
　바. 「형법」제2편제33장 명예에 관한 죄 중 제307조(명예훼손), 제308조(사자의 명예훼손), 제309조(출판물 등에 의한 명예훼손) 및 제311조(모욕)의 죄
　사. 「형법」제2편제36장 주거침입의 죄
　아. 「형법」제2편제37장 권리행사를 방해하는 죄 중 제324조(강요) 및 제324조의5(미수범)(제324조의 죄에만 해당한다)의 죄
　자. 「형법」제2편제39장 사기와 공갈의 죄 중 제350조(공갈), 제350조의2(특수공갈) 및 제352조(미수범)(제350조, 제350조의2의 죄에만 해당한다)의 죄
　차. 「형법」제2편제42장 손괴의 죄 중 제366조(재물손괴등) 및 제369조(특수손괴)제1항의 죄
　카. 「성폭력범죄의 처벌 등에 관한 특례법」제14조(카메라 등을 이용한 촬영) 및 제15조(미수범)(제14조의 죄에만 해당한다)의 죄
　타. 「정보통신망 이용촉진 및 정보보호 등에 관한 법률」제74조제1항제3호의 죄
　파. 가목부터 타목까지의 죄로서 다른 법률에 따라 가중처벌되는 죄
4. "가정폭력행위자"란 가정폭력범죄를 범한 사람 및 가정구성원인 공범을 말한다.
5. "피해자"란 가정폭력범죄로 인하여 직접적으로 피해를 입은 사람을 말한다.

6. "가정보호사건"이란 가정폭력범죄로 인하여 이 법에 따른 보호처분의 대상이 되는 사건을 말한다.

7. "보호처분"이란 법원이 가정보호사건에 대하여 심리를 거쳐 가정폭력행위자에게 하는 제40조에 따른 처분을 말한다.

7의2. "피해자보호명령사건"이란 가정폭력범죄로 인하여 제55조의2에 따른 피해자보호명령의 대상이 되는 사건을 말한다.

8. "아동"이란 「아동복지법」 제3조제1호에 따른 아동을 말한다.

2. 다른 법률과의 관계

제3조(다른 법률과의 관계) 가정폭력범죄에 대하여는 이 법을 우선 적용한다. 다만, 아동학대범죄에 대하여는 「아동학대범죄의 처벌 등에 관한 특례법」을 우선 적용한다.

II. 벌 칙

1. 피해자 보호명령 위반

1) 적용법조 : 제63조 제1항 제2호, 제55조의2 제1항 제2호 ☞ 공소시효 5년

제63조(보호처분 등의 불이행죄) ① 다음 각 호의 어느 하나에 해당하는 가정폭력행위자는 2년 이하의 징역 또는 2천만원 이하의 벌금 또는 구류(拘留)에 처한다.

1. 제40조제1항제1호부터 제3호까지의 어느 하나에 해당하는 보호처분이 확정된 후에 이를 이행하지 아니한 가정폭력행위자

2. 제55조의2에 따른 피해자보호명령 또는 제55조의4에 따른 임시보호명령을 받고 이를 이행하지 아니한 가정폭력행위자

② 정당한 사유 없이 제29조제1항제1호부터 제3호까지의 어느 하나에 해당하는 임시조치를 이행하지 아니한 가정폭력행위자는 1년 이하의 징역 또는 1천만원 이하의 벌금 또는 구류에 처한다.

③ 상습적으로 제1항 및 제2항의 죄를 범한 가정폭력행위자는 5년 이하의 징역이나 5천만원 이하의 벌금에 처한다.

④ 제3조의2제1항에 따라 이수명령을 부과받은 사람이 보호관찰소의 장 또는 교정시설의 장의 이수명령 이행에 관한 지시에 불응하여 「보호관찰 등에 관한 법률」 또는 「형의 집행 및 수용자의 처우에 관한 법률」에 따른 경고를 받은 후 재차 정당한 사유 없이 이수명령 이행에 관한 지시에 불응한 경우 다음 각 호에 따른다.

1. 벌금형과 병과된 경우에는 500만원 이하의 벌금에 처한다.

2. 징역형의 실형과 병과된 경우에는 1년 이하의 징역 또는 1천만원 이하의 벌금에 처한다.

제55조의2(피해자보호명령 등) ① 판사는 피해자의 보호를 위하여 필요하다고 인정하는 때에는 피해자, 그 법정대리인 또는 검사의 청구에 따라 결정으로 가정폭력행위자에게 다음 각 호의 어느 하나에 해당하는 피해자보호명령을 할 수 있다.

1. 피해자 또는 가정구성원의 주거 또는 점유하는 방실로부터의 퇴거 등 격리

2. 피해자 또는 가정구성원이나 그 주거ㆍ직장 등에서 100미터 이내의 접근금지

3. 피해자 또는 가정구성원에 대한 「전기통신사업법」 제2조제1호의 전기통신을 이용한 접근금지

4. 친권자인 가정폭력행위자의 피해자에 대한 친권행사의 제한

5. 가정폭력행위자의 피해자에 대한 면접교섭권행사의 제한

2) 범죄사실 기재례

[기재례1]

> 피의자는 20○○. ○. ○. '20○○. ○. ○.까지 피해자 갑의 주거 (주소지)에서 100m 이내의 접근금지" 및 "피해자 휴대전화(전화번호) 또는 이메일 주소로 유선, 무선, 광선 및 기타의 전자적 방식에 의하여 부호, 문언, 음향 또는 영상을 송출하지 아니할 것"을 내용으로 하는 피해자 보호명령을 받았다.
>
> 그럼에도 불구하고 피의자는 20○○. ○. ○. ○○:○○경 위 피해자의 주거지에 찾아가 문을 열라고 고함을 지르는 등 피해자의 주거에 접근하고, 같은 날 피해자의 휴대전화(전화번호)로 "추석에 제사상 엎어 버리는 건 좋은 일 같은데 "라는 문자메시지를 송신한 것을 비롯하여 그때부터 20○○. ○. ○.경까지 별지 범죄일람표 기재와 같이 ○○일간 약 ○○회에 걸쳐 피해자의 휴대전화기에 문자메시지를 송신하였다.
>
> 이로써 피의자는 법원의 피해자보호 명령을 위반하였다.

[기재례2]

> 피의자는 20○○. ○. ○. ○○지방법원에서 ○○죄 등으로 징역 6월에 집행유예 1년을 선고받고 20○○. ○. ○. 그 판결이 확정되었다. 피의자는 피해자 갑과 20○○. ○. ○.경부터 20○○. ○. ○. 경까지 동거하였던 사이이다.
>
> 피의자는 20○○. ○. ○. ○○지방법원에서 '1. 행위자에게 피해자 주거 및 직장에서 100미터 이내의 접근금지를 명한다. 2. 행위자에게 피해자의 핸드폰, 이메일주소, 유선, 무선, 광선 및 기타의 전자적 방식에 의하여 부호, 문언, 음향 또는 영상을 송신하지 아니할 것을 명한다.'라는 임시보호명령 결정을 받고, 20○○. ○. ○. 같은 법원에서 같은 내용의 피해자보호 명령 결정을 받은 바 있다.
>
> 그럼에도 불구하고 피의자는 20○○. ○. ○.경 위 갑의 주거지에 접근한 것을 비롯하여 20○○. ○. ○. 20:15경까지 ○○회에 걸쳐 메시지를 송신하여 임시보호명령을 위반하였고, 20○○. ○. ○. 11:00경 피해자 주거지에 접근하여 보호명령을 위반하였다.

[기재례3]

> 피의자는 20○○. ○. ○. ○○지방법원에서 가정폭력범죄의처벌등에관한특례법위반죄 등으로 징역 8월에 집행유예 2년을 선고받고 20○○. ○. ○. 그 판결이 확정되었다.
>
> 피의자는 피해자 을(여, 77세)과 부부 관계로서, 피의자는 20○○. ○. ○. ○○가정법원에서 '20○○처○○ 기타의 죄(피해자보호명령) 사건 결정시까지 피해자가 점유하는 방실에 대한 접근금지 명령'을 받았다.
>
> 피의자는 20○○. ○. ○. 21:00경부터 같은 날 22:30경까지 ○○에 있는 피의자의 주거지 내에서, 피해자 을과 피의자를 신고한 사건의 형사재판에서 집행유예 판결이 선고된 것에 대해 화가 나, 화장실을 가기 위해 자신의 방에서 나오는 피해자 을을 향해 지팡이를 수 회 휘두르며 "야 이 새끼야!"라고 욕설을 하여 피해자를 폭행하여 임시보호명령을 위반하였다.

3) 신문사항

- 피해자 갑과는 어떤 관계인가
- 언제 결혼하였는가
- 언제 무엇 때문에 이혼하였는가
- 현재 피해자와 같이 거주하고 있는가
- 피해자를 폭행하여 수사기관의 수사를 받은 일이 있는가
- 언제 어디에서 무엇 때문에 그랬는가
- 그에 대한 어떤 처벌을 받았는가
- 위 사건으로 법원 판사로부터 피해자보호 명령처분을 받은 사실이 있는가
- 언제 어떤 피해자보호 명령을 받았는가
- 판사의 보호명령 처분을 지켰는가
- 언제 어디에 있는 피해자 주거지를 찾아갔는가
- 무엇 때문에 찾아갔으며 찾아가서 어떤 행위를 하였는가
- 피해자 핸드폰 번호를 알고 있는가
- 피해자 핸드폰으로 문자메시지를 발송한 사실이 있는가
- 언제부터 언제까지 어떤 내용의 문자메시지를 발송하였는가
- 어떤 방법으로 보냈는가
   이때 피해자가 제출한 자료를 근거로 피의자가 피해자에게 발송한 문자메시지 내용을 보여 주며
- 이 내용이 피의자가 피해자에게 발송한 내용이 맞는가
- 판사의 보호명령 처분을 왜 지키지 않았는가

■ 판례 ■　　가정폭력범죄의 처벌 등에 관한 특례법상 피해자보호명령 및 임시보호명령 제도의 취지 / 같은 법 제55조의4 제2항에서 임시보호명령의 종기로 정한 '피해자보호명령의 결정 시'의 의미 및 결정 주문에서 종기를 제한하지 않은 임시보호명령이 가정폭력행위자에게 고지되어 효력이 발생한 후 적법한 피해자보호명령이 가정폭력행위자에게 고지되어 효력이 발생할 때까지의 사이에 가정폭력행위자가 임시보호명령에서 금지를 명한 행위를 한 경우, 임시보호명령 위반으로 인한 같은 법 위반죄가 성립하는지 여부(적극) / 같은 법 제63조 제1항 제2호에서 정한 '피해자보호명령을 받고 이를 이행하지 아니한 가정폭력행위자'의 의미 및 항고심에서 절차적 사유로 취소된 피해자보호명령에서 금지를 명한 행위를 한 경우, 피해자보호명령 위반으로 인한 같은 법 위반죄가 성립하는지 여부(적극)

가정폭력범죄의 처벌 등에 관한 특례법(이하 '가정폭력처벌법'이라 한다)은 종래 가정폭력범죄(제2조 제3호)에 대해서 검사가 가정보호사건으로 처리하고 관할 법원에 송치하거나(제11조) 법원이 가정폭력행위자에 대한 피고사건을 심리한 결과 관할 법원에 송치한 사건(제12조)을 전제로 판사가 심리를 거쳐 하는 보호처분(제40조 제1항)만을 규정하고 있었다. 그러나 2011. 7. 25. 법률

제10921호로 도입된 피해자보호명령 제도는 피해자가 가정폭력행위자와 시간적·공간적으로 밀착되어 즉시 조치를 취하지 않으면 피해자에게 회복할 수 없는 피해를 입힐 가능성이 있을 때 수사기관과 소추기관을 거치지 않고 스스로 안전과 보호를 위하여 직접 법원에 보호를 요청할 수 있도록 하는 한편 그러한 명령을 위반한 경우에는 형사처벌을 함으로써 피해자 보호를 강화하려는 취지에서 도입되었다. 임시보호명령 제도는 피해자보호명령 결정 전에 신속하게 피해자를 보호하고자 하는 취지에서 도입되었다.

위와 같은 규정의 체계와 내용, 입법 취지 등에 비추어 볼 때, 가정폭력처벌법 제55조의4 제2항에서 임시보호명령의 종기로 정한 "피해자보호명령의 결정 시"는 그 결정이 가정폭력행위자에게 고지됨으로써 효력이 발생한 때를 의미한다. 따라서 일단 임시보호명령이 가정폭력행위자에게 고지되어 효력이 발생하였다면 결정 주문에서 종기를 제한하지 않는 이상 적법한 피해자보호명령이 가정폭력행위자에게 고지되어 효력이 발생할 때까지 임시보호명령은 계속하여 효력을 유지하므로 가정폭력행위자가 그 사이에 임시보호명령에서 금지를 명한 행위를 한 경우에는 임시보호명령 위반으로 인한 가정폭력처벌법 위반죄가 성립한다.

나아가 가정폭력처벌법 제63조 제1항 제2호가 정한 '피해자보호명령을 받고 이를 이행하지 아니한 가정폭력행위자'란 피해자의 청구에 따라 가정폭력행위자로 인정되어 피해자보호명령을 받았음에도 이행하지 않은 사람을 말하고, 피해자보호명령이 항고심에서 절차적 사유로 취소되었음에 불과한 이상 피해자보호명령에서 금지를 명한 행위를 한 경우에는 피해자보호명령 위반으로 인한 가정폭력처벌법 위반죄가 성립한다.(대법원 2023. 7. 13., 선고, 2021도15745, 판결)

■ **판례** ■ 　　**가정폭력범죄의 처벌 등에 관한 특례법 제63조 제1항 제2호에서 정한 '피해자보호명령을 받고 이를 이행하지 아니한 가정폭력행위자'의 의미**

피해자보호명령 제도의 내용과 입법 취지 등에 비추어 보면, 제63조 제1항 제2호에서 정한 '피해자보호명령을 받고 이를 이행하지 아니한 가정폭력행위자'란 피해자의 청구에 따라 가정폭력행위자로 인정되어 피해자보호명령을 받았음에도 이행하지 않은 사람을 말한다. 가정폭력처벌법에 따른 피해자보호명령을 받은 甲이 이를 이행하지 않아 가정폭력처벌법 제63조 제1항 제2호의 보호처분 등의 불이행죄로 기소된 이후에 피해자보호명령의 전제가 된 가정폭력행위에 대하여 무죄판결을 선고받아 확정된 사안에서, 甲이 피해자의 청구에 따라 가정폭력행위자로 인정되어 피해자보호명령을 받고 이를 이행하지 않은 이상, 가정폭력처벌법 제63조 제1항 제2호의 보호처분 등의 불이행죄가 성립한다.(대법원 2023. 6. 1., 선고, 2020도5233, 판결)

2. 비밀엄수 등의 의무위반죄

1) 적용법조 : 제64조 제1항, 제18조 제1항 ☞ 공소시효 5년

제64조(비밀엄수 등 의무의 위반죄) ① 제18조제1항에 따른 비밀엄수 의무를 위반한 보조인(변호사는 제외한다), 상담소등의 상담원 또는 그 기관장(그 직에 있었던 사람을 포함한다)은 1년 이하의 징역이나 2년 이하의 자격정지 또는 1천만원 이하의 벌금에 처한다.
② 제18조제2항의 보도 금지 의무를 위반한 신문의 편집인·발행인 또는 그 종사자, 방송사의 편집책임자, 그 기관장 또는 종사자, 그 밖의 출판물의 저작자와 발행인은 500만원 이하의 벌금에 처한다.
제18조(비밀엄수 등의 의무) ① 가정폭력범죄의 수사 또는 가정보호사건의 조사·심리 및 그 집행을 담당하거나 이에 관여하는 공무원, 보조인, 상담소등에 근무하는 상담원과 그 기관장 및 제4조제2항제1호에 규정된 사람(그 직에 있었던 사람을 포함한다)은 그 직무상 알게 된 비밀을 누설하여서는 아니 된다.
② 이 법에 따른 가정보호사건에 대하여는 가정폭력행위자, 피해자, 고소인, 고발인 또는 신고인의 주소, 성명, 나이, 직업, 용모, 그 밖에 이들을 특정하여 파악할 수 있는 인적 사항이나 사진 등을 신문 등 출판물에 싣거나 방송매체를 통하여 방송할 수 없다.

2) 범죄사실 기재례

> 피의자는 ○○에 있는 ○○가정폭력상담소의 상담원으로서 그 직무상 알게 된 비밀을 누설하여서는 아니 된다.
> 그럼에도 불구하고 피의자는 20○○. ○. ○. ○○:○○경 위 사무실에서 ○○와 관련 홍길녀(여, 28세)와 상담 중 위 홍길녀가 남편으로부터 수시로 매를 맞는다는 등의 가정일 동료 직원인 최민자 등에게 말하여 이를 누설하였다.

3) 신문사항

- 피의자는 어디에 근무하고 있는가
- 어떠한 업무를 수행하는가(가정폭력 상담원)
- 홍길녀를 알고 있는가
- 언제 어디에서 위 홍길녀와 상담하였나
- 상담과정에서 어떠한 사항을 알게 되었나
- 홍길녀가 가정폭력을 당하고 있다는 것을 알고 있는가
- 이러한 사실을 누설한 일이 있나
- 언제 어디에서 누구에게 누설하였나
- 피의자의 행위로 홍길녀는 어떠한 피해를 보았는지 알고 있나
- 상담요원으로서 이러한 누설행위에 대해 어떻게 생각하느냐

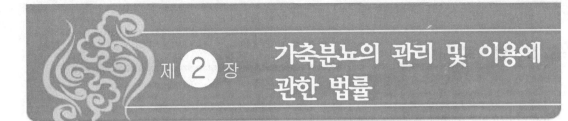

Ⅰ. 개념정의

제2조(정의) 이 법에서 사용하는 용어의 뜻은 다음과 같다.

1. "가축"이란 소·돼지·말·닭, 그 밖에 대통령령으로 정하는 사육동물을 말한다.

2. "가축분뇨"란 가축이 배설하는 분(糞)·요(尿) 및 가축사육 과정에서 사용된 물 등이 분·요에 섞인 것을 말한다.

3. "배출시설"이란 가축의 사육으로 인하여 가축분뇨가 발생하는 시설 및 장소 등으로서 축사·운동장, 그 밖에 환경부령으로 정하는 것을 말한다.

4. "자원화시설"이란 가축분뇨를 퇴비·액비 또는 「신에너지 및 재생에너지 개발·이용·보급 촉진법」 제2조제2호바목에 따른 바이오에너지로 만드는(이하 "자원화"라 한다) 시설을 말한다.

4의2. "가축분뇨 고체연료"란 가축분뇨를 분리·건조·성형 등을 거쳐 고체상의 연료로 제조한 것을 말한다.

5. "퇴비(堆肥)"란 가축분뇨를 발효시켜 만든 비료성분이 있는 물질 중 액비를 제외한 물질로서 농림축산식품부령으로 정하는 기준에 적합한 것을 말한다.

6. "액비(液肥)"란 가축분뇨를 액체 상태로 발효시켜 만든 비료성분이 있는 물질로서 농림축산식품부령으로 정하는 기준에 적합한 것을 말한다.

7. "정화시설(淨化施設)"이란 가축분뇨를 침전·분해 등 환경부령으로 정하는 방법에 따라 정화(이하 "정화"라 한다)하는 시설을 말한다.

8. "처리시설"이란 가축분뇨를 자원화 또는 정화(이하 "처리"라 한다)하는 자원화시설 또는 정화시설을 말한다.

9. "공공처리시설"이란 다음 각 목의 시설을 말한다.
   가. 지방자치단체의 장이 설치하는 처리시설
   나. 「농업협동조합법」 제2조에 따른 조합 및 중앙회(이하 "농협조합"이라 한다)가 제24조제3항에 따라 특별시장·광역시장·도지사(이하 "시·도지사"라 한다), 특별자치시장 또는 특별자치도지사의 승인을 받아 설치하는 자원화시설

10. "생산자단체"란 다음 각 목의 어느 하나에 해당하는 단체를 말한다.
    가. 농협조합
    나. 축산업자를 조합원으로 하는 「협동조합 기본법」 제2조에 따른 협동조합·협동조합연합회·사회적협동조합 및 사회적협동조합연합회
    다. 축산업자를 조합원으로 하는 「중소기업협동조합법」 제3조에 따른 중소기업협동조합 중 협동조합·사업협동조합·협동조합연합회
    라. 축산업자를 구성원으로 하는 비영리법인

※ 시행령(대통령령)
제2조(사육동물) 「가축분뇨의 관리 및 이용에 관한 법률」(이하 "법"이라 한다) 제2조제1호에서 "대통령령으로 정하는 사육동물"이란 젖소, 오리, 양(염소 등 산양을 포함한다. 이하 같다), 사슴, 메추리 및 개를 말한다.

※ 시행규칙
제2조(배출시설) 「가축분뇨의 관리 및 이용에 관한 법률」(이하 "법"이라 한다) 제2조제3호에서 "환경부령으로 정하는 것"이란 착유실, 먹이방, 분만실 및 방목지를 말한다.

II. 벌 칙

제48조(벌칙) 다음 각 호의 어느 하나에 해당하는 자는 5년 이하의 징역 또는 5천만원 이하의 벌금에 처한다.

1. 제11조제1항에 따른 허가를 받지 아니한 자 또는 거짓, 그 밖의 부정한 방법으로 허가를 받은 자로서 제10조 제1항을 위반하여 가축분뇨 또는 퇴비·액비를 공공수역에 유입시키거나 제17조제1항 각 호의 어느 하나에 해당하는 행위를 한 자
2. 제18조에 따른 폐쇄명령을 이행하지 아니한 자
3. 제24조에 따라 설치한 공공처리시설을 파손하거나 그 기능에 장해를 주어 가축분뇨를 처리할 수 없게 방해한 자
4. 공공처리시설설치자등으로서 제25조제9항제4호부터 제7호까지에 해당하는 행위를 한 자
5. 재활용신고자로서 제27조제6항에 따른 폐쇄명령을 이행하지 아니한 자
6. 제28조제1항에 따라 가축분뇨관련영업의 허가를 받지 아니한 자로서 제10조제1항을 위반하여 가축분뇨 또는 퇴비·액비를 공공수역에 유입시키거나 제17조제1항 각 호의 어느 하나에 해당하는 행위를 한 자

제49조(벌칙) 다음 각 호의 어느 하나에 해당하는 자는 2년 이하의 징역 또는 2천만원 이하의 벌금에 처한다.

1. 제11조제1항 또는 제2항에 따른 허가 또는 변경허가를 받지 아니하거나 거짓, 그 밖의 부정한 방법으로 허가 또는 변경허가를 받아 배출시설을 설치·변경하거나 그 배출시설을 이용하여 가축을 사육한 자 또는 위탁사육한 자
2. 제11조제1항에 따른 허가를 받은 자로서 제10조제1항을 위반하여 가축분뇨 또는 퇴비·액비를 공공수역에 유입시키거나 제17조제1항 각 호의 어느 하나에 해당하는 행위를 한 자3. 제11조제1항 또는 제2항에 따른 허가 또는 변경허가를 받은 자로서 제12조를 위반하여 처리시설을 설치 또는 변경하지 아니하고 배출시설을 사용한 자
4. 제11조제3항을 위반하여 신고를 하지 아니한 자로서 제10조제1항을 위반하여 가축분뇨 또는 퇴비·액비를 공공수역에 유입시키거나 제17조제1항 각 호의 어느 하나에 해당하는 행위를 한 자
5. 제15조에 따른 준공검사를 받지 아니하고 제10조제1항을 위반하여 가축분뇨 또는 퇴비·액비를 공공수역에 유입시키거나 제17조제1항 각 호의 어느 하나에 해당하는 행위를 한 자
6. 제18조에 따른 사용중지명령을 이행하지 아니한 자
7. 제27조제1항을 위반하여 신고를 하지 아니하거나 거짓으로 신고를 하고 재활용을 한 자, 신고하지 아니한 재활용시설을 운영한 자 또는 신고하지 아니한 재활용시설을 사용할 목적으로 가축분뇨를 수집한 자
8. 제27조제6항에 따른 처리금지명령을 이행하지 아니한 자
9. 제28조제1항에 따른 가축분뇨관련영업의 허가를 받지 아니하거나 거짓, 그 밖의 부정한 방법으로 허가를 받아 가축분뇨관련영업을 한 자
10. 가축분뇨관련영업자로서 제10조제1항을 위반하여 가축분뇨 또는 퇴비·액비를 공공수역에 유입시키거나 제17조제1항 각 호의 어느 하나에 해당하는 행위를 한 자
11. 가축분뇨관련영업자 또는 설계·시공업자로서 제32조 또는 제35조에 따른 영업정지기간 중에 영업을 한 자
12. 제34조에 따른 등록을 하지 아니하거나 거짓, 그 밖의 부정한 방법으로 등록을 하여 설계·시공업을 한 자

제50조(벌칙) 다음 각 호의 어느 하나에 해당하는 자는 1년 이하의 징역 또는 1천만원 이하의 벌금에 처한다.

1. 제8조제3항에 따른 축사의 이전 등 조치명령을 이행하지 아니한 자
2. 제10조제2항에 따른 조치명령을 이행하지 아니한 자
3. 제11조제1항에 따른 허가를 받지 아니하거나 거짓, 그 밖의 부정한 방법으로 허가를 받은 자로서 업무상 과실로 제10조제1항을 위반하여 가축분뇨 또는 퇴비·액비를 공공수역에 유입시킨 자
4. 제11조제3항을 위반하여 신고를 하지 아니하거나 거짓, 그 밖의 부정한 방법으로 신고를 하고 그 배출시설을 설치하거나 그 배출시설을 이용하여 가축을 사육한 자 또는 위탁사육한 자
5. 제11조제3항에 따른 신고를 한 자 또는 퇴바액비를 살포한 자로서 제10조제1항을 위반하여 가축분뇨 또는 퇴비·액비를 공공수역에 유입시키거나 제17조제1항 각 호의 어느 하나에 해당하는 행위를 한 자
6. 제11조제1항에 따른 허가를 받은 자, 제15조를 위반하여 준공검사를 받지 아니한 자 또는 가축분뇨관련영업자로서 업무상 과실로 제10조제1항을 위반하여 가축분뇨 또는 퇴비·액비를 공공수역에 유입시킨 자 또는 가축분뇨관련영업자로서 업무상 과실로 제17조제1항 각 호의 어느 하나에 해당하는 행위를 한 자

7. 배출시설설치 · 운영자, 처리시설설치 · 운영자 및 퇴비 · 액비를 살포하는 자로서 제17조제5항에 따른 개선명령을 이행하지 아니한 자(제51조제3호의 자는 제외한다)

8. 제11조제2항 또는 제3항에 따른 신고 또는 변경신고를 한 자로서 제12조에 따른 처리시설을 설치 또는 변경하지 아니하고 배출시설을 사용한 자

9. 제11조제3항에 따른 신고를 하지 아니하거나 거짓으로 신고를 한 자로서 업무상 과실로 인하여 제10조제1항을 위반하여 가축분뇨 또는 퇴비 · 액비를 공공수역에 유입시킨 자

10. 제25조제10항에 따른 시설의 개선 등 조치명령을 이행하지 아니한 자

11. 재활용신고자로서 제10조제1항을 위반하여 가축분뇨 또는 퇴비 · 액비를 공공수역에 유입시키거나 제17조제1항 각 호의 어느 하나에 해당하는 행위를 한 자

12. 제27조제5항에 따른 개선명령을 이행하지 아니한 자

13. 제28조제1항을 위반하여 가축분뇨관련영업의 변경허가를 받지 아니하거나 거짓으로 변경허가를 받아 가축분뇨관련영업을 한 자

14. 제28조제6항을 위반하여 다른 사람에게 자기의 상호 또는 성명을 사용하여 가축분뇨관련영업을 하게 하거나 허가증을 빌려 준 자

15. 제34조제2항을 위반하여 변경등록을 하지 아니하거나 거짓으로 변경등록을 하여 설계 · 시공업을 한 자

16. 제34조제6항을 위반하여 다른 사람에게 자기의 상호 또는 성명을 사용하여 설계 · 시공업을 하게 하거나 등록증을 빌려준 자

제51조(벌칙) 다음 각 호의 어느 하나에 해당하는 자는 300만원 이하의 벌금에 처한다.

1. 제7조의2제4항을 위반하여 토지에의 출입 또는 사용을 거부 · 방해한 자

2. 제11조제3항에 따른 신고를 한 자, 재활용신고자 또는 퇴바액비를 살포한 자로서 업무상 과실로 제10조제1항을 위반하여 가축분뇨 또는 퇴비 · 액비를 공공수역에 유입시키거나 제17조제1항 각 호의 어느 하나에 해당하는 행위를 한 자

3. 제11조제3항에 따른 신고를 한 자 또는 그의 배출시설 · 처리시설을 운영하는 자로서 제17조제5항에 따른 개선명령을 이행하지 아니한 자

4. 제15조에 따른 준공검사를 받지 아니하고 그 배출시설 · 처리시설을 사용한 자

5. 다음 각 목의 어느 하나에 해당하지 아니하는 자로서 제10조제1항을 위반하여 가축분뇨 또는 퇴비 · 액비를 공공수역에 유입시킨 자
   가. 제11조제1항 또는 제3항에 따라 배출시설의 설치허가를 받거나 신고를 하여야 하는 자
   나. 퇴바액비를 살포한 자
   다. 제27조제1항에 따른 신고를 하여야 하는 자
   라. 제28조제1항에 따른 가축분뇨관련영업의 허가를 받아야 하는 자

6. 제27조제4항에 따른 설치 및 운영 기준을 위반하여 재활용시설을 설치 · 운영한 자

7. 제30조제2항을 위반하여 가축분뇨관련영업자의 가축분뇨의 수집 · 운반 · 처리 및 시설관리의 기준과 준수사항을 지키지 아니한 자

8. 제37조제1항을 위반하여 기술관리인을 두지 아니한 자

9. 제37조의3제2항을 위반하여 관계 행정기관이나 그 소속 공무원이 요구하여도 인계 · 인수, 처리 또는 살포에 관한 내용을 확인할 수 있도록 협조하지 아니한 자

10. 제41조제3항을 위반하여 관계 공무원의 출입 · 검사를 거부 · 방해 또는 기피한 자

제52조(양벌규정) 법인의 대표자나 법인 또는 개인의 대리인, 사용인, 그 밖의 종업원이 그 법인 또는 개인의 업무에 관하여 제48조부터 제51조까지의 어느 하나에 해당하는 위반행위를 하면 그 행위자를 벌하는 외에 그 법인 또는 개인에게도 해당 조문의 벌금형을 과(科)한다. 다만, 법인 또는 개인이 그 위반행위를 방지하기 위하여 해당 업무에 관하여 상당한 주의와 감독을 게을리하지 아니한 경우에는 그러하지 아니하다.

III. 범죄사실

1. 배출시설 허가받지 아니하고 가축분뇨 공공수역 유입

1) 적용법조 : 제48조 제1호, 제11조 제1항, 제10조 ☞ 공소시효 7년

제11조(배출시설의 설치) ① 대통령령으로 정하는 규모 이상의 배출시설을 설치하려고 하거나 설치운영 중인 자는 대통령령으로 정하는 바에 따라 배출시설의 설치계획(가축분뇨처리 및 악취저감에 관한 사항을 포함한다)을 갖추어 시장·군수·구청장의 허가를 받아야 한다.

② 제1항에 따라 허가를 받은 자가 환경부령으로 정하는 중요 사항을 변경하려는 때에는 변경허가를 받아야 하고, 그 밖의 사항을 변경하려는 때에는 변경신고를 하여야 한다.

③ 제1항에 따른 허가대상에 해당하지 아니하는 배출시설 중 대통령령으로 정하는 규모 이상의 배출시설을 설치하려는 자려고 하거나 설치운영 중인 자는 환경부령으로 정하는 바에 따라 시장·군수·구청장에게 신고하여야 한다. 신고한 사항 중 환경부령으로 정하는 사항을 변경하려는 때에도 또한 같다.

제10조(가축분뇨 및 퇴비·액비의 처리의무) ① 가축분뇨 또는 퇴비·액비를 배출·수집·운반·처리·살포하는 자는 이를 유출·방치하거나 제17조제1항제5호에 따른 액비의 살포기준을 지키지 아니하고 살포함으로써 「수질 및 수생태계 보전에 관한 법률」 제2조제9호에 따른 공공수역(이하 "공공수역"이라 한다)에 유입시키거나 유입시킬 우려가 있는 행위를 하여서는 아니 된다.

② 시장·군수·구청장은 유출·방치된 가축분뇨 또는 퇴비·액비로 인하여 생활환경이나 공공수역이 오염되거나 오염될 우려가 있는 경우에는 가축분뇨 또는 퇴비·액비를 배출·수집·운반·처리·살포하는 자, 그 밖에 가축분뇨 또는 퇴비·액비의 소유자·관리자에게 가축분뇨 또는 퇴비·액비의 보관방법 변경이나 수거 등 환경오염 방지에 필요한 조치를 명할 수 있다.

※ **시행령(대통령령)**

제6조 (허가대상 배출시설) 법 제11조제1항에 따라 시장·군수·구청장의 설치허가를 받아야 하는 배출시설은 별표 1과 같다.

※ **물환경보전법**

제2조(정의) 이 법에서 사용하는 용어의 뜻은 다음과 같다.

9. "공공수역"이란 하천, 호소, 항만, 연안해역, 그 밖에 공공용으로 사용되는 수역과 이에 접속하여 공공용으로 사용되는 환경부령으로 정하는 것을 말한다

※ **물환경보전법 시행규칙**

제5조(공공수역) 법 제2조제9호에서 "환경부령이 정하는 수로"란 다음 각 호의 수로를 말한다.

1. 지하수로   2. 농업용 수로   3. 하수도법 제2조제6호에 따른 하수관로   4. 운하

[별표 1] 허가대상 배출시설(제6조 관련)

배출시설의 종류	규　　　　　모
돼지 사육시설	면적 1,000㎡ 이상. 다만, 수질보전특별대책지역 등에서는 면적 500㎡ 이상으로 한다.
소(젖소 제외)사육시설	면적 900㎡ 이상. 다만, 수질보전특별대책지역 등에서는 면적 450㎡ 이상으로 한다.
젖소 사육시설	축사 면적 900㎡ 이상 또는 운동장 면적 2,700㎡ 이상 다만 수질보전특별대책지역 등에서는 축사 면적 450㎡ 이상 또는 운동장 면적 1,350㎡ 이상으로 한다
말 사육시설	면적 900㎡ 이상. 다만 수질보전특별대책지역 등에서는 면적 450㎡ 이상으로 한다.

비고
1. "수질보전특별대책지역 등"이란 제12조 제1호부터 제5호까지 및 제8호에 해당하는 지역 또는 구역을 말한다.
2. "운동장"이란 휴식이나 운동을 목적으로 젖소가 일시적으로 머무르는 곳을 말한다.
3. 동일 사업장에 같은 종류의 시설이 2 이상 있는 경우에는 각 시설의 면적을 합산한 것을 해당 시설의 규모로 한다.
4. 동일 사업장에 다른 종류의 시설이 2 이상 있는 경우에는 다음 식에 따라 산출한 수치의 합이 1 이상이면 허가대상 배출시설로 본다.

$$\frac{\text{제 1 배출시설의 면적}}{\text{해당 배출시설의 기준면적}} + \frac{\text{제 2 배출시설의 면적}}{\text{해당 배출시설의 기준면적}} + \cdots$$

2) 범죄사실 기재례

> 피의자는 ○○에서 돼지를 사용하는 사람으로서, 사육면적 1,000㎡ 이상 규모로 돼지를 사육하는 사람은 적정하게 처리되지 아니한 가축분뇨가 공공수역에 유입되도록 하여서는 아니 된다.
>
> 그럼에도 불구하고 피의자는 20○○. ○. ○.경부터 20○○. ○. ○.경까지 위 장소 ○○㎡의 면적에 돼지 ○○두를 사육하면서 배출시설을 설치하지 아니하고 그곳에서 발생한 가축분뇨를 지하수도를 통해 공공수역에 유입시켰다.

3) 신문사항

- 돼지를 사육하고 있는가
- 언제부터 어디에서 사육하는가
- 그 규모는 어느 정도인가(면적 1,000㎡이상 여부)
- 가축분뇨는 어떻게 처리하는가
- 배출시설 허가를 받았는가
- 이런 가축분뇨를 어디로 흘려보냈는가
- 그럼 공공수역으로 유입되는가
- 왜 배출시설을 설치하지 않았는가

4) 기 타

- 허가받은 자가 가축분뇨 공공수역 유입 : 제49조 제2호, 제11조 제1항, 제10조
  ☞ 공소시효 5년
- 배출시설 허가받지 아니하고 업무상과실로 가축분뇨 공공수역 유입 : 제50조 제2호, 제11조 제1항, 제10조 ☞ 공소시효 5년

■ 판례 ■ 구 가축분뇨의 관리 및 이용에 관한 법률 제50조 제8호에서 정한 '제11조 제3항의 규정에 따른 신고를 하지 아니한 자'의 의미 및 배출시설 설치 당시 신고대상이 아니었으나 그 후 법령 개정에 따라 신고대상에 해당하게 된 배출시설을 운영하면서 업무상 과실로 가축분뇨를 공공수역에 유입시킨 자가 위 조항의 적용대상에 포함되는지 여부(소극)

구 가축분뇨의 관리 및 이용에 관한 법률(2014. 3. 24. 법률 제12516호로 개정되기 전) 제50조 제8호에서 정한 '제11조 제3항의 규정에 따른 신고를 하지 아니한 자'는 문언상 '제11조 제3항의 규정에 의한 신고대상자임에도 신고를 하지 아니한 자'를 의미하는데, '제11조 제3항 규정에 의한 신고대상자'는 '대통령령이 정하는 규모 이상의 배출시설을 설치하고자 하는 자 또는 신고한 사항을 변경하고자 하는 자'를 말한다. 따라서 이미 배출시설을 설치한 경우에, 설치 당시에 '대통령령이 정하는 규모 이상의 배출시설'에 해당하지 아니하여 신고대상이 아니었다면, 그 후 법령 개정에 따라 신고대상에 해당하게 되었더라도 구 가축분뇨법 제11조 제3항에서 정한 신고대상자인 '배출시설을 설치하고자 하는 자'에 해당한다고 볼 수 없다. 이와 같은 법률조항의 내용

과 문언적 해석, 신고대상자의 범위 및 죄형법정주의 원칙 등에 비추어 보면, 법률조항은 구 가축분뇨법 제11조 제3항의 신고대상자가 신고를 하지 아니하고 배출시설을 설치한 후 업무상 과실로 가축분뇨를 공공수역에 유입시킨 경우에 적용되며, 배출시설을 설치할 당시에는 신고대상 시설이 아니었는데 그 후 법령 개정에 따라 시설이 신고대상에 해당하게 된 경우에 시설을 운영하면서 업무상 과실로 가축분뇨를 공공수역에 유입시킨 자는 여기에 포함되지 아니한다.(대법원 2016.6.23, 선고, 2014도7170, 판결)

2. 준공검사 받지 않고 분뇨 공공수역 유입

1) 적용법조 : 제49조 제5호, 제15조 제1항 ☞ 공소시효 5년

> 제15조(배출시설 등의 준공검사 등) ① 배출시설설치자 또는 처리시설설치자는 배출시설·처리시설의 설치 또는 변경을 완료하였을 때에는 환경부령으로 정하는 바에 따라 시장·군수·구청장에게 신청하여 준공검사(이하 "준공검사"라 한다)를 받아야 한다. 다만, 「비료관리법」 제11조에 따른 비료생산업을 등록한 자는 그러하지 아니하다. 이 경우 환경부령으로 정하는 서류의 제출로 준공검사를 갈음할 수 있다.

2) 범죄사실 기재례

> 피의자는 ○○에서 ○○시장으로부터 가축분뇨배출시설 설치허가를 받은 사람으로서, 시설 설치자는 배출시설·처리시설의 설치 또는 변경을 완료한 때에는 환경부령이 정하는 바에 따라 시장·군수·구청장에게 준공검사를 신청하여 준공검사를 받아야 한다.
> 그럼에도 불구하고 피의자는 20○○. ○. ○.경 준공검사를 받지 아니하고 위 장소에서 발생한 돼지분뇨 약 ○○톤의 가축분뇨를 배출시설을 거쳐 하수구를 통하여 공공수역에 유입시켰다.

3) 신문사항

- 가축분뇨 배출시설 설치허가를 받았는가
- 언제 누구로부터 받았는가
- 어떤 배출시설 설치허가인가
- 설치공사를 완료하였는가
- 준공검사 신청을 하였나
- 배출시설을 가동한 일이 있는가
- 그럼 준공검사를 받지 아니하고 배출시설을 가동하였다는 것인가.
- 언제 어떤 분뇨를 배출하였는가
- 어느 정도 배출하였는가
- 이런 분뇨가 하수도를 통해 공공수역에 유입된다는 것을 알고 있는가
- 왜 준공검사를 받지 아니하고 이런 행위를 하였나

3. 미신고 가축분뇨 재활용

1) 적용법조 : 제49조 제7호, 제27조 제1항 ☞ 공소시효 5년

제27조(가축분뇨의 재활용신고 등) ① 환경부령으로 정하는 양 이상의 가축분뇨를 재활용(퇴비 또는 액비로 만드는 것에 한정한다. 이하 같다)하거나 재활용을 목적으로 가축분뇨를 수집·운반하려는 자는 환경부령으로 정하는 바에 따라 시장·군수·구청장에게 신고하여야 한다. 다만, 제11조제1항 또는 제3항에 따라 설치허가를 받거나 설치신고를 한 자 또는 제28조제1항제2호의 가축분뇨처리업의 허가를 받은 자(이하 "가축분뇨처리업자"라 한다)가 가축분뇨를 재활용하는 경우에는 그러하지 아니하다.
② 제1항 본문에 따른 신고를 한 자(이하 "재활용신고자"라 한다)가 환경부령으로 정하는 중요 사항을 변경하려는 경우에는 시장·군수·구청장에게 변경신고를 하여야 한다.
③ 시장·군수·구청장은 제1항 본문에 따른 신고 또는 제2항에 따른 변경신고를 받은 경우 그 내용을 검토하여 이 법에 적합하면 신고를 수리하여야 한다.
④ 재활용신고자는 환경부령으로 정하는 설치 및 운영 기준에 따라 재활용시설을 설치·운영하여야 한다.

※ 시행규칙
제26조(재활용의 신고 등) ① 법 제27조제1항에 따라 신고를 하여야 하는 자는 가축분뇨를 재활용의 목적으로 1일 400킬로그램 이상 처리하려는 자를 말한다.

2) 범죄사실 기재례

> 피의자는 ○○에서 양계업에 종사하는 사람으로서 가축분뇨의 적정한 처리를 유도하기 위하여 환경부령이 정하는 양(1일 400㎏) 이상의 가축분뇨를 재활용의 목적으로 처리하고자 하는 자는 시장·군수·구청장에게 신고하여야 한다.
> 그럼에도 불구하고 피의자는 신고 없이 20○○. ○. ○. 위 양계장에서 발생한 가축분뇨 약 ○○㎏을 ○○에 있는 홍길동 소유 밭에 굴착기로 깊이 2m 가로 및 세로 각 5m 가량의 웅덩이를 판 후 그곳에 1일 평균 분뇨 약 15톤 합계 약 120톤을 재활용 목적으로 보관한 다음 이를 인근 밭 등에 분사하여 처리하였다.

3) 신문사항

- 양계장을 하고 있는가
- 그 규모는 어느 정도인가
- 1일 평균 발생한 가축분뇨의 량은 어느 정도인가
- 이런 분뇨를 어떻게 처리하는가
- 언제 어떤 방법으로 재활용하였는가
- 재활용을 하기 위해 행정기관에 신고하였나
- 왜 신고없이 재활용하였나

■ 판례 ■ 가축분뇨의 관리 및 이용에 관한 법률 제17조 제1항 제5호가 자원화시설에서 생산된 액비를 해당 자원화시설을 설치한 자가 확보한 액비 살포지 외의 장소에 뿌리는 행위를 금지하는 취지 / 가축분뇨를 재활용하기 위하여 액비 생산의 자원화시설을 설치한 재활용신고자가 자신이 설치한 자원화시설이 아닌 다른 자원화시설에서 생산된 액비를 자신이 확보한 액비 살포지에 뿌리

는 경우, 위 규정을 위반한 것인지 여부(적극) 및 이는 위 재활용신고자가 축산업자들이 가축분뇨 등을 처리하기 위하여 공동출자로 설립한 영농조합법인이고 위 영농조합법인이 그 구성원인 축산 업자들이 설치한 자원화시설에서 생산된 액비의 처리를 위탁받았더라도 마찬가지인지 여부(적극)

가축분뇨의 관리 및 이용에 관한 법률(이하 '가축분뇨법'이라 한다)은 가축분뇨를 자원화하거나 적정하게 처리하여 환경오염을 방지함으로써 환경과 조화되는 지속 가능한 축산업의 발전과 국민 건강의 향상에 이바지함을 목적으로 한다(제1조). 여기에서 '자원화시설'은 가축분뇨를 퇴비 · 액비 또는 바이오에너지로 만드는 시설을 말하고(제2조 제4호), '액비'는 가축분뇨를 액체 상태 로 발효시켜 만든 비료 성분이 있는 물질로서 농림축산식품부령으로 정하는 기준에 적합한 것을 말한다(제2조 제6호).

가축분뇨법은 액비 살포에 관하여 다음과 같이 규정하고 있다. 액비를 만드는 자원화시설을 설치 하는 자는 일정한 기준에 따라 액비를 살포하는 데 필요한 초지, 농경지, 시험림 지정지역, 골프 장 등 '액비 살포지'를 확보하여야 한다(제12조의2 제2항). 액비를 만드는 자원화시설에서 생산 된 액비를 해당 자원화시설을 설치한 자가 확보한 액비 살포지 외의 장소에 뿌리거나 환경부령으 로 정하는 살포기준을 지키지 않는 행위를 해서는 안 된다(제17조 제1항 제5호). 가축분뇨를 재활 용(퇴비 또는 액비로 만드는 것에 한정한다)하거나 재활용을 목적으로 가축분뇨를 수집 · 운반하려 는 자로서 관할관청에 신고한 재활용신고자가 가축분뇨법 제17조 제1항 제5호를 위반할 경우에는 처벌을 받는다(제27조 제1항, 제50조 제11호).

이와 같이 가축분뇨법 제17조 제1항 제5호는 자원화시설에서 생산된 액비를 해당 자원화시설을 설치한 자가 확보한 액비 살포지 외의 장소에 뿌리는 행위를 명확하게 금지하고 있다. 가축분뇨뿐 만 아니라 액비도 관리를 소홀히 하거나 유출 · 방치하는 경우 심각한 환경오염물질이 될 수 있으 므로, 액비 살포의 기준과 그 책임소재를 분명히 하고 특정 장소에 대한 과잉 살포로 발생할 수 있는 환경오염을 방지하려는 데 그 취지가 있다. 따라서 가축분뇨를 재활용하기 위하여 액비 생산 의 자원화시설을 설치한 재활용신고자라고 하더라도, 자신이 설치한 자원화시설이 아닌 다른 자원 화시설에서 생산된 액비를 자신이 확보한 액비 살포지에 뿌리는 것은 가축분뇨법 제17조 제1항 제 5호를 위반한 것이라고 보아야 한다. 다른 자원화시설에서 생산된 액비는 해당 자원화시설을 설 치한 자가 확보한 액비 살포지에 뿌려야 하기 때문이다. 이는 위 재활용신고자가 축산업자들이 가 축분뇨 등을 처리하기 위하여 공동출자로 설립한 영농조합법인이고 위 영농조합법인이 그 구성원 인 축산업자들이 설치한 자원화시설에서 생산된 액비의 처리를 위탁받았다고 하더라도 마찬가지 이다.(대법원 2018. 9. 13., 선고, 2018도11018, 판결)

4. 무허가 가축분뇨관련 영업

1) 적용법조 : 제50조 제13호, 제28조 제1항 ☞ 공소시효 5년

> **제28조(가축분뇨관련영업)** ① 가축분뇨의 수집·운반·처리 또는 처리시설의 관리를 대행하는 업(이하 "가축분뇨관련영업"이라 한다)을 영위하려는 자는 대통령령으로 정하는 기준에 따른 시설·장비 및 기술능력을 갖추어 다음 각 호의 구분에 따른 업종별로 시장·군수·구청장의 허가를 받아야 한다. 허가받은 사항을 변경하려는 때에는 대통령령으로 정하는 기준에 따라 변경허가를 받거나 변경신고를 하여야 한다.
> 1. 가축분뇨수집·운반업 : 가축분뇨를 수집하여 운반하는 영업
> 2. 가축분뇨처리업 : 자원화시설(퇴비·액비를 만드는 시설은 제외한다) 또는 정화시설을 갖추어 가축분뇨를 최종적으로 안전하게 처리하는 영업
> 3. 가축분뇨시설관리업 : 처리시설의 관리·운영을 대행하는 영업
> ⑥ 제항에 따라 가축분뇨관련영업의 허가를 받은 자(이하 "가축분뇨관련영업자"라 한다)는 다른 사람에게 자기의 상호 또는 성명을 사용하여 가축분뇨관련영업을 하게 하거나 허가증을 빌려 주어서는 아니 된다.

2) 범죄사실 기재례

> 피의자는 ○○에서 가축분뇨의 수집·운반업을 하는 사람으로서 가축분뇨의 수집·운반·처리 또는 처리시설의 관리를 대행하는 업을 영위하고자 하는 자는 대통령령이 정하는 기준에 따른 시설·장비 및 기술능력을 갖추어 업종별로 시장·군수·구청장의 허가를 받아야 한다.
> 그럼에도 불구하고 피의자는 허가없이 20○○. ○. ○. 홍길동 소유 돼지분뇨 약 ○○톤을 수거하는 것을 비롯하여 20○○. ○. ○ 까지 월 약 ○○톤을 수집·운반하는 가축분뇨관련업을 영위하였다.

3) 신문사항

- 가축분뇨 수집·운반을 한 일이 있는가
- 언제 어떤 분뇨를 수집·운반하였는가
- 어떤 방법으로 수집·운반하는가
- 규모는 어느 정도인가
- 언제까지 하였는가
- 월 수집·운반량은 어느 정도인가
- 이렇게 수집된 분뇨는 어떻게 처리하는가
- 수집·운반업 허가를 받았는가
- 왜 허가 없이 이런 행위를 하였는가

5. 무허가 영업자의 분뇨 공공수역 유입

1) **적용법조** : 제48조 제6호, 제28조 제1항, 제10조 ☞ 공소시효 7년

2) **범죄사실 기재례**

> 피의자는 ○○에서 가축분뇨의 수집·운반업을 하는 사람으로서 가축분뇨관련영업을 영위하고자 하는 자는 업종별로 ○○시장(군수, 구청장)의 허가를 받아야하고, 가축분뇨를 수집·운반하고자 하는 자는 적정하게 처리되지 아니한 가축분뇨가 공공수역에 유입되도록 하여서는 아니 된다.
>
> 그럼에도 불구하고 피의자는 200○. ○. ○.경 ○○에서 홍길동의 가축사육장에서 발생한 돼지분뇨 약 ○○톤을 수집·운반업 허가없이 수거한 후 ○○에 버려 이를 공공수역에 유입케 하였다.

3) **신문사항**

- 가축분뇨 수집·운반을 한 일이 있는가
- 언제 어떤 분뇨를 수집·운반하였는가
- 어떤 방법으로 수집·운반하는가
- 규모는 어느 정도인가
- 언제까지 하였는가
- 월 수집·운반량은 어느 정도인가
- 수집·운반업 허가를 받았는가
- 왜 허가 없이 이런 행위를 하였는가
- 이렇게 수집된 분뇨는 어떻게 처리하는가
- 언제 어디에 버렸는가
- 어느 정도의 량을 버렸는가
- 왜 그곳에 버렸는가
- 이렇게 버린 분뇨가 공공수역으로 유입된다는 것을 알고 있는가

6. 가축분뇨영업 상호를 사용하도록 하는 행위

1) 적용법조 : 제50조 제14호, 제28조 제6항 ☞ 공소시효 5년

2) 범죄사실 기재례

> 피의자는 20○○. ○. ○. ○○시장으로부터 "○○가축분뇨수집"이라는 가축분뇨 수집·운반업의 허가를 받은 사람으로서 가축분뇨관련영업자는 다른 사람에게 자기의 상호를 사용하게 하여서는 아니 된다.
> 그럼에도 불구하고 피의자는 20○○. ○. ○.경부터 20○○. ○. ○.경까지 홍길동에게 ○○조건으로 피의자의 영업상호를 사용하여 가축분뇨수집·운반업을 하게 하였다.

✽ 상호를 빌려 사용한 홍길동 → 무허가 가축분뇨수집운반업으로 처리

3) 신문사항

- 가축분뇨 수집·운반을 한 일이 있는가
- 언제 어떤 분뇨를 수집·운반하였는가
- 어떤 방법으로 수집·운반하는가
- 규모는 어느 정도인가
- 영업허가를 받았는가(허가일자, 허가번호, 허가관청)
- 이렇게 영업허가를 받고 계속 영업을 하였는가
- 회사명의를 다른 사람에게 사용하도록 한 일이 있는가
- 언제 누구에게 사용하도록 하였나
- 어떤 조건으로 사용하도록 하였나
- 무엇 때문에 사용하도록 하였나
- 홍길동은 피의자 회사명의를 사용하여 영업행위를 하였나
- 홍길동이 어떤 방법으로 영업하였는지 알고 있는가

제 3 장   가축전염병 예방법

Ⅰ. 개념정의

제2조(정의) 이 법에서 사용하는 용어의 뜻은 다음과 같다.

1. "가축"이란 소, 말, 당나귀, 노새, 면양·염소[유산양(乳山羊: 젖을 생산하기 위해 사육하는 염소)을 포함한다.] 사슴, 돼지, 닭, 오리, 칠면조, 거위, 개, 토끼, 꿀벌 및 그 밖에 대통령령으로 정하는 동물을 말한다.
2. "가축전염병"이란 다음의 제1종 가축전염병, 제2종 가축전염병 및 제3종 가축전염병을 말한다.
   가. 제1종 가축전염병 : 우역(牛疫), 우폐역(牛肺疫), 구제역(口蹄疫), 가성우역(假性牛疫), 블루텅병, 리프트계곡열, 럼피스킨병, 양두(羊痘), 수포성구내염(水疱性口内炎), 아프리카마역(馬疫), 아프리카돼지열병, 돼지열병, 돼지수포병(水疱病), 뉴캣슬병, 고병원성 조류(鳥類)인플루엔자 및 그 밖에 이에 준하는 질병으로서 농림축산식품부령으로 정하는 가축의 전염성 질병
   나. 제2종 가축전염병 : 탄저(炭疽), 기종저(氣腫疽), 브루셀라병, 결핵병(結核病), 요네병, 소해면상뇌증(海綿狀腦症), 큐열, 돼지오제스키병, 돼지일본뇌염, 돼지테센병, 스크래피(양해면상뇌증), 비저(鼻疽), 말전염성빈혈, 말바이러스성동맥염(動脈炎), 구역(狗疫), 말전염성자궁염(傳染性子宮炎), 동부말뇌염(腦炎), 서부말뇌염, 베네수엘라말뇌염, 추백리(雛白痢: 병아리흰설사병), 가금(家禽)티푸스, 가금콜레라, 광견병(狂犬病), 사슴만성소모성질병(慢性消耗性疾病) 및 그 밖에 이에 준하는 질병으로서 농림수산식품부령으로 정하는 가축의 전염성 질병
   다. 제3종 가축전염병 : 소유행열, 소아카바네병, 닭마이코플라스마병, 저병원성 조류인플루엔자, 부저병 및 그 밖에 이에 준하는 질병으로서 농림수산식품부령으로 정하는 가축의 전염성 질병
3. "검역시행장"이란 제31조에 따른 지정검역물에 대하여 검역을 하는 장소를 말한다.
4. "면역요법"이란 특정 가축전염병을 예방하거나 치료할 목적으로 농장의 가축으로부터 채취한 혈액, 장기(臟器), 똥 등을 가공하여 그 농장의 가축에 투여하는 행위를 말한다.
5. "병성감정(病性鑑定)"이란 죽은 가축이나 질병이 의심되는 가축에 대하여 임상검사, 병리검사, 혈청검사 등의 방법으로 가축전염병 감염 여부를 확인하는 것을 말한다.
6. "특정위험물질"이란 소해면상뇌증 발생 국가산 소의 조직 중 다음 각 목의 것을 말한다.
   가. 모든 월령(月齡)의 소에서 나온 편도(扁桃)와 회장원위부(回腸遠位部)
   나. 30개월령 이상의 소에서 나온 뇌, 눈, 척수, 머리뼈, 척주
   다. 농림수산식품부장관이 소해면상뇌증 발생 국가별 상황과 국민의 식생활 습관 등을 고려하여 따로 지정·고시하는 물질
7. "가축전염병 특정매개체"란 전염병을 전파시키거나 전파시킬 우려가 큰 매개체 중 야생조류 또는 야생멧돼지와 그 밖에 농림축산식품부령으로 정하는 것을 말한다.
8. "가축방역위생관리업"이란 가축전염병 예방을 위한 소독을 하거나 안전한 축산물 생산을 위한 방제를 하는 업을 말한다.

※ 시행령(대통령령)

제2조(가축의 범위) 가축전염병예방법(이하 "법"이라 한다) 제2조제1호에서 "대통령령으로 정하는 동물"이란 다음 각호의 동물을 말한다.

1. 고양이   2. 타조   3. 메추리   4. 꿩   5. 기러기
6. 그 밖의 사육하는 동물중 가축전염병이 발생하거나 퍼지는 것을 막기 위하여 필요하다고 인정하여 농림축산식품부장관이 정하여 고시하는 동물

제55조의2(벌칙) 다음 각 호의 어느 하나에 해당하는 자는 5년 이하의 징역 또는 5천만원 이하의 벌금에 처한다.

1. 제11조제1항 본문 또는 제2항을 위반하여 신고를 하지 아니한 가축의 소유자등, 해당 가축에 대하여 사육계약을 체결한 축산계열화사업자, 수의사 또는 대학·연구소 등의 연구책임자
2. 제17조의4제1항을 위반하여 차량출입정보를 목적 외 용도로 사용한 자
3. 제52조의3제4항을 위반하여 가축전염병 방역관련 업무 이외의 목적으로 정보를 사용한 자

제56조(벌칙) 다음 각 호의 어느 하나에 해당하는 자는 3년 이하의 징역 또는 3천만원 이하의 벌금에 처한다.

1. 제20조제1항(제28조에서 준용하는 경우를 포함한다)에 따른 명령을 위반한 자
2. 제32조제1항, 제33조제1항·제5항(제38조제4항에서 준용하는 경우를 포함한다), 제34조제1항 본문 또는 제37조 본문을 위반한 자
3. 제36조제1항 본문에 따른 검역을 받지 아니하거나 검역과 관련하여 부정행위를 한 자
4. 제38조제3항을 위반하여 불합격한 지정검역물을 하역하거나 반송 등의 명령을 위반한 자
5. 제38조제3항의 규정을 위반하여 불합격된 지정검역물을 하역하거나 반송 등의 명령을 위반한 자

제57조(벌칙) 다음 각 호의 어느 하나에 해당하는 자는 1년 이하의 징역 또는 1천만원 이하의 벌금에 처한다.

1. 제3조의4제5항에 따른 가축의 사육제한 명령을 위반한 자
1의2. 제5조제6항에 따른 국립가축방역기관장의 질문에 대하여 거짓으로 답변하거나 국립가축방역기관장의 검사·소독 등의 조치를 거부·방해 또는 기피한 자
2. 제1조제1항 본문 또는 같은 조 제3항을 위반하여 신고하지 아니한 동물약품 및 사료의 판매자 또는 가축운송업자
3. 거짓이나 그 밖의 부정한 방법으로 가축병성감정 실시기관으로 지정을 받은 자
3의2. 제17조의3제1항을 위반하여 등록을 하지 아니한 자
3의3. 제17조의3제2항을 위반하여 차량무선인식장치를 장착하지 아니한 소유자 및 차량무선인식장치의 전원을 끄거나 훼손·제거한 운전자
4. 제19조제1항(제28조에서 준용하는 경우를 포함한다)제1호부터 제5호까지, 같은 조 제1항부터 제4항까지 또는 제27조에 따른 명령을 위반한 자
5. 제19조제8항에 따른 가축의 소유자등의 위반행위에 적극 협조한 가축운송업자 또는 도축업 영업자
5의2. 제19조의2제3항 본문을 위반한 자
5의3. 제21조제2항에 따른 명령을 위반한 자
6. 제22조제2항 본문(가축방역관은 제외한다)·제4항 또는 제47조제2항을 위반한 자
7. 거짓이나 그 밖의 부정한 방법으로 검역시행장의 지정을 받은 자
8. 부정한 방법으로 사육관리인 또는 보관관리인으로 지정을 받은 사람
9. 제52조의3제2항을 위반하여 정보 제공 요청을 거부한 자

제58조(벌칙) 다음 각 호의 어느 하나에 해당하는 자는 300만원 이하의 벌금에 처한다.

1. 제5조의3제1항에 따른 가축방역위생관리업 신고를 하지 아니하거나 거짓 또는 그 밖의 부정한 방법으로 신고하고 가축방역위생관리업을 영위한 자
2. 제13조제6항 각 호의 어느 하나에 해당하는 행위를 한 자
3. 제14조제1항, 제22조제1항 본문·제3항, 제23조제1항·제2항, 제24조제1항 본문 또는 제35조제1항을 위반한 자
4. 제39조제1항 본문에 따른 검역을 받지 아니하거나 검역과 관련하여 부정행위를 한 자
5. 제44조제1항에 따른 명령을 위반한 자

제59조(양벌규정) 법인의 대표자나 법인 또는 개인의 대리인, 사용인, 그 밖의 종업원이 그 법인 또는 개인의 업무에 관하여 제56조부터 제58조까지의 어느 하나에 해당하는 위반행위를 하면 그 행위자를 벌하는 외에 그 법인 또는 개인에게도 해당 조문의 벌금형을 과(科)한다. 다만, 법인 또는 개인이 그 위반행위를 방지하기 위하여 해당 업무에 관하여 상당한 주의와 감독을 게을리하지 아니한 경우에는 그러하지 아니하다.

Ⅲ. 범죄사실

1. 수의사의 병든가축 등 신고불이행

1) 적용법조 : 제55조의2 제1호, 제11조 제1항 제2호 ☞ 공소시효 5년

제11조(죽거나 병든가축의 신고) ① 다음 각 호의 어느 하나에 해당하는 가축(이하 "신고대상 가축"이라 한다)의 소유자등, 신고대상 가축에 대하여 사육계약을 체결한 축산계열화사업자, 신고대상 가축을 진단하거나 검안(檢案)한 수의사, 신고대상 가축을 조사하거나 연구한 대학·연구소 등의 연구책임자 또는 신고대상 가축의 소유자 등의 농장을 방문한 동물약품 또는 사료 판매자는 신고대상 가축을 발견하였을 때에는 농림축산식품부령으로 정하는 바에 따라 지체 없이 국립가축방역기관장, 신고대상 가축의 소재지를 관할하는 시장·군수·구청장 또는 시·도 가축방역기관의 장(이하 "시·도 가축방역기관장"이라 한다)에게 신고하여야 한다. 다만, 수의사 또는 제12조제6 항에 따른 가축병성감정 실시기관(이하 "수의사등"이라 한다)에 그 신고대상 가축의 진단이나 검안을 의뢰한 가 축의 소유자등과 그 의뢰사실을 알았거나 알 수 있었을 동물약품 또는 사료 판매자는 그러하지 아니하다.
1. 병명이 불분명한 질병으로 죽은 가축
2. 가축의 전염성질병에 걸렸거나 걸렸다고 믿을 만한 역학조사·정밀검사 결과나 임상증상이 있는 가축

2) 범죄사실 기재례

　　피의자 ○○는 ○○에서 ○○동물병원을 운영하는 수의사로서 가축이 전염성질병에 걸렸거나 걸렸다고 믿을만한 상당한 이유가 있는 가축 등을 진단하였거나 가축의 사체를 검안하였을 때는 지체없이 ○○구청장 등에게 신고하여야 한다.
　　그럼에도 불구하고 피의자는 20○○. ○. ○. ○○:○○경 ○○에서 홍길동의 의뢰에 의거 돼지 20두를 진단하는 과정에서 돼지 10두가 제1종가축전염병인 돼지콜레라에 전염된 것을 발견하고도 신고하지 아니하였다.

3) 신문사항

- 피의자는 수의사인가(면허번호, 취득일 등)
- 언제부터 어디서 영업하는가
- 전염성질환이 있는 가축을 진단·검안한 일이 있는가
- 언제 어디서 하였는가
- 어떠한 가축을 하였는가
- 어떻게 하게되었나
- 진단결과는(전염병 유무)
- 전염병(병명이 불분명한 질병으로 죽은 가축 포함)을 발견하였으면 그러한 사실을 신고하였는가
- 왜 신고하지 않았나
- 신고하도록 되어 있는 것을 알고 있는가(수의사로서 알지 못하였다는 것은 인정할 수 없음)

2. 병든 가축 소유자의 격리 등 명령위반

1) 적용법조 : 제57조 제4호, 제19조 제1항 제1호 ☞ 공소시효 5년

제19조(격리와 가축사육시설의 폐쇄명령 등) ① 시장·군수·구청장은 가축전염병이 발생하거나 퍼지는 것을 막기 위하여 농림수산식품부령이 정하는 바에 따라 다음 각 호의 조치를 명할 수 있다.
1. 제1종가축전염병에 걸렸거나 걸렸다고 믿을 만한 역학조사·정밀검사 결과나 임상증상이 있는 가축의 소유자 등이나 제1종가축전염병이 발생한 가축사육시설과 인접하여 가축전염병의 전파가 우려되는 지역에서 사육되는 가축의 소유자등에 대하여 당해 가축 또는 해당 가축의 사육장소에 함께 있어서 가축전염병의 병원체에 오염될 우려가 있는 물품으로서 농림축산식품부령으로 정하는 물품(이하 "오염우려물품"이라 한다)을 격리·억류하거나 해당 가축사육시설 밖으로의 이동을 제한하는 조치
⑧ 시장·군수·구청장은 제1항 제1호의 규정에 의한 격리·억류·이동제한 명령에 대한 가축의 소유자 등의 위반행위에 적극적으로 협조한 가축운송업자, 도축업 영업자에 대하여 6월 이내의 기간을 정하여 그 업무의 전부 또는 일부의 정지를 명할 수 있다. 이 경우에는 청문을 실시하여야 한다.

2) 범죄사실 기재례

> 피의자는 ○○○에서 한우 200여 두를 사육하고 있는 자로, 이중 10여 두가 제1종가축전염병인 구제역에 걸려 20○○. ○. ○. ○○군수로부터 가축전염병이 퍼지는 것을 막기 위해 당해 가축을 포함 사육하고 있는 모든 가축에 대해 다른 지역으로 이동을 제한(또는 격리, 억류)하는 명을 받았다.
> 그럼에도 불구하고 피의자는 20○○. ○. ○.경 병든 소를 도축하기 위해 ○○○에게 ○○원을 받고 처분하여 이동제한조치 명령을 위반하였다.

✱ 도축영업자가 위 위반행위에 적극적으로 협조한 경우 제57조 제3호, 제19조 제6항

3) 신문사항
- 한우를 사육하고 있는가
- 언제부터 어디에서 어느 정도의 규모로 하고 있는가
- 사육중인 한우가 전염병에 감염된 일이 있는가
- 언제부터 어떠한 전염병에 감염되었는가
- 사육중이 한우가 몇 두 정도이며 이중 어느 정도가 감염되었나
- 이와 관련 ○○군수로부터 이동제한 명을 받은 일이 있는가
- 언제 어떠한 내용의 명을 받았는가
- 병든 소를 도축하기 위해 이를 판매한 일이 있는가
- 언제 누구에게 어떤 조건으로 판매하였는가
- 판매한 한우는 전부 몇 두인가
- 이동제한 명을 받고도 이를 이동시킨 이유가 무엇인가
- 현재 감염된 한우에 대해 어떻게 하고 있는가

3. 살처분명령 위반

1) 적용법조 : 제56조 제1호, 제20조 제1항 ☞ 공소시효 5년

제20조(살처분명령) ① 시장·군수·구청장은 농림축산식품부령으로 정하는 제1종 가축전염병이 퍼지는 것을 막기 위하여 필요하다고 인정하면 농림축산식품부령으로 정하는 바에 따라 가축전염병에 걸렸거나 걸렸다고 믿을 만한 역학조사·정밀검사 결과나 임상증상이 있는 가축의 소유자에게 그 가축의 살처분(殺處分)을 명하여야 한다. 다만, 우역, 우폐역, 구제역, 돼지열병, 아프리카돼지열병 또는 고병원성 조류인플루엔자에 걸렸거나 걸렸다고 믿을 만한 역학조사·정밀검사 결과나 임상증상이 있는 가축 또는 가축전염병 특정매개체의 경우(가축전염병 특정매개체는 역학조사 결과 가축전염병 특정매개체와 가축이 직접 접촉하였거나 접촉하였다고 의심되는 경우 등 농림축산식품부령으로 정하는 경우에 한정한다)에는 그 가축 또는 가축전염병 특정매개체가 있거나 있었던 장소를 중심으로 그 가축전염병이 퍼지거나 퍼질 것으로 우려되는 지역에 있는 가축의 소유자에게 지체 없이 살처분을 명할 수 있다.

2) 범죄사실 기재례

> 피의자는 ○○에서 청해진가축이라는 상호로 양계업에 종사하는 사람이다.
> 피의자는 200○. ○. ○.경 위 계사(鷄舍)에서 사육 중인 닭 50여 마리가 제1종가축전염병인 뉴캐슬병에 감염되어 전염병이 퍼지는 것을 막기 위해 ○○군수로부터 200○. ○. ○.까지 살처분 명을 받았다.
> 그럼에도 불구하고 피의자는 정당한 이유없이 이 명령에 따르지 아니하였다.

3) 신문사항

- 양계업을 하고 있는가
- 언제부터 어디에서 어느 정도의 규모로 하고 있는가
- 사육중인 닭이 전염병에 감염된 일이 있는가
- 언제부터 어떠한 전염병에 감염되었는가
- 사육중이 닭이 몇 수 정도이며 이중 어느 정도가 감염되었나
- 이와 관련 ○○군수로부터 살처분명을 받은 일이 있는가
- 언제 어떠한 내용의 살처분명을 받았는가
- 이러한 처분명을 받고 어떤 조치를 하였는가
- 왜 처분명을 받고 이를 이행하지 않았는가
- 현재 감염된 닭은 어떻게 하고 있는가

4. 수입금지물품 수입 경우

1) 적용법조 : 제56조 제3호, 제32조 제1항 제2호   ☞ 공소시효 5년

제32조(수입금지) ① 다음 각 호의 어느 하나에 해당하는 물건은 수입하지 못한다. 다만, 시험연구 또는 예방약제
　조에 사용하기 위하여 농림수산식품부장관의 허가를 받은 물건과 항공기·선박의 단순기항 또는 밀봉된 컨테이
　너로 차량·열차에 탑재하여 제1호의 수입금지지역을 경유한 지정검역물에 대하여는 그러하지 아니하다.
　1. 농림수산식품부장관이 지정·고시하는 수입금지지역에서 생산 또는 발송되었거나 그 지역을 경유한 지정검역물
　2. 동물의 전염성질병의 병원체
　3. 소해면상뇌증이 발생한 날부터 5년이 경과하지 아니한 국가산 30개월령 이상 쇠고기 및 쇠고기 제품
　4. 특정위험물질

2) 범죄사실 기재례

　　피의자는 20○○. ○. ○. 전염성 질병을 발생시키거나 퍼지게 할 수 있는 병원체로 의심
될 만한 물질에 해당하는 물건 즉 동물의 전염성 질병의 병원체인 균주(菌株, 부루세라 아보
투스 RB51) 약 1톤을 새끼를 밴 소에 접종할 목적으로 미국으로부터 수입하였다.

3) 신문사항

　- 동물 관련 접종약을 수입한 일이 있는가
　- 언제 어떠한 물건인가
　　(RB51)물건을 수입하였다고 할 경우
　- 어디에서 어느 정도 수입하였는가
　- 수입에 따른 모든 절차는 준수하였는가
　- 어떤 용도로 사용하기 위해 수입하였는가
　- RB51는 어디에 사용한 물건인가
　- 수입하여 어떠한 방법으로 유통할 것인가
　- 누구를 상대로 판매하였으면 지금까지 어느 정도 유통된 상태인가
　- 어떻게 이 물건을 수입하게 되었는가
　- 수입후 이를 사용하였는가
　- 이를 소에 접종할 경우 부작용은 없는가
　- RB51이 동물의 전염성질병의 병원체가 아닌가.
　- 전에도 이를 수입하여 사용일이 있는가

■ 판례 ■　　동물에게 전염성질병을 야기하는 성질을 가진 것으로 의심될 만한 사정이 있다는 이
유만으로 구 가축전염병예방법 제21조 제1항 제2호(현행법 제32조 제1항 제2호)에서 정한 '동물
의 전염성질병의 병원체'에 해당하는지 여부(소극)
구 가축전염병예방법(1996. 8. 8. 법률 제5153호로 개정되기 전의 것) 제21조 제1항 제2호(현행법 제32
조 제1항 제2호)에서 정한 '동물의 전염성질병의 병원체'라 함은, '동물에게 전염성이 있는 질병을
야기하는 성질을 가진 병원체'를 말하는 것이고, 이러한 성질을 가진 것으로 의심될 만한 사정이 있
다는 이유만으로 위 병원체에 해당한다고 볼 수는 없다(대법원 2005.10.14. 선고 2003도1154 판결).

5. 수입 지정검역물 검역미필

1) 적용법조 : 제56조 제3호, 제36조 제1항 ☞ 공소시효 5년

제36조(수입검역) ① 지정검역물을 수입한 자는 지체없이 농림수산식품부령이 정하는 바에 따라 동물검역기관의 장에게 검역을 신청하고 검역관의 검역을 받아야 한다. 다만, 여행자 휴대품으로 지정검역물을 수입하는 자는 입국 즉시 농림수산식품부령이 정하는 바에 따라 출입공항·항만 등에 소재하는 동물검역기관의 장에게 신고하고 검역관의 검역을 받아야 한다.

제31조(지정검역물) 수출입검역대상물건은 다음 각호의 1에 해당하는 물건으로서 농림수산식품부령이 정하는 물건 (이하 '지정검역물'이라 한다)으로 한다.
1. 동물과 그 사체
2. 뼈·살·가죽·알·털·발굽·뿔 등 동물의 생산물과 그 용기 또는 포장
3. 그 밖에 가축전염성질병의 병원체를 퍼뜨릴 우려가 있는 사료·기구·건초 기타 이에 준하는 물건

2) 범죄사실 기재례

피의자는 ○○에서 수입 소 판매업에 종사하고 있는 자로 지정검역물을 수입하면 지체없이 동물검역기관의 장에게 검역을 신청하고 검역관의 검역을 받아야 한다.

그럼에도 불구하고 피의자는 20○○. ○. ○. 호주로부터 지정검역물인 양고기 200톤을 광양항을 통해 수입하면서 검역신청을 하지 아니하였다.

3) 신문사항

- 현재 어떠한 일에 종사하고 있는가
- 언제부터 수입소 판매업을 하였는가
- 외국으로부터 동물을 수입한 일이 있는가
- 언제 어떤 물건을 수입하였는가(양고기를 수입하였다 할 경우)
- 어떤 방법으로 수입하였는가(공항, 항구 등)
- 수입에 관한 제반 절차는 이행하였는가
- 양고기는 지정검역물이라는 것을 알고 있는가
- 동물검역기관에 검역을 신청하였는가
- 왜 신청없이 수입하였는가

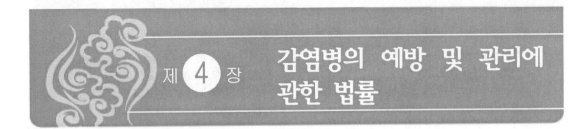

감염병의 예방 및 관리에 관한 법률

I. 개념정의 및 다른 법률과의 관계

1. 개념정의

제2조(정의) 이 법에서 사용하는 용어의 뜻은 다음과 같다.

1. "감염병"이란 제1급감염병, 제2급감염병, 제3급감염병, 제4급감염병, 기생충감염병, 세계보건기구 감시대상 감염병, 생물테러감염병, 성매개감염병, 인수(人獸)공통감염병 및 의료관련감염병을 말한다.

2. "제1급감염병"이란 생물테러감염병 또는 치명률이 높거나 집단 발생의 우려가 커서 발생 또는 유행 즉시 신고하여야 하고, 음압격리와 같은 높은 수준의 격리가 필요한 감염병으로서 다음 각 목의 감염병을 말한다. 다만, 갑작스러운 국내 유입 또는 유행이 예견되어 긴급한 예방·관리가 필요하여 질병관리청장이 보건복지부장관과 협의하여 지정하는 감염병을 포함한다.

   가. 에볼라바이러스병   나. 마버그열   다. 라싸열   라. 크리미안콩고출혈열
   마. 남아메리카출혈열   바. 리프트밸리열   사. 두창   아. 페스트
   자. 탄저   차. 보툴리눔독소증   카. 야토병   타. 신종감염병증후군
   파. 중증급성호흡기증후군(SARS)   하. 중동호흡기증후군(MERS)
   거. 동물인플루엔자 인체감염증   너. 신종인플루엔자   더. 디프테리아

3. "제2급감염병"이란 전파가능성을 고려하여 발생 또는 유행 시 24시간 이내에 신고하여야 하고, 격리가 필요한 다음 각 목의 감염병을 말한다. 다만, 갑작스러운 국내 유입 또는 유행이 예견되어 긴급한 예방·관리가 필요하여 질병관리청장이 보건복지부장관과 협의하여 지정하는 감염병을 포함한다.

   가. 결핵(結核)   나. 수두(水痘)   다. 홍역(紅疫)   라. 콜레라   마. 장티푸스
   바. 파라티푸스   사. 세균성이질   아. 장출혈성대장균감염증   자. A형간염
   차. 백일해(百日咳)   카. 유행성이하선염(流行性耳下腺炎)   타. 풍진(風疹)
   파. 폴리오   하. 수막구균 감염증   거. b형헤모필루스인플루엔자   너. 폐렴구균 감염증
   더. 한센병   러. 성홍열   머. 반코마이신내성황색포도알균(VRSA) 감염증
   버. 카바페넴내성장내세균목(CRE) 감염증   서. E형간염

4. "제3급감염병"이란 그 발생을 계속 감시할 필요가 있어 발생 또는 유행 시 24시간 이내에 신고하여야 하는 다음 각 목의 감염병을 말한다. 다만, 갑작스러운 국내 유입 또는 유행이 예견되어 긴급한 예방·관리가 필요하여 질병관리청장이 보건복지부장관과 협의하여 지정하는 감염병을 포함한다.

   가. 파상풍(破傷風)   나. B형간염   다. 일본뇌염   라. C형간염   마. 말라리아
   바. 레지오넬라증   사. 비브리오패혈증   아. 발진티푸스   자. 발진열(發疹熱)   차. 쯔쯔가무시증
   카. 렙토스피라증   타. 브루셀라증   파. 공수병(恐水病)   하. 신증후군출혈열(腎症候群出血熱)
   거. 후천성면역결핍증(AIDS)   너. 크로이츠펠트-야콥병(CJD) 및 변종크로이츠펠트-야콥병(vCJD)
   더. 황열   러. 뎅기열   머. 큐열(Q熱)   버. 웨스트나일열
   서. 라임병   어. 진드기매개뇌염   저. 유비저(類鼻疽)   처. 치쿤구니야열
   커. 중증열성혈소판감소증후군(SFTS)   터. 지카바이러스 감염증   퍼. 매독(梅毒)

5. "제4급감염병"이란 제1급감염병부터 제3급감염병까지의 감염병 외에 유행 여부를 조사하기 위하여 표본감시 활동이 필요한 다음 각 목의 감염병을 말한다. 다만, 질병관리청장이 지정하는 감염병을 포함한다.

   가. 인플루엔자   나. 삭제   다. 회충증   라. 편충증   마. 요충증
   바. 간흡충증   사. 폐흡충증   아. 장흡충증   자. 수족구병   차. 임질

제4장 감염병의 예방 및 관리에 관한 법률 **35**

카. 클라미디아감염증　타. 연성하감　파. 성기단순포진　하. 첨규콘딜롬
거. 반코마이신내성장알균(VRE) 감염증　너. 메티실린내성황색포도알균(MRSA) 감염증
더. 다제내성녹농균(MRPA) 감염증　러. 다제내성아시네토박터바우마니균(MRAB) 감염증
머. 장관감염증　버. 급성호흡기감염증　서. 해외유입기생충감염증　어. 엔테로바이러스감염증
저. 사람유두종바이러스 감염증
6. "기생충감염병"이란 기생충에 감염되어 발생하는 감염병 중 질병관리청장이 고시하는 감염병을 말한다.
7. 삭제 〈2018. 3. 27.〉
8. "세계보건기구 감시대상 감염병"이란 세계보건기구가 국제공중보건의 비상사태에 대비하기 위하여 감시대상으로 정한 질환으로서 질병관리청장이 고시하는 감염병을 말한다.
9. "생물테러감염병"이란 고의 또는 테러 등을 목적으로 이용된 병원체에 의하여 발생된 감염병 중 질병관리청장이 고시하는 감염병을 말한다.
10. "성매개감염병"이란 성 접촉을 통하여 전파되는 감염병 중 질병관리청장이 고시하는 감염병을 말한다.
11. "인수공통감염병"이란 동물과 사람 간에 서로 전파되는 병원체에 의하여 발생되는 감염병 중 질병관리청장이 고시하는 감염병을 말한다.
12. "의료관련감염병"이란 환자나 임산부 등이 의료행위를 적용받는 과정에서 발생한 감염병으로서 감시활동이 필요하여 질병관리청장이 고시하는 감염병을 말한다.
13. "감염병환자"란 감염병의 병원체가 인체에 침입하여 증상을 나타내는 사람으로서 제11조제6항의 진단 기준에 따른 의사, 치과의사 또는 한의사의 진단이나 보건복지부령으로 정하는 기관(이하 "감염병병원체 확인기관"이라 한다)의 실험실 검사를 통하여 확인된 사람을 말한다.
14. "감염병의사환자"란 감염병병원체가 인체에 침입한 것으로 의심이 되나 감염병환자로 확인되기 전 단계에 있는 사람을 말한다.
15. "병원체보유자"란 임상적인 증상은 없으나 감염병병원체를 보유하고 있는 사람을 말한다.
16. "감시"란 감염병 발생과 관련된 자료 및 매개체에 대한 자료를 체계적이고 지속적으로 수집, 분석 및 해석하고 그 결과를 제때에 필요한 사람에게 배포하여 감염병 예방 및 관리에 사용하도록 하는 일체의 과정을 말한다.
16의2. "표본감시"란 감염병 중 감염병환자의 발생빈도가 높아 전수조사가 어렵고 중증도가 비교적 낮은 감염병의 발생에 대하여 감시기관을 지정하여 정기적이고 지속적인 의과학적 감시를 실시하는 것을 말한다.
17. "역학조사"란 감염병환자, 감염병의사환자 또는 병원체보유자(이하 "감염병환자등"이라 한다)가 발생한 경우 감염병의 차단과 확산 방지 등을 위하여 감염병환자등의 발생 규모를 파악하고 감염원을 추적하는 등의 활동과 감염병 예방접종 후 이상반응 사례가 발생한 경우나 감염병 여부가 불분명하나 그 발병원인을 조사할 필요가 있는 사례가 발생한 경우 그 원인을 규명하기 위하여 하는 활동을 말한다.
18. "예방접종 후 이상반응"이란 예방접종 후 그 접종으로 인하여 발생할 수 있는 모든 증상 또는 질병으로서 해당 예방접종과 시간적 관련성이 있는 것을 말한다.
19. "고위험병원체"란 생물테러의 목적으로 이용되거나 사고 등에 의하여 외부에 유출될 경우 국민 건강에 심각한 위험을 초래할 수 있는 감염병병원체로서 보건복지부령으로 정하는 것을 말한다.
20. "관리대상 해외 신종감염병"이란 기존 감염병의 변이 및 변종 또는 기존에 알려지지 아니한 새로운 병원체에 의해 발생하여 국제적으로 보건문제를 야기하고 국내 유입에 대비하여야 하는 감염병으로서 질병관리청장이 보건복지부장관과 협의하여 지정하는 것을 말한다.
21. "의료·방역 물품"이란 「약사법」 제2조에 따른 의약품·의약외품, 「의료기기법」 제2조에 따른 의료기기 등 의료 및 방역에 필요한 물품 및 장비로서 질병관리청장이 지정하는 것을 말한다.

2. 다른 법률과의 관계

제3조(다른 법률과의 관계) 감염병의 예방 및 관리에 관하여는 다른 법률에 특별한 규정이 있는 경우를 제외하고는 이 법에 따른다.

제77조(벌칙) 다음 각 호의 어느 하나에 해당하는 자는 5년 이하의 징역 또는 5천만원 이하의 벌금에 처한다.

1. 제22조제1항 또는 제2항을 위반하여 고위험병원체의 반입 허가를 받지 아니하고 반입한 자
2. 제23조의3제1항을 위반하여 보유허가를 받지 아니하고 생물테러감염병병원체를 보유한 자
3. 제40조의3제1항을 위반하여 의약외품등을 수출하거나 국외로 반출한 자

제78조(벌칙) 다음 각 호의 어느 하나에 해당하는 자는 3년 이하의 징역 또는 3천만원 이하의 벌금에 처한다.

1. 제23조제2항에 따른 허가를 받지 아니하거나 같은 조 제3항 본문에 따른 변경허가를 받지 아니하고 고위험병원체 취급시설을 설치·운영한 자
2. 제23조의3제3항에 따른 변경허가를 받지 아니한 자
3. 제74조를 위반하여 업무상 알게 된 비밀을 누설하거나 업무목적 외의 용도로 사용한 자

제79조(벌칙) 다음 각 호의 어느 하나에 해당하는 자는 2년 이하의 징역 또는 2천만원 이하의 벌금에 처한다.

1. 제18조제3항을 위반한 자
2. 제21조제1항부터 제3항까지 또는 제22조제3항에 따른 신고를 하지 아니하거나 거짓으로 신고한 자
2의2. 제21조제5항에 따른 현장조사를 정당한 사유 없이 거부·방해 또는 기피한 자
2의3. 제23조제2항에 따른 신고를 하지 아니하고 고위험병원체 취급시설을 설치·운영한 자
3. 제23조제8항에 따른 안전관리 점검을 거부·방해 또는 기피한 자
3의3. 제49조제4항을 위반하여 정당한 사유 없이 폐쇄 명령에 따르지 아니한 자
3의2. 제23조의2에 따른 고위험병원체 취급시설의 폐쇄명령 또는 운영정지명령을 위반한 자
4. 제60조제4항을 위반한 자(다만, 공무원은 제외한다)
5. 제76조의2제6항을 위반한 자

제79조의2(벌칙) 다음 각 호의 어느 하나에 해당하는 자는 1년 이하의 징역 또는 2천만원 이하의 벌금에 처한다.

1. 제18조의4제4항을 위반하여 같은 조 제2항에 따른 질병관리청장 또는 시·도지사의 자료제출 요구를 받고 이를 거부·방해·회피하거나, 거짓자료를 제출하거나 또는 고의적으로 사실을 누락·은폐한 자
2. 제23조의4제1항을 위반하여 고위험병원체를 취급한 자
3. 제23조의4제2항을 위반하여 고위험병원체를 취급하게 한 자
4. 제76조의2제1항을 위반하여 질병관리청장 또는 시·도지사의 요청을 거부하거나 거짓자료를 제공한 의료기관 및 약국, 법인·단체·개인
5. 제76조의2제2항 후단을 위반하여 경찰관서의 장의 요청을 거부하거나 거짓자료를 제공한 자

제79조의3(벌칙) 다음 각 호의 어느 하나에 해당하는 자는 1년 이하의 징역 또는 1천만원 이하의 벌금에 처한다.

1. 제41조제1항을 위반하여 입원치료를 받지 아니한 자
2. 삭제 〈2020.8.12〉
3. 제41조제2항을 위반하여 자가치료 또는 시설치료 및 의료기관 입원치료를 거부한 자
4. 제42조제1항·제2항제1호·제3항 또는 제7항에 따른 입원 또는 격리 조치를 거부한 자
5. 제47조제3호 또는 제49조제1항제14호에 따른 입원 또는 격리 조치를 위반한 자

제79조의4(벌칙) 다음 각 호의 어느 하나에 해당하는 자는 500만원 이하의 벌금에 처한다.

1. 제1급감염병 및 제2급감염병에 대하여 제11조에 따른 보고 또는 신고 의무를 위반하거나 거짓으로 보고 또는 신고한 의사, 치과의사, 한의사, 군의관, 의료기관의 장 또는 감염병병원체 확인기관의 장
2. 제1급감염병 및 제2급감염병에 대하여 제11조에 따른 의사, 치과의사, 한의사, 군의관, 의료기관의 장 또는 감염병병원체 확인기관의 장의 보고 또는 신고를 방해한 자

제80조(벌칙) 다음 각 호의 어느 하나에 해당하는 자는 300만원 이하의 벌금에 처한다.

1. 제3급감염병 및 제4급감염병에 대하여 제11조에 따른 보고 또는 신고 의무를 위반하거나 거짓으로 보고 또는 신고한 의사, 치과의사, 한의사, 군의관, 의료기관의 장, 감염병병원체 확인기관의 장 또는 감염병 표본감시기관
2. 제3급감염병 및 제4급감염병에 대하여 제11조에 따른 의사, 치과의사, 한의사, 군의관, 의료기관의 장, 감염병병원체 확인기관의 장 또는 감염병 표본감시기관의 보고 또는 신고를 방해한 자

2의2. 제13조제2항에 따른 감염병병원체 검사를 거부한 자

3. 제37조제4항을 위반하여 감염병관리시설을 설치하지 아니한 자

4. 삭제 〈2020.3.4〉

5. 제42조에 따른 강제처분에 따르지 아니한 자(제42조제1항·제2항제1호·제3항 및 제7항에 따른 입원 또는 격리 조치를 거부한 자는 제외한다)

6. 제45조를 위반하여 일반인과 접촉하는 일이 많은 직업에 종사한 자 또는 감염병환자등을 그러한 직업에 고용한 자

7. 제47조(같은 조 제3호는 제외한다) 또는 제49조제1항(같은 항 제2호의2부터 제2호의4까지 및 제3호 중 건강 진단에 관한 사항과 같은 항 제14호는 제외한다)에 따른 조치에 위반한 자

8. 제52조제1항에 따른 소독업 신고를 하지 아니하거나 거짓이나 그 밖의 부정한 방법으로 신고하고 소독업을 영위한 자

9. 제54조제1항에 따른 기준과 방법에 따라 소독하지 아니한 자

제81조(벌칙) 다음 각 호의 어느 하나에 해당하는 자는 200만원 이하의 벌금에 처한다.

1. 삭제 〈2018.3.27〉

2. 삭제 〈2018.3.27〉

3. 제12조제1항에 따른 신고를 게을리한 자

4. 세대주, 관리인 등으로 하여금 제12조제1항에 따른 신고를 하지 아니하도록 한 자

6. 제20조에 따른 해부명령을 거부한 자

7. 제27조에 따른 예방접종증명서를 거짓으로 발급한 자

8. 제29조를 위반하여 역학조사를 거부·방해 또는 기피한 자

8의2. 제32조제2항을 위반하여 거짓이나 그 밖의 부정한 방법으로 예방접종을 받은 사람

9. 제45조제2항을 위반하여 성매개감염병에 관한 건강진단을 받지 아니한 자를 영업에 종사하게 한 자

10. 제46조 또는 제49조제1항제3호에 따른 건강진단을 거부하거나 기피한 자

11. 정당한 사유 없이 제74조의2제1항에 따른 자료 제공 요청에 따르지 아니하거나 거짓 자료를 제공한 자, 검사 나 질문을 거부·방해 또는 기피한 자

제81조의2(형의 가중처벌) ① 단체나 다중(多衆)의 위력(威力)을 통하여 조직적·계획적으로 제79조제1호의 죄를 범한 경우 그 죄에서 정한 형의 2분의 1까지 가중한다.

② 제79조의3 각 호의 죄를 범하여 고의 또는 중과실로 타인에게 감염병을 전파시킨 경우 그 죄에서 정한 형의 2분의 1까지 가중한다. [본조신설 2021. 3. 9.]

제82조(양벌규정) 법인의 대표자나 법인 또는 개인의 대리인, 사용인, 그 밖의 종업원이 그 법인 또는 개인의 업 무에 관하여 제77조부터 제81조까지의 어느 하나에 해당하는 위반행위를 하면 그 행위자를 벌하는 외에 그 법인 또는 개인에게도 해당 조문의 벌금형을 과(科)한다. 다만, 법인 또는 개인이 그 위반행위를 방지하기 위하여 해당 업무에 관하여 상당한 주의와 감독을 게을리하지 아니한 경우에는 그러하지 아니하다.

Ⅲ. 범죄사실

1. 의사의 신고지연(허위신고)

1) 적용법조 : 제79조의4 제1호, 제11조 제1항 ☞ 공소시효 5년

> 제11조(의사 등의 신고) ① 의사, 치과의사나 한의사는 다음 각 호의 어느 하나에 해당하는 사실(제16조제6항에 따라 표본감시 대상이 되는 4급감염병으로 인한 경우는 제외한다)이 있으면 소속 의료기관의 장에게 보고하여야 하고, 해당 환자와 그 동거인에게 질병관리청장이 정하는 감염 방지 방법 등을 지도하여야 한다. 다만, 의료기관에 소속되지 아니한 의사, 치과의사 또는 한의사는 그 사실을 관할 보건소장에게 신고하여야 한다.
> 1. 감염병환자등을 진단하거나 그 사체를 검안(檢案)한 경우
> 2. 예방접종 후 이상반응자를 진단하거나 그 사체를 검안한 경우
> 3. 감염병환자등이 제1급감염병부터 제3급감염병까지에 해당하는 감염병으로 사망한 경우

2) 범죄사실 기재례

> 피의자는 ○○에서 "○○의원"을 운영하는 의사이다. 의사는 예방접종 후 이상 반응자를 진단하였을 때는 이상 반응자 또는 그 동거인에게 질병관리청장이 고시하는 소독방법과 감염방지의 방법을 지시하고 지정감염병의 경우에는 7일 이내에 소재지를 관할하는 보건소장에게 그 성명, 연령, 성별, 기타사항을 신고하여야 한다.
>
> 그럼에도 불구하고 피의자는 20○○. ○. ○. 위 의원에서 홍길동에 대한 독감 예방접종 후 지정감염병인 ○○의 의심이 있는 이상 반응을 진단하고도 이를 이상 반응자 또는 그 동거인에게 아무런 조치나 지시를 하지 아니하고 또 진단일로부터 7일이 지난 20○○. ○. ○.까지 관할 보건소장에게 신고하지 아니하였다.

3) 신문사항

- 의사인가
- 어디에서 언제부터 어떤 진료를 하고 있는가
- 홍길동을 진찰한 일이 있는가
- 언제 어떤 진찰을 하였으며, 진찰결과 어떠 하였는가
- 어떤 이상반응을 진단하였다는 것인가
- 이런 이상반응은 어떤 감염병에 해당하는가
- 이런 이상반응을 진단하고 어떤 조치를 취하였는가
- 본인 또는 동거인에게 소독방법과 감염방지의 방법을 지시하였는가
- 관할보건소에 신고하였는가
- 왜 이런 아무런 조치를 취하지 않았는가

2. 역학조사 방해

1) 적용법조 : 제79조 제1호, 제18조 제3항 제3호 ☞ 공소시효 5년

제18조(역학조사) 누구든지 질병관리청장, 시·도지사 또는 시장·군수·구청장이 실시하는 역학조사에서 다음 각 호의 행위를 하여서는 아니 된다.
1. 정당한 사유 없이 역학조사를 거부·방해 또는 회피하는 행위
2. 거짓으로 진술하거나 거짓 자료를 제출하는 행위
3. 고의적으로 사실을 누락·은폐하는 행위

2) 범죄사실 기재례

누구든지 질병관리청장, 시도지사 또는 시장, 군수, 구청장이 실시하는 역학조사에서 고의적으로 사실을 누락·은폐하는 행위를 하여서는 아니 된다.
피의자는 20○○.○.○. ○○:○○경 ○○에 있는 피의자의 주거지에서 감염병인 ○○ 확진 통보를 받고, 같은 날 오전경 위 주거지에서 ○○시 보건사업과 소속 공무원으로부터 유선으로 접촉자와 동선 파악을 위한 질문을 받자, 자신과 가족들이 특정 종교의 교인임이 밝혀지는 것을 염려하여 20○○.○.○.경 관리사무소 회의실에서 실시한 동대표회의에 참석한 사실 및 20○○.○.○.경 위 아파트 헬스장에 출입한 사실을 고의적으로 진술하지 아니하였다.
이로써 피의자는 ○○시장이 실시하는 역학조사에서 고의적으로 사실을 누락·은폐하였다.

3) 신문사항

- ○○확진 통보를 받은 사실이 있는가
- 이와 관련 역학조사를 받은 일이 있는가
- 언제 누구로부터 받았는가
- 어떤 조사를 받았는가
- 이동경로를 사실대로 말하였는가
- 피의자의 통신자료 조사결과 누락된 곳이 있는데 어떻게 된 것인가
- 왜 동선 일부를 숨겼는가

■ 판례 ■ 감염병의 예방 및 관리에 관한 법률 제18조 제3항에서 정한 '역학조사'의 의미 / 같은 항 제1호에서 정한 '역학조사를 거부하는 행위'가 성립하려면 행위자나 그의 공범에 대하여 같은 항에서 정한 '역학조사'가 실시되었음이 전제되어야 하는지 여부(적극)

제18조 제3항에서 질병관리청장, 시·도지사 또는 시장·군수·구청장이 실시하는 역학조사에서 정당한 사유 없이 역학조사를 거부·방해 또는 회피하는 행위(제1호), 거짓으로 진술하거나 거짓 자료를 제출하는 행위(제2호), 고의적으로 사실을 누락·은폐하는 행위(제3호)를 금지하고, 제79조 제1호에서 제18조 제3항을 위반한 자를 2년 이하의 징역 또는 2,000만 원 이하의 벌금에 처하도록 규정하고 있다.

감염병예방법은, 제2조 제17호에서 "역학조사란 감염병환자 등이 발생한 경우 감염병의 차단과 확

산 방지 등을 위하여 감염병환자 등의 발생 규모를 파악하고 감염원을 추적하는 등의 활동과 감염병 예방접종 후 이상반응 사례가 발생한 경우나 감염병 여부가 불분명하나 그 발병원인을 조사할 필요가 있는 사례가 발생한 경우 그 원인을 규명하기 위하여 하는 활동을 말한다."라고 규정하는 한편, 제18조 제1항, 제2항과 제29조에서 역학조사의 주체, 시기, 내용, 방법을 정한 다음, 제18조 제4항에서 역학조사의 내용과 시기·방법 등에 관하여 필요한 사항을 대통령령으로 정하도록 규정하고 있다.

위와 같은 법 문언과 체계 등을 종합하면, 감염병예방법상 '역학조사'는 일반적으로 감염병예방법 제2조 제17호에서 정의한 활동을 말하고, 여기에는 관계자의 자발적인 협조를 얻어 실시하는 다양하고도 창의적인 활동이 포함될 수 있다. 그러나 형벌법규의 해석은 엄격하여야 하고, 처벌의 대상이 되는 행위는 수범자의 예견가능성을 보장하기 위해 그 범위가 명확히 정해져야 한다. 따라서 형벌법규의 구성요건적 요소에 해당하는 감염병예방법 제18조 제3항의 '역학조사'는, 감염병예방법 제2조 제17호의 정의에 부합할 뿐만 아니라 감염병예방법 제18조 제1항, 제2항과 제29조, 감염병예방법 제18조 제4항의 위임을 받은 감염병의 예방 및 관리에 관한 법률 시행령이 정한 주체, 시기, 대상, 내용, 방법 등의 요건을 충족하는 활동만을 의미한다고 해석함이 타당하다. 아울러 '요구나 제의 따위를 받아들이지 않고 물리침'을 뜻하는 '거부'의 사전적 의미 등을 고려하면, 감염병예방법 제18조 제3항 제1호에서 정한 '역학조사를 거부하는 행위'가 성립하려면 행위자나 그의 공범에 대하여 감염병예방법 제18조 제3항에서 정한 '역학조사'가 실시되었음이 전제되어야 한다.(대법원 2022. 11. 17., 선고, 2022도7290, 판결)

3. 감염병 환자 업소 종업원 고용

1) 적용법조 : 제80조 제6호, 제45조 제1항 ☞ 공소시효 5년

제45조(업무 종사의 일시 제한) ① 감염병환자등은 보건복지부령으로 정하는 바에 따라 업무의 성질상 일반인과 접촉하는 일이 많은 직업에 종사할 수 없고, 누구든지 감염병환자등을 그러한 직업에 고용할 수 없다.

2) 범죄사실 기재례

> 피의자는 ○○에서 "태양다방"이라는 상호로 휴게음식점업을 하는 자로, 감염병환자는 보건복지부령이 정하는 바에 의하여 업무의 성질상 공중과 접촉이 많은 직업에 종사케 하여서는 아니 된다. 그럼에도 불구하고 피의자는 20○○. ○. ○.경부터 20○○. ○. ○. 경까지 위 업소에 제1군감염병인 장티푸스에 감염된 감염병환자인 甲(여, 28세)을 고용하여 종사하게 하였다.

3) 신문사항

- 언제부터 어디에서 휴게음식점 영업을 하고 있는가
- 규모는 어느 정도인가요.
- 감염병환자를 종업원으로 고용하여 종사하게 하다 단속 당한 일이 있나요.

   이때 단속 당시 피의자가 작성한 시인서 등을 보여주며

- 이러한 내용이 사실인가요.
- 언제부터 어떤 감염병에 걸렸는가
- 처음부터 감염병 환자라는 것을 알고 고용하였다는 것인가
- 왜 이러한 종업원을 종사하게 하였나요.

4. 성명에 관한 건강진단을 받지 않은 자의 종업원 고용

1) 적용법조 : 제81조 제6호, 제45조 제2항, 제19조 ☞ 공소시효 5년

제45조(업무 종사의 일시 제한) ② 제19조에 따른 성매개감염병에 관한 건강진단을 받아야 할 자가 건강진단을 받지 아니한 때에는 같은 조에 따른 직업에 종사할 수 없으며 해당 영업을 영위하는 자는 건강진단을 받지 아니한 자를 그 영업에 종사하게 하여서는 아니 된다.
제19조(건강진단) 성매개감염병의 예방을 위하여 종사자의 건강진단이 필요한 직업으로 보건복지부령으로 정하는 직업에 종사하는 자와 성매개감염병에 감염되어 그 전염을 매개할 상당한 우려가 있다고 시장·군수·구청장이 인정한 자는 보건복지부령으로 정하는 바에 따라 성매개감염병에 관한 건강진단을 받아야 한다.

2) 범죄사실 기재례

> 피의자 甲은 ○○에서 ○○유흥주점을 운영하고 있다. 성매개감염병에 관한 건강진단을 받아야 할 자가 건강진단을 받지 아니한 때에는 같은 조에 따른 직업에 종사할 수 없으며 해당 영업을 영위하는 자는 건강진단을 받지 아니한 자를 그 영업에 종사하게 하여서는 아니 된다. 그럼에도 불구하고 피의자는 20○○. ○. ○.경부터 20○○. ○. ○. 경까지 위 업소에 성병에 관한 건강진단을 받지 아니한 종업원인 피의자 乙(여, 18세)을 고용하였다.

3) 신문사항

- 언제부터 어디에서 휴게음식점 영업을 하고 있는가
- 규모는 어느 정도인가요.
- 성병에 관한 건강진단을 받지 않은 종업원을 고용한 일이 있는가
  이때 단속 당시 피의자가 작성한 시인서 등을 보여주며
- 이러한 내용이 사실인가요.
- 왜 이러한 건강진단을 받지 않은 종업원을 종사하게 하였나요.
- 전에도 이와 같은 단속을 당한 일이 있나요.
- 본 건과 관련 피의자에게 유리한 증거나 참고로 더 할 말이 있나요.

4) 성매개감염병 및 후천성면역결핍증 건강진단대상자 및 건강진단 항목 및 횟수 (성매개감염병 및 후천성면역결핍증 건강진단규칙 제3조 [별표 1])

[별표] 〈개정 2021. 7. 19.〉

성매개감염병 및 후천성면역결핍증 건강진단 대상자와 건강진단 항목 및 회수

성매개감염병 및 후천성면역결핍증 건강진단 대상자	건강진단 항목 및 횟수		
	매독검사	HIV검사	그 밖의 성매개감염병 검사
1. 「청소년보호법 시행령」 제6조제2항제1호에 따른 영업소의 여성종업원	1회/6개월	1회/6개월	1회/6개월
2. 「식품위생법 시행령」 제22조제1항에 따른 유흥접객원	1회/3개월	1회/6개월	1회/3개월
3. 「안마사에 관한 규칙」 제6조에 따른 안마시술소의 종업원	1회/3개월	1회/6개월	1회/3개월
4. 특별자치도지사·시장·군수·구청장이 불특정 다수를 대상으로 성매개감염병 및 후천성면역결핍증을 감염시킬 우려가 있는 행위를 한다고 인정하는 영업장에 종사하는 사람	1회/3개월	1회/6개월	1회/3개월

■ 판례 ■ **건강진단수첩(속칭 보건증) 또는 건강진단결과서가 연령에 관한 공적 증명력이 있는 증거라고 볼 수 있는지 여부(소극)**

건강진단수첩(속칭 보건증) 제도가 폐지된 후 건강진단결과서 제도가 마련된 취지와 경위, 건강진단결과서의 발급목적, 건강진단결과서가 발급되는 과정에서 피검자에 대한 신분을 확인하는 검증절차 및 피검자의 동일성에 관한 건강진단결과서의 증명도 등을 두루 감안해 볼 때 비록 그 결과서에 피검자의 주민등록번호 등 인적 사항이 기재되어 있다고 하더라도 이는 주민등록증에 유사한 정도로 연령에 관한 공적 증명력이 있는 증거라고 볼 수는 없다(대법원 2002.6.28. 선고 2002도2425 판결).

5. 감염병의심자의 격리 조치 위반

1) 적용법조 : 제79조의3 제5호, 제49조 제1항 제14호 ☞ 공소시효 5년

> 제49조(감염병의 예방 조치) ① 보건복지부장관, 시·도지사 또는 시장·군수·구청장은 감염병을 예방하기 위하여 다음 각 호에 해당하는 모든 조치를 하거나 그에 필요한 일부 조치를 하여야 한다.
> 14. 감염병의심자를 적당한 장소에 일정한 기간 입원 또는 격리시키는 것

2) 범죄사실 기재례

> 　보건복지부장관은 20○○. 1. 8.경 ○○증을 제1급감염병으로 분류하였다.
> 　보건복지부장관, 시·도지사 또는 시장·군수·구청장은 제1급감염병이 발생한 경우 감염의심자에 대하여 자가격리를 할 수 있고, 감염병의 전파방지 및 예방을 위하여 감염병 의심자를 적당한 장소에 일정기간 격리할 수 있으며 그 격리 조치를 받은 사람은 격리 조치를 위반하여서는 아니 된다.
> 　피의자는 20○○.○.○. 해외에서 입국하여 위 감염병 의심자에 해당하므로 ○○시장으로부터 입국일부터 20○○.○.○.24:00까지 거주지인 ○○에 자가격리하도록 조치되었다.
> 　그럼에도 피의자는 격리 기간 중인 20○○.○.○. 12:00경부터 같은 날 20:00경까지 사이 쇼핑 및 외식 등 개인용무를 위해 위 격리장소를 무단으로 이탈하여 격리 조치를 위반하였다.

3) 신문사항
- 피의자는 해외를 다녀온 일이 있는가
- 언제 어떻게 입국하였는가
- 감염병 의심자로 분류된 사실이 있는가
- 언제 어디에서 이러한 판정을 받았는가
- 의심자로 분류된 이후 어떤 조치를 받았는가
- 누구로부터 이러한 조치를 받았는가
- 자가격리 기간과 장소는 어디였는가
- 자가격리 기간 중 격리장소를 이탈한 사실이 있는가
- 언제부터 언제까지 이탈하였는가
- 이탈하여 어디에서 무엇을 하였는가
- 이탈하는 동안 접촉하는 사람들은 누구인가
- 피의자의 이러한 격리장소의 이탈행위가 정당한 행위라고 생각하는가

6. 비밀누설행위

1) 적용법조 : 제78조 제3호, 제74조 ☞ 공소시효 5년

제74조(비밀누설의 금지) 이 법에 따라 건강진단, 입원치료, 진단 등 감염병 관련 업무에 종사하는 자 또는 종사하였던 자는 그 업무상 알게 된 비밀을 다른 사람에게 누설하거나 업무목적 외의 용도로 사용하여서는 아니 된다.

2) 범죄사실 기재례

피의자는 ○○○보건소에서 감염병 관련 업무에 종사하는 사람이다. 건강진단, 입원치료, 진단 등 감염병 관련 업무에 종사하는 자 또는 종사하였던 자는 그 업무상 알게 된 비밀을 다른 사람에게 누설하거나 업무 목적 외의 용도로 사용하여서는 아니 된다.
    그럼에도 불구하고 피의자는 20○○. ○. ○. ○○:○○경 위 보건소에서 위 보건소를 찾아온 홍길녀(여, 28세)에 대한 건강진단 중 위 홍길녀가 ○○성병에 걸렸다는 것을 20○○. ○. ○.○○에서 동료직원인 최민자 등에게 말하여 누설하였다.

3) 신문사항

- 피의자는 어디에 근무하고 있는가
- 어떠한 업무를 수행하는가(감염병 관련업무)
- 홍길녀를 알고 있는가
- 언제 어디에서 위 홍길녀의 건강진단을 한 일이 있는가
- 진단과정에서 어떠한 사항을 알게 되었나
- 홍길녀가 성병에 감염되었다는 것을 알고 있는가
- 이러한 사실을 누설한 일이 있나
- 언제 어디에서 누구에게 누설하였나
- 피의자의 행위로 홍길녀는 어떠한 피해를 보았는지 알고 있나
- 이러한 누설행위에 대해 어떻게 생각하느냐

7. 전기통신사업자의 위치정보 요청 거부

1) 적용법조 : 제79조의2 제5호, 제76조의2 제2항 ☞ 공소시효 5년

제76조의2(정보 제공 요청 등) ② 질병관리청장, 시·도지사 또는 시장·군수·구청장은 감염병 예방·관리 및 감염 전파의 차단을 위하여 필요한 경우 감염병환자등 및 감염병의심자의 위치정보를 「국가경찰과 자치경찰의 조직 및 운영에 관한 법률」에 따른 경찰청, 시·도경찰청 및 경찰서(이하 이 조에서 "경찰관서"라 한다)의 장에게 요청할 수 있다. 이 경우 질병관리청장, 시·도지사 또는 시장·군수·구청장의 요청을 받은 경찰관서의 장은 「위치정보의 보호 및 이용 등에 관한 법률」 제15조 및 「통신비밀보호법」 제3조에도 불구하고 「위치정보의 보호 및 이용 등에 관한 법률」 제5조제7항에 따른 개인위치정보사업자, 「전기통신사업법」 제2조제8호에 따른 전기통신사업자에게 감염병환자등 및 감염병의심자의 위치정보를 요청할 수 있고, 요청을 받은 위치정보사업자와 전기통신사업자는 정당한 사유가 없으면 이에 따라야 한다.

2) 범죄사실 기재례

> 피의자는 ○○텔레콤 ○○직에 근무하고 있는 사람이다. 보건복지부 장관의 요청을 받은 경찰관서의 장이 위치정보사업자 또는 전기통신사업자에게 감염병 환자 등 및 감염이 우려되는 사람의 위치정보를 요청한 경우 정당한 사유가 없으면 이에 따라야 한다.
> 그럼에도 불구하고 피의자는 20○○. ○. ○. ○○:○○경 ○○경찰서장으로부터 홍길녀에 대한 위치정보를 요청받고도 정당한 이유없이 다음 날 ○○:○○경까지 거부하였다.

3) 신문사항

- 피의자는 전기통신사업자인가
- 경찰관서의 장으로부터 위치정보를 요청 받은 사실이 있는가
- 언제 어떤 정보요청을 받았는가
- 왜 정보요청을 거부하였는가
- 요청거부가 정당하였다고 생각하는가

Ⅰ. 개념정의

제2조(정의) 이 법에서 사용하는 용어의 뜻은 다음과 같다.
1. "개인정보"란 살아 있는 개인에 관한 정보로서 다음 각 목의 어느 하나에 해당하는 정보를 말한다.
 가. 성명, 주민등록번호 및 영상 등을 통하여 개인을 알아볼 수 있는 정보
 나. 해당 정보만으로는 특정 개인을 알아볼 수 없더라도 다른 정보와 쉽게 결합하여 알아볼 수 있는 정보. 이 경우 쉽게 결합할 수 있는지 여부는 다른 정보의 입수 가능성 등 개인을 알아보는 데 소요되는 시간, 비용, 기술 등을 합리적으로 고려하여야 한다.
 다. 가목 또는 나목을 제1호의2에 따라 가명처리함으로써 원래의 상태로 복원하기 위한 추가 정보의 사용·결합 없이는 특정 개인을 알아볼 수 없는 정보(이하 "가명정보"라 한다)
1의2. "가명처리"란 개인정보의 일부를 삭제하거나 일부 또는 전부를 대체하는 등의 방법으로 추가 정보가 없이는 특정 개인을 알아볼 수 없도록 처리하는 것을 말한다.
2. "처리"란 개인정보의 수집, 생성, 연계, 연동, 기록, 저장, 보유, 가공, 편집, 검색, 출력, 정정(訂正), 복구, 이용, 제공, 공개, 파기(破棄), 그 밖에 이와 유사한 행위를 말한다.
3. "정보주체"란 처리되는 정보에 의하여 알아볼 수 있는 사람으로서 그 정보의 주체가 되는 사람을 말한다.
4. "개인정보파일"이란 개인정보를 쉽게 검색할 수 있도록 일정한 규칙에 따라 체계적으로 배열하거나 구성한 개인정보의 집합물(集合物)을 말한다.
5. "개인정보처리자"란 업무를 목적으로 개인정보파일을 운용하기 위하여 스스로 또는 다른 사람을 통하여 개인정보를 처리하는 공공기관, 법인, 단체 및 개인 등을 말한다.
6. "공공기관"이란 다음 각 목의 기관을 말한다.
 가. 국회, 법원, 헌법재판소, 중앙선거관리위원회의 행정사무를 처리하는 기관, 중앙행정기관(대통령 소속 기관과 국무총리 소속 기관을 포함한다) 및 그 소속 기관, 지방자치단체
 나. 그 밖의 국가기관 및 공공단체 중 대통령령으로 정하는 기관
7. "고정형 영상정보처리기기"란 일정한 공간에 설치되어 지속적 또는 주기적으로 사람 또는 사물의 영상 등을 촬영하거나 이를 유·무선망을 통하여 전송하는 장치로서 대통령령으로 정하는 장치를 말한다.
7의2. "이동형 영상정보처리기기"란 사람이 신체에 착용 또는 휴대하거나 이동 가능한 물체에 부착 또는 거치(據置)하여 사람 또는 사물의 영상 등을 촬영하거나 이를 유·무선망을 통하여 전송하는 장치로서 대통령령으로 정하는 장치를 말한다.
8. "과학적 연구"란 기술의 개발과 실증, 기초연구, 응용연구 및 민간 투자 연구 등 과학적 방법을 적용하는 연구를 말한다.
※ **시행령**
제2조(공공기관의 범위) 「개인정보 보호법」(이하 "법"이라 한다) 제2조제6호나목에서 "대통령령으로 정하는 기관"이란 다음 각 호의 기관을 말한다.
1. 「국가인권위원회법」 제3조에 따른 국가인권위원회
2. 「공공기관의 운영에 관한 법률」 제4조에 따른 공공기관
3. 「지방공기업법」에 따른 지방공사와 지방공단
4. 특별법에 따라 설립된 특수법인
5. 「초·중등교육법」, 「고등교육법」, 그 밖의 다른 법률에 따라 설치된 각급 학교

제70조(벌칙) 다음 각 호의 어느 하나에 해당하는 자는 10년 이하의 징역 또는 1억원 이하의 벌금에 처한다.

1. 공공기관의 개인정보 처리업무를 방해할 목적으로 공공기관에서 처리하고 있는 개인정보를 변경하거나 말소하여 공공기관의 업무 수행의 중단·마비 등 심각한 지장을 초래한 자

2. 거짓이나 그 밖의 부정한 수단이나 방법으로 다른 사람이 처리하고 있는 개인정보를 취득한 후 이를 영리 또는 부정한 목적으로 제3자에게 제공한 자와 이를 교사·알선한 자

제71조(벌칙) 다음 각 호의 어느 하나에 해당하는 자는 5년 이하의 징역 또는 5천만원 이하의 벌금에 처한다.

1. 제17조제1항제2호에 해당하지 아니함에도 같은 항 제1호(제26조제8항에 따라 준용되는 경우를 포함한다)를 위반하여 정보주체의 동의를 받지 아니하고 개인정보를 제3자에게 제공한 자 및 그 사정을 알면서도 개인정보를 제공받은 자

2. 제18조제1항·제2항, 제27조제3항 또는 제28조의2(제26조제8항에 따라 준용되는 경우를 포함한다), 제19조 또는 제26조제5항을 위반하여 개인정보를 이용하거나 제3자에게 제공한 자 및 그 사정을 알면서도 영리 또는 부정한 목적으로 개인정보를 제공받은 자

3. 제22조의2제1항(제26조제8항에 따라 준용되는 경우를 포함한다)을 위반하여 법정대리인의 동의를 받지 아니하고 만 14세 미만인 아동의 개인정보를 처리한 자

4. 제23조제1항(제26조제8항에 따라 준용되는 경우를 포함한다)을 위반하여 민감정보를 처리한 자

5. 제24조제1항(제26조제8항에 따라 준용되는 경우를 포함한다)을 위반하여 고유식별정보를 처리한 자

6. 제28조의3제1항(제26조제8항에 따라 준용되는 경우를 포함한다)을 위반하여 보호위원회 또는 관계 중앙행정기관의 장으로부터 전문기관으로 지정받지 아니하고 가명정보를 결합한 자

7. 제28조의3제2항(제26조제8항에 따라 준용되는 경우를 포함한다)을 위반하여 전문기관의 장의 승인을 받지 아니하고 결합을 수행한 기관 외부로 결합된 정보를 반출하거나 이를 제3자에게 제공한 자 및 그 사정을 알면서도 영리 또는 부정한 목적으로 결합된 정보를 제공받은 자

8. 제28조의5제1항(제26조제8항에 따라 준용되는 경우를 포함한다)을 위반하여 특정 개인을 알아보기 위한 목적으로 가명정보를 처리한 자

9. 제59조제2호를 위반하여 업무상 알게 된 개인정보를 누설하거나 권한 없이 다른 사람이 이용하도록 제공한 자 및 그 사정을 알면서도 영리 또는 부정한 목적으로 개인정보를 제공받은 자

10. 제59조제3호를 위반하여 다른 사람의 개인정보를 이용, 훼손, 멸실, 변경, 위조 또는 유출한 자

제72조(벌칙) 다음 각 호의 어느 하나에 해당하는 자는 3년 이하의 징역 또는 3천만원 이하의 벌금에 처한다.

1. 제25조제5항(제26조제8항에 따라 준용되는 경우를 포함한다)을 위반하여 고정형 영상정보처리기기의 설치 목적과 다른 목적으로 고정형 영상정보처리기기를 임의로 조작하거나 다른 곳을 비추는 자 또는 녹음기능을 사용한 자

2. 제59조제1호를 위반하여 거짓이나 그 밖의 부정한 수단이나 방법으로 개인정보를 취득하거나 개인정보 처리에 관한 동의를 받는 행위를 한 자 및 그 사정을 알면서도 영리 또는 부정한 목적으로 개인정보를 제공받은 자

3. 제60조를 위반하여 직무상 알게 된 비밀을 누설하거나 직무상 목적 외에 이용한 자

제73조(벌칙) 다음 각 호의 어느 하나에 해당하는 자는 2년 이하의 징역 또는 2천만원 이하의 벌금에 처한다.

1. 제36조제2항(제26조제8항에 따라 준용되는 경우를 포함한다)을 위반하여 정정·삭제 등 필요한 조치를 하지 아니하고 개인정보를 계속 이용하거나 이를 제3자에게 제공한 자

2. 제37조제2항(제26조제8항에 따라 준용되는 경우를 포함한다)을 위반하여 개인정보의 처리를 정지하지 아니하고 개인정보를 계속 이용하거나 제3자에게 제공한 자

3. 국내외에서 정당한 이유 없이 제39조의4에 따른 비밀유지명령을 위반한 자

4. 제63조제1항(제26조제8항에 따라 준용되는 경우를 포함한다)에 따른 자료제출 요구에 대하여 법 위반사항을 은폐 또는 축소할 목적으로 자료제출을 거부하거나 거짓의 자료를 제출한 자

5. 제63조제2항(제26조제8항에 따라 준용되는 경우를 포함한다)에 따른 출입·검사 시 자료의 은닉·폐기, 접근 거부 또는 위조·변조 등을 통하여 조사를 거부·방해 또는 기피한 자

② 제1항제3호의 죄는 비밀유지명령을 신청한 자의 고소가 없으면 공소를 제기할 수 없다.

제74조(양벌규정) ① 법인의 대표자나 법인 또는 개인의 대리인, 사용인, 그 밖의 종업원이 그 법인 또는 개인의 업무에 관하여 제70조에 해당하는 위반행위를 하면 그 행위자를 벌하는 외에 그 법인 또는 개인을 7천만원 이하의 벌금에 처한다. 다만, 법인 또는 개인이 그 위반행위를 방지하기 위하여 해당 업무에 관하여 상당한 주의와 감독을 게을리하지 아니한 경우에는 그러하지 아니하다.
② 법인의 대표자나 법인 또는 개인의 대리인, 사용인, 그 밖의 종업원이 그 법인 또는 개인의 업무에 관하여 제71조부터 제73조까지의 어느 하나에 해당하는 위반행위를 하면 그 행위자를 벌하는 외에 그 법인 또는 개인에게도 해당 조문의 벌금형을 과(科)한다. 다만, 법인 또는 개인이 그 위반행위를 방지하기 위하여 해당 업무에 관하여 상당한 주의와 감독을 게을리하지 아니한 경우에는 그러하지 아니하다.
제74조의2(몰수·추징 등) 제70조부터 제73조까지의 어느 하나에 해당하는 죄를 지은 자가 해당 위반행위와 관련하여 취득한 금품이나 그 밖의 이익은 몰수할 수 있으며, 이를 몰수할 수 없을 때에는 그 가액을 추징할 수 있다. 이 경우 몰수 또는 추징은 다른 벌칙에 부가하여 과할 수 있다.

Ⅲ. 범죄사실

1. 개인정보 목적 외 이용

1) 적용법조 : 제71조 제2호, 제18조 제2항 ☞ 공소시효 7년

제18조(개인정보의 목적 외 이용·제공 제한) ① 개인정보처리자는 개인정보를 제15조제1항에 따른 범위를 초과하여 이용하거나 제17조제1항 및 제28조의8제1항에 따른 범위를 초과하여 제3자에게 제공하여서는 아니 된다.
② 제1항에도 불구하고 개인정보처리자는 다음 각 호의 어느 하나에 해당하는 경우에는 정보주체 또는 제3자의 이익을 부당하게 침해할 우려가 있을 때를 제외하고는 개인정보를 목적 외의 용도로 이용하거나 이를 제3자에게 제공할 수 있다. 다만, 제5호부터 제9호까지에 따른 경우는 공공기관의 경우로 한정한다.

2) 범죄사실 기재례

개인정보처리자로부터 개인정보를 제공받은 자는 정보주체로부터 별도의 동의를 받거나 다른 법률에 특별한 규정이 있는 경우가 아니면 개인정보를 제공받은 목적 외의 용도로 이용하여서는 아니 된다.
피의자는 20○○. ○. ○. 경 ○○에 있는 ○○고등학교 대학수학능력시험 고사장 감독업무를 수행하는 과정에서 수험생의 성명, 주민등록번호, 연락처, 주소 등 개인정보가 포함된 응시원서를 제공받고, 이를 각 수험생의 수험표와 대조하는 과정에서 갑 연락처를 알게 되었다.
피의자는 20○○. ○. ○. ○○:○○경 위와 같이 알게 된 연락처를 이용하여 갑을 카카오톡 친구로 추가한 후 갑에게 카카오톡으로 "사실 갑씨가 맘에 들어서요." 등의 메시지를 발송하였다.
이로써 피의자는 개인정보처리자로부터 제공받은 개인정보를 제공받은 목적 외 용도로 이용하였다.

■ 판례 ■　　개인정보 보호법 제71조 제2호 위반죄의 '영리 또는 부정한 목적'을 범죄성립요건으로 하는 목적범인지 여부

[1] 개인정보를 제공받은 자의 개인정보 보호법 제71조 제2호 위반죄는 정보제공자가 법령위반으로 개인정보를 제공한다는 사정에 대한 인식 외에 '영리 또는 부정한 목적'을 범죄성립요건으로 하는 목적범인지 여부(적극) / 개인정보 보호법 제71조 제2호에서 '부정한 목적'의 의미 및 이에 해당하는지 판단하는 방법

개인정보 보호법 제71조 제2호는 '제18조 제1항·제2항(제39조의14에 따라 준용되는 경우를 포함한다), 제19조, 제26조 제5항 또는 제27조 제3항을 위반하여 개인정보를 이용하거나 제3자에게 제공한 자' 뿐만 아니라 '그러한 사정을 알면서 영리 또는 부정한 목적으로 개인정보를 제공받은 자'도 처벌하도록 규정하고 있다. 개인정보를 제공받은 자의 개인정보 보호법 제71조 제2호 위반죄는 정보제공자가 법령위반으로 개인정보를 제공한다는 사정에 대한 인식 외에 '영리 또는 부정한 목적'을 범죄성립요건으로 하는 목적범이다. 여기서 '부정한 목적'이란 개인정보를 제공받아 실현하려는 의도가 사회통념상 부정한 것으로서, 이에 해당하는지 여부는 개인정보를 제공받아 실현하려는 목적의 구체적인 내용을 확정하고 당해 개인정보의 내용과 성격, 개인정보가 수집된 원래의 목적과 취지, 개인정보를 제공받게 된 경위와 방법 등 여러 사정을 종합하여 사회통념에 따라 판단하여야 한다.

[2] 주택재개발정비사업 조합의 조합원인 피고인이 조합 임원 9명에 대한 해임안건이 담긴 해임 총회 개최사실을 알릴 목적으로 甲이 이전에 개최된 주민총회의 적정성을 검토하기 위해 제공받은 토지 등 소유자 명부 등을 바탕으로 작성하여 보관 중이던 조합원 명단을 제공받음으로써 부정한 목적으로 개인정보를 제공받았다는 이유로 개인정보 보호법 위반으로 기소된 사안

피고인은 도시 및 주거환경정비법에 따라 해임 총회의 요구자 대표로서 조합장 권한을 대행하여 해임 총회를 소집하기 위하여 개인정보인 조합원 명단을 제공받았다고 볼 여지가 있고, 개인정보인 조합원 명단의 내용과 성격, 조합원들이 조합에 개인정보를 제공한 원래의 목적, 피고인이 甲으로부터 조합원 명단을 제공받게 된 경위와 방법 등 제반 사정을 종합하면, '해임 총회 개최사실을 알릴 목적'이 사회통념상 부정하다고 단정하기 어렵다고 보아, 이와 달리 본 원심판결에 법리오해의 잘못이 있다. (법원 2022. 6. 16., 선고, 2022도1676, 판결)

2 고정형 영상정보처리기기에 녹음장치 설치

1) 적용법조 : 제72조 제1호, 제25조 제5항 ☞ 공소시효 5년

제25조(고정형 영상정보처리기기의 설치·운영 제한) ⑤ 고정형영상정보처리기기운영자는 고정형 영상정보처리기기의 설치 목적과 다른 목적으로 고정형 영상정보처리기기를 임의로 조작하거나 다른 곳을 비춰서는 아니 되며, 녹음기능은 사용할 수 없다.

2) 범죄사실 기재례

[기재례1] 영상장치에 녹음장치 설치

고정형영상정보처리기기운영자는 고정형 영상정보처리기기의 설치 목적과 다른 목적으로 고정형 영상정보처리기기를 임의로 조작하거나 다른 곳을 비춰서는 아니 되며, 녹음기능은 사용할 수 없다.

그럼에도 불구하고 피의자는 20○○. ○. ○. ○○:○○경 ○○ 자신의 사무실 입구에 범죄의 예방 목적으로 영상처리기기를 설치하면서 그곳에 소형 녹음기능은 ○○녹음장치(기기명)를 부착하여 그곳을 출입하는 사람들의 음성이 녹음되게 하였다.

[기재례2] 영상장치 목적 외 장소를 비추게 한 행위

피의자는 ○○에 있는 ○○ 번지의 소유자이고, 고소인 갑은 인근 토지인 같은 리 ○○ 번지 토지 및 지상 주택의 소유자이다.

고정형영상정보처리기기운영자는 고정형 영상정보처리기기의 설치 목적과 다른 목적으로 고정형 영상정보처리기기를 임의로 조작하거나 다른 곳을 비춰서는 아니 되며, 녹음기능은 사용할 수 없다.

그럼에도 불구하고 피의자는 20○○.○.○.경부터 20○○.○.○.경까지 피의자 소유 위 토지에 농작물 보호 등 범죄 예방을 목적으로 설치해 둔 영상정보처리기기인 CCTV의 방향을 조작하여 고소인의 주택 내부가 촬영될 수 있도록 함으로써 고정형영상정보 처리기기를 설치 목적과 달리 다른 곳을 비추게 하였다.

3) 신문사항

- 고종형영상정보처리기기를 설치한 사실이 있는가
- 언제 누가 설치하였는가
- 어떤 영상기기를 설치하였는가
- 무슨 목적으로 설치하였는가
- 설치하기 전 어떤 조치를 하였나
- 녹음기능도 설치하였는가
- 무엇 때문에 녹음기능을 부착하였나

3 부정한 수단으로 개인정보 취득

1) 적용법조 : 제72조 제2호, 제59조 제1호 ☞ 공소시효 5년

제59조(금지행위) 개인정보를 처리하거나 처리하였던 자는 다음 각 호의 어느 하나에 해당하는 행위를 하여서는
아니 된다.
1. 거짓이나 그 밖의 부정한 수단이나 방법으로 개인정보를 취득하거나 처리에 관한 동의를 받는 행위

2) 범죄사실 기재례

[기재례1] 채권확보수단으로 열람

피의자는 20○○. ○. ○. ○○:○○경 ○○동사무소에서 주민등록발급 담당 공무원인 조
아라에게 "나는 ○○경찰서에 근무하고 있는 정직환 형사인데 급히 범인을 추적하고 있어
홍길동의 주민등록번호와 영상에 입력된 사진을 보여 달라"고 말하여 위 동사무소 개인정
보파일에 기록되어 있는 홍길동의 개인정보인 주민등록번호와 영상사진의 "처리정보"를
부정한 방법으로 제공받았다. (공무원자격사칭죄도 적용)

[기재례2] 심부름센터 부탁으로 정보열람

피의자들은 20○○. ○. ○.경 ○○에서 피의자 甲의 지시를 받은 피의자 乙은 '○○'이
라는 심부름센터 운영자로부터 '01도○○○○' 차량의 소유자 등록정보를 알아봐 줄 것을
의뢰받고 그 의뢰내용을 피의자 丙에게 휴대폰으로 전단하고 위 丙은 ○○방법으로 위 차량
소유자의 성명, 주민등록번호, 주소 등 등록정보를 알아내어 피의자에게 휴대폰으로 알려주
고 피의자는 이를 위 심부름센터 운영자에게 휴대폰으로 알려줌으로써 사위 기타 부정한 방
법으로 공공기관으로부터 처리정보를 제공받은 것을 비롯하여 그때부터 20○○. ○. ○.경까
지 같은 수법으로 별지 범지일람표 기재와 같이 총 ○○회에 걸쳐 사위 기타 부정한 방법으
로 공공기관으로부터 처리정보를 제공받았다.

[기재례3] 시험감독 중 알게 된 개인정보 이용

개인정보처리자로부터 개인정보를 제공받은 자는 정보 주체로부터 별도의 동의를 받거나
다른 법률에 특별한 규정이 있는 경우가 아니면 개인정보를 제공받은 목적 외의 용도로 이
용하여서는 아니 된다.
피의자는 20○○.○.○.경 ○○에 있는 ○○고등학교 대학수학능력시험 고사장 감독업무를
수행하는 과정에서 수험생의 성명, 주민등록번호, 연락처, 주소 등 개인정보가 포함된 응시
원서를 제공받고, 이를 각 수험생의 수험표와 대조하는 과정에서 甲의 연락처를 알게 되었
다.
피의자는 20○○.○.○.15:00경 위와 같이 알게 된 연락처를 이용하여 甲을 카카오톡 친구
로 추가한 후 甲에게 카카오톡으로 "사실 甲 씨가 맘에 들어서요." 등의 메시지를 발송하
였다. 이로써 피의자는 개인정보처리자로부터 제공받은 개인정보를 제공받은 목적 외 용도로
이용하였다.

4 업무상 개인정보 누설

1) 적용법조 : 제71조 제9호, 제59조 제2호 ☞ 공소시효 7년

제59조(금지행위) 개인정보를 처리하거나 처리하였던 자는 다음 각 호의 어느 하나에 해당하는 행위를 하여서는 아니 된다.
2. 업무상 알게 된 개인정보를 누설하거나 권한 없이 다른 사람이 이용하도록 제공하는 행위
3. 정당한 권한 없이 또는 허용된 권한을 초과하여 다른 사람의 개인정보를 이용, 훼손, 멸실, 변경, 위조 또는 유출하는 행위

2) 범죄사실 기재례

[기재례1] 동사무소 직원이 주민등록번호와 주소를 누설

피의자는 ○○시 ○○동사무소에서 주민등록업무 등 개인정보의 처리하는 지방행정 9급 공무원이다.
개인정보를 처리하거나 처리하였던 자는 업무상 알게 된 개인정보를 누설하거나 권한 없이 다른 사람이 이용하도록 제공하는 행위를 하여서는 아니 된다.
그럼에도 불구하고 피의자는 20○○. ○. ○. ○○:○○경 친구 홍길동의 부탁으로 개인정보인 ○○에 사는 정민철의 주민등록번호와 주소를 알려 주어 이를 누설하였다.

[기재례2] 출입국관리사무소 직원이 외국인 개인정보 누설

피의자는 20○○. ○. ○. ○○에 있는 ○○출입국관리사무소 2층 심사과 동향조사팀 사무실에서 국내에 입국한 한국계 중국인 "○○" 등 외국인 ○○명의 성명, 체류기간, 만료 일자, 전화번호 등 개인정보가 들어있는 등록외국인 대장 1부를 위 사무소의 전산망에 접속하여 출력한 후 다음날 ○○에 있는 ○○행정사 사무소에서 그 사무소 종업원인 甲에게 전달하였다.
이로써 피의자는 업무상 알게 된 개인정보를 제공하였다.

[기재례3] 경찰공무원이 사건 전력을 누설

피의자는 ○○경찰서 ○○팀 소속 경찰공무원이다. 개인정보의 처리하는 공공기관의 직원인 피의자는 직무상 알게 된 개인정보를 누설하는 등 부당한 목적을 위하여 사용하여서는 아니된다.
그럼에도 불구하고 피의자는 20○○. 10. 21. 18:00경 위 경찰서 ○○팀 사무실에서, 친구인 홍길동으로부터 전화상으로 甲의 개인정보를 알려달라는 부탁을 받고, 컴퓨터를 사용하여 '형사법 정보시스템(KICS)'에 접속한 후 그곳에 저장된 甲의 사건 전력을 조회하여 알아낸 다음, '甲이 전에 여자들에게 돈을 뺏고 그런 적이 있다'라고 알려주어 직무상 알게 된 甲에 대한 개인정보를 누설하는 등 부당한 목적을 위하여 사용하였다.

[기재례4] 경찰청 표준인사시스템인 'e사람' 이용, 취득한 개인정보 유출

개인정보를 처리하거나 처리하였던 자는 업무상 알게 된 개인정보를 누설하거나 권한 없이 다른 사람이 이용하도록 제공해서는 아니 되고, 정당한 권한 없이 또는 허용된 권한을 초과하여 다른 사람의 개인정보를 유출하는 행위를 하여서는 아니 된다.

경찰청 표준인사시스템인 'e사람'에 경찰공무원의 성명을 입력하면 대상자의 소속 부서, 휴대전화번호, 이메일 주소 등을 열람할 수 있는 '직원 조회' 메뉴가 있고, 조회 화면 하단에는 '내부직원 개인정보 사적 활용 금지'라는 경고문이 표시되어 있다.

피의자는 20○○.○.○.10:0경 ○○경찰서 ○○지구대 사무실에서, 그곳에 있는 업무용 컴퓨터로 위 'e사람' 시스템에 접속한 후 '직원 조회' 메뉴에 甲의 성명을 입력한 다음 甲의 개인정보인 휴대전화번호 (○○)을 알아낸 것을 비롯하여 그 무렵부터 20○○.○.○.경까지 별지 범죄일람표 기재와 같이 'e사람' 시스템에 접속한 후 ○○명의 휴대전화번호를 알아낸 다음 위 ○○명으로부터 별도의 동의를 받지 아니하였음에도 ○○명에 대한 고소장에 위 휴대전화번호를 기재하고, 20○○.○.○.경 ○○경찰서에 제출하였다.

이로써 피의자는 개인정보를 처리하거나 처리하였던 사람으로서 업무상 알게 된 甲 등 ○○명의 개인정보를 누설하거나 권한 없이 다른 사람이 이용하도록 제공하고, 정당한 권한 없이 또는 허용된 권한을 초과하여 개인정보를 유출하였다.

3) 신문사항

- 피의자는 공무원인가(임용일, 소속, 직책, 근무기간 등)
- 어떠한 업무를 맡아 처리하고 있는가
- 고소인 정민철과 어떠한 관계인가
- 고소인의 개인정보를 홍길동에게 알려 준 일이 있는가
- 언제 어디에서 어떠한 내용의 개인정보를 알려주었는가
- 어떻게 알려 주었나
- 무엇 때문에 알려주었나
- 홍길동이 언제 어디서 처음 알려 달라고 하던가
- 홍길동에게 알려준 정민철의 정보를 홍길동은 어떻게 사용하였는지 알고 있는가
- 피의자의 행위로 정민철이 어떠한 피해를 보았는지 알고 있는가
- 공무원으로서 피의자의 이번 행위에 대해 어떻게 생각하느냐

■ **판례** ■   구 공공기관의 개인정보보호에 관한 법률 제23조 제3항에서 정한 '거짓 그 밖의 부정한 방법'의 의미 및 위 조항 위반죄는 처리정보 보유기관의 장이 처리정보를 이용하게 하거나 제공할 수 있는 경우(같은 법 제10조 제3항 각 호)와 관련하여 '거짓 그 밖의 부정한 방법'을 사용하여 처리정보를 열람 또는 제공받은 때에만 성립하는지 여부(소극)

① 제23조 제3항은 "거짓 그 밖의 부정한 방법으로 공공기관으로부터 처리정보를 열람 또는 제공받은 자는 2년 이하의 징역 또는 700만 원 이하의 벌금에 처한다."고 규정함으로써 처리정보 보유기관 장의 처리정보의 이용 및 제공의 제한 규정(법 제10조) 또는 개인정보취급자의 누설 등

금지규정(법 제11조) 위반을 전제로 처리정보를 열람 또는 제공받은 자를 처벌한다고 규정하지 아니한 점,

② 오히려 법 제10조, 제11조는 처리정보 보유기관의 장 또는 개인정보취급자에 대한 의무를 규정한 것이고, 법 제23조 제3항은 처리정보 보유기관의 장 또는 개인정보취급자에 대한 법 제10조, 제11조의 의무위반과 관계없이 '거짓 그 밖의 부정한 방법'으로 처리정보를 제공받은 경우에 이를 처벌함으로써 처리정보를 제공받고자 하는 사람에 대하여 '거짓 그 밖의 부정한 방법'을 사용하지 못할 의무를 간접적으로 부과한 규정이라고 볼 수 있는 점,

③ 처리정보 보유기관의 장이 처리정보를 이용하게 하거나 제공할 수 있는 경우(법 제10조 제3항 각 호)와 관련하여 '거짓 그 밖의 부정한 방법'을 사용한 때에만 법 제23조 제3항이 적용되는 것으로 한정하여 해석할 경우 개인정보 보호를 목적으로 한 법의 목적을 충분히 달성하기 어려운 점 등을 고려할 때, 법 제23조 제3항의 "거짓 그 밖의 부정한 방법"이란 법에 따른 절차에 의해서는 처리정보 보유기관으로부터 처리정보를 열람 또는 제공받을 수 없음에도 이를 열람 또는 제공받기 위하여 행하는 위계 기타 사회통념상 부정한 방법이라고 인정되는 것으로서 처리정보 열람 또는 제공에 관한 의사결정에 영향을 미칠 수 있는 적극적 및 소극적 행위를 뜻한다고 봄이 타당하며, 따라서 법 제23조 제3항 위반죄는 처리정보 보유기관의 장이 처리정보를 이용하게 하거나 제공할 수 있는 경우(법 제10조 제3항 각 호)와 관련하여 '거짓 그 밖의 부정한 방법'을 사용하여 처리정보를 열람 또는 제공받은 때에만 성립하는 것은 아니다.(대법원 2014.2.27. 선고, 2013도10461, 판결)

■ 판례 ■   인터넷 신문 기자인 피고인이 뉴스 사이트에 甲에 관한 기사를 게재하면서 취재 활동 중에 알게 된 甲의 성명, 지위, 주소 등의 개인정보를 누설하였다고 하여 개인정보 보호법 제71조 제5호, 제59조 위반으로 기소된 사안

[1] 사실관계

> 아파트 관리사무소장인 피고인 2가 아파트 선거관리위원장으로부터 공소외인 등 일부 입주민들이 제출한 동·호수, 이름, 전화번호, 서명 등이 연명으로 기재된 동대표 해임동의서(이하 '이 사건 해임동의서'라 한다)를 해임요청의 적법 여부 검토를 위해 교부받은 다음 2014. 2. 19. 해임동의 대상자인 102동 동대표 피고인 1에게 열람하도록 제공함으로써 업무상 알게 된 개인정보를 누설하였고, 피고인 1은 위와 같은 사정을 알면서도 피고인 2로부터 부정한 목적으로 개인정보를 제공받았다

[2] 판결요지

법 제2조 제5호에서는 개인정보처리자에 대하여 '개인정보파일을 운영하기 위함'이라는 요건을 부과하고 있는데, 이는 개인정보파일을 운용하기 위한 목적 없이 개인정보를 처리하는 자와 구별되어야 하는 점(법 제2조 제1호, 제2호에서 '개인정보'와 '처리'에 대하여도 별도로 정의하고 있다), 법 제59조에서는 개인정보처리자와 구별하여 '개인정보를 처리하거나 처리하였던 자'를 의무주체로 규정하고 있는 점, 법 제71조 제1호에서는 개인정보처리자가 정보주체의 동의를 받지 아니하고 개인정보를 제3자에게 제공한 경우를 처벌하고, 법 제71조 제2호, 제19조에서는 개인정보처리자에게서 정보를 제공받은 제3자가 이를 이용한 경우를 처벌하는 등 개인정보처리자가 제3자에게 개인정보를 제공한 경우를 별도로 처벌하고 있는 점 등을 종합할 때 법 제71조 제5호, 제59조의 '개인정보를 처리하거나 처리하였던 자'를 법 제2조 제5호의 '개인정보처리자'라 할 수 없다.(서울서부지법 2015.12.18. 선고, 2015고정1144, 판결)

■ 판례 ■　구 개인정보 보호법 제71조 제5호의 적용대상자로서 제59조 제2호의 의무주체인 '개인정보를 처리하거나 처리하였던 자'에 제2조 제5호의 '개인정보처리자' 외에 업무상 알게 된 제2조 제1호의 '개인정보'를 제2조 제2호의 방법으로 처리하거나 처리하였던 자가 포함되는지 여부(적극)

구 개인정보 보호법(2014. 3. 24. 법률 제12504호로 개정되기 전의 것) 제71조 제1호는 제17조 제1항을 위반하여 정보주체의 동의를 받지 아니하고 개인정보를 제3자에게 제공한 자 및 그 사정을 알고 개인정보를 제공받은 자를 처벌하도록 하고 있고, 제17조 제1항은 '개인정보처리자'가 정보주체의 동의를 받은 경우나 수집한 목적 범위 내에서는 개인정보를 제공할 수 있는 것으로 정하고 있어, '개인정보처리자'의 개인정보 무단 제공행위 및 그로부터 개인정보를 무단으로 제공받는 행위에 관하여는 제71조 제1호, 제17조 제1항에 의하여 별도로 규제되고 처벌할 수 있는 점, 개인정보 보호법 제59조 제2호의 의무주체는 '개인정보를 처리하거나 처리하였던 자'로서 제15조(개인정보의 수집·이용), 제17조(개인정보의 제공), 제18조(개인정보의 목적 외 이용·제공 제한) 등의 의무주체인 '개인정보처리자'와는 법문에서 명백히 구별되는 점, 개인정보 보호법이 금지 및 행위규범을 정할 때 일반적으로 개인정보처리자를 규범준수자로 하여 규율함에 따라, 제8장 보칙의 장에 따라 제59조를 두어 '개인정보처리자' 외에도 '개인정보를 처리하거나 처리하였던 자'를 의무주체로 하는 금지행위에 관하여 규정함으로써 개인정보처리자 이외의 자에 의하여 이루어지는 개인정보 침해행위로 인한 폐해를 방지하여 사생활의 비밀 보호 등 개인정보 보호법의 입법 목적을 달성하려 한 것으로 볼 수 있는 점 등을 고려하면, 개인정보 보호법 제71조 제5호의 적용대상자로서 제59조 제2호의 의무주체인 '개인정보를 처리하거나 처리하였던 자'는 제2조 제5호의 '개인정보처리자' 즉 업무를 목적으로 개인정보파일을 운용하기 위하여 스스로 또는 다른 사람을 통하여 개인정보를 처리하는 공공기관, 법인, 단체 및 개인 등에 한정되지 않고, 업무상 알게 된 제2조 제1호의 '개인정보'를 제2조 제2호의 방법으로 '처리'하거나 '처리'하였던 자를 포함한다.(대법원 2016.3.10, 선고, 2015도8766, 판결)

■ 판례 ■　개인정보를 처리하거나 처리하였던 자가 업무상 알게 된 개인정보를 누설하거나 권한 없이 다른 사람이 이용하도록 제공한 것이라는 사정을 알면서도 영리 또는 부정한 목적으로 개인정보를 제공받은 자라면, 개인정보를 처리하거나 처리하였던 자로부터 직접 개인정보를 제공받지 아니하더라도 개인정보 보호법 제71조 제5호의 '개인정보를 제공받은 자'에 해당하는지 여부(적극)

개인정보 보호법 제59조 제2호는 '개인정보를 처리하거나 처리하였던 자는 업무상 알게 된 개인정보를 누설하거나 권한 없이 다른 사람이 이용하도록 제공하는 행위를 하여서는 아니 된다'고 규정하고 있고, 제71조 제5호는 '제59조 제2호를 위반하여 업무상 알게 된 개인정보를 누설하거나 권한 없이 다른 사람이 이용하도록 제공한 자 및 그 사정을 알면서도 영리 또는 부정한 목적으로 개인정보를 제공받은 자'를 처벌하는 것으로 규정하고 있다. 위에서 보듯이 개인정보 보호법 제71조 제5호 후단은 그 사정을 알면서도 영리 또는 부정한 목적으로 개인정보를 제공받은 자를 처벌하도록 규정하고 있을 뿐 개인정보를 제공하는 자가 누구인지에 관하여는 문언상 아무런 제한을 두지 않고 있는 점과 개인정보 보호법의 입법 목적 등을 고려할 때, 개인정보를 처리하거나 처리하였던 자가 업무상 알게 된 개인정보를 누설하거나 권한 없이 다른 사람이 이용하도록 제공한 것이라는 사정을 알면서도 영리 또는 부정한 목적으로 개인정보를 제공받은 자라면, 개인정보를 처리하거나 처리하였던 자로부터 직접 개인정보를 제공받지 아니하더라도 개인정보 보호법 제71조 제5호의 '개인정보를 제공받은 자'에 해당한다.(대법원 2018. 1. 24., 선고, 2015도16508, 판결)

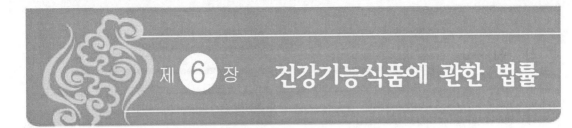

제 6 장 건강기능식품에 관한 법률

I. 개념정의 및 영업의 종류

1. 개념정의

제3조(정의) 이 법에서 사용하는 용어의 뜻은 다음과 같다.
1. "건강기능식품"이란 인체에 유용한 기능성을 가진 원료나 성분을 사용하여 제조(가공을 포함한다. 이하 같다)한 식품을 말한다.
2. "기능성"이란 인체의 구조 및 기능에 대하여 영양소를 조절하거나 생리학적 작용 등과 같은 보건 용도에 유용한 효과를 얻는 것을 말한다.
5. "영업"이란 건강기능식품을 판매의 목적으로 제조 또는 수입하거나 판매(불특정 다수에게 무상으로 제공하는 것을 포함한다. 이하 같다)하는 업(業)을 말한다.
6. "건강기능식품이력추적관리"란 건강기능식품을 제조하는 단계부터 판매하는 단계까지 각 단계별로 정보를 기록·관리하여 해당 건강기능식품의 안전성 등에 문제가 발생할 경우 해당 건강기능식품을 추적하여 원인을 규명하고 필요한 조치를 할 수 있도록 관리하는 것을 말한다.

2. 영업의 종류

제4조(영업의 종류 및 시설기준) ① 다음 각 호의 어느 하나에 해당하는 영업을 하려는 자는 총리령으로 정하는 기준에 맞는 시설을 갖추어야 한다.
1. 건강기능식품제조업
2. 건강기능식품수입업 〈삭제 2016. 2.4.〉
3. 건강기능식품판매업
② 제1항에 따른 영업의 세부 종류와 그 범위는 대통령령으로 정한다.

※ 시행령
제2조(영업의 종류) 「건강기능식품에 관한 법률」(이하 "법"이라 한다) 제4조제2항에 따른 영업의 세부종류와 그 범위는 다음 각 호와 같다.
1. 건강기능식품제조업
  가. 건강기능식품전문제조업 : 건강기능식품을 전문적으로 제조하는 영업
  나. 건강기능식품벤처제조업 : 「벤처기업육성에 관한 특별조치법」 제2조에 따른 벤처기업이 건강기능식품을 가목의 건강기능식품전문제조업자에게 위탁하여 제조하는 영업
2. 삭제 〈2016. 1. 22.〉
3. 건강기능식품판매업
  가. 건강기능식품일반판매업: 건강기능식품을 판매하는 영업. 다만, 나목에 따른 건강기능식품유통전문판매업에 해당하는 것은 제외한다.
  나. 건강기능식품유통전문판매업 : 제1호가목의 건강기능식품전문제조업자에게 의뢰하여 제조한 건강기능식품을 자신의 상표로 유통·판매하는 영업

제43조(벌칙) 다음 각 호의 어느 하나에 해당하는 자는 10년 이하의 징역 또는 1억원 이하의 벌금에 처한다. 이 경우 징역과 벌금을 병과(倂科)할 수 있다.

1. 제5조제1항을 위반한 자
2. 삭제 〈 2019.3.14.〉
3. 제23조를 위반한 자
4. 제24조제2항을 위반한 자

② 제1항의 죄로 금고 이상의 형을 선고받고 그 형이 확정된 후 5년 이내에 다시 제1항의 죄를 범한 자는 1년 이상 10년 이하의 징역에 처한다.

③ 제2항의 경우 그 해당 건강기능식품을 판매한 때에는 그 소매가격의 4배 이상 10배 이하에 해당하는 벌금을 병과한다.

제44조(벌칙) 다음 각 호의 어느 하나에 해당하는 자는 5년 이하의 징역 또는 5천만원 이하의 벌금에 처한다. 이 경우 징역과 벌금을 병과할 수 있다.

1. 제6조제2항에 따른 영업신고를 하지 아니하고 영업을 한 자
2. 제7조제1항 전단에 따른 품목제조신고를 하지 아니하고 제품을 제조 · 판매한 자
3. 제10조제1항제4호를 위반하여 판매를 한 자
3의2. 거짓이나 그 밖의 부정한 방법으로 제14조제2항 및 제15조제2항에 따른 인정을 받은 자
4. 삭제 〈 2019.3.14.〉
5. 제21조제1항에 따른 자가품질검사를 하지 아니한 자
6. 삭제 〈2016.2.3〉
7. 제24조제1항을 위반하여 판매 등을 한 자
8. 제29조 또는 제30조제1항 및 제3항에 따른 명령을 이행하지 아니한 자
9. 제32조제1항에 따른 영업정지 명령을 위반한 자

제45조(벌칙) 다음 각 호의 어느 하나에 해당하는 자는 3년 이하의 징역 또는 3천만원 이하의 벌금에 처한다.

1. 제4조에 따른 시설기준을 위반한 영업자
2. 제10조제1항제2호 및 제3호에 따른 영업자가 지켜야 할 사항을 지키지 아니한 자
3. 제11조제3항에 따른 영업승계의 신고를 하지 아니한 자
4. 제12조제1항에 따른 품질관리인을 고용하지 아니한 자
4의2. 제17조의2제2항을 위반하여 판매 등을 한 자
5. 제20조제1항에 따른 출입 · 검사 · 수거를 거부 · 방해 · 기피한 자
5의2. 제21조제1항 및 제3항을 위반한 자
5의3. 제22조제1항을 위반하여 우수건강기능식품제조기준을 준수하지 아니한 자
6. 제22조의2제1항 단서에 따른 건강기능식품이력추적관리 등록을 하지 아니한 자
7. 제30조제2항에 따른 압류 · 폐기를 거부 · 방해 · 기피한 자
8. 제33조제1항에 따른 품목 제조정지 등의 명령을 위반한 자
9. 제35조에 따라 관계 공무원이 부착한 봉인 · 게시문 등을 함부로 제거하거나 손상한 자

제46조(양벌규정) 법인의 대표자나 법인 또는 개인의 대리인, 사용인, 그 밖의 종업원이 그 법인 또는 개인의 업무에 관하여 제43조부터 제45조까지의 어느 하나에 해당하는 위반행위를 하면 그 행위자를 벌하는 외에 그 법인 또는 개인에게도 해당 조문의 벌금형을 과(科)한다. 다만, 법인 또는 개인이 그 위반행위를 방지하기 위하여 해당 업무에 관하여 상당한 주의와 감독을 게을리하지 아니한 경우에는 그러하지 아니하다.

III. 범죄사실

1. 미신고 건강기능식품판매업

1) 적용법조 : 제44조 제1호, 제6조 제2항 ☞ 공소시효 7년

> 제6조(영업의 신고 등) ② 제4조제1항제3호에 따른 건강기능식품판매업을 하려는 자는 총리령으로 정하는 바에 따라 영업소별로 제4조에 따른 시설을 갖추고 영업소의 소재지를 관할하는 특별자치시장·특별자치도지사·시장·군수·구청장에게 신고하여야 한다. 다만, 「약사법」 제20조에 따라 개설등록한 약국에서 건강기능식품을 판매하는 경우에는 그러하지 아니하다.
> ③ 제2항에 따라 신고를 한 자가 그 영업을 폐업하거나 총리령으로 정하는 사항을 변경하려는 경우에는 특별자치시장·특별자치도지사·시장·군수·구청장에게 신고하여야 한다.

2) 범죄사실 기재례

> 피의자는 ○○에서 건강기능식품을 판매하는 사람이다. 건강기능 식품판매업을 하고자 하는 자는 보건복지부령이 정하는 바에 따라 영업소별로 시설을 갖추고 특별시장·광역시장·도지사에게 신고하여야 한다.
> 그럼에도 불구하고 피의자는 20○○. ○. ○.경부터 위 장소에서 "부모님을 위한 행사"라는 플래카드를 걸고 그곳을 찾아온 홍길동 등 노인들을 상대로 20○○. ○. ○. 까지 총 ○○명을 상대로 신고 없이 ○○만원 상당을 판매하는 업을 영위하였다.

3) 신문사항
- 건강기능식품을 판매한 일이 있는가
- 언제부터 언제까지 판매하였나
- 어디에서 하였나
- 어떤 시설을 갖추고(시설규모, 종업원 수 등)
- 누구를 상대로 판매하였나
- 그들을 어떤 방법으로 모집하였나
- 어떤 식품을 어떤 조건으로 판매하였나
- 그 식품은 언제 어디에서 구입하였나
- 얼마에 구입하여 얼마에 파매하였나
- 이러한 물건은 모두 정상적인 물건인가
- 그 동안 총 몇 명을 상대로 얼마 정도 판매하였나
- 행정기관에 판매업 신고를 하였는가
- 왜 신고없이 이런 행위를 하였나

2. 영업자 준수사항위반

제10조(영업자의 준수사항) ① 영업자는 건강기능식품의 안전성 확보 및 품질관리와 유통질서 유지 및 국민 보건의 증진을 위하여 다음 각 호의 사항을 준수하여야 한다.
1. 제조시설과 제품(원재료를 포함한다)을 보건위생상 위해(危害)가 없고 안전성이 확보되도록 관리할 것
2. 소비기한이 지난 제품을 판매하거나 판매할 목적으로 진열·보관하거나 건강기능식품 제조에 사용하지 말 것
3. 부패·변질되거나 폐기된 제품 또는 소비기한이 지난 제품을 정당한 사유가 없으면 교환하여 줄 것
4. 판매 사례품이나 경품을 제공하는 등 사행심을 조장하여 제품을 판매하는 행위를 하지 말 것
5. 그 밖에 제1호부터 제4호까지에 준하는 사항으로서 건강기능식품의 안전성 확보 및 품질관리와 국민 보건위생의 증진을 위하여 필요하다고 인정하여 총리령으로 정하는 사항

[기재례1] 경품제공 등 사행심 조장

1) 적용법조 : 제44조 제3호, 제10조 제1항 제4호   ☞ 공소시효 7년

2) 범죄사실 기재례

> 피의자는 20○○. ○. ○.경 ○○도지사에게 건강기능 식품판매업 신고를 한 후 ○○에서 건강기능식품인 ○○등을 판매하는 영업자로서, 영업자는 판매사례품 또는 경품제공 등 사행심을 조장하여 제품을 판매하는 행위를 하여서는 아니된다.
> 그럼에도 불구하고 피의자는 20○○. ○. ○. 위 매장을 찾아온 홍길동 등 ○○명에게 건강기능식품인 ○○을 판매하면서 사례품으로 ○○을 주면서 다른 사람들을 데리고 오면 사례품을 또 주겠다고 하는 등 영업자준수사항을 위반하였다.

3) 신문사항

- 건강기능식품업을 하고 있는가
- 언제부터 어디에서 하고 있는가
- 영업신고를 하였는가(신고일자, 신고번호 등)
- 어떤 건강기능식품을 판매하는가
- 건강기능식품을 판매하면서 판매사례품이나 경품을 제공한 일이 있는가
- 언제 누구에게 주었는가
- 어떤 사례품(경품)을 제공하였는가
- 어떤 조건으로 제공하였나
- 무엇 때문에 제공하였나

[기재례2] 소비기한 경과 제품 판매

1) 적용법조 : 제45조 제2호, 제10조 제1항 제2호 ☞ 공소시효 5년

2) 범죄사실 기재례

> 피의자는 20○○. ○. ○.경 ○○도지사에게 건강기능 식품판매업 신고를 한 후 ○○에서 건강기능식품인 ○○등을 판매하는 영업자로서, 영업자는 소비기한이 경과된 제품은 판매 또는 판매의 목적으로 진열·보관하여서는 아니 된다.
>
> 그럼에도 불구하고 피의자는 20○○. ○. ○. 위 매장에 소비기한(20○○. ○. ○.)이 경과한 ○○건강기능식품 ○○개를 판매목적으로 진열하여 영업자준수사항을 위반하였다.

3) 신문사항

- 건강기능식품업을 하고 있는가
- 언제부터 어디에서 하고 있는가
- 영업신고를 하였는가(신고일자, 신고번호 등)
- 어떤 건강기능식품을 판매하는가
- 소비기한이 경과한 제품을 판매한 일이 있는가
- 어떤 제품인가
- 소비기한이 언제까지였는가
- 왜 소비기한이 경과한 식품을 판매목적으로 진열하였나

3. 영업자 지위승계위반

1) 적용법조 : 제45조 제3호, 제11조 제3항 ☞ 공소시효 5년

제11조(영업의 승계) ① 다음 각 호의 어느 하나에 해당하는 자는 종전 영업자의 지위를 승계한다.
  1. 영업자가 영업을 양도한 경우 그 양수인
  2. 영업자가 사망한 경우 그 상속인
  3. 법인인 영업자가 다른 법인과 합병한 경우 합병 후 존속하는 법인이나 합병으로 설립되는 법인
② 다음 각 호의 어느 하나에 해당하는 절차에 따라 영업 시설·설비의 전부를 인수한 자는 이 법에 따른 종전 영업자의 지위를 승계한다.
  1. 「민사집행법」에 따른 경매
  2. 「채무자 회생 및 파산에 관한 법률」에 따른 양도
  3. 「국세징수법」, 「관세법」 또는 「지방세기본법」에 따른 압류재산의 매각
  4. 그 밖에 제1호부터 제3호까지의 규정 중 어느 하나에 준하는 절차
③ 제1항이나 제2항에 따라 종전 영업자의 지위를 승계한 자는 1개월 이내에 총리령으로 정하는 바에 따라 식품의약품안전처장 또는 특별자치시장·특별자치도지사·시장·군수·구청장에게 신고하여야 한다.

2) 범죄사실 기재례

> 피의자는 ○○에서 ○○상호로 건강기능식품 판매업을 하는 자로, 종전 영업자의 지위를 승계한 자는 1월 이내에 보건복지부령이 정하는 바에 따라 식품의약품안전처장 또는 시장·군수·구청장에게 신고하여야 한다.
> 그럼에도 불구하고 피의자는 20○○. ○. ○. 홍길동으로부터 위 영업을 양수하고도 20○○. ○. ○. 까지 영업승계의 신고를 하지 아니하였다.

3) 신문사항

  − 건강기능식품업을 하고 있는가
  − 언제부터 어디에서 하고 있는가
  − 어떤 건강기능식품을 판매하는가
  − 영업신고를 하였는가(신고일자, 신고번호 등)
  − 언제 누구로부터 양수하였나
  − 어떤 조건으로 양수하였나
  − 행정기관에 영업승계 신고를 하였는가
  − 왜 지위 승계를 하지 않았는가

4. 위해건강기능식품 판매(썩은 물건판매)

1) 적용법조 : 제43조 제3호, 제23조 제1호 ☞ 공소시효 7년

제23조(위해 건강기능식품 등의 판매 등의 금지) 누구든지 다음 각 호의 어느 하나에 해당하는 건강기능식품을 판매하거나 판매할 목적으로 제조·수입·사용·저장 또는 운반하거나 진열하여서는 아니 된다.
1. 썩었거나 상한 것으로서 인체의 건강을 해칠 우려가 있는 것
2. 유독·유해물질이 들어 있거나 묻어 있는 것 또는 그럴 가능성이 있는 것. 다만, 인체의 건강을 해칠 우려가 없다고 식품의약품안전처장이 인정하는 것은 예외로 한다.
3. 병(病)을 일으키는 미생물에 오염되었거나 그럴 가능성이 있어 인체의 건강을 해칠 우려가 있는 것
4. 불결하거나 다른 물질이 섞이거나 첨가된 것 또는 그 밖의 사유로 인체의 건강을 해칠 우려가 있는 것
5. 제5조제1항에 따른 영업허가를 받지 아니한 자가 제조한 것
6. 수입이 금지된 것 또는 「수입식품안전관리 특별법」 제20조제1항에 따른 수입신고를 하지 아니하고 수입한 것

2) 범죄사실 기재례

피의자는 200○. ○. ○.경 ○○도지사에게 건강기능 식품판매업 신고를 한 후 ○○에서 건강기능식품인 ○○등을 판매하는 영업자로서, 썩었거나 상한 것으로서 인체의 건강을 해칠 우려가 있는 것을 판매하여서는 아니된다.

그럼에도 불구하고 피의자는 200○. ○. ○.경 위 매장에서 판매 목적으로 진열한 ○○건강기능식품의 소비기한(200○. ○. ○.)이 경과하여 제품 내부에 곰팡이가 피어있는 등 썩어서 인체의 건강을 해할 우려가 있는 건강기능식품을 판매 목적으로 진열하였다.

3) 신문사항

- 건강기능식품업을 하고 있는가
- 언제부터 어디에서 하고 있는가
- 영업신고를 하였는가(신고일자, 신고번호 등)
- 어떤 건강기능식품을 판매하는가
- ○○제품을 판매하거나 판매목적으로 진열한 일이 있는가
- 이 제품은 언제 어디에서 구입하였나
- 소비기한이 언제까지였는가
- 진열 당시 상태가 어떠하였나
- 썩어서 인체의 건강을 해할 정도라고 생각하지 않는가
- 이렇게 썩어 있는 것을 확인하지 않고 판매하기 위해 진열하였다는 것인가

5. 폐기처분 명령 불이행

1) 적용법조 : 제44조 제8호, 제30조 제1항, 제26조 ☞ 공소시효 7년

> 제30조 (폐기처분 등) ① 식품의약품안전처장 또는 특별자치시장·특별자치도지사·시장·군수·구청장은 영업자(「수입식품안전관리 특별법」 제5조에 따라 등록한 수입식품등 수입·판매업자를 포함한다. 이하 이 조에서 같다)가 제23조부터 제26조까지의 규정 중 어느 하나를 위반하였을 때에는 관계 공무원으로 하여금 그 건강기능식품을 압류 또는 폐기하게 하거나, 영업자에게 식품위생상의 위해를 제거하기 위한 조치를 할 것을 명할 수 있다.
> ② 식품의약품안전처장 또는 특별자치시장·특별자치도지사·시장·군수·구청장은 제5조제1항에 따른 영업허가를 받지 아니하고 제조한 건강기능식품이나 이에 사용한 기구 또는 용기·포장 등을 관계 공무원으로 하여금 압류하거나 폐기하게 할 수 있다

2) 범죄사실 기재례

> 피의자는 20○○. ○. ○.경 ○○에 있는 매장에서 판매 목적으로 진열한 ○○건강기능식품의 소비기한(20○○. ○. ○.)이 경과하여 제품 내부에 곰팡이가 피어있는 등 썩어서 인체의 건강을 해할 우려가 있는 건강기능식품을 판매 목적으로 진열하였다.
>
> 피의자는 20○○. ○. ○. 이런 행위로 ○○시장으로부터 단속되어 20○○. ○. ○.까지 ○○ 상품 등에 대해 자진 폐기하도록 하였다.
>
> 그럼에도 불구하고 피의자는 20○○. ○. ○.경까지 이를 이행하지 아니하였다.

3) 신문사항

- 건강기능식품업을 하고 있는가
- 언제부터 어디에서 하고 있는가
- 영업신고를 하였는가(신고일자, 신고번호 등)
- 어떤 건강기능식품을 판매하는가
- 소비기한이 경과한 식품을 판매하다 단속된 일이 있는가
- 언제 누구로부터 단속되었으며 어떠한 처분을 받았는가
- 그러한 처분은 언제 받았는가
- 이를 이행하였는가
- 왜 행정기관의 명령을 이행하지 않았는가

제 7 장 건설기계관리법

Ⅰ. 개념정의 및 건설기계의 범위

1. 개념정의

제2조(정의등) ① 이 법에서 사용하는 용어의 뜻은 다음과 같다.
1. "건설기계"란 건설공사에 사용할 수 있는 기계로서 대통령령으로 정하는 것을 말한다.
2. "건설기계사업"이란 건설기계대여업, 건설기계정비업, 건설기계매매업 및 건설기계폐기업을 말한다.
3. "건설기계대여업"이란 건설기계의 대여를 업(業)으로 하는 것을 말한다.
4. "건설기계정비업"이란 건설기계를 분해·조립 또는 수리하고 그 부분품을 가공제작·교체하는 등 건설기계를 원활하게 사용하기 위한 모든 행위(경미한 정비행위 등 국토교통부령으로 정하는 것은 제외한다)를 업으로 하는 것을 말한다.
5. "건설기계매매업"이란 중고(中古) 건설기계의 매매 또는 그 매매의 알선과 그에 따른 등록사항에 관한 변경신고의 대행을 업으로 하는 것을 말한다.
6. "건설기계폐기업"이란 국토교통부령으로 정하는 건설기계 장치를 그 성능을 유지할 수 없도록 해체하거나 압축·파쇄·절단 또는 용해(鎔解)하는 것(이하 "폐기"라 한다)을 업으로 하는 것을 말한다.
7. "중고 건설기계"란 건설기계를 제작·조립 또는 수입한 자로부터 법률행위 또는 법률의 규정에 따라 건설기계를 취득한 때부터 사실상 그 성능을 유지할 수 없을 때까지의 건설기계를 말한다.
8. "건설기계형식"이란 건설기계의 구조·규격 및 성능 등에 관하여 일정하게 정한 것을 말한다.
② 건설기계대여업 및 건설기계정비업은 대통령령으로 정하는 바에 따라 세분할 수 있다.

※ 시행규칙
제1조의2(건설기계정비업의 범위에서 제외되는 행위) 「건설기계관리법」(이하 "법"이라 한다) 제2조제1항제4호에서 "국토교통부령으로 정하는 것"이란 다음 각 호의 행위를 말한다.
1. 오일의 보충
2. 에어클리너엘리먼트 및 휠터류의 교환
3. 배터리·전구의 교환
4. 타이어의 점검·정비 및 트랙의 장력 조정
5. 창유리의 교환
제1조의3(건설기계의 폐기) 법 제2조제1항제6호에서 "국토교통부령이 정하는 건설기계의 장치"란 제32조제1항 각 호의 어느 하나에 해당하는 건설기계의 다음 각 호의 장치를 말한다.
1. 조향장치 중 조향기어기구
2. 제동장치 중 마스터실린더와 배력장치
3. 내압용기
4. 에어백 모듈(module: 전체·조직을 이루는 구성 요소·단위를 말한다)
5. 타워크레인의 마스트 인상장치

■ 판례 ■ 중기에 대한 시설대여계약 후 시설대여이용자가 시설대여회사의 승낙 아래 이를 지입 회사에 지입한 경우, 위 중기의 대외적인 소유권자

지입계약에 있어서 지입된 중기 또는 차량은 대외적으로는 지입회사의 소유라고 볼 것인바, 중기에 대한 시설대여계약 후 시설대여이용자가 시설대여회사의 승낙 아래 이를 지입회사에 지입하였다면, 따로 지입회사와 시설대여회사 사이에 시설대여계약상의 시설대여이용자 명의를 원래의 시설대여이용자에서 지입회사로 변경하기로 하는 등 지입회사가 시설대여이용자의 계약상 지위를 인수하였다고 볼 사정이 없는 이상 일반적인 지입계약과 달리 볼 이유가 없으므로, 그 대외적인 소유권자는 지입회사라고 할 것이다(대법원 2006. 5.25. 선고 2005다19163 판결).

2. 건설기계의 범위 (시행령)

[별표 1] 〈개정 2021. 1. 5.〉

건설기계명	범 위
1. 불도저	무한궤도 또는 타이어식인 것
2. 굴착기	무한궤도 또는 타이어식으로 굴삭장치를 가진 자체중량 1톤 이상인 것
3. 로더	무한궤도 또는 타이어식으로 굴삭장치를 가진 자체중량 2톤 이상인 것. 다만, 차체굴절식 조향장치가 있는 자체중량 4톤 미만인 것은 제외한다.
4. 지게차	타이어식으로 들어올림장치를 가진 것. 다만, 전동식으로 솔리드타이어를 부착한 것 중 도로(도로교통법 제2조제1호에 따른 도로)가 아닌 장소에서만 운행하는 것은 제외한다.
5. 스크레이퍼	흙, 모래의 굴삭 및 운반장치를 가진 자주식인 것
6. 덤프트럭	적재용량 12톤 이상인 것. 다만, 적재용량 12톤 이상 20톤 미만의 것으로 화물운송에 사용하기 위하여 자동차관리법에 의한 자동차로 등록된 것을 제외한다.
7. 기중기	무한궤도 또는 타이어식으로 강재의 지주 및 선회장치를 가진 것. 다만, 궤도(레일)식인 것을 제외한다.
8. 모터그레이더	정지장치를 가진 자주식인 것
9. 롤러	1) 조종식과 전압장치를 가진 자주식인 것 2) 피견인 진동식인 것
10. 노상안정기	노상안정장치를 가진 자주식인 것
11. 콘크리트 뱃칭플랜트	골재저장통, 계량장치 및 혼합장치를 가진 것으로서 원동기를 가진 이동식인 것
12. 콘크리트피니셔	정리 및 사상장치를 가진 것으로 원동기를 가진 것
13. 콘크리트살포기	정리장치를 가진 것으로 원동기를 가진 것
14. 콘크리트믹서트럭	혼합장치를 가진 자주식인 것(재료의 투입, 배출을 위한 보조장치가 부착된 것을 포함한다)
15. 콘크리트펌프	콘크리트배송능력이 매시간당 5세m² 이상으로 원동기를 가진 이동식과 트럭적재식인 것

16. 아스팔트 믹싱플랜트	골재공급장치, 건조가열장치, 혼합장치, 아스팔트공급장치를 가진 것으로 원동기를 가진 이동식인 것
17. 아스팔트피니셔	정리 및 사상장치를 가진 것으로 원동기를 가진 것
18. 아스팔트살포기	아스팔트살포장치를 가진 자주식인 것
19. 골재살포기	골재살포장치를 가진 자주식인 것
20. 쇄석기	20킬로와트 이상의 원동기를 가진 이동식인 것
21. 공기압축기	공기토출량이 매분당 2.83세㎥(매제곱㎡당 7킬로그램기준)이상의 이동식인 것
22. 천공기	천공장치를 가진 자주식인 것
23. 항타 및 항발기	원동기를 가진 것으로 해머 또는 뽑는 장치의 중량이 0.5톤이상인 것
24. 자갈채취기	자갈채취장치를 가진 것으로 원동기를 가진 것
25. 준설선	펌프식, 버켓식, 딧퍼식 또는 그래브식으로 비자항식인 것 다만, 해상화물운송에 사용하기 위하여 선박법에 따른 선박으로 등록된 것은 제외한다.
26. 특수건설기계	제1호부터 제25호까지의 규정 및 제27호에 따른 건설기계와 유사한 구조 및 기능을 가진 기계류로서 국토교통부장관이 따로 정하는 것
27. 타워크레인	수직타워의 상부에 위치한 지브를 선회시켜 중량물을 상하, 전후 또는 좌우로 이동시킬 수 있는 것으로서 원동기 또는 전동기를 가진 것. 다만, 「산업집적활성화 및 공장설립에 관한 법률」제16조에 따라 공장등록대장에 등록된 것은 제외한다.

Ⅲ. 벌 칙

제40조(벌칙) 다음 각 호의 어느 하나에 해당하는 자는 2년 이하의 징역 또는 2천만원 이하의 벌금에 처한다.
  1. 제4조를 위반하여 등록되지 아니한 건설기계를 사용하거나 운행한 자
  2. 제6조에 따라 등록이 말소된 건설기계를 사용하거나 운행한 자
  3. 제8조의2제1항을 위반하여 시·도지사의 지정을 받지 아니하고 등록번호표를 제작하거나 등록번호를 새긴 자
  3의2. 검사대행자 또는 그 소속 직원에게 재물이나 그 밖의 이익을 제공하거나 제공 의사를 표시하고 부정한 검사를 받은 자
  3의3. 제17조를 위반하여 건설기계의 주요 구조나 원동기, 동력전달장치, 제동장치 등 주요 장치를 변경 또는 개조한 자
  3의4. 제17조의2를 위반하여 무단 해체한 건설기계를 사용·운행하거나 타인에게 유상·무상으로 양도한 자
  3의5. 제20조의2제2항에 따른 시정명령을 이행하지 아니한 자
  4. 제21조를 위반하여 등록을 하지 아니하고 건설기계사업을 하거나 거짓으로 등록을 한 자
  5. 제35조의2제1항에 따라 등록이 취소되거나 사업의 전부 또는 일부가 정지된 건설기계사업자로서 계속하여 건설기계사업을 한 자
제41조(벌칙) 다음 각 호의 어느 하나에 해당하는 자는 1년 이하의 징역 또는 1천만원 이하의 벌금에 처한다.
  1. 제3조제1항을 위반하여 거짓이나 그 밖의 부정한 방법으로 등록을 한 자
  2. 제10조 본문을 위반하여 등록번호를 지워 없애거나 그 식별을 곤란하게 한 자
  3. 제13조제1항제3호 또는 제4호에 따른 구조변경검사 또는 수시검사를 받지 아니한 자

4. 제13조제7항에 따른 정비명령을 이행하지 아니한 자

4의2. 제13조제9항에 따른 사용·운행 중지 명령을 위반하여 사용·운행한 자

4의3. 제14조제4항에 따른 사업정지명령을 위반하여 사업정지기간 중에 검사를 한 자

5. 제18조제2항 본문, 같은 조 제3항 또는 제19조제1항에 따른 형식승인, 형식변경승인 또는 확인검사를 받지 아니하고 건설기계의 제작등을 한 자

6. 제20조제3항에 따른 사후관리에 관한 명령을 이행하지 아니한 자

7. 제20조의3제2항을 위반하여 내구연한을 초과한 건설기계 또는 건설기계 장치 및 부품을 운행하거나 사용한 자

8. 제20조의3제3항을 위반하여 내구연한을 초과한 건설기계 또는 건설기계 장치 및 부품의 운행 또는 사용을 알고도 말리지 아니하거나 운행 또는 사용을 지시한 고용주

9. 제20조의4제4항을 위반하여 부품인증을 받지 아니한 건설기계 장치 및 부품을 사용한 자

10. 제20조의4제5항을 위반하여 부품인증을 받지 아니한 건설기계 장치 및 부품을 건설기계에 사용하는 것을 알고도 말리지 아니하거나 사용을 지시한 고용주

11. 제25조제1항을 위반하여 매매용 건설기계를 운행하거나 사용한 자

12. 제25조의2제1항을 위반하여 폐기인수 사실을 증명하는 서류의 발급을 거부하거나 거짓으로 발급한 자

13. 제25조의2제2항을 위반하여 폐기요청을 받은 건설기계를 폐기하지 아니하거나 등록번호표를 폐기하지 아니한 자

14. 제26조제1항 본문에 따른 건설기계조종사면허를 받지 아니하고 건설기계를 조종한 자

15. 제26조에 따른 건설기계조종사면허를 거짓이나 그 밖의 부정한 방법으로 받은 자

16. 제26조제4항에 따른 소형 건설기계의 조종에 관한 교육과정의 이수에 관한 증빙서류를 거짓으로 발급한 자

17. 제27조의2제1항제1호 또는 제2항을 위반하여 술에 취하거나 마약 등 약물을 투여한 상태에서 건설기계를 조종한 자와 그러한 자가 건설기계를 조종하는 것을 알고도 말리지 아니하거나 건설기계를 조종하도록 지시한 고용주

18. 제28조에 따라 건설기계조종사면허가 취소되거나 건설기계조종사면허의 효력정지처분을 받은 후에도 건설기계를 계속하여 조종한 자

19. 제33조제3항을 위반하여 건설기계를 도로나 타인의 토지에 버려둔 자

제43조(양벌규정) 생략

■ 판례 ■   구 건설기계관리법시행령 제13조 제3항에 의한 건설기계대여업의 연명신고를 한 경우, 그 대표자와 구성원 사이가 도로법상 양벌규정이 적용되는 법인과 대리인·사용인 기타의 종업원 관계에 있다고 할 수 있는지 여부(소극)

같은법시행령 제13조 제3항에 의한 건설기계대여업의 연명신고를 한 경우 대표자와 구성원 사이에 건설기계대여업을 공동으로 운영한다고 할 수 있을지언정 그와 같은 연명신고를 위한 관리계약을 체결하였다는 사유만으로 그 대표자와 구성원 사이에 당연히 도로법상 양벌규정이 적용되는 법인과 대리인·사용인 기타의 종업원 관계에 있다고 할 수는 없다(대법원 2001.6.15. 선고 2001도1339 판결).

■ 판례 ■   지입차주가 있는 경우 회사의 관리과장에게 구 중기관리법 위반의 책임을 물을 수 있는지 여부(적극)

[1] 구 중기관리법 제36조에 의하여 중기소유자가 아닌 행위자도 중기소유자에 대한 각 본조의 벌칙규정의 적용대상이 되는지 여부(적극)

구 중기관리법 제36조(현행법 제98조)에 의하여 중기소유자가 아닌 행위자도 중기소유자에 대한 각 본조의 벌칙규정의 적용대상이 된다.

[2] 회사의 관리과장에게 구 중기관리법 위반의 책임이 있는지 여부(적극)

회사 소속 중기 등의 관리에 대한 전반적인 업무를 담당하고 있는 관리과장은 비록 위 중기 등이

지입된 것으로서 지입차주가 있다고 하더라도, 위 중기의 법적인 관리책임자인 회사의 중기관리에 대한 업무담당자로서 구 중기관리법 위반 행위자로서 구 중기관리법 위반의 죄책을 물을 수 있다 (대법원 1996.2. 23. 선고 95도2083 판결).

■ 판례 ■   회사 소유 중기의 관리를 사원이 담당하고 있다면 그 관리에 직접 관여하지 아니한 대표이사는 위 법 위반행위의 행위자라 할 수 있는지 여부(소극)
회사 소유 중기의 관리를 사원이 담당하고 있다면 그 관리에 직접 관여하지 아니한 대표이사는 위 법 위반행위의 행위자라 할 수 없다(대법원 1992.11.10. 선고 92도2324 판결).

Ⅳ. 범죄사실

1. 미등록 건설기계 운행

1) 적용법조 : 제40조 제1호, 제4조 제1항 ☞ 공소시효 5년

> 제4조(미등록 건설기계의 사용금지) ① 건설기계는 제3조제1항에 따른 등록을 한 후가 아니면 이를 사용하거나 운행하지 못한다. 다만, 등록을 하기 전에 국토교통부령으로 정하는 사유로 일시적으로 운행하는 경우에는 그러하지 아니하다.

2) 범죄사실 기재례

> 피의자는 굴착기의 조종업무에 종사하는 사람으로서 건설기계인 굴착기를 사용하거나 운행하고자 할 때는 ○○도지사에게 등록하여야 한다.
> 그럼에도 불구하고 피의자는 20○○. ○. ○. 경부터 20○○. ○. ○. 까지 ○○에 있는 ○○공사 현장에서 등록하지 아니한 위 건설기계를 사용하여 땅을 파는 작업을 함으로써 이를 운행하였다.

3) 신문사항
- 피의자는 등록하지 않은 건설기계를 운행한 일이 있는가
- 언제부터 언제까지 어디에서 사용 운행하였나
- 어떠한 건설기계인가
- 언제 어디에서 구입하였나
- 관할 ○○도지사에게 등록하여야 하는 것은 알고 있는가
- 왜 등록하지 않았나
- 위 건설기계로 월 얼마의 수입을 얻었나

2. 등록말소된 건설기계사용 · 운행

1) 적용법조 : 제40조 제2호, 제6조 제1항　☞　공소시효 5년

> **제6조(등록의 말소)** ① 시 · 도지사는 등록된 건설기계가 다음 각 호의 어느 하나에 해당하는 경우에는 그 소유자의 신청이나 시 · 도지사의 직권으로 등록을 말소할 수 있다. 다만, 제1호, 제5호, 제8호(제34조의2제2항에 따라 폐기한 경우로 한정한다) 또는 제2호에 해당하는 경우에는 직권으로 등록을 말소하여야 한다.

2) 범죄사실 기재례

> 피의자는 20○○. ○. ○. ○○:○○경부터 같은 날 ○○:○○까지 ○○에 있는 ○○역 통신관리공사 현장에서 20○○. ○. ○. 정기검사 미필을 이유로 직권으로 등록 말소된 피의자 소유 굴착기(폐차 전 번호 ○○-○○○) 1대를 사용하여 땅을 파는 작업을 함으로써 운행하였다.

3) 신문사항

- 굴착기를 소유하고 있는가
- 어떤 굴착기를 소유하고 있는가
- 이를 이용하여 작업을 한 일이 있는가
- 언제부터 언제까지 어떤 일을 하였는가
- 이 건설기계는 등록된 것인가
- 언제 무엇 때문에 말소되었는가
- 말소된 후 다시 등록하였는가
- 그러면 말소된 건설기계를 사용하였다는 것인가
- 왜 말소된 건설기계를 사용하게 되었는가

※ 등록번호표를 부착 및 봉인하지 아니하고 사용 · 운행 : 제44조 제2항 제2호, 제8조 제1항　☞　과태료처분

> **제8조(등록의 표지)** ① 등록된 건설기계에는 국토교통부령으로 정하는 바에 따라 등록번호표를 부착 및 봉인(封印)하고, 등록번호를 새겨야 한다.
> ② 건설기계 소유자는 등록번호표 또는 그 봉인이 떨어지거나 알아보기 어렵게 된 경우에는 시 · 도지사에게 등록번호표의 부착 및 봉인을 신청하여야 한다.
> ③ 누구든지 등록번호표를 가리거나 훼손하여 알아보기 곤란하게 하여서는 아니 되며, 그러한 건설기계를 운행하여서도 아니 된다.

3. 정기검사 등을 받지 아니한 경우

1) 적용법조 : 제41조 제3호, 제13조   ☞ 공소시효 5년

> **제13조(검사 등)** ① 건설기계의 소유자는 그 건설기계에 대하여 다음 각 호의 구분에 따라 국토교통부령으로 정하는 바에 따라 국토교통부장관이 실시하는 검사를 받아야 한다.
> 1. 신규 등록검사 : 건설기계를 신규로 등록할 때 실시하는 검사
> 2. 정기검사 : 건설공용용 건설기계로서 3년의 범위에서 국토교통부령으로 정하는 검사유효기간(이하 "검사유효기간"이라 한다)이 끝난 후에 계속하여 운행하려는 경우에 실시하는 검사와 「대기환경보전법」 제62조 및 「소음·진동관리법」 제37조에 따른 운행차의 정기검사
> 3. 구조변경검사 : 제17조에 따라 건설기계의 주요 구조를 변경하거나 개조한 경우 실시하는 검사
> 4. 수시검사 : 성능이 불량하거나 사고가 자주 발생하는 건설기계의 안전성 등을 점검하기 위하여 수시로 실시하는 검사와 건설기계 소유자의 신청을 받아 실시하는 검사
> **제17조(건설기계 구조의 변경 등)** ① 건설기계의 소유자가 등록된 건설기계의 주요구조를 변경 또는 개조하고자 하는 때에는 건설기계안전기준에 적합하게 하여야 한다.

2) 범죄사실 기재례

[기재례1] 구조변경 후 검사를 받지 아니한 경우(제42조 제4호, 제13조 제1항 제3호)

> 건설기계의 소유자는 당해 건설기계에 대하여 구조를 변경하고자 하는 경우 국토교통부령이 정하는 바에 의하여 국토교통부장관이 실시하는 검사를 받아야 한다.
> 그럼에도 불구하고 피의자는 20○○.○.○ 경 ○○에 있는 ○○철공소에서 피의자 소유인 광주 ○○머○○○○호 23톤 덤프트럭의 적재함을 철판을 이용하여 가로 240㎡, 세로 90㎡를 높이는 등 주요 구조를 변경하고도 정당한 사유 없이 구조변경검사를 받지 아니하였다.

[기재례2] 수시검사를 받지 아니한 경우(제42조 제4호, 제13조 제1항 제4호)

> 건설기계의 소유자는 당해 건설기계에 대하여 국토교통부령이 정하는 바에 의하여 국토교통부장관이 실시하는 검사를 받아야 한다.
> 그럼에도 불구하고 피의자는 서울○○가○○○○호 지게차 소유자로서, 20○○.○.○까지 위 건설기계에 대하여 서울시청에서 실시하는 수시검사를 받아야 함에도 불구하고 위 검사를 받지 아니하였다.

3) 신문사항(구조변경)
- 건설기계를 소유하고 있는가
- 어떤 건설기계인가
- 이 건설기계에 대해 구조변경을 한 일이 있는가
- 언제 어디에서 하였는가
- 어떤 구조를 변경하였는가
- 무엇 때문에 하였는가

– 이러한 구조변경을 하고 구조변경검사를 받았는가

– 왜 검사를 받지 않았는가

■ 판례 ■   **굴착기로서의 기능을 상실한 굴착기에 대하여 정기검사에 합격하지 못하여 발령된 정비명령에 위반한 경우 구 중기관리법 위반죄로 처벌할 수 있는지 여부(소극)**

정기검사일 당시에 이미 해체되어 굴착기로서의 기능을 상실하였고 다만 중기등록만 말소되지 아니한 상태에 있었던 굴착기는 정기검사의 대상이 되는 중기라고 할 수 없으므로 이에 대하여 정기검사를 실시하고 검사에 합격하지 못하여 발령된 정비명령에 위반하였다고 하더라도 이를 구 중기관리법(1993. 6. 11. 법률 제4561호 건설기계관리법으로 전문 개정되기 전의 것) 제34조 제3호, 제12조 제4항의 위반죄로 처벌할 수 없다(대법원 1996.1.26. 선고 95도2654 판결).

4. 무면허 조종행위

1) 적용법조 : 제41조 제14호, 제26조 제1항   ☞   공소시효 5년

제26조(건설기계조종사면허) ① 건설기계를 조종하려는 사람은 시장·군수 또는 구청장에게 건설기계조종사면허를 받아야 한다. 다만, 국토교통부령으로 정하는 건설기계를 조종하려는 사람은 「도로교통법」 제80조에 따른 운전면허를 받아야 한다.

2) 범죄사실 기재례

건설기계를 조종하려는 사람은 시장·군수 또는 구청장에게 건설기계조종사면허를 받아야 한다.

그럼에도 불구하고 피의자는 200. ○. ○. ○○:○○경 ○○에 있는 ○○공사장에서 건설기계 조종사면허를 받음이 없이 피의자 소유 ○○11-1111호 굴착기로 ○○작업을 함으로써 건설기계를 조종하였다.

3) 신문사항

– 굴착기를 조정한 일이 있는가

– 어떤 굴착기를 조정하였는가

– 언제부터 언제까지 하였는가

– 어디에서 무엇 때문에 조정하였는가

– 건설기계조정면허가 있는가

– 왜 면허 없이 조정하였는가

5. 미신고 건설기계정비사업

1) 적용법조 : 제40조 제4호, 제21조 제1항 ☞ 공소시효 5년

> **제21조(건설기계사업의 등록 등)** ① 건설기계사업을 하려는 자(지방자치단체는 제외한다)는 대통령령으로 정하는
> 바에 따라 사업의 종류별로 특별자치시장·특별자치도지사·시장·군수 또는 자치구의 구청장(이하 "시장·군
> 수·구청장" 이라 한다)에게 등록하여야 한다.

2) 범죄사실 기재례

> 피의자는 ○○에서 "○○○정비업" 이라는 상호로 리프트기, 견인 차량 각 1대를 갖추고
> 자동차 정비업을 하는 사람으로서, 건설기계사업을 하려는 자는 대통령령으로 정하는 바에
> 따라 사업의 종류별로 시·도지사에게 등록하여야 한다.
> 그럼에도 불구하고 피의자는 등록 없이 20○○. ○. ○. 경 위 정비업소에서(주)흥도산업
> 소유 서울 06가 0000호 30톤 덤프트럭의 운전대 및 라디에이터를 교환하여 주고 20만원을
> 받은 것을 비롯하여 그때부터 20○○. ○. ○.경까지 월평균 10대의 건설기계를 정비하여 약
> ○○만원의 수입을 올리는 건설기계사업을 하였다.

3) 신문사항

- 피의자는 건설기계정비사업을 하고 있는가
- 언제부터 어디에서 하는가
- 사업등록을 였나
- 건설기계정비사업이외 다른 정비사업등록은 하였나
- ○○도지사에게 사전 건설기계정비사업 등록하는 것은 알고 있는가
- 건설기계정비사업 등록없이 건설기계를 정비한 일이 있는가
- 언제부터 언제까지 하였나
- 주로 어떠한 건설기계를 어떻게 정비하였나
- 장비는 어떠한 것이 있으며 사업장 규모는 어느 정도인가(면적, 종업원 수 등)
- 월 몇 대 정도의 장비를 수리하였으며 월수입은 어느 정도인가
- 왜 등록없이 이러한 정비사업을 하였나
- 전에도 이러한 등록없이 사업하다 단속 당한 일이 있는가

제 8 장   건설산업기본법

Ⅰ. 개념정의

제2조(정의) 이 법에서 사용하는 용어의 뜻은 다음과 같다.

1. "건설산업"이란 건설업과 건설용역업을 말한다.
2. "건설업"이란 건설공사를 하는 업(業)을 말한다.
3. "건설용역업"이란 건설공사에 관한 조사, 설계, 감리, 사업관리, 유지관리 등 건설공사와 관련된 용역(이하 "건설용역"이라 한다)을 하는 업(業)을 말한다.
4. "건설공사"란 토목공사, 건축공사, 산업설비공사, 조경공사, 환경시설공사, 그 밖에 명칭에 관계없이 시설물을 설치·유지·보수하는공사(시설물을 설치하기 위한 부지조성공사를 포함한다) 및 기계설비나 그 밖의 구조물의 설치 및 해체공사 등을 말한다. 다만, 다음 각 목의 어느 하나에 해당하는 공사는 포함하지 아니한다.
    가. 「전기공사업법」에 따른 전기공사
    나. 「정보통신공사업법」에 따른 정보통신공사
    다. 「소방시설공사업법」에 따른 소방시설공사
    라. 「국가유산수리 등에 관한 법률」에 따른 국가유산 수리공사
5. "종합공사"란 종합적인 계획, 관리 및 조정을 하면서 시설물을 시공하는 건설공사를 말한다.
6. "전문공사"란 시설물의 일부 또는 전문 분야에 관한 건설공사를 말한다.
7. "건설사업자"란 이 법 또는 다른 법률에 따라 등록 등을 하고 건설업을 하는 자를 말한다.
8. "건설사업관리"란 건설공사에 관한 기획, 타당성 조사, 분석, 설계, 조달, 계약, 시공관리, 감리, 평가 또는 사후관리 등에 관한 관리를 수행하는 것을 말한다.
9. "시공책임형 건설사업관리"란 종합공사를 시공하는 업종을 등록한 건설사업자가 건설공사에 대하여 시공 이전 단계에서 건설사업관리 업무를 수행하고 아울러 시공 단계에서 발주자와 시공 및 건설사업관리에 대한 별도의 계약을 통하여 종합적인 계획, 관리 및 조정을 하면서 미리 정한 공사 금액과 공사기간 내에 시설물을 시공하는 것을 말한다.
10. "발주자"란 건설공사를 건설사업자에게 도급하는 자를 말한다. 다만, 수급인으로서 도급받은 건설공사를 하도급하는 자는 제외한다.
11. "도급"이란 원도급, 하도급, 위탁 등 명칭에 관계없이 건설공사를 완성할 것을 약정하고, 상대방이 그 공사의 결과에 대하여 대가를 지급할 것을 약정하는 계약을 말한다.
12. "하도급"이란 도급받은 건설공사의 전부 또는 일부를 다시 도급하기 위하여 수급인이 제3자와 체결하는 계약을 말한다.
13. "수급인"이란 발주자로부터 건설공사를 도급받은 건설사업자를 말하고, 하도급의 경우 하도급하는 건설사업자를 포함한다.
14. "하수급인"이란 수급인으로부터 건설공사를 하도급받은 자를 말한다.
15. "건설기술자"란 관계 법령에 따라 건설공사에 관한 기술이나 기능을 가졌다고 인정된 사람을 말한다.

제93조(벌칙) ① 건설사업자 또는 제40조제1항에 따라 건설 현장에 배치된 건설기술자로서 건설공사의 안전에 관한 법령을 위반하여 건설공사를 시공함으로써 그 착공 후 제28조에 따른 하자담보책임기간에 교량, 터널, 철도, 그 밖에 대통령령으로 정하는 시설물의 구조상 주요 부분에 중대한 파손을 발생시켜 공중의 위험을 발생하게 한 자는 10년 이하의 징역에 처한다.

② 제1항의 죄를 범하여 사람을 죽거나 다치게 한 자는 무기 또는 3년 이상의 징역에 처한다.

제94조(벌칙) ① 업무상 과실로 제93조제1항의 죄를 범한 자는 5년 이하의 징역이나 금고 또는 5천만원 이하의 벌금에 처한다.

② 업무상 과실로 제93조제1항의 죄를 범하여 사람을 죽거나 다치게 한 자는 10년 이하의 징역이나 금고 또는 1억원 이하의 벌금에 처한다.

제95조(벌칙) 건설공사의 입찰에서 다음 각 호의 어느 하나에 해당하는 행위를 한 자는 5년 이하의 징역 또는 5천만원 이하의 벌금에 처한다.

1. 부당한 이익을 취득하거나 공정한 가격 결정을 방해할 목적으로 입찰자가 서로 공모하여 미리 조작한 가격으로 입찰한 자
2. 다른 건설사업자의 견적을 제출한 자
3. 위계 또는 위력, 그 밖의 방법으로 다른 건설사업자의 입찰행위를 방해한 자

제95조의2(벌칙) 다음 각 호의 어느 하나에 해당하는 자는 5년 이하의 징역 또는 5천만원 이하의 벌금에 처한다.

1. 제9조제1항에 따른 등록을 하지 아니하거나 부정한 방법으로 등록을 하고 건설업을 한 자
2. 제21조제1항 또는 제2항을 위반하여 다른 사람에게 자기의 성명이나 상호를 사용하여 건설공사를 수급 또는 시공하게 한 건설사업자와 그 상대방, 건설업 등록증이나 건설업 등록수첩을 빌려준 건설사업자와 그 상대방
3. 제21조제3항을 위반하여 다른 사람의 성명이나 상호를 사용한 건설공사 수급 또는 시공을 알선하거나 건설업 등록증 또는 건설업 등록수첩 대여를 알선한 자
4. 제21조제4항을 위반하여 건설공사를 도급 또는 시공하게 한 건축주
5. 제38조의2를 위반하여 부정한 청탁을 받고 재물 또는 재산상의 이익을 취득하거나 부정한 청탁을 하면서 재물 또는 재산상의 이익을 제공한 자

제96조(벌칙) 다음 각 호의 어느 하나에 해당하는 자는 3년 이하의 징역 또는 3천만원 이하의 벌금에 처한다.

1. 삭제 〈2017. 3. 21.〉
2. 제17조에 따른 신고를 하지 아니하거나 부정한 방법으로 신고하고 건설업을 한 자
3. 삭제 〈2017. 3. 21.〉
4. 제25조제2항 및 제29조제1항부터 제5항까지의 규정을 위반하여 하도급한 자
4의2. 제38조의3을 위반하여 불이익을 주는 행위를 한 자
5. 제41조를 위반하여 시공한 자
6. 정당한 사유 없이 제82조, 제82조의2 또는 제83조에 따른 영업정지처분을 위반한 자
7. 제29조의2제1항에 따른 하수급인에 대한 관리의무를 이행하지 아니한 자(하수급인이 제82조제2항제3호에 따른 영업정지 등의 처분을 받은 경우로서 그 위반행위를 지시·공모한 사실이 확인된 경우만 해당한다)

제97조(벌칙) 다음 각 호의 어느 하나에 해당하는 자는 1년 이하의 징역 또는 1천만원 이하의 벌금에 처한다.

1. 제11조에 따른 표시·광고의 제한을 위반한 자
2. 제23조제3항에 따른 건설공사 실적, 기술자 보유현황, 재무상태를 거짓으로 제출한 자
3. 제23조의2제2항에 따른 건설사업관리 실적, 인력 보유현황, 재무상태를 거짓으로 제출한 자
4. 제40조제1항에 따른 건설기술자의 현장 배치를 하지 아니한 자

제98조(양벌규정) 생략

III. 범죄사실

1. 부정경쟁 입찰방해

1) 적용법조 : 제95조 제1호 ☞ 공소시효 7년

2) 범죄사실 기재례

[기재례1] 가격담합

피의자들은 ○○교육청에서 ○○초등학교 신축공사 경쟁입찰을 한다는 사실을 알고 피의자 甲은 자신의 회사에서 위 입찰을 낙찰받으면 피의자 乙, 피의자 丙에게 각각 ○○만원씩 주고 피의자 乙과 피의자 丙은 피의자 甲이 낙찰을 받을 수 있도록 들러리를 서주기로 합의였다.

피의자들은 200○. ○. ○. ○○:○○경 ○○교육청 경리과 사무실에서 실시한 위 경쟁입찰에서 피의자 乙과 피의자 丙은 사전에 담합한 내용대로 ○○교육청의 예정가격보다 훨씬 높은 ○○만원 및 ○○만원을 각각 기재하여 입찰참가신청을 하고 피의자 甲은 예정가격과 거의 같은 ○○만원을 기재하여 입찰에 참여하였다.

이로써 피의자들은 공모하여 피의자 甲의 주식회사 경라건설이 낙찰받게 함으로써 미리 조작한 가격으로 입찰하였다.

[기재례2] 위장 공개입찰

피의자는 ○○건설 대표이사로서, ○○에 있는 ○○사립학교에서 정부 보조금을 받아 발주하는 1억 원 이상의 공사의 경우 입찰공고를 실시하고, 입찰공고 시 10개의 복수 예비가격을 발표한 후 이를 토대로 입찰현장에서 3개의 예비가격을 골라 그 평균가액의 90%의 직상금액으로 응찰한 자를 낙찰자로 선정하여야 함에도 ○○교육청으로부터 위 고등학교의 공사와 관련하여 국고보조금을 받는 조건으로 학교법인 자체부담금을 납부하게 되었으나 법인의 경영상태가 어려워 자체부담금을 납부할 수 없게 되자 정당한 입찰공고를 거쳐 공개경쟁 입찰을 실시하여 특정 업체에서 낙찰받은 것으로 서류를 꾸미는 방법으로 수의계약을 체결하기로 하였다.

피의자는 위 고등학교 행정실장인 甲과 공모하여, 200○. ○. ○. 위 고등학교행정실에서 A주식회사, B주식회사, ○○기업 등 3개 업체가 위 고등학교 이중창설치공사 입찰에 참여하여 응찰한 것처럼 견적서 및 입찰서류, 입찰금액을 기재하여 그 중 A주식회사에서 총공사금액 ○○억원에 낙찰받은 것처럼 입찰서류를 허위로 꾸미는 방법으로 위계로써 다른 건설사업자의 입찰행위를 방해하였다.

3) 신문사항

- 피의자는 공범인 乙, 丙과 각각 어떠한 관계인가
- ○○에서 실시하는 건축공사와 관련 입찰내용를 알고 있는가
- 언제 어떻게 위 입찰내용을 알게 되었나
- 입찰에 응하기 위해 사전 乙, 丙과 합의한 사실이 있는가

- 언제 어디에서 합의하였나
- 어떠한 내용으로 합의하였나
- 입찰예정가격이 어느 정도인지 알고 있는가
- 각 얼마의 입찰가격으로 응찰하였나
- 이러한 합의가 정당한 것이었나
- 이러한 담합행위로 피의자는 乙과 丙에게 각 어떠한 보답을 하기로 하였나
- 언제 어디에서 얼마를 어떠한 방법으로 주었나
- 입찰은 언제 어디에서 실시되었나
- 몇 개 회사에서 응찰하였나
- 피의자들의 담합으로 피의자가 낙찰자로 되었나
- 그 공사내용은

■ 판례 ■   甲이 사실은 수의계약을 체결할 것임에도 입찰절차를 거쳤다는 증빙을 남기기 위하여 입찰을 전혀 시행하지 아니한 채 형식적인 입찰서류만을 작성하여 입찰이 있었던 것처럼 조작한 경우

[1] 건설산업기본법 제95조 제1호 위반여부

건설산업기본법 제95조 제1호가 규정하고 있는 입찰자 간에 공모하여 미리 조작한 가격으로 입찰하는 행위가 있다고 인정하기 위하여는 입찰이 현실적으로 실시되어야 하고, 입찰이 현실적으로 실시되었다고 하려면 적법하게 입찰에 회부하는 결정이 행하여지는 것이 필요하므로, 사실은 입찰절차를 실시할 의사가 없이 특정한 업체와 수의계약을 체결할 것임에도 입찰절차를 거쳤다는 것을 가장할 목적에서 증빙을 남기기 위하여 입찰을 전혀 시행하지 아니한 채 형식적인 입찰서류만을 작성하여 입찰이 있었던 것처럼 조작한 행위는, 실제로 실시된 입찰절차에서 실질적으로는 단독입찰을 하면서 마치 경쟁입찰을 하는 것처럼 가장하는 경우와 달리 위 조항 소정의 입찰자 간에 공모하여 미리 조작한 가격으로 입찰하는 행위에 해당하지 아니한다.

[2] 배임죄에 있어서 '재산상의 손해를 가한 때'의 의미 및 일반경쟁입찰에 의하여 체결하여야 할 공사도급계약을 수의계약에 의하여 체결한 경우, 재산상의 손해를 가한 때에 해당하는지 여부(한정 적극)

일반경쟁입찰에 의하여 체결하여야 할 공사도급계약을 수의계약에 의하여 체결하였다 하더라도 수의계약에 의한 공사대금이 적정한 공사대금의 수준을 벗어나 부당하게 과대하여 일반경쟁입찰에 의하여 공사도급계약을 체결할 경우 예상되는 공사대금의 범위를 벗어난 것이 아니라면 재산상의 손해를 가한 때에 해당한다고 할 수 없다(대법원 2005.3.25. 선고 2004도5731 판결).

■ 판례 ■   건설업자가 아닌 자가 건설업자를 대행하여 건설공사의 입찰행위를 한 경우

[1] 건설산업기본법 제95조 제2호의 규정 취지 및 형법 제315조에 대한 관계

건설산업기본법 제95조는, 건설공사의 입찰에 있어 다음 각 호의 1에 해당하는 행위를 한 자는 5년 이하의 징역 또는 5천만 원 이하의 벌금에 처한다고 규정하고, 제2호에서 '다른 건설업자의 견적을 제출한 자'를 들고 있는바, 건설공사의 적정한 시공과 건설산업의 건전한 발전을 도모하고자 하는 건설산업기본법의 목적과 위와 같은 처벌규정을 두게 된 입법 취지를 종합하여 볼 때, 이는 같은 호의 '다른 건설업자'라는 법문이나 이와 병렬관계에 있는 같은 조 제1호 및 제3호의 규정 내용에서

도 알 수 있듯이 건설공사의 입찰에 있어 입찰의 공정을 해치는 행위를 하는 건설업자들을 특별히 가중 처벌하기 위한 것으로서 입찰방해죄를 규정한 형법 제315조의 특별규정이라 할 것이다.

[2] 건설업자가 아닌 자가 건설업자를 대행하여 건설공사의 입찰행위를 한 경우, 건설산업기본법 제95조 제2호 위반죄의 범죄주체가 되는지 여부(소극)

건설산업기본법 제2조 제5호는 '건설업자'라 함은 건설산업기본법 또는 다른 법률에 의하여 등록 등을 하고 건설업을 영위하는 자를 말한다고 규정하고 있고, 피고인 스스로 건설업자로서 또는 주식회사 금산건설의 실질적인 운영자로서 건설공사에 입찰한 것으로 볼 수 없으므로 건설산업기본법 제95조 제2호가 규정하는 구성요건의 행위주체가 되지 않는다(대법원 2007.7.26. 선고 2007도 2032 판결).

■ 판례 ■   **'입찰행위'의 의미(= 형법상 입찰방해죄에 있어 입찰과 동일)**

건설산업기본법 제95조는, 건설공사의 입찰에 있어 다음 각 호의 1에 해당하는 행위를 한 자는 5년 이하의 징역 또는 5천만 원 이하의 벌금에 처한다고 규정하고, 제3호에서 "위계 또는 위력 기타의 방법으로 다른 건설업자의 입찰행위를 방해한 자"를 들고 있는바, 건설공사의 적정한 시공과 건설산업의 건전한 발전을 도모하고자 하는 건설산업기본법의 목적과 위와 같은 처벌규정을 두게 된 입법 취지를 종합하여 볼 때, 이는 같은 조 제1호와 제2호에서 들고 있는 사유 이외에도 건설공사의 입찰에 있어 입찰의 공정을 해치는 행위를 하는 건설업자들을 특별히 가중 처벌하기 위한 것으로서 형법 제315조 소정의 입찰방해죄의 특별규정이라 할 것이고, 여기서 '입찰행위'를 방해한다 함은 형법상의 입찰방해죄의 구성요건을 충족함을 의미하는 것이므로 건설산업기본법 제95조 제3호 소정의 '입찰행위'의 개념은 형법상의 입찰방해죄에 있어 '입찰'과 동일한 개념이다(대법원 2001.11.30. 선고 2001도2423 판결).

■ 판례 ■   **건설산업기본법 제95조 제3호의 규정 취지**

건설산업기본법 제95조는, 건설공사의 입찰에 있어 다음 각 호의 1에 해당하는 행위를 한 자는 5년 이하의 징역 또는 5천만 원 이하의 벌금에 처한다고 규정하고, 제3호에서 "위계 또는 위력 기타의 방법으로 다른 건설업자의 입찰행위를 방해한 자"를 들고 있는바, 이는 같은 호의 '다른 건설업자'라는 법문이나 이와 병렬관계에 있는 같은 조 제1호 및 제2호의 규정 내용에서도 알 수 있듯이 건설공사의 입찰에 있어 입찰의 공정을 해치는 행위를 하는 건설업자들을 특별히 가중 처벌하기 위한 것으로서 입찰방해죄를 규정한 형법 제315조의 특별규정이다(대법원 2001.2.9. 선고 2000도4700 판결).

■ 판례 ■   **동업자들 사이의 출혈경쟁을 방지하기 위한 담합행위도 법 제59조 제1호 위반에 해당하는지 여부(적극)**

'건설업자로서 경쟁입찰에 있어서 입찰자간에 공모하여 미리 조작한 가격으로 입찰한 자'를 처벌하도록 하고 있는 구 건설업법(1996. 12. 30. 법률 제5230호로 개정되기 전의 것) 제59조 제1호 규정의 취지는 공정한 자유경쟁을 통하여 건설공사의 적정시공과 건설업의 건전한 발전을 도모하기 위하여 건설공사수주를 둘러싸고 일어나는 이른바 담합행위를 근절하고자 하는 데 있는 것으로서 '입찰의 공정을 해할 것'을 요건으로 하고 있지 아니하므로 설령 담합행위가 동업자들 사이의 무모한 출혈경쟁을 방지하기 위한 목적으로 이루어졌다 하더라도 '건설업자로서 경쟁입찰에 있어서 입찰자간에 공모하여 미리 조작한 가격으로 입찰한' 이상 같은 법 제59조 제1호 위반죄의 죄책을 면할 수 없다(대법원 1999.10.12. 선고 99도2309 판결).

2. 면허를 받지 않고 건설업

1) 적용법조 : 제95조의2 제1호, 제9조 제1항 ☞ 공소시효 7년

> 제9조(건설업의 등록 등) ① 건설업을 하려는 자는 대통령령으로 정하는 업종별로 국토교통부장관에게 등록을 하
> 여야 한다. 다만, 대통령령으로 정하는 경미한 건설공사를 업으로 하려는 경우에는 등록을 하지 아니하고 건설
> 업을 할 수 있다.
> ※ 시행령
> 제8조(경미한 건설공사등) ①법 제9조제1항 단서에서 "대통령령으로 정하는 경미한 건설공사"란 다음 각 호의 어
> 느 하나에 해당하는 공사를 말한다.
> 1. 별표 1에 따른 종합공사를 시공하는 업종과 그 업종별 업무내용에 해당하는 건설공사로서 1건 공사의 공사예
>   정금액[동일한 공사를 2이상의 계약으로 분할하여 발주하는 경우에는 각각의 공사예정금액을 합산한 금액으로
>   하고, 발주재(하도급의 경우에는 수급인을 포함한다)가 재료를 제공하는 경우에는 그 재료의 시장가격 및 운임
>   을 포함한 금액으로 하며, 이하 "공사예정금액"이라 한다]이 5천만원미만인 건설공사

2) 범죄사실 기재례

[기재례1] 무등록 건설업

> 피의자는 ○○건설이라는 상호로 건설업에 종사하는 사람으로서 건설업을 하려는 자는 대
> 통령령으로 정하는 업종별로 국토교통부장관에게 등록을 하여야 한다.
> 그럼에도 불구하고 피의자는 20○○. ○. ○.부터 20○○. ○. ○.경까지 건설업 면허없이
> ○○공사를 1억원에 도급받아 시멘트와 철근 등을 사용하여 축대벽 및 도로공사를 하였다.

[기재례2] 부정한 방법으로 면허를 받아 건설업

> 피의자는 ○○건설이라는 상호로 건설업에 종사하는 사람으로서 토목건축공사업 일반건설
> 면허를 취득하기 위한 기술적 자격요건으로 토목 분야 기술자 4인 이상, 건축분야 기술자 4
> 인 이상을 고용하여야 한다.
> 피의자는 20○○. ○. ○.경 국토교통부에 토목건축공사업 면허를 신청하면서 건설안전기
> 사 2급 자격취득자인 甲 등 토목기술자 4명의 면허자 격증을 ○○만 원에 대여받고, 건축기
> 사 1급 자격취득자인 乙 등 건축기술자 5명의 면허자 격증을 ○○만 원에 대여받아 외관상
> 자격요건에 맞는 건설기술자를 보유한 것인 양 허위 서류를 작성, 제출하였다.
> 이로써 피의자는 20○○. ○. ○.경 국토교통부장관으로부터 부정한 방법으로 일반건설업
> 면허를 취득하여 건설업을 영위하였다.

[기재례3] 무등록 건설업

> 공사예정금액이 1,500만 원 미만인 경우를 제외하고는 전문공사에 해당하는 방수공사를
> 하려는 자는 국토교통부장관에게 이에 해당하는 건설업 등록을 하여야 한다.
> 그럼에도 불구하고 피의자는 건설업 등록을 하지 않은 채 2020○○. ○. ○. 경 ○○아파
> 트의 자치회장인 갑으로부터 이 사건 아파트에 대한 공사금액 ○○만 원의 방수공사를 도급
> 받아 20○○. ○.○.부터 20○○. ○.○.까지 이를 시공하였다.

3) 신문사항(무면허 건설업 영위)

- 건설업에 종사하고 있는가
- 회사 이름이 무엇인가
- 주로 어떠한 공사를 하고 있는가
- ○○공사를 한 일이 있는가
- 그 공사의 규모는 어느 정도인가
- 언제부터 언제까지 공사를 하였는가
- 건설업 면허는 있는가
- 면허없이 어떻게 공사 도급을 받았는가
- 원청사도 피의자가 면허없다는 것을 알고 있는가
- 왜 면허없이 이러한 공사를 하였는가

■ 판례 ■　건설산업기본법 제9조 제1항 본문, 제96조 제1호에 위반하는 수개의 '무등록 건설업 영위 행위'를 포괄일죄로 평가할 수 있는 경우

건설산업기본법 제9조 제1항 본문은 '건설업을 하려는 자는 대통령령으로 정하는 업종별로 국토교통부장관에게 등록을 하여야 한다'고 규정하고, 벌칙 조항인 제96조 제1호에서는 제9조 제1항에 따른 등록을 하지 아니하고 건설업을 한 자를 형벌에 처하도록 규정하고 있는데, 위 규정에 위반하는 무등록 건설업 영위 행위는 범죄의 구성요건의 성질상 동종 행위의 반복이 예상된다 할 것이고, 그와 같이 반복된 수개의 행위가 단일하고 계속된 범의하에 근접한 일시·장소에서 유사한 방법으로 행하여지는 등 밀접한 관계가 있어 전체를 1개의 행위로 평가함이 상당한 경우에는 이들 각 행위를 통틀어 포괄일죄로 처벌하여야 한다.(대법원 2014.7.24. 선고, 2013도12937, 판결]

■ 판례 ■　건설산업기본법 제95조 제3호에서 정한 '입찰행위'의 의미(=형법상 입찰방해죄의 '입찰'과 동일한 개념) 및 위 규정에서 정한 '다른 건설업자의 입찰행위를 방해한 자'에 입찰에 참가할 가능성이 있는 다른 건설업자의 입찰 참가 여부 결정 등에 영향을 미침으로써 입찰행위를 방해한 자가 포함된다(대법원 2015.12.24. 선고 2015도13946 판결).

■ 판례 ■　건설산업기본법상 '시공'과 '건설업을 한다'는 것의 의미 및 도급받은 건설공사 중 일부 또는 전부를 직접 시공하여 완성한 경우뿐만 아니라 하도급 방식으로 시공하여 완성한 경우에도 건설업을 하였다고 보아야 하는지 여부(적극)

건설산업기본법은 "이 법은 건설공사의 조사, 설계, 시공, 감리, 유지관리, 기술관리 등에 관한 기본적인 사항과 건설업의 등록 및 건설공사의 도급 등에 필요한 사항을 정함으로써 건설공사의 적정한 시공과 건설산업의 건전한 발전을 도모함을 목적으로 한다."라고 하면서(제1조), '건설산업'은 건설공사를 하는 업인 '건설업'과 건설공사에 관한 조사, 설계, 감리, 사업관리, 유지관리 등 건설공사와 관련된 용역을 하는 업인 '건설용역업'을 말한다고 규정하고 있다(제2조 제1호 내지 제3호). 위와 같은 건설산업기본법의 입법 목적과 건설산업 및 건설업과 건설용역업에 관한 정의 규정의 내용 등을 종합하여 보면, '건설업을 한다'는 것은 '건설공사의 시공분야를 수행하는 것을 업으로 한다'는 것을 의미한다고 해석할 수 있다.

한편 건설산업기본법 제9조 제1항 본문은 "건설업을 하려는 자는 대통령령으로 정하는 업종별로 국토교통부장관에게 등록을 하여야 한다."라고 규정하면서, 제96조 제1호에 "제9조 제1항에 따른 등록을 하지 아니하거나 부정한 방법으로 등록을 하고 건설업을 한 자"에 관한 처벌규정을 두고 있는데, 건설공사의 적정한 시공과 건설산업의 건전한 발전을 도모하려는 건설산업기본법의 입법 목적과 무등록업자에 의한 부실시공을 예방하여 국민의 생명과 재산을 보호하고자 하는 건설업 등록제도의 취지 등에 비추어 보면, '시공'이란 '직접 또는 도급에 의하여 설계에 따라 건설공사를 완성하기 위하여 시행되는 일체의 행위'를 의미한다고 해석할 수 있다.

따라서 '건설업을 한다'는 것은 '직접 또는 도급에 의하여 설계에 따라 건설공사를 완성하기 위하여 시행되는 일체의 행위를 수행하는 것을 업으로 한다'는 의미로 해석하여야 하므로, 도급받은 건설공사 중 일부 또는 전부를 직접 시공하여 완성한 경우뿐만 아니라 하도급의 방식으로 시공하여 완성한 경우에도 건설업을 하였다고 보아야 한다.(대법원 2017. 7. 11., 선고, 2017도1539, 판결)

■ **판례** ■　구 건설산업기본법상 건설업 등록제도의 취지 / 건설업 등록의무가 면제되는 '경미한 건설공사' 중 하나로 공사예정금액이 1,500만 원 미만인 전문 건설공사를 정한 구 건설산업기본법 시행령 제8조 제1항의 해석과 관련하여 분할 발주된 수 개의 공사가 '동일한 공사'로서 공사예정금액 합산 대상에 해당하는지 판단하는 기준

구 건설산업기본법(2017. 3. 21. 법률 제14708호로 개정되기 전의 것, 이하 '구 건설산업기본법'이라고 한다) 제9조 제1항 본문은 "건설업을 하려는 자는 대통령령이 정하는 업종별로 국토교통부장관에게 등록을 하여야 한다."라고 규정하면서, 제96조 제1호에서 "제9조 제1항에 따른 등록을 하지 아니하거나 부정한 방법으로 등록을 하고 건설업을 한 자"에 대한 처벌규정을 두고 있는데, 이러한 건설업 등록제도의 취지는 건설공사의 적정한 시공과 건설산업의 건전한 발전을 도모하고 무등록업자에 의한 부실시공을 예방하여 국민의 생명과 재산을 보호하고자 하는 것이다.

한편 구 건설산업기본법 제9조 제1항 단서는 건설업 등록제도의 예외로서 "대통령령으로 정하는 경미한 건설공사를 업으로 하려는 경우에는 등록을 하지 아니하고 건설업을 할 수 있다."라고 정하고 있고, 구 건설산업기본법 시행령(2020. 12. 29. 대통령령 제31328호로 개정되기 전의 것) 제8조 제1항은 이러한 '경미한 건설공사' 중 하나로 공사예정금액이 1,500만 원 미만인 전문 건설공사를 정하면서, 동일한 공사를 2 이상의 계약으로 분할하여 발주하는 경우에는 각각의 공사예정금액을 합산한 금액을 공사예정금액으로 하도록 정하고 있다.

이러한 건설업 등록제도의 취지와 관련 규정의 내용 등에 비추어 볼 때, 분할 발주된 수 개의 공사가 '동일한 공사'로서 공사예정금액 합산 대상에 해당하는지 여부는 각 공사계약의 당사자, 공사 목적물, 공사기간, 공사 내용 및 방법, 수 개의 계약으로 분할하여 체결한 경위 등 제반 사정들을 종합적으로 고려하여, 실질적으로 각 공사계약이 하나의 계약으로서 각 공사 사이에 동일성이 인정되는지를 기준으로 판단하여야 한다. 반면 당사자들이 수 개의 공사에 대하여 하나의 공사계약을 체결하였다고 하더라도 각 공사가 목적물, 내용이나 시공방법 등을 달리하여 실질적으로 하나의 공사로 볼 수 없는 경우에는 이를 '동일한 공사'로 평가할 수 없을 것이다. (대법원 2022. 2. 24., 선고, 2018도3821, 판결)

3. 건설업 등록증 대여행위

1) 적용법조 : 제95조의2 제3호, 제21조 제1항 ☞ 공소시효 7년

> 제21조(건설업 등록증 등의 대여 및 알선 금지) ① 건설사업자는 다른 사람에게 자기의 성명이나 상호를 사용하여 건설공사를 수급 또는 시공하게 하거나 건설업 등록증 또는 건설업 등록수첩을 빌려주어서는 아니 된다.
> ② 누구든지 건설사업자로부터 그 성명이나 상호를 빌려 건설공사를 수급 또는 시공하거나 건설업 등록증 또는 건설업 등록수첩을 빌려서는 아니 된다.

2) 범죄사실 기재례

[기재례1] 건설업등록증 대여

> 가. 피의자 甲
>   피의자는 건설사업자로서 다른 사람에게 자기의 성명이나 상호를 사용하여 건설공사를 수급 또는 시공하게 하거나 건설업등록증 또는 건설업 등록 수첩을 빌려주어서는 아니 된다
>   그럼에도 불구하고 피의자는 20○○. ○. ○. 경 ○○에서 ○○가 발주한 ○○건설공사를 수급하면서 피의자 회사 명의를 피의자 乙에게 ○○만원을 받고 대여하여 乙로 하여금 피의자 회사명의로 위 공사를 수급하도록 하였다.
> 나. 피의자 乙
>   피의자는 위와 같이 피의자 甲회사 명의를 대여받아 위 공사를 수급하였다.

[기재례2] 회사명의 대여

> 피의자는 ○○주식회사의 대표이사로서 건설사업자인 피의자는 무면허 건설사업자인 乙로 하여금 피의자 회사의 상호를 사용하여 하도급 공사를 시공케 한 후 명의 대여료 명목으로 공사대금의 4%를 받기로 하였다.
> 피의자는 20○○. ○. ○.경 위 乙로 하여금 丙주식회사와 공사대금 ○○만원에 ○○에 있는 ○○아파트 신축공사 중 흙막이공사 계약을 체결하게 한 후 20○○. ○. ○.경부터 20○○. ○. ○.경까지 사이에 시공하게 하였다.

3) 신문사항

- 건설업 명의가 있는가
- 어떤 내용의 면허인가
- 언제 취득하였는가
- 이러한 면허를 다른 사람에게 대여한 일이 있는가
- 누구에게 대여하였는가
- 언제 어떤 조건으로 대여하였는가
- 대여받은 乙은 무엇 때문에 대여해 달라고 하던가
- 대여받은 乙을 대여받은 면허로 어떤 공사를 하였는가
- 왜 이러한 행위를 하였는가

■ 판례 ■ 　명의대여의 의미와 그 판단기준

가. 건설산업기본법 제21조가 금지하는 명의대여의 의미 및 해당요건

건설산업기본법 제21조가 금지하고 있는 "다른 사람에게 자기의 성명 또는 상호를 사용하여 건설공사를 시공하게 하는 행위"란 타인이 자신의 상호나 이름을 사용하여 자격을 갖춘 건설업자로 행세하면서 건설공사를 시공하리라는 것을 알면서도 그와 같은 목적에 자신의 상호나 이름을 사용하도록 승낙 내지 양해한 경우를 의미한다고 해석함이 상당하다 할 것이므로, 어떤 건설업자의 명의로 하도급된 건설공사 전부 또는 대부분을 다른 사람이 맡아서 시공하였다 하더라도, 그 건설업자 자신이 그 건설공사에 실질적으로 관여할 의사로 수급하였고, 또 그 시공 과정에 실질적으로 관여하여 왔다면, 이를 명의 대여로 볼 수는 없다.

나. 甲의 행위가 명의대여에 해당하는지 여부(소극)

A주식회사가 이 사건 공사의 수급에 실질적으로 관여하였고 거의 전 공정을 스스로 시공하였으므로 명의 대여에 의한 건설산업기본법 위반에 해당하지 않는다(대법원 2007.5.11. 선고 2005도6668 판결).

■ 판례 ■ 　건설업 명의를 다른 사람에게 대여하여 건설공사를 수급 또는 시공하도록 한 건설산업기본법 위반죄의 기수시기

건설산업기본법 제96조 제4호, 제21조에 규정된 '건설업자가 다른 사람에게 자기의 성명 또는 상호를 사용하여 건설공사를 수급 또는 시공하게 하는 행위'는 다른 사람에게 자기의 성명 또는 상호를 사용하여 건설공사를 수급하게 하거나 공사에 착수하게 한 때에 완성되어 기수가 되고 그 후 공사종료시까지는 그 법익침해의 상태가 남아있을 뿐이다(대법원 2007.4.12. 선고 2007도883 판결).

■ 판례 ■ 　건설산업기본법 제21조가 금지하는 명의대여의 의미 및 그 대여를 금지하고 있는 명의에 건설업자인 법인의 대표자 명의도 포함되는지 여부(소극)

건설산업기본법 제21조가 금지하고 있는 "건설업자가 다른 사람에게 자기의 성명 또는 상호를 사용하여 건설공사를 수급·시공하게 하는 행위"란 타인이 자신의 상호나 이름을 사용하여 자격을 갖춘 건설업자로 행세하면서 건설공사를 시공하리라는 것을 알면서도 그와 같은 목적에 자신의 상호나 이름을 사용하도록 승낙 내지 양해한 경우를 의미한다고 해석함이 상당하다 할 것이고(대법원 2003. 12. 26. 선고 2003도5541 판결 등 참조), 건설공사의 적정한 시공과 건설산업의 건전한 발전을 도모하려는 위 법의 입법목적과 무면허 또는 무등록업자에 의한 부실시공을 예방하고 시공에 관한 책임의 소재를 분명히 하여 국민의 생활안전에 기여하려는 위 법 제21조의 취지 및 형벌법규는 엄격하게 해석하여야 한다는 죄형법정주의의 이념에 비추어 보면, 위 법 제21조에서 타인에게 그 대여를 금지하고 있는 명의는 건설산업기본법에 의한 건설업자의 성명 또는 상호 그 자체를 말하는 것일 뿐 건설업자인 그 법인의 대표자 명의에 관한 것은 아니라고 보아야 할 것이다(대법원 2007.1.11. 선고 2005도9487 판결).

■ 판례 ■ 　구 건설산업기본법 제21조 소정의 '시공'의 의미

여기에서 '시공'이라 함은 직접 또는 도급에 의하여 설계에 따라 건설공사를 완성하기 위하여 시행되는 일체의 행위를 의미한다고 보아야 할 것이다(대법원 2003.7.11. 선고 2001도1332 판결).

4. 재하도급 행위

1) 적용법조 : 제96조 제4호, 제29조 제1항 ☞ 공소시효 5년

> 제29조(건설공사의 하도급 제한) ① 건설사업자는 도급받은 건설공사의 전부 또는 대통령령으로 정하는 주요 부분의 대부분을 다른 건설사업자에게 하도급할 수 없다. 다만, 건설사업자가 도급받은 공사를 대통령령으로 정하는 바에 따라 계획, 관리 및 조정하는 경우로서 대통령령으로 정하는 바에 따라 2인 이상에게 분할하여 하도급하는 경우에는 예외로 한다.
> ② 수급인은 그가 도급받은 건설공사의 일부를 동일한 업종에 해당하는 건설사업자에게 하도급할 수 없다. 다만, 발주자가 공사품질이나 시공상 능률을 높이기 위하여 필요하다고 인정하여 서면으로 승낙한 경우에는 예외로 한다.
> ③ 하수급인은 하도급받은 건설공사를 다른 사람에게 다시 하도급할 수 없다. 다만 다음 각 호의 어느 하나에 해당하는 경우에는 하도급할 수 있다.
>   1. 제2항 단서에 따라 종합공사를 시공하는 업종을 등록한 건설사업자가 하도급받은 경우로서 그가 하도급받은 건설공사 중 전문공사에 해당하는 건설공사를 그 전문공사를 시공하는 업종을 등록한 건설사업자에게 다시 하도급하는 경우
>   2. 전문공사를 시공하는 업종을 등록한 건설사업자가 하도급받은 경우로서 다음 각 목의 요건을 모두 충족하여 하도급받은 전문공사의 일부를 그 전문공사를 시공하는 업종을 등록한 건설사업자에게 다시 하도급하는 경우
>   가. 공사의 품질이나 시공상의 능률을 높이기 위하여 필요한 경우로서 국토교통부령으로 정하는 요건에 해당할 것
>   나. 수급인의 서면 승낙을 받을 것
> ④ 제3항 단서 및 제25조제2항에 따라 하도급을 한 자와 제3항제2호에 따라 다시 하도급하는 것을 승낙한 자는 대통령령으로 정하는 바에 따라 발주자에게 통보를 하여야 한다. 다만, 하도급을 하려는 부분이 그 공사의 주요 부분에 해당하는 경우로서 발주자가 품질관리상 필요하여 도급계약의 조건으로 사전승인을 받을 것을 요구한 경우에는 그 요구에 따른다.

2) 범죄사실 기재례

> 피의자는 ○○에서 ○○건설이라는 상호로 ○○전문건설업을 하는 자로, 건설사업자는 도급받은 건설공사의 전부 또는 대통령령으로 정하는 주요 부분의 대부분을 다른 건설사업자에게 하도급할 수 없다.
>
> 그럼에도 불구하고 피의자는 20○○. ○. ○. ○○공사 부분을 원도급자인 乙로부터 하도급을 받은 후 20○○. ○. ○. 그 공사의 전부를 다시 丙에게 재하도급을 줌으로써 하수급인의 재하도급 제한규정을 위반하였다.

3) 신문사항

- 건설사업자인가
- 어떤 내용의 면허인가
- 언제 취득하였는가
- ○○공사를 하도급 받은 일이 있는가
- 언제 어디에서 누구로부터 받았는가
- 어떤 조건으로 받았는가
- 어떤 공사인가

- 이 공사를 직접 하였는가
- 언제 누구에게 다시 하도급을 주었는가
- 어떤 조건으로 주었나
- 원도급자로부터 받은 공사내용과 다시 하도급 준 내용과 어떤 차이가 있는가
- 왜 모두 재하도급을 주었는가

■ 판례 ■   공사의 일부를 타인에게 하도급을 준 행위가 일괄하도급금지행위에 해당하는지 여부

건설업자가 도급받은 토공 및 구조물공사 중 성토 및 절토공사를 제외한 구조물공사만을 하도급시킨 행위는 수급받은 건설공사의 일부에 불과하여 구 건설업법(1981.12.31 법률 제3501호로 개정되기 전의 것) 제34조 제1항 소정의 일괄하도급금지행위에 해당하지 아니한다(대법원 1987.4.28. 선고 87도319 판결).

■ 판례 ■   구 건설산업기본법 제29조 제1항의 '건설업자'는 같은 법 제2조 제5호에서 말하는 '등록 등을 하고 건설업을 영위하는 건설업자'에 한정되는지 여부(적극)

구 건설산업기본법(2007.5.17. 법률 제8477호로 개정되기 전의 것) 제29조 제1항은 "건설업자는 그가 도급받은 건설공사의 전부 또는 대통령령이 정하는 주요 부분의 대부분을 다른 건설업자에게 하도급 할 수 없다"고 규정하고, 제96조 제5호는 "제29조 제1항의 규정에 위반하여 하도급한 자는 1년 이하의 징역 또는 1천만 원 이하의 벌금에 처한다"고 규정하고 있으며, 제2조 5호는 "건설업자라 함은 이 법 또는 다른 법률에 의하여 등록 등을 하고 건설업을 영위하는 자를 말한다"고 규정하고 있으므로, 위 제29조 제1항, 제96조 제5호에 의한 벌칙 적용은 등록 등을 한 건설업자가 등록 등을 한 다른 건설업자에게 하도급을 하는 경우에 한정된다(대법원 2008.4.24. 선고 2007도9972 판결).

5. 발주자의 부정한 청탁에 의한 재물취득

1) 적용법조 : 제95조의2 제5호, 제38조의2 제1항 ☞ 공소시효 7년

제38조의2(부정한 청탁에 의한 재물 등의 취득 및 제공 금지) ① 발주자, 수급인, 하수급인 또는 이해관계인은 도급계약의 체결 또는 건설공사의 시공에 관하여 부정한 청탁을 받고 재물 또는 재산상의 이익을 취득하거나 부정한 청탁을 하면서 재물 또는 재산상의 이익을 제공하여서는 아니 된다.
② 국가, 지방자치단체 또는 대통령령으로 정하는 공공기관이 발주한 건설공사의 업체선정에 심사위원으로 참여한 자는 그 직무에 관하여 부정한 청탁을 받고 재물 또는 재산상의 이익을 취득하여서는 아니 된다.

2) 범죄사실 기재례

피의자 甲은 ○○에서 (주)홍천건설 대표이사로 건설사업자, 피의자 乙은 토목일을 하는 사람이다. 발주자, 수급인, 하수급인 또는 이해관계인은 도급계약의 체결 또는 건설공사의 시공에 관하여 부정한 청탁을 받고 재물 또는 재산상의 이익을 취득하거나 부정한 청탁을 하면서 재물 또는 재산상의 이익을 제공하여서는 아니 된다.
가. 피의자 甲
피의자는 20○○. ○. ○. 경 ○○에서 ○○가 발주한 ○○건설공사 중 ○○공사에 대해 피의자 乙에게 하도급함에 있어 피의자 乙이 하도급을 주면 공사비의 3%에 해당하는 금액인 ○○만원을 사례비로 지급하겠다고 약속한 후 20○○. ○. ○. ○○에서 위 금액을 피의자 乙로부터 교부받았다.
나. 피의자 乙
피의자는 위와 같이 피의자 甲에게 하도급을 받는 조건으로 위와 같이 공여하였다.

3) 신문사항

- 건설사업자인가
- 어떤 내용의 면허인가
- 언제 취득하였는가
- ○○공사를 하도급 준 일이 있는가
- 언제 어디에서 계약하였는가
- 어떤 조건으로 주었는가
- 어떤 공사인가
- 이와 관련 사례비 등을 준 일이 있는가
- 언제 어디에서 누구에게 주었는가
- 얼마를 주었는가
- 어떤 조건으로 주었나
- 부정한 청탁의 대가라는 것을 알고 있는가

■ 판례 ■　　건설산업기본법 제38조의2 위반죄에 있어서 '부정한 청탁'의 의의

공무원의 직무집행의 공정과 이에 대한 사회의 신뢰 및 직무집행의 불가매수성을 그 보호법익으로 하고 있는 형법 제130조의 제3자뇌물공여죄에 있어서 '부정한 청탁'에 관해서는 그 청탁의 대상이 된 직무집행이 위법·부당하지 않더라도 당해 직무집행을 어떤 대가관계와 연결시켜 그 직무집행에 관한 대가의 교부를 내용으로 하는 청탁이라면 이는 의연 '부정한 청탁'에 해당한다고 보아야 할 것이지만, 건설공사의 적정한 시공과 건설산업의 건전한 발전을 도모하는데 그 목적을 두고 일반적인 건설산업종사자 모두에 대해 적용되는 건설산업기본법 제38조의2 위반죄에 있어서까지 '부정한 청탁'을 그와 같이 엄격히 해석하여야 한다고 볼 수 없다. 피고인이 재건축조합장으로서 도시 및 주거환경정비법에 의하여 공무원으로 의제된다는 점은 뇌물죄의 적용에 있어서만 그러하다는 것이므로, 재건축조합장 외에 일반적인 건설산업종사자 모두에게 적용되는 건설산업기본법을 해석함에 있어 그 점을 고려할 것은 아니다. ☞ 피고인이 공사대금을 원활하게 지불해달라는 등의 청탁을 받은 사안에서 부정한 청탁을 인정하지 아니한 원심을 수긍한 사례(대법원 2008.1.24. 선고 2006도5711).

■ 판례 ■　　제38조의2에 정한 '이해관계인'의 의미와 위 규정의 적용 범위

건설산업기본법 제38조의2의 도급계약의 체결과 관련한 '이해관계인'이란 건설공사를 도급 또는 하도급을 받을 목적으로 도급계약을 체결하기 위하여 경쟁하는 자로서 도급계약의 체결 여부에 직접적이고 법률적인 이해관계를 가진 자이므로, 재건축·재개발정비조합이나 조합설립추진위원회로부터 정비사업의 시행을 위하여 필요한 업무의 대행이나 지원을 위탁받거나 이에 관한 자문을 하는 정비사업전문관리업자 또는 정비사업과 관련한 건설공사도급계약이 체결되기 전의 재개발·재건축정비지구 내 주민은 위 법에서 말하는 이해관계인에 해당하지 않는다. 또한, 위 조항은 발주자, 수급인, 하수급인 또는 이해관계인 사이에 공사 수주 및 시공과 관련하여 부정한 청탁에 의한 재물 또는 재산상의 이익을 수수하는 것을 금지하는 것일 뿐이고 위 조항에 규정되지 아니한 자에게 금품을 공여하는 행위까지 금지하는 것이라고 할 수는 없다(대법원 2008.9.25. 선고 2008도2590 판결)

■ 판례 ■　　건설산업기본법 제95조의2 위반죄의 주체

[1] 건설산업기본법 제95조의2 위반죄의 주체 및 처벌대상 행위

건설산업기본법 제95조의2 위반죄의 처벌대상이 되는 행위는 발주자, 수급인, 하수급인 또는 이해관계인이 도급계약의 체결 또는 건설공사의 시공과 관련하여 스스로 영득하기로 하는 명목으로 재물 또는 재산상의 이익을 취득하거나 그와 같은 명목으로 이를 공여하는 행위에 한정되고, 그와 달리 발주자 등의 사용인 기타 종업원 등이 개인적으로 영득하기 위하여 배임수증재적 명목으로 재물 또는 재산상의 이익을 취득하거나 그와 같은 명목으로 이를 공여하는 행위는 위 조항에 의하여 처벌되는 행위에 포함되지 아니한다.

[2] 건설산업기본법 제98조 제2항의 양벌조항으로 발주자 등의 사용인 등이 배임수증재적 명목으로 재물 또는 재산상의 이익을 취득하거나 그와 같은 명목으로 이를 공여하는 행위를 처벌할 수 있는지 여부(소극)

건설산업기본법 제98조 제2항의 양벌조항에 의하여 발주자 등의 대표자, 대리인·사용인 기타 종업원도 위 법 제38조의2와 제95조의2에 의한 처벌대상이 될 수 있으나, 발주자 등이 스스로 영득하기 위한 명목으로 재물 또는 재산상의 이익을 취득하거나 그와 같은 명목으로 이를 공여하는 행위와 사용인 등이 배임수증재적 명목으로 재물 또는 재산상의 이익을 취득하거나 그와 같은 명목으로 이를 공여하는 행위는 그 본질, 성격과 내용을 전혀 달리 하는 별개의 행위이므로, 양벌조항을 매개로 삼아 전자의 행위를 처벌하는 조항으로 후자의 행위까지 처벌하는 것은 새로운 구성요건을 창출하는 것이어서 허용될 수 없다(대법원 2009.5. 28. 선고 2009도988 판결).

6. 건설기술자 현장미배치

1) 적용법조 : 제97조 제4호, 제40조 제1항 ☞ 공소시효 5년

> **제40조(건설기술자의 배치)** ① 건설사업자는 건설공사의 시공관리, 그 밖에 기술상의 관리를 위하여 대통령령으로 정하는 바에 따라 건설공사 현장에 건설기술자를 1명 이상 배치하여야 한다. 다만, 시공관리, 품질 및 안전에 지장이 없는 경우로서 일정 기간 해당 공종의 공사가 중단되는 등 국토교통부령으로 정하는 요건에 해당하여 발주자가 서면으로 승낙하는 경우에는 배치하지 아니할 수 있다.

2) 범죄사실 기재례

> 피의자는 ○○에 있는 (주)홍천건설 대표이사로 건설사업자로, 건설사업자는 건설공사의 시공관리 기타 기술상의 관리를 하게 하려고 건설공사의 현장에 건설기술자를 1인 이상 배치하여야 한다.
>
> 그럼에도 불구하고 피의자는 20○○. ○. ○. 경부터 20○○. ○. ○.까지 사이에 ○○에서 시공한 건설공사 현장에 건설기술자를 배치하지 아니하였다.

3) 신문사항
- 건설사업자인가
- 어떤 내용의 면허인가
- 언제 취득하였는가
- ○○에서 건설공사를 하고 있는가
- 어떤 공사인가
- 그곳에 건설기술자를 배치하였는가
- 언제부터 언제까지 배치하지 않았는가
- 왜 배치하지 않았는가

7. 건설업종 등록표시제한 위반 : 제97조 제1호, 제11조 제1항 ☞ 공소시효 5년

> **제11조(표시·광고의 제한)** ① 제9조에 따라 업종별로 건설업 등록을 하지 아니한 자는 사업장, 광고물 등에 해당 업종의 건설사업자임을 표시·광고하거나 해당 업종의 건설사업자로 오인될 우려가 있는 표시·광고를 하여서는 아니 된다.
> ② 국토교통부장관은 소속 공무원으로 하여금 제1항을 위반하여 표시·광고한 자에 대하여 광고물의 강제 철거 등 적절한 조치를 하게 할 수 있다

Ⅰ. 개념정의

제2조(정의) ① 이 법에서 사용하는 용어의 뜻은 다음과 같다.

1. "대지(垈地)"란 「공간정보의 구축 및 관리 등에 관한 법률」에 따라 각 필지(筆地)로 나눈 토지를 말한다. 다만, 대통령령으로 정하는 토지는 둘 이상의 필지를 하나의 대지로 하거나 하나 이상의 필지의 일부를 하나의 대지로 할 수 있다.

2. "건축물"이란 토지에 정착(定着)하는 공작물 중 지붕과 기둥 또는 벽이 있는 것과 이에 딸린 시설물, 지하나 고가(高架)의 공작물에 설치하는 사무소·공연장·점포·차고·창고, 그 밖에 대통령령으로 정하는 것을 말한다.

3. "건축물의 용도"란 건축물의 종류를 유사한 구조, 이용 목적 및 형태별로 묶어 분류한 것을 말한다.

4. "건축설비"란 건축물에 설치하는 전기·전화 설비, 초고속 정보통신 설비, 지능형 홈네트워크 설비, 가스·급수·배수(配水)·배수(排水)·환기·난방·소화(消火)·배연(排煙) 및 오물처리의 설비, 굴뚝, 승강기, 피뢰침, 국기 게양대, 공동시청 안테나, 유선방송 수신시설, 우편함, 저수조, 방범시설, 그 밖에 국토교통부령으로 정하는 설비를 말한다.

5. "지하층"이란 건축물의 바닥이 지표면 아래에 있는 층으로서 바닥에서 지표면까지 평균높이가 해당 층 높이의 2분의 1 이상인 것을 말한다.

6. "거실"이란 건축물 안에서 거주, 집무, 작업, 집회, 오락, 그 밖에 이와 유사한 목적을 위하여 사용되는 방을 말한다.

7. "주요구조부"란 내력벽(耐力壁), 기둥, 바닥, 보, 지붕틀 및 주계단(主階段)을 말한다. 다만, 사이 기둥, 최하층 바닥, 작은 보, 차양, 옥외 계단, 그 밖에 이와 유사한 것으로 건축물의 구조상 중요하지 아니한 부분은 제외한다.

8. "건축"이란 건축물을 신축·증축·개축·재축(再築)하거나 건축물을 이전하는 것을 말한다.

8의2. "결합건축"이란 제56조에 따른 용적률을 개별 대지마다 적용하지 아니하고, 2개 이상의 대지를 대상으로 통합적용하여 건축물을 건축하는 것을 말한다.

9. "대수선"이란 건축물의 기둥, 보, 내력벽, 주계단 등의 구조나 외부 형태를 수선·변경하거나 증설하는 것으로서 대통령령으로 정하는 것을 말한다.

10. "리모델링"이란 건축물의 노후화를 억제하거나 기능 향상 등을 위하여 대수선하거나 일부 증축하는 행위를 말한다.

11. "도로"란 보행과 자동차 통행이 가능한 너비 4미터 이상의 도로(지형적으로 자동차 통행이 불가능한 경우와 막다른 도로의 경우에는 대통령령으로 정하는 구조와 너비의 도로)로서 다음 각 목의 어느 하나에 해당하는 도로나 그 예정도로를 말한다.

　가. 「국토의 계획 및 이용에 관한 법률」, 「도로법」, 「사도법」, 그 밖의 관계 법령에 따라 신설 또는 변경에 관한 고시가 된 도로

　나. 건축허가 또는 신고 시에 특별시장·광역시장·도지사·특별자치도지사(이하 "시·도지사"라 한다) 또는 시장·군수·구청장(자치구의 구청장을 말한다. 이하 같다)이 위치를 지정하여 공고한 도로

12. "건축주"란 건축물의 건축·대수선·용도변경, 건축설비의 설치 또는 공작물의 축조(이하 "건축물의 건축등"이라 한다)에 관한 공사를 발주하거나 현장 관리인을 두어 스스로 그 공사를 하는 자를 말한다.

13. "설계자"란 자기의 책임(보조자의 도움을 받는 경우를 포함한다)으로 설계도서를 작성하고 그 설계도서에서 의도하는 바를 해설하며, 지도하고 자문에 응하는 자를 말한다.

14. "설계도서"란 건축물의 건축등에 관한 공사용 도면, 구조 계산서, 시방서(示方書), 그 밖에 국토교통부령으로 정하는 공사에 필요한 서류를 말한다.

15. "공사감리자"란 자기의 책임(보조자의 도움을 받는 경우를 포함한다)으로 이 법으로 정하는 바에 따라 건축물, 건축설비 또는 공작물이 설계도서의 내용대로 시공되는지를 확인하고, 품질관리·공사관리·안전관리 등에 대하여 지도·감독하는 자를 말한다.

16. "공사시공자"란 「건설산업기본법」 제2조제4호에 따른 건설공사를 하는 자를 말한다.

16의2. "건축물의 유지·관리"란 건축물의 소유자나 관리자가 사용 승인된 건축물의 대지·구조·설비 및 용도 등을 지속적으로 유지하기 위하여 건축물이 멸실될 때까지 관리하는 행위를 말한다.

17. "관계전문기술자"란 건축물의 구조·설비 등 건축물과 관련된 전문기술자격을 보유하고 설계와 공사감리에 참여하여 설계자 및 공사감리자와 협력하는 자를 말한다.

18. "특별건축구역"이란 조화롭고 창의적인 건축물의 건축을 통하여 도시경관의 창출, 건설기술 수준향상 및 건축 관련 제도개선을 도모하기 위하여 이 법 또는 관계 법령에 따라 일부 규정을 적용하지 아니하거나 완화 또는 통합하여 적용할 수 있도록 특별히 지정하는 구역을 말한다.

19. "고층건축물"이란 층수가 30층 이상이거나 높이가 120미터 이상인 건축물을 말한다.

※ 시행령(대통령령)

제2조(정의) 이 영에서 사용하는 용어의 뜻은 다음과 같다.

1. "신축"이란 건축물이 없는 대지(기존 건축물이 해체되거나 멸실된 대지를 포함한다)에 새로 건축물을 축조(築造)하는 것[부속건축물만 있는 대지에 새로 주된 건축물을 축조하는 것을 포함하되, 개축(改築) 또는 재축(再築)하는 것은 제외한다]을 말한다.

2. "증축"이란 기존 건축물이 있는 대지에서 건축물의 건축면적, 연면적, 층수 또는 높이를 늘리는 것을 말한다.

3. "개축"이란 기존 건축물의 전부 또는 일부(내력벽·기둥·보·지붕틀 중 셋 이상이 포함되는 경우를 말한다)를 해체하고 그 대지에 종전과 같은 규모의 범위에서 건축물을 다시 축조하는 것을 말한다.

4. "재축"이란 건축물이 천재지변이나 그 밖의 재해(災害)로 멸실된 경우 그 대지에 종전과 같은 규모의 범위에서 다시 축조하는 것을 말한다.

5. "이전"이란 건축물의 주요구조부를 해체하지 아니하고 같은 대지의 다른 위치로 옮기는 것을 말한다.

6. "내수재료(耐水材料)"란 인조석·콘크리트 등 내수성을 가진 재료로서 국토교통부령으로 정하는 재료를 말한다.

7. "내화구조(耐火構造)"란 화재에 견딜 수 있는 성능을 가진 구조로서 국토교통부령으로 정하는 기준에 적합한 구조를 말한다.

8. "방화구조(防火構造)"란 화염의 확산을 막을 수 있는 성능을 가진 구조로서 국토교통부령으로 정하는 기준에 적합한 구조를 말한다.

9. "난연재료(難燃材料)"란 불에 잘 타지 아니하는 성능을 가진 재료로서 국토교통부령으로 정하는 기준에 적합한 재료를 말한다.

10. "불연재료(不燃材料)"란 불에 타지 아니하는 성질을 가진 재료로서 국토교통부령으로 정하는 기준에 적합한 재료를 말한다.

11. "준불연재료"란 불연재료에 준하는 성질을 가진 재료로서 국토교통부령으로 정하는 기준에 적합한 재료를 말한다.

12. "부속건축물"이란 같은 대지에서 주된 건축물과 분리된 부속용도의 건축물로서 주된 건축물을 이용 또는 관리하는 데에 필요한 건축물을 말한다.

13. "부속용도"란 건축물의 주된 용도의 기능에 필수적인 용도로서 다음 각 목의 어느 하나에 해당하는 용도를 말한다.
    가. 건축물의 설비, 대피, 위생, 그 밖에 이와 비슷한 시설의 용도
    나. 사무, 작업, 집회, 물품저장, 주차, 그 밖에 이와 비슷한 시설의 용도
    다. 구내식당·직장어린이집·구내운동시설 등 종업원 후생복리시설, 구내소각시설, 그 밖에 이와 비슷한 시설의 용도
    라. 관계 법령에서 주된 용도의 부수시설로 설치할 수 있게 규정하고 있는 시설, 그 밖에 국토교통부장관이 이와 유사하다고 인정하여 고시하는 시설의 용도

14. "발코니"란 건축물의 내부와 외부를 연결하는 완충공간으로서 전망이나 휴식 등의 목적으로 건축물 외벽에 접하여 부가적(附加的)으로 설치되는 공간을 말한다. 이 경우 주택에 설치되는 발코니로서 국토교통부장관이 정하는 기준에 적합한 발코니는 필요에 따라 거실·침실·창고 등의 용도로 사용할 수 있다.

15. "초고층 건축물"이란 층수가 50층 이상이거나 높이가 200미터 이상인 건축물을 말한다.

15의2. "준초고층 건축물"이란 고층건축물 중 초고층 건축물이 아닌 것을 말한다.

16. "한옥"이란 기둥 및 보가 목구조방식이고 한식지붕틀로 된 구조로서 한식기와, 볏짚, 목재, 흙 등 자연재료로 마감된 우리나라 전통양식이 반영된 건축물 및 그 부속건축물을 말한다.

17. "다중이용 건축물"이란 불특정한 다수의 사람들이 이용하는 건축물로서 다음 각 목의 어느 하나에 해당하는 건축물을 말한다.

가. 다음의 어느 하나에 해당하는 용도로 쓰는 바닥면적의 합계가 5천㎡ 이상인 건축물

나. 16층 이상인 건축물

18. "특수구조 건축물"이란 다음 각 목의 어느 하나에 해당하는 건축물을 말한다.

가. 한쪽 끝은 고정되고 다른 끝은 지지(支持)되지 아니한 구조로 된 보·차양 등이 외벽의 중심선으로부터 3 미터 이상 돌출된 건축물

나. 기둥과 기둥 사이의 거리(기둥의 중심선 사이의 거리를 말하며, 기둥이 없는 경우에는 내력벽과 내력벽 의 중심선 사이의 거리를 말한다. 이하 같다)가 20미터 이상인 건축물

다. 특수한 설계·시공·공법 등이 필요한 건축물로서 국토교통부장관이 정하여 고시하는 구조로 된 건축물

■ 판례 ■   도로 안의 건축제한에 관하여 규정한 구 건축법 제34조 소정의 '도로'의 의미

도로 안의 건축제한에 관하여 규정한 구 건축법 제34조에서 말하는 도로는 같은 법 제2조 제11호 에서 정의한 건축법상의 도로를 의미하는 것으로 보행 및 자동차통행이 가능한 너비 4m 이상의 도로이거나 지형적 조건으로 자동차통행이 불가능하거나 막다른 도로인 경우에는 대통령령이 정 하는 구조 및 너비를 갖춘 도로로서 관계 법령에 의하여 도로로 고시되거나 시장·군수 등이 도 로로 지정한 도로이어야 한다(대법원 1999.7.27. 선고 99도697 판결).

■ 판례 ■   종전에 없던 대문을 새로이 축조하는 것이 건축물의 증축에 해당하는지 여부(적극)

대문은 건물에 부수되는 시설물로서 구 건축법(2005. 11. 8. 법률 제7696호로 개정되기 전의 것) 제 2조 제1항 제2호가 규정하는 건축물에 해당한다고 할 것이므로 종전에 없던 대문을 새로이 축조하 는 것은 건축물의 증축에 해당하고, 그 증축면적이 85㎡ 이내인 경우에는 법 제9조 제1항 제1호의 규정에 따라 관할관청에 신고하여야 한다고 할 것이다(대법원 2007.3.16. 선고 2006도8935 판결).

■ 판례 ■   공터에 설치된 벽과 지붕이 철재로 되고 길이 약 12.2m 폭 약 2.4m 높이 약 2.6m, 건평 29.7m 인 "콘테이너 하우스"가 건축물에 해당하는지 여부

[1] 건축법 제2조 제2항 소정의 "토지에 정착하는 공작물"의 의미

건축법 제2조 제2항 소정의 "토지에 정착하는 공작물"이란 반드시 토지에 고정되어 이동이 불가 능한 공작물만을 가리키는 것은 아니고, 물리적으로는 이동이 가능하게 토지에 붙어 있어도 그 붙 어 있는 상태가 보통의 방법으로는 토지와 분리하여 이를 이동하는 것이 용이하지 아니하고, 그 본래의 용도가 일정한 장소에 상당기간 정착되어 있어야 하고 또 그렇게 보여지는 상태로 붙어 있는 경우를 포함한다.

[2] 위 컨테이너가 건축물에 해당하는지 여부

공터에 설치된 벽과 지붕이 철재로 되고 길이 약 12.2m 폭 약 2.4m 높이 약 2.6m, 건평 29.7m 인 "콘테이너 하우스"가 내부는 베니아판으로 되어있고 창문 4개와 출입문이 2개가 있어 이것을 토지에 정착하면 건축물과 같은 형태를 가지고 실제 1년 동안 밧데리 수리상의 사무실 및 창고로 사용되었으며, 이를 보통 사람의 힘만으로는 이동할 수 없고 이를 이동시키기 위하여는 상당한 동 력을 가진 장비에 의하여서만 가능하다면, 위 "콘테이너 하우스"는 건축법 제2조 제2호가 규정하 는 "건축물"에 해당한다고 보아야 한다.

[3] 위 컨테이너가 허가대상 건축물인지 여부

각 부분이 3톤 이하로서 용이하게 세분될 수 있는 물건을 도시계획법 제4조 제1항에 의한 허가대 상에서 제외시키고 있는 같은법시행령 제5조 제2항에서 말하는 "이동이 용이하지 아니한 물건"은 건축물 아닌 물건을 가리키는 것이지 건축물을 가리킨다고 할수 없고, 토지에 정착하는 위 "2"항

의 "콘테이너 하우스"는 건축물에 해당하므로 위 법조 소정의 허가의 대상이 된다.

[4] 위 컨테이너를 토지에 정착하는 행위가 건축에 해당하는지 여부

토지에 정착하지 아니한 상태로 있는 위 "2"항의 "콘테이너 하우스" 그 자체는 건축물이라고 할수 없고, 이것을 토지에 정착하기 이전에는 하나의 제조물 또는 공작물이라고 보아야 할 것이므로 이와같은 "콘테이너 하우스"를 제조 또는 제작하는 것 그 자체는 건축행위라고 할 수 없으나 이것을 토지에 정착하는 행위는 건축에 해당한다고 보아야 한다(대법원 1991.6.11. 선고 91도945 판결).

■ 판례 ■   철제파이프로 된 기둥과 골격위에 천막의 일종으로 보온덮개를 한 계사 3동(합계 1,080㎡)이 건축법 제2조 제2호 소정의 "건축물"에 해당되는지 여부(적극)

계사 3동(합계 1,080㎡)이 철제파이프로 기둥과 골격을 삼고 그 위에 천막의 일종으로 보온덮개를 한 것으로서 그 규모나 구조. 형태 등으로 보아 토지에 정착하여 이동이 용이하지 아니하고, 지붕과 기둥 등의 구별이 가능한 공작물로 보여져 건축법 제2조 제2호 소정의 "건축물"에 해당된다(대법원 1991. 3.27. 선고 91도78 판결).

■ 판례 ■   건축법 제49조, 같은 법시행령 제100조에 정한 규모 이상의 광고탑을 허가없이 설치한 경우 그것이 구 광고물등관리법 제4조에 해당하는 여부에 불구하고 건축법 제55조 제5호에 의하여 처벌할 수 있는지 여부(적극)

구 광고물등관리법 제4조가 미풍양속을 유지하거나 공중에 대한 위해를 방지하기 위하여 필요한 때에는 광고물게시시설의 형상, 면적 등이나 광고물게시시설의 설치 등을 금지 또는 제한하도록 규정하고 있으나, 이는 공공목적을 위하여 일정한 규모 이상되는 구조물로서의 광고탑 설치 자체를 규제하고 있는 건축법 제49조, 제55조 제5호, 같은 법시행령 제100조의 규제목적이나 규제내용과는 서로 다른 것이어서 일단 위 건축법규에 정한 규모 이상의 광고탑을 허가 없이 설치한 경우에는 그것이 구 광고물등관리법 제4조에 해당하는 여부에 불구하고 건축법에 의하여 처벌할 수 있는 것이고 여기에 위 구 광고물등관리법 조항만이 적용되어야 하는 것은 아니다(대법원 1991.2.26. 선고, 90도2678 판결).

■ 판례 ■   지렁이 양식용 비닐하우스가 건축법상 건축물에 해당하는지 여부(소극)

쇠파이프를 반원모양으로 구부려 양끝을 땅에 박고 이를 지지대로 하여 비닐을 둘러씌운 뒤 다시 그 위에 차양막을 덮어놓은 지렁이양식용 비닐하우스는 토지에 정착하는 구조물이라 보기 어렵고, 구조면에 있어서도 지붕 및 기둥 또는 벽을 구비하고 있다고 보기도 어려워 건축법이 규제대상으로 삼고 있는 건축물에 해당하지 아니한다(대법원 1990.11.27. 선고, 90도2095 판결).

■ 판례 ■   천막으로 된 지붕과 앵글조립식으로 된 4개의 기둥 및 비닐로 된 4면의 벽을 갖춘 시설물이 건축법 소정의 가설건축물에 해당하는지 여부(적극)

[1] 가설건축물에 해당하는지 여부(적극)

토지에 정착하고 있는 시설물로서 천막으로 된 지붕과 앵글조립식으로 된4개의 기둥 및 비닐로 된 4면의 벽을 갖추고 있다면 건축법 소정의 가설건축물에 해당한다.

[2] 건축법 제47조 제2항 소정의 신고대상인 가설건축물의 의미

가설건축물이라 함은 재해복구, 흥행, 전람회, 공사용 가설건물 기타 이와 유사한 용도에 공하는 임시적인 가설건축물만을 의미한다(대법원 1989.2.14. 선고 87도2424 판결).

1. 벌 칙

제106조(벌칙) ① 제23조, 제24조제1항, 제25조제3항, 제52조의3제1항 및 제52조의5제2항을 위반하여 설계·시공·공사감리 및 유지·관리와 건축자재의 제조 및 유통을 함으로써 건축물이 부실하게 되어 착공 후 「건설산업기본법」제28조에 따른 하자담보책임 기간에 건축물의 기초와 주요구조부에 중대한 손괴를 일으켜 일반인을 위험에 처하게 한 설계자·감리자·시공자·제조업자·유통업자·관계전문기술자 및 건축주는 10년 이하의 징역에 처한다.
② 제1항의 죄를 범하여 사람을 죽거나 다치게 한 자는 무기징역이나 3년 이상의 징역에 처한다.

제107조(벌칙) ① 업무상 과실로 제106조제1항의 죄를 범한 자는 5년 이하의 징역이나 금고 또는 5억원 이하의 벌금에 처한다.
② 업무상 과실로 제106조제2항의 죄를 범한 자는 10년 이하의 징역이나 금고 또는 10억원 이하의 벌금에 처한다.

제108조(벌칙) ① 다음 각 호의 어느 하나에 해당하는 자는 3년 이하의 징역이나 5억원 이하의 벌금에 처한다.
  1. 도시지역에서 제11조제1항, 제19조제1항 및 제2항, 제47조, 제55조, 제56조, 제58조, 제60조, 제61조 또는 제77조의10을 위반하여 건축물을 건축하거나 대수선 또는 용도변경을 한 건축주 및 공사시공자
  2. 제52조제1항 및 제2항에 따른 방화에 지장이 없는 재료를 사용하지 아니한 공사시공자 또는 그 재료 사용에 책임이 있는 설계자나 공사감리자
  3. 제52조의3제1항을 위반한 건축자재의 제조업자 및 유통업자
  4. 제52조의4제1항을 위반하여 품질관리서를 제출하지 아니하거나 거짓으로 제출한 제조업자, 유통업자, 공사시공자 및 공사감리자
  5. 제52조의5제1항을 위반하여 품질인정기준에 적합하지 아니함에도 품질인정을 한 자
② 제1항의 경우 징역과 벌금은 병과(併科)할 수 있다.

제109조(벌칙) 다음 각 호의 어느 하나에 해당하는 자는 2년 이하의 징역이나 2억원 이하의 벌금에 처한다.
  1. 제27조제2항에 따른 보고를 거짓으로 한 자
  2. 제87조의2제1항제1호에 따른 보고·확인·검토·심사 및 점검을 거짓으로 한 자

제110조(벌칙) 다음 각 호의 어느 하나에 해당하는 자는 2년 이하의 징역 또는 1천만원 이하의 벌금에 처한다.
  1. 도시지역 밖에서 제11조제1항, 제19조제1항및제2항, 제47조, 제55조, 제56조, 제58조, 제60조 또는 제61조를 위반하여 건축물을 건축하거나 대수선 또는 용도변경을 한 건축주 및 공사시공자
  1의2. 제13조제5항을 위반한 건축주 및 공사시공자
  2. 제16조(변경허가 사항만 해당한다), 제21조제5항, 제22조제3항 또는 제25조제7항을 위반한 건축주 및 공사시공자
  3. 제20조제1항에 따른 허가를 받지 아니하거나 제83조에 따른 신고를 하지 아니하고 가설건축물을 건축하거나 공작물을 축조한 건축주 및 공사시공자
  4. 다음 각 목의 어느 하나에 해당하는 자
  가. 제25조제1항을 위반하여 공사감리자를 지정하지 아니하고 공사를 하게 한 자
  나. 제25조제1항을 위반하여 공사시공자 본인 및 계열회사를 공사감리자로 지정한 자
  5. 제25조제3항을 위반하여 공사감리자로부터 시정 요청이나 재시공 요청을 받고 이에 따르지 아니하거나 공사 중지의 요청을 받고도 공사를 계속한 공사시공자
  6. 제25조제6항을 위반하여 정당한 사유 없이 감리중간보고서나 감리완료보고서를 제출하지 아니하거나 거짓으로 작성하여 제출한 자
  6의2. 제27조제2항을 위반하여 현장조사·검사 및 확인 대행 업무를 한 자
  7. 삭제
  8. 제40조제4항을 위반한 건축주 및 공사시공자
  8의2. 제43조제1항, 제49조, 제50조, 제51조, 제53조, 제58조, 제61조제1항·제2항 또는 제64조를 위반한 건축주, 설계자, 공사시공자 또는 공사감리자
  9. 제48조를 위반한 설계자, 공사감리자, 공사시공자 및 제67조에 따른 관계전문기술자
  9의2. 제50조의2제1항을 위반한 설계자, 공사감리자 및 공사시공자
  9의3. 제48조의4를 위반한 건축주, 설계자, 공사감리자, 공사시공자 및 제67조에 따른 관계전문기술자
  10. 삭제   11. 삭제
  12. 제62조를 위반한 설계자, 공사감리자, 공사시공자 및 제67조에 따른 관계전문기술자

제111조(벌칙) 다음 각 호의 어느 하나에 해당하는 자는 500만원 이하의 벌금에 처한다.

1. 제14조, 제16조(변경신고 사항만 해당한다), 제20조제3항, 제21조제1항, 제22조제1항 또는 제83조제1항에 따른 신고 또는 신청을 하지 아니하거나 거짓으로 신고하거나 신청한 자
2. 제24조제3항을 위반하여 설계 변경을 요청받고도 정당한 사유 없이 따르지 아니한 설계자
3. 제24조제4항을 위반하여 공사감리자로부터 상세시공도면을 작성하도록 요청받고도 이를 작성하지 아니하거나 시공도면에 따라 공사하지 아니한 자
3의2. 제24조제6항을 위반하여 현장관리인을 지정하지 아니하거나 착공신고서에 이를 거짓으로 기재한 자
4. 제28조제1항을 위반한 공사시공자
5. 제41조나 제42조를 위반한 건축주 및 공사시공자
5의2. 제43조제4항을 위반하여 공개공지등의 활용을 저해하는 행위를 한 자
6. 제52조의2를 위반하여 실내건축을 한 건축주 및 공사시공자
6의2. 제52조의4제5항을 위반하여 건축자재에 대한 정보를 표시하지 아니하거나 거짓으로 표시한 자

제112조(양벌규정) 생략

■ 판례 ■   건축법 제81조 제2항의 양벌규정이 위반행위의 이익귀속주체인 업무주(業務主)에 대한 처벌규정임과 동시에 행위자의 처벌규정인지 여부(적극) 및 위 조항에서 정한 '법인 또는 개인'의 '개인'에 민법상 조합의 구성원인 조합원들이 포함되는지 여부(적극)

건축법 제79조 제2호, 제10조 제1항의 벌칙규정에서 그 적용대상자를 건축주, 공사시공자 등 일정한 업무주로 한정한 경우에 있어서, 같은 법 제81조 제2항의 양벌규정은 업무주가 아니면서 당해 업무를 실제로 집행하는 자가 있는 때에 위 벌칙규정의 실효성을 확보하기 위하여 그 적용대상자를 당해 업무를 실제로 집행하는 자에게까지 확장함으로써 그러한 자가 당해 업무집행과 관련하여 위 벌칙규정의 위반행위를 한 경우 위 양벌규정에 의하여 처벌할 수 있도록 한 행위자의 처벌규정임과 동시에 그 위반행위의 이익귀속주체인 업무주에 대한 처벌규정이라고 할 것이고, 또한 같은 법 제81조 제2항에서 정한 '법인 또는 개인'의 '개인'에는 민법상 조합의 구성원인 조합원들도 포함되는 것이므로 민법상 조합의 대표자로서 조합의 업무와 관련하여 실제 위반행위를 한 자는 위 양벌규정에 의한 죄책을 면할 수 없다(대법원 2005.12.22. 선고 2003도3984 판결).

■ 판례 ■   甲 교회의 총회 건설부장인 피고인이 관할시청의 허가 없이 건물 옥상층에 창고시설을 건축하는 방법으로 건물을 불법 증축하여 건축법 위반으로 기소된 사안

甲 교회는 乙을 대표자로 한 법인격 없는 사단이고, 피고인은 甲 교회에 고용된 사람이므로, 乙을 구 건축법 제112조 제4항 양벌규정의 '개인'의 지위에 있다고 보아 피고인을 같은 조항에 의하여 처벌할 수는 없는데도, 이와 달리 피고인은 무허가 증축행위를 실제로 행한 사람으로서 구 건축법 제112조 제4항에서 정한 '같은 법 제108조 제1항에 따른 위반행위자'에 해당한다고 보아 유죄를 인정한 원심판단에 구 건축법 제112조의 양벌규정에 관한 법리오해의 위법이 있다.(대법원 2017. 12. 28. 선고, 2017도13982, 판결)

2. 적용범위

제9조(다른 법령의 배제) ① 건축물의 건축등을 위하여 지하를 굴착하는 경우에는 「민법」 제244조제1항을 적용하지 아니한다. 다만, 필요한 안전조치를 하여 위해(危害)를 방지하여야 한다.
② 건축물에 딸린 개인하수처리시설에 관한 설계의 경우에는 「하수도법」 제38조를 적용하지 아니한다.

※ 민법 제244조(지하시설 등에 대한 제한) ① 우물을 파거나 용수, 하수 또는 오물등을 저치할 지하시설을 하는 때에는 경계로부터 2미터이상의 거리를 두어야 하며 저수지, 구거 또는 지하실공사에는 경계로부터 그 깊이의 반이상의 거리를 두어야 한다.

III. 범죄사실

1. 도시지역 안에서의 무허가 신축 · 대수선

> 제11조(건축허가) ① 건축물을 건축하거나 대수선하려는 자는 특별자치시장 · 특별자치도지사 또는 시장 · 군수 · 구청장의 허가를 받아야 한다. 다만, 21층 이상의 건축물 등 대통령령으로 정하는 용도 및 규모의 건축물을 특별시나 광역시에 건축하려면 특별시장이나 광역시장의 허가를 받아야 한다.

[기재례1] 도시지역 안에서의 무허가 건축물의 신축

1) **적용법조** : 제108조 제1항 제1호, 제11조 제1항　☞　공소시효 5년

2) **범죄사실 기재례**

> 피의자는 ○○시 ○○동 ○○번지에 있는 대지 220㎡의 소유자이다. 건축물을 건축 또는 대수선하고자 하는 자는 시장 · 군수 · 구청장의 허가를 받아야 한다.
> 그럼에도 불구하고 피의자는 허가없이 200○.○.○.경부터 200○. ○. ○.까지 도시구역 안에 있는 위 대지에 시멘트 블록으로 사방에 벽을 쌓고 경량철골과 천막으로 지붕을 얹어 바닥면적 ○○㎡의 단층 건축물 1동을 신축하였다.

3) **신문사항**

- 허가를 받지 않고 건축물을 신축한 일이 있는가
- 언제 어디에 어떠한 건축물을 신축하였나
- 그 지역은 어떠한 곳인가(도시계획구역등)
- 허가를 받았나
- 언제부터 언제까지 공사하였나
- 누가 하였는가
- 어떠한 용도로 사용하기 위해 건축하였나
- 왜 건축허가를 받지 않았나

[기재례2] 도시지역 안에서의 무허가 개축

1) **적용법조** : 제108조 제1항 제1호, 제11조 제1항　☞　공소시효 5년

2) **범죄사실 기재례**

> 피의자는 200○. ○. ○.경 ○○구청장의 허가를 받지 아니하고 도시계획구역인 ○○○에 있는 피의자 소유 120㎡의 블록조 슬레이트집 1층 주택을 외벽면 사방을 벽돌로 쌓은 다음 블록을 헐어내는 방법으로 벽돌조의 건물로 개축하였다.

3) 신문사항

- 대수선한 일이 있는가
- 언제 어떠한 건물인가
- 누가 어떠한 방법으로 하였는가
- ○○구청장으로부터 허가를 받았는가
- 대수선장소가 도시계획구역이라는 것을 알고 있는가
- 왜 이런 행위를 하였는가

■ **판례** ■ **건축주와 공모하여 무허가로 건축물을 신축하거나 사용승인 없이 사용한 경우, 공동정범 성립 여부(적극)**

건축주와 공모하여 무허가로 건축물을 신축하거나 사용승인 없이 사용한 경우, 구 건축법(1995. 1. 5. 법률 제4919호로 개정되기 전의 것) 제79조 제1호, 제8조 제1항 위반죄와 같은 법 제79조 제2호, 제18조 제3항 위반죄의 공동정범으로 처벌할 수 있다(대법원 1998.6.23. 선고 98도869 판결).

■ **판례** ■ **건축법령이 건축물을 수선·변경하는 행위 중 일정한 행위를 '대수선'으로 정의하고 규율 대상으로 삼는 취지 / 건축법 시행령에서 말하는 내력벽의 '해체'에 내력벽을 완전히 없애는 경우에 이르지 않더라도 위험상황이 변동될 가능성이 있는 정도로 내력벽의 일부만을 제거하는 경우우가 포함되는지 여부(적극)**

건축법상 허가 또는 신고 대상행위인 '대수선'이란 건축물의 기둥, 보, 내력벽, 주계단 등의 구조나 외부 형태를 수선·변경하거나 증설하는 것으로서 대통령령으로 정하는 것을 말한다(건축법 제2조 제1항 제9호). 내력벽을 증설 또는 해체하거나 그 벽면적을 30㎡ 이상 수선 또는 변경하는 것으로서 증축·개축 또는 재축에 해당하지 않는 것은 대수선에 포함된다(건축법 시행령 제3조의2 제1호). 여기에서 '내력벽'이란 일반적으로 건축물의 하중을 견디거나 전달하기 위한 벽체를 의미한다. 한편 구 건축법 시행령(2006. 5. 8. 대통령령 제19466호로 개정되기 전의 것) 제3조의2 제1호는 '내력벽의 벽면적을 30㎡ 이상 해체하여 수선 또는 변경하는 것'을 대수선으로 규정하고 있었다. 2006. 5. 8. 대통령령 제19466호로 개정된 건축법 시행령에서 대수선의 정의를 '내력벽을 증설·해체하거나 내력벽의 벽면적을 30㎡ 이상 수선 또는 변경하는 것'으로 개정하여, '내력벽의 증설'을 추가하고 '내력벽의 해체'에 벽면적을 30㎡ 이상으로 제한한 내용을 삭제하였다. 그 후 2008. 10. 29. 대통령령 제21098호로 개정된 건축법 시행령에서 '증설·해체하거나'가 '증설 또는 해체하거나'로 표현만 수정되어 현재에 이르고 있다. '해체(解體)'란 사전적 의미에서 여러 가지 부속으로 맞추어진 기계 따위를 뜯어서 헤치거나 구조물 따위를 헐어 무너뜨리는 것을 뜻하는데, 해체 대상물의 일부만을 제거하는 것도 포함될 수 있다. 건축법령이 건축물을 수선·변경하는 행위 중 일정한 행위를 대수선으로 정의하고 규율 대상으로 삼는 취지는 건축물의 위험상황이 변동될 수 있는 행위의 범주를 설정하고 구조안전 등을 해치지 않는 경우에 제한적으로 대수선을 허용함으로써 건축물로부터 발생하는 위험을 방지하고자 하는 데 있다. 건축법 시행령은 대수선의 범위를 확대하여 내력벽의 해체에 관해서는 벽면적의 제한을 삭제하고, 내력벽의 해체를 수반하지 않는 수선·변경행위도 대수선에 포함시키는 내용으로 개정되었다. 위와 같은 법령의 문언과 목적, 개정의 연혁과 취지 등을 고려하면, 건축법 시행령에서 말하는 내력벽의 '해체'에는 내력벽을 완전히 없애는 경우는 물론이고 그에 이르지 않더라도 위험상황이 변동될 가능성이 있는 정도로 내력벽의 일부만을 제거하는 경우도 포함된다.(대법원 2016.12.15. 선고, 2015도10671, 판결)

2. 도시지역 안에서의 미신고 건축 · 증개축 및 대수선

1) 적용법조 : 제111조 제1호, 제14조 제1항   ☞   공소시효 5년

제14조(건축신고) ① 제11조에 해당하는 허가 대상 건축물이라 하더라도 다음 각 호의 어느 하나에 해당하는 경우에는 미리 특별자치시장 · 특별자치도지사 또는 시장 · 군수 · 구청장에게 국토교통부령으로 정하는 바에 따라 신고를 하면 건축허가를 받은 것으로 본다.
1. 바닥면적의 합계가 85㎡ 이내의 증축 · 개축 또는 재축. 다만, 3층 이상 건축물인 경우에는 증축 · 개축 또는 재축하려는 부분의 바닥면적의 합계가 건축물 연면적의 10분의 1 이내인 경우로 한정한다.
2. 「국토의 계획 및 이용에 관한 법률」에 따른 관리지역, 농림지역 또는 자연환경보전지역에서 연면적이 200㎡ 미만이고 3층 미만인 건축물의 건축. 다만, 다음 각 목의 어느 하나에 해당하는 구역에서의 건축은 제외한다.
   가. 지구단위계획구역
   나. 방재지구 등 재해취약지역으로서 대통령령으로 정하는 구역
3. 연면적이 200㎡ 미만이고 3층 미만인 건축물의 대수선
4. 주요구조부의 해체가 없는 등 대통령령으로 정하는 대수선
5. 그 밖에 소규모 건축물로서 대통령령으로 정하는 건축물의 건축

2) 범죄사실 기재례

> 피의자는 ○○에 있는 대지 220㎡의 소유자이다. ○○시장에게 신고하지 아니하고, 20○○. ○. ○.경부터 20○○. ○. ○.경까지 사이에 도시계획구역 내인 위 대지 상에 벽돌로 사방의 벽을 쌓고 경량철골과 천막으로 지붕을 얹어 건평 ○○㎡의 단층 건축물 1동을 신축하였다.

3) 신문사항(무단증축 시)

- 피의자가 소유하고 있는 건축물이 있는가
- 위 건물의 연면적과 용도는 무엇인가
- 위 건물을 증축한 사실이 있는가
- 증축신고를 할 때 어느 정도를 증축한다고 신고하였나
- 그러면 위에서 신고된 것과 동일하게 하였는가
- 왜 신고된 것 보다 더 증평하였나
- 원상복구를 하였나

■ 판례 ■   개발제한구역 내에서 행하여지는 주택의 신축행위에 대하여, 신고에 의해 허가에 갈음할 수 있도록 규정하고 있는 건축법 제9조 제1항이 적용되는지 여부(소극)

개발제한구역 내에서 행하여지는 주택의 신축행위에 대해서는, 신고에 의해 허가에 갈음할 수 있도록 규정하고 있는 건축법 제9조 제1항이 적용될 여지가 없다(대법원 2007.3.15. 선고 2006도9214 판결).

■ 판례 ■   당초 건축면적에는 포함되어 있었지만 바닥면적에는 산입되지 아니한 상가건물 뒷편의 철제로 된 외부계단에 철제 기둥을 세우고 그 위에 투명 P.C로 외벽과 지붕을 만든 경우, 건축법상의 '증축'에 해당하는지의 여부

건축법시행령 제2조 제1항 제2호에 의하면, '증축'이라 함은 기존 건축물이 있는 대지안에서 건

축물의 건축면적, 연면적 또는 높이를 증가시키는 것을 말한다고 규정하고, 제119조 제1항에 의하면, '건축면적'은 건축물의 외벽의 중심선으로 둘러싸인 부분의 수평투영면적으로 하고(제2호 본문), '바닥면적'은 건축물의 각 층 또는 그 일부로서 벽·기둥 기타 이와 유사한 구획의 중심선으로 둘러싸인 부분의 수평투영면적으로 하되(제3호 본문), 승강기탑·계단탑 … 기타 이와 유사한 것 …은 바닥면적에 산입하지 아니하며{제3호(마)목}, '연면적'은 하나의 건축물의 각 층의 바닥면적의 합계로 한다(제4호 본문)고 규정하는바, 당초 건축면적에는 포함되어 있었지만 바닥면적에는 산입되지 아니한 상가건물 뒷편의 철제로 된 외부계단에 철제 기둥을 세우고 그 위에 투명 P.C로 외벽과 지붕을 만들었다면, 이는 건축법시행령 제119조 제1항 제3호의 바닥면적에 포함되어 연면적이 증가하게 되는 것이므로, 건축법상의 증축에 해당한다(대법원 2000.1.21. 선고 99도4695 판결).

■ 판례 ■ 건축법령이 건축물을 수선·변경하는 행위 중 일정한 행위를 '대수선'으로 정의하고 규율 대상으로 삼는 취지 / 건축법 시행령에서 말하는 내력벽의 '해체'에 내력벽을 완전히 없애는 경우에 이르지 않더라도 위험상황이 변동될 가능성이 있는 정도로 내력벽의 일부만을 제거하는 경우가 포함되는지 여부(적극)

건축법상 허가 또는 신고 대상행위인 '대수선'이란 건축물의 기둥, 보, 내력벽, 주계단 등의 구조나 외부 형태를 수선·변경하거나 증설하는 것으로서 대통령령으로 정하는 것을 말한다(건축법 제2조 제1항 제9호). 내력벽을 증설 또는 해체하거나 그 벽면적을 30㎡ 이상 수선 또는 변경하는 것으로서 증축·개축 또는 재축에 해당하지 않는 것은 대수선에 포함된다(건축법 시행령 제3조의2 제1호). 여기에서 '내력벽'이란 일반적으로 건축물의 하중을 견디거나 전달하기 위한 벽체를 의미한다. 한편 구 건축법 시행령(2006. 5. 8. 대통령령 제19466호로 개정되기 전의 것) 제3조의2 제1호는 '내력벽의 벽면적을 30㎡ 이상 해체하여 수선 또는 변경하는 것'을 대수선으로 규정하고 있었다. 2006. 5. 8. 대통령령 제19466호로 개정된 건축법 시행령에서 대수선의 정의를 '내력벽을 증설·해체하거나 내력벽의 벽면적을 30㎡ 이상 수선 또는 변경하는 것'으로 개정하여, '내력벽의 증설'을 추가하고 '내력벽의 해체'에 벽면적을 30㎡ 이상으로 제한한 내용을 삭제하였다. 그 후 2008. 10. 29. 대통령령 제21098호로 개정된 건축법 시행령에서 '증설·해체하거나'가 '증설 또는 해체하거나'로 표현만 수정되어 현재에 이르고 있다.

'해체(解體)'란 사전적 의미에서 여러 가지 부속으로 맞추어진 기계 따위를 뜯어서 헤치거나 구조물 따위를 헐어 무너뜨리는 것을 뜻하는데, 해체 대상물의 일부만을 제거하는 것도 포함될 수 있다. 건축법령이 건축물을 수선·변경하는 행위 중 일정한 행위를 대수선으로 정의하고 규율 대상으로 삼는 취지는 건축물의 위험상황이 변동될 수 있는 행위의 범주를 설정하고 구조안전 등을 해치지 않는 경우에 제한적으로 대수선을 허용함으로써 건축물로부터 발생하는 위험을 방지하고자 하는 데 있다. 건축법 시행령은 대수선의 범위를 확대하여 내력벽의 해체에 관해서는 벽면적의 제한을 삭제하고, 내력벽의 해체를 수반하지 않는 수선·변경행위도 대수선에 포함시키는 내용으로 개정되었다. 위와 같은 법령의 문언과 목적, 개정의 연혁과 취지 등을 고려하면, 건축법 시행령에서 말하는 내력벽의 '해체'에는 내력벽을 완전히 없애는 경우는 물론이고 그에 이르지 않더라도 위험상황이 변동될 가능성이 있는 정도로 내력벽의 일부만을 제거하는 경우도 포함된다. (대법원 2016.12.15. 선고, 2015도10671, 판결)

3. 무허가 설계변경

1) 적용법조 : 제110조 제2호, 제16조 제1항 ☞ 공소시효 5년

> 제16조(허가와 신고사항의 변경) ① 건축주가 제11조나 제14조에 따라 허가를 받았거나 신고한 사항을 변경하려면 변경하기 전에 대통령령으로 정하는 바에 따라 허가권자의 허가를 받거나 특별자치도지사 또는 시장·군수·구청장에게 신고하여야 한다. 다만, 대통령령으로 정하는 경미한 사항의 변경은 그러하지 아니하다.

2) 범죄사실 기재례

[기재례1] 무허가 발코니 변경

> 피의자는 20○○. ○. ○경 ○○구청장의 허가를 받아 ○○번지에 있는 대지 170㎡에 주택용도로 지하 1층 지상 5층 연면적 500㎡의 건축물을 건축하면서, 설계변경허가를 받지 아니하고 20○○. ○. ○.경부터 발코니를 변경하여 시공하였다.

[기재례2] 허가 없이 허가사항 변경

> 피의자는 ○○에 예식장을 건축하려 하였으나 교통 영향평가를 얻지 못하여 건축허가를 받을 수 없게 되자 甲에게 우선 위와 같은 평가가 필요 없는 음식점 건축허가를 얻은 후 당초 허가받은 면적을 초과하여 건물을 신축하고, 신축 면적 초과가 문제가 되면 다시 학원으로 허가를 받은 다음 그 건물 내부 공사를 예식장에 필요한 용도로 진행하기로 마음먹었다.
>
> 가. 피의자는 20○○. ○. ○. ○○구청으로부터 위 지상 건물에 대하여 지하 2층, 지상 2층, 지상 바닥면적 ○○㎡, 건물용도 제2종 근린시설(음식점)로 허가를 받았다.
>
> 그럼에도 불구하고 피의자는 20○○. ○. ○.경 부터 20○○. ○. ○.경까지 사이에 위 건물의 바닥면적을 ○○㎡로 하여 기둥, 보의 철근과 거푸집 조립공사를 완료하여 행정기관의 허가 없이 함부로 허가사항을 변경하였다.
>
> 나. 피의자는 20○○. ○. ○.경 ○○시청으로부터 위 건물에 대하여 추가로 건축면적 ○○㎡, 건물용도 교육연구 및 복지시설(학원)로 하여 건축허가를 받았다.
>
> 그럼에도 불구하고 피의자는 20○○. ○. ○.경 부터 20○○. ○. ○.경 까지 사이에 예식장으로 사용하기 위한 내부시설 공사를 실시하여 행정기관의 허가 없이 함부로 허가사항을 변경하였다.

3) 신문사항

- 건축허가를 받아 건축한 일이 있는가
- 어떤 내용의 공사인가
- 건축주는 누구인가
- 허가사항(허가내용)은
- 허가된 내용과 달리 건축물을 건축한 일 있는가
- 달리 건축한 건축부분과 면적은 어느 정도인가

- 이에 대해 설계변경허가를 받았는가

- 변경허가를 받지 않고 건축한 이유는

■ **판례** ■   **법인의 대표자 아닌 자가 허가 없이 공사를 시행한 경우, 건축법 제79조 제2호의 처벌대상이 되는지 여부(소극)**

건축주 또는 공사시공자인 법인의 대표자 아닌 자가 설계변경의 허가 없이 공사를 시행하였다고 하더라도 그를 법인의 대표자와 공범으로 처벌할 수 있는 경우를 제외하고는 건축법 제79조 제2호에 의하여서는 처벌할 수 없다(대법원 1996.5.28. 선고 95도636 판결).

4. 착공신고 미필

1) **적용법조** : 제111조 제1호, 제21조 제1항   ☞   공소시효 5년

> 제21조(착공신고 등) ① 제11조·제14조 또는 제20조제1항에 따라 허가를 받거나 신고를 한 건축물의 공사를 착수하려는 건축주는 국토교통부령으로 정하는 바에 따라 허가권자에게 공사계획을 신고하여야 한다.

2) **범죄사실 기재례**

> 피의자는 ○○군수로부터 건축허가를 받아 ○○에 있는 대지 205㎡에 지하 1층 지상 3층 연면적 600㎡의 건축물을 건축하는 건축주로, 건축공사를 착공하기 전에 관할 군수에게 공사계획을 신고하여야 한다.
>
> 그럼에도 불구하고 피의자는 20○○. ○. ○.경 위 대지에서 포클레인과 덤프트럭 등을 동원하여 흙 파기 공사를 하는 등 건축공사를 착공하면서도 착공신고를 하지 아니하였다.

3) **신문사항**
- 건축허가를 받은 일이 있는가
- 어떤 내용의 건축인가
- 언제 받았으며 건축주(시공자)는 누구인가
- 공사를 착수하였는가
- 어떤 공사를 하였는가
- 이러한 공사를 하기에 앞서 착공신고를 하였나
- 착공신고 없이 공사한 이유가 무엇인가

5. 미신고 용도변경

1) 적용법조 : 제110조 제1호, 제19조 제2항 제1호(허가), 제2호(신고) ☞ 공소시효 5년

제19조(용도변경) ① 건축물의 용도변경은 변경하려는 용도의 건축기준에 맞게 하여야 한다.
② 제22조에 따라 사용승인을 받은 건축물의 용도를 변경하려는 자는 다음 각 호의 구분에 따라 국토교통부령으로
정하는 바에 따라 특별자치도지사 또는 시장·군수·구청장의 허가를 받거나 신고를 하여야 한다.
  1. 허가 대상 : 제4항 각 호의 어느 하나에 해당하는 시설군(施設群)에 속하는 건축물의 용도를 상위군(제4항 각
    호의 번호가 용도변경하려는 건축물이 속하는 시설군보다 작은 시설군을 말한다)에 해당하는 용도로 변경하
    는 경우
  2. 신고 대상 : 제4항 각 호의 어느 하나에 해당하는 시설군에 속하는 건축물의 용도를 하위군(제4항 각 호의
    번호가 용도변경하려는 건축물이 속하는 시설군보다 큰 시설군을 말한다)에 해당하는 용도로 변경하는 경우
④ 시설군은 다음 각 호와 같고 각 시설군에 속하는 건축물의 세부 용도는 대통령령으로 정한다.
  1. 자동차 관련 시설군
  2. 산업 등의 시설군
  3. 전기통신시설군
  4. 문화 및 집회시설군
  5. 영업시설군
  6. 교육 및 복지시설군
  7. 근린생활시설군
  8. 주거업무시설군
  9. 그 밖의 시설군

2) 범죄사실 기재례

> 피의자는 20○○. ○. ○.부터 20○○. ○. ○.까지 ○○시장에게 신고하지 아니하고 도시
> 계획구역 안의 ○○에 있는 피의자 소유인 지상 5층 건물의 1층에 설치된 부설주차장(○○
> ㎡)의 내부를 경량철골로 구획하여 그 중 ○○㎡를 음식점 주방 용도로 사용하였다.

3) 신문사항

- 건축물의 용도를 변경한 일이 있는가
- 어떤 건축물인가(신고사항인지 허가사항이지 구분할 것)
- 당초 어떤 용도로 사용하였는가
- 언제 어떠한 방법으로 변경하였는가
- 누가 이러한 공사를 하였나
- 어떤 용도로 사용하기 위해 변경하였는가
- ○○시장의 허가(신고)을 받았는가
- 허가 없이 용도변경한 이유가 무엇 인가
- 현재 원상복구를 하였는가

[1] 구 건축법상의 무도학원에 해당하는지 여부의 판단 기준 및 무도학원의 의미

구 건축법(2005. 11. 8. 법률 제7696호로 개정되기 전의 것)이 무도학원의 정의와 관련하여 체육시설법령에 따른다는 명문의 규정을 두고 있지 않은 이상 무도학원에 해당하는지 여부는 건축법의 독자적인 기준에 따라 판단하여야 할 것인바, 건축법의 목적, 무도학원의 사전적 의미, 건축법이 무도장을 유흥주점·특수목욕장 등과 같은 용도인 위락시설의 일종으로 분류하여 용도변경을 엄격하게 제한하고 있는 것은 무도학원이 무분별하게 설치·운영될 경우 선량한 풍속을 저해할 우려가 있다는 데 그 취지가 있다고 보이는 점, 따라서 국제표준무도(볼룸댄스) 이외의 무도 교습이 이루어지는 학원이라고 하여 특별히 건축법상 용도변경에 관한 규제를 완화할 이유가 없고, 오히려 국제표준무도가 아닌 무도인 이른바 사교댄스 등은 국제표준무도(볼룸댄스)에 비하여 건전한 풍속을 해칠 우려가 상대적으로 더 커 용도변경의 규제 필요성이 더욱 크다고 할 수 있는 점 등을 종합하여 보면, 건축법상 위락시설의 일종인 무도학원은 교습하는 무도(춤)의 종류를 불문하고 일반적으로 유료로 무도(춤)의 교습이 이루어지는 시설을 지칭하는 것이라고 해석함이 상당하다.

[2] 관할관청에 신고 없이 근린생활시설인 건물 부분을 무도학원으로 용도변경하는 행위가 구 건축법 위반에 해당하는지 여부(적극)

피고인이 관할관청에 신고 없이 근린생활시설인 이 사건 건물 부분을 무도학원으로 용도변경한 이상, 피고인이 민간 인증자격관리기관인 주식회사 산하 한국스포츠지도자자격검정원에 의하여 연수원으로 지정되었다는 사정만으로는 건축법 위반의 책임을 면할 수 없다(대법원 2007.1.25. 선고 2006도5130 판결).

제2종 근린생활시설 용도로 건축승인을 받아 독서실로 이용되던 건축물의 일부를 용도변경신고 없이 여러 개의 방으로 구획하고 공동화장실, 공동취사장 등을 설치하여 고시원으로 운영한 행위가 건축법 제14조에 정한 용도변경에 해당한다(대법원 2005.2.18. 선고 2004도7807 판결).

[1] 건축법상 처벌의 대상이 되는 건축물의 용도변경행위의 범위 및 무단으로 건축물을 다른 용도로 계속 사용하는 경우, 그 용도변경의 건축법위반죄의 공소시효 진행 여부(소극)

건축법상 허가를 받지 아니하거나 또는 신고를 하지 아니한 경우 처벌의 대상이 되는 건축물의 용도변경행위(1999. 2. 8. 법률 제5895호로 건축법이 개정되면서 건축물의 용도변경에 관하여 허가제에서 신고제로 전환되었다)는 유형적으로 용도를 변경하는 행위뿐만 아니라 다른 용도로 사용하는 것까지를 포함하며, 이와 같이 허가를 받지 아니하거나 신고를 하지 아니한 채 건축물을 다른 용도로 사용하는 행위는 계속범의 성질을 가지는 것이어서 허가 또는 신고 없이 다른 용도로 계속 사용하는 한 가벌적 위법상태는 계속 존재하고 있다고 할 것이므로, 그러한 용도변경행위에 대하여는 공소시효가 진행하지 아니하는 것으로 보아야 한다.

[2] 계속범에 있어서 그 적용 법률이 개정되면서 경과규정을 두고 있는 경우, 그 범죄행위에 대한 시기별 적용 법률

일반적으로 계속범의 경우 실행행위가 종료되는 시점에서의 법률이 적용되어야 할 것이나, 법률이 개정되면서 그 부칙에서 '개정된 법 시행 전의 행위에 대한 벌칙의 적용에 있어서는 종전의 규

정에 의한다'는 경과규정을 두고 있는 경우 개정된 법이 시행되기 전의 행위에 대해서는 개정 전의 법을, 그 이후의 행위에 대해서는 개정된 법을 각각 적용하여야 한다.

[3] 적용 법률을 특정과 판단

계속범의 성질을 갖는 건축법상 무단 용도변경 및 사용의 공소사실을, 그 행위기간 사이의 건축법에 대한 위헌결정 및 건축법 개정에 기인한 처벌규정의 효력상실과 경과규정 등으로 인하여, 시기별로 각각의 독립된 행위로 평가하여 적용 법률을 특정하고 그에 따라 유·무죄의 판단을 달리하여야 한다(대법원 2001. 9.25. 선고 2001도3990 판결).

■ **판례** ■　**건축법상 용도변경행위는 반드시 유형적인 변경을 수반하여야 하는지 여부(소극) 및 무신고용도변경죄의 기수 시기**

건축법 제14조 제2항, 건축법시행령 제14조에 규정한 용도변경행위는 같은법시행령 [별표 1]의 각 항에 규정된 용도에서 타용도로 변경하는 행위뿐만 아니라 타용도로 사용하는 행위도 포함되므로 그 변경에는 반드시 유형적인 변경을 수반하여야 하는 것은 아니라고 할 것이나, 유형적인 변경을 수반하는 용도변경의 경우에는 신고를 하지 아니한 채 유형적인 변경행위에 나아간 때에 무신고 용도변경죄의 기수에 이르게 된다(대법원 2002.12.24. 선고 2002도5396 판결).

■ **판례** ■　**산장을 콘도미니엄으로 사용한 경우 용도변경에 해당하는지의 여부**

산장이 자연공원법의 규정에 의한 공원계획에 따라 설치한 건축물로서 공원계획의 결정 당시의 용도는 불특정다수인을 상대로 하는 산장이었는데 그중 일부를 객실별로 특정인에게 분양 매도하여 소유 및 사용권을 부여한 것은 일종의 콘도미니엄으로 용도를 변경한 것이 되어 구 건축법시행령(1992.5.30. 대통령령 제13655호로 전문 개정되기 전의 것) 제99조 제1항 제7호 소정의 용도변경에 해당한다(대법원 1993.6.29. 선고 92도3140 판결).

■ **판례** ■　**용도변경된 건물의 승계인이 그 변경된 용도로 계속 사용하는 것이 용도변경행위에 해당하는지의 여부**

[1] 건축법상 용도변경행위의 범위

건축법상의 용도변경행위는 반드시 유형적 변경을 수반하여야 하는 것은 아닐 뿐만 아니라, 이미 용도변경된 건물의 승계인이 그 변경된 용도로 계속 사용하는 것도 용도변경행위에 해당한다.

[2] 일반유흥접객업의 영업허가를 받고서 건축물의 내부구조를 개조하여 무도유흥음식점으로 경영케 한 것이 용도변경행위에 해당하는지의 여부

유흥종사자가 제공하는 춤 등을 감상할 수 있는 일반유흥접객업의 영업허가를 받고서 손님이 춤을 추는 무도장을 마련하여 손님으로 하여금 춤을 추도록 하여 식품접객업을 하였다면 입장료를 받은 바 없다고 하더라도 건축물의 내부구조를 개조하여 무도유흥음식점으로 경영케 한 것으로서 용도변경행위에 해당한다(대법원 1992.9.22. 선고 92도1647 판결).

6. 건설업 면허 없는 건축주의 시공행위

1) 적용법조 : 제110조 제2호, 제21조 제5항, 건설산업기본법 제41조 ☞ 공소시효 5년

제21조(착공신고 등) ⑤ 건축주는 건설산업기본법 제41조를 위반하여 건축물의 공사를 하거나 하게 할 수 없다.

※ 건설산업기본법

제41조(건설공사 시공자의 제한) ① 다음 각 호의 어느 하나에 해당하는 건축물의 건축 또는 대수선(大修繕)에 관한 건설공사(제9조제1항 단서에 따른 경미한 건설공사는 제외한다. 이하 이 조에서 같다)는 건설사업자가 하여야 한다. 다만, 다음 각 호 외의 건설공사와 농업용, 축산업용 건축물 등 대통령령으로 정하는 건축물의 건설공사는 건축주가 직접 시공하거나 건설사업자에게 도급하여야 한다.

1. 연면적이 200제곱미터를 초과하는 건축물
2. 연면적이 200제곱미터 이하인 건축물로서 다음 각 목의 어느 하나에 해당하는 경우
   가. 「건축법」에 따른 공동주택
   나. 「건축법」에 따른 단독주택 중 다중주택, 다가구주택, 공관, 그 밖에 대통령령으로 정하는 경우
   다. 주거용 외의 건축물로서 많은 사람이 이용하는 건축물 중 학교, 병원 등 대통령령으로 정하는 건축물

2) 범죄사실 기재례

연면적 200㎡를 초과하는 건축물의 건축은 건설사업자만이 시공할 수 있다.

그럼에도 불구하고 피의자는 20○○. ○. ○. ○○번지에 있는 ○○건축사무소에서 순천종합건설(주)의 직원인 지유정에게 면허대여료로 500만원을 주고 일반건설사업자인 위 회사의 명의를 대여받아 20○○. ○. ○.경부터 20○○. ○. ○.경 까지 피의자가 건축주인 ○○번지에 지상 3층 연면적 600㎡의 근린생활시설용 건축물을 위 회사의 상호를 사용하여 시공하였다.

3) 신문사항

- 건설업면허가 있는가
- 어떤 면허를 가지고 있는가
- ○○건축을 한 일이 있는가
- 위 건축의 연면적 및 건축용도는 무엇인가
- 건축허가를 받았는가
- 이 공사를 할 수 있는 일반건설면허를 소지하고 있는가
- 누구 면허를 대여받아 공사를 하였는가
- 언제 어디에서 일반건설면허를 대여받았는가
- 누구로부터 어떤 조건으로 대여받았나
- 언제부터 언제까지 대여 받았는가
- 대여받은 면허로 실시한 공사기간은
- 왜 이런 행위를 하였는가

7. 사용검사 전 사용행위

1) 적용법조 : 제110조 제2호, 제22조 제3항 ☞ 공소시효 5년

> 제22조(건축물의 사용승인) ③ 건축주는 제2항에 따라 사용승인을 받은 후가 아니면 건축물을 사용하거나 사용하게 할 수 없다. 다만, 다음 각 호의 어느 하나에 해당하는 경우에는 그러하지 아니하다.
> 1. 허가권자가 제2항에 따른 기간 내에 사용승인서를 교부하지 아니한 경우
> 2. 사용승인서를 교부받기 전에 공사가 완료된 부분이 건폐율, 용적률, 설비, 피난 · 방화 등 국토교통부령으로 정하는 기준에 적합한 경우로서 기간을 정하여 대통령령으로 정하는 바에 따라 임시로 사용의 승인을 한 경우

2) 범죄사실 기재례

> 피의자는 ○○에 있는 2층 다세대주택(연면적 240㎡)의 건축주(또는 공사시공자)인데, 관할 행정관청으로부터 사용검사필증을 받지 아니하고, 20○○. ○. ○.경 위 건축물의 2층에 피의자가 입주하여 사용하고, 20○○. ○. ○. 위 건축물의 1층을 홍길동에게 전세 보증금 ○○만원에 임대하여 사용하게 하였다.

3) 신문사항

- 피의자 소유 신축건물은 어디에 있는가
- 언제부터 언제까지 건축하였나
- 규모는 어느 정도인가(건물 층수, 연면적, 용도)
- 현재공정은 어느 정도인가(○○. ○. ○. 완공)
- 현재 위 건물에 입주하여 사용하고 있는 사람이 있는가
- 언제 어떠한 조건으로 입주하였나
- 행정기관으로부터 사용검사필증을 교부받았나
- 사용검사필증을 교부받지 않고 왜 건물을 사용하였나

■ 판례 ■   건물 사용승인신청에 대하여 구 민원사무처리에 관한 법률 시행령 제15조에 기한 보완요구가 가능한지 여부(적극) 및 7일 이내에 사용승인서가 교부되지 않으면 건물을 사용할 수 있도록 하고 있는 구 건축법 제18조 제3항 등의 규정이 위 보완요구가 있는 경우에도 바로 적용되는지 여부(소극)

건물에 대한 사용승인의 처분은 건축허가를 받아 지은 건물이 건축허가사항대로 건축행정목적에 적합한가 여부를 확인하고 사용승인서를 교부하여 줌으로써 허가받은 자로 하여금 그 건물을 사용 · 수익할 수 있게 하는 법률효과를 발생시키는바, 사용승인을 구하는 신청은 민원사무에 해당하므로 이에 대하여는 구 민원사무처리에 관한 법률 시행령(2003. 9. 29. 대통령령 제18106호로 개정되기 전의 것) 제15조에 기한 보완요구가 가능하고, 이 경우 위 시행령 제14조, 구 행정절차법 시행령(2004. 11. 11. 대통령령 제18586호로 개정되기 전의 것) 제11조 제1호에 의하여 그 보완에 소요되는 기간은 민원처리기간에 산입되지 아니하므로, 비록 구 건축법(2005. 5. 26. 법률 제7511호로 개정되기 전의 것) 제18조 제3항, 제2항, 구 건축법 시행규칙(2003. 11. 21. 건설교통부령 제378호로 개정되기 전의 것) 제16조 제2항에 의하여 사용승인신청이 있은 후 7일 이내에 사용승인서가 교부되지 않은 경우에는 건축물을 사용할 수 있다고 하더라도, 구 민원사무처리에 관한 법률 시행령에 기한 보완요구가 있는 경우에는 위 구 건축법 제18조 제3항 등의 규정이 바로 적용될 수는 없다(대법원 2007.7.27. 선고 2005도1722 판결).

8. 공사중지요청을 받고도 공사를 계속

1) **적용법조** : 가 - 제110조 제2호, 제16조 ☞ 공소시효 5년

　　　　　　　 나 - 제110조 제5호, 제25조 제3항 ☞ 공소시효 5년

> **제25조(건축물의 공사감리)** ③ 공사감리자는 공사감리를 할 때 이 법과 이 법에 따른 명령이나 처분, 그 밖의 관계 법령에 위반된 사항을 발견하거나 공사시공자가 설계도서대로 공사를 하지 아니하면 이를 건축주에게 알린 후 공사시공자에게 시정하거나 재시공하도록 요청하여야 하며, 공사시공자가 시정이나 재시공 요청에 따르지 아니하면 서면으로 그 건축공사를 중지하도록 요청할 수 있다. 이 경우 공사중지를 요청받은 공사시공자는 정당한 사유가 없으면 즉시 공사를 중지하여야 한다.

2) **범죄사실 기재례**

> 　피의자는 ○○에 예식장을 건축하려 하였으나 교통 영향평가를 얻지 못하여 건축허가를 받을 수 없게 되자 甲에게 우선 위와 같은 평가가 필요 없는 음식점 건축허가를 얻은 후 당초 허가받은 면적을 초과하여 건물을 신축하고, 신축 면적 초과가 문제되면 다시 학원으로 허가를 받은 다음 그 건물 내부 공사를 예식장에 필요한 용도로 진행하기로 마음먹었다.
> 　가. 피의자는 20○○. ○. ○. ○○구청으로부터 위 지상 건물에 대하여 지하 2층, 지상 2층, 지상 바닥면적 ○○㎡, 건물용도 제2종 근린시설(음식점)로 허가를 받았다.
> 　그럼에도 불구하고 피의자는 20○○. ○. ○.경 부터 20○○. ○. ○.경까지 사이에 위 건물의 바닥면적을 ○○㎡로 하여 기둥, 보의 철근과 거푸집 조립공사를 완료하여 행정기관의 허가 없이 함부로 허가사항을 변경하였다.
> 　나. 피의자는 20○○. ○. ○.경 위와 같이 당초 허가받은 대로 공사를 진행하지 아니한 사실이 적발되어 공사감리자인 건축사 홍길동으로부터 현장 공사를 중지하라는 요청을 받았음에도, 20○○. 2. 25.부터 20○○. ○. ○.까지 사이에 위 공사를 계속하였다.

9. 토지굴착공사 시의 위험 발생방지조치 의무위반

1) **적용법조** : 제111조 제5호, 제41소 제1항 ☞ 공소시효 5년

> **제41조(토지 굴착 부분에 대한 조치 등)** ① 공사시공자는 대지를 조성하거나 건축공사를 하기 위하여 토지를 굴착·절토(切土)·매립(埋立) 또는 성토 등을 하는 경우 그 변경 부분에는 국토교통부령으로 정하는 바에 따라 공사 중 비탈면 붕괴, 토사 유출 등 위험 발생의 방지, 환경 보존, 그 밖에 필요한 조치를 한 후 해당 공사현장에 그 사실을 게시하여야 한다.

2) **범죄사실 기재례**

> 　피의자는 건축업에 종사하는 사람으로서, 20○○. ○. ○. 피의자 명의로 ○○시장의 허가를 받아 순천시 가곡동 321번지에 지하 1층 지상 5층 연면적 400㎡인 주택을 건축하였다.
> 　피의자는 20○○. ○. ○. 경 위 건축물을 건축하기 위하여 토지굴착공사작업을 하면서 C.I.P 공법으로 시공하게 되었으면 철근콘크리트의 양생 기간인 28일이 지난 후 굳은 다음 시공함으로써 위험 발생을 미리 방지하여야 한다.

그럼에도 불구하고 피의자는 10일 만에 공사를 감행하는 등 위험 발생 방지조치를 제대로 취하지 아니한 잘못으로 인근 주택의 지반이 내려앉게 하여 인근 322번지에 있는 주택의 부엌 쪽 벽 약 10m의 균열이 생기게 하는 피해를 발생하게 하였다.

3) 신문사항

- ○○건축공사를 한 일이 있는가
- 건축주(공사공자)가 누구인가
- 어떤 공사인가(공사규모 등)
- 공사기간은 언제까지 인가
- 토지굴착공사는 언제 하였는가
- 어떤 공법을 사용하였는가
- C.I.P 공법일 경우 콘크리트 양생기간이 얼마정도인가
- 그러면 콘크리트를 한 후 며칠만에 다시 공사를 하였는가
- 이로 인하여 인근 주택에 어떤 피해를 주었는가
- 양생기간을 준수하는 등 위험방지조치를 제대로 취하였다고 생각하는가
- 예상하지 못하였는가

■ 판례 ■ 甲이 건축공사를 함에 있어 충분한 안전조치를 취하지 않고 흙파기를 하던 중 인접 건물에 균열 발생 등의 피해를 발생케 한 경우

[1] 건축법 제80조 제4호의 '제31조 또는 제32조의 규정에 위반한 건축주 및 공사시공자'의 의미

건축법 제31조 제1항은 공사시공자에게 대지를 조성하거나 건축공사에 수반하는 토지를 굴착하는 경우에 그 굴착부분에 대한 위험발생의 방지 등에 필요한 조치를 취할 의무를 부과하는 규정으로, 같은 법 제32조 제1항은 일정 규모 이상의 대지에 건축을 하는 건축주에게 소정의 기준에 따라 대지 안에 조경 등의 조치를 취할 의무를 부과하는 규정으로, 같은 법 제80조 제4호는 이러한 의무를 위반한 건축주 및 공사시공자를 처벌하는 규정으로 각 보아야 할 것이므로, 같은 법 제80조 제4호의 '제31조 또는 제32조의 규정에 위반한 건축주 및 공사시공자'는 '제31조의 규정에 위반한 공사시공자 또는 제32조의 규정에 위반한 건축주'를 의미하는 것으로 해석함이 상당하다.

[2] 본 사안의 경우 공사시공자가 아닌 건축주에게 건축법 제80조 제4호 위반의 죄책을 물을 수 있는지의 여부

건축공사를 함에 있어 충분한 안전조치를 취하지 않고 흙파기를 하던 중 인접 건물에 균열 발생 등의 피해를 발생케 한 경우, 공사시공자가 아닌 건축주에게 건축법 제80조 제4호 위반의 죄책을 물을 수 없다(대법원 2004.10.15. 선고 2004도4302 판결).

10. 건축선 침범

1) 적용법조 : 제110조 제1호, 제47조 제1항 ☞ 공소시효 5년

제47조(건축선에 따른 건축제한) ① 건축물과 담장은 건축선의 수직면(垂直面)을 넘어서는 아니 된다. 다만, 지표 (地表) 아래 부분은 그러하지 아니하다.

2) 범죄사실 기재례

> 피의자는 20○○. ○. ○. 피의자 명의로 ○○시장의 허가를 받아 순천시 가곡동 321번지에 지하 1층 지상 5층 연면적 400㎡의 건축물을 건축하는 사람으로서, 건축물과 담장은 건축선의 수직면을 넘어서는 아니된다.
> 그럼에도 불구하고 피의자는 20○○. ○. ○. 경 위 건축물의 우측 담장을 블록으로 축조하면서 건축선의 수직면을 30㎡ 넘어서게 축조하였다.

3) 신문사항

- ○○건축공사를 한 일이 있는가
- 건축주(공사공자)가 누구인가
- 어떤 공사인가(공사규모 등)
- 공사기간은 언제까지 인가
- 위 건축물의 담장을 축조하였는가
- 언제부터 어떤 방법으로 축조하였나
- 건축선의 수직면을 초과한 일이 있는가
- 어느 정도 넘어서게 하였는가
- 왜 건축선을 침범하였는가

■ 판례 ■　건축선의 결정 기준 및 건축선을 위반하여 대문을 축조한 경우

[1] 대문이 건축선의 제한을 받는지 여부(적극)

법 제37조 제1항 본문은 "건축물 및 담장은 건축선을 넘어서는 아니된다."고 규정하고 있는데, 대문은 건축물이므로 건축선의 제한을 받는다고 할 것이다.

[2] 건축선의 결정 기준 및 건축선을 위반하여 대문을 축조한 이후에 그 부지 부분을 매수하였다면, 위 건축행위가 사후적으로 적법하게 되는지 여부(소극)

법 제36조 제1항은 건축선은 도로와 접한 부분에 있어서 대지와 도로의 경계선으로 하되, 너비가 4m에 미달하는 도로인 경우에는 그 중심으로부터 4m의 2분의 1에 상당하는 수평거리를 후퇴한 선을 건축선으로 한다고 규정하고 있으므로 건축선은 대지와 도로와의 관계에 따라 정해지는 것일 뿐 그 대지나 도로의 소유권의 귀속과는 아무런 관계가 없다고 할 것이므로 피고인이 이 사건 대문을 축조한 이후에 그 부지 부분을 매수하였다고 하더라도 그러한 사정만으로는 건축선을 위반한 건축행위가 사후적으로 적법하게 되는 것이라고는 할 수 없다(대법원 2007.3.16. 선고 2006도8935 판결).

11. 도시지역 안에서 건폐율 초과

1) 적용법조 : 제108조 제1항 제1호, 제55조 ☞ 공소시효 5년
    (※ 도시지역 밖에서는 제110조 제1호 적용)

> **제55조(건축물의 건폐율)** 대지면적에 대한 건축면적(대지에 건축물이 둘 이상 있는 경우에는 이들 건축면적의 합계로 한다)의 비율(이하 "건폐율"이라 한다)의 최대한도는 「국토의 계획 및 이용에 관한 법률」 제77조에 따른 건폐율의 기준에 따른다. 다만, 이 법에서 기준을 완화하거나 강화하여 적용하도록 규정한 경우에는 그에 따른다.

2) 범죄사실 기재례

> 피의자는 20○○. ○. ○. ○○구청장의 허가를 받아 생산녹지 지역인 ○○○에 있는 대지 100㎡에 바닥면적 60㎡, 지하 1층 지상 2층 연면적 180㎡의 주택용 건축물을 건축하였다.
> 피의자는 20○○. ○. ○.경 위 건축물의 지하층 및 지상 1, 2층을 설계변경허가를 받지 아니하고 각각 50㎡씩 넓게 건축함과 동시에 건축면적이 110㎡가 되도록 함으로써 위 건축물의 법정 건폐율인 100분의 20을 초과하게 하였다.

3) 신문사항
  - 피의자 소유 신축건물의 소재는 어디인가
  - 언제 건축하였으며 규모는 어느 정도인가(건물 층수, 연면적, 용도 등)
  - 현재공정은 어느 정도인가
  - 허가된 면적보다 면적을 증평하여 건축하다가 고발된 사실이 있나
  - 건물 어느 부분의 면적을 얼마나 증평하였나
  - 위 건물의 원래 허가된 법정 건폐율은 얼마인가
  - 설계변경으로 넓혀진 건물의 건폐율은 얼마인가
  - 설계변경허가는 받았나
  - 왜 허가받은 면적보다 증평하여 건축하였나

✱ 건폐율 초과 및 용적률 초과는 상상적경합의 관계에 있다.

12. 도시지역 안에서의 용적률(容積率) 초과

1) 적용법조 : 제108조 제1항 제1호, 제56조 ☞ 공소시효 5년
(※ 도시지역 밖에서는 제110조 제1호 적용)

> 제56조(건축물의 용적률) 대지면적에 대한 연면적(대지에 건축물이 둘 이상 있는 경우에는 이들 연면적의 합계로 한다)의 비율(이하 "용적률"이라 한다)의 최대한도는 「국토의 계획 및 이용에 관한 법률」 제78조에 따른 용적률의 기준에 따른다. 다만, 이 법에서 기준을 완화하거나 강화하여 적용하도록 규정한 경우에는 그에 따른다.

2) 범죄사실 기재례

> 피의자는 20○○. ○. ○. ○○구청장의 허가를 받아 생산녹지 지역인 ○○에 있는 대지 100㎡에 바닥면적 60㎡, 지하 1층 지상 2층 연면적 180㎡의 주택용 건축물을 건축하였다.
> 피의자는 20○○. ○. ○.경 위 건축물의 지하층 및 지상 1, 2층을 설계변경허가를 받지 아니하고 각각 50㎡씩 넓게 건축함과 동시에 건축면적이 110㎡가 되도록 함으로써 위 건축물의 법정 용적률인 100%를 초과하여 건축하였다.

3) 신문사항
- ○○건축공사를 한 일이 있는가
- 건축주(공사업자)가 누구인가
- 피의자 소유 신축건물의 소재는 어디인가
- 언제 건축하였으며 규모는 어느 정도인가(건물 층수, 연면적, 용도 등)
- 현재 공정은 어느 정도인가
- 허가된 면적보다 면적을 증평하여 건축하다가 고발된 사실이 있나
- 건물 어느 부분의 면적을 얼마나 증평하였나
- 위 건물의 원래 허가된 법정 용적률은 얼마인가
- 설계변경으로 넓혀 진 건물의 용적률은 얼마인가
- 설계변경허가는 받았나
- 왜 허가받은 면적보다 증평하여 건축하였나

4) 용도지역 안에서의 용적률과 건폐율(국토의계획및이용에관한법률 제78조 제1항)

제36조에 따라 지정된 용도지역에서 용적률의 최대한도는 관할 구역의 면적과 인구규모, 용도지역의 특성 등을 고려하여 다음 각 호의 범위에서 대통령령으로 정하는 기준에 따라 특별시 · 광역시 · 특별자치시 · 특별자치도 · 시 또는 군의 조례로 정한다.

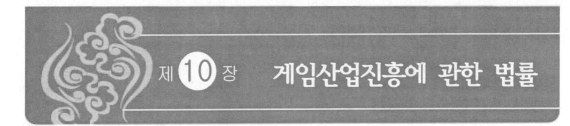

Ⅰ. 개념정의

제2조(정의) 이 법에서 사용하는 용어의 정의는 다음과 같다.

1. "게임물"이라 함은 컴퓨터프로그램 등 정보처리 기술이나 기계장치를 이용하여 오락을 할 수 있게 하거나 이에 부수하여 여가선용, 학습 및 운동효과 등을 높일 수 있도록 제작된 영상물 또는 그 영상물의 이용을 주된 목적으로 제작된 기기 및 장치를 말한다. 다만, 다음 각 목의 어느 하나에 해당하는 것을 제외한다.

    가. 사행성게임물

    나. 「관광진흥법」 제3조에 따른 관광사업의 규율대상이 되는 것 다만, 게임물의 성격이 섞여 있는 유기시설(遊技施設) 또는 유기기구(遊技機具)는 제외한다.

    다. 게임물과 게임물이 아닌 것이 섞여 되어 있는 것으로서 문화체육관광부장관이 정하여 고시하는 것

1의2. "사행성게임물"이라 함은 다음 각 목에 해당하는 게임물로서, 그 결과에 따라 재산상 이익 또는 손실을 주는 것을 말한다.

    가. 베팅이나 배당을 내용으로 하는 게임물

    나. 우연적인 방법으로 결과가 결정되는 게임물

    다. 「한국마사회법」에서 규율하는 경마와 이를 모사한 게임물

    라. 「경륜·경정법」에서 규율하는 경륜·경정과 이를 모사한 게임물

    마. 「관광진흥법」에서 규율하는 카지노와 이를 모사한 게임물

    바. 그 밖에 대통령령으로 정하는 게임물

2. "게임물내용정보"라 함은 게임물의 내용에 대한 폭력성·선정성(煽情性) 또는 사행성(射倖性)의 여부 또는 그 정도와 그 밖에 게임물의 운영에 관한 정보를 말한다.

3. "게임산업"이라 함은 게임물 또는 게임상품(게임물을 이용하여 경제적 부가가치를 창출하는 유·무형의 재화·서비스 및 그의 복합체를 말한다. 이하 같다)의 제작·유통·이용제공 및 이에 관한 서비스와 관련된 산업을 말한다.

4. "게임제작업"이라 함은 게임물을 기획하거나 복제하여 제작하는 영업을 말한다.

5. "게임배급업"이라 함은 게임물을 수입(원판수입을 포함한다)하거나 그 저작권을 소유·관리하면서 게임제공업을 하는 자 등에게 게임물을 공급하는 영업을 말한다.

6. "게임제공업"이라 함은 공중이 게임물을 이용할 수 있도록 이를 제공하는 영업을 말한다. 다만, 다음 각 목의 어느 하나에 해당하는 경우는 제외한다.

    가. 「관광진흥법」에 의한 카지노업을 하는 경우

    나. 「사행행위 등 규제 및 처벌특례법」에 의한 사행기구를 갖추어 사행행위를 하는 경우

    다. 제4호 내지 제8호에 규정한 영업 외의 영업을 하면서 고객의 유치 또는 광고 등을 목적으로 해당 영업소의 고객이 게임물을 이용할 수 있도록 하는 경우로서 대통령령으로 정하는 종류 및 방법 등에 의하여 게임물을 제공하는 경우

    라. 제7호에 따른 인터넷컴퓨터게임시설제공업의 경우

    마. 제22조제2항의 규정에 따라 사행성게임물에 해당되어 등급분류 거부결정을 받은 게임물을 제공하는 경우

    바. 제1호나목 단서에 따른 게임물로서 「관광진흥법」에 따른 유기시설 또는 유기기구를 이용에 제공하는 경우. 다만, 안전성 관리 필요성이 크지 아니한 유기시설 또는 유기기구로서 문화체육관광부장관이 정하여

고시하는 것은 제외한다.

6의2. 제6호의 게임제공업 중 일정한 물리적 장소에서 필요한 설비를 갖추고 게임물을 제공하는 영업은 다음 각 호와 같다.

　　가. 청소년게임제공업 : 제21조의 규정에 따라 등급분류된 게임물 중 전체이용가 게임물을 설치하여 공중의 이용에 제공하는 영업

　　나. 일반게임제공업 : 제21조의 규정에 따라 등급분류된 게임물 중 청소년이용불가 게임물과 전체이용가 게임물을 설치하여 공중의 이용에 제공하는 영업

7. "인터넷컴퓨터게임시설제공업"이라 함은 컴퓨터 등 필요한 기자재를 갖추고 공중이 게임물을 이용하게 하거나 부수적으로 그 밖의 정보제공물을 이용할 수 있도록 하는 영업을 말한다. 다만, 제4호부터 제6호까지, 제6호의2, 제7호 및 제8호에서 규정한 영업 외의 영업을 하면서 고객의 유치 또는 광고 등을 목적으로 컴퓨터 등 필요한 기자재를 갖추고 해당 영업소의 고객이 게임물을 이용하게 하거나 부수적으로 정보제공물을 이용할 수 있도록 하는 경우로서 대통령령으로 정하는 종류 및 방법 등에 따라 게임물을 제공하는 경우는 제외한다.

8. "복합유통게임제공업"이라 함은 청소년게임제공업 또는 인터넷컴퓨터게임시설제공업과 이 법에 의한 다른 영업 또는 다른 법률에 의한 영업을 동일한 장소에서 함께 영위하는 영업을 말한다.

9. "게임물 관련사업자"라 함은 제4호부터 제6호까지, 제6호의2, 제7호 및 제8호의 영업을 하는 자를 말한다. 다만, 제6호다목 및 제7호 단서에 따른 영업을 하는 자는 제28조의 적용에 한정하여 게임물 관련사업자로 본다.

10.. "청소년"이란 「청소년 보호법」 제2조제1호에 따른 청소년을 말한다.

11. "확률형 아이템"이란 게임물 이용자가 직접적·간접적으로 유상으로 구매하는 게임아이템[유상으로 구매하는 게임아이템(게임의 진행을 위하여 게임 내에서 사용되는 도구를 말한다. 이하 같다)과 무상으로 얻는 게임아이템을 결합하여 얻는 게임아이템을 포함한다] 중 구체적 종류, 효과 및 성능 등이 우연적 요소에 의하여 결정되는 것을 말한다.

※ 대통령령(시행령)

제1조의2(사행성게임물) 「게임산업진흥에 관한 법률」(이하 "법"이라 한다) 제2조 제1호의2 바목에서 "그 밖에 대통령령이 정하는 게임물"이란 다음 각 호의 어느 하나에 해당하는 게임물을 말한다.

1. 「사행행위 등 규제 및 처벌 특례법」 제2조 제2호에 따른 사행행위영업을 모사한 게임물

2. 「복권 및 복권기금법」 제2조 제호에 따른 복권을 모사한 게임물

3. 「전통소싸움경기에 관한 법률」 제2조 제1호에 따른 소싸움을 모사한 게임물[본조신설 2007.5.16]

제2조(게임제공업에서 제외되는 게임물제공의 범위) 법 제2조 제6호 다목에서 "대통령령이 정하는 종류 및 방법 등에 의하여 게임물을 제공하는 경우"라 함은 다음 각 호에서 정하는 기준에 따라 게임물을 제공하는 경우를 말한다.

1. 전체이용가 게임물만을 제공할 것

2. 1개의 영업소당 문화체육관광부장관이 정하여 고시하는 수 이하의 게임물을 설치할 것

3. 게임물을 당해 영업소 건물 내에 설치할 것

제44조(벌칙) ① 다음 각 호의 어느 하나에 해당하는 자는 5년 이하의 징역 또는 5천만원 이하의 벌금에 처한다
  1. 제28조제2호의 규정을 위반하여 도박 그 밖의 사행행위를 하게 하거나 이를 하도록 방치한 자
  1의2. 제28조제3호의 규정을 위반하여 사행성을 조장한 자
  2. 제32조제1항제1호·제4호 또는 제7호에 해당하는 행위를 한 자
  3. 제38조제1항 각 호의 규정에 의한 조치를 받고도 계속하여 영업을 하는 자
② 제1항의 규정에 해당하는 자가 소유 또는 점유하는 게임물, 그 범죄행위에 의하여 생긴 수익(이하 이 항에서 "범죄수익"이라 한다)과 범죄수익에서 유래한 재산은 몰수하고, 이를 몰수할 수 없는 때에는 그 가액을 추징한다.
③ 제2항에서 규정한 범죄수익 및 범죄수익에서 유래한 재산의 몰수·추징과 관련되는 사항은 「범죄수익은닉의 규제 및 처벌 등에 관한법률」 제8조 내지 제10조의 규정을 준용한다.

제45조(벌칙) 다음 각 호의 어느 하나에 해당하는 자는 2년 이하의 징역 또는 2천만원 이하의 벌금에 처한다.
  1. 제12조의3제5항에 따른 문화체육관광부장관의 시정명령을 따르지 아니한 자
  1의2. 제22조제4항의 규정에 의한 정당한 권원을 가지지 아니하거나 거짓 그 밖의 부정한 방법으로 게임물의 등급분류를 받은 자
  1의3. 제21조의8제4항에 따른 문화체육관광부장관의 명령을 이행하지 아니한 자
  2. 제25조 또는 제26조제1항·제2항·제3항 본문의 규정을 위반하여 허가를 받지 아니하거나 등록을 하지 아니하고 영업을 한 자
  3. 〈삭제 2007.1.19〉
  3의2. 제28조제4호의 규정을 위반하여 청소년이용불가 게임물을 제공한 자
  4. 제32조제1항제2호의 규정을 위반하여 등급분류를 받은 게임물과 다른 내용의 게임물을 유통 또는 이용제공 및 전시·보관한 자
  5. 제32조제1항제5호의 규정을 위반하여 등급분류필증을 매매·증여 또는 대여한 자
  5의2. 제32조제1항제11호를 위반하여 게임물의 정상적인 운영을 방해한 자
  6. 제32조제2항 각 호의 규정을 위반하여 게임물을 제작 또는 반입한 자
  7. 제32조제1항제6호 및 제33조의 규정을 위반하여 표시의무를 이행하지 아니한 게임물을 유통시키거나 이용에 제공한 자
  8. 제35조제1항제1호·제2항제1호 및 제3항제2호의 규정에 의한 거짓 그 밖의 부정한 방법으로 허가를 받거나 등록 또는 신고를 한 자
  9. 제35조제2항제2호 및 제3항제1호의 규정에 의한 영업정지명령을 위반하여 영업한 자
  10. 제38조제3항제3호 또는 제4호의 규정에 해당하는 게임물 및 게임상품 등을 제작·유통·시청 또는 이용에 제공하거나 그 목적으로 전시·보관한 자

제46조(벌칙) 다음 각 호의 어느 하나에 해당하는 자는 1년 이하의 징역 또는 1천만원 이하의 벌금에 처한다.
  1. 제26조제3항 단서의 규정을 위반하여 신고를 하지 아니하고 영업을 한 자
  2. 제28조제7호의 규정에 의한 청소년의 출입시간을 위반하여 청소년을 출입시킨 자
  3. 제32조제1항제3호의 규정에 의한 제21조제2항제4호의 등급구분을 위반하여 게임물을 제공한 자
  3의2. 제32조제1항제8호를 위반하여 게임물 관련사업자가 제공 또는 승인하지 아니한 컴퓨터프로그램이나 기기 또는 장치를 배포하거나 배포할 목적으로 제작하는 행위를 한 자
  4. 〈삭제 2007.1.19〉
  5. 제35조제1항제2호의 규정에 의한 영업정지명령을 위반하여 영업한 자
  6. 제38조제7항 및 제8항에 따른 문화체육관광부장관의 명령을 이행하지 아니한 자

제47조(양벌규정) 법인의 대표자나 법인 또는 개인의 대리인·사용인 그 밖의 종업원이 그 법인 또는 개인의 업무에 관하여 제44조 내지 제46조의 규정에 의한 위반행위를 한 때에는 행위자를 벌하는 외에 그 법인 또는 개인에 대하여도 각 해당 조의 벌금형을 과한다. 다만, 법인 또는 개인이 그 위반행위를 방지하기 위하여 해당 업무에 관하여 상당한 주의와 감독을 게을리하지 아니한 경우에는 그러하지 아니하다.

Ⅲ. 범죄사실

1. 미신고 게임배급업

1) 적용법조 : 제45조 제2호, 제25조 제1항 ☞ 공소시효 5년

제25조(게임제작업 등의 신고) ① 게임제작업 또는 게임배급업을 영위하고자 하는 자는 문화체육관광부령이 정하는 바에 따라 시장·군수·구청장에게 등록하여야 한다.

2) 범죄사실 기재례

> 피의자는 ○○에서 ○○게임이라는 상호로 게임배급업을 운영하는 사람으로서 게임제공업을 하는 자 등에게 게임물을 공급하는 게임배급업을 하고자 하는 경우 시장(시장·군수·구청장)에게 등록하여야 한다.
>
> 그럼에도 불구하고 피의자는 등록없이 20○○. ○. ○.부터 20○○. ○. ○. 까지 위 장소에서 ○○시 일대 게임제공업소를 상대로 월 ○○만원 상당의 매상을 올리는 게임배급업을 영위하였다.

3) 신문사항

- 게임물을 공급하는 업을 하고 있는가
- 어디에서 하고 있는가
- 언제부터 언제까지 하였나
- 어떤 게임물을 배급하였나
- 사업규모는 어느 정도인가
- 누구를 상대로 어떤 방법으로 하였나
- 행정기관에 영업 등록을 하였느가
- 왜 영업등록 없이 이런 행위를 하였나
- 월 매상은 어느 정도였나

2. 무허가 일반게임제공업

1) 적용법조 : 제45조 제2호, 제26조 제1항 ☞ 공소시효 5년

> 제26조(게임제공업 등의 허가 등) ① 일반게임제공업을 영위하고자 하는 자는 허가의 기준·절차 등에 관하여 대통령령이 정하는 바에 따라 시장·군수·구청장의 허가를 받아 영업을 할 수 있다. 다만, 「국토의 계획 및 이용에 관한 법률」 제36조제1항제1호가목의 주거지역에 위치하여서는 아니 된다.
> ② 청소년게임제공업 또는 인터넷컴퓨터게임시설제공업을 영위하고자 하는 자는 문화체육관광부령이 정하는 시설을 갖추어 시장·군수·구청장에게 등록하여야 한다. 다만, 정보통신망을 통하여 게임물을 제공하는 자로서 「전기통신사업법」에 따라 신고 또는 등록을 한 경우에는 이 법에 의하여 등록한 것으로 본다.
> ③ 복합유통게임제공업을 영위하고자 하는 자는 문화체육관광부령이 정하는 바에 따라 시장·군수·구청장에게 등록하여야 한다. 다만, 제2항의 규정에 따라 청소년게임제공업 또는 인터넷컴퓨터게임시설제공업의 등록을 한 자가 복합유통게임제공업을 영위하고자 하는 때에는 시장·군수·구청장에게 신고하여야 한다.

2) 범죄사실 기재례

> 피의자는 ○○에서 ○○게임장이라는 상호로 일반게임제공업을 운영하는 사람으로서 일반게임제공업을 영위하고자 하는 자는 시장·군수·구청장에게 허가를 받아야 한다.
> 그럼에도 불구하고 피의자는 20○○. ○. ○.부터 20○○. ○. ○. 까지 위 장소 약 ○○㎡에서 ○○게임기 등 총 ○○대의 게임기를 갖추고 월 ○○만원 상당의 매상을 올리는 일반게임제공업을 영위하였다.

3) 신문사항

- 게임제공업을 하고 있는가
- 어디에서 하고 있는가
- 언제부터 언제까지 하였나
- 사업규모는 어느 정도인가(업장 면적, 게임기 수, 종업원 등)
- 누구를 상대로 어떤 방법으로 하였나
- 행정기관에 영업 허가를 하였는가
- 왜 영업허가 없이 이런 행위를 하였나
- 월 매상은 어느 정도였나

3. 게임물 관련 사업자의 준수사항

제28조(게임물 관련사업자의 준수사항) 게임물 관련사업자는 다음 각 호의 사항을 지켜야 한다.
2. 게임물을 이용하여 도박 그 밖의 사행행위를 하게 하거나 이를 하도록 내버려 두지 아니할 것
2의2. 게임머니의 화폐단위를 한국은행에서 발행되는 화폐단위와 동일하게 하는 등 게임물의 내용구현과 밀접한 관련이 있는 운영방식 또는 기기ㆍ장치 등을 통하여 사행성을 조장하지 아니할 것
3. 경품 등을 제공하여 사행성을 조장하지 아니할 것. 다만, 청소년게임제공업의 전체이용가 게임물에 대해 대통령령이 정하는 경품의 종류(완구류 및 문구류 등. 다만, 현금, 상품권 및 유가증권은 제외한다)ㆍ지급기준ㆍ제공방법 등에 의한 경우에는 그러하지 아니하다.
4. 제2조제6호의2가목의 규정에 따른 청소년게임제공업을 영위하는 자는 청소년이용불가 게임물을 제공하지 아니할 것
7. 대통령령이 정하는 영업시간 및 청소년의 출입시간을 준수할 것

※ 대통령령
제16조(영업시간 및 청소년 출입시간제한 등) 법 제28조제6호에 따른 영업시간 및 청소년의 출입시간은 다음 각 호와 같다.
1. 영업시간
   가. 일반게임제공업자의 영업시간은 오전 9시부터 오후 12시까지로 한다.
   나. 복합유통게임제공업자의 영업시간은 오전 9시부터 오후 12시까지로 한다. 다만, 다음의 경우에는 영업시간의 제한을 받지 아니한다.
      1) 다목 단서에 따라 영업시간의 제한을 받지 아니하는 청소년게임제공업과 이 법에 따른 다른 영업 또는 다른 법률에 따른 영업을 동일한 장소에서 함께 영위하는 복합유통게임제공업자
      2) 라목에 따라 영업시간의 제한을 받지 아니하는 인터넷컴퓨터게임시설제공업과 이 법에 따른 다른 영업 또는 다른 법률에 따른 영업을 동일한 장소에서 함께 영위하는 복합유통게임제공업자
   다. 청소년게임제공업자의 영업시간은 오전 9시부터 오후 12시까지로 한다. 다만, 청소년게임제공업자 중 게임 이용에 따라 획득된 결과물(법 제28조제3호 단서에 따라 제공하는 경품을 포함한다)의 제공이 가능한 전체이용가 게임물의 대수 및 설치면적이 전체 대수 및 설치면적의 100분의 20을 초과하지 않는 경우에는 영업시간의 제한을 받지 아니한다.
   라. 가목, 나목 본문 및 다목 본문 외의 게임물 관련사업자는 영업시간의 제한을 받지 아니한다.
2. 청소년의 출입시간
   가. 청소년게임제공업자, 복합유통게임제공업자(청소년 보호법 시행령 제5조제1항제2호 단서에 따라 청소년의 출입이 허용되는 경우만 해당한다), 인터넷컴퓨터게임시설제공업자의 청소년 출입시간은 오전 9시부터 오후 10시까지로 한다. 다만, 청소년이 친권자ㆍ후견인ㆍ교사 또는 직장의 감독자 그 밖에 당해 청소년을 보호ㆍ감독할 만한 실질적인 지위에 있는 자를 동반한 경우에는 청소년 출입시간 외의 시간에도 청소년을 출입시킬 수 있다.
   나. 가목 외의 게임물 관련사업자는 청소년 출입시간의 적용을 받지 아니한다.
제16조의2(경품의 종류 등) 법 제28조제3호 단서에 따라 제공할 수 있는 경품의 종류와 그 지급기준 및 방법은 다음과 같다.
1. 경품의 종류
   가. 완구류 및 문구류
   나. 문화상품류, 스포츠용품류 및 생활용품류. 다만, 다음의 어느 하나에 해당하는 물품은 제외한다.
      1) 음식물 등 사용기한 또는 소비기한이 있는 물품
      2) 선정성ㆍ사행성ㆍ폭력성을 유발할 수 있는 물품
      3) 심신에 해를 가할 수 있는 물품
      4)「청소년 보호법」제2조에 따른 청소년유해매체물, 청소년유해약물 및 청소년유해물건
2. 경품의 지급기준
   지급되는 경품은 소비자판매가격(일반 소매상점에서의 판매가격을 말한다) 1만 원 이내의 것으로 한다
3. 경품의 제공방법
   등급분류 시 심의된 게임물의 경품지급장치를 통해서만 제공하여야 하며, 영업소관계자 등이 경품을 직접 제공하여서는 아니된다.

[기재례1] 경품제공 사행성조장, 등급분류위반, 환전행위, 영업정지기간 중 영업

1) 적용법조

    가 : 제44조 제1항 제1의 2호, 제28조 제3호(경품제공 사행성조장), 제44조 제1항 제
          2호, 제32조 제1항 제1호(등급분류위반), 제7호(환전행위)   ☞ 공소시효 7년

    나 : 제45조 제9호, 제35조 제2항 제2호(영업정지기간중 영업)   ☞ 공소시효 5년

2) 범죄사실 기재례

> 피의자는 20○○. ○. ○. ○○법원에서 게임산업진흥에 관한 법률 위반죄로 벌금 ○○만
> 원의 약식명령을 고지받은 외에 동종전력이 ○○회 더 있다.
> 피의자는 20○○. ○. ○.경 ○○시청에 일반게임장등록을 한 후 그 무렵부터 ○○에서
> '○○'라는 상호로 일반게임장을 운영하는 사람이다.
> 가. 누구든지 등급을 받지 아니한 게임물을 이용에 제공하거나 이를 위하여 진열·보관하
> 는 행위를 하여서는 아니 되고, 게임물 관련 사업자는 경품 등을 제공하여 사행성을 조장하
> 지 아니할 의무가 있고, 게임물의 이용을 통하여 획득한 유·무형의 결과물을 환전하는 행위
> 를 하여서는 아니 된다.
> 그럼에도 불구하고 피의자는 20○○. ○. ○.경 위 게임장이 단속되어 게임기 기판 ○○개
> 를 압수당하였음에도 위 게임장에 보관하고 있던 게임기 기판을 게임기 본체에 새로 설치한
> 후, 20○○. ○. ○. 15:00경 약 ○○㎡ 규모의 위 게임장에서 등급분류를 받지 아니한 '야
> 마토' 게임기 ○○대를 설치·운영하면서 5,000원권인 '아케이드 문화상품권'을 게임기
> 에 투입하여 불특정 손님들로 하여금 이용하게 하고, 경품으로 위 문화상품권을 제공하여 사
> 행성을 조장하고, 손님들이 획득한 위 문화상품권을 1장당 10%의 수수료를 공제한 후 4,500
> 원을 현금으로 환전하여 주었다.
> 나. 피의자는 게임장 영업을 하던 중 ○○시장으로부터 20○○. ○. ○.경부터 20○○. ○.
> ○.경까지 ○○일간의 영업정지 명령을 받았다.
> 그럼에도 불구하고 피의자는 전항과 같은 일시장소에서 위와 같이 영업을 함으로써 영업
> 정지 명령을 위반하여 영업을 계속하였다.

[기재례2] 청소년게임제공업소의 경품제공위반

1) 적용법조 : 제44조 제1항 제1의2호, 제28조 제3호   ☞ 공소시효 7년

2) 범죄사실 기재례

> 피의자는 ○○에서 ○○게임장이라는 상호로 청소년 게임제공업을 운영하는 게임물 관련
> 사업자로서, 청소년 게임제공업의 전체이용가 게임물에 대해 대통령령이 정하여 고시하는 종
> 류 외의 경품을 제공하는 행위를 해서는 아니된다.
> 그럼에도 불구하고 피의자는 20○○. ○. ○. ○○:○○경 위 게임장에서, 대통령령에서 인
> 정하지 않은 ○○경품을 손님들에게 경품으로 제공하여 게임물 관련 사업자의 준수사항을
> 위반하였다.

3) 신문사항

- 게임제공업을 하고 있는가
- 어디에서 하고 있는가
- 언제부터 언제까지 하였나
- 어떤 종류의 게임제공업인가
- 사업규모는 어느 정도인가(업장 면적, 게임기 수, 종업원 등)
- 경품을 사용하고 있는가
- 어떤 경품을 사용하고 있는가
- 대통령령에서 정하여 고시하는 경품인가
- 그러면 이런 경품은 언제 어디에서 구입하였는가
- 어떤 방법으로 이런 경품을 제공하고 있는가

4) 사 례

가. 청소년게임제공업으로 등록하지 아니한 영업소에서 경품제공행위 : 제28조 제3호
나. 경품제공을 통하여 도박 그 밖의 사행행위 조장하는 행위 : 제28조 제2호

[기재례3] 청소년출입 시간 위반

1) **적용법조 :** 제46조 제2호, 제28조 제7호   ☞ 공소시효 5년

2) **범죄사실 기재례**

> 피의자는 ○○에서 'TG라이프존' 이라는 상호로 인터넷 컴퓨터게임시설 제공업을 영위하는 자인데, 게임시설제공 업자의 청소년 출입시간은 오전 9시부터 오후 10시까지로 이를 준수하여야 한다.
> 그럼에도 불구하고 피의자는 20○○. ○. ○. 05:00경 청소년인 홍길동(남, 16세) 등 4명을 출입하게 하여 게임물 관련 사업자의 준수사항을 위반하였다.

[기재례4] 게임물 이용 사행 행위, 경품제공

1) **적용법조**

가 : 제44조 제1항 제1호, 제28조 제2호(게임물 이용 도박행위), 사행행위 등 규제 및 처벌특례법 제30조 제1항 제1호   ☞ 공소시효 7년
나 : 제44조 제1항 제1의2호, 제28조 제3호(경품제공 사행성 조장)   ☞ 공소시효 7년

2) 범죄사실 기재례

피의자는 20○○. ○. ○.부터 20○○. ○. ○.까지 ○○에서 ○○게임랜드 라는 상호로 일반게임장을 운영하는 게임물 관련 사업자이다.

가. 누구든지 사행성전자식유기기구 등 사행심을 유발할 우려가 있는 기계 또는 기구를 이용하여 사행행위를 업으로 하여서는 아니되고, 게임물관련사업자는 게임물을 이용하여 도박 그 밖의 사행행위를 하게 하거나 이를 하도록 내버려 두어서는 아니된다.

그럼에도 불구하고 피의자는 위 게임랜드'에서, '알렉산더' 라는 성인오락기 ○○대를 설치하여 놓고 영업을 하면서 1회 게임시 경품으로 제공할 수 있는 시상한도인 20,000원 상당을 초과하여 최고 500,000원가량까지 시상하여 주되, 화면상으로는 시상내용을 표시하지 않으면서 게임기의 메모리장치에 위와 같은 최고 시상금을 저장하여 두고 상품권이 분할 지급되게 하는 이른바 '메모리 연타기능'이 탑재된 위 게임기를 이용하여 불상의 고객들이 위 게임기의 지폐 투입구에 10,000원 지폐를 투입하면서 이용하게 하여 사행심을 유발할 우려가 있는 기계를 이용하여 사행행위 영업을 하고, 이용자에게 게임물을 이용하여 사행행위를 하게하였다.

나. 게임물 관련 사업자는 경품 등을 제공하여 사행성을 조장하여서는 아니된다.

그럼에도 불구하고 피의자는 '가' 항과 같이 영업을 하면서 '로얄레포츠 문화상품권'을 경품으로 제공하여 사행성을 조장하였다.

■ 판례 ■   경품제공행위의 의미

[1] 사실관계

게임제공업자 甲은 자신의 게임장에 찾아온 불특정다수의 손님들 중 일정액 이상을 투입한 자에게 게임의 결과와는 상관없이 즉석복권을 지급하고 추첨을 통하여 상품을 지급하는 방법으로 경품을 제공하였다.

[2] 판결요지

경품제공행위는 게임제공업자가 게임제공업소에서 게임물을 이용한 '게임의 결과에 따라' 경품을 제공하는 행위에 한정되고, 게임제공업자가 '게임의 결과와 상관없이' 경품을 제공하는 행위는 이에 해당하지 아니한다.(대법원 2007.8.23. 선고 2005도4401 판결).

■ 판례 ■   게임산업진흥에 관한 법률 제28조 제2호, 제44조 제1항 제1호에서 정한 '사행행위'의 의미 / 게임의 결과물로 게임이용자에게 증서 등을 발급·교부하는 것이 게임물을 이용하여 사행행위를 하게 한 것에 해당하기 위한 요건 및 이때 교부된 증서가 사행행위의 요소인 재산상 이익을 지닌 것으로 볼 수 있는 경우 / 이러한 성격의 증서를 발급·교부한 게임제공업자가 같은 법 제28조 제2호의 의무를 위반한다는 점을 인식하고 있다고 보아야 하는지 여부(원칙적 적극)

제28조는 게임물 관련 사업자의 준수사항의 하나로 제2호에서 '게임물을 이용하여 도박 그 밖의 사행행위를 하게 하거나 이를 하도록 내버려 두지 아니할 것'을 규정하고 있고, 제44조 제1항 제1호는 제28조 제2호를 위반한 자를 처벌하도록 하고 있다. 위 법규정에서 말하는 사행행위란 우연적 방법으로 득실을 결정하여 행위자에게 재산상 손실 또는 이익을 가져오는 행위를 의미한다. 따라서 게임제공업자가 등급분류를 받아 제공한 게임물이 우연적 방법으로 득실이 결정되는 것이고 게임의 결과물로서 게임이용자에게 제공되는 증서 등이 게임이용자들 사이에서 대가를 수수하고 유통될 수 있는 교환가치

가 있는 것이라면, 그러한 게임의 결과물로 위와 같은 증서 등을 발급·교부하는 것은 게임물을 이용하여 사행행위를 하게 한 것에 해당한다. 이때 게임제공업자가 게임의 결과물로서 교부된 증서에 의하여 이를 발급받은 게임이용자의 이름이나 전화번호 등 인적 사항의 일부를 확인하는 것이 가능하더라도 증서를 발급받은 사람 이외에 누구나 증서를 소지하고 있기만 하면 별다른 제약 없이 증서에 저장된 게임의 점수 등에 따라 게임물을 이용하는 등 경제적 이익을 누릴 수 있다면 이는 사행행위의 요소인 재산상 이익을 지닌 것으로 보아야 한다. 그리고 특별한 사정이 없는 한, 이러한 성격의 증서를 발급·교부한 게임제공업자는 그와 같은 발급·교부 행위에 의하여 제28조 제2호의 의무를 위반한다는 점을 충분히 인식하고 있다고 보아야 한다.(대법원 2016.7.29. 선고, 2015도19075, 판결)

4. 등급분류 위반

제32조(불법게임물 등의 유통금지 등) ① 누구든지 게임물의 유통질서를 저해하는 다음 각 호의 행위를 하여서는 아니 된다. 다만 제4호의 경우 「사행행위 등 규제 및 처벌특례법」에 따라 사행행위영업을 하는 자를 제외한다.
  1. 제21조제1항 또는 제21조의10제1항의 규정에 의하여 등급을 받지 아니한 게임물을 유통 또는 이용에 제공하거나 이를 위하여 진열·보관하는 행위
  2. 제21조제1항 또는 제21조의10제1항 또는 제21조의10제1항의 규정에 의하여 등급을 받은 내용과 다른 내용의 게임물을 유통 또는 이용에 제공하거나 이를 위하여 진열·보관하는 행위
  3. 등급을 받은 게임물을 제21조제2항 각 호의 등급구분을 위반하여 이용에 제공하는 행위
  4. 제22조제2항의 규정에 따라 사행성게임물에 해당되어 등급분류가 거부된 게임물을 유통시키거나 이용에 제공하는 행위 또는 유통·이용제공의 목적으로 진열·보관하는 행위
  5. 제22조제3항제1호의 규정에 의한 등급분류필증을 매매·증여 또는 대여하는 행위
  6. 제33조제1항 또는 제2항의 규정을 위반하여 등급 및 게임물내용정보 등의 표시사항을 표시하지 아니한 게임물 또는 게임물의 운영에 관한 정보를 표시하는 장치를 부착하지 아니한 게임물을 유통시키거나 이용에 제공하는 행위
  7. 누구든지 게임물의 이용을 통하여 획득한 유·무형의 결과물(점수, 경품, 게임 내에서 사용되는 가상의 화폐로서 대통령령이 정하는 게임머니 및 대통령령이 정하는 이와 유사한 것을 말한다)을 환전 또는 환전 알선하거나 재매입을 업으로 하는 행위
  8. 게임물의 정상적인 운영을 방해할 목적으로 게임물 관련사업자가 제공 또는 승인하지 아니한 컴퓨터프로그램이나 기기 또는 장치를 배포하거나 배포할 목적으로 제작하는 행위
  9. 게임물 관련사업자가 제공 또는 승인하지 아니한 게임물을 제작, 배급, 제공 또는 알선하는 행위
  10. 제9호에 따른 불법행위를 할 목적으로 컴퓨터프로그램이나 기기 또는 장치를 제작 또는 유통하는 행위
② 누구든지 다음 각 호에 해당하는 게임물을 제작 또는 반입하여서는 아니 된다.
  1. 반국가적인 행동을 묘사하거나 역사적 사실을 왜곡함으로써 국가의 정체성을 현저히 손상시킬 우려가 있는 것
  2. 존비속에 대한 폭행·살인 등 가족윤리의 훼손 등으로 미풍양속을 해칠 우려가 있는 것
  3. 범죄·폭력·음란 등을 지나치게 묘사하여 범죄심리 또는 모방심리를 부추기는 등 사회질서를 문란하게 할 우려가 있는 것
※ 시행령
제18조의3(게임머니 등) 법 제32조제1항제7호에서 "대통령령이 정하는 게임머니 및 대통령령이 정하는 이와 유사한 것"이란 다음 각 호의 어느 하나에 해당하는 것을 말한다.
  1. 게임물을 이용할 때 베팅 또는 배당의 수단이 되거나 우연적인 방법으로 획득된 게임머니
  2. 제1호에서 정하는 게임머니의 대체 교환 대상이 된 게임머니 또는 게임아이템(게임의 진행을 위하여 게임 내에서 사용되는 도구를 말한다. 이하 같다) 등의 데이터
  3. 다음 각 목의 어느 하나에 해당하는 게임머니 또는 게임아이템 등의 데이터
    가. 게임제작업자의 컴퓨터프로그램을 복제, 개작, 해킹 등을 하여 생산·획득한 게임머니 또는 게임아이템 등의

데이터

나. 법 제32조제1항제8호에 따른 컴퓨터프로그램이나 기기 또는 장치를 이용하여 생산·획득한 게임머니 또는 게임아이템 등의 데이터

다. 다른 사람의 개인정보로 게임물을 이용하여 생산·획득한 게임머니 또는 게임아이템 등의 데이터

라. 게임물을 이용하여 업으로 게임머니 또는 게임아이템 등을 생산·획득하는 등 게임물의 비정상적인 이용을 통하여 생산·획득한 게임머니 또는 게임아이템 등의 데이터

[기재례1] 등급받은 내용과 다른 게임물 제공

1) **적용법조** : 제45조 제4호, 제32조 제1항 제2호 ☞ 공소시효 5년

2) **범죄사실 기재례**

> 피의자는 ○○에서 ○○게임랜드라는 상호로 일반게임장을 운영하는 게임물 관련 사업자로서, 누구든지 등급위원회로부터 등급을 받지 아니한 게임물을 유통 또는 이용에 제공하거나 등급을 받은 내용과 다른 내용의 게임물을 유통 또는 이용에 제공하여서는 아니 된다.
> 그럼에도 불구하고 피의자는 20○○. ○. ○.경부터 20○○. ○. ○. 경까지 위 장소에서 '알렉산더' 라는 성인오락기 90대를 설치하여 놓고 영업을 하면서 위와 같이 영업하면서, 영상물등급위원회의 심의를 받은 알렉산더 게임기는 주게임과 부가게임이 구분되어 있고, 게임기에 10,000원을 투입하면 100점씩 감소하면서 주게임이 구분되어 있고, 게임기에 10,000원을 투입하면 100점씩 감소하면서 주게임인 메달게임의 메달이 4초 이상의 간격으로 1개씩 하단으로 떨어지면서 원형센서의 못 판 51개를 지나 'SPIN, 꽝, 100' 의 세가지 항목 중 'SPIN' 항목을 통과하게 되면 부가 게임인 릴게임이 1회 회전하여 해당 점수표에 따라 경품점수가 누적되어 20,000점이 되면 5,000원권 상품권이 4장이 배출되도록 한 것이나, 주게임에서 100점씩 차감될 때마다 릴게임이 1회 돌아가도록 작동하는 알렉산더 게임기를 사용함으로써 등급을 받은 내용과 다른 내용의 게임물을 이용에 제공하였다.

[기재례2] 등급을 받지 아니한 게임물 제공

1) **적용법조** : 제44조 제1항 제2호, 제32조 제1항 제1호 ☞ 공소시효 7년

2) **범죄사실 기재례**

> 피의자는 ○○에서 "○○게임장" 이라는 상호로 일반 게임제공업을 운영하는 사람이다.
> 누구든지 등급을 받지 아니한 게임물을 유통 또는 이용에 제공하거나 이를 위하여 진열·보관하는 행위를 하여서는 아니된다.
> 그럼에도 불구하고 피의자는 20○○. ○. ○.경 위 게임장에 등급위원회의 등급분류를 받지 아니한 "○○" 게임물을 설치하여 업소를 찾는 손님들의 이용에 제공하게 하였다.

3) **신문사항**

 - 게임제공업을 하고 있는가
 - 어디에서 하고 있는가
 - 언제부터 언제까지 하였나

- 어떤 종류의 게임제공업인가
- 사업규모는 어느 정도인가(업장 면적, 게임기 수, 종업원 등)
- 등급분류를 받지 않은 게임기를 설치한 일이 있는가
- 어떤 게임기인가
- 이 게임기는 언제 어디에서 누구로부터 구입하였나
- 등급분류 받지 않은 것을 알고 구입하였나
- 왜 이런 게임기를 구입하였나

[기재례3] 등급 받지 아니한 게임기 보관, 바지사장의 범인은닉

1) **적용법조** : 甲 – 제44조 제1항 제2호, 제32조 제1항 제1호, 형법 제151조 제1항,
제31조 제1항(범인은닉교사) ☞ 공소시효 7년

乙 : 형법 제151조 제1항 ☞ 공소시효 5년

2) **범죄사실 기재례**

가. 피의자 甲
1) 게임산업진흥에 관한 법률 위반
피의자는 20○○. ○. ○.경부터 20○○. ○. ○.경까지 ○○에서, 사행성 게임물에 해당하여 등급분류를 받지 아니한 게임물인 ○○중고게임기를 성명을 알 수 없는 자로부터 매입하여 게임기 상단에 동시에 2개의 게임을 할 수 있도록 하드와 엘씨디를 부착하는 방법으로 개조한 후, 한대당 ○○만원에 ○○대 합계 ○○만원 상당을 판매하고, ○○대의 사행성 중고게임기를 유통을 목적으로 보관하였다.
2) 범인은닉교사
피의자는 20○○. ○. ○. 20:00경 위 乙로부터 경찰에 단속되었다는 전화를 받고, 그에게 "나 대신 경찰에서 성인게임기를 분해하여 부품을 판매하는 업주라고 진술해 달라"는 취지로 말하여 위 乙로 하여금 수사기관에 출석하여 자신이 실제 업주라고 진술할 것을 결의하게 하고, 같은 날 ○○경찰서에서, 사실은 위 甲이 실제 업주로서 벌금 이상의 형에 해당하는 죄를 범한 사실을 잘 알고 있음에도 위 사건을 수사하는 경감 배민희에게 자신이 실제 업주인 것처럼 허위 진술하도록 함으로써 범인도피를 교사하였다.
나. 피의자 乙
피의자는 20○○. ○. ○.경 ○○경찰서에서, 위와 같이 자신이 실제 업주인 것처럼 허위 진술하여 진범인 위 피의자 甲의 발견을 곤란하게 함으로써 범인을 도피하게 하였다.

[기재례4] 승인받지 않는 게임물 제공

1) **적용법조** : 제44조 제1항 제2호, 제32조 제1항 제7호 ☞ 공소시효 7년

2) 범죄사실 기재례

누구든지 게임물 관련 사업자가 제공 또는 승인하지 아니한 게임물을 제작, 배급, 제공 또는 알선하는 행위를 하여서는 아니 된다.

피의자는 20○○.○.○.경 甲으로부터 불법 사설 리니지 게임 서버(○○, ◎◎◎)에 접속할 수 있는 접속기를 임차하여, 20○○.○.○.부터 20○○.○.○.까지 ○○에 있는 피의자의 거주지에서 위 접속기를 피의자가 개설한 홈페이지에 링크시키는 방법으로 이용자들이 접속기를 통해 위 사설 리니지 게임 서버에 접속한 후 ○○가 승인하지 아니한 리니지 게임을 할 수 있도록 하였다.

이로써 피의자는 게임물 관련 사업자가 승인하지 아니한 게임물을 제공하였다.

■ 판례 ■   **게임물의 운영방식을 등급분류신청서나 그에 첨부된 게임물내용설명서에 기재된 내용과 다르게 변경하여 이용에 제공하는 행위**

[1] 게임물의 내용 구현과 밀접한 관련이 있는 게임물의 운영방식을 등급분류신청서나 그에 첨부된 게임물내용설명서에 기재된 내용과 다르게 변경하여 이용에 제공하는 행위가 '등급을 받은 내용과 다른 내용의 게임물을 이용에 제공하는 행위'에 해당하는지 여부(적극)

게임산업진흥에 관한 법률 제21조 제1항, 제5항, 제32조 제1항 제2호, 제45조 제4호, 게임산업진흥에 관한 법률 시행규칙 제9조의2 제2항, 제3항의 내용 및 입법 취지 등에 비추어 보면, 게임물 자체의 내용뿐만 아니라 게임물의 내용 구현과 밀접한 관련이 있는 게임물의 운영방식을 등급분류신청서나 그에 첨부된 게임물내용설명서에 기재된 내용과 다르게 변경하여 이용에 제공하는 행위도 게임산업법 제32조 제1항 제2호에서 정한 '등급을 받은 내용과 다른 내용의 게임물을 이용에 제공하는 행위'에 해당한다고 보아야 한다.

[2] 피고인 甲 주식회사의 게임 부문 대표인 피고인 乙이 특정 게임물을 제공하는 온라인 게임포털을 운영하면서 게임물내용설명서의 내용과 달리 이용자들로 하여금 게임물에 구매한도를 초과한 금액을 제한 없이 투입할 수 있도록 하여 게임산업진흥에 관한 법률 위반으로 기소된 사안에서, 위 게임물의 '구매한도'는 등급분류의 대상이 되는 게임물의 내용에 해당한다고 한 사례

게임물에 이용자가 투입할 수 있는 금액을 일정한 한도로 제한한 구매한도는 이용자가 게임 내에서의 승패에 따라 잃을 수 있는 게임머니의 한도를 정한 것으로서, 게임의 실행 단계에서는 이용자가 베팅할 수 있는 게임머니 또는 이용자가 참가할 수 있는 게임의 횟수를 제한하는 효과가 있는 점, 위 게임물은 사행성이 강한 고스톱과 포커 등을 모사한 게임물로서 게임의 승패에 따른 게임머니의 득실이 누적된 상태로 반복적으로 게임이 진행되는 점, 이와 같은 게임의 방법과 진행 과정 등에 비추어 구매한도가 단순히 게임의 준비절차에만 관련되어 있다고 볼 수는 없는 점 등을 종합할 때, 위 구매한도는 게임물 자체의 내용 구현과 밀접한 관련이 있는 운영방식으로서 등급분류의 대상이 되는 게임물의 내용에 해당함에도, 이와 달리 보아 피고인들에게 무죄를 인정한 원심판결에 게임산업법이 정한 '게임물의 내용'에 관한 법리오해의 위법이 있다(대법원 2014.11.13. 선고, 2013도9831 판결).

■ 판례 ■   **게임물의 내용 구현과 밀접한 관련이 있는 게임물의 운영방식을 등급분류신청서나 그에 첨부된 게임물내용설명서에 기재된 내용과 다르게 변경하여 이용에 제공하는 행위**

[1] 게임물의 내용 구현과 밀접한 관련이 있는 게임물의 운영방식을 등급분류신청서나 그에 첨부된 게임물내용설명서에 기재된 내용과 다르게 변경하여 이용에 제공하는 행위가 게임산업진흥에 관한 법률 제32조 제1항 제2호에서 정한 '등급을 받은 내용과 다른 내용의 게임물을 이용에 제공하는 행위'에 해당하는지 여부(적극)

게임산업진흥에 관한 법률(이하 '게임산업법'이라고 한다) 제21조 제1항, 제5항, 제22조 제2항, 제28조 제2호의2, 제32조 제1항 제2호, 제38조 제8항, 제45조 제4호, 제46조 제6호, 게임산업진흥에 관한 법률 시행규칙 제9조의2 제2항, 제3항의 내용 및 입법 취지 등에 비추어 보면, 게임물 자체의 내용뿐만 아니라 게임물의 내용 구현과 밀접한 관련이 있는 게임물의 운영방식을 등급분류신청서나 그에 첨부된 게임물내용설명서에 기재된 내용과 다르게 변경하여 이용에 제공하는 행위도 게임산업법 제32조 제1항 제2호에서 정한 '등급을 받은 내용과 다른 내용의 게임물을 이용에 제공하는 행위'에 해당한다고 보아야 한다.

[2] 피고인들이 PC방에 게임기를 설치하고 무료 모바일 게임물로 등급분류 받은 특정 게임물을 아케이드 게임물로 플랫폼을 변경하여 게임기의 지폐투입구에 현금 1만 원을 투입하면 3분 동안 위 게임물이 작동되게 하는 방식으로 영업함으로써 게임산업진흥에 관한 법률을 위반하였다는 내용으로 기소된 사안에서, 무료 모바일 게임물로 등급분류 받은 게임물을 유료 아케이드 게임물 형태로 제공한 피고인들의 행위는 '게임물의 내용 구현과 밀접한 관련이 있는 게임물의 운영방식을 변경하여 이용에 제공한 행위'로서 같은 법 제32조 제1항 제2호에서 정한 '등급을 받은 내용과 다른 내용의 게임물을 이용에 제공하는 행위'에 해당한다.

피고인들이 PC방에 게임기 60대를 설치하고 무료 모바일 게임물로 등급분류 받은 특정 게임물을 아케이드 게임물로 플랫폼을 변경하여 게임기의 지폐투입구에 현금 1만 원을 투입하면 3분 동안 위 게임물이 작동되게 하는 방식으로 영업함으로써 게임산업진흥에 관한 법률(이하 '게임산업법'이라고 한다)을 위반하였다는 내용으로 기소된 사안에서, 무료인 모바일 게임이 유료의 아케이드 게임물 형태로 변경됨으로써 잠재적·현실적 게임이용자의 게임 참가가능성, 게임에 참여할 수 있는 횟수·정도 등에 변경이 초래된 점, 위 게임물이 사행성이 강한 슬롯머신(릴회전류)을 모사한 게임물인 점을 고려할 때 게임물의 과금체계를 무료에서 유료로 변경하는 것은 사행성 조장의 정도에서 현격한 차이가 있고, 과금체계 변경은 등급분류에 있어 중요한 의미가 있는 점 등의 여러 사정을 종합하면, 무료 모바일 게임물로 등급분류 받은 게임물을 유료 아케이드 게임물 형태로 제공한 피고인들의 행위는 '게임물의 내용 구현과 밀접한 관련이 있는 게임물의 운영방식을 변경하여 이용에 제공한 행위'로서 게임산업법 제32조 제1항 제2호에서 정한 '등급을 받은 내용과 다른 내용의 게임물을 이용에 제공하는 행위'에 해당한다는 이유로, 이와 달리 보아 공소사실을 무죄로 판단한 원심판결에 게임산업법이 정한 '게임물의 내용' 및 등급분류에 관한 법리 오해의 잘못이 있다고 한 사례.(대법원 2021. 7. 21., 선고, 2021도4785, 판결)

■ 판례 ■ 게임산업진흥에 관한 법률 시행령 제18조의3 제3호 (라)목에서 정한 '게임물의 비정상적인 이용'의 의미 및 게임제공업자 내부에서 권한을 부여받아 게임머니 등을 생산·획득하는 경우도 이에 포함되는지 여부(소극)

게임산업진흥에 관한 법률(이하 '게임산업법'이라 한다) 제2조 제1호 본문은 '게임물'을 '컴퓨터프로그램 등 정보처리 기술이나 기계장치를 이용하여 오락을 할 수 있게 하거나 이에 부수하여 여가선용, 학습 및 운동효과 등을 높일 수 있도록 제작된 영상물 또는 그 영상물의 이용을 주된 목적으로 제작된 기기 및 장치'로 정의하고 있고, 같은 조 제6호 본문은 '게임제공업'을 '공중이 게임물을 이용할 수 있도록 이를 제공하는 영업'으로 정의하고 있다. 게임산업법 제32조 제1항 제7호는 '누구든지 게임물의 이용을 통하여 획득한 유·무형의 결과물을 환전 또는 환전 알선하거나 재매입을 업으로 하는 행위를 하여서는 아니 된다.'고 규정하면서, 여기서 '유·무형의 결과물'이란 '점수, 경품, 게임 내에서 사용되는 가상의 화폐로서 대통령령이 정하는 게임머니 및 대통령령이 정하는 이와 유사한 것'으로 정하고 있다. 게임산업진흥에 관한 법률 시행령(이하 '게임산업법 시행령'이라 한다) 제18조의3 제3호 (라)목은 '게임물을 이용하여 업으로 게임머니 또는 게임아이템 등을 생산·획득하는 등 게임물의 비정상적인 이용을 통하여 생산·획득한 게임머니 또는 게임아이템 등의 데이터'를 게임산업법 제32조 제1항 제7호에서 정한 '대통령령이 정하는 게임머니 및 대통령령이 정하는 이와 유사한 것'의 하나로 규정하고 있다. 이러한 게임산업법과 같은 법 시행령의 제반 규정에 비추어 보면, 게임산업법 시행령 제18조의3 제3호 (라)목에서 정한 '게임물의 비정상적인 이용'이란 게임제공업자로부터 게임물을 제공받은 공중이 게임물의 제작 목적인 오락, 여가선용, 학습 및 운동효과 등을 위해 게임물을 이용하는 것이 아니라 주로 게임머니 등을 획득하기 위해 일반적이지 않은 방법으로 게임물을 이용하는 것을 뜻하고, 게임제공업자 내부에서 권한을 부여받아 게임머니 등을 생산·획득하는 경우는 포함되지 않는다.(대법원 2022. 3. 11., 선고, 2018도18872, 판결)

5. 환전과 재매입업

1) 적용법조 : 제44조 제1항 제2호, 제32조 제1항 제7호 ☞ 공소시효 5년

2) 범죄사실 기재례

> 누구든지 게임물의 이용을 통하여 획득한 유·무형의 결과물(점수, 경품, 게임 내에서 사용되는 가상의 화폐로서 대통령령이 정하는 게임머니 및 대통령령이 정하는 이와 유사한 것을 말한다)을 환전 또는 환전 알선하거나 재매입을 업으로 하는 행위를 하여서는 아니된다.
> 그럼에도 불구하고 피의자는 20○○. ○. ○. ○○에서 인터넷 ○○머니(www. ○○.co.kr)이라는 게임머니 판매 사이트를 개설하여 주식회사 ○○의 한게임 포커머니를 판매 및 매입키 위해 '신 이하-7포커 친구경기장 102, 신 이상 -7 포커 실감 베팅 경기장 1-6방, 포커머니 100개당(100조당) 판매가 ○○만원, 매입가 ○○만원' 내용으로 광고를 한 후, 그 무렵부터 20○○. ○. ○.까지 불특정 여러 사람에게 별지 범죄일람표와 같이 ○○만원 상당의 게임머니를 환전 및 재매입업을 하였다.

3) 신문사항
- 게임제공업을 하고 있는가
- 어디에서 하고 있는가
- 언제부터 언제까지 하였나
- 어떤 종류의 게임제공업인가
- 사업규모는 어느 정도인가(업장 면적, 게임기 수, 종업원 등)
- 어떤 방법으로 영업을 하는가
- 포커머니에 대한 광고를 한 사실이 있는가
- 언제부터 어떤 내용으로 광고하였는가
- 광고내용과 같이 포커머니를 환전한 사실이 있는가
- 언제부터 어디에서 어떤 방법으로 환전하였는가

6. 게임제공업자의 영업정지 기간중 영업행위

1) 적용법조 : 제45조 제9호, 제35조 제2항 제2호 ☞ 공소시효 5년

제35조(허가취소 등) ① 시장·군수·구청장은 제25조제1항의 규정에 의하여 게임제작업 또는 게임배급업의 등록을 한 자가 다음 각 호의 어느 하나에 해당하는 때에는 6월 이내의 기간을 정하여 영업정지를 명하거나 영업폐쇄를 명할 수 있다. 다만, 제1호 또는 제2호에 해당하는 때에는 영업폐쇄를 명하여야 한다..
  1. 거짓 그 밖의 부정한 방법으로 등록한 때
  2. 영업정지명령을 위반하여 영업을 계속한 때
② 시장·군수·구청장은 제26조의 규정에 의하여 게임제공업·인터넷컴퓨터게임시설제공업 또는 복합유통게임제공업의 허가를 받거나 등록 또는 신고를 한 자가 다음 각 호의 어느 하나에 해당하는 때에는 6월 이내의 기간을 정하여 영업정지를 명하거나 허가·등록취소 또는 영업폐쇄를 명할 수 있다. 다만, 제1호 또는 제2호에 해당하는 때에는 허가·등록취소 또는 영업폐쇄를 명하여야 한다..
  1. 거짓 그 밖의 부정한 방법으로 허가를 받거나 등록 또는 신고를 한 때
  2. 영업정지명령을 위반하여 영업을 계속한 때

2) 범죄사실 기재례

> 피의자는 ○○에서 ○○상호로 일반게임제공업에 종사하는 사람으로, 200○. ○. ○. 22:00경 청소년의 출입시간 준수위반으로 적발되어 ○○시장으로부터 200○. ○. ○.부터 200○. ○. ○.까지 영업 정지명령을 받았다.
>
> 그럼에도 불구하고 피의자는 위 명령을 위반하여 200○. ○. ○.부터 200○. ○. ○. 까지 영업을 계속하였다.

3) 신문사항

- 게임제공업을 하고 있는가
- 언제부터 어디에서 하고 있는가
- 규모는 어느 정도인가
- 영업정지 명령을 받은 일이 있는가
- 언제부터 언제까지 누구로부터 받았는가
- 무엇 때문에 정지명령을 받았는가
- 위 기간 영업을 하였는가
- 왜 정지기간 중 영업을 하게 되었는가

7. 폐쇄조치 후 영업행위

1) 적용법조 : 제44조 제1항 제3호, 제38조 제1항 ☞ 공소시효 7년

제38조(폐쇄 및 수거 등) ① 시장·군수·구청장은 제25조 또는 제26조의 규정에 의한 허가를 받지 아니하거나 등록 또는 신고를 하지 아니하고 영업을 하는 자와 제35조제1항 또는 제2항의 규정에 의하여 영업폐쇄명령을 받거나 허가·등록 취소처분을 계속하여 영업을 하는 자에 대하여는 관계 공무원으로 하여금 그 영업소를 폐쇄하기 위하여 다음 각 호의 조치를 하게 할 수 있다.
1. 당해 영업 또는 영업소의 간판 그 밖의 영업표지물의 제거·삭제
2. 당해 영업 또는 영업소가 위법한 것임을 알리는 게시물의 부착
3. 영업을 위하여 필요한 기구 또는 시설물을 사용할 수 없게 하는 봉인
③ 문화체육관광부장관, 시·도지사 또는 시장·군수·구청장은 유통되거나 이용에 제공되는 게임물 또는 광고·선전물 등이 다음 각 호의 어느 하나에 해당하는 때에는 이를 수거하거나 폐기 또는 삭제할 수 있다. 다만, 제2호의 경우 「사행행위 등 규제 및 처벌특례법」에 의한 사행행위영업을 하는 경우를 제외한다.
3. 제25조의 규정에 의하여 등록을 하지 아니한 자가 영리의 목적으로 제작하거나 배급한 게임물
4. 제34조의 규정을 위반하여 배포·게시한 광고·선전물

2) 범죄사실 기재례

> 피의자는 ○○에서 ○○게임장이라는 상호로 약 ○○㎡의 규모로 등록 없이 일반 게임제공업을 하다 20○○. ○. ○. ○○시장으로부터 영업폐쇄 명령을 받고 당해 영업 또는 영업소가 위법한 것임을 알리는 게시물을 부착하였으므로 더는 영업을 하여서는 아니된다.
>
> 그럼에도 불구하고 피의자는 20○○. ○. ○. 21:00경 위 게시물을 제거하고 그때부터 20○○. ○. ○. 까지 계속하여 영업행위를 하였다.

3) 신문사항

- 게임제공업을 하고 있는가
- 어디에서 하고 있는가
- 언제부터 언제까지 하였나
- 사업규모는 어느 정도인가(업장 면적, 게임기 수, 종업원 등)
- 영업 허가를 받았는가
- 영업허가를 하지 않아 ○○시장으로부터 폐쇄명령을 받은 일이 있는가
- 언제 어떠한 명령을 받았는가
- 영업소가 위법이라는 게시물을 부착하였는가
- 언제 누가 부착하였는가
- 이러한 조치를 받고도 영업행위를 하였는가
- 언제부터 어제까지 하였나
- 게시물은 누가 언제 제거하였나
- 왜 이런 행위를 하였는가

제 11 장   고압가스 안전관리법

Ⅰ. 개념정의 및 적용범위

1. 개념정의

제3조(정의) 이 법에서 사용하는 용어의 뜻은 다음과 같다.
1. "저장소"란 산업통상자원부령으로 정하는 일정량 이상의 고압가스를 용기나 저장탱크로 저장하는 일정한 장소를 말한다.
2. "용기(容器)"란 고압가스를 충전(充塡)하기 위한 것(부속품을 포함한다)으로서 이동할 수 있는 것을 말한다.
2의2. "차량에 고정된 탱크"란 고압가스의 수송·운반을 위하여 차량에 고정 설치된 탱크를 말한다.
3. "저장탱크"란 고압가스를 저장하기 위한 것으로서 일정한 위치에 고정(固定) 설치된 것을 말한다.
4. "냉동기"란 고압가스를 사용하여 냉동을 하기 위한 기기(機器)로서 산업통상자원부령으로 정하는 냉동능력 이상인 것을 말한다.
4의2. "안전설비"란 고압가스의 제조·저장·판매·운반 또는 사용시설에서 설치·사용하는 가스검지기 등의 안전기기와 밸브 등의 부품으로서 산업통상자원부령으로 정하는 것(제5호에 따른 특정설비는 제외한다)을 말한다.
5. "특정설비"란 저장탱크와 산업통상자원부령으로 정하는 고압가스 관련 설비를 말한다.
6. "정밀안전검진"이란 대형(大型) 가스사고를 방지하기 위하여 오래되어 낡은 고압가스 제조시설의 가동을 중지한 상태에서 가스안전관리 전문기관이 정기적으로 첨단장비와 기술을 이용하여 잠재된 위험요소와 원인을 찾아내고 그 제거방법을 제시하는 것을 말한다.

※ 시행규칙

제2조(정의) ① 이 규칙에서 사용하는 용어의 뜻은 다음과 같다.
1. "가연성가스"란 아크릴로니트릴·아크릴알데히드·아세트알데히드·아세틸렌·암모니아·수소·황화수소·시안화수소·일산화탄소·이황화탄소·메탄·염화메탄·브롬화메탄·에탄·염화에탄·염화비닐·에틸렌·산화에틸렌·프로판·시클로프로판·프로필렌·산화프로필렌·부탄·부타디엔·부틸렌·메틸에테르·모노메틸아민·디메틸아민·트리메틸아민·에틸아민·벤젠·에틸벤젠 및 그 밖에 공기 중에서 연소하는 가스로서 폭발한계(공기와 혼합된 경우 연소를 일으킬 수 있는 공기 중의 가스 농도의 한계를 말한다. 이하 같다)의 하한이 10퍼센트 이하인 것과 폭발한계의 상한과 하한의 차가 20퍼센트 이상인 것을 말한다.
2. "독성가스"란 아크릴로니트릴·아크릴알데히드·아황산가스·암모니아·일산화탄소·이황화탄소·불소·염소·브롬화메탄·염화메탄·염화프렌·산화에틸렌·시안화수소·황화수소·모노메틸아민·디메틸아민·트리메틸아민·벤젠·포스겐·요오드화수소·브롬화수소·염화수소·불화수소·겨자가스·알진·모노실란·디실란·디보레인·세렌화수소·포스핀·모노게르만 및 그 밖에 공기 중에 일정량 이상 존재하는 경우 인체에 유해한 독성을 가진 가스로서 허용농도(해당 가스를 성숙한 흰쥐 집단에게 대기 중에서 1시간 동안 계속하여 노출시킨 경우 14일 이내에 그 흰쥐의 2분의 1 이상이 죽게 되는 가스의 농도를 말한다. 이하 같다)가 100만분의 5000 이하인 것을 말한다.
3. "액화가스"란 가압(加壓)·냉각 등의 방법에 의하여 액체상태로 되어 있는 것으로서 대기압에서의 끓는 점이 섭씨 40도 이하 또는 상용 온도 이하인 것을 말한다.
4. "압축가스"란 일정한 압력에 의하여 압축되어 있는 가스를 말한다.

2. 적용범위

※ 시행령(대통령령)

제2조(고압가스의 종류 및 범위) 「고압가스 안전관리법」(이하 "법"이라 한다) 제2조에 따라 법의 적용을 받는 고압가스의 종류 및 범위는 다음 각 호와 같다. 다만, 별표 1에 정하는 고압가스는 제외한다.

1. 상용(常用)의 온도에서 압력(게이지압력을 말한다. 이하 같다)이 1메가파스칼 이상이 되는 압축가스로서 실제로 그 압력이 1메가파스칼 이상이 되는 것 또는 섭씨 35도의 온도에서 압력이 1메가파스칼 이상이 되는 압축가스(아세틸렌가스는 제외한다)
2. 섭씨 15도의 온도에서 압력이 0파스칼을 초과하는 아세틸렌가스
3. 상용의 온도에서 압력이 0.2메가파스칼 이상이 되는 액화가스로서 실제로 그 압력이 0.2메가파스칼 이상이 되는 것 또는 압력이 0.2메가파스칼이 되는 경우의 온도가 섭씨 35도 이하인 액화가스
4. 섭씨 35도의 온도에서 압력이 0파스칼을 초과하는 액화가스 중 액화시안화수소 · 액화브롬화메탄 및 액화산화에틸렌가스

[별표 1] 적용범위에서 제외되는 고압가스(제2조관련)
1. 「에너지이용 합리화법」의 적용을 받는 보일러 안과 그 도관 안의 고압증기
2. 철도차량의 에어콘디셔너 안의 고압가스
3. 「선박안전법」의 적용을 받는 선박 안의 고압가스
4. 「광산보안법」의 적용을 받는 광산에 소재하는 광업을 위한 설비 안의 고압가스
5. 「항공법」의 적용을 받는 항공기 안의 고압가스
6. 「전기사업법」에 따른 전기설비 중 발전 · 변전 또는 송전을 위하여 설치하는 전기설비 또는 전기를 사용하기 위하여 설치하는 변압기 · 리액틀 · 개폐기 · 자 동차단기로서 가스를 압축 또는 액화 그 밖의 방법으로 처리하는 그 전기설비 안의 고압가스
7. 「원자력법」의 적용을 받는 원자로 및 그 부속설비 안의 고압가스
8. 내연기관의 시동, 타이어의 공기충전, 리벳팅, 착암 또는 토목공사에 사용되는 압축장치 안의 고압가스
9. 오토크레이브 안의 고압가스(수소 · 아세틸렌 및 염화비닐은 제외한다)
10. 액화브롬화메탄제조설비 외에 있는 액화브롬화메탄
11. 등화용의 아세틸렌가스
12. 청량음료수 · 과실주 또는 발포성주류에 혼합된 고압가스
13. 냉동능력이 3톤 미만인 냉동설비 안의 고압가스
14. 「소방시설설치유지 및 안전관리에 관한 법률」의 적용을 받는 내용적 1리터 이하의 소화기용 용기 또는 소화기에 내장되는 용기 안에 있는 고압가스
15. 정부 · 지방자치단체 · 자동차제작자 또는 시험연구기관이 시험 · 연구목적으로 제작하는 고압가스연료용차량 안의 고압가스
16. 「총포 · 도검 · 화약류 등 단속법」의 적용을 받는 총포에 충전하는 고압공기 또는 고압가스
17. 국가기관에서 특수한 목적으로 사용하는 휴대용 최루액 분사기에 최루액 추진재로 충전되는 고압가스
18. 섭씨 35도의 온도에서 게이지압력이 4.9메가파스칼 이하인 유니트형 공기압축장치(압축기, 공기탱크, 배관, 유수분리기 등의 설비가 동일한 프레임 위에 일체로 조립된 것. 다만, 공기액화분리장치는 제외한다) 안의 압축공기
19. 한국가스안전공사 또는 한국표준과학연구원에서 표준가스를 충전하기 위한 정밀충전 설비 안의 고압가스
20. 「방위사업법」에 따른 품질보증을 받은 것으로서 무기체계에 사용되는 용기등 안의 고압가스
21. 「어선법」의 적용을 받는 어선 안의 고압가스
22. 그 밖에 산업통상자원부장관이 위해발생의 우려가 없다고 인정하는 고압가스

제38조(벌칙) ① 고압가스시설을 손괴한 자 및 용기·특정설비를 개조한 자는 5년 이하의 징역 또는 5천만원 이하의 벌금에 처한다.

② 업무상 과실 또는 중대한 과실로 인하여 고압가스 시설을 손괴한 자는 2년 이하의 금고(禁錮) 또는 2천만원 이하의 벌금에 처한다.

③ 제2항의 죄를 범하여 가스를 누출시키거나 폭발하게 함으로써 사람을 상해(傷害)에 이르게 하면 10년 이하의 금고 또는 1억원 이하의 벌금에 처한다. 사망에 이르게 하면 10년 이하의 금고 또는 1억5천만원 이하의 벌금에 처한다.

④ 제1항의 미수범은 처벌한다.

제39조(벌칙) 다음 각 호의 어느 하나에 해당하는 자는 2년 이하의 징역 또는 2천만원 이하의 벌금에 처한다.

1. 제4조제1항 전단에 따른 허가를 받지 아니하고 고압가스를 제조한 자
2. 제4조제5항 전단에 따른 허가를 받지 아니하고 저장소를 설치하거나 고압가스를 판매한 자
3. 제5조제1항 전단에 따른 등록을 하지 아니하고 용기등을 제조한 자
4. 제5조의3제1항 전단에 따른 등록을 하지 아니하고 고압가스 수입업을 한 자
5. 제5조의4제1항 전단에 따른 등록을 하지 아니하고 고압가스를 운반한 자
6. 제23조의3제1항에 따른 고압가스배관 매설상황의 확인요청을 하지 아니하고 굴착공사를 한 자
7. 제23조의4제1항에 따른 협의를 하지 아니하고 굴착공사를 하거나 정당한 사유 없이 협의 요청에 응하지 아니한 자
8. 제23조의4제2항에 따른 협의서를 작성하지 아니하거나 거짓으로 작성한 자
9. 제23조의4제2항을 위반하여 협의 내용을 지키지 아니한 사업소 밖 배관 보유 사업자와 굴착공사의 시행자
10. 제23조의5에 따른 기준에 따르지 아니하고 굴착작업을 한 자
11. 제23조의6제2항에 따른 고압가스배관에 대한 도면을 작성·보존하지 아니하거나 거짓으로 작성·보존한 사업소 밖 배관 보유 사업자
12. 제35조제1항에 따라 검사기관으로 지정을 받지 아니하고 검사를 한 자
13. 제36조제2항에 따라 검사업무를 위탁받지 아니하고 검사를 한 자

제40조(벌칙) 다음 각 호의 어느 하나에 해당하는 자는 1년 이하의 징역 또는 1천만원 이하의 벌금에 처한다.

1. 제4조제1항 후단이나 제5항 후단에 따른 변경허가를 받지 아니하고 허가받은 사항을 변경한 재(상호의 변경 및 법인의 대표자 변경은 제외한다)
2. 제5조제1항 후단, 제5조의3제1항 후단이나 제5조의4제1항 후단에 따른 변경등록을 하지 아니하고 등록받은 사항을 변경한 재(상호의 변경 및 법인의 대표자 변경은 제외한다)
3. 제10조제1항에 따른 안전점검을 실시하지 아니한 자 또는 제13조제1항을 위반한 자
4. 제13조의2제1항에 따른 안전성 평가를 하지 아니하거나 안전성향상계획을 제출하지 아니한 자
5. 제13조의2제3항에 따른 안전성향상계획을 이행하지 아니한 자
6. 제16조제1항부터 제3항까지의 규정이나 제17조제1항에 따른 검사나 감리를 받지 아니한 자
7. 제17조제5항을 위반한 자
8. 제18조의2제3항을 위반하여 품질기준에 맞지 아니한 고압가스를 판매 또는 인도하거나 판매 또는 인도할 목적으로 저장·운송 또는 보관한 자
9. 제18조의3제1항에 따른 품질검사를 받지 아니하거나 같은 조 제2항에 따른 품질검사를 거부·방해·기피한 자
9의2. 제18조의4제2항을 위반하여 인증을 받지 아니한 안전설비를 양도·임대 또는 사용하거나 판매할 목적으로 진열한 자
10. 제23조의3제3항에 따른 고압가스배관 매설상황 확인을 하여 주지 아니한 사업소 밖 배관 보유 사업자
11. 제23조의3제4항 각 호의 조치를 하지 아니한 굴착공사자 또는 사업소 밖 배관 보유 사업자
12. 제23조의3제6항을 위반하여 굴착공사 개시통보를 받기 전에 굴착공사를 한 굴착공사자

제41조(벌칙) 다음 각 호의 어느 하나에 해당하는 자는 500만원 이하의 벌금에 처한다.

1. 제4조제2항 전단에 따른 신고를 하지 아니하고 고압가스를 제조한 자
2. 제15조제1항부터 제3항까지의 규정에 따른 안전관리자를 선임하지 아니한 자

제42조(벌칙) 다음 각 호의 어느 하나에 해당하는 자는 300만원 이하의 벌금에 처한다.

1. 제5조제3항을 위반한 자
2. 제7조나 제21조에 따른 신고를 하지 아니한 자
3. 제13조제2항이나 제22조제1항을 위반한 자
4. 제16조의2제1항에 따른 정기검사나 수시검사를 받지 아니한 자
5. 제16조의3제1항에 따른 정밀안전검진을 받지 아니한 자
6. 제18조제2항 또는 제3항에 따른 회수등의 명령을 위반한 자
7. 제20조제1항에 따른 신고를 하지 아니하거나 거짓으로 신고한 자

제42조의2(양벌규정) 법인의 대표자나 법인 또는 개인의 대리인, 사용인, 그 밖의 종업원이 그 법인 또는 개인의 업무에 관하여 제38조부터 제42조까지의 어느 하나에 해당하는 위반행위를 하면 그 행위자를 벌하는 외에 그 법인 또는 개인에게도 해당 조문의 벌금형을 과(科)한다. 다만, 법인 또는 개인이 그 위반행위를 방지하기 위하여 해당 업무에 관하여 상당한 주의와 감독을 게을리하지 아니한 경우에는 그러하지 아니하다.

Ⅲ. 범죄사실

1. 고압가스시설 손괴

1) 적용법조 : 제38조 제1항 ☞ 공소시효 7년

2) 범죄사실 기재례

> 피의자는 20○○. ○. ○. ○○:○○경 ○○○에 있는 아세틸렌 가스 약 3,000ℓ 를 저장한 고압가스시설을 ○○ 이유로 미리 준비한 도끼를 이용하여 ○○방법으로 손괴하였다.

3) 신문사항

- 고압가스시설을 손괴한 일이 있는가
- 언제 어디에 있는 시설인가
- 어떤 고압가스 저장시설인가
- 그 저장소에 무엇이 어느 정도 저장되었는지 알고 있는가
- 어떤 방법으로 손괴하였나
- 왜 손괴하였나
- 피의자의 행위로 어떤 결과가 발생하였나
- 그런 결과를 예상하지 못하였나

2. 업무상(중)과실 고압가스시설 손괴 누출상해

1) 적용법조 : 제38조 제3항, 제2항 ☞ 공소시효 10년

❋ 도시가스사업법 제48조 제1항과 구별할 것

2) 범죄사실 기재례

　　피의자는 20○○.○.○. ○○:○○경 ○○도로공사와 관련 성토용으로 사용하기 위해 ○○에서 토석을 채취하던 중 작업장에서 약 30m 아래쪽에 액화가스를 저장하고 있는 고압가스시설이 있으므로 굴착기 등을 사용함에서는 바위 등이 굴러 고압가스시설이 손괴되지 않도록 안전울타리를 설치하는 등의 안전을 확인하여야 할 업무상 주의의무가 있다.

　　그럼에도 불구하고 피의자는 이를 게을리한 채 토석을 채취한 과실로 약 3톤 크기의 바위가 굴려 내려 고압가스시설을 손괴케하여 저장 중이던 액화가스 약 500ℓ가 누출되면서 폭발하여 공사 인부인 피해자 홍길동 등 3명을 현장에서 사망에 이르게 하였다.

3) 신문사항

- 토석을 채취한 일이 있는가
- 언제 어디에 있는 토석장인가
- 무엇 때문에 채취하였나
- 어떤 방법으로 채취하였나
- 인근에 고압가스 시설이 있다는 것을 알고 있는가
- 이곳에 대한 안전을 위해 어떤 조치를 취하였는가
- 안전장벽 등 위험방지를 위한 조치를 취하지 않았나
- 토석채취 중 바위가 굴려 고압가스를 손괴한 일이 있는가
- 어떻게 하다 이런 일이 발생하였나
- 어떤 고압가스시설을 손괴하였나
- 공사장과 어느 정도의 거리에 있었는가
- 이런 결과를 예상하지 못하였나
- 고압가스시설손괴로 어떤 피해가 발생하였나
- 어디에 있던 사람들이 피해를 당하였나
- 액화가스는 어느 정도 누출되었나

3. 무허가 저장소의 설치

1) 적용법조 : 제39조 제2호, 제4조 제5항 ☞ 공소시효 5년

> 제4조(고압가스의 제조허가 등) ① 고압가스를 제조(용기에 충전하는 것을 포함한다. 이하 같다)하려는 자는 그 제조소마다 특별자치도지사·시장·군수 또는 구청장(구청장은 자치구의 구청장을 말하며, 이하 "시장·군수 또는 구청장"이라 한다)의 허가를 받아야 한다. 허가받은 사항 중 산업통상자원부령으로 정하는 중요 사항을 변경하려는 경우에도 또한 같다.
> ② 제1항에도 불구하고 대통령령으로 정하는 종류 및 규모 이하의 고압가스를 제조하려는 자는 산업통상자원부령으로 정하는 바에 따라 시장·군수 또는 구청장에게 신고하여야 한다. 신고한 사항 중 산업통상자원부령으로 정하는 중요 사항을 변경하려는 경우에도 또한 같다.
> ⑤ 저장소를 설치하려는 자 또는 고압가스를 판매하려는 자는 그 저장소나 판매소마다 시장·군수 또는 구청장의 허가를 받아야 한다. 허가받은 사항 중 산업통상자원부령으로 정하는 중요 사항을 변경하려는 경우에도 또한 같다.

2) 범죄사실 기재례

> 피의자는 ○○에서 저온창고업을 경영하는 자로, 고압가스저장소를 설치하고자 하는 저장소마다 관할관청의 허가를 받아야 한다.
> 그럼에도 불구하고 피의자는 20○○.○.○. 경 위 창고에 허가없이 냉동고의 가동용으로 사용하기 위하여 고압가스인 암모니아 가스 100ℓ 들이 5통을 저장하는 저장소를 설치하였다.

3) 신문사항

- 피의자는 어디에서 어떠한 업에 종사하고 있는가
- 언제부터 창고업을 하고 있는가
- 위 창고에서 사용하기 위해 고압가스를 저장한 일이 있는가
- 어떠한 고압가스를 저장하는 저장소를 설치하였나
- 언제부터 언제까지 저장하였으며 월 저장량은 어느 정도였나
- ○○군수에게 허가를 받았나
- 왜 허가를 받지 않고 저장소를 설치하였나

4. 검사받지 아니한 용기를 판매할 목적으로 진열

1) 적용법조 : 제40조 제7호, 제17조 제5항 ☞ 공소시효 5년

제17조(용기등의 검사) ① 용기등을 제조·수리 또는 수입한 자(외국용기등 제조자를 포함한다)는 그 용기등을 판매하거나 사용하기 전에 산업통상자원부장관, 시장·군수 또는 구청장의 검사를 받아야 한다. 다만, 대통령령으로 정하는 용기등에 대하여는 그 검사의 전부 또는 일부를 생략할 수 있다.
② 제1항에 따른 검사를 받은 후 용기나 특정설비가 다음 각 호의 어느 하나에 해당하게 되면 용기나 특정설비의 소유자는 그 용기나 특정설비에 대하여 시장·군수 또는 구청장의 재검사를 받아야 한다. 다만, 제4조제1항에 따른 허가를 받은 자로서 자체검사의 실적이 우수하고 그 밖에 대통령령으로 정하는 기준에 맞는 자의 특정설비가 제1호에 해당하는 경우에는 대통령령으로 정하는 바에 따라 그에 대한 재검사의 전부 또는 일부를 면제할 수 있다.
  1. 산업통상자원부령으로 정하는 기간의 경과
  2. 손상의 발생
  3. 합격표시의 훼손
  4. 충전할 고압가스 종류의 변경
⑤ 제1항이나 제2항에 따라 검사나 재검사를 받아야 할 용기등으로서 검사나 재검사를 받지 아니한 경우에는 이를 양도·임대 또는 사용하거나 판매할 목적으로 진열하여서는 아니 된다.

2) 범죄사실 기재례

피의자는 ○○시장으로부터 허가를 받아 ○○에서 ○○가스라는 상호로 엘피가스 판매업을 하는 사람이다. 검사나 재검사를 받아야 할 용기 등으로서 검사나 재검사를 받지 아니한 경우에는 이를 양도·임대 또는 사용하거나 판매할 목적으로 진열하여서는 아니된다.
  그럼에도 불구하고 피의자는 20○○. ○. ○.경 위 판매점에서 검사를 받지 아니한 20kg들이 용기 10통에 엘피가스를 충전하여 판매를 목적으로 진열하였다.

3) 신문사항

- 가스판매업을 하고 있는가
- 언제부터 어디에서 하고 있는가
- 어떤 가스를 판매하는가
- 허가를 받았는가(허가일, 허가번호 등)
- 검사 받지 않은 엘피가스를 판매목적으로 진열한 일이 있는가
- 언제부터 얼마를 진열하였는가
- 무엇 때문에 진열하였는가
- 왜 검사받지 않았는가

5. 특정고압가스의 사용신고 불이행

1) 적용법조 : 제42조 제7호, 제20조 제1항 ☞ 공소시효 5년

> 제20조(사용신고 등) ① 수소·산소·액화암모니아·아세틸렌·액화염소·천연가스·압축모노실란·압축디보레인·액화알진, 그 밖에 대통령령으로 정하는 고압가스(이하 "특정고압가스"라 한다)를 사용하려는 자로서 일정규모 이상의 저장능력을 가진 자 등 산업통상자원부령으로 정하는 자는 특정고압가스를 사용하기 전에 미리 시장·군수 또는 구청장에게 신고하여야 한다. 다만, 다음 각 호의 어느 하나에 해당하는 자로서 허가받은 내용이나 등록한 내용에 특정고압가스의 사용에 관한 사항이 포함되어 있으면 특정고압가스 사용의 신고를 한 것으로 본다.
> 1. 제4조제1항에 따른 고압가스의 제조허가를 받은 자 또는 고압가스저장자
> 2. 제5조에 따라 용기등의 제조등록을 한 자
> 3. 「자동차관리법」 제5조에 따라 자동차등록을 한 자

2) 범죄사실 기재례

> 피의자는 ○○에서 청계철공소라는 상호로 철공소를 경영하는 자로, 특정 고압가스를 사용하고자 하는 경우 미리 관할관청에 신고하여야 한다.
> 그럼에도 불구하고 피의자는 20○○. ○. ○. 경부터 20○○. ○. ○.까지 신고 없이 위 철공소에서 특정 고압가스인 액화 암모니아 ○○압짜리를 월평균 10개씩 사용하였다.

3) 신문사항

- 특정공업가스를 사용하는가
- 어떤 가스를 사용하는가
- 언제부터 어디에서 사용하는가
- 어떤 용도로 사용하는가
- 어느 정도 사용하는가
- 행정기관에 사용신고를 하였는가
- 왜 신고없이 사용하였나

■ 판례 ■ **시공사가 고압가스 안전관리법 제20조 제1항에 정한 신고의무자에 해당하는지 여부(소극)**

[1] 고압가스 안전관리법 제20조 제1항에 정한 특정고압가스 사용신고 의무자의 의미

고압가스 안전관리법 제20조 제1항은 특정고압가스를 사용하려는 자로서 일정 규모 이상의 저장능력을 가진 자는 특정고압가스를 사용하기 전에 미리 시장·군수 또는 구청장에게 신고하여야 한다고 규정하고 있다. 위 규정의 문언 내용, 입법 목적, 관련 조문 체계 및 형벌법규 엄격해석의 원칙 등에 비추어 보면, 위 규정에 따라 특정고압가스 사용에 관한 신고의무를 부담하는 자는 특정고압가스를 충전·저장하기 위한 설비를 직접 점유·관리하면서 특정고압가스를 직접 사용하려는 자를 말한다.

[2] 시공사는 고압가스 안전관리법 제20조 제1항에 정한 신고의무자에 해당하지 않는다고 한 사례

건물 신축공사의 시공사로부터 철골공사 등을 하도급받은 회사들이 개별적으로 고압가스공급업체와

고압가스공급계약을 체결하고 특정고압가스에 대한 사용신고 없이 가스용기 및 용접시설 등을 공사현장에 반입하여 사용한 사안에서, 특정고압가스의 충전·저장 설비를 직접 점유·관리하는 자는 시공사가 아니라 시공사로부터 공사를 하도급받은 수급업체이므로, 시공사는 고압가스 안전관리법 제20조 제1항에 정한 신고의무자에 해당하지 않는다(대법원 2009.8.20. 선고 2009도4799 판결)

6. 고압가스 차량의 주택가 주차행위

1) 적용법조 : 제42조 제3호, 제22조 제1항 ☞ 공소시효 5년

> 제22조(운반 등) ① 고압가스를 양도·양수·운반 또는 휴대할 때에는 산업통상자원부령으로 정하는 기준에 따라야 한다.
> ② 허가관청이나 경찰서장은 제1항에 따른 기준에 위반된 고압가스의 양도·양수·운반·휴대를 금지 또는 제한하거나 고압가스를 임시 영치할 수 있다.

2) 범죄사실 기재례

> 피의자는 고압가스를 운반하기 위해 "차량에 고정된 탱크"를 적재한 고압가스 차량(차량번호)의 운전기사로서 20○○.○.○. ○○:○○경 ○○에서 고압가스인 아세틸인 가스 약 ○○ℓ를 적재하고 ○○로 운반하기 위해 운행 중 제2종 보호시설인 ○○○ 주택가에 주차하여 고압가스 운반기준을 위반하였다.

3) 신문사항
 - 고압가스 차량을 운전하는가
 - 어떤 차량인가(차량번호, 톤수, 차종 등)
 - 어떤 고압가스를 적재하고 운행하였는가
 - 이 차량을 주택가에 주차한 일이 있는가
 - 언제부터 언제까지 어디에 주차시켰는가
 - 그곳은 주차가 제한된 곳이 아닌가
 - 무엇 때문에 주차시켰나

4) 고압가스 운반차량의 시설·기술기준 (시행규칙 [별표 9의2])

> 2. 기술기준
> 나) 운행기준
> ② 고압가스를 운반하는 도중에 주차를 하려면 충전용기를 차에 싣거나 차에서 내릴 때를 제외하고는 별표 2의 보호시설 부근과 육교 및 고가차도 등의 부근을 피하고, 주위의 교통상황·지형조건·화기 등을 고려하여 안전한 장소에 주차해야 하며, 주차 시에는 엔진을 정지시킨 후 주차제동장치를 걸어 놓고 차바퀴를 고정목으로 고정시킬 것

구 분	시행규칙 [별표 2] 보호시설 〈개정 2008.7.16〉
제1종 보호시설	가. 학교 · 유치원 · 어린이집 · 놀이방 · 어린이놀이터 · 학원 · 병원(의원을 포함한다) · 도서관 · 청소년수련시설 · 경로당 · 시장 · 공중목욕탕 · 호텔 · 여관 · 극장 · 교회 및 공회당(公會堂) 나. 사람을 수용하는 건축물(가설건축물은 제외한다)로서 사실상 독립된 부분의 연면적이 1천㎡ 이상인 것 다. 예식장 · 장례식장 및 전시장, 그 밖에 이와 유사한 시설로서 300명 이상 수용할 수 있는 건축물 라. 아동복지시설 또는 장애인복지시설로서 20명 이상 수용할 수 있는 건축물 마. 「문화재보호법」에 따라 지정문화재로 지정된 건축물
제2종 보호시설	가. 주택 나. 사람을 수용하는 건축물(가설건축물은 제외한다)로서 사실상 독립된 부분의 연면적이 100㎡ 이상 1천㎡ 미만인 것

7. 고압가스인 LPG 충전용기 도로변 주차차량에 보관

1) 적용법조

'가항' : 액화석유가스의안전관리및사업법 제68조 제8호, 제32조 제1항 ☞ 공소시효 5년

'나항' : 고압가스안전관리법 제42조 제3호, 제22조 제1항 ☞ 공소시효 5년

2) 범죄사실 기재례

피의자는 ○○에서 ○○가스라는 상호로 액화석유가스(LPG)를 판매하는 액화석유가스 판매업자이다.

가. 액화석유가스의 안전관리 및 사업법 위반

액화석유가스 판매업자는 수요자의 주문 때문에 운반 중인 경우를 제외하고는 충전용기와 잔가스용기를 구분하여 용기보관실에 저장하여야 한다.

그럼에도 불구하고 피의자는 20○○. ○. ○. 22:00경부터 다음 날 07:00 경까지 ○○에 있는 ○○앞 노상에서 (차량번호, 차종)에 LPG 충전용기 ○○개를 적재한 채 용기보관실이 아닌 도로에 주차하여 위 기술기준준수의무를 위반하였다.

나. 고압가스 안전관리법 위반

고압가스를 운반하는 자가 충전용기를 차량에 적재하여 운반하는 도중에 주차하고자 하는 때에는 충전용기를 차에 싣거나 내릴 때를 제외하고는 주택 등 보호시설 부근을 피하고 주위의 교통상황 · 지형조건 · 화기 등을 고려하여 안전한 장소를 택하여 주차하여야 한다.

그럼에도 불구하고 피의자는 위 '가' 항 기재 일시장소에서 위 의무를 위반하여 고압가스인 LPG 충전용기 ○○가 적재된 위 화물차를 2종 보호시설인 주택가 빈터에 주차하였다.

제 12 장 　 골재채취법

Ⅰ. 개념정의

제2조(정의) ① 이 법에서 사용하는 용어의 뜻은 다음과 같다.
1. "골재"란 하천, 산림, 공유수면이나 그 밖의 지상·지하 등에 부존(賦存)하는 암석[쇄석용(碎石用)에 한정한다], 모래 또는 자갈로서 건설공사의 기초재료로 쓰이는 것을 말한다.
2. "채취"란 골재를 캐거나 들어내는 등 자연상태로부터 분리하여 내는 것을 말한다.
3. "골재채취업"이란 영리를 목적으로 골재를 채취·선별·세척 또는 파쇄(破碎)하는 사업을 말한다.
4. "골재자원조사"란 지질조사, 물리탐사, 시추탐사 등을 통한 골재자원의 부존위치·부존량·심도(深度)·표토량(表土量)·부존구조 등에 관한 조사와 골재채취 대상지역의 토지이용 상태, 수송 여건 등 입지 및 개발 여건에 관한 조사를 말한다.
② 골재채취업은 대통령령으로 정하는 바에 따라 그 업종을 세분할 수 있다.

Ⅱ. 벌 칙

제49조(벌칙) 다음 각 호의 어느 하나에 해당하는 자는 5년 이하의 징역 또는 5천만원 이하의 벌금에 처한다.
1. 제14조제1항본문을 위반하여 등록을 하지 아니하고 골재채취업을 경영한 자
2. 거짓이나 그 밖의 부정한 방법으로 제14조제1항 본문에 따른 골재채취업의 등록을 한 자
3. 제22조제1항 본문을 위반하여 허가를 받지 아니하고 골재를 채취한 자
4. 거짓이나 그 밖의 부정한 방법으로 제22조제1항 본문에 따른 골재채취 허가를 받은 자
5. 제25조 본문을 위반하여 승인을 받지 아니하고 허가받은 내용을 변경하여 골재를 채취한 자
6. 제26조를 위반하여 허가받은 내용과 달리 골재를 채취한 자
7. 제32조제1항 본문에 따른 신고를 하지 아니하고 골재를 선별·세척 또는 파쇄한 자
제49조의2(벌칙) 다음 각 호의 어느 하나에 해당하는 자는 3년 이하의 징역 또는 3천만원 이하의 벌금에 처한다.
1. 제22조의4제1항을 위반하여 인증을 받지 아니하거나 품질기준에 적합하지 아니한 골재를 공급하거나 판매한 자
2. 제32조의2를 위반하여 적합하지 아니한 골재를 사용한 자
제50조(벌칙) 다음 각 호의 어느 하나에 해당하는 자는 1년 이하의 징역 또는 1천만원 이하의 벌금에 처한다.
1. 제18조를 위반하여 다른 사람에게 자기의 상호 또는 명칭을 사용하여 골재채취업을 경영하게 하거나 그 등록증을 빌려준 자
2. 제20조제1항 단서를 위반하여 허가채취량 또는 신고생산량의 30퍼센트 이상이 남은 골재채취구역의 골재를 채취하거나 선별·세척 또는 파쇄한 자
3. 제20조제2항 단서를 위반하여 허가채취량 또는 신고생산량의 20퍼센트 이상이 남은 골재채취구역의 골재를 채취하거나 선별·세척 또는 파쇄한 자
4. 제30조에 따른 명령을 위반한 자
5. 제32조제2항에 따른 변경신고를 하지 아니하고 골재를 선별·세척 또는 파쇄한 자
제51조(양벌규정) 생략

Ⅲ. 범죄사실 및 기재례

1. 미등록 골재채취업

1) 적용법조 : 제49조 제1호, 제14조 제1항   ☞ 공소시효 7년

> **제14조(등록)** ① 골재채취업을 경영하려는 자는 주된 사무소의 소재지를 관할하는 특별자치도지사·시장·군수·구청장(자치구의 구청장을 말한다. 이하 "시장·군수 또는 구청장"이라 한다)에게 등록하여야 한다. 다만, 국가 또는 지방자치단체가 골재채취업을 운영하려는 경우에는 그러하지 아니하다.
> ③ 제1항에 따라 골재채취업의 등록을 한 자는 제2항에 따른 등록기준에 관한 사항을 2년 이내의 범위에서 대통령령으로 정하는 기간이 지날 때마다 시장·군수 또는 구청장에게 신고하여야 한다.

2) 범죄사실 기재례

> 　피의자는 ○○에서 "○○골재"라는 상호로 골재채취업을 하는 사람이다. 골재채취업을 영위하려는 자는 주된 사무소의 소재지를 관할하는 특별자치도지사·시장·군수·구청장에게 등록하여야 한다.
> 　그럼에도 불구하고 피의자는 20○○. ○. 초순경부터 20○○. ○. ○.경 까지 위 장소에서 채취업의 등록없이 영리를 목적으로 골재를 채취하여 이를 파쇄하는 업을 영위하였다.

3) 신문사항

- 골재채취업을 하고 있는가
- 언제부터 어디에서 하고 있는가
- 어떤 종류의 채취업인가(종류 : 채취, 선별, 파쇄)
- 어떤 방법으로 하는가
- 월평균 어느 정도의 량을 채취하는 가
- 사업 등록을 하였는가
- 왜 등록없이 채취업을 하였는가

■ **판례** ■　　**구 골재채취법시행령(95. 6. 16. 대통령령 제14666호로 개정되기 전의 것) 개정 이전에 타인이 채취한 골재를 파쇄·선별만 하는 업이 골재채취법상의 골재채취업에 해당하는지 여부(소극)**

1995. 6. 16. 대통령령 제14666호로 골재채취법시행령이 개정되기 전에는 타인이 채취한 골재를 선별·파쇄만 하는 업이 독립된 골재채취업의 한 형태로서 분류되지 않았었고 그에 대한 등록 기준도 마련되지 아니하였으며 행정관청에서도 이를 등록 대상으로 취급하지 않았으므로, 위 시행령 개정 이전에 타인이 채취한 원석을 구입하여 이를 쇄석기로 분쇄하고 선별하는 내용의 골재사업을 한 행위는 골재채취법 제14조 소정의 등록을 요하는 골재채취업에 해당된다고 볼 수 없다(대법원 1996.1.23. 선고 95도2469 판결).

2. 무허가 골재채취

1) 적용법조 : 제49조 제3호, 제22조 제1항 ☞ 공소시효 7년

> 제22조(골재채취의 허가) ① 골재를 채취하려는 자는 대통령령으로 정하는 바에 따라 관할 시장·군수 또는 구청
> 장(「배타적 경제수역 및 대륙붕에 관한 법률」 제2조에 따른 배타적 경제수역(이하 "배타적 경제수역"이라
> 한다)에서의 골재채취의 경우에는 국토교통부장관을 말하며, 제34조에 따른 골재채취단지(배타적 경제수역에서
> 지정된 골재채취단지는 제외한다)에서의 골재채취의 경우에는 시·도지사를 말한다. 이하 이 조, 제23조부터 제
> 25조까지, 제29조부터 제31조까지, 제33조 및 제47조의2에서 같다)의 허가를 받아야 한다. 다만, 다음 각 호의
> 어느 하나에 해당하는 경우에는 그러하지 아니하다.
> 1. 다른 법령에 따라 시행하는 사업에서 발생하는 암석(쇄석용에 한정한다), 모래 또는 자갈을 선별·세척 또는
> 파쇄하기 위하여 제32조에 따라 골재의 선별·세척 등의 신고를 하는 경우
> 2. 긴급히 조치하여야 하는 재해복구와 군사시설, 마을 단위의 공익사업 및 이에 준하는 경우로서 대통령령으로
> 정하는 범위에서 골재를 채취하는 경우

2) 범죄사실 기재례

> 피의자는 ○○○에서 ○○을 하는 사람이다. 골재를 채취하고자 하는 자는 대통령령이 정
> 하는 바에 의하여 관할 시장·군수 또는 구청장의 허가를 받아야 한다.
> 그럼에도 불구하고 피의자는 20○○. ○. ○. ○○:○○경 ○○에 있는 ○○강변에서 허가
> 를 받음이 없이 굴착기를 이용 약 ○○㎥의 골재인 모래를 채취하였다.

3) 신문사항

- 골재를 허가 없이 채취한 일이 있는가
- 언제 어디에서 채취하였나
- 어느 정도의 양을 채취하였나
- 어떠한 방법으로 채취하였나
- 어디에 사용하기 위하여
- 운반은 어떠한 방법으로
- 왜 허가를 받지 않고 채취하였나

■ 판례 ■ 甲이 채취되어 보관된 골재가 하부의 토지 등과 일체가 되어 새로운 자연상태에 이르
게 된 골재를 긁어내어 다른 곳으로 운반한 경우

[1] 골재채취법상 '채취'의 의미 및 그 판단 기준

골재채취법 제2조 제1호는 '골재'라 함은 하천, 산림, 공유수면 기타 지상·지하 등에 부존되어
있는 암석(쇄석용에 한한다)·모래 또는 자갈로서 건설공사의 기초재료로 쓰이는 것을 말한다고
규정하고, 같은 조 제1의2호는 '채취'라 함은 골재를 캐거나 들어내는 등 자연상태로부터 분리
하여 내는 것을 말한다고 규정하고 있으므로, 이미 자연상태에서 분리되어 '채취'된 후 다른 곳
에 보관된 골재는 특별한 사정이 없는 한 이를 긁어내어 또 다른 곳으로 운반하더라도 골재채취
법상의 '채취'에 해당한다고 할 수는 없을 것이다.

[2] 甲의 행위가 골재채취법상의 '채취'에 해당하는지 여부(적극) 및 일단 채취되었던 골재가 다시 자연상태의 골재로 되었는지 여부의 판단 방법

그러나 자연상태에서 분리되어 채취된 후 다른 곳에 보관된 골재라 하더라도 오랫동안 방치되면 골재가 적치된 하부의 토지 등과 일체가 되어 그 상태가 그 토지의 형상으로 되면서 새로운 자연상태를 형성할 수도 있을 것이고, 그와 같이 채취되어 보관된 골재가 하부의 토지 등과 일체가 되어 새로운 자연상태에 이르게 되었다면 그 골재를 긁어내어 또 다른 곳으로 운반하는 것은 골재채취법상의 '채취'에 해당한다고 할 수 있을 것인바, 일단 채취되었던 골재가 다시 자연상태의 골재로 되었는지의 여부는 골재채취법의 입법 취지인 골재채취에 따른 재해예방의 필요성을 비롯하여 당해 토지의 이용현황 및 전망, 주변환경, 관리상태, 생태구성, 환경영향 등 제반 사정을 참작하여 종합적으로 판단하여야 할 것이다(대법원 2006.3.24. 선고 2005도5935 판결).

■ 판례 ■ **甲이 석회석 채광계획의 인가를 받았음을 이용하여 석회석의 채굴과 무관하게 노천채굴 방식으로 암석을 캐내어 쇄골재로 가공 · 판매한 경우**

[1] 채광계획의 인가를 받은 광업권자가 광물이 함유된 암석을 쇄골재용으로 채취하는 경우, 구 산림법 제90조의2 제1항에 의한 채석허가를 별도로 받아야 하는지 여부(적극) 및 광업권자가 광물의 채굴과 무관하게 골재를 채취하는 경우, 골재채취법 제22조 제1항에 의한 골재채취허가를 받아야 하는지 여부(적극)

광업권자가 채광계획의 인가를 받았다고 하더라도 당해 광물이 함유된 암석을 쇄골재용(碎骨材用)으로 채취하는 경우에는 구 산림법(2001. 1. 26. 법률 제6382호로 개정되기 전의 것) 제90조의2 제1항에 따른 채석허가를 별도로 받아야 하고, 광업권자가 광물을 채굴하면서 부수적으로 골재를 채취하는 경우에는 골재채취허가를 받지 아니하여도 되지만 광물의 채굴과 무관하게 골재를 채취하는 경우에는 골재채취허가를 받아야 한다.

[2] 甲의 행위가 제22조 제1항에 위반되는지 여부(적극)

위의 행위는 구 산림법 제90조의2 제1항 및 골재채취법 제22조 제1항에 위반된다(대법원 2001.11.13. 선고 2001도3716 판결).

■ 판례 ■ **乙이 인접 토지에서 토석을 굴착하여 甲의 토지 위에 쌓아 둔 것을 甲이 긁어내어 다른 곳으로 운반한 행위가 '채취'에 해당하는지 여부(소극)**

타인이 인접한 토지에서 토석을 굴착하여 피고인 소유 토지 상에 쌓아 둔 것은 그 굴착 당시 이미 자연상태에서 분리되어 '채취'된 것이므로, 피고인이 이를 긁어내어 다른 곳으로 운반하였더라도 골재채취법상의 '채취'에 해당한다고 할 수 없다(대법원 1996.12.20. 선고 95도1497 판결).

■ 판례 ■ **골재채취법 시행 후 허가절차 등에 관한 시행령이 제정되지 아니한 시점에서의 무허가 골재채취행위의 죄책**

법률이 제정 · 공포될 경우에는 특례규정이 없는 한 모든 국민에게 당연히 그 효력이 미치고 그 법률에 따른 시행령이 있어야만 효력이 있는 것은 아니며 골재채취법 제22조 제1항이 시행령에 위임한 내용은 허가의 절차 · 방법 등에 관한 것에 불과하고 범죄구성요건의 일부를 위임한 것이 아니므로, 골재채취법 시행 이후 피고인들이 허가 없이 골재를 채취하였다면 비록 행위 당시 시행령이 제정되지 아니하였다고 하더라도 골재채취법위반죄에 해당한다(대법원 1994.11.8. 선고 94도2340 판결).

3. 허가내용을 변경하여 골재채취

1) 적용법조 : 제49조 제5호, 제25조 제1항 ☞ 공소시효 7년

제25조(허가내용의 변경승인) ① 골재채취의 허가를 받은 자가 허가받은 내용을 변경하려면 시장·군수 또는 구청장의 승인을 받아야 한다. 다만, 대통령령으로 정하는 경미한 사항의 변경인 경우에는 시장·군수 또는 구청장에게 신고하여야 한다.

※ 시행령(대통령령)

제31조(허가내용의 경미한 변경) ② 법 제25조 단서에서 "대통령령이 정하는 경미한 사항의 변경"이란 다음 각호의 변경 외의 변경을 말한다.
1. 채취허가량의 5퍼센트 이상의 변경
2. 골재채취구역면적의 5퍼센트 이상의 변경

2) 범죄사실 기재례

> 피의자는 200○. ○. ○. ○○에서 ○○군수로부터 골재채취허가를 받아 골재를 채취하는 사람으로서 허가받은 내용을 변경하고자 하는 때에는 행정관청의 승인을 얻어야 한다.
> 그럼에도 불구하고 피의자는 200○. ○. 초순경부터 200○. ○. ○.경 까지 위 장소에서 채취허가량의 5%를 초과한 20%인 약 ○○㎥를 추가 채취하고도 변경승인을 받지 아니하였다.

3) 신문사항

- 골재채취를 하고 있는가
- 언제부터 어디에서 하고 있는가
- 어떤 종류의 채취인가(종류 : 채취, 선별, 파쇄)
- 어떤 방법으로 하는가
- 허가내용은 무엇이였는가
- 허가받은 내용대로 채취하였나
- 어느 정도를 초과하여 채취하었나
- 이런 사항에 대해 변경승인을 하였나
- 왜 변경승인을 받지 않았는가

4. 허가내용과 달리 골재채취

1) 적용법조 : 제49조 제6호, 제26조 제1항 ☞ 공소시효 7년

> 제26조(골재채취등) ① 골재채취의 허가를 받은 자는 허가받은 채취구역·채취기간등 허가받은 내용에 따라 골재를 채취하여야 한다.

2) 범죄사실 기재례

[기재례1] 기간 초과

> 피의자는 20○○. ○. ○. ○○시 ○○강 222번지 약 ○○㎥에 대해 20○○. ○. ○.까지 기간으로 골재채취허가를 받은 사람으로서, 골재채취의 허가를 받은 자는 허가받은 채취구역·채취기간 등 허가받은 내용에 따라 골재를 채취하여야 함에도, 우천으로 인하여 이 기간 안에 허가량을 채취하지 못하였다는 이유로 허가받은 내용과 달리 20○○. ○. ○.까지 골재를 채취하였다.

[기재례2] 초과 채취

> 골재채취허가를 받은 자는 허가받은 채취구역·채취 기간 등 허가받은 내용에 따라 골재를 채취하여야 하여야 한다.
> 그럼에도 불구하고 피의자는 20○○. ○. ○.경부터 20○○. ○. ○.경까지 사이에 ○○일대 '○○천 하도준설사업' 관련공사현장에서 ○○시로부터 허가받은 골재채취량 ○○㎥에 ○○㎥를 초과한 ○○㎥의 골재를 채취하였다.

3) 신문사항

- 골재채취업 허가를 받았는가
- 언제부터 언제까지인가
- 허가 받은 내용이 무엇인가
- 이러한 허가 받은 내용을 지켰는가
- 왜 기간을 초과하여 채취하였는가
- 기간 초과에 대한 허가 변경을 하였는가.

■ **판례** ■　　'골재채취의 허가를 받은 자' 가 아닌 행위자도 골재채취법상 양벌규정의 적용대상이 되는지 여부(적극)

골재채취법 제49조 제6호, 제26조 제1항의 벌칙규정의 적용대상은 '골재채취의 허가를 받은 자' 임이 그 규정 자체에 의하여 분명하나, 한편 같은 법 제51조는 법인의 대표자나 법인 또는 개인의 대리인·사용인 기타의 종업원이 그 법인 또는 개인의 업무에 관하여 제49조 또는 제50조의 규정에 해당하는 행위를 한 때에는 그 행위자를 벌하는 외에 그 법인 또는 개인에 대하여도 각 해당 조의 벌금형을 과한다는 양벌규정을 두고 있고, 이 규정의 취지는 각 본조의 위반행위를 한 행위자와 '골재채취의 허가를 받은 법인 또는 개인' 의 쌍방을 모두 처벌하려는 데에 있으므로, 이 양벌규정에 의하여 '골재채취의 허가를 받은 자' 가 아닌 행위자도 각 본조의 벌칙규정의 적용대상이 된다(대법원 2007.11.15. 선고 2007도5976 판결).

제 13 장 공공단체등 위탁선거에 관한 법률

Ⅰ. 개념정의 및 적용범위 등

1. 개념정의

제3조(정의) 이 법에서 사용하는 용어의 뜻은 다음과 같다.
1. "공공단체등"이란 다음 각 목의 어느 하나에 해당하는 단체를 말한다.
   가. 「농업협동조합법」, 「수산업협동조합법」에 따른 조합과 중앙회 및 「산림조합법」에 따른 조합 및 중앙회와 「새마을금고법」에 따른 금고 및 중앙회
   나. 「중소기업협동조합법」에 따른 중소기업중앙회 및 「도시 및 주거환경정비법」에 따른 조합과 조합설립추진위원회
   다. 그 밖의 법령에 따라 임원 등의 선출을 위한 선거의 관리를 선거관리위원회에 위탁하여야 하거나 위탁할 수 있는 단체[「공직선거법」 제57조의4(당내경선사무의 위탁)에 따른 당내경선 또는 「정당법」 제48조의2(당대표경선사무의 위탁)에 따른 당대표경선을 위탁하는 정당을 제외한다]
   라. 그 밖에 가목부터 다목까지의 규정에 준하는 단체로서 임원 등의 선출을 위한 선거의 관리를 선거관리위원회에 위탁하려는 단체
2. "위탁단체"란 임원 등의 선출을 위한 선거의 관리를 선거관리위원회에 위탁하는 공공단체등을 말한다.
3. "관할위원회"란 위탁단체의 주된 사무소 소재지를 관할하는 「선거관리위원회법」에 따른 구·시·군선거관리위원회(세종특별자치시선거관리위원회를 포함한다)를 말한다. 다만, 법령에서 관할위원회를 지정하는 경우에는 해당 선거관리위원회를 말한다.
4. "위탁선거"란 관할위원회가 공공단체등으로부터 선거의 관리를 위탁받은 선거를 말한다.
5. "선거인"이란 해당 위탁선거의 선거권이 있는 자로서 선거인명부에 올라 있는 자를 말한다.
6. "공직선거등"이란 다음 각 목의 어느 하나에 해당하는 선거 또는 투표를 말한다.
   가. 「공직선거법」에 따른 대통령선거, 국회의원선거, 지방의회의원 및 지방자치단체의 장의 선거, 「제주특별자치도 설치 및 국제자유도시 조성을 위한 특별법」 및 「세종특별자치시 설치 등에 관한 특별법」에 따른 지방의회의원 및 지방자치단체의 장의 선거
   나. 「지방교육자치에 관한 법률」, 「제주특별자치도 설치 및 국제자유도시 조성을 위한 특별법」 및 「세종특별자치시 설치 등에 관한 특별법」에 따른 교육감 및 교육의원 선거
   다. 「국민투표법」에 따른 국민투표
   라. 「주민투표법」에 따른 주민투표
   마. 「주민소환에 관한 법률」에 따른 주민소환투표
7. "동시조합장선거"란 「농업협동조합법」, 「수산업협동조합법」 및 「산림조합법」에 따라 관할위원회에 위탁하여 동시에 실시하는 임기만료에 따른 조합장선거를 말하고, "동시이사장선거"란 「새마을금고법」에 따라 관할위원회에 위탁하여 동시에 실시하는 임기만료에 따른 이사장선거를 말한다.
8. "정관등"이란 위탁단체의 정관, 규약, 규정, 준칙, 그 밖에 위탁단체의 조직 및 활동 등을 규율하는 자치규범을 말한다.

2. 적용범위 등

제4조(적용 범위) 이 법은 다음 각 호의 위탁선거에 적용한다.
1. 의무위탁선거 : 제3조제1호가목에 해당하는 공공단체등이 위탁하는 선거와 같은 조 제1호다목에 해당하는 공공단체등이 선거관리위원회에 위탁하여야 하는 선거
2. 임의위탁선거 : 제3조제1호나목 및 라목에 해당하는 공공단체등이 위탁하는 선거와 같은 조 제1호다목에 해당하는 공공단체등이 선거관리위원회에 위탁할 수 있는 선거

제5조(다른 법률과의 관계) 이 법은 공공단체등의 위탁선거에 관하여 다른 법률에 우선하여 적용한다

제57조(적용 제외) ① 제3조제1호가목에 해당하는 공공단체등이 위탁하는 선거 외의 위탁선거에는 이 장을 적용하지 아니한다. 다만, 제65조, 제66조제12호, 제68조제1항·제2항제2호 및 제4항·제5항은 그러하지 아니하다.
② 제1항 본문에도 불구하고 제3조제1호다목에 따라 공공단체등이 임원 등의 선출을 위한 선거의 관리를 위탁하여야 하는 선거(「교육공무원법」 제24조의3에 따른 대학의 장 후보자 추천 선거는 제외한다)에는 제58조부터 제65조까지, 제66조제8호·제10호·제12호, 제13호, 제67조, 제68조제1항, 같은 조 제2항제2호, 같은 조 제3항부터 제5항까지를 적용한다.

Ⅱ. 벌칙 및 공소시효 등

1. 벌 칙

제58조(매수 및 이해유도죄)
제59조(기부행위의 금지·제한 등 위반죄)
제60조(매수 및 이해유도죄 등으로 인한 이익의 몰수)
제61조(허위사실 공표죄)
제62조(후보자 등 비방죄)
제63조(사위등재죄)
제64조(사위투표죄)
제65조(선거사무관계자나 시설 등에 대한 폭행·교란죄)
제66조(각종 제한규정 위반죄)
제67조(양벌규정) 법인 또는 단체의 대표자나 법인 또는 단체의 대리인, 사용인, 그 밖의 종업원이 그 법인 또는 단체의 업무에 관하여 이 법의 위반행위를 하였을 때에는 행위자를 벌하는 외에 그 법인 또는 단체에 대하여도 해당 조문의 벌금형을 과(科)한다. 다만, 그 법인 또는 단체가 그 위반 행위를 방지하기 위하여 해당 업무에 관하여 상당한 주의와 감독을 게을리하지 아니한 경우에는 그러하지 아니하다

2. 당선무효 및 공소시효

제70조(위탁선거범죄로 인한 당선무효) 다음 각 호의 어느 하나에 해당하는 경우에는 그 당선은 무효로 한다.
1. 당선인이 해당 위탁선거에서 이 법에 규정된 죄를 범하여 징역형 또는 100만원 이상의 벌금형을 선고받은 때
2. 당선인의 배우자나 직계존비속이 해당 위탁선거에서 제58조나 제59조를 위반하여 징역형 또는 300만원 이상의 벌금형을 선고받은 때. 다만, 다른 사람의 유도 또는 도발에 의하여 해당 당선인의 당선을 무효로 되게 하기 위하여 죄를 범한 때에는 그러하지 아니하다.

제71조(공소시효) 이 법에 규정한 죄의 공소시효는 해당 선거일 후 6개월(선거일 후 행하여진 범죄는 그 행위가 있는 날부터 6개월)이 지남으로써 완성한다. 다만, 범인이 도피한 때나 범인이 공범 또는 범죄의 증명에 필요한 참고인을 도피시킨 때에는 그 기간은 3년으로 한다.

3. 자수자 특례 및 신고자 보호

제74조(자수자에 대한 특례) ① 제58조 또는 제59조의 죄를 범한 사람 중 금전·물품이나 그 밖의 이익 등을 받거나 받기로 승낙한 사람이 자수한 때에는 그 형을 감경 또는 면제한다. 다만, 다음 각 호의 어느 하나에 해당하는 사람은 그러하지 아니하다.
   1. 후보자 및 그 배우자
   2. 후보자 또는 그 배우자의 직계존비속 및 형제자매
   3. 후보자의 직계비속 및 형제자매의 배우자
   4. 거짓의 방법으로 이익 등을 받거나 받기로 승낙한 사람
② 제1항의 본문에 규정된 사람이 선거관리위원회에 자신의 해당 범죄사실을 신고하여 선거관리위원회가 관계 수사기관에 이를 통보한 때에는 선거관리위원회에 신고한 때를 자수한 때로 본다.

제75조(위탁선거범죄신고자 등의 보호) ① 이 법에 규정된 범죄에 관한 신고·진정·고소·고발 등 조사 또는 수사단서의 제공, 진술 또는 증언, 그 밖의 자료제출행위 및 범인검거를 위한 제보 또는 검거활동을 한 사람이 그와 관련하여 피해를 입거나 입을 우려가 있다고 인정할 만한 상당한 이유가 있는 경우 해당 범죄에 관한 형사절차 및 관할위원회의 조사과정에서는 「특정범죄신고자 등 보호법」 제5조(불이익처우의 금지)·제7조(인적 사항의 기재 생략)·제9조(신원관리카드의 열람)부터 제12조(소송진행의 협의 등)까지 및 제16조(범죄신고자등에 대한 형의 감면)를 준용한다.
② 누구든지 제1항에 따라 보호되고 있는 범죄신고자 등이라는 정을 알면서 그 인적사항 또는 범죄신고자 등임을 알 수 있는 사실을 다른 사람에게 알려주거나 공개 또는 보도하여서는 아니 된다.

● III. 선거운동

1. 선거운동의 정의 및 주체·기간·방법

제23조(선거운동의 정의) 이 법에서 "선거운동"이란 당선되거나 되게 하거나 되지 못하게 하기 위한 행위를 말한다. 다만, 다음 각 호의 어느 하나에 해당하는 행위는 선거운동으로 보지 아니한다.
   1. 선거에 관한 단순한 의견개진 및 의사표시
   2. 입후보와 선거운동을 위한 준비행위
제24조(선거운동의 주체·기간·방법) ① 후보자가 제25조부터 제30조의2까지의 규정에 따라 선거운동을 하는 경우를 제외하고는 누구든지 어떠한 방법으로도 선거운동을 할 수 없다.
② 선거운동은 후보자등록마감일의 다음 날부터 선거일 전일까지에 한정하여 할 수 있다. 다만, 다음 각 호의 어느 하나에 해당하는 경우에는 그러하지 아니하다.
   1. 제24조제3항제3호에 따른 중앙회장선거의 후보자가 선거일 또는 결선투표일에 제28조제2호에 따른 문자메시지를 전송하는 방법으로 선거운동을 하는 경우
   2. 제30조의2에 따라 후보자가 선거일 또는 결선투표일에 자신의 소견을 발표하는 경우
③ 선거별 선거운동방법은 다음 각 호와 같다.
   1. 「농업협동조합법」 제45조제5항제1호, 「수산업협동조합법」 제46조제3항제1호 및 「산림조합법」 제35조제3항제1호에 따른 선출방법 중 총회 외에서 선출하는 조합장선거와 「새마을금고법」 제18조제5항에 따라 회원의 투표로 직접 선출하는 이사장선거: 제25조부터 제30조까지의 규정에 따른 방법
   2. 「농업협동조합법」 제45조제5항제1호, 「수산업협동조합법」 제46조제3항제1호 및 「산림조합법」 제35조제3항제1호에 따른 선출방법 중 총회에서 선출하는 조합장선거와 「새마을금고법」 제18조제5항 단서에 따라 총회에서 선출하는 이사장선거: 제25조부터 제30조의2까지의 규정에 따른 방법
   3. 「농업협동조합법」, 「수산업협동조합법」, 「산림조합법」 및 「새마을금고법」에 따른 중앙회장선거, 「농업협동조합법」 제45조제5항제2호, 「수산업협동조합법」 제46조제3항제2호 및 「산림조합법」 제35조제4항

제2호에 따라 대의원회에서 선출하는 조합장선거 및 「새마을금고법」 제18조제5항 단서에 따라 대의원회에서 선출하는 이사장선거: 제25조 · 제28조 · 제29조 · 제30조 및 제30조의2에 따른 방법(제30조에 따른 방법은 중앙회장선거에 한정한다)

■ 판례 ■   선거운동의 의미/당선되게 할 목적의 의미

[1] 공공단체등 위탁선거에 관한 법률 제58조에서 정한 '선거운동'의 의미와 판단 기준

위탁선거법 제58조에서 정한 '선거운동'이란 위탁선거법 제3조에서 규정한 위탁선거에서의 당선 또는 낙선을 위하여 필요하고도 유리한 모든 행위로서 당선 또는 낙선을 도모한다는 목적의사가 객관적으로 인정될 수 있는 능동적 · 계획적인 행위를 말하고(위탁선거법 제23조), 구체적으로 어떠한 행위가 선거운동에 해당하는지를 판단할 때에는 단순히 행위의 명목뿐만 아니라 행위의 태양, 즉 행위가 행하여지는 시기 · 장소 · 방법 등을 종합적으로 관찰하여 그것이 특정 후보자의 당선 또는 낙선을 도모하는 목적의지를 수반하는 행위인지를 선거인의 관점에서 객관적으로 판단하여야 한다.

[2] 공공단체등 위탁선거에 관한 법률 제23조에서 정한 '당선되게 할 목적'의 의미

공공단체등 위탁선거에 관한 법률(이하 '위탁선거법'이라고 한다)은 공공단체 등의 선거가 깨끗하고 공정하게 이루어지도록 함으로써 공공단체 등의 건전한 발전과 민주사회 발전에 기여하려는 데 입법 목적이 있으므로, 위탁선거법 제23조에서 규정하고 있는 '당선되게 할 목적'은 금전 · 물품 · 향응, 그 밖의 재산상의 이익이나 공사의 직(이하 이러한 재산상의 이익과 공사의 직을 통틀어 '재산상 이익 등'이라고 한다)을 제공받은 당해 선거인 등의 투표행위에 직접 영향을 미치는 행위나 재산상 이익 등을 제공받은 선거인 등으로 하여금 타인의 투표의사에 영향을 미치는 행위 또는 특정 후보자의 당락에 영향을 미치는 행위를 하게 만들 목적을 의미한다.

[3] 공공단체등 위탁선거에 관한 법률 제58조에서 금전 등을 '제공'하는 행위와 금전 등의 제공을 '지시'하는 행위의 의미 및 지시를 하는 사람과 상대방 사이에 반드시 단체나 직장 등에서의 상하관계나 엄격한 지휘감독관계가 있어야 하는지 여부(소극)

공공단체등 위탁선거에 관한 법률 제58조에서 금전 등을 '제공'하는 행위는 통상적으로 금전 등을 상대방에게 귀속시키는 것을 의미하고, 이에 비하여 금전 등의 제공을 '지시'하는 행위는 상대방에 대하여 금전 등을 제공하는 행위를 하도록 일방적으로 일러서 시키는 것으로서, 반드시 지시를 하는 사람과 상대방 사이에 단체나 직장 등에서의 상하관계나 엄격한 지휘감독관계가 있어야 하는 것은 아니다.(대법원 2017.3.22, 선고, 2016도16314, 판결)

2. 선거공보와 벽보

제25조(선거공보) ① 후보자는 선거운동을 위하여 선거공보 1종을 작성할 수 있다. 이 경우 후보자는 선거인명부 확정일 전일까지 관할위원회에 선거공보를 제출하여야 한다.

② 관할위원회는 제1항에 따라 제출된 선거공보를 선거인명부확정일 후 2일까지 제43조에 따른 투표안내문과 동봉하여 선거인에게 발송하여야 한다.

③ 후보자가 제1항 후단에 따른 기한까지 선거공보를 제출하지 아니하거나 규격을 넘는 선거공보를 제출한 때에는 그 선거공보는 발송하지 아니한다.

④ 제출된 선거공보는 정정 또는 철회할 수 없다. 다만, 오기나 이 법에 위반되는 내용이 게재되었을 경우에는 제출마감일까지 해당 후보자가 정정할 수 있다.

⑤ 선거인은 선거공보의 내용 중 경력·학력·학위·상벌에 관하여 거짓으로 게재되어 있음을 이유로 이의제기를 하는 때에는 관할위원회에 서면으로 하여야 하고, 이의제기를 받은 관할위원회는 후보자와 이의제기자에게 그 증명서류의 제출을 요구할 수 있으며, 그 증명서류의 제출이 없거나 거짓 사실임이 판명된 때에는 그 사실을 공고하여야 한다.

⑥ 관할위원회는 제5항에 따라 허위게재사실을 공고한 때에는 그 공고문 사본 1매를 선거일에 투표소의 입구에 첩부하여야 한다.

⑦ 선거공보의 작성수량·규격·면수·제출, 그 밖에 필요한 사항은 중앙선거관리위원회규칙으로 정한다.

제26조(선거벽보) ① 후보자는 선거운동을 위하여 선거벽보 1종을 작성할 수 있다. 이 경우 후보자는 선거인명부 확정일 전일까지 관할위원회에 선거벽보를 제출하여야 한다.

② 관할위원회는 제1항에 따라 제출된 선거벽보를 제출마감일 후 2일까지 해당 위탁단체의 주된 사무소와 지사무소의 건물 또는 게시판에 첩부하여야 한다.

③ 제25조제3항부터 제6항까지의 규정은 선거벽보에 이를 준용한다. 이 경우 "선거공보"는 "선거벽보"로, "발송"은 "첩부"로, "규격을 넘는"은 "규격을 넘거나 미달하는"으로 본다.

④ 선거벽보의 작성수량·첩부수량·규격·제출, 그 밖에 필요한 사항은 중앙선거관리위원회규칙으로 정한다.

※ 공공단체등 위탁선거에 관한 규칙

제13조(선거벽보) ① 법 제26조제1항에 따른 선거벽보는 길이 53㎡ 너비 38㎡로 하되, 길이를 상하로 하여 종이로 작성한다.

② 후보자가 제출할 선거벽보의 수량은 제5항에 따라 해당 위탁단체로부터 통보받은 첩부수량에 그 100분의 10을 더한 수로 하고, 후보자가 보완첩부를 위하여 보관할 수량은 제5항에 따라 해당 위탁단체로부터 통보받은 첩부수량의 100분의 30에 해당하는 수로 한다. 이 경우 후보자가 작성할 수 있는 총수량의 단수가 10미만인 때에는 10매로 한다.

③ 후보자가 제출한 선거벽보의 수량이 첩부수량에 미달하는 경우 관할위원회는 제5항에 따라 통보받은 첩부장소 중에서 선거벽보를 첩부하지 아니할 장소를 지정한다.

④ 후보자는 관할위원회가 첩부한 선거벽보가 오손되거나 훼손되어 보완첩부하려는 때에는 제5항에 따라 공고된 수량의 범위에서 그 선거벽보 위에 덧붙여야 한다.

⑤ 제12조제3항부터 제5항까지 및 제7항부터 제9항까지의 규정은 선거벽보에 이를 준용한다. 이 경우 "예상 선거인수"는 "선거벽보의 첩부수량 및 첩부장소"로, "선거공보"는 "선거벽보"로, "작성수량·제출수량"은 "작성수량·제출수량·첩부수량"으로, "발송"은 "첩부"로 본다.

3. 전화와 정보통신망을 이용한 선거운동

제28조(전화를 이용한 선거운동) 후보자는 선거운동기간 중 다음 각 호의 어느 하나에 해당하는 방법으로 선거운동을 할 수 있다. 다만, 오후 10시부터 다음 날 오전 7시까지는 그러하지 아니하다.
  1. 전화를 이용하여 송화자·수화자 간 직접 통화하는 방법
  2. 문자(문자 외의 음성·화상·동영상 등은 제외한다)메시지를 전송하는 방법

제29조(정보통신망을 이용한 선거운동) ① 후보자는 선거운동기간 중 다음 각 호의 어느 하나에 해당하는 방법으로 선거운동을 할 수 있다.
  1. 해당 위탁단체가 개설·운영하는 인터넷 홈페이지의 게시판·대화방 등에 글이나 동영상 등을 게시하는 방법
  2. 전자우편(컴퓨터 이용자끼리 네트워크를 통하여 문자·음성·화상 또는 동영상 등의 정보를 주고받는 통신시스템을 말한다)을 전송하는 방법

② 관할위원회는 이 법에 위반되는 정보가 인터넷 홈페이지의 게시판·대화방 등에 게시된 때에는 그 인터넷 홈페이지의 관리자·운영자 또는 「정보통신망 이용촉진 및 정보보호 등에 관한 법률」 제2조(정의)제1항제3호에 따른 정보통신서비스 제공자(이하 이 조에서 "정보통신서비스 제공자"라 한다)에게 해당 정보의 삭제를 요청할 수 있다. 이 경우 그 요청을 받은 인터넷 홈페이지의 관리자·운영자 또는 정보통신서비스 제공자는 지체 없이 이에 따라야 한다.

③ 제2항에 따라 정보가 삭제된 경우 해당 정보를 게시한 사람은 그 정보가 삭제된 날부터 3일 이내에 관할위원회에 서면으로 이의신청을 할 수 있다.

4. 어깨띠 및 명함이용 선거운동

제27조(어깨띠·윗옷·소품) 후보자는 선거운동기간 중 어깨띠나 윗옷(上衣)을 착용하거나 소품을 이용하여 선거운동을 할 수 있다.

제30조(명함을 이용한 선거운동) 후보자는 선거운동기간 중 다수인이 왕래하거나 집합하는 공개된 장소에서 길이 9㎠ 너비 5㎠ 이내의 선거운동을 위한 명함을 선거인에게 직접 주거나 지지를 호소하는 방법으로 선거운동을 할 수 있다. 다만, 중앙선거관리위원회규칙으로 정하는 장소에서는 그러하지 아니하다.

■ 판례 ■   수산업협동조합의 위탁선거에서 선거인명부의 작성 업무를 담당하는 조합장 등이 조합원의 자격 상실 등 조합 탈퇴 사유의 발생 여부를 확인하고 이사회 의결을 거쳐 조합원명부를 정리하는 절차를 이행하지 않은 채 자격이 없는 조합원이 선거인명부에 선거권자로 기재되도록 한 경우, 공공단체등 위탁선거에 관한 법률 제63조 제2항에서 말하는 '거짓 사실을 기재하거나 하게 한 때'에 해당하는지 여부(적극)

공공단체등 위탁선거에 관한 법률(이하 '위탁선거법'이라 한다) 제63조 제2항은 공공단체 등의 위탁선거에서 선거인명부 작성에 관계 있는 자의 작위 또는 부작위로 인한 선거인명부의 불실기재행위를 처벌하기 위한 규정이다. 수산업협동조합법 제31조 제3항에 따르면, 수산업협동조합의 경우에는 조합원 자격이 있는지를 지구별수협의 이사회 의결로써 결정해야 한다. 따라서 선거인명부의 작성 업무를 담당하는 조합장 등이 조합원명부에 자격이 없는 조합원이 형식적으로 기재되어 있다는 것을 알고 있으면 조합원의 자격 상실 등 조합 탈퇴 사유의 발생 여부를 확인하고 이사회 의결을 거쳐 조합원명부를 정리하는 절차를 이행하여야 한다. 만일 조합장 등이 위와 같은 조치를 취하지 않은 채 그와 같은 조합원이 선거인명부에 선거권자로 기재되도록 하였다면, 이는 위탁선거법 제63조 제2항에서 말하는 '거짓 사실을 기재하거나 하게 한 때'에 해당한다.(대법원 2017.4.26, 선고, 2016도14861, 판결)

Ⅳ. 기부행위의 제한·금지

1. 정 의

> 제32조(기부행위의 정의) 이 법에서 "기부행위"란 다음 각 호의 어느 하나에 해당하는 사람이나 기관·단체·시설을 대상으로 금전·물품 또는 그 밖의 재산상 이익을 제공하거나 그 이익제공의 의사를 표시하거나 그 제공을 약속하는 행위를 말한다.
> 1. 선거인(선거인명부를 작성하기 전에는 그 선거인명부에 오를 자격이 있는 자를 포함한다. 이하 이 조에서 같다)이나 그 가족(선거인의 배우자, 선거인 또는 그 배우자의 직계존비속과 형제자매, 선거인의 직계존비속 및 형제자매의 배우자를 말한다. 이하 같다)
> 2. 선거인이나 그 가족이 설립·운영하고 있는 기관·단체·시설

2. 기부행위로 보지 않는 행위

> 제33조(기부행위로 보지 아니하는 행위) ① 다음 각 호의 어느 하나에 해당하는 행위는 기부행위로 보지 아니한다.
> 1. 직무상의 행위
>   가. 기관·단체·시설(나목에 따른 위탁단체를 제외한다)이 자체사업계획과 예산에 따라 의례적인 금전·물품을 그 기관·단체·시설의 명의로 제공하는 행위(포상을 포함하되, 화환·화분을 제공하는 행위는 제외한다. 이하 나목에서 같다)
>   나. 위탁단체가 해당 법령이나 정관등에 따른 사업계획 및 수지예산에 따라 집행하는 금전·물품을 그 위탁단체의 명의로 제공하는 행위
>   다. 물품구매·공사·역무의 제공 등에 대한 대가의 제공 또는 부담금의 납부 등 채무를 이행하는 행위
>   라. 가목부터 다목까지의 규정에 따른 행위 외에 법령에 근거하여 물품 등을 찬조·출연 또는 제공하는 행위
> 2. 의례적 행위
>   가. 「민법」 제777조(친족의 범위)에 따른 친족(이하 이 조에서 "친족"이라 한다)의 관혼상제의식이나 그 밖의 경조사에 축의·부의금품을 제공하는 행위
>   나. 친족 외의 사람의 관혼상제의식에 통상적인 범위에서 축의·부의금품(화환·화분을 제외한다)을 제공하거나 주례를 서는 행위
>   다. 관혼상제의식이나 그 밖의 경조사에 참석한 하객이나 조객 등에게 통상적인 범위에서 음식물 또는 답례품을 제공하는 행위
>   라. 소속 기관·단체·시설(위탁단체는 제외한다)의 유급 사무직원이나 친족에게 연말·설 또는 추석에 의례적인 선물을 제공하는 행위
>   마. 친목회·향우회·종친회·동창회 등 각종 사교·친목단체 및 사회단체의 구성원으로서 그 단체의 정관 등 또는 운영관례상의 의무에 기하여 종전의 범위에서 회비를 납부하는 행위
>   바. 평소 자신이 다니는 교회·성당·사찰 등에 통상의 예에 따라 헌금(물품의 제공을 포함한다)하는 행위
> 3. 「공직선거법」 제112조제2항제3호에 따른 구호적·자선적 행위에 준하는 행위
> 4. 그 밖에 제1호부터 제3호까지의 어느 하나에 준하는 행위로서 중앙선거관리위원회규칙으로 정하는 행위
> ② 제1항에 따라 통상적인 범위에서 1명에게 제공할 수 있는 축의·부의금품, 음식물, 답례품 및 의례적인 선물의 금액범위는 중앙선거관리위원회규칙으로 정한다.

■ 판례 ■ 　 실질적 기부행위자를 특정하는 방법

[1] 공공단체등 위탁선거에 관한 법률 제33조 제1항 제1호 (나)목의 '직무상의 행위'에 해당하기 위한 요건 및 그중 위탁단체가 금품을 위탁단체의 명의로 제공하는 것에 해당하는지 판단하는 방법

공공단체등 위탁선거에 관한 법률(이하 '위탁선거법'이라고 한다) 제33조 제1항 제1호 (나)목이 규정한 '직무상의 행위'에 해당하는 경우 조합장의 재임 중 기부행위금지 위반을 처벌하는 같

은 법 제59조 위반죄의 구성요건해당성이 없게 되는바, 위 '직무상의 행위'에 해당하기 위해서는 위탁선거법 제33조 제1항 제1호 (나)목이 규정한 바와 같이 위탁단체가 금전·물품(이하 '금품'이라고 한다)을 위탁단체의 명의로 제공하여야 할 뿐만 아니라 금품의 제공은 위탁단체의 사업계획 및 수지예산에 따라 집행되어야 하고, 이러한 사업계획 및 수지예산은 법령이나 정관 등에 근거한 것이어야 한다.

여기서 위탁단체가 금품을 위탁단체의 명의로 제공하는 것에 해당하는지는 대상자 선정과 집행과정에서 사전계획·내부결재나 사후보고 등 위탁단체 내부의 공식적 절차를 거쳤는지, 금품 제공이 위탁단체의 사업수행과 관련성이 있는지, 금품 제공 당시 제공의 주체가 위탁단체임을 밝혔는지, 수령자가 금품 제공의 주체를 위탁단체로 인식했는지, 금품의 제공 여부는 물론 제공된 금품의 종류와 가액·제공 방식 등에 관해 기존에 동일하거나 유사한 관행이 있었는지, 그 밖에 금품 제공에 이른 동기와 경위 등을 종합적으로 고려하여 판단하여야 한다.

단순히 제공된 금품이 위탁단체의 사업계획 및 수지예산에 따라 집행되었다는 사정만으로는 위와 같은 '직무상의 행위'에 해당한다고 할 수 없고, 특히 직무행위의 외관을 빌렸으나 실질적으로는 금품 제공의 효과를 위탁단체의 대표자 개인에게 돌리려는 의도가 드러나는 경우에는 '직무상의 행위'로 볼 수 없다.

[2] 출연자와 기부행위자가 외형상 일치하지 않는 경우, 실질적 기부행위자를 특정하는 방법 / 공공단체등 위탁선거에 관한 법률상 금지되는 기부행위의 구성요건에 해당하는 행위에 위법성 조각사유가 인정되는지 판단하는 방법

기부행위는 출연자가 기부행위자가 되는 것이 통례이지만, 기부행위를 한 것으로 평가되는 주체인 기부행위자는 항상 금전·물품(이하 '금품'이라고 한다) 또는 재산상 이익 등의 사실상 출연자에 한정되는 것은 아니며, 출연자와 기부행위자가 외형상 일치하지 않는 경우에는 금품이나 재산상 이익 등이 출연된 동기 또는 목적, 출연행위와 기부행위의 실행 경위, 기부자와 출연자 그리고 기부받는 자와의 관계 등 모든 사정을 종합하여 실질적 기부행위자를 특정하여야 한다.

다만 공공단체등 위탁선거에 관한 법률상 금지되는 기부행위의 구성요건에 해당하는 행위라고 하더라도, 그것이 지극히 정상적인 생활형태의 하나로서 역사적으로 생성된 사회질서의 범위 안에 있는 것이라고 볼 수 있는 경우에는 일종의 의례적 행위나 직무상의 행위로서 사회상규에 위배되지 아니하여 위법성이 조각되는 경우가 있을 수 있지만, 이러한 위법성조각사유의 인정은 신중하게 하여야 하고, 그 판단에 있어서는 기부대상자의 범위와 지위 및 선정 경위, 기부행위에 제공된 금품 등의 종류와 가액, 기부행위 시점, 기부행위와 관련한 기존의 관행, 기부행위자와 기부대상자와의 관계 등 제반 사정을 종합적으로 고려하여야 한다. (대법원 2022. 2. 24., 선고, 2020도 17430, 판결)

3. 기부행위제한 기간

제34조(기부행위제한기간) 기부행위를 할 수 없는 기간(이하 "기부행위제한기간"이라 한다)은 다음 각 호와 같다.
1. 임기만료에 따른 선거 : 임기만료일 전 180일부터 선거일까지
2. 해당 법령이나 정관등에 따른 재선거, 보궐선거, 위탁단체의 설립·분할 또는 합병으로 인한 선거 : 그 선거의 실시 사유가 발생한 날부터 선거일까지

V. 범죄사실

1. 매수 및 이해유도죄   ☞ 공소시효 5년

> 제58조(매수 및 이해유도죄) 선거운동을 목적으로 다음 각 호의 어느 하나에 해당하는 행위를 한 자는 3년 이하의 징역 또는 3천만원 이하의 벌금에 처한다.
> 1. 선거인(선거인명부를 작성하기 전에는 그 선거인명부에 오를 자격이 있는 자를 포함한다. 이하 이 조에서 같다)이나 그 가족 또는 선거인이나 그 가족이 설립·운영하고 있는 기관·단체·시설에 대하여 금전·물품·향응이나 그 밖의 재산상 이익이나 공사(公私)의 직을 제공하거나 그 제공의 의사를 표시하거나 그 제공을 약속한 자
> 2. 후보자가 되지 아니하도록 하거나 후보자가 된 것을 사퇴하게 할 목적으로 후보자가 되려는 사람이나 후보자에게 제1호에 규정된 행위를 한 자
> 3. 제1호 또는 제2호에 규정된 이익이나 직을 제공받거나 그 제공의 의사표시를 승낙한 자
> 4. 제1호부터 제3호까지에 규정된 행위에 관하여 지시·권유·알선하거나 요구한 자
> 5. 후보자등록개시일부터 선거일까지 포장된 선물 또는 돈봉투 등 다수의 선거인(선거인의 가족 또는 선거인이나 그 가족이 설립·운영하고 있는 기관·단체·시설을 포함한다)에게 배부하도록 구분된 형태로 되어 있는 금품을 운반한 자

[기재례1] 금품제공

1) 적용법조 : 제58조 제1호

2) 범죄사실 기재례

> 피의자는 20○○. ○. ○. 실시하는 제○회 전국동시 조합장 선거에서 ○○농업협동조합 조합장에 출마할 예정이었다.
>
> 선거운동을 목적으로 선거인이나 그 가족 또는 선거인이나 그 가족이 설립·운영하고 있는 기관·단체·시설에 대하여 금전·물품·향응이나 그 밖의 재산상 이익이나 공사(公私)의 직을 제공하거나 그 제공의 의사를 표시하거나 그 제공을 약속하여서는 아니 된다.
>
> 그럼에도 불구하고 피의자는 20○○. ○. ○. 17:00경 ○○에서, 선거인인 乙에게 자신을 지지해 달라는 부탁과 함께 현금 ○○만 원을 제공하였다.

[기재례2] 후보자 사퇴 대가로 이익제공 의사표시

1) 적용법조 : 제58조 제2호

2) 범죄사실 기재례

> 피의자는 20○○. ○. ○. 실시하는 제○회 전국동시 조합장 선거에서 ○○농업협동조합 조합장에 출마할 예정이었다.
>
> 선거운동을 목적으로 후보자가 되지 아니하도록 하거나 후보자가 된 것을 사퇴하게 할 목적으로 후보자가 되려는 사람이나 후보자에게 금전·물품·향응이나 그 밖의 재산상 이익이나 공사의 직을 제공하거나 그 제공의 의사를 표시하거나 그 제공을 약속한 행위를 하여서는 아니 된다.
>
> 그럼에도 불구하고 피의자는 20○○. 4. 9. 15:00경 ○○에서 같은 조합장에 출마할 예정인 甲에게 "○○"라는 취지로 말하여 후보자가 되고자 하는 甲에게 재산상의 이익제공 의사표시를 하고, 공사의 직 제공의 의사표시를 하였다.

[기재례3] 선거인의 금품수수

1) 적용법조 : 제58조 제3호

2) 범죄사실 기재례

> 선거운동을 목적으로 금전·물품·차마·향응 기타 재산상의 이익이나 공사의 직을 제공받거나 그 제공의 의사표시를 승낙하여서는 아니 된다.
>
> 그럼에도 불구하고 피의자는 20○○. ○. ○. 11:00경 ○○에 있는 ○○에서 20○○. ○. ○. 실시하는 제○회 전국동시 조합장 선거에서 ○○농업협동조합 조합장에 출마한 甲으로부터 지지를 부탁받고서 ○○만원을 제공받았다.

[기재례4] 돈 봉투를 운반하다 적발된 경우

1) 적용법조 : 제58조 제5호

2) 범죄사실 기재례

> 피의자는 20○○. ○. ○. 실시하는 제○회 전국동시 조합장 선거에서 ○○농업협동조합 조합장에 출마하기 위해 20○○. ○. ○. 후보자로 등록하였다.
>
> 선거운동을 목적으로 후보자등록개시일부터 선거일까지 포장된 선물 또는 돈 봉투 등 다수의 선거인(선거인의 가족 또는 선거인이나 그 가족이 설립·운영하고 있는 기관·단체·시설을 포함한다)에게 배부하도록 구분된 형태로 되어 있는 금품을 운반하여서는 아니 된다.
>
> 그럼에도 불구하고 피의자는 20○○. ○. ○. ○○:○○경 관할 조합원들에게 나누어주기 위해 다수의 선거인에게 배부하도록 구분된 형태인 50만원이 든 돈 봉투 10개를 007가방 속에 넣고 운반하였다.

■ 판례 ■ **축산업협동조합장 선거에 출마한 피고인이 선거운동을 목적으로 선거인 甲 또는 선거인의 가족 乙에게 금전을 제공하였다는 내용으로 공공단체등 위탁선거에 관한 법률 위반죄가 인정된 사안**

축산업협동조합장 선거에 출마한 피고인이 선거운동을 목적으로 선거인 甲 또는 선거인의 가족 乙에게 금전을 제공하였다는 내용으로 공공단체등 위탁선거에 관한 법률 위반죄가 인정된 사안에서, 피고인이 선거운동 목적으로 제공한 금전을 그대로 돌려받았다면 제공자인 피고인으로부터 이를 몰수하거나 그 가액을 추징하여야 함에도, 피고인이 甲, 乙에게 금전을 제공하였다가 돌려받았으므로 위 범행으로 이익을 받았다고 볼 수 없다는 이유로 그 가액의 추징을 선고하지 아니한 원심판결에 같은 법 제60조의 추징에 관한 법리를 오해하여 필요한 심리를 다하지 아니한 잘못이 있다.(대법원 2017.5.17. 선고, 2016도11941, 판결)

2. 기부행위의 제한

1) 적용법조 : 제59조, 제35조 ☞ 공소시효 5년

제35조(기부행위제한) ① 후보자(후보자가 되려는 사람을 포함한다. 이하 이 조에서 같다), 후보자의 배우자, 후보자가 속한 기관·단체·시설은 기부행위제한기간 중 기부행위를 할 수 없다.
② 누구든지 기부행위제한기간 중 해당 위탁선거에 관하여 후보자를 위하여 기부행위를 하거나 하게 할 수 없다. 이 경우 후보자의 명의를 밝혀 기부행위를 하거나 후보자가 기부하는 것으로 추정할 수 있는 방법으로 기부행위를 하는 것은 해당 위탁선거에 관하여 후보자를 위한 기부행위로 본다.
③ 누구든지 기부행위제한기간 중 해당 위탁선거에 관하여 제1항 또는 제2항에 규정된 자로부터 기부를 받거나 기부의 의사표시를 승낙할 수 없다.
④ 누구든지 제1항부터 제3항까지 규정된 행위에 관하여 지시·권유·알선 또는 요구할 수 없다.
⑤ 「농업협동조합법」, 「수산업협동조합법」에 따른 조합장·중앙회장과 「산림조합법」에 따른 조합장은 재임 중에 기부행위를 할 수 없다.

2) 범죄사실 기재례

[기재례1] 후보자의 금품 기부행위 (제59조, 제35조 제1항)

> 후보자(후보자가 되려는 사람을 포함한다. 이하 이 조에서 같다), 후보자의 배우자, 후보자가 속한 기관·단체·시설은 기부행위제한기간 중 기부행위를 할 수 없다.
> 그럼에도 불구하고 피의자는 20○○. ○. ○. 실시하는 제○회 전국동시 조합장 선거에서 ○○농업협동조합 조합장 선거와 관련 20○○. ○. ○. 경 ○○에서 조합 이사 김길동에게 ○○지역 영농조합원들에게 인사를 해야 하는데 자기가 나설 수 없으니 도와 달라고 부탁하면서 측근인 甲을 통해 현금 1,000만원을 제공하고, 금품을 수수한 이사 김길동은 1,000만원을 영농조합원협의회장 등 8명에게 제공하였다.

[기재례2] 조합원들에게 식사를 제공하고 식비를 납부 (제59조, 제35조 제2항)

> 누구든지 기부행위제한기간 중 해당 위탁선거에 관하여 후보자를 위하여 기부행위를 하거나 하게 할 수 없다.
> 그럼에도 불구하고 피의자는 20○○. ○. ○. ○○:○○경 ○○에 있는 ○○식당 방안에서 20○○. ○. ○.실시되는 제○회 전국동시 조합장 선거 후보자인 甲을 위하여 ○○지역 조합원인 홍길녀(여, 40세) 등 별지 "기부받은 대상자 명단"과 같이 ○○명에게 점심 메뉴인 불고기 정식(단가 6,000원)을 제공하고 그 식대로 ○○만원을 계산하여 위 甲을 위하여 기부행위를 하였다.

■ **판례** ■ **농업협동조합 조합장으로 하여금 재임 중 일체의 기부행위를 할 수 없도록 규정한 취지**

[1] 공공단체등 위탁선거에 관한 법률 제32조에 해당하는 금전·물품 등의 제공행위는 같은 법 제33조에서 허용되는 것으로 열거된 행위에 해당하지 않는 이상, 조합장 등의 재임 중 기부행위금지 위반을 처벌하는 같은 법 제59조의 구성요건해당성이 인정되는지 여부(적극)

  공공단체등 위탁선거에 관한 법률(이하 '위탁선거법'이라고 한다) 제35조 제5항은 '농업협동조합법에 따른 조합장 등은 재임 중에 기부행위를 할 수 없다.'고 규정하고 제59조는 이를 위반한 자를 처벌하도록 규정하고 있으며, 제32조는 위와 같이 금지되는 기부행위의 정의를 '선거인(선거인명부를 작성하기 전에는 그 선거인명부에 오를 자격이 있는 자를 포함한다)이나 그 가족(선거인의 배우자, 선거인 또는 그 배우자의 직계존비속과 형제자매, 선거인의 직계존비속 및 형제자매의 배우자를 말한다), 선거인이나 그 가족이 설립·운영하고 있는 기관·단체·시설을 대상으로 금전·물품 또는 그 밖의 재산상 이익을 제공하거나 그 이익제공의 의사를 표시하거나 그 제공을 약속하는 행위'로 규정한 후, 제33조에서 기부행위로 보지 않는 행위로서 직무상의 행위, 의례적 행위 등을 열거하면서 같은 조 제1항 제1호 (나)목에서 직무상의 행위 중 하나로서 '위탁단체가 해당 법령이나 정관 등에 따른 사업계획 및 수지예산에 따라 집행하는 금전·물품을 그 위탁단체의 명의로 제공하는 행위'를 규정하고 있다. 이러한 위탁선거법의 규정방식에 비추어, 위탁선거법 제32조에 해당하는 금전·물품 등의 제공행위는 같은 법 제33조에서 허용되는 것으로 열거된 행위에 해당하지 아니하는 이상, 조합장 등의 재임 중 기부행위금지 위반을 처벌하는 같은 법 제59조의 구성요건해당성이 인정된다.

[2] 공공단체등 위탁선거에 관한 법률 제59조, 제35조 제5항이 농업협동조합 조합장으로 하여금 재임 중 일체의 기부행위를 할 수 없도록 규정한 취지

농업협동조합(이하 '농협'이라고 한다)은 농업협동조합법이 정하는 국가적 목적을 위하여 설립되는 공공성이 강한 법인으로, 공공단체등 위탁선거에 관한 법률(이하 '위탁선거법'이라고 한다) 제59조, 제35조 제5항이 농협의 조합장으로 하여금 선거 관련 여부를 불문하고 재임 중 일체의 기부행위를 할 수 없도록 규정한 취지는 기부행위라는 명목으로 매표행위를 하는 것을 방지함으로써 조합장 선거의 공정성을 확보하기 위한 것이다. 즉, 위와 같은 기부행위가 조합장의 지지기반을 조성하는 데에 기여하거나 조합원에 대한 매수행위와 결부될 가능성이 높아 이를 허용할 경우 조합장 선거 자체가 후보자의 인물·식견 및 정책 등을 평가받는 기회가 되기보다는 후보자의 자금력을 겨루는 과정으로 타락할 위험성이 있어 이를 방지하기 위한 것이다. 특히 농협 조합장은 조합원 중에서 정관이 정하는 바에 따라 조합원이 총회 또는 총회 외에서 투표로 직접 선출하거나, 대의원회가 선출하거나, 이사회가 이사 중에서 선출하므로(농업협동조합법 제45조 제5항), 조합장 선거는 투표자들이 비교적 소수로서 서로를 잘 알고 있고 인정과 의리를 중시하는 특정집단 내에서 이루어지며, 적은 표 차이로 당락이 결정되고 그 선거운동방법은 후보자와 선거인의 직접적인 접촉이 주를 이루게 되며, 이에 따라 후보자의 행위가 선거의 당락에 직접적으로 영향을 미친다는 특징이 있다. 뿐만 아니라 조합장 선거의 당선인은 지역농협을 대표하고 총회와 이사회의 의장이 되며, 지역농협의 직원을 임면하는 등(농업협동조합법 제46조 제1항, 제3항, 제56조 제1항) 지역농협의 존속·발전에 상당한 영향력을 미칠 수 있기 때문에 선거인의 입장에서 누가 조합장으로 당선되는지가 중요하고, 조합장 선거에 관심이 높을 수밖에 없다. 위와 같은 특성으로 인하여 조합장 선거는 자칫 과열·혼탁으로 빠질 위험이 높아 선거의 공정성 담보가 보다 높게 요구된다고 할 것인바, 조합장으로 하여금 재임 중 일체의 기부행위를 금지하는 것은 위탁선거가 가지는 고유한 특성을 고려하여 위탁선거의 과열과 혼탁을 방지하고 나아가 선거의 공정성 담보를 도모하기 위함이다. (대법원 2022. 2. 24., 선고, 2020도17430, 판결)

3. 허위사실 공표죄

1) 적용법조 : 제61조 제1항(유리), 제2항(불리) ☞ 공소시효 5년

제61조(허위사실 공표죄) ① 당선되거나 되게 할 목적으로 선거공보나 그 밖의 방법으로 후보자(후보자가 되려는 사람을 포함한다. 이하 이 조에서 같다)에게 유리하도록 후보자, 그의 배우자 또는 직계존비속이나 형제자매에 관하여 허위의 사실을 공표한 자는 3년 이하의 징역 또는 3천만원 이하의 벌금에 처한다.
② 당선되지 못하게 할 목적으로 선거공보나 그 밖의 방법으로 후보자에게 불리하도록 후보자, 그의 배우자 또는 직계존비속이나 형제자매에 관하여 허위의 사실을 공표한 자는 5년 이하의 징역 또는 500만원 이상 5천만원 이하의 벌금에 처한다.

2) 범죄사실 기재례

당선되거나 되게 할 목적으로 선거공보나 그 밖의 방법으로 후보자에게 유리하도록 후보자, 그의 배우자 또는 직계존비속이나 형제자매에 관하여 허위의 사실을 공표하여서는 아니 된다.
그럼에도 불구하고 피의자는 20○○. ○. ○. ○○:○○경 ○○에 있는 피의자 선거사무실에서 선거에 당선될 목적으로 "○○"라는 등의 내용으로 된 선전문서를 "○○○단체" 등의 명의를 도용하여 2,000여 매를 인쇄하여 홍길녀 등 50명을 1인당 일당 5만원씩 주기로 모집하여 20○○. ○. ○. ○○:○○경 ○○일대에 배포하게 하여 공표하였다.

4. 후보자 비방행위

1) 적용법조 : 제62조 ☞ 공소시효 5년

제62조(후보자 등 비방죄) 선거운동을 목적으로 선거공보나 그 밖의 방법으로 공연히 사실을 적시하여 후보자(후보자가 되려는 사람을 포함한다), 그의 배우자 또는 직계존비속이나 형제자매를 비방한 자는 2년 이하의 징역 또는 2천만원 이하의 벌금에 처한다. 다만, 진실한 사실로서 공공의 이익에 관한 때에는 처벌하지 아니한다

2) 범죄사실 기재례

선거운동을 목적으로 선거공보나 그 밖의 방법으로 공연히 사실을 적시하여 후보자(후보자가 되려는 사람을 포함한다), 그의 배우자 또는 직계존비속이나 형제자매를 비방하여서는 아니 된다.
그럼에도 불구하고 피의자는 20○○. ○. ○. ○○에서 제○회 전국동시 조합장 선거의 ○○농협장 선거에 출마한 홍길동 후보를 상대로 "홍길동은 젊었을 때 본부인과 이혼하고 두 번째 부인은 술집 마담으로 일할 때 알게 되어 결혼하였다"라고 말하는 등 공연히 사실을 적시하여 위 홍길동을 비방하였다.

5. 호별방문

1) 적용법조 : 제66조 제11호, 제38조 ☞ 공소시효 5년

> **제38조(호별방문 등의 제한)** 누구든지 선거운동을 위하여 선거인(선거인명부작성 전에는 선거인명부에 오를 자격이 있는 자를 포함한다)을 호별로 방문하거나 특정 장소에 모이게 할 수 없다.
> **제66조(각종 제한규정 위반죄)** 다음 각 호의 어느 하나에 해당하는 자는 2년 이하의 징역 또는 2천만원 이하의 벌금에 처한다.
>   11. 제38조를 위반한 자

2) 범죄사실 기재례

> 피의자는 20○○. ○. ○. 실시하는 제○회 전국동시 조합장 선거에서 ○○농업협동조합 조합장에 출마하기 위해 20○○. ○. ○. 후보자로 등록하였다.
> 누구든지 선거운동을 위하여 선거인(선거인명부작성 전에는 선거인명부에 오를 자격이 있는 자를 포함한다)을 호별로 방문하거나 특정 장소에 모이게 할 수 없다.
> 그럼에도 불구하고 피의자는 20○○. ○. ○.부터 10:00부터 12:00까지 선거인에게 자신을 찍어 달라고 부탁하기 위해 ○○에 사는 김말자의 집을 비롯하여 같은 마을에 있는 선거인의 집 20호를 호별방문하여 선거운동을 하였다.

3) 신문사항
   - 홍길동과 어떤 관계인가
   - 홍길동이 제○○대 ○○조합장에 출마할 계획인가
   - 호별방문한 일이 있는가
   - 언제부터 언제까지 총 몇 호를 방문하였는가
   - 방문하면서 뭐라면서 누구 지지를 부탁하였는가
   - 누구와 같이 방문하였는가

■ **판례** ■   **호별방문죄의 성립요건**

호별방문죄는 연속적으로 두 집 이상을 방문함으로써 성립하고, 반드시 그 거택 등에 들어가야 하는 것은 아니므로, 방문한 세대수가 3세대에 불과하다거나 출입문 안으로 들어가지 아니한 채 대문 밖에 서서 인사를 하였다는 이유만으로 가벌적 위법성이 없다고 할 수 없다(대법원 2000.2. 25. 선고 99도4330 판결).

■ **판례** ■   **타인을 면담하기 위하여 방문하였으나 피방문자가 부재중이어서 들어가지 못한 경우에도 호별방문죄가 성립할 수 있는지 여부(적극)**

호별방문죄는 타인과 면담하기 위하여 그 거택 등에 들어간 경우는 물론 타인을 면담하기 위하여 방문하였으나 피방문자가 부재중이어서 들어가지 못한 경우에도 성립하는 것이다(대법원 1999. 11.12. 선고 99도2315 판결).

6. 기 타

제66조(각종 제한규정 위반죄) 다음 각 호의 어느 하나에 해당하는 자는 2년 이하의 징역 또는 2천만원 이하의 벌금에 처한다.

1. 제24조를 위반하여 후보자가 아닌 자가 선거운동을 하거나 제25조부터 제30조의2까지의 규정에 따른 선거운동방법 외의 방법으로 선거운동을 하거나 선거운동기간이 아닌 때에 선거운동을 한 자. 다만, 제24조의2제7항에 따라 선거운동을 한 예비후보자는 제외한다.

1의2. 제24조의2제7항을 위반하여 선거운동을 한 자

2. 제25조에 따른 선거공보의 종수 · 수량 · 면수 또는 배부방법을 위반하여 선거운동을 한 자

3. 제26조에 따른 선거벽보의 종수 · 수량 또는 첩부방법을 위반하여 선거운동을 한 자

4. 제27조를 위반하여 선거운동을 한 자 ⇒ 어깨띠 · 윗옷 · 소품

5. 제28조에 따른 통화방법 또는 시간대를 위반하여 선거운동을 한 자

6. 제29조를 위반하여 해당 위탁단체가 아닌 자가 개설 · 운영하는 인터넷 홈페이지를 이용하여 선거운동을 한 자

7. 제30조에 따른 명함의 규격 또는 배부방법을 위반하여 선거운동을 한 자

7의2. 제30조의2제4항을 위반하여 투표관리관등의 제지명령에 불응한 자

8. 제31조를 위반한 자

9. 제36조를 위반하여 축의 · 부의금품을 제공한 자

10. 제37조를 위반한 자

11. 제38조를 위반한 자

12. 제73조제3항을 위반하여 출입을 방해하거나 자료제출의 요구에 응하지 아니한 자 또는 허위자료를 제출한 자

13. 제75조제2항을 위반한 자

제31조(지위를 이용한 선거운동금지 등) 위탁단체의 임직원은 다음 각 호의 어느 하나에 해당하는 행위를 할 수 없다.

1. 지위를 이용하여 선거운동을 하는 행위

2. 지위를 이용하여 선거운동의 기획에 참여하거나 그 기획의 실시에 관여하는 행위

3. 후보자(후보자가 되려는 사람을 포함한다)에 대한 선거권자의 지지도를 조사하거나 이를 발표하는 행위

제37조(선거일 후 답례금지) 후보자, 후보자의 배우자, 후보자가 속한 기관 · 단체 · 시설은 선거일 후 당선되거나 되지 아니한 데 대하여 선거인에게 축하 · 위로나 그 밖의 답례를 하기 위하여 다음 각 호의 어느 하나에 해당하는 행위를 할 수 없다.

1. 금전 · 물품 또는 향응을 제공하는 행위

2. 선거인을 모이게 하여 당선축하회 또는 낙선에 대한 위로회를 개최하는 행위

제75조(위탁선거범죄신고자 등의 보호) ① 이 법에 규정된 범죄에 관한 신고 · 진정 · 고소 · 고발 등 조사 또는 수사단서의 제공, 진술 또는 증언, 그 밖의 자료제출행위 및 범인검거를 위한 제보 또는 검거활동을 한 사람이 그와 관련하여 피해를 입거나 입을 우려가 있다고 인정할 만한 상당한 이유가 있는 경우 해당 범죄에 관한 형사 절차 및 관할위원회의 조사과정에서는 「특정범죄신고자 등 보호법」 제5조(불이익처우의 금지) · 제7조(인적 사항의 기재 생략) · 제9조(신원관리카드의 열람)부터 제12조(소송진행의 협의 등)까지 및 제16조(범죄신고자등에 대한 형의 감면)를 준용한다.

② 누구든지 제1항에 따라 보호되고 있는 범죄신고자 등이라는 정을 알면서 그 인적사항 또는 범죄신고자 등임을 알 수 있는 사실을 다른 사람에게 알려주거나 공개 또는 보도하여서는 아니 된다.

제 14 장 공유수면 관리 및 매립에 관한 법률

I. 개념정의 및 적용범위

1. 개념정의

제2조(정의) 이 법에서 사용하는 용어의 뜻은 다음과 같다.
1. "공유수면"이란 다음 각 목의 것을 말한다.
  가. 바다 : 「공간정보의 구축 및 관리 등에 관한 법률」 제6조제1항제4호에 따른 해안선으로부터 「배타적경제수역법」 에 따른 배타적 경제수역 외측 한계까지의 사이
  나. 바닷가 : 「공간정보의 구축 및 관리 등에 관한 법률」 제6조제1항제4호에 따른 해안선으로부터 지적공부(地籍公簿)에 등록된 지역까지의 사이
  다. 하천 · 호소(湖沼) · 구거(溝渠), 그 밖에 공공용으로 사용되는 수면 또는 수류(水流)로서 국유인 것
2. "포락지"란 지적공부에 등록된 토지가 물에 침식되어 수면 밑으로 잠긴 토지를 말한다.
3. "간석지"란 만조수위선(滿潮水位線)과 간조수위선(干潮水位線) 사이를 말한다.
4. "공유수면매립"이란 공유수면에 흙, 모래, 돌, 그 밖의 물건을 인위적으로 채워 넣어 토지를 조성하는 것(간척을 포함한다)을 말한다.

2. 적용범위

제3조(적용배제 등) ① 다음 각 호의 어느 하나에 해당하는 경우에는 공유수면의 점용 · 사용에 관한 이 법의 규정을 적용하지 아니한다.
1. 「하천법」 이 적용되거나 준용되는 공유수면
2. 「소하천정비법」 이 적용되거나 준용되는 공유수면
3. 「농어촌정비법」 제2조 제6호에 따른 농업생산기반시설 안의 공유수면
4. 「항만법」 제2조 제5호에 따른 항만시설에 해당하는 공유수면
5. 「어촌 · 어항법」 제2조 제5호에 따른 어항시설에 해당하는 공유수면
② 다음 각 호의 어느 하나에 해당하는 경우에는 공유수면매립에 관한 이 법의 규정을 적용하지 아니한다.
1. 다른 법령에 따라 구거 또는 저수지를 변경하기 위한 매립
2. 제8조 제1항 제4호에 따른 공유수면의 매립
③ 다음 각 호의 어느 하나에 해당하는 경우에는 공유수면매립에 관한 이 법의 규정을 준용한다.
1. 수산물양식장의 축조
2. 조선시설(造船施設)의 설치
3. 조력(潮力)을 이용하는 시설물의 축조
4. 공유수면의 일부를 구획한 영구적인 설비의 축조

II. 벌 칙

제62조(벌칙) 다음 각 호의 어느 하나에 해당하는 자는 3년 이하의 징역 또는 3천만원 이하의 벌금에 처한다.
　1. 제5조를 위반하여 금지된 행위를 한 자
　2. 제8조 제1항에 따른 점용·사용허가를 받지 아니하고 공유수면을 점용·사용한 자
　3. 제8조 제1항에 따른 점용·사용허가를 거짓이나 그 밖의 부정한 방법으로 받은 자
　4. 제28조에 따른 매립면허를 받지 아니하고 공유수면을 매립하거나 매립공사를 한 자
　5. 제28조에 따른 매립면허를 거짓이나 그 밖의 부정한 방법으로 받은 자
　6. 제48조 제1항 본문을 위반하여 매립목적을 변경하여 사용한 자

제63조(벌칙) 다음 각 호의 어느 하나에 해당하는 자는 2년 이하의 징역 또는 2천만원 이하의 벌금에 처한다.
　1. 제38조에 따른 매립실시계획의 승인(변경승인을 포함한다)을 받지 아니하고 매립공사를 착수한 자
　2. 제44조 제1항 단서에 따른 준공검사 전 사용허가를 받지 아니하고 매립지에 건축물·시설물, 그 밖의 인공구조물을 설치하는 등 매립지를 사용한 자
　3. 제45조에 따른 준공검사를 받지 아니하고 매립지를 사용하거나 보완공사 등 필요한 조치를 따르지 아니하고 매립지를 사용한 자
　4. 제49조에 따른 매립목적 변경승인을 받지 아니하고 매립목적을 변경하여 매립지나 매립예정지를 사용한 자
　5. 제54조 제2항에 따른 원상회복 명령을 따르지 아니한 자

제64조(벌칙) 다음 각 호의 어느 하나에 해당하는 자는 1년 이하의 징역 또는 1천만원 이하의 벌금에 처한다.
　1. 제6조 제1항, 제19조 제1항 및 제20조에 따른 공유수면관리청의 명령을 따르지 아니한 자
　2. 제8조 제8항 본문을 위반하여 허가받은 공유수면을 다른 사람에게 점용·사용하게 한 자
　3. 제21조 제2항에 따른 원상회복 명령을 따르지 아니한 자
　4. 제52조제1항에 따른 매립면허관청의 명령을 따르지 아니한 자

제65조(양벌규정) 법인의 대표자나 법인 또는 개인의 대리인, 사용인, 그 밖의 종업원이 그 법인 또는 개인의 업무에 관하여 제62조부터 제64조까지의 어느 하나에 해당하는 위반행위를 하면 그 행위자를 벌하는 외에 그 법인 또는 개인에게도 해당 조문의 벌금형을 과(科)한다. 다만, 법인 또는 개인이 그 위반행위를 방지하기 위하여 해당 업무에 관하여 상당한 주의와 감독을 게을리하지 아니한 경우에는 그러하지 아니하다.

III. 범죄사실

1. 금지행위 위반

1) 적용법조 : 제62조 제1호, 제5조 제○호 　☞　 공소시효 5년

제5조(금지행위) 누구든지 공유수면에서 정당한 사유 없이 다음 각 호의 어느 하나에 해당하는 행위를 하여서는 아니 된다.
　1. 폐기물, 폐유, 폐수, 오수, 분뇨, 가축분뇨, 오염토양, 유독물, 동물의 사체, 그 밖에 국토교통부령으로 정하는 오염물질을 버리거나 흘러가게 하는 행위
　2. 수문(水門) 또는 그 밖에 공유수면의 관리를 위한 시설물을 개폐(開閉)하거나 훼손하는 행위
　3. 선박을 버리거나 방치하는 행위
※ 시행규칙
제2조(오염물질) 「공유수면 관리 및 매립에 관한 법률」(이하 "법"이라 한다) 제5조제1호에서 "국토교통부령으로 정하는 오염물질"이란 다음 각 호의 물질을 말한다.
　1. 폐타이어　　　　　　　　2. 폐스티로폼

2) 범죄사실 기재례

[기재례1] 우천시를 이용 분뇨를 버리는 경우(1호)

누구든지 공유수면에서 정당한 사유 없이 폐기물·폐유·폐수·오수·분뇨·가축분뇨·유독물 또는 동물의 사체류 그 밖에 국토교통부령이 정하는 오염물질을 버리거나 흘러가게 하는 행위를 하여서는 아니 된다.

그럼에도 불구하고 피의자는 정당한 이유없이 20○○. ○. ○.경 공유수면인 ○○에 우천을 이용하여 자신의 집 재래식 화장실 분뇨 약 ○○톤을 버렸다.

[기재례2] 시설물 개폐 또는 훼손행위(2호)

누구든지 공유수면에서 정당한 사유 없이 수문 또는 그 밖에 공유수면의 관리를 위한 시설물을 개폐 또는 훼손하는 행위를 하여서는 아니 된다.

그럼에도 불구하고 피의자는 20○○. ○. ○.경 ○○에 있는 자신의 양어장에 물을 공급하기 위해 ○○에 있는 공유수면의 관리를 위한 시설물인 수문을 개폐하였다.

[기재례3] 공유수면에 고장 난 선박을 방치한 경우(3호)

누구든지 공유수면에서 정당한 사유 없이 공유수면에 선박을 버리거나 방치하는 행위를 하여서는 아니 된다.

그럼에도 불구하고 피의자는 20○○. ○. ○.경 공유수면인 ○○에 자신 소유 목선 약 ○○톤이 기관 고장으로 더 이상 수리를 할 수 없어 폐선하기 위해 정당한 이유없이 방치하였다.

3) 신문사항

- 선박을 방치한 일이 있는가
- 언제 어디에 방치하였나
- 어떤 선박인가
- 그곳이 공유수면이라는 것을 알고 있는가
- 무엇 때문에 그곳에 방치하였나
- 선박을 방치함으로써 공유수면 관리에 지장을 준다는 생각을 하지 않았는가
- 앞으로 어떻게 조치할 것인가

2. 공유수면 무단점용

1) 적용법조 : 제62조 제2호, 제8조 제1항 제1호 ☞ 공소시효 5년

제8조(공유수면의 점용·사용허가) ① 다음 각 호의 어느 하나에 해당하는 행위를 하려는 자는 대통령령으로 정하는 바에 따라 공유수면관리청으로부터 공유수면의 점용 또는 사용(이하 "점용·사용"이라 한다)의 허가(이하 "점용·사용허가"라 한다)를 받아야 한다. 다만, 제28조에 따라 매립면허를 받은 자가 매립면허를 받은 목적의 범위에서 해당 공유수면을 점용·사용하려는 경우에는 그러하지 아니하다.
1. 공유수면에 부두, 방파제, 교량, 수문, 건축물(「건축법」 제2조제1항제2호에 따른 건축물로서 공유수면에 토지를 조성하지 아니하고 설치한 건축물을 말한다. 이하 이 장에서 같다), 그 밖의 인공구조물을 신축·개축·증축 또는 변경하거나 제거하는 행위
2. 공유수면에 접한 토지를 공유수면 이하로 굴착(掘鑿)하는 행위
3. 공유수면의 바닥을 준설(浚渫)하거나 굴착하는 행위
4. 대통령령으로 정하는 포락지 또는 개인의 소유권이 인정되는 간석지를 토지로 조성하는 행위
5. 공유수면으로부터 물을 끌어들이거나 공유수면으로 물을 내보내는 행위. 다만, 국토교통부령으로 정하는 행위는 제외한다.
6. 공유수면에서 흙이나 모래 또는 돌을 채취하는 행위
7. 공유수면에서 식물을 재배하거나 베어내는 행위
8. 공유수면에 흙 또는 돌을 버리는 등 공유수면의 수심(水深)에 영향을 미치는 행위
9. 점용·사용허가를 받아 설치된 시설물로서 국가나 지방자치단체가 소유하는 시설물을 점용·사용하는 행위
10. 공유수면에서 「광업법」 제3조제1호에 따른 광물을 채취하는 행위
11. 제1호부터 제10호까지에서 규정한 사항 외에 공유수면을 점용·사용하는 행위
⑧ 점용·사용허가를 받은 자는 그 허가받은 공유수면을 다른 사람이 점용·사용하게 하여서는 아니 된다. 다만, 국방 또는 자연재해 예방 등 공익을 위하여 필요한 경우로서 공유수면관리청의 승인을 받은 경우에는 그러하지 아니하다.
※ **시행령 제5조(포락지의 범위)** 법 제8조 제1항 제4호에서 "대통령령으로 정하는 포락지"란 다음 각 호의 요건을 모두 갖춘 곳을 말한다.
1. 지적공부(地籍公簿)에 등록된 소유자와 등기부상의 소유자가 서로 일치하는 곳
2. 토지조성이 물리적으로 가능한 곳
3. 토지의 조성에 드는 비용을 고려할 때 경제적 가치가 있거나 인접토지의 활용도 등을 고려할 때 토지조성이 필요하다고 인정되는 곳

2) 범죄사실 기재례

> 공유수면에 부두·방파제·교량·수문·건축물, 그 밖의 공작물을 신축·개축·증축 또는 변경하거나 제거하는 행위를 하려는 자는 공유수면관리청으로부터 공유수면의 점용 또는 사용의 허가를 받아야 한다.
> 그럼에도 불구하고 피의자는 허가없이 200○.○.○. 위 공유수면에 ○○○크기의 컨테이너인 공작물을 설치하여 공유수면을 점용하였다.

3) 신문사항

- 공유수면에 공작물을 신축한 일이 있는가
- 언제 어디의 공유수면에 신축하였나

- 어떠한 공작물을 신축(또는 개축, 증축, 변경하거나 제거하는 행위)하였나
- 어떠한 방법으로
- 관리청의 점용허가를 받았나
- 왜 점용허가를 받지 않고 신축하였나

■ 판례 ■   공유수면의 '점용' 및 '사용' 의 의미

[1] 공유수면 관리 및 매립에 관한 법률상 공유수면의 '점용' 및 '사용' 의 의미

공유수면 관리 및 매립에 관한 법률 제2조 제1호, 제8조 제1항, 제8항, 제11조, 제21조, 하천법 제33조, 제37조, 하천법 시행령 제35조, 도로법 제61조 및 공물의 점용은 유형적·고정적인 특별사용에 해당한다는 판례의 취지에 비추어 볼 때, 공유수면법상 점용은 유형적·고정적인 형태를 요구하는 계속적인 이용을 의미하고, 허가를 받아야 하는 공유수면의 사용은 공물의 본래의 용법을 벗어나 특정한 목적을 위하여 이용되나 유형적·고정적인 형태에는 이르지 못한 정도의 일시적·단속적(斷續的)·반복적 이용을 의미한다. 따라서 공유수면법상 점용의 의미를 특정한 목적을 위하여 공유수면을 고정적·계속적으로 이용하는 것으로, 공유수면법상 사용의 의미를 특정한 목적을 위하여 공유수면을 일시적·단속적·반복적으로 이용하는 것으로 정의할 수 있다.

[2] 피고인들이 공유수면관리청의 허가 없이 공유수면인 해상에 플로팅 도크(floating dock, 浮游船渠)를 일시적으로 묘박(錨泊)해 두고 선박진수 작업을 한 행위는 공유수면을 '점용' 하고 있다고 보기 어려우나, '사용' 하는 것에 해당하여 공유수면관리청으로부터 사용허가를 받아야 한다는 이유로 유죄를 인정한 사례

해당 공유수면은 선박 또는 일반 어선들이 항해할 수 있는 곳으로, 피고인들이 배를 진수하기 위하여 플로팅 도크를 일시 묘박하는 행위는 다른 선박의 안전운항 및 해상교통질서에 지장을 줄 위험이 있는 점, 피고인들도 플로팅 도크를 통해 배를 진수하는 경우 지방해양항만청으로부터 진수 지역에 대한 통항선 및 진수 선박의 관제에 관한 업무 협조를 받고 있는 점, 피고인들은 본래의 용법에 의한 사용에서 벗어나 특정한 목적을 위하여 해당 공유수면을 일정기간 동안 단속적·반복적으로 이용하고 있는 점 등 제반 사정을 종합할 때, 피고인들의 행위는 공유수면을 '점용' 하고 있다고 보기 어려우나, '사용' 하는 것에 해당하여 공유수면관리청으로부터 사용허가를 받아야 한다(창원지법 2015.2.11.선고 2013노2387판결).

■ 판례 ■   리 주민들로 구성된 '개발위원회'가 공유수면점용허가를 받은 경우에 그 주민 중 1인이 그곳에 조립식 건물인 간이매점을 설치한 행위가 허가없이 공유수면을 점용한 것이 되는지 여부(소극)

점용목적을 유원지로 한 공유수면점용허가가 주민 3인 명의로 되어 있더라도 리 주민들이 구성한 단체인 '광덕 2리 개발위원회' 가 그 점용허가를 받은 것으로 해석되는 경우에 광덕 2리 주민 26명 가운데 한 사람이 그곳에 조립식 건물인 간이매점을 설치하였다면 이는 점용부지 내에 정당한 절차 없이 구조물 및 공작물을 설치하거나 변경하여서는 안된다라는 허가조건에 위배된 행위로서 허가취소사유에 해당됨은 별론으로 하고 허가없이 공유수면을 점용한 것이라고는 볼 수 없다(대법원 1990.10.10. 선고 90도1964 판결).

■ 판례 ■   무허가공유수면점용죄의 주체

관리청의 허가없이 회사소유의 선박을 정박함으로써 공유수면을 점용한 경우에 그 선박의 소유자인 회사나 회사의 업무결정권을 가질 기관 또는 선장 등과 같이 선박운항의 결정권을 가진 자라야 한다(대법원 1987.1.20. 선고 85도221 판결).

3. 공유수면 내에서 무허가 바다모래 채취

1) 적용법조 : 제62조 제2호, 제8조 제1항 제6호　☞　공소시효 5년

2) 범죄사실 기재례

> 　　공유수면에서 토석·모래 또는 자갈을 채취하는 행위를 하려는 자는 공유수면관리청으로부터 공유수면의 점용 또는 사용의 허가를 받아야 한다.
> 　　그럼에도 불구하고 피의자는 허가없이 20○○. ○. ○. 공유수면인 ○○앞바다(북위 36도 10분, 동경 126도 22분)에서 피의자가 운항하는 이 회사소속 가곡1호 선박으로 바다모래 1,000㎡를 채취하였다.

3) 신문사항

- 바닷모래를 채취한 일이 있는가
- 어디에서 채취하였는가(좌표)
- 그곳이 공유수면이라는 것을 알고 있는가
- 언제부터 어떤 방법으로 채취하였는가
- 운반선박의 소유자는 누구인가(선박명, 톤수 등)
- 채취량은 어느 정도인가
- 채취허가를 받았는가
- 왜 허가 없이 채취하였는가

■ **판례** ■　　**공유수면관리법상 채취허가를 받은 자가 허가채취량을 초과하여 토석을 채취한 경우**

공유수면관리법 제18조 제1호는 처음부터 관리청의 허가 없이 토석이나 사력을 채취하는 자를 처벌하는 것 뿐만 아니라 관리청으로부터 채취허가를 받았으나 그 허가된 채취량의 범위를 초과하여 토석이나 사력을 채취하는 자도 그 허가채취량을 초과한 범위 내에서 무허가채취행위로 처벌하려는 것이라고 보아야 한다(대법원 1995.4.25. 선고 94도1379 판결).

4. 원상회복 명령 위반

1) 적용법조 : 제64조 제3호, 제21조 제2항 ☞ 공소시효 5년

제21조(원상회복 등) ① 다음 각 호의 어느 하나에 해당하는 자(이하 이 조에서 "원상회복 의무자"라 한다)는 해당 공유수면에 설치한 인공구조물, 시설물, 흙·돌, 그 밖의 물건을 제거하고 해당 공유수면을 원상으로 회복시켜야 한다. 다만, 제8조 제1항 제4호의 행위를 하기 위하여 점용·사용허가를 받은 경우에는 그러하지 아니하다.
1. 점용·사용허가를 받지 아니하거나 공유수면의 점용·사용 협의 또는 승인을 받지 아니하고 점용·사용한 자
2. 점용·사용허가를 받거나 공유수면의 점용·사용 협의 또는 승인을 받은 면적을 초과하여 점용·사용한 자
3. 점용·사용 기간이 끝난 자
4. 점용·사용허가 또는 공유수면의 점용·사용 협의 또는 승인과 관계있는 사업이 폐지된 자
5. 점용·사용허가가 취소된 자
6. 공유수면의 점용·사용 협의 또는 승인이 취소된 자
② 공유수면관리청은 원상회복 의무자가 제1항에 따른 원상회복에 필요한 조치 등을 하지 아니하는 경우에는 기간을 정하여 공유수면의 원상회복을 명할 수 있다.

2) 범죄사실 기재례

> 피의자는 20○○. ○. ○.경 ○○에 있는 공유수면 ○○㎡를 ○○군수로부터 점사용허가를 받았으나 이를 초과한 약 ○○㎡를 더 사용하여 20○○. ○. ○. ○○군수로부터 20○○. ○. ○.까지를 기한으로 원상회복 명령을 받았다.
> 그럼에도 불구하고 피의자는 정당한 이유없이 20○○. ○. ○.까지 원상회복 명령을 이행하지 아니하였다.

3) 신문사항

- 공유수면 점·사용허가를 받은 일이 있는가
- 어떤 공유수면이며 그 면적은 어느 정도인가
- 어떤 용도로 허가를 받았는가
- 허가 받은 면적보다 초과사용한 일이 있는가
- 무엇 때문에 어느 정도를 초과사용 하였나
- 이와 관련 행정기관으로부터 원상회복 명령을 받은 일이 있는가
- 언제 어떠한 내용의 명령이었는가
- 그 기간 안에 원상회복을 하였는가
- 왜 원상회복을 하지 않았는가
- 현재는 어떤 상태로 유지하고 있는가
- 앞으로도 원상회복하지 않을 것인가

5. 매립면허를 받지 아니하고 매립공사

1) 적용법조 : 제62조 제4호, 제28조 제1항 제○호 ☞ 공소시효 5년

제28조(매립면허) ① 공유수면을 매립하려는 자는 대통령령으로 정하는 바에 따라 매립목적을 구체적으로 밝혀 다음 각 호의 구분에 따라 국토교통부장관, 시·도지사 또는 특별자치도지사(이하 "매립면허관청"이라 한다)로부터 공유수면 매립면허(이하 "매립면허"라 한다)를 받아야 한다.
1. 「항만법」 제3조제1항 각 호에 따른 항만구역의 공유수면 매립 : 국토교통부장관
2. 면적이 10만 ㎡ 이상인 공유수면 매립 : 국토교통부장관
3. 제1호 및 제2호에 따른 공유수면을 제외한 공유수면 매립 : 시·도지사 또는 특별자치도지사
② 매립예정지가 제1항 제1호에 따른 공유수면과 같은 항 제3호에 따른 공유수면에 걸쳐 있으면 국토교통부장관의 매립면허를 받아야 한다.
③ 제1항 제3호에 따른 공유수면의 매립으로서 매립예정지가 둘 이상의 특별시·광역시·도·특별자치도의 관할 지역에 걸쳐 있으면 관계 시·도지사 또는 특별자치도지사의 협의에 의하여 결정되는 시·도지사 또는 특별자치도지사의 면허를 받아야 한다. 다만, 협의가 성립되지 아니할 때에는 국토교통부장관이 지정하는 시·도지사 또는 특별자치도지사의 매립면허를 받아야 한다.

2) 범죄사실 기재례

공유수면을 매립하려는 자는 대통령령으로 정하는 바에 따라 매립목적을 구체적으로 밝혀 매립면허관청으로부터 공유수면 매립면허를 받아야 한다.
그럼에도 불구하고 피의자는 20○○. ○. ○.경부터 20○○. ○. ○.까지 공유수면인 ○○ 일대 약 ○○㎡를 ○○의 매립면허를 받지 아니하고 ○○에서 채취한 토석을 이용하여 매립 공사를 하였다.

3) 신문사항

- 피의자는 공유수면을 매립한 일이 있는가
- 어떠한 지역을 매립하였나(공유수면여부 확인)
- 매립면허를 받았나
- 왜 면허를 받지 않고 공사를 하였나
- 언제부터 언제까지 하였나
- 무엇 때문에 매립공사를 하였는가
- 어떠한 방법으로 매립하였나
- 피의자가 매립한 면적은 어느 정도인가

6. 매립목적변경 제한 위반

1) 적용법조 : 제62조 제6호, 제48조 제1항 ☞ 공소시효 5년

> 제48조(매립목적 변경의 제한) ① 매립면허취득자, 매립지의 소유권을 취득한 자와 그 승계인은 면허를 받은 매립예정지와 매립지 또는 준공검사를 받은 매립지에 대하여 준공검사 전이나 준공검사일부터 10년 이내에는 매립목적을 변경하여 사용할 수 없다. 다만, 대통령령으로 정하는 매립목적의 경미한 변경인 경우에는 그러하지 아니하다.

2) 범죄사실 기재례

> 피의자는 ○○에 있는 ○○을 20○○. ○. ○. 국토교통부장관으로부터 ○○목적으로 면허를 받아 20○○. ○. ○. 준공검사를 받은 자다.
>
> 매립면허취득자, 매립지의 소유권을 취득한 자와 그 승계인은 면허를 받은 매립예정지와 매립지 또는 준공검사를 받은 매립지에 대하여 준공검사 전이나 준공검사일부터 10년 이내에는 매립목적을 변경하여 사용할 수 없다.
>
> 그럼에도 불구하고 피의자는 20○○. ○. ○. 위 매립지를 ○○목적이 아닌 공장용지로 변경하여 사용하였다.

3) 신문사항

- ○○에 대해 매립면허를 받은 일이 있는가
- 언제 누구로부터 면허를 받았는가
- 매립목적이 무엇이였나
- 준공검사는 받았는가
- 언제 누구로부터 받았는가
- 준공검사 후 어떤 용도로 사용하였나
- 매립목적을 변경하여 사용한 일이 있는가
- 언제부터 어떤 용도로 사용하였나
- 어느 정도의 면적을 용도 외로 변경하여 사용하였나
- 사전 행정기관의 확인을 받았는가
- 무엇 때문에 변경 사용하였나

제 15 장 공인중개사법

I. 개념정의

> 제2조(정의) 이 법에서 사용하는 용어의 정의는 다음과 같다.
> 1. "중개"라 함은 제3조에 따른 중개대상물에 대하여 거래당사자간의 매매·교환·임대차 그 밖의 권리의 득실변경에 관한 행위를 알선하는 것을 말한다.
> 2. "공인중개사"라 함은 이 법에 의한 공인중개사자격을 취득한 자를 말한다.
> 3. "중개업"이라 함은 다른 사람의 의뢰에 의하여 일정한 보수를 받고 중개를 업으로 행하는 것을 말한다.
> 4. "개업공인중개사"라 함은 이 법에 의하여 중개사무소의 개설등록을 한 자를 말한다.
> 5. "소속공인중개사"라 함은 개업공인중개사에 소속된 공인중개사(개업공인중개사인 법인의 사원 또는 임원으로서 공인중개사인 자를 포함한다)로서 중개업무를 수행하거나 개업공인중개사의 중개업무를 보조하는 자를 말한다.
> 6. "중개보조원"이라 함은 공인중개사가 아닌 자로서 개업공인중개사에 소속되어 중개대상물에 대한 현장안내 및 일반서무 등 개업공인중개사의 중개업무와 관련된 단순한 업무를 보조하는 자를 말한다.

■ 판례 ■ **구 부동산중개업법 제19조 제2항에 정한 '중개행위'에 해당하는지 여부의 판단 기준**

부동산중개업법(2005. 7. 29. 법률 7638호) 제19조 제2항은 중개업자는 자기의 중개사무소를 다른 사람의 중개행위의 장소로 제공함으로써 거래당사자에게 재산상의 손해를 발생하게 한 때에는 그 손해를 배상할 책임이 있다고 규정하고 있는바, 여기서 어떠한 행위가 중개행위에 해당하는지는 거래당사자의 보호에 목적을 둔 법규정의 취지에 비추어 중개한 자의 행위를 객관적으로 보아 사회통념상 거래의 알선·중개를 위한 행위라고 인정되는지 여부에 의하여 결정하여야 할 것이다 (대법원 2006.3.10. 선고 2005다65562 판결).

■ 판례 ■ **타인의 의뢰에 의하여 일정한 수수료를 받고 부동산에 대하여 저당권 등 담보물권의 설정에 관한 행위의 알선을 업으로 하는 것이 중개업에 해당하는지 여부(적극)**

타인의 의뢰에 의하여 일정한 수수료를 받고 부동산에 대하여 저당권 등 담보물권의 설정에 관한 행위의 알선을 업으로 하는 것도 부동산중개업법 제2조 제2호 소정의 중개업에 해당하며, 그와 같은 저당권 등 담보물권의 설정에 관한 행위의 알선이 금전소비대차의 알선에 부수하여 이루어졌다고 하여 달리 볼 것은 아니다(대법원 2000.6.19. 선고 2000도837 판결).

■ 판례 ■ **저당권 설정에 관한 행위의 알선이 부동산중개업법 제2조 제2호소정의 '중개업'에 해당하는지 여부(적극)**

부동산중개업법 제2조 제1호에서 말하는 '기타 권리'에는 저당권 등 담보물권도 포함되고, 따라서 타인의 의뢰에 의하여 일정한 수수료를 받고 저당권의 설정에 관한 행위의 알선을 업으로 하는 경우에는 같은 법 제2조 제2호가 정의하는 중개업에 해당하고, 그 행위가 금전소비대차의 알선에 부수하여 이루어졌다 하여 달리 볼 것도 아니다(대법원 1996.9.24. 선고 96도1641 판결).

■ 판례 ■ 반복. 계속성이나 영업성이 없이 우연한 기회에 타인간의 거래행위를 중개한 경우, 중개업 해당 여부(소극)

제2조 제1호에 규정된 중개업의 요건으로서 알선 중개를 업으로 한다고 함은 반복. 계속하여 영업으로 알선 중개를 하는 것을 가리키는 것이므로 이러한 반복·계속성이나 영업성이 없이 우연한 기회에 타인간의 거래행위를 중개한 것에 불과한 경우는 중개업에 해당하지 않는다(대법원 1991.7.23. 선고 91도1274 판결).

■ 판례 ■ 부동산 컨설팅행위에 부수하여 이루어진 부동산 중개행위가 구 부동산중개업법 제2조 제2호에 정한 중개업에 해당하지 않는지 여부(소극)

부동산 중개행위가 부동산 컨설팅행위에 부수하여 이루어졌다고 하여 이를 구 부동산중개업법(2005. 7. 29. 법률 제7638호로 전문 개정되기 전의 것) 제2조 제2호 소정의 중개업에 해당하지 않는다고 볼 것은 아니라고 할 것이다(대법원 2007.1.11. 선고 2006도7594 판결).

II. 벌 칙

제48조(벌칙) 다음 각 호의 어느 하나에 해당하는 자는 3년 이하의 징역 또는 3천만원 이하의 벌금에 처한다.
  1. 제9조에 따른 중개사무소의 개설등록을 하지 아니하고 중개업을 한 자
  2. 거짓이나 그 밖의 부정한 방법으로 중개사무소의 개설등록을 한 자
  3. 제33조제1항제5호부터 제9호까지의 규정을 위반한 자
  4. 제33조제2항 각 호의 규정을 위반한 자
제49조(벌칙) ① 다음 각 호의 어느 하나에 해당하는 자는 1년 이하의 징역 또는 1천만원 이하의 벌금에 처한다.
  1. 제7조제1항 또는 제2항을 위반하여 다른 사람에게 자기의 성명을 사용하여 중개업무를 하게 하거나 공인중개사자격증을 양도·대여한 자 또는 다른 사람의 공인중개사자격증을 양수·대여받은 자
  1의2. 제7조제3항을 위반하여 같은 조 제1항 및 제2항에서 금지한 행위를 알선한 자
  2. 제8조의 규정을 위반하여 공인중개사가 아닌 자로서 공인중개사 또는 이와 유사한 명칭을 사용한 자
  3. 제12조의 규정을 위반하여 이중으로 중개사무소의 개설등록을 하거나 둘 이상의 중개사무소에 소속된 자
  4. 제13조제1항의 규정을 위반하여 둘 이상의 중개사무소를 둔 자
  5. 제13조제2항의 규정을 위반하여 임시 중개시설물을 설치한 자
  6. 제18조제2항의 규정을 위반하여 개업공인중개사가 아닌 자로서 "공인중개사사무소", "부동산중개" 또는 이와 유사한 명칭을 사용한 자
  6의2. 제18조의2제2항을 위반하여 개업공인중개사가 아닌 자로서 중개업을 하기 위하여 중개대상물에 대한 표시·광고를 한 자
  7. 제19조제1항 또는 제2항을 위반하여 다른 사람에게 자기의 성명 또는 상호를 사용하여 중개업무를 하게 하거나 중개사무소등록증을 다른 사람에게 양도·대여한 자 또는 다른 사람의 성명·상호를 사용하여 중개업무를 하거나 중개사무소등록증을 양수·대여받은 자
  7의2. 제19조제3항을 위반하여 같은 조 제1항 및 제2항에서 금지한 행위를 알선한 자
  8. 제24조제4항의 규정을 위반하여 정보를 공개한 자
  9. 제29조제2항의 규정을 위반하여 업무상 비밀을 누설한 자
  10. 제33조제1호 내지 제4호의 규정을 위반한 자
② 제29조제2항의 규정에 위반한 자는 피해자의 명시한 의사에 반하여 벌하지 아니한다.
제50조(양벌규정) 소속공인중개사·중개보조원 또는 개업공인중개사인 법인의 사원·임원이 중개업무에 관하여 제48조 또는 제49조의 규정에 해당하는 위반행위를 한 때에는 그 행위자를 벌하는 외에 그 개업공인중개사에 대하여도 해당 조에 규정된 벌금형을 과한다.

III. 범죄사실

1. 중개업등록증의 대여

1) 적용법조 : 제49조 제1호, 제7조 제1항(양도인), 제2항(양수인) ☞ 공소시효 5년

제7조(자격증 대여 등의 금지) ① 공인중개사는 다른 사람에게 자기의 성명을 사용하여 중개업무를 하게 하거나 자기의 공인중개사자격증을 양도 또는 대여하여서는 아니된다.
② 누구든지 다른 사람의 공인중개사자격증을 양수하거나 대여받아 이를 사용하여서는 아니된다.
③ 누구든지 제1항 및 제2항에서 금지한 행위를 알선하여서는 아니 된다.
제19조(중개사무소등록증 대여 등의 금지) ① 개업공인중개사는 다른 사람에게 자기의 성명 또는 상호를 사용하여 중개업무를 하게 하거나 자기의 중개사무소등록증을 양도 또는 대여하는 행위를 하여서는 아니된다.
② 누구든지 다른 사람의 성명 또는 상호를 사용하여 중개업무를 하거나 다른 사람의 중개사무소등록증을 양수 또는 대여받아 이를 사용하는 행위를 하여서는 아니된다.
③ 누구든지 제1항 및 제2항에서 금지한 행위를 알선하여서는 아니 된다.

2) 범죄사실 기재례

> 가. 피의자 甲
>   피의자는 20○○. ○. ○. 경 ○○에 있는 乙의 부동산사무실에서 피의자 乙로부터 그 명의의 부동산중개업허가증 및 사무실을 매월 대여료 ○○만원을 주기로 약정하고 대여받은 다음 20○○. ○. ○. 홍길동 소유의 ○○에 있는 대지 100㎡를 정철중에게 대금 ○○만원에 매매하는 중개를 하고 그 수수료로 양쪽 당사자로부터 각각 ○○만원씩을 받은 것을 비롯하여 20○○. ○. ○.까지 사이에 약 20회에 걸쳐 부동산의 매매 및 임대차를 중개하여 월 평균 ○○만원의 수입을 올리는 부동산중개업을 하였다.
> 나. 피의자 乙
>   피의자는 위와 같이 20○○. ○. ○.부터 20○○. ○. ○.까지 피의자 명의의 부동산중개업 등록증을 피의자 甲에게 대여하였다.

3) 신문사항(양수인)

- 부동산중개업을 한 일이 있는가
- 부동산중개사 자격이 있는가
- 언제부터 어디에서 하였는가
- 그곳은 누구 명의로 등록되었는가
- 어떻게 乙명의로 된 중개사무실에서 중개업을 하였는가
- 어떤 조건으로 乙로부터 중개업등록증과 사무실을 사용하였는가
- 월 임대료로 얼마를 지불하였는가
- 언제부터 乙 명의를 이용 부동산 중개를 하였는가
- 누구에게 얼마를 받고 어떤 부동산을 중개하였는가

– 지금까지 총 몇 차례 중개를 하였나

■ 판례 ■ 　　공인중개사가 무자격자로 하여금 실질적으로 공인중개사업무를 수행하도록 한 경우

[1] 구 부동산중개업법 제38조 제2항 제3호가 금지하고 있는 '공인중개사자격증의 대여'의 의미 및 무자격자가 공인중개사의 업무를 수행하였는지 여부의 판단 기준

구 부동산중개업법(2005. 7. 29. 법률 제7638호 공인중개사의 업무 및 부동산거래신고에 관한 법률로 전문 개정되기 전의 것) 제38조 제2항 제3호가 금지하고 있는 '공인중개사자격증의 대여'란 다른 사람이 그 자격증을 이용하여 공인중개사로 행세하면서 공인중개사의 업무를 행하려는 것을 알면서도 그에게 자격증 자체를 빌려주는 것을 말하므로, 만일 공인중개사가 무자격자로 하여금 그 공인중개사 명의로 개설등록을 마친 중개사무소의 경영에 관여하거나 자금을 투자하고 그로 인한 이익을 분배받도록 하는 경우라도 공인중개사 자신이 그 중개사무소에서 공인중개사의 업무인 부동산거래 중개행위를 수행하고 무자격자로 하여금 공인중개사의 업무를 수행하도록 하지 않는다면, 이를 가리켜 등록증·자격증의 대여를 한 것이라고 말할 수는 없을 것이고, 한편 무자격자가 공인중개사의 업무를 수행하였는지 여부는 외관상 공인중개사가 직접 업무를 수행하는 형식을 취하였는지 여부에 구애됨이 없이 실질적으로 무자격자가 공인중개사의 명의를 사용하여 업무를 수행하였는지 여부에 따라 판단하여야 한다.

[2] 甲의 행위가 구 부동산중개업법이 금지하는 공인중개사자격증의 대여행위에 해당하는지 여부(적극)

공인중개사가 비록 스스로 몇 건의 중개업무를 직접 수행한 바 있다 하더라도, 적어도 무자격자가 성사시킨 거래에 관해서는 무자격자가 거래를 성사시켜 작성한 계약서에 자신의 인감을 날인하는 방법으로 자신이 직접 공인중개사 업무를 수행하는 형식만 갖추었을 뿐, 실질적으로는 무자격자로 하여금 자기 명의로 공인중개사 업무를 수행하도록 한 것이므로, 이는 구 부동산중개업법이 금지하는 공인중개사자격증의 대여행위에 해당한다(대법원 2007.3.29. 선고 2006도9334 판결).

2. 공인중개사가 아닌 자로서 공인중개사 또는 이와 유사한 명칭을 사용하는 행위

1) 적용법조 : 제49조 제1항 제2호, 제8조 ☞ 공소시효 5년

> 제8조(유사명칭의 사용금지) 공인중개사가 아닌 자는 공인중개사 또는 이와 유사한 명칭을 사용하지 못한다.

2) 범죄사실 기재례

> 피의자는 ○○에서 "우리부동산컨설팅사무소"라는 상호의 부동산컨설팅 운영자로서, 공인중개사가 아닌 자는 공인중개사 또는 이와 유사한 명칭을 사용하여서는 아니된다.
> 그럼에도 불구하고 피의자는 20○○. ○. ○.경부터 위 사무실에 "우리부동산"이라는 입간판 및 고정간판을 내걸고 "우리부동산컨설팅사무소 대표 홍길동"이라고 기재된 명함을 사용함으로써 공인중개사와 유사한 명칭을 사용하였다.

3) 신문사항

- 부동산 중개업을 한 일이 있는가
- 부동산컨설팅이라는 사무실을 운영한 일이 있는가
- 그곳에서 어떤 일을 하는가
- 언제부터 하고 있는가
- 영업규모는 어느 정도인가
- 공인중개사인가
- 공인중개사가 아니면서 왜 공인중개사와 유사명칭을 사용하였는가

■ 판례 ■ **공인중개사가 아니 甲이 자신의 명함에 '부동산뉴스 대표'라는 명칭을 기재하여 사용한 경우**

[1] 중개사무소의 대표자를 가리키는 명칭이 구 부동산중개업법 제28조가 사용을 금지하는 '공인중개사와 유사한 명칭'에 해당하는지 여부(적극)

구 부동산중개업법(2005. 7. 29. 법률 제7638호 공인중개사의 업무 및 부동산거래신고에 관한 법률로 전문 개정되기 전의 것) 및 같은 법 시행령(2005. 12. 30. 대통령령 제19248호 공인중개사의 업무 및 부동산거래신고에 관한 법률 시행령으로 전문 개정되기 전의 것)의 관련 규정에 의하면 중개사무소의 개설등록은 공인중개사 또는 법인만이 할 수 있도록 정하여져 있으므로, 중개사무소의 대표자를 가리키는 명칭은 일반인으로 하여금 그 명칭을 사용하는 자를 공인중개사로 오인하도록 할 위험성이 있는 것으로 같은 법 제28조가 사용을 금지하는 '공인중개사와 유사한 명칭'에 해당한다.

[2] 甲의 행위가 공인중개사와 유사한 명칭을 사용한 것에 해당하는지 여부(적극)

무자격자가 자신의 명함에 '부동산뉴스 대표'라는 명칭을 기재하여 사용한 것이 구 부동산중개업법 제28조에서 금지하는 공인중개사와 유사한 명칭을 사용한 것에 해당한다(대법원 2007.3.29. 선고 2006도9334 판결).

3. 무등록 중개업자

1) 적용법조 : 제48조 제1호, 제9조 제1항 ☞ 공소시효 5년

> **제9조(중개사무소의 개설등록)** ① 중개업을 영위하려는 자는 국토교통부령으로 정하는 바에 따라 중개사무소(법인의 경우에는 주된 중개사무소를 말한다)를 두려는 지역을 관할하는 시장(구가 설치되지 아니한 시의 시장과 특별자치도 행정시의 시장을 말한다. 이하 같다)·군수 또는 구청장(이하 "등록관청"이라 한다)에게 중개사무소의 개설등록을 하여야 한다.
> ② 공인중개사(소속공인중개사는 제외한다) 또는 법인이 아닌 자는 제1항에 따른 중개사무소의 개설등록을 신청할 수 없다.

2) 범죄사실 기재례

> 중개업을 영위하려는 자는 국토교통부령이 정하는 바에 따라 중개사무소를 두려는 지역을 관할하는 등록관청장에게 중개사무소의 개설등록을 하여야 한다.
> 그럼에도 불구하고 피의자는 20○○. ○. ○. ○○에 있는 피의자 경영의 홍천부동산 사무실에서 홍길동 소유의 ○○에 있는 임야 2,000㎡를 최철수에게 ○○만원에 매매 하는 계약을 중개하고 그 자리에서 양 당사자로부터 중개수수료 명목으로 각각 ○○만원씩을 교부받은 것을 비롯하여 그때부터 20○○. ○. ○. 경까지 매월 10건 정도의 부동산매매 및 임대차 등을 중개하는 부동산중개업을 영위하였다.

3) 신문사항

- 피의자는 등록을 하지 않고 중개업을 한 일이 있는가
- 언제부터 언제까지 어디에서 하였나
- 상호와 규모는 어느 정도인가(사무실 면적, 종업원수 등)
- 왜 등록을 하지 않았는가
- 주로 누구를 대상으로 어떠한 내용의 중개를 하였나
- 지금까지 어느 정도 중개를 하였나
- 중개를 해주고 돈은 얼마를 받았나
- 월수입은 어느 정도인가

■ 판례 ■ **변호사가 부동산중개업무를 행한 경우**

변호사법 제3조에서 규정한 법률사무는 거래당사자의 행위를 사실상 보조하는 업무를 수행하는 데 그치는 구 부동산중개업법(2005. 7. 29. 법률 제7638호) 제2조 제1호 소정의 중개행위와는 구별되는 것이고, 일반의 법률사무에 중개행위가 당연히 포함되는 것이라고 해석할 수 없다. 이와 같은 법리는 구 부동산중개업법이 중개업자에게 부동산중개와 관련하여 매매계약서 등을 작성하거나 중개대상물에 대한 확인·설명의무를 부과하고 있기 때문에, 부동산중개업자가 중개업무와 직접적으로 연관관계에 있고 구 부동산중개업법에서 부과한 작위의무를 이행하는 과정에서 변호사의 직무와 일부 관련이 있는 위와 같은 업무를 행할 수 있다고 하여 달리 볼 것은 아니다.(대법원 2006.5.11. 선고 2003두14888 판결).

■ 판례 ■   중개사무소 개설등록을 하지 아니하고 부동산 거래를 중개하면서 그에 대한 보수를 약속·요구하는 행위가 처벌대상이 되는지 여부(소극)

제9조 제1항(이하 '법'이라 한다)에 의하면 '중개업'을 영위하려는 자는 중개사무소를 두려는 지역을 관할하는 시장·군수 또는 구청장에게 중개사무소의 개설등록을 하여야 하며, 이러한 중개사무소의 개설등록을 하지 아니하고 '중개업'을 하는 행위는 법 제48조 제1호에 의하여 처벌의 대상이 된다. 그런데 법 제2조 제3호가 '중개업'이란 다른 사람의 의뢰에 의하여 일정한 보수를 받고 중개를 업으로 행하는 것을 말한다고 규정하고 있으므로, 중개대상물의 거래당사자들에게서 보수를 현실적으로 받지 아니하고 단지 보수를 받을 것을 약속하거나 요구하는 데 그친 경우에는 위 법조에서 정한 '중개업'에 해당한다고 할 수 없어 법 제48조 제1호에 의한 처벌대상이 아니라고 할 것이고, 또한 위와 같은 보수의 약속·요구행위를 별도로 처벌하는 규정 또는 법 제48조 제1호 위반죄의 미수범을 처벌하는 규정도 존재하지 않으므로, 죄형법정주의의 원칙상 중개사무소 개설등록을 하지 아니하고 부동산 거래를 중개하면서 그에 대한 보수를 약속·요구하는 행위를 위 법 위반죄로 처벌할 수는 없다.(대법원 2011.5.13. 선고 2010도16970 판결)

■ 판례 ■   아파트의 당첨권에 대한 매매를 알선하는 행위가 부동산중개업법 제15조 제4호의 '부동산의 분양과 관련있는 증서 등의 매매를 알선, 중개하는 행위'에 해당하는지 여부(소극)

형벌법규, 특히 어떤 행정목적을 달성하기 위하여 규제하고 그 행정목적의 실현을 담보하기 위하여 그 위반을 처벌하는 행정형벌법규의 경우에는 법문의 엄격한 해석이 요구되므로, 부동산의 투기억제를 위한 규제의 필요성만으로 부동산중개업법 제15조 제4호의 "증서 등"에 증서의 존재형태가 전혀 다른 분양권을 포함시키는 해석은 용인할 수 없고, 따라서 아파트 당첨권에 대한 매매를 알선하는 행위는 같은법조 소정의 "부동산의 분양과 관련있는 증서 등의 매매를 알선, 중개하는 행위"에 해당한다고 볼 수 없다(대법원 1990.4.27. 선고 89도1886 판결).

■ 판례 ■   중개사무소 개설등록을 하지 않고 중개업을 한 자를 처벌하는 구 공인중개사의 업무 및 부동산 거래신고에 관한 법률 제48조 제1호, 제9조의 취지 / 공인중개사가 아니어서 애초에 중개사무소 개설등록을 할 수 없는 사람이 부동산중개업을 영위하는 경우, 같은 법 제48조 제1호에서 정한 형사처벌의 대상이 되는지 여부(적극)

구 공인중개사의 업무 및 부동산 거래신고에 관한 법률(2014. 1. 28. 법률 제12374호 공인중개사법으로 개정되기 전의 것, 이하 '구 공인중개사법'이라 한다) 제9조와 구 공인중개사의 업무 및 부동산 거래신고에 관한 법률 시행령(2014. 7. 28. 대통령령 제25522호 공인중개사법 시행령으로 개정되기 전의 것) 제13조는 중개업을 영위하려는 자에게 등록관청에 중개사무소의 개설등록을 할 의무를 부과하면서 공인중개사 또는 대표자가 공인중개사이고, 대표자를 제외한 임원이나 사원(합명회사 또는 합자회사의 무한책임사원을 말한다)의 1/3 이상이 공인중개사인 일정한 법인만이 중개사무소의 개설등록을 할 수 있도록 정하고 있다. 구 공인중개사법 제48조 제1호는 제9조에 따른 중개사무소의 개설등록을 하지 않고 중개업을 한 자를 3년 이하의 징역 또는 2천만 원 이하의 벌금에 처하도록 정하고 있다. 이러한 규정은 공인중개사 업무의 전문성을 높이고 부동산중개업을 건전하게 육성하기 위하여 공인중개사 또는 공인중개사가 대표자로 있는 일정한 요건을 갖춘 법인만이 중개사무소 개설등록을 한 다음 부동산중개업을 할 수 있도록 한 것이다. 따라서 공인중개사가 개설등록을 하지 않은 채 부동산중개업을 하는 경우뿐만 아니라 공인중개사가 아니어서 애초에 중개사무소 개설등록을 할 수 없는 사람이 부동산중개업을 영위하는 경우에도 구 공인중개사법 제48조 제1호에서 정한 형사처벌의 대상이 된다.(대법원 2018. 2. 13., 선고, 2017도18292, 판결)

4. 이중등록위반

1) **적용법조** : 제49조 제3호, 제12조 제1항, 도로교통법 제152조 제4호, 제68조 제2항

☞ 공소시효 5년

> 제12조(이중등록의 금지 등) ① 개업공인중개사는 이중으로 중개사무소의 개설등록을 하여 중개업을 할 수 없다.
>
> ※ 도로교통법
> 제68조(도로에서의 금지행위 등) ② 누구든지 교통에 방해가 될 만한 물건을 도로에 함부로 내버려두어서는 아니 된다.
> 제152조(벌칙) 다음 각 호의 어느 하나에 해당하는 사람은 1년 이하의 징역이나 300만원 이하의 벌금에 처한다.
> 4. 제68조제2항을 위반하여 교통에 방해가 될 만한 물건을 함부로 도로에 내버려둔 사람

2) **범죄사실 기재례**

> 피의자는 ○○에 있는 ○○상가 4호에서 ○○부동산중개업에 종사하는 사람으로서, 중개업자는 2개 이상의 중개사무소를 둘 수 없고, 누구든지 교통에 방해될 만한 물건을 함부로 도로에 방치하여서는 아니된다.
> 그럼에도 불구하고 피의자는 20○○. ○. ○. ○○:○○경 ○○에 있는 ○○아파트 모델하우스 앞 보도에서 위 아파트 분양권 당첨자들과 거래 및 상담을 하기 위하여 대형파라솔에 피고인의 중개사무소 상호와 전화번호가 적힌 현수막을 부착하고 간이의자를 여러 개 놓아 2개 이상의 중개사무소를 두고, 교통에 방해될 만한 물건을 도로에 방치하였다.

3) **신문사항**

- 부동산중개업을 하고 있는가
- 언제부터 어디에서 하고 있는가
- 중개사 자격이 있는가
- 개설등록은 하였는가(등록일자, 등록번호 등)
- 규모는 어느 정도 인가
- 등록된 장소 이외 이중으로 개설한 일이 있는가
- 언제부터 어디에서 하였나
- 그곳에서는 어떤 시설을 설치하였나
- 무엇 때문에 그곳에서 하였나
- 교통에 방해를 주지 않았나
- 도로점용허가를 하였나
- 왜 이렇게 이중으로 중개사무소를 개설하였나

■ 판례 ■   중개업자가 아파트 모델하우스 앞 보도에 놓여 있던 플라스틱 탁자가 부착된 대형파라솔 둘레에 자신이 경영하는 중개사무소의 상호와 전화번호가 적힌 현수막을 붙여 놓고, 그 주위에 간이의자 5~6개가 놓여 있기는 하였으나 천막 등 외부와 차단되는 시설을 갖추고 있지 않은 경우

[1] 중개업자로 하여금 2개 이상의 중개사무소를 둘 수 없도록 금지한 부동산중개업법상 '설치가 금지되는 다른 중개사무소'의 의미

부동산중개업법 제4조에 따라 1개의 중개사무소를 개설등록한 중개업자가 그 외에 다른 중개사무소를 설치하는 것은 같은 법 제11조 제1항에 의하여 금지된다고 할 것인데, 여기에서 '설치가 금지되는 다른 중개사무소'는 중개업자로 하여금 2개 이상의 중개사무소를 둘 수 없도록 금지한 입법 취지에 비추어 반드시 같은 법 제4조 제4항, 같은법시행령 제5조 제1호에 규정된 중개사무소 개설등록의 기준을 갖춘 건축법상의 사무실로 사용하기에 적합한 건물임을 요하는 것은 아니며 그러한 기준을 갖추지 못한 중개사무소도 중개업을 영위하는 사무소에 해당하는 한 이에 포함된다고 할 것이나, 특별한 사정이 없는 한 적어도 중개사무소임을 인식할 수 있는 표시와 함께 외부와 차단되고 사무집기를 갖추는 등 중개업을 영위할 수 있는 독립된 공간 및 시설이 확보된 장소이어야 한다.

[2] 위 시설이 중개사무소에 해당하는지 여부

위 시설은 중개업을 영위하는 사무소에 해당한다고 할 수 없다(대법원 2005.1.14. 선고 2004도7264 판결).

■ 판례 ■   1개의 중개사무소를 개설·등록한 중개업자 甲이 아파트 분양권의 전매 및 상담, 홍보를 하기 위하여 모델하우스 앞 보도 상에 설치한 1평 정도의 돔형 천막을 설치한 경우

[1] 1개의 중개사무소를 개설·등록한 중개업자가 다른 중개사무소를 두는 행위를 처벌하려면 그 다른 중개사무소가 건축법상 사무실로 사용하기에 적합한 건물이어야 하는지 여부(소극)

부동산중개업법 제4조에 따라 1개의 중개사무소를 개설·등록한 중개업자가 그 외에 다른 중개사무소를 설치하는 것은 같은 법 제11조 제1항에 의하여 금지된다고 할 것인데, 여기에서 설치가 금지되는 다른 중개사무소는 같은 법 제4조 제4항, 같은법시행령 제5조 제1호에 규정된 중개사무소 개설·등록의 기준을 갖춘 중개사무소에 국한되는 것이 아니며 그러한 기준을 갖추지 못한 중개사무소도 포함된다고 할 것이므로, 1개의 중개사무소를 개설·등록한 중기업지가 디른 중개사무소를 두는 경우 그 중개사무소가 건축법상 사무실로 사용하기에 적합한 건물이 아니라고 하더라도 중개업을 영위하는 사무소에 해당하는 한 같은 법 제11조 제1항 위반죄가 성립한다.

[2] 위의 경우 부동산중개업법상 설치가 금지되는 다른 중개사무소에 해당하는지 여부(적극)

1개의 중개사무소를 개설·등록한 중개업자가 아파트 분양권의 전매 및 상담, 홍보를 하기 위하여 모델하우스 앞 보도 상에 설치한 1평 정도의 돔형 천막이 건축법상 사무실로 사용하기에 적합한 건물은 아니라고 하더라도, 중개사무소임을 인식할 수 있는 표시가 되어 있을 뿐만 아니라 외부와 차단되고 사무집기가 갖추어져 있어 중개업을 영위할 수 있는 독립된 공간 및 시설이 확보되어 있으므로 중개업을 영위하기 위한 사무소, 즉 중개사무소에 해당한다고 할 것이고, 따라서 위 중개업자는 기존에 개설·등록한 중개사무소 외에 다른 중개사무소를 둔 것이므로 부동산중개업법 제11조 제1항 위반죄의 죄책을 면할 수 없다(대법원 2004.3.25. 선고 2003도7508 판결).

5. 법정수수료를 초과하는 금품수수

1) 적용법조 : 제49조 제10호, 제32조 제4항, 제33조 제1항 제3호 ☞ 공소시효 5년

> 제32조(중개보수 등) ① 개업공인중개사는 중개업무에 관하여 중개의뢰인으로부터 소정의 보수를 받는다. 다만, 개업공인중개사의 고의 또는 과실로 인하여 중개의뢰인간의 거래행위가 무효·취소 또는 해제된 경우에는 그러하지 아니하다.
> ② 개업공인중개사는 중개의뢰인으로부터 제25조제1항에 따른 중개대상물의 권리관계 등의 확인 또는 제31조에 따른 계약금등의 반환채무이행 보장에 소요되는 실비를 받을 수 있다.
> ③ 제1항에 따른 보수의 지급시기는 대통령령으로 정한다.
> ④ 주택(부속토지를 포함한다. 이하 이 항에서 같다)의 중개에 대한 보수와 제2항에 따른 실비의 한도 등에 관하여 필요한 사항은 국토교통부령으로 정하는 범위 안에서 특별시·광역시·도 또는 특별자치도(이하 "시·도"라 한다)의 조례로 정하고, 주택 외의 중개대상물의 중개에 대한 보수는 국토교통부령으로 정한다.

2) 범죄사실 기재례

[기재례1] 매매 중계수수료를 초과하는 금품수수

> 피의자는 20○○. ○. ○. ○○에서 매도인인 홍길동과 매수인인 하리수 간에 ○○에 있는 임야 2,000㎡를 대금 ○○만원에 매매하는 계약을 중개하고 위 하리수로부터 중개수수료로 현금 ○○만원을 받음으로써 법정수수료(○○원)의 상한을 초과한 금품을 받았다.

[기재례2] 임대 중계수수료를 초과하는 금품수수

> 피의자는 ○○에 있는 ○○공인중개사 사무실의 운영자로서 부동산중개업자로, 중개업자 등은 국토교통부령이 정한 범위 내에서 특별시·광역시 또는 도(道)의 조례로 정하여진 수수료 또는 실비를 초과하여 어떠한 명목으로라도 금품을 받아서는 아니 된다.
> 그럼에도 불구하고 피의자는 20○○. 5. 27.경 위 공인중개사 사무실에서, 임대인 甲이 임차인 乙에게 ○○에 있는 ○○아파트 A동 777호를 임대차보증금 ○○만 원에 임대하는 계약을 중개하면서, 甲으로부터 중개수수료 명목으로 ○○만 원(법정 중개수수료 ○○원)을 교부받았다.

3) 신문사항

- 현재 어디에서 어떠한 일을 하고 있는가
- 언제 부동산중개업 등록을 하였나
- 영업 규모는
- 홍길동 소유의 부동산을 중개한 일이 있는가
- 언제 어떠한 부동산을 누구에게 중개하였나(중개목적물의 소재지, 매도·매수인)
- 어떠한 조건으로(매매가격 등)
- 중개수수료는 누구에게 얼마를 받았나
- 법정상한액이 얼마인데 이러한 수수료를 받았다는 것인가(받은 수수료 및 조례에서 정한 법정상한액이 얼마인지 조사)

■ 판례 ■ **중개사무소 개설등록을 하지 아니하고 부동산 거래를 중개하면서 그에 대한 수수료를 약속·요구하는 행위가 구 부동산중개업법의 처벌대상이 되는지 여부(소극)**

중개대상물의 거래당사자들로부터 수수료를 현실적으로 받지 아니하고 단지 수수료를 받을 것을 약속하거나 거래당사자들에게 수수료를 요구하는 데 그친 경우에는 구 부동산중개업법(2005. 7. 29. 법률 제7638호 공인중개사의 업무 및 부동산 거래신고에 관한 법률로 전문 개정되기 전의 것) 제2조 제2호 소정의 '중개업'에 해당한다고 할 수 없어 같은 법 제38조 제1항 제1호에 의한 처벌대상이 아니고, 또한 위와 같은 수수료 약속·요구행위를 별도로 처벌하는 규정 또는 같은 법 제38조 제1항 제1호 위반죄의 미수범을 처벌하는 규정도 존재하지 않으므로, 죄형법정주의의 원칙상 중개사무소 개설등록을 하지 아니하고 부동산 거래를 중개하면서 그에 대한 수수료를 약속·요구하는 행위를 구 부동산중개업법 위반죄로 처벌할 수는 없다(대법원 2006.9.22. 선고 2006도4842 판결).

■ 판례 ■ **공인중개사인 甲이 토지와 건물의 임차권 및 권리금, 시설비의 교환계약을 중개하고 그 사례 명목으로 포괄적으로 금원을 지급받은 경우**

[1] 영업용 건물의 영업시설·비품 등 유형물이나 거래처, 신용, 영업상의 노하우 또는 점포위치에 따른 영업상의 이점 등 무형의 재산적 가치가 구 부동산중개업법에 규정된 중개대상물에 해당하는지 여부(소극)

구 부동산중개업법(2005. 7. 29. 법률 제7638호 공인중개사의 업무 및 부동산 거래신고에 관한 법률로 전문 개정되기 전의 것) 제2조 제1호, 제3조, 같은 법 시행령 제2조의 규정을 종합하여 보면, 영업용 건물의 영업시설·비품 등 유형물이나 거래처, 신용, 영업상의 노하우 또는 점포위치에 따른 영업상의 이점 등 무형의 재산적 가치는 같은 법 제3조, 같은 법 시행령 제2조에서 정한 중개대상물이라고 할 수 없으므로, 그러한 유·무형의 재산적 가치의 양도에 대하여 이른바 "권리금" 등을 수수하도록 중개한 것은 구 부동산중개업법이 규율하고 있는 중개행위에 해당하지 아니하고, 따라서 같은 법이 규정하고 있는 중개수수료의 한도액 역시 이러한 거래대상의 중개행위에는 적용되지 아니한다.

[2] 어느 금액까지가 중개수수료에 해당하는지 여부

공인중개사가 토지와 건물의 임차권 및 권리금, 시설비의 교환계약을 중개하고 그 사례 명목으로 포괄적으로 지급받은 금원 중 어느 금액까지가 구 부동산중개업법(2005. 7. 29. 법률 제7638호 공인중개사의 업무 및 부동산 거래신고에 관한 법률로 전문 개정되기 전의 것)의 규율대상인 중개수수료에 해당하는지를 특정할 수 없어 같은 법이 정한 한도를 초과하여 중개수수료를 지급받았다고 단정할 수 없다(대법원 2006. 9.22. 선고 2005도6054 판결).

■ 판례 ■ **부동산중개업자인 甲 등이 중개의뢰인으로부터 수수료 등의 명목으로 소정의 한도를 초과하는 액면금액의 당좌수표를 교부받았으나 그 후 그 당좌수표가 부도처리되었다거나 또는 중개의뢰인에게 그대로 반환된 경우**

부동산중개업법 제15조 제2호는 중개업자 등이 "제20조 제3항의 규정에 의한 수수료 또는 실비를 초과하여 금품을 받거나 그 외에 사례·증여 기타 어떠한 명목으로라도 금품을 받는 행위"를 하여서는 아니 된다고 규정하고 있으므로, 중개업자 등이 부동산의 거래를 중개한 후 수수료는 물론 사례비나 수고비 등의 명목으로 금품을 받은 경우 그 금품의 가액이 소정의 수수료를 초과하는 때에는 위 규정을 위반한 행위에 해당한다.

6. 중개의뢰인과의 직접거래행위

1) 적용법조 : 제48조 제3호, 제33조 제1항 제6호 ☞ 공소시효 5년

> **제33조(금지행위)** ① 개업공인중개사등은 다음 각 호의 행위를 하여서는 아니된다.
> 1. 제3조에 따른 중개대상물의 매매를 업으로 하는 행위
> 2. 제9조에 따른 중개사무소의 개설등록을 하지 아니하고 중개업을 영위하는 자인 사실을 알면서 그를 통하여 중개를 의뢰받거나 그에게 자기의 명의를 이용하게 하는 행위
> 3. 사례·증여 그 밖의 어떠한 명목으로도 제32조에 따른 보수 또는 실비를 초과하여 금품을 받는 행위
> 4. 해당 중개대상물의 거래상의 중요사항에 관하여 거짓된 언행 그 밖의 방법으로 중개의뢰인의 판단을 그르치게 하는 행위
> 5. 관계 법령에서 양도·알선 등이 금지된 부동산의 분양·임대 등과 관련 있는 증서 등의 매매·교환 등을 중개하거나 그 매매를 업으로 하는 행위
> 6. 중개의뢰인과 직접 거래를 하거나 거래당사자 쌍방을 대리하는 행위
> 7. 탈세 등 관계 법령을 위반할 목적으로 소유권보존등기 또는 이전등기를 하지 아니한 부동산이나 관계 법령의 규정에 의하여 전매 등 권리의 변동이 제한된 부동산의 매매를 중개하는 등 부동산투기를 조장하는 행위
> 8. 부당한 이익을 얻거나 제3자에게 부당한 이익을 얻게 할 목적으로 거짓으로 거래가 완료된 것처럼 꾸미는 등 중개대상물의 시세에 부당한 영향을 주거나 줄 우려가 있는 행위
> 9. 단체를 구성하여 특정 중개대상물에 대하여 중개를 제한하거나 단체 구성원 이외의 자와 공동중개를 제한하는 행위
> ② 누구든지 시세에 부당한 영향을 줄 목적으로 다음 각 호의 어느 하나의 방법으로 개업공인중개사등의 업무를 방해해서는 아니 된다.
> 1. 안내문, 온라인 커뮤니티 등을 이용하여 특정 개업공인중개사등에 대한 중개의뢰를 제한하거나 제한을 유도하는 행위
> 2. 안내문, 온라인 커뮤니티 등을 이용하여 중개대상물에 대하여 시세보다 현저하게 높게 표시·광고 또는 중개하는 특정 개업공인중개사등에게만 중개의뢰를 하도록 유도함으로써 다른 개업공인중개사등을 부당하게 차별하는 행위
> 3. 안내문, 온라인 커뮤니티 등을 이용하여 특정 가격 이하로 중개를 의뢰하지 아니하도록 유도하는 행위
> 4. 정당한 사유 없이 개업공인중개사등의 중개대상물에 대한 정당한 표시·광고 행위를 방해하는 행위
> 5. 개업공인중개사등에게 중개대상물을 시세보다 현저하게 높게 표시·광고하도록 강요하거나 대가를 약속하고 시세보다 현저하게 높게 표시·광고하도록 유도하는 행위

2) 범죄사실 기재례

[기재례1] 과수원 매도의뢰인과 직접거래

> 피의자는 ○○에서 '○○공인중개사' 라는 상호로 부동산중개업을 운영하는 공인중개사이다. 부동산중개업자는 중개의뢰인과 직접거래를 하거나 거래당사자 쌍방을 대리하는 행위를 하여서는 아니된다.
> 피의자는 20○○. ○. ○.경 위 공인중개사 사무실에서 甲으로부터 그 소유의 ○○에 있는 과수원 ○○㎡ 중 일부인 ○○㎡를 매도해 달라는 중개의뢰를 받았다.
> 피의자는 위 甲과 사이에 '피의자가 자신의 비용으로 중개대상물인 위 과수원의 일부를 택지로 조성하여 분할한 다음 피의자가 임의로 정한 매매가격으로 다른 사람에게 매도하되, 위 甲에게는 그 매매대금의 액수와 관계없이 확정적으로 ○○억 원을 지급하고 그로 인한 손익은 피의자에게 귀속시키기로 한다' 는 취지의 약정을 체결하였다.
> 이로써 피의자는 중개의뢰인과 직접거래를 하였다.

3) 신문사항

- 현재 어디에서 어떠한 일을 하고 있는가
- 언제 부동산중개업 등록을 하였나
- 영업 규모는
- 홍길동(의뢰인) 소유의 부동산을 매수한 일이 있는가
- 언제 어떠한 부동산을 얼마에 매수하였나
- 무엇 때문에 매수하였나
- 매수한 부동산은 어떻게 하였나
- 언제 누구에게 매도하였나
- 어떠한 조건으로 매도하였는가
- 그 차액은 어떻게 하였나
- 처음 피의자 명의로 매수한 후 피의자 명의로 등기이전을 하였나
- 중개업자가 중개의뢰인과 직접 거래하여도 되는가

[기재례2] 아파트를 매수하고 되판 경우

> 피의자는 20○○. ○. ○. ○○군수에게 부동산중개업등록(제○○호)을 한 후 ○○에서 ○○부동산중개소라는 상호로 부동산중개업을 영위하는 사람이다.
> 피의자는 20○○. ○. ○. 경 위 사무실에서 ○○에 있는 ○○아파트 203동 304호(○○㎡형)를 매도 의뢰하는 홍길동에게 ○○만원을 주고 피의자 명의로 매수한 다음 20○○. ○. ○. 위 사무실에서 아파트를 매수하기 위하여 찾아온 김민수에게 ○○만원을 받고 되팔아 중개의뢰인과 직접 거래행위를 하였다.

■ 판례 ■ **중개인인 甲이 토지 소유자 乙과 사이에 중개인 자신의 비용으로 토지를 택지로 조성하여 분할한 다음 토지 중 일부를 중개인이 임의로 정한 매매대금으로 타에 매도하되, 토지의 소유자에게는 그 매매대금의 수액에 관계없이 확정적인 금원을 지급하고 그로 인한 손익은 중개인에게 귀속시키기로 하는 약정을 한 경우**

[1] 중개인과 중개의뢰인의 직접거래 행위를 금지하는 규정을 적용하기 위한 요건 및 '직접거래'의 의미
부동산중개업법 제15조 제5호는 중개인이 중개의뢰인과 직접 거래를 하는 행위를 금지하고 있는 바, 중개인에 대하여 이 규정을 적용하기 위해서는 먼저 중개인이 중개의뢰인으로부터 중개의뢰를 받았다는 점이 전제되어야만 하고, 위 규정에서 금지하고 있는 '직접거래'란 중개인이 중개의뢰인으로부터 의뢰받은 매매·교환·임대차 등과 같은 권리의 득실·변경에 관한 행위의 직접 상대방이 되는 경우를 의미한다.

[2] 甲의 행위가 중개의뢰인과의 직접거래행위에 해당하는지 여부(소극)
이는 단순한 중개의뢰 약정이 아니라 위임 및 도급의 복합적인 성격을 가지는 약정으로서, 중개인이 토지 소유자로부터 토지에 관한 중개의뢰를 받았다고 할 수 없으며, 토지에 대한 권리의 득실·변경에 관한 행위의 직접 상대방이 되었다고 보기도 어렵다(대법원 2005.10.14. 선고 2005도4494 판결).

▪ 판례 ▪ 공인중개사의 업무 및 부동산 거래신고에 관한 법률 제48조 제3호, 제33조 제5호 위반죄의 공소시효 기산점(=중개업자등이 거래당사자 간의 매매·교환을 알선하는 행위를 종료한 때)

공인중개사의 업무 및 부동산 거래신고에 관한 법률 제33조 제5호는 중개업자등이 관계 법령에서 양도·알선 등이 금지된 부동산의 분양·임대 등과 관련 있는 증서 등의 매매·교환을 중개하는 행위를 금지하고 있고, 이를 위반한 행위는 같은 법 제48조 제3호에 의하여 처벌의 대상이 되며, 같은 법 제2조 제1호는 '중개'라 함은 제3조의 규정에 의한 중개대상물에 대하여 거래당사자 간의 매매·교환·임대차 그 밖의 권리의 득실변경에 관한 행위를 알선하는 것을 말한다고 규정하고 있으므로, 위와 같은 증서 등의 매매·교환을 중개하는 행위를 함으로써 같은 법 제48조 제3호를 위반한 경우 그 공소시효는 중개업자등이 거래당사자 간의 매매·교환을 알선하는 행위를 종료한 때로부터 진행한다고 보아야 한다(대법원 2012.10.11.선고2011도6873판결).

▪ 판례 ▪ 중개수수료의 한도액이 금전채권 매매계약의 중개행위에도 적용되는지 여부

[1] '금전채권'이 구 공인중개사의 업무 및 부동산 거래신고에 관한 법률 제3조, 같은 법 시행령 제2조에서 정한 중개대상물에 해당하는지 여부(소극) / 구 공인중개사의 업무 및 부동산 거래신고에 관한 법률이 규정하는 중개수수료의 한도액이 금전채권 매매계약의 중개행위에도 적용되는지 여부(소극)

구 공인중개사의 업무 및 부동산 거래신고에 관한 법률(2014. 1. 28. 법률 제12374호로 개정되기 전의 것, 이하 '구 공인중개사법'이라 한다) 제2조 제1호, 제3조, 같은 법 시행령 제2조의 규정을 종합하면, '금전채권'은 구 공인중개사법 제3조, 같은 법 시행령 제2조에서 정한 중개대상물이 아니다. 금전채권 매매계약을 중개한 것은 구 공인중개사법이 규율하고 있는 중개행위에 해당하지 않으므로, 구 공인중개사법이 규정하고 있는 중개수수료의 한도액은 금전채권 매매계약의 중개행위에는 적용되지 않는다.

[2] 중개업자인 피고인이 甲 소유의 토지에 근저당권자 乙 축산업협동조합으로 근저당권이 설정되어 있는 피담보채권을 丙이 乙 조합으로부터 매수하고 경매신청 후 낮은 가격에 낙찰받을 수 있도록 중개한 다음, 乙 조합과 丙 사이에 피담보채권의 매매계약이 성립하자 丙으로부터 성공사례비 명목의 돈을 받음으로써 구 공인중개사의 업무 및 부동산 거래신고에 관한 법률상 중개수수료의 상한을 초과하였다는 내용으로 기소된 사안

'금전채권'은 구 공인중개사법 제3조, 같은 법 시행령 제2조에서 정한 중개대상물이 아닌 점, 피고인은 乙 조합과 丙 사이의 금전채권 매매계약과 함께 근저당권의 이전을 중개하였고, 丙으로부터 계약 성사에 따른 사례비로 5,000만 원을 받았는데, 금전채권 매매계약과 근저당권의 이전은 불가분의 관계이고 위 5,000만 원에는 근저당권의 이전뿐만 아니라 금전채권 매매계약 중개에 대한 수수료가 포함되어 있는 점에 비추어 거래 성사에 따른 사례금 명목으로 포괄적으로 수수한 돈 중 얼마가 구 공인중개사법 규율대상인 중개수수료에 해당하는지 특정할 수 없으므로 피고인이 구 공인중개사법에서 정한 한도를 초과하여 중개수수료를 받았다고 단정할 수 없는데도, 이와 달리 보아 피고인에게 유죄를 인정한 원심판결에 필요한 심리를 다하지 않은 채 구 공인중개사법상 중개행위와 중개수수료 한도액 규정의 적용에 관한 법리를 오해한 잘못이 있다.(대법원 2019. 7. 11. 선고, 2017도13559, 판결)

7. 중개의뢰인의 판단을 그르치게 하는 행위

1) 적용법조 : 제49조 제1항 제10호, 제33조 제1항 제4호 ☞ 공소시효 5년

2) 범죄사실 기재례

> 　피의자는 공인중개사로서 ○○에서 '○○공인중개사' 라는 상호로 부동산중개업을 운영하는 사람으로, 당해 중개대상물의 거래상의 중요사항에 관하여 거짓된 언행 그 밖의 방법으로 중개의뢰인의 판단을 그르치게 하는 행위를 하여서는 아니된다.
>
> 　피의자는 200○. ○. ○.경 위 ○○공인중개사 사무실에서 甲으로부터 약 ○○㎡ 크기 정도의 아파트 전세를 소개해 달라는 중개의뢰를 받았다. 사실 ○○에 있는 ○○아파트는 오래되고 또 재개발과 관련 재개발시행자와의 복잡한 관계에 있어 임대기간이 만료될 때 그 임대보증금을 제대로 받기가 어려운 실정이었다.
>
> 　그럼에도 불구하고 피의자는 200○. ○. ○. ○○에서 이러한 사항을 전혀 말하지 않고 '이 아파트는 장소가 좋아 임대기간이 만료되어도 보증금을 받는데 아무런 하자가 없다는 등' 거짓된 언행으로 중개의뢰인 甲의 판단을 그르치게 하여 200○. ○. ○. 임대차계약을 하게하였다.

3) 신문사항

- 현재 어디에서 어떠한 일을 하고 있는가
- 언제 부동산중개업 등록을 하였나
- 영업 규모는
- 갑으로부터 부동산 중개의뢰를 받은 일이 있는가
- 언제 어디에서 받았는가
- 어떠한 조건의 중개의뢰를 받았는가
- 중개해 주었는가
- 그 아파트는 어떠한 아파트였는가
- 의뢰인에게 뭐라면서 소개하였는가
- 그러한 사항은 거래상의 중요사항이 아닌가
- 의뢰인에게 말한 내용이 모두 사실인가
- 무엇 때문에 거래상의 중요사항을 거짓으로 말하였는가

■ 판례 ■ 　**당해 중개대상물의 거래상의 중요사항'의 범위**

구 부동산중개업법 제15조 제1호 '당해 중개대상물의 거래상의 중요사항' 에는 당해 중개대상물 자체에 관한 사항뿐만 아니라 그 중개대상물의 가격 등에 관한 사항들도 그것이 당해 거래상의 중요사항으로 볼 수 있는 이상 포함된다(대법원 2008.2.1. 선고 2007도9149 판결).

8. 부동산투기조작(전매부동산 중개)

1) **적용법조** : 제48조 제3호, 제33조 제1항 제7호 ☞ 공소시효 5년

2) **범죄사실 기재례**

> 피의자는 ○○에서 "이데아공인중개사"라는 상호로 부동산중개업을 하는 사람으로서, 탈세 등 관계 법령을 위반할 목적으로 소유권보존등기 또는 이전등기를 하지 아니한 부동산이나 관계 법령의 규정에 의하여 전매 등 권리의 변동이 제한된 부동산의 매매를 중개하는 등 부동산투기를 조장하는 행위를 하여서는 아니된다.
> 그럼에도 불구하고 피의자는 20○○. ○. ○. 경 위 사무실에서 ○○에 있는 답 ○○㎡의 소유자 차○○의 부동산을 ○○만원에 매입하여, 탈세 등 관계 법령을 위반할 목적으로 부동산등기이전을 하지 않고 전매하는 방법으로 ○○거주 조○○에게 20○○. ○. ○. ○○만원에 매매하여 부동산투기를 조장하였다.

3) **신문사항**
- 현재 어디에서 어떠한 일을 하고 있는가
- 언제 부동산중개업 등록을 하였나
- 영업 규모는
- 홍길동(의뢰인) 소유의 부동산을 매수한 일이 있는가
- 언제 어떠한 부동산을 얼마에 매수하였나
- 무엇 때문에 매수하였나
- 매수한 부동산은 어떻게 하였나
- 언제 누구에게 매도하였나
- 어떠한 조건으로 매도하였는가
- 그 차액은 어떻게 하였나
- 처음 피의자 명의로 매수한 후 피의자 명의로 등기이전을 하였나
- 왜 이전하지 않고 있는 상태에서 다시 매도하였는가
- 탈세 등 부동산투기가 목적이 아니었는가

■ **판례** ■　거래당사자가 무등록 중개업자에게 중개를 의뢰하거나 미등기 부동산의 전매를 중개 의뢰한 경우, 그 중개의뢰행위가 '공인중개사의 업무 및 부동산 거래신고에 관한 법률' 제48조 제1호, 제9조와 제48조 제3호, 제33조 제7호의 처벌 대상이 되는지 여부(소극) 및 이때 중개의뢰인의 중개의뢰행위를 중개업자의 중개행위에 관한 공동정범 행위로 처벌할 수 있는지 여부(소극)
공인중개사의 업무 및 부동산 거래신고에 관한 법률(이하 '공인중개사법'이라 한다)에서 '중개'는 중개행위자가 아닌 거래당사자 사이의 거래를 알선하는 것이고 '중개업'은 거래당사자로부터 의뢰를 받아 중개를 업으로 행하는 것이므로, 중개를 의뢰하는 거래당사자, 즉 중개의뢰인과 중개를 의뢰받아 거래를 알선하는 중개업자는 서로 구별되어 동일인일 수 없고, 결국 중개는

그 개념상 중개 의뢰에 대응하여 이루어지는 별개의 행위로서 서로 병존하며 중개의뢰행위가 중개행위에 포함되어 흡수될 수 없다. 따라서 비록 거래당사자가 개설등록을 하지 아니한 중개업자에게 중개를 의뢰하거나 미등기 부동산의 전매에 대하여 중개를 의뢰하였다고 하더라도, 공인중개사법 제48조 제1호, 제9조와 제48조 제3호, 제33조 제7호의 처벌규정들이 중개행위를 처벌 대상으로 삼고 있을 뿐이므로 그 중개의뢰행위 자체는 위 처벌규정들의 처벌 대상이 될 수 없으며, 또한 위와 같이 중개행위가 중개의뢰행위에 대응하여 서로 구분되어 존재하여야 하는 이상, 중개의뢰인의 중개의뢰행위를 중개업자의 중개행위와 동일시하여 중개행위에 관한 공동정범 행위로 처벌할 수도 없다고 해석하여야 한다.(대법원 2013.6.27, 선고, 2013도3246, 판결)

■ 판례 ■   **금지행위의 대상인 '당해 중개대상물의 거래상의 중요사항'의 범위**

구 부동산중개업법(2005. 7. 29. 법률 제7638호 공인중개사의 업무 및 부동산 거래신고에 관한 법률로 전문개정되기 전의 것) 제15조 제1호에서 중개업자 등은 당해 중개대상물의 거래상의 중요사항에 관하여 거짓된 언행 기타의 방법으로 중개의뢰인의 판단을 그르치게 하는 행위를 하여서는 아니 된다고 규정하고 있는바, 위 '당해 중개대상물의 거래상의 중요사항'에는 당해 중개대상물 자체에 관한 사항뿐만 아니라 그 중개대상물의 가격 등에 관한 사항들도 그것이 당해 거래상의 중요사항으로 볼 수 있는 이상 포함된다고 보아야 할 것이다.(대법원 2008.2.1. 선고 2007도9149)

Ⅰ. 개념정의

제2조(정의) ① 이 법에서 사용하는 용어의 정의는 다음과 같다
  1. "공중위생영업"이라 함은 다수인을 대상으로 위생관리서비스를 제공하는 영업으로서 숙박업ㆍ목욕장업ㆍ이용업ㆍ미용업ㆍ세탁업ㆍ건물위생관리업을 말한다.
  2. "숙박업"이라 함은 손님이 잠을 자고 머물 수 있도록 시설 및 설비등의 서비스를 제공하는 영업을 말한다. 다만, 농어촌에 소재하는 민박등 대통령령이 정하는 경우를 제외한다.
  3. "목욕장업"이라 함은 다음 각목의 어느 하나에 해당하는 서비스를 손님에게 제공하는 영업을 말한다. 다만, 숙박업 영업소에 부설된 욕실 등 대통령령이 정하는 경우를 제외한다.
      가. 물로 목욕을 할 수 있는 시설 및 설비 등의 서비스
      나. 맥반석ㆍ황토ㆍ옥 등을 직접 또는 간접 가열하여 발생되는 열기 또는 원적외선 등을 이용하여 땀을 낼 수 있는 시설 및 설비 등의 서비스
  4. "이용업"이라 함은 손님의 머리카락 또는 수염을 깎거나 다듬는 등의 방법으로 손님의 용모를 단정하게 하는 영업을 말한다.
  5. "미용업"이라 함은 손님의 얼굴, 머리, 피부 및 손톱ㆍ발톱 등을 손질하여 손님의 외모를 아름답게 꾸미는 다음 각 목의 영업을 말한다.
      가. 일반미용업: 파마ㆍ머리카락자르기ㆍ머리카락모양내기ㆍ머리피부손질ㆍ머리카락염색ㆍ머리감기, 의료기기나 의약품을 사용하지 아니하는 눈썹손질을 하는 영업
      나. 피부미용업: 의료기기나 의약품을 사용하지 아니하는 피부상태분석ㆍ피부관리ㆍ제모(除毛)ㆍ눈썹손질을 하는 영업
      다. 네일미용업: 손톱과 발톱을 손질ㆍ화장(化粧)하는 영업
      라. 화장ㆍ분장 미용업: 얼굴 등 신체의 화장, 분장 및 의료기기나 의약품을 사용하지 아니하는 눈썹손질을 하는 영업
      마. 그 밖에 대통령령으로 정하는 세부 영업
      바. 종합미용업 : 가목부터 마목까지의 업무를 모두 하는 영업
  6. "세탁업"이라 함은 의류 기타 섬유제품이나 피혁제품등을 세탁하는 영업을 말한다.
  7. "건물위생관리업"이라 함은 공중이 이용하는 건축물ㆍ시설물등의 청결유지와 실내공기정화를 위한 청소등을 대행하는 영업을 말한다.
② 제1항제2호부터 제4호까지, 제6호 및 제7호의 영업은 대통령령이 정하는 바에 의하여 이를 세분할 수 있다

※ 시행령(대통령령)
제2조(적용제외 대상) ① 「공중위생관리법」(이하 "법"이라 한다) 제2조제1항제2호 단서의 규정에 의하여 숙박업에서 제외되는 시설은 다음 각호와 같다.
  1. 「농어촌정비법」에 따른 농어촌민박사업용 시설
  2. 「산림문화ㆍ휴양에 관한 법률」에 따라 자연휴양림 안에 설치된 시설
  3. 「청소년활동진흥법」 제10조제1호에 의한 청소년 수련시설
  4. 「관광진흥법」 제4조에 따라 등록한 외국인관광 도시민박업용 시설 및 한옥체험업용 시설
② 법 제2조제1항제3호 단서의 규정에 의하여 목욕장업에서 제외되는 시설은 다음 각호와 같다.
  1. 숙박업 영업소에 부설된 욕실
  2. 「체육시설의 설치ㆍ이용에 관한 법률」에 의한 종합체육시설업의 체온 관리실
  3. 제1항 각호의 1에 해당하는 시설에 부설된 욕실

■ 판례 ■ 　미용업의 정의

[1] 의료기기를 사용하는 피부미용업이 공중위생관리법상 금지되는지 여부(적극) 및 같은 법 시행령 제4조 제2호 (나)목이 같은 법상 허용되는 적법한 피부미용업의 범위를 규정한 것인지 여부(적극) / 적법한 피부미용업 신고의 요건을 갖추지 못하여 신고라는 규제 절차를 회피하고자 신고를 하지 아니한 경우, 같은 법 제20조 제1항 제1호 위반죄가 성립하는지 여부(원칙적 적극)

공중위생관리법 제3조 제1항, 제4조 제7항, 제20조 제1항 제1호, 제2항 제3호, 공중위생관리법 시행령 제4조 제2호 (나)목, 공중위생관리법 시행규칙 제7조 및 [별표 4] '공중위생영업자가 준수하여야 하는 위생관리기준 등' 제4호 (나)목의 규정과 취지를 종합하면, 의료기기를 사용하는 피부미용업은 공중위생관리법상 금지되어 있고, 공중위생관리법 시행령 제4조 제2호 (나)목은 공중위생관리법상 허용되는 적법한 피부미용업의 범위를 규정하는 것이다. 그리고 공중위생관리법 제20조 제1항 제1호 위반죄는 적법한 피부미용업 신고를 할 수 있는데도 스스로 이를 하지 아니한 경우뿐만 아니라, 적법한 피부미용업 신고의 요건을 갖추지 못한 탓에 피부미용업 신고라는 규제 절차를 회피하고자 피부미용업 신고를 하지 아니한 경우에도 특별한 사정이 없는 한 성립할 수 있다.

[2] 공중위생관리법 제2조 제1항 제5호에서 규정한 '미용업'의 정의 중 '손질'의 의미 및 미용업에 해당하기 위하여 손님의 외모를 아름답게 꾸미기 위한 직·간접적인 신체접촉이 필요한지 여부(적극)

여기서 '손질'이란 손을 대어 잘 매만지는 일을 의미한다. 따라서 영업이 공중위생관리법상 '미용업'에 해당하기 위하여는 손님의 얼굴, 머리, 피부 등에 손을 대어 매만지는 행위, 즉 손님의 외모를 아름답게 꾸미기 위한 직·간접적인 신체접촉이 필요하다.(대법원 2016.5.12, 선고, 2015도13698, 판결)

■ 판례 ■ 　영리의 목적으로 손님이 잠을 자고 머물 수 있는 시설 및 설비 등의 서비스를 계속적·반복적으로 제공하는 행위가 공중위생관리법 제2조 제1항 제2호에서 정한 '숙박업'에 해당하는지 여부(원칙적 적극) 및 같은 시설 등에서 복합유통게임 등을 제공하는 경우 숙박업에서 제외되는지 여부(소극)

공중위생관리법(이하 '법'이라고 한다)의 목적, 법 제2조 제1항 제1호, 제2호, 구 공중위생관리법 시행령(2011. 12. 30. 대통령령 제23451호로 개정되기 전의 것) 제2조 제1항의 내용을 종합하여 보면, 영리의 목적으로 손님이 잠을 자고 머물 수 있는 시설 및 설비 등의 서비스를 계속적·반복적으로 제공하는 행위는 법령이 정한 제외규정에 해당되지 않는 이상 법 제2조 제1항 제2호에서 규정한 숙박업에 해당하고, 같은 시설 등에서 복합유통게임 등을 제공한다고 하여 위 숙박업에서 제외되는 것은 아니다.(대법원 2013.12.12, 선고, 2013도7947, 판결)

■ 판례 ■ 　'목욕장업'에 해당하는지 판단하는 기준

공중위생관리법 제1조, 제2조 제1항 제1호, 제3호 (가)목, (나)목, 제3조 제1항, 제4조 제1항, 제2항, 제20조 제1항 제1호, 공중위생관리법 시행규칙 제2조 [별표 1], 제4조 [별표 2], 제7조 [별표 4]의 문언, 체계와 목적 등에 비추어, 체육시설업자가 체육시설에 딸린 장소에서 체육시설을 이용하는 사람에게 목욕·발한 서비스를 제공하는 것이 공중위생관리법 제3조에서 정한 신고의무를 지는 '목욕장업'에 해당하는지는, 목욕·발한 시설의 내용과 규모, 전체 체육시설에서 목욕·발한 시설이 차지하는 비중, 영업자의 광고·홍보 내역, 해당 서비스를 계속·반복적으로 제공하고 있는지 등을 고려하여 '공중이 이용하는 영업의 위생관리 등에 관한 사항을 규정함으로써 위생수준을 향상시켜 국민의 건강증진에 기여'하고자 하는 공중위생관리법의 입법 목적과 이를 달성하기 위한 시설기준, 위생관리기준 등에 비추어 종합적으로 판단하여야 한다.(대법원 2017.7.11, 선고, 2017도2793, 판결)

II. 벌 칙

제20조(벌칙) ① 제3조제1항 전단에 따른 신고를 하지 아니하고 숙박업 영업을 한 자는 2년 이하의 징역 또는 2천만원 이하의 벌금에 처한다.

② 다음 각호의 1에 해당하는 자는 1년 이하의 징역 또는 1천만원이하의 벌금에 처한다.

  1. 제3조제1항 전단에 따른 신고를 하지 아니하고 공중위생영업(숙박업은 제외한다)을 한 자

  2. 제11조제1항의 규정에 의한 영업정지명령 또는 일부 시설의 사용중지명령을 받고도 그 기간중에 영업을 하거나 그 시설을 사용한 자 또는 영업소 폐쇄명령을 받고도 계속하여 영업을 한 자

③ 다음 각호의 1에 해당하는 자는 6월 이하의 징역 또는 500만원 이하의 벌금에 처한다.

  1. 제3조제1항 후단의 규정에 의한 변경신고를 하지 아니한 자

  2. 제3조의2제1항의 규정에 의하여 공중위생영업자의 지위를 승계한 자로서 동조제4항의 규정에 의한 신고를 하지 아니한 자

  3. 제4조제7항의 규정에 위반하여 건전한 영업질서를 위하여 공중위생영업자가 준수하여야 할 사항을 준수하지 아니한 자

④ 다음 각 호의 어느 하나에 해당하는 사람은 300만원 이하의 벌금에 처한다.

  1. 제6조제3항을 위반하여 다른 사람에게 이용사 또는 미용사의 면허증을 빌려주거나 빌린 사람

  2. 제6조제4항을 위반하여 이용사 또는 미용사의 면허증을 빌려주거나 빌리는 것을 알선한 사람

  3. 제6조의2제9항을 위반하여 다른 사람에게 위생사의 면허증을 빌려주거나 빌린 사람

  4. 제6조의2제10항을 위반하여 위생사의 면허증을 빌려주거나 빌리는 것을 알선한 사람

  5. 제7조제1항에 따른 면허의 취소 또는 정지 중에 이용업 또는 미용업을 한 사람

  6. 제8조제1항을 위반하여 면허를 받지 아니하고 이용업 또는 미용업을 개설하거나 그 업무에 종사한 사람

제21조(양벌규정) 법인의 대표자나 법인 또는 개인의 대리인, 사용인, 그 밖의 종업원이 그 법인 또는 개인의 업무에 관하여 제20조의 위반행위를 하면 그 행위자를 벌하는 외에 그 법인 또는 개인에게도 해당 조문의 벌금형을 과(科)한다. 다만, 법인 또는 개인이 그 위반행위를 방지하기 위하여 해당 업무에 관하여 상당한 주의와 감독을 게을리하지 아니한 경우에는 그러하지 아니하다.

III. 범죄사실

1. 미신고 숙박업

1) 적용법조 : 제20조 제1항, 제3조 제1항 ☞ 공소시효 5년

제3조(공중위생영업의 신고 및 폐업신고) ① 공중위생영업을 하고자 하는 자는 공중위생영업의 종류별로 보건복지부령이 정하는 시설 및 설비를 갖추고 시장·군수·구청장(자치구의 구청장에 한한다. 이하 같다)에게 신고하여야 한다. 보건복지부령이 정하는 중요사항을 변경하고자 하는 때에도 또한 같다.

2) 범죄사실 기재례

> 피의자는 ○○에서 ○○○여관이라는 상호로 숙박업을 운영하는 사람으로서 숙박업인 공중위생영업을 하고자 할 때는 ○○군수에게 신고하여야 한다.
> 그럼에도 불구하고 피의자는 20○○. ○. ○. 경부터 20○○. ○. ○. 까지 위 장소에 신고 없이 지하 1층 지상 3층에 객실 30개 규모로 월 ○○만원의 수입을 올리는 숙박업을 하였다.

3) 신문사항

- 피의자는 어디서 어떠한 일을 하고 있는가

- 언제부터 숙박업을 하였나

- 규모는(층수, 객실수, 종업원 수 등)

- ○○군수에게 숙박업 신고를 하였나

- 신고하지 않고 영업한 기간은

- 왜 신고를 하지 않고 영업하였나

- 월 수입은 어느 정도인가

2. 영업자 지위승계위반

1) **적용법조** : 제20조 제3항 제2호, 제3조의2 제4항 ☞ 공소시효 5년

제3조의2(공중위생영업의 승계) ① 공중위생영업자가 그 공중위생영업을 양도하거나 사망한 때 또는 법인의 합병이 있는 때에는 그 양수인·상속인 또는 합병후 존속하는 법인이나 합병에 의하여 설립되는 법인은 그 공중위생영업자의 지위를 승계한다.
④ 제1항 또는 제2항의 규정에 의하여 공중위생영업자의 지위를 승계한 자는 1월 이내에 보건복지부령이 정하는 바에 따라 시장·군수 또는 구청장에게 신고하여야 한다.

---

2) **범죄사실 기재례**

> 피의자는 ○○에서 ○○상호로 숙박업을 경영하는 사람이다. 공중위생영업자의 지위를 승계한 자는 1월 이내에 보건복지부령이 정하는 바에 따라 시장·군수 또는 구청장에게 신고하여야 한다.
> 그럼에도 불구하고 피의자는 20○○. ○. ○. 홍길동으로부터 위 숙박업소를 양수하고도 20○○. ○. ○.까지 그 지위를 승계하지 아니하였다.

3) 신문사항

- 숙박업을 하고 있는가

- 언제부터 어디에서 어떤 숙박업을 하는가

- 영업신고를 하였는가(신고일자, 신고번호 등)

- 언제 누구로부터 양수하였나

- 어떤 조건으로 양수하였나

- 행정기관에 영업승계 신고를 하였는가

- 왜 지위 승계를 하지 않았는가

II. 벌 칙

제20조(벌칙) ① 제3조제1항 전단에 따른 신고를 하지 아니하고 숙박업 영업을 한 자는 2년 이하의 징역 또는 2천만원 이하의 벌금에 처한다.
② 다음 각호의 1에 해당하는 자는 1년 이하의 징역 또는 1천만원이하의 벌금에 처한다.
  1. 제3조제1항 전단에 따른 신고를 하지 아니하고 공중위생영업(숙박업은 제외한다)을 한 자
  2. 제11조제1항의 규정에 의한 영업정지명령 또는 일부 시설의 사용중지명령을 받고도 그 기간중에 영업을 하거나 그 시설을 사용한 자 또는 영업소 폐쇄명령을 받고도 계속하여 영업을 한 자
③ 다음 각호의 1에 해당하는 자는 6월 이하의 징역 또는 500만원 이하의 벌금에 처한다.
  1. 제3조제1항 후단의 규정에 의한 변경신고를 하지 아니한 자
  2. 제3조의2제1항의 규정에 의하여 공중위생영업자의 지위를 승계한 자로서 동조제4항의 규정에 의한 신고를 하지 아니한 자
  3. 제4조제7항의 규정에 위반하여 건전한 영업질서를 위하여 공중위생영업자가 준수하여야 할 사항을 준수하지 아니한 자
④ 다음 각 호의 어느 하나에 해당하는 사람은 300만원 이하의 벌금에 처한다.
  1. 제6조제3항을 위반하여 다른 사람에게 이용사 또는 미용사의 면허증을 빌려주거나 빌린 사람
  2. 제6조제4항을 위반하여 이용사 또는 미용사의 면허증을 빌려주거나 빌리는 것을 알선한 사람
  3. 제6조의2제9항을 위반하여 다른 사람에게 위생사의 면허증을 빌려주거나 빌린 사람
  4. 제6조의2제10항을 위반하여 위생사의 면허증을 빌려주거나 빌리는 것을 알선한 사람
  5. 제7조제1항에 따른 면허의 취소 또는 정지 중에 이용업 또는 미용업을 한 사람
  6. 제8조제1항을 위반하여 면허를 받지 아니하고 이용업 또는 미용업을 개설하거나 그 업무에 종사한 사람
제21조(양벌규정) 법인의 대표자나 법인 또는 개인의 대리인, 사용인, 그 밖의 종업원이 그 법인 또는 개인의 업무에 관하여 제20조의 위반행위를 하면 그 행위자를 벌하는 외에 그 법인 또는 개인에게도 해당 조문의 벌금형을 과(科)한다. 다만, 법인 또는 개인이 그 위반행위를 방지하기 위하여 해당 업무에 관하여 상당한 주의와 감독을 게을리하지 아니한 경우에는 그러하지 아니하다.

III. 범죄사실

1. 미신고 숙박업

1) **적용법조** : 제20조 제1항, 제3조 제1항 ☞ 공소시효 5년

제3조(공중위생영업의 신고 및 폐업신고) ① 공중위생영업을 하고자 하는 자는 공중위생영업의 종류별로 보건복지부령이 정하는 시설 및 설비를 갖추고 시장·군수·구청장(자치구의 구청장에 한한다. 이하 같다)에게 신고하여야 한다. 보건복지부령이 정하는 중요사항을 변경하고자 하는 때에도 또한 같다.

2) **범죄사실 기재례**

> 피의자는 ○○에서 ○○○여관이라는 상호로 숙박업을 운영하는 사람으로서 숙박업인 공중위생영업을 하고자 할 때는 ○○군수에게 신고하여야 한다.
> 그럼에도 불구하고 피의자는 20○○. ○. ○. 경부터 20○○. ○. ○. 까지 위 장소에 신고 없이 지하 1층 지상 3층에 객실 30개 규모로 월 ○○만원의 수입을 올리는 숙박업을 하였다.

3) 신문사항

- 피의자는 어디서 어떠한 일을 하고 있는가
- 언제부터 숙박업을 하였나
- 규모는(층수, 객실수, 종업원 수 등)
- ○○군수에게 숙박업 신고를 하였나
- 신고하지 않고 영업한 기간은
- 왜 신고를 하지 않고 영업하였나
- 월 수입은 어느 정도인가

2. 영업자 지위승계위반

1) 적용법조 : 제20조 제3항 제2호, 제3조의2 제4항 ☞ 공소시효 5년

> **제3조의2(공중위생영업의 승계)** ① 공중위생영업자가 그 공중위생영업을 양도하거나 사망한 때 또는 법인의 합병이 있는 때에는 그 양수인·상속인 또는 합병후 존속하는 법인이나 합병에 의하여 설립되는 법인은 그 공중위생영업자의 지위를 승계한다.
> ④ 제1항 또는 제2항의 규정에 의하여 공중위생영업자의 지위를 승계한 자는 1월 이내에 보건복지부령이 정하는 바에 따라 시장·군수 또는 구청장에게 신고하여야 한다.

2) 범죄사실 기재례

> 피의자는 ○○에서 ○○상호로 숙박업을 경영하는 사람이다. 공중위생영업자의 지위를 승계한 자는 1월 이내에 보건복지부령이 정하는 바에 따라 시장·군수 또는 구청장에게 신고하여야 한다.
> 그럼에도 불구하고 피의자는 20○○. ○. ○. 홍길동으로부터 위 숙박업소를 양수하고도 20○○. ○. ○.까지 그 지위를 승계하지 아니하였다.

3) 신문사항

- 숙박업을 하고 있는가
- 언제부터 어디에서 어떤 숙박업을 하는가
- 영업신고를 하였는가(신고일자, 신고번호 등)
- 언제 누구로부터 양수하였나
- 어떤 조건으로 양수하였나
- 행정기관에 영업승계 신고를 하였는가
- 왜 지위 승계를 하지 않았는가

3) 공중위생영업자가 준수하여야 하는 위생관리기준 등(제7조관련[별표 4])

1. 숙박업자

가. 객실·침구 등의 청결

(1) 객실·접객대·로비시설·복도·계단·욕실·샤워시설·세면시설 및 화장실 등에는 해충이 발생하지 아니하도록 매월 1회 이상 소독을 하여야 한다. 다만, 감염병의 예방 및 관리에 관한 법령이 정하는 바에 따라 소독을 하여야 하는 업소의 경우에는 관계법령이 정하는 바에 의한다.

(2) 요·이불·베개 등 침구의 포와 수건은 숙박자 1인이 사용할 때마다 세탁하여야 하며, 수시로 일광 그 밖의 방법에 따라 건조시켜야 한다.

(3) 객실의 물은 「식품위생법」 제14조에 따라 작성·보급되는 식품 등의 공전에 따른 접객용 먹는물 규격에 적합한 물이어야 하고, 깨끗한 용기에 담아 비치하여야 한다.

(4) 객실·욕실 등의 위생적인 관리를 위하여 수시로 청소하고, 청소할 때에는 그에 적합한 도구를 용도별로 구분해 사용해야 한다.

나. 욕실 등의 위생관리 및 수질관리

(1) 원수는 별표 2 Ⅰ제1호에 따른 기준에 적합해야 한다.

(2) 숙박업소에서 사용하는 저수조는 「수도법」 등 관련 법령에 따라 소독·청소해야 한다.

다. 환기 및 조명

(1) 환기용 창 등은 수시로 개방하여 환기가 충분히 될 수 있도록 하여야 한다.

(2) 기계환기설비는 항상 가동될 수 있도록 하고, 수시로 가동시켜 환기가 충분히 될 수 있도록 하여야 한다.

(3) 객실·접객대 및 로비시설의 조명도는 75럭스(lux) 이상이 되도록 유지하여야 하며, 복도·계단·욕실·샤워시설·세면시설 및 화장실의 조명도는 20럭스(복도 및 계단의 경우 심야에서 10럭스) 이상이 되도록 유지하여야 한다.

라. 그 밖의 준수사항

(1) 숙박영업자는 업소 내에 숙박업신고증을, 접객대에 숙박요금표를 각각 게시하여야 하며, 게시된 숙박요금을 준수해야 한다.

(2) 숙박업(생활)의 취사시설은 「도시가스사업법」, 「액화석유가스의 안전관리 및 사업법」, 「소방시설 설치 및 관리에 관한 법률」 및 그 밖의 관계 법령에서 정하는 기준에 적합하게 설치·관리되어야 한다.

(3) 객실 주변에 호실별 또는 동별 난방을 위한 개별 난방설비를 설치하는 경우(「도시가스사업법」 등 관계 법령에 따라 안전설비를 설치하는 경우는 제외한다)에는 개별 난방설비 주변 또는 객실 내에 「소방시설 설치 및 관리에 관한 법률」 제36조제3항에 따라 제품검사를 받은 일산화탄소 경보기를 설치해야 한다.

(4) 건물의 일부를 대상으로 숙박업을 하는 경우에는 다음을 준수해야 한다.

(가) 접객대, 로비, 입구 등에 건물의 일부를 대상으로 숙박업이 이루어지고 있다는 사실을 표시하고, 객실 입구에는 해당 객실의 운영책임자와 비상연락처를 표시해야 한다.

(나) 매년 12월 31일까지 또는 시·도지사가 정하는 시기마다 객실 수 및 영업장 면적 현황을 관할 관청에 보고해야 한다.

2. 목욕장업자

가. 목욕실 등의 청결 및 수질관리

(1) 목욕실은 해충이 발생되지 아니하도록 매월 1회 이상 소독을 하여야 한다.

(2) 탈의실·옷장·목욕실·발한실·물통·깔판·휴게실·휴식실·현관 및 화장실 등은 매일 1회 이상 배수시설 및 오수조는 수시로 청소하여야 한다.

(3) 수건·가운 및 대여복을 손님에게 제공할 때에는 반드시 세탁한 것을 제공하여야 한다.

(4) 빗을 비치할 경우에는 사용하지 아니한 것과 사용한 것을 각각 다른 용기에 넣어 보관하여야 하며, 사용한 빗은 소독하여야 한다.

(5) 부대설비로 좌욕기 및 훈증기 등을 설치하는 경우에는 손님 1인이 사용할 때마다 반드시 소독하여야 한다.

(6) 목욕물은 매년 1회 이상 별표 2 Ⅱ에 따른 수질검사를 하여야 한다. 다만, 수돗물을 사용하는 경우에는 원수에 대한 수질검사를 하지 않을 수 있다.

(7) 욕조수를 순환하여 여과시키는 경우에는 다음의 기준에 따라야 한다.

(가) 염소소독을 실시하는 경우에는 매주 1회 이상 욕조수의 온도 및 유리잔류염소 농도를 측정하고 그 결과를 기록해야 한다. 다만, 욕조수를 전부 교체한 경우에는 그 온도 및 유리잔류염소 농도를 측정하지 않고 욕조수

교체사실만 기록할 수 있다.

　(나) 매년 1회 이상 제5조 각 호의 어느 하나에 해당하는 검사기관에 의뢰하여 레지오넬라균 검사를 해야 한다.

(8) 욕조수 관리에 관한 사항을 보기 쉬운 곳에 게시해야 한다.

(9) 목욕업소에서 사용하는 저수조는 「수도법」 등 관련 법령에 따른 방법으로 소독·청소해야 한다.

(10) 목욕장 안의 먹는 물은 「식품위생법」 제14조에 따라 작성·보급되는 식품 등의 공전에 따른 접객용 먹는물 규격에 적합한 물이어야 한다.

나. 발한실 등의 안전관리

발한실 안에는 온도계를 비치하고, 발한실 안과 밖(입구 등)에 아래에 해당하는 사람에 대한 입욕 주의사항 등에 관한 내용이 포함된 게시문을 목욕장을 이용하는 사람이 알아보기 쉬운 크기와 형태로 붙여야 한다.

1) 감기에 걸렸거나 만 5세 미만 또는 전신 쇠약 증세의 어린이

2) 수축기 혈압이 180mmHg 이상인 사람

3) 백내장이 우려되거나 안면홍조증 환자

4) 노약자·임산부·고열환자 및 중증심장병 환자

5) 술을 마신 후 2시간 이내의 사람

6) 출혈을 많이 한 사람

다. 조명 및 환기

(1) 발한실·휴게실·탈의실·접객대·복도·계단·현관 및 화장실 그 밖에 입욕자가 직접 이용하는 장소의 조명도는 75럭스 이상이 유지되도록 하여야 한다.

(2) 휴식실·목욕실 및 세면시설의 조명도는 40럭스 이상이 유지되도록 하여야 한다.

(3) 목욕실·편의시설·휴게실 및 휴식실 등에는 실내공기를 정화할 수 있는 용량에 맞는 환풍시설 및 정화시설을 설치하거나 환기용 창을 설치하여야 한다.

라. 그 밖의 준수사항

(1) 다음에 해당되는 자를 출입시켜서는 아니된다.

　(가) 감염병환자로 인정되는 자(온천수 또는 해수를 사용하는 목욕장으로서 환자의 요양을 위한 입욕시설에서 입욕하는 경우를 제외한다)

　(나) 삭제 〈2022. 6. 22.〉

　(다) 음주 등으로 목욕장의 정상적인 이용이 곤란하다고 인정되는 자

(2) 목욕실 및 탈의실은 만 4세(48개월) 이상의 남녀를 함께 입장시켜서는 안된다.

(3) 목욕실·탈의실· 및 발한실에 종사하는 자는 남자목욕장의 경우에는 남자, 여자목욕장의 경우에는 여자에 한하여 종사하도록 하여야 한다. 다만, 영업시간 외에 목욕장의 시설 및 설비의 청소, 유지 또는 보수를 하는 경우에는 그러하지 아니하다.

(4) 목욕실·탈의실 및 발한실에 이성의 입욕보조행위를 하는 자를 두어서는 아니된다.

(5) 영업소 안에 목욕업신고증, 접객대에 목욕요금표를 게시하여야 한다.

(6) 삭제 〈2014.7.1〉

(7) 법 제2조제1항제3호 나목의 규정에 의한 서비스를 제공하는 목욕장업의 영업자가 남녀공용 발한실을 운영하고자 하는 경우에는 발한복을 착용한 뒤 출입하거나 이용할 수 있게 하여야 한다.

(8) 숙박에 이용되는 침구류 등을 비치하여서는 아니된다. 다만, 이용자의 일시적 수면이나 휴식을 위한 대형 타월 및 베개 등은 비치할 수 있다.

(9) 삭제 〈2014.7.1.〉

(10) 법 제2조제1항제3호나목에 따른 서비스를 제공하는 목욕장업으로서 24시간 영업을 하는 영업소의 경우에는 오후 10시부터 오전 5시까지의 범위에서 시·도지사가 법 제9조의2에 따라 정하는 시간에는 청소년(「청소년보호법」에서 정한 청소년을 말한다. 이하 같다)의 출입을 제한하여야 한다. 다만, 친권자 또는 후견인이 동행하거나 친권자 또는 후견인의 출입동의서를 받은 경우, 그 밖에 친권자를 대신하여 청소년을 보호하는 자, 「초·중등교육법」에 따른 소속 학교의 교원 또는 이에 준하여 청소년을 지도·감독할 수 있는 지위에 있는 자를 동반하는 경우에는 그러하지 아니하다.

(11) (10) 단서에 따른 친권자 또는 후견인의 출입동의서 기재사항은 다음과 같다.

(가) 청소년의 인적사항(성명 · 생년월일 · 주소)

(나) 출입 사유 및 출입 허용 일시

(다) 친권자 또는 후견인의 인적사항(성명 · 생년월일 · 주소 · 연락전화 · 청소년과의 관계) 및 서명

(라) 영업자의 확인 여부

(12) 영업소의 표시는 신고된 명칭(상호) 및 영업의 종류를 표시하여야 하며 다른 업종으로 오인될 우려가 있는 표시를 하여서는 아니된다.

3. 이용업자

가. 이용기구중 소독을 한 기구와 소독을 하지 아니한 기구는 각각 다른 용기에 넣어 보관하여야 한다.

나. 1회용 면도날은 손님 1인에 한하여 사용하여야 한다.

다. 영업장안의 조명도는 75럭스 이상이 되도록 유지하여야 한다.

라. 영업소 내부에 이용업 신고증 및 개설자의 면허증 원본을 게시하여야 한다.

마. 영업소 내부에 부가가치세, 재료비 및 봉사료 등이 포함된 요금표(이하 "최종지급요금표"라 한다)를 게시 또는 부착하여야 한다.

바. 마목에도 불구하고 신고한 영업장 면적이 66㎡ 이상인 영업소의 경우 영업소 외부(출입문, 창문, 외벽면 등을 포함한다. 이하 같다)에도 손님이 보기 쉬운 곳에 「옥외광고물 등 관리법」에 적합하게 최종지급요금표를 게시 또는 부착하여야 한다. 이 경우 최종지급요금표에는 일부항목(3개 이상)만을 표시할 수 있다.

사. 3가지 이상의 이용서비스를 제공하는 경우에는 개별 이용서비스의 최종 지급가격 및 전체 이용서비스의 총액에 관한 내역서를 이용자에게 미리 제공하여야 한다. 이 경우 이용업자는 해당 내역서 사본을 1개월간 보관하여야 한다.

4. 미용업자

가. 점빼기 · 귓볼뚫기 · 쌍꺼풀수술 · 문신 · 박피술 그 밖에 이와 유사한 의료행위를 하여서는 아니된다.

나. 피부미용을 위하여 「약사법」에 따른 의약품 또는 「의료기기법」에 따른 의료기기를 사용하여서는 아니된다.

다. 미용기구중 소독을 한 기구와 소독을 하지 아니한 기구는 각각 다른 용기에 넣어 보관하여야 한다.

라. 1회용 면도날은 손님 1인에 한하여 사용하여야 한다.

마. 영업장안의 조명도는 75럭스 이상이 되도록 유지하여야 한다.

바. 영업소 내부에 미용업 신고증 및 개설자의 면허증 원본을 게시하여야 한다.

사. 영업소 내부에 최종지급요금표를 게시 또는 부착하여야 한다.

아. 사목에도 불구하고 신고한 영업장 면적이 66㎡ 이상인 영업소의 경우 영업소 외부에도 손님이 보기 쉬운 곳에 「옥외광고물 등 관리법」에 적합하게 최종지급요금표를 게시 또는 부착하여야 한다. 이 경우 최종지급요금표에는 일부항목(5개 이상)만을 표시할 수 있다.

자. 3가지 이상의 미용서비스를 제공하는 경우에는 개별 미용서비스의 최종 지급가격 및 전체 미용서비스의 총액에 관한 내역서를 이용자에게 미리 제공하여야 한다. 이 경우 미용업자는 해당 내역서 사본을 1개월간 보관하여야 한다.

5. 세탁업자

가. 드라이크리닝용 세탁기는 유기용제의 누출이 없도록 항상 점검하여야 하고, 사용 중에 누출되지 아니하도록 하여야 한다.

나. 세탁물에는 세탁물의 처리에 사용된 세제 · 유기용제 또는 얼룩제거 약제가 남지 아니하도록 하여야 한다.

다. 세탁업자는 업소에 보관 중인 세탁물에 좀이나 곰팡이 등이 생성되지 않도록 위생적으로 관리하여야 한다.

6. 건물위생관리업자

가. 유기용제를 사용하여 얼룩제거 작업 등을 하는 경우에는 창문을 열고 작업하는 등 증발된 가스를 흡입하지 아니하도록 하고, 화재가 발생하지 아니하도록 주의하여야 한다.

나. 종사자에 대하여 사용장비 및 약제의 취급상의 주의사항과 취급요령을 교육하고 안전사고를 예방하도록 하여야 한다.

5. 면허정지기간 중 업무수행

1) 적용법조 : 제20조 제4항 제5호, 제7조 제1항 ☞ 공소시효 5년

> 제7조(이용사 및 미용사의 면허취소등) ① 시장·군수·구청장은 이용사 또는 미용사가 다음 각호의 1에 해당하는 때에는 그 면허를 취소하거나 6월 이내의 기간을 정하여 그 면허의 정지를 명할 수 있다. 다만, 제1호, 제2호, 제4호, 제6호 또는 제7호에 해당하는 경우에는 그 면허를 취소하여야 한다.
> 1. 제6조제2항제1호
> 2. 제6조제2항제2호 내지 제4호에 해당하게 된 때
> 3. 면허증을 다른 사람에게 대여한 때
> 4. 「국가기술자격법」에 따라 자격이 취소된 때
> 5. 「국가기술자격법」에 따라 자격정지처분을 받은 때(「국가기술자격법」에 따른 자격정지처분 기간에 한정한다)
> 6. 이중으로 면허를 취득한 때(나중에 발급받은 면허를 말한다)
> 7. 면허정지처분을 받고도 그 정지 기간 중에 업무를 한 때
> 8. 「성매매알선 등 행위의 처벌에 관한 법률」이나 「풍속영업의 규제에 관한 법률」을 위반하여 관계 행정기관의 장으로부터 그 사실을 통보받은 때

2) 범죄사실 기재례

> 피의자는 ○○에서 ○○상호로 이용업을 경영하는 자인데, 20○○. ○. ○.경 피의자의 면허증을 홍길동에게 대여하다 적발되어 ○○시장으로부터 20○○. ○. ○.부터 20○○. ○. ○.까지 ○○일간 이용사 면허의 정지명령을 받았다.
> 그럼에도 불구하고 피의자는 위 명령을 위반하여 20○○. ○. ○.부터 20○○. ○. ○.까지 영업을 계속하였다.

3) 신문사항

- 이용업을 하고 있는가
- 언제부터 어디에서 하고 있는가
- 규모는 어느 정도인가
- 이용사 면허를 취득하였는가
- 면허증을 다른 사람에게 빌려 주다 단속된 일이 있는가
- 누구로부터 단속당하였는가
- 언제 어떠한 단속을 당하였는가
- 어떠한 처벌을 받았는가
- 정지기간에 영업을 하였는가
- 어떤 방법으로 영업을 하였는가
- 왜 정지기간 중 영업을 하게 되었는가

6. 무면허 이 · 미용업

1) 적용법조 : 제20조 제4항 제6호, 제8조 제1항, 제6조 제1항   ☞   공소시효 5년

> 제8조(이용사 및 미용사의 업무범위등) ① 제6조제1항의 규정에 의한 이용사 또는 미용사의 면허를 받은 자가 아니면 이용업 또는 미용업을 개설하거나 그 업무에 종사할 수 없다.
>
> 제6조(이용사 및 미용사의 면허등) ① 이용사 또는 미용사가 되고자 하는 자는 다음 각호의 1에 해당하는 자로서 보건복지부령이 정하는 바에 의하여 특별시장 · 광역시장 · 도지사(이하 "시 · 도지사"라 한다)의 면허를 받아야 한다.

2) 범죄사실 기재례

> 　이용사 또는 미용사가 되고자 하는 자는 보건복지부령이 정하는 바에 의하여 시 · 도지사의 면허를 받아야 하며, 이용사 또는 미용사의 면허를 받은 자가 아니면 이용업 또는 미용업을 개설하거나 그 업무에 종사할 수 없다.
>
> 　그럼에도 불구하고 피의자는 ○○도지사로부터 이용사면허를 받음이 없이, 20○○. ○. ○. 부터 20○○. ○. ○.까지 ○○에서 ○○미용실이라는 상호로 이발기계 3대를 설치하고 성명불상 손님들의 머리를 깎는 등 이발을 해주고 1일 약 ○○만원 상당의 이발요금을 받고 이용업을 하였다.

3) 신문사항

- 이용업을 하고 있는가
- 언제부터 언제까지 어디에서 하고 있는가
- 시설 규모는 어느 정도인가
- 누구를 상대로 하는 가
- 이용요금은 얼마이며 1일 평균 매상은 어는 정도인가
- 이용사(미용사) 면허를 받았는가
- 왜 면허없이 영업을 하였는가

■ 판례 ■　　영업신고를 하지 않고 네일미용업을 한 위반행위의 주체가 누구인지 여부

공중위생관리법상 영업신고를 하지 않고 네일미용업을 하였다는 공소사실로 기소된 사안에서, 원심은 이 사건 회사가 각 점포를 임차하고 점포의 매출, 수익 등을 관리하며 점포의 직원을 업무상 지휘 · 감독한 점 등에 비추어 위반행위의 주체를 각 점포에서 직접 네일미용시술을 한 사람들이 아닌, 이 사건 회사의 대표이사인 피고인으로 보았음.
⇒ 대법원은, 공중위생관리법상 영업 신고의무는 '공중위생영업을 하고자 하는 자'에게 부여되어 있고, '영업을 하는 자'라 함은 영업으로 인한 권리의무의 귀속주체가 되는 자를 의미하는 점, 설령 직접 네일미용시술을 한 개별 행위자들이 근로기준법상 근로자 지위가 인정되지 않는다고 할지라도 행정적으로 관할 관청에 대하여 영업신고의무를 부담할 '영업자'로 취급되어야 하는 것은 아닌 점 등을 추가로 고려하여, 원심을 수긍함(대법원 2021. 12. 10. 선고 2021도8993 판결)

7. 영업정지기간 중 영업

1) 적용법조 : 제20조 제2항 제2호, 제11조 제1항 ☞ 공소시효 5년

> **제11조(공중위생영업소의 폐쇄등)** ① 시장·군수·구청장은 공중위생영업자가 다음 각 호의 어느 하나에 해당하면 6월 이내의 기간을 정하여 영업의 정지 또는 일부 시설의 사용중지를 명하거나 영업소폐쇄등을 명할 수 있다. 다만, 관광숙박업의 경우에는 당해 관광숙박업의 관할행정기관의 장과 미리 협의하여야 한다.
> 1. 제3조제1항 전단에 따른 영업신고를 하지 아니하거나 시설과 설비기준을 위반한 경우
> 2. 제3조제1항 후단에 따른 변경신고를 하지 아니한 경우
> 3. 제3조의2제4항에 따른 지위승계신고를 하지 아니한 경우
> 4. 제4조에 따른 공중위생영업자의 위생관리의무등을 지키지 아니한 경우
>
> **제11조의4(같은 종류의 영업 금지)** ① 「성매매알선 등 행위의 처벌에 관한 법률」·「풍속영업의 규제에 관한 법률」 또는 「청소년보호법」(이하 이 조에서 "「성매매알선 등 행위의 처벌에 관한 법률」 등"이라 한다)을 위반하여 제11조제1항의 폐쇄명령을 받은 자(법인인 경우에는 그 대표자를 포함한다. 이하 제2항에서 같다)는 그 폐쇄명령을 받은 후 2년이 경과하지 아니한 때에는 같은 종류의 영업을 할 수 없다.
> ② 「성매매알선 등 행위의 처벌에 관한 법률」 등 외의 법률을 위반하여 제11조제1항의 폐쇄명령을 받은 자는 그 폐쇄명령을 받은 후 1년이 경과하지 아니한 때에는 같은 종류의 영업을 할 수 없다.
> ③ 「성매매알선 등 행위의 처벌에 관한 법률」 등의 위반으로 제11조제1항에 따른 폐쇄명령이 있은 후 1년이 경과하지 아니한 때에는 누구든지 그 폐쇄명령이 이루어진 영업장소에서 같은 종류의 영업을 할 수 없다.
> ④ 「성매매알선 등 행위의 처벌에 관한 법률」 등 외의 법률의 위반으로 제11조제1항에 따른 폐쇄명령이 있은 후 6개월이 경과하지 아니한 때에는 누구든지 그 폐쇄명령이 이루어진 영업장소에서 같은 종류의 영업을 할 수 없다.

2) 범죄사실 기재례

> 피의자는 ○○에서 ○○상호로 숙박업을 경영하는 자인데, 20○○. ○. ○. 22:00경 청소년 3명을 혼숙시켜 적발되어 ○○시장으로부터 20○○. ○. ○.부터 20○○. ○. ○.까지 ○○일간 숙박업 정지명령을 받았다.
> 그럼에도 불구하고 피의자는 위 명령을 위반하여 20○○. ○. ○.까지 영업을 계속하였다.

3) 신문사항

- 숙박업을 하고 있는가
- 언제부터 어디에서 하고 있는가
- 규모는 어느 정도인가
- 영업정지 명령을 받은 일이 있는가
- 언제부터 언제까지 누구로부터 받았는가
- 무엇 때문에 정지명령을 받았는가
- 출입정문에 영업정지기간을 ○○시청에서 게시 첨부하였는가
- 위 기간 영업을 하였는가
- 왜 정지기간 중 영업을 하게 되었는가

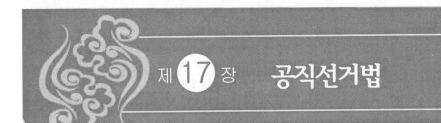
제1절 사전선거운동

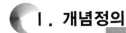

I. 개념정의

1. 선거운동의 개념

> 제58조(정의 등) ① 이 법에서 "선거운동"이라 함은 당선되거나 되게 하거나 되지 못하게 하기 위한 행위를 말한다. 다만, 다음 각 호의 어느 하나에 해당하는 행위는 선거운동으로 보지 아니한다.
> 1. 선거에 관한 단순한 의견개진 및 의사표시
> 2. 입후보와 선거운동을 위한 준비행위
> 3. 정당의 후보자 추천에 관한 단순한 지지·반대의 의견개진 및 의사표시
> 4. 통상적인 정당활동
> 5. 삭제 〈2014.5.14.〉
> 6. 설날·추석 등 명절 및 석가탄신일·기독탄신일 등에 하는 의례적인 인사말을 문자메시지(그림말·음성·화상·동영상 등을 포함한다. 이하 같다)로 전송하는 행위
> ② 누구든지 자유롭게 선거운동을 할 수 있다. 그러나 이 법 또는 다른 법률의 규정에 의하여 금지 또는 제한되는 경우에는 그러하지 아니하다.

■ 판례 ■　甲이 사무실을 별도로 마련하여 사무기기를 비치하고 선거운동원 등을 채용하여 선거운동대책을 수립한 경우

[1] 공직선거및선거부정방지법 제58조 제1항 소정의 선거운동의 의미 및 그 판단 기준

공직선거및선거부정방지법 제58조 제1항 소정의 선거운동은 특정후보자의 당선 내지 득표나 낙선을 위하여 필요하고도 유리한 모든 행위로서 당선 또는 낙선을 도모한다는 목적의사가 객관적으로 인정될 수 있는 능동적·계획적인 행위를 말하는 것으로, 단순히 장래의 선거운동을 위한 내부적·절차적인 준비행위에 해당하는 선거운동의 준비행위나 통상적인 정당활동과는 구별되나, 구체적으로 어떠한 행위가 선거운동에 해당하는지 여부를 판단함에 있어서는 단순히 그 행위의 명목뿐만 아니라 그 행위의 태양, 즉 그 행위가 행하여지는 시기·장소·방법 등을 종합적으로 관찰하여 그것이 특정후보자의 당선 또는 낙선을 도모하는 목적의지를 수반하는 행위인지 여부를 판단하여야 한다.

[2] 甲의 행위가 선거운동인지 여부(적극) 및 그 사무실을 설치·유지하기 위한 비용이 선거운동에 대한 대가성을 지니는지 여부(적극)

사무실을 별도로 마련하여 사무기기를 비치하고 선거운동원 등을 채용하여 선거운동대책을 수립하는 등의 행위는 특정후보자의 당선 등을 도모하는 목적의지가 뚜렷하여 이를 단순히 선거운동을 위한 준비행위라거나 정당인으로서의 통상적인 정당활동이라고 할 수 없고, 그와 같은 사무실을 중심으로 선거운동이 이루어진 경우 그 사무실을 설치·유지하기 위한 비용은 선거운동에 대한 포괄적인 대가로서의 성격을 지닌다고 할 수 있다(대법원 1999.4.9. 선고 98도1432 판결).

2. 사전선거운동의 개념

■ **판례** ■　'사전선거운동'이라 함은 특정의 선거에 있어서 선거운동기간 전에 특정한 후보자의 당선을 목적으로 투표를 얻거나 얻게 하기 위하여 필요하고 유리한 모든 행위, 또는 반대로 특정한 후보자의 낙선을 목적으로 필요하고 불리한 모든 행위 중 선거인을 상대로 당선 또는 낙선을 도모하기 위하여 하는 것이라는 목적의사가 객관적으로 인정될 수 있는 능동적 · 계획적 행위를 말하며, 일상적 · 의례적 · 사교적인 행위는 여기에서 제외되고, 일상적 · 의례적 · 사교적인 행위인지 여부는 그 행위자와 상대방의 사회적 지위, 그들 사이의 관계, 행위의 동기, 방법, 내용과 태양 등 제반 사정을 종합하여 사회통념에 비추어 판단하여야 한다(대법원 2002.7.26. 선고 2002도1792 판결).

■ **판례** ■　**기부행위를 하는 자리에 직접 참석하여 인사를 나누고 식사와 음주를 함께 하면서 지역 현안에 관한 공약을 언급한 것이 사전선거운동에 해당하는지 여부(적극)**

공직선거에 관하여 그 후보자가 되고자 하는 자가 자신의 선거구민들에게 식사 대접을 하는 등 기부행위를 하는 자리에 직접 참석하여 인사를 나누고 식사와 음주를 함께 하면서 지역 현안에 관하여 관심을 표명하고 자신의 업적을 홍보하고 현안 해결을 위하여 앞으로도 노력하겠다는 취지의 공약을 언급한 것이 사전선거운동에 해당한다(대법원 2005.9.9. 선고 2005도2014 판결).

■ **판례** ■　**사전선거운동의 의미 및 그 판단 기준**

사전선거운동이라 함은 선거운동 기간 전에 선거운동을 하는 것이라는 목적의사가 객관적으로 인정될 수 있는 능동적 · 계획적 행위를 말하는데 구체적으로 어떠한 행위가 선거운동에 해당하는지 여부를 판단함에 있어서는 단순히 그 행위의 명목뿐만 아니라 그 행위의 태양, 즉 그 행위가 행하여지는 시기 · 장소 · 방법 등을 종합적으로 관찰하여 그것이 특정 후보자의 당선 또는 낙선을 도모하는 목적의지를 수반하는 행위인지 여부를 기준으로 판단하여야 한다(대법원 2005.1.27. 선고 2004도7511 판결).

■ **판례** ■　**전입안내문에 전입환영글귀를 게재하고 지방자치단체장의 직명, 성명, 사진을 덧붙인 행위가 사전선거운동에 해당하는지 여부(소극)**

법령에 의하여 지방자치단체장의 직무상 행위로 허용되어 작성 · 배부되는 전입안내문에 전입환영글귀를 게재하고 지방자치단체장의 직명, 성명, 사진을 덧붙인 행위가 사전선거운동에 해당하지 않는다(대법원 2002. 7.26. 선고 2002도1792 판결).

II. 선거운동을 할 수 없는 자

제60조(선거운동을 할 수 없는 자) ① 다음 각 호의 어느 하나에 해당하는 사람은 선거운동을 할 수 없다. 다만, 제1호에 해당하는 사람이 예비후보자·후보자의 배우자인 경우와 제4호부터 제8호까지의 규정에 해당하는 사람이 예비후보자·후보자의 배우자이거나 후보자의 직계존비속인 경우에는 그러하지 아니하다. 〈개정 2012.2.29〉

1. 대한민국 국민이 아닌 자. 다만, 제15조제2항제3호에 따른 외국인이 해당 선거에서 선거운동을 하는 경우에는 그러하지 아니하다.
2. 미성년자(19세 미만의 자를 말한다. 이하 같다)
3. 제18조(선거권이 없는 자)제1항의 규정에 의하여 선거권이 없는 자
4. 「국가공무원법」 제2조(공무원의 구분)에 규정된 국가공무원과 「지방공무원법」 제2조(공무원의 구분)에 규정된 지방공무원. 다만, 「정당법」 제22조(발기인 및 당원의 자격)제1항제1호 단서의 규정에 의하여 정당의 당원이 될 수 있는 공무원(국회의원과 지방의회의원외의 정무직공무원을 제외한다)은 그러하지 아니하다.
5. 제53조(공무원 등의 입후보)제1항제2호 내지 제7호에 해당하는 자(제5호 및 제6호의 경우에는 그 상근직원을 포함)
6. 향토예비군 중대장급 이상의 간부
7. 통·리·반의 장 및 읍·면·동주민자치센터(그 명칭에 관계없이 읍·면·동사무소 기능전환의 일환으로 조례에 의하여 설치된 각종 문화·복지·편익시설을 총칭한다. 이하 같다)에 설치된 주민자치위원회(주민자치센터의 운영을 위하여 조례에 의하여 읍·면·동사무소의 관할구역별로 두는 위원회를 말한다. 이하 같다)위원
8. 특별법에 의하여 설립된 국민운동단체로서 국가 또는 지방자치단체의 출연 또는 보조를 받는 단체(바르게살기운동협의회·새마을운동협의회·한국자유총연맹을 말한다)의 상근 임·직원 및 이들 단체 등(시·도조직 및 구·시·군조직을 포함한다)의 대표자
9. 선상투표신고를 한 선원이 승선하고 있는 선박의 선장

② 각급선거관리위원회위원·향토예비군 중대장급 이상의 간부·주민자치위원회위원 또는 통·리·반의 장이 선거사무장, 선거연락소장, 선거사무원, 제62조제4항에 따른 활동보조인, 회계책임자, 연설원, 대담·토론자 또는 투표참관인이나 사전투표참관인이 되고자 하는 때에는 선거일 전 90일(선거일 전 90일 후에 실시사유가 확정된 보궐선거등에서는 그 선거의 실시사유가 확정된 때부터 5일 이내)까지 그 직을 그만두어야 하며, 선거일 후 6월 이내(주민자치위원회위원은 선거일까지)에는 종전의 직에 복직될 수 없다. 이 경우 그만둔 것으로 보는 시기에 관하여는 제53조제4항을 준용한다.

제18조(선거권이 없는 자) ① 선거일 현재 다음 각 호의 어느 하나에 해당하는 사람은 선거권이 없다.

1. 금치산선고를 받은 자
2. 1년 이상의 징역 또는 금고의 형의 선고를 받고 그 집행이 종료되지 아니하거나 그 집행을 받지 아니하기로 확정되지 아니한 사람. 다만, 그 형의 집행유예를 선고받고 유예기간 중에 있는 사람은 제외한다.
3. 선거범, 「정치자금법」 제45조(정치자금부정수수죄) 및 제49조(선거비용관련 위반행위에 관한 벌칙)에 규정된 죄를 범한 자 또는 대통령·국회의원·지방의회의원·지방자치단체의 장으로서 그 재임중의 직무와 관련하여 「형법」(「특정범죄가중처벌 등에 관한 법률」 제2조에 의하여 가중처벌되는 경우를 포함한다) 제129조(수뢰, 사전수뢰) 내지 제132조(알선수뢰)·「특정범죄가중처벌 등에 관한 법률」 제3조(알선수재)에 규정된 죄를 범한 자로서, 100만원 이상의 벌금형의 선고를 받고 그 형이 확정된 후 5년 또는 형의 집행유예의 선고를 받고 그 형이 확정된 후 10년을 경과하지 아니하거나 징역형의 선고를 받고 그 집행을 받지 아니하기로 확정된 후 또는 그 형의 집행이 종료되거나 면제된 후 10년을 경과하지 아니한 자(형이 실효된 자도 포함한다)
4. 법원의 판결 또는 다른 법률에 의하여 선거권이 정지 또는 상실된 자

② 제1항제3호에서 "선거범"이라 함은 제16장 벌칙에 규정된 죄와 「국민투표법」 위반의 죄를 범한 자를 말한다.

③ 「형법」 제38조에도 불구하고 제1항제3호에 규정된 죄와 다른 죄의 경합범에 대하여는 이를 분리 선고하고, 선거사무장·선거사무소의 회계책임자(선거사무소의 회계책임자로 선임·신고되지 아니한 사람으로서 후보자와 통모(통모)하여 해당 후보자의 선거비용으로 지출한 금액이 선거비용제한액의 3분의 1 이상에 해당하는 사람을 포함한다) 또는 후보자(후보자가 되려는 사람을 포함한다)의 직계존비속 및 배우자에게 제263조 및 제265조에 규정된 죄와 이 조 제1항제3호에 규정된 죄의 경합범으로 징역형 또는 300만원 이상의 벌금형을 선고하는 때(선거사무장, 선거사무소의 회계책임자에 대하여는 선임·신고되기 전의 행위로 인한 경우를 포함한다)에는 이를 분리 선고하여야 한다.

Ⅲ. 선거운동으로 보지 아니하는 행위

1. 선거에 관한 단순한 의견개진 및 의사표시(제58조 제1항 단서)

- 국회의원선거기간 중 지방자치단체장이 특정정당에의 탈당 또는 입당을 기자회견을 통하여 공표하는 경우

2. 입후보와 선거운동을 위한 준비행위(제58조 제1항 단서)

- 입후보예정자가 선거사무원으로 선임된 자들을 대상으로 선거기간 전에 선거법해설강좌를 하는 경우
- 소속후보자가 입후보등록을 위하여 선거권자의 추천을 받을 때 입후보예정자들 소개하는 추천에 관한 소개서를 배부하는 경우
  - ✱ 정당의 추천을 받기 위한다는 명목으로 일반선거구민으로부터 지지서명을 받는 행위는 사전선거운동이 됨

■ 판례 ■   공직선거법 제230조 제6항 제2호에서 말하는 '경선운동관계자'의 범위

공직선거법 제230조 제6항 제2호에서 말하는 '경선운동관계자'는, 널리 당내경선운동에 관여하거나 기타 당내경선에 관한 사무를 담당하고 처리하는 자를 포괄적으로 지칭하는 것으로 해석하여야 할 것이어서, 직접적으로 당내경선사무에 종사하거나 그 절차에 관여하는 자 및 다른 경선후보자의 경선운동관계자는 물론, 행위자가 어떤 특정 경선후보자의 선출을 돕기 위하여 금품 제공 등의 행위에 나아간 경우 해당 경선후보자의 경선운동관계자 역시 이에 포함되는 것으로 해석된다. (대법원 2007.6.1. 선고 2006도8134 판결)

■ 판례 ■   당내 경선에서의 당선을 위하여 당원 및 일반 선거구민에게 지지를 호소하는 내용이 담긴 문자메시지를 발송한 행위가 선거운동에 해당하는지 여부(적극)

공직선거에 후보자로 출마하기 위한 당내 경선에서의 당선을 위하여 당원 및 일반 선거구민에게 지지를 호소하는 내용이 담긴 문자메시지를 발송한 행위가 구 공직선거 및 선거부정방지법(2004. 3. 12. 법률 제7189호로 개정되기 전의 것) 제58조 제1항에서 정한 선거운동에 해당한다(대법원 2005.10.14. 선고 2005도301 판결).

■ 판례 ■   선거후보자가 되고자 하는 甲이 선거운동기간 전에 산악회 발대식을 거행하여 사조직을 설립한 경우

[1] 구 공직선거및선거부정방지법상 사조직의 설립에 관한 처벌규정과 사조직을 이용한 사전선거운동에 관한 처벌규정 사이의 관계

선거에 있어서 후보자가 되고자 하는 자의 행위가 사조직을 설립하는 데에서 그쳤다면 사조직의 설립 행위 그 자체가 선거운동에 해당한다고 하더라도 그러한 행위에 대해서는 구 공직선거및선거부정방지법(2004. 3. 12. 법률 제7189호로 개정되기 전의 것) 제255조 제1항 제14호, 제89조의2 제1항이라는 별도의 처벌규정이 있으므로, 위 후보예정자를 같은 법 제254조 제2항 제4호 위반죄로 처벌할 수는 없다고 할 것이고, 이와는 달리 위 후보예정자가 사조직을 설립하는 데에서 그치

지 아니하고 더 나아가 당해 사조직을 이용하여 사조직의 설립 행위에 포함되거나 흡수될 수 없는 별도의 선거운동을 하거나 하게 하였다고 인정되는 경우에 한하여 같은 법 제254조 제2항 제4호 위반죄로 처벌할 수 있다.

[2] 甲의 행위가 선거운동에 해당하는지 여부

선거후보자가 되고자 하는 자가 선거운동기간 전에 산악회 발대식을 거행하여 사조직을 설립하였을 뿐 더 나아가 당해 사조직을 이용하여 사조직의 설립 행위에 포함되거나 흡수될 수 없는 별도의 선거운동에 해당한다고 평가할 만한 행위를 찾아볼 수 없는 경우, 구 공직선거및선거부정방지법 제254조 제2항 제4호 위반죄로는 처벌할 수 없다(대법원 2005.3.11. 선고 2004도8715 판결).

■ **판례** ■ **甲이 공직선거에 출마할 시장 후보 선출을 위한 정당 내 경선운동 과정에서 특정 후보자에 대한 선거운동을 하고 금품 기타 이익을 제공받은 경우**

[1] 공직선거에 출마할 정당 추천 후보자를 선출하기 위한 당내 경선에서의 선거운동과 관련하여 금품 기타 이익의 제공을 받은 경우, 공직선거법 제230조 제1항 제5호, 제4호위반죄가 성립하는지 여부(한정 적극)

공직선거및선거부정방지법 제230조 제1항 제5호, 제4호, 제135조 제3항 소정의 '선거운동'은 같은 법 제2조 소정의 공직선거에서의 당선 또는 낙선을 위한 행위를 말한다고 할 것이고, 따라서 공직선거에 출마할 정당 추천 후보자를 선출하기 위한 당내 경선에서의 당선 또는 낙선을 위한 행위는 여기에 해당하지 아니하여 그와 관련하여 금품 기타 이익의 제공을 받은 경우에는 같은 법 제230조 제1항 제5호, 제4호 위반죄가 성립할 수 없고, 다만 당내 경선에서의 당선 또는 낙선을 위한 행위라는 구실로 실질적으로는 같은 법 제2조 소정의 공직선거에서의 당선 또는 낙선을 위한 행위를 하는 것으로 평가할 수 있는 예외적인 경우에 한하여 그 범위 내에서 같은 법 제230조 제1항 제5호, 제4호 위반죄가 성립할 수 있다.

[2] 甲의 행위가 공직선거및선거부정방지법 제230조 제1항 제5호, 제4호위반죄에 해당하는지 여부(소극)

위의 행위에 대하여 공직선거및선거부정방지법 제230조 제1항 제5호, 제4호위반죄를 인정한 원심판결을 파기한 사례(대법원 2003.7.8. 선고 2003도305 판결)

■ **판례** ■ **후보자의 인지도를 높이고 그에 대한 지지를 유도하기 위한 여론조사가 사전선거운동에 해당하는지 여부(적극)**

여론조사의 목적이 피고인에 대한 인지도를 높이고 그의 장점을 부각시켜 그에 대한 지지를 유도하기 위한 것이라면, 이는 사전선거운동에 해당한다(대법원 1998.6.9. 선고 97도856 판결).

3. 정당의 후보자 추천에 관한 단순한 지지·반대의 의견개진 및 의사표시

- 시민단체가 공천반대 또는 철회인사 명단을 기자회견 등을 통해 외부에 공표하거나 인터넷에 게시하는 행위
- 시민단체가 낙선운동을 위하여 인쇄물배부, 시설물게시, 집회개최, 캠페인·서명운동을 전개하는 것은 위법
  * 정당의 공천에 관한 의견이 게재된 유인물·현수막을 배부 또는 설치하거나 일반선거구민을 대상으로 의사를 표시하는 행위(집회, 캠페인, 서명운동 방법 불문)는 선거법 위반

■ **판례** ■ 제3자가 당선의 목적 없이 오로지 부적격 후보자의 낙선만을 목적으로 하여 벌이는 낙선운동이 공직선거및선거부정방지법상의 선거운동에 포함되는지 여부(적극)

선거운동이라 함은 특정 후보자의 당선 내지 득표나 낙선을 위하여 필요하고도 유리한 모든 행위로서 당선 또는 낙선을 도모한다는 목적의사가 객관적으로 인정될 수 있는 능동적·계획적인 행위를 말하는 것으로서, 피고인들과 같은 후보자 편 이외의 제3자가 당선의 목적 없이 오로지 특정 후보자의 낙선만을 목적으로 하여 벌이는 낙선운동은 특정인의 당선을 목적으로 함이 없이 부적격 후보자의 낙선만을 목적으로 하고 있다는 점에서 특정인의 당선을 목적으로 경쟁후보가 당선되지 못하게 하는 선거운동과 의미상으로는 일응 구별되기는 하지만, 그 주관적인 목적과는 관계없이 실제의 행동방식과 효과에 있어서는 다른 후보자의 당선을 위하여 하는 선거운동과 다를 것이 없다(대법원 2004.4.27. 선고 2002도315 판결).

4. 통상적인 정당활동(제58조 제1항 단서)

- 소속당원만을 대상으로 하는 정당의 내부 활동
- 정치적 주장과 정책추진 및 국민의 정치적 의사형성을 위한 정치활동, 정당의 당세 확장을 위한 정상적 활동, 정책의 보급·선전을 위한 활동

  ✽ 정당활동을 빙자한 비당원인 일반선거구민에게 특정선거에서 정당에 대한 지지·반대를 호소하거나 소곡입후보예정자를 선전하는 행위는 법 위반

5. 직무 또는 업무상의 행위(제111조, 제112조 제2항 등)

- 입후보예정자가 국회의원 및 지방의원으로서 그 직위에 따른 직무를 수행하는 행위
- 사회적 활동이나 사회적 지위에 수반되는 직무상 또는 업무상의 행위

  ✽ 외형상 직무행위 또는 업무행위로 행하였다 하더라도 그 행위 태양에 따라 사전선거운동이 되는 경우가 있음

6. 의례적·사교상의 행위

- 공적·사회적 지위에 걸맞은 합리적 범위안에서의 의례적·사교적 행위

  ✽ 외형상 의례적·사교적 행위라도 그 행위의 태양에 따라 사전선거운동이 되는 경우가 있음

제2절 공직선거법상 선거범죄

 ## Ⅰ. 선거범죄의 유형과 공소시효

1. 선거범죄의 유형

제230조(매수 및 이해유도죄)

제231조(재산상의 이익목적의 매수 및 이해유도죄)

제232조(후보자에 대한 매수 및 이해유도죄)

제233조(당선인에 대한 매수 및 이해유도죄)

제234조(당선무효유도죄)

제235조(방송 · 신문등의 불법이용을 위한 매수죄)

제236조(매수와 이해유도죄로 인한 이익의 몰수)

제237조(선거의 자유방해죄)

제238조(군인에 의한 선거자유방해죄)

제239조(직권남용에 의한 선거의 자유방해죄)

제240조(벽보 기타 선전시설등에 대한 방해죄)

제241조(투표의 비밀침해죄)

제242조(투표 · 개표의 간섭 및 방해죄)

제243조(투표함등에 관한 죄)

제244조(선거사무관리관계자나 시설등에 대한 폭행 · 교란죄)

제245조(투표소등에서의 무기휴대죄)

제246조(다수인의 선거방해죄)

제247조(사위등재 · 허위날인죄)

제248조(사위투표죄)

제249조(투표위조 또는 증감죄)

제250조(허위사실공표죄)

제251조(후보자비방죄)

제252조(방송 · 신문등 부정이용죄)

제253조(성명등의 허위표시죄)

제254조(선거운동기간위반죄)

제255조(부정선거운동죄)

제256조(각종제한규정위반죄)

제257조(기부행위의 금지제한등 위반죄)

제258조(선거비용부정지출등 죄)

제259조(선거범죄선동죄)

2. 공소시효

제268조(공소시효) ① 이 법에 규정한 죄의 공소시효는 당해 선거일후 6개월(선거일후에 행하여진 범죄는 그 행위가 있는 날부터 6개월)을 경과함으로써 완성한다. 다만, 범인이 도피한 때나 범인이 공범 또는 범죄의 증명에 필요한 참고인을 도피시킨 때에는 그 기간은 3년으로 한다.
② 제1항 본문에도 불구하고 선상투표와 관련하여 선박에서 범한 이 법에 규정된 죄의 공소시효는 범인이 국내에 들어온 날부터 6개월을 경과함으로써 완성된다.
③ 제1항 및 제2항에도 불구하고 공무원(제60조제1항제4호 단서에 따라 선거운동을 할 수 있는 사람은 제외한다)이 직무와 관련하여 또는 지위를 이용하여 범한 이 법에 규정된 죄의 공소시효는 해당 선거일 후 10년(선거일 후에 행하여진 범죄는 그 행위가 있는 날부터 10년)을 경과함으로써 완성된다.
제218조의26(국외선거범에 대한 공소시효 등) ① 제268조제1항 본문에도 불구하고 국외에서 범한 이 법에 규정된 죄의 공소시효는 해당 선거일 후 5년을 경과함으로써 완성한다.

■ **판례** ■   **공직선거법 제268조 제1항 단서에 정한 공소시효 기간의 해석 및 위 단서에서 정한 '범인이 도피한 때'의 의미**

공직선거법 제268조 제1항의 규정 형식 및 내용에 비추어 보면, 위 조항 단서의 사유가 발생한 경우 공소시효는 당해 선거일 후 3년(선거일 후에 행하여진 범죄는 그 행위가 있는 날부터 3년)을 경과함으로써 완성된다고 해석함이 상당하고, 위 단서 소정의 '범인이 도피한 때'에 해당하기 위해서는 범인이 주관적으로 수사기관의 검거·추적으로부터 벗어나려는 도피의사가 있어야 하고, 객관적으로 수사기관의 검거·추적이 불가능한 도피상태에 있어야 한다. 이때 도피의사는 수사기관의 검거·추적으로부터 벗어남으로써 수사, 재판 및 형의 집행 등 형사사법의 작용을 곤란 또는 불가능하게 한다는 인식으로 족하고, 궁극적으로 형사처분을 면할 목적이나 공소시효를 도과시키려는 목적을 필요로 하는 것은 아니다. 그리고 도피상태는 소재가 분명하더라도 검거·추적이 불가능한 경우를 포함하지만, 단순히 수사기관의 소환에 응하지 않고 있을 뿐 검거·추적이 가능한 경우에는 도피상태라고 볼 수 없다. (대법원 2010. 5. 13., 선고, 2010도1386, 판결)

Ⅱ. 기부행위의 제한·금지

1. 개념정의

제112조(기부행위의 정의 등) ① 이 법에서 "기부행위"라 함은 당해 선거구안에 있는 자나 기관·단체·시설 및 선거구민의 모임이나 행사 또는 당해 선거구의 밖에 있더라도 그 선거구민과 연고가 있는 자나 기관·단체·시설에 대하여 금전·물품 기타 재산상 이익의 제공, 이익제공의 의사표시 또는 그 제공을 약속하는 행위를 말한다.

가. "당해 선거구안에 있는 자"

선거구내에 주소나 거소를 갖는 자는 물론 선거구안에 일시적으로 머무르는 자도 포함되고 '선거구민의 모임이나 행사'의 경우 그 참여자 전원이 선거구민일 필요는 없다.

나. "선거구민과 연고가 있는 자"

당해 선거구민이 가족·친지·친구, 직장동료·상하급자나 향민회·동창회·친목회 등 일정한 혈연적·인간적 관계를 가지고 있어 그 선거구민의 의사결정에 영향을 미칠 수 있는 가능성이 있는 사람을 말한다.

■ 판례 ■ 국회의원 甲이 당원 교육용 교재로, 당원용 또는 비매품이라는 표시가 되어 있는 자신의 처가 작성한 수필집 형태의 서적인 '아내의 일기'를 교부한 경우

[1] 제112조 제1항 제1호에 의하여 기부행위의 금지대상이 되는 '서적'의 의미

공직선거및선거부정방지법 제112조 제1항 제1호 소정의 '서적'은 '이익이 되는 물품'의 구체적인 예라고 볼 수 있지만, 이 때 '이익'이 '재산상의 이익'으로만 한정된다고는 볼 수 없고 또한 그 '서적'이 '재산상의 이익'이 있는 서적으로 한정된다거나 불특정의 사람이 일정한 대가를 지급하고 획득하려는 의지를 촉발시켜야 할 정도에 이르러야만 한다고 볼 수 없다.

[2] 甲의 행위가 기부행위에 해당하는지 여부(적극)

국회의원 후보자의 처가 작성한 수필집 형태의 서적인 '아내의 일기'가 당원 교육용 교재로 발간되고, 당원용 또는 비매품이라는 표시가 되어 있는 등의 사정이 있다고 하더라도, 공직선거및선거부정방지법 제112조 제1항 제1호에 의하여 기부행위의 금지대상이 되는 '서적' 또는 '이익이 되는 물품'으로 보기에 부족함이 없다(대법원 2002.9.10. 선고 2002도43 판결).

■ 판례 ■ 후보자의 배우자인 甲이 선거사무원에게 유권자 제공용으로 금전을 교부한 경우

[1] 제112조 제1항 소정의 '기부행위'의 의미 및 기부행위의 상대방의 범위

'기부행위'라 함은 원칙적으로 당사자의 일방이 상대방에게 무상으로 금품이나 재산상 이익 등을 제공하는 것을 말하고, 기부행위의 상대방은 '당해 선거구 안에 있는 자나 기관·단체·시설 및 선거구민의 모임이나 행사 또는 당해 선거구의 밖에 있더라도 그 선거구민과 연고가 있는 자'이면 족하며, 그 상대방이 선거운동원이든, 정당원이든 묻지 않는다.

[2] 제113조 소정의 '후보자 등의 기부행위제한' 규정의 취지

기부행위가 후보자의 지지기반을 조성하는 데에 기여하거나 매수행위와 결부될 가능성이 높아 이를 허용할 경우 선거 자체가 후보자의 인물·식견 및 정책 등을 평가받는 기회가 되기보다는 후보자의 자금력을 겨루는 과정으로 타락할 위험성이 있어 이를 방지하기 위한 것이다.

[3] 甲의 행위가 기부행위에 해당하는지 여부

후보자의 배우자가 선거사무원에게 유권자 제공용으로 금전을 교부한 행위는 공직선거및선거부정방지법 제112조 제1항 소정의 '기부행위'에 해당한다(대법원 2002. 2. 21. 선고 2001도2819 전원합의체 판결).

■ 판례 ■ 공직선거법 제113조 제1항에 정한 '당해 선거구 안에 있는 자' 및 '선거구민과 연고가 있는 자'의 의미

제113조 제1항은 '당해 선거구 안에 있는 자'와 '당해 선거구의 밖에 있더라도 그 선거구민과 연고가 있는 자'에 대한 기부행위를 금지하고 있는바, 여기서 '당해 선거구 안에 있는 자'란 선거구 내에 주소나 거소를 갖는 사람은 물론 선거구 안에 일시적으로 머무르는 사람도 포함되고, '선거구민과 연고가 있는 자'란 당해 선거구민의 가족·친지·친구·직장동료·상하급자나 향우회·동창회·친목회 등 일정한 혈연적·인간적 관계를 가지고 있어 그 선거구민의 의사결정에 직접적 또는 간접적으로 어떠한 영향을 미칠 수 있는 가능성이 있는 사람을 말하며 그 연고를 맺게 된 사유는 불문한다(대법원 2007.3.30. 선고 2006도9043 판결).

2. 제한기간

상시제한

3. 기부행위제한 · 금지의 주체와 행위

가. 주 체

1) 후보자(후보자가 되고자 하는 자 포함)와 그 배우자

국회의원선거에 관한 여부를 불문하고 일체의 기부행위를 할 수 없다.

2) 정당(창당준비위원회 포함), 후보자의 가족, 선거사무관계자, 후보자 또는 그 가족과 관계 있는 회사 기타 법인 · 단체 또는 그 임 · 직원

국회의원선거에 관하여(선거기간중에는 국회의원선거에 관한 여부 불문) 일체의 기부행위를 할 수 없다.

〈후보자의 가족 등의 범위〉

구 분	범 위
후보자의 가족	- 후보자나 그 배우자의 직계존 · 비속과 형제자매 - 후보자의 직계비속 및 형제자매의 배우자
선거사무관계자	- 선거사무장, 선거연락소장, 선거사무원, 회계책임자, 연설원, 대담 · 토론자
후보자 또는 그 가족과 관계있는 회사 기타 법인 · 단체(회사 등)	- 후보자 또는 그의 가족이 임 · 직원 또는 구성원으로 있거나 기금을 출연하여 설립하고 운영에 참여하고 있거나 관계법규나 규약에 의해 의사결정에 실질적으로 영향력을 행사할 수 있는 회사 기타 법인 · 단체 - 후보자가 소속한 정당이나 후보자를 위하여 설립한 정치자금법에 의한 후원회

3) 제3자(누구든지)

국회의원선거에 관하여 후보자 또는 그 소속정당을 위하여 기부행위를 하거나 하게 할 수 없다.

나. 금지행위

누구든지 국회의원선거에 관하여 정당 · 후보자 또는 그 가족, 선거사무관계자, 후보자 또는 그 가족과 관계있는 회사 등이나 그 임 · 직원과 제3자로부터 기부를 받거나 기부를 권유 또는 요구하는 행위를 할 수 없다.

〈주체별 기부행위금지의 내용〉

주체별	제한기간	제한내용
후보자 · 배우자 (입후보예정자 포함)	상 시	당해 선거에 관한 여부를 불문하고 일체의 기부행위 금지
정당(창당준비위원회 포함) 및 후보자(입후보예정자 포함)의 가족 등	선거기간 전	당해 선거에 관한 기부행위금지
	선거기간 중	당해 선거에 관한 여부를 불문하고 일체의 기부행위 금지
제3자(누구든지)	상 시	당해 선거에 관한 기부행위 금지

4. 할 수 있는 사례 (제112조 제2항)

1) 통상적인 정당활동과 관련한 행위

가. 정당이 각급당부에 당해 당부의 운영경비를 지원하거나 유급사무직원에게 보수를 지급하는 행위

나. 정당의 당헌 · 당규 기타 정당의 내부규약에 의하여 정당의 당원이 당비 기타 부담금을 납부하는 행위

다. 정당이 소속 국회의원, 이 법에 따른 공직선거의 후보자 · 예비후보자에게 정치자금을 지원하는 행위

라. 당원집회 및 당원교육, 그 밖에 소속 당원만을 대상으로 하는 당원집회에서 참석당원 등에게 정당의 경비로 교재, 그 밖에 정당의 홍보인쇄물, 싼 값의 정당의 배지 또는 상징마스코트나 통상적인 범위에서 차 · 커피 등 음료(주류 제외)를 제공 행위

마. 통상적인 범위안에서 선거사무소 · 선거연락소 또는 정당의 사무소를 방문하는 자에게 다과 · 떡 · 김밥 · 음료(주류 제외) 등 다과류의 음식물을 제공하는 행위

바. 중앙당의 대표자가 참석하는 당직자회의(구 · 시 · 군단위 이상의 지역책임자급 간부와 시 · 도수의 10배수에 상당하는 상위직의 간부가 참석하는 회의를 말한다) 또는 시 · 도당의 대표자가 참석하는 당직자회의에 참석한 당직자에게 통상적인 범위에서 식사류의 음식물을 제공하는 행위

사. 정당이 소속 유급사무직원을 대상으로 실시하는 교육 · 연수에 참석한 유급사무직원에게 정당의 경비로 숙식 · 교통편의 또는 실비의 여비를 제공하는 행위

아. 정당의 대표자가 소속 당원만을 대상으로 개최하는 신년회 · 송년회에 참석한 사람에게 정당의 경비로 통상적인 범위에서 다과류의 음식물을 제공하는 행위

자. 정당이 그 명의로 재해구호 · 장애인돕기 · 농촌일손돕기 등 대민 자원봉사활동을 하거나 그 자원봉사활동에 참석한 당원에게 정당의 경비로 교통편의(여비는 제외한다)와 통상적인 범위에서 식사류의 음식물을 제공하는 행위

차. 정당의 대표자가 개최하는 정당의 정책개발을 위한 간담회 · 토론회에 참석한 직능 · 사회단체의 대표자, 주제발표자, 토론자 등에게 정당의 경비로 식사류의 음식물을 제공하는 행위

카. 정당의 대표자가 개최하는 정당의 각종 행사에서 모범 · 우수당원에게 정당의 경비로 상장과 통상적인 부상을 수여하는 행위

타. 제57조의5제1항 단서에 따른 의례적인 행위

파. 정당의 대표자가 주관하는 당무에 관한 회의에서 참석한 각급 당부의 대표자 · 책임자 또는 유급당직자에게 정당의 경비로 식사류의 음식물을 제공하는 행위

하. 정당의 중앙당의 대표자가 당무파악 및 지역여론을 수렴하기 위하여 시 · 도당을 방문하는 때에 정당의 경비로 방문지역의 기관 · 단체의 장 또는 사회단체의 간부나 언론인 등 제한된 범위의 인사를 초청하여 간담회를 개최하고 식사류의 음식물을 제공하는 행위

거. 정당의 중앙당이 당헌에 따라 개최하는 전국 단위의 최고 대의기관 회의에 참석하는 당원에게 정당의 경비로 교통편의를 제공하는 행위

2) 의례적 행위

가. 민법 제777조(친족의 범위)의 규정에 의한 친족의 관혼상제의식 기타 경조사에 축의·부의금품을 제공하는 행위

나. 정당의 대표자가 중앙당 또는 시·도당에서 근무하는 해당 유급사무직원·그 배우자 또는 그 직계존비속이 결혼하거나 사망한 때에 통상적인 범위에서 축의·부의금품(화환 또는 화분을 포함)을 제공하거나 해당 유급사무직원(중앙당 대표자의 경우 시·도당 대표자를 포함)에게 연말·설·추석·창당기념일 또는 그의 생일에 정당의 경비로 의례적인 선물을 정당의 명의로 제공하는 행위

다. 국가유공자의 위령제, 국경일의 기념식, 「각종 기념일 등에 관한 규정」 제2조에 규정된 정부가 주관하는 기념일의 기념식, 공공기관·시설의 개소·이전식, 합동결혼식, 합동분향식, 산하 기관·단체의 준공식, 정당의 창당대회·합당대회·후보자선출대회, 그 밖에 이에 준하는 행사에 의례적인 화환·화분·기념품을 제공하는 행위

라. 공익을 목적으로 설립된 재단 또는 기금이 선거일 전 4년 이전부터 그 설립목적에 따라 정기적으로 지급하여 온 금품을 지급하는 행위. 다만, 선거일 전 120일(선거일 전 120일 후에 실시사유가 확정된 보궐선거등에 있어서는 그 선거의 실시사유가 확정된 때)부터 선거일까지 그 금품의 금액과 지급 대상·방법 등을 확대·변경하거나 후보자(후보자가 되려는 사람을 포함한다. 이하 이 조에서 같다)가 직접 주거나 후보자 또는 그 소속 정당의 명의를 추정할 수 있는 방법으로 지급하는 행위는 제외한다.

마. 친목회·향우회·종친회·동창회 등 각종 사교·친목단체 및 사회단체의 구성원으로서 당해 단체의 정관·규약 또는 운영관례상의 의무에 기하여 종전의 범위안에서 회비를 납부하는 행위

바. 종교인이 평소 자신이 다니는 교회·성당·사찰 등에 통상의 예에 따라 헌금(물품의 제공을 포함)하는 행위

사. 선거운동을 위하여 후보자와 함께 다니는 자나 국회의원·후보자·예비후보자가 관할구역안의 지역을 방문하는 때에 함께 다니는 자에게 통상적인 범위에서 식사류의 음식물을 제공하는 행위. 이 경우 함께 다니는 자의 범위에 관하여는 중앙선거관리위원회규칙으로 정한다.

아. 기관·단체·시설의 대표자가 소속 상근직원(「지방자치법」 제6장제3절과 제4절에서 규정하고 있는 소속 행정기관 및 하부행정기관과 그 밖에 명칭여하를 불문하고 이에 준하는 기관·단체·시설의 직원은 제외한다. 이하 이목에서 같다)이나 소속 또는 차하급기관·단체·시설의 대표자·그 배우자 또는 그 직계존비속이 결혼하거나 사망한 때에 통상적인 범위에서 축의·부의금품(화환 또는 화분을 포함한다)을 제공하는 행위와 소속 상근직원이나 소속 또는 차하급기관·단체·시설의 대표자에게 연말·설·추석·창립기념일 또는 그의 생일에 자체사업계획과 예산에 따라 의례적인 선물을 해당 기관·단체·시설의 명의로 제공하는 행위

자. 읍·면·동 이상의 행정구역단위의 정기적인 문화·예술·체육행사, 각급학교 의 졸업식 또는 공공의 이익을 위한 행사에 의례적인 범위에서 상장(부상은 제외한다. 이하 이 목에서 같다)을 수여하는 행위와 구·시·군단위 이상의 조직 또는 단체(향우회·종친회·동창회, 동호인회, 계모임 등 개인 간의 사적모임은 제외한다)의 정기총회에 의례적인 범위에서 연 1회에 한하여 상장을 수여하는 행위. 다만, 제60조의2(예비후보자등록)제1항의 규정에 따른 예비후보자등록신청개시일부터 선거일까지 후보자(후보자가 되고자 하는 자를 포함한다)가 직접 수여하는 행위를 제외한다.

차. 의정활동보고회, 정책토론회, 출판기념회, 그 밖의 각종 행사에 참석한 사람에게 통상적인 범위에서 차·커피 등 음료(주류 제외)를 제공하는 행위

카. 선거사무소·선거연락소 또는 정당선거사무소의 개소식·간판게시식 또는 현판식에 참석한 정당의 간부·당원들이나 선거사무관계자들에게 해당 사무소 안에서 통상적인 범위의 다과류의 음식물(주류 제외)을 제공하는 행위

타. 제114조제2항에 따른 후보자 또는 그 가족과 관계있는 회사등이 개최하는 정기적인 창립기념식·사원체육대회 또는 사옥준공식 등에 참석한 소속 임직원이나 그 가족, 거래선, 한정된 범위의 내빈 등에게 회사등의 경비로 통상적인 범위에서 유공자를 표창(지방자치단체의 경우 소속 직원이 아닌 자에 대한 부상의 수여는 제외한다)하거나 식사류의 음식물 또는 싼 값의 기념품을 제공하는 행위

파. 제113조 및 제114조에 따른 기부행위를 할 수 없는 자의 관혼상제에 참석한 하객이나 조객 등에게 통상적인 범위에서 음식물 또는 답례품을 제공하는 행위

■ 판례 ■   정당의 당비 납부규정에 위반하여 특별당비를 납부한 경우

[1] 공직선거법 제112조 제2항에 정한 의례적 행위나 직무상 행위 등에 해당하지 않는 기부행위의 위법성이 조각되기 위한 요건

공직선거법 제113조, 제112조 제1항, 제2항의 규정 방식에 비추어, 제112조 제1항에 해당하는 금품 등의 제공행위가 제112조 제2항과 이에 근거한 중앙선거관리위원회규칙 및 그 위원회의 결정에 의하여 의례적이거나 직무상의 행위 또는 통상적인 정당활동으로서 허용되는 것으로 열거된 행위에 해당하지 아니하는 이상 일단 후보자 등의 기부행위 금지 위반을 처벌하는 제257조 제1항 제1호의 범죄구성요건에 해당한다. 다만 후보자 등이 한 기부행위가 같은 법 제112조 제2항 등에 의하여 규정된 의례적이거나 직무상의 행위 또는 통상적인 정당활동에 해당하지는 아니하더라도 그것이 지극히 정상적인 생활형태의 하나로서 역사적으로 생성된 사회질서의 범위 안에 있는 것이라고 볼 수 있는 경우에는 일종의 의례적이거나 직무상의 행위 또는 통상적인 정당활동으로서 사회상규에 위배되지 아니하여 위법성이 조각되는 경우가 있을 수 있지만, 그와 같은 사유로 위법성의 조각을 인정함에는 신중을 요한다.

[2] 당원의 당비 납부행위가 공직선거법상 기부행위로 보지 아니하는 행위에 해당하기 위한 요건

정당의 당원이 당비를 납부하는 행위가 공직선거법 제112조 제2항에 의하여 기부행위로 보지 아니하는 같은 항 제1호 (나)목의 '정당의 당헌·당규 기타 정당의 내부규약에 의하여 정당의 당원이 당비 기타 부담금을 납부하는 행위'에 해당하려면, 위 규정의 문언상 당해 정당의 당헌·당규 기타 내부규약에 따른 경우라야 한다

[3] 정당의 당비 납부규정에 위반하여 특별당비를 납부한 행위가 공직선거법상 금지되는 기부행위에 해당하는지 여부(적극)

정당의 당비 납부규정에 위반하여 특별당비를 납부한 행위가 공직선거법상 금지되는 기부행위에 해당한다(대법원 2007.4.26. 선고 2007도218 판결).

■ 판례 ■   후보자 甲이 선거구 내 거주자에게 중앙선거관리위원회규칙 소정의 금액을 초과하지만 자신의 모친상 때 부의금으로 받은 같은 금액의 경조품을 제공한 경우

[1] 후보자가 회계책임자의 입회하에 선거비용을 지출하였다 하더라도 공직선거및선거부정방지법 제127조 제1항 소정의 예금계좌를 통한 것이 아닌 한 같은 조 제2항, 제3항에 위배되는지 여부(적극)

공직선거및선거부정방지법 제127조 제2항, 제3항은 "회계책임자는 모든 선거비용의 수입과 지출을 제1항의 예금계좌를 통해서만 하여야 한다.", "회계책임자가 아니면 선거비용을 지출할 수 없다."고 각 규정하고 있으므로 후보자가 비록 회계책임자의 입회하에 선거비용을 지출하였다 하더라도 위 법조 소정의 예금계좌를 통한 것이 아닌 한 위 법조에 위반된다.

[2] 甲의 행위가 사회상규에 위배되지 않는지 여부(소극)

후보자가 선거구 내 거주자에 대한 결혼축의금으로서 중앙선거관리위원회규칙이 정한 금액인 금 30,000원을 초과하여 금 50,000원을 지급한 사유가 후보자가 모친상시 그로부터 받은 같은 금액의 부의금에 대한 답례취지이었다 하더라도 그것이 미풍양속으로서 사회상규에 위배되지 않는다고 볼 수 없다(대법원 1999. 5.25. 선고 99도983 판결).

■ 판례 ■   당직자회의 장소가 아닌 음식점에서 참석 당직자만이 아닌 일반당원도 포함시켜 술 등 음식을 제공한 행위가 구 공직선거및선거부정방지법 제142조 제3항에 의하여 허용되는 기부행위로 볼 수 있는지 여부(소극)

지구당의 대표자가 개최하는 당직자회의에서 참석 당직자만을 대상으로 정당의 경비로 통상적인 범위 안에서 다과·떡·김밥·음료(주류제공 등 향응을 제외한다)를 제공하는 행위는 구 공직선거 및선거부정방지법(1997. 11. 14. 법률 제5412호로 개정되기 전의 것) 제142조 제3항에 의하여 같은 법 제113조 소정의 기부행위에 해당하지 아니하는 것이나, 같은 법 제142조 제3항에 의하여 준용 되는 법 제112조 제2항 제2호 후단에 비추어 보면, 통상적인 범위 안에서 제공되는 다과 등이라 함은 일상적인 예를 갖추는데 필요한 정도로 그 자리에서 소비될 것으로 제공하는 것을 말하므로, 당직자회의장소가 아닌 음식점에서 참석 당직자만이 아닌 일반당원도 포함시켜 술 등 음식을 제 공한 행위를 같은 법 제142조 제3항에 의하여 허용되는 기부행위라고 볼 수 없고, 이를 의례적이 거나 직무상의 행위로 사회상규에 위배되지 아니하거나 기대가능성이 없는 행위로 볼 수도 없다 (대법원 1998.6.9. 선고 97도856 판결).

3) 구호적·자선적 행위

가. 법령에 의하여 설치된 사회보호시설중 수용보호시설에 의연금품을 제공하는 행위
나. 「재해구호법」의 규정에 의한 구호기관(전국재해구호협회를 포함한다) 및 「대한적십자사 조직법」에 의한 대한적십자사에 천재·지변으로 인한 재해의 구호를 위하여 금품을 제공하는 행위
다.. 「장애인복지법」 제58조에 따른 장애인복지시설(유료복지시설을 제외한다)에 의연금품·구호금품을 제공하는 행위
라. 「국민기초생활 보장법」에 의한 수급권자인 중증장애인에게 자선·구호금품을 제공하는 행위마. 자선사업을 주관·시행하는 국가·지방자치단체·언론기관·사회단체 또는 종교단체 기타 국가기관이나 지방자치단체의 허가를 받아 설립된 법인 또는 단체에 의연금품·구호금품을 제공하는 행위 다만, 광범위한 선거구민을 대상으로 하는 경우 제공하는 개별 물품 또는 그 포장지에 직명·성명 또는 그 소속 정당의 명칭을 표시하여 제공하는 행위는 제외한다.
바. 자선·구호사업을 주관·시행하는 국가·지방자치단체, 그 밖의 공공기관·법인을 통하여 소년·소녀가장과 후원인으로 결연을 맺고 정기적으로 제공하여 온 자선·구호금품을 제공하는 행위
사. 국가기관·지방자치단체 또는 구호·자선단체가 개최하는 소년·소녀가장, 장애인, 국가유공자, 무의탁노인, 결식자, 이재민, 「국민기초생활 보장법」에 따른 수급자 등을 돕기 위한 후원회 등의 행사에 금품을 제공하는 행위. 다만, 개별 물품 또는 그 포장지에 직명·성명 또는 그 소속 정당의 명칭을 표시하여 제공하는 행위는 제외한다.
아. 근로청소년을 대상으로 무료학교(야학 포함)를 운영하거나 그 학교에서 학생들을 가르치는 행위

■ 판례 ■   공직선거법 제112조 제2항 제3호 (라)목에 의하여 허용되는 기부행위인 '국민기초생활 보장법에 의한 수급권자인 중증장애인에게 자선·구호금품을 제공하는 행위'에 해당하기 위한 요건

공직선거법 제112조 제2항 제3호 (라)목에 의하여 허용되는 기부행위인 '국민기초생활 보장법에 의한 수급권자인 중증장애인에게 자선·구호금품을 제공하는 행위'에 해당하기 위해서는 기부행위의 상대방이 국민기초생활 보장법에 의한 수급권자인 중증장애인이어야 할 뿐만 아니라 기부행위자에게 자선 내지 구호의 의사가 있어야 한다(대법원 2007.3.16. 선고 2007도617 판결).

4) 직무상의 행위

가. 국가기관 또는 지방자치단체가 자체사업계획과 예산으로 행하는 법령에 의한 금품제공행위
나. 지방자치단체가 자체사업계획과 예산으로 대상·방법·범위 등을 구체적으로 정한 당해 지방자치단체의 조례에 의한 금품제공행위
다. 구호사업 또는 자선사업을 행하는 국가기관 또는 지방자치단체가 자체사업계획과 예산으로 당해 국가기관 또는 는 지방자치단체의 명의를 나타내어 행하는 구호행위·자선행위
라. 선거일전 60일까지 국가·지방자치단체 또는 공공기관(「공공기관의 운영에 관한 법률」 제4조에 따라 지정된 기관이나 그 밖에 중앙선거관리위원회규칙으로 정하는 기관)의 장이 업무파악을 위한 초도순시 또는 연두순시 차 하급기관을 방문하여 업무보고를 받거나 주민여론 등을 청취하면서 자체사업계획과 예산에 따라 참석한 소속공무원이나 임·직원, 유관기관·단체의 장과 의례적인 범위안의 주민대표에게 통상적인 범위안에서 식사류(지방자치단체의 장의 경우는 다과류)의 음식물을 제공하는 행위
마. 국가기관 또는 지방자치단체가 긴급한 현안을 해결하기 위하여 자체사업계획과 예산으로 해당 국가기관 또는 지방자치단체의 명의로 금품이나 그 밖에 재산상의 이익을 제공하는 행위
바. 선거기간이 아닌 때에 국가기관이 효자·효부·모범시민·유공자등에게 포상을 하거나, 국가기관·지방자치단체가 관할구역 안의 환경미화원·구두미화원·가두신문판매원·우편집배원 등에게 위문품을 제공하는 행위
사. 국회의원 및 지방의회의원이 자신의 직무 또는 업무를 수행하는 상설사무소에서 행하거나, 정당이 해당 당사에서 행하는 무료의 민원상담행위
아. 변호사·의사 등 법률에서 정하는 일정한 자격을 가진 전문직업인이 업무활동을 촉진하기 위하여 자신이 개설한 인터넷 홈페이지를 통하여 법률·의료 등 자신의 전문분야에 대한 무료상담을 하는 행위
자. 제114조제2항에 따른 후보자 또는 그 가족과 관계있는 회사가 영업활동을 위하여 달력·수첩·탁상일기·메모판 등 홍보물(후보자의 성명이나 직명 또는 사진이 표시된 것은 제외한다)을 그 명의로 종업원이나 제한된 범위의 거래처, 영업활동에 필요한 유관기관·단체·시설에 배부하거나 영업활동에 부가하여 해당 기업의 영업범위에서 무료강좌를 실시하는 행위
차. 물품구매·공사·역무의 제공 등에 대한 대가의 제공 또는 부담금의 납부 등 채무를 이행하는 행위

■ 판례 ■ **구 공직선거및선거부정방지법 제112조 제2항에 정한 의례적 행위나 직무상 행위 등에 해당하지 않는 기부행위의 위법성이 조각되기 위한 요건**

구 공직선거및선거부정방지법(2004. 3. 12. 법률 제7189호로 개정되기 전의 것)의 규정방식에 비추어 같은 법 제112조 제1항에 해당하는 금품 등의 제공행위가 같은 조 제2항과 이에 근거한 중앙선거관리위원회규칙 및 그 위원회의 결정에 의하여 의례적이거나 직무상의 행위 또는 통상적인 정당활동으로서 허용되는 것으로 열거된 행위에 해당하지 아니하는 이상 후보자 등의 기부행위 금지위반을 처벌하는 같은 법 제257조 제1항 제1호의 구성요건해당성이 있고, 다만 후보자 등이 한 기부행위가 같은 법 제112조 제2항 등에 의하여 규정된 의례적이거나 직무상의 행위 또는 통상적인 정당활동에 해당하지는 아니하더라도 그것이 지극히 정상적인 생활형태의 하나로서 역사적으로 생성된 사회질서의 범위 안에 있는 것이라고 볼 수 있는 경우에는 일종의 의례적이거나 직무상의 행위 또는 통상적인 정당활동으로서 사회상규에 위배되지 아니하여 위법성이 조각되는 경우가 있을 수 있지만 그와 같은 사유로 위법성의 조각을 인정함에는 신중을 요한다(대법원 2005.1.13. 선고 2004도7360 판결).

■ 판례 ■ **군의회 의원 선거 후보자인 甲이 숭모단향비 복원경비 및 마을회관 건립경비를 지원한 경우**

[1] 공직선거관리규칙 제50조 제5항 제2호(자)목소정의 '도서관 건립 등 공공적 사업에 그 지역에서 일반적으로

행하여지고 있는 금액의 범위 안에서 경비의 일부를 찬조하는 행위'에 해당하는지 여부의 판단 기준

공직선거관리규칙 제50조 제5항 제2호(자)목은 '도서관 건립 등 공공적 사업에 그 지역에서 일반적으로 행하여지고 있는 금액의 범위 안에서 경비의 일부를 찬조하는 행위'를 공직선거및선거부정방지법 제112조 제2항 소정의 의례적 행위의 하나로 규정하고 있는바, 공공적 사업의 경비 일부를 찬조한 금액이 '그 지역에서 일반적으로 행하여지고 있는 금액의 범위' 내인지의 여부는 당해 찬조금액, 찬조자의 사회경제적 지위, 당해 공공적 사업의 총경비와 전체 찬조자의 수, 다른 찬조자의 찬조금액 등을 종합하여 판단하여야 한다.

[2] 숭모단향비 복원경비 기부행위가 공선법에 위반되는지 여부(소극)

군의회 의원 선거 후보자의 숭모단향비 복원경비 기부행위가 공직선거관리규칙 제50조 제5항 제2호(자)목에 해당하여 공직선거및선거부정방지법 제257조 제1항 제1호의 구성요건해당성이 없다.

[3] 마을회관 건립경비 기부행위가 공선법에 위반되는지 여부(소극)

군의회 의원 선거 후보자의 마을회관 건립경비 기부행위는 공직선거관리규칙 제50조 제5항 제2호(자)목에 해당한다고 보기 어려워 공직선거및선거부정방지법 제257조 제1항 제1호의 구성요건해당성은 있으나, 사회상규에 위배되지 아니하여 위법성이 조각된다(대법원 2003.8.22. 선고 2003도1697 판결).

5. 벌 칙

제257조(기부행위의 금지제한 등 위반죄) ① 다음 각호의 1에 해당하는 자는 5년 이하의 징역 또는 1천만원 이하의 벌금에 처한다.
  1. 제113조(후보자 등의 기부행위제한)·제114조(정당 및 후보자의 가족 등의 기부행위제한)제1항 또는 제115조(제삼자의 기부행위제한)의 규정에 위반한 자
  2. 제81조(단체의 후보자 등 초청 대담·토론회)제6항[제82조(언론기관의 후보자 등 초청 대담·토론회)제4항에서 준용하는 경우를 포함한다]의 규정을 위반한 자
② 제81조제6항·제82조제4항·제113조·제114조제1항 또는 제115조에서 규정하고 있는 정당(창당준비위원회를 포함한다)·정당의 대표자·정당선거사무소의 소장·국회의원·지방의회의원·지방자치단체의 장, 후보자(후보자가 되고자 하는 자를 포함한다. 이하 이 조에서 같다), 후보자의 배우자, 후보자나 그 배우자의 직계존비속과 형제자매, 후보자의 직계비속 및 형제자매의 배우자, 선거사무장, 선거연락소장, 선거사무원, 회계책임자, 연설원,대담·토론자, 후보자 또는 그 가족과 관계있는 회사 등이나 그 임·직원과 제삼자[제116조(기부의 권유·요구 등의 금지)에 규정된 행위의 상내방을 말한다]에게 기부를 지시·권유·알선·요구하거나 그로부터 기부를 받은 자(제261조제6항제1호·제6호에 해당하는 사람은 제외한다)는 3년 이하의 징역 또는 500만원 이하의 벌금에 처한다.
③ 제117조(기부받는 행위 등의 금지)의 규정에 위반한 자는 3년 이하의 징역 또는 500만원 이하의 벌금에 처한다.

가. 기부행위를 한 자 : 제257조 제1항

나. 기부를 지시·권유·알선·요구하거나 받은 자 : 제257조 제2항

다. 선거법 규정에 의한 수당·실비 기타 이익제공 외의 수당·실비 기타 자원봉사자에 대한 보상 등 명목여하를 불문하고 누구든지 선거운동과 관련하여 금품 기타 이익의 제공 또는 그 제공의 의사를 표시하거나 그 제공을 약속한 자 : 제230조 제1항 제4호, 제135조 제3항

6. 범죄사실

1) 적용법조 : 제113조, 제257조

제113조(후보자 등의 기부행위제한) ① 국회의원·지방의회의원·지방자치단체의 장·정당의 대표자·후보자(후보자가 되고자 하는 자를 포함한다)와 그 배우자는 당해 선거구안에 있는 자나 기관·단체·시설 또는 당해 선거구의 밖에 있더라도 그 선거구민과 연고가 있는 자나 기관·단체·시설에 기부행위(결혼식에서의 주례행위를 포함한다)를 할 수 없다.
② 누구든지 제1항의 행위를 약속·지시·권유·알선 또는 요구할 수 없다.

제115조(제삼자의 기부행위제한) 제113조(후보자 등의 기부행위제한) 또는 제114조(정당 및 후보자의 가족 등의 기부행위제한)에 규정되지 아니한 자라도 누구든지 선거에 관하여 후보자(후보자가 되고자 하는 자를 포함한다. 이하 이 조에서 같다) 또는 그 소속정당(창당준비위원회를 포함한다. 이하 이 조에서 같다)을 위하여 기부행위를 하거나 하게 할 수 없다. 이 경우 후보자 또는 그 소속정당의 명의를 밝혀 기부행위를 하거나 후보자 또는 그 소속정당이 기부하는 것으로 추정할 수 있는 방법으로 기부행위를 하는 것은 당해 선거에 관하여 후보자 또는 정당을 위한 기부행위로 본다.

2) 범죄사실 기재례

[기재례1] 선거구민에게 서적 기부

피의자는 제○○대 국회의원 총선거에서 ○○○당 후보로 출마하였다가 당선되어 현재 국회의원이다.

피의자는 20○○. ○. 중순경부터 선거구민과 당원 사이에 피의자의 신체와 재산축적 과정에 대한 악성 소문이 유포되고, 공직선거법의 개정으로 종전에 나누어져 있던 甲·乙 선거구가 하나의 선거구로 통합되어 피의자가 이 통합 선거구의 ○○○당 후보로 선출되자, 지금까지 피의자가 관리하지 아니하던 乙 선거구지역 ○○○당 당원들에게 피의자를 알리고 신뢰감을 느끼게 하려고 피의자의 처 김순자가 교통사고를 당한 피의자를 병간호하며 작성한 병상일지를 서적으로 발간하여 배부하기로 마음먹었다.

피의자는 위 김순자 경영의 출판사에서 위 병상일지를 편집하여 "신부의 일기"라는 ○○쪽 분량의 단행본 서적으로 5,000부를 제작한 다음, 20○○. ○. ○. ○○당 지구당 사무실에서, 선거사무장인 丙, 지구당 홍보책임자인 戊 등을 통하여, 선거구민인 사미자 등 ○○명에게 "신부의 일기" 서적 1권(시판시 예상가격 ○○원 상당)을 우송하기 위하여 위 서적이 든 우편물을 우체국에 접수해 소인까지 찍히게 하는 등 발송에 필요한 모든 절차를 거쳤다. 그러나 20○○. ○. ○. 위 우체국 측이 관할 선거관리위원회의 우송중지 요청에 따라 위 우편물의 우송을 중단함으로써 선거구민 ○○명에게 위 서적 1권씩 합계 ○○권을 제공하려는 의사표시를 하여 기부행위를 하였다.

[기재례2] 후보자의 금품 기부행위

피의자는 ○○군수 선거에서 ○○당 후보자 경선에 출마한 자다.

피의자는 20○○. ○. ○. 경 ○○에서 조직부장 김길동에게 ○○협의회장들에게 인사를 해야 하는데 자기가 나설 수 없으니 도와 달라고 부탁하면서 측근인 甲을 통해 현금 1,000만원을 제공하고, 금품을 수수한 조직부장 김길동은 1,000만원을 협의회장 등 8명에게 제공하였다.

[기재례3] 후보경선경쟁자 선거운동원에 금품제공(제3자 기부행위)

가. 피의자 甲

피의자는 ○○광역시장 선거에서 ○○당 후보자 경선에 출마한 홍길동이 당선되게 할 목적을 20○○. ○. ○. ○○에서 상대편 출마자 정몰라의 조직특보인 피의자 乙에게 2회에 걸쳐 2,000만원을 제공하였다.

나. 피의자 乙

피의자는 위 甲으로부터 2,000만원을 제공받아 20○○. ○. ○. ○○에서 ○○방법으로 만나 출마자 정몰라의 선거운동원 20명에게 1, 20만원씩 제공하였다.

[기재례4] 선거구민에게 음식을 제공하고 식비를 납부(제3자 기부행위)

누구든지 선거에 관하여 후보자 또는 그 소속정당을 위하여 기부행위를 하거나 하게 할 수 없다.

그럼에도 불구하고 피의자는 20○○. ○. ○. ○○:○○경 ○○에 있는 ○○식당 방안에서 20○○. ○. ○.실시되는 제○○회 전국동시지방선거 ○○시의회의원 선거 "마" 선거구 ○○당 입후보자 김○○의 선거운동 자원봉사자 홍길녀(여, 40세)등 별지 "기부받은 대상자 명단"과 같이 선거구민 12명에게 점심메뉴인 불고기정식(단가 6,000원)을 제공하고 그 식대로 ○○만원을 계산하여 위 김○○를 위한 기부행위를 하였다.

[기재례5] 기부행위 및 사전선거운동(제257조 제1항 제1호, 제113조 제1항, 제254조 제3항)

피의자는 ○○시 ○○동 주민자치위원장으로서 20○○. ○. ○. 실시예정인 제○○회 전국동시 지방선거에서 ○○선거구에서 광역의원에 출마할 예정이었다.

가. 후보자는 당해 선거구 안에 있는 자나 기관·단체·시설에 기부행위를 할 수 없음에도, 20○○. ○. ○. ○○:○○경 ○○에 있는 ○○웨딩홀에서 개최된 '○○동 주민 송년의 밤' 행사에 100만원을 찬조금 명목으로 제공하여 선거구 안에 있는 단체에 기부행위를 하였다.

나. 피의자는 20○○. ○. ○. ○○:○○경 ○○에 있는 ○○음식점에서 ○○동 통장협의회에 참석하여 30여 명의 참석자에게 '이번에 친구와 지역유지분들께서 선거에 나와 보라는 권유가 있어서 2~3주간을 고민하다 결심하고 이번 지방선거에 시의원으로 출마하기 위하여 ○○당에 공천을 신청하였으니 도와 달라'라는 취지로 말하였다.

이로써 피의자는 선거운동 기간 전에 선거운동을 하여서는 아니 됨에도 불구하고 선거운동을 하였다.

[기재례6] 졸업생에게 상품권 제공

지방의회 의원선거의 후보자가 되고자 하는 자는 당해 선거구 안에 있는 자나 기관·단체·시설에 기부행위를 할 수 없다.

그럼에도 불구하고 피의자는 20○○. ○. ○. 경 ○○에 있는 ○○고등학교 졸업식장에서, 졸업생인 홍길동에게 운영위원장상을 수여하면서 부상으로 ○○만 원 상당의 문화상품권을 제공하여 기부행위를 하였다.

[기재례7] 군수가 재직 중 관내 기자, 경찰 등에게 현금 등 기부행위

> 피의자는 ○○군수로 재직하던 중 20○○. ○. ○. 군수직을 사퇴하고 20○○. ○. ○.자로 실시된 제○○회 전국 동시 지방선거에 ○○군수 후보로 다시 출마하여 당선된 사람으로서, 지방자치단체의 장은 당해 선거구 안에 있는 자나 기관 단체 시설 또는 당해 선거구의 밖에 있더라도 그 선거구민과 연고가 있는 자나 기관 단체 시설에 기부행위를 할 수 없다.
>
> 그럼에도 불구하고 피의자는 20○○. ○. ○.경 ○○에서 군 주재 신문기자단에 군정주요시책에 대한 홍보사례금 명목으로 현금 ○○만 원을 제공한 것을 비롯하여 피의자가 군수로 취임한 직후인 20○○. ○. ○. 경부터 제○○회 전국동시 지방선거에 출마하기 위하여 사퇴하기 직전 무렵인 20○○. ○. ○.경까지 사이에 별지 범죄일람표 기재와 같이 총 ○○회에 걸쳐 합계 ○○만 원을 관내 경찰 · 기자 · 군의원 · 지역출신 공무원 등에게 제공하거나 제공의사를 표시하였다.
>
> 이로써 피의자는 지방자치단체의 장으로 당해 선거구 안에 있는 자 또는 당해 선거구민에게 연고가 있는 자에게 기부행위를 하였다.

[기재례8] 교회헌금 명목 다액금품제공

> 피의자는 20○○. ○. ○. 실시한 제○○회 지방선거에서 ○○당으로 ○○시장 후보로 출마 후 당선되어 현재 ○○시장으로 재직 중인 홍길동의 배우자이다.
>
> 당해 선거구 안에 있는 자나 기관 · 단체 · 시설 또는 당해 선거구의 밖에 있더라도 그 선거구민과 연고가 있는 자나 기관 · 단체 · 시설에 기부행위를 할 수 없다.
>
> 그럼에도 불구하고 피의자는 20○○. ○. ○. 13:00경 ○○에 있는 ○○교회 목사 김목사의 서재에서 '부동산을 팔고 얻은 수입에 대한 십일조 헌금이다' 라고 하면서 현금 ○○만 원을 제공하여 기부행위를 하였다.

3) 신문사항(제3자 기부행위)

- 선거법상 신분은
- 정당에 가입했는가
- 후보자 김○○를 알고 있는가
- 선거운동기간 중에 선거 관련하여 식사를 제공한 일이 있는가
- 언제 어디에서
- 누구를 상대로 식사를 제공하였는가
- 식대는 얼마였는가
- 무엇 때문에 이런 행위를 하였나

■ 판례 ■ 공직선거법 제58조 제1항에 정한 선거운동의 의미 및 공직선거법상 선거운동의 상대방이 특정 후보자의 선거구 안에 있거나 선거구민과 연고가 있는 사람 등으로 제한되는지 여부(소극)

선거운동은 특정 후보자의 당선 내지 득표나 낙선을 위하여 필요하고도 유리한 모든 행위로서 당선 또는 낙선을 도모한다는 목적이 객관적으로 인정될 수 있는 능동적 · 계획적인 행위를 말하는 것으로서, 단순히

장래의 선거운동의 준비행위나 통상적인 정당활동과는 구별되나, 구체적으로 어떠한 행위가 선거운동에 해당하는지 여부를 판단함에 있어서는 단순히 그 행위의 명목뿐만 아니라 그 행위의 태양, 즉 그 행위가 행하여지는 시기·장소·방법 등을 종합적으로 관찰하여 그것이 특정후보의 당선 또는 낙선을 도모하는 목적의지를 수반하는 행위인지 여부를 판단하여야 하며, 공직선거법상 '기부행위'의 경우와는 달리 '선거운동'에 있어서는 그 상대방이 제한되어 있지 않으므로, 그 선거운동의 상대방이 당선 또는 낙선을 도모하는 특정 후보자의 선거구 안에 있거나 선거구민과 연고가 있는 사람이나 기관·단체·시설 등에 해당하여야만 선거운동에 해당한다고 볼 것은 아니다(대법원 2007.3.30. 선고 2006도9043 판결).

■ 판례 ■ 국회의원 입후보자 甲이 저녁식사대금을 신용카드로 결제한 후 저녁식사 참석자로부터 저녁식사대금 상당액을 지급받은 경우

[1] 甲의 행위가, 기부행위에 해당하는지 여부(적극)]

기부행위의 공범관계에 있는 피고인 일행 중 한 명이 저녁식사대금을 신용카드로 결제함으로써 기부행위는 이미 완료하였으므로 그 이후 저녁식사 참석자로부터 저녁식사대금 상당액을 지급받았다고 하더라도 기부행위의 성립에 장애가 되지 않는다.

[2] 기부행위의 성립범위

수인이 함께 공동으로 식사 및 향응 등의 기부행위를 제공받았다면 그 중 1인이라 하더라도 전체 인원이 함께 받은 이익액 전체에 대해 공직선거 및 선거부정방지법위반죄가 성립한다(대법원 2005.9.9. 선고 2005도2014 판결).

■ 판례 ■ 제113조, 제117조의2의 '후보자가 되고자 하는 자'의 의미

'후보자가 되고자 하는 자'에는 선거에 출마할 예정인 사람으로서 정당에 공천신청을 하거나 일반 선거권자로부터 후보자추천을 받기 위한 활동을 벌이는 등 입후보의사가 확정적으로 외부에 표출된 사람뿐만 아니라 그 신분·접촉대상·언행 등에 비추어 선거에 입후보할 의사를 가진 것을 객관적으로 인식할 수 있을 정도에 이른 사람도 포함된다(대법원 2005.1.13. 선고 2004도7360 판결).

■ 판례 ■ 甲이 민원상담 봉사활동으로서 서류작성 대행행위를 한 경우

[1] 공직선거및선거부정방지법 제112조의 기부행위금지 위반죄의 구성요건해당성

공직선거및선거부정방지법 제113조가 후보자(후보자가 되고자 하는 자를 포함힌다)와 배우자는 기부행위제한기간 중 당해 선거에 관한 여부를 불문하고 일체의 기부행위를 할 수 없다고 규정하여 금지하고, 같은 법 제112조 제1항이 처벌대상이 되는 기부행위의 종류를 포괄적으로 규정한 후 제2항에서 의례적이거나 직무상의 행위로서 기부행위로 보지 아니하는 경우를 제한적으로 열거하고 있는 법령규정 방식에 비추어 일응 같은 법 제112조 제1항에 해당하는 금품 등의 제공행위가 같은 법 제112조 제2항과 이에 근거한 중앙선거관리위원회규칙에 의하여 의례적이거나 직무상 행위로서 허용되는 것으로 열거된 행위에 해당하지 아니한 이상 후보자 등의 기부행위 금지위반을 처벌하는 같은 법 제257조 제1항 제1호의 구성요건해당성이 있다.

[2] 공직선거및선거부정방지법 제112조 제2항소정의 의례적 행위나 직무상 행위 등에 해당하지 않는 기부행위의 위법성이 조각되기 위한 요건

후보자 등이 한 기부행위가 비록 공직선거및선거부정방지법 제112조 제2항 등에 규정된 의례적이거나 직무상 행위에 해당하지는 아니하더라도, 그것이 극히 정상적인 생활형태의 하나로서 역사적으로 생성된 사회질서의 범위 안에 있는 것이라고 볼 수 있는 경우에는 일종의 의례적 직무상의

행위로서 사회상규에 위배되지 아니하여 위법성이 조각된다

[3] 甲의 행위가 사회상규에 위배되지 아니하는 행위에 해당하는지 여부(적극)]
민원상담 봉사활동으로서 행한 서류작성 대행행위가 공직선거및선거부정방지법 제112조 제2항 등 관계 법령이 열거한 기부행위로 보지 아니하는 행위에 해당하지는 아니한다 할지라도, 일반인의 건전한 상식과 사회통념에 비추어 의례적이거나 직무상의 행위로서 사회상규에 위배되지 아니하여 위법성이 조각된다(대법원 2003.6.27. 선고 2003도1912 판결).

■ **판례** ■   **기부행위 제한기간 중의 후보자의 기부행위는 선거운동이 되는지 여부에 관계없이 공직선거및선거부정방지법 제113조 위반죄에 해당하는지 여부(한정 적극)**
공직선거및선거부정방지법 제113조는 후보자(후보자가 되고자 하는 자를 포함한다)와 배우자는 당해 선거에 관한 여부를 불문하고 일체의 기부행위를 할 수 없다고 규정하고 있는바, 후보자의 기부행위는 그것이 선거운동이 되는지 여부에 관계없이 같은 법 제112조 제2항의 예외사유에 해당하지 아니하는 한 금지된다(대법원 1999.3.23. 선고 99도404 판결).

4) 기부행위제한위반죄의 범죄사실의 특정 방법

기부행위제한위반죄의 범죄사실은 그 죄의 일부를 구성하는 개개의 기부행위에 대하여 구체적으로 특정하지 아니하더라도 그 기부행위의 전제가 된 선거, 전체 기부행위의 시기와 종기, 기부행위의 장소, 방법, 그 대상이 된 대략의 선거구민을 명시하면 이로써 특정되는 것이다(대법원 2005.8.19. 선고 2005도2245 판결).

■ **판례** ■   **공직선거법상 기부행위와 관련하여 출연자와 기부행위자가 일치하지 않는 등 어느 쪽이 기부행위자인지 분명하지 않은 경우 기부행위자의 특정 방법**
공직선거법 제112조 제1항의 기부행위는 그에 의한 기부의 효과를 후보자 또는 후보자가 되려는 자에게 돌리려는 의사를 가지고 공직선거법 제112조 제1항에 규정된 사람에게 금품 등을 제공하는 것으로서, 그 출연자가 기부행위자가 되는 것이 통례이지만 그 기부행위를 한 것으로 평가되는 주체인 기부행위자는 항상 그 물품 등의 사실상 출연자에 한정되는 것은 아니고, 또 출연자와 기부행위자가 일치하지 않거나 외형상 기부행위에 함께 관여하는 듯이 보여서 어느 쪽이 기부행위자인지 분명하지 않은 경우에는 그 물품 등이 출연된 동기 또는 목적, 출연행위와 기부행위의 실행 경위, 기부자와 출연자 그리고 기부받는 자와의 관계 등 모든 사정을 종합하여 기부행위자를 특정하여야 한다(대법원 2007.3.30. 선고 2006도9043 판결).

제230조(매수 및 이해유도죄) ① 다음 각 호의 어느 하나에 해당하는 자는 5년 이하의 징역 또는 3천만원 이하의 벌금에 처한다.

  1. 투표를 하게 하거나 하지 아니하게 하거나 당선되거나 되게 하거나 되지 못하게 할 목적으로 선거인(선거인명부 또는 재외선거인명부등을 작성하기 전에는 그 선거인명부 또는 재외선거인명부등에 오를 자격이 있는 사람을 포함한다. 이하 이 장에서 같다) 또는 다른 정당이나 후보자(예비후보자를 포함한다)의 선거사무장·선거연락소장·선거사무원·회계책임자·연설원(제79조제1항·제2항에 따라 연설·대담을 하는 사람과 제81조제1항·제82조제1항 또는 제82조의2제1항·제2항에 따라 대담·토론을 하는 사람을 포함한다. 이하 이 장에서 같다) 또는 참관인(투표참관인·사전투표참관인과 개표참관인을 말한다. 이하 이 장에서 같다)·선장·입회인에게 금전·물품·차마·향응 그 밖에 재산상의 이익이나 공사의 직을 제공하거나 그 제공의 의사를 표시하거나 그 제공을 약속한 자

  2. 선거운동에 이용할 목적으로 학교, 그 밖에 공공기관·사회단체·종교단체·노동단체·청년단체·여성단체·노인단체·재향군인단체·씨족단체 등의 기관·단체·시설에 금전·물품 등 재산상의 이익을 제공하거나 그 제공의 의사를 표시하거나 그 제공을 약속한 자

  3. 선거운동에 이용할 목적으로 야유회·동창회·친목회·향우회·계모임 기타의 선거구민의 모임이나 행사에 금전·물품·음식물 기타 재산상의 이익을 제공하거나 그 제공의 의사를 표시하거나 그 제공을 약속한 자

  4. 제135조(선거사무관계자에 대한 수당과 실비보상)제3항의 규정에 위반하여 수당·실비 기타 자원봉사에 대한 보상 등 명목 여하를 불문하고 선거운동과 관련하여 금품 기타 이익의 제공 또는 그 제공의 의사를 표시하거나 그 제공을 약속한 자

  5. 선거에 영향을 미치게 하기 위하여 이 법에 따른 경우를 제외하고 문자·음성·화상·동영상 등을 인터넷 홈페이지의 게시판·대화방 등에 게시하거나 전자우편·문자메시지로 전송하게 하고 그 대가로 금품, 그 밖에 이익의 제공 또는 그 제공의 의사표시를 하거나 그 제공을 약속한 자

  6. 정당의 명칭 또는 후보자(후보자가 되려는 사람을 포함한다)의 성명을 나타내거나 그 명칭·성명을 유추할 수 있는 내용으로 제58조의2에 따른 투표참여를 권유하는 행위를 하게 하고 그 대가로 금품, 그 밖에 이익의 제공 또는 그 제공의 의사표시를 하거나 그 제공을 약속한 자

  7. 제1호부터 제6호까지에 규정된 이익이나 직의 제공을 받거나 그 제공의 의사표시를 승낙한 자(제261조제9항제2호에 해당하는 자는 제외한다)

② 정당·후보자(후보자가 되고자 하는 자를 포함한다) 및 그 가족·선거사무장·선거연락소장·선거사무원·회계책임자·연설원 또는 제114조(정당 및 후보자의 가족 등의 기부행위제한)제2항의 규정에 의한 후보자 또는 그 가족과 관계 있는 회사 등이 제1항 각호의 1에 규정된 행위를 한 때에는 7년 이하의 징역 또는 5천만원 이하의 벌금에 처한다.

③ 제1항 각호의 1 또는 제2항에 규정된 행위에 관하여 지시·권유·요구하거나 알선한 자는 7년 이하의 징역 또는 5천만원 이하의 벌금에 처한다.

④ 당선되거나 되게하거나 되지 못하게 할 목적으로 선거기간중 포장된 선물 또는 돈봉투 등 다수의 선거인에게 배부하도록 구분된 형태로 되어 있는 금품을 운반하는 자는 5년 이하의 징역 또는 3천만원 이하의 벌금에 처한다.

⑤ 선거관리위원회의 위원·직원(투표관리관 및 사전투표관리관을 포함한다. 이하 이 장에서 같다) 또는 선거사무에 관계있는 공무원(선장을 포함한다)이나 경찰공무원(사법경찰관리 및 군사법경찰관리를 포함한다)이 제1항 각호의 1 또는 제2항에 규정된 행위를 하거나 하게 한 때에는 7년 이하의 징역에 처한다.

⑥ 제47조의2제1항 또는 제2항을 위반한 자는 5년 이하의 징역 또는 500만원 이상 3천만원 이하의 벌금에 처한다.

⑦ 당내경선과 관련하여 다음 각 호의 어느 하나에 해당하는 자는 3년 이하의 징역 또는 1천만원 이하의 벌금에 처한다.

  1. 제57조의5(당원 등 매수금지)제1항 또는 제2항의 규정을 위반한 자

  2. 후보자로 선출되거나 되게 하거나 되지 못하게 하거나, 경선선거인(당내경선의 선거인명부에 등재된 자를 말한다. 이하 이 조에서 같다)으로 하여금 투표를 하게 하거나 하지 아니하게 할 목적으로 경선후보자·경선운동관계자·경선선거인 또는 참관인에게 금품·향응 그 밖의 재산상의 이익이나 공사의 직을 제공하거나 그 제공의 의사를 표시하거나 그 제공을 약속한 자

  3. 제57조의5제1항 또는 제2항에 규정된 이익이나 직의 제공을 받거나 그 제공의 의사표시를 승낙한 자

⑧ 제7항제2호·제3호에 규정된 행위에 관하여 지시·권유·요구하거나 알선한 자 또는 제57조의5제3항의 규정을 위반한 자는 5년 이하의 징역 또는 3천만원 이하의 벌금에 처한다.

[기재례1] 자원봉사자에게 활동비 지급

1) 적용법조 : 제230조 제1항 제4호, 제135조 제3항

2) 범죄사실 기재례

> 피의자는 제○○대 국회의원 선거에서 제1군선거구에 ○○당 후보로 출마하여 당선되었다.
> 피의자는 ○○당 제1군 지구당선거대책본부 정책실장인 피의자 甲, 총무부장 겸 회계책임자인 피의자 乙과 공모하여, 20○○. ○. ○. 그 지구당 사무실에서 피의자의 선거운동본부 전화홍보팀장과 언론홍보팀장 등을 맡아서 선거운동을 하던 A, B, C, D 등 4명의 선거운동 자원봉사자들에게 선거활동비로 1인당 ○○만 원씩 합계 ○○만 원의 금품을 제공하였다.

3) 신문사항

- 어느 후보자의 선거운동원인가
- 선관위 발행 신분증명서를 소지하고 있는가
- 선고운동 자금을 준비한 일이 있는가
- 누구 지시에 따라 이를 준비하였는가
- 언제 어디서 얼마를 준비하였나
- 준비한 돈은 어떤 방법으로 나누어 주었는가
- 누구에게 나눠 주었는가
- 나눠 주면서 후보자를 위해 어떤 부탁을 하였는가

[기재례2] 돈봉투를 운반하다 적발된 경우

1) 적용법조 : 제230조 제4항

2) 범죄사실 기재례

> 당선되거나 되게 하거나 되지 못하게 할 목적으로 선거기간 중 포장된 선물 또는 돈 봉투 등 다수의 선거인에게 배부하도록 구분된 형태로 되어있는 금품을 운반하여서는 아니 된다.
> 그럼에도 불구하고 피의자는 ○○○당 ○○○지역 홍길동 후보의 선거운동원으로서 20○○. ○. ○. ○○ : ○○경 위 후보자가 제○○대 국회의원에 당선되게 할 목적으로 ○○지역 선거구민들에게 나누어주기 위해 다수의 선거인에게 배부하도록 구분된 형태인 50만원이 든 돈봉투 10개를 007가방 속에 넣고 운반하였다.

[기재례3] 후보자 사퇴

1) 적용법조 : 제230조 제7항 제1호, 제57조의5 제2항, 제1항

> 제57조의5(당원 등 매수금지) ① 누구든지 당내경선에 있어 후보자로 선출되거나 되게 하거나 되지 못하게 할 목적으로 경선선거인(당내경선의 선거인명부에 등재된 자를 말한다) 또는 그의 배우자나 직계존·비속에게 명목여하를 불문하고 금품 그 밖의 재산상의 이익 또는 공사의 직을 제공하거나 그 제공의 의사를 표시하거나 그 제공을 약속하는 행위를 할 수 없다. 다만, 중앙선거관리위원회규칙이 정하는 의례적인 행위는 그러하지 아니하다.
> ② 누구든지 당내경선에 있어 후보자가 되지 아니하게 하거나 후보자가 된 것을 사퇴하게 할 목적으로 후보자(후보자가 되고자 하는 자를 포함한다. 이하 이 항에서 같다)에게 제1항의 규정에 따른 이익제공행위 등을 하여서는 아니되며, 후보자는 그 이익이나 직의 제공을 받거나 제공의 의사표시를 승낙하여서는 아니된다.

2) 범죄사실 기재례

> 누구든지 당내경선에 있어서 후보자가 되지 아니하게 하거나, 후보자가 된 것을 사퇴하게 할 목적으로 후보자가 되고자 하는 자에게 금품 그 밖의 재산상의 이익 또는 공사의 직을 제공하거나 그 제공의 의사를 표시하거나 그 제공을 약속하는 행위를 하여서는 아니된다.
> 그럼에도 불구하고 피의자는 20○○. 4. 9. 15:00경 ○○에 있는 ○○공원에서 20○○. ○. ○. ○○당 ○○지역 기초의원 예비후보자로 등록하여 20○○. ○. ○. 실시예정인 ○○당 당내경선을 준비 중인 甲에게 전화하여 위 장소에 나오도록 하였다.
> 피의자는 甲에게 "선거운동을 어떻게 하였느냐, 그런 방식으로는 안된다"라는 취지로 말을 하고, 그 시경 같은 구 ○○동에 있는 주공아파트로 가는 甲의 승용차(번호) 안에서 "사람은 실리를 챙겨야 한다, 내가 乙 의원의 회계책임자로 일할 것인데 후보를 사퇴하고 乙 선거진영의 사무장으로 오라, 그러면 그동안 선거비용으로 사용한 ○○만 원을 보전해 주겠다, 내일 오전까지 답을 달라"라는 취지로 말하여 ○○당 경선에 있어서 후보자가 되고자 하는 甲에게 재산상의 이익제공 의사표시를 하고, 공사의 직 제공의 의사표시를 하였다.

[기재례4] 경선후보자를 위하여 금품제공

1) 적용법조 : 공직선거법 제230조 제7항 제2호

2) 범죄사실 기재례

> 피의자는 20○○. ○. ○. 실시하는 제○○회 전국동시 지방선거에서 ○○당 공천을 받아 ○○구청장 후보자가 되고자 20○○. ○. ○. ○○당에서 실시한 ○○구청장 후보자 경선에서 경선후보자가 된 甲을 위하여 20○○. ○. ○.부터 20○○. ○. ○.까지 乙, 丙, 丁으로 하여금 경선선거인인 ○○당 대의원들을 상대로 전화홍보활동을 하도록 하였다.
> 피의자는 20○○. ○. ○. 17:00경 ○○에 있는 ○○아파트 5동 507호 거주 이초득의 집에서, 위 乙, 丙, 丁에게 위와 같은 경선운동을 하여 준 대가로 1인당 ○○만 원씩 합계 ○○만 원을 제공하였다.
> 이로써 20○○. ○. ○. 실시하는 제○○회 전국동시 지방선거에 관하여 ○○구청장 후보자가 되고자 하는 자인 위 甲을 위하여 각각 기부행위를 하였다.

[기재례5] 당선목적 금품제공

1) 적용법조 : 제230조 제1항 제1호

2) 범죄사실 기재례

> 누구든지 투표를 하게 하거나 하지 아니하게 하거나 당선되거나 되게 하거나 되지 못하게 할 목적으로 선거인에게 금전 등을 제공하여서는 아니된다.
>
> 그럼에도 불구하고 피의자는 20○○. ○. ○. 실시되는 ○○시장 선거에서 후보자 甲을 당선되게 할 목적으로 20○○. ○. ○. 20:00경 ○○에서 乙에게 전화하여 "○○시장 후보자 甲을 도와줘서 고맙다. 내일 12:00경 ○○에 있는 ○○식당에서 만나면 현금 ○○만원을 주겠다"라고 말하고, 다음 날인 ○. 12:00경 위 ○○식당에서 乙에게 "甲을 도와줘서 고맙다"라는 말과 함께 바지 주머니 속에서 현금 ○○만원을 꺼내어 乙의 바지 주머니에 넣어 제공하였다.

[기재례6] 선거운동 관계자의 금품제공

1) 적용법조 : 제230조 제1항 제1호

2) 범죄사실 기재례

> 재산상의 이익을 얻거나 얻을 목적으로 정당 또는 후보자를 위하여 선거인·선거연락소장·선거사무원·회계책임자·연설원 또는 참관인 등 누구든지 투표를 하게 하거나 하지 못하게 하거나 당선되게 하거나 당선되지 못하게 할 목적으로 금품 등을 제공·지시·권유·요구·알선하여서는 아니된다.
>
> 그럼에도 불구하고 피의자는 20○○. ○. ○. 13:00경 ○○에 있는 ○○식당에서 ○○거주 홍길동에게 이번 ○○선거의 ○○시장 선거에 ○○당 소속으로 출마한 甲이 '우리시 발전을 위해 반드시 필요한 사람이니 꼭 당선되도록 한 표를 부탁한다'라면서 잠바 상의 안주머니 속에서 미리 흰 봉투에 넣어 두었던 현금 ○○만원을 위 홍길동에게 제공하였다.

[기재례7] 금품제공 방조

1) 적용법조 : 제230조 제1항 제3호, 형법 제32조 제1항

2) 범죄사실 기재례

> 피의자는 ○○시청 ○○과 소속 지방공무원(지방행정서기보)으로 20○○. ○. ○.부터 20○○. ○. ○.경까지 부시장 비서실에서 근무하던 사람이다.
>
> 피의자는 20○○. ○. ○. 18:00경 당시 ○○시청 부시장이자 ○○당 ○○시장 후보자인 홍길동이 '○○동 ○○상조회에서 야유회를 간다고 하니까 음료숫값으로 현금 ○○만원을 전달하라'라고 지시하자 다음 날인 ○. 07:00경 ○○에서 상조회 회원인 乙을 만나 현금 ○○만원을 전달하고, 같은 날 홍길동과 함께 야유회 장소로 가서 상조회원 약 ○○명과 일일이 악수하며 인사하는 등 시장 후보자인 홍길동의 기부행위금지제한 등 위반행위를 방조하였다.

[기재례8] 유권자의 금품수수행위

1) **적용법조** : 제230조 제1항 제5호, 제1호

2) **범죄사실 기재례**

> 누구든지 투표를 하게 하거나 하지 아니하게 하거나 당선되거나 되게 하거나 되지 못하게 할 목적으로 금전·물품·차마·향응 기타 재산상의 이익이나 공사의 직을 제공받거나 그 제공의 의사표시를 승낙하여서는 아니된다.
>
> 그럼에도 불구하고 피의자는 20○○. ○. ○. 11:00경 ○○에 있는 ○○에서 甲으로부터 "20○○. ○. ○. 실시되는 ○○시장 재선거 후보자 乙측에서 나온 돈인데 알고나 쓰라. 혹시 전화 오면 나를 만났다는 말이나 해 주라"며 乙후보에 대한 지지를 부탁받고서 ○○만원을 제공받았다.

■ 판례 ■ 도의회의원 선거에 입후보한 甲이 "처음 받는 봉급 어려운 이웃(사회복지시설)과 함께"라는 내용이 포함된 예비후보자 홍보물을 선거인들에게 발송한 경우

[1] 공직선거법상 매수죄에 있어 금품 등 제공의 의사표시의 의미 및 정도

공직선거법 제230조 제1항 제1호 소정의 금품 기타 재산상 이익 등(이하 '금품 등'이라고 한다)의 제공의 의사를 표시하거나 그 제공을 약속하는 행위는 구두에 의하여 할 수도 있고 그 방식에 특별한 제한은 없는 것이지만, 그 약속 또는 의사표시가 사회통념상 쉽게 이를 철회하기 어려울 정도로 당사자의 진정한 의지가 담긴 것으로서 외부적·객관적으로 나타나는 정도에 이르러야만 비로소 이에 해당한다고 할 것이지, 금품 등과 관련한 모든 행위가 이에 해당한다고 할 수는 없다 할 것이다

[2] 甲의 행위를 선거인들을 매수했다고 평가할 수는 있는지 여부(소극)

피고인이 위 홍보물에 기재한 내용은 장차 도의회의원으로 당선되면 처음 받게 될 봉급을 사회복지시설 등 불우한 이웃을 위해 기부하겠다는 것으로서, 위 홍보물을 받는 선거인들이 그 혜택을 직접적으로 받는 지위에 있다고 할 수 없어 이로 인하여 선거인들을 매수했다고 평가할 수는 없다(대법원 2007.1.12. 선고 2006도7906 판결).

■ 판례 ■ 선거인에 대한 매수죄에 있어서 '선거인명부에 오를 자격이 있는 자'의 의미

공직선거 및 선거부정방지법 제230조 제1항 제1호는 매수죄의 상대방인 선거인에 관하여 선거권이 있는 자로서 선거인명부에 올라있는 자에 국한하지 아니하고 나아가 선기인명부 작성 전에는 그 '선거인명부에 오를 자격이 있는 자'까지도 포함된다고 규정하고 있는바, 선거인명부 작성기준일 이전이라 할지라도 상대방의 주민등록현황, 연령 등 제반 사정을 기초로 하여 다가올 선거일을 기준으로 판단할 때 위와 같은 선거인으로 될 수 있는 자이면 이를 '선거인명부에 오를 자격이 있는 자'로 봄이 상당하고, 달리 여기서의 '선거인명부에 오를 자격이 있는 자'의 의미를 선거인명부 작성기준일 현재 당해 선거구 안에 주민등록이 되어 있는 선거권자만으로 제한함으로써 선거인명부 작성기준일 이전의 향응제공 등과 관련하여 같은 법 제230조 제1항 제1호 소정의 선거인에 대한 매수죄가 성립하지 않는다고 볼 수는 없다(대법원 2005.8.19. 선고 2005도2245 판결).

■ 판례 ■ 현역 국회의원의 의정활동을 보조한다는 명목으로 채용된 사람이 실질적으로는 공직선거에 입후보하려는 국회의원의 홍보를 위한 사조직을 설립·운영하고 보수 명목으로 금전을 수수한 경우의 죄책

국회의원의 의정활동을 보조한다는 명목으로 채용된 사람이라고 할지라도 실질적으로는 다가올 선거

에 입후보하려는 그 국회의원을 홍보하기 위하여 사조직을 설립·운영하는 업무를 수행하였다면 이는 후보자인 당해 의원의 당선을 도모하는 목적하에서 이루어진 선거운동에 해당한다고 할 것이며, 그 활동과 관련하여 보수 명목으로 금전을 수수한 행위는 구 공직선거및선거부정방지법(2004. 3. 12. 법률 제7189호로 개정되기 전의 것) 제230조 제1항 제4호, 제5호, 제135조 제3항에 위반한 것으로서 선거운동관련 금품수수죄가 성립한다고 할 것이고, 이는 당해 국회의원의 회계책임자가 구 정치자금 에관한법률(2004. 3. 12. 법률 제7191호로 개정되기 전의 것) 제24조 제1항에 따른 회계보고를 함에 있어 위 선거운동원들에게 지급한 보수를 마치 정당한 의정활동보조자에게 지급한 급여인 것처럼 인건비 항목에 계상하였다거나, 그 선거운동원들이 같은 법 제3조 제8호에 의한 후원회 소속 직원으로 되어 있다고 하더라도 마찬가지라 할 것이다(대법원 2005.3.25. 선고 2004도7650 판결).

■ 판례 ■ **공직선거법 제230조 제1항 제4호, 제5호 소정의 '금품 기타 이익의 제공'의 의미**

공직선거및선거부정방지법 제230조 제1항 제4호, 제5호의 금품 기타 이익의 '제공'이라 함은 반드시 금품 등을 상대방에게 귀속시키는 것만을 뜻하는 것은 아니고, 그 금품 등을 지급받는 상대방이 금품 등의 귀속주체가 아닌 이른바 중간자라 하더라도 그에게 금품 등의 배분대상이나 방법, 배분액수 등에 대한 어느 정도의 판단과 재량의 여지가 있는 한 비록 그에게 귀속될 부분이 지정되어 있지 않은 경우라 하더라도 그에게 금품 등을 주는 것은 위 규정에서 말하는 '제공'에 포함된다고 할 것이나, 그 중간자가 단순한 보관자이거나 특정인에게 특정 금품 등을 전달하기 위하여 심부름을 하는 사자에 불과한 경우에는 그에게 금품 등을 주는 것은 위 규정에서 말하는 '제공'에 포함된다고 볼 수 없다(대법원 2004.11.12. 선고 2004도5600 판결).

■ 판례 ■ **단순한 보관자이거나 사자에 불과한 중간자에게 금품 등을 주는 행위가 공직선거및선거부정방지법 제230조 제1항 제4호, 제5호의 '제공'에 포함되는지 여부(소극)**

공직선거및선거부정방지법 제230조 제1항 제4호, 제5호의 금품 기타 이익의 '제공'이라 함은 반드시 금품 등을 상대방에게 귀속시키는 것만을 뜻하는 것은 아니고, 그 금품 등을 지급받는 상대방이 금품 등의 귀속주체가 아닌 이른바 중간자라 하더라도 그에게 금품 등의 배분대상이나 방법, 배분액수 등에 대한 어느 정도의 판단과 재량의 여지가 있는 한 비록 그에게 귀속될 부분이 지정되어 있지 않은 경우라 하더라도 그에게 금품 등을 주는 것은 위 규정에서 말하는 '제공'에 포함된다고 할 것이나, 그 중간자가 단순한 보관자이거나 특정인에게 특정 금품 등을 전달하기 위하여 심부름을 하는 사자에 불과한 경우에는 그에게 금품 등을 주는 것은 위 규정에서 말하는 '제공'에 포함된다고 볼 수 없다(대법원 2004.11.12. 선고 2004도5600 판결).

■ 판례 ■ **공직선거법 제230조의 매수죄와 매수요구죄의 인정 범위**

공직선거법 제230조 제1항 제1호는 '투표를 하게 하거나 하지 아니하게 하거나 당선되거나 되게 하거나 되지 못하게 할 목적으로' 선거인에게 금품 등을 제공하는 경우에 처벌한다고 규정하고 있으므로, 위 매수죄는 금품 등을 제공받은 당해 선거인의 투표행위에 직접 영향을 미칠 목적으로 금품 등을 제공하는 경우에만 성립하는 것이 아니라, 금품 등을 제공받은 선거인으로 하여금 타인의 투표의사에 영향을 미치는 행위나 특정 후보자의 당락에 영향을 미치는 행위를 하게 할 목적으로 금품 등을 제공하는 경우에도 성립한다. 또한, 이러한 상대방에게 금품 등의 제공을 요구하는 경우에는 공직선거법 제230조 제3항의 매수요구죄가 성립한다(대법원 2008.10.9. 선고 2008도6233 판결).

■ 판례 ■ 　장래에 있을 선거에서의 선거운동과 관련하여 금품 기타 이익의 제공, 그 제공의 의사표시 및 약속을 한 경우, 공직선거법 제230조 제1항 제4호, 제135조 제3항 위반죄가 성립하기 위하여 그 당시 반드시 선거운동의 대상인 특정 후보자가 존재하고 있어야 하는지 여부(소극)

공직선거법 제135조 제3항에서 정한 '선거운동과 관련하여'는 '선거운동에 즈음하여, 선거운동에 관한 사항을 동기로 하여'라는 의미로서 '선거운동을 위하여'보다 광범위하며, 선거운동의 목적 또는 선거에 영향을 미치게 할 목적이 없었다 하더라도 그 행위 자체가 선거의 자유·공정을 침해할 우려가 높은 행위를 규제할 필요성에서 설정된 것이고, 공직선거법 제230조 제1항 제4호, 제135조 제3항 위반죄는 선거운동과 관련하여 금품 기타 이익의 제공 또는 그 제공의 의사를 표시하거나 그 제공을 약속하는 행위를 처벌대상으로 하는 것으로서, 그 처벌대상은 위 법이 정한 선거운동기간 중의 금품제공 등에 한정되지 않는다. 한편 공직선거법 제135조 제3항은 '누구든지' 선거운동과 관련하여 금품 기타 이익의 제공 또는 그 제공의 의사를 표시하거나 그 제공을 약속하는 것을 금지하고 있을 뿐, 그 주체를 후보자, 후보자가 되고자 하는 자, 후보자를 위하여 선거운동을 하는 자 등으로 제한하고 있지 않다.

위와 같은 공직선거법 관련 법리 및 규정에 비추어 보면, 공직선거법 제230조 제1항 제4호, 제135조 제3항 위반죄는 금품 기타 이익의 제공, 그 제공의 의사표시 및 약속(이하 '이익의 제공 등'이라고 한다)이 특정 선거에서의 선거운동과 관련되어 있음이 인정되면 충분하다고 할 것이므로, 장래에 있을 선거에서의 선거운동과 관련하여 이익의 제공 등을 할 당시 선거운동의 대상인 후보자가 특정되어 있지 않더라도 장차 특정될 후보자를 위한 선거운동과 관련하여 이익의 제공 등을 한 경우에는 위 공직선거법 제230조 제1항 제4호, 제135조 제3항 위반죄가 성립한다고 보아야 하고, 이익의 제공 등을 할 당시 반드시 특정 후보자가 존재하고 있어야 한다고 볼 수 없다. (대법원 2021. 7. 21., 선고, 2020도16062, 판결)

■ 판례 ■ 　정당의 후보자 추천 관련 금품 등의 수수행위 금지·처벌규정인 공직선거법 제47조의2 제1항 전문, 제230조 제6항에서 말하는 '정당이 특정인을 후보자로 추천하는 일과 관련하여'의 의미 및 '후보자 추천 관련성' 유무를 판단하는 기준

공직선거법 제47조의2 제1항 전문은 "누구든지 정당이 특정인을 후보자로 추천하는 일과 관련하여 금품이나 그 밖의 재산상의 이익 또는 공사의 직을 제공하거나 그 제공의 의사를 표시하거나 그 제공을 약속하는 행위를 하거나, 그 제공을 받거나 그 제공의 의사표시를 승낙할 수 없다."라고 규정하고 있고, 같은 법 제230조 제6항은 "제47조의2 제1항 또는 제2항을 위반한 자는 5년 이하의 징역 또는 3천만 원 이하의 벌금에 처한다."라고 규정하고 있다. 위 형벌규정의 문언 내용과 체계, 입법 목적 등을 고려하면, '정당이 특정인을 후보자로 추천하는 일과 관련하여'란 금품 또는 재산상 이익의 제공이 후보자 추천의 대가 또는 사례에 해당하거나, 그렇지 않다고 하더라도 후보자 추천에 있어서 금품 또는 재산상 이익의 제공이 어떠한 형태로든 영향을 미칠 수 있는 경우에 해당하여야 함을 의미한다. 그리고 위와 같은 '후보자 추천 관련성' 유무의 판단은 금품 등의 수수와 관련된 당사자들의 지위, 금품 등의 수수 당시 당해 정당의 후보자 추천절차와 그 결과, 금품 등 수수 당시의 시기적 상황, 수수의 경위와 그 금액 및 전달방법, 금품 등의 수수를 전후한 당사자들의 언행 등 여러 사정들을 종합하여 사회통념에 따라 합리적으로 판단하여야 한다. (대법원 2021. 4. 29., 선고, 2019도9494, 판결)

Ⅳ. 선거의 자유방해죄

1. 후보자 폭행

1) 적용법조 : 제237조

제237조(선거의 자유방해죄) ① 선거에 관하여 다음 각 호의 어느 하나에 해당하는 자는 10년 이하의 징역 또는 500만원 이상 3천만원 이하의 벌금에 처한다.
1. 선거인·후보자·후보자가 되고자 하는 자·선거사무장·선거연락소장·선거사무원·활동보조인·회계책임자·연설원 또는 당선인을 폭행·협박 또는 유인하거나 불법으로 체포·감금하거나 이 법에 의한 선거운동용 물품을 탈취한 자
2. 집회·연설 또는 교통을 방해하거나 위계·사술 기타 부정한 방법으로 선거의 자유를 방해한 자
3. 업무·고용 기타의 관계로 인하여 자기의 보호·지휘·감독하에 있는 자에게 특정 정당이나 후보자를 지지·추천하거나 반대하도록 강요한 자

2) 범죄사실 기재례

피의자는 제○대 지방의회 의원선거 ○○군 제1선거구에 출마한 후보자였다.

피의자는 20○○. ○. ○. ○○:○○경 ○○에 있는 ○○식당에서 피해자 홍길동이 위 지방의회 의원선거의 같은 선거구에서 후보자가 되고자 한다는 사실을 알고 위 피해자를 입후보하지 못하게 하려고 "너는 지난 선거에 출마하였다가 많은 표 차이로 떨어졌기 때문에 이번에도 가능성이 없다. 그러니 이번에는 출마하지 마라. 만약 또 출마하면 너 사생활을 낱낱이 공개하여 당선되지 못하게 하겠다"라는 등의 말을 하여 후보자가 되고자 하는 자를 협박하여 선거 자유를 방해하였다.

3) 신문사항

- 피의자는 ○○지방의회의원으로 출마한 일이 있는가
- 같은 지역에서 출마한 고소인 홍길동과 어떠한 관계인가
- 고소인에게 이번 선거에 출마하지 못하도록 협박한 일이 있는가
- 언제 어디에서 협박하였나
- 뭐라면서 협박하였나
- 고소인은 피의자가 "○○"라고 하면서 협박하였다고 하는데 사실인가
- 왜 이러한 협박을 하였나
- 피의자의 행위가 고소인의 선거의 자유방해를 한다는 것을 알고 있는가
- 피의자의 협박으로 고소인이 어떻게 하였나(결과)

2. 선거사무관리관계자 폭행

1) 적용법조 : 제244조 제1항

제244조(선거사무관리관계자나 시설등에 대한 폭행·교란죄) ① 선거관리위원회의 위원·직원, 공정선거지원단원·사이버공정선거지원단원, 투표사무원·사전투표사무원·개표사무원, 참관인 기타 선거사무에 종사하는 자를 폭행·협박·유인 또는 불법으로 체포·감금하거나, 폭행이나 협박을 가하여 투표소·개표소 또는 선거관리위원회 사무소(재외선거사무를 수행하는 공관과 그 분관 및 출장소의 사무소를 포함한다. 이하 제245조제1항에서 같다)를 소요·교란하거나, 투표용지·투표지·투표보조용구·전산조직등 선거관리 및 단속사무와 관련한 시설·설비·장비·서류·인장 또는 선거인명부(거소·선상투표신고인명부를 포함한다)를 은닉·손괴·훼손 또는 탈취한 자는 1년이상 10년이하의 징역 또는 500만원이상 3천만원이하의 벌금에 처한다.

2) 범죄사실 기재례

선거관리위원회의 위원·직원·공정선거지원단원·사이버 공정선거지원단원 기타 선거사무에 종사하는 자를 폭행·협박하여서는 아니된다.

그럼에도 불구하고 피의자는 20○○. 5. 22. 19:55경부터 20:15경까지 사이에 ○○에 있는 ○○고기촌 식당에서 20○○. ○. ○. 실시되는 제○○회 동시지방선거 ○○광역시의원 ○○구 제3선거구○○주당 후보자인 홍길동 등이 피의자를 포함한 ○○○ 회원들에게 식사 및 주류를 제공한다는 제보를 받고 ○○광역시 ○○구선거관리위원회 지도단속 업무를 담당하는 공무원인 이○○과 위 위원회 소속 공명선거지원단원인 박○○ 등 3명이 위 식당에 들어가 선거관리위원회 공무원임을 고지하고 증거를 확보하기 위하여 식탁에 놓인 음식물과 주류 등을 캠코더를 이용하여 촬영을 하였다.

이때 피의자들은 그들에게 "너희들은 뭐 하는 놈들이냐, 빨리 꺼져라, 그렇지 않으면 카메라를 부숴버리겠다" 라고 욕설을 하고, "밖에 있는 군복을 입은 회원들을 전부 오라고 해라" 라고 위협하고, 이를 피해 식당 밖으로 나가는 이○○ 등을 뒤따라 나가 위 식당 앞에서 "너희들 이리 와, 이 새끼들아, 선관위 직원이면 다냐 이 새끼들아" 라고 욕설을 하면서 이○○과 박○○의 허리춤과 멱살을 잡아 2m가량 잡아끌고, 계속하여 신고를 받고 출동한 경찰관들에게 신고 경위를 설명하고 있던 이○○의 얼굴을 손바닥으로 1회 때려 위 선거관리위원회 직원 및 공명선거지원단원을 폭행하였다.

■ 판례 ■ 선거관리위원회 직원이 피고인에 대한 금품교부 혐의를 조사하는 과정에서 작성한 서류가 공직선거법 제244조 제1항에서 규정하는 단속사무와 관련한 서류에 해당하는지 여부(적극)

선거관리위원회 직원이 피고인에 대한 그 판시 금품교부 혐의를 조사하는 과정에서 작성한 것으로서 A4 용지에 피고인으로부터 금품을 교부받은 사람들에게 질문할 항목이 굵은 글씨로 인쇄되어 있고, 그 옆에 그에 대한 답변과 조사 대상자 또는 추가로 조사할 사람의 전화번호 등이 연필로 기재되어 있음을 알 수 있는바, 위 서류는 공직선거법 제244조 제1항에서 규정하는 단속사무와 관련한 서류에 해당한다고 할 것이다(대법원 2007.1.25. 선고 2006도7242 판결).

■ 판례 ■ 선거사무관리관계자에 대한 협박죄에 있어서 협박의 의미

구 공직선거및선거부정방지법(2004. 3. 12. 법률 제7189호로 개정되기 전의 것) 제244조에서 규정하고 있는 선거사무관리관계자에 대한 협박죄에 있어서의 협박이라 함은, 상대방에게 공포심을 일으킬 목적으로 해악을 고지하는 일체의 행위를 의미하는 것으로서, 고지하는 해악의 내용이 그 경위, 행위 당시

의 주위 상황, 행위자의 성향, 행위자와 상대방과의 친숙의 정도, 지위 등의 상호관계 등 여러 사정을 종합하여 객관적으로 상대방으로 하여금 공포심을 느끼게 하기에 족하면 되고, 상대방이 현실로 공포심을 일으킬 것까지 요구되는 것은 아니며, 다만 고지하는 해악의 내용이 경미하여 상대방이 전혀 개의치 않을 정도인 경우에는 협박에 해당하지 않는다(대법원 2005.3.25. 선고 2004도8984 판결).

■ 판례 ■ '업무 · 고용 기타의 관계로 인하여 자기의 보호 · 지휘 · 감독을 받는 자' 및 '강요'의 의미

제237조 제1항 제3호는 '업무 · 고용 기타의 관계로 인하여 자기의 보호 · 지휘 · 감독하에 있는 자에게 특정정당이나 후보자를 지지 · 추천하거나 반대하도록 강요한 자'를 선거의 자유방해죄로 처벌하도록 규정하고 있는바, 그 입법 취지는 피해자가 보호 · 감독 · 지휘를 받는 지위로 인하여 선거의 자유가 부당하게 침해받지 아니하도록 보호하기 위하여 규정된 것이므로, 여기서의 '자기의 보호 · 지휘 · 감독을 받는 자' 중에는 사실상의 보호 · 지휘 · 감독을 받는 상황에 있는 자도 포함되고 법률상 법인 기타 단체가 그 구성원에 대한 관계에서 보호 · 지휘 · 감독의 주체로 인정되는 경우에는 그 구성원은 그 대표기관 내지 보호 · 지휘 · 감독업무를 수행하는 기관의 보호 · 지휘 · 감독을 받는 자에 해당한다고 볼 수 있으며, 위 규정상의 '강요'는 반드시 상대방의 반항을 불가능하게 하거나 곤란하게 할 정도에 이를 필요는 없으며, 상대방의 자유로운 의사결정과 활동에 영향을 미칠 정도의 폭행이나 협박이면 충분하고 현실적으로 선거의 자유가 방해되는 결과가 발생하여야 하는 것은 아니다(대법원 2005.1.28. 선고 2004도227 판결).

■ 판례 ■ '선거관리위원회의 위원 · 직원 또는 선거사무에 종사하는 자나 참관인을 폭행 · 협박 · 유인 또는 불법으로 체포 · 감금'하는 행위의 의미

공직선거및선거부정방지법 제244조의 입법 취지와 체제, 내용 및 구조를 살펴보면, 선거와 관련하여 선거사무관리 관계자에 대한 폭행 · 협박 · 유인 또는 불법으로 체포 · 감금 등을 행하면, 위 법조 중 '선거관리위원회의 위원 · 직원 또는 선거사무에 종사하는 자나 참관인을 폭행 · 협박 · 유인 또는 불법으로 체포 · 감금'하는 행위에 관한 구성요건에 해당하는 것으로 해석된다 할 것이고, 이와 달리 투표 및 개표와 관련한 선거사무관리 관계자에 대한 폭행이나 협박 등으로 투표소 · 개표소 또는 선거관리위원회 사무소를 소요 · 교란케 한 경우에 한정하는 것으로 해석하여야 하는 것은 아니다(2004.8.20. 선고 2003도8294 판결).

■ 판례 ■ 중앙선거관리위원회 예규에 의하여 위법선거운동 특별단속위원으로 위촉된 자가 공직선거및선거부정방지법 제244조 소정의 '선거사무에 종사하는 자'에 포함되는지의 여부

공직선거및선거부정방지법(이하 '공직선거법'이라고 한다) 제244조는 선거관리위원회의 위원 · 직원 또는 선거사무에 종사하는 자(투표사무원 · 부재자투표사무원 및 개표사무원을 포함한다)나 참관인을 폭행 · 협박 · 유인 또는 불법으로 체포 · 감금하거나, 폭행이나 협박을 가하여 투표소 · 개표소 또는 선거관리위원회 사무소를 소요 · 교란하거나, 투표용지 · 투표지 · 투표보조용구 · 전산조직 등 투표와 개표에 관한 설비 또는 선거인명부 기타 선거에 관한 서류나 선거에 관한 인장을 억류 · 훼손 또는 탈취한 자는 1년 이상 10년 이하의 징역 또는 500만 원 이상 3천만 원 이하의 벌금에 처한다고 규정하고 있는바, 위 법 조항의 입법 취지와 체제 및 내용과 구조를 살펴보면, 위 법 조항에서 말하는 '선거사무에 종사하는 자'라고 함은 공직선거법에서 규정하고 있는 투표사무원 · 부재자투표사무원 및 개표사무원 등을 포함하여 각급 선거관리위원회가 자체규정에 의하여 위촉한 자로서 당해 선거관리위원회의 지휘 · 감독하에 공직선거법상의 선거사무에 종사하는 자도 포함된다고 해석함이 상당하다(대법원 2002.4.26. 선고 2001도4516 판결).

3. 투표용지 은닉

1) 적용법조 : 제244조 제1항, 형법 제330조(야간방실침입절도)

2) 범죄사실 기재례

> 피의자는 20○○. ○. ○. 19:42경부터 다음날 01:30경까지 사이에 ○○에 있는 ○○에서 개표참관인 신분으로 제○○대 ○○선거 ○○선거구의 개표 절차를 참관하던 중, 출입금지 표시가 되어있고 선거 관련서류를 담은 선거 가방들이 보관된, 피해자 ○○선거관리위원회가 점유하는 체력단련실에 침입하여, 선거 가방을 열고 ○○투표소의 본투표 비례대표 잔여 투표용지를 담은 서류 봉투에서 피해자 소유의 잔여투표용지 ○○매를 꺼내어 갔다.
> 이로써 피의자는 투표용지 ○○매를 은닉함과 동시에, 피해자가 점유하는 방실에 침입하여 투표용지 ○○매를 절취하였다.

■ 판례 ■   공직선거법 제244조 제1항에 정한 '단속사무와 관련한 장비의 탈취'의 의미

공직선거법 제244조 제1항 소정의 '단속사무와 관련한 장비'라 함은 선거부정감시단원 등이 불법 선거운동의 단속사무에 사용하기 위하여 소지하고 있는 물건을 뜻하고, 그 장비를 '탈취'한다고 함은 유형력을 행사하여 그 소지자의 의사에 반하여 그 장비를 자신의 지배 아래로 옮기는 행위를 뜻하며, 단속사무와 관련한 장비임을 알면서 이를 탈취하면 위 조항 소정의 죄가 성립하는 것이고, 단속사무와 관련한 장비의 탈취 당시 그 소지자가 단속업무를 수행 중인 상태에 있거나 탈취자에게 단속사무를 방해할 의사가 있어야만 위 죄가 성립하는 것은 아니다(대법원 2007.1.25. 선고 2006도8588 판결).

 V. 허위사실 공표와 후보자 비방행위

1. 각종 악성 유언비어 등 적용법률

행위유형	적용법률	처벌내용
당선되거나 되게 할 목적으로 신분·경력 등 허위사실 공표	공직선거법 제250조 제1항 (허위사실공표죄)	5년이하 징역 3천만원이하 벌금
당선되지 못하게 할 목적으로 상대 후보자 등의 신분·경력 등 허위사실 공표	공직선거법 제250조 제2항 (허위사실공표죄)	7년이하 징역 500만원이상 3천만원이하 벌금
당내 경선과 관련 당선되거나 되게 할 목적으로 신분·경력 등 허위사실 공표	공직선거법 제250조 제3항 (허위사실공표죄)	3년이하 징역 600만원이하 벌금
당내 경선과 관련 당선되지 못하게 할 목적으로 상대 후보자 등의 신분·경력 등 허위사실 공표	공직선거법 제250조 제3항 (허위사실공표죄)	5년이하 징역 1천만원이하 벌금
당선되거나 당선되지 못하게 할 목적으로 신문·선전문서 등의 방법으로 후보자 등을 비방	공직선거법 제251조 (후보자비방죄)	3년이하 징역 500만원이하 벌금

2. 허위사실공표죄

1) 적용법조 : 제250조

제250조(허위사실공표죄) ① 당선되거나 되게 할 목적으로 연설·방송·신문·통신·잡지·벽보·선전문서 기타의 방법으로 후보자(후보자가 되고자 하는 자를 포함한다. 이하 이 조에서 같다)에게 유리하도록 후보자, 후보자의 배우자 또는 직계존비속이나 형제자매의 출생지·가족관계·신분·직업·경력등·재산·행위·소속단체, 특정인 또는 특정단체로부터의 지지여부 등에 관하여 허위의 사실 [학력을 게재하는 경우 제64조제1항의 규정에 의한 방법으로 게재하지 아니한 경우를 포함한다]을 공표하거나 공표하게 한 자와 허위의 사실을 게재한 선전문서를 배포할 목적으로 소지한 자는 5년이하의 징역 또는 3천만원이하의 벌금에 처한다.
② 당선되지 못하게 할 목적으로 연설·방송·신문·통신·잡지·벽보·선전문서 기타의 방법으로 후보자에게 불리하도록 후보자, 그의 배우자 또는 직계존·비속이나 형제자매에 관하여 허위의 사실을 공표하거나 공표하게 한 자와 허위의 사실을 게재한 선전문서를 배포할 목적으로 소지한 자는 7년 이하의 징역 또는 500만원 이상 3천만원 이하의 벌금에 처한다.
③ 당내경선과 관련하여 제1항(제64조제1항의 규정에 따른 방법으로 학력을 게재하지 아니한 경우를 제외한다)에 규정된 행위를 한 자는 3년 이하의 징역 또는 6백만원 이하의 벌금에, 제2항에 규정된 행위를 한 자는 5년 이하의 징역 또는 1천만원 이하의 벌금에 처한다. 이 경우 "후보자" 또는 "후보자(후보자가 되고자 하는 자를 포함한다)"는 "경선후보자"로 본다.

2) 범죄사실 기재례

[기재례1] 상대후보자 비방유인물 제작·배포

당선되거나 되게 할 목적으로 연설·방송·신문·통신·잡지·벽보·선전문서 기타의 방법으로 후보자에게 유리하도록 후보자, 그의 배우자 또는 직계존·비속이나 형제자매의 출생지·신분·직업·경력 등·재산·인격·행위·소속단체 등에 관하여 허위의 사실을 공표하거나 공표하게 한 자와 허위의 사실을 게재한 선전문서를 배포할 목적으로 소지하여서는 아니된다.

그럼에도 불구하고 피의자는 20○○. ○. ○. ○○:○○경 ○○○에 있는 피의자 선거사무실에서 선거에 당선될 목적으로 "○○"라는 등의 내용으로 된 선전문서를 "○○○단체" 등의 명의를 도용하여 2,000여 매를 인쇄하여 홍길녀 등 50명을 1인당 일당 5만원씩 주기로 모집하여 20○○. ○. ○. ○○:○○경 ○○○일대에 배포하게 하여 공표하였다.

[기재례2] 학력을 허위로 공표

피의자는 제○○대 국회의원선거에 ○○도 제1군선거구에서 입후보하여 스스로 당선될 목적으로, 사실은 ○○대학교 경영대학원 경영자과정(공개강좌), 하버드대학교의 정부·기업 고위관리자과정, 고려대학교 경영대학원 최고경영자과정, 서울대학교 행정대학원 국가정책과정을 각 이수하였을 뿐이다.

그럼에도 불구하고 피의자는 20○○. ○. ○. ○○:○○경 후보자 초청 공개토론회에서, 학력 문제에 관한 질의자의 질문에, "본인은 서울대학교 행정대학원을 수료한 바 있습니다. 그 과정을 마치면서 '한국정치발전방향'이라는 논문을 제출한 바도 있습니다. 아마 서울대학교 도서관을 비롯하여 전국의 주요한 도서관에 제 논문이 비치된 것으로 압니다. 고려대학교 경영대학원과 충남대학교 경영대학원을 수료한 것도 사실입니다. 하버드대학교 법정대학원 과정도 현지에 가서 단기과정을 수료한 바 있습니다."라고 답변함으로써, 후보자인 자신에게 유리하도록 자신의 학력에 관하여 허위의 사실을 공표하였다.

[기재례3] 상대 후보자에 대한 허위사실의 보도자료를 언론사에 제공

> 피의자는 제○○대 국회의원 총선거에 ○○선거구 제1당후보자로 출마하여 당선된 자인데, 같은 선거구에서 제2당후보로 출마할 예정인 甲 후보예정자를 당선되지 못하게 할 목적으로, 사실은 1후보예정자 등이 ○○당 등 기존 여권조직 당원 등에게 초청장 대신 배부한 비표(秘標)는 초청장 발송비용을 절약하고 기존 여권조직의 동원능력 및 지지성향 등을 분석하기 위한 것일 뿐, 창당대회 참석자들에게 금전적인 대가를 주거나 불참자들에게 불이익을 주기 위한 것이 아니다.
>
> 그럼에도 불구하고 피의자는 "딱지를 이용한 금권선거 이것이 제2당의 새천년 새선거 운동이냐"라는 제목 하에 "총선 100일을 앞둔 지금 ○○에서는 신종 불법 선거운동이 자행되고 있다. 소위 '딱지'라는 것을 이용한 선거운동이다. 아파트 불법매매에 사용되던 딱지, 불법 매춘을 가장하기 위해 일부 다방에서 활용한 티켓, 부조리의 대명사인 딱지가 이제 정치권마저 오염시키고 있다는 사실에 우리는 경악을 금할 수 없다."라는 내용이 포함된 보도자료를 작성하여 ○○신문 등 각 언론사에 팩스로 전송하였다.
>
> 이로써, 피의자는 ○○신문에 "총선 조기과열 혼탁 조짐"이라는 제목하에 "제1당 ○○지구당(위원장 피의자)은 지난 7일 성명을 통해 '甲이 제2당 ○○지구당 창당대회 참석자에게 금전적인 대가를 주기 위한 딱지를 대량 살포하는 불법 선거를 자행하고 있다' 라며 금권선거 의혹을 제기했다"라는 내용 등으로 보도되게 하였다.

[기재례4] 허위경력 기재공표 등

> 피의자는 20○○. ○. ○. 실시된 제○○회 전국동시 지방선거에서 ○○구의회 의원 ○○당 후보로 출마하여 당선되었다.
>
> 피의자는 20○○. 3. 2.경 ○○에 있는 ○○당 ○○시당에 공천심사서를 제출하면서 당선될 목적으로 사실은 당시 ○○향우회 ○○구연합회 사무총장이 아님에도 경력사항에 '현 ○○향우회 ○○구연합회 사무총장'으로 기재하여 20○○. ○. ○.경부터 20○○. ○. ○.경까지 위 경력이 ○○당 중앙당 홈페이지에 게시되게 하고, 20○○. ○. ○. 발행된 지역신문 '○○저널'에 게재되게 하여 허위의 사실을 공표하였다.

[기재례5] 당내경선 관련 후보자 등에 대한 허위사실 공표행위 등(제250조 제2항 제3항(허위사실공표죄), 제110조(후보자등의 비방금지), 제93조 제1항(탈법방법에 의한 문서·도화의 배부·게시등 금지))

> 제110조(후보자 등의 비방금지) ① 누구든지 선거운동을 위하여 후보자(후보자가 되고자 하는 자를 포함한다. 이하 이 조에서 같다), 후보자의 배우자 또는 직계존비속이나 형제자매의 출생지·가족관계·신분·직업·경력등·재산·행위·소속단체, 특정인 또는 특정단체로부터의 지지여부 등에 관하여 허위의 사실을 공표할 수 없으며, 공연히 사실을 적시하여 사생활을 비방할 수 없다. 다만, 진실한 사실로서 공공의 이익에 관한 때에는 그러하지 아니하다.
> ② 누구든지 선거운동을 위하여 정당, 후보자, 후보자의 배우자 또는 직계존비속이나 형제자매와 관련하여 특정 지역·지역인 또는 성별을 공연히 비하·모욕하여서는 아니 된다.

선거운동을 위하여 후보자 등의 신분·직업·경력·인격·행위 등에 관하여 허위의 사실을 공표할 수 없으며, 당선되게 하지 못하게 할 목적으로 연설, 방송, 신문, 통신, 잡지, 벽보, 선전문서 기타의 방법으로 후보자에게 불리하도록 후보자에 관하여 허위의 사실을 공표하여서는 아니된다.

피의자들은 20○○. ○. ○. 01:00경부터 같은 날 05:00경 사이 ○○에 있는 ○○선거사무소 앞 도로에서 '여론조사 경선에서 지고도 중앙당에 손을 써서 공천을 훔쳐갔던 이○○는 법원의 판결로 인해 ○○당 "후보자격을 상실" 하여 선관위에서 후보등록을 받지 않습니다. 여론조사 경선에서 오○○ 후보에게 압도적으로 지고도 공천을 받았다 하여 그동안 뻔뻔하게 선거운동을 했던 이○○는 웃기지 않습니까? 오 후보 만세! 라는 내용으로 사실과 다르게 허위 작성된 위 이○○의 비방 인쇄물 3,000매를 번호를 알 수 없는 스타렉스 승합차에 싣고 다니면서 ○○시 ○○아파트 ○○동 및 ○○동 게시판에 부착하였다.

이로써 피의자들은 위 이○○를 비방 또는 허위사실을 공표하였다.

3) 신문사항

- 제○○회 전국동시지방선거와 관련한 피의자의 신분은 어떤가
- 이번 5. 31. 실시된 전국동시지방선거의 예비후보자 오○○와 이○○를 알고 있나
- 위 이○○를 비방하는 인쇄물을 배부한 사실이 있나
- 언제 어느 곳에 위 인쇄물을 배부 하였나
- 인쇄물을 배부하게 된 경위는
- 인쇄물을 배부하기 전 그 내용을 읽어 보았나
- 모두 몇 명이서 인쇄물을 배부 하였나
- 누구의 주도로 인쇄물을 배부 하였나
- 인쇄물을 배부하기 전 역할 각자 분담은
- 어떤 방법으로 배부 하였나요
- 인쇄물을 배부하였던 특별한 동기가 있나요
- 인쇄물을 배부한 대가로 오○○으로부터 금품을 제공받거나 약속을 받은 사실이 있는가
- 누구의 지시 또는 부탁을 받고 인쇄물을 배부 하였나요
- 왜 이런 행위를 하였나

[기재례6] 정규학력 외의 학력을 게재(제250조 제1항, 제64조 제1항)

제64조(선거벽보) ① 선거운동에 사용하는 선거벽보에는 후보자의 사진(후보자만의 사진을 말한다)·성명·기호(제150조에 따라 투표용지에 인쇄할 정당 또는 후보자의 게재순위를 말한다. 이하 같다)·정당추천후보자의 소속정당명(무소속후보자는 "무소속"이라 표시한다)·경력[학력을 게재하는 경우에는 정규학력과 이에 준하는 외국의 교육과정을 이수한 학력외에는 게재할 수 없다. 이 경우 정규학력을 게재하는 경우에는 졸업 또는 수료당시의 학교명(중퇴한 경우에는 수학기간을 함께 기재하여야 한다)을 기재하고, 정규학력에 준하는 외국의 교육과정을 이수한 학력을 게재하는 때에는 그 교육과정명과 수학기간 및 학위를 취득한 때의 취득학위명을 기재하여야 하며, 정규학력의 최종학력과 외국의 교육과정을 이수한 학력은 제49조제4항제6호에 따라 학력증명서를 제출한 학력에 한하여 기재할 수 있다. 이하 같다]·정견 및 소속정당의 정강·정책 그 밖의 홍보에 필요한 사항(지역구국회의원선거에 있어서는 비례대표국회의원후보자명단을, 지역구시·도의원선거에 있어서는 비례대표시·도의원후보자 명단을, 지역구자치구·시·군의원선거에 있어서는 비례대표자치구·시·군의원후보자명단을 포함하며, 후보자외의 자의 인물사진을 제외한다)을 게재하여 동에 있어서는 인구 500명에 1매, 읍에 있어서는 인구 250명에 1매, 면에 있어서는 인구 100명에 1매의 비율을 한도로 작성·첨부한다. 다만, 인구밀집상태 및 첩부장소등을 감안하여 중앙선거관리위원회규칙으로 정하는 바에 따라 인구 1천명에 1매의 비율까지 조정할 수 있다.

피의자는 20○○. ○. ○. 실시된 제○○회 동시지방선거에서 ○○구 '○○' 선거구에 구의원으로 출마하여 당선된 자인데, 선거운동에 사용하는 선전문서 등에 학력을 게재할 때는 정규학력과 이에 준하는 외국의 교육과정을 이수한 학력 외에는 게재할 수 없다.

그럼에도 불구하고 피의자는 20○○. ○. ○. 경 ○○에 있는 ○○인쇄소에서 선거에 당선될 목적으로 피의자의 선거홍보용 명함 5,000장의 인쇄를 의뢰하면서 명함에 '우수상(최고경영자과정성적우수) ○○대학교 총장'이라는 정규학력 외의 학력을 게재하도록 한 후, 20○○. ○. ○.경부터 20○○. ○. ○.경까지 사이에 ○○시 ○○구 ○○ 1, 2동 일대에서 위와 같이 정규학력 외의 학력이 게재된 명함 약 1,500장을 불특정 다수의 선거구민에게 배부하여 후보자의 경력 등에 관하여 허위의 사실을 공표하였다.

■ 판례 ■ '당내경선'의 의미

[1] 공직선거법 제250조 제3항에서 정한 '당내경선'의 의미와 범위

공직선거법 제250조 제3항의 입법 취지는 허위의 사실을 공표하여 당내경선에 참가하는 선거인의 올바른 판단에 영향을 미치는 행위를 규제함으로써 당내경선의 공정을 보장함에 있는바, 위 규정에서 말하는 '당내경선'이란 정당이 공직선거에 추천할 후보자를 선출하기 위하여 실시하는 선거를 말하며, 공직선거법 제57조의2 제2항에 의하여 당내경선후보자로 등재된 자를 대상으로 실시한 당내경선을 대체하는 여론조사를 포함하나, 정당이 선거나 이를 대체하는 여론조사가 아닌 방법으로 공직선거에 추천할 후보자를 결정하는 것은 당내경선에 포함되지 아니한다.

[2] 공직후보자추천심사위원회의 서류심사 및 면접의 방법으로 정당 내 지방의회 비례대표의원의 정당후보자를 추천한 것이 공직선거법 제250조 제3항에서 정한 '당내경선'에 의한 정당후보자 추천에 해당하지 않는다(대법원2007.11.16. 선고 2007도6503 판결).

■ 판례 ■ 특정 정당의 서울시장 후보자의 당선을 방해할 목적으로 인터넷 사이트에 패러디포스터를 게시한 경우

[1] 공직선거법 제250조 제2항에서 말하는 '후보자에 관한 사실'의 의미

공직선거법 제250조 제2항에서 말하는 '후보자에 관한 사실' 중에는 직접 후보자 본인에 관한 사실뿐 아니라 후보자의 소속 정당이나 그 정당의 소속 인사에 관한 사항 등과 같은 간접사실이라도 후보자와 직접적으로 관련된 사실이고 그 공표가 후보자의 당선을 방해하는 성질을 가진 것인 경우에는 후보자에 관한 사실에 해당한다고 할 것이지만, 공표된 사실이 후보자와 직접적인 관련이 없어 후보자의 선거에 관한 신용을 실추시키거나 이에 영향을 미치는 것이 아닌 경우에는 후보자에 관한 사실에 포함되지 아니한다.

[2] 주관적으로 후보자의 당선을 방해하려는 목적이 있었다는 점만으로 공직선거법 제250조 제2항의 허위사실공표죄가 성립한다고 볼 수 있는지 여부(소극)

허위사실공표죄는 그 행위가 공직선거법 제250조 제2항에서 정하고 있는 구성요건을 충족하는지를 객관적으로 판단하여 그 성립 여부를 인정하여야 하고, 단지 주관적으로 후보자의 당선을 방해하려는 목적이 있었다는 점만으로는 허위사실공표죄가 성립한다고 볼 수 없다(대법원 2007.3.15. 선고 2006도8368 판결).

■ 판례 ■   인터넷 카페의 운영자인 甲이 인터넷 신문의 공직선거에 관한 기사를 복사하여 그 회원들에게 이메일로 발송한 경우

[1] 언론을 통하여 보도된 공직선거에 관한 기사를 정치적 목적을 갖는 단체의 내부회원들에게 배부한 경우, 선거에 영향을 미칠 목적여부(적극)

언론을 통하여 보도된 공직선거에 관한 기사를 정치적 목적을 갖는 단체의 내부회원들에게 배부한 행위는 공직선거및선거부정방지법 제93조 제1항에 정한 '선거에 영향을 미칠 목적'이 있다고 봄이 상당하다.

[2] 공직선거에 관한 기사를 게재한 신문 등을 통상방법 외의 방법으로 배부하거나 그 기사를 복사하여 배부한 행위에 대하여 제93조가 적용되는지 여부(소극)

공직선거에 관한 기사를 게재한 신문 · 통신 · 잡지 등을 통상방법 외의 방법으로 배부하거나 그 기사를 복사하여 배부한 경우에 공직선거및선거부정방지법 제95조 위반죄로 처벌할 수 있음은 별론으로 하더라도, 그러한 배부행위에 대하여 같은 법 제93조가 적용될 여지는 없다.

[3] 甲의 행위가 제95조 제2항 위반행위에 해당하는지 여부(적극)

대통령탄핵 지지자들의 인터넷 카페의 운영자가 인터넷 신문의 공직선거에 관한기사를 복사하여 그 회원들에게 이메일로 발송한 행위는 제95조 제2항 위반행위에 해당한다(대법원 2005.6.23. 선고 2004도8969 판결).

■ 판례 ■   공직선거및선거부정방지법 제250조 제2항의 허위사실공표죄의 성립요건

공직선거및선거부정방지법 제250조 제2항 소정의 허위사실공표죄에서, 허위의 사실이라 함은 진실에 부합하지 않은 사항으로서 선거인으로 하여금 후보자에 대한 정확한 판단을 그르치게 할 수 있을 정도로 구체성을 가진 것이면 충분하고, 행위자가 상대방을 당선되지 못하게 할 목적으로 그 내용이 허위라는 인식을 가지고 후보자에 대한 허위의 사실을 불특정 또는 다수인에게 알림으로써 그 범죄가 성립하는 것이다(대법원 2004.4.27. 선고 2003도6653).

■ 판례 ■   허위사실공표죄에 있어서 공표사실의 허위성에 관한 증명과 인식유무의 판단기준

[1] 제250조 제2항의 허위사실공표죄에 있어서 공표사실의 허위성에 관한 증명책임 및 증명의 정도

제250조 제2항 소정의 허위사실공표죄 등이 성립하기 위하여는 검사가 공표된 사실이 허위라는 점을 적극적으로 증명할 것이 필요하고, 공표한 사실이 진실이라는 증명이 없다는 것만으로는 허위사실공표죄가 성립할 수 없는데, 위 증명책임을 다하였는지 여부를 결정함에 있어서는, 어느 사실이 적극적으로 존재한다는 것의 증명은 물론 그 사실의 부존재의 증명이라도 특정기간과 특정장소에서의 특정행위의

부존재에 관한 것이라면 적극적 당사자인 검사가 이를 합리적 의심의 여지가 없이 증명하여야 할 것이지만, 특정되지 아니한 기간과 공간에서의 구체화되지 아니한 사실의 부존재를 증명한다는 것은 사회통념상 불가능한 반면 그 사실이 존재한다고 주장, 증명하는 것이 보다 용이한 법이므로 이러한 사정은 검사가 그 입증책임을 다하였는지를 판단함에 있어 고려되어야 할 것이고, 따라서 의혹을 받을 일을 한 사실이 없다고 주장하는 사람에 대하여 의혹을 받을 사실이 존재한다고 적극적으로 주장하는 자는 그러한 사실의 존재를 수긍할 만한 소명자료를 제시할 부담을 진다고 할 것이며, 검사는 제시된 그 자료의 신빙성을 탄핵하는 방법으로 허위성의 입증을 할 수 있다고 할 것인데, 이 때 제시하여야 할 소명자료는 위의 법리에 비추어 단순히 소문을 제시하는 것만으로는 부족하고 적어도 허위성에 관한 검사의 입증활동이 현실적으로 가능할 정도의 구체성은 갖추어야 할 것이며, 이러한 소명자료의 제시가 없거나 제시된 소명자료의 신빙성이 탄핵된 때에는 허위사실 공표로서의 책임을 져야 한다.

[2] 피고인이 자신의 발언 내용에 대한 소명자료로 제출한 자료가 피고인이 공표한 사실의 허위성 여부를 검사가 입증할 수 있을 정도로 구체성을 가진 것이라고 볼 수 없어 달리 위 사실의 존재를 수긍할 만한 새로운 소명자료가 추가로 제시되지 않는 한 공직선거및선거부정방지법 제250조 제2항에서 정한 허위사실 공표의 책임을 져야 한다.

[3] 공직선거법 제250조 제2항의 허위사실공표죄에 있어서 허위성의 인식 유무에 대한 판단 기준
공직선거및선거부정방지법 제250조 제2항 소정의 허위사실공표죄에서는 공표된 사실이 허위라는 것이 구성요건의 내용을 이루는 것이기 때문에 행위자의 고의의 내용으로서 그 사항이 허위라는 것의 인식이 필요하다 할 것이고, 이러한 주관적 인식의 유무는 그 성질상 외부에서 이를 알거나 입증하기 어려운 이상 공표 사실의 내용과 구체성, 소명자료의 존재 및 내용, 피고인이 밝히는 사실의 출처 및 인지경위 등을 토대로 피고인의 학력, 경력, 사회적 지위, 공표 경위, 시점 및 그로 말미암아 객관적으로 예상되는 파급효과 등 제반 사정을 모두 종합하여 규범적으로 이를 판단할 수밖에 없다(대법원 2005.7.22. 선고 2005도2627 판결).

■ 판례 ■　　甲이 선거운동기간 중 개최된 후보자초청토론회에서 대학원이 비정규학력과정으로 개설한 교육과정을 이수하고서도 대학원을 수료하였다고 말한 경우
[1] 공직선거에 있어서 후보자의 비리 등에 관한 의혹의 제기와 언론의 자유의 한계 및 허위사실의 공표로서의 책임의 유무
민주주의 정치제도하에서 언론의 자유는 가장 기초적인 기본권이고 그것이 선거과정에서도 충분히 보장되어야 함은 말할 나위가 없는바, 공직선거에 있어서 후보자의 공직담당적격을 검증하는 것은 필요하고도 중요한 일이므로 그 적격검증을 위한 언론의 자유도 보장되어야 하고, 이를 위하여 후보자에게 위법이나 부도덕함을 의심케 하는 사정이 있는 경우에는 이에 대한 문제 제기가 허용되어야 하며, 공석 판단이 내려지기 전이라 하여 그에 대한 의혹의 제기가 쉽게 봉쇄되어서는 아니되나, 한편 근거가 박약한 의혹의 제기를 광범위하게 허용할 경우 비록 나중에 그 의혹이 사실무근으로 밝혀지더라도 잠시나마 후보자의 명예가 훼손됨은 물론 임박한 선거에서 유권자들의 선택을 오도하는 중대한 결과가 야기되고 이는 오히려 공익에 현저히 반하는 결과가 되므로 후보자의 비리 등에 관한 의혹의 제기는 비록 그것이 공직적격 여부의 검증을 위한 것이라 하더라도 무제한 허용될 수는 없고 그러한 의혹이 진실인 것으로 믿을만한 상당한 이유가 있는 경우에 한하여 허용되어야 하고, 이때 의혹사실의 존재를 적극적으로 주장하는 자는 그러한 사실의 존재를 수긍할 만한 소명자료를 제시할 부담을 진다고 할 것이고, 그러한 소명자료를 제시하지 못한다면 달리 그 의혹사실의 존재를 인정할 증거가 없는 한 허위사실의 공표로서의 책임을 져야 할 것인 반면, 제시된 소명자료 등에 의하여 그러한 의혹이 진실인 것으로 믿을만한 상당한 이유가 있는 경우에는 비록 사후에 그 의혹이 진실이 아닌 것으로 밝혀지더라도 표현의 자유 보장을 위하여 이를 벌할 수 없다.

[2] 집합적 명사로 당해 표현을 사용한 경우, 당해 표현이 특정인에 대한 허위사실의 공표에 해당하는지 여부의 판단 기준

당해 표현이 집합적 명사를 쓴 경우에도 선거인이 그 표현을 접하는 통상의 방법을 전제로 그 표현의 전체적인 취지와의 연관하에서 표현의 객관적 내용, 사용된 어휘의 통상적인 의미, 문구의 연결방법 등을 종합적으로 고려하여 그 표현이 선거인에게 주는 전체적인 인상을 기준으로 판단할 때 당해 표현이 특정인을 가리키는 것이 명백하면 당해 표현은 그 특정인에 대한 허위사실의 공표에 해당한다(대법원 2003.2.20. 선고 2001도6138 전원합의체 판결).

■ 판례 ■   甲이 A정당이 분석 목적으로 비표를 배포하자 비표의 배포 및 회수에 관하여 금품 제공의 목적도 있을 것이라는 보도자료를 공표한 경우

[1] 허위사실공표죄에 있어서 허위사실의 의미 및 판단 기준

공직선거및선거부정방지법 제250조 제2항에 규정된 허위사실공표죄에서, 허위의 사실은 진실에 부합하지 않은 사항으로서 선거인으로 하여금 후보자에 대한 정확한 판단을 그르치게 할 수 있을 정도로 구체성을 가진 것이면 충분하지만, 단순한 가치판단이나 평가를 내용으로 하는 의견표현에 불과한 경우에는 이에 해당되지 아니한다 할 것인바, 어떤 진술이 사실주장인가 또는 의견표현인가를 구별함에 있어서는 선거의 공정을 보장한다는 입법 취지를 염두에 두고 언어의 통상적 의미와 용법, 문제된 말이 사용된 문맥, 입증가능성, 그 표현이 행하여진 사회적 상황 등 전체적 정황을 고려하여 판단하여야 한다.

[2] 甲이 공표한 보도자료의 내용이 허위라는 것에 대한 인식이 있었는지 여부(소극)

정당의 지구당이 창당대회를 개최하면서 비록 대가 목적이 아니라 분석 목적으로 비표를 배포하였다고 하더라도 그와 상반된 이해관계를 가지는 정당 소속의 피고인으로서는 비표의 배포 및 회수에 관하여 금품 제공의 목적도 있을 것이라고 의심할 만한 여지가 충분하고 그러한 의심에는 상당한 정도의 근거도 있다고 보아 이러한 내용의 보도자료를 공표한 데에는 그 내용이 허위라는 것에 대한 인식이 없었다(대법원 2002. 11.13. 선고 2001도6292 판결).

■ 판례 ■   공직선거법 제250조 제1항에서 '경력'의 의미 및 후보자 등의 '체납실적'이 경력에 해당하는지 여부(적극)

'경력 등'이란 후보자, 그의 배우자 또는 직계존·비속이나 형제자매의 '경력·학력·학위·상벌'을 말하고(제64조 제5항), 그중 '경력'은 후보자 등의 행동이나 사적 등과 같이 후보자 등의 실적과 능력으로 인식되어 선거인의 공정한 판단에 영향을 미치는 사항을 말하는데, 후보자 등의 '체납실적'은 선거구민에게 공개되는 주요 선거정보로서 납세의무 이행과정에서의 준법정신, 도덕성, 성실성 등과 같이 선거인의 공정한 판단에 영향을 미치는 사항에 대한 후보자 등의 실적으로 인식되는 것이므로, '경력'에 해당한다(대법원 2015.05.29. 선고 2015도1022 판결)

■ 판례 ■   국회의원 후보자인 甲과 그 유세위원장인 乙 등이 상대후보를 국회의원에 당선되지 못하게 할 목적으로 허위사실을 공표할 것을 공모한 후 실행한 경우

[1] 미필적 고의에 의하여 공직선거법 제250조 제2항 소정의 허위사실공표죄가 성립하는지 여부(적극)

허위사실공표죄에서는 공표되어진 사실이 허위라는 것이 구성요건의 내용을 이루는 것이기 때문에, 행위자의 고의의 내용으로서 그 사항이 허위라는 것의 인식이 필요하나 어떠한 소문을 듣고 그 진실성에 강한 의문을 품고서도 감히 공표한 경우에는 적어도 미필적 고의가 인정될 수 있고, "어떠한 소문이 있다."라고 공표한 경우 그 소문의 내용이 허위이면 소문이 있다는 사실 자체는 진실이라 하더라도 허위사실공표죄가 성립된다.

[2] 甲과 乙의 행위가 허위사실공표죄의 공모공동정범에 해당하는지 여부(적극)

국회의원 후보자와 그 유세위원장 등이 상대후보를 국회의원에 당선되지 못하게 할 목적으로 허위사실을 공표할 것을 공모한 후 실행에 나아감으로써 허위사실공표죄의 공모공동정범이 성립된다(대법원 2002.4.10 자 2001모193 결정).

■ 판례 ■   공직선거에서 후보자의 비리 등에 관한 의혹 제기와 허위사실 공표로 인한 형사책임 범위 / 공직선거법 제250조 제2항의 허위사실공표죄에서 공표사실의 '허위성'을 증명하는 방법

민주주의정치제도하에서 언론의 자유는 가장 기초적인 기본권이고 선거과정에서도 충분히 보장되어야 한다. 그리고 공직선거에서 후보자의 공직담당적격을 검증하는 것은 필요하고도 중요한 일이므로, 그 적격검증을 위한 언론의 자유도 보장되어야 한다. 이를 위하여 후보자에게 위법이나 부도덕함을 의심케 하는 사정이 있는 경우에는 이에 대한 문제 제기가 허용되어야 하고, 공적 판단이 내려지기 전이라 하여 그에 대한 의혹의 제기가 쉽게 봉쇄되어서는 안 된다. 그러나 한편 근거가 박약한 의혹의 제기를 광범위하게 허용할 경우, 비록 나중에 그 의혹이 사실무근으로 밝혀지더라도 잠시나마 후보자의 명예가 훼손됨은 물론, 임박한 선거에서 유권자들의 선택을 오도하는 중대한 결과가 야기되고, 이는 오히려 공익에 현저히 반하는 결과가 된다. 그러므로 후보자의 비리 등에 관한 의혹의 제기는, 비록 그것이 공직적격 여부의 검증을 위한 것이라 하더라도 무제한 허용될 수는 없고, 그러한 의혹이 진실인 것으로 믿을 만한 상당한 이유가 있는 경우에 한하여 허용되어야 한다. 그리고 이때 의혹사실의 존재를 적극적으로 주장하는 자는 그러한 사실의 존재를 수긍할 만한 소명자료를 제시할 부담을 지고, 그러한 소명자료를 제시하지 못한다면 달리 그 의혹사실의 존재를 인정할 증거가 없는 한 허위사실 공표의 책임을 져야 하며, 제시된 소명자료 등에 의하여 그러한 의혹이 진실인 것으로 믿을 만한 상당한 이유가 있는 경우에는 비록 사후에 그 의혹이 진실이 아닌 것으로 밝혀지더라도 표현의 자유 보장을 위하여 이를 벌할 수 없다. 그리고 허위사실공표죄에서 의혹을 받을 일을 한 사실이 없다고 주장하는 사람에 대하여, 의혹을 받을 사실이 존재한다고 적극적으로 주장하는 자는, 그러한 사실의 존재를 수긍할 만한 소명자료를 제시할 부담을 지고, 검사는 제시된 그 자료의 신빙성을 탄핵하는 방법으로 허위성의 증명을 할 수 있다. 이때 제시하여야 할 소명자료는 위 법리에 비추어 단순히 소문을 제시하는 것만으로는 부족하고, 적어도 허위성에 관한 검사의 증명활동이 현실적으로 가능할 정도의 구체성은 갖추어야 하며, 이러한 소명자료의 제시가 없거나 제시된 소명자료의 신빙성이 탄핵된 때에는 허위사실 공표의 책임을 져야 한다.(대법원 2018. 9. 28., 선고, 2018도10447, 판결)

■ 판례사례 ■   [허위사실공표죄에 해당하는 사례]

(1) 선거공보 경력란에 'ㅇㅇ대학교 국제경영대학원 원우회 부회장'이라고 기재한 경우(대법원 1999.6. 11. 선고 99도307 판결)

(2) 피고인이 선거운동기간 중 개최된 후보자초청토론회에서 대학원이 비정규학력과정으로 개설한 교육과정을 이수하고서도 대학원을 수료하였다고 말한 경우(대법원 2003.2.20. 선고 2001도6138 전원합의체 판결)

(3) 선거후보자가 명함이나 홍보물의 학력란이 아닌 경력란에 졸업 또는 수료라는 문구를 기재함이 없이 비정규학력인 'ㅇㅇ대학교 총동창회 상임이사(현)'라고 기재한 경우(대법원 2007.1.12. 선고 2006도7906 판결)

(4) 선거후보자가 그와 경쟁관계에 있는 다른 후보자가 정당한 사유로 종합소득세를 납부하지 않았을 뿐이고 근로소득세는 납부한 사실을 알면서도 그가 소득세를 납부하지 않았다는 취지의 연설을 하면서 그 세금이 종합소득세라고 특정하지 아니한 경우(대법원 2002.5.24. 선고 2002도39 판결)

(5) '학력' 이 아닌 '경력' 또는 '약력' 란에 예비후보자 또는 후보자 명함 및 선거공보상 'ㅇㅇ대학교 산업대학원 총동창회장' 또는 '전 ㅇㅇ대학교 산업대학원 1기 회장'이라는 표시를 기재하였으나, 선거공보의 '학력' 란에는 'ㅇㅇ중학교 졸업'이라고 제대로 기재되었은 경우, 허위사실공표죄의 성립여부(대법원 2007.2.23. 선고 2006도8098 판결)

(6) 피고인이 후보자 초청 정책토론회에서 축협중앙회장으로 재직하는 동안 대우채권을 사거나 대우그룹 계열사에 대한 워크아웃 조치 이후 대우채권을 대우 관련 주식으로 바꾼 일이 없는 상대 후보자를 상대로, 단정적인 표현을 사용하여 그 축협중앙회장 재직시절에 대우채권을 사서 대규모의 적자를 냈다고 전제한 후 도지사로서의 자격이 없는 것 아니냐는 취지로 발언한 경우(대법원 2004.4.27. 선고 2003도6653).

3. 후보자비방행위

1) 적용법조 : 제251조

제251조(후보자비방죄) 당선되거나 되게 하거나 되지 못하게 할 목적으로 연설·방송·신문·통신·잡지·벽보·선전문서 기타의 방법으로 공연히 사실을 적시하여 후보자(후보자가 되고자 하는 자를 포함한다), 그의 배우자 또는 직계존·비속이나 형제자매를 비방한 자는 3년 이하의 징역 또는 500만원 이하의 벌금에 처한다. 다만, 진실한 사실로서 공공의 이익에 관한 때에는 처벌하지 아니한다.

2) 범죄사실 기재례

누구든지 선거에 당선되거나 되게 하거나 되지 못하게 할 목적으로 연설·방송·신문·통신·잡지·벽보·선전문서 기타의 방법으로 공연히 사실을 적시하여 후보자를 비방하여서는 아니된다.

그럼에도 불구하고 피의자는 20ㅇㅇ. ㅇ. ㅇ. ㅇㅇ에서 제ㅇㅇ대 ㅇㅇ선거에 출마한 홍길동 후보가 거리 유세를 하고 있을 때 핸드마이크를 이용하여 그곳에 운집한 유권자 50여 명이 있는 자리에서 "홍길동은 젊었을 때 본부인과 이혼하고 두 번째 부인은 술집 마담으로 일할 때 알게 되어 결혼하였다"라고 말하는 등 공연히 사실을 적시하여 위 홍길동을 비방하였다.

■ 판례 ■ 페러디포스터를 인터넷사이트에 게시한 행위

[1] 사실관계

甲은 A정당의 서울시장 후보자의 당선을 방해할 목적으로 A정당 대표 피습사건을 마치 A정당이 조작한 정치공작인 것처럼 표현한 패러디포스터를 인터넷 사이트에 게시하였다.

[2] 판결요지

가. 공직선거법 제251조에서 정한 '사실을 적시하여 후보자를 비방하는 행위'의 의미 및 후보자 소속 정당이나 그 정당 소속 인사 등에 관한 사항이 이에 포함되는지 여부(원칙적 소극)

공직선거법 제251조에서 '사실을 적시하여 후보자를 비방한다'라 함은 후보자에 관련된 사실을 적시하여 당해 후보자를 비방함을 의미하는 것으로 사실적시 중에는 그 후보자 자신에 관한 것뿐 아니라 간접사실이라도 이를 적시하는 것이 후보자의 당선을 방해할 염려가 있는 것을 포함하나, 그 후보자의 소속 정당이나 그 정당의 소속 인사 등에 관한 사항은 그것이 후보자의 당

락과 밀접히 관련되고 있는 것이 아닌 이상, 위 조항의 후보자 비방에 포함되지 아니한다.

나. 甲의 행위가 후보자 비방에 해당하는지 여부(소극)

특정 정당의 서울시장 후보자의 당선을 방해할 목적으로 인터넷 사이트에 게시한 위 정당 대표 피습사건에 관한 패러디포스터의 내용이 위 피습사건이 마치 위 정당이 조작한 정치공작인 것처럼 표현하고 있을 뿐 후보자에 대하여는 언급하고 있지 아니하므로 위 게시행위를 두고 후보자를 비방한 것으로는 볼 수 없다

다. 공직선거법 제250조 제2항의 허위사실공표죄에서 말하는 '사실의 공표'와 같은 법 제251조 본문의 후보자비방죄에서 말하는 '사실의 적시'의 의미 및 판단 기준

공직선거법 제250조 제2항의 허위사실공표죄에서 말하는 '사실의 공표' 및 같은 법 제251조 본문의 후보자비방죄에서 말하는 '사실의 적시'란 모두 가치판단이나 평가를 내용으로 하는 의견표현에 대치되는 개념으로서 시간과 공간적으로 구체적인 과거 또는 현재의 사실관계에 관한 보고 내지 진술을 의미하는 것이며 그 표현내용이 증거에 의한 입증이 가능한 것을 말하고, 판단할 진술이 사실인가 또는 의견인가를 구별함에 있어서는, 언어의 통상적 의미와 용법, 입증가능성, 문제된 말이 사용된 문맥, 그 표현이 행하여진 사회적 정황 등 전체적 정황을 고려하여 판단하여야 한다(대법원 2007.3.15. 선고 2006도8368 판결).

■ **판례** ■ **甲이 대통령 후보인 乙의 장인이 좌익활동에 대하여 국가보안법위반·살인죄 등으로 유죄 확정판결을 받고 복역하다가 사망한 사실을 당원 등 약 200여 명을 상대로 연설한 경우**

[1] 공직선거및선거부정방지법 제251조 단서에 정한 '진실한 사실로서 공공의 이익에 관한 때'의 의미

공직선거및선거부정방지법 제251조 본문에 해당하는 후보자비방 행위라 하더라도 적시된 사실이 진실에 부합하고 공공의 이익에 관한 때에는 같은 조 단서에 의하여 위법성이 조각되는바, 여기서 적시된 사실이 진실에 부합한다 함은 그 내용 전체의 취지를 살펴볼 때 중요한 부분이 객관적 사실과 합치되면 족한 것이고 세부에 있어 약간의 상위가 있거나 다소 과장된 표현이 있더라도 무방하고, 공공의 이익에 관한 때라 함은 반드시 공공의 이익이 사적 이익보다 우월한 동기가 된 것이 아니더라도 양자가 동시에 존재하고 거기에 상당성이 인정된다면 이에 해당한다.

[2] 甲의 행위가 후보자비방죄에 해당하는지 여부와 위법성이 조각되는지 여부(적극)

피고인의 발언에 일부 과장된 표현이 있다고 할지라도 전체적으로 객관적 사실에 부합하는 내용이고 한편 피고인이 위 사실을 적시한 것은 노무현 대통령 후보자에 대한 평가를 저하시키려는 의도가 포함되어 있다고 할지라도 대통령선거에 즈음하여 후보 가족의 좌익 활동 전력에 관하여 언급함으로써 유권자들이 적절하게 선거권을 행사하도록 자료를 제공하려는 공공의 이익 또한 인정되고 거기에 상당성도 있다고 할 것이다(대법원 2004.10.27. 선고 2004도3919 판결).

■ **판례** ■ **공직선거및선거부정방지법 제251조 본문의 '후보자가 되고자 하는 자'의 인정범위**

공직선거및선거부정방지법 제251조 본문의 '후보자가 되고자 하는 자'라 함은 당해 선거에 출마할 예정인 자로서 정당에 공천신청을 하거나 일반선거권자로부터 후보자추천을 받기 위한 활동을 벌이는 등 입후보의사가 확정적으로 외부에 표출된 경우만이 아니라 신분·접촉대상·언행 등에 비추어 당해 선거에 입후보할 의사를 가진 것을 객관적으로 인식할 수 있는 정도에 이른 경우까지도 가리킨다고 할 것이므로, 당해 후보자의 등록이 끝난 때로부터 비로소 시작되는 법정선거 운동 기간 전이라고 하여 위 조항에서 규정하는 낙선목적의 후보자비방죄의 객체가 될 수 없는 것은 아니다(대법원 2004.4.28. 선고 2003도4363 판결).

■ 판례 ■   甲이 후보지원을 위한 연설을 하면서 다른 정당의 후보자의 오래전의 이혼과정을 그릇되게 추단하도록 하는 내용과 그의 처가 의료법을 위반했음에도 벌금을 낸 적이 없다는 내용의 연설을 한 경우

[1] 사실관계

甲은 乙후보지원을 위한 연설에서 " A후보가 어떻게 이혼을 했는지 그 소문을 이 자리에서 입이 부끄러워서 얘기하지 않겠습니다."라고 하면서 "조강지처 버리고 잘된 사내가 없다."고 하고, " A의 처 B는 병원간판을 '주클리닉'으로 붙여서 불법이고, 의료법상 벌금 300만 원 이하에 처하게 되어 있는데, 얼마나 막강하면 벌금을 한 번도 안 냈어요."라고 말하였다.

[2] 판결요지

가. 오래전의 이혼과정을 그릇되게 추단하도록 한 경우, 위법성이 조각되는지 여부(소극)

후보지원을 위한 연설내용 중 다른 정당의 후보자의 오래전의 이혼과정을 그릇되게 추단하도록 하는 부분은 위 후보자를 비방하는 것으로서 위법성이 조각되지 않는다.

나. 후보자비방죄의 성립요건인 '사실의 적시'의 의미

제251조 본문의 '사실의 적시'란 가치판단이나 평가를 내용으로 하는 의견표현에 대치되는 개념으로서 시간과 공간적으로 구체적인 과거 또는 현재의 사실관계에 관한 보고 내지 진술을 의미하는 것이며 그 표현내용이 증거에 의한 입증이 가능한 것을 말하고, 판단할 진술이 사실인가 또는 의견인가를 구별함에 있어서는, 언어의 통상적 의미와 용법, 입증가능성, 문제된 말이 사용된 문맥, 그 표현이 행하여진 사회적 정황 등 전체적 정황을 고려하여 판단하여야 한다.

다. 후보자의 처가 의료법을 위반했음에도 벌금을 낸 적이 없다.'는 부분이 위법성이 조각되는지 여부(적극)

후보지원을 위한 연설내용 중 '다른 정당의 후보자의 처가 의료법을 위반했음에도 벌금을 낸 적이 없다.'는 부분은 구체적인 사실을 적시하고 있고 전체적으로 볼 때 진실한 사실로서 공공의 이익에 관한 때에 해당하여 위법성이 조각된다(대법원 2002.6.14. 선고 2000도4595 판결).

■ 판례 ■   당선되지 못하게 할 목적으로 컴퓨터통신망의 공개게시판에 글을 게시하는 방법으로 공연히 사실을 적시하여 후보자를 비방한 경우, 후보자비방죄에 해당하는지 여부(적극)

당선되지 못하게 할 목적으로 컴퓨터통신망의 공개게시판에 글을 게시하는 방법으로 공연히 사실을 적시하여 후보자를 비방하였다면 공직선거및선거부정방지법 제251조가 정하는 '기타의 방법으로' 공연히 사실을 적시하여 후보자를 비방하는 행위에 해당하고, 한편 같은 법 제82조의3 제2항에 컴퓨터 통신을 이용하여 후보자 등을 비방하는 행위를 금지하는 규정이 따로 있으나 이러한 행위에 대하여 별도의 처벌규정이 없는 이상 위 조항이 있다고 하여 같은 법 제251조에 의한 처벌이 배제되는 것은 아니다(대법원 2001.11.9. 선고 2001도4695 판결).

VI. 선거운동기간위반죄

제254조(선거운동기간위반죄) ① 선거일에 투표마감시각전까지 선거운동을 한 자는 3년이하의 징역 또는 600만원이하의 벌금에 처한다.
② 선거운동기간 전에 이 법에 규정된 방법을 제외하고 선전시설물·용구 또는 각종 인쇄물, 방송·신문·뉴스통신·잡지, 그 밖의 간행물, 정견발표회·좌담회·토론회·향우회·동창회·반상회, 그 밖의 집회, 정보통신, 선거운동기구나 사조직의 설치, 호별방문, 그 밖의 방법으로 선거운동을 한 자는 2년 이하의 징역 또는 400만원 이하의 벌금에 처한다.

[기재례1] 선거운동 기간 전 집회개최

1) **적용법조** : 제254조 제2항

> 피의자는 ○○당 당원으로 ○○에 있는 ○○대책위원회 위원장으로 활동하면서 20○○. 5. 31. 제○○회 전국동시 지방선거 ○○당 ○○구청장 후보로 출마하여 당선된 홍길동 등 ○○당 출마자들을 위하여 선거운동을 하였다.
> 누구든지 선거운동 기간 전에는 향우회, 동창회 또는 반상회 기타의 집회를 개최하여 선거운동을 하여서는 아니된다.
> 그럼에도 불구하고 피의자는 20○○. 4. 26. 12:00경 ○○에 있는 ○○식당에서 이○○, 최○○, 이○○ 등 위 ○○대책위원회 회원 20여 명에게 연락하여 집회를 개최하고, 위 홍길동 및 ○○당 ○○구 기초의원 후보로 출마하여 낙선한 ○○○, ○○○ 등에게 연락하여 위 식당으로 나오게 한 후 함께 식사하는 자리에서 위 회원들에게 "홍길동 후보가 ○○구청장에 압도적 지지로 당선될 수 있도록, 위하여!"라는 내용으로 건배 제의를 하고, 이어서 "○○구가 제대로 발전하려면 구청장에 홍길동 후보가 당선되어야 하고, ○○구의 발전이 곧 ○○시의 발전이며 모든 성품이나 인물로 보아 홍길동이 당선되어야 한다."라는 취지의 말을 하여 위 선거에 관하여 홍길동을 위한 집회를 개최하여 사전선거운동을 하였다.

[기재례2] 선거운동 기간 전 연하장 발송

1) **적용법조** : 제254조 제2항

> 피의자는 제○○대 국회의원선거 ○○선거구의 후보자이다.
> 선거운동 기간 전에는 벽보·현수막·애드벌룬·표지판·선전탑·광고판 기타 명칭의 여하를 불문하고 선전시설물이나 용구 또는 각종 인쇄물을 사용하여 선거운동을 하거나 하게 하여서는 아니된다.
> 그럼에도 불구하고 피의자는 선거운동 기간 전인 20○○. ○. ○. ○○에 있는 피의자 사무실에서 홍길동에게 현금 200만원을 교부하면서 피의자의 인물사진과 주요경력을 넣은 연하장 2,000매를 인쇄 의뢰하고 20○○. ○. ○. 위 연하장을 교부받아 그때부터 그다음 날까지 3일 동안 같은 군 ○○에 사는 최불암 등 선거인 1,500여 명에게 이를 우송하여 배포함으로써 선거운동 기간 전에 선거운동을 하였다.

[기재례3] 선거운동 기간 전 낙선운동

1) 적용법조 : 제254조 제2항

피의자는 트위터에서 아이디 (아이디 생략)으로 활동하는 사람으로서 20〇〇. 〇. 〇. 치러질 제〇〇대 국회의원 선거와 관련하여 〇〇당 소속 국회의원들에 대한 낙선운동을 전개하기로 마음먹었다.

피의자는 20〇〇. 〇. 〇.부터 20〇〇. 〇. 〇.까지 〇〇에 있는 피의자 집에서, (아이디 생략)이라는 트위터 아이디로 "〇〇당 낙선운동 대상자 명단, 〇〇지역 홍길동"이라고 게시한 것을 비롯하여, 별지 범죄일람표 기재와 같이 〇〇당 소속 국회의원 총 〇〇명에 대하여 낙선운동의 글을 게시하였다.

이로써 피의자는 선거운동기간 전에 선거운동을 하였다.

[기재례4] 선거운동 기간 전 문자메시지 발송

1) 적용법조 : 제254조 제3항, 제255조 제2항 제5호, 제93조 제1항

2) 범죄사실 기재례

피의자 甲은 〇〇당 사무국장이자 제〇〇회 동시 지방선거에서 〇〇구 제〇선거구의 〇〇광역시의회 의원으로 출마하여 당선된 자이고, 피의자 乙은 〇〇당 간사로 일하는 사람이다.

누구든지 공직선거법의 규정에 의하지 아니하고는 선거일 전 180일부터 선거일까지 선거에 영향을 미치게 하려고 후보자가 되려고 하는 자의 성명을 나타내는 문서 등을 배부할 수 없으며, 선거운동 기간 전에는 선거운동을 하여서는 아니된다.

그럼에도 불구하고 피의자들은 20〇〇. 〇. 〇. 〇〇동에 있는 〇〇당 사무실에서, 피의자 甲은 피의자 乙에게 〇〇당 회원들인 선거구민들에게 선거사무소 개소식을 알리라고 지시하고, 피의자 乙은 컴퓨터를 이용하여 문자 대량전송 사이트인 @@@에 접속하여, 선거구민인 丙 등 150명에게 〇〇당 시의원후보 〇〇〇 선거사무소 개소식 00일 00시 〇〇동 ▷로터리 〇〇빌딩 2층'이라는 문자메시지를 발송하였다.

이로써 피의자들은 선거일 전 180일부터 선거일까지 사이에 선거에 영향을 미치게 하려고 후보자의 성명을 나타내는 문서 등을 배부함과 동시에, 선거운동 기간 전에 선거운동을 하였다.

제255조(부정선거운동죄) ① 다음 각 호의 어느 하나에 해당하는 자는 3년 이하의 징역 또는 600만원 이하의 벌금에 처한다.

1. 제57조의6제1항을 위반하여 당내경선에서 경선운동을 한 사람

2. 제60조(선거운동을 할 수 없는 자)제1항의 규정에 위반하여 선거운동을 하거나 하게 한 자 또는 같은조제2항이나 제205조(선거운동기구의 설치 및 선거사무관계자의 선임에 관한 특례)제4항의 규정에 위반하여 선거사무장 등으로 되거나 되게 한 자

3. 제61조(선거운동기구의 설치)제1항의 규정에 위반하여 선거운동기구를 설치하거나 이를 설치하여 선거운동을 한 자

4. 제62조제1항부터 제4항까지의 규정을 위반하여 선거사무장·선거연락소장·선거사무원 또는 활동보조인을 선임한 자

5. 제68조제2항 또는 제3항(소품등의 규격을 말한다)을 위반하여 소품등을 사용한 선거운동을 한 사람

6. 제80조(연설금지장소)의 규정에 위반하여 선거운동을 위한 연설·대담을 한 자

7. 제81조(단체의 후보자 등 초청 대담·토론회)제1항의 규정에 위반하여 후보자 등 초청 대담·토론회를 개최한 자

8. 제81조제7항[제82조(언론기관의 후보자등 초청 대담·토론회)제4항에서 준용하는 경우를 포함한다]의 규정에 위반하여 대담·토론회를 개최한 자

9. 제85조제3항 또는 제4항의 규정에 위반한 행위를 하거나 하게 한 자

10. 제86조제1항제1호부터 제3호까지·제2항 또는 제5항을 위반한 사람 또는 같은 조 제6항을 위반한 행위를 한 사람

11. 제87조(단체의 선거운동금지)제1항의 규정을 위반하여 선거운동을 하거나 하게 한 자 또는 동조제2항의 규정을 위반하여 사조직 기타 단체를 설립·설치거나 하게 한 자

12. 제88조(타후보자를 위한 선거운동금지)본문의 규정에 위반하여 다른 정당이나 후보자를 위한 선거운동을 한 자

13. 제89조(유사기관의 설치금지)제1항 본문의 규정에 위반하여 유사기관을 설립·설치하거나 기존의 기관·단체·조직 또는 시설을 이용한 자

14. 삭제〈2004.3.12〉

15. 제92조(영화 등을 이용한 선거운동금지)의 규정에 위반하여 저술·연예·연극·영화나 사진을 배부·공연·상연·상영 또는 게시하거나 하게 한 자

16. 제105조(행렬등의 금지)제1항의 규정에 위반하여 무리를 지어 거리행진·인사 또는 연달아 소리 지르는 행위를 한 사람

17. 제106조(호별방문의 제한)제1항 또는 제3항의 규정에 위반하여 호별로 방문하거나 하게 한 자

18. 제107조(서명·날인운동의 금지)의 규정에 위반하여 서명이나 날인을 받거나 받게 한 자

19. 제109조제1항 또는 제2항을 위반하여 서신·전보·모사전송·전화 그 밖에 전기통신의 방법을 이용하여 선거운동을 하거나 하게 한 자나 같은 조 제3항을 위반하여 협박하거나 하게 한 자

20. 제218조의14제1항·제6항 또는 제7항을 위반하여 재외선거권자를 대상으로 선거운동을 한 자

② 다음 각 호의 어느 하나에 해당하는 자는 2년 이하의 징역 또는 400만원 이하의 벌금에 처한다.

1. 제60조의3제1항제4호 후단을 위반하여 예비후보자홍보물을 작성한 자

1의2. 대통령선거 및 지방자치단체의 장선거의 예비후보자가 아닌 자로서 제60조의4제1항의 예비후보자공약집을 발간·배부한 자, 같은 항을 위반하여 1종을 넘어 예비후보자공약집을 발간·배부한 자, 같은 항을 위반하여 예비후보자공약집을 통상적인 방법으로 판매하지 아니하거나 방문판매의 방법으로 판매한 자, 같은 조 제2항을 위반하여 예비후보자공약집을 발간·배부한 자

1의3. 제64조제1항·제9항, 제65조제1항·제2항, 제66조제1항부터 제5항까지를 위반하여 선거벽보·선거공보 또는 선거공약서를 선거운동을 위하여 작성·사용하거나 하게 한 자

2. 삭제〈2010.1.25〉

3. 제57조의3(당내경선운동)제1항의 규정을 위반하여 경선운동을 한 자

4. 제91조(확성장치와 자동차 등의 사용제한)제1항·제3항 또는 제216조(4개 이상 선거의 동시실시에 관한 특례)제1항의 규정에 위반하여 확성장치나 자동차를 사용하여 선거운동을 하거나 하게 한 자

5. 제93조(탈법방법에 의한 문서·도화의 배부·게시 등 금지)제1항의 규정에 위반하여 문서·도화 등을 배부·첩부·살포·게시·상영하거나 하게 한 자, 같은 조제2항의 규정에 위반하여 광고 또는 출연을 하거나 하게 한 자 또는 제3항의 규정에 위반하여 신분증명서·문서 기타 인쇄물을 발급·배부 또는 징구하거나 하게 한 자
6. 제100조(녹음기 등의 사용금지)의 규정에 위반하여 녹음기 또는 녹화기를 사용하여 선거운동을 하거나 하게 한 자
7. 삭제〈1995.12.30〉
8. 제271조의2(선거에 관한 광고의 제한)제1항의 규정에 의한 광고중지요청에 불응하여 광고를 하거나 광고게재를 의뢰한 자
③ 다음 각 호의 어느 하나에 해당하는 사람은 5년 이하의 징역에 처한다.
1. 제57조의6제2항을 위반하여 경선운동을 한 사람
2. 제85조제1항을 위반하여 선거운동을 한 사람
④ 제82조의5(선거운동정보의 전송제한)제1항의 규정을 위반하여 선거운동정보를 전송한 자, 동조제2항의 규정을 위반하여 선거운동정보에 해당하는 사실 등을 선거운동정보에 명시하지 아니하거나 허위로 명시한 자, 동조제3항의 규정을 위반하여 수신자의 동의를 얻지 아니하고 선거운동정보를 전송한 자, 동조제4항의 규정을 위반하여 기술적 조치를 한 자, 동조제5항의 규정을 위반하여 비용을 수신자에게 부담하도록 한 자, 동조제6항의 규정을 위반하여 선거운동정보를 전송한 자는 1년 이하의 징역 또는 100만원 이하의 벌금에 처한다.
⑤ 제85조제1항을 위반한 자는 5년 이하의 징역 또는 2천만원 이하의 벌금에 처한다.

1. 선거운동을 할 수 없는 자의 선거운동

[기재례1] 사전선거운동, 사조직설립

1) **적용법조** : 제255조 제1항 제1호, 제60조

제60조(선거운동을 할 수 없는 자) ① 다음 각 호의 어느 하나에 해당하는 사람은 선거운동을 할 수 없다. 다만, 제1호에 해당하는 사람이 예비후보자·후보자의 배우자인 경우와 제4호부터 제8호까지의 규정에 해당하는 사람이 예비후보자·후보자의 배우자이거나 후보자의 직계존비속인 경우에는 그러하지 아니하다.
1. 대한민국 국민이 아닌 자. 다만, 제15조제2항제3호에 따른 외국인이 해당 선거에서 선거운동을 하는 경우에는 그러하지 아니하다.
2. 미성년자(19세 미만의 자를 말한다. 이하 같다)
3. 제18조(선거권이 없는 자)제1항의 규정에 의하여 선거권이 없는 자
4. 「국가공무원법」 제2조(공무원의 구분)에 규정된 국가공무원과 「지방공무원법」 제2조(공무원의 구분)에 규정된 지방공무원. 다만, 「정당법」 제22조(발기인 및 당원의 자격)제1항제1호 단서의 규정에 의하여 정당의 당원이 될 수 있는 공무원(국회의원과 지방의회의원외의 정무직공무원을 제외한다)은 그러하지 아니하다.
5. 제53조(공무원 등의 입후보)제1항제2호 내지 제7호에 해당하는 자(제4호 내지 제6호의 경우에는 그 상근직원을 포함한다)
6. 향토예비군 중대장급 이상의 간부
7. 통·리·반의 장 및 읍·면·동주민자치센터(그 명칭에 관계없이 읍·면·동사무소 기능전환의 일환으로 조례에 의하여 설치된 각종 문화·복지·편익시설을 총칭한다. 이하 같다)에 설치된 주민자치위원회(주민자치센터의 운영을 위하여 조례에 의하여 읍·면·동사무소의 관할구역별로 두는 위원회를 말한다. 이하 같다)위원
8. 특별법에 의하여 설립된 국민운동단체로서 국가 또는 지방자치단체의 출연 또는 보조를 받는 단체(바르게살기운동협의회·새마을운동협의회·한국자유총연맹을 말한다)의 상근 임·직원 및 이들 단체 등(시·도조직 및 구·시·군조직을 포함한다)의 대표자
9. 선상투표신고를 한 선원이 승선하고 있는 선박의 선장
② 각급선거관리위원회위원·향토예비군 중대장급 이상의 간부·주민자치위원회위원 또는 통·리·반의 장이 선거사무장, 선거연락소장, 선거사무원, 제62조제4항에 따른 활동보조인, 회계책임자, 연설원, 대담·토론자 또는 투표참관

인이나 사전투표참관인이 되고자 하는 때에는 선거일 전 90일(선거일 전 90일 후에 실시사유가 확정된 보궐선거등에서는 그 선거의 실시사유가 확정된 때부터 5일 이내)까지 그 직을 그만두어야 하며, 선거일 후 6월 이내(주민자치위원회위원은 선거일까지)에는 종전의 직에 복직될 수 없다. 이 경우 그만둔 것으로 보는 시기에 관하여는 제53조제4항을 준용한다.

2) 범죄사실 기재례

피의자는 200○. ○. ○. 실시예정인 제○○대 국회의원 총선에서 ○○당 소속으로 ○○ 선거구에 입후보하려는 예정자이다.

피의자들은 200○. 10.경부터 피의자 1이 산악회의 설립을 기획하여 200○. ○. ○.경 피의자 1, 피의자 2등이 모여 산악회를 설립하기로 논의하면서 산악회의 명칭은 피의자의 소속 정당명과 유사한 '○○산악회'로 정하기로 하고, 회장은 甲이, 부회장은 피의자 1과 피의자 2가, 사무국장은 乙이 각각 맡기로 하는 한편, 산악회원은 피의자 1이 ○○당 ○○지구당 조직부장으로 재직하면서부터 관리해 오고 있던 선거구 내의 동별 책임자들을 통하여 선거구 내에 거주하는 주민들을 상대로 모집하기로 하며, 모집된 주민들을 동원하여 산악회 발대식을 개최하기로 결의한 후, 200○. ○. ○.경 피의자의 고향인 ○○에 있는 ○○산으로 그 모집된 주민들을 데려가 발대식 겸 관광을 시켜주기로 하였다.

피의자와 피의자 1, 피의자 3등이 산악회 발대식의 행사내용, 참석인원의 모집방안 등에 대하여 협의하는 한편, 피의자 2는 후보자를 알리기 위한 지지 발언을, 피의자 3은 피의자 4를 통하여 참가자들에 대한 점심 및 선물제공, 지역 기관장의 참석 권유를 담당하기로 하는 등 역할을 분담하여 선거운동을 하기 위한 사조직을 설립하기로 하고, 200○. 11. 14.경부터 200○. ○. ○.경까지 사이에 피의자 1의 주도로 ○○선거구 내에 거주하는 주부들로 주로 이루어진 발대식 참가자 500여 명을 급히 모집하여 관광버스 12대를 이용하여 피의자의 고향인 ○○관광호텔 2층 ○○홀에 도착하고, 피의자는 별도의 승용차를 이용하여 행사장에 합류하여 내빈으로 참석하였다.

이때 피의자는 500여 명의 지역구 구민들을 상대로 별다른 말 없이 인사만 하면서 위 산악회 행사가 피의자를 위한 자리임을 암시한 다음, 뒤이어서 피의자 2는 '(피의자 성명 생략)은 정치인입니다. ○○시 발전을 위하여 생각하고 정치를 바로 세우겠다고(피의자 성명 생략) 위원장께서 약속하셨습니다. 솔직히 본인은 못하는 입장이 됐습니다. 제가 그래서 제 입을 빌어 이런 말씀을 드리는 것입니다. 지역을 위해 애써줄 사람으로 도와줍시다.'라는 등의 취지로 발대식을 빙자하여 피의자에 대한 홍보·지지 발언을 하면서 피의자를 소개하였다.

계속하여 피의자 3이 피의자4에게 연락하여 준비한 대로 발대식 참가자들에게 장어구이정식 등 점심과 지역특산물인 복분자술, 1만 원 상당의 볶음 땅콩 등 합계 ○○만원 상당의 향응 및 이익을 지역구민들에게 제공하는 등 당선될 목적으로 산악회 발대식을 거행하여 선거운동을 하기 위한 사조직인 '○○산악회'를 설립하고, 선거운동 기간 전에 선거운동을 위한 '○○산악회'를 만들어 선거운동을 하였다.

(대법원 2005.3.11. 선고 2004도8715 판결 참조).

[기재례2] 공무원의 선거운동

1) 적용법조 : 제255조 제1항 제1호, 제10호, 제86조 제1항, 국가(지방)공무원법 제66조 제1항, 제65조 제2항 제1호

제85조(공무원 등의 선거관여 등 금지) ① 공무원 등 법령에 따라 정치적 중립을 지켜야 하는 자는 직무와 관련하여 또는 지위를 이용하여 선거에 부당한 영향력을 행사하는 등 선거에 영향을 미치는 행위를 할 수 없다.

② 공무원은 그 지위를 이용하여 선거운동을 할 수 없다. 이 경우 공무원이 그 소속직원이나 제53조제1항제4호부터 제6호까지에 규정된 기관 등의 임직원 또는 「공직자윤리법」 제17조에 따른 취업심사대상기관의 임·직원을 대상으로 한 선거운동은 그 지위를 이용하여 하는 선거운동으로 본다.

③ 누구든지 교육적·종교적 또는 직업적인 기관·단체 등의 조직내에서의 직무상 행위를 이용하여 그 구성원에 대하여 선거운동을 하거나 하게 하거나, 계열화나 하도급 등 거래상 특수한 지위를 이용하여 기업조직·기업체 또는 그 구성원에 대하여 선거운동을 하거나 하게 할 수 없다.

④ 누구든지 교육적인 특수관계에 있는 선거권이 없는 자에 대하여 교육상의 행위를 이용하여 선거운동을 할 수 없다.

제86조(공무원 등의 선거에 영향을 미치는 행위금지) ① 공무원(국회의원과 그 보좌관·선임비서관·비서관 및 지방의회의원을 제외한다), 선상투표신고를 한 선원이 승선하고 있는 선박의 선장, 제53조제1항제4호에 규정된 기관 등의 상근 임원과 같은 항 제6호에 규정된 기관 등의 상근 임·직원, 통·리·반의 장, 주민자치위원회위원과 향토예비군 중대장급 이상의 간부, 특별법에 의하여 설립된 국민운동단체로서 국가나 지방자치단체의 출연 또는 보조를 받는 단체(바르게살기운동협의회·새마을운동협의회·한국자유총연맹을 말한다)의 상근 임·직원 및 이들 단체 등(시·도조직 및 구·시·군조직을 포함한다)의 대표자는 다음 각 호의 어느 하나에 해당하는 행위를 하여서는 아니된다.

1. 소속직원 또는 선거구민에게 교육 기타 명목여하를 불문하고 특정 정당이나 후보자(후보자가 되고자 하는 자를 포함한다. 이하 이 항에서 같다)의 업적을 홍보하는 행위

2. 지위를 이용하여 선거운동의 기획에 참여하거나 그 기획의 실시에 관여하는 행위

3. 정당 또는 후보자에 대한 선거권자의 지지도를 조사하거나 이를 발표하는 행위

5. 선거기간 중 국가 또는 지방자치단체의 예산으로 시행하는 사업중 즉시 공사를 진행하지 아니할 사업의 기공식을 거행하는 행위

6. 선거기간 중 정상적 업무외의 출장을 하는 행위

7. 선거기간 중 휴가기간에 그 업무와 관련된 기관이나 시설을 방문하는 행위

※ 국가공무원법

제66조(집단행위의 금지) ① 공무원은 노동운동 기타 공무 이외의 일을 위한 집단적행위를 하여서는 아니된다. 다만, 사실상 노무에 종사하는 공무원은 예외로 한다.

제65조(정치운동의 금지) ② 공무원은 선거에 있어서 특정정당 또는 특정인의 지지나 반대를 하기 위하여 다음의 행위를 하여서는 아니된다.

1. 투표를 하거나 하지 아니하도록 권유운동을 하는 것

2) 범죄사실 기재례

피의자들은 20○○. ○. ○. 개최된 정기대의원대회에서 '○. ○. 총선시 노동자의 정치세력화를 위하여 진보정치 실현에 앞장서고 부패정치를 청산하자' 라는 취지의 결의를 하고, 20○○. ○. ○. ○○당을 반대하는 한편, ○○당을 지지할 목적으로, "제○○대 국회는 대통령 탄핵 등 정책오류를 저지르고 헌정질서를 유린하였는데, 현 집권여당과 정부 또한 부패정치의 잘못된 관행으로부터 자유롭지 않고, 대통령 탄핵 사태에 대하여 책임이 있으므로, 반성과 성찰 없이 탄핵정국을 국회의원 선거와 연계시키려는 시도는 국민에 대한 기만이다. 다가오는 국회의원 총선에서 국회를 국민의 꿈과 희망을 꽃피울 진보적 개혁정치의 무대로 탈바꿈시킬 것이다" 라는 내용의 시국선언문을 준비하였다.

피의자들은 20○○. ○. ○.부터 20○○. ○. ○.경까지 인터넷을 통하여 위 시국선언문을

전교조 각 지부와 산하 분회에 업무연락 형태로 배부하고, 전교조 소속 교사 및 일반교사들 2만여 명을 상대로 시국선언문에 동참한다는 내용의 서명·날인을 받고, 2000. 0. 0.경 기자회견을 통해 시국선언문을 발표한 것을 비롯하여 2000. 0. 0.경부터 2000. 0. 0. 경까지 전교조 전국 각 지부에서 기자회견을 하거나 보도자료로 배포하는 등의 방법으로 시국선언문을 발표하고, 위와 같이 발표한 시국선언문을 전교조 홈페이지에 게시하였다.

이로써 피의자들은 선거운동을 할 수 없는 공무원의 신분으로 OO당을 지지하는 취지의 선거운동을 하고, 선거에 영향을 미치게 하려고 탈법방법에 따라 OO당을 반대하고 OO당을 지지하는 취지의 시국선언문을 배부·게시하고, 공무원으로서 선거에 있어서 OO당 지지를 위하여 투표하도록 권유하도록 하였다.

(대법원 2006.5.12. 선고 2005도4513 판결 참조)

[기재례3] 공무원의 선거개입

1) 적용법조 : 제255조 제1항 제1호, 제10호, 제60조 제1항 제4호, 국가(지방)공무원법 제66조 제1항, 제65조 제2항 제1호

제60조 (선거운동을 할 수 없는 자) ① 다음 각 호의 어느 하나에 해당하는 사람은 선거운동을 할 수 없다. 다만, 제1호에 해당하는 사람이 예비후보자·후보자의 배우자인 경우와 제4호부터 제8호까지의 규정에 해당하는 사람이 예비후보자·후보자의 배우자이거나 후보자의 직계존비속인 경우에는 그러하지 아니하다.

 4. 「국가공무원법」 제2조(공무원의 구분)에 규정된 국가공무원과 「지방공무원법」 제2조(공무원의 구분)에 규정된 지방공무원. 다만, 「정당법」 제22조(발기인 및 당원의 자격)제1항제1호 단서의 규정에 의하여 정당의 당원이 될 수 있는 공무원(국회의원과 지방의회의원외의 정무직공무원을 제외한다)은 그러하지 아니하다.

※ 지방공무원법
제57조 (정치운동의 금지) ① 공무원은 정당이나 그 밖의 정치단체의 결성에 관여하거나 가입할 수 없다.
② 공무원은 선거에서 특정정당 또는 특정인을 지지하거나 반대하기 위하여 다음 각 호의 어느 하나에 해당하는 행위를 하여서는 아니 된다.
 1. 투표를 하거나 하지 아니하도록 권유하는 것
 2. 서명운동을 기획·주재하거나 권유하는 것
 3. 문서 또는 도화(도화)를 공공시설 등에 게시하거나 게시하게 하는 것
 4. 기부금품을 모집하거나 모집하게 하는 행위 또는 공공자금을 이용하거나 이용하게 하는 것
 5. 타인에게 정당이나 그 밖의 정치단체에 가입하게 하거나 가입하지 아니하도록 권유하는 것
③ 공무원은 다른 공무원에게 제1항과 제2항에 위배되는 행위를 하도록 요구하거나 정치적 행위에 대한 보상 또는 보복으로 이익 또는 불이익을 약속하여서는 아니 된다.

2) 범죄사실 기재례

피의자는 OO군 OO과 OO담당(지방행정 6급)으로 재직 중인 지방공무원으로, 지방공무원법에 규정된 공무원은 선거운동을 하여서는 아니된다.

그럼에도 불구하고 피의자는 2000. 0. 0.부터 2000. 0. 0.경 사이에 OO에 있는 피의자의 집에서 집 전화(전화번호)를 이용하여 홍길동 등 국민기초생활보장수급대상자 총 OO명에게 발신자 번호표시 제한으로 전화하여 "OO군수의 아들인데 어려움이 있느냐. 도와줄 일이 없느냐"는 말과 함께 전화를 끊기 전 마치 특정 후보를 지지해 달라는 듯한 말투로 "알았죠"라고 하여 선거운동을 하였다.

■ 판례 ■ 　대학 시간강사가 신문기사를 강의자료로 활용한 것이 선거운동에 해당하는지

교수(敎授)의 자유는 대학 등 고등교육기관에서 교수 및 연구자가 자신의 학문적 연구와 성과에 따라 가르치고 강의를 할 수 있는 자유로서 교수의 내용과 방법 등에 있어 어떠한 지시나 간섭·통제를 받지 아니할 자유를 의미한다. 이러한 교수의 자유는 헌법 제22조 제1항이 보장하는 학문의 자유의 한 내용으로서 보호되고, 헌법 제31조 제4항도 학문적 연구와 교수의 자유의 기초가 되는 대학의 자율성을 보장하고 있다.

정신적 자유의 핵심인 학문의 자유는 기존의 인식과 방법을 답습하지 아니하고 끊임없이 문제를 제기하거나 비판을 가함으로써 새로운 인식을 얻기 위한 활동을 보장하는 데에 그 본질이 있다. 교수의 자유는 이러한 학문의 자유의 근간을 이루는 것으로, 교수행위는 연구결과를 전달하고 학술적 대화와 토론을 통해 새롭고 다양한 비판과 자극을 받아들여 연구성과를 발전시키는 행위로서 그 자체가 진리를 탐구하는 학문적 과정이며 이러한 과정을 자유롭게 거칠 수 있어야만 궁극적으로 학문이 발전할 수 있다. 헌법이 대학에서의 학문의 자유와 교수의 자유를 특별히 보호하고 있는 취지에 비추어 보면 교수의 자유에 대한 제한은 필요 최소한에 그쳐야 한다. 따라서 어느 교수행위의 내용과 방법이 기존의 관행과 질서에서 다소 벗어나는 것으로 보이더라도 함부로 위법한 행위로 평가하여서는 아니 되고, 그 교수행위가 객관적으로 보아 외형만 교수행위의 모습을 띠고 있을 뿐 그 내용과 방법이 학문적 연구결과의 전달이나 학문적 과정이라고 볼 수 없음이 명백하다는 등의 특별한 사정이 없는 한 원칙적으로 학문적 연구와 교수를 위한 정당한 행위로 보는 것이 타당하다.

대학의 교수나 연구자가 특정한 역사적 사건과 인물, 사회적 현안이나 문화현상 등에 관하여 탐구하고 비판하며 교수하는 활동은 교수의 자유로서 널리 보장되어야 한다. 이러한 경우 특정인이 특정한 선거에 출마하였거나 출마할 예정이라고 하여 그와 관련한 역사적 사건과 인물 등에 대한 평가나 비판 등의 연구결과를 발표하거나 교수하는 행위를 모두 선거운동으로 보게 되면 선거운동 금지기간에는 그러한 역사적 사건과 인물 등에 관한 학문연구와 교수행위를 사실상 금지하는 결과가 되어 학문적 연구와 교수의 자유를 중대하게 침해할 수 있다.

따라서 어느 교수내용과 방법이 공직선거법이 금지하는 선거운동에 해당한다고 하려면, 해당 교수행위가 학문적 연구와 교수활동의 본래 기능과 한계를 현저히 벗어나 선거인의 관점에서 볼 때 학문적 연구결과의 전달이나 학문적 과정이라고 볼 수 없고 특정 후보자의 당선 또는 낙선을 도모하는 목적의사를 가진 행위라고 객관적으로 명백하게 인정되는 경우이어야 한다.(대법원 2018. 7. 12., 선고, 2014도3923, 판결)

2. 호별방문

1) 적용법조 : 제255조 제1항 제17호, 제106조

제106조(호별방문의 제한) ① 누구든지 선거운동을 위하여 또는 선거기간중 입당의 권유를 위하여 호별로 방문할 수 없다.
② 선거운동을 할 수 있는 자는 제1항의 규정에 불구하고 관혼상제의 의식이 거행되는 장소와 도로·시장·점포·다방·대합실 기타 다수인이 왕래하는 공개된 장소에서 정당 또는 후보자에 대한 지지를 호소할 수 있다.
③ 누구든지 선거기간중 공개장소에서의 연설·대담의 통지를 위하여 호별로 방문할 수 없다.

2) 범죄사실 기재례

[기재례1] 후보자 친척이 호별방문

피의자는 제○○대 국회의원 ○○선거구 후보자가 되고자 하는 홍길동의 동생으로, 선거운동 기간 전에 호별방문하여 선거운동을 하여서는 아니된다.
그럼에도 불구하고 피의자는 선거운동 기간 전인 20○○. ○. ○.부터 20○○. ○. ○.까지 자신의 형이 입후보하면 지지를 이웃 선거인에게 전파해 줄 것을 호소하기 위하여 ○○에 사는 김말자의 집을 비롯하여 같은 마을에 있는 선거인의 집 20호를 호별방문하여 선거운동을 하였다.

[기재례2] 이장이 호별방문

피의자는 ○○리 마을 이장으로서 선거운동을 할 수 없는 자로 20○○. ○. ○.실시된 전국동시 지방선거와 관련하여 누구든지 선거운동을 위하여 호별로 방문을 하여서는 아니된다.
그럼에도 불구하고 피의자는 20○○. ○. ○. 13:00경부터 14:00경 사이에 ○○에 거주하는 선거구민 乙의 집에 찾아가 위 홍길만을 가리키며 '이 분 좀 도와주라, 나도 홍길동을 찍을 것이니 홍길동을 찍어 달라, 홍길동은 좋은 사람이고 그 사람이 군수가 되어야 한다'라고 말하고, 홍길만은 인사하며 지지부탁을 하고, 곧이어 옆집인 같은 리 98에 거주하는 선거구민 丙의 집, 같은 리 ○○이발관을 운영하는 선거구민 丁의 집에 순차로 찾아가 위와 같이 말하여 선거운동을 할 수 없는 자가 선거운동을 함과 동시에 선거운동을 위하여 호별방문을 하였다.

3) 신문사항

- 홍길동과 어떤 관계인가
- 홍길동이 제○○대 국회의원에 출마할 계획인가
- 홍길동은 어느 당 소속으로 어느 선거구에서 출마할 예정인가
- 호별방문한 일이 있는가
- 언제부터 언제까지 총 몇 호를 방문하였는가
- 방문하면서 뭐라면서 누구 지지를 부탁하였는가
- 누구와 같이 방문하였는가

■ 판례 ■   호별방문죄에서 각 집의 방문이 '연속적'인 것으로 인정되기 위한 요건

가. 공직선거법 제106조 제1항에 정한 호별방문죄의 성립요건

공직선거법 제106조 제1항 소정의 호별방문죄는 연속적으로 두 집 이상을 방문함으로써 성립하고, 또 타인과 면담하기 위하여 그 거택 등에 들어간 경우는 물론 타인을 면담하기 위하여 방문하였으나 피방문자가 부재중이어서 들어가지 못한 경우에도 성립한다

나. 공직선거법 제106조 제1항에 정한 호별방문죄에서 각 집의 방문이 '연속적'인 것으로 인정되기 위한 요건

공직선거법 제106조 제1항 소정의 호별방문죄에 있어서 각 집의 방문이 '연속적'인 것으로 인정되기 위해서는 반드시 집집을 중단 없이 방문하여야 하거나 동일한 일시 및 기회에 각 집을 방문하여야 하는 것은 아니지만, 각 방문행위 사이에는 어느 정도의 시간적 근접성이 있어야 할 것이고, 이러한 시간적 근접성이 없다면 '연속적'인 것으로 인정될 수는 없다. (대법원 2007.3.15. 선고 2006도9042 판결).

■ 판례 ■   타인을 면담하기 위하여 방문하였으나 피방문자가 부재중이어서 들어가지 못한 경우에도 호별방문죄가 성립할 수 있는지 여부(적극)

호별방문죄는 타인과 면담하기 위하여 그 거택 등에 들어간 경우는 물론 타인을 면담하기 위하여 방문하였으나 피방문자가 부재중이어서 들어가지 못한 경우에도 성립하는 것이다(대법원 1999.11.12. 선고 99도2315 판결).

■ 판례 ■   공직선거법 제106조 제1항에서 금지하는 호별방문의 대상인 '호'의 의미 / 일반인의 자유로운 출입이 가능하여 다수인이 왕래하는 공개된 장소는 제106조 제2항에 따라 선거운동 등을 위하여 방문할 수 있는지 여부(적극) 및 일반인의 자유로운 출입이 가능하도록 공개된 장소인지 판단하는 기준

공직선거법 제106조의 규정 형식 및 선거운동을 위하여 공개되지 아니한 장소에서 선거권자를 만날 경우 생길 수 있는 투표매수 등 불법·부정선거 조장 위험 등을 방지하고자 하는 호별방문죄의 입법 취지와 보호법익에 비추어 볼 때, 일상생활을 영위하는 거택은 물론이고 널리 주거나 업무 등을 위한 장소 혹은 그에 부속하는 장소라면 공직선거법 제106조 제1항의 '호'에 해당하나, 다만 '호'에 해당하더라도 일반인의 자유로운 출입이 가능하여 다수인이 왕래하는 공개된 장소라면 제106조 제2항에 따라 선거운동 등을 위하여 방문할 수 있다. 그리고 일반인의 자유로운 출입이 가능하도록 공개된 장소인지는 장소의 구조, 사용관계와 공개성 및 접근성 여부, 그에 대한 선거권자의 구체적인 지배·관리형태 등 여러 사정을 종합적으로 고려하여 판단하여야 한다. (대법원 2015. 9. 10., 선고, 2014도17290, 판결)

3. 탈법방법에 의한 문서 · 도화의 배부 · 게시행위

1) 적용법조 : 제255조 제2항 제5호(부정선거운동죄), 제254조 제2항 제2호(선거운동 기간위반죄), 제93조 제1항

> 제93조(탈법방법에 의한 문서 · 도화의 배부 · 게시 등 금지) ①누구든지 선거일전 180일(보궐선거 등에 있어서는 그 선거의 실시사유가 확정된 때)부터 선거일까지 선거에 영향을 미치게 하기 위하여 이 법의 규정에 의하지 아니하고는 정당(창당준비위원회와 정당의 정강 · 정책을 포함한다. 이하 이 조에서 같다) 또는 후보자(후보자가 되고자 하는 자를 포함한다. 이하 이 조에서 같다)를 지지 · 추천하거나 반대하는 내용이 포함되어 있거나 정당의 명칭 또는 후보자의 성명을 나타내는 광고, 인사장, 벽보, 사진, 문서 · 도화 인쇄물이나 녹음 · 녹화테이프 그밖에 이와 유사한 것을 배부 · 첩부 · 살포 · 상영 또는 게시할 수 없다. 다만, 다음 각 호의 어느 하나에 해당하는 행위는 그러하지 아니하다.
> 1. 선거운동기간 중 후보자, 제60조의3제2항 각 호의 어느 하나에 해당하는 사람(같은 항 제2호의 경우 선거연락소장을 포함하며, 이 경우 "예비후보자"는 "후보자"로 본다)이 제60조의3제1항제2호에 따른 후보자의 명함을 직접 주는 행위
> 2. 선거기간이 아닌 때에 행하는 「정당법」 제37조제2항에 따른 통상적인 정당활동

2) 범죄사실 기재례

> 피의자는 제○○회 전국동시 지방선거 ○○시의회의원 "나" 선거구 예비후보자 乙의 형이다.
> 누구든지 선거일 전 180일부터 선거일까지 선거에 영향을 미치게 하려고 공직선거법의 규정에 의하지 아니하고는 정당 또는 후보자를 지지 · 추천하거나 정당의 명칭과 후보자의 성명을 나타내는 인쇄물을 배부할 수 없다.
> 피의자는 20○○. 3. 27. 예비후보자 홍보인쇄물을 우편으로 발송할 경우 20○○. ○. ○.예정된 선거구 내 당원 및 불특정 일반 유권자를 상대로 한 ○○당 후보자 경선 전화 여론조사에서 충분한 지지율을 확보하기 어려울 것으로 판단하고 ○○에 있는 ○○미디어 대표 홍길동에게 ○○시선거관리위원회에서 사전 공고한 예비후보자 홍보물 발송 수량(선거구 거주 세대수의 10분의 1 이내에 해당하는 수로 그 수는 2만을 초과할 수 없음) 1,137매를 초과하여 제작 의뢰한 후 20○○. ○. ○. 홍보물 2,400매와 우편 발송용 봉투 2,100매를 수령하였다.
> 피의자는 20○○. 3. 26. 09:00경 선거구민에게 배부 후보자 경선 전화 여론조사에 영향을 미치게 할 목적으로, ○○에 있는 ○○아파트에서 각 세대를 돌아다니며 피의자 乙의 사진과 약력, 소속정당, 지지를 당부하는 글 등이 인쇄된 예비후보자 홍보인쇄물 454매를 우편 발송용 봉투에 담아 현관문 앞에 배부하는 등 같은 날 18:00경까지 별지 범죄일람표 내용과 같이 선거구민에게 예비후보자 홍보인쇄물 합계 1,086매를 배부함으로써 예비후보자 등의 선거운동 규정을 일탈하여 탈법방법에 의한 사전선거운동을 하였다.

3) 신문사항

- 정당에 가입한 사실이 있나
- 제○○회 전국동시지방선거와 관련한 진술인의 신분은 어떤가
- ○○시시의회의원 "나"선거구 예비후보자 김○○을 알고 있나
- ○○시선거관리위원회에 사무소 개설 신고를 하였나
- 순천시선관위로부터 공고 받은 홍보물 발송 수량을 알고 있나

- 위 홍보물은 어디에서 제작하였나
- 위 인쇄소에서 제작한 홍보물을 선관위에 예비후보자 홍보물로 신고를 하였던가
- 위 인쇄소에 모두 몇 매나 제작 의뢰하였는지 알고 있나
- 누가 언제 홍보물과 발송용 봉투를 수령하였나
- 모두 몇 매를 수령하였나
- ○○시선관위에서 공고해준 홍보물 수량을 초과하여 수령하였던 이유가 있나
- 공직선거법의 규정에 따르면 홍보물은 어떤 방법으로 발송해야 하나
- 홍보물을 수령한 이후 우편 발송하였던가
- 언제 어디에서 어떤 방법으로 발송하였나
- 우편으로 발송하였던 홍보물의 수량을 알고 있나
- 언제 어느 아파트에 배부하였나
- 각 아파트에 어떤 방법으로 배부를 하였나
- 위 아파트 모든 세대에 배부를 하였나
- 홍보물을 배부한 경위는 어떤가
- 누구와 같이 홍보물을 배부 하였나
- 예비후보자 홍보물은 공직선거법에 규정된 요금별납의 방법으로 발송해야 되고, 배부를 하면은 아니된다는 사실을 알고 있는지

■ 판례 ■　　예비후보자가 관광버스 안에서 명함을 주면서 지지를 호소하는 행위

[1] 후보자가 되고자 하는 자가 그 성명 등을 나타내고 지지를 호소하는 내용의 인사장 등을 배부하는 경우, 탈법방법에 의한 문서의 배부에 해당하는지 여부(적극)

공직선거법 제93조 제1항의 탈법방법에 의한 문서의 배부에 해당한다.

[2] 예비후보자가 관광버스 안에서 명함을 주면서 지지를 호소하는 행위가 공직선거법 제60조의3 제1항 제2호의 규정에 위반되는지 여부(적극)

공직선거법 제60조의3 제1항 제2호 본문은 예비후보자가 명함을 직접 주면서 지지를 호소하는 행위를 허용하면서, 그 단서에서는 지하철역 구내 기타 중앙선거관리위원회규칙으로 정하는 다수인이 왕래하거나 집합하는 공개된 장소에서의 그러한 행위는 허용하지 아니하고 있는바, 중앙선거관리위원회규칙인 공직선거관리규칙 제26조의2 제1항 제1호는 '여객자동차의 안'을 다수인이 왕래하거나 집합하는 장소의 하나로 규정하고 있으므로 예비후보자가 관광버스 안에서 명함을 주면서 지지를 호소하는 행위는 공직선거법 제60조의3 제1항 제2호의 규정에 위반된다(대법원 2007.2.9. 선고 2006도7417 판결).

■ 판례 ■　　휴대전화로 문자메시지를 대량으로 전송한 행위가 공직선거법 제255조 제2항 제5호, 제93조 제1항에 정한 탈법방법에 의한 문서·도화의 배부·게시 등 금지규정 위반죄의 구성요건에 해당하는지 여부(적극)

공직선거법 제93조 제1항은 탈법행위의 수단을 '광고, 인사장, 벽보, 사진, 문서·도화, 인쇄물이나

녹음·녹화테이프 기타 이와 유사한 것'이라고 표현함으로써 적용대상에 관하여 기본적으로 의사전달의 성질이나 기능을 가진 매체나 수단을 포괄적으로 규정하고 있는 점, 무선정보통신으로 전달되는 것이 유형물이 아니라 전자정보에 해당하더라도 문자와 기호를 사용하여 관념이나 의사를 다른 사람에게 전달하는 문서가 가지는 고유의 기능을 그대로 보유하고 있는 점, 휴대전화가 보편적으로 보급되어 일상생활화 된 이른바 정보통신시대에 있어 휴대전화 문자메시지는 유체물인 종이문서 등을 대신하는 기능과 역할을 담당하고 있어 문자메시지로 전송한 글도 선거에 미치는 영향이 문서 못지않으므로 이를 규제할 필요성이 클 뿐만 아니라 선거의 공정성을 보장하려는 공직선거법 규정의 입법취지에도 부합한다고 보이는 점 등 여러 사정을 종합적으로 고려하면, 휴대전화로 문자메시지를 대량으로 전송한 행위는 공직선거법 제255조 제2항 제5호, 제93조 제1항의 구성요건에 해당한다고 보아야 한다. 그리고 문자메시지를 대량으로 전송하는 행위는 불특정 다수인에게 문서 기타 이에 유사한 것을 교부하는 행위로 공직선거법 제93조 제1항 소정의 '배부'에 해당하거나, 그 문자메시지를 수신한 휴대전화를 사용하는 사람이 마음만 먹으면 그 문자메시지를 볼 수 있도록 문서 기타 이에 유사한 것을 내붙이는 행위로 같은 항 소정의 '게시'에 해당한다(대법원 2007.2.22. 선고 2006도7847 판결).

■ 판례 ■ A정당의 당원인 甲이 그 소속 정당의 인터넷 홈페이지 게시판에 위 정당을 반대하는 내용의 문서를 게시한 경우

[1] 일반 국민이나 정당의 당원이 정당이 개설한 인터넷 홈페이지를 이용하여 탈법방법에 의한 문서를 게시함으로써 선거에 영향을 미치는 행위를 하는 것이 허용되는지 여부(소극)

공직선거법 제93조 제1항은 그 행위주체에 관하여 아무런 제한을 가하고 있지 아니하므로, 비록 정당이 그 홈페이지를 통하여 정당의 정치적 주장이나 정강, 정책 등을 알리는 행위가 공직선거법 제58조 제1항 제4호의 통상적인 정당활동으로서 허용될 수 있다고 하더라도, 이를 근거로 일반 국민이나 정당의 당원이 정당이 개설한 인터넷 홈페이지를 이용하여 탈법방법에 의한 문서를 게시함으로써 선거에 영향을 미치는 행위를 하는 것도 허용된다고 볼 수는 없다.

[2] 甲의 행위가 구 공직선거법 제255조 제2항 제5호, 제93조 제1항에 해당하는지의 여부(적극)

'거대야당으로 뭐하나 잘 하는 게 있어야 찍어주든 말든 할 거 아닌가', '이러고도 총선 승리한다면 어부지리 얻은 거겠지요', '민주당 의원들 봐라, 한나라당보다 백번 잘 하더라', '이번에 한나라당 안 찍는다', '50년 후에나 집권 가능할지 모르겠다'는 등의 내용이 포함된 글을 게시한 피고인의 행위는 선거에 영향을 미치게 하기 위하여 한나라당을 반대하는 내용의 문서를 게시한 것으로서 공직선거법 제255조 제2항 제5호, 제93조 제1항에 해당하는 행위라고 할 것이다(대법원 2005.9.15. 선고 2005도40 판결).

■ 판례 ■ 甲이 국회의원선거에 관한 기사가 게재된 유가 잡지의 창간호를 무료로 배부한 경우

[1] 공직선거및선거부정방지법 제95조 제1항에 의하여 배부가 허용되는 '신문·통신·잡지 또는 기관·단체·시설의 기관지 기타 간행물'의 의미

공직선거및선거부정방지법 제93조에 대한 특칙으로서 제95조를 규정한 취지와 선거운동에 관하여 엄격한 제한주의를 취하고 있는 공직선거및선거부정방지법의 전체적 구조 등을 고려하면, 위 조항에서의 '신문 등'이라 함은 단순한 문서·도화의 수준을 넘어서서 상당한 기간 반복적으로 제호(題號), 발행인, 발행일 등을 표기하면서 일정한 격식을 갖추어 발행되는 것에 한정되고, 비록 신문·잡지의 형식을 취하였다고 하더라도 통상방법에 의한 배부인지 여부를 판단할 수 있을 정도

로 상당한 기간 반복적으로 발행·배부되어 오던 것이 아니라면 제93조 제1항에 규정된 '문서·도화·인쇄물 등'에 해당할 뿐 이에는 해당하지 않는다.

[2] 위의 창간호가 공직선거및선거부정방지법 제95조 제1항에 규정된 '신문·통신·잡지 또는 기관·단체·시설의 기관지 기타 간행물'에 해당하는지의 여부

위 잡지가 창간호로서 통상의 방법에 의한 배부인지 여부를 판단할 수 있을 정도로 상당한 기간 반복적으로 발행·배부되어 오던 것이 아니라는 이유로 공직선거및선거부정방지법 제95조 제1항에 규정된 '신문·통신·잡지 또는 기관·단체·시설의 기관지 기타 간행물'에 해당하지 않는다 (대법원 2005.5.13. 선고 2005도836 판결).

■ 판례 ■   선거에 관한 기사를 게재한 노동조합의 기관지를 배부한 행위가 공직선거및선거부정 방지법 제93조 위반행위에 포함되는지 여부(소극)

노동조합은 구 공직선거및선거부정방지법(2000. 2. 16. 법률 제6265호로 개정되기 전의 것, 이하 '법'이라고 한다) 제87조에 의하여 선거기간 중에 그 명의 또는 그 대표자의 명의로 특정 정당이나 후보자를 지지·반대하거나 지지·반대할 것을 권유하는 행위를 할 수 있으며, 한편으로는 법 제95조에 의하여 선거에 관한 기사를 게재한 노동조합의 기관지 기타 간행물을 통상의 방법, 즉 종전의 방법과 범위 안에서 발행·배부할 수도 있는데, 여기서 '선거에 관한 기사'라 함은 후보자 (후보자가 되고자 하는 자를 포함한다)의 당락에 영향을 주거나 특정 정당에 유리 또는 불리한 선거관계 기사를 의미하며, '기사'는 보도와 논평을 포함하는 것으로 보도란 객관적인 사실의 전달을 말하고 논평이란 정당 후보자 등의 정강 정책 정견 언동 등을 대상으로 이를 논의·비판하는 것을 말하는바, 현중노조지역신문 및 민주항해는 법 제95조에서 규정한 선거에 관한 기사를 게재한 위 노동조합의 기관지라 할 것이므로, 이를 통상의 방법 외의 방법으로 배부한 경우에 법 제 95조 위반죄로 처벌할 수 있음은 별론으로 하더라도, 법 제93조 위반행위인 법의 규정에 의하지 아니하고 문서·도화 등을 배포·게시하는 방법으로 선거운동을 하는 행위에는 포함되지 않는다 (대법원 2002.4.9. 선고 2000도4469 판결).

■ 판례 ■   甲이 군수 후보자 합동연설회장에서 유인물을 교부한 경우

[1] 제93조 제1항 소정의 배부행위의 의미 및 요건

배부행위라 함은 같은 조항에 규정된 문서·도서 등을 불특정 다수인에게 교부하는 행위를 말하지만, 문서·도서 등을 개별적으로 어느 한 사람에게 교부하였더라도 그로부터 불특정 다수인에게 그 문서·도서 등이 전파될 가능성이 있다면 교부행위의 요건은 충족된다.

[2] 甲의 행위가 형법 제20조 소정의 정당행위에 해당하는지 여부(소극)

형법 제20조에서 말하는 '기타 사회상규에 위배되지 아니하는 행위'라 함은 법질서 전체의 정신이나 그 배후에 놓여 있는 사회윤리 내지 사회통념에 비추어 용인될 수 있는 행위를 가리키는 바, 피의자의 이 사건 유인물 교부행위는 형법 제20조에서 말하는 '법령에 의한 행위 또는 업무로 인한 행위'에 해당하지 아니함은 물론, 공직선거및선거부정방지법 제93조 제1항의 입법취지에 비추어 보면, 그 행위가 법질서 전체의 정신이나 그 배후에 놓여 있는 사회윤리 내지 사회통념에 비추어 사회생활관계상 통상적으로 용인될 수 있는 행위인 '사회상규에 위배되지 아니한 행위'라고 할 수도 없으므로, 형법 제20조에서 말하는 정당행위에 해당할 여지가 없다(대법원 2002.1.25. 선고 2000도1696 판결).

■ 판례 ■   노동조합이 정식 기관지가 아니라 선거용으로 선거 직전에 발행한 특보(特報)를 소속 조합원들에게 배부한 경우

[1] 구 공직선거및선거부정방지법 제95조 제1항에 정한 '신문·통신·잡지 또는 기관·단체·시설의 기관지 기타 간행물'의 범위

구 공직선거및선거부정방지법(2004. 3. 12. 법률 제7189호로 개정되기 전의 것) 제93조에 대한 특칙으로서 제95조를 규정한 취지와 선거운동과 관련하여 엄격한 제한주의를 취하고 있는 우리 공직선거및선거부정방지법의 전체적인 체제에 비추어 볼 때, 제95조의 해석에 의하여 배부가 허용되는 '신문 등'은 제93조의 규율대상인 단순한 문서·도화의 수준을 넘어서서 상당한 기간 반복적으로 제호(題號), 발행인, 발행일 등을 표기하면서 일정한 격식을 갖추어 발행되는 것에 한정되는 것으로 보아야 할 것이며, 특히 신문·통신·방송과 같은 언론기관의 경우 공직선거법 등 관련법에 의하여 그 보도 내용의 공정성에 관한 규제를 받고 있음에 반하여 그와 같은 심의절차조차 마련되어 있지 아니한 일반 기관·단체·시설에서 종래 계속적으로 발행해오던 정규 기관지도 아닌 호외성 간행물 또는 임시호를 발행하여 배부하는 경우까지 제95조의 해석에 의하여 허용된다고 볼 수는 없다.

[2] 구 공직선거및선거부정방지법 제87조 단서에 의하여 선거운동이 허용되는 단체가 인쇄물을 이용하여 선거운동을 할 수 있는 한계

공직선거및선거부정방지법상 후보자 자신을 비롯한 개인과 정당도 같은 법에 의하여 허용되는 범위 내에서만 선거운동이 허용되는 점에 비추어 볼 때 구 공직선거및선거부정방지법(2004. 3. 12. 법률 제7189호로 개정되기 전의 것) 제87조 단서에 의하여 특정 정당 또는 후보자의 지지 등이 허용되는 단체라고 하더라도 아무런 제한 없이 특정 정당 또는 후보자를 지지·반대하는 선거운동을 할 수 있다고 볼 수는 없고 마땅히 같은 법에서 정하는 방법에 의하여야 할 것이고, 선거운동이 허용되는 단체가 그 단체구성원을 상대로 인쇄물을 배부하는 행위와 관련하여 살펴보더라도 같은 법이 인쇄물을 이용하는 행위에 관하여 제64조 내지 제66조, 제93조, 제95조, 제111조, 제138조, 제139조 등에서 엄격한 제한주의를 취하고 있음에 비추어 볼 때, 위 단체가 총회 등 그 단체의 의사를 결정할 수 있는 절차를 거쳐 특정 정당 또는 후보자를 지지 또는 반대하는 의사를 결정한 직후 그 결의사실을 알리는 내용을 담은 문서·도화 등을 이를 알지 못하는 구성원들에게 배부하는 행위가 사회상규에 위배되지 아니하는 행위로서 허용될 수 있음은 별론으로 하고, 위 단체가 새삼스럽게 선거일에 임박하여 구성원들에게 특정 정당 또는 후보자를 지지·추천하거나 반대하는 내용이 포함되어 있거나 특정 정당의 명칭 또는 후보자의 이름을 나타내는 문서·도화 등을 배부하는 행위는 제95조 등 다른 규정에 의하여 허용되는 경우를 제외하고는 설사 그 문서·도화 등의 내용에 결의사실을 알리는 내용이 일부 포함되어 있다 할지라도 엄연히 제93조 제1항에 위반되는 행위로 보아야 하고, 이러한 행위가 별도로 제87조 단서에 의하여 허용된다고 할 수는 없다.

[3] 甲의 행위가 허용되는지 여부

노동조합이 정식 기관지가 아니라 선거용으로 선거 직전에 발행한 특보(特報)를 소속 조합원들에게 배부한 것이 구 공직선거및선거부정방지법 제87조 단서에 의하여 허용되는 행위에 해당하지 않는다(대법원 2005. 5.13. 선고 2004도3385 판결).

VIII. 각종 제한규정 위반죄

제256조(각종제한규정위반죄) ① 다음 각 호의 어느 하나에 해당하는 자는 3년 이하의 징역 또는 600만원 이하의 벌금에 처한다.

1. 제57조의8제7항제3호(제108조의2제5항에서 준용하는 경우를 포함한다)를 위반하여 이용자의 정보를 제공한 자, 같은 항 제4호(제108조의2제5항에서 준용하는 경우를 포함한다)를 위반하여 해당 정당 또는 선거여론조사기관 외의 자에게 휴대전화 가상번호를 제공한 자, 같은 항 제5호(제108조의2제5항에서 준용하는 경우를 포함한다)를 위반하여 명시적으로 거부의사를 밝힌 이용자의 휴대전화 가상번호를 제공한 자 또는 같은 항 제6호(제108조의2제5항에서 준용하는 경우를 포함한다)를 위반하여 휴대전화 가상번호를 생성하여 제공한 자

2. 제57조의8제9항제1호(제108조의2제5항에서 준용하는 경우를 포함한다)를 위반하여 휴대전화 가상번호를 제57조의8제1항에 따른 여론조사·여론수렴 또는 제108조의2제1항에 따른 여론조사가 아닌 목적으로 사용하거나 제57조의8제9항제2호(제108조의2제5항에서 준용하는 경우를 포함한다)를 위반하여 다른 자에게 제공한 자

3. 제57조의8제10항(제108조의2제5항에서 준용하는 경우를 포함한다)을 위반하여 유효기간이 지난 휴대전화 가상번호를 즉시 폐기하지 아니한 자

4. 제103조제2항을 위반하여 모임을 개최한 자

5. 제108조제5항을 위반하여 여론조사를 한 자, 같은 조 제9항에 따른 요구를 받고 거짓의 자료를 제출한 자, 같은 조 제11항제1호를 위반하여 지시·권유·유도한 자, 같은 항 제2호를 위반하여 여론조사에 응답하거나 이를 지시·권유·유도한 자 또는 같은 조 제12항을 위반하여 선거에 관한 여론조사의 결과를 공표·보도한 자

② 다음 각 호의 어느 하나에 해당하는 통보를 받고 지체 없이 이를 이행하지 아니한 자는 2년 이하의 징역 또는 1천500만원 이하의 벌금에 처한다.

1. 제8조의2제5항 및 제6항(제8조의3제6항에서 준용하는 경우를 포함한다)에 따른 제재조치 등

2. 제8조의3제3항제1호부터 제3호까지의 규정에 따른 제재조치

3. 제8조의4제3항에 따른 반론보도의 결정

4. 제8조의6제1항 또는 제3항에 따른 조치 또는 같은 조 제6항에 따른 반론보도의 결정

③ 다음 각 호의 어느 하나에 해당하는 자는 2년 이하의 징역 또는 400만원 이하의 벌금에 처한다.

1. 선거운동과 관련하여 다음 각 목의 어느 하나에 해당하는 자

　가. 제67조의 규정에 위반하여 현수막을 게시한 자

　나. 제59조제2호 후단을 위반하여 후보자 또는 예비후보자가 아닌 자로서 자동 동보통신의 방법으로 문자메시지를 전송한 자, 같은 조 같은 호 후단을 위반하여 8회를 초과하여 자동 동보통신의 방법으로 문자메시지를 전송한 자, 같은 조 제3호 후단을 위반하여 후보자 또는 예비후보자가 아닌 자로서 전송대행업체에 위탁하여 전자우편을 전송한 자

　다. 제79조제10항에 따른 녹음기 또는 녹화기의 사용대수를 초과하여 사용한 사람

　라. 제84조를 위반하여 특정 정당으로 부터의 지지 또는 추천받음을 표방한 자

　마. 제82조의4제4항에 따라 선거관리위원회로부터 2회 이상 요청을 받고 이행하지 아니한 자

　바. 제86조제1항제5호부터 제7호까지 또는 제7항을 위반한 행위를 한 사람

　사. 제89조(類似機關의 設置禁止)제2항의 규정에 위반하여 선거에 영향을 미치는 행위 또는 선전행위를 하거나 하게 한 자

　아. 제90조(施設物設置 등의 금지)의 규정에 위반하여 선전물을 설치·진열·게시·배부하거나 하게 한 자 또는 상징물을 제작·판매하거나 하게 한 자

　자. 제101조(他演說會 등의 금지)의 규정에 위반하여 타연설회 등을 개최하거나 하게 한 자

　차. 제102조제1항을 위반하여 연설·대담 또는 대담·토론회를 개최한 자

　카. 제103조(各種集會등의 制限)제3항 내지 제5항의 규정에 위반하여 각종집회등을 개최하거나 하게 한 자

　타. 제104조(演說會場에서의 騷亂行爲등의 금지)의 규정에 위반하여 연설·대담장소등에서 질서를 문란하게 하거나 횃불을 사용하거나 하게 한 자

　파. 제108조제1항을 위반하여 여론조사의 경위와 그 결과를 공표 또는 인용하여 보도한 자, 같은 조 제2항을

위반하여 여론조사를 한 자, 같은 조 제6항을 위반하여 여론조사와 관련 있는 자료일체를 해당 선거의 선거일 후 6개월까지 보관하지 아니한 자, 같은 조 제9항을 위반하여 정당한 사유 없이 여론조사와 관련된 자료를 제출하지 아니한 자 또는 같은 조 제10항을 위반하여 여론조사를 한 자

하. 제57조의8제7항제1호(제108조의2제5항에서 준용하는 경우를 포함한다)를 위반하여 휴대전화 가상번호에 유효기간을 설정하지 아니하고 제공하거나 휴대전화 가상번호를 제공하는 날부터 당내경선의 선거일까지의 기간, 여론수렴 기간 또는 여론조사 기간을 초과하는 유효기간을 설정하여 제공한 자 또는 같은 항 제2호(제108조의2제5항에서 준용하는 경우를 포함한다)를 위반하여 요청받은 휴대전화 가상번호 수를 초과하여 휴대전화 가상번호를 제공한 자

거. 제108조의3을 위반하여 비교평가를 하거나 그 결과를 공표한 자 또는 비교평가와 관련있는 자료 일체를 해당 선거의 선거일 후 6개월까지 보관하지 아니한 자

너. 제111조(議政活動 보고)제1항 단서의 규정에 위반하여 선거일전 90일부터 선거일까지 의정활동을 보고한 자

2. 선거질서와 관련하여 다음 각 목의 어느 하나에 해당하는 자

가. 제39조제8항(제218조의9제3항에서 준용하는 경우를 포함한다)의 규정에 위반하여 선거인명부작성사무를 방해하거나 영향을 주는 행위를 한 자

나. 제44조의2제5항을 위반하여 선거인명부를 열람·사용 또는 유출한 자

다. 제46조(명부사본의 교부)제4항[제60조의3(예비후보자 등의 선거운동)제5항 및 제111조(의정활동 보고)제4항에서 준용하는 경우를 포함한다]의 규정을 위반하여 선거인명부 및 거소·선상투표신고인명부(전산자료복사본을 포함한다)의 사본이나 세대주명단을 다른 사람에게 양도·대여 또는 재산상의 이익 기타 영리를 목적으로 사용하거나 하게 한 자

라. 제161조제7항(제162조제4항에서 준용하는 경우를 포함한다) 또는 제181조제11항을 위반하여 참관인이 되거나 되게 한 자

마. 제163조(제218조의17제9항에서 준용하는 경우를 포함한다)를 위반하여 투표소(제149조제3항 및 제4항에 따른 기표소가 설치된 장소를 포함한다)에 들어가거나, 표지를 하지 아니하거나, 표지 외의 표시물을 달거나 붙이거나, 표지를 양도·양여하거나 하게 한 자

바. 제166조(제218조의17제9항에서 준용하는 경우를 포함한다)에 따른 명령에 불응한 자 또는 같은 규정을 위반한 표지를 하거나 하게 한 자

사. 제166조의2제1항(제218조의17제9항에서 준용하는 경우를 포함한다)을 위반하여 투표지를 촬영한 사람

아. 제183조(開票所의 出入制限과 秩序維持)제1항의 규정에 위반하여 개표소에 들어간 자 또는 같은조제2항의 규정에 위반하여 표지를 하지 아니하거나 표지외의 표시물을 달거나 붙이거나 표지를 양도·양여하거나 하게 한 자

3. 이 법에 규정되지 아니한 방법으로 제58조의2 단서를 위반하여 투표참여를 권유하는 행위를 한 자

4. 제262조의2(선거범죄신고자 등의 보호)제2항의 규정을 위반한 자

④ 정당(당원협의회를 포함한다)이 다음 각 호의 어느 하나에 해당하는 행위를 한 때에는 해당 정당에 대하여는 1천만원 이하의 벌금에 처하고, 해당 정당의 대표자·간부 또는 소속 당원으로서 위반행위를 하거나 하게 한 자는 2년 이하의 징역 또는 400만원 이하의 벌금에 처한다.

1. 제137조(政綱·政策의 新聞廣告 등의 제한)의 규정에 위반하여 일간신문 등에 광고를 한 자

2. 제137조의2(政綱·정책의 放送演說의 제한)제1항 내지 제3항의 규정에 위반하여 정강·정책의 방송연설을 한 자

3. 제138조(政綱·政策弘報物의 배부제한 등)의 규정(第4項을 제외한다)에 위반하여 정강·정책홍보물을 제작·배부한 자

3의2. 제138조의2(정책공약집의 배부제한 등)의 규정(제3항을 제외한다)을 위반하여 정책공약집을 발간·배부한 자

4. 제139조(政黨機關紙의 발행·배부제한)의 규정(第3項을 제외한다)에 위반하여 정당기관지를 발행·배부한 자

5. 제140조(創黨大會 등의 개최와 告知의 제한)제1항 및 제2항의 규정에 위반하여 창당대회 등을 개최한 자

6. 제141조(당원집회의 제한)제1항 및 제4항(철거하지 아니한 경우를 제외한다)의 규정에 위반하여 당원집회를 개최한 자

1. 시설물설치 금지위반

1) 적용법조 : 제256조 제2항 제1호 (아)목, 제90조

> 제90조(시설물설치 등의 금지) ① 누구든지 선거일 전 120일(보궐선거등에서는 그 선거의 실시사유가 확정된 때)부터 선거일까지 선거에 영향을 미치게 하기 위하여 이 법의 규정에 의한 것을 제외하고는 다음 각 호의 어느 하나에 해당하는 행위를 할 수 없다. 이 경우 정당(창당준비위원회를 포함한다)의 명칭이나 후보자(후보자가 되려는 사람을 포함한다. 이하 이 조에서 같다)의 성명·사진 또는 그 명칭·성명을 유추할 수 있는 내용을 명시한 것은 선거에 영향을 미치게 하기 위한 것으로 본다.
> 1. 화환·풍선·간판·현수막·애드벌룬·기구류 또는 선전탑, 그 밖의 광고물이나 광고시설을 설치·진열·게시·배부하는 행위
> 2. 표찰이나 그 밖의 표시물을 착용 또는 배부하는 행위
> 3. 후보자를 상징하는 인형·마스코트 등 상징물을 제작·판매하는 행위
> ② 제1항에도 불구하고 다음 각 호의 어느 하나에 해당하는 행위는 선거에 영향을 미치게 하기 위한 행위로 보지 아니한다.
> 1. 선거기간이 아닌 때에 행하는 「정당법」 제37조제2항에 따른 통상적인 정당활동
> 2. 의례적이거나 직무상·업무상의 행위 또는 통상적인 정당활동으로서 중앙선거관리위원회규칙으로 정하는 행위

2) 범죄사실 기재례

[기재례1] 시설물설치 등 금지

> 피의자는 ○○당원으로서, 누구든지 선거일 전 120일부터 선거일까지 선거에 영향을 미치게 하려고 이 법의 규정에 의한 것을 제외하고 후보자를 상징하는 인형·마스코트 등 상징물을 제작·판매하여서는 아니된다.
> 그럼에도 불구하고 피의자는 20○○. ○. ○. 제○○대 대통령선거에서 새천년민주당과 노무현 후보예정자를 지지하기로 정책연대를 체결한 '개혁국민정당'의 당원으로서 같은 당원인 甲, 乙, 丙과 인쇄물이나 이른바 '희망돼지'를 분양하는 방법으로 위 제16대 대통령 선거에 민주당 후보로 입후보할 예정인 노무현의 선거운동을 하기로 공모·공동하여 20○○. ○. ○. ○○ : ○○경부터 ○○ : ○○경까지 사이에 ○○에서 그곳을 행인들 상대로 "희망돼지를 분양합니다. 깨끗한 정치를 구현합니다. 정치인에게 투명한 정치자금을 줍시다."라고 외치면서 '보통 사람들이 만드는 살맛나는 세상 희망돼지'라고 기재되어 있는 광고물인 '희망돼지' 저금통 300개, 시가 합계 6만 원 상당(단가 200원)을 무상으로 배부하였다.

[기재례2] 화환진열

> 누구든지 선거일 전 120일부터 선거일까지 선거에 영향을 미치게 하려고 공직선거법의 규정에 의한 것을 제외하고는 화환 등을 설치·진열·게시·배부하여서는 아니된다.
> 그럼에도 불구하고 피의자는 20○○. 2. 17.경 ○○에서, '축 졸업을 축하합니다. ○○고 운영위원회 위원장 최○○'이라고 기재된 리본이 부착된 ○○만원 상당의 화환을 진열하였다.

■ 판례 ■　　甲이 돼지저금통을 대통령 선거에서 특정 후보자를 위하여 배부한 경우

[1] 공직선거법 제256조 제2항 제1호(아)목이 규정하는 선전물의 의미

공직선거및선거부정방지법 제256조 제2항 제1호(아)목의 선전물이라 함은 같은 법 제90조에 규정

된 광고물, 광고시설, 표찰 기타 표시물을 포함하는 개념으로서, 반드시 후보자의 성명이나 외모가 기재·묘사되거나 특징 등이 화체되어 있지 아니하더라도 선거운동에 있어 특정 후보자의 인지도를 상승시키거나 이미지를 고양시키기 위하여 사용되는 제반 시설물과 용구를 총칭하는 것으로 보아야 한다.

[2] 특정 물건의 본래 용도가 사적인 장소에 비치되어 사용되는 것인 경우, 그 물건이 공직선거및선거부정방지법 제90조의 광고물 또는 같은 법 제256조 제1항 제2호(아)목의 선전물에 해당하는지 여부(한정 적극)

특정 물건의 본래 용도가 사적인 장소에 비치되어 사용되는 것이더라도 선거에 영향을 미치게 할 의도로 이를 대량으로 제작하여 일반 공중에게 배부함으로써 특정 후보자를 일반 공중에게 널리 알려 그 인지도를 상승시키고 이미지를 고양시키는 데에 사용되었다면 그 물건은 공직선거및선거부정방지법 제90조의 광고물 또는 같은 법 제256조 제1항 제2호(아)목의 선전물에 해당한다.

[3] 甲의 행위가 공선법에 위반되는지 여부(적극)

돼지저금통의 본래 용도가 가정 등 일반 공중이 볼 수 없는 장소에 비치되어 돈을 모으는 데에 사용되는 것이더라도 대통령 선거에서 특정 후보자를 위하여 배부한 이른바 '희망돼지'라는 이름의 돼지저금통은 공직선거및선거부정방지법 제90조의 광고물 또는 같은 법 제256조 제1항 제2호(아)목의 선전물에 해당한다(대법원 2004.4.23. 선고 2004도1242 판결).

■ 판례 ■   甲이 자신의 이름과 '선거사무소'를 병기한 문구를 선거준비사무소 유리창에 선팅지를 이용하여 붙인 경우

[1] 甲의 행위가 공선법에 위반되는지 여부

선거준비사무소 유리창에 선팅지를 이용하여 붙인, 피고인의 이름과 '선거사무소'를 병기한 문구는 선거사무소를 알리기 위한 표지로서 공직선거및선거부정방지법 제90조의 '간판'에 해당한다.

[2] 간판 등의 시설물설치를 금지하고 있는 공직선거및선거부정방지법 제90조의 규정이 헌법상 표현의 자유를 침해하는지 여부(소극) 및 죄형법정주의와 포괄위임금지의 원칙에 어긋나는지 여부(소극)

공직선거및선거부정방지법 제90조 전문은 선거일 전 180일부터 선거에 영향을 미치게 하기 위하여 법정의 방법 이외의 방법으로 시설물설치 등을 하는 것을 금지한 규정으로서, 이는 선거의 부당한 과열경쟁으로 인한 사회경제적 손실을 막고 후보자 간의 실질적인 기회균등을 보장함과 동시에 탈법적인 선거운동으로 인하여 선거의 공정과 평온이 침해되는 것을 방지하고자 일정 범위의 선거운동방법에 대하여는 그 주체, 시간, 태양을 불문하고 일률적으로 이를 금지하는 것인바, 위와 같은 목적 달성을 위하여 달리 효과적인 수단을 상정할 수가 없고, 제한되는 자유의 범위도 예상되는 다양한 선거운동의 방법 중에서 특히 중대한 폐해를 초래할 우려가 크다고 인정되는 특정의 선거운동방법과 내용에 국한되는 것이며, 선거일 전 180일부터는 이미 사실상 선거운동의 준비작업이 시작되었다고 볼 수 있으므로, 이러한 제한은 폐해방지에 필요한 최소한의 정도를 넘지 아니하여 표현의 자유 등을 침해한다고 할 수 없고, 설치가 허용되는 간판의 규격과 같은 세부적이고 기술적인 사항을 중앙선거관리위원회 규칙에서 정하도록 위임하였다 하여 이를 죄형법정주의와 포괄위임금지의 원칙에 어긋난다고 볼 수도 없다(대법원 2005.1.13. 선고 2004도7360 판결).

2. 투표관리 제지 명령 불응 및 투표지 훼손

1) 적용법조 : 제256조 제3항 제2호 바목, 제166조 제1항(투표관리관 명령 불응의 점),
　　　　　　제244조 제1항(투표지 훼손의 점)

> 제166조(투표소내외에서의 소란언동금지 등) ① 투표소안에서 또는 투표소로부터 100미터안에서 소란한 언동을 하거나 특정 정당이나 후보자를 지지 또는 반대하는 언동을 하는 자가 있는 때에는 투표관리관 또는 투표사무원은 이를 제지하고, 그 명령에 불응하는 때에는 투표소 또는 그 제한거리 밖으로 퇴거하게 할 수 있다. 이 경우 투표관리관 또는 투표사무원은 필요하다고 인정하는 때에는 정복을 한 경찰공무원 또는 경찰관서장에게 원조를 요구할 수 있다.
>
> 제244조(선거사무관리관계자나 시설등에 대한 폭행·교란죄) ① 선거관리위원회의 위원·직원, 공정선거지원단원·사이버공정선거지원단원, 투표사무원·사전투표사무원·개표사무원, 참관인 기타 선거사무에 종사하는 자를 폭행·협박·유인 또는 불법으로 체포·감금하거나, 폭행이나 협박을 가하여 투표소·개표소 또는 선거관리위원회 사무소(재외선거사무를 수행하는 공관과 그 분관 및 출장소의 사무소를 포함한다. 이하 제245조제1항에서 같다)를 소요·교란하거나, 투표용지·투표지·투표보조용구·전산조직등 선거관리 및 단속사무와 관련한 시설·설비·장비·서류·인장 또는 선거인명부(거소·선상투표신고인명부를 포함한다)를 은닉·손괴·훼손 또는 탈취한 자는 1년이상 10년이하의 징역 또는 500만원이상 3천만원이하의 벌금에 처한다.

2) 범죄사실 기재례

> 1. 투표관리관 등의 제지명령 불응
>
> 　투표소 안에서 또는 투표소로부터 100m 안에서 소란한 언동을 하거나 특정 정당이나 후보자를 지지 또는 반대하는 언동을 하는 자가 있는 때에는 투표관리관 또는 투표사무원은 이를 제지할 수 있고, 그 명령을 받은 자는 이에 따라야 한다.
>
> 　피의자는 200○. ○. ○. 13:50경부터 14:10경까지 약 20분 동안 ○○에 설치된 ○○동 제○○ 투표소에서 투표용지를 받아 기표소에 들어가 큰소리로 "도장이 반 밖에 안 찍힌다", "이거 반 밖에 안 찍히면 무효다"라고 소리친 후, 투표관리관 갑으로부터 "기표 인장이 절반만 찍혀도 유효표로 인정된다"라는 설명을 들었음에도, 기표소 밖으로 나와 투표관리관 갑 등에게 피의자가 기표한 투표지를 보여 주면서 "기표가 반밖에 되지 않는다", "○○당이 2명밖에 없네, 모두 좌파들만 모였네"라고 소리치던 중, 투표관리관 갑으로부터 "공개된 투표지는 무효 처리해야 하니, 투표지를 달라"는 요구를 받았다.
>
> 　그럼에도 불구하고 피의자는 "투표지를 다시 투표함에 넣도록 해줘야지", "투표지를 어떻게 할지 알고 주냐", "내 손으로 찢겠다"라고 소리치면서 자신의 투표지를 손으로 찢는 등 투표관리관 B의 제지명령에 불응하였다.
>
> 2. 투표지 훼손
>
> 　피의자는 제1항 기재 일시, 장소에서 투표관리관 갑으로부터 위와 같이 '공개된 투표지를 달라'는 요구를 받았음에도 자신의 투표지를 손으로 찢어 훼손하였다.

3. 투표소 무단출입

1) 적용법조 : 제256조 제3항 제2호 마목, 제163조 제1항

제163조(투표소 등의 출입제한) ① 투표하려는 선거인·투표참관인·투표관리관, 읍·면·동선거관리위원회 및 그 상급선거관리위원회의 위원과 직원 및 투표사무원을 제외하고는 누구든지 투표소에 들어갈 수 없다.

2) 범죄사실 기재례

투표하려는 선거인·투표참관인·투표관리관, 읍·면·동선거관리위원회 및 그 상급 선거관리위원회의 위원과 직원 및 투표사무원을 제외하고는 누구든지 투표소에 들어갈 수 없다.

피의자는 투표를 하려는 선거인 등에 해당하지 않음에도, 20○○. ○. ○. 10:30경 ○○에 설치된 ○○투표소에서 甲으로부터 "투표용지에 투표관리관 개인이 사용하는 인장이 아닌 도장이 사용되었다"라는 연락을 받고, 같은 날 10:50경 위 ○○투표소에 들어갔다.

4. 투표지 촬영과 공개

1) 적용법조 : 제256조 제3항 제2호 사목, 제166조의2 제1항(투표지 촬영), 제241조 제1항, 제167조 제3항(투표지 공개)

제166조의2(투표지 등의 촬영행위 금지) ① 누구든지 기표소 안에서 투표지를 촬영하여서는 아니 된다.
제167조(투표의 비밀보장) ③ 선거인은 자신이 기표한 투표지를 공개할 수 없으며, 공개된 투표지는 무효로 한다.
제241조(투표의 비밀침해죄) ① 제167조(제218조의17제9항에서 준용하는 경우를 포함한다)를 위반하여 투표의 비밀을 침해하거나 선거일의 투표마감시각 종료 이전에 선거인에 대하여 그 투표하고자 하는 정당이나 후보자 또는 투표한 정당이나 후보자의 표시를 요구한 자와 투표결과를 예상하기 위하여 투표소로부터 50미터 이내에서 질문하거나 투표마감시각 전에 그 경위와 결과를 공표한 자는 3년 이하의 징역 또는 600만원 이하의 벌금에 처한다.

2) 범죄사실 기재례

가. 투표지 촬영
누구든지 기표소 안에서 투표지를 촬영하여서는 아니 된다.

그럼에도 불구하고 피의자는 20○○. ○. ○. ○○:○○경 ○○에 있는 ○○아파트 경로당에 설치된 ○○시장 선거 ○○투표소의 기표소 안에서 소지하고 있던 스마트폰의 카메라 기능을 이용하여 '○○당 갑'에 기표한 투표지를 촬영하였다.

나. 투표의 비밀침해
선거인은 자신이 기표한 투표지를 공개할 수 없다.

그럼에도 불구하고 피의자는 20○○. ○. ○. ○○:○○경 ○○에서 소지하고 있던 스마트폰을 이용하여 위 항과 같이 촬영한 투표지 사진을 피의자의 페이스북 계정에 게시하는 방법으로 자신이 기표한 투표지를 공개하여 투표의 비밀을 침해하였다.

IX. 기타 공직선거법 위반

1. 선거 벽보 훼손

1) 적용법조 : 제240조 제1항

> **제240조(벽보 기타 선전시설 등에 대한 방해죄)** ① 정당한 사유없이 이 법에 의한 벽보·현수막 기타 선전시설의 작성·게시·첩부 또는 설치를 방해하거나 이를 훼손·철거한 자는 2년 이하의 징역 또는 400만원 이하의 벌금에 처한다.
> ② 선거관리위원회의 위원·직원 또는 선거사무에 관계있는 공무원이나 경찰공무원(사법경찰관리 및 군사법경찰관리를 포함한다)이 제1항에 규정된 행위를 하거나 하게 한 때에는 3년 이하의 징역 또는 600만원 이하의 벌금에 처한다.
> ③ 선거관리위원회의 위원·직원 또는 선거사무에 종사하는 자가 제64조의 선거벽보·제65조의 선거공보(같은 조 제9항의 후보자정보공개자료를 포함한다) 또는 제153조의 투표안내문(점자형 투표안내문을 포함한다)을 부정하게 작성·첩부·발송하거나 정당한 사유없이 이에 관한 직무를 행하지 아니한 때에는 3년 이하의 징역 또는 600만원 이하의 벌금에 처한다.

2) 범죄사실 기재례

> 정당한 사유 없이 공직선거법에 의한 벽보·현수막 기타 선전시설의 작성·게시·첩부 또는 설치를 방해하거나 이를 훼손·철거하여서는 아니된다.
> 그럼에도 불구하고 피의자는 20○○. 5. 27. 01:15경 ○○ 앞길에서, 술에 취하여 귀가하던 중 ○○시의회의원 후보 김○○의 선전벽보 부착운행 차량인 ○○서 ○○○○호 카렌스 차량이 주차된 것을 발견하고 전에 김○○이 자신의 선거운동을 도와주지 않는다며 책망한 사실이 떠올라 기분이 나쁘다는 이유로, 위 차량 앞, 뒤, 양옆 창문에 부착되어 있던 김○○의 선거 선전벽보(크기) 4장을 손으로 뜯어내어 이를 훼손하였다.

2. 부재자 허위 신고

1) 적용법조 : 형법 제231조(사문서위조), 제234조, 제231조(위조사문서행사), 공직선거법 제247조 제1항(허위**거소투표**신고)

> **제247조(사위등재·허위날인죄)** ① 사위(詐僞)의 방법으로 선거인명부(거소·선상투표신고인명부를 포함한다. 이하 이 조에서 같다)에 오르게 한 자, 거짓으로 거소투표신고·선상투표신고 또는 국외부재자신고를 하거나 재외선거인 등록신청 또는 변경등록신청을 한 자, 특정한 선거구에서 투표할 목적으로 선거인명부작성기준일 전 180일부터 선거인명부작성만료일까지 주민등록에 관한 허위의 신고를 한 자 또는 제157조제1항의 경우에 있어서 허위의 서명이나 날인 또는 무인을 한 자는 3년 이하의 징역 또는 500만원 이하의 벌금에 처한다

2) 범죄사실 기재례

가. 사문서위조

　피의자는 20○○. 5. 16. ○○에 있는 피의자의 집에서 면사무소에서 가져온 거소투표신고서 용지에 행사할 목적으로 권한 없이 검은색 볼펜으로 주소, 거소, 전화번호, 성명란에 동네 주민인 甲의 인적사항을 기재한 다음, 甲의 이름 옆에 미리 보관하고 있던 甲의 인장을 날인하여 권리의무에 관한 사문서인 甲 명의의 거소투표신고서 1장을 위조하였다.

나. 위조사문서행사, 공직선거법 위반

　피의자는 같은 날 ○○에 있는 ○○면사무소에서 甲이 신체장애로 거동할 수 없는 자가 아님에도 불구하고 甲이 거동불능자라고 그 내용을 허위로 기재하고 전항과 같이 위조한 거소투표신고서를 마치 진정하게 작성된 것처럼 그 정을 모르는 위 면사무소 담당 공무원에게 제출하여 행사함과 동시에 허위로 거소투표신고를 하였다.

3. 사위투표죄

1) 적용법조 : 제248조 제1항

제248조(사위투표죄) ① 성명을 사칭하거나 신분증명서를 위조·변조하여 사용하거나 기타 사위의 방법으로 투표하거나 하게 하거나 또는 투표를 하려고 한 자는 5년 이하의 징역 또는 1천만원 이하의 벌금에 처한다.
② 선거관리위원회의 위원·직원 또는 선거사무에 관계있는 공무원(투표사무원·사전투표사무원 및 개표사무원을 포함한다)이 제1항에 규정된 행위를 하거나 하게 한 때에는 7년 이하의 징역에 처한다.

2) 범죄사실 기재례

[기재례1] 대리 거소투표

가. 피의자는 20○○. ○. ○.경 피의자의 집에서, 20○○. ○. ○. 실시 제○○회 지방선거와 관련하여 그 전에 피의자가 거소투표신고를 해준 甲으로부터 거소투표용지에 기표하는 것을 도와 달라는 부탁을 받게 되자, 기표할 후보자를 피의자가 임의로 결정하여 기표한 다음 20○○. ○. ○.경 마치 甲이 기표하여 발송한 것처럼 선거관리위원회에 우편발송함으로써 사위의 방법으로 투표를 하였다.

나. 피의자는 20○○. ○. ○.경 같은 장소에서, 위 지방선거와 관련하여 그 전에 피의자가 거소투표 신고를 해준 乙부터 거소투표용지에 기표하는 것을 도와달라는 부탁을 받게 되자, 기초의원 선거에서는 乙에게 같은 지역 출신 후보자 丙에게 기표할 것을 권유하여 乙이 승낙하자 피의자가 직접 丙에게 기표하고, 나머지 선거에서는 기표할 후보자를 피의자가 임의로 결정하여 기표한 다음 20○○. ○. ○.경 마치 乙이 기표하여 발송하는 것처럼 선거관리위원회에 우편 발송함으로써 사위의 방법으로 투표를 하였다.

[기재례2] 투표구 부위원장과 투표참관인이 공모한 사위투표

피의자들은 20○○. ○. ○. ○○:○○경 ○○에 있는 ○○분교에 설치된 위 ○○면 제3투표소에서 피의자 甲은 선거인 본인임을 확인한 후 선거인명부에 무인 등의 절차를 마친 선거인에게 교부되어야 할 투표용지를 관리함을 기화로 보관 중이던 기초의원, 도의원 투표용지 각 5장을 임의로 피의자 乙에게 건네주면서 기초의원 투표용지의 후보자란 중 '가'번 홍길동의 이름 위를 왼손 집게손가락으로 가리켜 주고, 이에 따라 피의자 乙은 그곳 기표소에 들어가 일련번호 ○○번 기초의원 투표용지 5장에 위 홍길동 후보의 이름 옆에 기표하여 투표하려는 하는 등 사위의 방법으로 투표하려 하였다.

■ 판례 ■   마을 이장의 대리 거소투표

마을 이장이 거소투표자를 대신하여 기표하면서 특정 후보에게 기표할 것을 권유한 후 위 투표자가 명시적인 반대의사를 표시하지 않자 직접 위 후보에게 기표한 사안에서, 투표의 비밀이 존재한다고 볼 수 없어 공직선거법 제241조의 투표비밀침해죄가 성립할 수는 없고, 같은 법 제248조에 규정된 '기타 사위의 방법으로 투표하거나 투표하게 한 행위'에 해당한다(대구지법 2006.11.22. 선고 2006고합721 판결)

4. 자료제출 불응

1) 적용법조 : 제256조 제4항 제12호, 제272조의2 제1항, 제3항

제272조의2(선거범죄의 조사등) ① 각급선거관리위원회(읍·면·동선거관리위원회를 제외한다. 이하 이 조에서 같다)위원·직원은 선거범죄에 관하여 그 범죄의 혐의가 있다고 인정되거나, 후보재(경선후보자를 포함한다)·예비후보자·선거사무장·선거연락소장 또는 선거사무원이 제기한 그 범죄의 혐의가 있다는 소명이 이유있다고 인정되는 경우 또는 현행범의 신고를 받은 경우에는 그 장소에 출입하여 관계인에 대하여 질문·조사를 하거나 관련서류 기타 조사에 필요한 자료의 제출을 요구할 수 있다.
③ 누구든지 제1항의 규정에 의한 장소의 출입을 방해하여서는 아니되며 질문·조사를 받거나 자료의 제출을 요구받은 자는 이에 응하여야 한다.

2) 범죄사실 기재례

피의자는 ○○선거후보자였던 사람으로서, ○○군선거관리위원회 위원장이 20○○. ○. ○. 경 피의자가 20○○. ○. ○.경 관내 지역 주민 약 1,000명에게 피의자의 법원 근무경력을 소개하는 연하장을 발송, 배부한 행위와 관련하여, 20○○. ○. ○. 실시예정인 전국동시 지방선거 ○○군수 후보자가 되고자 하는 사람으로서 위 지방선거에 영향을 미치게 하려고 위 연하장을 배부하였다는 혐의하에 피의자에게 '20○○. ○. ○.까지 연하장 발송대상자 명단을 제출하라'라는 자료제출 요구를 통지하였다.

그럼에도 불구하고 피의자는 정당한 이유없이 20○○. ○. ○. 까지 자료제출 요구에 불응하였다.

3) 신문사항

- ○○선거 후보자인가
- 선거구가 어디인가
- 위 선거구 선거인에게 연하장을 발송한 일이 있는가
- 언제 어떠한 내용의 연하장을 발부하였는가
- 이와 관련 선관위로부터 연하장 발송대상자 명단을 제출하라는 통지를 받은 일이 있는가
- 언제 어떤 내용의 통지였는가
- 통지를 받고 요구하는 자료를 제출하였나
- 언제까지 제출하라고 하던가
- 왜 제출하지 않았는가
- 또 같은 사유로 자료제출 요구 통지를 받았는가
- 제출하였는가
- 2차례에 걸쳐 통지를 받고도 제출하지 않는 이유가 무엇인가

■ 판례 ■   실질적으로 사전 선거운동이 아님에도 선거관리위원회가 사전 선거운동에 해당한다는 혐의를 갖기에 상당한 이유가 있어 자료제출을 요구한 경우, 이에 불응한 자를 처벌할 수 있는지 여부

피고인이 지방선거에 즈음하여 지역주민들에게 법무사인 자신을 소개하는 연하장을 발송 및 배부한 사실을 인지하게 된 선거관리위원회가 피고인의 연하장 발송이 사전 선거운동에 해당한다는 혐의를 갖기에 상당한 이유가 있어 자료제출을 요구한 이상, 설사 피고인의 연하장 배부행위가 실질적으로 법무사로서의 통상적인 업무상 행위일 뿐 사전 선거운동 등 공직선거및선거부정방지법 소정의 선거범죄에 해당하지 아니한다고 하더라도 피고인은 선거관리위원회 위원이나 직원의 자료제출 요구에 응할 의무가 있으며, 이에 불응한 경우 공직선거및선거부정방지법 제256조 제4항 제12호에 의하여 처벌할 수 있다(대법원 2003.1.10. 선고 2002도5981 판결).

제18장 공직자의 이해충돌 방지법

Ⅰ. 개념정의

1. 정 의

제2조(정의) 이 법에서 사용하는 용어의 뜻은 다음과 같다.
1. "공공기관"이란 다음 각 목의 어느 하나에 해당하는 기관·단체를 말한다.
   가. 국회, 법원, 헌법재판소, 선거관리위원회, 감사원, 고위공직자범죄수사처, 국가인권위원회, 중앙행정기관(대통령 소속 기관과 국무총리 소속 기관을 포함한다)과 그 소속 기관
   나. 「지방자치법」에 따른 지방자치단체의 집행기관 및 지방의회
   다. 「지방교육자치에 관한 법률」에 따른 교육행정기관
   라. 「공직자윤리법」 제3조의2에 따른 공직유관단체
   마. 「공공기관의 운영에 관한 법률」 제4조에 따른 공공기관
   바. 「초·중등교육법」, 「고등교육법」 또는 그 밖의 다른 법령에 따라 설치된 각급 국립·공립 학교
2. "공직자"란 다음 각 목의 어느 하나에 해당하는 사람을 말한다.
   가. 「국가공무원법」 또는 「지방공무원법」에 따른 공무원과 그 밖에 다른 법률에 따라 그 자격·임용·교육훈련·복무·보수·신분보장 등에 있어서 공무원으로 인정된 사람
   나. 제1호라목 또는 마목에 해당하는 공공기관의 장과 그 임직원
   다. 제1호바목에 해당하는 각급 국립·공립 학교의 장과 교직원
3. "고위공직자"란 다음 각 목의 어느 하나에 해당하는 공직자를 말한다.
   가. 대통령, 국무총리, 국무위원, 국회의원, 국가정보원의 원장 및 차장 등 국가의 정무직공무원
   나. 지방자치단체의 장, 지방의회의원 등 지방자치단체의 정무직공무원
   다. 일반직 1급 국가공무원(「국가공무원법」 제23조에 따라 배정된 직무등급이 가장 높은 등급의 직위에 임용된 고위공무원단에 속하는 일반직공무원을 포함한다) 및 지방공무원과 이에 상응하는 보수를 받는 별정직공무원(고위공무원단에 속하는 별정직공무원을 포함한다)
   라. 대통령령으로 정하는 외무공무원
   마. 고등법원 부장판사급 이상의 법관과 대검찰청 검사급 이상의 검사
   바. 중장 이상의 장성급(將星級) 장교
   사. 교육공무원 중 총장·부총장·학장(대학교의 학장은 제외한다) 및 전문대학의 장과 대학에 준하는 각종 학교의 장, 특별시·광역시·특별자치시·도·특별자치도의 교육감
   아. 치안감 이상의 경찰공무원 및 특별시·광역시·특별자치시·도·특별자치도의 시·도경찰청장
   자. 소방정감 이상의 소방공무원
   차. 지방국세청장 및 3급 공무원 또는 고위공무원단에 속하는 공무원인 세관장
   카. 다목부터 바목까지, 아목 및 차목의 공무원으로 임명할 수 있는 직위 또는 이에 상당하는 직위에 임용된 「국가공무원법」 제26조의5 및 「지방공무원법」 제25조의5에 따른 임기제공무원. 다만, 라목·마목·아목 및 차목 중 직위가 지정된 경우에는 그 직위에 임용된 「국가공무원법」 제26조의5 및 「지방공무원법」 제25조의5에 따른 임기제공무원만 해당한다.
   타. 공기업의 장·부기관장 및 상임감사, 한국은행의 총재·부총재·감사 및 금융통화위원회의 추천직 위원, 금

융감독원의 원장·부원장·부원장보 및 감사, 농업협동조합중앙회·수산업협동조합중앙회의 회장 및 상임감사

파. 그 밖에 대통령령으로 정하는 정부의 공무원 및 공직유관단체의 임원

4. "이해충돌"이란 공직자가 직무를 수행할 때에 자신의 사적 이해관계가 관련되어 공정하고 청렴한 직무수행이 저해되거나 저해될 우려가 있는 상황을 말한다.

5. "직무관련자"란 공직자가 법령(조례·규칙을 포함한다. 이하 같다)·기준(제1호라목부터 바목까지의 공공기관의 규정·사규 및 기준 등을 포함한다. 이하 같다)에 따라 수행하는 직무와 관련되는 자로서 다음 각 목의 어느 하나에 해당하는 개인·법인·단체 및 공직자를 말한다.

가. 공직자의 직무수행과 관련하여 일정한 행위나 조치를 요구하는 개인이나 법인 또는 단체

나. 공직자의 직무수행과 관련하여 이익 또는 불이익을 직접적으로 받는 개인이나 법인 또는 단체

다. 공직자가 소속된 공공기관과 계약을 체결하거나 체결하려는 것이 명백한 개인이나 법인 또는 단체

라. 공직자의 직무수행과 관련하여 이익 또는 불이익을 직접적으로 받는 다른 공직자. 다만, 공공기관이 이익 또는 불이익을 직접적으로 받는 경우에는 그 공공기관에 소속되어 해당 이익 또는 불이익과 관련된 업무를 담당하는 공직자를 말한다.

6. "사적이해관계자"란 다음 각 목의 어느 하나에 해당하는 자를 말한다.

가. 공직자 자신 또는 그 가족(「민법」 제779조에 따른 가족을 말한다. 이하 같다)

나. 공직자 자신 또는 그 가족이 임원·대표자·관리자 또는 사외이사로 재직하고 있는 법인 또는 단체

다. 공직자 자신이나 그 가족이 대리하거나 고문·자문 등을 제공하는 개인이나 법인 또는 단체

라. 공직자로 채용·임용되기 전 2년 이내에 공직자 자신이 재직하였던 법인 또는 단체

마. 공직자로 채용·임용되기 전 2년 이내에 공직자 자신이 대리하거나 고문·자문 등을 제공하였던 개인이나 법인 또는 단체

바. 공직자 자신 또는 그 가족이 대통령령으로 정하는 일정 비율 이상의 주식·지분 또는 자본금 등을 소유하고 있는 법인 또는 단체

사. 최근 2년 이내에 퇴직한 공직자로서 퇴직일 전 2년 이내에 제5조제1항 각 호의 어느 하나에 해당하는 직무를 수행하는 공직자와 국회규칙, 대법원규칙, 헌법재판소규칙, 중앙선거관리위원회규칙 또는 대통령령으로 정하는 범위의 부서에서 같이 근무하였던 사람

아. 그 밖에 공직자의 사적 이해관계와 관련되는 자로서 국회규칙, 대법원규칙, 헌법재판소규칙, 중앙선거관리위원회규칙 또는 대통령령으로 정하는 자

7. "소속기관장"이란 공직자가 소속된 공공기관의 장을 말한다.

※ **시행령**

제3조(사적이해관계자의 범위) ① 법 제2조제6호바목에서 "대통령령으로 정하는 일정 비율 이상의 주식·지분 또는 자본금 등을 소유하고 있는 법인 또는 단체"란 다음 각 호의 법인 또는 단체를 말한다.

1. 공직자 자신이나 그 가족(「민법」 제779조에 따른 가족을 말한다. 이하 같다)이 단독으로 또는 합산하여 발행주식 총수의 100분의 30 이상을 소유하고 있는 법인 또는 단체

2. 공직자 자신이나 그 가족이 단독으로 또는 합산하여 출자지분 총수의 100분의 30 이상을 소유하고 있는 법인 또는 단체

3. 공직자 자신이나 그 가족이 단독으로 또는 합산하여 자본금 총액의 100분의 50 이상을 소유하고 있는 법인 또는 단체

② 법 제2조제6호사목에서 "대통령령으로 정하는 범위의 부서"란 퇴직한 공직자가 법령(조례·규칙을 포함한다. 이하 같다)·기준(법 제2조제1호라목부터 바목까지에서 정한 공공기관의 규정·사규 및 기준 등을 포함한다. 이하 같다)에 따라 지휘·감독하였던 실·국·과(이에 준하는 부서를 포함한다)를 말한다.

③ 법 제2조제6호아목에서 "대통령령으로 정하는 자"란 다음 각 호의 자를 말한다.

1. 법령·기준에 따라 공직자를 지휘·감독하는 상급자

2. 다음 각 목의 어느 하나에 해당하는 행위(「금융실명거래 및 비밀보장에 관한 법률」에 따른 금융회사등, 「대부업 등의 등록 및 금융이용자 보호에 관한 법률」에 따른 대부업자등이나 그 밖의 금융회사로부터 통상적인 조건으로 금전을 빌리는 행위는 제외한다)를 한 공직자의 거래 상대방(「민법」 제777조에 따른 친족인

경우는 제외한다)
가. 최근 2년간 1회에 100만원을 초과하는 금전을 빌리거나 빌려주는 행위
나. 최근 2년간 매 회계연도에 300만원을 초과하는 금전을 빌리거나 빌려주는 행위
3. 그 밖에 공공기관의 장이 해당 공공기관의 업무 특성을 반영하여 공정한 직무수행에 영향을 미칠 수 있다고
인정하여 훈령 등 행정규칙이나 기준으로 정하는 자

2. 부 칙

제7조(다른 법률의 개정) ① 부패방지 및 국민권익위원회의 설치와 운영에 관한 법률 일부를 다음과 같이 개정한
다.
제7조의2 및 제86조를 각각 삭제한다.
제2조제1호나목 중 「「부패방지 및 국민권익위원회의 설치와 운영에 관한 법률」 제86조의 죄」를 「「공직자의 이
해충돌 방지법」 제27조제1항 및 같은 조 제2항제1호의 죄」로 한다.
제8조(다른 법률의 개정에 따른 경과조치) 부칙 제7조에 따라 개정되는 「부패방지 및 국민권익위원회의 설치와
운영에 관한 법률」 제86조의 개정규정에도 불구하고 이 법 시행 전의 행위에 대한 벌칙 적용은 종전의 「부패
방지 및 국민권익위원회의 설치와 운영에 관한 법률」 제86조에 따른다.

※ 공직자가 업무처리 중 알게 된 비밀을 이용하여 재물을 취득한 경우

2022.5.18. 행위까지는 "부패방지 및 국민권익위원회의 설치와 운영에 관한 법률" 제86조
(업무상 비밀이용의 죄), 이후부터는 "공직자의 이해 출동방지법" 제27조를 적용한다.

3. 수사 개시와 종료의 통보

수사기관은 법 위반행위 신고 등에 따라 범죄 혐의가 있다고 인식하여 수사를 시작한
때와 이를 마친 때에는 10일 이내에 그 사실을 해당 공직자가 소속한 공공기관에 통보해
야 한다. (시행령 제27조)

4. 신분보호 조치

조사기관은 신고자가 신분공개에 동의하지 않고 신고한 경우 조사등의 과정에서 신고자
의 신분이 공개되지 않도록 필요한 조치를 해야 한다. (시행령 제28조)

제27조(벌칙) ① 제14조제1항을 위반하여 직무수행 중 알게 된 비밀 또는 소속 공공기관의 미공개정보를 이용하여 재물 또는 재산상의 이익을 취득하거나 제3자로 하여금 재물 또는 재산상의 이익을 취득하게 한 공직자(제16조에 따라 준용되는 공무수행사인을 포함한다. 이하 이 조 및 제28조제2항제1호에서 같다)는 7년 이하의 징역 또는 7천만원 이하의 벌금에 처한다.

② 다음 각 호의 어느 하나에 해당하는 자는 5년 이하의 징역 또는 5천만원 이하의 벌금에 처한다.

1. 제14조제2항을 위반하여 공직자로부터 직무상 비밀 또는 소속 공공기관의 미공개정보임을 알면서도 제공받거나 부정한 방법으로 취득하고 이를 이용하여 재물 또는 재산상의 이익을 취득한 자

2. 제20조제4항에 따라 준용되는 「공익신고자 보호법」 제12조제1항을 위반하여 신고등의 인적사항이나 신고자등임을 미루어 알 수 있는 사실을 다른 사람에게 알려 주거나 공개 또는 보도한 자

> 제12조(공익신고자등의 비밀보장 의무) ① 누구든지 공익신고자등이라는 사정을 알면서 그의 인적사항이나 그가 공익신고자등임을 미루어 알 수 있는 사실을 다른 사람에게 알려주거나 공개 또는 보도하여서는 아니 된다. 다만, 공익신고자등이 동의한 때에는 그러하지 아니하다.

③ 다음 각 호의 어느 하나에 해당하는 자는 3년 이하의 징역 또는 3천만원 이하의 벌금에 처한다.

1. 제14조제3항을 위반하여 직무수행 중 알게 된 비밀 또는 소속 공공기관의 미공개정보를 사적 이익을 위하여 이용하거나 제3자로 하여금 이용하도록 한 공직자

2. 제20조제2항을 위반하여 신고자등에게 「공익신고자 보호법」 제2조제6호가목에 해당하는 불이익조치를 한 자

> 제2조(정의) 이 법에서 사용하는 용어의 정의는 다음과 같다.
> 6. "불이익조치"란 다음 각 목의 어느 하나에 해당하는 조치를 말한다.
> 가. 파면, 해임, 해고, 그 밖에 신분상실에 해당하는 신분상의 불이익조치

3. 제20조제4항에 따라 준용되는 「공익신고자 보호법」 제21조제2항에 따라 확정되거나 행정소송을 제기하여 확정된 보호조치결정을 이행하지 아니한 자

> 제21조(보호조치결정 등의 확정) ① 신청인과 불이익조치를 한 자는 보호조치결정, 기각결정 또는 각하결정에 대하여 그 결정서를 받은 날부터 30일 이내에 「행정소송법」에서 정하는 바에 따라 행정소송을 제기할 수 있다.
> ② 제1항에 따른 기간까지 행정소송을 제기하지 아니하면 보호조치결정, 기각결정 또는 각하결정은 확정된다.

4. 제23조를 위반하여 그 업무처리 과정에서 알게 된 비밀을 누설한 사람

④ 다음 각 호의 어느 하나에 해당하는 자는 2년 이하의 징역 또는 2천만원 이하의 벌금에 처한다.

1. 제20조제1항을 위반하여 신고등을 방해하거나 신고등을 취소하도록 강요한 자

2. 제20조제2항을 위반하여 신고자등에게 「공익신고자 보호법」 제2조제6호나목부터 사목까지의 어느 하나에 해당하는 불이익조치를 한 자

> 제2조(정의) 이 법에서 사용하는 용어의 정의는 다음과 같다.
> 6. "불이익조치"란 다음 각 목의 어느 하나에 해당하는 조치를 말한다.
> 나. 징계, 정직, 감봉, 강등, 승진 제한, 그 밖에 부당한 인사조치
> 다. 전보, 전근, 직무 미부여, 직무 재배치, 그 밖에 본인의 의사에 반하는 인사조치
> 라. 성과평가 또는 동료평가 등에서의 차별과 그에 따른 임금 또는 상여금 등의 차별 지급
> 마. 교육 또는 훈련 등 자기계발 기회의 취소, 예산 또는 인력 등 가용자원의 제한 또는 제거, 보안정보 또는 비밀정보 사용의 정지 또는 취급 자격의 취소, 그 밖에 근무조건 등에 부정적 영향을 미치는 차별 또는 조치
> 바. 주의 대상자 명단 작성 또는 그 명단의 공개, 집단 따돌림, 폭행 또는 폭언, 그 밖에 정신적·신체적 손상을 가져오는 행위
> 사. 직무에 대한 부당한 감사(監査) 또는 조사나 그 결과의 공개

⑤ 제1항 및 제2항제1호의 경우 징역과 벌금은 병과(併科)할 수 있다.

⑥ 제1항 및 제2항제1호의 죄를 범한 자(제1항의 경우 그 정을 아는 제3자를 포함한다)가 제1항 및 제2항제1호의 죄로 인하여 취득한 재물 또는 재산상의 이익은 몰수한다. 다만, 이를 몰수할 수 없을 때에는 그 가액을 추징한다.

Ⅲ. 범죄사실

1. 직무상 비밀 등 이용 재물취득(재산상 이익 취득)

1) 적용법조 : 제27조 제1항, 제14조 제1항 ☞ 공소시효 7년

> 제14조(직무상 비밀 등 이용 금지) ① 공직자(공직자가 아니게 된 날부터 3년이 경과하지 아니한 사람을 포함하되, 다른 법률에서 이와 달리 규정하고 있는 경우에는 그 법률에서 규정한 바에 따른다. 이하 이 조, 제27조제1항, 같은 조 제2항제1호 및 같은 조 제3항제1호에서 같다)는 직무수행 중 알게 된 비밀 또는 소속 공공기관의 미공개정보(재물 또는 재산상 이익의 취득 여부의 판단에 중대한 영향을 미칠 수 있는 정보로서 불특정 다수인이 알 수 있도록 공개되기 전의 것을 말한다. 이하 같다)를 이용하여 재물 또는 재산상의 이익을 취득하거나 제3자로 하여금 재물 또는 재산상의 이익을 취득하게 하여서는 아니 된다.
> ② 공직자로부터 직무상 비밀 또는 소속 공공기관의 미공개정보임을 알면서도 제공받거나 부정한 방법으로 취득한 자는 이를 이용하여 재물 또는 재산상의 이익을 취득하여서는 아니 된다.
> ③ 공직자는 직무수행 중 알게 된 비밀 또는 소속 공공기관의 미공개정보를 사적 이익을 위하여 이용하거나 제3자로 하여금 이용하게 하여서는 아니 된다.

2) 범죄사실 기재례

> 피의자는 ○○에 있는 ○○시청 ○○과에서 ○○업무를 담당하고 있는 지방직 ○○급 공무원이다. 피의자는 위 시에서 20○○년도 도시개발계획을 수립하면서 ○○일대 약 ○○㎡ 면적이 지구단위계획에 따라 개발될 예정이라는 것을 알고 있었다.
>
> 공직자는 직무수행 중 알게 된 비밀 또는 소속 공공기관의 미공개정보를 이용하여 재물 또는 재산상의 이익을 취득하거나 제3자로 하여금 재물 또는 재산상의 이익을 취득하게 하여서는 아니 된다.
>
> 그럼에도 불구하고 피의자는 20○○.○.○.경 ○○일대가 개발될 예정이라는 것을 알고 처남인 甲으로 하여금 개발예정지 내 ○○에 있는 임야 ○○㎡를 ○○만원에 구입하도록 하였다.
>
> 이로써 피의자는 직무수행 중 알게 된 비밀을 이용하여 처남인 甲이 재산상의 이익을 취득하게 하였다.

3) 신문사항

- 피의자는 공무원인가
- 언제 임용되었으며 현재 어느 부서에 근무하고 있는가
- 그 부서에서 담당하는 업무는 구체적으로 무엇인가
- 언제부터 그 업무를 담당하였는가
- ○○지역 일대가 개발예정인가
- 언제 어떤 절차에 따라 개발예정지로 되었는가
- 개발예정지의 규모는
- 개발예정지를 사전에 공개하였는가

- 그럼 비밀로 진행되었는가
- 왜 비밀로 추진되었는가
- 언제 공개되었나
- 위 개발지역 내에 토지를 소유하고 있는가
- 언제 어떤 방법으로 구입하였나
- 구입 자금은 누가 어디에서 조달하였는가
- 무엇 때문에 구입하였는가
- 왜 처남 명의를 구입하도록 하였는가
- 당시 구입한 금액과 현재의 금액 차이는 어느 정도인가
- 직무상 알게 된 비밀을 이용하여 처남에게 이익을 취득하도록 하였네요

2. 신고자 신고방해 행위

1) 적용법조 : 제27조 제4항 제1호, 제20조 제1항 제1호, 제18조 제1항 ☞ 공소시효 5년

제20조(신고자 등의 보호·보상) ① 누구든지 다음 각 호의 어느 하나에 해당하는 신고 등(이하 "신고등"이라 한다)을 하지 못하도록 방해하거나 신고등을 한 자(이하 "신고자등"이라 한다)에게 이를 취소하도록 강요하여서는 아니 된다.
  1. 제18조제1항에 따른 신고
  2. 제1호에 따른 신고에 관한 조사·감사·수사·소송 또는 보호조치에 관한 조사·소송 등에서 진술·증언 및 자료제공 등의 방법으로 돕는 행위
② 누구든지 신고자등에게 신고등을 이유로 불이익조치(「공익신고자 보호법」 제2조제6호에 따른 불이익조치를 말한다. 이하 같다)를 하여서는 아니 된다.
③ 이 법의 위반행위를 한 자가 위반사실을 자진하여 신고하거나 신고자등이 신고등을 함으로 인하여 자신이 한 이 법의 위반행위가 발견된 경우에는 그 위반행위에 대한 형사처벌, 과태료 부과, 징계처분, 그 밖의 행정처분 등을 감경하거나 면제할 수 있다.
④ 제1항부터 제3항까지에서 규정한 사항 외에 신고자등의 보호 등에 관하여는 「공익신고자 보호법」 제11조부터 제13조까지, 제14조제2항부터 제8항까지, 제16조부터 제20조까지, 제20조의2, 제21조, 제21조의2 및 제22조부터 제25조까지의 규정을 준용한다. 이 경우 "공익신고자등" 및 "공익신고자"는 각각 "신고자등" 및 "신고자"로, "공익신고등" 및 "공익신고"는 각각 "신고등" 및 "신고"로, "공익침해행위"는 "이 법의 위반행위"로 본다.

2) 범죄사실 기재례

　피의자는 ○○에 있는 ○○시청 ○○과에서 ○○업무를 담당하고 있는 지방직 ○○급 공무원으로 20○○년도 도시개발계획을 수립하면서 ○○일대 약 ○○㎡ 면적이 지구단위계획에 따라 개발될 예정이라는 것을 알고 20○○. ○. ○.경 위 지구단위계획구역에 포함된 ○○에 있는 토지 약 ○○㎡를 장모인 甲 명의로 ○○만원에 매입한 사실이 있다.

　피의자는 같은 부서에 근무하다 20○○. ○. ○.경 ○○부서로 발령받아 근무하고 있는 동료 乙이 피의자 이러한 행위를 알고 수사기관인 ○○경찰서 수사과에 신고한 사실을 알게 되었다.

　누구든지 이 법의 위반행위가 발생하였거나 발생하고 있다는 사실을 알게 된 경우에는 수사기관 등에 신고할 수 있으며 누구든지 신고등을 하지 못하도록 방해하거나 신고등을 한 자에게 이를 취소하도록 강요하여서는 아니 된다.

　그럼에도 불구하고 피의자는 20○○. ○. ○. ○○:○○경 乙에게 만나자고 연락하여 ○○에서 만나 위 경찰서에 신고한 사실을 취소하지 않으면 가정을 두면서 다른 여자를 만나고 있는 내연관계를 가족들에게 알리겠다며 신고 사실을 취소하도록 강요하였다.

3) 신고방해 행위

가. 공익신고를 이유로 신분상실 불이익 조치 행위 : 제27조 제3항 제2호, 제20조 제2항, 공익신고자 보호법 제2조 제6호 가목 ☞ 공소시효 5년

나. 기타 행위 : 제27조 제4항 제2호, 제20조 제2항, 공익신고자 보호법 제2조 제6호 나목~사목 ☞ 공소시효 5년

3. 비밀누설 행위

1) 적용법조 : 제27조 제3항 제4호, 제23조 제3호 제9조 제1항 제1호 ☞ 공소시효 5년

> 제23조(비밀누설 금지) 다음 각 호의 어느 하나에 해당하는 업무를 수행하거나 수행하였던 공직자는 재직 중은 물론 퇴직 후에도 그 업무처리 과정에서 알게 된 비밀을 누설하여서는 아니 된다. 다만, 제2호의 업무로서 제8조제4항에 따라 공개하는 경우에는 그러하지 아니하다.
> 1. 제5조부터 제7조까지의 규정에 따른 사적이해관계자의 신고 및 회피·기피 신청 또는 부동산 보유·매수 신고의 처리에 관한 업무
> 2. 제8조에 따른 고위공직자의 업무활동 내역 보관·관리에 관한 업무
> 3. 제9조에 따른 직무관련자와의 거래 신고 및 조치에 관한 업무
> 4. 제15조에 따른 퇴직자 사적 접촉 신고 및 조치에 관한 업무

2) 범죄사실 기재례

> 피의자는 20○○. ○. ○. 경부터 ○○시 ○○과에서 ○○시 소속 공무원들의 재산신고업무를 담당하는 ○○급 공무원으로 재직 중이다.
> 직무관련자와의 거래 신고 및 조치에 관한 업무를 수행하거나 수행하였던 공직자는 재직 중은 물론 퇴직 후에도 그 업무처리 과정에서 알게 된 비밀을 누설하여서는 아니 된다.
> 피의자는 20○○.○.○.경 위 시 ○○과 공무원 甲(지방직 ○○급)이 ○○(주) 대표인 A로부터 20○○.○.○.경 ○○만 원의 금전 거래 사실을 직무 관련성 여부를 확인하는 과정에서 알게 되었다.
> 피의자는 위 A와 ○○(주)와의 거래 사실을 20○○.○.○.경 ○○에서 위 A와 승진 경쟁 관계에 있는 B에게 A의 신고 사실을 알려주었다.
> 이로써 피의자는 업무를 처리하는 과정에서 알게 된 비밀을 누설하였다.

3) 신문사항

- 피의자는 공무원인가
- 언제 임용되었으며 현재 어느 부서에 근무하고 있는가
- 그 부서에서 담당하는 업무는 구체적으로 무엇인가
- 언제부터 그 업무를 담당하였는가
- 같은 시에 근무하고 있는 갑을 알고 있는가
- 갑이 직무관련자와 거래 사실을 신고한 것을 알고 있는가
- 언제 어떻게 알게 되었는가
- 알게 된 사실을 타인에게 알려준 일이 있는가
- 언제 어디에서 누구에게 알려주었는가
- 무엇 때문에 알려주었는가
- 피의자의 이러한 행위가 정당한 행위였는가

제 **19** 장   **교육환경 보호에 관한 법률**

I. 개념정의

제2조(정의) 이 법에서 사용하는 용어의 뜻은 다음과 같다.
1. "교육환경"이란 학생의 보건·위생, 안전, 학습 등에 지장이 없도록 하기 위한 학교 및 학교 주변의 모든 요소를 말한다.
2. "학교"란 「유아교육법」 제2조제2호에 따른 유치원, 「초·중등교육법」 제2조 및 「고등교육법」 제2조에 따른 학교, 그 밖에 다른 법률에 따라 설치된 각급학교(국방·치안 등의 사유로 정보공시가 어렵다고 대통령령으로 정하는 학교는 제외한다)를 말한다.
3. "학교설립예정지"란 다음 각 목의 어느 하나에 해당하는 용지를 말한다.
   가. 「국토의 계획 및 이용에 관한 법률」 제30조에 따라 도시·군관리계획으로 결정되어 고시된 학교용지
   나. 「유아교육법」 제2조제2호에 따른 유치원을 설립하려는 자가 확보한 유치원 용지[사립유치원을 설립하는 경우에는 특별시·광역시·특별자치시·도 또는 특별자치도 교육감(이하 "교육감"이라 한다)의 설립인가를 받은 용지를 말한다]
   다. 「초·중등교육법」 제2조제4호에 따른 특수학교를 설립하려는 자가 확보한 특수학교 용지(사립특수학교를 설립하는 경우에는 교육감의 설립인가를 받은 용지를 말한다)
   라. 「초·중등교육법」 제60조의3에 따른 대안학교를 설립하려는 자가 확보한 대안학교 용지(사립대안학교를 설립하는 경우에는 교육감의 설립인가를 받은 용지를 말한다)
4. "학교경계"란 「공간정보의 구축 및 관리 등에 관한 법률」 제2조제19호에 따른 지적공부(地籍公簿)에 등록된 학교용지 경계를 말한다.
5. "학교설립예정지 경계"란 제3호가목부터 라목까지에 따라 고시 또는 확보된 학교용지의 경계를 말한다.
제8조(교육환경보호구역의 설정 등) ① 교육감은 학교경계 또는 학교설립예정지 경계(이하 "학교경계등"이라 한다)로부터 직선거리 200미터의 범위 안의 지역을 다음 각 호의 구분에 따라 교육환경보호구역으로 설정·고시하여야 한다.
1. 절대보호구역 : 학교출입문으로부터 직선거리로 50미터까지인 지역(학교설립예정지의 경우 학교경계로부터 직선거리 50미터까지인 지역)
2. 상대보호구역 : 학교경계등으로부터 직선거리로 200미터까지인 지역 중 절대보호구역을 제외한 지역

II. 벌 칙

제16조(벌칙) ① 제9조를 위반하여 교육환경보호구역에서 금지된 행위 또는 시설을 한 자는 2년 이하의 징역 또는 2천만원 이하의 벌금에 처한다.
② 다음 각 호의 어느 하나에 해당하는 자는 1년 이하의 징역 또는 1천만원 이하의 벌금에 처한다.
1. 제6조제1항을 위반하여 교육환경평가서의 승인을 받지 아니하고 학교용지 선정 등을 한 자
2. 제7조제2항을 위반하여 정당한 사유 없이 자료제출을 거부하거나 승인내용의 조사를 방해 또는 기피한 자
3. 제7조제4항을 위반하여 사후교육환경평가서를 작성하지 아니한 자
4. 제15조를 위반하여 직무상 알게 된 비밀을 누설하거나 직무상 목적 외에 이를 사용한 자

1. 교육환경보호구역 내에서 PC방 영업

1) 적용법조 : 제16조 제1항, 제9조 제19호 ☞ 공소시효 5년

제9조(교육환경보호구역에서의 금지행위 등) 누구든지 학생의 보건·위생, 안전, 학습과 교육환경 보호를 위하여 교육환경보호구역에서는 다음 각 호의 어느 하나에 해당하는 행위 및 시설을 하여서는 아니 된다. 다만, 상대보호구역에서는 제14호부터 제27호까지 및 제29호에 규정된 행위 및 시설 중 교육감이나 교육감이 위임한 자가 지역위원회의 심의를 거쳐 학습과 교육환경에 나쁜 영향을 주지 아니한다고 인정하는 행위 및 시설은 제외한다.

1. 「대기환경보전법」 제16조제1항에 따른 배출허용기준을 초과하여 대기오염물질을 배출하는 시설
2. 「수질 및 수생태계 보전에 관한 법률」 제32조제1항에 따른 배출허용기준을 초과하여 수질오염물질을 배출하는 시설과 제48조에 따른 폐수종말처리시설
3. 「가축분뇨의 관리 및 이용에 관한 법률」 제11조에 따른 배출시설, 제12조에 따른 처리시설 및 제24조에 따른 공공처리시설
4. 「하수도법」 제2조제11호에 따른 분뇨처리시설
5. 「악취방지법」 제7조에 따른 배출허용기준을 초과하여 악취를 배출하는 시설
6. 「소음·진동관리법」 제7조 및 제21조에 따른 배출허용기준을 초과하여 소음·진동을 배출하는 시설
7. 「폐기물관리법」 제2조제8호에 따른 폐기물처리시설(규모, 용도, 기간 및 학습과 학교보건위생에 대한 영향 등을 고려하여 대통령령으로 정하는 시설은 제외한다)
8. 「가축전염병 예방법」 제11조제1항·제20조제1항에 따른 가축 사체, 제23조제1항에 따른 오염물건 및 제33조제1항에 따른 수입금지 물건의 소각·매몰지
9. 「장사 등에 관한 법률」 제2조제8호에 따른 화장시설·제9호에 따른 봉안시설 및 제13호에 따른 자연장지(같은 법 제16조제1항제1호에 따른 개인·가족자연장지와 제2호에 따른 종중·문중자연장지는 제외한다)
10. 「축산물 위생관리법」 제21조제1항제1호에 따른 도축업 시설
11. 「축산법」 제34조제1항에 따른 가축시장
12. 「영화 및 비디오물의 진흥에 관한 법률」 제2조제11호의 제한상영관
13. 「청소년 보호법」 제2조제5호가목7)에 해당하는 업소와 같은 호 가목8), 가목9) 및 나목7)에 따라 여성가족부장관이 고시한 영업에 해당하는 업소
14. 「고압가스 안전관리법」 제2조에 따른 고압가스, 「도시가스사업법」 제2조제1호에 따른 도시가스 또는 「액화석유가스의 안전관리 및 사업법」 제2조제1호에 따른 액화석유가스의 제조, 충전 및 저장하는 시설(관계 법령에서 정한 허가 또는 신고 이하의 시설이라 하더라도 동일 건축물 내에 설치되는 각각의 시설용량의 총량이 허가 또는 신고 규모 이상이 되는 시설은 포함하되, 규모, 용도 및 학습과 학교보건위생에 대한 영향 등을 고려하여 대통령령으로 정하는 시설의 전부 또는 일부는 제외한다)
15. 「폐기물관리법」 제2조제1호에 따른 폐기물을 수집·보관·처분하는 장소(규모, 용도, 기간 및 학습과 학교보건위생에 대한 영향 등을 고려하여 대통령령으로 정하는 장소는 제외한다)
16. 「총포·도검·화약류 등의 안전관리에 관한 법률」 제2조에 따른 총포 또는 화약류의 제조소 및 저장소
17. 「감염병의 예방 및 관리에 관한 법률」 제37조제1항제2호에 따른 격리소·요양소 또는 진료소
18. 「담배사업법」에 의한 지정소매인, 그 밖에 담배를 판매하는 자가 설치하는 담배자동판매기(「유아교육법」 제2조제2호에 따른 유치원 및 「고등교육법」 제2조 각 호에 따른 학교의 교육환경보호구역은 제외한다)
19. 「게임산업진흥에 관한 법률」 제2조제6호, 제7호 또는 제8호에 따른 게임제공업, 인터넷컴퓨터게임시설제공업 및 복합유통게임제공업(「유아교육법」 제2조제2호에 따른 유치원 및 「고등교육법」 제2조 각 호에 따른 학교의 교육환경보호구역은 제외한다)
20. 「게임산업진흥에 관한 법률」 제2조제6호다목에 따라 제공되는 게임물 시설(「고등교육법」 제2조 각 호에 따른 학교의 교육환경보호구역은 제외한다)

21. 「체육시설의 설치·이용에 관한 법률」 제3조에 따른 체육시설 중 무도학원 및 무도장(「유아교육법」 제2조제2호에 따른 유치원, 「초·중등교육법」 제2조제1호에 따른 초등학교, 같은 법 제60조의3에 따라 초등학교 과정만을 운영하는 대안학교 및 「고등교육법」 제2조 각 호에 따른 학교의 교육환경보호구역은 제외한다)
22. 「한국마사회법」 제4조에 따른 경마장 및 제6조제2항에 따른 장외발매소, 「경륜·경정법」 제5조에 따른 경주장 및 제9조제2항에 따른 장외매장
23. 「사행행위 등 규제 및 처벌 특례법」 제2조제1항제2호에 따른 사행행위영업
24. 「음악산업진흥에 관한 법률」 제2조제13호에 따른 노래연습장업(「유아교육법」 제2조제2호에 따른 유치원 및 「고등교육법」 제2조 각 호에 따른 학교의 교육환경보호구역은 제외한다)
25. 「영화 및 비디오물의 진흥에 관한 법률」 제2조제16호가목 및 라목에 해당하는 비디오물감상실업 및 복합영 상물제공업의 시설(「유아교육법」 제2조제2호에 따른 유치원 및 「고등교육법」 제2조 각 호에 따른 학교의 교육환경보호구역은 제외한다)
26. 「식품위생법」 제36조제1항제3호에 따른 식품접객업 중 단란주점영업 및 유흥주점영업
27. 「공중위생관리법」 제2조제1항제2호에 따른 숙박업 및 「관광진흥법」 제3조제1항제2호에 따른 관광숙박업(「국 제회의산업 육성에 관한 법률」 제2조제3호에 따른 국제회의시설에 부속된 숙박시설과 규모, 용도, 기간 및 학 습과 학교보건위생에 대한 영향 등을 고려하여 대통령령으로 정하는 숙박업 또는 관광숙박업은 제외한다)
28. 삭제 〈2021. 9. 24.〉
29. 「화학물질관리법」 제39조에 따른 사고대비물질의 취급시설 중 대통령령으로 정하는 수량 이상으로 취급하 는 시설

2) 범죄사실 기재례

[기재례1] 피시방 운영 (1)

누구든지 학생의 보건·위생, 안전, 학습과 교육환경 보호를 위하여 교육환경보호구역에서 는 피시(PC)방 등의 시설을 하여서는 아니 된다.

그럼에도 불구하고 피의자는 20○○. ○. ○.경부터 20○○. ○. ○.경까지 사이에 무단으 로 ○○중학교와의 거리가 ○○m로서 교육환경보호구역에 해당하는 ○○에 있는 ○○상가 건물 7층에서 '○○'이라는 상호로 피시방을 설치·운영하였다.

[기재례2] 피시방 운영 (2)

피의자 소유인 ○○에 있는 ○○건물은 ○○초등학교와 60m 거리에 있어 교육환경보호구 역 내에 있다.

누구든지 학생의 보건·위생, 안전, 학습과 교육환경 보호를 위하여 교육환경보호구역에서 는 인터넷 컴퓨터게임시설 제공업 등의 어느 하나에 해당하는 행위 및 시설을 하여서는 아 니 된다.

그럼에도 불구하고 피의자는 20○○. ○. ○. 경부터 20○○. ○. ○.까지 위 건물 1층 ○ ○m²에 게임기 30대와 에어컨 음료수 자판기 등을 갖추고 '솔로몬PC천국'이라는 상호로 월 매출액 ○○만원 상당을 올리는 인터넷 컴퓨터게임시설 제공업을 하였다.

3) 신문사항

- 피시방을 운영하고 있는가
- 언제부터 어디에서 하고 있는가

- 규모는 어느 정도인가
- 어떤 시설을 갖추고 있는가
- 인근에 초등학교가 있는가
- 학교와의 거리가 어느 정도인가
- 그러면 교육환경보호구역내에 위치한다는 것인가
- 왜 보호구역내에서 이런 영업행위를 하고 있는가
- 월 매출은 어느 정도인가

2. 교육환경보호구역 내에서 노래연습장 영업

1) **적용법조** : 제16조 제1항, 제9조 제24호   ☞   공소시효 5년

2) **범죄사실 기재례**

> 피의자는 ○○에서 ○○ 상호로 노래연습장을 운영하는 사람이다. 교육환경보호구역 안에서는 노래연습장을 운영하여서는 아니 된다.
>
> 그럼에도 불구하고 피의자는 20○○. ○. ○. 교육환경보호구역 안에 있는 위 노래연습장에서 노래방기계 10대 등 노래를 부를 수 있는 시설을 설치하여 놓고 불특정 다수의 손님을 상대로 노래연습장 영업을 하였다.

3. 교육환경보호구역 내에서 무허가 유흥주점업

1) **적용법조** : 제16조 제1항, 제9조 제26호 (식품위생법 제74조의2, 제22조 제1항)
   ☞   공소시효 5년(식위법 : 7년)

2) **범죄사실 기재례**

> 누구든지 교육환경보호구역에서는 주로 주류를 판매하면서 손님이 노래를 부르는 행위가 허용되는 영업과 위와 같은 행위 외에 유흥종사자를 두거나 유흥시설을 설치할 수 있고 손님이 춤을 추는 행위가 허용되는 영업행위 및 시설을 하여서는 아니 된다.
>
> 그럼에도 불구하고 피의자는 유흥주점 영업허가 없이 20○○. ○. ○. ○○:○○경 ○○에 있는 피의자 경영의 미송구이 식당에서 접대부 甲으로 하여금 김백수 등 손님 4명의 술자리에 동석하여 유흥을 돋구게 하고 위 손님들에게 맥주와 안주 시가 ○○원 상당을 판매하여 유흥주점영업을 하였다.

4. 교육환경보호구역 내에서 축산폐수배출시설

1) 적용법조 : 제16조 제1항, 제9조 제3호 ☞ 공소시효 5년

2) 범죄사실 기재례

> 누구든지 교육환경보호구역(학교출입문으로부터 직선거리로 50m까지는 절대정화구역, 학교경계선으로부터 직선거리로 200m까지는 상대정화구역)에서는 축산폐수배출시설을 하여서는 아니 된다.
>
> 그럼에도 불구하고 피의자는 20○○. ○. ○.경 '○○초등학교'의 경계선으로부터 ○○m 지점인 ○○에 면적 합계 ○○㎡의 축산폐수배출시설인 오리사육시설을 설치하였다.

■ **판례** ■ 학교환경위생정화구역 설정의 기준으로 삼고 있는 '학교경계선'의 의미

[1] 사실관계

> 甲은 2006. 2. 27.경부터 2006. 6. 1. 15:58경까지 청주남중학교 학교용지 경계선으로 부터 거리가 194.1m 떨어진 청주시 흥덕구 분평동 1224 소재 상가건물 7층에서 '이스테이션'이라는 상호로 피씨(PC)방을 설치·운영하였다.

[2] 판결요지

(1) 구 학교보건법령에서 학교환경위생 정화구역 설정의 기준으로 삼고 있는 '학교경계선'의 의미

구 학교보건법(2007. 4. 27. 법률 제8391호로 개정되기 전의 것) 제5조 제1항은 '학교의 보건·위생 및 학습환경을 보호하기 위하여 교육감은 대통령령이 정하는 바에 따라 학교환경위생 정화구역을 설정하여야 한다. 이 경우 학교환경위생 정화구역은 학교경계선으로부터 200m를 초과할 수 없다'고 규정하고 있고, 같은 법 시행령 제3조 제1항은 '법 제5조 제1항의 규정에 의하여 교육감이 학교환경위생 정화구역을 설정할 때에는 절대정화구역과 상대정화구역으로 구분하여 설정하되, 절대정화구역은 학교출입문으로부터 직선거리로 50m까지의 지역으로 하고, 상대정화구역은 학교경계선으로부터 직선거리로 200m까지의 지역 중 절대정화구역을 제외한 지역으로 한다'고 규정하고 있는바, 이는 같은 법 제6조 제1항 각 호의 행위 및 시설로부터 학교의 보건·위생 및 학습환경을 보호함으로써 궁극적으로 학교교육의 능률화를 기하려는 데 그 취지가 있는 것이고, 학교교육은 실질적으로 그 교사(校舍)와 운동장 및 강당 등 학교의 시설 내에서 이루어지므로, 위 법령에서 학교환경위생 정화구역의 범위를 설정하는 기준으로 삼고 있는 '학교경계선'은 지적공부상 학교용지의 경계선이 아니라 '학교교육이 실질적으로 이루어지는 공간의 경계선'이라고 보아야 할 것이다.

(2) 구 학교보건법령상 '학교경계선'을 학교용지 경계선이 아닌 학교 담장으로 보아 담장으로부터 당해 영업소까지의 거리가 200m를 초과하므로 위 영업소는 '상대정화구역' 내에 있지 않다(대법원 2008.6.12. 선고 2008도2152 판결)

■ **판례** ■ 종전부터 컴퓨터게임장을 설치·운영하던 자가 유예기간까지 그 시설을 이전·폐쇄하지 아니하고 시설을 유지하면서 운영하는 행위(영업)가 구 학교보건법 제6조 제1항 소정의 '시설 및 행위'에 해당하는지 여부(적극)

구 학교보건법(1998.12.31. 법률 제5618호로 개정되기 전의 것) 제6조 제1항에 의하여 금지되는 것

은 시설명칭만을 표시한 제2호 내지 제14호의 경우를 포함하여 '제1호 내지 제14호에 열거 규정된 각 시설에서의 각 영업행위를 하는 것'이라고 풀이해야 한다. 그 까닭은, 같은 법 제6조 제1항 전단이 '행위 또는 시설'이라고 표현하지 아니하고 '행위 및 시설'이라고 하여 '행위'를 먼저 내세우면서 '시설'과 묶어서 일체로 표현하고 있으며, 같은 법의 목적이 학교환경 위생정화에 필요한 사항을 규정하여 학습을 소홀히 하는 것을 막아 학교교육의 능률화를 기하려는 데 있는 것인데 그 각 영업행위가 없으면 그 각 시설의 존재사실 자체만으로는 학생들의 학습소홀 등의 교육 유해환경 원인이 되지 않을 것이기 때문이다. 그리고 구 학교보건법시행령(1998.1.16. 대통령령 제15607호로 개정되기 전의 것) 제4조의2가 같은 법 제6조 제1항 제14호에서 위임된 '행위 및 시설'을 규정하면서 "법 제6조 제1항 제14호의 규정에 의하여 대통령령으로 정하는 '시설'은 다음과 같다."고 하여 '행위 및 시설'이란 문언 대신 '시설'이란 문언만을 사용하여 같은법시행령이 의도적으로 같은 법조항의 적용범위를 좁히려는 취지를 나타낸 것은 아닌가 하는 의문이 들 수도 있으나, 위 임규정인 같은 법 제6조 제1항 전단과 제14호가 금지되는 '행위 및 시설'의 범위를 같은법시행령에 위임한다고 미리 밝혀둠으로써 행위 또는 시설 중의 한 가지 선택을 위임한 것이 아니라 시설 명칭의 범위를 한정하는 일만을 위임한 취지임이 분명하며, 같은법시행령 제4조의2는 '행위 및 시설'을 규정한 것으로 풀이되는 같은 법 제6조 제1항 제2호 내지 제13호와 마찬가지로 시설이름만을 열거하는 규정형식을 취하고 있는 터이므로 같은법시행령 제4조의2 각 호의 경우도 같은 법 제6조 제1항 제2호 내지 제13호의 해석과 마찬가지로 그 시설에서의 영업행위를 금지한다는 뜻으로 풀이되어야 한다(대법원 2000.11.16. 선고 98도3665 전원합의체 판결).

■ 판례 ■ 　　학교환경위생정화구역 내에서 등록하지 않고 노래연습장을 운영한 경우

구 음반·비디오물 및 게임물에 관한 법률 위반죄와 학교보건법 위반죄의 상상적 경합관계에 있다(대법원 2007.9.20. 선고 2007도5669 판결).

■ 판례 ■ 　　학교보건법 제6조 제1항에 의하여 학교환경위생 정화구역에서 금지되는 행위는 같은 항 각 호에 열거 규정된 시설에서 영업행위를 하는 것인지 여부(적극)

학교보건법 제6조 제1항은 누구든지 학교환경위생 정화구역에서는 다음 각 호의 어느 하나에 해당하는 행위 및 시설을 하여서는 아니 된다고 하면서, 제1호에서는 대기환경보전법 등에 따른 기준을 초과하여 학습과 학교보건위생에 지장을 주는 행위 및 시설이라고 규정하고 있고, 제2호 내지 제19호에서는 축산폐수배출시설(제7호), 호텔, 사행행위장 등 시설 이름만을 열거 규정하고 있는데, 학교보건법 제6조 제1항에 의하여 금지되는 것은 그 문언 및 입법 취지에 비추어 볼 때 각 호에 열거 규정된 각 시설에서 각 영업행위를 하는 것이라고 보아야 한다.(대법원 2013.10.11. 선고, 2012도13948, 판결)

제20장 교통사고처리 특례법

Ⅰ. 개념정의

제2조(정의) 이 법에서 사용하는 용어의 뜻은 다음과 같다.
 1. "차"란 「도로교통법」 제2조제17호가목에 따른 차와 「건설기계관리법」 제2조제1항제1호에 따른 건설기계를 말한다.
 2. "교통사고"란 차의 교통으로 인하여 사람을 사상하거나 물건을 손괴하는 것을 말한다.

※ 도로교통법
제2조(정의) 이 법에서 사용하는 용어의 뜻은 다음과 같다.
17. "차마"란 다음 각 목의 차와 우마를 말한다.
 가. "차"란 다음의 어느 하나에 해당하는 것을 말한다.
 1) 자동차   2) 건설기계   3) 원동기장치자전거   4) 자전거
 5) 사람 또는 가축의 힘이나 그 밖의 동력(動力)으로 도로에서 운전되는 것 다만, 철길이나 가설(架設)된 선을 이용하여 운전되는 것 유모차, 보행보조용 의자차, 노약자용 보행기 등 행정안전부령으로 정하는 기구ㆍ장치는 제외한다.

※ 건설기계관리법
제2조(정의 등) ① 이 법에서 사용하는 용어의 뜻은 다음과 같다.
1. "건설기계"란 건설공사에 사용할 수 있는 기계로서 대통령령으로 정하는 것을 말한다.

법 조 문	죄명표시
제3조 중 치사의 경우	교통사고처리특례법위반(치사)
제3조 중 치상의 경우	〃　　　　　　(치상)
그 외	교통사고처리특례법위반

Ⅱ. 벌 칙

제3조(처벌의 특례) ① 차의 운전자가 교통사고로 인하여 「형법」 제268조의 죄를 범한 때에는 5년 이하의 금고 또는 2천만원 이하의 벌금에 처한다.
② 차의 교통으로 제1항의 죄중 업무상과실치상죄 또는 중과실치상죄와 「도로교통법」 제151조의 죄를 범한 운전자에 대하여는 피해자의 명시한 의사에 반하여 공소를 제기할 수 없다. 다만, 차의 운전자가 제1항의 죄중 업무상과실치상죄 또는 중과실치상죄를 범하고 피해자를 구호하는 등 「도로교통법」 제54조제1항의 규정에 의한 조치를 하지 아니하고 도주 하거나 피해자를 사고장소로부터 옮겨 유기하고 도주한 경우, 같은 죄를 범하고 「도로교통법」 제44조제2항을 위반하여 음주측정요구에 따르지 아니한 경우(운전자가 채혈측정을 요청하거나 동의한 경우에는 제외한다)와 다음 각호의 어느 하나에 해당하는 행위로 인하여 같은 죄를 범한 경우에는 그러하지 아니하다.
 1. 「도로교통법」 제5조에 따른 신호기가 표시하는 신호 또는 교통정리를 하는 경찰공무원등의 신호를 위반하거나 통행 금지 또는 일시정지를 내용으로 하는 안전표지가 표시하는 지시를 위반하여 운전한 경우
 2. 「도로교통법」 제13조제3을 위반하여 중앙선을 침범하거나 같은 법 제62조를 위반하여 횡단ㆍ유턴 또는 후진한 경우
 3. 「도로교통법」 제17조제1항 또는 제2항에 따른 제한속도를 시속 20킬로미터 초과하여 운전한 경우
 4. 「도로교통법」 제21조제1항ㆍ제22조ㆍ제23조에 따른 앞지르기의 방법ㆍ금지시기ㆍ금지장소 또는 끼어들기의 금지에 위반하거나 같은 법 제60조제2항에 따른 고속도로에서의 앞지르기 방법을 위반하여 운전한 경우

5. 「도로교통법」 제24조에 따른 철길 건널목 통과방법을 위반하여 운전한 경우

6. 「도로교통법」 제27조제1항에 따른 횡단보도에서의 보행자보호의무를 위반하여 운전한 경우

7. 「도로교통법」 제43조, 건설기계관리법」 제26조 또는 「도로교통법」 제96조를 위반하여 운전면허 또는 건설기계조종사면허를 받지 아니하거나 국제운전면허증을 소지하지 아니하고 운전한 경우. 이 경우 운전면허 또는 건설기계조종사면허의 효력이 정지 중이거나 운전의 금지 중인 때에는 운전면허 또는 건설기계조종사면허를 받지 아니하거나 국제운전면허증을 소지하지 아니한 것으로 본다.

8. 「도로교통법」 제44조제1항을 위반하여 술에 취한 상태에서 운전을 하거나 같은 법 제45조를 위반하여 약물의 영향으로 정상적으로 운전 하지 못할 우려가 있는 상태에서 운전한 경우

9. 「도로교통법」 제13조제1항을 위반하여 보도가 설치된 도로의 보도를 침범하거나 같은 법 제13조제2항에 따른 보도 횡단방법을 위반하여 운전한 경우

10. 「도로교통법」 제39조제3항에 따른 승객의 추락방지의무를 위반하여 운전한 경우

11. 「도로교통법」 제12조제3항에 따른 어린이 보호구역에서 같은 조 제1항에 따른 조치를 준수하고 어린이의 안전에 유의하면서 운전하여야 할 의무를 위반하여 어린이의 신체를 상해에 이르게 한 경우

12. 「도로교통법」 제39조제4항을 위반하여 자동차의 화물이 떨어지지 아니하도록 필요한 조치를 하지 아니하고 운전한 경우

제5조(벌칙) ① 보험회사, 공제조합 또는 공제사업자의 사무를 처리하는 사람이 제4조제3항의 서면을 거짓으로 작성한 경우에는 3년 이하의 징역 또는 1천만원 이하의 벌금에 처한다.

② 제1항의 거짓으로 작성된 문서를 그 정황을 알고 행사한 사람도 제1항의 형과 같은 형에 처한다.

③ 보험회사, 공제조합 또는 공제사업자가 정당한 사유없이 제4조제3항의 서면을 발급하지 아니한 경우에는 1년 이하의 징역 또는 300만원 이하의 벌금에 처한다.

제6조(양벌규정) 생략

■ 판례 ■ 피고인이 피해자로부터 작성·교부받은 교통사고 합의서를 수사기관에 제출한 경우, 피고인이 피해자에게 약속한 합의금 전액을 지급하지 않은 경우에 처벌불원의사를 철회할 수 있는지 여부(소극)

피해자가 피고인과 사이에 피고인이 교통사고로 인한 피해자의 치료비 전액을 부담하는 조건으로 민·형사상 문제삼지 아니하기로 합의하고 피고인으로부터 합의금 일부를 수령하면서 피고인에게 합의서를 작성·교부하고, 피고인이 그 합의서를 수사기관에 제출한 경우, 피해자는 그 합의서를 작성·교부함으로써 피고인에게 자신을 대리하여 자신의 처벌불원의사를 수사기관에 표시할 수 있는 권한을 수여하였고, 이에 따라 피고인이 그 합의서를 수사기관에 제출한 이상 피해자의 처벌불원의사가 수사기관에 적법하게 표시되었으며, 이후 피고인이 피해자에게 약속한 치료비 전액을 지급하지 아니한 경우에도 민사상 치료비에 관한 합의금지급채무가 남는 것은 별론으로 하고 처벌불원의사를 철회할 수 없다(대법원 2001.12.14. 선고 2001도4283 판결).

Ⅲ. 범죄사실

※ 기본사항

〈사례1〉

피의자는 ··· 사람이다.

피의자는 200○. ○. ○.○○:○○경 ○○차를 운전하고 ○○쪽에서 ○○쪽으로 시속 약 ○○km로 가다가 같은 날 ○○ : ○○ 경 ○○에 이르게 되었다. ···〈당시의 상황 및 주의의무의 내용과 과실 유형 설시〉···하여 피해자 甲에게 약 ○○일(주, 개월)간의 치료를 요하는 ○○ 상 등을 입게 하였다(○○로 사망에 이르게 하였다).

<사례2>

　피의자는 …사람이다.

　피의자는 20○○. ○. ○.○○:○○경 ○○차를 운전하고 ○○쪽에서 ○○쪽으로 시속 약 ○○km로 출발(진행, 후진, 좌회전, 우회전)하게 되었다. (그때는 …)그곳은 …〈사고 당시 사고 장소의 상황 설시〉…곳이었으므로 자동차의 운전업무에 종사하는 사람으로서는 …〈당해 사고를 예방하기 위하여 조치하였어야 할 주의의무의 내용 설시〉…하여야 할 업무상 주의의무가 있었다.

　그럼에도 피의자는 이를 게을리한 채 … 〈과실 유형 설시〉…과실로 피의자가 운전하는 차 ……부분으로 피해자의 …를 들이받아 넘어뜨렸다.

　결국, 피의자는 위와 같은 업무상의 과실로 피해자 ○○○에게 약 ○○일(주일, 개월)간의 치료를 요하는 …〈상해명 기재〉…등을 입게 하였다(또는 20○○. ○. ○.○○:○○ …에서 … 로 인한 …으로 사망에 이르게 하였다).

1. 신호 · 지시위반사고

　1) **적용법조 :** 제3조 제2항 제1호　☞　공소시효 7년

　2) **범죄사실 기재의 기본형식**

　…그곳은 신호등이 설치된 횡단보도가 있는 곳이므로 운전업무에 종사하는 사람으로서는 속도를 줄이고 전방 및 좌우를 잘 살펴 길을 건너는 사람이 있는지를 확인하고 신호에 따라 안전하게 운전하여야 할 업무상 주의의무가 있었다. 그럼에도 이를 게을리한 채 차량 진행신호가 정지신호로 바뀌는 것을 무시하고 그대로 진행한 과실로

　…그곳은 신호등이 설치된 횡단보도가 있는 곳이므로 운전업무에 종사하는 자에게는 속도를 줄이고 전방 및 좌우를 잘 살펴 길을 건너는 사람이 있는지를 확인하고 신호에 따라 안전하게 운전하여야 할 업무상 주의의무가 있었다. 그럼에도 이를 게을리한 채 차량 진행신호가 정지신호로 바뀌는 것을 무시하고 그대로 진행하다가

※ 신호등이 설치된 횡단보도에서의 보행자 치상 사고로서 제6호의 보행자 보호 의무 위반 사고로도 의율하여야 함

　…그곳은 경찰관의 교통정리가 하여지는 곳이므로 운전업무에 종사하는 사람으로서는 서행하여야 하며, 그 신호에 따라 안전하게 운전하여야 할 업무상 주의의무가 있었다. 그럼에도 이를 게을리한 채 신호를 위반하여 좌회전(우회전, 직행)한 과실로

　…그곳은 경찰관의 교통정리가 하여지는 곳이므로 운전업무에 종사하는 자에게는 서행하면서 그 신호에 따라 안전하게 운전하여야 할 업무상 주의의무가 있었다. 그럼에도 이를 게을리한 채 신호를 위반하여 좌회전(우회전, 직행)하였다.

　…그곳은 진입(좌회전)금지구역이므로 운전업무에 종사하는 사람으로서는 진입(좌회전)하지 말아야 할 업무상 주의의무가 있었다. 그럼에도 이를 게을리한 채 그대로 진입(좌회전)한 과실로

　…그곳은 진입(좌회전)금지구역이므로 운전업무에 종사하는 자에게는 진입(좌회전)하지 말아야 할 업무상 주의의무가 있었다. 그럼에도 이를 게을리한 채 그대로 진입(좌회전)하였다.

3) 범죄사실 기재례 - 횡단보도 보행자의 다리를 추돌

> 피의자는(차량번호, 차종) 운전자이다.
>
> 피의자는 20○○. ○. ○. 22:00경 위 차를 운전하여 ○○쪽에서 ○○쪽을 향하여 2차로를 따라 시속 약 ○○○km로 진행하게 되었다. 당시는 야간인 데다가 비가 내리고 있어 전방 시야가 흐린 상태였고 그곳 전방에는 신호등이 설치된 횡단보도가 있었으므로 자동차의 운전업무에 종사하는 사람은 속도를 줄이고 전방을 잘 살펴 길을 건너는 사람이 있는지를 확인하는 한편 교통신호에 따라 안전하게 운전하여 사고를 미리 방지하여야 할 업무상 주의의무가 있었다.
>
> 그럼에도 피의자는 이를 게을리한 채 신호가 차량 정지신호로 바뀌는데도 계속 같은 속도로 진행하다가 보행자 신호에 따라 횡단보도를 좌측에서 우측으로 횡단하던 피해자 甲(여, 22세)을 뒤늦게 발견하고 이를 피하고자 핸들을 우측으로 조작하면서 급제동하였으나, 미처 피하지 못하고 피의자의 차량 좌측 앞범퍼로 위 피해자의 우측 다리를 들이받아 땅에 넘어지게 하였다.
>
> 결국, 피의자는 위와 같은 업무상의 과실로 피해자에게 약 2주간의 치료를 요하는 대퇴부 골절 등의 상해를 입게 하였다.

4) 신문사항

- 자동차를 소유하고 있는가
- 언제 구입하였으며 차량번호는
- 면허는 취득하였는가
- 교통사고를 낸 일이 있는가
- 언제 어디에서 낸는가
- 교통신호에 따라 운전하였는가
- 어디에서 어디로 가던 중이었나
- 피의자 차량 어느 부분과 피해자 차량 어느 부분이 접촉되었나
- 사고후 어떤 조치를 하였나

■ **판례** ■　건설회사가 도로확장공사를 위하여 우회도로를 개설하면서 기존의 도로와 우회도로가 연결되는 부분에 임의로 설치한 황색 점선이 교통사고처리특례법 제3조 제2항 단서 제2호 소정의 중앙선 또는 같은 항 단서 제1호 소정의 안전표지에 해당하는지 여부(소극)

건설회사가 고속도로 건설공사와 관련하여 지방도의 확장공사를 위하여 우회도로를 개설하면서 기존의 도로와 우회도로가 연결되는 부분에 설치한 황색 점선이 도로교통법상 설치권한이 있는 자나 그 위임을 받은 자가 설치한 것이 아니라면 이것을 가리켜 교통사고처리특례법 제3조 제2항 단서 제2호에서 규정하는 중앙선이라고 할 수 없을 뿐만 아니라, 건설회사가 임의로 설치한 것에 불과할 뿐 도로교통법 제64조의 규정에 따라 관할경찰서장의 지시에 따라 설치된 것도 아니고 황색 점선의 설치 후 관할 경찰서장의 승인을 얻었다고 인정할 자료도 없다면, 결국 위 황색 점선은 교통사고처리특례법 제3조 제2항 단서 제1호 소정의 안전표지라고 할 수 없다(대법원 2003.6.27. 선고 2003도1895 판결).

■ 판례 ■   교차로 직전에 설치된 횡단보도에 따로 차량보조등이 설치되어 있지 아니한 경우, 교차로 신호가 적색이고 횡단보도의 보행자신호등이 녹색인 상태에서 우회전하기 위하여 횡단보도로 들어간 차량의 신호위반 여부(적극)

도로교통법 제4조, 도로교통법시행규칙 제4조, 제6조 제2항, [별표 4]'신호등의 종류, 만드는 방식 및 설치기준'등 관계 규정들에 의하면, 교차로와 횡단보도가 인접하여 설치되어 있고 차량용 신호기는 교차로에만 설치된 경우에 있어서는, 그 차량용 신호기는 차량에 대하여 교차로의 통행은 물론 교차로 직전의 횡단보도에 대한 통행까지도 아울러 지시하는 것이라고 보아야 할 것이고, 횡단보도의 보행등 측면에 차량보조등이 설치되어 있지 않다고 하여 횡단보도에 대한 차량용 신호등이 없는 상태라고는 볼 수 없다(대법원 1997.10.10. 선고 97도1835 판결).

■ 판례 ■   편도 2차선 도로의 2차선을 진행하던 피고인 운전의 택시가 좌회전하다가 같은 방향 1차선을 직진신호에 따라 진행하던 피해자 운전의 오토바이와 충돌한 경우, 신호위반의 귀책 여부(소극)

비보호좌회전 표시가 있는 곳에서 녹색의 등화가 있는 경우 좌회전하면서 반대 방면에서 신호에 따라 마주 진행하여 오는 다른 차량에 방해가 된 때에는 신호위반의 책임을 지지만 같은 진행방향에서 진행신호에 따르는 후방차량에 방해가 된 때에는 차선변경시 주의의무위반 등 다른 의무위반은 별론으로 하고 신호위반의 책임은 지지 아니한다(대법원 1996.5.28. 선고 96도690 판결).

■ 판례 ■   제3조 제2항 단서 제1호소정의 '안전표지'의 의의

도로의 바닥에 진입금지를 내용으로 하는 삼각형 모양의 황색사선이 그어져 있다면,교통사고처리특례법 제3조 제2항 단서 제1호소정의 '안전표지'에 해당하고 노면상의 표시 이외에 따로 표지판이 세워져 있어야 비로소 위 법조항에서 말하는 '안전표지'에 해당하는 것은 아니다(대법원 1996.2.13. 선고 95도2716 판결).

■ 판례 ■   교차로 입구에서 약 29m 떨어진 횡단보도 위에 설치된 차량신호기가 교차로를 통과하는 모든 차량에 관한 지시를 표시하는 것인지 여부(적극)

차량신호기가 비록 교차로 입구로부터 약 29m 떨어진 횡단보도 위에 설치되어 있다고 하더라도 이는 횡단보도를 통행하는 보행자를 보호하기 위하여 그 횡단보도를 지나는 차량들에 대한 지시를 표시하는 신호기일 뿐 아니라, 교차로를 통과하는 모든 차량들에 관한 지시를 표시하는 신호기에 해당한다(대법원 1995.12. 8. 선고 95도1928 판결).

■ 판례 ■   횡단보도 보행등 측면에 설치된 종형 이색등신호기를 교차로를 통과하는 차마에 대한 진행방법을 지시하는 신호기로 본 사례

횡단보도의 양쪽끝에 서로 마주보고 횡단보도의 통행인을 위한 보행자신호등이 각 설치되어 있고 그 신호등 측면에 차선진행방향을 향하여 종형 이색등신호기가 각각 별도로 설치되어 있다면, 종형 이색등신호기는 교차로를 통과하는 차마에 대한 진행방법을 지시하는 신호기라고 보는 것이 타당하다고(대법원 1994.8. 23. 선고 94도1199 판결).

■ 판례 ■   일방통행 도로를 역행하여 운전한 것이 교통사고처리특례법 제3조 제2항 단서 제1호소정의 "안전표지가 표시하는 지시에 위반하여 운전한 경우"에 해당하는지 여부

특별한 다른 사정이 없는 한 일방통행 도로를 역행하여 차를 운전한 것은 교통사고처리특례법 제

3조 제2항 단서 제1호 소정의 "통행의 금지를 내용으로 하는 안전표지가 표시하는 지시에 위반하여 운전한 경우"에 해당한다(대법원 1993.11.9. 선고 93도2562 판결).

■ 판례 ■   교차로에 녹색, 황색, 적색의 삼색등신호기가 설치되어 있고 따로 비보호좌회전표시가 없는 경우

[1] 교차로에 연이어 있는 횡단보도 상에 설치되어 있는 횡형삼색등신호기가 차량에 대한 교차로 통행방법을 지시하는 것으로 볼 수 없다고 판단한 원심판결을 도로교통법상의 신호체계에 관한 해석을 그르친 위법이 있다

횡형삼색등신호기가 교차로의 대각선 지점에 있지 아니하고 교차로에 연이어 있는 횡단보도상에 보행자 신호기와 함께 설치되어 있을 경우 이는 횡단보도상을 통행하는 보행자를 보호하기 의하여 차량들에 대한 횡단보도에 진입 또는 정지를 지시하는 신호기로 보아야 하고 교차로 통행방법까지 지시하는 신호기로 볼 수 없다고 한 원심판결에 대하여 위 신호기는 신호체계와 주변상황에 비추어 볼 때 교차로를 통과하는 차마에 대한 진행방법을 지시하는 신호기로 보아야 한다는 이유로 파기한 사례.

[2] 교차로에 녹색, 황색, 적색의 삼색등신호기가 설치되어 있고 따로 비보호좌회전표시가 없는 경우 차마의 좌회전이 원칙적으로 허용되는지 여부(소극)

도로를 통행하는 보행자나 차마는 신호기 또는 안전표지가 표시하는 신호 또는 지시와 교통정리를 하는 경찰공무원 등의 신호나 지시를 따라야 하도록 되어 있는바, 같은 법 제4조, 같은법시행규칙 제5조 별표 2, 3의 규정에 의하면 차마의 경우에 있어서 신호기가 표시하는 신호의 뜻은 녹색등화의 경우에는 직진과 우회전을 할 수 있고 비보호좌회전표시가 있는 곳에서는 좌회전할 수 있으며, 황색등화 및 적색등화의 경우에는 우회전할 수 있고 정지선, 횡단보도 또는 교차로 직전에 정지하여야 하며(다만 황색등화의 경우에 이미 교차로에 진입한 때에는 신속히 교차로 밖으로 진행하여야 한다), 녹색 화살표시의 등화의 경우에는 화살표 방향으로 진행할 수 있도록 되어 있으므로, 교차로에 녹색, 황색 및 적색의 삼색등화만이 나오는 신호기가 설치되고 따로 비보호좌회전표시가 없는 경우에 있어서는 차마의 좌회전은 원칙적으로 허용하지 않는다고 보아야 할 것이다(대법원 1992.1.21. 선고 91도2330 판결).

■ 판례 ■   횡단보행자용 신호기의 신호위반이 교통사고처리특례법 제3조 제2항 단서 제1호의 신호기의 신호위반에 해당되는지 여부

도로교통법 제2조 제1호, 제5조, 같은 법시행규칙 제4조 내지 제6조, 제9조 별표 3,4의 각 규정을 종합하면 횡단보도상의 신호기는 횡단보도를 통행하고자 하는 보행자에 대한 횡단보행자용 신호기이지 차량의 운행용 신호기라고는 풀이되지 아니하므로 횡단보행자용 신호기의 신호가 보행자통행신호인 녹색으로 되었을 때 차량운전자가 그 신호를 따라 횡단보도 위를 보행하는 자를 충격하였을 경우에는 교통사고처리특례법 제3조 제2항 단서 제6호의 보행자 보호의무를 위반한 때에 해당함은 별문제로 하고 이를 같은 조항 단서 제1호의 신호기의 신호에 위반하여 운전한 때에 해당한다고는 할 수 없다(대법원 1988.8.23. 선고 88도632 판결).

■ 판례 ■   교차로 진입 직전에 백색실선이 설치되어 있으나 교차로에서의 진로변경을 금지하는 내용의 안전표지가 개별적으로 설치되어 있지 않은 경우

자동차 운전자가 교차로에서 진로변경을 시도하다가 야기한 교통사고가 교통사고처리 특례법 제3조 제2항 단서 제1호에서 정한 '도로교통법 제5조에 따른 통행금지를 내용으로 하는 안전표지가 표시하는 지시를 위반하여 운전한 경우'에 해당한다고 할 수 없다.(대법원 2015.11.12. 선고 2015도3107 판결)

2. 업무상과실치사

1) 적용법조 : 제3조 제1항 ☞ 공소시효 7년

2) 범죄사실 기재례

[기재례1] 졸음운전으로 논으로 추락하여 농부를 치사

> 피의자는 20○○. ○. ○. 17:30경 자동차운전면허 없이 혈중알코올농도 0.172%의 술에 취한 상태에서 ○○82가6828호 포터 화물차를 시속 약 70㎞로 운행하던 중, ○○ 앞 편도 1차로의 좌측으로 굽은 도로에서 졸면서 조향장치를 잘못 조작하여 중앙선을 침범한 과실로 차량을 도로 좌측 약 3m 아래 논바닥으로 떨어지게 하였다.
>
> 피의자는 이로써 그 차량에 함께 탄 홍길동(남, 29세)으로 하여금 약 1주간의 치료를 요하는 우수 찰과상을 입게 함과 동시에 그 논에서 일하고 있던 피해자 甲(남, 54세)을 그 차량 우측 옆 부분으로 들이받아 같은 날 18:35경 병원으로 후송 중 사망에 이르게 하였다.

[기재례2] 무단횡단자를 추돌하여 사망

> 피의자는 20○○. ○. ○. 22:25경 쏘렌토 승용차(차량번호)를 운전하고 호남고속도로 하행선 회덕기점 119.8km 지점을 1차로로 고속버스를 따라가면서 안전거리를 확보하지 아니하고 전방주시를 게을리한 채 고속버스를 추월하기 위하여 2차로로 진로를 변경하여 시속 약 120km로 진행하였다.
>
> 피의자는 때마침 진행 방향 우측에서 좌측으로 무단횡단하는 피해자 홍길녀(여, 52세)를 뒤늦게 발견하고 급제동조치도 취하지 못한 채 위 차량 우측 앞범퍼 부분으로 피해자의 다리부위를 들이받아 피해자가 그 자리에서 두개골파열 등으로 사망에 이르게 하였다.

3) 신문사항

- 자동차를 소유하고 있는가
- 언제 구입하였으며 차량번호는
- 면허는 취득하였는가
- 교통사고를 낸 일이 있는가
- 언제 어디에서 냈는가
- 어디에서 어디로 가던 중이였나
- 어떤 사고를 야기하였나
- 피해자의 피해정도는 어느 정도인가
- 피해자가 횡단하는 것을 언제 발견하였나
- 피해자를 발견하고 어떤 조치를 취하였나
- 미리 사고를 예방할 수는 없었나
- 피의자 차량 어느 부분과 피해자 어느 부분을 충격하였나
- 사고 후 어떤 조치를 하였나

■ 판례 ■   선행차량에 이어 甲이 운전 차량이 피해자를 연속하여 역과하는 과정에서 피해자가 사망한 경우

[1] 선행차량에 이어 피고인 운전 차량이 피해자를 연속하여 역과하는 과정에서 피해자가 사망한 경우, 인과관계 인정여부(적극)

선행차량에 이어 피고인 운전 차량이 피해자를 연속하여 역과하는 과정에서 피해자가 사망한 경우, 피고인 운전 차량의 역과와 피해자의 사망 사이에는 인과관계가 인정된다.

[2] 선행차량을 뒤따라 진행하는 차량 운전자의 주의의무

앞차를 뒤따라 진행하는 차량의 운전사로서는 앞차에 의하여 전방의 시야가 가리는 관계상 앞차의 어떠한 돌발적인 운전 또는 사고에 의하여서라도 자기 차량에 연쇄적인 사고가 일어나지 않도록 앞차와의 충분한 안전거리를 유지하고 진로 전방좌우를 잘 살펴 진로의 안전을 확인하면서 진행할 주의의무가 있다.

[3] 甲에게 업무상과실을 인정할 수 있는지 여부(적극)

선행차량에 이어 피고인 운전 차량이 피해자를 연속하여 역과하는 과정에서 피해자가 사망한 경우, 피고인의 업무상 과실이 인정된다(대법원 2001.12.11. 선고 2001도5005 판결).

■ 판례 ■   운전자 甲이 야간에 고속도로를 무단횡단하는 보행자를 충격하여 사망에 이르게 한 경우

[1] 고속도로를 운행하는 자동차 운전자에게 고속도로를 무단횡단하는 보행자가 있을 것을 예견하여 운전할 주의의무가 있는지 여부(한정 소극)

고속도로를 운행하는 자동차의 운전자로서는 일반적인 경우에 고속도로를 횡단하는 보행자가 있을 것까지 예견하여 보행자와의 충돌사고를 예방하기 위하여 급정차 등의 조치를 취할 수 있도록 대비하면서 운전할 주의의무가 없고, 다만 고속도로를 무단횡단하는 보행자를 충격하여 사고를 발생시킨 경우라도 운전자가 상당한 거리에서 보행자의 무단횡단을 미리 예상할 수 있는 사정이 있었고, 그에 따라 즉시 감속하거나 급제동하는 등의 조치를 취하였다면 보행자와의 충돌을 피할 수 있었다는 등의 특별한 사정이 인정되는 경우에만 자동차 운전자의 과실이 인정될 수 있다.

[2] 甲에게 과실이 있는지 여부(소극)

야간에 고속도로를 무단횡단하는 보행자를 충격하여 사망에 이르게 한 운전자의 과실과 사고 사이의 상당인과관계를 인정한 원심을 파기한 사례(대법원 2000.9.5. 선고 2000도2671 판결)

■ 판례 ■   직진신호에 따라 교차로를 통과하는 운전자의 주의의무 및 그 경우 운전자의 과속행위와 교통사고 사이에 상당인과관계가 있는지 여부(한정 소극)

녹색등화에 따라 왕복 8차선의 간선도로를 직진하는 차량의 운전자는 특별한 사정이 없는 한 왕복 2차선의 접속도로에서 진행하여 오는 다른 차량들도 교통법규를 준수하여 함부로 금지된 좌회전을 시도하지는 아니할 것으로 믿고 운전하면 족하고, 접속도로에서 진행하여 오던 차량이 아예 허용되지 아니하는 좌회전을 감행하여 직진하는 자기 차량의 앞을 가로질러 진행하여 올 경우까지 예상하여 그에 따른 사고발생을 미리 방지하기 위하여 특별한 조치까지 강구할 주의의무는 없다 할 것이고, 또한 운전자가 제한속도를 지키며 진행하였더라면 피해자가 좌회전하여 진입하는 것을 발견한 후에 충돌을 피할 수 있었다는 등의 사정이 없는 한 운전자가 제한속도를 초과하여 과속으로 진행한 잘못이 있다 하더라도 그러한 잘못과 교통사고의 발생 사이에 상당인과관계가 있다고 볼 수는 없다(대법원 1998.9.22. 선고 98도1854 판결).

■ **판례** ■ **야간에 2차선 도로 상에 미등 · 차폭등을 켜지 않은 채 화물차를 주차시켜 놓음으로써 오토바이가 추돌하여 그 운전자가 사망한 경우, 주차행위와 사고사이의 인과관계**

이 사건 사고가 일어난 곳이 관계 법령에 따라 주차가 금지된 장소가 아니라고 하더라도, 밤중에 도로의 가장자리에 자동차를 주차하는 피고인으로서는 미등과 차폭등을 켜 두어 다른 차의 운전자가 주차사실을 쉽게 식별할 수 있도록 하여야 함은 물론, 다른 교통에 장해가 되지 아니하도록 주차하여야 할 법령상의 의무가 있다고 할 것이고, 위 사고지점의 도로상황에 비추어 피해자가 심야에 오토바이를 운전하여 진행하다가 사고지점에 이르러 원심력에 의하여 도로 우측으로 진행하면서 1차선이 2차선으로 넓어지기 시작하는 지점의 2차선 상에 주차하여 있는 위 화물차를 미처 발견하지 못하고 위 망인의 우측 몸통이 위 화물차 좌측 후사경을 들이받게 된 것으로 볼 수 있으므로, 원심으로서는 과연 위 사고 당시 사고지점 주위에 설치된 가로등이 켜져 있어 전방의 장애물을 식별하기에 어려움이 없었는지를 더 심리하여 보는 등의 방법으로, 피고인이 미등과 차폭등을 켜지 아니하고 그 밖에 주차사실이 식별될 수 있는 다른 표지도 하지 아니하였기 때문에 위 망인이 위 화물차를 뒤늦게 발견하게 됨으로 말미암아 이 사건 사고가 일어난 것인지의 여부에 관하여 조금 더 상세하게 심리를 하였어야 할 것이다(대법원 1996.12.20. 선고 96도2030 판결).

■ **판례** ■ **교행하는 차량이 도로중앙부위를 넘어서 운행할 가능성에 대비하여 필요한 조치를 취할 주의의무가 있는지 여부(적극)**

오르막 경사가 있고 왼쪽으로 굽은 편도 1차선 도로 중 일부 구간이 마을진입로를 위해 중앙선이 지워져 있는 지점에서 야간에 승용차와 교행하게 된 화물트럭 운전자로서는 상대방 차량이 도로 중앙부위를 넘어서 운행할 가능성이 있으므로 이에 대비하여 상대방 차량의 동태를 예의 주시하면서 경음기를 울리거나 차량전조등을 깜박거려 상대방 차량 운전사에게 경고를 보내고 속도를 줄이면서 최대한 도로의 우측 가장자리로 진행하는 등 사고발생 방지에 필요한 조치를 취할 주의의무가 있다(대법원 1994.12.2. 선고 94도814 판결).

■ **판례** ■ **교차로에서의 운전자의 주의의무 내용**

[1] 교차로에 먼저 진입한 운전자에게 다른 차량이 자신의 진행속도보다 빠른 속도로 교차로에 진입하여 자신의 차량과 충격할지 모른다는 것까지 예상하고 대비하여 운전하여야 할 주의의무가 있는지 여부

운전자가 교차로를 사고 없이 통과할 수 있는 상황에서 그렇게 인식하고 교차로에 일단 먼저 진입하였다면 특별한 사정이 없는 한 그에게 과실이 있다고 할 수 없고, 교차로에 먼저 진입한 운전자로서는 이와 교차하는 좁은 도로를 통행하는 피해자가 교통법규에 따라 적절한 행동을 취하리라고 신뢰하고 운전한다고 할 것이므로 특별한 사정이 없는 한 피해자가 자신의 진행속도보다 빠른 속도로 무모하게 교차로에 진입하여 자신이 운전하는 차량과 충격할지 모른다는 것까지 예상하고 대비하여 운전하여야 할 주의의무는 없다고 할 것이다.

[2] 교통정리가 행하여지고 있지 아니하며 좌우를 확인할 수 없는 교차로에 진입하는 운전자에게 통행의 우선 순위와 관계없이 요구되는 주의의무의 내용과 일단 전방 좌우를 살펴 안전하다는 판단하에 먼저 교차로에 진입한 운전자에게 통행의 후순위 차량의 통행법규위반 가능성까지 예상하여 운전하여야 할 주의의무가 있는지 여부(소극)

자동차는 통행의 우선 순위와는 관계없이 교통정리가 행하여지고 있지 아니하며 좌우를 확인할 수 없는 교차로에 있어서는 서행하여야 하고, 교통정리가 행하여지고 있지 아니하는 교통이 빈번한 교차로에서는 일시 정지하여(도로교통법 제27조), 전방과 좌우를 잘 살펴 안전하게 교차로를

진입하고 통과하여야 할 주의의무가 있다고 할 것이지만, 교차로에 진입함에 있어 일단 전방 좌우를 살펴 안전하다는 판단하에 먼저 교차로에 진입한 이상 통행의 후순위 차량의 통행법규위반 가능성까지 예상하여 운전하여야 할 주의의무까지 있다고 할 수는 없을 것이다(대법원 1992.8.18. 선고 92도934 판결).

■ 판례 ■   중앙선이 표시되어 있지 아니한 비포장도로를 운행하는 자동차운전자의 마주 오는 차에 대한 주의의무

중앙선이 표시되어 있지 아니한 비포장도로라고 하더라도 승용차가 넉넉히 서로 마주보고 진행할 수 있는 정도의 너비가 되는 도로를 정상적으로 진행하고 있는 자동차의 운전자로서는, 특별한 사정이 없는 한 마주 오는 차도 교통법규(도로교통법 제12조 제3항등)를 지켜 도로의 중앙으로부터 우측부분을 통행할 것으로 신뢰하는 것이 보통이므로, 마주 오는 차가 도로의 중앙이나 좌측부분으로 진행하여 올 것까지 예상하여 특별한 조치를 강구하여야 할 업무상 주의의무는 없는 것이 원칙이고, 다만 마주 오는 차가 이미 비정상적으로 도로의 중앙이나 좌측부분으로 진행하여 오고 있는 것을 목격한 경우에는, 그 차가 그대로 도로의 중앙이나 좌측부분으로 진행하여 옴으로써 진로를 방해할 것에 대비하여 그 차의 동태에 충분한 주의를 기울여 경음기를 울리고 속도를 줄이면서 도로의 우측 가장자리로 진행하거나 일단 정지하여 마주 오는 차가 통과한 다음에 진행하는 등, 자기의 차와 마주 오는 차와의 접촉충돌에 의한 위험의 발생을 미연에 방지할 수 있는 적절한 조치를 취하여야 할 업무상 주의의무가 있다고 할 것이지만, 그와 같은 경우에도 자동차의 운전자가 업무상 요구되는 적절한 조치를 취하였음에도 불구하고 마주 오는 차의 운전자의 중대한 과실로 인하여 충돌사고의 발생을 방지할 수 없었던 것으로 인정되는 때에는 자동차의 운전자에게 과실이 있다고 할 수 없다(대법원 1992.7.28. 선고 92도1137 판결).

■ 판례 ■   피해자가 피고인이 운전하던 오토바이에 충격되어 도로에 전도된 후 다른 차량에 치어 사망한 경우 피고인의 과실과 피해자의 사망 사이의 인과관계 유무(적극)

피고인이 야간에 오토바이를 운전하다가 도로를 무단횡단하던 피해자를 충격하여 피해자로 하여금 위 도로상에 전도케 하고, 그로부터 약 40초 내지 60초 후에 다른 사람이 운전하던 타이탄트럭이 도로위에 전도되어 있던 피해자를 역과하여 사망케 한 경우, 피고인이 전방좌우의 주시를 게을리한 과실로 피해자를 충격하였고 나아가 이 사건 사고지점 부근 도로의 상황에 비추어 야간에 피해자를 충격하여 위 도로에 넘어지게 한 후 40초 내지 60초 동안 그대로 있게 한다면 후속차량의 운전사들이 조금만 전방주시를 태만히 하여도 피해자를 역과할 수 있음이 당연히 예상되었던 경우라면 피고인의 과실행위는 피해자의 사망에 대한 직접적 원인을 이루는 것이어서 양자간에는 상당인과관계가 있다(대법원 1990.5.22. 선고 90도580 판결).

■ 판례 ■   약 15미터 앞에서 반대차선에서 갑자기 중앙선을 넘어온 오토바이를 충돌한 경우

피고인이 봉고트럭을 운전하여 황색중앙선이 표시된 편도 1차선을 주행하던 중 반대차선으로 오던 피해자 운전의 오토바이가 약 15미터 앞에서 갑자기 중앙선을 넘어오는 바람에 미처 피하지 못하여 사고가 발생하였다면 피고인에게 위 오토바이가 갑자기 중앙선을 넘어 들어 올 것을 예상하여 어떤 조치를 취할 것을 기대할 수는 없다 할 것이므로 업무상 과실책임을 물을 수 없다(대법원 1990.4.24. 선고 89도2547 판결).

3. 중앙선침범사고

1) 적용법조 : 제3조 제2항 제2호 ☞ 공소시효 7년

2) 범죄사실 기재의 기본형식

> – 당시는 야간이고 그곳은 황색실선의 중앙선이 설치된 곳이므로 운전업무에 종사하는 사람
> 으로서는 전방 주시를 철저히 하고 차선을 지켜 안전하게 운행하여야 할 업무상 주의의무
> 가 있었다. 그럼에도 이를 게을리한 채 앞서 진행하는 차량과 지나치게 근접하여 운행하
> 다가 앞서 진행하는 차량이 제동하는 것을 뒤늦게 발견하고 충돌을 피하고자 중앙선을 침
> 범하여 운전한 과실로
> – … 반대차선으로 진행하기 위하여 유턴하게 되었는데, 그곳은 황색실선의 중앙선이 설치된
> 곳이므로 운전업무에 종사하는 사람으로서는 유턴허용 지점에서 유턴해야 할 업무상 주의
> 의무가 있었다. 그럼에도 이를 게을리한 채 중앙선을 침범하여 유턴한 과실로

3) 범죄사실 기재례

[기재례1] 후진하다 중앙선 침범

> 피의자는 20○○. ○. ○. 14:00경 위 승용차를 운전하여 ○○앞 편도 4차선 도로를 ○○
> 방면에서 ○○방면으로 운행 중 그곳 도로 우측에 연결된 위 정비공장 골목길로 진입하였다
> 가 도로공사 중인 관계로 더 진행하지 못하고 후진하여 위 정비공장 골목길 어구에 이르고
> 그곳에서부터 계속하여 도로를 가로질러 후진하여 위 차 뒷부분이 중앙선에 걸칠 때까지 후
> 진하였다가 ○○방면에서 ○○방면으로 도로를 역주행 전진하여 중앙선에서 약 45도 각도로
> 진행해 간 과실로 때마침 ○○방면에서 ○○방면으로 도로 3차선으로 따라 진행해 오던 피
> 해자의 오토바이를 미처 발견하지 못하고 피의자 차량 우측 앞부분으로 위 오토바이 앞바퀴
> 부분을 충돌하여 ○○상을 입게 하였다.

[기재례2] 반대차선 차량 충격

> 피의자는(차량번호, 차종) 운전하는 사람이다.
> 피의자는 20○○. ○. ○. 10:00경 업무로서 위 승용차를 운전하여 ○○시 ○○구 ○○가
> ○○앞길에 이르러 시속 약 50m/h의 속도로 중앙선을 침범한 업무상과실로 반대차선에서
> 직진하던 피해자 홍길동 운전의(차량번호) 승용차 옆부분을 피의자 차 옆부분으로 충격하여
> 피해자로 하여금 약 2주간의 치료를 요하는 다발성좌상등을 입게 하였다.

4) 신문사항

- 자동차를 소유하고 있는가
- 언제 구입하였으며 차량번호는
- 면허는 취득하였는가
- 교통사고를 낸 일이 있는가

- 언제 어디에서 냈는가
- 차선을 준수하였는가
- 어디에서 어디로 가던 중이였나
- 피의자 차량 어느 부분과 피해자 차량 어느 부분이 접촉되었나
- 사고 후 어떤 조치를 하였나

■ 판례 ■   甲이 운전하는 차량에게 들이받힌 차량이 중앙선을 넘으면서 마주오던 차량들과 충격하여 사고가 일어난 경우

[1] 교통사고처리특례법 제3조 제2항 단서 제2호 전단 소정의 '도로교통법 제12조 제3항의 규정에 위반하여 차선이 설치된 도로의 중앙선을 침범하였을 때'의 의미

교통사고처리특례법 제3조 제2항 단서 제2호 전단이 규정하는 '도로교통법 제12조 제3항의 규정에 위반하여 차선이 설치된 도로의 중앙선을 침범하였을 때'라 함은 교통사고의 발생지점이 중앙선을 넘어선 모든 경우를 가리키는 것이 아니라 부득이한 사유가 없이 중앙선을 침범하여 교통사고를 발생케 한 경우를 뜻하며, 여기서 '부득이한 사유'라 함은 진행차로에 나타난 장애물을 피하기 위하여 다른 적절한 조치를 취할 겨를이 없었다거나 자기 차로를 지켜 운행하려고 하였으나 운전자가 지배할 수 없는 외부적 여건으로 말미암아 어쩔 수 없이 중앙선을 침범하게 되었다는 등 중앙선 침범 자체에는 운전자를 비난할 수 없는 객관적 사정이 있는 경우를 말하는 것이며, 중앙선 침범행위가 교통사고 발생의 직접적인 원인이 된 이상 사고장소가 중앙선을 넘어선 반대차선이어야 할 필요는 없으나, 중앙선 침범행위가 교통사고 발생의 직접적인 원인이 아니라면 교통사고가 중앙선 침범운행중에 일어났다고 하여 모두 이에 포함되는 것은 아니다.

[2] 위의 경우 중앙선침범사고로 볼 수 있는지 여부(소극)

피고인 운전차량에게 들이받힌 차량이 중앙선을 넘으면서 마주오던 차량들과 충격하여 일어난 사고가 중앙선침범사고로 볼 수 없다(대법원 1998.7.28. 선고 98도832 판결).

■ 판례 ■   택시운전업무에 종사하는 甲이 사고지점을 진행하다가 이미 내린 눈으로 노면이 결빙된 까닭에 차가 갑자기 미끄러지면서 중앙선을 넘자 제동조치를 취하였음에도 불구하고 계속 전진하여 앞범퍼 부분으로 도로 중앙선에 세워진 교통표지판을 들이받고 회전하면서 차의 진행방향 반대쪽에 있는 보도의 턱을 차의 앞범퍼 부분으로 들이받고 계속하여 차 뒷바퀴가 인도상으로 올라가 차의 우측 뒷부분으로 피해자의 다리 부위를 충격한 경우

[1] 교통사고처리특례법에 의한 처벌특례의 예외사유인 '중앙선 침범' 및 '보도 침범'의 의미

구 교통사고처리특례법(1995. 1. 5. 법률 제4872호로 개정되기 전의 것) 제3조 제2항 단서 제2호 전단소정의 '도로교통법 제13조 제2항의 규정에 위반하여 차선이 설치된 도로의 중앙선을 침범하였을 때'라 함은 교통사고의 발생지점이 중앙선을 넘어선 모든 경우를 가리키는 것이 아니라 부득이한 사유가 없이 중앙선을 침범하여 교통사고를 발생케 한 경우를 뜻하며, 여기서 '부득이한 사유'라 함은 진행차로에 나타난 장애물을 피하기 위하여 다른 적절한 조치를 취할 겨를이 없었다거나 자기 차로를 지켜 운행하려고 하였으나 운전자가 지배할 수 없는 외부적 여건으로 말미암아 어쩔 수 없이 중앙선을 침범하게 되었다는 등 중앙선 침범 자체에는 운전자를 비난할 수 없는 객관적 사정이 있는 경우를 말하는 것이고, 이와 같은 법리는 같은 법 제3조 제2항 단서 제9호소정의 보도 침범의 경우에도 그대로 적용된다.

[2] 위의 사고가 부득이한 사유로 인한 것인지 여부(소극)

중앙선 및 보도 침범이 운전자가 지배할 수 없는 외부적 여건으로 말미암아 어쩔 수 없었던 것이라고 볼 수 없다(대법원 1997.5.23. 선고 95도1232 판결).

■ 판례 ■　　甲이 좌회전이 금지된 장소에서 실제로 중앙선이 그어져 있지 아니한 횡단보도 부분을 통하여 반대차선으로 넘어 들어간 경우

[1] 차선이 접속하는 가상의 경계선인 중앙선을 침범한 사고가 교통사고처리특례법 제3조 제2항 단서 제2호 소정의 중앙선침범사고에 해당하는지 여부

차선이 설치된 도로의 중앙선은 서로 반대방향으로 운행하는 차선이 접속하는 경계선에 다름 아니어서 차선을 운행하는 운전자로서는 특단의 사정이 없는 한 반대차선 내에 있는 차량은 이 경계선을 넘어 들어오지 않을 것으로 신뢰하여 운행하는 것이므로, 부득이한 사유가 없는데도 고의로 이러한 경계선인 중앙선을 넘어 들어가 침범당한 차선의 차량운행자의 신뢰에 어긋난 운행을 함으로써 사고를 일으켰다면 교통사고처리특례법 제3조 제2항 단서 제2호가 정한 처벌특례의 예외규정인 중앙선침범사고에 해당한다.

[2] 본 사안이 '01'항의 중앙선침범사고에 해당하는지 여부(적극)

피고인이 운전하던 차량이 신호등이 설치되어 있지 아니한 횡단보도를 통로로 하여 반대차선으로 넘어 들어가다 충돌사고가 발생한 경우, 그 횡단보도에 황색실선의 중앙선이 곧바로 이어져 좌회전이 금지된 장소인 점 등 사고경위에 비추어 피고인 차량이 넘어간 부분이 횡단보도로서 실제로 중앙선이 그어져 있지 아니하더라도 반대차선에서 오토바이를 운행하던 피해자의 신뢰에 크게 어긋남과 아울러 교통사고의 위험성이 큰 운전행위로서 사고발생의 직접적인 원인이 되었으므로 교통사고처리특례법 제3조 제2항 단서 제2호 소정의 중앙선침범사고에 해당한다(대법원 1995.5.12. 선고 95도512 판결).

■ 판례 ■　　교통사고처리특례법상의 중앙선 침범사고 여부의 판정기준

교통사고처리특례법이 규정하는 중앙선 침범사고는 교통사고가 도로의 중앙선을 침범하여 운전한 행위로 인해 일어난 경우, 즉 중앙선 침범행위가 교통사고 발생의 직접적인 원인이 된 경우를 말하며, 중앙선 침범행위가 교통사고 발생의 직접적인 원인이 아니라면 교통사고가 중앙선 침범운행 중에 일어났다고 하여 이에 포함되는 것은 아니다(대법원 1994.6.28. 선고 94도1200 판결).

■ 판례 ■　　전방의 횡단보도 우측에서 서있는 보행자들을 발견하고 급제동조치를 취하다가 빗길에 미끄러지면서 중앙선을 침범하여 교통사고가 발생한 경우

[1] 교통사고처리특례법 제3조 제2항 단서 제2호 전단 소정의 '차선이 설치된 도로의 중앙선을 침범한 때'의 의미

교통사고처리특례법 제3조 제2항 단서 제2호 전단 소정의 '도로교통법 제13조 제2항의 규정에 위반하여 차선이 설치된 도로의 중앙선을 침범하였을 때'라 함은 교통사고의 발생지점이 중앙선을 넘어선 모든 경우를 가리키는 것이 아니라 부득이한 사유가 없이 중앙선을 침범하여 교통사고를 발생케 한 경우를 뜻하며, 그 부득이한 사유라 함은 진행차선에 나타난 장애물을 피하기 위하여 다른 적절한 조치를 취할 겨를이 없었다거나 자기 차선을 지켜 운행하려고 하였으나 운전자가 지배할 수 없는 외부적 여건으로 말미암아 어쩔 수 없이 중앙선을 침범하게 되었다는 등 중앙선침범 자체에는 운전자를 비난할 수 없는 객관적 사정이 있는 경우를 말한다.

[2] 본 사안이 중앙선침범에 해당하는지 여부(적극)

차량진행방향 좌측으로 휘어지는 완만한 커브길(편도 1차선)을 비오는 상태에서 시속 50Km로 화물자동차를 운전하다가 약 20m 앞 횡단보도 우측에 보행자들이 서있는 것을 발견하고 당황한 나머지 감속을

하기 위하여 급제동조치를 취하다가 차가 빗길에 미끄러지면서 중앙선을 침범하여 반대편 도로변에 있던 피해자들을 차량으로 치어 중상을 입힌 것이라면, 운전자가 진행차선에 나타난 장애물을 피하기 위하여 다른 적절한 조치를 취할 겨를이 없었다고는 할 수 없으며, 또 빗길이라 하더라도 과속상태에서 핸들을 급히 꺾지 않는 한 단순한 급제동에 의하여서는 차량이 그 진로를 이탈하여 중앙선 반대편의 도로변을 덮칠 정도로 미끄러질 수는 없는 것이어서 그 중앙선침범이 운전자가 지배할 수 없는 외부적 여건으로 말미암아 어쩔 수 없었던 것이라고도 할 수 없다 할 것이므로 위의 중앙선 침범은 교통사고 처리특례법 제3조 제2항 단서 제2호 전단에 해당한다(대법원 1991.10.11. 선고 91도1783 판결).

■ **판례** ■ **피고인이 좌회전 전용차선인 1차선에서 만연히 직진하려다 피고인의 차량으로 중앙선이 그어져 있지 아니한 횡단보도 위에 설치된 안전지대를 충격하여 타이어가 터지면서 위 안전지대를 타고 차체가 반대차선 쪽으로 넘어가자 급제동조치를 취하였으나 빗길에 미끄러지면서 피해차량을 충격하였다면, 중앙선침범사고에 해당하는지 여부(소극)**

피고인이 횡단보도 위에 설치된 안전지대 구조물을 미처 발견하지 못한 채 편도 5차선 중 좌회전 전용차선인 제1차선을 이용하여 만연히 직진하려다 피고인의 차량 좌측 앞바퀴 부분으로 위 안전지대의 턱을 충격하여 그 바퀴의 타이어가 터지면서 위 안전지대를 타고 올라갔다가 차체가 반대차선 쪽으로 넘어가자 급제동 조치를 취하였으나 빗길에 미끄러지면서 피해차량을 충격하였고, 피고인의 차량이 반대차선으로 넘어간 통로에 해당되는 도로부분은 횡단보도로서 실제로 중앙선이 그어져 있지 아니하다면, 피고인의 위 중앙선 침범행위가 사고발생의 직접적인 원인이 되었다고 볼 수는 없으므로 교통사고처리특례법 제3조 제2항 제2호 소정의 중앙선 침범사고에 해당하지 아니한다(대법원 1991.5.14. 선고 91도654 판결).

■ **판례** ■ **정차 중인 버스를 앞지르기 하던 화물자동차의 왼쪽 일부가 중앙선을 침범한 상태에서 버스 앞쪽을 통해 오른쪽에서 왼쪽으로 횡단하던 사람을 그 진행차선 내에서 부딪쳐 상해를 입게 한 경우 중앙선침범사고에 해당하는지 여부(소극)**

고인이 화물자동차를 운전하던 중, 도로 오른쪽에 정차하고 있던 시내버스를 앞지르기위하여 화물자동차의 왼쪽 일부가 중앙선을 침범한 상태로 진행하다가, 화물자동차의 진행차선 내에서 화물자동차의 차체 오른쪽 부분으로, 시내버스의 앞쪽으로 나와 오른쪽에서 왼쪽으로 도로를 횡단하던 피해자를 부딪쳐 상해를 입게 한 경우 피고인의 중앙선침범행위로 인하여 위 교통사고가 발생하였다고 볼 수 없으므로 위 사고는 교통사고처리특례법 제3조 제2항 단서 제2호 소정의 중앙선침범사고에 해당하지 아니한다(대법원 1991.2.12. 선고 90도2420 판결).

■ **판례** ■ **트럭의 왼쪽 바퀴를 중앙선 위에 올려놓은 상태에서 운전한 것이 교통사고의 직접적인 원인이 되는지 여부(소극)**

피고인이 트럭을 도로의 중앙선 위에 왼쪽 바깥 바퀴가 걸친 상태로 운행하던 중 피해자가 승용차를 운전하여 피고인이 진행하던 차선으로 달려오다가 급히 자기 차선으로 들어가면서 피고인이 운전하던 트럭과 교행할 무렵 다시 피고인의 차선으로 들어와 그 차량의 왼쪽 앞 부분으로 트럭의 왼쪽 뒷바퀴 부분을 스치듯이 충돌하고 이어서 트럭을 바짝 뒤따라 가던 차량을 들이받았다면, 설사 피고인이 중앙선 위를 달리지 아니하고 정상 차선으로 달렸다 하더라도 사고는 피할 수 없다 할 것이므로 피고인 트럭의 왼쪽 바퀴를 중앙선 위에 올려놓은 상태에서 운전한 것만으로는 위 사고의 직접적인 원인이 되었다고 할 수 없다(대법원 1991.2.26. 선고 90도2856 판결).

■ **판례** ■ **甲이 비가 내려 노면이 미끄러운 고속도로의 주행선을 진행하던 중 추월선상의 차량**

이 자신의 차선으로 갑자기 들어오는 것을 피하다가 빗길에 미끄러져 중앙분리대를 넘어가 반대편 추월선상의 자동차와 충돌한 경우

부득이한 사정으로 할 수 없이 중앙선을 침범한 경우에는 교통사고처리특례법 제3조 제2항 제2호의 중앙선침범에는 해당하지 아니한다 할 것이나 피고인이 고속도로의 주행선을 진행함에 있어서 비가 내려 노면이 미끄러웠고 추월선상에 다른 차가 진행하고 있었으므로 속도를 더 줄이고 추월선상의 차량의 동태를 살피면서 급히 제동할 수 있는 조치를 취하여야 할 주의의무를 게을리 하여 추월선상의 차량이 피고인의 차선으로 갑자기 들어오는 것을 피하다가 빗길에 미끄러져 중앙분리대를 넘어가 반대편 추월선상의 자동차와 충돌한 경우에는 업무상과실치사상죄 및 도로교통법 제108조 위반의 범죄를 구성한다(대법원 1991.1.15. 선고 90도1918 판결).

■ 판례 ■ 택시운전사가 자전거를 타고 앞서 가는 피해자를 피해가려고 중앙선을 약 30cm 침범하여 진행하는데 피해자가 갑자기 좌회전하여 택시앞으로 들어와 충돌한 경우, "차선이 설치된 도로의 중앙선을 침범한 행위"에 해당하는지 여부(소극)

택시운전사가 약 30m 앞에서 같은 방향으로 자전거를 타고 가는 피해자를 피해가기 위하여 중앙선을 약 30cm 침범하여 진행하는데 피해자가 갑자기 자전거를 좌회전하여 위 택시 앞으로 들어오기 때문에 이를 피하지 못해 충격하였다면 교통사고처리특례법 제3조 제2항 제2호 소정의 중앙선침범사고에 해당하지 아니한다(대법원 1991.1.11. 선고 90도2000 판결).

■ 판례 ■ 자동차 운전사가 좌회전이 금지되지 아니한 곳에서 왼쪽으로 난 길로 들어서기 위하여 반대차선에서 진행하여 오는 오토바이를 보고도 충분히 좌회전할 수 있을 것으로 생각하고 반대차선으로 넘어 들어가다가 오토바이에 부딪힌 경우

[1] 특별히 개별적으로 회전 등의 진로변경이 금지된 곳이 아닌 한 황색점선의 중앙선이 표시된 곳에서 좌회전이 가능한지 여부(적극)

비록 중앙선이 표시된 도로라고 하더라도 그 중앙선이 황색점선으로 표시된 것이라면 그곳이 특히 개별적으로 회전 등의 진로변경이 금지된 곳이 아닌 이상 좌회전도 가능한 지점이라고 판단한 것은 정당하다.

[2] "차선이 설치된 도로의 중앙선을 침범한 경우"의 의미

비록 자동차가 도로 양측으로 넘어가는 것이 허용된 황색점선의 중앙선이라고 하더라도, 차의 운전자가 그 중앙선을 침범할 당시의 객관적인 여건으로 보아 장애물을 피하기 위하여 다른 적절한 조치를 취할 겨를이 없는 등의 급박한 사정 때문에 부득이 중앙선을 넘을 필요가 있고, 또 반대방향의 교통에 충분한 주의를 기울이면서 중앙선을 침범하여 반대차선으로 넘어가는 경우가 아닌 한, 교통사고처리특례법 제3조 제2항 단서 제2호 전단 소정의 "도로교통법 제13조 제2항의 규정에 위반하여 차선이 설치된 도로의 중앙선을 침범한 경우"에 해당하는 것이라고 해석하여야 할 것이다.

[3] 본 사안의 경우 중앙선침범사고에 해당하는지 여부(적극)

자동차 운전사가 좌회전이 금지되지 아니한 곳에서 왼쪽으로 난 길로 들어서기 위하여 반대차선으로 넘어들어 갔다면 객관적으로 보아 중앙선을 넘을 필요가 있었다고 하겠지만, 반대차선에서 오토바이가 진행하여 오고 있는 것을 보고도 좌회전하기 위하여 반대차선으로 넘어들어가다가 미처 반대차선을 완전히 벗어나기도 전에 반대차선에서 진행하여 오던 오토바이와 부딪쳤다면, 다른 특별한 사정이 없는 한 피고인이 반대방향의 교통에 충분한 주의를 기울이면서 중앙선을 침범하여 반대차선으로 넘어 들어갔다고 인정하기는 어려운 것이므로, 단지 운전사가 당시 중앙선을 넘을 필요가 있었고 반대방향의 교통을 살펴보고 충분히 좌회전할 수 있을 것으로 생각하였다는 사

유만으로 위 교통사고가 교통사고처리특례법 제3조 제2항 단서 제2호 전단 소정의 중앙선침범사고에 해당하지 아니한다고 할 수 없다(대법원 1990.10.26. 선고 90도1656 판결).

■ **판례** ■ 　트럭운전사가 진행방향 앞에 정차 중인 버스를 추월하기 위하여 중앙선을 침범하여 운행중 마주오던 차와의 충돌을 피하기 위하여 급히 자기차선으로 들어 왔으나 자기차선 앞의 버스를 충격한 경우 "중앙선 침범행위"에 해당하는지 여부(적극)

트럭운전사가 진행방향에 정차 중인 버스를 추월하기 위하여 황색실선인 중앙선을 침범하여 운행중 마주오던 카고트럭과의 충돌을 피하기 위하여 급정거 조치를 취하면서 핸들을 오른쪽으로 꺾어 원래의 자기차선으로 들어왔으나 주행탄력으로 계속 진행하면 도로 옆의 인가를 덮칠 염려가 있는데다가 급회전으로 인하여 차체가 불안정해져서 그 균형을 바로잡기 위하여 다시 핸들을 왼쪽으로 꺾는 바람에 자기차선의 앞에서 막 출발하려는 버스를 충격하여 발생한 교통사고는 트럭운전사의 중앙선침범이란 운행상의 과실을 직접적인 원인으로 하여 발생한 것이라 보아야 하므로 교통사고처리특례법 제3조 제2항 단서 제2호의 "중앙선을 침범한 행위"로 인한 교통사고에 해당한다(대법원 1990.9.25. 선고 90도536 판결).

■ **판례** ■ 　차량이 도로를 가로질러 후진하여 차 뒷부분이 중앙선에 걸치게 된 후 반대방향차선 위로 45도 각도로 운행한 경우 중앙선 침범행위에 해당하는지 여부(적극)

피고인의 자동차가 서울 도봉구 창동 749 한독카독크 정비공장 앞 편도 4차선 도로를 수유리 방면에서 의정부 방면으로 운행중 그곳 도로 우측에 연결된 위 정비공장 골목길로 진입하였다가 도로공사관계로 더 진행하지 못하고 후진하여 위 정비공장 골목길 어구에 이르고 그곳에서부터 편도 4차선 도로를 가로질러 후진하여 차 뒷부분이 중앙선에 걸치게 된 후 의정부 방면에서 수유리 방면으로 운행하려 하였다면 이는 이미 의정부 방면에서 수유리 방면 차선 위로 운행하여야 할 차량이라 할 것이고 그럼에도 불구하고 진행하여야 할 차선을 따라 운행하지 아니하고 반대방향 차선을 따라 45도 각도로 운행하였다면 반대차선을 침범 운행하고 있는 상태에 놓여 있는 행위로서 처음부터 자신의 진행차선 위로 운행하다가 중앙선을 침범 통과하여 반대차선에 이른 경우와 같은 범주에 속하는 행위라 할 것 이므로 교통사고처리특례법 제3조 제2항 단서에서 말하는 중앙선침범행위에 해당한다고 보아야 할 것이다(대법원 1990.6.26. 선고 90도296 판결).

■ **판례** ■ 　전방에 고인 빗물을 피하기 위해 차선을 변경하다가 미끄러지면서 중앙선을 침범하여 교통사고가 발생한 경우

비오는 날 포장도로상을 운행하는 차량이 전방에 고인 빗물을 피하기 위하여 차선을 변경하다가 차가 빗길에 미끄러지면서 중앙선을 침범한 경우는 그 고인 빗물이 차량운행에 지장을 주는 장애물이라고 할 수 없고 가사 장애물이라 하더라도 이를 피하기 위하여 다른 적절한 조치를 취할 겨를이 없었다고도 할 수 없으며 또 빗길이라 하더라도 과속상태에서 핸들을 급히 꺾지 않는 한 단순한 차선변경에 의하여서는 차량이 운전자의 의사에 반하여 그 진로를 이탈할 정도로 미끄러질 수는 없는 것이어서 그 중앙선 침범이 운전자가 지배할 수 없는 외부적 여건으로 말미암아 어쩔 수 없었던 것이라고 할 수 없으므로 그 중앙선 침범이 부득이한 사유에 기한 것이라고는 할 수 없다(대법원 1988.3.22. 선고 87도2171 판결).

■ **판례** ■ 　甲이 황색점선인 중앙선을 넘어서 자동차를 운행한 경우

[1] 황색점선이 교통사고처리특례법 제3조 제2항 제2호의 '중앙선'에 해당하는지 여부

도로교통법 제13조 제2항 및 동법시행규칙 제10조 제1항 별표 1의 6 노면표시 제601호 중앙선표시의 규정들에 의하면 황색점선도 중앙선의 한 종류로서 규정된 것이므로 교통사고처리특례법 제

3조 제2항 제2호의 전단의 차선이 설치된 도로의 '중앙선'에 해당된다.

[2] 본 사안의 경우 도로의 중앙선을 침범한 것인지 여부의 판단기준

황색점선인 중앙선의 경우에 있어서는 그 차선의 성질상 운행당시의 객관적인 여건이 장애물을 피해가야 하는 등 중앙선을 넘을 필요가 있어 반대방향의 교통에 주의하면서 그 선을 넘어가는 경우는 도로교통법 제13조 제2항의 차선에 따른 운행에 해당한다 할 것이나 그와 같은 월선의 필요성도 없고 반대방향의 교통에 주의를 기울이지도 아니한 채 중앙선을 넘어 운행하는 것은 위 특례법 제3조 제2항 제2호 전단의 도로교통법 제13조 제2항에 위반하여 차선이 설치된 도로의 중앙선을 '침범'한 경우에 해당한다고 해석함이 상당하다(대법원 1987.7.7. 선고 86도2597 판결).

■ 판례 ■ 좌회전하기 위해 중앙선을 넘어가다가 충돌사고를 일으킨 경우 교통사고처리특례법 제3조 제2항 제2호 소정의 "중앙선을 침범하였을 때"에의 해당여부

교통사고처리특례법 제3조 제2항 단서 제2호 소정의 "중앙선을 침범하였을 때"라 함은 교통사고가 중앙선을 침범한 행위로 인하여 일어난 경우를 의미하는 것이고 중앙선을 넘어선 지점인 모든 경우를 포함한다 할 수 없으므로 좌회전 지점에서 좌회전하기 위해 중앙선을 넘다가 충돌사고를 일으킨 경우에는 위 단서 제2호 소정의 "중앙선 침범"에 해당하지 않는다(대법원 1984.6.26. 선고 84도981 판결).

4. 제한속도위반사고

1) **적용법조** : 제3조 제2항 제3호☞ 공소시효 7년

2) **범죄사실 기재의 기본형식**

> 그곳은 황색점선의 중앙선이 설치된 우회전 커브 길이고 도로공사 중이어서 제한속도가 매시 30㎞ 지점이므로 자동차운전업무에 종사하는 사람으로서는 차선 및 제한속도를 준수하고 조향장치 및 제동장치를 정확히 조작하여 운전함으로써 사고를 방지할 업무상 주의의무가 있었다. 그럼에도 이를 게을리한 채 제한시속 도를 매시 49㎞ 초과하여 질주하다가 앞서 가는 차량을 발견하고 충돌을 피하고자 중앙선을 침범한 과실로
> ※ 본건은 속도위반과 중앙선 침범의 과실이 경합된 사례

3) **범죄사실 기재례**

> 피의자는(차량번호, 차종) 운전하는 사람이다.
> 피의자는 20○○. ○. ○. 10:00경 업무로서 위 승용차를 운전하여 ○○시 ○○구 ○○가 ○○앞길에 이르러 시속 약 110m/h의 속도로 제한속도를 초과하여 운전한 업무상과실로 위 도로를 횡단하던 피해자 홍길동의 다리를 위 차 앞부분으로 충격하여 피해자에게 약 2주간의 치료를 요하는 다발성좌상등을 입게 하였다.

5. 앞지르기방법 · 금지위반사고

1) **적용법조** : 제3조 제2항 제4호 ☞ 공소시효 7년

2) **범죄사실 기재의 기본형식**

> 그곳은 앞지르기 금지구역이므로 운전업무에 종사하는 사람으로서는 앞지르기하지 말아야 할 업무상 주의의무가 있었다. 그럼에도 이를 게을리한 채 앞지르기를 하기 위하여 그대로 좌측(우측)으로 추월한 과실로

3) **범죄사실 기재례**

> 피의자는(차량번호, 차종) 운전하는 사람이다.
> 피의자는 20○○. ○. ○. 10:00경 업무로서 위 승용차를 운전하여 ○○앞 편도 3차로의 2차선을 주행하게 되었다. 그곳은 심하게 구부러진 도로이므로 운전업무에 종사하는 사람으로서는 앞지르기하지 말아야 할 업무상 주의의무가 있었다.
> 그럼에도 이를 게을리 채 앞서 진행하는 피해자 홍길동 운전의(차량번호, 차종)를 1차선으로 앞지르기한 과실로 피의자 운전의 차 오른쪽 앞범퍼 부분으로 피해자 차 왼쪽 뒷부분을 들이받아 그 충격으로 위 차에 타고 있던 최길동에게 약 2주간의 치료를 요하는 두부좌상을 입게 하였다.

6. 건널목통과방법 위반

1) **적용법조** : 제3조 제2항 제5호 ☞ 공소시효 7년

2) **범죄사실 기재례**

> 피의자는(차량번호, 차종) 운전하는 사람이다.
> 피의자는 20○○. ○. ○. 10:00경 업무로서 위 승용차를 운전하여 ○○앞 편도 3차로의 2차선을 주행하게 되었다. 그곳은 차단기가 설치되지 않은 철도건널목이 위치한 곳이므로 운전업무에 종사하는 사람으로서는 일시 정지하여 운행하는 열차가 없는지 안전함을 확인하고 건널목을 통과하여야 할 업무상 주의의무가 있었다. 그럼에도 경보가 울리고 있는 것을 무시하고 그대로 건널목에 진입하여 운전한 과실로

7. 횡단보도사고

1) 적용법조 : 제3조 제2항 제6호 ☞ 공소시효 7년

2) 범죄사실 기재의 기본형식

- 그곳은 전방에 횡단보도가 설치되어 있으므로 이러한 경우 운전업무에 종사하는 사람으로서는 속도를 줄이고 전방 및 좌우를 잘 살펴 길을 건너는 사람이 있는지를 확인하고 안전하게 운전하여야 할 업무상 주의의무가 있었다. 그럼에도 이를 게을리한 채 그대로 진행한 과실로
- 피해자가 전방에 설치된 횡단보도를 좌측에서 우측으로 횡단하는 것을 발견하였으므로 운전업무에 종사하는 사람으로서는 일시 정지하여 그가 통과하거나 진로를 양보하는 것을 기다렸다가 진행하여야 할 업무상 주의의무가 있었다. 그럼에도 이를 게을리한 채 그대로 진행한 과실로

3) 범죄사실 기재례

[기재례1] 횡단하는 피해자 충격

피의자는(차량번호) 승용 차량을 운전하는 사람이다.

피의자는 20○○. ○. ○. 20:40경 위 차량을 운전하여 ○○에 있는 현충탑 앞 편도 2차로 중 1차로를 ○○방면에서 ○○방면으로 시속 40km로 진행하게 되었다. 그곳은 전방에 횡단보도가 설치되어 있으므로 이러면 자동차의 운전업무에 종사하는 사람으로서는 속도를 줄이고 전방 및 좌우를 잘 살펴 길을 건너는 사람이 있는지를 확인하고 안전하게 운전하여야 할 업무상의 주의의무가 있었다.

그럼에도 이를 게을리한 채 그대로 진행한 과실로, 마침 진행 방향 우측에서 좌측으로 횡단보도상을 건너던 피해자 홍길녀(여, 15세)를 위 차량의 앞부분으로 들이받아, 그 충격으로 위 피해자로 하여금 약 6주간의 치료를 요하는 좌측척골주두골절 등의 상해를 입게 하였다.

[기재례2] 횡단하는 피해자 충격

피의자는(차량번호, 차종) 운전하는 사람이다.

피의자는 20○○. ○. ○. 11:00경 업무로서 위 차량을 운전하고 ○○앞길을 ○○쪽에서 ○○방면으로 시속 약 50m/h로 운전하면서, 피해자 홍길동이 전방에 설치된 횡단보도를 횡단하는 것을 발견하였으면 일시 정지하고 그가 통과하거나 진로를 양보하는 것을 기다렸다가 진행하여야 함에도 막연히 진행한 과실로 피의자의 차량 앞범퍼로 위 피해자의 몸을 받아 넘어뜨려 2주간의 치료를 요하는 두부좌상을 입게 하였다.

■ 판례 ■ 보행등이 설치되어 있지 아니한 횡단보도를 진행하는 차량의 운전자가 인접한 교차로의 차량진행신호에 따라 진행하다 교통사고를 낸 경우, 횡단보도에서의 보행자보호의무 위반의 책임을 지게 되는지 여부(적극)

횡단보도에 보행자를 위한 보행등이 설치되어 있지 않다고 하더라도 횡단보도표시가 되어 있는 이상 그 횡단보도는 도로교통법에서 말하는 횡단보도에 해당하므로, 이러한 횡단보도를 진행하는 차량의 운전자가 도로교통법 제24조 제1항의 규정에 의한 횡단보도에서의 보행자보호의무를 위반하여 교통사고를 낸 경우에는 교통사고처리특례법 제3조 제2항 단서 제6호 소정의 횡단보도에서의 보행자보호의무 위반의 책임을 지게 되는 것이며, 비록 그 횡단보도가 교차로에 인접하여 설치되어 있고 그 교차로의 차량신호등이 차량진행신호였다고 하더라도 이러한 경우 그 차량신호등은 교차로를 진행할 수 있다는 것에 불과하지, 보행등이 설치되어 있지 아니한 횡단보도를 통행하는 보행자에 대한 보행자보호의무를 다하지 아니하여도 된다는 것을 의미하는 것은 아니므로 달리 볼 것은 아니다(대법원 2003.10.23. 선고 2003도3529 판결).

■ 판례 ■ 보행신호등의 녹색등화가 점멸되고 있는 상태에서 횡단보도에 진입한 보행자가 보행신호등이 적색등화로 변경된 후 차량신호등의 녹색등화에 따라 진행하던 차량에 충격된 경우, 횡단보도상의 사고에 해당하는지 여부(소극)

도로를 통행하는 보행자나 차마는 신호기 또는 안전표지가 표시하는 신호 또는 지시 등을 따라야 하는 것이고(도로교통법 제5조), '보행등의 녹색등화의 점멸신호'의 뜻은, 보행자는 횡단을 시작하여서는 아니되고 횡단하고 있는 보행자는 신속하게 횡단을 완료하거나 그 횡단을 중지하고 보도로 되돌아와야 한다는 것인바(도로교통법시행규칙 제5조 제2항 [별표 3]), 피해자가 보행신호등의 녹색등화가 점멸되고 있는 상태에서 횡단보도를 횡단하기 시작하여 횡단을 완료하기 전에 보행신호등이 적색등화로 변경된 후 차량신호등의 녹색등화에 따라서 직진하던 피고인 운전차량에 충격된 경우에, 피해자는 신호기가 설치된 횡단보도에서 녹색등화의 점멸신호에 위반하여 횡단보도를 통행하고 있었던 것이어서 횡단보도를 통행중인 보행자라고 보기는 어렵다고 할 것이므로, 피고인에게 운전자로서 사고발생방지에 관한 업무상 주의의무위반의 과실이 있음은 별론으로 하고 도로교통법 제24조 제1항 소정의 보행자보호의무를 위반한 잘못이 있다고는 할 수 없다(대법원 2001.10.9. 선고 2001도2939 판결).

■ 판례 ■ "보행자가 횡단보도를 통행하고 있는 때"의 의미

도로교통법 제48조 제3호의 보행자가 횡단보도를 통행하고 있는 때라고 함은 사람이 횡단보도에 있는 모든 경우를 의미하는 것이 아니라 도로를 횡단할 의사로 횡단보도를 통행하고 있는 경우에 한한다 할 것이므로 피해자가 사고 당시 횡단보도상에 엎드려 있었다면 횡단보도를 통행하고 있었다고 할 수 없음이 명백하여 그러한 피해자에 대한 관계에 있어서는 횡단보도상의 보행자 보호의무가 있다고 할 수 없다(대법원 1993.8. 13. 선고 93도1118 판결).

■ 판례 ■ 손수레를 끌고 횡단보도를 건너는 사람이 '보행자'에 해당하는지 여부(적극)

손수레가 도로교통법 제2조 제13호에서 규정한 사람의 힘에 의하여 도로에서 운전되는 것으로서 '차'에 해당하고 이를 끌고 가는 행위를 차의 운전행위로 볼 수 있다 하더라도 손수레를 끌고가는 사람이 횡단보도를 통행할 때에는 걸어서 횡단보도를 통행하는 일반인과 마찬가지로 보행자로서의 보호조치를 받아야 할 것이므로 손수레를 끌고 횡단보도를 건너는 사람은 교통사고처리특례법

제3조 제2항 제6호 및 도로교통법 제48조 제3호에서 규정한 '보행자'에 해당한다고 해석함이 상당하다(대법원 1990.10.16. 선고 90도761 판결).

■ 판례 ■ 　도로의 바닥에 페인트로 칠한 횡단보도표시가 피고인이 진행하는 반대 차선쪽은 거의 지워진 상태이나 피고인이 운행하는 쪽은 횡단보도인 점을 식별할 수 있는 지점에서 발생한 교통사고가 횡단보도상의 사고인지 여부(적극)

횡단보도의 표지판이나 신호대가 설치되어 있지는 않으나 도로의 바닥에 페인트로 횡단보도표시를 하여 놓은 곳으로서 피고인이 진행하는 반대 차선쪽은 오래되어 거의 지워진 상태이긴 하나 피고인이 운행하는 차선쪽은 횡단보도인 점을 식별할 수 있을 만큼 그 표시가 되어 있는 곳에서 교통사고가 난 경우에는 교통사고가 도로교통법상 횡단보도상에서 일어난 것으로 인정된다(대법원 1990.8.10. 선고 90도1116 판결).

■ 판례 ■ 　횡단보행자용 신호기가 일시 고장난 상태로 횡단보도표시만 되어 있는 곳이 "횡단보도"에 해당하는지 여부(적극)

시.도지사가 설치한 횡단보도에 횡단보행자용 신호기가 설치되어 있는 경우에는, 횡단보도 표지판이 설치되어 있지 않더라도 횡단보행표시만 설치되어 있으면, 도로교통법시행규칙 제9조 소정의 횡단보도의 설치기준에 적합한 횡단보도가 설치되었다고 보아야 할 것임은 물론, 횡단보행자용 신호기가 고장이 나서 신호등의 등화가 하루쯤 점멸되지 않는 상태에 있더라도, 그 횡단보도는 교통사고처리특례법 제3조 제2항 단서 제6호 소정의 "도로교통법 제48조 제3호의 규정에 의한 횡단보도"라고 인정하여야 할 것이다(대법원 1990.2.9. 선고 89도1696 판결).

■ 판례 ■ 　차량진행신호시 횡단보도 앞에서 감속, 일단정지하지 않은 것의 횡단보도에서의 보행자보호의무위반 여부

교통사고발생당시의 신호가 차량진행신호였다면 사고지점이 비록 교통신호대가 있는 횡단보도상이라 하더라도 운전자가 그 횡단보도앞에서 감속하거나 일단정지하지 아니하였다 하여 구 도로교통법(1984.8.4 법률 제3744호로 개정되기 전의 것) 제44조 제3호 소정의 횡단보도에서의 보행자보호의무를 위반하였다 할 수 없다(대법원 1985.9.10. 선고 85도1228 판결).

■ 판례 ■ 　도로교통법 제27조 제1항에 정한 '횡단보도에서의 보행자보호의무의 대상'에 보행신호등의 녹색등화가 점멸하고 있는 동안에 횡단보도를 통행하는 보행자도 포함되는지 여부(적극)

보행신호등의 녹색등화 점멸신호는 보행자가 준수하여야 할 횡단보도의 통행에 관한 신호일 뿐이어서, 보행신호등의 수범자가 아닌 차의 운전자가 부담하는 보행자보호의무의 존부에 관하여 어떠한 영향을 미칠 수 없다. 이에 더하여 보행자보호의무에 관한 법률규정의 입법 취지가 차를 운전하여 횡단보도를 지나는 운전자의 보행자에 대한 주의의무를 강화하여 횡단보도를 통행하는 보행자의 생명·신체의 안전을 두텁게 보호하려는 데 있는 것임을 감안하면, 보행신호등의 녹색등화의 점멸신호 전에 횡단을 시작하였는지 여부를 가리지 아니하고 보행신호등의 녹색등화가 점멸하고 있는 동안에 횡단보도를 통행하는 모든 보행자는 도로교통법 제27조 제1항에서 정한 횡단보도에서의 보행자보호의무의 대상이 된다(대법원 2009.5.14. 선고 2007도9598 판결).

8. 무면허운전사고

1) 적용법조 : 제3조 제2항 제7호 ☞ 공소시효 7년

2) 범죄사실 기재의 기본형식

> 피의자는 서울8하1234호 화물트럭 운전업무에 종사하는 사람이다.
> 2007. 3. 17. 00:30경 자동차운전면허를 받지 아니하고 혈중알코올농도 0.145%의 술에 취한 상태로 위 화물트럭을 운전하고 …〈상황설시〉… 운전업무에 종사하는 사람으로서는 …〈주의의무 설시〉… 업무상 주의의무가 있었다. 그럼에도 불구하고 술에 취하여 이를 게을리 한 채 …〈과실유형 설시〉…한 과실로
> ※ 무면허운전, 음주운전은 운전한 행위 자체가 과실에 해당할 수 있음.

3) 범죄사실 기재례

> 피의자는(차량번호, 차종)운전자로서 운전면허가 없었다.
> 피의자는 20○○. ○. ○. 20:00경 위 차량을 운전하고 ○○시 ○○구 ○○가 ○○앞길을 ○○쪽에서 ○○방면으로 시속 약 50m/h로 진행하게 되었다. 운전업무에 종사하는 사람으로서는 항상 전방을 세밀히 살펴 진로의 안전을 확인하고 운행하여 사고를 미리 막아야 할 업무상의 주의의무가 있었다.
> 그럼에도 불구하고 아무런 사고 없으리라 가볍게 생각하고 이를 게을리한 채 막연히 진행한 과실로 때마침 그곳 노변을 따라 피의자 진행 방향과 반대 방향으로 자전거를 타고 마주 오던 피해자 홍길동을 2, 3m 전방에서 발견하고 급제동 조치를 취하였으나 피하지 못하고 차량 앞범퍼 부분으로 피해자 운전의 자전거 앞부분을 충돌하여 넘어뜨림으로써 피해자에게 3주간의 치료를 요하는 우측경골골절상 등을 입게 함과 동시에 위 자전거의 타이어 파손 등 수리비 ○○원 상당의 재물을 손괴하였다.

■ **판례** ■ **무면허 운전행위와 주취 운전행위가 상상적 경합관계인지의 여부(적극)**

형법 제40조에서 말하는 1개의 행위란 법적 평가를 떠나 사회관념상 행위가 사물자연의 상태로서 1개로 평가되는 것을 말하는 바, 무면허인데다가 술이 취한 상태에서 오토바이를 운전하였다는 것은 위의 관점에서 분명히 1개의 운전행위라 할 것이고 이 행위에 의하여 도로교통법 제111조 제2호, 제40조와 제109조 제2호, 제41조 제1항의 각 죄에 동시에 해당하는 것이니 두 죄는 형법 제40조의 상상적 경합관계에 있다고 할 것이다(대법원 1987.2.24. 선고 86도2731 판결).

9. 주취 중 운전사고(※ 주취운전 중 인사사고는 2007. 12. 21.부터 특가법 제5조의11 적용)

1) 적용법조 : 제3조 제2항 제8호 ☞ 공소시효 7년

2) 범죄사실 기재례

[기재례1] 음주운전으로 자전거를 타고 가는 피해자 충격

> 피의자는(차량번호, 차종) 운전업무에 종사하는 사람이다.
> 피의자는 20○○. ○. ○. 20:00경 혈중알코올농도 0.11%의 술에 취한 상태로 ○○앞길을 ○○쪽에서 ○○방면으로 진행하였는바, 운전업무에 종사하는 사람으로서는 항상 맑은 정신상태에서 앞을 잘 살피고 운행하여 사고를 미리 막아야 할 업무상의 주의의무가 있었다.
> 그럼에도 불구하고 위와 같이 술을 먹고 앞을 잘 살피지 아니하고 진행한 과실로 같은 방향으로 자전거를 타고 가던 피해자 홍길동에게 2주간의 치료를 요하는 우대퇴부좌상 등을 입게 하였다.

[기재례2] 음주 후 보행자 충격

> 피의자는(차량번호, 차종) 운전업무에 종사하는 사람이다.
> 피의자는 20○○. ○. ○. 03:50경 혈중 알코올 농도 0.108%의 술에 취한 상태에서 위 승용차를 운전하여 ○○앞길을 ○○방면에서 ○○방면으로 진행하면서 차량 정지신호를 위반하고 진행한 업무상과실로 보행자 신호에 따라 횡단보도를 건너는 피해자 홍길동(35세)을 피의자 차량 앞범퍼 부분으로 들이받아 피해자에게 약 8주간의 치료를 요하는 오른쪽 견갑골 골절상 등을 입게 하였다.

3) 신문사항
- 자동차를 소유하고 있는가
- 언제 구입하였으며 차량번호는
- 면허는 취득하였는가
- 술에 취한 상태에서 운전한 일 있는가
- 언제 어디에서 운전하였나
- 언제 어디에서 먹었나
- 어떤 술을 얼마만큼 먹었나
- 음주 후 바로 운전하였는가
- 위와 같이 운전하다 교통사고를 낸 일이 있는가
- 어떤 사고를 냈는가
- 차량수리비는 배상해 주었는가
- 언제 어디에서 음주 측정을 하였는가
- 측정결과 음주수치는 어느 정도인가

이때 피의자가 음주측정 후 서명한 주취운전자음주측정서를 보여주며
- 이러한 내용이 맞는가
- 왜 음주운전을 하였는가

■ 판례 ■ 　교통사고처리특례법 소정의 주취운전은 도로교통법상의 도로가 아닌 곳에서의 주취운전도 포함하는지 여부(소극)

교통사고처리특례법 제3조 제2항 단서 제8호는 도로교통법 제41조 제1항의 규정에 위반하여 주취 중에 운전한 경우를 들고 있으므로, 위 특례법 소정의 주취운전이 도로교통법상의 도로가 아닌 곳에서의 주취운전을 포함하는 것으로 해석할 수는 없다(대법원 1996.10.25. 선고 96도1848 판결).

10. 보도침범 · 횡단방법위반사고

1) **적용법조** : 제3조 제2항 제9호 　☞　공소시효 7년

2) **범죄사실 기재의 기본형식**

> - …에 이르러 건물 지하주차장으로 진입하기 위하여 보도를 횡단하게 되었으므로 운전업무에 종사하는 사람으로서는 일시 정지하여 통행하는 보행자가 없는 것을 확인하고 운전하여야 할 업무상 주의의무가 있었다. 그럼에도 이를 게을리한 채 보도를 침범하여 운전한 과실로
> - 그곳은 보행자의 통행을 위한 보도가 설치된 곳이므로 운전업무에 종사하는 사람으로서는 보도로 운행하지 말아야 할 업무상 주의의무가 있었다. 그럼에도 불구하고 이를 게을리한 채 주차하기 위해 보도로 진입하여 운전한 과실로

3) **범죄사실 기재례 - 과로운전**

> 피의자는(차량번호, 차종) 운전업무에 종사하는 사람이다.
> 피의자는 20○○. ○. ○. 11:00경 업무로서 위 차량을 운전하고 ○○ 앞길을 ○○쪽에서 ○○방면으로 운행하게 되었다. 운전업무에 종사하는 자는 충분한 휴식을 취하는 등 안전운전을 위한 제반 조치를 다 해야 함에도 20여 시간 계속하여 운전함에 따른 과로로 인하여 줄면서 운전한 과실로 위 도로에 접한 보도를 침범함으로써 마침 위 보도 상을 보행하던 피해자 홍길동을 위 차의 앞범퍼 부분으로 들이받아 2주간의 치료를 요하는 우대퇴부좌상 등을 입게 하였다.

■ 판례 ■ 　'중앙선 침범' 및 '보도침범' 의 의미

구 교통사고처리특례법(1995. 1. 5. 법률 제4872호로 개정되기 전의 것) 제3조 제2항 단서 제2호 전단소정의 '도로교통법 제13조 제2항의 규정에 위반하여 차선이 설치된 도로의 중앙선을 침범하였을 때'라 함은 교통사고의 발생지점이 중앙선을 넘어선 모든 경우를 가리키는 것이 아니라 부득이한 사유가 없이 중앙선을 침범하여 교통사고를 발생케 한 경우를 뜻하며, 여기서 '부득이한 사유'라 함은 진행차로에 나타난 장애물을 피하기 위하여 다른 적절한 조치를 취할 겨를이 없었다거나

자기 차로를 지켜 운행하려고 하였으나 운전자가 지배할 수 없는 외부적 여건으로 말미암아 어쩔 수 없이 중앙선을 침범하게 되었다는 등 중앙선 침범 자체에는 운전자를 비난할 수 없는 객관적 사정이 있는 경우를 말하는 것이고, 이와 같은 법리는 같은 법 제3조 제2항 단서 제9호소정의 보도 침범의 경우에도 그대로 적용된다(대법원 1997.5.23. 선고 95도1232 판결).

11. 승객의 추락방지 의무위반사고

1) 적용법조 : 제3조 제2항 제10호   ☞   공소시효 7년

2) 범죄사실 기재의 기본형식

- 승객을 하차시키기 위하여 정차하였다가 출발하게 되었는데, 운전업무에 종사하는 사람으로서는 승객의 승·하차를 확인하고 타고 내리는 문을 확실하게 닫은 후 안전하게 출발함으로써 승객이 버스에서 떨어지는 것을 방지하여야 할 업무상 주의의무가 있었다. 그럼에도 이를 게을리한 채 문이 열린 상태에서 그대로 출발한 과실로

3) 범죄사실 기재례

피의자는(차량번호, 차종) 운전업무에 종사하는 사람이다.
피의자는 20○○. ○. ○. 11:00경 업무로서 위 차량을 운전하고 ○○시 ○○구 ○○가 ○○ 앞 버스정류장에 일시 정지하였다가 우 정류장에서 ○○쪽으로 출발하게 되었는데, 운전업무에 종사하는 사람으로서는 승객의 승·하차를 확인하고 타고 내리는 문을 확실하게 닫은 후 안전하게 출발함으로써 승객이 버스에서 떨어지는 것을 방지하여야 할 업무상 주의의무가 있었다. 그럼에도 이를 게을리한 채 문이 열린 상태에서 그대로 출발한 과실로 마침 승차 중이던 피해자 홍길동을 차도에 전도케 하여 그 충격으로 위 피해자에게 약 3주간의 치료를 요하는 뇌진탕상을 입게 하였다.

■ 판례 ■   화물자동차 운전자 甲이 화물차 적재함에서 작업하던 피해자가 차에서 내린 것을 확인하지 않은 채 출발함으로써 피해자가 추락하여 상해를 입게 된 경우
[1] 교통사고처리특례법 제3조 제2항 단서 제10호 소정의 '승객의 추락방지의무'의 의미
교통사고처리특례법 제3조 제2항 단서 제10호는 "도로교통법 제35조 제2항의 규정에 의한 승객의 추락방지의무를 위반하여 운전한 경우"라고 규정함으로써 그 대상을 "승객"이라고 명시하고 있고, 도로교통법 제35조 제2항 역시 "모든 차의 운전자는 '운전중' 타고 있는 사람 또는 타고 내리는 사람이 떨어지지 아니하도록 하기 위하여 문을 정확히 여닫는 등 필요한 조치를 취하여야 한다."고 규정하고 있는 점에 비추어 보면, 위 특례법 제3조 제2항 단서 제10호 소정의 의무는 그것이 주된 것이든 부수적인 것이든 사람의 운송에 공하는 차의 운전자가 그 승객에 대하여 부담하는 의무라고 보는 것이 상당하다.
[2] 甲이 3조 제2항 단서 제10호 소정의 의무를 위반하여 운전한 경우에 해당하는지 여부(소극)
교통사고처리특례법 제3조 제2항 단서 제10호 소정의 의무를 위반하여 운전한 경우에 해당하지 않는다(대법원 2000.2.22. 선고 99도3716 판결).

■ 판례 ■   교통사고처리특례법 제3조 제2항 단서 제10호소정의 '추락방지의무위반'의 의미

[1] 사실관계

피고인은 주식회사 동성교통 소속 시내버스 운전수로서 1995. 11. 19. 06:50경 위 회사소속 버스를 운전하여 성남시 중원구 상대원동에 있는 상대원시장 버스정류장에 정차하여 피해자 김장열(58세) 등 승객을 하차시키게 되었는데, 이러한 경우 운전업무에 종사하는 자로서는 타고 내리는 승객이 떨어지지 아니하도록 문을 정확히 여닫는 등 필요한 조치를 취하여 사고를 미연에 방지할 주의의 무가 있음에도 불구하고 피해자가 안전하게 내리는 것을 확인하지 아니한 채 문을 닫고 그대로 출발한 과실로, 마침 위 버스에서 내리던 피해자의 치마가 버스 출입문에 걸리면서 피해자로 하여금 도로 상에 넘어져 약 2주간의 치료를 요하는 뇌진탕상 등을 입게 한 것이다.

[2] 판결요지

교통사고처리특례법 제3조 제2항 단서 제10호에서 말하는 '도로교통법 제35조 제2항의 규정에 의한 승객의 추락방지의무를 위반하여 운전한 경우'라 함은 도로교통법 제35조 제2항에서 규정하고 있는 대로 '차의 운전자가 타고 있는 사람 또는 타고 내리는 사람이 떨어지지 아니하도록 하기 위하여 필요한 조치를 하여야 할 의무'를 위반하여 운전한 경우를 말하는 것이 분명하고, 차의 운전자가 문을 여닫는 과정에서 발생한 일체의 주의의무를 위반한 경우를 의미하는 것은 아니므로, 승객이 차에서 내려 도로상에 발을 딛고 선 뒤에 일어난 사고는 승객의 추락방지의무를 위반하여 운전함으로써 일어난 사고에 해당하지 아니한다(대법원 1997.6.13. 선고 96도3266 판결).

12. 기타 사고 유형별

보행자등 충돌사고	• 전방 좌우를 잘 살펴 진로의 안전을 확인하여야 할 업무상의 주의의무가 있었다. 그럼에도 이를 게을리한 채 보행자가 진로상에 있는 것을(뒤늦게 발견, 발견치 못한) 과실로
	• 피해자 甲이 도로변에 있는 것을 보았으므로 그 동정을 살피고 속도를 줄여 충분한 간격을 두고 피해가거나 일단정지 하였다가 진행하여야 할 업무상의 주의의무가 있었다. 그럼에도 이를 게을리한 채 운전한 과실로
	• 그곳은 장애물의 출현이 예상되는 지점이므로 속도를 줄이고 전방과 좌우를 잘 살펴 진로가 안전함을 확인하고 운전하여야 할 업무상의 주의의무가 있었다. 그럼에도 이를 게을리한 채 그대로 운전한 과실로
	• 당시는 야간으로서 반대방향에서 오는 차량 등의 전조등 불빛 등으로 인하여 전방 주시가 어려웠으므로 속도를 줄이고 전방좌우를 잘 살펴 운전하여야 할 업무상의 주의의무가 있었다. 그럼에도 이를 게을리한 채 운전한 과실로
회전시의 사고	• (좌회전, 우회전)하기에 앞서 진로 전방좌우를 잘 살펴 진로가 안전함을 확인한 후 (좌회전, 우회전)하여야 잘 살펴 운전하여야 할 업무상의 주의의무가 있었다. 그럼에도 이를 게을리한 채 그대로(좌회전, 우회전)한 과실로
	• 그곳은(좌회전, 진입) 금지지역이므로(좌회전, 진입) 하지 말아야 할 업무상주의 의무가 있었다. 그럼에도 이를 게을리한 채 그대로(좌회전, 진입)한 과실로

횡단보도 상의 사고	• 전방에 횡단보도가 설치되어 있으므로 속도를 줄이고 전방 및 좌우를 잘 살펴 길을 건너는 사람이 있는지의 여부를 확인하고 운전하여야 할 업무상의 주의의무가 있었다. 그럼에도 이를 게을리한 채 그대로 운전한 과실로 • 피해자 갑이 전방에 설치된 횡단보도를 횡단하는 것을 발견하였으면 일시정지하고 그가 통과하거나 또는 진로를 양보하는 것을 기다렸다가 진행하여야 할 업무상의 주의의무가 있었다. 그럼에도 이를 게을리한 채 그대로 운전한 과실로
교차로 진입사고	• 그곳은 교통정리가 행하여지는 곳이므로 서행하여야 하며 그 신호에 따라 운전하여야 할 업무상의 주의의무가 있었다. 그럼에도 이를 게을리한 채 신호를 위반하여(좌회전, 우회전, 직행)한 과실로 • 그곳은 교통정리가 행하여지지 않은 곳이므로 속도를 줄이거나 일시정지하여 교차하는 차량들이 있는지 여부를 확인하고 운전하여야 할 업무상의 주의의무가 있었다. 그럼에도 이를 게을리한 채(좌회전, 우회전, 직행)한 과실로 • (좌, 우)측으로부터 위 교차로에 진입하려는 피해자 갑(甲)이 운전하는(차량번호)를 발견하였으면 속도를 줄이고 그 동정을 살피면서 운전하여야 할 업무상의 주의의무가 있었다. 그럼에도 이를 게을리한 채(좌회전, 우회전, 직행)한 과실로
차량등 충돌사고	• 전방 및 좌우를 잘 살피고 조향 및 제동장치를 정확하게 조작하여야 할 업무상의 주의의무가 있었다. 그럼에도 이를 게을리한 채 그대로 운전한 과실로 • 같은 방향으로 앞서가는 피해자 갑(甲)이 운전하는(차량번호, 차종)의 뒤를 따라 가게 되었으므로 그 동정을 살피고 위 차가(정지, 진로 전방으로 진입)할 경우 피할 수 있는 안전거리를 유지하여야 할 업무상의 주의의무가 있었다. 그럼에도 이를 게을리한 채 그대로 운전한 과실로 • 당시 그곳은 길이 미끄러웠으므로 조향 및 제동장치를 정확하게 조작하고 미리 속도를 조절하여 급격한 제동조치를 피하여야 할 업무상의 주의의무가 있었다. 그럼에도 이를 게을리한 채 급제동장치를 하여 위 자동차를 길 위에 미끄러지게 한 과실로
앞지르기 · 교행시사고	• 전방우측(앞에 정차하고 있는, 에서 앞서가는)자동차를 앞지르게 되었으므로 전방좌우를 자세히 살피고 도로상황에 따라서 경음기등으로 신호를 보내면서 안전한 속도와 방법으로 진행하야야 할 업무상의 주의의무가 있었다. 그럼에도 이를 게을리한 채(중앙선을 침범하여)그대로 운전한 과실로 • 전방우측(에 정차하고 있는, 에서 마주오고 있는)차량을 교행하게 되었으므로 속도를 줄이고 그 뒤쪽을 잘 살피면서 운전하여야 할 업무상의 주의의무가 있었다. 그럼에도 이를 게을리한 채 그대로 교행한 과실로 • 차로를 변경할 경우 미리 손 또는 방향지시 등으로 그 방향 변경을 미리 알리고 전후좌우의 교통상황을 잘 살피며 차로를 변경하여야 할 업무상의 주의의무가 있었다. 그럼에도 이를 게을리한 채 그대로(좌, 우)측으로 차로를 변경한 과실로 • 그곳은 앞지르기 금주구역이므로 앞지르기를 하지 말아야 할 업무상의 주의의무가 있었다. 그럼에도 이를 게을리한 채 앞지르기 위하여 만연히(좌, 우)측으로 차로를 침범 운전한 과실로 • 그곳은(좌회전, 우회전)커브길이므로 자기 차로를 지켜 안전하게 운전하여야 할 업무상의 주의의무가 있었다. 그럼에도 이를 게을리 하고(좌, 우)측으로 차로를 침범하여 운전한 과실로

출발후진 시의 사고	• 진로 전방 및 좌우를 살펴 진로가 안전함을 확인하고 출발하여야 할 업무상의 주의 의무가 있었다. 그럼에도 이를 게을리한 채 그대로 운전한 과실로
	• 출발전 후사경 또는 안내원의 신호에 따라 승객이 안전하게 승·하차하였는지 여부 및 출입문이 안전하게 닫혀 있는지 여부를 확인하여야 할 업무상의 주의의무가 있었 다. 그럼에도 이를 게을리한 채 그대로 운전한 과실로
	• 미리 후진신호를 하고, 후방 및 좌우를 잘 살펴 안전을 확인하고 후진하여야 할 업 무상의 주의의무가 있었다. 그럼에도 이를 게을리한 채 그대로 운전한 과실로
기 타	• 그곳은 비포장도로로서 도로변의 지반이 약한 곳이므로 자동차를 도로변에 근접시 키지 말아야 할 업무상 주의의무가 있었다. 그럼에도 이를 게을리 한 채 위 자동차 를 우측(좌측) 도로변에 지나치게 근접시켜 운전한 과실로

■ 판례 ■　'보험 또는 공제에 가입된 경우'의 의미

[1] 교통사고처리 특례법상 형사처벌 등 특례의 적용대상이 되는 '보험 또는 공제에 가입된 경우'의 의미

교통사고처리 특례법(이하 '특례법'이라고 한다)의 목적 및 취지와 아울러 특례법 제4조 제2항에 서 제1항의 '보험 또는 공제'의 정의에 관하여 '보험업법에 따른 보험회사나 여객자동차 운수 사업법 또는 화물자동차 운수사업법에 따른 공제조합 또는 공제사업자가 인가된 보험약관 또는 승 인된 공제약관에 따라 피보험자와 피해자 간 또는 공제조합원과 피해자 간의 손해배상에 관한 합 의 여부와 상관없이 피보험자나 공제조합원을 갈음하여 피해자의 치료비에 관하여는 통상비용의 전액을, 그 밖의 손해에 관하여는 보험약관이나 공제약관으로 정한 지급기준금액을 대통령령으로 정하는 바에 따라 우선 지급하되, 종국적으로는 확정판결이나 그 밖에 이에 준하는 집행권원상 피 보험자 또는 공제조합원의 교통사고로 인한 손해배상금 전액을 보상하는 보험 또는 공제'라고 명 시하고 있음에 비추어 볼 때, 위 특례법상 형사처벌 등 특례의 적용대상이 되는 '보험 또는 공제 에 가입된 경우'란 '교통사고를 일으킨 차'가 위 보험 등에 가입되거나 '그 차의 운전자'가 차의 운행과 관련한 보험 등에 가입한 경우에 그 가입한 보험에 의하여 특례법 제4조 제2항에서 정하고 있는 교통사고 손해배상금 전액의 신속·확실한 보상의 권리가 피해자에게 주어지는 경우 를 가리킨다.

[2] 피고인이 자전거를 운전하고 가다가 전방 주시를 게을리한 과실로 피해자 甲을 들이받아 상해를 입게 하 여 교통사고처리 특례법 위반으로 기소되었는데, 자전거는 보험에 가입되지 않았으나 피고인이 별도로 배상책 임액을 1억 원 내로 하는 내용의 종합보험에 가입한 사안

피고인이 가입한 보험은 보상한도금액이 1억 원에 불과하여 1억 원을 초과하는 손해가 발생한 경 우 甲은 위 보험에 의하여 보상을 받을 수 없으므로, 이러한 형태의 보험은 피보험자의 교통사고 로 인한 손해배상금의 전액보상을 요건으로 하는 특례법 제4조 제1항, 제2항에서 의미하는 보험 등에 해당한다고 볼 수 없는데도, 피고인과 甲의 합의금 등 손해액을 위 보험에 기하여 지급하였 다는 이유만으로 공소를 기각한 원심판결에 특례법 제4조 제1항, 제2항의 '보험' 등에 관한 법 리를 오해한 잘못이 있다(대법원 2012.10.25. 선고 2011도6273 판결).

제 21 장 국가공무원법
(※ 지방공무원법)

Ⅰ. 공무원의 구분 및 적용범위

1. 공무원의 구분

제2조(공무원의 구분) ① 국가공무원(이하 "공무원"이라 한다)은 경력직공무원과 특수경력직공무원으로 구분한다.
② "경력직공무원"이란 실적과 자격에 따라 임용되고 그 신분이 보장되며 평생 동안(근무기간을 정하여 임용하는 공무원의 경우에는 그 기간 동안을 말한다) 공무원으로 근무할 것이 예정되는 공무원을 말하며, 그 종류는 다음 각 호와 같다.
　1. 일반직공무원: 기술·연구 또는 행정 일반에 대한 업무를 담당하는 공무원
　2. 특정직공무원: 법관, 검사, 외무공무원, 경찰공무원, 소방공무원, 교육공무원, 군인, 군무원, 헌법재판소 헌법
　　 연구관, 국가정보원의 직원, 경호공무원과 특수 분야의 업무를 담당하는 공무원으로서 다른 법률에서 특정직
　　 공무원으로 지정하는 공무원
③ "특수경력직공무원"이란 경력직공무원 외의 공무원을 말하며, 그 종류는 다음 각 호와 같다.
　1. 정무직공무원
　　 가. 선거로 취임하거나 임명할 때 국회의 동의가 필요한 공무원
　　 나. 고도의 정책결정 업무를 담당하거나 이러한 업무를 보조하는 공무원으로서 법률이나 대통령령(대통령비
　　　　 서실 및 국가안보실의 조직에 관한 대통령령만 해당한다)에서 정무직으로 지정하는 공무원
　2. 별정직공무원: 비서관·비서 등 보좌업무 등을 수행하거나 특정한 업무 수행을 위하여 법령에서 별정직으로
　　 지정하는 공무원
④ 제3항에 따른 별정직공무원의 채용조건·임용절차·근무상한연령, 그 밖에 필요한 사항은 국회규칙, 대법원규칙,
　 헌법재판소규칙, 중앙선거관리위원회규칙 또는 대통령령(이하 "대통령령등"이라 한다)으로 정한다.

※ 별정직공무원 인사규정 (대통령령)
제2조(3급 이하에 상당하는 보수를 받는 별정직공무원의 임용권자) 일반직국가공무원(이하 "일반직"이라 한
　다) 3급, 4급 또는 5급 상당의 보수를 받는 별정직공무원은 「공무원임용령」 제2조제3호에 따른 소속 장관(이
　하 "소속 장관"이라 한다)이, 6급 이하에 상당하는 보수를 받는 별정직공무원은 각 기관의 장(해당 기관이 복
　수의 구성원으로 이루어진 합의제 기관인 경우로서 그 합의제 기관을 대표하는 사람이 공무원이 아닌 경우에는
　그 기관의 사무에 대한 총괄·감독권한을 가진 공무원을 말한다. 이하 같다)이 임용한다..

2. 적용범위

제3조(적용범위) ① 특수경력직공무원에 대하여는 이 법 또는 다른 법률에 특별한 규정이 없으면 제33조, 제43조
　제1항, 제44조, 제45조, 제45조의2, 제45조의3, 제46조부터 제50조까지, 제50조의2, 제51조부터 제59조까지, 제
　59조의2, 제60조부터 제67조까지, 제69조, 제84조 및 제84조의2에 한정하여 이 법을 적용한다.
② 제1항에도 불구하고 제2조제3항제1호의 정무직공무원에 대하여는 제33조와 제69조를 적용하지 아니하고, 대통
　령령으로 정하는 특수경력직공무원에 대하여는 제65조와 제66조를 적용하지 아니한다.
③ 제26조의2와 제26조의3은 대통령령등으로 정하는 공무원에게만 적용한다.

④ 제26조의5에 따라 근무기간을 정하여 임용하는 공무원에 대하여는 이 법 또는 다른 법률에 특별한 규정이 없으면 제28조의2, 제28조의3, 제32조의2, 제32조의4, 제40조, 제40조의2부터 제40조의4까지, 제41조, 제73조의4, 제74조 및 제74조의2를 적용하지 아니한다.

※ 국가공무원법제3조제3항의공무원의범위에관한규정

제2조 (범위) 국가공무원법 제3조제3항의 규정에 의한 공무원의 범위를 다음과 같이 정한다.

1. 대통령. 2. 국무총리 3. 국무위원. 4. 국회의원. 5. 처의 장. 6. 각 원·부·처의 차관.

7. 삭제 〈1991. 12. 26.〉 8. 정무차관

9. 제1호 내지 제3호·제5호 및 제6호에 규정된 공무원의 비서실장 및 비서관과 전직대통령의 비서관.

10. 국회의장·국회부의장 및 국회의원의 비서실장·보좌관·비서관 및 비서와 교섭단체의 정책연구위원

Ⅱ. 벌 칙

※ 국가공무원법

제84조(정치 운동죄) ① 제65조를 위반한 자는 3년 이하의 징역과 3년 이하의 자격정지에 처한다.

② 제1항에 규정된 죄에 대한 공소시효의 기간은 「형사소송법」 제249조제1항에도 불구하고 10년으로 한다.

제84조의2(벌칙) 제44조·제45조 또는 제66조를 위반한 자는 다른 법률에 특별히 규정된 경우 외에는 1년 이하의 징역 또는 1천만원 이하의 벌금에 처한다.

※ 지방공무원법

제82조(정치 운동죄) ① 제57조를 위반한 자는 3년 이하의 징역과 3년 이하의 자격정지에 처한다.

② 제1항에 규정된 죄에 대한 공소시효의 기간은 「형사소송법」 제249조제1항에도 불구하고 10년으로 한다.

제83조(벌칙) 제42조·제43조 또는 제58조를 위반한 자는 다른 법률에 특별히 규정된 경우 외에는 1년 이하의 징역 또는 1천만원 이하의 벌금에 처한다.

Ⅲ. 범죄사실

1. 정치운동의 금지위반

1) 적용법조 : 제84조, 제65조 제1항 ☞ 공소시효 5년

※ 국가공무원법

제65조(정치운동의 금지) ① 공무원은 정당 이나 그 밖의 정치단체의 결성에 관여하거나 이에 가입할 수 없다.

※ 지방공무원법 제57조(정치운동의 금지)

2) 범죄사실 기재례

피의자는 ○○시청 기획담당관실 7급 지방공무원으로서 공무원은 정당 기타 정치단체의 결성에 관여하거나 이에 가입할 수 없다.

그럼에도 불구하고 피의자는 20○○. ○. ○. ○○에서 ○○당에 입당한다는 내용의 입당원서를 작성 제출하여 ○○당원에 가입하였다.

3) 신문사항

- 피의자는 공무원인가(소속, 직급, 임용일 등)
- 피의자는 ○○당에 가입하였는가
- 입당원서를 언제 어디에서 작성하였나
- 누구의 권유로 가입하였나
- 언제 가입하였으며 직책은 무엇인가
- 공무원으로서 어떻게 정당에 가입하게 되었는가
- 무엇 때문에 가입하였나
- 가입 후 어떤 정치행동을 하였나

■ 판례 ■   전교조가 총선을 앞두고 특정 정당을 직접 지칭하지 않고 기획·시행한 교사 서명운동 및 시국선언문

[1] 어떤 행위가 공직선거 및 선거부정방지법과 국가공무원법에서 금지하는 특정 정당 또는 후보자를 지지 혹은 반대하는 행위에 해당하는지 여부의 판단 방법

어떤 행위가 공직선거 및 선거부정방지법 제60조 제1항, 제93조 제1항, 제107조, 국가공무원법 제65조 제2항에서 금지하고 있는 특정 정당 또는 후보자를 지지 혹은 반대하는 행위에 해당하는지 여부를 판단함에 있어서는 단순히 행위자가 행위의 명목으로 내세우는 사유뿐만 아니라 그 행위의 태양, 즉 그 행위가 행하여진 시기·장소·동기·방법·행위의 구체적인 내용 등을 종합적으로 관찰하여 그것이 위 조항에서 금지하고 있는 특정 정당 또는 후보자를 지지 혹은 반대하기 위한 목적의지를 수반하는 행위인지 여부를 판단하여야 한다.

[2] 전교조가 총선을 앞두고 기획·시행한 교사 서명운동 및 시국선언문이 비록 특정 정당을 직접 지칭하지는 않았다고 하더라도, 그 기획 과정, 추진 방법, 참가 범위, 구체적인 표현 등에 비추어, 기존 정치세력에 반대하고 대안 세력으로서의 특정 정당을 지지하려는 목적의사가 객관적으로 인정될 수 있는 능동적이고 계획적인 행위로서 공직선거 및 선거부정방지법에서 정한 '선거에 관한 단순한 의견개진 또는 의사표시'의 범위를 넘어선 것으로, 그 지부장들에 대한 공직선거 및 선거부정방지법 위반과 국가공무원법 위반의 공소사실에 대하여 무죄를 선고한 원심판결을 파기한 사례(대법원 2006.3.24. 선고 2005도2209 판결).

2. 공무원의 정치자금 기부행위

1) 적용법조 : 제84조, 제65조 제4항, 정치자금법 제45조 제1항 ☞ 공소시효 7년

제65조(정치운동의 금지) ① 공무원은 정당이나 그 밖의 정치단체의 결성에 관여하거나 이에 가입할 수 없다.

② 공무원은 선거에서 특정 정당 또는 특정인을 지지 또는 반대하기 위한 다음의 행위를 하여서는 아니 된다.

1. 투표를 하거나 하지 아니하도록 권유 운동을 하는 것
2. 서명 운동을 기도(企圖) · 주재(主宰)하거나 권유하는 것
3. 문서나 도서를 공공시설 등에 게시하거나 게시하게 하는 것
4. 기부금을 모집 또는 모집하게 하거나, 공공자금을 이용 또는 이용하게 하는 것
5. 타인에게 정당이나 그 밖의 정치단체에 가입하게 하거나 가입하지 아니하도록 권유 운동을 하는 것

③ 공무원은 다른 공무원에게 제1항과 제2항에 위배되는 행위를 하도록 요구하거나, 정치적 행위에 대한 보상 또는 보복으로서 이익 또는 불이익을 약속하여서는 아니 된다.

④ 제3항 외에 정치적 행위의 금지에 관한 한계는 대통령령등으로 정한다.

※ 국가공무원 복무규정 (대통령령)

제27조(정치적 행위) ① 법 제65조의 정치적 행위는 다음 각 호의 어느 하나에 해당하는 정치적 목적을 가진 것을 말한다.

1. 정당의 조직, 조직의 확장, 그 밖에 그 목적 달성을 위한 것
2. 특정 정당 또는 정치단체를 지지하거나 반대하는 것
3. 법률에 따른 공직선거에서 특정 후보자를 당선하게 하거나 낙선하게 하기 위한 것

② 제1항에 규정된 정치적 행위의 한계는 제1항에 따른 정치적 목적을 가지고 다음 각 호의 어느 하나에 해당하는 행위를 하는 것을 말한다.

1. 시위운동을 기획 · 조직 · 지휘하거나 이에 참가하거나 원조하는 행위
2. 정당이나 그 밖의 정치단체의 기관지인 신문과 간행물을 발행 · 편집 · 배부하거나 이와 같은 행위를 원조하거나 방해하는 행위
3. 특정 정당 또는 정치단체를 지지 또는 반대하거나 공직선거에서 특정 후보자를 지지 또는 반대하는 의견을 집회나 그 밖에 여럿이 모인 장소에서 발표하거나 문서 · 도서 · 신문 또는 그 밖의 간행물에 싣는 행위
4. 정당이나 그 밖의 정치단체의 표지로 사용되는 기(旗) · 완장 · 복식 등을 제작 · 배부 · 착용하거나 착용을 권유 또는 방해하는 행위
5. 그 밖에 어떠한 명목으로든 금전이나 물질로 특정 정당 또는 정치단체를 지지하거나 반대하는 행위

---

2) 범죄사실 기재례

국가공무원인 국 · 공립학교 교원은 명목 여하를 불문하고 정치적 목적을 가지고 금전 또는 물질로 특정정당 또는 정치단체를 지지(정치적 행위)하여서는 아니 된다. 또한, 누구든지 정치자금법에 정하지 아니한 방법으로는 정치자금을 기부할 수 없다.

피의자는 20○○. ○. ○.경 국가공무원인 국 · 공립학교 교원으로 임용된 후 현재 ○○초등학교 교원으로 재직 중이다.

피의자는 20○○. ○. ○.경 자동이체방식을 통하여 피의자의 ○○은행계좌에서 ○○에 있는 ○○당 계좌로 10,000원을 후원금 명목으로 이체한 것을 비롯하여 그때부터 20○○. ○. ○.경까지 같은 방법으로 별지 범죄일람표 기재와 같이 총 ○○회에 걸쳐 합계 ○○만원을 이체하여 정치자금을 기부하였다.

3. 집단행위 금지위반

1) 적용법조 : 제84조의2, 제66조 제1항 ☞ 공소시효 5년

국가공무원법 제66조(집단행위의 금지) ① 공무원은 노동운동이나 그 밖에 공무 이외의 일을 위한 집단적행위를 하여서는 아니된다. 다만, 사실상 노무에 종사하는 공무원은 예외로 한다.

지방공무원법 제58조(집단행위의 금지) ① 공무원은 노동운동이나 그 밖에 공무 이외의 일을 위한 집단행위를 하여서는 아니된다. 다만, 사실상 노무에 종사하는 공무원은 그러하지 아니하다.

2) 범죄사실 기재례

[기재례1] 쟁의행위 찬반투표권유 및 지원행위(지방공무원법 제82조, 제58조 제1항)

피의자는 ○○시청에서 부동산관리를 담당(지방행정 7급)하면서 전국공무원 노동조합 ○○지역본부 시지부장직을 맡은 자인데, 공무원은 노동운동 기타 공무 이외의 일을 위한 집단행위를 하여서는 아니된다는 정을 알면서도, 위 노조 시지부 정책기획부장직을 맡은 피의자 ○○○과 공모하여, 전공노에서 주장하는 "노동조건 개선 7대과제와 일반법에 의한 노동 3권 쟁취"를 위한 ○. ○.자 전국 동시다발적 총파업 투쟁과 관련하여 시지부도 전 노조원들이 집단행동에 돌입할 것을 결의하였다.

피의자는 20○○. ○. ○. 18:30경 시지부 사무실에서 20○○년도 제○○회 운영위원회를 개최 '100억 투쟁기금 조성과 하반기 총력투쟁 계획안' 등을 결의하여 투쟁기금을 노조원 1인당 10만원씩 ○○명 상대로 총 ○○만원을 모금하고, 20○○. ○. ○. 18:30경 ○○ 에 있는 ○○회관에서 운영위원 등이 참석하에 10. 21. 조합원 결의 서명, 10. 26. 현장파업 조직, 10. 31. 파업총력 집회, 11. 6. ○○지역본부 결의대회, 11. 8.~11. 13. 리본 착용근무, 11. 9.~11. 10. 쟁의행위 찬반투표, 11. 15. 총파업으로 진행하기 위한 수순을 결의하였다.

피의자는 20○○. ○. ○. 08:00~11. 5. 10:00경까지 시청 정문에서 전날 10:30경 소위 전국공무원노동조합 시지부 사무실에서 전공노가 주장하는 단체교섭 등을 요구하는 기자회견을 자청한 건으로 시장으로부터 주의 조치를 받게 되자 이에 대한 항의로 신고없이 오전 3명, 오후 3명 릴레이 시위대를 편성하여 '공무원도 표현의 자유가 있다' 라는 구호가 적힌 피켓을 들어 1인 시위를 주도하였다.

피의자는 또한 이른바 전국공무원노동조합이 제작 배포한 20○○. 11. 15. 총파업 대비 실무지침서에 의한 '90% 이상 투표율, 90% 이상 찬성률을 조직하여 총파업 투쟁 승리하자' 라는 목표에 따라, 같은 날 5. 오후 시간 미상경 시지부 사무실에서 피의자의 지시 때문에 홍길동은 "노동조건 개선 7대 과제와 일반법에 의한 노동3권 쟁취를 위한 쟁의행위 찬반투표" 라는 제하로 찬성과 반대란, 일련번호가 찍혀있는 전국공무원노동조합 명의의 투표용지(가로 19㎝×세로 13㎝) 9매를 수령하여 같은 과 직원 등에게 나눠 줘 투표토록 권유하고 기표가 된 투표용지를 회수하여 피의자에게 전달하는 등 공무원의 집단행위 금지의무를 위반하였다.

[기재례2] 전공노 삭발식에 참여

> 피의자는 ○○시청 기획담당관실 7급 지방공무원이고, 전국공무원노동조합 ○○본부 ○○ 지부장으로 활동하는 자인데, 전국공무원노동조합(이하 전공노, 위원장 차○○)은 법외노조로, 공무원은 노동운동 기타 공무 이외의 일을 위한 집단행위를 하여서는 아니된다.
>
> 가. 피의자는 20○○. ○. ○. ○○:○○~○○:○○경 사이 ○○에 있는 거북공원 내 야외무대에서 "정부입법안 반대, 공직사회 개혁, 공무원노동3권 쟁취, ○○도민 결의대회"라는 집회에 전공노 ○○시지부 조합원 50명을 인솔 참석게 하여 삭발식에 참여하는 등 공무 이외의 일을 위한 집단행위를 하였다.
>
> 나. 피의자는 20○○. ○. ○.~○.까지 사이에 ○○에 있는데 ○○시청 내 ○○시청 공무원직장협의회 사무실에서 "공무원조합법" 입법반대를 위한 이른바 "쟁의행위 찬반투표"를 실시하여 공무 이외의 일을 위한 집단행위를 하였다.

3) 일반적 조사사항

- 피의자는 공무원인가(소속, 직급, 임용일 등)
- 피의자는 전공노에 가입하였는가
- 전공노는 어떤 모임임 어떤 조직을 갖추고 있는가
- 언제 가입하였으며 직책은 무엇인가
- 공무원으로서 집단행위를 위해 참석한 일이 있는가
- 언제 어떠한 집단행위에 참여하였나
- 어떻게 참여하였나
- 당시 참여한 공무원들은 어떠한 자들 이였으며 어느 정도 참여하였나
- 무엇 때문에 이러한 집단행위를 하였나
- 누가 주관하였으며 주제는 무엇이였나
- 피의자는 어떠한 역할을 하였나
- 공무원으로서 이러한 집단행위를 할 수 있느냐
- 집단행위에 참여하기 위해 직장을 무단이탈 하였나
- 언제 어떠한 사유로 연가 신청을 하였나
- 피의자 직장 내에서 피의자 이외 또 다른 참여자도 있었나

4) 신문례(집단행동을 하기 위해 호텔등 특정장소에 집합한 경우)

- ○○장소에 간 일이 있는가
- 무엇 때문에 갔는가(누구의 지시 등)
- 어떠한 방법으로 갔는가
- 누구랑 갔는가

- 그곳에 갔을 때 누구누구가 있던가
- 전체 인원은 어느 정도였으며 주로 어떠한 부서 직원들인가
- 그곳에 몇 시에 도착하였으며 도착 후 무엇을 하였는가(세미나 등 구체적인 일정)
- 식사는 어떠한 음식을 먹었으며 잠은 어디에서 잤는가
- 호실은 누가 정해 주었는가
- 언제 호실을 정해 주던가
- 당시 몇 호실에서 누구랑 잤는가
- 왜 그곳을 택하였는가
- 누가 그곳으로 정했는가(정했다고 하던가)
- 언제까지 그곳에 있었으며 몇시에 어디로 갔는가
- 그 다음 날 정상 출근은 하였는가
- 왜 출근을 하지 않았는가
- 누가 출근을 하지 못하도록 하던가
- 뭐라면서 출근하지 마라고 하던가
- 그래도 공무원으로서 정상 출근은 해야 하는 것이 아닌가
- 진술인의 이러한 행위는 공무원으로서 불법 집단행위라는 것을 인정하는가
- 공무이외의 행위라는 것을 인정하는가

5) 「전국공무원노조」 불법집단행동 적용법규

행위유형	위법 사유	적용법규(벌칙)
기금모금	• 기금모금 자체가 노동운동은 아니나, 파업을 위한 조직적 행위로서 '공무 외의 집단행위'에 해당 • 전공노 회원이 아닌 사람을 상대로 광고하여 모금하는 경우 위법	• 국가(66조) · 지방(58조)공무원법 위반 ⇨ 1년 이하 징역 또는 1천만원 이하 벌금 (이하 공통) • 기부금품모집규제법 5조 위반
쟁의행위 찬반투표	• 찬반투표는 쟁의행위에 필연적으로 수반되는 행위로 그 자체가 노동운동이므로 '공무 외의 집단행위'에 해당	• 국가(66조) · 지방(58조)공무원법 위반 ⇨ 1년 이하 징역 또는 1천만원 이하 벌금 (이하 공통)
집회참가	• '공무 외의 집단행위'에 해당	• 국가(66조) · 지방(58조)공무원법 위반 ⇨ 1년 이하 징역 또는 1천만원 이하 벌금 (이하 공통)
중식시간 업무거부	• 관례적인 중식시간 민원업무를 집단적으로 거부하는 경우 집단행동에 해당	• 국가(66조) · 지방(58조)공무원법 위반 ⇨ 1년 이하 징역 또는 1천만원 이하 벌금 (이하 공통)

■ 판례 ■　　지방공무원의 집단행위 금지 규정의 의미

지방공무원법 제58조 제1항에서 정하는 '노동운동 기타 공무 이외의 일을 위한 집단행위'는 공무에 속하지 아니하는 어떤 일을 위하여 공무원들이 하는 모든 집단적 행위를 의미하는 것이 아니라 언론·출판·집회·결사의 자유를 보장하고 있는 헌법 제21조 제1항과 지방공무원법의 입법취지, 지방공무원법상의 성실의무와 직무전념의무 등을 종합적으로 고려하여 '공익에 반하는 목적을 위하여 직무전념의무를 해태하는 등의 영향을 가져오는 집단적 행위'라고 해석하여야 할 것이고, 한편 형법 제20조 소정의 '사회상규에 위배되지 아니하는 행위'라 함은 법질서 전체의 정신이나 그 배후에 놓여 있는 사회윤리 내지 사회통념에 비추어 용인될 수 있는 행위를 말하고, 어떠한 행위가 사회상규에 위배되지 아니하는 정당한 행위로서 위법성이 조각되는 것인지는 구체적인 사정 아래서 합목적적, 합리적으로 고찰하여 개별적으로 판단되어야 하므로, 이와 같은 정당행위가 인정되려면, 그 행위의 동기나 목적의 정당성, 행위의 수단이나 방법의 상당성, 보호이익과 침해이익의 법익 균형성, 긴급성, 그 행위 이외의 다른 수단이나 방법이 없다는 보충성 등의 요건을 갖추어야 할 것이다(대법원 2008.2.14. 선고 2007도11045).

■ 판례 ■　　공무원의 집단행위를 금지하는 국가공무원법 제66조 제1항의 위반행위에 대한 벌칙규정인 같은 법 제84조의 적용범위

[1] 공무원의 집단행위를 금지하는 국가공무원법 제66조 제1항의 위반행위에 대한 벌칙규정인 같은 법 제84조를 특수경력직공무원에 적용할 수 있는지 여부(소극)

국가공무원법의 체계와 관련 조항의 내용에 형벌 조항은 구체적이고 명확하여야 한다는 죄형법정주의의 원칙 등을 종합해 보면, 국가공무원법상 모든 공무원에 대하여 그 집단행위를 금지하는 국가공무원법 제66조 제1항이 적용되나 그 위반행위에 대한 형사 처벌조항인 국가공무원법 제84조는 경력직공무원에 대하여만 적용되고 특수경력직공무원에 대하여는 적용되지 않는다.

[2] 의문사진상규명에 관한 특별법 제38조에 의하여 공무원으로 의제되는 의문사진상규명위원회 소속 비상임위원을 경력직공무원으로 의제할 수 있는지 여부(소극)

의문사진상규명에 관한 특별법의 의문사진상규명위원회 및 그 소속 위원·직원에 관한 여러 규정을 종합하면, 의문사 사건에 대한 조사활동을 업무로 하여 한시적으로 설치된 의문사진상규명위원회의 임기 2년의 비상임위원은 의문사진상규명에 관한 특별법 제38조의 의제조항에 의하여 형법기타 법률에 의한 벌칙의 적용에 있어서 경력직공무원(실적과 자격에 의하여 임용되고 그 신분이 보장되며 평생토록 공무원으로 근무할 것이 예정되는 공무원)으로 의제된다고 보기 어렵다. 왜냐하면 의문사진상규명에 관한 특별법과 그 시행령이 위원회 소속 위원장, 상임위원, 조사과장, 전문위원까지 모두 특수경력직공무원(정무직공무원, 별정직공무원, 계약직공무원)으로 구성하고 있다는 점을 고려할 때 유독 공무원 신분도 아닌 비상임위원의 경우에만 벌칙 조항의 적용에 있어 경력직공무원으로 의제된다고 볼 수는 없기 때문이다(대법원 2006.10.26. 선고 2005도4331 판결).

■ 판례 ■　　국가공무원법 제66조 제1항에서 금지하고 있는 '공무 이외의 일을 위한 집단적 행위'의 의미

국가공무원법 제66조 제1항에서 금지하고 있는 '공무 이외의 일을 위한 집단적 행위'라 함은 '공익에 반하는 목적을 위하여 직무전념의무를 해태하는 등의 영향을 가져오는 집단적 행위'를 의미하는 것이다(대법원 2006.5.12. 선고 2005도4513 판결).

■ **판례** ■   국가공무원인 甲이 공무원노동조합 결성을 위한 준비행위로서의 성격을 가지는 집회에 참석한 경우

[1] 국가공무원법 제66조에서 공무원에게 금지한 '노동운동'과 '공무 이외의 일을 위한 집단적 행위'의 의미

국가공무원법 제66조에서 금지한 '노동운동'은 헌법과 국가공무원법과의 관계 및 우리 헌법이 근로삼권을 집회, 결사의 자유와 구분하여 보장하면서도 근로삼권에 한하여 공무원에 대한 헌법적 제한규정을 두고 있는 점에 비추어 헌법 및 노동법적 개념으로서의 근로삼권, 즉 단결권, 단체교섭권, 단체행동권을 의미한다고 해석하여야 할 것이고, 제한되는 단결권은 종속근로자들이 사용자에 대하여 근로조건의 유지, 개선 등을 목적으로 조직한 경제적 결사인 노동조합을 결성하고 그에 가입, 활동하는 권리를 말한다고 할 것이며, 또한 같은 법상의 '공무 이외의 일을 위한 집단적 행위'는 공무가 아닌 어떤 일을 위하여 공무원들이 하는 모든 집단적 행위를 의미하는 것은 아니고 언론, 출판, 집회, 결사의 자유를 보장하고 있는 헌법 제21조 제1항, 헌법상의 원리, 국가공무원법의 취지, 국가공무원법상의 성실의무 및 직무전념의무 등을 종합적으로 고려하여 '공익에 반하는 목적을 위하여 직무전념의무를 해태하는 등의 영향을 가져오는 집단적 행위'라고 축소 해석하여야 한다.

[2] 甲의 행위가 '노동운동'에 해당하는지 여부(적극)

국가공무원인 피고인이 공무원노동조합 결성을 위한 준비행위로서의 성격을 가지는 집회에 참석한 것은 국가공무원법 제66조에서 금지한 '노동운동'에 해당한다(대법원 2005. 4. 15. 선고 2003도2960 판결).

■ **판례** ■   지방공무원법 제58조 제1항에서 금지하고 있는 '노동운동' 및 '공무 이외의 일을 위한 집단행위'의 의미

지방공무원법 제58조 제1항 본문은 "공무원은 노동운동 기타 공무 이외의 일을 위한 집단행위를 하여서는 아니 된다."고 규정하고 있는바, 여기서 금지하고 있는 '노동운동'이라 함은, 헌법과 지방공무원법의 관계 및 우리 헌법이 노동삼권을 집회, 결사의 자유와 구분하여 보장하면서도 노동삼권에 한하여 공무원에 대한 헌법적 제한규정을 두고 있는 점에 비추어 단결권, 단체교섭권, 단체행동권을 의미하고, 제한되는 단결권은 종속근로자들이 사용자에 대하여 근로조건의 유지, 개선 등을 목적으로 조직한 경제적 결사인 노동조합을 결성하고 그에 가입, 활동하는 권리를 말하며, 또한 '공무 이외의 일을 위한 집단행위'라고 함은, 공무에 속하지 아니하는 어떤 일을 위하여 공무원들이 하는 모든 집단적 행위를 의미하는 것이 아니라 언론·출판·집회·결사의 자유를 보장하고 있는 헌법 제21조 제1항과 지방공무원법의 입법취지, 지방공무원법상의 성실의무와 직무전념의무 등을 종합적으로 고려하여 '공익에 반하는 목적을 위하여 직무전념의무를 해태하는 등의 영향을 가져오는 집단적 행위'를 말한다(대법원 2004. 10. 15. 선고 2004도5035 판결).

■ **판례** ■   '공무 외의 일을 위한 집단행위'에 해당하는 경우 및 그 판단 기준

[1] 공무원인 교원이 집단적으로 행한 의사표현행위가 국가공무원법 제66조 제1항에서 금지하는 '공무 외의 일을 위한 집단행위'에 해당하는 경우 및 그 판단 기준

공무원인 교원의 경우에도 정치적 표현의 자유가 보장되어야 하지만, 공무원의 정치적 중립성 및 교육의 정치적 중립성을 선언한 헌법정신과 관련 법령의 취지에 비추어 정치적 표현의 자유는 일정한 범위 내에서 제한될 수밖에 없고, 이는 헌법에 의하여 신분이 보장되는 공무원인 교원이 감수하여야 하는 한계이다. 더구나 공무원인 교원의 정치적 표현행위가 교원의 지위를 전면에 드러낸 채 대규모로 집단적으로 이루어지는 경우에는 그것이 교육현장 및 사회에 미치는 파급력을 고려한 평가가 요구된다. 따라서 공무원인 교원이 집단적으로 행한 의사표현행위가 국가공무원법이나 공직선

거법 등 개별 법률에서 공무원에 대하여 금지하는 특정의 정치적 활동에 해당하는 경우나, 특정 정당이나 정치세력에 대한 지지 또는 반대의사를 직접적으로 표현하는 등 정치적 편향성 또는 당파성을 명백히 드러내는 행위 등과 같이 공무원인 교원의 정치적 중립성을 침해할 만한 직접적인 위험을 초래할 정도에 이르렀다고 볼 수 있는 경우에, 그 행위는 공무원인 교원의 본분을 벗어나 공익에 반하는 행위로서 공무원의 직무에 관한 기강을 저해하거나 공무의 본질을 해치는 것이어서 직무전념의무를 해태한 것이라 할 것이므로, 국가공무원법 제66조 제1항에서 금지하는 '공무 외의 일을 위한 집단행위'에 해당한다고 보아야 한다. 여기서 어떠한 행위가 정치적 중립성을 침해할 만한 직접적인 위험을 초래할 정도에 이르렀다고 볼 것인지는 일률적으로 정할 수 없고, 헌법에 의하여 정치적 중립성이 요구되는 공무원 및 교원 지위의 특수성과 아울러, 구체적인 사안에서 당해 행위의 동기 또는 목적, 시기와 경위, 당시의 정치적·사회적 배경, 행위 내용과 방식, 특정 정치세력과의 연계 여부 등 당해 행위와 관련된 여러 사정을 종합적으로 고려하여 판단하여야 한다.

[2] 교사인 피고인들이 전국교직원노동조합(이하 '전교조'라고 한다) 본부 및 지부 간부들과 공모하여, 2009년 정부의 정책과 국정운영을 비판하고 국정쇄신을 촉구하는 내용의 제1차 시국선언 및 그에 뒤이어 표현의 자유 보장과 시국선언 탄압 중지 등을 요구하는 내용의 제2차 시국선언과 '교사·공무원 시국선언 탄압 규탄대회'를 추진하고 적극적으로 관여하여 '공무 외의 일을 위한 집단행위'를 하였다고 하여 기소된 사안 1, 2차 시국선언의 목적, 시기와 경위, 내용, 추진 방식과 그 영향 및 초·중등학교 교원 지위의 특수성 등 여러 사정을 종합하면, 위 행위는 공무원인 교원의 정치적 중립성을 침해할 만한 직접적인 위험을 초래할 정도의 정치적 편향성 또는 당파성을 명확히 드러낸 행위이고, 이는 공무원인 교원의 본분을 벗어나 공익에 반하는 행위로서 공무원의 직무에 관한 기강을 저해하거나 공무의 본질을 해치는 것이어서 직무전념의무를 해태한 것이므로 국가공무원법 제66조 제1항에서 금지하는 '공무 외의 일을 위한 집단행위'에 해당한다는 이유로, 피고인들에게 유죄를 인정한 원심판단을 정당하다(대법원 2012.4.19. 선고 2010도6388 전원합의체 판결).

■ 판례 ■ **국가공무원법 제66조 제1항의 적용 범위**

공무원은 국민 전체에 대한 봉사자로서 국민에 대하여 책임을 지고, 공무원의 신분과 정치적 중립성은 법률이 정하는 바에 의하여 보장된다(헌법 제7조 제1항, 제2항). 국가공무원법은 공무원의 헌법상 지위를 구현하기 위한 법률로서 공무원의 임용과 승진, 보수, 훈련과 근무성적의 평정, 신분과 권익의 보장, 징계 등을 규정하면서 공무원으로서 각종 의무를 규정하고 있는데, 제66조 제1항에서는 노동운동과 그 밖에 공무 외의 일을 위한 집단행위를 하지 않을 의무를 규정하고 있다. 이러한 헌법과 국가공무원법의 입법 내용과 취지를 고려하면 국가공무원법 제66조 제1항의 의무는 원칙적으로 헌법과 국가공무원법에서 규정하는 책임을 부담하고 이를 위해 신분과 지위가 보장됨을 전제로 국가공무원에게 지우는 의무이다. 따라서 위와 같은 정도의 책임과 신분 및 지위 보장을 받는 정도가 아닌 경우에는 일률적으로 국가공무원법 제66조 제1항이 적용된다고 할 수 없다. 국가공무원법 제66조 제1항이 "공무원은 노동운동이나 그 밖에 공무 외의 일을 위한 집단 행위를 하여서는 아니 된다. 다만 사실상 노무에 종사하는 공무원은 예외로 한다."라고 규정하면서 사실상 노무에 종사하는 공무원의 경우 위와 같은 의무를 부담하지 않도록 하여 국가공무원법 제66조 제1항의 의무를 모든 공무원이 일률적으로 부담하여야 하는 의무로 규정하지 않은 것도 같은 취지에서 이해할 수 있다.(대법원 2023. 4. 13., 선고, 2021다254799, 판결)

제22장 국가기술자격법

I. 개념정의

제2조(정의) 이 법에서 사용하는 용어의 뜻은 다음과 같다.
1. "국가기술자격"이란 「자격기본법」에 따른 국가자격 중 산업과 관련이 있는 기술·기능 및 서비스 분야의 자격을 말한다.
2. "국가기술자격의 등급"이란 기술인력이 보유한 직무 수행능력의 수준에 따라 차등적으로 부여되는 국가기술자격의 단계를 말한다.
3. "국가기술자격의 직무분야"란 산업현장에서 요구되는 직무 수행능력의 내용에 따라 국가기술자격을 분류한 것으로서 고용노동부령으로 정하는 것을 말한다.
4. "국가기술자격의 종목"이란 국가기술자격의 등급을 직종별로 구분한 것으로 국가기술자격 취득의 기본단위를 말한다.

II. 벌 칙

제26조(벌칙) ① 다음 각 호의 어느 하나에 해당하는 자는 2년 이하의 징역 또는 2천만원 이하의 벌금에 처한다.
1. 제19조제1항을 위반하여 검정을 한 자
2. 제25조의2를 위반하여 직무상 알게 된 비밀을 누설한 사람
3. 제25조의3을 위반하여 검정에 관하여 고의로 방해하거나 부당한 영향을 주는 행위를 한 사람
② 다음 각 호의 어느 하나에 해당하는 자는 1년 이하의 징역 또는 1천만원 이하의 벌금에 처한다.
1. 제15조제2항을 위반하여 국가기술자격증을 빌려 주거나 빌린 사람 또는 대여를 알선한 사람
2. 제18조를 위반하여 국가기술자격의 등급 및 종목에 따르는 명칭을 사용한 자
제27조(양벌규정) 법인의 대표자나 법인 또는 개인의 대리인, 사용인, 그 밖의 종업원이 그 법인 또는 개인의 업무에 관하여 제26조제2항제1호의 위반행위를 하면 그 행위자를 벌하는 외에 그 법인 또는 개인에게도 해당 조문의 벌금형을 과(科)한다. 다만, 법인 또는 개인이 그 위반행위를 방지하기 위하여 해당 업무에 관하여 상당한 주의와 감독을 게을리하지 아니한 경우에는 그러하지 아니하다.

1. 기술자격증 대여

1) 적용법조 : 제26조 제2항 제1호, 제15조 제2항 ☞ 공소시효 5년

제15조(국가기술자격 취득자의 의무 등) ① 국가기술자격 취득자는 성실하게 업무를 수행하여야 하며, 품위를 손상하여서는 아니 된다.
② 제13조에 따라 발급받은 국가기술자격증은 다른 사람에게 빌려 주거나 빌려서는 아니 되며, 대여를 알선하여서도 아니 된다.

2) 범죄사실 기재례

> 피의자는 20〇〇. 〇. 〇.(건축설비기능사) 1급기술자격을 취득한 사람으로서 기술자격증은 타인에게 대여하여서는 아니된다.
> 그럼에도 불구하고 피의자는 20〇〇. 〇. 〇. 〇〇에 있는 달맞이종합건축(주)이 건축기능사를 임명한 것처럼 관할관청에 신고할 때 사용하게 하려고 그때부터 20〇〇. 〇. 〇.까지 피의자 명의의 위 기술자격 수첩을 월 〇〇만원을 받고 위 달맞이종합건축(주)에 대여하였다.

3) 신문사항

- 피의자는 현재 어디서 무슨 일을 하고 있는가
- 피의자는 기술자격증을 취득하였는가
- 언제 어디에서 어떠한 자격증을 취득하였나
- 현재 그 자격증을 활용하고 있는가
- 그러면 이를 타인에게 대여한 일이 있는가
- 언제부터 언제까지 누구에게 대여하였는가
- 甲회사에서 무엇 때문에 대여해 달라고 하던가
- 그러면 불법으로 사용하는 것을 알면서도 대여하였다는 것인가
- 어떠한 조건으로 대여하였는가
- 왜 이러한 행위를 하였나

■ 판례 ■ **한국산업인력관리공단 이사장 작성의 건축기사 2급 국가기술자격증이 공문서인지 여부(적극)**
한국산업인력관리공단 이사장은 법령상의 권한 위탁에 따라 그의 명의로 국가기술자격증을 작성한 것이므로, 비록 한국산업인력관리공단 이사장이 직접 공무원이나 공무소가 아니라고 하여도 그의 명의로 작성된 국가기술자격증은 공문서에 해당된다(대전지법 1996. 5.11. 선고 96고단334 판결).

■ 판례 ■ 국가기술자격자가 다른 사람에게 국가기술자격증을 빌려 주어 마치 국가기술자격자가 실제로 선임·임명 또는 고용되어 국가기술자격에 따른 직무를 수행하는 것처럼 가장함으로써 부정한 방법으로 허가·인가·등록 또는 면허 등을 받아 영업을 하거나 국가기술자격을 갖춘 기술인력이 선임·임명 또는 고용되어 있는 전제에서 사업을 하도록 한 경우, '국가기술자격증을 빌려 주거나 빌린 행위'에 해당하는지 여부(적극) / 이때 다른 사람이 적극적으로 국가기술자격 취득자인 것처럼 행세하여 직무를 수행하지 않았더라도 마찬가지인지 여부(적극)

국가기술자격법의 입법 목적과 규정의 내용 및 취지에 비추어 보면, 국가기술자격의 직무분야에 관한 영업을 규제하는 개별 법령에서 영업의 허가·인가·등록 또는 면허를 받기 위한 필수적인 기준으로 국가기술자격을 취득한 기술인력을 반드시 갖추도록 규정하고 있거나, 사업자 등이 산업현장의 안전유지·관리, 시설운영, 재해예방 등의 목적에서 사업을 하기 위한 필수적인 전제로서 국가기술자격을 취득한 기술인력을 반드시 선임·임명 또는 고용하도록 규정하고 있는 경우에, 국가기술자격자가 국가기술자격에 따른 직무를 수행하지 아니하면서 다른 사람에게 국가기술자격증을 빌려 주어 마치 영업이나 사업과 관련하여 국가기술자격자가 실제로 선임·임명 또는 고용되어 국가기술자격에 따른 직무를 수행하는 것처럼 가장함으로써 부정한 방법으로 허가·인가·등록 또는 면허 등을 받아 영업을 하거나 국가기술자격을 갖춘 기술인력이 선임·임명 또는 고용되어 있는 전제에서 사업을 하도록 하였다면, 국가기술자격증을 빌려 주거나 빌린 행위에 해당하며, 영업이나 사업과 관련하여 다른 사람이 적극적으로 국가기술자격 취득자인 것처럼 행세하여 직무를 수행하지 아니하였더라도 달리 볼 것은 아니다.(대법원 2015.12.10. 선고, 2014도13062, 판결)

2. 무자격 기술자격명칭 사용

1) 적용법조 : 제26조 제2항 제2호, 제18조 ☞ 공소시효 5년

제18조(명칭의 사용금지) 누구든지 국가기술자격을 취득하지 아니하고는 국가기술자격의 등급 및 종목에 따르는 명칭을 사용하지 못한다.
제9조(국가기술자격의 등급 및 응시자격) ① 국가기술자격의 등급은 다음 각 호의 구분에 따른다.
  1. 기술·기능 분야 : 기술사, 기능장, 기사, 산업기사 및 기능사
  2. 서비스 분야 : 국가기술자격의 종목별로 3등급의 범위에서 대통령령으로 정하는 등급
② 국가기술자격의 응시자격에 관하여 필요한 사항은 대통령령으로 정한다.

2) 범죄사실 기재례

피의자는 ○○에서 전자제품판매업에 종사하는 사람으로서 누구든지 국가기술자격을 취득하지 아니하고는 국가기술자격의 등급 및 종목에 따르는 명칭을 사용하여서는 아니된다.
그럼에도 불구하고 피의자는 20○○. ○. ○. ○○에서 사실은 "전자상거래관리사" 1급 자격증을 취득하지 않았음에도 피의자 명함에 "전자거래관리사 1급 자격취득"이라고 표시하여 위 매장을 방문하는 손님들에게 배부하면서 난 전자거래관리사 자격을 취득하였기 때문에 우리 매장의 모든 제품은 믿고 구입하여도 된다고 하는 등 국가기술자격의 명칭을 사용하였다.

3) 신문사항

- 어떤 일을 하고 있는가
- 취득한 국가기술자격이 있는가
- 국가기술자격을 취득하였다고 그 명칭을 사용한 일이 있는가
- 언제 어떤 자격명칭을 사용하였나
- 어떤 방법으로 사용하였나
- 누구를 상대로 하였나.
- 무엇 때문에 이런 행위를 하였나

3. 유사자격증 검정

1) 적용법조 : 제26조 제1항 제1호, 제19조 제1항 ☞ 공소시효 5년

제19조(유사자격 등의 검정의 금지) ① 국가가 아닌 자는 제8조의2제1항제1호 또는 제2호의 분야에 해당하는 자격 및 이와 유사한 자격의 검정을 하여서는 아니 된다.
② 제1항에 따라 국가만이 검정할 수 있는 국가기술자격의 종목은 정책심의회의 심의를 거쳐 노동부령으로 정한다.

2) 범죄사실 기재례

> 피의자는 ○○에서 "○○자격협회"라는 상호로 유사기술자격의 검정을 하는 사람이다.
> 피의자는 20○○. ○. ○. 위 장소에서 홍길동에게 "○○자격"의 검정을 해주는 등 그때부터 20○○. ○. ○.경까지 총 ○○명에게 위와 같은 자격의 검정을 하였다.

3) 신문사항

- 국가기술자격을 검정한 일이 있는가
- 어떤 자격 검정을 하였는가
- 누구를 상대로 하였나
- 이러한 자격검정을 할 권한이 있는가
- 어떻게 이런 자격검정을 하게 되었나
- 피의자의 이런 행위를 상대방이 믿던가
- 그들은 이런 자격증을 어디에 사용한다고 하던가
- 왜 이런 행위를 하였나

4. 직무상 비밀누설

1) 적용법조 : 피의자 갑 : 제26조 제1항 제2호, 제25조 제1항 ☞ 공소시효 5년

피의자 을 : 제26조 제1항 제2호, 제25조의2 제2항, 형법 제137조 ☞ 공소시효 7년

> **제25조의2(비밀 엄수의 의무)** ① 제23조제2항에 따라 업무를 위탁받은 수탁기관의 임직원이거나 임직원이었던 사람은 그 직무상 알게 된 비밀을 누설하여서는 아니 된다.
> ② 국가기술자격 검정업무 수행과 관련하여 수탁기관의 위촉을 받아 시험문제의 출제 및 검토·인쇄를 담당한 사람, 면접시험을 담당한 사람, 실기시험 관리 및 시험감독을 담당한 사람은 그 직무상 알게 된 비밀을 누설하여서는 아니 된다.

2) 범죄사실 기재례

> **가. 피의자 갑의 국가기술자격법 위반**
> 피의자는 한국산업인력공단 기술자격출제실 소속으로 제○○회 전기기능장 실기시험 문제를 출제하는 업무를 담당하였던 연구원으로서, 국가기술 자격검정 업무 수탁기관인 한국산업인력공단의 임직원은 그 직무상 알게 된 비밀을 누설하여서는 아니 된다.
> 피의자는 20○○. ○. ○.경 ○○에 있는 한국산업인력공단 사무실에서 기능경기대회 옥내제어 문제를 검토하기 위해 방문한 을에게 제○○회 전기기능장 실기시험 출제예정 문제를 보여 주고 검토하게 하는 방법으로 직무상 알게 된 비밀을 누설하였다.
> **나. 피의자 을**
> ① 국가기술자격법 위반
> 국가기술 자격검정 업무 수탁기관인 한국산업인력공단의 위촉을 받아 시험문제의 출제 및 검토를 담당한 사람은 그 직무상 알게 된 비밀을 누설하여서는 아니 된다.
> 피의자는 한국산업인력공단으로부터 제○○회 전기기능장 실기시험 문제의 검토위원으로 위촉받아 20○○. ○. ○. ○○에 있는 한국산업인력공단 사무실에서 제○○회 전기기능장 실기시험 출제예정 문제를 검토하게 되었고, 그 과정에서 위 출제예정 문제가 피의자가 20○○. ○. ○.경 출제하여 한국산업인력공단 출제연구관인 A에게 전달한 문제와 같다는 사실을 알게 되었다.
> 피의자는 20○○. ○. ○.경 ○○에 있는 피의자가 운영하는 ○○기술학원에서 수강생들 ○○명에게 위 출제예정 문제와 동일한 피의자의 출제 문제를 배포하며 "이번 시험에는 이 문제가 시험문제로 나올 가능성이 높다"라고 말하는 방법으로 직무상 알게 된 비밀을 누설하였다.
> ② 위계에의한공무집행방해
> 피의자는 위와 같이 제○○회 전기기능장 실기시험 출제예정 문제가 피의자의 출제 문제와 같다는 사실을 알게 된 후, 20○○. ○. ○.경 ○○에 있는 피의자가 운영하는 ○○기술학원에서 수강생들 ○○명에게 위 출제예정 문제와 동일한 피의자의 출제 문제를 배포하는 방법으로 출제예정 문제를 외부에 유출하였다.
> 이로써 피의자는 위계로써 한국산업인력공단의 국가기술자격시험 관리업무를 방해하였다.

Ⅰ. 개념정의

제2조(정의) 이 법에서 사용하는 용어의 뜻은 다음과 같다.

1. "광역도시계획"이란 제10조에 따라 지정된 광역계획권의 장기발전방향을 제시하는 계획을 말한다.

2. "도시계획"이란 특별시·광역시·시 또는 군(광역시의 관할 구역에 있는 군은 제외한다. 이하 같다)의 관할 구역에 대하여 수립하는 공간구조와 발전방향에 대한 계획으로서 도시기본계획과 도시관리계획으로 구분한다.

3. "도시기본계획"이란 특별시·광역시·시 또는 군의 관할 구역에 대하여 기본적인 공간구조와 장기발전방향을 제시하는 종합계획으로서 도시관리계획 수립의 지침이 되는 계획을 말한다.

4. "도시관리계획"이란 특별시·광역시·시 또는 군의 개발·정비 및 보전을 위하여 수립하는 토지 이용, 교통, 환경, 경관, 안전, 산업, 정보통신, 보건, 후생, 안보, 문화 등에 관한 다음 각 목의 계획을 말한다.
   가. 용도지역·용도지구의 지정 또는 변경에 관한 계획
   나. 개발제한구역, 도시자연공원구역, 시가화조정구역(市街化調整區域), 수산자원보호구역의 지정 또는 변경에 관한 계획
   다. 기반시설의 설치·정비 또는 개량에 관한 계획
   라. 도시개발사업이나 정비사업에 관한 계획
   마. 지구단위계획구역의 지정 또는 변경에 관한 계획과 지구단위계획

5. "지구단위계획"이란 도시계획 수립 대상지역의 일부에 대하여 토지 이용을 합리화하고 그 기능을 증진시키며 미관을 개선하고 양호한 환경을 확보하며, 그 지역을 체계적·계획적으로 관리하기 위하여 수립하는 도시관리계획을 말한다.

5의2. "입지규제최소구역계획"이란 입지규제최소구역에서의 토지의 이용 및 건축물의 용도·건폐율·용적률·높이 등의 제한에 관한 사항 등 입지규제최소구역의 관리에 필요한 사항을 정하기 위하여 수립하는 도시·군관리계획을 말한다.

5의3. "성장관리계획"이란 성장관리계획구역에서의 난개발을 방지하고 계획적인 개발을 유도하기 위하여 수립하는 계획을 말한다.

6. "기반시설"이란 다음 각 목의 시설로서 대통령령으로 정하는 시설을 말한다.
   가. 도로·철도·항만·공항·주차장 등 교통시설
   나. 광장·공원·녹지 등 공간시설
   다. 유통업무설비, 수도·전기·가스공급설비, 방송·통신시설, 공동구 등 유통·공급시설
   라. 학교·운동장·공공청사·문화시설·체육시설 등 공공·문화체육시설
   마. 하천·유수지(遊水池)·방화설비 등 방재시설
   바. 장사시설 등 보건위생시설
   사. 하수도, 폐기물처리 및 재활용시설, 빗물저장 및 이용시설 등 환경기초시설

7. "도시계획시설"이란 기반시설 중 도시관리계획으로 결정된 시설을 말한다.

8. "광역시설"이란 기반시설 중 광역적인 정비체계가 필요한 다음 각 목의 시설로서 대통령령으로 정하는 시설을 말한다.
   가. 둘 이상의 특별시·광역시·시 또는 군의 관할 구역에 걸쳐 있는 시설
   나. 둘 이상의 특별시·광역시·시 또는 군이 공동으로 이용하는 시설

9. "공동구"란 전기·가스·수도 등의 공급설비, 통신시설, 하수도시설 등 지하매설물을 공동 수용함으로써 미관의 개선, 도로구조의 보전 및 교통의 원활한 소통을 위하여 지하에 설치하는 시설물을 말한다.

10. "도시계획시설사업"이란 도시계획시설을 설치·정비 또는 개량하는 사업을 말한다.

11. "도시계획사업"이란 도시관리계획을 시행하기 위한 다음 각 목의 사업을 말한다.
    가. 도시계획시설사업
    나. 「도시개발법」에 따른 도시개발사업
    다. 「도시 및 주거환경정비법」에 따른 정비사업
12. "도시계획사업시행자"란 이 법 또는 다른 법률에 따라 도시계획사업을 하는 자를 말한다.
13. "공공시설"이란 도로·공원·철도·수도, 그 밖에 대통령령으로 정하는 공공용 시설을 말한다.
14. "국가계획"이란 중앙행정기관이 법률에 따라 수립하거나 국가의 정책적인 목적을 이루기 위하여 수립하는 계획 중 제19조제1항제1호부터 제9호까지에 규정된 사항이나 도시관리계획으로 결정하여야 할 사항이 포함된 계획을 말한다.
15. "용도지역"이란 토지의 이용 및 건축물의 용도, 건폐율(「건축법」 제55조의 건폐율을 말한다. 이하 같다), 용적률(「건축법」 제56조의 용적률을 말한다. 이하 같다), 높이 등을 제한함으로써 토지를 경제적·효율적으로 이용하고 공공복리의 증진을 도모하기 위하여 서로 중복되지 아니하게 도시관리계획으로 결정하는 지역을 말한다.
16. "용도지구"란 토지의 이용 및 건축물의 용도·건폐율·용적률·높이 등에 대한 용도지역의 제한을 강화하거나 완화하여 적용함으로써 용도지역의 기능을 증진시키고 미관·경관·안전 등을 도모하기 위하여 도시관리계획으로 결정하는 지역을 말한다.
17. "용도구역"이란 토지의 이용 및 건축물의 용도·건폐율·용적률·높이 등에 대한 용도지역 및 용도지구의 제한을 강화하거나 완화하여 따로 정함으로써 시가지의 무질서한 확산방지, 계획적이고 단계적인 토지이용의 도모, 토지이용의 종합적 조정·관리 등을 위하여 도시관리계획으로 결정하는 지역을 말한다.
18. "개발밀도관리구역"이란 개발로 인하여 기반시설이 부족할 것으로 예상되나 기반시설을 설치하기 곤란한 지역을 대상으로 건폐율이나 용적률을 강화하여 적용하기 위하여 제66조에 따라 지정하는 구역을 말한다.
19. "기반시설부담구역"이란 개발밀도관리구역 외의 지역으로서 개발로 인하여 도로, 공원, 녹지 등 대통령령으로 정하는 기반시설의 설치가 필요한 지역을 대상으로 기반시설을 설치하거나 그에 필요한 용지를 확보하게 하기 위하여 제67조에 따라 지정·고시하는 구역을 말한다.
20. "기반시설설치비용"이란 단독주택 및 숙박시설 등 대통령령으로 정하는 시설의 신·증축 행위로 인하여 유발되는 기반시설을 설치하거나 그에 필요한 용지를 확보하기 위하여 제69조에 따라 부과·징수하는 금액을 말한다.

Ⅱ. 벌 칙

제140조(벌칙) 다음 각 호의 어느 하나에 해당하는 자는 3년 이하의 징역 또는 3천만원 이하의 벌금에 처한다.
1. 제56조제1항 또는 제2항을 위반하여 허가 또는 변경허가를 받지 아니하거나, 속임수나 그 밖의 부정한 방법으로 허가 또는 변경허가를 받아 개발행위를 한 자
2. 시가화조정구역에서 허가를 받지 아니하고 제81조제2항 각 호의 어느 하나에 해당하는 행위를 한 자
제140조의2(벌칙) 기반시설설치비용을 면탈·경감할 목적 또는 면탈·경감하게 할 목적으로 거짓 계약을 체결하거나 거짓 자료를 제출한 자는 3년 이하의 징역 또는 면탈·경감하였거나 면탈·경감하고자 한 기반시설설치비용의 3배 이하에 상당하는 벌금에 처한다.
제141조(벌칙) 다음 각 호의 어느 하나에 해당하는 자는 2년 이하의 징역 또는 2천만원(제5호에 해당하는 자는 계약 체결 당시의 개별공시지가에 의한 해당 토지가격의 100분의 30에 해당하는 금액) 이하의 벌금에 처한다.
1. 제43조제1항을 위반하여 도시관리계획의 결정이 없이 기반시설을 설치한 자
2. 제44조제3항을 위반하여 공동구에 수용하여야 하는 시설을 공동구에 수용하지 아니한 자
3. 제54조를 위반하여 지구단위계획에 맞지 아니하게 건축물을 건축하거나 용도를 변경한 자
4. 제76조(같은 조 제5항제2호부터 제4호까지의 규정은 제외한다)에 따른 용도지역 또는 용도지구에서의 건축물이나 그 밖의 시설의 용도·종류 및 규모 등의 제한을 위반하여 건축물을 건축하거나 건축물의 용도를 변경한 자
제142조(벌칙) 제133조제1항에 따른 허가·인가 등의 취소, 공사의 중지, 공작물 등의 개축 또는 이전 등의 처분 또는 조치명령을 위반한 자는 1년 이하의 징역 또는 1천만원 이하의 벌금에 처한다.
제143조(양벌규정) 생략

III. 범죄사실

1. 무허가 건축물 건축

1) 적용법조 : 제140조 제1호, 제56조 제1항 제1호 ☞ 공소시효 5년

> **제56조(개발행위의 허가)** ① 다음 각 호의 어느 하나에 해당하는 행위로서 대통령령으로 정하는 행위(이하 "개발행위"라 한다)를 하려는 자는 특별시장·광역시장·특별자치시장·특별자치도지사·시장 또는 군수의 허가(이하 "개발행위허가"라 한다)를 받아야 한다. 다만, 도시·군계획사업에 의한 행위는 그러하지 아니하다.
> 1. 건축물의 건축 또는 공작물의 설치
> 2. 토지의 형질 변경(경작을 위한 경우로서 대통령령으로 정하는 토지의 형질 변경은 제외한다)
> 3. 토석의 채취
> 4. 토지 분할(건축물이 있는 대지의 분할은 제외한다)
> 5. 녹지지역·관리지역 또는 자연환경보전지역에 물건을 1개월 이상 쌓아놓는 행위

2) 범죄사실 기재례

> 피의자는 ○○에 있는 도시계획구역 내인 대지 220㎡의 소유자이다. 건축물의 건축 또는 공작물의 설치 등을 하고 하는 경우 특별시장·광역시장·시장 또는 군수의 허가를 받아야 한다.
> 그럼에도 불구하고 허가 없이, 20○○. 9. 11.경부터 20○○. ○. ○.경까지 사이에 위 대지 상에 벽돌로 사방의 벽을 쌓고 경량철골과 천막으로 지붕을 얹어 건평 170㎡의 단층 건축물 1동을 신축하였다.

3) 신문사항

- 도시계획구역내에 건축물을 신축한 일이 있는가
- 언제 어디에 신축하였는가
- 위 건물의 연면적과 용도는 무엇인가
- 어떤 방법으로 건축하였는가
- 누가 건축하였는가
- ○○시장의 허가를 받았는가
- 왜 허가없이 건축하였는가

■ **판례** ■ 경작을 목적으로 약 11,166㎡ 면적의 유지를 1m 정도의 높이로 매립·성토하여 농지로 조성한 경우

[1] 국토의 계획 및 이용에 관한 법률 및 그 시행령상 허가 없이 시행할 수 있는 행위인 '경작을 위한 토지의 형질변경'의 의미(소극)

국토의 계획 및 이용에 관한 법률 제56조 제1항 제2호, 같은 법 시행령 제51조 제3호에서는 토지의 형질변경, 즉 절토·성토·정지·포장 등의 방법으로 토지의 형상을 변경하거나 공유수면을 매립하는 경우 관할관청의 허가를 받아야 한다고 규정하면서, 다만 경작을 위한 토지의 형질변경의 경우에는 예외를 두고 있다. 여기서 '경작을 위한 토지의 형질변경'이란 이미 조성이 완료된 농지에서의 농작물재배행위나 그 농지의 지력증진을 위한 단순한 객토나 소규모의 정지작업 등 농지의 생산성을 높

이기 위하여 농지의 형질을 변경하는 경우를 가리키는 것으로 해석하여야 한다. 따라서 토지 소유자 등이 당해 토지를 경작하려는 의도에서 토지를 성토한 것이라고 하더라도 그것이 그 토지의 근본적인 기능을 변경 또는 훼손할 정도에 이르는 것일 때에는 관할관청으로부터 허가를 받아야 한다.

[2] 경작을 목적으로 약 11,166㎡ 면적의 유지를 1m 정도의 높이로 매립·성토하여 농지로 조성한 행위가, 국토의 계획 및 이용에 관한 법률 및 그 시행령상 허가 없이 시행할 수 있는 행위인 '경작을 위한 토지의 형질변경'에 해당하지 아니한다(대법원 2008.5.8. 선고 2007도4598 판결).

■ 판례 ■   개발행위의 전제가 되는 개발행위허가를 받아 낸 행위만으로 국토의계획및이용에관한법률 제140조 제1호의 구성요건에 해당한다고 할 수 있는지 여부(소극)

국토의계획및이용에관한법률 제140조 제1호는 '제56조 제1항의 규정에 위반하여 토지의 형질변경 등의 허가를 받지 아니하거나 사위 그 밖의 부정한 방법으로 허가를 받아 개발행위를 한 자'를 처벌하도록 규정하고 있고, 그 미수범에 대한 처벌규정이 없으며, 또 '사위 그 밖의 부정한 방법으로 허가를 받는 행위'에 대한 처벌규정도 없으므로, 개발행위의 전제가 되는 개발행위허가를 받아 낸 행위만으로는 같은 법 제140조 제1호의 구성요건에 해당한다고 할 수 없다(대법원 2005.1.28. 선고 2004도7359 판결).

2. 시가화조성구역에서의 입목의 벌채

1) 적용법조 : 140조 제2호, 제81조 제2항 제3호   ☞   공소시효 5년

제81조(시가화조정구역안에서의 행위 제한 등) ① 제39조에 따라 지정된 시가화조정구역에서의 도시계획사업은 대통령령으로 정하는 사업만 시행할 수 있다.
② 시가화조정구역에서는 제56조와 제76조에도 불구하고 제1항에 따른 도시계획사업의 경우 외에는 다음 각 호의 어느 하나에 해당하는 행위에 한정하여 특별시장·광역시장·시장 또는 군수의 허가를 받아 그 행위를 할 수 있다.
  1. 농업·임업 또는 어업용의 건축물 중 대통령령으로 정하는 종류와 규모의 건축물이나 그 밖의 시설을 건축하는 행위
  2. 마을공동시설, 공익시설·공공시설, 광공업 등 주민의 생활을 영위하는 데에 필요한 행위로서 대통령령으로 정하는 행위
  3. 입목의 벌채, 조림, 육림, 토석의 채취, 그 밖에 대통령령으로 정하는 경미한 행위
제39조(시가화조정구역의 지정) ① 국토교통부장관은 직접 또는 관계 행정기관의 장의 요청을 받아 도시지역과 그 주변지역의 무질서한 시가화를 방지하고 계획적·단계적인 개발을 도모하기 위하여 대통령령으로 정하는 기간 동안 시가화를 유보할 필요가 있다고 인정되면 시가화조정구역의 지정 또는 변경을 도시관리계획으로 결정할 수 있다.
② 시가화조정구역의 지정에 관한 도시관리계획의 결정은 제1항에 따른 시가화 유보기간이 끝난 날의 다음날부터 그 효력을 잃는다. 이 경우 국토교통부장관은 대통령령으로 정하는 바에 따라 그 사실을 고시하여야 한다.

2) 범죄사실 기재례

시가화조정구역 안에서 허가를 받지 아니하고는 입목의 벌채, 조림, 육림, 토석의 채취를 하여서는 아니된다. 그럼에도 불구하고 피의자는 20○○. ○. ○. 시가화조성구역인 ○○에 있는 임야에서 허가없이 ○○년생 소나무 ○○그루를 벌채하였다.

3) 신문사항

- 소나무를 벌채한 일이 있는가
- 언제 어디에 있는 소나무인가
- 어느 정도의 소나무를 벌채하였나

- 어떤 방법으로 하였나
- 무엇 때문에 하였나
- 그곳이 시가회조성구역이라는 것을 알고 있는가

3. 용도지역 안에서의 건축행위

1) 적용법조 : 제141조 제4호, 제76조 제1항 ☞ 공소시효 5년

제76조(용도지역 및 용도지구안에서의 건축물의 건축 제한 등) ① 제36조에 따라 지정된 용도지역에서의 건축물이나 그 밖의 시설의 용도·종류 및 규모 등의 제한에 관한 사항은 대통령령으로 정한다.
② 제37조에 따라 지정된 용도지구에서의 건축물이나 그 밖의 시설의 용도·종류 및 규모 등의 제한에 관한 사항은 이 법 또는 다른 법률에 특별한 규정이 있는 경우 외에는 대통령령으로 정하는 기준에 따라 특별시·광역시·시 또는 군의 조례로 정할 수 있다.
③ 제1항과 제2항에 따른 건축물이나 그 밖의 시설의 용도·종류 및 규모 등의 제한은 해당 용도지역과 용도지구의 지정목적에 적합하여야 한다.
④ 건축물이나 그 밖의 시설의 용도·종류 및 규모 등을 변경하는 경우 변경 후의 건축물이나 그 밖의 시설의 용도·종류 및 규모 등은 제1항과 제2항에 맞아야 한다.
제36조(용도지역의 지정) ① 국토교통부장관, 시·도지사 또는 대도시 시장은 다음 각 호의 어느 하나에 해당하는 용도지역의 지정 또는 변경을 도시관리계획으로 결정한다.
1. 도시지역 : 다음 각 목의 어느 하나로 구분하여 지정한다.
　가. 주거지역 : 거주의 안녕과 건전한 생활환경의 보호를 위하여 필요한 지역
　나. 상업지역 : 상업이나 그 밖의 업무의 편익을 증진하기 위하여 필요한 지역
　다. 공업지역 : 공업의 편익을 증진하기 위하여 필요한 지역
　라. 녹지지역 : 자연환경·농지 및 산림의 보호, 보건위생, 보안과 도시의 무질서한 확산을 방지하기 위하여 녹지의 보전이 필요한 지역
2. 관리지역 : 다음 각 목의 어느 하나로 구분하여 지정한다.
　가. 보전관리지역 : 자연환경 보호, 산림 보호, 수질오염 방지, 녹지공간 확보 및 생태계 보전 등을 위하여 보전이 필요하나, 주변 용도지역과의 관계 등을 고려할 때 자연환경보전지역으로 지정하여 관리하기가 곤란한 지역
　나. 생산관리지역 : 농업·임업·어업 생산 등을 위하여 관리가 필요하나, 주변 용도지역과의 관계 등을 고려할 때 농림지역으로 지정하여 관리하기가 곤란한 지역
　다. 계획관리지역 : 도시지역으로의 편입이 예상되는 지역이나 자연환경을 고려하여 제한적인 이용·개발을 하려는 지역으로서 계획적·체계적인 관리가 필요한 지역
3. 농림지역
4. 자연환경보전지역
② 국토교통부장관, 시·도지사 또는 대도시 시장은 대통령령으로 정하는 바에 따라 제1항 각 호 및 같은 항 각 호 각 목의 용도지역을 도시관리계획 결정으로 다시 세분하여 지정하거나 변경할 수 있다.

2) 범죄사실 기재례

> 피의자는 ○○에 있는 용도지역인 도시지역의 주거지역인 대지 1천㎡의 소유자로 용도지역 안에서는 바닥면적의 합계가 1천㎡ 이상의 건축은 할 수 없다.
> 그럼에도 불구하고 피의자는 200○. 9. 11.경부터 200○. ○. ○.경까지 사이에 위 대지 상에 벽돌로 사방의 벽을 쌓고 경량철골과 천막으로 지붕을 얹어 건평 1,200㎡의 2층 건축물 1동을 신축하였다.

3) 신문사항

- 용도지역내에 건축물을 신축한 일이 있는가
- 언제 어디에 신축하였는가
- 위 건물의 연면적과 용도는 무엇인가
- 어떤 방법으로 건축하였는가
- 누가 건축하였는가
- 건축제한 면적이 얼마인지 알고 있는가
- 왜 제한 면적을 초과하여 건축하였나

4. 사위 기타 부정한 방법으로 토지거래허가

1) 적용법조 : 제140조 제1호 ☞ 공소시효 5년

2) 범죄사실 기재례

피의자는 20○○. ○. ○. 경부터 ○○○에서 "○○부동산"이라는 상호로 부동산중개업을 영위하는 사람으로서, 토지거래계약허가지역에서 토지매매계약을 체결하기 위하여 관할 군수(또는 구청장)에게 토지거래계약허가신청을 하였다.

피의자는 20○○. ○. ○. ○○에 있는 전 500㎡를 소유자인 홍길동으로부터 3,000만원에 매입하고도 위 허가신청서에는 2,000만원에 매입하려는 것처럼 허위기재한 뒤 이것을 ○○ 군청 민원실에 제출하여 20○○. ○. ○. ○○군수로부터 위 땅에 대한 토지거래계약허가를 받아내어 사위 기타 부정한 방법으로 토지거래계약허가를 받았다.

3) 신문사항

- 피의자는 토지거래허가지역에 있는 토지를 매매한 일이 있는가
- 어디에 있는 토지를 매매하였나
- 그곳은 토지거래허가지역으로 지정·공고된 지역인가
- 언제 누구에게 매매하였나
- 어떠한 조건으로 매입하였나
- 실재 매입금액은 얼마였나
- 그럼 매매계약서에는 매입금액을 얼마로 기재하였는가
- ○○군청에 제출한 허가신청서에는 얼마로 기재하였는가
- 허가신청서는 누가 언제 제출하였는가
- 왜 이렇게 매입금액을 달리 기재하였는가

■ **판례** ■ 실제로는 영농의사가 없으면서 허위의 농업경영계획서를 제출하여 토지거래계약 허가를 받는 경우, 구 국토이용관리법 제31조의2 제1항에 정한 '사위 기타 부정한 방법'으로 그 허가를 받은 경우에 해당하는지 여부(적극)

단기간에 시세차익을 남기기 위하여 전매할 목적으로 토지거래허가구역 내의 농지를 매수하는 것일 뿐 실제로는 영농을 할 의사가 없으면서, 토지거래계약허가를 신청함에 있어 이를 숨기고 마치 그 토지를 이용하여 농업을 영위할 것처럼 허위의 농업경영계획서를 제출하여 그 정을 모르는 담당공무원으로부터 토지거래계약 허가를 받는 것은 구 국토이용관리법(2002. 2. 4. 법률 제6655호 국토의 계획 및 이용에 관한 법률 부칙 제2조로 폐지되기 전의 것) 제31조의2 제1항에 정한 '사위 기타 부정한 방법'으로 그 허가를 받은 경우에 해당한다(대법원 2006.11.9. 선고 2006도4888 판결).

5. 원상회복명령에 불응한 경우

1) 적용법조 : 제142조, 제133조 제1항 ☞ 공소시효 5년

> **제133조(법률 등의 위반자에 대한 처분)** ① 국토교통부장관, 시·도지사, 시장·군수 또는 구청장은 다음 각 호의 어느 하나에 해당하는 자에게 이 법에 따른 허가·인가 등의 취소, 공사의 중지, 공작물 등의 개축 또는 이전, 그 밖에 필요한 처분을 하거나 조치를 명할 수 있다.
> 1. 제31조제2항 단서에 따른 신고를 하지 아니하고 사업 또는 공사를 한 자
> 2. 도시계획시설을 제43조제1항에 따른 도시관리계획의 결정 없이 설치한 자
> 3. 제44조제4항에 따른 공동구의 점용 또는 사용에 관한 허가를 받지 아니하고 공동구를 점용 또는 사용하거나 같은 조 제5항에 따른 점용료 또는 사용료를 내지 아니한 자

2) 범죄사실 기재례

> 피의자는 20○○. ○. ○.경 ○○구청장으로부터 ○○허가를 받아 ○○건축 중 20○○. 5.2경 도시계획구역 내인 ○○ 번지의 임야 1,000㎡ 중 약 100㎡에 비닐 등을 이용하여 건조용 가설건축물을 설치하여 위 임야의 형질을 변경하였다.
> 피의자는 위와 같은 행위에 대하여 20○○. ○. ○.자로 ○○구청장으로부터 20○○. ○. ○.까지 원상회복하라는 명령을 받고도 정당한 이유없이 위 조치명령에 따르지 아니하였다.

3) 신문사항

- 도시계획구역내 토지를 소유하고 있는가
- 그곳에 가설건축물을 설치한 일이 있는가
- 어떠한 것을 설치하였는가
- 그러한 가설물 설치로 형질이 변경되었다는 것을 알고 있는가
- 그로 인하여 ○○구청장으로부터 원상회복 명령을 받은 일이 있는가
- 언제 어떠한 내용의 명령이었는가
- 그 유예기간 안에 원상회복을 하였는가

- 왜 원상회복을 하지 않았는가
- 현재는 어떤 상태로 유지하고 있는가
- 앞으로도 원상회복하지 않을 것인가

■ 판례 ■ **지구단위계획에 적합하지 않은 건축물을 건축하거나 용도변경한 경우**

[1] 사실관계

乙은 도시설계 지침규정에 의하여 1필지당 3층 이하 및 3가구 이하로 거주할 수 있도록 규정된 자신의 토지상의 건물을 세대 간 경계벽을 수선하여 가구수를 9가구로 불법 증가시킨 후, 이를 甲에게 매도하고 소유권이전등기를 경료하여 주었는바, 행정청은 甲에게 원상회복의 조치명령을 하였다.

[2] 판결요지

가. 위 건축물을 양수한 甲에 대하여 국토의 계획 및 이용에 관한 법률 제133조 제1항에 의한 처분이나 원상회복 등의 조치명령을 할 수 있는지 여부(소극)

법 제133조 제1항 제1호, 제54조의 각 규정을 종합하면 지구단위계획에 적합하지 않은 건축물을 건축하거나 용도변경한 경우 행정청은 그 건축물을 건축한 자나 용도변경한 자에 대하여서만 법 제133조 제1항에 의하여 처분이나 원상회복 등의 조치명령을 할 수 있고, 명문의 규정이 없는 한 이러한 건축물을 양수한 자에 대하여는 이를 할 수 없다고 할 것이다.

나. 甲이 조치명령을 이행하지 않은 경우의 죄책

이 사건 토지 및 건물을 매수한 피고인에 대하여 판시 원상복구 명령이 발하여 졌다는 것이므로 위 원상복구의 시정명령은 위법하다고 할 것이므로 이러한 시정명령을 따르지 않았다고 하여 피고인을 법 제142조에 정한 조치명령 등 위반죄로 처벌할 수 없다(대법원 2007.2.23. 선고 2006도6845 판결).

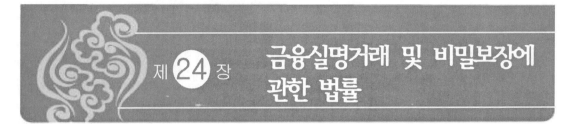

제 24 장 금융실명거래 및 비밀보장에 관한 법률

I. 개념정의

제2조(정의) 이 법에서 사용하는 용어의 뜻은 다음과 같다.
1. "금융회사등"이란 다음 각 목의 것을 말한다.
　　가. 「은행법」에 따른 은행
　　나. 「중소기업은행법」에 따른 중소기업은행
　　다. 「한국산업은행법」에 따른 한국산업은행
　　라. 「한국수출입은행법」에 따른 한국수출입은행
　　마. 「한국은행법」에 따른 한국은행
　　바. 「자본시장과 금융투자업에 관한 법률」에 따른 투자매매업자 · 투자중개업자 · 집합투자업자 · 신탁업자 · 증권금융회사 · 종합금융회사 및 명의개서대행회사
　　사. 「상호저축은행법」에 따른 상호저축은행 및 상호저축은행중앙회
　　아. 「농업협동조합법」에 따른 조합과 그 중앙회 및 농협은행
　　자. 「수산업협동조합법」에 따른 조합과 그 중앙회 및 수협은행
　　차. 「신용협동조합법」에 따른 신용협동조합 및 신용협동조합중앙회
　　카. 「새마을금고법」에 따른 금고 및 중앙회
　　타. 「보험업법」에 따른 보험회사
　　파. 「우체국예금 · 보험에 관한 법률」에 따른 체신관서
　　하. 그 밖에 대통령령으로 정하는 기관
2. "금융자산"이란 금융회사등이 취급하는 예금 · 적금 · 부금 · 계금 · 예탁금 · 출자금 · 신탁재산 · 주식 · 채권 · 수익증권 · 출자지분 · 어음 · 수표 · 채무증서 등 금전 및 유가증권과 그 밖에 이와 유사한 것으로서 총리령으로 정하는 것을 말한다.
3. "금융거래"란 금융회사등이 금융자산을 수입 · 매매 · 환매 · 중개 · 할인 · 발행 · 상환 · 환급 · 수탁 · 등록 · 교환하거나 그 이자 · 할인액 또는 배당을 지급하는 것과 이를 대행하는 것 또는 그 밖에 금융자산을 대상으로 하는 거래로서 총리령으로 정하는 것을 말한다.
4. "실지명의"란 주민등록표상의 명의, 사업자등록증상의 명의 그 밖에 대통령령으로 정하는 명의를 말한다.

※ 시행령(대통령령)
제2조(금융회사등) 「금융실명거래 및 비밀보장에 관한 법률」(이하 "법"이라 한다) 제2조제1호하목에서 "대통령령으로 정하는 기관"이란 다음 각 호의 것을 말한다.
1. 삭제 〈2019. 6. 25.〉
2. 「여신전문금융업법」에 따른 여신전문금융회사 및 신기술사업투자조합
3. 「기술보증기금법」에 따른 기술보증기금
4. 「대부업 등의 등록 및 금융이용자 보호에 관한 법률」 제3조에 따라 대부업 또는 대부중개업의 등록을 한 자
5. 「중소기업창업 지원법」에 따른 중소기업창업투자회사 및 중소기업창업투자조합
6. 「신용보증기금법」에 따른 신용보증기금
7. 「산림조합법」에 따른 지역조합 · 전문조합과 그 중앙회

8. 「지역신용보증재단법」에 따른 신용보증재단
9. 「온라인투자연계금융업 및 이용자 보호에 관한 법률」 제5조에 따라 등록한 온라인투자연계금융업자
10. 「자본시장과 금융투자업에 관한 법률」에 따른 거래소(「자본시장과 금융투자업에 관한 법률」 제392조제2항에 따라 같은 법 제391조제2항제1호의 신고사항과 같은 항 제3호에 따른 신고 또는 확인 요구사항에 대하여 정보의 제공을 요청하는 경우만 해당한다)
11. 「한국주택금융공사법」에 따른 한국주택금융공사
12. 「외국환거래법」 제8조제3항제2호에 따라 등록한 소액해외송금업자
13. 그 밖에 사실상 금융거래를 하는 개인 또는 법인으로서 총리령으로 정하는 자

제3조(실지명의) 법 제2조제4호의 규정에 의한 실지명의는 다음 각호의 구분에 따른 명의로 한다.
1. 개인의 경우
   주민등록표에 기재된 성명 및 주민등록번호. 다만, 재외국민의 경우에는 여권에 기재된 성명 및 여권번호(여권이 발급되지 아니한 재외국민은 「재외국민등록법」에 의한 등록부에 기재된 성명 및 등록번호)
2. 법인(「국세기본법」에 의하여 법인으로 보는 법인격없는 사단 등을 포함한다. 이하 같다)의 경우
   「법인세법」에 의하여 교부받은 사업자등록증에 기재된 법인명 및 등록번호. 다만, 사업자등록증을 교부받지 아니한 법인은 「법인세법」에 의하여 납세번호를 부여받은 문서에 기재된 법인명 및 납세번호
3. 법인이 아닌 단체의 경우
   당해 단체를 대표하는 자의 실지명의. 다만, 「부가가치세법」에 의하여 고유번호를 부여받거나 「소득세법」에 의하여 납세번호를 부여받은 단체의 경우에는 그 문서에 기재된 단체명과 고유번호 또는 납세번호
4. 외국인의 경우
   「출입국관리법」에 의한 등록외국인기록표에 기재된 성명 및 등록번호. 다만, 외국인등록증이 발급되지 아니한 자의 경우에는 여권 또는 신분증에 기재된 성명 및 번호
5. 제1호 내지 제4호의 규정에 의하는 것이 곤란한 경우 총리령이 정하는 실지명의

※ 시행규칙

제2조(금융자산) 금융실명거래및비밀보장에관한법률(이하 "법"이라 한다) 제2조제2호에서 "총리령이 정하는 것"이라 함은 다음 각호의 것을 말한다.
1. 신주인수권을 표시한 증서
2. 외국이나 외국법인이 발행한 증권 또는 증서

II. 벌 칙

제6조(벌칙) ① 제3조제3항 또는 제4항, 제4조제1항 또는 제3항부터 제5항까지의 규정을 위반한 자는 5년 이하의 징역 또는 5천만원 이하의 벌금에 처한다.
② 제1항의 징역형과 벌금형은 이를 병과할 수 있다.

제8조(양벌규정) 법인의 대표자나 법인 또는 개인의 대리인, 사용인, 그 밖의 종업원이 그 법인 또는 개인의 업무에 관하여 제6조 또는 제7조의 위반행위를 하면 그 행위자를 벌하는 외에 그 법인 또는 개인에게도 해당 조문의 벌금 또는 과태료를 과(科)한다. 다만, 법인 또는 개인이 그 위반행위를 방지하기 위하여 해당 업무에 관하여 상당한 주의와 감독을 게을리하지 아니한 경우에는 그러하지 아니하다.

1. 금융거래 비밀누설

1) 적용법조 : 제6조 제1항, 제4조 제1항 ☞ 공소시효 7년

제4조(금융거래의 비밀보장) ① 금융회사등에 종사하는 자는 명의인(신탁의 경우에는 위탁자 또는 수익자를 말한다)의 서면상의 요구나 동의를 받지 아니하고는 그 금융거래의 내용에 대한 정보 또는 자료(이하 "거래정보등"이라 한다)를 타인에게 제공하거나 누설하여서는 아니되며, 누구든지 금융기관에 종사하는 자에게 거래정보등의 제공을 요구하여서는 아니된다. 다만, 다음 각 호의 어느 하나에 해당하는 경우로서 그 사용목적에 필요한 최소한의 범위안에서 거래정보등을 제공하거나 그 제공을 요구하는 경우에는 그러하지 아니하다.
③ 금융회사등에 종사하는 자는 제1항 또는 제2항을 위반하여 거래정보등의 제공을 요구받은 경우에는 그 요구를 거부하여야 한다.
④ 제1항 각호 (종전의 금융실명거래에관한법률(대통령긴급재정경제명령 제16호로 폐지되기 전의 것을 말한다) 제5조제1항제1호부터 제4호까지 및 금융실명거래및비밀보장에관한긴급재정경제명령(법률 제5493호로 폐지되기 전의 것을 말한다. 이하같다)제4조제1항 각호를 포함한다) 에 따라 거래정보등을 알게 된 자는 그 알게 된 거래정보등을 타인에게 제공 또는 누설하거나 그 목적외의 용도로 이용하여서는 아니되며, 누구든지 거래정보등을 알게 된 자에게 그 거래정보등의 제공을 요구하여서는 아니된다. 다만, 금융위원회 또는 금융감독원장이 제1항제4호 및 제6호에 따라 알게 된 거래정보 등을 외국금융감독기관에 제공하거나 한국증권선물거래소가 제1항제7호에 따라 외국거래소 등에 거래정보등을 제공하는 경우에는 그러하지 아니하다.
⑤ 제1항 또는 제4항을 위반하여 제공 또는 누설된 거래정보등을 취득한 자(그로부터 거래정보등을 다시 취득한 자를 포함한다)는 그 위반사실을 알게 된 경우 그 거래정보등을 타인에게 제공 또는 누설하여서는 아니된다.

2) 범죄사실 기재례

금융기관에 종사하는 자는 명의인의 서면상 요구나 동의를 받지 아니하고는 그 금융거래의 내용에 대한 정보 또는 자료를 타인에게 제공하거나 누설하여서는 아니 되며, 누구든지 금융기관에 종사하는 자에게 거래정보 등의 제공을 요구하여서는 아니된다.
가. 피의자 甲
  피의자는 200○. ○. ○. ○○에서 자신의 채무자인 홍길동에게 ○○만원을 빌려준 후 이 돈을 받지 못하자 홍길동이 피의자 乙의 은행에 예금하여 놓은 돈이 있다는 사실을 알고 이를 확인하여 채권 확보하는 데 사용하기 위해 금융기관에 종사하는 피의자 乙에게 위 홍길동의 금융거래 내용인 계좌번호와 예금 잔액 등 거래정보의 제공을 요구하였다.
나. 피의자 乙
  피의자는 위 甲의 요구 때문에 200○. ○. ○. ○○에서 위 홍길동의 금융거래 내용인 계좌번호와 예금 잔액을 피의자 甲에게 제공하였다.

3) 신문사항

- 피의자는 금융기관 종사자인가
- 언제부터 어느 은행에 근무하고 있는가(입사일, 재직기간, 담당업무등)
- 공범 ○○○과는 어떠한 관계인가
- 甲(공범)의 요구로 홍길동에 대한 금융거래내용을 제공한 일이 있는가

- 어떠한 거래내용인가
- 언제 어디에서 어떠한 거래내용의 제공을 요구하던가
- 무엇 때문에 요구하던가
- 언제 어디에서 이를 제공하였나
- 제공한 내용이 무엇인가
- 피의자의 이러한 행위로 홍길동이 어떠한 피해를 보았는지 알고 있는가

2. 금융거래비밀 제공요구

1) 적용법조 : 제6조 제1항, 제4조 제1항 ☞ 공소시효 7년

2) 범죄사실 기재례

> 피의자는 20○○. ○. ○. 고소인 김○○의 부탁으로 심○○을 소개받아 심○○이 발행한 가계수표 1,000만 원 상당을 할인한 것과 관련 위 심○○의 수표가 부도 처리되어 피해를 보게 되자 심○○을 소개하였던 고소인의 재산에 가압류하여 피해를 대위변제 받고자 하였다.
> 피의자는 20○○. ○. ○.경 명의인(고소인)의 동의 없이 금융기관 종사자인 ○○생명보험 직원 甲에게 위 고소인의 거래정보인 ○○생명보험(주)에 가입된 증권번호 30221531호, 30301798호, 31798381호 등 총 3건의 증권번호 제공을 요구하여 그 정보를 취득한 후 ○○지방법원 ○○하단 33153 채권가압류에 사용하였다.

3) 신문사항

- 고소인 김○○을 알고 있는가
- 가계수표를 할인해 준 일이 있는가
- 그 수표가 정상적으로 결재되었는가
- 그로 인하여 어떤 피해를 보았는가
- 그 피해를 변제 받기 위해 어떤 행위를 하였나
- 보험회사에 거래정보 제공요청을 한 일이 있는가
- 언제 누구에게 하였나
- 왜 그곳 보험회사에 하게 되었나
- 그곳 보험회사에 보험이 가입되었다는 것은 언제 어떻게 알았는가
- 언제 거래정보를 제공받았는가
- 누구로부터 제공받았는가
- 이렇게 제공받은 거래정보를 어떻게 하였나

■ 판례 ■ 금융실명제 시행 전에 개설된 금융거래계좌에 관하여 금융실명제 시행 후에 이를 실질적으로 지배하는 자가 변경된 경우의 예금계약상의 예금주

금융실명거래및비밀보장에관한긴급재정경제명령(금융실명제)이 시행된 후에는 금융기관과 금융거래를 하고자 하는 자는 원칙적으로 직접 주민등록증과 인감을 지참하고 금융기관에 나가 자기 이름으로 금융거래를 하여야 하고, 대리인이 본인의 주민등록증과 인감을 가지고 가서 본인의 이름으로 금융거래를 하는 것이 허용된다고 하더라도 이 경우 금융기관으로서는 특별한 사정이 없는 한 주민등록증을 통하여 실명확인을 한 명의자를 위 명령 제3조 제1항 소정의 거래자로 보아 그와 금융거래를 할 의도라고 보아야 할 것이지만, 특별한 사정으로서 출연자와 금융기관 사이에 명의인이 아닌 출연자에게 금융자산을 귀속시키기로 하는 명시적 또는 묵시적 약정이 있는 경우에는 출연자를 예금주로 보아야 할 것이며, 이러한 법리는 위 명령 시행 전에 개설된 금융거래계좌에 관하여 위 명령 시행 후에 이를 실질적으로 지배하는 자가 변경된 경우에도 마찬가지라고 할 것이다(대법원 2002.2.26. 선고 99다68096 판결).

■ 판례 ■ 공동명의예금의 예금주

금융실명거래및비밀보장에관한법률 제3조에 의하면, 금융기관은 거래자의 실지명의에 의하여 금융거래를 하여야 하므로 금융기관으로서는 특별한 사정이 없는 한 실명확인을 한 예금명의자를 거래자로 보아 그와 예금계약을 체결할 의도라고 보아야 하고, 공동명의예금계약의 경우에도 공동명의자 전부를 거래자로 보아 예금계약을 체결할 의도라고 보아야 할 것이므로 공동명의자 중 일부만이 금원을 출연하였다 하더라도 출연자만이 공동명의예금의 예금주라고 할 수는 없다(대법원 2001.6.12. 선고 2000다70989 판결).

■ 판례 ■ 보험회사 직원이 보험가입자의 요구나 동의 없이 보험거래내역 및 지급사항 조회서를 타인에게 제공한 경우

[1] 보험료를 대상으로 하는 거래가 구 금융실명거래 및 비밀보장에 관한 법률 제4조 제1항에 의한 비밀보호의 대상인지 여부(소극)

구 금융실명거래 및 비밀보장에 관한 법률(2006. 3. 24. 법률 제7886호로 개정되기 전의 것)은 제4조 제1항에서 금융거래의 내용에 대한 정보 또는 자료의 제공·누설·제공의 요구를 각 금하고, 제2조 제3호에서 "금융거래"에 대하여 '금융기관이 금융자산을 수입(수입)·매매·환매·중개·할인·발행·상환·환급·수탁·등록·교환하거나 그 이자·할인액 또는 배당을 지급하는 것과 이를 대행하는 것 기타 금융자산을 대상으로 하는 거래 등'으로, 제2호에서 "금융자산"에 대하여는 '금융기관이 취급하는 예금·적금·부금·계금·예탁금·출자금·신탁재산·주식·채권·수익증권·출자지분·어음·수표·채무증서 등 금전 및 유가증권 등'으로 각각 정의하고 있다. 따라서 보험료를 대상으로 하는 거래는 위의 금융자산에 관한 거래라고 할 수 없어, 구 금융실명거래 및 비밀보장에 관한 법률 제4조 제1항에 의한 비밀보호의 대상이 되지 아니한다.

[2] 보험회사 직원이 보험가입자의 요구나 동의 없이 보험거래내역 및 지급사항 조회서를 타인에게 제공한 것이, 구 금융실명거래 및 비밀보장에 관한 법률 제4조 제1항 위반죄에 해당하는지 여부(소극)

보험회사 직원이 보험가입자의 요구나 동의 없이 보험거래내역 및 지급사항 조회서를 타인에게 제공한 사안에서, 구 금융실명거래 및 비밀보장에 관한 법률(2006. 3. 24. 법률 제7886호로 개정되기 전의 것) 제4조 제1항 위반죄의 성립을 부정한 사례(대법원 2009.3.26. 선고 2008도7874 판결).

■ **판례** ■   대출 회사 직원이 대출신청자로부터 지인정보를 수집하고 금융기관이 인터넷을 통해 제공하는 '빠른조회서비스'를 이용하여 대출신청자의 금융거래정보를 열람한 경우

[1] 사실관계

대출 회사의 직원인 甲은 대출신청자인 乙로부터 乙의 친족이나 전화전호 등 지인정보를 수집하고, 乙에게 신용정보를 조회한다면서 계좌번호나 비밀번호를 요구한 다음 이를 이용하여 금융기관이 인터넷을 통해 제공하는 '빠른조회서비스'를 이용하여 乙의 금융거래정보를 열람하였다.

[2] 판결요지

가. 지인정보의 수집에 대한 판단

원심이 피고인들이 대출신청인들로부터 수집한 대출신청인의 친족이나 친구의 전화번호 등 지인정보는 신용정보의 이용 및 보호에 관한 법률(이하 '신용정보법'이라 한다) 제15조 제1항 제3호 소정의 '신용정보와 무관한 사생활에 관한 정보'에 해당하지 않고, 달리 피고인들이 신용정보와 무관한 사생활에 관한 정보를 수집하였음을 인정할 증거가 없다는 이유로 이 부분에 대하여 무죄를 선고한 제1심판결을 그대로 유지한 것은 수긍이 가고, 거기에 상고이유에서 주장하는 바와 같이 신용정보법 소정의 '신용정보와 무관한 사생활에 관한 정보'에 관한 법리를 오해한 위법이 없다.

나. 대출신청자의 금융거래정보 열람에 대한 판단

대출 회사 직원이 대출신청자에게 신용정보를 조회한다면서 계좌번호나 비밀번호를 요구한 다음 이를 이용하여 금융기관이 인터넷을 통해 제공하는 '빠른조회서비스'를 이용하여 대출신청자의 금융거래정보를 열람한 행위가, 금융실명거래 및 비밀보장에 관한 법률 제4조 제1항이 정하고 있는 '금융기관에 종사하는 자에게 거래정보 등의 제공을 요구'하는 행위에 해당한다(대법원 2009.7.9. 선고 2008도3593 판결).

■ **판례** ■   신용카드 대금채무와 그 발생에 관한 정보나 자료에 해당하는 신용카드 사용내역이나 승인내역이 금융실명거래 및 비밀보장에 관한 법률 제4조 제1항에서 비밀보장의 대상으로 정한 '금융거래의 내용에 대한 정보 또는 자료'에 해당하는지 여부(적극)

(가) 금융실명거래 및 비밀보장에 관한 법률(이하 '금융실명법'이라고 한다)은 실지명의에 의한 금융거래를 실시하고 그 비밀을 보장하여 금융거래의 정상화를 꾀하고자 제정된 법률이다(금융실명법 제1조). 법원의 제출명령 또는 법관이 발부한 영장 등 금융실명법 제4조 제1항 각호에서 열거한 예외적인 경우가 아닌 이상, 금융회사 등에 종사하는 자는 명의인의 서면상의 요구나 동의를 받지 아니하고는 그 금융거래의 내용에 대한 정보 또는 자료(이하 '거래정보 등'이라고 한다)를 타인에게 제공하거나 누설하여서는 아니 되며, 누구든지 금융회사 등에 종사하는 자에게 거래정보 등의 제공을 요구하여서는 아니 된다(금융실명법 제4조 제1항). 여기서 '거래정보 등'이란 특정인의 금융거래사실과 금융회사 등이 보유하고 있는 금융거래에 관한 기록의 원본·사본 및 그 기록으로부터 알게 된 것으로, 금융거래사실을 포함한 금융거래의 내용이 누구의 것인지를 알 수 없는 것(당해 거래정보 등만으로 그 거래자를 알 수 없더라도 다른 거래정보 등과 용이하게 결합하여 그 거래자를 알 수 있는 것을 제외한다)은 여기에 포함되지 아니한다(금융실명거래 및 비밀보장에 관한 법률 시행령 제6조). 위 '금융거래'란 금융회사 등이 금융자산을 수입·매매·환매·중개·할인·발행·상환·환급·수탁·등록·교환하거나 그 이자·할인액 또는 배당을 지급하는 것과 이를 대행하는 것 또는 그 밖에 금융자산을 대상으로 하는 거래로서 총리령으로 정하는 것을 말한다(금융실명법 제2조 제3호). 위 '금융자산'이란 금융회사 등이 취급하는 예금·적금·부금·계금·예탁금·출자금·신탁재산·주식·채권·수익증권·출자지분·어음·수표·채무증서 등

금전 및 유가증권과 그 밖에 이와 유사한 것으로서 총리령으로 정하는 것을 말한다(금융실명법 제2조 제2호). 한편 신용카드에 의하여 물품을 거래할 때 금융회사 등이 발행하는 매출전표의 거래명의자에 관한 정보도 금융실명법에서 정하는 '거래정보 등'에 해당한다.

(나) 앞서 본 규정에 의하면, 금융실명법 제4조 제1항은 비밀보장의 대상이 되는 '거래정보 등'을 금융거래에 대한 정보 또는 자료가 아니라 금융거래의 '내용'에 대한 정보 또는 자료라고 규정하고 있다. 또한 금융회사 등이 금융자산인 '예금이나 금전을 상환하는 것' 또는 '예금이나 금전을 수입하는 것'은 금융자산에 관한 거래로서 금융실명법 제2조 제3호에서 규정하고 있는 '금융거래'에 해당한다. 그리고 금융거래인 '상환'이나 '수입'이 일어나게 된 원인 중에는 '채무'가 포함된다. 따라서 위와 같은 채무를 발생시킨 행위는 위 금융거래와 밀접한 관련이 있고, 나아가 '상환'이나 '수입'의 내용을 특정하여 그것의 전체적인 모습이나 내용을 파악하는 데 필수적인 요소이므로 위 금융거래의 '내용'에 해당한다고 봄이 타당하다. 결국 위 금융거래의 원인이 되는 채무 및 그 채무 발생에 관한 정보나 자료는 금융거래의 내용에 대한 정보 또는 자료가 된다.

(다) 신용카드거래는 신용카드회원과 신용카드업자 사이에 체결된 신용카드 이용계약, 가맹점과 신용카드업자 사이에 체결된 가맹점계약에 따라, 신용카드회원이 가맹점에서 신용으로 상품을 구매하거나 용역을 제공받고, 신용카드업자가 신용카드회원을 대신하여 가맹점에 대금을 지급하며, 일정 기간이 지난 다음 신용카드업자가 신용카드회원으로부터 그 대금을 회수하는 구조로 이루어진다. 여기서 신용카드업자와 가맹점 사이 및 신용카드업자와 신용카드회원 사이에 예금이나 금전으로 상환이 이루어지거나 예금이나 금전의 수입이 발생하게 되고, 이는 금융실명법에서 정한 '금융거래'에 해당한다. 또한 위와 같은 금융거래인 상환이나 수입의 원인이 되는 채무는 신용카드회원의 가맹점에 대한 대금채무이고, 위 대금채무를 발생시킨 신용카드회원의 신용카드 이용거래는 위 상환이나 수입과 밀접한 관련이 있으며, 그 상환이나 수입의 내용을 특정하여 상환이나 수입의 전체적인 모습이나 내용을 파악하는 데 필수적인 요소이므로, 신용카드 거래내역은 금융거래인 '상환'이나 '수입'의 내용에 해당한다. 그렇다면 결국 신용카드 대금채무와 그 발생에 관한 정보나 자료에 해당하는 신용카드 사용내역(신용카드 사용일자, 가맹점명, 사용금액 등)이나 승인내역(신용카드 거래승인일시, 가맹점명, 승인금액 등)은 금융거래의 내용에 대한 정보 또는 자료에 해당한다. (대법원 2020. 7. 23., 선고, 2015도9917, 판결)

제 25 장

기부금품의 모집 및 사용에 관한 법률

Ⅰ. 개념정의

> **제2조(정의)** 이 법에서 사용하는 용어의 뜻은 다음과 같다.
> 1. "기부금품"이란 환영금품, 축하금품, 찬조금품(贊助金品) 등 명칭이 어떠하든 반대급부 없이 취득하는 금전이나 물품을 말한다. 다만, 다음 각 목의 어느 하나에 해당하는 것은 제외한다.
>   가. 법인, 정당, 사회단체, 종친회(宗親會), 친목단체 등이 정관, 규약 또는 회칙 등에 따라 소속원으로부터 가입금, 일시금, 회비 또는 그 구성원의 공동이익을 위하여 모은 금품
>   나. 사찰, 교회, 향교, 그 밖의 종교단체가 그 고유활동에 필요한 경비에 충당하기 위하여 신도(信徒)로부터 모은 금품
>   다. 국가, 지방자치단체, 법인, 정당, 사회단체 또는 친목단체 등이 소속원이나 제3자에게 기부할 목적으로 그 소속원으로부터 모은 금품
>   라. 학교기성회(學校期成會), 후원회, 장학회 또는 동창회 등이 학교의 설립이나 유지 등에 필요한 경비에 충당하기 위하여 그 구성원으로부터 모은 금품
> 2. "기부금품의 모집"이란 서신, 광고, 그 밖의 방법으로 기부금품의 출연(出捐)을 타인에게 의뢰·권유 또는 요구하는 행위를 말한다.
> 3. "모집자"란 제4조에 따라 기부금품의 모집을 등록한 자를 말한다.
> 4. "모집종사자"란 모집자로부터 지시·의뢰를 받아 기부금품의 모집에 종사하는 자를 말한다.

■ **판례** ■ 행사안내용 전단지에 행사와 관련된 금품제공자의 성명 내지 단체명이나 그 경력 등을 게재한 경우

[1] 구 기부금품모집규제법(2006. 3. 24 법률 제7908호 '기부금품의 모집 및 사용에 관한 법률'로 개정되기 전의 것) 제2조 제1호가 규정하는 '반대급부'의 의의

구 기부금품모집규제법(2006. 3. 24 법률 제7908호 '기부금품의 모집 및 사용에 관한 법률'로 개정되기 전의 것) 제2조 제1호는 기부금품에 관하여 환영금품·축하금품·찬조금품 등 명칭 여하에 불구하고 반대급부 없이 취득하는 금전 또는 물품이라고 규정하고 있는바, 위 법에서 기부금품의 무분별한 모집을 규제하고, 모집된 기부금품이 적정하게 사용될 수 있게 하기 위하여(제1조), 기부금품의 모집을 허가사항으로 하였을 뿐만 아니라 그 허가도 국제적으로 행해지는 구제사업, 불우이웃돕기 등의 자선사업 등에 한정한 점(제4조), 사실상 강요된 기부를 유발할 수 있는 국가 또는 지방자치단체 및 그 소속기관과 공무원에 대하여 기부금품의 모집을 원칙적으로 금지한 점(제5조), 공개된 장소에서의 기부금품 접수, 접수사실의 장부기재, 기부자에 대한 영수증 교부 및 기부금품의 모집상황 및 사용내역을 나타내는 장부·서류 등의 작성·비치, 기부금품의 사용결과의 공개를 의무화하고, 위 절차 등을 위반한 경우 허가를 취소하고 모집된 금품을 기부자에게 반환할 것을 명할 수 있게 한 점(제6조, 제11조, 제13조), 모집된 기부금품을 기부목적 외의 용도로 사용할 수 없게 한 점(제12조) 등에 비추어, 여기서 반대급부에 해당하는지 여부는 금품제공자의

제공동기 등을 포함한 제공경위, 제공한 금품의 내용과 제공자가 그로 인하여 취득하는 급부의 내용 및 양 급부 사이의 객관적 가치의 균형 여부 등을 고려하여 일반인의 통념에 따라 객관적, 종합적으로 판단해야 할 것이다.

[2] 행사안내용 전단지에 행사와 관련된 금품제공자의 성명 내지 단체명이나 그 경력 등을 게재한 것이 반대급부에 해당하는지 여부(소극)

행사안내용 전단지에 행사와 관련된 금품제공자의 성명 내지 단체명이나 그 경력 등을 게재하는 것은 일반적으로 금품제공에 따라 당연히 이루어지는 것으로서, 행사관계자와 참석자들에게 금품제공자를 소개하는 것에 불과하고, 더구나 모집허가를 받은 경우에도 기부금품의 접수사실을 장부에 기재하고, 기부자에게 영수증을 교부하며, 기부금품의 모집상황 등을 나타내는 서류 등을 작성·비치해야 하는 점에 비추어, 특별한 사정이 없는 한 이를 금품제공에 대한 반대급부라고는 볼 수 없다고 한 사례(대법원 2007.10.25. 선고 2005도1991).

■ **판례** ■ **회원 상호간의 공동이익을 위한 금전갹출이 기부금품모집금지법에의 위반 여부(소극)**

기부금품모집금지법상의 기부금품모집이라 함은 무상으로 취득한 금품이 기부금품모집자나 다른 특정한 사람 또는 기관에 귀속되는 관계에 있어서 금품을 모집함으로써 금품피각출자의 재산권을 침해하고 그 생활안정을 해치는 행위를 말하는 것이므로 금품모집의 이해관계 및 행위에 있어서 주체 및 객체의 구별이 없고 동일한 지위에 있는 상인협의회회원 상호간의 공동이익을 위하여 스스로의 의사에 따라 그 기금조성을 위해 금전을 각출하는 행위는 이에 해당하지 않는다(대법원 1983.10.11. 선고 82도2584 판결).

■ **판례** ■ **기부금품 모집의 의미**

기부금품의 모집이라 함은 무상으로 취득한 금품이 기부금품 모집자나 다른 특정한 사람 또는 기관에 귀속되는 관계에 있어서 금품을 모집함으로써 금품 피각출자의 재산권을 침해하고 그 생활안정을 해치는 행위를 말하는 것이고, 동일한 지위에서 상호간의 공동이익을 위하여 스스로의 의사에 따라 금전을 각출하는 행위는 이에 해당하지 아니한다(대법원 1982.6.22. 선고 81도3372 판결).

■ **판례** ■ **기부금품의 모집 및 사용에 관한 법률이 기부금품의 모집과 사용을 엄격하게 규율하고 위반행위를 처벌하면서도 예외적으로 단체 등의 일정한 모금활동을 처벌대상에서 제외하는 취지 / 단체가 회원으로부터 수령한 회비 등 명목의 금원이 기부금품의 모집 및 사용에 관한 법률 제2조 제1호 (가)목 및 (다)목에서 정한 금품에 해당하여 처벌대상에서 제외되는 것인지 판단하는 방법**

기부금품법의 입법 목적, 입법 연혁, 법규범의 체계 등에 비추어 보면, 기부금품법이 기부금품의 모집과 사용을 엄격하게 규율하고 위반행위를 처벌하면서도 예외적으로 기부금품법 제2조 제1호 (가)목 및 (다)목에서 단체 등의 일정한 모금활동을 그 처벌대상에서 제외하는 이유는, 단체의 자율성을 보장함과 동시에 단체의 구조적 특성, 모금 목적이나 모금 대상 등에 비추어 금품의 모집이 무분별하게 이루어지지 않을 것으로 기대되거나 또는 적정한 사용이 담보될 수 있을 것으로 보이기 때문이다. 단체가 회원으로부터 수령한 회비 등 명목의 금원이 기부금품법 제2조 제1호 (가)목 및 (다)목에서 정한 금품에 해당하여 기부금품법의 처벌대상에서 제외되는 것인지는, 단체의 내부 규정을 근거로 하여 단체의 설립 목적과 운영 상황, 회원 가입 자격 및 절차, 회원의 권리·의무, 회비 납부와 관리 등을 구체적으로 심리하여 종합적으로 판단하여야 할 것이다.(대법원 2023. 2. 2., 선고, 2021도16765, 판결)

Ⅱ. 벌 칙

제16조(벌칙) ① 다음 각 호의 어느 하나에 해당하는 자는 3년 이하의 징역이나 3천만원 이하의 벌금에 처한다.
　1. 제4조제1항에 따른 등록을 하지 아니하였거나, 속임수나 그 밖의 부정한 방법으로 등록을 하고 기부금품을 모집한 자
　2. 제6조제1항을 위반하여 기부금품을 낼 것을 강요한 자
　3. 제10조제1항에 따른 반환명령에 따르지 아니한 자
　4. 제10조제2항에 따른 승인을 받지 아니하고 기부금품을 등록한 모집목적과 유사한 용도로 처분하거나 승인을 받은 내용과 달리 기부금품을 처분한 자
　5. 제12조제1항을 위반하여 기부금품을 모집목적 외의 용도로 사용하거나 등록청의 승인을 받지 아니하고 기부금품을 등록한 모집목적과 유사한 용도로 사용한 자
　6. 제13조에 따른 비율을 초과하여 모집금품을 모집비용에 충당한 자
　6의2. 제14조제2항에 따른 공개의무를 이행하지 아니하거나 거짓으로 공개한 자
　7. 제14조제3항에 따른 감사보고서와 모집상황이나 사용명세 등에 대한 보고서를 제출하지 아니한 자
② 다음 각 호의 어느 하나에 해당하는 자는 1년 이하의 징역이나 1천만원 이하의 벌금에 처한다.
　1. 제5조제1항을 위반하여 기부금품을 모집한 자
　2. 제7조제2항에 따른 장부에 기부금품의 접수사실을 거짓으로 적은 자
　3. 제14조제1항에 따른 장부나 서류 등을 갖추어 두지 아니한 자
제17조(양벌규정) 법인의 대표자나 법인 또는 개인의 대리인, 사용인, 그 밖의 종업원이 그 법인 또는 개인의 업무에 관하여 제16조의 위반행위를 하면 그 행위자를 벌하는 외에 그 법인 또는 개인에게도 해당 조문의 벌금형을 과(科)한다. 다만, 법인 또는 개인이 그 위반행위를 방지하기 위하여 해당 업무에 관하여 상당한 주의와 감독을 게을리하지 아니한 경우에는 그러하지 아니하다.

Ⅲ. 범죄사실

1. 미등록 기부금품모집

　1) **적용법조** : 제16조 제1항 제1호, 제4조 제1항　☞　공소시효 5년

제4조(기부금품의 모집등록) ① 1천만원 이상의 금액으로서 대통령령으로 정하는 금액 이상의 기부금품을 모집하려는 자는 다음의 사항을 적은 모집·사용계획서를 작성하여 대통령령으로 정하는 바에 따라 행정안전부장관 또는 특별시장·광역시장·도지사·특별자치도지사(이하 "등록청"이라 한다)에게 등록하여야 한다. 모집·사용계획서의 내용을 변경하려는 경우에도 또한 같다.

※ **시행령(대통령령)**
제2조(모집 등록청) 「기부금품의 모집 및 사용에 관한 법률」 (이하 "법"이라 한다) 제4조제1항에 따라 행정안전부장관 또는 특별시장·광역시장·특별자치시장·도지사·특별자치도지사(이하 "등록청"이라 한다)에게 등록해야 하는 기부금품의 모집금액은 1천만원 이상이며, 모집 등록청은 다음 각 호의 구분과 같다.
1. 모집금액이 10억원을 초과하거나 법 제4조제2항제4호아목에 해당하는 경우: 행정안전부장관
2. 제1호 외의 경우: 모집자의 주소지(모집자가 법인·정당, 그 밖의 단체인 경우에는 그 주된 사무소의 소재지를 말한다. 이하 같다)를 관할하는 특별시장·광역시장·특별자치시장·도지사·특별자치도지사(이하 "시·도지사"라 한다)

2) 범죄사실 기재례

> 1천만원 이상의 금액으로서 대통령령으로 정하는 금액 이상의 기부금품을 모집하려는 자는 다음의 사항을 적은 모집·사용계획서를 작성하여 대통령령으로 정하는 바에 따라 행정안전부장관 또는 특별시장·광역시장·도지사·특별자치도지사에게 등록하여야 한다.
> 그럼에도 불구하고 피의자는 ○○에 있는 건물 3층 500㎡ 사무실에 "심장병퇴치본부"라는 간판을 내걸고 등록없이, 20○○. ○. ○.부터 20○○. ○. ○. 까지 서울역 대기실 등 일대에서 "심장병어린이를 위해 여러분의 성원을 부탁합니다"라는 피켓을 들고 불특정다수인을 상대로 약 ○○원의 기부금품을 모집하였다.

3) 신문사항

- 기부금품을 모집한 일이 있는가
- 언제 어디에서 모집하였나
- 어떠한 방법과 명목으로 모집하였나
- 언제까지 총 얼마를 모집하였나
- 누구를 상대로
- 사전 등록관청에 등록을 하였는가
- 왜 등록을 하지 않고 이러한 행위를 하였나
- 모집한 금품은 어떻게 처리하였나

■ 판례 ■ 관할 관청에 등록을 하지 아니하고 기부금품을 모집한 사람은 모집기간인 1년 이내에 1천만 원 이상의 기부금품을 모집한 경우에만 처벌 대상이 되는지 여부(적극) / 단일한 모집계획 아래 등록 없이 수회에 걸쳐 1년 이내에 모집한 기부금품의 합계액이 1천만 원 이상인 경우, 각 모집행위가 포괄하여 구 기부금품의 모집 및 사용에 관한 법률 제16조 제1항 제1호 위반의 1죄가 성립하는지 여부(적극)

"1천만 원 이상의 금액으로서 대통령령으로 정하는 금액 이상의 기부금품을 모집하려는 자는 다음의 사항을 적은 모집·사용계획서를 작성하여 대통령령으로 정하는 바에 따라 행정안전부장관 또는 특별시장·광역시장·도지사·특별자치도지사에게 등록하여야 한다."고 규정하면서, 그 제2호에서 위 모집·사용계획서에 기재할 모집계획의 내용에 관하여 "모집목적, 모집금품의 종류 및 모집목표액, 모집지역, 모집방법, 모집기간, 모집금품의 보관방법 등을 구체적으로 밝힌 모집계획. 이 경우 모집기간은 1년 이내로 하여야 한다."고 규정하고, 제16조 제1항 제1호는 "제4조 제1항에 따른 등록을 하지 아니하였거나, 속임수나 그 밖의 부정한 방법으로 등록을 하고 기부금품을 모집한 자를 3년 이하의 징역이나 3천만 원 이하의 벌금에 처한다."고 규정하고 있다. 위 규정의 취지를 종합하여 보면 관할 관청에 등록을 하지 아니하고 기부금품을 모집한 사람은 모집기간인 1년 이내에 1천만 원 이상의 기부금품을 모집한 경우에만 처벌의 대상이 된다고 할 것이므로(대법원 2010. 9. 30. 선고 2010도5954 판결 참조), 단일한 모집계획 아래 등록 없이 수회에 걸쳐 1년 이내에 모집한 기부금품의 합계액이 1,000만 원 이상인 경우에는 그 각 모집행위는 포괄하여 기부금품법 제16조 제1항 제1호 위반의 1죄가 성립한다고 할 것이다.(대법원 2016.1.14. 선고, 2013도8118, 판결)

■ **판례** ■ 전국교직원노동조합 결성을 위한 투쟁기금 마련을 위하여 교사뿐 아니라 전국민을 상대로 신문에 광고를 게재하여 기부금품을 모집한 행위가 기부금품모집금지법 제11조, 제3조 제1항의 범죄를 구성하는지 여부(적극)

전국교직원노동조합 결성을 위한 투쟁기금을 마련하고자 교사뿐만 아니라 전국민을 대상으로 신문에 광고를 게재하여 기부금품을 모집하였다면, 이는 위 노동조합을 결성하려는 사람들과 피갹출자들 사이에 금품모집의 이해관계 및 행위에 있어서 주체, 객체의 구별이 없다 할 수 없을 뿐만 아니라 동일한 지위에서 상호간의 공동이익을 위하여 위 기부금품을 갹출한 것이라고도 보기 어려우므로 위 기부금품모집 행위는 기부금품모집금지법 제11조, 제3조 제1항의 범죄를 구성한다고 할 것이다(대법원 1990.8.14. 선고 90도870 판결).

2. 기부금품 출연 강요

1) **적용법조** : 제16조 제1항 제2호, 제6조 제1항 ☞ 공소시효 5년

> 제6조(기부금품 출연 강요의 금지 등) ① 모집자나 모집종사자는 다른 사람에게 기부금품을 낼 것을 강요하여서는 아니 된다.

2) **범죄사실 기재례**

> 피의자는 심장병어린이 돕기자선단체라는 이름으로 20○○. ○. ○.부터 20○○. ○. ○.까지 기간 ○○시장으로부터 기부금품의 모집에 대한 등록을 한 자로 모집자나 모집종사자는 다른 사람에게 기부금품을 낼 것을 강요하여서는 아니된다.
> 그럼에도 불구하고 피의자는 20○○. ○. ○. 13:30분경 ○○에서 홍길동에게 '심장병어린이를 돕기 위해 기부금품을 모으고 있으니 기부를 해 달라' 하자 위 홍길동이 우리는 어제도 ○○만원을 하였으며 또 요즘 장사도 잘되지 않아 더 이상 기부를 할 수 없다고 하였는데도 '어제는 어제고 오늘은 심장병어린이를 위한 것이니까 또 해달라'고 반복하여 요구하는 등 기부금품 낼 것을 강요하였다.

3) **신문사항**
   - 기부금품 모집 등록을 하였는가
   - 언제 어디에 하였는가
   - 어떤 용도로 하였나
   - 누구 명의로 하였나
   - 누가 어떤 방법으로 기부금품을 모집하고 있는가
   - 기부할 것을 강요한 일이 있는가
   - 언제 어디에서 누구에게 강요하였나
   - 어떤 방법으로 강요하였나
   - 왜 강요하였나

3. 기부금품 접수 허위기재

1) 적용법조 : 제16조 제2항 제2호, 제7조 제2항 ☞ 공소시효 5년

> **제7조(기부금품의 접수장소등)** ① 기부금품은 국가기관, 지방자치단체, 언론기관, 금융기관, 그 밖의 공개된 장소에서 접수하여야 한다.
> ② 모집자나 모집종사자는 기부금품의 접수사실을 장부에 적고, 기부자에게 영수증을 내주어야 하며, 제14조제2항에 따라 기부금품의 모집 및 사용 결과가 공개되는 사실을 알려야 한다. 다만, 익명기부 등 기부자를 알 수 없는 경우에는 그러하지 아니하다.
> ③ 모집종사자는 기부금품의 모집을 중단하거나 끝낸 후 5일 이내에 모집자에게 접수명세와 접수금품을 인계하여야 한다.

2) 범죄사실 기재례

> 피의자는 심장병어린이 돕기자선단체라는 이름으로 20○○. ○. ○.부터 20○○. ○. ○.까지 기간 ○○시장으로부터 기부금품의 모집에 대한 등록을 한 후 에이알에스(ARS) 060-808-○○○○전화 서비스를 이용하여 전 국민을 상대로 기부금품 1억 4,000만원을 모금한 후 장부상에는 1억 1,000만원만 접수한 것으로 접수사실을 허위기재하였다.

3) 신문사항
- 피의자는 기부금품의 접수를 한 일이 있는가
- 언제 어떤 기부금품을 접수하였나
- 모집자는 누구이며 누구를 상대로 접수하였나
- 이에 대한 장부기재는 누가 어떻게 하였나
- 장부는 현재 누가 어떻게 보관하고 있는가
  이때 증 제 2호로 압수한 ○○기부금품 장부를 보여주며
- 이 장부를 피의자가 기재하였나
- 누구의 지시로 이를 기재하였나
- 장부에 기재된 내용이 모두 사실인가
- 장부 제○○쪽 홍길동으로부터 실질적으로 얼마를 접수하고 10만원으로 기재하였나
- 왜 이렇게 허위기재를 하였나
- 허위로 기재된 내용이 또 있는가
- 누구의 지시로 이렇게 하였나
- 그 차액은 어떻게 하였나

제 **26** 장　낚시 관리 및 육성법

 Ⅰ. 개념정의 및 적용범위

1. 정 의

> 제2조(정의) 이 법에서 사용하는 용어의 뜻은 다음과 같다.
> 1. "낚시"란 낚싯대와 낚싯줄·낚싯바늘 등 도구(이하 "낚시도구"라 한다)를 이용하여 어류·패류·갑각류, 그 밖에 대통령령으로 정하는 수산동물을 낚는 행위를 말한다.
> 2. "낚시인"이란 낚시터에서 낚시를 하거나 낚시를 하려는 사람을 말한다.
> 3. "낚시터"란 낚시가 이루어지는 바다·바닷가·내수면 등의 장소를 말한다.
> 4. "낚시터업"이란 영리를 목적으로 낚시터에 일정한 수면을 구획하거나 시설을 설치하여 낚시인이 낚시를 할 수 있도록 장소와 편의를 제공하는 영업을 말한다.
> 5. "낚시터업자"란 낚시터업을 경영하는 자로서 제10조에 따라 허가를 받거나 제16조에 따라 등록한 자를 말한다.
> 6. "낚시어선업"이란 낚시인을 낚시어선에 승선시켜 낚시터로 안내하거나 그 어선에서 낚시를 할 수 있도록 하는 영업을 말한다.
> 7. "낚시어선"이란 「어선법」 에 따라 등록된 어선으로서 낚시어선업에 쓰이는 어선을 말한다.
> 8. "낚시어선업자"란 낚시어선업을 경영하는 자로서 제25조에 따라 신고한 자를 말한다.
> 9. "미끼"란 수산동물을 낚기 위하여 사용하는 떡밥 등을 말한다.
> 10. "수면관리자"란 제3조 각 호의 어느 하나에 해당하는 수면 등을 소유 또는 점용하거나 그 밖의 방법으로 실질적으로 지배하는 자를 말한다.
>
> ※ 시행령
> 제2조(낚시 대상 수산동물) 「낚시 관리 및 육성법」(이하 "법"이라 한다) 제2조제1호에서 "대통령령으로 정하는 수산동물"이란 다음 각 호의 어느 하나에 해당하는 수산동물을 말한다.
> 1. 연체동물(軟體動物) 중 두족류(頭足類)
> 2. 그 밖에 해양수산부장관이 정하여 고시하는 수산동물

2. 적용범위

> 제3조(적용범위) 이 법은 다음 각 호의 수면 등에 적용한다.
> 1. 바다
> 2. 「수산업법」 제2조제18호에 따른 바닷가
> 3. 「수산업법」 제3조제3호에 따른 어업을 목적으로 하여 인공적으로 조성된 육상(陸上)의 해수면
> 4. 「내수면어업법」 제2조제2호에 따른 공공용 수면(公共用 水面)
> 5. 「내수면어업법」 제2조제3호에 따른 사유수면(私有水面)
> 6. 낚시터업을 목적으로 인공적으로 조성된 육상의 해수면
> 제4조(다른 법률과의 관계) ① 낚시어선업에 대하여는 「유선 및 도선사업법」 을 적용하지 아니한다.
> ② 낚시의 관리 및 육성에 관하여 다른 법률에 특별한 규정이 있는 경우를 제외하고는 이 법에서 정하는 바에 따른다.

II. 벌 칙

제53조 (벌칙) ① 다음 각 호의 어느 하나에 해당하는 자는 1년 이하의 징역 또는 1천만원 이하의 벌금에 처한다.
  1. 제8조제1항 본문을 위반하여 유해 낚시도구를 판매할 목적으로 제조하거나 수입한 자
  2. 제10조제1항에 따른 낚시터업의 허가 또는 변경허가를 받지 아니하고 낚시터업을 한 자
  3. 거짓이나 그 밖의 부정한 방법으로 낚시터업의 허가 또는 변경허가를 받은 자
  3의2. 제20조의2제1호 및 제2호에 따른 명령을 거부하거나 기피한 자
  4. 제23조제2항제2호 및 제3호에 따라 관계 공무원이 부착한 게시문 등이나 봉인을 제거하거나 손상한 자
  5. 제41조를 위반하여 미끼기준에 적합하지 아니한 미끼를 판매할 목적으로 제조하거나 수입한 자
② 다음 각 호의 어느 하나에 해당하는 자는 6개월 이하의 징역 또는 500만원 이하의 벌금에 처한다.
  1. 거짓이나 그 밖의 부정한 방법으로 낚시터업의 등록 또는 변경등록을 받은 자
  2. 제16조제1항에 따른 낚시터업의 등록 또는 변경등록을 하지 아니하고 낚시터업을 한 자
  3. 제20조제1항제1호를 위반하여 방류 금지 어종을 낚시터업자가 경영하는 낚시터에 방류한 자
  4. 제25조제1항 전단에 따른 낚시어선업의 신고를 하지 아니하고 낚시어선업을 한 자
  5. 해상항행선박이 항행을 계속할 수 없는 하천·호소 등 「해사안전법」의 적용대상이 아닌 장소에서 제30조제1항을 위반하여 술에 취한 상태에서 낚시어선을 조종하거나 술에 취한 상태에 있는 자에게 낚시어선을 조종하게 한 자
  6. 해상항행선박이 항행을 계속할 수 없는 하천·호소 등 「해사안전법」의 적용대상이 아닌 장소에서 술에 취한 상태라고 인정할 만한 상당한 이유가 있는데도 제30조제2항에 따른 관계 공무원의 측정에 따르지 아니한 자
  6의2. 해상항행선박이 항행을 계속할 수 없는 하천·호소 등 「해사안전법」의 적용대상이 아닌 장소에서 제31조를 위반하여 약물복용의 상태에서 낚시어선을 조종하거나 약물복용의 상태에 있는 자에게 낚시어선을 조종하게 한 자
  6의3. 제33조제1항에 따른 출입항 신고를 하지 아니하였거나 거짓으로 신고하고 출입항한 자
  7. 제34조제1항에 따른 출항제한 조치를 위반하고 출항한 자
  8. 제35조제1항제1호·제2호 및 제2호의2에 따른 명령을 거부하거나 기피한 자
  9. 제38조제1항에 따라 영업이 폐쇄된 낚시어선업을 계속한 자
제54조 (양벌규정) 법인의 대표자나 법인 또는 개인의 대리인, 사용인, 그 밖의 종업원이 그 법인 또는 개인의 업무에 관하여 제53조의 위반행위를 하면 그 행위자를 벌하는 외에 그 법인 또는 개인에게도 해당 조문의 벌금형을 과(科)한다. 다만, 법인 또는 개인이 그 위반행위를 방지하기 위하여 해당 업무에 관하여 상당한 주의와 감독을 게을리하지 아니한 경우에는 그러하지 아니하다.

III. 범죄사실

1. 무허가 낚시터업 영업

  1) **적용법조** : 제53조 제1항 제2호, 제10조 제1항, 제3조 제1호~3호 ☞ 공소시효 5년
  무등록영업 : 제53조 제2항 제2호, 제16조 제1항, 제3조 제5호 ☞ 공소시효 5년

제10조(낚시터업의 허가) ① 제3조제1호부터 제4호까지의 수면 등에서 낚시터업을 하려는 자는 해양수산부령으로 정하는 바에 따라 해당 수면 등을 관할하는 시장·군수·구청장의 허가를 받아야 한다. 낚시터의 위치·구역 및 대통령령으로 정하는 중요한 사항을 변경하려는 경우에도 같다.
제16조(낚시터업의 등록) ① 제3조제5호또는 제6호의 수면에서 낚시터업을 하려는 자는 해양수산부령으로 정하는 바에 따라 해당 수면을 관할하는 시장·군수·구청장에게 등록하여야 한다. 낚시터의 위치와 구역, 낚시터의 명칭 등 대통령령으로 정하는 중요한 사항을 변경하려는 경우에도 같다.

2) 범죄사실 기재례

　수면 등에서 낚시터업을 하려는 자는 해양수산부령으로 정하는 바에 따라 해당 수면 등을 관할하는 시장·군수·구청장의 허가를 받아야 한다.
　그럼에도 불구하고 피의자는 허가없이 20○○. ○. ○.부터 20○○. ○. ○.까지 ○○에서 약 ○○㎡ 면적에 ○○시설을 갖추고 1인당 ○○만원씩 받고 낚시터 영업을 하였다.

3) 신문사항

- 낚시터업을 하고 있는가(한 사실이 있는가)
- 언제부터 언제까지 어디에서 하였는가
- 규모와 월(또는 1일) 수입은
- 누구를 상대로 하였나
- 어떤 방법으로 영업을 하였는가
- 행정관청에 허가를 받았는가
- 왜 허가 없이 영업을 하였는가

2. 신고없이 낚시어선업 행위

1) 적용법조 : 제53조 제2항 제4호, 제25조 제1항 ☞ 공소시효 5년

제25조(낚시어선업의 신고) ① 낚시어선업을 하려는 자는 낚시어선의 대상·규모·선령·설비·안전성 검사, 선장의 자격, 전문교육 이수 등 대통령령으로 정하는 요건(이하 "신고요건"이라 한다)을 갖추어 어선번호, 어선의 명칭 등 대통령령으로 정하는 사항(이하 "신고사항"이라 한다)에 관한 낚시어선업의 신고서를 작성하여 해당 낚시어선의 선적항(船籍港)을 관할하는 시장·군수·구청장에게 신고하여야 한다. 어선번호, 어선의 명칭 등 대통령령으로 정하는 중요한 신고사항을 변경하려는 때에도 같다.

2) 범죄사실 기재례

　피의자는 ○○선적 연안채낚시어선 제112호(95톤)를 관리 운영해 오고 있는 선장겸 소유자이다. 낚시어선업을 하려는 자는 낚시어선의 대상·규모·선령 및 설비 등 신고요건을 갖추어 어선번호, 어선의 명칭 등 신고사항에 관한 낚시어선업의 신고서를 작성하여 해당 낚시어선의 선적항을 관할하는 시장·군수·구청장에게 신고하여야 한다.
　그럼에도 불구하고 피의자는 신고없이 20○○. ○. ○. 10:00경 ○○에 있는 선창방파제에서 낚시꾼 5명을 승선시켜 출항하여 ○○앞 해상을 경유 같은 날 13:00경 출항지인 위 선착장에 입항시까지 운항하면서 낚시꾼 5명으로부터 1인당 ○○만원씩 받고 낚시어선 행위를 하였다.

3) 신문사항

- 연안채낚시어선을 소유하고 있는가
- 어디 선적이며 배의 규모는
- 선장과 소유자는 누구인가
- 낚시어선업을 한 일이 있는가
- 언제부터 언제까지 어떠한 어선업을 하였나
- ○○선착장을 몇시에 출발하여 어디까지 운항하였나
- 귀항한 시간은
- 누구를 상대로 하였나
- 이들 낚시객에게는 1인당 얼마를 받았는가
- 이런 행위를 하기 위해 행정관청에 신고를 하였나
- 왜 신고없이 이런 행위를 하게되었나

■ 판례 ■   유선료를 받고 낚시어선으로 스쿠버다이버들을 운송한 행위가 유선 및 도선사업법 제3조 제1항에 위반되는지 여부(적극)

'유선사업'이라 함은 유선 및 유선장을 갖추고 하천·호소 또는 바다에서 어렵·관광 기타 유락을 위하여 선박을 대여하거나 유락하는 사람을 승선시키는 것을 영업으로 하는 것을 말한다고 규정하고 있는바, 스쿠버다이버들은 위 법 조항 소정의 '유락하는 사람'에 해당한다고 할 것이고, 한편 낚시어선업법 제2조 제1호는 '낚시어선업'이라고 함은 수산동식물을 포획·채취하고자 하는 자를 낚시어선에 승선시켜 하천·호소 또는 바다의 낚시장소에 안내하거나 당해 어선의 선상에서 수산동식물을 포획·채취토록 하는 영업을 말한다고 정의하고 있는바, 위 규정은 낚시객 등 수산동식물을 포획·채취하고자 하는 자를 낚시어선에 승선시켜 낚시장소로 안내하거나 당해 어선의 선상에서 수산동식물을 포획·채취토록 하는 것을 허용하는 것으로 한정적으로 해석하여야 할 것이지, 유선법 제2조 제1호 소정의 '유락하는 사람'에 해당하는 스쿠버다이버 등이 낚시어선을 이용하도록 하는 것까지 허용하는 것으로 해석하기는 어려우므로, 피고인이 판시와 같이 유선료를 받고 낚시어선으로 스쿠버다이버들을 운송한 행위는 유선법 제3조 제1항에 위반된다(대법원 2006.1.26. 선고 2005도9023 판결).

3. 낚시어선업자의 낚시어선 음주조종

1) 적용법조 : 제53조 제2항 제5호, 제30조 제1항 ☞ 공소시효 5년

측정불응 : 제53조 제2항 제6호, 제30조 제2항 ☞ 공소시효 5년

제30조(술에 취한 상태에서의 조종 금지 등) ① 낚시어선업자 및 선원은 술에 취한 상태에서 낚시어선을 조종하거나 술에 취한 상태에 있는 낚시어선업자 또는 선원에게 낚시어선을 조종하게 하여서는 아니 된다. 이 경우 "술에 취한 상태"란 「해사안전법」 제41조제5항에 따른 술에 취한 상태를 말한다.
② 다음 각 호에 해당하는 사람(이하 이 조에서 "관계 공무원"이라 한다)은 낚시어선업자 및 선원이 제1항을 위반하였다고 인정할 만한 상당한 이유가 있는 경우에는 술에 취하였는지를 측정할 수 있다. 이 경우 낚시어선업자 및 선원은 그 측정에 따라야 한다.
 1. 경찰공무원
 2. 시·군·구 소속 공무원 중 수상안전업무에 종사하는 사람

※ **해사안전법**
제41조(술에 취한 상태에서의 조타기 조작 등 금지) ⑤ 제1항에 따른 술에 취한 상태의 기준은 혈중알코올농도 0.03퍼센트 이상으로 한다.

---

2) 범죄사실 기재례

> 피의자는 ○○선적 연안채낚시어선 제112호(95톤)를 관리 운영해 오고 있는 선장겸 소유자로, ○○시장에게 신고하고 ○○에서 낚시어선업에 종사하는 사람이다.
> 낚시어선업자 및 선원은 술에 취한 상태에서 낚시어선을 조종하거나 술에 취한 상태에 있는 낚시어선업자 또는 선원에게 낚시어선을 조종하게 하여서는 아니 된다. 이 경우 "술에 취한 상태"란 「해사안전법」 제41조제5항에 따라 혈중알코올농도 0.03% 이상을 말한다.
> 그럼에도 불구하고 피의자는 20○○. ○. ○. 10:00경 ○○에 있는 선창방파제에서 혈중알코올농도 0.10%의 상태에서 낚시꾼 5명을 승선시켜 출항하여 ○○에 있는 ○○섬까지 약 ○○마일을 운항하였다.

3) 신문사항

- 낚시어선을 소유하고 있는가
- 어디 선적이며 배의 규모는
- 선장과 소유자는 누구인가
- 낚시어선업 등록을 하였는가
- 술에 취한 상태에서 위 어선을 조종한 일이 있는가
- 언제 어디에서 어떤 술을 어느 정도 먹었는가
  이때 음주조종적발보고서를 보여주며
- 이러한 측정수치를 인정하는가
- 술을 먹고 어디에서 어디까지 운항하였는가
- 왜 술을 먹고 어선을 조종하였는가

4. 영업정지 기간 중 영업행위

1) 적용법조 : 제53조 제2항 제9호, 제38조 제1항 제3호 ☞ 공소시효 5년

제38조(영업의 폐쇄 등) ① 시장·군수·구청장은 낚시어선업자가 다음 각 호의 어느 하나에 해당하면 영업의 폐쇄를 명하거나 3개월 이내의 기간을 정하여 그 영업의 정지를 명할 수 있다. 다만, 제1호부터 제4호까지에 해당하는 경우에는 영업의 폐쇄를 명하여야 한다.
1. 제25조제1항 전단에 따른 낚시어선업의 신고를 하지 아니하고 낚시어선업을 한 경우
2. 거짓이나 그 밖의 부정한 방법으로 낚시어선업을 신고한 경우
3. 「어선법」에 따라 어선의 등록이 말소된 경우
4. 영업정지 기간 중 영업을 한 경우
5. 낚시어선업자, 선원의 고의 또는 중대한 과실이나 주의의무 태만으로 인하여 안전사고가 발생한 경우
6. 제25조에 따른 낚시어선업의 신고요건을 충족하지 못하게 된 경우
7. 제27조에 따른 낚시어선업의 영업구역을 위반한 경우
8. 낚시승객을 승선시킨 상태에서 제30조제1항을 위반하여 낚시어선업자 또는 선원이 술에 취한 상태에서 낚시어선을 조종한 경우
9. 낚시승객을 승선시킨 상태에서 제31조를 위반하여 낚시어선업자 또는 선원이 약물복용의 상태에서 낚시어선을 조종한 경우
10. 제48조에 따른 보험이나 공제에 가입하지 아니한 경우

2) 범죄사실 기재례

> 피의자는 ○○선적 연안채낚시어선 제112호(95톤)를 관리 운영해 오고 있는 선장 겸 소유자로, 20○○. ○. ○. ○○에서 같은 선적 ○○호와 추돌 사고로 甲을 다치게 하고도 필요한 보호조치를 하지 아니하여 20○○. ○. ○.부터 20○○. ○. ○.까지 ○○시장으로부터 영업정지 명령을 받았다.
> 그럼에도 불구하고 피의자는 20○○. ○. ○. 경 ○○에 있는 선창방파제에서 낚시꾼 5명을 승선시켜 출항하여 ○○앞 해상을 경유 같은 날 13:00경 출항지인 위 선착장에 입항시까지 운항하면서 낚시꾼 5명으로부터 1인당 ○○만원씩 받고 낚시어선 행위를 하는 등 그때부터 20○○. ○. ○. 까지 영업행위를 하여 영업의 정지 명령을 위반하였다.

3) 신문사항
- 낚시어선을 소유하고 있는가
- 어디 선적이며 배의 규모는
- 선장과 소유자는 누구인가
- 언제부터 어떠한 어선업을 하고 있는가
- ○○시장으로부터 영업정지 명령을 받은 일이 있는가
- 언제 무엇 때문에 받았으며 언제까지 영업정지 기간인가
- 위 기간 중에 영업행위를 한 일이 있는가
- 영업정지기간 중 언제부터 언제까지 영업하였나
- 어떤 영업행위를 하였나

제 27 장   내수면어업법

Ⅰ. 개념정의 및 적용수면

1. 개념정의

제2조(정의) 이 법에서 사용하는 용어의 뜻은 다음과 같다.
1. "내수면"이란 하천, 댐, 호수, 늪, 저수지와 그 밖에 인공적으로 조성된 민물이나 기수(汽水: 바닷물과 민물이 섞인 물)의 물흐름 또는 수면을 말한다.
2. "공공용 수면(公共用 水面)"이란 국가, 지방자치단체 또는 대통령령으로 정하는 공공단체가 소유하고 있거나 관리하는 내수면을 말한다.
3. "사유수면(私有水面)"이란 사유토지에 자연적으로 생기거나 인공적으로 조성된 내수면을 말한다.
4. "수면관리자"란 공공용 수면 또는 사유수면을 소유 또는 점유하거나 그 밖의 방법으로 실질적으로 지배하는 자를 말한다.
5. "내수면어업"이란 내수면에서 수산동식물을 포획·채취하는 사업을 말한다.
6. "어도(魚道)"란 하천에서 서식하는 회유성(回遊性) 어류 등 수산생물이 원활하게 이동할 수 있도록 인공적으로 만들어진 수로 또는 장치를 말한다.

※ 시행령(대통령령)
제2조(공공단체 범위) 「내수면어업법」(이하 "법"이라 한다) 제2조제2호에서 "대통령령으로 정하는 공공단체"란 다음 각호의 단체를 말한다.
1. 「한국수자원공사법」에 따른 한국수자원공사
2. 「한국농촌공사 및 농지관리기금법」에 따른 한국농촌공사

2. 적용 수면

제3조(이 법을 적용하는 수면) ① 이 법은 공공용 수면에 대하여 적용한다. 다만, 특별한 규정이 있는 경우에는 사유수면에 대하여도 적용한다.
② 공공용 수면과 잇닿아 하나가 된 사유수면에 대하여는 이 법을 적용한다.

■ 판례 ■   사유수면에서 양식어업을 경영하는 자가 구 내수면어업개발촉진법 제7조 제3항의 규정에 의하여 같은 조 제1항 제1호의 양식면허를 받은 경우, 위 법의 적용을 받는 면허어업권자에 해당하는지 여부(적극)
구 내수면어업개발촉진법(2000. 1. 28. 법률 제6255호 내수면어업법으로 전문 개정되기 전의 것) 제3조의2 제1항은 공공용수면이 아닌 내수면이라도 특별한 규정이 있으면 위 법을 적용하도록 하

고 있고, 같은 법 제7조 제3항은 일정한 사유수면에서 같은 법 시행령(2000. 7. 29. 대통령령 제 16930호 내수면어업법 시행령으로 전문 개정되기 전의 것) 제20조 제1항이 정하고 있는 시설을 갖추어 양식어업을 경영하는 자의 신청이 있으면 같은 법 제7조 제1항 제1호의 면허를 할 수 있도록 하고 있으며, 같은 법 제11조 제1항은 같은 법 제7조의 규정에 의하여 어업의 면허를 받은 자는 면허를 받은 때에 어업권을 취득한다고 규정하고 있는바, 같은 법 제7조 제3항은 같은 법 제3조의2 제1항에서 말하는 '특별한 규정'이라 할 수 있고 따라서 같은 법 제7조 제3항의 규정에 의해 같은 법 제7조 제1항 제1호의 면허를 받은 경우에는 같은 법의 적용을 받는 면허어업권자에 해당한다(대법원 2007.7.12. 선고 2005다38324 선고 판결).

Ⅱ. 벌 칙

제25조(벌칙) ① 제19조를 위반하여 폭발물, 유독물 또는 전류를 사용하여 내수면에서 수산동식물을 포획·채취한 자는 2년 이하의 징역 또는 2천만원 이하의 벌금에 처한다.
② 다음 각 호의 어느 하나에 해당하는 자는 1년 이하의 징역 또는 1천만원 이하의 벌금에 처한다.
  1. 제6조제1항 또는 제9조제1항에 따른 면허 또는 허가를 받지 아니하고 어업을 한 자
  2. 거짓이나 그 밖의 부정한 방법으로 제6조제1항 또는 제9조제1항에 따른 면허 또는 허가를 받은 자
  3. 제16조제1항에 따른 어업의 제한·정지 처분을 위반한 자
  4. 제19조에 따른 유해어법의 금지를 위반한 자
  5. 제19조의2제1항을 위반하여 하천의 일부를 어류의 이동통로로 개방하지 아니한 자
  6. 제19조의2제2항에 따른 시·도지사 또는 시장·군수·구청장의 어업 제한 조치를 위반한 자
  7. 제19조의2제3항을 위반하여 하천의 일부를 개방하지 아니하거나 어도를 설치하지 아니한 자
  8. 제21조의2에 따른 포획채취 금지를 위반하여 내수면 수산자원을 포획·채취한 자
  9. 제22조에 따라 준용되는 「수산자원관리법」 제17조를 위반하여 포획·채취한 수산자원이나 그 제품을 소지·유통·가공·보관 또는 판매한 자
  10. 제22조에 따라 준용되는 「수산자원관리법」 제47조제2항을 위반하여 보호수면에서 공사를 하거나 같은 조 제3항을 위반하여 보호수면에서 수산자원을 포획·채취한 자
  11. 제22조에 따라 준용되는 「수산자원관리법」 제52조제2항을 위반하여 허가대상행위에 대하여 허가를 받지 아니하고 행위를 하거나 허가내용과 다르게 행위를 한 자
제26조(몰수 등) ① 제25조의 경우에 범인이 소유하거나 소지한 어획물·어산어구·폭발물 또는 유독물은 몰수할 수 있다.
② 제1항에 따른 범인이 소유하거나 소지한 물건의 전부 또는 일부를 몰수할 수 없을 때에는 그 가액을 추징할 수 있다.

III. 범죄사실 및 기재례

1. 무면허 양식어업

1) 적용법조 : 제25조 제2항 제1호, 제6조 제1항 제2호 ☞ 공소시효 5년

제6조(면허어업) ① 내수면에서 다음 각 호의 어느 하나에 해당하는 어업을 하려는 자는 대통령령으로 정하는 바에 따라 특별자치도지사 · 시장 · 군수 · 구청장의 면허를 받아야 한다.
1. 양식어업(養殖漁業): 삭제 〈2019. 8. 27. 시행일 : 2020. 8. 28〉
2. 정치망어업(定置網漁業): 일정한 수면을 구획하여 어구(漁具)를 한 곳에 쳐놓고 수산동물을 포획하는 어업
3. 공동어업: 지역주민의 공동이익을 증진하기 위하여 일정한 수면을 전용(專用)하여 · 수산자원을 조성 · 관리하여 수산동식물을 포획 · 채취하는 어업

2) 범죄사실 기재례

　　내수면에서 정치망어업 등의 어업을 하고자 하는 자는 대통령령이 정하는 바에 따라 시장 · 군수 · 구청장의 면허를 받아야 한다.
　　그럼에도 불구하고 피의자는 20○○. ○. ○.경부터 20○○. ○. ○. 까지 어업면허를 받지 아니하고 ○○에 있는 공유수면인 '칠당호' 부근 하천부지 약 3,000㎡를 깊이 1m가량 파내어 구획한 다음 ○○어구를 쳐놓고 ○○ 등 수산동물을 포획하는 무면허 정치망어업을 하였다.

3) 신문사항

- 피의자는 정치망어업을 하고 있는가
- 언제부터 어디에서 하고 있는가(행위의 장소가 공유수면이나 개발지역으로 지정된 사유수면이라는 사실확인)
- 그 규모는 어느 정도인가
- 어떠한 방법으로 영업을 하였는가
- 무엇 때문에 이러한 시설 만들었는가(정치망어업을 위하여 시설을 설치한 점 등을 조사)
- 어떤 종류의 수산동물을 포획하였는가(포획한 어류의 종류 등 조사)
- 어업 면허를 받았는가
- 왜 면허 없이 이런 행위를 하였나

■ **판례** ■ 사유 농지를 전용하여 인공적으로 조성한 내수면에서 하는 양식어업이 구 내수면어업
개발촉진법 또는 구 수산업법상의 신고어업에 해당하는지 여부(소극)

구 내수면어업개발촉진법(1996. 8. 8. 법률 제5153호로 개정되기 전의 것) 제3조의2는 공공용수면이
아닌 내수면에는 특별한 규정이 없는 한 이 법을 적용하지 아니하고(제1항), 공공용수면이 아닌 내
수면은 공공용수면에 연접하여 하나가 된 경우에 이 법을 적용한다(제2항)고 규정하고 있으므로, 사
유 농지를 전용하여 인공적으로 조성한 내수면으로서 공공용수면에 해당하지 않는 양식장 수면에
대하여는 위 법이 정한 면허어업이나 허가어업 또는 신고어업에 관한 규정이 적용될 여지가 없다
(대법원 2002.2.5. 선고 2000다69361 판결).

■ **판례** ■ 사유수면에서 양식어업을 경영하는 자가 구 내수면어업개발촉진법 제7조 제3항 의 규
정에 의하여 같은 조 제1항 제1호 의 양식면허를 받은 경우, 위 법의 적용을 받는 면허어업권자에
해당하는지 여부(적극)

구 내수면어업개발촉진법(2000. 1. 28. 법률 제6255호 내수면어업법으로 전문 개정되기 전의 것) 제3
조의2 제1항 은 공공용수면이 아닌 내수면이라도 특별한 규정이 있으면 위 법을 적용하도록 하고 있
고, 같은 법 제7조 제3항 은 일정한 사유수면에서 같은 법 시행령(2000. 7. 29. 대통령령 제16930호
내수면어업법 시행령으로 전문 개정되기 전의 것) 제20조 제1항 이 정하고 있는 시설을 갖추어 양식
어업을 경영하는 자의 신청이 있으면 같은 법 제7조 제1항 제1호 의 면허를 할 수 있도록 하고 있으
며, 같은 법 제11조 제1항 은 같은 법 제7조 의 규정에 의하여 어업의 면허를 받은 자는 면허를 받은
때에 어업권을 취득한다고 규정하고 있는바, 같은 법 제7조 제3항 은 같은 법 제3조의2 제1항 에서
말하는 '특별한 규정' 이라 할 수 있고 따라서 같은 법 제7조 제3항 의 규정에 의해 같은 법 제7조
제1항 제1호 의 면허를 받은 경우에는 같은 법의 적용을 받는 면허어업권자에 해당한다(대법원
2007.7.12. 선고 2005다38324 판결).

2. 무허가 어업행위

1) 적용법조 : 제25조 제2항 제1호, 제9조 제1항 제 호 ☞ 공소시효 5년

> **제9조(허가어업)** ① 내수면에서 다음 각 호의 어느 하나에 해당하는 어업을 하려는 자는 대통령령으로 정하는 바에 따라 특별자치도지사 · 시장 · 군수 · 구청장의 허가를 받아야 한다.
> 1. 자망어업(刺網漁業) : 자망을 사용하여 수산동물을 포획하는 어업
> 2. 종묘채포어업(種苗採捕漁業) : 양식하기 위하여 또는 양식어업인 등에게 판매하기 위하여 수산동식물의 종묘를 포획 · 채취하는 어업
> 3. 연승어업(延繩漁業) : 주낙을 사용하여 수산동물을 포획하는 어업
> 4. 패류채취어업 : 형망(桁網) 또는 해양수산부령으로 정하는 패류 채취용 어구를 사용하여 패류나 그 밖의 정착성 동물을 채취하거나 포획하는 어업
> 5. 낚시업〈삭제 2012.9.10.〉
> 6. 낭장망어업(囊長網漁業) : 낭장망을 사용하여 수산동물을 포획하는 어업
> 7. 각망어업(角網漁業) : 각망을 설치하여 수산동물을 포획하는 어업

2) 범죄사실 기재례

> 내수면에서 낚시업 등의 어업을 하고자 하는 자는 대통령령이 정하는 바에 따라 시장 · 군수 · 구청장의 허가를 받아야 한다.
> 그럼에도 불구하고 피의자는 20○○. ○. ○.경부터 20○○. ○. ○.까지 어업허가 없이 ○○에 있는 공유수면인 ○○호부근 하천부지 약 3,000㎡를 깊이 약 1m가량 파내어 구획한 다음 그곳에 붕어 등의 물고기를 사다 넣고 불특정 다수인을 상대로 한 사람 당 1일 사용료로 ○○만원씩 받는 낚시업을 영위하였다.

3) 신문사항

- 피의자는 낚시업을 하고 있는가
- 언제부터 어디에서 하고 있는가(행위의 장소가 공유수면이나 개발지역으로 지정된 사유수면이라는 사실확인)
- 그 규모는 어느 정도인가
- 어떠한 방법으로 낚시장을 만들었는가
- 무엇 때문에 이러한 낚시장을 만들었는가
- 어떤 종류의 수산동물을 넣어 두었는가
- 누구를 상대로 낚시업을 하였는가
- 어떤 방법으로 하였는가(1인당 받는 금액 등)
- 낚시업 허가를 받았는가
- 왜 허가 없이 이런 행위를 하였나

3. 유해어법의 금지

1) 적용법조 : 제25조 제1항, 제19조 ☞ 공소시효 5년

> 제19조(유해어법의 금지) 누구든지 폭발물, 유독물 또는 전류를 사용하여 내수면에서 수산동식물을 포획·채취하여서는 아니 된다. 다만, 특별자치도지사·시장·군수·구청장의 사용허가를 받았을 때에는 그러하지 아니하다.

2) 범죄사실 기재례

> 누구든지 폭발물·유독물 또는 전류를 사용하여 내수면에서 수산동식물을 포획·채취하여서는 아니 된다.
>
> 그럼에도 불구하고 피의자는 20○○. ○. ○.경 ○○에 있는 공유수면인 ○○하천에서 승용차에 사용하는 배터리에 전선을 연결 전류를 흐르게 하는 방법으로 수산동물을 잡을 수 있는 도구를 만들어 유해의 방법으로 약 20cm 크기의 붕어 10마리를 포획하였다.

3) 신문사항

- 수산동물을 포획한 일이 있는가
- 언제 어디에서 포획하였는가(내수면 여부 확인)
- 어떤 방법으로 포획하였는가
- 행정관청의 사용허가를 받았는가
- 사용한 배터리는 누가 어떻게 구했는가
- 이런 도구는 누가 만들었는가
- 어떤 수산동물을 어느 정도 포획하였나
- 무엇 때문에 이런 행위를 하였는가

4. 회유성 어류 이동통로 차단 : 제25조 제2항 제5호, 제19조의2 제1항 ☞ 공소시효 5년

> 제19조의2(회유성 어류 등 수산생물의 이동통로 확보) ① 하천에서 회유성 어류 등 수산생물의 이동통로를 차단하는 어구를 사용하는 자는 그 위치에서 하천 전체 물흐름의 평균수심 이상인 장소를 선택하여 하천 전체 물흐름 폭의 5분의 1 이상을 회유성 어류 등 수산생물의 이동통로로 개방하여야 한다.
> ② 시·도지사 또는 시장·군수·구청장은 회유성 어류 등 수산생물의 이동통로를 확보하기 위하여 필요하다고 인정하면 수역(水域)과 기간을 정하여 어업을 제한할 수 있다.
> ③ 하천의 물흐름을 차단하는 인공구조물을 설치하려는 자는 해양수산부장관과 협의하여 하천의 일부를 개방하거나 어도를 설치하여야 한다. 다만, 「하천법」 제39조에 해당하는 댐 중 해양수산부령으로 정하는 일정 규모 이상의 댐을 설치하려는 자가 다음 각 호의 어느 하나에 해당하는 경우로서 해양수산부장관과 협의하여 어류산란장·번식시설의 설치, 치어 방류 등 어족자원의 번식 및 보호를 위한 조치를 한 경우에는 그러하지 아니하다.
> 1. 댐의 특성이나 주변의 지형 및 여건이 어도를 설치하기에 적합하지 아니하다고 해양수산부장관이 인정한 경우
> 2. 수산에 관한 국공립 시험·연구기관에 어류의 서식상태 조사를 의뢰하여 조사한 결과 해양수산부령으로 정하는 일정 기간 동안 회유성 어류의 서식이 현저히 적은 경우

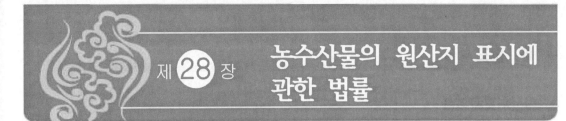

제 **28** 장 농수산물의 원산지 표시에 관한 법률

Ⅰ. 개념정의 및 다른 법률과의 관계

1. 정 의

제2조(정의)이 법에서 사용하는 용어의 뜻은 다음과 같다.
1. "농산물"이란 「농어업·농어촌 및 식품산업 기본법」 제3조제6호가목에 따른 농산물을 말한다.
2. "수산물"이란 「수산업·어촌 발전 기본법」 제3조제1호가목에 따른 어업활동 및 같은 호 마목에 따른 양식업 활동으로부터 생산되는 산물을 말한다.
3. "농수산물"이란 농산물과 수산물을 말한다.
4. "원산지"란 농산물이나 수산물이 생산·채취·포획된 국가·지역이나 해역을 말한다.
5. "식품접객업"이란 「식품위생법」 제36조제1항제3호에 따른 식품접객업을 말한다.
6. "집단급식소"란 「식품위생법」 제2조제12호에 따른 집단급식소를 말한다.
7. "통신판매"란 「전자상거래 등에서의 소비자보호에 관한 법률」 제2조제2호에 따른 통신판매(같은 법 제2조제1 호의 전자상거래로 판매되는 경우를 포함한다. 이하 같다) 중 대통령령으로 정하는 판매를 말한다.
8. 이 법에서 사용하는 용어의 뜻은 이 법에 특별한 규정이 있는 것을 제외하고는 「농수산물품질관리법」, 「식품 위생법」, 「대외무역법」 이나 「축산물 위생관리법」 에서 정하는 바에 따른다.

2. 다른 법률과의 관계

제3조(다른 법률과의 관계) 이 법은 농수산물 또는 그 가공품의 원산지 표시에 대하여 다른 법률에 우선하여 적 용한다.

Ⅱ. 벌 칙

제14조(벌칙) ① 제6조제1항 또는 제2항을 위반한 자는 7년 이하의 징역이나 1억원 이하의 벌금에 처하거나 이를 병과(倂科)할 수 있다.
② 제1항의 죄로 형을 선고받고 그 형이 확정된 후 5년 이내에 다시 제6조제1항 또는 제2항을 위반한 자는 1년 이상 10년 이하의 징역 또는 500만원 이상 1억5천만원 이하의 벌금에 처하거나 이를 병과할 수 있다.
제16조(벌칙) 제9조제1항에 따른 처분을 이행하지 아니한 자는 1년 이하의 징역이나 1천만원 이하의 벌금에 처한다.
제16조의2(자수자에 대한 특례) 제6조제1항 또는 제2항을 위반한 자가 자신의 위반사실을 자수한 때에는 그 형을 감경하거나 면제한다. 이 경우 제7조에 따라 조사권한을 가진 자 또는 수사기관에 자신의 위반사실을 스스로 신 고한 때를 자수한 때로 본다.
제17조(양벌규정) 법인의 대표자나 법인 또는 개인의 대리인, 사용인, 그 밖의 종업원이 그 법인 또는 개인의 업무 에 관하여 제14조 또는 제16조에 해당하는 위반행위를 하면 그 행위자를 벌하는 외에 그 법인이나 개인에게도 해당 조문의 벌금형을 과(科)한다. 다만, 법인 또는 개인이 그 위반행위를 방지하기 위하여 해당 업무에 관하여 상당한 주의와 감독을 게을리하지 아니한 경우에는 그러하지 아니하다.

III. 범죄사실

1. 원산지표시위반

1) 적용법조 : 제14조, 제6조 제1항 제○호 ☞ 공소시효 7년

> 제6조(거짓 표시 등의 금지) ① 누구든지 다음 각 호의 행위를 하여서는 아니 된다.
> 1. 원산지 표시를 거짓으로 하거나 이를 혼동하게 할 우려가 있는 표시를 하는 행위
> 2. 원산지 표시를 혼동하게 할 목적으로 그 표시를 손상변경하는 행위
> 3. 원산지를 위장하여 판매하거나, 원산지 표시를 한 농수산물이나 그 가공품에 다른 농수산물이나 가공품을 혼합하여 판매하거나 판매할 목적으로 보관이나 진열하는 행위

2) 범죄사실 기재례

[기재례1] 중국산 양념을 사용하여 김치제조 진열보관 (제6조 제1항 제1호)

> 피의자 甲은 피의자 乙주식회사의 대표이사, 피의자 乙주식회사는 수산식품주식회사는 김치 제조업을 목적으로 하는 법인이다.
>
> 원산지를 표시하도록 한 농산물 가공품인 김치를 판매하거나 가공하는 자는 원산지 표시를 거짓으로 하거나 이를 혼동하게 할 우려가 있는 표시를 하여서는 아니 된다.
>
> 가. 피의자 甲
>
> 피의자는 20○○. ○. ○.경 ○○에 있는 홍길동으로부터 중국산 대파 ○○kg을 1kg당 ○○원에 구입하여, 20○○. ○. ○.경부터 20○○. ○. ○.경 사이에 다른 원료와 혼합하여 배추김치 등 3종의 김치 ○○㎏을 제조하였다.
>
> 피의자는 이렇게 제조한 다음 그 포장재에 원산지를 "한국산 100%(무, 배추, 알타리, 갓, 파)"로 허위표시 또는 혼동하게 할 우려가 있는 표시를 하여 학교, 대리점 등에 1kg당 ○○원의 가격으로 ○○kg 합계 ○○만 원 상당액을 판매하고, 동일한 목적으로 판매하기 위하여 ○○㎏을 진열·보관하였다.
>
> 나. 피의자 乙주식회사
>
> 피의자는 위 일시, 장소에서 대표이사인 피의자 甲이 피의자의 업무에 관하여 위와 같이 위반행위를 하였다.

[기재례2] 과일 원산지 거짓 표시 (제6조 제1항 제1호)

> 피의자는 ○○에서 과수원을 운영하는 사람으로, 원산지의 표시를 하도록 한 농산물을 판매하는 자는 원산지를 거짓으로 표시하여서는 아니 된다.
>
> 그럼에도 불구하고 피의자는 20○○. ○. ○. 피의자가 소속된 배영농법인 선과장에서 원산지가 ○○인 배 ○○㎏을 나주산 배라고 허위표시 한, 상자 20개에 나누어 담아 원산지를 거짓으로 표시하였다.

[기재례3] 수입산 재료로 만든 것을 '국내산 + 수입산' 이라 허위표시 (제6조 제1항 제1호)

원산지를 위장하여 판매하거나, 원산지 표시를 한 농수산물이나 그 가공품에 다른 농수산물이나 가공품을 혼합하여 판매하거나 판매할 목적으로 보관이나 진열하는 행위를 하여서는 아니 된다.

그럼에도 불구하고 피의자는 20○○. ○. ○.경 ○○식품상회에서 태국산 양념 닭봉과 미국산 양념 닭강정 ○○kg을 ○○만원에 구입한 후 각각 g이 다르게 10봉지를 만들어, 미리 준비한 '국내산+수입산' 이라는 상표를 붙여 닭강정 1봉지 ○○g을 ○○원, 닭봉 1봉지 ○○g을 ○○원에 판매하였다.

피의자는 그때부터 20○○. ○. ○. 14:00경까지 사이에 피의자가 경영하는 위 ○○식품을 찾은 불특정 여러 사람에게 닭강정 등 ○○봉지(시가 ○○만원)를 '국내산+수입산' 이라는 상표를 붙여 판매하였다.

[기재례4] 중국산과 고추를 혼합하여 배추김치 제조판매 및 판매목적 보관 (제6조 제1항 제1호)

가. 피의자 甲

피의자는 20○○. ○. ○.경부터 20○○. ○. ○.경까지 사이에 중국산 고추 ○○t을 국내산 고추와 2 대 8의 비율로 혼합하고, 중국산 대파 ○○톤을 국내산 대파와 4 대 6으로 혼합하여 양념장을 만들고, 중국산 배추 ○○여 t을 이용하여 배추김치를 제조한 후, 마치 국내산인 것처럼 허위로 표시하여 ○○초등학교 등 ○○개 학교에 합계 ○○kg의 배추김치를 판매하고, 위와 같이 제조한 배추김치 ○○kg을 판매할 목적으로 보관하였다.

나. 피의자 乙

피의자는 위 일시, 장소에서 피의자 甲이 피의자의 업무에 관하여 위와 같은 위반행위를 하였다.

[기재례5] 수입산 사골 우족 잡뼈 꼬리 쇠고기 등을 국산으로 원산지 표시(제6조 제1항 제1호)

피의자 甲은 지방법원에서 20○○. ○. ○. 농산물품질 관리법위반죄로 벌금 ○○만원을 선고받은 사람으로서 ○○에 있는 ○○식품의 실질적 운영자, 피의자 乙은 위 식품의 공장장이다.

원산지를 표시하도록 한 농산물 또는 그 가공품을 판매하거나 가공하는 자는 원산지 표시를 거짓으로 하거나 이를 혼동하게 할 우려가 있는 표시를 하여서는 아니 된다.

그럼에도 불구하고 피의자 甲은 원료 구입과 제품 판매 역할을 피의자 乙은 제품 생산 및 공장 관리 역할을 각 분담하여 수입산 사골 우족 잡뼈 꼬리 쇠고기 · 돼지고기 등을 가공하여 판매하면서 국산 또는 국내산으로 원산지를 허위로 표시하여 판매하기로 공모하였다.

피의자들은 20○○. ○. ○. 경부터 20○○. ○. ○.경까지 위 식품 사업장에서 ○○시 ○○식품 丙 등으로부터 호주 뉴질랜드 멕시코산 우사태 ○○kg 우사골 ○○kg, 원산지 및 부위가 불명확한 수입산 쇠고기 ○○kg 등을 구입하여 이를 절단 재가공한 다음 국산 쇠고기(육우) ○○kg, 돼지고기 ○○kg과 혼합하였다.

피의자들은 이렇게 혼합한 다음 상표명 종합사골곰거리 설청종합사골곰거리 ○○kg, ○○kg, 등 별지 범죄일람표 기재와 같이 총 ○○kg 시가 ○○ 만원 상당의 제품을 원산지가 국내산 또는 국산으로 된 스티커를 부착하여 판매하거나 보관함으로써 원산지의 표시를 허위로 하거나 이를 혼동하게 할 우려가 있는 표시를 하였다.

[기재례6] 북한산을 국내산으로 혼동표시(제6조 제1항 제1호)

원산지 표시를 거짓으로 하거나 이를 혼동하게 할 우려가 있는 표시를 하는 행위를 하여서는 아니 된다.

그럼에도 불구하고 피의자는 20○○. ○. ○.경부터 20○○. ○. ○.경까지 사이에 ○○에 있는 피의자 운영의 건강보조식품 제조 회사에서, '상황버섯○○'라는 건강보조식품을 생산하면서 제품 포장지의 성분란에 '상황버섯추출액(국내산 : 북한)'이라고 표기한 후 위 제품 시가 합계 ○○만원 상당의 4.8kg들이 ○○박스를 소비자들에게 판매하고, 시가 합계 ○○만원 상당의 4.8kg들이 ○○박스를 같은 장소에 보관하였다.

이로써 피의자는 농산물의 가공품에 대하여 소비자들에게 원산지를 혼동하게 할 우려가 있는 표시를 하였다.

[기재례7] 원산지 표시 손상 · 변경 (제6조 제1항 제2호)

누구든지 원산지 표시를 혼동하게 할 목적으로 그 표시를 손상변경하는 행위를 하여서는 아니 된다.

그럼에도 불구하고 피의자는 20○○. ○. ○.경 ○○에서 원산지 표시를 혼동하게 할 목적으로 원산지가 ○○인 배 ○○kg 50상자의 원산지 표시를 ○○방법으로 변경하였다.

■ 판례 ■   중국산 대파가 양념에 들어있는 김치의 포장재에 원산지를 "한국산 100%(배추, 무, 열무, 알타리, 갓, 파)"라고 표시한 경우

[1] 농산물품질관리법 제17조 제호의 농산물 가공품의 원산지 허위표시 또는 혼동하게 할 우려가 있는 표시의 의미 및 혼동하게 할 우려가 있는 표시인지 여부의 판단 기준

농산물품질관리법 제17조 제1호의 농산물 가공품의 원산지 허위표시 또는 혼동하게 할 우려가 있는 표시라 함은 완성된 가공품의 원산지에 관한 것뿐만 아니라 가공품에 사용된 원재료의 원산지를 허위로 표시하거나 혼동하게 할 우려가 있게 표시하는 것도 포함한다 할 것이고, 혼동하게 할 우려가 있는 표시인지의 여부는 사회일반인의 관점에서 일견 보아 원산지에 관하여 오인을 일으킬 우려가 있는지를 기준으로 판단하여야 한다.

[2] 김치의 원산지에 대한 허위표시 또는 혼동하게 할 우려가 있는 표시에 해당하는지 여부(적극)

피고인들이 배추김치, 총각김치(알타리김치), 깍두기 등을 제조 · 포장함에 있어 사용한 포장재(수사기록 12쪽)에는 "고향의 맛 고향김치"라는 제목하에 맨 윗줄에 "◎원재료명 : 배추, 무, 고춧가루, 파, 마늘, 생강, 젓갈 등", 그 바로 아랫줄에 "◎원산지표기 : 한국산 100%(배추, 무, 열무, 알타리, 갓, 파)"라는 문구가 각 기재되어 있는 사실을 각 인정할 수 있는바, 위와 같은 포장재의 문구, 배열 등 형상에 비추어 보면 위 "한국산 100%"의 표시는 피고인들이 생산한 김치의 종류별 주재료 즉 배추김치의 경우 배추, 총각김치의 경우 알타리, 깍두기의 경우 무가 한국산임을 표시하는 것에 그치지 아니하고 나아가 그 포장재 안에 들어 있는 김치의 원재료로서 바로 그 위에

표시된 배추, 무, 고춧가루, 파, 마늘, 생강, 젓갈 등이 모두 한국산임을 나타내는 표시로 보이거나 그와 같은 오인을 일으킬 우려가 있는 것으로 보이기에 충분하다(전주지법 2004.12.17. 선고 2004노1353 판결).

■ 판례 ■ 휴게음식점으로 영업허가를 받은 대형 할인점 내 식품코너에서 태국산 닭 봉과 미국산 닭 강정 등 생닭을 조리한 후 양념 닭 봉과 닭 강정을 봉지에 담아 '국내산 + 수입산'이라는 상표를 붙여 판매한 경우

위 식품코너 내에서 판매한 양념 닭봉과 닭 강정은 농산물품질관리법령에서 정하는 원산지 표시 대상 품목에 해당하고, 농산물 국내가공품으로서 그 원료 중 50% 이상 사용된 생닭의 원산지에 따라 양념 닭 봉은 '태국산', 닭 강정은 '미국산'이라고 표시하여야 함에도 이를 모두 '국내산 + 수입산'이라고 표시한 것은 원산지 표시를 허위로 하였거나 원산지를 혼동하게 할 우려가 있도록 표시한 경우에 해당한다(대구지법 2006.1.12. 선고 2005노652 판결).

■ 판례 ■ 중국산 배추나 국내산 배추에 중국산 고추 일부와 중국산 대파 일부를 혼합하여 만든 양념장으로 국내에서 포기김치를 제조한 후 포기김치에 대하여는 '국내산'으로 표시하되 '원료'란에 '배추(중국산 89%)'라고 표시한 경우, 원산지 표시 규정위반여부(소극)

포기김치의 제조는 원료에 실질적인 변형이 가해지는 경우이므로 그 제조된 포기김치의 원산지를 '국내산'으로 표시할 수 있고, 다만 원료의 원산지 표시에 있어서는 포기김치의 경우 배추가 원료의 50% 이상을 차지하므로 그 배추의 원산지만을 따로 표시하면 되는 것이므로, 중국산 배추를 사용한 때에 '원료'란에 '배추(중국산 89%)'라고 표시하였다면 원산지 표시 규정에 위반되지 않는다(인천지법 2004.6.4. 선고 2004고단1724 판결).

■ 판례 ■ 원산지 표시방법

[1] 수입한 씨앗을 국내에서 발아시켜 판매하는 경우, 농산물품질관리법령상 원산지 표시방법

'원산지에 대한 허위 표시 또는 혼동의 우려가 있는 표시' 등을 금지하고 있는 농산물품질관리법령의 입법 취지 및 원산지의 표시대상품목, 표시방법, 판정기준 등에 관한 규정에 비추어 볼 때, 수입한 씨앗을 국내에서 발아시켜 판매하는 경우는 원산지 표시대상품목 중에서 국내가공품, 특히 수입농산물을 국내에서 가공한 물품에 해당한다. 이와 같은 국내가공품의 경우 농산물품질관리법 제15조 제2항, 농산물품질관리법 시행령 제24조 제1항 제3호, 농산물품질관리법 시행규칙 제24조 제1항에 의하여 그 원료의 원산지를 표시하는 방식으로 원산지 표시를 하여야 한다.

[2] 수입한 미국산 씨앗을 국내에서 발아시켜 재배한 무순을 판매하면서 원산지를 국내산으로 표기한 사안에서, 농산물관리법상 '원산지의 허위표시 혹은 혼동하게 할 우려가 있는 표시'에 해당한다고 한 사례

수입한 미국산 씨앗을 국내에서 발아시켜 재배한 무순을 판매하면서 원산지를 국내산으로 표기한 사안에서, 위 무순은 농산물관리법 시행령상 국내가공품에 해당하므로 원료인 씨앗에 대한 원산지를 표시해야 함에도 불구하고, '원산지 국내산'이라고 표시한 것은 무순 자체뿐 아니라 그 원료에 대한 원산지 표시로도 볼 수 있으므로, 농산물관리법상 '원산지의 허위표시 혹은 혼동하게 할 우려가 있는 표시'에 해당한다.(부산지법 2008.7.18. 선고 2008노424 판결)

2. 가공품 원산지 거짓 표시

1) 적용법조 : 제15조, 제6조 제2항 제1호 ☞ 공소시효 5년

제6조(거짓 표시 등의 금지) ② 농수산물이나 그 가공품을 조리하여 판매·제공하는 자는 다음 각 호의 행위를 하여서는 아니 된다.
1. 원산지 표시를 거짓으로 하거나 이를 혼동하게 할 우려가 있는 표시를 하는 행위
2. 원산지를 위장하여 조리·판매·제공하거나, 조리하여 판매·제공할 목적으로 농수산물이나 그 가공품의 원산지 표시를 손상·변경하여 보관·진열하는 행위
3. 원산지 표시를 한 농수산물이나 그 가공품에 원산지가 다른 동일 농수산물이나 그 가공품을 혼합하여 조리·판매·제공하는 행위

2) 범죄사실 기재례

> 피의자는 ○○에 있는 저온창고를 임대받아 농산물유통업에 종사하는 자로, 원산지를 위장하여 판매하거나, 원산지의 표시를 한 농산물 또는 그 가공품에 다른 농산물 또는 가공품을 혼합하여 판매하거나 판매할 목적으로 보관 또는 진열하는 행위를 하여서는 아니 된다.
>
> 그럼에도 불구하고 피의자는 20○○. ○. ○. ○○에서 약 10억원 상당의 수입한 중국산 녹두 등을 매입하여 보관 중 20○○. ○. ○. 위 저온창고에서 4톤가량(시가 약 1억5,000만원)의 중국산과 국산 녹두를 8:2 비율로 혼합하여 국산이라고 표기된 포대에 담아 판매할 목적으로 보관하였다.

3) 신문사항

- 피의자는 어디에서 무엇을 하고 있는가
- 언제부터 농산물유통업을 하였나
- 주로 어떠한 농산물을 취급하는가
- 중국산 녹두를 구입한 일이 있는가
- 언제 누구로부터 어느 정도를 구입하였나
- 무엇 때문에 구입하였나
- 이렇게 구입한 녹두를 어떻게 하였나
- 언제 어디에서 혼합하였나
- 혼합하여 어떻게 포장하였나
- 이렇게 포장한 물건은 어떻게 하였나
- 그러면 판매할 목적으로 보관하였다는 것인가
- 국산녹두와 중국산 녹두의 각 판매가격은 얼마인가
- 혼합한 물건은 얼마에 판매한가
- 그러면 그 차액은 어느 정도인가

3. 원산지 표시 위반 시정명령 위반

1) 적용법조 : 제16조, 제9조 제1항 제○호　☞　공소시효 5년

> 제9조(원산지 표시 등의 위반에 대한 처분 등) ① 농림수산식품부장관이나 시·도지사는 제5조나 제6조를 위반한 자에 대하여 다음 각 호의 처분을 할 수 있다. 다만, 제5조제3항을 위반한 자에 대한 처분은 제호에 한정한다.
> 1. 표시의 이행·변경·삭제 등 시정명령
> 2. 위반 농수산물이나 그 가공품의 판매 등 거래행위 금지

2) 범죄사실 기재례

> 　피의자는 ○○에서 ○○업에 종사한 자로 20○○. ○. ○. ○○시장으로부터 ○○제품에 대해 원산지 표시를 하지 않아 거래행위 금지처분을 받은 사실이 있다.
> 　그럼에도 불구하고 20○○. ○. ○.부터 20○○. ○. ○.경까지 위 장소에서 위 농산물의 판매를 함으로써 ○○시장의 처분명령을 위반하였다.

3) 신문사항

　－ ○○ 농산물을 판매한 일이 있는가

　－ 원산지 표시를 하지 않아 단속을 당한 일이 있는가

　－ 언제 어디에서 단속을 당하였는가

　－ 어떤 농산물을 판매하다 단속당하였나.

　－ 행정기관으로부터 언제 어떠한 처분을 받는가

　－ 그 처분을 이행하였나

　－ 처분명령을 받은 후 언제부터 언제까지 다시 판매하였나

　－ 그 판매량이 어느 정도인가

　－ 누구를 상대로 판매하였나

　－ 왜 행정기관의 처분명령을 이행하지 않았는가

■ 판례 ■　　국내 다른 지역의 홍삼을 각각 혼용한 경우 원산지 혼동인지 여부

[1] 홍삼과 같은 농산물 가공품의 경우, 원재료인 수삼의 원산지가 모두 국내산이면 원산지를 '국산'으로 표시할 수 있는지 여부(적극) 및 그러한 홍삼을 원재료로 하는 홍삼절편의 경우도 마찬가지인지 여부(적극)
농수산물의 원산지 표시에 관한 법률 제6조 제1항 제1호, 제3항, 제14조, 농수산물의 원산지 표시에 관한 법률 시행령 제5조 제1항 [별표 1], 농수산물의 원산지 표시에 관한 법률 시행규칙 제4조 [별표 5], 인삼산업법 제15조 제1항, 인삼산업법 시행령 제3조의2, 농수산물 품질관리법 제2조 제1항 제8호, 제32조 제1항, 농수산물 품질관리법 시행령 제12조 본문, 단서의 내용을 종합하여 보면, 홍삼과 같은 농산물 가공품의 경우 원재료인 수삼의 원산지가 모두 국내산이라면 원산지를 '국산'이라고 표시할 수 있고, 그러한 홍삼을 원재료로 하는 홍삼절편의 경우도 마찬가지이다.

[2] 국내 특정 지역의 수삼과 다른 지역의 수삼으로 만든 홍삼을 주원료로 하여 특정 지역에서 제조한 홍삼절편의 제품명이나 제조·판매자명에 특정 지역의 명칭을 사용한 경우, 이를 곧바로 '원산지를 혼동하게 할 우려가 있는 표시를 하는 행위'로 볼 수 있는지 여부(소극)

홍삼절편과 같은 농산물 가공품의 경우 특별한 사정이 없는 한 제조·가공한 지역의 명칭을 제품명에 사용하는 것도 법령상 허용되고 있다. 여기에다 인삼류는 농산물 품질관리법에서 명성·품질 등이 본질적으로 국내 특정 지역의 지리적 특성에 기인하는 농산물로는 취급되지 않고 있다는 점과 형벌법규는 문언에 따라 엄격하게 해석·적용하여야 하고 피고인에게 불리한 방향으로 확장해석하거나 유추해석하여서는 아니 된다는 점까지 더하여 보면, 국내 특정 지역의 수삼과 다른 지역의 수삼으로 만든 홍삼을 주원료로 하여 특정 지역에서 제조한 홍삼절편의 제품명이나 제조·판매자명에 특정 지역의 명칭을 사용하였다고 하더라도 이를 곧바로 '원산지를 혼동하게 할 우려가 있는 표시를 하는 행위'라고 보기는 어렵다(대법원 2015.04.09. 선고 2014도14191 판결).

■ 판례 ■   구 농수산물의 원산지 표시에 관한 법률 제6조 제1항 제1호에서 정한 '원산지를 혼동하게 할 우려가 있는 표시를 하는 행위'에 원산지 표시란에는 국내산으로 바르게 표시한 후 국내 유명 특산물의 생산지역명을 표시한 포장재를 사용한 행위가 포함되는지 여부(적극)

구 농수산물의 원산지 표시에 관한 법률(2013. 3. 23. 법률 제11690호로 개정되기 전의 것, 이하 '법'이라고 한다) 제14조, 제6조 제1항 제1호, 제3항, 구 농수산물의 원산지 표시에 관한 법률 시행규칙(2013. 1. 8. 농림수산식품부령 제333호로 개정되어 2013. 6. 28. 시행되기 전의 것) 제4조 [별표 5]의 내용을 종합하면, 법 제6조 제1항 제1호에서 규정한 '원산지 표시를 거짓으로 하는 행위'와 '원산지를 혼동하게 할 우려가 있는 표시를 하는 행위'는 구별되고, 원산지 표시란에는 국내산으로 바르게 표시한 후 국내 유명 특산물의 생산지역명을 표시한 포장재를 사용한 행위는 원산지를 혼동하게 할 우려가 있는 표시를 하는 행위에 해당한다.(대법원 2014.1.29. 선고, 2013도14586, 판결)

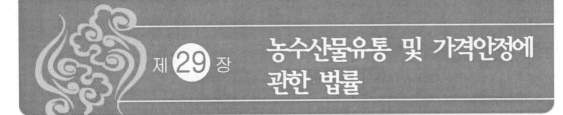

제 29 장 농수산물유통 및 가격안정에 관한 법률

I. 개념정의

제2조(정의) 이 법에서 사용하는 용어의 뜻은 다음과 같다.

1. "농수산물"이라 함은 농산물·축산물 및 수산물과 임산물중 농림수산식품부령이 정하는 것을 말한다.

2. "농수산물도매시장"이란 특별시·광역시·특별자치시특별자치도 또는 시가 양곡류·청과류·화훼류·조수육류·어류·조개류`·갑각류·해조류 및 임산물 등 대통령령이 정하는 품목의 전부 또는 일부를 도매하게 하기 위하여 제17조에 따라 관할구역에 개설하는 시장을 말한다.

3. "중앙도매시장"이라 함은 특별시·광역시·특별자치시 또는 특별자치도가 개설한 농수산물도매시장중 해당관할구역 및 그 인접지역에서 도매의 중심이 되는 농수산물도매시장으로서 농림수산식품부령이 정하는 것을 말한다.

4. "지방도매시장"이라 함은 중앙도매시장외의 농수산물도매시장을 말한다.

5. "농수산물공판장"이라 함은 지역농업협동조합, 지역축산업협동조합, 품목별·업종별협동조합, 조합공동사업법인, 품목조합연합회, 산림조합 및 수산업협동조합과 그 중앙회(이하 "농림수협등"이라 한다) 그 밖에 대통령령이 정하는 생산자관련 단체와 공익상 필요하다고 인정되는 법인으로서 대통령령이 정하는 법인(이하 "공익법인"이라 한다)이 농수산물을 도매하기 위하여 제43조에 따라 특별시장·광역시장·특별자치시장도지사 또는 특별자치도지사(이하 "시·도지사"라 한다)의 승인을 받아 개설·운영하는 사업장을 말한다.

6. "민영농수산물도매시장"이란 국가·지방자치단체 및 제5호에 따른 농수산물공판장을 개설할 수 있는 자외의 재(이하 "민간인등"이라 한다)가 농수산물을 도매하기 위하여 제47조에 따라 시·도지사의 허가를 받아 특별시·광역시·특별자치시특별자치도 또는 시지역에 개설하는 시장을 말한다.

7. "도매시장법인"이라 함은 제23조에 따라 농수산물도매시장의 개설자로부터 지정을 받고 농수산물을 위탁받아 상장하여 도매하거나 이를 매수하여 도매하는 법인(제24조에 따라 도매시장법인의 지정을 받은 것으로 보는 공공출자 법인을 포함한다)을 말한다.

8. "시장도매인"이라 함은 제36조 또는 제48조에 따라 농수산물도매시장 또는 민영농수산물도매시장의 개설자로부터 지정을 받고 농수산물을 매수 또는 위탁받아 도매하거나 매매를 중개하는 영업을 하는 법인을 말한다.

9. "중도매인"이라 함은 제25조·제44조·제46조 또는 제48조에 따라 농수산물도매시장·농수산물공판장 또는 민영농수산물도매시장의 개설자의 허가 또는 지정을 받아 다음 각목의 영업을 하는 자를 말한다.

   가. 농수산물도매시장·농수산물공판장 또는 민영농수산물도매시장에 상장된 농수산물을 매수하여 도매하거나 매매를 중개하는 영업

   나. 농수산물도매시장·농수산물공판장 또는 민영농수산물도매시장의 개설자로부터 허가를 받은 비상장농수산물을 매수 또는 위탁받아 도매하거나 매매를 중개하는 영업

10. "매매참가인"이라 함은 제25조의3에 따라 농수산물도매시장·농수산물공판장 또는 민영농수산물도매시장의 개설자에게 신고를 하고, 농수산물도매시장·농수산물공판장 또는 민영농수산물도매시장에 상장된 농수산물을 직접 매수하는 자로서 중도매인이 아닌 가공업자·소매업자·수출업자 및 소비자단체 등 농수산물의 수요자를 말한다.

11. "산지유통인"이란 제29조·제44조·제46조 또는 제48조에 따라 농수산물도매시장·농수산물공판장 또는 민영농수산물도매시장의 개설자에게 등록하고, 농수산물을 수집하여 농수산물도매시장·농수산물공판장 또는 민영농수산물도매시장에 출하하는 영업을 하는 자를 말한다.

12. "농수산물종합유통센터"란 제 69조에 따라 국가 또는 지방자치단체가 설치하거나 국가 또는 지방자치단체의 지원을 받아 설치된 것으로서 농수산물의 출하경로를 다원화하고 물류비용을 절감하기 위하여 농수산물의 수집·포장·가공·보관·수송·판매 및 그 정보처리 등 농수산물의 물류활동에 필요한 시설과 이와 관련된 업무시설을 갖춘 사업장을 말한다.

13. "경매사"란 제27조·제44조·제46조 또는 제48조에 따라 도매시장법인의 임명을 받거나 농수산물공판장·민영

농수산물도매시장 개설자의 임명을 받아 상장된 농수산물의 가격 평가 및 경락자 결정 등의 업무를 수행하는 자를 말한다.

14. "농수산물전자거래"란 농수산물의 유통단계를 단축하고 유통비용을 절감하기 위하여 「전자거래기본법」 제2조제5호에 따른 전자거래의 방식으로 농수산물을 거래하는 것을 말한다.

II. 벌 칙

제86조(벌칙) 다음 각호의 1에 해당하는 자는 2년이하의 징역 또는 2천만원 이하의 벌금에 처한다.

1. 제15조제3항에 따라 수입 추천신청을 할 때에 정한 용도 외의 용도로 수입농산물을 사용한 자

1의2. 도매시장의 개설구역이나 공판장 또는 민영도매시장이 개설된 특별시·광역시·특별자치시·특별자치도 또는 시의 관할구역에서 제17조 또는 제47조에 따른 허가를 받지 아니하고 농수산물의 도매를 목적으로 지방도매시장 또는 민영도매시장을 개설한 자

2. 제23조제1항에 따른 의한 지정을 받지 아니하거나 지정유효기간이 지난 후 도매시장법인의 업무를 한 자

3. 제25조제1항에 따른 허가 또는 같은 조 제7항에 따른 갱신허가(제46조제2항에 따라 준용되는 허가 또는 갱신허가를 포함한다)를 받지 아니하고 중도매인의 업무를 한 자

4. 제29조제1항(제46조제3항에 따라 준용되는 경우를 포함한다)에 따른 등록을 하지 아니하고 산지유통인의 업무를 한 자

5. 제35조제1항을 위반하여 도매시장외의 장소에서 농수산물의 판매업무를 하거나 같은 조 제4항을 위반하여 농수산물의 판매업무외의 사업을 경영한 자

6. 제36조제1항에 따른 지정을 받지 아니하거나 지정 유효기간이 지난 후 도매시장 안에서 시장도매인의 업무를 한 자

7. 제43조제1항에 따른 승인을 받지 아니하고 공판장을 개설한 자

8. 제82조제2항 또는 제5항에 따른 업무정지처분을 받고도 그 업을 계속한 자

제88조(벌칙) 다음 각 호의 어느 하나에 해당하는 자는 1년이하의 징역 또는 1천만원 이하의 벌금에 처한다.

1. 삭제 〈 2012.2.22 〉

2. 제23조의2제1항(제25조의2, 제36조의2에 따라 준용되는 경우를 포함한다)을 위반하여 인수·합병을 한 자

3. 제25조제5항제1호(제46조제2항에 따라 준용되는 경우를 포함한다)를 위반하여 다른 중도매인 또는 매매참가인의 거래참가를 방해하거나 정당한 사유 없이 집단적으로 경매 또는 입찰에 불참한 자

3의2. 제25조제5항제2호(제46조제2항에 따라 준용되는 경우를 포함한다)를 위반하여 다른 사람에게 자기의 성명이나 상호를 사용하여 중도매업을 하게 하거나 그 허가증을 빌려 준 자

4. 제27조제2항 및 제3항을 위반하여 경매사를 임면한 자

5. 제29조제2항(제46조제3항에 따라 준용되는 경우를 포함한다)을 위반하여 산지유통인의 업무를 한 자

6. 제29조제4항(제46조제3항에 따라 준용되는 경우를 포함한다)을 위반하여 출하업무외의 판매·매수 또는 중개 업무를 한 자

7. 제31조제1항을 위반하여 매수하거나 거짓으로 위탁받은 자 또는 제31조제2항을 위반하여 상장된 농수산물 외의 농수산물을 거래한 자(제46조제1항 또는 제2항에 따라 준용되는 경우를 포함한다)

7의2. 제31조제5항(제46조제2항에 따라 준용되는 경우를 포함한다)를 위반하여 다른 중도매인과 농수산물을 거래한 자

8. 제37조제1항 단서에 따른 제한 또는 금지를 위반하여 농수산물을 위탁받아 거래한 자

9. 제37조제2항을 위반하여 해당 도매시장의 도매시장법인 또는 중도매인에게 농수산물을 판매한 자

9의2. 제40조제2항에 따른 표준하역비의 부담을 이행하지 아니한 자

10. 제42조제1항(제31조제3항, 제45조 본문, 제46조제1항·제2항 제48조제5항· 또는 같은 조 제6항 본문에 따라 준용되는 경우를 포함한다)을 위반하여 수수료 등 비용을 징수한 자

11. 제69조제4항에 따른 조치명령에 위반한 자

제89조(양벌규정) 법인의 대표자나 법인 또는 개인의 대리인, 사용인, 그 밖의 종업원이 그 법인 또는 개인의 업무에 관하여 제86조부터 제88조까지의 어느 하나에 해당하는 위반행위를 하면 그 행위자를 벌하는 외에 그 법인 또는 개인에게도 해당 조문의 벌금형을 과(科)한다. 다만, 법인 또는 개인이 그 위반행위를 방지하기 위하여 해당 업무에 관하여 상당한 주의와 감독을 게을리하지 아니한 경우에는 그러하지 아니하다.

중도매인은 자신의 명의로 독자적으로 중도매업의 허가를 받아 별도의 사업자로서 도매시장법인과는 독립적인 영업을 하고 있다고 볼 수 있고, 또한 도매시장법인을 중도매인이 수행하고 있는 업무의 주체라고 볼 수도 없으므로, 도매시장법인에 소속된 중도매인이 양벌규정인 농수산물유통및가격안정에관한법률 제89조에 정한 법인의 대리인·사용인 기타 종업원에 해당한다고 보기 어렵다(대법원 2005.6.24. 선고 2005도2651).

Ⅲ. 범죄사실

1. 무허가 중도매업

1) 적용법조 : 제86조 제3호, 제25조 제1항   ☞   공소시효 5년

> 제25조(중도매업의 허가) ① 중도매인의 업무를 하고자 하는 자는 부류별로 당해 도매시장의 개설자의 허가를 받아야 한다.

2) 범죄사실 기재례

> 중도매인의 업무를 하고자 하는 자는 부류별로 당해 도매시장 개설자의 허가를 받아야 한다. 그럼에도 불구하고 피의자는 20○○. ○. ○. 부터 20○○. ○. ○.까지 ○○에 있는 ○○농수산물공판장에서 상장된 과일 등 농산물을 매수하여 도매하는 중도매인의 업무를 영위하였다.

3) 신문사항

- 중도매인의 업무를 한 일이 있는가
- 언제 어디에서 하였나
- 어떠한 도매인업을 하였는가
- 주로 어떤 물건을 도매하였나
- 개설자의 허가를 받았는가
- 왜 허가없이 이런 행위를 하였는가

■ **판례** ■   도매시장 영위죄로 처벌요건과 도매시장에서의 정상적인 거래의 의미

[1] 제65조 제2호 소정의 무허가 도매시장 영위죄로 처벌하기 위한 요건

농수산물유통및가격안정에관한법률 제15조 제1항 제2호, 제57조 제2항, 같은법 시행규칙 제15조는 농수산물 도매시장의 허가기준으로 일정한 규모의 건물과 주차장 및 냉장실, 저장실, 오물처리장 등을 갖추어야 한다고 규정하고 있으므로 이에 따라 사회통념상 도매시장으로 볼 수 있을 정도의 외관을 구비하여 도매업을 영위한다고 인정되지 않는 이상 이를 들어 같은법 제65조 제2호, 제2조를 적용하여 처벌할 수는 없다.

[2] 정상적인 거래의 의미

도매시장에서의 정상적인 거래라 함은 같은법 제2조 제2호, 제29조에서 말하는 도매시장에서의 경매 또는 입찰등을 일컫는다(대법원 1986.6.24. 선고 86도445 판결).

■ 판례 ■   도매시장을 영위하는 자의 의미

농수산물유통및가격안정에관한법률 소정의 '도매시장을 영위하는 자'라 함은 일정한 구획된 장소에서 영업수행에 필요한 고정시설을 구비하여 불특정 다수인의 출하자와 소매상을 상대로 농수산물의 도매업을 영위하는 자이면 이에 해당하는 것으로 보아야 한다(대법원 1978.8.22. 선고 78도1170 판결).

2. 산지유통인 미등록

1) 적용법조 : 제86조 제4호, 제29조 제1항   ☞   공소시효 5년

제29조(산지유통인의 등록) ① 농수산물을 수집하여 도매시장에 출하하려는 자는 농림수산식품부령이 정하는 바에 따라 부류별로 도매시장 개설자에게 등록하여야 한다. 다만, 다음 각호의 어느 하나에 해당하는 경우에는 그러하지 아니하다.
1. 생산자단체가 구성원의 생산물을 출하하는 경우
2. 도매시장법인이 제31조제1항 단서의 규정에 따라 매수한 농수산물을 상장하는 경우
3. 중도매인이 제31조제2항 단서에 따라 비상장농수산물을 매매하는 경우
4. 시장도매인이 제37조에 따라 매매하는 경우
5. 그 밖에 농림수산식품부령이 정하는 경우

2) 범죄사실 기재례

> 피의자는 농산물을 수집하여 이를 도매시장에 출하하는 업에 종사하는 자로, 농수산물을 수집하여 도매시장에 출하하고자 하는 자는 농림수산식품부령이 정하는 바에 따라 부류별로 도매시장의 개설자에게 등록하여야 한다.
> 그럼에도 불구하고 피의자는 20○○. ○. ○.경 ○○지역에서 수집한 배추 등 농산물 약 ○○톤은 수집하여 이를 ○○도매시장에 출하하는 등 그때부터 20○○. ○. ○.까지 농산물 약 ○○톤을 수집하여 이를 ○○도매시장 등에 출하하였다.

3) 신문사항

- 농산물을 수집하여 이를 판매한 일이 있는가
- 언제부터 언제까지 하였나
- 어떤 농산물을 수집하였나
- 어디에서 어떤 방법으로 하였나
- 이렇게 수집한 농산물은 어떻게 처리하였나
- ○○도매시장 누구에게 어떤 조건으로 출하하였나
- 산지유통인 등록을 하였나
- 왜 등록없이 이런 행위를 하였나

3. 도매시장법인의 영업제한 위반

1) 적용법조 : 제86조 제5호, 제35조 제1항 ☞ 공소시효 5년

> 제35조(도매시장법인의 영업제한) ① 도매시장법인은 도매시장외의 장소에서 농수산물의 판매업무를 하지 못한다.

2) 범죄사실 기재례

피의자 ○○주식회사는 수산물의 도매 및 위탁 판매업 등을 목적으로 설립된 도매시장법인이고, 피의자 乙은 위 회사의 대표이사이고, 피의자 甲은 위 회사의 이사 겸 수산보류경매사이다.

가. 피의자 乙, 피의자 甲의 공동범행

피의자들은 도매시장법인은 도매시장 외의 장소에서 농수산물의 판매업무를 하여서는 아니 됨에도, 丁으로부터 정부비축 수산물을 공급해 달라는 부탁을 받고 위 시장 소속 중도매인들의 명의를 빌어 마치 위 중도매인들이 정부비축 수산물을 낙찰받은 것처럼 가장한 후, 이를 위 丁에게 직접 판매하는 방법으로 도매시장 외의 장소에서 수산물을 판매하기로 마음먹었다.

피의자들은 20○○. ○. ○.경 ○○에 있는 위 丁운영의 ○○상사에서, ○○수산시장 중도매인인 홍길동 명의로 가장 낙찰받은 동태 ○○짝 낙찰가 ○○만원 상당을 위 丁에게 판매한 것을 비롯하여 그때부터 20○○. ○. ○.경까지 사이에 별지 범죄일람표 기재와 같이 총 ○○회에 걸쳐 같은 방법으로 합계 ○○만원 상당의 정부비축 수산물을 판매하였다.

이로써 피의자들은 공모하여 도매시장 외의 장소에서 판매함으로써 도매시장법인의 영업제한을 위반하였다.

나. 피의자 ○○주식회사

피의자는 위와 같은 일시 · 장소에서, 피의자의 대표이사인 피의자 乙이 피의자의 업무에 관하여 위와 같이 정부비축 수산물을 도매시장 외의 장소에서 판매하여 영업 제한을 위반하였다.

■ 판례 ■   '도매시장법인의 시장 외 판매업무'의 의미

[1] 사실관계

도매시장법인 소속 경매사 甲은 도매시장개설허가를 받은 장소 밖에 있는 乙로부터 정부비축 수산물을 공급해 달라는 부탁을 받고 동 법인 소속 중도매인들의 명의를 빌어 마치 위 중도매인들이 정부비축 수산물을 낙찰받은 것처럼 가장한 후 이를 乙에게 직접 판매하였다.

[2] 판결요지

가. 제35조 제1항에서 금지하는 '도매시장법인의 시장 외 판매업무'의 의미

농수산물유통 및 가격안정에 관한 법률 제35조 제1항에서 금지하는 '도매시장법인의 시장 외 판매업무'라 함은, 공정한 경매를 위하여 도매시장의 개설허가를 받은 장소 이외에서 출하인으로부터 위탁받거나 매수하여 경매 또는 입찰의 방법으로(같은 법 제32조 후단에 따라 예외적으로 정가 또는 수의매매의 방법으로) 도매하는 업무를 금지하는 규정, 즉 도매시장법인의 영업(경매)장소 제한에 관한 규정으로 봄이 타당하다.

나. 甲의 행위가 농수산물유통 및 가격안정에 관한 법률 제86조 제5호, 제35조 제1항의 죄에는 해당하는지
여부(소극)

매매계약이 전화상으로 이루어지고 매매대금지급이 계좌송금방식으로 이루어지는 등 위 판매행
위와 관련된 어떠한 행위도 매수인의 소재지인 부산에서 직접 발생한 바가 없다고 보아 위 경
매사의 행위가 농수산물유통 및 가격안정에 관한 법률 다른 규정에 의하여 처벌받을 수 있음은
별론으로 하고, 도매시장법인의 시장 외 판매행위를 구성요건으로 하는 같은 법 제86조 제5호,
제35조 제1항의 죄에는 해당하지 않는다(청주지법 2007.3.21. 선고 2006노353,785 판결).

4. 민영도매시장의 무허가 개설

1) 적용법조 : 제86조 제1의2호, 제47조 제1항 ☞ 공소시효 5년

제47조(민영도매시장의 개설) ① 민간인등이 특별시, 광역시 · 특별자치시 · 특별자치도 또는 시지역에 민영도매시
장을 개설하려면 시 · 도지사의 허가를 받아야 한다.

2) 범죄사실 기재례

가. 피의자 甲
피의자는 2000. O. O.경부터 2000. O. O.까지 OO에 있는 1층 약 900㎡ 규모의 점
포에서 "OO청과주식회사"라는 상호로 경매사 2명 등 직원 10명과 청과류 등 농산물을
구비하는 등 농산물의 도매를 목적으로 민영도매시장을 개설하여 홍길동 등 13명가량의 중
도매인에게 월평균 약 OO만원 상당의 사과 등 청과류를 경매의 방식으로 판매함으로써 민
영농산물 도매시장을 영위하였다.
나. 피의자 OO청과주식회사
피의자는 위 피의자가 업무에 관하여 위와 같은 위반행위를 하였다.

3) 신문사항

- 청과판매업을 하고 있는가
- 언제부터 어디에서 하고 있는가
- 규모는 어느 정도인가
- 주로 어떤 물건을 거래 하는가
- 그럼 도매시장을 운영한 것인가
- 거래하고 있는 중도매인은 몇 명 정도인가
- 어떤 방법으로 거래를 하는가
- 월 평균 판매금액은 어느 정도인가
- 민영농상물 도매시장허가를 받았는가
- 왜 허가 없이 이런 행위를 하였는가

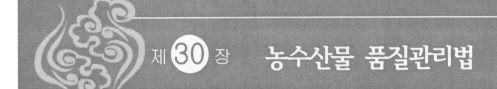

제 ③⓪ 장　농수산물 품질관리법

Ⅰ. 개념정의

제2조(정의) ① 이 법에서 사용하는 용어의 뜻은 다음과 같다.
 1. "농수산물"이란 다음 각 목의 농산물과 수산물을 말한다.
　가. 농산물: 「농어업·농어촌 및 식품산업 기본법」 제3조제6호가목의 농산물
　나. 수산물: 「수산업·어촌 발전 기본법」 제3조제1호가목에 따른 어업활동 및 같은 호 마목에 따른 양식업활
　　동으로부터 생산되는 산물(「소금산업 진흥법」 제2조제1호에 따른 소금은 제외한다)
 2. "생산자단체"란 「농업·농촌 및 식품산업 기본법」 제3조제4호, 「수산업·어촌 발전 기본법」 제3조제5호의
　 생산자단체와 그 밖에 농림축산식품부령 또는 해양수산부령으로 정하는 단체를 말한다.
 3. "물류표준화"란 농수산물의 운송·보관·하역·포장 등 물류의 각 단계에서 사용되는 기기·용기·설비·정보 등을 규격화하여 호환
　 성과 연계성을 원활히 하는 것을 말한다.
 4. "농산물우수관리"란 농산물(축산물은 제외한다. 이하 이 호에서 같다)의 안전성을 확보하고 농업환경을 보전
　 하기 위하여 농산물의 생산, 수확 후 관리(농산물의 저장·세척·건조·선별·박피·절단·조제·포장 등을 포함한다)
　 및 유통의 각 단계에서 작물이 재배되는 농경지 및 농업용수 등의 농업환경과 농산물에 잔류할 수 있는 농
　 약, 중금속, 잔류성 유기오염물질 또는 유해생물 등의 위해요소를 적절하게 관리하는 것을 말한다.
 5. 6. 삭제 〈2012.6.1〉
 7. "이력추적관리"란 농수산물(축산물은 제외한다. 이하 이 호에서 같다)의 안전성 등에 문제가 발생할 경우 해
　 당 농수산물을 추적하여 원인을 규명하고 필요한 조치를 할 수 있도록 농수산물의 생산단계부터 판매단계까
　 지 각 단계별로 정보를 기록·관리하는 것을 말한다.
 8. "지리적표시"란 농수산물 또는 제13호에 따른 농수산가공품의 명성·품질, 그 밖의 특징이 본질적으로 특정
　 지역의 지리적 특성에 기인하는 경우 해당 농수산물 또는 농수산가공품에 표시하는 다음 각 목의 것을 말한다.
 가. 농수산물의 경우 해당 농수산물이 그 특정 지역에서 생산되었음을 나타내는 표시
 나. 농수산가공품의 경우 다음의 구분에 따른 사실을 나타내는 표시
　 1) 「수산업법」 제40조에 따라 어업허가를 받은 자가 어획한 어류를 원료로 하는 수산가공품: 그 특정 지역
　　 에서 제조 및 가공된 사실
　 2) 그 외의 농수산가공품: 그 특정 지역에서 생산된 농수산물로 제조 및 가공된 사실
 9. "동음이의어 지리적표시"란 동일한 품목에 대하여 지리적표시를 할 때 타인의 지리적표시와 발음은 같지만
　 해당 지역이 다른 지리적표시를 말한다.
 10. "지리적표시권"이란 이 법에 따라 등록된 지리적표시(동음이의어 지리적표시를 포함한다. 이하 같다)를 배타
　　 적으로 사용할 수 있는 지식재산권을 말한다.
 11. "유전자변형농수산물"이란 인공적으로 유전자를 분리하거나 재조합하여 의도한 특성을 갖도록 한 농수산물을 말한다.
 12. "유해물질"이란 농약, 중금속, 항생물질, 잔류성 유기오염물질, 병원성 미생물, 곰팡이 독소, 방사성물질, 유독성 물
　　 질 등 식품에 잔류하거나 오염되어 사람의 건강에 해를 끼칠 수 있는 물질로서 총리령으로 정하는 것을 말한다.
 13. "농수산가공품"이란 다음 각 목의 것을 말한다.
　 가. 농산가공품: 농산물을 원료 또는 재료로 하여 가공한 제품
　 나. 수산가공품: 수산물을 대통령령으로 정하는 원료 또는 재료의 사용비율 또는 성분함량 등의 기준에 따라 가
　　 공한 제품
 ② 이 법에서 따로 정의되지 아니한 용어는 「농업·농촌 및 식품산업 기본법」 과 「수산업·어촌 발전 기본법」 에서 정
　 하는 바에 따른다.

제117조(벌칙) 다음 각 호의 어느 하나에 해당하는 자는 7년 이하의 징역 또는 1억원 이하의 벌금에 처한다. 이 경우 징역과 벌금은 병과(倂科)할 수 있다.

1. 제57조제1호를 위반하여 유전자변형농수산물의 표시를 거짓으로 하거나 이를 혼동하게 할 우려가 있는 표시를 한 유전자변형농수산물 표시의무자

2. 제57조제2호를 위반하여 유전자변형농수산물의 표시를 혼동하게 할 목적으로 그 표시를 손상·변경한 유전자변형농수산물 표시의무자

3. 제57조제3호를 위반하여 유전자변형농수산물의 표시를 한 농수산물에 다른 농수산물을 혼합하여 판매하거나 혼합하여 판매할 목적으로 보관 또는 진열한 유전자변형농수산물 표시의무자

제118조(벌칙) 제73조제1항제1호 또는 제2호를 위반하여 「해양환경관리법」 제2조제5호에 따른 기름을 배출한 자는 5년 이하의 징역 또는 5천만원 이하의 벌금에 처한다.

제119조(벌칙) 다음 각 호의 어느 하나에 해당하는 자는 3년 이하의 징역 또는 3천만원 이하의 벌금에 처한다.

1. 제29조제1항제1호를 위반하여 우수표시품이 아닌 농수산물(우수관리인증농산물이 아닌 농산물의 경우에는 제7조제4항에 따른 승인을 받지 아니한 농산물을 포함한다) 또는 농수산가공품에 우수표시품의 표시를 하거나 이와 비슷한 표시를 한 자

1의2. 제29조제1항제2호를 위반하여 우수표시품이 아닌 농수산물(우수관리인증농산물이 아닌 농산물의 경우에는 제7조제4항에 따른 승인을 받지 아니한 농산물을 포함한다) 또는 농수산가공품을 우수표시품으로 광고하거나 우수표시품으로 잘못 인식할 수 있도록 광고한 자

2. 제29조제2항을 위반하여 다음 각 목의 어느 하나에 해당하는 행위를 한 자
    가. 제5조제2항에 따라 표준규격품의 표시를 한 농수산물에 표준규격품이 아닌 농산물(제7조제4항에 따른 승인을 받지 아니한 농산물을 포함한다) 또는 농수산가공품을 혼합하여 판매하거나 혼합하여 판매할 목적으로 보관하거나 진열하는 행위
    나. 제6조제6항에 따라 우수관리인증의 표시를 한 농산물에 우수관리인증농산물이 아닌 농산물 또는 농산가공품을 혼합하여 판매하거나 혼합하여 판매할 목적으로 보관하거나 진열하는 행위
    다. 제14조제3항에 따라 품질인증품의 표시를 한 수산물 또는 수산특산물에 품질인증품이 아닌 수산물 또는 수산가공품을 혼합하여 판매하거나 혼합하여 판매할 목적으로 보관 또는 진열하는 행위
    마. 제24조제6항에 따라 이력추적관리의 표시를 한 농산물에 이력추적관리의 등록을 하지 아니한 농산물 또는 농산가공품을 혼합하여 판매하거나 혼합하여 판매할 목적으로 보관하거나 진열하는 행위

3. 제38조제1항을 위반하여 지리적표시품이 아닌 농수산물 또는 농수산가공품의 포장·용기·선전물 및 관련 서류에 지리적표시나 이와 비슷한 표시를 한 자

4. 제38조제2항을 위반하여 지리적표시품에 지리적표시품이 아닌 농수산물 또는 농수산가공품을 혼합하여 판매하거나 혼합하여 판매할 목적으로 보관 또는 진열한 자

5. 제73조제1항제1호 또는 제2호를 위반하여 「해양환경관리법」 제2조제4호에 따른 폐기물, 같은 조 제7호에 따른 유해액체물질 또는 같은 조 제8호에 따른 포장유해물질을 배출한 자

6. 제101조제1호를 위반하여 거짓이나 그 밖의 부정한 방법으로 제79조에 따른 농산물의 검사, 제85조에 따른 농산물의 재검사, 제88조에 따른 수산물 및 수산가공품의 검사, 제96조에 따른 수산물 및 수산가공품의 재검사 및 제98조에 따른 검정을 받은 자

7. 제101조제2호를 위반하여 검사를 받아야 하는 수산물 및 수산가공품에 대하여 검사를 받지 아니한 자

8. 제101조제3호를 위반하여 검사 및 검정 결과의 표시, 검사증명서 및 검정증명서를 위조하거나 변조한 자

9. 제101조제5호를 위반하여 검정 결과에 대하여 거짓광고나 과대광고를 한 자

제120조(벌칙) 다음 각 호의 어느 하나에 해당하는 자는 1년 이하의 징역 또는 1천만원 이하의 벌금에 처한다.

1. 제24조제2항을 위반하여 이력추적관리의 등록을 하지 아니한 자

2. 제31조제1항 또는 제40조에 따른 시정명령(제31조제1항제3호 또는 제40조제2호에 따른 표시방법에 대한 시정명령은 제외한다), 판매금지 또는 표시정지 처분에 따르지 아니한 자

3. 제31조제2항에 따른 판매금지 조치에 따르지 아니한 자

4. 제59조제1항에 따른 처분을 이행하지 아니한 자

5. 제59조제2항에 따른 공표명령을 이행하지 아니한 자
6. 제63조제1항에 따른 조치를 이행하지 아니한 자
7. 제73조제2항에 따른 동물용 의약품을 사용하는 행위를 제한하거나 금지하는 조치에 따르지 아니한 자
8. 제77조에 따른 지정해역에서 수산물의 생산제한 조치에 따르지 아니한 자
9. 제78조에 따른 생산·가공·출하 및 운반의 시정·제한·중지 명령을 위반하거나 생산·가공시설등의 개선·보수 명령을 이행하지 아니한 자
9의2. 제98조의2제1항에 따른 조치를 이행하지 아니한 자
10. 제101조제2호를 위반하여 검사를 받아야 하는 농산물에 대하여 검사를 받지 아니한 자
11. 제101조제4호를 위반하여 검사를 받지 아니하고 해당 농수산물이나 수산가공품을 판매·수출하거나 판매·수출을 목적으로 보관 또는 진열한 자
12. 제82조제7항,제108조제2항을 위반하여 다른 사람에게 농산물검사관, 농산물품질관리사 또는 수산물품질관리사의 명의를 사용하게 하거나 그 자격증을 빌려준 자
13. 제82조제8항 또는 제108조제3항을 위반하여 농산물검사관, 농산물품질관리사 또는 수산물품질관리사의 명의를 사용하거나 그 자격증을 대여받은 자 또는 명의의 사용이나 자격증의 대여를 알선한 자
제121조(과실범) 과실로 제118조의 죄를 범한 자는 3년 이하의 징역 또는 3천만원 이하의 벌금에 처한다.
제122조(양벌규정) 생 략

Ⅲ. 범죄사실

1. 유전자변형 농수산물 허위표시

1) 적용법조 : 제117조 제1호, 제57조 제1호 ☞ 공소시효 7년

제57조(거짓표시 등의 금지) 제56조제1항에 따라 유전자변형농수산물의 표시를 하여야 하는 자(이하 "유전자변형농수산물 표시의무자"라 한다)는 다음 각 호의 행위를 하여서는 아니 된다.
1. 유전자변형농수산물의 표시를 거짓으로 하거나 이를 혼동하게 할 우려가 있는 표시를 하는 행위
2. 유전자변형농수산물의 표시를 혼동하게 할 목적으로 그 표시를 손상·변경하는 행위
3. 유전자변형농수산물의 표시를 한 농수산물에 다른 농수산물을 혼합하여 판매하거나 혼합하여 판매할 목적으로 보관 또는 진열하는 행위
제56조(유전자변형농수산물의 표시) ① 유전자변형농수산물을 생산하여 출하하는 자, 판매하는 자, 또는 판매할 목적으로 보관·진열하는 자는 대통령령으로 정하는 바에 따라 해당 농수산물에 유전자변형농수산물임을 표시하여야 한다.

2) 범죄사실 기재례

피의자는 ○○에서 "해동수산"이라는 상호로 수산물판매업에 종사하는 자로 유전자변형농수산물의 표시를 하여야 하는 농수산물을 생산하여 출하하거나 판매 또는 판매할 목적으로 보관·진열하는 자는 유전자변형수산물의 표시를 거짓으로 하거나 혼동하게 할 우려가 있는 표시를 하는 행위를 하여서는 아니 된다

그럼에도 불구하고 피의자는 20○○. ○. 초순경 위 해동수산 지하 창고에 20○○. ○. ○.경 ○○에서 구입한 유전자변형수산물인 '○○' 25톤에 대해 '○○' 거짓으로 표시(또는 혼동하게 할 우려가 있는 표시)하여 판매할 목적으로 위 지하 냉동창고에 보관하였다.

3) 신문사항

- 피의자는 어디에서 수산물판매업을 하고 있는가
- 언제부터 하는가
- 어떠한 종류의 수산물을 판매하는가
- ○○물건을 구입한 일이 있는가
- 언제 어디에서 어느 정도를 구입하였나
- 무엇 때문에 구입하였나
- 어떻게 알고 그곳에서 유전자변형물건을 구입하였나
- 구입한 ○○물건은 어떻게 하였나
- 유전자변형물건이라는 표시를 하였는가
- 그럼 어떻게 표시를 하였는가
- 언제 어디에서 그런 표시를 하여 포장하였나
- 이렇게 표시한 물품은 어떻게 하였나
- 그러면 판매할 목적으로 냉동창고에 보관하였다는 것인가
- 어떠한 방법으로 누구를 상대로 판매하려고 하였나

2. 유전자변형농수산물임 미표시위반 농산물 거래행위금지 처분 미이행

1) 적용법조 : 제120조 제4호, 제59조 제1항 제2호 ☞ 공소시효 5년

제59조(유전자변형농수산물의 표시 위반에 대한 처분) ① 농림수산식품부장관은 제56조 또는 제57조를 위반한 자에 대하여 다음 각 호의 어느 하나에 해당하는 처분을 할 수 있다.
1. 유전자변형농수산물 표시의 이행·변경·삭제 등 시정명령
2. 유전자변형 표시를 위반한 농수산물의 판매 등 거래행위의 금지

2) 범죄사실 기재례

　　피의자는 농산물판매업자로서 20○○. ○. ○. ○○에서 유전자변형농산물임을 표시되지 않은 ○○농산물 판매행위로 단속되어 20○○. ○. ○. ○○도지사로부터 20○○. ○. ○.까지 ○○일간 판매거래행위 금지처분을 받았다.
　　그럼에도 불구하고 피의자는 20○○. ○. ○.까지 ○○에서 계속 ○○농산물을 판매하였다.

3) 신문사항
- 농산물판매업을 하고 있는가
- 농산물을 판매한 일이 있는가
- 유전자변형농산물임을 표시가 되어 있었는가
- 유전자변형농산물미표시로 판매거래금지 처분을 받은 일이 있는가
- 언제 누구로부터 어떠한 처분을 받았는가
- 이를 이행하였나
- 왜 이행하지 않고 계속 판매를 하였는가

3. 양식어장에 기름 배출

1) 적용법조 : 제118조, 제73조 제2호 ☞ 공소시효 7년

※ 과실범인 경우 제121조, 제73조 제2호 ☞ 공소시효 5년

제73조(지정해역 및 주변해역에서의 제한 또는 금지) ① 누구든지 지정해역 및 지정해역으로부터 1킬로미터 이내에 있는 해역(이하 "주변해역"이라 한다)에서 다음 각 호의 어느 하나에 해당하는 행위를 하여서는 아니 된다.
  1. 「해양환경관리법」 제22조제1항제1호부터 제3호까지 및 같은 조 제2항에도 불구하고 같은 법 제2조제11호에 따른 오염물질을 배출하는 행위
  2. 「수산업법」 제8조제1항제4호에 따른 어류등양식어업(이하 "양식어업"이라 한다)을 하기 위하여 설치한 양식어장의 시설(이하 "양식시설"이라 한다)에서 「해양환경관리법」 제2조제11호에 따른 오염물질을 배출하는 행위

※ 해양환경관리법
제2조(정의) 이 법에서 사용하는 용어의 정의는 다음과 같다.
  5. "기름"이라 함은 「석유 및 석유대체연료 사업법」 에 따른 원유 및 석유제품(석유가스를 제외한다)과 이들을 함유하고 있는 액체상태의 유성혼합물(이하 "액상유성혼합물"이라 한다) 및 폐유를 말한다.

---

2) 범죄사실 기재례

누구든지 지정해역 및 지정해역으로부터 1km 이내에 있는 해역에서 「수산업법」 제8조제1항제4호에 따른 어류 등 양식어업을 하기 위하여 설치한 양식 어장의 시설에서 「해양환경관리법」 제2조제11호에 따른 오염물질을 배출하는 행위를 하여서는 아니 된다.

그럼에도 불구하고 피의자는 20○○. ○. ○. ○○:○○경 자신의 소유 ○○석박을 이용하여 ○○양식장 시설이 설치된 ○○에서 선박에 사용하고 남은 폐유 약 ○○ℓ 를 고의로 배출하였다.

3) 신문사항

- 오염물질을 배출한 사실이 있는가
- 언제 어디에서 배출하였는가
- 어떤 오염물질을 배출하였는가
- 어떤 방법으로 배출하였는가
- 어느 정도의 오염물질을 배출하였는가
- 그 곳이 양식어장의 시설이라는 것을 알고 있었는가
- 왜 그곳에 배출하였는가

4. 부정한 방법으로 농산물검사(검정)

1) 적용법조 : 제119조 제6호, 제101조 제1호 ☞ 공소시효 5년

제101조(부정행위의 금지 등) 누구든지 제79조, 제85조, 제88조, 제96조 및 제98조에 따른 검사, 재검사 및 검정과 관련하여 다음 각 호의 행위를 하여서는 아니 된다.
1. 거짓이나 그 밖의 부정한 방법으로 검사 · 재검사 또는 검정을 받는 행위
2. 제79조 또는 제88조에 따라 검사를 받아야 하는 농수산물 및 수산가공품에 대하여 검사를 받지 아니하는 행위
3. 검사 및 검정 결과의 표시, 검사증명서 및 검정증명서를 위조하거나 변조하는 행위
4. 제79조제2항 또는 제88조제3항을 위반하여 검사를 받지 아니하고 포장 · 용기나 내용물을 바꾸어 해당 농수산물이나 수산가공품을 판매 · 수출하거나 판매 · 수출을 목적으로 보관 또는 진열하는 행위
5. 검정 결과에 대하여 거짓광고나 과대광고를 하는 행위

2) 범죄사실 기재례

누구든지 농산물검사에 대해 거짓이나 그 밖의 부정한 방법으로 검사 · 재검사 또는 검정을 받는 행위를 하여서는 아니 된다.

그럼에도 불구하고 피의자는 20○○. ○. ○. ○○에서 생산자단체인 ○○농협에서 정부를 대행하여 20○○년도 벼(곡류)수매와 관련 그해 생산된 벼에 대해서만 검사를 받아야 함에도 금년도 생산된 벼에 20○○년도 생산된 벼 20%를 혼합하여 부정한 방법으로 검사를 받았다.

3) 신문사항

- 벼 수매 신청을 한 일이 있는가
- 언제 누가 실시한 수매에 신청하였는가
- 어떤 조건의 수매였는가
- 언제 어디에서 벼 검사를 하였는가
- 누가 어떠한 방법으로 검사를 하였나
- 피의자는 어느 정도의 벼를 검사받았는가
- 정상적인 방법으로 검사를 받았나
- 어떤 방법으로 부정행위를 하였나
- 누가 이런 혼합을 하였나
- 왜 이런 행위를 하였나

5. 농산물품질관리사 자격증 대여

1) 적용법조 : 제120조 제12호, 제108조 제2항 ☞ 공소시효 5년

제108조(농산물품질관리사의 준수사항) ① 농산물품질관리사 또는 수산물품질관리사는 농수산물의 품질 향상과
유통의 효율화를 촉진하여 생산자와 소비자 모두에게 이익이 될 수 있도록 신의와 성실로써 그 직무를 수행하
여야 한다.
② 농산물품질관리사는 다른 사람에게 그 명의를 사용하게 하거나 그 자격증을 빌려주어서는 아니 된다.

2) 범죄사실 기재례

> 피의자는 20○○. ○. ○. ○○로부터 농산물품질관리사 자격(제○○호)을 취득한 사람으로
> 서, 농산물품질관리사는 다른 사람에게 그 명의를 사용하게 하거나 다른 사람에게 그 자격증
> 을 대여하여서는 아니 된다.
> 그럼에도 불구하고 피의자는 20○○. ○. ○. ○○에서 홍길동에게 월 ○○만원을 받는 조
> 건으로 20○○. ○. ○.까지 위 자격증을 대여하였다.

3) 신문사항

- 피의자는 현재 어디서 무슨 일을 하고 있는가
- 피의자는 농산물품질관리사 자격을 취득하였는가
- 언제 어디에서 어떠한 자격증을 취득하였나
- 현재 그 자격증을 활용하고 있는가
- 이를 타인에게 대여한 일이 있는가
- 언제부터 언제까지 누구에게 대여하였는가
- 홍길동이 무엇 때문에 대여해 달라고 하던가
- 그러면 불법으로 사용하는 것을 알면서도 대여하였다는 것인가
- 어떠한 조건으로 대여하였는가
- 왜 이러한 행위를 하였나

I. 개념정의

제2조(정의) 이 이 법에서 사용하는 용어의 뜻은 다음과 같다.
1. "조합"이란 지역조합과 품목조합을 말한다.
2. "지역조합"이란 이 법에 따라 설립된 지역농업협동조합과 지역축산업협동조합을 말한다.
3. "품목조합"이란 이 법에 따라 설립된 품목별·업종별 협동조합을 말한다.
4. "중앙회"란 이 법에 따라 설립된 농업협동조합중앙회를 말한다.

II. 벌 칙

제170조(벌칙) ① 조합등의 임원 또는 중앙회의 임원이나 집행간부가 다음 각 호의 어느 하나에 해당하는 행위로 조합등 또는 중앙회에 손실을 끼치면 10년 이하의 징역 또는 3천만원 이하의 벌금에 처한다.
1. 조합등 또는 중앙회의 사업목적 외에 자금의 사용 또는 대출
2. 투기의 목적으로 조합등 또는 중앙회의 재산의 처분 또는 이용
② 제1항의 징역형과 벌금형은 병과(倂科)할 수 있다.

제171조(벌칙) 조합등과 중앙회 및 그 임원, 조합의 간부직원, 중앙회의 집행간부·일반간부직원, 파산관재인 또는 청산인이 다음 각 호의 어느 하나에 해당하면 3년 이하의 징역 또는 2천만원 이하의 벌금에 처한다.
1. 제15조제1항(제77조제2항, 제107조 또는 제112조에 따라 준용되는 경우를 포함한다), 제35조제2항(제107조 또는 제112조에 따라 준용되는 경우를 포함한다), 제75조제2항(제107조 또는 제112조에 따라 준용되는 경우를 포함한다), 제75조제5항(제107조 또는 제112조에 따라 준용되는 경우를 포함한다), 제78조제1항(제107조에 따라 준용되는 경우를 포함한다), 제112조의5제1항, 제112조의6제2항, 제120조제2항, 제121조제1항 또는 제134조제1항제4호아목에 따른 인가를 받아야 할 사항에 관하여 인가를 받지 아니한 경우
2. 제15조제1항(제77조제2항, 제107조 또는 제112조에 따라 준용되는 경우를 포함한다), 제30조제1항(제107조·제112조·제112조의10 또는 제161조에 따라 준용되는 경우를 포함한다), 제35조제1항(제107조·제112조 또는 제112조의10에 따라 준용되는 경우를 포함한다), 제43조제3항(제107조·제112조 또는 제112조의10에 따라 준용되는 경우를 포함한다), 제54조제1항부터 제3항까지(제107조·제112조 또는 제161조에 따라 준용되는 경우를 포함한다), 제64조(제107조 또는 제112조에 따라 준용되는 경우를 포함한다), 제75조제1항(제107조 또는 제112조에 따라 준용되는 경우를 포함한다), 제77조제1항(제107조 또는 제112조에 따라 준용되는 경우를 포함한다), 제82조제2호(제107조·제112조 또는 제112조의10에 따라 준용되는 경우를 포함한다), 제123조, 제125조제4항, 제125조의2제3항 또는 제159조에 따라 총회·대의원회 또는 이사회(소이사회를 포함한다)의 의결을 필요로 하는 사항에 대하여 의결을 거치지 아니하고 집행한 경우
3. 제46조제7항(제107조·제112조 또는 제129조제5항에 따라 준용되는 경우를 포함한다) 또는 제142조제2항에 따른 총회나 이사회에 대한 보고를 하지 아니하거나 거짓으로 한 경우
4. 제57조제1항제10호·제106조제10호·제111조제9호 또는 제134조제1항제9호에 따른 승인을 받지 아니하고 사

업을 한 경우

5. 제66조(제107조 또는 제112조에 따라 준용되는 경우를 포함한다)를 위반하여 조합의 여유자금을 사용한 경우

6. 제67조제1항(제107조·제112조·제112조의10 또는 제161조에 따라 준용되는 경우를 포함한다)을 위반하여 잉여금의 100분의 10 이상을 적립하지 아니한 경우

7. 제67조제3항(제107조·제112조 또는 제161조에 따라 준용되는 경우를 포함한다)을 위반하여 잉여금의 100분의 20 이상을 다음 회계연도로 이월하지 아니한 경우

8. 제68조(제107조·제112조·제112조의10 또는 제161조에 따라 준용되는 경우를 포함한다)를 위반하여 손실을 보전 또는 이월하거나 잉여금을 배당한 경우

9. 제69조(제107조·제112조·제112조의10 또는 제161조에 따라 준용되는 경우를 포함한다)를 위반하여 자본적립금을 적립하지 아니한 경우

10. 제70조(제107조·제112조·제112조의10 또는 제161조에 따라 준용되는 경우를 포함한다)를 위반하여 법정적립금을 사용한 경우

11. 제71조제1항·제3항(제107조·제112조·제112조의10 또는 제161조에 따라 준용되는 경우를 포함한다)을 위반하여 결산보고서를 제출하지 아니하거나 갖추지 아니한 경우

12. 제72조제1항(제107조·제112조·제112조의10 또는 제161조에 따라 준용되는 경우를 포함한다) 또는 제80조에 따라 준용되는 제72조제1항(제107조 또는 제112조에 따라 준용되는 경우를 포함한다)을 위반하여 대차대조표를 작성하지 아니한 경우

13. 제85조(제107조·제112조 또는 제112조의10에 따라 준용되는 경우를 포함한다)를 위반하여 총회나 농림수산식품부장관의 승인을 받지 아니하고 재산을 처분한 경우

14. 제87조(제107조·제112조 또는 제112조의10에 따라 준용되는 경우를 포함한다)를 위반하여 재산을 분배한 경우

15. 제88조(제107조·제112조 또는 제112조의10에 따라 준용되는 경우를 포함한다)를 위반하여 결산보고서를 작성하지 아니하거나 총회에 제출하지 아니한 경우

16. 제90조(제107조·제112조·제112조의10 또는 제161조에 따라 준용되는 경우를 포함한다), 제91조부터 제93조까지(제107조·제112조·제112조의10 또는 제161조에 따라 준용되는 경우를 포함한다), 제95조부터 제99조까지(제107조·제112조 또는 제112조의10에 따라 준용되는 경우를 포함한다) 또는 제102조(제107조·제112조·제112조의10 또는 제161조에 따라 준용되는 경우를 포함한다)에 따른 등기를 부정하게 한 경우

17. 제146조에 따른 중앙회의 감사나 제162조에 따른 감독기관의 감독·검사를 거부·방해 또는 기피한 경우

제172조(벌칙) ① 다음 각 호의 어느 하나에 해당하는 자는 2년 이하의 징역 또는 2천만원 이하의 벌금에 처한다.

1. 제7조제2항을 위반하여 공직선거에 관여한 자

2. 제50조제1항 또는 제11항(제107조·제112조 또는 제161조에 따라 준용되는 경우를 포함한다)을 위반하여 선거운동을 한 자

3. 제50조의2(제107조·제112조 또는 제161조에 따라 준용하는 경우를 포함한다)를 위반한 자

4. 제50조의3(제107조·제112조 또는 제161조에 따라 준용되는 경우를 포함한다)을 위반하여 축의·부의금품을 제공한 자

② 다음 각 호의 어느 하나에 해당하는 자는 1년 이하의 징역 또는 1천만원 이하의 벌금에 처한다.

1. 제50조제2항(제107조·제112조 또는 제161조에 따라 준용되는 경우를 포함한다)을 위반하여 호별(戶別) 방문을 하거나 특정 장소에 모이게 한 자

2. 제50조제4항제6항(제107조·제112조에 따라 준용되는 경우를 포함한다) 또는 제130조제11항을 위반하여 선거운동을 한 자

3. 제50조제7항부터 제10항까지(제107조·제112조 또는 제161조에 따라 준용되는 경우를 포함한다)를 위반한 자

③ 제50조제3항(제107조·제112조 또는 제161조에 따라 준용되는 경우를 포함한다)을 위반하여 허위사실 공표 등 후보자를 비방한 자는 500만원 이상 3천만원 이하의 벌금에 처한다.

④ 제1항부터 제3항까지의 규정에 따른 죄의 공소시효는 해당 선거일 후 6개월(선거일 후에 이루어진 범죄는 그 행위를 한 날부터 6개월)을 경과함으로써 완성된다. 다만, 범인이 도피하거나 범인이 공범 또는 증명에 필요한 참고인을 도피시킨 경우에는 그 기간을 3년으로 한다.

III. 선거관련 범죄

1. 공소시효

제172조(벌칙) ④ 제1항부터 제3항까지의 규정에 따른 죄의 공소시효는 해당 선거일 후 6개월(선거일 후에 이루어진 범죄는 그 행위를 한 날부터 6개월)을 경과함으로써 완성된다. 다만, 범인이 도피하거나 범인이 공범 또는 증명에 필요한 참고인을 도피시킨 경우에는 그 기간을 3년으로 한다.

2. 당선무효 사유

제173조(선거 범죄로 인한 당선 무효 등) ① 조합이나 중앙회의 임원 선거와 관련하여 다음 각 호의 어느 하나에 해당하는 경우에는 해당 선거의 당선을 무효로 한다.
  1. 당선인이 해당 선거에서 제172조에 해당하는 죄를 범하여 징역형 또는 100만원 이상의 벌금형을 선고받은 때
  2. 당선인의 직계 존속·비속이나 배우자가 해당 선거에서 제50조제1항이나 제50조의2를 위반하여 징역형 또는 300만원 이상의 벌금형을 선고받은 때. 다만, 다른 사람의 유도 또는 도발에 의하여 해당 당선인의 당선을 무효로 되게 하기 위하여 죄를 범한 때에는 그러하지 아니하다.
② 다음 각 호의 어느 하나에 해당하는 사람은 당선인의 당선 무효로 실시사유가 확정된 재선거(당선인이 그 기소 후 확정판결 전에 사직함으로 인하여 실시사유가 확정된 보궐선거를 포함한다)의 후보자가 될 수 없다.
  1. 제1항제2호 또는 「공공단체등 위탁선거에 관한 법률」 제70조(위탁선거범죄로 인한 당선무효)제2호에 따라 당선이 무효로 된 사람(그 기소 후 확정판결 전에 사직한 사람을 포함한다)
  2. 당선되지 아니한 사람(후보자가 되려던 사람을 포함한다)으로서 제1항제2호 또는 「공공단체등 위탁선거에 관한 법률」 제70조(위탁선거범죄로 인한 당선무효)제2호에 따른 직계 존속·비속이나 배우자의 죄로 당선 무효에 해당하는 형이 확정된 사람

3. 신고자 보호와 포상금 지급

제175조(선거범죄신고자 등의 보호) 제172조에 따른 죄(제174조제4항의 과태료에 해당하는 죄를 포함한다)의 신고자 등의 보호에 관하여는 「공직선거법」 제262조의2를 준용한다.
제176조(선거범죄신고자에 대한 포상금 지급) ① 조합 또는 중앙회는 제172조에 따른 죄(제174조제4항의 과태료에 해당하는 죄를 포함한다)에 대하여 그 조합·중앙회 또는 조합선거관리위원회(구·시·군선거관리위원회 및 중앙선거관리위원회를 포함한다)가 인지(認知)하기 전에 그 범죄 행위를 신고한 자에게 포상금을 지급할 수 있다.
② 제1항에 따른 포상금의 상한액·지급기준 및 포상 방법은 농림축산식품부령으로 정한다.
 ※ 시행규칙
제11조(신고포상금의 상한액·지급기준 및 포상방법) ① 법 제176조에 따른 선거범죄신고자에 대한 포상금의 상한액은 다음 각 호의 구분에 따른다. 이 경우 포상금 비용은 해당 조합 및 중앙회가 각각 부담하되, 중앙회는 조합이 부담해야 하는 포상금 비용의 일부를 지원할 수 있다.
1. 조합장 선거의 경우: 해당 선거와 관련하여 지급할 수 있는 포상금의 총액은 3천만원으로 하되, 1건당 지급할 수 있는 포상금의 상한액은 1천만원으로 한다.
2. 중앙회장 선거의 경우: 해당 선거와 관련하여 지급할 수 있는 포상금의 총액은 5천만원으로 하되, 1건당 지급할 수 있는 포상금의 상한액은 1천만원으로 한다.

1. 선거운동 제한 위반

1) 적용법조 : 제172조 제1항 제2호, 제50조 제1항 제1호 ☞ 공소시효 선거일후 6월

제50조(선거운동의 제한) ① 누구든지 자기 또는 특정인을 지역농협의 임원이나 대의원으로 당선되게 하거나 당선되지 못하게 할 목적으로 다음 각 호의 어느 하나에 해당하는 행위를 할 수 없다.

1. 조합원(조합에 가입신청을 한 자를 포함한다. 이하 이 조에서 같다)이나 그 가족(조합원의 배우자, 조합원 또는 그 배우자의 직계 존속·비속과 형제자매, 조합원의 직계 존속·비속 및 형제자매의 배우자를 말한다. 이하 같다) 또는 조합원이나 그 가족이 설립·운영하고 있는 기관·단체·시설에 대한 다음 각 목의 어느 하나에 해당하는 행위

    가. 금전·물품·향응이나 그 밖의 재산상의 이익을 제공하는 행위

    나. 공사(公私)의 직(職)을 제공하는 행위

    다. 금전·물품·향응, 그 밖의 재산상의 이익이나 공사의 직을 제공하겠다는 의사표시 또는 그 제공을 약속하는 행위

2. 후보자가 되지 못하도록 하거나 후보자를 사퇴하게 할 목적으로 후보자가 되려는 사람이나 후보자에게 제1호 각 목에 규정된 행위를 하는 행위

3. 제1호나 제2호에 규정된 이익이나 직을 제공받거나 그 제공의 의사표시를 승낙하는 행위 또는 그 제공을 요구하거나 알선하는 행위

② 임원이 되려는 사람은 임기만료일 전 90일(보궐선거 등에 있어서는 그 선거의 실시사유가 확정된 날)부터 선거일까지 선거운동을 위하여 조합원을 호별(戶別)로 방문하거나 특정 장소에 모이게 할 수 없다.

③ 누구든지 지역농협의 임원 또는 대의원선거와 관련하여 연설·벽보, 그 밖의 방법으로 거짓의 사실을 공표하거나 공연히 사실을 적시(摘示)하여 후보자(후보자가 되려는 사람을 포함한다. 이하 같다)를 비방할 수 없다.

④ 누구든지 임원 선거와 관련하여 다음 각 호의 방법(조합장을 대의원회에서 선출하는 경우와 이사 및 감사 선거의 경우에는 제2호 또는 제4호에 한정한다)외의 선거운동을 할 수 없다.

1. 선전 벽보의 부착   2. 선거 공보의 배부   3. 합동 연설회 또는 공개 토론회의 개최

4. 전화(문자메시지를 포함한다)·컴퓨터통신(전자우편을 포함한다)을 이용한 지지 호소

5. 도로·시장 등 농림수산식품부령으로 정하는 다수인이 왕래하거나 집합하는 공개된 장소에서의 지지 호소 및 명함 배부

⑤ 제4항에 따른 선거운동방법에 관한 세부적인 사항은 농림수산식품부령으로 정한다.

⑥ 제4항에도 불구하고 다음 각 호의 어느 하나에 해당하는 경우에는 선거운동을 할 수 없다.

1. 조합장을 이사회가 이사 중에서 선출하는 경우

2. 상임이사 선출의 경우

3. 조합원이 아닌 이사 선출의 경우

⑦ 제4항에 따른 선거운동은 후보자등록마감일의 다음 날부터 선거일 전일까지만 할 수 있다.

⑧ 누구든지 특정 임원의 선거에 투표하거나 하게 할 목적으로 사위(詐僞)의 방법으로 선거인명부에 오르게 할 수 없다.

⑨ 누구든지 임원 또는 대의원 선거와 관련하여 자기 또는 특정인을 당선되게 하거나 당선되지 못하게 할 목적으로 후보자등록시작일부터 선거일까지 다수의 조합원(조합원의 가족 또는 조합원이나 그 가족이 설립·운영하고 있는 기관·단체·시설을 포함한다)에게 배부하도록 구분된 형태로 되어 있는 포장된 선물 또는 돈봉투 등 금품을 운반하지 못한다.

⑩ 누구든지 제51조제1항에 따른 조합선거관리위원회 및 제51조제4항에 따라 선거의 관리를 위탁받은 구·시·군선거관리위원회의 위원·직원, 선거부정감시단원, 그 밖에 선거사무에 종사하는 자를 폭행·협박·유인 또는 체포·감금하거나 폭행이나 협박을 가하여 투표소·개표소 또는 선거관리위원회 사무소를 소요·교란하거나, 투표용지·투표지·투표보조용구·전산조직 등 선거관리 및 단속사무와 관련한 시설·설비·장비·서류·인장 또는 선거인명부를 은닉·

손괴·훼손 또는 탈취하지 못한다.

⑪ 지역농협의 임직원은 다음 각 호의 어느 하나에 해당하는 행위를 할 수 없다.
    1. 그 지위를 이용하여 선거운동을 하는 행위
    2. 선거운동의 기획에 참여하거나 그 기획의 실시에 관여하는 행위
    3. 후보자에 대한 조합원의 지지도를 조사하거나 발표하는 행위

2) 범죄사실 기재례

[기재례1] 농협 상임이사 선거 후보자 금품제공 (1)

피의자는 20○○. ○. ○..경부터 ○○농업협동조합의 상임이사로 재직하다가 20○○. ○. ○. 실시 위 조합의 상임이사 선거에 후보자로 재차 출마하였으나, 20○○. ○. ○.경 위 선거의 인사추천위원회에서 상임이사 후보자로 추천되지 아니하여 낙선한 사람이다.

누구든지 자기 또는 특정인을 지역농협의 임원으로 당선되게 하거나 당선되지 못하게 할 목적으로 조합원이나 그 가족 또는 조합원이나 그 가족이 설립·운영하고 있는 기관·단체·시설에 금전·물품·향응, 그 밖의 재산상의 이익이나 공사의 직을 제공하겠다는 의사표시를 하여서는 아니 된다.

그럼에도 불구하고 피의자는 20○○. ○. ○.경 위 인사추천위원회에서 상임이사 후보자로 추천되어 위 선거에서 상임이사로 당선될 목적으로 위 조합의 조합장 갑 내지 그 아내 을에게 현금 등 금품을 제공하기로 마음먹었다.

이에 따라 피의자는 20○○. ○. ○.경 ○○에 있는 위 갑, 을의 집에서 을에게 '한번 만 더 기회를 주면 열심히 하겠습니다. 잘 부탁드립니다'라는 취지로 상임이사후보 추천을 부탁하면서 현금 ○○원을 제공하려는 의사를 표시하고, 20○○. ○. ○.경 위 갑, 을의 집에서 을에게 위와 같이 상임이사 후보자 추천을 부탁하면서 현금 ○○원을 제공하려는 의사를 표시하였다.

이로써 피의자는 위와 같이 위 선거에서 상임이사로 당선될 목적으로 조합원이나 그 가족에게 금전 등을 제공하겠다는 의사를 표시하였다.

[기재례2] 농협 상임이사 선거 후보자 금품제공 (2)

피의자는 20○○. ○. ○. 실시된 ○○에 있는 ○○농협 상임이사 선거에 출마한 사람이다.

누구든지 자기 또는 특정인을 지역축협의 임원이나 대의원으로 당선되게 하거나 당선되지 못하게 할 목적으로 조합원이나 그 가족 등에게 금전·물품·향응 등 재산상 이익을 제공할 수 없다.

그럼에도 불구하고 피의자는 20○○. ○. ○. 개최되는 상임이사 인사추천위원회에서 추천 대상자로 선출되고, 20○○. ○. ○. 실시되는 위 축협의 상임이사 선출을 위한 대의원 회의 찬반투표에서 최종 당선될 목적으로, 상임이사 인사추천위원회의 위원으로 포함된 임원과 조합에 영향력 있는 이사, 감사 등 임원들에게 금품을 제공하기로 마음먹었다.

피의자는 20○○. ○. ○.경 ○○에서 1상자에 ○○원인 ○○세트 ○○상자를 구입하여 선거권자인 ○○농협 대의원 갑에게 ○○ 1세트를 택배로 발송한 것을 비롯하여 별지 범죄일람표 기재와 같이 조합원 ○○명에게 시가 합계 ○○원 상당의 물품을 제공하였다.

■ 판례 ■   '당선되게 할 목적'의 의미

[1] 구 농업협동조합법 제50조 제1항 제1호, 제3호, 제172조 제1항 제2호의 취지 및 같은 법 제50조 제1항 제1호에서 정한 '당선되게 할 목적'의 의미

지역농업협동조합의 임원이나 대의원 선거에서 선거의 과열과 혼탁을 방지하고 선거의 공정성을 확보하려는 데 입법 취지가 있으므로, 구 농업협동조합법 제50조 제1항 제1호에서 규정하고 있는 '당선되게 할 목적'은 금전·물품·향응, 그 밖의 재산상의 이익이나 공사의 직(이하 이러한 재산상의 이익과 공사의 직을 통틀어 '재산상 이익 등'이라 한다)을 제공받은 당해 조합원 등의 투표행위에 직접 영향을 미치는 행위나 재산상 이익 등을 제공받은 조합원 등으로 하여금 타인의 투표의사에 영향을 미치는 행위 또는 특정 후보자의 당락에 영향을 미치는 행위를 하게 만들 목적을 의미한다.

[2] 구 농업협동조합법 제172조 제1항 제2호에 의하여 처벌대상이 되는 제50조 제1항 제1호 및 제3호의 행위들을 순차적으로 한 경우, 재산상 이익 등에 대한 제공의 의사표시 내지 약속 행위는 제공 행위에, 제공 의사표시의 승낙 행위는 제공받은 행위에 각각 흡수되는지 여부(적극)

구 농업협동조합법(2011. 3. 31. 법률 제10522호로 개정되기 전의 것) 제172조 제1항 제2호에 의하여 처벌대상이 되는 제50조 제1항 제1호 및 제3호의 행위들을 순차적으로 한 경우, 즉 금전·물품·향응, 그 밖의 재산상의 이익이나 공사의 직(이하 이러한 재산상의 이익과 공사의 직을 통틀어 '재산상 이익 등'이라 한다)에 대한 제공의 의사표시를 하고 이를 승낙하며 나아가 그에 따라 약속이 이루어진 재산상 이익 등을 제공하고 제공받은 경우에, 재산상 이익 등에 대한 제공의 의사표시 내지 약속 행위는 제공 행위에, 제공 의사표시의 승낙 행위는 제공받은 행위에 각각 흡수된다.

[3] 지역농업협동조합의 임원이나 대의원 선거에서 투표가 종료되기 전에 조합원이 그로 하여금 특정 후보자를 당선되게 하는 행위를 하게 할 목적으로 재산상 이익 등을 제공하겠다는 의사표시를 승낙하고 나아가 투표가 종료된 후에 약속에 따라 재산상 이익 등이 실제로 제공된 경우, 재산상 이익 등을 제공하고 제공받은 행위가 구 농업협동조합법 제172조 제1항 제2호, 제50조 제1항 제1호 및 제3호에 의하여 처벌대상이 되는지 여부(적극)

구 농업협동조합법(2011. 3. 31. 법률 제10522호로 개정되기 전) 제50조 제1항 제1호, 제3호, 제172조 제1항 제2호와 관련 법리에 비추어 보면, 지역농업협동조합의 임원이나 대의원 선거에서 투표가 종료되기 전에 조합원이 그로 하여금 특정 후보자를 당선되게 하는 행위를 하게 할 목적으로 금전·물품·향응, 그 밖의 재산상의 이익이나 공사의 직(이하 이러한 재산상의 이익과 공사의 직을 통틀어 '재산상 이익 등'이라 한다)을 제공하겠다는 의사표시를 승낙하고 나아가 투표가 종료된 후에 약속에 따라 재산상 이익 등이 실제로 제공된 경우에, 비록 투표가 종료되어 더 이상 조합원 등의 투표행위나 후보자의 당락에 영향을 미칠 수 없게 되었다 하더라도, 재산상 이익 등을 제공하고 제공받은 행위는 제공의 의사표시를 하고 이를 승낙한 행위와 마찬가지로 선거에서 특정 후보자를 당선되게 할 목적으로 이루어진 것으로서 구 농업협동조합법 제172조 제1항 제2호, 제50조 제1항 제1호 및 제3호에 의하여 처벌대상이 된다.(대법원 2015.1.29, 선고, 2013도5399, 판결)

■ 판례 ■   구 농업협동조합법 제61조, 제50조 제1항 제1호 (가)목에서 제한하는 '중앙회의 임원으로 당선되게 하거나 당선되지 못하게 할 목적으로 회원에게 금품을 제공하는 등의 행위'의 범위 / 피고인이 선거인 자격이 있는 사람에게 자신이 후보자로 추천될 수 있도록 도와 달라고 부탁하면서 금품을 제공하는 행위가 위 조항에 따라 '당선을 목적으로 회원에게 금품을 제공하는 등의 행위'에 포함되는지 여부(적극)

위 조항에서 상정하고 있는 이익 제공의 목적이 단지 선거인의 투표권을 매수하는 행위, 즉 자기

에게 투표하는 대가로 이익을 제공하는 행위에 국한되는 것은 아니고, 선거인의 후보자 추천이나 후보자에 대한 지원활동 등 널리 당선에 영향을 미칠 수 있는 행위와 관련하여 이익을 제공하는 행위는 모두 위 조항에 의하여 제한된다고 해석함이 상당하다. 따라서 피고인이 선거인 자격이 있는 사람에게 자신이 후보자로 추천될 수 있도록 도와 달라고 부탁하면서 금품을 제공하는 행위 역시 위 조항에 의하여 '당선을 목적으로 회원에게 금품을 제공하는 등의 행위'에 포함된다(대법원 2016.5.12. 선고, 2013도11210, 판결).

■ **판례** ■ **축산업협동조합의 조합임원선거관리준칙을 위반하여 조합원과 비조합원을 가리지 않고 다수의 사람들에게 선거운동에 관한 문자메시지를 발송한 경우**

[1] 조합 임원 선거의 선거운동방법에 관하여 규정한 농업협동조합법 제50조 제4항, 제172조 제2항을 해석할 때 자치적 법규범인 '임원선거규약'의 내용도 기초로 삼아야 하는지 여부(적극)

내부 운영에 있어 조합 정관 및 다수결에 의한 자치가 보장되는 농업 등 협동조합이 자체적으로 마련하거나 채택한 자치적 법규범인 임원선거규약은, 농업협동조합법 및 조합 정관과 더불어 법적 효력을 가지는 것이어서, 농업협동조합법 제50조 제4항, 제172조 제2항을 해석함에 있어서는 위 임원선거규약의 내용도 그 기초로 삼아야 한다.

[2] 농업협동조합법 위반여부(적극)

농업협동조합법 및 당해 협동조합의 정관에 근거하여 정관 규정의 해석 및 보완 지침으로 마련한 '조합임원선거관리준칙'에서 전화·컴퓨터통신을 이용한 지지호소의 방법으로, '전화를 이용하여 송·수화자 간에 직접통화(문자·음성메시지 제외)하는 방법으로 선거운동을 하는 행위', '조합이 개설·운영하는 인터넷 홈페이지의 게시판·대화방(운영하는 경우에 한함) 등에 선거운동을 위한 내용의 정보를 게시하는 행위'만을 규정하고 있음에도, 피고인이 위 준칙을 위반하여 당해 축협의 조합원과 비조합원을 가리지 아니하고 다수의 사람들에게 선거에서의 지지를 부탁하는 문자메시지를 발송한 행위에 대해 농업협동조합법 위반죄로 인정한 원심의 판단을 수긍한 사례(대법원 2009.12.10. 선고 2009도5207 판결).

■ **판례** ■ **농업협동조합 조합장으로서 차기 조합장 선거 후보자인 피고인 갑과 조합 이사인 피고인 을이 공모하여, 피고인 갑이 신규조합원들을 상대로 특강 등을 실시하면서 피고인 갑의 재직 중 사업실적과 향후 계획을 홍보하는 등으로 임원의 지위를 이용하여 선거운동을 한 경우**

[1] 농업협동조합법상 '선거운동'의 의미 및 구체적인 행위가 선거운동에 해당하는지의 판단 기준

선거운동은 특정 후보자의 당선 내지 득표나 낙선을 위하여 필요하고도 유리한 모든 행위로서 당선 또는 낙선을 도모한다는 목적의사가 객관적으로 인정될 수 있는 능동적·계획적인 행위를 말하는 것으로, 구체적으로 어떠한 행위가 선거운동에 해당하는지를 판단할 때에는 단순히 행위의 명목뿐만 아니라 행위의 태양, 즉 그 행위가 행하여지는 시기·장소·방법 등을 종합적으로 관찰하여 그것이 특정 후보자의 당선 또는 낙선을 도모하는 목적의지를 수반하는 행위인지를 판단하여야 한다.

[2] 농업협동조합법 위반죄의 공동정범 성립여부(적극)

농업협동조합 조합장으로서 차기 조합장 선거 후보자인 피고인 갑과 조합 이사인 피고인 을이 공모하여, 피고인 갑이 신규조합원들을 상대로 특강 등을 실시하면서 피고인 갑의 재직 중 사업실적과 향후 계획을 홍보하는 등으로 임원의 지위를 이용하여 선거운동을 하였다고 하여 농업협동조합법(2011. 3. 31. 법률 제10522호로 개정되기 전의 것, 이하 '농협법'이라 한다) 위반으로 기소된 사안에서, 교육이 실시된 배경, 시기, 교육 내용, 신규조합원의 전체 투표권자에 대한 비율, 기

존 조합원에 대한 교육이 선거 후로 연기된 점 등을 종합할 때, 위 교육은 농협법에 의해 금지되는 조합 임원의 지위를 이용한 선거운동으로 평가된다는 이유로 피고인들을 농협법 위반죄의 공동정범으로 인정한 원심판단을 수긍한 사례.

[3] 농업협동조합법 제50조 제5항 제2호에서 조합 임직원에 대하여 금지하는 '선거운동의 기획에 참여하거나 그 기획의 실시에 관여하는 행위'의 의미

농업협동조합법(2011. 3. 31. 법률 제10522호로 개정되기 전의 것) 제50조 제5항 제2호에서 금지하는 임직원이 '선거운동의 기획에 참여하거나 그 기획의 실시에 관여하는 행위'란 당선되게 하거나 되지 못하게 하기 위한 선거운동에는 이르지 아니하는 것으로서 선거운동의 효율적 수행을 위한 일체의 계획 수립에 참여하는 행위 또는 그 계획을 직접 실시하거나 실시에 관하여 지시·지도하는 행위를 말하는 것으로 해석하여야 하고, 반드시 구체적인 선거운동을 염두에 두고 선거운동을 할 목적으로 그에 대한 기획에 참여하는 행위만을 의미하는 것으로 볼 수는 없다.

[4] 농업협동조합 조합장인 피고인 갑이 차기 조합장 선거에 입후보하였는데, 조합 이사인 피고인 을이 피고인 갑의 재직 중 실적 및 공약사항을 기재한 문건을 직접 작성하여 실적 관련 자료와 함께 피고인 갑의 선거 홍보물 제작 담당자에게 전달하였다고 하여 농업협동조합법 위반으로 기소된 사안

제반 사정에 비추어 피고인 을의 위와 같은 행위는 임원의 지위를 이용하여 '선거운동의 기획에 참여하거나 그 기획의 실시에 관여하는 행위'에 해당하고, 농협법 제172조 제1항 제2호가 조합 임직원이 '선거운동의 기획에 참여하거나 그 기획의 실시에 관여하는 행위'를 하고 나아가 '선거운동'까지 할 것을 추가적인 구성요건으로 규정하였다고 해석할 경우 농협법 제50조 제5항 제1호(임직원의 지위를 이용하여 선거운동을 하는 행위)와 별도로 같은 항 제2호(선거운동의 기획에 참여하거나 그 기획의 실시에 관여하는 행위)를 규정한 것이 아무런 의미를 갖지 못한다는 이유로 이와 반대되는 취지의 피고인 주장을 배척한 원심판단을 수긍한 사례.

[5] 농업협동조합 조합장으로서 차기 조합장 선거 후보자인 피고인 갑과 조합 이사인 피고인 을이 신규조합원들을 상대로 피고인 갑의 재직 중 사업실적과 향후 계획을 홍보하는 특강 등을 실시한 후 위 조합원들에게 점심을 제공하였다고 하여 '임직원의 지위 이용 선거운동'으로 인한 농업협동조합법 위반죄와 '이익제공'으로 인한 같은 법 위반죄의 상상적 경합으로 기소된 사안

위 두 죄는 주체나 행위 태양 등이 다르므로 실체적 경합 관계에 있다는 전제에서, 위 식사제공은 선거운동으로 인정되는 신규조합원 교육의 실시 과정에서 부수적으로 수반된 것으로서 피고인 갑의 당선을 목적으로 한 별도의 이익제공 행위로 보기 어렵다는 이유로 위 식사제공 행위 부분에 대하여 무죄를 인정한 원심판단을 수긍한 사례.(대법원 2011.6.24. 선고 2010도9737 판결)

2. 호별방문

1) 적용법조 : 제172조 제2항 제1호, 제50조 제2항 ☞ 공소시효 선거일후 6월

> 제50조(선거운동의 제한) ② 임원이 되려는 사람은 임기만료일 전 90일(보궐선거 등에 있어서는 그 선거의 실시사유가 확정된 날)부터 선거일까지 선거운동을 위하여 조합원을 호별로 방문하거나 특정 장소에 모이게 할 수 없다.

2) 범죄사실 기재례

> 피의자는 제○대 ○○농업협동조합장 선거 임원(○○)이 되고자 하는 사람으로서 정관이 정하는 기간에는 선거운동을 위하여 조합원을 호별로 방문하여 선거운동을 하여서는 아니 된다.
> 그럼에도 불구하고 피의자는 정관이 정하는 기간 중인 20○○. ○. ○.부터 20○○. ○. ○.까지 지지를 호소하기 위하여 ○○에 사는 김말자의 집과 같은 마을에 있는 조합원의 집 20호를 호별 방문하여 선거운동을 하였다.

3) 신문사항

- ○○선거에 출마하는가
- 이번 선거와 관련 조합원을 호별방문한 일이 있는가
- 언제부터 언제까지 총 몇 호를 방문하였는가
- 방문하면서 뭐라면서 누구 지지를 부탁하였는가
- 누구와 같이 방문하였는가
- 임기만료일 전 90일부터 선거일까지 선거운동을 위해 호별방문할 수 없다는 것을 알고 있는가
- 알면서도 왜 이런 행위를 하였나

■ 판례 ■   **호별방문죄의 죄수**

농업협동조합법상의 호별방문죄는 연속적으로 두 집 이상을 방문함으로써 성립하는 범죄로서 선거운동을 위하여 다수의 조합원을 호별로 방문한 때에는 포괄일죄로 보아야 한다(대법원 2007.7.12. 선고 2007도2191 판결).

■ 판례 ■   **농업협동조합의 임원 후보자인 甲이 그의 선거운동원인 乙등과 함께 다수의 조합원의 집을 방문한 경우**

[1] 농업협동조합법 제50조 제2항 소정의 호별방문죄는 '임원이 되고자 하는 자'가 스스로 호별방문행위를 한 경우만을 처벌하는 것인지 여부(적극)

농업협동조합법 제50조 제2항 소정의 호별방문죄는 '임원이 되고자 하는 자'라는 신분자가 스스로 호별방문을 한 경우만을 처벌하는 것으로 보아야 하고, 비록 신분자가 비신분자와 통모하였거나 신분자가 비신분자를 시켜 방문케 하였다고 하더라도 비신분자만이 호별방문을 한 경우에는 신분자는 물론 비신분자도 같은 죄로 의율하여 처벌할 수는 없다.

[2] 선거운동을 위하여 다수의 조합원을 호별로 방문한 경우 호별방문죄의 죄수

농업협동조합법상의 호별방문죄는 연속적으로 두 집 이상을 방문함으로써 성립하는 범죄로서, 선거운동을 위하여 다수의 조합원을 호별로 방문한 때에는 포괄일죄로 보아야 한다(대법원 2003.6.13. 선고 2003도889 판결).

■ 판례 ■   현직 농업협동조합장이 특정 조합원의 집만을 일자를 달리하여 비연속적으로 방문한 것이 호별방문에 해당하는지 여부(소극)

농업협동조합법 제50조 제2항이 정하는 호별방문죄는 연속적으로 두 집 이상을 방문함으로써 성립한다. 따라서 현직 농업협동조합장이 특정 조합원의 집만을 일자를 달리하여 비연속적으로 방문한 것만으로는 호별방문에 해당하지 아니한다(대법원 2002.6.14. 선고 2002도937 판결).

■ 판례 ■   호별방문죄의 구성요건

[1] 구 농업협동조합법상 호별방문죄의 구성요건으로서 호별방문의 의미 및 그 죄수(=포괄일죄)

구 농업협동조합법(2009. 6. 9. 법률 제9761호로 개정되기 전의 것) 제172조 제2항, 제50조 제2항은 임원이 되려는 자가 정관으로 정하는 기간 중에 선거운동을 위하여 조합원을 호별로 방문하는 행위를 불법선거운동으로 규정하여 이를 처벌하고 있다. 위 호별방문죄는 연속적으로 두 호 이상을 방문함으로써 성립하는 범죄로서, 연속적인 호별방문이 되기 위해서는 각 방문행위 사이에 어느 정도의 시간적 근접성은 있어야 하지만 반드시 각 호를 중단 없이 방문하여야 하거나 동일한 일시 및 기회에 방문하여야 하는 것은 아니므로 해당 선거의 시점과 법정 선거운동기간, 호별방문의 경위와 장소, 시간, 거주자와의 관계 등 제반 사정을 종합하여 단일한 선거운동의 목적으로 둘 이상 조합원의 호를 계속해서 방문한 것으로 볼 수 있으면 그 성립이 인정되고, 이와 같이 연속성이 인정되는 각 호별방문행위는 그 전체가 포괄일죄의 관계에 있게 된다.

[2] 호별방문죄에서 호별방문의 대상이 되는 '호'의 의미 및 판단 기준

호별방문의 대상이 되는 '호'는 일상생활을 영위하는 거택에 한정되지 않고 일반인의 자유로운 출입이 가능하도록 공개되지 아니한 곳으로서 널리 주거나 업무 등을 위한 장소 혹은 그에 부속하는 장소라면 이에 해당할 수 있다 할 것인데, 그 구체적인 해당 여부는 선거운동을 위하여 공개되지 않은 장소에서 조합원을 만날 경우 생길 수 있는 투표매수 등 불법·부정선거 조장 위험 등을 방지하고자 하는 호별방문죄의 입법 취지와 보호법익에 비추어 주거 혹은 업무용 건축물 등의 존재 여부, 그 장소의 구조, 사용관계와 공개성 및 접근성 여부, 그에 대한 조합원의 구체적인 지배·관리형태 등 여러 사정을 종합적으로 고려하여 이루어져야 한다.

[3] 지역농협의 조합장 선거에 출마한 피고인이 지지를 호소하기 위해 방문한 복숭아 과수원으로 보이는 '농원'을 구 농업협동조합법상 방문이 금지되는 '호'에 해당한다고 본 원심판단에 법리오해 및 심리미진의 위법이 있다고 한 사례

지역농협의 조합장 선거에 출마한 피고인이 지지를 호소하기 위해 방문한 복숭아 과수원으로 보이는 '농원'은 주거지가 아니고, 일반인의 자유로운 출입이 가능한 공개된 장소인지 여부, 업무 등을 위한 장소 혹은 그에 부속하는 장소인지 여부 등을 정확하게 알 수 있는 자료가 없음에도, 위 농원의 구조 및 사용관계 등에 관한 심리 없이 이를 구 농업협동조합법(2009. 6. 9. 법률 제9761호로 개정되기 전의 것)상 방문이 금지되는 '호'에 해당한다고 본 원심판단에 법리오해 및 심리미진의 위법이 있다고 한 사례.(대법원 2010.7.8. 선고 2009도14558 판결)

3. 기부행위 제한위반

1) 적용법조 : 제172조 제1항 제3호, 제50조의2 제1항 ☞ 공소시효 선거일후 6월

제50조의2(기부행위의 제한) ① 지역농협의 임원 선거 후보자, 그 배우자 및 후보자가 속한 기관·단체·시설은 임원의 임기만료일 전 180일(보궐선거 등의 경우에는 그 선거의 실시 사유가 확정된 날)부터 그 선거일까지 조합원(조합에 가입 신청을 한 사람을 포함한다. 이하 이 조에서 같다)이나 그 가족 또는 조합원이나 그 가족이 설립·운영하고 있는 기관·단체·시설에 대하여 금전·물품이나 그 밖의 재산상 이익의 제공, 이익 제공의 의사 표시 또는 그 제공을 약속하는 행위(이하 "기부행위"라 한다)를 할 수 없다.

② 제1항에도 불구하고 다음 각 호의 어느 하나에 해당하는 행위는 기부행위로 보지 아니한다.
1. 직무상의 행위
   가. 후보자가 소속된 기관·단체·시설(나목에 따른 조합은 제외한다)의 자체 사업 계획과 예산으로 하는 의례적인 금전·물품 제공 행위(포상을 포함하되, 화환·화분을 제공하는 행위는 제외한다)
   나. 법령과 정관에 따른 조합의 사업 계획 및 수지예산에 따라 집행하는 금전·물품 제공 행위(포상을 포함하되, 화환·화분을 제공하는 행위는 제외한다)
   다. 물품 구매, 공사, 역무(役務)의 제공 등에 대한 대가의 제공 또는 부담금의 납부 등 채무를 이행하는 행위
   라. 가목부터 다목까지의 규정에 해당하는 행위 외에 법령의 규정에 따라 물품 등을 찬조·출연 또는 제공하는 행위
2. 의례적 행위
   가. 「민법」 제777조에 따른 친족의 관혼상제 의식이나 그 밖의 경조사에 축의·부의금품을 제공하는 행위
   나. 후보자가 「민법」 제777조에 따른 친족 외의 자의 관혼상제 의식에 통상적인 범위에서 축의·부의금품(화환·화분은 제외한다)을 제공하거나 주례를 서는 행위
   다. 후보자의 관혼상제 의식이나 그 밖의 경조사에 참석한 하객이나 조객(弔客) 등에게 통상적인 범위에서 음식물이나 답례품을 제공하는 행위
   라. 후보자가 그 소속 기관·단체·시설(후보자가 임원이 되려는 해당 조합은 제외한다)의 유급(有給) 사무직원 또는 「민법」 제777조에 따른 친족에게 연말·설 또는 추석에 의례적인 선물을 제공하는 행위
   마. 친목회·향우회·종친회·동창회 등 각종 사교·친목단체 및 사회단체의 구성원으로서 해당 단체의 정관·규약 또는 운영관례상의 의무에 기초하여 종전의 범위에서 회비를 내는 행위
   바. 후보자가 평소 자신이 다니는 교회·성당·사찰 등에 통상적으로 헌금(물품의 제공을 포함한다)하는 행위
3. 「공직선거법」 제112조제2항제3호에 따른 구호적·자선적 행위에 준하는 행위
4. 제1호부터 제3호까지의 규정에 준하는 행위로서 농림수산식품부령으로 정하는 행위. 다만, 제51조에 따라 구·시·군 선거관리위원회에 위탁하는 경우에는 농림수산식품부장관의 의견을 들어 중앙선거관리위원회규칙으로 정하는 행위

③ 제2항에 따라 통상적인 범위에서 1명에게 제공할 수 있는 축의·부의금품, 음식물, 답례품 및 의례적인 선물의 금액 범위는 별표와 같다.

④ 누구든지 제1항의 행위를 약속·지시·권유·알선 또는 요구할 수 없다.

⑤ 누구든지 해당 선거에 관하여 후보자를 위하여 제1항의 행위를 하거나 하게 할 수 없다. 이 경우 후보자의 명의를 밝혀 기부행위를 하거나 후보자가 기부하는 것으로 추정할 수 있는 방법으로 기부 행위를 하는 것은 해당 선거에 관하여 후보자를 위한 기부행위로 본다.

⑥ 조합장은 재임 중 제1항에 따른 기부행위를 할 수 없다. 다만, 제2항에 따라 기부행위로 보지 아니하는 행위는 그러하지 아니하다.

제50조의3(조합장의 축의·부의금품 제공 제한) ① 지역농협의 경비로 관혼상제 의식이나 그 밖의 경조사에 축의·부의금품을 제공할 때에는 지역농협의 명의로 하여야 하며, 해당 지역농협의 경비임을 명확하게 기록하여야 한다. ② 제1항에 따라 축의·부의금품을 제공할 경우 해당 지역농협의 조합장의 직명 또는 성명을 밝히거나 그가 하는 것으로 추정할 수 있는 방법으로 하는 행위는 제50조의2제6항 단서에도 불구하고 기부행위로 본다.

2) 범죄사실 기재례

> 피의자는 20○○. ○. ○. 실시된 ○○농업협동조합장 선거에서 당선되어 20○○. ○. ○. 위 조합장에 취임한 사람으로서 지역농협 임원선거의 후보자, 그 배우자 및 후보자가 속한 기관·단체·시설은 임원의 임기만료일 전 180일부터 해당 선거일까지 조합원이나, 그 가족 또는 조합원이나 그 가족이 설립·운영하고 있는 기관·단체·시설에 대하여 금전·물품 그 밖의 재산상 이익의 제공, 이익제공의 의사표시 또는 그 제공을 약속하는 행위를 하여서는 아니된다.
>
> 그럼에도 불구하고 피의자는 20○○. ○. ○. ○○:○○경 ○○에 있는 ○○ 웨딩홀에서 개최된 '○○동 주민 송년의 밤' 행사에 현금 ○○만원을 찬조금 명목으로 제공하여 선거구 안에 있는 단체에 기부행위를 하였다.

3) 신문사항

- 20○○. ○. ○. 실시한 농협장 선거에 출마한 일이 있는가
- 위 선거는 어떤 선거인가
- ○○동 주민 송년의 밤 행사를 참석한 일이 있는가
- 언제 어디에서 한 행사였는가
- 무엇 때문에 참석하였나
- 그곳에 참석한 사람들은 주로 어떠한 사람들이였는가
- 그곳 행사에 찬조금을 제공한 일이 있는가
- 누구에게 얼마를 주었는가
- 뭐라면서 주었나
- 어떤 신분으로 주었나
- 이러한 찬조금은 어떤 명목이였는가(법 제50조의2 제2항의 기부행위 제외사유인지 확인)
- 조합장 선거일은 언제였는가
- 그러면 선거 ○○일 전에 주었다는 것인가(임기만료일 전 180일부터 해당 선거일 안에 줘야 성립)
- 무엇 때문에 이러한 찬조금을 주었나

IV. 기타 범죄사실

1. 사업목적외 대출

1) **적용법조** : 제170조 제1항 제2호 ☞ 공소시효 10년

2) **범죄사실 기재례**

> 피의자는 ○○에 있는 "○○농업협동조합 조합장으로 조합의 사업목적 외에 자금을 사용·대출하거나 투기의 목적으로 조합의 재산을 처분 또는 이용할 수 없다.
> 그럼에도 불구하고 피의자는 20○○. ○. ○. 투자신탁회사의 주식형 수익증권인 ○○증권 ○○만원 상당을 매입함으로써 투기의 목적으로 조합의 재산을 이용하였다.

■ **판례** ■ **단위농업협동조합장 甲이 객토융자금을 대출함에 있어 면에서 통보된, 융자금배정표가 허위이고, 또 조합원의 개인적 용도에 사용하기 위하여 부정대출되는 사실을 알면서 이를 거절하지 아니하고 대출한 경우**

단위농업협동조합장이 객토융자금을 대출함에 있어 면에서 통보된, 농가의 객토면적에 따른 융자금배정표가 허위이고, 또 조합원의 개인적 용도에 사용하기 위하여 부정대출되는 사실을 알면서 이를 거절하지 아니하고 대출한 소위는 농업협동조합법 제173조 소정의 사업목적외의 대출에 해당하므로 위 조합장과 조합원은 공동정범으로서 위 법조에 따라 각 처벌된다(대법원 1981.8.20. 선고 80도1672 판결).

■ **판례** ■ **농업협동조합의 신용자금 대출대상**

농업협동조합의 신용자금 대출은 오직 조합원에 한한다고 할 것이요, 조합원과 동일한 세대에 속하는 자라고 하더라도 그에게는 이를 대출할 수 없다(대법원 1980.5.13. 선고 80도685 판결).

■ **판례** ■ **농업협동조합의 임원인 甲이 사업목적외에 자금을 사용하였으나 조합이 이미 입은 손해를 다른 사업자금으로 유용 정리하고 그 유용금 마저 변상조치한 경우**

농업협동조합법 제173조 의 조합의 임원이 사업목적외에 자금을 사용한 경우에 조합에 손해가 있는 여부는 조합의 자산 전체와 여러가지 사정을 종합 고찰하여 정하여야 하고 피고인이 조합이 이미 입은 손해를 다른 사업자금으로 유용 정리하고 그 유용금 마저 변상조치한 이상 조합 전체의 자산에 어떤 손해가 있다 할 수 없다(대법원 1980.2.12. 선고 79도3037 판결).

2. 감독기관의 승인없는 용도변경

1) 적용법조 : 제171조 제1호

2) 범죄사실 기재례

> 피의자는 ○○농업협동조합의 조합장인데, 20○○년에 과실주단지 생산자 조합에 대형 저온저장고를 건축하여 신선한 과실을 저장, 출하함으로써 과실 수급안정 및 수출확대를 도모할 목적으로 국고보조금 ○○억 원을 교부받아 ○○에 있는 잡종지에 과실저온저장고 ○○㎡를 시설하여 운영하면서, 보조사업자는 보조금에 의하여 취득하거나 그 효용이 증가한 재산은 당해 보조사업을 완료한 후에서도 중앙관서의 장의 승인 없이 보조금의 교부목적에 위배되는 용도에 사용하여서는 아니된다.
>
> 그럼에도 불구하고 피의자는 20○○. ○.경부터 20○○. ○.경까지 국가보조사업으로 시설한 그 과실저온저장고에 농림수산식품부장관의 승인을 얻지 아니하고 전갱이, 고등어 등을 정치망 생사료로 사용할 목적으로 저장하는 등 보조금에 의하여 취득한 부동산을 보조금의 교부목적에 위배되는 용도에 사용하였다.

■ 판례 ■ **농업협동조합 조합장이 국고보조금에 의하여 취득한 부동산을 보조금의 교부목적에 위배되는 용도에 사용하면서도 농림수산부장관의 승인을 얻지 않은 경우, 농업협동조합법 제171조 제1호를 적용하여 처벌할 수 있는지 여부(소극)**

농업협동조합법상 벌칙 규정들의 체계적인 위치나 그 입법 목적 내지 취지에 비추어 보면, 제7장 중 벌칙 규정들은 같은 법 제6장까지에서 규정하고 있는 내용의 준수를 담보하기 위해 그에 위반하는 경우를 처벌하는 조항이라고 할 것이고, 따라서 그 제171조 제1호에 규정한 '감독기관의 인가 또는 승인을 얻어야 할 사항'은 그 구체적인 내용이 같은 법 자체에 명시적으로 규정되어 있는 사항에 한한다(예외적으로 위임입법의 필요성에 의하여 그 구체적인 내용을 시행령으로 정하도록 위임할 수 있다고 하더라도 같은 법 자체에서 인가 또는 승인사항의 대강을 정한 다음 그 위임사항이 인가 또는 승인사항임을 분명히 하여 위임한 경우에 한한다)고 해석함이 형벌법규의 명확성의 원칙 등 죄형법정주의의 원칙에 부합한다고 할 것이므로 보조금의예산및관리에관한법률 제35조(재산처분의 제한)가 농업협동조합법 제171조 제1호에 규정한 '감독기관의 인가 또는 승인을 얻어야 할 사항'을 규정하고 있는 것으로 보아, 그 법조 위반행위에 대해 농업협동조합법 제171조 제1호를 적용하여 처벌할 수는 없다(대법원 2003.11.14. 선고 2003도3600 판결).

■ 판례 ■ **농협의 조합장이 이사회의 의결 없이 동일인에 대한 대출최고한도를 초과하여 대출한 행위가 구 농업협동조합법 제174조 제4호에 위반되는지의 여부(소극)**

제174조 제4호에 위반되지 아니한다(대법원 2001.6.26. 선고 2000도1148 판결).

■ 판례 ■ **농업협동조합법상 감독기관의 인가 또는 승인을 얻어야 할 사항의 의미**

농업협동조합법 제174조 제1항에 규정한 감독기관의 인가 또는 승인을 얻어야 할 사항이라 함은 그것이 처벌규정인 점에 비추어 죄형법정주의의 원칙상 동 농업협동조합법에 규정되거나 동법에 근거한 위임에 따라 그 시행령에 규정된 것임을 요한다(대법원 1980.4.8. 선고 80도296 판결).

제 32 장 농 지 법

Ⅰ. 개념정의

제2조(정의) 이 법에서 사용하는 용어의 뜻은 다음과 같다.
1. "농지"란 다음 각 목의 어느 하나에 해당하는 토지를 말한다.
  가. 전 · 답, 과수원, 그 밖에 법적 지목(地目)을 불문하고 실제로 농작물 경작지 또는 다년생식물 재배지로 이용되는 토지. 다만, 「초지법」에 따라 조성된 초지 등 대통령령으로 정하는 토지는 제외한다.
  나. 가목의 토지의 개량시설과 가목의 토지에 설치하는 농축산물 생산시설로서 대통령령으로 정하는 시설의 부지
2. "농업인"이란 농업에 종사하는 개인으로서 대통령령으로 정하는 자를 말한다.
3. "농업법인"이란 「농어업경영체 육성 및 지원에 관한 법률」 제16조에 따라 설립된 영농조합법인과 같은 법 제19조에 따라 설립되고 업무집행권을 가진 자 중 3분의 1 이상이 농업인인 농업회사법인을 말한다.
4. "농업경영"이란 농업인이나 농업법인이 자기의 계산과 책임으로 농업을 영위하는 것을 말한다.
5. "자경(自耕)"이란 농업인이 그 소유 농지에서 농작물 경작 또는 다년생식물 재배에 상시 종사하거나 농작업(農作業)의 2분의 1 이상을 자기의 노동력으로 경작 또는 재배하는 것과 농업법인이 그 소유 농지에서 농작물을 경작하거나 다년생식물을 재배하는 것을 말한다.
6. "위탁경영"이란 농지 소유자가 타인에게 일정한 보수를 지급하기로 약정하고 농작업의 전부 또는 일부를 위탁하여 행하는 농업경영을 말한다.
7. "농지의 전용"이란 농지를 농작물의 경작이나 다년생식물의 재배 등 농업생산 또는 농지개량 외의 용도로 사용하는 것을 말한다. 다만, 제1호나목에서 정한 용도로 사용하는 경우에는 전용(轉用)으로 보지 아니한다.
8. "주말 · 체험영농"이란 농업인이 아닌 개인이 주말 등을 이용하여 취미생활이나 여가활동으로 농작물을 경작하거나 다년생식물을 재배하는 것을 말한다.

※ 시행령(대통령령)
제2조(농지의 범위) ① 「농지법」 (이하 "법"이라 한다) 제2조제1호가목 본문에 따른 다년생식물 재배지는 다음 각 호의 어느 하나에 해당하는 식물의 재배지로 한다.
1. 목초 · 종묘 · 인삼 · 약초 · 잔디 및 조림용 묘목
2. 과수 · 뽕나무 · 유실수 그 밖의 생육기간이 2년 이상인 식물
3. 조경 또는 관상용 수목과 그 묘목(조경목적으로 식재한 것을 제외한다)
② 법 제2조제1호가목 단서에서 "「초지법」 에 따라 조성된 토지 등 대통령령으로 정하는 토지"란 다음 각 호의 토지를 말한다.
1. 「측량 · 수로조사 및 지적에 관한 법률」 에 따른 지목이 전 · 답, 과수원이 아닌 토지로서 농작물 경작지 또는 제1항 각 호에 따른 다년생식물 재배지로 계속하여 이용되는 기간이 3년 미만인 토지
2. 「측량 · 수로조사 및 지적에 관한 법률」 에 따른 지목이 임야인 토지(제1호에 해당하는 토지를 제외한다)로서 그 형질을 변경하지 아니하고 제1항제2호 또는 제3호에 따른 다년생식물의 재배에 이용되는 토지
3. 「초지법」 에 따라 조성된 초지
③ 법 제2조제1호나목에서 "대통령령으로 정하는 시설"이란 다음 각 호의 구분에 따른 시설을 말한다.
1. 법 제2조제1호가목의 토지의 개량시설로서 다음 각 목의 어느 하나에 해당하는 시설
가. 유지(溜池; 웅덩이), 양 · 배수시설, 수로, 농로, 제방
나. 그 밖에 농지의 보전이나 이용에 필요한 시설로서 농림수산식품부령으로 정하는 시설
2. 법 제2조제1호가목의 토지에 설치하는 농축산물 생산시설로서 농작물 경작지 또는 제1항 각 호의 다년생식

물의 재배지에 설치한 다음 각 목의 어느 하나에 해당하는 시설

　　가. 고정식온실·버섯재배사 및 비닐하우스와 그 부속시설

　　나. 축사와 농림수산식품부령으로 정하는 그 부속시설

　　다. 농막·간이저온저장고·간이퇴비장 또는 간이액비저장조

제3조(농업인의 범위) 법 제2조제2호에서 "대통령령으로 정하는 자"란 다음 각 호의 어느 하나에 해당하는 자를 말한다.

1. 1천㎡ 이상의 농지에서 농작물 또는 다년생식물을 경작 또는 재배하거나 1년 중 90일 이상 농업에 종사하는 자

2. 농지에 330㎡ 이상의 고정식온실·버섯재배사·비닐하우스, 그 밖의 농림수산식품부령으로 정하는 농업생산에 필요한 시설을 설치하여 농작물 또는 다년생식물을 경작 또는 재배하는 자

3. 대가축 2두, 중가축 10두, 소가축 100두, 가금(家禽. 집에서 기르는 날짐승) 1천수 또는 꿀벌 10군 이상을 사육하거나 1년 중 120일 이상 축산업에 종사하는 자

4. 농업경영을 통한 농산물의 연간 판매액이 120만원 이상인 자

II. 벌 칙

제57조(벌칙) 제6조에 따른 농지 소유 제한이나 제7조에 따른 농지 소유 상한을 위반하여 농지를 소유할 목적으로 거짓이나 그 밖의 부정한 방법으로 제8조제1항에 따른 농지취득자격증명을 발급받은 자는 5년 이하의 징역 또는 해당 토지의 개별공시지가에 따른 토지가액(土地價額)[이하 "토지가액"이라 한다]에 해당하는 금액 이하의 벌금에 처한다.

제58조(벌칙) ① 농업진흥지역의 농지를 제34조제1항에 따른 농지전용허가를 받지 아니하고 전용하거나 거짓이나 그 밖의 부정한 방법으로 농지전용허가를 받은 자는 5년 이하의 징역 또는 해당 토지의 개별공시지가에 따른 토지가액에 해당하는 금액 이하의 벌금에 처한다.

② 농업진흥지역 밖의 농지를 제34조제1항에 따른 농지전용허가를 받지 아니하고 전용하거나 거짓이나 그 밖의 부정한 방법으로 농지전용허가를 받은 자는 3년 이하의 징역 또는 해당 토지가액의 100분의 50에 해당하는 금액 이하의 벌금에 처한다.

③ 제1항 및 제2항의 징역형과 벌금형은 병과(倂科)할 수 있다.

제59조(벌칙) 다음 각 호의 어느 하나에 해당하는 자는 5년 이하의 징역 또는 5천만원 이하의 벌금에 처한다.

1. 제32조제1항 또는 제2항을 위반한 자

2. 제36조제1항에 따른 농지의 타용도 일시사용허가를 받지 아니하고 농지를 다른 용도로 사용한 자

3. 제40조제1항을 위반하여 전용된 토지를 승인 없이 다른 목적으로 사용한 자

제60조(벌칙) 다음 각 호의 어느 하나에 해당하는 자는 3년 이하의 징역 또는 3천만원 이하의 벌금에 처한다.

1. 제7조의2에 따른 금지 행위를 위반한 자

2. 제35조 또는 제43조에 따른 신고를 하지 아니하고 농지를 전용(轉用)한 자

3. 제36조의2제1항에 따른 농지의 타용도 일시사용신고를 하지 아니하고 농지를 다른 용도로 사용한 자

제61조(벌칙) 다음 각 호의 어느 하나에 해당하는 자는 1천만원 이하의 벌금에 처한다.

1. 제9조를 위반하여 소유 농지를 위탁경영한 자

2. 제23조제1항을 위반하여 소유 농지를 임대하거나 무상사용하게 한 자

3. 제23조제2항에 따른 임대차 또는 사용대차의 종료 명령을 따르지 아니한 자

제62조(양벌규정) 법인의 대표자나 법인 또는 개인의 대리인, 사용인, 그 밖의 종업원이 그 법인 또는 개인의 업무에 관하여 제57조부터 제61조까지의 어느 하나에 해당하는 위반행위를 하면 그 행위자를 벌하는 외에 그 법인 또는 개인에게도 해당 조문의 벌금형을 과(科)한다. 다만, 법인 또는 개인이 그 위반행위를 방지하기 위하여 해당 업무에 관하여 상당한 주의와 감독을 게을리하지 아니한 경우에는 그러하지 아니하다.

Ⅲ. 범죄사실

1. 사위(부정한)방법으로 농지취득자격증명 발급

1) 적용법조 : 제57조, 제6조, 제8조 제1항 ☞ 공소시효 7년

> **제8조(농지취득자격증명의 발급)** ① 농지를 취득하려는 자는 농지 소재지를 관할하는 시장(구를 두지 아니한 시의 시장을 말하며, 도농 복합 형태의 시는 농지 소재지가 동지역인 경우만을 말한다), 구청장(도농 복합 형태의 시의 구에서는 농지 소재지가 동지역인 경우만을 말한다), 읍장 또는 면장(이하 "시·구·읍·면의 장"이라 한다)에게서 농지취득자격증명을 발급받아야 한다. 다만, 다음 각 호의 어느 하나에 해당하면 농지취득자격증명을 발급받지 아니하고 농지를 취득할 수 있다.
> 1. 제6조제2항제1호·제4호·제6호·제8호 또는 제10호(같은 호 바목은 제외한다)에 따라 농지를 취득하는 경우
> 2. 농업법인의 합병으로 농지를 취득하는 경우
> 3. 공유 농지의 분할이나 그 밖에 대통령령으로 정하는 원인으로 농지를 취득하는 경우

2) 범죄사실 기재례

> 농지를 취득하려는 자는 농지 소재지를 관할하는 시장, 구청장, 읍장 또는 면장에게서 농지취득자격증명을 발급받아야 한다.
> 피의자들은 200○. ○. ○. 농지인 충북 청원군 ○○면 ○○리 111번지 중 피의자 甲이 지분 ○○분의 ○○㎡를, 피의자 乙이 지분 ○○분의 ○○㎡를 각각 매수하더라도 이를 자경할 의사가 없었다.
> 그럼에도 불구하고 피의자들은 위 농지의 매수를 알선한 丙을 통하여 장차 위 농지를 취득하면 묘목을 재배하겠다는 허위의 농업경영계획서를 작성·제출하여 ○○면장으로부터 농지취득자격증명을 받음으로써, 각각 사위의 방법으로 농지취득자격증명을 발급받았다.

3) 신문사항

- 농지를 구입한 일이 있는가
- 언제 어떠한 농지인가
- 어떻게 알고 그 농지를 구입하려고 하였나
- 농지를 취득할 수 있는 자격이 있는가
- 이와 관련 농지취득자격증명을 발급 신청한 일이 있는가
- 언제 어디에 신청하였나
- 어떤 내용으로 신청하였나
- 그 농지를 자경할 생각이 있었는가

■ **판례** ■　　**피고인들이 부동산매매회사를 통하여 농지취득자격증명을 받아 농지를 취득한 경우**

피고인들이 직접 농업경영에 이용할 목적이나 의사로 농지를 매수한 것으로 보기 어렵고, 법령에 위반된 방법으로 농지취득자격증명을 발급받게 될 것이라는 사정을 알면서도 이를 용인 내지 묵인한

경우 농업경영계획서의 내용은 허위로 볼 수밖에 없다 할 것이며, 나아가, 피고인들에게 농지법 위반에 대한 고의가 없었다고 볼 수도 없다고 할 것이다(대법원 2006.2.24. 선고 2005도8802 판결).

■ 판례 ■ 甲이 처음부터 농지를 현지인에게 위탁경영할 목적으로 농지취득자격증명 신청서에 첨부된 농업경영계획서의 노동력확보방안란에 '자기노동력' 또는 '자기노동력과 일부 고용'이라고 허위의 사실을 기재하여 농지취득자격증명을 발급받은 경우

[1] 농지법상 자신의 노동력을 투입하지 아니한 채 농작업의 전부 또는 일부를 위탁경영하는 것이 허용되는지 여부(한정 적극) 및 농지법 제61조에 정한 '사위 기타 부정한 방법으로 제8조 제1항의 규정에 의한 농지취득자격증명을 발급받은 자'의 의미

농지법 제2조, 제6조, 제8조, 제9조 및 같은 법 시행령의 규정에 비추어 보면, 농지법 제9조 소정의 예외적인 경우를 제외하고 자신의 노동력을 투입하지 아니한 채 농작업의 전부 또는 일부를 위탁경영하는 것은 허용되지 아니하고, 농지법 제61조 소정의 사위 기타 부정한 방법으로 제8조 제1항의 규정에 의한 농지취득자격증명을 발급받은 자라 함은 '정상적인 절차에 의하여는 농지취득자격증명을 받을 수 없는 경우임에도 불구하고 위계 기타 사회통념상 부정이라고 인정되는 행위로써 농지취득자격증명을 받은 자'를 의미한다.

[2] 甲의 행위가 사위 기타 부정한 방법으로 농지취득자격증명을 발급받은 경우에 해당하는지 여부

피고인이 처음부터 농지 전부를 자신이 자경하지 아니하고 현지인에게 위탁경영할 목적으로 매입하였고, 이 과정에서 자경을 하지 아니하면 농지의 소유가 불가능하다는 규정을 회피하기 위하여 농지취득자격증명 신청서에 첨부된 농업경영계획서의 노동력확보방안란에 '자기노동력' 또는 '자기노동력과 일부 고용'이라고 허위의 사실을 기재하여 농지취득자격증명을 발급받은 경우, 이는 농지법 제61조에서 정하는 사위 기타 부정한 방법으로 농지취득자격증명을 발급받은 경우에 해당한다(대법원 2006.2.24. 선고 2005도8080 판결).

■ 판례 ■ 농지취득자격증명의 신청인에게 농업경영능력이나 영농의사가 없음을 알거나 이를 제대로 알지 못하면서도 농지취득자격증명통보서를 작성한 경우, 허위공문서작성죄가 성립하는지 여부(적극)

농지법 제8조 제1항 소정의 농지취득자격증명은 농지를 취득하는 자가 그 소유권에 관한 등기를 신청할 때에 첨부하여야 할 서류로서(농지법 제8조 제4항), 농지를 취득하는 자에게 농지취득의 자격이 있다는 것을 증명하는 것이므로, 신청인에게 농업경영능력이나 영농의사가 없음을 알거나 이를 제대로 알지 못하면서도 농지취득자격에 아무런 문제가 없다는 내용으로 농지취득자격증명통보서를 작성하였다면, 허위공문서작성죄가 성립한다(대법원 2007.1.25. 선고 2006도3996 판결).

2. 농지 소유제한 사실을 알면서 중개행위

1) 적용법조 : 제60조 제1호, 제7조의2 제1호, 제6조 제1항 ☞ 공소시효 5년

제7조의2(금지 행위) 누구든지 다음 각 호의 어느 하나에 해당하는 행위를 하여서는 아니 된다.
1. 제6조에 따른 농지 소유 제한이나 제7조에 따른 농지 소유 상한에 대한 위반 사실을 알고도 농지를 소유하도록 권유하거나 중개하는 행위
2. 제9조에 따른 농지의 위탁경영 제한에 대한 위반 사실을 알고도 농지를 위탁경영하도록 권유하거나 중개하는 행위
3. 제23조에 따른 농지의 임대차 또는 사용대차 제한에 대한 위반 사실을 알고도 농지 임대차나 사용대차하도록 권유하거나 중개하는 행위
4. 제1호부터 제3호까지의 행위와 그 행위가 행하여지는 업소에 대한 광고 행위

2) 범죄사실 기재례

피의자는 ○○에서 ○○공인중개사사무소 상호(등록번호 ○○)로 부동산중개업을 하는 사람이다. 피의자는 20○○.○.○.경 甲으로부터 투자목적으로 ○○에 있는 ○○㎡ 농지 매수 중개의뢰를 받았다. 그러나 甲은 ○○에서 ○○업에 종사하고 있어 사실상 구입할 농지를 농업경영에 이용할 수 없음을 알고 있었다.

누구든지 농지 소유제한이나 농지 소유 상한에 대한 위반 사실을 알고도 농지를 소유하도록 권유하거나 중개하는 행위를 하여서는 아니 된다.

그럼에도 불구하고 피의자는 20○○.○.○.경 피의자 위 사무소에서 乙 소유 위 농지를 甲에게 중개하여 매매가 이루어지도록 하였다.

이로써 피의자는 농지 소유제한으로 농지를 소유할 수 없는 甲에게 농지를 소유하도록 중개하는 행위를 하였다.

3) 신문사항

- 농지를 중개한 사실이 있는가
- 언제 어떠한 농지인가
- 어떻게 알고 그 농지를 중개하였는가
- 언제 어디에서 중개의뢰를 받았는가
- 무슨 목적으로 농지를 사용하겠다고 하던가
- 농지를 취득할 수 있는 자격이 있는 사람에게 중개하였나
- 농지를 소유할 수 없다는 것을 언제 어떻게 알았는가
- 왜 농지를 소유할 수 없는 사람에게 중개하였나

3. 농업진흥지역 안의 농지 무허가 전용

1) 적용법조 : 제58조 제1항, 제34조 제1항 ☞ 공소시효 7년

> 제34조(농지의 전용허가·협의) ① 농지를 전용하려는 자는 다음 각 호의 어느 하나에 해당하는 경우 외에는 대통령령으로 정하는 바에 따라 농림축산식품부장관의 허가(다른 법률에 따라 농지전용허가가 의제되는 협의를 포함한다. 이하 같다)를 받아야 한다. 허가받은 농지의 면적 또는 경계 등 대통령령으로 정하는 중요 사항을 변경하려는 경우에도 또한 같다.
> 1. 〈삭제〉
> 2. 「국토의 계획 및 이용에 관한 법률」에 따른 도시지역 또는 계획관리지역에 있는 농지로서 제2항에 따른 협의를 거친 농지나 제2항제1호 단서에 따라 협의 대상에서 제외되는 농지를 전용하는 경우
> 3. 제35조에 따라 농지전용신고를 하고 농지를 전용하는 경우
> 4. 「산지관리법」 제14조에 따른 산지전용허가를 받지 아니하거나 같은 법 제15조에 따른 산지전용신고를 하지 아니하고 불법으로 개간한 농지를 산림으로 복구하는 경우
> 5. 「하천법」에 따라 하천관리청의 허가를 받고 농지의 형질을 변경하거나 공작물을 설치하기 위하여 농지를 전용하는 경우

2) 범죄사실 기재례

[기재례1] 가설건축물을 설치하여 농지를 전용

> 농지를 전용하려는 자는 대통령령으로 정하는 바에 따라 그 농지의 소재지를 관할하는 농지관리위원회의 확인을 거쳐 농림수산식품부장관의 허가를 받아야 한다.
> 그럼에도 불구하고 피의자는 허가없이 20○○. ○. ○. 경 농업진흥지역인 ○○에 있는 피의자 소유의 밭 300㎡를 정지작업을 한 다음 그 땅에 ○○ 방법으로 가설건축물을 설치하여 농지를 전용하였다.

[기재례2] 성토작업

> 농지를 전용하려는 자는 대통령령으로 정하는 바에 따라 그 농지의 소재지를 관할하는 농지관리위원회의 확인을 거쳐 농림수산식품부장관의 허가를 받아야 한다.
> 그럼에도 불구하고 피의자는 20○○. 6.경 농지전용허가를 받지 아니하고, 위 농지 위에 굴착기를 이용하여 점토점결폐주물사와 건축폐기물을 재활용한 토사류가 혼합된 흙 약 4,500㎥를 성토 작업함으로써 농지전용행위를 하였다.

3) 신문사항

- 농지를 전용한 일이 있는가
- 언제 어떠한 토지를 전용하였나
- 그곳이 농업진흥지역이라는 것을 알고 있는가
- 어떠한 용도로 전용하였나
- 언제 어떠한 방법으로 전용하였나
- 무엇 때문에 이렇게 전용하였나

4. 농업진흥지역 밖의 농지 무허가 전용

1) 적용법조 : 제58조 제2항, 제34조 제1항 ☞ 공소시효 5년

2) 범죄사실 기재례

[기재례1] 비닐하우스에서 개를 사육

> 농지를 전용하려는 자는 대통령령으로 정하는 바에 따라 그 농지의 소재지를 관할하는 농지관리위원회의 확인을 거쳐 농림수산식품부장관의 허가를 받아야 한다.
>
> 그럼에도 불구하고 피의자는 20○○. 5. 말경부터 20○○. 2. 18.경까지 사이에 위 비닐하우스에서 약 80마리의 개를 사육함으로써 농지를 농작물의 경작 또는 다년생식물의 재배 등 농업생산 또는 농지개량 외의 목적에 사용하였다.

[기재례2] 자재의 야적장으로 사용

> 농지를 전용하려는 자는 대통령령으로 정하는 바에 따라 그 농지의 소재지를 관할하는 농지관리위원회의 확인을 거쳐 농림수산식품부장관의 허가를 받아야 한다.
>
> 그럼에도 불구하고 피의자는 20○○. ○. ○. 경 농업진흥지역 밖의 농지인 ○○에 있는 피의자 소유의 밭 300㎡를 홍길동에게 도로공사에 쓰이는 자재의 야적장으로 사용하게 하여 농지를 전용하였다.

3) 신문사항

- ○○에 피의자 소유 농지가 있는가
- 면적이 어느 정도 인가
- 이 농지를 어떻게 사용하고 있는가
- 언제부터 언제까지 야적장으로 사용하게 하였는가
- 누구의 부탁으로 이렇게 하였나
- 어떤 조건이었나
- 행정관청의 농지전용 허가를 받았나

※ **농업진흥구역과 농업보호구역이란?**(법 제28조 제2항)
1. 농업진흥구역 : 농업의 진흥을 도모하여야 하는 다음 각 목의 어느 하나에 해당하는 지역으로서 농림수산식품부장관이 정하는 규모로 농지가 집단화되어 농업 목적으로 이용할 필요가 있는 지역을 말한다.
   가. 농지조성사업 또는 농업기반정비사업이 시행되었거나 시행 중인 지역으로서 농업용으로 이용하고 있거나 이용할 토지가 집단화되어 있는 지역
   나. 가목에 해당하는 지역 외의 지역으로서 농업용으로 이용하고 있는 토지가 집단화되어 있는 지역
2. 농업보호구역 : 농업진흥구역의 용수원 확보, 수질 보전 등 농업 환경을 보호하기 위하여 필요한 지역

■ 판례 ■   甲이 농지전용허가를 받지 않고 농지에 설치한 비닐하우스에 개를 사육한 경우

[1] 농지에 농지전용허가를 받지 않고 농지를 전용하는 경우, 공소시효의 기산점

농지법 제2조 제9호에 의하면, 농지의 전용이란 농지를 농작물의 경작 또는 다년생식물의 재배 등 농업생산 또는 농지개량 외의 목적에 사용하는 것을 의미하는바, 이러한 농지의 전용은 농지의 형질변경 즉 절토, 성토 또는 정지를 하는 등으로 농지의 형질을 외형상으로 사실상 변경시켜 원상회복이 어려운 상태로 만드는 것이나 농지로서의 사용에 장해가 되는 유형물 등을 설치하는 등으로 토지의 외부적 형상을 변경시키는 방법에 의하거나 또는 그 형상의 변경 없이 다른 목적에 사용하는 방법에 의할 수 있는 것이고, 이 경우 토지의 외부적 형상의 변경을 수반하는 경우에는 그와 같은 행위를 함과 동시에 완성하는 이른바 즉시범으로 그 행위를 마침으로써 범죄가 완성되어 그 때부터 공소시효가 진행된다 할 것이나, 농지를 다른 용도로 계속 사용하는 경우와 같이 외부적 형상 변경을 수반하지 않는 경우에는 가벌적 위법상태는 계속되는 것이므로 그러한 전용행위에 대하여는 그 사용이 종료된 때까지는 공소시효가 진행하지 아니하는 것으로 보아야 한다.

[2] 甲의 행위에 대한 공소시효의 기산점

농지전용허가를 받지 않고 농지에 설치한 비닐하우스에 개를 사육한 행위는 농지의 형질을 변경하는 등의 외부적 형상의 변경을 수반한 것이 아니라 단지 농지를 전용하여 다른 용도에 사용한 것에 불과하여 농지에서 개를 사육함으로써 농지를 다른 용도로 계속 사용하는 한 공소시효는 진행하지 않고 개 사육을 중단한 때로부터 비로소 공소시효가 진행된다(청주지법 2004.11.3. 선고 2004노779 판결).

5. 미신고 농지전용

1) 적용법조 : 제60조 제2호, 제35조 제1항 제1호 ☞ 공소시효 5년

> 제35조(농지전용신고) ① 농지를 다음 각 호의 어느 하나에 해당하는 시설의 부지로 전용하려는 자는 대통령령으로 정하는 바에 따라 시장·군수 또는 자치구구청장에게 신고하여야 한다. 신고한 사항을 변경하려는 경우에도 또한 같다.
> 1. 농업인 주택, 농축산업용 시설(제2조제1호나목에 따른 개량시설과 농축산물 생산시설은 제외한다), 농수산물 유통·가공 시설
> 2. 어린이놀이터·마을회관 등 농업인의 공동생활 편의 시설
> 3. 농수산 관련 연구 시설과 양어장·양식장 등 어업용 시설

2) 범죄사실 기재례

[기재례1] 농지에 가설건축물 설치

> 농지를 농업인 주택, 농축산업용 시설, 농수산물유통·가공 시설의 용지로 전용하려는 자는 대통령령으로 정하는 바에 따라 그 농지의 소재지를 관할하는 농지관리위원회의 확인을 거쳐 시장·군수 또는 자치구 구청장에게 신고하여야 한다.
> 그럼에도 불구하고 피의자는 신고없이 20○○. ○. ○. 경 ○○에 있는 피의자 소유의 농지인 밭 300㎡를 정지작업을 한 다음 그 땅에 ○○ 방법으로 가설건축물을 설치 농업용 주택으로 사용하여 농지를 전용하였다.

[기재례1] 농지를 농업인 주택부지로 전용

> 피의자는 20○○. ○. ○.경 피의자 소유의 ○○ 산 ○○번지에서 집을 짓기 위한 목적으로 ○○시장에게 신고하지 아니하고 그곳에 식재되어 있던 사과나무를 제거한 후 900㎡ 상당을 절토 및 성토하여 평탄화 작업한 후 농막을 설치함으로써 사과과수원으로 이용되고 있던 농지를 농업인 주택의 부지로 전용하였다.

3) 신문사항

- 농지를 전용한 일이 있는가
- 언제 어떠한 토지를 전용하였나
- 행정기관에 전용신고를 하였는가
- 왜 신고를 하지 않았는가
- 어떠한 용도로 전용하였나
- 언제 어떠한 방법으로 전용하였나
- 무엇 때문에 이렇게 전용하였나

■ 판례 ■   농지전용죄의 성질

구 농지법 제2조 제9호에서 말하는 '농지의 전용'이 이루어지는 태양은, 첫째로 농지에 대하여 절토, 성토 또는 정지를 하거나 또는 농지로서의 사용에 장해가 되는 유형물을 설치하는 등으로 농지의 형질을 외형상으로뿐만 아니라 사실상 변경시켜 원상회복이 어려운 상태로 만드는 경우가 있고, 둘째로 농지에 대하여 외부적 형상의 변경을 수반하지 않거나 또는 외부적 형상의 변경을 수반하더라도 사회통념상 원상회복이 어려운 정도에 이르지 않은 상태에서 그 농지를 다른 목적에 사용하는 경우 등이 있을 수 있다. 전자의 경우와 같이 농지전용행위 자체에 의하여 당해 토지가 농지로서의 기능을 상실하여 그 이후 그 토지를 농업생산 등 외의 목적으로 사용하는 행위가 더 이상 '농지의 전용'에 해당하지 않는다고 할 때에는, 허가 없이 그와 같이 농지를 전용한 죄는 그와 같은 행위가 종료됨으로써 즉시 성립하고 그와 동시에 완성되는 즉시범이라고 보아야 할 것이다. 그러나 후자의 경우와 같이 당해 토지를 농업생산 등 외의 다른 목적으로 사용하는 행위를 여전히 농지전용으로 볼 수 있는 때에는 허가 없이 그와 같이 농지를 전용하는 죄는 계속범으로서 그 토지를 다른 용도로 사용하는 한 가벌적인 위법행위가 계속 반복되고 있는 계속범이라고 보아야 할 것이다(대법원 2009. 4. 16. 선고 전원합의체판결 2007도6703).

6. 허가없이 농지 타용도 사용

1) 적용법조 : 제59조 제2호, 제36조 제1항   ☞   공소시효 7년

제36조(농지의 타용도 일시사용허가 등) ① 농지를 다음 각 호의 어느 하나에 해당하는 용도로 일시사용하려는 자는 대통령령으로 정하는 바에 따라 일정 기간 사용한 후 농지로 복구한다는 조건으로 시장·군수 또는 자치구구청장의 허가를 받아야 한다. 허가받은 사항을 변경하려는 경우에도 또한 같다. 다만, 국가나 지방자치단체의 경우에는 시장·군수 또는 자치구구청장과 협의하여야 한다.
1. 「건축법」에 따른 건축허가 또는 건축신고 대상시설이 아닌 간이 농수축산업용 시설(제2조제1호나목에 따른 개량시설과 농축산물 생산시설은 제외한다)과 농수산물의 간이 처리 시설을 설치하는 경우
2. 주(主)목적사업(해당 농지에서 허용되는 사업만 해당한다)을 위하여 현장 사무소나 부대시설, 그 밖에 이에 준하는 시설을 설치하거나 물건을 적치(積置)하거나 매설(埋設)하는 경우
3. 대통령령으로 정하는 토석과 광물을 채굴하는 경우

2) 범죄사실 기재례

농지를 다른 용도로 일시 사용하려는 자는 일정 기간 사용한 후 농지로 복구한다는 조건으로 시장·군수 또는 자치구 구청장의 허가를 받아야 한다.
그럼에도 불구하고 피의자는 20○○. ○. ○.경부터 20○○. ○. ○.경까지 사이에 농지인 ○○등 4필지 약 ○○㎡에 '○○천 하도준설사업' 관련 공사현장에서 나온 골재를 허가없이 무단 적재함으로써 불법으로 농지를 전용하였다.

7. 전용된 토지를 승인 없이 다른 목적 사용

1) 적용법조 : 제59조 제3호, 제40조 제1항 제1호 ☞ 공소시효 7년

제40조(용도변경의 승인) ① 다음 각 호의 어느 하나에 해당하는 절차를 거쳐 농지전용 목적사업에 사용되고 있거나 사용된 토지를 대통령령으로 정하는 기간 이내에 다른 목적으로 사용하려는 경우에는 시장·군수 또는 자치구구청장의 승인을 받아야 한다.
1. 제34조제1항에 따른 농지전용허가
2. 제34조제2항제2호에 따른 농지전용협의
3. 제35조 또는 제43조에 따른 농지전용신고

제34조(농지의 전용허가·협의) ① 농지를 전용하려는 자는 다음 각 호의 어느 하나에 해당하는 경우 외에는 대통령령으로 정하는 바에 따라 농림수산식품부장관의 허가를 받아야 한다. 허가받은 농지의 면적 또는 경계 등 대통령령으로 정하는 중요 사항을 변경하려는 경우에도 또한 같다.

2) 범죄사실 기재례

　피의자는 ○○에 있는 잡종지 1,000㎡의 소유자로 20○○. ○. ○. 농지법의 규정에 의하여 농지관리위원회의 확인을 거쳐 농림수산식품부장관의 허가로 위 토지의 용도를 축사부지로 전용하였는데, 이러한 경우 위 토지를 다른 목적으로 사용하기 위해서는 ○○군수의 승인을 받아야 한다.
　그럼에도 불구하고 피의자는 20○○. ○. ○.경 승인을 받지 아니하고 위 토지 중 약 300㎡에 비닐·패널 등을 사용하여 창고를 설치함으로써 그 부지 용도로 사용하였다.

3) 신문사항
　– 피의자 소유 토지를 전용한 일이 있는가
　– 언제 어떠한 토지를 전용하였나
　– 어떠한 용도로 전용하였나
　– 무엇 때문에 이렇게 전용하였나
　– 전용후 용도대로 사용하였나
　– 언제 어떠한 용도로 사용하였나
　– 다른 용도로 사용하기 위해 ○○군수의 승인을 받았나
　– 왜 승인없이 다른 용도로 사용하였나

제 33 장 담배사업법

Ⅰ. 개념정의

1. 개념정의

제2조(정의) 이 법에서 사용하는 용어의 뜻은 다음과 같다.
　1. "담배"란 연초(煙草)의 잎을 원료의 전부 또는 일부로 하여 피우거나, 빨거나, 증기로 흡입하거나, 씹거나, 냄새 맡기에 적합한 상태로 제조한 것을 말한다.
　2. "저발화성담배"란 담배에 불을 붙인 후 피우지 아니하고 일정시간 이상 방치할 경우 저절로 불이 꺼지는 기능을 가진 담배로서 제11조의5제2항에 따른 인증을 받은 담배를 말한다.

Ⅱ. 벌 칙

제27조(벌칙) ① 다음 각 호의 어느 하나에 해당하는 자는 3년 이하의 징역 또는 3천만원 이하의 벌금에 처한다.
　1. 제11조를 위반하여 담배제조업허가를 받지 아니하고 담배를 제조한 자
　2. 제11조의5제3항에 따른 화재방지성능인증서를 제출하지 아니하고 담배를 제조하여 판매하거나 수입하여 판매한 자
② 제1항의 경우 미수범도 처벌한다.
③ 제1항과 제2항의 경우에는 징역형과 벌금형을 병과(倂科)할 수 있다.
제27조의2(벌칙) ① 다음 각 호의 어느 하나에 해당하는 자는 1년 이하의 징역 또는 1천만원 이하의 벌금에 처한다.
　1. 제11조의3제1항 또는 제3항을 위반하여 담배제조업의 양도·양수 등에 관한 신고를 하지 아니한 자
　2. 제11조의5제5항의 명령을 정당한 이유 없이 위반한 자
　3. 제11조의6제3항에 따른 화재방지성능인증서를 거짓으로 발급한 자
　3의2. 제19조제2항을 위반하여 특수용 담배를 다른 용도로 판매한 자
　4. 제25조제1항에 따른 경고문구가 표시되지 아니하거나 이를 위반한 경고문구를 표시한 담배를 제조하거나 수입한 자
　5. 제25조제2항을 위반하여 담배에 관한 광고를 한 자
　6. 제25조의2제1항에 따른 성분과 그 함유량이 표시되지 아니하거나 각 성분의 함유량을 거짓으로 표시한 담배를 제조하거나 수입한 자
　7. 제25조의5를 위반하여 오도문구등을 표시한 담배를 제조 또는 수입한 자
② 다음 각 호의 어느 하나에 해당하는 자는 6개월 이하의 징역 또는 500만원 이하의 벌금에 처한다.
　1. 제12조제2항을 위반하여 소매인 지정을 받지 아니하고 소비자에게 담배를 판매한 자
　2. 제13조제1항을 위반하여 등록을 하지 아니하고 담배수입판매업 또는 담배도매업을 영위한 자
제27조의3(벌칙) 다음 각 호의 어느 하나에 해당하는 자는 500만원 이하의 벌금에 처한다.
　1. 소매인으로서 제12조제4항을 위반하여 담배를 우편판매 및 전자거래의 방법으로 소비자에게 판매한 자
　2. 제25조제3항에 따른 광고물의 제거 등 시정에 필요한 명령이나 조치를 이행하지 아니한 자
　3. 제25조의2제4항에 따른 담배의 수입 또는 판매의 제한 등 시정에 필요한 명령이나 조치를 이행하지 아니한 자

4. 제25조의4를 위반하여 금품제공 등의 행위를 한 자

제30조(몰수와 추징) ① 제27조·제27조의2 및 제27조의3의 범죄에 관련된 연초의 잎과 담배는 몰수한다.
② 제항의 물건을 몰수할 수 없을 때에는 그 가액(價額)을 추징한다.

제31조(「형법」의 적용 제한) 이 법에서 정한 죄를 범한 자에 대해서는 「형법」 제9조, 제10조제2항, 제11조,
　제16조, 제32조제2항, 제38조제1항제2호 중 벌금 경합에 관한 제한가중규정과 같은 법 제53조는 적용하지 아니
　한다. 다만, 징역형에 처할 경우 또는 징역형과 벌금형을 병과할 경우의 징역형에 대해서는 그러하지 아니하다.

제32조(양벌규정) 법인의 대표자나 법인 또는 개인의 대리인, 사용인, 그 밖의 종업원이 그 법인 또는 개인의 업
　무에 관하여 제27조, 제27조의2 또는 제27조의3의 위반행위를 하면 그 행위자를 벌하는 외에 그 법인 또는 개
　인에게도 해당 조문의 벌금형을 과(科)한다. 다만, 법인 또는 개인이 그 위반행위를 방지하기 위하여 해당 업무
　에 관하여 상당한 주의와 감독을 게을리하지 아니한 경우에는 그러하지 아니하다.

III. 범죄사실

1. 무허가 담배제조행위

1) 적용법조 : 제27조 제1항 제1호, 제11조 제1항　☞　공소시효 5년

제11조(담배제조업의 허가) ① 담배제조업을 하려는 자는 대통령령으로 정하는 바에 따라 기획재정부장관의 허가
　를 받아야 한다. 허가받은 사항 중 대통령령으로 정하는 중요한 사항을 변경할 때에도 또한 같다.

2) 범죄사실 기재례

　　담배제조업을 하려는 자는 대통령령이 정하는 바에 의하여 기획재정부장관의 허가를 받아
　야 한다.
　　그럼에도 불구하고 피의자는 20○○. ○. ○.경부터 ○○에서 연초의 잎, 쑥, ○○등을 혼
　합하여 '금연초' 라는 담배를 만들어 20개들이 1갑당 ○○원을 씩 20○○. ○. ○.까지 약
　○○만원 상당을 제조하여 판매하였다.

3) 신문사항

　－ 담배를 제조한 일이 있는가
　－ 언제 어떠한 담배를 제조하였는가
　－ 어떤 방법으로 제조하였나(담배라고 하기 위해서는 반드시 연초의 잎을 재료로 하
　　 여야함)
　－ 어떤 재료를 사용하였나
　－ 이런 재료는 언제 어떻게 구입하였나
　－ 어떤 시설을 갖추었는가(규모, 종업원 수)
　－ 얼마 정도 제조하였나
　－ 이렇게 제조한 담배는 어떻게 하였는가

- 누구를 상대로 판매하였나
- 행정기관의 제조 허가를 받았는가
- 왜 허가 없이 이런 행위를 하였나

■ 판례 ■   전자담배

[1] 전자장치를 이용하여 호흡기를 통하여 체내에 흡입함으로써 흡연과 같은 효과를 낼 수 있도록 만든 '니코틴이 포함된 용액'이 그 자체로 담배사업법 제2조의 '담배'에 해당하는지 여부(적극)

'담배'를 '연초(煙草)의 잎을 원료의 전부 또는 일부로 하여 피우거나, 빨거나, 씹거나 또는 냄새 맡기에 적합한 상태로 제조한 것'으로 정의하고 있었다. 그런데 2014. 1. 21. 법률개정으로 '담배'를 '연초(煙草)의 잎을 원료의 전부 또는 일부로 하여 피우거나, 빨거나, 증기로 흡입하거나, 씹거나 또는 냄새 맡기에 적합한 상태로 제조한 것'이라고 함으로써 담배의 정의에 '증기로 흡입하기에 적합하게 제조한 것'도 추가하였다. 위와 같은 법 개정의 이유는 담배의 정의에 전자담배가 포함되도록 하여 전자담배의 허위광고, 품질관리 소홀 등을 규제하고, 전자담배에 대한 부정확한 광고로 인한 소비자의 혼란을 방지하고자 하는 데 있다. 이러한 개정 법률의 문언 및 개정 이유에 비추어 보면, 전자장치를 이용하여 호흡기를 통하여 체내에 흡입함으로써 흡연과 같은 효과를 낼 수 있도록 만든 니코틴이 포함된 용액은 연초의 잎에서 추출한 니코틴을 그 원료로 하는 한 증기로 흡입하기에 적합하게 제조한 것이어서 그 자체로 담배사업법 제2조의 담배에 해당한다고 해석되고, 이러한 흡입을 가능하게 하는 전자장치는 위 규정이 정하는 담배의 구성요소가 아닌 흡입을 위한 도구에 불과하다고 보아야 한다.

[2] 담배사업법령에서 담배제조업을 허가제로 운영하고 이에 대한 허가기준을 둔 취지 / 연초의 잎 또는 연초의 잎에서 추출한 니코틴 등의 원료를 다른 물질 또는 액체와 일정한 비율로 조합하거나 희석하는 등으로 담배사업법 제2조의 담배에 해당하는 것을 만들어 낸 경우, 화학적 변화를 가져오지 않더라도 담배사업법 제11조에 규정된 '담배의 제조'에 해당하는지 여부(적극)

담배사업법 제11조는 담배제조업을 하려는 자는 대통령령으로 정하는 바에 따라 기획재정부장관의 허가를 받도록 하고, 기획재정부장관은 대통령령으로 자본금, 시설, 기술인력 등 담배제조업 허가기준을 정하도록 규정하고 있다. 이에 따라 마련된 담배사업법 시행령 제4조는 자본금 300억 원 이상, 연간 50억 개비 이상의 담배를 제조할 수 있는 시설로서 원료가공부터 궐련제조 및 제품포장에 이르는 일관공정을 갖춘 제조시설을 갖출 것 등을 그 허가기준으로 정하고 있다. 이와 같이 담배제조업을 허가제로 운영하고 이에 대한 허가기준을 둔 것은, 국민건강에 나쁜 영향을 미치는 담배산업의 특성을 고려하여, 산업의 경쟁체제는 유지하면서도 군소생산업체가 다수 설립되는 것을 막아, 담배의 품질과 공급량 등을 효율적으로 관리·감독하고 담배 소비 증가를 억제하려는 것이다. 담배사업법 제11조에 규정된 '담배의 제조'는 일정한 작업으로 담배사업법 제2조의 '담배'에 해당하는 것을 만들어 내는 것으로, 위와 같은 담배제조업 허가제와 허가기준을 둔 취지에 비추어 보면, 연초의 잎 또는 연초의 잎에서 추출한 니코틴 등의 원료를 단순히 분리·포장하는 것은 제조에 해당한다고 볼 수 없지만, 이러한 원료를 가공하거나 변형하는 것뿐만 아니라 원료를 다른 물질 또는 액체와 일정한 비율로 조합하거나 희석하는 등으로, 화학적 변화를 가져오지는 않더라도 담배사업법 제2조의 '담배'에 해당하는 것을 만들어 낸 것이라면 제조에 해당한다고 보아야 한다.

[3] 피고인들이 공모하여, 고농도 니코틴 용액에 프로필렌글리콜(Propylene Glycol)과 식물성 글리세린(Vegetable Glycerin)과 같은 희석액, 소비자의 기호에 맞는 향료를 일정한 비율로 첨가하여 전자장치를 이용

해 흡입할 수 있는 '니코틴이 포함된 용액'을 만드는 방법으로 담배제조업 허가 없이 담배를 제조하였다고 하여 담배사업법 위반으로 기소된 사안

담배사업법령에서 담배제조업 허가제 및 허가기준을 둔 취지에 비추어 보면, 담배사업법의 위임을 받은 기획재정부가 전자담배제조업에 관한 허가기준을 마련하지 않고 있으나, 정부는 전자담배제조업의 허가와 관련하여 자본금, 시설, 기술인력, 담배 제조 기술의 연구·개발 및 국민 건강보호를 위한 품질관리 등에 관한 적정한 기준을 마련함에 있어 법률이 위임한 정책적 판단 재량이 존재하고, 궐련담배제조업에 관한 허가기준은 이미 마련되어 있는 상황에서 담배제조업 관련 법령의 허가기준을 준수하거나 허가기준이 새롭게 마련될 때까지 법 준수를 요구하는 것이, 피고인들이 아닌 사회적 평균인의 입장에서도 불가능하거나 현저히 곤란한 것을 요구하여 죄형법정주의 원칙에 위반된다거나 기대가능성이 없는 행위를 처벌하는 것이어서 위법하다고 보기 어렵다.(대법원 2018. 9. 28., 선고, 2018도9828, 판결)

■ 판례 ■ 무허가 담배제조업 영위 여부가 문제된 사건

[1] 담배사업법 제11조에서 정한 '담배의 제조'의 의미 및 어떠한 영업행위가 '담배의 제조'에 해당하는지 판단하는 방법 / 담배가공을 위한 일정한 작업을 수행하지 않은 자의 행위를 무허가 담배제조로 인한 담배사업법 제11조, 제27조 제1항 제1호 위반죄로 의율하는 것이 죄형법정주의의 내용인 확장해석금지 원칙에 어긋나는지 여부(원칙적 적극)

담배사업법 제2조 제1호는, "담배"란 연초의 잎을 원료의 전부 또는 일부로 하여 피우거나, 빨거나, 증기로 흡입하거나, 씹거나, 냄새 맡기에 적합한 상태로 제조한 것을 말한다고 규정한다. 담배사업법 제11조에 규정된 '담배의 제조'는 일정한 작업으로 담배사업법 제2조의 '담배'에 해당하는 것을 만들어 내는 것을 말한다. 어떠한 영업행위가 여기서 말하는 '담배의 제조'에 해당하는지는, 그 영업행위의 실질적인 운영형태, 담배가공을 위해 수행된 작업의 경위·내용·성격, 담배사업법이 담배제조업을 허가제로 규정하고 있는 취지 등을 종합적으로 고려하여 사회통념에 비추어 합리적으로 판단하여야 한다. 한편 '담배의 제조'는 담배가공을 위한 일정한 작업의 수행을 전제하므로, 그러한 작업을 수행하지 않은 자의 행위를 무허가 담배제조로 인한 담배사업법 제27조 제1항 제1호, 제11조 위반죄로 의율하는 것은 특별한 사정이 없는 한 문언의 가능한 의미를 벗어나 피고인에게 불리한 방향으로 해석한 것이어서 죄형법정주의의 내용인 확장해석금지 원칙에 어긋난다.

[2] 피고인이 불특정 다수의 손님들에게 연초 잎, 담배 필터, 담뱃갑을 제공하여 손님으로 하여금 담배제조기계를 조작하게 하거나 자신이 직접 그 기계를 조작하는 방법으로 담배를 제조하고, 손님에게 담배를 판매함으로써 담배제조업 허가 및 담배소매인 지정을 받지 아니하고 담배를 제조·판매하였다는 이유로 담배사업법 위반으로 기소된 사안에서, 피고인이 담배를 제조하였다거나 제조된 담배를 소비자에게 판매하였다고 보기 어려운데도, 이와 달리 본 원심판단에 법리오해의 잘못이 있다고 한 사례

피고인이 불특정 다수의 손님들에게 연초 잎, 담배 필터, 담뱃갑을 제공하여 손님으로 하여금 담배제조기계를 조작하게 하거나 자신이 직접 그 기계를 조작하는 방법으로 담배를 제조하고, 손님에게 담배를 판매함으로써 담배제조업 허가 및 담배소매인 지정을 받지 아니하고 담배를 제조·판매하였다는 이유로 담배사업법 위반으로 기소된 사안에서, 피고인이 자신의 영업점에서 실제 행한 활동은 손님에게 연초 잎 등 담배의 재료를 판매하고 담배제조시설을 제공한 것인데, 이러한 피고인의 활동은 담배의 원료인 연초 잎에 일정한 작업을 가한 것이 아니어서 '담배의 제조'로 평가하기는 어려운 점, 피고인의 영업점에서 손님은 피고인으로부터 받은 연초 잎 등 담배의 재료와 담배제조시설을 이용하여 가공작업을 직접 수행하였는데, 당시 영업점에 비치된 담배제조시설의 규모와 자동화 정도 등에 비추어 볼 때 위와 같은 손님의 작업이 명목상의 활동에 불과하다고

보기는 어렵고, 그 작업을 피고인의 활동과 같게 볼 만한 특별한 사정을 찾기도 어려운 점, 담배사업법상 연초 잎의 판매와 개별 소비자에 의한 담배제조가 금지되어 있지 않은 점, 피고인의 영업방식에 따르면, 손님과 피고인 사이에 수수된 돈은 '완성된 담배'가 아닌 '담배의 재료 또는 제조시설의 제공'에 대한 대가라고 봄이 타당한 점 등을 종합하면, 피고인이 담배를 제조하였다거나 제조된 담배를 소비자에게 판매하였다고 보기 어려운데도, 이와 달리 본 원심판단에 법리오해의 잘못이 있다.(대법원 2023. 1. 12., 선고, 2019도16782, 판결)

2. 소매인지정 없이 담배판매

1) 적용법조 : 제27조의2 제2항 제1호, 제12조 제2항 ☞ 공소시효 5년

> 제12조(담배의 판매) ① 제조업자가 제조한 담배는 그 제조업자가, 외국으로부터 수입한 담배는 그 수입판매업자가 다음 각 호에 해당하는 자에게 판매한다.
> 　1. 도매업자(제13조제1항에 따른 담배도매업의 등록을 한 자를 말한다. 이하 같다)
> 　2. 소매인(제16조제1항에 따른 소매인의 지정을 받은 자를 말한다. 이하 같다)
> ② 소매인이 아닌 자는 담배를 소비자에게 판매해서는 아니 된다.
> ③ 제조업자, 수입판매업자, 도매업자 또는 소매인은 다음 각 호의 담배를 판매해서는 아니 된다.
> 　1. 담배제조업허가를 받지 아니한 자가 제조한 담배
> 　2. 「관세법」 제14조에 따라 부과되는 관세를 내지 아니하거나, 같은 법 제235조에 따라 보호되는 상표권을 침해하거나, 같은 법 제241조에 따른 수입신고를 하지 아니하고 수입된 담배
> 　3. 절취 또는 강취(强取)된 담배
> 　4. 제11조의5제3항을 위반하여 화재방지성능인증서를 제출하지 아니한 담배
> ④ 소매인이 담배를 소비자에게 판매하는 경우에는 우편판매 및 전자거래(「전자문서 및 전자거래 기본법」 제2조 제5호에 따른 전자거래를 말한다. 이하 같다)의 방법으로 하여서는 아니 된다.

2) 범죄사실 기재례

[기재례1] 담배판매행위

> 　소매인이 아닌 자는 담배를 소비자에게 판매하여서는 아니 된다.
> 　그럼에도 불구하고 피의자는 20○○. ○. 초순경부터 20○○. ○. ○.까지 ○○에 있는 ○○매장에서 소매인 지장을 받은 홍길동으로부터 도매가로 사들인 오마샤리프, 디스 등의 제조 담배를 불특정 다수인에게 하루 평균 ○○만원 상당을 소매가로 판매하였다.

[기재례2] 소매인 지정없이 청소년에게 담배판매 (청소년보호법 : 제51조 제8호, 제26조 제1항)

> 　피의자는 ○○시 조례동 ○번지에서 "○○○"라는 상호로 편의점을 경영하는 사람이다. 소매인이 아닌 자는 담배를 소비자에게 판매하여서는 아니 되며, 누구든지 청소년을 대상으로 하여 청소년유해약물등을 판매·대여·배포하여서는 아니 된다.
> 　그럼에도 불구하고 피의자는 20○○. ○. ○. 위 편의점에서 소매인 지정없이 청소년인 ○○○ (17세)에게 연령을 확인하지도 않고 청소년 유해약물인 담배 디시 2갑을 ○○원에 판매하였다.

3) 신문사항

- 피의자는 현재 어디에서 어떠한 일을 하고 있는가
- 소매인 지정없이 담배를 판매한 일이 있는가
- 언제부터 언제까지 어떠한 담배를 판매하였나
- 누구로부터 구입하였나
- 누구를 상대로 판매하였나
- 하루 평균 어느 정도의 담배를 판매하였나
- 왜 소매인 지정을 받지 않고 판매하였나

■ 판례 ■ **담배사업법 제12조 제1항의 위반여부**

[1] 한국담배인삼공사가 제조한 담배는 소정의 도매업자 또는 소매인에게만 판매하도록 규정한 구 담배사업법 제12조 제1항에 위반한 행위의 효력(= 무효)

구 담배사업법(1999. 12. 31. 법률 제6078호로 개정되기 전의 것) 제12조 제1항은, 한국담배인삼공사가 제조한 담배는 공사가 위 법 소정의 도매업자 또는 소매인에게 이를 판매하여야 한다고 규정하고 있는바, 같은 법 제1조가 규정하고 있듯이, 담배사업법은 "원료용 잎담배의 생산 및 수매와 제조담배의 제조 및 담배의 판매등에 관한 사항을 정함으로써 담배산업의 건전한 발전을 도모하고 국민경제에 이바지하게 함을 목적"으로 제정된 것으로서, 그 입법 취지에 비추어 볼 때 위 제12조 제1항은 강행규정으로 보아야 할 것이고 이에 위반한 행위는 그 효력이 없다고 보아야 할 것이다.

[2] 구 담배사업법 소정의 등록도매업자 또는 지정소매인이 아닌 자가 담배사재기를 위하여 한국담배인삼공사로부터 담배를 구입키로 하고 지급한 담배구입대금이 불법원인급여에 해당하지 않는다(대법원 2001.5. 29. 선고 2001다1782 판결).

■ 판례 ■ **구 담배사업법 제27조의3 제1호의 적용대상이 되는 '소매인 지정을 받지 아니한 자'의 의미 및 소매인 지정 후 영업정지처분을 받았으나 아직 적법하게 소매인 지정이 취소되지 않은 자가 여기에 해당하는지 여부(소극)**

구 담배사업법(2014. 1. 21. 법률 제12269호로 개정되기 전의 것, 이하 '구 담배사업법'이라 한다) 제12조 제2항, 제16조 제1항, 제17조 제1항 제4호, 제2항, 제27조의3 제1호의 내용과 형식, 문언상 의미 등과 함께 형벌법규의 확장해석을 금지하는 죄형법정주의의 일반원칙 등에 비추어 보면, 구 담배사업법 제27조의3 제1호의 적용대상이 되는 '소매인 지정을 받지 아니한 자'는 처음부터 소매인 지정을 받지 않거나 소매인 지정을 받았으나 이후 소매인 지정이 취소되어 소매인 자격을 상실한 자만을 의미하는 것으로 보아야 하고, 영업정지처분을 받았으나 아직 적법하게 소매인 지정이 취소되지 않은 자는 여기에 해당하지 않는다(대법원 2015. 01.15. 선고 2010도15213 판결).

■ 판례 ■ **구 담배사업법 제16조 제1항에서 규정한 '소비자'의 의미(=담배를 구매하여 최종적으로 사용하거나 이용하는 사람) 및 담배소매인 등 담배를 구매하여 다른 사람에게 판매하는 영업을 하는 자가 이에 포함되는지 여부(소극)**

구 담배사업법(2014. 1. 21. 법률 제12269호로 개정되기 전의 것, 이하 '담배사업법'이라고 한

다) 제16조 제1항은 '담배소매업(직접 소비자에게 판매하는 영업을 말한다)을 하고자 하는 자는 사업장의 소재지를 관할하는 시장·군수·구청장으로부터 소매인의 지정을 받아야 한다'고 규정하고 있고, 담배사업법 제12조 제2항은 '소매인이 아닌 자는 담배를 소비자에게 판매하여서는 아니된다'고 규정하고 있으며, 담배사업법 제27조의3 제1호는 '제12조 제2항의 규정에 위반하여 소매인 지정을 받지 아니하고 소비자에게 담배를 판매한 자는 500만 원 이하의 벌금에 처한다'고 규정하고 있다. 그리고 담배사업법 제12조 제1항은 '제조업자가 제조한 담배는 그 제조업자가, 외국으로부터 수입한 담배는 그 수입판매업자(제13조 제1항의 규정에 의한 담배수입판매업의 등록을 한 자를 말한다)가 도매업자(제13조 제1항의 규정에 의한 담배도매업의 등록을 한 자를 말한다) 또는 소매인(제16조 제1항의 규정에 의한 소매인의 지정을 받은 자를 말한다)에게 이를 판매한다'고 규정하고 있고, 담배사업법 제13조 제1항은 '담배수입판매업을 하고자 하는 자는 그의 본점 또는 주된 사무소의 소재지를 관할하는 특별시장·광역시장 또는 도지사에게, 담배도매업(제조업자 또는 수입판매업자로부터 담배를 매입하여 다른 도매업자 또는 소매인에게 판매하는 영업을 말한다)을 하고자 하는 자는 그의 본점 또는 주된 사무소의 소재지를 관할하는 시장·군수 또는 자치구의 구청장에게 등록하여야 한다'고 규정하고 있다.

소비자란 일반적으로 '재화를 소비하는 사람'을 의미한다. 그리고 위와 같이 담배사업법은 담배소매업의 판매 상대방을 '소비자'로, 담배도매업의 판매 상대방을 '다른 도매업자 또는 소매인'으로 분명하게 구분하여 규정하고 있다. 만일 담배소매업의 판매 상대방인 '소비자'의 범위를 담배사업의 유통구조에서 최종 단계에 있는 소비자에 한정하지 아니하고 다른 도매업자 또는 소매인도 이에 포함된다고 보면 담배소매업의 판매 상대방의 범위에 아무런 제한이 없다고 보는 셈이 되고, 결국 담배사업법 제16조 제1항이 판매 상대방을 '소비자'로 규정한 것이 불필요한 문언으로 된다.

이러한 담배사업법의 규정 내용(특히 담배사업법 제16조 제1항은 소비자 앞에 '직접'이라는 문언을 부가하여 담배소매업의 범위를 더욱 제한하고 있다), 소비자의 통상적인 의미 등을 앞서 본 법리에 비추어 살펴보면, 담배사업법 제16조 제1항에서 규정한 '소비자'는 담배를 구매하여 최종적으로 사용하거나 이용하는 사람을 의미한다고 할 것이다. 여기서의 '소비자'에 담배소매인 등 담배를 구매하여 다른 사람에게 판매하는 영업을 하는 자도 포함된다고 보는 것은 그 '소비자'의 의미를 피고인에게 불리한 방향으로 지나치게 확장해석하거나 유추해석하는 것으로서 죄형법정주의에 어긋나므로 허용되지 아니한다.(대법원 2017. 4. 7. 선고, 2015도7280, 판결)

3. 미등록 담배도매업

1) 적용법조 : 제27조의2 제2항 제2호, 제13조 제1항 ☞ 공소시효 5년

> **제13조(담배판매업의 등록)** ① 담배수입판매업을 하려는 자는 그의 본점 또는 주된 사무소의 소재지를 관할하는 특별시장·광역시장·특별자치시장·도지사 또는 특별자치도지사(이하 "시·도지사"라 한다)에게 등록하고, 담배도매업(제조업자나 수입판매업자로부터 담배를 매입하여 다른 도매업자나 소매인에게 판매하는 영업을 말한다. 이하 같다)을 하려는 자는 그의 본점 또는 주된 사무소의 소재지를 관할하는 특별자치시장·특별자치도지사·시장·군수 또는 구청장(구청장은 자치구의 구청장을 말하며, 이하 "시장·군수·구청장"이라 한다)에게 등록하여야 한다. 등록한 사항 중 기획재정부령으로 정하는 중요사항을 변경할 때에도 또한 같다.

2) 범죄사실 기재례

> 　제조업자 또는 수입판매업자로부터 담배를 매입하여 다른 도매업자 또는 소매인에게 판매하는 담배도매업을 영위하고자 할 때는 그의 본점 또는 주된 사무소의 소재지를 관할하는 시장·군수 또는 자치구의 구청장에게 등록하여야 한다.
> 　그럼에도 불구하고 피의자는 20○○. ○. ○.경부터 20○○. ○. ○.까지 등록없이 ○○에 있는 ○○담배인삼공사로부터 ○○담배 등 ○○만원 상당을 구입하여 ○○에 있는 소매상 홍길동에게 ○○만원 상당에 판매하였다.

3) 신문사항

- 담배도매업을 한 일이 있는가
- 언제부터 언제까지 하였는가
- 어디에서 하였나
- 규모는 어느 정도 인가
- 어떤 도매업을 하였나
- 누구로부터 어떤 담배를 구입하였나
- 얼마 정도 구입하였나
- 이렇게 구입한 담배는 어떻게 하였나
- 얼마에 구입하여 얼마에 판매하였나
- 행정기관에 담배도매업 등록을 하였나
- 왜 등록없이 이런 행위를 하였나

제 **34** 장　대기환경보전법

Ⅰ. 개념정의 및 타법과의 관계

1. 개념정의

제2조(정의) 이 법에서 사용하는 용어의 뜻은 다음과 같다.

1. "대기오염물질"이란 대기 중에 존재하는 물질 중 제7조에 따른 심사 · 평가 결과 대기오염의 원인으로 인정된 가스 · 입자상물질로서 환경부령으로 정하는 것을 말한다.

1의2. "유해성대기감시물질"이란 대기오염물질 중 제7조에 따른 심사 · 평가 결과 사람의 건강이나 동식물의 생육에 위해를 끼칠 수 있어 지속적인 측정이나 감시 · 관찰 등이 필요하다고 인정된 물질로서 환경부령으로 정하는 것을 말한다.

2. "기후 · 생태계 변화유발물질"이란 지구 온난화 등으로 생태계의 변화를 가져올 수 있는 기체상물질(氣體狀物質)로서 온실가스와 환경부령으로 정하는 것을 말한다.

3. "온실가스"란 적외선 복사열을 흡수하거나 다시 방출하여 온실효과를 유발하는 대기 중의 가스상태 물질로서 이산화탄소, 메탄, 아산화질소, 수소불화탄소, 과불화탄소, 육불화황을 말한다.

4. "가스"란 물질이 연소 · 합성 · 분해될 때에 발생하거나 물리적 성질로 인하여 발생하는 기체상물질을 말한다.

5. "입자상물질(粒子狀物質)"이란 물질이 파쇄 · 선별 · 퇴적 · 이적(移積)될 때, 그 밖에 기계적으로 처리되거나 연소 · 합성 · 분해될 때에 발생하는 고체상(固體狀) 또는 액체상(液體狀)의 미세한 물질을 말한다.

6. "먼지"란 대기 중에 떠다니거나 흩날려 내려오는 입자상물질을 말한다.

7. "매연"이란 연소할 때에 생기는 유리(遊離) 탄소가 주가 되는 미세한 입자상물질을 말한다.

8. "검댕"이란 연소할 때에 생기는 유리(遊離) 탄소가 응결하여 입자의 지름이 1미크론 이상이 되는 입자상물질을 말한다.

9. "특정대기유해물질"이란 유해성대기감시물질 중 제7조에 따른 심사 · 평가 결과 저농도에서도 장기적인 섭취나 노출에 의하여 사람의 건강이나 동식물의 생육에 직접 또는 간접으로 위해를 끼칠 수 있어 대기 배출에 대한 관리가 필요하다고 인정된 물질로서 환경부령으로 정하는 것을 말한다.

10. "휘발성유기화합물"이란 탄화수소류 중 석유화학제품, 유기용제, 그 밖의 물질로서 환경부장관이 관계 중앙행정기관의 장과 협의하여 고시하는 것을 말한다.

11. "대기오염물질배출시설"이란 대기오염물질을 대기에 배출하는 시설물, 기계, 기구, 그 밖의 물체로서 환경부령으로 정하는 것을 말한다.

12. "대기오염방지시설"이란 대기오염물질배출시설로부터 나오는 대기오염물질을 연소조절에 의한 방법 등으로 없애거나 줄이는 시설로서 환경부령으로 정하는 것을 말한다.

13. "자동차"란 다음 각 목의 어느 하나에 해당하는 것을 말한다.

　　가. 「자동차관리법」 제2조제1호에 규정된 자동차 중 환경부령으로 정하는 것

　　나. 「건설기계관리법」 제2조제1항제1호에 따른 건설기계 중 주행특성이 가목에 따른 것과 유사한 것으로서 환경부령으로 정하는 것

13의2. "원동기"란 다음 각 목의 어느 하나에 해당하는 것을 말한다.

　　가. 「건설기계관리법」 제2조제1항제1호에 따른 건설기계 중 제13호나목 외의 건설기계(이하 "건설기계"라 한다)로서 환경부령으로 정하는 건설기계에 사용되는 동력을 발생시키는 장치

　　나. 농림용 또는 해상용으로 사용되는 기계로서 환경부령으로 정하는 기계에 사용되는 동력을 발생시키는 장치

14. "선박"이란 「해양오염방지법」 제2조제8호에 따른 선박을 말한다.

15. "첨가제"란 자동차의 성능을 향상시키거나 배출가스를 줄이기 위하여 자동차의 연료에 첨가하는 탄소와 수소만으로 구성된 물질을 제외한 화학물질로서 다음 각 목의 요건을 모두 충족하는 것을 말한다.

가. 자동차의 연료에 부피 기준(액체첨가제의 경우만 해당한다) 또는 무게 기준(고체첨가제의 경우만 해당한다)으로 1퍼센트 미만의 비율로 첨가하는 물질. 다만, 「석유 및 석유대체연료 사업법」 제2조제7호 및 제8호에 따른 석유정제업자 및 석유수출입업자가 자동차연료인 석유제품을 제조하거나 품질을 보정(補正)하는 과정에 첨가하는 물질의 경우에는 그 첨가비율의 제한을 받지 아니한다.

나. 「석유 및 석유대체연료 사업법」 제2조제10호에 따른 가짜석유제품 또는 같은 조 제11호에 따른 석유대체연료에 해당하지 아니하는 물질

15의2. "촉매제"란 배출가스를 줄이는 효과를 높이기 위하여 배출가스저감장치에 사용되는 화학물질로서 환경부령으로 정하는 것을 말한다.

16. "저공해자동차"란 다음 각 목의 자동차로서 대통령령으로 정하는 것을 말한다.

가. 대기오염물질의 배출이 없는 자동차

나. 제46조제1항에 따른 제작차의 배출허용기준보다 오염물질을 적게 배출하는 자동차

16의2. "저공해건설기계"란 다음 각 목의 건설기계로서 대통령령으로 정하는 것을 말한다.

가. 대기오염물질의 배출이 없는 건설기계

나. 제46조제1항에 따른 제작차의 배출허용기준보다 오염물질을 적게 배출하는 건설기계

17. "배출가스저감장치"란 자동차또는 건설기계에서 배출되는 대기오염물질을 줄이기 위하여 자동차또는 건설기계에 부착 또는 교체하는 장치로서 환경부령으로 정하는 저감효율에 적합한 장치를 말한다.

18. "저공해엔진"이란 자동차에서 배출되는 대기오염물질을 줄이기 위한 엔진(엔진 개조에 사용하는 부품을 포함한다)으로서 환경부령으로 정하는 배출허용기준에 맞는 엔진을 말한다.

19. "공회전제한장치"란 자동차또는 건설기계에서 배출되는 대기오염물질을 줄이고 연료를 절약하기 위하여 자동차에 부착하는 장치로서 환경부령으로 정하는 기준에 적합한 장치를 말한다.

20. "온실가스 배출량"이란 자동차에서 단위 주행거리당 배출되는 이산화탄소(CO_2) 배출량(g/㎞)을 말한다.

21. "온실가스 평균배출량"이란 자동차제작자가 판매한 자동차 중 환경부령으로 정하는 자동차의 온실가스 배출량의 합계를 해당 자동차 총 대수로 나누어 산출한 평균값(g/㎞)을 말한다.

22. "장거리이동대기오염물질"이란 황사, 먼지 등 발생 후 장거리 이동을 통하여 국가 간에 영향을 미치는 대기오염물질로서 환경부령으로 정하는 것을 말한다.

23. "냉매(冷媒)"란 기후·생태계 변화유발물질 중 열전달을 통한 냉난방, 냉동·냉장 등의 효과를 목적으로 사용되는 물질로서 환경부령으로 정하는 것을 말한다.

■ 판례 ■ '모페드'형이 아닌 '50cc 미만의 경량 오토바이'가 자동차에 해당하는지 여부(소극)

구 대기환경보전법(2005. 3. 31. 법률 제7458호로 개정되기 전의 것) 제55조 제3호, 제32조 제1항 소정의 자동차에 관하여 규정하고 있는 같은 법 제2조 제11호, 같은 법 시행규칙(2005. 12. 30. 부령 제192호로 개정되기 전의 것) 제7조 [별표 5] 비고 제7호의 "엔진배기량이 50cc 미만인 이륜자동차는 모페드형에 한한다"고 한 규정에서 말하는 '모페드(moped)형'이라 함은 원래 '모터와 페달을 갖춘 자전거의 일종으로서 오토바이처럼 달리다가 페달을 밟아 달릴 수도 있는 것'을 의미하지만, 그 개념이 확장되어 널리 '50cc 미만의 경량 오토바이'를 의미하는 것으로 사용되고 있으나, 만일 위와 같이 확장된 개념에 따라 '50cc 미만의 경량 오토바이'도 모페드형에 포함되는 것으로 보게 되면 위 규정은 동어반복에 불과하여 그 규정의 취지가 불명확해지므로, 위 규정에서 정한 '모페드형'은 원래의 개념에 따라 '모터와 페달을 갖춘 자전거의 일종으로서 오토바이처럼 달리다가 페달을 밟아 달릴 수도 있는 것'을 의미하는 것으로 보아야 하고, 이를 '50cc 미만의 경량 오토바이'까지 포괄하는 의미로 해석하는 것은 형벌규정을 피고인에게 불리한 방향으로 지나치게 확장 해석하거나 유추 해석하는 것으로서 허용될 수 없다(대법원 2007.6.29. 선고 2006도4582 판결).

2. 타법과의 관계

사업활동 등으로 인하여 발생하는 악취를 방지함에는 별도의 "악취방지법"이 있다

II. 벌칙 및 특별법

1. 벌칙

제89조(벌칙) 다음 각 호의 어느 하나에 해당하는 자는 7년 이하의 징역이나 1억원 이하의 벌금에 처한다.
1. 제23조제1항이나 제2항에 따른 허가나 변경허가를 받지 아니하거나 거짓으로 허가나 변경허가를 받아 배출시설을 설치 또는 변경하거나 그 배출시설을 이용하여 조업한 자
2. 제26조제1항 본문이나 제2항에 따른 방지시설을 설치하지 아니하고 배출시설을 설치 · 운영한 자
3. 제31조제1항제1호나 제5호에 해당하는 행위를 한 자
4. 제34조제1항에 따른 조업정지명령을 위반하거나 같은 조 제2항에 따른 조치명령을 이행하지 아니한 자
5. 제36조에 따른 배출시설의 폐쇄나 조업정지에 관한 명령을 위반한 자
5의2. 제38조에 따른 사용중지명령 또는 폐쇄명령을 이행하지 아니한 자
6. 제46조를 위반하여 제작차배출허용기준에 맞지 아니하게 자동차를 제작한 자
6의2. 제46조제4항을 위반하여 자동차를 제작한 자
7. 제48조제1항을 위반하여 인증을 받지 아니하고 자동차를 제작한 자
7의2. 제50조의3에 따른 상환명령을 이행하지 아니하고 자동차를 제작한 자
7의3. 제55조제1호에 해당하는 행위를 한 자
8. 제60조제1항 또는 제2항을 위반하여 인증이나 변경인증을 받지 아니하고 배출가스저감장치, 저공해엔진 또는 공회전제한장치를 제조 또는 수입한 자
8의2. 제60조제6항을 위반하여 인증을 받지 아니한 배출가스저감장치, 저공해엔진 또는 공회전제한장치를 공급 · 판매하거나 공급 · 판매의 목적으로 진열 · 보관 또는 저장한 자
8의3. 제60조제7항에 따른 회수, 폐기 등의 조치 명령을 따르지 아니한 자
9. 제74조제1항을 위반하여 자동차연료 · 첨가제 또는 촉매제를 제조기준에 맞지 아니하게 제조한 자
10. 제74조제2항을 위반하여 자동차연료 · 첨가제 또는 촉매제의 검사를 받지 아니한 자
11. 제74조제3항에 따른 자동차연료 · 첨가제 또는 촉매제의 검사를 거부 · 방해 또는 기피한 자
12. 제74조제4항 본문을 위반하여 자동차연료를 공급하거나 판매한 자
13. 제75조에 따른 제조의 중지, 제품의 회수 또는 공급 · 판매의 중지명령을 위반한 자

제90조(벌칙) 다음 각 호의 어느 하나에 해당하는 자는 5년 이하의 징역이나 3천만 원 이하의 벌금에 처한다.
1. 제23조제1항에 따른 신고를 하지 아니하거나 거짓으로 신고를 하고 배출시설을 설치 또는 변경하거나 그 배출시설을 이용하여 조업한 자
2. 제31조제1항제2호에 해당하는 행위를 한 자
3. 제32조제1항 본문에 따른 측정기기의 부착 등의 조치를 하지 아니한 자
4. 제32조제3항제1호 · 제3호 또는 제4호에 해당하는 행위를 한 자
4의2. 제38조의2제6항에 따른 시설개선 등의 조치명령을 이행하지 아니한 자
4의3. 제39조제1항을 위반하여 오염물질을 측정하지 아니한 자 또는 측정결과를 거짓으로 기록하거나 기록 · 보존하지 아니한 자
4의4. 제39조제2항 각 호의 어느 하나에 해당하는 행위를 한 자
5. 제41조제4항에 따른 연료사용 제한조치 등의 명령을 위반한 자
6. 제44조제7항(제45조제5항에 따라 준용되는 경우를 포함한다)에 따른 시설개선 등의 조치명령을 이행하지 아니한 자
7. 제51조제4항 본문 · 제6항 또는 제53조제3항에 따른 결함시정명령을 위반한 자
8. 삭제 〈2017.11.28.〉 9. 삭제 〈2012.2.1.〉
10. 제68조제1항을 위반하여 전문정비사업자로 등록하지 아니하고 정비 · 점검 또는 확인검사 업무를 한 자
11. 제74조제4항 본문을 위반하여 첨가제 또는 촉매제를 공급하거나 판매한 자

제90조의2(벌칙) 제41조제3항 본문을 위반하여 황함유기준을 초과하는 연료를 공급 · 판매한 자는 3년 이하의 징역이나 3천만원 이하의 벌금에 처한다.

제91조(벌칙) 다음 각 호의 어느 하나에 해당하는 자는 1년 이하의 징역이나 1천만원 이하의 벌금에 처한다.
1. 제30조를 위반하여 신고를 하지 아니하고 조업한 자

2. 제32조제6항에 따른 조업정지명령을 위반한 자

2의2. 제32조의2제1항을 위반하여 측정기기 관리대행업의 등록 또는 변경등록을 하지 아니하고 측정기기 관리 업무를 대행한 자

2의3. 거짓이나 그 밖의 부정한 방법으로 제32조의2제1항에 따른 측정기기 관리대행업의 등록을 한 자

2의4. 제32조의2제4항을 위반하여 다른 자에게 자기의 명의를 사용하여 측정기기 관리 업무를 하게 하거나 등록증을 다른 자에게 대여한 자

2의5. 제41조제3항 본문을 위반하여 황함유기준을 초과하는 연료를 사용한 자

3. 제43조제3항에 따른 사용제한 등의 명령을 위반한 자

3의2. 제44조의2제2항제1호에 해당하는 자로서 같은 항을 위반하여 도료를 공급하거나 판매한 자

3의3. 제44조의2제2항제2호에 해당하는 자로서 같은 항을 위반하여 도료를 공급하거나 판매한 자

3의4. 제44조의2제3항에 따른 휘발성유기화합물함유기준을 초과하는 도료에 대한 공급·판매 중지 또는 회수 등의 조치명령을 위반한 자

3의5. 제44조의2제4항에 따른 휘발성유기화합물함유기준을 초과하는 도료에 대한 공급·판매 중지명령을 위반한 자

4. 제48조제2항에 따른 변경인증을 받지 아니하고 자동차를 제작한 자

4의2. 제48조의2제2항제1호 또는 제2호에 따른 금지행위를 한 자

5. 제57조의2를 위반하여 배출가스 관련 부품을 탈거·훼손·해체·변경·임의설정 하거나 촉매제를 사용하지 아니하거나 적게 사용하여 그 기능이나 성능이 저하되는 행위를 한 자 및 그 행위를 요구한 자

6. 제68조제1항에 따른 변경등록을 하지 아니하고 등록사항을 변경한 자

7. 제68조제4항제1호 또는 제2호에 따른 금지행위를 한 자

8. 제69조에 따른 업무정지명령을 위반한 자

9. 제74조제4항 본문을 위반하여 자동차연료를 사용한 자

10. 제74조제5항에 따른 규제를 위반하여 자동차연료·첨가제 또는 촉매제를 제조하거나 판매한 자

11. 제74조제6항을 위반하여 검사를 받은 제품임을 표시하지 아니하거나 거짓으로 표시한 자

12. 제74조의2제2항제1호 또는 제2호에 따른 금지행위를 한 자

12의2. 제76조의3제3항을 위반하여 자동차 온실가스 배출량을 보고하지 아니하거나 거짓으로 보고한 자

13. 제82조에 따른 관계 공무원의 출입·검사를 거부·방해 또는 기피한 자

제91조의2(벌칙) 다음 각 호의 어느 하나에 해당하는 자는 500만원 이하의 벌금에 처한다.

1. 제58조제12항에 따른 표지를 거짓으로 제작하거나 붙인 자

2. 제58조의2제4항을 위반하여 저공해자동차 보급계획서의 승인을 받지 아니한 자

제92조(벌칙) 다음 각 호의 어느 하나에 해당하는 자는 300만원 이하의 벌금에 처한다.

1. 제8조제3항에 따른 명령을 정당한 사유 없이 위반한 자

2. 제32조제5항에 따른 조치명령을 이행하지 아니한 자

3. 제38조의2제1항에 따른 신고를 하지 아니하고 시설을 설치·운영한 자

3의2. 제38조의2제4항에 따른 정기점검을 받지 아니한 자

4. 제42조에 따른 연료사용 제한조치 등의 명령을 위반한 자

4의2. 제43조제1항 전단에 따른 신고를 하지 아니한 자

5. 제43조제1항 전단 또는 후단을 위반하여 비산먼지의 발생을 억제하기 위한 시설을 설치하지 아니하거나 필요한 조치를 하지 아니한 자. 다만, 시멘트·석탄·토사·사료·곡물 및 고철의 분체상(粉體狀) 물질을 운송한 자는 제외한다.

6. 제43조제2항을 위반하여 비산먼지의 발생을 억제하기 위한 시설의 설치나 조치의 이행 또는 개선명령을 이행하지 아니한 자

7. 제44조제1항, 제45조제1항 또는 제2항에 따른 신고를 하지 아니하고 시설을 설치하거나 운영한 자

8. 제44조제3항에 따른 조치를 하지 아니한 자

9. 제50조의2제2항 및 제50조의3제3항에 따른 평균 배출량 달성실적 및 상환계획서를 거짓으로 작성한 자

10. 제60조제1항에 따라 인증받은 내용과 다르게 결함이 있는 배출가스저감장치 또는 저공해엔진을 제조 또는 수입하는 자

11. 제62조제4항에 따른 이륜자동차정기검사 명령을 이행하지 아니한 자

12. 제70조의2에 따른 운행정지명령을 받고 이에 따르지 아니한 자

13. 「자동차관리법」 제66조에 따라 자동차관리사업의 등록이 취소되었음에도 정비·점검 및 확인검사 업무를 한 전문정비사업자

14. 제76조의5제1항을 위반하여 자료를 제출하지 아니하거나 거짓으로 자료를 제출한 자

제93조(벌칙) 제40조제4항에 따른 환경기술인의 업무를 방해하거나 환경기술인의 요청을 정당한 사유 없이 거부한 자는 200만원 이하의 벌금에 처한다.

제95조(양벌규정) 법인의 대표자나 법인 또는 개인의 대리인, 사용인, 그 밖의 종업원이 그 법인 또는 개인의 업무에 관하여 제89조, 제90조, 제90조의2, 제91조부터 제93조까지의 어느 하나에 해당하는 위반행위를 하면 그 행위자를 벌하는 외에 그 법인 또는 개인에게도 해당 조문의 벌금형을 과(科)한다. 다만, 법인 또는 개인이 그 위반행위를 방지하기 위하여 해당 업무에 관하여 상당한 주의와 감독을 게을리하지 아니한 경우에는 그러하지 아니하다.

2. 특별법

가. 대기관리권역의 대기환경개선에 관한 특별법

나. 환경범죄 등의 단속 및 가중처벌에 관한 법률

Ⅲ. 범죄사실

1. 무허가 배출시설의 설치행위

1) 적용법조 : 제89조 제1호, 제23조 제1항 ☞ 공소시효 7년

제23조(배출시설의 설치 허가 및 신고) ① 배출시설을 설치하려는 자는 대통령령으로 정하는 바에 따라 시·도지사의 허가를 받거나 시·도지사에게 신고하여야 한다.

2) 범죄사실 기재례

[기재례1] 무허가 배출시설 설치

피의자는 ○○에서 매일금속이라는 상호로 금속도장업에 종사하는 자로, 배출시설을 설치하려는 자는 대통령령으로 정하는 바에 따라 시·도지사의 허가를 받거나 시·도지사에게 신고하여야 한다.

그럼에도 불구하고 피의자는 20○○. ○. ○.경 허가없이 위 공장에서 대기오염물질배출시설 중 금속제품가공시설인 도장시설 용적 15㎥ 1대 등을 설치하여 그 무렵부터 20○○. ○. ○.경까지 조업하였다.

[기재례2] 미신고 배출시설 설치

피의자는 甲 주식회사 대표이사로서, 배출시설을 설치하려는 자는 배출시설을 설치하려는 자는 대통령령으로 정하는 바에 따라 시·도지사의 허가를 받거나 시·도지사에게 신고하여야 한다.

그럼에도 불구하고 피의자는 20○○. ○. ○.경부터 20○○. ○. ○.경까지 ○○회사에 대기배출시설인 연마시설 1마력짜리 10대, 3마력짜리 5대, 10마력짜리 2대를 각각 설치하고 이를 이용하여 조업하였다.

3) 신문사항

- ○○회사를 운영하고 있는가
- 시설규모와 직원수는 어느 정도인가
- 월 매출은 어느 정도인가
- 공해배출시설이 설치되어 있는가
- 1일 배출량은 어느 정도 인가
- 배출시설을 설치하였나
- 이러한 시설에 대해 행정기관에 신고(허가)하였나
- 왜 신고(허가)없이 설치하였나

■ 판례 ■ 미신고 대기오염물질 배출시설의 설치행위를 처벌하는 구 대기환경보전법 제55조의2 제1호의 처벌 범위

구 대기환경보전법(2004. 2. 9. 법률 제7170호로 개정되기 전의 것) 제55조의2 제1호는 신고 없이 대기오염물질 배출시설을 설치한 행위만을 처벌하는 것이 아니라 신고 없이 대기오염물질 배출시설을 설치하거나 그 배출시설을 이용하여 조업한 자를 처벌하는 것이므로, 신고 없이 설치한 배출시설을 이용하여 계속하여 조업하는 한 대기환경보전법 위반에 해당한다(대법원 2005.10.28. 선고 2003도5192 판결).

■ 판례 ■

[1] 구 대기환경보전법령상 '최대소각용량'의 의미 및 그 개념이 구체적인 산정방식에 관한 규정이 없어 불명확한지 여부(소극)

구 대기환경보전법령에 따르면 소각시설의 용량을 신고할 때 적용되는 소각용량이라 함은 '최대소각용량'을 의미하고, 최대소각용량은 당해 소각시설이 단위시간당 소각할 수 있는 특정 폐기물의 최대소각량을 의미한다. 이때, 위 최대소각용량의 구체적인 산정방식에 관하여는 비록 법령상에 아무런 규정이 없으나, 소각시설 형태 및 가동방법의 다양성 등에 기인한 입법기술상의 한계, 소각시설에 관한 법령의 입법 필요성 등을 종합적으로 고려하면, 소각시설의 설계·제작 및 운영 등 관련 업계에 종사하는 건전한 상식과 통상적인 법감정을 가진 사람이라면 통상의 해석방법에 의하여 그 의미를 알 수 있는 개념이다.

[2] 소각로 제작업자가 폐기물 중간처리업자의 주문을 받아 소각로를 제작·설치하면서 큰 용량의 소각시설에 필요한 설치기준을 회피하기 위하여, 위 중간처리업자와의 협의 아래 관할청에는 적은 용량의 소각로를 설치한다고 신고하고서 실제로는 그보다 2배 이상 큰 소각용량의 소각로를 제작·설치하여 조업하게 한 사안에서 대기환경보전법 위반죄의 범의 및 공모관계를 인정한 사례.(대법원 2007.7.26, 선고, 2005도464, 판결)

2. 대기오염방지시설 미설치

1) 적용법조 : 제89조 제2호, 제26조 제1항 ☞ 공소시효 7년

제26조(방지시설의 설치 등) ① 제23조제1항부터 제3항까지의 규정에 따라 허가·변경허가를 받은 자 또는 신고
·변경신고를 한 자(이하 "사업자"라 한다)가 해당 배출시설을 설치하거나 변경할 때에는 그 배출시설로부터 나오
는 오염물질이 제16조의 배출허용기준 이하로 나오게 하기 위하여 대기오염방지시설(이하 "방지시설"이라 한다)을
설치하여야 한다. 다만, 대통령령으로 정하는 기준에 해당하는 경우에는 설치하지 아니할 수 있다.

2) 범죄사실 기재례

대기배출시설을 설치하여 신고를 한 자가 해당 배출시설을 설치할 때에는 그 배출시설로부터
나오는 물질이 배출허용기준 이하로 나오게 하기 위하여 대기오염방지시설을 설치하여야 한다.
피의자는 20○○. ○. ○.경 ○○있는 ○○사업장에서 대기배출시설인 가황(성형) 시설 15
기(용량합계 128.42kw)에 대해 설치한 후 설치신고를 하였으나 그에 따른 대기오염 방지시
설인 흡착에 의한 시설(290㎥/분 × 1기)을 설치하지 않고 그때부터 20○○. ○. ○.경까지
위 가황(성형) 시설 15기 중 하루 1~4기를 운영하였다.

3. 가동개시 신고 전 조업행위

1) 적용법조 : 제91조 제1호, 제30조 제1항 ☞ 공소시효 5년

제30조(배출시설 등의 가동개시 신고) ① 사업자는 배출시설이나 방지시설의 설치를 완료하거나 배출시설의 변경(변경
신고를 하고 변경을 하는 경우에는 대통령령으로 정하는 규모 이상의 변경만 해당한다)을 완료하여 그 배출시설이나 방지
시설을 가동하려면 환경부령으로 정하는 바에 따라 미리 시·도지사에게 가동개시 신고를 하여야 한다.

2) 범죄사실 기재례

피의자 甲은 ○○에 있는 ○○주식회사의 대표이사로 이 회사의 배출시설 및 방지시설을
운영하는 총괄책임자이고, 피의자 ○○주식회사는 ○○목적으로 설립된 법인이다.
배출시설 및 방지시설의 설치허가를 받은 자는 그 설치를 완료한 때로부터 15일 이내에
관할관청에 가동개시신고를 하고 조업하여야 한다.
가. 피의자 甲
피의자는 20○○. ○. ○. ○○시장의 허가를 받아 위 회사에 대기배출시설인 ○○등을 20
○○. ○. ○. 경 설치 완료하고 그 무렵부터 20○○. ○. ○. 까지 사이에 가동개시신고를
하지 아니한 채 위 배출시설을 사용하여 조업하였다.
나. 피의자 ○○주식회사
피의자는 위 甲이 위 법인의 업무에 관하여 위 항과 같이 배출시설을 사용하여 조업하였다.

3) 신문사항

– 대기배출시설을 설치한 일이 있는가

– 언제 어떤 배출시설을 설치하였나

- 언제 누구에게 설치허가를 받았는가

- 설치 완료는 언제하였는가

- 가동개시는 언제 하였는가

- 가동개시전 개시신고를 하였는가

- 개시신고를 하지 않고 왜 가동하였나

4. 배출시설의 비정상 운영

1) 적용법조 : 제90조 제2호, 제31조 제1항 제2호 ☞ 공소시효 7년

제31조(배출시설과 방지시설의 운영) ① 사업자(제29조제2항에 따른 공동 방지시설의 대표자를 포함한다)는 배출시설과 방지시설을 운영할 때에는 다음 각 호의 행위를 하여서는 아니 된다.
1. 배출시설을 가동할 때에 방지시설을 가동하지 아니하거나 오염도를 낮추기 위하여 배출시설에서 나오는 오염물질에 공기를 섞어 배출하는 행위
2. 방지시설을 거치지 아니하고 오염물질을 배출할 수 있는 공기 조절장치나 가지 배출관 등을 설치하는 행위. 다만, 화재나 폭발 등의 사고 예방을 위하여 다른 법령에서 정한 시설로서 배출시설 설치허가를 받은 경우는 제외한다.
3. 부식이나 마모로 인하여 오염물질이 새나가는 배출시설이나 방지시설을 정당한 사유 없이 방치하는 행위
4. 방지시설에 딸린 기계와 기구류의 고장이나 훼손을 정당한 사유 없이 방치하는 행위
5. 그 밖에 배출시설이나 방지시설을 정당한 사유 없이 정상적으로 가동하지 아니하여 배출허용기준을 초과한 오염물질을 배출하는 행위
② 사업자는 조업을 할 때에는 환경부령으로 정하는 바에 따라 그 배출시설과 방지시설의 운영에 관한 상황을 사실대로 기록하여 보존하여야 한다.

2) 범죄사실 기재례

피의자 甲은 丙주식회사의 전무이사로서 위 회사의 생산·배출시설관리 등의 총괄책임자이고, 피의자 丙주식회사는 축전지제조·판매업 등을 목적으로 설립된 법인이다.
대기오염물질의 배출업소인 위 회사가 조업할 때는 배출 오염물질이 각 방지시설에 차례로 거치게 하는 등 대기오염물질의 배출 및 방지시설을 정상적으로 운영하여 배출허용기준치 이하로 배출시켜야 한다.
가. 피의자 甲
피의자는 20○○. ○. ○.경부터 20○○. ○. ○.경까지 사이에 ○○에 있는 위 회사에서 배출시설인 반응조를 방비시설 중 여과집진 시설을 연결해 주는 닥트 5개가 파손되었음에도 이를 수리하지 아니한 채 조업함으로써 위 반응조에서 발생하는 황산화물을 1분당 50㎥씩 무단 방출하여 방지시설을 비정상 운영하여 배출허용기준을 초과한 오염물질을 배출하였다.
나. 피의자 丙 주식회사
피의자는 법인의 사용인인 위 甲이 법인의 업무에 관하여 위 항과 같은 위반행위를 하였다.

3) 신문사항

- ○○회사에서 어떤 일을 하고 있는가

- 대기오염물질 배출 및 방지를 위해 어떤 시설이 되어 있는가

- 이에 대한 총괄 책임은 누가 지고 있는가

- 평상시 관리는 누가 맡고 있는가

- 이에 대한 설치 허가를 받았는가

- 비정상운영으로 배출허용기준을 초과하여 오염물질이 배출된 것을 알고 있는가

- 어떤 기계고장으로 이런 결과가 발생하였나

- 어느 정도의 오염물질이 배출되었나

- 배출물질에 대한 조치는 어떻게 하였나

5. 조업정지 명령위반

1) 적용법조 : 제89조 제4호, 제34조 제1항 ☞ 공소시효 7년

> 제34조(조업정지명령 등) ① 시·도지사는 제33조에 따라 개선명령을 받은 자가 개선명령을 이행하지 아니하거나 기간 내에 이행은 하였으나 검사결과 제16조 또는 제29조제3항에 따른 배출허용기준을 계속 초과하면 해당 배출시설의 전부 또는 일부에 대하여 조업정지를 명할 수 있다.

2) 범죄사실 기재례

> 피의자는 200○. ○. ○. 경 피의자가 운영하는 ○○에 있는 ○○공장에 대기배출시설인 ○○을 설치하여 조업하던 중 200○. ○. ○.○○군수로부터 위 대기 배출시설에 대한 개선명령을 받았다. 그럼에도 불구하고 피의자는 그때부터 200○. ○. ○. 까지 정당한 이유없이 위 명령을 위반하여 조업하였다.

3) 신문사항

- 피의자는 ○○○를 경영하고 있는가

- 그 시설의 규모는(직원수, 월매출액 등)

- 어떠한 공해를 배출하는가

- 위 업소는 공해배출시설이 설치되어 있는가

- 그 시설에 대하여 허가를 받았나

- 그로 인해 조업정지명령을 받은 사실이 있는가

- 언제 무엇 때문에 조업정지를 받았는가

- 당시 확인서 등을 작성해 준 사실이 있는가

  이때 고발장에 첨부된 확인서 등을 보여주며

- 이 내용이 모두 사실인가

- 위 명령을 이행하지 아니하고 계속 조업한 이유는 무엇인가

6. 환경기술인 업무방해

1) 적용법조 : 제93조, 제40조 제4항 ☞ 공소시효 5년

> **제40조(환경기술인)** ④ 사업자 및 배출시설과 방지시설에 종사하는 자는 배출시설과 방지시설의 정상적인 운영·관리를 위한 환경기술인의 업무를 방해하여서는 아니 되며, 그로부터 업무수행을 위하여 필요한 요청을 받은 경우에 정당한 사유가 없으면 그 요청에 따라야 한다.

2) 범죄사실 기재례

> 피의자는 ○○에 있는 ○○주식회사를 운영하는 사람으로서, 사업자 및 배출시설과 방지시설에 종사하는 자는 배출시설과 방지시설의 정상적인 운영·관리를 위한 환경기술인의 업무를 방해하여서는 아니 되며, 그로부터 업무 수행상 필요한 요청을 받으면 정당한 사유가 없으면 이에 응하여야 한다.
> 그럼에도 불구하고 피의자는 200○. ○. ○. ○○:○○경 ○○에서 ○○소속 환경기술인 甲이 ○○시설점검을 하려고 하자 ○○이유로 약 ○○분간 ○○방법으로 업무를 정당한 이유없이 방해하였다.

3) 신문사항

- ○○회사를 운영하고 있는가
- 회사규모는 (시설규모와 직원수는 어느 정도인가)
- 환경관리인을 임명하였는가(환경기술인 미임명시 벌금 → 과태료 대상)
- 환경기술인의 업무를 방해한 일이 있는가
- 언제 어디에서 방해하였는가
- 어떤 업무를 어떤 방법으로 방해하였는가
- 방해를 받은 환경기술인이 누구인가
- 왜 환경기술인의 업무를 방해하였는가
- 방해 행위에 정당한 사유가 있었는가
- 방해로 어떤 결과가 발생하였는가

7. 비산먼지 발생억제시설의 미설치

1) 적용법조 : 제92조 제5호, 제43조 제1항 ☞ 공소시효 5년

> **제43조(비산(飛散)먼지의 규제)** ① 비산배출되는 먼지(이하 "비산먼지"라 한다)를 발생시키는 사업으로서 대통령령으로 정하는 사업을 하려는 자는 환경부령으로 정하는 바에 따라 특별자치도지사·시장·군수·구청장에게 신고하고 비산먼지의 발생을 억제하기 위한 시설을 설치하거나 필요한 조치를 하여야 한다. 이를 변경하려는 때에도 또한 같다.

2) 범죄사실 기재례

> 피의자는 ○○에서 "대흥불럭"이라는 상호 콘크리트제조업을 하는 사람으로서 사업장을 운영할 경우 비산먼지의 발생을 억제하기 위한 시설을 설치하여야 한다.
>
> 그럼에도 불구하고 피의자는 20○○. ○. ○.부터 20○○. ○. ○.경까지 위 사업장 내에 분체상 물질(석분)을 야적하면서 사업장 경계에 방진벽 및 방진망과 방진덮개를 설치하지 아니하여 비산먼지를 발생하게 하였다.

3) 신문사항

- 콘크리트제조업을 하고 있는가
- 언제부터 어디에서 하고 있는가
- 규모는 어느 정도인가
- 사업장에 무엇을 저장하고 있는가
- 사업장에서 비산먼지가 발생하는가
- 비산먼지 방지를 위해 어떤 조치를 취하였나
- 방진벽 등을 설치해야 하는 것이 아닌가

■ **판례** ■ **구 대기환경보전법 제57조 제4호의 법적 성격**

[1] 구 대기환경보전법 제57조 제4호에 정한 비산먼지 억제시설을 설치하지 아니한 자에 이를 가동하지 아니한 자도 포함되는지 여부(적극)

구 대기환경보전법 제28조 제1항을 위반하여 비산먼지의 발생을 억제하기 위한 시설을 설치하지 아니한 자를 처벌하는 구 대기환경보전법 제57조 제4호의 입법 취지와 목적 등을 고려할 때, 비산먼지의 발생을 억제하기 위한 시설을 설치하였으나 이를 가동하지 아니한 자도 위 조항에 위반된다고 봄이 상당하다.

[2] 비산먼지 억제시설을 설치하지 아니한 자 등을 처벌하는 구 대기환경보전법 제57조 제4호가 과실범도 처벌하는 규정인지 여부(적극)

구 대기환경보전법 제28조 제1항에 위반하는 행위 즉, 위 규정에 따른 비산먼지의 발생을 억제하기 위한 시설을 설치하지 아니하거나 필요한 조치를 하지 아니한 자를 처벌하고자 하는 구 대기환경보전법 제57조 제4호의 규정은 고의범은 물론이고, 과실로 인하여 그러한 내용을 인식하지 못하고 위 시설을 설치하지 아니하거나 필요한 조치를 하지 아니한 자도 함께 처벌하는 규정이라고 해석함이 상당하다

[3] 비산먼지 발생 사업장에서 먼지 억제시설인 자동식 세륜시설을 설치하였으나 고장으로 이를 가동하지 못

하고 이동식 살수시설만을 사용한 사안에서, 구 대기환경보전법 제57조 제4호 위반행위에 해당한다(대법원 2008.11.27. 선고 2008도7438 판결).

■ 판례 ■   건설공사 하도급의 경우, 구 대기환경보전법 제43조 제1항에 의하여 비산먼지 발생 억제 시설을 설치하거나 필요한 조치를 할 의무자(=최초수급인) 및 최초수급인으로부터 도급을 받은 하수급인 등이 같은 법 제92조 제5호의 적용대상에 해당하는지 여부(소극)

구 대기환경보전법(2012. 5. 23. 법률 제11445호로 개정되기 전의 것, 이하 '법'이라고 한다) 제43조 제1항, 제92조 제5호, 제95조, 구 대기환경보전법 시행령(2015. 7. 20. 대통령령 제26419호로 개정되기 전의 것, 이하 '시행령'이라고 한다) 제44조 제5호, 구 대기환경보전법 시행규칙(2013. 5. 24. 환경부령 제506호로 개정되기 전의 것, 이하 '시행규칙'이라고 한다) 제57조, 제58조 제1항, 제4항의 체계와 내용을 종합하여 보면, 법 제43조 제1항에 의하여 비산먼지 발생 사업을 신고할 의무(이하 '신고의무'라고 한다) 및 비산먼지 발생 억제 시설을 설치하거나 필요한 조치를 할 의무(이하 '시설조치의무'라고 한다)는 시행령과 시행규칙에서 규정한 사업의 종류 및 대상자에 해당하는 경우에만 인정된다.

그런데 시행령과 시행규칙은, 건설업을 도급에 의하여 시행하는 경우에는 '발주자로부터 최초로 공사를 도급받은 자'(이하 '최초수급인'이라고 한다)가 비산먼지 발생 사업신고를 하여야 하고, 신고를 할 때는 시설조치의무의 이행을 위한 사항까지 포함하여 신고하도록 규정하고 있다. 이는 여러 단계의 도급을 거쳐 시행되는 건설공사의 특성을 고려하여, 사업장 내의 비산먼지 배출 공정을 효과적으로 관리·통제하고 책임 소재를 명확하게 할 목적으로 하도급에 의하여 공사를 하는 경우에도 비산먼지 배출 신고의무 및 시설조치의무는 최초수급인이 부담하도록 한 것이라고 해석된다. 시행규칙 제58조가 신고의무에 관해서만 의무자가 최초수급인임을 제1항에서 명시하고, 시설조치의무에 관해서는 따로 의무자를 규정하지 않고 단지 제4항에서 시설조치에 관한 기준만을 규정하고 있기는 하지만, 위와 같은 입법 취지로 볼 때 시설조치의무자와 신고의무자를 달리 볼 것은 아니다. 결국 건설공사 하도급의 경우 법 제43조 제1항에 의한 시설조치의무자는 최초수급인데, 법 제92조 제5호는 법 제43조 제1항의 시설조치의무를 위반한 자를 처벌하는 규정인 이상, 최초수급인으로부터 도급을 받은 하수급인 등은 제43조 제1항의 시설조치의무자가 아니므로 그 적용대상에 해당하지 않는다. 이렇게 해석하는 것이 형벌법규는 엄격하게 해석하여야 한다는 기본 원칙에도 맞다.(대법원 2016.12.15. 선고, 2014도8908, 판결)

8. 인증받지 않고 차량 수입

1) 적용법조 : 제91조 제4호, 제48조 제2항 ☞ 공소시효 … 5년

> 제48조(제작차에 대한 인증) ① 자동차제작자가 자동차를 제작하려면 미리 환경부장관으로부터 그 자동차의 배출가스가 배출가스보증기간에 제작차배출허용기준(저공해자동차등의배출허용기준을 포함한다. 이하 같다)에 맞게 유지될 수 있다는 인증을 받아야 한다. 다만, 환경부장관은 대통령령으로 정하는 자동차에는 인증을 면제하거나 생략할 수 있다.
> ② 자동차제작자가 제1항에 따라 인증을 받은 자동차의 인증내용 중 환경부령으로 정하는 중요한 사항을 변경하려면 변경인증을 받아야 한다.

2) 범죄사실 기재례

> 피의자는 ○○에서 자동차수입업에 종사하는 사람으로서, 자동차수입업자는 자동차를 수입하고자 할 때는 미리 환경부장관으로부터 당해 배출가스의 배출이 배출가스 보증기간 동안 수입차 배출허용기준에 적합하게 유지될 수 있다는 인증을 받아야 한다.
>
> 그럼에도 불구하고 피의자는 20○○. ○. ○. ○○에 있는 피의자 운영의 '○○레포츠' 오토바이 판매점에서 인증을 받지 아니하고 중국으로부터 오토바이 ○○대를 수입한 것을 비롯하여 그 무렵부터 20○○. ○. ○.까지 모두 ○○대의 오토바이를 수입하였다.

3) 신문사항

 - 자동차를 수입한 일이 있는가
 - 언제 어디에서 어떤 자동차를 수입하였나
 - 어떤 조건으로 수입하였나
 - 어떤 방법으로 수입하였나
 - 배출허용기준에 대한 인증을 받았는가
 - 총 몇 대를 수입하였나
 - 이렇게 수입한 자동차는 어떻게 하였는가
 - 왜 인증을 받지 아니하였나

■ 판례 ■   대기환경보전법 시행규칙 제67조 제1항, 제3항 및 소음·진동관리법 시행규칙 제34조 제1항, 제3항의 해석 / 대기환경보전법 시행규칙 제67조 제1항 및 소음·진동관리법 시행규칙 제34조 제1항에 따른 사항에 변경이 발생하였음에도 변경인증 또는 변경보고나 변경통보절차를 거치지 않아 결과적으로 변경인증을 받지 않은 경우, 대기환경보전법 제91조 제4호, 제95조 내지 소음·진동관리법 제57조 제5호, 제59조에 따른 처벌대상이 되는지 여부(적극)

대기환경보전법은 자동차수입자가 자동차를 수입하려면 미리 환경부장관으로부터 그 자동차의 배출가스가 배출가스보증기간에 제작차배출허용기준에 맞게 유지될 수 있다는 인증을 받아야 하고(제48조 제1항) 인증내용 중 환경부령으로 정하는 중요한 사항을 변경하려면 변경인증을 받아야 한다고 규정하면서(제2항), 변경인증을 받지 않고 자동차를 수입한 자와 그가 속한 법인 등에 관한 처벌규정을 마련하고 있다(제91조 제4호, 제95조). 그에 따라 대기환경보전법 시행규칙 제67조 제1항은 환경부령으로 정하는 중요한 사항을 열거하는 한편 제3항에서 제1항에 따른 사항을 변경하여도 배출가스의 양이 증가하지 않는 경우에는 해당 변경내용을 국립환경과학원장에게 보고하도록 하면서 이 경우 변경인증을 받은 것으로 보고 있다. 소음·진동관리법 제31조 제1항, 제2항, 제57조 제5호, 제59조 및 소음·진동관리법 시행규칙 제34조 제1항, 제3항도 변경보고의무 대신 변경통보의무를 부과하는 외에는 대기환경보전법 및 대기환경보전법 시행규칙과 유사하게 규정하고 있다.

이와 같이 대기환경보전법과 소음·진동관리법의 위임에 따라 대기환경보전법 시행규칙 제67조 제1항 및 소음·진동관리법 시행규칙 제34조 제1항이 변경인증 대상을 특정하여 열거하고 있고, 위 각 조문 제3항도 그 범위를 제한하지 않은 채 위 각 조문 제1항에 따른 사항을 변경하여도 배출가스의 양 또는 소음이 증가하지 않는 경우에는 국립환경과학원장에 대한 보고 또는 통보로써 변경인증을 받은 것으로 본다고만 규정하고 있는 점 등에 비추어 보면, 위 각 조문 제1항에 따른 사항에 변경이 발생할 경우에는 자동차수입자에게 변경인증의무를 부과하되, 배출가스의 양 또는 소음이 증가하지 않으면 위 각 조문 제3항에 따라 변경보고 또는 변경통보절차만 거치도록 함으로써 변경인증의무를 간소화한 것이라고 해석함이 타당하다. 따라서 위 각 조문 제1항에 따른 사항에 변경이 발생하였음에도 변경인증 또는 변경보고나 변경통보절차를 거치지 않아 결과적으로 변경인증을 받지 않은 경우에는 대기환경보전법 제91조 제4호, 제95조 내지 소음·진동관리법 제57조 제5호, 제59조에 따른 처벌대상이 된다고 보아야 한다.(대법원 2019. 9. 9., 선고, 2019도6588, 판결)

9. 배출허용기준치 초과

1) 적용법조 : 제92조 제12호, 제70조의2 제1항, 제70조 제1항 ☞ 공소시효 5년

> 제70조의2(자동차의 운행정지) ① 환경부장관, 특별시장·광역시장·특별자치시장·특별자치도지사·시장·군수·구청장은 제70조제1항에 따른 개선명령을 받은 자동차 소유자가 같은 조 제2항에 따른 확인검사를 환경부령으로 정하는 기간 이내에 받지 아니하는 경우에는 10일 이내의 기간을 정하여 해당 자동차의 운행정지를 명할 수 있다.
> 제70조(운행차의 개선명령) ① 환경부장관, 특별시장·광역시장·특별자치시장·특별자치도지사·시장·군수·구청장은 제61조에 따른 운행차에 대한 점검 결과 그 배출가스가 운행차배출허용기준을 초과하는 경우에는 환경부령으로 정하는 바에 따라 자동차 소유자에게 개선을 명할 수 있다.

2) 범죄사실 기재례

> 피의자는(차량번호) 차량의 소유자이다.
> 피의자는 20○○. ○. ○. ○○에서 자동차 배출가스단속반이 실시한 비디오카메라 단속결과 배출허용기준치를 초과한 매연 3도의 상태로 운행하여 ○○구청장의 개선 명령을 20○○. ○. ○.부터 20○○. ○. ○.까지 3회에 걸쳐 받고도 불응하였다.

3) 신문사항

- 차량을 소유하고 있는가
- 배출허용기준치 초과로 개선명령을 받은 일이 있는가
- 언제 누구로부터 어떤 명령을 받았는가
- 언제까지 총 몇 회에 걸쳐 받았는기
- 개선명령을 받고 이를 이행하였나
- 왜 이행하지 않았는가

■ 판례 ■ **당연무효인 운행차의 개선명령에 불응한 자에 대한 처벌여부(소극)**

당연무효인 운행차의 개선명령에 불응한 자에 대하여 대기환경보전법 제57조 제8호 위반으로 형사처벌을 할 수는 없다(대법원 1996.2.13. 선고 95도1993 판결).

■ 판례 ■ **구 대기환경보전법(1992. 12. 8. 법률 제4535호로 개정되기 전의 것) 제57조 제6호 규정이 과실범도 처벌하는 규정인지 여부**

입법목적이나 제반 관계규정의 취지 등을 고려하면, 법정의 배출허용기준을 초과하는 배출가스를 배출하면서 자동차를 운행하는 행위를 처벌하는 위 법 제57조 제6호의 규정은 자동차의 운행자가 그 자동차에서 배출되는 배출가스가 소정의 운행 자동차 배출허용기준을 초과한다는 점을 실제로 인식하면서 운행한 고의범의 경우는 물론 과실로 인하여 그러한 내용을 인식하지 못한 과실범의 경우도 함께 처벌하는 규정이다(대법원 1993.9.10. 선고 92도1136 판결).

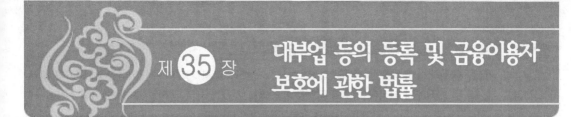

Ⅰ. 개념정의 및 이자제한법과 관계

1. 개념정의

제2조(정의) 이 법에서 사용하는 용어의 뜻은 다음과 같다.
1. "대부업"이란 금전의 대부(어음할인·양도담보, 그 밖에 이와 비슷한 방법을 통한 금전의 교부를 포함한다. 이하 "대부"라 한다)를 업(業)으로 하거나 다음 각 목의 어느 하나에 해당하는 자로부터 대부계약에 따른 채권을 양도받아 이를 추심(이하 "대부채권매입추심"이라 한다)하는 것을 업으로 하는 것을 말한다. 다만, 대부의 성격 등을 고려하여 대통령령으로 정하는 경우는 제외한다.
   가. 제3조에 따라 대부업의 등록을 한 자(이하 "대부업자"라 한다)
   나. 여신금융기관
2. "대부중개업"이란 대부중개를 업으로 하는 것을 말한다.
3. "대부중개업자"란 제3조에 따라 대부중개업의 등록을 한 자를 말한다.
4. "여신금융기관"이란 대통령령으로 정하는 법령에 따라 인가 또는 허가 등을 받아 대부업을 하는 금융기관을 말한다.
5. "대주주"란 다음 각 목의 어느 하나에 해당하는 주주를 말한다.
   가. 최대주주: 대부업자 또는 대부중개업자(이하 "대부업자등"이라 한다)의 의결권 있는 발행주식 총수 또는 출자지분을 기준으로 본인 및 그와 대통령령으로 정하는 특수한 관계에 있는 자(이하 "특수관계인"이라 한다)가 누구의 명의로 하든지 자기의 계산으로 소유하는 주식 또는 출자지분을 합하여 그 수가 가장 많은 경우의 그 본인
   나. 주요주주: 다음의 어느 하나에 해당하는 자
      1) 누구의 명의로 하든지 자기의 계산으로 대부업자등의 의결권 있는 발행주식 총수 또는 출자지분의 100분의 10 이상의 주식 또는 출자지분을 소유하는 자
      2) 임원의 임면 등의 방법으로 대부업자등의 주요 경영사항에 대하여 사실상의 영향력을 행사하는 주주 또는 출자자로서 대통령령으로 정하는 자
6. "자기자본"이란 납입자본금·자본잉여금 및 이익잉여금 등의 합계액으로서 대통령령으로 정하는 금액을 말한다.

※ 시행령(대통령령)
제2조(대부업에서 제외되는 범위) 「대부업 등의 등록 및 금융이용자 보호에 관한 법률」(이하 "법"이라 한다) 제2조제1호 각 목 외의 부분 단서에서 "대통령령으로 정하는 경우"란 다음 각 호의 어느 하나에 해당하는 경우를 말한다.
1. 사업자가 그 종업원에게 대부하는 경우
2. 「노동조합 및 노동관계조정법」에 따라 설립된 노동조합이 그 구성원에게 대부하는 경우
3. 국가 또는 지방자치단체가 대부하는 경우
4. 「민법」이나 그 밖의 법률에 따라 설립된 비영리법인이 정관에서 정한 목적의 범위에서 대부하는 경우

■ 판례 ■   '대부업법' 제2조 제1호가 규정하는 '금전의 대부'

[1] 대부업법 제2조 제1호에서 규정한 '금전의 대부'는 그 개념요소로서 거래의 수단이나 방법 여하를 불문하고 적어도 기간을 두고 장래에 일정한 액수의 금전을 돌려받을 것을 전제로 금전을 교부함으로써 신용을 제공하는 행위를 필수적으로 포함하고 있어야 하는지 여부(적극) / 재화 또는 용역을 할인하여 매입하는 거래를 통해 금전을 교부하는 경우, 금전의 교부에 관해 위와 같은 대부의 개념요소를 인정하기 어려운 경우까지 이를 같은 법상 금전의 대부로 보는 것은 죄형법정주의의 원칙에 위배되는지 여부(적극)

제19조 제1항 제1호는 같은 법 제3조가 규정하는 시·도지사에 대한 등록을 하지 아니하고 대부업 등을 한 자를 처벌한다. 대부업법 제2조 제1호는 "'대부업'이란 금전의 대부(어음할인·양도담보, 그 밖에 이와 비슷한 방법을 통한 금전의 교부를 포함한다)를 업으로 하거나, 등록한 대부업자 또는 여신금융기관으로부터 대부계약에 따른 채권을 양도받아 이를 추심하는 것을 업으로 하는 것을 말한다."라고 규정하고 있다.

대부업법의 관련 규정과 입법 목적, '금전의 대부'의 사전적인 의미, 대부업법 제2조 제1호가 '금전의 대부'에 포함되는 것으로 들고 있는 어음할인과 양도담보의 성질과 효력 등에 비추어 보면, 대부업법 제2조 제1호가 규정하는 '금전의 대부'는 그 개념요소로서 거래의 수단이나 방법 여하를 불문하고 적어도 기간을 두고 장래에 일정한 액수의 금전을 돌려받을 것을 전제로 금전을 교부함으로써 신용을 제공하는 행위를 필수적으로 포함하고 있어야 한다고 보는 것이 타당하다.

따라서 재화 또는 용역을 할인하여 매입하는 거래를 통해 금전을 교부하는 경우, 해당 사안에서 문제 되는 금전 교부에 관한 구체적 거래 관계와 경위, 당사자의 의사, 그 밖에 이와 관련된 구체적·개별적 제반 사정을 종합하여 합리적으로 평가할 때, 금전의 교부에 관해 위와 같은 대부의 개념요소를 인정하기 어려운 경우까지 이를 대부업법상 금전의 대부로 보는 것은, 대부업법 제2조 제1호 등 조항의 문언의 가능한 의미를 벗어나 피고인에게 불리한 방향으로 지나치게 확장해석하거나 유추해석하는 것이 되어 죄형법정주의의 원칙에 위반된다.

[2] 피고인이 인터넷 사이트에 '소액대출 및 소액결제 현금화' 등의 문구를 적시한 광고글을 게시하여 이를 보고 접근한 의뢰인들에게 문화상품권을 소액결제를 하고 구매 후 인증되는 문화상품권의 핀(PIN) 번호를 자신에게 알려주게 하여 의뢰인들이 구매한 문화상품권 액면가의 22% 금액을 선이자 명목으로 공제하고 나머지 77.8% 금액을 대부해 준 다음 위 핀 번호를 상품권업자에게 판매하는 방법으로 미등록 대부업을 영위하였다고 하여 대부업법 위반으로 기소된 사안

피고인이 의뢰인들에게 일정한 할인료를 공제한 금전을 교부하고 이와 상환하여 교부받은 상품권은 소지자가 발행자 또는 발행자가 지정하는 일정한 자에게 이를 제시 또는 교부하는 등의 방법으로 사용함으로써 권면금액에 상응하는 물품 또는 용역을 제공받을 수 있는 청구권이 화체된 유가증권의 일종인 점, 피고인과 의뢰인들 간의 상품권 할인 매입은 매매에 해당하고, 피고인과 의뢰인들 간의 관계는 피고인이 의뢰인들로부터 상품권 핀 번호를 넘겨받고 상품권 할인 매입 대금을 지급함으로써 모두 종료되는 점 등의 여러 사정을 종합하면, 피고인이 의뢰인들로부터 상품권을 할인 매입하면서 그 대금으로 금전을 교부한 것은 대부의 개념요소를 갖추었다고 보기 어려워 대부업법의 규율 대상이 되는 '금전의 대부'에 해당하지 않는다는 이유로, 이와 다른 전제에서 공소사실을 유죄로 판단한 원심판결에 대부업법이 규정하는 금전의 대부의 해석에 관한 법리를 오해한 잘못이 있다.(대법원 2019. 9. 26. 선고, 2018도7682, 판결)

2. 이자제한법

가. 내용

제2조(이자의 최고한도) ① 금전대차에 관한 계약상의 최고이자율은 <u>연 25퍼센트</u>를 초과하지 아니하는 범위 안에서 대통령령으로 정한다.

② 제1항에 따른 최고이자율은 약정한 때의 이자율을 말한다.

③ 계약상의 이자로서 제1항에서 정한 최고이자율을 초과하는 부분은 무효로 한다.

④ 채무자가 최고이자율을 초과하는 이자를 임의로 지급한 경우에는 초과 지급된 이자 상당금액은 원본에 충당되고, 원본이 소멸한 때에는 그 반환을 청구할 수 있다.

⑤ 대차원금이 10만원 미만인 대차의 이자에 관하여는 제1항을 적용하지 아니한다.

제7조(적용범위) 다른 법률에 따라 인가·허가·등록을 마친 금융업 및 대부업과 「대부업 등의 등록 및 금융이용자 보호에 관한 법률」 제9조의4에 따른 미등록대부업자에 대하여는 이 법을 적용하지 아니한다.

제8조(벌칙) ① 제2조제1항에서 정한 최고이자율을 초과하여 이자를 받은 자는 1년 이하의 징역 또는 1천만원 이하의 벌금에 처한다.

② 제1항의 징역형과 벌금형은 병과(倂科)할 수 있다.

※ 이자제한법 제2조제1항의 최고이자율에 관한 규정

「이자제한법」 제2조제1항에 따른 금전대차에 관한 계약상의 <u>최고이자율은 연 20퍼센트</u>로 한다.

나. 제정 취지

현행 「대부업의 등록 및 금융이용자보호에 관한 법률」만으로는 사채업의 폐해를 해결할 수 없다는 인식하에 이 법을 제정하여 이자의 적정한 최고한도를 정함으로써 국민경제생활을 보호하기 위한 최소한의 사회적 안전장치를 마련하려는 것임.

다. 적용 例

[기재례1]

> 금전대차에 관한 계약상 최고이자율은 연 20%를 초과할 수 없다.
> 그럼에도 불구하고 피의자는 20○○. ○. ○.경 피해자 갑(여, 40세)에게 현금으로 500만 원을 빌려주기로 하고 선이자 25만 원을 떼고 실제 475만 원을 빌려주고 매달 12일에 이자로 25만 원을 받기로 하는 등 법정이자율 20%를 초과한 연 63.2%의 이자를 받았다.

[기재례2]

> 금전대차에 관한 계약상 최고이자율은 연 20%를 초과할 수 없다.
> 그럼에도 불구하고 피의자는 20○○. ○. ○.경 피해자에게 500만 원을 대여하기로 하고 선이자로 22만 원을 떼고 실제 478만 원을 피해자에게 대여한 후 20○○. ○. ○. 피해자로부터 위 대여금에 대한 이자 명목으로 30만 원을 받은 것을 비롯하여 20○○. ○. ○.까지 피해자로부터 별지 범죄일람표 기재와 같이 총 ○○회에 걸쳐 이자제한법상 제한이자율인 연 20%를 초과한 이자를 지급받았다.

II. 벌 칙

제19조(벌칙) ① 다음 각 호의 어느 하나에 해당하는 자는 5년 이하의 징역 또는 5천만원 이하의 벌금에 처한다.
  1. 제3조 또는 제3조의2를 위반하여 등록 또는 등록갱신을 하지 아니하고 대부업등을 한 자
  2. 속임수나 그 밖의 부정한 방법으로 제3조 또는 제3조의2에 따른 등록 또는 등록갱신을 한 자
  3. 제9조의2제1항 또는 제2항을 위반하여 대부업 또는 대부중개업 광고를 한 자
  4. 제10조제1항 또는 제7항을 위반하여 신용공여를 한 자
  5. 제10조제1항 또는 제7항을 위반하여 신용공여를 받은 자
② 다음 각 호의 어느 하나에 해당하는 자는 3년 이하의 징역 또는 3천만원 이하의 벌금에 처한다.
  1. 제5조의2제4항을 위반하여 그 상호 중에 대부, 대부중개 또는 이와 유사한 상호를 사용한 자
  1의2. 제5조의2제5항을 위반하여 타인에게 자기의 명의로 대부업등을 하게 하거나 등록증을 대여한 자
  2. 제7조제3항을 위반하여 서류를 해당 용도 외의 목적으로 사용한 자
  3. 제8조 또는 제11조제1항에 따른 이자율을 초과하여 이자를 받은 자
  4. 제9조의4제1항 또는 제2항을 위반하여 미등록대부업자로부터 대부계약에 따른 채권을 양도받아 이를 추심하는 행위를 한 자 또는 미등록대부중개업자로부터 대부중개를 받은 거래상대방에게 대부행위를 한 자
  5. 제9조의4제3항을 위반하여 대부계약에 따른 채권을 양도한 자
  6. 제11조의2제1항 또는 제2항을 위반하여 대부중개를 하거나 중개수수료를 받은 자
  7. 제11조의2제3항에 따른 중개수수료를 초과하여 지급한 자
  8. 제11조의2제5항에 따른 시정명령을 이행하지 아니한 자
  9. 제11조의2제6항을 위반하여 중개수수료를 지급받은 자
  10. 제15조제4항에 따른 시정명령을 이행하지 아니한 자
③ 제1항 및 제2항의 징역형과 벌금형은 병과(倂科)할 수 있다.

제20조(양벌규정) 법인의 대표자나 법인 또는 개인의 대리인, 사용인, 그 밖의 종업원이 그 법인 또는 개인의 업무에 관하여 제19조의 위반행위를 하면 그 행위자를 벌하는 외에 그 법인 또는 개인에게도 해당 조문의 벌금형을 과(科)한다. 다만, 법인 또는 개인이 그 위반행위를 방지하기 위하여 해당 업무에 관하여 상당한 주의와 감독을 게을리하지 아니한 경우에는 그러하지 아니하다.

III. 범죄사실

1. 무등록 대부업

  1) **적용법조 :** 제19조 제1항 제1호, 제3조 제1항 ☞ 공소시효 7년

제3조(등록 등) ① 대부업 또는 대부중개업(이하 "대부업등"이라 한다)을 하려는 자(여신금융기관은 제외한다)는 영업소별로 해당 영업소를 관할하는 특별시장·광역시장·도지사 또는 특별자치도지사(이하 "시·도지사"라 한다)에게 등록하여야 한다.

제3조의2(등록갱신) ① 대부업자등이 제3조제6항에 따른 등록유효기간 이후에도 계속하여 대부업등을 하려는 경우에는 시·도지사등에게 유효기간 만료일 3개월 전부터 1개월 전까지 등록갱신을 신청하여야 한다.

2) 범죄사실 기재례

[기재례1] 무등록 대부업

> 피의자는 ○○에서 "한일금고"라는 상호로 대부업에 종사하는 사람으로서 금전의 교부 및 금전수수의 중개를 업으로 하는 대부업을 하고자 할 때는 ○○도지사에게 등록하여야 한다.
>
> 그럼에도 불구하고 피의자는 20○○. ○. ○.부터 20○○. ○. ○. 까지 위 장소에서 등록하지 않고 ○○○방법으로 대부업을 영위하였다.

[기재례2] 무등록 대부업 및 이자율 제한 위반 (제19조 제1항 제1호, 제3조 제1항, 제19조 제2항 제3호, 제8조 제1항)

> 가. 무등록 대부업
>
> 피의자는 관할관청에 대부업 등록을 하지 아니하고, 20○○. ○. ○.경 ○○에서, 대출신청자인 갑에게 10일 후에 100만 원을 변제받는 조건으로 60만원을 대부한 것을 비롯하여 그때부터 20○○. ○. ○.경까지 별지 범죄일람표 기재와 같이 ○○회에 걸쳐 ○○원을 대부하고 이자를 받는 방법으로 대부업을 하였다.
>
> 나. 이자율제한 위반
>
> 피의자는 20○○. ○. ○.경 대출신청자인 갑에게 60만 원을 빌려주고 20○○. ○. ○.경 원금 60만 원과 이자 40만 원 등 100만 원을 교부받았다.
>
> 이로써 피의자는 위와 같이 대부업자의 법정이자율인 연 ○○%를 초과하여 연○○%의 이자를 받은 것을 비롯하여 별지 범죄일람표 기재와 같이 그때부터 20○○. ○. ○.경까지 수회에 걸쳐 법정이자율을 초과하여 모두 ○○원의 이자를 받았다.

3) 신문사항

- 피의자는 현재 어떠한 업을 하고 있는가
- 언제부터 어디에서 이러한 대부업을 하고 있나
- 업소의 규모(사무실면적, 종업원 수)
- 어떠한 방법으로 하는가
- 주로 누구를 상대로 하는가
- 월 얼마정도 대부하는가
- 왜 등록을 하지 않고 대부업을 하였나

■ **판례** ■ 법인 명의로 대부업 등록을 하고 실질적으로 법인의 영업으로서 대부업을 한 경우, 해당 법인의 운영을 지배하는 자가 개인 명의로 별도로 대부업 등록을 하지 않았다는 이유로 법인의 실제 운영자를 대부업 등의 등록 및 금융이용자 보호에 관한 법률 제19조 제1항 제1호 위반으로 처벌할 수 있는지 여부(원칙적 소극)

대부업 등의 등록 및 금융이용자 보호에 관한 법률(이하 '대부업법'이라 한다) 제3조 제1항, 제2항, 제19조 제1항 제1호와 대부업법이 대부업·대부중개업의 등록 및 감독에 필요한 사항을 정하고 대부업자와 여신금융기관의 불법적 채권추심행위 및 이자율 등을 규제함으로써 대부업의 건전한 발전을 도모하는 한편 금융이용자를 보호하고 국민의 경제생활 안정에 이바지함을 목적으로 한다는 점(대부업법 제1조)에 비추어 보면, 대부업법 제3조에 따라 대부업 등록을 한 법인이 아무런 실체가 없는 법인으로서 실제로는 법인의 명의가 이용된 것에 불과하고 해당 법인의 실제 운영자가 자신의 대부업을 직접 한 것으로 볼 수 있는 등의 특별한 사정이 없는 한, 법인이 등록을 하고 실질적으로 법인의 영업으로서 대부업을 한 이상 그 법인의 운영을 지배하는 자가 개인 명의로 별도로 대부업 등록을 하지 않았다고 하여 그 운영자를 대부업법 제19조 제1항 제1호의 위반으로 처벌할 수는 없다.(대법원 2013.6.27. 선고, 2012도4848, 판결)

■ 판례 ■ 구 대부업 등의 등록 및 금융이용자 보호에 관한 법률 제2조 제2호에서 말하는 '대부중개'의 의미 및 이자율 등 대부조건이 확정되지 않은 상태에서 금전의 대부를 주선하는 행위도 대부중개의 범위에 포함될 수 있는지 여부(적극) / 어떠한 행위가 대부중개에 해당하는지 판단하는 기준 및 대부중개업 등록을 하지 않은 자가 대부의 거래당사자에게 제공한 용역이 대부중개에 해당하는지 판단할 때 고려해야 할 사항

구 대부업 등의 등록 및 금융이용자 보호에 관한 법률(2015. 7. 24. 법률 제13445호로 개정되기 전의 것, 이하 '대부업법'이라 한다)은 대부업에 관하여 '금전의 대부(어음할인·양도담보, 그 밖에 이와 비슷한 방법을 통한 금전의 교부를 포함한다)를 업으로 하거나, 등록한 대부업자 또는 여신금융기관으로부터 대부계약에 따른 채권을 양도받아 이를 추심하는 것을 업으로 하는 것'이라고 정의하고(제2조 제1호), 대부중개업에 관하여 '대부중개를 업으로 하는 것'이라고 정의하고 있으나(제2조 제2호), 대부중개 자체에 관해서는 그 의미를 정의하거나 그 범위를 제한하는 규정을 두고 있지 않다. 위와 같은 대부업법 규정과 '제3자로서 두 당사자 사이에 서서 일을 주선하는 것'이라는 중개의 사전적 의미 등을 고려하면, 대부업법 제2조 제2호에서 말하는 '대부중개'는 거래당사자 사이에서 금전의 대부를 주선('알선'이라고도 한다)하는 행위를 뜻하고, 금전의 대부를 주선하는 행위에 해당하는 이상 이자율 등 대부조건이 확정되지 않은 상태에서 한 행위도 대부중개의 범위에 포함될 수 있다고 봄이 타당하다.

어떠한 행위가 대부중개에 해당하는지는 행위자의 주관적 의사에 따라 결정할 것이 아니라 객관적으로 보아 그 행위가 사회통념상 금전의 대부를 주선하는 행위라고 인정되는지에 따라 결정해야 한다. 한편 대부업법은 대부중개업을 하려는 자에게 영업소별로 해당 영업소를 관할하는 시·도지사에게 등록할 의무를 부과하고 이를 위반한 자를 처벌하도록 하며(제3조 제1항, 제19조 제1항 제1호), 미등록 대부중개업자 등으로 하여금 대부중개와 관련한 대가, 즉 중개수수료를 대부를 받는 거래상대방으로부터 받지 못하게 하고 이러한 제한을 위반한 자를 처벌하도록 하고 있다(11조의2 제2항, 제19조 제2항 제6호). 위와 같은 대부업법 규정에 따르면, 대부중개업의 등록을 하지 않은 자가 대부의 거래당사자에게 어떠한 용역을 제공한 경우 그 용역이 대부업법에서 정한 대부중개에 해당하는지에 따라 해당 용역의 제공과 그 용역에 대한 대가 수수가 처벌대상이 되는지 여부가 결정된다. 따라서 개별 사안에서 특정 용역의 제공행위가 대부중개에 해당하는지는 용역 제공의 원인이 된 계약의 체결 경위와 그 내용, 용역 제공자가 실제로 수행한 업무의 성격 등을 종합적으로 고려해서 신중하게 판단해야 한다. (대법원 2021. 11. 25., 선고, 2017도641, 판결)

2. 명의대여

1) 적용법조 : 제19조 제2항 제1의2호, 제5조의2 제5항 ☞ 공소시효 5년

> **제5조의2(상호 등)** ⑤ 대부업자등은 타인에게 자기의 명의로 대부업등을 하게 하거나 그 등록증을 대여하여서는 아니 된다.

2) 범죄사실 기재례

> 피의자는 20○○. ○. ○. ○○도지사로부터 대부업 등록(제○○호)을 한 사람으로서 대부업자는 타인에게 자기의 명의로 대부업을 영위하게 하거나 그 등록증을 대여하여서는 아니된다.
> 그럼에도 불구하고 피의자는 20○○. ○. ○. ○○에서 홍길동에게 피의자 명의와 등록증을 대여하여 위 홍길동이 ○○에서 20○○. ○. ○.까지 대부업을 영위하게 하였다.

✱ 여기서 홍길동은 무등록 대부업으로 처벌

3) 신문사항

- 대부업을 하고 있는가
- 언제부터 어디에서 하고 있는가
- 대부업 등록은 하였는가(등록일, 번호, 등록관청 등)
- 대부업 등록증을 타인에게 빌려 준 일이 있는가
- 언제 누구에게 빌려주었나
- 어떤 조건으로 빌려 주었나
- 왜 빌려주었나.
- 무엇 때문에 빌려 달라고 하던가
- 빌려가서 어떻게 하던가

3. 이자율 제한위반

1) 적용법조 : 제19조 제2항 제3호, 제8조 제1항 ☞ 공소시효 5년

제8조(대부업자의 이자율의 제한) ① 대부업자가 개인이나 「중소기업기본법」 제2조제2항에 따른 소기업(小企業)에 해당하는 법인에 대부를 하는 경우 그 이자율은 연 100분의 27.9 이하의 범위에서 대통령령으로 정하는 율을 초과할 수 없다.

부칙 제5조(이자율 제한 등에 관한 특례) ① 제8조, 제15조제1항·제2항의 개정규정에도 불구하고 같은 개정규정에 따른 대통령령이 시행되기 전까지는 제2항부터 제5항까지의 규정에 따른다.

② 제8조제1항의 개정규정에서 "대통령령으로 정하는 율"이란 연 100분의 27.9를 말하며, 월 이자율 및 일 이자율은 연 100분의 27.9를 단리로 환산한다.

제11조(미등록대부업자의 이자율 제한) ① 미등록대부업자가 대부를 하는 경우의 이자율에 관하여는 「이자제한법」 제2조제1항 및 이 법 제8조제2항부터 제5항까지의 규정을 준용한다.

※ 시행령
제5조(이자율의 제한) ② 법 제8조제1항에서 "대통령령으로 정하는 율"이란 연 100분의 20을 말한다.
③ 제2항의 율을 월 또는 일 기준으로 적용하는 경우에는 연 100분의 20을 단리로 환산한다.

2) 범죄사실 기재례

[기재례1] 인터넷게임 사이트를 이용 소액결제 방법으로 대출

피의자는 20○○. ○. ○. ○○에서 미리 ○○생활정보지에 소액대출 광고를 낸 후 위 소액대출 광고를 보고 전화한 피해자로부터 10만 원 대출을 요청받자 인터넷게임 ○○ 사이트에 접속한 후 피해자로부터 넘겨받은 개인정보를 이용하여 피해자의 휴대폰 결제방식을 통해 10만 원 상당의 게임아이템을 구입하고, 위 대금은 한 달 후에 피해자로 하여금 휴대폰 사용대금으로 결제토록 하였다.

위와 동시에 피의자는 피해자의 대출요청 금액 10만 원에서 선이자 34,000원을 공제한 금액인 66,000원을 피해자에게 송금함으로써 법정 연 이자율 ○○% 를 초과한 ○○%로 이자율의 제한을 위반하여 이자를 받았다.

피의자는 그때부터 20○○. ○. ○.경까지 위와 동일한 방법으로 별지 범죄일람표 기재와 같이 총 ○○회에 걸쳐 피해자들에게 합계 ○○만 원을 대부해주면서 피해자들로부터 평균 약 연 이자율 ○○%에 해당하는 ○○만 원을 이자로 받아 이자율 제한규정을 위반하였다.

[기재례2] 이자율 제한위반

피의자는 20○○. ○. ○. ○○에게 등록(제○○호)한 후 ○○에서 "한중대부" 라는 상호로 대부업을 하는 자로, 대부업자가 개인 또는 대통령령이 정하는 소규모 법인에게 대부하는 경우 이자율은 연 100분의 ○○의 범위 이내에서 대통령령이 정하는 율(○○%)을 초과할 수 없다.

그럼에도 불구하고 피의자는 20○○. ○. ○. 위 사무실에서 홍길동에게 1개월을 기간으로 ○○만원을 빌려주면서 선이자로 월 ○○만원을 받아 이자율의 제한을 위반하였다.

3) 시기별 이자율 계산방법

(이자율 : 연)

등록 대부업자		미등록 대부업자		일 반 인	
계 약 시 점	이자율	계 약 시 점	이자율	계약시점	이자율
07. 10. 4.~08. 3. 21.	49%	02. 10. 27.~07. 10. 3.	66% (형사상 기준)	07. 6. 30.~이전계약건 포함	30%
08. 3. 22.~(이전계약건 포함)	49%	07. 6. 30.~이전계약건 포함	30% (민사상 효력)		
10. 7. 21.~11. 6. 26.	44%	07. 10. 4.~08. 3. 21.	49% (형사상 기준)		
11. 6. 27.~14. 4. 1.	39%	08. 3. 22.~이전계약건 포함	49% (형사상 기준)		
14. 4. 2.~16. 3. 2.	34.9%	09. 1. 21.~ 이전계약건 포함	30% (형사상 기준)		
16. 3. 3.~18. 2. 7.	27.9%	14. 7. 15.~신규 또는 개인계약	25% (형사상 기준)	14. 7. 15~	25%
18. 2. 8.~21. 7. 6.	24%				
21. 7. 7~	20%				

4) 이자제한법과 대부업법 비교

구 분	이자제한법	대부업법
적용범위	-미등록 대부업자 및 사인간 거래	-여신금융기관 및 등록·미등록대부업자
최고이자율	-연 25% (대통령령 연 20%)	-대부업자 : 연 20% -미등록 대부업자 : 연 25%
형사처벌	-1년이하 징역 또는 1천만원 이하 벌금	-미등록 영업 : 5년이하 징역 또는 5천만원 이하 벌금 -이자율 제한위반 : 3년이하 징역 또는 3천만원 이하 벌금

5) 신문사항

- 피의자는 현재 어떠한 업을 하고 있는가
- 언제부터 어디에서 이러한 대부업을 하고 있나
- 등록은 하였는가(등록일, 번호, 등록관청 등)
- 업소의 규모(사무실면적, 종업원 수)
- 어떠한 방법으로 하는가
- 주로 누구를 상대로 하는가
- 홍길동에게 대부 해준 일이 있는가
- 언제 얼마를 어떠한 조건으로 하였나
- 이자율을 얼마로 하였으며 실제 얼마의 이자를 받았나
- 2,000만원을 빌려 주면서 어떻게 선이자로 월 ○○만원을 받을 수 있나
- 이자율이 얼마인지 알고 있는가
- 이자율 제한을 초과하여 이자를 받은 이유는 무엇인가
- 홍길동 이외 다른 자들에게도 이렇게 이자율을 초과하여 받은 일이 있는가
- 월평균 어느 정도 대부를 하는가

4. 법정이자율 제한위반 및 불법 채권추심행위

1) 적용법조

"**가항**" : 대부업법 제19조 제2항 제3호, 제8조 제1항 ☞ 공소시효 5년
"**나항**" : 채권추심법 제15조 제1항, 제9조 제2호 ☞ 공소시효 7년

2) 범죄사실 기재례

> 피의자는 甲에 의해 20○○. ○. ○. ○○시장에 등록(제○○호)된 '○○대부'라는 상호의 대부업 사무실 종업원이다.
>
> 가. 대부업의 등록 및 금융이용자 보호에 관한 법률 위반
>
> 피의자는 20○○. ○. ○. ○○에 있는 '○○치과' 맞은편 길에 정차한 피의자 소유 승용차 안에서 乙에게 200만원을 대부하기로 하였다. 피의자는 위 대부와 관련하여 200만원에서 선이자 명목으로 20만원, 3일 치 일숫돈 명목으로 12만원 등 32만원을 공제한 168만원을 준 후 62일 동안 매일 4만원의 일수를 찍게 하였다.
>
> 이로써 피의자는 65일 동안 원금을 포함하여 260만원을 받기로 하여 법정이자율 제한을 위반하는 연 486.9%의 이자를 받기로 하고 乙에게 돈을 대부하여 그 약정원리금을 지급받았다.
>
> 나. 채권의 공정한 추심에 관한 법률 위반
>
> 피의자는 20○○. ○. ○. 13:00경 ○○에 있는 위 乙의 직장인 '○○'에 찾아가 그곳 직원들에게 乙의 소재 등을 문의하였다. 피의자는 이를 전해 들은 乙에게 전화로 "내일 돈을 입금하겠다"라는 말을 듣고, "내일 안 갚으면 집으로 찾아가서 다 말하겠다. 집에 찾아가면 좋은 꼴 못 볼 거다"라는 문자메시지를 보내 위 乙을 협박하였다.
>
> 그리하여 피의자는 채권을 추심함에 있어서 정당한 사유 없이 채무자 또는 그의 관계인을 방문하고 협박하였다.

■ **판례** ■ 　대부업체 직원이 대출금을 회수하기 위하여 채무자의 휴대전화로 수백 회에 이르는 전화공세를 한 것이 업무방해죄를 구성하는지 여부(적극)

대부업체 직원이 대출금을 회수하기 위하여 소액의 지연이자를 문제삼아 법적 조치를 거론하면서 소규모 간판업자인 채무자의 휴대전화로 수백 회에 이르는 전화공세를 한 것이 사회통념상 허용한도를 벗어난 채권추심행위로서 채무자의 간판업 업무가 방해되는 결과를 초래할 위험이 있어 업무방해죄를 구성한다(대법원 2005.5.27. 선고 2004도8447 판결).

■ **판례** ■ 　피고인들이 갑에게 대부기간을 3개월로 하여 돈을 대부하면서 1개월분 선이자를 공제하였는데 5일 후 약정 대부원금 전액을 변제받고도 선이자로 공제한 금액을 정산하지 않아 제한이자율을 초과한 경우

[1] 대부업자가 사전에 공제한 선이자 산정의 대상기간 또는 약정 대부기간이 경과하기 전에 대부원금이 상환된 경우, 선이자가 구 대부업의 등록 및 금융이용자보호에 관한 법률에서 정한 제한이자율을 초과하는지 판단하는 기준 및 '중도상환수수료' 지급 약정이 있는 경우에도 동일한 법리가 적용되는지 여부(적극)

구 대부업의 등록 및 금융이용자 보호에 관한 법률(2009. 1. 21. 법률 제9344호 대부업 등의 등록

및 금융이용자 보호에 관한 법률로 개정되기 전의 것, 이하 '구 대부업법'이라 한다) 제1조, 제8조 제1항, 제2항, 구 대부업의 등록 및 금융이용자보호에 관한 법률 시행령(2009. 4. 21. 대통령령 제21446호로 개정되기 전의 것, 이하 '구 대부업법 시행령'이라 한다) 제5조 제3항, 제4항 등에서 정한 구 대부업법의 입법목적과 관련 법령의 규정 내용을 종합하면, 대부업자가 선이자를 사전에 공제한 후 대부하였는데 선이자 산정의 대상기간 또는 약정 대부기간이 도과하기 전 중도에 대부원금이 상환된 경우 대부업자가 사전에 공제한 선이자가 구 대부업법에서 정한 제한이자율을 초과하는지 여부는, 선이자 공제액을 제외하고 채무자가 실제로 받은 금액을 원본으로 하여 대부일부터 실제 변제일까지 기간에 대한 제한이자율 소정의 이자를 기준으로 판단하여야 하고, 이러한 법리는 금융이용자가 약정 변제기 전에 대부금을 변제하는 경우 그로 인한 대부업자의 손해배상 명목으로 중도상환수수료를 지급하기로 하는 약정이 있는 경우에도 마찬가지이다. 결국 구 대부업법이 적용되는 대부에서는, 중도상환수수료를 포함하여 명목이나 명칭에 불구하고 대부업자가 받은 일체의 금원 중 구 대부업법 시행령 제5조 제4항에 열거된 비용을 제외한 금원을 모두 이자로 보아, 그 금액이 실제 대부기간에 대한 제한이자율 소정의 이율을 초과하게 되면 구 대부업법 제8조 제1항을 위반한 죄에 해당하게 된다.

[2] 사전에 공제한 선이자 중 실제 대부기간에 대한 제한이자율에 따른 이자를 초과하는 부분은 중도상환수수료로 받은 것이어서 제한이자율을 초과한 것으로 볼 수 있는지 여부(소극)

피고인들이 갑에게 대부기간을 3개월로 하여 돈을 대부하면서 1개월분 선이자를 공제하였는데 5일 후 약정 대부원금 전액을 변제받고도 선이자로 공제한 금액을 정산하지 않아 제한이자율을 초과하였다고 하여 구 대부업의 등록 및 금융이용자보호에 관한 법률(2009. 1. 21. 법률 제9344호 대부업 등의 등록 및 금융이용자 보호에 관한 법률로 개정되기 전의 것, 이하 '구 대부업법'이라 한다) 위반으로 기소된 사안에서, 피고인들이 사전에 공제한 선이자가 실제 대부기간에 대한 구 대부업법에서 정한 제한이자율에 따른 이자를 초과하였지만 초과 부분은 이자가 아닌 중도상환수수료로 받은 것이어서 제한이자율을 초과한 것으로 볼 수 없다는 취지로 판단한 원심의 조치에 구 대부업법상 중도상환수수료의 간주이자 해당 여부에 관한 법리오해의 위법이 있다.(대법원2012.3.15.선고2010도11258판결)

■ **판례** ■　　이른바 일수의 경우 구 대부업의 등록 및 금융이용자보호에 관한 법률(2009. 1. 21. 법률 제9344호로 개정되기 전의 것, 이하 '구 대부업법'이라 한다) 소정의 제한이자율 초과 여부의 판단 방법

구 대부업법의 입법목적, 규정의 내용과 취지 등에 비추어 보면, 대부업을 영위하는 자가 금전을 대부하면서 구 대부업법 제8조 제1항에서 정한 제한이자율(이하 '제한이자율'이라 한다)을 초과하는 이자를 받기로 약정한 경우에, 실제로 상환 받은 이자에 관하여 상환시까지 남아 있는 차용원금과 차용기간에 기초하여 산정되는 이자율이 제한이자율을 초과하는 경우에는 구 대부업법 제8조 제1항을 위반한 것으로서 제19조 제2항 제2호에 따라 처벌된다고 봄이 상당하다. 그리고 이러한 법리는 제한이자율을 초과하는 이자를 포함하여 원리금을 분할 상환하기로 하는 약정을 체결한 경우에, 실제로 상환 받은 각 원리금에 포함된 각 이자에 대하여도 마찬가지로 적용된다고 할 것이다. 피고인이 제한이자율을 초과하는 이자를 받기로 하는 일수 약정을 체결한 후 그에 따라 분할 상환 받은 각 원리금에 포함된 이자의 액수가 제한이자율을 초과하는 경우 구 대부업법을 위반한 것으로 판단하여야 함에도 불구하고, 이와 달리 차용일부터 최종 분할 상환일까지 상환된 이자의 총액을 산출하고 이에 대하여 최초 원금과 그 기간의 총일수를 기초로 이자율을 산정한 후 그 이자율이 제한이자율을 초과하지 않는다고 보아 무죄를 선고한 원심을 파기한 사례(대법원 2012. 8. 17. 선고 2010도7059 판결)

■ 판례 ■ 제한이자율을 초과하는 간주이자를 사전에 공제하는 행위가 이자율의 제한을 위반 한 경우'에 해당하는지 여부

[1] 구 대부업의 등록 및 금융이용자보호에 관한 법률이 정한 제한이자율을 초과하는 간주이자를 사전에 공제하는 행위가, 같은 법 제9조 제2항 제2호의 '이자율의 제한을 위반하여 이자를 수수한 경우'에 해당하는지 여부(적극)

기록에 의하면, 피고인은 2008. 8. 13. 공소외인에게 300만 원을 대여하면서 중개수수료 명목으로 30만 원, 공증료 명목으로 30만 원을 각 공제하고 실제로는 240만 원을 지급한 사실을 알 수 있는바, 구 대부업법 제8조 제2항은 이자율을 산정함에 있어 사례금·할인금·수수료·공제금·연체이자·선이자 등 그 명칭에 불구하고 대부와 관련하여 대부업자가 받는 것은 이를 이자로 본다고 규정하고 있으므로, 피고인은 구 대부업법 제8조 제1항 소정의 제한이자율을 초과하는 간주이자를 공제한 것으로 보아야 한다.

그런데 민사적 효력을 부정하면서도 제한이자율 초과 이자의 수수행위를 형사처벌한다는 측면에서는 초과 이자를 선이자 형태로 사전에 공제하는 경우와 사후에 초과 이자를 지급받는 경우 사이에 실질적 차이가 없는 점, 금융이용자를 보호하고 국민의 경제생활 안정에 이바지함을 목적으로 하는 구 대부업법의 입법 취지에 비추어 보더라도 제한 초과 이자의 수수행위를 엄격하게 단속할 필요가 있는 점 등을 종합하면, 피고인이 위와 같이 제한이자율을 초과하는 간주이자를 사전에 공제한 행위는 구 대부업법 제19조 제2항 제2호 소정의 이자율의 제한을 위반하여 이자를 수수한 경우에 해당한다고 할 것이다.

[2] 금 300만 원을 대여하면서 중개수수료 명목으로 30만 원, 공증료 명목으로 30만 원을 각 공제하고 실제로는 240만 원을 지급한 경우, 구 대부업의 등록 및 금융이용자보호에 관한 법률이 정한 제한이자율을 초과하는 간주이자를 공제한 것으로 보아야 함에도, 이와 달리 무죄를 선고한 원심판결에 법리오해의 위법이 있다고 한 사례(대법원 2010.5.13. 선고 2009도11576 판결)

■ 판례 ■ 대부업법상 제2조 제1호에서 '업으로' 한다는 의미 및 이에 해당하는지 여부의 판단 기준

대부업의 등록 및 금융이용자보호에 관한 법률 제2조 제1호 본문은 "대부업이라 함은 금전의 대부 또는 그 중개(어음할인·양도담보 그 밖에 이와 유사한 방법에 의한 금전의 교부 및 금전수수의 중개를 포함하며, 이하 '대부'라 한다)를 업으로 행하는 것을 말한다."라고 규정하고 있는바, 여기서 '업으로' 한다는 것은 같은 행위를 계속하여 반복하는 것을 의미한다고 할 것이고, 이에 해당하는지 여부는 단순히 그에 필요한 인적 또는 물적 시설을 구비하였는지 여부와는 관계없이, 금전의 대부 또는 중개의 반복·계속성 여부, 영업성의 유무, 그 행위의 목적이나 규모, 횟수, 기간, 태양 등의 여러 사정을 종합적으로 고려하여 사회통념에 따라 판단하여야 할 것이다.(대법원 2008.10.23. 선고 2008도7277 판결)

5. 대부업에 대한 무단 광고

1) 적용법조 : 제19조 제1항 제3호, 제9조의2 제1항 ☞ 공소시효 7년

제9조의2(대부업등에 관한 광고 금지) ① 대부업자 또는 여신금융기관이 아니면 대부업에 관한 광고를 하여서는 아니 된다.
② 대부중개업자 또는 대출모집인이 아니면 대부중개업에 관한 광고를 하여서는 아니 된다.

2) 범죄사실 기재례

피의자는 ○○에서 대부업 등록없이 대부업을 영위 하는 사람으로서 대부업자 또는 여신금융기관 외에는 대부업에 관한 광고를 하여서는 아니 된다.
그럼에도 불구하고 피의자는 20○○. ○. ○.경 ○○에 있는 광고판에 "주부, 직장인 환영 싼이자. 당일 대출"이라는 내용으로 대부업광고를 하였다.

3) 신문사항

- 대부업광고를 한 일이 있는가
- 언제 어디에 하였는가
- 어떤 내용으로 하였나
- 대부업 등록을 하였나
- 대부업 등록도 없이 무엇 때문에 이런 광고를 하였나

6. 대부업자의 대부중개 및 중개대가 수수

1) 적용법조 : 제19조 제2항 제6호, 제11조의2   ☞   공소시효 5년

제11조의2(중개의 제한 등) ① 대부중개업자는 미등록대부업자에게 대부중개를 하여서는 아니 된다.

② 대부중개업자 및 대출모집인(이하 "대부중개업자등"이라 한다)과 미등록대부중개업자는 수수료, 사례금, 착수금 등 그 명칭이 무엇이든 대부중개와 관련하여 받는 대가(이하 "중개수수료"라 한다)를 대부를 받는 거래상대방으로부터 받아서는 아니 된다.

③ 대부업자가 개인이나 대통령령으로 정하는 소규모 법인에 대부하는 경우 대부중개업자등에게 지급하는 중개수수료는 해당 대부금액의 100분의 5의 범위에서 대통령령으로 정하는 율에 해당하는 금액을 초과할 수 없다.

④ 여신금융기관이 대부중개업자등에게 중개수수료를 지급하는 경우의 중개수수료 상한에 관하여는 제3항을 준용한다.

⑤ 금융위원회는 제4항을 위반하여 중개수수료를 지급한 여신금융기관에 대하여 그 시정을 명할 수 있다.

⑥ 대부중개업자등은 대부업자 또는 여신금융기관으로부터 제3항 및 제4항에 따른 금액을 초과하는 중개수수료를 지급받아서는 아니 된다.

※ 시행령
제6조의8(중개수수료의 제한) ① 법 제11조의2제3항에서 "대통령령으로 정하는 소규모 법인"이란 「중소기업기본법」 제2조제2항에 따른 소기업에 해당하는 법인을 말한다.

② 법 제11조의2제3항에서 "대통령령으로 정하는 율에 해당하는 금액"이란 다음 표의 구분에 따른 금액을 말한다.

대부금액	중개수수료 금액
5백만원 이하	100분의 3
5백만원 초과	15만원 + 5백만원을 초과하는 금액의 100분의 2.25

※ 중소기업기본법 시행령
제8조(소기업과 중기업의 구분) ① 법 제2조제2항에 따른 소기업(小企業)은 중소기업 중 해당 기업이 영위하는 주된 업종별 평균매출액등이 별표 3의 기준에 맞는 기업으로 한다.

② 법 제2조제2항에 따른 중기업(中企業)은 중소기업 중 제1항에 따른 소기업을 제외한 기업으로 한다.

2) 범죄사실 기재례

[기재례1] 대부업자 소개 후 소개비 수수 (제19조 제2항 제6호, 제11조의2 제1항)

피의자는 200○. ○. ○. ○○도지사로부터 대부업 등록(제○○호)을 한 사람으로서 대부중개업자는 미등록대부업자에게 대부중개를 하여서는 아니 된다.

그럼에도 불구하고 피의자는 200○. ○. ○. ○○에서 대부업 등록을 하지 않은 홍길동에게 대부를 받기 위해 찾아온 乙을 위 홍길동에게 소개하고 그 대가로 ○○만원을 받았다.

❀ 홍길동은 무등록 대부업으로 처벌

[기재례2] 금융기관에 대부 중개 후 수수료 징수 (제19조 제2항 제6호, 제11조의2 제2항)

피의자는 20○○. ○. ○. ○○도지사로부터 대부업 등록(제○○호)을 한 사람으로서 대부업사람이다. 대부업자 등은 수수료, 사례금, 착수금 등 그 명칭이 무엇이든 대부중개와 관련하여 중개수수료를 대부를 받는 거래상대방으로부터 받아서는 아니 된다.

그럼에도 불구하고 피의자는 대부를 받으려는 고객들을 금융기관에 중개해주고 고객들로부터 총대출금의 10%가량을 그 대가로 받기로 마음먹었다.

이에 피의자는 20○○. ○. ○. ○○에서 대부를 받고자 하는 고객인 甲을 乙상호저축은행 등 대출기관에 중개해주고 합계 ○○만 원을 대출받도록 해주는 대가로 위 甲으로부터 ○○만 원을 A명의 계좌로 송금받았다.

또한, 피의자는 20○○.○.○.경부터 20○○.○.○.경까지 위와 같은 수법을 사용하여 별지 범죄일람표 내용과 같이 총 ○○회에 걸쳐 대부를 받으려는 고객들을 대출기관에 중개해주고 합계 ○○만 원을 대출받도록 해주는 대가로 고객들로부터 합계 ○○만원을 받아 중개의 대가인 중개수수료를 대부받는 거래상대방으로부터 받았다.

[기재례3] 대부중업자에 과다 수수료 교부 (제19조 제2항 제7호, 제9호, 제11조의2 제3항)

피의자 甲은 20○○. ○. ○. ○○도지사로부터 대부업 등록(제○○호)을 한 사람으로서 대부업자, 피의자 乙은 20○○. ○. ○. ○○도지사로부터 대부중개업 등록(제○○호)을 한 사람이다.

대부업자가 개인이나 대통령령으로 정하는 소규모 법인에 대부하는 경우 대부중개업자등에게 지급하는 중개수수료는 해당 대부금액의 100분의 5의 범위에서 대통령령으로 정하는 율에 해당하는 금액을 초과할 수 없으며, 대부중개업자등은 초과하는 중개수수료를 받아서는 아니 된다.

가. 피의자 甲

피의자는 대부중개업자인 피의자 乙의 소개로 고객들에게 대부를 해주고 乙에게 중개수수료로 총 대부금액의 10%가량을 지급하기로 마음먹었다.

이에 피의자는 20○○. ○. ○. ○○에서 피의자 乙의 중개로 개인인 A에게 300만원을 대부해주고 그 대가로 피의자 乙에게 대출금의 10%인 ○○만원을 수수료 명목으로 지급하는 등 별지 범죄일람표 내용과 같이 총 ○○회 걸쳐 ○○만원을 지급하였다.

나. 피의자 乙

피의자는 위와 같이 대부 중개를 해주고 피의자 甲으로부터 총 ○○만원의 중개수수료를 지급받았다.

3) 신문사항

- 대부업을 하고 있는가
- 언제부터 어디에서 하고 있는가
- 대부업 등록은 하였는가(등록일, 번호, 등록관청 등)
- 대부 부탁을 받고 이를 중개한 일이 있는가
- 언제 누구에게 중개하였나

- 어떤 조건으로 중개하였나
- 중개대가로 얼마를 누구로부터 받았나(주었는가)
- 무엇 때문에 대부 중개를 하였나

Ⅲ. 기타 판례

■ 판례 ■ 대부업 등의 등록 및 금융이용자 보호에 관한 법률 제8조 제2항의 취지 및 명목 여하를 불문하고 대부업자와 채무자 사이의 금전대차와 관련된 것으로서 금전대차의 대가로 볼 수 있는 것은 모두 이자로 간주되는지 여부(적극) / 대부업자가 채무자에게서 징수한 돈을 나중에 반환하기로 약정하였으나 그 돈을 실질적으로 대부업자에게 귀속된 이자로 보아야 하는 경우

대부업 등의 등록 및 금융이용자 보호에 관한 법률(이하 '대부업법'이라 한다) 제8조 제2항의 취지는 대부업자가 사례금·할인금·수수료·공제금·연체이자·체당금 등의 명목으로 채무자에게서 돈을 징수하여 위 법을 잠탈하기 위한 수단으로 사용되는 탈법행위를 방지하는 데 있으므로, 명목 여하를 불문하고 대부업자와 채무자 사이의 금전대차와 관련된 것으로서 금전대차의 대가로 볼 수 있는 것은 모두 이자로 간주된다. 나아가 대부업자가 채무자에게서 징수한 돈을 나중에 채무자에게 반환하기로 약정하였다 하더라도, 반환 조건이나 시기, 대부업자의 의사나 행태 등 제반 사정에 비추어 볼 때 그 약정이 대부업법의 제한 이자율을 회피하기 위한 형식적인 것에 불과하고 실제로는 반환의사가 없거나 반환이 사실상 불가능 또는 현저히 곤란한 것으로 인정될 경우에는 그 징수한 돈은 실질적으로 대부업자에게 귀속된 이자로 보아야 한다(대법원 2015.07.23. 선고 2014도8289 판결).

■ 판례 ■ 대부업 등의 등록 및 금융이용자 보호에 관한 법률 제2조 제1호 본문에서 금전의 대부 등을 '업으로' 한다는 것의 의미 및 이에 해당하는지 판단하는 기준

제2조 제1호 본문은 "대부업이란 금전의 대부(어음할인·양도담보, 그 밖에 이와 비슷한 방법을 통한 금전의 교부를 포함한다)를 업으로 하거나 제3조에 따라 대부업의 등록을 한 자 또는 여신금융기관으로부터 대부계약에 따른 채권을 양도받아 이를 추심하는 것을 업으로 하는 것을 말한다"라고 정하고 있다. 여기서 '업으로' 한다는 것은 같은 행위를 계속하여 반복하는 것을 의미하고, 여기에 해당하는지 여부는 단순히 그에 필요한 인적 또는 물적 시설을 구비하였는지 여부와는 관계없이 금전의 대부 또는 중개의 반복·계속성 여부, 영업성의 유무, 그 행위의 목적이나 규모·횟수·기간·태양 등의 여러 사정을 종합적으로 고려하여 사회통념에 따라 판단하여야 한다(대법원 2012. 3. 29. 선고 2011도1985 판결 등 참조). 원심은, 피고인이 공소외 1, 2 등을 통하여 최고 월 5%의 이자에 돈을 빌려주면서 선이자를 공제하는 등 일반적인 대부업자들이 취하는 방식으로 돈을 빌려준 사실을 인정한 다음, 공소외 2와 공소외 1은 수사기관에서부터 제1심 법정에 이르기까지 일관하여 피고인이 다수의 사람들에게 금전을 빌려주고 이자를 수령하는 등의 행위를 반복적으로 하였다고 진술하고 있고, 그 진술의 신빙성을 의심할 만한 사정이 없는 점, 피고인이 장기간에 걸쳐 자신이 잘 알지 못하는 사람들에게도 여러 차례 금전을 빌려준 점, 피고인이 고율의 이자를 지급받기로 하고 고액의 금전을 반복적으로 빌려준 점, 피고인은 주로 자신의 명의가 아닌 제3자의 명의로 빌려주고, 변제를 받을 때에도 제3자의 계좌를 이용한 점 등을 종합하여 피고인이 금전의 대부를 업으로 영위하였다고 판단하였다(대법원 2013.9.27. 선고, 2013도8449 판결).

제 36 장   도로교통법

I. 개념정의 및 죄명표

1. 개념 정의

제2조(정의) 이 법에서 사용하는 용어의 뜻은 다음과 같다.

1. "도로"란 다음 각 목에 해당하는 곳을 말한다.

    가. 「도로법」 에 따른 도로   나. 「유료도로법」 에 따른 유료도로

    다. 「농어촌도로 정비법」 에 따른 농어촌도로

    라. 그 밖에 현실적으로 불특정 다수의 사람 또는 차마(車馬)가 통행할 수 있도록 공개된 장소로서 안전하고 원활한 교통을 확보할 필요가 있는 장소

2. "자동차전용도로"란 자동차만 다닐 수 있도록 설치된 도로를 말한다.

3. "고속도로"란 자동차의 고속 운행에만 사용하기 위하여 지정된 도로를 말한다.

4. "차도"(車道)란 연석선(차도와 보도를 구분하는 돌 등으로 이어진 선을 말한다. 이하 같다), 안전표지 또는 그와 비슷한 인공구조물을 이용하여 경계(境界)를 표시하여 모든 차가 통행할 수 있도록 설치된 도로의 부분을 말한다.

5. "중앙선"이란 차마의 통행 방향을 명확하게 구분하기 위하여 도로에 황색 실선(實線)이나 황색 점선 등의 안전표지로 표시한 선 또는 중앙분리대나 울타리 등으로 설치한 시설물을 말한다. 다만, 제4조제1항 후단에 따라 가변차로(可變車路)가 설치된 경우에는 신호기가 지시하는 진행방향의 가장 왼쪽에 있는 황색 점선을 말한다.

6. "차로"란 차마가 한 줄로 도로의 정하여진 부분을 통행하도록 차선(車線)으로 구분한 차도의 부분을 말한다.

7. "차선"이란 차로와 차로를 구분하기 위하여 그 경계지점을 안전표지로 표시한 선을 말한다.

7의2. "노면전차 전용로"란 도로에서 궤도를 설치하고, 안전표지 또는 인공구조물로 경계를 표시하여 설치한 「도시철도법」 제18조의2제1항 각 호에 따른 도로 또는 차로를 말한다.

8. "자전거도로"란 안전표지, 위험방지용 울타리나 그와 비슷한 인공구조물로 경계를 표시하여 자전거 및 개인형 이동장치가 통행할 수 있도록 설치된 「자전거 이용 활성화에 관한 법률」 제3조 각 호의 도로를 말한다.

9. "자전거횡단도"란 자전거 및 개인형 이동장치가 일반도로를 횡단할 수 있도록 안전표지로 표시한 도로의 부분을 말한다.

10. "보도"(步道)란 연석선, 안전표지나 그와 비슷한 인공구조물로 경계를 표시하여 보행자(유모차, 보행보조용 의자차, 노약자용 보행기 등 행정안전부령으로 정하는 기구 · 장치를 이용하여 통행하는 사람 및 제21호의3에 따른 실외이동로봇을 포함한다. 이하 같다)가 통행할 수 있도록 한 도로의 부분을 말한다.

11. "길가장자리구역"이란 보도와 차도가 구분되지 아니한 도로에서 보행자의 안전을 확보하기 위하여 안전표지 등으로 경계를 표시한 도로의 가장자리 부분을 말한다.

12. "횡단보도"란 보행자가 도로를 횡단할 수 있도록 안전표지로 표시한 도로의 부분을 말한다.

13. "교차로"란 '십' 자로, 'T' 자로나 그 밖에 둘 이상의 도로(보도와 차도가 구분되어 있는 도로에서는 차도를 말한다)가 교차하는 부분을 말한다.

13의2. "회전교차로"란 제13호의 교차로 중 차마가 원형의 교통섬(차마의 안전하고 원활한 교통처리나 보행자 도로횡단의 안전을 확보하기 위하여 교차로 또는 차도의 분기점 등에 설치하는 섬 모양의 시설을 말한다)을 중심으로 반시계방향으로 통행하도록 한 원형의 도로를 말한다.

14. "안전지대"란 도로를 횡단하는 보행자나 통행하는 차마의 안전을 위하여 안전표지나 이와 비슷한 인공구조물로 표시한 도로의 부분을 말한다.

15. "신호기"란 도로교통에서 문자 · 기호 또는 등화(燈火)를 사용하여 진행 · 정지 · 방향전환 · 주의 등의 신호를 표시

하기 위하여 사람이나 전기의 힘으로 조작하는 장치를 말한다.

16. "안전표지"란 교통안전에 필요한 주의·규제·지시 등을 표시하는 표지판이나 도로의 바닥에 표시하는 기호·문자 또는 선 등을 말한다.

17. "차마"란 다음 각 목의 차와 우마를 말한다.

　가. "차"란 다음의 어느 하나에 해당하는 것을 말한다.
　　　1) 자동차　　　　　2) 건설기계　　　　　3) 원동기장치자전거　　　　　4) 자전거
　　　5) 사람 또는 가축의 힘이나 그 밖의 동력(動力)으로 도로에서 운전되는 것. 다만, 철길이나 가설(架設)된 선을 이용하여 운전되는 것, 유모차, 보행보조용 의자차, 노약자용 보행기, 제21호의3에 따른 실외이동로봇 등 행정안전부령으로 정하는 기구·장치는 제외한다.

　나. "우마"란 교통이나 운수(運輸)에 사용되는 가축을 말한다.

18. "자동차"란 철길이나 가설된 선을 이용하지 아니하고 원동기를 사용하여 운전되는 차(견인되는 자동차도 자동차의 일부로 본다)로서 다음 각 목의 차를 말한다.

　가. 「자동차관리법」 제3조에 따른 다음의 자동차. 다만, 원동기장치자전거는 제외한다.
　　　1) 승용자동차　　　2) 승합자동차　　　3) 화물자동차　　　4) 특수자동차　　　5) 이륜자동차

　나. 「건설기계관리법」 제26조제1항 단서에 따른 건설기계

18의2. "자율주행시스템"이란 「자율주행자동차 상용화 촉진 및 지원에 관한 법률」 제2조제1항제2호에 따른 자율주행시스템을 말한다. 이 경우 그 종류는 완전 자율주행시스템, 부분 자율주행시스템 등 행정안전부령으로 정하는 바에 따라 세분할 수 있다.

18의3. "자율주행자동차"란 「자동차관리법」 제2조제1호의3에 따른 자율주행자동차로서 자율주행시스템을 갖추고 있는 자동차를 말한다.

19. "원동기장치자전거"란 다음 각 목의 어느 하나에 해당하는 차를 말한다.

　가. 「자동차관리법」 제3조에 따른 이륜자동차 가운데 배기량 125시시 이하(전기를 동력으로 하는 경우에는 최고정격출력 11킬로와트 이하)의 이륜자동차

　나. 그 밖에 배기량 125시시 이하(전기를 동력으로 하는 경우에는 최고정격출력 11킬로와트 이하)의 원동기를 단 차(「자전거 이용 활성화에 관한 법률」 제2조제1호의2에 따른 전기자전거 및 제21호의3에 따른 실외이동로봇은 제외한다)

19의2. "개인형 이동장치"란 제19호나목의 원동기장치자전거 중 시속 25킬로미터 이상으로 운행할 경우 전동기가 작동하지 아니하고 차체 중량이 30킬로그램 미만인 것으로서 행정안전부령으로 정하는 것을 말한다.

20. "자전거"란 「자전거 이용 활성화에 관한 법률」 제2조제1호에 따른 자전거를 말한다.

21. "자동차등"이란 자동차와 원동기장치자전거를 말한다.

21의2. "자전거등"이란 자전거와 개인형 이동장치를 말한다.

21의3. "실외이동로봇"이란 「지능형 로봇 개발 및 보급 촉진법」 제2조제1호에 따른 지능형 로봇 중 행정안전부령으로 정하는 것을 말한다.

22. "긴급자동차"란 다음 각 목의 자동차로서 그 본래의 긴급한 용도로 사용되고 있는 자동차를 말한다.

　가. 소방차　　　나. 구급차　　　다. 혈액 공급차량　　　라. 그 밖에 대통령령으로 정하는 자동차

23. "어린이통학버스"란 다음 각 목의 시설 가운데 어린이(13세 미만인 사람을 말한다. 이하 같다)를 교육 대상으로 하는 시설에서 어린이의 통학 등(현장체험학습 등 비상시적으로 이루어지는 교육활동을 위한 이동을 제외한다)에 이용되는 자동차와 「여객자동차 운수사업법」 제4조제3항에 따른 여객자동차운송사업의 한정면허를 받아 어린이를 여객대상으로 하여 운행되는 운송사업용 자동차를 말한다.

　가. 「유아교육법」에 따른 유치원, 「초·중등교육법」에 따른 초등학교 및 특수학교

　나. 「영유아보육법」에 따른 어린이집

　다. 「학원의 설립·운영 및 과외교습에 관한 법률」에 따라 설립된 학원

　라. 「체육시설의 설치·이용에 관한 법률」에 따라 설립된 체육시설

　마. 「아동복지법」에 따른 아동복지시설(아동보호전문기관은 제외한다)

　바. 「청소년활동 진흥법」에 따른 청소년수련시설

　사. 「장애인복지법」에 따른 장애인복지시설(장애인 직업재활시설은 제외한다)

　아. 「도서관법」에 따른 공공도서관

자. 「평생교육법」에 따른 시·도평생교육진흥원 및 시·군·구평생학습관

차. 「사회복지사업법」에 따른 사회복지시설 및 사회복지관

24. "주차"란 운전자가 승객을 기다리거나 화물을 싣거나 차가 고장 나거나 그 밖의 사유로 차를 계속 정지 상태에 두는 것 또는 운전자가 차에서 떠나서 즉시 그 차를 운전할 수 없는 상태에 두는 것을 말한다.

25. "정차"란 운전자가 5분을 초과하지 아니하고 차를 정지시키는 것으로서 주차 외의 정지 상태를 말한다.

26. "운전"이란 도로(제27조제6항제3호·제44조·제45조·제54조제1항·제48조,제48조의2및 제56조제10호의 경우에는 도로 외의 곳을 포함한다)에서 차마 또는 노면전차 그 본래의 사용방법에 따라 사용하는 것(조종을 포함한다)을 말한다.

27. "초보운전자"란 처음 운전면허를 받은 날(처음 운전면허를 받은 날부터 2년이 지나기 전에 운전면허의 취소처분을 받은 경우에는 그 후 다시 운전면허를 받은 날을 말한다)부터 2년이 지나지 아니한 사람을 말한다. 이 경우 원동기장치자전거면허만 받은 사람이 원동기장치자전거면허 외의 운전면허를 받은 경우에는 처음 운전면허를 받은 것으로 본다.

28. "서행(徐行)"이란 운전자가 차 또는 노면전차가 차를 즉시 정지시킬 수 있는 정도의 느린 속도로 진행하는 것을 말한다.

29. "앞지르기"란 차의 운전자가 앞서가는 다른 차의 옆을 지나서 그 차의 앞으로 나가는 것을 말한다.

30. "일시정지"란 차 또는 노면전차의 운전자가 그 차 또는 노면전차의 바퀴를 일시적으로 완전히 정지시키는 것을 말한다.

31. "보행자전용도로"란 보행자만 다닐 수 있도록 안전표지나 그와 비슷한 인공구조물로 표시한 도로를 말한다.

31의2. "보행자우선도로"란 「보행안전 및 편의증진에 관한 법률」 제2조제3호에 따른 도로를 말한다.

32. "자동차운전학원"이란 자동차등의 운전에 관한 지식·기능을 교육하는 시설로서 다음 각 목의 시설 외의 시설을 말한다.

    가. 교육 관계 법령에 따른 학교에서 소속 학생 및 교직원의 연수를 위하여 설치한 시설

    나. 사업장 등의 시설로서 소속 직원의 연수를 위한 시설

    다. 전산장치에 의한 모의운전 연습시설

    라. 지방자치단체 등이 신체장애인의 운전교육을 위하여 설치하는 시설 가운데 시·도경찰청장이 인정하는 시설

    마. 대가(代價)를 받지 아니하고 운전교육을 하는 시설

    바. 운전면허를 받은 사람을 대상으로 다양한 운전경험을 체험할 수 있도록 하기 위하여 도로가 아닌 장소에서 운전

33. "모범운전자"란 제146조에 따라 무사고운전자 또는 유공운전자의 표시장을 받거나 2년 이상 사업용 자동차 운전에 종사하면서 교통사고를 일으킨 전력이 없는 사람으로서 경찰청장이 정하는 바에 따라 선발되어 교통 안전 봉사활동에 종사하는 사람을 말한다.

34. "음주운전 방지장치"란 술에 취한 상태에서 자동차등을 운전하려는 경우 시동이 걸리지 아니하도록 하는 것으로서 행정안전부령으로 정하는 것을 말한다.

■ 판례 ■ **술에 취한 상태에서 승용차를 아파트앞 주차장 노상에서 약 10m 정도를 운전한 경우**

[1] 아파트부설주차장 주차구획선 밖의 통로부분이 도로교통법 제2조 제호에 정한 도로에 해당하는지 여부의 판단기준

아파트단지 내 건물 사이의 통로 한 쪽에 주차구획선을 그어 차량이 주차할 수 있는 주차구역을 만들었다면 이는 주차장법 및 구 주택건설촉진법(2003. 5. 29. 법률 제6916호 주택법으로 전문 개정되기 전의 것) 등의 관계 규정에 의하여 설치된 아파트부설주차장이라고 보아야 하고, 주차구획선 밖의 통로부분이 일반교통에 사용되는 곳으로서 도로교통법 제2조 제1호 소정의 도로에 해당하는지의 여부는 아파트의 관리 및 이용 상황에 비추어 그 부분이 현실적으로 불특정 다수의 사람이나 차량의 통행을 위하여 공개된 장소로서 교통질서유지 등을 목적으로 하는 일반경찰권이 미치는 곳으로 볼 것인가 혹은 특정인들 또는 그들과 관련된 특정한 용건이 있는 자들만이 사용할 수 있고 자주적으로 관리되는 장소로 볼 것인가에 따라 결정할 것이다.

[2] 아파트단지 내 건물과 건물 사이의 "ㄷ"자 형으로 구획된 주차구역 내의 통로부분이 일반교통에 사용되는 도로라고 할 수 있는지 여부(소극)

아파트단지 내 건물과 건물 사이의 "ㄷ"자 공간 안에 주차구획선을 그어 차량이 주차할 수 있는 주차구역의 통로 부분은 그 곳에 차량을 주차하기 위한 통로에 불과할 뿐 현실적으로 불특정 다

수의 사람이나 차량의 통행로로 사용되는 것이라고 볼 수 없어 이를 도로교통법 제2조 제1호에 정한 일반교통에 사용되는 도로라고 할 수는 없다(대법원 2005.1.14. 선고 2004도6779 판결).

■ 판례 ■   술에 취한 甲이 자동차 안에서 잠을 자다가 추위를 느껴 히터를 가동시키기 위하여 시동을 걸었고, 실수로 자동차의 제동장치 등을 건드렸거나 처음 주차할 때 안전조치를 제대로 취하지 아니한 탓으로 원동기의 추진력에 의하여 자동차가 약간 경사진 길을 따라 앞으로 움직여 피해자의 차량 옆면을 충격한 경우

[1] 도로교통법상 '운전'의 의미

도로교통법 제2조 제19호는 '운전'이라 함은 도로에서 차를 그 본래의 사용 방법에 따라 사용하는 것을 말한다고 규정하고 있는바, 여기에서 말하는 운전의 개념은 그 규정의 내용에 비추어 목적적 요소를 포함하는 것이므로 고의의 운전행위만을 의미하고 자동차 안에 있는 사람의 의지나 관여 없이 자동차가 움직인 경우에는 운전에 해당하지 않는다.

[2] 자동차를 움직이게 할 의도 없이 다른 목적을 위하여 자동차의 시동을 걸었으나 실수 등으로 인하여 자동차가 움직이게 된 경우, 자동차의 운전에 해당하는지 여부(소극)

어떤 사람이 자동차를 움직이게 할 의도 없이 다른 목적을 위하여 자동차의 원동기(모터)의 시동을 걸었는데, 실수로 기어 등 자동차의 발진에 필요한 장치를 건드려 원동기의 추진력에 의하여 자동차가 움직이거나 또는 불안전한 주차상태나 도로여건 등으로 인하여 자동차가 움직이게 된 경우주차구획선 밖의 통로부분이 도로교통법 제2조 제1호에 정한 도로에 해당하는지 여부의 판단 기는 자동차의 운전에 해당하지 아니한다(대법원 2004.4.23. 선고 2004도1109 판결).

■ 판례 ■   운전의 의미

[1] 도로교통법 제2조 제26호에서 규정하는 '운전'의 의미

도로교통법 제2조 제26호는 '운전'이란 차마 또는 노면전차를 본래의 사용방법에 따라 사용하는 것을 말한다고 정하고 있다. 그중 자동차를 본래의 사용방법에 따라 사용했다고 하기 위해서는 엔진 시동을 걸고 발진조작을 해야 한다.

[2] 피고인이 시동을 걸지 못하고 제동장치를 조작하다 차량이 후진하면서 추돌 사고를 야기하여 특정범죄 가중처벌 등에 관한 법률 위반(위험운전치상)으로 기소된 사안

피고인이 차량을 운전하려는 의도로 제동장치를 조작하여 차량이 뒤로 진행하게 되었다고 해도, 시동이 켜지지 않은 상태였던 이상 자동차를 본래의 사용방법에 따라 사용했다고 보기 어려우므로 무죄를 선고한 원심판단을 정당하다고 한 사례.(대법원 2020. 12. 30., 선고, 2020도9994, 판결)

2. 죄명표

법조문	죄명표시
제43조 제1항	도로교통법위반(무면허운전)
제44조 제1항	〃 (음주운전)
제44조 제2항	〃 (음주측정거부)
제46조	〃 (공동위험행위)
제54조 제1항	〃 (사고후미조치)
그 외	도로교통법위반

II. 벌 칙

제148조(벌칙) 54조제1항에 따른 교통사고 발생 시의 조치를 하지 아니한 사람(주·정차된 차만 손괴한 것이 분명한 경우에 제54조제1항제2호에 따라 피해자에게 인적 사항을 제공하지 아니한 사람은 제외한다)은 5년 이하의 징역이나 1천500만원 이하의 벌금에 처한다.

제148조의2(벌칙) ① 제44조제1항 또는 제2항을 위반(자동차등 또는 노면전차를 운전한 경우로 한정한다. 다만, 개인형 이동장치를 운전한 경우는 제외한다. 이하 이 조에서 같다)하여 벌금 이상의 형을 선고받고 그 형이 확정된 날부터 10년 내에 다시 같은 조 제1항 또는 제2항을 위반한 사람(형이 실효된 사람도 포함한다)은 다음 각 호의 구분에 따라 처벌한다.

1. 제44조제2항을 위반한 사람은 1년 이상 6년 이하의 징역이나 5백만원 이상 3천만원 이하의 벌금에 처한다.
2. 제44조제1항을 위반한 사람 중 혈중알코올농도가 0.2퍼센트 이상인 사람은 2년 이상 6년 이하의 징역이나 1천만원 이상 3천만원 이하의 벌금에 처한다.
3. 제44조제1항을 위반한 사람 중 혈중알코올농도가 0.03퍼센트 이상 0.2퍼센트 미만인 사람은 1년 이상 5년 이하의 징역이나 5백만원 이상 2천만원 이하의 벌금에 처한다.

② 술에 취한 상태에 있다고 인정할 만한 상당한 이유가 있는 사람으로서 제44조제2항에 따른 경찰공무원의 측정에 응하지 아니하는 사람(자동차등 또는 노면전차를 운전하는 경우로 한정한다)은 1년 이상 5년 이하의 징역이나 500만원 이상 2천만원 이하의 벌금에 처한다.

③ 제44조제1항을 위반하여 술에 취한 상태에서 자동차등 또는 노면전차를 운전한 사람은 다음 각 호의 구분에 따라 처벌한다.

1. 혈중알코올농도가 0.2퍼센트 이상인 사람은 2년 이상 5년 이하의 징역이나 1천만원 이상 2천만원 이하의 벌금
2. 혈중알코올농도가 0.08퍼센트 이상 0.2퍼센트 미만인 사람은 1년 이상 2년 이하의 징역이나 500만원 이상 1천만원 이하의 벌금
3. 혈중알코올농도가 0.03퍼센트 이상 0.08퍼센트 미만인 사람은 1년 이하의 징역이나 500만원 이하의 벌금

④ 제45조를 위반하여 약물로 인하여 정상적으로 운전하지 못할 우려가 있는 상태에서 자동차등 또는 노면전차를 운전한 사람은 3년 이하의 징역이나 1천만원 이하의 벌금에 처한다.

제148조의3(벌칙) ① 제50조의3제4항을 위반하여 음주운전 방지장치를 해체·조작하거나 그 밖의 방법으로 효용을 해친 자는 3년 이하의 징역 또는 3천만원 이하의 벌금에 처한다.

② 제50조의3제4항을 위반하여 장치가 해체·조작되었거나 효용이 떨어진 것을 알면서 해당 장치가 설치된 자동차등을 운전한 자는 1년 이하의 징역 또는 300만원 이하의 벌금에 처한다.

③ 제50조의3제5항을 위반하여 조건부 운전면허를 받은 사람을 대신하여 음주운전 방지장치가 설치된 자동차등을 운전할 수 있도록 해당 장치에 호흡을 불어넣거나 다른 부정한 방법으로 음주운전 방지장치가 설치된 자동차등에 시동을 걸어 운전할 수 있도록 한 사람은 1년 이하의 징역 또는 300만원 이하의 벌금에 처한다.

제149조(벌칙) ① 제98조제1항을 위반하여 함부로 신호기를 조작하거나 교통안전시설을 철거·이전하거나 손괴한 사람은 3년 이하의 징역이나 700만원 이하의 벌금에 처한다.

② 제1항에 따른 행위로 인하여 도로에서 교통위험을 일으키게 한 사람은 5년 이하의 징역이나 1천500만원 이하의 벌금에 처한다.

제150조(벌칙) 다음 각 호의 어느 하나에 해당하는 사람은 2년 이하의 징역이나 500만원 이하의 벌금에 처한다.

1. 제46조제1항 또는 제2항을 위반하여 공동 위험행위를 하거나 주도한 사람
2. 제77조제1항에 따른 수강 결과를 거짓으로 보고한 교통안전교육강사
3. 제77조제2항을 위반하여 교통안전교육을 받지 아니하거나 기준에 미치지 못하는 사람에게 교육확인증을 발급한 교통안전교육기관의 장
4. 거짓이나 그 밖의 부정한 방법으로 제99조에 따른 학원의 등록을 하거나 제104조제1항에 따른 전문학원의 지정을 받은 사람
5. 제104조제1항에 따른 전문학원의 지정을 받지 아니하고 제108조제5항에 따른 수료증 또는 졸업증을 발급한 사람
6. 제116조를 위반하여 대가를 받고 자동차등의 운전교육을 한 사람
7. 제129조의3을 위반하여 비밀을 누설하거나 도용한 사람

제151조(벌칙) 차의 운전자가 업무상 필요한 주의를 게을리하거나 중대한 과실로 다른 사람의 건조물이나 그 밖의 재물을 손

과한 경우에는 2년 이하의 금고나 500만원 이하의 벌금에 처한다.

제151조의2(벌칙) 다음 각 호의 어느 하나에 해당하는 사람은 1년 이하의 징역이나 500만원 이하의 벌금에 처한다.

1. 제46조의3을 위반하여 자동차등을 난폭운전한 사람
2. 제17조제3항을 위반하여 제17조제1항 및 제2항에 따른 최고속도보다 시속 100킬로미터를 초과한 속도로 3회 이상 자동차등을 운전한 사람

제152조(벌칙) 다음 각 호의 어느 하나에 해당하는 사람은 1년 이하의 징역이나 300만원 이하의 벌금에 처한다.

1. 제43조를 위반하여 제80조에 따른 운전면허(원동기장치자전거면허는 제외한다. 이하 이 조에서 같다)를 받지 아니하거나(운전면허의 효력이 정지된 경우를 포함한다) 또는 제96조에 따른 국제운전면허증 또는 상호인정외국면허증을 받지 아니하고(운전이 금지된 경우와 유효기간이 지난 경우를 포함한다) 자동차를 운전한 사람
1의2. 제50조의3제3항을 위반하여 조건부 운전면허를 발급받고 음주운전 방지장치가 설치되지 아니하거나 설치 기준에 적합하지 아니하게 설치된 자동차등을 운전한 사람
2. 제56조제2항을 위반하여 운전면허를 받지 아니한 사람(운전면허의 효력이 정지된 사람을 포함한다)에게 자동차를 운전하도록 시킨 고용주
3. 거짓이나 그 밖의 부정한 수단으로 운전면허를 받거나 운전면허증 또는 운전면허증을 갈음하는 증명서를 발급받은 사람
4. 제68조제2항을 위반하여 교통에 방해가 될 만한 물건을 함부로 도로에 내버려둔 사람
5. 제76조제4항을 위반하여 교통안전교육강사가 아닌 사람으로 하여금 교통안전교육을 하게 한 교통안전교육기관의 장
6. 제117조를 위반하여 유사명칭 등을 사용한 사람

제153조(벌칙) ① 다음 각 호의 어느 하나에 해당하는 사람은 6개월 이하의 징역이나 200만원 이하의 벌금 또는 구류에 처한다.

1. 제40조를 위반하여 정비불량차를 운전하도록 시키거나 운전한 사람
2. 제41조, 제47조 또는 제58조에 따른 경찰공무원의 요구·조치 또는 명령에 따르지 아니하거나 이를 거부 또는 방해한 사람
3. 제46조의2를 위반하여 교통단속을 회피할 목적으로 교통단속용 장비의 기능을 방해하는 장치를 제작·수입·판매 또는 장착한 사람
4. 제49조제1항제4호를 위반하여 교통단속용 장비의 기능을 방해하는 장치를 한 차를 운전한 사람
5. 제55조를 위반하여 교통사고 발생 시의 조치 또는 신고 행위를 방해한 사람
6. 제68조제1항을 위반하여 함부로 교통안전시설이나 그 밖에 그와 비슷한 인공구조물을 설치한 사람
7. 제80조제3항 또는 제4항에 따른 조건을 위반하여 운전한 사람

② 다음 각 호의 어느 하나에 해당하는 사람은 100만원 이하의 벌금 또는 구류에 처한다.

1. 고속도로, 자동차전용도로, 중앙분리대가 있는 도로에서 제13조제3항을 고의로 위반하여 운전한 사람
2. 제17조제3항을 위반하여 제17조제1항 및 제2항에 따른 최고속도보다 시속 100킬로미터를 초과한 속도로 자동차등을 운전한 사람

제154조(벌칙) 다음 각 호의 어느 하나에 해당하는 사람은 30만원 이하의 벌금이나 구류에 처한다.

1. 제42조를 위반하여 자동차등에 도색·표지 등을 하거나 그러한 자동차등을 운전한 사람
2. 제43조를 위반하여 제80조에 따른 원동기장치자전거를 운전할 수 있는 운전면허를 받지 아니하거나(원동기장치자전거를 운전할 수 있는 운전면허의 효력이 정지된 경우를 포함한다) 국제운전면허증 또는 상호인정외국면허증 중 원동기장치자전거를 운전할 수 있는 것으로 기재된 국제운전면허증 또는 상호인정외국면허증을 발급받지 아니하고(운전이 금지된 경우와 유효기간이 지난 경우를 포함한다) 원동기장치자전거를 운전한 사람(다만, 개인형 이동장치를 운전하는 경우는 제외한다)
3. 제45조를 위반하여 과로·질병으로 인하여 정상적으로 운전하지 못할 우려가 있는 상태에서 자동차등을 운전한 사람(다만, 개인형 이동장치를 운전하는 경우는 제외한다)
3의2. 제53조제3항을 위반하여 보호자를 태우지 아니하고 어린이통학버스를 운행한 운영자
3의3. 제53조제4항을 위반하여 어린이나 영유아가 하차하였는지를 확인하지 아니한 운전자
3의4. 제53조제5항을 위반하여 어린이 하차확인장치를 작동하지 아니한 운전자. 다만, 점검 또는 수리를 위하여

일시적으로 장치를 제거하여 작동하지 못하는 경우는 제외한다.

3의5. 제53조제6항을 위반하여 보호자를 태우지 아니하고 운행하는 어린이통학버스에 보호자 동승표지를 부착한 자

4. 제54조제2항에 따른 사고발생 시 조치상황 등의 신고를 하지 아니한 사람

5. 제56조제2항을 위반하여 원동기장치자전거를 운전할 수 있는 운전면허를 받지 아니하거나(원동기장치자전거를 운전할 수 있는 운전면허의 효력이 정지된 경우를 포함한다) 국제운전면허증 또는 상호인정외국면허증 중 원동기장치자전거를 운전할 수 있는 것으로 기재된 국제운전면허증 또는 상호인정외국면허증을 발급받지 아니한 사람(운전이 금지된 경우와 유효기간이 지난 경우를 포함한다)에게 원동기장치자전거를 운전하도록 시킨 고용주등

6. 제63조를 위반하여 고속도로등을 통행하거나 횡단한 사람

7. 제69조제1항에 따른 도로공사의 신고를 하지 아니하거나 같은 조 제2항에 따른 조치를 위반한 사람 또는 같은 조 제3항을 위반하여 교통안전시설을 설치하지 아니하거나 같은 조 제4항을 위반하여 안전요원 또는 안전유도장비를 배치하지 아니한 사람 또는 같은 조 제6항을 위반하여 교통안전시설을 원상회복하지 아니한 사람

8. 제71조제1항에 따른 경찰서장의 명령을 위반한 사람

9. 제17조제3항을 위반하여 제17조제1항 및 제2항에 따른 최고속도보다 시속 80킬로미터를 초과한 속도로 자동차등을 운전한 사람(제151조의2제2호 및 제153조제2항제2호에 해당하는 사람은 제외한다)

제155조(벌칙) 제92조제2항을 위반하여 경찰공무원의 운전면허증등의 제시 요구나 운전자 확인을 위한 진술 요구에 따르지 아니한 사람은 20만원 이하의 벌금 또는 구류에 처한다.

제156조(벌칙) 다음 각 호의 어느 하나에 해당하는 사람은 20만원 이하의 벌금이나 구류 또는 과료(科料)에 처한다.

1. 제5조, 제13조제1항부터 제3항(제13조제3항의 경우 고속도로, 자동차전용도로, 중앙분리대가 있는 도로에서 고의로 위반하여 운전한 사람은 제외한다)까지 및 제5항, 제14조제2항·제3항·제5항, 제15조제3항(제61조제2항에서 준용하는 경우를 포함한다), 제15조의2제3항, 제16조제2항, 제17조제3항(제151조의2제2호, 제153조제2항제2호 및 제154조제9호에 해당하는 사람은 제외한다), 제18조, 제19조제1항·제3항 및 제4항, 제21조제1항·제3항 및 제4항, 제24조, 제25조, 제25조의2, 제26조부터 제28조까지, 제32조, 제33조, 제34조의3, 제37조(제1항제2호는 제외한다), 제38조제1항, 제39조제1항·제3항·제4항·제5항, 제48조제1항, 제49조(같은 조 제1항제1호·제3호를 위반하여 차 또는 노면전차를 운전한 사람과 같은 항 제4호의 위반행위 중 교통단속용 장비의 기능을 방해하는 장치를 한 차를 운전한 사람은 제외한다), 제50조제5항부터 제10항(같은 조 제9항을 위반하여 자전거를 운전한 사람은 제외한다)까지, 제51조, 제53조제1항 및 제2항(좌석안전띠를 매도록 하지 아니한 운전자는 제외한다), 제62조 또는 제73조제2항(같은 항 제1호는 제외한다)을 위반한 차마 또는 노면전차의 운전자

2. 제6조제1항·제2항·제4항 또는 제7조에 따른 금지·제한 또는 조치를 위반한 차의 운전자

3. 제22조, 제23조, 제29조제4항·제5항, 제53조의2, 제60조, 제64조, 제65조 또는 제66조를 위반한 사람

4. 제31조, 제34조 또는 제52조제4항을 위반하거나 제35조제1항에 따른 명령을 위반한 사람

5. 제39조제6항에 따른 시·도경찰청장의 제한을 위반한 사람

6. 제50조제1항, 제3항 및 제4항을 위반하여 좌석안전띠를 매지 아니하거나 인명보호 장구를 착용하지 아니한 운전자(자전거 운전자는 제외한다)

6의2. 제50조의2제1항을 위반하여 자율주행시스템의 직접 운전 요구에 지체 없이 대응하지 아니한 자율주행자동차의 운전자

7. 제95조제2항에 따른 경찰공무원의 운전면허증 회수를 거부하거나 방해한 사람

8. 제53조제3항을 위반하여 보호자를 태우지 아니하고 어린이통학버스를 운행한 운영자

9. 제53조제4항을 위반하여 어린이나 영유아가 하차하였는지를 확인하지 아니한 운전자

9의2. 제53조제5항을 위반하여 어린이 하차확인장치를 작동하지 아니한 운전자. 다만, 점검 또는 수리를 위하여 일시적으로 장치를 제거하여 작동하지 못하는 경우는 제외한다.

10. 주·정차된 차만 손괴한 것이 분명한 경우에 제54조제1항제2호에 따라 피해자에게 인적 사항을 제공하지 아니한 사람

11. 제44조제1항을 위반하여 술에 취한 상태에서 자전거등을 운전한 사람

12. 술에 취한 상태에 있다고 인정할 만한 상당한 이유가 있는 사람으로서 제44조제2항에 따른 경찰공무원의 측정에 응하지 아니한 사람(자전거등을 운전한 사람으로 한정한다)

13. 제43조를 위반하여 제80조에 따른 원동기장치자전거를 운전할 수 있는 운전면허를 받지 아니하거나(원동기
    장치자전거를 운전할 수 있는 운전면허의 효력이 정지된 경우를 포함한다) 국제운전면허증 중 원동기장치자
    전거를 운전할 수 있는 것으로 기재된 국제운전면허증을 발급받지 아니하고(운전이 금지된 경우와 유효기간
    이 지난 경우를 포함한다) 개인형 이동장치를 운전한 사람

제157조(벌칙) 다음 각 호의 어느 하나에 해당하는 사람은 20만원 이하의 벌금이나 구류 또는 과료에 처한다.

1. 제5조, 제8조제1항, 제10조제2항부터 제5항까지의 규정을 위반한 보행자(실외이동로봇이 위반한 경우에는 실외
   이동로봇 운용자를 포함한다)
2. 제6조제1항·제2항·제4항 또는 제7조에 따른 금지·제한 또는 조치를 위반한 보행자(실외이동로봇이 위반한
   경우에는 실외이동로봇 운용자를 포함한다)
2의2. 제8조의2제2항을 위반한 실외이동로봇 운용자
3. 제9조제1항을 위반하거나 같은 조 제3항에 따른 경찰공무원의 조치를 위반한 행렬등의 보행자나 지휘자
4. 제68조제3항을 위반하여 도로에서의 금지행위를 한 사람

제159조(양벌규정) 법인의 대표자나 법인 또는 개인의 대리인, 사용인, 그 밖의 종업원이 법인 또는 개인의 업무에 관
하여 제148조, 제148조의2, 제149조부터 제157조까지의 어느 하나에 해당하는 위반행위를 하면 그 행위자를 벌하는
외에 그 법인 또는 개인에게도 해당 조문의 벌금 또는 과료의 형을 과(科)한다. 다만, 법인 또는 개인이 그 위반행위
를 방지하기 위하여 해당 업무에 관하여 상당한 주의와 감독을 게을리하지 아니한 경우에는 그러하지 아니하다

Ⅲ. 범죄사실

1. 무면허운전

1) 적용법조 : 제152조 제1호, 제43조 ☞ 공소시효 5년

> 제43조(무면허운전 등의 금지) 누구든지 제80조에 따라 시·도경찰청장으로부터 운전면허를 받지 아니하거나 운
> 전면허의 효력이 정지된 경우에는 자동차등(개인형 이동장치는 제외한다)을 운전하여서는 아니 된다.

✽ 무면허 운전의 경우는 반드시 운전면허조회서를 첨부하여야 한다. 또한 면허정지기간 중에 무면허
  운전으로 입건하는 경우 반드시 운전면허 정지결정통보를 받았는지 여부(구체적으로 언제 어디서
  누구를 통하여 어떤 방식으로 수령하였는지)를 확인하여야 한다.

2) 범죄사실 기재례

[기재례1] 무면허 운전

> 피의자는 자동차운전면허를 받지 아니하고, 20○○. ○. ○. ○○:○○경 피의자 소유의 ○
> ○거 0035호 ○○ 승용차를 ○○에서 ○○까지 약 150m 운전하였다.

[기재례2] 면허정지 기간 중 운전

> 피의자는 20○○. ○. ○.부터 20○○. ○. ○.까지 자동차운전면허의 효력이 정지된 상태
> 임에도 20○○. ○. ○. 11:00경 ○○에 있는 ○○에서 (차량번호, 차종) 승용차를 약 150m
> 운전하였다.

3) 신문사항

- 피의자는 자동차운전면허를 취득하였는가
- 면허 없이 자동차를 운전한 일이 있는가
- 언제 어디에서 어디까지 운전하였는가
- 운전한 거리가 어느 정도인가
- 어떠한 차량을 운전하였나(차종, 차량번호)
- 누구 소유인가
- 차량 소유자도 피의자가 운전면허가 없는 것을 알고 운전하도록 하던가
- 왜 면허 없이 운전하였는가

■ 판례 ■　연습운전면허를 받은 사람이 '주행연습 외의 목적으로 운전하여서는 아니된다'는 준수사항을 위반하여 운전한 경우, 도로교통법상 무면허운전이라고 보아 처벌할 수 있는지 여부(소극)

운전을 할 수 있는 차의 종류를 기준으로 운전면허의 범위가 정해지게 되고, 해당 차종을 운전할 수 있는 운전면허를 받지 아니하고 운전한 경우가 무면허운전에 해당된다고 할 것이므로 실제 운전의 목적을 기준으로 운전면허의 유효범위나 무면허운전 여부가 결정된다고 볼 수는 없다. 따라서 연습운전면허를 받은 사람이 운전을 함에 있어 주행연습 외의 목적으로 운전하여서는 아니된다는 준수사항을 지키지 않았다고 하더라도 준수사항을 지키지 않은 것에 대하여 연습운전면허의 취소 등 제재를 가할 수 있음은 별론으로 하고 그 운전을 무면허운전이라고 보아 처벌할 수는 없다.(대법원 2015.6.24, 선고, 2013도15031, 판결)

■ 판례 ■　구 도로교통법상 '운전'의 의미 / 자동차의 운전에 해당하기 위하여는 엔진을 시동시켰다는 것 외에 발진조작의 완료를 요하는지 여부(적극) 및 위와 같은 발진조작을 완료하였는지 판단하는 기준

구 도로교통법(2017. 3. 21. 법률 제14617호로 개정되기 전의 것) 제2조 제26호에 따르면, '운전'이란 도로에서 차를 '그 본래의 사용방법'에 따라 사용하는 것을 말한다. 이때 자동차를 '그 본래의 사용방법'에 따라 사용하였다고 하기 위하여는 단지 엔진을 시동시켰다는 것만으로는 부족하고 이른바 발진조작의 완료를 요한다. 통상 자동차 엔진을 시동시키고 기어를 조작하며 제동장치를 해제하는 등 일련의 조치를 취하면 위와 같은 발진조작을 완료하였다고 할 것이지만, 애초부터 자동차가 고장이나 결함 등의 원인으로 객관적으로 발진할 수 없었던 상태에 있었던 경우라면 그와 같이 볼 수는 없다.(대법원 2021. 1. 14., 선고, 2017도10815, 판결)

■ 판례 ■　'농업기계'가 무면허운전 처벌규정의 적용대상인 '자동차'에 해당하는지

구 도로교통법(2020. 6. 9. 법률 제17371호로 개정되기 전의 것, 이하 '구 도로교통법'이라 한다) 제152조 제1호, 제43조는 운전면허를 받지 않고 자동차 등을 운전한 사람을 처벌하고 있고, 구 도로교통법 제2조 제18호는 '자동차'에 대해 '철길이나 가설된 선을 이용하지 아니하고 원동기를 사용하여 운전되는 차로서, 자동차관리법 제3조에 따른 자동차(원동기장치자전거를 제외한다)인 승용자동차·승합자동차·화물자동차·특수자동차·이륜자동차와 건설기계관리법 제26조 제1항 단서에 따른 건설기계'로 정의하고 있다. 구 자동차관리법(2019. 8. 27. 법률 제16564호로 개정되기 전의 것, 이하 '구 자동차관리법'이라 한다) 제3조 제1항은 '자동차는 다음 각호와 같이 구분한다.'고 하면서

제1호부터 제5호까지 승용자동차, 승합자동차, 화물자동차, 특수자동차, 이륜자동차로 구분하고 있고, 같은 조 제3항은 국토교통부령으로 자동차의 종류를 세분할 수 있다고 정하고 있다. 한편 구 자동차관리법 제2조 제1호는 '자동차란 원동기에 의하여 육상에서 이동할 목적으로 제작한 용구 또는 이에 견인되어 육상을 이동할 목적으로 제작한 용구를 말한다. 다만 대통령령으로 정하는 것은 제외한다.'고 정하고 있고, 자동차관리법 시행령 제2조 제2호는 구 자동차관리법 제2조 제1호 단서의 위임에 따라 자동차에서 제외되는 것 중 하나로 '농업기계화 촉진법(이하 '농업기계화법'이라 한다)에 따른 농업기계'를 정하고 있다. 위에서 본 규정을 체계적·종합적으로 살펴보면, 구 도로교통법 제152조 제1호, 제43조의 무면허운전 처벌규정의 적용대상인 구 도로교통법 제2조 제18호에서 정한 자동차는 구 자동차관리법 제2조 제1호에서 정한 자동차로서 같은 법 제3조에서 정한 각종 자동차에 해당하는 것에 한정된다고 보아야 한다(대법원 1993. 2. 23. 선고 92도3126 판결 참조).

☞ 대법원은, 선례인 대법원 92도3126 판결 법리에 따라, 피고인이 운전한 차량은 농업기계화법에 따른 농업기계로서 구 자동차관리법 제2조 제1호에서 정한 자동차나 이를 전제로 하는 구 자동차관리법 제3조에서 정한 각종 자동차에 해당하지 않으므로 무면허운전 처벌규정의 적용대상인 구 도로교통법 제2조 제18호에 정한 자동차에도 해당하지 않는다고 판단하여, 해당 공소사실에 대하여 유죄로 판단한 원심판결을 무죄 취지로 파기 환송한 사례임(대법원 2021.9.30.선고 2017도13182 판결)

■ 판례 ■ 무면허운전으로 인한 도로교통법 위반죄는 운전한 날마다 무면허운전으로 인한 도로교통법 위반의 1죄가 성립하는지 여부(원칙적 적극) / 같은 날 무면허운전 행위를 여러 차례 반복한 경우, 각 무면허운전 행위를 통틀어 포괄일죄로 처단하여야 하는지 여부(원칙적 적극)

무면허운전으로 인한 도로교통법 위반죄에 관해서는 어느 날에 운전을 시작하여 다음 날까지 동일한 기회에 일련의 과정에서 계속 운전을 한 경우 등 특별한 경우를 제외하고는 사회통념상 운전한 날을 기준으로 운전한 날마다 1개의 운전행위가 있다고 보는 것이 상당하므로 운전한 날마다 무면허운전으로 인한 도로교통법 위반의 1죄가 성립한다고 보아야 한다. 한편 같은 날 무면허운전 행위를 여러 차례 반복한 경우라도 그 범의의 단일성 내지 계속성이 인정되지 않거나 범행 방법 등이 동일하지 않은 경우 각 무면허운전 범행은 실체적 경합 관계에 있다고 볼 수 있으나, 그와 같은 특별한 사정이 없다면 각 무면허운전 행위는 동일 죄명에 해당하는 수 개의 동종 행위가 동일한 의사에 의하여 반복되거나 접속·연속하여 행하여진 것으로 봄이 상당하고 그로 인한 피해법익도 동일한 이상, 각 무면허운전 행위를 통틀어 포괄일죄로 처단하여야 한다. (대법원 2022. 10. 27. 선고 2022도8806 판결)

■ 판례 ■ 도로교통법 위반(무면허운전)죄는 유효한 운전면허가 없음을 알면서도 자동차를 운전하는 경우에만 성립하는 고의범인지 여부(적극) / 교통사고처리 특례법 제3조 제2항 단서 제7호에서 말하는 '도로교통법 제43조를 위반'한 행위도 도로교통법 위반(무면허운전)죄와 마찬가지로 유효한 운전면허가 없음을 알면서도 자동차를 운전하는 경우만을 의미하는지 여부(적극)

도로교통법 위반(무면허운전)죄는 도로교통법 제43조를 위반하여 운전면허를 받지 아니하고 자동차를 운전하는 경우에 성립하는 범죄로, 유효한 운전면허가 없음을 알면서도 자동차를 운전하는 경우에만 성립하는 고의범이다. 교통사고처리 특례법 제3조 제2항 단서 제7호는 도로교통법 위반(무면허운전)죄와 동일하게 도로교통법 제43조를 위반하여 운전면허를 받지 아니하고 자동차를 운전하는 행위를 대상으로 교통사고 처벌 특례를 적용하지 않도록 하고 있다. 따라서 위 단서 제7호에서 말하는 '도로교통법 제43조를 위반'한 행위는 도로교통법 위반(무면허운전)죄와 마찬가지로 유효한 운전면허가 없음을 알면서도 자동차를 운전하는 경우만을 의미한다고 보아야 한다.(대법원 2023. 6. 29., 선고, 2021도17733, 판결)

2. 술에 취한 상태에서의 운전

제44조(술에 취한 상태에서의 운전 금지) ① 누구든지 술에 취한 상태에서 자동차등(「건설기계관리법」 제26조 제1항 단서에 따른 건설기계 외의 건설기계를 포함한다. 이하 이 조, 제45조, 제47조, 제50조의3, 제93조제1항제1호부터 제4호까지 및 제148조의2에서 같다), 노면전차 또는 자전거를 운전하여서는 아니 된다
② 경찰공무원(자치경찰공무원은 제외한다. 이하 이 항에서 같다)은 교통의 안전과 위험방지를 위하여 필요하다고 인정하거나 제1항을 위반하여 술에 취한 상태에서 자동차등, 노면전차 또는 자전거를 운전하였다고 인정할 만한 상당한 이유가 있는 경우에는 운전자가 술에 취하였는지를 호흡조사로 측정할 수 있다. 이 경우 운전자는 경찰 공무원의 측정에 응하여야 한다.
③ 제2항에 따른 측정 결과에 불복하는 운전자에 대하여는 그 운전자의 동의를 받아 혈액 채취 등의 방법으로 다 시 측정할 수 있다.
④ 제1항에 따라 운전이 금지되는 술에 취한 상태의 기준은 운전자의 혈중알코올농도가 0.03퍼센트 이상인 경우로 한다.
⑤ 제2항 및 제3항에 따른 측정의 방법, 절차 등 필요한 사항은 행정안전부령으로 정한다.

※ 음주운전 유형별 적용법조

음주량과 회수	적용법조(벌칙)	형 량
10년 내 2회 이상 (벌금이상)	제148조의2 제1항 제1호 (측정거부)	1년↑6년↓, 5백↑3천↓
	제148조의2 제1항 제1호 (0.2%이상)	2년↑6년↓, 1천↑3천↓
	제148조의2 제1항 제1호 (0.03%이상0.2%미만)	1년↑5년↓, 5백↑2천↓
측정거부	제148조의2 제2항	1년↑5년↓, 5백↑2천↓
0.2%이상	제148조의2 제3항 제1호	2년↑5년↓, 1천↑2천↓
0.08%이상~0.2%미만	제148조의2 제3항 제2호	1년↑2년↓, 5백↑1천↓
0.03%이상~0.08%미만	제148조의2 제3항 제3호	1년↓, 5백↓
약 물	제148조의2 제4항	3년↓, 1천↓

부칙
제2조(술에 취한 상태에서의 운전금지 등에 관한 적용례) 제82조제2항 및 제93조제1항제2호의 개정규정은 이 법 시행 후 최초로 제44조제1항 또는 제2항을 위반한 사람부터 적용한다. 이 경우 위반행위의 횟수를 산정할 때에는 2001년 6월 30일 이후의 위반행위부터 산정한다.

[기재례1] 음주운전

1) 적용법조 : 제148조의2 제1항, 제44조 제1항 ☞ 공소시효 5년

2) 범죄사실 기재례

피의자는 20○○. ○. ○. 10:30경 ○○에 있는 ○○역 사거리부터 같은 날 10:40경 같은 구 ○○동에 있는 ○○백화점 앞 도로에 이르기까지 약 2.5㎞ 구간을 혈중알코올농도 0.09% 의 술에 취한 상태로 (차량번호, 차종)를 운전하였다.

3) 신문사항
- 피의자는 음주운전으로 단속당한 일이 있는가

- 언제 어디에서 어떻게 단속을 당하였나

　이때 음주운전자적발보고서를 보여주며

- 피의자가 단속 당하였을 때 작성한 내용이 맞는가

- 이러한 측정수치를 인정하는가

- 어디에서 어떠한 술을 어느 정도 먹었나

- 피의자가 운전한 차종, 번호, 소유자는 누구인가

- 술을 먹고 어디에서 어디까지 운행하였나

- 음주후 상태는 어떠하였나

- 왜 술을 먹고 차량을 운전하게 되었나

- 전에도 음주운전으로 단속 당한 일이 있는가

■ 판례 ■　**피측정자가 물로 입 안을 헹구지 아니한 상태에서 호흡측정기로 측정한 혈중알코올 농도 수치의 신빙성**

[1] 호흡측정기에 의한 혈중알코올 농도의 측정은 장에서 흡수되어 혈액 중에 용해되어 있는 알코올이 폐를 통과하면서 증발되어 호흡공기로 배출되는 것을 측정하는 것이므로, 최종 음주시로부터 상당한 시간이 경과하지 아니하였거나 또는 트림, 구토, 치아보철, 구강청정제 사용 등으로 인하여 입 안에 남아 있는 알코올, 알코올 성분이 있는 구강 내 타액, 상처부위의 혈액 등이 폐에서 배출된 호흡공기와 함께 측정될 경우에는 실제 혈중알코올의 농도보다 수치가 높게 나타나는 수가 있어, 피측정자가 물로 입 안 헹구기를 하지 아니한 상태에서 한 호흡측정기에 의한 혈중알코올 농도의 측정결과만으로는 혈중알코올 농도가 반드시 그와 같다고 단정할 수 없거나 호흡측정기에 의한 측정수치가 혈중알코올 농도보다 높을 수 있다는 의심을 배제할 수 없다.

[2] 물로 입 안을 헹굴 기회를 달라는 피고인의 요구를 무시한 채 호흡측정기로 측정한 혈중알코올 농도 수치가 0.05%로 나타난 경우, 피고인이 당시 혈중알코올 농도 0.05% 이상의 술에 취한 상태에서 운전하였다고 단정할 수 없다(대법원 2006.11.23. 선고 2005도7034 판결).

■ 판례 ■　**위드마크 공식에 따라 계산한 음주운전 적발시점의 혈중 알코올농도가 0.051%인 경우**

[1] 위드마크 공식에 의한 역추산 방식을 이용한 혈중 알코올농도의 산정에 있어서 주의할 점

음주운전에 있어서 운전 직후에 운전자의 혈액이나 호흡 등 표본을 검사하여 혈중 알코올농도를 측정할 수 있는 경우가 아니라면 소위 위드마크 공식을 사용하여 수학적 방법에 따른 계산 결과로 운전 당시의 혈중 알코올농도를 추정할 수 있으나, 범죄구성요건 사실의 존부를 알아내기 위해 과학 공식 등의 경험칙을 이용하는 경우에는 그 법칙 적용의 전제가 되는 개별적이고 구체적인 사실에 대하여는 엄격한 증명을 요한다고 할 것이고, 한편 위드마크 공식에 의한 역추산 방식을 이용하여 특정 운전시점으로부터 일정한 시간이 지난 후에 측정한 혈중 알코올농도를 기초로 하고 여기에 시간당 혈중 알코올의 분해소멸에 따른 감소치에 따라 계산된 운전시점 이후의 혈중알코올분해량을 가산하여 운전시점의 혈중 알코올농도를 추정함에 있어서는, 피검사자의 평소 음주정도, 체질, 음주속도, 음주 후 신체활동의 정도 등의 다양한 요소들이 시간당 혈중 알코올의 감소치에 영향을 미칠 수 있는바, 형사재판에 있어서 유죄의 인정은 법관으로 하여금 합리적인 의심을 할 여지가 없

을 정도로 공소사실이 진실한 것이라는 확신을 가지게 할 수 있는 증명이 필요하므로, 위 영향요소들을 적용함에 있어 피고인이 평균인이라고 쉽게 단정하여 평균적인 감소치를 적용하여서는 아니되고, 필요하다면 전문적인 학식이나 경험이 있는 자의 도움을 받아 객관적이고 합리적으로 혈중알코올농도에 영향을 줄 수 있는 요소들을 확정하여야 할 것이고, 위드마크 공식에 의하여 산출한 혈중 알코올농도가 법이 허용하는 혈중 알코올농도를 상당히 초과하는 것이 아니고 근소하게 초과하는 정도에 불과한 경우라면 위 공식에 의하여 산출된 수치에 따라 범죄의 구성요건 사실을 인정함에 있어서 더욱 신중하게 판단하여야 한다.

[2] 처벌기준치를 초과하였으리라고 단정할 수 있는지 여부(소극)

피고인에게 가장 유리한 감소치를 적용하여 위드마크 공식에 따라 계산한 음주운전 적발시점의 혈중알코올농도가 도로교통법상의 처벌기준인 0.05%를 넘는 0.051%이었으나, 사건발생시간을 특정하는 과정에서 발생하는 오차가능성 등의 여러 사정을 고려할 때 피고인의 운전 당시 혈중 알코올농도가 처벌기준치를 초과하였으리라고 단정할 수는 없다(대법원 2005.7.28. 선고 2005도3904 판결) .

■ 판례 ■ **위드마크 공식에 의하여 역추산한 혈중알코올농도가 처벌기준치를 근소하게 상회한 경우**

[1] 위드마크 공식을 사용하여 주취정도를 계산함에 있어 그 전제사실을 인정하기 위한 입증 정도

음주운전에 있어서 운전 직후에 운전자의 혈액이나 호흡 등 표본을 검사하여 혈중알코올농도를 측정할 수 있는 경우가 아니라면 소위 위드마크 공식을 사용하여 수학적 방법에 따른 계산결과로 운전 당시의 혈중알코올농도를 추정할 수 있으나, 범죄구성요건 사실의 존부를 알아내기 위해 과학공식 등의 경험칙을 이용하는 경우에는 그 법칙 적용의 전제가 되는 개별적이고 구체적인 사실에 대하여는 엄격한 증명을 요한다.

[2] 처벌기준치를 초과하였으리라고 단정할 수 있는지 여부(소극)

사후 음주측정기에 의한 측정결과를 토대로 위드마크 공식에 의하여 역추산한 혈중알코올농도가 처벌기준치를 근소하게 상회하더라도 운전 당시 처벌기준치를 초과한 음주운전이 있었던 것으로 단정할 수 없다(대법원 2003.4.25. 선고 2002도6762 판결).

■ 판례 ■ **운전자가 혈액채취의 방법에 의한 주취정도의 측정을 요구할 수 있는 시한**

[1] 도로교통법 제41조 제2항에서 말하는 '측정'의 의미(=호흡측정기에 의한 측정)

도로교통법 제41조 제2항에 의하여 경찰공무원이 운전자가 술에 취하였는지의 여부를 알아보기 위하여 실시하는 측정은 호흡을 채취하여 그로부터 주취의 정도를 객관적으로 환산하는 측정방법 즉, 호흡측정기에 의한 측정으로 이해하여야 한다.

[2] 운전자가 혈액채취의 방법에 의한 주취정도의 측정을 요구할 수 있는 시한 및 그 시한이 경과한 후의 음주운전사실의 증명방법

운전자가 경찰공무원에 대하여 호흡측정기에 의한 측정결과에 불복하고 혈액채취의 방법에 의한 측정을 요구할 수 있는 것은 경찰공무원이 운전자에게 호흡측정의 결과를 제시하여 확인을 구하는 때로부터 상당한 정도로 근접한 시점에 한정된다 할 것이고(경찰청의 교통단속처리지침에 의하면, 운전자가 호흡측정 결과에 불복하는 경우에 2차, 3차 호흡측정을 실시하고 그 재측정결과에도 불복하면 운전자의 동의를 얻어 혈액을 채취하고 감정을 의뢰하도록 되어 있고, 한편 음주측정 요구에 불응하는 운전자에 대하여는 음주측정 불응에 따른 불이익을 10분 간격으로 3회 이상 명확히 고지하고 이러한 고지에도 불구하고 측정을 거부하는 때 즉, 최초 측정요구시로부터 30분이 경과한 때에 측정거부로 처리하도록 되어 있는바, 이와 같은 처리지침에 비추어 보면 위 측정결과

의 확인을 구하는 때로부터 30분이 경과하기까지를 일응 상당한 시간 내의 기준으로 삼을 수 있을 것이다), 운전자가 정당한 이유 없이 그 확인을 거부하면서 시간을 보내다가 위 시점으로부터 상당한 시간이 경과한 후에야 호흡측정 결과에 이의를 제기하면서 혈액채취의 방법에 의한 측정을 요구하는 경우에는 이를 정당한 요구라고 할 수 없으므로, 이와 같은 경우에는 경찰공무원이 혈액채취의 방법에 의한 측정을 실시하지 않았다고 하더라도 호흡측정기에 의한 측정의 결과만으로 음주운전 사실을 증명할 수 있다(대법원 2002.3.15. 선고 2001도7121 판결).

■ 판례 ■   혈중알코올농도 측정 없이 위드마크 공식을 적용한 사건

[1] 위드마크 공식의 적용을 위한 자료에 관하여 엄격한 증명이 필요한지 여부(적극) / 위드마크 공식에 따라 혈중알코올농도를 추산할 때 그 전제가 되는 사실에 대한 증명 정도와 증명 방법

범죄구성요건사실을 인정하기 위하여 과학공식 등의 경험칙을 이용하는 경우에 그 법칙 적용의 전제가 되는 개별적·구체적 사실에 대하여는 엄격한 증명을 요한다. 위드마크 공식은 알코올을 섭취하면 최고 혈중알코올농도가 높아지고, 흡수된 알코올은 시간의 경과에 따라 일정하게 분해된다는 과학적 사실에 근거한 수학적인 방법에 따른 계산결과를 통해 운전 당시 혈중알코올농도를 추정하는 경험칙의 하나이므로, 그 적용을 위한 자료로 섭취한 알코올의 양·음주시각·체중 등이 필요하고 이에 관하여는 엄격한 증명이 필요하다. 나아가 위드마크 공식에 따른 혈중알코올농도의 추정방식에는 알코올의 흡수분배로 인한 최고 혈중알코올농도에 관한 부분과 시간경과에 따른 분해소멸에 관한 부분이 있고, 그중 최고 혈중알코올농도의 계산에 관하여는 섭취한 알코올의 체내흡수율과 성별·비만도·나이·신장·체중 등이 결과에 영향을 미칠 수 있으며, 개인의 체질, 술의 종류, 음주속도, 음주 시 위장에 있는 음식의 정도 등에 따라 최고 혈중알코올농도에 이르는 시간이 달라질 수 있고, 알코올의 분해소멸에 관하여도 평소의 음주정도, 체질, 음주속도, 음주 후 신체활동의 정도 등이 시간당 알코올 분해량에 영향을 미칠 수 있는 등 음주 후 특정 시점의 혈중알코올농도에 영향을 줄 수 있는 다양한 요소가 존재한다. 한편 형사재판에서 유죄의 인정은 법관으로 하여금 합리적인 의심을 할 여지가 없을 정도로 공소사실이 진실한 것이라는 확신을 가지게 할 수 있는 증명이 필요하므로, 위 영향요소를 적용할 때 피고인이 평균인이라고 쉽게 단정하여서는 아니 되고, 필요하다면 전문적인 학식이나 경험이 있는 자의 도움을 받아 객관적이고 합리적으로 혈중알코올농도에 영향을 줄 수 있는 요소를 확정하여야 한다. 만일 위드마크 공식의 적용에 관해서 불확실한 점이 남아 있고 그것이 피고인에게 불이익하게 작용한다면, 그 계산결과는 합리적인 의심을 품게 하지 않을 정도의 증명력이 있다고 할 수 없다.

[2] 혈중알코올농도 측정 없이 위드마크 공식을 사용해 피고인이 마신 술의 양을 기초로 피고인의 운전 당시 혈중알코올농도를 추산하는 경우로서 알코올의 분해소멸에 따른 혈중알코올농도의 감소기(위드마크 제2공식, 하강기)에 운전이 이루어진 것으로 인정되는 경우, 피고인에게 가장 유리한 음주 시작 시점부터 곧바로 생리작용에 의하여 분해소멸이 시작되는 것으로 보아야 하는지 여부(원칙적 적극)

혈중알코올농도 측정 없이 위드마크 공식을 사용해 피고인이 마신 술의 양을 기초로 피고인의 운전 당시 혈중알코올농도를 추산하는 경우로서 알코올의 분해소멸에 따른 혈중알코올농도의 감소기(위드마크 제2공식, 하강기)에 운전이 이루어진 것으로 인정되는 경우에는 피고인에게 가장 유리한 음주 시작 시점부터 곧바로 생리작용에 의하여 분해소멸이 시작되는 것으로 보아야 한다. 이와 다르게 음주 개시 후 특정 시점부터 알코올의 분해소멸이 시작된다고 인정하려면 알코올의 분해소멸이 시작되는 시점이 다르다는 점에 관한 과학적 증명 또는 객관적인 반대 증거가 있거나, 음주 시작 시점부터 알코올의 분해소멸이 시작된다고 보는 것이 그렇지 않은 경우보다 피고인에게 불이익하게 작용되는 특별한 사정이 있어야 한다. (대법원 2022. 5. 12., 선고, 2021도14074, 판결)

[기재례2] 음주측정거부

1) 적용법조 : 제148조의2 제2항, 제44조 제2항 ☞ 공소시효 5년

2) 범죄사실 기재례

[사례1] 음주측정거부 1

> 피의자는 20○○. ○. ○. ○○:○○경 23코 0000호 에쿠스 승용차를 운전하여 ○○앞길을 ○○쪽으로 진행하던 중, 위 차가 좌우로 비틀거리며 달리는 것을 보고 순찰차를 타고 뒤쫓아 온 ○○경찰서 소속 경위 정세관이 위 차를 정지시키고 입에서 술 냄새가 나는 피의자에 대하여 술에 취하였는지 여부를 측정하려 하였으나 그 측정에 응하지 아니하였다.

[사례2] 음주측정거부 2

> 피의자는 20○○. ○. ○. 04:30경 ○○앞 도로를 술을 마신 상태에서 (차량번호, 차종)을 운전하던 중 운전 중 ○○경찰서 소속 경위 곽영태로부터 피의자에게서 술 냄새가 나고 비틀거리며 얼굴에 홍조를 띠는 등 술에 취한 상태에서 운전하였다고 인정할 만한 상당한 이유가 있어 약 20분에 걸쳐 음주측정기에 입김을 불어 넣는 방법으로 음주측정에 응할 것을 요구받았다.
> 그럼에도 피의자는 음주측정기에 입김을 불어 넣는 시늉만 하고 흡입구를 혀로 막는 등의 방법으로 이를 회피하여 정당한 사유 없이 경찰공무원의 음주측정 요구에 응하지 아니하였다.

■ **판례** ■ 도로교통법 제148조의2 제1항 제2호에서 말하는 '경찰공무원의 측정에 응하지 아니한 경우'의 의미 및 측정거부가 일시적인 것에 불과한 경우, 음주측정불응죄가 성립하는지 여부 (소극) / 음주측정불응죄가 성립하는 시기 및 운전자의 측정불응의사가 객관적으로 명백한지 판단하는 방법

도로교통법 제148조의2 제1항 제2호의 주된 목적은 음주측정을 간접적으로 강제함으로써 교통의 안전을 도모함과 동시에 음주운전에 대한 입증과 처벌을 용이하게 하려는 데 있는 것이지, 측정불응행위 자체의 불법성을 처벌하려는 데 있는 것은 아닌 점, 한편 처벌조항의 음주측정불응죄는 주취운전죄 중에서도 불법성이 가장 큰 유형인 3회 이상 또는 혈중알코올농도 0.2% 이상의 주취운전죄와 동일한 법정형으로 규율되고 있는 점, 경찰청의 교통단속처리지침 제38조 제11항은 처벌조항의 입법 취지 등을 참작하여 "음주측정 요구에 불응하는 운전자에 대하여는 음주측정 불응에 따른 불이익을 10분 간격으로 3회 이상 명확히 고지하고, 고지에도 불구하고 측정을 거부한 때(최초 측정 요구 시로부터 30분 경과)에는 측정결과란에 ○○으로 기재하여 주취운전자 적발보고서를 작성한다."고 규정하고 있는 점 등을 고려해 볼 때, 처벌조항에서 말하는 '경찰공무원의 측정에 응하지 아니한 경우'란 전체적인 사건의 경과에 비추어 술에 취한 상태에 있다고 인정할 만한 상당한 이유가 있는 운전자가 음주측정에 응할 의사가 없음이 객관적으로 명백하다고 인정되는 때를 의미하고, 운전자가 경찰공무원의 1차 측정에만 불응하였을 뿐 곧이어 이어진 2차 측정에 응한 경우와 같이 측정거부가 일시적인 것에 불과한 경우까지 측정불응행위가 있었다고 보아 처벌조항의 음주측정불응죄가 성립한다고 볼 것은 아니다. 따라서 술에 취한 상태에 있다고 인정할 만한 상당한 이유가 있는 운전자가 호흡측정기에 숨을 내쉬는 시늉만 하는 등으로 음주측정을 소극적으로 거부한 경우라면, 소극적 거부행위가 일정 시간 계속적으로 반복되어 운전자의 측정불응의사가 객관적으로 명백하다고 인정되는 때에 비로소 음주측정불응죄

가 성립하고, 반면 운전자가 명시적이고도 적극적으로 음주측정을 거부하겠다는 의사를 표명한 것이라면 즉시 음주측정불응죄가 성립할 수 있으나, 그 경우 운전자의 측정불응의사가 객관적으로 명백하였는지는 음주측정을 요구받을 당시의 운전자의 언행이나 태도 등을 비롯하여 경찰공무원이 음주측정을 요구하게 된 경위 및 측정요구의 방법과 정도, 주취운전자 적발보고서 등 측정불응에 따른 관련 서류의 작성 여부 및 운전자가 음주측정을 거부한 사유와 태양 및 거부시간 등 전체적 경과를 종합적으로 고려하여 신중하게 판단하여야 한다.(대법원 2015.12.24. 선고, 2013도8481, 판결)

■ **판례** ■ **피고인의 음주와 음주운전을 목격한 참고인이 있는 상황에서 경찰관이 음주 및 음주운전 종료로부터 약 5시간 후 집에서 자고 있는 피고인을 연행하여 음주측정을 요구한 데에 대하여 피고인이 불응한 경우**

도로교통법상의 음주측정불응죄가 성립한다(대법원 2001.8.24. 선고 2000도6026 판결).

■ **판례** ■ **2018. 12. 24. 법률 제16037호로 개정된 도로교통법 제148조의2 제1항에서 정한 '도로교통법 제44조 제1항 또는 제2항을 2회 이상 위반한 사람'에 개정 도로교통법 시행 이전에 구 도로교통법 제44조 제1항 또는 제2항을 위반한 전과가 포함되는지 여부(적극) 및 이와 같은 해석이 형벌불소급의 원칙이나 일사부재리의 원칙에 위배되는지 여부(소극) / 개정 도로교통법 부칙 (2018. 12. 24.) 제2조에서 같은 법 제148조의2 제1항에 관한 위반행위의 횟수를 산정하는 기산점을 두지 않은 것을 이유로 그 위반행위에 개정 도로교통법 시행 이후의 음주운전 또는 음주측정 불응 전과만이 포함되는 것이라고 해석할 수 있는지 여부(소극)**

도로교통법 제44조는 '술에 취한 상태에서 운전 금지'에 관하여 정하고 있는데, 제1항에서 누구든지 술에 취한 상태에서 자동차 등, 노면전차 또는 자전거를 운전해서는 안 된다고 정하고, 도로교통법(2018. 12. 24. 법률 제16037호로 개정되어 2019. 6. 25. 시행된 것, 이하 '개정 도로교통법'이라 한다) 제148조의2 제1항은 '도로교통법 제44조 제1항 또는 제2항을 2회 이상 위반한 사람(자동차 등 또는 노면전차를 운전한 사람으로 한정한다)'을 2년 이상 5년 이하의 징역이나 1,000만 원 이상 2,000만 원 이하의 벌금에 처하도록 정하고 있다. 위 규정의 문언과 입법 취지에 비추어 '도로교통법 제44조 제1항 또는 제2항을 2회 이상 위반한 사람'에 위와 같이 개정된 도로교통법이 시행된 2019. 6. 25. 이전에 구 도로교통법 제44조 제1항 또는 제2항을 위반한 전과가 포함된다고 보아야 한다. 이와 같이 해석하더라도 형벌불소급의 원칙이나 일사부재리의 원칙에 위배되지 않는다. 개정 도로교통법 부칙 제2조는 도로교통법 제82조 제2항과 제93조 제1항 제2호의 경우 위반행위의 횟수를 산정할 때에는 2001. 6. 30. 이후의 위반행위부터 산정하도록 한 반면, 제148조의2 제1항에 관한 위반행위의 횟수 산정에 대해서는 특별히 정하지 않고 있다. 이처럼 제148조의2 제1항에 관한 위반행위의 횟수를 산정하는 기산점을 두지 않았다고 하더라도 그 위반행위에 개정 도로교통법 시행 이후의 음주운전 또는 음주측정 불응 전과만이 포함되는 것이라고 해석할 수 없다.(대법원 2020. 8. 20. 선고, 2020도7154, 판결)

3. 공동위험행위

1) 적용법조 : 제150조 제1호, 제46조 제1항 ☞ 공소시효 5년

제46조(공동위험행위의 금지) ① 자동차등(개인형 이동장치는 제외한다. 이하 이 조에서 같다)의 운전자는 도로에서 2명 이상이 공동으로 2대 이상의 자동차등을 정당한 사유 없이 앞뒤로 또는 좌우로 줄지어 통행하면서 다른 사람에게 위해(危害)를 끼치거나 교통상의 위험을 발생하게 하여서는 아니 된다.
② 자동차등의 동승자는 제1항에 따른 공동 위험행위를 주도하여서는 아니 된다.

2) 범죄사실 기재례

자동차등의 운전자는 도로에서 2명 이상이 공동으로 2대 이상의 자동차등을 정당한 사유 없이 앞뒤로 또는 좌우로 줄지어 통행하면서 다른 사람에게 위해(危害)를 끼치거나 교통상의 위험을 발생하게 하여서는 아니 된다.

그럼에도 불구하고 피의자들은 20○○. ○. ○. 15:50경 ○○에 있는 ○○터널 앞 인천신공항고속도로 공항기점 서울 방면 약 33㎞ 지점 갓길에서, 피의자 甲은 ○○자동차를, 피의자 乙은 ○○자동차를 각 운전하여 정당한 사유 없이 시속 약 90㎞로 진행 중이던 북측 대표단 차량 행렬 앞으로 갑자기 끼어들어 앞뒤로 줄지의 통행함으로써 2인 이상이 공동으로 교통상의 위험을 발생하게 하였다.

3) 신문사항

- 乙을 알고 있는가
- 乙과 같이 차량을 운행하고 ○○를 간 일이 있는가
- 언제 어떤 차량을 운전하고 그곳을 갔었는가
- 어디에서 출발하여 어디까지 갔었나
- 乙은 어떤 차량을 운전하였나
- 그 곳을 통행하던 ○○차량 행렬에 끼어들기를 한 일이 있는가
- 乙과 어떤 방법으로 끼어들기를 하였는가
- 乙과 어떻게 연락하고 그런 행위를 하였는가
- 사전에 공모를 하였는가
- 피의자들의 행위로 교통상 위험을 발생한다고 생각하지 않았는가
- 왜 이런 행위를 하였나

■ **판례** ■ **2대의 자동차 운전자들이 정당한 사유 없이 고속도로에서 시속 약 90㎞의 속도로 진행하던 차량행렬의 앞으로 끼어들어 시속 약 20㎞ 미만의 저속으로 진행함으로써 뒤따라오는 차량들로 하여금 급격히 속도를 떨어뜨리게 한 행위**

자동차의 운전자인 피고인 1, 2는 터널을 통과하기 전까지는 터널 밖의 상황을 잘 알 수가 없는 차량행렬을 염두에 두고서 앞뒤로 줄을 지어 갑자기 갓길에서 공소외인 운전의 선두차량 앞으로 진입하였을 뿐 아니라 3차로에 진입하고서도 고속도로에서 시속 약 20㎞ 미만의 저속으로 진행을

하여 뒤에서 진행해 오는 차량들로 하여금 급격히 속도를 떨어뜨리게 하여 교통상의 위험을 발생하게 하였다고 보기에 충분하므로, 피고인 1, 2의 위와 같은 행위는 구 도로교통법 제42조의2에서 금지하고 있는 '공동위험행위'에 해당된다고 할 것이다. (대법원 2007. 7. 12., 선고, 2006도5993, 판결)

■ 판례 ■   공동 위험행위'의 의미 및 이를 금지하는 취지

도로교통법 제46조 제1항은 '자동차 등의 운전자는 도로에서 2명 이상이 공동으로 2대 이상의 자동차 등을 정당한 사유 없이 앞뒤로 또는 좌우로 줄지어 통행하면서 다른 사람에게 위해를 끼치거나 교통상의 위험을 발생하게 하여서는 아니 된다.'고 규정하고 있고, 제150조 제1호에서는 이를 위반한 사람에 대한 처벌규정을 두고 있다. 도로교통법 제46조 제1항에서 말하는 '공동 위험행위'란 2인 이상인 자동차 등의 운전자가 공동으로 2대 이상의 자동차 등을 정당한 사유 없이 앞뒤로 또는 좌우로 줄지어 통행하면서 신호위반, 통행구분위반, 속도제한위반, 안전거리확보위반, 급제동 및 급발진, 앞지르기금지위반, 안전운전의무위반 등의 행위를 하여 다른 사람에게 위해를 주거나 교통상의 위험을 발생하게 하는 것으로, 2인 이상인 자동차 등의 운전자가 함께 2대 이상의 자동차 등으로 위의 각 행위 등을 하는 경우에는 단독으로 한 경우와 비교하여 다른 사람에 대한 위해나 교통상의 위험이 증가할 수 있고 집단심리에 의해 그 위해나 위험의 정도도 가중될 수 있기 때문에 이와 같은 공동 위험행위를 금지하는 것이다(대법원 2007. 7. 12. 선고 2006도5993 판결 참조). 위와 같은 도로교통법 위반(공동위험행위) 범행에서는 '2명 이상이 공동으로' 범행에 가담하는 것이 구성요건의 내용을 이루기 때문에 행위자의 고의의 내용으로서 '공동의사'가 필요하고, 위와 같은 공동의사는 반드시 위반행위에 관계된 운전자 전부 사이의 의사의 연락이 필요한 것은 아니고 다른 사람에게 위해를 끼치거나 교통상의 위험을 발생하게 하는 것과 같은 사태의 발생을 예견하고 그 행위에 가담할 의사로 족하다. 또한 그 공동의사는 사전 공모뿐 아니라 현장에서의 공모에 의한 것도 포함된다.

☞ 피고인A가 평소 잘 알고 지내던 공범B와 이 사건 범행 당일 만나 함께 목적지로 가기로 약속한 후 서로 전화통화를 주고받으며 각자 자동차를 운전하여 고속도로를 주행하면서 여러 구간에서 앞뒤로 또는 좌우로 줄지어 제한속도를 현저히 초과하여 주행한 사안에서, 피고인A와 공범B의 관계, 공통된 출발지와 목적지 및 주행 경로, 주행 속도, 주행 방법, 당시의 도로 상황 등에 비추어 피고인A에게 공동 위험행위에 관한 공동의사가 있었다고 봄이 상당하다는 이유로, 도로교통법 위반(공동위험행위) 범행을 무죄로 판단한 원심을 파기환송한 사례 대법원 2021. 10. 14. 선고 2018도10327 판결)

4. 난폭운전행위

1) **적용법조** : 제151조의2 제1호, 제46조의3 제1항 제ㅇ호 ☞ 공소시효 5년

제46조의3(난폭운전 금지) 자동차등(개인형 이동장치는 제외한다)의 운전자는 다음 각 호 중 둘 이상의 행위를 연달아 하거나, 하나의 행위를 지속 또는 반복하여 다른 사람에게 위협 또는 위해를 가하거나 교통상의 위험을 발생하게 하여서는 아니 된다.
1. 제5조에 따른 신호 또는 지시 위반
2. 제13조제3항에 따른 중앙선 침범
3. 제17조제3항에 따른 속도의 위반
4. 제18조제1항에 따른 횡단·유턴·후진 금지 위반
5. 제19조에 따른 안전거리 미확보, 진로변경 금지 위반, 급제동 금지 위반
6. 제21조제1항·제3항 및 제4항에 따른 앞지르기 방법 또는 앞지르기의 방해금지 위반
7. 제49조제1항제8호에 따른 정당한 사유 없는 소음 발생
8. 제60조제2항에 따른 고속도로에서의 앞지르기 방법 위반
9. 제62조에 따른 고속도로등에서의 횡단·유턴·후진 금지 위반

---

2) **범죄사실 기재례**

> 자동차등의 운전자는 중앙선침범 등 둘 이상의 행위를 연달아 하거나, 하나의 행위를 지속 또는 반복하여 다른 사람에게 위협 또는 위해를 가하거나 교통상의 위험을 발생하게 하여서는 아니 된다.
> 그럼에도 불구하고 피의자는 20○○. ○. ○. 15:50경 제○○번 국도 ○○지점에서 중앙선 침범과 속도위반 등을 연달아 하여 당시 그곳을 운행하던 불특정운전자들에게 위협위해를 가하는 등 교통상의 위험을 발생시키는 행위를 하였다.

3) **신문사항**

- 차량과 자동차 운전면허가 있는가
- ○○에서 위 차량을 운전한 일이 있는가
- 언제 어디에서 출발하여 어디까지 가던 중이였는가
- 이 구간 운행 중 법규위반을 한 사실이 있는가
- 어떤 법규를 위반하였는가
- 왜 이러한 난폭운전을 하였는가
- 피의자의 이러한 위반행위로 다른 운전자들에게 어떤 피해를 주었는가

■ **판례** ■ **고속도로에서 자동차를 운전하다가 특정 구간에서 속도 위반행위를 지속·반복하거나 다른 차량을 추월하면서 안전거리를 확보하지 아니하고 앞지르기 방법을 위반함으로써 다른 사람에게 위해를 가하거나 교통상의 위험을 발생시키는 난폭운전을 한 경우**

피고인이 제한속도 시속 100km를 초과하여 7분간 지속적으로 과속 운전하였고, 앞차와의 안전거리를 충분히 확보하지 않거나 방향지시등을 켜지 않은 채 차선을 여러 차례 변경한 사실 등에 비추어 도로교통법에서 정한 안전거리 확보 의무나 진로변경 및 앞지르기 방법 등을 위반하여 다른

차량의 정상적인 통행에 다소 장애를 초래한 것으로 보이나, 영상자료를 통해 확인되는 당시 도로상황에 비추어 볼 때 피고인이 제한속도 준수 및 안전거리 확보 의무나 진로변경 및 앞지르기 방법 등을 위반하여 여러 차례 차로를 변경하였더라도 그로 인하여 위반행위에 내재된 추상적인 위험을 넘어 도로의 교통상황에 구체적인 위험이 초래되었다고 보이지 않는 점, 피고인의 행위로 인하여 다른 차량들이 급제동을 하거나 급격히 주행 방향을 변경하는 등의 상황은 발생하지 않았으므로, 피고인의 행위가 다른 차량들의 운행에 장애를 초래하였거나 다른 차량에 위해를 가하였다고 보기 어려운 점을 종합하면, 피고인의 행위로 구체적이고 상당한 교통상 위험이 발생하였다고 단정하기 어렵다는 이유로, 이와 달리 보아 피고인에게 유죄를 인정한 제1심판결에 도로교통법 위반죄에 관한 법리를 오해하고 사실을 오인한 잘못이 있다.(창원지법 2019. 6. 20. 선고, 2019노287, 판결)

4) 보복운전 등과 구별

난폭운전	제46조의3에서 정한 위반행위(신호위반, 속도위반, 중앙선침범, 안전거리 미확보 등) 중 둘 이상을 연달아 하거나 하나의 행위를 반복함으로써 불특정인에게 위협·위해를 가하거나 교통상의 위협을 발생시키는 행위
보복운전	도로 위에서 위험한 물건인 자동차를 이용하여 특정인에게 위협을 가하거나 공포심을 느끼게 한 행위 ※ 단 1회의 행위라도 제3자의 입장에서 볼 때 폭행·협박의 고의가 분명하고 사건의 위험과 위협의 정도가 인정된다면 보복운전에 해당
단순범칙금 위반	타인에 대한 위협·위해를 가하거나 교통상의 위험을 발생시킬 고의가 없이 도로교통법상 범칙금 항목을 위반하는 행위

5) 난폭운전 유형

○차량들 사이로 잇따라 급차로 변경을 하면서 지그재그로 운전하는 행위

○앞차가 늦게 간다고 차량 뒤에 바짝 붙어서 경음기를 지속적, 반복적으로 누르는 행위

○고속도로 등에서 고의로 지속적으로 역주행을 하는 행위

○과속을 하면서 신호위반을 하는 행위

○중앙선 침범을 반복적으로 하면서 앞지르기 하는 행위

☞ 위와 같은 운전행위로 타인에게 위협 또는 위해를 가하거나 교통상 위험을 야기한 경우(구체적 위험범)

※ 위반행위를 연달아 하거나 반복하더라도 타인에게 위협·위해를 가하거나 교통상의 구체적인 위험을 발생시키는 수준에 이르지 않았다면 난폭운전으로 처벌하기 곤란(예, 근처에 영향을 받는 다른 차량이 전혀 없는 경우) → 위반행위에 대한 통고처분 (위협 등에 대해서는 당시 차량속도, 주변 차량과의 거리, 위반행위 태양·정도 등을 종합적으로 고려하여 판단)

5. 교통사고 야기도주

1) 적용법조 : 제148조, 제54조 제1항 ☞ 공소시효 7년

> **제54조(사고발생시의 조치)** ① 차 또는 노면전차의 운전 등 교통으로 인하여 사람을 사상하거나 물건을 손괴(이하 "교통사고"라 한다)한 경우에는 차 또는 노면전차의 운전 자나 그 밖의 승무원(이하 "운전자등"이라 한다)은 즉시 정차하여 다음 각 호의 조치를 하여야 한다.
> 1. 사상자를 구호하는 등 필요한 조치
> 2. 피해자에게 인적 사항(성명·전화번호·주소 등을 말한다. 이하 제148조 및 제156조제10호에서 같다) 제공

2) 범죄사실 기재례

> 피의자는 ○○호 ○○승용차를 운전하는 사람이다.
> 피의자는 20○○. ○. ○. ○○:○○경 ○○에서 ○○방면으로 편도 2차선 도로의 2차선으로 주행하던 중, 차의 운전자는 전방 및 좌우를 잘 살피고 제동장치 등을 정확히 조작해야 할 업무상의 주의의무가 있었다.
> 그럼에도 불구하고 이를 게을리한 채 운전한 과실로 위 ○○입구에서 직진 신호를 기다리고 있던 피해자 홍길동이 운전하는 ○○호 승용차의 뒷부분을 들이받았다.
> 결국, 피의자는 위와 같은 업무상의 과실로 위 차량에 수리비 150만원 상당 들도록 손괴하고도 아무런 조치를 하지 아니한 채 그대로 달아났다.

3) 신문사항

 - 자동차 운전면허가 있는가
 - 어떤 차를 운전하였는가
 - 위 차량을 운전하다 사고를 낸 일이 있는가
 - 언제 어디에서 사고를 냈는가
 - 사고 내용은
 - 피해자의 어느 부분을 부딪쳤는가
 - 사고 후 어떤 조치를 하였는가
 - 왜 이런 사고가 발생하였다고 생각하는가
 - 어떻게 검거되었는가
 - 왜 사후 조치를 취하지 않았는가
 - 종합보험에 가입되어 있는가

■ 판례 ■   개인택시운전자인 甲이 교통사고 후 후발 사고의 위험이 없는 마땅한 주차 공간을 찾기 어렵자 사고 현장으로부터 약 400m 이동하여 정차한 후 개인택시조합 직원에게 사고처리를 부탁하는 전화를 마칠 무렵 경찰관이 도착한 경우

[1] 구 도로교통법 제50조 제1항의 교통사고 후 운전자 등이 즉시 정차하여야 할 의무의 의미]

구 도로교통법(2005. 5. 31. 법률 제7545호로 전문 개정되기 전의 것) 제50조 제1항의 교통사고 후 운전자 등이 즉시 정차하여야 할 의무라 함은, 곧바로 정차함으로써 부수적으로 교통의 위험이 초래되는 등의 사정이 없는 한 즉시 정차하여야 할 의무를 말한다.

[2] 甲의 행위가 교통사고 야기 도주에 해당하는지 여부(소극)

교통사고로 인하여 피고인이 받았을 충격의 정도, 사고 후 불가항력적으로 반대차선으로 밀려 역주행하다가 2차 사고까지 일으키게 된 정황, 정주행 차선으로 돌아온 후에도 후발사고의 위험이 없는 마땅한 주차 공간을 찾기 어려운 도로여건, 피고인이 스스로 정차한 후 개인택시조합 직원에게 사고처리를 부탁하는 전화를 마칠 무렵 경찰관이 도착한 사정 등에 비추어, 피고인이 교통사고 후 비록 가해차량을 운전하여 사고 현장으로부터 약 400m 이동하여 정차한 사실은 인정되나 이는 불가피한 것으로 볼 여지가 있고, 이로 인하여 피고인이 구 도로교통법(2005. 5. 31. 법률 제7545호로 전문 개정되기 전의 것) 제50조 제1항의 규정에 의한 조치를 제대로 이행하지 못하였다고 하더라도 피고인에게 도주의 범의가 있었다고 보기는 어렵다(대법원 2006.9.28. 선고 2006도3441 판결).

■ 판례 ■   甲이 운행 중 피해차량의 후사경 등을 손괴한 다음 신호가 진행신호로 바뀔 때까지 피해자의 항의가 없자 별다른 조치를 취하지 아니한 채 사고현장을 이탈한 경우

신호등 있는 사거리 교차로에서 신호 대기중이던 옆 차로 피해차량의 후사경 등을 손괴한 다음 신호가 진행신호로 바뀔 때까지 피해자의 항의가 없었던 경우 피고인이 별다른 조치를 취하지 아니한 채 사고현장을 이탈하였다고 하여 도로교통법 106조, 50조 1항 위반죄로 처벌할 수 없다(대법원 2003.9.26 선고 2003도3616 판결).

■ 판례 ■   귀책사유 없는 사고차량의 운전자도 구호조치의무 및 신고의무가 있는지 여부(적극)

귀책사유 없는 사고차량의 운전자도 도로교통법 제50조 제1항, 제2항의 구호조치의무 및 신고의무가 있다(대법원 2002.5.24. 선고 2000도1731 판결).

■ 판례 ■   피해자가 2주간의 치료를 요하는 급성경추염좌의 상해를 입었을 뿐인 경우, 사고 운전자가 실제로 피해자를 구호하는 등의 조치를 취하여야 할 필요가 있는지 여부(소극)

사고 운전자가 교통사고를 낸 후 피해자가 목을 주무르고 있는 것을 보고도 별다른 조치 없이 차량을 사고 현장에 두고 다른 사람에게 사고처리를 부탁하기 위하여 사고현장을 이탈하였으나 피해자가 2주간의 치료를 요하는 급성경추염좌의 상해를 입었을 뿐인 경우, 사고 운전자가 실제로 피해자를 구호하는 등의 조치를 취하여야 할 필요가 있었다고 보기 어렵다(대법원 2002.1.11. 선고 2001도2869 판결).

6. 교통방해

1) 적용법조 : 제152조 제4호, 제68조 제2항, 공인중개사법 제49조 제3호, 제12조 제1항

☞ 공소시효 5년

> 제68조(도로에서의 금지행위 등) ② 누구든지 교통에 방해가 될 만한 물건을 도로에 함부로 내버려두어서는 아니된다.

2) 범죄사실 기재례

피의자는 ○○에 있는 ○○상가 4호에서 ○○라는 상호로 부동산중개업에 종사하는 자로, 중개업자는 2개 이상의 중개사무소를 둘 수 없고, 누구든지 교통에 방해될 만한 물건을 함부로 도로에 방치하여서는 아니된다.

그럼에도 불구하고 피의자는 20○○. ○. ○. ○○:○○경 ○○에 있는 ○○아파트 모델하우스 앞 보도에서 위 아파트 분양권 당첨자들과 거래 및 상담을 하기 위하여 대형파라솔에 피고인의 중개사무소 상호와 전화번호가 적힌 현수막을 부착하고 간이의자를 여러 개 놓아 2개 이상의 중개사무소를 두고, 교통에 방해될 만한 물건을 도로에 방치하였다.

3) 신문사항

- 부동산중개업을 하고 있는가
- 언제부터 어디에서 하고 있는가
- 중개사 자격이 있는가
- 개설등록은 하였는가(등록일자, 등록번호 등)
- 규모는 어느 정도 인가
- 등록된 장소 이외 이중으로 개설한 일이 있는가
- 언제부터 어디에서 하였나
- 그곳에서는 어떤 시설을 설치하였나
- 무엇 때문에 그곳에서 하였나
- 교통에 방해를 주지 않았나
- 도로점용 허가를 하였나
- 왜 이렇게 이중으로 중개사무소를 개설하였나

■ 판례 ■ 　부동산중개업자인 甲이 아파트 모델하우스 보도 위에 방치되어 있던 파라솔에 자신이 경영하는 중개사무소의 상호와 전화번호가 적힌 현수막을 붙인 경우

[1] 다른 사람에 의하여 교통에 방해가 될 만한 물건이 도로에 방치된 이후에 그 물건을 단순히 사용하는 경우, 도로교통법 제63조 제2항의 규정에 위반되는지 여부(소극)

도로교통법 제63조 제2항은, 누구든지 교통에 방해될 만한 물건을 함부로 도로에 방치하여서는 아니 된다고 규정하고 있고, 같은 법 제109조 제5호는, 같은 법 제63조 제2항의 규정을 위반하여

교통에 방해가 될 만한 물건을 함부로 도로에 방치한 사람을 처벌하도록 규정하고 있으므로, 다른 사람에 의하여 교통에 방해가 될 만한 물건이 도로에 방치된 이후에 그 물건을 단순히 사용하는 행위는 도로교통법 제63조 제2항의 규정에 위반되는 행위로 볼 수 없다.

[2] 甲의 행위가 도로교통법에 위반되는지 여부(소극)

중개업자가 아파트 모델하우스 보도 위에 방치되어 있던 파라솔에 자신이 경영하는 중개사무소의 상호와 전화번호가 적힌 현수막을 붙인 경우, 도로교통법위반으로 볼 수 없다(대법원 2005.1.14. 선고 2004도7264 판결).

V. 운전면허의 최소

■ 판례 ■ 한 사람이 여러 자동차운전면허를 취득한 경우 면허취소 대상

[1] 피측정자가 물로 입 안을 헹구지 아니한 상태에서 호흡측정기로 측정한 혈중알코올 농도 수치의 신빙성

호흡측정기에 의한 혈중알코올 농도의 측정은 장에서 흡수되어 혈액 중에 용해되어 있는 알코올이 폐를 통과하면서 증발되어 호흡공기로 배출되는 것을 측정하는 것이므로, 최종 음주시로부터 상당한 시간이 경과하지 아니하였거나 또는 트림, 구토, 치아보철, 구강청정제 사용 등으로 인하여 입 안에 남아 있는 알코올, 알코올 성분이 있는 구강 내 타액, 상처부위의 혈액 등이 폐에서 배출된 호흡공기와 함께 측정될 경우에는 실제 혈중알코올의 농도보다 수치가 높게 나타나는 수가 있어, 피측정자가 물로 입 안 헹구기를 하지 아니한 상태에서 한 호흡측정기에 의한 혈중알코올농도의 측정결과만으로는 반드시 그와 같다고 단정할 수 없거나 호흡측정기에 의한 측정수치가 혈중알코올 농도보다 높을 수 있다는 의심을 배제할 수 없다.

[2] 한 사람이 여러 자동차운전면허를 취득한 경우 면허취소 대상

한 사람이 여러 자동차운전면허를 취득한 경우 이를 취소함에 있어서 서로 별개로 취급하는 것이 원칙이고, 다만 취소사유가 특정의 면허에 관한 것이 아니고 다른 면허와 공통된 것이거나 운전면허를 받은 사람에 관한 것일 경우에는 여러 면허를 전부 취소할 수도 있다.

[3] 제1종 대형·제1종 보통·제2종 보통제2종 소형 면허를 각 취득한 사람이 제2종 소형면허로는 운전할 수 없는 차량을 음주운전한 사안에서, 제2종 소형면허까지 취소한 것은 위법하다고 한 사례

이 사건 차량은 제2종 소형면허로는 운전할 수 없으므로, 제2종 소형면허는 이 사건 차량의 운전과 아무런 관련이 없을 뿐 아니라, 도로교통법 제80조 제2항, 도로교통법 시행규칙 제53조 [별표 18]에 의하면 제1종 대형·제1종 보통·제2종 보통 운전면허로 운전할 수 있는 차량에 제2종 소형면허로 운전할 수 있는 차량이 모두 포함되는 것도 아니어서, 제1종 대형·제1종 보통·제2종 보통면허의 취소에 제2종 소형면허로 운전할 수 있는 차량의 운전을 금지하는 취지까지 포함된다고는 볼 수 없으므로, 원고가 위와 같이 음주상태에서 이 사건 차량을 운전하였다고 하여 제2종 소형면허까지 취소할 수는 없다고 할 것이다(서울행정법원 2009.12.22. 선고 2009구단15190 판결).

■ 판례 ■ 음주운전 여부에 대한 조사 과정에서 운전자 본인의 동의를 받지 아니하고 법원의 영장도 없이 한 혈액 채취 조사 결과를 근거로 한 운전면허 정지·취소 처분이 위법한지 여부(원칙적 적극)

음주운전 여부에 관한 조사방법 중 혈액 채취(이하 '채혈'이라고 한다)는 상대방의 신체에 대한 직접적인 침해를 수반하는 방법으로서, 이에 관하여 도로교통법은 호흡조사와 달리 운전자에게 조

사에 응할 의무를 부과하는 규정을 두지 아니할 뿐만 아니라, 측정에 앞서 운전자의 동의를 받도록 규정하고 있으므로(제44조 제3항), 운전자의 동의 없이 임의로 채혈조사를 하는 것은 허용되지 아니한다. 그리고 수사기관이 범죄 증거를 수집할 목적으로 운전자의 동의 없이 혈액을 취득·보관하는 행위는 형사소송법상 '감정에 필요한 처분' 또는 '압수'로서 법원의 감정처분허가장이나 압수영장이 있어야 가능하고, 다만 음주운전 중 교통사고를 야기한 후 운전자가 의식불명 상태에 빠져 있는 등으로 호흡조사에 의한 음주측정이 불가능하고 채혈에 대한 동의를 받을 수도 없으며 법원으로부터 감정처분허가장이나 사전 압수영장을 발부받을 시간적 여유도 없는 긴급한 상황이 발생한 경우에는 수사기관은 예외적인 요건하에 음주운전 범죄의 증거 수집을 위하여 운전자의 동의나 사전 영장 없이 혈액을 채취하여 압수할 수 있으나 이 경우에도 형사소송법에 따라 사후에 지체 없이 법원으로부터 압수영장을 받아야 한다. 따라서 음주운전 여부에 대한 조사 과정에서 운전자 본인의 동의를 받지 아니하고 또한 법원의 영장도 없이 채혈조사를 한 결과를 근거로 한 운전면허 정지·취소 처분은 도로교통법 제44조 제3항을 위반한 것으로서 특별한 사정이 없는 한 위법한 처분으로 볼 수밖에 없다. (대법원 2016. 12. 27., 선고, 2014두46850, 판결)

■ **판례** ■ **도로 외의 곳에서의 음주운전·음주측정거부 등에 대해서 운전면허의 취소·정지 처분을 부과할 수 있는지 여부(소극)**

구 도로교통법(2010. 7. 23. 법률 제10382호로 개정되기 전의 것) 제2조 제24호는 "운전이라 함은 도로에서 차마를 그 본래의 사용방법에 따라 사용하는 것(조종을 포함한다)을 말한다."라고 규정하여 도로교통법상 '운전'에는 도로 외의 곳에서 한 운전은 포함되지 않는 것으로 보았다. 위 규정은 2010. 7. 23. 법률 제10382호로 개정되면서 "운전이라 함은 도로(제44조, 제45조, 제54조 제1항, 제148조 및 제148조의2에 한하여 도로 외의 곳을 포함한다)에서 차마를 그 본래의 사용방법에 따라 사용하는 것(조종을 포함한다)을 말한다."라고 규정하여, 음주운전에 관한 금지규정인 같은 법 제44조 및 음주운전·음주측정거부 등에 관한 형사처벌 규정인 같은 법 제148조의2의 '운전'에는 도로 외의 곳에서 한 운전도 포함되게 되었다. 이후 2011. 6. 8. 법률 제10790호로 개정되어 조문의 위치가 제2조 제26호로 바뀌면서 "운전이란 도로(제44조, 제45조, 제54조 제1항, 제148조 및 제148조의2의 경우에는 도로 외의 곳을 포함한다)에서 차마를 그 본래의 사용방법에 따라 사용하는 것(조종을 포함한다)을 말한다."라고 그 표현이 다듬어졌다.

위 괄호의 예외 규정에는 음주운전·음주측정거부 등에 관한 형사처벌 규정인 도로교통법 제148조의2가 포함되어 있으나, 행정제재처분인 운전면허 취소·정지의 근거 규정인 도로교통법 제93조는 포함되어 있지 않기 때문에 도로 외의 곳에서의 음주운전·음주측정거부 등에 대해서는 형사처벌만 가능하고 운전면허의 취소·정지 처분은 부과할 수 없다. (대법원 2021. 12. 10., 선고, 2018두42771, 판결)

제 37 장 도 로 법

Ⅰ. 개념정의

제2조(정의) 이 법에서 사용하는 용어의 뜻은 다음과 같다.
1. "도로"란 차도, 보도(步道), 자전거도로, 측도(側道), 터널, 교량, 육교 등 대통령령으로 정하는 시설로 구성된 것으로서 제10조에 열거된 것을 말하며, 도로의 부속물을 포함한다.
2. "도로의 부속물"이란 도로관리청이 도로의 편리한 이용과 안전 및 원활한 도로교통의 확보, 그 밖에 도로의 관리를 위하여 설치하는 다음 각 목의 어느 하나에 해당하는 시설 또는 공작물을 말한다.
   가. 주차장, 버스정류시설, 휴게시설 등 도로이용 지원시설
   나. 시선유도표지, 중앙분리대, 과속방지시설 등 도로안전시설
   다. 통행료 징수시설, 도로관제시설, 도로관리사업소 등 도로관리시설
   라. 도로표지 및 교통량 측정시설 등 교통관리시설
   마. 낙석방지시설, 제설시설, 식수대 등 도로에서의 재해 예방 및 구조 활동, 도로환경의 개선·유지 등을 위한 도로부대시설
   바. 그 밖에 도로의 기능 유지 등을 위한 시설로서 대통령령으로 정하는 시설
3. "국가도로망"이란 제10조 각 호에 따른 고속국도와 일반국도, 지방도 등이 상호 유기적인 기능을 발휘할 수 있도록 체계적으로 구성한 도로망을 말한다.
4. "국가간선도로망"이란 전국적인 도로망의 근간이 되는 노선으로서 제10조제1호에 따른 고속국도와 같은 조 제2호에 따른 일반국도를 말한다.
5. "도로관리청"이란 도로에 관한 계획, 건설, 관리의 주체가 되는 기관으로서 도로의 구분에 따라 제23조에서 규정하는 다음 각 목의 어느 하나에 해당하는 기관을 말한다.
   가. 국토교통부장관
   나. 특별시장·광역시장·특별자치시장·도지사·특별자치도지사·시장·군수 또는 자치구의 구청장(이하 "행정청"이라 한다)
6. "도로구역"이란 도로를 구성하는 일단의 토지로서 제25조에 따라 결정된 구역을 말한다.
7. "도로공사"란 도로의 신설, 확장, 개량 및 보수(補修) 등을 하는 공사를 말한다.
8. "도로의 유지·관리"란 도로의 기능을 유지하기 위하여 필요한 일반적인 도로관리(경미한 도로의 보수 공사 등을 포함한다) 활동을 말한다.
9. "타공작물"이란 도로와 그 효용을 함께 발휘하는 둑, 호안(護岸), 철도 또는 궤도용의 교량, 횡단도로, 가로수, 그 밖에 대통령령으로 정하는 공작물을 말한다.

※ 시행령

제2조(도로) 「도로법」(이하 "법"이라 한다) 제2조제1호에서 "차도, 보도(步道), 자전거도로, 측도(側道), 터널, 교량, 육교 등 대통령령으로 정하는 시설"이란 다음 각 호의 시설이나 공작물을 말한다.
1. 차도·보도·자전거도로 및 측도
2. 터널·교량·지하도 및 육교(해당 시설에 설치된 엘리베이터를 포함한다)
3. 궤도
4. 옹벽·배수로·길도랑·지하통로 및 무넘기시설
5. 도선장 및 도선의 교통을 위하여 수면에 설치하는 시설

II. 벌 칙

제113조(벌칙) ① 다음 각 호의 어느 하나에 해당 하 는 자는 10년 이하의 징역 이나 1억원 이하의 벌금에 처한다.
　1. 고속국도를 파손하여 교통을 방해하거나 교통에 위험을 발생하게 한 자
　2. 고속국도가 아닌 도로를 파손 하 여 교통을 방해하거나 교통 에 위험을 발생하게 한 자
② 삭제 〈2017.1.17〉
③ 고속국도에서 사람이 현존하는 자동차를 전복(顚覆)시키거나 파괴한 자는 무기 또는 3년 이상의 징역에 처한다.
④ 제3항의 죄를 범하여 사람을 상해에 이르게 한 자는 무기 또는 3년 이상의 징역에 처하고, 사망에 이르게 한 자는 무기 또는 5년 이상의 징역에 처한다.
⑤ 과실(過失)로 제1항 제1호 의 죄를 범한 자는 1천만원 이하의 벌금에 처한다. 다만, 고속국도의 관리에 종사하는 자는 3년 이하의 징역 또는 3천만원 이하의 벌금에 처한다.
⑥ 업무상 과실 또는 중과실(重過失)로 제1항 제1호 의 죄를 범한 자는 3년 이하의 징역 또는 3천만원 이하의 벌금에 처한다.
⑦ 제1항 및 제3항의 미수범은 처벌한다.

제114조(벌칙) 다음 각 호의 어느 하나에 해당하는 자는 2년 이하의 징역이나 2천만원 이하의 벌금에 처한다.
　1. 제27조제1항에 따른 허가 또는 변경허가를 받지 아니하고 같은 항에 규정된 행위를 한 자
　2. 제36조제1항을 위반하여 허가 없이 도로공사를 시행한 자
　3. 제40조제3항을 위반하여 접도구역에서 토지의 형질을 변경하는 등의 행위를 한 자
　4. 제46조제3항을 위반하여 도로보전입체구역에서 토석을 채취하는 등의 행위를 한 자
　5. 제52조제1항에 따른 허가 또는 변경허가 없이 도로에 다른 도로·통로, 그 밖의 시설을 연결한 자
　6. 제61조제1항을 위반하여 도로점용허가 없이 도로를 점용한 자(물건 등을 도로에 일시 적치한 자는 제외한다)
　7. 제75조를 위반한 자
　8. 제80조에 따른 도로관리청의 회차, 분리 운송, 운행중지의 명령에 따르지 아니한 자
　9. 정당한 사유 없이 제83조제1항에 따른 도로관리청의 처분에 항거하거나 처분을 방해한 자
　10. 정당한 사유 없이 도로의 부속물을 이전하거나 파손한 자
　11. 부정한 방법으로 이 법 또는 이 법에 따른 명령에 의한 허가를 받은 자

제115조(벌칙) 다음 각 호의 어느 하나에 해당하는 자는 1년 이하의 징역이나 1천만원 이하의 벌금에 처한다.
　1. 제47조제1항을 위반하여 자동차를 사용하지 아니하고 고속국도를 통행하거나 출입한 자
　2. 제49조제1항을 위반하여 차량을 사용하지 아니하고 자동차전용도로를 통행하거나 출입한 자
　3. 제76조제1항에 따른 통행의 금지·제한을 위반하여 도로를 통행한 자
　4. 정당한 사유 없이 제77조제4항에 따른 도로관리청의 요구에 따르지 아니한 자
　5. 제78조제1항 및 제3항을 위반하여 차량의 적재량 측정을 방해한 자
　6. 정당한 사유 없이 제78조제2항에 따른 도로관리청의 적재량 재측정 요구에 따르지 아니한 자
　7. 정당한 사유 없이 제81조에 따른 도로관리청의 처분 또는 행위에 항거하거나 이를 방해한 자

제116조(양벌규정) 법법인의 대표자, 법인 또는 개인의 대리인, 사용인, 그 밖의 종업원이 그 법인 또는 개인의 업무에 관하여 제113조제1항·제7항, 제114조, 제115조의 어느 하나에 해당하는 위반행위를 하면 그 행위자를 벌하는 외에 그 법인 또는 개인에게도 해당 조문의 벌금형을 과(科)하고, 제113조제3항에 해당하는 위반행위를 하면 그 행위자를 벌하는 외에 그 법인 또는 개인을 5천만원 이하의 벌금에 처한다. 다만, 법인 또는 개인이 그 위반행위를 방지하기 위하여 해당 업무에 관하여 상당한 주의와 감독을 게을리 하지 아니한 경우에는 그러하지 아니하다.

■ 판례 ■　　지입제 형식의 운송사업에 있어 그 지입차주가 도로법 제100조 제1항(법인의 대리인 등이 업무에 관하여 한 위반행위에 대하여 그 법인도 처벌하는 규정)에서 정한 '대리인·사용인 그 밖의 종업원'에 해당하는지 여부(적극) 및 법인이 그 관리·감독의무를 게을리 하였는지 여부의 판단방법

화물자동차운송사업면허를 가진 운송사업자와 실질적으로 자동차를 소유하고 있는 차주 간의 계약에 의해 외부적으로는 자동차를 운송사업자 명의로 등록하여 운송사업자에게 귀속시키고 내부적으로는 각 차주들이 독립된 관리 및 계산으로 영업을 하며 운송사업자에 대하여는 지입료를 지불하는 지입제 형식의 운송사업에 있어, 그 지입차주가 세무관서에 독립된 사업자등록을 하고 지입된 차량을 직접 운행·관리하면서 그 명의로 운송계약을 체결하였다고 하더라도, 지입차주는 객관적으로나 외형상으로나 그 차량의 소유자인 지입회사와의 위탁계약에 의하여 그 위임을 받아 운행·관리를 대행하는 지위에 있는 자로서 도로법 제100조 제1항에서 정한 "대리인·사용인 그 밖의 종업원"에 해당하고, 이 경우 지입회사인 법인은 지입차주의 위반행위가 발생한 그 업무와 관련하여 법인이 상당한 주의 또는 관리·감독 의무를 게을리 한 과실로 인하여 처벌되는 것이라 할 것인데, 구체적 사안에서 지입회사인 법인이 상당한 주의 또는 관리·감독 의무를 게을리 하였는지 여부는 당해 위반행위와 관련된 모든 사정, 즉 당해 법률의 입법취지, 처벌조항 위반으로 예상되는 법익 침해의 정도, 그 위반행위에 관하여 양벌규정을 마련한 취지는 물론 위반행위의 구체적인 모습, 그로 인하여 야기된 실제 피해 결과와 피해 정도, 법인의 영업 규모 및 행위자에 대한 감독가능성 또는 구체적인 지휘감독 관계, 법인이 위반행위 방지를 위하여 실제 행한 조치 등을 종합하여 판단하여야 한다(대법원 2010. 4. 15. 선고 2009도14605 판결).

■ 판례 ■　　건설기계대여업의 연명신고를 한 경우, 대표자와 구성원의 관계

구 건설기계관리법시행령 제13조 제3항에 의한 건설기계대여업의 연명신고를 한 경우, 그 대표자와 구성원 사이가 도로법상 양벌규정이 적용되는 법인과 대리인·사용인 기타의 종업원 관계에 있다고 할 수 없다(대법원 2001.6.15. 선고 2001도1339 판결).

■ 판례 ■　　도로법 제86조에 정한 '법인 또는 개인'과 '사용인 기타의 종업원'의 의미

도로법 제86조 소정의 '법인 또는 개인'이라 함은 단지 형식상의 명의자를 의미하는 것이 아니라 자기의 계산으로 사업을 경영하는 실질적 경영귀속주체를 말하고(대법원 1992.11.10. 선고 92도2034 판결, 대법원 2006.9.8. 선고 2006도2755 판결 등 참조), 위 법조에 정한 '사용인 기타의 종업원'이라 함은 법인 또는 개인과 정식으로 고용계약을 체결하고 근무하는 자뿐만 아니라 법인 또는 개인의 대리인, 사용인 등이 자기의 업무보조자로서 사용하면서 직접 또는 간접으로 법인 또는 개인의 통제·감독 아래에 있는 자도 포함된다고 할 것이다(대법원 2007.8.23. 선고 2007도3787 판결)

III. 범죄사실

1. 접도구역 안에서의 건축행위

1) 적용법조 : 제114조 제3호, 제40조 제3항 제2호 ☞ 공소시효 5년

> **제40조(접도구역의 지정 및 관리)** ③ 누구든지 접도구역에서는 다음 각 호의 행위를 하여서는 아니 된다. 다만, 도로 구조의 파손, 미관의 훼손 또는 교통에 대한 위험을 가져오지 아니하는 범위에서 하는 행위로서 대통령령으로 정하는 행위는 그러하지 아니하다.
> 1. 토지의 형질을 변경하는 행위
> 2. 건축물, 그 밖의 공작물을 신축·개축 또는 증축하는 행위

2) 범죄사실 기재례

> 접도구역에서는 건축물이나 그 밖의 공작물을 신축·개축 또는 증축하는 행위를 하여서는 아니된다.
>
> 그럼에도 불구하고 피의자는 20○○. ○. ○. ○○에 이는 피의자 소유 접도구역에 ○○용도로 사용하기 위해 벽돌로 사방의 벽을 쌓고 경량철골과 천막으로 지붕을 얹어 건평 70㎡의 단층 건축물 1동을 신축하여 건축행위를 하였다.

3) 신문사항

- 접도구역에 토지를 소유하고 있는가
- 어디에 위치하고 있는가
- 언제부터 소유하였나요.
- 그곳에 건물을 신축한 일이 있는가
- 언제 어디에 어떠한 건축물을 신축하였나
- 어떠한 방법으로 건축하였나
- 언제부터 언제까지 공사하였나
- 누가 하였는가
- 어떠한 용도로 사용하기 위해 건축하였나
- 그곳이 접도구역이라는 것을 알고 있는가
- 왜 이러한 행위를 하였는가

2. 도로보전입체 구역안에서의 토석채취행위

1) 적용법조 : 제114조 제4호, 제46조 제3항 ☞ 공소시효 5년

> **제46조(도로보전입체구역에서의 행위제한 등)** ③ 도로보전입체구역에서는 고가도로의 교각 주변이나 지반면(地盤面) 아래에 위치하는 도로의 상하에 있는 토석을 채취하는 행위, 그 밖에 대통령령으로 정하는 행위를 하여 도로구조나 교통안전에 위험을 끼쳐서는 아니 된다.

2) 범죄사실 기재례

> 도로보전입체구역에서는 고가도로의 교각 주변이나 지반면(地盤面) 아래에 위치하는 도로의 상하에 있는 토석을 채취하는 행위, 그 밖에 대통령령으로 정하는 행위를 하여 도로구조나 교통안전에 위험을 끼쳐서는 아니 된다.
> 그럼에도 불구하고 피의자는 20○○. ○. ○. ○○에 있는 도로보전입체구역 안인 ○○고가도로의 교각으로부터 약 ○○미터 떨어진 주변에서 약 ○○㎡ 정도의 토석을 채취하여 교통의 안정에 위험을 미칠 우려가 있는 행위를 하였다.

3) 신문사항

- ○○고가도로 주변에서 토석을 채취한 일이 있는가
- 언제 어디에 있는 고가도로 인가
- 어떤 토석을 어느 정도 채취하였나
- 무엇 때문에 그곳 토석을 채취하였나
- 그곳에서 토석을 채취함에 따라 도로의 구조나 교통의 안전에 위험을 미칠 우려가 있다고 보지 않는가
- 그곳이 도로보전입체구역이라는 것을 알고 있는가

3. 고속국도에서 오토바이를 이용 통행

1) 적용법조 : 제115조 제1호, 제47조 제1항 ☞ 공소시효 5년

> **제47조(고속국도 통행 방법 등)** ① 고속국도에서는 자동차만을 사용해서 통행하거나 출입하여야 한다.
> ② 국토교통부장관은 고속국도의 입구나 그 밖에 필요한 장소에 제1항의 내용과 고속국도의 통행을 금지하거나 제한하는 대상 등을 구체적으로 밝힌 도로표지를 설치하여야 한다.

2) 범죄사실 기재례

> 고속국도에서는 자동차만을 사용해서 통행하거나 출입하여야 한다.
> 그럼에도 불구하고, 피의자는 20○○. ○. ○. ○○:○○경부터 같은 날 ○○:○○경까지 오토바이를 운전하고 경부고속도로 ○○에서부터 ○○진입로까지 통행하였다.

3) 신문사항

- 고속도로를 차량으로 운행한 일이 있는가
- 언제 어떤 고속국도를 운행하였나
- 어떤 차량을 운행하였나
- 어디에서 어디까지 어느 정도를 운행하였나
- 어떻게 오토바이로 고속국도를 운행하게 되었나
- 고속국도는 오토바이를 운행할 수 없다는 것을 알고도 운행하였다는 것인가
- 오토바이의 소유자는 누구인가
- 오토바이 운전면허는 취득하였나.

4. 자동차전용도로 통행제한 위반

1) 적용법조 : 제115조 제2호, 제49조 제1항　☞　공소시효 5년

> 제49조(자동차전용도로의 통행 방법 등) ① 자동차전용도로에서는 차량만을 사용해서 통행하거나 출입하여야 한다.
> ② 도로관리청은 자동차전용도로의 입구나 그 밖에 필요한 장소에 제1항의 내용과 자동차전용도로의 통행을 금지하거나 제한하는 대상 등을 구체적으로 밝힌 도로표지를 설치하여야 한다.

2) 범죄사실 기재례

> 자동차전용도로에서는 차량만을 사용해서 통행하거나 출입하여야 한다.
> 그럼에도 불구하고 피의자는 20○○. ○. ○. ○○에 있는 자동차전용도로의 ○○에서 ○○구간 약 ○○㎞를 농업용 경운기를 운전하여 통행하였다.

3) 신문사항

- 자동차전용도로를 통행 한 일이 있는가
- 언제 어디에 있는 전용도로인가
- 어떤 방법으로 통행하였나
- 어느 정도의 거리를 통행하였나
- 무엇 때문에 경운기로 그곳을 운행하였나

5. 도로 무단점용

1) 적용법조 : 제114조 제6호, 제61조 제1항 ☞ 공소시효 5년

제61조(도로의 점용 허가) ① 공작물·물건, 그 밖의 시설을 신설·개축·변경 또는 제거하거나 그 밖의 사유로 도로(도로구역을 포함한다. 이하 이 장에서 같다)를 점용하려는 자는 도로관리청의 허가를 받아야 한다. 허가받은 기간을 연장하거나 허가받은 사항을 변경(허가받은 사항 외에 도로 구조나 교통안전에 위험이 되는 물건을 새로 설치하는 행위를 포함한다)하려는 때에도 같다.

2) 범죄사실 기재례

공작물·물건, 그 밖의 시설을 신설·개축·변경 또는 제거하거나 그 밖의 사유로 도로(도로구역을 포함한다. 이하 이 장에서 같다)를 점용하려는 자는 도로관리청의 허가를 받아야 한다.

그럼에도 불구하고 피의자는 20○○. ○. ○.경부터 20○○. ○. ○.경까지 ○○에 있는 피의자 경영의 ○○철물점 앞 도로 약 ○○㎡를 ○○공구 등을 적치하여 위 도로를 점용하였다.

3) 신문사항

- 피의자는 도로를 점용하다 고발당한 일이 있는가

  이때 고발장에 첨부된 사진 등을 보여주며

- 이러한 위반사실이 맞나
- 언제부터 언제까지 점용하였나
- 어디 소재 도로를, 얼마나 점용하였나
- 어떠한 방법으로 점용하였나
- 무단점용한 도로상에서 무엇을 하였나
- 왜 관리청의 허가없이 도로를 점용하였나

■ 판례 ■ **도로법 제40조에 규정된 도로점용의 의미(= 특별사용) 및 도로점용허가의 법적 성질 (=재량행위)**

도로법 제40조 제1항에 의한 도로점용은 일반공중의 교통에 사용되는 도로에 대하여 이러한 일반사용과는 별도로 도로의 특정부분을 유형적·고정적으로 특정한 목적을 위하여 사용하는 이른바 특별사용을 뜻하는 것이고, 이러한 도로점용의 허가는 특정인에게 일정한 내용의 공물사용권을 설정하는 설권행위로서, 공물관리자가 신청인의 적격성, 사용목적 및 공익상의 영향 등을 참작하여 허가를 할 것인지의 여부를 결정하는 재량행위이다(대법원 2002.10.25. 선고 2002두5795 판결).

■ 판례 ■ **부당한 철거대집행으로 인한 도로의 무단점용과 정당행위**

당국의 허가없이 도로를 점용하는 행위는 소위 상태범이므로 설사 위와 같은 도로의 점용동기가 당국의 부당한 철거대집행에 인한 것이라 하더라도 이로써 그 도로의 계속적인 점용이 정당화 될 수 없다(대법원 1986.10.14. 선고 86도435 판결).

6. 고속국도를 손괴하여 교통방해

1) 적용법조 : 제113조 제6항   ☞   공소시효 5년

제113조(벌칙) ① 고속국도를 파손하여 교통을 방해하거나 교통에 위험을 발생한 경우 ⇒ 제113조 제1항
② 고속국도가 아닌 도로를 파손하여 교통을 방해하거나 교통에 위험을 발생하게 한 경우 ⇒ 제113조 제2항
③ 고속국도에서 사람이 현존하는 자동차를 전복(顚覆)시키거나 파괴한 경우 ⇒ 제113조 제3항
④ 제3항의 죄를 범하여 사람을 상해에 이르게 한 자는 무기 또는 3년 이상의 징역에 처하고, 사망에 이르게 한 경우 ⇒ 제113조 제4항
⑤ 과실(過失)로 제1항의 죄를 범한 경우 ⇒ 제113조 제5항
⑥ 업무상 과실 또는 중과실(重過失)로 제1항의 죄를 범한 경우 ⇒ 제113조 제6항
⑦ 제1항부터 제3항까지의 미수범 ⇒ 제113조 제7항

2) 범죄사실 기재례

피의자 甲은 200○. ○. ○. ○○:○○경 ○○화물차량(○○톤)에 약 ○○톤의 철제를 적재하고 ○○에서 ○○방면으로 통행하던 중 ○○에 있던 제○○번 고속국도 교량 밑을 통행하게 되었다. 이러한 경우 화물적재량의 높이를 확인하고 안전하게 고속도로의 손괴를 미리 방지하여야 할 업무상의무가 있다.

그럼에도 불구하고 피의자는 화물적재량과 교량의 높이를 확인하지 않고 그대로 통과한 과실로 못한 과실로 약 ○○m 높이에 있던 고속도로 상행선 약○○㎞ 지점에 있는 제3차로 노면 ○○m를 파손하여 약 ○○분간 교통을 방해하였다.

3) 신문사항

- 자동차를 소유하고 있는가
- 면허는 취득하였는가
- 차량을 운전하다 고속국도를 파손한 일이 있는가
- 언제 어디에 있는 고속국도인가
- 어디에서 어디로 가던 중이였나
- 차량에 어떤 물건을 어느 정도 적재하여는가
- 출발 전 적재량을 확인하였는가
- 차량 어느 부위로 어디를 충격하였는가
- 화물적재량과 교량의 높이를 확인하지 않았는가
- 교량의 높이가 어느 정도였는가
- 차량에 적재된 화물의 높이는
- 사전에 이를 확인하지 못한 이유라도 있는가

7. 도로를 파손하는 행위

1) 적용법조 : 제114조 제7호, 제75조 제1호 ☞ 공소시효 5년

> 제75조(도로에 관한 금지행위) 누구든지 정당한 사유 없이 도로에 대하여 다음 각 호의 행위를 하여서는 아니 된다.
> 1. 도로를 파손하는 행위
> 2. 도로에 토석, 입목·죽(竹) 등 장애물을 쌓아놓는 행위
> 3. 그 밖에 도로의 구조나 교통에 지장을 주는 행위

2) 범죄사실 기재례

> 누구든지 정당한 사유 없이 도로에 관하여 도로를 파손하는 행위 등을 하여서는 아니 된다.
> 그럼에도 불구하고 피의자는 20○○. ○. ○. 경부터 20○○. ○. ○.경 사이에 ○○에 있는 아스팔트 도로를 정당한 이유없이 수도 파이프를 매설한다는 이유로 폭 0.3㎡, 총연장 10㎡를 무단으로 굴착하여 도로를 파손하였다.

3) 신문사항

- 도로를 파손한 일이 있는가
- 언제 어디에 있는 도로인가
- 어느 정도를 파손하였나
- 무엇 때문에 파손하였는가
- 사전 도로관리청의 허가를 받았는가
- 파손 후 복구는 하였는가

■ 판례 ■   도로에 관한 금지행위의 대상이 되는 도로와 사도의 의미

[1] 도로법 제47조 소정의 도로에 관한 금지행위의 대상이 되는 도로

도로법 제47조 기재의 도로에 관한 금지행위는 동법 제2조 소정의 도로로서 일반의 교통에 공용되는 동법 제11조, 동법시행령 제10조의 도로만을 대상으로 한다.

[2] 사도법상 사도의 의미

사도법상의 사도란 도로법 제2조 제1항 소정의 도로나 도로법의 준용을 받는 도로가 아닌 것으로 관할 시장 또는 군수의 설치허가에 의하여 설치된 것만을 의미한다(대법원 1986.7.8. 선고 86도398 판결).

■ 판례 ■   도로 상의 주차로 인하여 교통에 장해를 끼치는 행위가 도로법 제47조 제3호에 해당하는지 여부(소극)

도로법 제47조 제3호가 규정하는 행위는 도로를 손궤하거나 도로에 토석, 죽목 기타의 장애물을 적치하는 행위와 동일시할 수 있을 정도로 도로관리 및 교통에 지장을 끼치는 행위를 말하고, 그러한 도로 상의 주차로 교통에 장해를 끼치는 행위는 도로교통법 제13조 제3호, 제30조, 도로법시행령 제10조 제2항본문에서 규정하고 있는 처벌대상 행위에 해당하는 것일 뿐, 도로법 제47조 제1, 2호에 규정된 도로를 손궤하거나 도로에 토석, 죽목 기타의 장애물을 적치하는 행위와 동일시할 수 있을 정도로 도로관리 및 교통에 지장을 끼치는 행위로서 같은 조 제3호에 해당하는 것이라고는 할 수 없다(대법원 1996.12.20. 선고 96도2030 판결).

8. 도로부속물 손괴

1) 적용법조 : 제114조 제10호 ☞ 공소시효 5년

2) 범죄사실 기재례

> 피의자는 20○○. ○. ○. 11:00경 ○○앞에서 피의자 소유인 (차량번호)의 화물트럭의 트럭에 ○○화물을 적재하고 운행하던 중 옆으로 튀어나온 철재 화물로 인하여 그곳에 설치된 도로부속물인 우측 교각을 충격하여 정당한 사유 없이 손괴하였다.

3) 신문사항

- 화물차량을 운행한 일이 있는가
- 차량번호, 톤수, 소유자는 누구인가
- 이 차량으로 도로 부속물을 손괴한 일이 있는가
- 언제 어디에 있는 부속물인가
- 어떻게 손괴하였는가
- 어떤 화물을 적재하였는가
- 교각 등 도로 부속물이 손괴될 수 있다는 것을 예상하지 못하였는가
- 손괴에 대한 정당한 사유라도 있는가
- 사후 어떠한 조치를 하였는가

9. 도로통행제한(금지) 위반

1) 적용법조 : 제115조 제3호, 제76조 제1항 ☞ 공소시효 5년

> 제76조(통행의 금지·제한 등) ① 도로관리청, 제112조에 따라 고속국도에 관한 도로관리청의 업무를 대행하는 「한국도로공사법」에 따른 한국도로공사(이하 "한국도로공사"라 한다) 또는 「사회기반시설에 대한 민간투자법」 제2조제7호에 따른 사업시행자로서 「유료도로법」 제14조에 따라 도로(「사회기반시설에 대한 민간투자법」 제2조제5호에 따른 민간투자사업으로 건설된 도로의 경우로 한정한다)에 관한 도로관리청의 관리·운영 업무를 대행하는 자(이하 "민자도로 관리자"라 한다)는 다음 각 호의 어느 하나에 해당하는 경우에는 구간을 정하여 도로의 통행을 금지하거나 제한할 수 있다.
> 1. 도로에 관련된 공사로 인하여 부득이한 경우
> 2. 도로가 파손되거나 그 밖의 사유로 통행이 위험하다고 인정되는 경우
> 3. 지진, 홍수, 폭설, 태풍 등 천재지변이나 이에 준하는 재해가 발생하였거나 발생할 우려가 있어 도로에서 통행이 위험하거나 교통이 장시간 마비될 우려가 있는 경우

2) 범죄사실 기재례

> 도로관리청인 ○○는 20○○. ○. ○. 제○○호 국도의 ○○구간을 도로에 관련된 공사로 인하여 부득이한 사유로 ○. ○.까지 도로의 통행을 금지하였다.
> 그럼에도 불구하고 피의자는 20○○. ○. ○. 23:00경 통행금지를 위해 설치해 놓은 바리케이드를 제거하고 위 도로구간을 피의자 소유 차량(차량번호)을 운전하여 통행하였다.

3) 신문사항

- ○○도로구간을 운행한 일이 있는가
- 언제 통행하였나
- 그곳 도로는 통행을 제한한 곳이 아닌가
- 통행 금지표지판이 설치되어 있는 것을 확인하지 못했는가
- 어떻게 통행하였나
- 당시 운전한 차량은
- 무엇 때문에 통행금지 구간을 통행하였는가

Ⅰ. 개념정의

제2조(정의) 이 법에서 사용하는 용어의 뜻은 다음과 같다.

1. "공원녹지"란 쾌적한 도시환경을 조성하고 시민의 휴식과 정서 함양에 이바지하는 다음 각 목의 공간 또는 시설을 말한다.

   가. 도시공원, 녹지, 유원지, 공공공지(公共空地) 및 저수지

   나. 나무, 잔디, 꽃, 지피식물(地被植物) 등의 식생(이하 "식생"이라 한다)이 자라는 공간

   다. 그 밖에 국토교통부령으로 정하는 공간 또는 시설

2. "도시녹화"란 식생, 물, 토양 등 자연친화적인 환경이 부족한 도시지역(「국토의 계획 및 이용에 관한 법률」 제6조제1호에 따른 도시지역을 말하며, 같은 조 제2호에 따른 관리지역에 지정된 지구단위계획구역을 포함한다. 이하 같다)의 공간(「산림자원의 조성 및 관리에 관한 법률」 제2조제1호에 따른 산림은 제외한다)에 식생을 조성하는 것을 말한다.

3. "도시공원"이란 도시지역에서 도시자연경관을 보호하고 시민의 건강·휴양 및 정서생활을 향상시키는 데에 이바지하기 위하여 설치 또는 지정된 다음 각 목의 것을 말한다. 다만, 제3조, 제14조, 제15조, 제16조, 제16조의2, 제17조, 제19조부터 제21조까지, 제21조의2, 제22조부터 제25조까지, 제39조, 제40조, 제42조, 제46조, 제48조의2, 제52조 및 제52조의2에서는 나목에 따른 도시자연공원구역은 제외한다.

   가. 「국토의 계획 및 이용에 관한 법률」 제2조제6호나목에 따른 공원으로서 같은 법 제30조에 따라 도시·군관리계획으로 결정된 공원

   나. 국토의 계획 및 이용에 관한 법률」 제38조의2에 따라 도시·군관리계획으로 결정된 도시자연공원구역(이하 "도시자연공원구역"이라 한다)

4. "공원시설"이란 도시공원의 효용을 다하기 위하여 설치하는 다음 각 목의 시설을 말한다.

   가. 도로 또는 광장

   나. 화단, 분수, 조각 등 조경시설

   다. 휴게소, 긴 의자 등 휴양시설

   라. 그네, 미끄럼틀 등 유희시설

   마. 테니스장, 수영장, 궁도장 등 운동시설

   바. 식물원, 동물원, 수족관, 박물관, 야외음악당 등 교양시설

   사. 주차장, 매점, 화장실 등 이용자를 위한 편익시설

   아. 관리사무소, 출입문, 울타리, 담장 등 공원관리시설

   자. 실습장, 체험장, 학습장, 농자재 보관창고 등 도시농업(「도시농업의 육성 및 지원에 관한 법률」 제2조제1호에 따른 도시농업을 말한다. 이하 같다)을 위한 시설

   차. 내진성 저수조, 발전시설, 소화 및 급수시설, 비상용 화장실 등 재난관리시설

   카. 그 밖에 도시공원의 효용을 다하기 위한 시설로서 국토교통부령으로 정하는 시설

5. "녹지"란 「국토의 계획 및 이용에 관한 법률」 제2조제6호나목에 따른 녹지로서 도시지역에서 자연환경을 보전하거나 개선하고, 공해나 재해를 방지함으로써 도시경관의 향상을 도모하기 위하여 같은 법 제30조에 따른 도시·군관리계획으로 결정된 것을 말한다.

제53조(벌칙) 다음 각 호의 어느 하나에 해당하는 자는 1년 이하의 징역 또는 1천만원 이하의 벌금에 처한다.
  1. 제20조제1항 또는 제21조제1항을 위반하여 위탁 또는 인가를 받지 아니하고 도시공원 또는 공원시설을 설치하거나 관리한 자
  2. 제24조제1항, 제27조제1항 단서 또는 제38조제1항을 위반하여 허가를 받지 아니하거나 허가받은 내용을 위반하여 도시공원 또는 녹지에서 시설·건축물 또는 공작물을 설치한 자
  3. 거짓이나 그 밖의 부정한 방법으로 제24조제1항, 제27조제1항 단서 또는 제38조제1항에 따른 허가를 받은 자
  4. 제40조제1항을 위반하여 도시공원에 입장하는 사람으로부터 입장료를 징수한 자
제54조(벌칙) 다음 각 호의 어느 하나에 해당하는 자는 300만원 이하의 벌금에 처한다.
  1. 제23조제1항 단서를 위반하여 도시공원 또는 공원시설의 유지·수선 외의 관리를 한 자
  2. 제24조제1항, 제27조제1항 단서 또는 제38조제1항에 따른 허가를 받지 아니하거나 허가받은 내용을 위반하여 도시공원, 도시자연공원구역 또는 녹지에서 금지행위를 한 자(제53조제2호에 해당하는 자는 제외한다)
  3. 제49조제1항제1호를 위반하여 공원시설을 훼손한 자
제55조(양벌규정) 법인의 대표자나 법인 또는 개인의 대리인·사용인 그 밖의 종업원이 그 법인 또는 개인의 업무에 관하여 제53조 또는 제54조의 규정에 해당하는 행위를 한 때에는 행위자를 벌하는 외에 그 법인 또는 개인에 대하여도 각 해당 조의 벌금형을 과한다.

III. 범죄사실

1. 도시공원 또는 공원시설설치 위반

  1) **적용법조** : 제53조 제1호, 제21조 제1항 ☞ 공소시효 5년

제21조(민간공원추진자의 도시공원 및 공원시설의 설치·관리) ① 민간공원추진자는 대통령령으로 정하는 바에 따라 「국토의 계획 및 이용에 관한 법률」 제86조제5항에 따른 도시계획시설사업 시행자의 지정과 동법 제88조제2항에 따른 실시계획의 인가를 받아 도시공원 또는 공원시설을 설치·관리할 수 있다.
② 제1항에 따라 도시공원 또는 공원시설을 관리하는 자는 대통령령으로 정하는 바에 따라 공원관리청의 업무를 대행할 수 있다.
③ 제1항에 따라 설치한 도시공원 또는 공원시설에 대하여는 「국토의 계획 및 이용에 관한 법률」 제99조에 따라 준용되는 동법 제65조의 규정을 적용하지 아니한다.

  2) **범죄사실 기재례**

> 피의자는 아파트단지 부근 ○○에 있는 임야 ○○m²의 소유자로, 도시공원 및 공원시설을 설치하고자 하는 자는 도시계획사업 시행자의 지정과 실시계획의 인가를 받아야 한다.
> 그럼에도 불구하고 피의자는 20○○. ○. ○.경 ○○체육시설 등을 갖추어 ○○공원을 설치하고, 20○○. ○. ○. 까지 이를 이용하는 회원당 월 ○○원씩 받고 관리하였다.

  3) **신문사항**
  － 공원을 설치관리한 일이 있는가

- 어디에 어떤 공원을 설치하였는가

- 어떤 체육시설을 갖추었는가

- 그 토지의 소유자는 누구인가

- 어떤 방법으로 관리하고 있는가

- 주로 누가 이용하는가

- 이용하는 회원에게 얼마를 받고 있는가

- 행정관청으로부터 도시공원의 인가를 받았는가

- 왜 인가없이 이런 행위를 하였는가

■ 판례 ■　　甲이 도시공원설치허가를 신청한 상태에서 도시공원지역 내의 사유지에 철조망을 친 경우

[1] 도시공원법 제6조 제1항, 제32조의 위헌 여부

시장 또는 군수 이외의 자가 도시공원 내의 사유지에 공원시설을 하기 위하여는 소유자라 하더라도 도시계획법 제23조의 시행자지정과 같은 법 제25조의 실시계획인가를 받아야 하도록 규정한 도시공원법 제6조 제1항은 토지소유자의 재산권행사를 제한하는 규정이지만, 도시계획구역 안에서 자연경관의 보호와 시민의 건강, 휴양 및 정서생활의 향상에 기여하기 위하여 필요한 경우에 한하여 가하여지는 이러한 제한은 공공복리에 적합한 합리적인 제한으로서, 그로 인한 토지소유자의 불이익은 공공복리를 위하여 감수하지 아니하면 안될 정도의 것이라고 인정되므로 이에 대하여 손실보상규정을 두지 아니하였다고 하여 헌법 제23조에 위반되는 것이라고 할 수 없고, 나아가 위 규정을 위반한 자를 처벌하는 제32조 역시 위 헌법조항에 위반되지 않는다.

[2] 시장, 군수 이외의 자가 도시계획법 제25조의 규정에 의한 실시계획인가를 받지 아니한 채 공원시설을 설치한 경우, 도시공원조성계획의 입안, 결정이 없어도 도시공원법 제32조 제1호에 해당하는지 여부

시장 또는 군수 이외의 자는 대통령령이 정하는 바에 따라 도시계획법 제23조의 규정에 의한 시행자지정과 같은 법 제25조의 규정에 의한 실시계획인가를 받아 도시공원 또는 공원시설을 설치할 수 있는 것인바, 시장 또는 군수 이외의 자가 같은 법 제25조의 규정에 의한 실시계획인가를 받지 아니한 채 공원시설을 설치하였다면 시장 또는 군수가 도시공원법 제4조 소정의 도시공원조성계획을 입안 및 결정하였는지 여부에 관계없이 같은 법 제32조 제1호에 해당한다.

[3] 甲의 행위가 도시공원법 제32조 제1호에 해당하는지 여부(적극)

도시공원설치허가를 신청한 상태에서 도시공원지역 내의 사유지에 철조망을 친 행위가 도시공원법 제32조 제1호에 해당한다(대법원 1994.5.10. 선고 93도2397 판결).

2. 도시공원 안에 무허가 건축물 설치

1) 적용법조 : 제53조 제2호, 제24조 제1항 ☞ 공소시효 5년

제24조(도시공원의 점용허가) ① 도시공원 안에서 다음 각호의 어느 하나에 해당하는 행위를 하고자 하는 자는 대통령령이 정하는 바에 의하여 당해 도시공원을 관리하는 특별시장·광역시장·시장 또는 군수의 점용허가를 받아야 한다. 다만, 산림의 간벌(間伐) 등 대통령령이 정하는 경미한 행위의 경우에는 그러하지 아니하다.
1. 공원시설 외의 시설·건축물 또는 공작물을 설치하는 행위
2. 토지의 형질변경
3. 죽목의 벌채·재식(栽植)
4. 토석의 채취
5. 물건의 적치

2) 범죄사실 기재례

　　도시공원 안에서 공원시설 외의 시설·건축물 또는 공작물을 설치하는 행위 등을 하고자 하는 자는 대통령령이 정하는 바에 의하여 당해 도시공원을 관리하는 특별시장·광역시장·시장 또는 군수의 점용허가를 받아야 한다.

　　그럼에도 불구하고 피의자는 200○. ○. ○. 도시공원구역 내인 ○○에 있는 달구공원의 정문 부근에 조립식 건축자재인 아이솔을 이용하여 ○○㎡의 수련원용 건축물을 설치하였다.

3) 신문사항
- 피의자는 도시공원 안에 건축물(또는 공작물)을 설치한 일이 있는가
- 언제 어디에 설치하였나
- 어떠한 건축물을 설치하였나(건축물의 종류, 규모, 용도 등)
- 누가 어떠한 방법으로 설치하였나
- 그 곳이 도시공원 안이라는 것을 알고 있는가
- 점용허가를 받았나
- 왜 점용허가 없이 건축하였나

3. 녹지 안에 무허가 공작물 설치

1) 적용법조 : 제53조 제2호, 제38조 제1항 제1호 ☞ 공소시효 5년

제38조(녹지의 점용허가 등) ① 녹지 안에서 다음 각호의 어느 하나에 해당하는 행위를 하고자 하는 자는 대통령령이 정하는 바에 의하여 당해 녹지를 관리하는 특별시장·광역시장·시장 또는 군수의 점용허가를 받아야 한다. 다만, 산림의 간벌 등 대통령령이 정하는 경미한 행위의 경우에는 그러하지 아니하다.
1. 녹지의 조성에 필요한 시설 외의 시설·건축물 또는 공작물을 설치하는 행위
2. 토지의 형질변경
3. 죽목의 벌채·재식
4. 토석의 채취
5. 물건의 적치

2) 범죄사실 기재례

> 녹지 안에서 녹지의 조성에 필요한 시설 외의 시설·건축물 또는 공작물을 설치하는 행위 등을 하고자 하는 자는 대통령령이 정하는 바에 의하여 당해 녹지를 관리하는 특별시장·광역시장·시장 또는 군수의 점용허가를 받아야 한다.
> 그럼에도 불구하고 피의자는 20○○. ○. ○.경부터 20○○. ○. ○.까지 사이에 도시공원인 ○○번지 지상에 쇠파이프 및 비닐을 이용하여 높이 약 2m, 너비 약 1.5m, 바닥면적 약 10㎡의 공작물을 설치하였다.

3) 신문사항

- 피의자는 녹지안에 건축물(또는 공작물)을 설치한 일이 있는가
- 언제 어디에 설치하였나
- 어떠한 건축물을 설치하였나(건축물의 종류, 규모, 용도 등)
- 누가 어떠한 방법으로 설치하였나
- 그 곳이 녹지 안이라는 것을 알고 있는가
- 점용허가를 받았나
- 왜 점용허가 없이 건축하였나

4. 도시공원 시설 훼손

1) 적용법조 : 제54조 제3호, 제49조 제1항 제1호 ☞ 공소시효 5년

> **제49조(도시공원 등에서의 금지행위)** ① 누구든지 도시공원 또는 녹지에서 다음 각 호의 어느 하나에 해당하는 행위를 하여서는 아니 된다.
> 1. 공원시설을 훼손하는 행위
> 2. 나무를 훼손하거나 이물질을 주입하여 나무를 말라죽게 하는 행위
> 3. 심한 소음 또는 악취가 나게 하는 등 다른 사람에게 혐오감을 주는 행위
> 4. 동반한 반려동물의 배설물(소변의 경우에는 의자 위의 것만 해당한다)을 수거하지 아니하고 방치하는 행위
> 5. 그 밖에 도시공원 또는 녹지의 관리에 현저한 장애가 되는 행위로서 대통령령으로 정하는 행위
> ② 누구든지 특별시·광역시·특별자치시·특별자치도·시 또는 군의 조례로 정하는 도시공원에서 다음 각 호의 어느 하나에 해당하는 행위를 하여서는 아니 된다.
> 1. 행상 또는 노점에 의한 상행위
> 2. 동반한 반려견을 통제할 수 있는 줄을 착용시키지 아니하고 도시공원에 입장하는 행위

2) 범죄사실 기재례

> 누구든지 도시공원 또는 녹지에서 공원시설을 훼손하는 행위를 하여서는 아니 된다.
> 그럼에도 불구하고 피의자는 20○○. ○. ○.경 ○○에 있는 도시공원의 공원시설인 ○○을 입장료를 비싸게 받는다면서 발로 차 훼손하였다.
> 이로써 피의자는 공원시설을 훼손하는 행위를 하였다.

3) 신문사항

- 피의자는 ○○에 있는 도시공원을 입장한 사실이 있는가
- 언제 무엇 때문에 갔나
- 그곳에 있던 공원시설을 훼손한 일이 있는가
- 어떤 공원시설을 훼손하였는가
- 언제 무엇 때문에 훼손하였는가
- 어떤 방법으로 훼손하였나

제 39 장 동물보호법

I. 개념정의

제2조(정의) 이 법에서 사용하는 용어의 뜻은 다음과 같다.
1. "동물"이란 고통을 느낄 수 있는 신경체계가 발달한 척추동물로서 다음 각 목의 어느 하나에 해당하는 동물을 말한다.
   가. 포유류
   나. 조류
   다. 파충류·양서류·어류 중 농림축산식품부장관이 관계 중앙행정기관의 장과의 협의를 거쳐 대통령령으로 정하는 동물
2. "소유자등"이란 동물의 소유자와 일시적 또는 영구적으로 동물을 사육·관리 또는 보호하는 사람을 말한다.
3. "유실·유기동물"이란 도로·공원 등의 공공장소에서 소유자등이 없이 배회하거나 내버려진 동물을 말한다.
4. "피학대동물"이란 제10조제2항 및 같은 조 제4항제2호에 따른 학대를 받은 동물을 말한다.
5. "맹견"이란 다음 각 목의 어느 하나에 해당하는 개를 말한다.
   가. 도사견, 핏불테리어, 로트와일러 등 사람의 생명이나 신체 또는 동물에 위해를 가할 우려가 있는 개로서 농림축산식품부령으로 정하는 개
   나. 사람의 생명이나 신체 또는 동물에 위해를 가할 우려가 있어 제24조제3항에 따라 시·도지사가 맹견으로 지정한 개
6. "봉사동물"이란 「장애인복지법」 제40조에 따른 장애인 보조견 등 사람이나 국가를 위하여 봉사하고 있거나 봉사한 동물로서 대통령령으로 정하는 동물을 말한다.
7. "반려동물"이란 반려(伴侶)의 목적으로 기르는 개, 고양이 등 농림축산식품부령으로 정하는 동물을 말한다.
8. "등록대상동물"이란 동물의 보호, 유실·유기(遺棄) 방지, 질병의 관리, 공중위생상의 위해 방지 등을 위하여 등록이 필요하다고 인정하여 대통령령으로 정하는 동물을 말한다.
9. "동물학대"란 동물을 대상으로 정당한 사유 없이 불필요하거나 피할 수 있는 고통과 스트레스를 주는 행위 및 굶주림, 질병 등에 대하여 적절한 조치를 게을리하거나 방치하는 행위를 말한다.
10. "기질평가"란 동물의 건강상태, 행동양태 및 소유자등의 통제능력 등을 종합적으로 분석하여 평가 대상 동물의 공격성을 판단하는 것을 말한다.
11. "반려동물행동지도사"란 반려동물의 행동분석·평가 및 훈련 등에 전문지식과 기술을 가진 사람으로서 제31조제1항에 따른 자격시험에 합격한 사람을 말한다.
12. "동물실험"이란 「실험동물에 관한 법률」 제2조제1호에 따른 동물실험을 말한다.
13. "동물실험시행기관"이란 동물실험을 실시하는 법인·단체 또는 기관으로서 대통령령으로 정하는 법인·단체 또는 기관을 말한다.
※ 시행령
제2조(동물의 범위) 「동물보호법」(이하 "법"이라 한다) 제2조제1호다목에서 "대통령령으로 정하는 동물"이란 파충류, 양서류 및 어류를 말한다. 다만, 식용(食用)을 목적으로 하는 것은 제외한다.

제97조(벌칙) ① 다음 각 호의 어느 하나에 해당하는 자는 3년 이하의 징역 또는 3천만원 이하의 벌금에 처한다.

1. 제10조제1항 각 호의 어느 하나를 위반한 자
2. 제10조제3항제2호 또는 같은 조 제4항제3호를 위반한 자
3. 제16조제1항 또는 같은 조 제2항제1호를 위반하여 사람을 사망에 이르게 한 자
4. 제21조제1항 각 호를 위반하여 사람을 사망에 이르게 한 자

② 다음 각 호의 어느 하나에 해당하는 자는 2년 이하의 징역 또는 2천만원 이하의 벌금에 처한다.

1. 제10조제2항 또는 같은 조 제3항제1호 · 제3호 · 제4호의 어느 하나를 위반한 자
2. 제10조제4항제1호를 위반하여 맹견을 유기한 소유자등
3. 제10조제4항제2호를 위반한 소유자등
4. 제16조제1항 또는 같은 조 제2항제1호를 위반하여 사람의 신체를 상해에 이르게 한 자
5. 제21조제1항 각 호의 어느 하나를 위반하여 사람의 신체를 상해에 이르게 한 자
6. 제67조제1항제1호를 위반하여 거짓이나 그 밖의 부정한 방법으로 인증농장 인증을 받은 자
7. 제67조제1항제2호를 위반하여 인증을 받지 아니한 축산농장을 인증농장으로 표시한 자
8. 제67조제1항제3호를 위반하여 거짓이나 그 밖의 부정한 방법으로 인증심사 · 재심사 및 인증갱신을 하거나 받을 수 있도록 도와주는 행위를 한 자
9. 제69조제1항 또는 같은 조 제4항을 위반하여 허가 또는 변경허가를 받지 아니하고 영업을 한 자
10. 거짓이나 그 밖의 부정한 방법으로 제69조제1항에 따른 허가 또는 같은 조 제4항에 따른 변경허가를 받은 자
11. 제70조제1항을 위반하여 맹견취급허가 또는 변경허가를 받지 아니하고 맹견을 취급하는 영업을 한 자
12. 거짓이나 그 밖의 부정한 방법으로 제70조제1항에 따른 맹견취급허가 또는 변경허가를 받은 자
13. 제72조를 위반하여 설치가 금지된 곳에 동물장묘시설을 설치한 자
14. 제85조제1항에 따른 영업장 폐쇄조치를 위반하여 영업을 계속한 자

③ 다음 각 호의 어느 하나에 해당하는 자는 1년 이하의 징역 또는 1천만원 이하의 벌금에 처한다.

1. 제18조제1항을 위반하여 맹견사육허가를 받지 아니한 자
2. 제33조제1항을 위반하여 반려동물행동지도사의 명칭을 사용한 자
3. 제33조제2항을 위반하여 다른 사람에게 반려동물행동지도사의 명의를 사용하게 하거나 그 자격증을 대여한 자 또는 반려동물행동지도사의 명의를 사용하거나 그 자격증을 대여받은 자
4. 제33조제3항을 위반한 자
5. 제73조제1항 또는 같은 조 제4항을 위반하여 등록 또는 변경등록을 하지 아니하고 영업을 한 자
6. 거짓이나 그 밖의 부정한 방법으로 제73조제1항에 따른 등록 또는 같은 조 제4항에 따른 변경등록을 한 자
7. 제78조제1항제11호를 위반하여 다른 사람의 영업명의를 도용하거나 대여받은 자 또는 다른 사람에게 자기의 영업명의나 상호를 사용하게 한 영업자
7의2. 제78조제5항제3호를 위반하여 자신의 영업장에 있는 동물장묘시설을 다른 자에게 대여한 영업자
8. 제83조를 위반하여 영업정지 기간에 영업을 한 자
9. 제87조제3항을 위반하여 설치 목적과 다른 목적으로 고정형 영상정보처리기기를 임의로 조작하거나 다른 곳을 비춘 자 또는 녹음기능을 사용한 자
10. 제87조제4항을 위반하여 영상기록을 목적 외의 용도로 다른 사람에게 제공한 자

④ 다음 각 호의 어느 하나에 해당하는 자는 500만원 이하의 벌금에 처한다.

1. 제29조제1항을 위반하여 업무상 알게 된 비밀을 누설한 기질평가위원회의 위원 또는 위원이었던 자
2. 제37조제1항에 따른 신고를 하지 아니하고 보호시설을 운영한 자
3. 제38조제2항에 따른 폐쇄명령에 따르지 아니한 자
4. 제54조제3항을 위반하여 비밀을 누설하거나 도용한 윤리위원회의 위원 또는 위원이었던 자(제52조제3항에서 준용하는 경우를 포함한다)

5. 제78조제2항제1호를 위반하여 월령이 12개월 미만인 개·고양이를 교배 또는 출산시킨 영업자
6. 제78조제2항제2호를 위반하여 동물의 발정을 유도한 영업자
7. 제78조제5항제1호를 위반하여 살아있는 동물을 처리한 영업자
8. 제95조제5항을 위반하여 요청 목적 외로 정보를 사용하거나 다른 사람에게 정보를 제공 또는 누설한 자

⑤ 다음 각 호의 어느 하나에 해당하는 자는 300만원 이하의 벌금에 처한다.
1. 제10조제4항제1호를 위반하여 동물을 유기한 소유자등(맹견을 유기한 경우는 제외한다)
2. 제10조제5항제1호를 위반하여 사진 또는 영상물을 판매·전시·전달·상영하거나 인터넷에 게재한 자
3. 제10조제5항제2호를 위반하여 도박을 목적으로 동물을 이용한 자 또는 동물을 이용하는 도박을 행할 목적으로 광고·선전한 자
4. 제10조제5항제3호를 위반하여 도박·시합·복권·오락·유흥·광고 등의 상이나 경품으로 동물을 제공한 자
5. 제10조제5항제4호를 위반하여 영리를 목적으로 동물을 대여한 자
6. 제18조제4항 후단에 따른 인도적인 방법에 의한 처리 명령에 따르지 아니한 맹견의 소유자
7. 제20조제2항에 따른 인도적인 방법에 의한 처리 명령에 따르지 아니한 맹견의 소유자
8. 제24조제1항에 따른 기질평가 명령에 따르지 아니한 맹견 아닌 개의 소유자
9. 제46조제2항을 위반하여 수의사에 의하지 아니하고 동물의 인도적인 처리를 한 자
10. 제49조를 위반하여 동물실험을 한 자
11. 제78조제4항제1호를 위반하여 월령이 2개월 미만인 개·고양이를 판매(알선 또는 중개를 포함한다)한 영업자
12. 제85조제2항에 따른 게시문 등 또는 봉인을 제거하거나 손상시킨 자

⑥ 상습적으로 제1항부터 제5항까지의 죄를 지은 자는 그 죄에 정한 형의 2분의 1까지 가중한다.

제98조(벌칙) 제100조제1항에 따라 이수명령을 부과받은 사람이 보호관찰소의 장 또는 교정시설의 장의 이수명령 이행에 관한 지시에 따르지 아니하여 「보호관찰 등에 관한 법률」 또는 「형의 집행 및 수용자의 처우에 관한 법률」에 따른 경고를 받은 후 재차 정당한 사유 없이 이수명령 이행에 관한 지시를 따르지 아니한 경우에는 다음 각 호에 따른다.
1. 벌금형과 병과된 경우에는 500만원 이하의 벌금에 처한다.
2. 징역형 이상의 실형과 병과된 경우에는 1년 이하의 징역 또는 1천만원 이하의 벌금에 처한다.

제99조(양벌규정) 법인의 대표자나 법인 또는 개인의 대리인, 사용인, 그 밖의 종업원이 그 법인 또는 개인의 업무에 관하여 제97조에 따른 위반행위를 하면 그 행위자를 벌하는 외에 그 법인 또는 개인에게도 해당 조문의 벌금형을 과한다. 다만, 법인 또는 개인이 그 위반행위를 방지하기 위하여 해당 업무에 관하여 상당한 주의와 감독을 게을리하지 아니한 경우에는 그러하지 아니하다.

Ⅲ. 범죄사실

1. 동물 학대 (제10조 제1항)

1) 적용법조 : 제97조 제1항 제1호, 제10조 제1항   ☞ 공소시효 5년

제10조(동물학대 등의 금지) ① 누구든지 동물을 죽이거나 죽음에 이르게 하는 다음 각 호의 행위를 하여서는 아니 된다.
1. 목을 매다는 등의 잔인한 방법으로 죽음에 이르게 하는 행위
2. 노상 등 공개된 장소에서 죽이거나 같은 종류의 다른 동물이 보는 앞에서 죽음에 이르게 하는 행위
3. 동물의 습성 및 생태환경 등 부득이한 사유가 없음에도 불구하고 해당 동물을 다른 동물의 먹이로 사용하는 행위
4. 그 밖에 사람의 생명·신체에 대한 직접적인 위협이나 재산상의 피해 방지 등 농림축산식품부령으로 정하는

정당한 사유 없이 동물을 죽음에 이르게 하는 행위

※ 시행규칙

제6조(동물학대 등의 금지) ① 법 제10조제1항제4호에서 "사람의 생명·신체에 대한 직접적인 위협이나 재산상의 피해 방지 등 농림축산식품부령으로 정하는 정당한 사유"란 다음 각 호의 어느 하나에 해당하는 경우를 말한다.
  1. 사람의 생명·신체에 대한 직접적인 위협이나 재산상의 피해를 방지하기 위하여 다른 방법이 없는 경우
  2. 허가, 면허 등에 따른 행위를 하는 경우
  3. 동물의 처리에 관한 명령, 처분 등을 이행하기 위한 경우

2) 범죄사실 기재례

[기재례1] 목을 매다는 등의 잔인한 방법으로 동물 살해 (제1호)

누구든지 목을 매다는 등의 잔인한 방법으로 동물을 죽여서는 아니된다.
  그럼에도 불구하고 피의자들은 20○○.○.○.13:00경 ○○에 있는 피의자 주거지 옆 헛간에서 피의자 갑은 ○○방법으로 끌고 온 개의 목에 밧줄을 연결하여 그곳에 설치된 쇠파이프에 건 다음 개를 손으로 들어 올리고, 피의자는 을은 옆에서 이를 지켜보는 방법으로 공모하여 위 개를 매달아 잔인한 방법으로 죽였다.

[기재례2] 감전시키는 방법 등의 잔인한 방법으로 동물 살해 (제1호)

피의자는 ○○에서 '○○농장'이라는 상호로 개 농장을 운영하는 사람이다.
  누구든지 동물에 대하여 잔인한 방법으로 죽이는 행위를 하여서는 아니 된다.
  그럼에도 피의자는 20○○.○.○.경부터 20○○.○.○.경까지 위 '○○농장'에 있는 도축시설에서 개를 묶은 상태에서 전기가 흐르는 쇠꼬챙이를 개의 주둥이에 대어 감전시키는 방법으로 죽여서 도축하는 등 연간 ○○두 상당의 개를 도살하여 동물을 학대하였다.

[기재례3] 고양이를 굶주리게 하여 사망케 한 경우 (제4호)

누구든지 사람의 생명·신체에 대한 직접적인 위협이나 재산상의 피해 방지 등 농림축산식품부령으로 정하는 정당한 사유 없이 동물을 죽음에 이르게 하여서는 아니된다.
  그럼에도 불구하고 피의자는 20○○. ○. ○.경부터 20○○. ○. ○.경 사이에 ○○에서 양육하고 있던 고양이 ○○마리를 두고, 돌 볼 사람들을 전혀 마련해놓지 않은 채 휴가를 가버림으로써 더위와 굶주림에 지친 고양이들이 세탁실의 열린 창문을 통해 10층 밖으로 뛰어내리다가 고양이 ○○마리가 사망하게 하여 정당한 이유 없이 고양이를 죽음에 이르게 하는 학대행위를 하였다.

■ **판례** ■ **전기 쇠꼬챙이로 개를 감전시켜 도살한 사건**

[1] 동물에 대한 도살방법이 구 동물보호법 제8조 제1항 제1호에서 금지하는 '잔인한 방법'인지 판단하는 기준 및 이때 고려하여야 할 사항

구 동물보호법(2017. 3. 21. 법률 제14651호로 개정되기 전의 것, 이하 '구 동물보호법'이라고 한다) 제8조 제1항은 "누구든지 동물에 대하여 다음 각호의 행위를 하여서는 아니 된다."라고 규정하면서 그 제1호에서 "목을 매다는 등의 잔인한 방법으로 죽이는 행위"를 들고 있고, 구 동물보호법 제46조 제1항은 같은 법 제8조 제1항 제1호를 위반한 사람을 처벌하도록 규정하고 있다.

'잔인'은 사전적 의미로 '인정이 없고 아주 모짊'을 뜻하는데, 잔인성에 관한 논의는 시대와 사회에 따라 변동하는 상대적, 유동적인 것이고, 사상, 종교, 풍속과도 깊이 연관된다. 따라서 형사처벌의 구성요건인 구 동물보호법 제8조 제1항 제1호에서 금지하는 잔인한 방법인지 여부는 특정인이나 집단의 주관적 입장에서가 아니라 사회 평균인의 입장에서 그 시대의 사회통념에 따라 객관적이고 규범적으로 판단하여야 한다. 그리고 아래에서 살필, 구 동물보호법의 입법 목적, 같은 법 제8조 제1항 제1호의 문언 의미와 입법 취지, 동물의 도살방법에 관한 여러 관련 규정들의 내용 등에 비추어 보면, 이러한 잔인한 방법인지 여부를 판단할 때에는 해당 도살방법의 허용이 동물의 생명존중 등 국민 정서에 미치는 영향, 동물별 특성 및 그에 따라 해당 도살방법으로 인해 겪을 수 있는 고통의 정도와 지속시간, 대상 동물에 대한 그 시대, 사회의 인식 등을 종합적으로 고려하여야 한다.

① 구 동물보호법은 동물의 생명보호, 안전보장 및 복지증진을 꾀함과 아울러 동물의 생명존중 등 국민의 정서를 함양하는 데에 이바지함을 목적으로 하고(제1조), 그 적용 대상인 동물의 개념을 고통을 느낄 수 있는 신경체계가 발달한 척추동물로서 포유류 등으로 한정하며(제2조 제1호), 동물을 죽이거나 죽음에 이르게 하는 일정한 행위만을 금지하고 있다(제8조 제1항 각호).

위와 같은 구 동물보호법의 입법 목적, 적용 대상인 동물, 구 동물보호법 제8조 제1항 각호의 문언 체계 등에 비추어 보면, 같은 항 제1호는 동물을 죽이는 방법이 잔인함으로 인해 도살과정에서 대상 동물에게 고통을 주고, 그 방법이 허용될 경우 동물의 생명존중 등 국민 정서 함양에도 악영향을 미칠 수 있다는 고려에서 이를 금지행위로 규정하였다고 봄이 타당하다. 따라서 특정 도살방법이 동물에게 가하는 고통의 정도를 객관적으로 측정할 수 없다고 하더라도, 그 사용되는 도구, 행위 형태 및 그로 인한 사체의 외관 등을 전체적으로 볼 때 그 도살방법 자체가 사회통념상 객관적, 규범적으로 잔인하다고 평가될 수 있는 경우에는 같은 항 제1호에서 금지하는 잔인한 방법에 해당한다고 볼 수 있다.

② 구 동물보호법 제10조는 동물의 도살방법이라는 제목 아래, 모든 동물은 잔인한 방법으로 도살되어서도, 도살과정에서 불필요한 고통이나 공포, 스트레스를 주어서도 안 되고(제1항), 축산물 위생관리법 또는 가축전염병 예방법에 따라 동물을 죽이는 경우 농림축산식품부령이 정하는 방법을 이용하여 고통을 최소화하여야 하며(제2항), 그 외에도 동물을 불가피하게 죽여야 하는 경우에는 고통을 최소화할 수 있는 방법에 따라야 한다(제3항)고 규정하고 있다. 그리고 축산물 위생관리법에 따른 도축에 대하여는 같은 법 시행규칙에서 가축별 도살방법을 규정하고 있고(제2조, [별표 제1호]), 위 가축 중 소, 돼지, 닭과 오리에 대하여는 구 동물보호법 제10조 제2항 및 같은 법 시행규칙 제6조 제2항에 따라 제정된 고시인 동물도축세부규정에서 가축별 특성에 맞추어 고통을 최소화하는 도축방법을 상세히 규정하고 있다.

위와 같은 동물의 도살방법에 관한 관련 규정들의 내용 등에 비추어 보면, 특정 도살방법이 구 동물보호법 제8조 제1항 제1호에서 금지하는 잔인한 방법인지 여부는 동물별 특성에 따라 해당 동물에게 주는 고통의 정도와 지속시간을 고려하여 판단되어야 한다. 동일한 도살방법이라도 도살과정에서 겪을 수 있는 고통의 정도 등은 동물별 특성에 따라 다를 수 있고, 동일한 물질, 도구 등을 이용하더라도 그 구체적인 이용방법, 행위 태양을 달리한다면 이와 마찬가지이다. 따라서 위와 같은 사정에 대한 고려 없이, 특정 도살방법이 관련 법령에서 일반적인 동물의 도살방법으로 규정되어 있다거나 도살에 이용한 물질, 도구 등이 관련 법령에서 정한 것과 동일 또는 유사하다는 것만으로는 이를 다른 동물에게도 그 특성에 적합한 도살방법이라고 볼 수 없다.

③ 특정 동물에 대한 그 시대, 사회의 인식은 해당 동물을 죽이거나 죽음에 이르게 하는 행위 자

체 및 그 방법에 대한 평가에 영향을 주므로 구 동물보호법 제8조 제1항 제1호에서 금지되는 잔인한 방법인지 여부를 판단할 때에는 이를 고려하여야 한다. 위와 같은 인식은 사회 평균인의 입장에서 사회통념에 따라 객관적으로 평가되어야 한다.

[2] 개 농장을 운영하는 피고인이 농장 도축시설에서 개를 묶은 상태에서 전기가 흐르는 쇠꼬챙이를 개의 주둥이에 대어 감전시키는 방법으로 잔인하게 도살하였다고 하여 구 동물보호법 위반으로 기소된 사안에서, 공소사실을 무죄로 판단한 원심판결에 구 동물보호법 제8조 제1항 제1호의 '잔인한 방법'의 판단 기준, 같은 법 제46조 제1항의 구성요건 해당성에 관한 법리를 오해하여 필요한 심리를 다하지 아니한 잘못이 있다고 한 사례

개 농장을 운영하는 피고인이 농장 도축시설에서 개를 묶은 상태에서 전기가 흐르는 쇠꼬챙이를 개의 주둥이에 대어 감전시키는 방법으로 잔인하게 도살하였다고 하여 구 동물보호법(2017. 3. 21. 법률 제14651호로 개정되기 전의 것, 이하 같다) 위반으로 기소된 사안에서, 구 동물보호법 제8조 제1항 제1호에서 금지하는 잔인한 방법에 해당하는지는 해당 도살방법의 허용이 동물의 생명존중 등 국민 정서에 미치는 영향, 동물별 특성 및 그에 따라 해당 도살방법으로 인해 겪을 수 있는 고통의 정도와 지속시간, 대상 동물에 대한 그 시대, 사회의 인식 등을 종합적으로 고려하여 판단하여야 하는데, 동물보호법 시행규칙 제6조에 따라 제정된 동물도축세부규정(농림수산검역검사본부 고시 제2016-77호)에서는 돼지, 닭, 오리에 대하여 전살법(電殺法)은 기절방법으로만 허용하고, 도살방법으로는 완전하게 기절한 상태의 동물에 대해 방혈(放血)을 시행하여 방혈 중에 동물이 죽음에 이르도록 할 것을 규정하고 있으며, 일반적으로 동물이 감전에 의해 죽음에 이르는 경우에는 고통을 수반한 격렬한 근육경련과 화상, 세포괴사, 근육마비, 심실세동 등의 과정을 거칠 수 있고, 이때 고통의 정도와 지속시간은 동물의 크기, 통전부위와 사용한 전류값 등에 의해 달라지게 되므로, 피고인이 개 도살에 사용한 쇠꼬챙이에 흐르는 전류의 크기, 개가 감전 후 기절하거나 죽는 데 소요되는 시간, 도축 장소 환경 등 전기를 이용한 도살방법의 구체적인 행태, 그로 인해 개에게 나타날 체내·외 증상 등을 심리하여, 그 심리결과와 위와 같은 도살방법을 허용하는 것이 동물의 생명존중 등 국민 정서에 미칠 영향, 사회통념상 개에 대한 인식 등을 종합적으로 고려하여 피고인의 행위를 구 동물보호법 제8조 제1항 제1호에서 금지하는 잔인한 방법으로 죽이는 행위로 볼 수 있는지 판단하였어야 함에도, 이와 달리 보아 공소사실을 무죄로 판단한 원심판결에 구 동물보호법 제8조 제1항 제1호의 잔인한 방법의 판단 기준, 같은 법 제46조 제1항의 구성요건 해당성에 관한 법리를 오해하여 필요한 심리를 다하지 아니한 잘못이 있다고 한 사례.(대법원 2018. 9. 13., 선고, 2017도16732, 판결)

■ **판례** ■ 동물보호법 제8조 제1항 제1호에서 규정하는 '잔인한 방법으로 죽이는 행위'는 행위를 하는 것 자체로 구성요건을 충족하는지 여부(적극) 및 행위를 정당화할 만한 사정 또는 행위자의 책임으로 돌릴 수 없는 사정이 있는 경우, 구성요건 해당성이 조각되는지 여부(소극)

동물보호법의 목적과 입법 취지, 동물보호법 제8조 제1항 각 호의 문언 및 체계 등을 종합하면, 동물보호법 제8조 제1항 제1호에서 규정하는 '잔인한 방법으로 죽이는 행위'는, 같은 항 제4호의 경우와는 달리 정당한 사유를 구성요건 요소로 규정하고 있지 아니하여 '잔인한 방법으로 죽이는 행위'를 하는 것 자체로 구성요건을 충족하고, 설령 행위를 정당화할 만한 사정 또는 행위자의 책임으로 돌릴 수 없는 사정이 있더라도, 위법성이나 책임이 조각될 수 있는지는 별론으로 하고 구성요건 해당성이 조각된다고 볼 수는 없다.(대법원 2016. 1. 28., 선고, 2014도2477, 판결)

2. 동물 학대 (제10조 제2항)

1) 적용법조 : 제97조 제2항 제1호, 제10조 제2항 ☞ 공소시효 5년

제10조(동물학대 등의 금지) ② 누구든지 동물에 대하여 다음 각 호의 행위를 하여서는 아니 된다.

1. 도구·약물 등 물리적·화학적 방법을 사용하여 상해를 입히는 행위. 다만, 해당 동물의 질병 예방이나 치료 등 농림축산식품부령으로 정하는 경우는 제외한다.
2. 살아있는 상태에서 동물의 몸을 손상하거나 체액을 채취하거나 체액을 채취하기 위한 장치를 설치하는 행위. 다만, 해당 동물의 질병 예방 및 동물실험 등 농림축산식품부령으로 정하는 경우는 제외한다.
3. 도박·광고·오락·유흥 등의 목적으로 동물에게 상해를 입히는 행위. 다만, 민속경기 등 농림축산식품부령으로 정하는 경우는 제외한다.
4. 동물의 몸에 고통을 주거나 상해를 입히는 다음 각 목에 해당하는 행위
   가. 사람의 생명·신체에 대한 직접적 위협이나 재산상의 피해를 방지하기 위하여 다른 방법이 있음에도 불구하고 동물에게 고통을 주거나 상해를 입히는 행위
   나. 동물의 습성 또는 사육환경 등의 부득이한 사유가 없음에도 불구하고 동물을 혹서·혹한 등의 환경에 방치하여 고통을 주거나 상해를 입히는 행위
   다. 갈증이나 굶주림의 해소 또는 질병의 예방이나 치료 등의 목적 없이 동물에게 물이나 음식을 강제로 먹여 고통을 주거나 상해를 입히는 행위
   라. 동물의 사육·훈련 등을 위하여 필요한 방식이 아님에도 불구하고 다른 동물과 싸우게 하거나 도구를 사용하는 등 잔인한 방식으로 고통을 주거나 상해를 입히는 행위

2) 범죄사실 기재례

[기재례1] 도구를 사용하여 상해를 입히는 학대행위 (제1호)

누구든지 동물에 대하여 도구, 약물을 사용하여 상해를 입히는 학대행위를 하여서는 아니 된다.

그럼에도 피의자들은 20○○.○.○.12:00경 ○○에 있는 도로에서 A로부터 매수한 개 1마리를 피의자 갑의 오토바이에 끈으로 연결한 다음 피의자 을은 오토바이를 운전하여 가고, 피고인 병은 뒤에서 승용차를 운전하여 따라가는 방법으로 위 개를 강제로 데리고 가 위 오토바이에 매달려 뛰어가다 탈진하여 쓰러진 개를 계속 끌고 감으로써 개의 다리와 입 등에 찰과상 등을 가하여 학대행위를 하였다.

[기재례2] 신체적인 고통을 주는 방법으로 동물학대 (제4호 가목)

누구든지 동물에 대하여 수의학적 처치의 필요, 동물로 인한 사람의 생명·신체·재산의 피해 등 농림축산식품부령으로 정하는 정당한 사유 없이 신체적 고통을 주거나 상해를 입히는 학대행위를 하여서는 아니 된다.

그럼에도 불구하고 피의자는 20○○.○.○.경 ○○에서, 갑이 기르는 진돗개의 목줄을 발로 밟아 움직이지 못하게 한 후 주먹으로 3~4회 때리고, 발로 3~4회 걷어차고 목과 머리를 밟았다.

이로써 피의자는 정당한 사유 없이 동물에 대하여 신체적 고통을 주어 학대하였다.

3. 배회 동물 포획하여 죽이는 행위 (제10조 제3항, 4항)

1) 적용법조 : 제97조 제1항 제2호, 제10조 제3항 제2호 ☞ 공소시효 5년

제10조(동물학대 등의 금지) ③ 누구든지 소유자등이 없이 배회하거나 내버려진 동물 또는 피학대동물 중 소유자
등을 알 수 없는 동물에 대하여 다음 각 호의 어느 하나에 해당하는 행위를 하여서는 아니 된다.
1. 포획하여 판매하는 행위
2. 포획하여 죽이는 행위
3. 판매하거나 죽일 목적으로 포획하는 행위
4. 소유자등이 없이 배회하거나 내버려진 동물 또는 피학대동물 중 소유자등을 알 수 없는 동물임을 알면서 알
   선·구매하는 행위
④ 소유자등은 다음 각 호의 행위를 하여서는 아니 된다.
1. 동물을 유기하는 행위
2. 반려동물에게 최소한의 사육공간 및 먹이 제공, 적정한 길이의 목줄, 위생·건강 관리를 위한 사항 등 농림축
   산식품부령으로 정하는 사육·관리 또는 보호의무를 위반하여 상해를 입히거나 질병을 유발하는 행위
3. 제2호의 행위로 인하여 반려동물을 죽음에 이르게 하는 행위

2) 범죄사실 기재례

[기재례1] 포획하여 죽이는 행위 (제10조 제3항 제2호)

> 누구든지 소유자등이 없이 배회하거나 내버려 진 동물 또는 피학대동물 중 소유자등을 알
> 수 없는 동물을 포획하여 죽이는 행위를 하여서는 아니 된다.
> 그럼에도 불구하고 피의자는 20○○.○.○.12:00경 ○○에서 소유자등이 없이 배회하고 있던
> 개(월령 ○○개월, '○○' 종)를 ○○방법으로 포획하여 ○○방법으로 죽이는 행위를 하였다.

[기재례2] 질병을 유발하게 하는 행위 (제10조 제4항 제2호)

> 누구든지 반려동물에게 최소한의 사육공간 제공 등 농림축산식품부령으로 정하는 사육·관
> 리 의무를 위반하여 상해를 입히거나 질병을 유발시키는 등으로 동물을 학대하여서는 아니
> 된다.
> 그럼에도 불구하고 피의자는 20○○. ○. ○.경부터 20○○. ○. ○.경까지 ○○에서 고양이
> ○○마리나 키우면서도 분변·오물 등을 수시로 제거하지 아니한 채 방치하여 베란다, 주방,
> 작은방 등에 고양이 배설물들이 쌓이게 하고, 사료와 물을 제대로 주지 않아 양육하는 고양
> 이 ○○마리에게 피부염, 영양실조 등의 질병을 유발시키는 학대행위를 하였다.

3) 신문사항

- 피의자는 개를 포획한 사실이 있는가
- 언제 어디에서 포획하였나
- 어떤 개를 포획하였나
- 포획한 개의 소유자는 누구인가
- 포획한 개의 종류와 월령은
- 무엇 때문에 포획하였나

- 포획하여 어떻게 하였나
- 어떤 방법으로 죽였는가
- 무엇 때문에 이러한 행위를 하였는가
- 피의자에게 유리한 증거나 진술이 있나

4. 등록대상동물의 관리 소홀

1) 적용법조 : 제97조 제2항 제4호, 제16조 제2항 제1호   ☞ 공소시효 5년

> **제16조(등록대상동물의 관리 등)** ② 등록대상동물의 소유자등은 등록대상동물을 동반하고 외출할 때에는 다음 각 호의 사항을 준수하여야 한다.
> 1. 농림축산식품부령으로 정하는 기준에 맞는 목줄 착용 등 사람 또는 동물에 대한 위해를 예방하기 위한 안전조치를 할 것
> 2. 등록대상동물의 이름, 소유자의 연락처, 그 밖에 농림축산식품부령으로 정하는 사항을 표시한 인식표를 등록대상동물에게 부착할 것
> 3. 배설물(소변의 경우에는 공동주택의 엘리베이터·계단 등 건물 내부의 공용공간 및 평상·의자 등 사람이 눕거나 앉을 수 있는 기구 위의 것으로 한정한다)이 생겼을 때에는 즉시 수거할 것

2) 범죄사실 기재례

> 동물의 소유자 등은 동물보호법상 등록대상동물을 동반하고 외출할 때에는 목줄 등 안전조치를 하여야 할 의무가 있다.
> 그럼에도 불구하고 피의자는 20○○. ○. ○. 09:00경부터 10:00경 사이 ○○앞에서, 피의자 소유의 개(월령 ○○개월, '○○' 종)의 목줄 등 안전장치를 하지 아니하여 위 개가 지나가던 피해자 갑(여 ,6세)의 왼쪽 허벅지 부분을 물어 피해자에게 치료일수 미상의 열상을 입게 하였다.

3) 신문사항
- 동물을 소유하고 있는가
- 어떤 동물이며 등록을 하였는가 (등록 사실 확인)
- 이 동물을 동반하고 외출하다 개가 사람을 문 일이 있는가
- 언제 어디에서 사람을 물었는가
- 누구에게 어떤 피해를 주었는가
- 개를 동반하고 외출할 때 어떤 조치를 하였는가
- 사고 후 어떤 조치를 하였나
- 피의자에게 유리한 증거나 진술이 있나

5. 무허가 동물판매업

1) 적용법조 : 제46조 제3항 제2호, 제33조 제1항, 제69조 제1항 제3호 ☞ 공소시효 5년

제69조(영업의 허가) ① 반려동물(이하 이 장에서 "동물"이라 한다. 다만, 동물장묘업 및 제71조제1항에 따른 공설동물장묘시설의 경우에는 제2조제1호에 따른 동물로 한다)과 관련된 다음 각 호의 영업을 하려는 자는 농림축산식품부령으로 정하는 바에 따라 특별자치시장·특별자치도지사·시장·군수·구청장의 허가를 받아야 한다.
1. 동물생산업
2. 동물수입업
3. 동물판매업
4. 동물장묘업

2) 범죄사실 기재례

> 　반려동물과 관련된 동물판매업 등을 하려는 자는 농림축산식품부령으로 정하는 바에 따라 특별자치시장·특별자치도지사·시장·군수·구청장의 허가를 받아야 한다.
> 　그런데 피의자는 허가를 받지 아니 않고 200○.○.○.경 ○○에서 ○○㎡의 매장에 진열장 ○○개와 책상, 의자 등을 갖추고 ○○애완동물판매장이라는 상호로 개와 고양이를 중간도매업자에게 알선·판매하는 동물판매업을 하였다.

3) 신문사항

- 피의자는 동물판매업을 하고 있는가
- 언제부터 어디에서 하고 있는가
- 어떤 상호로 영업을 하고 있나
- 행정기관에 영업을 위한 허가를 받았는가
- 허가 없이 영업을 하다가 적발된 사실이 있나
- 언제 누구에게 적발되었나요

　　이때 고발장에 첨부된 시인서 등을 보여 주며

- 이러한 위반내용이 사실인가
- 피의자가 경영하는 업소의 규모는(면적, 시설, 규모, 종업원 수 등)
- 1일 매상은 얼마나
- 혁 없이 영업을 한 이유는
- 적발되고 난 후 계속 영업을 하고 있나
- 전에도 같은 법 위반으로 처벌받은 사실이 있나
- 피의자에게 유리한 증거나 진술이 있나

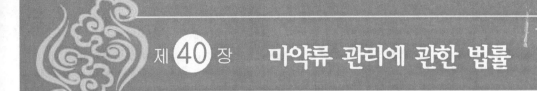

제 40 장   마약류 관리에 관한 법률

Ⅰ. 개념정의

제2조(정의) 이 법에서 사용하는 용어의 뜻은 다음과 같다.

1. "마약류"란 마약·향정신성의약품 및 대마를 말한다.
2. "마약"이란 다음 각 목의 어느 하나에 해당하는 것을 말한다.
    가. 양귀비: 양귀비과(科)의 파파베르 솜니페룸 엘(Papaver somniferum L.), 파파베르 세티게룸 디시(Papaver setigerum DC.) 또는 파파베르 브락테아툼(Papaver bracteatum)
    나. 아편 : 양귀비의 액즙(液汁)이 응결(凝結)된 것과 이를 가공한 것 다만, 의약품으로 가공한 것은 제외한다.
    다. 코카 잎[엽]: 코카 관목(灌木: 에리드록시론속(屬)의 모든 식물을 말한다]의 잎. 다만, 엑고닌·코카인 및 엑고닌 알칼로이드 성분이 모두 제거된 잎은 제외한다.
    라. 양귀비, 아편 또는 코카 잎에서 추출되는 모든 알카로이드 및 그와 동일한 화학적 합성품으로서 대통령령으로 정하는 것
    마. 가목부터 라목까지에 규정된 것 외에 그와 동일하게 남용되거나 해독(害毒) 작용을 일으킬 우려가 있는 화학적 합성품으로서 대통령령으로 정하는 것
    바. 가목부터 마목까지에 열거된 것을 함유하는 혼합물질 또는 혼합제제. 다만, 다른 약물이나 물질과 혼합되어 가목부터 마목까지에 열거된 것으로 다시 제조하거나 제제(製劑)할 수 없고, 그것에 의하여 신체적 또는 정신적 의존성을 일으키지 아니하는 것으로서 보건복지부령으로 정하는 것[이하 "한외마약"(限外麻藥)이라 한다]은 제외한다.
3. "향정신성의약품"이란 인간의 중추신경계에 작용하는 것으로서 이를 오용하거나 남용할 경우 인체에 심각한 위해가 있다고 인정되는 다음 각 목의 어느 하나에 해당하는 것으로서 대통령령으로 정하는 것을 말한다.
    가. 오용하거나 남용할 우려가 심하고 의료용으로 쓰이지 아니하며 안전성이 결여되어 있는 것으로서 이를 오용하거나 남용할 경우 심한 신체적 또는 정신적 의존성을 일으키는 약물 또는 이를 함유하는 물질
    나. 오용하거나 남용할 우려가 심하고 매우 제한된 의료용으로만 쓰이는 것으로서 이를 오용하거나 남용할 경우 심한 신체적 또는 정신적 의존성을 일으키는 약물 또는 이를 함유하는 물질
    다. 가목과 나목에 규정된 것보다 오용하거나 남용할 우려가 상대적으로 적고 의료용으로 쓰이는 것으로서 이를 오용하거나 남용할 경우 그리 심하지 아니한 신체적 의존성을 일으키거나 심한 정신적 의존성을 일으키는 약물 또는 이를 함유하는 물질
    라. 다목에 규정된 것보다 오용하거나 남용할 우려가 상대적으로 적고 의료용으로 쓰이는 것으로서 이를 오용하거나 남용할 경우 다목에 규정된 것보다 신체적 또는 정신적 의존성을 일으킬 우려가 적은 약물 또는 이를 함유하는 물질
    마. 가목부터 라목까지에 열거된 것을 함유하는 혼합물질 또는 혼합제제. 다만, 다른 약물 또는 물질과 혼합되어 가목부터 라목까지에 열거된 것으로 다시 제조하거나 제제할 수 없고, 그것에 의하여 신체적 또는 정신적 의존성을 일으키지 아니하는 것으로서 보건복지부령으로 정하는 것은 제외한다.
4. "대마"란 다음 각 목의 어느 하나에 해당하는 것을 말한다. 다만, 대마초 [칸나비스 사티바 엘(Cannabis sativa L)을 말한다. 이하 같다]의 종자(種子)·뿌리 및 성숙한 대마초의 줄기와 그 제품은 제외한다.
    가. 대마초와 그 수지(樹脂)
    나. 대마초 또는 그 수지를 원료로 하여 제조된 모든 제품
    다. 가목 또는 나목에 규정된 것과 동일한 화학적 합성품으로서 대통령령으로 정하는 것

라. 가목부터 다목까지에 규정된 것을 함유하는 혼합물질 또는 혼합제제

5. "마약류취급자"란 다음 가목부터 사목까지의 어느 하나에 해당하는 자로서 이 법에 따라 허가 또는 지정을 받은 자와 아목 및 자목에 해당하는 자를 말한다.

　　가. 마약류수출입업자 : 마약 또는 향정신성의약품의 수출입을 업(業)으로 하는 자

　　나. 마약류제조업자 : 마약 또는 향정신성의약품의 제조[제제 및 소분(小分)을 포함한다. 이하 같다]를 업으로 하는 자

　　다. 마약류원료사용자 : 한외마약 또는 의약품을 제조할 때 마약 또는 향정신성의약품을 원료로 사용하는 자

　　라. 대마재배자 : 섬유 또는 종자를 채취할 목적으로 대마초를 재배하는 자

　　마. 마약류도매업자 : 마약류소매업자, 마약류취급의료업자, 마약류관리자 또는 마약류취급학술연구자에게 마약 또는 향정신성의약품을 판매하는 것을 업으로 하는 자

　　바. 마약류관리자 : 「의료법」에 따른 의료기관(이하 "의료기관"이라 한다)에 종사하는 약사로서 그 의료기관에서 환자에게 투약하거나 투약하기 위하여 제공하는 마약 또는 향정신성의약품을 조제·수수(授受)하고 관리하는 책임을 진 자

　　사. 마약류취급학술연구자 : 학술연구를 위하여 마약 또는 향정신성의약품을 사용하거나, 대마초를 재배하거나 대마를 수입하여 사용하는 자

　　아. 마약류소매업자 : 「약사법」에 따라 등록한 약국개설자로서 마약류취급의료업자의 처방전에 따라 마약 또는 향정신성의약품을 조제하여 판매하는 것을 업으로 하는 자

　　자. 마약류취급의료업자 : 의료기관에서 의료에 종사하는 의사·치과의사·한의사 또는 「수의사법」에 따라 동물 진료에 종사하는 수의사로서 의료나 동물 진료를 목적으로 마약 또는 향정신성의약품을 투약하거나 투약하기 위하여 제공하거나 마약 또는 향정신성의약품을 기재한 처방전을 발급하는 자

6. "원료물질"이란 마약류가 아닌 물질 중 마약 또는 향정신성의약품의 제조에 사용되는 물질로서 대통령령으로 정하는 것을 말한다.

7. "원료물질취급자"란 원료물질의 제조·수출입·매매에 종사하거나 이를 사용하는 자를 말한다.

8. "군수용마약류"란 국방부 및 그 직할 기관과 육군·해군·공군에서 관리하는 마약류를 말한다.

9. "치료보호"란 마약류 중독자의 마약류에 대한 정신적·신체적 의존성을 극복시키고 재발을 예방하여 건강한 사회인으로 복귀시키기 위한 입원 치료와 통원(通院) 치료를 말한다.

ⅠⅠ. 벌칙 및 특별법

1. 벌 칙

제58조(벌칙) ① 다음 각 호의 어느 하나에 해당하는 자는 무기 또는 5년 이상의 징역에 처한다.

1. 제3조제2호·제3호, 제4조제1항제18조제1항 또는 제21조제1항을 위반하여 마약을 수출입·제조·매매하거나 매매를 알선한 자 또는 그러할 목적으로 소지·소유한 자

2. 제3조제4호를 위반하여 마약 또는 향정신성의약품을 제조할 목적으로 그 원료가 되는 물질을 제조·수출입하거나 그러할 목적으로 소지·소유한 자

3. 제3조제5호를 위반하여 제2조제3호가목에 해당하는 향정신성의약품 또는 그 물질을 함유하는 향정신성의약품을 제조·수출입·매매·매매의 알선 또는 수수하거나 그러할 목적으로 소지·소유한 자

4. 제3조제6호를 위반하여 제2조제3호가목에 해당하는 향정신성의약품의 원료가 되는 식물 또는 버섯류에서 그 성분을 추출한 자 또는 그 식물 또는 버섯류를 수출입하거나 수출입할 목적으로 소지·소유한 자

5. 제3조제7호를 위반하여 대마를 수입하거나 수출한 자 또는 그러할 목적으로 대마를 소지·소유한 자

6. 제4조제1항을 위반하여 제2조제3호나목에 해당하는 향정신성의약품 또는 그 물질을 함유하는 향정신성의약품을 제조 또는 수출입하거나 그러할 목적으로 소지·소유한 자

7. 제4조제1항 또는 제5조의2제5항을 위반하여 미성년자에게 마약을 수수·조제·투약·제공한 자 또는 향정신성의

약품이나 임시마약류를 매매·수수·조제·투약·제공한 자
　8. 1군 임시마약류에 대하여 제5조의2제5항제1호 또는 제2호를 위반한 자
② 영리를 목적으로 하거나 상습적으로 제1항의 행위를 한 자는 사형·무기 또는 10년 이상의 징역에 처한다.
③ 제1항과 제2항에 규정된 죄의 미수범은 처벌한다.
④ 제1항(제7호는 제외한다) 및 제2항에 규정된 죄를 범할 목적으로 예비(豫備) 또는 음모한 자는 10년 이하의 징역에 처한다.
제58조의2(벌칙) ① 제3조제10호 또는 제4조제1항을 위반하여 미성년자에게 대마를 수수·제공하거나 대마 또는 대마초 종자의 껍질을 흡연 또는 섭취하게 한 자는 2년 이상의 유기징역에 처한다.
② 상습적으로 제1항의 죄를 범한 자는 3년 이상의 유기징역에 처한다.
③ 제1항 및 제2항에 규정된 죄의 미수범은 처벌한다.
제59조(벌칙) ① 다음 각 호의 어느 하나에 해당하는 자는 1년 이상의 유기징역에 처한다.
　1. 제3조제2호를 위반하여 수출입·매매 또는 제조할 목적으로 마약의 원료가 되는 식물을 재배하거나 그 성분을 함유하는 원료·종자·종묘를 소지·소유한 자
　2. 제3조제2호를 위반하여 마약의 성분을 함유하는 원료·종자·종묘를 관리·수수하거나 그 성분을 추출하는 행위를 한 자
　3. 제3조제3호를 위반하여 헤로인이나 그 염류 또는 이를 함유하는 것을 소지·소유·관리·수수·운반·사용 또는 투약하거나 투약하기 위하여 제공하는 행위를 한 자
　4. 제3조제4호를 위반하여 마약 또는 향정신성의약품을 제조할 목적으로 그 원료가 되는 물질을 매매하거나 매매를 알선하거나 수수한 자 또는 그러할 목적으로 소지·소유 또는 사용한 자
　5. 제3조제5호를 위반하여 제2조제3호가목에 해당하는 향정신성의약품 또는 그 물질을 함유하는 향정신성의약품을 소지·소유·사용·관리한 자
　6. 제3조제6호를 위반하여 제2조제3호가목에 해당하는 향정신성의약품의 원료가 되는 식물 또는 버섯류를 매매하거나 매매를 알선하거나 수수한 자 또는 그러할 목적으로 소지·소유한 자
　7. 제3조제7호를 위반하여 대마를 제조하거나 매매·매매의 알선을 한 자 또는 그러할 목적으로 대마를 소지·소유한 자
　8. 〈삭 제〉
　9. 제4조제1항을 위반하여 마약을 소지·소유·관리 또는 수수하거나 제24조제1항을 위반하여 한외마약을 제조한 자
　10. 제4조제1항을 위반하여 제2조제3호다목에 해당하는 향정신성의약품 또는 그 물질을 함유하는 향정신성의약품을 제조 또는 수출입하거나 그러할 목적으로 소지·소유한 자
　11. 제4조제1항을 위반하여 마약의 수출·매매 또는 제조할 목적으로 대마초나 임시대마초를 재배한 자
　12. 제4조제3항을 위반하여 마약류(대마는 제외한다)를 취급한 자
　13. 1군 임시마약류에 대하여 제5조의2제5항제3호를 위반한 자
　14. 제18조제1항·제21조제1항 또는 제24조제1항을 위반하여 향정신성의약품을 수출입 또는 제조하거나 의약품을 제조한 자
② 상습적으로 제1항의 죄를 범한 자는 3년 이상의 유기징역에 처한다.
③ 제1항(제5호 및 제13호는 제외한다) 및 제2항에 규정된 죄의 미수범은 처벌한다.
④ 제1항제7호의 죄를 범할 목적으로 예비 또는 음모한 자는 10년 이하의 징역에 처한다.
제60조(벌칙) ① 다음 각 호의 어느 하나에 해당하는 자는 10년 이하의 징역 또는 1억원 이하의 벌금에 처한다.
　1. 제3조제1호를 위반하여 마약 또는 제2조제3호가목에 해당하는 향정신성의약품을 사용하거나 제3조제11호를 위반하여 마약 또는 제2조제3호가목에 해당하는 향정신성의약품과 관련된 금지된 행위를 하기 위한 장소·시설·장비·자금 또는 운반 수단을 타인에게 제공한 자
　2. 제4조제1항을 위반하여 제2조제3호나목 및 다목에 해당하는 향정신성의약품 또는 그 물질을 함유하는 향정신성의약품을 매매, 매매의 알선, 수수, 소지, 소유, 사용, 관리, 조제, 투약, 제공한 자 또는 향정신성의약품을 기재한 처방전을 발급한 자
　3. 제4조제1항을 위반하여 제2조제3호라목에 해당하는 향정신성의약품 또는 그 물질을 함유하는 향정신성의약품을 제조 또는 수출입하거나 그러할 목적으로 소지·소유한 자
　4. 제5조제1항·제2항, 제9조제1항, 제28조제1항, 제30조제1항, 제35조제1항 또는 제39조를 위반하여 마약을 취급하거나 그 처방전을 발급한 자
　5. 1군 임시마약류에 대하여 제5조의2제5항제4호를 위반한 자
　6. 2군 임시마약류에 대하여 제5조의2제5항제1호를 위반한 자
② 상습적으로 제1항의 죄를 범한 자는 그 죄에 대하여 정하는 형의 2분의 1까지 가중(加重)한다.

③ 제1항과 제2항에 규정된 죄의 미수범은 처벌한다.

제61조(벌칙) ① 다음 각 호의 어느 하나에 해당하는 자는 5년 이하의 징역 또는 5천만원 이하의 벌금에 처한다.

1. 제3조제1호를 위반하여 향정신성의약품(제2조제3호가목에 해당하는 향정신성의약품은 제외한다) 또는 대마를 사용하거나 제3조제11호를 위반하여 향정신성의약품(제2조제3호가목에 해당하는 향정신성의약품은 제외한다) 및 대마와 관련된 금지된 행위를 하기 위한 장소·시설·장비·자금 또는 운반 수단을 타인에게 제공한 자
2. 제3조제2호를 위반하여 마약의 원료가 되는 식물을 재배하거나 그 성분을 함유하는 원료·종자·종묘를 소지·소유한 자

2의2. 거짓이나 그 밖의 부정한 방법으로 제3조제2호부터 제7호까지의 규정, 제4조제2항제7호 또는 같은 조 제3항에 따른 승인을 받은 자

3. 제3조제6호를 위반하여 제2조제3호가목에 해당하는 향정신성의약품의 원료가 되는 식물 또는 버섯류를 흡연·섭취하거나 그러할 목적으로 소지·소유한 자 또는 다른 사람에게 흡연·섭취하게 할 목적으로 소지·소유한 자
4. 제3조제10호를 위반하여 다음 각 목의 어느 하나에 해당하는 행위를 한 자
    가. 대마 또는 대마초 종자의 껍질을 흡연하거나 섭취한 자
    나. 가목의 행위를 할 목적으로 대마, 대마초 종자 또는 대마초 종자의 껍질을 소지하고 있는 자
    다. 가목 또는 나목의 행위를 하려 한다는 정을 알면서 대마초 종자나 대마초 종자의 껍질을 매매하거나 매매를 알선한 자
5. 제4조제1항을 위반하여 제2조제3호라목에 해당하는 향정신성의약품 또는 그 물질을 함유하는 향정신성의약품을 매매, 매매의 알선, 수수, 소지, 소유, 사용, 관리, 조제, 투약, 제공한 자 또는 향정신성의약품을 기재한 처방전을 발급한 자
6. 제4조제1항을 위반하여 대마를 재배·소지·소유·수수·운반·보관하거나 이를 사용한 자
7. 제5조제1항·제2항, 제9조제1항 또는 제35조제1항을 위반하여 향정신성의약품, 대마 또는 임시마약류를 취급한 자
8. 2군 임시마약류에 대하여 제5조의2제1항제2호부터 제4호까지의 규정을 위반한 자

8의2. 거짓이나 그 밖의 부정한 방법으로 제6조제1항, 제6조의2제1항, 제18조제2항제1호, 제21조제2항 또는 제24조제2항에 따른 허가 또는 변경허가를 받은 자

9. 제6조의2를 위반하여 원료물질을 수출입하거나 제조한 자
10. 제11조의6제1호를 위반하여 마약류 통합정보에 포함된 개인정보를 업무상 목적 외의 용도로 이용하거나 제3자에게 제공한 자

10의2. 제18조제2항제1호를 위반하여 마약 또는 향정신성의약품을 수출입한 자

10의3. 제21조제2항을 위반하여 마약 또는 향정신성의약품을 제조한 자

10의4. 제24조제2항을 위반하여 마약을 원료로 사용한 한외마약을 제조한 자

11. 제28조제1항 또는 제30조제1항을 위반하여 향정신성의약품을 취급하거나 그 처방전을 발급한 자
12. 제28조제3항을 위반하여 마약 또는 향정신성의약품을 전자거래를 통하여 판매한 자

② 상습적으로 제1항의 죄를 범한 자는 그 죄에 대하여 정하는 형의 2분의 1까지 가중한다.

③ 제1항(제2호·제3호 및 제9호는 제외한다) 및 제2항(제1항제2호·제3호 및 제9호를 위반한 경우는 제외한다)에 규정된 죄의 미수범은 처벌한다.

제62조(벌칙) ① 다음 각 호의 어느 하나에 해당하는 자는 3년 이하의 징역 또는 3천만원 이하의 벌금에 처한다.

1. 제8조제1항을 위반하여 마약의 취급에 관한 허가증 또는 지정서를 타인에게 빌려주거나 양도한 자 또는 제9조제2항·제3항, 제18조제2항제2호, 제20조, 제22조제1항, 제26조제1항을 위반하여 마약을 취급한 자
2. 제9조제2항, 제20조, 제22조제1항, 제26조제1항의 위반행위의 상대방이 되어 마약을 취급한 자
3. 제11조의6제2호를 위반하여 마약류 통합정보 중 개인정보 이외의 정보를 업무상 목적 외의 용도로 이용하거나 제3자에게 제공한 자
4. 제3조제12호를 위반하여 금지되는 행위에 관한 정보를 타인에게 널리 알리거나 제시한 자(예고임시마약류에 대해서는 제외한다)

② 상습적으로 제1항의 죄를 범한 자는 그 죄에 대하여 정하는 형의 2분의 1까지 가중한다.

③ 제1항과 제2항에 규정된 죄의 미수범은 처벌한다.

제63조(벌칙) ① 다음 각 호의 어느 하나에 해당하는 자는 2년 이하의 징역 또는 2천만원 이하의 벌금에 처한다.

1. 제51조제1항부터 제4항까지의 규정을 위반한 자
2. 제8조제1항을 위반하여 향정신성의약품의 취급에 관한 허가증 또는 지정서를 타인에게 빌려주거나 양도한 자 또는 제9조제2항·제3항, 제20조·제22조제2항 또는 제28조제2항을 위반하여 향정신성의약품을 취급한 자

3. 제8조제1항을 위반하여 대마의 취급에 관한 허가증을 타인에게 빌려주거나 양도한 자 또는 제9조제2항·제3항을 위반하여 대마를 취급한 자

4. 제9조제2항, 제20조 및 제22조제2항의 위반행위의 상대방이 되어 향정신성의약품을 취급한 자

5. 제9조제2항의 위반행위의 상대방이 되어 대마를 취급한 자

6. 제11조제1항부터 제3항까지 및 제5항, 제16조, 제28조제2항, 제32조제1항 및 제2항, 제33조제1항, 제34조를 위반하여 마약을 취급한 자

7. 제11조제1항부터 제3항까지 및 제5항의 규정에 따른 보고 또는 변경보고를 거짓으로 하거나 제32조제2항에 따른 처방전에 거짓으로 기재하여 마약을 취급한 자

8. 제17조를 위반하여 기재하지 아니하거나 거짓으로 기재하여 마약을 취급한 자

8의2. 제43조에 따른 명령을 위반하여 보고하지 아니하거나 거짓된 보고를 하여 마약을 취급한 자

9. 제12조제1항을 위반하여 거짓으로 보고하여 마약을 취급하거나 제12조제2항을 위반하여 마약을 폐기한 자

10. 제13조제1항, 제33조제2항을 위반하여 마약을 취급한 자(제69조제1항제8호에 해당하는 자는 제외한다)

11. 제18조제2항제2호를 위반하여 향정신성의약품을 취급한 자

12. 제40조제1항에 따른 치료보호기관을 정당한 이유 없이 이탈한 자 또는 이탈한 자를 은닉한 자

13. 제40조제2항에 따른 중독 판별검사 또는 치료보호를 정당한 이유 없이 거부·방해 또는 기피한 자

14. 마약을 취급하는 자로서 정당한 이유 없이 제41조제1항에 따른 출입, 검사, 수거 등을 거부·방해 또는 기피한 자 또는 제47조(제5조의2제5항에서 준용하는 경우를 포함한다)에 따른 처분을 거부·방해 또는 기피한 자

15. 제44조에 따른 업무정지기간에 그 업무를 하여 마약을 취급한 자

16. 제51조제2항에 따른 기록작성의 의무를 회피할 목적으로 소량으로 나누어 원료물질을 거래한 자

② 상습적으로 제1항제2호부터 제5호까지, 제11호·제12호의 죄를 범한 자는 그 죄에 대하여 정하는 형의 2분의 1까지 가중한다.

③ 제1항제2호부터 제5호까지, 제11호·제12호와 제2항에 규정된 죄의 미수범은 처벌한다.

제64조(벌칙) 다음 각 호의 어느 하나에 해당하는 자는 1년 이하의 징역 또는 1천만원 이하의 벌금에 처한다.

1. 제8조제2항·제3항에 따른 신고를 거짓으로 한 자

2. 제11조제1항부터 제3항까지 및 제5항을 위반하여 보고 또는 변경보고를 하지 아니하거나 거짓으로 보고하여 향정신성의약품을 취급한 자

3. 제12조제1항을 위반하여 거짓으로 보고하여 향정신성의약품을 취급하거나 또는 제17조에 따른 기재를 하지 아니하거나 거짓으로 기재하여 향정신성의약품을 취급한 자

4. 제36조 또는 제43조에 따른 명령을 위반하거나 보고 또는 신고를 하지 아니한 자 또는 명령을 위반하거나 거짓된 보고 또는 신고를 하여 대마를 취급한 자

5. 제12조제2항을 위반하여 향정신성의약품을 폐기한 자

6. 제12조제2항을 위반하여 대마를 폐기한 자

7. 제13조제1항을 위반하여 대마를 취급한 자

8. 제13조제1항, 제16조, 제26조제2항, 제32조제1항 및 제2항, 제33조제2항 또는 제34조를 위반하여 향정신성의약품을 취급한 자

9. 제13조제1항, 제33조제2항을 위반하여 마약류취급자에게 향정신성의약품을 양도 또는 인계하지 아니한 자

10. 제14조를 위반한 자

11. 제15조를 위반하여 마약류(향정신성의약품은 제외한다)를 저장한 자

12. 제26조제2항의 위반행위의 상대방이 되어 향정신성의약품을 취급한 자

12의2. 제32조제2항에 따른 처방전에 거짓으로 기재하여 향정신성의약품을 취급한 자

13. 제35조제2항 및 제3항을 위반하여 장부를 작성하지 아니하거나 거짓으로 작성하거나 보고한 자

14. 제36조제2항 또는 제42조제2항을 위반하여 대마를 폐기하지 아니하거나 처분을 거부·방해 또는 기피한 자

15. 제38조제2항을 위반하여 마약류를 판매하거나 사용한 자

16. 향정신성의약품, 예고임시마약류, 임시마약류를 취급하는 자 또는 원료물질취급자로서 정당한 이유 없이 제41조제1항, 제42조, 제43조 또는 제47조에 따른 명령을 위반하거나 거짓된 보고를 하거나 검사·수거·압류 또는 처분을 거부·방해 또는 기피한 자

17. 대마를 취급하는 자로서 정당한 이유 없이 제41조제1항(제5조의2제5항에서 준용하는 경우를 포함한다)에 따른 출입·검사 또는 수거를 거부·방해 또는 기피한 자

18. 제44조에 따른 업무정지기간에 그 업무를 하여 향정신성의약품을 취급한 자

19. 제44조에 따른 업무정지기간에 그 업무를 하여 대마를 취급한 자

20. 제51조제7항에 따른 보고를 거짓으로 한 자

제65조의2(벌칙) 제40조의2제2항에 따라 이수명령을 부과받은 사람이 보호관찰소의 장 또는 교정시설의 장의 이수명령 이행에 관한 지시에 불응하여 「보호관찰 등에 관한 법률」 또는 「형의 집행 및 수용자의 처우에 관한 법률」에 따른 경고를 받은 후 재차 정당한 사유 없이 이수명령 이행에 관한 지시에 불응한 경우에는 다음 각 호에 따른다.

1. 징역형 이상의 실형과 병과된 경우에는 1년 이하의 징역 또는 1천만원 이하의 벌금에 처한다.

2. 벌금형과 병과된 경우에는 1천만원 이하의 벌금에 처한다.

제67조(몰수) 이 법에 규정된 죄에 제공한 마약류·임시마약류 및 시설·장비·자금 또는 운반 수단과 그로 인한 수익금은 몰수한다. 다만, 이를 몰수할 수 없는 경우에는 그 가액(價額)을 추징한다.

제68조(양벌규정) 법인의 대표자나 법인 또는 개인의 대리인, 사용인, 그 밖의 종업원이 그 법인 또는 개인의 마약류 업무에 관하여 이 법에 규정된 죄를 범하면 그 행위자를 벌하는 외에 그 법인 또는 개인에게도 1억원(대마의 경우에는 5천만원) 이하의 벌금형을 과(科)하되, 제61조부터 제64조까지의 어느 하나에 해당하는 위반행위를 하면 해당 조문의 벌금형을 과한다. 다만, 법인 또는 개인이 그 위반행위를 방지하기 위하여 해당 업무에 관하여 상당한 주의와 감독을 게을리하지 아니한 경우에는 그러하지 아니하다.

2. 특정범죄가중처벌 등에 관한 법률

제11조(마약사범 등의 가중처벌) ① 「마약류관리에 관한 법률」 제58조제1항제1호부터 제4호까지 및 제6호·제7호에 규정된 죄(매매, 수수 및 제공에 관한 죄와 매매목적, 매매 알선목적 또는 수수목적의 소지·소유에 관한 죄는 제외한다) 또는 그 미수죄를 범한 사람은 다음 각 호의 구분에 따라 가중처벌한다.

1. 수출입·제조·소지·소유 등을 한 마약이나 향정신성의약품 등의 가액이 5천만원 이상인 경우에는 무기 또는 10년 이상의 징역에 처한다.

2. 수출입·제조·소지·소유 등을 한 마약이나 향정신성의약품 등의 가액이 500만원 이상 5천만원 미만인 경우에는 무기 또는 7년 이상의 징역에 처한다.

② 「마약류관리에 관한 법률」 제59조제1항부터 제3항까지 및 제60조에 규정된 죄(마약 및 향정신성의약품에 관한 죄만 해당한다)를 범한 사람은 다음 각 호의 구분에 따라 가중처벌한다.

1. 소지·소유·재배·사용·수출입·제조 등을 한 마약 및 향정신성의약품의 가액이 5천만원 이상인 경우에는 무기 또는 7년 이상의 징역에 처한다.

2. 소지·소유·재배·사용·수출입·제조 등을 한 마약 및 향정신성의약품의 가액이 500만원 이상 5천만원 미만인 경우에는 무기 또는 3년 이상의 징역에 처한다.

3. 마약류 불법거래 방지에 관한 특례법

제1조(목적) 이 법은 국제적으로 협력하여 마약류와 관련된 불법행위를 조장하는 행위 등을 방지함으로써 마약류범죄의 진압과 예방을 도모하고, 이에 관한 국제협약을 효율적으로 시행하기 위하여 「마약류관리에 관한 법률」 과 그 밖의 관계 법률에 대한 특례 등을 규정함을 목적으로 한다.

제2조(정의) ① 이 법에서 "마약류" 란 「마약류 관리에 관한 법률」 제2조제2호에 따른 마약, 같은 조 제3호에 따른 향정신성의약품 및 같은 조 제4호에 따른 대마를 말한다.

② 이 법에서 "마약류범죄" 란 다음 각 호의 죄[그 죄와 다른 죄가 「형법」 제40조에 따른 상상적 경합(想像的 競合) 관계에 있는 경우에는 그 다른 죄를 포함한다]를 말한다.

1. 제6조(업으로서 한 불법수입 등)·제9조(마약류 물품의 수입 등) 또는 제10조(선동 등) 의 죄

2. 「마약류관리에 관한 법률」 제58조부터 제61조까지의 죄

제9조(마약류 물품의 수입 등) ① 마약류범죄(마약류의 수입 또는 수출에 관련된 것으로 한정한다)를 범할 목적으로 마약류로 인식하고 교부받거나 취득한 약물 또는 그 밖의 물품을 수입하거나 수출한 자는 3년 이상의 유기징역에 처한다.
② 마약류범죄(마약류의 양도·양수 또는 소지에 관련된 것으로 한정한다)를 범할 목적으로 약물이나 그 밖의 물품을 마약류로 인식하고 양도·양수하거나 소지한 자는 5년 이하의 징역 또는 500만원 이하의 벌금에 처한다.

누구든지 마약류 범죄를 범할 목적으로 약물이나 그 밖의 물품을 마약류라는 사실을 알면서도 양수하거나 소지하여서는 아니 된다.
그럼에도 피의자는 필로폰을 구하기 위해 갑과 함께 부산으로 내려가 20○○. ○. ○. 19:00경 ○○에 있는 ○○지하상가 계단 부근에서 필로폰을 소지 및 투약할 목적으로 을에게 ○○만원을 지급한 다음 소금 약○○ *g*을 필로폰으로 인식하고서 교부받았다.
이로써 피의자는 위 갑과 공모하여 을로부터 위 소금을 마약류라는 사실을 알면서도 양수하였다.

Ⅲ. 범죄사실

1. 향정신성의약품 제조·알선

1) 적용법조 : 제58조 제1항 제3호, 제3조 제5호 ☞ 공소시효 15년

제3조(일반 행위의 금지) 누구든지 다음 각 호의 어느 하나에 해당하는 행위를 하여서는 아니 된다.
1. 이 법에 따르지 아니한 마약류의 사용
2. 마약의 원료가 되는 식물을 재배하거나 그 성분을 함유하는 원료·종자·종묘(種苗)를 소지, 소유, 관리, 수출입, 수수, 매매 또는 매매의 알선을 하거나 그 성분을 추출하는 행위. 다만, 대통령령으로 정하는 바에 따라 식품의약품안전청장의 승인을 받은 경우는 제외한다.
3. 헤로인, 그 염류(鹽類) 또는 이를 함유하는 것을 소지, 소유, 관리, 수입, 제조, 매매, 매매의 알선, 수수, 운반, 사용, 투약하거나 투약하기 위하여 제공하는 행위. 다만, 대통령령으로 정하는 바에 따라 식품의약품안전청장의 승인을 받은 경우는 제외한다.
4. 마약 또는 향정신성의약품을 제조할 목적으로 원료물질을 제조, 수출입 매매, 매매의 알선 수수, 소지, 소유 또는 사용하는 행위. 다만, 대통령령으로 정하는 바에 따라 식품의약품안전청장의 승인을 받은 경우는 제외한다.
5. 제2조제3호가목의 향정신성의약품 또는 이를 함유하는 향정신성의약품을 소지, 소유, 사용, 관리, 수출입, 제조, 매매, 매매의 알선 또는 수수하는 행위. 다만, 대통령령으로 정하는 바에 따라 식품의약품안전청장의 승인을 받은 경우는 제외한다.
6. 제2조제3호가목의 향정신성의약품의 원료가 되는 식물에서 그 성분을 추출하거나 그 식물을 수출입, 매매, 매매의 알선, 수수, 흡연 또는 섭취하거나 흡연 또는 섭취할 목적으로 그 식물을 소지·소유하는 행위. 다만, 대통령령으로 정하는 바에 따라 식품의약품안전청장의 승인을 받은 경우는 제외한다.
7. 대마를 수입하거나 수출하는 행위. 다만, 마약취급학술연구자가 대통령령으로 정하는 바에 따라 식품의약품안전청장의 승인을 받아 수입하는 경우는 제외한다.
8. 9. 〈2016.2.3.삭제〉
10. 다음 각 목의 어느 하나에 해당하는 행위
    가. 대마 또는 대마초 종자의 껍질을 흡연 또는 섭취하는 행위

나. 가목의 행위를 할 목적으로 대마, 대마초 종자 또는 대마초 종자의 껍질을 소지하는 행위

다. 가목 또는 나목의 행위를 하려 한다는 정(情)을 알면서 대마초 종자나 대마초 종자의 껍질을 매매하거나 매매를 알선하는 행위

11. 제4조제1항 또는 제1호부터 제10호까지의 규정에서 금지한 행위를 하기 위한 장소·시설·장비·자금 또는 운반 수단을 타인에게 제공하는 행위

12. 다음 각 목의 어느 하나에 해당하는 규정에서 금지하는 행위에 관한 정보를 「표시·광고의 공정화에 관한 법률」 제2조제2호에서 정하는 방법으로 타인에게 널리 알리거나 제시하는 행위

　　가. 제1호부터 제11호까지의 규정　　　나. 제4조제1항 또는 제3항

　　다. 제5조제1항 또는 제2항　　　　　　라. 제5조의2제5항

2) 범죄사실 기재례

[기재례1] 향정신성의약품 제조

누구든지 향정신성의약품 또는 이를 함유하는 향정신성의약품을 소지·소유·사용·관리·수출입·제조·매매·매매의 알선 또는 수수하는 행위를 하여서는 아니 된다.

피의자는 20○○. ○. 초순경부터 20○○. ○. ○.경까지 사이에 ○○에 있는 피의자 별장에서 진공펌프, 여과기, 냉각기, 사기대야 외 20여 점의 필로폰 기구 일체를 갖추고 필로폰 200kg가량을 제조하였다.

이로써 피의자는 향정신성의약품 취급자가 아니면서 이러한 행위를 하였다.

[기재례2] 향정신성의약품 알선

피의자는 마약류 취급자가 아님에도 불구하고, 20○○. ○. 중순 ○○:○○경 ○○에 있는 ○○식당에서 甲으로부터 향정신성의약품인 메트암페타민(속칭 필로폰)을 구해달라는 부탁을 받은 후 乙을 소개하여 주어 20○○. ○. ○. ○○:○○경 ○○에 있는 ○○은행 앞 노상에서 위 乙이 위 甲에게 메트암페타민 약 30g을 ○○만원에 매도하게 하여 향정신성의약품의 매매를 알선하였다.

3) 신문사항 (향정신성의약품 제조)

– 향정신성의약품 취급자인가

– 필로폰을 제조한 사실이 있는가

– 언제 어디에서 제조하였나

– 제조하기 위해 어떤 기구를 준비하였나

– 이런 기구는 언제 어디에서 누구로부터 구입하였나

– 어떠한 방법으로 제조하였나

– 무엇 때문에 제조하였나

– 얼마 정도 제조하였나

– 이렇게 제조한 필로폰은 어떻게 하였나

'히로뽕'제조를 시도하였으나 기술부족으로 완제품을 제조하지 못한 경우 의 죄책

불능범은 범죄행위의 성질상 결과발생의 위험이 절대로 불능한 경우를 말하는 것인 바 향정신성의약품인 메스암페타민 속칭 '히로뽕' 제조를 위해 그 원료인 염산에 페트린 및 수종의 약품을 교반하여 '히로뽕' 제조를 시도하였으나 그 약품배합 미숙으로 그 완제품을 제조하지 못하였다면 위 소위는 그 성질상 결과발생의 위험성이 있다고 할 것이므로 이를 습관성의 약품제조 미수범으로 처단한 것은 정당하다(대법원 1985. 3.26. 선고 85도206 판결).

2. 향정신성의약품 매매, 수수, 투약, 소지

1) 적용법조 : 제58조 제1항 제3호, 제3조 제5호 ☞ 공소시효 15년

2) 범죄사실 기재례

[기재례1] 향정신성의약품 수수 및 수입

가. 피의자 乙
  1) 피의자는 20○○. ○. 하순경 중국 심양시 이하 불상지에서 피의자 甲으로부터 "히로뽕 100g을 구해달라."는 부탁을 받고 이를 승낙한 뒤 그 시경 피의자 甲으로부터 대금 ○○만 원을 교부받고, 자신의 돈 ○○만 원을 합하여 ○○만 원을 준비한 다음, 20○○. ○. ○. ○○:○○경 중국 북경시 이하 불상지에서 조선족인 김○○(남, 38세)로부터 마약류인 메스암페타민(일명 히로뽕) 약 87.03g을 ○○만 원에 매수하였다.
  2) 피의자는 20○○. ○. ○.○○:○○경 중국 북경시 ○○호텔 ○○호실에서 피의자 甲에게 위와 같이 구입한 히로뽕 87.03g을 건네주어 교부하였다.
나. 피의자 甲
  1) 피의자는 위 '가-2'항과 같이 피의자 乙로부터 히로뽕 약 87.03g을 교부받아 수수하였다.
  2) 피의자는 20○○. ○. ○. ○○:○○경 중국 북경시 북경공항 화장실에서 위와 같이 교부받은 히로뽕 중 약 87g을 콘돔 속에 넣어 자신의 음부 속에 삽입·은닉한 다음 같은 날 ○○:○○경 위 공항을 출발하는 한국행 중국 국제항공(CA) 123편에 탑승하여 같은 날 ○○:○○경 인천국제공항 출입국 및 세관 검색대를 통과하여 밀수입하였다.

[기재례2] 향정신성의약품 매매행위

피의자는 향정신성의약품 취급자가 아니면서도, 20○○. ○. 중순경 ○○에 있는 피의자가 일하는 호빠유흥주점에서, 3일 전 ○○○에서 홍길동으로부터 ○○만원에 매입한 향정신성의약품인 메스암페타민(속칭 필로폰) ○○g 가량을 성명을 알 수 없는 자에게 ○○만원에 판매함으로써 향정신성의약품을 매매하였다.

[기재례3] 유흥업소 종사자의 향정신성의약품 매매 · 소지 · 판매

누구든지 향정신성의약품 또는 이를 함유하는 향정신성의약품을 소지 · 소유 · 사용 · 관리 · 수출입 · 제조 · 매매 · 매매의 알선 또는 수수하는 행위를 하여서는 아니 된다.
가. 피의자 甲
   1) 피의자는 20○○. ○. ○. ○○:○○경 ○○에서 乙로부터 필로폰 1.3g을 ○○만원에 매입하여 소지하였다.
   2) 피의자는 20○○. ○. ○. ○○:○○경 위 장소에서 매입한 필로폰 전량을 ○○에 사는 홍길녀에게 ○○만원에 판매하였다.
나. 피의자 乙
   피의자는 피의자 甲의 '가-1' 항과 같은 일시장소에서 필로폰 1.3g을 ○○만원에 매입하였다.

[기재례4] 마약을 제조할 목적으로 원료물질을 소지

피의자는 마약류취급자가 아님에도 불구하고 20○○. ○. ○.경부터 20○○. ○. ○.까지 사이에 ○○에 사는 甲의 집 창고에 향정신성의약품인 메스암페타민을 제조, 판매하여 영리를 취할 목적으로 그 원료가 되는 물질인 에틸에테르(Ethyl Ether) 30ℓ , 염산(Hydrochloric Acid) 1ℓ 를 숨겨두어 소지하였다.

3) 신문사항 (향정신성의약품 밀매자)

- 피의자는 향정신성의약품 취급자인가
- 향정신성의약품인 필로폰을 매매 알선한 사실이 있는가
- 언제 어디서 어떠한 방법으로 매매 알선하였나
- 필로폰을 어떤 방법으로 구입하여 주려고 하였나
- 필로폰을 구입하도록 소개해준 甲, 乙과는 각 어떠한 관계인가
- 홍길녀가 피의자에게 어떤 방법으로 필로폰을 구입하여 달라고 하던가
- 피의자가 필로폰을 알선한 특별한 동기가 있는가

■ **판례** ■　　수수한 메스암페타민을 장소를 이동하여 투약하고서 잔량을 은닉하는 방법으로 소지한 경우, 향정신성의약품수수죄와 별도로 그 소지죄가 성립하는지 여부(적극)

수수한 메스암페타민을 장소를 이동하여 투약하고서 잔량을 은닉하는 방법으로 소지한 행위는 그 소지의 경위나 태양에 비추어 볼 때 당초의 수수행위에 수반되는 필연적 결과로 볼 수는 없고, 사회통념상 수수행위와는 독립한 별개의 행위를 구성한다고 보아야 한다(대법원 1999.8.20. 선고 99도1744 판결).

■ **판례** ■　　대마초의 종자를 매매하는 행위가 대마관리법 제4조 제3호소정의 대마매매 행위에 해당하는지 여부(소극)

대마초의 종자를 매매하는 행위는 그 종자에 껍질이 붙어 있는 것이라고 하더라도 대마관리법 제4조 제3호의 대마매매 행위에 해당한다고 할 수 없다(대법원 1996.12.6. 선고 96도2450 판결).

■ 판례 ■   甲이 히로뽕을 다른 사람에게 팔기 위하여 20일간 보관하며 소유한 경우

[1] 매입한 향정신성의약품을 계속 소지하는 경우, 향정신성의약품의 매매죄와 별도로 그 소유죄가 성립하는 지 여부(한정 적극)

매입한 향정신성의약품을 처분함이 없이 계속 소유하고 있는 경우, 그 소유행위와 매매행위가 불가분의 관계에 있는 것이라거나 매매행위에 수반되는 필연적 결과로서 일시적으로 행하여진 것에 지나지 않는다고 평가되지 않는 한, 그 소유행위는 매매행위에 포괄 흡수되지 아니하고 향정신성의약품의 매매죄와는 별도로 향정신성의약품의 소유죄가 성립한다.

[2] 甲의 행위가 소유에 해당하는지 여부(적극)

전매를 목적으로 매수한 향정신성의약품(히로뽕)을 다른 사람에게 팔기 위하여 20일간 보관하며 소유한 행위는 매매행위와 불가분의 필연적 결과로 평가될 수 없고 오히려 사회통념상 매수행위와는 독립한 별개의 소유행위를 구성한다(대법원 1997.2.28. 선고 96도2839 판결).

■ 판례 ■   향정신약의료품 수수후의 소지행위가 불가벌적 사후행위인지 여부(적극)

향정신성의약품관리법 제42조 제1항 제1호가 규정하는 향정신성의약품수수의 죄가 성립되는 경우에는 그 수수행위의 결과로서 그에 당연히 수반되는 향정신성의약품의 소지행위는 수수죄의 불가벌적 수반행위로서 수수죄에 흡수되고 별도의 범죄를 구성하지 않는다고 볼 것이다(대법원 1990.1.25. 선고 89도1211 판결).

■ 판례 ■   마약류 수사에 협조하기로 하고 마약류 매매행위의 알선에 착수하였으나 수사기관의 지시나 위임의 범위를 벗어나 마약류 매매대금을 개인적으로 취득할 의도하에 매매행위를 한 경우, 마약류 매매 범행의 범의가 인정되는지 여부(적극)

피고인이 수사기관의 마약류 수사에 협조하기로 하고 마약류의 매수인을 검거하고 마약류를 압수하기 위하여 마약류 매매행위의 알선에 착수하였다고 하더라도, 그 과정에서 수사기관에 매매의 일시, 장소, 매수인 등에 관한 구체적인 보고를 하지 아니한 채 수사기관의 지시나 위임의 범위를 벗어나 마약류 매매대금을 개인적으로 취득할 의도하에 마약류 매매 행위를 하였다면, 피고인에게 마약류 매매 범행의 범의가 없었다고 할 수는 없다(대법원 2006.4.28. 선고 2006도941 판결).

■ 판례 ■   대마관리법상 대마 수입의 의미 및 항공기를 이용하여 수입하는 경우 그 기수 시기(= 지상 반입시)

대마관리법 제18조 소정의 대마의 수입이라 함은 국외로부터 대마를 우리 나라의 영토 내로 반입하는 모든 행위를 의미하는 것으로서, 반입의 목적이나 의도 및 반입량의 다과 등은 수입의 성립 여부와는 상관이 없고, 한편 대마관리법은 대마의 관리를 적정히 하여 그 유출을 방지함으로써 국민보건 향상에 기여함을 목적으로 하는 것으로서(같은 법 제1조), 대마를 항공기를 이용하여 수입하는 경우에는 이로 인한 국민보건에 대한 위해발생의 위험성은 대마의 지상반입에 의하여 이미 발생하는 것이므로, 위와 같은 대마를 항공기에서 지상으로 반입하는 때에 기수에 달하는 것이라고 해석함이 타당하다(대법원 1999.4.13. 선고 98도4560 판결).

3. 마약원료 재배 등

1) 적용법조 : 제61조 제1항 제2호, 제3조 제2호 ☞ 공소시효 7년

> 제3조(일반 행위의 금지) 누구든지 다음 각 호의 어느 하나에 해당하는 행위를 하여서는 아니 된다.
> 2. 마약의 원료가 되는 식물을 재배하거나 그 성분을 함유하는 원료·종자·종묘(種苗)를 소지, 소유, 관리, 수출입, 수수, 매매 또는 매매의 알선을 하거나 그 성분을 추출하는 행위. 다만, 대통령령으로 정하는 바에 따라 식품의약품안전청장의 승인을 받은 경우는 제외한다.

2) 범죄사실 기재례

[기재례1] 마약원료인 양귀비 재배

> 누구든지 마약의 원료가 되는 식물의 재배 또는 그 성분을 함유하는 원료·종자·종묘의 소지·소유·관리·수출입·매매·매매의 알선·수수 및 그 성분을 추출하는 행위를 하여서는 아니 된다.
> 그럼에도 불구하고 피의자는 20○○. ○. ○.경부터 20○○. ○. ○.경까지 사이에 ○○에 있는 피의자의 집 앞 약 ○○㎡의 목화밭에 마약의 원료가 되는 식물인 양귀비(일명 앵속) 50주를 재배하였다.

[기재례2] 아편수입

> 피의자는 20○○. ○. 하순경 중국 ○○에서 성명을 알 수 없는 자(50세, 한국계 중국인)로부터 마약인 생아편 400g을 구입하여 이를 20개의 메추리 알 크기의 덩어리로 소분한 후 남성용 피임기구로 포장하여 과자 상자에 과자와 함께 섞어 담아 보관하였다.
> 피의자는 20○○. ○. ○. ○○:○○경 아시아나 항공 ○○편을 이용 인천국제공항으로 대한민국에 입국하면서 위와 같이 과자로 위장한 생아편 400g(시가 ○○억원 상당)을 휴대품으로 몰래 반입하여 수입하였다.

[기재례3] 마약 수수

> 그럼에도 불구하고 피의자는 20○○. ○. ○. 경부터 20○○. ○. ○.경까지 사이에 약 3회에 걸쳐 ○○에 사는 한솔의원 원장 홍길동으로부터 마약을 주사 맞는데 사용할 목적으로 마약인 "○○○"을 얻어서 수수하였다.

3) 신문사항 (앵속재배)

- 피의자는 양귀비(앵속)을 재배한 일이 있는가
- 언제 어디에 재배하였나
- 어느 정도를 재배하였나
- 어떤 방법으로 재배하였나
- 앵속이 마약의 원료인줄 알고 있는가
- 무엇 때문에 재배하였나
- 씨앗은 어디에서 구하였나

4. 마약취급 금지행위

1) 적용법조 : 제60조 제1항 제2호, 제4조 제1항 제1호 ☞ 공소시효 10년

제4조(마약류취급자가 아닌 자의 마약류 취급금지) ① 마약류취급자가 아니면 다음 각 호의 어느 하나에 해당하는 행위를 하여서는 아니 된다.
1. 마약 또는 향정신성의약품을 소지, 소유, 사용, 운반, 관리, 수입, 수출, 제조, 조제, 투약, 수수, 매매, 매매의 알선 또는 제공하는 행위
2. 대마를 재배 · 소지 · 소유 · 수수 · 운반 · 보관 또는 사용하는 행위
3. 마약 또는 향정신성의약품을 기재한 처방전을 발급하는 행위
4. 한외마약을 제조하는 행위

---

2) 범죄사실 기재례

[기재례1] 필로폰을 정맥 혈관에 주사하여 투약

> 마약류취급자가 아니면 마약 또는 향정신성의약품을 소지 · 소유 · 사용 · 운반 · 관리 · 수입 · 수출 · 제조 · 조제 · 투약 · 매매 · 매매의 알선 · 수수 또는 교부하거나, 대마를 재배 · 소지 · 소유 · 수수 · 운반 · 보관 · 사용하거나, 마약 또는 향정신성의약품을 기재한 처방전을 발부하거나, 한외마약을 제조하여서는 아니 된다.
>
> 그럼에도 불구하고 피의자는 200○. ○. ○. ○○:○○경 ○○○에 있는 피의자의 집 안방에서 홍길동으로부터 받은 향정신성의약품인 메스암페타민(속칭 필로폰) 4회 주사분 0.13g을 한꺼번에 증류수에 용해시켜 주사기로 자신의 오른쪽 팔꿈치 정맥 혈관에 주사하여 투약하였다.

[기재례2] 필로폰을 생수에 희석 오른쪽 팔뚝에 주사하는 방법으로 투약

> 가. 피의자는 200○. ○. 말 ○○:○○경 ○○시 수기동에 있는 현대안마시술소 인근 노상에서 박○○로부터 메스암페타민(속칭 필로폰) 1회 투약분 약 0.03g을 무상으로 교부받아 향정신성의약품인 필로폰을 수수하였다.
>
> 나. 피의자는 200○. ○. ○. ○○:○○경 ○○에 있는 현대아파트단지 뒤편 노상에 주차 중인 59우○○○호 트라제 승용차 내에서 1회용 주사기에 담긴 필로폰 1회 투약분 약 0.03g을 생수에 희석하여 피의자의 오른쪽 팔뚝에 주사하는 방법으로 향정신성의약품인 필로폰을 1회 투약하였다.

[기재례3] 히로뽕을 커피에 타서 마시는 방법으로 투약

> 가. 피의자는 200○. ○. ○. ○○:○○경 ○○에 있는 피의자가 경영하는 휴게실 내에서 손님으로 알게 된 성불상 갑(40세가량)으로부터 수수한 향정신성의약품인 메스암페타민(일명 히로뽕) 약 0.03g을 커피에 타서 마시는 방법으로 투약하였다.
>
> 나. 피의자는 200○. ○. ○.○○:○○경 같은 장소에서 같은 방법으로 메스암페타민 약 0.03g을 투약하였다.

[기재례4] 필로폰을 공항을 통해 수입(제58조 제1항 제6호, 제4조 제1항, 제2조 제4호 나목)

피의자는 마약류취급자가 아니다. 그럼에도 불구하고 성명불상의 일본 야쿠자 조직원으로부터 향정신성의약품인 필로폰 매수를 제의받았다. 그러자 피의자는 과거 인민군 동료인 甲에게 필로폰을 보내달라고 부탁하였고 甲이 이를 승낙하였다.

甲은 20○○. ○. ○.경 중국 연길에서 필로폰 약 49g을 더덕 속에 숨겨 포장한 후 국제특급우편을 이용하여 송부하였다. 위 필로폰을 적재한 중국남방항공 6073편 항공기가 20○○. ○. ○. 13:21경 ○○에 있는 인천국제공항에 도착하였다. 이로써 피의자는 甲과 공모하여 필로폰을 수입하였다.

[기재례5] 히로뽕 매매알선

피의자는 20○○. ○. ○. 20:00경 ○○에 있는 ○○우체국 앞길에서, 甲으로부터 향정신성의약품인 메스암페타민(일명, 필로폰)을 구해달라는 부탁과 함께 ○○만원을 건네받았다.

그 후, 피의자는 부근에 대기 중이던 乙에게 ○○만원을 건네주고, 乙로부터 메스암페타민 약 0.8g을 건네받아 이를 甲에게 건네주었다.

이로써 피의자는 마약류취급자가 아니면서 메스암페타민 매매의 알선을 하였다.

[기재례6] 소금을 필로폰으로 인식하고 양도·양수(마약류 불법거래 방지에 관한 특례법 제9조 제2항)
☞ 공소시효 10년

누구든지 마약류 범죄를 범할 목적으로 약물이나 그 밖의 물품을 마약류라는 사실을 알면서도 양수하거나 소지하여서는 아니 된다.

그럼에도, 피의자는 20○○. ○. ○.19:00경 ○○에 있는 ○○역 앞 지하상가 계단 부근에서 필로폰을 소지 및 투약할 목적으로 甲에게 ○○만원을 지급한 다음 소금 약 ○○g을 필로폰으로 인식하고서 교부받았다.

이로써 피의자는 위 甲으로부터 위 소금을 마약류라는 사실을 알면서도 양수하였다

3) 신문사항

- 피의자는 향정신성의약품 취급자인가
- 피의자는 필로폰을 투약한 일이 있는가
- 언제 어디에서 투약하였나
- 어떠한 방법으로 어느 정도 투약
- 어디에서 어느 정도 구입하였나(구입량, 금액등)
- 투약 후 남은 필로폰은 어떻게 하였나
- 누구로부터 구입하였나(판매책, 중간책등 조사)
- 무엇 때문에 투약하였나
- 투약 후 기분이 어떠던가
- 필로폰이 향정신의약품인줄 알고 있나

■ **판례** ■ 　공소사실을 메스암페타민 투약시기에 관하여 "2004. 9.경에서 10.경 사이"라고 기재한 경우

[1] 마약류취급자가 아니면서도 마약류를 투약하였음을 내용으로 하는 마약류관리에 관한 법률 위반죄의 공소사실의 특정방법

형사소송법 제254조 제4항이 "공소사실의 기재는 범죄의 시일, 장소와 방법을 명시하여 사실을 특정할 수 있도록 하여야 한다."라고 규정한 취지는, 심판의 대상을 한정함으로써 심판의 능률과 신속을 꾀함과 동시에 방어의 범위를 특정하여 피고인의 방어권 행사를 쉽게 해주기 위한 것이므로, 검사로서는 위 세 가지 특정요소를 종합하여 다른 사실과의 식별이 가능하도록 범죄 구성요건에 해당하는 구체적 사실을 기재하여야 하는바, 이는 마약류취급자가 아니면서도 마약류를 투약하였음을 내용으로 하는 마약류관리에 관한 법률 위반죄의 공소사실에 관한 기재에 있어서도 마찬가지라고 할 것이다.

[2] 공소사실 가운데 메스암페타민 투약시기에 관하여 "2004. 9.경에서 10.경 사이"라고 기재한 것만으로는 피고인의 방어권 행사에 지장을 초래할 위험성이 크고, 단기간 내에 반복되는 공소 범죄사실의 특성에 비추어 볼 때 위 투약시기로 기재된 위 기간 내에 복수의 투약 가능성이 농후하여 심판대상이 한정되었다고 보기도 어렵다는 이유 등으로 공소사실이 특정되었다고 볼 수 없다(대법원 2007.1.11. 선고 2005도7422 판결).

■ **판례** ■ 　공소장에 범행의 시일을 모발에서 메스암페타민이 검출될 수 있는 일정 범위의 기간 내로 기재하고, 장소를 '인천 또는 불상지'라고 기재하더라도 공소사실이 특정된 것이라고 볼 것인지 여부

공소사실의 기재는 범죄의 시일, 장소와 방법을 명시하여 사실을 특정할 수 있도록 하여야 하는 것이므로, 범죄의 시일은 이중기소나 시효에 저촉되지 않는 정도로, 장소는 토지관할을 가늠할 수 있는 정도로 기재하면 되는 것이고, 이와 같은 요소들에 의하여 공소사실의 특정을 요구하는 법의 취지는 피고인의 방어권행사를 쉽게 해주기 위한 데에 있는 것이므로, 공소사실은 이러한 요소를 종합하여 구성요건 해당사실을 다른 사실과 식별할 수 있는 정도로 기재하면 족하고, 공소장에 범죄의 시일, 장소 등이 구체적으로 적시되지 않았더라도 위의 정도에 반하지 아니하고 더구나 공소 범죄의 성격에 비추어 그 개괄적 표시가 부득이하며 또한 그에 대한 피고인의 방어권행사에 지장이 없다고 보여지는 경우에는 그 공소내용이 특정되지 않았다고 볼 수 없는 것이다(대법원 1994.12.9. 선고 94도1680 판결).

5. 마약류제조업자가 적법한 판매대상자인 마약류취급자 이외의 자에게 판매

1) 적용법조 : 제63조 제1항 제4호, 제22조 제2항 ☞ 공소시효 5년

제22조(제조한 마약 등의 판매) ① 마약류제조업자는 제조한 마약을 마약류도매업자 외의 자에게 판매하여서는
아니 된다.
② 마약류제조업자가 제조한 향정신성의약품은 마약류수출입업자, 마약류도매업자, 마약류소매업자 또는 마약류취
급의료업자 외의 자에게 판매하여서는 아니 된다.

2) 범죄사실 기재례

> 피의자는 20○○. ○. ○. ○○로부터 마약류제조업의 허가(제○○호)를 받았다.
> 마약류제조업자가 제조한 향정신성의약품은 마약류수출입업자·마약류도매업자·마약류소
> 매업자 또는 마약류취급의료업자외의 자에게 판매하여서는 아니 된다.
> 그럼에도 불구하고 피의자는 20○○. 5. 16. ○○에 사용하기 위해 제조한 향정신성의약품
> 인 ○○을 20○○. ○. ○. ○○에서 마약류취급자가 아닌 홍길동에게 ○○만원을 받고 판
> 매하였다.

■ 판례 ■   마약류관리에관한법률 제5조 제1항 위반죄와 제22조 제2항 위반죄의 관계

마약류관리에관한법률 제2조 제6호(나)목, 제22조의 각 규정을 종합하여 보면, 마약류제조업자의
업무는 "마약 또는 향정신성의약품을 제조(조제 및 소분 포함)하여 그 제조한 마약을 마약류도매
업자에게만 판매하거나, 그 제조한 향정신성의약품을 마약류수출입업자·마약류도매업자·마약류
소매업자 또는 마약류취급의료업자에게만 판매"함에 있다 할 것인바, 마약류제조업자가 그 제조
한 향정신성의약품을 위와 같은 적법한 판매대상자인 마약류취급자 이외의 자에게 판매한 경우에
는 모두 같은 법 제22조 제2항 위반죄로 처벌할 수 있음은 물론이지만, 나아가 마약류제조업자가
당초부터 위와 같은 적법한 판매대상자인 마약류취급자 이외의 자에게 판매할 목적을 위하여 향
정신성의약품을 제조하거나 그러한 목적을 위하여 제조한 향정신성의약품을 위와 같은 적법한 판
매대상자인 마약류취급자 이외의 자에게 판매한 경우에는 같은 법 제5조 제1항 위반죄로 처벌할
수 있다(대법원 2001.12.28. 선고 2001도5158 판결).

6. 대마 관련

1) 적용법조 : 제61조 제1항 제4호 가목, 제3조 제10호 가목 ☞ 공소시효 7년

2) 범죄사실 기재례

[기재례1] 대마 소지와 흡연

> 가. 피의자는 20○○. ○. 중순경 ○○야산에 자생하고 있는 대마초잎 약 50g을 채취하여 이를 소지하였다.
> 나. 피의자는 20○○. ○. ○.경 ○○에 있는 피의자의 방에서 위 대마를 담배 파이프에 넣어 피움으로써 대마를 흡연하였다.

[기재례2] 대마 매매

> 누구든지 대마·대마초 종자의 껍질을 흡연 또는 섭취하는 행위나 대마·대마초 종자의 껍질을 흡연 또는 섭취의 목적으로 대마·대마초 종자 또는 대마초 종자의 껍질을 소지하는 행위 또는 그 정을 알면서 대마초 종자·대마초 종자의 껍질을 매매 또는 매매의 알선을 하는 행위를 하여서는 아니 된다.
> 가. 피의자 甲
> 피의자는 20○○. ○. 하순경 ○○에 있는 개울가에서 자생하던 대마초잎 약 200g을 채취하여 이를 건조시켜 가루로 만들어 판매목적으로 소지하고 있다 20○○. ○. ○.○○:○○ ○○에서 피의자 乙에게 건네주어 대마를 수수하였다.
> 나. 피의자 乙
> 피의자는 위 같은 일시장소에서 위 甲으로부터 대마 40g을 교부받아 이를 수수하였다.

[기재례3] 대마 보관

> 피의자는 20○○. ○. ○. ○○ 개울가에 서식한 대마초를 수거하여 건조시킨 후 그 무렵부터 ○. ○. 경까지 피의자의 집 방 등에서 흡연할 목적으로 대마 3g을 맥주컵에 담아 보관하였다.

3) 신문사항 (대마흡연)

- 피의자는 대마를 취급할 자격이 있는가
- 대마를 흡연한 일이 있는가
- 언제 어디에서 누구와 함께 흡연하였나
- 어떠한 방법으로 흡연하였나
- 대마를 흡연하게 된 경위는
- 위 대마는 어디서 구입하였나
- 대마를 흡연하고 난 후 기분은 어떠하던가

■ 판례 ■ **절취한 대마를 흡입할 목적으로 소지하는 행위가 절도죄 외에 무허가대마소지죄를 구성하는지 여부(적극) 및 두 죄의 관계(= 경합범)**

대마취급자가 아닌 자가 절취한 대마를 흡입할 목적으로 소지하는 행위는 절도죄의 보호법익과는 다른 새로운 법익을 침해하는 행위이므로 절도죄의 불가벌적 사후행위로서 절도죄에 포괄흡수된다고 할 수 없고 절도죄 외에 별개의 죄를 구성한다고 할 것이며, 절도죄와 무허가대마소지죄는 경합범의 관계에 있다(대법원 1999.4.13. 선고 98도3619 판결).

■ 판례 ■ **흡연을 목적으로 매입한 대마를 흡연할 기회를 포착하기 위하여 2일 이상 하의 주머니에 넣고 다닌 행위가 대마매매죄와는 별도로 대마소지죄를 구성하는지 여부(적극)**

매입한 대마를 처분함이 없이 계속 소지하고 있는 경우에 있어서 그 소지행위가 매매행위와 불가분의 관계에 있는 것이라거나, 매매행위에 수반되는 필연적 결과로서 일시적으로 행하여진 것에 지나지 않는다고 평가되지 않는 한 그 소지행위는 매매행위에 포괄 흡수되지 아니하고 대마매매죄와는 달리 대마소지죄가 성립한다고 보아야 할 것인바, 흡연할 목적으로 대마를 매입한 후 흡연할 기회를 포착하기 위하여 이틀 이상 하의주머니에 넣고 다님으로써 소지한 행위는 매매행위의 불가분의 필연적 결과라고 평가될 수 없다(대법원 1990.7.27. 선고 90도543 판결).

■ 판례 ■ **껍질에 싸여 있는 대마초 종자를 씹어 먹은 행위가 대마관리법위반행위에 해당하는지 여부(적극)**

대마관리법상 대마라 함은 대마초와 그 수지 및 대마초 또는 수지를 원료로 하여 제조된 일체의 제품을 말하고, 대마초의 종자, 뿌리 및 성숙한 대마초의 줄기와 그 제품은 제외되는데(제2조 제1항), 같은 법은 대마, 대마초 종자의 껍질을 흡연 또는 섭취하는 행위를 금지하고, 이에 위반한 행위를 하는 자를 처벌하고 있으므로(제20조 제1항 제3호, 제4조 제4호), 껍질에 싸여 있는 대마초 종자를 통째로 씹어 먹은 행위는 대마관리법 제20조 제1항 제3호, 제4조 제4호에 위반된다(대법원 1999.11.23. 선고 99도3434 판결).

7. 대마취급자의 재배내용 미보고

1) 적용법조 : 제64조 제16호, 제43조 ☞ 공소시효 5년

> **제43조(업무 보고 등)** 식품의약품안전청장, 시·도지사 또는 시장·군수·구청장은 마약류취급자 및 원료물질취급자에 대하여 그 업무에 관하여 필요한 사항을 보고하게 하거나, 관계 장부·서류나 그 밖의 물건을 제출할 것을 명할 수 있다.

2) 범죄사실 기재례

> 피의자는 20○○. ○. ○. ○○에 있는 밭 ○○㎡에 대마초 재배허가(제○○호)를 받고 그곳에 대마초 ○○㎏을 식재하였다.
>
> 피의자는 20○○. ○. ○. ○○시장으로부터 위 대마초에 대해 20○○. ○. ○.까지 그 재배기간, 채취기일, 섬유생산량에 대한 보고 명을 받고도 정당한 이유없이 이행하지 아니하였다.

3) 신문사항

- 대마취급자인가
- 대마 재배허가를 받았는가
- 언제 어디에 재배허가를 받았는가
- 언제 얼마를 식재하였는가
- 식재한 대마는 생산하였는가
- 재배내용을 ○○시장에게 보고하였는가
- 언제까지 보고하여야 하는 것으로 알고 있는가
- 왜 기간내에 보고하지 않았는가

제 41 장 문화유산의 보존 및 활용에 관한 법률

I. 개념정의

제2조(정의) ① 이 법에서 "문화유산"이란 「국가유산기본법」 제3조제2호에 해당하는 다음 각 호의 것을 말한다.
 1. 유형문화유산 : 건조물, 전적(典籍: 글과 그림을 기록하여 묶은 책), 서적(書跡), 고문서, 회화, 조각, 공예품 등 유형의 문화적 소산으로서 역사적 · 예술적 또는 학술적 가치가 큰 것과 이에 준하는 고고자료(考古資料)
 2. 〈삭 제〉
 3. 기념물: 절터, 옛무덤, 조개무덤, 성터, 궁터, 가마터, 유물포함층 등의 사적지(史蹟地)와 특별히 기념이 될 만한 시설물로서 역사적 · 학술적 가치가 큰 것
 4. 민속문화유산 : 의식주, 생업, 신앙, 연중행사 등에 관한 풍속이나 관습과 이에 사용되는 의복, 기구, 가옥 등으로서 국민생활의 변화를 이해하는 데 반드시 필요한 것
② 이 법에서 "문화재교육"이란 문화재의 역사적 · 예술적 · 학술적 · 경관적 가치 습득을 통하여 문화재 애호의식을 함양하고 민족 정체성을 확립하는 등에 기여하는 교육을 말하며, 문화재교육의 구체적 범위와 유형은 대통령령으로 정한다.
③ 이 법에서 "지정문화유산"이란 다음 각 호의 것을 말한다.
 1. 국가지정문화유산: 문화재청장이 제23조부터 제26조까지의 규정에 따라 지정한 문화유산
 2. 시 · 도지정문화유산: 특별시장 · 광역시장 · 특별자치시장 · 도지사 또는 특별자치도지사(이하 "시 · 도지사"라 한다)가 제70조제1항에 따라 지정한 문화유산
 3. 문화유산자료: 제1호나 제2호에 따라 지정되지 아니한 문화유산 중 시 · 도지사가 제70조제2항에 따라 지정한 문화유산
④ 이 법에서 "등록문화유산"이란 지정문화유산이 아닌 문화유산 중에서 다음 각 호의 것을 말한다.
 1. 국가등록문화유산: 문화재청장이 제53조에 따라 등록한 문화유산
 2. 시 · 도등록문화유산: 시 · 도지사가 제70조제3항에 따라 등록한 문화유산
⑤ 이 법에서 "보호구역"이란 지상에 고정되어 있는 유형물이나 일정한 지역이 문화유산로 지정된 경우에 해당 지정문화유산의 점유 면적을 제외한 지역으로서 그 지정문화유산를 보호하기 위하여 지정된 구역을 말한다.
⑥ 이 법에서 "보호물"이란 문화유산를 보호하기 위하여 지정한 건물이나 시설물을 말한다.
⑦ 이 법에서 "역사문화환경"이란 문화유산 주변의 자연경관이나 역사적 · 문화적인 가치가 뛰어난 공간으로서 문화유산와 함께 보호할 필요성이 있는 주변 환경을 말한다.
⑧ 이 법에서 "건설공사"란 토목공사, 건축공사, 조경공사 또는 토지나 해저의 원형변경이 수반되는 공사로서 대통령령으로 정하는 공사를 말한다.
⑨ 이 법에서 "국외소재문화유산"란 외국에 소재하는 문화유산(제39조제1항 단서 또는 제60조제1항 단서에 따라 반출된 문화유산는 제외한다)로서 대한민국과 역사적 · 문화적으로 직접적 관련이 있는 것을 말한다.
⑩ 이 법에서 "문화유산지능정보화"란 문화유산데이터의 생산 · 수집 · 분석 · 유통 · 활용 등에 문화유산지능정보기술을 적용 · 융합하여 문화유산의 보존 · 관리 및 활용을 효율화 · 고도화하는 것을 말한다.
⑪ 이 법에서 "문화유산데이터"란 문화유산지능정보화를 위하여 정보처리능력을 갖춘 장치를 통하여 생성 또는 처리되어 기계에 의한 판독이 가능한 형태로 존재하는 정형 또는 비정형의 정보를 말한다.
⑫ 이 법에서 "문화유산지능정보기술"이란 「지능정보화 기본법」 제2조제4호에 따른 지능정보기술 중 문화유산의 보존 · 관리 및 활용을 위한 기술 또는 그 결합 및 활용 기술을 말한다.

■ 판례 ■ 　　甲이 해저에서 발굴된 중국산 자기를 불법으로 취득하고 양도한 경우

[1] 해저에서 발굴된 중국산 자기가 매장된 유형문화재에 해당하는지 여부

문화재보호법 제2조 제1항 제1호에 구 문화재보호법(1970.8.10 법률 제2233호) 제2조 제1호 소정의 유형문화재 정의 중에서 '우리나라'가 삭제되었고 또 제43조의 매장문화재 발견신고 규정이 구법에 없었던 '해저'가 첨가하였다 하더라도 피고인이 구법 시행당시에 해저에서 건져낸 14세기 중국(송, 원대)산 청자주름 문유개호와 청백자 소주자는 위 구 문화재보호법 소정의 매장된 유형문화재에 해당한다 할 것이다.

[2] 양도행위가 그 취득행위의 불가벌적 사후행위인지 여부(소극)

문화재를 문화재보호법 소정의 각 규정에 위반하여 취득하고 양도하는 행위는 별개의 구성요건을 충족하는 것으로써 문화재 양도행위는 그 취득행위의 불가벌적 사후행위가 아니다(대법원 1983.7.26. 선고 83도706 판결).

II. 벌 칙

제90조(무허가 수출 등의 죄)　　　　제91조(허위 지정 등 유도죄)
제92조(손상 또는 은닉 등의 죄)　　　제93조(가중죄)
제94조(「형법」의 준용) 다음 각 호의 건조물에 대하여 방화, 일수(溢水) 또는 파괴의 죄를 저지른 자는 「형법」 제165조·제178조 또는 제367조와 같은 법 중 이들 조항과 관계되는 법조(法條)의 규정을 준용하여 처벌하되, 각 해당 조에서 정한 형의 2분의 1까지 가중한다.
　　1. 지정문화재나 임시지정문화재인 건조물
　　2. 지정문화재나 임시지정문화유산을 보호하기 위한 건조물
제95조(사적에의 일수죄) 물을 넘겨 문화재청장이 지정 또는 임시지정한 사적이나 보호구역을 침해한 자는 2년 이상 10년 이하의 징역에 처한다.
제96조(그 밖의 일수죄) 물을 넘겨 제95조에서 규정한 것 외의 지정문화재 또는 임시지정문화재나 그 보호구역을 침해한 자는 10년 이하의 징역이나 1억원 이하의 벌금에 처한다.
제97조(미수범 등) ① 제90조부터 제92조까지, 제93조제1항, 제95조 및 제96조의 미수범은 처벌한다.
② 제90조의 죄를 저지를 목적으로 예비 또는 음모한 자는 2년 이하의 징역에 처한다.
③ 제91조, 제92조, 제93조제1항, 제95조 및 제96조의 죄를 저리를 목적으로 예비 또는 음모한 자는 2년 이하의 징역이나 2천만원 이하의 벌금에 처한다.
제98조(과실범) ① 과실로 인하여 제95조 또는 제96조의 죄를 저지른 자는 1천만원 이하의 벌금에 처한다.
② 업무상 과실이나 중대한 과실로 인하여 제95조 또는 제96조의 죄를 범한 자는 3년 이하의 금고나 3천만원 이하의 벌금에 처한다.
제99조(무허가 행위 등의 죄)　　　　제100조(행정명령 위반 등의 죄)
제101조(관리행위 방해 등의 죄)　　　제102조(양벌규정)

III. 타법과의 관계

1. 매장유산 보호 및 조사에 관한 법률

제2조(정의) 이 법에서 "매장유산"이란 다음 각 호의 것을 말한다.

1. 토지 또는 수중에 매장되거나 분포되어 있는 문화유산

2. 건조물 등에 포장(包藏)되어 있는 문화유산

3. 지표·지중·수중(바다·호수·하천을 포함한다) 등에 생성·퇴적되어 있는 천연동굴·화석, 그 밖에 대통령령으로 정하는 지질학적인 가치가 큰 것

제31조(도굴 등의 죄)

제32조(가중죄)

제33조(미수범) ① 제31조의 미수범은 처벌한다.

② 제31조의 죄를 범할 목적으로 예비하거나 음모한 자는 2년 이하의 징역 또는 2천만원 이하의 벌금에 처한다.

제34조(과실범) 업무상 과실 또는 중대한 과실로 제31조제3항에 따른 죄를 저지른 자는 3년 이하의 금고 또는 3천만원 이하의 벌금에 처하고 해당 국가유산을 몰수한다.

제35조(매장유산 조사 방해죄)   **제36조(행정명령 위반 등의 죄)**   **제37조(양벌규정)**

2. 국가유산수리 등에 관한 법률

제58조(벌칙) 다음 각 호의 어느 하나에 해당하는 자는 3년 이하의 징역 또는 3천만원 이하의 벌금에 처한다.

1. 제14조제1항에 따른 등록을 하지 아니하거나 거짓 또는 그 밖의 부정한 방법으로 등록을 하고 국가유산수리업등을 영위한 자

2. 제47조(제48조에서 준용하는 경우를 포함한다) 또는 제49조에 따른 자격정지 처분, 영업정지 처분을 받고 그 정지기간 중에 업무를 한 자 또는 영업을 한 자

3. 제10조제3항(제12조에서 준용하는 경우를 포함한다)을 위반하여 다른 사람에게 자기의 성명을 사용하여 국가유산수리등의 업무를 하게 한 자 또는 다른 국가유산수리기술자·국가유산수리기능자의 성명을 사용하여 국가유산수리등의 업무를 한 자

3의2. 제10조제4항(제12조에서 준용하는 경우를 포함한다)을 위반하여 자격증을 대여하거나 대여받은 자 또는 이를 알선한 자

4. 제33조의2제1항을 위반하여 설계승인을 받지 아니하고 국가유산 등의 수리를 발주한 자

제59조(벌칙) 다음 각 호의 어느 하나에 해당하는 자는 1년 이하의 징역 또는 1천만원 이하의 벌금에 처한다.

1. 제5조를 위반하여 국가유산수리나 실측설계를 하게 한 자

1의2. 제37조의4제1항을 위반하여 동산문화유산 보존처리계획을 수립하도록 하거나 제37조의5제1항을 위반하여 동산문화유산 보존처리를 수행하도록 한 자

2. 삭제 〈2015. 3. 27.〉

3. 제10조제5항(제12조에서 준용하는 경우를 포함한다)을 위반하여 둘 이상의 국가유산수리업자등에 중복하여 취업한 자

4. 제21조(제23조에서 준용하는 경우를 포함한다)를 위반하여 다른 사람에게 자기의 성명 또는 상호를 사용하여 국가유산수리등을 수급 또는 시행하게 하거나 등록증 또는 등록수첩을 대여한 자 또는 다른 국가유산수리업자등의 성명 또는 상호를 사용하거나 등록증 또는 등록수첩을 대여받아 사용한 자

5. 제25조를 위반하여 하도급을 한 자(같은 조 제2항을 위반하여 발주자에게 하도급사실을 알리지 아니한 자는 제외한다)

6. 제38조제1항을 위반하여 국가유산감리업자로 하여금 일반감리 또는 책임감리를 하게 하지 아니한 발주자

7. 제41조를 위반하여 국가유산수리와 감리를 함께 한 자

제60조(벌칙) 다음 각 호의 어느 하나에 해당하는 자는 500만원 이하의 벌금에 처한다.

1. 거짓이나 그 밖의 부정한 방법으로 제7조의4제1항에 따른 인증을 받은 자

2. 제7조의4제4항을 위반하여 인증표시를 한 자

3. 제33조제1항을 위반하여 국가유산수리기술자를 국가유산수리 현장에 배치하지 아니한 자

4. 제37조제1항에 따른 국가유산수리 현장의 점검 등을 거부·방해 또는 기피한 자

5. 제52조를 위반하여 직무상 알게 된 사실을 누설한 자

제61조(양벌규정) 생략

Ⅳ. 범죄사실

1. 문화유산의 무허가 수출미수

1) 적용법조 : 제90조 제2항, 제60조 제1항 ☞ 공소시효 10년

제90조(무허가수출 등의 죄) ① 제39조제1항 본문(제59조제2항과 제74조제1항에 따라 준용하는 경우를 포함한다)을 위반하여 지정문화유산 또는 임시지정문화유산를 국외로 수출 또는 반출하거나 제39조제1항 단서 및 제2항부터 제4항까지(제59조제2항과 제74조제1항에 따라 준용하는 경우를 포함한다)에 따라 반출한 문화유산을를 기한 내에 다시 반입하지 아니한 자는 5년 이상의 유기징역에 처하고 그 문화유산은 몰수한다.
② 제60조제1항을 위반하여 문화유산을 국외로 수출 또는 반출하거나 반출한 문화유산을 다시 반입하지 아니한 자는 3년 이상의 유기징역에 처하고 그 문화유산은 몰수한다.
③ 제1항 또는 제2항을 위반하여 국외로 수출 또는 반출하는 사실을 알고 해당 문화유산을 양도·양수 또는 중개한 자는 3년 이상의 유기징역에 처하고 그 문화유산은 몰수한다.
제39조(수출 등의 금지) ① 국국보, 보물 또는 국가민속문화재는 국외로 수출하거나 반출할 수 없다. 다만, 문화재의 국외 전시 등 국제적 문화교류를 목적으로 반출하되, 그 반출한 날부터 2년 이내에 다시 반입할 것을 조건으로 문화재청장의 허가를 받으면 그러하지 아니하다.
제60조(일반동산문화유산 수출 등의 금지) ① 이 법에 따라 지정 또는 등록되지 아니한 문화유산 중 동산에 속하는 문화유산(이하 "일반동산문화유산"라 한다)에 관하여는 제39조제1항과 제3항을 준용한다. 다만, 일반동산문화유산의 국외전시 등 국제적 문화교류를 목적으로 다음 각 호의 어느 하나에 해당하는 사항으로서 문화재청장의 허가를 받은 경우에는 그러하지 아니하다.

2) 범죄사실 기재례

> 피의자는 피의자 甲, 피의자 乙과 공모하여 피의자 甲 소유의 보물급 문화유산을 일본으로 수출하기로 공모하였다.
> 피의자들은 200〇. 〇. 하순경 〇〇에 있는 〇〇호텔 호실을 알 수 없는 방 안에서 보물급 동산 문화유산인 시가 〇〇만 원에 달하는 청화백자 소꼽 〇〇점을 허가없이 성명불상의 일본인에게 판매하여 국외로 반출하려다 가격절충이 되지 않아 계약이 성사되지 않는 바람에 미수에 그쳤다.

■ 판례 ■ **甲이 수출할 사람에게 비지정문화재를 판매하려다가 가격절충이 되지 않아 계약이 성사되지 못한 경우**

[1] 비지정문화재수출미수죄에 있어서 실행의 착수시기
비지정문화재의 수출미수죄가 성립하기 위하여는 비지정문화재를 국외로 반출하는 행위에 근접·밀착하는 행위가 행하여진 때에 그 실행의 착수가 있는 것으로 보아야 한다.
[2] 甲의 행위를 실행의 착수로 볼 수 있는지 여부(소극)
수출할 사람에게 비지정문화재를 판매하려다가 가격절충이 되지 않아 계약이 성사되지 못한 단계에서는 국외로 반출하는 행위에 근접·밀착하는 행위가 있었다고 볼 수 없어 비지정문화재수출미수죄가 성립하지 않는다(대법원 1999.11.26. 선고 99도2461 판결).

2. 문화유산 손상 및 은닉

1) 적용법조 : 제92조 제1항 ☞ 공소시효 10년

제92조(손상 또는 은닉 등의 죄) ① 국가지정문화유산(국가무형문화유산는 제외한다)를 손상, 절취 또는 은닉하거나 그 밖의 방법으로 그 효용을 해한 자는 3년 이상의 유기징역에 처한다.
② 다음 각 호의 어느 하나에 해당하는 자는 2년 이상의 유기징역에 처한다.
  1. 제1항에 규정된 것 외의 지정문화유산 또는 임시지정문화유산(건조물은 제외한다)를 손상, 절취 또는 은닉하거나 그 밖의 방법으로 그 효용을 해한 자
  2. 일반동산문화유산인 것을 알고 일반동산문화유산을 손상, 절취 또는 은닉하거나 그 밖의 방법으로 그 효용을 해한 자
③ 다음 각 호의 어느 하나에 해당하는 자는 2년 이상의 유기징역이나 2천만원 이상 1억5천만원 이하의 벌금에 처한다.
  1. 〈삭 제〉
  2. 제1항 또는 제2항을 위반한 행위를 알고 해당 문화재를 취득, 양도, 양수 또는 운반한 자
  3. 제2호에 따른 행위를 알선한 자
④ 제1항과 제2항에 규정된 은닉 행위 이전에 타인에 의하여 행하여진 같은 항에 따른 손상, 절취, 은닉, 그 밖의 방법으로 그 지정문화유산, 임시지정문화유산 또는 일반동산문화유산의 효용을 해하는 행위가 처벌되지 아니한 경우에도 해당 은닉 행위자는 같은 항에 정한 형으로 처벌한다.

2) 범죄사실 기재례

> 피의자는 200○. ○. ○. 국가지정문화유산 제○○호로 지정되어 ○○에 보관된 ○○불상을 감시가 소홀함을 이용 ○○방법으로 잠금장치를 열고 들어가 절취하였다.

3) 신문사항

- 문화유산을 훔친 일이 있는가
- 언제 어디에 있는 문화유산였는가
- 어떤 방법으로 훔쳤나
- 그게 문화유산이라는 것을 알고 있었나
- 훔친 문화유산은 어떻게 하였나
- 왜 이런 행위를 하였나

■ 판례 ■   구 문화재보호법상 지정문화재 은닉범행에 대한 공소시효의 기산점

구 문화재보호법(2001.3.28. 법률 제6443호로 개정되기 전의 것) 제81조 제2항에서 지정문화재 등을 은닉한 자를 처벌하도록 한 규정은 지정문화재 등임을 알고 그 소재를 불분명하게 함으로써 발견을 곤란 또는 불가능하게 하여 그 효용을 해하는 행위를 처벌하려는 것이므로, 그러한 은닉범행이 계속되는 한 발견을 곤란케 하는 등의 상태는 계속되는 것이어서 공소시효가 진행되지 않는 것으로 보아야 한다(대법원 2004.2. 12. 선고 2003도6215 판결).

3. 국가지정 문화유산 현상변경

1) 적용법조 : 제92조 제3항 제1호, 제35조 제1항 제1호　☞　공소시효 7년

> **제35조(허가사항)** ① 국가지정문화유산에 대하여 다음 각 호의 어느 하나에 해당하는 행위를 하려는 자는 대통령령으로 정하는 바에 따라 문화재청장의 허가를 받아야 하며, 허가사항을 변경하려는 경우에도 문화재청장의 허가를 받아야 한다. 다만, 국가지정문화유산 보호구역에 안내판 및 경고판을 설치하는 행위 등 대통령령으로 정하는 경미한 행위에 대해서는 특별자치시장, 특별자치도지사, 시장·군수 또는 구청장의 허가(변경허가를 포함한다)를 받아야 한다.
> 1. 국가지정문화재(보호물 및 보호구역을 포함한다)의 현상을 변경하는 행위로서 대통령령으로 정하는 행위

2) 범죄사실 기재례

> 국가지정문화유산의 현상을 변경(천연기념물을 표본 하거나 박제하는 행위를 포함한다) 하거나 그 보존에 영향을 미칠 우려가 있는 행위로서 문화체육관광부령으로 정하는 행위를 하려는 자는 대통령령으로 정하는 바에 따라 문화재청장의 허가를 받아야 한다.
> 그럼에도 불구하고 피의자는 20○○. ○. ○.경부터 20○○. ○. ○.경까지 ○○에서 그곳은 문화유산보호 지정구역임에도 국가지정문화유산 현상변경허가를 얻지 아니하고 그곳에 식재되어 있던 25년생 은행나무 ○○그루를 임의로 캐내어 국가지정문화유산의 현상을 변경하였다.

■ **판례** ■ **구 문화재보호법 제89조 제1항 제2호 위반행위의 대상이 되는 천연기념물에 죽은 것이 포함되는지 여부(소극)**

구 문화재보호법(1999. 1. 29. 법률 제5719호로 개정되기 전의 것) 제89조 제1항 제2호는 허가 없이 지정문화재 또는 가지정문화재의 현상을 변경하거나 기타 그 관리·보존에 영향을 미치는 행위를 한 자를 처벌하도록 규정하고 있고, 동법 제20조 제4호는 국가지정문화재에 대한 행위 중 허가를 받아야 하는 행위로서 "국가지정문화재(보호물·보호구역을 포함한다)의 현상을 변경하거나 그 보존에 영향을 미칠 우려가 있는 행위"를 규정하고 있는데, 개정된 문화재보호법(1999. 1. 29. 법률 제5719호로 개정된 것) 제20조 제4호는 종전과 달리 허가대상 행위를 "국가지정문화재(보호물·보호구역과 천연기념물 중 죽은 것을 포함한다)의 현상을 변경(천연기념물을 표본·박제하는 행위를 포함한다)하거나 그 보존에 영향을 미칠 우려가 있는 행위"로 내용을 변경하여 규정하고 있고, 동법 제81조 제3항 제1호에서 위 개정규정에 의한 현상변경의 허가를 받지 아니하고 천연기념물을 박제 또는 표본으로 제작한 자를 처벌하는 규정을 신설하고 있는바, 위와 같은 구 문화재보호법 및 개정된 문화재보호법의 각 규정내용과 위 개정된 문화재보호법이 허가대상이 되는 국가지정문화재 속에 천연기념물 중 죽은 것을 새로이 추가한 취지에 비추어 볼 때, 구 문화재보호법 제89조 제1항 제2호 위반행위의 대상이 되는 천연기념물은 살아 있는 것만이 그에 해당한다고 해석함이 상당하다(대법원 2002.2.8. 선고 2001도5410 판결).

■ **판례** ■ **문화재보호법 제89조 제1항 제2호 위반죄의 적용범위**

문화재보호법 제89조 제1항 제2호는 허가 없이 지정문화재 또는 가지정문화재의 현상을 변경하거나 기타 그 관리·보존에 영향을 미치는 행위를 한 자를 처벌한다고 규정하고 있는바, 그 문언내용이나 관계 규정을 종합하여 보면, 같은 법 제89조 제1항 제2호에서 처벌의 대상으로 하고 있는 것은 지정문화재 또는 가지정문화재 자체만이지 그 보호물·보호구역을 포함하는 것은 아니다(대법원 1997.5.28. 선고 97도37 판결).

4. 국가지정문화재 경관지역에 건축물 설치

1) 적용법조 : 제99조 제1항 제1호, 제35조 제1항 제2호 ☞ 공소시효 7년

> **제99조(무허가 행위 등의 죄)** ① 다음 각 호의 어느 하나에 해당하는 자는 5년 이하의 징역이나 5천만원 이하의 벌금에 처한다.
>
> 1. 제35조제1항제1호 또는 제2호(제47조와 제74조제2항에 따라 준용되는 경우를 포함한다)를 위반하여 지정문화유산(보호물 및 보호구역을 포함한다)이나 임시지정문화유산의 현상을 변경하거나 그 보존에 영향을 미칠 우려가 있는 행위를 한 자
> 2. 삭제 〈2023. 3. 21.〉
> 3. 제75조제1항을 위반하여 허가를 받지 아니하고 영업행위를 한 자
>
> ② 다음 각 호의 어느 하나에 해당하는 자는 2년 이하의 징역이나 2천만원 이하의 벌금에 처한다.
>
> 1. 제1항 각 호의 경우 그 문화유산이 자기 소유인 자
> 2. 제56조제2항(제74조제3항에 따라 준용되는 경우를 포함한다)을 위반하여 허가나 변경허가를 받지 아니하고 등록문화유산의 현상을 변경하는 행위를 한 자
>
> **제35조(허가사항)** ① 국가지정문화유산(국가무형문화유산는 제외한다. 이하 이 조에서 같다)에 대하여 다음 각 호의 어느 하나에 해당하는 행위를 하려는 자는 대통령령으로 정하는 바에 따라 문화재청장의 허가를 받아야 한다. 허가사항을 변경하려는 경우에도 또한 같다.
>
> 1. 국가지정문화재(보호물 및 보호구역을 포함한다)의 현상을 변경하는 행위로서 대통령령으로 정하는 행위
> 2. 국가지정문화유산(동산에 속하는 문화유산는 제외한다)의 보존에 영향을 미칠 우려가 있는 행위로서 문화체육관광부령으로 정하는 행위
> 3. 국가지정문화유산을 탁본 또는 영인(影印)하거나 그 보존에 영향을 미칠 우려가 있는 촬영을 하는 행위
> 4. 명승이나 천연기념물로 지정되거나 임시지정된 구역 또는 그 보호구역에서 동물, 식물, 광물을 포획(捕獲)·채취(採取)하거나 이를 그 구역 밖으로 반출하는 행위

2) 범죄사실 기재례

> ○○에 있는 「○○」은 20○○. ○. ○. 천연기념물 제○○호로 지정된 국가지정문화유산이고, ○○는 국가지정문화재인 「○○」의 역사문화환경 보호를 위하여 지정된 역사문화환경 보존지역이다.
>
> 역사문화환경 보존지역에서 해당 국가지정문화재의 경관을 저해할 우려가 있는 건축물 또는 시설물을 설치·증설하는 행위 등 국가지정문화재의 보존에 영향을 미칠 우려가 있는 행위를 하려는 사람은 문화재청장의 허가를 받아야 한다.
>
> 그럼에도 피의자는 문화재청장의 허가를 받지 아니하고 20○○. ○. ○.경부터 20○○. ○. ○.경까지 역사문화환경 보존지역인 ○○에서 벽돌, 스티로폼 등을 이용하여 가로 약 3.01m, 세로 약 5.95m, 높이 약 1.6m의 시설물을 설치하고, 20○○. ○. ○.경 위 장소에서 벽돌 등을 이용하여 높이 약 1.5m, 길이 약 100m의 시설물인 담장을 설치하였다.
>
> 이로써 피의자는 문화재청장의 허가를 받지 아니하고 역사문화환경 보존지역에서 해당 국가지정문화재의 경관을 저해할 우려가 있는 건축물 또는 시설물을 설치하여, 국가지정문화재의 보존에 영향을 미칠 우려가 있는 행위를 하였다.

5. 문화유산의 도굴 및 양도

1) 적용법조 : 제31조 제1항, 제2항 ☞ 공소시효 10년

> ※ 매장유산 보호 및 조사에 관한 법률
> 제31조(도굴 등의 죄) ① 「문화유산의 보존 및 활용에 관한 법률」에 따른 지정문화유산(임시지정문화유산을 포함한다)이나 그 보호물 또는 보호구역, 「자연유산의 보존 및 활용에 관한 법률」에 따른 천연기념물등(임시지정천연기념물 또는 임시지정명승을 포함한다)이나 그 보호물 또는 보호구역에서 허가 또는 변경허가 없이 매장유산을 발굴한 자는 5년 이상 15년 이하의 유기징역에 처한다.
> ② 제1항 외의 장소에서 허가 또는 변경허가 없이 매장유산을 발굴한 자, 이미 확인되었거나 발굴 중인 매장유산 유존지역의 현상을 변경한 자, 매장유산 발굴의 정지나 중지 명령을 위반한 자는 10년 이하의 징역이나 1억원 이하의 벌금에 처한다.
> ③ 제1항 또는 제2항을 위반하여 발굴되었거나 현상이 변경된 국가유산을 그 정황을 알고 유상이나 무상으로 양도, 양수, 취득, 운반, 보유 또는 보관한 자는 7년 이하의 징역이나 7천만원 이하의 벌금에 처한다.
> ④ 제3항의 보유 또는 보관 행위 이전에 타인이 행한 도굴, 현상변경, 양도, 양수, 취득, 운반, 보유 또는 보관 행위를 처벌할 수 없는 경우에도 해당 보유 또는 보관 행위자가 그 정황을 알고 해당 국가유산에 대한 보유·보관행위를 개시한 때에는 같은 항에서 정한 형으로 처벌한다.
> ⑤ 제3항의 행위를 알선한 자도 같은 항에서 정한 형으로 처벌한다.
> ⑥ 제17조를 위반하여 매장유산을 발견한 후 이를 신고하지 아니하고 은닉 또는 처분하거나 현상을 변경한 자는 3년 이하의 징역 또는 3천만원 이하의 벌금에 처한다.
> ⑦ 제5조제2항을 위반하여 공사를 중지하지 아니한 자는 2년 이하의 징역 또는 2천만원 이하의 벌금에 처한다.
> ⑧ 제1항부터 제6항까지의 경우 해당 국가유산은 몰수한다.

2) 범죄사실 기재례

> 가. 피의자는 20○○. ○. ○. ○○에 있는 ○○지정유형문화유산 제○○호로 지정된 ○○장군의 분묘에서 허가없이 미리 준비한 탐침봉으로 지석이 매장되어 있음을 확인한 다음 미리 준비한 삽과 곡괭이를 사용하여 상석주위의 흙을 파내어, 그곳에 매장되어 있던 지석 5점을 발굴하였다.
> 나. 피의자는 20○○. ○. ○. 홍길동에게 위와 같이 도굴한 지석 5점을 팔아달라고 부탁하여 그 정을 모르는 위 홍길동이 그 무렵 ○○에 있는 최민수의 집에서 위 최민수에게 현금 ○○만원을 받고 매각하게 하고 위 홍길동으로부터 매각대금 전액을 건네받아 도굴한 매장문화유산을 유상으로 양도하였다.

3) 신문사항

- 피의자는 문화유산을 발굴한 일이 있는가
- 언제 어디에 있는 문화유산을 발굴하였나
- 그 지역은 ○○도에서 문화유산의 보호물 또는 보호구역으로 지정한 곳인지 알고 있는가
- 그곳에 문화유산이 매장된 것을 언제 어떻게 알게되었나
- 누구와 같이 도굴하였나

- 어떠한 도구를 사용하여 어떠한 방법으로 도굴하였나

- 도구는 언제 어디서 어떻게 구하였나

- 도굴한 문화유산은 무엇 이었나(종류 및 수량)

- 발굴한 문화유산은 어떻게 하였나

- 언제 어디에서 누구에게 양도하였나

- 어떠한 조건으로 양도하였나

- 당시 사용한 도굴도구는 어떻게 하였나

■ 판례 ■　　구 문화재보호법 제44조 제1항 소정의 발굴 금지의 대상인 고분에 해당하기 위하여는 고분 안에 실제로 매장문화재를 포장하고 있어야 하는지 여부(소극)

구 문화재보호법(1999.1.29. 법률 제5719호로 개정되기 전의 것) 제44조 제1항 본문은 "패총·고분 기타 매장문화재가 포장되어 있는 것으로 인정되는 토지 및 해저는 이를 발굴할 수 없다."고 규정하고 있는바, 여기에서 패총이나 고분은 매장문화재가 포장되어 있는 것으로 인정되는 토지의 예로서 열거한 것으로 보아야 하므로, 고분에 해당하는 한 그 안에 실제로 매장문화재를 포장하고 있는지 여부에 불구하고 원칙적으로 위 조항에 의하여 그 발굴이 금지되는 대상이다(대법원 2000.10.27. 선고 99두264 판결).

■ 판례 ■　　문화재를 허가없이 발굴한 본범에 대한 공소시효의 완성과 문화재보호법 제82조 제3항, 제4항의 위반죄의 성부(소극)

문화재가 허가없이 발굴된 것이라고 하더라도 허가없이 발굴된 문화재는 영구하게 문화재보호법 제82조 제3항, 제4항 위반죄의 대상이 되는, 이른바 장물성을 보유한다고는 할 수 없으며, 허가없이 발굴한 본범에 대하여 공소시효가 완성되어 국가과형권을 발동할 수가 없게 되어서 그 위반물품에 대하여 몰수 또는 추징도 할 수 없는 단계에 이르렀을 때에는 그 위반 물품에 대한 이른바 문화재보호법상의 장물성도 잃게 되는 것이라고 봄이 상당하므로 문화재의 양도예비나 양도알선 예비당시 문화재를 허가없이 발굴한 본범에 대한 공소시효가 완성되었다면 이를 양도하거나 양도 알선할 목적으로 예비하였다 하더라도 이를 위 법조위반으로 처벌할 수 없다(대법원 1987.10.13. 선고 87도538 판결).

■ 판례 ■　　일부 매장된 채 쓰려져 있는 장군석이 매장문화재에 해당하는지 여부(소극)

문화재보호법 제61조 소정 매장문화재에란 땅속에 묻어서 감쳐있는 문화재를 의미하므로 일부 매장된 채 쓰려져 있는 장군석은 매장된 것이라고 볼 수 없어 매장물발굴죄의 대상이 되지 아니한다(대법원 1979.2.13. 선고 77도3062 판결).

6. 미등록 문화유산 수리

1) 적용법조 : 제58조 제1호, 제14조 제1항 ☞ 공소시효 5년

> ※ 국가유산수리 등에 관한 법률
> 제14조(국가유산수리업자등의 등록) ① 국가유산수리업, 국가유산실측설계업 또는 국가유산감리업(이하 "국가유산수리업등"이라 한다)을 하려는 자는 대통령령으로 정하는 기술능력, 자본금(개인인 경우에는 자산평가액을 말한다. 이하 같다) 및 시설 등의 등록 요건을 갖추어 주된 영업소의 소재지를 관할하는 시·도지사에게 등록하여야 한다.

2) 범죄사실 기재례

> 국가유산수리업, 국가유산실측설계업 또는 국가유산감리업(이하 "국가유산수리업등"이라 한다)을 하려는 자는 대통령령으로 정하는 기술능력, 자본금(개인인 경우에는 자산평가액을 말한다. 이하 같다) 및 시설 등의 등록 요건을 갖추어 주된 영업소의 소재지를 관할하는 시·도지사에게 등록하여야 한다.
> 그럼에도 불구하고 피의자는 등록없이 20○○. ○. ○.부터 ○○에서 홍길동 소유의 기념물인 ○○을 ○○원에 수리하여 주는 등 그 무렵부터 20○○. ○. ○.까지 문화재수리업을 하였다.

3) 신문사항

- 문화유산수리업을 하고 있는가
- 언제부터 언제까지 하였는가
- 규모는 어느 정도인가
- 어떤 문화유산을 수리하는가
- 영업 등록을 하였는가
- 월 수입은 어느 정도인가
- 왜 이런 행위를 하였나

■ 판례 ■ 문화재관리국에 등록하지 아니한 자로 하여금 지정문화재를 수리하게 한 죄의 공소시효 기산점

구 문화재보호법(1999.1.29. 법률 제5719호로 개정되기 전의 것) 제92조 제3호의 '문화재관리국에 등록하지 아니한 자로 하여금 지정문화재를 수리하게 한'죄가 성립하기 위해서는 미등록 문화재수리업자 등에게 그 수리를 하게 하는 도급 등의 행위뿐만 아니라, 이에 따라 미등록 문화재수리업자 등이 실제로 수리하는 행위가 있어야 하므로, 수리하게 하는 행위 및 이에 따른 그 결과로서의 수리행위 전체를 하나의 구성요건 실현행위로 보아야 하고, 따라서 미등록 문화재수리업자 등이 수리에 착수한 때 곧바로 범죄행위가 종료된 것으로 볼 것은 아니고 그 수리가 완료되거나 중단되는 등으로 사실상 마쳐질 때 그 범죄행위로서의 수리하게 하는 행위의 결과 발생이 종료되어 범죄행위가 종료된 것으로 보아야 한다(대법원 2003.9.26. 선고 2002도3924 판결).

제42장 물환경보전법

Ⅰ. 개념정의

제2조(정의) 이 법에서 사용하는 용어의 뜻은 다음과 같다.

1. "물환경"이란 사람의 생활과 생물의 생육에 관계되는 물의 질(이하 "수질"이라 한다) 및 공공수역의 모든 생물과 이들을 둘러싸고 있는 비생물적인 것을 포함한 수생태계(水生態系, 이하 "수생태계"라 한다)를 총칭하여 말한다.

1의2. "점오염원"(點汚染源)이란 폐수배출시설, 하수발생시설, 축사 등으로서 관로·수로 등을 통하여 일정한 지점으로 수질오염물질을 배출하는 배출원을 말한다.

2. "비점오염원"(非點汚染源)이란 도시, 도로, 농지, 산지, 공사장 등으로서 불특정 장소에서 불특정하게 수질오염물질을 배출하는 배출원을 말한다.

3. "기타수질오염원"이란 점오염원 및 비점오염원으로 관리되지 아니하는 수질오염물질을 배출하는 시설 또는 장소로서 환경부령으로 정하는 것을 말한다.

4. "폐수"란 물에 액체성 또는 고체성의 수질오염물질이 섞여 있어 그대로는 사용할 수 없는 물을 말한다.

4의2. "폐수관로"란 폐수를 사업장에서 제17호의 공공폐수처리시설로 유입시키기 위하여 제48조제1항에 따라 공공폐수처리시설을 설치·운영하는 자가 설치·관리하는 관로와 그 부속시설을 말한다.

5. "강우유출수"(降雨流出水)란 비점오염원의 수질오염물질이 섞여 유출되는 빗물 또는 눈 녹은 물 등을 말한다.

6. "불투수면"(不透水面)이란 빗물 또는 눈 녹은 물 등이 지하로 스며들 수 없게 하는 아스팔트·콘크리트 등으로 포장된 도로, 주차장, 보도 등을 말한다.

7. "수질오염물질"이란 수질오염의 요인이 되는 물질로서 환경부령으로 정하는 것을 말한다.

8. "특정수질유해물질"이란 사람의 건강, 재산이나 동식물의 생육(生育)에 직접 또는 간접으로 위해를 줄 우려가 있는 수질오염물질로서 환경부령으로 정하는 것을 말한다.

9. "공공수역"이란 하천, 호소, 항만, 연안해역, 그 밖에 공공용으로 사용되는 수역과 이에 접속하여 공공용으로 사용되는 환경부령으로 정하는 수로를 말한다.

10. "폐수배출시설"이란 수질오염물질을 배출하는 시설물, 기계, 기구, 그 밖의 물체로서 환경부령으로 정하는 것을 말한다. 다만, 「해양환경관리법」 제2조제16호 및 제17호에 따른 선박 및 해양시설은 제외한다.

11. "폐수무방류배출시설"이란 폐수배출시설에서 발생하는 폐수를 해당 사업장에서 수질오염방지시설을 이용하여 처리하거나 동일 폐수배출시설에 재이용하는 등 공공수역으로 배출하지 아니하는 폐수배출시설을 말한다.

12. "수질오염방지시설"이란 점오염원, 비점오염원 및 기타수질오염원으로부터 배출되는 수질오염물질을 제거하거나 감소하게 하는 시설로서 환경부령으로 정하는 것을 말한다.

13. "비점오염저감시설"이란 수질오염방지시설 중 비점오염원으로부터 배출되는 수질오염물질을 제거하거나 감소하게 하는 시설로서 환경부령으로 정하는 것을 말한다.

14. "호소"란 다음 각 목의 어느 하나에 해당하는 지역으로서 만수위(滿水位)[댐의 경우에는 계획홍수위(計劃洪水位)를 말한다] 구역 안의 물과 토지를 말한다.

    가. 댐·보(洑) 또는 둑(「사방사업법」에 따른 사방시설은 제외한다) 등을 쌓아 하천 또는 계곡에 흐르는 물을 가두어 놓은 곳

    나. 하천에 흐르는 물이 자연적으로 가두어진 곳

    다. 화산활동 등으로 인하여 함몰된 지역에 물이 가두어진 곳

15. "수면관리자"란 다른 법령에 따라 호소를 관리하는 자를 말한다. 이 경우 동일한 호소를 관리하는 자가 둘

이상인 경우에는 「하천법」에 따른 하천관리청 외의 자가 수면관리자가 된다.

15의2. "수생태계 건강성"이란 수생태계를 구성하고 있는 요소 중 환경부령으로 정하는 물리적 · 화학적 · 생물적 요소들이 훼손되지 아니하고 각각 온전한 기능을 발휘할 수 있는 상태를 말한다.

16. "상수원호소"란 「수도법」 제7조에 따라 지정된 상수원보호구역(이하 "상수원보호구역"이라 한다) 및 「환경정책기본법」 제38조에 따라 지정된 수질보전을 위한 특별대책지역(이하 "특별대책지역"이라 한다) 밖에 있는 호소 중 호소의 내부 또는 외부에 「수도법」 제3조제17호에 따른 취수시설(이하 "취수시설"이라 한다)을 설치하여 그 호소의 물을 먹는 물로 사용하는 호소로서 환경부장관이 정하여 고시한 것을 말한다.

17. "공공폐수처리시설"이란 공공폐수처리구역의 폐수를 처리하여 공공수역에 배출하기 위한 처리시설과 이를 보완하는 시설을 말한다.

18. "공공폐수처리구역"이란 폐수를 공공폐수처리시설에 유입하여 처리할 수 있는 지역으로서 제49조제3항에 따라 환경부장관이 지정한 구역을 말한다.

19. "물놀이형 수경(水景)시설"이란 수돗물, 지하수 등을 인위적으로 저장 및 순환하여 이용하는 분수, 연못, 폭포, 실개천 등의 인공시설물 중 일반인에게 개방되어 이용자의 신체와 직접 접촉하여 물놀이를 하도록 설치하는 시설을 말한다. 다만, 다음 각 목의 시설은 제외한다.

　가. 「관광진흥법」 제5조제2항 또는 제4항에 따라 유원시설업의 허가를 받거나 신고를 한 자가 설치한 물놀이형 유기시설(遊技施設) 또는 유기기구(遊技機具)

　나. 「체육시설의 설치 · 이용에 관한 법률」 제3조에 따른 체육시설 중 수영장

　다. 환경부령으로 정하는 바에 따라 물놀이 시설이 아니라는 것을 알리는 표지판과 울타리를 설치하거나 물놀이를 할 수 없도록 관리인을 두는 경우

■ 판례 ■ 　수질오염물질이 포함된 액체를 공공수역에 배출하지 않고 재사용하는 시설이 수질환경보전법상 폐수배출시설에 해당하는지 여부(적극)

2000. 1. 21. 법률 제6199호로 개정되기 전의 수질환경보전법 제2조 제5호에서는 폐수배출시설을 '수질오염물질을 공공수역에 배출하는 시설물 · 기계 · 기구 기타 물체로서 환경부령으로 정하는 것'이라고 정의하고 있었으나, 2000. 1. 21. 개정된 수질환경보전법(2000. 10. 22. 시행) 제2조 제5호에서는 폐수배출시설을 정의하면서 위 규정에서 "공공수역에"라는 부분을 삭제하여 '수질오염물질을 배출하는 시설물 · 기계 · 기구 기타 물체로서 환경부령으로 정하는 것'이라고 규정하고 있으므로, 2000. 1. 21. 개정된 수질환경보전법의 시행 이후에는, 폐수배출시설은 수질오염물질을 '공공수역'에 배출하는 시설에 한정되지 않게 되었다고 할 것이고, 또한 위 개정법하에서는 당해 기계시설에서 발생된 수질오염물질이 포함된 액체를 공공수역에 배출하지 않고 당해 기계시설에 재사용하는 시설도 폐수배출시설에 해당한다(대법원 2005.10.28. 선고 2003도5192 판결).

■ 판례 ■ 　수질환경보전법시행령 제2조 제1항에서 말하는 '특정수질유해물질이 발생되는 배출시설'의 의미

수질환경보전법시행령 제2조 제1항에서 말하는 '특정수질유해물질이 발생되는 배출시설'이라 함은, 폐수배출시설의 기능 및 공정상 특정수질유해물질이 발생되는 경우, 즉 사업자가 사용하는 원료(용수 포함) · 부원료 · 첨가물의 성질 및 그 공정 과정에서의 화학 작용 등이 원인이 되어 특정수질유해물질이 발생되는 경우를 의미한다.(대법원 2005.1.28. 선고 2002도6931 판결).

II. 벌칙 및 특별법규정

1. 벌 칙

제75조(벌칙) 다음 각호의 어느 하나에 해당하는 자는 7년 이하의 징역 또는 7천만원 이하의 벌금에 처한다.
1. 제33조제1항 또는 제2항의 규정에 의한 허가 또는 변경허가를 받지 아니하거나 거짓으로 허가 또는 변경허가를 받아 배출시설을 설치 또는 변경하거나 그 배출시설을 이용하여 조업한 자
2. 제33조제7항 및 제8항의 규정에 의하여 배출시설의 설치를 제한하는 지역에서 제한되는 배출시설을 설치하거나 그 시설을 이용하여 조업한 자
3. 제38조제2항 각호의 어느 하나에 해당하는 행위를 한 자

제76조(벌칙) 다음 각호의 어느 하나에 해당하는 자는 5년 이하의 징역 또는 5천만원 이하의 벌금에 처한다.
1. 제4조의6제4항에 따른 조업정지·폐쇄 명령을 이행하지 아니한 자
2. 제33조제1항에 따른 신고를 하지 아니하거나 거짓으로 신고를 하고 배출시설을 설치하거나 그 배출시설을 이용하여 조업한 자
3. 제38조제1항 각 호의 어느 하나에 해당하는 행위를 한 자
4. 제38조의2제1항에 따라 측정기기의 부착 조치를 하지 아니한 자(적산전력계 또는 적산유량계를 부착하지 아니한 자는 제외한다)
5. 제38조의3제1항제1호·제3호 또는 제4호에 해당하는 행위를 한 자
6. 제40조에 따른 조업정지명령을 위반한 자
7. 제42조에 따른 조업정지 또는 폐쇄 명령을 위반한 자
8. 제44조에 따른 사용중지명령 또는 폐쇄명령을 위반한 자
9. 제50조제1항 각 호의 어느 하나에 해당하는 행위를 한 자

제77조(벌칙) 다음 각 호의 어느 하나에 해당하는 자는 3년 이하의 징역 또는 3천만원 이하의 벌금에 처한다.
1. 제15조제1항제1호를 위반하여 특정수질유해물질 등을 누출·유출하거나 버린 자
2. 제62조제1항에 따른 허가 또는 변경허가를 받지 아니하거나 거짓이나 그 밖의 부정한 방법으로 허가 또는 변경허가를 받아 폐수처리업을 한 자

제78조(벌칙) 다음 각호의 어느 하나에 해당하는 자는 1년 이하의 징역 또는 1천만원 이하의 벌금에 처한다.
1. 제12조제2항의 규정에 의한 시설의 개선 등의 조치명령을 위반한 자
2. 업무상 과실 또는 중대한 과실로 인하여 제15조제1항제1호의 규정을 위반하여 특정수질유해물질 등을 누출·유출시킨 자
3. 제15조제1항제2호의 규정을 위반하여 분뇨·축산폐수 등을 버린 자
4. 〈2016.1.27.삭제〉
5. 제15조제3항의 규정에 의한 방제조치의 이행명령을 위반한 자
6. 제17조제1항의 규정에 의한 통행제한을 위반한 자
7. 제21조의3제1항에 따른 특별조치명령을 위반한 자
8. 제37조제1항에 따른 가동시작 신고를 하지 아니하고 조업한 자
9. 제37조제4항에 따른 조사를 거부·방해 또는 기피한 자
9의2. 제38조의2제4항 단서를 위반하여 수질오염방지시설(공동방지시설을 포함한다), 공공폐수처리시설 또는 공공하수처리시설의 운영을 수탁받은 자에게 측정기기의 관리업무를 대행하게 한 자
10. 제38조의4제2항에 따른 조업정지명령을 이행하지 아니한 자
10의2. 제38조의6제1항을 위반하여 측정기기 관리대행업의 등록 또는 변경등록을 하지 아니하고 측정기기 관리업무를 대행한 자
11. 제50조제4항에 따른 시설의 개선 등의 조치명령을 위반한 자
12. 제53조제5항 각 호 외의 부분 본문에 따른 비점오염저감시설을 설치하지 아니한 자
13. 제53조제5항에 따른 비점오염저감계획의 이행명령 또는 비점오염저감시설의 설치·개선 명령을 위반한 자
13의2. 제53조의3제1항에 따른 성능검사를 받지 아니한 비점오염저감시설을 공급한 자

13의3. 제53조의4에 따라 성능검사 판정의 취소처분을 받은 자 또는 성능검사 판정이 취소된 비점오염저감시설을 공급한 자

14. 제60조제1항에 따른 신고를 하지 아니하고 기타수질오염원을 설치 또는 관리한 자

15. 제60조제8항 또는 제9항에 따른 조업정지·폐쇄 명령을 위반한 자

16. 삭제〈2019.11.26〉

17. 제68조제1항에 따른 관계 공무원의 출입·검사를 거부·방해 또는 기피한 폐수무방류배출시설을 설치·운영하는 사업자

제79조(벌칙) 다음 각호의 어느 하나에 해당하는 자는 500만원 이하의 벌금에 처한다.

1. 제38조의4제1항에 따른 조치명령을 이행하지 아니한 자

2. 제62조제3항제1호 또는 제2호에 따른 준수사항을 지키지 아니한 폐수처리업자

3. 제68조제1항에 따른 관계 공무원의 출입·검사를 거부·방해 또는 기피한 자(폐수무방류배출시설을 설치·운영하는 사업자는 제외한다)

제80조(벌칙) 다음 각호의 어느 하나에 해당하는 자는 100만원 이하의 벌금에 처한다.

1. 제38조의2제1항에 따라 적산전력계 또는 적산유량계를 부착하지 아니한 자

2. 제47조제4항을 위반하여 환경기술인의 업무를 방해하거나 환경기술인의 요청을 정당한 사유 없이 거부한 자

제81조(양벌규정) 법인의 대표자나 법인 또는 개인의 대리인, 사용인, 그 밖의 종업원이 그 법인 또는 개인의 업무에 관하여 제75조부터 제80조까지의 어느 하나에 해당하는 위반행위를 하면 그 행위자를 벌하는 외에 그 법인 또는 개인에게도 해당 조문의 벌금형을 과(科)한다. 다만, 법인 또는 개인이 그 위반행위를 방지하기 위하여 해당 업무에 관하여 상당한 주의와 감독을 게을리하지 아니한 경우에는 그러하지 아니하다.

2. 환경범죄 등의 단속 및 가중처벌에 관한 법률

제3조(오염물질 불법배출의 가중처벌) ① 오염물질을 불법배출함으로써 사람의 생명이나 신체에 위해를 끼치거나 상수원을 오염시킴으로써 먹는 물의 사용에 위험을 끼친 자는 3년 이상 15년 이하의 유기징역에 처한다.

② 제1항의 죄를 범하여 사람을 죽거나 다치게 한 자는 무기 또는 5년 이상의 유기징역에 처한다.

③ 오염물질을 불법배출한 자로서 다음 각 호의 어느 하나에 해당하거나 「물환경보전법」 제15조제1항제4호를 위반한 자로서 제3호에 해당하는 자는 1년 이상 7년 이하의 징역에 처한다.

1. 농업, 축산업, 임업 또는 원예업에 이용되는 300㎡ 이상의 토지를 해당 용도로 이용할 수 없게 한 자

2. 바다, 하천, 호소(湖沼) 또는 지하수를 별표 1에서 정하는 규모 및 기준 이상으로 오염시킨 자

3. 어패류를 별표 2에서 정하는 규모 이상으로 집단폐사(集團斃死)에 이르게 한 자

제5조(과실범) ① 업무상 과실 또는 중대한 과실로 제3조제1항의 죄를 범한 자는 7년 이하의 징역 또는 1억원 이하의 벌금에 처한다.

② 업무상 과실 또는 중대한 과실로 제3조제2항 또는 제4조제3항의 죄를 범한 자는 10년 이하의 징역 또는 1억5천만원 이하의 벌금에 처한다.

③ 업무상 과실 또는 중대한 과실로 제3조제3항의 죄를 범한 자는 3년 이하의 징역 또는 3천만원 이하의 벌금에 처한다.

III. 범죄사실

1. 업무상과실 특정수질 유해물질등 누출·유출

1) 적용법조 : 제78조 제2호, 제15조 제1항 제1호(고의범 제77조 제1호) ☞ 공소시효 5년

제15조(배출 등의 금지) ① 누구든지 정당한 사유 없이 다음 각호의 어느 하나에 해당하는 행위를 하여서는 아니된다.

1. 공공수역에 특정수질유해물질, 「폐기물관리법」에 의한 지정폐기물, 「석유 및 석유대체연료 사업법」에 의한 석유제품 및 원유(석유가스를 제외한다. 이하 "유류"라 한다), 「유해화학물질 관리법」에 의한 유독물(이하 "유독물"이라 한다), 「농약관리법」에 의한 농약(이하 "농약"이라 한다)을 누출·유출하거나 버리는 행위
2. 공공수역에 분뇨, 축산폐수, 동물의 사체, 폐기물(「폐기물관리법」에 의한 지정폐기물을 제외한다) 또는 오니(汚泥)를 버리는 행위
3. 하천·호소에서 자동차를 세차하는 행위
4. 공공수역에 환경부령으로 정하는 기준 이상의 토사(土砂)를 유출하거나 버리는 행위

② 제1항제1호 또는 제2호의 행위로 인하여 공공수역이 오염되거나 오염될 우려가 있는 경우에는 그 행위자·행위자가 소속된 법인 및 그 행위자의 사업주(이하 "행위자등"이라 한다)는 당해 물질을 제거하는 등 환경부령이 정하는 바에 따라 오염의 방지·제거를 위한 조치(이하 "방제조치"라 한다)를 하여야 한다.

③ 시·도지사는 제2항의 규정에 의하여 행위자등이 방제조치를 행하지 아니하는 경우에는 당해 행위자등에게 방제조치의 이행을 명할 수 있다.

④ 시·도지사는 제3항의 규정에 의한 방제조치 명령을 받은 자가 그 명령을 이행하지 아니하거나 그 방제조치만으로는 수질오염의 방지 또는 제거가 곤란하다고 인정되는 때에는 시장·군수·구청장으로 하여금 당해 방제조치의 대집행을 하도록 할 수 있다.

⑤ 제4항의 규정에 의한 대집행에 관하여는 「행정대집행법」이 정하는 바에 의한다. 이 경우 제3항의 규정에 의한 시·도지사의 명령은 이를 시장·군수·구청장의 명령으로 본다.

2) 범죄사실 기재례

피의자 甲은 ○○에 있는 (주)웅비 소속(차량번호) 호 탱크로리 차량의 운전자, 피의자 (주)웅비는 차량용 연료를 제조·소매 등을 목적으로 설립된 법인이다.

가. 피의자 甲

피의자는 200○. ○. ○. ○○:○○경 ○○에 있는 앞 국도상에서 위 차량에 석유및석유대체연료사업법에 의한 석유제품인 경유 2,000ℓ를 적재하고 운전하면서 안전운전의무를 위반한 업무상과실로 인해 도로변 가드레일을 충격 후 전복하여 경유 200ℓ를 도로와 인접한 공공수역인 농수로에 유출시켰다.

나. 피의자 (주)웅비

피의자는 피의자의 대표자인 위 甲의 업무에 관하여 위와 같이 위반행위를 하게 하였다.

3) 신문사항

- 탱크로리 차량을 운전하는가
- 어떤 차량인가(소유자, 차종 등)
- 위 차량에 석유제품을 적재하고 운행한 일이 있는가

- 어떤 석유제품이며 어느 정도 적재하였니

- 언제 어디에서 어디까지 운행하였나

- 운행 중 사고가 발생한 일이 있는가

- 어디에서 어떤 사고가 발생하였나

- 사고로 적재된 석유제품이 유출되었나

- 얼마 정도 유출되었나

- 어떻게 유출되었나

- 어디로 유출되었나

- 그곳이 공공수역인가

- 어떤 조치를 취하였는가

- 왜 사고가 발생하였나

■ 판례 ■　　구 수질환경보전법 제15조 제1항 제2호에서 말하는 '분뇨를 버린다'는 의미

구 수질환경보전법(2007. 5. 17. 법률 제8466호로 개정된 수질 및 수생태계 보전에 관한 법률이 2007. 11. 18. 시행됨으로써 그 법명이 수질 및 수생태계 보전에 관한 법률로 변경되기 전의 것, 이하 '법'이라고 한다) 제15조 제1항 제2호의 규정에 의하면 정당한 사유 없이 공공수역에 분뇨를 버리는 행위를 금지하고 있는바, 여기서 분뇨를 버린다고 함은 물리적, 화학적 또는 생물학적 방법에 의하여 분뇨를 안전하게 처리함이 없이 '분뇨인 상태' 그대로 버리는 것을 말하는 것이고(대법원 1984.12.11. 선고 84도1738 판결 등 참조), 한편 수질오염으로 인한 국민건강 및 환경상의 위해를 예방하고 하천·호소 등 공공수역의 수질을 적정하게 관리·보전함으로써 국민으로 하여금 그 혜택을 널리 향유할 수 있도록 함과 동시에 미래의 세대에게 승계될 수 있도록 함을 목적으로 하여 제정된 법의 입법 목적에 비추어 보면, 여기서 '분뇨인 상태'라 함은 분뇨 그 자체뿐만 아니라 수질오염으로 인하여 국민건강 및 환경상의 위해를 초래할 정도의 분뇨가 함유된 폐수도 포함된다고 할 것이다(대법원 2008.9.25. 선고 2008도6298 판결).

2. 특정수질 유해물질등 누출 · 유출 (고의범)

1) 적용법조 : 제77조 제1호, 제15조 제1항 제1호 ☞ 공소시효 5년

2) 범죄사실 기재례

> 피의자는 ○○에서 ○○전자라는 상호로 인쇄회로기판 제조업에 종사하는 사람이다.
>
> 누구든지 정당한 사유 없이 공공수역에 특정수질유해물질을 누출 · 유출하거나 버리는 행위를 하여서는 아니 된다.
>
> 그럼에도 피의자는 20○○. ○. ○.경부터 20○○. ○. ○.까지 사이에 위 전자 사업장에서, 폐수 위탁처리 비용을 아낄 목적으로, 위탁 폐수 저장조에 모아 놓은 특정수질 유해물질인 동(Cu, 배출허용기준 3mg/ℓ)이 ○○mg/ℓ 함유된 폐수 합계 약 ○○톤을 자바라 호스(지름 4cm, 길이 250cm)를 이용한 비밀배출구를 통하여 공공수역인 하수관거에 버렸다.

■ **판례** ■   **'폐수 수질검사 결과 회신' 의 증거능력**

[1] 과학적 증거방법이 사실인정에서 상당한 정도의 구속력을 갖기 위한 요건

폐수 수질검사와 같은 과학적 증거방법이 사실인정에 있어서 상당한 정도로 구속력을 갖기 위해서는, 감정인이 전문적인 지식·기술·경험을 가지고 공인된 표준 검사기법으로 분석을 거쳐 법원에 제출하였다는 것만으로는 부족하고, 시료의 채취·보관·분석 등 모든 과정에서 시료의 동일성이 인정되고 인위적인 조작·훼손·첨가가 없었음이 담보되어야 하며 각 단계에서 시료에 대한 정확한 인수인계 절차를 확인할 수 있는 기록이 유지되어야 한다.

[2] 배출허용기준을 초과하여 특정 수질유해물질을 배출하였다는 구 수질환경보전법 위반의 공소사실에 대하여, '폐수 수질검사 결과 회신'을 유죄의 증거로 삼기에 부족하다는 이유로 무죄로 판단한 원심판단을 수긍한 사례

수질오염 방지시설을 가동하지 아니한 채 폐수를 무단 방류함으로써 배출허용기준을 초과하여 특정 수질유해물질을 배출하였다는 구 수질환경보전법(2007. 5. 17. 법률 제8466호 수질 및 수생태계 보전에 관한 법률로 개정되기 전의 것) 위반의 공소사실에 대하여, 그 증거방법으로 제출된 울산광역시 보건환경연구원의 '폐수 수질검사 결과 회신'을 유죄의 증거로 삼기에 부족하다는 이유로 무죄로 판단한 원심판단을 수긍한 사례(대법원 2010.3.25. 선고 2009도14772 판결).

3. 미신고 · 무허가 배출시설 설치행위

1) 적용법조 : 제75조 제1호, 제33조 제1항 ☞ 공소시효 7년

제33조(배출시설의 설치 허가 및 신고) ① 배출시설을 설치하려는 자는 대통령령으로 정하는 바에 따라 환경부장관의 허가를 받거나 환경부장관에게 신고하여야 한다. 다만, 제7항에 따라 폐수무방류배출시설을 설치하려는 자는 환경부장관의 허가를 받아야 한다.

② 제1항에 따라 허가를 받은 자가 허가받은 사항 중 대통령령으로 정하는 중요한 사항을 변경하려는 경우에는 변경허가를 받아야 한다. 다만, 그 밖의 사항 중 환경부령으로 정하는 사항을 변경하려는 경우 또는 환경부령으로 정하는 사항을 변경한 경우에는 변경신고를 하여야 한다.

③ 제1항에 따라 신고를 한 자가 신고한 사항 중 환경부령으로 정하는 사항을 변경하려는 경우 또는 환경부령으로 정하는 사항을 변경한 경우에는 환경부령으로 정하는 바에 따라 변경신고를 하여야 한다.

⑨ 제1항 및 제2항에 따른 허가 또는 변경허가의 기준은 다음 각 호와 같다.
  1. 배출시설에서 배출되는 오염물질을 제32조에 따른 배출허용기준 이하로 처리할 수 있을 것
  2. 다른 법령에 따른 배출시설의 설치제한에 관한 규정에 위반되지 아니할 것
  3. 폐수무방류배출시설을 설치하는 경우에는 폐수가 공공수역으로 유출 · 누출되지 아니하도록 대통령령으로 정하는 시설 전부를 대통령령으로 정하는 기준에 따라 설치할 것

※ 시행령(대통령령)

제31조(설치허가 및 신고 대상 폐수배출시설의 범위 등) ① 법 제33조제1항 본문에 따라 설치허가를 받아야 하는 폐수배출시설(이하 "배출시설"이라 한다)은 다음 각 호와 같다.
  1. 특정수질유해물질이 환경부령으로 정하는 기준 이상으로 배출되는 배출시설
  2. 「환경정책기본법」 제38조에 따른 특별대책지역(이하 "특별대책지역"이라 한다)에 설치하는 배출시설
  3. 법 제33조제8항에 따라 환경부장관이 고시하는 배출시설 설치제한지역에 설치하는 배출시설
  4. 「수도법」 제7조에 따른 상수원보호구역(이하 "상수원보호구역"이라 한다)에 설치하거나 그 경계구역으로부터 상류로 유하거리(流下距離) 10킬로미터 이내에 설치하는 배출시설
  5. 상수원보호구역이 지정되지 아니한 지역 중 상수원 취수시설이 있는 지역의 경우에는 취수시설로부터 상류로 유하거리 15킬로미터 이내에 설치하는 배출시설
  6. 법 제33조제1항 본문에 따른 설치신고를 한 배출시설로서 원료 · 부원료 · 제조공법 등이 변경되어 특정수질유해물질이 제1호에 따른 기준 이상으로 새로 배출되는 배출시설

---

2) 범죄사실 기재례

[기재례1] 무허가 배출시설 설치행위

> 배출시설을 설치하고자 하는 자는 대통령령이 정하는 바에 의하여 환경부장관의 허가를 받거나 환경부장관에게 신고하여야 한다.
> 그럼에도 불구하고 피의자는 20○○. ○. ○.경부터 20○○. ○. ○.경까지 사이에 피의자가 운영하는 ○○공장에서 허가없이 폐수배출시설인 용량 30㎥의 침지시설과 동력합계 5마력의 압착시설 4기를 설치하여 조업하였다.

[기재례2] 무신고 배출시설 설치행위

> 배출시설을 설치하고자 하는 자는 대통령령이 정하는 바에 의하여 환경부장관의 허가를 받거나 환경부장관에게 신고하여야 한다.
> 그럼에도 불구하고 피의자는 200〇. 〇. 〇.경부터 200〇. 〇. 〇.경까지 신고없이 회사 사업장에 폐수배출시설로서 조립금속제조시설인 습식연마시설 4대를 각 설치하고 이를 이용하여 조업하였다.

[기재례3] 무단배출

> 피의자는 환경부장관으로부터 폐수배출시설설치 허가를 받지 아니하고 200〇. 〇. 〇.경부터 200〇. 〇. 〇.경까지 피의자 운영의 나염가공업체인 '피포인트' 사업장에 나염제조시설 4대 등을 갖추고 나염의류제조 등 조업을 하는 과정에서 발생한 폐수를 특정수질유해물질인 구리화합물(Cu)이 함유되어 있는 상태 등으로 1일 평균 〇〇ℓ 씩 사업장 내 하수관을 통하여 무단 배출하였다.

3) 신문사항

- 피의자는 어떠한 사업을 하고 있는가
- 폐수를 발생하는 업종인가
- 폐수배출시설을 설치하였나
- 어떠한 폐수배출시설을 설치하였나(폐수배출시설의 종류와 사용방법 등)
- 허가를 받았는가
- 조업기간과 폐수 배출량은
- 왜 허가를 받지 않고 조업을 하였나

■ **판례** ■ 　수질환경보전법시행규칙이 개정되어 그 부칙 규정이 배출시설에 관한 경과조치로서 기존 배출시설의 허가를 받은 자는 정해진 기간 내에 배출시설설치 허가증을 재교부받도록 하였으나, 그 기간 내에 허가증을 재교부받지 아니한 경우, 기존의 허가가 실효되는지 여부(소극)

수질환경보전법 제2조 제5호에 따라 '폐수배출시설'을 규정하고 있는 수질환경보전법시행규칙은 1996. 1. 8. 환경부령 제14호에 의한 개정에 의해 폐수배출시설의 분류를 개별단위시설에서 공정단위별시설로 전환함으로써 단위시설별 허가제를 공정단위별 허가제로 변경하고, 위 시행규칙의 부칙 제2조 제1항은 배출시설에 관한 경과조치로서 기존 허가를 받은 자는 개정 규칙에 의한 허가를 받은 자로 의제한 후 1년 이내에 허가증을 다시 교부받도록 규정하였는바, 위 시행규칙의 개정목적이나 위 부칙 조항의 문리적 해석, 법률의 특별한 위임도 없이 시행규칙의 허가단위 변경만으로 기존의 국민의 자유나 권리를 제한하거나 박탈할 수는 없다는 점 등에 비추어, 위 시행규칙 시행 이전에 배출시설설치의 허가를 받은 자는 그 허가에 포함된 공정 범위 내에서 배출시설설치의 허가를 받은 것으로 보아야 할 것이고, 위 허가증의 재교부는 행정편의를 위한 것일 뿐으로 그것이 행정처분이라고 할 수도 없으며 허가증의 재교부를 받지 아니하였다고 하여 기존의 허가가 실효된다고 할 수는 없다(대법원2004.10.15. 선고 2003도4953 판결).

[1] 구 수질환경보전법상 설치허가를 요하는 폐수배출시설에 해당하기 위한 요건

구 수질환경보전법(1995. 8. 4. 법률 제4970호로 개정되기 전의 것) 제2조 제1호, 제2호, 제4호, 제5호 및 수질환경보전법시행규칙(1996. 1. 8. 환경부령 제14호로 개정되기 전의 것) 제2조 관련 별표 1, 제4조, 제5호 관련 별표 3 등 관계 법령의 규정에 의하면, 폐수배출시설은 액체성 또는 고체성의 구리(동) 및 그 화합물 등 29종의 수질오염물질이 혼입된 물을 하천·호소·항만·연안 해역 기타 공공용에 사용되는 수역과 이에 접속하여 공공용에 사용되는 지하수로·농업용수로· 하수관거·운하의 공공수역으로 흘러 들어가게 하는 시설물 등으로서 위 시행규칙 제5조 관련 별표 3 소정의 배출시설로 정하여진 것을 말하므로, 배출된 물에 수질오염물질이 혼입되어 있지 아니하거나 그 수질오염물질이 혼입되어 있다 하더라도 그 폐수가 공공수역으로 흘러 들어가지 아니하는 경우에는 위와 같이 배출시설로 정하여진 것이라고 하더라도 위 법에서 설치허가를 요하는 폐수배출시설에 해당되지 아니한다.

[2] 이동식 선별기가 폐수배출시설에 해당하는지 여부(소극)

농한기에 굴착기로 논에 있는 흙을 퍼내어 그 곳에서 생긴 흙탕물을 이용하여 모래와 자갈을 분리한 후 그 과정에서 생긴 흙탕물은 그 곳 웅덩이에 모여 침전되면 이를 다시 사용하는 방식의 이동식 선별기는 [1]항의 폐수배출시설이 아니다(대법원 1996.9.20. 선고 96도1661 판결).

■ 판례 ■   **피고인 甲 주식회사의 대표이사 피고인 乙이 관할 관청의 허가 없이 폐수배출시설인 금속가공제품 제조시설을 설치하고 조업한 경우**

피고인 甲 주식회사의 대표이사 피고인 乙이 관할 관청의 허가 없이 특정수질유해물질인 납(Pb)이 포함된 1일 최대 폐수량 27㎥의 폐수배출시설인 금속가공제품 제조시설[플라즈마(Plasma) 절단시설과 그 아래에 있는 습식 정반]을 설치하고 조업하였다고 하여 구 수질 및 수생태계 보전에 관한 법률(2014. 3. 24. 법률 제12519호로 개정되기 전의 것) 위반으로 기소된 사안에서, 공소사실에서 '폐수'로 특정된 물은 사업장의 전체 공정 중 '절단' 공정에 위치하고, 절단 공정은 플라스마를 철판에 분사하여 절단하는 방식으로 이루어지는데, 이때 발생한 분진은 공기 중으로 흩어지고, 슬러그(Slug, 찌꺼기)는 절단시설 아래에 있는 습식 정반에 모이게 되고, 정반 안에는 물이 약 20cm 고여 있어 절단 공정 시 떨어지는 슬러그를 효율적·안정적으로 모을 수 있게 하고 분진을 억제하는 등의 역할을 하는 점 등을 종합하면, 물은 밀폐된 정반에 계속 고여 있을 뿐 밖으로 배출되거나 배출될 것이 예정되어 있지 않으며, 폐수가 '배출'되는 것이 아니라 단지 '발생'한다고 볼 수밖에 없는 경우에도 '폐수배출시설'이라고 보아 처벌한다면 건전한 일반상식을 가진 사람이 어떠한 경우 자신의 행위가 처벌받는지 예측하기가 어렵고, 발생된 폐수가 밀폐된 정반에 가두어져 수분은 증발하고 납 등 고체 성분은 정반에 남아 있을 뿐 납 성분이 함유된 폐수가 외부 하천·호소 등 공공수역으로 배출되지 않을 것이 명백한 경우에는 그에 대해 허가를 받도록 하지 않는다고 하여 헌법상 환경권과 이를 구체화·현실화한 수질 및 수생태계 보전에 관한 법률을 둔 입법 취지와 목적 등에 반한다고 볼 수 없으므로, 위 시설이 같은 법 제75조 제1호에서 정한 '폐수배출시설'에 해당하지 않는다는 이유로 무죄를 선고한 사례.(창원지법 2015.9.16. 선고, 2015노315, 판결)

4. 배출시설 및 방지시설의 비정상 운영

1) 적용법조 : 제76조 제3호, 제38조 제1항 ☞ 공소시효 7년

제38조(배출시설 및 방지시설의 운영) ① 사업자(제33조제1항 단서 또는 같은 조 제2항에 따라 폐수무방류배출시설의 설치허가 또는 변경허가를 받은 사업자는 제외한다) 또는 방지시설을 운영하는 자(제35조제5항에 따른 공동방지시설 운영기구의 대표자를 포함한다. 이하 같다)는 다음 각 호의 어느 하나에 해당하는 행위를 하여서는 아니 된다.
1. 배출시설에서 배출되는 수질오염물질을 방지시설에 유입하지 아니하고 배출하거나 방지시설에 유입하지 아니하고 배출할 수 있는 시설을 설치하는 행위
2. 방지시설에 유입되는 수질오염물질을 최종 방류구를 거치지 아니하고 배출하거나 최종 방류구를 거치지 아니하고 배출할 수 있는 시설을 설치하는 행위
3. 배출시설에서 배출되는 수질오염물질에 공정(工程) 중 배출되지 아니하는 물 또는 공정 중 배출되는 오염되지 아니한 물을 섞어 처리하거나 제32조에 따른 배출허용기준을 초과하는 수질오염물질이 방지시설의 최종 방류구를 통과하기 전에 오염도를 낮추기 위하여 물을 섞어 배출하는 행위. 다만, 환경부장관이 환경부령으로 정하는 바에 따라 희석하여야만 수질오염물질을 처리할 수 있다고 인정하는 경우와 그 밖에 환경부령으로 정하는 경우는 제외한다.
4. 그 밖에 배출시설 및 방지시설을 정당한 사유 없이 정상적으로 가동하지 아니하여 제32조에 따른 배출허용기준을 초과한 수질오염물질을 배출하는 행위

2) 범죄사실 기재례

[기재례1] 비밀배출구의 설치(제38조 제1항 제1호)

피의자는 ○○에서 "항상세차장"이라는 상호로 세차업에 종사하는 자로, 위 세차장에서 조업할 때는 폐수배출시설에서 배출되는 폐수를 방지시설인 유수분리조, 집수조, 반응조, 여과조, 침전조, 탈수조 등을 순차로 거치게 하고, 화학약품을 투입하여 폐수를 처리하는 등 배출 및 방지시설을 정상운영하여 배출허용기준치 이하로 배출시켜야 한다.

그럼에도 불구하고 피의자는 20○○. ○. ○.경부터 20○○. ○. ○.경까지 사이에 위 세차장에서 위 방지시설을 거치지 아니하고 세차도크에서 하수구로 직접 통하는 비밀배출관을 설치하여 세차폐수를 무단방류하여 부유물질(SS)의 기준치 150피피엠(PPM)을 초과한 ○○피피엠, 노말헥산 추출물질인 광물유지류의 기준치 5ppm을 초과한 8ppm의 상태인 폐수를 하루에 약 2톤씩 합계 20톤가량을 배출함으로써 방지시설을 정상운영하지 아니하였다.

[기재례2] 배출허가기준을 초과한 오염물질배출(제38조 제1항 제4호)

피의자는 환경부장관으로부터 공단폐수종말처리구역으로 지정된 ○○에 있는 ○○산단에서 ○○식품이라는 상호로 연육가공업에 종사하는 사람으로, 위 업소는 1일 폐수배출량 약 250㎥로서 배출폐수 중 생물화학적 산소요구량 30mg/l, 화학적 산소요구량 40mg/l, 부유물질량 30mg/1을 초과하여서는 아니 된다.

그럼에도 불구하고 피의자는 20○○. ○. ○. ○○:○○경 위 업소 공장에서 배출시설을 통해 일시에 폐수 약 300㎥를 배출하여 배출허용기준을 초과한 생물화학적산소요구량 ○○mg/1, 화학적 산소요구량 ○○mg/1, 부유물질량 ○○mg/1의 오염물질을 정당한 사유없이 배출하였다.

[기재례3] 무단으로 배출허가기준을 초과한 오염물질배출(제38조 제1항 제4호)

> 피의자 甲은 ○○에 있는 ○○회사의 관리팀장으로서 회사의 환경관리책임자, ○○회사는 ○○목적으로 설립된 법인이다.
> 가. 피의자 甲
> 피의자는 20○○. ○. ○.경 회사의 공장에서 정당한 사유 없이 수질오염방지시설을 정상적으로 가동하지 아니하여 방진복을 세탁하는 과정에서 발생한 수소이온농도(pH)가 10.7mg/ℓ(기준치 5.8~8.6mg/ℓ)인 상태의 폐수를 그곳 하수구를 통하여 방류함으로써 배출허용기준을 초과한 오염물질을 배출하는 행위를 하였다.
> 나. 피의자 ○○회사 피의자는 종업원인 피의자 甲이 회사의 업무에 관하여 위와 같은 방법으로 배출허용기준을 초과한 오염물질을 배출하는 행위를 하게하였다.

3) 오염물질의 배출허용기준

〈생물화학적산소요구량 · 화학적산소요구량 · 부유물질량(단위 mg/ℓ)〉

대 상 규 모 지역구분 \ 항 목	1일폐수배출량 2,000㎥ 이상			1일폐수배출량 2,000㎥ 미만		
	생물화학적산소요구량	화학적산소요구량	부유물질량	생물화학적산소요구량	화학적산소요구량	부유물질량
청정지역 「환경정책기본법 시행령」 별표 1 제3호에 따른 수질 및 수생태계 환경기준(이하 "수질 및 수생태계 환경기준"이라 한다) 매우 좋음(Ⅰa)등급 정도의 수질을 보전하여야 한다고 인정되는 수역의 수질에 영향을 미치는 지역으로서 환경부장관이 정하여 고시하는 지역	30이하	40이하	30이하	40이하	50이하	40이하
가지역 수질 및 수생태계 환경기준 좋음(Ⅰb), 약간 좋음(Ⅱ)등급 정도의 수질을 보전하여야 한다고 인정되는 수역의 수질에 영향을 미치는 지역으로서 환경부장관이 정하여 고시하는 지역	60이하	70이하	60이하	80이하	90이하	80이하
나지역 수질 및 수생태계 환경기준 보통(Ⅲ), 약간 나쁨(Ⅳ), 나쁨(Ⅴ) 등급 정도의 수질을 보전하여야 한다고 인정되는 수역의 수질에 영향을 미치는 지역으로서 환경부장관이 정하여 고시하는 지역	80이하	90이하	80이하	120이하	130이하	120이하
특례지역 환경부장관이 법 제49조제3항에 따른 공동처리구역으로 지정하는 지역 및 시장·군수가 「산업입지 및 개발에 관한 법률」 제8조에 따라 지정하는 농공단지	30이하	40이하	30이하	30이하	40이하	30이하

4) 신문사항

- 피의자는 폐수배출 사업자인가
- 어디에서 어떠한 사업을 하는가
- 그 지역은 폐수종말처리구역으로 지정된 곳인가
- 1일 폐수배출량은 어느 정도인가
- 폐수배출허용기준을 알고 있는가
- 이 기준을 초과하여 폐수를 배출하다 적발된 일이 있는가
  이때 고발장에 첨부된 적발보고서 등을 보여주며
- 이러한 위반사항이 사실인가
- 어느 정도를 초과하여 배출하였다는 것인가
- 이렇게 정상운영하지 않은 이유는 무엇인가

■ **판례** ■ 허가ㆍ신고 없이 배출시설, 방지시설을 설치 운영하면서 오염물질을 배출한 자를 수질환경보전법 제56조의2 제4호 위반죄로 처벌할 수 있는지 여부(소극)

수질환경보전법 제56조의2 제4호에 의하면 같은 법 제15조 제1항 각 호의 1에 해당하는 자를 처벌하게 되어 있고, 같은 법 제15조 제1항은 "사업자(제13조 제3항 규정에 의한 공동방지시설의 대표자를 포함한다)는 배출시설 및 방지시설을 운영할 때에는 다음 각 호의 행위를 하여서는 아니된다."고 규정하고 있는바, 위 제15조 제1항 소정의 '사업자'에 대하여는 같은 법 제11조가 "제10조 제1항 내지 제3항의 규정에 의하여 허가ㆍ변경허가를 받은 자, 또는 신고ㆍ변경신고를 한 자(이하 사업자라 한다)…"라고 규정하고 있어, 같은 법 제15조 제1항 소정의 사업자도 결국 같은 법 제11조에서 정의하고 있는 사업자로 해석하지 않을 수 없으므로, 같은 법 제56조의2 제4호가 처단하는 같은 법 제15조 제1항 각 호의 1에 해당하는 행위를 한 자는 위와 같은 신분에 있는 사업자의 행위를 처단하는 규정이라고 보아야 하고, 위와 같은 신분을 갖지 않은, 즉 허가ㆍ신고 없이 배출시설, 방지시설을 운영한 자의 오염물질 배출행위에는 적용될 수 없다(대법원 1997.5.28. 선고 97도363 판결).

■ **판례** ■ 수질환경보전법상의 비정상운영신고를 하였지만 수질오염물질에 대한 배출시설 및 방지시설의 정상운영이 가능한 경우 이를 정상운영하지 아니하였다면 수질환경보전법 제56조 제3호 위반죄가 성립할 것인지 여부(적극)

수질오염물질에 대한 배출시설 및 방지시설의 개선 변경이나 고장 또는 수리를 위하여 비정상운영신고를 하였다고 하여도 그 가동을 중단할 필요없이 기존시설의 정상운영이 가능한 경우에는 정상운영할 의무가 있고 이를 위반한 때에는 수질환경보전법 제56조 제3호의 벌칙규정의 적용대상이 된다(대법원 1992.12.8. 선고 92도2517 판결).

제 43 장 방문판매 등에 관한 법률

Ⅰ. 개념정의

제2조(정의) 이 법에서 사용하는 용어의 뜻은 다음과 같다.

1. "방문판매"란 재화 또는 용역(일정한 시설을 이용하거나 용역을 제공받을 수 있는 권리를 포함한다. 이하 같다)의 판매(위탁 및 중개를 포함한다. 이하 같다)를 업(業)으로 하는 자(이하 "판매업자"라 한다)가 방문을 하는 방법으로 그의 영업소, 대리점, 그 밖에 총리령으로 정하는 영업 장소(이하 "사업장"이라 한다) 외의 장소에서 소비자에게 권유하여 계약의 청약을 받거나 계약을 체결(사업장 외의 장소에서 권유 등 총리령으로 정하는 방법으로 소비자를 유인하여 사업장에서 계약의 청약을 받거나 계약을 체결하는 경우를 포함한다)하여 재화 또는 용역(이하 "재화등"이라 한다)을 판매하는 것을 말한다.

2. "방문판매자"란 방문판매를 업으로 하기 위하여 방문판매조직을 개설하거나 관리·운영하는 자(이하 "방문판매업자"라 한다)와 방문판매업자를 대신하여 방문판매업무를 수행하는 자(이하 "방문판매원"이라 한다)를 말한다.

3. "전화권유판매"란 전화를 이용하여 소비자에게 권유를 하거나 전화회신을 유도하는 방법으로 재화등을 판매하는 것을 말한다.

4. "전화권유판매자"란 전화권유판매를 업으로 하기 위하여 전화권유판매조직을 개설하거나 관리·운영하는 자(이하 "전화권유판매업자"라 한다)와 전화권유판매업자를 대신하여 전화권유판매업무를 수행하는 자(이하 "전화권유판매원"이라 한다)를 말한다.

5. "다단계판매"란 다음 각 목의 요건을 모두 충족하는 판매조직(이하 "다단계판매조직"이라 한다)을 통하여 재화등을 판매하는 것을 말한다.
   가. 판매업자에 속한 판매원이 특정인을 해당 판매원의 하위 판매원으로 가입하도록 권유하는 모집방식이 있을 것
   나. 가목에 따른 판매원의 가입이 3단계(다른 판매원의 권유를 통하지 아니하고 가입한 판매원을 1단계 판매원으로 한다. 이하 같다) 이상 단계적으로 이루어질 것. 다만, 판매원의 단계가 2단계 이하라고 하더라도 사실상 3단계 이상으로 관리·운영되는 경우로서 대통령령으로 정하는 경우를 포함한다.
   다. 판매업자가 판매원에게 제9호나목 또는 다목에 해당하는 후원수당을 지급하는 방식을 가지고 있을 것

6. "다단계판매자"란 다단계판매를 업으로 하기 위하여 다단계판매조직을 개설하거나 관리·운영하는 자(이하 "다단계판매업자"라 한다)와 다단계판매조직에 판매원으로 가입한 자(이하 "다단계판매원"이라 한다)를 말한다.

7. "후원방문판매" 란 제1호(다음 각 목의 어느 하나에 해당하는 자가 개설·운영하는 사이버몰에서 「전자문서 및 전자거래 기본법」 제2조제5호에 따른 전자거래의 방법으로 소비자에게 판매하는 경우를 포함한다) 및 제5호의 요건에 해당하되, 대통령령으로 정하는 바에 따라 특정 판매원의 구매·판매 등의 실적이 그 직근 상위판매원 1인의 후원수당에만 영향을 미치는 후원수당 지급방식을 가진 경우를 말한다. 이 경우 제1호의 방문판매 및 제5호의 다단계판매에는 해당하지 아니하는 것으로 한다.
   가. 재화등을 생산하는 제8호에 따른 후원방문판매업자
   나. 제8호에 따른 후원방문판매업자가 판매하는 재화등의 주된 공급자

8. "후원방문판매자"란 후원방문판매를 업으로 하기 위한 조직(이하 "후원방문판매조직"이라 한다)을 개설하거나 관리·운영하는 자(이하 "후원방문판매업자"라 한다)와 후원방문판매조직에 판매원으로 가입한 자(이하 "후원방문판매원"이라 한다)를 말한다.

9. "후원수당"이란 판매수당, 알선 수수료, 장려금, 후원금 등 그 명칭 및 지급 형태와 상관없이 판매업자가 다음 각 목의 사항과 관련하여 소속 판매원에게 지급하는 경제적 이익을 말한다.
   가. 판매원 자신의 재화등의 거래실적
   나. 판매원의 수당에 영향을 미치는 다른 판매원들의 재화등의 거래실적
   다. 판매원의 수당에 영향을 미치는 다른 판매원들의 조직관리 및 교육훈련 실적

라. 그 밖에 가목부터 다목까지의 규정 외에 판매원들의 판매활동을 장려하거나 보상하기 위하여 지급되는 일체의 경제적 이익

10. "계속거래"란 1개월 이상에 걸쳐 계속적으로 또는 부정기적으로 재화등을 공급하는 계약으로서 중도에 해지할 경우 대금 환급의 제한 또는 위약금에 관한 약정이 있는 거래를 말한다.

11. "사업권유거래"란 사업자가 소득 기회를 알선·제공하는 방법으로 거래 상대방을 유인하여 금품을 수수하거나 재화등을 구입하게 하는 거래를 말한다.

12. "소비자"란 사업자가 제공하는 재화등을 소비생활을 위하여 사용하거나 이용하는 자 또는 대통령령으로 정하는 자를 말한다.

13. "지배주주"란 다음 각 목의 어느 하나에 해당하는 자를 말한다.

가. 대통령령으로 정하는 특수관계인과 함께 소유하고 있는 주식 또는 출자액의 합계가 해당 법인의 발행주식총수 또는 출자총액의 100분의 30 이상인 경우로서 그 합계가 가장 많은 주주 또는 출자자

나. 해당 법인의 경영을 사실상 지배하는 자. 이 경우 사실상 지배의 구체적인 내용은 대통령령으로 정한다.

※ 시행령(대통령령)

제2조(다단계판매조직의 범위) ① 「방문판매 등에 관한 법률」 (이하 "법"이라 한다) 제2조제5호나목 단서에서 "대통령령으로 정하는 경우"란 다음 각 호의 어느 하나에 해당하는 경우를 말한다.

1. 판매원에 대한 후원수당의 지급방법이 사실상 판매원의 단계가 3단계 이상인 경우와 같거나 유사한 경우

2. 다른 자로부터 판매 또는 조직관리를 위탁받은 자(법 제13조 및 제29조제3항에 따라 다단계판매업자 또는 후원방문판매업자로 등록한 자는 제외한다)가 자신의 하위판매원을 모집하여 관리·운영하는 경우로서 위탁한 자와 위탁받은 자의 하위판매조직을 하나의 판매조직으로 볼 때 사실상 3단계 이상인 판매조직이거나 이와 유사하게 관리·운영되는 경우

② 제1항제1호에 따른 판매원에 대한 후원수당 지급방법, 같은 항 제2호에 따른 3단계 이상이거나 이와 유사하게 관리·운영되는 기준은 총리령으로 정한다.

제3조(후원방문판매의 후원수당 지급방식) 법 제2조제7호 전단에 따른 후원수당 지급방식은 특정 판매원의 구매·판매 실적 및 이에 직접적으로 영향을 미치는 교육훈련·조직관리 활동이 그 직근 상위판매원 1인의 후원수당에만 영향을 미치는 지급방식으로 한다. 다만, 다음 각 호의 어느 하나에 해당하는 후원수당을 지급하는 것은 법 제2조제7호 전단에 따른 후원수당 지급방식에 포함되지 아니한다.

1. 시간당 교육비 등 구매·판매 실적과 관계없이 미리 마련한 기준에 따라 부정기적으로 지급되는 교육훈련비

2. 모든 판매원에게 똑같이 지급되는 상여금 또는 시용(試用) 제품

3. 실제 지출된 비용을 기준으로 지원하는 사업장 운영지원비

제4조(소비자의 범위) 법 제2조제12호에서 "대통령령으로 정하는 자"란 사업자가 제공하는 재화 또는 용역(이하 "재화등"이라 한다)을 소비생활 외의 목적으로 사용하거나 이용하는 자로서 다음 각 호의 어느 하나에 해당하는 자를 말한다.

1. 재화등을 최종적으로 사용하거나 이용하는 자. 다만, 재화등을 원재료(중간재를 포함한다) 및 자본재로 사용하는 자는 제외한다.

2. 법 제3조제1호 단서에 해당하는 사업자로서 재화등을 구매하는 자(해당 재화등을 판매한 자에 대한 관계로 한정한다)

3. 다단계판매원 또는 후원방문판매원이 되기 위하여 다단계판매업자 또는 후원방문판매업자로부터 재화등을 최초로 구매하는 자

4. 방문판매업자 또는 전화권유판매업자(이하 "방문판매업자등"이라 한다)와 거래하는 경우의 방문판매원 또는 전화권유판매원(이하 "방문판매원등"이라 한다)

5. 재화등을 농업(축산업을 포함한다) 및 어업 활동을 위하여 구입한 자(「원양산업발전법」 제6조제1항에 따라 해양수산부장관의 허가를 받은 원양어업자는 제외한다)

제5조(특수관계인의 범위 등) ① 법 제2조제13호가목에서 "대통령령으로 정하는 특수관계인"이란 다음 각 호의 어느 하나에 해당하는 자를 말한다.

1. 지배주주가 개인인 경우에는 다음 각 목의 어느 하나에 해당하는 자

가. 배우자

나. 6촌 이내의 혈족이나 4촌 이내의 인척

다. 지배주주 단독으로 또는 그와 가목 및 나목의 관계에 있는 사람들과 합하여 100분의 30 이상을 출자한 법인 및 그 임원

라. 지배주주 단독으로 또는 그와 가목부터 다목까지의 관계에 있는 자들과 합하여 100분의 30 이상을 출자한 법인 및 그 임원

2. 지배주주가 법인인 경우에는 다음 각 목의 어느 하나에 해당하는 자

가. 임원

나. 계열회사(「독점규제 및 공정거래에 관한 법률」 제2조제3호에 따른 계열회사를 말한다) 및 그 임원

② 법 제2조제13호나목 전단에서 "해당 법인의 경영을 사실상 지배하는 자"란 다음 각 호의 어느 하나에 해당하는 자를 말한다.

1. 단독으로 또는 다른 주주나 출자자와의 계약 또는 합의에 의하여 대표이사를 임면(任免)하거나 임원의 100분의 50 이상을 선임하거나 선임할 수 있는 자

2. 해당 법인의 조직 변경 또는 신규사업 투자 등 주요 의사결정이나 업무집행에 지배적인 영향력을 행사하고 있는 자

■ 판례 ■ 다단계판매원의 요건

법 제2조 제9호는 "일정한 이익이라 함은 다단계판매에 있어서 다단계판매원이 소비자에게 상품을 판매하여 얻는 소매이익과 다단계판매업자가 그 다단계판매원에게 지급하는 후원수당을 말한다."고 규정하고 있으므로, 위 법 소정의 다단계판매원이 되기 위하여서는 소매이익과 후원수당을 모두 권유받아야 하며, 스스로 일정한 액수의 상품을 구입하지 않으면 상품을 회원가로 구입할 자격만 주어지고, 하위 다단계판매원을 모집하여 후원활동을 하더라도 후원수당을 지급받지 못한다면, 이러한 사람은 위 법 소정의 다단계판매원이라고 할 수 없다고 보아야 한다. 왜냐하면, 그러한 사람은 하위판매원을 가입시키더라도 그 판매에 의하여 이익을 얻는 것이 허용되지 않는바, 그러한 방식으로는 순차적·단계적으로 조직을 확장해가는 다단계판매가 성립될 수 없기 때문이다(대법원 2006.2.24. 선고 2003도4966 판결).

■ 판례 ■ 방문판매 등에 관한 법률 제2조 제5호에 정한 다단계판매조직의 의미

법 제2조 제5호가 상정하고 있는 '다단계'의 개념적 구성요소는 ① 판매원의 가입이 단계적으로 이루어져 가입한 판매원의 단계가 3단계 이상에 이른다는 점 및 ② 위와 같이 판매원을 단계적으로 가입하도록 권유하는 데 있어서 판매 및 가입유치 활동에 대한 경제적 이익(소매이익과 후원수당)의 부여가 유인(誘引)으로 활용된다는 점의 두 가지로 정리될 수 있을 뿐, 후원수당의 지급이 당해 판매원의 직근 하위판매원의 판매실적 뿐만 아니라, 그 하위판매원의 판매실적에 의해서도 영향을 받을 것을 요건으로 하고 있지 않다. 따라서 상품 판매 및 판매원 가입유치 활동을 하면 소매이익과 후원수당을 얻을 수 있다고 권유하여 판매원 가입이 이루어지고, 그와 동일한 과정이 3단계 이상 단계적·누적적으로 반복된 이상, 그 판매조직의 후원수당 지급방식이 직근 하위판매원이 아닌 하위판매원의 판매실적에 영향을 받지 않는 것으로 정해져 있다고 하더라도, 그러한 판매조직형태는 다단계판매조직에 해당하는 것으로 보아야 할 것이다(대법원 2005.11. 25. 선고 2005도977 판결).

■ 판례 ■ '판매조직에 가입한 판매원의 단계가 3단계 이상'의 의미

방문판매등에관한법률 제2조 제5호 소정의 '판매조직에 가입한 판매원의 단계가 3단계 이상'이라 함은, 단순히 판매원이 하위판매원을 판매조직에 가입시키고 그 하위판매원이 다시 그 하위판매원을 가입시키는 방법으로 판매원의 가입이 3단계 이상 단계적으로 이루어지는 것을 의미하는 것이 아니라, 판매원이 다른 판매원을 순차 하위판매원으로 가입시킴으로써 하위판매원의 상품판매 등으로 인하여 일정한 이익을 얻을 수 있는 판매원의 가입이 3단계 이상 단계적으로 이루어지는 것을 의미하는 것으로 봄이 상당하다(서울중앙지법 2004.10.28. 선고 2004고단4648 판결).

■ **판례** ■　일시적으로 며칠 동안 반복하여 소비자들에게 상품을 판매한 장소가 방문판매등에관한법률 제4 조 제3항에 의하여 방문판매업자가 변경신고의무를 부담하는 영업장소로서 사업장에 해당하는지 여부(적극)

방문판매등에관한법률(이하 '법' 이라고 한다) 제4조 제3항, 동시행규칙 제6조에 의하면, 방문판매업자가 신고한 사항 중 사업장의 소재지 등을 변경한 때에는 변경한 날로부터 10일 이내에 방문판매업변경신고서에 변경사항을 증명하는 서류를 첨부하여 시장, 군수 또는 구청장에게 제출하여야 하고, 법 제2조 제1호는 "방문판매" 라 함은 상품의 판매업자 또는 용역을 유상으로 제공하는 것을 업으로 하는 자가 방문의 방법으로 그의 영업소 · 대리점 기타 총리령이 정하는 영업장소(이하 '사업장' 이라 한다) 외의 장소에서 소비자에게 권유하여 계약의 청약을 받거나 계약을 체결하여 상품을 판매하거나 용역을 제공하는 것을 말한다고 규정함으로써 방문판매를 정의하면서 사업장을 약칭하고 있으며, 동시행규칙 제2조는 법 제2조 제1호에서 "총리령이 정하는 영업장소" 라 함은 (1) 영업소 · 대리점 · 지점 · 출장소 등 명칭여하에 불구하고 고정된 장소에서 계속적으로 영업을 하는 장소, (2) 노점 · 이동판매시설 · 임시판매시설 등 상품의 판매 또는 용역의 제공이 반복적으로 이루어지는 장소를 말한다고 정하고 있는바, 위와 같은 법규정의 문언상으로 보더라도 상품의 판매 또는 용역의 제공이 반복적으로 이루어지는 장소인 이상은 비록 고정된 장소가 아니라고 하더라도 상품의 판매가 일시적으로 며칠 동안만 이루어지는 때에도 영업장소로서 사업장에 해당한다(대법원 2002.2.26. 선고 2001도6256 판결).

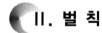

II. 벌 칙

제58조(벌칙) ① 다음 각 호의 어느 하나에 해당하는 자(제29조제3항에 따라 준용되는 경우를 포함한다)는 7년 이하의 징역 또는 2억원 이하의 벌금에 처한다. 이 경우 다음 각 호의 어느 하나에 해당하는 자가 이 법 위반행위와 관련하여 판매하거나 거래한 대금 총액의 3배에 해당하는 금액이 2억원을 초과할 때에는 7년 이하의 징역 또는 판매하거나 거래한 대금 총액의 3배에 해당하는 금액 이하의 벌금에 처한다.
  1. 제13조제1항에 따른 등록을 하지 아니하고(제49조제5항에 따라 등록이 취소된 경우를 포함한다) 다단계판매조직이나 후원방문판매조직을 개설 · 관리 또는 운영한 자
  2. 거짓이나 그 밖의 부정한 방법으로 제13조제1항에 따른 등록을 하고 다단계판매조직이나 후원방문판매조직을 개설 · 관리 또는 운영한 자
  3. 제23조제1항제8호에 따른 금지행위를 한 자
  4. 제24조제1항 또는 제2항에 따른 금지행위를 한 자
② 제1항의 징역형과 벌금형은 병과(倂科)할 수 있다.
제59조(벌칙) ① 다음 각 호의 어느 하나에 해당하는 자는 5년 이하의 징역 또는 1억 5천만원 이하의 벌금에 처한다. 다만, 제29조제3항에 따라 준용되는 경우에는 3년 이하의 징역 또는 1억원 이하의 벌금에 처한다.
  1. 제22조제2항을 위반한 자
  2. 제23조제1항제1호 또는 제2호에 따른 금지행위를 한 자
  3. 제29조제1항에 따른 금지행위를 한 자
② 제1항의 징역형과 벌금형은 병과할 수 있다.
제60조(벌칙) ① 다음 각 호의 어느 하나에 해당하는 자는 3년 이하의 징역 또는 1억원 이하의 벌금에 처한다. 다만, 제29조제3항에 따라 준용되는 경우에는 2년 이하의 징역 또는 5천만원 이하의 벌금에 처한다.
  1. 제13조제2항 또는 제3항을 위반하여 거짓으로 신고한 자
  2. 제15조제5항에 따른 다단계판매원 수첩에 거짓 사실을 기재한 자
  3. 제18조제2항을 위반하여 재화등의 대금을 환급하지 아니한 자

4. 제20조제3항 또는 제5항을 위반한 자

5. 제21조제1항 또는 제3항을 위반한 자

6. 제22조제1항 또는 제4항을 위반한 자

7. 제23조제1항제3호 · 제5호 · 제7호 또는 제11호에 따른 금지행위를 한 자

8. 제37조제5항을 위반하여 소비자피해보상보험계약등의 체결 또는 유지에 관하여 거짓 자료를 제출한 사업자

9. 제37조제7항을 위반하여 같은 조 제6항에 따른 표지를 사용하거나 이와 비슷한 표지를 제작 또는 사용한 자

10. 제49조제1항에 따른 시정조치명령을 따르지 아니한 자

11. 제49조제4항에 따른 영업정지명령을 위반하여 영업을 한 자

② 제1항의 징역형과 벌금형은 병과할 수 있다.

제61조(벌칙) ① 다음 각 호의 어느 하나에 해당하는 자는 2년 이하의 징역 또는 5천만원 이하의 벌금에 처한다.

1. 제11조제1항제1호 · 제2호 또는 제5호에 해당하는 금지행위를 한 자

2. 제34조제1항제1호 · 제2호 또는 제5호에 해당하는 금지행위를 한 자

② 제1항의 징역형과 벌금형은 병과할 수 있다.

제62조(벌칙) 다음 각 호의 어느 하나에 해당하는 자(제29조제3항에 따라 준용되는 경우를 포함한다)는 1년 이하의 징역 또는 3천만원 이하의 벌금에 처한다.

1. 제5조제1항을 위반하여 신고를 하지 아니하거나 거짓으로 신고한 자

2. 제11조제1항제3호에 따른 금지행위를 한 자

3. 제12조제1항 또는 제26조제1항을 위반하여 휴업기간 또는 영업정지기간 중에 계속하여야 할 업무를 계속하지 아니한 자

4. 제13조제7항을 위반하여 자료를 제출하지 아니하거나 거짓 자료를 제출한 자

5. 제15조제1항에 따른 등록을 하지 아니하고 실질적으로 다단계판매원으로 활동한 자

6. 제15조제2항제1호 또는 제3호부터 제7호까지의 규정에 따라 다단계판매원으로 등록할 수 없는 자임에도 불구하고 다단계판매원으로 등록한 자

7. 제15조제2항제2호를 위반하여 미성년자를 다단계판매원으로 가입시킨 다단계판매자

8. 제15조제3항에 따른 다단계판매원 등록증에 거짓 사실을 적은 자

9. 제15조제4항을 위반하여 다단계판매원 등록부를 거짓으로 작성한 자

10. 제23조제1항제9호에 따른 금지행위를 한 자

11. 제33조에 따른 재화등의 거래기록 등을 거짓으로 작성한 자

제63조(벌칙) 다음 각 호의 어느 하나에 해당하는 자(제29조제3항에 따라 준용되는 경우를 포함한다)는 1천만원 이하의 벌금에 처한다.

1. 제6조제3항을 위반하여 성명 등을 거짓으로 밝힌 자

2. 제7조제2항, 제16조 또는 제30조제2항에 따른 계약서를 발급할 때 거짓 내용이 적힌 계약서를 발급한 자

3. 제11조제1항제4호 또는 제7호에 따른 금지행위를 한 자

4. 제34조제1항제3호 · 제4호 또는 제7호에 따른 금지행위를 한 자

제64조(벌칙) 제57조제5항에 따라 준용되는 「독점규제 및 공정거래에 관한 법률」 제119조를 위반한 자는 2년 이하의 징역 또는 200만원 이하의 벌금에 처한다.

제65조(양벌규정 등) ① 법인의 대표자나 법인 또는 개인의 대리인, 사용인, 그 밖의 종업원이 그 법인 또는 개인의 업무에 관하여 제58조부터 제63조까지의 어느 하나에 해당하는 위반행위를 하면 그 행위자를 벌하는 외에 그 법인 또는 개인에게도 해당 조문의 벌금형을 과(科)한다. 다만, 법인 또는 개인이 그 위반행위를 방지하기 위하여 해당 업무에 관하여 상당한 주의와 감독을 게을리하지 아니한 경우에는 그러하지 아니하다.

② 제58조부터 제63조까지의 어느 하나에 해당하는 위반행위를 한 자 또는 제1항에 따라 벌금형이 부과되는 법인 또는 개인이 이미 공정거래위원회 또는 시 · 도지사의 처분을 받거나 소비자의 피해를 보상한 경우에는 제58조부터 제63조까지의 규정에 따른 형을 감경하거나 면제할 수 있다.

1. 미신고 방문판매업

1) 적용법조 : 제62조 제1호, 제5조 제1항 ☞ 공소시효 5년

제5조(방문판매업자등의 신고 등) ① 방문판매업자 또는 전화권유판매업자(이하 "방문판매업자등"이라 한다)는 상호, 주소, 전화번호, 전자우편주소(법인인 경우에는 대표자의 성명, 주민등록번호 및 주소를 포함한다), 그 밖에 대통령령으로 정하는 사항을 대통령령으로 정하는 바에 따라 공정거래위원회 또는 특별자치시장·특별자치도지사·시장·군수·구청장(자치구의 구청장을 말한다. 이하 같다)에게 신고하여야 한다.

2) 범죄사실 기재례

피의자는 ○○○에서 ★★상호로 ○○판매업을 하는 자로, 방문판매업을 하고자 하는 경우 ○○도지사에게 신고하여야 한다.

그럼에도 불구하고 피의자는 20○○. ○. ○ 경부터 20○○. ○. ○.경까지 사이에 위 판매점에서 판매업을 하면서 신고없이 외무방문판매사원 甲 등 10명을 고용하여 사무실 등을 방문하여 ○○에서 제조한 "○○○(품명)"을 ○○원에 구입하도록 설명하여 즉석에서 구매계약카드를 작성하고 위 물품을 인도하는 방법으로 월평균 ○○만원의 매출을 올리는 방문판매업을 하였다.

3) 신문사항

- 방문판매를 하고 있는가
- 언제부터 어디에서 하고 있는가
- 종업원은 몇 명인가
- 주로 누구를 상대로 판매하는 가
- 판매물건은 어떤 것인가
- 방문판매업 신고를 하였는가
- 왜 신고없이 이런 행위를 하였는가

2. 방문판매자의 금지행위 위반

1) 적용법조 : 제61조 제1항 제1호, 제11조 제1항 제2호 ☞ 공소시효 5년

제11조(금지행위) ① 방문판매자등은 다음 각 호의 어느 하나에 해당하는 행위를 하여서는 아니 된다.
1. 재화등의 판매에 관한 계약의 체결을 강요하거나 청약철회등 또는 계약 해지를 방해할 목적으로 소비자를 위협하는 행위
2. 거짓 또는 과장된 사실을 알리거나 기만적 방법을 사용하여 소비자를 유인 또는 거래하거나 청약철회등 또는 계약 해지를 방해하는 행위
3. 방문판매원등이 되기 위한 조건 또는 방문판매원등의 자격을 유지하기 위한 조건으로서 방문판매원등 또는 방문판매원 등이 되려는 자에게 가입비, 판매 보조 물품, 개인 할당 판매액, 교육비 등 그 명칭이나 형태와 상관없이 대통령령으로 정하는 수준을 초과한 비용 또는 그 밖의 금품을 징수하거나 재화 등을 구매하게 하는 등 의무를 지게 하는 행위
4. 방문판매원등에게 다른 방문판매원등을 모집할 의무를 지게 하는 행위
5. 청약철회등이나 계약 해지를 방해할 목적으로 주소·전화번호 등을 변경하는 행위
6. 분쟁이나 불만 처리에 필요한 인력 또는 설비가 부족한 상태를 상당 기간 방치하여 소비자에게 피해를 주는 행위
7. 소비자의 청약 없이 일방적으로 재화등을 공급하고 재화등의 대금을 청구하는 행위
8. 소비자가 재화를 구매하거나 용역을 제공받을 의사가 없음을 밝혔음에도 불구하고 전화, 팩스, 컴퓨터통신 등을 통하여 재화를 구매하거나 용역을 제공받도록 강요하는 행위
9. 본인의 허락을 받지 아니하거나 허락받은 범위를 넘어 소비자에 관한 정보를 이용(제3자에게 제공하는 경우를 포함한다. 이하 같다)하는 행위. 다만, 다음 각 목의 어느 하나에 해당하는 경우는 제외한다.
   가. 재화등의 배송 등 소비자와의 계약을 이행하기 위하여 불가피한 경우로서 대통령령으로 정하는 경우
   나. 재화등의 거래에 따른 대금을 정산하기 위하여 필요한 경우
   다. 도용을 방지하기 위하여 본인임을 확인할 때 필요한 경우로서 대통령령으로 정하는 경우
   라. 법률의 규정 또는 법률에 따라 필요한 불가피한 사유가 있는 경우

2) 범죄사실 기재례

피의자는 방문판매 회사인 ○○주식회사의 대표이사로, 방문판매자는 물건을 판매하면서 거짓 또는 과장된 사실을 알리거나 기만적 방법을 사용하여 소비자를 유인 또는 거래하거나 청약철회 등 또는 계약 해지를 방해하는 행위를 하여서는 아니 된다.

그럼에도 불구하고 피의자는, 20○○. ○. ○. ○○에서 ○○물건을 판매하면서 이 물건은 ○○물건임에도 ○○물건이라고 과장되게 말하여 소비자를 유인하였다.

3) 신문사항

- 방문판매업을 하고 있는가
- 언제부터 하고 있는가
- 영업신고는 하였는가(신고일 등)
- 영업소는 어디에 있는가
- 회사규모는 어느 정도인가
- 주로 어떤 물건을 판매하고 있는가
- 어떤 방법으로 판매하는가
- ○○물건도 취급하는가

- 이 물건은 어떤 물건인가

- 이 물건에 대해 소비자에게 뭐라면서 판매하고 있는가

- 과장된 표현이 아닌가

- 왜 이런 행위를 하였나

3. 무등록 다단계판매업

1) 적용법조 : 제58조 제1항 제1호, 제13조 제1항   ☞   공소시효 7년

> 제13조(다단계판매업자의 등록 등) ① 다단계판매업자는 대통령령이 정하는 바에 따라 다음 각 호의 서류를 갖추
> 어 공정거래위원회 또는 특별시장·광역시장·특별자치시장·도지사·특별자치도지사(이하 "시·도지사"라 한다)
> 에게 등록하여야 한다.

2) 범죄사실 기재례

> 피의자는 ○○에 있는 홍콩빌딩 4층(60㎡)에 사무실을 임차하여 "♣♣전화카드"라는 상호로
> 위 전화카드를 판매하면서 ○○도지사에게 등록하지 아니한 채, "전화카드 10매를 기준으로 10
> 만원을 구입하면 회원으로 가입되고, 단계적으로 하위에 회원이 가입시키면 1명당 1만원의 후원수
> 당을 지급하고, 하위에 10명 이상의 회원이 가입되면 월 판매 수입금 3%를, 100명 이상은 5%를
> 매월 지급하며, 하위 5대 이상의 단계가 이루어지면 4대모든 회원들의 월수입 10% 상당하는 수
> 당을 지급하겠다는 등 10여 종류의 보너스 수당을 지급한다는 허위광고"를 하였다.
> 피의자는 200○. ○. 초순 ○○에 있는 고소인 홍길동의 사무실에서 위 고소인에게 "사
> 무실만 확보하면 ○○지사장을 시켜주겠으니 회원으로 가입하라"라고 하면서 가입비로 ○
> ○만원을 받고 다단계판매원으로 가입시킨 후 그 하위에 약 30명의 회원이 가입시키도록 하
> 는 방법으로 피의자 하위에 1대로 3개 라인의 다단계 판매조직을 만들어 총 3개 라인에 300
> 여 명의 다단계판매원을 모집하여 총 ○○만원 상당의 가입비를 받고 위와 같은 방법으로
> 등록을 하지 아니하고 다단계판매조직을 개설·관리·운영하였다.

3) 신문사항

- 다단계판매업을 하고 있는가

- 영업소는 어디에 있는가

- 언제부터 하고 있는가

- 영업등록은 하였는가(신고일 등)

- 회사규모는 어느 정도인가

- 다단계 판매조직은 어떻게 구성되었나

- 수당지급은 어떤 방법으로 하는가

- 어떤 사람을 상대로 회원모집을 하였는가

- 회원은 총 몇 명인가
- 이들로부터 받은 가입비는 얼마인가
- 왜 이런 행위를 하였나

■ **판례** ■ **무등록 다단계판매업체의 임직원들이 다단계판매원에게 물품을 구입하게 한 경우의 적용법조**
현행 방문판매 등에 관한 법률이 적용되는 이 사건에 있어서, 피고인들이 위와 같이 다단계판매원에게 물품을 구입하게 한 행위는 원심이 적용한 제52조 제1항 제2호, 23조 제1항 제3호의 처벌대상이 아니라, 제53조 제1항 제6호, 제22조 제1항의 처벌대상이 되는 것이다(대법원 2006. 2. 10. 선고 2005도8357 판결).

■ **판례** ■ **무등록 다단계판매업 영업행위를 통하여 금전을 수입한 유사수신행위에 대한 유사수신행위의규제에관한법률 제6조, 제3조, 제2조 제4호의 위반죄와 방문판매등에관한법률 제58조 제1호, 제28조 제1항의 위반죄의 죄수 관계(= 실체적 경합범)**
제58조 제1호는 "제28조 제1항의 규정에 위반하여 등록을 하지 아니하고 다단계판매조직을 개설ㆍ관리ㆍ운영한 자"를 처벌하고 있어 유사수신행위의규제에관한법률 제3조, 제2조 제4호 소정의 '유사수신행위금지' 규정과는 구성요건과 보호법익을 달리하므로 무등록 다단계판매업 영업행위를 통하여 금전을 수입한 유사수신행위에 대한 유사수신행위의규제에관한법률 제3조, 제2조 각 호의 위반죄와 방문판매등에관한법률 제28조 제1항 위반죄는 법률상 1개의 행위로 평가되는 경우에 해당하지 않으므로, 양 죄를 상상적 경합관계로 볼 것이 아니라 실체적 경합관계로 보아야 한다(대법원 2001. 12. 24. 선고 2001도205 판결).

■ **판례** ■ **무등록영업행위와 타죄와의 관계**
[1] 방문판매등에관한법률상 무등록영업행위와 사실상 금전거래만을 하는 영업행위의 관계(= 실체적 경합범)
방문판매등에관한법률상 무등록영업행위와 사실상 금전거래만을 하는 영업행위는 각 그 구성요건이, 등록을 하지 않고 다단계판매업을 하거나(제28조 제1항) 다단계조직을 이용하여 금전거래만을 하는 행위(제45조 제2항 제1호)로서 서로 상이하고, 나아가 그 하나의 행위가 다른 하나의 행위를 포함한다고 할 수도 없으며, 그 보호법익 또한 다른 전혀 별개의 행위로서 별개의 죄를 구성한다고 할 것이므로 어느 한쪽의 죄가 다른 한쪽의 죄에 흡수된다고 볼 수는 없는 것이어서 위 두 가지 죄는 실체적 경합범의 관계에 있다.
[2] 형법 제347조 제1항의 사기죄와 방문판매등에관한법률 제28조 제1항 및 같은 법률 제45조 제2항 제1호의 각 위반죄와의 관계(= 실체적 경합범)
제28조 제1항은 "다단계판매업을 하고자 하는 자는 시ㆍ도지사에게 등록하여야 한다."고 규정하고 있고, 같은 법률 제45조 제2항 제1호는 "누구든지 다단계판매조직 또는 이와 유사하게 순차적ㆍ단계적으로 가입한 가입자로 구성된 다단계조직을 이용하여 상품 또는 용역의 거래 없이 금전거래만을 하거나 상품 또는 용역의 거래를 가장하여 사실상 금전거래만을 하는 행위를 하여서는 아니된다."고 규정하고 있어서 그 각 행위들 자체를 사기행위라고 볼 수는 없고, 그러한 무등록영업행위나 금전거래를 통한 형법 제347조 제1항의 사기죄와 방문판매등에관한법률 제28조 제1항 및 같은 법률 제45조 제2항 제1호의 각 위반죄는 법률상 1개의 행위로 평가되는 경우에 해당하지 않으며, 또 각 그 구성요건을 달리하는 별개의 범죄로서, 서로 보호법익을 달리하고 있어 양 죄를 각 상상적 경합관계로 볼 것이 아니라 실체적 경합관계로 봄이 상당하다(대법원 2001. 3. 27. 선고 2000도5318 판결).

4. 다단계판매자의 금지행위 위반

1) **적용법조** : 제59조 제1항 제2호, 제23조 제1항, 약사법 제74조 제1항 제1호, 제55조 제2항 ☞ 공소시효 7년

제23조(금지행위) ① 다단계판매자는 다음 각 호의 어느 하나에 해당하는 행위를 하여서는 아니 된다.

1. 재화등의 판매에 관한 계약의 체결을 강요하거나 청약철회등 또는 계약 해지를 방해할 목적으로 상대방을 위협하는 행위

2. 거짓 또는 과장된 사실을 알리거나 기만적 방법을 사용하여 상대방과의 거래를 유도하거나 청약철회등 또는 계약 해지를 방해하는 행위 또는 재화등의 가격·품질 등에 대하여 거짓 사실을 알리거나 실제보다도 현저히 우량하거나 유리한 것으로 오인시킬 수 있는 행위

3. 청약철회등이나 계약 해지를 방해할 목적으로 주소·전화번호 등을 변경하는 행위

4. 분쟁이나 불만 처리에 필요한 인력 또는 설비가 부족한 상태를 상당 기간 방치하여 상대방에게 피해를 주는 행위

5. 상대방의 청약이 없는데도 일방적으로 재화등을 공급하고 재화등의 대금을 청구하는 등 상대방에게 재화등을 강제로 판매하거나 하위판매원에게 재화등을 판매하는 행위

6. 소비자가 재화를 구매하거나 용역을 제공받을 의사가 없음을 밝혔는데도 전화, 팩스, 컴퓨터통신 등을 통하여 재화를 구매하거나 용역을 제공받도록 강요하는 행위

7. 다단계판매업자에게 고용되지 아니한 다단계판매원을 다단계판매업자에게 고용된 사람으로 오인하게 하거나 다단계판매원으로 등록하지 아니한 사람을 다단계판매원으로 활동하게 하는 행위

8. 제37조에 따른 소비자피해보상보험계약등을 체결하지 아니하고 영업하는 행위

9. 상대방에게 판매하는 개별 재화등의 가격을 대통령령으로 정하는 금액을 초과하도록 정하여 판매하는 행위

10. 본인의 허락을 받지 아니하거나 허락받은 범위를 넘어 소비자에 관한 정보를 이용하는 행위. 다만, 다음 각 목의 어느 하나에 해당하는 경우는 제외한다.
    가. 재화등의 배송 등 소비자와의 계약을 이행하기 위하여 불가피한 경우로서 대통령령으로 정하는 경우
    나. 재화등의 거래에 따른 대금을 정산하기 위하여 필요한 경우
    다. 도용을 방지하기 위하여 본인임을 확인할 때 필요한 경우로서 대통령령으로 정하는 경우
    라. 법률의 규정 또는 법률에 따라 필요한 불가피한 사유가 있는 경우

11. 다단계판매조직 및 다단계판매원의 지위를 양도·양수하는 행위. 다만, 다단계판매원의 지위를 상속하는 경우 또는 사업의 양도·양수·합병의 경우에는 그러하지 아니하다.

② 다단계판매업자는 다단계판매원으로 하여금 제1항의 금지행위를 하도록 교사(敎唆)하거나 방조(幇助)하여서는 아니 된다.

③ 공정거래위원회는 이 법 위반행위의 방지 및 소비자피해의 예방을 위하여 다단계판매자가 지켜야 할 기준을 정하여 고시할 수 있다.

---

2) **범죄사실 기재례**

　　피의자는 다단계판매 회사인 ○○주식회사의 대표이사로, 위 회사의 최상위 판매원인 크라운로얄의 지위에 있는 1 내지 6 과 크라운로얄의 바로 아래 단계인 디아이(DI)의 지위에 있는 7 내지 10 및 그 하위판매원들인 11 내지 17 등과 상호 또는 순차 공모하였다.
가. 방문판매 등에 관한 법률 위반
　1) 피의자는 20○○. ○.경부터 20○○. ○.경까지 ○○에 있는 위 회사에서, 위 회사의 다단계판매원들이 다단계판매원이 되고자 하는 18 내지 24 등에게 좋은 직장을 소개하여 주겠다고 거짓말로 꾀어 위 회사로 오게 한 후, 본인의 의사에 반하여 위 부근 여관에서 약 1주일간 합숙을 하면서 판매 교육을 받게 하는 등 다단계판매원이 되고자 하는 자에게 본인

의 의사에 반하여 교육·합숙 등을 강요하였다.

2) 위 일시, 장소에서, 다단계판매원이 되고자 하는 18 내지 24 등에게 위 회사의 판매원이 되기 위해서는 위 회사에서 판매하는 물품을 구매하여야 한다고 하면서 건강보조식품, 화장품 등 약 200~350만원의 물품을 의무적으로 구매하도록 하여, 다단계판매원이 되고자 하는 자에게 개인 할당 판매액 명목으로 물품구매 의무를 부과하였다.

3) 위 일시, 장소에서, AB(준성공)의 직급에는 쉽게 오르지 못하고 설령 AB 직급에 오른다고 하더라도 월 1,000만 원의 수입이 보장되는 것이 아니라 실제로는 대부분 수입이 없거나 수십만 원 또는 100~200만 원 가량의 수입을 얻는 것이 현실임에도 불구하고, 다단계판매원이 되고자 하는 18 내지 24 등에게 교육하면서, 마치 위 회사의 판매원이 된 후 6개월 내지 1년만 지나면 AB 직급에 오를 수 있으며, AB직급에만 이르면 월 1,000만 원의 수입을 얻을 수 있는 것처럼 선전하여 다단계판매원이 받게 될 일정한 이익 및 운영방식에 관하여 허위 또는 과장된 정보 등을 제공하였다.

4) 20○○. ○.경부터 20○○. ○.경까지, 다단계 판매원인 18 내지 24 등에게 직급 상승을 빨리하기 위하여는 자신이 먼저 다른 사람 이름으로 물품을 구입하고, 나중에 사람을 데려오는 것이 유리하다고 부추긴 후, 속칭 '캔(깡통계좌)'이라고 하여 실제로는 판매원이 자신의 직급 상승을 위하여 자신이 물품을 구매하면서 판매원의 친척, 친구 등의 명의를 도용하여 특정인을 그 특정인의 동의 없이 자신의 하위판매원으로 등록하게 하였다.

나. 약사법 위반

피의자는 위 일시, 장소에서, 다단계판매원이 되고자 하는 18 내지 25 등에게 위 회사에서 판매하는 제품들의 효능에 관한 교육하면서, '만전'의 경우 50여 가지 효소, 과일, 야채 등을 원료로 하여 만든 제품으로 신체의 장기에 모두 좋으며, 처음 먹을 때는 몸에서 눈꼽, 귀지, 설사가 나다가 몸이 안 좋은 부분이 있으면 그 부분이 좋아지고 알레르기, 두드러기 환자가 먹으면 피부가 깨끗해지고 체질 개선의 효과가 있는 만병통치약이라고 하고, '비피 (Bi-Fi) 2000'의 경우에는 변비가 있는 사람이 먹으면 바로 치료된다고 하고, '스파'의 경우에는 가려움증이 있다거나 닭살 피부가 있는 사람 또는 비듬, 탈모, 여드름이 있는 사람에게 효과가 있고, 피부의 노폐물을 배출시킨다고 설명하고, '바이(BA-E)'의 경우에는 혈액 순환 및 혈관 확장에 좋고, 세포의 재생능력 강화, 콜레스테롤 제거, 신진대사 강화 등에 좋고, 관절에 이상이 있거나 삔 경우에는 이것을 착용하면 낫고, 중풍 환자가 착용하면 완쾌된다고 하고, '헬스케어'의 경우에는 효모 추출물과 해독 성분이 들어 있어서 변비를 완전히 낫게 해주는 등 장에 좋다고 하고, '바이오 센탈'의 경우에는 배지센탈 성분이 세포를 재생하는 효과가 있고, 미백 및 주름살 개선기능이 있다고 하는 등 위 제품들이 마치 만병통치약과 같은 효과가 있는 것처럼 허위 또는 과장된 사실을 알리거나 기만적 방법을 사용하여 거래를 유도하고, 재화 등의 품질 등에 대하여 허위사실을 알리거나 실제의 것보다 현저히 우량하거나 유리한 것으로 오인시킬 수 있는 행위를 하고, 위 제품들이 의약품이 아님에도 마치 의학적 효능, 효과 등이 있는 것으로 오인될 우려가 있는 광고를 하였다.

■ 판례 ■ 　판매실적에 따른 후원수당을 지급받지 못하는 경우

[1] 상품의 거래가 매개된 자금의 수입이 유사수신행위의 규제에 관한 법률 제3조에서 금하는 유사수신행위에 해당하는지의 판단 기준

실질적으로 상품의 거래가 매개된 자금의 수입은 이를 출자금의 수입이라고 보기 어렵고, 그것이 상품의 거래를 가장하거나 빙자한 것이어서 실제로는 상품의 거래 없이 금원의 수입만 있는 것으로 볼 수 있는 경우에 한하여 이를 유사수신행위의 규제에 관한 법률에서 금지하는 유사수신행위로 볼 수 있다.

[2] 방문판매 등에 관한 법률 제2조 제7호 소정의 후원수당 중에서 '자신의 재화 등의 판매실적에 따른 후원수당'만을 지급받을 수 있고 하위판매원을 모집하여 후원활동을 하는 데 대한 후원수당이나 하위판매원들의 재화 등의 판매실적에 따른 후원수당을 지급받지 못하는 사람이 위 법 소정의 다단계판매원에 해당하는지 여부(소극)

방문판매 등에 관한 법률 소정의 다단계판매원이 되기 위하여서는 소매이익과 후원수당을 모두 권유받아야 할 것인데, 만일 방문판매 등에 관한 법률 제2조 제7호 소정의 후원수당 중에서 '자신의 재화 등의 판매실적에 따른 후원수당'만을 지급받을 수 있고 하위판매원을 모집하여 후원활동을 하는 데 대한 후원수당이나 하위판매원들의 재화 등의 판매실적에 따른 후원수당을 지급받지 못한다면, 이러한 사람은 하위판매원을 가입시키더라도 그 판매에 의하여 이익을 얻는 것이 허용되지 않게 되는바 그러한 방식으로는 순차적·단계적으로 조직을 확장해가는 다단계판매가 성립할 수 없다 할 것이므로, 이러한 사람은 위 법 소정의 다단계판매원이라고 할 수 없다(대법원 2007.1.25. 선고 2006도7470 판결).

■ 판례 ■ 　다단계판매원인이 다단계판매원이 되고자 하는 사람들에게 물품을 구입하도록 한 경우, 구 방문판매 등에 관한 법률 제45조 제1항 제3호에서 정한 '부담을 지게 하는 행위'에 해당하는지의 여부

다단계판매원인 피고인이 다단계판매원이 되고자 하는 사람들에게 물품을 구입하도록 한 경우, 형식적으로 물품구입비 명목으로 금원을 교부받았다고 하더라도 그 실질은 위 사람들에게 부담을 준 것이라고 보아, 구 방문판매 등에 관한 법률(2002.3.30. 법률 제6688호로 전문 개정되기 전의 것) 제45조 제1항 제3호에서 정한 '부담을 지게 하는 행위'에 해당한다(대법원 2006.2.24. 선고 2003도4966 판결).

■ 판례 ■ 　다단계 판매자가 다단계 판매원이 되고자 하는 자에게 교육을 실시하면서 의약품이 아닌 제품에 관하여 의학적 효능·효과 등이 있는 것으로 오인될 우려가 있는 광고를 한 경우, 약사법 위반으로 처벌할 수 있는지 여부(적극)

방문판매등에관한법률 제18조 제1항은 다단계 판매에 있어서, 다단계 판매자가 다단계 판매원 또는 소비자에게 판매한 때에는 다단계 판매원 또는 소비자가 거래의 상대방이 된다고 규정하고 있으므로, 다단계 판매자가 다단계 판매원이 되고자 하는 자에게 그 판매하는 제품의 효능에 관한 교육을 실시하면서, 그 제품이 의약품이 아님에도 마치 의학적 효능·효과 등이 있는 것으로 오인될 우려가 있는 광고를 한 경우에는, 단순히 내부 교육에 그치는 것이 아니라 다단계 판매의 성격상 다단계 판매원이 되고자 하는 자가 다단계 판매자로부터 당해 제품을 구입하는 거래의 상대방이 될 수 있으므로, 이와 같은 경우에도 의약품이 아닌 것에 대하여 의학적 효능·효과 등이 있는 것으로 오인될 우려가 있는 내용의 광고를 한 행위에 대한 처벌법규인 약사법 제74조 제1항 제1호, 제55조 제2항을 적용할 수 있다(대법원 2004.6.11. 선고 2003도7911 판결).

■ **판례** ■ 　　다단계판매원 본인 또는 그의 하위판매원의 판매실적이 일정 수준을상회하면 후원수당의 비율을 더 높게 인정해 주는 승급제도가 '다단계판매원이 되고자 하는자 또는 다단계판매원에게 부담을 지게 하는 행위'에 해당하는지 여부(소극)

판매실적의 고저에 따라 후원수당의 비율을 달리 적용하여 다단계판매원 본인 또는 그의 하위판매원의 판매실적이 일정 수준을 상회하면 후원수당의 비율을 더 높게 인정해 주는 승급제도는 다단계판매업자가 매출신장을 위하여 마련할 수 있는 초보적인 동기부여장치로서 허용되는 것으로 보아야 할 것이므로 방문판매등에관한법률 제45조 제1항 제3호에서 금지하고 있는 '다단계판매원이 되고자 하는 자 또는 다단계판매원에게 부담을 지게 하는 행위'에 해당하지 않는다(대법원 1999.11.23. 선고 98도2366 판결).

■ **판례** ■ 　　방문판매등에관한법률 제45조 제1항 제11호 소정의 하위판매원 모집 자체가 경제적 이익을 지급하는 행위에 해당되는지 여부(소극)

피고인이 회사를 운영하면서 다단계판매원들에게 지급한 금원이, 하위판매원으로 가입하는 자가 상품을 구입하거나 판매한 경우 그 매출액에 대하여 법정한도 내에서 정하여진 비율에 따라 후원수당을 책정하고, 이를 그 직급에 따라 다단계판매원들에게 일정한 비율로 분배하여 준 것인 경우, 이는 방문판매등에관한법률에 의하여 다단계판매원들에게 지급이 허용된 후원수당의 범위 내에 포함된다고 할 것이고, 보통의 경우 하위판매원의 가입시에 그가 상품을 구매 또는 판매하여 매출액이 생기게 됨으로 인하여 다단계판매원에 대한 금원의 지급원인도 아울러 발생한다고 하더라도, 그 금원이 하위판매원 모집 자체에 대한 경제적 이익에 해당하지 않는다(대법원 1998.8.21. 선고 98도882 판결).

5. 후원수당 허위정보제공 : 제60조 제1항 제5호, 제21조 제1항 또는 제3항 ☞ 공소시효 5년

> **제21조(후원수당 관련 표시·광고 등)** ① 다단계판매업자는 다단계판매원이 되려는 사람 또는 다단계판매원에게 다단계판매원이 받게 될 후원수당이나 소매이익(다단계판매원이 재화등을 판매하여 얻는 이익을 말한다)에 관하여 거짓 또는 과장된 정보를 제공하여서는 아니 된다.
> ② 다단계판매업자는 다단계판매원이 되려는 사람 또는 다단계판매원에게 전체 다단계판매원에 대한 평균 후원수당 등 후원수당의 지급 현황에 관한 정보를 총리령으로 정하는 기준에 따라 고지하여야 한다.
> ③ 다단계판매업자는 다단계조직의 운영 방식 또는 활동 내용에 관하여 거짓 또는 과장된 사실을 유포하여서는 아니 된다.

6. 다단계판매원의 등록 및 탈퇴 위반 : 제59조 제1항 제1호, 제22조 제2항

> **제22조(다단계판매원의 등록 및 탈퇴 등)** ① 다단계판매업자는 다단계판매원이 되려는 사람 또는 다단계판매원에게 등록, 자격 유지 또는 유리한 후원수당 지급기준의 적용을 조건으로 과다한 재화등의 구입 등 대통령령으로 정하는 수준을 초과한 부담을 지게 하여서는 아니 된다.
> ② 다단계판매자는 다단계판매원에게 일정 수의 하위판매원을 모집하도록 의무를 지게 하거나 특정인을 그의 동의 없이 자신의 하위판매원으로 등록하여서는 아니 된다.
> ③ 다단계판매업자는 다단계판매원이 제15조제2항 각 호의 어느 하나에 해당하는 경우에는 그 다단계판매원을 탈퇴시켜야 한다.
> ④ 다단계판매원은 언제든지 다단계판매업자에게 탈퇴 의사를 표시하고 탈퇴할 수 있으며, 다단계판매업자는 다단계판매원의 탈퇴에 조건을 붙여서는 아니 된다.
> ⑤ 다단계판매업자는 탈퇴한 다단계판매원의 판매행위 등으로 소비자피해가 발생하지 아니하도록 다단계판매원 수첩을 회수하는 등 필요한 조치를 하여야 한다.

제 44 장 변호사법

Ⅰ. 벌칙

제109조(벌칙) 다음 각 호의 어느 하나에 해당하는 자는 7년 이하의 징역 또는 5천만원 이하의 벌금에 처한다. 이 경우 벌금과 징역은 병과(倂科)할 수 있다.

1. 변호사가 아니면서 금품·향응 또는 그 밖의 이익을 받거나 받을 것을 약속하고 또는 제3자에게 이를 공여하게 하거나 공여하게 할 것을 약속하고 다음 각 목의 사건에 관하여 감정·대리·중재·화해·청탁·법률상담 또는 법률 관계 문서 작성, 그 밖의 법률사무를 취급하거나 이러한 행위를 알선한 자
   가. 소송 사건, 비송 사건, 가사 조정 또는 심판 사건
   나. 행정심판 또는 심사의 청구나 이의신청, 그 밖에 행정기관에 대한 불복신청 사건
   다. 수사기관에서 취급 중인 수사 사건
   라. 법령에 따라 설치된 조사기관에서 취급 중인 조사 사건
   마. 그 밖에 일반의 법률사건
2. 제33조 또는 제34조(제57조, 제58조의16 또는 제58조의30에 따라 준용되는 경우를 포함한다)를 위반한 자

제110조(벌칙) 변호사나 그 사무직원이 다음 각 호의 어느 하나에 해당하는 행위를 한 경우에는 5년 이하의 징역 또는 3천만원 이하의 벌금에 처한다. 이 경우 벌금과 징역은 병과할 수 있다.

1. 판사·검사, 그 밖에 재판·수사기관의 공무원에게 제공하거나 그 공무원과 교제한다는 명목으로 금품이나 그 밖의 이익을 받거나 받기로 한 행위
2. 제1호에 규정된 공무원에게 제공하거나 그 공무원과 교제한다는 명목의 비용을 변호사 선임료·성공사례금에 명시적으로 포함시키는 행위

제111조(벌칙) ① 공무원이 취급하는 사건 또는 사무에 관하여 청탁 또는 알선을 한다는 명목으로 금품·향응, 그 밖의 이익을 받거나 받을 것을 약속한 자 또는 제3자에게 이를 공여하게 하거나 공여하게 할 것을 약속한 자는 5년 이하의 징역 또는 1천만원 이하의 벌금에 처한다. 이 경우 벌금과 징역은 병과할 수 있다.
② 다른 법률에 따라 「형법」 제129조부터 제132조까지의 규정에 따른 벌칙을 적용할 때에 공무원으로 보는 자는 제1항의 공무원으로 본다.

제112조(벌칙) 다음 각 호의 어느 하나에 해당하는 자는 3년 이하의 징역 또는 2천만원 이하의 벌금에 처한다. 이 경우 벌금과 징역은 병과할 수 있다.

1. 타인의 권리를 양수하거나 양수를 가장하여 소송·조정 또는 화해, 그 밖의 방법으로 그 권리를 실행함을 업(業)으로 한 자
2. 변호사의 자격이 없이 대한변호사협회에 그 자격에 관하여 거짓으로 신청하여 등록을 한 자
3. 변호사가 아니면서 변호사나 법률사무소를 표시 또는 기재하거나 이익을 얻을 목적으로 법률 상담이나 그 밖의 법률사무를 취급하는 뜻을 표시 또는 기재한 자
4. 대한변호사협회에 등록을 하지 아니하거나 제90조제3호에 따른 정직 결정 또는 제102조제2항에 따른 업무정지명령을 위반하여 변호사의 직무를 수행한 변호사
5. 제32조(제57조, 제58조의16 또는 제58조의30에 따라 준용되는 경우를 포함한다)를 위반하여 계쟁권리를 양수한 자
6. 제44조제2항(제58조의16이나 제58조의30에 따라 준용되는 경우를 포함한다)을 위반하여 유사 명칭을 사용한 자
7. 제77조의2 또는 제89조의7을 위반하여 비밀을 누설한 자

제113조(벌칙) 다음 각 호의 어느 하나에 해당하는 자는 1년 이하의 징역 또는 1천만원 이하의 벌금에 처한다.

1. 제23조제2항제1호 및 제2호를 위반하여 광고를 한 자
2. 제31조제1항제3호(제57조, 제58조의16 또는 제58조의30에 따라 준용되는 경우를 포함한다)에 따른 사건을 수임한 변호사
3. 제37조제1항(제57조, 제58조의16 또는 제58조의30에 따라 준용되는 경우를 포함한다)을 위반한 자

제114조(상습범) 상습적으로 제109조제1호, 제110조 또는 제111조의 죄를 지은 자는 10년 이하의 징역에 처한다.

제115조(법무법인 등의 처벌) ① 법무법인·법무법인(유한) 또는 법무조합의 구성원이나 구성원 아닌 소속 변호사가 제51조를 위반하면 500만원 이하의 벌금에 처한다.

② 법무법인, 법무법인(유한) 또는 법무조합의 구성원이나 구성원이 아닌 소속 변호사가 그 법무법인, 법무법인(유한) 또는 법무조합의 업무에 관하여 제1항의 위반행위를 하면 그 행위자를 벌하는 외에 그 법무법인, 법무법인(유한) 또는 법무조합에게도 같은 항의 벌금형을 과(科)한다. 다만, 법무법인, 법무법인(유한) 또는 법무조합이 그 위반행위를 방지하기 위하여 해당 업무에 관하여 상당한 주의와 감독을 게을리하지 아니한 경우에는 그러하지 아니하다.

제116조(몰수·추징) 제34조(제57조, 제58조의16 또는 제58조의30에 따라 준용되는 경우를 포함한다)를 위반하거나 제109조제1호, 제110조, 제111조 또는 제114조의 죄를 지은 자 또는 그 사정을 아는 제3자가 받은 금품이나 그 밖의 이익은 몰수한다. 이를 몰수할 수 없을 때에는 그 가액을 추징한다.

● Ⅱ. 범죄사실

1. 부동산 경매 브로커

1) 적용법조 : 제109조 제1호 가목 ☞ 공소시효 7년

2) 범죄사실 기재례

[기재례1] 부동산 경매 대리행위(1)

피의자는 ○○에 있는 ○○법무사 사무실에서 사무장으로 근무하는 사람이다.

변호사가 아니면서 금품을 받거나 받을 것을 약속하고 비송사건 등 법률사건에 관하여 대리, 법률상담 또는 법률관계 문서작성 등 기타 법률 사무를 취급하거나 이러한 행위를 알선하여서는 아니된다.

그럼에도 불구하고 피의자는 경매정보지와 생활정보지에 경매 대리업무를 취급한다는 내용의 광고를 게재한 다음 이를 보고 찾아오는 사람들에게 부동산을 경락받을 수 있도록 사실상의 경매행위를 대리하여 주고 낙찰가액의 1% 또는 2%에 해당하는 돈을 수수료로 받았다.

피의자는 200○. ○. ○.경 ○○에 있는 ○○지방법원에서 같은 법원 200○타경○○호 ○○에 있는 ○○상가에 대한 경매사건에 대하여 피해자 甲으로부터 위 상가를 경락받아 달라는 의뢰를 받고, 피해자를 위하여 경매사건기록 등을 열람하여 입찰가액을 결정하여 주고 그에 따라 입찰표를 작성하게 하는 등 입찰표상의 명의인을 피해자로 기재하여 제출하는 것을 제외한 모든 경매과정에 주도적으로 관여하여 피해자에게 위 상가를 ○○만 원에 경락받도록 한 후 피해자로부터 낙찰가액의 2%에 해당하는 ○○만 원을 수수료로 지급받기로 약정하여 비송사건에 관하여 대리행위를 하였다.

[기재례2] 부동산 경매 대리행위(2)

> 피의자는 법원의 경매물인 부동산을 경락받아주고 그 경락대금의 10%의 수수료를 받는 부동산 경매브로크로 변호사가 아니다.
>
> 그럼에도 불구하고 피의자는 20○○. ○. ○. 경 ○○에 있는 ○○다방에서 홍길동으로부터 ○○지방법원 ○○타경 1234호로 경매기일이 공고된 ○○에 있는 아파트(○○㎡형) 한 채를 경락받아 달라는 부탁을 받고 이를 해결해 주면 20○○. ○. ○.까지 수수료 등의 명목으로 ○○만원을 받기로 약속하고 20○○. ○. ○. 위 홍길동을 대리하여 위 부동산을 ○○만원에 경락받아줌으로써 금품 또는 이익을 받기로 약속하고 비송사건에 관하여 대리행위를 하였다.

[기재례3] 법무사가 비송사건에 관하여 대리, 법률상담, 법률관계 문서작성 등 법률 사무를 취급 (법무사법 제21조, 변호사법 제109조 제1항)

> 피의자 甲은 법무사이다. 피의자 乙이 변호사가 아님에도 생활정보지 광고 등을 보고 찾아오는 사건의뢰인들로부터 금품을 받고 개인 회생·파산 신청사건 및 면책신청사건에 관하여 대리·법률상담·법률관계 문서작성 등 법률 사무를 다루기로 하여 피의자의 사무실 일부 공간을 이용, 법무사인 피의자 명의로 위 업무를 취급하고 그에 대한 대가로 피의자에게 이익금의 절반 상당을 주기로 공모하였다.
>
> 피의자들은 20○○. ○. ○.경 피의자 甲의 사무실에서 신용카드대금 등 채무를 변제하지 못해 개인파산 및 면책신청을 하기 위해 찾아온 丙과 상담한 후 그에 대한 개인파산 및 면책 사건을 수임하여 처리하여 주기로 약정하고 수임료 명목으로 ○○만 원을 교부받은 후 파산 및 면책신청서, 진술서, 경위서, 채권자의 주소, 채권자일람표, 재산목록, 현재의 재산상황, 가계수지표 등을 작성하여 위 丙 명의로 ○○지방법원 파산과에 제출한 것을 비롯하여 그때부터 20○○. ○. ○.경까지 같은 방법으로 총 ○○회에 걸쳐 합계 ○○만 원을 교부받아 금품을 받고 비송사건에 관하여 대리, 법률상담, 법률관계 문서작성 등 법률사무를 취급하였다.

3) 신문사항

- 변호사인가
- 부동산 경매대행 일을 한 일이 있는가
- 홍길동을 알고 있는가
- 홍길동에게 경매 부동산 경락일을 대행 해 준 일이 있는가
- 언제 어디서 인가
- 어떤 부동산이였나
- 어떤 조건으로 대행해주기로 하였나
- 경매를 받아 주었나
- 어떤 방법으로 받아주었나
- 그 대가로 얼마를 받았나
- 언제 어디에서 받았는가

2. 수임알선

1) **적용법조** : 제109조 제1호 가목 ☞ 공소시효 7년

2) **범죄사실 기재례**

> 피의자는 20○○. ○. ○.부터 현재까지 ○○에 있는 변호사 홍길동법률사무소에 근무하면서 민사손해배상 사건의 상담 및 변호사 알선을 하여 주고 그 대가를 받는 속칭 민사 브로커로 위 변호사와 사건 알선을 위한 활동비 명목으로 월 ○○만원, 사건 1건당 알선료 명목으로 변호사 보수의 20%를 받기로 각 약정하였다.
> 피의자는 20○○. ○. ○.경 위 변호사사무실에서 甲 외 3인의 교통사고로 인한 민사손해배상 사건을 위 변호사에게 수임하게 하여 준 것을 비롯하여 별지 범죄일람표기재와 같이 20○○. ○. ○.까지 사이에 위 변호사에게 민사손해배상 사건 ○○건을 수임하게 하여 주고 알선료 명목으로 ○○만원 상당을 교부받아 변호사가 아니면서 소송사건의 대리를 각각 알선하였다.

■ **판례** ■　甲이 민사소송의 당사자로부터 소송에 관한 법률적인 지원을 부탁받고 당사자를 만나 변호사선임 문제 등을 논의한 후 소송 관련 서류와 함께 착수금 명목의 금원을 교부받은 경우

[1] 변호사법 제109조 제1호에 정한 '법률상담'의 의미

법적 분쟁에 관련되는 실체적, 절차적 사항에 관하여 조언 또는 정보를 제공하거나 그 해결에 필요한 법적, 사실상의 문제에 관하여 조언, 조력을 하는 행위는 변호사법 제109조 제1호의 법률상담에 해당한다.

[2] 甲의 변호사법위반 여부

민사소송의 당사자로부터 소송에 관한 법률적인 지원을 부탁받고 당사자를 만나 변호사선임 문제 등을 논의한 후 소송 관련 서류와 함께 착수금 명목의 금원을 교부받은 경우는 변호사법 제109조 제1호 위반죄에 해당한다(대법원 2005.5.27. 선고 2004도6676 판결).

■ **판례** ■　변호사법 제109조 제1호 소정의 '대리'의 의미

변호사법 제109조 제1호와 구 변호사법(2000.1.28. 법률 제6027호로 개정되기 전의 것) 제90조 제2호의 '대리'에는 법률적 지식을 이용하는 것이 필요한 행위를 본인을 대신하여 하거나, 법률적 지식이 없거나 부족한 본인을 위하여 사실상 사건의 처리를 주도하면서 외부적인 형식만 본인이 직접 하는 것처럼 하는 등으로 대리의 형식을 취하지 아니하고 실질적으로 대리가 이루어지는 것과 같은 효과를 발생시키는 경우도 포함된다(대법원 2002.11.13. 선고 2002도2725 판결).

■ **판례** ■　'기타 일반의 법률사건'의 의미 및 같은 호 소정의 '화해'에 민법상 화해도 포함되는지 여부(적극)

구 변호사법(2000.1.28. 법률 제6207호로 전문 개정되기 전의 것) 제90조 제2호(현행법 제109조 제1호)에 규정된 '기타 일반의 법률사건'이라 함은 법률상의 권리·의무에 관하여 다툼 또는 의문이 있거나 새로운 권리의무관계의 발생에 관한 사건 일반을 말하고, 같은 호에 규정된 '화해'라 함은 위와 같은 법률사건의 당사자 사이에서 서로 양보하도록 하여 그들 사이의 분쟁을 그만두게 하는 것을 말하며, 이에는 재판상 화해 뿐만 아니라 민법상 화해도 포함된다(대법원 2001.11.27. 선고 2000도513 판결).

■ 판례 ■　　외부적인 형식만 매수희망자들이 직접 입찰을 하는 것처럼 하여 실질적으로 입찰을 대리한 경우, 변호사법 제90조 제2호 소정의 '대리'에 해당하는지 여부(적극)

법률적 지식이 없거나 부족한 매수희망자들을 위하여 부동산의 입찰을 위한 제반 절차를 사실상 주도하면서 그 외부적인 형식만 매수희망자들이 직접 입찰을 하는 것처럼 하여 실질적으로 입찰을 대리한 경우, 변호사법 제90조 제2호 소정의 '대리'에 해당한다(대법원 1999.12.24. 선고 99도2193 판결).

■ 판례 ■　　경매사건 기일 연기나 취하를 부탁하는 등의 행위가 대리에 해당하는지 여부(적극)

경매사건 기일 연기나 취하를 부탁하는 등의 행위는 변호사법 제78조 제2호소정의 '대리'에 해당한다(대법원 1996.4.26. 선고 95도1244 판결).

■ 판례 ■　　변호사 사무소의 사무원인 甲이 그 소속 변호사에게 소송사건의 대리를 알선하고 그 대가로 금품을 받은 경우

[1] 甲의 행위가 구 변호사법 제90조 제2호 후단 소정의 알선에 해당하는지 여부(적극)

구 변호사법(2000.1.28. 법률 제6207호로 전문 개정되기 전의 것) 제90조 제2호(현행법 제109조 제1호) 후단에서 말하는 알선이라 함은 법률사건의 당사자와 그 사건에 관하여 대리 등의 법률사무를 취급하는 상대방 사이에서 양자간에 법률사건이나 법률사무에 관한 위임계약 등의 체결을 중개하거나 그 편의를 도모하는 행위를 말하고, 따라서 현실적으로 위임계약 등이 성립하지 않아도 무방하며, 그 대가로서의 보수를 알선을 의뢰하는 자뿐만 아니라 그 상대방 또는 쌍방으로부터 지급받는 경우도 포함하고, 비변호사가 법률사건의 대리를 다른 비변호사에게 알선하는 경우는 물론 변호사에게 알선하는 경우도 이에 해당하는바, 이러한 법리는 변호사에게 법률사건의 수임을 알선하고 그 대가로 금품을 받는 행위에 대하여 같은 법 제90조 제3호(현행법 제109조 제2호), 제27조 제1항에서 따로 처벌하고 있다고 하여 달리 볼 것도 아니므로, 비변호사인 피고인이 변호사에게 소송사건의 대리를 알선하고 그 대가로 금품 기타 이익을 받거나 제3자에게 이를 공여하게 한 행위도 같은 법 제90조 제2호 후단 소정의 알선에 해당한다.

[2] 변호사 아닌 자가 금품을 수수하고 변호사에게 법률사건을 알선한 경우, 구 변호사법 제90조 제2호와 같은 법 제90조 제3호, 제27조 제1항이 중첩적으로 적용되는지 여부(적극)

변호사 아닌 자가 금품을 수수하고 변호사에게 법률사건을 알선하는 행위에 대하여는 구 변호사법 (2000.1.28. 법률 제6207호로 전문 개정되기 전의 것) 제90조 제2호와 제90조 제3호, 제27조 제1항이 중첩적으로 적용될 수 있는 것으로 볼 수밖에 없는바, 결국 동일한 법률에서 하나의 행위에 대하여 2개의 처벌규정이 병존하는 셈이고 이를 법조경합의 특별관계 또는 상상적 경합관계로 볼 것은 아니며, 이는 변호사에 대한 법률사건의 알선을 포괄적으로 금지하는 제27조 제1항을 신설하면서 그 적용 범위의 일부가 기존의 제90조 제2호 후단과 중복됨에도 이를 배려하지 않은 부적절한 입법에서 비롯된 것이라고 보아야 할 것이다(대법원 2000.9.29. 선고 2000도2253 판결).

■ 판례 ■　　손해사정인이 금품을 받거나 보수를 받기로 하고 교통사고의 손해배상액의 결정에 관하여 중재나 화해를 하는 것이 손해사정에 관하여 필요한 사항인지 여부(소극)

손해사정인이 그 업무를 수행함에 있어 보험회사의 요청에 따라 손해사정보고서의 기재 내용에 관하여 그 근거를 밝히고 타당성 여부에 관한 의견을 개진하는 것이 필요할 경우가 있다고 하더라도, 금품을 받거나 보수를 받기로 하고 교통사고의 피해자측과 가해자가 가입한 자동차보험회사 등과 사이에서 이루어질 손해배상액의 결정에 관하여 중재나 화해를 하는 것은 손해사정인의 업무범위에 속하는 손해사정에 관하여 필요한 사항이라 할 수 없다(대법원 2000.6.19. 선고 2000도1405 판결).

■ **판례** ■ **아파트 입주민들의 아파트건설사업주체에 대한 손해배상청구에 필요한 자료제공의 일환으로 실시한 하자감정행위의 성격**

[1] 변호사법 제90조 제2호(현행법 제109조 제1호) 소정의 '감정'의 의미

변호사법 제90조 제2호(현행법 제109조 제1호) 소정의 '감정'은, 법률상의 권리의무에 관하여 다툼 또는 의문이 있거나 새로운 권리의무관계의 발생에 관한 사건 일반에 있어서 그 분쟁이나 논의의 해결을 위하여 행하여지는 법률사무취급의 한 태양으로 이해되어야 하고, 따라서 '감정'은 법률상의 전문지식에 기하여 구체적인 사안에 관하여 판단을 내리는 행위로서 법률 외의 전문지식에 기한 것은 제외되어야 한다.

[2] 위의 감정행위가 변호사법상 감정행위에 해당하는지 여부(적극)

아파트 입주민들의 아파트건설사업주체에 대한 손해배상청구에 필요한 자료제공의 일환으로 실시한 하자감정행위가 변호사법 제90조 제2호(현행법 제109조 제1호) 소정의 '감정'에 해당한다(대법원 1999.12.24. 선고 99도771 판결).

■ **판례** ■ **변호사가 아닌 사람이 실비변상을 빙자하여 법률사무의 대가로서 경제적 이익을 취득한 경우**

[1] 변호사법 제109조 제1호에서 정한 '그 밖의 법률사무'의 의미 및 직접적으로 법률상의 효과를 발생·변경·소멸·보전·명확화하는 행위 외에 그 행위와 관련된 행위도 해당하는지 여부(적극)

변호사법 제109조 제1호는 소송사건 등에 관하여 법률사무를 하는 행위에 대한 벌칙을 규정하고 있는데, 위 조문은 금지되는 법률사무의 유형으로서 감정, 대리, 중재, 화해, 청탁, 법률상담, 법률관계 문서 작성을 나열한 다음 '그 밖의 법률사무'라는 포괄적인 문구를 두고 있다. 위 조문에서 규정한 '그 밖의 법률사무'는 법률상의 효과를 발생·변경·소멸시키는 사항의 처리와 법률상의 효과를 보전하거나 명확하게 하는 사항의 처리를 의미하는데, 직접적으로 법률상의 효과를 발생·변경·소멸·보전·명확화하는 행위는 물론이고, 위 행위와 관련된 행위도 '그 밖의 법률사무'에 해당한다.

[2] 변호사가 아닌 사람이 실비변상을 빙자하여 법률사무의 대가로서 경제적 이익을 취득한 경우, 변호사법위반죄에 해당하는지 여부(적극) / 이때 일부 비용이 지출되었으나 변호사법위반죄의 범행을 위하여 지출된 비용에 불과한 경우, 법률사무의 대가인 이익의 범위(=수수한 이익 전부)

변호사법 제109조 제1호는 변호사가 아닌 사람이 금품·향응 또는 그 밖의 이익을 받거나 받을 것을 약속하고 법률사무를 하는 행위에 대한 벌칙을 규정하고 있는데, 단순히 법률사무와 관련한 실비를 변상받았을 때에는 위 조문상의 이익을 수수하였다고 볼 수 없다. 그러나 위 조문은 변호사가 아닌 사람이 유상으로 법률사무를 하는 것을 금지하는 데 입법목적이 있으므로, 법률사무의 내용, 비용의 내역과 규모, 이익 수수 경위 등 여러 사정을 종합하여 볼 때 실비변상을 빙자하여 법률사무의 대가로서 경제적 이익을 취득하였다고 볼 수 있는 경우에는, 이익 수수가 외형상 실비변상의 형식을 취하고 있더라도 그와 같이 이익을 수수하고 법률사무를 하는 행위가 변호사법위반죄에 해당한다. 이때 일부 비용을 지출하였다고 하더라도 비용이 변호사법위반죄의 범행을 위하여 지출한 비용에 불과하다면 수수한 이익 전부를 법률사무의 대가로 보아야 하고, 이익에서 지출한 비용을 공제한 나머지 부분만을 법률사무의 대가로 볼 수는 없다.(대법원 2015.7.9. 선고, 2014도16204 판결)

■ 판례 ■ **비변호사가 여러건의 법률사무를 취급한 경우와 사무직원이 변호사 명의도용한 경우**

[1] 변호사가 아닌 사람이 당사자와 내용을 달리하는 각기 다른 법률사건에 관한 법률사무를 취급하여 저지르는 변호사법 제109조 제1호 위반의 각 범행이 실체적 경합범인지 여부(원칙적 적극)

변호사가 아니면서 금품·향응 또는 그 밖의 이익을 받거나 받을 것을 약속하고 또는 제3자에게 이를 공여하게 하거나 공여하게 할 것을 약속하고 법률사건에 관하여 감정·대리·중재·화해·청탁·법률상담 또는 법률 관계 문서 작성, 그 밖의 법률사무를 취급하거나 이러한 행위를 알선하는 변호사법 제109조 제1호 위반행위에서 당사자와 내용을 달리하는 법률사건에 관한 법률사무 취급은 각기 별개의 행위라고 할 것이므로, 변호사가 아닌 사람이 각기 다른 법률사건에 관한 법률사무를 취급하여 저지르는 위 변호사법위반의 각 범행은 특별한 사정이 없는 한 실체적 경합범이 되는 것이지 포괄일죄가 되는 것이 아니다.

[2] 변호사가 자신의 명의로 개설한 법률사무소의 사무직원에게 자신의 명의를 이용하도록 함으로써 변호사법 제109조 제2호 위반행위를 하고, 사무직원이 변호사의 명의를 이용하여 법률사무를 취급함으로써 변호사법 제109조 제1호 위반행위를 하였는지 판단하는 기준

변호사가 자신의 명의로 개설한 법률사무소 사무직원('비변호사'를 뜻한다. 이하 같다)에게 자신의 명의를 이용하도록 함으로써 변호사법 제109조 제2호 위반행위를 하고, 그 사무직원이 변호사의 명의를 이용하여 법률사무를 취급함으로써 변호사법 제109조 제1호 위반행위를 하였는지 판단하기 위하여는, 취급한 법률사건의 최초 수임에서 최종 처리에 이르기까지의 전체적인 과정, 법률사건의 종류와 내용, 법률사무의 성격과 처리에 필요한 법률지식의 수준, 법률상담이나 법률문서 작성 등의 업무처리에 대한 변호사의 관여 여부 및 내용·방법·빈도, 사무실의 개설 과정과 사무실의 운영 방식으로서 직원의 채용·관리 및 사무실의 수입금 관리의 주체·방법, 변호사와 사무직원 사이의 인적 관계, 명의 이용의 대가로 지급된 금원의 유무 등 여러 사정을 종합하여, 그 사무직원이 실질적으로 변호사의 지휘·감독을 받지 않고 자신의 책임과 계산으로 법률사무를 취급한 것으로 평가할 수 있는지를 살펴보아야 한다.(대법원 2015.1.15. 선고, 2011도14198, 판결)

■ 판례 ■ **변호사 아닌 자가 금품 등 이익을 받거나 받을 것을 약속하고 타인의 법률사건에 관한 법률사무를 처리하기 위한 방편으로 타인으로부터 권리를 양수한 것과 같은 외관만 갖춘 뒤 자신이 권리자인 양 해당 법률사무를 취급한 경우, 변호사법 제109조 제호의 구성요건에 해당하는지 여부(적극)**

변호사법 제109조 제1호와 변호사법 제112조 제1호의 각 규정취지와 입법 연혁, 각 문언의 내용과 형식 등을 종합하면, 변호사 아닌 자가 금품·향응 또는 그 밖의 이익을 받거나 받을 것을 약속하고 타인의 법률사건에 관한 법률사무를 처리하기 위한 방편으로 그 타인으로부터 권리를 양수한 것과 같은 외관만 갖춘 뒤 마치 자신이 권리자인 양 해당 법률사무를 취급한 경우에는 변호사법 제109조 제1호의 구성요건에 해당한다고 보아야 한다.(대법원 2014.2.13. 선고, 2013도13915, 판결)

3. 공무원에게 청탁명목의 교제비 수수

1) **적용법조** : 제111조 제1항   ☞ 공소시효 7년

2) **범죄사실 기재례**

[기재례1] 검찰청 계장에게 청탁 명목으로 교제비를 수수한 경우

> 피의자는 20○○. ○. 중순경 ○○에 있는 삼성화재빌딩 지하다방에서 甲으로부터 그가 서울지방검찰청에서 수사받은 특정범죄가중처벌등에관한법률위반죄와 관련하여 검찰청에 근무하는 정모 계장에게 청탁하여 잘 처리되도록 하여 달라는 부탁을 받고 교제비 명목으로 ○○만원을 교부받았다.

[기재례2] 수사과장에게 청탁 명목으로 교제비를 수수한 경우

> 피의자는 20○○. ○. ○.14:00경 ○○에 있는 ○○커피숍에서 피해자 甲으로부터 그녀의 아들인 乙이 절도죄로 구속되어 ○○경찰서에서 수사를 받고 있으니 수사과장에게 청탁하여 석방되도록 하여 달라는 부탁을 받았다.
>
> 피의자는 피해자에게 수사과장과 잘 아는 사이이니 틀림없이 석방되도록 하여 주겠다고 말하고 피해자로부터 그 교제비 명목으로 돈 ○○만원을 건네받았다.
>
> 이로써 피의자는 공무원이 취급하는 사건에 관하여 청탁을 한다는 명목으로 금품을 받았다.

[기재례3] 경찰관에게 청탁 명목으로 교제비를 수수한 경우

> 가 - 범죄수익 은닉의 규제 및 처벌 등에 관한 법률 제3조 제1항 제1호
>
> 나 - 변호사법 제111조

> 가. 범죄수익 은닉의 규제 및 처벌 등에 관한 법률 위반
>
> 피의자는 20○○. 10. 18.경 ○○에 있는(주)○○ 사무실에서, 20○○. ○. ○.경부터 유사수신행위의규제에관한법률위반 혐의로 ○○경찰서와 ○○경찰서의 내사를 받고 있던 위 회사의 이사 갑, 을에게 "담당 경찰과 검찰에 로비해서 위 회사의 대표이사 병 및 이사 갑, 을 등에 대한 수사를 무마시켜 주겠다"라고 말하여 로비자금 명목으로 차명계좌인 홍길동 명의의 우체국 예금계좌로 ○○만원을 송금받은 것을 비롯하여 20○○. 10. 30. ○○만원 등 ○○차례에 걸쳐 합계 ○○만원을 위 예금계좌로 송금받고, 역시 차명계좌인 홍길동 명의의 ○○은행 예금계좌로 20○○. 10. 15.과 20○○. ○. ○.에 각각 ○○억원씩 합계 ○○억원을 송금받는 등 로비자금 명목으로 총 ○○억원을 차명계좌를 통해 송금받아 공무원이 취급하는 사건에 관하여 청탁한다는 명목으로 금품을 수수함과 동시에 범죄수익의 취득에 관한 사실을 가장하였다.
>
> 나. 변호사법 위반
>
> 피의자는 20○○. 12. 23. 23:00경 ○○에 있는 ○○주점에서, 丁으로부터 20○○. ○. ○. 유사수신행위의규제에관한법률위반죄 등으로 ○○경찰서에 체포된 甲, 乙이 석방될 수 있도록 수사기관에 청탁한다는 명목으로 ○○만원을 교부받아 공무원이 취급하는 사건에 관하여 청탁한다는 명목으로 금품을 수수하였다.

※ 범죄수익 은닉의 규제 및 처벌 등에 관한 법률

제3조(범죄수익등의 은닉·가장) ① 다음 각호의 1에 해당하는 자는 5년 이하의 징역 또는 3천만원 이하의 벌금에 처한다.

1. 범죄수익등의 취득 또는 처분에 관한 사실을 가장한 자

[기재례4] 도시과장에게 청탁명목으로 교제비를 수수한 경우

피의자는 20○○. ○. ○. ○○:○○경 ○○에 있는 피의자의 집에서 허길동으로부터 ○○군청 도시과장에게 부탁하여 주거지역으로 되어있는 ○○에 있는 대지를 상업지역으로 용도변경하여 달라는 부탁을 받고 이를 승낙한 후 즉석에서 교제비 명목으로 ○○만원을 받아 공무원이 취급하는 사무에 관하여 청탁한다는 명목으로 금품을 수수하였다.

3) 신문사항

- 피의자는 홍길동과 어떠한 관계인가
- 피의자는 홍길동으로부터 돈을 받은 사실이 있는가
- 언제 어디서 받았나
- 어떤 명목으로 받았나
- 돈을 받게 된 경위는
- 그 돈을 어떻게 사용하였나.
- 변호사를 알선하거나 관계공무원에게 청탁한 사실이 있나
- 그 경위는 어떠한가
- 그 결과는 어떤가
- 피의자는 변호사 자격이 있나

■ 판례 ■   변호사법위반죄 내지 특정범죄가중처벌 등에 관한 법률위반(알선수재)죄와 사기죄 사이의 관계 등

공무원이 취급하는 사건에 관하여 청탁 또는 알선을 할 의사와 능력이 없음에도 청탁 또는 알선을 한다고 기망하고, 이에 속은 피해자로부터 청탁 또는 알선을 한다는 명목으로 금품을 받은 경우, 그 행위가 공무원이 취급하는 사건에 관하여 청탁 또는 알선을 한다는 명목으로 금품·향응 기타 이익을 받은 것으로서 구 변호사법(2007. 3. 29. 법률 제8321호로 개정되기 전의 것) 제111조 위반죄가 성립하거나 공무원의 직무에 속한 사항의 알선에 관하여 금품을 수수한 경우로서 특정범죄가중처벌 등에 관한 법률위반(알선수재)죄가 성립하는 것과 상관없이, 그 행위는 다른 사람을 속여 재물을 받은 행위로서 사기죄를 구성한다.(대법원 2008.2.14. 2007도10004 판결)

■ 판례 ■   공무원이 취급하는 사무에 관한 청탁을 받고는, 자신이 이득을 취할 의사는 없이, 청탁상대방인 공무원에게 제공할 금품을 단순히 전달만 한 경우, 변호사법 제111조 위반죄의 성립 여부(소극)

공무원이 취급하는 사건 또는 사무에 관하여 청탁한다는 명목으로 자신의 이득을 취하기 위하여

금품 등을 교부받은 것이 아니고, 공무원이 취급하는 사무에 관한 청탁을 받고 청탁 상대방인 공무원에게 제공할 금품을 받아 그 공무원에게 단순히 전달한 경우에는 알선수뢰죄나 증뢰물전달죄만이 성립하고, 이와 같은 경우에 변호사법 제111조 위반죄는 성립할 수 없다(대법원 2007.2.23. 선고 2004도6025 판결).

■ 판례 ■　　청탁할 공무원에게 영향력 등을 행사할 수 있는 중간인물을 통하여 청탁·알선해 준다는 명목으로 금품 등을 수수한 경우

[1] 알선행위자가 아닌 제3자가 청탁 또는 알선행위의 대가인 금품 등을 단순히 전달한 것에 불과한 경우, 특정범죄 가중처벌 등에 관한 법률에서 정한 알선수재죄 혹은 구 변호사법 제90조 제호 위반죄가 성립할 수 있는지 여부(소극)

공무원의 직무에 속한 사항의 알선에 관하여 금품 등을 수수함으로써 성립하는 특정범죄 가중처벌 등에 관한 법률 제3조의 알선수재죄와 공무원이 취급하는 사건 또는 사무에 관하여 청탁 또는 알선을 한다는 명목으로 금품·향응 기타 이익을 받는 등의 행위를 하는 경우에 성립하는 구 변호사법(2000. 1. 28. 법률 제6207호로 전문 개정되기 전의 것) 제90조 제1호 위반죄에서, 위 금품 등은 어디까지나 위와 같은 청탁 혹은 알선행위의 대가라는 명목으로 수수되어야 하므로, 알선행위자가 아닌 제3자가 그 대가인 금품 기타 이익을 중간에서 전달한 것에 불과한 경우에는 그 제3자가 알선행위자와 공동가공의 의사를 가지고 전달행위를 하여 실행행위에 관여한 것으로 평가할 수 있는 경우는 별론으로 하고 그 자체만으로는 특정범죄 가중처벌 등에 관한 법률 제3조가 정하는 알선수재죄의 구성요건에 해당하지 아니하며, 공무원이 취급하는 사건 또는 사무에 관한 청탁 의뢰를 받고 청탁 상대방인 공무원에게 제공할 금품을 받아 그 공무원에게 단순히 전달한 경우에는 구 변호사법 제90조 제1호 위반죄가 성립할 수 없다.

[2] 청탁할 공무원에게 영향력 등을 행사할 수 있는 중간인물을 통하여 청탁·알선해 준다는 명목으로 금품 등을 수수한 경우에 특정범죄 가중처벌 등에 관한 법률에서 정한 알선수재죄 혹은 구 변호사법 제90조 제1호 위반죄가 성립하기 위한 요건

금품수수의 명목이 단지 알선행위를 할 사람을 소개시켜 준다는 것으로 국한되는 경우에는 특정범죄 가중처벌 등에 관한 법률 제3조 혹은 구 변호사법(2000. 1. 28. 법률 제6207호로 전문 개정되기 전의 것) 제90조 제1호 위반죄가 성립하지 아니하지만, 반드시 담당 공무원을 구체적으로 특정하여 그에게 직접 청탁·알선할 것을 금품수수의 명목으로 하여야만 성립되는 것이 아니라, 청탁할 공무원을 구체적으로 특정하지 아니한 경우는 물론 영향력 등을 행사할 수 있는 중간인물을 통하여 청탁·알선해준다는 명목으로 금품 등을 수수한 경우에도 특정범죄 가중처벌 등에 관한 법률 제3조 혹은 구 변호사법 제90조 제1호 위반죄가 성립할 수 있으며, 금품 수수의 명목이 된 청탁·알선의 상대방은 구체적으로 특정될 필요는 없다 하더라도 최종적으로는 공무원일 것을 요하고 또 청탁·알선의 대상이 그의 직무에 속한 사항이거나 그가 취급하는 사건 또는 사무에 해당하여야 하지만, 중간인물은 반드시 공무원일 필요는 없고 공무원이라 하더라도 청탁·알선의 대상이 반드시 그의 직무에 속하여야 하는 것은 아니다(대법원 2007.6.28. 선고 2002도3600 판결).

■ 판례 ■　　청탁 또는 알선의 부탁을 하고, 이를 수락하는 행위가 먼저 있은 뒤 나중에 그와 관련하여 또는 그 대가로 이익을 받을 것을 약속하거나 이익을 받는 행위가 있는 경우

[1] 변호사법 제111조에서 말하는 '공무원이 취급하는 사건 또는 사무'의 의미

변호사법 제111조에서 말하는 '공무원이 취급하는 사건 또는 사무'라 함은 자기 자신을 제외한 모

든 자의 사건 또는 사무를 가리키는 것으로 해석함이 상당하다.

[2] 본 사안의 경우, 변호사법 제111조의 '청탁 또는 알선을 한다는 명목으로'에 해당하는지 여부(적극)

변호사법 제111조의 '청탁 또는 알선을 한다는 명목으로'는 '청탁 또는 알선을 하는 것의 명목으로'의 의미로서 결국 '청탁 또는 알선을 내세우거나 이에 관하여'의 취지와 다르지 않다고 할 것이고, 따라서 청탁 또는 알선의 부탁을 하고, 이를 수락하는 행위와 그 이익을 받거나 받을 것을 약속하는 행위 사이의 관련성 내지 대가성이 인정되는 한 청탁 또는 알선의 부탁을 하고, 이를 수락하는 행위가 먼저 있은 뒤 나중에 그와 관련하여 또는 그 대가로 이익을 받을 것을 약속하거나 이익을 받는 행위가 있었다고 하여 이에 해당되지 않는다고 볼 수 없다.

[3] 변호사법 제111조에서 정하고 있는 '이익'의 의미

변호사법 제111조에서 정하고 있는 '이익'의 의미는 뇌물죄에서의 뇌물의 내용인 이익과 마찬가지로 금전, 물품 기타의 재산적 이익뿐만 아니라, 사람의 수요·욕망을 충족시키기에 족한 일체의 유형·무형의 이익을 포함한다고 해석되고, 투기적 사업에 참여하거나 어떤 수익을 얻을 수 있는 사업에 투자할 기회를 얻는 것도 이에 해당한다(대법원 2006.4.14. 선고 2005도7050 판결).

■ 판례 ■   공무원이 취급하는 사건 등에 관하여 실제 청탁의 의사 없이 금품을 교부받은 경우, 구 변호사법 제90조 제1호(현행법 제111조) 위반죄의 성립 여부(적극)

공무원이 취급하는 사건 또는 사무에 관하여 청탁 또는 알선한다는 명목으로 금품, 향응 기타 이익을 받거나 받을 것을 약속하고 또 제3자에게 이를 공여하게 할 것을 약속한 때에는 위와 같은 금품을 받거나 받을 것을 약속하는 것 자체로 구 변호사법(2000.1.28. 법률 제6207호로 전문 개정되기 전의 것) 제90조 제1호(현행법 제111조) 위반죄는 성립된다 할 것이고, 위 금품의 수교부자가 실제로 청탁할 생각이 없었다 하더라도 위 금품을 교부받은 것이 자기의 이득을 취하기 위한 것이라면 동 죄의 성립에는 영향이 없다. 따라서 가사 상고이유 주장과 같이, 해상 면세유 불법판매에 대하여 내사가 진행되고 있지 아니한데도 피고인이 돈이 궁하여 거짓말로 내사의 무마를 빙자하여 돈을 받아내었다 하더라도, 별도로 사기죄가 성립하는 것은 별론으로 하고 구 변호사법 위반죄의 성립을 방해하는 것은 아니라 할 것이다(대법원 2006.3.10. 선고 2005도9387 판결).

■ 판례 ■   구 변호사법 제111조 위반죄와 사기죄의 관계(상상적경합)

공무원이 취급하는 사건에 관하여 청탁 또는 알선을 할 의사와 능력이 없음에도 청탁 또는 알선을 한다고 기망하고, 이에 속은 피해자로부터 이른바 로비자금 명목으로 금원을 송금 받은 피고인의 행위가 형법 제347조 제1항과 구 변호사법(2005.1.27. 법률 제7357호로 개정되기 전의 것) 제111조에 각 해당하고, 이러한 사기죄와 변호사법위반죄는 상상적 경합의 관계에 있다(대법원 2006.1.27. 선고 2005도8704 판결).

■ 판례 ■   피고인이 진정, 고소한 사건의 피진정인, 피고소인이 구속되도록 수사기관에 청탁한다는 명목으로 제3자로부터 금원을 수령한 경우, 구 변호사법 제90조 제1호 위반죄를 구성하는지 여부(적극)

피고인이 진정, 고소한 사건의 피진정인, 피고소인이 구속되도록 수사기관에 청탁한다는 명목으로 제3자로부터 금원을 수령한 경우, 구 변호사법 제90조 제1호(현행법 제111조) 위반에 해당한다(대법원 2000.9. 8. 선고 99도590 판결).

■ 판례 ■　　공무원에게 청탁하는 명목으로 받은 돈의 일부를 변호사 선임비용이나 채무변제금으로 사용한 경우, 변호사법위반죄의 성립 여부(적극)

변호사 선임비용이나 채권자들에 대한 채무변제금으로서가 아니라 수사담당 공무원들에게 청탁을 한다는 명목으로 금원을 교부받은 이상, 그 금원의 일부를 변호사 선임비용 또는 채무변제금으로 사용하였다고 하더라도 변호사법 제90조 제1호(현행법 제111조)에 해당한다(대법원 1997.10.10. 선고 97도2109 판결).

■ 판례 ■　　정부 고위층 인사를 통하여 매립면허를 얻어준다는 명목으로 금품을 받아 교제비로 소비한 경우 변호사법 제78조 제1호 위반죄의 성부(적극)

정부 고위층 인사를 통하여 매립면허를 얻어 주겠다고 하고서 금품을 약속 또는 수수하였다면 비록 공무원을 특정하지 않았더라도 매립면허 사무취급 공무원에 대한 청탁명목으로 금품을 약속 또는 수수하였다고 할 것이고, 교제비명목으로 받은 돈을 실제로 교제비로 소비하였다 하여도 변호사법 제78조 제1호 위반죄를 구성하는 데에는 아무 영향이 없다(대법원 1990.5.8. 선고 90도489 판결).

■ 판례 ■　　자신의 이득을 위하여 공무원이 취급하는 사건 등에 관하여 청탁의 명목으로 금품을 교부받은 자가 변호사법 위반으로 처벌될 경우, 그 금품을 교부한 자에 대한 증뇌물전달죄 등의 성부

공무원이 취급하는 사무에 관한 청탁을 받고, 청탁상대방인 공무원에 제공할 금품을 받아 그 공무원에게 단순히 전달한 경우와는 달리, 자기 자신의 이득을 취하기 위하여 공무원이 취급하는 사건 또는 사무에 관하여 청탁한다는 등의 명목으로 금품 등을 교부받으면 그로서 곧 변호사법 제78조 제1호(현행법 제111조)의 위반죄가 성립되고 이와 같은 경우 알선수뢰나 증뇌물전달죄는 성립할 여지가 없다(대법원 1986.3.25. 선고 86도436 판결).

■ 판례 ■　　변호사법 제111조에서 규정하는 '공무원이 취급하는 사건 또는 사무에 관하여 청탁 또는 알선을 한다는 명목으로 금품·향응, 그 밖의 이익을 받는다'의 의미 / 공무원이 취급하는 사건 또는 사무에 관한 청탁 명목의 금품과 이와 무관한 행위에 대한 대가로서의 금품이 액수가 구분되지 않은 채 불가분적으로 결합되어 수수된 경우, 그 전부가 청탁 명목의 금품인지 여부(적극) / 금품의 수수가 여러 차례에 걸쳐 이루어졌고 각각의 행위별로 공무원이 취급하는 사건 또는 사무에 관한 청탁 명목의 대가성 유무를 달리 볼 여지가 있는 경우, 청탁 명목과 관련성이 있는지 판단하는 방법

변호사법 제111조에서 규정하고 있는 '공무원이 취급하는 사건 또는 사무에 관하여 청탁 또는 알선을 한다는 명목으로 금품·향응, 그 밖의 이익을 받는다'고 함은 공무원이 취급하는 사건 또는 사무에 관하여 공무원과 의뢰인 사이를 중개한다는 명목으로 금품을 받는 경우를 말한다. 공무원이 취급하는 사건 또는 사무에 관하여 청탁한다는 명목이라는 성격과 단순히 공무원이 취급하는 사건 또는 사무와 관련하여 노무나 편의를 제공한 대가라는 성격이 불가분적으로 결합되어 금품을 받은 경우에 그 전부가 불가분적으로 공무원이 취급하는 사건 또는 사무에 관하여 청탁한다는 명목으로 금품을 받았다고 보아야 한다. 이는 공무원이 취급하는 사건 또는 사무에 관한 청탁 명목의 금품과 이와 무관한 행위에 대한 대가로서의 금품이 액수가 구분되지 않은 채 불가분적으로 결합되어 수수된 경우에도 마찬가지이다. 다만 금품의 수수가 여러 차례에 걸쳐 이루어졌고 각각의 행위별로 공무원이 취급하는 사건 또는 사무에 관한 청탁 명목의 대가성 유무를 달리 볼 여지가 있는 경우에는 그 행위마다 청탁 명목과 관련성이 있는지를 가릴 필요가 있을 뿐이다.(대법원 2017.3.22. 선고, 2016도21536, 판결)

4. 변호사 아닌 자와의 동업 금지 등

> 제34조(변호사가 아닌 자와의 동업 금지 등) ① 누구든지 법률사건이나 법률사무의 수임에 관하여 다음 각 호의 행위를 하여서는 아니 된다.
> 1. 사전에 금품·향응 또는 그 밖의 이익을 받거나 받기로 약속하고 당사자 또는 그 밖의 관계인을 특정한 변호사나 그 사무직원에게 소개·알선 또는 유인하는 행위
> 2. 당사자 또는 그 밖의 관계인을 특정한 변호사나 그 사무직원에게 소개·알선 또는 유인한 후 그 대가로 금품·향응 또는 그 밖의 이익을 받거나 요구하는 행위
> ② 변호사나 그 사무직원은 법률사건이나 법률사무의 수임에 관하여 소개·알선 또는 유인의 대가로 금품·향응 또는 그 밖의 이익을 제공하거나 제공하기로 약속하여서는 아니 된다.
> ③ 변호사나 그 사무직원은 제109조제1호, 제111조 또는 제112조제1호에 규정된 자로부터 법률사건이나 법률사무의 수임을 알선받거나 이러한 자에게 자기의 명의를 이용하게 하여서는 아니 된다.

[기재례1] 변호사 알선 금품수수

1) 적용법조 : 제109조 제2호, 제34조 제1항 제2호   ☞   공소시효 7년

2) 범죄사실 기재례

> 피의자는 20○○. ○. ○. ○○에서 홍길동으로부터 그의 동생 홍길만이 20○○. ○. ○. 사기죄로 구속되었으니 변호사를 선임하여 빨리 석방될 수 있도록 해 달라는 부탁을 받고 ○○에서 변호사 업무를 하는 이호기변호사를 선임하도록 알선해 주고 그 대가로 20○○. ○. ○. ○○에서 위 변호사 사무장인 김사장으로부터 ○○만원, 같은 곳에서 알선을 의뢰한 홍길동으로부터 ○○만원을 각각 교부받았다.

3) 신문사항

  - 피의자는 변호사인가
  - 변호사 선임을 부탁받은 일이 있는가
  - 누구로부터 어떤 부탁을 받았는가
  - 부탁받고 변호사 선임을 의뢰해 준 일이 있는가
  - 언제 누구를 알선해 주었나
  - 알선해 주고 누구에게 어떤 대가로 받았는가
  - 언제 어디에서 이런 대가를 받았는가

■ **판례** ■   **변호사인 甲이 비변호사인 소개인들로부터 법률사건의 수임을 알선받고 사례비를 지급한 경우**

[1] 비변호사인 경찰관, 법원·검찰의 직원 등이 변호사인 피고인에게 소송사건의 대리를 알선하고 그 대가로 금품을 받은 행위가 알선에 해당하는지 여부(적극)

구 변호사법(2000. 1. 28. 법률 제6207호로 전문 개정되기 전의 것) 제90조 제2호 후단에서 말하는 알선이라 함은 법률사건의 당사자와 그 사건에 관하여 대리 등의 법률사무를 취급하는 상대방 사이에서 양자간에 법률사건이나 법률사무에 관한 위임계약 등의 체결을 중개하거나 그 편의를

도모하는 행위를 말하고, 따라서 현실적으로 위임계약 등이 성립하지 않아도 무방하며, 비변호사가 법률사건의 대리를 다른 비변호사에게 알선하는 경우는 물론 변호사에게 알선하는 경우도 이에 해당하고, 그 대가로서의 보수(이익)를 알선을 의뢰하는 자뿐만 아니라 그 상대방 또는 쌍방으로부터 받거나 받을 것을 약속한 경우도 포함하며, 이러한 보수의 지급에 관한 약속은 그 방법에 아무런 제한이 없고 반드시 명시적임을 요하는 것도 아니다.

[2] 甲과 소개인들과 사이에 법률사건의 알선에 대한 대가로서의 금품지급에 관한 명시적이거나 적어도 묵시적인 약속이 있었다고 볼 수 있는지 여부(적극)

본 사안의 경우 소개인들과 사이에 법률사건의 알선에 대한 대가로서의 금품지급에 관한 명시적이거나 적어도 묵시적인 약속이 있었다고 봄이 상당하다(대법원 2002.3.15. 선고 2001도970 판결).

■ 판례 ■   변호사인 甲이 자신의 직원으로부터 법률사건의 알선을 받은 경우

[1] 변호사 사무직원이 그 소속 변호사에게 소송사건의 대리를 알선하고 그 대가로 금품을 받은 행위가 변호사법위반죄에 해당하는지 여부(적극)

변호사 법률사무소의 사무직원이 그 소속 변호사에게 소송사건의 대리를 알선하고 그 대가로 금품을 받은 행위는 구 변호사법(2000.1.28. 법률 제6207호로 전문 개정되기 전의 것) 제90조 제2호 후단의 알선에 해당한다.

[2] 甲의 행위가 변호사법위반죄에 해당하는지 여부(적극)

변호사가 자신의 법률사무소 사무직원으로부터 법률사건의 알선을 받은 행위는 구 변호사법(2000.1.28. 법률 제6207호로 전문 개정되기 전의 것) 제90조 제3호, 제27조 제2항 위반죄에 해당한다(대법원 2001.7.24. 선고 2000도5069 판결).

■ 판례 ■   비변호사인 경찰관, 법원·검찰의 직원 등이 변호사인 피고인에게 소송사건의 대리를 알선하고 그 대가로 금품을 받은 행위가 구 변호사법 제90조 제2호 후단 소정의 알선에 해당하는지 여부(적극)

구 변호사법(2000.1.28. 법률 제6207호로 전문 개정되기 전의 것) 제90조 제2호 후단에서 말하는 알선이라 함은 법률사건의 당사자와 그 사건에 관하여 대리 등의 법률사무를 취급하는 상대방 사이에서 양자간에 법률사건이나 법률사무에 관한 위임계약 등의 체결을 중개하거나 그 편의를 도모하는 행위를 말하고, 따라서 현실적으로 위임계약 등이 성립하지 않아도 무방하며, 그 대가로서의 보수를 알선을 의뢰하는 자뿐만 아니라 그 상대방 또는 쌍방으로부터 지급받는 경우도 포함하고, 비변호사가 법률사건의 대리를 다른 비변호사에게 알선하는 경우는 물론 변호사에게 알선하는 경우도 이에 해당하는바 이러한 법리는 변호사에게 법률사건의 수임을 알선하고 그 대가로 금품을 받는 행위에 대하여 같은 법 제90조 제3호, 제27조 제1항에서 따로 처벌하고 있다고 하여 달리 볼 것도 아니므로, 비변호사인 경찰관, 법원·검찰의 직원 등이 변호사인 피고인에게 소송사건의 대리를 알선하고 그 대가로 금품을 받은 행위는 같은 법 제90조 제2호 후단 소정의 알선에 해당하고, 따라서 변호사인 피고인이 그러한 사정을 알면서 비변호사들로부터 법률사건의 수임을 알선받은 행위는 같은 법 제90조 제3호, 제27조 제2항, 제90조 제2호 위반죄를 구성한다(대법원 2000.6.15. 선고 98도3697 전원합의체 판결).

[기재례2] 변호사 아닌 자의 변호사 고용

1) 적용법조 : 제109조 제2호, 제34조 제4항   ☞ 공소시효 7년

> 제34조(변호사가 아닌 자와의 동업 금지 등) ④ 변호사가 아닌 자는 변호사를 고용하여 법률사무소를 개설·운영하여서는 아니 된다.

2) 범죄사실 기재례

> 피의자는 변호사자 아닌 사람으로서, 변호사가 아닌 자는 변호사를 고용하여 법률사무소를 개설·운영하여서는 아니된다.
> 그럼에도 불구하고 피의자는 20○○. ○. ○.부터 20○○. ○. ○.경까지 ○○에서 ○○합동법률사무소라는 상호로 변호사인 홍길동 등 3명을 고용하여 법률사무소를 개설 운영하였다.

3) 신문사항

- 변호사인가
- 법률사무소를 개설·운영한 일이 있는가
- 언제부터 언제까지 개설운영하였나
- 그 장소는 어디인가
- 규모는 어느 정도인가
- 고용된 변호사는 누구인가
- 어떤 조건으로 이들을 고용하였나
- 월 수입은 어느 정도인가

[기재례3] 변호사 명의대여

1) 적용법조 : 제109조 제2호, 제34조 제3항   ☞ 공소시효 7년

2) 범죄사실 기재례

> 피의자들은 ○○에 있는 법무법인 ○○ 소속 변호사들이다.
> 피의자들은 법무법인 ○○ 소속 사무장인 갑에게 피의자들의 변호사 명의를 빌려주는 대가로 개인회생 등 사건 1건당 10만 원을 지급받기로 약정하였다.
> 피의자들은 20○○. ○. ○.경부터 20○○. ○. ○.경까지 사이에 위 법무법인 ○○ 사무실에서 위 갑으로 하여금 피의자들의 변호사 명의를 대여받아 별지 범죄일람표 기재와 같이 총 ○○의 개인회생·파산 등 사건을 취급하며 수임료 ○○만원 상당을 지급받게 하고, 그 명의대여 대가를 취득하였다.
> 이로써 피의자들은 공모하여 변호사가 아닌 갑으로 하여금 피의자들의 변호사 명의를 이용하여 개인회생 등 비송사건에 관한 법률사무를 취급하게 하였다.

[기재례4] 사무장의 사건 알선 및 변호사의 수임

1) 적용법조

甲 : 제109조 제2호, 제34조 제2항 乙 : 제109조 제2호, 제34조 제1항 ☞ 공소시효 7년

2) 범죄사실 기재례

피의자 甲은 ○○에서 甲법률사무소를 하는 변호사, 피의자 乙은 무등록으로 변호사 甲 법률사무소 사무장으로 근무하는 사람이다.

가. 피의자 乙

1) 변호사가 아닌 자는 소송사건에 관하여 법률관계 문서작성 등 법률사무를 취급하여서는 아니 된다.

그럼에도 불구하고 피의자는 200○. ○. ○. 위 甲 법률사무소 사무실에서 丙으로부터 전세금반환청구소송을 제기하여 달라는 부탁을 받고 법률상담을 한 후 수수료 명목으로 즉시 그곳에서 ○○만원을 교부받은 다음 위 丙을 원고로 하는 전세금반환청구소장을 작성하여 같은 달 29. ○○지방법원 민원실에 위 소장을 접수하는 등으로 변호사가 아니면서 법률사무를 취급하였다.

2) 누구든지 법률사건의 수임에 관하여 당사자를 특정 변호사에게 소개한 후 그 대가로 금품을 받아서는 아니된다.

그럼에도 불구하고 피의자는 200○. ○. ○.경 위 변호사 사무실에서 피의자의 알선으로 법률사건을 수임한 경우 수임료의 20% 정도를 알선료로 받기로 피의자 甲과 합의한 후 丁에게 손해배상에 관해 법률상담을 해주고 위 사건의 수임을 위 甲 변호사에게 알선한 다음 200○. ○. ○.경 같은 장소에서 그 대가로 위 甲으로부터 ○○만원을 받은 것을 비롯하여 위와 같은 방법으로 별지 범죄사실(1) 기재와 같이 모두 ○○회에 걸쳐 위 甲 변호사로부터 ○○만원을 받아 법률사건수임을 알선한 대가로 금품을 교부받았다.

나. 피의자 甲

변호사가 아닌 자에게 법률사건수임 알선료를 지급하면서 그로부터 법률사건수임의 알선을 받아서는 아니된다.

그럼에도 불구하고 피의자는 위 '가-2)항'과 같은 방법으로 별지 범죄사실(2) 기재와 같이 모두 ○○회에 걸쳐 수임료 합계 ○○만원을 교부받아 피의자 乙로부터 법률사건수임의 알선을 받았다.

[기재례5] 사무장의 사건 알선 대가 금품 제공

1) 적용법조 : 제109조 제2호, 제34조 제2항 ☞ 공소시효 7년

2) 범죄사실 기재례

피의자는 변호사사무실 사무장이다. 변호사 또는 그 사무직원은 법률사건 또는 법률사무의 수임에 관하여 소개·알선 또는 유인의 대가로 금품·향응 기타 이익을 제공하거나 이를 약속하여서는 아니된다.

그럼에도 불구하고 피의자는 200○. ○. ○.경 ○○에 있는 ○○커피숍에서 자신이 사무장으로 근무하는 법률사무소에 사건을 소개하여 준 甲에게 ○○에 대한 취적허가신청 소송사건의 수임 대가로 현금 ○○만 원을 제공하였다.

■ 판례 ■   변호사법 제109조 제2호 , 제34조 제1항 위반죄의 실행의 착수시기

법률사무의 수임에 관하여 당사자를 특정 변호사에게 소개한 후 그 대가로 금품을 수수하면 변호사법 제109조 제2호, 제34조 제1항을 위반하는 죄가 성립하는바, 그 경우 소개의 대가로 금품을 받을 고의를 가지고 변호사에게 소개를 하면 실행행위의 착수가 있다(대법원 2006.4.7. 선고 2005도9858 선고 전원합의체 판결).

■ 판례 ■   변호사 아닌 자에게 고용된 변호사를, 변호사 아닌 자가 변호사를 고용하여 법률사무소를 개설·운영하는 행위를 처벌하도록 규정하고 있는 변호사법 제109조 제2호, 제34조 제4항 위반죄의 공범으로 처벌할 수 있는지 여부(소극)

변호사 아닌 자가 변호사를 고용하여 법률사무소를 개설·운영하는 행위에 있어서는 변호사 아닌 자는 변호사를 고용하고 변호사는 변호사 아닌 자에게 고용된다는 서로 대향적인 행위의 존재가 반드시 필요하고, 나아가 변호사 아닌 자에게 고용된 변호사가 고용의 취지에 따라 법률사무소의 개설·운영에 어느 정도 관여할 것도 당연히 예상되는바, 이와 같이 변호사가 변호사 아닌 자에게 고용되어 법률사무소의 개설·운영에 관여하는 행위는 위 범죄가 성립하는 데 당연히 예상될 뿐만 아니라 범죄의 성립에 없어서는 아니 되는 것인데도 이를 처벌하는 규정이 없는 이상, 그 입법 취지에 비추어 볼 때 변호사 아닌 자에게 고용되어 법률사무소의 개설·운영에 관여한 변호사의 행위가 일반적인 형법 총칙상의 공모, 교사 또는 방조에 해당된다고 하더라도 변호사를 변호사 아닌 자의 공범으로서 처벌할 수는 없다(대법원 2004.10.28. 선고 2004도3994 판결).

■ 판례 ■   법률사건 등에 관하여 당사자 또는 그 밖의 관계인을 특정 변호사 또는 그 사무직원에게 소개 등을 하고 그 대가로 금품을 수수하는 행위를 금지하는 구 변호사법 제34조 제1항 후단의 위반행위가 성립하기 위한 요건

구 변호사법(2005. 1. 27. 법률 제7357호로 개정되기 전의 것) 제34조 제1항은 '누구든지 법률사건 또는 법률사무의 수임에 관하여 사전에 금품·향응 기타 이익을 받거나 받을 것을 약속하고 당사자 기타 관계인을 특정 변호사 또는 그 사무직원에게 소개·알선 또는 유인하거나, 법률사건 또는 법률사무의 수임에 관하여 당사자 기타 관계인을 특정 변호사 또는 그 사무직원에게 소개·알선 또는 유인한 후 그 대가로 금품·향응 기타 이익을 받거나 이를 요구하여서는 아니 된다'라고 규정하고 있는바, 위 조항 후단의 위반행위가 성립하기 위하여는 금품 등을 받을 고의를 가지고 법률사건 등을 변호사 또는 그 사무직원에게 소개하는 등의 행위를 한 후 그 대가로 금품 등을 받거나 요구하면 되는 것이고, 위 조항 전단의 위반행위와 달리 반드시 사전에 소개료 등에 관한 약정이 있어야 하는 것은 아니다. 또한, 위 조항의 위반행위가 될 수 있으려면 법률사건 등을 실제 특정 변호사의 사무직원인 자에게 소개하는 경우여야 하지만, 이후 수수되는 금품 등이 그 소개의 대가로 인정되는 이상, 소개된 사무직원이 반드시 금품 등이 수수될 때까지 사무직원으로서의 지위를 유지하고 있어야 하는 것은 아니다(대법원, 2009.5.14. 선고 2008도4377 판결)

■ 판례 ■   변호사가 자신의 명의로 개설한 법률사무소의 사무직원에게 자신의 명의를 이용하도록 함으로써 변호사법 제109조 제2호 위반행위를 하고, 사무직원이 변호사의 명의를 이용하여 법률사무를 취급함으로써 변호사법 제109조 제1호 위반행위를 하였는지 판단하는 기준

변호사가 자신의 명의로 개설한 법률사무소 사무직원('비변호사'를 뜻한다. 이하 같다)에게 자신의 명의를 이용하도록 함으로써 변호사법 제109조 제2호 위반행위를 하고, 그 사무직원이 변호사의 명의를 이용하여 법률사무를 취급함으로써 변호사법 제109조 제1호 위반행위를 하였는지 판

단하기 위하여는, 취급한 법률사건의 최초 수임에서 최종 처리에 이르기까지의 전체적인 과정, 법률사건의 종류와 내용, 법률사무의 성격과 처리에 필요한 법률지식의 수준, 법률상담이나 법률문서 작성 등의 업무처리에 대한 변호사의 관여 여부 및 내용·방법·빈도, 사무실의 개설 과정과 사무실의 운영 방식으로서 직원의 채용·관리 및 사무실의 수입금 관리의 주체·방법, 변호사와 사무직원 사이의 인적 관계, 명의 이용의 대가로 지급된 금원의 유무 등 여러 사정을 종합하여, 그 사무직원이 실질적으로 변호사의 지휘·감독을 받지 않고 자신의 책임과 계산으로 법률사무를 취급한 것으로 평가할 수 있는지를 살펴보아야 한다.(대법원 2015.1.15. 선고, 2011도14198, 판결)

■ 판례 ■   변호사가 아닌 사람이 실비변상을 빙자 법률사무의 대가로서 경제적 이익을 취득한 경우

[1] 변호사법 제109조 제1호에서 정한 '그 밖의 법률사무'의 의미 및 직접적으로 법률상의 효과를 발생·변경·소멸·보전·명확화하는 행위 외에 그 행위와 관련된 행위도 해당하는지 여부(적극)

변호사법 제109조 제1호는 소송사건 등에 관하여 법률사무를 하는 행위에 대한 벌칙을 규정하고 있는데, 위 조문은 금지되는 법률사무의 유형으로서 감정, 대리, 중재, 화해, 청탁, 법률상담, 법률관계 문서 작성을 나열한 다음 '그 밖의 법률사무'라는 포괄적인 문구를 두고 있다. 위 조문에서 규정한 '그 밖의 법률사무'는 법률상의 효과를 발생·변경·소멸시키는 사항의 처리와 법률상의 효과를 보전하거나 명확하게 하는 사항의 처리를 의미하는데, 직접적으로 법률상의 효과를 발생·변경·소멸·보전·명확화하는 행위는 물론이고, 위 행위와 관련된 행위도 '그 밖의 법률사무'에 해당한다.

[2] 변호사가 아닌 사람이 실비변상을 빙자하여 법률사무의 대가로서 경제적 이익을 취득한 경우, 변호사법위반죄에 해당하는지 여부(적극) / 이때 일부 비용이 지출되었으나 변호사법위반죄의 범행을 위하여 지출된 비용에 불과한 경우, 법률사무의 대가인 이익의 범위(=수수한 이익 전부)

변호사법 제109조 제1호는 변호사가 아닌 사람이 금품·향응 또는 그 밖의 이익을 받거나 받을 것을 약속하고 법률사무를 하는 행위에 대한 벌칙을 규정하고 있는데, 단순히 법률사무와 관련한 실비를 변상받았을 때에는 위 조문상의 이익을 수수하였다고 볼 수 없다. 그러나 위 조문은 변호사가 아닌 사람이 유상으로 법률사무를 하는 것을 금지하는 데 입법목적이 있으므로, 법률사무의 내용, 비용의 내역과 규모, 이익 수수 경위 등 여러 사정을 종합하여 볼 때 실비변상을 빙자하여 법률사무의 대가로서 경제적 이익을 취득하였다고 볼 수 있는 경우에는, 이익 수수가 외형상 실비변상의 형식을 취하고 있더라도 그와 같이 이익을 수수하고 법률사무를 하는 행위가 변호사법위반죄에 해당한다. 이때 일부 비용을 지출하였다고 하더라도 비용이 변호사법위반죄의 범행을 위하여 지출한 비용에 불과하다면 수수한 이익 전부를 법률사무의 대가로 보아야 하고, 이익에서 지출한 비용을 공제한 나머지 부분만을 법률사무의 대가로 볼 수는 없다.(대법원 2015.07.09. 선고 2014도16204 판결)

제 45 장   병 역 법

Ⅰ. 개념정의

제2조(정의) ① 이 법에서 사용되는 용어의 뜻은 다음과 같다.

1. "징집"이란 국가가 병역의무자에게 현역(現役)에 복무할 의무를 부과하는 것을 말한다.
2. "소집"이란 국가가 병역의무자 또는 지원에 의한 병역복무자(제3조제1항 후단에 따라 지원에 의하여 현역에 복무한 여성을 말한다) 중 예비역(豫備役)·보충역(補充役)·전시근로역 또는 대체역에 대하여 현역 복무 외의 군복무(軍服務)의무 또는 공익 분야에서의 복무의무를 부과하는 것을 말한다.
3. "입영"이란 병역의무자가 징집(徵集)·소집(召集) 또는 지원(志願)에 의하여 군부대에 들어가는 것을 말한다.
4. "군간부후보생"이란 장교·준사관·부사관의 병적 편입을 위하여 군사교육기관 또는 수련기관 등에서 교육이나 수련 등을 받고 있는 사람을 말한다.
5. "고용주"란 「근로기준법」의 적용을 받는 공·사 기업체나 공·사 단체의 장으로서 병역의무자를 고용하고 있는 자를 말한다.
6. "병역판정검사전문의사"란 의사 또는 치과의사 자격을 가진 사람으로서 「국가공무원법」에 따라 대통령령으로 정하는 일반직 공무원으로 채용되어 신체검사업무 등에 복무하는 사람을 말한다.
7. "전환복무"란 현역병으로 복무 중인 사람이 교정시설경비교도·의무경찰대원 또는 의무소방원의 임무에 복무하도록 군인으로서의 신분을 다른 신분으로 전환하는 것을 말한다.
8. "상근예비역"이란 징집에 의하여 현역병으로 입영(入營)한 사람이 일정기간을 현역병으로 복무하고 예비역에 편입된 후 지역방위(地域防衛)와 이와 관련된 업무를 지원하기 위하여 소집되어 복무하는 사람을 말한다.
9. "승선근무예비역"이란 「선박직원법」 제4조제2항제1호 및 제2호에 따른 항해사 또는 기관사로서 「비상대비자원 관리법」 또는 「국제선박등록법」에 따라 전시·사변 또는 이에 준하는 비상시에 국민경제에 긴요한 물자와 군수 물자를 수송하기 위한 업무 또는 이와 관련된 업무의 지원을 위하여 소집되어 승선근무하는 사람을 말한다.
10. "사회복무요원(社會服務要員)"이란 다음 각 목의 기관 등의 공익목적 수행에 필요한 사회복지, 보건·의료, 교육·문화, 환경·안전 등의 사회서비스업무 및 행정업무 등의 지원을 위하여 소집되어 공익 분야에 복무하는 사람을 말한다.

    가. 국가기관   나. 지방자치단체   다. 공공단체(公共團體)

    라. 「사회복지사업법」 제2조에 따라 설치된 사회복지시설(이하 "사회복지시설"이라 한다)
10의2. "국제협력봉사요원"이란 개발도상국가의 경제·사회·문화 발전 등을 지원하기 위하여 제33조의3에 따라 편입되어 「국제협력요원에 관한 법률」에 따른 국제협력업무에 복무하는 사람을 말한다.
10의3. "예술·체육요원"이란 예술·체육 분야의 특기를 가진 사람으로서 제33조의7에 따라 편입되어 문화창달과 국위선양을 위한 예술·체육 분야의 업무에 복무하는 사람을 말한다.
11. "공중보건의사"란 의사·치과의사 또는 한의사 자격을 가진 사람으로서 「농어촌 등 보건의료를 위한 특별조치법」에서 정하는 바에 따라 공중보건업무에 복무하는 사람을 말한다.
12. 〈2016.1.19. 삭제〉
13. "공익법무관"이란 변호사 자격을 가진 사람으로서 「공익법무관에 관한 법률」에서 정하는 바에 따라 법률구조업무 또는 국가·지방자치단체의 공공목적의 업무수행에 필요한 법률사무에 복무하는 사람을 말한다.
14. "병역판정검사전담의사"란 의사 또는 치과의사 자격을 가진 사람으로서 제34조에 따라 병역판정검사전담의사로 편입되어 신체검사업무 등에 복무하는 사람을 말한다.
15. "공중방역수의사"란 수의사 자격을 가진 사람으로서 「공중방역수의사에 관한 법률」에서 정하는 바에 따라 가축방역업무에 복무하는 사람을 말한다.

16. "전문연구요원"이란 학문과 기술의 연구를 위하여 제36조에 따라 전문연구요원(專門研究要員)으로 편입되어 해당 전문 분야의 연구업무에 복무하는 사람을 말한다.

17. "산업기능요원"이란 산업을 육성하고 지원하기 위하여 제36조에 따라 산업기능요원(産業技能要員)으로 편입되어 해당 분야에 복무하는 사람을 말한다.

17의2. "대체복무요원"이란 대체역으로 편입된 사람으로서 「대체역의 편입 및 복무 등에 관한 법률」에 따른 대체복무기관에 소집되어 공익 분야에 복무하는 사람을 말한다.

18. "병역지정업체"란 전문연구요원이나 산업기능요원이 복무할 업체로서 다음 각 목의 업체를 말한다.

　가. 제36조에 따라 병무청장이 선정한 연구기관, 기간산업체 및 방위산업체

　나. 「농어업경영체 육성 및 지원에 관한 법률」 제19조에 따른 농업회사법인(이하 "농업회사법인"이라 한다)

　다. 「농업기계화 촉진법」 제11조제2항에 따른 농업기계의 사후관리업체(이하 "사후관리업체"라 한다)

19. "공공단체"란 공익목적을 수행하기 위하여 법률에 따라 설치된 법인 또는 단체로서 대통령령으로 정하는 법인 또는 단체를 말한다.

② 이 법에서 병역의무의 이행시기를 연령으로 표시한 경우 "○○세부터"란 그 연령이 되는 해의 1월 1일부터를, "○○세까지"란 그 연령이 되는 해의 12월 31일까지를 말한다.

■ 판례 ■　현역병입영대상자로의 병역처분에 흠이 있는 경우, 현역병입영자가 군형법의 적용 대상이 되는지 여부(한정 적극)

군형법 제2조 제1항 제1호, 제3호에 의하면, 징집이라 함은 국가가 병역의무자에 대하여 현역에 복무할 의무를 부과하는 것, 입영이라 함은 병역의무자가 징집 등에 의하여 군부대에 들어가는 것을 말하는 것으로 각 규정되어 있는바, 병역의무자가 소정의 절차에 따라 현역병입영대상자로 병역처분을 받고 징집되어 군부대에 들어갔다면, 설령 그 병역처분에 흠이 있다고 하더라도 그 흠이 당연무효에 해당하는 것이 아닌 이상, 그 사람은 입영한 때부터 현역의 군인으로서 군형법의 적용 대상이 되는 것으로 보아야 한다(대법원 2002.4.26. 선고 2002도740 판결).

II. 벌 칙

제84조(신상이동 통보 불이행 등)	제85조(통지서 수령 거부 및 전달의무 태만)
제86조(도망·신체손상 등)제87조(병역판정검사의 기피 등)	제87조(병역판정검사의 기피 등)
제88조(입영의 기피 등)	제89조(사회복무요원 등의 대리복무)
제89조의2(사회복무요원 등의 복무이탈)	제89조의3(사회복무요원등의 복무의무 위반)
제89조의4(사회복무요원의 개인정보 유출 또는 이용)	제90조(병력동원훈련소집의 기피)
제90조의2(예비군대체복무 소집된 사람의 복무의무 위반)	제91조(허위증명서 등의 발급)
제92조(전문연구요원 등의 편입 및 복무의무위반 등)	제제92조의2(복무기관의 복무관리 위반)
제93조(고용금지 및 복직보장 위반 등)	제94조(국외여행허가 의무 위반)
제96조(양벌규정)	제97조(전시 등에서의 형의 가중)

■ 판례 ■　장교 또는 사관후보생 예정자에게도 병역법의 벌칙규정이 적용되는지 여부(적극)

병역법과 군인사법의 법령상의 체계나 그 규정의 내용을 살펴보면, 병역법은 국민의 병역의무 전반에 관한 일반적인 법률로서 병(兵)의 병역의무이행만을 규율하는 법률이 아님이 분명하고, 군인사법은 원칙적으로 군인의 임용, 복무 등에 관한 국가공무원법의 특례를 규정하는 한편 병역법의 특별법으로서의 기능도 하고 있는 것이므로, 장교 또는 사관후보생이 될 자라고 하여 병역법의 벌칙규정이 배제될 여지는 없는 것이다(대법원 1999.6.25. 선고 98도3138 판결).

III. 범죄사실

1. 거주지 이동신고 불이행

1) 적용법조 : 제84조 제2항, 제69조 제1항 ☞ 공소시효 5년

> **제69조(거주지이동 신고 등)** ① 병역의무자(현역 및 대체복무요원은 제외한다)가 거주지를 이동한 경우에는 14일 이내에 「주민등록법」 제16조에 따라 전입신고를 하여야 한다.
>
> **제84조(신상이동 통보 불이행 등)** ① 다음 각 호의 어느 하나에 해당하는 경우에는 6개월 이하의 징역 또는 2천만원 이하의 벌금에 처한다.
> 1. 고용주가 정당한 사유 없이 제23조의3, 제40조 또는 제67조제2항에 따른 신상변동 통보를 하지 아니하거나 거짓으로 통보한 경우
> 2. 공공단체의 장 또는 사회복지시설의 장이 정당한 사유 없이 제32조제1항 또는 제2항에 따른 신상변동 통보를 하지 아니하거나 거짓으로 통보한 경우
>
> ② 제69조제1항에 따른 전입신고를 정당한 사유 없이 하지 아니하거나 거짓으로 신고한 사람은 200만원 이하의 벌금 또는 구류에 처한다.
>
> ※ **주민등록법**
>
> **제16조(거주지의 이동)** ① 하나의 세대에 속하는 자의 전원 또는 그 일부가 거주지를 이동하면 제11조나 제12조에 따른 신고의무자가 신거주지에 전입한 날부터 14일 이내에 신거주지의 시장·군수 또는 구청장에게 전입신고(轉入申告)를 하여야 한다.

2) 범죄사실 기재례

> 피의자는 병역의무자이다. 병역의무자가 거주지를 이동한 경우에는 14일 이내에 「주민등록법」 제16조에 따라 전입신고를 하여야 한다.
>
> 그럼에도 불구하고 피의자는 20○○. 4. 5. 경 주거지를 서울 ○○에서 ○○로 이동하였으면 거주지 동장에게 전·출입 신고를 하여야 함에도 정당한 사유없이 아니하였다.

✱ 공소시효기산점 : 주소지를 무단으로 이동한 20○○. 4. 5. 이 아니라 그로부터 14일이 지난 4. 19. 을 기준으로 할 것

3) 신문사항

- 병역의무자인가
- 주소지를 이전한 일이 있는가
- 어디에서 어디로 이전하였는가
- 언제 무엇 때문에 이전하였나
- 이전한 주소지에 전입신고를 하였는가
- 왜 전입신고를 하지 않았나

■ **판례** ■ **병역의무를 기피하거나 감면받을 목적으로 가족과 함께 국외로 이주하는 것처럼 꾸며 국외여행허가를 받고 공익근무요원 소집 연기처분을 받은 경우, '사위행위'에 해당하는지 여부(적극)**

'병역의무를 기피하거나 감면받을 목적으로 도망하거나 행방을 감춘 때 또는 신체손상이나 사위행위를 한 사람'에 대하여 1년 이상 3년 이하의 징역에 처하도록 규정하고, 제65조 제1항 제2호는 '가족과 같이 국외로 이주하는 사람'에 대하여 공익근무요원 소집의 면제나 해제를 할 수 있도록

568 형사특별법 수사실무총서

규정하고 있으며 이에 따라 관계 법령에서 병역연기 등을 규정하고 있는바, 여기에서 가족과 같이 국외로 이주한다는 의미는 공익근무요원 소집의 면제처분 등을 할 당시를 기준으로 실제로 가족과 함께 국외로 출국하여 그 곳에서 거주하는 것으로 해석해야 하므로, 실제로는 상당한 기간 내에 가족과 함께 국외로 이주할 계획이 없음에도 불구하고 병역의무를 기피하거나 감면받을 목적으로 가족과 함께 국외로 이주하는 것처럼 꾸며 국외여행허가를 받고 공익근무요원 소집 연기처분을 받았다면 같은 법 제86조에서 정하는 '사위행위'에 해당한다(대법원 2001.6.15. 선고 2000도3853 판결).

2. 국외여행 허가 의무 위반

1) 적용법조 : 제94조 제2항, 제70조 제3항 ☞ 공소시효 5년

> 제70조(국외여행의 허가 및 취소) ① 병역의무자로서 다음 각 호의 어느 하나에 해당하는 사람이 국외여행을 하려면 병무청장의 허가를 받아야 한다.
> 1. 25세 이상인 병역준비역, 보충역 또는 대체역으로서 소집되지 아니한 사람
> 2. 승선근무예비역, 병역준비역, 보충역 또는 대체역으로 복무 중인 사람
> ③ 국외여행의 허가를 받은 사람이 허가기간에 귀국하기 어려운 경우에는 기간만료 15일 전까지, 25세가 되기 전에 출국한 사람은 25세가 되는 해의 1월 15일까지 병무청장의 기간연장허가 또는 국외여행허가를 받아야 한다.
> 제94조(국외여행허가 의무 위반) ① 병역의무를 기피하거나 감면받을 목적으로 제70조제1항 또는 제3항에 따른 허가를 받지 아니하고 출국한 사람 또는 국외에 체류하고 있는 사람(제83조제2항제10호에 따른 귀국명령을 위반하여 귀국하지 아니한 사람을 포함한다)은 1년 이상 5년 이하의 징역에 처한다.
> ② 제70조제1항 또는 제3항에 따른 허가를 받지 아니하고 출국한 사람, 국외에 체류하고 있는 사람 또는 정당한 사유 없이 허가된 기간에 귀국하지 아니한 사람(제83조제2항제10호에 따른 귀국명령을 위반하여 귀국하지 아니한 사람을 포함한다)은 3년 이하의 징역에 처한다.

2) 범죄사실 기재례

피의자는 병역의무자로서 국외여행의 허가를 받으면 허가기간에 귀국하기 어려운 경우에는 기간만료 15일 전까지, 25세가 되기 전에 출국한 사람은 25세가 되는 해의 1월 15일까지 병무청장의 기간연장허가 또는 국외여행 허가를 받아야 한다.

피의자는 200○. ○. ○. 11:00 인천공항을 통해 ○○항공편을 이용하여 ○○국으로 200○. ○. ○.까지 여행을 목적으로 출국하였으나 ○○사유로 200○. ○. ○.까지 귀국하지 못하였다. 그럼에도 불구하고 피의자는 기간만료 15일 전인 200○. ○. ○.까지 병무청장의 기간연장허가를 받지 아니하였다.

3) 신문사항

- 병역의무자인가, 국외여행을 한 일이 있는가
- 언제부터 언제까지 어떤 방법으로 하였나(출국한 공항 등)
- 귀국일자가 언제인가
- 귀국일자에 귀국하였는가
- 귀국하지 못함에 따라 기간연장 허가를 받았는가
- 왜 기간연장을 받지 않았는가

3. 병역기피목적 상해

1) 적용법조 : 제86조 ☞ 공소시효 7년

제86조(도망·신체손상 등) 병역의무를 기피하거나 감면받을 목적으로 도망가거나 행방을 감춘 경우 또는 신체를 손상하거나 속임수를 쓴 사람은 1년 이상 5년 이하의 징역에 처한다. [전문개정 2009.6.9]

2) 범죄사실 기재례

[기재례1] 고의로 손가락 절단

피의자는 20○○. ○. ○. 자로 현역입영대상자였던 자다. 병역의무를 기피하거나 감면받을 목적으로 도망하거나 행방을 감춘 경우 또는 신체손상이나 사위행위를 하여서는 아니 된다.

그럼에도 불구하고 피의자는 20○○. ○. ○. ○○에서 병역의무를 기피할 목적으로 그곳에 있던 철판 절단기를 이용하여 피의자의 오른쪽 엄지손가락을 잘라 신체를 손상하였다.

[기재례2] 신체에 전신문신으로 신체손상

피의자는 병역의무자이다.

피의자는 20○○. ○. ○. 최초 병역 판정 검사를 받을 당시 '병역을 기피하거나 감면받을 목적으로 신체손상(문신 등) 등의 행위를 한 경우 병역법에 따라 처벌을 받게 됩니다' 라는 취지의 '병역면탈 예방교육' 을 받아 전신문신을 할 경우 병역의무가 감면되어 형사처벌을 받을 수 있다는 사실을 알고 있었다.

그럼에도 불구하고 피의자는 20○○. ○. ○.경까지 ○○에서 팔, 등, 다리, 배 등 전신에 문신한 후 20○○. ○. ○. 현역으로 입영하였다가 전신문신 사유로 귀가 되었고, 20○○. ○. ○. 귀가자 병역판정검사에서 고도 문신을 이유로 신체등급 4급 판정을 받아 사회복무요원소집대상으로 병역처분을 받았다.

이로써 피의자는 병역의무를 기피하거나 감면받을 목적으로 신체를 손상하였다.

3) 신문사항

- 피의자는 현역입영대상자인가
- 입영예정일이 언제 인가
- 신체손상을 한 일이 있는가
- 언제 어디에서 어떤 방법으로 손상하였나
- 어느 부위의 신체를 손상하였나
- 누가 이러한 행위를 하도록 하던가
- 병역의무를 기피할 목적으로 이런 행위를 하였나

■ 판례 ■ 甲이 징병신체검사등검사규칙 제140항을 병역법의 위임한계를 벗어난 무효의 규정으로 보아 문신을 시술한 경우

[1] 병역법 제86조가 규정하고 있는 병역의무의 기피 또는 감면을 목적으로 한 '신체손상'의 의미

병역법 제86조의 구성요건은 행위자가 병역의무를 기피할 목적이나 그 의무를 감경 또는 면제받을 목적을 가지고 그 목적달성을 위하여 도망하거나 행방을 감추거나 신체손상을 하거나 사위행위를 한 경우에 충족되는 것으로서, 그 범죄의 실행행위에는 도망하거나 행방을 감추거나 신체손상을 하는 외에 병역의무의 기피 또는 감면의 목적을 가진 그 밖의 사위행위 전부가 포함되도록 규정되어 있음이 분명하고, 그 구성요건 중의 여러 행위유형들 중 도망하거나 행방을 감추거나 사위행위를 하는 경우 그 행위가 영속적인 경우이거나 일시적인 경우이거나 모두 포함되는 것이며 실제로 그 행위로써 병역의무의 기피 또는 감면의 결과가 발생하여야 하는 것도 아닌 즉성범이라 할 것이니, 그 행위 유형 중의 하나인 '신체손상'의 개념은 신체의 완전성을 해하거나 생리적 기능에 장애를 초래하는 '상해'의 개념과 일치되어야 하는 것은 아니며 병역의무의 기피 또는 감면사유에 해당되도록 신체의 변화를 인위적으로 조작하는 행위까지를 포함하는 개념이다.

[2] 甲의 행위가 병역법 제86조 위반죄에 해당하는지 여부(적극)

병역법 제12조 제4항의 위임을 받은 국방부령인 징병신체검사등검사규칙의 [별표 2] "질병·심신장애의 정도 및 평가기준" 중 제140항 "문신 또는 자해로 인한 반흔 등"의 규정은 병역법의 위임한계를 벗어난 규정이 아닐 뿐만 아니라, 가령 그 규정이 일반 국민과 법원을 기속하는 효력이 없다고 하더라도 병역의무의 기피 또는 감면의 목적을 가진 사람이 신체검사 판정의 기준으로 실제 시행되고 있는 그 규정을 이용하여 문신을 함으로써 그 목적을 달성하고자 하였다면 특별한 사정이 없는 한 그로써 병역법 제86조 위반죄가 성립된다.

[3] 甲의 행위가 신체손상에 해당하는지 여부(소극)

징병신체검사등검사규칙 제140항을 병역법의 위임한계를 벗어난 무효의 규정으로 보아 문신을 시술한 것만으로는 합병증, 감염증이 발생하거나 정신적인 장애상태가 초래되지 않는 한 '신체손상'이라 할 수 없다(대법원 2004.3.25. 선고 2003도8247 판결).

■ 판례 ■ 甲이 지정업체에서 전문연구요원 등으로 근무할 의사가 없음에도 병역의무를 기피하거나 감면받을 목적으로 허위내용의 편입신청서를 작성·제출한 경우

[1] 구 병역법 제86조에 정한 '사위행위'의 의미와 그 실행의 착수시기 및 죄의 성립에 병역의무 기피·감면의 결과 발생을 요하는지 여부(소극)

구 병역법 제86조에서 말하는 '사위행위'란 병역의무를 감면받을 조건에 해당하지 않거나 그러한 신체적 상태가 아닌데도 병무행정당국을 기망하여 병역의무를 감면받으려고 시도하는 행위를 가리키는 것이므로, 다른 행위 태양인 도망·잠적 또는 신체손상에 상응할 정도로 병역의무의 이행을 면탈하고 병무행정의 적정성을 침해할 직접적인 위험이 있는 단계에 이르렀을 때에 비로소 사위행위의 실행을 한 것이라고 보아야 한다. 한편, 사위행위의 실행으로써 범죄는 성립하는 것이고, 나아가 병역의무의 기피 또는 감면의 결과 발생을 요구하지는 않는다.

[2] 구 병역법 제86조 위반죄가 성립하는지 여부(적극) 및 편입승인처분을 받은 후 편입취소를 막기 위하여 관할지방병무청장을 속이는 행위를 한 것이 별도로 사위행위를 구성하는지 여부(소극)

구병역법에서 정한 지정업체에서 전문연구요원이나 산업기능요원으로 편입되더라도 해당 지정업체에서 근무할 의사가 없음에도 병역의무를 기피하거나 감면받을 목적으로 해당 지정업체의 장과

공모하여 허위내용의 편입신청서를 작성하여 관할지방병무청장에게 제출한 경우, 이러한 편입신청서를 제출함으로써 사위행위의 실행이 이루어져 병역법 제86조 위반죄가 성립하고, 이와 같은 사위행위에 의하여 관할지방병무청장으로부터 전문연구요원이나 산업기능요원 편입을 승인받은 이상, 그 후 이러한 위법사실이 드러나 편입이 취소되는 것을 막기 위하여 관할지방병무청장을 속이는 개개의 행위를 하였더라도, 이것이 별도로 사위행위를 구성하여 병역법 제86조 위반죄가 성립하는 것은 아니다. (대법원 2008.6.26. 선고 2008도1011 판결).

■ 판례 ■ 　구 병역법상 산업기능요원 편입자격자가 해당 지정업체에서 근무할 의사 없이 병역의무를 기피하거나 감면받을 목적으로 허위내용의 편입신청서를 작성·제출한 경우 같은 법 제86조 위반죄가 성립하는지 여부(적극)

구 병역법(2005. 5. 31. 법률 제7541호로 개정되기 전의 것) 제86조에 정한 '사위행위'란 병무행정당국을 기망하여 병역의무를 감면받으려고 시도하는 행위를 가리키므로, 허위의 산업기능요원 편입신청서를 작성·제출한 자가 같은 법에서 요구하는 산업기능요원 편입자격을 갖추고 있다고 하더라도 편입신청서를 제출할 당시 해당 지정업체에서 실제로 근무할 의사가 없었던 이상 같은 법 제86조 위반죄의 성립에 영향이 없다. (대법원 2009. 2. 26., 선고, 2008도1860, 판결)

4. 입영의 기피행위

1) 적용법조 : 제88조 제1항　☞　공소시효 5년

> 제88조(입영의 기피 등) ① 현역입영 또는 소집 통지서(모집에 의한 입영 통지서를 포함한다)를 받은 사람이 정당한 사유 없이 입영일이나 소집기일부터 다음 각 호의 기간이 지나도 입영하지 아니하거나 소집에 응하지 아니한 경우에는 3년 이하의 징역에 처한다. 다만, 제53조제2항에 따라 전시근로소집에 대비한 점검통지서를 받은 사람이 정당한 사유 없이 지정된 일시의 점검에 참석하지 아니한 경우에는 6개월 이하의 징역이나 500만원 이하의 벌금 또는 구류에 처한다.
> 1. 현역입영은 3일
> 2. 사회복무요원대체복무요원소집은 3일
> 3. 군사교육소집은 3일
> 4. 병력동원소집 및 전시근로소집은 2일

2) 범죄사실 기재례

> 피의자는 현역입영대상자로, 20○○. 5. 7. ○○에 있는 피의자의 집에서 20○○. 7. 1.자로 충남 논산시에 있는 ○○부대에 입영하라는 ○○지방병무청장 명의의 현역입영통지서를 받고도 입영일로부터 3일이 경과한 날까지 정당한 사유없이 입영하지 아니하였다.

✱ 공소시효기산점 : 입영통지를 받은 20○○.5.7. 아니라 입영일인 7.1.부터 3일이 지난 7.4.을 기준으로 할 것

3) 신문사항

－ 피의자는 현역입영대상자인가

－ 현역입영통지를 받았는가

－ 언제 어디에서 누구로부터 받았는가

- 누가 발송하였던가
- 언제까지 어디로 입영하라고 하던가
- 입영하였는가
- 왜 입영하지 않았는가
- 입영하지 않는 것에 대한 정당한 이유가 있는가

■ **판례** ■ 양심적 병역거부가 병역법 제88조 제1항의 '정당한 사유'에 해당하는지 여부(적극)

병역법 제88조 제1항은 본문에서 "현역입영 또는 소집 통지서(모집에 의한 입영 통지서를 포함한다)를 받은 사람이 정당한 사유 없이 입영일이나 소집일부터 다음 각 호의 기간이 지나도 입영하지 아니하거나 소집에 응하지 아니한 경우에는 3년 이하의 징역에 처한다."라고 정하면서, 제1호에서 '현역입영은 3일'이라고 정하고 있다. 위 조항에서 정한 정당한 사유가 있는지를 판단할 때에는 병역법의 목적과 기능, 병역의무의 이행이 헌법을 비롯한 전체 법질서에서 가지는 위치, 사회적 현실과 시대적 상황의 변화 등은 물론 피고인이 처한 구체적이고 개별적인 사정도 고려해야 한다. 병역의무의 부과와 구체적 병역처분 과정에서 고려되지 않은 사정이라 하더라도, 입영하지 않은 병역의무자가 처한 구체적이고 개별적인 사정이 그로 하여금 병역의 이행을 감당하지 못하도록 한다면 병역법 제88조 제1항의 '정당한 사유'에 해당할 수 있다고 보아야 한다. 설령 그 사정이 단순히 일시적이지 않다거나 다른 이들에게는 일어나지 않는 일이라 하더라도 마찬가지이다.

헌법 제19조에서 보호하는 양심은 어떤 일의 옳고 그름을 판단할 때 그렇게 행동하지 않고서는 자신의 인격적 존재가치가 파멸되고 말 것이라는 강력하고 진지한 마음의 소리로서 절박하고 구체적인 것이다. 양심에 따른 병역거부, 이른바 양심적 병역거부는 종교적·윤리적·도덕적·철학적 또는 이와 유사한 동기에서 형성된 양심상 결정을 이유로 집총이나 군사훈련을 수반하는 병역의무의 이행을 거부하는 행위를 말한다. 이러한 양심적 병역거부의 허용 여부는 헌법 제19조 양심의 자유 등 기본권 규범과 헌법 제39조 국방의 의무 규범 사이의 충돌·조정 문제가 된다. 심적 병역거부는 소극적 부작위에 의한 양심실현에 해당한다. 국가가 개인에게 양심에 반하는 작위의무를 부과하고 그 불이행에 대하여 형사처벌 등 제재를 함으로써 의무의 이행을 강제하는 것은 결국 내면적 양심을 포기하고 국가가 부과하는 의무를 이행하거나, 아니면 내면적 양심을 유지한 채 의무를 이행함으로써 자신의 인격적 존재가치를 스스로 파멸시키는 선택을 강요하는 것과 다르지 않다. 양심적 병역거부자들은 헌법상 국방의 의무 자체를 부정하지는 않는다. 양심을 포기하지 않고서는 집총이나 군사훈련을 수반하는 병역의무를 이행할 수 없고 집총이나 군사훈련을 수반하는 병역의무의 이행이 자신의 인격적 존재가치를 스스로 파멸시키는 것이기 때문에 그러한 병역의무의 이행만을 거부한다는 것이다. 한편 우리나라의 경제력과 국방력, 국민의 높은 안보의식 등에 비추어 이러한 양심적 병역거부를 허용한다고 하여 국가안전보장과 국토방위를 달성하는 데 큰 어려움이 있을 것으로는 보이지 않는다. 따라서 진정한 양심적 병역거부자에게 집총이나 군사훈련을 수반하는 병역의무의 이행을 강제하고 그 불이행을 처벌하는 것은 양심의 자유에 대한 과도한 제한이 되거나 본질적 내용에 대한 위협이 된다.

요컨대, 양심적 병역거부자에게 병역의무의 이행을 일률적으로 강제하고 그 불이행에 대하여 형사처벌 등 제재를 하는 것은 양심의 자유를 비롯한 헌법상 기본권 보장체계와 전체 법질서에 비추어 타당하지 않을 뿐만 아니라 소수자에 대한 관용과 포용이라는 자유민주주의 정신에도 위배된다. 따라서 진정한 양심에 따른 병역거부라면, 이는 병역법 제88조 제1항의 '정당한 사유'에 해당한다. 진정한 양심은 그 신념이 깊고, 확고하며, 진실하여야 한다. 인간의 내면에 있는 양심을 직접 객관적으로 증명할 수는 없으므로 사물의 성질상 양심과 관련성이 있는 간접사실 또는 정황사실을 증명하는 방법으로 판단하여야 한다(대법원 2018. 11. 1. 선고 2016도10912 전원합의체 판결).

■ 판례 ■   진정한 양심의 의미와 증명 방법

[1] 이른바 양심적 병역거부의 의미 / 진정한 양심에 따른 병역거부가 병역법 제88조 제1항의 '정당한 사유'에 해당하는지 여부(적극) 및 이때 진정한 양심의 의미와 증명 방법

양심에 따른 병역거부, 이른바 양심적 병역거부는 종교적·윤리적·도덕적·철학적 또는 이와 유사한 동기에서 형성된 양심상 결정을 이유로 집총이나 군사훈련을 수반하는 병역의무의 이행을 거부하는 행위를 말한다. 양심적 병역거부자에게 병역의무의 이행을 일률적으로 강제하고 그 불이행에 대하여 형사처벌 등 제재를 하는 것은 양심의 자유를 비롯한 헌법상 기본권 보장체계와 전체 법질서에 비추어 타당하지 않을 뿐만 아니라 소수자에 대한 관용과 포용이라는 자유민주주의 정신에도 위배된다. 따라서 진정한 양심에 따른 병역거부라면, 이는 병역법 제88조 제1항의 '정당한 사유'에 해당한다. 구체적인 병역법 위반 사건에서 피고인이 양심적 병역거부를 주장할 경우, 그 양심이 과연 깊고 확고하며 진실한 것인지를 가려내는 일이 무엇보다 중요하다. 인간의 내면에 있는 양심을 직접 객관적으로 증명할 수는 없으므로 사물의 성질상 양심과 관련성이 있는 간접사실 또는 정황사실을 증명하는 방법으로 판단하여야 한다. 예컨대 종교적 신념에 따른 양심적 병역거부 주장에 대해서는 종교의 구체적 교리가 어떠한지, 그 교리가 양심적 병역거부를 명하고 있는지, 실제로 신도들이 양심을 이유로 병역을 거부하고 있는지, 그 종교가 피고인을 정식 신도로 인정하고 있는지, 피고인이 교리 일반을 숙지하고 철저히 따르고 있는지, 피고인이 주장하는 양심적 병역거부가 오로지 또는 주로 그 교리에 따른 것인지, 피고인이 종교를 신봉하게 된 동기와 경위, 만일 피고인이 개종을 한 것이라면 그 경위와 이유, 피고인의 신앙기간과 실제 종교적 활동 등이 주요한 판단 요소가 될 것이다. 피고인이 주장하는 양심과 동일한 양심을 가진 사람들이 이미 양심적 병역거부를 이유로 실형으로 복역하는 사례가 반복되었다는 등의 사정은 적극적인 고려요소가 될 수 있다.

그리고 위와 같은 판단 과정에서 피고인의 가정환경, 성장과정, 학교생활, 사회경험 등 전반적인 삶의 모습도 아울러 살펴볼 필요가 있다. 깊고 확고하며 진실한 양심은 그 사람의 삶 전체를 통하여 형성되고, 또한 어떤 형태로든 그 사람의 실제 삶으로 표출되었을 것이기 때문이다.

정당한 사유가 없다는 사실은 범죄구성요건이므로 검사가 증명하여야 한다. 다만 진정한 양심의 부존재를 증명한다는 것은 마치 특정되지 않은 기간과 공간에서 구체화되지 않은 사실의 부존재를 증명하는 것과 유사하다. 위와 같은 불명확한 사실의 부존재를 증명하는 것은 사회통념상 불가능한 반면 그 존재를 주장·증명하는 것이 좀 더 쉬우므로, 이러한 사정은 검사가 증명책임을 다하였는지를 판단할 때 고려하여야 한다. 따라서 양심적 병역거부를 주장하는 피고인은 자신의 병역거부가 그에 따라 행동하지 않고서는 인격적 존재가치가 파멸되고 말 것이라는 절박하고 구체적인 양심에 따른 것이며 그 양심이 깊고 확고하며 진실한 것이라는 사실의 존재를 수긍할 만한 소명자료를 제시하고, 검사는 제시된 자료의 신빙성을 탄핵하는 방법으로 진정한 양심의 부존재를 증명할 수 있다. 이때 병역거부자가 제시하여야 할 소명자료는 적어도 검사가 그에 기초하여 정당한 사유가 없다는 것을 증명하는 것이 가능할 정도로 구체성을 갖추어야 한다.

[2] 여호와의 증인에서 침례를 받지 아니한 피고인이 그 신도라고 주장하면서 지방병무청장 명의의 현역병 입영통지서를 받고도 종교적 양심을 이유로 입영일부터 3일이 지나도록 입영하지 않고 병역을 거부하여 병역법 위반으로 기소된 사안

위 공소사실의 유무죄를 가림에 있어서는 피고인으로부터 병역거부에 이르게 된 그의 양심이 깊고

확고하며 진실한 것이라는 사실의 존재를 수긍할 만한 구체적인 소명자료를 제출받아 이를 자세히 심리할 필요가 있는바, 피고인이 이른바 '모태신앙'으로서 여호와의 증인의 신도라고 하면서도 위 종교의 공적 모임에서 자신의 신앙을 고백하고 그 종교의 다른 신도들로부터 공동체 구성원으로 받아들여지는 중요한 의식인 침례를 아직 받지 않고 있을 뿐 아니라 종교적 신념의 형성 여부 및 그 과정 등에 관하여 위 종교단체 명의의 사실확인서 등 구체성을 갖춘 자료를 제대로 제출하지 않고 있어, 피고인의 주장과 달리 가정환경 및 성장과정 등 삶의 전반에서 해당 종교의 교리 및 가르침이 피고인의 신념 및 사유체계에 심대한 영향을 미칠 만큼 지속적이면서 공고하게 자리 잡았다고 보기 어려운 것은 아닌지 의문이며, 나아가 설령 피고인이 그 주장대로 침례를 받지 않고도 지금까지 종교적 활동을 하여 온 것이 맞다고 하더라도, 이러한 종교적 활동은 여호와의 증인의 교리 내지 신앙에 관하여 확신에 이르거나 그 종교적 신념이 내면의 양심으로까지 자리 잡게 된 상태가 아니더라도 얼마든지 행해질 수 있으므로, 피고인이 병역거부에 이르게 된 원인으로 주장하는 '양심'이 과연 그 주장에 상응하는 만큼 깊고 확고하며 진실한 것인지, 종교적 신념에 의한 것이라는 피고인의 병역거부가 실제로도 그에 따라 행동하지 않고서는 인격적 존재가치가 파멸되고 말 것이라는 절박하고 구체적인 양심에 따른 것으로서 병역법 제88조 제1항의 정당한 사유에 해당하는지에 대하여는 여전히 의문이 남는데도, 위 조항의 정당한 사유가 인정된다고 보아 무죄를 선고한 원심판단에 심리미진 등의 잘못이 있다.(대법원 2020. 7. 9. 선고, 2019도17322, 판결)

■ 판례 ■ 진정한 양심에 따른 병역거부가 병역법 제88조 제1항에서 정한 '정당한 사유'에 해당하는지 여부(적극)

병역법 제88조 제1항에서 정한 '정당한 사유'가 있는지를 판단할 때에는 병역법의 목적과 기능, 병역의무의 이행이 헌법을 비롯한 전체 법질서에서 가지는 위치, 사회적 현실과 시대적 상황의 변화 등은 물론 피고인이 처한 구체적이고 개별적인 사정도 고려해야 한다. 양심에 따른 병역거부, 이른바 양심적 병역거부는 종교적·윤리적·도덕적·철학적 또는 이와 유사한 동기에서 형성된 양심상 결정을 이유로 집총이나 군사훈련을 수반하는 병역의무의 이행을 거부하는 행위를 말한다. 양심적 병역거부자에게 병역의무의 이행을 일률적으로 강제하고 그 불이행에 대하여 형사처벌 등 제재를 하는 것은 양심의 자유를 비롯한 헌법상 기본권 보장체계와 전체 법질서에 비추어 타당하지 않을 뿐만 아니라 소수자에 대한 관용과 포용이라는 자유민주주의 정신에도 위배된다. 따라서 진정한 양심에 따른 병역거부라면, 이는 병역법 제88조 제1항의 '정당한 사유'에 해당한다고 보아야 한다. 이때 진정한 양심이란 그 신념이 깊고, 확고하며, 진실한 것을 말한다. 인간의 내면에 있는 양심을 직접 객관적으로 증명할 수는 없으므로 사물의 성질상 양심과 관련성이 있는 간접사실 또는 정황사실을 증명하는 방법으로 진정한 양심에 따른 병역거부인지 여부를 판단할 수 있다.

한편 예비군법 제15조 제9항 제1호는 병역법 제88조 제1항과 마찬가지로 국민의 국방의 의무를 구체화하기 위하여 마련된 것이고, 예비군훈련도 집총이나 군사훈련을 수반하는 병역의무의 이행이라는 점에서 병역법 제88조 제1항에서 정한 '정당한 사유'에 관한 대법원 2018. 11. 1. 선고 2016도10912 전원합의체 판결의 법리에 따라 예비군법 제15조 제9항 제1호에서 정한 '정당한 사유'를 해석함이 타당하다. 따라서 진정한 양심에 따른 예비군훈련 거부의 경우에도 예비군법 제15조 제9항 제1호에서 정한 '정당한 사유'에 해당한다고 보아야 한다. (대법원 2021. 1. 28., 선고, 2018도4708, 판결)

5. 사회복무요원의 복무이탈

1) 적용법조 : 제89조의2 제1호 ☞ 공소시효 5년

제89조의2(사회복무요원 등의 복무이탈) 다음 각 호의 어느 하나에 해당하는 사람은 3년 이하의 징역에 처한다.
1. 사회복무요원, 예술·체육요원 또는 대체복무요원으로서 정당한 사유 없이 통틀어 8일 이상 복무를 이탈하거나 해당 분야에 복무하지 아니한 사람
2. 공중보건의사 또는 병역판정검사전담의사로서 정당한 사유 없이 통틀어 8일 이상 근무지역을 이탈하거나 해당 분야의 업무에 복무하지 아니한 사람
3. 공익법무관으로서 정당한 사유 없이 통틀어 8일 이상 직장을 이탈하거나 해당 분야의 업무에 복무하지 아니한 사람
4. 공중방역수의사로서 정당한 사유 없이 통틀어 8일 이상 근무기관 또는 근무지역을 이탈하거나 해당 분야의 업무에 복무하지 아니한 사람
5. 전문연구요원 또는 산업기능요원으로서 제40조제2호에 따른 편입 당시 병역지정업체(제39조제3항 단서에 따라 병역지정업체를 옮긴 경우에는 옮긴 후의 병역지정업체를 말한다)의 해당 분야에 복무하지 아니하여 편입이 취소된 사람 또는 같은 조 제3호의 의무복무기간 중 통틀어 8일 이상 무단결근하여 편입이 취소된 사람

제89조의3(사회복무요원 등의 복무의무 위반) 사회복무요원, 예술·체육요원 또는 대체복무요원이 다음 각 호의 어느 하나에 해당하는 경우에는 1년 이하의 징역에 처한다.
1. 제33조제2항제1호부터 제3호까지, 제3호의2, 제4호, 제33조의10제2항제1호부터 제4호까지 및 「대체역의 편입 및 복무 등에 관한 법률」 제24조제2항제1호부터 제4호까지의 어느 하나에 해당하는 사유로 통틀어 4회 이상 경고처분을 받은 경우
2. 제33조제2항제1호부터 제3호까지, 제3호의2, 제4호, 제33조의10제2항제1호부터 제5호까지, 제7호 및 「대체역의 편입 및 복무 등에 관한 법률」 제24조제2항제1호부터 제4호까지의 어느 하나에 해당하는 사유로 통틀어 4회 이상 경고처분을 받은 경우
3. 제33조제2항제7호, 제33조의10제2항제8호 및 「대체역의 편입 및 복무 등에 관한 법률」 제24조제2항제5호에 해당하는 사유 중 정당한 사유 없이 일과 개시시간 후에 출근하거나, 허가 없이 무단으로 조퇴하거나 근무장소를 이탈한 사유로 통틀어 8회 이상 경고처분을 받은 경우
4. 제33조의10제2항제6호에 해당하는 사유로 경고처분을 받은 경우

2) 범죄사실 기재례

> 피의자는 ○○○에 근무하고 있는 사회복무요원으로서 정당한 사유없이 통산 8일 이상의 기간 복무를 이탈하거나 해당 분야에 복무하지 아니하여서는 아니 된다.
> 그럼에도 불구하고 피의자는 20○○. 2. 1~3(3일), 2. 11~16(6일)등 정당한 이유없이 통산 8일 이상의 기간 복무를 이탈하였다.

❋ 공소시효기산점 : 통산 8일 이상 이탈하여도 통산 8일째가 되는 날을 기준으로 할 것. 무단이탈 기간에 공휴일 등 휴일이 있는 경우 피의자의 근무형태가 이러한 날 근무를 하지 않는다면 무단이탈 일수에서 휴일은 제외하여야 한다.

3) 신문사항

- 피의자는 사회복무요원인가
- 언제부터 어디에서 근무하고 있는가
- 위 근무중 복무를 이탈한 일이 있는가
- 언제부터 언제까지 이탈하였는가

- 그러면 통산 8일 이상 이탈한 것인가
- 왜 이렇게 복무를 이탈하였는가
- 피의자가 근무하는 부서에서 어떠한 일을 하고 있는가
- 산림감시(피의자가 맡아 하고 있는 임무)가 같은 또래에 전방에서 근무하고 있는 현역병 근무보다 더 힘들다고 생각하는가
- 복무를 이탈하여 지금까지 어디에서 무엇을 하고 지냈는가
- 복무를 이탈한 피의자의 행위에 대해 어떻게 생각하는가

■ 판례 ■　　공익근무요원의 복무이탈죄의 성립과 공소시효의 기산점

구 병역법(2005. 5. 31. 법률 제7541호로 개정되기 전의 것) 제89조의2 제1호에 정한 공익근무요원의 복무이탈죄는 정당한 사유 없이 계속적 혹은 간헐적으로 행해진 통산 8일 이상의 복무이탈행위 전체가 하나의 범죄를 구성하는 것이고, 그 공소시효는 위 전체의 복무이탈행위 중 최종의 복무이탈행위가 마쳐진 때부터 진행한다(대법원 2007.3.29. 선고 2005도7032 판결).

■ 판례 ■　　병역법 제89조의2 제1호의 구성요건

공익근무요원이 정당한 사유 없이 정당한 근무명령에 따르지 아니하여 통산 4회 이상 경고처분 된 경우에는 3년 이하의 징역에 처한다고만 규정하여, 그 경고처분의 형식에 대하여 달리 정함이 없으나, 동법시행령 제165조 제3항에서, 공익근무요원이 정당한 근무명령에 따르지 아니하는 경우 복무기관장은 그 일시, 장소 및 사유 등을 기재한 경고장을 발부하여야 하고 4회 이상 경고처분한 때에는 지체없이 관할수사기관의 장에게 고발하여야 한다고 규정하고 있는 이상, 형벌법규의 엄격해석의 원칙상 위 시행령에서 정하는 방법에 따른 경고장에 의하지 아니한 경고는 병역법 제89조의2 제1호의 구성요건으로서의 경고처분으로 볼 수 없다(대법원 2004.6.25. 선고 2004도2400 판결).

■ 판례 ■　　공익근무요원인 피고인이 정당한 사유 없이 복무를 이탈하였다고 하여 구 병역법 위반으로 기소된 사안에서, 피고인의 우울증 등 정신장애는 피고인의 책임으로 돌릴 수 없는 사유로서 같은 법 제89조의2 제1호에 정한 '정당한 사유'에 해당한다고 한 사례

공익근무요원인 피고인이 정당한 사유 없이 13일간 복무를 이탈하였다고 하여 구 병역법(2013. 6. 4. 법률 제11849호로 개정되기 전의 것, 이하 '병역법'이라고 한다) 위반으로 기소된 사안에서, 피고인은 유년시절부터 부모님이 이혼하는 등의 가정불화를 겪으면서 우울증이 발병한 점, 피고인을 치료하여 온 의사와 치료감호소장은 일치하여 피고인이 심한 우울증세로 정신운동성 저하, 대인관계 저하, 전반적인 무의욕 및 무력감 상태를 보이며 자살 위험이 있고, 공익근무요원으로 계속 복무하는 데 어려움이 있을 것으로 판단하고 있는 점 등의 제반 사정에 비추어 볼 때, 피고인의 위와 같은 정신장애는 피고인의 책임으로 돌릴 수 없는 사유로서 병역법 제89조의2 제1호에 정한 '정당한 사유'에 해당함에도, 이와 달리 보아 피고인에게 유죄를 인정한 원심판결에 위 '정당한 사유'에 관한 법리오해의 위법이 있다.(대법원 2014.6.26. 선고, 2014도5132, 판결)

6. 병력동원훈련 불참

1) 적용법조 : 제90조 제1항 ☞ 공소시효 5년

제90조(병력동원훈련소집 등의 기피) ① 다음 각 호의 어느 하나에 해당하는 사람은 1년 이하의 징역 또는 1천
만원 이하의 벌금이나 구류에 처한다.
  1. 병력동원훈련소집 통지서를 받고 정당한 사유 없이 제50조제3항에 따라 지정된 일시에 입영하지 아니하거나
     점검에 참석하지 아니한 사람
  2. 예비군대체복무 소집 통지서를 받고 정당한 사유 없이 「대체역의 편입 및 복무 등에 관한 법률」 제26조제3
     항을 위반하여 지정된 일시에 소집에 응하지 아니한 사람

2) 범죄사실 기재례

> 피의자는 병역의무자이다.
> 피의자는 200○. 5. 6.경 ○○에 있는 피의자의 집에서 피의자의 모인 홍길녀를 통하여
> 200○. 5. 15.부터 200○. 5. 18.까지 ○○에서 실시하는 병력 동원훈련을 받으라는 ○○명
> 의의 병력 동원훈련소집 통지서를 받았다.
> 그럼에도 불구하고 피의자는 정당한 사유없이 위 지정기일에 입영하지 아니하였다.

✱ 공소시효기산점 : 훈련소집 통지를 받은 200○. 5. 6. 아니라 훈련일인 5.15.을 기준으로 할 것

3) 신문사항

  – 피의자는 병역의무자인가
  – 피의자는 동원훈련소집통지서를 언제, 누구로부터 수령했나
  – 훈련은 언제 어디에서 실시하는 어떤 훈련인가
  – 훈련에 참석했나
  – 훈련에 참석하지 못한 정당한 사유가 있나
  – 그밖에 피의자에게 유리한 증거나 진술이 있나
  – 이상의 진술이 사실인가

■ 판례 ■   병력동원훈련통지서를 송달받은 자가 예비군동대의 행정방위병으로부터 훈련 면제에
관하여 동대에 알아보고 처리하여 주겠다는 답변을 들은 것이 병역법 제78조(현행법 제90조) 소정
의 입영하지 아니할 정당한 사유에 해당되는지 여부

피고인이 병력동원훈련통지서를 송달받고 예비군 동대의 행정방위병에게 훈련이 면제되지 않은
사실에 대하여 항의하여 그로부터 동대에 알아보고 처리하여 주겠다는 답변을 들은 것만으로는
병역법 제78조(현행법 제90조) 소정의 입영하지 아니할 정당한 사유에 해당된다고 할 수 없다(대
법원 1991.11.26. 선고 91도2344 판결).

7. 병역의무를 연기시킬 목적으로 허위진단서를 발급한 의사

1) 적용법조 : 제91조 ☞ 공소시효 10년

제91조(허위증명서 등의 발급) 공무원·의사 또는 치과의사로서 병역의무를 연기 또는 면제시키거나 이 법에 따른 복무기간을 단축시킬 목적으로 거짓 서류·증명서 또는 진단서를 발급한 사람은 1년 이상 10년 이하의 징역에 처한다. 이 경우 10년 이하의 자격정지를 함께 과(科)할 수 있다. [전문개정 2009.6.9]

2) 범죄사실 기재례

> 피의자는 ○○에서 ○○의원을 운영하는 내과전문 의사이다.
> 피의자는 200○. ○. ○. 위 의원에서 병역의무자인 홍길동의 현역입영을 연기시킬 목적으로 홍길동에 대해 진찰을 함이 없이 위 홍길동이 ○○ 등으로 약 5개월간의 입원치료를 요한다는 내용의 허위진단서 1통을 발급하였다.

3) 신문사항

- 피의자는 의사인가
- 언제부터 어디에서 어떤 명의의 의원을 운영하고 있는가
- 진료 과목이 무엇인가
- 홍길동에 대한 진단서를 발급해 준일이 있는가
- 어떤 내용의 진단서를 발급해 주었는가
- 홍길동이 언제 피의자 의원에 내원 진찰을 받았는가
- 진찰을 받지 않았음에도 진단서를 발급해 주었다는 것인가
- 어떤 내용의 진단서를 발급해 주었나
- 홍길동이 현역입원대상자라는 것을 알고 있는가
- 그럼 이러한 진단서를 제출할 경우 입영이 연기될 수 있다는 것을 알고 있는가
- 왜 이런 행위를 하였는가.

8. 병역의무 불이행자를 고용한 고용주

1) 적용법조 : 제93조 제1항, 제76조 제1항 제2호 ☞ 공소시효 5년

제93조(고용금지 및 복직보장 위반 등) ① 고용주가 제76조제1항 또는 제3항을 위반하여 병역의무를 이행하지 아니한 사람을 임직원으로 채용하거나 재직 중인 사람을 해직하지 아니한 경우에는 6개월 이하의 징역 또는 200만원 이상 2천만원 이하의 벌금에 처한다.
② 학교의 장 또는 고용주가 정당한 사유 없이 제73조 또는 제74조제1항을 위반하여 복학 또는 복직을 거부한 경우에도 제1항과 같은 형에 처한다.
③ 고용주가 정당한 사유 없이 제74조제2항 또는 제3항을 위반하여 의무복무기간을 실제근무기간으로 산정하지 아니하거나 징집·소집 등에 의한 병역의무를 이행할 것, 이행하고 있는 것(재직하면서 보충역 복무를 하는 사람만 해당한다) 또는 이행하였던 것을 이유로 불리한 처우를 한 경우에는 300만원 이상 3천만원 이하의 벌금에 처한다.
제76조(병역의무 불이행자에 대한 제재) ① 국가기관, 지방자치단체의 장 또는 고용주는 다음 각 호의 어느 하나에 해당하는 사람을 공무원이나 임직원으로 임용하거나 채용할 수 없으며, 재직 중인 경우에는 해직하여야 한다.
1. 병역판정검사, 재병역판정검사 또는 확인신체검사를 기피하고 있는 사람
2. 징집·소집을 기피하고 있는 사람
3. 군복무 및 사회복무요원 또는 대체복무요원 복무를 이탈하고 있는 사람
② 국가기관 또는 지방자치단체의 장은 제항 각 호의 어느 하나에 해당하는 사람에 대하여는 각종 관허업(官許業)의 특허·허가·인가·면허·등록 또는 지정 등을 하여서는 아니 되며, 이미 이를 받은 사람에 대하여는 취소하여야 한다.
③ 제70조제1항 또는 제3항에 따른 허가를 받지 아니하고 출국한 사람, 국외에 체류하고 있는 사람 또는 정당한 사유 없이 허가된 기간에 귀국하지 아니한 사람에 대하여는 40세까지 제1항과 제2항을 준용한다. 다만, 귀국하여 병역의무를 마친 경우에는 그러하지 아니하다.

2) 범죄사실 기재례

피의자는 ○○에서 ○○자동차정비업소를 경영하는 고용주이다. 국가기관, 지방자치단체의 장 또는 고용주는 징집·소집을 기피하고 있는 사람 등을 공무원 또는 임직원으로 임용 또는 는 채용할 수 없으며, 재직 중이면 해직하여야 한다.
그럼에도 불구하고 피의자는 20○○. ○. ○. 홍길동이 현역입영지정일인 20○○. ○. ○. 부터 입영을 기피하고 있다는 사실을 알고 있으면서도 정비사를 채용하기 어렵다는 이유로 위 홍길동을 피의자 정비업소의 정비사로 채용하였다.

3) 신문사항

- 자동차정비소를 운영하고 있는가
- 위 업소의 고용주인가
- 홍길동을 알고 있는가
- 홍길동을 정비사로 채용한 일이 있는가
- 언제 채용하였는가
- 홍길동이 현역입영을 기피하고 있다는 것을 알고 있는가
- 이런 사실을 알면서도 채용하였다는 것인가.

■ 판례 ■   甲은 회사의 산업기능요원으로 편입된 자로서 위 회사의 이사로 등기되어 있으나 실제로 이사로서의 직무를 수행하지 않은 경우

[1] 병역법 제92조 제1항에 정한 '다른 분야에 종사하게 한 때'의 의미

병역법 제92조 제1항은 고용주가 전문연구요원 또는 산업기능요원으로 의무종사 중인 사람을 정당한 사유 없이 당해 지정업체의 해당 분야 외의 다른 분야에 종사하게 한 때에 처벌하도록 규정하고 있는바, 위 법조항 소정의 죄는 전문연구요원 또는 산업기능요원으로 의무종사 중인 사람으로 하여금 실제로 다른 분야의 업무를 수행하게 한 경우에 성립한다고 할 것이고, 명목상으로만 해당 분야 이외의 직위를 가지게 한 것만으로는 "다른 분야에 종사"하게 하였다고 할 수 없다.

[2] 甲의 행위가 병역법 제92조 제1항 위반에 해당하는지 여부(소극)

회사의 산업기능요원으로 편입된 자가 위 회사의 이사로 등기되어 있으나 실제로 이사로서의 직무를 수행하지 않은 경우, 병역법 위반죄는 성립하지 아니한다(대법원 2004.10.14. 선고 2004도3708 판결).

■ 판례 ■   '위장 편입시킨 전문연구요원 등'을 편입 당시의 지정업체의 해당 분야 외의 다른 분야에 종사시킨 경우

전문연구요원 등을 위장 편입시키는 것을 내용으로 하는 구 병역법(2004. 12. 31. 법률 제7272호로 개정되기 전의 것) 제92조 제2항 위반죄의 구성요건과 전문연구요원 등으로 의무종사 중인 사람을 정당한 이유 없이 편입 당시의 지정업체의 해당 분야 아닌 다른 분야에 종사시키는 것을 내용으로 하는 같은 조 제1항 위반죄의 구성요건은 구별되고, 양 죄의 보호법익이 서로 다르며, 편입 관련 부정행위와 종사의무 위반행위를 함께 범한 경우와 그 중 하나만을 범한 경우를 구별할 필요성이 있다. 따라서 '위장 편입시킨 전문연구요원 등'을 편입 당시의 지정업체의 해당 분야 외의 다른 분야에 종사시킨 행위도 제92조 제1항 위반죄에 해당한다(대법원 2009.9.10. 선고 2008도1685 판결).

9. 병력동원소집 순위조정 부정행위를 한 경우 : 제92조 제2항, 제67조   ☞ 공소시효 5년

제92조(전문연구요원 등의 편입 및 복무의무위반 등) ② 고용주나 국가기능검정 또는 면허사무를 취급하는 사람이 제67조에 따른 병력동원소집 또는 전시근로소집 순위의 후순위 조정에 관련하여 부정한 행위를 한 경우에는 3년 이하의 징역에 처한다.

제67조(병력동원소집 또는 전시근로소집 순위의 후순위 조정) ① 지방병무청장은 병력동원소집 또는 전시근로소집 대상자로서 전시 국가동원기능을 수행하는 국가기관이나 방위산업체 등에 복무하는 사람 중 특별히 필요하다고 인정되는 사람에 대하여는 대통령령으로 정하는 바에 따라 소집 순위를 후순위로 조정할 수 있다.

② 고용주(고용주를 위하여 인사관리를 담당하는 사람을 포함한다. 이하 같다)는 제1항에 따라 소집 순위가 후순위로 조정된 사람이 퇴직 또는 보직변경 등으로 후순위 조정 대상에서 제외된 경우에는 14일 이내에 관할 지방병무청장에게 통보하여야 한다.

■ 판례 ■   고용주가 산업기능요원의 편입과 관련하여 금품을 수수하였으나 직무를 위법·부당하게 처리한 것이 아닌 경우, 구 병역법 제92조 제2항 소정의 '부정한 행위'에 해당하는지의 여부

구 병역법(1997.1.13. 법률 제5271호로 개정되기 전의 것) 제92조 제2항은 고용주 등이 같은 법 제36조의 규정에 의한 산업기능요원 등의 편입 등에 관련하여 '부정한 행위'를 한 때에는 3년 이하의 징역에 처한다고 규정하고 있는바, 여기서 '부정한 행위'라 함은 직무를 위반한 행위를 의미하므로, 고용주가 산업기능요원의 편입과 관련하여 금품을 수수하였다 하더라도 그 직무를 위법·부당하게 처리한 것이 아니라면 이에 해당하지 아니한다(대법원 1998.9.8. 선고 97도904 판결).

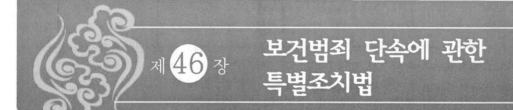

제46장 보건범죄 단속에 관한 특별조치법

Ⅰ. 벌칙 및 죄명표

1. 벌 칙

제2조(부정식품 제조 등의 처벌)
제3조(부정의약품 제조 등의 처벌)
제3조의2(재범자의 특수가중)
제4조(부정유독물 제조 등의 처벌)
제5조(부정의료업자의 처벌)
제6조(양벌규정) 법인의 대표자 또는 법인이나 개인의 대리인·사용인 기타 종업원이 그 법인 또는 개인의 업무
에 관하여 제2조 내지 제5조의 위반행위를 한 때에는 행위자를 처벌하는 외에 법인 또는 개인에 대하여도 각본
조의 예에 따라 처벌한다.

2. 죄명표

법조문	죄명표시
제2조	보건범죄 단속에 관한 특별조치법 위반 (부정식품제조등)
제3조	〃 (부정의약품제조등)
제4조	〃 (부정유독물제조등)
제5조	〃 (부정의료업자)
제9조 제2항	〃 (허위정보제공)

1. 부정식품제조 · 판매행위

1) 적용법조 : 제2조 제1항 제2호 ☞ 공소시효 15년

제2조(부정식품 제조 등의 처벌) ① 「식품위생법」 제37조제1항, 제4항 및 제5항의 허가를 받지 아니하거나 신고 또는 등록을 하지 아니하고 제조 · 가공한 사람, 「건강기능식품에 관한 법률」 제5조에 따른 허가를 받지 아니하고 건강기능식품을 제조 · 가공한 사람, 이미 허가받거나 신고된 식품, 식품첨가물 또는 건강기능식품과 유사하게 위조하거나 변조한 사람, 그 사실을 알고 판매하거나 판매할 목적으로 취득한 사람 및 판매를 알선한 사람, 「식품위생법」 제6조, 제7조제4항 또는 「건강기능식품에 관한 법률」 제24조제1항을 위반하여 제조 · 가공한 사람, 그 정황을 알고 판매하거나 판매할 목적으로 취득한 사람 및 판매를 알선한 사람은 다음 각 호의 구분에 따라 처벌한다.
1. 식품, 식품첨가물 또는 건강기능식품이 인체에 현저히 유해한 경우: 무기 또는 5년 이상의 징역에 처한다.
2. 식품, 식품첨가물 또는 건강기능식품의 가액(價額)이 소매가격으로 연간 5천만원 이상인 경우: 무기 또는 3년 이상의 징역에 처한다.
3. 제1호의 죄를 범하여 사람을 사상(死傷)에 이르게 한 경우: 사형, 무기 또는 5년 이상의 징역에 처한다.
② 제1항의 경우에는 제조, 가공, 위조, 변조, 취득, 판매하거나 판매를 알선한 제품의 소매가격의 2배 이상 5배 이하에 상당하는 벌금을 병과(倂科)한다.

2) 범죄사실 기재례

> 피의자는 ○○에서 ○○원조왕만두라는 상호로 만두를 제조 · 판매하는 사람으로서, 만두를 제조, 포장하여 유통할 목적으로 판매할 때는 식품제조, 판매업허가를 득해야 한다.
> 그럼에도 불구하고 피의자는 허가없이 200○. ○. ○.부터 200○. ○. ○.경까지 위 장소 약 50㎡ 면적에 반죽기계 등 만두제조를 하는 일체의 시설을 갖추고 종업원 4명을 고용하여 1일 평균 ○○개씩 만두를 제조가공하여 홍길동에게 1일 ○○개를 공급하는 등 거래처 20여 곳에 하루 약 ○○개 약 ○○원 상당의 매상을 올리는 등 연간 약 ○○만원(※ 연간 5,000만원 이상이어야 함) 상당의 수입을 올리는 무허가 식품제조, 판매업을 하였다.

3) 신문사항
- 식품을 제조 판매한 일이 있는가
- 언제부터 언제까지
- 어떤 식품을 제조 판매하였나
- 시설 규모는 어느 정도인가(갖추고 있는 시설, 종업원 수, 업소 면적 등)
- 1일 평균 생산량과 매상은
- 연 평균 생산량과 매상은
- 생산한 물건은 누구를 상대로 판매하였나
- 이를 위한 식품제조 및 판매허가를 받았는가
- 왜 허가 없이 이런 행위를 하였나

2. 허가없이 의약품 제조 판매행위

> 제3조(부정의약품 제조 등의 처벌) ① 「약사법」 제31조제1항의 허가를 받지 아니하고 의약품을 제조한 사람, 그 정황을 알고 판매하거나 판매할 목적으로 취득한 사람 및 판매를 알선한 사람 또는 진료 목적으로 구입한 사람, 「약사법」 제62조제2호를 위반하여 주된 성분의 효능을 전혀 다른 성분의 효능으로 대체하거나 허가된 함량보다 현저히 부족하게 제조한 사람, 그 정황을 알고 판매하거나 판매할 목적으로 취득한 사람 및 판매를 알선한 사람 또는 진료 목적으로 구입한 사람, 이미 허가된 의약품과 유사하게 위조하거나 변조한 사람, 그 정황을 알고 판매하거나 판매할 목적으로 취득한 사람 및 판매를 알선한 사람 또는 진료 목적으로 구입한 사람은 다음 각 호의 구분에 따라 처벌한다.
> 1. 의약품이 인체에 현저히 유해한 경우 또는 「약사법」 제53조에 따른 국가출하승인의약품 중 대통령령으로 정하는 의약품으로서 효능 또는 함량이 현저히 부족한 경우: 무기 또는 5년 이상의 징역에 처한다.
> 2. 의약품의 가액이 소매가격으로 연간 1천만원 이상인 경우: 무기 또는 3년 이상의 징역에 처한다.
> 3. 제1호의 죄를 범하여 사람을 사상에 이르게 한 경우: 사형, 무기 또는 5년 이상의 징역에 처한다.
> ② 제1항의 경우에는 제조, 위조, 변조, 취득, 판매, 판매를 알선하거나 구입한 제품의 소매가격의 2배 이상 5배 이하에 상당하는 벌금을 병과한다.

[기재례1] 무허가 가짜 정력제 제조판매

1) **적용법조** : 제3조 제1항 제2호, 약사법 제31조 제1항 ☞ 공소시효 15년

2) **범죄사실 기재례**

> 의약품을 제조하고자 하는 자는 식품의약품안전처장의 허가를 받아야 한다.
> 그럼에도 불구하고 피의자는 20○○. ○. ○. 경부터 20○○. ○. ○.까지 사이에 ○○에서 ○○시설을 갖추고 녹용과 인삼 등을 다려 20g 팩에 넣고 남성정력제 효능을 표시하여 월평균 ○○만원 상당을 판매함으로써 의약품을 제조 판매하였다.

[기재례2] 가짜 비아그라 수입판매행위

1) **적용법조** : 보건범죄 단속에 관한 특별조치법 제3조 제1항 제2호, 제2항, 약사법 제31조 제1항, 관세법 제269조 제2항, 제1호, 제241조 제1항

2) **범죄사실 기재례**

> 누구든지 허가된 의약품과 유사하게 위조 또는 변조된 의약품을 그 정을 알고 판매하거나 판매할 목적으로 취득하여서는 아니 되고, 비아그라 및 시알리스는 발기기능 장애 치료용 약제로서 '오남용 우려 의약품'으로 지정되어 있고 환자의 병력과 발기 기능장애의 원인에 대한 정밀검사를 한 후 의사의 처방전에 의해서만 제한된 수량만을 복용하게 되어있지만, 가짜 비아그라 및 가짜 시알리스의 경우에는 어떠한 과정을 통하여 어떠한 성분으로 제조되었는지가 불분명하고 인체에 해로운 불순물이 함유되어 있을 가능성도 있다.
> 특히 심장질환자 등이 질산염제와 함께 복용할 경우 또는 간기능부전환자, 신기능부전환자 등이 적정한 용량 이상을 복용할 때는 급격한 혈압의 저하로 사망에 이를 수도 있다.

그럼에도 불구하고 피의자는 매제인 홍길동으로부터 화이자 프로덕츠인크의 등록상표인 화이자(Pfizer : 등록번호 제○○호), 비아그라(Viagra : 등록번호 제○○호)와 릴리 아이코스 엘엘씨의 등록상표인 시알리스(CIALIS : 등록번호 제○○호)에 관한 정당한 사용권한 없이 제조된 중국산 가짜 비아그라와 가짜 시알리스를 밀수입하여 판매하자는 제의를 받고 이를 수락하였다.

　　피의자는 중국에서 가짜 비아그라와 가짜 시알리스를 구입하여 위 홍길동이 보낸 속칭 보따리상 甲에게 전달하고, 위 甲은 당해 물품의 품명, 규격, 수량 및 가격 기타 대통령령이 정하는 사항을 관할 당국에 신고하지 아니하고 알 수 없는 방법으로 위 가짜 비아그라 등을 국내에 반입하여 밀수하고, 홍길동은 국내에서 위 가짜 비아그라 등을 교부받아 이를 판매하기로 홍길동, 성명 불상자 등과 공모하였다.

　　피의자들은 20○○. 5. 하순경 중국 ○○에 있는 여객선터미널 인근에 있는 '○○보건품' 이라는 상호의 가게에서, 피의자는 정품 비아그라 및 시알리스를 모방하여 동일한 형상과 색상으로 정제를 만든 다음 위 등록상표와 동일 또는 유사한 위조상표를 각인, 부착하여 제조한 위조의약품인 가짜 비아그라 ○○정(1정당 100㎎, 진품 소매가격 ○○원) 및 가짜 시알리스 ○○정(1정당 20㎎, 진품 소매가격 ○○원) 합계 ○○정(진품 소매가 ○○원 상당)을 구입하여 다음 날 위 '○○보건품' 가게 앞에서 乙에게 위 가짜 비아그라 등을 전달하였다.

　　피의자 乙은 20○○. ○. ○.경 알 수 없는 방법으로 당국 몰래 가짜 비아그라 등을 가지고 국내로 들어와 이를 밀수입한 후, 20○○. ○. ○.경 인천에 있는 ○○앞길에서 홍길동에게 이를 전달하고, 홍길동은 20○○. ○. ○.경 ○○에서, 乙로부터 받은 가짜 시알리스 ○○정을 정○○에게 ○○만원에 판매하고, 가짜 비아그라 ○○정은 판매할 목적으로 홍길동의 화물차에 저장, 보관하여 위 각 상표권자의 상표권을 침해함과 동시에 허가된 의약품과 유사하게 위조한 위조의약품을 그 정을 알면서도 소매가격으로 연간 ○○만원 이상 판매하거나 판매할 목적으로 취득하였다.

3) 신문사항

- 의약품을 제조 판매한 일이 있는가
- 언제부터 언제까지
- 어떤 약품을 제조 판매하였나
- 시설 규모는 어느 정도인가(갖추고 있는 시설, 종업원수, 업소 면적 등)
- 1일 평균 생산량과 매상은
- 연 평균 생산량과 매상은
- 생산한 물건은 누구를 상대로 판매하였나
- 이를 위한 약품 제조 및 판매허가를 받았는가
- 왜 허가 없이 이런 행위를 하였나

■ **판례** ■ 　보건범죄 단속에 관한 특별조치법 제3조 제1항 제2호, 제2항에 정한 '소매가격'의 의미

보건범죄 단속에 관한 특별조치법 제3조 제1항 제2호, 제2항에 정한 '소매가격'이라 함은, 죄형법정주의에 따른 엄격해석의 원칙 및 위 법 규정의 적용을 받는 의약품 중에는 그에 대응하는 허가된 의약품을 상정할 수 없는 경우도 있을 수 있는 점 등을 고려할 때, 위 법 규정에 해당하는 의약품 그 자체의 소매가격을 가리키는 것으로 보아야 할 것이지 그 의약품에 대응하는 허가된 의약품 또는 위·변조의 대상이 된 제품의 소매가격을 의미하는 것으로 볼 것은 아니다(대법원 2007.2.9. 선고 2006도8797 판결).

■ **판례** ■ 　보건범죄 단속에 관한 특별조치법 제3조 제1항 제2호에서 정한 '연간'의 의미 / 여러 해 동안 수회에 걸쳐 이루어진 부정의약품 제조·판매행위 등이 포괄일죄에 해당하는 경우, 그 기간 중 어느 일정 연도의 연간 소매가격이 같은 법 제3조 제1항 제2호에서 정한 1천만 원을 넘으면 다른 연도의 연간 소매가격이 위 금액에 미달하더라도 그 전체를 같은 법 제3조 제1항 제2호 위반의 포괄일죄로 처단하여야 하는지 여부(적극) / 이러한 법리는 여러 해 동안 수회에 걸쳐 이루어진 부정의약품 제조·판매행위 등의 연간 소매가격이 모두 1천만 원을 넘는 경우에도 마찬가지인지 여부(적극)

보건범죄 단속에 관한 특별조치법(이하 '보건범죄단속법'이라고 한다) 제3조 제1항 제2호의 '연간'은 역법상의 한 해인 1. 1.부터 12. 31.까지의 1년간을 의미한다. 하지만 동일 죄명에 해당하는 수 개의 행위를 단일하고 계속된 범의하에 일정기간 계속하여 행하고 그 피해법익도 동일한 경우에는 이들 각 행위를 통틀어 포괄일죄로 처단하여야 할 것이다. 여러 해 동안 수회에 걸쳐 이루어진 부정의약품 제조·판매행위 등을 포괄일죄에 해당한다고 보는 이상, 그 기간 중 어느 일정 연도의 연간 소매가격이 보건범죄단속법 제3조 제1항 제2호에서 정한 1천만 원을 넘은 경우에는 다른 연도의 연간 소매가격이 위 금액에 미달한다고 하더라도 그 전체를 보건범죄단속법 제3조 제1항 제2호 위반의 포괄일죄로 처단함이 타당하다. 이러한 법리는 여러 해 동안 수회에 걸쳐 이루어진 부정의약품 제조·판매행위 등의 연간 소매가격이 모두 1천만 원을 넘는 경우에도 마찬가지이다. (대법원 2021. 1. 14., 선고, 2020도10979, 판결)

3. 부정의료업자의 의료행위

제5조(부정의료업자의 처벌) 「의료법」 제27조를 위반하여 영리를 목적으로 다음 각 호의 어느 하나에 해당하는
　행위를 한 사람은 무기 또는 2년 이상의 징역에 처한다. 이 경우 100만원 이상 1천만원 이하의 벌금을 병과한다.
　1. 의사가 아닌 사람이 의료행위를 업(業)으로 한 행위
　2. 치과의사가 아닌 사람이 치과의료행위를 업으로 한 행위
　3. 한의사가 아닌 사람이 한방의료행위를 업으로 한 행위

[기재례1] 한의사 아닌 자의 한방의료행위

1) 적용법조 : 제5조 제3호, 의료법 제27조　☞　공소시효 15년

2) 범죄사실 기재례

> 　피의자는 한의사가 아님에도 영리를 목적으로, 20○○. ○. 초순경 ○○에 있는 피의자의
> 집에서 발목이 부어 통증을 호소하는 홍길동을 진맥한 후 침을 놓아주고 한약처방전을 작성
> 해 준 대가로 ○○원을 받았다.
> 　피의자는 이를 비롯하여 20○○. ○. ○.경까지 같은 장소에서 별지목록 기재와 같이 ○○
> 명의 환자에게 침을 놓아주고 매회 ○○원씩 합계 ○○만원을 치료비로 교부받아 한방의료
> 행위를 업으로 하였다.

3) 신문사항

　－ 피의자는 어디에서 어떠한 일을 하고 있는가

　－ 언제부터 한방침을 놓았나

　－ 누구를 상대로 하였나

　－ 어떠한 진료를 하였으며 1회 진료비는 얼마씩 받았나(구체적인 의료행위)

　－ 진료비를 받았으면 영리의 목적이 있었다고 볼 수 있는데 맞나

　－ 언제까지 총 몇 명의 환자에게 어떠한 치료를 하였나

　－ 진료행위에 사용한 도구는 어떠한 것이었나

　－ 현재 그러한 도구는 어떻게 하였나

　－ 피의자는 한의사인가

　－ 한의사가 아니면서 어떻게 이러한 의료행위를 하였나

[기재례2] 치과의사 아닌 자의 치과의료 행위

1) **적용법조** : 제5조 제2호, 의료법 제27조 제1항 ☞ 공소시효 15년

2) **범죄사실 기재례**

> 가. 보건범죄 단속에 관한 특별조치법 위반(부정의료업자)
> 치과의사가 아닌 사람은 영리를 목적으로 치과의료행위를 업으로 하여서는 아니 된다.
> 그럼에도 불구하고 피의자는 200○.○.○.경 ○○에 있는 갑의 집에서 위 갑을 상대로 ○
> ○만원을 받고 치아의 본을 떠서 틀니를 만들어 부착해준 것을 비롯하여 별지 범죄일람표
> 기재와 같이 ○○명의 환자를 상대로 보철치료를 해주고 금원을 교부받았다.
> 이로써 피의자는 영리를 목적으로 치과의료행위를 업으로 하였다.
> 나. 의료법 위반
> 의료인이 아니면 누구든지 의료행위를 할 수 없다.
> 그럼에도 불구하고 피의자는 200○.○.○.경 ○○에 있는 피의자의 작업실에서 지인인 E
> 를 상대로 치아의 본을 떠서 틀니를 만들어 부착해주고, 2020. 11.경 같은 장소에서 지인을
> 상대로 치아의 본을 떠서 틀니를 만들어 부착해주는 등 보철치료를 하였다.
> 이로써 피의자는 의료인이 아님에도 불구하고 무면허의료행위를 하였다.

[기재례3] 침을 놓아주면서 강제추행

1) **적용법조** : 제5조 제3호, 의료법 제27조, 형법 제298조(강제추행)

2) **범죄사실 기재례**

> 가. 보건범죄 단속에 관한 특별조치법 위반
> 피의자는 한의사가 아님에도 영리의 목적으로, 200○. ○. ○. ○○에 있는 피의자 경영 ○
> ○한약방에서 허리 통증을 호소하는 김○○에게 침을 놓아주고 한약을 조제해 준 대가로 현금
> ○○만원을 받은 것을 비롯하여 200○. ○. ○.까지 같은 장소에서 다음 내용과 같이 총 5회
> 에 걸쳐 침을 놓아주고 총계 ○○만원을 치료비로 교부받아 한방의료행위를 업으로 하였다.
> 나. 강제추행
> 피의자는 위와 같이 침을 놓아주기 위해 같은 장소 방안에 설치된 진찰대에 그녀를 눕히고
> 한의사로서 필요한 진찰을 하는 것처럼 믿게 하고 침을 놓을 때와 침을 빼면서 매회 마다 손
> 으로 그녀의 유방과 음부를 만지는 등 항거할 수 없는 상태를 이용하여 그녀를 추행하였다.

[기재례4] 찜질 기구를 이용한 치료행위

1) **적용법조** : 제5조 제1호, 의료법 제27조

2) **범죄사실 기재례**

> 피의자는 영리를 목적으로, 200○. ○. 초순 ○○에서 암치료센터라는 상호로 폐암환자
> 甲에게 돌 등이 들어있는 스테인리스 용기를 가열하고 이를 천과 가죽으로 덮은 이른바
> '지공사십기운기'라는 찜질 기구를 주어 환자로 하여금 직접 이를 환부에 대고 찜질을 하
> 도록 하여 치료행위를 하고, 치료비로 ○○만 원을 받은 것을 비롯하여 그때부터 200○.

○. ○.경까지 하루 평균 약 15명의 환자를 상대로 위와 같은 치료행위를 하였다.

[기재례5] 의사 아닌 자의 척추뼈 교정행위

1) 적용법조 : 제5조 제1호, 의료법 제27조

2) 범죄사실 기재례

> 피의자는 의사가 아님에도 불구하고 영리를 목적으로 20○○. ○. 경부터 ○○에서 신기기 공원이라는 간판 아래 척추교정원을 운영하면서 로링베드, 드롭테이블, 엑스레이 판독기 등의 시설과 기구를 갖춘 뒤 주로 척추질환 등의 질병을 호소하며 찾아오는 사람들을 상대로 하여 먼저 아픈 부위와 증세를 물어보거나 환자들의 엑스레이 필름을 판독하여 척추뼈 등의 불균형 상태를 가늠하는 방법으로 진찰을 한 다음, 척추 등에 나타난 불균형 상태를 교정한 다는 명목으로 로링베드 기계를 이용하여 근육을 풀어준 후 직접 손으로 만지면서 교정대의 높낮이를 이용하여 뼈가 제자리에 들어가도록 압박을 가하여 교정하거나, 구슬로 뼈가 잘못 된 부분을 톡톡 쳐서 교정하거나, 양손으로 환부를 눌러주거나 비틀거나 흔들어 주어 잘못된 뼈가 제자리로 찾아가도록 하는 등의 시술을 하였다.
>
> 피의자는 이에 대한 대가로 ○○만원을 받은 것을 비롯하여 그때부터 20○○. ○. ○. 경 까지 하루 평균 약 ○○명의 환자를 상대로 위와 같은 치료행위를 하였다.

[기재례6] 혈액분석 후 건강보조식품 판매행위

1) 적용법조 : 제5조 제1호, 의료법 제27조

2) 범죄사실 기재례

> 피의자는 의료인이 아니면 누구든지 의료행위를 할 수 없고 영리를 목적으로 의사가 아닌 자가 의료행위를 업으로 하여서는 아니된다.
>
> 그럼에도 불구하고 피의자는 20○○. ○. ○.경 ○○에 있는 피의자 경영의 ○○주식회사 사무실에서 의사면허 없이 영리를 목적으로 혈액분석용 의료기계인 생혈액 분석장치를 설치 해 두고 그곳을 찾아온 이○○의 손가락에서 수지침으로 혈액을 재취한 후 위 생혈액 분석 장치로 혈액을 분석하여 이○○의 현재 건강 상태와 병의 상태를 진단해 주고 혈액을 맑게 하거나 허약체질을 개선하는 등의 효과가 있는지 검증되지 않은 ○○주식회사에서 제조한 건강보조식품 에이티피 밸런스(HP_Balance)를 혈액개선 및 체질개선에 효과가 있는 것처럼 설명하고 ○○만원에 판매하였다.
>
> 피의자는 그때 경부터 20○○. ○. ○.경까지 사이에 약 ○○명의 환자를 상대로 위와 같 은 방법으로 생혈액 분석장치를 이용하여 건강 상태를 진단해 주고 건강보조식품 약 ○○개 시가 합계 ○○만원 상당을 판매하는 등 의료행위를 업으로 하였다.

[기재례7] 콜라겐 이용 성형수술

1) **적용법조** : 제5조 제1호, 의료법 제27조

2) **범죄사실 기재례**

> 피의자는 화장품소매업을 하는 자로, 의료인이 아니면 누구든지 의료행위를 할 수 없다.
> 그럼에도 불구하고 피의자는 20○○. ○. ○.경 ○○에 있는 ○○에서 영리를 목적으로 의료기구인 지방콜라겐, 1회용주사기 등을 갖추고 그곳을 찾는 홍길순의 이마와 코 부위 등에 콜라겐을 주입하여 피부를 팽창시켜 주름을 제거하는 방법으로 성형수술을 해주고 그 대가로 ○○만원을 받는 등 의료행위를 한 것을 비롯하여 그때부터 20○○. ○. ○.까지 별지 범죄일람표 기재와 같이 ○○회 걸쳐 ○○명에게 같은 방법으로 성형수술을 해주고 그 대가로 합계 ○○만원 상당을 교부받아 의료행위를 업으로 하였다.

■ **판례** ■   **안마나 지압이 의료행위에 해당하는지 여부(한정 적극)**

안마나 지압이 의료행위에 해당하는지에 대해서는 그것이 단순한 피로회복을 위하여 시술하는 데 그치는 것이 아니라 신체에 대하여 상당한 물리적인 충격을 가하는 방법으로 어떤 질병의 치료행위에까지 이른다면 이는 보건위생상 위해가 생길 우려가 있는 행위, 즉 의료행위에 해당한다고 보아야 한다. 의료인이 아닌 피고인의 사무실에는 인체의 해부도, 질병 및 증상에 따른 인체의 시술 위치를 정리한 게시판, 신체 모형, 인간 골격 모형 등이 비치되어 있고, 피고인은 두통, 생리통, 척추디스크 등을 호소하며 찾아온 사람들을 상대로 증상과 통증 부위, 치료경력 등을 확인한 다음 회원카드에 이를 기재하여 관리하여 왔으며, 피고인은 손님의 질병 종류에 따라 손을 이용하거나 누워 있는 손님 위에 올라가 발로 특정 환부를 집중적으로 누르거나 주무르거나 두드리는 방법으로 길게는 1개월 이상 시술을 하고 그 대가로 일정한 금액을 받았음을 알 수 있는바, 사실관계가 이와 같다면, 피고인의 이러한 행위는 단순한 피로회복을 위한 시술을 넘어 질병의 치료행위에까지 이른 것으로 그 부작용을 우려하지 않을 수 없어 의료인이 행하지 아니하면 보건위생상의 위해가 생길 우려가 있는 의료행위에 해당할 뿐만 아니라 영리를 목적으로 한 행위로 보아야 한다(대법원 2004.1.15. 선고 2001도298 판결).

■ **판례** ■   **지압서비스가 의료행위에 해당하는지 여부(소극)**

지압서비스업소에서 근육통을 호소하는 손님들에게 엄지손가락과 팔꿈치 등을 사용하여 근육이 뭉쳐진 허리와 어깨 등의 부위를 누르는 방법으로 근육통을 완화시켜 준 행위가 의료행위에 해당하지 않는다(대법원 2000.2.22. 선고 99도4541 판결).

■ **판례** ■   **암 등 난치성 질환을 앓는 환자에게 찜질기구를 주어 그 환자로 하여금 직접 환부에 대고 찜질을 하게 한 행위가 의료법 제25조 제1항 소정의 의료행위에 해당하는지 여부(적극)**

의료법 제25조 제1항에서 말하는 의료행위라 함은 의학적 전문지식을 기초로 하는 경험과 기능으로 진찰, 검안, 처방, 투약 또는 외과적 시술을 시행하여 하는 질병의 예방 또는 치료행위와 그 밖에 의료인이 행하지 아니하면 보건위생상 위해가 생길 우려가 있는 행위를 의미하는바, 돌 등이 들어있는 스테인레스 용기를 천과 가죽으로 덮은 찜질기구를 가열하여 암 등 난치성 질환을 앓는 환자들에게 건네주어 환부에 갖다 대도록 한 행위는 명백히 암 등 난치성 질환이라는 특정 질병에 대한 치료를 목적으로 한 것이고, 이를 장기간 사용할 경우 피부 등에 화상을 입거나 암 등 난치성 질환을 앓고 있는 환자의 신체에 다른 부작용이 일어날 가능성을 배제할 수 없으므로, 이러한 치료

행위는 의학상 전문지식이 있는 의료인이 행하지 아니하면 보건위생상 위해가 생길 우려가 있는 행위, 즉 의료행위에 해당한다고 보아야 할 것이고, 비록 찜질기구의 가열 후 온도나 사용방법에 비추어 화상의 우려가 적다거나, 직접 환자의 몸에 손을 대지 않거나, 약물을 투여하는 등의 진찰 행위가 없다고 하여 결론을 달리 할 것은 아니다(대법원 2000.9.8. 선고 2000도432 판결).

■ 판례 ■ **침술행위가 의료법 제25조 제1항 소정의 의료행위에 해당하는지 여부(적극)**

침술행위는 경우에 따라서 생리상 또는 보건위생상 위험이 있을 수 있는 행위임이 분명하므로 현행 의료법상 한의사의 의료행위(한방의료행위)에 포함된다(대법원 1999.3.26. 선고 98도2481 판결).

■ 판례 ■ **시각장애자 및 안마사가 행하는 침술행위가 의료행위인지의 여부**

[1] 시각장애자 및 안마사가 행하는 의료행위로서의 침술행위가 허용되는지 여부(소극)

시각장애자 복지향상을 위한 시각장애자 현안문제 해결대책으로 시각장애자 무면허 침구행위에 대하여 잠정적으로 단속을 완화하라는 행정지침이 있다거나 안마사에관한규칙상 안마사가 안마, 마사지 또는 지압 등 각종 수기요법에 의하거나 전기기구의 사용 그 밖의 자극요법에 의하여 인체에 대한 물리적 시술행위를 하는 것을 업무로 한다고 규정하고 있다고 하여 시각장애자 및 안마사가 행하는 의료행위로서의 침술행위가 각 허용된다고는 볼 수 없다.

[2] 외국의 침사자격을 가진 자가 우리나라의 의료법 및 같은법시행령 소정의 시험을 거쳐 면허를 받지 않은 경우 우리나라에서 그 자격이 있는지 여부(소극)

외국에서 침사자격을 취득하였다고 하더라도 우리나라의 의료법 및 같은법시행령 소정의 시험을 거쳐 면허를 받지 아니한 이상 우리나라에서는 위 자격이 있다고 할 수 없다(대법원 1996.7.30. 선고 94도1297 판결).

■ 판례 ■ **한방의료행위에 침술행위도 포함되는지 여부**

구 의료법(1962.3.20. 법률 제1035호)이 구 국민의료법(1951.9.25. 법률제221호)에 대체, 개정되면서 구 국민의료법 제59조에 해당하는 의료유사업자의 일종으로서 침구사제도에 관한 규정을 두지 아니하여 이를 폐지하되, 다만 그 부칙 제3항에서 종전에 자격을 취득한 침구사가 침구시술행위를 할 수 있도록 하고, 현행 의료법(1975.12.31. 법률 제2862호) 제60조도 위 부칙과 같은 취지의 규정을 두고 있는바, 이는 종전에 자격을 취득한 침구사에게 배타적·독점적인 침구술업권을 부여한 것이 아니라 침구사제도를 폐지하여 한의사가 의료행위로서 침구시술행위를 할 수 있도록 하되 기존의 침구사의 기득권을 보호하기 위하여 이들 역시 침구시술을 할 수 있도록 허용한 데 지나지 아니한다고 볼 것이어서, 현행 의료법상 한의사의 의료행위(한방의료행위)에는 당연히 침술행위가 포함된다 할 것이므로, 면허 없이 침술행위를 하는 것은 의료법 제25조의 무면허 의료행위(한방의료행위)에 해당되어 보건범죄단속에관한특별조치법 제5조에 의하여 처벌되어야 할 것이다(대법원 1994.12.27. 선고 94도78 판결).

■ 판례 ■ **기공술을 시행하는 외에 척추 등에 질병이 있는 환자의 환부를 손으로 두드리는 방법으로 치료행위를 한 것이 보건범죄단속에관한특별조치법상 의료행위에 해당하는지 여부**

기를 강화 내지 조절하여 사람의 질병을 치료할 수 있다고 하면서 환자들에게 대략 21일간의 기간을 정하여 기를 넣어 준다는 소위 기공술을 시행하는 외에 척추 등에 질병이 있는 환자의 환부를 한차례에 1시간 가량 때로는 환자가 환부에 약간의 통증을 느끼게 될 정도로 손으로 두드리는 방법으로 치료행위를 하여 오면서 그들이 운영하는 생활기공협회의 가입비 명목으로 그 치료비를 받았다면 보건범죄단속에관한특별조치법위반죄에 해당된다(대법원 1993.7.27. 선고 93도1352 판결).

■ 판례 ■   눈썹 등 부위의 피부에 자동문신용 기계로 색소를 주입하여 문신을 하여 준 행위가 의료행위에 해당하지 여부

고객들의 눈썹 또는 속눈썹 부위의 피부에 자동문신용 기계로 색소를 주입하는 방법으로 눈썹 또는 속눈썹 모양의 문신을 하여 준 행위는 그 시술방법이 표피에 색소를 주입함으로써 통증도 없고 출혈이나 그 부작용도 생기지 않으므로 의료인이 행하지 아니하면 사람의 생명, 신체 또는 일반 공중위생에 밀접하고 중대한 위험이 발생할 염려가 있는 행위라고 볼 수 없어 의료행위가 아니라고 본 원심판결은 과연 표피에만 색소를 주입하여 영구적인 문신을 하는 것이 가능한지 및 그 시술방법이 어떤 것인지를 가려 보지 않았고 작업자의 실수 등으로 진피를 건드리거나 진피에 색소가 주입될 가능성이 있으며 문신용 침으로 인하여 질병의 전염 우려도 있는 점을 간과함으로써 법리오해, 채증법칙 위배, 심리미진 등의 위법이 있다는 이유로 파기한 사례(대법원 1992.5.22. 선고 91도3219 판결).

■ 판례 ■   척추교정행위가 의료법 제25조 소정의 의료행위에 해당하는지의 여부

척추바로갖기 운동본부라는 간판을 걸고 근육이완기구인 전기맛사지기(드라이브) 3대와 엑스레이 필름 판독기 1대, 척추모형 등의 시설을 갖춘 다음 척추 등 부위에 이상이 있는 환자들이 찾아오면 엑스레이필름과 환자의 진술에 따라 이상부위를 확인하여 드라이브로 그 부위를 문지르고 아픈 부위를 손바닥으로 누른 후에 팔, 다리를 최대한으로 구부리게 손으로 잡아주었다가 놓아주는 운동을 약 30 내지 40회간 반복하여 실시함으로써 인체의 골격구조 특히 척추에 나타나는 이상상태를 교정하는 방법으로 신경생리기능의 회복을 꾀하였다면 이는 인체의 근육 및 골격에 위해를 발생할 우려가 있는 의료행위에 해당한다(대법원 1989.1. 31. 선고 88도2032 판결).

■ 판례 ■   약사로서 한약조제자격을 취득하였을 뿐 한의사가 아닌 자가 진단행위를 한 후 한약을 조제·판매한 사안

위 행위는 구 보건범죄단속에 관한 특별조치법(2007. 4. 11. 법률 제4102호로 개정되기 전의 것) 제5조에서 정한 '영리를 목적으로 한의사가 아닌 자가 한방의료행위를 업으로 한 때'에 해당하므로, 구 약사법(2007. 4. 11. 법률 제8365호로 개정되기 전의 것) 제38조의 처벌규정이 신설되었다 하더라도, 구 보건범죄단속에 관한 특별조치법 위반으로 처벌되는 것을 피할 수는 없다(대법원 2009.5.14. 선고 2007도5531).

■ 판례 ■   약사로서 한약조제자격을 취득하였을 뿐 한의사가 아닌 자가 진단행위를 한 후 한약을 조제·판매한 경우, '영리를 목적으로 한의사가 아닌 자가 한방 의료행위를 업으로 한 때'에 해당하는지 여부(적극)

약사로서 한약조제자격을 취득하였을 뿐 한의사가 아닌 자가 환자들의 맥을 짚어보고 구체적인 증상을 물어보는 등의 방법으로 진단행위를 한 후 한약을 조제·판매한 사안에서, 위 행위는 구 보건범죄단속에 관한 특별조치법(2007. 4. 11. 법률 제4102호로 개정되기 전의 것) 제5조에서 정한 '영리를 목적으로 한의사가 아닌 자가 한방의료행위를 업으로 한 때'에 해당하므로, 구 약사법(2007. 4. 11. 법률 제8365호로 개정되기 전의 것) 제38조의 처벌규정이 신설되었다 하더라도, 구 보건범죄단속에 관한 특별조치법 위반으로 처벌되는 것을 피할 수는 없다(대법원 2009.5.14. 선고 2007도5531 판결).

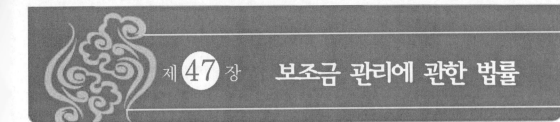

제 47 장　보조금 관리에 관한 법률

Ⅰ. 개념정의 및 지방보조금법과 관계

1. 정 의

> **제2조(정의)** 이 법에서 사용하는 용어의 뜻은 다음과 같다.
> 1. "보조금"이란 국가 외의 자가 수행하는 사무 또는 사업에 대하여 국가(「국가재정법」 별표 2에 규정된 법률에 따라 설치된 기금을 관리·운용하는 자를 포함한다)가 이를 조성하거나 재정상의 원조를 하기 위하여 교부하는 보조금(지방자치단체에 교부하는 것과 그 밖에 법인·단체 또는 개인의 시설자금이나 운영자금으로 교부하는 것만 해당한다), 부담금(국제조약에 따른 부담금은 제외한다), 그 밖에 상당한 반대급부를 받지 아니하고 교부하는 급부금으로서 대통령령으로 정하는 것을 말한다.
> 2. "보조사업"이란 보조금의 교부 대상이 되는 사무 또는 사업을 말한다.
> 3. "보조사업자"란 보조사업을 수행하는 자를 말한다.
> 4. "간접보조금"이란 국가 외의 자가 보조금을 재원(財源)의 전부 또는 일부로 하여 상당한 반대급부를 받지 아니하고 그 보조금의 교부 목적에 따라 다시 교부하는 급부금을 말한다.
> 5. "간접보조사업"이란 간접보조금의 교부 대상이 되는 사무 또는 사업을 말한다.
> 6. "간접보조사업자"란 간접보조사업을 수행하는 자를 말한다.
> 7. "중앙관서의 장"이란 「국가재정법」 제6조제2항에 따른 중앙관서의 장을 말한다.
> 8. "보조금수령자"란 보조사업자 또는 간접보조사업자로부터 보조금 또는 간접보조금을 지급받은 자를 말한다.
>
> ※ **시행령(대통령령)**
> **제2조(급부금의 지정)** 「보조금 관리에 관한 법률」 (이하 "법"이라 한다)제2조제1호에 따른 보조금·부담금 외의 급부금은 「농산물의 생산자를 위한 직접지불제도 시행규정」 제3조에 따른 소득보조금으로 한다.
>
> ※ **농산물의 생산자를 위한 직접지불제도 시행규정**
> **제3조(직접지불제도의 시행)** ① 농림수산식품부장관은 농가의 소득안정, 영농 규모화 촉진, 친환경농업 활성화, 지역활성화, 농촌지역의 경관 형성 및 관리를 위하여 직접 소득보조금을 지급하는 각종 지원제도(이하 "직접지불제도"라 한다)를 시행한다.
> ② 직접지불제도는 경영이양직접지불제도, 친환경농업직접지불제도, 친환경안전축산물직접지불제도, 조건불리지역직접지불제도, 경관보전직접지불제도 및 밭농업직접지불제도로 구분한다.

2. 지방자치단체 보조금 관리에 관한 법률(지방보조금법)과 관계

　지방자치단체가 법령 또는 조례에 따라 다른 지방자치단체, 법인·단체 또는 개인 등이 수행하는 사무 또는 사업 등을 조성하거나 이를 지원하기 위하여 교부하는 보조금 등은 지방보조금법을 적용한다.

II. 벌 칙

제40조(벌칙) 다음 각 호의 어느 하나에 해당하는 자는 10년 이하의 징역 또는 1억원 이하의 벌금에 처한다.
1. 거짓 신청이나 그 밖의 부정한 방법으로 보조금이나 간접보조금을 교부받거나 지급받은 자 또는 그 사실을 알면서 보조금이나 간접보조금을 교부하거나 지급한 자
2. 제26조의6제1항제1호를 위반한 자
제41조(벌칙) 다음 각 호의 어느 하나에 해당하는 자는 5년 이하의 징역 또는 5천만원 이하의 벌금에 처한다.
1. 제22조를 위반하여 보조금이나 간접보조금을 다른 용도에 사용한 자
2. 제26조의6제1항제2호부터 제4호까지를 위반한 자
3. 제35조제3항을 위반하여 중앙관서의 장의 승인 없이 중요재산에 대하여 금지된 행위를 한 자
제42조(벌칙) ① 제23조 또는 제24조를 위반하여 중앙관서의 장의 승인을 받지 아니하고 보조사업의 내용을 변경 하거나 보조사업을 인계·중단 또는 폐지한 자는 2년 이하의 징역 또는 2천만원 이하의 벌금에 처한다.
② 다음 각 호의 어느 하나에 해당하는 자는 1년 이하의 징역 또는 1천만원 이하의 벌금에 처한다.
1. 제25조제3항을 위반하여 관련된 자료를 보관하지 아니한 자
2. 제26조제2항에 따른 정지명령을 위반한 자
3. 제27조 또는 제36조제1항을 위반하여 거짓 보고를 한 자
제43조(양벌규정) 법인의 대표자나 법인 또는 개인의 대리인, 사용인, 그 밖의 종업원이 그 법인 또는 개인의 업무에 관하여 제40조부터 제42조까지의 어느 하나에 해당하는 위반행위를 하면 그 행위자를 벌하는 외에 그 법인 또는 개인에게도 해당 조문의 벌금형을 과(科)한다. 다만, 법인 또는 개인이 그 위반행위를 방지하기 위하여 해당 업무에 관하여 상당한 주의와 감독을 게을리하지 아니한 경우에는 그러하지 아니하다.

III. 범죄사실

1. 허위신청(부정한 방법)으로 보조금(간접보조금)을 교부받은 자

1) **적용법조** : 제40조 제1호, 형법 제347조 제1항(사기) ☞ 공소시효 10년

2) **범죄사실 기재례**

[기재례1] 노동청으로부터 고용유지지원금 허위 수령

피의자 A는 ○○에 있는 '○○미용실'의 대표, 피의자 B은 위 미용실을 실질적으로 운영하는 사람이다.

누구든지 거짓 신청이나 그 밖의 부정한 방법으로 보조금을 교부받아서는 아니 됨에도, 피의자들은 공모하여 20○○. ○. ○.경 사실은 갑이 위 미용실에서 근무한 적이 없음에도 위 갑에게 고용유지조치 기간 중 휴직수당을 지급하였다는 취지의 고용유지지원금 신청서를 작성하고, 같은 날 이를 그 사실을 모르는 성명불상의 ○○고용노동청 직원에게 제출하여 20○○. ○. ○.경 4월분 고용유지지원금 ○○원을 교부받은 것을 비롯하여 그 무렵부터 20○○. ○. ○.경까지 별지 범죄일람표 기재와 같이 총 ○○회에 걸쳐 합계 ○○원의 고용유지지원금을 부정수급하였다.

이로써 피의자들은 공모하여 피해자 대한민국으로부터 ○○원을 교부받음과 동시에 거짓 신청이나 그 밖의 부정한 방법으로 보조금을 교부받았다.

[기재례2] 노동청으로부터 고용환경개선지원 사업비 허위 수령

피의자는 ○○에서 경영컨설팅업을 주된 목적으로 하는 ○○산업을 운영하는 사람인바, 제조업 등을 영위하는 우선지원 대상기업의 사업주가 고용환경을 개선하여 근로자 수가 증가하는 경우 고용노동부가 사업주에게 시설투자비의 ○○%와 신규 고용된 근로자 1명 당 ○○만 원씩을 지원하는 이른바 '고용환경개선지원사업'이 있음을 알고, 대상기업의 사업주와 서로 짜고 고용환경개선 공사에 든 공사비를 부풀려 위 지원금을 신청함으로써 사업주로 하여금 더 많은 지원금을 받게 하고 피의자는 이를 이용하여 더 많은 공사를 수주하기로 마음먹었다.

피의자는 ○○에서 □□산업을 운영하는 피의자 甲과 공모하여, 20○○.○.○.경 ○○지방노동청에 근로자 샤워실, 기숙사공사를 하겠다는 사업계획서를 제출하여 승인을 받아 위 공사를 완료한 후, 20○○.○.○.경 사실은 ○○원의 공사비로 위 공사를 마쳤음에도 불구하고 마치 ○○원의 공사비가 투입된 것처럼 허위로 작성된 건축공사도급계약서를 첨부하여 고용환경개선완료 신고를 하고, 20○○.○.○.경 위 노동청 성명불상의 담당직원에게 고용환경개선지원금을 신청하였다.

피의자들은 이에 속은 ○○지방고용노동청으로부터 20○○.○.○.경 고용환경개선사업지원금 명목으로 ○○원을 □□산업 명의의 ○○은행 계좌로 송금받았다.

이로써 피의자들은 공모하여 위와 같은 방법으로 ○○지방고용노동청을 기망하여 고용환경개선사업지원금 명목으로 위 금액을 받음과 동시에 거짓 신청이나 그 밖의 부정한 방법으로 보조금을 교부를 받았다.

[기재례3] 허위의 교육생을 등록하여 부당하게 청년취업교육국비보조금 수령

피의자는 ○○에 있는 사단법인 ○○의 사무국장으로서 위 사단법인의 사업을 총괄하고 직원을 관리하는 업무를 하였고, 甲은 위 사단법인의 직원으로서 고용노동부의 지원을 받아 ○○구청에서 주관하는 '20○○년 ○○지역 특화 청년 취창업 도약 프로젝트 사업'(이하 '청년사업'이라 한다)의 실무를 담당하였으며, 1, 2, 3, 4(이하,교육생)는 청년사업에 교육생으로 등록한 사람들이다.

피의자는 교육생에게 청년사업에 교육생으로 명의를 빌려달라고 요청하여 승낙을 받은 다음, 甲에게 지시하여 교육생이 실제 청년사업 교육에 참여하지 아니하였음에도 마치 교육에 참여한 것처럼 허위의 증빙서류를 작성·제출하여 보조금을 교부받기로 마음먹었다.

이에 따라 피의자과 甲은 20○○. ○. ○.경부터 20○○. ○. ○.경까지 사이에 사단법인 ○○사무실에서 청년사업을 진행하면서 교육생의 참가신청서를 대리 작성하여 명목상의 교육생으로 등록한 다음, 실제 청년사업 교육에 참여하지 아니한 교육생이 마치 교육에 참여한 것처럼 출석부에 대리 서명을 하고, 위 참가신청서, 출석부 등 허위 서류를 ○○구청 불상의 직원에게 제출하는 방법으로 ○○구청으로 부터 사단법인 ○○명의의 ○○은행 계좌(계좌번호)로 국비보조금 ○○원을 입금받은 것을 비롯하여, 그 무렵부터 20○○. ○. ○.경까지 별지 범죄일람표와 같이 국비보조금 합계 ○○원을 입금받았다.

이로써 피의자는 교육생과 공모하여 거짓 신청이나 그 밖의 부정한 방법으로 보조금을 교부받았다.

■ **판례** ■　보조금을 교부받음에 있어 다소 정당성이 결여된 것이라고 볼 여지가 있는 수단이 사용되었더라도 보조금을 교부받아야 할 자격이 있는 사업 등에 대하여 정당한 금액의 교부를 받은 경우

[1] 제40조 소정의 '허위의 신청 기타 부정한 방법'의 의미

보조금의예산및관리에관한법률 제40조는 "허위의 신청이나 기타 부정한 방법으로 보조금의 교부를 받은 자와 간접보조금의 교부를 받은 자 또는 그 사실을 알면서 보조금이나 간접보조금을 교부한 자는 5년 이하의 징역 또는 500만 원 이하의 벌금에 처한다."고 규정하고 있는바, 여기서 '허위의 신청 기타 부정한 방법'이라 함은 정상적인 절차에 의하여는 같은 법에 의한 보조금을 지급받을 수 없음에도 위계 기타 사회통념상 부정이라고 인정되는 행위로서 보조금 교부에 관한 의사결정에 영향을 미칠 수 있는 적극적 및 소극적 행위를 뜻한다.

[2] 보조금법 제40조의 취지 및 같은 조 소정의 '부정한 방법으로 보조금의 교부를 받은' 경우의 의미

보조금의예산및관리에관한법률 제40조는 보조금 등을 실제로 교부받은 경우만을 처벌하는 내용이고 달리 같은 법에 그 미수죄를 규정하지 않고 있는 점 및 같은 법 제42조에서 개별적인 보조금행정상의 절차위반에 대하여 별개의 처벌규정을 두고 있는 점 등에 비추어, 그 취지는 국가의 재정적 이익을 보호법익으로 하여 그 침해를 처벌함에 있고 추상적으로 보조금행정의 질서나 공정성에 대한 위험 또는 보조금 행정상 개개 절차의 위반 자체를 처벌하는 것은 아니므로, 같은 조 소정의 '부정한 방법으로 보조금의 교부를 받은' 경우라 함은 보조금의 교부대상이 되지 아니하는 사무 또는 사업에 대하여 보조금을 받거나 당해 사업 등에 교부되어야 할 금액을 초과하여 보조금을 교부받는 것을 가리키며, 보조금을 교부받음에 있어 다소 정당성이 결여된 것이라고 볼 여지가 있는 수단이 사용되었더라도 보조금을 교부받아야 할 자격이 있는 사업 등에 대하여 정당한 금액의 교부를 받은 경우는 여기에 해당하지 아니한다(대법원 2001.1.5. 선고 99도4101 판결).

■ **판례** ■　보조금지급신청을 하면서 실제 공사대금보다 공사금액이 과다하게 허위기재된 공사도급계약서를 관할관청에 제출하여 이를 기준으로 산정한 보조금을 지급받은 경우

피고인이 보조금지급신청을 하면서 실제 공사대금보다 공사금액이 과다하게 허위기재된 공사도급계약서를 관할관청에 제출하여 이를 기준으로 산정한 보조금을 지급받은 경우, 허위의 신청이나 기타 부정한 방법으로 보조금을 교부받은 것에 해당한다(대법원 2005.3.25. 선고 2005도573 판결).

■ **판례** ■　군 새마을 양식계의 총회회의록을 위조하여 도에 양식어업면허신청을 하고 도로부터 보조금을 교부받아 위 돈을 실제로 양식시설을 하는데 투자한 경우 구 보조금관리법(1986.12.31. 법률 제3874호로 보조금의예산및관리에관한법률로 전면 개정되기 전의 것) 제28조에 위반되는지 여부(적극)

이 사건 가두리양식어업면허는 나주군 새마을양식계에서 면허된 것이고 위 양식계가 가두리양식어업을 하기로 총회에서 결의한 바도 없는데 그와 같은 결의가 있는 것처럼 총회회의록을 위조하고, 이를 양식어업면허신청시에 함께 제출하여 전라남도로부터 위 사업계획에 관한 보조금을 지급받은 행위는 허위의 신청이나 부정한 방법으로 보조금의 교부를 받은 경우로서 구 보조금관리법(1986.12.31. 법률 제3874호로 보조금의예산및관리에관한법률로 전면 개정되기 전의 것) 제28조에 해당한다 할 것이고, 피고인등이 위 교부금을 실제로 가두리양식 시설하는데 투자하였다고 하더라도 위 법조에 위반되지 않는다고 할 수는 없다(대법원 1990.6.8. 선고 90도400 판결).

■ 판례 ■　　　마을회가 항공기 소음피해지역주민의 편익증진을 위한 공동이용시설의 설치 지원을 위한 보조금을 교부받아 공동구판장 설치비용으로 사용한 경우

[1] 보조금의 예산 및 관리에 관한 법률 제40조 소정의 '부정한 방법으로 보조금의 교부를 받은' 경우의 의미

보조금의 예산 및 관리에 관한 법률 제40조 소정의 '부정한 방법으로 보조금의 교부를 받은' 경우라 함은 보조금의 교부 대상이 되지 아니하는 사무 또는 사업에 대하여 보조금을 받거나 당해 사업 등에 교부되어야 할 금액을 초과하여 보조금을 교부받는 것을 가리키며, 보조금을 교부받음에 있어 다소 정당성이 결여된 것이라고 볼 여지가 있는 수단이 사용되었더라도 보조금을 교부받아야 할 자격이 있는 사업 등에 대하여 정당한 금액의 교부를 받은 경우는 여기에 해당하지 아니한다.

[2] 보조금의예산및관리에관한법률위반 여부(소극)

'허위의 신청이나 기타 부정한 방법'으로 보조금을 교부받았는지 여부는 근거 법령의 입법취지와 보조금을 둔 목적에 따라 개별적으로 판단되어야 할 것인데, 이 사건 보조금은 관계 법령에 근거하여 항공기 소음피해방지대책사업의 일환으로 소음피해지역주민의 편익증진을 위한 공동이용시설의 설치지원 사업에 교부되는 것이므로, 피고인이 주민들의 편익증진을 위한 공동이용시설의 설치 비용으로 위 보조금을 교부받아 실제로 그와 같은 용도로 지출하였다면 이를 두고 '허위의 신청이나 기타 부정한 방법'으로 보조금을 교부받았다거나 보조금을 교부받음에 있어 기망행위가 있었다고 볼 수 없고, 소음피해지역주민의 편익증진을 위한 공동이용시설의 설치지원이라는 위 보조금의 교부 목적과 이 사건 협약서 내용에 비추어, 위 보조금의 교부에 있어서 공동이용시설의 구체적인 이용방법에 대한 제한이 전제되어 있었다고 보기도 어려우므로, 'A마을회'가 이 사건 공동구판장 건축 당시 이를 타에 임대할 의사가 있었고 실제로 임대하였다고 하더라도, 피고인이 구청을 속여 보조금을 편취하고 '허위의 신청이나 기타 부정한 방법'으로 보조금을 교부받았다고 보기도 어렵다(대법원 2009. 11. 12. 선고 2009도8751 판결).

2. 용도 외 사용

1) 적용법조 : 제41조 제1호, 제22조 제1항 ☞ 공소시효 7년

> 제22조(용도 외 사용 금지) ① 보조사업자는 법령, 보조금 교부 결정의 내용 또는 법령에 따른 중앙관서의 장의 처분에 따라 선량한 관리자의 주의로 성실히 그 보조사업을 수행하여야 하며 그 보조금을 다른 용도에 사용하여서는 아니 된다.
> ② 간접보조사업자는 법령과 간접보조금의 교부 목적에 따라 선량한 관리자의 주의로 간접보조사업을 수행하여야 하며 그 간접보조금을 다른 용도에 사용하여서는 아니 된다.
> ③ 제1항 및 제2항에도 불구하고 제31조제4항에 따라 보조금 초과액을 반납하지 아니하고 활용하는 경우에는 유사한 목적의 사업에 사용할 수 있다.

2) 범죄사실 기재례

> 　피의자는 ○○에서 ★★사업을 하면서 20○○. ○. ○. ○○로부터 보조금 ○○만원을 받아 ★★사업을 하는 보조사업자다. 보조사업자는 법령, 보조금 교부 결정의 내용 또는 법령에 따른 중앙관서의 장의 처분에 따라 선량한 관리자의 주의로 성실히 그 보조사업을 수행하여야 하며 그 보조금을 다른 용도에 사용하여서는 아니 된다.
> 　그럼에도 불구하고 피의자는 20○○. ○. ○. 경 위 보조금을 ○○용도 사용하였다.

3) 신문사항

- 어디에서 어떠한 사업을 하고 있는가
- 위 사업과 관련 보조금을 받은 일이 있는가
- 언제 어떠한 절차에 의해 받았나
- 언제 누구로부터 얼마를 받았는가
- 어떤 용도의 보조금인가
- 이 보조금을 받아 어떻게 하였는가
- 왜 ★★사업에 사용하지 않았나
- 그러면 ★★사업비는 어떻게 충당하였나
    ⇨ 보조금을 받기 전에 甲으로부터 그 시설을 인수후 보조금을 받았기 때문에 보조금을 ★★사업에 사용할 필요가 없었습니다.
- 이러한 내용을 담당 공무원도 알고 있는가
- 현지 확인을 하지 않던가
- 공무원과 공모여부 수사
- 그러면 처음부터 사업용도로 사용할 생각이 없었다는 것인가
- 왜 이러한 행위를 하였나

■ 판례 ■   지방자치단체로부터 교부받은 보조금을 정하여진 용도 외의 다른 용도에 사용한 경우

[1] 보조금의 예산 및 관리에 관한 법률의 적용을 받는 '보조금'이 국가가 교부하는 보조금에 한정되는지 여부(적극)

보조금의 예산 및 관리에 관한 법률 제2조는 제1호에서 위 법에 규정된 보조금이라 함은 국가 외의 자가 행하는 사무 또는 사업에 대하여 국가가 이를 조성하거나 재정상의 원조를 하기 위하여 교부하는 보조금(지방자치단체에 대한 것과 기타 법인 또는 개인의 시설자금이나 운영자금에 대한 것에 한한다)·부담금(국제조약에 의한 부담금은 제외한다) 기타 상당한 반대급부를 받지 아니하고 교부하는 급부금으로서 대통령령으로 정하는 것을 말한다고 규정하고 있으므로, 위 법의 적용을 받는 보조금은 국가가 교부하는 보조금에 한정된다. 따라서 지방자치단체로부터 교부받은 보조금을 정하여진 용도 외의 다른 용도에 사용하였다고 하더라도 보조금의 예산 및 관리에 관한 법률 제41조, 제22조 제1항 위반죄는 성립할 여지가 없다(대법원 2007.5.31. 선고 2007도1769 판결).

■ 판례 ■   사립학교의 교비회계에 속하는 국가보조금을 전용하여 학교법인의 수익용 자산 취득비용으로 사용한 경우, 횡령죄의 성부(적극)

보조금의예산및관리에관한법률의 규정 취지에 비추어 보면, 위 법률에 의한 국가보조금은 그 용도가 엄격히 제한된 자금으로 봄이 상당하므로, 사립학교에서 이를 전용하여 학교법인의 수익용 자산 취득비용으로 사용한 경우, 횡령죄가 성립한다(대법원 2004.12.24. 선고 2003도4570 판결).

■ 판례 ■   농업협동조합 조합장이 국고보조금에 의하여 취득한 부동산을 보조금의 교부목적에 위배되는 용도에 사용하면서도 농림수산부장관의 승인을 얻지 않은 경우, 농업협동조합법 제171조 제1호를 적용하여 처벌할 수 있는지 여부(소극)

농업협동조합법상 벌칙 규정들의 체계적인 위치나 그 입법 목적 내지 취지에 비추어 보면, 제7장 중 벌칙 규정들은 같은 법 제6장까지에서 규정하고 있는 내용의 준수를 담보하기 위해 그에 위반하는 경우를 처벌하는 조항이라고 할 것이고, 따라서 그 제171조 제1호에 규정한 '감독기관의 인가 또는 승인을 얻어야 할 사항'은 그 구체적인 내용이 같은 법 자체에 명시적으로 규정되어 있는 사항에 한한다(예외적으로 위임입법의 필요성에 의하여 그 구체적인 내용을 시행령으로 정하도록 위임할 수 있다고 하더라도 같은 법 자체에서 인가 또는 승인사항의 대강을 정한 다음 그 위임사항이 인가 또는 승인사항임을 분명히 하여 위임한 경우에 한한다)고 해석함이 형벌법규의 명확성의 원칙 등 죄형법정주의의 원칙에 부합한다고 할 것이므로 보조금의예산및관리에관한법률 제35조(재산처분의 제한)가 농업협동조합법 제171조 제1호에 규정한 '감독기관의 인가 또는 승인을 얻어야 할 사항'을 규정하고 있는 것으로 보아, 그 법조 위반행위에 대해 농업협동조합법 제171조 제1호를 적용하여 처벌할 수는 없다(대법원 2003.11.14. 선고 2003도3600 판결).

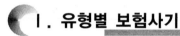

제 **48** 장 보험사기방지 특별법

제1절 수사요령 및 유의사항

Ⅰ. 유형별 보험사기

1. 교통사고 위장

(가) 일반적인 특징

1) **보험계약**
   - 보험료의 합계가 실제 소득보다 비정상적으로 많음
   - 사고 직전 담보 종목을 추가하거나 담보금액을 증액
   - 보험상품 선택기준이 보험료 규모보다는 보상내용에 집중
   - 사고 직전 여러 회사에 다수의 보장성보험을 자진 가입

2) **보험사고**
   - 유사한 보험사고가 비정상적인 반복 발생
   - 가족, 지인들도 유사한 사고 반복 발생
   - 특정병원에 반복적으로 입원
   - 집단내용에 비하여 훨씬 빠르게 퇴원하거나 장기 입원
   - 전과 등이 있는 경우 경찰서에 사고 미신고

(나) 사고 내용 특징

1) **사고 발생 장소**
   - 목격자가 없는 외곽 도로 또는 주택가 이면도로
   - 일방통행로
   - 차량 서행이 불가피한 장소
   - 주차장 및 공터
   - 중앙선 침범이나 신호위반을 하기 쉬운 장소

- 불법 유턴이 많은 장소

2) 사고발생원인

- 소로의 중앙선 침범, 신호위반·음주운전 차량 충돌
- 일방통행로 위반차량 고의충돌
- 끼어들기 차량을 보고 차량을 급정거하여 고의 추돌 야기
- 목격자 없는 차량 전도사고
- 진행상태에서 충분히 교차로를 통과할 수 있음에도 돌연 정지하여 추돌사고 야기
- 택시가 정차하여 차량 문이 열리는 것을 보고 오토바이로 충격
- 횡단보도 및 후진 차량 등에 무조건 부딪히는 사고

3) 보험사고 후 형태

- 경미한 차량접촉사고임에도 허리, 목, 머리 및 무릎에 대한 통증을 과장되게 호소
- 차량이 대파되었는데도 경미하거나 주관적인 부상만 호소
- 차량인 견인되거나 부상자가 호송된 사실이 없음
- 중앙선 침범·신호위반 차량과 충돌했음에도 차량 피해가 경미

4) 사고관련자 태도

① 운전자

- 지나치게 사고에 대해 관대하며 보험가입 여부와 보험회사를 먼저 확인
- 경미한 사고임에도 차에서 내릴 때 손을 허리와 목에 대고 과장되게 아픈 척함
- 사고 후 대응방법이 숙련된 사고자 같이 노련함
- 지나치게 침착하며 아무 일도 아닌 듯이 이야기하고, 다음날 사전연락 없이 병원에 입원
- 지나치게 위압적이며 무조건 상대방의 잘못을 강요
- 무조건 경찰에 신고한다고 하며 처벌조항 등을 이야기
- 사고 직후 피해라 측에 아는 사람들이 갑자기 모임
- 사고가 났음에도 차에서 내리지 않고 잘잘못을 따지지도 않으며 무조건 경찰신고부터 함

② 차량 탑승자(동승자)

- 사고 경위에 대해 잘 모른다고 함(잠이 들었다는 등)
- 운전자나 차량 소유자에 대해 잘 알지 못함
- 사고 시 탑승 위치에 대한 동승자 간 진술이 상이

- 자세한 대화를 피하고 모든 것을 운전자에게 떠맡기고 무언가 불안해함
- 심야에 술도 먹지 않은 상태에서 다수가 동승
- 사고가 났는데도 차에서 내리지 않음

③ 사고 목격자(보험범죄 공모자인 경우)
- 목격자가 지나치게 열성적임
- 목격자가 자신의 신상, 연락처 등에 대해 밝히기를 꺼림
- 사고당시에 보이지 않던 목격자가 다음날 나타남
- 목격자가 사고 직전의 행적을 밝히지 않음

2. 화재보험금을 노린 방화

(가) 개 요

화재보험은 주택, 건물, 창고, 공장 등의 화재로 인하여 생기는 손해를 전보하는 보험이며, 보험목적물은 건물, 동산 또는 집합된 물건 이외에도 교량, 입목(立木), 삼림(森林) 등이 포함됨.

(나) 보험사기 징후

1) 화재 발생 전
- 매각 또는 철거 절차가 진행 중인 건물
- 주거용 건물임에도 거주자가 장기간 부재
- 피보험자가 심각한 부채를 안고 있거나 파산 위기
- 단선 혹은 단수 상태이거나 제세공과금이 연체
- 보험목적물이 이혼 합의, 분쟁의 대상
- 화재보험 가입 또는 보험가액 증액 배서
- 화재 발생 직전 보험계약
- 건물주 또는 임차인이 과거에 화재로 인한 보험금을 지금 받은 전력이 있는 경우
  - 건물주 또는 임차인이 과거에 화재로 인해 보험금 지급청구를 하였으나 각종 사유로 지급이 거절된 전력이 있는 경우

2) 화재 발생 후
- 오래되거나 판매되지 못한 재고품의 다량 소실
- 가족사진, 귀중품 등이 현장에서 발견되지 않음(例, 성경, 가족사진, 수집품 등)

- 채권서류 등을 보관하는 서류함이 비어 있음.
- 스프링클러 등 소화시설이 작동되지 않은 경우
- 현장 주변에서 발화에 사용한 것으로 추정되는 물질 발견
- 화재 발생 전 누군가 침입한 흔적
- 발화지점이 여러 군데
- 화인이 가연성 물질에 의해 비롯되었다고 추정
- 가스를 사용하지 않는 곳에서 폭발 현상(휘발유를 뿌리면 나타남)
- 심야(24시 – 일출 전)에 발생
- 피보험자가 이상할 정도로 침착
- 피보험자가 황급히 화재현장을 정리

3. 생명·상해 보험사기

(가) 개 요
- 생명·상해보험은 사람의 생사(生死)를 보험사고로 하여 일정한 금액을 지급하는 보험임. 손해보험과는 달리 약정한 가입금액을 지급하는 정액보험임
- 생명보험은 사망(일반, 재해), 장해, 입원, 상해보험은 입원 기간에 발생한 치료비 전액을 담보하는 보험이며, 교통사고 위장 혐의자의 경우 다수의 생명보험과 상해보험에 가입하고 있는 것이 일반적인 특징임

(나) 일반적인 특징
1) 보험계약
- 보험료의 합계가 실제 소득보다 비정상적으로 많음
- 교통재해, 성인병 등 특정 재해(질병)를 고액담보하는 보험상품에 자진 가입
- 보험사고 발생 시마다 지속적으로 보장성보험에 자진 가입

2) 보험사고
- 가족구성원 대부분이 유사한 보험사고가 발생
- 특정병원에 반복적으로 입원

(다) 사고 내용 특징
1) 사고발생원인
- 등산 또는 운동 중 넘어진 사고

- 작업, 조리 중 사고
- 손가락, 발가락 절단 사고
- 화상 사고
- 실명(失明) 사고

2) 보험사고 후 행태
- 사고일시, 사고 경위에 대해 구체적 진술을 못 하거나 번복
- 주거지와 원격지에 있거나 소위 가짜환자가 많은 병원에 반복적으로 장기 입원
- 가족, 지인들이 다른 사고로 같은 병원에서 함께 입원

4. 병·의원 관련사기

(가) 개 요

최근 병·의원 수의 증가로 병원 수익성이 악화하자, 일부 부실한 병·의원은 의료보험보다 진료비가 높은 자동차 보험환자를 적극적으로 유치하여 장기 입원 및 불필요한 진료행위 등을 통한 보험사기를 도모하고 있으며 더 나아가 입원환자에 대한 허위진단서를 발급하는 등 일반인의 보험사기를 조장하고 있음.

(나) 일반적인 특징

1) 허위입원
- 내원하지 않은 인물이나 퇴원치료 환자를 입원환자로 조작
- 단기입원환자를 장기 입원 화자로 조작

2) 허위치료
- 물리치료, 수술, 식사 등을 시행치 않거나 지급지 않고도 시행, 지급한 것으로 조작
- 저가의 약품을 투약하고도 고가의 약품으로 조작

3) 환자관리 부실
- 병원 등급에 따라 인가된 병상 수를 초과하여 병원운영
- 입원환자 부재 및 병원사무장 등의 보상과정 개입

(다) 단계별 특징

1) 사고 발생 및 내원
- 구급차 비리(환자유치로 대가 지불)
- 사고장소와 입원병원의 원거리

- 입원을 강력 권유
- CT. MRI 촬영을 타 병원에 빈번하게 의뢰(리베이트 수수)

2) 입원 및 처치

- 병상수 초과입원(임의로 병상 증가)
- 허위입원(공무원 등 장기 입원이 불가능한 환자도 입원처리)
- 허위검사(혈액, 소변검사) 및 허위치료(공휴일에도 물리치료)

3) 수 술

- 허위수술(간단 수술을 복잡 수술로 조작)
- 불필요한 수술(높은 장해를 원하는 환자의 요구로 수술)
- 초기 경상자가 추가진단 후 수술(X-ray 필름 바꿔치기)

II. 관련 판례

■ 판례 ■ **보험금을 타낼 목적으로 조카 및 자신의 자식을 살하고 보험금을 신청한 후 범행이 발각된 경우, 사기죄의 실행의 착수 인정여부(적극)**

甲은 불륜관계 및 이로 인한 가정의 파탄, 자신의 채무규모와 경제적인 어려움 그리고 乙과의 사이에 건물 신축공사를 둘러싼 다툼 등으로 인하여 고민하다가 보험금을 탈 목적으로 종전에 가입한 보험의 기본계약을 변경하고 실효된 보험을 부활시키는 한편 자녀들을 피보험자로 하는 4개의 보험에 가입한 후 乙과 자신의 자녀 2명 및 조카 2명을 자신의 승용차에 태우고 저수지 주변을 왕복하다가 운전부주의인 것처럼 가장하여 차를 저수지에 추락시켰고, 그로 인하여 乙은 살았으나 자신의 자녀 및 조카들이 모두 사망하였다. 甲은 사건 이후 보험회사에 보험금을 신청하였으나 범행이 발각된 경우, 피고인의 보험금 신청의 범행은 사기미수죄에 해당한다할 것이다(대법원 2001.11.27. 선고 2001도4392 판결).

■ 판례 ■ **특정 질병을 앓고 있는 사람이 보험회사가 정한 약관에 그 질병에 대한 고지의무를 규정하고 있음을 알면서도 이를 고지하지 아니한 채 그 사실을 모르는 보험회사와 그 질병을 담보하는 보험계약을 체결한 다음 바로 그 질병의 발병을 사유로 하여 보험금을 청구한 경우, 사기죄의 성부(적극)**

특정 질병을 앓고 있는 사람이 보험회사가 정한 약관에 그 질병에 대한 고지의무를 규정하고 있음을 알면서도 이를 고지하지 아니한 채 그 사실을 모르는 보험회사와 그 질병을 담보하는 보험계약을 체결한 다음 바로 그 질병의 발병을 사유로 하여 보험금을 청구하였다면 특별한 사정이 없는 한 사기죄에 있어서의 기망행위 내지 편취의 범의를 인정할 수 있고, 보험회사가 그 사실을 알지 못한 데에 과실이 있다거나 고지의무위반을 이유로 보험계약을 해제할 수 있다고 하여 사기죄의 성립에 영향이 생기는 것은 아니다(대법원 2007.4.12. 선고 2007도967 판결). (사기미수죄가 성립)

▪ 판례 ▪ **타인의 사망을 보험사고로 하는 생명보험계약을 체결할 때 제3자가 피보험자인 것처럼 가장하여 체결하는 등으로 그 유효요건이 갖추어지지 못한 경우, 보험계약을 체결한 행위만으로 보험금 편취를 위한 기망행위의 실행에 착수한 것으로 볼 수 있는지 여부(원칙적 소극)**

타인의 사망을 보험사고로 하는 생명보험계약을 체결함에 있어 제3자가 피보험자인 것처럼 가장하여 체결하는 등으로 그 유효요건이 갖추어지지 못한 경우에도, 보험계약 체결 당시에 이미 보험사고가 발생하였음에도 이를 숨겼다거나 보험사고의 구체적 발생 가능성을 예견할 만한 사정을 인식하고 있었던 경우 또는 고의로 보험사고를 일으키려는 의도를 가지고 보험계약을 체결한 경우와 같이 보험사고의 우연성과 같은 보험의 본질을 해칠 정도라고 볼 수 있는 특별한 사정이 없는 한, 그와 같이 하자 있는 보험계약을 체결한 행위만으로는 미필적으로라도 보험금을 편취하려는 의사에 의한 기망행위의 실행에 착수한 것으로 볼 것은 아니다. 그러므로 그와 같이 기망행위의 실행의 착수로 인정할 수 없는 경우에 피보험자 본인임을 가장하는 등으로 보험계약을 체결한 행위는 단지 장차의 보험금 편취를 위한 예비행위에 지나지 않는다.(대법원 2013.11.14. 선고, 2013도7494, 판결)

▪ 판례 ▪ **보험계약자가 보험계약 체결 시 보험금액이 목적물의 가액을 현저하게 초과하는 초과보험 상태를 의도적으로 유발한 후 보험사고가 발생하자 초과보험 사실을 알지 못하는 보험자에게 목적물의 가액을 묵비한 채 보험금을 청구하여 교부받은 경우, 보험금을 청구한 행위가 사기죄의 실행행위로서 기망행위에 해당하는지 여부(한정 적극)**

보험계약자가 보험계약 체결 시 보험금액이 목적물의 가액을 현저하게 초과하는 초과보험 상태를 의도적으로 유발한 후 보험사고가 발생하자 초과보험 사실을 알지 못하는 보험자에게 목적물의 가액을 묵비한 채 보험금을 청구하여 보험금을 교부받은 경우, 보험자가 보험금액이 목적물의 가액을 현저하게 초과한다는 것을 알았더라면 같은 조건으로 보험계약을 체결하지 않았을 뿐만 아니라 협정보험가액에 따른 보험금을 그대로 지급하지 아니하였을 관계가 인정된다면, 보험계약자가 초과보험 사실을 알지 못하는 보험자에게 목적물의 가액을 묵비한 채 보험금을 청구한 행위는 사기죄의 실행행위로서의 기망행위에 해당한다.(대법원 2015.7.23. 선고, 2015도6905, 판결)

▪ 판례 ▪ **의료인으로서 자격과 면허를 보유한 사람이 의료법에 따라 의료기관을 개설하여 건강보험의 가입자 또는 피부양자에게 국민건강보험법에서 정한 요양급여를 실시하고 국민건강보험공단으로부터 요양급여비용을 지급받았는데, 그 의료기관이 다른 의료인의 명의로 개설·운영되어 의료법 제4조 제2항을 위반한 경우, 국민건강보험공단을 피해자로 하는 사기죄를 구성하는지 여부(원칙적 소극)**

비록 의료법 제4조 제2항은 '의사, 치과의사, 한의사 또는 조산사'(이하 '의료인'이라 한다)가 다른 의료인의 명의로 의료기관을 개설하거나 운영하는 행위를 제한하고 있으나, 이를 위반하여 개설·운영되는 의료기관도 의료기관 개설이 허용되는 의료인에 의하여 개설되었다는 점에서 제4조 제2항이 준수된 경우와 본질적 차이가 있다고 볼 수 없다. 또한 의료인이 다른 의료인의 명의로 의료기관을 개설·운영하면서 실시한 요양급여도 국민건강보험법에서 정한 요양급여의 기준에 부합하지 않는 등의 다른 사정이 없는 한 정상적인 의료기관이 실시한 요양급여와 본질적인 차이가 있다고 단정하기 어렵다. 의료법이 의료인의 자격이 없는 일반인이 제33조 제2항을 위반하여 의료기관을 개설한 경우와 달리, 제4조 제2항을 위반하여 의료기관을 개설·운영하는 의료인에게 고용되어 의료행위를 한 자에 대하여 별도의 처벌규정을 두지 아니한 것도 이를 고려한 것으로 보인다.

따라서 의료인으로서 자격과 면허를 보유한 사람이 의료법에 따라 의료기관을 개설하여 건강보험의 가입자 또는 피부양자에게 국민건강보험법에서 정한 요양급여를 실시하고 국민건강보험공단으로부터 요양급여비용을 지급받았다면, 설령 그 의료기관이 다른 의료인의 명의로 개설·운영되어 의료법 제4조 제2항을 위반하였더라도 그 자체만으로는 국민건강보험법상 요양급여비용을 청구할 수 있는 요양기관에서 제외되지 아니하므로, 달리 요양급여비용을 적법하게 지급받을 수 있는 자격 내지 요건이 흠결되지 않는 한 국민건강보험공단을 피해자로 하는 사기죄를 구성한다고 할 수 없다.(대법원 2019. 5. 30., 선고, 2019도1839, 판결)

■ 판례 ■ **보험금 편취를 위한 고의의 기망행위를 인정하기 위한 요건**

[1] 보험계약자가 고지의무를 위반하여 보험회사와 보험계약을 체결한 경우, 보험금 편취를 위한 고의의 기망행위를 인정하기 위한 요건 및 이때 사기죄의 기수시기(=보험금을 지급받았을 때)

보험계약자가 고지의무를 위반하여 보험회사와 보험계약을 체결한다 하더라도 그 보험금은 보험계약의 체결만으로 지급되는 것이 아니라 보험계약에서 정한 우연한 사고가 발생하여야만 지급되는 것이다. 상법상 고지의무를 위반하여 보험계약을 체결하였다는 사정만으로 보험계약자에게 미필적으로나마 보험금 편취를 위한 고의의 기망행위가 있었다고 단정하여서는 아니 되고, 더 나아가 보험사고가 이미 발생하였음에도 이를 묵비한 채 보험계약을 체결하거나 보험사고 발생의 개연성이 농후함을 인식하면서도 보험계약을 체결하는 경우 또는 보험사고를 임의로 조작하려는 의도를 갖고 보험계약을 체결하는 경우와 같이 그 행위가 '보험사고의 우연성'과 같은 보험의 본질을 해할 정도에 이르러야 비로소 보험금 편취를 위한 고의의 기망행위를 인정할 수 있다. 피고인이 위와 같은 고의의 기망행위로 보험계약을 체결하고 위 보험사고가 발생하였다는 이유로 보험회사에 보험금을 청구하여 보험금을 지급받았을 때 사기죄는 기수에 이른다.

[2] 피고인이, 甲에게 이미 당뇨병과 고혈압이 발병한 상태임을 숨기고 乙 생명보험 주식회사와 피고인을 보험계약자로, 甲을 피보험자로 하는 2건의 보험계약을 체결한 다음, 고지의무 위반을 이유로 乙 회사로부터 일방적 해약이나 보험금 지급거절을 당할 수 없는 이른바 면책기간 2년을 도과한 이후 甲의 보험사고 발생을 이유로 乙 회사에 보험금을 청구하여 당뇨병과 고혈압 치료비 등의 명목으로 14회에 걸쳐 보험금을 수령한 경우

피고인의 보험계약 체결행위와 보험금 청구행위는 乙 회사를 착오에 빠뜨려 처분행위를 하게 만드는 일련의 기망행위에 해당하고 乙 회사가 그에 따라 보험금을 지급하였을 때 사기죄는 기수에 이르며, 그 전에 乙 회사의 해지권 또는 취소권이 소멸되었더라도 마찬가지라는 이유로, 이와 달리 보험계약이 체결되고 최초 보험료가 납입된 때 또는 乙 회사가 보험계약을 더 이상 해지할 수 없게 되었을 때 또는 고지의무 위반 사실을 알고 보험금을 지급하거나 지급된 보험금을 회수하지 않았을 때 사기죄가 기수에 이른다는 전제 아래 공소사실 전부에 대하여 공소시효가 완성되었다고 보아 면소를 선고한 원심판결에 보험금 편취를 목적으로 하는 사기죄의 기수시기에 관한 법리를 오해한 위법이 있다.(대법원 2019. 4. 3. 선고, 2014도2754 판결)

제2절 보험사기방지 특별법 범죄

 Ⅰ. 개념정의 및 다른 법률과의 관계

1. 개념 정의

제2조(정의) 이 법에서 사용하는 용어의 뜻은 다음과 같다.
1. "보험사기행위"란 보험사고의 발생, 원인 또는 내용에 관하여 보험자를 기망하여 보험금을 청구하는 행위를 말한다.
2. "보험회사"란 「보험업법」 제4조에 따른 허가를 받아 보험업을 경영하는 자를 말한다.

2. 다른 법률과의 관계

제3조(다른 법률과의 관계) 보험사기행위의 조사·방지 및 보험사기행위자의 처벌에 관하여는 다른 법률에 우선하여 이 법을 적용한다.

3. 수사기관 등에 대한 통보

제6조(수사기관 등에 대한 통보) ① 금융위원회, 금융감독원, 보험회사는 보험계약자등의 행위가 보험사기행위로 의심할 만한 합당한 근거가 있는 경우에는 관할 수사기관에 고발 또는 수사의뢰하거나 그 밖에 필요한 조치를 취하여야 한다.
② 제1항에 따라 관할 수사기관에 고발 또는 수사의뢰를 한 경우에는 해당 보험사고와 관련된 자료를 수사기관에 송부하여야 한다.

 Ⅱ. 벌칙

제8조(보험사기죄) 보험사기행위로 보험금을 취득하거나 제3자에게 보험금을 취득하게 한 자는 10년 이하의 징역 또는 5천만원 이하의 벌금에 처한다.
제9조(상습범) 상습으로 제8조의 죄를 범한 자는 그 죄에 정한 형의 2분의 1까지 가중한다.
제10조(미수범) 제8조 및 제9조의 미수범은 처벌한다.
제11조(보험사기죄의 가중처벌) ① 제8조 및 제9조의 죄를 범한 사람은 그 범죄행위로 인하여 취득하거나 제3자로 하여금 취득하게 한 보험금의 가액(이하 이 조에서 "보험사기이득액"이라 한다)이 5억원 이상일 때에는 다음 각 호의 구분에 따라 가중처벌한다.
1. 보험사기이득액이 50억원 이상일 때: 무기 또는 5년 이상의 징역
2. 보험사기이득액이 5억원 이상 50억원 미만일 때: 3년 이상의 유기징역
② 제1항의 경우 보험사기이득액 이하에 상당하는 벌금을 병과할 수 있다.
제14조(벌칙) 제12조를 위반하여 직무수행 중 취득한 정보나 자료를 타인에게 제공 또는 누설하거나 목적 외의 용도로 사용한 자는 3년 이하의 징역 또는 3천만원 이하의 벌금에 처한다.

III. 범죄사실

1. 보험사기죄

1) **적용법조** : 제8조 ☞ 공소시효 10년

[기재례1] 기왕증을 이용한 질병위장 보험금 편취

피의자는 군복무 시절부터 당뇨와 고혈압 증세가 있었고 20○○. ○. ○.경 ○○에 있는 ○○신경외과에서 '당뇨'와 '고혈압'으로 진단받아 치료받은 사실이 있었다.

피의자는 위 병명으로 치료받았을 경우 각각 보험회사에서 고액의 보험금이 지급된다는 점을 악용하여 보험금을 받을 목적으로, 기왕증인 위 당뇨 및 고혈압을 숨긴 후 고지의무를 이행치 아니하고 20○○. ○. ○.부터 20○○. ○. ○.까지 사이에 ○○생명 등 3개 보험사에 3건의 보험에 가입한 다음 20○○. ○. ○.부터 20○○. ○. ○.까지 ○○일간 ○○신경외과에서 요추척추증, 당뇨병병명으로 입원 치료한 것으로 되어있으나 건강보험심사평가원에서 위 입원 기간에 총 ○○일 정도의 입원만이 가능한 것으로 결정하였는데, 위 분석결과와 같이 장기 입원을 하고 20○○. ○. ○.그 정을 모르는 ○○화재에 보험금 지급청구서를 제출하였다.

피의자는 이를 사실로 믿은 ○○화재 보상과 담당 직원으로부터 20○○. ○. ○.에 ○○만원 상당을 입금케 하여 같은 금액 상당을 교부받은 것을 비롯하여 장기 입원이 필요치 않음에도 장기 입원을 하고 또한, 기왕증을 숨기는 수법으로 각 피해보험사 등으로부터 20○○. ○. ○.부터 20○○. ○. ○.까지 총 ○○회에 걸쳐 보험금 ○○만원 상당을 교부받았다.

[기재례2] 내연녀와 공모하여 교통사고 유발

피의자 甲, 피의자 乙은 내연의 관계로 교통법규를 위반하는 차량을 상대로 사고를 야기한 후 그 약점을 이용하여 보험사로부터 보험금을 받아낼 것을 공모하였다.

피의자들은 20○○. ○. ○. 20:00경 ○○ 앞 노상에서 피의자 甲은 승용차에 피의자 乙을 동승시킨 후 그 대상을 물색하던 중, 홍길동이 음주 상태로 승용차를 운전하다 중앙선을 침범하는 것을 보고 피할 수 있는 상황임에도 불구하고 고의사고를 유발, 그 같은 사고로 상해를 입은 사실이 없음에도 상해를 입은 것처럼 위장하여 병원에 입원하였다.

피의자 甲, 피의자 乙은 내연의 관계로 교통법규를 위반하는 차량을 상대로 사고를 야기한 후 그 약점을 이용하여 보험사로부터 보험금을 받아낼 것을 공모하였다.

피의자들은 20○○. ○. ○. 20:00경 ○○ 앞 노상에서 피의자 甲은 승용차에 피의자 乙을 동승시킨 후 그 대상을 물색하던 중, 홍길동이 음주 상태로 승용차를 운전하다 중앙선을 침범하는 것을 보고 피할 수 있는 상황임에도 불구하고 고의사고를 유발, 그 같은 사고로 상해를 입은 사실이 없음에도 상해를 입은 것처럼 위장하여 병원에 입원하였다.

피의자들은 위와 같은 사고를 당하여 피해를 보았다는 내용으로 피해자인 ○○보험사 등 3개 보험사에 보험금 지급청구 하여 20○○. ○. ○. 치료비 등의 명목으로 피의자 甲은 ○○만원, 피의자 乙은 ○○만원을 각 받는 등 총 ○○만원을 교부받았다.

[기재례3] 고의사고를 유발한 자동차 보험사기

피의자들은 동네 선후배, 친구 및 그 일가족들로 교통사고를 고의로 유발한 후 보험사에 보험금을 청구하거나 실제로 일어난 교통사고에 신체적 피해를 보지 않거나 경미함에도 불구하고 마치 피해를 본 것처럼 가장하여 과다한 보험금을 청구하는 방법 등으로 보험회사로부터 보험금을 교부받기로 결의하였다.

피의자들은 20○○. ○. ○. 15:00경 ○○ 앞 노상에서 甲이 운전하는 ○○관광 여행사 소속 관광버스에 위 피의자들이 승차하여 동승하고 가던 중 위 甲이 운전하던 승용차 차량 후미를 추돌하는 경미한 접촉사고가 발생하였으나 상해를 입은 사실은 없었다.

그럼에도 불구하고 피의자들은 공모하여 20○○. ○. ○.부터 20○○. ○. ○.까지 ○○일간 ○○에 있는 ○○정형외과 의원에 경부염좌등의 병명으로 입원한 후, 피해자 회사인 ○○화재 등 4개 보험사에 보험금 지급 청구하여 치료비 등의 명목으로 합계 ○○ 만원을 교부받았다.

[기재례4] 허위입원으로 보험금 편취

피의자는 사전 여러 보험사의 보험상품에 집중적으로 가입한 후 상해를 입은 사실이 없거나 입원치료가 필요치 않은 상황임에도 불구하고 보험금을 받아내기 위하여 허위입원, 과잉치료를 통하여 허위진단서나 허위사고 사실확인서를 진정한 증빙자료인 것처럼 속여 보험회사에 제출, 보험금을 교부받기로 마음먹었다.

피의자는 20○○. ○. ○. 18:00경 ○○에 있는 ○○운동장에서 축구경기 중 발목 상처를 입었다며 상해 사실이 없음에도 병원에 허위로 입원한 후 ○○화재 상대로 보험금을 지급 청구하여 20○○. ○. ○. 보상금 명목으로 ○○만원을 교부받았다.

[기재례5] 가축재해보험금 사기

피의자들은 말에 대한 가축재해보험 가입 시 보험계약자가 말 생산자 협회에 등록된 사람일 경우 국가에서 보험료의 50%를 지원해준다는 사실을 알고, 피의자 1 소유의 말을 마치 피의자 2 소유인 것처럼 가축재해보험에 가입하여 국가로부터 보험료 보조금을 지급받기로 마음먹었다.

피의자 1은 20○○. ○. ○.경 마명 '○○' 말을 매수하여 소유하였음에도, 피의자 2와 함께 피의자 2가 위 말을 매수한 것처럼 허위의 매매계약서를 작성하고, 피의자 2는 20○○. 9. 1. ○○에 있는 ○○회사에서 위 말에 대한 재해보험에 가입하면서 마치 피의자 2가 위 말의 소유주인 것처럼 허위내용의 보험청약계약서 등 관련서류를 작성하여 제출한 후, 위 보험회사가 피해자 ○○군청에 위와 같은 허위내용의 보험계약 사실을 통보하도록 하여, 20○○. 9.경 피해자가 위 보험 회사에게 위 말에 대한 총 보험료 ○○만원의 50%인 ○○만원을 지급하도록 하였다.

이로써 피의자들은 공모하여, 위와 같이 피해자를 기망하여 피해자로 하여금 위 보험회사에 위 ○○만원의 보험료 보조금을 지급하게 하여 같은 금액 상당의 재산상의 이익을 취득하였다.

[기재례6] 보험금 과잉청구 편취

피의자들은 20○○. ○. ○. 10:20경 乙은 (차량번호) A승용차 조수석에 피의자 甲을 태우고 ○○에 있는 은하아파트 앞을 진행하던 중 신호대기 중인 홍길동 운전의 (차량번호) B승용차의 뒷부분을 위 A승용차의 앞범퍼로 추돌하는 경미한 접촉사고가 발생하였다.

피의자들은 과잉치료를 통하여 입원확인서를 보험사에 제출하여 보험금을 교부받기로 마음먹고, 입원치료가 필요하지 않음에도, 피의자 甲은 ○○일, 피의자 乙은 ○○일 동안 ○○ 에 있는 ○○병원에 요추부염좌 등의 병명으로 입원한 후 20○○. ○. ○. 피해자 ○○화재에 근무하는 성명 불상 직원에게 보험금 지급청구서를 작성 제출하였다.

피의자들은 공모하여 이에 속은 피해자로부터 즉석에서 합의금 및 치료비 명목으로 ○○만원을 받는 것을 비롯하여 그 무렵부터 20○○. ○. ○.까지 같은 방법으로 6개 보험사로부터 합계 ○○만원을 교부받았다.

[기재례7] 사고피해차량에 탑승한 것처럼 허위 보험금 청구

피의자는 20○○. ○. ○. ○○:○○경 ○○앞 도로에서 ○○방면에서 ○○방면으로 우회전 중이던 (차량번호 1) 스타렉스 승합차가 ○○방면에서 ○○방면으로 직진하던 (차량번호 2) 렉스턴 차량과 충돌하면서 그 충격으로 주차해 있는 (차량번호 3) 포터 화물차를 충격할 당시 위 포터 화물차 조수석에 타고 있지 아니하였다.

그럼에도 불구하고 피의자는 20○○. ○. ○. ○○:○○경 스타렉스 승합차가 가입한 보험사인 피해자 ○○보험 회사에게 마치 사고 당시 포터 화물차에 타고 있어 상해를 입은 것처럼 말하면서 상해진단서를 제출하였다.

피의자는 이에 속은 피해자로부터 치료비 및 합의금 명목으로 보험금을 받으려 하였으나 발각되어 미수에 그쳤다.

[기재례8] 보험 사기미수

피의자는 20○○.○.○.○○:○○경 ○○에 있는 ○○카페 주차장에서 (차량번호) ○○승용 차량을 후진하다 주차되어 있던 ○○호 승용 차량을 충격하였다.

이에 피의자는 사고 당시 위 차량이 자동차 손해보험에 가입되어 있지 않았음에도, 보험가입 이후 사고가 난 것처럼 피해자 손해보험을 속이기로 마음먹었다.

피의자는 20○○.○.○. ○○:○○경 피해자 ○○손해보험에 자동차 보험에 가입한 후, 20○○.○.○.13:20경 전화를 통하여 '20○○.○.○.15:00경 ○○아파트 근처에서 ○○호 ○○차량을 후진하다 주차되어 있던 ○○호 ○○승용 차량을 충격하였다'라고 거짓말하면서 보험금 지급청구를 하여 피해차량의 수리비 ○○원 상당을 편취하려고 하였으나, 이를 알아챈 피해자가 보험 지급을 거절함으로써 미수에 그쳤다.

[기재례9] 수개보험 가입 후 허위보험청구

피의자는 20○○. ○. ○.경 신용불량자로 등재된 반면 일정한 소득원이 없음에도, 다수의 보험에 가입한 후 주말에 사고를 가장하여 자해한 다음 고액의 보험금을 받기로 마음먹고, ○○개 보험사의 ○○개의 보험상품에 가입하여 월 납입액 ○○만원 상당을 납부하여 오다가, 사실은 20○○. ○. ○. 02:00경 ○○에 있는 ○○초등학교 내 공터에 주차 중인 피의자 소유의 ○○승용차 내에서 끝이 날카로운 물건으로 피의자의 좌측 눈을 찔러 자해한 사실이 있을 뿐 계단에서 넘어져 나뭇가지에 좌측 눈을 찔려 상해를 입은 사실이 없었다.

가. 피의자는 20○○. ○. ○. ○○에 있는 ○○생명 ○○지점에서, 위 회사 담당자 甲에게 '20○○. ○. ○. 02:00경 ○○에 있는 ○○아파트 후문 계단을 이용하여 집으로 돌아가던 중 눈이 가려워 안경을 벗고 눈을 비비는데 그때 계단 턱에 발이 걸려 넘어져 좌측 눈이 나뭇가지에 찔려 ○○에 있는 ○○병원에서 입원치료를 받았다' 라고 말하면서 위 병원 의사 김○○이 발행한 공막천공이라는 병명의 장애감정서 등을 제출하였다.

피의자는 이에 속은 위 성명불상자로부터 입원치료비 명목으로 ○○만원을 교부받은 것을 비롯하여 별지 범죄일람표(1) 기재와 같이 ○○개 보험사로부터 합계 보험금 ○○만원을 교부받았다.

나. 피의자는 20○○. ○. ○. 위 ○○생명 ○○지점에서, 위 회사 담당자 성명불상자에게 위와 같은 방법으로 장해보험금 ○○만원을 청구한 것을 비롯하여 별지 범죄일람표(2) 기재와 같이 3개 보험사로부터 합계 보험금 ○○만원을 받으려 하였으나, 자해사고일 가능성이 있다는 이유로 위 보험사들로부터 보험금 지급을 거절당하여 그 뜻을 이루지 못하고 미수에 그쳤다.

[기재례10] 골프보험

골프보험은 홀인원 또는 알바트로스를 한 후 그에 수반하여 동반자를 위하여 실제 지출한 비용을 보상하는 실손형 보험계약으로, 위 보험에 가입한 사람이 골프경기 도중 홀인원을 할 경우, 관행적으로 축하 만찬 또는 기념품을 구매하는 것에 따른 비용을 지출하게 되면 보험약관에 따라 지출된 손실비용을 증빙할 수 있는 카드 영수증 및 현금 영수증을 보험사에 제출하여 보험금을 받아야 한다.

피의자는 20○○. ○. ○. 골프경기 중 홀인원 및 알바트로스를 할 경우 실제 발생한 지출 손해비용 ○○만 원을 보장받는 내용의 피해자 ○○보험의 '건강보험 베스트 파트너' 보험에 가입한 사람이다.

피의자는 20○○. ○. ○. 사실은 피의자가 제출한 영수증은 카드 결제 후 즉시 승인 취소하여 실제로는 발생하지 않은 허위영수증임에도 불구하고, 불상의 장소에서 피해회사에 홀인원 축하 비용으로 각각 발생한 ○○만 원, ○○만 원에 해당하는 영수증 2매를 제출하여 보험금을 청구하였다.

피의자는 위와 같이 피해회사를 기망하여 20○○. ○. ○. 피해회사로부터 ○○만 원을 지급받았다.

이로써 피의자는 보험사기 행위로 같은 금액 상당의 보험금을 취득하였다.

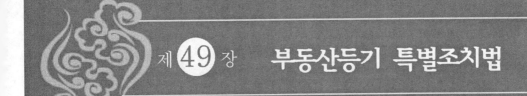

제49장 부동산등기 특별조치법

I. 벌 칙

제8조(벌칙) 다음 각호의 1에 해당하는 자는 3년이하의 징역이나 1억원이하의 벌금에 처한다.
1. 조세부과를 면하려 하거나 다른 시점간의 가격변동에 따른 이득을 얻으려 하거나 소유권등 권리변동을 규제하는 법령의 제한을 회피할 목적으로 제2조제2항 또는 제3항의 규정에 위반한 때
2. 제6조의 규정에 위반한 때

제9조(벌칙) 다음 각호의 1에 해당하는 자는 1년이하의 징역이나 3천만원이하의 벌금에 처한다.
1. 제8조제1호에 해당하지 아니한 자로서 제4조의 규정에 위반한 때

제10조(양벌규정) 법인의 대표자나 법인 또는 개인의 대리인, 사용인, 그 밖의 종업원이 그 법인 또는 개인의 업무에 관하여 제8조 또는 제9조의 위반행위를 하면 그 행위자를 벌하는 외에 그 법인 또는 개인에게도 해당 조문의 벌금형을 과(科)한다. 다만, 법인 또는 개인이 그 위반행위를 방지하기 위하여 해당 업무에 관하여 상당한 주의와 감독을 게을리하지 아니한 경우에는 그러하지 아니하다.

II. 범죄사실

1. 소유권이전등기등 신청의무위반(미등기 전매행위)

1) 적용법조 : 제8조 제1호, 제2조 제2항 또는 제3항 ☞ 공소시효 5년

제2조(소유권이전등기등 신청의무) ① 부동산의 소유권이전을 내용으로 하는 계약을 체결한 자는 다음 각호의 1에 정하여진 날부터 60일이내에 소유권이전등기를 신청하여야 한다. 다만, 그 계약이 취소·해제되거나 무효인 경우에는 그러하지 아니하다.
1. 계약의 당사자가 서로 대가적인 채무를 부담하는 경우에는 반대급부의 이행이 완료된 날
2. 계약당사자의 일방만이 채무를 부담하는 경우에는 그 계약의 효력이 발생한 날
② 제1항의 경우에 부동산의 소유권을 이전받을 것을 내용으로 하는 계약을 체결한 자가 제1항 각호에 정하여진 날 이후 그 부동산에 대하여 다시 제3자와 소유권이전을 내용으로 하는 계약이나 제3자에게 계약당사자의 지위를 이전하는 계약을 체결하고자 할 때에는 그 제3자와 계약을 체결하기 전에 먼저 체결된 계약에 따라 소유권이전등기를 신청하여야 한다.
③ 제1항의 경우에 부동산의 소유권을 이전받을 것을 내용으로 하는 계약을 체결한 자가 제1항 각호에 정하여진 날 전에 그 부동산에 대하여 다시 제3자와 소유권이전을 내용으로 하는 계약을 체결한 때에는 먼저 체결된 계약의 반대급부의 이행이 완료되거나 계약의 효력이 발생한 날부터 60일이내에 먼저 체결된 계약에 따라 소유권이전등기를 신청하여야 한다.

2) 범죄사실 기재례

> 　　부동산의 소유권이전을 내용으로 하는 계약을 체결한 자는 정하여진 날부터 60일 이내에 소유권이전등기를 신청하여야 한다.
> 　　그런데 피의자는 조세부과를 면하려 하거나 다른 시점 간의 가격변동에 따른 이득을 얻으려 하거나 소유권 등 권리변동을 규제하는 법령의 제한을 회피할 목적으로, 피의자가 20○○. ○. ○. 경 甲으로부터 매매대금 ○○만원에 매수한 ○○에 있는 전(田) ○○㎡를 그 소유권이전등기를 경료하지 아니한 상태에서, 20○○. ○. ○. 경 ○○에서 丁에게 ○○만원에 매도하는 계약을 체결하여 위 토지를 미등기 전매하였다.

■ 판례 ■　부동산의 소유권이전을 내용으로 하는 계약을 체결한 자가 반대급부의 이행이 완료되기 전에 제3자에게 계약당사자의 지위를 이전하는 계약을 체결한 경우

[1] 사실관계

> 파산관재인 A는 파산재산인 아파트를 입찰방식으로 공개매각하기로 하면서 매수희망자의 참여를 증대시키기 위하여 잔금 납부 완료 이전 1회에 한하여 매수인의 계약자 지위를 변경할 수 있도록 하는 조건을 붙이기로 하였고, 법원의 허가를 받아 이러한 매매조건이 포함된 매각 공고를 한바, 乙은 공매절차에서 아파트 3세대를 낙찰받아 A와 매매계약을 체결하고 계약금을 납부하였고, 그 상태에서 부동산중개인인 甲을 통해 소개받은 새로운 매수인들과 "양도인은 상기 부동산의 계약 및 계약이행에 따른 권리의무 일체를 양수인에게 양도하고 양수인은 이를 양수하며 양도인과 양수인은 본 권리의무 승계와 관련하여 향후 파산회사에 어떠한 이의도 제기하지 않을 것을 확약합니다."라는 내용 등이 이미 인쇄되어 있는 파산회사의 양식을 이용하여 권리의무 승계신청서를 작성·제출한 후, 새로운 매수인들과 파산관재인 사이에서는 乙과 작성하였던 것과 동일한 내용의 매매계약서가 작성되었고, 중도금 및 잔금은 새로운 매수인들이 지급하였다.

[2] 판결요지

가. 부동산의 소유권이전을 내용으로 하는 계약을 체결한 자가 반대급부의 이행이 완료되기 전에 제3자에게 계약당사자의 지위를 이전하는 계약을 체결한 경우, 부동산등기 특별조치법 제8조 제1호, 제2조 제3항 위반죄의 성립 여부(소극)

부동산의 소유권이전을 내용으로 하는 계약을 체결한 자가 반대급부의 이행이 완료되기 전에 제3자에게 계약당사자의 지위를 이전하는 계약을 체결한 경우에는 먼저 체결된 계약에 따라 소유권이전등기신청을 하여야 할 의무가 없고, 따라서 부동산등기 특별조치법 제8조 제1호, 제2조 제3항 위반죄가 성립할 수 없다.

나. 부동산등기 특별조치법상 '계약당사자의 지위를 이전하는 계약'의 의미

부동산등기 특별조치법 소정의 '계약당사자의 지위를 이전하는 계약'은 계약당사자 중 일방이 당사자로서의 지위를 포괄적으로 제3자에게 이전하여 계약관계에서 탈퇴하고 제3자가 그 지위를 승계하는 것을 목적으로 하는 계약을 말하는 것으로, 승계되는 계약관계상의 대금 등과는 별도로 지위이전에 따른 대가로서 웃돈 내지 프리미엄의 명목으로 금원이 수수되고, 약정의 경제적 동기가 이러한 이익 등을 누리려는 데 있었다고 하더라도 그러한 사정만으로 계약의 성격이 달라지는 것은 아니다.

다. 甲과 乙의 죄책

원심은 그 판시와 같은 이유만으로 먼저 체결된 매매계약의 반대급부 이행이 완료되기 전에 乙이 새로운 매수인들과 체결한 계약이 약정 문언과는 달리 실질적으로 소유권이전을 내용으로 하는 계약이라고 판단하여 乙과 甲이 공모하였다는 부동산등기 특별조치법 제8조 제1호, 제2조 제3항 위반의 이 부분 공소사실을 유죄로 인정하였으니, 원심에는 부동산등기 특별조치법 소정의 계약당사자의 지위를 이전하는 계약에 관한 법리를 오해하거나 채증법칙을 위반하여 사실을 오인함으로써 판결에 영향을 미친 위법이 있다 할 것이다.

라. 타인 명의로 부동산을 매수한 사람이 부동산등기 특별조치법 위반의 범죄주체가 되는 '소유권이전을 내용으로 하는 계약을 체결한 자'에 해당하는지 여부(소극)

부동산등기 특별조치법 소정의 소유권이전등기 신청의무가 있는 자로서 부동산등기 특별조치법 위반의 범죄주체가 되는 '소유권이전을 내용으로 하는 계약을 체결한 자'는 매매·교환·증여 등 소유권이전을 내용으로 하는 계약의 당사자를 가리키는바, 어떤 사람이 타인을 통하여 부동산을 매수함에 있어 매수인 명의를 그 타인 명의로 하기로 하였다면 이와 같은 매수인 명의의 신탁관계는 그들 사이의 내부적인 관계에 불과한 것이어서 대외적으로는 그 타인을 매매당사자로 보아야 하므로, 달리 특별한 사정이 없는 한 그 본인은 소유권이전을 내용으로 하는 계약을 체결한 자라고 볼 수 없다(대법원 2007.5.11. 선고 2006도5560 판결).

■ 판례 ■   甲이 국토의 계획 및 이용에 관한 법률상 허가구역 내의 토지를 매수한 후 소유권이전등기를 마치지 아니하고 전매한 경우

[1] 부동산등기 특별조치법 제2조 제3항과 제6조가 무효인 계약에도 적용되는지 여부(소극)

부동산의 소유권을 이전받을 것을 내용으로 하는 계약을 체결한 자가 부동산등기 특별조치법(이하 '법'이라 한다) 제2조 제1항 각 호에 정하여진 날 이전에 그 부동산에 대하여 다시 제3자와 소유권이전을 내용으로 하는 계약을 체결한 경우 소정 기간 내에 먼저 체결된 계약에 따른 소유권이전등기를 신청하여야 한다고 규정한 법 제2조 제3항은 부동산소유권이전을 내용으로 하는 계약 자체가 유효함을 전제로 한 규정이라고 할 것이고, 또한 등기신청서에 등기원인을 허위로 기재하여 신청하거나 소유권이전등기 외의 등기를 신청하는 행위를 금지하는 법 제6조도 그 위반의 주체로 '법 제2조의 규정에 의하여 소유권이전등기를 신청하여야 할 자'로 규정하고 있고, 법 제2조 제1항은 부동산의 소유권이전을 내용으로 하는 계약을 체결한 경우에 일정 기간 내 소유권이전등기 신청의무를 부과하면서도 그 계약이 취소, 해제되거나 무효인 경우에는 그 예외를 인정하고 있으므로, 결국 법 제6조와 '법 제2조의 규정에 의하여 소유권이전등기를 신청하여야 할 자'도 부동산소유권이전을 내용으로 하는 계약 자체가 유효함을 전제로 한 규정이라고 보아야 할 것이다.

[2] 甲의 행위가 부동산등기 특별조치법위반에 해당하는지 여부(소극)

국토의 계획 및 이용에 관한 법률상 허가구역 내의 토지를 매수한 후 소유권이전등기를 마치지 아니하고 전매한 경우는, 처음부터 토지거래허가를 배제하거나 잠탈할 의도였음이 명백하여 각 매매계약이 모두 확정적으로 무효이므로, 부동산등기 특별조치법 제8조 제2호, 제6조 위반죄 및 제8조 제1호, 제2조 제3항 위반죄가 성립하지 않는다(대법원 2006.3.24. 선고 2005도10033 판결).

■ 판례 ■   부동산등기특별조치법 제8조 제1호, 제2조 제2항 위반죄가 성립하기 위하여는 당초의 매매계약과 전매계약이 모두 유효이어야 하는지 여부(적극)

부동산등기특별조치법 제8조 제1호, 제2조 제2항 위반죄가 성립하기 위하여는 매수인과 매도인과

의 매매계약 및 매수인과 전매인과의 매매계약이 모두 유효하여야 한다(대법원 2000.4.25. 선고 2000도538 판결).

■ **판례** ■ 甲이 농지취득 자격증명을 발급받지 못하여 소유권이전등기를 신청할 수 없는데도 불구하고, 농지 취득자가 순전히 전매이익을 취득할 목적으로 매수한 농지를 제3자에게 전매한 경우

[1] 부동산등기 특별조치법 제2조 제3항은 유효한 부동산 소유권이전계약을 전제로 하는지 여부(적극)

부동산의 소유권을 이전받을 것을 내용으로 하는 계약을 체결한 자가 부동산등기 특별조치법 제2조 제1항 각 호에 정하여진 날 이전에 그 부동산에 관하여 다시 제3자와 소유권이전을 내용으로 하는 계약을 체결한 경우, 소정 기간 내에 먼저 체결된 계약에 따른 소유권이전등기를 신청하여야 한다고 규정한 같은 법 제2조 제3항은 부동산 소유권이전을 내용으로 하는 계약 자체가 유효함을 전제로 한 규정이다.

[2] 甲의 행위가 부동산등기 특별조치법 제2조 위반여부(적극)

부동산등기 특별조치법 제2조 위반죄가 성립한다.

[3] 타인 명의로 부동산을 매수한 경우 명의자와 행위자 중 누가 부동산등기 특별조치법 위반의 범죄주체가 되는 '소유권이전을 내용으로 하는 계약을 체결한 자'에 해당하는지의 판단 방법

부동산등기 특별조치법 제2조 제1항, 제3항 소정의 소유권이전등기를 신청하지 아니한 자로서 부동산등기 특별조치법 위반의 범죄주체가 되는 '소유권이전을 내용으로 하는 계약을 체결한 자'는 매매·교환·증여 등 소유권이전을 내용으로 하는 계약의 당사자를 가리키는바, 어떤 사람이 타인을 통하여 부동산을 매수함에 있어 매수인 명의를 그 타인 명의로 하기로 하였다면, 이와 같은 매수인 명의의 신탁관계는 그들 사이의 내부적인 관계에 불과한 것이어서 대외적으로는 그 타인을 매매당사자로 보아야 하므로, 달리 특별한 사정이 없는 한 그 본인은 소유권이전을 내용으로 하는 계약을 체결한 자라고 볼 수 없다. 반면에, 계약의 일방 당사자가 타인의 이름을 임의로 사용하여 법률행위를 한 경우에는 누가 그 계약의 당사자인가를 먼저 확정하여야 할 것인데, 행위자 또는 명의자 가운데 누구를 당사자로 할 것인지에 관하여 행위자와 상대방의 의사가 일치한 경우에는 그 일치한 의사대로 행위자의 행위 또는 명의인의 행위로서 확정하여야 할 것이지만, 그러한 일치하는 의사를 확정할 수 없을 경우에는 그 계약의 성질, 내용, 목적, 체결 경위 등 그 계약 체결을 전후한 구체적인 제반 사정을 토대로 상대방이 합리적인 사람이라면 행위자와 명의자 중 누구를 계약 당사자로 이해할 것인가에 의하여 당사자를 결정하고, 이에 터잡아 계약의 성립 여부와 효력을 판단하여야 한다.

[4] 계약당사자의 대리인 등도 부동산등기 특별조치법 제8조의 범죄 주체가 될 수 있는지 여부(적극)

부동산등기 특별조치법 제8조는 "조세부과를 면하려 하거나 다른 시점간의 가격변동에 따른 이득을 얻으려 하거나 소유권 등 권리변동을 규제하는 법령의 제한을 회피할 목적으로 제2조 제3항의 규정에 위반한 자는 처벌한다"고 규정하고 있고, 같은 법 제10조는 "법인의 대표자 또는 법인이나 개인의 대리인·사용인 기타 종업원이 그 법인 또는 개인의 업무에 관하여 제8조의 위반행위를 한 때에는 행위자를 벌하는 외에 그 법인 또는 개인에 대하여도 각 해당 조의 벌금형을 과한다"고 규정하고 있는바, 위 규정의 취지에 비추어 보면 개인의 대리인이 개인의 업무에 관하여 법 제8조의 위반행위를 한 경우에는 그 행위자인 대리인은 당연히 처벌된다. (대법원 2008.3.27. 선고 2007도7393 판결)

2. 소유권이전등기 신청의무자가 소유권등기 이외의 등기를 신청한 경우

> 제6조(등기원인 허위기재등의 금지) 제2조의 규정에 의하여 소유권이전등기를 신청하여야 할 자는 그 등기를 신청함에 있어서 등기신청서에 등기원인을 허위로 기재하여 신청하거나 소유권이전등기외의 등기를 신청하여서는 아니된다.

1) 적용법조 : 제8조 제2호, 제6조 ☞ 공소시효 5년

2) 범죄사실 기재례

> 부동산의 소유권 이전을 내용으로 하는 계약을 체결한 자는 그 등기를 신청하면서 등기신청서에 등기원인을 허위로 기재하여 신청하거나 소유권이전등기 외의 등기를 신청하여서는 아니 된다.
>
> 그럼에도 불구하고 피의자들은 공모하여 200○. ○. ○. ○○에서 토지거래허가구역 안에 있는 전(田) 3,000㎡를 소유자인 피의자 乙이 피의자 甲에게 ○○만원에 매도하는 내용의 토지거래계약을 체결하고, 200○. ○. ○. ○○지방법원에 이에 대한 등기를 신청하면서 채무자 乙, 근저당권자 甲으로 하는 근저당설정등기를 신청함으로써 소유권이전등기 이외의 등기를 신청하였다.

3) 신문사항(甲의 경우)

- 乙을 알고 있는가
- 乙 소유 땅을 매수한 일이 있는가
- 어디에 있는 어떤 땅을 매수하였나
- 어떤 조건으로 매수하였나
- 토지거래 허가구역이라는 것을 알고 있는가
- 관할관청의 허가를 받았는가
- 매수한 땅에 대해 소유권 이전등기를 하였는가
- 왜 소유권 이전등기를 하지 않고 근저당설정등기를 하였나
- 어떤 내용의 근저당설정등기를 하였는가

3. 등기원인의 허위기재

1) 적용법조 : 제8조 제2호, 제6조 ☞ 공소시효 5년

2) 범죄사실 기재례

> 부동산의 소유권 이전을 내용으로 하는 계약을 체결한 자는 그 등기를 신청하면서 등기신청서에 등기원인을 허위로 기재하여 신청하거나 소유권이전등기 외의 등기를 신청하여서는 아니 된다.
>
> 그럼에도 불구하고 피의자들은 공모하여 20○○. ○. ○. ○○지방법원 ○○등기소에서 20○○. ○. ○. 피의자 甲이 같은 乙에게 ○○만원에 매도한 ○○에 있는 임야 2,000㎡에 대한 소유권이전등기를 신청하면서 그 신청서의 등기 원인란에 "증여"라고 기재함으로써 등기원인을 허위로 기재하여 등기를 신청하였다.

3) 신문사항(매도인)

- 피의자 소유 부동산을 매도한 한 일이 있는가
- 어디에 있는 부동산을 언제 매도하였나
- 어디에서 누구에게 어떠한 조건으로 매도하였나
- 당시 부동산매매계약서를 작성하였나
- 등기신청은 언제 어디에 하였나
- 어떠한 내용으로 등기신청을 하였나
- 등기원인은 어떻게 하였나
- 왜 매매하였으면서 증여라고 허위기재를 하였나
- 사전 매수자인 ○○○와 공모하였느냐
- 이렇게 허위 기재한 등기서류는 언제 누구에게 제출하였나

✱ 등기신청서상 등기원인을 허위로 기재하여 그것을 등기관에게 제출함으로써 등기부에 허위의 내용을 기재케 함과 동시에 그 등기부를 비치하게 하는 행위는 공정증서원본부실기재죄 및 동 행사죄에도 해당한다.

제50장 부동산 실권리자명의 등기에 관한 법률

I. 개념정의 및 특례

1. 개념정의

제2조(정의) 이 법에서 사용하는 용어의 뜻은 다음과 같다.
1. "명의신탁약정"(名義信託約定)이란 부동산에 관한 소유권이나 그 밖의 물권(이하 "부동산에 관한 물권"이라 한다)을 보유한 자 또는 사실상 취득하거나 취득하려고 하는 재(이하 "실권리자"(實權利者)라 한다)가 타인과의 사이에서 대내적으로는 실권리자가 부동산에 관한 물권을 보유하거나 보유하기로 하고 그에 관한 등기(가등기를 포함한다. 이하 같다)는 그 타인의 명의로 하기로 하는 약정[위임 · 위탁매매의 형식에 의하거나 추인(追認)에 의한 경우를 포함한다]을 말한다. 다만, 다음 각 목의 경우는 제외한다.
    가. 채무의 변제를 담보하기 위하여 채권자가 부동산에 관한 물권을 이전(移轉)받거나 가등기하는 경우
    나. 부동산의 위치와 면적을 특정하여 2인 이상이 구분소유하기로 하는 약정을 하고 그 구분소유자의 공유로 등기하는 경우
    다. 「신탁법」 또는 「자본시장과 금융투자업에 관한 법률」 에 따른 신탁재산인 사실을 등기한 경우
2. "명의신탁자"(名義信託者)란 명의신탁약정에 따라 자신의 부동산에 관한 물권을 타인의 명의로 등기하게 하는 실권리자를 말한다.
3. "명의수탁자"(名義受託者)란 명의신탁약정에 따라 실권리자의 부동산에 관한 물권을 자신의 명의로 등기하는 자를 말한다.
4. "실명등기"(實名登記)란 법률 제4944호 부동산실권리자명의등기에관한법률 시행 전에 명의신탁약정에 따라 명의수탁자의 명의로 등기된 부동산에 관한 물권을 법률 제4944호 부동산실권리자명의등기에관한법률 시행일 이후 명의신탁자의 명의로 등기하는 것을 말한다.

2. 특 례

제8조(종중 및 배우자에 대한 특례) 다음 각 호의 어느 하나에 해당하는 경우로서 조세 포탈, 강제집행의 면탈(免脫) 또는 법령상 제한의 회피를 목적으로 하지 아니하는 경우에는 제4조부터 제7조까지 및 제12조제1항부터 제3항까지를 적용하지 아니한다.
1. 종중(宗中)이 보유한 부동산에 관한 물권을 종중(종중과 그 대표자를 같이 표시하여 등기한 경우를 포함한다) 외의 자의 명의로 등기한 경우
2. 배우자 명의로 부동산에 관한 물권을 등기한 경우
3. 종교단체의 명의로 그 산하 조직이 보유한 부동산에 관한 물권을 등기한 경우

II. 벌 칙

제7조(벌칙) ① 다음 각 호의 어느 하나에 해당하는 자는 5년 이하의 징역 또는 2억원 이하의 벌금에 처한다.
  1. 제3조제1항을 위반한 명의신탁자
  2. 제3조제2항을 위반한 채권자 및 같은 항에 따른 서면에 채무자를 거짓으로 적어 제출하게 한 실채무자
② 제3조제1항을 위반한 명의수탁자는 3년 이하의 징역 또는 1억원 이하의 벌금에 처한다.
제12조의2(양벌규정) 법인 또는 단체의 대표자나 법인·단체 또는 개인의 대리인·사용인 및 그 밖의 종업원이 그 법인·단체 또는 개인의 업무에 관하여 제7조, 제10조제5항 또는 제12조제3항의 위반행위를 하면 그 행위자를 벌하는 외에 그 법인·단체 또는 개인에게도 해당 조문의 벌금형을 과한다. 다만, 법인·단체 또는 개인이 그 위반행위를 방지하기 위하여 해당 업무에 관하여 상당한 주의와 감독을 게을리하지 아니한 경우에는 그러하지 아니하다.

III. 범죄사실

1. 명의수탁자 명의로 등기

  1) **적용법조** : 甲 : 제7조 제1항 제1호, 제3조 제1항 ☞ 공소시효 7년
    乙 : 제7조 제2항, 제3조 제1항 ☞ 공소시효 5년

제3조(실권리자명의 등기의무 등) ① 누구든지 부동산에 관한 물권을 명의신탁약정에 따라 명의수탁자의 명의로 등기하여서는 아니 된다.

  2) **범죄사실 기재례**

[기재례1] 개인 명의로 명의신탁

> 피의자 甲은 ○○에 있는 임야 3,000㎡를 홍길동으로부터 ○○만원에 구입하였다.
> 누구든지 부동산에 관한 물권을 명의신탁약정에 따라 명의 수탁자의 명의로 등기하여서는 아니 된다. 그럼에도 불구하고 피의자들은 공모하여 20○○. ○. ○. 피의자 甲의 집에서 "○○○○" 내용으로 명의신탁약정을 체결하고 20○○. ○. ○. ○○에 있는 ○○부동산중개소에서 매수인을 피의자 乙로 하는 매매계약서를 작성하고 같은 날 ○○등기소에 명의 수탁자 乙의 명의로 등기하였다.

[기재례2] 조합명으로 실명 등기 결락

> 피의자는 재개발조합의 조합장으로서 20○○. ○. ○.경 ○○ 111번지 대지 255㎡, 같은 동 439의 7 대지 413㎡, 같은 동 440의 6 대지 301㎡, 같은 동 440의 5 대지 17㎡, 합계 986㎡의 3분의 1 지분을 甲으로부터 매입하여 매매대금을 지불하고, 20○○. ○. ○.경 위 대지의 3분의1 지분을 甲, 乙, 丙으로부터 매입하여 매매대금을 지급하였으므로 20○○. ○. ○.까지 위 토지에 대하여 실권리자인 조합 명의로 소유권이전등기신청을 하여 실명등기 하여야 함에도 불구하고 실명등기를 하지 아니하였다.

[기재례3] 타인 명의로 소유권이전등기

가. 피의자 甲

　피의자는 부동산에 관한 물권을 명의신탁약정 때문에 명의 수탁자의 명의로 등기하여서는 아니됨에도 불구하고, 20○○. ○. ○. 피의자의 집에서 피의자 乙로부터 소개받은 홍길동에게 ○○만원을 주기로 하고 피의자가 정민주로부터 대금 ○○만원에 매수한 경기 ○○ 시 ○○동 800의 1 답 175㎡에 관하여 위 홍길동 명의로 소유권이전등기를 경료하기로 약정한 다음 20○○. ○. ○. 경 ○○법원 등기과에서 동인 명의로 위 부동산에 관한 소유권이전등기를 경료하였다.

나. 피의자 乙

　피의자 甲으로부터 명의 수탁자를 구해달라는 부탁을 받고 위와 같은 일시장소에서 홍길동을 위 甲에게 소개한 다음 위 홍길동의 명의로 위 부동산에 관한 소유권이전등기를 경료할 수 있도록 홍길동의 주민등록등본, 인감증명서 등을 甲에게 전달하는 등 하여 방조하였다.

✳ 명의 수탁자인 乙에 대해서는 제7조 제2항으로 처벌할 수 있다.

3) 신문사항(명의신탁자)

- 피의자는 부동산을 구입한 일이 있는가
- 언제 어떠한 부동산을 구입하였나
- 어떠한 조건으로 구입하였나
- 매매계약서는 작성하였나
- 매수인을 누구로 하여 계약하였나
- 왜 乙로 하여 계약하였나
- 乙과 명의신탁약정을 언제 어디에서 작성하였나
- 어떠한 조건으로 乙과 명의신탁을 하였나

■ **판례** ■　**소유자인 乙로부터 부동산을 명의신탁해 달라는 부탁을 받은 甲이 乙 몰래 자신의 명의로 소유권이전등기를 경료한 경우**

[1] 부동산 실권리자명의 등기에 관한 법률 제3조 제1항 위반 행위의 요건

부동산 실권리자명의 등기에 관한 법률 제2조 제3호, 제3조 제1항, 제7조 제2항의 조항들에 의하면, 위 법률 제3조 제1항이 적용되기 위해서는 부동산 물권에 관한 등기가 '명의신탁약정'에 의하여 '명의수탁자'의 명의로 이루어져야 하고, 부동산 물권에 관한 등기가 이루어졌다고 하더라도 그것이 '명의신탁약정'에 의하여 이루어진 것이 아니거나 '명의수탁자'의 명의로 이루어진 것이 아니라면 위 조항의 구성요건을 충족할 수 없다.

[2] 甲의 행위가 부동산 실권리자명의 등기에 관한 법률 제3조 제1항, 제7조 제2항 위반죄를 구성하는지 여부(소극)

소유자인 甲으로부터 부동산을 명의신탁해 달라는 부탁을 받은 피고인이 乙 몰래 乙 명의로 위 부동산에 관한 소유권이전등기를 경료한 경우, 乙 명의의 소유권이전등기는 아무런 원인관계 없이 제3자의 명의로 이루어진 등기로서 '명의신탁약정'에 의하여 '명의수탁자'의 명의로 이루어진 등기가 아니므로, 부동산 실권리자명의 등기에 관한 법률 제3조 제1항, 제7조 제2항 위반죄를 구성하지 않는다(대법원 2007.10.25. 선고 2007도4663 판결).

■ **판례** ■   다른 사람이 이축권자로부터 이축권을 양수하여 그 명의로 건축허가를 받고, 신축 건물에 관하여 그 명의로 소유권보존등기를 경료한 경우

도시계획법령에 의하여 개발제한구역 안에 있는 기존 건물의 철거에 따른 이축허가의 신청은 철거 당시의 건물소유자에 한하여 허용되는 것이므로, 다른 사람이 이축권자로부터 이축권을 양수하여 그 명의로 건축허가를 받고, 신축 건물에 관하여 그 명의로 소유권보존등기를 경료한 것은 부동산실권리자명의등기에관한법률 제2조 제1호에서 말하는 명의신탁 약정에 기한 것으로서 위 법률 제3조 제1항에 저촉되는 범죄행위임에 틀림없다(대법원 2002.11.26. 선고 2002도5197 판결).

■ **판례** ■   부동산 매수인이 매매대금을 전부 지급하였음에도 그가 부담하기로 한 양도소득세 예상금액을 지급하지 아니한다는 이유로 매도인으로부터 소유권이전등기 절차 이행을 거절당한 경우

[1] 부동산실권리자명의등기에관한법률 제10조 제1항 단서 소정의 '등기를 신청하지 못할 정당한 사유가 있는 경우'의 의미

제10조 제4항의 규정에 의한 형사처벌의 대상에서 제외되는 같은 법 제10조 제1항 단서 소정의 '등기를 신청하지 못할 정당한 사유가 있는 경우'라 함은 장기 미등기자에게 책임지울 수 없는 법률상 또는 사실상의 장애로 인하여 등기가 불가능한 경우를 말한다.

[2] 부동산 매수인이 매매대금을 전부 지급하였음에도 그가 부담하기로 한 양도소득세 예상금액을 지급하지 아니한다는 이유로 매도인으로부터 소유권이전등기 절차 이행을 거절당한 경우, 부동산실권리자명의등기에관한법률제10조 제1항 단서 소정의 '등기를 신청하지 못할 정당한 사유가 있는 경우'에 해당하지 않는다(대법원 2002.2.26. 선고 2000도 2168 판결).

■ **판례** ■   부동산 실권리자명의 등기에 관한 법률을 위반하여 명의신탁자가 그 소유인 부동산의 등기명의를 명의수탁자에게 이전하는 이른바 양자간 명의신탁의 경우, 명의수탁자가 명의신탁자에 대한 관계에서 '타인의 재물을 보관하는 자'의 지위에 있는지 여부(소극) 및 이때 명의수탁자가 신탁받은 부동산을 임의로 처분하면 명의신탁자에 대한 관계에서 횡령죄가 성립하는지 여부(소극) / 이러한 법리는, 부동산 명의신탁이 같은 법 시행 전에 이루어졌고 같은 법에서 정한 유예기간 내에 실명등기를 하지 아니함으로써 그 명의신탁약정 및 이에 따라 행하여진 등기에 의한 물권변동이 무효로 된 후에 처분행위가 이루어진 경우에도 마찬가지로 적용되는지 여부(적극)

부동산 실권리자명의 등기에 관한 법률(이하 '부동산실명법'이라 한다)은 부동산에 관한 소유권과 그 밖의 물권을 실체적 권리관계와 일치하도록 실권리자 명의로 등기하게 함으로써 부동산등기제도를 악용한 투기·탈세·탈법행위 등 반사회적 행위를 방지하고 부동산 거래의 정상화와 부동산 가격의 안정을 도모하여 국민경제의 건전한 발전에 이바지함을 목적으로 하고 있다(제1조). 부동산실명법에 의하면, 누구든지 부동산에 관한 물권을 명의신탁약정에 따라 명의수탁자의 명의로 등기하여서는 아니 되고(제3조 제1항), 명의신탁약정과 그에 따른 등기로 이루어진 부동산에 관한 물권변동은 무효가 되며(제4조 제1항, 제2항 본문), 명의신탁약정에 따른 명의수탁자 명의의 등기를 금지하도록 규정한 부동산실명법 제3조 제1항을 위반한 경우 명의신탁자와 명의수탁자 쌍방은 형사처벌된다(제7조). 이러한 부동산실명법의 명의신탁관계에 대한 규율 내용 및 태도 등에 비추어 보면, 부동산실명법을 위반하여 명의신탁자가 그 소유인 부동산의 등기명의를 명의수탁자에게 이전하는 이른바 양자간 명의신탁의 경우, 계약인 명의신탁약정과 그에 부수한 위임약정, 명의신탁약정을 전제로 한 명의신탁 부동산 및 그 처분대금 반환약정은 모두 무효이다. 나아가 명의

신탁자와 명의수탁자 사이에 무효인 명의신탁약정 등에 기초하여 존재한다고 주장될 수 있는 사실상의 위탁관계라는 것은 부동산실명법에 반하여 범죄를 구성하는 불법적인 관계에 지나지 아니할 뿐 이를 형법상 보호할 만한 가치 있는 신임에 의한 것이라고 할 수 없다.

명의수탁자가 명의신탁자에 대하여 소유권이전등기말소의무를 부담하게 되나, 위 소유권이전등기는 처음부터 원인무효여서 명의수탁자는 명의신탁자가 소유권에 기한 방해배제청구로 말소를 구하는 것에 대하여 상대방으로서 응할 처지에 있음에 불과하다. 명의수탁자가 제3자와 한 처분행위가 부동산실명법 제4조 제3항에 따라 유효하게 될 가능성이 있다고 하더라도 이는 거래 상대방인 제3자를 보호하기 위하여 명의신탁약정의 무효에 대한 예외를 설정한 취지일 뿐 명의신탁자와 명의수탁자 사이에 위 처분행위를 유효하게 만드는 어떠한 위탁관계가 존재함을 전제한 것이라고는 볼 수 없다. 따라서 말소등기의무의 존재나 명의수탁자에 의한 유효한 처분가능성을 들어 명의수탁자가 명의신탁자에 대한 관계에서 '타인의 재물을 보관하는 자'의 지위에 있다고 볼 수도 없다. 그러므로 부동산실명법을 위반한 양자간 명의신탁의 경우 명의수탁자가 신탁받은 부동산을 임의로 처분하여도 명의신탁자에 대한 관계에서 횡령죄가 성립하지 아니한다.

이러한 법리는 부동산 명의신탁이 부동산실명법 시행 전에 이루어졌고 같은 법이 정한 유예기간 이내에 실명등기를 하지 아니함으로써 그 명의신탁약정 및 이에 따라 행하여진 등기에 의한 물권변동이 무효로 된 후에 처분행위가 이루어진 경우에도 마찬가지로 적용된다. (대법원 2021. 2. 18., 선고, 2016도18761, 전원합의체 판결)

2. 실권리명의자 등기의무위반(채무자 허위기재)

1) 적용법조 : 제7조 제1항 제2호, 제3조 제2항 ☞ 공소시효 7년

> 제3조(실권리자명의 등기의무 등) ② 채무의 변제를 담보하기 위하여 채권자가 부동산에 관한 물권을 이전받는 경우에는 채무자, 채권금액 및 채무변제를 위한 담보라는 뜻이 적힌 서면을 등기신청서와 함께 등기관에게 제출하여야 한다.

2) 범죄사실 기재례

> 채무의 변제를 담보하기 위하여 채권자가 부동산에 관한 물권을 이전받을 때는 채무자·채권금액 및 채무변제를 위한 담보라는 뜻이 적힌 서면을 등기신청서와 함께 등기관에게 제출하여야 한다.
>
> 피의자는 20○○. ○. ○. ○○에 있는 대지 ○○㎡ 및 지하1층 지상5층 건물소유자 임○○으로부터 박○○이 ○○원에 구입할 때 구입대금으로 ○○만원을 빌려주면서 채무의 변제를 담보하기 위하여 위 부동산에 대해 피의자의 직원 히딩크 명의로 등기 등을 함에서는 "채권금액 및 채무변제를 위한 담보"라는 뜻이 기재된 서면을 등기신청서와 함께 제출하여야 한다.
>
> 그럼에도 불구하고 피의자는 "매매를 원인"으로 하여 같은 날 ○○지방법원에 제○○호로 소유권이전등기를 신청하여 실권리자명의 등기의무를 위반하였다.

3) 신문사항

- 피의자는 부동산을 구입한 일이 있는가
- 언제 어떠한 부동산을 구입하였나
- 어떠한 조건으로 이전받았는가
- 소유권 이전등기신청을 하였는가
- 언제 어디에 하였나
- 어떤 내용으로 하였나
- 채무자·채권금액 및 채무변제를 위한 담보라는 뜻을 기재하였나
- 왜 이런 내용을 기재하지 않았는가

■ **판례** ■ 부동산 실권리자명의 등기에 관한 법률 제3조 제2항의 입법 취지 / 같은 법 제7조 제1항 제1호에 의하여 형사처벌의 대상이 되는 자(=같은 법 제3조 제1항을 위반한 '명의신탁자', 즉 '명의신탁약정에 따라 자신의 부동산에 관한 물권을 타인의 명의로 등기하게 한 실권리자') / 같은 법 제7조 제1항 제2호에 의하여 형사처벌의 대상이 되는 자(=같은 법 제3조 제2항을 위반하여 '채무의 변제를 담보하기 위하여 부동산에 관한 물권을 이전받았음에도 채권관계서면을 등기신청서와 함께 등기관에게 제출하지 아니한 실제 양도담보 채권자')

부동산 실권리자명의 등기에 관한 법률(이하 '부동산실명법'이라고 한다) 제3조 제2항은 "채무의 변제를 담보하기 위하여 채권자가 부동산에 관한 물권을 이전받는 경우에는 채무자, 채권금액 및 채무변제를 위한 담보라는 뜻이 적힌 서면을 등기신청서와 함께 등기관에게 제출하여야 한다."라고 규정하고 있다. 이는 양도담보가 채권담보를 목적으로 하고 명의신탁과 법적 성질을 달리하지만 등기기록에는 그 원인이 표시되지 않아서 진정한 소유권이전등기, 양도담보, 명의신탁이 등기기록상 외관으로는 구별되지 아니하므로, 양도담보를 명의신탁과 구별하기 위하여 양도담보 채권자로 하여금 채권관계서면을 등기신청서와 함께 등기관에게 제출하도록 한 것이다(대법원 2012. 7. 26. 선고 2011두18991 판결 참조). 그리고 부동산실명법 제7조 제1항 제1호에 의하여 형사처벌의 대상이 되는 자는 제3조 제1항의 규정을 위반한 '명의신탁자', 즉 '명의신탁약정에 따라 자신의 부동산에 관한 물권을 타인의 명의로 등기하게 한 실권리자'이다(대법원 2016. 8. 29. 선고 2012두2719 판결 참조). 부동산실명법 제3조 제2항의 위와 같은 입법 취지에 비추어 볼 때, 제7조 제1항 제2호에 의하여 형사처벌의 대상이 되는 자도 제3조 제2항의 규정을 위반하여 '채무의 변제를 담보하기 위하여 부동산에 관한 물권을 이전받았음에도 채권관계서면을 등기신청서와 함께 등기관에게 제출하지 아니한 실제 양도담보 채권자'를 의미한다.(대법원 2018. 1. 25. 선고, 2017도11280, 판결)

제**51**장

부정경쟁방지 및 영업비밀
보호에 관한 법률

Ⅰ. 개념정의 및 적용범위

1. 개념정의

제2조(정의) 이 법에서 사용하는 용어의 뜻은 다음과 같다.
1. "부정경쟁행위"란 다음 각 목의 어느 하나에 해당하는 행위를 말한다.
　가. 다음의 어느 하나에 해당하는 정당한 사유 없이 국내에 널리 인식된 타인의 성명, 상호, 상표, 상품의 용기·포장, 그 밖에 타인의 상품임을 표시한 표지(標識)(이하 이 목에서 "타인의 상품표지"라 한다)와 동일하거나 유사한 것을 사용하거나 이러한 것을 사용한 상품을 판매·반포(頒布) 또는 수입·수출하여 타인의 상품과 혼동하게 하는 행위
　1) 타인의 상품표지가 국내에 널리 인식되기 전부터 그 타인의 상품표지와 동일하거나 유사한 표지를 부정한 목적 없이 계속 사용하는 경우
　2) 1)에 해당하는 자의 승계인으로서 부정한 목적 없이 계속 사용하는 경우
　나. 다음의 어느 하나에 해당하는 정당한 사유 없이 국내에 널리 인식된 타인의 성명, 상호, 표장(標章), 그 밖에 타인의 영업임을 표시하는 표지(상품 판매·서비스 제공방법 또는 간판·외관·실내장식 등 영업제공 장소의 전체적인 외관을 포함하며, 이하 이 목에서 "타인의 영업표지"라 한다)와 동일하거나 유사한 것을 사용하여 타인의 영업상의 시설 또는 활동과 혼동하게 하는 행위
　1) 타인의 영업표지가 국내에 널리 인식되기 전부터 그 타인의 영업표지와 동일하거나 유사한 표지를 부정한 목적 없이 계속 사용하는 경우
　2) 1)에 해당하는 자의 승계인으로서 부정한 목적 없이 계속 사용하는 경우
　다. 가목 또는 나목의 혼동하게 하는 행위 외에 다음의 어느 하나에 해당하는 정당한 사유 없이 국내에 널리 인식된 타인의 성명, 상호, 상표, 상품의 용기·포장, 그 밖에 타인의 상품 또는 영업임을 표시한 표지(타인의 영업임을 표시하는 표지에 관하여는 상품 판매·서비스 제공방법 또는 간판·외관·실내장식 등 영업제공 장소의 전체적인 외관을 포함한다. 이하 이 목에서 같다)와 동일하거나 유사한 것을 사용하거나 이러한 것을 사용한 상품을 판매·반포 또는 수입·수출하여 타인의 표지의 식별력이나 명성을 손상하는 행위
　1) 타인의 성명, 상호, 상표, 상품의 용기·포장, 그 밖에 타인의 상품 또는 영업임을 표시한 표지가 국내에 널리 인식되기 전부터 그 타인의 표지와 동일하거나 유사한 표지를 부정한 목적 없이 계속 사용하는 경우
　라. 상품이나 그 광고에 의하여 또는 공중이 알 수 있는 방법으로 거래상의 서류 또는 통신에 거짓의 원산지의 표지를 하거나 이러한 표지를 한 상품을 판매·반포 또는 수입·수출하여 원산지를 오인(誤認)하게 하는 행위
　마. 상품이나 그 광고에 의하여 또는 공중이 알 수 있는 방법으로 거래상의 서류 또는 통신에 그 상품이 생산·제조 또는 가공된 지역 외의 곳에서 생산 또는 가공된 듯이 오인하게 하는 표지를 하거나 이러한 표지를 한 상품을 판매·반포 또는 수입·수출하는 행위
　바. 타인의 상품을 사칭(詐稱)하거나 상품 또는 그 광고에 상품의 품질, 내용, 제조방법, 용도 또는 수량을 오인하게 하는 선전 또는 표지를 하거나 이러한 방법이나 표지로써 상품을 판매·반포 또는 수입·수출하는 행위
　사. 다음의 어느 하나의 나라에 등록된 상표 또는 이와 유사한 상표에 관한 권리를 가진 자의 대리인이나 대표자 또는 그 행위일 전 1년 이내 대리인이나 대표자이었던 자가 정당한 사유 없이 해당 상표를 그 상표의 지정상품과 동일하거나 유사한 상품에 사용하거나 그 상표를 사용한 상품을 판매·반포 또는 수입·수출하는 행위
　(1) 「공업소유권의 보호를 위한 파리협약」(이하 "파리협약"이라 한다) 당사국

   (2) 세계무역기구 회원국

   (3) 「상표법 조약」의 체약국(締約國)

 아. 정당한 권원이 없는 자가 다음의 어느 하나의 목적으로 국내에 널리 인식된 타인의 성명, 상호, 상표, 그 밖의 표지와 동일하거나 유사한 도메인이름을 등록·보유·이전 또는 사용하는 행위

   (1) 상표 등 표지에 대하여 정당한 권원이 있는 자 또는 제3자에게 판매하거나 대여할 목적

   (2) 정당한 권원이 있는 자의 도메인이름의 등록 및 사용을 방해할 목적

   (3) 그 밖에 상업적 이익을 얻을 목적

 자. 타인이 제작한 상품의 형태(형상·모양·색채·광택 또는 이들을 결합한 것을 말하며, 시제품 또는 상품소개서상의 형태를 포함한다. 이하 같다)를 모방한 상품을 양도·대여 또는 이를 위한 전시를 하거나 수입·수출하는 행위. 다만, 다음의 어느 하나에 해당하는 행위는 제외한다.

   (1) 상품의 시제품 제작 등 상품의 형태가 갖추어진 날부터 3년이 지난 상품의 형태를 모방한 상품을 양도·대여 또는 이를 위한 전시를 하거나 수입·수출하는 행위

   (2) 타인이 제작한 상품과 동종의 상품(동종의 상품이 없는 경우에는 그 상품과 기능 및 효용이 동일하거나 유사한 상품을 말한다)이 통상적으로 가지는 형태를 모방한 상품을 양도·대여 또는 이를 위한 전시를 하거나 수입·수출하는 행위

 차. 사업제안, 입찰, 공모 등 거래교섭 또는 거래과정에서 경제적 가치를 가지는 타인의 기술적 또는 영업상의 아이디어가 포함된 정보를 그 제공목적에 위반하여 자신 또는 제3자의 영업상 이익을 위하여 부정하게 사용하거나 타인에게 제공하여 사용하게 하는 행위. 다만, 아이디어를 제공받은 자가 제공받을 당시 이미 그 아이디어를 알고 있었거나 그 아이디어가 동종 업계에서 널리 알려진 경우에는 그러하지 아니하다.

 카. 그 밖에 타인의 상당한 투자나 노력으로 만들어진 성과 등을 공정한 상거래 관행이나 경쟁질서에 반하는 방법으로 자신의 영업을 위하여 무단으로 사용함으로써 타인의 경제적 이익을 침해하는 행위

2. "영업비밀"이란 공공연히 알려져 있지 아니하고 독립된 경제적 가치를 가지는 것으로서, 상당한 노력에 의하여 비밀로 유지된 생산방법, 판매방법, 그 밖에 영업활동에 유용한 기술상 또는 경영상의 정보를 말한다.

3. "영업비밀 침해행위"란 다음 각 목의 어느 하나에 해당하는 행위를 말한다.

 가. 절취(竊取), 기망(欺罔), 협박, 그 밖의 부정한 수단으로 영업비밀을 취득하는 행위(이하 "부정취득행위"라 한다) 또는 그 취득한 영업비밀을 사용하거나 공개(비밀을 유지하면서 특정인에게 알리는 것을 포함한다. 이하 같다)하는 행위

 나. 영업비밀에 대하여 부정취득행위가 개입된 사실을 알거나 중대한 과실로 알지 못하고 그 영업비밀을 취득하는 행위 또는 그 취득한 영업비밀을 사용하거나 공개하는 행위

 다. 영업비밀을 취득한 후에 그 영업비밀에 대하여 부정취득행위가 개입된 사실을 알거나 중대한 과실로 알지 못하고 그 영업비밀을 사용하거나 공개하는 행위

 라. 계약관계 등에 따라 영업비밀을 비밀로서 유지하여야 할 의무가 있는 자가 부정한 이익을 얻거나 그 영업비밀의 보유자에게 손해를 입힐 목적으로 그 영업비밀을 사용하거나 공개하는 행위

 마. 영업비밀이 라목에 따라 공개된 사실 또는 그러한 공개행위가 개입된 사실을 알거나 중대한 과실로 알지 못하고 그 영업비밀을 취득하는 행위 또는 그 취득한 영업비밀을 사용하거나 공개하는 행위

 바. 영업비밀을 취득한 후에 그 영업비밀이 라목에 따라 공개된 사실 또는 그러한 공개행위가 개입된 사실을 알거나 중대한 과실로 알지 못하고 그 영업비밀을 사용하거나 공개하는 행위

4. "도메인이름"이란 인터넷상의 숫자로 된 주소에 해당하는 숫자·문자·기호 또는 이들의 결합을 말한다.

※ 시행령(대통령령)

제1조의2(정당한 사유) 「부정경쟁방지 및 영업비밀보호에 관한 법률」(이하 "법"이라 한다) 제2조제1호다목3)에서 "비상업적 사용 등 대통령령으로 정하는 정당한 사유"란 다음 각 호의 어느 하나에 해당하는 경우를 말한다.

1. 비상업적으로 사용하는 경우   2. 뉴스보도 및 뉴스논평에 사용하는 경우

3. 삭제 〈2023. 9. 27.〉

4. 타인의 성명, 상호, 상표, 상품의 용기·포장, 그 밖에 타인의 상품 또는 영업임을 표시한 표지의 사용이 공정한 상거래 관행에 어긋나지 아니한다고 인정되는 경우

■ 판례 ■   간단하고 흔한 표장이라도 부정경쟁방지 및 영업비밀보호에 관한 법률이 보호하는 상품표지에 해당할 수 있는 경우

비록 간단하고 흔히 있는 표장만으로 구성된 상표라 하더라도 그것이 오랫동안 사용됨으로써 거래자나 일반 수요자들이 어떤 특정인의 영업을 표시하는 것으로 널리 알려져 인식하게 된 경우에는 부정경쟁방지 및 영업비밀보호에 관한 법률(이하 '부정경쟁방지법'이라 한다)이 보호하는 상품표지에 해당한다고 할 것이다(대법원 2006.5.25. 선고 2006도577 판결 등 참조).

■ 판례 ■   상품의 형태가 부정경쟁방지 및 영업비밀보호에 관한 법률 제2조 제1호 (가)목에서 정하는 '기타 타인의 상품임을 표시한 표지'로서 보호받기 위한 요건

상품의 형태는 디자인권이나 특허권 등에 의하여 보호되지 않는 한 원칙적으로 이를 모방하여 제작하는 것이 허용되며, 다만 예외적으로 어떤 상품의 형태가 2차적으로 상품출처표시기능을 획득하고 나아가 주지성까지 획득하는 경우에는 부정경쟁방지 및 영업비밀보호에 관한 법률 제2조 제1호 (가)목 소정의 "기타 타인의 상품임을 표시한 표지"에 해당하여 같은 법에 의한 보호를 받을 수 있다. 그리고 이 때 상품의 형태가 출처표시기능을 가지고 아울러 주지성을 획득하기 위해서는, 상품의 형태가 다른 유사상품과 비교하여, 수요자의 감각에 강하게 호소하는 독특한 디자인적 특징을 가지고 있어야 하고, 일반수요자가 일견하여 특정의 영업주체의 상품이라는 것을 인식할 수 있는 정도의 식별력을 갖추고 있어야 하며, 나아가 당해 상품의 형태가 장기간에 걸쳐 특정의 영업주체의 상품으로 계속적·독점적·배타적으로 사용되거나, 또는 단기간이라도 강력한 선전·광고가 이루어짐으로써 그 상품형태가 갖는 차별적 특징이 거래자 또는 일반수요자에게 특정 출처의 상품임을 연상시킬 정도로 현저하게 개별화된 정도에 이르러야 한다(대법원 2007.7.13. 선고 2006도1157 판결).

■ 판례 ■   甲이 각종 '캐주얼의류 및 스포츠 의류' 등에 관하여 국내에 널리 인식된 피해자 회사의 상품표지인 "BANG BANG, 뱅뱅"과 동일·유사한 "BAENG, BAENG, 뱅뱅", "BANG BANG, 뱅뱅" 등의 표장을 부착한 악력기, 스텝퍼, 줄넘기, 훌라후프 등을 제조하여 판매한 경우

[1] 상품의 유사 여부에 대한 판단 기준

상품의 유사 여부는 대비되는 상품에 동일 또는 유사한 상표를 사용할 경우 동일 업체에 의하여 제조 또는 판매되는 상품으로 오인될 우려가 있는가의 여부를 기준으로 하여 판단하되, 상품 자체의 속성인 품질, 형상, 용도와 생산 부문, 판매 부문, 수요자의 범위 등 거래의 실정 등을 종합적으로 고려하여 일반 거래의 통념에 따라 판단하여야 한다.

[2] 甲의 행위가 타인의 상품과 혼동을 하게 하는 부정경쟁행위에 해당하는지 여부(적극)

甲의 행위는 타인의 상품과 혼동을 하게 하는 부정경쟁행위에 해당한다(대법원 2007.4.27. 선고 2006도8459 판결).

■ 판례 ■   '부정경쟁행위'의 의미

구 부정경쟁방지법 제2조 제1호 소정의 행위는 상표권 침해행위와는 달라서 반드시 등록된 상표(서비스표)와 동일 또는 유사한 상호를 사용하는 것을 요하는 것이 아니고, 등록 여부와 관계없이 사실상 국내에 널리 인식된 타인의 성명, 상호, 상표, 상품의 용기, 포장 기타 타인의 상품임을 표시하는 표지와 동일 또는 유사한 것을 사용하거나 이러한 것을 사용한 상품의 판매 등을 하여 타인의 상품과 혼동을 일으키게 하거나 타인의 영업상의 시설 또는 활동과 혼동을 일으키게 하는 일체의 행위를 의미하는 것이다(대법원 1999.4.23. 선고 97도322 판결).

■ 판례 ■ 　부정경쟁방지 및 영업비밀보호에 관한 법률 제2조 제호 (바)목 후단에서 정한 '상품에 그 상품의 품질, 내용, 제조방법, 용도 또는 수량을 오인하게 하는 표지를 하거나 이러한 표지를 한 상품을 판매 등을 하는 행위' 의 의미 및 상품의 제조원을 허위로 표시하거나 그러한 상품을 판매하는 등의 행위가 이에 해당하는 경우

부정경쟁방지 및 영업비밀보호에 관한 법률(이하 '부정경쟁방지법' 이라고 한다) 제2조 제1호 (바)목 후단의 '상품에 그 상품의 품질, 내용, 제조방법, 용도 또는 수량을 오인하게 하는 표지를 하거나 이러한 표지를 한 상품을 판매 등을 하는 행위' 란 상품의 속성과 성분 등 품질, 급부의 내용, 제조 및 가공방법, 효능과 사용방법 등 용도 또는 상품의 개수, 용적 및 중량 등 수량에 관하여 일반 소비자로 하여금 오인하게 하는 허위나 과장된 내용의 표지를 하거나 그러한 표지를 한 상품을 판매하는 등의 행위를 말한다. 한편 상품의 제조원에 일정한 품질 관념이 화체되어 있어서 이를 표시하는 것이 상품의 수요자나 거래자 등이 속한 거래사회에서 상품의 품질에 대한 관념의 형성에 기여하는 경우에는, 허위로 이러한 제조원을 상품에 표시하거나 그러한 상품을 판매하는 등의 행위는 상품의 품질에 관하여 일반 소비자로 하여금 오인하게 할 우려가 있는 행위로서 부정경쟁방지법 제2조 제1호 (바)목 후단의 부정경쟁행위에 해당한다.(대법원2012.6.28.선고2010도14789판결)

■ 판례 ■ 　제2조 제2호에서 말하는 '영업비밀' 의 요건 중 '상당한 노력에 의하여 비밀로 유지된다' 는 것의 의미 및 이에 해당하는지 판단하는 기준

구 부정경쟁방지 및 영업비밀보호에 관한 법률(2013. 7. 30. 법률 제11963호로 개정되기 전의 것) 제2조 제2호의 '영업비밀' 이란 공공연히 알려져 있지 않고 독립된 경제적 가치를 가지는 것으로서, 상당한 노력에 의하여 비밀로 유지된 생산방법, 판매방법 그 밖에 영업활동에 유용한 기술상 또는 경영상의 정보를 말한다. 여기에서 '상당한 노력에 의하여 비밀로 유지된다' 는 것은 정보가 비밀이라고 인식될 수 있는 표지를 하거나 고지를 하고, 정보에 접근할 수 있는 대상자나 접근 방법을 제한하거나 정보에 접근한 사람에게 비밀준수의무를 부과하는 등 객관적으로 그 정보가 비밀로 유지·관리되고 있다는 사실이 인식 가능한 상태인 것을 뜻한다. 이러한 유지·관리를 위한 노력이 상당했는지는 영업비밀 보유자의 예방조치의 구체적 내용, 해당 정보에 접근을 허용할 영업상의 필요성, 영업비밀 보유자와 침해자 사이의 신뢰관계와 그 정도, 영업비밀의 경제적 가치, 영업비밀 보유자의 사업 규모와 경제적 능력 등을 종합적으로 고려해야 한다.(대법원 2019. 10. 31., 선고, 2017도13791, 판결)

2. 적용범위

> 제15조(다른 법률과의 관계) ① 「특허법」, 「실용신안법」, 「디자인보호법」, 「상표법」, 「농산물품질관리법」 또는 「수산물품질관리법」 에 제2조부터 제6조까지 및 제18조제3항과 다른 규정이 있으면 그 법에 따른다.
> ② 「독점규제 및 공정거래에 관한 법률」, 「표시·광고의 공정화에 관한 법률」, 또는 「형법」 중 국기·국장에 관한 규정에 제2조제1호라목부터 바목까지, 제3조부터 제6조까지 및 제18조제3항과 다른 규정이 있으면 그 법에 따른다.

■ 판례 ■ 　상표법 등 다른 법률에 의하여 보호되는 권리에 대하여도 구 부정경쟁방지법을 적용할 수 있는지 여부(적극)

구 부정경쟁방지법 제15조의 규정은 상표법 등에 구 부정경쟁방지법의 규정과 다른 규정이 있는 경우에는 그 법에 의하도록 한 것에 지나지 아니하므로, 상표법 등 다른 법률에 의하여 보호되는 권리일지라도 그 법에 저촉되지 아니하는 범위 안에서는 구 부정경쟁방지법을 적용할 수 있다(대법원 1999.4.23. 선고 97도322 판결).

1. 벌 칙

제18조(벌칙) ① 영업비밀을 외국에서 사용하거나 외국에서 사용될 것임을 알면서도 다음 각 호의 어느 하나에 해당하는 행위를 한 자는 15년 이하의 징역 또는 15억원 이하의 벌금에 처한다. 다만, 벌금형에 처하는 경우 위반행위로 인한 재산상 이득액의 10배에 해당하는 금액이 15억원을 초과하면 그 재산상 이득액의 2배 이상 10배 이하의 벌금에 처한다.

  1. 부정한 이익을 얻거나 영업비밀 보유자에 손해를 입힐 목적으로 한 다음 각 목의 어느 하나에 해당하는 행위

    가. 영업비밀을 취득·사용하거나 제3자에게 누설하는 행위

    나. 영업비밀을 지정된 장소 밖으로 무단으로 유출하는 행위

    다. 영업비밀 보유자로부터 영업비밀을 삭제하거나 반환할 것을 요구받고도 이를 계속 보유하는 행위

  2. 절취·기망·협박, 그 밖의 부정한 수단으로 영업비밀을 취득하는 행위

  3. 제1호 또는 제2호에 해당하는 행위가 개입된 사실을 알면서도 그 영업비밀을 취득하거나 사용(제13조제1항에 따라 허용된 범위에서의 사용은 제외한다)하는 행위

② 제1항 각 호의 어느 하나에 해당하는 행위를 한 자는 10년 이하의 징역 또는 5억원 이하의 벌금에 처한다. 다만, 벌금형에 처하는 경우 위반행위로 인한 재산상 이득액의 10배에 해당하는 금액이 5억원을 초과하면 그 재산상 이득액의 2배 이상 10배 이하의 벌금에 처한다.

③ 다음 각 호의 어느 하나에 해당하는 자는 3년 이하의 징역 또는 3천만원 이하의 벌금에 처한다.

  1. 제2조제1호(아목 및 자목은 제외한다)에 따른 부정경쟁행위를 한 자

  2. 제3조를 위반하여 다음 각 목의 어느 하나에 해당하는 휘장 또는 표지와 동일하거나 유사한 것을 상표로 사용한 자

    가. 파리협약 당사국, 세계무역기구 회원국 또는 「상표법 조약」 체약국의 국기·국장, 그 밖의 휘장

    나. 국제기구의 표지

    다. 파리협약 당사국, 세계무역기구 회원국 또는 「상표법 조약」 체약국 정부의 감독용·증명용 표지

④ 다음 각 호의 어느 하나에 해당하는 자는 1년 이하의 징역 또는 1천만원 이하의 벌금에 처한다.

  1. 제9조의7제1항을 위반하여 원본증명기관에 등록된 전자지문이나 그 밖의 관련 정보를 없애거나 훼손·변경·위조 또는 유출한 자

  2. 제9조의7제2항을 위반하여 직무상 알게 된 비밀을 누설한 사람

⑤ 제1항과 제2항의 징역과 벌금은 병과(倂科)할 수 있다.

제18조의2(미수) 제18조제1항 및 제2항의 미수범은 처벌한다.

제18조의3(예비·음모) ① 제18조제1항의 죄를 범할 목적으로 예비 또는 음모한 자는 3년 이하의 징역 또는 3천만원 이하의 벌금에 처한다.

② 제18조제2항의 죄를 범할 목적으로 예비 또는 음모한 자는 2년 이하의 징역 또는 2천만원 이하의 벌금에 처한다.

제18조의4(비밀유지명령 위반죄) ① 국내외에서 정당한 사유 없이 제14조의4제1항에 따른 비밀유지명령을 위반한 자는 5년 이하의 징역 또는 5천만원 이하의 벌금에 처한다.

② 제1항의 죄는 비밀유지명령을 신청한 자의 고소가 없으면 공소를 제기할 수 없다.

제19조(양벌규정) 생략

2. 죄명표

법 조 문	죄 명 표 시
제18조 제1항	부정경쟁방지 및 영업비밀보호에 관한 법률 위반 (영업비밀국외누설등)
제18조 제2항	부정경쟁방지 및 영업비밀보호에 관한 법률 위반 (영업비밀누설등)
제18조 제3항	부정경쟁방지 및 영업비밀보호에 관한 법률

III. 범죄사실

1. 널리 알려진 타인의 상표를 부착, 판매목적으로 진열

1) 적용법조 : 제18조 제3항 제1호, 제2조 제1호 ☞ 공소시효 5년

2) 범죄사실 기재례

> 국내에 널리 인식된 타인의 성명, 상호, 상표, 상품의 용기·포장, 그 밖에 타인의 상품임을 표시한 표지(標識)와 동일하거나 유사한 것을 사용하거나 이러한 것을 사용한 상품을 판매·반포(頒布) 또는 수입·수출하여 타인의 상품과 혼동하게 하는 행위를 하여서는 아니된다.
>
> 그럼에도 불구하고 피의자는 200○. ○. ○. ○○에서 국내에 널리 알려진 상표인 "♠♠가방"(1개에 ○○만원) 100개를 부착 이를 판매목적으로 진열하여 타인의 상품과 혼동을 일으키게 함으로써 부정경쟁행위를 하였다.

3) 적용 실례

> 가. 니나리찌 상표권을 침해한 경우
>
> 니나리찌 상표는 단순히 국내에 널리 인식된 주지상표가 아니라 특허청에 등록된 등록상표이므로 이 경우, 부정경쟁방지법 위반으로 의율하기 보다는 상표법 위반으로 의율하는 것이 타당하다.
>
> 나. 유사상표 부착 및 허위의 품질표시를 한 경우
>
> 가방 제조업자인 피의자가 ○○주식회사가 의류 등을 지정상품으로 하여 특허청에 상표등록한 ○○상표와 유사한 상표를 자신이 제조하는 가방에 함부로 부착한 경우
>
> 다. 상품주체혼동행위의 성립요건
>
> 부정경쟁방지법상 상품주체혼동행위는 상품표시간 또는 상품출처간의 혼동행위가 있으면 족하고, 이것은 반드시 동류의 상품 간에만 성립하는 것이 아니다. 특히 식별력이 강한 저명상표의 경우는 전혀 관계없는 이종상품에 사용되어도 혼동을 일으킬 수 있으므로 이 경우 상품 주체의 혼동행위가 있는 것으로 보아 부정경쟁방지법 위반으로 의율

4) 신문사항

- 피의자는 어디에서 어떠한 일을 하고 있는가
- 언제부터 피혁판매업을 하였나
- 주로 어떠한 물품을 판매하는가
- "♠♠"상표를 알고 있는가
- 이 상표가 국내에 널려 알려진 상표인걸 알고 있는가
- 이 상표를 무단으로 부착한 가방을 진열판매한 일이 있는가
- 언제 어디에서 이러한 상표를 부착하였나

- 상표는 어떻게 제작하였나
- 어느 정도의 물량에 무단 부착하였나
- 진품은 1개에 얼마이며 피의자가 부착한 가방의 판매가는 얼마였나
- 왜 이러한 행위를 하였나

■ 판례 ■   甲이 자신의 등록상표 중 피해자의 상품 표지와 동일한 부분을 부각시키고 다른 부분에 대한 주의력을 약화시켜 부각된 부분만이 상표라고 직감되도록 한 경우

[1] 간단하고 흔히 있는 표장만으로 구성된 상표라 하더라도 특정인의 영업을 표시하는 것으로 널리 인식된 경우, 부정경쟁방지 및 영업비밀보호에 관한 법률이 보호하는 영업표지에 해당하는지 여부(적극)

비록 간단하고 흔히 있는 표장만으로 구성된 상표라 하더라도 그것이 오랫동안 사용됨으로써 거래자나 일반 수요자들이 어떤 특정인의 영업을 표시하는 것으로 널리 알려져 인식하게 된 경우에는 부정경쟁방지 및 영업비밀보호에 관한 법률이 보호하는 영업표지에 해당한다.

[2] 甲의 행위가 부정경쟁행위에 해당하는지 여부(적극)

피고인이 자신의 등록상표 중 피해자의 상품 표지와 동일한 부분을 부각시키고 다른 부분에 대한 주의력을 약화시켜 부각된 부분만이 상표라고 직감되도록 한 경우, 소비자로 하여금 피해자의 상품과 혼동을 일으키게 하는 행위로서 부정경쟁행위에 해당한다(대법원 2006.5.25. 선고 2006도577 판결).

■ 판례 ■   이른바 캐릭터가 상품화되어 제2조 제1호(가)목에 규정된 '국내에 널리 인식된 타인의 상품임을 표시한 표지'가 되기 위한 요건

만화, 텔레비전, 영화, 신문, 잡지 등 대중이 접하는 매체를 통하여 등장하는 가공적인 또는 실재하는 인물, 동물 등의 형상과 명칭을 뜻하는 이른바 캐릭터(character)는 그것이 가지고 있는 고객흡인력(顧客吸引力) 때문에 이를 상품에 이용하는 상품화{이른바 캐릭터 머천다이징(character merchandising)}가 이루어지게 되는 것이고 상표처럼 상품의 출처를 표시하는 것을 그 본질적인 기능으로 하는 것은 아니어서 캐릭터 자체가 널리 알려져 있다고 하더라도 그것이 상품화된 경우에 곧바로 타인의 상품임을 표시한 표지로 되거나 그러한 표지로서도 널리 알려진 상태에 이르게 되는 것은 아니라고 할 것이므로, 캐릭터가 상품화되어 부정경쟁방지및영업비밀보호에관한법률 제2조 제1호(가)목에 규정된 '국내에 널리 인식된 타인의 상품임을 표시한 표지'가 되기 위하여는 캐릭터 자체가 국내에 널리 알려져 있는 것만으로는 부족하고, 그 캐릭터에 대한 상품화 사업이 이루어지고 이에 대한 지속적인 선전, 광고 및 품질관리 등으로 그 캐릭터가 이를 상품화할 수 있는 권리를 가진 자의 상품표지이거나 위 상품화권자와 그로부터 상품화 계약에 따라 캐릭터사용허락을 받은 사용권자 및 재사용권자 등 그 캐릭터에 관한 상품화 사업을 영위하는 집단(group)의 상품표지로서 수요자들에게 널리 인식되어 있을 것을 요한다(대법원 2005.4. 29. 선고 2005도70 판결).

■ 판례 ■   甲이 특정 도메인의 이름으로 웹사이트를 개설하여 제품을 판매하면서 그 웹사이트에서 취급하는 제품에 독자적인 상표를 부착하여 사용하는 경우

[1] 부정경쟁방지및영업비밀보호에관한법률 제4조에 의한 금지청구에 있어서 같은 법 제2조 제1호(가)목,(다)목에서 정한 상품표지의 주지성 여부의 판단 시점(=사실심 변론종결시)

부정경쟁방지및영업비밀보호에관한법률 제4조에 의한 금지청구에 있어서 같은 법 제2조 제1호(가)목 소정의 타인의 성명 · 상호 · 상표 · 상품의 용기 · 포장 기타 타인의 상품임을 표시한 표지가 국

내에 널리 인식되었는지 여부는 사실심변론종결시를 기준으로 판단하여야 하며, 같은 법 제2조 제1호(다)목의 경우에도 마찬가지이다.

[2] 甲이 사용한 도메인의 이름 자체가 상품의 출처표시로서 기능한다고 할 수 있는지 여부(소극)

도메인 이름은 원래 인터넷상에 서로 연결되어 존재하는 컴퓨터 및 통신장비가 인식하도록 만들어진 인터넷 프로토콜 주소(IP 주소)를 사람들이 인식 · 기억하기 쉽도록 숫자 · 문자 · 기호 또는 이들을 결합하여 만든 것으로, 상품이나 영업의 표지로서 사용할 목적으로 한 것이 아니었으므로, 특정한 도메인 이름으로 웹사이트를 개설하여 제품을 판매하는 영업을 하면서 그 웹사이트에서 취급하는 제품에 독자적인 상표를 부착 · 사용하고 있는 경우에는 특단의 사정이 없는 한 그 도메인 이름이 일반인들을 그 도메인 이름으로 운영하는 웹사이트로 유인하는 역할을 한다고 하더라도, 도메인 이름 자체가 곧바로 상품의 출처표시로서 기능한다고 할 수는 없다(대법원 2004.5.14. 선고 2002다13782 판결).

■ **판례** ■ 피고인이 후지필름의 등록상표가 각인된 1회용 카메라의 빈 용기를 수집하여 다시 필름을 장전하고 일부 포장을 새롭게 하여 제조 · 판매한 경우

[1] 상표적 사용의 의미와 사용 여부에 대한 판단 기준

타인의 등록상표를 그 지정상품과 동일 또는 유사한 상품에 사용하면 타인의 상표권을 침해하는 행위가 된다고 할 것이나, 타인의 등록상표를 이용한 경우라고 하더라도 그것이 상표의 본질적인 기능이라고 할 수 있는 출처표시를 위한 것이 아니어서 상표의 사용으로 인식될 수 없는 경우에는 등록상표의 상표권을 침해한 행위로 볼 수 없다고 할 것이고, 그것이 상표로서 사용되고 있는지의 여부를 판단하기 위하여는, 상품과의 관계, 당해 표장의 사용 태양(즉, 상품 등에 표시된 위치, 크기 등), 등록상표의 주지저명성 그리고 사용자의 의도와 사용경위 등을 종합하여 실제 거래계에서 그 표시된 표장이 상품의 식별표지로서 사용되고 있는지 여부를 종합하여 판단하여야 한다.

[2] 甲의 행위가 등록상표를 침해하고 혼동을 야기한 행위에 해당하는지 여부

甲의 행위는 후지필름의 등록상표를 침해하고 혼동을 야기한 행위에 해당한다(대법원 2003.4.11. 선고 2002도3445 판결).

■ **판례** ■ 그 출처표시가 명백하고 부품 등의 용도설명 등을 위하여 사용한 것에 불과한 경우 그 등록상표를 사용한 것으로 볼 수 있는지 여부(소극)

자동차부품인 에어 클리너를 제조하면서 그 포장상자에 에어 클리너가 사용되는 적용차종을 밝히기 위하여 자동차 제작회사의 등록상표의 표시를 하였으나 제반 사정에 비추어 그 출처표시가 명백하고 부품 등의 용도설명 등을 위하여 사용한 것에 불과하여 그 등록상표를 사용한 것으로 볼 수 없고, 그 에어 클리너는 자동차 제작회사에서 공급하는 정품과는 쉽게 구분되는 것이어서 타인의 상품과 혼동을 일으키게 하는 행위라고도 볼 수 없다(대법원 2001.7.13. 선고 2001도1355 판결).

■ **판례** ■ 의장이 될 수 있는 형상이나 모양이 상표의 본질적인 기능이라고 할 수 있는 자타상품의 출처표시를 위하여 사용된 경우

[1] 도형상표에 있어 상표의 유사 여부의 판단 기준

상표의 유사 여부는 대비되는 상표를 외관, 호칭, 관념의 세 측면에서 객관적, 전체적, 이격적으로 관찰하여 거래상 오인 · 혼동의 염려가 있는지의 여부에 의하여 판단하여야 하는바, 특히 도형상표들에 있어서는 그 외관이 지배적인 인상을 남긴다 할 것이므로 외관이 동일 · 유사하여 양 상표를 다 같이 동종상품에 사용하는 경우 일반 수요자로 하여금 상품의 출처에 관하여 오인 · 혼동을 일

으킬 염려가 있다면 양 상표는 유사하다고 보아야 한다.

[2] 표장이 의장적 기능도 있는 경우, 상표로서의 사용에 해당하는지 여부의 판단 기준

의장과 상표는 배타적, 선택적인 관계에 있는 것이 아니므로 의장이 될 수 있는 형상이나 모양이라고 하더라도 그것이 상표의 본질적인 기능이라고 할 수 있는 자타상품의 출처표시를 위하여 사용되는 것으로 볼 수 있는 경우에는 위 사용은 상표로서의 사용이라고 보아야 한다(대법원 2000.12.26. 선고 98도2743 판결).

■ 판례 ■   상표나 서비스표가 상표법상 보호받지 못하더라도 특정인의 영업을 표시하는 것으로 널리 인식된 경우, 구 부정경쟁방지법이 보호하는 영업표지에 해당하는지 여부(적극) 및 같은 법 제2조 제1호(나)목 소정의 '혼동'의 의미

비록 현저한 지리적 명칭만으로 된 상표나 서비스표이어서 상표법상 보호받지 못한다고 하더라도 그것이 오랫동안 사용됨으로써 거래자나 일반 수요자들이 어떤 특정인의 영업을 표시하는 것으로 널리 알려져 인식하게 된 경우에는 구 부정경쟁방지법이 보호하는 영업표지(서비스표에 한정되지 아니하고, 타인의 성명이나 상호, 표장 기타 타인의 영업임을 표시하는 일체의 표지를 포함한다)에 해당한다고 할 것이며, 두 영업자의 시설이나 활동 사이에 영업상, 조직상, 재정상 또는 계약상 어떤 관계가 있는 것으로 오인될 경우에도 타인의 영업상의 시설 또는 활동과 혼동을 일으키게 하는 부정경쟁행위에 해당한다(대법원 1999.4.23. 선고 97도322 판결).

■ 판례 ■   부동산 관련 정보를 제공하는 잡지인 '주간 부동산뱅크'의 제호를 부동산소개업소의 상호로 사용하여 '부동산뱅크 공인중개사'라고 표기한 경우

부동산 관련 정보를 제공하는 잡지인 '주간 부동산뱅크'의 제호를 부동산소개업소의 상호로 사용하여 '부동산뱅크 공인중개사'라고 표기하고 '체인지점'이라고 부기한 것은 부정경쟁방지법 제2조 제1호(나)목에 해당한다(대법원 1997.12.12. 선고 96도2650 판결).

■ 판례 ■   주지 상품표지의 이전과 함께 관계된 영업의 일체 등이 이전된 경우 상품표지의 주지성이 신영업주에게 승계되는지의 여부

영업양도 등 상품주체의 인격이 변경되는 경우에 있어서 주지상품표지의 이전과 함께 거기에 관계된 영업의 일체 등이 함께 이전된 경우 원칙적으로 상품표지의 주지성이 신영업주에게 승계되고, 주지표시라고 말할 수 있기 위해서는 타인에게 특정인의 상품을 표시하고 있는 것이 알려져 있는 것을 요하지만 그 특정인이 누구인가 까지가 명확히 알려져 있는 것을 요하지는 않는다(대법원 1996.5.31. 선고 96도197 판결).

■ 판례 ■   "국내에 널리 인식된 타인의 상호, 상표"의 의미

국내 전역에 걸쳐 모든 사람들에게 주지되어 있음을 요하는 것이 아니고, 국내의 일정한 지역적 범위 안에서 거래자 또는 수요자들 사이에 알려진 정도로써 족하고 또 그 상표 등의 등록 여부와 관계없다(대법원 1995.7.14. 선고 94도399 판결).

2. 허위표시 판매

1) 적용법조 : 제18조 제3항 제1호, 제2조 제1호 ☞ 공소시효 5년

2) 범죄사실 기재례

> 피의자는 20○○. ○. ○. 서울 ○○시장 의류 상가에서 국내에 널리 인식된 ○○주식회사의 등록상표 "★★"와 유사한 상표가 부착된 청바지와 청재킷 합계 500점을 구입하여 20○○. ○. ○.경부터 20○○. ○. ○.경까지 사이에 ○○에 있는 피의자 경영 "수입 보세의류판매점"에서 그중 300여 점을 판매하여 위 회사 상품과 혼동을 일으키게 함으로써 부정경쟁행위를 하였다.

3) 신문사항

- 의류판매업을 하고 있는가
- 언제부터 어디에서 하고 있는가
- 규모는
- 주로 어떤 의류를 판매하는가
- 어디에서 구입해 오는가
- 누구를 상대로 판매하는가
- ★★가 부착된 의류를 판매한 일이 있는가
- 이 상표는 정상적인 상표인가
- 이 상표가 부착된 의류를 어디에서 어느 정도 구입하였나
- 얼마에 구입하여 얼마에 판매하였는가
- 모두 판매하였는가
- 유사상표라는 것을 알고 판매하였는가

■ 판례 ■ 백화점 입점점포의 위조상표 부착 상품 판매사실을 알고도 방치한 백화점 직원에 대한 부작위에 의한 상표법위반 방조 및 부정경쟁방지법위반 방조의 성립 여부(적극)

백화점에서 바이어를 보조하여 특정매장에 관한 상품관리 및 고객들의 불만사항 확인 등의 업무를 담당하는 직원은 자신이 관리하는 특정매장의 점포에 가짜 상표가 새겨진 상품이 진열·판매되고 있는 사실을 발견하였다면 고객들이 이를 구매하도록 방치하여서는 아니되고 점주나 그 종업원에게 즉시 그 시정을 요구하고 바이어 등 상급자에게 보고하여 이를 시정하도록 할 근로계약상·조리상의 의무가 있다고 할 것임에도 불구하고 이러한 사실을 알고서도 점주 등에게 시정조치를 요구하거나 상급자에게 이를 보고하지 아니함으로써 점주로 하여금 가짜 상표가 새겨진 상품들을 고객들에게 계속 판매하도록 방치한 것은 작위에 의하여 점주의 상표법위반 및 부정경쟁방지법위반 행위의 실행을 용이하게 하는 경우와 동등한 형법적 가치가 있는 것으로 볼 수 있으므로, 백화점 직원인 피고인은 부작위에 의하여 공동피고인인 점주의 상표법위반 및 부정경쟁방지법위반 행위를 방조하였다고 인정할 수 있다(대법원 1997.3.14. 선고 96도1639 판결).

3. 허위의 원산지 표시

1) 적용법조 : 제18조 제3항 제1호, 제2조 제1호(마)목 ☞ 공소시효 5년

2) 범죄사실 기재례

[기재례1] 제2조 제1호 마목

> 피의자는 ○○상사라는 상호로 중국에서 중국산의 대마를 원료로 한 대마 원사를 수입하여 ○○에 있는 자신의 공장에서 기계로 짠 삼베로 만든 수의를 대량 생산하여 농협 등에 납품·판매하는 자다. 상품이나 그 광고 때문에 또는 공중이 알 방법으로 거래상의 서류 또는 통신에 그 상품이 생산·제조 또는 가공된 지역 이외의 곳에서 생산 또는 가공된 듯이 오인을 일으키게 하는 표지를 하여서는 아니된다.
>
> 그럼에도 불구하고 피의자는 20○○. ○. ○. 삼베 수의제품의 포장상자에 '신토불이(身土不二), ○○삼베 특품(또는 종류에 따라 1품, 2품)', '국내 최초 100% 대마(삼베)사 개발' 등의 표시를 하고, 또 포장 상자 안에는 '안동포 인간문화재 1호'라는 제목하에 ○○ 무형문화재 1호인 안동포 짜기의 기능보유자 홍길녀 여사가 삼베를 베틀에서 손으로 짜고 있는 사진을 담은 품질보증서를 넣는 등의 방법으로 수의가 마치 안동에서 생산(재배)된 대마(삼)로 만든 삼베 수의인 것처럼 삼베 원사의 원산지를 허위로 표시하여 원산지의 오인을 일으키게 하였다.

[기재례2] 상호 유사표시 (제2조 제1호 다목)

> 누구든지 정당한 사유 없이 국내에 널리 인식된 타인의 성명, 상호, 상표, 상품의 용기·포장, 그 밖에 타인의 상품임을 표시한 표지와 동일하거나 유사한 것을 사용하거나 이러한 것을 사용한 상품을 판매·반포 또는 수입·수출하여 타인의 상품과 혼동하게 하는 부정경쟁행위를 하여서는 아니 된다.
>
> 그럼에도 불구하고 피의자는 ○○층에서 '○○'라는 상호로 미용업에 종사하는 사람으로서, 20○○. ○. ○.경부터 20○○. ○. ○.경까지 위 미용실을 운영하면서 건물 외벽 간판 등에 '○○'라고 표시하는 방법으로 정당한 사유 없이 피해자 주식회사 ○○산업의 상호로서 저명상표인 '○○'와 유사한 것을 사용함으로써 피해자의 표지의 식별력이나 명성을 손상하는 행위를 하였다.

3) 신문사항

- 중국산 대마를 수입한 일이 있는가
- 무엇 때문에 수입하였나
- 수입한 대마로 직접 수의를 만들었다는 것인가
- 완성된 수의는 어떤 방법으로 판매하였나
- 제품에 대한 표시는 어떤 방법으로 하였나
- 이러한 설명이 모두 사실인가
- 이런 표시 때문에 원산지의 오인을 일으킨다고 생각하지 않는가

- 이런 제품은 총 얼마 정도를 판매하였나(단가, 수량 등)
- 공장규모는 어느 정도인가

■ 판례 ■ **甲이 '초당' 이외의 지역에서 생산하는 두부제품에 '초당'을 사용한 경우**

[1] 부정경쟁방지 및 영업비밀보호에 관한 법률 제2조 제1호(마)목에 정한 상품의 생산, 제조, 가공 지역의 오인을 일으키게 하는 표지의 의미

부정경쟁방지 및 영업비밀보호에 관한 법률 제2조 제1호(마)목에서 '상품의 생산, 제조, 가공 지역의 오인을 일으킨다' 함은 거래 상대방이 실제로 오인에 이를 것을 요하는 것이 아니라 일반적인 거래자 즉 평균인의 주의력을 기준으로 거래관념상 사실과 다르게 이해될 위험성이 있음을 뜻하며, 이러한 오인을 일으키는 표지에는 직접적으로 상품에 관하여 허위 표시를 하는 것은 물론, 간접적으로 상품에 관하여 위와 같은 오인을 일으킬만한 암시적인 표시를 하는 것도 포함된다.

[2] 甲의 행위가 상품의 생산, 제조, 가공 지역의 오인을 일으키는 행위에 해당하는지 여부

'초당'이 바닷물을 직접 간수로 사용하여 특별한 맛을 지닌 두부를 생산하는 지역의 명칭에 해당하므로 '초당' 이외의 지역에서 생산하는 두부제품에 '초당'을 사용하는 행위는 부정경쟁방지 및 영업비밀보호에 관한 법률 제2조 제1호(마)목에서 정한 상품의 생산, 제조, 가공 지역의 오인을 일으키는 행위에 해당한다(대법원 2006.1.26. 선고 2004도5124 판결).

■ 판례 ■ **甲이 중국산 대마 원사를 수입하여 안동에서 만든 삼베 수의제품에 "신토불이(身土不二)" 등의 표기를 한 경우**

[1] '허위의 원산지의 표지'의 의미

반드시 완성된 상품의 원산지만에 관한 것은 아니고, 거래통념에 비추어 상품 원료의 원산지가 중요한 의미를 가지는 경우에는 그 원료의 원산지를 허위로 표시하는 것도 이에 포함된다.

[2] 甲의 행위가 원산지의 오인을 일으키게 하는 행위에 해당하는지 여부(적극)

중국산 대마 원사를 수입하여 안동에서 만든 삼베 수의제품에 "신토불이(身土不二)" 등의 표기를 한 것은 일반 수요자나 거래자로 하여금 이 수의가 안동에서 생산된 대마로 만든 삼베 수의인 것처럼 삼베 원사의 원산지를 허위로 표시하여 원산지의 오인을 일으키게 하는 행위에 해당한다(대법원 2002.3.15. 선고 2001도5033 판결).

4. 영업비밀 누설

1) **적용법조** : 제18조 제2항, 제1항 제1호 가목 ☞ 공소시효 7년

2) **범죄사실 기재례**

[기재례1] 영업비밀 누설, 취득

피의자 1은 200○.○.○.경부터 200○.○.○.경까지 ○○에 있는 자동차 변속기 검사장비 제작업체인 피해회사에서 기술영업 이사로 재직하였다.

가. 영업비밀 취득으로 인한 법 위반

피의자는 200○.○.○. 피해회사를 퇴사하면서 업무용으로 사용하던 외장 하드 등을 모두 반납했음에도 200○.○.○.경 피해회사로부터 반납했던 외장 하드를 반환받아, 향후 피해회사의 영업비밀을 이용해 업무에 참조하여 부정한 이익을 취득하거나 피해회사의 경쟁사에 위 영업비밀을 제공하여 피해 회사에게 손해를 입힐 목적으로 중국 상해시 이하 불상지에서 피해회사의 영업비밀인 "○○" 파일 등 표 1 기재 파일들을 복구하고, 피의자의 노트북에 이를 복사하고 저장하여 피해회사의 영업비밀을 취득하였다.

나. 영업비밀 누설로 인한 법 위반

피의자는 200○.○.○. 중국 ○○공사 사무실에서, 피의자의 이메일(○○)로 중국 회사 관계자인 甲)에게 피해회사의 영업비밀인 "○○" 파일을 전송하여 부정한 이익을 얻거나 피해 회사에게 손해를 입힐 목적으로 그 영업비밀이 외국에서 사용될 것임을 알면서 피해회사의 영업비밀을 누설하였다.

[기재례2] 고객 정보 취득 누설

피의자는 200○. ○. ○.부터 200○. 12. 30.까지 ○○에 있는 제약 및 식품회사의 해외 전시회 개최 시 항공권 및 호텔 숙박을 제공하는 여행 전문업체인 피해자 주식회사 B에서 해외 전시회 참관행사를 담당하는 업무를 담당하던 사람이다.

누구든지 부정한 이익을 얻거나 기업에 손해를 입힐 목적으로 그 기업에 유용한 영업비밀을 취득 · 사용하거나 제3자에게 누설하여서는 안 된다.

그럼에도 불구하고 피의자는 200○. ○. ○.경 ○○에 있는 B 사무실에서 피의자가 업무용으로 사용하던 컴퓨터에 저장되어 있던 고객 정보인 이름, 회사명, 핸드폰 번호, 이메일 주소 등이 기재되어 있는 식품 · 제약업체 고객 정보 파일을 이동식 메모리 디스크(USB)에 옮기는 방법으로 이를 취득하였다.

피의자는 200○. ○. ○.경 B를 퇴사한 후, 200○. ○. ○.경 ○○에 있는 ○○사무실에서 '○○ 전시회'를 ○○원에 판매한다는 참관단모집 안내문을 작성한 다음, 위와 같이 취득한 식품 · 제약업체 고객 정보 파일에 기재되어 있는 B의 거래처인 ○○주식회사 등 ○○명에게 위 안내문을 이메일과 단체문자 메시지 등을 이용하여 보냄으로써 이를 사용하였다.

[기재례3] 회사 영업미밀 누설 ⇒ 제18조 제2항(영업비밀취득), 형법 제356조, 제355조 제2항 (업무상 배임)

피의자는 20○○. ○. ○. ○○에 있는 피해자 주식회사 B에 입사하여 20○○. ○. ○.경부터 20○○. ○. ○.경까지 공사관리부 부장으로 근무하다가 퇴사하여 20○○. ○. ○. ○○에 피해자 회사와 동종업체인 C을 설립한 사람이다.

피의자는 피해자회사 재직 당시 회사의 영업비밀 등을 유출하지 아니하고 퇴직할 때에는 재직 중 보유하였던 회사의 비밀과 관련된 모든 자료를 반납하겠다는 내용의 영업비밀유지 서약서를 작성하였으므로 피해자 회사의 영업비밀을 유출하지 아니할 업무상의 임무가 있었다. 또한, 누구든지 부정한 이익을 얻거나 기업에 손해를 입힐 목적으로 그 기업에 유용한 영업비밀을 취득·사용하거나 제3자에게 누설하여서는 아니 된다.

그럼에도 불구하고, 피의자는 20○○. ○. ○.경부터 20○○. ○. ○.경까지 사이에 피해자 회사 공사관리부 사무실에서 향후 피의자가 설립할 업체의 업무에 사용할 목적으로 별지 범죄일람표(1) 기재 피해자 회사 영업비밀 관련 파일과 별지 범죄일람표(2) 기재 피해자 회사 영업상의 주요자료에 관한 파일을 자신의 외장형 하드디스크에 저장한 다음 피해자 회사에서 퇴사하면서 가지고 나와 위와 같이 C을 설립하였다.

이로써, 피의자는 임무에 위배하여 위 각 영업비밀의 재산가치 상당의 재산상 이익을 취득하고 피해자 회사에게 같은 금액 상당의 손해를 가함과 동시에 부정한 이득을 취득하거나 기업에 손해를 입힐 목적으로 피해자 회사의 영업비밀을 취득하였다.

3) 신문사항

- 피의자는 언제부터 (주)삼진회사에서 근무하였나
- 직책과 맡은 업무내용은
- 회사의 영업비밀을 누설한 일이 있는가
- "○○○에 관한 기술"에 대해 알고 있는가
- 이 기술은 피의자 회사에 유용한 기술상의 영업비밀이 맞나
- (주)한미유통의 홍길동 상무와 어떠한 관계인가
- 위 기술을 홍길동에게 알려 준 일이 있는가
- 언제 어디에서 알려주었나
- 어떠한 방법으로 어느 정도를 알려주었나
- 어떠한 대가를 받았나
- 무엇 때문에 알려 주었나
- 피의자의 이러한 행위가 정당하다고 생각하느냐
- 피의자의 행위로 피의자 회사가 어떠한 피해를 보았는지 알고 있는가

■ **판례** ■ **부정경쟁방지및영업비밀보호에관한법률 제2조 제2호에 정한 영업비밀의 내용 중 '공연히 알려져 있지 아니하고'의 의미**

부정경쟁방지및영업비밀보호에관한법률 제2조 제2호의 영업비밀이라 함은 공연히 알려져 있지 아니하고 독립된 경제적 가치를 가지는 것으로서, 상당한 노력에 의하여 비밀로 유지된 생산방법·판매방법 기타 영업활동에 유용한 기술상 또는 경영상의 정보를 말한다 할 것이고, 여기서 공연히 알려져 있지 아니하다고 함은 그 정보가 간행물 등의 매체에 실리는 등 불특정 다수인에게 알려져 있지 않기 때문에 보유자를 통하지 아니하고는 그 정보를 통상 입수할 수 없는 것을 말하고, 보유자가 비밀로서 관리하고 있다고 하더라도 당해 정보의 내용이 이미 일반적으로 알려져 있을 때에는 영업비밀이라고 할 수 없다(대법원 2004.9.23. 선고 2002다60610 판결).

■ **판례** ■ **구 부정경쟁방지법 제2조 제2호 소정의 영업비밀의 의미**

영업비밀이라 함은 일반적으로 알려져 있지 아니하고 독립된 경제적 가치를 가지며, 상당한 노력에 의하여 비밀로 유지·관리된 생산방법, 판매방법 기타 영업활동에 유용한 기술상 또는 경영상의 정보를 말하고, 영업비밀의 보유자인 회사가 직원들에게 비밀유지의 의무를 부과하는 등 기술정보를 엄격하게 관리하는 이상, 역설계가 가능하고 그에 의하여 기술정보의 획득이 가능하더라도, 그러한 사정만으로 그 기술정보를 영업비밀로 보는 데에 지장이 있다고 볼 수 없다(대법원 1999.3.12. 선고 98도4704 판결).

■ **판례** ■ **부정한 이익을 얻을 목적으로 타인의 영업비밀이 담긴 CD를 절취하여 그 영업비밀을 부정사용한 경우**

[1] 영업비밀이 담긴 타인의 재물을 절취하여 그 영업비밀을 부정사용한 행위가 절도의 불가벌적 사후행위에 해당하는지 여부(소극)

부정한 이익을 얻거나 기업에 손해를 가할 목적으로 그 기업에 유용한 영업비밀이 담겨 있는 타인의 재물을 절취한 후 그 영업비밀을 사용하는 경우, 영업비밀의 부정사용행위는 새로운 법익의 침해로 보아야 하므로 위와 같은 부정사용행위가 절도범행의 불가벌적 사후행위가 되는 것은 아니다.

[2] 부정한 이익을 얻을 목적으로 타인의 영업비밀이 담긴 CD를 절취하여 그 영업비밀을 부정사용한 경우, 영업비밀부정사용죄의 성립여부

절도죄와 별도로 부정경쟁방지 및 영업비밀보호에 관한 법률상 영업비밀부정사용죄가 성립한다(대법원 2008.9.11. 선고 2008도5364 판결).

■ **판례** ■ **직원들이 취득·사용한 회사의 업무 관련 파일이 상당한 노력에 의하여 비밀로 유지된 정보라고 볼 수 없어 구 부정경쟁방지 및 영업비밀보호에 관한 법률 제2조 제2호에 정한 '영업비밀'에 해당하지 않는다고 한 사례**

[1] 구 부정경쟁방지 및 영업비밀보호에 관한 법률 제2조 제2호에 정한 '영업비밀'이 되기 위한 요건 중 '상당한 노력에 의하여 비밀로 유지된다'는 것의 의미

'영업비밀'이란 상당한 노력에 의하여 비밀로 유지된 기술상 또는 경영상의 정보일 것이 요구되는데, 여기서 '상당한 노력에 의하여 비밀로 유지된다'는 것은 그 정보가 비밀이라고 인식될 수 있는 표시를 하거나 고지를 하고, 그 정보에 접근할 수 있는 대상자나 접근 방법을 제한하거나 그 정보에 접근한 자에게 비밀준수의무를 부과하는 등 객관적으로 그 정보가 비밀로 유지·관리되고 있다는 사실이 인식 가능한 상태인 것을 말한다.

[2] 직원들이 취득·사용한 회사의 업무 관련 파일이 보관책임자가 지정되거나 보안장치·보안관리규정이 없었고 중요도에 따른 분류 또는 대외비·기밀자료 등의 표시도 없이 파일서버에 저장되어 회사 내에서 일반적으로 자유롭게 접근·열람·복사할 수 있었던 사안에서, 이는 상당한 노력에 의하여 비밀로 유지된 정보라고 볼 수 없어 영업비밀에 해당하지 않는다(대법원 2008.7.10. 선고 2008도3435 판결).

■ 판례 ■　　구 부정경쟁방지 및 영업비밀보호에 관한 법률 제2조 제2호에서 말하는 '영업비밀'의 요건 중 '상당한 노력에 의하여 비밀로 유지된다'는 것의 의미 및 이에 해당하는지 판단하는 기준

구 부정경쟁방지 및 영업비밀보호에 관한 법률(2013. 7. 30. 법률 제11963호로 개정되기 전의 것) 제2조 제2호의 '영업비밀'이란 공공연히 알려져 있지 않고 독립된 경제적 가치를 가지는 것으로서, 상당한 노력에 의하여 비밀로 유지된 생산방법, 판매방법 그 밖에 영업활동에 유용한 기술상 또는 경영상의 정보를 말한다. 여기에서 '상당한 노력에 의하여 비밀로 유지된다'는 것은 정보가 비밀이라고 인식될 수 있는 표지를 하거나 고지를 하고, 정보에 접근할 수 있는 대상자나 접근 방법을 제한하거나 정보에 접근한 사람에게 비밀준수의무를 부과하는 등 객관적으로 그 정보가 비밀로 유지·관리되고 있다는 사실이 인식 가능한 상태인 것을 뜻한다. 이러한 유지·관리를 위한 노력이 상당했는지는 영업비밀 보유자의 예방조치의 구체적 내용, 해당 정보에 접근을 허용할 영업상의 필요성, 영업비밀 보유자와 침해자 사이의 신뢰관계와 그 정도, 영업비밀의 경제적 가치, 영업비밀 보유자의 사업 규모와 경제적 능력 등을 종합적으로 고려해야 한다.(대법원 2019. 10. 31., 선고, 2017도13791, 판결)

 Ⅰ. 개념정의

제2조(정의) ① 이 법에서 사용하는 용어의 뜻은 다음과 같다.
1. "사행행위"란 여러 사람으로부터 재물이나 재산상의 이익(이하 "재물등"이라 한다)을 모아 우연적(偶然的) 방법으로 득실(得失)을 결정하여 재산상의 이익이나 손실을 주는 행위를 말한다.
2. "사행행위영업"이란 다음 각 목의 어느 하나에 해당하는 영업을 말한다.
    가. 복권발행업(福券發行業): 특정한 표찰(컴퓨터프로그램 등 정보처리능력을 가진 장치에 의한 전자적 형태를 포함한다)을 이용하여 여러 사람으로부터 재물등을 모아 추첨 등의 방법으로 당첨자에게 재산상의 이익을 주고 다른 참가자에게 손실을 주는 행위를 하는 영업
    나. 현상업(懸賞業): 특정한 설문 또는 예측에 대하여 그 답을 제시하거나 예측이 적중하면 이익을 준다는 조건으로 응모자로부터 재물등을 모아 그 정답자나 적중자의 전부 또는 일부에게 재산상의 이익을 주고 다른 참가자에게 손실을 주는 행위를 하는 영업
    다. 그 밖의 사행행위업: 가목 및 나목 외에 영리를 목적으로 회전판돌리기, 추첨, 경품(景品) 등 사행심을 유발할 우려가 있는 기구 또는 방법713
등을 이용하는 영업으로서 대통령령으로 정하는 영업
3. "사행기구 제조업"이란 사행행위영업에 이용되는 기계, 기판(機板), 용구(用具) 또는 컴퓨터프로그램(이하 "사행기구"라 한다)을 제작·개조하거나 수리하는 영업을 말한다.
4. "사행기구 판매업"이란 사행기구를 판매하거나 수입(輸入)하는 영업을 말한다.
5. "투전기"란 동전·지폐 또는 그 대용품(代用品)을 넣으면 우연의 결과에 따라 재물등이 배출되어 이용자에게 재산상 이익이나 손실을 주는 기기를 말한다.
6. "사행성 유기기구"란 제5호의 투전기 외에 기계식 구슬치기 기구와 사행성 전자식 유기기구 등 사행심을 유발할 우려가 있는 기계·기구 등을 말한다.
② 제1항제2호부터 제4호까지의 영업은 대통령령으로 정하는 바에 따라 세분할 수 있다.

※ 시행령(대통령령)

제1조의2(기타 사행행위업) 법 제2조제1항제1호 라목에서 "대통령령이 정하는 영업"이라 함은 다음 각호의 것을 말한다.
1. 회전판돌리기업 : 참가자에게 금품을 걸게 한 후 그림이나 숫자등의 기호가 표시된 회전판이 돌고 있는 상태에서 화살등을 쏘거나 던지게 하여 회전판이 정지되었을 때 그 화살등이 명중시킨 기호에 따라 당첨금을 교부하는 행위를 하는 영업
2. 추첨업 : 참가자에게 번호를 기입한 증표를 제공하고 지정일시에 추첨등으로 당첨자를 선정하여 일정한 지급기준에 따라 당첨금을 교부하는 행위를 하는 영업
3. 경품업 : 참가자에게 등수를 기입한 증표를 제공하여 당해 증표에 표시된 등수 및 당첨금의 지급기준에 따라 당첨금을 교부하는 행위를 하는 영업

■ 판례 ■   사행행위 등 규제 및 처벌 특례법상 사행행위영업의 일종인 '현상업'에 해당하기 위한 요건
구 사행행위 등 규제 및 처벌 특례법(2011. 8. 4. 법률 제11034호로 개정되기 전의 것, 이하 '구

사행행위규제법'이라 한다) 제2조 제1항 제1호는 '사행행위'를 '다수인으로부터 재물 또는 재산상의 이익(이하 '재물 등'이라 한다)을 모아 우연적 방법에 의하여 득실을 결정하여 재산상의 이익 또는 손실을 주는 행위'로 규정하고 있고, 같은 항 제2호는 '사행행위영업'을 '복표발행업, 현상업, 그 밖의 사행행위업'으로 구분하고 있으며, 같은 호 (나)목은 '현상업'을 '특정한 설문 또는 예측에 대하여 그 해답의 제시 또는 적중을 조건으로 응모자로부터 재물 등을 모아그 설문에 대한 정답자나 적중자의 전부 또는 일부에 대하여 재산상의 이익을 주고 다른 참가자에게 손실을 주는 행위를 하는 영업'으로 규정하고 있다. 따라서 구 사행행위규제법상 현상업은 사행행위영업의 일종으로서, 그 행위는 우연적 방법에 의하여 득실을 결정하여 재산상의 이익 또는 손실을 주는 사행행위에 해당하여야 할 뿐만 아니라, 응모자가 특정한 설문에 대하여 정답을 맞히거나 특정한 예측을 적중시키면 응모자의 전부 또는 일부에게 재산상의 이익을 주고 다른 참가자에게 손실을 주는 행위여야 한다.(대법원 2013.9.13, 선고, 2011도17909, 판결)

II. 벌 칙

제30조(벌칙) ① 다음 각 호의 어느 하나에 해당하는 자는 5년 이하의 징역 또는 5천만원 이하의 벌금에 처한다.
  1. 사행행위영업 외에 투전기나 사행성 유기기구를 이용하여 사행행위를 업(業)으로 한 자
  2. 제1호의 행위를 업으로 하는 자에게 투전기나 사행성 유기기구를 판매하거나 판매할 목적으로 제조 또는 수입한 자
② 다음 각 호의 어느 하나에 해당하는 자는 3년 이하의 징역 또는 2천만원 이하의 벌금에 처한다.
  1. 제4조제1항 또는 제7조제2항에 따른 허가를 받지 아니하고 영업을 한 자
  2. 제12조제2호 또는 제3호를 위반하여 사행기구를 설치·사용하거나 변조한 자
  3. 제13조제1항 또는 제2항에 따른 허가를 받지 아니하고 영업을 한 자
③ 다음 각 호의 어느 하나에 해당하는 자는 1년 이하의 징역 또는 1천만원 이하의 벌금에 처한다.
  1. 제4조제2항 또는 제13조제3항에 따른 변경허가를 받지 아니하고 영업을 한 자
  2. 제9조제3항(제13조제4항에 따라 준용되는 경우를 포함한다)을 위반하여 승계신고를 하지 아니하고 영업을 한 자
  3. 제12조 각 호 외의 부분을 위반하여 제11조에 따른 영업의 방법 및 당첨금에 관하여 대통령령으로 정하는 사항이나 영업시간 등의 제한을 지키지 아니하고 영업을 한 자
  4. 제12조제1호를 위반하여 영업명의를 다른 사람에게 빌려준 자
  5. 제12조제4호를 위반하여 청소년을 입장시키거나 청소년의 참가를 허용하여 영업을 한 자
  6. 제12조제5호를 위반하여 광고나 선전을 한 자
  7. 제12조의2에 따른 검사를 받지 아니한 사행기구를 이용하여 영업을 한 자
  8. 제15조제1항에 따른 검사를 받지 아니한 사행기구를 판매한 자
  9. 제15조제2항(제12조의2제2항에 따라 준용되는 경우를 포함한다)에 따른 검사합격증명서를 훼손하거나 제거한 자
  10. 제15조제3항을 위반하여 검사기록을 보존하지 아니한 자
  11. 제16조를 위반하여 표시 없는 사행기구를 판매하거나 거짓으로 표시하여 판매한 자
  12. 제18조제1항에 따른 보고를 하지 아니하거나 거짓으로 보고한 자 및 관계 공무원의 출입·검사나 그 밖의 조치를 거부·방해 또는 기피한 자
  13. 제19조제2항에 따른 개수(改修)·개선 또는 시정 명령에 따르지 아니한 자
  14. 제21조제2항에 따른 영업정지처분을 위반하여 영업정지기간 중에 영업을 한 자
제31조(양벌규정) 법인의 대표자나 법인 또는 개인의 대리인, 사용인, 그 밖의 종업원이 그 법인 또는 개인의 업무에 관하여 제30조의 위반행위를 하면 그 행위자를 벌하는 외에 그 법인 또는 개인에게도 해당 조문의 벌금형을 과(科)한다. 다만, 법인 또는 개인이 그 위반행위를 방지하기 위하여 해당 업무에 관하여 상당한 주의와 감독을 게을리하지 아니한 경우에는 그러하지 아니하다.

III. 범죄사실

1. 무허가 사행행위영업

1) 적용법조 : 제30조 제2항 제1호, 제4조 제1항 ☞ 공소시효 5년

제4조(허가 등) ① 사행행위영업을 하려는 자는 제3조에 따른 시설 등을 갖추어 행정안전부령으로 정하는 바에 따라 시·도경찰청장의 허가를 받아야 한다. 다만, 그 영업의 대상 범위가 둘 이상의 특별시·광역시·도 또는 특별자치도에 걸치는 경우에는 경찰청장의 허가를 받아야 한다.

2) 범죄사실 기재례

[기재례1] 문방구 운영자가 사행행위영업을 한 경우

피의자는 ○○에서 ○○을 경영하는 사람으로서, 사행행위영업을 하고자 하는 자는 사도경찰청장의 허가를 받아야 한다.

그럼에도 불구하고 피의자는 20○○. ○. ○. 경부터 20○○. ○. ○.까지 위 피의자 경영의 문구점 앞에 가위바위보, 야구게임이라는 사행행위기구를 각각 1대씩 설치하고 성명을 알 수 없는 다수의 청소년을 상대로 ○○원 짜리 주화를 투입게 한 후 버튼을 눌러 그 결과에 따라서 가위바위보는 ○○원 상당의 코인 1개부터 20개까지, 야구게임은 시가 ○○원 상당의 지우개부터 시가 ○○원 상당의 조립 로봇 1개까지의 경품을 시상하는 방법으로 하루 평균 ○○만 원 상당의 수익을 얻는 사행행위영업을 하였다.

[기재례2] 편의점운영자가 사행행위영업을 한 경우

피의자는 ○○에서 ○○편의점을 경영하는 사람으로서, 사행행위영업을 하고자 하는 자는 시·도경찰청장의 허가를 받아야 한다.

그럼에도 불구하고 피의자는 20○○. ○. ○.부터 20○○. ○. ○.까지 위 편의점 내에 체리마스터 게임기(일명 빠찡코) 1대를 설치하여 불특정다수인들이 동전 100원당 5점의 포인트를 가지고 버튼을 눌러 그 결과에 따라 포인트 5점당 100원으로 계산해서 다시 동전으로 반환되는 방법으로 하루 평균 ○○원 상당의 수익을 올리는 사행행위영업을 하였다.

3) 신문사항

- 피의자는 허가없이 사행행위를 한 일이 있는가
- 언제부터 언제까지 하였나
- 어디에서 하였나
- 어떠한 사행행위 기구인가(게임이 돈을 걸고 승부하는 게임임을 밝힌다)
- 어떠한 방법으로 게임을 하는가
- 시상방법은

- 영업규모는(게임기 수, 영업시설, 종업원 등)

- 왜 허가를 받지 않았나

- 1일 평균 매상은

■ 판례 ■   **다방에 설치한 오락기가 '사행심을 유발할 우려가 있는 기계·기구'에 해당하는지 여부(소극)**

피고인이 그 운영의 다방에 오락기 1대를 설치하여 사용자가 100원짜리 동전을 투입하면 주어지는 점수를 걸고 베팅(betting)을 한 후 오락기의 단추를 누르면 화면에 나타나는 그림 또는 숫자 배열에 따라 점수를 취득하거나 잃는 것인 사실을 알 수 있을 뿐이고, 피고인이 이 사건 오락기의 사용자에게 그 얻은 점수에 따라 금전이나 환전 가능한 경품을 지급하였다면 이 사건 오락기가 위 조항 소정의 '사행심을 유발할 우려가 있는 기계·기구'에 해당한다고 단정할 수 없다 할 것이다(대법원 2004.5.14. 선고 2003도8245 판결).

■ 판례 ■   **슬롯 머신을 이용한 사행행위가 구 소득세법 제21조 제1항 제3호 소정의 '사행행위등 규제및처벌특례법이 규정하는 행위'에 해당하는지 여부(적극)**

구 소득세법(1997. 12. 13. 법률 제5424호로 개정되기 전의 것) 제21조 제1항 제3호는 기타소득의 하나로 '사행행위등규제및처벌특례법이 규정하는 행위에 참가하여 얻은 재산상 이익'을 들고 있는 바, 사행행위등규제및처벌특례법이 규정하는 행위라 함은 같은 법 소정의 적법한 허가를 받아 할 수 있는 사행행위뿐만 아니라 같은 법에서 처벌대상으로 규정하고 있는 위법한 사행행위를 포함하여 같은 법이 규정하는 모든 사행행위를 말하고, 같은 법 제30조 제1항 제4호(현행법 제30조 제1항 제1호)가 처벌대상으로 규정한 투전기에는 슬롯 머신이 포함된다고 할 것이므로, 슬롯 머신을 이용한 사행행위도 같은 법이 규정하는 행위에 포함된다고 할 것이며, 이와 같이 슬롯 머신을 이용한 사행행위가 같은 법이 규정하는 행위에 포함되는 이상 외국에서 슬롯 머신을 이용하거나 카지노에서 슬롯 머신을 이용한다고 하여 달리 볼 것은 아니다(대법원 2000.11.28. 선고 99두5368 판결).

■ 판례 ■   **사행행위영업허가의 효력**

사행행위등규제법 제7조 제2항의 규정에 의하면 사행행위영업허가의 효력은 유효기간 만료 후에도 재허가신청에 대한 불허가처분을 받을 때까지 당초 허가의 효력이 지속된다고 볼 수 없으므로 허가갱신신청을 거부한 불허처분의 효력을 정지하더라도 이로 인하여 유효기간이 만료된 허가의 효력이 회복되거나 행정청에게 허가를 갱신할 의무가 생기는 것도 아니라 할 것이니 투전기업소갱신허가불허처분의 효력을 정지하더라도 불허처분으로 입게 될 손해를 방지하는 데에 아무런 소용이 없고 따라서 불허처분의 효력정지를 구하는 신청은 이익이 없어 부적법하다(대법원 1993.2.10. 자 92두72 결정).

■ 판례 ■   **사행성 게임기의 기판뿐만 아니라 본체도 범죄행위에 제공된 물건으로서 몰수의 대상이 되는지 여부(적극)**

사행성 게임기는 기판과 본체가 서로 물리적으로 결합되어야만 비로소 그 기능을 발휘할 수 있는 기계로서, 당국으로부터 적법하게 등급심사를 받은 것이라고 하더라도 본체를 포함한 그 전부가 범죄행위에 제공된 물건으로서 몰수의 대상이 된다(대법원 2006.12.8. 선고 2006도6400 판결).

2. 사행행위영업 외에 사행행위

1) 적용법조 : 제30조 제1항 제1호, 게임산업진흥에 관한 법률 제44조 제1항 제1호, 제28조 제2호 ☞ 공소시효 7년

2) 범죄사실 기재례

> 누구든지 사행성전자식유기기구 등 사행심을 유발할 우려가 있는 기계 또는 기구를 이용하여 사행행위를 업으로 하여서는 아니 되고, 게임제공업자는 이용자에게 게임물을 이용하여 도박 그 밖의 사행행위를 하게 하거나 이를 하도록 내버려 두어서는 아니된다.
>
> 그럼에도 불구하고 피의자는 20○○. ○. ○.경부터 20○○. ○. ○.까지 ○○에 있는 '○○게임랜드'에서, '뉴골든홀+3'라는 성인오락기 90대를 설치하여 놓고 1회 게임시 경품으로 제공할 수 있는 시상한도인 ○○만원 상당을 초과하여 최고 ○○만원 가량까지 시상하여 주되, 화면상으로는 시상내역을 표시하지 않으면서 게임기의 메모리장치에 위와 같은 최고 시상금을 저장하여 두고 상품권이 분할 지급되게 하는 이른 바 '메모리 연타기능'이 탑재된 위 게임기를 이용하여 불상의 고객들로 하여금 위 게임기의 지폐 투입구에 ○○원권 지폐를 투입하면서 위 게임기를 이용하게 하여 영업기간 동안 약 ○○만원의 이익을 얻어 사행심을 유발할 우려가 있는 기계를 이용하여 사행행위 영업을 하고, 이용자에게 게임물을 이용하여 사행행위를 하게 하였다.

■ **판례** ■ **손님들이 성인오락실에서 경품으로 제공받은 상품권을 현금으로 환전해준 경우**

[1] 사실관계

> 성인오락실 업주인 丙은 손님들에게 상품권을 경품으로 제공하고, 乙은 인접한 곳에서 이를 현금으로 환전해주며, 甲은 丙에게 환전소에서 회수한 상품권에 해당하는 수량만큼의 신상품권을 추가 할인하여 공급하였다.

[2] 판결요지

가. 甲, 乙, 丙의 죄책

피고인들은 적어도 게임장 손님들이 상품권을 액면가에서 할인된 금액으로 환전해 감으로써 발생하는 차액을 서로 분배하기로 하는 암묵적인 의사연락 아래 그 판시의 실행행위를 분담하였음을 충분히 인정할 수 있다고 하여, 피고인들을 판시 사행행위 등 규제 및 처벌특례법 위반죄의 공동정범으로 의율한 것은 위법이 있다고 볼 수 없다.

나. 손님들이 성인오락실에서 경품으로 제공받은 상품권을 현금으로 환전해주는 환전소에서 압수한 현금과 상품권이 사행행위 등 규제 및 처벌특례법 위반 범행에 제공하였거나 제공하려 한 물건 또는 범죄행위로 취득한 물건으로서 이를 몰수할 수 있다.

다. 공범자의 소유물도 몰수의 대상이 되는지 여부(적극)

형법 제48조 제1항의 범인에는 공범자도 포함된다고 해석되므로, 범인 자신의 소유물은 물론 공범자의 소유물에 대하여도 이를 몰수할 수 있다 할 것인바, 설령 乙이 운영하는 환전소에서 압수한 현금의 실제 소유자가 甲이라고 하더라도, 공범관계에 있는 乙로부터 위 현금을 몰수한 조치는 정당하다(대법원 2007.3.15. 선고 2006도8929 판결).

3. 영업자의 준수사항위반

1) 적용법조 : 제30조 제3항 제3호, 제11조, 제12조 ☞ 공소시효 5년

제12조(영업자의 준수사항) 영업자(대통령령으로 정하는 종사자를 포함한다)는 다음 각 호의 사항과 제11조에 따른 영업의 방법 및 당첨금에 관하여 대통령령으로 정하는 사항, 영업시간 등의 제한 사항을 지켜야 한다.
  1. 영업명의(營業名義)를 다른 사람에게 빌려주지 말 것
  2. 법령을 위반하는 사행기구를 설치하거나 사용하지 아니할 것
  3. 법령을 위반하여 사행기구를 변조하지 아니할 것
  4. 행정안전부령으로 정하는 사행행위영업의 영업소에 청소년(「청소년 보호법」 제2조제1호에 따른 청소년을 말한다. 이하 같다)을 입장시키거나 인터넷 등 정보통신망을 이용하는 사행행위영업에 청소년이 참가하는 것을 허용하지 아니할 것
  5. 지나친 사행심을 유발하는 등 선량한 풍속을 해칠 우려가 있는 광고 또는 선전을 하지 아니할 것
제11조(영업의 방법 및 제한) ① 영업의 방법과 당첨금에 필요한 사항은 대통령령으로 정한다.
② 경찰청장은 공익을 위하여 필요하거나 지나친 사행심 유발의 방지 등 선량한 풍속을 유지하기 위하여 필요하다고 인정하면 대통령령으로 정하는 바에 따라 사행행위영업의 영업시간, 영업소의 관리·운영 또는 그 밖에 영업에 관하여 필요한 제한을 할 수 있다.

※ 시행령(대통령령)
제9조(사행행위영업의 종사자의 범위) 법 제12조본문의 규정에서 "대통령령이 정하는 종사자"라 함은 명칭여하를 불문하고 영업자를 대리하거나 영업자의 지시를 받아 상시 또는 일시 영업행위를 하는 대리인·사용인 기타의 종업원을 말한다.

※ 시행규칙
제12조(사행행위영업의 영업시간) 영 제8조제1호 가목의 규정에 의한 사행행위 영업의 영업시간은 오전 9시부터 오후 12시까지로 한다.

2) 범죄사실 기재례

[기재례1] 당첨금에 관한 준수사항 위반

투전기(일명 "슬롯머신")에는 1회 게임시 100원짜리 주화 1개만을 투입하여야 하고 자동식 투전기의 경우에도 1회에 100원씩을 유기하여야 하며, 그 시상금도 소정의 시상률표에 의하여 최고 돈 10,000원을 초과할 수 없다.
그럼에도 불구하고 피의자는 200○. ○. ○. 피의자가 경영하는 ○○에 있는 ○○호텔 휴게실에서 홍길동으로부터 ○○만원을 받고 그 곳에 설치되어 있는 자동식 투전기의 계기판에 100점을 올려준 다음 1회 유기시에 1점(300원에 해당)씩 줄도록 계산하고 일정한 그림이나 문자의 배열에 따라 당첨되면 최고 ○○만원까지 시상하는 방법으로 영업한 것을 비롯하여 그때부터 200○. ○. ○.까지 같은 곳에서 성명을 알 수 없는 손님들을 상대로 그곳에 설치된 투전기 10대를 이용하여 위와 같은 방법으로 하루 평균 ○○만원의 이익을 얻는 사행행위영업을 함으로써 영업의 방법 및 당첨금에 관한 제한을 위반하였다.

> 피의자는 ○○에서 ○○오락실이라는 상호로 ○○시·도경찰청장으로부터 허가(제○○호)를 받은 후 사행행위 영업을 하는 자로, 사행행위 영업의 영업시간은 오전 9시부터 오후 12시까지로 이를 준수하여야 한다.
>
> 그럼에도 불구하고 피의자는 20○○. ○. ○. 02:00경까지 위 업소에서 불특정 다수의 손님을 상대로 영업을 하여 영업시간에 관한 제한을 준수하지 아니하였다.

4. 검사를 받지 아니한 사행 기구를 이용

1) 적용법조 : 제30조 제3항 제7호, 제12조의2 제1항 ☞ 공소시효 5년

> **제12조의2(영업자의 사행기구 검사)** ① 사행기구를 이용하여 영업을 하는 영업자는 행정안전부령으로 정하는 바에 따라 그 사행기구가 제4조제1항 또는 제2항에 따른 규격 및 기준에 맞는지 경찰청장의 검사를 받아야 한다.
> ② 검사합격증명서의 부착과 검사 방법·절차 등에 관하여는 제15조제2항 및 제4항을 준용한다.

2) 범죄사실 기재례

> 피의자는 ○○에서 ○○오락실이라는 상호로 ○○시·도경찰청장으로부터 허가(제○○호)를 받은 후 사행행위 영업을 하는 자로, 사행행위영업자는 행정안전부령이 정하는 바에 따라 그 사행기구가 규격 및 기준에 적합한지의 여부에 관하여 경찰청장의 검사를 받아야 한다.
>
> 그럼에도 불구하고 피의자는 20○○. ○. ○. 경부터 20○○. ○. ○.경까지 위 업소에서 검사를 받지 아니한 사행 기구인 ○○기구를 설치하여 업소를 찾는 불특정 여러 사람이 이용하게 하였다.

3) 신문사항

- 사행행위 영업을 하고 있는가
- 언제부터 어디에서 하고 있는가
- 영업허가를 받았는가(허가일, 번호, 관청 등)
- 어떤 사행행위 영업을 하는가
- 사행기구는 어떠한 것인가
- 모두 적합판정 검사를 받았는가
- 검사 받지 않은 사행기구가 어떤 것인가
- 이 기구는 언제 어디에서 누구로부터 구입하였나
- 검사받지 않은 사행기구라는 것을 알고 구입하였나
- 무엇 때문에 이런 사행기구를 사용하였는가

5. 무허가 사행기구 판매업

1) 적용법조 : 제30조 제2항 제3호, 제13조 제2항 ☞ 공소시효 5년

> **제13조(사행기구 제조업의 허가 등)** ① 사행기구 제조업을 하려는 자는 행정안전부령으로 정하는 시설·설비 및 인력등을 갖추어 행정안전부령으로 정하는 바에 따라 경찰청장의 허가를 받아야 한다.
> ② 사행기구 판매업을 하려는 자는 행정안전부령으로 정하는 바에 따라 경찰청장의 허가를 받아야 한다.
> ③ 제1항에 따른 사행기구 제조업의 허가를 받은 자(이하 "사행기구 제조업자"라 한다)와 제2항에 따른 사행기구 판매업의 허가를 받은 자(이하 "사행기구 판매업자"라 한다)가 대통령령으로 정하는 중요 사항을 변경하려면 행정안전부령으로 정하는 바에 따라 경찰청장의 허가를 받아야 한다.
> ④ 제1항과 제2항에 따른 사행기구 제조업 및 사행기구 판매업 허가의 제한, 조건부 영업허가 및 영업 승계에 관하여는 영업 허가의 제한 등에 관한 제6조·제8조 및 제9조를 준용한다.
> ⑤ 사행기구 제조업자는 제2항에 따른 사행기구 판매업의 허가를 받은 것으로 본다.

2) 범죄사실 기재례

> 피의자는 ○○에서 사행기구판매업을 하는 사람으로서, 사행기구판매업을 하고자 하는 자는 행정안전부령이 정하는 바에 의하여 경찰청장의 허가를 받아야 한다.
> 그럼에도 불구하고 피의자는 20○○. ○. ○. 위 장소 약 ○○㎡ 면적에 허가없이 사행기구인 ○○등을 갖추고 20○○. ○. ○.까지 월 약 ○○만원 상당의 수입을 올리는 사행기구판매업을 영위하였다.

3) 신문사항

- 사행기구 판매업을 하는가
- 언제부터 어디에서 하고 있는가
- 어떤 사행기구를 판매하는가
- 그 규모는 어느 정도인가
- 판매업 허가는 받았는가
- 누구를 상대로 판매하였나
- 월 판매수입은 어느 정도인가
- 왜 허가를 받지 않고 판매하였나

I. 개념정의

제2조(정의) 이 법에서 사용하는 용어의 뜻은 다음과 같다.

1. "사회복지사업"이란 다음 각 목의 법률에 따른 보호·선도(善導) 또는 복지에 관한 사업과 사회복지상담, 직업지원, 무료 숙박, 지역사회복지, 의료복지, 재가복지(在家福祉), 사회복지관 운영, 정신질환자 및 한센병력자의 사회복귀에 관한 사업 등 각종 복지사업과 이와 관련된 자원봉사활동 및 복지시설의 운영 또는 지원을 목적으로 하는 사업을 말한다.
   - 가.「국민기초생활 보장법」
   - 나.「아동복지법」
   - 다.「노인복지법」
   - 라.「장애인복지법」
   - 마.「한부모가족지원법」
   - 바.「영유아보육법」
   - 사.「성매매방지 및 피해자보호 등에 관한 법률」
   - 아.「정신건강증진 및 정신질환자 복지서비스 지원에 관한 법률」
   - 자.「성폭력방지 및 피해자보호 등에 관한 법률」
   - 차.「국내입양에 관한 특별법」 및 「국제입양에 관한 법률」
   - 카.「일제하 일본군위안부 피해자에 대한 생활안정지원 및 기념사업 등에 관한 법률」
   - 타.「사회복지공동모금회법」
   - 파.「장애인·노인·임산부 등의 편의증진 보장에 관한 법률」
   - 하.「가정폭력방지 및 피해자보호 등에 관한 법률」
   - 거.「농어촌주민의 보건복지증진을 위한 특별법」
   - 너.「식품등 기부 활성화에 관한 법률」
   - 더.「의료급여법」
   - 러.「기초노령연금법」
   - 머.「긴급복지지원법」
   - 버.「다문화가족지원법」
   - 서.「장애인연금법」
   - 어.「장애인활동 지원에 관한 법률」
   - 저.「노숙인 등의 복지 및 자립지원에 관한 법률」
   - 처.「보호관찰 등에 관한 법률」
   - 커.「장애아동 복지지원법」
   - 터.「발달장애인 권리보장 및 지원에 관한 법률」
   - 퍼.「청소년복지 지원법」
   - 허. 그 밖에 대통령령으로 정하는 법률
2. "지역사회복지"란 주민의 복지증진과 삶의 질 향상을 위하여 지역사회 차원에서 전개하는 사회복지를 말한다.
3. "사회복지법인"이란 사회복지사업을 할 목적으로 설립된 법인을 말한다.
4. "사회복지시설"이란 사회복지사업을 할 목적으로 설치된 시설을 말한다.
5. "사회복지관"이란 지역사회를 기반으로 일정한 시설과 전문인력을 갖추고 지역주민의 참여와 협력을 통하여 지역사회의 복지문제를 예방하고 해결하기 위하여 종합적인 복지서비스를 제공하는 시설을 말한다.
6. "사회복지서비스"란 국가·지방자치단체 및 민간부문의 도움을 필요로 하는 모든 국민에게 상담, 재활, 직업 소개 및 지도, 사회복지시설의 이용 등을 제공하여 정상적인 사회생활이 가능하도록 제도적으로 지원하는 것을 말한다.
7. "보건의료서비스"란 국민의 건강을 보호·증진하기 위하여 보건의료인이 하는 모든 활동을 말한다.

II. 벌 칙

제53조(벌칙) 다음 각 호의 어느 하나에 해당하는 자는 5년 이하의 징역 또는 5천만원 이하의 벌금에 처한다.
1. 제23조제3항을 위반한 자
2. 제42조제2항을 위반한 자

제53조의2(벌칙) ① 제33조의3에 따라 조사하거나 제공받은 금융정보(「국민기초생활 보장법」 제21조제3항제1호의 금융정보를 말한다. 이하 같다)를 다른 사람에게 제공하거나 누설한 자는 5년 이하의 징역 또는 3천만원 이하의 벌금에 처한다.

② 제33조의3에 따라 조사하거나 제공받은 신용정보 또는 보험정보(「국민기초생활 보장법」 제21조제3항제2호 · 제3호의 신용정보 · 보험정보를 말한다. 이하 같다)를 다른 사람에게 제공하거나 누설한 자는 3년 이하의 징역 또는 2천만원 이하의 벌금에 처한다.

③ 제33조의3에 따라 조사하거나 제공받은 정보(금융정보 · 신용정보 및 보험정보는 제외한다)를 다른 사람에게 유출하거나 누설한 자는 3년 이하의 징역 또는 1천만원 이하의 벌금에 처한다.

제53조의3(벌칙) 정당한 접근권한이 없이 또는 허용된 접근권한을 넘어 제6조의2제2항에 따른 정보시스템의 정보를 훼손 · 멸실 · 변경 · 위조하거나 검색 · 복제한 자는 3년 이하의 징역 또는 3천만원 이하의 벌금에 처한다.

제54조(벌칙) 다음 각 호의 어느 하나에 해당하는 자는 1년 이하의 징역 또는 1천만원 이하의 벌금에 처한다.
1. 제6조제1항을 위반한 자
1의2. 제11조제6항을 위반하여 사회복지사 자격증을 다른 사람에게 빌려주거나 빌린 사람
1의3. 제11조제7항을 위반하여 사회복지사 자격증을 빌려주거나 빌리는 것을 알선한 사람
1의4. 제18조의2를 위반하여 금품, 향응 또는 재산상의 이익을 주고받거나 주고받을 것을 약속한 사람
2. 제28조제2항을 위반한 자
3. 제34조제2항에 따른 신고를 하지 아니하고 시설을 설치 · 운영한 자
4. 정당한 이유 없이 제38조제3항(제40조제2항에서 준용하는 경우를 포함한다)에 따른 시설 거주자 권익 보호 조치를 기피하거나 거부한 자
5. 정당한 이유 없이 제40조제1항에 따른 명령을 이행하지 아니한 자
6. 제47조를 위반한 자
7. 정당한 이유 없이 제51조제1항 및 제2항에 따른 보고를 하지 아니하거나 거짓으로 보고한 자, 자료를 제출하지 아니하거나 거짓 자료를 제출한 자, 검사 · 질문 · 회계감사를 거부 · 방해 또는 기피한 자

제55조(벌칙) 제13조를 위반한 자는 300만원 이하의 벌금에 처한다.

제56조(양벌규정) 법인의 대표자나 법인 또는 개인의 대리인 · 사용인, 그 밖의 종업원이 그 법인 또는 개인의 업무에 관하여 제53조, 제53조의2, 제53조의3, 제54조 및 제55조의 위반행위를 하면 그 행위자를 벌하는 외에 그 법인 또는 개인에게도 해당 조문의 벌금형을 과(科)한다. 다만, 법인 또는 개인이 그 위반행위를 방지하기 위하여 해당 업무에 관하여 상당한 주의와 감독을 게을리하지 아니한 경우에는 그러하지 아니하다.

III. 범죄사실

1. 사회복지사 미채용

1) 적용법조 : 제55조, 제13조 제1항 ☞ 공소시효 5년

제13조(사회복지사의 채용 및 교육 등) ① 사회복지법인 및 사회복지시설을 설치 · 운영하는 자는 대통령령으로 정하는 바에 따라 사회복지사를 그 종사자로 채용하고, 보고방법 · 보고주기 등 보건복지부령으로 정하는 바에 따라 시 · 도지사 또는 시장 · 군수 · 구청장에게 사회복지사의 임면에 관한 사항을 보고하여야 한다. 다만, 대통령령으로 정하는 사회복지시설은 그러하지 아니하다.

2) 범죄사실 기재례

피의자는 20○○. ○. ○. ○○구청장에게 신고하고 ○○에서 '○○○○'라는 사회복지시설을 운영하는 사람으로서, 사회복지시설을 설치·운영하는 자는 대통령령이 정하는 바에 의하여 사회복지사를 그 종사자로 채용하여야 한다.

그럼에도 불구하고 피의자는 20○○. ○. ○.경부터 20○○. ○. ○.까지 위 복지시설에 ○○복지사를 채용하지 아니하고 사회복지시설을 운영하였다.

3) 신문사항

- 사회복지사업을 하고 있는가
- 어떤 복지사업을 하고 있는가
- 어디에서 언제부터 하고 있는가
- 행정기관에 시설 신고는 하였는가(신고일자, 신고번호 등)
- 사회복지사를 채용하였는가
- 어떤 업무를 하는 복지사를 채용하여야 하는가
- 언제부터 언제까지 채용하지 않았는가
- 왜 채용하지 않았는가

2. 재산매도 등 무허가처리

1) 적용법조 : 제53조 제1호, 제23조 제3항 제1호 ☞ 공소시효 7년

제23조(재산 등) ① 법인은 사회복지사업의 운영에 필요한 재산을 소유하여야 한다.

② 법인의 재산은 보건복지부령으로 정하는 바에 따라 기본재산과 보통재산으로 구분하며, 기본재산은 그 목록과 가액(價額)을 정관에 적어야 한다.

③ 법인은 기본재산에 관하여 다음 각 호의 어느 하나에 해당하는 경우에는 시·도지사의 허가를 받아야 한다. 다만, 보건복지부령으로 정하는 사항에 대하여는 그러하지 아니하다.

1. 매도·증여·교환·임대·담보제공 또는 용도변경을 하려는 경우
2. 보건복지부령으로 정하는 금액 이상을 1년 이상 장기차입(長期借入)하려는 경우

④ 제1항에 따른 재산과 그 회계에 관하여 필요한 사항은 보건복지부령으로 정한다.

※ 시행규칙

제15조(장기차입금액의 허가) ① 법 제23조제3항제2호에서 "보건복지부령이 정하는 금액이상"이라 함은 장기차입하고자 하는 금액을 포함한 장기차입금의 총액이 기본재산 총액에서 차입당시의 부채총액을 공제한 금액의 100분의 5에 상당하는 금액이상을 말한다.

2) 범죄사실 기재례

[기재례1] 기본재산 은행담보대출

> 피의자는 ○○에서 '○○'라는 사회복지법인의 대표자로서 법인은 기본재산을 매도·증여·교환·임대·담보제공 또는 용도 변경하고자 할 때는 보건복지부장관의 허가를 받아야 한다.
>
> 그럼에도 불구하고 피의자는 20○○. ○. ○.경 위 법인의 기본재산인 ○○에 있는 ○○부지 ○○㎡를 허가없이 ○○은행에 ○○만원 대출을 받으면서 담보로 제공하였다.

3) 신문사항

- 사회복지사업을 하고 있는가
- 어떤 복지사업을 하고 있는가
- 어디에서 언제부터 하고 있는가
- 법인등록을 하였는가
- 법인 구성은(대표자, 정관내용 등)
- 법인 소유 기본재산은
- 기본재산을 담보제공한 일이 있는가
- 언제 어떤 재산을 담보제공하였나
- 무엇 때문에 담보제공하였나

[기재례2] 기본재산인 부동산 임대

> 피의자 갑은 ○○에 있는 피의자 A사회복지법인의 대표이사이고, 피의자 A사회복지법인은 종합 사회복지관 설치 운영을 목적으로 설립된 법인이다.
>
> 사회복지법인이 기본재산에 관하여 매도, 증여, 교환, 임대, 담보제공 또는 용도변경을 하고자 할 때는 보건복지부장관의 허가를 받아야 한다.
>
> 가. 피의자 갑
>
> 피의자는 20○○. 8. 1.경 위 피의자 A사회복지법인에서 위와 같은 허가를 받지 아니하고 B주식회사에게 위 피의자 A사회복지법인의 기본재산인 ○○복지관 건물 3층 ○○㎡, 건물 4층 ○○㎡, 건물 5층 ○○㎡를 임대한 후 그 무렵부터 20○○. 3. 20.경까지 ○○회에 걸쳐 임대료 명목으로 합계 ○○만원을 교부받았다.
>
> 이로써 피의자는 보건복지부장관의 허가를 받지 아니하고 피의자 A사회복지법인의 기본재산을 임대하였다.
>
> 나. 피의자 A사회복지법인
>
> 피의자는 위 '가항'과 같은 일시, 장소에서 피의자의 대표이사인 피의자 갑이 피의자 A사회복지법인의 업무에 관하여 제1항과 같은 행위를 하였다.

■ 판례 ■ 　　구 사회복지사업법 제23조 제3항 제1호에서 보건복지부장관의 허가사항으로 정하고 있는 '사회복지법인의 기본재산 임대행위'의 의미 및 차임 지급 약정 없이 무상으로 사회복지법인의 기본재산을 사용, 수익하게 하는 경우가 이에 포함되는지 여부(소극)

구 사회복지사업법(2011. 8. 4. 법률 제10997호로 개정되기 전의 것, 이하 같다)은 사회복지법인이 기본재산을 임대하고자 할 때에는 보건복지부장관의 허가를 받아야 하고(제23조 제3항 제1호), 위 규정을 위반한 경우에는 형사처벌을 받는다고 규정하고 있다(제53조 제1호). 그런데 구 사회복지사업법은 '임대'의 정의에 관하여 아무런 규정을 두고 있지 아니하므로 같은 법 제23조 제3항 제1호에 규정된 '임대'의 의미는 그에 관한 일반규정인 민법에 의하여 정하여진다. 한편 민법상 임대차는 당사자 일방이 상대방에게 목적물을 사용, 수익하게 할 것을 약정하고 상대방이 이에 대하여 차임을 지급할 것을 약정함으로써 효력이 생기므로(민법 제618조), 차임지급의무는 임대차의 요소에 해당한다. 결국 구 사회복지사업법 제23조 제3항 제1호에서 보건복지부장관의 허가사항으로 정하고 있는 '사회복지법인의 기본재산 임대행위'는 차임을 지급받기로 하고 사회복지법인의 기본재산을 사용, 수익하게 하는 것을 의미하고, 차임의 지급 약정 없이 무상으로 기본재산을 사용, 수익하게 하는 경우는 이에 포함되지 않는다.(대법원 2015.10.15, 선고, 2015도9569, 판결)

■ 판례 ■ 　　사회복지법인이 보건복지부장관의 허가를 받지 않고 기본재산에 관한 임대계약을 갱신한 행위가 구 사회복지사업법 제53조 제1호에 정한 죄에 해당하는지 여부(소극) 및 보건복지부장관이 사회복지법인의 기본재산 임대에 관한 허가를 하면서 '임대기간 만료에 따라 임대기간을 연장하는 경우 재차 기본재산 처분허가를 받는다'라는 내용의 부관을 붙인 경우에도 같은 법리가 적용되는지 여부(적극)

구 사회복지사업법(2011. 8. 4. 법률 제10997호로 개정되기 전의 것, 이하 같다) 제23조 제3항, 제53조 제1호 및 구 사회복지사업법 시행규칙(2012. 8. 3. 보건복지부령 제147호로 개정되기 전의 것) 제14조 제2항을 종합하여 보면, 사회복지법인이 기본재산에 관한 임대계약을 갱신하는 경우에는 보건복지부장관의 허가를 받을 필요가 없다고 할 것이므로, 사회복지법인이 보건복지부장관의 허가를 받지 않고 기본재산에 관한 임대계약을 갱신하였다고 하더라도 이는 구 사회복지사업법 제23조 제3항을 위반한 행위라고 할 수 없으므로 같은 법 제53조 제1호에 정한 죄에 해당한다고 볼 수 없다. 이러한 법리는 보건복지부장관이 사회복지법인의 기본재산 임대에 관한 허가를 하면서 '임대기간 만료에 따라 임대기간을 연장하는 경우 재차 기본재산 처분허가를 받는다'라는 내용의 부관을 붙였다고 하더라도 달리 볼 것은 아니다.(대법원 2013.9.12, 선고, 2012도15453, 판결)

■ 판례 ■ 　　사회복지법인의 운영권을 양도하고 양수인으로부터 양수인 측을 사회복지법인의 임원으로 선임해 주는 대가로 양도대금을 받기로 하는 내용의 '청탁'이 배임수재죄의 성립 요건인 '부정한 청탁'에 해당하는지 여부(원칙적 소극)

구 사회복지사업법(2009. 6. 9. 법률 제9766호로 개정되기 전의 것) 제23조 제3항, 제53조 제1호와 제18조 제5항, 제22조, 제26조 제1항 제4호의 내용 및 취지 등을 종합적으로 고려하여 보면, 사회복지법인 운영권의 유상 양도를 금지·처벌하는 입법자의 결단이 없는 이상 사회복지법인 운영권의 양도 및 그 양도대금의 수수 등으로 인하여 향후 사회복지법인의 기본재산에 악영향을 미칠 수 있다거나 사회복지법인의 건전한 운영에 지장을 초래할 경우가 있다는 추상적 위험성만으로 운영권 양도계약에 따른 양도대금 수수행위를 형사처벌하는 것은 죄형법정주의나 형벌법규 명확성의 원칙에 반하는 것이어서 허용될 수 없다. 따라서 사회복지법인의 설립자 내지 운영자가 사회복지법인 운영권을 양도하고 양수인으로부터 양수인 측을 사회복지법인의 임원으로 선임해 주는 대가로 양도대금을 받기로 하는 내용의 '청탁'을 받았다 하더라도, 청탁의 내용이 당해 사회복지법인의 설립 목적과 다른 목적으로 기본재산을 매수하여 사용하려는 것으로서 실질적으로 법인의 기본재산을 이전하는 것과 다름이 없어 사회복지법인의 존립에 중대한 위협을 초래할 것임이 명백하다는 등의 특별한 사정이 없는 한 사회상규 또는 신의성실의 원칙에 반하는 것을 내용으로 하는 청탁이라고 할 수 없으므로 이를 배임수재죄의 성립 요건인 '부정한 청탁'에 해당한다고 할 수 없다. 나아가 사회복지법인의 설립자 내지 운영자가 자신들이 출연한 재산을 회수하기 위하여 양도대금을 받았다거나 당해 사회복지법인이 국가 또는 지방자치단체로부터 일정한 보조금을 지원받아 왔다는 등의 사정은 위와 같은 결론에 영향을 미칠 수 없다.(대법원 2013.12.26. 선고, 2010도16681, 판결)

3. 자격증 대여

1) 적용법조 : 제54조 제1의2호, 제11조 제6항 ☞ 공소시효 5년

> **제11조(사회복지사 자격증의 발급 등)** ⑥ 제1항에 따라 사회복지사 자격증을 발급받은 사람은 다른 사람에게 그 자격증을 빌려주어서는 아니 되고, 누구든지 그 자격증을 빌려서는 아니 된다.
> ⑦ 누구든지 제6항에 따라 금지된 행위를 알선하여서는 아니 된다.

4. 용도외 수익사용

1) 적용법조 : 제54조 제2호, 제28조 제2항 ☞ 공소시효 5년

> **제28조(수익사업)** ① 법인은 목적사업의 경비에 충당하기 위하여 필요한 때에는 법인의 설립목적 수행에 지장이 없는 범위안에서 수익사업을 할 수 있다.
> ② 법인은 제1항의 규정에 의한 수익사업으로부터 생긴 수익을 법인 또는 그가 설치한 사회복지시설의 운영외의 목적에 사용할 수 없다.

2) 범죄사실 기재례

> 피의자는 ○○에서 '○○○○'라는 사회복지법인의 대표자로서 법인은 수익사업으로부터 생긴 수익을 법인 또는 그가 설치한 사회복지시설의 운영 외의 목적에 사용할 수 없다.
> 그럼에도 불구하고 피의자는 20○○. ○. ○. 위 법인의 ○○수익사업으로 생긴 수익 ○○만원을 ○○주식에 투자하는 등 사회복지시설의 운영 외의 목적에 사용하였다.

3) 신문사항

- 사회복지사업을 하고 있는가
- 어떤 복지사업을 하고 있는가
- 어디에서 언제부터 하고 있는가
- 법인등록을 하였는가
- 법인 구성은(대표자, 정관내용 등)
- 법인 명의로 수익사업을 한 것이 있는가

- 언제부터 어떤 수익사업을 하고 있는가
- 어떤 방법으로 운영하는가
- 월 수입금은 어느 정도인가
- 이런 수익금은 누가 어떻게 관리하는가
- 수익금을 사회복지시설의 운영비외 목적에 사용한 일이 있는가
- 언제 어디에 사용하였는가
- 얼마를 사용하였나
- 사회복지시설의 운영목적과 관계가 있는가
- 왜 운영외의 목적에 사용하였나

■ **판례** ■　**사회복지법인 한국응급구조단이 구급차를 이용하여 응급환자를 이송하고 이송처치료를 받는 것이 유상운송에 해당하는지 여부(소극)**

사회복지법인 한국응급구조단의 설립 근거나 목적 및 성격, 그 법인이 구급차를 운행하고 이송처치료를 징수하는 근거, 그 법인과 다른 일반 응급환자 이송업자 등이 징수하는 이송처치료의 차이 등 제반 사정에 비추어 보면 그 법인이 사고 자동차를 포함한 구급차를 운행하여 응급환자를 이송하고 징수하는 이송처치료는 법인이 제공한 사회복지 혜택에 대한 비용 중 일부를 수혜자 등으로부터 징수한 것으로서 실비변상적인 성격을 가지므로 이를 구급차를 이용한 응급환자의 운송에 대한 대가나 요금이라고 볼 수 없고, 따라서 그 법인이 요금이나 대가를 목적으로 계속적 또는 반복적으로 구급차를 운행하여 왔다고 할 수 없어 업무용자동차종합보험약관 제10조 제1항 제7호에서 정하는 유상운송에 해당한다고 할 수 없다(대법원 1997.10. 10. 선고 96다23252 판결).

5. 미신고 사회복지시설 설치

1) 적용법조 : 제54조 제3호, 제34조 제2항 ☞ 공소시효 5년

> **제34조(사회복지시설의 설치)** ① 국가나 지방자치단체는 사회복지시설(이하 "시설"이라 한다)을 설치·운영할 수 있다.
> ② 국가 또는 지방자치단체 외의 자가 시설을 설치·운영하려는 경우에는 보건복지부령으로 정하는 바에 따라 시장·군수·구청장에게 신고하여야 한다. 다만, 다음 각 호의 어느 하나에 해당하는 자는 시설의 설치·운영 신고를 할 수 없다.
> 1. 제40조에 따라 폐쇄명령을 받고 3년이 지나지 아니한 자
> 2. 제7조제3항 각 호에 해당하는 개인 또는 그 개인이 임원인 법인

2) 범죄사실 기재례

> 　피의자는 ○○○에서 무병장수양로원이라는 사회복지사업을 하는 사람으로서 사회복지시설을 설치·운영하고자 하는 자는 보건복지부령이 정하는 바에 따라 ○○군수에게 신고하여야 한다.
> 　그럼에도 불구하고 피의자는 20○○. ○. ○.부터 위 장소 약 40㎡에 신고없이 거동이 불편한 홍길녀(여, 76세) 외 20명에 대해 1인당 보증금 ○○만원에 생활비 명목으로 월 40만원씩 받고 20○○. ○. ○. 까지 사회복지시설을 설치·운영하였다.

3) 신문사항

- 사회복지시설은 설치운영한 일이 있는가
- 언제부터 언제까지 운영하였나
- 그 장소가 어디인가
- 규모는 어느 정도인가
- 누구를 상대로 하였나
- 어떤 조건으로 하였는가
- 설치운영신고를 하였나
- 왜 신고없이 이런 행위를 하였나

6. 보조금 목적 외 사용

1) 적용법조 : 제53조 제2호, 제42조 제2항   ☞   공소시효 7년

제42조(보조금 등) ① 국가나 지방자치단체는 사회복지사업을 하는 자 중 대통령령으로 정하는 자에게 운영비 등 필요한 비용의 전부 또는 일부를 보조할 수 있다.
② 제1항에 따른 보조금은 그 목적 외의 용도에 사용할 수 없다.

---

2) 범죄사실 기재례

[기재례1]

> 피의자는 200○. ○. ○.경부터 200○. ○. ○.경까지 ○○복지재단에서 운영하는 ○○노인 종합복지관(이하 '이 사건 복지관'이라 한다)의 관장이었다.
> 사회복지사업법상 국가 또는 지방자치단체로부터 사회복지사업의 수행과 관련한 보조금을 받을 경우 사업목적 외의 용도에 보조금을 사용하여서는 아니 된다.
> 피의자는 이 사건 복지관 운영을 총괄하면서 ○○구로부터 ○○ 등 지출 항목으로 보조금을 지급받았으면 개개 용도에 맞게 사용하여야 함에도 불구하고, 보조금 지출 서류에 보조금 지출 금액을 부풀리거나 허위로 기재하여 해당 금액을 지출한 뒤 보조금 지급 상대방으로부터 그 금액의 일부 내지 전부를 되돌려 받아 해당 보조금의 사업목적 외의 용도에 사용하기로 마음먹었다.
> 피의자는 200○. ○. ○.경 이 사건 복지관 사무실에서, ○○에 있는 '○○'에 대한 가스 대금을 ○○원으로 부풀려 그 지출 항목이 운영비(가스)로 정해진 보조금으로 위 ○○원을 카드로 결제하는 한편, '○○가스' 업주로부터 실제 대금과의 차액 ○○원을 이 사건 복지관 명의의 농협 계좌로 입금받아 이를 그 무렵 이 사건 복지관 직원 갑 등의 급여 명목 등으로 사용하였다.
> 피의자는 이를 비롯하여 200○. ○. ○.경부터 200○. ○. ○.경까지 별지 범죄일람표 기재와 같이 이 사건 복지관에 지급된 ○○구 보조금 중 합계 ○○원을 각 해당 보조금의 사업목적 외의 용도로 각각 사용하였다.

[기재례2]

> 피의자는 ○○에서 '○○○○'라는 사회복지법인의 대표자로서 국가 또는 지방자치단체로부터 사회복지사업수행과 관련 필요한 보조금을 받으면 이를 그 목적 외의 용도에 사용하여서는 아니된다.
> 그럼에도 불구하고 피의자는 20○○. ○. ○.경 ○○시장으로부터 ○○용도로 받은 ○○만원 중 ○○만원을 ○○에 사용하여 목적 외의 용도로 사용하였다.

3) 신문사항

- 사회복지사업을 하고 있는가
- 어떤 복지사업을 하고 있는가
- 어디에서 언제부터 하고 있는가
- 법인등록을 하였는가
- 법인 구성은(대표자, 정관내용 등)
- 보조금을 받은 일이 있는가
- 언제 누구로부터 받았는가
- 얼마를 어떤 용도로 받았는가
- 이렇게 받은 보조금은 어떻게 사용하였나
- 목적외의 용도로 사용한 일이 있는가
- 언제 얼마를 어떤 용도로 사용하였는가
- 왜 이런 행위를 하였나

■ **판례** ■ **사회복지법인의 부회장(상무이사)이 서울특별시로부터 받은 보조금을 그 법인의 목적 이외에 사용한 행위가 업무상배임죄를 구성하는지 여부(적극)**

사회복지법인의 부회장(상무이사)이 사회복지사업법 제13조에 의하여 서울특별시로부터 보조금을 받아 위 법인을 위하여 보관 중 마음대로 신규 임용자의 임용일자를 소급하고 퇴직할 직원의 퇴직일을 늦추는 등의 방법으로 그 차액을 그 법인의 목적 이외에 사용하였다면 이는 위 법인에 손해를 가한 것이 되고 또 불법영득의 의사가 있었다고 보아야 하므로 업무상배임죄를 구성한다(대법원 1990.7.24. 선고 90도1042 판결).

7. 비밀누설 금지

1) 적용법조 : 제54조 제6호, 제47조 ☞ 공소시효 5년

제47조(비밀누설의 금지) 사회복지사업 또는 사회복지업무에 종사하였거나 종사하고 있는 사람은 그 업무 수행 과정에서 알게 된 다른 사람의 비밀을 누설하여서는 아니 된다.

2) 범죄사실 기재례

피의자는 ○○구청에 근무하고 있는 사회복지업무에 종사하는 사람으로서, 사회복지업무에 종사하고 있는 자는 그 업무수행의 과정에서 알게 된 다른 사람의 비밀을 누설하여서는 아니 된다.

그럼에도 불구하고 피의자는 20○○. ○. ○. ○○:○○경 ○○에 있는 ○○복지법인에서 장애인의 복지증진 관련 홍길녀(여, 28세)와 상담 중 알게 된 ○○내용을 동료직원인 최민자 등에게 말하여 이를 누설하였다.

3) 신문사항

- 피의자는 어디에서 근무하고 있는가
- 어떠한 업무를 수행하는가(사회복지업무담당)
- 홍길녀를 알고 있는가
- 언제 어디에서 위 홍길녀와 상담하였나
- 상담과정에서 어떠한 사항을 알게 되었나
- 이러한 사실을 누설한 일이 있나
- 언제 어디에서 누구에게 누설하였나
- 피의자의 행위로 홍길녀는 어떠한 피해를 보았는지 알고 있나
- 장애인복지상담원으로서 이러한 누설행위에 대해 어떻게 생각하느냐

제54장 산림보호법

Ⅰ. 개념정의

제2조(정의) 이 법에서 사용하는 용어의 뜻은 다음과 같다.

1. "산림보호구역"이란 산림에서 생활환경·경관의 보호와 수원(水源) 함양, 재해 방지 및 산림유전자원의 보전·증진이 특별히 필요하여 지정·고시한 구역을 말한다.
2. "생태숲"이란 산림생태계가 안정되어 있거나 산림생물 다양성이 높아 특별히 현지내 보전·관리가 필요한 숲을 말한다.
3. "산림병해충"이란 산림에 있는 식물과 산림이 아닌 지역에 있는 수목(「농어업재해대책법」 제2조제4호에 따른 농작물은 제외한다)에 해를 끼치는 병과 해충을 말한다.
4. "예찰"이란 산림병해충이 발생할 우려가 있거나 발생한 지역에 대하여 발생 여부, 발생정도, 피해 상황 등을 조사하거나 진단하는 것을 말한다.
5. "방제"란 산림병해충이 발생하지 아니하도록 예방하거나, 이미 발생한 산림병해충을 약화시키거나 제거하는 모든 활동을 말한다.
6. "예찰·방제기관"이란 산림병해충의 예찰·방제를 하는 지방자치단체나 산림청 소속 기관을 말한다.
7. "산불"이란 산림이나 산림에 잇닿은 지역의 나무·풀·낙엽 등이 인위적으로나 자연적으로 발생한 불에 타는 것을 말한다.
8. "산불방지"란 산불을 예방하고 진화하는 모든 활동을 말한다.
9. "산불유관기관"이란 산불방지 업무와 관련되는 중앙행정기관과 그 소속 기관 등 대통령령으로 정하는 기관을 말한다.
10. "산사태"란 「사방사업법」 제2조제5호에 따른 산사태를 말한다.
11. "산사태예방"이란 산사태의 발생이 우려되는 지역에 대하여 미리 대처하여 막는 모든 활동을 말한다.
12. "산사태유관기관"이란 산사태예방 업무와 관련되는 중앙행정기관과 그 소속 기관 등 대통령령으로 정하는 기관을 말한다.
13. "산사태취약지역"이란 산사태로 인하여 인명 및 재산 피해가 우려되는 지역으로 제45조의8에 따라 지정·고시한 지역을 말한다. 다만, 「급경사지 재해예방에 관한 법률」 제2조제1호의 급경사지 및 제2호의 붕괴위험지역, 「도로법」 제8조의 도로, 「시설물의 안전 및 유지관리에 관한 특별법」 제2조제1호의 시설물에 관하여는 적용하지 아니한다.
14. "산사태정보체계"란 산사태 위험등급을 구분하여 제공하고, 산사태의 발생 위험 정도를 분석하여 알려주는 일련의 체계를 말한다.

제7조(산림보호구역의 지정) ① 특별시장·광역시장·도지사·특별자치도지사(이하 "시·도지사"라 한다) 또는 지방산림청장은 특별히 산림을 보호할 필요가 있으면 다음 각 호의 구분에 따라 산림보호구역을 지정할 수 있다.

1. 생활환경보호구역: 도시, 공단, 주요 병원 및 요양소의 주변 등 생활환경의 보호·유지와 보건위생을 위하여 필요하다고 인정되는 구역
2. 경관보호구역: 명승지·유적지·관광지·공원·유원지 등의 주위, 그 진입도로의 주변 또는 도로·철도·해안의 주변으로서 경관 보호를 위하여 필요하다고 인정되는 구역
3. 수원함양보호구역: 수원의 함양, 홍수의 방지나 상수원 수질관리를 위하여 필요하다고 인정되는 구역
4. 재해방지보호구역: 토사 유출 및 낙석의 방지와 해풍·해일·모래 등으로 인한 피해의 방지를 위하여 필요하다고

인정되는 구역

5. 산림유전자원보호구역: 산림에 있는 식물의 유전자와 종(種) 또는 산림생태계의 보전을 위하여 필요하다고 인정되는 구역. 다만, 「자연공원법」 제2조제2호에 따른 국립공원구역의 경우에는 같은 법 제4조제2항에 따른 공원관리청(이하 "공원관리청"이라 한다)과 협의하여야 한다.

② 산림청장은 제1항에도 불구하고 상수원의 수질관리를 위하여 특별히 필요하다고 인정하여 농림수산식품부령으로 정하는 경우에는 관할 시·도지사와 협의하여 수원함양보호구역을 지정할 수 있다.

③ 제1항과 제2항에 따른 산림보호구역의 구획, 세부 구분 등에 필요한 사항은 농림수산식품부령으로 정한다.

II. 적용범위 및 다른 법률과의 관계

제4조 (적용범위) 산림이 아닌 토지나 나무에 대하여도 이 법에서 정하는 바에 따라 산림보호구역, 보호수, 산림병해충 및 수목진료에 관한 규정의 전부 또는 일부를 적용한다.

제5조 (다른 법률과의 관계) 산림보호에 관하여 다른 법률에 특별한 규정이 있는 경우를 제외하고는 이 법에서 정하는 바에 따른다.

III. 벌칙 및 특별법

1. 벌칙

제53조 (벌칙) ① 산림보호구역 또는 보호수에 불을 지른 자는 7년 이상 15년 이하의 징역에 처한다.

② 타인 소유의 산림에 불을 지른 자는 5년 이상 15년 이하의 징역에 처한다.

③ 자기 소유의 산림에 불을 지른 자는 1년 이상 10년 이하의 징역에 처한다.

④ 제3항의 경우 불이 타인의 산림에까지 번져 피해를 입혔을 때에는 2년 이상 10년 이하의 징역에 처한다.

⑤ 과실로 인하여 타인의 산림을 태운 자나 과실로 인하여 자기 산림을 불에 태워 공공을 위험에 빠뜨린 자는 3년 이하의 징역 또는 3천만원 이하의 벌금에 처한다.

⑥ 제1항부터 제3항까지의 미수범은 처벌한다.

제54조(벌칙) ① 보호수를 절취하거나 산림보호구역에서 그 산물을 절취한 자는 1년 이상 10년 이하의 징역에 처한다.

② 다음 각 호의 어느 하나에 해당하는 자는 5년 이하의 징역 또는 5천만원 이하의 벌금에 처한다.

1. 제9조제1항(제13조제2항에 따라 준용하는 경우를 포함한다)을 위반하여 입목·죽의 벌채, 임산물의 굴취·채취, 입목·죽 또는 임산물을 손상하거나 말라 죽게 하는 행위, 가축의 방목, 그 밖에 대통령령으로 정하는 토지의 형질을 변경하는 행위를 한 자

2. 제9조제2항제1호(제13조제2항에 따라 준용하는 경우를 포함한다)에 따른 허가 없이 입목·죽의 벌채, 임산물의 굴취·채취, 가축의 방목, 그 밖에 대통령령으로 정하는 토지의 형질을 변경하는 행위를 한 자

3. 제18조의3제1항 또는 제2항을 위반하여 보호종을 벌채·굴취·채취·손상 또는 말라 죽게 하거나 그 자생지를 훼손한 자

4. 제45조의10을 위반하여 산사태취약지역에서 사방시설을 훼손하거나 사방시설을 설치·관리하는 것을 거부 또는 방해한 자

③ 제24조제3항제2호에 따른 명령을 위반한 자는 1천만원 이하의 벌금에 처한다.

④ 다음 각 호의 어느 하나에 해당하는 자는 500만원 이하의 벌금에 처한다.

1. 제21조의4제1항 및 제3항에 따른 나무의사 등의 자격취득을 하지 아니하고 수목진료를 한 자
2. 제21조의4제4항을 위반하여 동시에 두 개 이상의 나무병원에 취업한 나무의사 등
3. 제21조의4제5항을 위반하여 나무의사 등의 명칭이나 이와 유사한 명칭을 사용한 자
4. 〈삭 제〉
5. 제21조의6제6항에 따른 자격정지기간에 수목진료를 한 나무의사 등
6. 제21조의9제4항을 위반하여 나무병원을 등록하지 아니하고 수목진료를 한 자
7. 제21조의9제5항을 위반하여 나무병원의 등록증을 다른 자에게 빌려준 자
8. 제24조제3항제1호·제3호·제4호에 따른 명령을 위반한 자
9. 제26조제3항을 위반하여 설계하거나 감리한 자

⑤ 제2항을 위반한 자로서 그 피해 가격이 산지 가격으로 10만원 미만인 경우에는 그 정상(情狀)에 따라 구류(拘留) 또는 과료(科料)에 처할 수 있다.

⑥ 상습적으로 제2항의 죄를 지은 자는 10년 이하의 징역에 처한다.

⑦ 제1항의 미수범은 처벌한다.

제54조의2(벌칙) 다음 각 호의 어느 하나에 해당하는 자는 1년 이하의 징역 또는 1천만원 이하의 벌금에 처한다.
1. 거짓이나 부정한 방법으로 제21조의4제1항 및 제3항에 따라 나무의사 등의 자격을 취득한 자
1의2. 제21조의6제4항을 위반하여 나무의사 등의 자격증을 빌리거나 빌려주거나 이를 알선한 자
2. 거짓이나 부정한 방법으로 제21조의7제1항에 따라 나무의사 등의 양성기관으로 지정을 받은 자
3. 거짓이나 부정한 방법으로 제21조의9제1항에 따라 나무병원을 등록한 자

제55조 (몰수와 추징) ① 제54조제1항 및 제2항의 범죄에 관련된 임산물은 몰수(沒收)한다. 다만, 제54조제1항의 범죄로 인한 임산물은 대통령령으로 정하는 바에 따라 그 피해자에게 돌려주거나 이를 처분하여 그 가액(價額)을 내주어야 한다.

② 제1항의 임산물을 몰수할 수 없을 때에는 그 가액을 추징(追徵)한다.

제56조 (양벌규정) 법인의 대표자나 법인 또는 개인의 대리인, 사용인, 그 밖의 종업원이 그 법인 또는 개인의 업무에 관하여 제54조제2항부터 제6항까지 및 제54조의2제1호의2의 어느 하나에 해당하는 위반행위를 하면 그 행위자를 벌하는 외에 그 법인 또는 개인에게도 해당 조문의 벌금 또는 과료의 형을 과(科)하고, 제54조제7항의 위반행위를 하면 그 행위자를 벌하는 외에 그 법인 또는 개인에게도 2천만원 이하의 벌금형을 과한다. 다만, 법인 또는 개인이 그 위반행위를 방지하기 위하여 해당 업무에 관하여 상당한 주의와 감독을 게을리하지 아니한 경우에는 그러하지 아니하다.

2. 특정범죄 가중처벌 등에 관한 법률

제9조(「산림자원의 조성 및 관리에 관한 법률」 등 위반행위의 가중처벌) ② … 「산림보호법」 제53조제2항·제3항 및 제5항에 규정된 죄를 범한 사람은 무기 또는 5년 이상의 징역에 처한다.

Ⅳ. 범죄사실

1. 산림실화죄

1) **적용법조** : 제53조 제5항 ☞ 공소시효 5년

2) **범죄사실 기재례**

[기재례1] 입산자 부주의 실화

> 피의자는 20○○. ○. ○. ○○:○○경 ○○에서 입산 통제요원으로부터 일기가 건조하여 산불위험이 있으므로 인화물질의 반입을 금지하라는 요구가 있었음에도 야외취사를 할 목적으로 가스레인지와 성냥 등을 은닉한 채 일행 10여 명을 대동 ▲정상에 이르러 오락을 준비하는 사이에 취사요원 甲이 점심식사 준비를 위해 야외용 부탄가스레인지에 불을 붙여 밥을 짓는 동안 불꽃이 크게 일면서 마른 낙엽에 옮겨붙어 일행들이 이를 진화하고자 하였으나 건조한 일기와 강풍에 국유림 5,000㎡의 소나무 150입방(시가 약 ○○만원) 상당의 산림을 소훼하였다.
>
> 이로 인해 피의자는 인근에 있는 홍길동 소유 목조 와가 1동을 전소시켜 ○○만원 상당의 피해를 야기하였다.

[기재례2] 밭 인근 잡초 소각 실화

> 피의자는 20○○. ○. ○. ○○:○○경 ○○에 있는 피의자 소유의 산림에서 잡초를 소각하게 되었는데, 당시는 강풍이 부는 때였으므로 인근의 임야에 불길이 옮아 붙을 염려가 있어 불을 놓지 않는 등 화기 단속을 철저히 해야 할 주의의무가 있었다.
>
> 그럼에도 불구하고 피의자는 이를 게을리한 채 그곳의 잡초에 성냥불을 놓은 과실로 인해 그에 인접한 피해자 홍길동 소유의 산림에 불길이 번지면서 그 산림에 있는 시가 ○○만원 상당의 10년생 소나무 50여 그루를 소훼하였다.

3) **신문사항**
  - 잡초를 소각한 일이 있는가
  - 언제 어디에서 하였나
  - 어떤 방법으로 하였나
  - 당시의 일기는
  - 인접한 곳에 임야가 있었는가
  - 임야에 불길이 옮아 붙을 것을 예상하지 못하였나
  - 미리 예견할 수 있지 않았는가
  - 왜 인근 신림으로 불이 번졌다고 생각하는가

662 형사특별법 수사실무총서

[1] 산림법 제120조의 산림실화죄에 있어서 인과관계

산림법 제120조의 산림실화죄는 과실로 인하여 산림을 소훼케 한 것을 그 구성요건으로 하고 있으므로 그 과실과 산림소훼와 사이에 상당인과관계가 있어야 한다.

[2] 하도급작업을 감독하지 않은 수급인의 과실과 하수급인의 과실로 인한 산림실화와의 상당인과관계의 존부

초지조성공사를 도급받은 수급인이 불경운작업(산불작업)을 하도급을 준 이후에 계속하여 그 작업을 감독하지 아니한 잘못이 있다 하더라도 이는 도급자에 대한 도급계약상의 책임이지 위 하수급인의 과실로 인하여 발생한 산림실화에 상당인과관계가 있는 과실이라고는 할 수 없다(대법원 1987.4.28. 선고 87도297 판결).

2. 타인소유 산림방화

1) 적용법조 : 제53조 제1항 ☞ 공소시효 10년

2) 범죄사실 기재례

> 피의자는 ○○에 사는 피해자 홍길동과 ○○문제로 잦은 다툼으로 감정이 악화되어 피해자 소유 임야를 방화하기로 마음먹었다.
> 피의자는 20○○. ○. ○. ○○:○○경 ○○에 있는 피해자 소유의 산림에 1회용 가스라이터를 이용 소나무 낙엽을 모아 불을 질러 약 ○○㎡ 면적의 산림을 소훼하여 그 산림에 있는 시가 ○○만원상당의 10년생 소나무 50여 그루를 소훼하였다.

3) 신문사항

- 홍길동을 아는가
- 홍길동의 임야에 불을 지른 일이 있는가
- 어디에 있는 산림인가
- 언제 어떤 방법으로 방화하였나
- 방화도구는 언제 어떻게 준비하였는가
- 어느 정도의 산림이 소훼되었는가(면적, 입목 등)
- 무엇 때문에 방화하였는가
- 방화 후 어떤 조치를 하였는가

3. 산림보호구역에서의 입목벌채

1) 적용법조 : 제54조 제2항 제1호, 제9조 제1항 제1호 ☞ 공소시효 7년

제9조 (산림보호구역에서의 행위 제한) ① 산림보호구역(「산림문화·휴양에 관한 법률」 제14조제1항 또는 제2항에 따른 자연휴양림조성계획을 작성하거나 승인받은 구역은 제외한다. 이하 이 조에서 같다) 안에서는 다음 각 호의 행위를 하지 못한다.
　1. 입목(立木)·죽(竹)의 벌채
　2. 임산물의 굴취(掘取)·채취
　2의2. 입목·죽 또는 임산물을 손상하거나 말라 죽게 하는 행위
　3. 가축의 방목
　4. 그 밖에 대통령령으로 정하는 토지의 형질을 변경하는 행위
② 제1항에도 불구하고 농림수산식품부령으로 정하는 바에 따라 다음 각 호의 구분에 따른 행위를 할 수 있다.
　1. 산림청장 또는 시·도지사의 허가를 받으면 할 수 있는 행위 : 농림축산식품부령으로 정하는 산림보호시설의 설치, 산림병해충의 방제, 그 밖에 대통령령으로 정하는 행위를 하기 위하여 부수적으로 하는 제1항 각 호의 행위
　2. 산림청장 또는 시·도지사에게 신고하면 할 수 있는 행위 : 산림보호구역(산림유전자원보호구역은 제외한다)의 지정 목적에 위배되지 아니하는 범위에서 숲 가꾸기를 위한 벌채, 그 밖에 산림의 기능을 증진하기 위한 입목·죽의 벌채나 임산물의 굴취·채취 행위로서 대통령령으로 정하는 경우
　3. 산림청장 또는 시·도지사의 허가나 신고 없이 할 수 있는 행위 : 산림보호구역(산림유전자원보호구역은 제외한다)의 지정 목적에 위배되지 아니하는 범위에서 방화선(防火線)을 설치하기 위한 입목벌채 등 대통령령으로 정하는 경우

※ 시행령
제3조(산림보호구역에서의 행위 제한) ① 법 제9조제1항제4호에서 "대통령령으로 정하는 토지의 형질을 변경하는 행위"란 다음 각 호의 어느 하나에 해당하는 행위를 말한다.
　1. 절토(切土), 성토(盛土) 또는 정지(整地) 등으로 토지의 형상을 변경하는 행위
　2. 토석을 굴취·채취하는 행위

※ 산림문화·휴양에 관한 법률
제14조(자연휴양림의 조성) ② 제13조제2항 및 제3항에 따라 자연휴양림으로 지정된 산림에 휴양시설의 설치 및 숲가꾸기 등을 하려는 자는 농림축산식품부령으로 정하는 바에 따라 자연휴양림조성계획을 작성하여 시·도지사의 승인을 받아야 한다. 승인받은 자연휴양림조성계획을 변경하는 경우에도 또한 같다.

2) 범죄사실 기재례

> 산림보호구역에서는 입목·죽의 벌채 등을 하여서는 아니 된다.
> 그럼에도 불구하고 피의자는 20○○. ○. ○. ○○에 있는 산림보호구역에서 피의자의 집을 수선하는 데 사용하기 위하여 그곳에 자라고 있던 20년생 소나무 10그루를 벌채하였다.

3) 신문사항

　－ 소나무를 벌채한 일이 있는가
　－ 언제 어디에서 있는 소나무인가
　－ 그 산림은 채산림보호구역이라는 것을 알고 있는가
　－ 어떤 소나무(몇 년생)를 몇 그루를 벌채하였나
　－ 어디에 사용하기 위해서 벌채하였나
　－ 왜 허가 없이 이런 행위를 하였나

▪ 판례 ▪ 甲이 입목을 벌채하거나 토지의 외형을 변경하지 아니하고 산림에 울타리를 설치한 경우

[1] 산림법 제90조 제1항 소정의 '산림의 형질변경'의 의미

산림법 제90조 제1항의 산림의 형질변경이라 함은 절토, 성토, 정지 등으로 산림의 형상을 변경함으로써 산림의 형질을 외형적으로 사실상 변경시키고 또 그 변경으로 말미암아 원상회복이 어려운 상태로 만드는 것을 뜻한다.

[2] 甲의 행위가 산림의 형질변경에 해당하는지 여부(소극)

입목을 벌채하거나 토지의 외형을 변경하지 아니하고 산림에 울타리를 설치한 행위는 임야의 형태나 성질을 외형적으로 사실상 변경하지 아니하고 그 경계 지역에 울타리를 설치하였을 뿐이고, 또 그 울타리도 볼트와 너트를 풀면 쉽게 해체할 수 있는 것으로서 원상회복이 어려운 상태에 있다고 보기도 어려운 이상, 이와 같은 울타리 설치행위가 산림의 형질변경에 해당한다고 보기는 어렵다 (대법원 2002.4.23. 선고 2002도21 판결).

▪ 판례 ▪ 산림훼손허가를 받지 않은 임야에 폐석을 쌓아 둔 경우

산림훼손허가를 받지 않은 임야에 폐석을 쌓아 둔 행위는 산림 형질변경행위에 해당한다(대법원 1996.12. 20. 선고 96도2717 판결).

▪ 판례 ▪ 甲이 관상수로 만들기 위하여 역지(力枝) 이상의 초두부 주간(初頭部 主幹)을 잘라 낸 경우

[1] 밤나무 식재를 위한 골타기가 되어 있는 곳에 관상수를 식재하고 이미 개설된 임도에 원상복구 차원에서 관상수 묘목을 심고 철조망을 설치한 경우

밤나무 식재를 위한 골타기가 되어 있는 곳에 관상수를 식재하고 이미 개설된 임도에 원상복구 차원에서 관상수 묘목을 심은 것은 임야의 형질을 변경한 것으로 볼 수 없고, 철조망 설치는 그 원상복구가 용이하고 녹지공간을 훼손하는 것이 아니어서 개발제한구역의 지정목적에 지장을 초래하는 설치라고 볼 수 없다는 이유로 도시계획법위반의 공소사실에 대하여 무죄를 선고한 원심 판결을 수긍한 사례.

[2] 甲의 행위가 산림훼손에 해당하는지 여부(적극)

관상수로 만들기 위하여 역지(力枝) 이상의 초두부 주간(初頭部 主幹)을 잘라 낸 행위는 산림훼손 이다(대법원 1996.5.31. 선고 95도254 판결).

4. 방제명령위반

1) 적용법조 : 제54조 제4항, 제24조 제3항 제2호 ☞ 공소시효 5년

제24조 (방제명령 등) ① 산림소유자는 산림병해충이 발생할 우려가 있거나 발생하였을 때에는 예찰·방제에 필요한 조치를 하여야 한다.
③ 시·도지사, 시장·군수·구청장 또는 지방산림청장은 산림병해충이 발생할 우려가 있거나 발생하였을 때에는 산림소유자, 산림관리자, 산림사업 종사자, 수목(樹木)의 소유자 또는 판매자 등에게 다음 각 호의 조치를 하도록 명할 수 있다. 이 경우 명령을 받은 자는 특별한 사유가 없으면 명령에 따라야 한다.
1. 산림병해충이 있는 수목이나 가지 또는 뿌리 등의 제거
2. 산림병해충이 발생할 우려가 있거나 발생한 산림용 종묘, 베어낸 나무, 조경용 수목, 떼, 토석 등의 이동 제한이나 사용 금지
3. 산림병해충을 옮기거나 피해를 일으키는 곤충 등 동물의 방제나 병해충의 피해를 확산시키는 식물의 제거
4. 산림병해충이 발생할 우려가 있거나 발생한 종묘·토양의 소독

2) 범죄사실 기재례

> 산림소유자는 산림 병해충이 발생할 우려가 있거나 발생하였을 때는 예찰·방제에 필요한 조치를 하여야 한다.
> 피의자는 20○○. ○. ○. ○○군수로부터 산림 병해충이 발생할 우려가 있는 ○○에 있는 조경용 수목의 이동제한과 사용 금지명령을 받았다.
> 그럼에도 불구하고 피의자는 20○○. ○. ○. 위 ○○조경수 ○○그루를 ○○에 있는 甲에게 매매하여 ○○군수의 방제명령을 위반하였다.

3) 신문사항

- 조경수 재배업을 하고 있는가
- 행정기관으로부터 방제명령을 받은 일이 있는가
- 언제 어떠한 명령을 받았는가
- 누구로부터 받았는가
- 방제명령을 받은 후 조경수를 매매한 일이 있는가
- 언제 어떤 조경수를 누구에게 매매하였는가

4) 기타

- 산림병해충이 있는 수목이나 가지 또는 뿌리 등의 제거
  : 제54조 제5항 제8호, 제24조 제3항 제1호 ☞ 공소시효 5년
- 산림병해충을 옮기거나 피해를 일으키는 곤충 등 동물의 방제나 병해충의 피해를 확산시키는 식물의 제거
  : 제54조 제5항 제8호, 제24조 제3항 제3호 ☞ 공소시효 5년
- 산림병해충이 발생할 우려가 있거나 발생한 종묘·토양의 소독
  : 제54조 제5항 제8호, 제24조 제3항 제4호 ☞ 공소시효 5년

제55장 산림자원의 조성 및 관리에 관한 법률

Ⅰ. 개념정의 및 적용범위

1. 개념정의

> **제2조(정의)** 이 법에서 사용하는 용어의 뜻은 다음과 같다.
> 1. "산림"이란 다음 각 목의 어느 하나에 해당하는 것을 말한다. 다만, 농지, 초지(草地), 주택지, 도로, 그 밖의 대통령령으로 정하는 토지에 있는 입목(立木)·대나무와 그 토지는 제외한다.
>   가. 집단적으로 자라고 있는 입목·대나무와 그 토지
>   나. 집단적으로 자라고 있던 입목·대나무와가 일시적으로 없어지게 된 토지
>   다. 입목·대나무를 집단적으로 키우는 데에 사용하게 된 토지
>   라. 산림의 경영 및 관리를 위하여 설치한 도로[이하 "임도(林道)"라 한다]
>   마. 가목부터 다목까지의 토지에 있는 암석지(巖石地)와 소택지(소택지: 늪과 연못으로 둘러싸인 습한 땅)
> 2. "산림자원"이란 다음 각 목의 자원으로서 국가경제와 국민생활에 유용한 것을 말한다.
>   가. 산림에 있거나 산림에서 서식하고 있는 수목, 초본류(草本類), 이끼류, 버섯류 및 곤충류 등의 생물자원
>   나. 산림에 있는 토석(土石)·물 등의 무생물자원
>   다. 산림 휴양 및 경관 자원
> 3. "산림사업"이란 산림의 조성·육성·이용·재해예방·복구·복원 등 산림의 기능을 유지·발전 또는 회복시키기 위하여 산림에서 이루어지는 사업과 도시숲·생활숲·가로수·수목원의 조성·관리 등 산림의 조성·육성 또는 관리를 위하여 필요한 사업으로서 대통령령으로 정하는 사업을 말한다.
> 4. 삭제 〈2020.6.9〉
> 5. 삭제 〈2020.6.9〉
> 6. 삭제 〈2020.6.9.〉
> 7. "임산물(林産物)"이란 목재, 수목, 낙엽, 토석 등 산림에서 생산되는 산물(産物), 그 밖의 조경수(造景樹), 분재수(盆栽樹) 등 대통령령으로 정하는 것을 말한다.
> 8. "산림용 종자"란 산림 또는 제2호가목에 따른 산림자원으로부터 유래된 자원의 씨앗, 증식용 영양체, 종균, 포자 등을 말한다.
> 9. "산림바이오매스에너지"란 임산물 또는 임산물이 혼합된 원료를 사용하여 생산된 에너지를 말한다.
> 10. "산림복원"이란 자연적·인위적으로 훼손된 산림의 생태계 및 생물다양성이 원래의 상태에 가깝게 유지·증진될 수 있도록 그 구조와 기능을 회복시키는 것을 말한다.

■ 판례 ■   **산림법 제2조 제1항소정의 산림인지 여부의 판단기준**

산림법 제2조 제1항소정의 산림인지 여부는 공부상 지목여하에 불구하고 당해토지의 사실상의 현상에 따라 가려져야 할 것이므로 토지대장상 지목이 임야로 되어 있다고 하여도 산림으로서의 현상을 상실하고 그 상실한 상태가 일시적이라고 볼 수 없으며 인근주변의 현상에 비추어 산림안에 있는 암석지라고 인정할 수도 없다면 그 토지는 산림법에서 말하는 산에 해당하지 않는다(대법원 1988.12.13. 선고 88도668 판결).

■ 판례 ■ **지목이 임야로 되어 있으나 산림법 소정의 산림에 해당하는지 여부(소극)**

산림법 제2조 제1항 각호 소정의 산림은 공부상 지목여하에 불구하고 당해 토지의 사실상의 현상에 따라 가려져야 할 것이므로 토지대장상 지목이 임야로 되어 있으나 초지정리 및 개답으로 인하여 산림으로서의 현상을 상실한 이래 현재까지 입목, 죽이 생육하는 토지이거나 입목, 죽이 생육하게 된 토지가 아닐 뿐만 아니라 위와 같은 산림의 현상을 상실한 상태가 일시적이라고 볼 수도 없고 인근주변의 현황에 비추어 산림안에 있는 암석지라 인정할 수도 없다면 위 토지는 산림법에서 말하는 산림에 해당하지 않는다(대법원 1986.12.23. 선고 86도2299 판결).

2. 적용범위

> **제3조(적용 범위)** 이 법은 산림이 아닌 토지에 대하여도 다음 규정의 전부 또는 일부를 적용한다.
> 1. 채종림(採種林 종자 생산을 목적으로 하는 산림), 수형목(우량나무), 시험림에 관한 규정
> 2. 임산물의 사용제한에 관한 규정
> 3. 입목의 벌채(伐採) 또는 굴취(掘取)의 허가에 관한 규정. 다만, 대통령령으로 정하는 토지 안의 입목으로서 국토의 보전과 입목의 보호를 위하여 특별자치시장·특별자치도지사·시장·군수·구청장(자치구의 구청장을 말한다. 이하 같다)이 필요하다고 인정하여 지정·고시하는 입목으로 한정한다.

II. 벌칙 및 가중적 처벌규정

1. 벌 칙

> **제71조(벌칙)** ① 채종림·수형목·시험림에 방화(放火)한 사람은 7년 이상 15년 이하의 징역에 처한다.
> ② 제1항의 미수범은 처벌한다.
>
> **제72조(벌칙)** 삭제〈2009.6.9〉
>
> **제73조(벌칙)** ① 산림에서 그 산물(조림된 묘목을 포함한다. 이하 이 조에서 같다)을 절취한 자는 5년 이하의 징역 또는 5천만원 이하의 벌금에 처한다.
> ② 제1항의 미수범은 처벌한다.
> ③ 제1항의 죄를 저지른 자가 다음 각 호의 어느 하나에 해당한 경우에는 1년 이상 10년 이하의 징역에 처한다.
> 1. 채종림이나 시험림에서 그 산물을 절취하거나 수형목을 절취한 경우
> 2. 원뿌리를 채취한 경우
> 3. 장물(臟物)을 운반하기 위하여 차량이나 선박을 사용하거나 운반·조재(벌채한 나무를 마름질하여 재목을 만듦)의 설비를 한 경우
> 4. 입목이나 대나무를 벌채하거나 산림의 산물을 굴취 또는 채취하는 권리를 행사하는 기회를 이용하여 절취한 경우
> 5. 야간에 절취한 경우
> 6. 상습으로 제1항의 죄를 저지른 경우
>
> **제74조(벌칙)** ① 제19조제5항을 위반하여 채종림등에서 입목·대나무의 벌채, 임산물의 굴취·채취, 가축의 방목, 그 밖의 토지의 형질을 변경하는 행위를 한 자는 5년 이하의 징역 또는 5천만원 이하의 벌금에 처한다.
> ② 다음 각 호의 어느 하나에 해당하는 자는 3년 이하의 징역 또는 3천만원 이하의 벌금에 처한다.
> 1. 삭제 〈2020. 6. 9.〉
> 2. 제36조제1항을 위반하여 특별자치시장·특별자치도지사·시장·군수·구청장이나 지방산림청장의 허가 없이 또는 거짓이나 그 밖의 부정한 방법으로 허가를 받아 입목벌채등을 한 자

3. 정당한 사유 없이 산림 안에서 입목·대나무를 손상하거나 말라죽게 한 자

4. 삭제 〈2020. 6. 9.〉

5. 입목·대나무, 목재 또는 원뿌리에 표시한 기호나 도장을 변경하거나 지운 자

6. 정당한 사유 없이 타인의 산림에 공인공구조물를 설치한 자

③ 삭제 〈2020. 6. 9.〉

④ 상습적으로 제1항 또는 제2항의 죄를 저지른 자는 각 죄에 정한 형의 2분의 1까지 가중한다.

제75조(몰수와 추징) ① 제73조와 제74조제1항제2항제2호의 의 범죄에 관련된 임산물은 몰수(沒收)한다. 다만, 제73조의 범죄로 인한 임산물은 대통령령으로 정하는 바에 따라 그 피해자에게 돌려주거나 이를 처분하여 그 가액(價額)을 내주어야 한다.

② 제1항의 임산물을 몰수할 수 없는 경우에는 그 가액을 추징(追徵)한다.

제76조(벌칙) 제41조제1항에 따라 수입 추천을 받은 용도 외의 용도로 수입 임산물을 사용한 자는 2년 이하의 징역 또는 2천만원 이하의 벌금에 처한다.

제77조(벌칙) 다음 각 호의 어느 하나에 해당하는 자는 1천만원 이하의 벌금에 처한다.

1. 제16조제1항을 위반하여 종묘생산업자의 등록을 하지 아니하고 종묘생산업을 한 자

2. 제23조의2제4항에 따른 국유림영림단의 등록 또는 제24조제1항에 따른 산림사업법인의 등록을 하지 아니하고 산림사업을 한 자

3. 제23조의2제4항 후단을 위반하여 국유림영림단의 등록증을 다른 자에게 빌려준 자

4. 제24조제4항을 위반하여 산림사업법인의 등록증을 다른 자에게 빌려준 자

5. 삭제 〈2017.11.28〉

6. 삭제 〈2017.11.28〉

7. 제40조제1항에 따른 임산물의 유통, 생산 또는 사용의 제한을 위반한 자

8. 제42조의14제2항을 위반하여 인증을 받지 아니하고 자생식물 종자를 공급하거나 생산한 자

9. 거짓이나 그 밖의 부정한 방법으로 제42조의14제2항에 따른 인증을 받은 자

10. 제42조의14제4항을 위반하여 인증표시 또는 이와 유사한 표시를 한 자

11. 제67조제3항에 따른 명령을 위반하여 품질이 불량한 산림용 종자와 산림용 묘목을 출하하거나 소독·폐기 등 필요한 조치를 하지 아니한 자

제78조(양벌규정) 법인의 대표자나 법인 또는 개인의 대리인, 사용인, 그 밖의 종업원이 그 법인 또는 개인의 업무에 관하여 제74조제1항·제2항·제3항, 제76조 또는 제77조의 위반행위를 하면 그 행위자를 벌하는 외에 그 법인 또는 개인에게도 해당 조문의 벌금 또는 과료의 형을 과(科)하고, 제74조제4항의 위반행위를 하면 그 행위자를 벌하는 외에 그 법인 또는 개인에게도 2천만원 이하의 벌금형을 과한다. 다만, 법인 또는 개인이 그 위반행위를 방지하기 위하여 해당 업무에 관하여 상당한 주의와 감독을 게을리하지 아니한 경우에는 그러하지 아니하다.

2. 특정범죄 가중처벌 등에 관한 법률

제9조(「산림자원의 조성 및 관리에 관한 법률」 등 위반행위의 가중처벌) ① 「산림자원의 조성 및 관리에 관한 법률」 제73조제1항·제2항 및 제74조에 규정된 죄를 범한 사람은 다음 각 호의 구분에 따라 가중처벌한다.

1. 임산물(林産物)의 원산지 가격이 1천만원 이상이거나 산림 훼손면적이 5만㎡ 이상인 경우에는 무기 또는 5년 이상의 징역에 처한다.

2. 임산물의 원산지 가격이 100만원 이상 1천만원 미만이거나 산림 훼손면적이 5천㎡ 이상 5만㎡ 미만인 경우에는 3년 이상의 유기징역에 처한다.

② 「산림자원의 조성 및 관리에 관한 법률」 제71조, 제73조제3항 및 「산림보호법」 제53조제2항·제3항 및 제5항에 규정된 죄를 범한 사람은 무기 또는 5년 이상의 징역에 처한다.

Ⅲ. 범죄사실

1. 채종림에서의 입목 벌채

1) 적용법조 : 제74조 제1항, 제19조 제5항 제1호 ☞ 공소시효 7년

제19조(채종림등의 지정·관리 등) ⑤ 채종림등에서는 다음 각 호의 행위를 하지 못한다. 다만, 숲 가꾸기를 위한 벌채 및 임산물의 굴취·채취는 채종림등의 지정목적에 어긋나지 아니하는 범위에서 농림수산식품부령으로 정하는 바에 따라 산림청장이나 시장·군수·구청장에게 신고하고 할 수 있다.
1. 입목·대나무의 벌채
2. 임산물의 굴취·채취
3. 가축의 방목(放牧)
4. 그 밖에 토지의 형질을 변경하는 행위

2) 범죄사실 기재례

> 채종림에서는 입목·대나무의 벌채 등을 하여서는 아니된다.
> 그럼에도 불구하고 피의자는 20○○. ○. ○. ○○에 있는 국유림의 채종림에서 피의자의 집을 수선하는데 사용하기 위하여 그곳에 자라고 있던 20년생 소나무 10그루를 벌채하였다.

3) 신문사항

- 소나무를 벌채한 일이 있는가
- 언제 어디에서 있는 소나무인가
- 그 산림은 채종림이라는 것을 알고 있는가
- 어떤 소나무(몇 년생)를 몇 그루를 벌채하였나
- 어디에 사용하기 위해서 벌채하였나
- 왜 허가 없이 이런 행위를 하였나

■ **판례** ■   甲이 입목을 벌채하거나 토지의 외형을 변경하지 아니하고 산림에 울타리를 설치한 경우

[1] 산림법 제90조 제1항 소정의 '산림의 형질변경'의 의미

산림법 제90조 제1항의 산림의 형질변경이라 함은 절토, 성토, 정지 등으로 산림의 형상을 변경함으로써 산림의 형질을 외형적으로 사실상 변경시키고 또 그 변경으로 말미암아 원상회복이 어려운 상태로 만드는 것을 뜻한다.

[2] 甲의 행위가 산림의 형질변경에 해당하는지 여부(소극)

입목을 벌채하거나 토지의 외형을 변경하지 아니하고 산림에 울타리를 설치한 행임야의 형태나 성질을 외형적으로 사실상 변경하지 아니하고 그 경계 지역에 울타리를 설치하였을 뿐이고, 또 그 울타리도 볼트와 너트를 풀면 쉽게 해체할 수 있는 것으로서 원상회복이 어려운 상태에 있다고 보기도 어려운 이상, 이와 같은 울타리 설치행위가 산림의 형질변경에 해당한다고 보기는 어렵다 (대법원 2002.4.23. 선고 2002도21 판결).

■ 판례 ■   산림훼손허가를 받지 않은 임야에 폐석을 쌓아 둔 경우

산림훼손허가를 받지 않은 임야에 폐석을 쌓아 둔 행위는 산림 형질변경행위에 해당한다(대법원 1996.12. 20. 선고 96도2717 판결).

■ 판례 ■   甲이 관상수로 만들기 위하여 역지(力枝) 이상의 초두부 주간(初頭部 主幹)을 잘라 낸 경우

[1] 밤나무 식재를 위한 골타기가 되어 있는 곳에 관상수를 식재하고 이미 개설된 임도에 원상복구 차원에서 관상수 묘목을 심고 철조망을 설치한 경우

밤나무 식재를 위한 골타기가 되어 있는 곳에 관상수를 식재하고 이미 개설된 임도에 원상복구 차원에서 관상수 묘목을 심은 것은 임야의 형질을 변경한 것으로 볼 수 없고, 철조망 설치는 그 원상복구가 용이하고 녹지공간을 훼손하는 것이 아니어서 개발제한구역의 지정목적에 지장을 초래하는 공작물의 설치라고 볼 수 없다는 이유로 도시계획법위반의 공소사실에 대하여 무죄를 선고한 원심판결을 수긍한 사례.

[2] 甲의 행위가 산림훼손에 해당하는지 여부(적극)

관상수로 만들기 위하여 역지(力枝) 이상의 초두부 주간(初頭部 主幹)을 잘라 낸 행위는 산림훼손이다(대법원 1996.5.31. 선고 95도254 판결).

2. 허가없이 입목을 벌채

1) 적용법조 : 제74조 제2항 제2호, 제36조 제1항   ☞   공소시효 7년

> 제36조(입목벌채등의 허가 및 신고 등) ① 산림(제19조에 따른 채종림등과 「산림보호법」 제7조에 따른 산림보호구역은 제외한다. 이하 이 조에서 같다) 안에서 입목의 벌채, 임산물(「산지관리법」 제2조제4호·제5호에 따른 석재 및 토사는 제외한다. 이하 이 조에서 같다)의 굴취·채취(이하 "입목벌채등"이라 한다. 이하 같다)를 하려는 자는 농림수산식품부령으로 정하는 바에 따라 시장·군수·구청장이나 지방산림청장의 허가를 받아야 한다. 허가받은 사항 중 대통령령으로 정하는 중요 사항을 변경하려는 경우에도 또한 같다.

2) 범죄사실 기재례

> 산림 안에서 입목의 벌채, 임산물의 굴취·채취를 하려는 자는 농림수산식품부령으로 정하는 바에 따라 시장·군수·구청장이나 지방산림청장의 허가를 받아야 한다.
> 그런데 피의자는 20○○. ○. ○. ○○에 있는 피의자 소유의 임야에서 ○○군수의 허가를 받지 아니하고 피의자의 집을 수선하는 데 사용하기 위하여 그곳에 자라고 있던 20년생 소나무 10그루를 벌채하였다.

3) 신문사항

– 소나무를 벌채한 일이 있는가

– 언제 어디에서 있는 소나무인가

– 그 산림의 소유자는 누구인가

– 어떤 소나무(몇년생)를 몇 그루를 벌채하였나

- 어디에 사용하기 위해서 벌채하였나
- ○○군수의 허가를 받았는가
- 왜 허가 없이 이런 행위를 하였나

■ **판례** ■ **국도 확장공사에 편입되고 그 관리청에 의하여 도로구역으로 결정·고시된 임야의 소유자들로부터 그 지상에 식재된 소나무 등을 전전매수한 甲이 위 임야 내의 소나무를 굴취한 경우**

국도 확장공사에 편입되고 그 관리청에 의하여 도로구역으로 결정·고시된 임야의 소유자들로부터 그 지상에 식재된 소나무 등을 전전매수한 피고인이 위 임야 내의 소나무를 굴취한 행위가 구 산림법(2005. 8. 4. 법률 제7678호 '산림자원의 조성 및 관리에 관한 법률' 부칙 제2조로 폐지되기 전의 것) 제90조 제1항에 규정된 허가 없이 임산물을 굴취한 경우에 해당하지 않는다(대법원 2006.7.13. 선고 2005도9981 판결).

■ **판례** ■ **광업권자가 채광계획 인가를 받은 경우에도 광물이 함유된 암석을 건축용·석공예 또는 토목용으로 사용하기 위하여 채굴하는 경우에는 산림법제90조의2 제1항에 의한 채석허가를 받아야 하는지 여부(적극)**

구 산림법(1999. 2. 5. 법률 제5767호로 개정되기 전의 것) 제90조, 제90조의2, 제90조의3, 구 광업법(1999. 2. 8. 법률 제5824호로 개정되기 전의 것) 제47조의2 등의 규정을 종합하면, 광업권자가 채광계획의 인가를 받아 산림 안에서 광물을 채굴하는 경우에는 구 산림법 제90조 제1항에 의한 산림의 형질변경 등의 허가를 받은 것으로 간주되나, 광물이 함유되어 있는 암석을 건축용·석공예 또는 토목용으로 사용하기 위하여 채굴하는 경우에는 같은 법 제90조의2 제1항에 의한 채석허가를 별도로 받아야 하는 것이고, 같은 법 제90조의3 제1항이 광업법상의 광물 중 장석 또는 규석에 관해서만 그와 같은 취지로 규정하고 있다고 하여 나머지 광물에 관하여 같은 법 제90조의2 제1항의 적용이 배제된다고 할 수 없다(대법원 1999.7.23. 선고 99도1981 판결).

■ **판례** ■ **임야에 묘지를 설치하려면 매장및묘지등에관한법률에 의한 묘지설치허가 외에 산림법에 의한 산림훼손허가를 받아야 하는지 여부(적극)**

임야에 묘지를 설치하려면 행정청의 적법한 묘지설치허가가 있어야 할 뿐만 아니라, 그 설치한 묘지면적이 매장및묘지등에관한법률 제8조 제5항 단서, 같은법시행령 제7조 소정의 80㎡를 초과한다면, 묘지설치허가 여부와는 상관없이 산림법 제90조 제1항에 의한 산림훼손허가를 받지 아니하면 안 된다(대법원 1994. 12.27. 선고 93도2734 판결).

■ **판례** ■ **甲이 허가를 담당하는 공무원이 허가를 요하지 않는 것으로 잘못 알려 주어 이를 믿었기 때문에 허가를 받지 아니 입목을 벌채한 경우**

[1] 국토이용관리법 제27조 제1항 제3호 및 관광진흥법 제26조 제10호에 의하여 산림법 제90조의 적용이 배제되기 위한 요건

국토이용관리법 제27조 제1항 제3호에 의하여 산림법 제90조의 적용이 배제되기 위하여는 같은 법 제14조의2 제1항 제7호에 따라 교통부장관 및 지방자치단체장에 의한 관광진흥법의 규정에 따른 관광지 조성 계획이 수립되어 있어야 하고 또 관광진흥법 제26조 제10호에 의하여 위 산림법의 적용이 배제되기 위하여도 관광진흥법 제23조, 제24조 등에 따라 교통부장관에 의하여 관광지 등으로 지정되고 관할 도지사에 의하여 그 조성 계획이 수립되어 위 계획이 교통부장관에 의하여

승인되어 있어야 한다.

[2] 甲의 행위가 자기의 행위가 죄가 되지 않는 것으로 오인한 데 정당한 이유가 있는지 여부

행정청의 허가가 있어야 함에도 불구하고 허가를 받지 아니하여 처벌대상의 행위를 한 경우라도 허가를 담당하는 공무원이 허가를 요하지 않는 것으로 잘못 알려 주어 이를 믿었기 때문에 허가를 받지 아니한 것이라면 허가를 받지 않더라도 죄가 되지 않는 것으로 착오를 일으킨 데 대하여 정당한 이유가 있는 경우에 해당하여 처벌할 수 없다(대법원 1993.9.14. 선고 92도1560 판결).

■ 판례 ■ 임야내의 골재채취를 목적으로 사금광업권허가 및 산림훼손허가를 얻은 후 사금생산을 전혀 하지 않고 임야 내의모래, 자갈만 채취한 경우 산림법위반여부(적극)

골재업을 경영하는 회사의 대표이사가 자기 소유인 임야 내외 골재를 채취할 목적으로 사금광업권허가를 얻은 후 이를 빙자하여 사금생산은 전혀 하지 않은 채 임야 내의 모래, 자갈만을 채취하였다면 위 행위는 비록 광업권허가 또는 산림훼손허가를 얻은 바 있다 할지라도 산림법위반죄에 해당한다(대법원 1990.11.27. 선고, 90도2107 판결).

■ 판례 ■ 임산물인 수목의 굴취에 의한 구 '산림자원의 조성 및 관리에 관한 법률' 제74조 제1항 제3호, 제36조 제1항 위반죄가 성립하기 위해서는 당해 수목이 사회통념상 토지로부터 분리된 상태에 이르러야 하는지 여부(적극)

[1] 구 산림자원의 조성 및 관리에 관한 법률(2009. 6. 9. 법률 제9763호로 개정되기 전의 것, 이하 '산림자원법'이라 한다) 제36조 제1항은 산림 안에서 입목의 벌채, 임산물의 굴취·채취(이하 '입목벌채등'이라 한다)를 하려는 자는 관할관청의 허가를 받아야 한다고 규정하고 있고, 제74조 제1항 제3호는 제36조 제1항을 위반하여 관할관청의 허가 없이 '입목벌채등'을 한 자를 형사처벌하도록 규정하고 있는데, 여기서 임산물인 수목의 굴취에 의한 산림자원법 제74조 제1항 제3호 위반죄가 성립하기 위해서는 당해 수목이 사회통념상 토지로부터 분리된 상태에 이르러야 한다.

[2] 피고인이 관할관청의 허가 없이 나무 주변의 흙을 파낸 후 이른바 '분뜨기' 작업을 함으로써 수목을 굴취하였다고 하여 구 '산림자원의 조성 및 관리에 관한 법률' 위반으로 기소된 사안에서, 피고인이 '분뜨기' 작업을 한 나무들은 뿌리 부분 중 약 1/4이 토지와 분리되지 않은 상태로 남아있어 이를 굴취하였다고 볼 수 없는데도, 이와 달리 보아 유죄피고인이 관할관청의 허가 없이 소나무 주변의 흙을 파낸 후 이른바 '분뜨기' 작업을 함으로써 수목을 굴취하였다고 하여 구 '산림자원의 조성 및 관리에 관한 법률'(2009. 6. 9. 법률 제9763호로 개정되기 전의 것) 위반으로 기소된 사안에서, 피고인이 '분뜨기' 작업을 한 소나무 9그루는 뿌리 부분 중 약 3/4만이 토지와 분리되었을 뿐 나머지 1/4은 여전히 토지와 분리되지 않은 상태로 남아있어 이를 굴취하였다고 볼 수 없는데도, 이와 달리 보아 유죄를 인정한 원심판결에 법리오해의 위법이 있다.(대법원2012.5.10.선고2011도113 판결)

3. 산림절도

1) 적용법조 : 제73조 제1항 ☞ 공소시효 7년

2) 범죄사실 기재례

> 피의자는 20○○. ○. ○. ○○:○○경 ○○에 있는 산림에서 피해자 홍길동의 소유인 10년생 소나무 20그루(산지 시가 ○○만원 상당)를 벌채하여 반출함으로써 절취하였다.

3) 신문사항

- 소나무를 벌채하여 절취한 일이 있는가
- 언제 어디에서 있는 소나무인가
- 그 산림의 소유자는 누구인가
- 어떤 소나무(몇 년생)를 몇 그루를 벌채하였나
- 어디에 사용하기 위해서 벌채하였나
- 벌채한 소나무는 어떻게 하였나
- 왜 이런 행위를 하였나

4. 타인소유 산림에 공작물 설치

1) 적용법조 : 제74조 제2항 제6호 ☞ 공소시효 7년

2) 범죄사실 기재례

> 피의자는 20○○. ○. ○. ○○:○○경 ○○에 있는 甲 소유의 산림에 패널과 목조로 된 벽체를 만들고 패널 지붕을 얹어 바닥면적 100㎡인 주택 1동을 건축하여 정당한 사유없이 타인의 산림에 공작물을 설치하였다.

3) 신문사항

- 산림에 주택을 건축한 일이 있는가
- 언제 어디에 건축하였나
- 누구 소유의 산림인가.
- 어떤 건축물을 건축하였나
- 누가 어떤 방법으로 하였는가
- 건축물의 규모는 어느 정도인가
- 어떤 용도로 사용하기 위해 건축하였나
- 소유자의 승낙을 받았는가
- 행정기관에 건축신고나 허가를 받았는가
- 왜 타인소유 산림에 건축하였는가

제 56 장 산지관리법

I. 개념정의

제2조(정의) 이 법에서 사용하는 용어의 뜻은 다음과 같다.
1. "산지"란 다음 각 목의 어느 하나에 해당하는 토지를 말한다. 다만, 주택지 [주택지조성사업이 완료되어 지목이 대(垈)로 변경된 토지를 말한다] 및 대통령령으로 정하는 농지, 초지(草地), 도로, 그 밖의 토지는 제외한다.
   가. 「공간정보의 구축 및 관리 등에 관한 법률」 제67조제1항에 따른 지목이 임야인 토지
   나. 입목(立木)·대나무가 집단적으로 생육(生育)하고 있는 토지
   다. 집단적으로 생육한 입목·대나무가 일시 상실된 토지
   라. 입목·대나무의 집단적 생육에 사용하게 된 토지
   마. 임도(林道), 작업로 등 산길
   바. 나목부터 라목까지의 토지에 있는 암석지(巖石地) 및 소택지(沼澤地)
2. "산지전용"(山地轉用)이란 산지를 다음 각 목의 어느 하나에 해당하는 용도 외로 사용하거나 이를 위하여 산지의 형질을 변경하는 것을 말한다.
   가. 조림(造林), 숲 가꾸기, 입목의 벌채·굴취
   나. 토석 등 임산물의 채취
   다. 대통령령으로 정하는 임산물의 재배[성토(흙쌓기) 또는 절토(땅깎기) 등을 통하여 지표면으로부터 높이 또는 깊이 50㎡ 이상 형질변경을 수반하는 경우와 시설물의 설치를 수반하는 경우는 제외한다]
   라. 산지일시사용
3. "산지일시사용"이란 다음 각 목의 어느 하나에 해당하는 것을 말한다.
   가. 산지로 복구할 것을 조건으로 산지를 제2호가목부터 다목까지의 어느 하나에 해당하는 용도 외의 용도로 일정 기간 동안 사용하거나 이를 위하여 산지의 형질을 변경하는 것
   나. 산지를 임도, 작업로, 임산물 운반로, 등산로·탐방로 등 숲길, 그 밖에 이와 유사한 산길로 사용하기 위하여 산지의 형질을 변경하는 것
4. "석재"란 산지의 토석 중 건축용, 공예용, 조경용, 쇄골재용(碎骨材用) 및 토목용으로 사용하기 위한 암석을 말한다.
5. "토사"란 산지의 토석 중 제4호에 따른 석재를 제외한 것을 말한다.
6. "산지경관"이란 산세 및 산줄기 등의 지형적 특징과 산지에 부속된 자연 및 인공 요소가 어우러져 심미적·생태적 가치를 지니며, 자연과 인공의 조화를 통하여 형성되는 경치를 말한다.

II. 벌 칙

제53조(벌칙) 보전산지에 대하여 다음 각 호의 어느 하나에 해당하는 자는 5년 이하의 징역 또는 5천만원 이하의 벌금에 처하고, 보전산지 외의 산지에 대하여 다음 각 호의 어느 하나에 해당하는 자는 3년 이하의 징역 또는 3천만원 이하의 벌금에 처한다. 이 경우 징역형과 벌금형을 병과(倂科)할 수 있다.

1. 제14조제1항 본문을 위반하여 산지전용허가를 받지 아니하고 산지전용을 하거나 거짓이나 그 밖의 부정한 방법으로 산지전용허가를 받아 산지전용을 한 자
2. 제15조의2제1항 본문을 위반하여 산지일시사용허가를 받지 아니하고 산지일시사용을 하거나 거짓이나 그 밖의 부정한 방법으로 산지일시사용허가를 받아 산지일시사용을 한 자
2의2. 제6조제1항제1호를 위반하여 산지전용 또는 산지일시사용의 목적사업을 시행하기 위하여 다른 법률에 따른 인가·허가·승인 등의 행정처분이 필요한 경우 그 행정처분을 받지 아니하고 산지전용 또는 산지일시사용을 한 자
3. 제25조제1항 본문을 위반하여 토석채취허가를 받지 아니하고 토석채취를 하거나 거짓이나 그 밖의 부정한 방법으로 토석채취허가를 받아 토석채취를 한 자
4. 제28조제3항을 위반하여 자연석을 채취한 자
5. 제35조제1항에 따라 매입하거나 무상양여받지 아니하고 국유림의 산지에서 토석채취를 한 자

제54조(벌칙) 보전산지에 대하여 다음 각 호의 어느 하나에 해당하는 자는 3년 이하의 징역 또는 3천만원 이하의 벌금에 처하고, 보전산지 외의 산지에 대하여 다음 각 호의 어느 하나에 해당하는 자는 2년 이하의 징역 또는 2천만원 이하의 벌금에 처한다.

1. 제14조제1항 본문을 위반하여 변경허가를 받지 아니하고 산지전용을 하거나 거짓이나 그 밖의 부정한 방법으로 변경허가를 받아 산지전용을 한 자
2. 제15조의2제1항 본문을 위반하여 변경허가를 받지 아니하고 산지일시사용을 하거나 거짓이나 그 밖의 부정한 방법으로 변경허가를 받아 산지일시사용을 한 자
3. 제19조제2항제1호 후단을 위반하여 대체산림자원조성비를 내지 아니하고 산지전용을 하거나 산지일시사용을 한 자
3의2. 제20조제2항에 따른 산지전용 또는 산지일시사용 중지명령을 위반한 자
4. 제25조제1항 본문을 위반하여 변경허가를 받지 아니하고 토석채취를 하거나 거짓이나 그 밖의 부정한 방법으로 변경허가를 받아 토석채취를 한 자
5. 제25조제1항에 따른 허가를 받거나 신고를 한 자(사용인과 고용인을 포함한다) 중 허가를 받거나 신고를 한 토석 외의 토석을 반입한 자
6. 제30조제1항에 따른 신고를 한 자(사용인과 고용인을 포함한다) 중 신고를 한 토석 외의 토석을 반입한 자
7. 제31조제1항에 따른 토석채취 또는 채석의 중지명령을 위반한 자
8. 제31조제1항에 따른 토석채취 또는 채석의 중지명령 기간 동안 토석을 반입한 자

제55조(벌칙) 보전산지에 대하여 다음 각 호의 어느 하나에 해당하는 자는 2년 이하의 징역 또는 2천만원 이하의 벌금에 처하고, 보전산지 외의 산지에 대하여 다음 각 호의 어느 하나에 해당하는 자는 1년 이하의 징역 또는 1천만원 이하의 벌금에 처한다.

1. 제15조제1항 전단에 따라 산지전용신고를 하지 아니하고 산지전용을 하거나 거짓이나 그 밖의 부정한 방법으로 산지전용신고를 하고 산지전용한 자
2. 제15조의2제4항 전단에 따라 산지일시사용신고를 하지 아니하고 산지일시사용을 하거나 거짓이나 그 밖의 부정한 방법으로 산지일시사용신고를 하고 산지일시사용을 한 자
3. 거짓이나 그 밖의 부정한 방법으로 제18조의2제1항 또는 제3항에 따른 산지전용타당성조사를 한 자 또는 그 조사결과를 허위로 통보하거나 변조하여 제출한 자
4. 제21조제1항을 위반하여 승인을 받지 아니하고 산지전용된 토지를 다른 용도로 사용한 자
5. 제25조제2항 전단을 위반하여 토사채취신고를 하지 아니하고 토사를 채취하거나 거짓이나 그 밖의 부정한 방법으로 토사채취신고를 하고 토사채취를 한 자
6. 제30조제1항 전단을 위반하여 채석신고를 하지 아니하고 채석단지에서 채석을 하거나 거짓이나 그 밖의 부정한 방법으로 채석신고를 하고 채석단지 안에서 채석을 한 자
7. 제37조제7항 각 호에 따른 조치명령을 위반한 자
8. 제39조제4항을 위반하여 폐기물이 포함된 토석 또는 폐기물로 산지를 복구한 자
9. 제40조의2제1항(제44조제3항에서 준용하는 경우 포함)·제2항을 위반하여 감리를 받지 아니하거나 거짓으로 감리한 자
10. 제44조제1항에 따른 시설물의 철거명령이나 형질변경한 산지의 복구명령을 위반한 자

제56조(양벌규정) 생략

III. 범죄사실

1. 무허가(미신고) 산지전용

1) 적용법조

- o **무허가** : 제53조 제1호, 제14조 제1항   ☞   공소시효 5년
- o **미신고** : 제55조 제1호, 제15조 제1항   ☞   공소시효 5년

> **제14조(산지전용허가)** ① 산지전용을 하려는 자는 그 용도를 정하여 대통령령으로 정하는 산지의 종류 및 면적 등의 구분에 따라 산림청장등의 허가를 받아야 하며, 허가받은 사항을 변경하려는 경우에도 같다. 다만, 농림축산식품부령으로 정하는 사항으로서 경미한 사항을 변경하려는 경우에는 산림청장등에게 신고로 갈음할 수 있다.
>
> **제15조(산지전용신고)** ① 다음 각 호의 어느 하나에 해당하는 용도로 산지전용을 하려는 자는 제14조제1항에도 불구하고 국유림(「국유림의 경영 및 관리에 관한 법률」 제4조제1항에 따라 산림청장이 경영하고 관리하는 국유림을 말한다. 이하 같다)의 산지에 대하여는 산림청장에게, 국유림이 아닌 산림의 산지에 대하여는 시장·군수·구청장에게 신고하여야 한다. 신고한 사항 중 농림축산식품부령으로 정하는 사항을 변경하려는 경우에도 같다.
> 1. 산림경영·산촌개발·임업시험연구를 위한 시설 및 수목원·산림생태원·자연휴양림·국가정원·지방정원 등 대통령령으로 정하는 산림공익시설과 그 부대시설의 설치
> 2. 농림어업인의 주택시설과 그 부대시설의 설치
> 3. 「건축법」에 따른 건축허가 또는 건축신고 대상이 되는 농림수산물의 창고·집하장·가공시설 등 대통령령으로 정하는 시설의 설치

2) 범죄사실 기재례

[기재례1] 무허가

> 산지전용을 하려는 자는 그 용도를 정하여 대통령령으로 정하는 산지의 종류 및 면적 등의 구분에 따라 산림청장 등의 허가를 받아야 한다.
> 피의자는 20○○. ○. ○.경부터 20○○. ○. ○.경까지 사이에 ○○에 있는 피의자 소유의 임야 ○○㎡에서 과수목과 임산물의 재배를 목적으로 굴착기 등을 이용하여 그곳에 식재된 잡목을 벌채하고 약 1~4m 높이의 흙을 무너뜨려 절토 및 성토를 하는 방법으로 산림피해복구비 약 ○○원 상당이 들도록 위 산지를 형질 변경하였다.
> 이로써 피의자는 위 산지 ○○㎡를 산림청장 등의 허가를 받지 않고 산지 전용하였다.

[기재례2] 미신고

> 피의자는 20○○. 1. 19.경부터 20○○. 7. 20.경까지 관할관청에 신고하지 아니하고 ○○에 있는 임야 ○○㎡ 중 ○○㎡(별지 구적평면도 ⑤, ⑥ 부분)에 위 '가항'과 같이 채석한 돌 약 ○○만㎥를 적치하여 산지를 전용하였다.

3) 신문사항 (미신고)

- 석재를 굴취·채취한 일이 있는가
- 언제부터 언제까지 하였나

- 어디에서 하였나

- 어떤 방법으로 하였나

- 얼마 정도의 석재를 굴취·채취하였나

- 어디에 사용하기 위해 굴취·채취하였나

- 굴취·채취허가를 받았는가

- 채취한 석재는 어떻게 하였나

- 어떤 방법으로 적치하였나

- 행정기관에 산지 전용신고를 하였나

- 왜 전용신고없이 적치하였나

■ **판례** ■　　**산지관리법 제53조 제1호, 제14조 제1항 본문 위반죄와 경제자유구역의 지정 및 운영에 관한 특별법 제33조 제1호, 제7조의5 제1항 위반죄가 법조경합 관계에 있다고 볼 수 있는지 여부(소극)**

산지관리법과 경제자유구역의 지정 및 운영에 관한 특별법(이하 '경제자유구역법'이라 한다)은 각기 입법 목적과 보호법익을 달리하고 있을 뿐만 아니라, 처벌조항인 산지관리법 제53조 제1호, 제14조 제1항 본문과 경제자유구역법 제33조 제1호, 제7조의5 제1항을 비교하여 보면, 경제자유구역법 제2조의3 본문이 '이 법에 따른 경제자유구역에 대한 지원과 규제의 특례에 관한 규정은 다른 법률에 따른 지원과 규제의 특례에 관한 규정에 우선하여 적용한다'고 정하면서 같은 법 제9조의2 이하에서 다른 법률에 관한 각종 특례조항을 별도로 두고 있음에도, 산지관리법 제14조 제1항 본문에 관한 특례나 위 조항의 적용을 배제하는 규정을 따로 정하고 있지 아니한데, 두 처벌조항이 정한 행위의 대상지역 및 허가권자, 금지되는 행위의 내용 등 구체적인 구성요건에 있어서 상당한 차이가 있으므로, 위 법리에 비추어 살펴볼 때, 산지관리법 제53조 제1호, 제14조 제1항 본문 위반죄가 경제자유구역법 제33조 제1호, 제7조의5 제1항 위반죄와 법조경합 관계에 있다고 보기 어렵고, 두 죄는 각기 독립된 구성요건으로 이루어져 있다고 보아야 한다. (대법원 2020. 7. 9., 선고, 2019도17405, 판결)

2. 무허가 채석

1) 적용법조 : 제53조 제5호, 제25조 제1항 ☞ 공소시효 7년

> **제25조(토석채취허가 등)** ① 국유림이 아닌 산림의 산지에서 토석을 채취하려는 자는 대통령령으로 정하는 바에 따라 다음 각 호의 구분에 따라 시·도지사 또는 시장·군수·구청장에게 토석채취허가를 받아야 하며, 허가받은 사항을 변경하려는 경우에도 같다. 다만, 농림수산식품부령으로 정하는 경미한 사항을 변경하려는 경우에는 시·도지사 또는 시장·군수·구청장에게 신고하는 것으로 갈음할 수 있다.
> 1. 토석채취 면적이 10만제곱미터 이상인 경우: 시·도지사의 허가
> 2. 토석채취 면적이 10만제곱미터 미만인 경우: 시장·군수·구청장의 허가

2) 범죄사실 기재례

[기재례1] 굴착기 이용 석재채취

> 산지에서 토석을 굴취·채취하고자 할 경우 산림청장의 토석채취허가를 받아야 한다.
> 그럼에도 불구하고 피의자는 20○○. ○. ○. ○○에 있는 산지에서 허가없이 건축용으로 사용하기 위해 굴착기를 이용하여 토석 약 10톤을 채취하였다.

[기재례2] 암석 굴취·채취

> 피의자는 20○○. 1.경부터 20○○. 7.경까지 관할관청의 허가를 받지 않고 ○○에 있는 임야 ○○㎡ 중 ○○㎡ 미터(별지 구적평면도 ②, ③, ④ 부분)에서 화약과 굴착기를 이용하여 그곳에 묻혀 있는 시가 ○○만원 상당의 암석 ○○㎥를 캐내어 산지에서 토석을 굴취·채취하였다.

[기재례3] 허가없이 토석채취(양벌규정)

> 산지전용허가를 받았더라도 그 과정에서 부수적으로 굴취·채취하여 해당 산지전용지역 밖으로 반출하는 토석의 수량이 ○○㎡ 이상인 경우에는 관할 관청으로부터 토석채취허가를 받아야 한다.
> 1. 피의자 갑
> 피의자는 주식회사 갑산업개발의 대표이사로서, 20○○. ○. ○.. ○○토지개발 주식회사 등으로부터 산지전용허가가 된 ○○ 임야에 준산업단지 조성을 위한 토목공사를 도급 받아 공사를 하던 중, ○○시장으로부터 토석채취허가를 받지 아니하고, 20○○. ○. ○. 경부터 20○○. ○. ○.경까지 사이에 위 임야 ○○㎡에서 토석 약 ○○㎥를 채취하여 이를 위 산지전용지역 밖으로 반출하였다.
> 2. 피의자 주식회사 갑산업개발
> 피의자는 토목건축 공사업 등을 목적으로 설립된 법인으로서, 피의자의 대표이사인 갑이 피의자의 업무에 관하여 제1항 기재와 같이 토석채취허가를 받지 아니하고, 토석을 채취하여 반출하였다.

3) 신문사항

- 피의자는 토석을 채취한 일이 있는가
- 언제 어디서 채취하였나
- 그곳이 산지인지 알고 있는가
- 어떠한 방법으로 어느 정도 채취하였나
- 운반은 어떻게 하였나
- 무엇 때문에 채취하였나
- 채취한 토석은 어떻게 하였나
- 산림청장의 허가를 받았나
- 왜 허가 없이 이러한 행위를 하였나

■ 판례 ■   甲이 석회석 채광계획의 인가를 받았음을 이용하여 석회석의 채굴과 무관하게 노천채굴 방식으로 암석을 캐내어 쇄골재로 가공·판매한 경우

[1] 채광계획의 인가를 받은 광업권자가 광물이 함유된 암석을 쇄골재용으로 채취하는 경우, 구 산림법 제90조의2 제1항에 의한 채석허가를 별도로 받아야 하는지 여부(적극)

광업권자가 채광계획의 인가를 받았다고 하더라도 당해 광물이 함유된 암석을 쇄골재용(碎骨材用)으로 채취하는 경우에는 구 산림법(2001. 1. 26. 법률 제6382호로 개정되기 전의 것) 제90조의2 제1항에 따른 채석허가를 별도로 받아야 하고, 광업권자가 광물을 채굴하면서 부수적으로 골재를 채취하는 경우에는 골재채취허가를 받지 아니하여도 되지만 광물의 채굴과 무관하게 골재를 채취하는 경우에는 골재채취허가를 받아야 한다.

[2] 甲의 죄책

노천채굴 방식으로 암석을 캐내어 쇄골재로 가공·판매한 행위는 구 산림법 제90조의2 제1항 및 골재채취법 제22조 제1항에 위반된다(대법원 2001.11.13. 선고 2001도3716 판결).

■ 판례 ■   임야내의 골재채취를 목적으로 사금광업권허가 및 산림훼손허가를 얻은 후 사금생산을 전혀 하지 않고 임야 내의모래, 자갈만 채취한 경우 산림법위반여부(적극)

골재업을 경영하는 회사의 대표이사가 자기 소유인 임야 내외 골재를 채취할 목적으로 사금광업권허가를 얻은 후 이를 빙자하여 사금생산은 전혀 하지 않은 채 임야 내의 모래, 자갈만을 채취하였다면 위 행위는 비록 광업권허가 또는 산림훼손허가를 얻은 바 있다 할지라도 산림법위반죄에 해당한다(대법원 1990.11.27. 선고 90도2107 판결).

3. 미신고 토석 채취

1) 적용법조 : 제55조 제5호, 제25조 제2항　☞　공소시효 5년

제25조(토석채취허가 등) ② 국유림이 아닌 산림의 산지에서 객토용(客土用)이나 그 밖에 대통령령으로 정하는 용
도로 사용하기 위하여 대통령령으로 정하는 규모의 토사를 채취하려는 자는 제1항에도 불구하고 농림수산식품부
령으로 정하는 바에 따라 시장·군수·구청장에게 토사채취신고를 하여야 한다. 신고한 사항 중 농림수산식품부
령으로 정하는 사항을 변경하려는 경우에도 같다.

※ 시행령(대통령령)

제32조(토석채취허가의 절차 및 심사 등) ④ 법 제25조제2항 전단에서 "대통령령이 정하는 용도"란 산지를 사
용·수익할 권한이 있는 자 또는 산지의 소유자가 자가소비용으로 토사를 굴취·채취하는 것을 말한다.
⑤ 법 제25조제2항 전단에서 "대통령령이 정하는 규모"란 30세제곱미터 이상 1천세제곱미터 이하의 규모를 말한다.

2) 범죄사실 기재례

　　산지에서 객토용으로 토사를 굴취·채취하고자 하는 자는 산림청장에게 토사채취신고를
하여야 한다.
　　그럼에도 불구하고 피의자는 20○○. ○. ○. ○○에 있는 산지에서 신고없이 굴착기를 이용
하여 토사 약 ○○톤을 채취하였다.

3) 신문사항

　　- 산지에서 토사를 채취한 일이 있는가

　　- 언제 어디에서 채취하였는가

　　- 어떤 방법으로 채취하였나

　　- 어느 정도 채취하였나

　　- 어디에 사용하기 위해서

　　- 채취 신고를 하였나

　　- 왜 신고 없이 이런 행위를 하였나

4. 자연석 굴취·채취

1) 적용법조 : 제53조 제4호, 제28조 제3항 ☞ 공소시효 7년

제28조(토석채취허가의 기준) ③ 산지에 있는 인공적으로 절개되거나 파쇄되지 아니한 원형상태의 암석 중 대통령령으로 정하는 규모 이상의 암석(이하 "자연석"이라 한다)은 다음 각 호의 어느 하나에 해당하는 경우가 아니면 채취할 수 없다. 이 경우 제1호 및 제2호의 경우에는 제25조제1항에 따른 토석채취허가를 받아야 한다.
1. 국가나 지방자치단체가 공용·공공용 사업을 하기 위하여 필요한 경우
2. 제14조에 따른 산지전용허가 또는 제15조의2제1항에 따른 산지일시사용허가를 받거나 제15조에 따른 산지전용신고 또는 제15조의2제2항에 따른 산지일시사용신고를 한 자(다른 법률에 따라 해당 허가 또는 신고가 의제되는 행정처분을 받은 자를 포함한다)가 산지전용 또는 산지일시사용을 하는 과정에서 부수적으로 나온 자연석을 채취하는 경우
3. 제25조제1항에 따라 토석채취허가를 받은 자(다른 법률에 따라 토석채취허가가 의제되는 행정처분을 받은 자를 포함한다)가 그 채석과정에서 부수적으로 나온 자연석을 채취하는 경우
4. 제30조제1항에 따라 채석신고를 한 자가 그 채석과정에서 부수적으로 나온 자연석을 채취하는 경우
※ 시행령(대통령령)
제38조(자연석의 규모 등) ① 법 제28조제3항 각 호 외의 부분 전단에서 "대통령령으로 정하는 규모 이상의 암석"이란 제32조의2제1호의 자연석을 말한다.
  ※ 자연석이란 산지전용·산지일시사용하는 과정에서 부수적으로 원형 상태의 암석의 가장 긴 **직선길이가 18㎠ 이상인 암석**(시행령 제32조의2 제1호)

2) 범죄사실 기재례

> 산지 안에 있는 인공적으로 절개 또는 파쇄되지 아니한 원형상태의 암석 중 대통령령이 정하는 규모 이상의 자연석은 굴취·채취하여서는 아니된다.
> 그럼에도 불구하고 피의자는 20○○. ○. ○. 경 ○○에 있는 산지에서 인공적으로 절개 또는 파쇄되지 아니한 원형상태의 암석인 직선거리 약 50㎠ 크기의 자연석 3톤가량을 채취하였다.

3) 신문사항

- 피의자는 자연석을 채취한 일이 있는가
- 언제 어디서 채취하였나
- 그곳이 산지인지 알고 있는가
- 어떠한 방법으로 어느 정도 채취하였나
- 채취한 자연석의 크기는(18㎠ 이상이 되어야 자연석임)
- 운반은 어떻게 하였나
- 무엇 때문에 채취하였나
- 채취한 석재는 어떻게 하였나
- 왜 이러한 행위를 하였나

5. 국유림산지의 토석 굴취·채취

1) 적용법조 : 제53조 제5호, 제35조 제1항 ☞ 공소시효 7년

> 제35조(국유림의 산지안의 토석의 매각 등) ① 산림청장은 국유림의 산지에 있는 토석을 직권으로 또는 신청을
> 받아 매각하거나 무상양여할 수 있다. 다만, 무상양여는 다음 각 호의 어느 하나에 해당하는 경우로 한정한다.
> 1. 천재지변이나 그 밖의 재해가 있는 경우에 그 재해를 복구하기 위하여 필요한 경우
> 2. 다음 각 목의 어느 하나에 해당하는 경우로서 관계 행정기관의 장의 요청이 있고 그 요청이 타당하다고 산림
>   청장이 인정하는 경우
>   가. 「도로법」, 「철도건설법」 또는 「전원개발촉진법」에 따른 도로 또는 철도를 설치·개량하거나 전원개발사
>   업을 하는 과정에서 부수적으로 채취한 토석을 그 공사용으로 사용하려는 경우
>   나. 광산개발에 따른 광해(광산피해)를 예방하거나 복구하기 위하여 광물의 생산과정에서 채취한 토석을 직
>   접 사용하려는 경우
>   다. 국가, 지방자치단체 또는 정부투자기관 등이 공용·공공용 사업을 시행하는 과정에서 채취한 토석을 그
>   사업용으로 사용하려는 경우

2) 범죄사실 기재례

> 　국유림의 산지안에서 매입 또는 무상양여를 받지 아니하고는 토석을 굴취·채취하여서는
> 아니 된다.
> 　그럼에도 불구하고 피의자는 20○○. ○. ○. ○○에 있는 국유림의 산지에서 굴착기를 이
> 용하여 토석 약 ○○톤을 채취하였다.

3) 신문사항

- 국유림의 산지에서 토사를 채취한 일이 있는가
- 언제 어디에서 채취하였는가
- 어떤 방법으로 채취하였나
- 어느 정도 채취하였나
- 어디에 사용하기 위해서
- 이런 국유림을 매입 또는 무상양여 받은 일이 있는가
- 왜 매입없이 이런 행위를 하였나

제 57 장 상 법

Ⅰ. 벌 칙

제622조(발기인, 이사 기타의 임원등의 특별배임죄)

제623조(사채권자집회의 대표자등의 특별배임죄)

제624조(특별배임죄의 미수) 전2조의 미수범은 처벌한다.

제624조의2(주요주주 등 이해관계자와의 거래 위반의 죄)

제625조(회사재산을 위태롭게 하는 죄)

제625조의2(주식의 취득제한 등에 위반한 죄)

제626조(부실보고죄)

제627조(부실문서행사죄)

제628조(납입가장죄등)

제629조(초과발행의 죄)

제630조(발기인, 이사 기타의 임원의 독직죄)

제631조(권리행사방해등에 관한 증수뢰죄)

제634조(납입책임면탈의 죄)

제634조의3(양벌규정) 회사의 대표자나 대리인, 사용인, 그 밖의 종업원이 그 회사의 업무에 관하여 제624조의2
의 위반행위를 하면 그 행위자를 벌하는 외에 그 회사에도 해당 조문의 벌금형을 과(科)한다. 다만, 회사가 제
542조의13에 따른 의무를 성실히 이행한 경우 등 회사가 그 위반행위를 방지하기 위하여 해당 업무에 관하여
상당한 주의와 감독을 게을리하지 아니한 경우에는 그러하지 아니하다.

제634조의2(주주의 권리행사에 관한 이익공여의 죄)

제637조(법인에 대한 벌칙의 적용) 제622조, 제623조, 제625조, 제627조, 제628조 또는 제630조제1항에 규정된
자가 법인인 경우에는 이 장의 벌칙은 그 행위를 한 이사, 집행임원, 감사, 그 밖에 업무를 집행한 사원 또는 지
배인에게 적용한다.

Ⅱ. 법 원

제1조(상사적용법규) 상사에 관하여 본법에 규정이 없으면 상관습법에 의하고 상관습법이 없으면 민법의 규정에
의한다.

Ⅲ. 범죄사실

1. 발기인 등의 특별배임죄

1) 적용법조 : 제622조 ☞ 공소시효 10년

> 제622조(발기인, 이사 기타의 임원등의 특별배임죄) ① 회사의 발기인, 업무집행사원, 이사, 집행임원, 감사위원
> 회 위원, 감사 또는 제386조제2항, 제407조제1항, 제415조 또는 제567조의 직무대행자, 지배인 기타 회사영업에
> 관한 어느 종류 또는 특정한 사항의 위임을 받은 사용인이 그 임무에 위배한 행위로써 재산상의 이익을 취하거
> 나 제삼자로 하여금 이를 취득하게 하여 회사에 손해를 가한 때에는 10년이하의 징역 또는 3천만원 이하의 벌
> 금에 처한다.
> ② 회사의 청산인 또는 제542조제2항의 직무대행자, 제175조의 설립위원이 제1항의 행위를 한 때에도 제1항과 같다.

2) 범죄사실 기재례

> 　피의자는 ▲▲주식회사의 대표이사로서 20○○. ○. ○. 위 회사의 주주총회 결의로 같은 회
> 사의 청산인에 선임된 사람이다. 청산인은 상법규정의 청산절차에 따라 청산인에 취임한 후
> 지체없이 회사의 재산상태를 조사하여 재산목록과 대차대조표를 작성하고 이를 주주총회에 제
> 출하여 승인을 얻어야 하며, 그 승인을 얻은 다음에는 지체없이 재산목록과 대차대조표를 법
> 원에 제출하여야 하며, 청산종결 후 잔여재산이 있으면 각 주주가 가진 주식의 수에 따라 주
> 주에게 배분하여야 하고, 청산업무가 종결된 때에는 지체없이 결산보고서를 작성하고 이를 주
> 주총회에 제출하여 승인을 받아야 하는 등의 임무가 있다.
> 　그럼에도 불구하고 피의자는 그 임무를 위배하여 20○○. ○. ○. ○○에 있는 ○○지방법
> 원 등기과 사무실에서 그곳 등기관에게 광업권등록 신청서류 등을 제출하여 위 회사 소속인
> 광업권을 홍길동 앞으로 이전 등록하고, 20○○. ○. ○. ○○에 있는 김추자 경영의 "○○
> 법무사" 사무실에서 김말순에게 위 광업권을 ○○억원에 매도하고, 같은 날 위 법원의 등기
> 과 담당 공무원으로 하여금 위 김말순 앞으로 이전 등록게 하여 위 주식회사에 위 금액 상
> 당의 재산상 손해를 가하였다.

3) 신문사항

　　－ 피의자는 ○○회사의 어떠한 직책을 맡고 있는가

　　－ 언제 청산절차를 밟았나

　　－ 무엇 때문에 청산

　　－ ○○회사는 어떠한 회사였나

　　－ 어떻게 피의자가 대표이사가 되었나

　　－ 위 회사에서 피의자의 구체적인 임무는

　　－ 회사 재산상태에 대해 조사하였나

　　－ 재산상태에 대한 주주총회에 결산보고를 하였나

　　－ 회사 재산을 다른 사람에게 양도한 일이 있는가

　　－ 언제 어떠한 재산을 양도하였나

- 무엇 때문에 하였나
- 어떠한 조건으로(양도금액 등)하였나
- 양도하고 받은 돈은 어떻게 하였는가
- 이러한 양도행위에 대해 주주총회에 보고하였나
- 왜 이러한 행위를 하였는가

■ 판례 ■ **대기업 또는 대기업의 회장 등 개인이 정치적으로 난처한 상황에서 벗어나기 위하여 자회사 및 협력회사 등으로 하여금 특정 회사의 주식을 매입수량, 가격 및 매입시기를 미리 정하여 매입하게 한 경우**

[1] 위의 행위가 업무상 배임행위에 해당하는지 여부(적극)

대기업 또는 대기업의 회장 등 개인이 정치적으로 난처한 상황에서 벗어나기 위하여 자회사 및 협력회사 등으로 하여금 특정 회사의 주식을 매입수량, 가격 및 매입시기를 미리 정하여 매입하게 한 행위가 업무상 배임행위에 해당하고 그에 대한 고의도 인정된다.

[2] 상법 제625조 제4호에 정한 '회사의 영업범위 외에서 투기행위를 하기 위하여 회사재산을 처분한 때'의 의미 및 판단 기준

상법 제625조 제4호는 회사의 임원 등이 회사재산을 위태롭게 하는 죄의 유형 중 하나로 '회사의 영업범위 외에서 투기행위를 하기 위하여 회사재산을 처분한 때'를 규정하고 있는바, 여기에서 '회사의 영업범위 외'라고 함은 회사의 정관에 명시된 목적 및 그 목적을 수행하는 데 직접 또는 간접적으로 필요한 통상적인 부대업무의 범위를 벗어난 것을 말하는 것으로서, 목적 수행에 필요한지 여부는 행위의 객관적 성질에 따라 추상적으로 판단할 것이지 행위자의 주관적·구체적 의사에 따라 판단할 것은 아니며, 또 '투기행위'라 함은 거래시세의 변동에서 생기는 차액의 이득을 목적으로 하는 거래행위 중에서 사회통념상 회사의 자금운용방법 또는 자산보유수단으로 용인될 수 없는 행위를 말하는 것으로, 구체적으로 회사 임원 등의 회사재산 처분이 투기행위를 하기 위한 것인지를 판단함에 있어서는 당해 회사의 목적과 주된 영업내용, 회사의 자산 규모, 당해 거래에 이르게 된 경위, 거래 목적물의 특성, 예상되는 시세변동의 폭, 거래의 방법·기간·규모와 횟수, 거래자금의 조성경위, 일반적인 거래관행 및 거래 당시의 경제상황 등 제반 사정을 종합적으로 고려해야 한다.

[3] 상법 제622조의 특별배임죄 또는 형법상의 업무상배임죄가 성립하는 경우에 별도로 상법 제625조 위반죄가 성립하는지 여부(소극)

상법 제625조는 회사 임원 등의 특별배임죄를 규정한 상법 제622조 및 일반적인 업무상배임죄를 규정한 형법 제356조의 보충규정으로서, 특별배임죄 또는 업무상배임죄가 성립하는 경우에는 별도로 상법 제625조 위반죄가 성립하지 않는다(대법원 2007.3.15. 선고 2004도5742 판결).

■ 판례 ■ **이사가 이미 발생한 대표이사의 횡령사실을 인지하고 동인에게 일단 그 시정을 촉구한 뒤 별다른 조치를 취하지 않은 경우**

주식회사의 이사가 이미 발생한 대표이사의 횡령사실을 인지하고 동인에게 일단 그 시정을 촉구한 뒤 별다른 조치를 취하지 않은 경우 임무 위배의 행위와 그로 인한 손해의 발생에 대한 인식이 있었다고 보기 어렵고, 피고인에게 배임의 범의를 인정할 수 없어 해당 이사의 업무상배임죄는 성립하지 않는다(대법원 2003.4.25. 선고 2001도4035 판결).

■ **판례** ■ 온천개발을 목적으로 설립된 회사의 대표이사 甲이 그 회사가 명의신탁의 방법으로 사실상 보유하고 있던 온천발견자의 지위를 아무런 대가 없이 타에 양도한 경우

[1] '회사에 손해를 가한 때'의 의미

구 상법(1995. 12. 29. 법률 제5053호로 개정되기 전의 것) 제622조 제1항이 정하는 특별배임죄는 회사의 발기인, 업무집행사원, 이사, 감사 또는 제386조 제2항, …의 직무대행자 또는 …위임을 받은 사용인이 그 임무에 위배한 행위로써 재산상의 이득을 취득하거나 제3자로 하여금 이득을 취득하게 하여 회사에 손해를 가한 때에 성립하고, 여기에서 '회사에 손해를 가한 때' 라 함은 회사에 현실적으로 재산상의 손해가 발생한 경우뿐만 아니라 회사 재산 가치의 감소라고 볼 수 있는 재산상 손해의 위험이 발생한 경우도 포함된다.

[2] 甲의 행위가 상법상 특별배임죄의 성립 여부

구 온천법(1995. 12. 30. 법률 제5121호로 개정되기 전의 것) 제5조 제1항, 제11조 제1항, 제17조, 제18조의 각 규정에 비추어 보면 온천발견자의 지위는 그것에 터잡아 여러 가지 혜택이 부여되는 등 그 자체로서 상당한 재산상 가치를 갖는 것임에 틀림이 없으므로, 온천개발을 목적으로 설립된 주식회사의 대표이사가 그 회사가 명의신탁의 방법으로 사실상 보유하고 있던 온천발견자의 지위를 그 임무에 위배하여 아무런 대가 없이 타에 양도하였다면, 적어도 회사에 대하여 위 온천발견에 소요된 비용 상당의 손해를 가하고 타인으로 하여금 동액 상당의 이익을 취하게 하였다고 봄이 상당하다(대법원 2000.11.24. 선고 99도822 판결).

■ **판례** ■ 특별배임죄의 주체 및 배임죄에 있어서 '배임행위'의 의미

상법 제622조에 열거된 이사 등의 지위에 없는 자는 독자적으로 같은 조 소정의 특별배임죄의 주체가 될 수 없고, 이 경우 배임행위는 사무의 내용, 성질 등 구체적 상황에 비추어 법률의 규정, 계약의 내용 혹은 신의칙상 당연히 할 것으로 기대되는 행위를 하지 않거나 당연히 하지 않아야 할 것으로 기대되는 행위를 함으로써 본인과 사이의 신임관계를 저버리는 행위를 말한다(대법원 1998.2.10. 선고 96도2287 판결).

2. 주금의 납입가장 행위

1) 적용법조 : 제628조, 제622조 제1항 ☞ 공소시효 7년

제628조(납입가장죄등) ① 제622조제1항에 게기(揭記)한 자가 납입 또는 현물출자의 이행을 가장하는 행위를 한 때에는 5년이하의 징역 또는 1천500만원이하의 벌금에 처한다.
② 제1항의 행위에 응하거나 이를 중개한 자도 제1항과 같다.

2) 범죄사실 기재례

[기재례1] 유상증자하면서 납입가장

피의자는 ○○회사의 대표이사로서 회사가 유상증자할 경우 증자에 따른 주금을 회사를 위해 사용할 수 있도록 관리하여야 하고, 유상증자의 형식을 취하였으나 주금을 납입가장 하는 경우 사실상 무상증자와 같은 결과를 초래하므로 그 주식을 기존의 주주들에게 그 주식 비율에 따라 배분하여 다른 주주들의 권익을 침해하지 않도록 하여야 할 업무상 임무가 있다.

그럼에도 불구하고 피의자는 20○○. ○. ○.경 乙회사의 주식 25만 주를 1주당 1만 원씩으로 하여 25억 원을 유상증자하면서 그 임무에 위배하여 주금 25억 원을 성명 불상자로부터 차용하여 회사의 통장에 입금하였다가 곧바로 인출하여 반환하는 방법으로 주금이 납입된 것처럼 가장하면서 신주 25만 주를 모두 피의자에게 배정하여 같은 액수만큼의 재산상 이익을 취득하고 위 주식을 배정받지 못한 다른 주주들에게 같은 액수만큼의 재산상 손해를 가하였다.

[기재례2] 납입가장

가. 피의자는 20○○. ○. ○. ○○에 있는 피의자의 사무실에서 건축 관련 ▲▲주식회사를 설립하면서 피의자가 대표이사로 자본금을 ○○만원으로 하여 법인설립등기를 함에 있어 발기인들로부터 주식인수가액을 납입 받은 사실이 없음에도 20○○. ○. ○○에 있는 ○○은행 ○○지점에서 홍길동으로부터 차용한 돈 ○○만원을 주금납입 의사 없이 마치 주식인수자들이 인수주식의 주금으로 납입한 것처럼 입금 예치하였다.

나. 피의자는 20○○. ○. ○.경 위 은행에서 위 회사의 유상증자에 따른 신주인수를 함에 있어 주식인수가액을 납입할 의사없이 성명을 알 수 없는 자로부터 차용한 ○○만원을 마치 주식인수가액에 대한 주금으로 납입하는 것인 양 입금 예치하여 주금납입을 가장하는 행위를 하였다.

3) 신문사항

- 피의자는 회사를 설립한 일이 있는가
- 언제 어떠한 회사를 설립하였나
- 자본금은 얼마였는가
- 이러한 자본금은 언제 어느 은행에 입금하였나
- 납입증명서는 언제 발행 받았나
- 법인설립등기는 언제 어디에 하였나

- 그에 대한 서류는 어느 것이였나

- 설립등기는 언제 나왔나

- 은행에 납입한 자본금은 어떻게 하였나

- 언제 무엇 때문에 누가 찾았는가

- 처음 이러한 자본금은 누구에게 빌렸나(대부분 설립등기 업무를 대행하는 법무사 등에서 알선해 줌)

- 어떻게 홍길동에게 자본금을 빌리게 되었나

- 은행에 입금한 자본금에 대한 예금통장과 인장은 어떻게 누가 보관하였나(미리 전표에 인감도장을 날인하여 통장과 같이 자본금 알선자가 소지하고 있다 법인등기가 완료되면 알선자가 자본금을 찾아감)

- 그러면 처음부터 자본금을 납입할 의사나 능력없이 법인 등기를 목적으로 가장납입하였다는 것인가

[기재례3] 납입가장, 공정증서원본부실기재 · 동행사, 횡령

가. 상법 위반

피의자는 사채업자인 丙주식회사의 대표이사이던 乙과 공모하여, 200○. ○. ○. ○○ 에 있는 ○○은행 ○○지점에서 위 은행 유가증권 청약증거금계좌에 丙주식회사로부터 차용한 250억 원을 포함하여 위 회사의 유상증자금 ○○만 원을 일괄 납입하여 예치하고, 위 은행으로부터 주식납입금보관증명서를 발급받은 다음, 위 회사 우선주 유상증자등기를 마친 후, 다음날 우선주 증자대금으로 납입한 ○○만 원을 전액 인출해 가는 방법으로 위 회사의 증자대금의 납입을 가장하였다.

나. 공정증서원본부실기재 및 부실기재공정증서원본행사

피의자는 위 항과 같은 날 위와 같이 위 회사에 대한 주금을 가장하여 납입하였음에도, ○○등기소에서 법무사 김갑동으로 하여금 그 정을 모르는 등기관 성명불상자에게 주금납입금보관증명서 등 유상증자등기에 필요한 관계서류를 제출하게 함으로써, 같은 날 위 등기관이 위 회사의 발행주식 총수 및 자본의 총액에 대한 허위사실의 등기를 경료하게 하여 공정증서원본인 상업등기부에 부실의 사실을 기재하게 하고, 같은 일시 · 장소에서 위 등기관이 위와 같이 부실의 사실이 기재된 상업등기부를 비치하게 하여 행사하였다.

다. 횡령

피의자는 200○. ○. ○.경 상장회사로서 증권거래소에서 거래 중인 위 회사의 법인 명의로 유상증자금 ○○만 원이 입금되었으면, 그 ○○만 원은 이미 법인 소유의 돈으로서 회사의 운영을 위하여 사용되어야 함에도 불구하고, 그 돈을 보관하는 것을 기화로 그다음 날 그 돈을 법인의 업무와 아무런 관계없는 용도인 채무변제에 사용하기 위하여 법인계좌에서 인출하여 유상증자금 ○○만 원 상당을 횡령하였다.

■ 판례 ■ 　주금납입금을 설립등기 즉시 인출하여 회사의 영업양수대금 명목으로 영업양도인에게 지급한 행위가 납입가장죄를 구성하는 경우

상법 제628조 제1항 소정의 납입가장죄는 회사의 자본충실을 기하려는 법의 취지를 유린하는 행위를 단속하려는 데 그 목적이 있는 것이므로, 당초부터 진실한 주금납입으로 회사의 자금을 확보할 의사 없이 형식상 또는 일시적으로 주금을 납입하고 이 돈을 은행에 예치하여 납입의 외형을 갖추고 주금납입증명서를 교부받아 설립등기나 증자등기의 절차를 마친 다음 바로 그 납입한 돈을 인출한 경우에는, 실제로 이를 회사를 위하여 사용하였다는 특별한 사정이 없는 한 실질적으로 회사의 자본이 늘어난 것이 아니어서 납입가장죄가 성립하고, 또한 회사의 설립등기 직후 납입된 주금을 인출하여 회사의 영업양수대금 명목으로 영업양도인에게 지급하였다고 하더라도 그 영업양수가 가장된 것이고 실제로는 주금의 제공자에게 주금을 반환한 것에 불과하다면 이는 회사를 위하여 사용되었다고 할 수 없어 납입가장죄가 성립한다(대법원 2006.6.9. 선고 2005도8498 판결).

■ 판례 ■ 　상법 제628조 제1항이 규정한 납입가장죄의 주체

상법 제628조 제1항 소정의 납입가장죄의 주체는 상법 제622조 제1항 소정의 특별배임죄와 마찬가지로 상법상 회사의 적법한 이사나 감사 등의 지위에 있는 자에 한한다(대법원 2006.4.27. 선고 2006도1646 판결).

■ 판례 ■ 　타인으로부터 금원을 차용하여 주금을 납입하고 설립등기나 증자등기 후 바로 인출하여 차용금 변제에 사용하는 경우

[1] 주식납입금을 회사 설립등기 후 바로 인출하였으나 그 인출금을 주식납입금 상당 자산의 양수대금으로 사용한 경우, 납입가장죄의 성립 여부(소극)

상법 제628조 제1항의 납입가장죄는 회사의 자본충실을 기하려는 법의 취지를 해치는 행위를 단속하려는 것이므로, 주식회사의 설립 또는 증자를 위하여 은행에 납입하였던 돈을 그 설립등기 내지 증자등기가 이루어진 후 바로 인출하였다 하더라도 그 인출금을 주식납입금 상당의 자산을 양수하는 대금으로 사용한 경우에는 납입가장죄가 성립하지 아니한다.

[2] 타인으로부터 금원을 차용하여 주금을 납입하고 설립등기나 증자등기 후 바로 인출하여 차용금 변제에 사용하는 경우, 상법상 납입가장죄의 성립 외에 업무상배임죄의 성립 여부(소극)

주식회사의 설립업무 또는 증자업무를 담당한 자와 주식인수인이 사전 공모하여 주금납입취급은행 이외의 제3자로부터 납입금에 해당하는 금액을 차입하여 주금을 납입하고 납입취급은행으로부터 납입금보관증명서를 교부받아 회사의 설립등기절차 또는 증자등기절차를 마친 직후 이를 인출하여 위 차용금채무의 변제에 사용하는 경우, 위와 같은 행위는 실질적으로 회사의 자본을 증가시키는 것이 아니고 등기를 위하여 납입을 가장하는 편법에 불과하여 주금의 납입 및 인출의 전 과정에서 회사의 자본금에는 실제 아무런 변동이 없다고 보아야 할 것이므로 그들에게 불법이득의 의사가 있다거나 회사에 재산상 손해가 발생한다고 볼 수는 없으므로, 업무상배임죄가 성립한다고 할 수 없다(대법원 2005.4.29. 선고 2005도856 판결).

■ 판례 ■ 　타인으로부터 금원을 차용하여 주금을 납입하고 그에 따른 등기를 마친 직후 이를 인출하여 그 타인에 대한 차용금 변제에 사용한 경우 상법상 납입가장죄와 별도로 업무상횡령죄가 성립하는지 여부(소극)

상법 제628조 제1항 소정의 납입가장죄는 회사의 자본충실을 기하려는 법의 취지를 유린하는 행

위를 단속하려는 데 그 목적이 있는 것이므로, 당초부터 진실한 주금납입으로 회사의 자금을 확보할 의사 없이 형식상 또는 일시적으로 주금을 납입하고 이 돈을 은행에 예치하여 납입의 외형을 갖추고 주금납입증명서를 교부받아 설립등기나 증자등기의 절차를 마친 다음 바로 그 납입한 돈을 인출한 경우에는, 이를 회사를 위하여 사용하였다는 특별한 사정이 없는 한 실질적으로 회사의 자본이 늘어난 것이 아니어서 납입가장죄 및 공정증서원본불실기재죄와 불실기재공정증서원본행사죄가 성립하고, 다만 납입한 돈을 곧바로 인출하였다고 하더라도 그 인출한 돈을 회사를 위하여 사용한 것이라면 자본충실을 해친다고 할 수 없으므로 주금납입의 의사 없이 납입한 것으로 볼 수는 없고, 한편 주식회사의 설립업무 또는 증자업무를 담당한 자와 주식인수인이 사전 공모하여 주금납입취급은행 이외의 제3자로부터 납입금에 해당하는 금액을 차입하여 주금을 납입하고 납입취급은행으로부터 납입금보관증명서를 교부받아 회사의 설립등기절차 또는 증자등기절차를 마친 직후 이를 인출하여 위 차용금채무의 변제에 사용하는 경우, 위와 같은 행위는 실질적으로 회사의 자본을 증가시키는 것이 아니고 등기를 위하여 납입을 가장하는 편법에 불과하여 주금의 납입 및 인출의 전과정에서 회사의 자본금에는 실제 아무런 변동이 없다고 보아야 할 것이므로, 그들에게 회사의 돈을 임의로 유용한다는 불법영득의 의사가 있다고 보기 어렵다 할 것이고, 이러한 관점에서 상법상 납입가장죄의 성립을 인정하는 이상 회사 자본이 실질적으로 증가됨을 전제로 한 업무상횡령죄가 성립한다고 할 수는 없다(대법원 2004.6.17. 선고 2003도7645 판결).

■ **판례** ■ **신주발행에 있어서 대표이사가 납입의 이행을 가장한 경우, 상법상 가장납입죄가 성립하는 이외에 따로 기존 주주에 대한 업무상배임죄가 성립하는지 여부(소극)**

신주발행은 주식회사의 자본조달을 목적으로 하는 것으로서 신주발행과 관련한 대표이사의 업무는 회사의 사무일 뿐이므로 신주발행에 있어서 대표이사가 납입된 주금을 회사를 위하여 사용하도록 관리·보관하는 업무 역시 회사에 대한 선관주의의무 내지 충실의무에 기한 것으로서 회사의 사무에 속하는 것이고, 신주발행에 있어서 대표이사가 일반 주주들에 대하여 그들의 신주인수권과 기존 주식의 가치를 보존하는 임무를 대행한다거나 주주의 재산보전 행위에 협력하는 자로서 타인의 사무를 처리하는 자의 지위에 있다고는 볼 수 없을 뿐만 아니라, 납입을 가장하는 방법에 의하여 주금이 납입된 경우 회사의 재산에 대한 지분가치로서의 기존 주식의 가치가 감소하게 될 수는 있으나, 이는 가장납입에 의하여 회사의 실질적 자본의 감소가 초래됨에 따른 것으로서 업무상배임죄에서의 재산상 손해에 해당된다고 보기도 어려우므로, 신주발행에 있어서 대표이사가 납입의 이행을 가장한 경우에는 상법 제628조 제1항에 의한 가장납입죄가 성립하는 이외에 따로 기존 주주에 대한 업무상배임죄를 구성한다고 할 수 없다(대법원 2004.5.13. 선고 2002도7340 판결).

■ **판례** ■ **주식납입금을 회사 설립등기 후 바로 인출하였으나 이미 회사가 대표이사인 피고인으로부터 주식 납입금 상당에 해당하는 자산을 양도받기로 되어 있어 그 양수자금으로 사용한 것으로 볼 수 있는 경우, 납입가장죄의 성립여부(소극)**

상법 제628조 제1항의 납입가장죄는 회사의 자본의 충실을 기하려는 법의 취지를 해치는 행위를 단속하려는 것이므로, 주식회사의 설립을 위하여 은행에 납입하였던 주식인수가액을 그 설립등기가 이루어진 후 바로 인출하였다 하더라도 그 인출금을 주식납입금 상당에 해당하는 자산을 양수하는 대금으로 사용한 경우에는 납입가장죄가 성립하지 아니한다(대법원 2001.8.21. 선고 2000도5418 판결).

■ **판례** ■ **주식회사의 설립을 위하여 은행에 납입하였던 주식인수가액을 설립등기 후 바로 인출하여 그 자산의 취득과정에서 발생한 대차관계를 정산하는 데에 사용한 경우, 납입가장죄의 성립**

여부(한정 소극)

상법상의 납입가장죄는 회사의 자본의 충실을 기하려는 법의 취지를 해치는 행위를 단속하려는 것이므로, 주식회사의 설립을 위하여 은행에 납입하였던 주식인수가액을 그 설립등기가 이루어진 후 바로 인출하였다 하더라도 이미 주식회사가 주식납입금 상당에 해당하는 자산을 가지게 되었고, 그 인출금을 그 자산의 취득과정에서 발생한 대차관계를 정산하는 데에 사용한 경우에는 납입가장죄가 성립하지 아니한다(대법원 1999. 10.12. 선고 99도3057 판결).

■ 판례 ■   주금납입금을 설립등기 또는 증자등기 후 즉시 인출하였으나 회사를 위하여 사용한 경우, 납입가장죄의 성부(소극)

상법 제628조 제1항 소정의 납입가장죄는 회사의 자본충실을 기하려는 법의 취지를 유린하는 행위를 단속하려는 데 그 목적이 있는 것이므로, 당초부터 진실한 주금납입으로 회사의 자금을 확보할 의사 없이 형식상 또는 일시적으로 주금을 납입하고 이 돈을 은행에 예치하여 납입의 외형을 갖추고 주금납입증명서를 교부받아 설립등기나 증자등기의 절차를 마친 다음 바로 그 납입한 돈을 인출한 경우에는, 이를 회사를 위하여 사용하였다는 특별한 사정이 없는 한 실질적으로 회사의 자본이 늘어난 것이 아니어서 납입가장죄 및 공정증서원본불실기재죄와 불실기재공정증서원본행사죄가 성립하고, 다만 납입한 돈을 곧바로 인출하였다고 하더라도 그 인출한 돈을 회사를 위하여 사용한 것이라면 자본충실을 해친다고 할 수 없으므로 주금납입의 의사 없이 납입한 것으로 볼 수는 없다(대법원 1997.2.14. 선고 96도2904 판결).

■ 판례 ■   전환사채의 인수 과정에서 대금의 납입을 가장한 경우 납입가장죄가 성립하는지 여부(소극)

납입가장죄는 회사의 자본에 충실을 기하려는 상법의 취지를 해치는 행위를 처벌하려는 것인데, 전환사채는 발행 당시에는 사채의 성질을 갖는 것으로서 사채권자가 전환권을 행사한 때 비로소 주식으로 전환되어 회사의 자본을 구성하게 될 뿐만 아니라, 전환권은 사채권자에게 부여된 권리이지 의무는 아니어서 사채권자로서는 전환권을 행사하지 아니할 수도 있으므로, 전환사채의 인수 과정에서 그 납입을 가장하였다고 하더라도 납입가장죄는 성립하지 아니한다(대법원 2008.5.29. 선고 2007도5206 판결).

3. 부실문서행사죄 : 제627조 제1항 ☞ 공소시효 7년

> 제627조(부실문서행사죄) ① 제622조제1항에 게기한 자, 외국회사의 대표자, 주식 또는 사채의 모집의 위탁을 받은 자가 주식 또는 사채를 모집함에 있어서 중요한 사항에 관하여 부실한 기재가 있는 주식청약서, 사채청약서, 사업계획서, 주식 또는 사채의 모집에 관한 광고 기타의 문서를 행사한 때에는 5년이하의 징역 또는 1천500만원 이하의 벌금에 처한다.
> ② 주식 또는 사채를 매출하는 자가 그 매출에 관한 문서로서 중요한 사항에 관하여 부실한 기재가 있는 것을 행사한 때에도 제1항과 같다.

■ 판례 ■　　상법 제627조 제1항의 부실문서행사죄의 취지

상법 제627조 제1항의 부실문서행사죄는 같은 법 제622조 제1항에 정하여진 회사의 발기인, 업무집행사원, 감사 등 외국회사의 대표자, 주식 또는 사채의 모집의 위탁을 받은 자가 주식 또는 사채를 모집함에 있어서 중요한 사항에 관하여 부실한 기재가 있는 주식청약서, 사채청약서, 사업계획서, 주식 또는 사채의 모집에 관한 광고 기타의 문서를 행사한 경우 이를 처벌하는 규정으로 이는 주식 또는 사채의 모집에 있어 일반 투자자에게 중요한 투자판단의 자료로 제공되는 사항에 대하여 정확을 기하고, 오류를 방지하여 회사의 주식과 사채 등의 모집에 공정성과 투명성을 보장하기 위한 것이다(대법원 2003.3.25. 선고 2000도5712 판결).

4. 주식회사 등의 외부감사에 관한 법률 위반

1) 적용법조 : 주식회사등의외부감사에관한법률 제20조 제4항 제1호 ☞ 공소시효 5년

> 제42조(벌칙) 「상법」 제401조의2제1항 및 제635조제1항에 규정된 자, 그 밖에 회사의 회계업무를 담당하는 자, 감사인 또는 그에 소속된 공인회계사나 제20조제4호에 따른 감사업무와 관련된 자가 다음 각 호의 어느 하나에 해당하는 행위를 하면 3년 이하의 징역 또는 3천만원 이하의 벌금에 처한다.
> 8. 감사인 또는 그에 소속된 공인회계사에게 거짓 자료를 제시하거나 거짓이나 그 밖의 부정한 방법으로 감사인의 정상적인 회계감사를 방해한 경우

2) 범죄사실 기재례

> 　감사인 또는 그에 소속된 공인회계사에게 거짓 자료를 제시하거나 거짓이나 그 밖의 부정한 방법으로 감사인의 정상적인 회계감사를 방해하여서는 아니 된다.
> 　그럼에도 불구하고 피의자는 20○○. ○. ○. ○○ TV 등 5개 업체에 ○○회에 걸쳐 합계 ○○만원 상당의 물품을 매출하고, 주식회사○○ 등 5개 업체로부터 ○○회에 걸쳐 합계 ○○만원 상당의 물품을 매입한 것처럼 작성한 서류와 객관적인 가치평가를 받지 아니한 출원 중인 특허권 등을 회사가 피의자 甲으로부터 ○○억 원에 양수한 것처럼 가장한 자료 등을 비롯하여 乙회사가 초창기 벤처기업이지만 20○○연도에 이미 자산 규모가 ○○만원에 이르고 약 ○○억 원의 매출 실적을 올려 ○○만원의 당기순이익을 실현한 유망한 기업인 것처럼 보이도록 하는 허위의 회계 관련 자료들을 공인회계사인 丙에게 제출하였다.
> 　이로써 피의자는 감사인의 정상적인 회계감사를 방해하였다.

제58장 상표법

Ⅰ. 개념정의

제2조(정의) ① 이 법에서 사용하는 용어의 뜻은 다음과 같다.

1. "상표"란 자기의 상품(지리적 표시가 사용되는 상품의 경우를 제외하고는 서비스 또는 서비스의 제공에 관련된 물건을 포함한다. 이하 같다)과 타인의 상품을 식별하기 위하여 사용하는 표장(標章)을 말한다.

2. "표장"이란 기호, 문자, 도형, 소리, 냄새, 입체적 형상, 홀로그램·동작 또는 색채 등으로서 그 구성이나 표현 방식에 상관없이 상품의 출처(出處)를 나타내기 위하여 사용하는 모든 표시를 말한다.

3. "단체표장"이란 상품을 생산·제조·가공·판매하거나 서비스를 제공하는 자가 공동으로 설립한 법인이 직접 사용하거나 그 소속 단체원에게 사용하게 하기 위한 표장을 말한다.

4. "지리적 표시"란 상품의 특정 품질·명성 또는 그 밖의 특성이 본질적으로 특정지역에서 비롯된 경우에 그 지역에서 생산·제조 또는 가공된 상품임을 나타내는 표시를 말한다.

5. "동음이의어 지리적 표시"란 같은 상품에 대한 지리적 표시가 타인의 지리적 표시와 발음은 같지만 해당 지역이 다른 지리적 표시를 말한다.

6. "지리적 표시 단체표장"이란 지리적 표시를 사용할 수 있는 상품을 생산·제조 또는 가공하는 자가 공동으로 설립한 법인이 직접 사용하거나 그 소속 단체원에게 사용하게 하기 위한 표장을 말한다.

7. "증명표장"이란 상품의 품질, 원산지, 생산방법 또는 그 밖의 특성을 증명하고 관리하는 것을 업(業)으로 하는 자가 타인의 상품에 대하여 그 상품이 품질, 원산지, 생산방법 또는 그 밖의 특성을 충족한다는 것을 증명하는 데 사용하는 표장을 말한다.

8. "지리적 표시 증명표장"이란 지리적 표시를 증명하는 것을 업으로 하는 자가 타인의 상품에 대하여 그 상품이 정해진 지리적 특성을 충족한다는 것을 증명하는 데 사용하는 표장을 말한다.

9. "업무표장"이란 영리를 목적으로 하지 아니하는 업무를 하는 자가 그 업무를 나타내기 위하여 사용하는 표장을 말한다.

10. "등록상표"란 상표등록을 받은 상표를 말한다.

11. "상표의 사용"이란 다음 각 목의 어느 하나에 해당하는 행위를 말한다.

    가. 상품 또는 상품의 포장에 상표를 표시하는 행위

    나. 상품 또는 상품의 포장에 상표를 표시한 것을 양도·인도하거나 전기통신회선을 통하여 제공하는 행위 또는 이를 목적으로 전시하거나 수출·수입하는 행위

    다. 상품에 관한 광고·정가표(定價表)·거래서류, 그 밖의 수단에 상표를 표시하고 전시하거나 널리 알리는 행위

② 제1항제11호 각 목에 따른 상표를 표시하는 행위에는 다음 각 호의 어느 하나의 방법으로 표시하는 행위가 포함된다.

1. 표장의 형상이나 소리 또는 냄새로 상표를 표시하는 행위

2. 전기통신회선을 통하여 제공되는 정보에 전자적 방법으로 표시하는 행위

③ 단체표장·증명표장 또는 업무표장에 관하여는 이 법에서 특별히 규정한 것을 제외하고는 상표에 관한 규정을 적용한다.

④ 지리적 표시 증명표장에 관하여는 이 법에서 특별히 규정한 것을 제외하고는 지리적 표시 단체표장에 관한 규정을 적용한다.

■ 판례 ■　지정상품을 화분, 물통, 도시락으로 하는 상표 'BIO TANK'가 기술적 표장만으로 된 상표인지 여부

'bio'가 'bio seramic'의 약자로 사용되는 일이 있다고 하더라도 등록상표 'BIO TANK'의 'bio'가 그러한 뜻만을 가지고 있는 것이 아니므로 이를 상품의 품질이나 원재료를 표시하는 것이라고 보기 어렵고, 'TANK'라는 표장도 이를 단순히 물통만을 의미한다고 볼 수도 없어 등록상표를 그 지정상품인 화분, 물통, 도시락 등과 관련하여 전체적으로 관찰하면 상품의 품질이나 효능, 원재료 등을 보통으로 사용하는 방법으로 표시한 표장만으로 된 상표라고 볼 수 없다(대법원 1995.7.28. 선고 95도702 판결).

Ⅱ. 벌 칙

제230조(침해죄) 상표권 또는 전용사용권의 침해행위를 한 자는 7년 이하의 징역 또는 1억원 이하의 벌금에 처한다.

제231조(비밀유지명령 위반죄) ① 국내외에서 정당한 사유 없이 비밀유지명령을 위반한 자는 5년 이하의 징역 또는 5천만원 이하의 벌금에 처한다.

② 제1항의 죄에 대해서는 비밀유지명령을 신청한 자의 고소가 있어야 공소를 제기할 수 있다.

제232조(위증죄) ① 이 법에 따라 선서한 증인, 감정인 또는 통역인이 특허심판원에 대하여 거짓의 진술·감정 또는 통역을 하였을 경우에는 5년 이하의 징역 또는 5천만원 이하의 벌금에 처한다.

② 제1항에 따른 죄를 범한 자가 그 사건의 상표등록여부결정 또는 심결의 확정 전에 자수하였을 경우에는 그 형을 감경하거나 면제할 수 있다.

제233조(거짓 표시의 죄) 제224조를 위반한 자는 3년 이하의 징역 또는 3천만원 이하의 벌금에 처한다.

제234조(거짓 행위의 죄) 거짓이나 그 밖의 부정한 행위를 하여 상표등록, 지정상품의 추가등록, 존속기간갱신등록, 상품분류전환등록 또는 심결을 받은 자는 3년 이하의 징역 또는 3천만원 이하의 벌금에 처한다.

제235조(양벌규정) 법인의 대표자나 법인 또는 개인의 대리인, 사용인, 그 밖의 종업원이 그 법인 또는 개인의 업무에 관하여 제230조, 제233조 또는 제234조의 위반행위를 하면 그 행위자를 벌하는 외에 그 법인에는 다음 각 호의 구분에 따른 벌금형을 과(科)하고, 그 개인에게는 해당 조문의 벌금형을 과한다. 다만, 법인 또는 개인이 그 위반행위를 방지하기 위하여 해당 업무에 관하여 상당한 주의와 감독을 게을리하지 아니한 경우에는 그러하지 아니하다.

1. 제230조를 위반한 경우: 3억원 이하의 벌금
2. 제233조 또는 제234조를 위반한 경우: 6천만원 이하의 벌금

Ⅲ. 등록상표와 유사한 상표등에 대한 특칙

제225조(등록상표와 유사한 상표 등에 대한 특칙) ① 제89조, 제92조, 제95조제3항, 제97조제2항, 제104조, 제110조제4항, 제119조제1항제3호 및 같은 조 제3항, 제160조, 제222조 및 제224조에 따른 "등록상표"에는 그 등록상표와 유사한 상표로서 색채를 등록상표와 동일하게 하면 등록상표와 같은 상표라고 인정되는 상표가 포함되는 것으로 한다.

② 제108조제1항제1호 및 제119조제1항제1호에 따른 "등록상표와 유사한 상표"에는 그 등록상표와 유사한 상표로서 색채를 등록상표와 동일하게 하면 등록상표와 같은 상표라고 인정되는 상표가 포함되지 아니하는 것으로 한다.

③ 제108조제2항제1호에 따른 "타인의 지리적 표시 등록단체표장과 유사한 상표"에는 그 등록단체표장과 유사한 상표로서 색채를 등록단체표장과 동일하게 하면 등록단체표장과 같은 상표라고 인정되는 상표가 포함되지 아니하는 것으로 한다.

④ 제1항부터 제3항까지의 규정은 색채나 색채의 조합만으로 된 등록상표의 경우에는 적용하지 아니한다.

Ⅳ. 범죄사실

1. 상표권 및 전용사용권의 침해

1) 적용법조 : 제230조, 제108조 ☞ 공소시효 7년

제108조(침해로 보는 행위) ① 다음 각 호의 어느 하나에 해당하는 행위는 상표권(지리적 표시 단체표장권은 제외한다) 또는 전용사용권을 침해한 것으로 본다.
1. 타인의 등록상표와 동일한 상표를 그 지정상품과 유사한 상품에 사용하거나 타인의 등록상표와 유사한 상표를 그 지정상품과 동일·유사한 상품에 사용하는 행위
2. 타인의 등록상표와 동일·유사한 상표를 그 지정상품과 동일·유사한 상품에 사용하거나 사용하게 할 목적으로 교부·판매·위조·모조 또는 소지하는 행위
3. 타인의 등록상표를 위조 또는 모조하거나 위조 또는 모조하게 할 목적으로 그 용구를 제작·교부·판매 또는 소지하는 행위
4. 타인의 등록상표 또는 이와 유사한 상표가 표시된 지정상품과 동일·유사한 상품을 양도 또는 인도하기 위하여 소지하는 행위
② 다음 각 호의 어느 하나에 해당하는 행위는 지리적 표시 단체표장권을 침해한 것으로 본다.
1. 타인의 지리적 표시 등록단체표장과 유사한 상표(동음이의어 지리적 표시는 제외한다. 이하 이 항에서 같다)를 그 지정상품과 동일하다고 인정되는 상품에 사용하는 행위
2. 타인의 지리적 표시 등록단체표장과 동일·유사한 상표를 그 지정상품과 동일하다고 인정되는 상품에 사용하거나 사용하게 할 목적으로 교부·판매·위조·모조 또는 소지하는 행위
3. 타인의 지리적 표시 등록단체표장을 위조 또는 모조하거나 위조 또는 모조하게 할 목적으로 그 용구를 제작·교부·판매 또는 소지하는 행위
4. 타인의 지리적 표시 등록단체표장과 동일·유사한 상표가 표시된 지정상품과 동일하다고 인정되는 상품을 양도 또는 인도하기 위하여 소지하는 행위

2) 범죄사실 기재례

[기재례1] 등록상표와 동일상표 사용(2)

피의자는 피해자 甲이 보온도시락 등을 지정상품으로 하여 특허청에 '아폴로표' 상표를 등록해 놓았음에도 불구하고 20○○. ○.경부터 20○○. ○. ○.경까지 사이에 위 공장에서 보온도시락통 옆면에 '아폴로전자' 및 'APOLLO CO' 라는 상표를, 그곳에 부착된 명찰의 앞뒷면에 '아폴로전자' 라는 상표를 각 표시한 보온도시락 약 12,000개를 제조·판매함으로써 피해자의 상표권을 침해하였다.

✽ 등록상표가 아닌 상표를 침해한 경우에는 부정경쟁방지법으로 의율한다.

[기재례2] 상표권 침해상품 판매목적 전시보관

피의자는 20○○. ○. 중순경부터 20○○. ○. ○.까지 ○○에 있는 '○○' 에서 일본의 소니사가 원격조종기를 지정상품으로 특허청에 등록번호 제○○호로 등록한 "SONY" 상표와 동일한 모양의 상표가 부착된 원격조정기(일명 리모컨) 200개를 甲으로부터 구입하여 그 중 50개를 1개당 ○○만원씩을 받고 불특정 다수의 소비자에게 판매하고, 나머지 150개 시가 ○○만 원 상당을 판매목적으로 전시, 보관하여 위 회사의 상표권을 침해하였다.

[기재례3] 외국 상표권침해

> 피의자는 ○○에 주소를 두고 중국 ○○시에 거주하고 있다.
>
> 누구든지 사용에 대한 정당한 권한이 없이 타인의 등록상표 또는 이와 유사한 상표가 표시된 지정상품과 동일 또는 유사한 상품을 양동 또는 인도하기 위하여 소지하여서는 아니 된다.
>
> 그럼에도 불구하고 피의자는 중국 ○○시에서 인터넷 쇼핑몰인 ○○사이트를 운영하면서 위조 상품을 판매하기로 마음먹었다.
>
> 그리하여 피의자는 20○○. ○. ○. 서울 ○○에 거주하는 甲에게 프랑스 A가 20○○. ○. ○. 대한민국 특허청에 상표등록(등록번호 : ○○)한 샤넬 상표권을 침해한 위조 샤넬가방 1개를 ○○원에 양도(판매)하였다.
>
> 피의자는 이를 포함하여 그때부터 20○○. ○. ○.까지 사이에 위와 같은 방법으로 별지 범죄일람표의 내용과 같이 진정상품 시가 ○○원 상당의 샤넬, 루이뷔통, 구찌 등 유명상품 위조가방, 지갑 등 총 ○○점을 양도(판매)하였다.
>
> 이로써 피의자는 프랑스 ○○가 상표등록한 샤넬 상표권 등을 침해하였다.

3) 신문사항

- 피의자는 어떠한 사업을 하고 있는가
- 언제부터 하였나
- 사업내용은(사업규모, 종업원수, 연매출 등)
- 가방을 생산한 일이 있는가
- 어떠한 종류의 가방인가
- 가방에 부착된 상표는 어떠한 것인가
- 이 상표는 피의자가 등록한 것인가
- 그러면 이 상표가 ○○○회사에서 등록한 상표인 것을 알고 있는가
- 피의자가 사용한 상표와 ○○○회사에서 등록한 상표와 어떠한 차이가 있다고 보는가
- 사전 ○○○회사로부터 사용승인을 받았나
- 왜 ○○○회사에서 등록한 상표를 사용하였나

■ **판례** ■   상표권자 등에 의해 등록상표가 표시된 상품을 양수 또는 수입한 자가 임의로 상품을 소량으로 나누어 새로운 용기에 담는 방식으로 포장한 후 등록상표를 표시하거나 위와 같이 등록상표를 표시한 것을 양도한 경우, 상표권 내지 전용사용권을 침해하는 행위에 해당하는지 여부(원칙적 적극)

상표권자 내지 정당한 사용권자(이하 '상표권자 등'이라고 한다)에 의해 등록상표가 표시된 상품을 양수 또는 수입한 자가 임의로 상품을 소량으로 나누어 새로운 용기에 담는 방식으로 포장한 후 등록상표를 표시하거나 위와 같이 등록상표를 표시한 것을 양도하였다면, 비록 그 내용물이 상표권자 등의 제품이라 하더라도 상품의 출처표시 기능이나 품질보증 기능을 해칠 염려가 있으

므로, 이러한 행위는 특별한 사정이 없는 한 상표권 내지 전용사용권을 침해하는 행위에 해당한다.(대법원 2012.4.26. 선고 2011도17524 판결)

■ 판례 ■ **침해 대상이 되는 등록상표를 달리하는 경우의 죄수**

[1] 수개의 등록상표에 대한 상표권침해 행위가 계속하여 행하여진 경우, 상표권침해죄의 죄수 관계(=각 등록상표 1개마다 포괄하여 일죄)

수개의 등록상표에 대하여 상표법 제93조에서 정한 상표권침해 행위가 계속하여 행하여진 경우에는 각 등록상표 1개마다 포괄하여 1개의 범죄가 성립하므로, 특별한 사정이 없는 한 상표권자 및 표장이 동일하다는 이유로 등록상표를 달리하는 수개의 상표권침해 행위를 포괄하여 하나의 죄가 성립하는 것으로 볼 수 없다.

[2] 피고인이 위조상표가 부착된 상품을 판매하여 갑의 상표권을 침해하였다는 내용으로 기소된 사안에서, 이미 유죄판결이 확정된 을 등록상표에 대한 상표권침해죄 범죄사실과 공소사실 중 병 등록상표에 대한 상표권침해 부분은 침해의 대상이 되는 등록상표를 달리하여 각 별개의 상표권침해죄를 구성하므로 비록 상표권자 및 표장이 같더라도 두 죄를 포괄하여 하나의 죄가 성립하는 것으로 볼 수 없는데도, 이와 달리 판단하여 확정판결의 효력이 이 부분 공소사실에 미친다고 보아 면소를 선고한 원심판결에 상표권침해죄 죄수에 관한 법리오해의 위법이 있다고 한 사례.(대법원 2011.7.14. 선고 2009도10759 판결)

■ 판례 ■ **타인의 등록상표를 출처표시 외에 서적의 내용 등을 안내·설명하기 위하여 사용한 경우 상표권 침해로 볼 수 있는지 여부(소극) 및 그것이 상표로서 사용되고 있는지 여부의 판단 기준**

타인의 등록상표를 그 지정상품과 동일 또는 유사한 상품에 사용하면 타인의 상표권을 침해하는 행위가 되나, 타인의 등록상표를 이용한 경우라고 하더라도 그것이 상표의 본질적인 기능이라고 할 수 있는 출처표시를 위한 것이 아니라 서적의 내용 등을 안내·설명하기 위하여 사용되는 등으로 상표의 사용으로 인식될 수 없는 경우에는 등록상표의 상표권을 침해한 행위로 볼 수 없고, 그것이 상표로서 사용되고 있는지 여부를 판단하기 위해서는, 상품과의 관계, 당해 표장의 사용태양(즉 상품 등에 표시된 위치, 크기 등), 등록상표의 주지저명성 그리고 사용자의 의도와 사용경위 등을 종합하여 실제 거래계에서 그 표시된 표장이 상품의 식별표지로서 사용되고 있는지 여부를 종합하여 판단하여야 한다.(대법원 2011.1.13. 선고 2010도5994 판결)

■ 판례 ■ **서비스표 및 디자인 등록 출원을 위임받은 자가 위임의 취지에 위배하여 자신의 명의로 등록 출원한 경우**

[1] 상표법 제96조의 '사위 기타 부정한 행위로써 상표등록을 받은 자' 및 디자인보호법 제85조의 '사위 기타 부정한 행위로써 디자인등록을 받은 자'의 의미

상표법 제96조에서 규정한 '사위 기타 부정한 행위로써 상표등록을 받은 자' 및 디자인보호법 제85조에서 규정한 '사위 기타 부정한 행위로써 디자인등록을 받은 자'란 정상적인 절차에 의하여서는 상표 및 디자인 등록을 받을 수 없는 경우임에도 위계 기타 사회통념상 부정이라고 인정되는 행위로써 상표 및 디자인 등록을 받는 자를 가리킨다.

[2] 서비스표 및 디자인 등록 출원을 위임받은 자가 위임의 취지에 위배하여 자신의 명의로 등록 출원하였다는 사실만으로 '사위 기타 부정한 행위'가 있었다고 볼 수 있는지 여부(소극)

상표 및 디자인 등록에서 사위행위죄는 상표 및 디자인 등록 과정에서 허위의 자료나 위조된 자

료를 제출하는 등 심사관을 부정한 행위로써 착오에 빠뜨려 등록 요건을 결여한 상표 및 디자인에 대하여 등록을 받은 자를 처벌함으로써 국가의 심사권의 적정한 행사를 보장하려는 취지에서 둔 규정이라고 할 것이므로, 서비스표 및 디자인 등록 출원을 위임받은 자가 위임의 취지에 위배하여 자신의 명의로 등록 출원하였다는 사실만으로는 '사위 기타 부정한 행위' 가 있었다고 볼 수 없다.(대법원 2010.9.9. 선고 2010도2985 판결)

■ 판례 ■   타인의 등록상표가 인쇄된 트럼프 카드의 뒷면에 특수염료로 무늬와 숫자를 인쇄하여 색약보정용 콘택트렌즈를 착용하면 식별할 수 있는 카드를 제조·판매한 경우

[1] 등록상표가 표시된 상품의 양수인 등이 원래의 상품과의 동일성을 해할 정도의 가공이나 수선을 하여 상표권자의 권리를 침해하였는지 여부의 판단 기준

상표권자 등이 국내에서 등록상표가 표시된 상품을 양도한 경우에는 특별한 사정이 없는 한 당해 상품에 대한 상표권은 그 목적을 달성하여 소진되므로, 양수인 등이 당해 상품을 사용·양도 또는 대여하는 행위 등에는 상표권의 효력이 미치지 않는다. 다만, 양수인 등이 원래의 상품과의 동일성을 해할 정도의 가공이나 수선을 하는 때에는 실질적으로는 생산행위를 하는 것과 마찬가지이어서 새로 생성된 제품에 종전 상품에 표시된 상표를 그대로 유지하게 되면 상품의 출처표시 기능이나 품질보증 기능을 해치게 되므로 이러한 경우에는 상표권자의 권리가 침해된다고 보아야 하는바, 동일성을 해할 정도의 가공이나 수선에 해당하는지 여부는 당해 상품의 객관적인 성질, 이용형태 및 상표법의 규정 취지와 상표의 기능 등을 종합하여 판단하여야 한다.

[2] 타인의 등록상표가 인쇄된 트럼프 카드의 뒷면에 특수염료로 무늬와 숫자를 인쇄하여 색약보정용 콘택트렌즈를 착용하면 식별할 수 있는 카드를 제조·판매한 경우, 상표법 위반죄의 성립여부(소극)

타인의 등록상표가 인쇄된 트럼프 카드를 구입한 후 그 카드의 뒷면에 특수염료로 무늬와 숫자를 인쇄하여 색약보정용 콘택트렌즈 또는 적외선 필터를 사용하면 식별할 수 있지만 육안으로는 식별이 불가능한 카드를 제조·판매한 사안에서, 그 제조·판매 행위가 원래의 상품과의 동일성을 해할 정도의 가공·수선이라고 하거나 상표의 출처표시 기능이나 품질보증 기능을 침해하였다고 볼 수 없다는 이유로 상표법 위반죄의 성립을 부정한 사례.(대법원 2009.10.15. 선고 2009도3929 판결)

■ 판례 ■   타인의 상표가 부착된 제품을 무상으로 제공한 경우

[1] 상표법상 '상표의 사용' 및 '상품' 의 의미

상표법상 '상표의 사용' 이란 상품 또는 상품의 포장에 상표를 표시하는 행위, 상품 또는 상품의 포장에 상표를 표시한 것을 양도 또는 인도하거나 그 목적으로 전시·수출 또는 수입하는 행위 등을 의미하고, 여기에서 말하는 '상품' 은 그 자체가 교환가치를 가지고 독립된 상거래의 목적물이 되는 물품을 의미한다.

[2] 피고인 甲은 상표권자의 허락 없이 상표를 임의로 표시한 수건을 주문·제작하여 그중 일부를 거래처에 판매하고 일부를 다른 거래처에 사은품 내지 판촉용으로 제공하였으며, 피고인 乙은 위 수건이 상표권자의 허락 없이 임의로 제작된 것임을 알면서도 그중 일부를 거래처에 제공하여 상표법 위반으로 기소된 사안

수건의 외관·품질 및 거래 현황 등에 비추어 위 수건은 그 자체가 교환가치를 가지고 독립된 상거래의 목적물이 되는 물품으로 '상품' 에 해당하고, 그중 일부가 사은품 또는 판촉물로서 무상으로 제공되었더라도 무상으로 제공된 부분만을 분리하여 상품성을 부정할 것은 아니므로, 위 수건에 상표를 표시하거나 상표가 표시된 수건을 양도하는 행위는 상표법상 '상표의 사용' 에 해당한다. (대법원 2022. 3. 17., 선고, 2021도2180, 판결)

제59장 새마을금고법

Ⅰ. 개념정의

제2조(정의와 명칭) ① 이 법에서 "금고"란 제1조의 목적을 달성하기 위하여 이 법에 따라 설립된 비영리법인인 새마을금고를 말한다.

② 이 법에서 "지역금고"란 제1항의 금고 중 동일한 행정구역, 경제권 또는 생활권을 업무구역으로 하는 금고를 말한다.

③ 이 법에서 "중앙회"란 모든 금고의 공동이익 증진과 지속적인 발전을 도모하기 위하여 이 법에 따라 설립한 비영리법인인 새마을금고중앙회를 말한다.

④ 금고나 중앙회는 그 명칭 중 "새마을금고" 또는 "새마을금고중앙회"라는 문자를 사용하여야 한다.

⑤ 금고나 중앙회가 아니면 제4항에 따른 명칭이나 이와 유사한 명칭을 사용할 수 없다.

Ⅱ. 벌 칙

제85조(벌칙) ① 금고 또는 중앙회의 임직원이 다음 각 호의 어느 하나에 해당하는 행위를 한 경우에는 5년 이하의 징역 또는 5천만원 이하의 벌금에 처한다.

1. 자금을 금고나 중앙회의 사업 목적 외에 사용·대출하거나 금고나 중앙회의 재산을 투기 목적으로 처분하거나 이용한 경우

2. 제80조제1항에 따른 경영지도 사항을 이행하지 아니한 경우

② 금고나 중앙회의 임직원 또는 청산인이 다음 각 호의 어느 하나에 해당하는 행위를 한 경우에는 3년 이하의 징역이나 3천만원 이하의 벌금에 처한다.

1. 감독기관의 인가나 승인을 받아야 하는 사항에 관하여 인가나 승인을 받지 아니하거나 인가가 취소된 후에도 업무를 계속하여 수행한 경우

2. 거짓으로 등기를 한 경우

3. 감독기관, 총회, 이사회에 대하여 거짓으로 자료를 제출하거나 진술(서면진술을 포함한다)한 경우

4. 총회나 이사회의 의결이 필요한 사항에 대하여 의결을 거치지 아니하고 집행한 경우

5. 제29조(제67조제5항에서 준용하는 경우를 포함한다)를 위반한 경우

6. 금고나 중앙회로 하여금 제28조제3항(제67조제5항에서 준용하는 경우를 포함한다)에 따른 명령, 같은 조 제5항이나 제35조(제70조제4항에서 준용하는 경우를 포함한다)를 위반하게 한 경우

7. 제31조(제70조제4항에서 준용하는 경우를 포함한다)를 위반하여 금고나 중앙회로 하여금 동산이나 부동산을 소유하게 한 경우

8. 제44조에 따라 준용되는 「민법」의 규정을 위반한 경우

9. 감독기관의 검사를 거부·방해 또는 기피하거나 해당 검사원의 질문에 거짓으로 진술(서면진술을 포함한다)하거나 자료를 제출한 경우

10. 제75조에 따른 경영 공시를 이행하지 아니하거나 거짓으로 공시한 경우

③ 제22조제2항부터 제4항까지 및 제22조의2(제64조의2제6항에서 준용하는 경우를 포함한다)를 위반한 자는 2년 이하의 징역이나 2천만원 이하의 벌금에 처한다.

④ 제5조를 위반하여 금고나 중앙회로 하여금 정치에 관여하는 행위를 하게 한 자는 다른 법률에 특별히 규정된

경우 외에는 1년 이하의 징역이나 1천만원 이하의 벌금에 처한다.

⑤ 제2조제5항을 위반한 자는 1년 이하의 징역이나 1천만원 이하의 벌금에 처한다.

⑥ **제3항에 따른 죄의 공소시효**는 해당 선거일 후 6개월(선거일 후에 이루어진 범죄는 그 행위를 한 날부터 6개월)을 경과함으로써 완성된다. 다만, 범인이 도피하거나 범인이 공범 또는 증명에 필요한 참고인을 도피시킨 경우에는 그 기간을 3년으로 한다.

제86조(양벌규정) 생략

Ⅲ. 범죄사실

1. 사업목적외 자금사용(대출, 투기목적 재산처분 · 이용)

1) 적용법조 : 제85조 제1항 제1호 ☞ 공소시효 7년

2) 범죄사실 기재례

> 피의자는 ○○에 있는 "▲▲새마을금고" 이사장으로 금고의 사업목적 외에 자금을 사용 · 대출하거나 투기의 목적으로 금고의 재산을 처분 또는 이용하여서는 아니된다.
>
> 그럼에도 불구하고 피의자는 20○○. ○. ○. 금고의 여유자금으로 보장금리가 없는 투자신탁회사의 주식형 수익증권인 ○○증권 ○○만원상당 매입함으로써 투기의 목적으로 금고의 재산을 이용하였다.

3) 신문사항

- 새마을 금고 이사장인가
- 언제부터 이사장으로 재직하였는가
- 이사장은 구체적으로 어떤 역할을 하는가
- 금고의 규모는 어느 정도인가
- 금고 여유자금은 어느 정도인가
- 이런 여유자금 관리는 어떻게 하고 있는가
- 이런 자금을 사업목적외에 사용하거나 대출한 일이 있는가
- 언제 투자신탁회사의 증권을 매입하였는가
- 어떤 조건으로 얼마 정도를 매입하였는가
- 이런 행위가 사업목적으로 사용하였다 생각하는가
- 매입한 증권은 그 후 어떻게 하였는가
- 얼마 정도 손해를 보았는가
- 왜 이렇게 투기목적으로 금고의 재산을 이용하였는가

2. 허위의 진술

1) 적용법조 : 제85조 제2항 제3호 ☞ 공소시효 5년

2) 범죄사실 기재례

> 금고나 중앙회의 임직원 또는 청산인은 감독기관, 총회, 이사회에 대하여 거짓으로 진술을 하여서는 아니 된다.
> 그럼에도 불구하고 피의자는 20○○. ○. ○. ○○에 있는 ○○금고 회의실에서 실시하는 20○○. 정기총회에 참석하여 여유자금 지출의 사용처에 대한 이사들의 질문에 사실은 여유자금 중 ○○만원은 보장금리가 없는 투자신탁회사의 주식형 수익증권인 ○○증권을 매입하는 데 사용하였음에도 불구하고 ○○용도로 사용하였다며 허위진술을 하였다.

3) 신문사항

- ○○새마을 금고 임원인가
- 어떤 직책을 맡고 있으며 맡은 업무는 무엇인가
- 20○○년도 정기총회를 언제 개최하였는가
- 어떤 내용의 총회였는가
- 이사들의 질문에 참여한 일이 있는가
- 언제 어떤 이사회에 참석하였는가
- 이사들의 질문에 응한 일이 있는가
- 어떤 질문에 어떤 대답을 하였는가
- 이사들의 질문에 모두 사실대로 진술하였는가
- 왜 여유자금을 주식에 투자하고 ○○에 사용하였다고 하였는가
- 이런 진술이 허위진술이라고 생각하지 않는가

■ 판례 ■   '허위의 진술'에 서면으로 허위내용을 보고하는 행위도 포함되는지 여부(소극)

구 새마을금고법(1997. 12. 17. 법률 제5462호로 개정되기 전의 것) 제66조 제2항 제3호에 '금고의 임·직원 등이 감독기관·총회·이사회에 대하여 허위의 진술을 한 때' 처벌하도록 규정하고 있는바, 진술이란 통상 '말하는 것'을 의미하므로 서면으로 허위내용을 보고하는 행위가 위 법조항에 정한 '허위의 진술'에 포함된다고 할 수 없다(대법원 1999.12.10. 선고 98도2912 판결).

3. 정치관여 행위

1) 적용법조 : 제85조 제4항, 제5조 ☞ 공소시효 5년

> 제5조(정치 관여 금지) 금고와 중앙회는 정치에 관여하는 일체의 행위를 할 수 없다.

2) 범죄사실 기재례

> 금고 및 중앙회는 정치에 관하여는 일체의 행위를 할 수 없다.
> 그럼에도 불구하고 피의자는 20○○. ○. ○. ○○에서 개최하는 ○○당 국회의원의 정치자금 모집과 관련 ▲▲새마을금고 명의로 ○○만원의 정치자금을 기부하여 정치에 관여하였다.

3) 신문사항
- 새마을 금고 이사장인가
- 언제부터 이사장으로 재직하였는가
- 이사장은 구체적으로 어떤 역할을 하는가
- 금고의 규모는 어느 정도인가
- 정치자금을 기부한 일이 있는가
- 언제 어떤 정치자금을 기부하였는가
- 얼마를 어떤 방법으로 누구에게 주었는가
- 이러한 돈은 어떤 명목으로 지출하였는가
- 장부상으로는 어떻게 지출한 것으로 하였는가
- 특정 정치인에게 이런 정치자금 제공은 정치관여행위가 아닌가

4. 이사회 의결 없이 집행

1) 적용법조 : 제85조 제2항 제4호, 제17조 제3항 ☞ 공소시효 5년

> 제17조(이사회) ① 금고에 이사회를 둔다.
> ② 이사회는 이사장, 부이사장을 포함한 이사로 구성하며, 이사장이 이를 소집한다.
> ③ 다음 각 호의 사항은 이사회의 의결이 있어야 한다.
>   1. 규정의 제정, 변경 또는 폐지
>   2. 사업 집행에 대한 기본 방침의 결정
>   3. 소요 자금의 차입. 다만, 중앙회에서 차입할 경우는 최고한도
>   4. 정관으로 정하는 간부 직원의 임면(任免)과 직원의 징계
>   5. 총회로부터 위임된 사항과 총회에 부칠 사항
>   6. 그 밖에 이사장이 회의에 부치는 사항

2) 범죄사실 기재례

금고나 중앙회의 임직원 또는 청산인은 총회나 이사회의 의결이 필요한 사항에 대하여 의결을 거치지 아니하고 집행하여서는 아니 된다.

그럼에도 불구하고 피의자는 20○○. ○. ○. ○○에 있는 ○○투자신탁 ○○지점에서 이사회 의결을 얻지 아니하고 금고의 여유자금 ○○억원을 주식형 수익증권인 아름드리 안정성신탁에 예치한 것을 비롯하여 그 무렵부터 20○○. ○. ○.까지 사이에 총 ○회에 걸쳐서 위 금고의 여유자금 합계금 ○○억 원 상당을 주식형 수익증권에 임의로 예치하였다.

■ 판례 ■ **새마을금고여유자금운용지침에 규정된 여유자금의 운용방법에 위반하여 새마을금고 여유자금의 주식형 수익증권에의 예치한 경우**

[1] 증권투자신탁업법에 의하여 증권투자신탁회사가 발매하는 수익증권을 매입하는 행위가 새마을금고법시행령 제24조 제2호 소정의 '신탁회사에의 금전신탁'에 해당하는지 여부(소극)

새마을금고법시행령 제24조는 금고의 여유자금은 연합회에의 예탁, 금융기관에의 예탁 또는 신탁회사에의 금전신탁, 국채·지방채 및 연합회장이 정하는 유가증권의 매입의 방법에 의하여 이를 운용할 수 있다고 정하고 있는바, 신탁이라 함은 신탁설정자(위탁자)와 신탁을 인수하는 자(수탁자)와의 특별한 신임관계에 기하여 위탁자가 특정의 재산권을 수탁자에게 이전하거나 기타의 처분을 하고 수탁자로 하여금 일정한 자(수익자)의 이익을 위하여 또는 특정의 목적을 위하여 그 재산권을 관리, 처분하게 하는 법률관계를 말하므로(신탁법 제1조 제2항), 증권투자신탁업법에 의하여 증권투자신탁회사가 발매하는 수익증권을 매입하는 행위는 위 시행령에서 말하는 신탁회사에의 금전신탁에 해당하지 않는다.

[2] 새마을금고법 제66조 제2항 제4호 소정의 '이사회의 의결을 요하는 사항'의 의미 및 새마을금고여유자금운용지침에 의한 새마을금고 여유자금의 주식형 수익증권에의 예치가 위 '이사회의 의결을 요하는 사항'에 해당하는지 여부(소극)

새마을금고법 제66조 제2항 제4호에 정해진 이사회의 의결을 요하는 사항이란 동법 제16조 제3항에 정해진 각 호의 사항 중 법령에서 필요적으로 이사회의 의결을 요하도록 규정한 경우를 말하고, 따라서 동법 제16조 제3항 제6호와 같이 임의적으로 이사장이 부의하는 사항은 이에 포함되지 않는다고 할 것이며, 또한 새마을금고법시행령 제24조에서 금고의 여유자금은 연합회에의 예탁, 금융기관에의 예탁 또는 신탁회사에의 금전신탁, 국채·지방채 및 연합회장이 정하는 유가증권의 매입의 방법에 의하여 이를 운용할 수 있다고 규정하면서, 새마을금고연합회장이 새마을금고 여유자금 운용지침으로서 당해금고 여유자금 총액의 20%의 범위 안에서 주식운용편입비율이 30%이하인 상품은 이사회의결을 얻은 후 매입 또는 예치할 수 있는 것으로 정하고 있다(새마을금고여유자금운용지침 제6조 제2항 제4호)고 하더라도, 위 지침은 위 시행령 제24조의 구체적인 시행을 위한 새마을금고연합회의 내부규정에 불과하므로 위 지침에 규정된 여유자금의 운용방법은 새마을금고법 제66조 제2항 제4호에 정해진 이사회의 의결을 요하는 사항에 해당하지 아니한다(대법원 2001.12.24. 선고 2000도4099 판결).

■ 판례 ■ **새마을금고 이사장이 이사회의 결의없이 한 채무부담이행의 효력(무효)**

새마을금고 등 법원 제13조 제3항 제3호, 제16조 제1항, 제3항, 동법시행령 제22조 제1항, 제3항의 규정에 의하면 새마을 금고의 이사장이 이사회의 의결없이 개인으로부터 자금을 차입하거나 채무를 부담하는 행위는 당연무효이다(대법원 1987.11.10. 선고 87도993 판결).

5. 임원의 선거운동 위반

1) 적용법조 : 제85조 제3항, 제22조 제2항 ☞ 공소시효 선거일 후 6월

제22조(임원의 선거운동제한) ① 임원의 선거운동은 공영제(公營制)를 원칙으로 한다.
② 누구든지 자기 또는 특정인을 금고의 임원으로 당선되게 하거나 당선되지 못하게 할 목적으로 다음 각 호의 어느 하나에 해당하는 행위를 할 수 없다.
1. 회원(제9조에 따라 회원이 될 수 있는 자를 포함한다. 이하 이 조에서 같다)이나 그 가족(회원의 배우자, 회원 또는 그 배우자의 직계존비속과 형제자매, 회원의 직계존비속 및 형제자매의 배우자를 말한다. 이하 같다)에게 금품·향응, 그 밖의 재산상의 이익이나 공사(公私)의 직(職)을 제공, 제공의 의사표시 또는 그 제공을 약속하는 행위
2. 후보자가 되지 아니하게 하거나 후보자가 된 것을 사퇴하게 할 목적으로 후보자가 되려는 사람이나 후보자에게 제1호에 규정된 행위를 하는 경우
3. 제1호 또는 제2호에 규정된 이익이나 직을 제공받거나 그 제공의 의사표시를 승낙하는 행위 또는 그 제공을 요구하거나 알선하는 행위
4. 후보자에 관하여 거짓의 사실(학력을 포함한다)을 유포하거나 공연히 사실을 적시(摘示)하여 비방하는 행위
5. 임원의 임기만료일 전 90일(보궐선거 또는 재선거의 경우 임원선거 공고일)부터 선거일까지 회원의 호별(사업장을 포함한다)로 방문하거나 특정장소에 모이게 하는 행위
③ 선거운동을 할 수 있는 사람은 후보자에 한정하며, 후보자는 임원 선거와 관련하여 다음 각 호의 방법 외의 선거운동을 할 수 없다.
1. 금고에서 발행하는 선거공보 제작 및 배부
2. 금고에서 개최하는 합동연설회 또는 공개토론회에서의 지지 호소
3. 전화(문자메시지를 포함한다) 및 컴퓨터통신(전자우편을 포함한다)을 이용한 지지 호소
4. 도로·시장 등 행정안전부령으로 정하는 다수인이 왕래하거나 모이는 공개된 장소에서의 지지 호소 및 명함 배부
④ 제3항에 따른 선거운동은 후보자등록마감일의 다음 날부터 선거일 전날까지만 할 수 있다. 다만, 후보자가 선거일에 제3항제2호에 따른 합동연설회 또는 공개토론회에서 자신의 소견을 발표하는 때에는 그러하지 아니하다.
⑤ 제3항에 따른 선거운동 방법 등에 관한 세부적인 사항은 행정안전부령으로 정한다.
제87조(자수자에 대한 특례) ① 다음 각 호의 어느 하나에 해당하는 자가 자수한 때에는 그 형을 감경 또는 면제한다.
1. 제22조제2항(제64조의2제6항에서 준용하는 경우를 포함한다)을 위반하여 자기 또는 특정인을 금고의 임원으로 당선되게 하거나 당선되지 못하게 한 자
2. 제22조제3항(제64조의2제6항에서 준용하는 경우를 포함한다)을 위반하여 선거운동을 한 자
② 제1항에 규정된 자가 이 법에 따른 선거관리위원회에 자신의 선거범죄사실을 신고하여 선거관리위원회가 관계 수사기관에 이를 통보한 때에는 선거관리위원회에 신고한 때를 자수한 때로 본다.

2) 범죄사실 기재례

[기재례1] 제22조 제2항 제1호

> 피의자는 20○○. 1. 18. 실시된 ○○새마을금고이사장 선거에서 당선되어 20○○. ○. ○. 위 금고 이사장에 취임하였다. 누구든지 자기 또는 특정인을 금고의 임원으로 당선되게 하거나 되지 못하게 할 목적으로 선거인 또는 후보자에게 금품·향응 등을 제공하지 못한다.
> 그럼에도 불구하고 피의자는 피의자 자신이 이사장 선거에서 당선할 목적으로 20○○. 1. 초순 ○○:○○경 ○○에 있는 원평삼거리길에서 선거인 甲에게 현금 ○○만 원을 제공하였다.

[기재례2] 선거운동 방법이외 선거운동 (제22조 제3항)

> 피의자 갑은 20○○. ○. ○..경부터 20○○. ○. ○..경까지 ○○에 있는 새마을금고 ○○지점의 이사장으로 재직하던 사람이다. 20○○. ○. ○.경 실시된 새마을금고 ○○지점의 임원선거와 관련하여, 누구든지 새마을금고에서 발행하는 선거공보 제작 및 배부, 새마을금고에서 개최하는 합동연설회에서의 지지 호소의 방법 외의 선거운동을 할 수 없다.
> 그럼에도 불구하고 피의자는 20○○. ○. ○.10:00경 ○○에서 피의자의 휴대전화로 새마을금고 ○○지점의 대의원인 C에게 전화하여 "○○"라고 말하였다.
> 피의자는 이를 비롯하여 별지 범죄일람표 기재내용과 같이 20○○. ○. ○. 10:00경부터 같은 날 15:00경까지 새마을금고 ○○지점 대의원 ○○명에게 전화하여 자신을 지지해 줄 것을 호소하는 방법으로 선거운동을 하였다.

3) 신문사항

- 새마을 금고 이사장 선거에 출마한 일이 있는가
- 언제 실시하는 선거였나
- 선거인이 총 몇 명 정도 되는가
- 선거인들에게 금품을 제공한 일이 있는가
- 언제 어디에서 누구에게 주었나
- 어떤 금품을 얼마나 주었나
- 어떤 방법으로 주었는가
- 뭐라면서 주었나
- 선거 결과는 어떻게 되었나
- 왜 금품을 사용하였나

■ **판례** ■ 　새마을금고가 자체적으로 마련한 임원선거규약의 법적 성질(=자치적 법규범) 및 새마을금고 임원선거에 출마한 후보자가 선거인명부가 작성되기 전에 회원들에게 금품제공행위를 한 경우, 새마을금고법 제85조 제4항, 제22조 제2항 위반죄가 성립하는지 여부(소극)

새마을금고는 회원들이 자신들의 이익을 옹호하기 위하여 자주적으로 결성한 임의단체로서 그 내부 운영에 있어서 금고 정관 및 다수결에 의한 자치가 보장되므로, 새마을금고가 자체적으로 마련한 임원선거규약은 일종의 자치적 법규범으로서 새마을금고법 및 새마을금고 정관과 더불어 법적 효력을 가진다고 보아야 한다. 따라서 새마을금고법에서 선거인의 정의에 관한 규정을 두고 있지 않더라도 위 임원선거규약에서 그에 대한 규정들을 두고 있으므로 새마을금고법 제22조 제2항, 제85조 제4항을 해석할 때에는 위 임원선거규약의 내용도 기초로 삼아야 하는데, 새마을금고법 제22조 제2항의 '선거인'인지 여부는 위 임원선거규약 제4, 6조의 규정에 따라 선거인명부가 작성되어야 비로소 확정되므로, 선거인명부가 작성되었음이 인정되는 날 이후의 금품 제공 등의 경우에는 새마을금고법 제85조 제4항, 제22조 제2항 위반죄가 성립하나, 그 전의 행위는 죄형법정주의의 원칙상 선거인명부가 작성된 이후의 선거인에 대한 금품제공이라고 볼 수가 없으므로 위 죄가 성립할 수 없다(대법원 2009.3.26. 선고 2008도10138 판결).

■ 판례 ■　피고인이 새마을금고 이사장 선거와 관련하여 대의원 甲에게 자신을 지지해 달라고 부탁하면서 돈을 제공하였다고 하여 새마을금고법 위반으로 기소되었는데, 검사는 사법경찰관 작성의 공범 甲에 대한 피의자신문조서 및 진술조서를 증거로 제출하고, 검사가 신청한 증인 乙은 법정에 출석하여 '甲으로부터 피고인에게서 돈을 받았다는 취지의 말을 들었다'고 증언한 사안

甲이 법정에 출석하여 위 피의자신문조서 및 진술조서의 성립의 진정을 인정하였더라도 피고인이 공판기일에서 그 조서의 내용을 모두 부인한 이상 이는 증거능력이 없고, 한편 제1심 및 원심 공동피고인인 甲은 원심에 이르기까지 일관되게 피고인으로부터 50만 원을 받았다는 취지의 공소사실을 부인한 사실에 비추어 원진술자 甲이 사망, 질병, 외국거주, 소재불명 그 밖에 이에 준하는 사유로 인하여 진술할 수 없는 때에 해당하지 아니하여 甲의 진술을 내용으로 하는 乙의 법정증언은 전문증거로서 증거능력이 없으며, 나아가 피고인은 일관되게 甲에게 50만 원 자체를 교부한 적이 없다고 주장하면서 적극적으로 다툰 점, 이에 따라 사법경찰관 작성의 甲에 대한 피의자신문조서 및 진술조서의 내용을 모두 부인한 점, 乙의 법정증언이 전문증거로서 증거능력이 없다는 사정에 대하여 피고인 또는 변호인에게 의견을 묻는 등의 적절한 방법으로 고지가 이루어지지 않은 채 증인신문이 진행된 다음 증거조사 결과에 대한 의견진술이 이루어진 점, 乙이 위와 같이 증언하기에 앞서 원진술자 甲이 피고인으로부터 50만 원을 제공받은 적이 없다고 이미 진술한 점 등을 종합하면 피고인이 乙의 법정증언을 증거로 삼는 데에 동의하였다고 볼 여지는 없고, 乙의 증언에 따른 증거조사 결과에 대하여 별 의견이 없다고 진술하였더라도 달리 볼 수 없다.(대법원 2019. 11. 14., 선고, 2019도11552, 판결)

6. 기부행위 제한위반

1) 적용법조 : 제85조 제3항, 제22조의2 제1항   ☞ 공소시효 선거일 후 6월

제22조의2(기부행위의 제한) ① 금고의 임원 선거 후보자(후보자가 되려는 사람을 포함한다. 이하 이 조에서 같다), 그 배우자 및 후보자가 속한 기관·단체·시설은 임원의 임기만료일 전 180일(재선거 또는 보궐선거의 경우에는 그 선거의 실시 사유가 확정된 날)부터 그 선거일까지 회원(금고에 가입 신청을 한 사람을 포함한다. 이하 이 조에서 같다)이나 그 가족 또는 회원이나 그 가족이 설립·운영하고 있는 기관·단체·시설에 대하여 금전·물품이나 그 밖의 재산상 이익의 제공, 이익 제공의 의사표시 또는 그 제공을 약속하는 행위(이하 "기부행위"라 한다)를 할 수 없다.
② 제1항에도 불구하고 다음 각 호의 어느 하나에 해당하는 행위는 기부행위로 보지 아니한다.
 1. 직무상의 행위
 가. 후보자가 소속된 기관·단체·시설(나목에 따른 금고는 제외한다)의 자체 사업 계획과 예산으로 하는 의례적인 금전·물품을 그 기관·단체·시설의 명의로 제공하는 행위(포상 및 화환·화분 제공 행위를 포함한다)
 나. 법령과 정관에 따른 금고의 사업 계획 및 예산에 따라 집행하는 금전·물품을 그 기관·단체·시설의 명의로 제공하는 행위(포상 및 화환·화분 제공 행위를 포함한다)
 다. 물품 구매, 공사, 역무(役務)의 제공 등에 대한 대가의 제공 또는 부담금의 납부 등 채무를 이행하는 행위
 라. 가목부터 다목까지에 해당하는 행위 외에 법령의 규정에 따라 물품 등을 찬조·출연 또는 제공하는 행위
 2. 의례적 행위
 가. 「민법」 제777조에 따른 친족(이하 이 조에서 "친족"이라 한다)의 관혼상제 의식이나 그 밖의 경조사에 축의·부의금품을 제공하는 행위
 나. 후보자가 친족 외의 자의 관혼상제 의식에 통상적인 범위에서 축의·부의금품(화환·화분을 포함한다)을 제공하거나 주례를 서는 행위
 다. 후보자의 관혼상제 의식이나 그 밖의 경조사에 참석한 하객이나 조객(弔客) 등에게 통상적인 범위에서 음식물이나 답례품을 제공하는 행위
 라. 후보자가 그 소속 기관·단체·시설(후보자가 임원이 되려는 해당 금고는 제외한다)의 유급(有給) 사무직원 또는 친족에게 연말·설 또는 추석에 의례적인 선물을 제공하는 행위
 마. 친목회·향우회·종친회·동창회 등 각종 사교·친목단체 및 사회단체의 구성원으로서 해당 단체의 정관·규약 또는 운영관례상의 의무에 기초하여 종전의 범위에서 회비를 내는 행위
 바. 후보자가 평소 자신이 다니는 교회·성당·사찰 등에 통상적으로 헌금(물품의 제공을 포함한다)하는 행위
 3. 「공직선거법」 제112조제2항제3호에 따른 구호적·자선적 행위에 준하는 행위
 4. 제1호부터 제3호까지에 준하는 행위로서 행정안전부령으로 정하는 행위
③ 제2항에 따라 통상적인 범위에서 1명에게 제공할 수 있는 축의·부의금품, 음식물, 답례품 및 의례적인 선물의 금액 범위는 행정안전부령으로 정한다.
④ 누구든지 제1항에 따른 기부행위를 약속·지시·권유·알선 또는 요구할 수 없다.
⑤ 누구든지 해당 선거에 관하여 후보자를 위하여 제1항에 따른 기부행위를 하거나 하게 할 수 없다. 이 경우 후보자의 명의를 밝혀 기부행위를 하거나 후보자가 기부하는 것으로 추정할 수 있는 방법으로 기부행위를 하는 것은 해당 선거에 관하여 후보자를 위한 기부행위로 본다.
⑥ 이사장은 재임 중 제1항에 따른 기부행위를 할 수 없다. 다만, 다음 각 호의 어느 하나에 해당하는 경우에는 그러하지 아니하다.
 1. 해당 금고의 경비로 관혼상제 의식이나 그 밖의 경조사에 축의·부의금품을 제공하면서 해당 금고의 경비임을 명기하여 해당 금고의 명의로 한 경우(해당 금고 이사장의 직명 또는 성명을 밝히거나 그가 하는 것으로 추정할 수 있는 방법으로 하는 행위는 제외한다)
 2. 제2항에 따라 기부행위로 보지 아니하는 행위

2) 범죄사실 기재례

> 피의자는 20○○. ○. ○. 실시된 ○○새마을금고 이사장 선거에서 당선되어 20○○. ○. ○. 위 이사장에 취임한 사람으로서 ○○금고 임원선거의 후보자, 그 배우자 및 후보자가 속한 기관·단체·시설은 임원의 임기만료일 전 180일부터 해당 선거일까지 조합원이나, 그 가족 또는 조합원이나 그 가족이 설립·운영하고 있는 기관·단체·시설에 대하여 금전·물품 그 밖의 재산상 이익의 제공, 이익제공의 의사표시 또는 그 제공을 약속하는 행위를 하여서는 아니된다.
>
> 그럼에도 불구하고 피의자는 20○○. ○. ○. ○○:○○경 ○○에 있는 ○○ 웨딩홀에서 개최된 '○○동 주민 송년의 밤' 행사에 현금 ○○만원을 찬조금 명목으로 제공하여 선거구 안에 있는 단체에 기부행위를 하였다.

3) 신문사항

- 20○○. ○. ○. 실시한 이사장 선거에 출마한 일이 있는가
- 위 선거는 어떤 선거인가
- ○○동 주민 송년의 밤 행사를 참석한 일이 있는가
- 언제 어디에서 한 행사였는가
- 무엇 때문에 참석하였나
- 그곳에 참석한 사람들은 주로 어떠한 사람들이였는가
- 그곳 행사에 찬조금을 제공한 일이 있는가
- 누구에게 얼마를 주었는가
- 뭐라면서 주었나
- 어떤 신분으로 주었나
- 이러한 찬조금은 어떤 명목이였는가(기부행위 제외사유인지 확인)
- 조합장 선거일은 언제였는가
- 그러면 선거 ○○일 전에 주었다는 것인가(임기만료일 전 180일부터 해당 선거일 안에 줘야 성립)
- 무엇 때문에 이러한 찬조금을 주었나

7. 부동산 소유제한 위반

1) 적용법조 : 제85조 제2항 제7호, 제31조 ☞ 공소시효 5년

> 제31조(부동산 등의 소유제한) 금고는 사업상 필요하거나 채무를 변제받기 위하여 부득이한 경우 외에는 동산이
> 나 부동산을 소유할 수 없다.

2) 범죄사실 기재례

> 금고는 사업상 필요하거나, 채무를 변제받기 위하여 부득이한 경우를 제외하고는 동산 또
> 는 부동산을 소유할 수 없다.
> 피의자는 "▲▲새마을금고"는 20○○. ○. 초순경 신축하였기 때문에 사업상 필요가 없
> 음에도 불구하고 새로운 건물을 신축한다는 명목으로 20○○. ○. ○. ○○에 있는 대지 ○
> ○㎡를 ○○만원에 매입하여 부동산 소유제한을 위반하였다.

3) 신문사항

- 피의자의 직책은 무엇인가
- 언제부터 ○○새마을금고 이사장으로 근무하고 있는가
- 위 새마을 금고의 사업규모는(설립일, 직원수, 채권채무등)
- 위 금고 명의로 부동산을 구입한 일이 있는가
- 언제 어떠한 부동산을 얼마에 구입하였는가
- 무엇 때문에 구입하였나
- 사업상 필요하지도 않으면서 구입한 이유가 무엇인가
- 투자의 목적으로 구입한 것인가

8. 경영지도사항의 불이행

1) 적용법조 : 제85조 제1항 제2호, 제80조 제1항 ☞ 공소시효 7년

> 제80조(경영지도) ① 주무부장관은 금고가 다음 각 호의 어느 하나에 해당되어 회원의 보호에 지장을 줄 우려가
> 있다고 인정되면 그 금고에 대하여 경영지도를 한다.
> 1. 금고가 자기자본을 초과하는 부실대출을 보유하고 있고 이를 단기간 내에 통상적인 방법으로 회수하기가 곤
>   란하여 자기자본이 잠식될 우려가 있다고 인정되는 경우
> 2. 금고 임직원의 위법 · 부당한 행위로 금고에 재산상의 손실이 발생하여 자력(自力)으로 경영정상화를 추진하는
>   것이 어렵다고 인정되는 경우
> 3. 금고의 파산 위험이 뚜렷하거나 임직원의 위법 · 부당한 행위로 금고의 예탁금, 적금, 그 밖의 수입금에 대한
>   인출이 쇄도하여 금고의 자력(資力)으로 예탁금, 적금, 그 밖의 수입금을 지급할 수 없는 상태에 이른 경우
> 4. 제79조제2항에 따른 검사 결과 경영지도가 필요하다고 인정되어 회장이 건의하는 경우

2) 범죄사실 기재례

> 피의자는 ○○에 있는 "▲▲새마을금고" 이사장으로 주무부장관으로부터 금고가 자기자본을 초과하는 부실대출을 보유하고 있고 이를 단기간 내에 통상적인 방법으로 회수하기가 곤란하여 자기자본이 잠식될 우려가 있어 회원 보호를 위해 당해 금고에 대하여 20○○. ○. ○. 이를 시정하도록 경영지도를 받았다.
>
> 그럼에도 불구하고 피의자는 20○○. ○. ○. 금고의 여유자금으로 보장금리가 없는 투자신탁회사의 주식형 수익증권을 매입함으로써 약 ○○억 상당의 손해를 금고에 끼치게 하는 등 경영지도사항을 이행하지 아니하였다.

3) 신문사항

- 새마을 금고 이사장인가
- 언제부터 이사장으로 재직하였는가
- 이사장은 구체적으로 어떤 역할을 하는가
- 금고의 규모는 어느 정도인가
- 주무부장관으로부터 경영지도를 받은 일이 있는가
- 언제 어떤 내용의 경영지도를 받았는가
- 무엇 때문에 이러한 경영지도를 받았는가
- 경영지도를 받고 이를 이행하였는가
- 경영지도를 받은 후 투자신탁회사의 주식형증권을 매입한 일이 있는가
- 언제 투자신탁회사의 증권을 매입하였는가
- 어떤 조건으로 얼마 정도를 매입하였는가
- 매입한 증권은 그 후 어떻게 하였는가
- 얼마 정도 손해를 보았는가
- 왜 이렇게 투기목적으로 금고의 재산을 이용하였는가
- 이런 행위가 경영지도에 따른 행위라고 생각하는가

■ **판례** ■ **새마을금고 이사장이 새마을금고연합회장이 정한 새마을금고여유자금운용지침에 위반하여 보장금리가 없는 상품을 매입함으로써 금고에 손해를 입힌 경우, 구 새마을금고법 제66조 제1항 제2호 위반죄가 성립하는지 여부(적극)**

새마을금고연합회장이 정한 새마을금고여유자금운용지침에서 주식에의 운용을 목적으로 하는 상품 중 보장 금리가 없는 상품은 금고가 매입할 수 없도록 하고 있음에도 불구하고 새마을금고 이사장이 금고의 여유자금으로 보장 금리가 없는 투자신탁회사의 주식형 수익증권을 매입함으로써 금고에 손해를 끼쳤다면 그 후 그 손해를 모두 변상하였다고 하더라도 구 새마을금고법(1997. 12. 17. 법률 제5462호로 개정되기 전의 것) 제66조 제1항 제2호 위반죄가 성립한다(대법원 2000.4.11. 선고 99도582 판결).

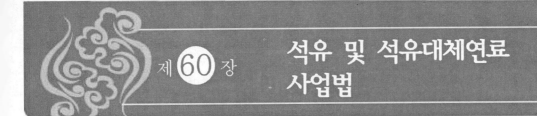

I. 개념정의 및 적용범위

1. 개념정의

제2조(정의) 이 법에서 사용하는 용어의 뜻은 다음과 같다.
1. "석유"란 원유, 천연가스[액화(液化)한 것을 포함한다. 이하 같다] 및 석유제품을 말한다.
2. "석유제품"이란 휘발유, 등유, 경유, 중유, 윤활유와 이에 준하는 탄화수소유 및 석유가스[액화한 것을 포함한다. 이하 같다]로서 다음 각 목의 것을 말한다.
    가. 탄화수소유: 항공유, 용제(溶劑), 아스팔트, 나프타, 윤활기유[조유(粗油)를 포함한다. 이하 같다], 석유중간제품[유분(溜分)을 말한다] 및 부생연료유(부생연료유: 등유나 중유를 대체하여 연료유로 사용되는 부산물인 석유제품을 말한다)
    나. 석유가스: 프로판·부탄 및 이를 혼합한 연료용 가스
3. "부산물인 석유제품"이란 석유제품 외의 물품을 제조할 때 그 제조공정에서 부산물로 생기는 석유제품을 말한다.
4. "석유정제업"이란 석유를 정제하여 석유제품(부산물인 석유제품은 제외한다)을 제조하는 사업을 말한다.
5. "석유수출입업"이란 석유를 수출하거나 수입하는 사업을 말한다.
6. "석유판매업"이란 석유 판매를 업(業)으로 하는 것을 말한다.
7. "석유정제업자"란 제5조에 따라 등록을 하거나 신고를 하고 석유정제업을 하는 자를 말한다.
8. "석유수출입업자"란 제9조에 따라 등록(등록이 면제되는 경우를 포함한다)을 하고 석유수출입업을 하는 자를 말한다.
9. "석유판매업자"란 제10조에 따라 등록 또는 신고를 하고 석유판매업을 하는 자를 말한다.
10. "가짜석유제품"이란 조연제(助燃劑), 첨가제(다른 법률에서 규정하는 경우를 포함한다), 그 밖에 어떠한 명칭이든 다음 각 목의 어느 하나의 방법으로 제조된 것으로서 「자동차관리법」 제2조제1호에 따른 자동차 및 대통령령으로 정하는 차량·기계(휘발유 또는 경유를 연료로 사용하는 것만을 말한다)의 연료로 사용하거나 사용하게 할 목적으로 제조된 것(제11호의 석유대체연료는 제외한다)을 말한다.
    가. 석유제품에 다른 석유제품(등급이 다른 석유제품을 포함한다)을 혼합하는 방법
    나. 석유제품에 석유화학제품(석유로부터 물리·화학적 공정을 거쳐 제조되는 제품 중 석유제품을 제외한 유기화학제품으로서 산업통상자원부령으로 정하는 것을 말한다. 이하 같다)을 혼합하는 방법
    다. 석유화학제품에 다른 석유화학제품을 혼합하는 방법
    라. 석유제품이나 석유화학제품에 탄소와 수소가 들어 있는 물질을 혼합하는 방법
11. "석유대체연료"란 석유제품 연소 설비의 근본적인 구조 변경 없이 석유제품을 대체하여 사용할 수 있는 연료(석탄과 천연가스는 제외한다)로서 대통령령으로 정하는 것을 말한다.
12. "석유대체연료 제조·수출입업"이란 석유대체연료를 제조하거나 수출·수입하는 사업을 말한다.
13. "석유대체연료 판매업"이란 석유대체연료 판매를 업으로 하는 것을 말한다.
14. "석유대체연료 제조·수출입업자"란 제32조에 따라 등록(등록이 면제되는 경우를 포함한다)을 하고 석유대체연료 제조·수출입업을 하는 자를 말한다.
15. "석유대체연료 판매업자"란 제33조에 따라 등록을 하고 석유대체연료 판매업을 하는 자를 말한다.

※ **시행령(대통령령)**

제2조(정의) 이 영에서 사용하는 용어의 뜻은 다음과 같다.

1. "일반대리점"이란 석유정제업자, 석유수출입자 또는 다른 일반대리점으로부터 석유제품[「석유 및 석유대체연료 사업법」(이하 "법"이라 한다) 제2조제2호가목의 용제(溶劑), 석유중간제품 및 부생연료유(등유 및 중유를 대체하여 연료유로 사용하는 부산물인 석유제품을 말한다. 이하 같다)는 제외한다]을 공급받아 이를 다른 일반대리점 주소, 일반판매소 또는 실소비자[「자동차관리법」 제2조제1호에 따른 자동차와 「건설기계관리법」 제2조제1항제1호에 따른 건설기계 중 덤프트럭 및 콘크리트믹서트럭의 연료유로 사용하는 소비자는 제외한다. 이하 제2호·제4호·제5호·제7호·제8호 및 제10호에서 같다]에게 판매하는 도매업자인 석유판매업자를 말한다.

2. "용제대리점"이란 석유정제업자, 석유수출입자 또는 부산물인 석유제품 판매업자로부터 용제를 공급받아 이를 용제판매소나 실소비자에게 판매하는 도매업자인 석유판매업자를 말한다.

3. "주유소"란 석유정제업자, 석유수출입자, 일반대리점, 다른 주유소 또는 일반판매소(산업통상자원부령으로 정하는 일반판매소로 한정한다. 이하 이 호에서 같다)로부터 휘발유·등유 또는 경유를 공급받아 이를 점포(「위험물안전관리법」 제9조에 따라 완공검사를 받은 제조소등의 설치장소를 말한다. 이하 같다)에서 고정된 주유설비를 이용하여 다른 주유소, 일반판매소 또는 실소비자에게 직접 판매하는 소매업자인 석유판매업자를 말한다. 이 경우 등유 또는 경유는 점포에서 고정된 주유설비를 이용하여 다른 주유소, 일반판매소 또는 실소비자에게 직접 판매하면서 산업통상자원부령으로 정하는 이동판매의 방법으로 판매하는 경우를 포함한다.

4. "일반판매소"란 석유정제업자, 석유수출입자, 일반대리점, 주유소 또는 다른 일반판매소로부터 등유 또는 경유(농업협동조합중앙회 또는 지역농업협동조합이 일반판매소를 경영하는 경우와 주유소가 설치되어 있지 아니한 면 지역에서 일반판매소를 경영하는 자의 경우에는 휘발유를 포함한다)를 공급받아 이를 점포에서 주유소, 다른 일반판매소 또는 실소비자에게 직접 판매하는 소매업자인 석유판매업자를 말한다. 이 경우 점포에서 주유소, 다른 일반판매소 또는 실소비자에게 직접 판매하면서 산업통상자원부령으로 정하는 이동판매 또는 배달판매의 방법으로 판매하는 경우를 포함하며, 등유 또는 경유를 주유소로부터 공급받거나 주유소에 직접 판매하는 일반판매소의 경우에는 산업통상자원부령으로 정하는 일반판매소로 한정한다.

5. "용제판매소"란 석유정제업자, 석유수출입자, 부산물인 석유제품 판매업자 또는 용제대리점으로부터 용제를 공급받아 이를 용기 또는 수송장비(적재용량이 8킬로리터 이하인 수송장비만 해당한다)를 이용하여 실소비자에게 판매하는 소매업자인 석유판매업자를 말한다.

6. "부생연료유판매소"란 부산물인 석유제품 생산판매업자 또는 다른 부생연료유판매소로부터 부생연료유를 공급받아 이를 다른 부생연료유판매소 또는 실소비자 [가정용을 제외한 보일러 또는 노(爐)의 연료로 사용하는 소비자만 해당한다]에게 판매하는 석유판매업자를 말한다.

7. "특수판매소"란 제1호부터 제6호까지의 석유판매업자 외의 석유판매업자로서 산업통상자원부장관이 정하여 고시하는 바에 따라 석유제품을 실소비자에게 판매하는 소매업자인 석유판매업자를 말한다.

8. "석유대체연료 대리점"이란 석유대체연료 제조·수출입업자로부터 석유대체연료[식물성유·동물성유를 사용하여 제조한 연료(이하 "바이오디젤"이라 한다), 식물성 원료에서 추출한 알코올(이하 "바이오에탄올"이라 한다) 및 석탄·천연가스·바이오매스를 원료로 하는 합성가스를 사용하여 직접 합성공정 또는 메탄올을 통한 간접 합성공정을 거쳐 생산된 연료(이하 "디메틸에테르"라 한다)는 제외한다]를 공급받아 이를 석유대체연료 주유소, 석유대체연료 판매소 또는 실소비자에게 판매하는 도매업자인 석유대체연료 판매업자를 말한다.

9. "석유대체연료 주유소"란 석유대체연료 제조·수출입업자 또는 석유대체연료 대리점으로부터 바이오디젤연료유(바이오디젤은 제외한다), 바이오에탄올연료유(바이오에탄올은 제외한다), 석탄액화연료유, 가스액화연료유, 디메틸에테르연료유(디메틸에테르는 제외한다) 및 제5조제9호의 석유대체연료(휘발유·경유·등유를 대체하여 사용할 수 있는 것으로서 산업통상자원부령으로 정하는 연료만 해당한다)를 공급받아 이를 점포에서 고정된 주유설비를 이용하여 실소비자에게 직접 판매하는 소매업자인 석유대체연료 판매업자를 말한다. 이 경우 점포에서 고정된 주유설비를 이용하여 실소비자에게 직접 판매하면서 산업통상자원부령으로 정하는 이동판매의 방법으로 판매하는 경우를 포함한다.

10. "석유대체연료 판매소"란 석유대체연료 제조·수출입자 또는 석유대체연료 대리점으로부터 유화연료유 및 제5조제9호의 석유대체연료(등유나 중유를 대체하여 사용할 수 있는 것으로서 산업통상자원부령으로 정하는 연료만 해당한다)를 공급받아 이를 점포에서 실소비자에게 직접 판매하는 소매업자인 석유대체연료 판매업자를 말한다.

2. 적용범위

제4조(다른 법률과의 관계) 천연가스와 석유가스에 관하여 「도시가스사업법」, 「고압가스 안전관리법」 및 「액화석유가스의 안전관리 및 사업법」에서 규정한 사항에 대하여는 이 법을 적용하지 아니 한다.

II. 벌 칙

제44조(벌칙) 다음 각 호의 어느 하나에 해당하는 자는 5년 이하의 징역 또는 2억원 이하의 벌금에 처한다.
1. 2. 삭제 〈2014.1.21.〉
3. 제29조제1항제1호를 위반하여 가짜석유제품을 제조·수입·저장·운송·보관 또는 판매하거나, 같은 항 제3호를 위반하여 가짜석유제품으로 제조·사용하게 할 목적으로 석유제품, 석유화학제품, 석유대체연료, 탄소와 수소가 들어 있는 물질을 공급·판매·저장·운송 또는 보관한 자
4. 삭제 〈2014.1.21.〉
5. 제30조제1항에 따른 명령을 위반하거나 봉인을 훼손한 자
6. 제39조제1항제1호에 따른 행위의 금지를 위반한 자
제44조의2(벌칙) 다음 각 호의 어느 하나에 해당하는 자는 3년 이하의 징역 또는 2억원 이하의 벌금에 처한다.
1. 제5조제1항에 따른 등록을 하지 아니하고 석유정제업을 한 자
2. 제9조제1항에 따른 등록을 하지 아니하고 석유수출입업(천연가스수출입업 및 액화석유가스수출입업은 제외한다)을 한 자
3. 제32조제1항에 따른 등록을 하지 아니하고 석유대체연료 제조·수출입업을 한 자
제45조(벌칙) 다음 각 호의 어느 하나에 해당하는 자는 3년 이하의 징역 또는 1억원 이하의 벌금에 처한다.
1. 제13조제1항 또는 제2항에 따른 사업정지명령을 위반한 자
2. 제17조에 따른 석유비축의무를 위반한 자
3. 제22조제1항에 따른 조치를 위반한 자
4. 제25조제1항에 따른 품질검사를 받지 아니하거나 같은 조 제2항에 따른 품질검사를 거부·방해 또는 기피한 자
5. 제27조에 따른 품질기준에 맞지 아니한 석유제품의 판매 금지 등을 위반한 자
6. 제31조제3항에 따른 품질검사를 받지 아니하거나 같은 조 제4항에 따른 품질검사를 거부·방해 또는 기피한 자
7. 제31조제5항을 위반한 자
8. 제34조에 따른 사업정지명령을 위반한 석유대체연료 제조·수출입업자
9. 제36조에 따른 석유대체연료 비축의무를 위반한 자
10. 제39조제1항제5호부터 제7호까지 또는 같은 조 제2항에 따른 행위의 금지를 위반한 자
제45조의2(벌칙) 제38조의3을 위반하여 보고를 받는 업무를 담당하면서 취득한 정보 또는 자료를 다른 사람 또는 기관에 제공 또는 누설하거나 목적 외의 용도로 사용한 자는 2년 이하의 징역 또는 2억원 이하의 벌금에 처한다.
제46조(벌칙) 다음 각 호의 어느 하나에 해당하는 자는 2년 이하의 징역 또는 5천만원 이하의 벌금에 처한다.
1. 제5조제2항에 따른 신고를 하지 아니하거나 거짓으로 신고를 하고 석유정제업을 한 자
2. 제10조제1항에 따른 등록을 하지 아니하고 석유판매업을 한 자
3. 제10조제4항을 위반하여 그가 취급할 수 있는 석유제품이 아닌 석유제품을 판매하거나 다른 석유판매업자에게 이를 공급한 자
4. 제13조제6항에 따른 사업정지명령을 위반한 자
5. 제21조제1항에 따른 명령을 위반한 자
6. 제26조제2항(제32조제4항에 따라 준용되는 경우를 포함한다)을 위반하여 품질보정행위를 한 자
7. 제33조에 따른 등록을 하지 아니하고 석유대체연료 판매업을 한 자
8. 제34조에 따른 사업정지명령을 위반한 석유대체연료 판매업자
9. 제38조제1항 또는 제2항에 따른 검사 또는 시료 채취를 거부·방해하거나 기피한 자
10. 제39조제1항제2호부터 제4호까지, 제8호 또는 제10호에 따른 행위의 금지를 위반한 자
제47조(벌칙) 제10조제2항에 따른 신고를 하지 아니하거나 거짓으로 신고를 하고 석유판매업을 한 자는 1년 이하의 징역 또는 3천만원 이하의 벌금에 처한다.
제48조(양벌규정) 생략

Ⅲ. 범죄사실

1. 미등록(신고) 석유판매업

1) 적용법조 : 제46조 제2호, 제10조 제1항 ☞ 공소시효 5년

※ 미신고 : 제47조 제1호, 제9조의2 제1항 ☞ 공소시효 5년

제10조(석유판매업의 등록 등) ① 석유판매업을 하려는 자는 산업통상자원부령으로 정하는 바에 따라 특별시장·
광역시장·도지사·특별자치도지사(이하 "시·도지사"라 한다) 또는 시장·군수·구청장(자치구의 구청장을 말한
다. 이하 "시장·군수·구청장"이라 한다)에게 등록하여야 한다. 다만, 부산물인 석유제품의 판매업을 하려는 자
는 산업통상자원부장관에게 등록하여야 한다.
② 제1항에도 불구하고 석유판매업 중 일반판매소 등 대통령령으로 정하는 경우에는 산업통상자원부령으로 정하는
절차에 따라 시·도지사 또는 시장·군수·구청장에게 신고하여야 한다.
③ 제1항 및 제2항에 따른 등록 또는 신고를 한 자가 등록 또는 신고한 사항 중 시설 소재지 등 대통령령으로 정
하는 사항을 변경하려는 경우에는 산업통상자원부령으로 정하는 바에 따라 등록 또는 신고를 한 산업통상자원
부장관이나 시·도지사 또는 시장·군수·구청장에게 변경등록 또는 변경신고를 하여야 한다.
④ 시·도지사 또는 시장·군수·구청장은 제2항 또는 제3항에 따른 신고·변경신고를 받은 날부터 7일 이내에 신고수
리 여부를 신고인에게 통지하여야 한다.
⑤ 시·도지사 또는 시장·군수·구청장이 제4항에서 정한 기간 내에 신고수리 여부 또는 민원 처리 관련 법령에 따른
처리기간의 연장을 신고인에게 통지하지 아니하면 그 기간(민원 처리 관련 법령에 따라 처리기간이 연장 또는
재연장된 경우에는 해당 처리기간을 말한다)이 끝난 날의 다음 날에 신고를 수리한 것으로 본다.

---

2) 범죄사실 기재례

[기재례1] 미등록 판매업(제46조 제2호, 제10조 제1항) ☞ **공소시효 5년**

> 석유판매업을 하려는 자는 산업통상자원부령으로 정하는 바에 따라 특별시장·광역시장·
> 도지사 또는 특별자치도지사에게 등록하여야 한다.
> 그럼에도 불구하고 피의자는 2000. ○. ○. ○○에 있는 ○○화학에서 톨루엔, 솔벤트,
> 메탄올 등을 범죄 일람표(1)와 같이 총○○회에 거쳐서 ○○만원 상당을 구입하여 피의자 소
> 유 (차량번호) 5톤 라이노 화물차량을 이용 甲 등에게 판매하는 등 미등록 석유판매업을 영
> 위하였다.

[기재례2] 미신고 판매업(제47조, 제10조 제2항) ☞ **공소시효 5년**

> 석유판매업중 일반판매소 등 대통령령이 정하는 경우에는 산업통상자원부령이 정하는 절
> 차에 따라 시·도지사 또는 시장·군수·구청장에게 신고하여야 한다.
> 그럼에도 불구하고 피의자는 2000. ○. ○.부터 2000. ○. ○.까지 위 장소에서 일품석
> 유라는 상호로 매일 10통가량의 등유를 18ℓ 들이 1통당 ○○원을 받고 판매함으로써 석유판
> 매업을 영위하였다.

3) 등록대상과 신고대상

석유 판매업	등록대상	일반대리점, 용제대리점, 주유소, 용제판매소, 부산물인 석유제품 생산 판매업, 부생연료유판매소
	신고대상	일반판매소, 항공유판매업, 특수판매소
석유대체연료 판매업	등록대상	석유대체연료 대리점, 석유대체연료 주유소, 석유대체연료 판매소

4) 신문사항

- 석유를 판매한 일이 있는가
- 언제부터 언제까지 어디에서 판매하였나
- 어떤 종류의 석유인가
- 어떤 방법으로 판매하였나
- 1일 판매량은 어느 정도이며 가격은
- 관할 행정관청에 판매신고(등록)를 하였나
- 왜 신고(등록) 없이 이런 행위를 하였나

■ 판례 ■ **석유 및 석유대체연료 사업법에서 정한 '석유판매업'에서 '판매'의 의미**

석유 및 석유대체연료 사업법(이하 '석유사업법'이라 한다) 제10조 제1항은 석유판매업을 하려는 자는 시·도지사 등에게 등록하도록 규정하는 한편, 제46조 제2호에서 '제10조 제1항에 따른 등록을 하지 아니하고 석유판매업을 한 자'를 처벌하도록 정하고 있다. 그리고 석유사업법에서 정한 '석유판매업'이란 석유 '판매'를 업(業)으로 하는 것을 말하며, 여기서 '판매'는 실소비자 등에게 석유제품을 유상양도하는 행위를 의미한다.(대법원 2015. 11. 26., 선고, 2014도15525, 판결)

■ 판례 ■ **석유판매업자 상호간의 이른바 무상의 수평거래가 석유유통질서저해행위에 해당하는 위법한 행위인지 여부(적극)**

석유사업법상의 관련 규정에 비추어 보면, 석유판매업자가 다른 석유판매업자에게 석유제품을 유상으로 판매하는 행위뿐만 아니라 무상으로 보관, 대여, 교환하는 일체의 석유제품인도행위도 석유사업법 제35조 제8호, 제29조 제1항 제7호, 같은법시행령 제32조 제1항 제1호에서 규정하는 '공급'의 개념 속에 포함될 수 있다.(대법원 2002. 5. 14., 선고, 2001도5632, 판결)

2. 가짜석유제품 판매 · 저장 · 운송 · 보관

1) 적용법조 : 제44조 제3호, 제29조 제1항 제1호 ☞ 공소시효 7년

제29조(가짜석유제품 제조 등의 금지) ① 누구든지 다음 각 호의 가짜석유제품 제조 등의 행위를 하여서는 아니된다.
1. 가짜석유제품을 제조 · 수입 · 저장 · 운송 · 보관 또는 판매하는 행위
2. 가짜석유제품임을 알면서 사용하거나 제10조 및 제33조에 따라 등록 · 신고하지 아니한 자가 판매하는 가짜석유제품을 사용하는 행위
3. 가짜석유제품으로 제조 · 사용하게 할 목적으로 석유제품 · 석유화학제품 · 석유대체연료 또는 탄소와 수소가 들어 있는 물질을 공급 · 판매 · 저장 · 운송 또는 보관하는 행위

2) 범죄사실 기재례

[기재례1] 가짜 석유제품 판매

누구든지 가짜 석유제품을 제조 · 수입 또는 판매하여서는 아니 되며, 가짜 석유제품임을 알고 이를 저장 · 운송 · 보관 또는 사용하여서도 아니 된다.

그럼에도 불구하고 피의자는 20○○. ○. ○. 경부터 20○○. ○. ○.경까지 사이에 ○○에 있는 피의자의 ○○주유소에서 휘발유 1,000ℓ 당 석유 100ℓ 와 벤젠 및 톨루엔 등을 혼합한 가짜 석유제품을 1ℓ 당 ○○원씩을 받고 약 35,000ℓ 상당을 불특정다수인에게 판매하였다.

[기재례2] 가짜 석유제품 생산 판매

피의자는 가짜 석유제품인 소부코트희석제(일명 소부시너)가 암암리에 자동차연료로 유통되고 있자 이를 제조, 판매하여 이익을 취하기로 마음먹었다. 누구든지 가짜 석유제품을 제조 · 수입 또는 판매하여서는 아니 되며, 가짜 석유제품임을 알고 이를 저장 · 운송 · 보관 또는 사용하여서도 아니 된다.

그럼에도 불구하고 피의자는 20○○. ○. 중순경부터 20○○. ○. ○.경까지 ○○에 있는 회사의 공장 가건물에서 석유화학제품인 솔벤트와 톨루엔을 구입하여 약 6대 4의 비율로 혼합하는 방법으로 소부코트희석제 17ℓ 들이 약 ○○통 시가 ○○만원 상당을 생산한 다음 이를 乙에게 1통 당 약 ○○원씩 받고 판매하여 가짜석유제품을 생산 · 판매하였다.

[기재례3] 가짜 석유제품 보관

누구든지 가짜 석유제품을 제조 · 수입 또는 판매하여서는 아니 되며, 가짜 석유제품임을 알고 이를 저장 · 운송 · 보관 또는 사용하여서도 아니 된다.

그럼에도 불구하고 피의자는 20○○. ○. ○. 12:30경 ○○에 있는 88올림픽대로 갓길에서 석유화학제품인 톨루엔과 알코올류 등을 혼합하여 제조한 가짜 석유제품인 엘피파워(LP-POWER) 20통(1통 18ℓ) 합계 약 360ℓ 상당을 불특정 다수의 고객에게 판매할 목적으로 피의자 소유의 ○○호 ○○승용차의 트렁크 및 뒷좌석 등에 보관하였다.

[기재례4] **"나항"** **위험물 안전관리법 제35조 제1호, 제5조 제1항**

피의자는 ○○에 컨테이너 1동(6m×3m), 폐가옥 1동(3칸), ○○나3515호 1톤 탑차 1대, 오토바이 1대, 솔벤트와 코트 시너 등 투켄을 혼합하여 1통으로 제조할 수 있는 110ℓ 들이 파란색 혼합용 플라스틱 용기, 스테인리스로 제조된 주유대, 전기모터 등 시설을 갖추고 가짜 석유를 판매하는 사람이다.

가. 석유 및 석유대체연료 사업법 위반

누구든지 가짜 석유제품을 제조·수입 또는 판매하여서는 아니 되며, 가짜 석유제품임을 알고 이를 저장·운송·보관 또는 사용하여서도 아니 된다.

그럼에도 불구하고 피의자는 20○○. 10. 27. ○○에서 솔벤트와 코트 시너인 가짜 석유 ○○통 ○○ℓ 상당을 보관하면서 휘발유를 연료로 필요로 하는 불상의 ○○승용차 운전자에게 17ℓ 1통을 ○○원에 판매하는 등 그때부터 20○○. ○. ○.까지 총 ○○캔(○○ℓ), 약○○만 원 상당액을 판매하였다.

나. 위험물 안전관리법 위반

지정수량(200ℓ) 이상의 위험물은 위험물 제조소등에서 저장·취급하여야 하며 ○○소방서장의 허가를 받아야 한다.

그럼에도 불구하고 피의자는 위 "가" 항과 같은 일시장소에서 위험물 제4류(인화성액체) 제1석유류 비수용액체인 가짜 석유 17ℓ 들이 ○○캔 ○○ℓ 상당을 허가없이 저장·취급하였다.

[기재례5] 미등록 석유판매업 및 가짜 석유판매 방조

피의자는 ○○에서 ○○화학이라는 상호로 유독물제조업 및 석유판매업을 하는 사람이다.

가. 석유제품의 판매업을 하고자 하는 자는 시·도지사에게 이를 등록하여야 한다.

그럼에도 불구하고 피의자는 20○○. ○. ○. 경 위 장소에서 甲으로부터 솔벤트 등 시가 ○○만원 상당을 별지(1) 입금 내역서와 같이 구입한 후, 별지(2) 물품판매내역의 내용과 같이 乙 등에게 ○○만원에 판매하는 등 미등록 석유판매업을 영위하였다.

나. 피의자는 위와 같이 구입한 솔벤트 등을 乙 등이 이를 구입한 후 석유제품에 다른 석유제품 또는 석유화학제품을 혼합하거나 석유화학제품에 다른 석유화학제품을 혼합하는 등의 방법으로 휘발유용 내연기관의 연료로 사용되는 가짜석유제품을 생산 또는 판매한다는 정을 알면서도 丙 등에 판매함으로써 위 乙 등이 용이하게 가짜석유를 제조하여 성명 불상의 사용자들에게 판매하도록 방조하였다.

3) 신문사항

- 피의자는 언제부터 석유판매업을 하고 있는가
- 업소의 위치, 상호 및 규모는
- 등록(신고)은 하였는가
- 판매하고 있는 석유제품은
- 가짜석유제품을 판매하다 적발된 일이 있는가
- 어떠한 가짜제품을 판매하였나
- 어떠한 방법으로 혼합되었나

- 어디에서 구입하였나(구입처 추궁)
- 누구를 상대로 판매하였나
- ℓ 당 판매금액은
- 지금까지 총 판매하였던 량과 부당이득금액은 어느 정도 얼마인가

4) 가짜석유제품임의 인식에 대한 입증책임

■ **판례** ■　**유사석유제품임의 인식에 대한 입증책임**

석유사업법 제22조 제2항 위반행위에 있어서 석유판매업자의 점유관리하에서 판매된 휘발유가 유사석유제품으로 밝혀진 경우에는 특단의 사정이 없는 한 석유판매업자는 유사석유제품임을 알고 판매한 것으로 볼 것이고 유사석유제품임을 인식하지 못한 특단의 사정이 있었다는 점은 석유판매업자가 이를 주장, 입증하여야 한다(대법원 1989.7.25. 선고 88누461 판결).

5) 지정수량(기재례5 관련)

"지정수량"이라 함은 위험물의 종류별로 위험성을 고려하여 대통령령이 정하는 수량으로서 제6호의 규정에 의한 제조소등의 설치허가 등에 있어서 최저의 기준이 되는 수량을 말한다(위험물안전관리법 제2조 제1항 제2호).

※ **위험물안전관리법**

제5조(위험물의 저장 및 취급의 제한) ① 지정수량 이상의 위험물을 저장소가 아닌 장소에서 저장하거나 제조소등이 아닌 장소에서 취급하여서는 아니 된다.

제34조의3(벌칙) 제5조제1항을 위반하여 저장소 또는 제조소등이 아닌 장소에서 지정수량 이상의 위험물을 저장 또는 취급한 자는 3년 이하의 징역 또는 3천만원 이하의 벌금에 처한다.

---

6) 사용자의 처벌

① 과태료처분

제49조(과태료) ① 다음 각 호의 어느 하나에 해당하는 자에게는 3천만원 이하의 과태료를 부과한다.

3. 제29조제1항제2호를 위반하여 가짜석유제품임을 알면서 사용한 자

---

② 대기환경보전법(제91조 제9호, 제74조 제4항, 제1항)

※ **대기환경보전법**

제74조(자동차연료·첨가제 또는 촉매제의 검사 등) ① 자동차연료·첨가제 또는 촉매제를 제조(수입을 포함한다. 이하 이 조, 제75조, 제82조제1항제11호, 제89조제9호·제13호, 제91조제10호 및 제94조제4항제14호에서 같다)하려는 자는 환경부령으로 정하는 제조기준(이하 "제조기준"이라 한다)에 맞도록 제조하여야 한다.

⑥ 누구든지 다음 각 호의 어느 하나에 해당하는 것을 자동차연료·첨가제 또는 촉매제로 공급·판매하거나 사용하여서는 아니 된다. 다만, 학교나 연구기관 등 환경부령으로 정하는 자가 시험·연구 목적으로 제조·공급하거나 사용하는 경우에는 그러하지 아니하다.

1. 제2항에 따른 검사 결과 제1항을 위반하여 제조기준에 맞지 아니한 것으로 판정된 자동차연료·첨가제 또는 촉매제

2. 제2항을 위반하여 검사를 받지 아니하거나 검사받은 내용과 다르게 제조된 자동차연료·첨가제 또는 촉매제

제91조 (벌칙) 다음 각 호의 어느 하나에 해당하는 자는 1년 이하의 징역이나 500만원 이하의 벌금에 처한다.

9. 제74조제6항 본문을 위반하여 자동차연료를 사용한 자

⇒ 대기환경보전법에 따라 처벌하는 것은 당연하고, 또한 행정기관에 통보하여 사용량에 따라 과태료 처분할 수 있도록 하여야 한다.

7) 압수 가짜석유제품 처리방법 및 절차

단속/압수 (경찰)	○ 가짜석유제품(제조원료 포함) 압수 조치
↓	
운송 · 보관 (한국환경자원공사)	○ 경찰에서 압수물품을 한국환경자원공사 지사로 이송 – 탱크로리 및 용기제품 수송 ○ 지자체 또는 한국석유품질관리원은 이송 협조
↓	
최종 처리 (정유사) (폐유기용제정제업체)	○ 보관중인 압수물품은 정유공장으로 이송 – 다만, 품질문제 발생 등 정유공장 처리가 곤란한 압수물품(메탄올 함량 과다 등)은 폐유기용제처리업체로 이송

■ 판례 ■   甲이 석유제품과 석유화학제품 등을 혼합하여 제조한 엘피파워가 유사석유제품인 사실을 모르고 제조 · 판매한 경우

[1] 구 석유사업법 제26조(현행법 제29조)에서 정한 유사석유제품이 대기환경보전법에서 규정하고 있는 첨가제 제조기준에 적합하다는 판정을 받았다는 사실만으로 구 석유사업법 제26조의 적용대상에서 배제되는지 여부(소극)

구 석유사업법 제26조의 입법 취지는 품질이 낮은 유사석유제품이 자동차 등의 연료로 유통되는 것을 방지하여 석유류 제품의 유통질서를 확보함으로써 궁극적으로는 소비자를 보호하고, 품질이 낮은 유사석유제품에서 인체와 환경에 유해한 배기가스가 배출되는 것을 억제하여 국민의 건강과 환경을 보호하기 위한 것이라 할 것이므로, 위 조항의 적용대상은 휘발유 또는 경유를 연료로 사용하는 자동차 등의 연료로 사용하거나 사용하게 할 목적으로 생산 · 판매되는 유사석유제품 중 휘발유 또는 경유보다 품질이 낮은 제품을 생산 · 판매하는 등의 행위에 한정된다고 할 것이고, 한편 구 석유사업법 시행령 제30조는 구 석유사업법 제26조의 규정에 의한 유사석유제품은 조연제 · 첨가제 기타 명목의 여하를 불문하고 자동차 등의 연료로 사용되어질 수 있는 것을 말한다고 규정하고 있어서, 구석유사업법 제26조 소정의 유사석유제품이 대기환경보전법에서 규정하고 있는 첨가제의 제조기준에 적합하다는 판정을 받았다는 사실만으로는 구 석유사업법 제26조의 적용대상이 아니라고 할 수 없다.

[2] 엘피파워가 유사석유제품인지 여부

피고인이 석유제품과 석유화학제품 등을 혼합하여 제조한 엘피파워는 구 석유사업법 제26조에서 정한 유사석유제품에 해당된다.

[3] 법률의 착오에 관한 형법 제16조의 규정 취지

피고인이 이 사건 엘피파워가 구 석유사업법 제26조에서 규정하는 유사석유제품인 사실을 몰랐다고 하더라도 이는 법률의 부지에 불과하여, 그와 같은 사정만으로 피고인에게 범의가 없었다거나 위법성의 인식이 없었다고 할 수 없다(대법원 2006.1.13. 선고 2003도7040 판결).

■ 판례 ■ **甲 등이 석유제품과 석유화학제품 등을 혼합하여 휘발유보다 품질이 낮은 제품을 제조·판매한 경우**

[1] 구 석유사업법 제26조(현행법 제29조)의 입법 취지 및 적용대상

구 석유사업법(2004. 3. 22. 법률 제7209호로 개정되기 전의 것)이 석유의 수급 및 가격의 안정외에도 석유제품의 적정한 품질을 확보함으로써 국민경제의 발전과 국민생활의 향상에 이바지함을 그 목적으로 하고 있고(제1조), 석유의 품질관리를 규정한 제6장에 제26조를 두고 있는 점에 비추어, 같은 법 제26조의 입법 취지는 품질이 낮은 유사석유제품이 자동차 등의 연료로 유통되는 것을 방지하여 석유류 제품의 유통질서를 확보함으로써 궁극적으로는 소비자를 보호하고, 품질이 낮은 유사석유제품에서 인체와 환경에 유해한 배기가스가 배출되는 것을 억제하여 국민의 건강과 환경을 보호하기 위한 것이라 할 것이므로, 위 조항의 적용대상은 휘발유 또는 경유를 연료로 사용하는 자동차 등의 연료로 사용하거나 사용하게 할 목적으로 생산·판매되는 유사석유제품 중 휘발유 또는 경유보다 품질이 낮은 제품을 생산·판매하는 등의 행위에 한정된다.

[2] 대기환경보전법령에서 정한 첨가제 제조기준에 적합하다는 판정을 받았다는 사실만으로 유사석유제품의 제조 등을 금지하는 규정인 구 석유사업법 제26조의 적용대상에서 배제되는지 여부(소극)

구 석유사업법(2004. 3. 22. 법률 제7209호로 개정되기 전의 것)과 대기환경보전법은 어느 법률이 다른 법률에 우선하여 배타적으로 적용되는 것이라고 단정할 수 없고, 구 석유사업법 시행령(2004. 7. 20. 대통령령 제18473호로 개정되기 전의 것) 제30조는 법 제26조의 규정에 의한 유사석유제품은 조연제·첨가제 기타 명목의 여하를 불문하고 자동차 등의 연료로 사용되어질 수 있는 것을 말한다라고 규정하고 있어서, 구 석유사업법 제26조 소정의 유사석유제품이 대기환경보전법 제41조 및 같은 법 시행규칙(2003. 8. 5. 환경부령 제144호로 개정되기 전의 것) 제103조 제1항에서 규정하고 있는 첨가제의 제조기준에 적합하다는 판정을 받았다는 사실만으로는 구 석유사업법 제26조의 적용대상이 아니라고 할 수는 없다.

[3] 자동차의 연료로 사용하거나 사용하게 할 목적으로 그 제품을 생산·판매한 것인지 여부

피고인들이 석유제품과 석유화학제품 등을 혼합하여 제조한 제품은 휘발유보다 품질이 낮은 유사석유제품에 해당되고, 피고인들은 실질적으로 휘발유를 대체하여 자동차의 연료로 사용될 수밖에 없음을 잘 알면서도 자동차의 연료로 사용하거나 사용하게 할 목적으로 그 제품을 생산·판매한 것이다(대법원 2005. 12.8. 선고 2004도5529 판결).

■ 판례 ■ **유사석유제품의 제조 등의 금지에 관한 석유사업법 제26조(현행법 제29조)와 석유사업법시행령 제30조의 규정 취지 및 적용 범위**

석유사업법 제26조와 석유사업법시행령 제30조 각 규정의 취지는 유사석유제품을 생산·판매하는 행위 등을 금지함으로써 휘발유 또는 경유를 연료로 사용하는 자동차 등에 대하여는 본래 사용이 예정된 석유제품(휘발유 또는 경유)을 사용하게 하고, 궁극적으로는 휘발유 및 경유의 품질을 유지하고자 함에 있다고 할 것인데, 석유사업법시행령 제30조의 규정에 의한 모든 유사석유제품을 생산·판매하는 행위 등을 일반적으로 금지하게 되면, 본래는 휘발유 또는 경유를 연료로 사용하는 자동차 등의 연료로 사용하고자 할 의도나 목적이 없는 유사석유제품을 생산·판매하는 행위 등도 금지의 대상이 됨으로써 헌법 제37조 제2항의 과잉금지의 원칙에 위반될 소지가 있으므로 석유사업법 제26조 및 같은법시행령 제30조 규정의 입법 취지에 비추어 석유사업법 제26조의 유사석유제품의 제조 등의 금지규정은 휘발유 또는 경유를 연료로 사용하는 자동차 등의 연료로 사용하거나 사용하게 할 목적이 있는 경우에만 적용되는 것으로 제한적으로 새겨야 할 것이다(대법원 2001.5.8. 선고 2000도6088 판결).

■ 판례 ■   정상 휘발유에 등유 등 다른 석유제품을 혼합한 것이 유사석유제품인지 여부(적극)

구 석유사업법(1995. 12. 29. 법률 제5092호로 전문 개정되기 전의 것) 제22조 제2항이 정한 유사석유제품에는 정상 휘발유에 등유나 경유 등 다른 석유제품을 혼합한 것도 포함되는 것이므로, 당해 회사의 위임을 받은 석유류판매업자가 석유제품인 휘발유에 다른 석유제품인 등유를 혼합하여 판매한 당해 휘발유는 위 구 석유사업법 제22조 제2항이 정한 유사석유제품에 해당한다(대법원 1997.12.12. 선고 97누15623 판결).

■ 판례 ■   주유소의 종업원이 실수로 휘발유에 경유를 혼합한 후 이를 알면서도 판매한 행위와 석유판매업허가취소 또는 사업정지 사유

주유소의 종업원이 실수로 휘발유에 경유를 혼입한 후 이를 알면서도 판매하였다면 주유소 경영자는 경유가 혼입된 휘발유를 판매할 목적으로 생산한 것은 아니지만 그 점포사용인을 통하여 판매한 것이므로 석유사업법 제13조 제3항 제6호, 제1항 제10호, 제22조 제2항소정의 석유판매허가취소 또는 사업정지사유에 해당한다(대법원 1989.3.14. 선고 88누1721 판결).

■ 판례 ■   1:1의 비율로 혼합하면 곧바로 자동차 등의 연료로 사용가능한 에나멜시너와 소부시너를 각 제조하여 별도의 용기에 담아 이를 1조로 구성·판매한 경우

위 행위는 석유 및 석유대체연료 사업법 제29조가 금지하는 '유사석유제품의 제조 및 판매 행위'에 해당한다(대법원 2008.7.24. 선고 2008도3424 판결).

■ 판례 ■   화학공장 운영자가 1:1의 비율로 혼합하면 자동차 등의 연료로 사용가능한 소부시너와 에나멜시너를 각 제조하여 별도의 용기에 담아 한 세트로 판매한 경우

화학공장 운영자가 1:1의 비율로 혼합하면 자동차 등의 연료로 사용가능한 소부시너와 에나멜시너를 각 제조하여 혼합하지 아니한 채 별도의 용기에 담아 두 제품을 한 세트로 묶어 가격을 정하여 판매한 행위는 교통세 등의 과세대상이 되는 '휘발유와 유사한 것으로 자동차의 연료로 사용이 가능한 것을 제조·판매한 행위'에 해당하지 않는다(대구지법 2007.8.17. 선고 2007고합123 판결).

3. 정량미달 석유제품 판매

1) 적용법조 : 제46조 제10호, 제39조 제1항 제2호 ☞ 공소시효 5년

제39조(행위의 금지) ① 석유정제업자·석유수출입업자·석유판매업자·석유비축대행업자 또는 석유대체연료 제조업자등은 다음 각 호의 어느 하나에 해당하는 행위를 하여서는 아니 된다. 이 경우 제1호 및 제4호에 따른 영업시설의 종류 및 설치·개조 행위에 대한 구체적인 내용은 대통령령으로 정한다.

1. 제29조제1항제1호에 따른 가짜석유제품 제조 등을 목적으로 영업시설을 설치·개조하거나 그 설치·개조한 영업시설을 양수·임차하여 사용하는 행위
2. 석유 및 석유대체연료를 대통령령으로 정하는 사용공차(使用公差)를 벗어나 정량에 미달되게 판매하는 행위
3. 인위적으로 열을 가하는 등 부당하게 석유 및 석유대체연료의 부피를 증가시켜 판매하는 행위
4. 제2호에 따른 정량 미달 판매 또는 제3호에 따른 부당 부피 증가 판매를 목적으로 영업시설을 설치·개조하거나 그 설치·개조한 영업시설을 양수·임차하여 사용하는 행위
5. 정당한 사유 없이 석유 및 석유대체연료의 생산을 중단·감축하거나 출고·판매를 제한하는 행위
6. 제23조에 따른 최고액 또는 최저액을 위반하여 석유를 판매하는 행위
7. 폭리를 목적으로 석유 및 석유대체연료를 사재기하는 행위
8. 등유, 부생연료유, 바이오디젤, 바이오에탄올, 용제, 윤활유, 윤활기유, 선박용 경유 및 석유중간제품을 「자동차관리법」 제2조제1호에 따른 자동차 및 대통령령으로 정하는 차량·기계의 연료로 판매하는 행위
9. 「개별소비세법」 제18조제1항제9호 및 「교통·에너지·환경세법」 제15조제1항제3호에 따른 외국항행선박 또는 원양어업선박에 사용하여야 하는 석유류를 외국항행선박 또는 원양어업선박의 연료 외의 용도로 반출하거나 반출된 사실을 알면서 취득하는 행위
10. 그 밖에 석유 및 석유대체연료의 건전한 유통질서를 해치는 행위로서 대통령령으로 정하는 행위

② 누구든지(석유판매업자는 제외한다) 제10조제6항에서 정하지 아니한 석유판매업의 행위를 하여서는 아니 된다. 다만, 다음 각 호의 어느 하나에 해당하는 경우에는 그러하지 아니하다.

1. 석유정제업자 또는 석유수출입업자 상호 간에 석유를 판매하는 행위
2. 석유정제업자·석유수출입업자 또는 제10조제1항 단서에 따라 등록한 석유판매업자 상호 간에 산업통상자원부령으로 정하는 석유제품을 판매하는 행위
3. 「건설산업기본법」 제2조제4호에 따른 건설공사를 수행하는 건설업자가 건설공사 사업장에서 자기가 소유하고 있는 시설 중 대통령령으로 정하는 시설을 이용하여 그 건설공사에 사용되는 건설기계(「건설기계관리법」 제2조제1항제1호에 따른 것을 말한다)에 석유 대금을 받지 아니하고 석유를 직접 공급하는 행위. 다만, 덤프트럭 및 콘크리트믹서트럭의 경우에는 대통령령으로 정하는 시설을 이용하는 경우만 해당한다.
4. 그 밖에 석유 수급의 안정을 위하여 필요하다고 인정하여 대통령령으로 정하는 행위

※ **대통령령(시행령)**

제43조(석유 및 석유대체연료의 유통질서를 해치는 행위) ① 법 제39조제1항제10호에서 "대통령령으로 정하는 행위"란 다음 각 호의 행위를 말한다.

1. 제2조 각 호에 따른 석유판매업별 또는 석유대체연료 판매업별 영업 범위나 영업방법을 위반하여 석유제품이나 석유대체연료를 공급하거나 공급받는 행위
2. 제13조에 따른 석유판매업 및 제36조제1항에 따른 석유대체연료 판매업의 종류별 취급제품이 아닌 제품(석유제품 연소 설비의 근본적인 구조 변경 없이 석유제품을 대체하여 사용할 수 있는 연료로서 석유대체연료가 아닌 연료를 포함한다)을 보관하거나 공급하는 행위
3. 특정 지역 또는 전국적인 수급의 안정에 차질을 가져올 정도로 석유제품이나 석유대체연료의 가격을 인상하거나 인하하여 공급하는 행위
4. 석유제품이나 석유대체연료의 거래처를 변경하거나 유지하는 대가로 부당한 이익을 취득·제공하거나 요구·약속하는 행위
6. 용제 또는 용제와 용제가 아닌 석유제품의 혼합제품을 보일러용 또는 노(爐)용 연료로 판매하는 행위
7. 부생연료유를 등유나 중유에 대체하여 연료유로 사용하는 실소비자 외의 자에게 공급하는 행위(「폐기물관리법」 제25조에 따른 폐기물처리업자가 폐유를 재활용한 정제연료유의 품질 개선을 목적으로 등유에 대체하는 부생연료유를 사용하는 경우 그 폐기물처리업자에게 공급하는 행위는 제외한다)
8. 일반판매소인 석유판매업자가 주유소의 명칭을 사용하여 석유제품을 판매하는 행위
9. 석유판매업자 또는 석유대체연료 판매업자가 등록하거나 신고한 상호와 다른 상호를 사용하여 석유제품이나 석유대체연료를 판매하는 행위

2) 범죄사실 기재례

[기재례1] 정량미달 판매(제46조 제10호, 제39조 제1항 제1호)

> 피의자는 ○○도지사에게 석유판매업 등록을 하여 ○○에서 "○○석유"라는 상호로 석유판매업자로 정량에 미달하여 석유 및 석유대체연료를 판매하는 행위를 하여서는 아니된다.
>
> 그럼에도 불구하고 피의자는 20○○. ○. ○. 경부터 20○○. ○. ○.경까지 사이에 홍길동으로부터 등유 20ℓ 를 배달해달라는 주문을 받고 18ℓ 들이 용기에 등유를 배달하여 주면서 20ℓ 의 가격인 ○○원을 받아 ○○원의 부당이익을 얻은 것을 비롯하여 같은 방법으로 하루 평균 등유 50통을 정량에 미달하여 판매함으로써 위 기간 합계 ○○만원 상당의 부당이득을 얻었다.

[기재례2] 해상경유 저가 구입 판매행위(제46조 제10호, 제39조 제1항 제5호, 조세범처벌법 제3조)

> 피의자는 해상급유업체를 운영하는 사람으로서, 러시아 등 외국적 선박으로부터 저가로 해상경유를 구입한 후 고가로 시중에 유통해 부당이득을 취하고, 세금신고와 관련하여 필요한 매입자료는 자료상에 수수료를 주고 그로부터 허위의 세금계산서를 교부받아 마련하기로 마음먹었다.
>
> 피의자는 20○○. ○. ○.부터 20○○. ○. ○.경까지 러시아 선박 등으로부터 ○○드럼, 시가 ○○만원 상당의 해상경유를 불법적으로 구입하여 거래처에 판매하고, 20○○. ○. ○. 부터 20○○. ○. ○.까지, 공급가액 합계 ○○만원 상당의 허위의 매입세금계산서를 자료상으로부터 교부받고, 교부받은 세금계산서를 기초로 법인세와 부가가치세를 신고하여 합계 ○○만원 상당의 조세를 포탈하거나 부정하게 공제받았다.

3) 신문사항

- 피의자는 언제부터 석유판매업을 하고 있는가
- 업소의 위치, 상호 및 규모는
- 등록(신고)은 하였는가
- 판매하고 있는 석유제품은
- ℓ 당 판매금액은
- 누구를 상대로 어떠한 방법으로 판매하는가
- 배달판매를 할 때 사용한 용기는
- 그 용기의 정확한 용량은
- 소비자에게는 몇 ℓ 용기로 계산하여 판매대금을 받았나
- 어떻게 18ℓ 용기로 판매하면서 20ℓ 가격을 받았나
- 그러면 1통을 판매할 때 얼마의 차액을 남겼는가
- 지금까지 총 부당이익으로 얻은 금액은 얼마인가

■ 판례 ■   석유판매업자 상호간의 이른바 무상의 수평거래가 석유유통질서저해행위에 해당하는 위법한 행위인지 여부(적극)

석유사업법상의 관련 규정에 비추어 보면, 석유판매업자가 다른 석유판매업자에게 석유제품을 유상으로 판매하는 행위뿐만 아니라 무상으로 보관, 대여, 교환하는 일체의 석유제품인도행위도 석유사업법 제35조 제8호(현행법 제46조 제10호), 제29조 제1항 제7호(현행법 제39조 제1항 제7호), 같은법시행령 제32조 제1항 제1호에서 규정하는 '공급'의 개념 속에 포함될 수 있다(대법원 2002.5.14. 선고 2001도5632 판결).

■ 판례 ■   구 석유사업법 제24조, 제22조 위반죄의 범죄주체

구 석유사업법(1977.12.31 법률 제3071호) 제24조, 제22조 위반죄의 범죄주체는 동법 소정의 석유판매업자 또는 석유정제업자나 석유수출입업자 뿐만 아니라 그 종업원도 같은 법조 위반죄의 범죄주체가 됨은 동법 제29조의 규정에 의하여 명백하다(대법원 1983.12.27. 선고 82도2840 판결).

■ 판례 ■   甲이 판매의 목적으로 휘발유에 솔벤트 벤젠 등을 혼합하여 판매한 경우

[1] 석유사업법 제24조, 제22조 위반죄의 범죄주체

석유사업법 제24조, 제22조 위반죄의 범죄주체는 석유판매업자, 석유정제업자나 석유수출입업자 뿐만 아니라 그 종업원도 될 수 있다.

[2] 휘발유에 벤젠등을 혼합하여 판매한 경우 석유사업법위반죄와 사기죄와의 관계

판매의 목적으로 휘발유에 솔벤트 벤젠 등을 혼합하여 판매한 행위는 석유사업법 제24조, 제22조 위반죄와 형법상 사기죄의 상상적 경합관계에 있다(대법원 1980.12.9. 선고, 80도384 판결).

■ 판례 ■   솔벤트와 로렌을 혼합했을 경우 석유사업법 제22조위반 여부(소극)

솔벤트와 로렌을 혼합했을 경우에 그 혼합물이 혼합상태라는 것 외에 혼합하기전의 성분과 차이가 없을 때에는 달리 석유의 질을 저하시킨 사실이 인정되지 않는한 석유사업법 제22조에 해당되지 아니한다(대법원 1978.1.31. 선고 77도2557 판결).

4. 미등록 석유대체연료 판매행위 : 제46조 제7호, 제33조 제1항   ☞   공소시효 5년

제33조(석유대체연료 판매업의 등록 등) ① 석유대체연료 판매업을 하려는 자는 산업통상자원부령으로 정하는 바에 따라 시·도지사 또는 시장·군수·구청장에게 등록하여야 한다. 등록한 사항 중 대통령령으로 정하는 사항을 변경하려는 경우에는 산업통상자원부령으로 정하는 바에 따라 시·도지사 또는 시장·군수·구청장에게 변경등록을 하여야 한다.

② 제1항에 따라 시·도지사 또는 시장·군수·구청장에게 등록하여야 하는 석유대체연료 판매업의 종류와 그 취급 석유대체연료 및 시설기준 등 등록 요건은 대통령령으로 정한다.

③ 석유대체연료 판매업에 관하여는 제6조부터 제8조까지, 제11조 및 제12조를 준용한다. 이 경우 제6조 각 호 외의 부분 중 "석유정제업"은 "석유대체연료 판매업"으로 보고, 같은 조 제6호 중 "제13조제1항"은 "제34조"로, "석유정제업"은 "석유대체연료 판매업"으로 보며, 제7조 중 "석유정제업자"는 "석유대체연료 판매업자"로, "석유정제시설"은 "석유대체연료 판매시설"로 보고, 제8조 중 "석유정제업자"는 "석유대체연료 판매업자"로 보며, 제11조 중 "제10조"는 "제33조"로 보고, 제12조 중 "석유판매업자"는 "석유대체연료 판매업자"로 본다.

제 **61** 장 선박의 입항 및 출항 등에 관한 법률

Ⅰ. 개념정의

제2조(정의) 이 법에서 사용하는 용어의 뜻은 다음과 같다.
 1. "무역항"이란 「항만법」 제2조제2호에 따른 항만을 말한다.
 2. "무역항의 수상구역등"이란 무역항의 수상구역과 「항만법」 제2조제5호가목(1)의 수역시설 중 수상구역 밖의 수역시설로서 해양수산부장관이 지정·고시한 것을 말한다.
 2의2. "관리청"이란 무역항의 수상구역등에서 선박의 입항 및 출항 등에 관한 행정업무를 수행하는 다음 각 목의 구분에 따른 행정관청을 말한다.
  가. 「항만법」 제3조제2항제1호에 따른 국가관리무역항: 해양수산부장관
  나. 「항만법」 제3조제2항제2호에 따른 지방관리무역항: 특별시장·광역시장·도지사 또는 특별자치도지사(이하 "시·도지사"라 한다)
 3. "선박"이란 「선박법」 제1조의2제1항에 따른 선박을 말한다.
 4. "예선"(曳船)이란 「선박안전법」 제2조제13호에 따른 예인선(曳引船)(이하 "예인선"이라 한다) 중 무역항에 출입하거나 이동하는 선박을 끌어당기거나 밀어서 이안(離岸)·접안(接岸)·계류(繫留)를 보조하는 선박을 말한다.
 5. "우선피항선"(優先避航船)이란 주로 무역항의 수상구역에서 운항하는 선박으로서 다른 선박의 진로를 피하여야 하는 다음 각 목의 선박을 말한다.
  가. 「선박법」 제1조의2제1항제3호에 따른 부선(艀船)[예인선이 부선을 끌거나 밀고 있는 경우의 예인선 및 부선을 포함하되, 예인선에 결합되어 운항하는 압항부선(押航艀船)은 제외한다]
  나. 주로 노와 삿대로 운전하는 선박
  다. 예선
  라. 「항만운송사업법」 제26조의3제1항에 따라 항만운송관련사업을 등록한 자가 소유한 선박
  마. 「해양환경관리법」 제70조제1항에 따라 해양환경관리업을 등록한 자가 소유한 선박 또는 「해양폐기물 및 해양오염퇴적물 관리법」 제19조제1항에 따라 해양폐기물관리업을 등록한 자가 소유한 선박(폐기물해양배출업으로 등록한 선박은 제외한다)
  바. 가목부터 마목까지의 규정에 해당하지 아니하는 총톤수 20톤 미만의 선박
 6. "정박"(碇泊)이란 선박이 해상에서 닻을 바다 밑바닥에 내려놓고 운항을 멈추는 것을 말한다.
 7. "정박지"(碇泊地)란 선박이 정박할 수 있는 장소를 말한다.
 8. "정류"(停留)란 선박이 해상에서 일시적으로 운항을 멈추는 것을 말한다.
 9. "계류"란 선박을 다른 시설에 붙들어 매어 놓는 것을 말한다.
 10. "계선"(繫船)이란 선박이 운항을 중지하고 정박하거나 계류하는 것을 말한다.
 11. "항로"란 선박의 출입 통로로 이용하기 위하여 제10조에 따라 지정·고시한 수로를 말한다.
 12. "위험물"이란 화재·폭발 등의 위험이 있거나 인체 또는 해양환경에 해를 끼치는 물질로서 해양수산부령으로 정하는 것을 말한다. 다만, 선박의 항행 또는 인명의 안전을 유지하기 위하여 해당 선박에서 사용하는 위험물은 제외한다.
 13. "위험물취급자"란 제37조제1항제1호에 따른 위험물운송선박의 선장 및 위험물을 취급하는 사람을 말한다.
 14. 〈삭제〉
 15. 〈삭제〉

제54조(벌칙) 다음 각 호의 어느 하나에 해당하는 자는 2년 이하의 징역 또는 2천만원 이하의 벌금에 처한다.

1. 거짓이나 그 밖의 부정한 방법으로 제24조제1항에 따른 등록을 한 자
2. 제24조제1항에 따른 등록을 하지 아니하고 예선업을 한 자

제55조(벌칙) 다음 각 호의 어느 하나에 해당하는 자는 1년 이하의 징역 또는 1천만원 이하의 벌금에 처한다.

1. 제4조제2항에 따른 허가를 받지 아니하고 무역항의 수상구역등에 출입하거나 기항지에 대한 정보를 거짓으로 제출하여 출입허가를 받은 자
2. 제23조제1항을 위반하여 예선을 사용하지 아니한 자
3. 제23조제2항에 따른 예선사용기준에 미치지 못하는 예선을 사용한 자
4. 정당한 사유 없이 제29조제1항을 위반하여 예선의 사용 요청을 거절한 자
5. 제33조에 따른 지정장소 외에 위험물운송선박을 정박하거나 정류한 자
6. 제35조제1항에 따른 안전조치를 하지 아니한 자
7. 제35조제5항에 따른 시설·인원·장비 등의 보강 또는 개선 명령을 이행하지 아니한 자
8. 제37조제1항에 따른 허가를 받지 아니하고 무역항의 수상구역등에서 선박을 수리한 자
9. 제38조제1항을 위반하여 폐기물을 버린 자
10. 제38조제3항에 따른 폐기물 또는 물건의 제거 명령을 이행하지 아니한 자
11. 제47조에 따른 출항 중지 처분을 위반한 자
12. 제49조제2항에 따른 개선명령을 이행하지 아니한 자

제56조(벌칙) 다음 각 호의 어느 하나에 해당하는 자는 500만원 이하의 벌금에 처한다.

1. 제4조제1항에 따른 출입 신고를 하지 아니하거나 거짓이나 그 밖의 부정한 방법으로 신고한 자
2. 제5조제2항 본문에 따른 정박구역 및 정박지가 아닌 곳에 정박한 자
3. 제6조제1항 각 호에 따른 장소에 선박을 정박하거나 정류한 자
4. 제6조제5항에 따른 정박 장소 또는 방법의 변경 명령에 따르지 아니한 자
5. 제7조제3항에 따른 선원의 승선 명령을 이행하지 아니한 선박의 소유자 또는 임차인
6. 제8조에 따른 이동 명령에 따르지 아니한 자
6의2. 제8조의2제1항에 따른 피항명령을 따르지 아니한 자
7. 제9조제1항에 따른 항로 또는 구역에서 선박교통의 제한 또는 금지 처분을 따르지 아니한 자
8. 제10조제2항 본문을 위반하여 지정·고시한 항로를 따라 항행하지 아니한 자
9. 제11조제1항을 위반하여 항로에 선박을 정박 또는 정류시키거나 예인되는 선박 또는 부유물을 항로에 내버려둔 자
9의2. 제20조제1항 본문에 따른 선박교통관제에 따르지 아니한 자
10. 제32조제2항에 따른 위험물의 종류 및 수량의 제한 또는 안전에 필요한 조치 명령을 이행하지 아니한 자
11. 제34조제1항에 따른 위험물 하역을 위한 자체안전관리계획의 승인을 받지 아니한 자
12. 제34조제2항에 따른 자체안전관리계획의 변경 명령을 이행하지 아니한 자
13. 제34조제3항에 따른 하역의 금지 또는 중지 명령을 위반하거나 지정된 장소가 아닌 곳에서 하역을 한 자
13의2. 제35조제6항에 따른 안전장비를 갖추지 아니한 자
14. 제37조제4항에 따른 지정 장소가 아닌 곳에 선박을 정박하거나 계류한 자
15. 제37조제5항에 따른 안전에 필요한 조치 명령을 이행하지 아니한 선박의 소유자 또는 임차인
16. 제38조제2항을 위반하여 흩어지기 쉬운 물건이 수면에 떨어지는 것을 방지하기 위한 필요한 조치를 하지 아니한 자
17. 제43조제1항에 따른 허가를 받지 아니하고 같은 항 각 호의 행위를 한 자
18. 제43조제2항에 따른 안전에 필요한 조치 명령을 이행하지 아니한 자

제57조(벌칙) 다음 각 호의 어느 하나에 해당하는 자는 300만원 이하의 벌금에 처한다.

1. 제12조제1항에 따른 항법을 위반하여 항행한 자
2. 제41조제1항에 따른 허가를 받지 아니하고 공사 또는 작업을 한 자

3. 제41조제2항에 따른 선박교통의 안전과 화물의 보전 및 무역항의 안전에 필요한 조치 명령을 이행하지 아니한 자
4. 제42조제1항에 따른 허가를 받지 아니하고 선박경기 등의 행사를 한 자
5. 제44조를 위반하여 어로를 한 자
6. 제45조제2항에 따른 명령을 위반하여 불빛을 줄이지 아니하거나 가리개를 씌우지 아니한 자
7. 제49조제1항에 따른 개선명령을 이행하지 아니한 자

제58조(양벌규정) 법인의 대표자나 법인 또는 개인의 대리인, 사용인, 그 밖의 종업원이 그 법인 또는 개인의 업무에 관하여 제54조부터 제57조까지의 어느 하나에 해당하는 위반행위를 하면 그 행위자를 벌하는 외에 그 법인 또는 개인에게도 해당 조문의 벌금형을 과(科)한다. 다만, 법인 또는 개인이 그 위반행위를 방지하기 위하여 해당 업무에 관하여 상당한 주의와 감독을 게을리하지 아니한 경우에는 그러하지 아니하다.

Ⅲ. 범죄사실

1. 출항신고 불이행 (양벌규정에 의해 선주도 처벌)

1) 적용법조 : 제56조 제1호, 제4조 제1항 제0호 ☞ 공소시효 5년

제4조(출입 신고) ① 무역항의 수상구역등에 출입하려는 선박의 선장(이하 이 조에서 "선장"이라 한다)은 대통령령으로 정하는 바에 따라 해양수산부장관에게 신고하여야 한다. 다만, 다음 각 호의 선박은 출입 신고를 하지 아니할 수 있다.
1. 총톤수 5톤 미만의 선박
2. 해양사고구조에 사용되는 선박
3. 「수상레저안전법」 제2조제3호에 따른 수상레저기구 중 국내항 간을 운항하는 모터보트 및 동력요트
4. 그 밖에 공공목적이나 항만 운영의 효율성을 위하여 해양수산부령으로 정하는 선박

2) 범죄사실 기재례

무역항의 수상구역 등에 출입하려는 선박의 선장은 대통령령으로 정하는 바에 따라 해양수산부장관에게 신고하여야 한다.
그럼에도 불구하고 피의자는 ○○시 선적인 50톤급 ○○선의 선장으로서 20○○. ○. ○. ○○:○○경 개항인 ○○항에서 관할 해운항만청장에게 출항신고를 하지 아니하고 출항하였다.

3) 신문사항

- 어떤 배의 선장인가
- 이 배는 누구 소유이며 규모는 어느 정도인가
- 출항한 일이 있는가
- 언제 무엇 때문에 출항하였나
- 출항하기 위해 항만청장에게 출항신고를 하였는가
- 왜 출항신고 없이 출항하게 되었는가

2. 미등록 예선업

1) 적용법조 : 제54조 제2호, 제24조 제1항 ☞ 공소시효 5년

제24조(예선업의 등록 등) ① 무역항에서 예선업무를 하는 사업(이하 "예선업"이라 한다)을 하려는 자는 관리청에 등록하여야 한다. 등록한 사항 중 해양수산부령으로 정하는 사항을 변경하려는 경우에도 또한 같다.

2) 범죄사실 기재례

무역항에서 예선업을 하려는 자는 관리청에 등록하여야 한다. 등록한 사항 중 해양수산부령으로 정하는 사항을 변경하려는 경우에도 또한 같다.

그럼에도 불구하고 피의자는 무역항인 ○○항에서 50톤급 ○○선의 선주겸 선장으로서 등록없이 20○○. ○. ○. ○○:○○경 ○○에서 ○○항까지 약 ○○마일을 ○○선을 ○○방법으로 선박을 끌어당겨 접안을 보조하는 예선하는 것을 비롯하여 20○○. ○. ○.경까지 예선업을 하였다.

3) 신문사항

- 어떤 선박의 선장인가
- 누구 소유이며 규모는 어느 정도인가
- 다른 선박을 예선한 일이 있는가
- 어디에서 어떤 방법으로 예선하였는가
- 언제부터 언제까지 하였는가
- 어떤 조건이였는가
- 예선업 등록을 하였는가
- 왜 등록없이 이런 일을 하였는가

3. 위험물 운송 선반 무허가 수리

1) 적용법조 : 제55조 제8호, 제37조 제1항 ☞ 공소시효 5년

제37조(선박수리의 허가 등) ① 선장은 무역항의 수상구역등에서 다음 각 호의 선박을 불꽃이나 열이 발생하는 용접 등의 방법으로 수리하려는 경우 해양수산부령으로 정하는 바에 따라 해양수산부장관의 허가를 받아야 한다. 다만, 제2호의 선박은 기관실, 연료탱크, 그 밖에 해양수산부령으로 정하는 선박 내 위험구역에서 수리작업을 하는 경우에만 허가를 받아야 한다.

1. 위험물을 저장·운송하는 선박과 위험물을 하역한 후에도 인화성 물질 또는 폭발성 가스가 남아 있어 화재 또는 폭발의 위험이 있는 선박(이하 "위험물운송선박"이라 한다)
2. 총톤수 20톤 이상의 선박(위험물운송선박은 제외한다)

③ 총톤수 20톤 이상의 선박을 제1항 단서에 따른 위험구역 밖에서 불꽃이나 열이 발생하는 용접 등의 방법으로 수리하려는 경우에 그 선박의 선장은 해양수산부령으로 정하는 바에 따라 해양수산부장관에게 신고하여야 한다.

⑤ 제1항부터 제3항까지에 따라 선박을 수리하려는 자는 그 선박을 해양수산부장관이 지정한 장소에 정박하거나 계류하여야 한다.

⑥ 해양수산부장관은 수리 중인 선박의 안전을 위하여 필요하다고 인정하는 경우에는 그 선박의 소유자나 임차인에게 해양수산부령으로 정하는 바에 따라 안전에 필요한 조치를 할 것을 명할 수 있다.

---

2) 범죄사실 기재례

> 피의자는 ○○선적 유조선 112호(200톤)의 선장이다. 선장은 무역항의 수상구역 등에서 위험물운송선박을 불꽃이나 열이 발생하는 용접 등의 방법으로 수리하려는 경우 해양수산부령으로 정하는 바에 따라 해양수산부장관의 허가를 받아야 한다.
>
> 그럼에도 불구하고 피의자는 선박수리 허가를 받지 아니하고 20○○. ○. ○. 경 수상구역인 ○○항 내 정박 중인 위 선박의 우현 선체 외판 가로 1m×세로 3m가량의 부위의 철판을 보완하는 불꽃을 수반하는 전기용접 작업을 하였다.

3) 신문사항

- 선박을 수리한 일이 있는가
- 언제부터 어디에서 하였는가
- 어떤 선박 수리를 하였는가
- ○○호 선박을 수리한 일이 있는가
- 언제 어떠한 수리를 하였나
- 어떤 방법으로 수리를 하는가(불꽃 또는 발열을 수반하는 용접 등의 방법여부 확인)
- 사전 관할 행정기관장의 허가를 받았는가
- 왜 허가 없이 이러한 수리를 하였나

4. 수상구역에서 하역물 투기방지의무 위반

1) 적용법조 : 제56조 제16호, 제38조 제2항 ☞ 공소시효 5년

제38조(폐기물의 투기 금지 등) ① 누구든지 무역항의 수상구역등이나 무역항의 수상구역 밖 10킬로미터 이내의 수면에 선박의 안전운항을 해칠 우려가 있는 흙·돌·나무·어구(漁具) 등 폐기물을 버려서는 아니 된다.
② 무역항의 수상구역등이나 무역항의 수상구역 부근에서 석탄·돌·벽돌 등 흩어지기 쉬운 물건을 하역하는 자는 그 물건이 수면에 떨어지는 것을 방지하기 위하여 대통령령으로 정하는 바에 따라 필요한 조치를 하여야 한다.
③ 관리청은 제1항을 위반하여 폐기물을 버리거나 제2항을 위반하여 흩어지기 쉬운 물건을 수면에 떨어뜨린 자에게 그 폐기물 또는 물건을 제거할 것을 명할 수 있다.

2) 범죄사실 기재례

무역항의 수상구역등이나 무역항의 수상구역 부근에서 석탄·돌·벽돌 등 흩어지기 쉬운 물건을 하역하는 자는 그 물건이 수면에 떨어지는 것을 방지하기 위하여 대통령령으로 정하는 바에 따라 필요한 조치를 하여야 한다.
그럼에도 불구하고 피의자는 20○○. ○. ○.경부터 20○○. ○. ○.경까지 ○○에 있는 ○○무역항의 수상구역인 ○○화물선에서 석탄 약 ○○톤을 하역하면서 필요한 방지시설을 설치하지 아니하여 약 ○○톤의 석탄이 그곳 수면에 떨어지게 하였다.

3) 신문사항

- 석탄을 하역한 일이 있는가
- 언제 어디에서 하역하였나
- 어떤 석탄을 하였나
- 하역하는 석탄의 양이 어느 정도인가
- 어떤 방법으로 하역하였나
- 그곳에 개항이라는 것을 알고 있는가
- 하역하면서 물건이 수면에 떨어지는 것을 방지하기 위해 어떤 조치를 하였나
- 수면에 떨어진 석탄의 양이 어느 정도인가

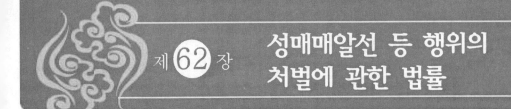

Ⅰ. 개념정의

제2조(정의) ① 이 법에서 사용하는 용어의 정의는 다음과 같다.
1. '성매매'라 함은 불특정인을 상대로 금품 그 밖의 재산상의 이익을 수수·약속하고 다음 각목의 어느 하나에 해당하는 행위를 하거나 그 상대방이 되는 것을 말한다.
   가. 성교행위
   나. 구강·항문 등 신체의 일부 또는 도구를 이용한 유사성교행위
2. '성매매알선등행위'라 함은 다음 각목의 어느 하나에 해당하는 행위를 하는 것을 말한다.
   가. 성매매를 알선·권유·유인 또는 강요하는 행위
   나. 성매매의 장소를 제공하는 행위
   다. 성매매에 제공되는 사실을 알면서 자금·토지 또는 건물을 제공하는 행위
3. '성매매 목적의 인신매매'는 다음 각목의 어느 하나에 해당하는 행위를 하는 것을 말한다.
   가. 성을 파는 행위 또는 형법 제245조의 규정에 의한 음란행위를 하게 하거나, 성교행위 등 음란한 내용을 표현하는 사진·영상물 등의 촬영대상으로 삼을 목적으로 위계·위력 그 밖에 이에 준하는 방법으로 대상자를 지배·관리하면서 제3자에게 인계하는 행위
   나. 가목과 같은 목적으로 「청소년 보호법」 제2조제1호의 규정에 의한 청소년(이하 '청소년'이라 한다), 사물을 변별하거나 의사를 결정할 능력이 없거나 미약한 자 또는 대통령령이 정하는 중대한 장애가 있는 자나 그를 보호·감독하는 자에게 선불금 등 금품 그 밖의 재산상의 이익을 제공·약속하고 대상자를 지배·관리하면서 제3자에게 인계하는 행위
   다. 가목 및 나목의 행위가 행하여지는 것을 알면서 가목과 같은 목적이나 전매를 위하여 대상자를 인계받는 행위
   라. 가목 내지 다목의 행위를 위하여 대상자를 모집·이동·은닉하는 행위
4. '성매매피해자'라 함은 다음 각 목의 어느 하나에 해당하는 자를 한다.
   가. 위계·위력 그 밖에 이에 준하는 방법으로 성매매를 강요당한 자
   나. 업무·고용 그 밖의 관계로 인하여 보호 또는 감독하는 자에 의하여 마약류관리에관한법률 제2조의 규정에 의한 마약·향정신성의약품 또는 대마(이하 '마약등'이라 한다)에 중독되어 성매매를 한 자
   다. 청소년, 사물을 변별하거나 의사를 결정할 능력이 없거나 미약한 자 또는 대통령령이 정하는 중대한 장애가 있는 자로서 성매매를 하도록 알선·유인된 자
   라. 성매매 목적의 인신매매를 당한 자
② 다음 각호의 어느 하나에 해당하는 경우에는 대상자를 제1항제3호 가목에서 규정한 '지배·관리'하에 둔 것으로 본다.
1. 선불금 제공 등의 방법으로 대상자의 동의를 받은 때에도 그 의사에 반하여 이탈을 제지한 경우
2. 타인을 고용·감독하는 자, 출입국·직업을 알선하는 자 또는 그를 보조하는 자가 성을 파는 행위를 하게 할 목적으로 여권 또는 이에 갈음하는 증명서를 채무이행 확보 등의 명목으로 제공받은 경우

※ 시행령(대통령령)
제2조(중대한 장애가 있는 자의 범위) 「성매매알선 등 행위의 처벌에 관한 법률」(이하 "법"이라 한다) 제2조제1항제3호 나목·제4호 다목, 제8조제3항 및 제18조제2항제2호에서 "대통령령으로 정하는 중대한 장애가 있는 사람"이란 별표에서 규정한 사람 또는 이에 준하는 사람으로서 타인의 보호·감독이 없으면 정상적으로 일상생활 또는 사회생활을 영위하기 어렵고, 이로 인하여 타인의 부당한 압력이나 기망(欺罔)·유인에 대한 저항능력이 취약한 사람을 말한다.

※ 중대한 장애가 있는 자의 기준(제2조관련)

1. 지체장애인(肢體障碍人) 팔다리 또는 몸통의 기능에 영속적인 장애가 있거나 그 일부를 잃어 주위의 도움이 없으면 일상생활을 영위하기 어려운 사람
2. 시각장애인(視覺障碍人) 좋은 눈의 시력(만국식시력표에 의하여 측정한 것을 말하며, 굴절이상이 있는 사람에 대하여는 교정시력을 기준으로 한다)이 0.04 이하인 사람
3. 청각장애인(聽覺障碍人)
   가. 두 귀의 청력 손실이 각각 70데시벨(dB) 이상인 사람
   나. 두 귀에 들리는 보통 말소리의 명료도가 50퍼센트 이하인 사람
   다. 양측 평형기능의 소실 또는 감소로 두 눈을 뜨고 10미터를 걸으려면 중간에 균형을 잡기 위하여 한 번 이상 멈추어야 하는 사람
4. 언어장애인(言語障碍人) 음성 기능 또는 언어 기능을 잃은 사람
5. 정신지체인(精神遲滯人) 지능지수가 70 이하인 사람으로서 사회적·직업적 재활을 위하여 지속적인 도움이나 교육이 필요한 사람
6. 발달장애인(發達障碍人) 자폐증으로 정상발달의 단계가 나타나지 아니하고 지능지수가 70 이하이며, 지능 및 능력장애로 인하여 주위의 많은 도움이 없으면 일상생활을 영위하기 어려운 사람
7. 정신장애인(精神障碍人)
   가. 정신분열병으로 망상·환청·사고장애 및 기괴한 행동 등의 양성증상 및 사회적 위축 등의 음성증상이 있고, 중등(中等)도 이상의 인격 변화가 있으며, 기능 및 능력장애로 인하여 주위의 많은 도움이 없으면 일상생활을 영위하기 어려운 사람
   나. 양극성 정동장애(조울병)로 기분·의욕 및 행동·사고장애 증상이 있는 증상기가 저속되거나 자주 반복되며, 기능 및 능력장애로 인하여 주위의 많은 도움이 없으면 일상생활을 영위하기 어려운 사람
   다. 만성적인 반복성 우울장애로 망상 등 정신병적 증상이 동반되고, 기분·의욕 및 행동 등에 대한 우울증상이 있는 증상기가 지속되거나 자주 반복되며, 기능 및 능력장애로 인하여 주위의 많은 도움이 없으면 일상생활을 영위하기 어려운 사람
   라. 만성적인 분열성 정동장애(情動障碍)로 가목 내지 다목에 준하는 증상이 있는 사람

■ 판례 ■   마사지업소의 여종업원인 甲이 침대가 설치된 밀실에서 짧은 치마와 반소매 티를 입고 남자 손님의 온몸을 주물러 성적인 흥분을 일으킨 뒤 손님의 옷을 모두 벗기고 로션을 바른 손으로 손님의 성기를 감싸쥐고 성교행위를 하듯이 왕복운동을 하여 성적 만족감에 도달한 손님으로 하여금 사정하게 한 경우

[1] 성매매알선 등 행위의 처벌에 관한 법률 제2조 제1항 제1호(나)목의 '유사성교행위'의 의미 및 그 판단 방법
성매매 등 근절과 성매매 피해자 인권 보호라는 성매매알선 등 행위의 처벌에 관한 법률의 입법 취지와 성교행위와 유사성교행위를 아무런 구별 없이 같이 취급하고 있는 같은 법 제2조 제1항 제1호의 규정 등 고려하면, 위 법률 제2조 제1항 제1호(나)목의 '유사성교행위'는 구강·항문 등 신체 내부로의 삽입행위 내지 적어도 성교와 유사한 것으로 볼 수 있는 정도의 성적 만족을 얻기 위한 신체접촉행위를 말하고, 어떤 행위가 성교와 유사한 것으로 볼 수 있는 정도의 성적 만족을 얻기 위한 신체접촉행위에 해당하는지 여부는 당해 행위가 이루어진 장소, 행위자들의 차림새, 신체 접촉 부위와 정도 및 행위의 구체적인 내용, 그로 인한 성적 만족감의 정도 등을 종합적으로 평가하여 규범적으로 판단하여야 한다.

[2] 甲의 행위가 유사성교행위에 해당하는지 여부(적극)
甲의 행위는 성매매알선 등 행위의 처벌에 관한 법률 제2조 제1항 제1호(나)목의 '유사성교행위'에 해당한다(대법원 2006.10.26. 선고 2005도8130 판결).

　 제2조 제1항 제2호에서 규정한 '성매매알선'의 의미 및 성매매의 알선이 되기 위한 알선 정도 / 같은 법 제19조에서 정한 성매매알선죄의 성격(=성매매죄의 종범이 아닌 독자적인 정범) 및 알선자가 성매매를 하려는 당사자들의 의사를 연결하여 더 이상 알선자의 개입이 없더라도 당사자 사이에 성매매에 이를 수 있을 정도의 주선행위를 한 경우, 성매수자에게 실제로는 성매매에 나아가려는 의사가 없었더라도 성매매알선죄가 성립하는지 여부(적극)

제2조 제1항 제2호가 규정하는 '성매매알선'은 성매매를 하려는 당사자 사이에 서서 이를 중개하거나 편의를 도모하는 것을 의미하므로, 성매매의 알선이 되기 위하여는 반드시 그 알선에 의하여 성매매를 하려는 당사자가 실제로 성매매를 하거나 서로 대면하는 정도에 이르러야만 하는 것은 아니고, 성매매를 하려는 당사자들의 의사를 연결하여 더 이상 알선자의 개입이 없더라도 당사자 사이에 성매매에 이를 수 있을 정도의 주선행위만 있으면 족하다. 그리고 성매매처벌법 제19조에서 정한 성매매알선죄는 성매매죄 정범에 종속되는 종범이 아니라 성매매죄 정범의 존재와 관계없이 그 자체로 독자적인 정범을 구성하므로, 알선자가 위와 같은 주선행위를 하였다면 성매수자에게 실제로는 성매매에 나아가려는 의사가 없었다고 하더라도 위 법에서 정한 성매매알선죄가 성립한다.(대법원 2023. 6. 29., 선고, 2020도3626, 판결)

Ⅱ. 벌칙 및 죄명표

1. 벌 칙

제18조(벌칙) ① 다음 각 호의 어느 하나에 해당하는 사람은 10년 이하의 징역 또는 1억원 이하의 벌금에 처한다.
　1. 폭행이나 협박으로 성을 파는 행위를 하게 한 사람
　2. 위계 또는 이에 준하는 방법으로 성을 파는 사람을 곤경에 빠뜨려 성을 파는 행위를 하게 한 사람
　3. 친족관계, 고용관계, 그 밖의 관계로 인하여 다른 사람을 보호·감독하는 것을 이용하여 성을 파는 행위를 하게 한 사람
　4. 위계 또는 위력으로 성교행위 등 음란한 내용을 표현하는 영상물 등을 촬영한 사람
② 다음 각 호의 어느 하나에 해당하는 사람은 1년 이상의 유기징역에 처한다.
　1. 제1항의 죄(미수범을 포함한다)를 범하고 그 대가의 전부 또는 일부를 받거나 이를 요구·약속한 사람
　2. 위계 또는 위력으로 청소년, 사물을 변별하거나 의사를 결정할 능력이 없거나 미약한 사람 또는 대통령령으로 정하는 중대한 장애가 있는 사람으로 하여금 성을 파는 행위를 하게 한 사람
　3. 「폭력행위 등 처벌에 관한 법률」 제4조에 규정된 단체나 집단의 구성원으로서 제1항의 죄를 범한 사람
③ 다음 각 호의 어느 하나에 해당하는 사람은 3년 이상의 유기징역에 처한다.
　1. 다른 사람을 감금하거나 단체 또는 다중(多衆)의 위력을 보이는 방법으로 성매매를 강요한 사람
　2. 성을 파는 행위를 하였거나 할 사람을 고용·관리하는 것을 이용하여 위계 또는 위력으로 낙태하게 하거나 불임시술을 받게 한 사람
　3. 삭제 〈시행 2013.4.5.〉
　4. 「폭력행위 등 처벌에 관한 법률」 제4조에 규정된 단체나 집단의 구성원으로서 제2항제1호 또는 제2호의 죄를 범한 사람
④ 다음 각 호의 어느 하나에 해당하는 사람은 5년 이상의 유기징역에 처한다.
　1. 업무관계, 고용관계, 그 밖의 관계로 인하여 보호 또는 감독을 받는 사람에게 마약등을 사용하여 성을 파는 행위를 하게 한 사람
　2. 「폭력행위 등 처벌에 관한 법률」 제4조에 규정된 단체나 집단의 구성원으로서 제3항제1호부터 제3호까지의

죄를 범한 사람

제19조(벌칙) ① 다음 각 호의 어느 하나에 해당하는 사람은 3년 이하의 징역 또는 3천만원 이하의 벌금에 처한다.

　　1. 성매매알선 등 행위를 한 사람

　　2. 성을 파는 행위를 할 사람을 모집한 사람

　　3. 성을 파는 행위를 하도록 직업을 소개·알선한 사람

② 다음 각 호의 어느 하나에 해당하는 사람은 7년 이하의 징역 또는 7천만원 이하의 벌금에 처한다.

　　1. 영업으로 성매매알선 등 행위를 한 사람

　　2. 성을 파는 행위를 할 사람을 모집하고 그 대가를 지급받은 사람

　　3. 성을 파는 행위를 하도록 직업을 소개·알선하고 그 대가를 지급받은 사람

제20조(벌칙) ① 다음 각 호의 어느 하나에 해당하는 사람은 3년 이하의 징역 또는 3천만원 이하의 벌금에 처한다.

　　1. 성을 파는 행위 또는 「형법」 제245조에 따른 음란행위 등을 하도록 직업을 소개·알선할 목적으로 광고(각종 간행물, 유인물, 전화, 인터넷, 그 밖의 매체를 통한 행위를 포함한다. 이하 같다)를 한 사람

　　2. 성매매 또는 성매매알선 등 행위가 행하여지는 업소에 대한 광고를 한 사람

　　3. 성을 사는 행위를 권유하거나 유인하는 광고를 한 사람

② 영업으로 제1항에 따른 광고물을 제작·공급하거나 광고를 게재한 사람은 2년 이하의 징역 또는 1천만원 이하의 벌금에 처한다.

③ 영업으로 제1항에 따른 광고물이나 광고가 게재된 출판물을 배포한 사람은 1년 이하의 징역 또는 500만원 이하의 벌금에 처한다.

제21조(벌칙) ① 성매매를 한 사람은 1년 이하의 징역이나 300만원 이하의 벌금·구류 또는 과료(科料)에 처한다.

② 제7조제3항을 위반한 사람은 500만원 이하의 벌금에 처한다.

제22조(범죄단체의 가중처벌) 제18조 또는 제19조에 규정된 범죄를 목적으로 단체 또는 집단을 구성하거나 그러한 단체 또는 집단에 가입한 사람은 「폭력행위 등 처벌에 관한 법률」 제4조의 예에 따라 처벌한다.

제23조(미수범) 제18조부터 제20조까지에 규정된 죄의 미수범은 처벌한다.

제26조(형의 감면) 이 법에 규정된 죄를 범한 사람이 수사기관에 신고하거나 자수한 경우에는 형을 감경하거나 면제할 수 있다.

제27조(양벌규정) 법인의 대표자나 법인 또는 개인의 대리인, 사용인, 그 밖의 종업원이 그 법인 또는 개인의 업무에 관하여 제18조부터 제23조까지의 어느 하나에 해당하는 위반행위를 하면 그 행위자를 벌하는 외에 그 법인 또는 개인에게도 해당 조문의 벌금형을 과(科)하고, 벌금형이 규정되어 있지 아니한 경우에는 1억원 이하의 벌금에 처한다. 다만, 법인 또는 개인이 그 위반행위를 방지하기 위하여 해당 업무에 관하여 상당한 주의와 감독을 게을리하지 아니한 경우에는 그러하지 아니하다.

2. 죄명표

구 분	죄명표시
제18조	성매매알선 등 행위의 처벌에 관한 법률 위반(성매매강요등)
제19조	성매매알선 등 행위의 처벌에 관한 법률 위반(성매매알선등)
제20조	성매매알선 등 행위의 처벌에 관한 법률 위반(성매매광고)
제21조 제1항중 아동·청소년의성보호에 관한법률 제26조 제1항이 적용되는 경우	성매매알선 등 행위의 처벌에 관한 법률 위반(아동·청소년)
그 외의 제21조 제1항	성매매알선 등 행위의 처벌에 관한 법률 위반(성매매)
그외 조항	성매매알선 등 행위의 처벌에 관한 법률 위반

III. 범죄사실

1. 영업으로 성매매행위의 유인

1) 적용법조 : 제19조 제2항 제1호, 제4조 제2호   ☞ 공소시효 7년

제4조(금지행위) 누구든지 다음 각 호의 어느 하나에 해당하는 행위를 하여서는 아니 된다.
1. 성매매
2. 성매매알선 등 행위
3. 성매매 목적의 인신매매
4. 성을 파는 행위를 하게 할 목적으로 다른 사람을 고용·모집하거나 성매매가 행하여진다는 사실을 알고 직업을 소개·알선하는 행위
5. 제1호, 제2호 및 제4호의 행위 및 그 행위가 행하여지는 업소에 대한 광고행위

2) 범죄사실 기재례

피의자는 20○○. ○. ○.부터 20○○. ○. ○.까지 사이에 ○○에 성매매녀인 甲녀(20세), 乙녀(22세) 등을 상주시키면서 위 시내에 있는 ♠모텔, ♥모텔, ★여관 등의 종업원들에게 투숙객들이 성매매 여성을 찾으면 연락하여 달라면서 전화번호를 알려주었다.

피의자는 20○○. ○. ○. 위 ♠모텔 업주 丙으로부터 전화를 받고 성매매 여성인 乙녀를 그곳으로 보내어 성명을 알 수 없는 투숙객들과 성교하게 하고, 위 성매매여성이 1회의 성매매행위로 받는 화대 중 30%인 ○○원을 숙식비명목으로 받아서 영업으로 성매매행위를 유인하는 등 20○○. ○. ○.까지 총 ○○회에 걸쳐 ○○만원 상당의 부당이득을 취하였다.

3) 신문사항

- 피의자는 어떠한 영업을 하고 있는가
- 종업원들에게 성을 파는 행위를 하도록 한 일이 있는가
- 언제부터 언제까지 하였나
- 성을 파는 행위를 하도록 한 성매매녀는 몇 명이며 그 들의 인적사항은
- 어떠한 방법으로 성을 파는 행위를 유인하였나
- 누구를 상대로 하였나
- 성매매녀들이 1회 성매매행위를 하는데 화대로 얼마를 받았나
- 피의자는 이들 성매매녀에게 얼마를 받았나
- 어떠한 목적과 명목으로 받았나
- 지금까지 각 성매매녀들로부터 피의자가 받은 금액은

■ 판례 ■ 구 '성매매알선 등 행위의 처벌에 관한 법률'에서 정하고 있는 성매매알선 등 행위가 업무방해죄의 보호대상인 '업무'에 해당하는지 여부(소극)

구 성매매알선 등 행위의 처벌에 관한 법률(2010. 4. 15. 법률 제10261호로 개정되기 전의 것)은 제2조 제1항 제2호에서 성매매알선 등 행위에 해당하는 행위로 '성매매를 알선·권유·유인 또는 강요하는 행위', '성매매의 장소를 제공하는 행위' 등을 규정하고, 제4조 제2호 및 제4호에서 성매매알선행위와 성을 파는 행위를 하게 할 목적으로 타인을 고용·모집하는 행위를 금지하고, 이를 위반하여 성매매알선 등 행위를 한 자 및 미수범을 형사처벌하도록 규정하고 있으므로(같은 법 제19조 제1항 제1호, 제2항 제1호, 제23조 등 참조), 성매매알선 등 행위는 법에 의하여 원천적으로 금지된 행위로서 형사처벌의 대상이 되는 중대한 범죄행위일 뿐 아니라 정의관념상 용인될 수 없는 정도로 반사회성을 띠는 경우에 해당하므로, 업무방해죄의 보호대상이 되는 업무라고 볼 수 없다. (대법원 2011. 10. 13., 선고, 2011도7081, 판결)

2. 영업으로 성매매행위의 장소제공

1) **적용법조** : 제19조 제2항 제1호 ☞ 공소시효 7년

2) **범죄사실 기재례**

[기재례1] 성매매 장소제공

> 피의자는 20○○. ○. ○.부터 20○○. ○. ○.까지 사이에 ○○에 있는 피의자 집에 객실 3개를 갖춰놓고 성매매녀인 甲녀(20세), 乙녀(22세) 등으로 하여금 불특정 다수의 남자 손님을 상대로 화대 ○○만원을 받고 성교하게 한 다음 화대 중에서 위 甲으로부터 ○○만원, 위 乙로부터 ○○만원을 방값명목으로 각각 교부받아 영업으로 성매매행위의 장소를 제공하였다.

[기재례2] 성매매알선 및 영업자 처벌(풍속법 제10조 제1항, 제3조 제1호)

> 피의자는 ○○에 있는 ○○여인숙을 운영하는 사람이다.
> 가. 성매매 알선 등 행위의 처벌에 관한 법률 위반
> 피의자는 20○○. ○. ○ 00:30경 위 ○○여인숙에서 甲으로 하여금 화대 명목으로 ○○만원을 받고, 호객꾼(일명 '나까이') 乙이 데리고 온 이름을 알 수 없는 손님과 1회 성교하도록 하여 성매매의 장소를 제공하는 등 성매매알선 등 행위를 하고, 같은 날 03:00경 같은 장소에서 위와 같은 방법으로 성매매알선 등 행위를 하여 2회에 걸쳐 영업으로 성매매알선 등 행위를 하였다.
> 나. 풍속영업의 규제에 관한 법률 위반
> 풍속영업소에서는 성매매알선 등 행위를 하여서는 아니된다.
> 그럼에도 불구하고, 피의자는 전항과 같은 일시경 풍속영업소인 ○○여인숙에서 위와 같은 방법으로 성매매를 하도록 하여 성매매알선 등 행위를 하였다.

3) 신문사항

- 갑, 을녀를 알고 있는가

- 이들을 언제부터 고용하였나

- 처음 어떻게 고용하게 되었나

- 어떤 조건으로 고용하였나

- 이들에게 성매매를 하도록 한 일이 있는가

- 언제 누구를 상대로 하도록 하였나

- 어디에서 어떤 방법으로 하도록 하였나

- 그들로부터 받은 화대는 누가 받았으며 어떻게 배분하였나

- 갑, 을에게는 각 얼마를 받았는가

- 어떤 명목으로 그녀들에게 받았는가

3. 성매매 알선업소의 건물주 처벌

1) 적용법조 : 제19조 제1항 제1호, 제2조 제1항 제2호 다목   ☞   공소시효 5년

2) 범죄사실 기재례

> 피의자는 ○○에 있는 ○○건물의 건물주로서 위 건물 지하를 홍길동에게 임대해주어 위 홍길동이 그곳을 속칭 보도방으로 사용하다 200○. ○. ○. 성매매행위로 단속되어 200○. ○. ○. ○○경찰서장으로부터 '위 업소가 성매매 장소로 제공되었음'을 알리는 통지문을 받았다.
> 그럼에도 불구하고 피의자는 200○. ○. ○.부터 200○. ○. ○.까지 위 건물 지하에서 甲이 안마시술소를 하면서 그곳을 찾는 손님들을 상대로 성매매 사실을 알면서 甲으로부터 월 ○○만원씩 받는 조건으로 위 건물을 제공하였다.

3) 신문사항

- ○○건물주인가

- 위 건물 지하를 임대한 사실이 있는가

- 언제 누구에게 어떤 조건으로 임대하였다

- 어떤 용도로 사용하던가

- 위 지하에서 성매매한 사실을 알고 있는가

- 성매매 사실과 관련 ○○경찰서장으로부터 통지문을 받은 사실이 있는가

- 언제 어떤 내용의 통지문을 받았는가

- 이런 통지문을 받은 후 위 지하건물을 다시 임대한 일이 있는가

- 언제 누구에게 어떤 조건으로 제공하였는가

- 어떤 용도로 사용한다고 하던가
- 그러한 용도이면 성매매 장소로 사용될 수 있다고 보지 않는가
- 왜 성매매장소로 제공되는 사실을 알면서도 제공하였는가

4) 단속 시 유의사항

○ 건물주에 대한 처벌은 '건물이 성매매에 제공되는 사실을 알고 있는 경우'에만 가능하다.

○ 성매매 집결지의 경우 건물주에 대한 형사처벌이 용이하나, 신·변종 업소의 경우 성매매 제공사실을 부인하는 경우가 많아 입증에 어려움이 있다.

○ 1차 출석요구하여 성매매 사실여부를 알았는지 조사한 후 부인하는 경우 추후 적발시 처벌됨을 고지하면서 '통지문'을 교부(발송)하고 재차 적발시 반드시 형사입건한다. 통지문 교부사항에 대해서는 별도의 처리대장을 만들어 비치한다.

■ **판례** ■ **구 성매매알선 등 행위의 처벌에 관한 법률 제2조 제1항 제2호 (다)목에서 정한 '성매매에 제공되는 사실을 알면서 건물을 제공하는 행위'에 건물 임대 후 성매매에 제공되는 사실을 알게 되었는데도 건물 제공행위를 중단하지 아니하고 계속 임대하는 경우도 포함되는지 여부(적극)**

[1] 구성매매알선 등 행위의 처벌에 관한 법률 제2조 제1항 제2호 (다)목 규정상 건물 임대 후 성매매에 제공되는 사실을 알게 되었는데도 건물 제공행위를 중단하지 아니하고 계속 임대하는 경우도 포함

구성매매알선 등 행위의 처벌에 관한 법률 제2조 제1항 제2호 (다)목은 '성매매에 제공되는 사실을 알면서 건물을 제공하는 행위'를 '성매매알선 등 행위'에 해당한다고 규정하고 있는데, 성매매행위의 공급자와 중간 매개체를 차단하여 우리 사회에 만연되어 있는 성매매행위의 강요·알선 등 행위와 성매매행위를 근절하려는 법률의 입법 취지와 위 규정이 건물을 제공하는 행위의 내용을 건물을 인도하는 행위로 제한하고 있지 않은 점에 비추어 볼 때, 여기에서 말하는 '성매매에 제공되는 사실을 알면서 건물을 제공하는 행위'에는 건물을 임대한 자가 임대 당시에는 성매매에 제공되는 사실을 알지 못하였으나 이후에 수사기관의 단속 결과 통지 등으로 이를 알게 되었는데도, 건물의 임대차계약을 해지하여 임대차관계를 종료시키고 점유 반환을 요구하는 의사를 표시함으로써 제공행위를 중단하지 아니한 채 성매매에 제공되는 상황이 종료되었음을 확인하지 못한 상태로 계속 임대하는 경우도 포함한다고 보아야 한다.

[2] 건물 소유자인 피고인이 甲에게 건물을 임대한 후 경찰청으로부터 성매매 장소로 제공된다는 통지를 받아 위 건물에서 성매매가 이루어진다는 사실을 알았는데도 이를 계속 임대하는 방법으로 제공하였다고 하여 구 성매매알선 등 행위의 처벌에 관한 법률 위반죄로 기소된 사안

피고인이 甲에게 "향후 건물에서 성매매를 하지 말고 만약 불법영업을 할 경우 건물을 명도하라."는 취지의 내용증명 우편을 보낸 적이 있고, 甲을 만나 불법영업을 하지 않겠다는 각서를 요구하였는데 甲이 이를 거부한 사정이 있더라도 위와 같은 조치는 임대차계약을 확정적으로 종료시키는 것이 아니어서 건물의 제공행위를 중단하였다고 할 수 없다고 한 사례.(대법원 2011.8.25. 선고, 2010도6297, 판결)

■ **판례** ■ **'영업으로 성매매를 알선한 행위'와 '영업으로 성매매에 제공되는 건물을 제공하**

는 행위'의 죄수 관계(=실체적 경합)

구 성매매알선 등 행위의 처벌에 관한 법률(2011. 5. 23. 법률 제10697호로 개정되기 전의 것, 이하 '구 성매매알선 등 처벌법'이라 한다) 제2조 제1항 제2호는 '성매매알선등행위'로 (가)목에서 '성매매를 알선ㆍ권유ㆍ유인 또는 강요하는 행위'를, (다)목에서 '성매매에 제공되는 사실을 알면서 자금ㆍ토지 또는 건물을 제공하는 행위'를 규정하는 한편, 구 성매매알선 등 처벌법 제19조는 '영업으로 성매매알선등행위를 한 자'에 대한 처벌을 규정하고 있는데, 성매매알선행위와 건물제공행위의 경우 비록 처벌규정은 동일하지만, 범행방법 등의 기본적 사실관계가 상이할 뿐 아니라 주체도 다르다고 보아야 한다. 또한 수개의 행위태양이 동일한 법익을 침해하는 일련의 행위로서 각 행위 간 필연적 관련성이 당연히 예상되는 경우에는 포괄일죄의 관계에 있다고 볼 수 있지만, 건물제공행위와 성매매알선행위의 경우 성매매알선행위가 건물제공행위의 필연적 결과라거나 반대로 건물제공행위가 성매매알선행위에 수반되는 필연적 수단이라고도 볼 수 없다. 따라서 '영업으로 성매매를 알선한 행위'와 '영업으로 성매매에 제공되는 건물을 제공하는 행위'는 당해 행위 사이에서 각각 포괄일죄를 구성할 뿐, 서로 독립된 가벌적 행위로서 별개의 죄를 구성한다고 보아야 한다.(대법원 2011.5.26. 선고 2010도6090 판결)

■ 판례 ■ 피고인이 외국에서 안마시술업소를 운영하면서 안마사 자격이 없는 종업원들을 고용한 다음 그곳을 찾아오는 손님들로부터 서비스대금을 받고 마사지와 유사성교행위를 하도록 하였다는 취지의 의료법 위반 및 성매매알선 등 행위의 처벌에 관한 법률 위반 공소사실이 각 유죄로 인정된 사안

피고인이 일본에서 안마시술업소를 운영하면서 안마사 자격이 없는 종업원들을 고용한 다음 그곳을 찾아오는 손님들로부터 서비스대금을 받고 마사지와 유사성교행위를 하도록 하였다는 취지의 의료법 위반 및 성매매알선 등 행위의 처벌에 관한 법률 위반 공소사실이 각 유죄로 인정된 사안에서, 피고인이 마사지를 제외한 유사성교행위의 요금을 따로 정하지 아니하고 마사지가 포함된 전체 요금만을 정해 두고 영업을 한 점 등에 비추어, 피고인 운영의 안마시술업소에서 행한 마사지와 유사성교행위가 의료법 위반죄와 성매매알선 등 행위의 처벌에 관한 법률 위반죄의 실체적 경합관계에 있더라도 손님으로부터 지급받는 서비스대금은 그 전부가 마사지 대가이면서 동시에 유사성교행위의 대가라고 보아 유사성교행위가 포함된 서비스대금 전액의 추징을 명한 원심판단의 결론을 수긍한 사례(대법원 2018. 2. 8. 선고, 2014도10051, 판결)

■ 판례 ■ 성매매장소 제공행위에 대한 처벌규정을 둔 취지

[1] 성매매알선 등 행위의 처벌에 관한 법률에서 성매매장소 제공행위에 대한 처벌 규정을 둔 취지

성매매알선 등 행위의 처벌에 관한 법률은 제19조 제1항 제1호, 제2조 제1항 제2호 (나)목에서 성매매의 장소를 제공하는 행위를 한 사람을 처벌하도록 규정하고, '영업으로' 그와 같은 행위를 한 사람에 대하여는 제19조 제2항 제1호에서 가중하여 처벌하도록 별도로 규정하고 있다. 위와 같이 성매매장소의 제공행위에 대한 처벌 규정을 둔 입법 취지는, 성매매의 장소를 제공하는 것은 성매매 내지는 성매매알선을 용이하게 하는 것이고, 결국 성매매의 강요ㆍ알선 등 행위로 인하여 얻은 재산상의 이익을 취득하는 것이라는 점에서 성매매행위의 공급자와 중간 매개체를 차단하여 우리 사회에 만연되어 있는 성매매행위의 강요ㆍ알선 등 행위와 성매매행위를 근절하려는 성매매알선 등 행위의 처벌에 관한 법률의 목적을 달성하기 위해 간접적인 성매매알선을 규제하기 위함이다.

[2] 피고인이 자기 소유의 건물을 2017. 8. 31. 甲에게 월 70만 원에, 2018. 6. 18. 乙에게 월 100만 원에 성

매매장소로 제공하였다는 범죄사실로 각 약식명령이 확정되었는데, 위 건물을 2014. 6.경부터 2016. 4.경까지, 2018. 3.경부터 2018. 5. 13.경까지 丙에게 월 300만 원에 임대하는 등 성매매장소로 제공하여 성매매알선 등 행위를 한 경우

확정된 각 약식명령은 영업이 아닌 단순 성매매장소 제공행위 범행으로 처벌된 것이고, 공소사실 역시 영업이 아닌 단순 성매매장소 제공행위 범행으로 기소된 것이어서 구성요건의 성질상 동종 행위의 반복이 예상되는 경우라고 볼 수 없고, 성매매알선행위가 장소제공행위의 필연적 결과라거나 반대로 장소제공행위가 성매매알선행위에 수반되는 필연적 수단이라고 볼 수 없는 점, 각 약식 명령의 장소제공행위는 2017. 8. 31. 하루 동안 甲에게 임료를 월 70만 원으로 정하여 임대하였다는 것과 2018. 6. 18. 하루 동안 乙에게 임료를 월 100만 원으로 정하여 임대하였다는 것이고, 공소사실의 장소제공행위는 그와 다른 시기에 丙에게 임료를 월 300만 원으로 정하여 임대하였다는 것으로, 별개의 법률관계인 각각의 임대차계약이 시기를 달리하여 존재하고, 임대차계약의 중요한 내용인 임차인과 임료 등이 모두 다른 점, 각 약식명령과 공소사실의 장소제공행위는, 장소를 제공받은 성매매업소 운영주가 성매매알선 등 행위로 단속되어 기소·처벌을 받는 과정에서 함께 처벌을 받게 된 것으로, 피고인은 그때마다 새로운 성매매업소 운영주와 다시 임대차계약을 체결하여 온 것으로 보이는 점, 한편 성매매장소를 제공한 수 개의 행위가 동일한 범죄사실이라고 쉽게 단정하여 포괄일죄로 인정하면, 자칫 범행 중 일부만 발각되어 그 부분만 공소가 제기되어 확정판결을 받게 된 후에는 나중에 발각된 부분을 처벌하지 못하여 행위에 합당한 기소와 양형이 불가능하게 될 수 있는 불합리가 나타나 처벌규정을 둔 입법 취지가 훼손될 여지도 있는 점 등 여러 사정을 염두에 두고 공소사실과 각 약식명령의 범죄사실에 있어 범의의 단일성과 계속성이 인정되는지 등을 살펴본 다음 각 약식명령의 범죄사실과 공소사실이 동일사건에 해당하여 포괄일 죄 관계에 있는지를 가려 그 확정판결의 기판력이 공소사실에 미치는지를 판단하여야 함에도, 이와 달리 각 약식명령의 범죄사실과 공소사실이 동일사건에 해당한다고 단정하여 포괄일죄 관계에 있다고 보아 각 약식명령의 기판력이 공소사실에 미친다는 이유로 면소를 선고한 원심판결에 성매매장소 제공에 의한 성매매알선 등 행위의 처벌에 관한 법률 위반(성매매알선등)죄에서 포괄일 죄와 경합범의 구별 기준에 관한 법리를 오해하고 필요한 심리를 다하지 아니한 잘못이 있다.(대법원 2020. 5. 14. 선고, 2020도1355, 판결)

■ 판례 ■   성매매에 제공되는 사실을 알면서 자금, 토지 또는 건물을 제공하는 행위

[1] 성매매알선 등 행위의 처벌에 관한 법률 제2조 제1항 제2호 (다)목에서 정한 '성매매에 제공되는 사실을 알면서 자금, 토지 또는 건물을 제공하는 행위'에 행위자가 스스로 '성매매를 알선, 권유, 유인 또는 강요하는 행위'나 '성매매의 장소를 제공하는 행위'를 하는 경우가 포함되는지 여부(적극)

범죄수익은닉의 규제 및 처벌 등에 관한 법률(이하 '범죄수익은닉규제법'이라고 한다) 제8조 제1항은 '범죄수익'을 몰수할 수 있다고 하면서, 범죄수익은닉규제법 제2조 제2호 (나)목 1)은 "성매매알선 등 행위의 처벌에 관한 법률(이하 '성매매처벌법'이라고 한다) 제19조 제2항 제1호(성매매알선 등 행위 중 성매매에 제공되는 사실을 알면서 자금·토지 또는 건물을 제공하는 행위만 해당한다)의 죄에 관계된 자금 또는 재산"을 위 법에서 규정하는 '범죄수익'의 하나로 규정하고 있다. 성매매알선 등 행위를 규정한 성매매처벌법 제2조 제1항 제2호 중 (다)목의 "성매매에 제공되는 사실을 알면서 자금, 토지 또는 건물을 제공하는 행위"에는 그 행위자가 "성매매를 알선, 권유, 유인 또는 강요하는 행위"[성매매처벌법 제2조 제1항 제2호 (가)목] 또는 "성매매의 장소를 제공하는 행위"[성매매처벌법 제2조 제1항 제2호 (나)목]를 하는 타인에게 자금,

토지 또는 건물을 제공하는 행위뿐만 아니라 스스로 (가)목이나 (나)목의 행위를 하는 경우도 포함된다(대법원 2013. 5. 23. 선고 2012도11586 판결 참조).

[2] 성매매알선 행위자가 자신의 성매매알선 영업에 필요한 장소인 오피스텔 각 호실을 임차하기 위해 임대인에게 보증금을 지급한 행위가 성매매알선 등 행위의 처벌에 관한 법률 제2조 제1항 제2호 (다)목의 '성매매에 제공되는 사실을 알면서 자금을 제공하는 행위'에 해당하는지 여부(적극)

성매매처벌법 제2조 제1항 제2호 (다)목의 행위태양인 '성매매에 제공되는 사실을 알면서 자금, 토지 또는 건물을 제공하는 행위'에는 스스로 성매매처벌법 제2조 제1항 제2호 (가)목이나 (나)목의 행위를 하는 경우도 포함된다. 그리고 위 조항에서는 성매매알선 행위자가 자신의 '토지 또는 건물'을 제공하는 행위뿐 아니라 '자금'을 제공하는 행위도 함께 규정하고 있다. 따라서 성매매알선 행위자인 피고인들이 자신의 성매매알선 영업에 필요한 장소인 오피스텔 각 호실을 임차하기 위해 보증금을 임대인에게 지급한 행위는 성매매처벌법 제2조 제1항 제2호 (다)목의 '성매매에 제공되는 사실을 알면서 자금을 제공하는 행위'에 해당한다. (대법원 2020. 10. 15., 선고, 2020도960, 판결)

통 지 문					
통지일		2000. 0. 0.			
건물주	성 명				
	주민등록번호				
	주 소				
성매매 알선장소	업소명			단속일자	2000. 0. 0.
	소재지				
	죄 명				
	범죄사실				

귀하 소유의 위 업소가 성매매 장소로 제공되었음을 알려드립니다.

재차 적발 시 귀하께서는 「성매매알선등행위의처벌에관한법률」 제19조위반(성매매에 제공되는 사실을 알면서 자금·토지 또는 건물 제공하는 행위)으로 처벌되며 이와 관계된 자금 또는 재산은 「범죄수익은닉의규제및처벌등에관한법률」 제2조 제2호의 '범죄수익'에 해당하여 몰수할 수 있습니다.

사건담당자 : 여성청소년과(여성청소년계) 경감 박 창 도 ㉑

○ ○ 경 찰 서

4. 폭행(협박)으로 성을 파는 행위를 하게 한 경우

1) **적용법조** : 제18조 제1항 제1호 ☞ 공소시효 10년

2) **범죄사실 기재례**

[기재례1] 종업원으로 하여금 성매매행위를 하도록 강요

> 피의자는 20○○. ○. ○. 피의자가 경영하고 있는 ○○에 있는 ○○업소에 손님으로 찾아온 홍길동이 술을 먹고 파트너인 위 업소 종업원 乙녀와 같이 성매매(속칭 2차)를 나가겠다 하자 乙녀가 이를 거부한다는 이유로 위 홍길동과 성매매를 나가지 않으면 당장 해고하고 선급금으로 가져간 ○○만원을 반환하라면서 손바닥으로 위 乙녀의 뺨을 때리고 협박하여 위 건물 2층에 있는 홍콩장 303호실에서 위 홍길동과 성교행위를 하게하였다.

❋ 상대방 홍길동은 성매수자로 처벌

[기재례2] 자신의 여자를 폭행(협박)하여 성매매를 강요한 경우

> 가. 상 해
> 피의자는 20○○. ○. ○. 19:00경 ○○에 있는 ○○원룸에서 피해자 甲(여, 29세)에게 자신의 후배인 乙과 성관계를 했다는 이유로 발로 피해자의 허벅지를 4회 차고, 주먹으로 얼굴과 머리를 3~4회 때려 피해자에게 약 2주간의 치료를 요하는 다발성좌상등을 가하였다.
>
> 나. 성매매 알선 등 행위의 처벌에 관한 법률 위반 (성매매 강요 등)
> 피의자는 20○○. ○. ○.경 ○○에 있는 ○○법무법인에서 피해자 甲(여, 29세)에 대하여 실제 채권이 없음에도 서로 헤어지는 조건으로 ○○만원에 대한 허위공정증서를 작성한 다음 위 피해자가 그 돈을 갚지 않는다는 이유로 20○○. ○. ○. 21:00경 피해자에게 전항과 같은 폭행을 하면서 "너는 술집 같은 데 가고 아르바이트도 할 수 있겠네. 그런데 너는 술을 못 먹으니까 안 되겠다. 성매매라도 해서 내 돈을 갚아라"라고 말하여 성매매를 강요하고, 세이클럽 채팅방 甲의 홈페이지 (아이디 A, 비밀번호 BB)에 들어가서 甲의 사진과 "조건만남. 010-123-4567"이라는 문구의 광고를 올렸다.
> 피의자는 20○○. ○. ○. 02:00경 ○○에 있는 ○○모텔 ○○호실에서 丙으로부터 10만원을 받고 피해자에게 丙과 성관계를 하도록 하고, 위 10만원을 피의자가 받아 감으로써 폭행 또는 협박으로 성을 파는 행위를 하게 하고 그 대가를 전부 받았다.

❋ 이때 丙이 성관계하지 않았을 때는 제18조 제2항 제1호, 제1항 제1호를 적용한다.

3) 신문사항

- 유흥주점업을 알고 있는가
- 언제부터 어디에서 하는가
- 종업원은 몇 명정도 있는가
- 종업원 중에 홍길녀 라고 있는가
- 위 홍길녀로 하여금 성매매를 하도록 한 일이 있는가
- 언제 누구랑 하게 하였나
- 손님이 을녀를 먼저 요구하던가
- 종업원이 순순히 응하던가
- 거부하여 뭐라고 하였나
- 어떤 방법으로 협박하였다는 것인가
- 피의자의 강요로 받아 들이던가
- 언제 어디에서 성교를 하도록 하였나
- 어떤 조건으로 하도록 하였나
- 성교댓가로 누가 얼마를 받았는가
- 누구로부터 받았는가

5. 고용관계를 이용 단순히 성을 파는 행위를 하게 한 경우

1) **적용법조 :** 제18조 제1항 제3호 ☞ 공소시효 10년

2) **범죄사실 기재례**

> 　친족·고용 그 밖의 관계로 타인을 보호·감독하는 것을 이용하여 성을 파는 행위를 하게 하여서는 아니된다.
> 　그럼에도 불구하고 피의자는 20○○. ○. ○. 22:00경 피의자가 경영하고 있는 ○○에 있는 ○○업소에서 종업원인 홍길녀(22세)에게 손임인 홍길동으로부터 화대비 ○○원을 받고 성교를 하여 성매매행위를 하게 하고 위 홍길녀가 받은 돈 중 ○○원을 소개비 명목으로 받아 고용 관계를 이용하여 성매매행위를 하게하였다.

3) **신문사항**
   - 유흥주점업을 알고 있는가
   - 언제부터 어디에서 하는가
   - 종업원은 몇 명 정도 있는가
   - 종업원 중에 홍길녀 라고 있는가
   - 위 홍길녀로 하여금 성매매를 하도록 한 일이 있는가
   - 언제 누구랑 하게 하였나
   - 어떻게 홍길동을 홍길녀에게 소개하였나
   - 홍길동으로부터는 얼마의 금품을 받았나
   - 홍길동으로부터 받은 돈은 어떻게 하였나
   - 왜 ○○원을 무슨 명목으로 받았는가(소개비를 방은 경우)
   - 홍길녀를 홍길동 성교하도록 할 때 홍길녀가 순순히 응하던가
   - 홍길녀와 고용관계에 있기 때문에 응한 것이 아닌가

6. 성매매행위

1) 적용법조 : 제21조 제1항 ☞ 공소시효 5년

2) 범죄사실 기재례

[기재례1]

> 가. 피의자 甲
>   피의자는 20○○. ○. ○. ○○에 있는 홍콩장 여관 제333호실에서 피의자 乙로부터 화대비로 ○○만 원을 받고 1회 성교행위를 하여 성매매를 하였다.
> 나. 피의자 乙
>   피의자는 위 일시장소에서 위와 같이 성매매의 상대자가 되었다.

[기재례2]

>   피의자는 갑으로부터 돈 많은 사람을 소개해주겠다는 제안을 받고 을을 소개받아 성교 등의 대가로 금품을 받기로 약정한 다음, 20○○. ○. ○. ○○ 원을 교부받고, 20○○. ○. ○.경부터 20○○. ○. ○.경까지 을과 3회 성교하여 성매매하였다

3) 신문사항

○ 甲(매매녀)
- 乙을 알고 있는가
- 을과 성관계를 한 일이 있는ㅋ가
- 언제 어디에서 하였나
- 어떤 조건으로 하였나
- 누가 성매매를 하도록 하던가
- 성매매 대금은 받았는가

○ 乙(매수남)
- 甲과 성교한 일이 있는가
- 언제 어디에서 하였나
- 어떻게 하게 되었나
- 어떤 조건으로 하였나
- 언제 어디에서 얼마를 주었나

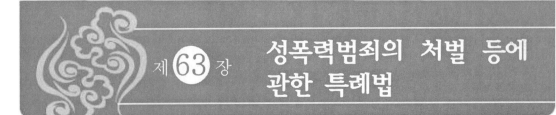

성폭력범죄의 처벌 등에 관한 특례법

제63장

Ⅰ. 개념정의

제2조(정의) ① 이 법에서 "성폭력범죄"란 다음 각 호의 어느 하나에 해당하는 죄를 말한다.
1. 「형법」 제2편제22장 성풍속에 관한 죄 중 제242조, 제243조, 제244조 및 제245조의 죄
2. 「형법」 제2편제31장 약취, 유인 및 인신매매의 죄 중 추행, 간음 또는 성매매와 성적 착취를 목적으로 범한 제288조 또는 추행, 간음 또는 성매매와 성적 착취를 목적으로 범한 제289조, 제290조(추행, 간음 또는 성매매와 성적 착취를 목적으로 제288조 또는 추행, 간음 또는 성매매와 성적 착취를 목적으로 제289조의 죄를 범하여 약취, 유인, 매매된 사람을 상해하거나 상해에 이르게 한 경우에 한정), 제291조(추행, 간음 또는 성매매와 성적 착취를 목적으로 제288조 또는 추행, 간음 또는 성매매와 성적 착취를 목적으로 제289조의 죄를 범하여 약취, 유인, 매매된 사람을 살해하거나 사망에 이르게 한 경우에 한정), 제292조[추행, 간음 또는는 성매매와 성적 착취를 목적으로 한 제288조 또는 추행, 간음 또는 성매매와 성적 착취를 목적으로 한 제289조의 죄로 약취, 유인, 매매된 사람을 수수 또는 은닉한 죄, 추행, 간음 또는 성매매와 성적 착취를 목적으로 한 제288조 또는 추행, 간음 또는 성매매와 성적 착취를 목적으로 한 제289조의 죄를 범할 목적으로 사람을 모집, 운송, 전달한 경우에 한정] 및 제294조(추행, 간음 또는 성매매와 성적 착취를 목적으로 범한 제288조의 미수범 또는 추행, 간음 또는 성매매와 성적 착취를 목적으로 범한 제289조의 미수범, 추행, 간음 또는 성매매와 성적 착취를 목적으로 제288조 또는 추행, 간음 또는 성매매와 성적 착취를 목적으로 제289조의 죄를 범하여 발생한 제290조제1항의 미수범 또는 추행, 간음 또는 성매매와 성적 착취를 목적으로 제288조 또는 추행, 간음 또는 성매매와 성적 착취를 목적으로 제289조의 죄를 범하여 발생한 제291조제1항의 미수범 및 제292조제1항의 미수범 중 추행, 간음 또는 성매매와 성적 착취를 목적으로 약취, 유인, 매매된 사람을 수수, 은닉한 죄의 미수범으로 한정)의 죄
3. 「형법」 제2편제32장 강간과 추행의 죄 중 제297조, 제297조의2, 제298조, 제299조, 제300조(미수범), 제301조, 제301조의2, 제302조, 제303조 및 제305조의 죄
4. 「형법」 제339조(강도강간)의 죄 및 제342조(제339조의 미수범으로 한정한다)의 죄
5. 이 법 제3조(특수강도강간 등)부터 제15조(미수범)까지의 죄
② 제1항 각 호의 범죄로서 다른 법률에 따라 가중처벌되는 죄는 성폭력범죄로 본다.

Ⅱ. 벌칙, 소추조건, 죄명표

1. 벌칙

제50조(벌칙) ① 다음 각 호의 어느 하나에 해당하는 자는 5년 이하의 징역 또는 5천만원 이하의 벌금에 처한다.
1. 제48조를 위반하여 직무상 알게 된 등록정보를 누설한 자
2. 정당한 권한 없이 등록정보를 변경하거나 말소한 자
② 다음 각 호의 어느 하나에 해당하는 자는 3년 이하의 징역 또는 3천만원 이하의 벌금에 처한다.
1. 제24조제1항 또는 제38조제2항에 따른 피해자의 신원과 사생활 비밀 누설 금지 의무를 위반한 자
2. 제24조제2항을 위반하여 피해자의 인적사항과 사진 등을 공개한 자
③ 다음 각 호의 어느 하나에 해당하는 자는 1년 이하의 징역 또는 500만원 이하의 벌금에 처한다.
1. 제43조제1항을 위반하여 정당한 사유 없이 기본신상정보를 제출하지 아니하거나 거짓으로 제출한 자 및 같은

조 제2항에 따른 관할경찰관서 또는 교정시설의 장의 사진촬영에 정당한 사유 없이 응하지 아니한 자

　2. 제43조제3항(제44조제6항에서 준용하는 경우를 포함한다)을 위반하여 정당한 사유 없이 변경정보를 제출하지 아니하거나 거짓으로 제출한 자

　3. 제43조제4항(제44조제6항에서 준용하는 경우를 포함한다)을 위반하여 정당한 사유 없이 관할 경찰관서에 출석하지 아니하거나 촬영에 응하지 아니한 자

④ 제2항제2호의 죄는 피해자의 명시한 의사에 반하여 공소를 제기할 수 없다.

⑤ 제16조제2항에 따라 이수명령을 부과받은 사람이 보호관찰소의 장 또는 교정시설의 장의 이수명령 이행에 관한 지시에 불응하여 「보호관찰 등에 관한 법률」 또는 「형의 집행 및 수용자의 처우에 관한 법률」에 따른 경고를 받은 후 재차 정당한 사유 없이 이수명령 이행에 관한 지시에 불응한 경우에는 다음 각 호에 따른다.

　1. 벌금형과 병과된 경우는 500만원 이하의 벌금에 처한다.

　2. 징역형 이상의 실형과 병과된 경우에는 1년 이하의 징역 또는 5백만원 이하의 벌금에 처한다.

제51조(양벌규정) 법인의 대표자나 법인 또는 개인의 대리인, 사용인, 그 밖의 종업원이 그 법인 또는 개인의 업무에 관하여 제13조 또는 제43조의 위반행위를 하면 그 행위자를 벌하는 외에 그 법인 또는 개인에게도 해당 조문의 벌금형을 과(科)한다. 다만, 법인 또는 개인이 그 위반행위를 방지하기 위하여 해당 업무에 관하여 상당한 주의와 감독을 게을리하지 아니한 경우에는 그러하지 아니하다.

2. 소추조건 및 특례

제18조(고소 제한에 대한 예외) 성폭력범죄에 대하여는 「형사소송법」 제224조(고소의 제한) 및 「군사법원법」 제266조에도 불구하고 자기 또는 배우자의 직계존속을 고소할 수 있다.

제21조(공소시효에 관한 특례) ① 미성년자에 대한 성폭력범죄의 공소시효는 「형사소송법」 제252조제1항 및 「군사법원법」 제294조제1항에도 불구하고 해당 성폭력범죄로 피해를 당한 미성년자가 성년에 달한 날부터 진행한다.

② 제2조제3호 및 제4호의 죄와 제3조부터 제9조까지의 죄는 디엔에이(DNA)증거 등 그 죄를 증명할 수 있는 과학적인 증거가 있는 때에는 공소시효가 10년 연장된다.

③ 13세 미만의 사람 및 신체적인 또는 정신적인 장애가 있는 사람에 대하여 다음 각 호의 죄를 범한 경우에는 제1항과 제2항에도 불구하고 「형사소송법」 제249조부터 제253조까지 및 「군사법원법」 제291조부터 제295조까지에 규정된 공소시효를 적용하지 아니한다.

　1. 「형법」 제297조(강간), 제298조(강제추행), 제299조(준강간, 준강제추행), 제301조(강간등 상해·치상) 또는 제305조(미성년자에 대한 간음, 추행)의 죄

　2. 제6조제2항, 제7조제2항 및 제5항, 제8조, 제9조의 죄

　3. 「아동·청소년의 성보호에 관한 법률」 제9조 또는 제10조의 죄

④ 다음 각 호의 죄를 범한 경우에는 제1항과 제2항에도 불구하고 「형사소송법」 제249조부터 제253조까지 및 「군사법원법」 제291조부터 제295조까지에 규정된 공소시효를 적용하지 아니한다.

　1. 「형법」 제301조의2(강간등 살인·치사)의 죄(강간등 살인에 한정한다)

　2. 제9조제1항의 죄

　3. 「아동·청소년의 성보호에 관한 법률」 제10조제1항의 죄

　4. 「군형법」 제92조의8의 죄(강간 등 살인에 한정한다)

제23조(피해자, 신고인 등에 대한 보호조치) 법원 또는 수사기관이 성폭력범죄의 피해자, 성폭력범죄를 신고(고소·고발을 포함한다)한 사람을 증인으로 신문하거나 조사하는 경우에는 「특정범죄신고자 등 보호법」 제5조 및 제7조부터 제13조까지의 규정을 준용한다. 이 경우 「특정범죄신고자 등 보호법」 제9조와 제13조를 제외하고는 보복을 당할 우려가 있음을 요하지 아니한다.

3. 죄명표

해당조문	죄 명 표 시
제3조 제1항	[(주거침입, 절도)(강간, 유사강간, 강제추행, 준강간, 준유사강간, 준강제추행)]
제3조 제2항	[특수강도(강간, 유사강간, 강제추행, 준강간, 준유사강간, 준강제추행)]
제4조 제1항	(특수강간)
제4조 제2항	(특수강제추행)
제4조 제3항	[특수(준강간, 준강제추행)]
제5조 제1항	(친족관계에의한강간)
제5조 제2항	(친족관계에의한강제추행)
제5조 제3항	[친족관계에의한(준강간, 준강제추행)]
제6조 제1항	(장애인강간)
제2항	(장애인유사성행위)
제3항	(장애인강제추행)
제4항	[장애인(준강간, 준유사성행위, 준강제추행)]
제5항	(장애인위계등간음)
제6항	(장애인위계등추행)
제7항	(장애인피보호자간음)
제7조 제1항	(13세미만미성년자강간)
제2항	(13세미만미성년자유사성행위)
제3항	(13세미만미성년자강제추행)
제4항	[13세미만미성년자(준강간, 준유사성행위, 준강제추행)]
제5항	[13세미만미성년자위계등(간음, 추행)]
제8조	강간등(상해, 치상)]
제9조	[강간등(살인, 치사)]
제10조	(업무상위력등에의한추행)
제11조	(공중밀집장소에서의추행)
제12조	(성적목적다중이용장소침입)
제13조	(통신매체이용음란)
제14조 제1,2,3항	(카메라등이용촬영·반포등)
제14조 제4항	(카메라등이용촬영물소지등)
제14조 제5항	(상습카메라등이용촬영·반포등)
제14조의2제1,2,3항	(허위영상물편집·반포등)
제14조의2제4항	(상습허위영상물편집·반포등)
제14조의3제1항	(촬영물등이용협박)
제14조의3제2항	(촬영물등이용강요)
제14조의3제3항	[상습(촬영물등이용협박, 촬영물등이용강요)]
제15조의2	[(제3조 내지 제7조 각 죄명)(예비, 음모)]
제50조	(비밀준수등)
그 외	성폭력범죄의처벌등에관한특례법위반

Ⅲ. 범죄사실

1. 특수강도강간 등

1) 적용법조 : 제3조 제2항 ☞ 공소시효 25년

> 제3조(특수강도강간 등) ① 「형법」 제319조제1항(주거침입), 제330조(야간주거침입절도), 제331조(특수절도) 또는 제342조(미수범. 다만, 제330조 및 제331조의 미수범으로 한정한다)의 죄를 범한 사람이 같은 법 제297조(강간), 제297조의2(유사강간), 제298조(강제추행) 및 제299조(준강간, 준강제추행)의 죄를 범한 경우에는 무기징역 또는 7년 이상의 징역에 처한다.
> ② 「형법」 제334조(특수강도) 또는 제342조(미수범. 다만, 제334조의 미수범으로 한정한다)의 죄를 범한 사람이 같은 법 제297조(강간), 제297조의2(유사강간), 제298조(강제추행) 및 제299조(준강간, 준강제추행)의 죄를 범한 경우에는 사형, 무기징역 또는 10년 이상의 징역에 처한다.
> 제15조(미수범) 제3조부터 제9조까지, 제14조, 제14조의2 및 제14조의3의 미수범은 처벌한다.
> 제15조의2(예비, 음모) 제3조부터 제7조까지의 죄를 범할 목적으로 예비 또는 음모한 사람은 3년 이하의 징역에 처한다.
> 제21조(공소시효에 관한 특례) ② … 제3조부터 제9조까지의 죄는 디엔에이(DNA)증거 등 그 죄를 증명할 수 있는 과학적인 증거가 있는 때에는 공소시효가 10년 연장된다.

2) 범죄사실 기재례

[기재례1] 흉기협박 강도강간

> 피의자는 20○○. 12. 30. 21:30경 ○○에 있는 ○○빌딩 지하 1층 피해자 乙(여, 33세) 운영의 ○○주점에서 손님인 척 가장하고 들어가 술과 안주를 주문하여 먹으면서 금품을 강취하기로 마음먹고 기회를 노리는 중 피해자가 "예약 손님이 곧 찾아오기로 했다"라고 말하자 손으로 피해자의 어깨 부위를 밀어 넘어뜨린 후 피해자의 몸 위로 올라타 주먹으로 얼굴을 4회가량 때리고, 피해자가 반항하면서 큰소리로 비명을 지르는데 화가 나 미리 준비하여 소지하던 칼(전체 길이 24㎡, 칼날 길이 13㎡)로 피해자의 왼쪽 가슴 부위, 오른쪽 눈썹 부위 등을 2회가량 찌르는 등 반항을 하지 못하게 하였다.
> 피의자는 피해자의 스타킹과 팬티를 벗기고 손가락을 피해자의 성기에 넣는 등 강제로 추행하고 계속하여 피해자에게 "핸드백이 어디에 있느냐"라고 위협하면서 주방 서랍 등을 뒤지는 등 물건을 강취하려고 하였으나 적당한 금품을 발견하지 못하여 그 뜻을 이루지 못하고 미수에 그치고, 이로 인하여 피해자에게 약 4주간의 치료를 요하는 안면개방창 등 상해를 가하였다.

[기재례2] 2인 합동 강도의 강간

> 피의자 甲, 피의자 乙은 ○○교도소에서 수감 중 알게 된 교도소 동기생들로서 부녀자들을 납치 강도강간할 것을 공모하였다.
> 피의자들은 20○○. ○. ○. ○○:○○경 ○○에 있는 ○○앞 노상에서 혼자서 귀가하는 피해자 홍길녀(21세)를 피의자 甲소유 승용차(차량번호)에 강제로 태워 납치한 후 ○○에 있는 야산으로 끌고 가 피해자 목에 칼을 들이대고 위협하여 차량 내에서 강간하고 현금 20만 원을 강취하는 등 서울 경기지역을 무대로 같은 방법으로 별지 범죄일람표의 내용과 같이 총 33회에 걸쳐 합동하여 ○○만원 상당을 강취하였다.

[기재례3] 주거침입 후 강제추행

피의자는 20○○. ○. ○. 04:10경 ○○에 있는 피해자 홍길녀(여, 29세)의 집에 이르러 시정되지 않은 현관문을 열고 안으로 침입하여 훔칠 물건을 찾기 위하여 안방으로 기어가던 도중 인기척에 놀라 잠이 깬 피해자가 소리를 지르며 저항하자 체포를 면탈할 목적으로 손으로 피해자의 입을 막고 다리를 걸어 바닥에 넘어뜨린 후 피해자의 배 위에 올라타 주먹으로 얼굴을 수회 때려 피해자에게 약 ○○일간의 치료를 요하는 좌측 안와 내벽 골절, 외상 후 스트레스 장애 등의 상해를 가하였다.

피의자는 계속하여 항거불능 상태로 가만히 누워 있는 피해자를 보고 순간적으로 욕정을 일으켜 피해자의 상의를 두 손으로 잡아당겨 찢은 뒤 가슴을 만지고 바지를 벗게 한 후 피해자의 음부에 손가락을 넣는 등 약 5분간 강제로 추행하였다.

■ 판례 ■ **성폭력범죄의 처벌 및 피해자보호 등에 관한 법률 제5조 제2항에 규정된 범죄의 행위주체**

성폭력범죄의 처벌 및 피해자보호 등에 관한 법률 제5조 제2항에 정하는 특수강도강제추행죄의 주체는 형법의 제334조 소정의 특수강도범 및 특수강도미수범의 신분을 가진 자에 한정되는 것으로 보아야 하고, 형법 제335조, 제342조에서 규정하고 있는 준강도범 내지 준강도미수범은 성폭력범죄의 처벌 및 피해자보호 등에 관한 법률 제5조 제2항의 행위주체가 될 수 없다(대법원 2006.8.25. 선고 2006도2621 판결).

■ 판례 ■ **강간범이 강간의 범행 후에 특수강도의 범의를 일으켜 부녀의 재물을 강취한 경우, 성폭력범죄의처벌및피해자보호등에관한법률 제5조 제2항 소정의 특수강도강간죄로 의율할 수 있는지 여부(한정 소극)**

강간범이 강간행위 후에 강도의 범의를 일으켜 그 부녀의 재물을 강취하는 경우에는 형법상 강도강간죄가 아니라 강간죄와 강도죄의 경합범이 성립될 수 있을 뿐인바, 성폭력범죄의처벌및피해자보호등에관한법률 제5조 제2항은 형법 제334조(특수강도) 등의 죄를 범한 자가 형법 제297조(강간) 등의 죄를 범한 경우에 이를 특수강도강간 등의 죄로 가중하여 처벌하고 있으므로, 다른 특별한 사정이 없는 한 강간범이 강간의 범행 후에 특수강도의 범의를 일으켜 그 부녀의 재물을 강취한 경우에는 이를 성폭력범죄의처벌및피해자보호등에관한법률 제5조 제2항 소정의 특수강도강간죄로 의율할 수 없다(대법원 2002.2.8. 선고 2001도6425 판결).

■ 판례 ■ **주거침입강제추행죄 및 주거침입강간죄 등이 주거침입죄를 범한 후에 사람을 강간하는 등의 행위를 하여야 하는 일종의 신분범인지 여부(적극) 및 그 실행의 착수시기(=주거침입 행위 후 강간죄 등의 실행행위에 나아간 때)**

주거침입강제추행죄 및 주거침입강간죄 등은 사람의 주거 등을 침입한 자가 피해자를 간음, 강제추행 등 성폭력을 행사한 경우에 성립하는 것으로서, 주거침입죄를 범한 후에 사람을 강간하는 등의 행위를 하여야 하는 일종의 신분범이고, 선후가 바뀌어 강간죄 등을 범한 자가 그 피해자의 주거에 침입한 경우에는 이에 해당하지 않고 강간죄 등과 주거침입죄 등의 실체적 경합범이 된다. 그 실행의 착수시기는 주거침입 행위 후 강간죄 등의 실행행위에 나아간 때이다.(대법원 2021. 8. 12., 선고, 2020도17796, 판결)

2. 특수강간

제4조(특수강간 등) ① 흉기나 그 밖의 위험한 물건을 지닌 채 또는 2명 이상이 합동하여 형법 제297조(강간)의
　죄를 범한 사람은 무기징역 또는 7년 이상의 징역에 처한다.
② 제1항의 방법으로 형법 제298조(강제추행)의 죄를 범한 사람은 5년 이상의 유기징역에 처한다.
③ 제1항의 방법으로 형법 제299조(준강간, 준강제추행)의 죄를 범한 사람은 제1항 또는 제2항의 예에 따라 처벌한다.
제15조(미수범) 제3조부터 제9조까지, 제14조, 제14조의2 및 제14조의3의 미수범은 처벌한다.

[기재례1] 흉기휴대 강간

1) 적용법조 : 제4조 제1항 ☞ 공소시효 15년

2) 범죄사실 기재례

> 피의자는 20○○. ○. ○. 23:00경 ○○에 있는 ○○중학교 정문 앞길에서 그곳을 지나가던
> 피해자 甲(여, 21세)에게 욕정을 품고, 소지하고 있던 위험한 물건인 길이 15㎝가량의 등산용 칼
> 을 들이대고 피해자의 팔을 잡아당겨 위 학교 운동장 동쪽 구석 담 밑으로 끌고 갔다.
> 피의자는 그곳에서 오른손 주먹으로 피해자의 얼굴을 2회 때리면서 "시키는 대로 하지 않으
> 면 죽여 버리겠다."라고 말하는 등 반항하지 못하게 한 후 피해자를 1회 간음하여 강간하였다.

[기재례2] 흉기휴대 강제추행

1) 적용법조 : 제4조 제2항, 제1항 ☞ 공소시효 15년

2) 범죄사실 기재례

> 피의자는 출근시간대의 도심 지하철 환승역에서 사람이 왕래하여 주위가 혼란한 틈을 이용
> 하여 면도칼로 여자들의 옷을 찢어 속살을 보이게 하는 방법으로 자신의 성욕을 만족하게 하
> 려고 마음먹었다.
> 피의자는 20○○. ○. ○ 08:00경 ○○지하철 제○호선 ○○역 출발 ○○행 전동차 안에서
> 피해자 乙(여, 20세)이 ○○역에서 내리기 위하여 출입문 근처에 서 있는 것을 보고 뒤에서 접
> 근하여 미리 준비해 간 면도칼(칼날 길이 ○○㎝, 너비 ○○㎝)을 위 乙의 엉덩이 부분에 대고
> 그어 위 乙의 바지 부분을 ○○㎝가량 찢어 속살을 보이게 하여 강제로 추행하였다.

[기재례3] 2인 이상 합동강간

1) 적용법조 : 제4조 제1항 ☞ 공소시효 15년

2) 범죄사실 기재례

> 피의자 甲, 피의자 乙은 ○○교도소에서 수감 중 알게 된 교도소 동기생들로서 부녀자를
> 강간할 것을 공모합동하여 20○○. ○. ○. ○○:○○경 ○○에서 피해자 홍길녀(21세)가 혼
> 자 걸어오는 것을 보고 인근 야산으로 끌고 가 목에 칼을 들이대고 위협하여 甲은 망을 보
> 고 乙은 피해자의 반항을 억압하여 항거불능 상태에서 1회 강간하였다.

■ 판례 ■ 甲·乙·丙·丁이 강간을 공모하고 실행에 착수하였으나, 丙이 강간에 실패한 경우

[1] 사실관계

甲·乙·丙·丁은 2003.9.17. 여고생인 A·B·C를 만나 함께 놀다가 01:00경 A·B·C를 야산의 저수지로 유인하여 강간하자는 丁의 제의에 따라 A·B·C를 트럭에 태워 진해시 풍호동 풍호저수지로 데리고 가면서, 불안해하는 A·B·C에게 그곳에 丙의 할머니 댁이 있다고 거짓말하여 안심시켰다. 저수지에 도착한 후 乙은 주변에 사람들이 오는지 망을 보고 甲은 C를 주차해 놓은 트럭에 데리고 가 반항을 억압한 후 간음하였고, 乙은 B를 주변 벤치로 데리고 가 반항을 억압한 후 간음하여 2주간의 치료를 요하는 상처를 입게 하였다. 한편 丙은 A를 트럭에 데리고 가 강간하기 위하여 허벅지를 수회 때렸으나 A가 심하게 반항하는 바람에 그 뜻을 이루지 못하였다.

[2] 판결요지

가. 성폭력범죄의처벌및피해자보호등에관한법률 제6조 제1항의 합동범이 성립하기 위한 요건

2인 이상이 합동하여 형법 제297조의 죄를 범함으로써 특수강간죄가 성립하기 위하여는 주관적 요건으로서의 공모와 객관적 요건으로서의 실행행위의 분담이 있어야 하고, 그 실행행위는 시간적으로나 장소적으로 협동관계에 있다고 볼 정도에 이르면 된다.

나. 甲·乙·丙·丁의 죄책

피고인 등이 비록 특정한 1명씩의 피해자만 강간하거나 강간하려고 하였다 하더라도, 사전의 모의에 따라 강간할 목적으로 심야에 인가에서 멀리 떨어져 있어 쉽게 도망할 수 없는 야산으로 피해자들을 유인한 다음 곧바로 암묵적인 합의에 따라 각자 마음에 드는 피해자들을 데리고 불과 100m 이내의 거리에 있는 곳으로 흩어져 동시 또는 순차적으로 피해자들을 각각 강간하였다면, 그 각 강간의 실행행위도 시간적으로나 장소적으로 협동관계에 있었다고 보아야 할 것이므로, 피해자 3명 모두에 대한 특수강간죄 등이 성립된다(대법원 2004.8.20. 선고 2004도2870 판결).

■ 판례 ■ 엘리베이터 안에서 자신의 자위행위 모습을 보여준 행위

추행은 객관적으로 일반인에게 성적 수치심이나 혐오감을 일으키게 하고 선량한 성적 도덕관념에 반하는 행위로서 피해자의 성적 자유를 침해하는 것을 말하는바, 이에 해당하는지 여부는 피해자의 의사, 성별, 연령, 행위자와 피해자의 관계, 그 행위에 이르게 된 경위, 구체적 행위태양, 주위의 객관적 상황과 그 시대의 성적 도덕관념 등을 종합적으로 고려하여 신중히 결정하여야 한다.

피고인이 엘리베이터라는 폐쇄된 공간에서 피해자들을 칼로 위협하는 등으로 꼼짝하지 못하도록 자신의 실력적인 지배하에 둔 다음 피해자들에게 성적 수치심과 혐오감을 일으키는 자신의 자위행위 모습을 보여 주고 피해자들로 하여금 이를 외면하거나 피할 수 없게 한 행위는 강제추행죄의 추행에 해당한다고 본 원심판결을 수긍한 사례(대법원 2010. 2. 25. 선고 2009도13716판결).

3. 친족관계에 의한 강간죄

1) 적용법조 : 제5조 제1항 ☞ 공소시효 10년

제5조(친족관계에 의한 강간 등) ① 친족관계인 사람이 폭행 또는 협박으로 사람을 강간한 경우에는 7년 이상의 유기징역에 처한다.
② 친족관계인 사람이 폭행 또는 협박으로 사람을 강제추행한 경우에는 5년 이상의 유기징역에 처한다.
③ 친족관계인 사람이 사람에 대하여 「형법」 제299조(준강간, 준강제추행)의 죄를 범한 경우에는 제1항 또는 제2항의 예에 따라 처벌한다.
④ 제1항부터 제3항까지의 친족의 범위는 4촌 이내의 혈족·인척과 동거하는 친족으로 한다.
⑤ 제1항부터 제3항까지의 친족은 사실상의 관계에 의한 친족을 포함한다.
제15조(미수범) 제3조부터 제9조까지, 제14조, 제14조의2 및 제14조의3의 미수범은 처벌한다.
제15조의2(예비, 음모) 제3조부터 제7조까지의 죄를 범할 목적으로 예비 또는 음모한 사람은 3년 이하의 징역에 처한다.

2) 범죄사실 기재례

[기재례1] 사촌 여동생 강간

피의자는 20○○. 1. 2. 21:00경 ○○에서 사촌여동생인 피해자 甲(23세)이 혼자 걸어가고 있는 것을 보고 갑자기 욕정을 일으켜 그녀를 강간하기로 마음먹고 ○○앞 도로상에서 그녀를 뒤에서 덮쳐 인근 빈 창고로 끌고 들어가 그 바닥에 넘어뜨리고 일어나려고 하는 그녀의 머리를 왼쪽 손으로 누르며 "떠들면 죽인다."고 말하여 그녀의 반항을 억압한 뒤 강제로 간음하여 강간하였다.

[기재례2] 사실혼 관계에 있는 부인의 딸 강제추행 및 강간

피의자는 20○○. 11.경부터 홍길녀와 사이에 사실상의 혼인관계를 맺고 그녀와 그녀의 딸인 피해자 乙(여, 10세)과 동거 중이었다.
가. 피의자는 20○○. 9. 초순 20:00경 ○○에 있는 피의자의 집에서, 피해자를 보고 갑자기 욕정을 일으켜, 피해자를 친부로 알고 있고 나이가 어려 제대로 반항할 힘이 없는 피해자에게 "엄마한테 이야기를 안하면 된다"고 말하여 피해자의 반항을 억압한 후 강제로 피해자의 가슴과 엉덩이를 만져 피해자를 추행하였다.
나. 피의자는 20○○. ○. ○. 23:30경 전항과 같은 장소에서, 피해자가 잠을 자는 것을 보고 욕정을 일으켜, 깊은 잠에 빠진 데다가 친부로 알고 있는 피의자의 뜻밖의 행동에 반항할 엄두조차 내지 못하는 피해자의 항거불능 상태를 이용하여 피해자의 웃옷을 올리고 바지와 팬티를 벗긴 후 피의자의 성기를 피해자의 음부에 삽입하여 피해자를 1회 간음하여 강간하였다.

3) 신문사항

　가. 피해자와의 관계

　　- 어떤 관계의 친족인가(4촌 이내의 혈족과 2촌 이내의 인척을 친족으로 하며 사실상의 친족도 포함한다)

　나. 범행의 동기

　다. 범행동기 · 장소 · 범행장소

　라. 범행의 상황

　　- 약점 이용

　　- 외포 · 공포의 정도

　　- 음경삽입 · 사정의 여부

　　- 강간(추행)당시의 피해자의 태도와 그 상황

　마. 가해 · 피해자의 정신상태

　　- 심신상실 · 심신미약, 농아자, 주취여부

　바. 피해자의 고소여부(고소여부에 관련없이 고소할 수 있음)

■ 판례 ■　　피해자를 입양할 의사로 데려와 처의 동의 없이 생모의 동의를 얻어 처와 사이에 친생자출생신고를 한 경우 해당에 해당하는지 여부(적극)

피고인이 조선족인 피해자와 사이에 피고인이 피해자의 교육을 지원하고, 피해자는 결혼한 후에도 피고인의 사망시까지 피고인과 함께 살며 피고인은 사망시 재산의 30%와 함께 살던 집을 피해자에게 주기로 약정하고 이에 따라 피해자를 중국에서 우리나라로 데려온 후 피고인의 집에서 함께 생활하면서 피해자에게 생활비와 교육비를 지원하였고, 그 후 피해자를 자신과 처 사이의 친생자로 출생신고까지 하였으며, 피해자의 모는 법정대리인으로서 위 약정 및 출생신고에 동의한 사안에서, 피고인과 피해자는 입양의 합의를 포함하여 입양의 실질적 요건을 모두 갖추고 있었던 것으로 보이고, 다만 피고인이 처와 상의 없이 혼자만의 의사로 친생자출생신고를 한 것은 사실이나 처의 취소 청구에 의하여 취소가 이루어지지 않은 이상 피고인과 피해자 사이의 입양은 유효하다고 보아야 할 것이라는 이유로, 피고인이 친생자출생신고 전에는 피해자의 사실상의 양부로서 법 제7조 제5항 소정의 '사실상의 관계에 의한 친족'에, 친생자출생신고 후에는 피해자의 양부로서 법 제7조 제1항 소정의 "친족"에 해당한다(대법원 2006.1.12. 선고 2005도8427 판결).

■ 판례 ■　　중혼적 사실혼으로 인하여 형성된 인척이 성폭력범죄의처벌및피해자보호등에관한법률 제7조 제5항 소정의 '사실상의 관계에 의한 친족'에 해당하는지 여부(적극)

법률이 정한 혼인의 실질관계는 모두 갖추었으나 법률이 정한 방식, 즉 혼인신고가 없기 때문에 법률상 혼인으로 인정되지 않는 이른바 사실혼으로 인하여 형성되는 인척도 성폭력범죄의처벌및피해자보호등에관한법률 제7조 제5항이 규정한 사실상의 관계에 의한 친족에 해당하고, 비록 우리 법제가 일부일처주의를 채택하여 중혼을 금지하는 규정을 두고 있다 하더라도 이를 위반한 때를 혼인 무효의 사유로 규정하고 있지 아니하고 단지 혼인 취소의 사유로만 규정함으로써 중혼에 해당하는 혼인이라도 취소되기 전까지는 유효하게 존속하는 것이므로 중혼적 사실혼이라 하여 달리 볼 것은 아니다(대법원 2002.2.22. 선고 2001도5075 판결).

■ 판례 ■ 이른바 사실혼으로 인하여 형성되는 인척이 성폭력범죄의처벌및피해자보호등에관한법률 제7조 제5항 소정의 '사실상의 관계에 의한 친족'에 해당하는지 여부(적극)

법률이 정한 혼인의 실질관계는 모두 갖추었으나 법률이 정한 방식, 즉 혼인신고가 없기 때문에 법률상 혼인으로 인정되지 않는 이른바 사실혼으로 인하여 형성되는 인척도 사실상의 관계에 의한 친족에 해당 한다(대법원 2000.2.8. 선고 99도5395 판결).

■ 판례 ■ 양부가 취중에 10세의 입양한 딸과 잠을 자다가 다리로 딸의 몸을 누르면서 엉덩이와 가슴을 만진 경우

피고인은 입양한 딸인 피해자(10세)와 나란히 누워서 잠을 자던 중 피고인의 오른쪽 다리로 피해자를 누르고 오른손으로 피해자의 엉덩이를 만지고, 왼손을 피해자의 상의 안으로 집어넣어 가슴을 만졌다는 것인바, 위 인정 사실과 더불어 기록상 인정되는 피고인과 피해자의 관계, 피해자의 연령, 위 행위에 이르게 된 경위와 당시의 상황 등을 고려하여 보면, 피고인의 위 행위가 단순한 애정 표현의 한계를 넘어서 피해자의 의사에 반하여 행하여진 유형력의 행사로 피해자의 성적 자유를 침해할 뿐만 아니라 일반인의 입장에서도 추행행위라고 평가될 수 있는 것이고, 나아가 추행행위의 행태와 당시의 정황 등에 비추어 볼 때 피고인의 범의도 넉넉히 인정 할 수 있다(대법원 2008.4.10. 선고 2007도9487 판결).

■ 판례 ■ 피고인의 친딸로 가족관계에 있던 피해자가 '마땅히 그러한 반응을 보여야만 하는 피해자'로 보이지 않는다는 이유만으로 피해자 진술의 신빙성을 함부로 배척할 수 있는지 여부(소극) / 친족관계에 의한 성범죄를 당하였다는 피해자 진술의 신빙성을 판단할 때 특히 고려할 사항

성폭행 피해자의 대처 양상은 피해자의 성정이나 가해자와의 관계 및 구체적인 상황에 따라 다르게 나타날 수밖에 없다. 따라서 개별적, 구체적인 사건에서 성폭행 등의 피해자가 처하여 있는 특별한 사정을 충분히 고려하지 않은 채 피해자 진술의 증명력을 가볍게 배척하는 것은 정의와 형평의 이념에 입각하여 논리와 경험의 법칙에 따른 증거판단이라고 볼 수 없다. 피고인의 친딸로 가족관계에 있던 피해자가 '마땅히 그러한 반응을 보여야만 하는 피해자'로 보이지 않는다는 이유만으로 피해자 진술의 신빙성을 함부로 배척할 수 없다. 그리고 친족관계에 의한 성범죄를 당하였다는 피해자의 진술은 피고인에 대한 이중적인 감정, 가족들의 계속되는 회유와 압박 등으로 인하여 번복되거나 불분명해질 수 있는 특수성이 있다는 점을 고려해야 한다.(대법원 2020. 8. 20., 선고, 2020도6965, 2020전도74, 판결)

■ 판례 ■ 미성년자인 피해자가 자신을 보호·감독하는 지위에 있는 친족으로부터 성범죄를 당하였다고 진술하는 경우에 그 진술의 신빙성을 함부로 배척해서는 아니 되는 경우 / 친족관계에 의한 성범죄를 당하였다는 미성년자인 피해자가 법정에서 수사기관에서의 진술을 번복하는 경우, 어느 진술에 신빙성이 있는지 판단하는 기준

미성년자인 피해자가 자신을 보호·감독하는 지위에 있는 친족으로부터 강간이나 강제추행 등 성범죄를 당하였다고 진술하는 경우에 그 진술의 신빙성을 판단함에 있어서, 피해자가 자신의 진술 이외에는 달리 물적 증거 또는 직접 목격자가 없음을 알면서도 보호자의 형사처벌을 무릅쓰고 스스로 수치스러운 피해 사실을 밝히고 있고, 허위로 그와 같은 진술을 할 만한 동기나 이유가 분명하게 드러나지 않을 뿐만 아니라, 진술 내용이 사실적·구체적이고, 주요 부분이 일관되며, 경험칙에 비추어 비합리적이거나 진술 자체로 모순되는 부분이 없다면, 그 진술의 신빙성을 함부로 배

척해서는 안 된다.

특히 친족관계에 의한 성범죄를 당하였다는 미성년자 피해자의 진술은 피고인에 대한 이중적인 감정, 가족들의 계속되는 회유와 압박 등으로 인하여 번복되거나 불분명해질 수 있는 특수성을 갖고 있으므로, 피해자가 법정에서 수사기관에서의 진술을 번복하는 경우, 수사기관에서 한 진술 내용 자체의 신빙성 인정 여부와 함께 법정에서 진술을 번복하게 된 동기나 이유, 경위 등을 충분히 심리하여 어느 진술에 신빙성이 있는지를 신중하게 판단하여야 한다.(대법원 2020. 5. 14. 선고, 2020도2433, 판결)

■ **판례** ■　**의붓아버지와 의붓딸의 관계가 성폭력범죄의 처벌 등에 관한 특례법 제5조 제4항에서 규정한 '4촌 이내의 인척'으로서 친족관계에 해당하는지 여부(적극)**

성폭력범죄의 처벌 등에 관한 특례법(이하 '성폭력처벌법'이라 한다) 제5조 제3항은 "친족관계인 사람이 사람에 대하여 형법 제299조(준강간, 준강제추행)의 죄를 범한 경우에는 제1항 또는 제2항의 예에 따라 처벌한다."라고 규정하고 있고, 같은 조 제1항은 "친족관계인 사람이 폭행 또는 협박으로 사람을 강간한 경우에는 7년 이상의 유기징역에 처한다."라고 규정하고 있으며, 같은 조 제4항은 "제1항부터 제3항까지의 친족의 범위는 4촌 이내의 혈족·인척과 동거하는 친족으로 한다."라고 규정하고 있다. 한편 민법 제767조는 "배우자, 혈족 및 인척을 친족으로 한다."라고 규정하고 있고, 같은 법 제769조는 "혈족의 배우자, 배우자의 혈족, 배우자의 혈족의 배우자를 인척으로 한다."라고 규정하고 있으며, 같은 법 제771조는 "인척은 배우자의 혈족에 대하여는 배우자의 그 혈족에 대한 촌수에 따르고, 혈족의 배우자에 대하여는 그 혈족에 대한 촌수에 따른다."라고 규정하고 있다. 따라서 의붓아버지와 의붓딸의 관계는 성폭력처벌법 제5조 제4항이 규정한 4촌 이내의 인척으로서 친족관계에 해당한다.(대법원 2020. 11. 5., 선고, 2020도10806, 판결)

4. 장애인에 대한 강간 · 강제추행 등

1) 적용법조 : 제6조 제1항 ☞ 공소시효 없음

제6조(장애인에 대한 강간 · 강제추행 등) ① 신체적인 또는 정신적인 장애가 있는 사람에 대하여 「형법」 제297조(강간)의 죄를 범한 사람은 무기징역 또는 7년 이상의 징역에 처한다.
② 신체적인 또는 정신적인 장애가 있는 사람에 대하여 폭행이나 협박으로 다음 각 호의 어느 하나에 해당하는 행위를 한 사람은 5년 이상의 유기징역에 처한다.
  1. 구강 · 항문 등 신체(성기는 제외한다)의 내부에 성기를 넣는 행위
  2. 성기 · 항문에 손가락 등 신체(성기는 제외한다)의 일부나 도구를 넣는 행위
③ 신체적인 또는 정신적인 장애가 있는 사람에 대하여 「형법」 제298조(강제추행)의 죄를 범한 사람은 3년 이상의 유기징역 또는 3천만원 이상 5천만원 이하의 벌금에 처한다.
④ 신체적인 또는 정신적인 장애로 항거불능 또는 항거곤란 상태에 있음을 이용하여 사람을 간음하거나 추행한 사람은 제1항부터 제3항까지의 예에 따라 처벌한다.
⑤ 위계(僞計) 또는 위력(威力)으로써 신체적인 또는 정신적인 장애가 있는 사람을 간음한 사람은 5년 이상의 유기징역에 처한다.
⑥ 위계 또는 위력으로써 신체적인 또는 정신적인 장애가 있는 사람을 추행한 사람은 1년 이상의 유기징역 또는 1천만원 이상 3천만원 이하의 벌금에 처한다.
⑦ 장애인의 보호, 교육 등을 목적으로 하는 시설의 장 또는 종사자가 보호, 감독의 대상인 장애인에 대하여 제1항부터 제6항까지의 죄를 범한 경우에는 그 죄에 정한 형의 2분의 1까지 가중한다.
제15조(미수범) 제3조부터 제9조까지, 제14조, 제14조의2 및 제14조의3의 미수범은 처벌한다.
제15조의2(예비, 음모) 제3조부터 제7조까지의 죄를 범할 목적으로 예비 또는 음모한 사람은 3년 이하의 징역에 처한다.

2) 범죄사실 기재례

> 피의자는 20○○. ○. ○. ○○:○○경 ○○에 있는 피해자 홍길녀(여, 37세)의 집 안방에서, 조현병을 앓고 있는 피해자에게 험악한 인상을 지으며 주먹으로 때릴 듯한 태도를 보여 그녀의 반항을 억압한 후, 피해자의 팬티를 벗기고 그녀의 가슴과 음부를 수회 만지며 상체를 껴안아 넘어뜨린 뒤 피해자를 간음하려고 하였으나, 그녀가 크게 소리를 질러 피해자의 딸인 김미남이 오는 바람에 그 뜻을 이루지 못하여 미수에 그쳤다.

■ 판례 ■ 피고인이 별다른 강제력을 행사하지 않고서 지적 능력이 4~8세에 불과한 정신지체 장애여성을 간음하였고 장애여성도 이에 대하여 별다른 저항행위를 하지 아니한 경우

[1] 사실관계

> 甲은 자신의 집에 전세로 입주하여 살고 있는 乙녀와 동거하면서 평소 乙녀에게 심한 폭력을 행사하였고 乙녀의 작은오빠에게도 부(父)처럼 행동하면서 폭력을 행사하던 중, 甲은 乙녀가 없는 틈을 이용하여 장애여성으로서 지적 능력이 4-8세에 불과한 乙녀의 딸 丙녀를 별다른 강제력을 행사하지 않고서 강제로 바닥에 눕히고 바지와 팬티를 벗긴 다음 8회에 걸쳐 간음하였다.

[2] 판결요지
가. 제8조에 정한 '신체장애 또는 정신상의 장애로 항거불능인 상태에 있음'의 의미 및 정신상의 장애가 주된 원인이 되어 항거불능인 상태에 있었는지 여부의 판단 기준

성폭력범죄의 처벌 및 피해자보호 등에 관한 법률 제8조의 "신체장애 또는 정신상의 장애로 항거불능인 상태에 있음"이라 함은, 신체장애 또는 정신상의 장애 그 자체로 항거불능의 상태에 있는 경우뿐 아니라 신체장애 또는 정신상의 장애가 주된 원인이 되어 심리적 또는 물리적으로 반항이 불가능하거나 현저히 곤란한 상태에 이른 경우를 포함하는 것으로 보아야 하고, 그 중 정신상의 장애가 주된 원인이 되어 항거불능인 상태에 있었는지 여부를 판단함에 있어서는 피해자의 정신상 장애의 정도뿐 아니라 피해자와 가해자의 신분을 비롯한 관계, 주변의 상황 내지 환경, 가해자의 행위 내용과 방법, 피해자의 인식과 반응의 내용 등을 종합적으로 검토해야 한다.
나. 甲의 죄책
피해자가 정신장애를 주된 원인으로 항거불능상태에 있었음을 이용하여 간음행위를 한 것으로서 성폭력범죄의 처벌 및 피해자보호 등에 관한 법률 제8조의 '항거불능 상태'에 해당한다(대법원 2007.7.27. 선고 2005도2994 판결).

■ 판례 ■ 피해자가 정신지체장애 1급의 장애가 있기는 하나 그로 인하여 항거불능의 상태에 있었다고 단정하기는 어렵다고 한 사례

피해자는 저능아이기는 하나 7~8세 정도의 지능은 있었고, 평소 마을 어귀에 있는 요트 경기장 등을 돌아다니며 시간을 보내는 등 자신의 신체를 조절할 능력도 충분히 있었으나, 평소 겁이 많아 누가 큰 소리를 치면 겁을 먹고 시키는 대로 하였던 점, 피해자 스스로 피고인이 나오라고 하였을 때 안 나가면 경찰차가 와서 잡아가므로 안 나갈 수 없었고, 옷을 벗으라고 하였을 때 벗지 않으면 피고인이 손바닥으로 얼굴을 때리므로 무서워서 옷을 벗지 않을 수 없었으며, 아버지에게 이르면 때려준다고 하여 아무에게도 이야기할 수 없었다는 취지로 진술하고 있는 점 등으로 보아, 피해자는 지능이 정상인에 미달하기는 하나 사고능력이나 사리분별력이 전혀 없다고는 할 수 없고, 성적인 자기결정을 할 능력이 있기는 하였으나, 다만 그 능력이 미약한 상태에 있었던 데 불과하고, 피고인이 피해자의 그러한 상태를 이용하여 가벼운 폭행과 협박·위계로써 피해자의 반항을 손쉽게 억압하고 피해자를 간음하게 된 것으로 볼 여지가 충분하다. 결국, 피해자는 형법 제302조에서 말하는 심신미약의 상태에 있었다고 볼 수는 있겠으나, 법 제8조에서 말하는 항거불능의 상태에 있었다고 단정하기는 어렵다 할 것이다(대법원 2004.5.27. 선고 2004도1449 판결).

■ 판례 ■ '신체장애'에 정신장애가 포함되는지 여부(소극)

신체장애로 항거불능인 상태에 있음을 이용하여 여자를 간음하거나 사람에 대하여 추행한 자는 형법 제297조(강간) 또는 제298조(강제추행)에 정한 형으로 처벌한다고 규정하고 있는바, 관련 법률의 장애인에 관한 규정과 형법상의 유추해석 금지의 원칙에 비추어 볼 때, 이 규정에서 말하는 '신체장애'에 정신박약 등으로 인한 정신장애도 포함된다고 보아 그러한 정신장애로 인하여 항거불능 상태에 있는 여자를 간음한 경우에도 이 규정에 해당한다고 해석하기는 어렵다(대법원 1998.4.10. 선고 97도3392 판결).

■ 판례 ■ 성폭력범죄의 처벌 등에 관한 특례법 제6조에서 규정하는 '신체적인 장애가 있는 사람'의 의미 및 신체적인 장애를 판단하는 기준 / 위 규정에서 처벌하는 '신체적인 장애가 있는 사람에 대한 강간·강제추행 등의 죄'가 성립하려면 행위자가 범행 당시 피해자에게 이러한 신체적인 장애가 있음을 인식하여야 하는지 여부(적극)

성폭력범죄의 처벌 등에 관한 특례법(이하 '성폭력처벌법'이라고 한다) 제6조는 신체적인 장애가 있는 사람에 대하여 강간의 죄 또는 강제추행의 죄를 범하거나 위계 또는 위력으로써 그러한

사람을 간음한 사람을 처벌하고 있다.

2010. 4. 15. 제정된 당초의 성폭력처벌법 제6조는 '신체적인 장애 등으로 항거불능인 상태에 있는 여자 내지 사람'을 객체로 하는 간음, 추행만을 처벌하였으나, 2011. 11. 17.자 개정 이후 '신체적인 장애가 있는 여자 내지 사람'을 객체로 하는 강간, 강제추행 등도 처벌대상으로 삼고 있다. 이러한 개정 취지는 성폭력에 대한 인지능력, 항거능력, 대처능력 등이 비장애인보다 낮은 장애인을 보호하기 위하여 장애인에 대한 성폭력범죄를 가중처벌하는 데 있다.

장애인복지법 제2조는 장애인을 '신체적·정신적 장애로 오랫동안 일상생활이나 사회생활에서 상당한 제약을 받는 자'라고 규정하고 있고, 성폭력처벌법과 유사하게 장애인에 대한 성폭력범행의 특칙을 두고 있는 아동·청소년의 성보호에 관한 법률 제8조는 장애인복지법상 장애인 개념을 그대로 가져와 장애 아동·청소년의 의미를 밝히고 있다. 장애인차별금지 및 권리구제 등에 관한 법률 제2조는 장애를 '신체적·정신적 손상 또는 기능상실이 장기간에 걸쳐 개인의 일상 또는 사회생활에 상당한 제약을 초래하는 상태'라고 규정하면서, 그러한 장애가 있는 사람을 장애인이라고 규정하고 있다. 이와 같은 관련 규정의 내용을 종합하면, 성폭력처벌법 제6조에서 규정하는 '신체적인 장애가 있는 사람'이란 '신체적 기능이나 구조 등의 문제로 일상생활이나 사회생활에서 상당한 제약을 받는 사람'을 의미한다고 해석할 수 있다.

한편 장애와 관련된 피해자의 상태는 개인별로 그 모습과 정도에 차이가 있는데 그러한 모습과 정도가 성폭력처벌법 제6조에서 정한 신체적인 장애를 판단하는 본질적인 요소가 되므로, 신체적인 장애를 판단함에 있어서는 해당 피해자의 상태가 충분히 고려되어야 하고 비장애인의 시각과 기준에서 피해자의 상태를 판단하여 장애가 없다고 쉽게 단정해서는 안 된다. 아울러 본 죄가 성립하려면 행위자도 범행 당시 피해자에게 이러한 신체적인 장애가 있음을 인식하여야 한다.(대법원 2021. 2. 25., 선고, 2016도4404, 2016전도49, 판결)

■ 판례 ■　　성폭력처벌법 제6조의 '정신적인 장애가 있는 사람'의 의미

제6조에서 정하는 '정신적인 장애가 있는 사람'이란 '정신적인 기능이나 손상 등의 문제로 일상생활이나 사회생활에서 상당한 제약을 받는 사람'을 가리킨다(대법원 2021. 2. 25. 선고 2016도4404판결 참조). 장애인복지법에 따른 장애인 등록을 하지 않았다거나 그 등록기준을 충족하지 못하더라도 여기에 해당할 수 있다.

☞ 피해자가 장애인등록을 하지 않았더라도, 여러 사정을 종합할 때 정신적 기능 등의 문제로 일상생활이나 사회생활에서 상당한 제약을 받는 자에 해당하므로, 성폭력처벌법 제6조에서 규정한 '정신적인 장애가 있는 사람'에 해당한다고 한 원심판결에 법리오해의 잘못이 없다. (대법원 2021.10.28.선고 2021도9051 판결)

5. 13세 미만자에 대한 강제추행

1) 적용법조 : 제7조 제3항 ☞ 공소시효 없음

제7조(13세 미만의 미성년자에 대한 강간, 강제추행 등) ① 13세 미만의 사람에 대하여 「형법」 제297조(강간)의 죄를 범한 사람은 무기징역 또는 10년 이상의 징역에 처한다.
② 13세 미만의 사람에 대하여 폭행이나 협박으로 다음 각 호의 어느 하나에 해당하는 행위를 한 사람은 7년 이상의 유기징역에 처한다.
　1. 구강·항문 등 신체(성기는 제외한다)의 내부에 성기를 넣는 행위
　2. 성기·항문에 손가락 등 신체(성기는 제외한다)의 일부나 도구를 넣는 행위
③ 13세 미만의 사람에 대하여 「형법」 제298조(강제추행)의 죄를 범한 사람은 5년 이상의 유기징역 에 처한다.
④ 13세 미만의 사람에 대하여 「형법」 제299조(준강간, 준강제추행)의 죄를 범한 사람은 제1항부터 제3항까지의 예에 따라 처벌한다.
⑤ 위계 또는 위력으로써 13세 미만의 사람을 간음하거나 추행한 사람은 제1항부터 제3항까지의 예에 따라 처벌한다.
제15조(미수범) 제3조부터 제9조까지, 제14조, 제14조의2 및 제14조의3의 미수범은 처벌한다.

2) 범죄사실 기재례

[기재례1] 공원에서 추행

　　피의자는 20○○. 1. 중순 15:00경 ○○에 있는 ○○체육관에서 태권도 수련을 마친 다음 같은 체육관에 다니며 평소 피의자를 따르던 피해자 김○○(남, 10세)를 데리고 부근 피시방에서 게임을 한 후 귀가하려다가 순간적으로 욕정을 일으켜 피해자를 추행하기로 마음먹었다. 피의자는 피해자에게 ○○체육공원에 놀러 가자고 유인하여 위 체육공원 화장실 옆 벤치로 데려간 다음, 같은 날 17:00경 그곳에서 피해자에게 "바지를 벗지 않으면 때리겠다." 라고 협박하여 항거불능 하게 한 후 피해자의 바지를 벗기고 손으로 성기를 만지는 등 피해자를 강제로 추행하였다.

[기재례2] 교장이 학생 추행

　　피의자는 20○○. 3. 1.부터 20○○. 2. 16. ○○광역시교육감으로부터 해임처분을 받을 때까지 ○○에 있는 ○○초등학교의 교장으로 재직하였다.
　　피의자는 20○○. ○. ○. 14:00경에서 15:00경 사이에 위 초등학교 교장실에서 혼자서 청소를 하고 있던 위 초등학교 재학생인 피해자 김미숙(여, 12세)을 보고 피해자 등의 뒤에서 겨드랑이 사이로 손을 넣어 동인을 껴안은 다음 손바닥으로 가슴 부위를 만져, 13세 미만의 사람인 위 피해자를 강제로 추행하였다.

[기재례3] 찜질방 수면실에서 준강제추행(제7조 제4항, 제3항, 형법 제299조)

　　피의자는 20○○. ○. ○. ○○:○○경 ○○에 있는 ○○찜질방 수면실에서 그곳 바닥에서 잠을 자고 있던 피해자 甲(여, 12세)을 발견하고 순간적으로 욕정을 느껴 강제 추행할 것을 마음먹은 다음 피해자의 옆에 피해자와 반대 방향으로 누워 다리로 피해자의 엉덩이를 수회 비비는 방법으로 피해자의 무의식적인 항거불능 상태를 이용하여 피해자를 강제로 추행하였다.

■ 판례 ■ **13세 미만 미성년자에 대한 추행죄의 주관적 구성요건**

[1] 성폭력범죄의 처벌 및 피해자보호 등에 관한 법률 제8조의2 제5항에 정한 13세 미만 미성년자에 대한 추행죄의 주관적 구성요건으로 '성욕을 자극·흥분·만족시키려는 주관적 동기나 목적'이 필요한지 여부(소극) 및 '추행' 해당 여부의 판단 방법

성폭력범죄의 처벌 및 피해자보호 등에 관한 법률 제8조의2 제5항에서 규정한 13세 미만의 미성년자에 대한 추행죄는 '13세 미만의 아동이 외부로부터의 부적절한 성적 자극이나 물리력의 행사가 없는 상태에서 심리적 장애 없이 성적 정체성 및 가치관을 형성할 권익'을 보호법익으로 하는 것으로서, 그 성립에 필요한 주관적 구성요건으로 성욕을 자극·흥분·만족시키려는 주관적 동기나 목적이 있어야 하는 것은 아니다. 위 죄에 있어서 '추행'이라 함은 객관적으로 상대방과 같은 처지에 있는 일반적·평균적인 사람으로 하여금 성적 수치심이나 혐오감을 일으키게 하고 선량한 성적 도덕관념에 반하는 행위로서 피해자의 성적 자유를 침해하는 것이라고 할 것인데, 이에 해당하는지 여부는 피해자의 의사, 성별, 연령, 행위자와 피해자의 이전부터의 관계, 그 행위에 이르게 된 경위, 구체적 행위태양, 주위의 객관적 상황과 그 시대의 성적 도덕관념 등을 종합적으로 고려하여 신중히 결정하여야 한다.

[2] 초등학교 교사가 건강검진을 받으러 온 학생의 옷 속으로 손을 넣어 배와 가슴 등의 신체 부위를 만진 행위는 성폭력범죄의 처벌 및 피해자보호 등에 관한 법률 제8조의2 제5항에서 말하는 '추행'에 해당한다

초등학교 기간제 교사가 다른 학생들이 지켜보는 가운데 건강검진을 받으러 온 학생의 옷 속으로 손을 넣어 배와 가슴 등의 신체 부위를 만진 행위는, 설사 성욕을 자극·흥분·만족시키려는 주관적 동기나 목적이 없었더라도 객관적으로 일반인에게 성적 수치심이나 혐오감을 불러일으키고 선량한 성적 도덕관념에 반하는 행위라고 평가할 수 있고 그로 인하여 피해 학생의 심리적 성장 및 성적 정체성의 형성에 부정적 영향을 미쳤다고 판단되므로, 성폭력범죄의 처벌 및 피해자보호 등에 관한 법률 제8조의2 제5항에서 말하는 '추행'에 해당한다(대법원 2009.9.24. 선고 2009도2576 판결).

■ 판례 ■ **피고인이 아파트 엘리베이터 내에 13세 미만인 甲(여, 11세)과 단둘이 탄 다음 甲을 향하여 성기를 꺼내어 잡고 여러 방향으로 움직이다가 이를 보고 놀란 甲 쪽으로 가까이 다가감으로써 위력으로 甲을 추행하였다고 하여 기소된 사안**

피고인은 나이 어린 甲을 범행 대상으로 삼아, 의도적으로 협소하고 폐쇄적인 엘리베이터 내 공간을 이용하여 甲이 도움을 청할 수 없고 즉시 도피할 수도 없는 상황을 만들어 범행을 한 점 등 제반 사정에 비추어 볼 때, 비록 피고인이 甲의 신체에 직접적인 접촉을 하지 아니하였고 엘리베이터가 멈춘 후 甲이 위 상황에서 바로 벗어날 수 있었다고 하더라도, 피고인의 행위는 甲의 성적 자유의사를 제압하기에 충분한 세력에 의하여 추행행위에 나아간 것으로서 위력에 의한 추행에 해당한다고 보아야 한다(대법원 2013.1.16. 선고 2011도7164 판결).

6. 강간 등 치상

1) 적용법조 : 제8조 제1항 ☞ 공소시효 없음

제8조(강간 등 상해·치상) ① 제3조제1항, 제4조, 제6조, 제7조 또는 제15조(제3조제1항, 제4조, 제6조 또는 제7조의 미수범으로 한정한다)의 죄를 범한 사람이 다른 사람을 상해하거나 상해에 이르게 한 때에는 무기징역 또는 10년 이상의 징역에 처한다.
② 제5조 또는 제15조(제5조의 미수범으로 한정한다)의 죄를 범한 사람이 다른 사람을 상해하거나 상해에 이르게 한 때에는 무기징역 또는 7년 이상의 징역에 처한다.
제15조(미수범) 제3조부터 제9조까지, 제14조, 제14조의2 및 제14조의3의 미수범은 처벌한다.

2) 범죄사실 기재례

[기재례1] 합동으로 강간치상

　　피의자들은 20○○. ○. ○. ○○:○○경 ○○에 있는 피의자 乙의 집에서 공모·합동하여 피의자는 손바닥으로 피해자의 얼굴을 3회 때리고 머리채를 잡아 피해자를 피의자 乙이 있는 방으로 밀어 넣은 뒤, 피의자는 그 옆방에서 피해자가 도망하지 못하게 망을 보고, 피의자 乙은 피해자를 방안으로 끌고 들어가 강제로 옷을 벗겨 반항하지 못하게 하였다.
　　피의자 乙은 피해자를 1회 간음하여 강간하고, 그다음 날 ○○:○○경 위와 같이 항거불능의 상태에 있는 피해자를 다시 1회 간음하여 강간하고, 그로 인하여 피해자로 하여금 약 1주간의 치료를 요하는 처녀막파열상을 입게 하였다.

[기재례2] 공원 여자 화장실에서 강간미수

　　피의자는 20○○. ○. ○. 01:55경 ○○에 있는 ○○공원에서 그곳 여자 화장실에 들어간 피해자 김 마담(여, 44세)을 발견하고 순간적으로 욕정을 일으켜 그녀를 강간하기로 마음먹었다.
　　피의자는 피해자가 있던 여자 화장실 내 용변 칸으로 침입하여 미리 준비한 흉기인 과도(크기)를 피해자 목에 대고 "조용히 해, 가만히 있어." 라고 말하며 한손으로 피해자의 입을 막고, 다른 손으로는 그녀의 몸통 부분을 붙잡아 그녀의 반항을 억압한 후 그녀를 간음하려 하였으나, 그곳 남자 화장실에 있던 피해자의 남편 홍길동이 달려오자 뜻을 이루지 못하고 미수에 그친 채, 피해자에게 약 2주간의 치료를 요하는 좌주관절부좌상 등을 입게 하였다.

[기재례3] 강제추행치상

　　피의자는 20○○. ○. ○.18:00경 ○○에 있는 ○○산책로에서 혼자 산책하고 있는 피해자 홍길녀(여, 21세)에게 욕정을 품고 미리 준비한 흉기인 과도(크기)로 그녀의 얼굴을 3회 때리면서 "떠들면 죽여 버리겠다." 라고 말하여 반항하지 못하게 한 후 그녀의 입술에 입을 맞추고, 음부에 손가락을 집어넣는 등 그녀를 강제로 추행하고, 이로 인하여 그녀에게 약 1주간의 치료를 요하는 회음부열창 등을 입게 하였다.

■ 판례 ■ **흥기를 휴대하고 주거에 침입하여 피해자를 강간하고 상해를 입힌 경우, 성폭력범죄및피해자보호등에관한법률 제9조 제1항 위반죄 이외에 주거침입죄가 성립하는지(소극)**

성폭력범죄의처벌및피해자보호등에관한법률 제5조 제1항은 형법 제319조 제1항의 죄를 범한 자가 강간의 죄를 범한 경우를 규정하고 있고, 성폭력범죄의처벌및피해자보호등에관한법률 제9조 제1항은 같은 법 제5조 제1항의 죄와 같은 법 제6조의 죄에 대한 결과적 가중범을 동일한 구성요건에 규정하고 있으므로, 피해자의 방안에 침입하여 식칼로 위협하여 반항을 억압한 다음 피해자를 강간하여 상해를 입히게 한 피고인의 행위는 그 전체가 포괄하여 같은 법 제9조 제1항의 죄를 구성할 뿐이지, 그 중 주거침입의 행위가 나머지 행위와 별도로 주거침입죄를 구성한다고는 볼 수 없다(대법원 1999.4.23. 선고 99도354 판결).

■ 판례 ■ **甲이 乙을 강간한 뒤, 乙이 불안, 불면, 악몽, 자책감, 우울감정, 대인관계 회피, 일상생활에 대한 무관심, 흥미상실 등의 증상을 보인 경우**

[1] 성폭력범죄의처벌및피해자보호등에관한법률 제9조 제1항 소정의 상해의 의미

성폭력범죄의처벌및피해자보호등에관한법률 제9조 제1항의 상해는 피해자의 신체의 완전성을 훼손하거나 생리적 기능에 장애를 초래하는 것으로, 반드시 외부적인 상처가 있어야만 하는 것이 아니고, 여기서의 생리적 기능에는 육체적 기능뿐만 아니라 정신적 기능도 포함된다.

[2] 乙의 증상이 상해에 해당하는지 여부(적극)

정신과적 증상인 외상 후 스트레스 장애가 성폭력범죄의처벌및피해자보호등에관한법률 제9조 제1항 소정의 상해에 해당한다(대법원 1999.1.26. 선고 98도3732 판결).

■ 판례 ■ **성폭력범죄의처벌및피해자보호등에관한법률 제9조 제1항의 죄의 주체에 같은 법 제6조의 미수범도 포함되는지 여부**

형벌법규는 그 규정내용이 명확하여야 할 뿐만 아니라 그 해석에 있어서도 엄격함을 요하고 유추해석은 허용되지 않는 것이므로 성폭력범죄의처벌및피해자보호등에관한법률 제9조 제1항의 죄의 주체는 "제6조의 죄를 범한 자"로 한정되고 같은 법 제6조 제1항의 미수범까지 여기에 포함되는 것으로 풀이할 수는 없다(대법원 1995.4.7. 선고 95도94 판결).

7. 강간 등 살인

1) 적용법조 : 제9조 제1항, 제15조, 제3조 제1항, 형법 제297조, 제159조   ☞ 공소시효 없음

> 제9조(강간 등 살인·치사) ① 제3조부터 제7조까지, 제15조(제3조부터 제7조까지의 미수범으로 한정한다)의 죄 또는 「형법」 제297조(강간), 제297조의2(유사강간) 및 제298조(강제추행)부터 제300조(미수범)까지의 죄를 범한 사람이 다른 사람을 살해한 때에는 사형 또는 무기징역에 처한다.
> ② 제4조, 제5조 또는 제15조(제4조 또는 제5조의 미수범으로 한정한다)의 죄를 범한 사람이 다른 사람을 사망에 이르게 한 때에는 무기징역 또는 10년 이상의 징역에 처한다.
> ③ 제6조, 제7조 또는 제15조(제6조 또는 제7조의 미수범으로 한정한다)의 죄를 범한 사람이 다른 사람을 사망에 이르게 한 때에는 사형, 무기징역 또는 10년 이상의 징역에 처한다.
> 제15조(미수범) 제3조부터 제9조까지, 제14조, 제14조의2 및 제14조의3의 미수범은 처벌한다.

2) 범죄사실 기재례

가. 성폭력범죄의 처벌 등에 관한 특례법 위반(강간살인)
  20○○. 2. 15. 22:00경 ○○에 있는 여대생인 피해자 ○○○(여, 20세)가 거주하는 ○호에 이르러, 시정되지 않은 문을 열고 방안으로 침입하여 위 피해자의 어깨를 붙잡아 바닥에 넘어뜨리면서 "옷을 벗지 않으면 죽여 버리겠다" 라는 등의 말을 하자 이에 겁을 먹은 동녀가 돈을 줄 테니 한 번만 살려달라는 말과 함께 현금 ○○만원과 현금카드 3장, 중국화폐를 건네주자 이를 받아 주머니에 집어넣은 후 재차 피해자의 몸 위에 올라타 "빨리 벗어라" 라고 협박하여 피해자가 반항하지 못하게 하였다.
  피의자는 피해자가 옷을 벗다가 강간을 모면하기 위하여 피의자의 왼쪽 새끼손가락을 물고 주먹으로 얼굴을 얻어맞으면서도 놓지 않은 채 비명을 지르자 누군가 비명을 듣고 오게 되면 자신의 범행이 탄로 날 것이 두려운 나머지 위 피해자를 살해할 마음을 먹고 두 손으로 피해자의 목을 힘껏 눌러 그 시경 그곳에서 동녀를 경부 압박질식으로 사망케 하여 피해자를 살해하였다.

나. 사체오욕
  피의자는 같은 일시·장소에서, 전항과 같이 위 피해자 ○○○을 살해한 후에도 욕정을 이기지 못하고 사망한 동 사체의 입을 벌리고 자신의 성기를 집어넣어 왕복하고, 동 사체의 음부에 성기를 집어넣고 왕복하여 사정한 후 다시 그곳 방 안에 있던 위 피해자 소유의 화장품 튜브를 동녀의 음부에 집어넣고 쑤시면서 자위를 하는 등의 방법으로 망인인 위 ○○○의 사체를 오욕하였다.

8. 업무상 위력 등에 의한 추행

1) 적용법조 : 제10조 ☞ 공소시효 5년

제10조(업무상 위력 등에 의한 추행) ① 업무, 고용이나 그 밖의 관계로 인하여 자기의 보호, 감독을 받는 사람에 대하여 위계 또는 위력으로 추행한 사람은 3년 이하의 징역 또는 1,500만원 이하의 벌금에 처한다.
② 법률에 따라 구금된 사람을 감호하는 사람이 그 사람을 추행한 때에는 5년 이하의 징역 또는 2천만원 이하의 벌금에 처한다.

2) 범죄사실 기재례

[기재례1] 부하 여직원을 위력으로 추행

피의자는 20○○. ○. ○.경부터 ○○주식회사 ○○지사의 영업부 대리로 근무하였다.
피의자는 20○○. ○. ○.경부터 부하 여직원인 피해자 홍길녀(여, 22세)에게 자신의 어깨를 주무르게 한 후 이를 거절하면 큰소리로 화를 내 피해자로 하여금 이를 거절할 수 없도록 하였고, 피의자가 위 회사 회장의 조카인 관계로 위 회사 관계자들이 피의자를 제지하지 않아 계속하여 피해자로 하여금 피고인의 어깨를 주무르게 하여 오던 중, 20○○. ○. ○.경 위 회사의 영업부 사무실에서 자신의 어깨를 주무르라는 요구를 피해자가 거절하자 피해자의 등 뒤로 가 '이렇게 하는 거야.'라고 말하면서 양손으로 피해자의 어깨를 주물러 업무상 위력에 의하여 피해자를 추행하였다.

[기재례2] 교도관의 수형자 추행 등(형법 제301조, 제298조(강제추행치상), 제125조(독직가혹행위))

피의자는 20○○. ○. ○.부터 ○○구치소 분류심사과 소속 분류사로 근무하면서 위 구치소에 수형 중인 기결수들을 상대로 수형자분류심사 및 가석방분류심사 업무에 종사하였다.
피의자는 여자수형자를 상대로 분류심사를 하게 되면 ○○㎡ 정도의 분류심사실에 여자수형자만 입실하게 되어있어 심사를 받는 여자수형자를 성추행하더라도 다른 교도관들이 알기 어려울 뿐만 아니라 심사를 받는 여자수형자는 분류심사의 결과에 따라 구치소 내 처우나 가석방 여부에 불이익을 받을 것이 두려워 반항하지 못할 것이라는 점을 악용하여 교도관이라는 우월적 지위를 이용하여 여자수형자들을 성추행하는 등 가혹행위를 하기로 마음먹었다.
피의자는 20○○. 12. 2. 10:00경 위 구치소 분류심사실에서 여자수형자인 피해자 乙에 대하여 분류심사를 하게 되자, 심사 도중에 위 피해자의 옆으로 옮겨 앉은 후 갑자기 위 피해자를 세게 끌어안은 상태에서 위 피해자의 엉덩이와 가슴을 수회 만지고, 재차 옷 안으로 손을 집어넣어 위 피해자의 엉덩이와 가슴을 수회 만지고, 이에 몸을 뒤틀며 반항하는 위 피해자에게 "말을 듣지 않으면 수갑을 채워 독방에 집어넣겠다"고 말하는 등 협박하였다.
피의자는 이와 같은 방법으로 피해자의 가슴과 엉덩이 등을 계속 만지는 등 직위를 이용하여 가혹행위를 함과 동시에 위 피해자를 추행하고, 그 충격으로 인하여 위 피해자로 하여금 치료 일수 미상의 급성스트레스장애 등의 상해를 입게 하였다.

[기재례3] 유흥주점 종업원을 위계로 추행

피의자는 20○○. 7. 20. 16:00경 ○○에 있는 피의자 자신이 운영하는 ○○유흥주점에서 고용 관계에 있는 종업원 홍길녀(여 22세)와 술을 먹다 내 말을 잘 들으면 앞으로 마담을 시켜주겠다며 그녀를 끌어안고 유방과 음부를 손으로 만져 위계로서 그녀를 추행하였다.

■ 판례 ■ 병원 응급실에서 당직 근무를 하던 의사가 가벼운 교통사고로 인하여 비교적 경미한 상처를 입고 입원한 여성 환자들의 바지와 속옷을 내리고 음부 윗부분을 진료행위를 가장하여 수회 누른 경우, 업무상 위력 등에 의한 추행에 해당여부(적극)

피고인은 병원 응급실에서 당직근무를 하는 의사로서 자신의 보호 감독하에 있는 입원 환자들인 피해자들의 의사에 반하여, 자고 있는 甲을 깨워 상의를 배꼽 위로 올리고 바지와 팬티를 음부 윗부분까지 내린 다음 '아프면 말하라.'고 하면서 양손으로 복부를 누르다가 차츰 아래로 내려와 팬티를 엉덩이 중간까지 걸칠 정도로 더 내린 후 음부 윗부분 음모가 나 있는 부분과 그 주변을 4~5회 정도 누르고, 이어 자고 있는 乙을 깨워 '만져서 아프면 얘기하라.'고 하면서 상의를 배꼽 위로 올려 계속 누르다가 바지와 팬티를 음모가 일부 드러날 정도까지 내려 음부 윗부분 음모가 나 있는 부분과 그 주변까지 양손으로 수회 누르는 행위는 피해자들의 성적 자유를 현저히 침해하고, 일반인의 입장에서도 추행행위라고 평가할 만한 것이라 할 것이다. 따라서 이는 고용 기타 관계로 인하여 보호 또는 감독을 받는 사람들에 대하여 위계로서 추행을 한 것으로 성폭력법상의 업무상위력등에의한추행죄를 구성한다(대법원 2005.7. 14. 선고 2003도7107 판결).

■ 판례 ■ 직장 상사인 甲이 뒤에서 20대 초반의 미혼 여성의 의사에 명백히 반하여 어깨를 주무른 경우

[1] 강제추행죄에 있어서 추행의 의미 및 판단 기준

'추행'이라 함은 객관적으로 일반인에게 성적 수치심이나 혐오감을 일으키게 하고 선량한 성적 도덕관념에 반하는 행위로서 피해자의 성적 자유를 침해하는 것이라고 할 것이고, 이에 해당하는지 여부는 피해자의 의사, 성별, 연령, 행위자와 피해자의 이전부터의 관계, 그 행위에 이르게 된 경위, 구체적 행위 태양, 주위의 객관적 상황과 그 시대의 성적 도덕관념 등을 종합적으로 고려하여 신중히 결정되어야 할 것이며, 여성에 대한 추행에 있어 신체 부위에 따라 본질적인 차이가 있다고 볼 수는 없다.

[2] 甲의 행위가 추행에 해당하는지 여부(적극)

20대 초반의 미혼 여성인 피해자가 자신이 근무하던 회사 대표의 조카로서 30대 초반의 가정을 가진 남성상사인 피고인의 요구를 거절하지 못한 채 어쩔 수 없이 여러 차례 그의 어깨를 주물러 준 적이 있었는데, 피고인이 평소와 마찬가지로 피해자에게 어깨를 주물러 달라는 요구를 하였다가 거절당하자 곧바로 등뒤로 가 양손으로 피해자의 어깨를 서너 번 주무른 행위는 피고인의 어깨를 주무르는 것에 대하여 평소 수치스럽게 생각하여 오던 피해자에 대하여 그 의사에 명백히 반하여 그의 어깨를 주무르고, 이로 인하여 소름이 끼치도록 혐오감을 들게 하였고, 이어 나중에는 피해자를 껴안기까지 한 일련의 행위에서 드러난 피고인의 추행 성행을 앞서 본 추행에 관한 법리에 비추어 볼 때, 이는 20대 초반의 미혼 여성인 피해자의 성적 자유를 침해할 뿐만 아니라, 일반인의 입장에서도 도덕적 비난을 넘어 추행행위라고 평가할 만한 것이라 할 것이고, 나아가 추행행위의 행태와 당시의 경위 등에 비추어 볼 때 피고인의 범의나 업무상 위력이 행사된 점도 인정된다(대법원 2004.4.16. 선고 2004도52).

■ 판례 ■   위력과 추행의 정의 및 추행의 판단기준

[1] 성폭력범죄의처벌및피해자보호등에관한법률 제11조 제1항 소정의 위력과 추행의 정의

업무상위력등에의한추행상의 위력이라 함은 피해자의 자유의사를 제압하기에 충분한 세력을 말하고, 유형적이든 무형적이든 묻지 않으므로 폭행 · 협박뿐 아니라 사회적 · 경제적 · 정치적인 지위나 권세를 이용하는 것도 가능하며, 위력행위 자체가 추행행위라고 인정되는 경우도 포함되고, 이 경우에 있어서의 위력은 현실적으로 피해자의 자유의사가 제압될 것임을 요하는 것은 아니라 할 것이고, 추행이라 함은 객관적으로 일반인에게 성적 수치심이나 혐오감을 일으키게 하고 선량한 성적 도덕관념에 반하는 것이라고 할 것이다.

[2] 업무상위력등에의한추행죄 해당 여부의 판단 기준

개인의 성적자유를 보호법익으로 하는 것이므로 결국 이에 해당하는지 여부는 개인의 성적 자유가 현저히 침해되고, 또한 일반인의 입장에서 보아도 추행행위라고 평가될 경우에 한정하여야 할 것이고, 이러한 의미에서 키스, 포옹 등과 같은 경우에 있어서 그것이 추행행위에 해당하는가에 대하여는 피해자의 의사, 성별, 연령, 행위자와 피해자의 이전부터의 관계, 그 행위에 이르게 된 경위, 구체적 행위태양, 주위의 객관적 상황과 그 시대의 성적 도덕관념 등을 종합적으로 고려하여 신중히 검토하여야만 한다(대법원 1998.1.23. 선고 97도2506 판결).

■ 판례 ■   채용 절차에서 영향력의 범위 안에 있는 사람도 포함되는지 여부(적극)

[1] '업무상 위력 등에 의한 추행'에 관한 처벌 규정인 성폭력범죄의 처벌 등에 관한 특례법 제10조 제1항에서 정한 '업무, 고용이나 그 밖의 관계로 인하여 자기의 보호, 감독을 받는 사람'에 직장 안에서 보호 또는 감독을 받거나 사실상 보호 또는 감독을 받는 상황에 있는 사람뿐만 아니라 채용 절차에서 영향력의 범위 안에 있는 사람도 포함되는지 여부(적극) / 위 죄에서 말하는 '위력'의 의미 및 위력으로써 추행하였는지 판단하는 기준

성폭력범죄의 처벌 등에 관한 특례법 제10조는 '업무상 위력 등에 의한 추행'에 관한 처벌 규정인데, 제1항에서 "업무, 고용이나 그 밖의 관계로 인하여 자기의 보호, 감독을 받는 사람에 대하여 위계 또는 위력으로 추행한 사람은 3년 이하의 징역 또는 1천 500만 원 이하의 벌금에 처한다."라고 정하고 있다. '업무, 고용이나 그 밖의 관계로 인하여 자기의 보호, 감독을 받는 사람'에는 직장 안에서 보호 또는 감독을 받거나 사실상 보호 또는 감독을 받는 상황에 있는 사람뿐만 아니라 채용 절차에서 영향력의 범위 안에 있는 사람도 포함된다. 그리고 '위력'이란 피해자의 자유의사를 제압하기에 충분한 힘을 말하고, 유형적이든 무형적이든 묻지 않고 폭행 · 협박뿐만 아니라 사회적 · 경제적 · 정치적인 지위나 권세를 이용하는 것도 가능하며, 현실적으로 피해자의 자유의사가 제압될 필요는 없다. 위력으로써 추행하였는지는 행사한 유형력의 내용과 정도, 행위자의 지위나 권세의 종류, 피해자의 연령, 행위자와 피해자의 관계, 그 행위에 이르게 된 경위, 구체적인 행위 모습, 범행 당시의 정황 등 여러 사정을 종합적으로 고려하여 판단하여야 한다.

[2] 편의점 업주인 피고인이 아르바이트 구인 광고를 보고 연락한 甲을 채용을 빌미로 불러내 면접을 한 후 자신의 집으로 유인하여 甲의 성기를 만지고 甲에게 피고인의 성기를 만지게 하였다고 하여 성폭력범죄의 처벌 등에 관한 특례법 위반(업무상위력등에의한추행)으로 기소된 사안

피고인이 채용 권한을 가지고 있는 지위를 이용하여 甲의 자유의사를 제압하여 甲을 추행하였다고 본 원심판단이 정당하다. (대법원 2020. 7. 9. 선고, 2020도5646, 판결)

9. 공중 밀집 장소에서의 추행

1) 적용법조 : 제11조 ☞ 공소시효 5년

제11조(공중 밀집 장소에서의 추행) 대중교통수단, 공연·집회 장소, 그 밖에 공중(公衆)이 밀집하는 장소에서 사람을 추행한 사람은 3년 이하의 징역 또는 3천만원 이하의 벌금에 처한다.

2) 범죄사실 기재례

[기재례1] 지하철에서 강제추행

> 피의자는 20○○. ○. ○. ○○:○○경 서울지하철 1호선 ○○역에서 승차하여 ○○○지점을 지날 무렵 출근하는 승객들로 지하철이 붐비자 옆에 서 있던 피해자 홍길녀(여, 20세)에게 몸을 밀착시키면서 피의자의 오른손을 그녀의 미니스커트 속으로 집어넣어 중지로 음부를 만졌다.
> 피의자는 이와 같은 방법으로 같은 노선 ○○역에 도착할 때까지 약 ○○분간에 걸쳐 대중교통수단인 전동차에서 피해자를 추행하였다.

[기재례2] 찜질방 수면실에서 강제추행

> 피의자는 20○○. ○. ○. ○○:○○경 ○○에 있는 ○○찜질방 수면실 내에서 잠을 자고 있던 피해자 甲(여, 20세)을 한 손으로는 피해자의 양쪽 가슴을 만지고 다른 한 손으로는 음부와 엉덩이를 만지는 등으로 공중밀집 장소인 찜질방에서 피해자를 추행하였다.

3) 신문사항

※ 필수 조사사항

○ 범행장소(전철·버스 등 대중교통수단, 극장·영화관·집회장소 등)

○ 추행의 수단의 방법

○ 피해자의 반항 정도

○ 조사사항

　- 피의자는 홍길녀를 알고 있는가

　- 홍길녀를 추행한 일이 있는가

　- 언제 어디에서 인가

　- 어떻게 홍길녀를 추행하였나

　- 어떤 방법으로 추행하였나

　- 뭐라면서 음부와 유방을 만졌는가

　- 홍길녀가 반항하지 않던가

　- 그곳에는 누가 있었는가

- 피의자가 홍길녀를 추행할 때 다른 사람들도 보았는가
- 왜 이런 행위를 하였는가

■ 판례 ■   **찜질방 수면실에서 옆에 누워 있던 피해자의 가슴 등을 손으로 만진 경우**

[1] 성폭력범죄의 처벌 및 피해자보호 등에 관한 법률 제13조에서 정한 '공중이 밀집하는 장소'의 의미

공중밀집장소에서의 추행죄를 규정한 성폭력범죄의 처벌 및 피해자보호 등에 관한 법률 제13조의 입법 취지, 위 법률 조항에서 그 범행장소를 공중이 '밀집한' 장소로 한정하는 대신 공중이 '밀집하는' 장소로 달리 규정하고 있는 문언의 내용, 그 규정상 예시적으로 열거한 대중교통수단, 공연·집회 장소 등의 가능한 다양한 형태 등에 비추어 보면, 여기서 말하는 '공중이 밀집하는 장소'에는 현실적으로 사람들이 빽빽이 들어서 있어 서로간의 신체적 접촉이 이루어지고 있는 곳만을 의미하는 것이 아니라 이 사건 찜질방 등과 같이 공중의 이용에 상시적으로 제공·개방된 상태에 놓여 있는 곳 일반을 의미한다. 또한, 위 공중밀집장소의 의미를 이와 같이 해석하는 한 그 장소의 성격과 이용현황, 피고인과 피해자 사이의 친분관계 등 구체적 사실관계에 비추어, 공중밀집장소의 일반적 특성을 이용한 추행행위라고 보기 어려운 특별한 사정이 있는 경우에 해당하지 않는 한, 그 행위 당시의 현실적인 밀집도 내지 혼잡도에 따라 그 규정의 적용 여부를 달리한다고 할 수는 없다.

[2] 찜질방 수면실에서 옆에 누워 있던 피해자의 가슴 등을 손으로 만진 행위가 성폭력범죄의 처벌 및 피해자보호 등에 관한 법률 제13조에서 정한 공중밀집장소에서의 추행행위에 해당한다(대법원 2009.10.29. 선고 2009도5704 판결).

10. 성적 목적을 위한 다중이용장소 침입

1) 적용법조 : 제12조, 제14조 제1항 ☞ 공소시효 5년 (7년)

제12조(성적 목적을 위한 다중이용장소 침입행위) 자기의 성적 욕망을 만족시킬 목적으로 화장실, 목욕장·목욕실 또는 발한실(發汗室), 모유수유시설, 탈의실 등 불특정 다수가 이용하는 서장소에 침입하거나 같은 장소에서 퇴거의 요구를 받고 응하지 아니하는 사람은 1년 이하의 징역 또는 1천만원 이하의 벌금에 처한다.

※ 시행령

제1조의2(성적 목적을 위한 공공장소 침입행위) 「성폭력범죄의 처벌 등에 관한 특례법」 제12조에서 "「공중화장실 등에 관한 법률」 제2조제1호부터 제5호까지에 따른 공중화장실 등 및 「공중위생관리법」 제2조제1항제3호에 따른 목욕장업의 목욕장 등 대통령령으로 정하는 공공장소"란 다음 각 호의 어느 하나에 해당하는 장소를 말한다.

1. 「공중화장실 등에 관한 법률」 제2조제1호부터 제5호까지의 규정에 따른 공중화장실, 개방화장실, 이동화장실, 간이화장실 또는 유료화장실
2. 「공중위생관리법」 제2조제1항제3호에 따른 목욕장업의 목욕장
3. 「모자보건법」 제10조의3에 따른 모유수유시설로서 임산부가 영유아에게 모유를 먹일 수 있도록 설치된 장소
4. 다음 각 목의 어느 하나에 해당하는 시설에 설치된 탈의실 또는 목욕실
   가. 「체육시설의 설치·이용에 관한 법률」 제2조제1호에 따른 체육시설
   나. 「유통산업발전법」 제2조제3호에 따른 대규모점포

※ 형법

제319조(주거침입, 퇴거불응)

※ 경범죄처벌법

제3조(경범죄의 종류) ① 다음 각 호의 어느 하나에 해당하는 사람은 10만원 이하의 벌금, 구류 또는 과료(科料)의 형으로 처벌한다.
37. (무단 출입) 출입이 금지된 구역이나 시설 또는 장소에 정당한 이유 없이 들어간 사람

---

2) 범죄사실 기재례

> 피의자는 여성의 신체를 몰래 촬영하기로 마음먹고 그 대상을 물색하던 중, 20○○. ○. ○.12:50경 ○○에 있는 ○○공중화장실에 들어가, 미리 소지하고 있던 캠코더를 화장실 칸막이 밑에 고정하고 약 30분 동안 옆 칸에서 용변을 보는 성명을 알 수 없는 위 학교 여학생 6명의 음부를 차례로 촬영하였다.
> 이로써 피의자는 자기의 성적 욕망을 만족시킬 목적으로 공중화장실에 침입하고 또 성적 욕망 또는 수치심을 유발할 수 있는 타인의 신체를 그 의사에 반하여 촬영하였다.

3) 신문사항

- 범행 장소(공중화장실·목욕장 등)
- 출입한 일시
- 범행 목적 (목적범임)
- 촬영한 기계장치(카메라·비디오)
- 범행 후 피해자의 상황
- 발각되게 된 경위

11. 통신매체이용음란

1) 적용법조 : 제13조 ☞ 공소시효 5년

> 제13조(통신매체를 이용한 음란행위) 자기 또는 다른 사람의 성적 욕망을 유발하거나 만족시킬 목적으로 전화, 우편, 컴퓨터, 그 밖의 통신매체를 통하여 성적 수치심이나 혐오감을 일으키는 말, 음향, 글, 그림, 영상 또는 물건을 상대방에게 도달하게 한 사람은 2년 이하의 징역 또는 2천만원 이하의 벌금에 처한다.

2) 범죄사실 기재례

[기재례1] 일반전화 이용

> 자기 또는 다른 사람의 성적 욕망을 유발하거나 만족시킬 목적으로 전화·우편·컴퓨터 기타 통신매체를 통하여 성적 수치심이나 혐오감을 일으키는 말이나 음향, 글이나 도화, 영상 또는 물건을 상대방에게 도달하게 하여서는 아니 된다.
>
> 그럼에도 불구하고 피의자는 성적욕망을 만족시킬 목적으로, 20○○. ○. ○. ○○:○○경 ○○에 있는 피의자의 집 전화(123-4567)를 이용 피해자 홍길녀(여, 29세)에게 전화하여 "나는 ○○성상담소 소장으로 여성들을 상대로 성 만족도 조사를 하고 있다"라고 피해자를 속이고, 상담하겠다면서 "○○○○"고 말하는 등으로 피해자에게 성적 수치심과 혐오감을 일으키는 말을 도달하게 하였다.

[기재례2] 휴대전화 이용

> 피의자는 20○○. ○. ○. ○○:○○경 ○○에서 성적욕망을 유발하거나 만족시킬 목적으로 피의자의 휴대전화(번호)를 이용하여 피해자 홍길녀(여, 26세)의 휴대전화(번호)로 "○○양의 사랑스런 엉덩이 만나고 싶어라. 내 마음 두근두근 너를 사랑해….'라는 내용의 문자메시지를 보낸 것을 비롯하여 그때부터 20○○. ○. ○. ○○:○○경까지 총 ○○회에 걸쳐 성적 수치심이나 혐오감을 일으키는 내용의 문자메시지를 보내 상대방인 피해자에게 도달하게 하였다.

3) 신문사항

- 이용한 통신 매체(전화·우편·컴퓨터 통신 등)
- 성적 욕망을 유발·만족시키기 위한 수단(말·음향·도화·글·동영상·음란 물건 등)

■ 판례 ■ 전화, 우편, 컴퓨터나 그 밖에 일반적으로 통신매체라고 인식되는 수단을 이용하지 아니한 채 직접 상대방에게 말, 글, 물건 등을 도달하게 하는 행위

통신매체를 이용하지 아니한 채 '직접' 상대방에게 말, 글, 물건 등을 도달하게 하는 행위까지 포함하여 위 규정으로 처벌할 수 있다고 보는 것은 법문의 가능한 의미의 범위를 벗어난 해석으로서 실정법 이상으로 처벌 범위를 확대하는 것이다.(대법원 2016.3.10. 선고, 2015도17847, 판결)

■ 판례 ■   '통신매체이용음란죄'의 보호법익

[1] '통신매체이용음란죄'의 보호법익 / 위 죄의 구성요건 중 '자기 또는 다른 사람의 성적 욕망을 유발하거나 만족시킬 목적' 유무의 판단 기준 및 '성적 수치심이나 혐오감을 일으키는 것'의 의미와 판단 기준

성폭력범죄의 처벌 등에 관한 특례법(이하 '성폭력처벌법'이라 한다) 제13조는 "자기 또는 다른 사람의 성적 욕망을 유발하거나 만족시킬 목적으로 전화, 우편, 컴퓨터, 그 밖의 통신매체를 통하여 '성적 수치심이나 혐오감을 일으키는 말, 음향, 글, 그림, 영상 또는 물건'(이하 '성적 수치심을 일으키는 그림 등'이라 한다)을 상대방에게 도달하게 한 사람"을 처벌하고 있다. 성폭력처벌법 제13조에서 정한 '통신매체이용음란죄'는 '성적 자기결정권에 반하여 성적 수치심을 일으키는 그림 등을 개인의 의사에 반하여 접하지 않을 권리'를 보장하기 위한 것으로 성적 자기결정권과 일반적 인격권의 보호, 사회의 건전한 성풍속 확립을 보호법익으로 한다.

'자기 또는 다른 사람의 성적 욕망을 유발하거나 만족시킬 목적'이 있는지는 피고인과 피해자의 관계, 행위의 동기와 경위, 행위의 수단과 방법, 행위의 내용과 태양, 상대방의 성격과 범위 등 여러 사정을 종합하여 사회통념에 비추어 합리적으로 판단하여야 한다. 또한 '성적 수치심이나 혐오감을 일으키는 것'은 피해자에게 단순한 부끄러움이나 불쾌감을 넘어 인격적 존재로서의 수치심이나 모욕감을 느끼게 하거나 싫어하고 미워하는 감정을 느끼게 하는 것으로서 사회 평균인의 성적 도의관념에 반하는 것을 의미한다. 이와 같은 성적 수치심 또는 혐오감의 유발 여부는 일반적이고 평균적인 사람들을 기준으로 하여 판단함이 타당하고, 특히 성적 수치심의 경우 피해자와 같은 성별과 연령대의 일반적이고 평균적인 사람들을 기준으로 하여 그 유발 여부를 판단하여야 한다.

[2] 제13조의 구성요건 중 '성적 수치심이나 혐오감을 일으키는 말, 음향, 글, 그림, 영상 또는 물건을 상대방에게 도달하게 한다'는 것의 의미 및 상대방에게 성적 수치심이나 혐오감을 일으키는 말, 음향, 글, 그림, 영상 또는 물건이 담겨 있는 웹페이지 등에 대한 인터넷 링크(internet link)를 보내는 행위가 위 구성요건을 충족하는지 여부(한정 적극)

성폭력범죄의 처벌 등에 관한 특례법 제13조에서 '성적 수치심이나 혐오감을 일으키는 말, 음향, 글, 그림, 영상 또는 물건(이하 '성적 수치심을 일으키는 그림 등'이라 한다)을 상대방에게 도달하게 한다'는 것은 '상대방이 성적 수치심을 일으키는 그림 등을 직접 접하는 경우뿐만 아니라 상대방이 실제로 이를 인식할 수 있는 상태에 두는 것'을 의미한다. 따라서 행위자의 의사와 그 내용, 웹페이지의 성격과 사용된 링크기술의 구체적인 방식 등 모든 사정을 종합하여 볼 때 상대방에게 성적 수치심을 일으키는 그림 등이 담겨 있는 웹페이지 등에 대한 인터넷 링크(internet link)를 보내는 행위를 통해 그와 같은 그림 등이 상대방에 의하여 인식될 수 있는 상태에 놓이고 실질에 있어서 이를 직접 전달하는 것과 다를 바 없다고 평가되고, 이에 따라 상대방이 이러한 링크를 이용하여 별다른 제한 없이 성적 수치심을 일으키는 그림 등에 바로 접할 수 있는 상태가 실제로 조성되었다면, 그러한 행위는 전체로 보아 성적 수치심을 일으키는 그림 등을 상대방에게 도달하게 한다는 구성요건을 충족한다.(대법원 2017. 6. 8., 선고, 2016도21389, 판결)

■ 판례 ■   제13조에서 정한 '통신매체 이용 음란죄'의 보호법익 / 위 죄의 구성요건 중 '자기 또는 다른 사람의 성적 욕망을 유발하거나 만족시킬 목적'이 있는지 판단하는 기준 및 '성적 욕망'에 상대방을 성적으로 비하하거나 조롱하는 등 상대방에게 성적 수치심을 줌으로써 자신의 심리적 만족을 얻고자 하는 욕망이 포함되는지 여부(적극)와 이러한 '성적 욕망'이

상대방에 대한 분노감과 결합되어 있더라도 마찬가지인지 여부(적극)

성폭력범죄의 처벌 등에 관한 특례법 제13조는 "자기 또는 다른 사람의 성적 욕망을 유발하거나 만족시킬 목적으로 전화, 우편, 컴퓨터, 그 밖의 통신매체를 통하여 '성적 수치심이나 혐오감을 일으키는 말, 음향, 글, 그림, 영상 또는 물건'(이하 '성적 수치심을 일으키는 그림 등'이라 한다)을 상대방에게 도달하게 한 사람"을 처벌하고 있다. 성폭력범죄의 처벌 등에 관한 특례법 제13조에서 정한 '통신매체 이용 음란죄'는 '성적 자기결정권에 반하여 성적 수치심을 일으키는 그림 등을 개인의 의사에 반하여 접하지 않을 권리'를 보장하기 위한 것으로 성적 자기결정권과 일반적 인격권의 보호, 사회의 건전한 성풍속 확립을 보호법익으로 한다. '자기 또는 다른 사람의 성적 욕망을 유발하거나 만족시킬 목적'이 있는지는 피고인과 피해자의 관계, 행위의 동기와 경위, 행위의 수단과 방법, 행위의 내용과 태양, 상대방의 성격과 범위 등 여러 사정을 종합하여 사회통념에 비추어 합리적으로 판단하여야 한다.

'성적 욕망'에는 성행위나 성관계를 직접적인 목적이나 전제로 하는 욕망뿐만 아니라, 상대방을 성적으로 비하하거나 조롱하는 등 상대방에게 성적 수치심을 줌으로써 자신의 심리적 만족을 얻고자 하는 욕망도 포함된다. 또한 이러한 '성적 욕망'이 상대방에 대한 분노감과 결합되어 있더라도 달리 볼 것은 아니다.(대법원 2018. 9. 13., 선고, 2018도9775, 판결)

■ **판례** ■ **제13조에서 정한 '자기 또는 다른 사람의 성적 욕망을 유발하거나 만족시킬 목적'이 있는지 판단하는 기준 / 위 규정에서 정한 '성적 수치심이나 혐오감을 일으키는 것'의 의미 및 성적 수치심 또는 혐오감의 유발 여부를 판단하는 기준**

제13조는 "자기 또는 다른 사람의 성적 욕망을 유발하거나 만족시킬 목적으로 전화, 우편, 컴퓨터, 그 밖의 통신매체를 통하여 '성적 수치심이나 혐오감을 일으키는 말, 음향, 글, 그림, 영상 또는 물건'을 상대방에게 도달하게 한 사람"을 처벌한다. '자기 또는 다른 사람의 성적 욕망을 유발하거나 만족시킬 목적'이 있는지 여부는 피고인과 피해자의 관계, 행위의 동기와 경위, 행위의 수단과 방법, 행위의 내용과 태양, 상대방의 성격과 범위 등 여러 사정을 종합하여 사회통념에 비추어 합리적으로 판단하여야 한다. 또한 '성적 수치심이나 혐오감을 일으키는 것'은 피해자에게 단순한 부끄러움이나 불쾌감을 넘어 인격적 존재로서의 수치심이나 모욕감을 느끼게 하거나 싫어하고 미워하는 감정을 느끼게 하는 것으로서 사회 평균인의 성적 도의관념에 반하는 것을 의미한다. 이와 같은 성적 수치심 또는 혐오감의 유발 여부는 일반적이고 평균적인 사람들을 기준으로 하여 판단함이 타당하고, 특히 성적 수치심의 경우 피해자와 같은 성별과 연령대의 일반적이고 평균적인 사람들을 기준으로 하여 그 유발 여부를 판단하여야 한다.(대법원 2022. 9. 29. 선고 2020도11185 판결)

12. 카메라 등 이용촬영

1) 적용법조 : 제14조 제1항 ☞ 공소시효 7년

제14조(카메라 등을 이용한 촬영) ① 카메라나 그 밖에 이와 유사한 기능을 갖춘 기계장치를 이용하여 성적 욕망 또는 수치심을 유발할 수 있는 사람의 신체를 촬영대상자의 의사에 반하여 촬영한 자는 7년 이하의 징역 또는 5천만원 이하의 벌금에 처한다.
② 제1항에 따른 촬영물 또는 복제물(복제물의 복제물을 포함한다. 이하 이 조에서 같다)을 반포 · 판매 · 임대 · 제공 또는 공공연하게 전시 · 상영(이하 "반포등"이라 한다)한 자 또는 제1항의 촬영이 촬영 당시에는 촬영대상자의 의사에 반하지 아니한 경우(자신의 신체를 직접 촬영한 경우를 포함한다)에도 사후에 그 촬영물 또는 복제물을 촬영대상자의 의사에 반하여 반포등을 한 자는 7년 이하의 징역 또는 5천만원 이하의 벌금에 처한다.
③ 영리를 목적으로 촬영대상자의 의사에 반하여 「정보통신망 이용촉진 및 정보보호 등에 관한 법률」 제2조제1항제1호의 정보통신망(이하 "정보통신망"이라 한다)을 이용하여 제2항의 죄를 범한 자는 3년 이상의 유기징역에 처한다.
④ 제1항 또는 제2항의 촬영물 또는 복제물을 소지 · 구입 · 저장 또는 시청한 자는 3년 이하의 징역 또는 3천만원 이하의 벌금에 처한다.
⑤ 상습으로 제1항부터 제3항까지의 죄를 범한 때에는 그 죄에 정한 형의 2분의 1까지 가중한다.
제15조(미수범) 제3조부터 제9조까지, 제14조, 제14조의2 및 제14조의3의 미수범은 처벌한다.

2) 범죄사실 기재례

[기재례1] 백화점 화장실에서 도촬

> 피의자는 20○○. ○. ○. 경부터 ○○에 있는 ○○백화점 1층의 여자 화장실 첫째 칸 천장에 몰래카메라를 설치하여, 근 2개월 동안 화장실 이용자들의 수치심을 유발하는 모습을 그들의 의사에 반하여 촬영하였다.

[기재례2] 촬영미수 : 제15조, 제14조 제1항

> 피의자는 20○○. ○. ○. 12:40경 ○○에 있는 2층 화장실에서 여자의 하체 사진을 찍기 위하여 디지털카메라를 미리 소지하고 들어갔다.
> 피의자는 그곳에 용변을 보러온 피해자 甲, 乙의 옷을 벗는 하체 모습을 위 카메라로 찍어 성적욕망 또는 수치심을 유발할 수 있는 피해자들의 신체를 그 의사에 반하여 촬영하려고 하였으나, 위 카메라가 정상적으로 작동하지 아니하여 촬영에 실패함으로써 미수에 그쳤다.

[기재례3] 지하철에서 휴대폰 카메라로 촬영

> 피의자는 20○○. ○. ○. 18:30경 ○○에 있는 지하철 1호선 ○○역을 운행하는 전동차 안에서 카메라가 내장된 피의자의 휴대전화기를 피해자 甲(여, 18세)의 다리 사이로 집어넣어 성적 수치심을 유발할 수 있는 피해자의 치마 속 하체 부위를 그 의사에 반하여 촬영하였다.

[기재례4] 휴대폰 카메라로 촬영

> 피의자는 20○○. ○. ○.14:00경 ○○에 있는 ○○모텔에서 당시 내연관계에 있던 피해자 홍길녀(여, 39세)가 옷을 벗고 있는 틈을 타 휴대폰(삼성애니콜 SPH-V4300)의 카메라를 이용하여 피해자의 신체를 그의 의사에 반하여 촬영하였다.

[기재례5] 검사사칭 공문서위조, 사기, 강간 등

가. 사기

　피의자는 20○○. 11. 2.경 ○○에서, 검사를 사칭하면서 피해자 ○○○로부터 돈을 받더라도 그녀와의 결혼자금으로 이를 보관할 의사가 없다. 그럼에도 불구하고 피의자는 피해자에게 "나는 ○○지청 검사인데, 당신과 결혼하고 싶다. 결혼하려면 자금이 필요한데 통장 하나를 만들어서 함께 돈을 모아 두자"라는 취지로 거짓말을 하였다.

　피의자는 이에 속은 피해자로부터 즉석에서 현금 200,000원을 교부받은 것을 비롯하여 별지 범죄일람표(1)기재와 같이 그 시경부터 20○○. 5. 20.까지 위와 같은 방법으로 ○○회에 걸쳐 돈을 송금받았다.

나. 공문서위조

　피의자는 20○○. 1. 14.경 ○○에 있는 피의자의 집에서, 행사할 목적으로 권한 없이 그곳에 있는 컴퓨터 워드프로세서를 이용하여 앞면에 "NO.000-000-00-00000, 검사증, 소속:○○지방검찰청, 직위:검사, 직급:○급, 성명:○○○, 유효기간:20○○년 1월 13일부터 20○○년 1월 13일까지. 위 사람은 검찰청법 제4조의 규정에 의거하여 검찰공무원임을 증명합니다. 20○○. 01. 13. 대법원장 ○○○"이라고 기재하고, 그 우측 하단에 붉은색 "농협중앙회인" 직인을 입력하고, 뒷면에 검찰청법 제4조를 기재하여 이를 인쇄한 후 앞면의 우측 상단에 피의자의 증명사진을 부착하고 미리 준비한 코팅비닐을 덮어 손으로 문질러 코팅하는 방법으로 공문서인 대법원장 발행의 공무원증 1매를 위조하였다.

다. 위조공문서행사

　피의자는 20○○. ○. ○. 22:00경 ○○에서, 위와 같이 위조한 ○○지방검찰청 공무원증을 마치 진정하게 발행된 것인 양 그 정을 모르는 피해자 ○○○에게 제시하여 이를 각 행사하였다.

라. 성폭력범죄의 처벌 등에 관한 특례법 위반(카메라등이용촬영)

　피의자는 20○○. 1. 2. 23:00경 위 원룸에서, 피의자의 휴대전화로 전항과 같이 의식을 잃고 쓰러져 있는 피해자 ○○○의 나체 내지 그녀의 음부를 피의자의 손가락으로 만지는 등의 장면을 촬영하여 카메라와 유사한 기능을 갖춘 기계장치를 이용하여 성적욕망 또는 수치심을 유발할 수 있는 타인의 신체를 그 의사에 반하여 촬영하였다.

[기재례6] 캠코더 카메라로 촬영

　피의자는 전처인 피해자 A(여, 33세)과 이혼한 후에도 계속 만나며 친밀한 관계를 유지하여 왔다. 그러던 중 피의자는 피해자에게 다른 남자가 생겨 피의자와의 관계를 끝내려고 하자 앙심을 품게 되었다. 이에 피의자는 피해자의 승낙을 받고 캠코더로 촬영해 두었던 피해자와의 성행위 장면을 CD로 만들어 배포하기로 마음먹었다.

　피의자는 20○○. ○. ○.경 ○○에 있는 피의자의 원룸에서, 위 성행위 장면을 복사한 동영상 CD 20여 장을 제작한 후 ○○ 일대의 택시에 탑승하여 택시기사들에게 1장씩 나누어 주는 등 그때부터 20○○. ○. ○.경까지 약 4회에 걸쳐 같은 방법으로 ○○ 일대의 택시기사들에게 위 동영상 CD 100여 장을 나누어 주었다.

　이로써 피의자는 캠코더 카메라를 이용하여 성적욕망 또는 수치심을 유발할 수 있는 피해자의 신체를 촬영한 촬영물을 반포하였다.

3) 신문사항
  - 범행 장소(공중화장실 · 주택 · 사무실)
  - 촬영한 기계장치(카메라 · 비디오)
  - 범행 후 피해자의 상황
  - 발각되게 된 경위

■ 판례 ■   인터넷 채팅용 화상카메라를 이용하여 화상채팅을 하던 도중 상대방이 스스로 나체를 찍어 전송한 영상을 피고인의 컴퓨터에 저장한 경우

피고인이 인터넷 채팅용 화상카메라를 이용하여 화상채팅을 하던 도중 상대방이 스스로 나체를 찍어 전송한 영상을 피고인의 컴퓨터에 저장한 행위는 성폭력범죄의 처벌 및 피해자보호 등에 관한 법률 제14조의2에서 정한 촬영행위에 해당하지 않는다(대법원 2005.10.13. 선고 2005도5396 판결).

■ 판례 ■   성폭력범죄의처벌및피해자보호등에관한법률 제14조의2의 죄가 친고죄인지 여부(소극)

성폭력범죄의처벌및피해자보호등에관한법률 제15조에서 같은 법 제14조의2의 죄를 친고죄로 규정하고 있지 아니하고, 또한 같은 법 제14조의2를 신설하면서 그 죄를 친고죄로 하지 아니한 것이 입법의 미비라고 볼 수도 없으므로 같은 법 제14조의2의 죄는 친고죄가 아니다(대법원 2004.8.30. 선고 2004도4020 판결).

■ 판례 ■   甲이 피해자의 신체를 그 의사에 반하여 촬영하기 위해 카메라의 셔터를 눌렀으나 카메라가 정상적으로 작동하지 아니하여 촬영에 실패한 경우

[1] 성폭력범죄의처벌및피해자보호등에관한법률 제4조의2 소정의 카메라등이용촬영죄의 기수 시기

성폭력범죄의처벌및피해자보호등에관한법률 제14조의2는 성적 욕망 또는 수치심을 유발할 수 있는 피해자의 신체를 그 의사에 반하여 촬영하는 행위를 처벌하고 있고, 같은 법 제12조는 그 미수범을 처벌하고 있는바, 위 촬영죄의 기수에 달하기 위하여는 적어도 카메라 속에 들어 있는 필름 또는 메모리 장치에 피사체에 대한 영상 정보가 입력된 상태에 도달하여야 한다.

[2] 甲의 죄책

피고인이 피해자의 신체를 그 의사에 반하여 촬영하기 위해 카메라의 셔터를 눌렀으나 카메라가 정상적으로 작동하지 아니하여 촬영에 실패한 경우, 성폭력범죄의처벌및피해자보호등에관한법률 제14조의2 소정의 카메라등이용촬영죄의 미수범에 해당한다고 한 사례(서울지법 2001.9.6. 선고 2001노4585 판결)

■ 판례 ■   야간에 버스 안에서 휴대폰 카메라로 옆 좌석에 앉은 여성(18세)의 치마 밑으로 드러난 허벅다리 부분을 촬영한 경우

[1] 성폭력범죄의 처벌 및 피해자보호 등에 관한 법률 제14조의2 제1항의 보호법익 및 '성적 욕망 또는 수치심을 유발할 수 있는 타인의 신체'에 해당하는지 여부의 판단 방법

카메라 기타 이와 유사한 기능을 갖춘 기계장치를 이용하여 성적 욕망 또는 수치심을 유발할 수 있는 타인의 신체를 그 의사에 반하여 촬영하는 행위를 처벌하는 성폭력범죄의 처벌 및 피해자보호 등에 관한 법률 제14조의2 제1항은 인격체인 피해자의 성적 자유 및 함부로 촬영당하지 않을 자유를 보호하기 위한 것이다. 촬영한 부위가 '성적 욕망 또는 수치심을 유발할 수 있는 타인의 신체'에 해당하는지 여부는 객관적으로 피해자와 같은 성별, 연령대의 일반적이고도 평균적인 사

람들의 입장에서 성적 욕망 또는 수치심을 유발할 수 있는 신체에 해당되는지 여부를 고려함과 아울러, 당해 피해자의 옷차림, 노출의 정도 등은 물론, 촬영자의 의도와 촬영에 이르게 된 경위, 촬영 장소와 촬영 각도 및 촬영 거리, 촬영된 원판의 이미지, 특정 신체 부위의 부각 여부 등을 종합적으로 고려하여 구체적·개별적·상대적으로 결정하여야 한다.

[2] 야간에 버스 안에서 휴대폰 카메라로 옆 좌석에 앉은 여성(18세)의 치마 밑으로 드러난 허벅다리 부분을 촬영한 것이 성폭력범죄의 처벌 및 피해자보호 등에 관한 법률 제14조의2 제1항 위반죄에 해당하는지 여부(적극)

야간에 버스 안에서 휴대폰 카메라로 옆 좌석에 앉은 여성(18세)의 치마 밑으로 드러난 허벅다리 부분을 촬영한 것은 그 촬영 부위가 성폭력범죄의 처벌 및 피해자보호 등에 관한 법률 제14조의2 제1항의 '성적 욕망 또는 수치심을 유발할 수 있는 타인의 신체'에 해당하여 위 조항 위반죄가 성립한다(대법원 2008.9.25.선고 2008도7007 판결).

■ 판례 ■   구 성폭력범죄의 처벌 및 피해자보호 등에 관한 법률 제14조의2 제1항에서 정한 '카메라 등 이용 촬영죄'에서 동영상 촬영 중 저장버튼을 누르지 않고 촬영을 종료한 경우의 기수시기

[1] 구 성폭력범죄의 처벌 및 피해자보호 등에 관한 법률 제14조의2 제1항에서 정한 '카메라 등 이용 촬영죄'의 기수 시기

구 성폭력범죄의 처벌 및 피해자보호 등에 관한 법률(2010. 4. 15. 법률 제10258호 성폭력범죄의 피해자보호 등에 관한 법률로 개정되기 전의 것) 제14조의2 제1항에서 정한 '카메라 등 이용 촬영죄'는 카메라 기타 이와 유사한 기능을 갖춘 기계장치 속에 들어 있는 필름이나 저장장치에 피사체에 대한 영상정보가 입력됨으로써 기수에 이른다고 보아야 한다. 그런데 최근 기술문명의 발달로 등장한 디지털카메라나 동영상 기능이 탑재된 휴대전화 등의 기계장치는, 촬영된 영상정보가 사용자 등에 의해 전자파일 등의 형태로 저장되기 전이라도 일단 촬영이 시작되면 곧바로 촬영된 피사체의 영상정보가 기계장치 내 RAM(Random Access Memory) 등 주기억장치에 입력되어 임시저장되었다가 이후 저장명령이 내려지면 기계장치 내 보조기억장치 등에 저장되는 방식을 취하는 경우가 많고, 이러한 저장방식을 취하고 있는 카메라 등 기계장치를 이용하여 동영상 촬영이 이루어졌다면 범행은 촬영 후 일정한 시간이 경과하여 영상정보가 기계장치 내 주기억장치 등에 입력됨으로써 기수에 이르는 것이고, 촬영된 영상정보가 전자파일 등의 형태로 영구저장되지 않은 채 사용자에 의해 강제종료되었다고 하여 미수에 그쳤다고 볼 수는 없다.

[2] 피고인이 지하철 환승에스컬레이터 내에서 카메라폰으로 피해자의 치마 속 신체 부위를 동영상 촬영하였다고 하여 구 성폭력범죄의 처벌 및 피해자보호 등에 관한 법률 위반으로 기소된 사안에서, 동영상 촬영 중 저장버튼을 누르지 않고 촬영을 종료하였다는 이유만으로 위 범행이 '기수'에 이르지 않았다고 단정한 원심판결에 법리오해로 인한 심리미진 등의 위법이 있다고 한 사례

피고인이 지하철 환승에스컬레이터 내에서 짧은 치마를 입고 있는 피해자의 뒤에 서서 카메라폰으로 성적 수치심을 느낄 수 있는 치마 속 신체 부위를 피해자 의사에 반하여 동영상 촬영하였다고 하여 구 성폭력범죄의 처벌 및 피해자보호 등에 관한 법률(2010. 4. 15. 법률 제10258호 성폭력범죄의 피해자보호 등에 관한 법률로 개정되기 전의 것) 위반으로 기소된 사안에서, 피고인이 휴대폰을 이용하여 동영상 촬영을 시작하여 일정한 시간이 경과하였다면 설령 촬영 중 경찰관에게 발각되어 저장버튼을 누르지 않고 촬영을 종료하였더라도 카메라 등 이용 촬영 범행은 이미 '기수'에 이르렀다고 볼 여지가 매우 큰데도, 피고인이 동영상 촬영 중 저장버튼을 누르지 않고 촬영을 종료하였다는 이유만으로 위 범행이 기수에 이르지 않았다고 단정하여, 피고인에 대한 위 공소사실 중 '기수'의 점을 무죄로 인정한 원심판결에 법리오해로 인한 심리미진 또는 이유모

순의 위법이 있다고 한 사례.(대법원 2011.6.9. 선고 2010도10677 판결)

■ 판례 ■   타인의 승낙을 받아 촬영한 경우

[1] 성폭력범죄의 처벌 및 피해자보호 등에 관한 법률 제14조의2 제1항의 '그 촬영물'에 타인의 승낙을 받아 촬영한 영상물도 포함되는지 여부(소극)

카메라 등 이용 촬영죄를 정한 성폭력범죄의 처벌 및 피해자보호 등에 관한 법률 제14조의2 제1항 규정의 문언과 그 입법 취지 및 연혁, 보호법익 등에 비추어, 위 규정에서 말하는 '그 촬영물'이란 성적 욕망 또는 수치심을 유발할 수 있는 타인의 신체를 그 의사에 반하여 촬영한 영상물을 의미하고, 타인의 승낙을 받아 촬영한 영상물은 포함되지 않는다고 해석된다.

[2] 피고인이 피해자의 승낙을 받아 캠코더로 촬영해 두었던 피해자와의 성행위 장면이 담긴 영상물을 반포하였다는 공소사실에 대하여 무죄를 선고한 원심판결을 수긍한 사례(대법원 2009.10.29. 선고 2009도7973 판결)

■ 판례 ■   제14조 제1항 후단의 입법 취지 및 위 조항에서 '타인의 신체를 그 의사에 반하여 촬영한 촬영물'을 반포·판매·임대 또는 공연히 전시·상영한 자가 반드시 촬영물을 촬영한 자와 동일인이어야 하는지 여부(소극)

제14조 제1항 후단의 문언 자체가 "촬영하거나 그 촬영물을 반포·판매·임대 또는 공연히 전시·상영한 자"라고 함으로써 촬영행위 또는 반포 등 유통행위를 선택적으로 규정하고 있을 뿐 아니라, 위 조항의 입법 취지는, 개정 전에는 카메라 등을 이용하여 성적 욕망 또는 수치심을 유발할 수 있는 타인의 신체를 그 의사에 반하여 촬영한 자만을 처벌하였으나, '타인의 신체를 그 의사에 반하여 촬영한 촬영물'(이하 '촬영물'이라 한다)이 인터넷 등 정보통신망을 통하여 급속도로 광범위하게 유포됨으로써 피해자에게 엄청난 피해와 고통을 초래하는 사회적 문제를 감안하여, 죄책이나 비난 가능성이 촬영행위 못지않게 크다고 할 수 있는 촬영물의 시중 유포 행위를 한 자에 대해서도 촬영자와 동일하게 처벌하기 위한 것인 점을 고려하면, 위 조항에서 촬영물을 반포·판매·임대 또는 공연히 전시·상영한 자는 반드시 촬영물을 촬영한 자와 동일인이어야 하는 것은 아니고, 행위의 대상이 되는 촬영물은 누가 촬영한 것인지를 묻지 아니한다. (대법원 2016. 10. 13., 선고, 2016도6172, 판결)

■ 판례 ■   성폭력범죄의 처벌 등에 관한 특례법 제14조 제1항에서 촬영행위뿐만 아니라 촬영물을 반포·판매·임대·제공 또는 공공연하게 전시·상영하는 행위까지 처벌하는 취지 / 위 조항에서 '반포'와 별도로 열거된 '제공'의 의미 및 촬영의 대상이 된 피해자 본인이 위 조항에서 말하는 '제공'의 상대방에 포함되는지 여부(소극) / 피해자 본인에게 촬영물을 교부하는 행위가 위 조항의 '제공'에 해당하는지 여부(원칙적 소극)

성폭력범죄의 처벌 등에 관한 특례법(이하 '성폭력처벌법'이라 한다) 제14조 제1항에서 촬영행위뿐만 아니라 촬영물을 반포·판매·임대·제공 또는 공공연하게 전시·상영하는 행위까지 처벌하는 것은, 성적 욕망 또는 수치심을 유발할 수 있는 타인의 신체를 촬영한 촬영물이 인터넷 등 정보통신망을 통하여 급속도로 광범위하게 유포됨으로써 피해자에게 엄청난 피해와 고통을 초래하는 사회적 문제를 감안하여, 죄책이나 비난가능성이 촬영행위 못지않게 크다고 할 수 있는 촬영물의 유포행위를 한 자를 촬영자와 동일하게 처벌하기 위해서이다.

성폭력처벌법 제14조 제1항에서 '반포'와 별도로 열거된 '제공'은, '반포'에 이르지 아니하는 무상 교부행위로서 '반포'할 의사 없이 '특정한 1인 또는 소수의 사람'에게 무상으로 교부하는 것을 의미하는데, 성폭력처벌법 제14조 제1항에서 촬영행위뿐만 아니라 촬영물을 반포·판매·임대·제공 또는 공공연하게 전시·상영하는 행위까지 처벌하는 것이 촬영물의 유포행위를 방지함으로써 피해자를 보호하기 위한 것임에 비추어 볼 때, 촬영의 대상이 된 피해자 본인은 성폭력처벌법 제14조 제1항에서 말하는 '제공'의 상대방인 '특정한 1인 또는 소수의 사람'에 포함되지 않는다고 봄이 타당하다. 따라서 피해자 본인에게 촬영물을 교부하는 행위는 다른 특별한 사정이 없는 한 성폭력처벌법 제14조 제1항의 '제공'에 해당한다고 할 수 없다.(대법원 2018. 8. 1., 선고, 2018도1481, 판결)

■ **판례** ■　**다른 사람의 신체 이미지가 담긴 영상을 촬영하는 행위도 촬영에 해당하는지**

[1] 성폭력범죄의 처벌 등에 관한 특례법 제14조 제1항에서 규정한 '다른 사람의 신체를 촬영하는 행위'에 다른 사람의 신체 그 자체를 직접 촬영하는 행위만 해당하는지 여부(적극) 및 다른 사람의 신체 이미지가 담긴 영상을 촬영하는 행위도 이에 해당하는지 여부(소극)

성폭력범죄의 처벌 등에 관한 특례법 제14조 제1항은 "카메라나 그 밖에 이와 유사한 기능을 갖춘 기계장치를 이용하여 성적 욕망 또는 수치심을 유발할 수 있는 다른 사람의 신체를 그 의사에 반하여 촬영하거나 그 촬영물을 반포·판매·임대·제공 또는 공공연하게 전시·상영한 자는 5년 이하의 징역 또는 1천만 원 이하의 벌금에 처한다."라고 규정하고 있다. 위 조항이 촬영의 대상을 '다른 사람의 신체'로 규정하고 있으므로, 다른 사람의 신체 그 자체를 직접 촬영하는 행위만이 위 조항에서 규정하고 있는 '다른 사람의 신체를 촬영하는 행위'에 해당하고, 다른 사람의 신체 이미지가 담긴 영상을 촬영하는 행위는 이에 해당하지 않는다.

[2] 제14조 제2항에서 규정한 '촬영물'에 다른 사람의 신체 그 자체를 직접 촬영한 촬영물만 해당하는지 여부(적극) 및 다른 사람의 신체 이미지가 담긴 영상을 촬영한 촬영물도 이에 해당하는지 여부(소극)

성폭력범죄의 처벌 등에 관한 특례법(이하 '성폭력처벌법'이라 한다) 제14조 제2항은 "제1항의 촬영이 촬영 당시에는 촬영대상자의 의사에 반하지 아니하는 경우에도 사후에 그 의사에 반하여 촬영물을 반포·판매·임대·제공 또는 공공연하게 전시·상영한 자는 3년 이하의 징역 또는 500만 원 이하의 벌금에 처한다."라고 규정하고 있다. 위 제2항은 촬영대상자의 의사에 반하지 아니하여 촬영한 촬영물을 사후에 그 의사에 반하여 반포하는 행위 등을 규율 대상으로 하면서 그 촬영의 대상과 관련해서는 '제1항의 촬영'이라고 규정하고 있다. 성폭력처벌법 제14조 제1항이 촬영의 대상을 '다른 사람의 신체'로 규정하고 있으므로, 위 제2항의 촬영물 또한 '다른 사람의 신체'를 촬영한 촬영물을 의미한다고 해석하여야 하는데, '다른 사람의 신체에 대한 촬영'의 의미를 해석할 때 위 제1항과 제2항의 경우를 달리 볼 근거가 없다. 따라서 다른 사람의 신체 그 자체를 직접 촬영한 촬영물만이 위 제2항에서 규정하고 있는 촬영물에 해당하고, 다른 사람의 신체 이미지가 담긴 영상을 촬영한 촬영물은 이에 해당하지 아니한다.

[3] 피고인이 甲과 성관계하면서 합의하에 촬영한 동영상 파일 중 일부 장면 등을 찍은 사진 3장을 지인 명의의 휴대전화 문자메시지 기능을 이용하여 甲의 처 乙의 휴대전화로 발송함으로써, 촬영 당시 甲의 의사에 반하지 아니하였으나 사후에 그 의사에 반하여 '甲의 신체를 촬영한 촬영물'을 乙에게 제공하였다고 하여 성폭력범죄의 처벌 등에 관한 특례법 위반(카메라등이용촬영)으로 기소된 사안

피고인이 성관계 동영상 파일을 컴퓨터로 재생한 후 모니터에 나타난 영상을 휴대전화 카메라로 촬영하였더라도, 이는 甲의 신체 그 자체를 직접 촬영한 행위에 해당하지 아니하여, 그 촬영물은 같은 법 제14조 제2항에서 규정한 촬영물에 해당하지 아니한다는 이유로, 이와 달리 보아 피고인에게 유죄를 인정한 원심판단에 같은 법 제14조 제2항에 관한 법리를 오해한 잘못이 있다.(대법원 2018. 8. 30. 선고, 2017도3443, 판결)

■ 판례 ■　　성폭력범죄의 처벌 등에 관한 특례법 위반(카메라등이용촬영)죄에서 규정한 '촬영' 의 의미 / 성폭력범죄의 처벌 등에 관한 특례법 위반(카메라등이용촬영)죄에서 실행의 착수 시기

「성폭력범죄의 처벌 등에 관한 특례법」(이하 '성폭력처벌법'이라고 한다) 위반(카메라등이용촬영)죄는 카메라 등을 이용하여 성적 욕망 또는 수치심을 유발할 수 있는 타인의 신체를 그 의사에 반하여 촬영함으로써 성립하는 범죄이고, 여기서 '촬영'이란 카메라나 그 밖에 이와 유사한 기능을 갖춘 기계장치 속에 들어 있는 필름이나 저장장치에 피사체에 대한 영상정보를 입력하는 행위를 의미한다(대법원 2011. 6. 9. 선고 2010도10677 판결 참조). 따라서 범인이 피해자를 촬영하기 위하여 육안 또는 캠코더의 줌 기능을 이용하여 피해자가 있는지 여부를 탐색하다가 피해자를 발견하지 못하고 촬영을 포기한 경우에는 촬영을 위한 준비행위에 불과하여 성폭력처벌법 위반(카메라등이용촬영)죄의 실행에 착수한 것으로 볼 수 없다(대법원 2011. 11. 10. 선고 2011도12415 판결 참조). 이에 반하여 범인이 카메라 기능이 설치된 휴대전화를 피해자의 치마 밑으로 들이밀거나, 피해자가 용변을 보고 있는 화장실 칸 밑 공간 사이로 집어넣는 등 카메라 등 이용 촬영 범행에 밀접한 행위를 개시한 경우에는 성폭력처벌법 위반(카메라등이용촬영)죄의 실행에 착수하였다고 볼 수 있다.(대법원 2021. 3. 25., 선고, 2021도749, 판결)

13. 허위영상물 반포

　1) **적용법조** : 제14조의2 제1항 ☞　공소시효 7년

제14조의2(허위영상물 등의 반포등) ① 반포등을 할 목적으로 사람의 얼굴·신체 또는 음성을 대상으로 한 촬영물·영상물 또는 음성물(이하 이 조에서 "영상물등"이라 한다)을 영상물등의 대상자의 의사에 반하여 성적 욕망 또는 수치심을 유발할 수 있는 형태로 편집·합성 또는 가공(이하 이 조에서 "편집등"이라 한다)한 자는 5년 이하의 징역 또는 5천만원 이하의 벌금에 처한다.
② 제1항에 따른 편집물·합성물·가공물(이하 이 항에서 "편집물등"이라 한다) 또는 복제물(복제물의 복제물을 포함한다. 이하 이 항에서 같다)을 반포등을 한 자 또는 제1항의 편집등을 할 당시에는 영상물등의 대상자의 의사에 반하지 아니한 경우에도 사후에 그 편집물등 또는 복제물을 영상물등의 대상자의 의사에 반하여 반포등을 한 자는 5년 이하의 징역 또는 5천만원 이하의 벌금에 처한다.
③ 영리를 목적으로 영상물등의 대상자의 의사에 반하여 정보통신망을 이용하여 제2항의 죄를 범한 자는 7년 이하의 징역에 처한다.
④ 상습으로 제1항부터 세3항까지의 죄를 범한 때에는 그 죄에 정한 형의 2분의 1까지 가중한다.
제15조(미수범) 제3조부터 제9조까지, 제14조, 제14조의2 및 제14조의3의 미수범은 처벌한다.

---

14. 촬영물 등을 이용한 협박 강요

　1) **적용법조** : 제14조의3 제1항 ☞　공소시효 10년

제14조의3(촬영물 등을 이용한 협박·강요) ① 성적 욕망 또는 수치심을 유발할 수 있는 촬영물 또는 복제물(복제물의 복제물을 포함한다)을 이용하여 사람을 협박한 자는 1년 이상의 유기징역에 처한다.
② 제1항에 따른 협박으로 사람의 권리행사를 방해하거나 의무 없는 일을 하게 한 자는 3년 이상의 유기징역에 처한다.
③ 상습으로 제1항 및 제2항의 죄를 범한 경우에는 그 죄에 정한 형의 2분의 1까지 가중한다.
제15조(미수범) 제3조부터 제9조까지, 제14조, 제14조의2 및 제14조의3의 미수범은 처벌한다.

제64장 소금산업 진흥법

I. 개념정의

제2조(정의) 이 법에서 사용하는 용어의 뜻은 다음과 같다.

1. "소금"이란 대통령령으로 정하는 비율 이상의 염화나트륨을 함유한 결정체[이하 "결정체소금"이라 한다]와 함수를 말한다.

2. "함수(鹹水)"란 함유된 고형분(固形分) 중에 염화나트륨을 100분의 50 이상 함유하고 섭씨 15도에서 보메 (baume: 액체의 비중을 나타내는 단위) 5도 이상의 비중(比重)을 가진 액체를 말한다.

3. "염전(鹽田)"이란 소금을 생산·제조하기 위하여 바닷물을 저장하는 저수지, 바닷물을 농축하는 자연증발지, 소금을 결정시키는 결정지 등을 지닌 지면을 말하며, 해주·소금창고 등 해양수산부령으로 정하는 시설을 포함한다.

4. "천일(天日)염"이란 염전에서 바닷물을 자연 증발시켜 생산하는 소금을 말하며, 이를 분쇄·세척·탈수한 소금을 포함한다.

5. "정제소금"이란 결정체소금을 용해한 물 또는 바닷물을 이온교환막에 전기 투석시키는 방법 등을 통하여 얻어진 함수를 증발시설에 넣어 제조한 소금을 말한다.

6. "재제조(再製造)소금"이란 결정체소금을 용해한 물 또는 함수를 여과, 침전, 정제, 가열, 재결정, 염도조정 등의 조작과정을 거쳐 제조한 소금을 말한다.

7. "화학부산물소금"이란 화화물질의 제조·생산·분해 등의 과정에서 발생한 부산물로 제조한 소금을 말한다.

8. "기타소금"이란 다음 각 목의 소금을 말한다.
   가. 암염
   나. 호수염
   다. 천일식제조소금: 바닷물을 증발지에서 태양열로 농축하여 얻은 함수를 증발시설에 넣어 제조한 소금
   라. 천일염·정제소금·재제조소금·화학부산물소금·천일식제조소금을 생산·제조하는 방법 이외의 방법으로 생산·제조한 소금으로서 해양수산부령으로 정하는 것

9. "가공소금"이란 천일염·정제소금·재제조소금·화학부산물소금 또는 기타소금을 대통령령으로 정하는 비율 이상 사용하여 볶음·태움·용융(열을 가하여 액체로 만듦)의 방법, 다른 물질을 첨가하는 방법 또는 그 밖의 조작방법 등을 통하여 그 형상이나 질을 변경한 소금을 말한다.

10. "식용소금"이란 사람이 직접 섭취할 수 있는 소금을 말한다.

11. "비식용소금"이란 품질이나 성분 그 자체 또는 생산·관리 과정의 위해요소로 인하여 사람이 직접 섭취할 수 없는 소금을 말한다.

12. "소금산업"이란 다음 각 목의 어느 하나에 해당하는 것에 관한 산업을 말한다.
    가. 염전의 개발
    나. 염전 관련 시설·기구·자재 등의 개발·제조·유통·판매
    다. 소금의 생산·제조·수입, 저장·보관, 유통 또는 판매·수출
    라. 소금의 생산·제조·저장·유통 등과 관련된 설비·기구·기계 등의 제조·수입, 유통 또는 판매·수출
    마. 소금 포장·용기 등의 제조·수입, 유통 또는 판매·수출
    바. 소금을 사용한 가공제품의 제조·수입, 유통 또는 판매·수출
    사. 그 밖에 대통령령으로 정하는 것

13. "소금사업자"란 소금산업과 관련된 경제활동을 영위하는 자를 말한다.

14. "소금제조업자"란 소금사업자 가운데 염전을 개발하는 자와 다음 각 목의 어느 하나에 해당하는 것을 업으로 하는 자를 말한다.
    가. 염전에서의 천일염이나 그 밖에 대통령령으로 정하는 소금의 생산·제조
    나. 정제소금의 제조   다. 재제조소금의 제조   라. 화학부산물소금의 제조
    마. 기타소금의 생산·제조   바. 가공소금의 제조

II. 벌칙 및 다른 법률과의 관계

1. 벌 칙

제60조(벌칙) 다음 각 호의 자는 10년 이하의 징역 또는 1억원 이하의 벌금에 처하거나 이를 병과할 수 있다.

1. 제29조제2항을 위반하여 식용천일염생산금지해역에서 식용천일염생산을 목적으로 염전을 개발하거나 식용천일염을 생산하는 자

2. 제49조제1항을 위반하여 화학부산물소금을 식용으로 제조 · 저장 · 가공 · 유통 · 보관 · 진열판매 · 수입 · 수출 · 사용 또는 조리한 자

3. 제49조제2항을 위반하여 비식용으로 생산 · 제조 · 수입된 소금을 식용으로 가공 · 유통 · 판매 · 수출 · 사용 · 조리하거나 식용으로 판매 · 수출할 목적으로 저장 · 보관 · 진열한 자

4. 제49조제3항을 위반하여 식용으로 생산 · 제조 · 수입되었으나 생산 · 제조 · 수입 이후 비식용으로 판매 · 수출할 목적으로 저장 · 가공 · 유통 · 보관 · 진열 · 사용되었던 소금을 다시 식용으로 저장 · 가공 · 유통 · 보관 · 진열 · 사용 또는 조리한 자

제61조(벌칙) 고의로 제31조제1항제1호 또는 제2호를 위반하여 오염물질 중 「해양환경관리법」 제2조제5호에 따른 기름을 배출한 자는 5년 이하의 징역 또는 5천만원 이하의 벌금에 처한다.

제62조(벌칙) 다음 각 호의 어느 하나에 해당하는 자는 3년 이하의 징역 또는 3천만원 이하의 벌금에 처한다.

1. 제31조제1항제1호 또는 제2호를 위반하여 오염물질 중 「해양환경관리법」 제2조제4호에 따른 폐기물, 같은 조 제7호에 따른 유해액체물질 또는 같은 조 제8호에 따른 포장유해물질을 배출하는 행위를 한 자

2. 제50조제1항을 위반하여 다음 각 목의 어느 하나에 해당하는 행위를 한 자
   가. 염전에서 천일염이 아닌 소금 또는 수입한 소금을 혼합하는 방법이나 천일염 여부를 혼동하게 할 우려가 있는 방법으로 천일염을 생산하는 행위
   나. 제23조에 따른 허가를 거짓이나 그 밖의 부정한 방법으로 받는 행위
   다. 제27조에 따른 신고를 거짓이나 그 밖의 부정한 방법으로 하는 행위
   라. 제35조제1항에 따른 품질검사를 거짓이나 그 밖의 부정한 방법으로 받는 행위
   마. 제35조제2항에 따른 품질검사기관의 지정을 거짓이나 그 밖의 부정한 방법으로 받는 행위
   바. 제37조제1항에 따른 품질표시를 거짓이나 그 밖의 부정한 방법으로 하는 행위
   사. 제39조제1항에 따른 우수천일염인증을 거짓이나 그 밖의 부정한 방법으로 받는 행위

3. 제50조제2항을 위반하여 다음 각 목의 어느 하나에 해당하는 행위를 한 자
   가. 제33조에 따른 표준규격품이 아닌 소금에 표준규격품의 표시 또는 이와 유사한 표시를 하는 행위
   나. 제35조에 따른 품질검사를 받지 아니하거나 품질검사에 불합격한 소금에 품질검사 합격의 표시 또는 이와 유사한 표시를 하는 행위
   다. 제39조에 따른 우수천일염인증품이 아닌 소금에 우수천일염인증품의 표시 또는 이와 유사한 표시를 하는 행위

4. 제51조제1항을 위반하여 제29조에 따른 식용천일염생산금지해역에서 생산된 천일염이라는 사실을 알면서도 해당 천일염을 식용으로 판매 · 수출하거나 식용으로 판매 · 수출 목적으로 저장 · 보관 · 진열한 자

5. 제51조제2항을 위반하여 다음 각 목의 어느 하나에 해당하는 행위를 한 자
   가. 제33조에 따른 표준규격품에 표준규격품이 아닌 소금을 혼합하여 판매 · 수출하거나 판매 · 수출할 목적으로 저장 · 보관 · 진열하는 행위
   나. 제35조에 따른 품질검사 합격품에 품질검사를 받지 아니하거나 품질검사에 불합격한 소금을 혼합하여 판매 · 수출하거나 판매 · 수출할 목적으로 저장 · 보관 · 진열하는 행위
   다. 제37조에 따른 품질표시를 한 소금에 품질표시를 하지 아니한 소금을 혼합하여 판매 · 수출하거나 판매 · 수출할 목적으로 저장 · 보관 · 진열하는 행위
   라. 제39조에 따른 우수천일염인증품에 우수천일염인증품이 아닌 소금을 혼합하여 판매 · 수출하거나 판매 · 수출할 목적으로 저장 · 보관 · 진열하는 행위

제63조(벌칙) 다음 각 호의 어느 하나에 해당하는 자는 1년 이하의 징역 또는 1천만원 이하의 벌금에 처한다.

1. 제23조를 위반하여 허가를 받지 아니하고 염전을 개발하거나 소금을 생산 · 제조한 자

2. 제26조에 따라 허가가 취소되었거나 영업정지 명령을 받았음에도 염전을 개발하거나 소금을 생산한 자

3. 제27조를 위반하여 신고를 하지 아니하고 비식용소금을 생산한 자
4. 제31조제2항 본문을 위반하여 동물용 의약품을 사용한 자
5. 제34조제1항을 위반하여 시정명령(제34조제1항제3호에 따른 표시방법에 대한 시정명령은 제외한다), 판매금지 또는 표시정지 처분에 따르지 아니한 자
6. 제35조제1항을 위반하여 품질검사를 받지 아니한 자
7. 제36조에 따라 품질검사기관의 지정이 취소되었거나 품질검사업무정지명령을 받았음에도 업무정지 기간 동안 품질검사를 한 자
8. 제37조제1항을 위반하여 품질표시를 하지 아니한 자
9. 제43조제1항에 따른 천일염인증기관의 지정을 거짓이나 그 밖의 부정한 방법으로 받는 행위
10. 제43조제1항에 따른 천일염인증기관의 지정을 받지 아니하고 천일염인증을 한 자
11. 제44조제1항에 따라 지정이 취소되었거나 업무정지 명령을 받았음에도 업무정지 기간동안 천일염인증을 한 자
12. 제46조를 위반하여 시정명령(제46조제3호에 따른 표시방법에 대한 시정명령은 제외한다), 판매금지 또는 표시정지 처분에 따르지 아니한 자
13. 제51조제3항을 위반하여 다음 각 목의 어느 하나에 해당하는 행위를 한 자
    가. 제23조에 따른 허가를 받지 아니한 자가 생산·제조한 소금이라는 사실을 알면서도 해당 소금을 판매·수출하거나 판매·수출할 목적으로 저장·보관·진열하는 행위
    나. 제26조에 따라 허가가 취소되거나 영업정지 명령을 받은 자가 생산·제조한 소금이라는 사실을 알면서도 해당 소금을 판매·수출하거나 판매·수출할 목적으로 저장·보관·진열하는 행위
    다. 제27조에 따른 신고를 하지 아니한 자가 생산·제조한 소금이라는 사실을 알면서도 해당 소금을 판매·수출하거나 판매·수출할 목적으로 저장·보관·진열하는 행위
    라. 제35조에 따른 품질검사를 받지 아니하였거나 품질검사에 불합격한 소금이라는 사실을 알면서도 해당 소금을 판매·수출하거나 식용으로 판매·수출할 목적으로 저장·보관·진열하는 행위

제64조(과실범) 과실로 제31조제1항제1호 또는 제2호를 위반하여 오염물질 중 「해양환경관리법」 제2조제5호에 따른 기름을 배출한 자는 3년 이하의 징역 또는 3천만원 이하의 벌금에 처한다.

제65조(양벌규정) 법인의 대표자나 법인 또는 개인의 대리인, 사용인, 그 밖의 종업원이 그 법인 또는 개인의 업무에 관하여 제60조부터 제64조까지의 어느 하나에 해당하는 위반행위를 하면 그 행위자를 벌하는 외에 그 법인 또는 개인에게도 해당 조문의 벌금형을 과(科)한다. 다만, 법인 또는 개인이 그 위반행위를 방지하기 위하여 해당 업무에 관하여 상당한 주의와 감독을 게을리하지 아니한 경우에는 그러하지 아니하다.

2. 다른 법률과의 관계

제4조(다른 법률과의 관계) ① 이 법은 소금산업의 진흥 및 소금의 품질관리에 관하여 다른 법률에 우선하여 적용한다.
② 소금산업의 진흥 및 소금의 품질관리에 관하여 이 법에서 규정한 것을 제외하고는 「농어업·농어촌 및 식품산업 기본법」, 「수산식품산업의 육성 및 지원에 관한 법률」, 「식품산업진흥법」, 「식품위생법」 및 「대외무역법」에서 정하는 바에 따른다.

III. 범죄사실

1. 무허가 소금제조

1) 적용법조 : 제63조 제1호, 제23조 제1항 제2호　☞　공소시효 5년

> 제23조(소금제조업 등의 허가) ① 다음 각 호의 어느 하나에 해당하는 자는 시·도지사의 허가를 받아야 한다.
> 허가받은 사항 중 해양수산부령으로 정하는 중요한 사항을 변경하거나 폐전·폐업하려는 경우에도 또한 같다.
> 1. 염전을 개발하는 자
> 2. 염전에서의 천일염이나 그 밖에 대통령령으로 정하는 소금의 생산·제조를 업으로 하는 자
> 3. 천일식제조소금의 제조를 업으로 하는 자

2) 범죄사실 기재례

> 　　피의자는 ○○에 있는 염전에서 염을 제조하는 사람으로서 염전에서의 천일염이나 그 밖에 대통령령으로 정하는 소금의 생산·제조를 업으로 하는 자는 시·도지사의 허가를 받아야 한다.
> 　　그럼에도 불구하고 피의자는 20○○. ○. ○. 경부터 20○○. ○. ○. 경까지 허가없이 위 장소 약 ○○㎡ 면적의 염전에 염관 ○개, 양수기 ○대, 수차 ○개 등 염 생산시설을 갖추고 소금 약 ○○㎏을 제조하였다.

3) 신문사항

- 염을 제조한 일이 있는가
- 언제부터 언제까지 제조하였나
- 어디에서 하였으며 그 면적은 어느 정도인가
- 어떤 시설을 갖추었나
- 어떤 방법으로 하였나
- 어느 정도 제조하였나
- 제조한 소금은 어떻게 하였나
- ○○도지사의 허가를 받았는가
- 왜 허가 없이 이런 행위를 하였나

■ **판례** ■　　함수(鹹水)만을 제조하는 경우 염관리법 제3조 제1항소정의 허가여부

염관리법 제3조 제1항은 염은 물론이고 함수만을 제조하는 자도 상공부장관의 허가를 받도록 규정하고 있으므로 그 시행령이나 시행규칙에 함수만을 제조하는 경우의 허가요건 등을 따로 규정하고 있지 않다고 하여 함수만을 제조하는 경우 허가를 받지 않아도 된다고 할 수 없고 염의 제조허가에 준하여 허가를 받으면 되는 것이다(대법원 1989.9.12. 선고 88도1542 판결).

2. 허가취소 후 염 생산

1) 적용법조 : 제63조 제2호, 제26조 제3호 ☞ 공소시효 5년

제26조(허가취소 등) 시 · 도지사는 제23조제1항에 따라 허가를 받은 자가 다음 각 호의 어느 하나에 해당하면 그 허가를 취소하거나 1년 이내의 기간을 정하여 영업정지를 명할 수 있다. 다만, 제1호, 제2호 또는 제4호에 해당하면 그 허가를 취소하여야 한다.
1. 거짓이나 그 밖의 부정한 방법으로 허가를 받은 경우
2. 영업정지 기간 중에 영업을 한 경우
3. 제23조제5항에 따른 허가의 요건 · 시설기준에 미달하게 된 경우
4. 제24조에 따른 허가의 제한사항에 해당하게 된 경우(법인의 임원이 그 사유에 해당하게 된 경우 3개월 이내에 그 임원을 바꾸어 임명한 경우에는 그러하지 아니하다)
5. 제28조에 따른 안전관리기준을 위반한 경우

2) 범죄사실 기재례

피의자는 200○. ○. ○. ○○도지사로부터 염의 제조허가를 받고 염을 제조하였던 자로 200○. ○. ○. 시설기준 미달로 허가가 취소되었다.
그럼에도 불구하고 피의자는 200○. ○. ○. 경부터 200○. ○. ○. 경까지 위 장소 약 ○○㎡ 면적의 염전에 염관 ○○개, 양수기 ○○대, 수차○○개 등 염 생산시설을 갖추고 계속 염 제조를 하였다.

3) 신문사항
- 염 제조허가를 받은 일이 있는가
- 언제 누구로부터 받았는가
- 허가장소가 어디였는가
- 어떤 조건으로 허가 받았나
- 이런 허가가 취소된 일이 있는가
- 언제 무엇 때문에 취소되었나
- 취소 사항을 언제 누구로부터 받는가
- 취소된 후로도 염 생산을 하였나
- 취소 후 언제부터 언제까지 염 생산을 하였는가
- 어떤 생산시설을 갖추었나
- 생산량은 어느 정도 였는가
- 이렇게 생산된 염은 어떻게 하였나

3. 염전에서 천일염을 수입산과 혼합

1) 적용법조 : 제62조 제2호 가목, 제50조 제1항 제1호 ☞ 공소시효 5년

제50조(부정행위·거짓표시 등의 금지) ① 누구든지 다음 각 호의 행위를 하여서는 아니 된다.

1. 염전에서 천일염이 아닌 소금 또는 수입한 소금을 혼합하는 방법이나 천일염 여부를 혼동하게 할 우려가 있는 방법으로 천일염을 생산하는 행위
2. 제23조에 따른 허가를 거짓이나 그 밖의 부정한 방법으로 받는 행위
3. 제27조에 따른 신고를 거짓이나 그 밖의 부정한 방법으로 하는 행위
4. 제35조제1항에 따른 품질검사를 거짓이나 그 밖의 부정한 방법으로 받는 행위
5. 제35조제2항에 따른 품질검사기관의 지정을 거짓이나 그 밖의 부정한 방법으로 받는 행위
6. 제37조제1항에 따른 품질표시를 거짓이나 그 밖의 부정한 방법으로 하는 행위
7. 제39조제1항에 따른 우수천일염인증을 거짓이나 그 밖의 부정한 방법으로 받는 행위

---

2) 범죄사실 기재례

누구든지 염전에서 천일염이 아닌 소금 또는 수입한 소금을 혼합하는 방법이나 천일염 여부를 혼동하게 할 우려가 있는 방법으로 천일염을 생산하는 행위를 하여서는 아니 된다.

그럼에도 불구하고 피의자는 20○○. ○. ○. ○○에 있는 염전에서 ○○ 수입산 소금과 천임염을 3:7 비율로 혼합하여 ○○kg 포대 ○○개(총 ○○kg)를 생산하였다.

3) 신문사항

- 천일염을 생산한 일이 있는가
- 언제 어디에서 생산하였나
- 생산한 소금은 모두 천일염인가
- 수입산 소금은 어디에서 어떻게 얼마를 구입하였는가
- 천임염과 어떤 방법으로 혼합하였는가
- 어느 정도 생산하였나
- 이렇게 혼합한 장소가 어디인가
- 염전에서 이런 행위를 하였으면 천일염으로 혼동할 수 있는 것이 아닌가
- 이렇게 생산한 소금은 어떻게 하였는가
- 왜 이런 행위를 하였나

4. 허가받지 아니한 자가 제조한 소금 판매

1) 적용법조 : 제63조 제13호 가목, 제51조 제3항 제1호 ☞ 공소시효 5년

> 제51조(판매·수출 등의 금지) ③ 누구든지 다음 각 호의 행위를 하여서는 아니 된다.
> 1. 제23조에 따른 허가를 받지 아니한 자가 생산·제조한 소금이라는 사실을 알면서도 해당 소금을 판매·수출하거나 판매·수출할 목적으로 저장·보관·진열하는 행위
> 2. 제26조에 따라 허가가 취소되거나 영업정지 명령을 받은 자가 생산·제조한 소금이라는 사실을 알면서도 해당 소금을 판매·수출하거나 판매·수출할 목적으로 저장·보관·진열하는 행위
> 3. 제27조에 따른 신고를 하지 아니한 자가 생산·제조한 소금이라는 사실을 알면서도 해당 소금을 판매·수출하거나 판매·수출할 목적으로 저장·보관·진열하는 행위
> 4. 제35조에 따른 품질검사를 받지 아니하였거나 품질검사에 불합격한 소금이라는 사실을 알면서도 해당 소금을 판매·수출하거나 식용으로 판매·수출할 목적으로 저장·보관·진열하는 행위

2) 범죄사실 기재례

> 허가를 받지 아니한 자가 생산·제조한 소금이라는 사실을 알면서도 해당 소금을 판매·수출하거나 판매·수출할 목적으로 저장·보관·진열하는 행위를 하여서는 아니 된다.
> 그럼에도 불구하고 피의자는 20○○. ○. ○. 홍길동이 ○○에 있는 염전에서 무허가로 제조한 천일염이라는 사실을 알면서도 위 홍길동으로부터 천일염 약 100kg을 공급받아, 20○○. ○. ○. ○○에서 아파트 주민들을 상대로 1kg당 ○○원에 판매하였다.

3) 신문사항

- 소금을 판매한 일이 있는가
- 언제 어디에서 판매하였나
- 판매한 소금은 어디에서 구입하였나
- 어떻게 홍길동으로부터 직접구했나
- 홍길동이 생산한 소금은 허가 받지 않고 제조한 것이라는 것을 알고 있는가
- 얼마의 량을 얼마에 구입하였나
- 누구를 상대로 얼마에 판매하였나
- 아파트 주민들에게 정상적인 소금이라면 판매하였나
- 왜 이런 행위를 하였나

■ 판례 ■　**염관리법상 기준미달의 함수를 허가없이 제조한 경우 처벌가부(적극)**

염관리법 제11조는 동법 제1조 제3호에서 규정하고 있는 기준에 다소 미달하는 함수를 제조하는 경우라도 이를 처벌하려는 취지라고 볼 것이다(대법원 1989.9.12. 선고 88도1542 판결).

Ⅰ. 개념정의

제2조(정의) 이 법에서 사용하는 용어의 뜻은 다음과 같다.
1. "소방대상물"이란 건축물, 차량, 선박(「선박법」 제1조의2제1항에 따른 선박으로서 항구에 매어둔 선박만 해당한다), 선박 건조 구조물, 산림, 그 밖의 인공 구조물 또는 물건을 말한다.
2. "관계지역"이란 소방대상물이 있는 장소 및 그 이웃 지역으로서 화재의 예방·경계·진압, 구조·구급 등의 활동에 필요한 지역을 말한다.
3. "관계인"이란 소방대상물의 소유자·관리자 또는 점유자를 말한다.
4. "소방본부장"이란 특별시·광역시·특별자치시·도 또는 특별자치도(이하 "시·도"라 한다)에서 화재의 예방·경계·진압·조사 및 구조·구급 등의 업무를 담당하는 부서의 장을 말한다.
5. "소방대"(消防隊)란 화재를 진압하고 화재, 재난·재해, 그 밖의 위급한 상황에서 구조·구급 활동 등을 하기 위하여 다음 각 목의 사람으로 구성된 조직체를 말한다.
  가. 「소방공무원법」에 따른 소방공무원
  나. 「의무소방대설치법」 제3조에 따라 임용된 의무소방원(義務消防員)
  다. 「의용소방대 설치 및 운영에 관한 법률」에 따른 의용소방대원(義勇消防隊員)
6. "소방대장"(消防隊長)이란 소방본부장 또는 소방서장 등 화재, 재난·재해, 그 밖의 위급한 상황이 발생한 현장에서 소방대를 지휘하는 사람을 말한다.

Ⅱ. 벌칙 및 다른 법률과의 관계

1. 벌 칙

제50조(벌칙) 다음 각 호의 어느 하나에 해당하는 사람은 5년 이하의 징역 또는 5천만원 이하의 벌금에 처한다.
1. 제16조제2항을 위반하여 다음 각 목의 어느 하나에 해당하는 행위를 한 사람
  가. 위력(威力)을 사용하여 출동한 소방대의 화재진압·인명구조 또는 구급활동을 방해하는 행위
  나. 소방대가 화재진압·인명구조 또는 구급활동을 위하여 현장에 출동하거나 현장에 출입하는 것을 고의로 방해하는 행위
  다. 출동한 소방대원에게 폭행 또는 협박을 행사하여 화재진압·인명구조 또는 구급활동을 방해하는 행위
  라. 출동한 소방대의 소방장비를 파손하거나 그 효용을 해하여 화재진압·인명구조 또는 구급활동을 방해하는 행위
2. 제21조제1항을 위반하여 소방자동차의 출동을 방해한 사람
3. 제24조제1항에 따른 사람을 구출하는 일 또는 불을 끄거나 불이 번지지 아니하도록 하는 일을 방해한 사람
4. 제28조를 위반하여 정당한 사유 없이 소방용수시설 또는 비상소화장치를 사용하거나 소방용수시설 또는 비상소화장치의 효용을 해치거나 그 정당한 사용을 방해한 사람
제51조(벌칙) 제25조제1항에 따른 처분을 방해한 자 또는 정당한 사유 없이 그 처분에 따르지 아니한 자는 3년 이

하의 징역 또는 3천만원 이하의 벌금에 처한다.

제52조(벌칙) 다음 각 호의 어느 하나에 해당하는 자는 300만원 이하의 벌금에 처한다.

1. 제25조제2항 및 제3항에 따른 처분을 방해한 자 또는 정당한 사유 없이 그 처분에 따르지 아니한 자

2. 삭제 〈2021. 6. 8.〉

제53조 삭제 〈2021. 11. 30.〉

제54조(벌칙) 다음 각 호의 어느 하나에 해당하는 자는 100만원 이하의 벌금에 처한다.

1. 삭제 〈2021. 11. 30.〉

1의2. 제16조의3제2항을 위반하여 정당한 사유 없이 소방대의 생활안전활동을 방해한 자

2. 제20조제1항을 위반하여 정당한 사유 없이 소방대가 현장에 도착할 때까지 사람을 구출하는 조치 또는 불을 끄거나 불이 번지지 아니하도록 하는 조치를 하지 아니한 사람

3. 제26조제1항에 따른 피난 명령을 위반한 사람

4. 제27조제1항을 위반하여 정당한 사유 없이 물의 사용이나 수도의 개폐장치의 사용 또는 조작을 하지 못하게 하거나 방해한 자

5. 제27조제2항에 따른 조치를 정당한 사유 없이 방해한 자

제54조의2(「형법」상 감경규정에 관한 특례) 음주 또는 약물로 인한 심신장애 상태에서 제50조제1호다목의 죄를 범한 때에는 「형법」 제10조제1항 및 제2항을 적용하지 아니할 수 있다.

제55조(양벌규정) 법인의 대표자나 법인 또는 개인의 대리인, 사용인, 그 밖의 종업원이 그 법인 또는 개인의 업무에 관하여 제50조부터 제54조까지의 어느 하나에 해당하는 위반행위를 하면 그 행위자를 벌하는 외에 그 법인 또는 개인에게도 해당 조문의 벌금형을 과(科)한다. 다만, 법인 또는 개인이 그 위반행위를 방지하기 위하여 해당 업무에 관하여 상당한 주의와 감독을 게을리하지 아니한 경우에는 그러하지 아니하다.

2. 다른 법률과의 관계

제3조의3(다른 법률과의 관계) 제주특별자치도에는 「제주특별자치도 설치 및 국제자유도시 조성을 위한 특별법」 제44조에도 불구하고 같은 법 제6조제1항 단서에 따라 이 법 제3조의2를 우선하여 적용한다.

Ⅲ. 범죄사실

1. 소방대 소방활동 방해

1) 적용법조 : 제50조 제1호 다목, 제16조 제2항 ☞ 공소시효 7년

> **제16조(소방활동)** ① 소방청장, 소방본부장 또는 소방서장은 화재, 재난·재해, 그 밖의 위급한 상황이 발생하였을 때에는 소방대를 현장에 신속하게 출동시켜 화재진압과 인명구조·구급 등 소방에 필요한 활동(이하 이 조에서 "소방활동"이라 한다)을 하게 하여야 한다.
> ② 누구든지 정당한 사유 없이 제1항에 따라 출동한 소방대의 소방활동을 방해하여서는 아니 된다.

2) 범죄사실 기재례
[기재례1] 출동한 소방대원 폭행

> 누구든지 출동한 소방대원에게 폭행 또는 협박을 행사하여 화재진압·인명구조 또는 구급 활동을 방해해서는 아니 된다.
>
> 피의자는 20○○. ○. ○. 02:40경 ○○에서 ○○에 약 ○○cm의 원인 불명의 열상을 입은 상태로 발견되어 119신고를 받고 현장 출동한 ○○소방서 ○○119안전센터 구급대원인 소방위 갑(남, 40세), 소방교 을(남, 31세)에 의하여 ○○병원 응급실로 후송되게 되었다.
>
> 피의자는 같은 날 03:00경 ○○에 있는 ○○병원 응급실 앞에 도착한 구급차 안에서 갑자기 윗옷을 벗으면서 위 갑에게 "지금 실수하신 거에요, 제가 누군지 아세요, 저 조폭이거든요." 라고 말하면서 갑자기 달려들어 "사람 잘못 건드렸어요, 씨발새끼야!" 라고 말하면서 주먹으로 갑의 얼굴 부위를 때리고, 이를 제지하는 을의 머리채를 손으로 쥐어잡아 폭행하였다.
>
> 이로써 피의자는 출동한 소방대원을 폭행하여 구급 활동을 방해하였다.

[기재례2] 출동한 소방대원 상해

> 누구든지 정당한 사유 없이 화재, 재난·재해, 그 밖의 위급한 상황이 발생하여 출동한 소방대원에게 폭행 또는 협박을 행사하여 화재진압·인명구조 또는 구급 활동을 방해하여서는 아니 된다.
>
> 피의자는 20○○. ○. ○. 20:50경 ○○에 있는 '○○주유소' 사무실에서, '손 부상 환자가 있다' 라는 119 신고를 받고 출동한 ○○소방서 ○○119안전센터 소속 소방공무원인 피해자 갑(남, 30세)이 피의자의 부상 상태를 확인하기 위해 피의자에게 '체온을 재보겠다.' 라고 말하자 갑자기 발로 피해자의 오른쪽 가슴 부위를 찼다.
>
> 이로써 피의자는 출동한 소방대원을 폭행하여 정당한 구급 활동을 방해함과 동시에 피해자에게 약 ○○주간의 치료가 필요한 ○○상을 가하였다.

2. 관계인의 소방활동 불이행

1) 적용법조 : 제54조 제2호, 제20조 제1항 ☞ 공소시효 5년

> 제20조(관계인의 소방활동 등) ① 관계인은 소방대상물에 화재, 재난 · 재해, 그 밖의 위급한 상황이 발생한 경우에는 소방대가 현장에 도착할 때까지 경보를 울리거나 대피를 유도하는 등의 방법으로 사람을 구출하는 조치 또는 불을 끄거나 불이 번지지 아니하도록 필요한 조치를 하여야 한다.
> ② 관계인은 소방대상물에 화재, 재난 · 재해, 그 밖의 위급한 상황이 발생한 경우에는 이를 소방본부, 소방서 또는 관계 행정기관에 지체 없이 알려야 한다.

2) 범죄사실 기재례

피의자는 OO에 있는 OO건물의 관리자로서, 관계인은 소방대상물에 화재, 재난 · 재해 그 밖의 위급한 상황이 발생한 경우에는 소방대가 현장에 도착할 때까지 경보를 울리거나 대피를 유도하는 등의 방법으로 사람을 구출하는 조치 또는 불을 끄거나 불이 번지지 아니하도록 필요한 조치를 하여야 한다.

그럼에도 피의자는 20OO. O. O. 22:00경 위 건물 3층에 화재가 발생하였으므로 관리자인 관계인으로서 소방대가 현장에 도착할 때까지 경보를 울리거나 대피를 유도하는 등의 방법으로 사람을 구출하는 조치 또는 불을 끄거나 불이 번지지 아니하도록 필요한 조치를 하여야 함에도 불구하고 정당한 사유없이 아무런 조치를 하지 아니하였다.

✽ "관계인"이란 소방대상물의 소유자 · 관리자 또는 점유자를 말한다(법 제2조 제3호).

3) 신문사항

- ○○건물의 관계인(소유자, 관리자 또는 점유자)인가
- 위 건물에 대해 어떤 역할을 하고 있는가
- 위 건물에 화재가 발생한 일이 있는가
- 언제 어떤 화재가 발생하였는가
- 화재가 발생하였을 때 피의자는 어떤 조치를 하였는가
- 불을 끄거나 불이 번지지 아니하도록 필요한 조치를 하였는가
- 경보기를 울렸는가(또는 왜 사람을 구출하지 않았는가)
- 왜 아무런 조치를 취하지 않았는가

■ 판례 ■ 소방대상물의 관계인인 甲이 화재진압조치를 이행하였지만 화재진압에 성공하지 못하여 사람들이 사망하거나 상해를 입은 경우

[1] 소방기본법 제20조에 따른 조치의무 위반을 이유로 소방대상물의 관계인을 처벌하기 위한 요건

소방기본법 제54조 제2호는 '제20조의 규정을 위반하여 정당한 사유 없이 소방대가 현장에 도착할 때까지 사람을 구출하는 조치 또는 불을 끄거나 불이 번지지 아니하도록 하는 조치를 하지 아니한 자' 를 처벌하도록 규정하고 있는바, 소방기본법 제20조에서 소방대상물의 관계인에게 선택적으로 인명구출조치 또는 화재진압조치를 취하도록 규정하고 있는 취지에 더하여 위 법규정의 문

리적 해석에 의하더라도 '사람을 구출하는 조치 또는 불을 끄거나 불이 번지지 아니하도록 하는 조치'를 하지 아니한 자를 처벌하는 것으로 보일 뿐 '사람을 구출하는 조치를 하지 아니한 자' 또는 '불을 끄거나 불이 번지지 아니하도록 하는 조치를 하지 아니한 자'를 처벌하는 것으로 보이지는 않으므로, 소방대상물의 관계인이 위와 같은 조치를 전혀 이행하지 아니한 경우에 한하여 소방기본법상의 조치위반을 이유로 형사처벌을 하도록 규정하고 있다고 해석하여야 한다.

[2] 甲의 행위를 소방기본법 제54조 제2호, 제20조에 의하여 처벌할 수 있는지 여부(소극)

소방대상물의 관계인이 화재 당시 자신의 판단에 따라 화재진압조치를 이행하였다면, 비록 화재진압조치에 성공하지 못하였고 또 그와 같은 과정에서 더 높은 가치의 의무인 인명구출조치를 이행하지 못하여 결과적으로 건물 안에 남아 있던 사람들이 사망하거나 상해를 입었다고 하더라도 이에 대한 도의적 책임을 별론으로 하고, 소방기본법 제54조 제2호, 제20조에 의하여 처벌할 수는 없다.

[3] 소방기본법 제20조에 정한 소방대상물의 관계인으로서 '점유자'의 의미

소방기본법 제20조는 소방대상물의 관리자·소유자 또는 점유자에 대하여 인명구출조치 또는 화재진압조치를 할 것으로 규정하고 있는데, 소방기본법의 목적 및 위 규정이 위급한 재해의 발생원인과 관련있는지 여부와는 무관하게 관계인에 대하여 인명구출조치 또는 화재진압조치를 부과하고 있는 취지에 비추어 보면, 위 법조항 소정의 점유자는 소방대상물을 사실상 지배하면서 소방대상물을 보존, 관리할 권한과 책임이 있는 자로 한정하여 해석하여야 한다(대전지법 2007.5.2. 선고 2006고정1527 판결).

3. 소방자동차 출동 방해

1) 적용법조 : 제50조 제2호, 제21조 제1항 ☞ 공소시효 7년

> 제21조(소방자동차의 우선 통행 등) ① 모든 차와 사람은 소방자동차(지휘를 위한 자동차 및 구조·구급차를 포함한다. 이하 같다)가 화재진압 및 구조·구급활동을 위하여 출동을 하는 때에는 이를 방해하여서는 아니 된다.

2) 범죄사실 기재례

> 　모든 차와 사람은 소방자동차(지휘를 위한 자동차 및 구조·구급차를 포함한다. 이하 같다)가 화재진압 및 구조·구급활동을 위하여 출동을 하는 때에는 이를 방해하여서는 아니 된다.
>
> 　그럼에도 불구하고 피의자는 20○○. ○. ○. 20:00경 ○○에서 ○○에 응급환자가 있다는 119신고를 받고 구조·구급활동을 위하여 출동한 ○○소방서 소속 소방사 홍길동이 운전한 (차량번호) 구급차를 경운기를 대각선으로 주차하여 위 구급차량이 진행할 수 없도록 하여 약 20분간 통행하지 못하게 출동을 방해하였다.
>
> 　이로써 피의자는 소방자동차의 출동을 방해하였다.

3) 신문사항

- 소방자동차의 출동을 방해한 일이 있는가
- 언제 어디에서 방해하였나
- 어떤 소방차량을 방해하였나
- 그 차량이 구급활동(또는 화재진압, 구조활동 등)을 위해 출동한 차량이라는 것을 알고 있는가
- 어떤 방법으로 방해하였나
- 얼마정도 방해하였나
- 왜 방해하였나
- 피의자의 행위로 어떠한 결과가 발생하였는지 알고 있는가

4. 소방활동 방해차량 제거방해 행위

1) 적용법조 : 제52조 제1호, 제25조 제3항 ☞ 공소시효 5년

제25조(강제처분 등) ① 소방본부장·소방서장 또는 소방대장은 사람을 구출하거나 불이 번지는 것을 막기 위하여 필요한 때에는 화재가 발생하거나 불이 번질 우려가 있는 소방대상물 및 토지를 일시적으로 사용하거나 그 사용의 제한 또는 소방활동에 필요한 처분을 할 수 있다.
② 소방본부장·소방서장 또는 소방대장은 사람을 구출하거나 불이 번지는 것을 막기 위하여 긴급하다고 인정하는 때에는 제1항의 규정에 따른 소방대상물 또는 토지외의 소방대상물과 토지에 대하여 제1항의 규정에 따른 처분을 할 수 있다.
③ 소방본부장·소방서장 또는 소방대장은 소방활동을 위하여 긴급하게 출동하는 때에는 소방자동차의 통행과 소방활동에 방해가 되는 주차 또는 정차된 차량 및 물건 등을 제거 또는 이동시킬 수 있다.

2) 범죄사실 기재례

피의자는 200○. ○. ○. 20:00경 ○○에 화재발생 신고를 받고 소방활동을 위하여 출동한 ○○소방서 소속 소방자동차 2대가 ○○에 도착하였을 때 그곳 골목에 무단주차된 ○○호(차량번호, 차종)차 때문에 소방자동차의 통행에 방해가 되어 위 소방서 소속 소방대장인 홍길동이 이를 다른 곳으로 이동시켜 달라는 처분을 받았다.
그럼에도 불구하고 피의자는 '다른 골목으로 돌아가면 되는데 무엇 때문에 내 차량을 이동시키라고 하느냐'고 하면서 정당한 사유없이 그 처분에 따르지 아니하였다.

3) 신문사항

- 차량을 ○○에 주차한 일이 있는가
- ○○에 화재가 발생하여 소방자동차가 출동한 것을 알고 있는가
- 피의자 차량 때문에 소방자동차가 통행하지 못한 일이 있는가
- 당시 피의자 차량을 다른 곳으로 이동시켜 달라는 지시를 받은 일이 있는가
- 누구로부터 어떤 지시를 받았는가
- 이를 이행하였는가
- 피의자의 이러한 행위가 정당하다고 생각하는가
- 왜 이런 행위를 하였나

5. 화재발생 시 피난 명령위반

1) 적용법조 : 제54조 제3호, 제26조 제1항 ☞ 공소시효 5년

제26조(피난 명령) ① 소방본부장·소방서장 또는 소방대장은 화재, 재난·재해 그 밖의 위급한 상황의 발생으로 인하여 사람의 생명에 위험이 미칠 것으로 인정하는 때에는 일정한 구역을 지정하여 그 구역안에 있는 사람에 대하여 그 구역밖으로 피난할 것을 명할 수 있다.

2) 범죄사실 기재례

피의자는 ○○에 있는 ○○건물 2층에서 ○○업을 하고 있는 사람으로, 20○○. ○. ○. 10:00경 위 건물 3층에 화재가 발생하여 ○○소방대장으로부터 사람의 생명에 위험이 미칠 것으로 인정하여 그 건물 모든 층에 있는 사람에 대하여 그 건물 밖으로 피난 명령을 받았다.

그럼에도 불구하고 피의자는 정당한 이유없이 이를 이행하지 아니하였다.

3) 신문사항

- ○○건물에 사무실이 있는가
- 그 건물에 화재가 발생한 일이 있는가
- 언제 어떤 화재가 발생하였는가
- 피의자는 그 건물 몇 층에 사무실이 있는가
- 소방대장으로부터 피난명령을 받은 일이 있는가
- 언제 어떤 피난명령을 받았는가
- 이런 피난명령을 받고 피난하였는가
- 왜 대피하지 않았는가

6. 화재 발생 시 물 사용 방해

1) 적용법조 : 제54조 제4호, 제27조 제1항   ☞ 공소시효 5년

제27조(위험시설 등에 대한 긴급조치) ① 소방본부장·소방서장 또는 소방대장은 화재진압 등 소방활동을 위하여 필요한 때에는 소방용수외에 댐·저수지 또는 수영장 등의 물을 사용하거나 수도의 개폐장치 등을 조작할 수 있다.
② 소방본부장·소방서장 또는 소방대장은 화재의 발생을 막거나 폭발 등으로 인하여 화재가 확대되는 것을 막기 위하여 가스·전기 또는 유류 등의 시설에 대하여 위험물질의 공급을 차단하는 등 필요한 조치를 할 수 있다.

2) 범죄사실 기재례

피의자는 ○○에 있는 ○○야외수영장의 관리인으로 20○○. ○. ○. 23:00경 ○○에 화재가 발생하여 ○○소방서에서 화재진압을 위한 소방활동을 위하여 소방용수가 부족하여 인근 피의자가 관리하는 수영장의 물을 사용하려고 하였다.
이때 피의자는 그 수영장은 수영객이 없었으며 또 야외수영장이기 때문에 다음 개장시간(09:00)까지 충분히 물을 보충할 수 있음에도 불구하고 정당한 이유없이 물의 사용을 못 하게 하였다.

3) 신문사항

－ 야외수영장을 관리하고 있는가

－ 인근에 화재가 발생한 것을 알고 있는가

－ 소방용수가 부족하여 피의자의 수영장 물을 사용하려고 한 일이 있는가

－ 이를 사용하도록 하였는가

－ 왜 사용하지 못하게 하였는가

－ 그 당시 수영장에 수영하는 사람이 있었는가

－ 수영장의 영업시간은 언제부터 언제까지 인가

－ 수영객이 없었으며 다음 개장시까지는 충분히 물을 공급할 수 있는 것이 아닌가

－ 그럼에도 왜 물 사용을 못 하게 하였는가

7. 무단으로 소방용수시설 사용

1) 적용법조 : 제50조 제4호, 제28조 제1호 ☞ 공소시효 7년

제28조(소방용수시설 또는 비상소화장치의 사용금지 등) 누구든지 다음 각호의 1에 해당하는 행위를 하여서는 아니 된다.
1. 정당한 사유 없이 소방용수시설 또는 비상소화장치를 사용하는 행위
2. 정당한 사유 없이 손상·파괴, 철거 또는 그 밖의 방법으로 소방용수시설 또는 비상소화장치의 효용(效用)을 해치는 행위
3. 소방용수시설 또는 비상소화장치의 정당한 사용을 방해하는 행위

2) 범죄사실 기재례

누구든지 정당한 사유없이 정당한 사유 없이 소방용수시설 또는 비상소화장치를 사용하는 행위 등을 하여서는 아니 된다.

그럼에도 불구하고 피의자는 20○○. ○. ○. 11:00경 ○○에 설치된 소방용수시설인 저수조에 저장 중인 소화수 약 ○○톤을 그곳에 설치된 소방호스를 이용하여 건축현장 콘크리트 배합 시 사용하였다.

이로써 피의자는 정당한 사유 없이 소방용수시설 사용하여 정당한 사용을 방해하였다.

✽ 소방용수시설이란 소방활동에 필요한 소화전·급수탑·저수조를 말한다(법 제10조 제1항).

3) 신문사항

- 소방용수시설을 사용한 일이 있는가
- 언제 어디에 있는 시설을 사용하였나
- 어떤 소방용수시설을 사용하였나
- 어떤 방법으로 사용하였나
- 누구의 지시나 허락을 받고 사용하였나
- 얼마정도 사용하였나
- 이러한 사용행위가 정당한 행위라고 생각하는 가
- 왜 이런 행위를 하였나

제66장 소음·진동관리법

Ⅰ. 개념정의

제2조(정의) 이 법에서 사용하는 용어의 뜻은 다음과 같다.
1. "소음(騷音)"이란 기계·기구·시설, 그 밖의 물체의 사용 또는 공동주택(「주택법」 제2조제3호에 따른 공동주택을 말한다. 이하 같다) 등 환경부령으로 정하는 장소에서 사람의 활동으로 인하여 발생하는 강한 소리를 말한다.
2. "진동(振動)"이란 기계·기구·시설, 그 밖의 물체의 사용으로 인하여 발생하는 강한 흔들림을 말한다.
3. "소음·진동배출시설"이란 소음·진동을 발생시키는 공장의 기계·기구·시설, 그 밖의 물체로서 환경부령으로 정하는 것을 말한다.
4. "소음·진동방지시설"이란 소음·진동배출시설로부터 배출되는 소음·진동을 없애거나 줄이는 시설로서 환경부령으로 정하는 것을 말한다.
5. "방음시설(防音施設)"이란 소음·진동배출시설이 아닌 물체로부터 발생하는 소음을 없애거나 줄이는 시설로서 환경부령으로 정하는 것을 말한다.
6. "방진시설"이란 소음·진동배출시설이 아닌 물체로부터 발생하는 진동을 없애거나 줄이는 시설로서 환경부령으로 정하는 것을 말한다.
7. "공장"이란 「산업집적활성화 및 공장설립에 관한 법률」 제2조제1호의 공장을 말한다. 다만, 「도시계획법」 제12조제1항에 따라 결정된 공항시설 안의 항공기 정비공장은 제외한다.
8. "교통기관"이란 기차·자동차·전차·도로 및 철도 등을 말한다. 다만, 항공기와 선박은 제외한다.
9. "자동차"란 「자동차관리법」 제2조제1호에 따른 자동차와 「건설기계관리법」 제2조제1호에 따른 건설기계 중 환경부령으로 정하는 것을 말한다.
10. "소음발생건설기계"란 건설공사에 사용하는 기계 중 소음이 발생하는 기계로서 환경부령으로 정하는 것을 말한다.
11. "휴대용음향기기"란 휴대가 쉬운 소형 음향재생기기(음악재생기능이 있는 이동전화를 포함한다)로서 환경부령으로 정하는 것을 말한다.

Ⅱ. 벌 칙

제56조(벌칙) 다음 각 호의 어느 하나에 해당하는 자는 3년 이하의 징역 또는 3천만원 이하의 벌금에 처한다.
1. 제17조에 따른 폐쇄명령을 위반한 자
2. 제30조를 위반하여 제작차 소음허용기준에 맞지 아니하게 자동차를 제작한 자
3. 제31조제1항에 따라 인증 받지 아니하고 자동차를 제작한 자
4. 제44조제1항에 따른 소음도 검사를 받지 아니하거나 거짓으로 소음도 검사를 받은 자

제57조(벌칙) 다음 각 호의 어느 하나에 해당하는 자는 1년 이하의 징역 또는 1천만원 이하의 벌금에 처한다.
1. 제8조제1항에 따른 허가를 받지 아니하고 배출시설을 설치하거나 그 배출시설을 이용해 조업한 자

2. 거짓이나 그 밖의 부정한 방법으로 제8조제1항에 따른 허가를 받은 자
3. 제16조 또는 제17조에 따른 조업정지명령 등을 위반한 자
4. 제23조제4항에 따른 사용금지, 공사중지 또는 폐쇄명령을 위반한 자
5. 제31조제2항에 따른 변경인증을 받지 아니하고 자동차를 제작한 자
5의2. 제31조의2제2항제1호 또는 제2호에 따른 금지행위를 한 자
5의3. 제34조의3제3항에 따른 제작·수입·판매·사용 금지명령을 위반한 자
5의4. 제44조제6항에 따른 제작·수입 또는 판매·사용 금지명령을 위반한 자
6. 제44조제2항에 따른 소음도표지를 붙이지 아니하거나 거짓의 소음도표지를 붙인 자
제58조(벌칙) 다음 각 호의 어느 하나에 해당하는 자는 6개월 이하의 징역 또는 500만원 이하의 벌금에 처한다.
1. 제8조제1항에 따른 신고를 하지 아니하거나 거짓이나 부정한 방법으로 신고를 하고 배출시설을 설치하거나 그 배출시설을 이용해 조업한 자
2. 삭제〈2009.6.9〉
3. 삭제〈2009.6.9〉
4. 제23조제1항에 따른 작업시간 조정 등의 명령을 위반한 자
5. 제36조제3항을 위반하여 점검에 따르지 아니하거나 지장을 주는 행위를 한 자
6. 제38조제1항에 따른 개선명령 또는 사용정지명령을 위반한 자
제59조(양벌규정) 법인의 대표자나 법인 또는 개인의 대리인, 사용인, 그 밖의 종업원이 그 법인 또는 개인의 업무에 관하여 제56조부터 제58조까지의 어느 하나에 해당하는 위반행위를 하면 그 행위자를 벌하는 외에 그 법인 또는 개인에게도 해당 조문의 벌금형을 과(科)한다. 다만, 법인 또는 개인이 그 위반행위를 방지하기 위하여 해당 업무에 관하여 상당한 주의와 감독을 게을리하지 아니한 경우에는 그러하지 아니하다.

Ⅲ. 범죄사실

1. 무허가(무인가)배출시설 설치

1) 적용법조 : 제57조 제1호, 제8조 제1항(무허가) ☞ 공소시효 5년
제58조 제1호, 제8조 제1항(미신고) ☞ 공소시효 5년

제8조(배출시설의 설치 신고 및 허가 등) ① 배출시설을 설치하려는 자는 대통령령으로 정하는 바에 따라 특별자치도지사 또는 시장·군수·구청장(자치구의 구청장을 말한다. 이하 같다)에게 신고하여야 한다. 다만, 학교 또는 종합병원의 주변 등 대통령령으로 정하는 지역은 특별자치도지사 또는 시장·군수·구청장의 허가를 받아야 한다.

2) 범죄사실 기재례

피의자는 ○○에서 한국플라스틱이라는 상호로 플라스틱제품 제조공장을 경영하는 자로 학교 또는 종합병원의 주변 등 대통령령이 정하는 지역에 배출시설을 설치하고자 하는 자는 ○○시장의 허가를 받아야 한다.
그럼에도 불구하고 피의자는 20○○. ○. ○. 부터 20○○. ○. ○.까지 사이 허가없이 위 공장 300㎡ 규모의 공장에 소음·진동 배출시설인 폐비닐정제시설(가로 1m, 세로 1m, 높이 1.2m)용 유압 프레스 10마력짜리 2대, 연압기 7.5마력짜리 2대를 설치하여 조업하였다.

3) 신문사항

- 피의자는 어떠한 일을 하고 있는가
- 소음 진동 배출시설이 설치되어 있는가
- 어떠한 종류의 배출시설인가
- 언제 설치하였나
- ○○시장의 허가(신고)를 받았는가
- 왜 허가를 받지 않고 설치하였나
- 사업장 규모는

2. 환경기술인 미임명

1) 적용법조 : 제58조 제2호, 제19조 제1항 ☞ 과태료

> **제19조(환경기술인)** ① 사업자는 배출시설과 방지시설을 정상적으로 운영·관리하기 위하여 환경기술인을 임명하여야 한다. 다만, 다른 법률에 따라 환경기술인의 업무를 담당하는 자가 지정된 경우에는 그러하지 아니하다.

2) 환경기술인을 두어야할 사업장의 범위 및 그 자격기준(제18조 제1항 관련[별표7])

대상 사업장 구분	환경기술인 자격기준
1. 총동력합계 3,750kW 미만인 사업장	사업자가 해당 사업장의 배출시설 및 방지시설업무에 종사하는 피고용인 중에서 임명하는 자
2. 총동력합계 3,750kW 이상인 사업장	소음·진동기사 2급 이상의 기술자격소지자 1명 이상 또는 해당 사업장의 관리책임자로 사업자가 임명하는 자

참고
1. 총동력 합계는 소음배출시설 중 기계·기구의 동력의 총합계를 말하며, 대수기준시설 및 기계·기구와 기타 시설 및 기계·기구는 제외한다.
2. 환경기술인 자격기준 중 소음·진동기사 2급은 기계분야기사·전기분야기사 각 2급 이상의 자격소지자로서 환경 분야에서 2년 이상 종사한 자로 대체할 수 있다.
3. 방지시설 면제사업장은 대상 사업장의 소재지역 및 동력규모에도 불구하고 위 표 중 1.의 대상 사업장의 환경관리인 자격기준에 해당하는 환경관리인을 둘 수 있다.
4. 환경기술인으로 임명된 자는 해당 사업장에 상시 근무하여야 한다.

3. 조업정지명령 위반

1) 적용법조 : 제57조 제3호, 제16조 제1항 ☞ 공소시효 5년

제16조(조업정지명령 등) ① 특별자치도지사 또는 시장·군수·구청장은 개선명령을 받은 자가 이를 이행하지 아니하거나 기간 내에 이행은 하였으나 배출허용기준을 계속 초과할 때에는 그 배출시설의 전부 또는 일부에 조업정지를 명할 수 있다. 이 경우 환경부령으로 정하는 시간대별 배출허용기준을 초과하는 공장에는 시간대별로 구분하여 조업정지를 명할 수 있다.

2) 범죄사실 기재례

피의자는 ○○에서 ○○물산이라는 상호로 ○○생산하는 사람으로서 20○○. ○. ○. 경 위 공장에 배출시설인 ○○을 설치하여 조업하던 중 20○○. ○. ○. ○○군수로부터 위 배출시설에 대한 개선명령을 받았다.

그럼에도 불구하고 피의자는 그때부터 20○○. ○. ○.까지 정당한 이유없이 위 명령을 위반하여 조업하였다.

3) 신문사항

- 피의자는 ○○○를 경영하고 있는가
- 그 시설의 규모는(직원수, 월매출액 등)
- 어떠한 공해를 배출하는가
- 위 업소는 공해배출시설이 설치되어 있는가
- 그 시설에 대하여 허가를 받았나
- 그로 인해 조업정지명령을 받은 사실이 있는가
- 언제 무엇 때문에 조업정지를 받았는가
- 당시 확인서 등을 작성해 준 사실이 있는가
  이때 고발장에 첨부된 확인서 등을 보여주며
- 이 내용이 모두 사실인가
- 위 명령을 이행하지 아니하고 계속 조업한 이유는 무엇인가

4. 규제기준 초과 조치명령 위반

제58조 제4호, 제23조 제1항 ☞ 공소시효 5년

제23조 (생활소음·진동의 규제기준을 초과한 자에 대한 조치명령 등) ① 특별자치도지사 또는 시장·군수·구청장은 생활소음·진동이 제21조제2항에 따른 규제기준을 초과하면 소음·진동을 발생시키는 자에게 작업시간의 조정, 소음·진동 발생 행위의 분산·중지, 방음·방진시설의 설치, 환경부령으로 정하는 소음이 적게 발생하는 건설기계의 사용 등 필요한 조치를 명할 수 있다.

제21조 (생활소음과 진동의 규제) ① 특별자치도지사 또는 시장·군수·구청장은 주민의 정온한 생활환경을 유지하기 위하여 사업장 및 공사장 등에서 발생하는 소음·진동(산업단지나 그 밖에 환경부령으로 정하는 지역에서 발생하는 소음과 진동은 제외하며, 이하 "생활소음·진동"이라 한다)을 규제하여야 한다.

② 제1항에 따른 생활소음·진동의 규제대상 및 규제기준은 환경부령으로 정한다.

※ 시행규칙

제20조(생활소음·진동의 규제) ③ 법 제21조제2항에 따른 생활소음·진동의 규제기준은 별표 8과 같다.

제22조(저소음 건설기계의 범위 등) 법 제23조제1항에서 "환경부령으로 정하는 소음이 적게 발생하는 건설기계"란 다음 각 호의 어느 하나와 같다.

1. 「환경기술 및 환경산업 지원법」 제17조에 따라 환경표지의 인증을 받은 건설기계
2. 법(법률 제7293호에 의하여 개정되기 전의 것을 말한다) 제49조의2에 따른 소음도표지를 부착한 건설기계

[별표 8]] 〈개정 2019. 12. 31.〉

생활소음·진동의 규제기준(제20조제3항 관련)

1. 생활소음 규제기준 [단위 : dB(A)]

대상 지역	소음원	시간대별	아침, 저녁 (05:00~07:00, 18:00~22:00)	주 간 (07:00~18:00)	야 간 (22:00~05:00)
주거지역, 녹지지역, 관리지역 중 취락지구·주거개발진흥지구 및 관광·휴양개발진흥지구, 자연환경보전지역, 그 밖의 지역에 있는 학교·종합병원·공공도서관	확성기	옥외설치	60이하	65 이하	60 이하
		옥내에서 옥외로 소음이 나오는 경우	50 이하	55 이하	45 이하
		공 장	50 이하	55 이하	45 이하
	사업장	동일 건물	45 이하	50 이하	40 이하
		기 타	50 이하	55 이하	45 이하
	공사장		60 이하	65 이하	50 이하
그 밖의 지역	확성기	옥외설치	65 이하	70 이하	60 이하
		옥내에서 옥외로 소음이 나오는 경우	60 이하	65 이하	55 이하
		공 장	60 이하	65 이하	55 이하
	사업장	동일 건물	50 이하	55 이하	45 이하
		기 타	60 이하	65 이하	55 이하
	공사장		65 이하	70 이하	50 이하

비 고
1. 소음의 측정 및 평가기준은 「환경분야 시험·검사 등에 관한 법률」 제6조제1항제2호에 해당하는 분야에 따른 환경오염공정시험기준에서 정하는 바에 따른다.
2. 대상 지역의 구분은 「국토의 계획 및 이용에 관한 법률」에 따른다.
3. 규제기준치는 생활소음의 영향이 미치는 대상 지역을 기준으로 하여 적용한다.
4. 공사장 소음규제기준은 주간의 경우 특정공사 사전신고 대상 기계·장비를 사용하는 작업시간이 1일 3시간 이하일 때는 +10dB을, 3시간 초과 6시간 이하일 때는 +5dB을 규제기준치에 보정한다.
5. 발파소음의 경우 주간에만 규제기준치(광산의 경우 사업장 규제기준)에 +10dB을 보정한다.
6. 삭제 〈2019. 12. 31.〉
7. 공사장의 규제기준 중 다음 지역은 공휴일에만 -5dB을 규제기준치에 보정한다.
　가. 주거지역
　나. 「의료법」에 따른 종합병원, 「초·중등교육법」 및 「고등교육법」에 따른 학교, 「도서관법」에 따른 공공도서관의 부지경계로부터 직선거리 50m 이내의 지역
8. "동일 건물"이란 「건축법」 제2조에 따른 건축물로서 지붕과 기둥 또는 벽이 일체로 되어 있는 건물을 말하며, 동일 건물에 대한 생활소음 규제기준은 다음 각 목에 해당하는 영업을 행하는 사업장에만 적용한다.
　가. 「체육시설의 설치·이용에 관한 법률」 제10조제1항제2호에 따른 체력단련장업, 체육도장업, 무도학원업 및 무도장업
　나. 「학원의 설립·운영 및 과외교습에 관한 법률」 제2조에 따른 학원 및 교습소 중 음악교습을 위한 학원 및 교습소
　다. 「식품위생법 시행령」 제21조제8호다목 및 라목에 따른 단란주점영업 및 유흥주점영업
　라. 「음악산업진흥에 관한 법률」 제2조제13호에 따른 노래연습장업
　마. 「다중이용업소 안전관리에 관한 특별법 시행규칙」 제2조제3호에 따른 콜라텍업

2. 생활진동 규제기준 [단위 : dB(V)]

대상 지역 시간대별	주간 (06:00~22:00)	심야 (22:00~06:00)
주거지역, 녹지지역, 관리지역 중 취락지구·주거개발진흥지구 및 관광·휴양개발진흥지구, 자연환경보전지역, 그 밖의 지역에 소재한 학교·종합병원·공공도서관	65 이하	60 이하
그 밖의 지역	70 이하	65 이하

비고
1. 진동의 측정 및 평가기준은 「환경분야 시험·검사 등에 관한 법률」 제6조제1항제2호에 해당하는 분야에 대한 환경오염공정시험기준에서 정하는 바에 따른다.
2. 대상 지역의 구분은 「국토의 계획 및 이용에 관한 법률」에 따른다.
3. 규제기준치는 생활진동의 영향이 미치는 대상 지역을 기준으로 하여 적용한다.
4. 공사장의 진동 규제기준은 주간의 경우 특정공사 사전신고 대상 기계·장비를 사용하는 작업시간이 1일 2시간 이하일 때는 +10dB을, 2시간 초과 4시간 이하일 때는 +5dB을 규제기준치에 보정한다.
5. 발파진동의 경우 주간에만 규제기준치에 +10dB을 보정한다.

제 67 장 　 수산생물질병 관리법

I. 개념정의

제2조(정의) 이 법에서 사용하는 용어의 뜻은 다음과 같다.
1. "수산생물"이란 수산동물과 수산식물을 말한다.
2. "수산동물"이란 살아 있는 어류, 패류, 갑각류, 그 밖에 대통령령으로 정하는 것과 그 정액(精液) 또는 알을 말한다.
3. "수산식물"이란 살아 있는 해조류, 그 밖에 대통령령으로 정하는 것과 그 포자(胞子)를 말한다.
4. "수산생물질병"이란 병원체 감염이나 그 밖의 원인에 의하여 수산생물에 이상이 초래된 상태를 말한다.
5. "수산생물전염병"이란 수산동물전염병과 수산식물전염병을 말한다.
6. "수산동물전염병"이란 노랑머리병, 잉어봄바이러스병, 잉어허피스바이러스병, 참돔이리도바이러스병, 바이러스성출혈성패혈증, 유행성궤양증후군, 타우라증후군, 흰반점병과 그 밖에 전염속도가 빠르고 대량폐사를 일으켜 지속적인 감시 및 관리가 필요한 수산동물질병으로서 농림수산식품부령으로 정하는 것을 말한다.
7. "수산식물전염병"이란 전염속도가 빠르고 대량폐사를 일으켜 지속적인 감시 및 관리가 필요한 수산식물질병으로서 농림수산식품부령으로 정하는 것을 말한다.
8. "병성감정"(病性鑑定)이란 수산생물전염병이 발생하였다고 믿을 만한 상당한 이유가 있는 수산생물을 부검 또는 그 밖의 생화학적 실험 등을 통하여 그 전염병의 원인을 규명하려는 병리진단학적 행위를 말한다.
9. "역학조사"란 수산생물전염병이 발생하였거나 발생할 우려가 있다고 인정되는 경우에 그 전염병의 예방과 확산방지 등을 위하여 수행하는 다음 각 목의 활동을 말한다.
   가. 전염병의 발생규모 파악
   나. 전염병의 감염원 추적
   다. 전염병 예방접종 후 이상반응 사례가 발생한 경우 그 원인규명을 위한 활동
10. "수산생물양식시설"이란 수산생물의 양식을 위하여 사용되는 양식장이나 저수지에 설치된 수조(수조, 유수식 수조를 포함한다) · 배관, 그 밖의 양식용 구조물 등을 말한다.
11. "수산생물집합시설"이란 활어공판장 · 수산물도매시장 등 수산생물의 매매 · 교환 등을 위하여 수산생물이 취합 · 교류되는 시설로서 농림수산식품부령으로 정하는 것을 말한다.
12. "검역시행장"이란 수출입되는 수산생물 중 제23조에 따른 지정검역물에 대하여 검역을 실시하는 장소를 말한다.
13. "수산질병관리사"란 수산생물을 진료(사체의 검안을 포함한다. 이하 같다)하거나 수산생물의 질병을 예방하는 업무를 담당하는 사람으로서 제37조의2에 따라 농림수산식품부장관의 면허를 받은 사람을 말한다.
14. "수산생물진료업"이란 수산생물을 진료하거나 수산생물의 질병을 예방하는 업을 말한다.
15. "수산생물관련단체"란 「수산업협동조합법」에 따른 수산업협동조합중앙회, 「민법」 제32조에 따라 설립된 대한수산질병관리사회, 「수의사법」 제23조에 따라 설립된 대한수의사회, 그 밖에 수산생물질병과 그 방역 등에 관한 업무를 수행하는 법인 또는 단체로서 농림수산식품부장관이 정하여 고시하는 것을 말한다.
16. "간이진단키트"란 「의료기기법」에 따른 의료기기로서 수산동물의 생리학적 또는 병리학적 상태를 신속하게 진단할 목적으로 사용되는 기구, 재료 등의 제품을 말한다.

II. 벌 칙

제53조(벌칙) 다음 각 호의 어느 하나에 해당하는 자는 3년 이하의 징역 또는 3천만원 이하의 벌금에 처한다.
1. 제16조제1항에 따른 살처분명령에 따르지 아니한 자
2. 제24조제1항을 위반하여 수입한 자
3. 제25조제1항에 따른 반송 또는 소각·매몰등의 명령에 따르지 아니한 자
4. 제25조제5항을 위반하여 수산생물검역관의 지시를 받지 아니하고 다른 장소로 이동시킨 자
5. 제26조제1항 본문을 위반하여 검역증명서를 첨부하지 아니하고 지정검역물을 수입한 자
6. 제27조제1항을 위반하여 검역을 받지 아니하거나 제27조·제28조 또는 제31조를 위반하여 거짓이나 그 밖의 부정한 방법으로 검역을 받은 자
7. 제29조제1항 본문을 위반하여 수입장소를 통하지 아니하고 수입한 자
8. 제34조제1항에 따른 반송 또는 소각·매몰등의 명령에 따르지 아니한 자
9. 제40조제1항을 위반하여 동물용 의약품 또는 유해화학물질을 사용한 자
10. 제40조제2항에 따른 수산생물용의약품에 대한 사용제한 또는 사용금지 명령에 따르지 아니한 자

제53조의2(벌칙) 제37조의8을 위반하여 수신생물을 진료한 자는 2년 이하의 징역 또는 2천만원 이하의 벌금에 처한다.

제54조(벌칙) 다음 각 호의 어느 하나에 해당하는 자는 1년 이하의 징역 또는 1천만원원 이하의 벌금에 처한다.
1. 제9조제1항 또는 제2항을 위반하여 신고하지 아니한 자
2. 거짓이나 그 밖의 부정한 방법으로 제10조제4항을 위반하여 병성감정실시기관으로 지정을 받은 자
3. 제15조제1항에 따른 격리 또는 이동의 제한 명령에 따르지 아니한 자
4. 제17조제2항 본문을 위반하여 소각하거나 매몰하지 아니한 자
5. 제17조제3항을 위반하여 필요한 조치를 취하지 아니한 자
6. 제17조제4항을 위반하여 수산생물방역관의 지시를 받지 아니하고 다른 장소로 이동시킨 자
7. 제18조제1항에 따른 소독·소각 또는 매몰명령에 따르지 아니한 자
8. 제20조제1항을 위반하여 검사를 받지 아니한 자
9. 제20조제3항에 따른 소독·격리 또는 살처분 명령에 따르지 아니한 자
10. 제32조제1항을 위반하여 검역시행장에서 검역을 받아야 하는 수산생물을 검역시행장이 아닌 장소로 운반한 자
11. 제32조제1항 각 호 외의 부분 단서에 따른 검역시행장을 거짓이나 그 밖의 부정한 방법으로 지정받은 자
12. 제33조제1항에 따른 보관관리인의 지정을 거짓이나 그 밖의 부정한 방법으로 받은 자
13. 제37조의4제2항을 위반하여 수산질병관리사 면허증을 다른 사람에게 빌려준 자
14. 제37조의4제3항을 위반하여 수산질병관리사 면허증의 대여를 알선한 자

제55조(벌칙) 다음 각 호의 어느 하나에 해당하는 자는 300만원 이하의 벌금에 처한다.
1. 제11조제2항을 위반하여 정당한 사유 없이 역학조사를 거부 또는 방해하거나 회피한 자
2. 제17조제1항 본문을 위반하여 수산생물방역관의 지시를 받지 아니하고 수산생물의 사체를 이동·매몰 또는 소각한 자
3. 제18조제2항을 위반하여 수산생물방역관의 지시를 받지 아니하고 물건을 다른 장소로 이동하거나 세척한 자
4. 제19조제1항 본문을 위반하여 2년 이내에 토지를 발굴한 자

제56조(양벌규정) 법인의 대표자나 법인 또는 개인의 대리인, 사용인, 그 밖의 종업원이 그 법인 또는 개인의 업무에 관하여 제53조, 제53조의2, 제54조 또는 제55조의 위반행위를 하면 그 행위자를 벌하는 외에 그 법인 또는 개인에게도 해당 조문의 벌금형을 과(科)한다. 다만, 법인 또는 개인이 그 위반행위를 방지하기 위하여 해당 업무에 관하여 상당한 주의와 감독을 게을리하지 아니한 경우에는 그러하지 아니하다.

1. 병든 수산생물 미신고

1) 적용법조 : 제54조 제1호, 제9조 제1항 제2호 가목 ☞ 공소시효 5년

제9조(죽거나 병든 수산생물의 신고) ① 제1호 각 목의 어느 하나에 해당하는 사람으로서 제2호 각 목의 어느 하나에 해당하는 수산생물을 발견한 사람은 해양수산부령으로 정하는 바에 따라 지체 없이 그 수산생물 또는 사체의 소재지를 관할하는 특별자치시장·특별자치도지사·시장·군수·구청장에게 신고하여야 한다. 다만, 학술·연구조사활동 등 해양수산부령으로 정하는 경우에는 그러하지 아니하다.
1. 신고의무자
  가. 수산생물양식자
  나. 수산생물을 진단하였거나 수산생물의 사체를 검안한 수산질병관리사 또는 수의사
  다. 수산생물양식자에게 사료 또는 약품을 판매한 자
2. 신고대상 수산생물
  가. 병명이 불분명한 질병으로 죽은 수산생물
  나. 수산생물전염병에 걸렸거나 걸렸다고 믿을 만한 역학조사·정밀검사·간이진단키트검사 결과나 임상증상이 있는 수산생물
② 차량·선박·철도 등 이동수단을 이용하여 수산생물을 운송하는 자(이하 "수산생물운송업자"라 한다)는 운송하는 도중에 있는 수산생물이 수산생물전염병에 걸렸거나 걸렸다고 믿을 만한 상당한 이유가 있는 때에는 지체 없이 그 수산생물의 출발지 또는 도착지를 관할하는 특별자치시장·특별자치도지사·시장·군수·구청장에게 신고하여야 한다.

2) 범죄사실 기재례

> 피의자는 ○○에서 수산생물양식장을 운영하는 사람이다.
> 병명이 불분명한 질병으로 죽은 수산생물을 발견한 때에는 해당 수산생물양식자와 그 수산생물을 진단하였거나 그 수산생물의 사체를 검안한 수산질병관리사 또는 수의사 및 해당 수산생물양식자에게 사료 또는 약품을 판매한 자는 농림수산식품부령으로 정하는 바에 따라 지체 없이 그 수산생물 또는 사체의 소재지를 관할하는 시장·군수·구청장에게 신고하여야 한다.
> 그럼에도 불구하고 피의자는 20○○. ○. ○. 자신의 양식장에 양식 중인 수산생물인 ○○이 불분명한 질병으로 죽은 것을 발견하고도 인근 공터에 매몰하고 신고하지 아니하였다.

3) 신문사항

 - 양식장을 하고 있는가
 - 언제부터 어디에서 어느 정도의 규모로 하고 있는가
 - 양식 중인 ○○이 질병으로 죽은 사실이 있는가
 - 언제부터 어떠한 병으로 죽었는가
 - 양식 중인 생물이 어느 정도이며 이중 어느 정도가 죽었는가
 - 이와 관련 행정기관에 신고하였는가
 - 왜 신고하지 않았는가
 - 이렇게 죽은 고기는 어떻게 처리하였는가

2. 살처분명령 위반

1) 적용법조 : 제53조 제1호, 제16조 제1항 ☞ 공소시효 5년

제16조(살처분명령) ① 특별자치시장·특별자치도지사·시장·군수·구청장은 농림수산식품부령으로 정하는 수산생물전염병이 확산되는 것을 방지하기 위하여 필요하다고 인정되는 경우에는 농림수산식품부령으로 정하는 바에 따라 수산생물전염병에 감염되었거나 감염되었다고 믿을 만한 역학조사·정밀검사 결과나 임상증상이 있는 수산생물의 수산생물양식자에게 그 수산생물의 살처분(殺處分)을 명하여야 한다.

2) 범죄사실 기재례

> 피의자는 ○○에서 ○○수산생물양식업에 종사하는 사람이다.
> 피의자는 20○○. ○. ○. 경 위 양식장에서 양식 중인 ○○마리가 ○○병에 감염되어 전염병이 퍼지는 것을 막기 위해 ○○군수로부터 20○○. ○. ○.까지 살처분 명을 받았다.
> 그럼에도 불구하고 피의자는 정당한 이유없이 이 명령에 따르지 아니하였다.

3) 신문사항

- 양식장을 하고 있는가
- 언제부터 어디에서 어느 정도의 규모로 하고 있는가
- 양식중인 ○○이 전염병에 감염된 일이 있는가
- 언제부터 어떠한 전염병에 감염되었는가
- 양식 중인 생물이 어느 정도이며 이중 어느 정도가 감염되었나
- 이와 관련 ○○군수로부터 살처분명을 받은 일이 있는가
- 언제 어떠한 내용의 살처분명을 받았는가
- 이러한 처분명을 받고 어떤 조치를 하였는가
- 왜 처분명을 받고 이를 이행하지 않았는가
- 현재 감염된 고기를 어떻게 하고 있는가

3. 수산질병관리사 면허증 대여

1) 적용법조 : 제54조 제13호, 제37조의4 제2항 ☞ 공소시효 5년

> 제37조의4(면허증 등) ① 농림수산식품부장관은 제37조의2에 따라 면허를 부여한 때에는 면허에 관한 사항을 면허대장에 적고 면허증을 내주어야 한다.
> ② 수산질병관리사는 제1항에 따른 면허증을 다른 사람에게 빌려주어서는 아니 된다.
> ③ 누구든지 제1항에 따른 면허증의 대여를 알선하는 행위를 하여서는 아니 된다.

2) 범죄사실 기재례

> 피의자는 20○○. ○. ○. 경 농림수산식품부장관으로부터 수산질병관리사 면허증(면허번호 ○○)을 취득한 사람으로서 면허증은 이를 타인에게 대여하여서는 아니 된다.
> 그럼에도 불구하고 피의자는 20○○. ○. ○. 경부터 20○○. ○. ○.까지 대여료 명목으로 월 ○○만원씩을 받고, 홍길동에게 위 면허증을 대여하였다.

3) 신문사항
　　－ 수산질병관리사 면허증을 취득하였는가
　　－ 언제 취득하였나(취득일, 면허번호 등)
　　－ 이를 다른 사람에게 대여한 일이 있는가
　　－ 언제 어디에서 대여하였나
　　－ 누구에게 대여하였나
　　－ 어떤 조건으로 대여하였는가
　　－ 무엇 때문에 대여하였는가

4. 무면허 수산생물 진료

1) 적용법조 : 제53조의2, 제37조의8 ☞ 공소시효 5년

> **제37조의8(무면허진료행위의 금지)** 수산질병관리사가 아닌 사람은 수산생물의 진료를 할 수 없다. 다만, 다음 각
> 호의 어느 하나에 해당하는 진료행위는 수산질병관리사가 아닌 사람도 할 수 있다.
> 1. 「수의사법」 제4조에 따라 수의사 면허를 받은 사람이 같은 법에 따라 수생동물을 진료하는 행위
> 2. 영리를 목적으로 진료하지 아니하는 경우로서 대통령령으로 정하는 진료행위

2) 범죄사실 기재례

> 관리사가 아닌 자는 수산생물의 진료를 할 수 없다.
> 그럼에도 불구하고 피의자는 20○○. ○. ○. ○○에서 홍길동의 부탁으로 수산생물인 ○
> ○가 폐사하자 이를 치료하기 위해 ○○방법으로 진료행위를 하였다.

3) 신문사항

- 수산생물을 진료한 일이 있는가
- 언제 어디에서 하였는가
- 어떤 수산생물을 진료하였는가
- 어떻게 하게 되었는가
- 어떤 방법으로 하였나
- 수산질병관리사인가
- 관리사 면허가 없으면서 왜 이런 행위를 하였는가

제 68 장   수산업법

Ⅰ. 개념정의 및 적용범위

1. 개념정의

제2조(정의) 이 법에서 사용하는 용어의 뜻은 다음과 같다.
1. "수산업"이란 「수산업·어촌 발전 기본법」 제3조제1호 각 목에 따른 어업·양식업·어획물운반업·수산물가공업 및 수산물유통업을 말한다.
2. "어업"이란 수산동식물을 포획·채취하는 사업과 염전에서 바닷물을 자연 증발시켜 소금을 생산하는 사업을 말한다.
3. "양식업"이란 「양식산업발전법」 제2조제2호에 따라 수산동식물을 양식하는 사업을 말한다.
4. "어획물운반업"이란 어업현장에서 양륙지(揚陸地)까지 어획물이나 그 제품을 운반하는 사업을 말한다.
5. "수산물가공업"이란 수산동식물을 직접 원료 또는 재료로 하여 식료·사료·비료·호료(糊料)·유지(油脂) 또는 가죽을 제조하거나 가공하는 사업을 말한다.
6. "어장(漁場)"이란 제7조에 따라 면허를 받아 어업을 하는 일정한 수면을 말한다.
7. "어업권"이란 제7조에 따라 면허를 받아 어업을 경영할 수 있는 권리를 말한다.
8. "입어(入漁)"란 입어자가 마을어업의 어장에서 수산동식물을 포획·채취하는 것을 말한다.
9. "입어자(入漁者)"란 제48조에 따라 어업신고를 한 자로서 마을어업권이 설정되기 전부터 해당 수면에서 계속하여 수산동식물을 포획·채취하여 온 사실이 대다수 사람들에게 인정되는 자 중 대통령령으로 정하는 바에 따라 어업권원부(漁業權原簿)에 등록된 자를 말한다.
10. "어업인"이란 어업자 및 어업종사자를 말하며, 「양식산업발전법」 제2조제12호의 양식업자와 같은 조 제13호의 양식업종사자를 포함한다.
11. "어업자"란 어업을 경영하는 자를 말한다.
12. "어업종사자"란 어업자를 위하여 수산동식물을 포획·채취하는 일에 종사하는 자와 염전에서 바닷물을 자연 증발시켜 소금을 생산하는 일에 종사하는 자를 말한다.
13. "어획물운반업자"란 어획물운반업을 경영하는 자를 말한다.
14. "어획물운반업종사자"란 어획물운반업자를 위하여 어업현장에서 양륙지까지 어획물이나 그 제품을 운반하는 일에 종사하는 자를 말한다.
15. "수산물가공업자"란 수산물가공업을 경영하는 자를 말한다.
16. "바닷가"란 「해양조사와 해양정보 활용에 관한 법률」 제8조제1항제3호에 따른 해안선으로부터 지적공부(地籍公簿)에 등록된 지역까지의 사이를 말한다.
17. "유어(遊漁)"란 낚시 등을 이용하여 놀이를 목적으로 수산동식물을 포획·채취하는 행위를 말한다.
18. "어구(漁具)"란 수산동식물을 포획·채취하는 데 직접 사용되는 도구를 말한다.
19. "부속선"이란 허가받은 어선의 어업활동을 보조하기 위해 허가받은 어선 외에 부가하여 허가받은 운반선, 가공선, 등선(燈船), 어업보조선 등을 말한다.
20. "부표"란 어업인 또는 양식업자가 어구와 양식시설물 등을 「어장관리법」 제2조제1호에 따른 어장에 설치할 때 사용하는 어장부표를 말한다.

2. 적용범위

제3조(적용범위) 이 법은 다음 각 호의 수면 등에 대하여 적용한다.
1. 바다
2. 바닷가
3. 어업을 목적으로 하여 인공적으로 조성된 육상의 해수면

II. 벌칙 및 죄명표

1. 벌 칙

제106조(벌칙) ① 다음 각 호의 어느 하나에 해당하는 자는 3년 이하의 징역 또는 3천만원 이하의 벌금에 처한다.
1. 이 법에 따른 어업권을 취득하지 아니하고 어업을 경영한 자
2. 제33조제1항제2호 또는 제3호(제50조제1항에서 준용하는 경우를 포함한다)에 따른 어업의 제한·정지 또는 어선의 계류처분을 위반한 자
3. 제40조제1항부터 제3항까지, 제43조 또는 제51조제1항에 따른 허가를 받지 아니하거나 등록을 하지 아니하고 수산업을 경영한 자
4. 제63조를 위반하여 수산동식물을 포획하거나 채취한 자
② 제1항의 경우 징역과 벌금은 병과(併科)할 수 있다.

제107조(벌칙) 다음 각 호의 어느 하나에 해당하는 자는 2년 이하의 징역 또는 2천만원 이하의 벌금에 처한다.
1. 거짓이나 그 밖의 부정한 방법으로 제7조제1항, 제15조제1항, 제40조제1항부터 제3항까지, 제43조 또는 제51조제1항에 따른 면허·허가를 받거나 등록을 한 자
2. 제19조제1항·제3항 또는 제21조를 위반하여 어업권을 이전·분할 또는 변경하거나 담보로 제공한 자와 그 어업권을 이전 또는 분할받았거나 담보로 제공받은 자
3. 제27조제1항(제50조제2항에서 준용하는 경우를 포함한다)을 위반하여 관리선으로 지정을 받지 아니한 선박을 사용한 자
4. 제27조제4항(제50조제2항에서 준용하는 경우를 포함한다)을 위반하여 그 지정을 받았거나 승인을 받은 어장 구역이 아닌 수면에서 수산동식물을 포획·채취하기 위하여 관리선을 사용한 자
5. 제31조제1항(제50조제1항이나 제54조에서 준용하는 경우를 포함한다)을 위반하여 사실상 그 어업의 경영을 지배하고 있는 자와 어업권자 또는 허가를 받은 자로서 다른 사람에게 사실상 그 어업의 경영을 지배하게 한 자
6. 제32조를 위반하여 어업권을 임대한 자와 임차한 자
7. 제42조제1항을 위반하여 수산동물을 혼획한 자
8. 제52조제1항제1호에 따른 수산동식물 또는 그 제품을 운반한 자
9. 제55조의 어업조정 등에 관한 명령을 위반한 자

제108조(벌칙) 다음 각 호의 어느 하나에 해당하는 자는 1년 이하의 징역 또는 1천만원 이하의 벌금에 처한다.
1. 제28조제2항을 위반하여 보호구역에서 해당 시설물을 훼손하는 행위 또는 어업권의 행사에 방해되는 행위를 한 자
2. 제28조제4항을 위반하여 보호구역에서 같은 항 각 호의 어업행위를 한 자
3. 제33조제1항제1호·제4호·제6호·제8호·제9호(제50조에서 준용하는 경우를 포함한다) 또는 제52조제1항 제2호에 따른 제한·정지 또는 어선의 계류처분을 위반한 자
4. 제64조제1항 및 제2항을 위반하여 어업허가를 받지 아니하고 대통령령으로 정하는 외국의 배타적 경제수역에서 수산동식물을 포획·채취하다가 정선명령 또는 회항명령에 따르지 아니하고 국내로 도주한 자
5. 제66조를 위반하여 어선에 표지를 설치하지 아니한 자
6. 제69조제1항에 따른 장부·서류, 그 밖의 물건의 검사에 따르지 아니하거나 어선의 정선명령 또는 회항명령에 따르지 아니한 자

제109조(벌칙) 다음 각 호의 어느 하나에 해당하는 자는 1천만원 이하의 벌금에 처한다.

1. 제42조제3항을 위반하여 혼획저감장치를 부착하지 아니한 어구를 사용한 자
2. 제42조제4항을 위반하여 혼획으로 포획·채취한 어획물을 지정된 매매장소 외에서 매매 또는 교환한 자
3. 제58조에 따른 선복량 제한을 위반한 자
4. 제60조제1항에 따른 어구의 규모등의 제한을 위반한 자
5. 제76조제1항을 위반하여 어구에 표시를 하지 아니한 자

제110조(몰수) ① 제106조, 제107조, 제108조제3호·제5호 및 제109조의 경우 범인이 소유하거나 소지하는 어획물·제품·어선·어구 또는 폭발물이나 유독물은 몰수할 수 있다. 다만, 제106조제1항제2호에 해당되어 최근 5년 이내에 2회 이상 처벌을 받은 경우에는 어획물·어선·어구를 몰수하여야 한다.
② 제1항에 따라 범인이 소유하거나 소지한 물건의 전부 또는 일부를 몰수할 수 없을 때에는 그 가액을 추징할 수 있다.

제111조(양벌규정) 법인의 대표자나 법인 또는 개인의 대리인, 사용인, 그 밖의 종업원이 그 법인 또는 개인의 업무에 관하여 제106조부터 제109조까지의 어느 하나에 해당하는 위반행위를 하면 그 행위자를 벌하는 외에 그 법인 또는 개인에게도 해당 조문의 벌금형을 과(科)한다. 다만, 법인 또는 개인이 그 위반행위를 방지하기 위하여 해당 업무에 관하여 상당한 주의와 감독을 게을리하지 아니한 경우에는 그러하지 아니하다.

■ **판례** ■ 　양벌규정인 구 수산업법(1990.8.1. 법률 제4252호로 개정되기 전의 것) 제94조 소정의 '법인 또는 개인'의 의미

구 수산업법(1990.8.1. 법률 제4252호로 개정되기 전의 것) 제94조에 의하면 '…제88조 내지 제90조 또는 제93조의 규정에 해당하는 범칙행위를 하였을 때에는 행위자를 벌하는 외에 그 법인 또는 개인에 대하여도 각 해당 조의 벌금형을 과한다'고 규정되어 있는바, 위 법조 소정의 법인 또는 개인이라 함은 자기의 계산에서 어업 또는 수산업을 경영하는 자를 가리킨다(대법원 1992.11.10. 선고 92도2034 판결).

2. 죄명표

제36조 제1항 제2호, 제3호위반의 경우에만 "(월선조업)" 표시를 한다.

법조문	죄명표시
제36조 제1항 세2호, 제3호	수산업법위반(월선조업)
기타	수산업법위반

III. 범죄사실

1. 어업권 없이 어업경영

1) 적용법조 : 제106조 제1항 제1호 ☞ 공소시효 5년

2) 범죄사실 기재례

[기재례1] 어업권 없이 저인망어업 경영

> 피의자는 여수선적 15톤 안강망어선 파랑제1호의 선장으로, 어업권을 취득하지 아니하고, 20○○. ○. ○. 경부터 20○○. ○. ○.경까지 사이에 전남 신안군 흑산면 소흑산근해 상에서 위 선박에 적재된 저인망 어구를 사용하여 잡어 60상자 시가 ○○만원 상당을 포획하여 중형기선 저인망어업을 하였다.

[기재례2] 면허없이 김양식어업 경영

> 피의자는 어업면허를 받은 바가 없이 20○○. ○. ○. 경부터 20○○. ○. ○. 경까지 ○○마을 앞 해상에서 60책의 시설을 하여 김양식어업을 하였다.

3) 신문사항

- 피의자는 어선을 소유하고 있는가
- 어느 선적의 어떠한 어선인가(어선 제원, 선적 등)
- 위 어선으로 어업을 한 일이 있는가
- 언제 어디에서 어떠한 어업을 하였나
- 어업권을 취득하고 어업 하였나
- 어느 정도의 수산동물을 포획하였으며 시가 어느 정도인가
- 왜 어업권 없이 어업 하였나

■ **판례** ■ **수산업법 제94조 제1항 제1호, 제41조 제2항 제2호 소정의 수산업을 경영한자에 해당하는지 여부(소극)**

무허가 광어 양식행위가 수산업법위반죄로 입건되었으나, 동업자인 공소외인이 허가취득, 양식장 축조 및 운영 등 제반 업무를 전담하고 피고인은 자금만 지원하였을 뿐이라는 이유로 무혐의결정을 받고 광어에 대한 소유권 포기각서를 제출하였는데 당국에서 광어를 압수하지 않고 방치해 두자, 피고인이 육상 양식어업허가를 받아 같은 장소에서 같은 시설을 이용하여 양식어업을 영위할 의도하에 허가를 얻기 위하여 노력하던 중에, 이전부터 공소외인이 동일장소에서 양식하던 광어가 폐사할 위기에 처하여 피고인이 허가를 얻을 때까지 일시적으로 먹이와 산소를 공급한 데에 불과하다면, 이 광어에 대하여는 이미 피고인도 소유권을 포기한 터이므로 달리 피고인이 자신의 영업목적하에 이 광어를 양식하여 왔다는 등의 특단의 사정이 없는 한 피고인이 수산업법 제94조 제1항 제1호, 제41조 제2항 제2호 소정의 수산업을 경영한 자에 해당한다고 할 수 없다(대법원 1994.9.23. 선고 94도1016 판결).

■ 판례 ■   어류를 양식하던 중 어업면허가 취소되었으나 그 후 판결로 그 처분이 취소되기까지 사이에 어장을 그대로 유지한 경우, 무면허 어업행위가 되는지 여부(소극)

피고인 갑이 어업면허를 받아 피고인 을과 동업계약을 맺고 피고인 을의 비용으로 어장시설을 복구 또는 증설하여 어류를 양식하던 중 어업면허가 취소되었으나 피고인 갑이 행정소송을 제기하여 면허취소처분의 효력정지가처분결정을 받은 후 면허취소처분을 취소하는 판결이 확정되었다면, 피고인들간의 거래는 어업권의 임대가 아니며 면허취소후 판결로 그 처분이 취소되기까지 사이에 어장을 그대로 유지한 행위를 무면허어업행위라고 보아서 처벌할 수는 없다(대법원 1991.5.14. 선고 91도627 판결).

■ 판례 ■   면허받은 양식물 이외의 양식물을 그 면허어장에서 양식하는 것이 무면허 양식 행위에 해당하는지 여부(적극)

수산업법 및 동법시행령, 어업등록령, 어업면허 및 어장관리에관한규칙의 제 규정들을 종합하면 양식어장의 시설이나 양식물의 수급사정등 행정 목적을 위하여 양식면허는 반드시 양식물의 종류를 특정하여 받아야 하고 그 면허를 받은 양식물 이외의 양식물을 그 면허어장에서 양식하거나 채포하는 행위는 금지되는 것이어서 홍합양식면허를 받은 자가 홍합 아닌 굴을 양식한 것은 무면허 양식어업에 해당한다(대법원 1986.10. 14. 선고 86도1002 판결).

■ 판례 ■   수산양식업장 구역내에서 자연번식하는 수산동식물의 채취와 절도죄의 성부(소극)

수산업법에 의한 소위 양식어업권은 행정관청의 면허를 받아 해상의 일정구역내에서 그 소유의 수산동.식물을 양식할 수 있는 권리를 가리키는 것으로서 그 면허를 받았다는 사실만으로써 곧 당해구역내에 자연적으로 번식하는 수산동.식물에 관하여 당연히 소유권이나 점유권을 취득한다고 할 수는 없으므로, 공소외인이 굴 양식면허를 받은 위 구역내에서 피고인들이 자연서식의 반지락을 채취하였다고 하더라도 수산업법 위반이 됨은 별론으로 하고 절도죄를 구성한다고는 할 수 없다(대법원 1983.2.8. 선고 82도696 판결).

2. 어업권 임대차위반

1) 적용법조

甲 : 제107조 제6호, 제32조 ☞ 공소시효 5년

乙 : 제107조 제6호, 제32조(어업권 임차), 제106조 제1항 제1호(무면허 어업)

　　☞ 공소시효 5년

> 제32조(임대차의 금지) 어업권은 임대차의 목적으로 할 수 없다. 이 경우 어촌계의 계원, 지구별수협의 조합원 또는 어촌계의 계원이나 지구별수협의 조합원으로 구성된 영어조합법인이 제37조에 따른 어장관리규약으로 정하는 바에 따라 그 어촌계 또는 지구별수협이 소유하는 어업권을 행사하는 것은 임대차로 보지 아니한다.

2) 범죄사실 기재례

> 가. 피의자 甲
>
> 　피의자는 ○○ 어촌계장으로 20○○. ○. ○.경 ○○시로부터 ○○일대에 대한 ○○어업권을 어촌계 명의로 허가받은 사람이다. 어업권은 이를 임대차의 목적으로 할 수 없다.
>
> 　그럼에도 불구하고 피의자는 20○○. ○. ○. ○○에서 乙에게 20○○. ○. ○.부터 20○○. ○. ○.까지 기간으로 ○○만원을 받고 임대하였다.
>
> 나 피의자 乙
>
> 　피의자는 어업면허를 받지 아니하고 위와 같이 피의자 甲으로부터 어업권을 임차하여 20○○. ○. ○. 경부터 20○○. ○. ○. 경까지 ○○마을 앞 해상에서 60책의 시설을 하는 방법으로 김양식어업을 하였다.

3) 신문사항

- 어촌계장인가
- 어촌계 어업권이 있는가
- 언제 누구로부터 허가 받았는가
- 허가받은 구역이 어디이며 어떤 어업원권인가
- 이를 다른 사람에게 임대한 일이 있는가
- 언제 어디에서 임대하였나
- 어떤 조건으로 임대하였는가
- 왜 임대하였는가
- 이렇게 임대한 것이 정당하다고 생각하는가

■ 판례 ■　　**어업면허를 취득하지 아니하고 어업권자로부터 어업권을 임차하여 어업을 경영한 경우**

[1] 수산업법상 임대차금지의 취지

수산업법(1995. 12. 30. 법률 제5131호로 개정되기 전의 것)이 어업권의 임대차를 금지하고 있는 취지는, 적격성과 우선순위 등의 판단을 거쳐 자영할 의사가 있는 자에게 해당 수면을 구획·전용

하여 어업을 경영하게 하고 그 이익을 제3자로부터 보호함으로써 수산업의 발전을 도모할 목적 아래 마련된 어업면허제도의 근간을 유지함과 아울러 어업권자가 스스로 어업권을 행사하지 않으면서 이른바 부재지주적 지대를 징수하는 것을 금지하고 자영하는 어민에게 어장을 이용시키려는 데에 있다.

[2] 어업권을 임차하여 수산업을 경영한 자가 무면허 어업행위에 해당하는지 여부(적극)

수산업법 제8조 제1항 제1호, 제33조, 제94조 제1항 제1호, 제95조 제5호 규정의 내용에 비추어 어업권자의 어업 경영참가를 배제하는 내용의 어업권 임대차는 무효이므로, 어업면허를 취득하지 아니하고 어업권자로부터 어업권을 임차하여 어업을 경영하였다고 하더라도 수산업법 제94조 제1항 제1호의 무면허 어업행위에 의한 죄책을 면할 수 없다(대법원 1996.6.28. 선고 95도2604 판결).

■ 판례 ■   어촌계의 계원이 아닌 자의 권한 행사

[1] 어촌계의 계원이 아닌 자로 하여금 어촌계의 사업을 이용시키는 것과 같은 방식으로 정관이 정하는 바에 따라 어촌계 명의의 어업권을 행사케 하고 그 대가를 징수할 수 있는지 여부

어촌계의 계원이 아닌 자로 하여금 어촌계의 사업을 이용시키는 것과 같은 방식으로 정관이 정하는 바에 따라 어촌계 명의의 어업권을 행사케 하고 그 대가를 징수할 수 있다고 해석하는 것은 어촌계 명의의 어업권에 대한 임대차를 사실상 널리 허용하는 셈이 되고, 이는 곧 어업권의 임대차를 금지하는 수산업법의 근본 취지를 몰각시키는 결과가 되어 부당하다.

[2] 계원이 아닌 자에게 양식어업권의 행사나 양식어장에의 입어를 허용하는 어촌계 어장관리규약의 효력 및 그 규약에 따라 체결된 어업권 행사 또는 입어 계약의 적법 여부

수산업법 제37조 제1항, 제38조, 제40조 제1항, 수산업협동조합법시행령 제7조 제1항 제1호, 제2항의 각 규정을 종합하면, 어촌계가 가지고 있는 어업권은 당해 어촌계의 계원이 이를 행사할 수 있고, 계원이 아닌 자는 같은 법 제2조 제7호의 입어자에 해당하거나 수산업협동조합법시행령 제7조 제1항 제1호 소정의 준계원이 된 경우에만 공동어업권의 어장에 입어할 수 있으며, 어촌계의 어장관리규약에서는 위와 같이 계원이 어업권을 행사하거나 계원이 아닌 자가 공동어업권의 어장에 입어함에 있어서 기준이 되는 우선순위 등의 자격, 어업권의 행사방법과 입어방법, 어업의 시기, 어업의 방법, 행사료 및 입어료 기타 어장의 관리에 필요한 사항을 정할 수 있을 뿐이고, 또한 수산업법상 "입어"라고 함은 같은 법 제44조의 규정에 의하여 어업의 신고를 한 자로서 공동어업권이 설정되기 전부터 당해 수면에서 계속적으로 수산동식물을 포획·채취하여 온 사실이 대다수 사람들에게 인정되는 자 중 대통령령이 정하는 바에 의하여 어업권원부에 등록된 자가 공동어업의 어장에서 수산동식물을 포획·채취하는 것을 말하므로(같은 법 제2조 제7호, 제40조), 이는 공동어업권자의 어업구역에서 공동어업을 하는 경우에만 허용되고 이 사건과 같이 양식어업권자의 어업구역에서 양식어업을 하는 경우에는 허용될 여지가 없는 것이다. 그렇다면 계원이 아닌 자에게 양식어업권의 행사나 양식어업권의 어장에의 입어를 허용하는 어촌계의 어장관리규약은 위와 같은 관계 법령의 규정 내용과 그 취지에 반하는 것으로 무효이므로, 그 어장관리규약에 따라 체결된 어업권 행사 또는 입어 계약은 적법한 어업권의 행사나 입어를 내용으로 하는 계약이라고 볼 수 없다.(대법원 1995. 11. 10., 선고, 94도2458, 판결)

3. 무허가 어업

1) 적용법조 : 제106조 제1항 제3호, 제40조 제1항 ☞ 공소시효 5년

> 제40조(허가어업) ① 총톤수 10톤 이상의 동력어선(動力漁船) 또는 수산자원을 보호하고 어업조정을 하기 위하여 특히 필요하여 대통령령으로 정하는 총톤수 10톤 미만의 동력어선을 사용하는 어업(이하 "근해어업"이라 한다)을 하려는 자는 어선 또는 어구마다 해양수산부장관의 허가를 받아야 한다.
> ② 무동력어선, 총톤수 10톤 미만의 동력어선을 사용하는 어업으로서 근해어업 및 제3항에 따른 어업 외의 어업(이하 "연안어업"이라 한다)을 하려는 자는 어선 또는 어구마다 시·도지사의 허가를 받아야 한다.
> ③ 일정한 수역을 정하여 어구를 설치하거나 무동력어선, 총톤수 5톤 미만의 동력어선을 사용하는 어업(이하 "구획어업"이라 한다)을 하려는 자는 어선·어구 또는 시설마다 시장·군수·구청장의 허가를 받아야 한다. 다만, 해양수산부령으로 정하는 어업으로 시·도지사가 「수산자원관리법」 제36조 및 제38조에 따라 총허용어획량을 설정·관리하는 경우에는 총톤수 8톤 미만의 동력어선에 대하여 구획어업 허가를 할 수 있다.

2) 범죄사실 기재례

[기재례1] 무허가 어업

> 피의자는 ○○에 있는 ○○항에 자신 소유 ○○톤 동력어선의 소유자이다. 총톤수 8톤 이상의 동력어선을 사용하는 어업을 하려는 자는 어선마다 농림수산식품부장관의 허가를 받아야 한다.
> 그럼에도 불구하고 피의자는 허가없이 위 어선을 이용하여 20○○. ○. ○.경부터 20○○. ○. ○.까지 사이에 ○○일대에서 ○○방법으로 ○○어업을 하였다.

[기재례2] 무허가 대형트롤

> 피의자는 무허가 대형트롤 ○○호(60.0t, 디젤507마력, FRP, 외끌이대형기선저인망 제○○호)의 선주 겸 선장이다.
> 총톤수 8톤 이상의 동력어선 또는 수산자원을 보호하고 어업조정을 하기 위하여 특히 필요하여 대통령령으로 정하는 총톤수 8톤 미만의 동력어선을 사용하는 어업을 하려는 자는 어선 또는 어구마다 농림수산식품부장관의 허가를 받아야 한다.
> 그럼에도 불구하고 피의자는 20○○. ○. ○. 22:00경 제주시 마라도 남서방 약 ○○마일 해상(북위 32도 53.3분, 동경 125도 33.6분, 241-1해구)에서 허가를 받지 않은 대형트롤어구를 사용하여 잡어 ○○상자를 포획하였다.

3) 신문사항

- 동력어선을 소유하고 있는가
- 소유 어선의 규모는 어느 정도인가
- 선박 등록을 하였는가
- 언제부터 소유하고 있는가
- 무엇 때문에 소유하는가

- 이 선박을 이용하여 어업을 하였는가
- 어떤 종류의 어업을 하였는가
- 언제부터 언제까지 하였나
- 어떤 방법으로 하였나.
- 어업허가를 받았는가
- 왜 허가없이 어업을 하였는가

■ 판례 ■ 　　조업구역에서 조업금지구역으로 변경된 경우

[1] 근해형망어업허가를 받은 어선의 선적항이 근해형망어업의 조업구역에서 조업금지구역으로 변경된 경우, 이를 두고 구 수산업법 제53조 제3항의 어업조정이 이루어진 것으로 보아 조업금지구역에서 근해형망어업이 허용되는지 여부(소극)

구 수산업법(2007. 4. 11. 법률 제8377호로 전문 개정되기 전의 것) 제52조 제1항 및 구 수산자원보호령(2006. 7. 14. 대통령령 제19611호로 개정된 것) 제17조 제1항과 그 [별표 12]에 비추어, 전라남도 연해는 근해형망어업의 조업구역에서 제외되었으므로 수산자원보호령에 의하여 허용된 구역을 조업구역으로 하는 근해형망어업허가를 받은 어선의 선적항이 허용된 구역에서 전라남도로 변경되었다고 하더라도 그와 같은 이유만으로 같은 법 제53조 제3항이 규정하는 어업조정이 이루어져 그 어선으로 전라남도 근해에서의 근해형망어업이 허용된다고 볼 수는 없다.

[2] 구 수산자원보호령 제4조가 정한 특정어업의 금지구역에 해당하지 않는 사정과 근해구역과 연안구역의 거리를 규정한 구 수산진흥법 및 같은 법 시행령의 폐지가 근해형망어업의 조업구역에 영향을 미치는지 여부(소극)

구 수산업법(2007. 4. 11. 법률 제8377호로 전문 개정되기 전의 것) 제79조 제1항 제1호와 구 수산자원보호령(2006. 7. 14. 대통령령 제19611호로 개정된 것) 제4조는 수산동식물의 번식·보호를 위한 것이고 같은 법 제52조 제1항 제3호와 구 수산자원보호령 제17조 제1항은 어업단속·위생관리·유통질서 기타 어업조정을 위한 것으로서, 그 입법 취지 및 적용 범위가 다르므로, 같은 영 제4조의 특정어업의 금지구역에 해당하지 아니한다는 이유만으로 같은 영 제17조 제1항의 제한에서 제외되는 것은 아닐 뿐만 아니라, 근해구역과 연안구역의 거리를 규정한 구 수산진흥법 및 그 시행령이 폐지되었다고 하더라도 구 수산업법은 제41조에서 여전히 근해어업과 연안어업을 구별하여 규제하고 있으므로, 그러한 사정은 근해형망어업의 조업구역에 아무런 영향을 미치지 못한다(대법원 2008.2.29.선고 2007도9048 판결).

4. 거짓이나 그 밖의 부정한 방법으로 어업의 허가를 받은 경우

1) 적용법조 : 제107조 제1호 ☞ 공소시효 5년

2) 범죄사실 기재례

> 피의자는 20○○. ○. ○. ○○에 있는 ○○어촌계장으로서 어촌계로부터 채취선 명의변경에 대한 승낙만 받았을 뿐 어업허가 명의변경에 대해서는 명시적인 승낙을 받은 사실이 없었다.
>
> 그럼에도 불구하고 피의자는 마치 어촌계 총회에서 어업허가 명의변경에 대한 승낙이 있었던 것처럼 허위의 내용을 기재한 어촌계 회의록을 작성 관할관청에 제출하여 허위의 방법으로 어업의 허가를 받았다.

3) 신문사항

- 어디 어촌계장인가
- 어업허가 명의변경 신청을 한 일이 있는가
- 언제 어떠한 명의변경 신청을 하였는가
- 어떤 서류를 어디에 누가 제출하였는가
- 이런 서류를 누가 어디에서 작성하였는가
- 이런 서류는 모두 사실인가
- 왜 허위 서류를 작성하여 제출하였는가

■ 판례 ■ **수산업법 제95조 제1호의 규정에서 말하는 '허위 기타 부정한 방법으로 어업의 허가를 받은 경우'의 의미**

수산업법 제95조 제1호의 규정에서 말하는 '허위 기타 부정한 방법으로 어업의 허가를 받은 경우'라고 함은 정상적인 절차에 의하여는 어업의 허가를 받을 수 없는 경우임에도 불구하고 위계 기타 사회통념상 부정이라고 인정되는 행위를 사용하여 허가를 받은 경우를 뜻하는 것으로서 적극적 및 소극적 행위를 사용한 경우를 모두 포함한다. 따라서 피고인이 어촌계가 어업허가 명의변경을 승낙한 것처럼 위조된 어촌계 회의록을 제출하여 어업허가를 받은 것은 허위 기타 부정한 방법으로 어업허가를 받은 경우에 해당한다(대법원 2005.4.15. 선고 2005도284 판결).

5. 면허 · 허가 또는 신고어업 외의 어업행위

1) 적용법조 : 제106조 제1항 제4호, 제63조   ☞   공소시효 5년

> 제63조(면허 · 허가 또는 신고어업 외의 어업의 금지) 누구든지 이 법 또는 「수산자원관리법」에 따른 어업 외의 어업의 방법으로 수산동식물을 포획 또는 채취하여서는 아니 된다.

2) 범죄사실 기재례

> 누구든지 이 법 또는 「수산자원관리법」에 따른 어업 외의 어업의 방법으로 수산동식물을 포획 또는 채취하여서는 아니 된다.
> 그럼에도 불구하고 피의자는 20○○. ○. ○. ○○:○○경 ○○에 있는 하천에서 경운기에 부착된 배터리를 이용 220V의 전류가 흐르는 기구를 만들어 휴대하고, 장어 10마리(각 길이 약 15cm)와 피라미 약 50마리를 포획하였다.

3) 신문사항

- 피의자는 수산동식물을 포획(채취, 양식)한 일이 있는가
- 언제 어디에서 포획하였나
- 어떠한 수산동식물을 포획하였나
- 어느 정도 잡았나
- 어떠한 방법으로
- 그러한 기구는 누가 언제 어떻게 만들었나
- 이러한 포획행위는 정당한 방법인가
- 왜 이러한 행위를 하였나

■ 판례 ■   **삼각망어업면허를 받은 자의 이각망어구 조업행위가 수산업법 제57조 위반죄에 해당하는지 여부(소극)**

삼각망어업의 면허는 어구로시 삼각망만을 사용할 수 있다는 것이 아니라 헛통에 최대한 3개의 자루그물이 부착된 삼각망까지를 사용하여 조업할 수 있는 어업권을 설정하여 준 것으로 보아야 하고 따라서 삼각망어업을 면허받은 자는 삼각망은 물론이고 이각망을 사용하여 조업하더라도 면허받은 어업권의 내용에 속하지 않는 어구에 의하여 어업을 한 것으로 볼 수 없어 이각망어구를 사용하여 조업을 한 행위에 대하여 수산업법 제57조 위반죄로 다스릴 수 없다(대법원 1993.7.27. 선고 92도3180 판결).

■ 판례 ■   **수산업법 제58조에 정한 '이 법에 따른 어업 외의 어업의 방법으로 수산동식물을 포획채취하거나 양식하는 경우'의 의미 및 수산동식물의 포획 · 채취 또는 양식 행위가 '어업'에 해당하는지 여부의 판단 방법**

수산업법의 관련 규정들과 입법 취지 등을 종합하면, 수산업법 제94조 제1항 제3호, 제58조에 의하여 처벌되는 것은 문언 그대로 '수산업법에 따른 어업 외의 어업의 방법으로' 수산동식물을 포획 · 채취하거나 양식하는 경우에 한한다고 해석하는 것이 타당하다. 따라서 수산동식물의 포

획·채취 또는 양식 행위가 '어업'에 해당하지 않는 경우에는 위 규정에 따라 처벌할 수 없다. 여기서 수산동식물의 포획·채취 또는 양식 행위가 어업에 해당하는지의 여부는 행위의 반복 계속성, 영업성 등의 유무와 그 행위의 목적이나 규모, 횟수, 기간, 태양 등 여러 사정을 종합적으로 고려하여 사회통념에 따라 판단하여야 하고, 반복 계속하여 수산동식물의 포획·채취 또는 양식 행위를 한 경우뿐만 아니라 반복 계속할 의사로 수산동식물의 포획·채취 또는 양식 행위를 하면 단 한 번의 행위도 이에 해당된다(대전지법 2009.6.25. 선고 2008노3378 판결).

6. 어업감독공무원의 검사나 명령에 불응

1) 적용법조 : 제108조 제6호, 제69조 제1항 ☞ 공소시효 5년

> **제69조(어업감독 공무원)** ① 어업감독 공무원은 어업조정, 안전조업, 불법어업 방지 및 수산물의 유통질서를 확립하기 위하여 필요하다고 인정되면 어장·어선·사업장·사무소·창고, 그 밖의 장소에 출입하여 장부·서류, 그 밖의 물건을 검사하거나 관계인에게 질문할 수 있으며, 그 밖에 정선(停船)이나 회항(回航)을 명할 수 있다.

2) 범죄사실 기재례

> 피의자는 20○○. ○. ○. ○○:○○경 삼척시 정라동 정라포구에 입항중 인 어선 오분제1호에서 그 어선에 대한 수산업법 위반사실 유무를 조사하고자 승선한 삼척시 수산과 소속 어업감독공무원 홍길동이 위 어선의 선감찰 등 서류를 확인하려고 하자 그 서류를 빼앗아 그의 검사에 불응하였다.

3) 신문사항

- 소유 선박이 있는가
- 어디 선적이며 선박 규모는 어느 정도인가
- 어업감독공무원으로부터 수산업법 위반여부에 대한 검사를 받은 일이 있는가
- 언제 어디에서 어떤 검사를 받았는가
- 누구로부터 받았는가
- 필요한 서류 제출 명령을 받은 일이 있는가
- 요구 서류를 제출하였는가
- 왜 검사에 불응하였는가

제 69 장 수산자원관리법

Ⅰ. 개념정의 및 적용범위

1. 개념정의

제2조(정의) ① 이 법에서 사용하는 용어의 뜻은 다음과 같다.
1. "수산자원"이란 수중에 서식하는 수산동식물로서 국민경제 및 국민생활에 유용한 자원을 말한다.
2. "수산자원관리"란 수산자원의 보호 · 회복 및 조성 등의 행위를 말한다.
3. "총허용어획량"이란 포획 · 채취할 수 있는 수산동물의 종별 연간 어획량의 최고한도를 말한다.
4. "수산자원조성"이란 일정한 수역에 어초(魚礁) · 해조장(海藻場) 등 수산생물의 번식에 유리한 시설을 설치하거나 수산종자를 풀어놓는 행위 등 인공적으로 수산자원을 풍부하게 만드는 행위를 말한다.
5. "바다목장"이란 일정한 해역에 수산자원조성을 위한 시설을 종합적으로 설치하고 수산종자를 방류하는 등 수산자원을 조성한 후 체계적으로 관리하여 이를 포획 · 채취하는 장소를 말한다.
6. "바다숲"이란 갯녹음(백화현상) 등으로 해조류가 사라졌거나 사라질 우려가 있는 해역에 연안생태계 복원 및 어업생산성 향상을 위하여 해조류 등 수산종자를 이식하여 복원 및 관리하는 장소를 말한다 [해중림(海中林)을 포함한다].
② 이 법에서 따로 정의되지 아니한 용어는 「수산업법」 또는 「양식산업발전법」에서 정하는 바에 따른다.

2. 적용범위

제3조(적용범위) 이 법은 다음 각 호의 수면 등에 대하여 적용한다.
1. 바다
2. 바닷가
3. 어업을 하기 위하여 인공적으로 조성된 육상의 해수면
4. 「국토의 계획 및 이용에 관한 법률」 제40조에 따라 수산자원의보호 · 육성을 위하여 지정된 공유수면이나 그에 인접된 토지(이하 "수산자원보호구역"이라 한다)
5. 「내수면어업법」 제2조제1호에 따른 내수면(제55조의2제3항제4호에 따른 내수면 수산자원조성사업에 한정한다. 이하 같다)
제3조의2(바다식목일) ① 바닷속 생태계의 중요성과 황폐화의 심각성을 국민에게 알리고 범국민적인 관심 속에서 바다숲이 조성될 수 있도록 하기 위하여 매년 5월 10일을 바다식목일로 한다.
② 국가와 지방자치단체는 바다식목일 취지에 적합한 기념행사를 개최할 수 있다.
③ 제2항에 따른 바다식목일 기념행사에 필요한 사항은 농림수산식품부령으로 정한다.

※ 국토의 계획 및 이용에 관한 법률
제40조(수산자원보호구역의 지정) 해양수산부장관은 직접 또는 관계 행정기관의 장의 요청을 받아 수산자원을 보호 · 육성하기 위하여 필요한 공유수면이나 그에 인접한 토지에 대한 수산자원보호구역의 지정 또는 변경을 도시 · 군관리계획으로 결정할 수 있다.

II. 벌 칙

제64조(벌칙) 다음 각 호의 어느 하나에 해당하는 자는 2년 이하의 징역 또는 2천만원 이하의 벌금에 처한다.

1. 제14조를 위반하여 어업을 한 자
2. 제17조를 위반하여 포획·채취한 수산자원이나 그 제품을 소지·유통·가공·보관 또는 판매한 자
3. 제19조제2항을 위반하여 휴어기가 설정된 수역에서 조업이나 그 해당 어업을 한 자
4. 제22조를 위반하여 어선을 사용한 자
5. 제25조제1항을 위반하여 폭발물·유독물 또는 전류를 사용하여 수산자원을 포획·채취한 자
6. 제25조제2항을 위반하여 유해화학물질을 보관 또는 사용한 자
7. 제35조제1항제5호에 따른 명령을 위반하여 수산자원의 이식을 한 자
8. 제37조제2항에 따른 배분량을 할당받지 아니하고 포획·채취한 자
9. 제43조제1항에 따라 제한 또는 금지된 인공구조물의 설비를 하거나 같은 조 제2항에 따른 공사명령을 이행하지 아니한 자
10. 제47조제2항을 위반하여 보호수면에서 공사를 하거나 같은 조 제3항을 위반하여 보호수면에서 수산자원을 포획·채취한 자
11. 제49조제5항 본문을 위반하여 수산자원관리수면에서 수산자원을 포획·채취한 자
12. 제49조제7항을 위반하여 수산자원관리수면에서 허가를 받지 아니하고 행위를 한 자
13. 제52조제2항에 따른 허가대상행위에 대하여 관리관청의 허가를 받지 아니하고 행위를 하거나 허가내용과 다르게 행위를 한 자

제65조(벌칙) 다음 각 호의 어느 하나에 해당하는 자는 1천만원 이하의 벌금에 처한다.

1. 제15조에 따른 조업금지구역에서 어업을 한 자
2. 제18조제1항을 위반하여 비어업인으로서 수산자원을 포획·채취한 자
3. 삭제 〈2012.12.18〉
4. 삭제 〈2012.12.18〉
5. 제23조제3항을 위반하여 2중 이상 자망을 사용하여 수산자원을 포획·채취한 자
6. 제24조를 위반하여 특정어구를 제작·수입·보관·운반·진열·판매하거나 싣거나 이를 사용하기 위하여 선박을 개조하거나 시설을 설치한 자
7. 제35조제1항제1호에 따른 수산자원의 번식·보호에 필요한 물체의 투입 또는 제거에 관한 제한 또는 금지 명령을 위반한 자
8. 제35조제1항제4호에 따른 치어 및 치패의 수출의 제한 또는 금지 명령을 위반한 자
9. 제35조제1항제6호에 따른 멸종위기에 처한 수산자원의 번식·보호를 위한 제한 또는 금지 명령을 위반한 자
10. 제43조제3항에 따른 신고를 하지 아니하고 방류한 자

제66조(벌칙) 다음 각 호의 어느 하나에 해당하는 자는 500만원 이하의 벌금에 처한다.

1. 제35조제1항제2호에 따른 수산자원에 유해한 물체 또는 물질의 투기나 수질 오염행위의 제한 또는 금지 명령을 위반한 자
2. 제35조제1항제3호에 따른 수산자원의 병해방지를 목적으로 사용하는 약품이나 물질의 제한 또는 금지 명령을 위반한 자
3. 제35조제2항에 따른 원상회복에 필요한 조치명령을 이행하지 아니한 자
4. 제38조제1항을 위반하여 배분량을 초과하여 어획한 자
5. 제38조제3항에 따른 포획·채취 정지 등의 명령을 위반한 자
6. 제49조제5항 단서를 위반하여 수산자원을 포획·채취한 자

제67조(벌칙) 다음 각 호의 어느 하나에 해당하는 자는 300만원 이하의 벌금에 처한다.

1. 제16조에 따른 불법어획물의 방류명령을 따르지 아니한 자
2. 삭제 〈2015.3.27〉
3. 제38조제4항을 위반하여 보고를 하지 아니하거나 거짓으로 보고한 자
4. 제40조제2항을 위반하여 지정된 판매장소가 아닌 곳에서 어획물을 매매 또는 교환한 자

제68조(몰수) ① 제64조부터 제67조까지의 규정에 해당하는 경우에는 행위자가 소유 또는 소지하는 어획물·제품·어선·어구·폭발물 또는 유독물은 이를 몰수할 수 있다.

② 제1항에 따라 행위자가 소유 또는 소지한 물건의 전부 또는 일부를 몰수할 수 없을 때에는 그 가액을 추징할 수 있다.

제69조(양벌규정) 법인의 대표자나 법인 또는 개인의 대리인, 사용인, 그 밖의 종사자가 그 법인 또는 개인의 업무에 관하여 제64조부터 제67조까지의 어느 하나에 해당하는 위반행위를 하면 그 행위자를 벌하는 외에 그 법인 또는 개인에게도 해당 조문의 벌금형을 과(科)한다. 다만, 법인 또는 개인이 그 위반행위를 방지하기 위하여 해당 업무에 관하여 상당한 주의와 감독을 게을리하지 아니한 경우에는 그러하지 아니하다.

◗ III. 범죄사실

1. 방란된 알 채취

1) 적용법조 : 제64조 제1호, 제14조 제3항 ☞ 공소시효 5년

제14조(포획·채취금지) ① 해양수산부장관은 수산자원의 번식·보호를 위하여 필요하다고 인정되면 수산자원의 포획·채취 금지 기간·구역·수심·체장·체중 등을 정할 수 있다.

② 해양수산부장관은 수산자원의 번식·보호를 위하여 복부 외부에 포란(抱卵)한 암컷 등 특정 어종의 암컷의 포획·채취를 금지할 수 있다.

③ 다음 각 호의 경우를 제외하고는 누구든지 수산동물의 번식·보호를 위하여 수중에 방란(放卵)된 알을 포획·채취하여서는 아니 된다.

　1. 해양수산부장관 또는 시·도지사가 수산자원조성을 목적으로 어망 또는 어구 등에 붙어있는 알을 채취하는 경우

　2. 행정관청이 생태계 교란 방지를 위하여 포획·채취하는 경우

④ 시·도지사는 관할 수역의 수산자원 보호를 위하여 특히 필요하다고 인정되면 제1항의 수산자원의 포획·채취 금지기간 등에 관한 규정을 강화하여 정할 수 있다. 이 경우 시·도지사는 그 내용을 고시하여야 한다.

⑤ 제1항 및 제2항에 따른 수산자원의 포획·채취 금지 기간·구역·수심·체장·체중 등과 특정 어종의 암컷의 포획·채취금지의 세부내용은 대통령령으로 정한다.

2) 범죄사실 기재례

> 　누구든지 수산동물의 번식·보호를 위하여 수중에 방란(放卵)된 알을 포획·채취하여서는 아니 된다.
> 　그럼에도 불구하고 피의자는 20○○. ○. ○.경 ○○군청에서 ○○에 방란한 ○○알 약 ○○kg을 ○○방법으로 채취하였다.

3) 신문사항

　- 방란한 알을 채취한 일이 있는가

　- 언제 어디에서 채취하였나

　- 어떤 알을 채취하였나

　- 어떤 방법으로 어느 정도 채취하였나

- 무엇 때문에 채취하였나
- 이렇게 채취한 알을 어떻게 하였나

■ 판례 ■ 구 수산자원보호령 제7조 제1항이 금지하는 '불빛을 이용한 선망 사용'의 의미

수산자원보호령은 수산업법 제79조에 터잡아 수산자원의 번식보호와 어업조정에 관한 사항을 규정함으로써 수산업의 균형있는 발전에 기여함을 목적으로 하고, 구 수산자원보호령(1996. 12. 31. 대통령령 제15242호로 개정되기 전의 것) 제7조 제1항은 이러한 목적 달성의 일환으로 일정한 구역 안에서 '불빛을 이용한 선망의 사용'을 금지하고 있는바, 불빛을 이용한 선망을 사용하여 어류를 포획하는 작업은 먼저 야간에 전용등선에서 불빛을 밝혀 집어를 한 다음 본선에서 선망을 투척하여 모인 어류를 포획하는 일련의 작업으로 이루어지는 점에 비추어 볼 때, 위 '불빛을 이용한 선망 사용'이라 함은 직접 선망을 투척하는 행위뿐만 아니라 선망을 사용하여 어류를 포획할 목적으로 불빛(집어등)을 밝혀 그 불빛을 좇아 모여드는 어류들을 용이하게 포획할 수 있는 상태에 이르게 하는 행위도 포함한다(대법원 1997.5.30. 선고 97도414 판결).

■ 판례 ■ 어구사용금지구역과 기간에 관한 규정인 구 수산자원보호령 제7조 제9항 제1호가 '허용기간과 해역에서 새우조망을 이용하여 새우류가 아닌 다른 어종을 포획한 경우'에도 적용되는지 여부(소극)

구 수산자원보호령(2008. 1. 11. 해양수산부령 제20543호로 전문 개정되기 전의 것, 이하 같다) 제7조 제9항은 '이동성 구획어업에서 사용되는 새우조망은 다음 각 호의 어느 하나에 해당하는 경우 외에는 이를 사용하여서는 아니 된다'고 규정하면서, 제1호로 '경상남도 통영시 · 거제시 · 사천시 · 남해군 연안해역에서 10. 1.부터 다음해 4. 30.까지 새우류를 포획하고자 하는 경우'를 열거하고 있고, 제30조 제2호는 제7조의 규정에 위반한 자를 500만 원 이하의 벌금에 처하도록 규정하고 있다. 구 수산자원보호령은 수산자원의 번식보호를 위하여 조업구역, 어업시기, 포획할 수 있는 어종을 제한하면서, 조업에 사용되는 각 어구의 특성이 다른 점을 감안하여 제7조에서 특정 어구의 사용을 ① 일정 기간 또는 일정 해역에 있어서 전면적으로 금지하거나(제3항 등), ② 원칙적으로 금지하되 일정 기간 · 일정 해역에 있어서 특정 어종의 포획을 위한 경우에만 예외적으로 허용하거나(제8항 등), ③ 일정 기간 · 일정 해역에 있어서 특정 어종의 포획을 위한 경우에만 금지하는 등(제2항, 제4항, 제7항 등) 서로 다른 방식으로 규정하고 있는바, 제9항 제1호는 새우조망의 사용에 대하여 통영시 · 거제시 · 사천시 · 남해군 연안해역에서 10. 1.부터 다음해 4. 30.까지 사이에 새우류를 포획하고자 하는 경우에만 허용하고 있으므로, 위 해역에서 위 기간 동안에 '새우류가 아닌 어종'을 포획하기 위하여 새우조망을 사용하는 것은 허용되지 않는다(대법원, 2009.1.15.선고 2008도4419 판결).

2. 불법어획물의 판매 등 금지

1) 적용법조 : 제64조 제2호, 제17조　☞ 공소시효 5년

> 제17조(불법어획물의 판매 등의 금지) 누구든지 이 법 또는 「수산업법」에 따른 명령을 위반하여 포획·채취한 수산자원이나 그 제품을 소지·유통·가공·보관 또는 판매하여서는 아니 된다.

2) 범죄사실 기재례

[기재례1] 보관

> 누구든지 수산자원관리법 또는 수산업법에 따른 명령을 위반하여 포획·채취한 수산자원이나 그 제품을 소지·유통·가공·보관 또는 판매하여서는 아니 된다.
> 그럼에도 불구하고 피의자는 20○○. ○. ○. 12:00경 홍길동이 ○○에서 불법으로 포획한 수산동식물인 ○○ 등을 그 정을 알면서 홍길동의 부탁을 받고 ○○조건으로 ○○에 보관하였다.

[기재례2] 유통

> 피의자는 20○○. ○. ○. 15:00경 ○○항에서 피의자가 운항하는 ○○호에 승선하여 같은 날 16:00경 인근 해상에 부표로 표시된 장소에 도착한 다음 그곳에서 불법 포획된 밍크고래의 고기 ○○자루, 합계 ○○kg을 위 ○○호에 싣고 20○○. ○. ○. 06:00경 갑 등과 미리 약속된 하역 장소인 ○○에 있는 ○○부두에 도착하여 갑과 같이 위 밍크고래의 고기를 위 ○○호에서 하역하여 갑 소유의 (차량번호)호 화물차에 적재하였다.
> 이로써 피의자는 갑 등과 공모하여 포획이 금지된 수산자원인 밍크고래의 고기를 유통하였다.

[기재례3] 판매

> 누구든지 수산자원관리법 또는 수산업법에 따른 명령을 위반하여 포획·채취한 수산자원이나 그 제품을 판매하여서는 아니 된다.
> 피의자는 20○○. ○. ○.경, ○○에 있는 자신의 집에서 받은 성명불상의 사람이 불상의 방법으로 취득하여 가져 온 밍크고래고기 1마리 분량(마대자루 약 ○○개 상당)을 ○○ 차량에 싣고 ○○에 있는 '○○' 식당의 주차장으로 가 그곳에서 갑에게 위 밍크고래고기 1마리 분량을 ○○만 원에 판매하였다.
> 이로써 피의자는 성명불상의 사람과 공모하여 수산업법 등에 따라 포획이 금지된 수산자원인 밍크고래의 고기를 판매하였다.

3) 신문사항

- 수산물을 보관한 일이 있는가
- 언제 어떤 수산물을 보관하였나
- 어떤 방법으로 보관하였나
- 누구의 부탁을 받고 하였나
- 어떤 조건으로 하였나

- 그 수산물이 불법으로 포획된 것이라는 것을 알고 있었는가
- 그럼 불법포획물이라는 것을 알면서도 보관해 주었다는 것인가
- 왜 그런 행위를 하였나

■ 판례 ■ 수산자원보호령에 위임된 벌칙의 적용에 관한 한 수산자원보호령 제29조의 규정이 수산업법 제75조의 특별규정인지 여부(적극)

수산자원보호령에 위임된 벌칙의 적용에 관한 한 수산자원보호령 제29조의 규정이 수산업법 제75조의 특별규정에 해당하는 것으로 봄이 상당하고, 따라서 수산업법에 규정된 채포행위의 금지조항(수산업법 제57조, 제73조 등)을 위반하여 채포한 수산동식물의 소지·운반, 처리·가공 또는 판매한 행위에 관하여는 수산업법 제75조, 제95조 제9호가 적용될 것이지만, 수산자원보호령 제29조에서 행위의 객체로 규정한, 수산자원보호령의 구체적·개별적 채포금지조항(제9조 내지 제11조의2)에 위반하여 포획된 수산동식물을 소지·운반, 처리·가공 또는 판매한 행위에 대하여는 수산자원보호령 제29조, 제30조 제2호만 적용될 뿐, 수산업법이 적용될 여지는 없다(대법원, 2007. 2. 22. 선고 2006도3128 판결).

3. 관리수면에서 수산동식물을 포획 · 채취

1) 적용법조 : 제65조 제2호, 제18조 제1항   ☞ 공소시효 5년

> 제18조(비어업인의 포획 · 채취의 제한) ① 「수산업법」 제2조제12호에서 정하는 어업인이 아닌 자는 해양수산부령으로 정하는 방법을 제외하고는 수산자원을 포획 · 채취하여서는 아니 된다.
> ② 「수산업법」 제2조제12호에 따른 어업인이 아닌 자는 제4조를 위반하여 수산자원을 포획 · 채취해서는 아니 된다.

2) 범죄사실 기재례

> 어업인이 아닌 자는 농림수산식품부령으로 정하는 장소 · 기간 · 방법을 제외하고는 수산자원을 포획 · 채취하여서는 아니 된다.
> 그럼에도 불구하고, 어업인이 아닌 피의자는 20○○. ○. ○. 08:30경 ○○해수욕장 부근의 '○○낚시' 상호의 다이빙샵에서 산소탱크 1개를 빌려 평소 알고 지내던 甲이 조종하는 고무보트(5마력)에 승선하여 같은 날 09:30경 ○○에 있는 ○○ 앞 150m 해상에 도착하여 잠수장비를 착용하고 스킨스쿠버 활동을 하면서 같은 날 10:30경까지 전복(망태기 1자루)과 멍게 7kg(망태기 1자루)을 포획하였다.

3) 신문사항

- 어업인인가
- 수사자원을 포획(채취)한 사실이 있는가
- 어떤 도구를 이용하였는가
- 그 도구는 언제 어디에서 구하였는가
- 언제 어떤 수산동식물을 포획(채취)하였는가
- 어떠한 방법으로 하였나
- 그곳까지는 어떤 방법으로 이동하였는가
- 무엇 때문에 포획하였는가
- 이렇게 포획한 물건은 어떻게 하였는가
- 왜 이러한 행위를 하였는가

■ 판례 ■　　수산자원관리법 제18조의 취지

수산자원관리법 제18조는 어업인이 아닌 자가 수산자원을 포획 · 채취하는 행위를 전면적으로 금지하면서 예외적으로 농림수산식품부령에 허용되는 수산자원 포획 · 채취행위의 장소 · 기간 · 방법을 규정하도록 위임한 것이 아니라, 어업인이 아닌 자가 농림수산식품부령이 제한하는 방법 등으로 수산자원을 포획 · 채취하는 행위만을 금지하려는 취지로 보아야 한다.(대법원 2011.11.24. 선고 2011도5437 판결)

4. 2중 자망 사용

1) 적용법조 : 제65조 제5호, 제23조 제3항 ☞ 공소시효 5년

> 제23조(2중 이상 자망의 사용금지 등) ③ 수산자원을 포획·채취하기 위하여 2중 이상의 자망(刺網)을 사용하여서는 아니 된다. 다만, 해양수산부장관 또는 시·도지사의 승인을 받거나 대통령령으로 정하는 해역에 대하여 어업의 신고를 하는 경우에는 그러하지 아니하다.

2) 범죄사실 기재례

> 피의자는 ○○선적 ○○어선 ○○호의 선장 겸 소유자이다.
> 근해자망어업의 허가를 받으면 등의 외에는 수산동물을 포획채취하기 위하여 2중 이상의 자망을 사용하여서는 아니 된다.
> 그럼에도 불구하고 피의자는 20○○. ○. ○.경 ○○에서 ○○자망을 사용하여 ○○ 등을 포획하는 어업을 하였다.

3) 신문사항

- 어선을 소유하고 있는가
- 어선의 규모는 어느 정도인가(톤수, 선장, 선원수 등)
- 어떤 종류의 어선인가
- 어업을 위해 출항한 일이 있는가
- 어업허가를 받았는가
- 어디에서 조업을 하였는가
- 어떤 종류의 어망을 사용하였는가
- 왜 2중이상의 자망을 사용하였는가
- 이러한 자망으로 어떤 수산동물을 포획하였는가
- 어느 정도 포획하였는가
- 이렇게 포획한 수산물은 어떻게 하였는가

■ 판례 ■ 　수산업법 또는 위 법에 의한 명령에 위반하여 포획·채취한 수산동식물을 소지·운반하는 행위를 처벌하는 규정인 수산업법 제95조 제9호, 제75조와 대게의 암컷과 붉은 대게의 암컷을 포획하여 소지·운반하는 행위를 처벌하는 규정인 수산자원보호령 제30조 제2호, 제29조, 제1조의 관계

수산업법 제95조 제9호, 제75조는 "수산업법 또는 그 명령에 위반하여 포획·채취 또는 양식한 수산동식물과 그 제품"이라고 매우 포괄적으로 규정함으로써 이 법조항만으로는 과연 그 처벌대상이 되는 행위가 어떤 것인지 쉽게 예측할 수 없을 정도로 그 포섭범위가 지나치게 광범위하고 포괄적이어서 죄형법정주의의 명확성 원칙에 위반될 소지가 있다. 한편, 수산자원보호령은 그 적용 범위에 관한 제3조 제1항에서 "수산업법 제52조의 규정에 의한 어업단속·위생관리·유통질서 기타 어업조정에 관한 사항, 제54조의2의 규정에 의한 총허용어획량의 설정에 관한 사항과 제79조의 규정에 의한 자원보호에 관한 사항에 관하여는 수산업법과 수산업법 시행령에 따라 규정

이 있는 것을 제외하고는 수산자원보호령이 정하는 바에 의한다."고 규정하고 있으므로, 포획이 금지된 대게 암컷을 포획·소지·운반한 행위는 수산업법에 규정이 있는 때에 해당하여 수산자원 보호령의 적용 범위에서 제외된다고 볼 여지가 있다. 그러나 각각 어업조정과 자원보호에 관한 위임입법의 근거규정인 수산업법 제52조, 제79조의 명시적 위임을 받은 수산자원보호령 제30조 제2호, 제29조, 제11조는 위 위임의 범위 내에서 범죄구성요건의 점에서 처벌대상인 행위가 어떠한 것인지를 충분히 예측할 수 있을 정도로 구체적으로 정하고 있고, 처벌의 점에서도 그 형벌의 종류 및 상한과 폭을 명확히 규정하고 있으므로 이는 수산업법 제95조 제9호, 제75조의 특칙에 해당한다고 해석함이 상당하다(대구지법, 2006.4.20, 2006노495).

■ 판례 ■ **수산자원보호령에 위임된 벌칙의 적용에 관한 한 수산자원보호령 제29조의 규정이 수산업법 제75조의 특별규정인지 여부(적극)**

수산자원보호령에 위임된 벌칙의 적용에 관한 한 수산자원보호령 제29조의 규정이 수산업법 제75조의 특별규정에 해당하는 것으로 봄이 상당하고, 따라서 수산업법에 규정된 채포행위의 금지조항 (수산업법 제57조, 제73조 등)을 위반하여 채포한 수산동식물의 소지·운반, 처리·가공 또는 판매한 행위에 관하여는 수산업법 제75조, 제95조 제9호가 적용될 것이지만, 수산자원보호령 제29조에서 행위의 객체로 규정한, 수산자원보호령의 구체적·개별적 채포금지조항(제9조 내지 제11조의2)에 위반하여 포획된 수산동식물을 소지·운반, 처리·가공 또는 판매한 행위에 대하여는 수산자원보호령 제29조, 제30조 제2호만 적용될 뿐, 수산업법이 적용될 여지는 없다(대법원 2007.2.22. 선고 2006도3128판결).

5. 규정외 어구 제작·판매

1) 적용법조 : 제65조 제6호, 제24조 ☞ 공소시효 5년

> **제24조(특정어구의 소지와 선박의 개조 등의 금지)** 누구든지 「수산업법」 제8조·제41조·제42조·제45조 및
> 제47조에 따라 면허·허가·승인 또는 신고된 어구 외의 어구, 「양식산업발전법」 제10조, 제43조 또는 제53조
> 에 따라 면허 또는 허가된 어구 외의 어구 및 이 법에 따라 사용이 금지된 어구를 제작·수입·보관·운반·진
> 열·판매하거나 실어서는 아니 되며, 이러한 어구를 사용할 목적으로 선박을 개조하거나 시설을 설치하여서는
> 아니 된다. 다만, 대통령령으로 정하는 어구의 경우에는 그러하지 아니하다.
>
> ※ 시행령
> **제12조(제작·판매 등이 허용되는 특정어구)** 법 제24조 단서에서 "대통령령으로 정하는 어구"란 다음 각 호의
> 어구를 말한다.
> 1. 법 제48조제1항에 따른 수산자원관리수면(이하 "관리수면"이라 한다)에서 사용하기 위하여 법 제49조제1항
>   에 따른 해당 관리수면의 관리·이용 규정에서 정하는 어구
> 2. 외국으로부터 주문받아 제작·판매하기 위한 수출용 어구 등 농림수산식품부령으로 정하는 어구

2) 범죄사실 기재례

> 누구든지 수산업법에 따라 면허·허가·승인 또는 신고된 어구 외의 어구 및 수산자원관
> 리법에 따라 사용이 금지된 어구를 제작·판매 또는 적재하여서는 아니 되며, 이러한 어구를
> 사용할 목적으로 선박을 개조하거나 시설을 설치하여서는 아니 된다.
> 그럼에도 불구하고 피의자는 20○○. ○. ○.경 ○○에서 법에서 인정된 어구가 아닌 ○○
> 을 판매하기 위해 제작하였다.

3) 신문사항

- 어구를 제작, 판매하고 있는가
- 언제부터 어디에서 하고 있는가
- 사업규모는 어느 정도인가
- 어떤 종류의 어구를 제작하였는가
- 이렇게 제작한 어구는 어떻게 판매하는가
- 법에서 인정한 어구들인가
- 왜 불법어구를 제작하여 판매하는가
- 누구를 상대로 판매하였는가
- 언제까지 어느 정도의 어구를 제작, 판매하였는가

6. 유해어업행위

1) 적용법조 : 제64조 제○호, 제25조 제○항 ☞ 공소시효 5년

제25조(유해어법의 금지) ① 누구든지 폭발물·유독물 또는 전류를 사용하여 수산자원을 포획·채취하여서는 아니 된다.
② 누구든지 수산자원의 양식 또는 어구·어망에 붙어있는 이물질의 제거를 목적으로 「화학물질관리법」 제2조제7호에 따른 유해화학물질을 보관 또는 사용하여서는 아니 된다. 다만, 대통령령으로 정하는 바에 따라 행정관청 또는 주무부처의 장으로부터 사용허가를 받은 때에는 그러하지 아니하다.

※ 화학물질관리법
제2조 (정의) 이 법에서 사용하는 용어의 뜻은 다음과 같다.
　7. "유해화학물질"이란 유독물질, 허가물질, 제한물질 또는 금지물질, 사고대비물질, 그 밖에 유해성 또는 위해성이 있거나 그러할 우려가 있는 화학물질을 말한다.

2) 범죄사실 기재례

[기재례1] 배터리 사용 (제64조 제4호, 제25조 제1항) ☞ 공소시효 5년

　누구든지 폭발물·유독물 또는 전류를 사용하여 수산자원을 포획채취하여서는 아니 된다.
　그럼에도 불구하고 피의자는 20○○. ○. ○. 11:00경 ○○에서 경운기에 부착된 배터리를 이용 220V의 전류가 흐르는 기구를 만들어 휴대하고, 수산동물인 ○○ 약 ○○㎏을 포획하였다.

[기재례2] 염산사용 (제64조 제5호, 제25조 제2항) ☞ 공소시효 5년

　누구든지 수산자원의 양식 또는 어구·어망에 부착된 이물질의 제거를 목적으로 유해화학물질 관리법에서 정하는 유해 화학물질을 보관 또는 사용하여서는 아니 된다.
　그럼에도 불구하고 피의자는 20○○. ○. ○. ○○에 있는 해태양식장 어구에 부착된 이물질을 제거하기 위해 염산 약 ○○ℓ 를 ○○방법으로 사용하였다.

3) 신문사항

　－ 피의자는 수산동식물을 포획(채취)한 일이 있는가
　－ 언제 어디에서 포획하였나
　－ 어떠한 수산동식물을 포획하였나
　－ 어느 정도 잡았나
　－ 어떠한 방법으로
　－ 그러한 기구는 누가 언제 어떻게 만들었나
　－ 이러한 포획행위는 정당한 방법인가
　－ 왜 이러한 행위를 하였나

7. 보호수면에서 수산자원 포획

1) 적용법조 : 제64조 제10호, 제47조 제3항   ☞ 공소시효 5년

제47조(보호수면의 관리) ① 시장·군청·구청장은 관할 구역 안에 있는 보호수면을 그 지정목적의 범위에서 관리하여야 한다. 다만, 보호수면이 둘 이상의 시장·군수·구청장의 관할 구역에 있는 경우에는 다음 각 호에서 정하는 바에 따라 해당 보호수면을 관리할 수 있다.
1. 보호수면이 하나의 시·도지사의 관할 구역에 있는 경우: 시·도지사가 해당 보호수면을 관리할 시장·군수·구청장을 지정하거나 직접 관리
2. 보호수면이 둘 이상의 시·도지사의 관할 구역에 있는 경우: 해양수산부장관이 해당 보호수면을 관리할 시·도지사를 지정하거나 직접 관리
② 보호수면(항만구역은 제외한다)에서 매립·준설하거나 유량 또는 수위의 변경을 가져올 우려가 있는 공사를 하려는 자는 해양수산부장관, 관할 시·도지사 또는 관할 시장·군수·구청장의 승인을 받아야 한다.
③ 누구든지 보호수면에서는 수산자원을 포획·채취하여서는 아니 된다.
제46조(보호수면의 지정 및 해제) ① 해양수산부장관 또는 시·도지사는 수산자원의 산란, 종묘발생이나 치어의 성장에 필요하다고 인정되는 수면에 대하여 대통령령으로 정하는 바에 따라 보호수면을 지정할 수 있다.

2) 범죄사실 기재례

> 누구든지 보호수면에서는 수산자원을 포획·채취하여서는 아니 된다.
> 그럼에도 불구하고 피의자는 20○○. ○. ○. ○○에 있는 보호수면에서 수산자원인 ○○을 ○○방법으로 포획하였다.

3) 신문사항
- 피의자는 수산동식물을 포획(채취)한 일이 있는가
- 언제 어디에서 포획하였나
- 어떠한 수산동식물을 포획하였나
- 어느 정도 잡았나
- 어떠한 방법으로
- 포획장소가 보호수면이라는 것을 알고 있는가
- 왜 이러한 행위를 하였나

8. 관리수면에 공작물 신축

1) 적용법조 : 제64조 제12호, 제49조 제7항 제3호 ☞ 공소시효 5년

※ 보호구역에서 무허가 건축 : 제64조 제13호, 제52조 제2항 ☞ 공소시효 5년

제49조(수산자원관리수면의 관리) ① 시·도지사는 제48조에 따라 지정된 수산자원관리수면의 효율적인 관리를 위하여 수산자원관리수면의 관리·이용 규정을 정하여야 한다.

② 농림수산식품부장관 또는 시·도지사는 제48조에 따라 지정된 수산자원관리수면을 해양친수공간(海洋親水空間)으로 활용하기 위하여 생태체험장을 지정·운영할 수 있다.

③ 제1항에 따른 수산자원관리수면의 관리·이용 규정의 내용과 제2항에 따른 생태체험장의 지정·운영에 필요한 사항은 대통령령으로 정한다.

④ 시·도지사는 수산자원관리수면의 관리·이용 규정에 따라 시장·군수·구청장에게 수산자원관리수면을 관리하게 하거나 어업인 등에게 이용하게 할 수 있다.

⑤ 누구든지 수산자원관리수면에서는 수산자원을 포획·채취할 수 없다. 다만, 시·도지사는 제1항의 수산자원관리수면의 관리·이용 규정에 따른 어업의 방법(이 법 또는 「수산업법」에 따른 어업 외의 어업의 방법을 포함한다)으로 어업인 등으로 하여금 수산자원을 포획·채취하게 할 수 있다.

⑥ 제1항에 따른 수산자원관리수면의 관리·이용에 관한 세부적인 사항은 농림수산식품부령으로 정한다.

⑦ 수산자원관리수면에서 다음 각 호에 해당하는 행위를 하려는 자는 시·도지사의 허가를 받아야 한다. 다만, 행정관청이 그 행위를 하려는 경우에는 미리 관할 시·도지사와 협의하여야 한다.
1. 매립행위
2. 준설행위
3. 공작물을 신축·증축 또는 개축하는 행위
4. 토석·모래 또는 자갈의 채취행위
5. 그 밖에 수산자원의 효율적인 관리·이용에 유해하다고 인정되는 행위로서 대통령령으로 정하는 행위

제48조(수산자원관리수면의 지정 및 해제) ① 시·도지사는 수산자원의 효율적인 관리를 위하여 정착성 수산자원이 대량으로 발생·서식하거나 수산자원조성사업을 하였거나 조성예정인 수면에 대하여 수산자원관리수면으로 지정할 수 있다.

※ 시행령
제36조(유해행위) 법 제49조제7항제5호에서 "대통령령으로 정하는 행위"란 다음 각 호의 행위를 말한다.
1. 육상 또는 선박으로부터 쓰레기를 투기하거나 오수(汚水)·폐수를 유출하는 행위
2. 「광업법」에 따라 공유수면 내에서 광물을 채취하는 행위

---

2) 범죄사실 기재례

> 수산자원관리수면에서 공작물을 신축·증축 또는 개축하는 행위 등을 하려는 자는 시·도지사의 허가를 받아야 한다.
> 그럼에도 불구하고 피의자는 허가없이 20○○. ○. ○. 수산자원관리수면인 ○○에 ○○용도로 사용하기 위해 벽돌로 사방의 벽을 쌓고 경량철골과 천막으로 지붕을 얹어 건평 70㎡의 단층 건축물 1동을 신축하였다.

3) 신문사항

- 관리수면에 건물을 신축한 일이 있는가
- 언제 어디에 어떠한 건축물을 신축하였나

- 어떠한 방법으로 건축하였나
- 언제부터 언제까지 공사하였나
- 누가 하였는가
- 어떠한 용도로 사용하기 위해 건축하였나
- 그곳이 관리수면이라는 것을 알고 있는가
- 왜 이러한 행위를 하였는가

9. 관리수면에서 수산동식물을 포획 · 채취

1) 적용법조 : 제64조 제11호, 제49조 제5항　☞ 공소시효　5년

2) 범죄사실 기재례

> 수산자원관리수면에서는 사도지사가 이를 관리하기 위해 어업인 등으로 하여금 이용하게 할 수 있는 경우를 제외하고는 누구든지 수산자원을 포획 · 채취하여서는 아니 된다.
> 그럼에도 불구하고 피의자는 20○○. ○. ○. ○○에서 ○○방법으로 수산동물(또는 식물) 인 ○○을 ○○정도 포획(또는 채취)하였다.

3) 신문사항

- 관리수면에서 수산동식물을 포획 · 채취한 일이 있는가
- 언제 어디에 있는 관리수면에서 하였는가
- 어떤 수산동식물을 포획(채취)하였는가
- 어떠한 방법으로 하였나
- 무엇 때문에 포획하였는가
- 이렇게 포획한 물건은 어떻게 하였는가
- 그곳이 관리수면이라는 것을 알고 있는가
- 왜 이러한 행위를 하였는가

Ⅰ. 개념정의

제2조(정의) 이 법에서 사용하는 용어의 뜻은 다음과 같다.

1. "스토킹행위"란 상대방의 의사에 반(反)하여 정당한 이유 없이 상대방 또는 그의 동거인, 가족에 대하여 다음 각 목의 어느 하나에 해당하는 행위를 하여 상대방에게 불안감 또는 공포심을 일으키는 것을 말한다.

   가. 상대방 또는 그의 동거인, 가족(이하 "상대방등"이라 한다)에게 접근하거나 따라다니거나 진로를 막아서는 행위

   나. 상대방등의 주거, 직장, 학교, 그 밖에 일상적으로 생활하는 장소(이하 "주거등"이라 한다) 또는 그 부근에서 기다리거나 지켜보는 행위

   다. 상대방등에게 우편·전화·팩스 또는 「정보통신망 이용촉진 및 정보보호 등에 관한 법률」 제2조제1항제1호의 정보통신망(이하 "정보통신망"이라 한다)을 이용하여 물건이나 글·말·부호·음향·그림·영상·화상(이하 "물건등"이라 한다)을 도달하게 하거나 정보통신망을 이용하는 프로그램 또는 전화의 기능에 의하여 글·말·부호·음향·그림·영상·화상이 상대방등에게 나타나게 하는 행위

   라. 상대방등에게 직접 또는 제3자를 통하여 물건등을 도달하게 하거나 주거등 또는 그 부근에 물건등을 두는 행위

   마. 상대방등의 주거등 또는 그 부근에 놓여져 있는 물건등을 훼손하는 행위

   바. 다음의 어느 하나에 해당하는 상대방등의 정보를 정보통신망을 이용하여 제3자에게 제공하거나 배포 또는 게시하는 행위

   1) 「개인정보 보호법」 제2조제1호의 개인정보

   2) 「위치정보의 보호 및 이용 등에 관한 법률」 제2조제2호의 개인위치정보

   3) 1) 또는 2)의 정보를 편집·합성 또는 가공한 정보(해당 정보주체를 식별할 수 있는 경우로 한정한다)

   사. 정보통신망을 통하여 상대방등의 이름, 명칭, 사진, 영상 또는 신분에 관한 정보를 이용하여 자신이 상대방 등인 것처럼 가장하는 행위

2. "스토킹범죄"란 지속적 또는 반복적으로 스토킹행위를 하는 것을 말한다.

3. "피해자"란 스토킹범죄로 직접적인 피해를 입은 사람을 말한다.

4. "피해자등"이란 피해자 및 스토킹행위의 상대방을 말한다.

■ 판례 ■ **스토킹범죄 성립을 위해서 피해자의 현실적인 불안감이나 공포심이 필요한지 여부**

구 「스토킹범죄의 처벌 등에 관한 법률」(2023. 7. 11. 법률 제19518호로 개정되기 전의 것, 이하 '구 스토킹처벌법'이라 한다) 제2조 제1호는 " '스토킹행위'란 상대방의 의사에 반하여 정당한 이유 없이 상대방 또는 그의 동거인, 가족에 대하여 다음 각 목의 어느 하나에 해당하는 행위를 하여 상대방에게 불안감 또는 공포심을 일으키는 것을 말한다."라고 규정하고, 같은 조 제2호는 " '스토킹범죄'란 지속적 또는 반복적으로 스토킹행위를 하는 것을 말한다."라고 규정한다.

스토킹행위를 전제로 하는 스토킹범죄는 행위자의 어떠한 행위를 매개로 이를 인식한 상대방에게 불안감 또는 공포심을 일으킴으로써 그의 자유로운 의사결정의 자유 및 생활형성의 자유와 평온이 침해되는 것을 막고 이를 보호법익으로 하는 위험범이라고 볼 수 있으므로, 구 스토킹처벌법 제2조

제1호 각 목의 행위가 객관적·일반적으로 볼 때 이를 인식한 상대방이 불안감 또는 공포심을 일으키기에, 충분한 정도라고 평가될 수 있다면 현실적으로 상대방이 불안감 내지 공포심을 갖게 되었는지 여부와 관계없이 '스토킹행위'에 해당하고, 나아가 그와 같은 일련의 스토킹행위가 지속되거나 반복되면 '스토킹범죄'가 성립한다. 이때 구 스토킹처벌법 제2조 제1호 각 목의 행위가 객관적·일반적으로 볼 때 상대방으로 하여금 불안감 또는 공포심을 일으키기에 충분한 정도인지는 행위자와 상대방의 관계·지위·성향, 행위에 이르게 된 경위, 행위 태양, 행위자와 상대방의 언동, 주변의 상황 등 행위 전후의 여러 사정을 종합하여 객관적으로 판단하여야 한다.

⇒ 대법원은, 위와 같은 법리를 설시한 후, 위 판단 기준에 따를 때 이 사건 공소사실 중 일부(원심 별지 범죄일람표 순번 2 내지 5)는 피고인과 피해자의 평소 관계, 피고인이 피해자의 주거에 찾아가게 된 경위, 피해자의 언동, 출동 경찰관들의 대응 등에 비추어 객관적·일반적 관점에서 상대방으로 하여금 불안감 또는 공포심을 일으키기에, 충분한 행위로 단정하기 어려운 측면이 있으나, 스토킹행위의 본질적 속성상 비교적 경미한 수준의 개별 행위라 하더라도 그러한 행위가 반복되어 누적될 경우 상대방이 느끼는 불안감 또는 공포심이 비약적으로 증폭될 가능성이 충분하고, 피고인이 1개월 남짓의 짧은 기간에 위 행위뿐만 아니라 피고인 스스로도 피해자에게 불안감 또는 공포심을 일으키기에, 충분한 행위임을 인정하는 행위(원심 별지 범죄일람표 순번 6)를 반복하였으므로, 단기간에 수차례 반복된 순번 2 내지 6 행위는 누적적·포괄적으로 불안감 또는 공포심을 일으키기에, 충분한 하나의 스토킹행위를 구성한다고 볼 수 있고, 그 직후 또다시 불안감 또는 공포심을 일으키기에, 충분한 순번 7의 행위를 반복하였으므로, 결국 원심 별지 범죄일람표 순번 2 내지 7의 각 행위가 포괄하여 '스토킹범죄'를 구성한다고 본 원심의 판단은 결론에 있어서 수긍할 수 있다고 판결 (대법원 2023. 9. 27. 선고 2023도6411 판결)

■ 판례 ■ **휴대전화의 통화가 이루어져야 하는지 여부**

[1] 전화를 걸어 상대방의 휴대전화에 벨소리가 울리게 하거나 부재중 전화 문구 등이 표시되도록 하여 상대방에게 불안감이나 공포심을 일으키는 행위가 실제 전화통화가 이루어졌는지와 상관없이 스토킹범죄의 처벌 등에 관한 법률 제2조 제1호 (다)목에서 정한 스토킹행위에 해당하는지 여부(적극)

스토킹범죄의 처벌 등에 관한 법률(이하 '스토킹처벌법'이라 한다)의 문언, 입법 목적 등을 종합하면, 피고인이 전화를 걸어 피해자의 휴대전화에 벨소리가 울리게 하거나 부재중 전화 문구 등이 표시되도록 하여 상대방에게 불안감이나 공포심을 일으키는 행위는 실제 전화통화가 이루어졌는지와 상관없이 스토킹처벌법 제2조 제1호 (다)목에서 정한 스토킹행위에 해당한다.

[2] 상대방의 의사에 반하여 정당한 이유 없이 전화를 걸어 상대방과 전화통화를 하여 말을 도달하게 한 경우, 전화통화 내용이 불안감 또는 공포심을 일으키는 것이었음이 밝혀지지 않더라도 스토킹범죄의 처벌 등에 관한 법률 제2조 제1호 (다)목 스토킹행위에 해당할 수 있는지 여부(한정 적극) / 상대방과 전화통화 당시 아무런 말을 하지 않아 '말을 도달하게 하는 행위'에 해당하지 않더라도 위 조항 스토킹행위에 해당할 수 있는지 여부(한정 적극)

피고인이 피해자의 의사에 반하여 정당한 이유 없이 전화를 걸어 피해자와 전화통화를 하여 말을 도달하게 한 행위는, 전화통화 내용이 불안감 또는 공포심을 일으키는 것이었음이 밝혀지지 않더라도, 피고인과 피해자의 관계, 지위, 성향, 행위 전후의 여러 사정을 종합하여 전화통화 행위가 피해자의 불안감 또는 공포심을 일으키는 것으로 평가되면, 스토킹범죄의 처벌 등에 관한 법률 제2조 제1호 (다)목 스토킹행위에 해당하게 된다. 설령 피고인이 피해자와의 전화통화 당시 아무런 말을 하지 않아 '말을 도달하게 하는 행위'에 해당하지 않더라도 피해자의 수신 전 전화 벨소리가 울리게 하거나 발신자 전화번호가 표시되도록 한 것까지 포함하여 피해자에게 불안감이나 공포심을 일으킨 것으로 평가된다면 '음향, 글 등을 도달하게 하는 행위'에 해당하므로 마찬가지로 위 조항 스토킹행위에 해당한다.(대법원 2023. 5. 18., 선고, 2022도12037, 판결)

■ **판례** ■ **수개월간 반복하여 고의로 소음을 발생시킨 행위가 스토킹범죄에 해당하는지 문제된 사건**

피고인은 층간소음 기타 주변의 생활소음에 불만을 표시하며 수개월에 걸쳐 이웃들이 잠드는 시각인 늦은 밤부터 새벽 사이에 반복하여 도구로 벽을 치거나 음향기기를 트는 등으로 피해자를 비롯한 주변 이웃들에게 큰 소리가 전달되게 하였고, 피고인의 반복되는 행위로 다수의 이웃들은 수개월 내에 이사를 갈 수밖에 없었으며, 피고인은 이웃의 112 신고에 의하여 출동한 경찰관으로부터 주거지 문을 열어 줄 것을 요청받고도 '영장 들고 왔냐'고 하면서 대화 및 출입을 거부하였을 뿐만 아니라 주변 이웃들의 대화 시도를 거부하고 오히려 대화를 시도한 이웃을 스토킹혐의로 고소하는 등 이웃 간의 분쟁을 합리적으로 해결하려 하기보다 이웃을 괴롭힐 의도로 위 행위를 한 것으로 보이는 점 등 피고인과 피해자의 관계, 구체적 행위태양 및 경위, 피고인의 언동, 행위 전후의 여러 사정들에 비추어 보면, 피고인의 행위는 층간소음의 원인 확인이나 해결방안 모색 등을 위한 사회통념상 합리적 범위 내의 정당한 이유 있는 행위에 해당한다고 볼 수 없고 객관적·일반적으로 상대방에게 불안감 내지 공포심을 일으키기에 충분하다고 보이며, 나아가 위와 같은 일련의 행위가 지속되거나 반복되었으므로 '스토킹범죄'를 구성한다.(대법원 2023. 12. 14. 선고 2023도10313 판결)

※ 경범죄처벌법

제3조(경범죄의 종류) ① 다음 각 호의 어느 하나에 해당하는 사람은 10만원 이하의 벌금, 구류 또는 과료(科料)의 형으로 처벌한다.
41. (지속적 괴롭힘) 상대방의 명시적 의사에 반하여 지속적으로 접근을 시도하여 면회 또는 교제를 요구하거나 지켜보기, 따라다니기, 잠복하여 기다리기 등의 행위를 반복하여 하는 사람

◗ II. 벌 칙

제18조(스토킹범죄) ① 스토킹범죄를 저지른 사람은 3년 이하의 징역 또는 3천만원 이하의 벌금에 처한다..
② 흉기 또는 그 밖의 위험한 물건을 휴대하거나 이용하여 스토킹범죄를 저지른 사람은 5년 이하의 징역 또는 5천만원 이하의 벌금에 처한다.
제20조(벌칙) ① 다음 각 호의 어느 하나에 해당하는 사람은 3년 이하의 징역 또는 3천만원 이하의 벌금에 처한다.
  1. 제9조제4항을 위반하여 전자장치의 효용을 해치는 행위를 한 사람
  2. 제17조의3제1항을 위반하여 피해자등의 주소, 성명, 나이, 직업, 학교, 용모, 인적사항, 사진 등 피해자등을 특정하여 파악할 수 있게 하는 정보 또는 피해자등의 사생활에 관한 비밀을 공개하거나 다른 사람에게 누설한 사람
  3. 제17조의3제2항을 위반하여 피해자등의 주소, 성명, 나이, 직업, 학교, 용모, 인적 사항, 사진 등 피해자등을 특정하여 파악할 수 있게 하는 정보를 신문 등 인쇄물에 싣거나 「방송법」 제2조제1호에 따른 방송 또는 정보통신망을 통하여 공개한 사람
② 제9조제1항제2호 또는 제3호의 잠정조치를 이행하지 아니한 사람은 2년 이하의 징역 또는 2천만원 이하의 벌금

에 처한다.
③ 긴급응급조치(검사가 제5조제2항에 따른 긴급응급조치에 대한 사후승인을 청구하지 아니하거나 지방법원 판사가 같은 조 제3항에 따른 승인을 하지 아니한 경우는 제외한다)를 이행하지 아니한 사람은 1년 이하의 징역 또는 1천만원 이하의 벌금에 처한다.
④ 제19조제1항에 따라 이수명령을 부과받은 후 정당한 사유 없이 보호관찰소의 장 또는 교정시설의 장의 이수명령 이행에 관한 지시에 따르지 아니하여 「보호관찰 등에 관한 법률」 또는 「형의 집행 및 수용자의 처우에 관한 법률」에 따른 경고를 받은 후 다시 정당한 사유 없이 이수명령 이행에 관한 지시를 따르지 아니한 경우에는 다음 각 호에 따른다.
1. 벌금형과 병과된 경우에는 500만원 이하의 벌금에 처한다.
2. 징역형의 실형과 병과된 경우에는 1년 이하의 징역 또는 1천만원 이하의 벌금에 처한다.

Ⅲ. 범죄사실

1. 스토킹 범죄

1) **적용법조** : 제18조 제1항 ☞ 공소시효 5년

2) **범죄사실 기재례**

[기재례1] 직장동료 스토킹

> 피의자는 직장동료인 피해자 甲을 짝사랑한다며 20○○.○.○.○○:○○경 피해자가 직장에서 퇴근할 때 ○○에서 피해자의 주거지인 ○○까지 뒤따라가 불안감을 일으키게 하여 피해자로부터 더 이상 괴롭히지 말아 달라는 부탁을 받은 사실이 있다.
> 피의자는 피해자로부터 스토킹행위를 하지 말아 달라는 통고를 받았음에도 불구하고 같은 행위를 반복하여 20○○.○.○.부터 20○○.○.○.까지 피해자로부터 100m 이내의 접근금지 긴급응급조치를 받은 사실이 있다.
> 그럼에도 불구하고 피의자는 20○○.○.○.○○:○○경 ○○에서부터 ○○까지 피해자를 따라다니는 등 피해자의 의사에 반하여 정당한 이유없이 피해자에게 불안감과 공포심을 일으키는 행위를 하였다.
> 이로써 피의자는 피해자에게 반복적으로 스토킹행위를 하여 스토킹 범죄를 저질렀다.

[기재례2] 동료회원에게 우편물과 꽃 반복 배달 스토킹

> 피의자는 ○○산악회 회장이고 피해자는 회원으로 '20○○.○.○.경부터 3년간 교제했던 사이나 현재는 이별해 관계가 단절되었다.
> 피의자는 20○○.○.○.13:00 ○○ 피해자 주거지 현관문 앞에 편지가 들어있는 우편물을 놓고, 20○○.○.○.경부터 20○○.○.○.경까지 사이 ○○ 피해자 회사에 매일 꽃을 배달하였다.
> 이로써 피의자는 피해자에게 반복적으로 스토킹행위를 하여 스토킹 범죄를 저질렀다.

[기재례3] 피의자 주거지 찾아가 수회 난동 소란

피의자는 20○○. ○. ○.02:55경 ○○에 있는 피해자의 주거지에 이르러, "문 열어라. 잠 깐만 앉아 있다가 갈게. 이건 아니잖아. 시발 내가 무슨 짓 했나. 빨리 문 열어라"라고 큰 소리로 말하며, 피해자의 주거지 현관문을 수회 두드렸다.

피의자는 이를 비롯하여 그때부터 20○○. ○. ○.10:30경까지 별지 범죄일람표 기재와 같 이 총 ○○회에 걸쳐 피해자의 의사에 반하여 정당한 이유 없이 피해자의 주거에서 기다리 거나 지켜보는 등의 행위를 하여 피해자에게 불안감 또는 공포심을 일으켰다.

이로써 피의자는 지속적 또는 반복적으로 스토킹행위를 하여 스토킹범죄를 저질렀다.

[기재례4] 가로막는 방법으로 스토킹

피의자는 피해자 甲 (여, 40세)와 20○○.○.○.~20○○.○.○.까지 연인관계였고, 평소 폭 력적인 성향을 가지고 있어 결별하였다.

피의자는 20○○.○.○.18:00경 ○○에 있는 노상에서 귀가하는 피해자에게 "예전으로 돌 아가자"라고 말하며 의사에 반해 앞을 가로막는 것을 비롯하여 별지 범죄일람표 내용과 같 이 총 ○○회 걸쳐 가로막거나 따라다녔다.

이로써 피의자는 반복적인 스토킹 행위로 스토킹 범죄를 하였다.

3) 신문사항

- 피의자는 피해자 甲을 알고 있는가
- 언제부터 알고 있으며 어떤 관계인가
- 피해자를 따라다닌 사실이 있는가
- 언제부터 따라 다녔는가
- 어디에서 어디까지 어떤 방법으로 따라 다녔나
- 무엇 때문에 따라 다녔나
- 이런 행위로 처벌받은 사실이 있는가
- 언제 어떠한 처벌을 받았는가
- 어떤 내용의 긴급응급조치였는가
- 응급조치 사항을 준수하였는가
- 응급조치를 받은 동안 또 피해자를 스토킹하였는가
- 언제 어디에서 어떻게 스토킹하였나
- 무엇 때문에 반복적으로 피해자를 스토킹하였는가
- 피의자의 이런 행위가 정당한 행위인가
- 피의자의 행위로 피해자가 어떤 피해를 보았다고 생각하는가

2. 흉기 이용 스토킹 범죄

1) 적용법조 : 제18조 제2항, 형법 제284조, 제283조 제1항 ☞ 공소시효 7년

2) 범죄사실 기재례

> 피의자는 20○○. ○. ○. 23:00경 ○○에 있는 피해자 갑(여, ○○세)의 직장 앞에서, 자해하여 상처가 난 자신의 왼쪽 손목을 피해자에게 보이면서 대화를 요청하고, 피를 보고 놀란 피해자의 권유 때문에 피해자 운전의 승용차 조수석에 탑승하여 병원으로 향하던 중 피해자를 향하여 "내가 왜 왔을 것 같아, 하하, 내가 왜 왔는지 모르지" 등의 말을 수회 반복하고, 오른손으로 자신의 엉덩이 아래 깔고 앉은 위험한 물건인 캠핑용 칼(전체 길이 12.3cm, 칼날 길이 4.5cm)을 만지작거리는 등으로 별지 범죄일람표 기재와 같이 피해자를 위협하였다.
> 이로써 피의자는 위험한 물건을 휴대하여 피해자를 협박함과 동시에 지속적·반복적으로 스토킹행위를 하였다.

3. 스토킹행위자의 잠정조치 불이행죄

1) 적용법조 : 제20조 제2항, 제9조 제1항 제2호 ☞ 공소시효 5년

> 제9조(스토킹행위자에 대한 잠정조치) ① 법원은 스토킹범죄의 원활한 조사·심리 또는 피해자 보호를 위하여 필요하다고 인정하는 경우에는 결정으로 스토킹행위자에게 다음 각 호의 어느 하나에 해당하는 조치(이하 "잠정조치"라 한다)를 할 수 있다.
> 1. 피해자에 대한 스토킹범죄 중단에 관한 서면 경고
> 2. 피해자 또는 그의 동거인, 가족이나 그 주거등으로부터 100미터 이내의 접근 금지
> 3. 피해자 또는 그의 동거인, 가족에 대한 「전기통신기본법」 제2조제1호의 전기통신을 이용한 접근 금지
> 3의2. 「전자장치 부착 등에 관한 법률」 제2조제4호의 위치추적 전자장치(이하 "전자장치"라 한다)의 부착

2) 범죄사실 기재례

[기재례1] 잠정조치 불이행

> 피의자는 20○○. ○. ○.경 스토킹행위를 하였음을 이유로 20○○. ○. ○. ○○지방법원으로부터 "피해자에 대한 스토킹범죄를 중단할 것, 20○○. ○. ○.까지 피해자나 그 주거 등으로부터 100m 이내에 접근하지 말 것, 20○○. ○. ○.까지 피해자의 휴대전화 또는 이메일 주소로 유선·무선·광선 및 기타의 전자적 방식에 의하여 부호·문언·음향 또는 영상을 송신하지 말 것"을 내용으로 하는 잠정조치 결정을 받고, 20○○. ○. ○.경 위 결정 사실을 통보받았다.
> 그럼에도 피의자는 20○○. ○. ○. 07:00경부터 20○○. ○. ○. 00:30경까지 ○○에 있는 피의자의 주거에서, 피의자의 휴대전화를 이용하여 피해자의 휴대전화로 별지 범죄일람표 기재와 같이 총 ○○회에 걸쳐 전화를 걸어 법원의 잠정조치를 이행하지 아니하였다.

[기재례2] 스토킹범죄로 잠정조치 결정을 받고 불이행

1. 스토킹범죄의 처벌 등에 관한 법률 위반(스토킹범죄)

  피의자는 피해자 갑(여, 40세)가 운영하는 ○○에 있는 '○○주점'에 손님으로 방문했다가 피해자를 알게 된 후 피해자가 피의자의 연락을 받지 않고 위 주점에서 외상을 잘 해주지 않자, 20○○. ○. ○.부터 20○○. ○. ○.까지 사이에 피해자의 주거지인 ○○ 부근으로 피해자를 찾아가 기다리고, 20○○. ○. ○. 21:45경 위 주점에 찾아갔으며, 20○○. ○. ○. 경부터 20○○. ○. ○.까지 총 ○○회에 걸쳐 피해자의 휴대전화로 전화를 걸었다.

  이로써 피의자는 피해자에 대하여 접근하거나 따라다니거나 전화를 걸어 피해자에게 불안감 또는 공포심을 일으켜 지속적 또는 반복적으로 스토킹행위를 하였다.

2. 스토킹범죄의 처벌 등에 관한 법률 위반(잠정조치 불이행)

  피의자는 위와 같이 스토킹범죄를 저질러 20○○. ○. ○. ○○지방법원으로부터 피해자에 대한 스토킹범죄를 중단하고, 20○○. ○. ○.까지 피해자의 주거 등으로부터 100m 이내에 접근하지 말며, 피해자의 휴대전화로 유선·무선·광선 및 기타의 전자적 방식에 의하여 부호·문언·음향 또는 영상을 송신하지 말 것을 내용으로 하는 잠정조치 결정을 받았다.

  그럼에도 피의자는 20○○. ○. ○. 22:00경 위 1항 기재 피해자 운영의 '○○주점'에 찾아가 잠정조치 결정을 위반한 것을 비롯하여 그때부터 20○○. ○. ○.까지 별지 범죄일람표 기재와 같이 ○○회에 걸쳐 피해자의 주거 등에 접근하고, ○○회에 걸쳐 피해자의 휴대전화로 전화를 걸어 잠정조치 결정을 위반하였다.

3) 신문사항

- 피의자는 피해자 甲을 알고 있는가

- 언제부터 알고 있으며 어떤 관계인가

- 피해자를 따라다닌 사실이 있는가

- 언제부터 따라 다녔는가

- 어디에서 어디까지 어떤 방법으로 따라 다녔나

- 무엇 때문에 따라 다녔나

- 이런 행위로 처벌받은 사실이 있는가

- 언제 어떠한 처벌을 받았는가

- 어떤 내용의 잠정조치였는가

- 잠정조치 사항을 준수하였는가

- 잠정조치를 받은 동안 또 피해자를 스토킹하였는가

- 언제 어디에서 어떻게 스토킹하였나

- 무엇 때문에 반복적으로 피해자를 스토킹하였는가

제 **71** 장 승강기 안전관리법

Ⅰ. 개념정의

제2조(정의) 이 법에서 사용하는 용어의 뜻은 다음과 같다.
1. "승강기"란 건축물이나 고정된 시설물에 설치되어 일정한 경로에 따라 사람이나 화물을 승강장으로 옮기는 데에 사용되는 설비(「주차장법」에 따른 기계식주차장치 등 대통령령으로 정하는 것은 제외한다)로서 구조나 용도 등의 구분에 따라 대통령령으로 정하는 설비를 말한다.
2. "승강기부품"이란 승강기를 구성하는 제품이나 그 부분품 또는 부속품을 말한다.
3. "제조"란 승강기나 승강기부품을 판매 · 대여하거나 설치할 목적으로 생산 · 조립하거나 가공하는 것을 말한다.
4. "설치"란 승강기의 설계도면 등 기술도서(技術圖書)에 따라 승강기를 건축물이나 고정된 시설물에 장착(행정안전부령으로 정하는 범위에서의 승강기 교체를 포함한다)하는 것을 말한다.
5. "유지관리"란 제28조제1항에 따른 설치검사를 받은 승강기가 그 설계에 따른 기능 및 안전성을 유지할 수 있도록 하는 다음 각 목의 안전관리 활동을 말한다.
  가. 주기적인 점검
  나. 승강기 또는 승강기부품의 수리
  다. 승강기부품의 교체
  라. 그 밖에 행정안전부장관이 승강기의 기능 및 안전성의 유지를 위하여 필요하다고 인정하여 고시하는 안전관리 활동
6. "승강기사업자"란 다음 각 목의 어느 하나에 해당하는 자를 말한다.
  가. 제6조제1항 전단에 따라 승강기나 승강기부품의 제조업 또는 수입업을 하기 위하여 등록을 한 자
  나. 제39조제1항 전단에 따라 승강기의 유지관리를 업(業)으로 하기 위하여 등록을 한 자
  다. 「건설산업기본법」 제9조제1항에 따라 건설업의 등록을 한 자로서 대통령령으로 정하는 승강기설치공사업에 종사하는 자(이하 "설치공사업자"라 한다)
7. "관리주체"란 다음 각 목의 어느 하나에 해당하는 자를 말한다.
  가. 승강기 소유자
  나. 다른 법령에 따라 승강기 관리자로 규정된 자
  다. 가목 또는 나목에 해당하는 자와의 계약에 따라 승강기를 안전하게 관리할 책임과 권한을 부여받은 자

Ⅱ. 벌 칙

제80조(벌칙) ① 다음 각 호의 어느 하나에 해당하는 자는 3년 이하의 징역 또는 3천만원 이하의 벌금에 처한다.
1. 거짓이나 그 밖의 부정한 방법으로 제6조에 따른 제조업 또는 수입업의 등록을 한 자
2. 제6조제1항 전단을 위반하여 등록을 하지 아니하고 제조업 또는 수입업을 한 자
3. 제9조에 따라 제조업 또는 수입업의 등록이 취소된 후 또는 사업정지기간 중에 제조업 또는 수입업을 한 자
4. 거짓이나 그 밖의 부정한 방법으로 제11조에 따른 부품안전인증을 받은 자
5. 제11조제1항을 위반하여 부품안전인증을 받지 아니하고 승강기안전부품을 제조하거나 수입한 자

6. 제11조제2항 본문을 위반하여 변경사항에 대한 부품안전인증을 받지 아니한 자
6. 제11조제2항 본문을 위반하여 변경사항에 대한 부품안전인증을 받지 아니한 자
7. 제14조제2항을 위반하여 부품안전인증표시등을 하거나 이와 비슷한 표시를 한 자
8. 거짓이나 그 밖의 부정한 방법으로 제17조에 따른 승강기안전인증을 받은 자
9. 제17조제1항을 위반하여 승강기안전인증을 받지 아니하고 승강기를 제조하거나 수입한 자
10. 제17조제2항 본문을 위반하여 변경사항에 대한 승강기안전인증을 받지 아니한 자
11. 제20조제2항을 위반하여 승강기안전인증표시등을 하거나 이와 비슷한 표시를 한 자
12. 거짓이나 그 밖의 부정한 방법으로 제23조제1항에 따른 지정인증기관으로 지정을 받은 자
13. 제23조제1항에 따라 지정인증기관으로 지정을 받지 아니하고 부품안전인증을 한 자
14. 제23조제2항에 따라 지정인증기관의 지정이 취소된 후 또는 업무정지기간 중에 부품안전인증을 한 자
15. 제25조제1항 또는 제2항에 따른 판매중지등 명령을 이행하지 아니한 자
16. 제26조에 따른 이행명령을 위반한 자
17. 제28조제2항을 위반하여 설치검사에 불합격한 승강기를 운행하게 하거나 운행한 자
18. 제32조제2항 전단을 위반하여 안전검사에 불합격한 승강기를 운행한 자
19. 거짓이나 그 밖의 부정한 방법으로 제37조제1항에 따른 지정검사기관으로 지정을 받은 자
20. 제37조제1항에 따라 지정검사기관으로 지정을 받지 아니하고 정기검사를 한 자
21. 제37조제2항에 따라 지정검사기관의 지정이 취소된 후 또는 업무정지기간 중에 정기검사를 한 자
22. 거짓이나 그 밖의 부정한 방법으로 제39조에 따른 유지관리업의 등록을 한 자
23. 제39조제1항을 위반하여 등록을 하지 아니하고 유지관리업을 한 자
24. 제44조에 따라 유지관리업의 등록이 취소된 후 또는 사업정지기간 중에 유지관리업을 한 자
25. 제50조제2항에 따른 운행정지명령을 위반한 자
26. 거짓이나 그 밖의 부정한 방법으로 제53조제1항에 따른 교육기관으로 지정을 받은 자
27. 제53조제1항에 따라 교육기관으로 지정을 받지 아니하고 기술교육 또는 직무교육을 한 자
28. 제53조제2항에 따라 교육기관의 지정이 취소된 후 또는 업무정지기간 중에 기술교육 또는 직무교육을 한 자
② 다음 각 호의 어느 하나에 해당하는 자는 1년 이하의 징역 또는 1천만원 이하의 벌금에 처한다.
1. 거짓이나 그 밖의 부정한 방법으로 제12조에 따른 부품안전인증의 면제를 받은 자
2. 제14조제3항을 위반하여 부품안전인증표시등을 임의로 변경하거나 제거한 자
3. 거짓이나 그 밖의 부정한 방법으로 제18조에 따른 승강기안전인증의 면제를 받은 자
4. 제20조제3항을 위반하여 승강기안전인증표시등을 임의로 변경하거나 제거한 자
5. 제28조제2항을 위반하여 설치검사를 받지 아니하고 승강기를 운행하게 하거나 운행한 자
6. 제31조제2항을 위반하여 승강기에 결함이 있다는 사실을 알고도 보수를 하지 아니하고 승강기를 운행하여 중대한 사고를 발생하게 한 자
7. 제32조제2항 전단을 위반하여 안전검사를 받지 아니하고 승강기를 운행한 자
8. 제42조를 위반하여 유지관리 업무를 하도급한 자
9. 제47조를 위반하여 장애인용 승강기의 운행 요청을 거부하거나 안전하게 조작하지 아니하여 중대한 사고를 발생하게 한 자
10. 제54조에 따른 안전관리기술자의 업무정지기간 중에 업무를 수행한 자
11. 제72조제1항을 위반하여 인증 또는 검사를 한 자
제81조(양벌규정) 법인 또는 단체의 대표자나 법인·단체 또는 개인의 대리인, 사용인, 그 밖의 종업원이 그 법인·단체 또는 개인의 업무에 관하여 제80조에 따른 위반행위를 하면 그 행위자를 벌하는 외에 그 법인·단체 또는 개인에게도 해당 조문의 벌금형을 과(科)한다. 다만, 법인·단체 또는 개인이 그 위반행위를 방지하기 위하여 해당 업무에 관하여 상당한 주의와 감독을 게을리하지 아니한 경우에는 그러하지 아니하다.

III. 범죄사실

1. 승강기의 검사위반(승강기에 대한 정기검사를 받지 아니한 경우)

1) **적용법조** : 제80조 제2항 제7호, 제32조 제2항 ☞ 공소시효 5년

제32조(승강기의 안전검사) ② 관리주체는 안전검사를 받지 아니하거나 안전검사에 불합격한 승강기를 운행할 수 없으며, 운행을 하려면 안전검사에 합격하여야 한다. 이 경우 관리주체는 안전검사에 불합격한 승강기에 대하여 행정안전부령으로 정하는 기간에 안전검사를 다시 받아야 한다.

2) **범죄사실 기재례**

> 피의자는 ○○에 있는 ○○빌딩의 건물의 관리책임을 맡고 있어 위 빌딩에 설치된 승강기의 관리주체로서 관리주체는 안전검사를 받지 아니하거나 안전검사에 불합격한 승강기를 운행할 수 없으며, 운행하려면 안전검사에 합격하여야 한다.
> 그럼에도 불구하고 피의자는 그곳 빌딩에 설치된 승강기의 검사유효기간이 20○○. ○. ○ 만료되었음에도 20○○. ○. ○.까지 정기검사를 받지 아니하였다.

3) **신문사항**

- ○○빌딩 관리책임자인가
- 승강기 관리는 누가 맡고 있는가
- 승강기가 총 몇 대 설치되었는가
- 이들 승강기에 대한 정기검사는 누가 하고 있는가
- 정기검사의 유효기간이 언제까지인가
- 유효기간 전에 정기검사를 받았는가
- 왜 기간이 경과하여도 정기검사를 받지 않았나

■ **판례** ■ **자치관리를 하는 아파트 승강기의 정기검사를 해태한 형사책임의 주체**

아파트의 입주자들은 승강기의 공동소유자이기는 하나 법령에 의하여 관리책임을 면하므로 정기검사를 해태한 형사책임을 그들에게 지울 수 없음이 명백하고, 승강기의 관리책임을 지는 관리사무소는 승강기제조및관리에관한법률에서 정기검사를 해태한 형사책임의 주체로 규정된 승강기의 소유자나 관리업무를 대행하는 자에 해당한다고 볼 수 없어 같은 법률 위반죄의 처벌의 대상으로 삼을 수 없으며, 더구나 관리책임도 없는 입주자대표회의가 정기검사를 해태한 형사책임의 주체가 된다고는 도저히 볼 수 없다(대법원 1996.2. 13. 선고 95도343 판결).

2. 무등록 유지관리업

1) 적용법조 : 제80조 제1항 제23호, 제39조 제1항 ☞ 공소시효 5년

제39조(승강기 유지관리업의 등록) ① 승강기 유지관리를 업으로 하려는 자는 행정안전부령으로 정하는 바에 따라 시·도지사에게 등록하여야 한다. 행정안전부령으로 정하는 사항을 변경할 때에도 또한 같다.
② 제1항 전단에 따라 등록을 하려는 자는 대통령령으로 정하는 승강기의 종류별 자본금(개인인 경우에는 자산평가액을 말한다)·기술인력 및 설비를 갖추어야 한다.
③ 제1항 후단에 따른 변경등록은 등록사항이 변경된 날부터 30일 이내에 하여야 한다.
④ 제1항 전단에 따라 승강기 유지관리를 업으로 하기 위하여 등록을 한 자(이하 "유지관리업자"라 한다)는 그 사업을 폐업 또는 휴업하거나 휴업한 사업을 다시 시작한 경우에는 그 날부터 30일 이내에 시·도지사에게 신고하여야 한다.

2) 범죄사실 기재례

> 승강기 유지관리를 업으로 하고자 하려는 자는 시·도지사에게 등록하여야 한다.
> 그럼에도 불구하고 피의자는 200○. ○. ○. ○○에 있는 ○○㎡의 점포에서 등록없이 종업원 1명을 고용하여 안전엘리베이터라는 상호로 그 무렵부터 ○○에 있는 ○○회사의 건물관리인인 홍길동의 의뢰를 받아 위 공장건물에 설치된 화물운반용 엘리베이터의 ○○ 등을 교환 및 수리해주고 그로부터 수리비 등으로 ○○만원을 받은 것을 비롯하여 200○. ○. ○.까지 월평균 ○○만원 상당의 수익을 올리는 승강기 보수업을 영위하였다.

3) 신문사항
- 피의자는 어디서 어떠한 일을 하고 있는가
- 위 곳은 어떠한 일을 하는 곳인가
- 피의자는 승강기를 유지관리를 한 일이 있는가
- ○○도지사에게 유리관리업 등록을 하였나
- 언제부터 언제까지 하였나
- 누구를 상대로 하였나
- 어떠한 승강기를 수리하였나
- 어떤 방법으로 하였나
- 이러한 유지관리를 위해 어떠한 장비를 갖추고 있는가
- 수리비는 얼마를 받았으며 월평균 어느 정도 수익을 득하였나
- 피의자 업소의 규모는(사무실면적, 종업원수 등)
- 왜 등록없이 이러한 행위를 하였나

3. 유지관리 업무 하도급 행위

1) 적용법조 : 제80조 제2항 제8호, 제42조 ☞ 공소시효 5년

제42조(유지관리 업무의 하도급 제한) 유지관리업자는 그가 도급계약을 맺은 승강기의 유지관리 업무를 다른 유지관리업자 등에게 하도급하여서는 아니 된다. 다만, 대통령령으로 정하는 비율 이하의 유지관리 업무를 다른 유지관리업자에게 하도급하는 경우로서 관리주체(유지관리업자가 관리주체인 경우에는 승강기 소유자나 다른 법령에 따라 승강기 관리자로 규정된 자를 말한다)가 서면으로 동의한 경우에는 그러하지 아니하다.

2) 범죄사실 기재례

피의자는 ○○에서 '○○기공'이라는 상호로 승강기 유지관리업을 하는 사람이다.

유지관리업자는 그가 계약을 맺은 승강기의 유지관리업무를 다른 업자 등에게 하도급 하여서는 아니 된다.

그럼에도 불구하고 피의자는 20○○. ○. ○. 甲과 ○○에 있는 승강기 ○○대에 대해 유지관리계약을 체결한 후 이를 20○○. ○. ○. 乙에게 '○○' 내용으로 하도급을 주어 乙로 하여금 유지관리하게 하였다.

3) 신문사항

- 승강기 유지관리업을 하는가(등록일, 등록관청 등)
- 승강기 유지관리계약을 체결한 일이 있는가
- 언제 누구와 어떤 계약을 체결하였나
- 계약 내용을 이행하였는가
- 언제 누구에게 하도급을 주었나
- 어떤 조건으로 주었나
- 왜 하도급을 주었는가

제72장 식품 등의 표시·광고에 관한 법률

I. 개념정의 및 타벌과 관계

1. 개념정의

제2조(정의) 이 법에서 사용하는 용어의 뜻은 다음과 같다.
1. "식품"이란 「식품위생법」 제2조제1호에 따른 식품(해외에서 국내로 수입되는 식품을 포함한다)을 말한다.
2. "식품첨가물"이란 「식품위생법」 제2조제2호에 따른 식품첨가물(해외에서 국내로 수입되는 식품첨가물을 포함한다)을 말한다.
3. "기구"란 「식품위생법」 제2조제4호에 따른 기구(해외에서 국내로 수입되는 기구를 포함한다)를 말한다.
4. "용기·포장"이란 「식품위생법」 제2조제5호에 따른 용기·포장(해외에서 국내로 수입되는 용기·포장을 포함한다)을 말한다.
5. "건강기능식품"이란 「건강기능식품에 관한 법률」 제3조제1호에 따른 건강기능식품(해외에서 국내로 수입되는 건강기능식품을 포함한다)을 말한다.
6. "축산물"이란 「축산물 위생관리법」 제2조제2호에 따른 축산물(해외에서 국내로 수입되는 축산물을 포함한다)을 말한다.
7. "표시"란 식품, 식품첨가물, 기구, 용기·포장, 건강기능식품, 축산물(이하 "식품등"이라 한다) 및 이를 넣거나 싸는 것(그 안에 첨부되는 종이 등을 포함한다)에 적는 문자·숫자 또는 도형을 말한다.
8. "영양표시"란 식품, 식품첨가물, 건강기능식품, 축산물에 들어있는 영양성분의 양(量) 등 영양에 관한 정보를 표시하는 것을 말한다.
9. "나트륨 함량 비교 표시"란 식품의 나트륨 함량을 동일하거나 유사한 유형의 식품의 나트륨 함량과 비교하여 소비자가 알아보기 쉽게 색상과 모양을 이용하여 표시하는 것을 말한다.
10. "광고"란 라디오·텔레비전·신문·잡지·인터넷·인쇄물·간판 또는 그 밖의 매체를 통하여 음성·음향·영상 등의 방법으로 식품등에 관한 정보를 나타내거나 알리는 행위를 말한다.
11. "영업자"란 다음 각 목의 어느 하나에 해당하는 자를 말한다.
    가. 「건강기능식품에 관한 법률」 제5조에 따라 허가를 받은 자 또는 같은 법 제6조에 따라 신고를 한 자
    나. 「식품위생법」 제37조제1항에 따라 허가를 받은 자 또는 같은 조 제4항에 따라 신고하거나 같은 조 제5항에 따라 등록을 한 자
    다. 「축산물 위생관리법」 제22조에 따라 허가를 받은 자 또는 같은 법 제24조에 따라 신고를 한 자
    라. 「수입식품안전관리 특별법」 제15조제1항에 따라 영업등록을 한 자
12. "소비기한"이란 식품등에 표시된 보관방법을 준수할 경우 섭취하여도 안전에 이상이 없는 기한을 말한다.

2. 다른 법률과의 관계

제3조(다른 법률과의 관계) 식품등의 표시 또는 광고에 관하여 다른 법률에 우선하여 이 법을 적용한다.

II. 벌 칙

제26조(벌칙) ① 제8조제1항제1호부터 제3호까지의 규정을 위반하여 표시 또는 광고를 한 자는 10년 이하의 징역 또는 1억원 이하의 벌금에 처하거나 이를 병과(倂科)할 수 있다.

② 제1항의 죄로 형을 선고받고 그 형이 확정된 후 5년 이내에 다시 제1항의 죄를 범한 자는 1년 이상 10년 이하의 징역에 처한다.

③ 제2항의 경우 해당 식품등을 판매하였을 때에는 그 판매가격의 4배 이상 10배 이하에 해당하는 벌금을 병과한다.

제27조(벌칙) 다음 각 호의 어느 하나에 해당하는 자는 5년 이하의 징역 또는 5천만원 이하의 벌금에 처하거나 이를 병과할 수 있다.

1. 제4조제3항을 위반하여 건강기능식품을 판매하거나 판매할 목적으로 제조·가공·소분·수입·포장·보관·진열 또는 운반하거나 영업에 용한 자
2. 제8조제1항제4호부터 제10호까지의 규정을 위반하여 표시 또는 광고를 한 자
3. 제15조제1항에 따른 회수 또는 회수하는 데에 필요한 조치를 하지 아니한 자
4. 제15조제3항에 따른 명령을 위반한 자
5. 「건강기능식품에 관한 법률」 제5조제1항에 따라 영업허가를 받은 자로서 제16조제1항에 따른 영업정지 명령을 위반하여 계속 영업한 자
6. 「건강기능식품에 관한 법률」 제6조제2항에 따라 영업신고를 한 자로서 제16조제3항에 따른 영업정지 명령을 위반하여 계속 영업한 자
7. 「식품위생법」 제37조제1항에 따라 영업허가를 받은 자로서 제16조제1항에 따른 영업정지 명령을 위반하여 계속 영업한 자

제28조(벌칙) 다음 각 호의 어느 하나에 해당하는 자는 3년 이하의 징역 또는 3천만원 이하의 벌금에 처한다.

1. 제4조제3항을 위반하여 식품등(건강기능식품은 제외한다)을 판매하거나 판매할 목적으로 제조·가공·소분·수입·포장·보관·진열 또는 운반하거나 영업에 사용한 자
2. 제17조제1항에 따른 품목 또는 품목류 제조정지 명령을 위반한 자
3. 「수입식품안전관리 특별법」 제15조제1항에 따라 영업등록을 한 자로서 제16조제1항에 따른 영업정지 명령을 위반하여 계속 영업한 자
4. 「식품위생법」 제37조제4항에 따라 영업신고를 한 자로서 제16조제3항 또는 제4항에 따른 영업정지 명령 또는 영업소 폐쇄명령을 위반하여 계속 영업한 자
5. 「식품위생법」 제37조제5항에 따라 영업등록을 한 자로서 제16조제1항에 따른 영업정지 명령을 위반하여 계속 영업한 자
6. 「축산물 위생관리법」 제22조제1항에 따라 영업허가를 받은 자로서 제16조제1항에 따른 영업정지 명령을 위반하여 계속 영업한 자
7. 「축산물 위생관리법」 제24조제1항에 따라 영업신고를 한 자로서 제16조제3항 또는 제4항에 따른 영업정지 명령 또는 영업소 폐쇄명령을 위반하여 계속 영업한 자

제29조(벌칙) 다음 각 호의 어느 하나에 해당하는 자는 1년 이하의 징역 또는 1천만원 이하의 벌금에 처한다. 다만, 제1호의 경우 징역과 벌금을 병과할 수 있다.

1. 제9조제4항에 따른 중지명령을 위반하여 계속하여 표시 또는 광고를 한 자
2. 제15조제2항에 따른 회수계획 보고를 하지 아니하거나 거짓으로 보고한 자

제30조(양벌규정) 법인의 대표자나 법인 또는 개인의 대리인, 사용인, 그 밖의 종업원이 그 법인 또는 개인의 업무에 관하여 제26조부터 제29조까지의 어느 하나에 해당하는 위반행위를 하면 그 행위자를 벌하는 외에 그 법인 또는 개인에게도 해당 조문의 벌금형을 과(科)한다. 다만, 법인 또는 개인이 그 위반행위를 방지하기 위하여 해당 업무에 관하여 상당한 주의와 감독을 게을리하지 아니한 경우에는 그러하지 아니하다.

Ⅲ. 범죄사실

1. 건강기능식품 표기기준 위반

1) 적용법조 : 제27조 제1호, 제4조 제3항, 제1항 ☞ 공소시효 7년

※ 그밖의 식품 : 제28조 제1호, 제4조 제3항, 제1항 ☞ 공소시효 5년

제4조(표시의 기준) ① 식품등에는 다음 각 호의 구분에 따른 사항을 표시하여야 한다. 다만, 총리령으로 정하는 경우에는 그 일부만을 표시할 수 있다.

1. 식품, 식품첨가물 또는 축산물

　가. 제품명, 내용량 및 원재료명

　나. 영업소 명칭 및 소재지

　다. 소비자 안전을 위한 주의사항

　라. 제조연월일, 소비기한 또는 품질유지기한

　마. 그 밖에 소비자에게 해당 식품, 식품첨가물 또는 축산물에 관한 정보를 제공하기 위하여 필요한 사항으로서 총리령으로 정하는 사항

2. 기구 또는 용기 · 포장

　가. 재질

　나. 영업소 명칭 및 소재지

　다. 소비자 안전을 위한 주의사항

　라. 그 밖에 소비자에게 해당 기구 또는 용기 · 포장에 관한 정보를 제공하기 위하여 필요한 사항으로서 총리령으로 정하는 사항

3. 건강기능식품

　가. 제품명, 내용량 및 원료명

　나. 영업소 명칭 및 소재지

　다. 소비기한 및 보관방법

　라. 섭취량, 섭취방법 및 섭취 시 주의사항

　마. 건강기능식품이라는 문자 또는 건강기능식품임을 나타내는 도안

　바. 질병의 예방 및 치료를 위한 의약품이 아니라는 내용의 표현

　사. 「건강기능식품에 관한 법률」 제3조제2호에 따른 기능성에 관한 정보 및 원료 중에 해당 기능성을 나타내는 성분 등의 함유량

　아. 그 밖에 소비자에게 해당 건강기능식품에 관한 정보를 제공하기 위하여 필요한 사항으로서 총리령으로 정하는 사항

② 제1항에 따른 표시의무자, 표시사항 및 글씨크기 · 표시장소 등 표시방법에 관하여는 총리령으로 정한다.

③ 제1항에 따른 표시가 없거나 제2항에 따른 표시방법을 위반한 식품등은 판매하거나 판매할 목적으로 제조 · 가공 · 소분[(小分): 완제품을 나누어 유통을 목적으로 재포장하는 것을 말한다. 이하 같다] · 수입 · 포장 · 보관 · 진열 또는 운반하거나 영업에 사용해서는 아니 된다.

---

2) 범죄사실 기재례

피의자는 ○○에서 ○○건강식품이라는 상호로 건강기능식품 판매업을 하는 사람이다.

건강기능식품을 판매하거나 판매할 목적으로 제조·가공·소분·수입·포장·보관·진열 또는 운반하거나 영업에 사용한 사람은 건강기능식품의 제품명, 내용량 및 원료명, 영업소 명칭 및 소재지, 소비기한 및 보관방법 등 표시가 없거나 표시방법을 위반한 건강기능식품을 판매하거나 판매할 목적으로 제조·가공·소분·수입·포장·보관·진열 또는 운반하거나 영업에 사용해서는 아니 된다.

그럼에도 불구하고 피의자는 20○○. ○. ○.경 피의자 사무실에서 ○○건강식품을 판매할 목적으로 영업장에 진열하면서 '○○사항'을 표시하지 아니하였다.

이로써 피의자는 건강기능식품을 판매할 목적으로 ○○표시기준을 위반하여 진열하였다.

3) 신문사항

- 건강기능식품 판매업을 하고 있는가
- 언제부터 어디에서 하고 있는가
- 영업신고를 하였는가(신고일자, 신고번호 등)
- 어떤 건강기능식품을 판매하는가
- ○○제품을 진열한 일이 있는가
- 어떤 방법으로 진열하는가
- 이 제품은 언제 어디에서 구입하였는가
- 언제 어디에서 소분하였는가
- 이 제품에 대한 소비기한 등 각종 표시가 있었는가
- 소분할 때 법령에서 규정하고 있는 표시기준을 준수하였는가
- 어떤 표시기준을 지키지 않았는가
- 표시기준을 위반한 품명과 수량은
- 왜 이런 표시기준을 지키지 않았는가

2. 부당한 표시 또는 광고행위의 금지

1) 적용법조 : 제26조 제1항, 제8조 제1항 제1호~제3호 ☞ 공소시효 10년

제27조, 제8조 제1항 제4호~제10호 ☞ 공소시효 7년

제8조(부당한 표시 또는 광고행위의 금지) ① 누구든지 식품등의 명칭·제조방법·성분 등 대통령령으로 정하는 사항에 관하여 다음 각 호의 어느 하나에 해당하는 표시 또는 광고를 하여서는 아니 된다.
1. 질병의 예방·치료에 효능이 있는 것으로 인식할 우려가 있는 표시 또는 광고
2. 식품등을 의약품으로 인식할 우려가 있는 표시 또는 광고
3. 건강기능식품이 아닌 것을 건강기능식품으로 인식할 우려가 있는 표시 또는 광고
4. 거짓·과장된 표시 또는 광고
5. 소비자를 기만하는 표시 또는 광고
6. 다른 업체나 다른 업체의 제품을 비방하는 표시 또는 광고
7. 객관적인 근거 없이 자기 또는 자기의 식품등을 다른 영업자나 다른 영업자의 식품등과 부당하게 비교하는 표시 또는 광고
8. 사행심을 조장하거나 음란한 표현을 사용하여 공중도덕이나 사회윤리를 현저하게 침해하는 표시 또는 광고
9. 총리령으로 정하는 식품등이 아닌 물품의 상호, 상표 또는 용기·포장 등과 동일하거나 유사한 것을 사용하여 해당 물품으로 오인·혼동할 수 있는 표시 또는 광고
10. 제10조제1항에 따라 심의를 받지 아니하거나 같은 조 제4항을 위반하여 심의 결과에 따르지 아니한 표시 또는 광고
② 제1항 각 호의 표시 또는 광고의 구체적인 내용과 그 밖에 필요한 사항은 대통령령으로 정한다.

※ 시행령
제2조(부당한 표시 또는 광고행위의 금지 대상) 「식품 등의 표시·광고에 관한 법률」(이하 "법"이라 한다) 제8조제1항 각 호 외의 부분에서 "식품등의 명칭·제조방법·성분 등 대통령령으로 정하는 사항"이란 다음 각 호의 사항을 말한다.
1. 식품, 식품첨가물, 기구, 용기·포장, 건강기능식품, 축산물(이하 "식품등"이라 한다)의 명칭, 영업소 명칭, 종류, 원재료, 성분(영양성분을 포함한다), 내용량, 제조방법(축산물을 생산하기 위한 해당 가축의 사육방식을 포함한다), 등급, 품질 및 사용정보에 관한 사항
2. 식품등의 제조연월일, 생산연월일, 소비기한, 품질유지기한 및 산란일에 관한 사항
3. 「식품위생법」 제2조의2에 따른 유전자변형식품등의 표시 또는 「건강기능식품에 관한 법률」 제17조의2에 따른 유전자변형건강기능식품의 표시에 관한 사항
4. 다음 각 목의 이력추적관리에 관한 사항
   가.「식품위생법」 제2조제13호에 따른 식품이력추적관리
   나.「건강기능식품에 관한 법률」 제3조제6호에 따른 건강기능식품이력추적관리
   다.「축산물 위생관리법」 제2조제13호에 따른 축산물가공품이력추적관리
5. 축산물의 인증과 관련된 다음 각 목의 사항
   가.「축산물 위생관리법」 제9조제2항 본문에 따른 자체안전관리인증기준에 관한 사항
   나.「축산물 위생관리법」 제9조제3항에 따른 안전관리인증작업장·안전관리인증업소 또는 안전관리인증농장의 인증에 관한 사항
   다.「축산물 위생관리법」 제9조제4항 전단에 따른 안전관리통합인증업체의 인증에 관한 사항

부당한 표시 또는 광고의 내용(제3조제1항 관련)

1. **질병의 예방·치료에 효능이 있는 것으로 인식할 우려가 있는 다음 각 목의 표시 또는 광고**

   가. 질병 또는 질병군(疾病群)의 발생을 예방한다는 내용의 표시·광고. 다만, 다음의 어느 하나에 해당하는 경우는 제외한다.

      1) 특수의료용도식품(정상적으로 섭취, 소화, 흡수 또는 대사할 수 있는 능력이 제한되거나 질병 또는 수술 등의 임상적 상태로 인하여 일반인과 생리적으로 특별히 다른 영양요구량을 가지고 있어, 충분한 영양공급이 필요하거나 일부 영양성분의 제한 또는 보충이 필요한 사람에게 식사의 일부 또는 전부를 대신할 목적으로 직접 또는 튜브를 통해 입으로 공급할 수 있도록 제조·가공한 식품을 말한다. 이하 같다)에 섭취대상자의 질병명 및 "영양조절"을 위한 식품임을 표시·광고하는 경우

      2) 건강기능식품에 기능성을 인정받은 사항을 표시·광고하는 경우

   나. 질병 또는 질병군에 치료 효과가 있다는 내용의 표시·광고

   다. 질병의 특징적인 징후 또는 증상에 예방·치료 효과가 있다는 내용의 표시·광고

   라. 질병 및 그 징후 또는 증상과 관련된 제품명, 학술자료, 사진 등(이하 이 목에서 "질병정보"라 한다)을 활용하여 질병과의 연관성을 암시하는 표시·광고. 다만, 건강기능식품의 경우 다음의 어느 하나에 해당하는 표시·광고는 제외한다.

      1) 「건강기능식품에 관한 법률」 제15조에 따라 식품의약품안전처장이 고시하거나 안전성 및 기능성을 인정한 건강기능식품의 원료 또는 성분으로서 질병의 발생 위험을 감소시키는 데 도움이 된다는 내용의 표시·광고

      2) 질병정보를 제품의 기능성 표시·광고와 명확하게 구분하고, "해당 질병정보는 제품과 직접적인 관련이 없습니다"라는 표현을 병기한 표시·광고

2. **식품등을 의약품으로 인식할 우려가 있는 다음 각 목의 표시 또는 광고**

   가. 의약품에만 사용되는 명칭(한약의 처방명을 포함한다)을 사용하는 표시·광고

   나. 의약품에 포함된다는 내용의 표시·광고

   다. 의약품을 대체할 수 있다는 내용의 표시·광고

   라. 의약품의 효능 또는 질병 치료의 효과를 증대시킨다는 내용의 표시·광고

3. **건강기능식품이 아닌 것을 건강기능식품으로 인식할 우려가 있는 표시 또는 광고:** 「건강기능식품에 관한 법률」 제3조제2호에 따른 기능성이 있는 것으로 표현하는 표시·광고. 다만, 다음 각 목의 어느 하나에 해당하는 표시·광고는 제외한다.

   가. 「건강기능식품에 관한 법률」 제14조에 따른 건강기능식품의 기준 및 규격에서 정한 영양성분의 기능 및 함량을 나타내는 표시·광고

   나. 제품에 함유된 영양성분이나 원재료가 신체조직과 기능의 증진에 도움을 줄 수 있다는 내용으로서 식품의약품안전처장이 정하여 고시하는 내용의 표시·광고

   다. 특수영양식품(영아·유아, 비만자 또는 임산부·수유부 등 특별한 영양관리가 필요한 대상을 위하여 식품과 영양성분을 배합하는 등의 방법으로 제조·가공한 식품을 말한다) 및 특수의료용도식품으로 임산부·수유부·노약자, 질병 후 회복 중인 사람 또는 환자의 영양보급 등에 도움을 준다는 내용의 표시·광고

   라. 해당 제품이 발육기, 성장기, 임신수유기, 갱년기 등에 있는 사람의 영양보급을 목적으로 개발된 제품이라는 내용의 표시·광고

4. **거짓·과장된 다음 각 목의 표시 또는 광고**

   가. 다음의 어느 하나에 따라 허가받거나 등록·신고 또는 보고한 사항과 다르게 표현하는 표시·광고

      1) 「식품위생법」 제37조

      2) 「건강기능식품에 관한 법률」 제5조부터 제7조까지

      3) 「축산물 위생관리법」 제22조, 제24조 및 제25조

      4) 「수입식품안전관리 특별법」 제15조, 제15조 및 제20조

   나. 건강기능식품의 경우 식품의약품안전처장이 인정하지 않은 기능성을 나타내는 내용의 표시·광고

   다. 제2조 각 호의 사항을 표시·광고할 때 사실과 다른 내용으로 표현하는 표시·광고

   라. 제2조 각 호의 사항을 표시·광고할 때 신체의 일부 또는 신체조직의 기능·작용·효과·효능에 관하여 표현

하는 표시 · 광고

  마. 정부 또는 관련 공인기관의 수상(受賞) · 인증 · 보증 · 선정 · 특허와 관련하여 사실과 다른 내용으로 표현하는
     표시 · 광고

5. 소비자를 기만하는 다음 각 목의 표시 또는 광고

  가. 식품학 · 영양학 · 축산가공학 · 수의공중보건학 등의 분야에서 공인되지 않은 제조방법에 관한 연구나 발견한
     사실을 인용하거나 명시하는 표시 · 광고. 다만, 식품학 등 해당 분야의 문헌을 인용하여 내용을 정확히 표시
     하고, 연구자의 성명, 문헌명, 발표 연월일을 명시하는 표시 · 광고는 제외한다.

  나. 가축이 먹는 사료나 물에 첨가한 성분의 효능 · 효과 또는 식품등을 가공할 때 사용한 원재료나 성분의 효능
     · 효과를 해당 식품등의 효능 · 효과로 오인 또는 혼동하게 할 우려가 있는 표시 · 광고

  다. 각종 감사장 또는 체험기 등을 이용하거나 "한방(韓方)", "특수제법", "주문쇄도", "단체추천" 또는 이와 유사
     한 표현으로 소비자를 현혹하는 표시 · 광고

  라. 의사, 치과의사, 한의사, 수의사, 약사, 한약사, 대학교수 또는 그 밖의 사람이 제품의 기능성을 보증하거나,
     제품을 지정 · 공인 · 추천 · 지도 또는 사용하고 있다는 내용의 표시 · 광고. 다만, 의사 등이 해당 제품의 연
     구 · 개발에 직접 참여한 사실만을 나타내는 표시 · 광고는 제외한다.

  마. 외국어의 남용 등으로 인하여 외국 제품 또는 외국과 기술 제휴한 것으로 혼동하게 할 우려가 있는 내용의
     표시 · 광고

  바. 조제유류(調製乳類)의 용기 또는 포장에 유아 · 여성의 사진 또는 그림 등을 사용한 표시 · 광고

  사. 조제유류가 모유와 같거나 모유보다 좋은 것으로 소비자를 오인 또는 혼동하게 할 수 있는 표시 · 광고

  아. 「건강기능식품에 관한 법률」 제15조제2항 본문에 따라 식품의약품안전처장이 인정한 사항의 일부 내용을
     삭제하거나 변경하여 표현함으로써 해당 건강기능식품의 기능 또는 효과에 대하여 소비자를 오인하게 하거
     나 기만하는 표시 · 광고

  자. 「건강기능식품에 관한 법률」 제15조제2항 단서에 따라 기능성이 인정되지 않는 사항에 대하여 기능성이
     인정되는 것처럼 표현하는 표시 · 광고

  차. 이온수, 생명수, 약수 등 과학적 근거가 없는 추상적인 용어로 표현하는 표시 · 광고

  카. 해당 제품에 사용이 금지된 식품첨가물이 함유되지 않았다는 내용을 강조함으로써 소비자로 하여금 해당 제
     품만 금지된 식품첨가물이 함유되지 않은 것으로 오인하게 할 수 있는 표시 · 광고

6. 다른 업체나 다른 업체의 제품을 비방하는 표시 또는 광고: 비교하는 표현을 사용하여 다른 업체의 제품을
   간접적으로 비방하거나 다른 업체의 제품보다 우수한 것으로 인식될 수 있는 표시 · 광고

7. 객관적인 근거 없이 자기 또는 자기의 식품등을 다른 영업자나 다른 영업자의 식품등과 부당하게 비교하
   는 다음 각 목의 표시 또는 광고

  가. 비교표시 · 광고의 경우 그 비교대상 및 비교기준이 명확하지 않거나 비교내용 및 비교방법이 적정하지 않은
     내용의 표시 · 광고

  나. 제품의 제조방법 · 품질 · 영양가 · 원재료 · 성분 또는 효과와 직접적인 관련이 적은 내용이나 사용하지 않은
     성분을 강조함으로써 다른 업소의 제품을 간접적으로 다르게 인식하게 하는 내용의 표시 · 광고

8. 사행심을 조장하거나 음란한 표현을 사용하여 공중도덕이나 사회윤리를 현저하게 침해하는 다음 각 목의
   표시 또는 광고

  가. 판매 사례품이나 경품의 제공 등 사행심을 조장하는 내용의 표시 · 광고(「독점규제 및 공정거래에 관한 법
     률」에 따라 허용되는 경우는 제외한다)

  나. 미풍양속을 해치거나 해칠 우려가 있는 저속한 도안, 사진 또는 음향 등을 사용하는 표시 · 광고

비고

제1호 및 제3호에도 불구하고 다음 각 호에 해당하는 표시 · 광고는 부당한 표시 또는 광고행위로 보지 않는다.

 1. 「식품위생법 시행령」 제21조제8호의 식품접객업 영업소에서 조리 · 판매 · 제조 · 제공하는 식품에 대한 표시 ·
    광고

 2. 「식품위생법 시행령」 제25조제2항제6호 각 목 외의 부분 본문에 따라 영업신고 대상에서 제외되거나 같은 영 제
    26조의2제2항제6호 각 목 외의 부분 본문에 따라 영업등록 대상에서 제외되는 경우로서 가공과정 중 위생상 위해
    가 발생할 우려가 없고 식품의 상태를 관능검사(官能檢査)로 확인할 수 있도록 가공하는 식품에 대한 표시 · 광고

2) 범죄사실 기재례

[기재례1] 의약품으로 혼동할 수 있는 허위 · 과대광고 : 제8조 제1항 제1호

누구든지 식품 등의 명칭 · 제조방법 및 품질 · 영양표시 및 식품 이력추적관리표시에 관하여는 허위표시 또는 과대광고를 하지 못하고, 포장에서는 과대광고를 하지 못하며, 식품 · 식품첨가물의 표시에서는 의약품과 혼동할 우려가 있는 표시를 하거나 광고를 하여서는 아니된다.

피의자는 갑 주식회사의 다단계판매 조직의 총판 역할로 ○○○○ 혼합 음료를 판매하면서, 별지 '범죄일람표'와 같은 구매자들을 상대로 ○○제품이 '당뇨, 관절, 고혈압, 동맥경화 등에 효능이 있는 만병통치약'이라고 설명하고 상담하는 등의 방법으로 의약품으로 혼동할 수 있는 허위 · 과대광고를 하였다.

[기재례2] 의약품 오인 허위 과대광고 : 제8조 제1항 제1호

피의자는 20○○. ○. ○.경 ○○도지사에게 건강기능식품판매업 신고를 한 후 ○○에서 건강기능식품인 ○○등을 판매하는 영업자이다.

영업자는 질병의 예방 및 치료에 효능 · 효과가 있거나 의약품으로 오인 · 혼동할 우려가 있는 내용의 표시 · 광고를 하여서는 아니된다.

그럼에도 불구하고 피의자는 20○○. ○. ○. 위 매장에서 ○○건강기능식품을 홍길동에게 판매하면서 "이 제품은 간 질환, 특히 간경화 예방은 물론 치료에도 효과가 있다"라고 허위광고를 하였다.

[기재례3] 식품을 의약품 혼동할 수 있도록 광고 : 제8조 제1항 제2호

피의자는 20○○. ○. ○.경 인터넷사이트 ○○를 통하여 건강기능식품 등을 판매하면서 비타민제품에 대하여 성기능운동 기능 강화항산화작용으로 동맥경화, 암, 노화의 원인물질 억제, 호르몬 분비 정상화, 적혈구 수명연장 도움 등의 내용으로 의약품으로 혼동할 우려가 있는 내용의 허위 과대광고 문구를 위 인터넷사이트에 게재하였다.

[기재례4] 의약품 혼동 우려 광고 : 제8조 제1항 제2호

피의자 갑은 공동피의자 을과 공모하여, 20○○. ○. ○.경부터 ○○에 있는 피의자 병 주식회사 사무실에서, 건강기능식품인 '가시오가피'에 관하여 이를 복용하면 간 기능이 회복되고 지방간이 해독되며, 변비를 개선하고 당뇨 · 고혈압 · 관절통에 효능을 볼 수 있다는 취지의 홈쇼핑 광고방송 15분 분량을 ○○방법으로 1일 수회 반복 상영하였다.

이로써 피의자는 의약품이 아닌 것을 의학적 효능 · 효과 등이 있는 것으로 오인될 우려가 있는 내용의 광고를 함과 동시에, 식품의 표시에 있어서 의약품과 혼동할 우려가 있는 광고를 하였다.

[기재례5] 홈페이지 이용 의약품 혼동 우려 광고 : 제8조 제1항 제2호

피의자는 홈페이지(○○) 대표자인바, 식품 등의 표시에 있어서 의약품과 혼동할 우려가 있는 표시를 하거나 광고를 하여서는 아니 된다.

그럼에도 불구하고 피의자는 20○○. ○. ○.경부터 20○○. ○. ○.경까지 ○○에서 위 홈페이지를 통해 벌꿀인 식품에 대하여 빈혈예방 및 치료, 간장병의 예방 및 치료 등 질병의 치료에 효능이 있다는 등 의약품과 혼동할 우려가 있는 표시, 광고하였다.

[기재례6] 식품을 의약품으로 혼동할 수 있는 광고 : 제8조 제1항 제2호

피의자는 ○○○에서 "용강 자라농장"을 운영하는 사람으로, 식품·식품첨가물의 표시에 의약품과 혼동할 우려가 있는 표시를 하거나 광고를 해서는 아니 된다.

그럼에도 불구하고 피의자는 20○○. ○. ○.부터 20○○. ○. ○.경까지 "○○"라는 홈페이지를 개설하고 "허약체질, 관절염, 암 질환 환자 등에게 좋은 한방 자라액기스, 선학초 자라 액기스 등 판매"라는 등의 의약품과 혼동할 수 있는 허위 과대광고를 게재하였다.

3) 신문사항

- 피의자는 甲회사 대표이사인가
- 甲회사는 어떠한 회사이며 언제 설립하였는가
- 피의자는 이 회사에서 어떠한 역할을 하고 있는가
- 위 회사에서 참옻진액을 생산판매한 일이 있는가
- 이 제품을 판매하면서 일간지에 광고한 일이 있는가
- 언제 어느 신문에 어떠한 내용으로 광고하였는가
- 총 몇 회에 걸쳐 어떠한 조건으로 광고 의뢰하였나
- 이때 고발장에 첨부된 광고내용을 보여주며
- 이 광고내용이 피의자 회사에서 의뢰한 것이 사실인가
- 누가 이러한 광고내용을 작성 의뢰하였는가
- 실질적으로 참옻진액은 광고내용과 같이 의약품으로 효능이 있는가
- 식품을 의약품과 혼동할 우려가 있도록 광고(표시)한 것에 대해 어떻게 생각하는가
- 회사 규모는 어느 정도이고 월매출은 얼마정도인가
- 참옻진액 제품이외 다른 제품도 판매하고 있는가
- 참옻진액을 위와 같이 광고하고 어느 정도의 수입을 올렸는가

[기재례7] 거짓 과장 광고 : 제8조 제1항 제4호

피의자는 20○○. ○. ○.경 ○○도지사에게 건강기능식품판매업 신고를 한 후 ○○에서 건강기능식품인 ○○등을 판매하는 영업자로서, 영업자는 사실과 다르거나 과장된 표시·광고를 하여서는 아니된다.

그럼에도 불구하고 피의자는 20○○. ○. ○.경 위 매장에서 ○○건강기능식품을 홍길동에게 판매하면서 "이 제품은 우리나라에서 가장 좋은 재료만으로 만들었기 때문에 그 효능도 최고다" 라고 과장된 광고를 하였다.

[기재례8] 소비자 기만 소비기한 허위표시 : 제8조 제1항 제5호

누구든지 식품등의 명칭·제조방법·성분 등 소비자를 기만하는 표시 또는 광고 등에 해당하는 표시 또는 광고를 하여서는 아니 된다.

그럼에도 불구하고 피의자는 20○○. ○. ○.경 피의자 사무실인 ○○에서 20○○. ○. ○.에 생산되어 포장 완료된 닭고기 냉장육 ○○마리를 매수인인 주식회사 ○○이 지정하는 냉동창고로 배송하여 냉동시켜 냉동육으로 전환하면서, 피의자 직원들로 하여금 그 포장지에 기재된 '제품명 닭고기(신선육)', 소비기한 10일' 표시 위에 '제품명 닭고기(신선육)', '소비기한 24개월' 로 기재된 스티커를 부착하도록 하여 제품명과 소비기한을 허위표시하였다.

[기재례9] 소비자 기만 표시 광고 : 제8조 제1항 제5호

피의자는 20○○. ○. ○.경 ○○도지사에게 건강기능식품판매업 신고를 한 후 ○○에서 건강기능식품인 ○○등을 판매하는 영업자로서, 영업자는 소비자를 기만하거나 오인·혼동시킬 우려가 있는 표시·광고를 하여서는 아니된다.

그럼에도 불구하고 피의자는 20○○. ○. ○.경 위 매장에서 ○○건강기능식품을 홍길동에게 판매하면서 "이 제품은 식품의약처에서 인정하고 식품의약처장의 감사장을 받았으며 유명대학 의사들이 기능성을 보증하였다" 라고 소비자를 기만하는 허위광고를 하였다.

3-1) 신문사항

- 건강기능식품업을 하고 있는가
- 언제부터 어디에서 하고 있는가
- 영업신고를 하였는가(신고일자, 신고번호 등)
- 어떤 건강기능식품을 판매하는가
- ○○제품을 광고한 일이 있는가
- 언제 어디에서 광고하였나
- 어떤 방법과 내용으로 하였나
- 이러한 광고가 모두 사실인가
- 왜 이런 허위(과장)광고를 하였나

■ 판례 ■   도축한 닭의 포장을 완료하여 판매 가능한 상태에서 냉장보관 하던 중 유통기한을 늘려 표시한 스티커를 덧붙여 유통시킨 행위가 축산물위생관리법이 금지하는 '허위표시'에 해당하는지 여부가 문제된 사건

닭 도축업자가 포장을 완료하여 판매 가능한 상태에 이른 닭 식육의 냉장제품을 보관하던 중 이를 다시 냉동하여 냉동제품으로 유통시키는 것이 허용되는지 여부(소극)◇

특별한 사정이 없는 한 도축업 영업자가 도축한 닭을 포장지에 담아 봉인하고 제조일자와 유통기한 표시를 마치는 등 포장을 완료하여 판매 가능한 상태에 이른 닭 식육의 냉장제품을 보관하던 중 이를 다시 냉동하여 냉동육의 유통기한 등을 표시하여 유통시키는 것은 금지된다고 봄이 타당하다. 2015. 1. 6. 총리령 제1123호로 개정된 「축산물 위생관리법 시행규칙」제2조, [별표 1] 제2호 나.목에서 닭 등 가금류의 처리방법에 '계절적인 이유 등 일시적인 도축 물량 증가로 도축장의 시설만으로 도축한 물량을 제때 냉동할 수 없는 경우 해당 도축장을 관리하는 검사관의 사전 승인을 받고 사후 보고를 하는 등 일정한 절차와 요건을 준수하여 도축장 인근에 있는 외부 냉동시설을 이용하여 냉동할 수 있다'는 규정을 신설하였으나, 이는 도축업 영업자의 관리 범위 내에서 이루어지는 절차에 불과하다.

☞ 닭 도축업을 하는 피고인2 회사가 도축한 닭을 포장지에 담아 봉인하고 제조일자와 유통기한 표시를 마치는 등 포장을 완료하여 판매 가능한 상태에 이른 닭 식육의 냉장제품을 보관하던 중, 이사인 피고인1의 지시로 추석 연휴 직전 재고 물량을 조속히 소진하기 위해 1~2일 전 도축해 냉장 상태로 보관 중이던 닭 식육을 50% 가량 할인된 가격으로 판매하기로 하고 거래업체의 냉동창고로 배송하면서 '제품명 닭고기(신선육)', '유통기한 제조일로부터 10일'로 표시된 비닐포장지 위에 '제품명 닭고기(신선육)', '유통기한 제조일로부터 24개월'이 표시된 스티커를 덧붙이게 한 사안에서, 대법원은 판시와 같은 법리를 설시하고서 냉동육을 전제한 '24개월'의 유통기한 표시는 '냉장육'인 위 닭 식육의 사실과 달라 허위표시에 해당한다고 보아, 이와 달리 무죄로 판단한 원심을 법리오해, 심리미진을 이유로 파기·환송한 사례 (대법원 2022. 11. 10. 선고 2020도 14640 판결)

■ 판례 ■   의약품과 혼동할 우려가 있는 표시나 광고의 해석방법

[1] 식품 등의 표시에 의약품과 혼동할 우려가 있는 표시나 광고를 금지한 식품위생법 제1조 제항의 해석방법

"식품 등의 표시에 있어서는 의약품과 혼동할 우려가 있는 내용의 표시를 하거나 광고를 하여서는 아니된다"고 규정하고 있는 식품위생법 제11조 제1항 및 같은 법 시행규칙 제6조 제1항 제2호의 각 규정은 식품 등에 대하여 마치 특정 질병의 치료·예방 등을 직접적이고 주된 목적으로 하는 것인 양 표시·광고하여 소비자로 하여금 의약품으로 혼동·오인하게 하는 표시·광고만을 규제한다고 한정적으로 해석하여야 하고, 어떠한 표시·광고가 식품광고로서의 한계를 벗어나 의약품으로 혼동·오인하게 하는지는 사회일반인의 평균적 인식을 기준으로 법 적용기관이 구체적으로 판단하여야 한다.

[2] "한방조미료"라는 제품명 중 "한방"이라는 표기는 질병의 치료·예방에 효능이 있다는 내용 또는 의약품으로 혼동할 우려가 있는 내용의 표시에 해당한다는 이유로 원고회사의 식품(식품첨가물) 품목제조보고를 반려한 처분이 적법하다고 한 사례

원고 회사는 당귀 등 각종 한약재료를 혼합하여 조미료를 제조한 후, 이를 특허출원함에 있어 "기존의 화학조미료는 인체에 유해하나, 위 조미료는 성인병 예방 등 약리작용의 효능이 있는 각

종 한약재료를 사용하여 인체에 유익하다"는 취지의 특허출원사유를 기재한 점, 원고는 위와 같은 특허출원사유를 강조할 의도로 위 식품(식품첨가물) 품목제조보고 당시 첨부한 품목제조보고서에 위 조미료의 원재료가 당귀 등 각종 한약재임을 명기한 후 그 제품명에 "한방"이라는 표기를 덧붙인 점, 위 제품명에 사용된 "한방"이라는 표현은 식품첨가물인 "조미료"라는 명칭에 더해져 "한의사의 처방과 관련된 조미료"라는 의미로 해석될 여지가 있는 점 등 여러 사정들을 종합하여 보면, "한방조미료"라는 제품명 중 "한방"이라는 표기는 질병의 치료·예방에 효능이 있다는 내용 또는 의약품으로 혼동할 우려가 있는 내용의 표시에 해당한다고 할 것이므로, 이를 이유로 원고회사의 식품(식품첨가물) 품목제조보고를 반려한 피고의 이 사건 처분은 적법하다. (서울행정법원 2009. 8. 28. 선고 2009구합19588 판결)

■ 판례 ■ 甲이 자신이 대표로 있는 법인의 인터넷 홈페이지에 마늘의 효능에 관하여 위염, 위궤양 등에 치료효과가 있다는 내용의 글을 게재한 경우

[1] 구 식품위생법 제11조 제1항의 해석방법 및 어떠한 표시·광고가 식품광고로서의 한계를 벗어나 의약품으로 혼동·오인하게 하는 것인지의 판단 기준

법령조항은 식품 등에 대하여 마치 특정 질병의 치료·예방 등을 직접적이고 주된 목적으로 하는 것인 양 표시·광고하여 소비자로 하여금 의약품으로 혼동·오인하게 하는 표시·광고만을 규제하고 있는 것이라고 한정적으로 해석하여야 할 것이며, 어떠한 표시·광고가 식품광고로서의 한계를 벗어나 의약품으로 혼동·오인하게 하는 것인지는 사회일반인의 평균적 인식을 기준으로 법적 용기관이 구체적으로 판단하여야 할 것이다.

[2] 甲의 행위가 허위·과대광고를 한 경우에 해당하는지 여부(소극)

피고인은 인터넷 홈페이지에서 자신이 생산하는 깐마늘의 생산공정에 대하여 자세히 설명하고 있고, 위와 같은 마늘의 일반적인 약리적 효능에 대한 것은 이미 사회일반인에게도 널리 알려져 있는 내용에 불과하다는 점 등을 고려하여 보면, 사회일반인의 관점에서 위와 같은 게시내용을 보게 된다고 하여 피고인이 판매하는 깐마늘을 식품이 아닌 의약품으로 혼동할 우려가 있다고도 보기 어렵다(대법원 2006.11.24. 선고 2005도844 판결).

■ 판례 ■ 구 식품위생법 제13조 제1항 제1호에서 금지하는 '질병의 예방 및 치료에 효능·효과가 있거나 의약품 또는 건강기능식품으로 오인·혼동할 우려가 있는 내용의 표시·광고'의 범위

구 식품위생법(2016. 2. 3. 법률 제14022호로 개정되기 전의 것, 이하 같다) 제13조 제1항은 "누구든지 식품 등의 명칭·제조방법, 품질·영양 표시, 유전자재조합식품 등 및 식품이력추적관리 표시에 관하여는 다음 각호에 해당하는 허위·과대·비방의 표시·광고를 하여서는 아니 되고, 포장에 있어서는 과대포장을 하지 못한다. 식품 또는 식품첨가물의 영양가·원재료·성분·용도에 관하여도 또한 같다."라고 규정하고 있고, 같은 항 제1호는 "질병의 예방 및 치료에 효능·효과가 있거나 의약품 또는 건강기능식품으로 오인·혼동할 우려가 있는 내용의 표시·광고"가 그러한 행위에 해당한다고 규정하고 있다. 따라서 식품의 약리적 효능에 관하여 식품으로서 갖는 효능이라는 본질적 한계 내에서 식품에 부수되거나 영양섭취의 결과로 나타나는 효과임을 표시·광고할 수는 있지만, 그와 같은 한계를 벗어나 특정 질병의 치료·예방 등을 직접적이고 주된 목적으로 하는 것인 양 표시·광고하여 사회일반인의 평균적 인식을 기준으로 볼 때 소비자로 하여금 의약품으로 혼동·오인하게 하는 행위는 허용되지 아니한다(대법원 2009. 1. 15. 선고 2008도9200 판결 등 참조). 원심은, 피고인이 이 사건 광고의 제목 등에서 주요 성분이 '레스베라트롤'임을 강조하고, 제품의

'상세정보란'에 식품의 향미나 식감에 대한 정보 없이 '레스베라트롤'의 질병 예방 효능에 관한 내용만 기재하였으며, 광고 내용에 그 판시와 같이 '레스베라트롤'이 심혈관계 질환, 암 등에 대하여 의약품에 준하는 효능을 지녔고 의학계에서도 이러한 효능을 인정하여 이를 검증하고 있다는 인상을 주는 문구를 기재한 점 등을 종합하면, 이 사건 광고는 식품이 특정 질병의 치료·예방 등을 직접적이고 주된 목적으로 하는 것인 양 표시·광고하여 소비자로 하여금 의약품으로 혼동·오인하게 하는 것이라는 이유로, 이 사건 공소사실을 유죄로 판단한 제1심판결을 그대로 유지하였다.

원심의 위와 같은 판단은 앞서 본 법리에 따른 것으로, 기록에 의하여 살펴보아도 거기에 상고이유 주장과 같이 구 식품위생법 제13조 제1항에서 정한 허위·과대광고에 관한 법리를 오해한 잘못이 없다. (대법원 2017. 10. 26., 선고, 2017도8853, 판결)

■ 판례 ■ '질병의 예방 및 치료에 효능·효과가 있거나 의약품으로 오인·혼동할 우려가 있는 내용의 표시·광고'의 의미 및 판단 기준

[1] 구 건강기능식품에 관한 법률 제18조 제항의 해석상 금지되는 '질병의 예방 및 치료에 효능·효과가 있거나 의약품으로 오인·혼동할 우려가 있는 내용의 표시·광고'의 의미 및 판단 기준

구 건강기능식품에 관한 법률(2010. 1. 18. 법률 제9932호로 개정되기 전의 것) 제3조 제1호, 제18조 제1항, 제2항, 구 건강기능식품에 관한 법률 시행규칙(2010. 3. 19. 보건복지부령 제1호로 개정되기 전의 것) 제21조의 의미를 해석할 때에 위 법 제18조 제1항이 건강기능식품의 약리적 효능에 관한 표시·광고를 전부 금지하고 있다고 볼 수는 없고, 그러한 내용의 표시·광고라고 하더라도 그것이 건강기능식품으로서 갖는 효능이라는 본질적 한계 내에서 건강기능식품에 부수되거나 영양섭취의 결과 나타나는 효과임을 표시·광고하는 것과 같은 경우에는 허용된다고 보아야 하므로, 결국 위 법령조항은 건강기능식품에 대하여 마치 특정 질병의 예방·치료 등을 직접적이고 주된 목적으로 하는 것인 양 표시·광고하여 소비자로 하여금 의약품으로 오인·혼동하게 하는 표시·광고만을 규제한다고 한정적으로 해석하여야 하며, 어떠한 표시·광고가 건강기능식품 광고로서의 한계를 벗어나 질병의 예방 및 치료에 효능·효과가 있거나 의약품으로 오인·혼동할 우려가 있는지는 사회일반인의 평균적 인식을 기준으로 법적용기관이 구체적으로 판단하여야 한다.

[2] 피고인이 인터넷쇼핑몰에서 건강기능식품을 판매하면서 그 홈페이지에 상품별로 특정 효능을 언급한 배너를 설치하여 해당 상품의 주요 효능과 성분, 상품특징에 관한 광고·표시를 게재한 사안

피고인이 게재한 광고내용은 위 건강기능식품이 갖는 효능이라는 본질적 한계 내에서 그에 부수되거나 이를 섭취한 결과 나타나는 효과를 나타내는 표현을 넘어 구체적인 병명을 언급하여 특정 질병의 예방 또는 치료에 효과가 있다는 내용이 포함되어 있고, 위와 같은 광고내용과 함께 위 건강기능식품의 명칭만으로는 사회일반인의 평균적 인식을 기준으로 그것이 의약품이 아니라는 점을 쉽게 알아차리기 어렵다고 보이는 사정 등에 비추어, 비록 피고인이 광고내용 중에 건강보조식품, 영양보충제와 같은 표현과 아울러 일부 건강기능식품에 대하여는 진단, 치료, 질병예방용이 아니라는 취지를 기재한 바 있더라도, 위 광고내용은 특정 질병의 예방 및 치료 등을 직접적이고 주된 목적으로 하는 것인 양 표시·광고하여 소비자로 하여금 질병의 예방 및 치료에 효능·효과가 있거나 의약품으로 오인·혼동할 우려가 있는 표시·광고에 해당한다고 볼 여지가 충분한데도, 피고인에 대한 구 건강기능식품에 관한 법률(2010. 1. 18. 법률 제9932호로 개정되기 전의 것) 위반의 공소사실을 인정할 만한 증거가 없다고 본 원심판결에 법리오해 및 심리미진의 위법이 있다고 한 사례. (대법원 2010. 12. 23., 선고, 2010도3444, 판결)

제 **73** 장   식품위생법

Ⅰ. 개념정의

제2조(정의) 이 법에서 사용하는 용어의 뜻은 다음과 같다.

1. "식품"이란 모든 음식물(의약으로 섭취하는 것은 제외한다)을 말한다.

2. "식품첨가물"이란 식품을 제조·가공·조리 또는 보존하는 과정에서 감미(甘味), 착색(着色), 표백(漂白) 또는 산화방지 등을 목적으로 식품에 사용되는 물질을 말한다. 이 경우 기구(器具)·용기·포장을 살균·소독하는 데에 사용되어 간접적으로 식품으로 옮아갈 수 있는 물질을 포함한다.

3. "화학적 합성품"이란 화학적 수단으로 원소(元素) 또는 화합물에 분해 반응 외의 화학 반응을 일으켜서 얻은 물질을 말한다.

4. "기구"란 다음 각 목의 어느 하나에 해당하는 것으로서 식품 또는 식품첨가물에 직접 닿는 기계·기구나 그 밖의 물건(농업과 수산업에서 식품을 채취하는 데에 쓰는 기계·기구나 그 밖의 물건 및 「위생용품 관리법」 제2조제1호에 따른 위생용품은 제외한다)을 말한다.

   가. 음식을 먹을 때 사용하거나 담는 것

   나. 식품 또는 식품첨가물을 채취·제조·가공·조리·저장·소분[(小分): 완제품을 나누어 유통을 목적으로 재포장하는 것을 말한다. 이하 같다]·운반·진열할 때 사용하는 것

5. "용기·포장"이란 식품 또는 식품첨가물을 넣거나 싸는 것으로서 식품 또는 식품첨가물을 주고받을 때 함께 건네는 물품을 말한다.

5의2. "공유주방"이란 식품의 제조·가공·조리·저장·소분·운반에 필요한 시설 또는 기계·기구 등을 여러 영업자가 함께 사용하거나, 동일한 영업자가 여러 종류의 영업에 사용할 수 있는 시설 또는 기계·기구 등이 갖춰진 장소를 말한다.

6. "위해"란 식품, 식품첨가물, 기구 또는 용기·포장에 존재하는 위험요소로서 인체의 건강을 해치거나 해칠 우려가 있는 것을 말한다.

7. 〈삭 제〉 2019.3.14.   8. 〈삭 제〉 2019.3.14

9. "영업"이란 식품 또는 식품첨가물을 채취·제조·가공·조리·저장·소분·운반 또는 판매하거나 기구 또는 용기·포장을 제조·운반·판매하는 업(농업과 수산업에 속하는 식품 채취업은 제외한다. 이하 이 호에서 "식품제조업등"이라 한다)을 말한다. 이 경우 공유주방을 운영하는 업과 공유주방에서 식품제조업등을 영위하는 업을 포함한다.

10. "영업자"란 제37조제1항에 따라 영업허가를 받은 자나 같은 조 제4항에 따라 영업신고를 한 자 또는 같은 조 제5항에 따라 영업등록을 한 자를 말한다.

11. "식품위생"이란 식품, 식품첨가물, 기구 또는 용기·포장을 대상으로 하는 음식에 관한 위생을 말한다.

12. "집단급식소"란 영리를 목적으로 하지 아니하면서 특정 다수인에게 계속하여 음식물을 공급하는 다음 각 목의 어느 하나에 해당하는 곳의 급식시설로서 대통령령으로 정하는 시설을 말한다.

   가. 기숙사 나. 학교, 유치원, 어린이집 다. 병원 라. 사회복지사업법 제2조제4호의 사회복지시설 마. 산업체

   바. 국가, 지방자치단체 및 「공공기관의 운영에 관한 법률」 제4조제1항에 따른 공공기관

   사. 그 밖의 후생기관 등 라. 그 밖의 후생기관 등

13. "식품이력추적관리"란 식품을 제조·가공단계부터 판매단계까지 각 단계별로 정보를 기록·관리하여 그 식품의 안전성 등에 문제가 발생할 경우 그 식품을 추적하여 원인을 규명하고 필요한 조치를 할 수 있도록 관리하는 것을 말한다.

14. "식중독"이란 식품 섭취로 인하여 인체에 유해한 미생물 또는 유독물질에 의하여 발생하였거나 발생한 것으로 판단되는 감염성 질환 또는 독소형 질환을 말한다.

15. "집단급식소에서의 식단"이란 급식대상 집단의 영양섭취기준에 따라 음식명, 식재료, 영양성분, 조리방법, 조리인력 등을 고려하여 작성한 급식계획서를 말한다.

※ 시행령(대통령령)

제2조(집단급식소의 범위) 「식품위생법」(이하 "법"이라 한다) 제2조제12호에 따른 집단급식소는 1회 50명 이상에게 식사를 제공하는 급식소를 말한다.

제73장 식품위생법   **863**

1. 벌 칙

제93조(벌칙) ① 다음 각 호의 어느 하나에 해당하는 질병에 걸린 동물을 사용하여 판매할 목적으로 식품 또는 식품첨가물을 제조·가공·수입 또는 조리한 자는 3년 이상의 징역에 처한다.

1. 소해면상뇌증(狂牛病)　　　　2. 탄저병　　　　3. 가금 인플루엔자

② 다음 각 호의 어느 하나에 해당하는 원료 또는 성분 등을 사용하여 판매할 목적으로 식품 또는 식품첨가물을 제조·가공·수입 또는 조리한 자는 1년 이상의 징역에 처한다.

1. 마황(麻黃) 2. 부자(附子) 3. 천오(川烏) 4. 초오(草烏) 5. 백부자(白附子) 6. 섬수(蟾酥) 7. 백선피(白鮮皮) 8. 사리풀

③ 제1항 및 제2항의 경우 제조·가공·조리한 식품 또는 식품첨가물을 판매하였을 때에는 그 판매가격의 2배 이상 5배 이하에 해당하는 벌금을 병과(倂科)한다.

④ 제1항 또는 제2항의 죄로 형을 선고받고 그 형이 확정된 후 5년 이내에 다시 제1항 또는 제2항의 죄를 범한 자가 제3항에 해당하는 경우 제3항에서 정한 형의 2배까지 가중한다.

제94조(벌칙) ① 다음 각 호의 어느 하나에 해당하는 자는 10년 이하의 징역 또는 1억원 이하의 벌금에 처하거나 이를 병과할 수 있다.

1. 제4조부터 제6조까지(제88조에서 준용하는 경우 포함, 제93조제1항 및 제3항에 해당하는 경우 제외)를 위반한 자

2. 제8조(제88조에서 준용하는 경우를 포함한다)를 위반한 자

3. 제37조제1항을 위반한 자

② 제1항의 금고 이상의 형을 선고받고 그 형이 확정된 후 5년 이내에 다시 제1항의 죄를 범한 자는 1년 이상 10년 이하의 징역에 처한다.

③ 제2항의 경우 그 해당 식품 또는 식품첨가물을 판매한 때에는 그 판매가격의 4배 이상 10배 이하에 해당하는 벌금을 병과한다.

제95조(벌칙) 다음 각 호의 어느 하나에 해당하는 자는 5년 이하의 징역 또는 5천만원 이하의 벌금에 처하거나 이를 병과할 수 있다.

1. 제7조제4항(제88조에서 준용하는 경우를 포함한다), 제9조제4항(제88조에서 준용하는 경우를 포함한다) 또는 제9조의3(제88조에서 준용하는 경우를 포함한다)을 위반한 자

2의2. 제37조제5항을 위반한 자

3. 제43조에 따른 영업 제한을 위반한 자

3의2. 제45조제1항 전단을 위반한 자

4. 제72조제1항·제3항(제88조에서 준용하는 경우를 포함한다) 또는 제73조제1항에 따른 명령을 위반한 자

5. 제75조제1항에 따른 영업정지 명령을 위반하여 영업을 계속한 자(제37조제1항에 따른 영업허가를 받은 자만 해당한다)

제96조(벌칙) 제51조 또는 제52조를 위반한 자는 3년 이하의 징역 또는 3천만원 이하의 벌금에 처하거나 이를 병과할 수 있다.

제97조(벌칙) 다음 각 호의 어느 하나에 해당하는 자는 3년 이하의 징역 또는 3천만원 이하의 벌금에 처한다.

1. 제12조의2제2항, 제13조제1항, 제17조제4항, 제31조제1항·제3항, 제37조제3항·제4항, 제39조제3항, 제48조제2항·제10항 또는 제55조를 위반한 자

2. 제19조제2항, 제22조제1항(제88조에서 준용하는 경우를 포함한다) 또는 제72조제1항·제2항(제88조에서 준용하는 경우를 포함한다)에 따른 검사·출입·수거·압류·폐기를 거부·방해 또는 기피한 자

3. 제20조제4항제1호부터 제3호까지에 해당하는 위반행위를 한 자

4. 제36조에 따른 시설기준을 갖추지 못한 영업자

5. 제37조제2항에 따른 조건을 갖추지 못한 영업자

6. 제44조제1항에 따라 영업자가 지켜야 할 사항을 지키지 아니한 자. 다만, 보건복지부령으로 정하는 경미한 사항을 위반한 자는 제외한다.

7. 제75조제1항에 따른 영업정지 명령을 위반하여 계속 영업한 자(제37조제4항 또는 제5항에 따라 영업신고 또는 등록을 한 자만 해당한다) 또는 같은 조 제1항 및 제2항에 따른 영업소 폐쇄명령을 위반하여 영업을 계속한 자

8. 제76조제1항에 따른 제조정지 명령을 위반한 자

9. 제79조제1항에 따라 관계 공무원이 부착한 봉인 또는 게시문 등을 함부로 제거하거나 손상시킨 자

10. 제86조제2항·제3항에 따른 식중독 원인조사를 거부·방해 또는 기피한 자

제98조(벌칙) 다음 각 호의 어느 하나에 해당하는 자는 1년 이하의 징역 또는 1천만원 이하의 벌금에 처한다.

1. 제44조제3항을 위반하여 접객행위를 하거나 다른 사람에게 그 행위를 알선한 자
2. 제46조제1항을 위반하여 소비자로부터 이물 발견의 신고를 접수하고 이를 거짓으로 보고한 자
3. 이물의 발견을 거짓으로 신고한 자
4. 제45조제1항 후단을 위반하여 보고를 하지 아니하거나 거짓으로 보고한 자

제99조(벌칙 적용에서의 공무원 의제) 삭제

제100조(양벌규정) 법인의 대표자나 법인 또는 개인의 대리인, 사용인, 그 밖의 종업원이 그 법인 또는 개인의 업무에 관하여 제93조제3항 또는 제94조부터 제97조까지의 어느 하나에 해당하는 위반행위를 하면 그 행위자를 벌하는 외에 그 법인 또는 개인에게도 해당 조문의 벌금형을 과(科)하고, 제93조제1항의 위반행위를 하면 그 법인 또는 개인에 대하여도 1억5천만원 이하의 벌금에 처하며, 제93조제2항의 위반행위를 하면 그 법인 또는 개인에 대하여도 5천만원 이하의 벌금에 처한다. 다만, 법인 또는 개인이 그 위반행위를 방지하기 위하여 해당 업무에 관하여 상당한 주의와 감독을 게을리하지 아니한 경우에는 그러하지 아니하다.

2. 다른 법률과의 관계

가. 청소년보호법

제6조(다른 법률과의 관계) 이 법은 청소년유해환경의 규제에 관한 형사처벌에 있어서 다른 법률에 우선하여 적용한다.

1) 청소년이 단란주점, 유흥주점 출입 또는 일반음식점에서 주류제공 등은 식품위생법에 처벌규정이 있으나 청소년보호법 제6조(특별법관계)에 의하여 청소년보호법으로 의율
2) 미신고 일반음식점에서 청소년에게 주류제공행위는 식품위생법과 청소년보호법이 실체적 경합으로 의율

나. 보건범죄 단속에 관한 특별조치법

제2조(부정식품 제조 등의 처벌) ① 「식품위생법」 제37조제1항, 제4항 및 제5항의 허가를 받지 아니하거나 신고 또는 등록을 하지 아니하고 제조·가공한 사람, 「건강기능식품에 관한 법률」 제5조에 따른 허가를 받지 아니하고 건강기능식품을 제조·가공한 사람, 이미 허가받거나 신고된 식품, 식품첨가물 또는 건강기능식품과 유사하게 위조하거나 변조한 사람, 그 사실을 알고 판매하거나 판매할 목적으로 취득한 사람 및 판매를 알선한 사람, 「식품위생법」 제6조, 제7조제4항 또는 「건강기능식품에 관한 법률」 제24조제1항을 위반하여 제조·가공한 사람, 그 정황을 알고 판매하거나 판매할 목적으로 취득한 사람 및 판매를 알선한 사람은 다음 각 호의 구분에 따라 처벌한다.
1. 식품, 식품첨가물 또는 건강기능식품이 인체에 현저히 유해한 경우: 무기 또는 5년 이상의 징역에 처한다.
2. 식품, 식품첨가물 또는 건강기능식품의 가액(價額)이 소매가격으로 연간 5천만원 이상인 경우: 무기 또는 3년 이상의 징역에 처한다.
3. 제1호의 죄를 범하여 사람을 사상(死傷)에 이르게 한 경우: 사형, 무기 또는 5년 이상의 징역에 처한다.
② 제1항의 경우에는 제조, 가공, 위조, 변조, 취득, 판매하거나 판매를 알선한 제품의 소매가격의 2배 이상 5배 이하에 상당하는 벌금을 병과(併科)한다.

다. 풍속영업의 규제에 관한 법률

식품접객업 중 단란주점과 유흥주점영업은 풍속영업소이므로 이 업소에서 음란물 관람, 도박, 사행행위가 적발되면 풍속영업의규제에관한법률로 의율

라. 건강기능식품에 관한 법률

제38조(다른 법률과의 관계) ① 이 법에 규정되지 아니한 사항에 대해서는 다음 각 호의 구분에 따른 규정을 준용한다.
  1. ~ 6. 생략
  7. 건강기능식품의 자진 회수에 관한 사항: 「식품위생법」 제45조에 따른 위해식품등의 회수 규정(이 경우 영업자에는 「수입식품안전관리 특별법」 제15조에 따라 등록한 수입식품등 수입·판매업자를 포함하고, 건강기능식품에는 같은 법에 따라 수입한 건강기능식품을 포함한다)
  8. ~ 10. 생략
② 제1항에 따라 준용되는 「식품위생법」 의 규정을 위반한 경우에는 같은 법 제71조에 따른 시정명령, 같은 법 제72조에 따른 폐기처분 등, 같은 법 제75조에 따른 허가의 취소 등 및 같은 법 제76조에 따른 품목의 제조정지 등의 처분을 할 수 있으며, 같은 법 제95조, 제100조부터 제102조까지의 규정에 따라 처벌할 수 있다.

마. 식품 등의 표시·광고에 관한 법률

제3조(다른 법률과의 관계) 식품등의 표시 또는 광고에 관하여 다른 법률에 우선하여 이 법을 적용한다.

바. 수입식품안전관리 특별법

제4조(다른 법률과의 관계) ① 이 법은 수입식품등에 관하여 다른 법률보다 우선하여 적용한다.
② 수입식품등과 관련하여 이 법에서 규정하지 아니한 사항에 대하여는 「식품위생법」, 「건강기능식품에 관한 법률」, 「축산물 위생관리법」, 「식품·의약품분야 시험·검사 등에 관한 법률」 등 관계 법률에 따른다.

III. 범죄사실

1. 위해식품의 판매

1) 적용법조 : 제94조 제1호, 제4조 ☞ 공소시효 7년

> 제4조(위해식품등의 판매 등 금지) 누구든지 다음 각 호의 어느 하나에 해당하는 식품등을 판매하거나 판매할 목적으로 채취·제조·수입·가공·사용·조리·저장·소분·운반 또는 진열하여서는 아니 된다.
> 1. 썩거나 상하거나 설익어서 인체의 건강을 해칠 우려가 있는 것
> 2. 유독·유해물질이 들어 있거나 묻어 있는 것 또는 그러할 염려가 있는 것. 다만, 식품의약품안전청장이 인체의 건강을 해칠 우려가 없다고 인정하는 것은 제외한다.
> 3. 병(病)을 일으키는 미생물에 오염되었거나 그러할 염려가 있어 인체의 건강을 해칠 우려가 있는 것
> 4. 불결하거나 다른 물질이 섞이거나 첨가(添加)된 것 또는 그 밖의 사유로 인체의 건강을 해칠 우려가 있는 것
> 5. 제18조에 따른 안전성 심사 대상인 농·축·수산물 등 가운데 안전성 심사를 받지 아니하였거나 안전성 심사에서 식용(食用)으로 부적합하다고 인정된 것
> 6. 수입이 금지된 것 또는 「수입식품안전관리 특별법」 제20조제1항에 따른 수입신고를 하지 아니하고 수입한 것
> 7. 영업자가 아닌 자가 제조·가공·소분한 것

2) 범죄사실 기재례

> 피의자는 20○○. ○. ○. ○○에서 ○○구청장에게 일반음식점 영업신고를 한 사람으로서, 불결하거나 다른 물질의 혼입 또는 첨가 기타의 사유로 인체의 건강을 해할 우려가 있는 위해식품을 판매하여서는 아니 된다.
> 그럼에도 불구하고 피의자는 20○○. ○. ○. 부터 20○○. ○. ○.까지 사이에 위 점포 약 100㎡에 탁자 50개, 의자 200개, 대형냉장고 2대 및 조리기구 등을 갖추고 식사를 하러 온 손님들에게 돼지머리 설렁탕을 판매하면서 사료용으로 수입된 돼지머리를 혼합 조리 판매하여 1일 평균 약 ○○만원 상당의 수입을 올리는 등 위해식품을 조리 판매하였다.

3) 신문사항

- 피의자는 음식점영업하고 있는가
- 언제부터 어디에서 무슨 상호로 하고 있나
- ○○군수에게 영업신고를 하였나
- 주로 어떤 음식을 조리판매하는가
- 사료용으로 수입된 돼지머리를 혼합하여 사용한 일이 있는가
- 이러한 재료는 누가 어디에서 구입했는가
- 업소의 규모는(면적, 시설, 규모, 종업원 수 등)
- 1일 매상은 얼마나

■ **판례** ■ **식품위생법 제74조의2, 제4조 제4호 위반죄의 성립에 위해식품으로 인하여 인체의 건강이 침해되는 결과의 발생이 필요한지 여부(소극)**

원래 불결한 식품은 사람의 생명, 신체, 건강에 위험을 초래하고 소비대중이 위험성을 미처 인식하지 못하고 이를 섭취함으로써 피해가 신속하고 광범위하게 발생할 위험이 있으며, 또한 일단 피해가 발생되면 사후구제란 별 효과가 없는 경우가 대부분이기 때문에 식품으로 인한 위생상의 위해를 방지하고 식품영양의 질적 향상을 도모함으로써 국민보건의 증진에 이바지함을 목적으로 하여 제정된 식품위생법 제4조 제4호는 위와 같은 불결한 식품으로 인하여 생기는 피해의 특수성을 고려하여 피해방지를 위하여 불결하거나 다른 물질의 혼입 또는 첨가 기타의 사유로 '인체의 건강을 해할 우려가 있는 식품'을 판매하는 등의 행위를 금지하고 있는 것이라고 할 것이므로(대법원 1997. 7. 25. 선고 95도2471 판결 참조), 그로 인하여 인체의 건강을 해한 결과가 발생하지 아니하였더라도 그러한 우려가 있었음만 인정된다면 위 규정에 의한 처벌대상이 된다고 할 것이다(대법원 2005.5.13. 선고 2004도7294 판결).

■ **판례** ■ **식품의약품안전처장이 고시한 '식품첨가물의 기준 및 규격'에 식품에 사용가능한 첨가물로 규정되어 있으나 사용량 최대한도에 관하여는 아무런 규정이 없는 식품첨가물이 첨가된 식품이 식품위생법 제4조 제4호에 규정된 '그 밖의 사유로 인체의 건강을 해칠 우려가 있는 식품'에 해당하는 경우 및 식품첨가물이 일정한 기준을 초과하여 식품에 첨가된 경우, 식품이 인체의 건강을 해칠 우려가 있는지 판단하는 방법**

식품첨가물이 1일 섭취한도 권장량 등 일정한 기준을 현저히 초과하여 식품에 첨가됨으로 식품이 인체의 건강을 해칠 우려가 있다고 인정되는 경우에는 식품은 식품위생법 제4조 제4호에 규정된 '그 밖의 사유로 인체의 건강을 해칠 우려가 있는 식품'에 해당한다. 나아가 그와 같은 식품첨가물이 일정한 기준을 초과하여 식품에 첨가됨으로 식품이 인체의 건강을 해칠 우려가 있는지는 기준의 초과 정도, 기준을 초과한 식품첨가물이 첨가된 식품의 섭취로 인하여 발생할 수 있는 건강의 침해 정도와 침해 양상, 식품의 용기 등에 건강에 영향을 미칠 수 있는 유의사항 등의 기재 여부와 내용 등을 종합하여 판단하여야 한다(대법원 2015.10.15. 선고 2015도2662 판결).

2. 성분기준에 부적합한 식품판매

1) 적용법조 : 제95조 제1호, 제7조 제4항 ☞ 공소시효 7년

※ 인체 현저히 유해 또는 소매가격으로 연간 5천만원 이상의 경우

⇒ 보건범죄 단속에 관한 특별조치법 제2조 제1항 제2호 ☞ 공소시효 15년

제7조(식품 또는 식품첨가물에 관한 기준 및 규격) ① 식품의약품안전청장은 국민보건을 위하여 필요하면 판매를 목적으로 하는 식품 또는 식품첨가물에 관한 다음 각 호의 사항을 정하여 고시한다.
1. 제조 · 가공 · 사용 · 조리 · 보존 방법에 관한 기준
2. 성분에 관한 규격
④ 제1항 및 제2항에 따라 기준과 규격이 정하여진 식품 또는 식품첨가물은 그 기준에 따라 제조 · 수입 · 가공 · 사용 · 조리 · 보존하여야 하며, 그 기준과 규격에 맞지 아니하는 식품 또는 식품첨가물은 판매하거나 판매할 목적으로 제조 · 수입 · 가공 · 사용 · 조리 · 저장 · 소분 · 운반 · 보존 또는 진열하여서는 아니 된다.

---

2) 범죄사실 기재례

[기재례1] 성분 부족 벌꿀을 판매목적으로 진열한 경우

기준과 규격이 정하여진 식품 또는 식품첨가물은 그 기준에 의하여 제조 · 수입 · 가공 · 사용 · 조리 또는 보존하여야 하며, 그 기준과 규격에 맞지 아니하는 식품 또는 식품첨가물은 판매하거나 판매의 목적으로 제조 · 수입 · 가공 · 사용 · 조리 · 저장 · 운반 · 보존 또는 진열하지 못한다.

그럼에도 불구하고 피의자는 20○○. ○. ○. 경부터 20○○. ○. ○. 까지 사이에 ○○에서 ○○벌꿀 상호로 벌꿀의 성분 중 히드록시메칠후랄이 기준치 40.0 엠지퍼케이지(MG/KG)를 초과하여 46.2가 함유된 벌꿀을 판매목적으로 진열하였다.

[기재례2] 참기름에 옥수수기름 혼합판매

가. 피의자 甲
식품의약품안전청장의 고시에 의하여 제조의 방법에 관한 기준과 성분에 관한 규칙이 정하여진 식품은 그 기준에 의하여 규격에 맞게 제조되어야 하고, 참기름의 경우 그 제조과정에서 참기름 외에는 일체의 식용유지를 혼합하여서는 아니 되며, 리놀렌산성분의 경우 0.5%를 초과하여서는 아니 된다.

그럼에도 불구하고 피의자는 20○○. ○. ○. 경부터 20○○. ○. ○.까지 ○○에 있는 피의자 운영의 "○○식품" 공장에서 위 피의자가 자체 제조한 참기름 원액에 시중에서 구입한 옥수수기름을 2:8 등의 비율로 혼합하여 5% 이상의 리놀렌산이 포함된 1.8ℓ들이 참기름 ○○병 시가 ○○만 원 상당을 제조하여 이를 피의자 乙이 운영하는 "건강식품"에 판매하였다.
나. 피의자 乙
피의자는 20○○. ○. ○. 경부터 20○○. ○. ○.까지 ○○에 있는 피의자 운영의 "건강식품"에서 위와 같이 제조된 참기름이 소위 '가짜참기름'이라는 것을 알면서도 피의자 甲으로부터 1.8ℓ들이 참기름 ○○병 시가 ○○만 원 상당을 판매할 목적으로 취득하고 별지 범죄일람표 기재와 같이 ○○ 등지에 있는 ○○개 도매점에 판매하였다.

[기재례3] 성분부족 참기름 판매

피의자는 20○○. ○. ○. ○○군수에게 식용유지 제조신고를 하고 ○○에 있는 약 50㎡ 점포에 "고소미참기름"이라는 상호로 식용유지제조업에 종사하는 자로, 참기름을 제조함에서는 다른 식용유지를 혼합하여서는 아니 된다.

그럼에도 불구하고 피의자는 20○○. ○. ○. 경부터 20○○. ○. ○.까지 위 업소에 볶음 솥 1개, 압착기 1대 등 시설을 갖추고 참기름을 제조하면서 콩기름을 혼합하여 이를 시내 식당 등에 판매하여 월평균 약 ○○만원 상당의 수입을 올리는 등 성분과 기분에 적합하지 아니한 식용유지를 제조 판매하였다.

3) 신문사항

- 식용유 제조업을 하고 있는가
- 언제부터 언제까지 어디에서 하고 있는가
- 규모는 어느 정도인가
- 영업신고를 하였는가
- 어떤 식용류를 제조하는 가
- 신고내용과 다른 참기름을 제조한 이유가 무엇인가
- 어떤 방법으로 이렇게 제조하였나
- 한달 간 제조량은 얼마인가
- 이런 제품은 누구를 상대로 어떻게 판매하였나

3. 시설기준위반

1) 적용법조 : 제97조 제4호, 제36조 제2항 ☞ 공소시효 5년

제36조(시설기준) ① 다음의 영업을 하려는 자는 보건복지부령으로 정하는 시설기준에 맞는 시설을 갖추어야 한다.
1. 식품 또는 식품첨가물의 제조업, 가공업, 운반업, 판매업 및 보존업
2. 기구 또는 용기·포장의 제조업
3. 식품접객업
4. 공유주방 운영업(제2조제5호의2에 따라 여러 영업자가 함께 사용하는 공유주방을 운영하는 경우로 한정한 다. 이하 같다)
② 제1항 각 호에 따른 영업의 세부 종류와 그 범위는 대통령령으로 정한다.

2) 범죄사실 기재례 (유흥주점 객실에 잠금장치 설치)

> 피의자는 ○○에서 ○○라는 상호로 약 100㎡의 규모에 룸 5개, 주방조리시설 등을 갖추고 유흥주점업을 하는 사람이다. 유흥주점업자는 유흥주점 객실에 잠금장치를 설치할 수 없다. 그럼에도 불구하고 피의자는 20○○. ○. ○. 21:00경 위 유흥주점 제3, 5번 객실에 잠금장치를 각각 설치하였다.

■ 판례 ■ **노래연습장에서 손님이 직접 이른바 '티켓걸'을 부르고 그 티켓비를 지급하는 것을 업소주인이 알고서 용인한 경우**

구 식품위생법 시행령 제7조 제8호 (라)목에서 유흥주점영업을 '주로 주류를 조리·판매하는 영업으로서 유흥종사자를 두거나 유흥시설을 설치할 수 있고 손님이 노래를 부르거나 춤을 추는 행위가 허용되는 영업'이라고 규정하고 있는바, 여기서 '유흥종사자를 둔다'고 함은 부녀자에게 시간제로 보수를 지급하고 손님과 함께 술을 마시거나 노래 또는 춤으로 손님의 유흥을 돋우게 하는 경우도 포함되고, 한편 특정다방에 대기하는 이른바 '티켓걸'이 노래연습장에 티켓영업을 나가 시간당 정해진 보수를 받고 그 손님과 함께 춤을 추고 노래를 불러 유흥을 돋우게 한 경우, 손님이 직접 전화로 '티켓걸'을 부르고 그 티켓비를 손님이 직접 지급하였더라도 업소주인이 이러한 사정을 알고서 이를 용인하였다면 위 법령의 입법 취지에 비추어 '유흥종사자를 둔' 경우에 해당한다(대법원 2006.2.24. 선고 2005도9114 판결).

■ 판례 ■ **24시간 편의방에서 술과 안주류를 조리행위 없이 판매한 경우, 일반음식점영업에 해당하는지 여부(소극)**

구 식품위생법시행령 제7조 제8호 (나)목에 의하면 일반음식점영업이라 함은 "음식류를 조리·판매하는 영업으로서 식사와 함께 부수적으로 음주행위가 허용되는 영업"이라고 규정하고 있는바, 구 식품위생법시행규칙(1996. 12. 20. 보건복지부령 제41호로 개정되기 전의 것) 제20조의 [별표 9] 업종별시설기준에서 식품접객업의 공통시설기준으로 "영업장, 급수시설, 조명시설, 화장실"과 함께 "조리장"을 규정하고 있는 점에 비추어 볼 때 위 시행령에서 말하는 "음식류를 조리·판매하는 영업"은 "음식류를 조리하여 판매하는 영업"을 의미하는 것으로 해석함이 상당하므로, 편의방에서 탁자 7개와 의자 22개 및 컵라면을 조리할 수 있는 온수통 등을 갖추고 손님들에게 술과 안주류를 판매하였다 하더라도 음식류를 조리하여 판매한바 없는 이상 위 편의방 영업을 식품위생법 소정의 일반음식점영업에 해당한다고 볼 수 없다(대법원 1998.2.24. 선고 97도2912 선고 판결).

4. 미신고 영업행위

제37조(영업허가 등) ④ 제36조제1항 각 호에 따른 영업 중 대통령령으로 정하는 영업을 하려는 자는 대통령령으로 정하는 바에 따라 영업 종류별 또는 영업소별로 식품의약품안전처장 또는 특별자치도지사·시장·군수·구청장에게 신고하여야 한다. 신고한 사항 중 대통령령으로 정하는 중요한 사항을 변경하거나 폐업할 때에도 또한 같다.

※ 시행령(대통령령)

제25조(영업신고를 하여야 하는 업종) ① 법 제37조제4항 전단에 따라 특별자치도지사 또는 시장·군수·구청장에게 신고를 하여야 하는 영업은 다음 각 호와 같다.

1. 삭제 〈2011.12.19〉
2. 제21조제2호의 즉석판매제조·가공업
3. 삭제 〈2011.12.19〉
4. 제21조제4호의 식품운반업
5. 제21조제5호의 식품소분·판매업
6. 제21조제6호나목의 식품냉동·냉장업
7. 제21조제7호의 용기·포장류제조업(자신의 제품을 포장하기 위하여 용기·포장류를 제조하는 경우는 제외한다)
8. 제21조제8호가목의 휴게음식점영업, 같은 호 나목의 일반음식점영업, 같은 호 마목의 위탁급식영업 및 같은 호 바목의 제과점영업

② 제1항에도 불구하고 다음 각 호의 어느 하나에 해당하는 경우에는 신고하지 아니한다.

1. 「양곡관리법」 제19조에 따른 양곡가공업 중 도정업을 하는 경우
2. 「수산식품산업의 육성 및 지원에 관한 법률」 제16조에 따라 수산물가공업[수산동물유(水産動物油) 가공업, 냉동·냉장업 및 선상가공업만 해당한다]의 신고를 하고 해당 영업을 하는 경우
3. 「주세법」 제6조에 따라 주류제조면허를 받아 주류를 제조하는 경우
4. 「축산물위생관리법」 제22조에 따라 축산물가공업의 허가를 받아 해당 영업을 하는 경우
5. 「건강기능식품에 관한 법률」 제5조 및 제6조에 따라 건강기능식품제조업, 건강기능식품수입업 및 건강기능식품판매업의 영업허가를 받거나 영업신고를 하고 해당 영업을 하는 경우
6. 식품첨가물이나 다른 원료를 사용하지 아니하고 농산물·임산물·수산물을 단순히 자르거나, 껍질을 벗기거나, 말리거나, 소금에 절이거나, 숙성하거나, 가열(살균의 목적 또는 성분의 현격한 변화를 유발하기 위한 목적의 경우는 제외한다. 이하 같다)하는 등의 가공과정 중 위생상 위해가 발생할 우려가 없고 식품의 상태를 관능검사(官能檢査)로 확인할 수 있도록 가공하는 경우. 다만, 다음 각 목의 어느 하나에 해당하는 경우는 제외한다.
   가. 집단급식소에 식품을 판매하기 위하여 가공하는 경우
   나. 식품의약품안전처장이 법 제7조제1항에 따라 기준과 규격을 정하여 고시한 신선편의식품(과일, 야채, 채소, 새싹 등을 식품첨가물이나 다른 원료를 사용하지 아니하고 단순히 자르거나, 껍질을 벗기거나, 말리거나, 소금에 절이거나, 숙성하거나, 가열하는 등의 가공과정을 거친 상태에서 따로 씻는 등의 과정 없이 그대로 먹을 수 있게 만든 식품을 말한다)을 판매하기 위하여 가공하는 경우
7. 「농업·농촌 및 식품산업 기본법」 제3조제2호에 따른 농업인과 「수산업·어촌 발전 기본법」 제3조제3호에 따른 어업인 및 「농어업경영체 육성 및 지원에 관한 법률」 제16조에 따른 영농조합법인과 영어조합법인이 생산한 농산물·임산물·수산물을 집단급식소에 판매하는 경우. 다만, 다른 사람으로 하여금 생산하거나 판매하게 하는 경우는 제외한다.

[기재례1] 미신고 식품가공업

1) **적용법조** : 제97조 제1호, 제37조 제4항   ☞   공소시효 5년

2) **범죄사실 기재례**

> 피의자는 ○○에서 ○○건강원이라는 상호로 관할 행정관청에 신고하지 아니하고, 20○○. ○. ○.부터 20○○. ○. ○.까지 사이에 위 점포 약 40㎡에 솥 2개, 탈수기 및 포장기계 등 영업시설을 갖추고 불특정 다수인을 상대로 흑염소, 개소주 등을 조리, 판매하여 월평균 ○○만원 상당의 수입을 올리는 식품가공업을 영위하였다.

[기재례2] 미신고 일반음식점 영업

1) **적용법조** : 제97조 제1호, 제37조 제4항   ☞   공소시효 5년

2) **범죄사실 기재례**

> 피의자는 20○○. ○. ○. 부터 20○○. ○. ○.까지 사이에 광주시 서구 ○○동 111번지 약 30㎡의 점포에서 일반음식점 영업신고 없이 전주집이라는 상호로 탁자 5개, 의자 20개, 냉장고 1대 및 조리기구 등을 갖추고 식사를 하러 온 손님들에게 1일 평균 약 ○○만원 상당의 비빔밥, 설렁탕 등을 조리 판매하여 일반음식점 영업을 하였다.

3) **신문사항**

 – 피의자는 음식점영업 하고 있는가
 – 언제부터 어디에서 무슨 상호로 일반음식점(단란주점) 영업을 하고 있나
 – ○○군수의 허가(신고를 하고)를 받고 영업을 하였나
 – 허가 없이 영업을 하다가 적발된 사실이 있나
 – 언제 누구에게 적발되었나요
   이때 고발장에 첨부된 시인서 등을 보여 주며
 – 이러한 위반내용이 사실인가
 – 피의자가 경영하는 업소의 규모는(면적, 시설, 규모, 종업원 수 등)
 – 1일 매상은 얼마나
 – 허가 없이 영업을 한 이유는
 – 적발되고 난 후 계속 영업을 하고 있나
 – 전에도 같은 법 위반으로 처벌받은 사실이 있나
 – 피의자에게 유리한 증거나 진술이 있나

[기재례3] 노래방업자의 미신고 식품자동판매기영업
(다만 소비기한이 1월 이상인 완제품만을 넣어 판매하는 경우는 제외)

1) **적용법조** : 제97조 제1호, 제37조 제4항 ☞ 공소시효 5년

2) **범죄사실 기재례**

> 피의자는 ○○에서 '신나라노래방'이라는 상호로 노래연습장을 경영하는 자로, 관할관청에 식품자동판매기 영업신고를 하지 아니하고 20○○. ○. ○.부터 20○○. ○. ○.까지 위 노래방 영업장 안에 커피자동판매기 1대를 설치하여 위 노래방의 손님들을 상대로 커피 등을 판매함으로써 1일 ○○만원의 수입을 올리는 식품자동판매기영업을 영위하였다.

[기재례4] 유통 전문판매업

1) **적용법조** : 제97조 제1호, 제37조 제4항 ☞ 공소시효 5년

2) **범죄사실 기재례**

> 피의자는 ○○에서 ○○판매업을 하는 사람으로서 유통전문판매업을 하고자 하는 자는 식품의약품안전처장 또는 특별자치도지사·시장·군수·구청장에게 신고하여야 한다.
> 그럼에도 불구하고 피의자는 20○○. ○. ○.경부터 20○○. ○. ○.경까지 위 사무실에서, 사실은 황삼분말 성분이 전혀 함유되어 있지 아니하고 홍삼액기스 성분만이 함유되어 제품 원가가 1박스당 ○○원 정도에 불과한 '황삼 1000'을 ○○에 있는 주식회사○○에 홍삼액기스 원료를 공급하여 제조를 의뢰한 다음 위 회사가 제조한 '皇蔘 1000'을 마치 황삼 성분이 포함된 제품인 것처럼 홍길동 등 ○○명의 소비자들에게 1박스당 ○○원을 받고 합계 ○○만 원 가량 판매하여 유통전문판매업을 영위하였다.

■ 판례 ■　24시간 편의방에서 술과 안주류를 조리행위 없이 판매한 경우, 일반음식점영업에 해당하는지 여부(소극)

식품위생법 제21조 제2항에 터잡은 구 식품위생법시행령(1996. 10. 14. 대통령령 제15157호로 개정되기 전의 것) 제7조 제8호(나)목에 의하면 일반음식점영업이라 함은 "음식류를 조리·판매하는 영업으로서 식사와 함께 부수적으로 음주행위가 허용되는 영업"이라고 규정하고 있는바, 구 식품위생법시행규칙(1996. 12. 20. 보건복지부령 제41호로 개정되기 전의 것) 제20조의 [별표 9] 업종별시설기준에서 식품접객업의 공통시설기준으로 "영업장, 급수시설, 조명시설, 화장실"과 함께 "조리장"을 규정하고 있는 점에 비추어 볼 때 위 시행령에서 말하는 "음식류를 조리·판매하는 영업"은 "음식류를 조리하여 판매하는 영업"을 의미하는 것으로 해석함이 상당하므로, 편의방에서 탁자 7개와 의자 22개 및 컵라면을 조리할 수 있는 온수통 등을 갖추고 손님들에게 술과 안주류를 판매하였다 하더라도 음식류를 조리하여 판매한바 없는 이상 위 편의방 영업을 식품위생법 소정의 일반음식점영업에 해당한다고 볼 수 없다(대법원 1998. 2.24. 선고 97도2912 판결).

■ 판례 ■ 　　 특정 영업소에 관하여 식품접객업 중 일반음식점영업 신고를 마친 사람이 별개의 장소에서 식품제조 · 가공업을 한 경우

[1] 식품위생법상 식품제조 · 가공업과 식품접객업 중 일반음식점영업의 의미 및 위 각 영업을 구별하는 요소
식품위생법 제36조 제1항, 식품위생법 시행령 제21조 제1호, 제8호 (나)목, 식품위생법 시행규칙 제36조 [별표 14]를 종합하면, 식품제조 · 가공업은 최종 소비자의 개별 주문과 상관없이 소비자에게 식품이 제공되는 장소와 구별되는 장소에서 일정한 시설을 갖추어 식품을 만들고, 만들어진 식품을 주로 유통과정을 거쳐 소비자에게 제공하는 형태의 영업을 가리키고, 식품접객업 중 일반음식점영업은 식품을 조리한 그 영업소에서 최종 소비자에게 식품을 직접 제공하여 취식할 수 있게 하는 형태의 영업을 가리킨다. 식품을 만드는 장소와 식품이 소비자에게 제공되는 장소가 동일한지와 식품을 만든 다음 이를 소비자에게 제공하기까지 별도의 유통과정을 거치는지는 위 각 영업을 구별하는 주요한 요소이다.

[2] 특정 영업소에 관하여 식품접객업 중 일반음식점영업 신고를 마친 사람이 별개의 장소에서 식품제조 · 가공업을 하려면 해당 장소를 영업소로 하여 식품제조 · 가공업 등록의무를 이행해야 하는지 여부(적극) / 동일인이 별개의 장소에서 식품제조 · 가공업과 일반음식점영업을 각각 영위하고 있더라도 자신이 제조 · 가공한 식품을 보관 · 운반시설을 이용하여 그 음식점에 제공하는 행위는 별개 사업자 간의 거래로서 유통과정을 거치는 행위인지 여부(적극)
식품위생법은 식품 관련 영업을 하려는 사람은 영업종류별 또는 영업소별로 신고의무 또는 등록의무를 이행하도록 정하고 있다(식품위생법 제37조 제4항, 제5항). 따라서 특정 영업소에 관하여 식품접객업 중 일반음식점영업 신고를 마친 사람이 별개의 장소에서 식품제조 · 가공업을 하려면 해당 장소를 영업소로 하여 식품제조 · 가공업 등록의무를 이행해야 한다. 동일인이 별개의 장소에서 식품제조 · 가공업과 일반음식점영업을 각각 영위하고 있더라도, 그가 자신이 제조 · 가공한 식품을 보관 · 운반시설을 이용하여 그 음식점에 제공하는 행위는 별개의 사업자 간의 거래로서 유통과정을 거치는 행위라고 보아야 한다.

[3] 5곳의 음식점을 직영하는 피고인 甲 주식회사의 대표자인 피고인 乙이 회사 명의로 상가를 임차하여 그곳에 냉장고 등을 설치하고 나물류 4종을 만든 다음 이를 회사가 각 직영하는 음식점에 공급하여 손님에게 주문한 음식의 반찬으로 제공함으로써 무등록 식품제조 · 가공업을 하였다는 공소사실로 기소된 사안에서, 피고인 乙의 행위는 무등록 식품제조 · 가공업을 한 것에 해당한다고 한 사례
피고인 乙이 피고인 甲 회사가 운영하는 식당과 별도의 장소에 일정한 시설을 갖추어 식품을 만든 다음 피고인 甲 회사가 각지에서 직영하는 음식점들에 배송하는 방법으로 일괄 공급함으로써 그 음식점들을 거쳐서 최종 소비자가 취식할 수 있게 한 행위는 무등록 식품제조 · 가공업을 한 것에 해당한다.(대법원 2021. 7. 15., 선고, 2020도13815, 판결)

5. 무허가 영업행위

1) 적용법조 : 제94조 제3호, 제37조 제1항 ☞ 공소시효 7년

제37조(영업허가 등) ① 제36조제1항 각 호에 따른 영업 중 대통령령으로 정하는 영업을 하려는 자는 대통령령으로 정하는 바에 따라 영업 종류별 또는 영업소별로 식품의약품안전청장 또는 특별자치도지사·시장·군수·구청장의 허가를 받아야 한다. 허가받은 사항 중 대통령령으로 정하는 중요한 사항을 변경할 때에도 또한 같다.

※ 시행령(대통령령)

제23조(허가를 받아야 하는 영업 및 허가관청) 법 제37조제1항 전단에 따라 허가를 받아야 하는 영업 및 해당 허가관청은 다음 각 호와 같다.
  1. 제21조제6호가목의 식품조사처리업: 식품의약품안전청장
  2. 제21조제8호다목의 단란주점영업과 같은 호 라목의 유흥주점영업: 특별자치도지사 또는 시장·군수·구청장

제22조(유흥종사자의 범위) ① 제21조제8호라목에서 "유흥종사자"란 손님과 함께 술을 마시거나 노래 또는 춤으로 손님의 유흥을 돋우는 부녀자인 유흥접객원을 말한다.
② 제21조제8호라목에서 "유흥시설"이란 유흥종사자 또는 손님이 춤을 출 수 있도록 설치한 무도장을 말한다.

2) 범죄사실 기재례

[기재례1] 무허가 단란주점영업

> 단란주점영업을 하려면 영업종류별 또는 영업소별로 식품의약품안전처장 또는 특별자치도지사·시장·군수·구청장의 허가를 받아야 한다.
> 그런데도 피의자는 허가없이 20○○. ○. ○.경부터 20○○. ○. ○.경까지 사이에 ○○에 있는 ○○건물 약 300㎡에서 가라오케라는 상호로 테이블 15개, 의자 60개, 자동반주장치 1대, 자막용 영상장치 4대, 마이크장치 8대 등 영업시설을 갖추고 술을 마시러 온 손님들에게 위 장치의 반주에 맞추어 노래를 부르게 하고 1일 평균 약 ○○만원 상당의 양주, 맥주 및 안주류를 조리·판매하여 단란주점영업을 하였다.

[기재례2] 무허가 유흥주점영업

> 피의자는 ○○구청장으로부터 유흥주점영업허가를 받지 아니하고, 20○○. ○. ○.경부터 20○○. ○. ○.경까지 ○○에 있는 약 90㎡의 점포에서 '가야지'라는 상호로 객실 4개, 탁자 5개, 의자 50개 등의 영업시설을 갖추고 강수연(여. 20세) 등 유흥접객원 3명을 두고 술을 마시러 온 손님들과 함께 술을 마시는 등 유흥을 돋우게 하고 1일 평균 약 ○○만원 상당의 양주, 맥주 및 안주류를 조리, 판매하여 유흥주점영업을 하였다.

[기재례3] 무허가 유흥주점영업

> 피의자는 유흥주점 영업허가 없이 20○○. ○. ○. ○○:○○경 ○○에 있는 피의자 경영의 '미송구이' 식당에서 접대부 甲으로 하여금 김백수 등 손님 4명의 술자리에 동석하여 유흥을 돋구게 하고 위 손님들에게 맥주와 안주 시가 ○○원 상당을 판매하여 유흥주점영업을 하였다.

■ **판례** ■ 단란주점영업의 범위를 규정한 식품위생법시행령 제7조 제8호(다)목 소정의 '주로 주류를 조리 · 판매하는 영업으로서 손님이 노래를 부르는 행위가 허용되는 영업'의 의미 및 반드시 음식류를 조리하여 판매하여야만 이에 해당하는지 여부(소극)

시행령 제7조 제8호(다)목에서 단란주점영업에 관하여 '주로 주류를 조리 · 판매하는 영업으로서 손님이 노래를 부르게 하는 행위가 허용되는 영업'이라고 규정한 것은 '주로 주류를 판매하고 부수적으로 음식류 등도 조리하여 판매할 수 있는 영업으로서 손님으로 하여금 노래를 부르게 하는 행위가 허용되는 영업'은 단란주점 영업에 해당한다는 취지이지 반드시 음식류를 조리하여 판매하여야만 단란주점영업에 해당한다는 취지로 볼 것은 아니다(대법원 1999.5.25. 선고 98도3964 판결).

■ **판례** ■ 유흥종사자 없이 이른바 가라오케를 설치하여 영업하는 것이 유흥접객업 형태의 범주에 속하는지 여부(적극)

식품위생법 제21조, 제22조 제1항, 구 식품위생법시행령(1992.12.21. 대통령령 제13782호로 개정되기 전의 것) 제7조 제7호, 제8조의 각 규정취지를 종합하면, 유흥종사자를 둘 수 있는지 여부가 대중음식점 영업과 유흥접객업을 구분하는 중요한 징표이기는 하지만 유흥종사자를 두지 않는 유흥접객업도 있을 수 있어 유흥종사자를 두지 않는 경우라도 주류, 음료수, 음식물을 판매하면서 노래, 연주 또는 춤 등 유흥을 즐길 수 있도록 된 영업 형태는 일반 유흥접객업이라고 보아야 할 것이므로, 유흥종사자가 없다 하더라도 손님들이 노래를 부를 수 있도록 반주가 되는 음향시설을 설치하여 노래하는 사람이나 그 밖의 풍경 등 영상이 나오는 시설인 이른바 가라오케를 설치하여 영업하는 것은 일반 유흥접객업 형태의 범주에 속한다고 보아야 한다(대법원 1993.10.22. 선고 93누10576 판결).

■ **판례** ■ 일반유흥음식점의 무대 앞에 비워둔 4평 정도의 공간에서 손님들이 춤을 추었으나 위 공간에 춤출 수 있는 푸로아를 만든 것이 아니고 입장료를 받지 아니한 경우 무도유흥음식점 영업 행위를 한 것으로 볼 수 있는지 여부(소극)

일반유흥음식점 영업허가를 받은 자가 무도유흥음식점 영업을 하였다고 하기 위해서는 손님들이 무대 앞 공간에서 춤을 추었다는 것만으로는 부족하고 그 공간을 무도유흥음식점 영업을 하기 위한 무도장시설로 볼 수 있고 입장료를 받아야 할 것인 바, 피고인이 경영하는 약 60평 정도의 일반 유흥음식점에서 손님 테이블의 취객들로부터 무대의 올간과 연주자들을 보호하기 위하여 무대 바로 앞에 약 4평 정도의 공간을 두어 차단을 하여 놓았는데 위 공간에서 손님들이 춤을 추었다고 하더라도 위 공간에 특별히 춤을 출 수 있도록 푸로아를 만들어 놓은 것은 아니고, 일반 객석과 같은 재료의 바닥인 경우에는, 이를 무도유흥음식점 영업에 필요한 무도장을 설치하였다고 보기에 부족하고, 또 위 업소에서 피고인이 무도유흥 음식점 영업을 위한 입장료를 받았다고 볼 만한 자료가 없다면 무도유흥 음식점 영업을 하였다고 볼 수 없다(대법원 1990.7.27. 선고 89도2358 판결).

■ **판례** ■ 스탠드바의 무대앞에 마루로 된 4평정도의 공간을 무도유흥음식점 영업을 위한 무도장으로 볼 수 있는지 여부(소극)

약 70평에 달하는 스탠드바의 무대앞에 마루로 된 4평 정도 크기의 공간이 있고, 술취한 손님들이 흥에 겨워 이 공간에서 춤을 준 사실이 있더라도 이 공간이 무대에서 경음악연주와 무용 등을 공연함에 있어 무대와 술손님들과의 손쉬운 접근을 막기 위한 통로에 불과한 것이라면, 위 공간을 무도유흥음식점영업을 위한 무도장으로 보기는 어렵다(대법원 1990.5.8. 선고 89도2508 판결).

■ 판례 ■   일반음식점 허가를 받은 사람이 손님으로 하여금 노래를 부르게 하는 것이 불가능한 형태로 주로 주류를 조리·판매하는 형태의 주점영업을 한 경우, 단란주점영업에 해당하는지 여부(소극)

[1] 손님으로 하여금 노래를 부르게 하는 것이 불가능한 형태의 영업이 구 식품위생법 시행령 제7조 제8호 (다)목의 '단란주점영업'에 해당하는지 여부(소극)

구 식품위생법(2006. 12. 28. 법률 제8113호로 개정되기 전의 것) 제22조 제1항, 구 식품위생법 시행령(2006. 12. 21. 대통령령 제19769호로 개정되기 전의 것) 제7조 제8호의 각 규정의 취지를 종합하면, 위 시행령에서 단란주점영업을 "주로 주류를 조리·판매하는 영업으로서 손님이 노래를 부르는 행위가 허용되는 영업"으로 규정하고 있으므로, 주로 주류를 조리·판매하는 영업이라고 하더라도 손님으로 하여금 노래를 부르게 하는 것이 가능하지 않은 형태의 영업은 위 시행령 소정의 단란주점영업에 해당한다고 볼 수 없다.

[2] 일반음식점 허가를 받은 사람이 주로 주류를 조리·판매하는 형태의 주점영업을 하였더라도, 손님이 노래를 부를 수 있는 여건이 갖추어지지 않은 이상 구 식품위생법상 단란주점영업에 해당하지 않는다(대법원 2008.9.11. 선고 2008도2160 판결).

■ 판례 ■   바텐더가 일하면서 일시적으로 손님들이 권하는 술을 받아 마신 경우, 유흥접객원에 해당여부(소극)

[1] 식품위생법상 유흥접객원의 의미

식품위생법 제22조 제1항, 동법 시행령 제7조 제8호 (라)목, 제8조 제1항, 제2항, 동법 시행규칙 제42조 [별표 13] 식품접객영업자 등의 준수사항 5. 타. (1) 등에서 규정하고 있는 '유흥접객원'이란 반드시 고용기간과 임금, 근로시간 등을 명시한 고용계약에 의하여 취업한 여자종업원에 한정된다고는 할 수 없지만, 적어도 하나의 직업으로 특정업소에서 손님과 함께 술을 마시거나 노래 또는 춤으로 손님의 유흥을 돋우어 주고 주인으로부터 보수를 받거나 손님으로부터 팁을 받는 부녀자를 가리킨다고 할 것이다

[2] 이른바 바텐더가 일하면서 일시적으로 손님들이 권하는 술을 받아 마셨더라도 식품위생법상의 유흥접객원으로 볼 수 없다(대법원 2009.3.12. 선고 2008도9647 판결).

■ 판례 ■   단지 손님들에게 술을 따라주었다는 사정만으로 해당 여종업원을 식품위생 관계 법령에서 정한 유흥접객원으로 볼 수 있는지 여부(소극)

이 사건 음식점의 종업원인 김○○은 2008. 12. 24. 00:30경 9번 테이블에서 남자손님 3명에게 술을 따라준 사실, 이 사건 음식점은 라이브로 음악을 연주하는 업소로서 밀폐되지 않은 13개 정도의 테이블이 있고, 이 사건 무렵에는 테이블세팅이나 식음료를 서빙하기 위하여 정복을 착용한 4명 정도의 여자 종업원이 근무하고 있었던 사실, 김○○은 시급 1만 원을 받으면서 술과 안주를 주문받고 이를 서빙하는 종업원으로 고용되어 근무하여왔는데, 업소 방침에 따라 평소에는 손님에게 술을 따라 주지 않았으나, 이 사건 당시 손님 중 일본인으로부터 술을 따라 줄 것을 요구받아 처음에는 이를 거부하였으나, 라이브 연주로 시끄러운 상태에서 의사소통이 제대로 이루어지지 않아 어쩔 수 없이 선 채로 손님들에게 술을 1잔씩 따라주게 된 사실을 각 인정할 수 있다. 이와 같은 이 사건 음식점의 규모, 형태 및 영업방식과 종업원 김○○이 손님들에게 술을 따라주게 된 경위와 김○○의 채용 형식 및 근무형태 등을 종합적으로 고려하여보면, 단지 손님들에게 술을 따라주었다는 사정만으로 여종업원 김○○을 식품위생 관계 법령에서 정한 유흥접객원으로 볼 수 없다고 할 것이다(서울행정법원 2009. 10. 1. 선고 2009구합14743 판결).

6. 영업 승계 미신고

1) 적용법조 : 제97조 제1호, 제39조 제3항 ☞ 공소시효 5년

> 제39조(영업 승계) ③ 제1항 또는 제2항에 따라 그 영업자의 지위를 승계한 자는 총리령으로 정하는 바에 따라 1개월 이내에 그 사실을 식품의약품안전처장 또는 특별자치도지사 · 시장 · 군수 · 구청장에게 신고하여야 한다.

2) 범죄사실 기재례

> 영업자의 지위를 승계한 자는 총리령으로 정하는 바에 따라 1개월 이내에 그 사실을 식품의약품안전처장 또는 특별자치도지사 · 시장 · 군수 · 구청장에게 신고하여야 한다.
> 그럼에도 불구하고 피의자는 20○○. ○. ○. 경 ○○에 있는 ○○일반음식점을 전 업주인 甲으로부터 그 영업을 양수하고도 1월이 지난 20○○. ○. ○.까지 지위 승계신고를 하지 아니하였다.

3) 신문사항

- 피의자는 언제부터(식품접객영업)을 하고 있나
- (식품접객영업)허가는 누구명의 인가
- 피의자가 경영하는 업소를 언제 누구로부터 인수하였는가
- 인수후 관할구청에 영업승계신고는 하였나요
- 지위승계신고를 하지 않아 적발된 사실이 있나요
- 언제누구에게 적발되었나요
- 허가업종은 무엇이며 업소의 규모는(면적, 시설, 규모, 종업원 등)
- 지위승계를 하지 않고 영업을 한 이유는
- 피의자에게 유리한 증거나 진술이 있나

■ **판례** ■ **피고인이 할인마트 점포의 영업시설을 전부 인수하여 영업하면서도 1개월 이내에 영업자 지위 승계신고를 하지 아니한 경우**

[1] 구 식품위생법 제39조 제1항, 제3항에 따라 영업자 지위 승계신고를 하여야 하는 '영업양도'가 있다고 볼 수 있는지에 관한 기준

구 식품위생법(2010. 1. 18. 법률 제9932호로 개정되기 전의 것, 이하 '구법'이라 한다) 제39조는 제1항에서 영업자가 영업을 양도하는 경우에는 양수인이 영업자의 지위를 승계한다고 규정하면서, 제3항에서 제1항에 따라 영업자의 지위를 승계한 자는 보건복지가족부령으로 정하는 바에 따라 1개월 이내에 그 사실을 관할 당국에 신고하도록 규정하고 있고, 위 영업양도에 따른 지위승계신고를 수리하는 허가관청의 행위는 단순히 양도인과 양수인 사이에 이미 발생한 사법상 사업양도의 법률효과에 의하여 양수인이 영업을 승계하였다는 사실의 신고를 접수하는 행위에 그치는 것이 아니라, 실질적으로 양도자의 사업허가 등을 취소함과 아울러 양수자에게 적법하게 사업을 할 수 있는 권리를 설정하여 주는 행위로서 사업허가자 등의 변경이라는 법률효과를 발생시키는 행위라고 할 것이므로, 위와 같은 영업양도가 있다고 볼 수 있는지 여부는 영업양도로 인하여 구법상의 영업자의 지위가 양수인에게 승계되어 양도인에 대한 사업허가 등이 취소되는 효과가 발

생함을 염두에 두고, 양수인이 유기적으로 조직화된 수익의 원천으로서의 기능적 재산을 이전받아 양도인이 하던 것과 같은 영업적 활동을 계속하고 있다고 볼 수 있는지에 따라 판단되어야 한다.

[2] 피고인이 할인마트 점포의 영업시설을 전부 인수하여 영업하면서도 1개월 이내에 영업자 지위 승계신고를 하지 아니한 경우

구 식품위생법(2010. 1. 18. 법률 제9932호로 개정되기 전의 것) 위반으로 기소된 사안에서, 건물주에게서 점포를 임차하여 영업신고를 마치고 영업을 시작한 갑과, 갑을 기망하여 영업양도계약을 체결한 을 사이의 영업양도계약이 그 이행이 완료되기 전에 기망을 이유로 취소되어 소급적으로 효력을 상실하였다고 보아야 하는 점에 비추어 을은 갑에게서 영업을 양수하여 영업자의 지위를 승계한 자라고 할 수 없고, 달리 을이나 을한테서 영업 일체를 양도받아 피고인에게 영업을 양도한 병이 영업신고 등을 하여 영업자의 지위에 있다고 볼 만한 사정도 보이지 아니하므로, 피고인이 영업자가 아닌 병에게서 영업을 양수한 이상 같은 법 제39조 제1항의 영업자의 지위를 승계한 경우에 해당하지 않는다고 한 사례.(대법원 2012.1.12. 선고 2011도6561 판결)

■ 판례 ■   영업의 임대차가 식품위생법상 영업의 승계신고 사유에 해당하는지 여부(소극)

구 식품위생법(1995. 12. 29. 법률 제5099호로 개정되기 전의 것) 제25조 제1항, 제3항에 의하여 영업양도에 따른 지위승계신고를 수리하는 허가관청의 행위는, 단순히 양도·양수인 사이에 이미 발생한 사법상의 사업양도의 법률효과에 의하여 양수인이 그 영업을 승계하였다는 사실의 신고를 접수하는 행위에 그치는 것이 아니라, 실질에 있어서 양도자의 사업허가를 취소함과 아울러 양수자에게 적법히 사업을 할 수 있는 권리를 설정하여 주는 행위로서 사업허가자의 변경이라는 법률효과를 발생시키는 행위이다. 그러므로 구 식품위생법 제25조 제1항, 제3항에서 정한 영업의 양도에는 문언의 의미상으로나 성질상으로나 영업의 임대차가 포함될 수 없다(대법원 1996. 10. 25. 선고 96도2165 판결).

7. 영업자 등의 준수사항 위반

1) 적용법조 : 제97조 제6호, 제44조 제○항   ☞ 공소시효 5년

제44조(영업자 등의 준수사항) ① 제36조제1항 각 호의 영업을 하는 자 중 대통령령으로 정하는 영업자와 그 종업원은 영업의 위생관리와 질서유지, 국민의 보건위생 증진을 위하여 영업의 종류에 따라 다음 각 호에 해당하는 사항을 지켜야 한다.

1. 「축산물 위생관리법」 제12조에 따른 검사를 받지 아니한 축산물 또는 실험 등의 용도로 사용한 동물은 운반 · 보관 · 진열 · 판매하거나 식품의 제조 · 가공에 사용하지 말 것
2. 「야생생물 보호 및 관리에 관한 법률」을 위반하여 포획 · 채취한 야생생물은 이를 식품의 제조 · 가공에 사용하거나 판매하지 말 것
3. 소비기한이 경과된 제품 · 식품 또는 그 원재료를 제조 · 가공 · 조리 · 판매의 목적으로 소분 · 운반 · 진열 · 보관하거나 이를 판매 또는 식품의 제조 · 가공 · 조리에 사용하지 말 것
4. 수돗물이 아닌 지하수 등을 먹는 물 또는 식품의 조리 · 세척 등에 사용하는 경우에는 「먹는물관리법」 제43조에 따른 먹는물 수질검사기관에서 총리령으로 정하는 바에 따라 검사를 받아 마시기에 적합하다고 인정된 물을 사용할 것. 다만, 둘 이상의 업소가 같은 건물에서 같은 수원(水源)을 사용하는 경우에는 하나의 업소에 대한 시험결과로 나머지 업소에 대한 검사를 갈음할 수 있다.
5. 제15조제2항에 따라 위해평가가 완료되기 전까지 일시적으로 금지된 식품등을 제조 · 가공 · 판매 · 수입 · 사용 및 운반하지 말 것
6. 식중독 발생 시 보관 또는 사용 중인 식품은 역학조사가 완료될 때까지 폐기하거나 소독 등으로 현장을 훼손하여서는 아니 되고 원상태로 보존하여야 하며, 식중독 원인규명을 위한 행위를 방해하지 말 것
7. 손님을 꾀어서 끌어들이는 행위를 하지 말 것
8. 그 밖에 영업의 원료관리, 제조공정 및 위생관리와 질서유지, 국민의 보건위생 증진 등을 위하여 총리령으로 정하는 사항

② 식품접객영업자는 「청소년 보호법」 제2조에 따른 청소년(이하 이 항에서 "청소년"이라 한다)에게 다음 각 호의 어느 하나에 해당하는 행위를 하여서는 아니 된다.

1. 청소년을 유흥접객원으로 고용하여 유흥행위를 하게 하는 행위
2. 「청소년 보호법」 제2조제5호가목3)에 따른 청소년출입 · 고용 금지업소에 청소년을 출입시키거나 고용하는 행위
3. 「청소년 보호법」 제2조제5호나목3)에 따른 청소년고용금지업소에 청소년을 고용하는 행위
4. 청소년에게 주류(酒類)를 제공하는 행위

③ 누구든지 영리를 목적으로 제36조제1항제3호의 식품접객업을 하는 장소(유흥종사자를 둘 수 있도록 대통령령으로 정하는 영업을 하는 장소는 제외한다)에서 손님과 함께 술을 마시거나 노래 또는 춤으로 손님의 유흥을 돋우는 접객행위(공연을 목적으로 하는 가수, 악사, 댄서, 무용수 등이 하는 행위는 제외한다)를 하거나 다른 사람에게 그 행위를 알선하여서는 아니 된다.

④ 제3항에 따른 식품접객영업자는 유흥종사자를 고용 · 알선하거나 호객행위를 하여서는 아니 된다.

※ 시행규칙 별표 제17호

7. 식품접객영업자(위탁급식영업자는 제외한다)와 그 종업원의 준수사항

   가. 물수건, 숟가락, 젓가락, 식기, 찬기, 도마, 칼, 행주, 그 밖의 주방용구는 기구등의 살균 · 소독제 또는 열탕의 방법으로 소독한 것을 사용하여야 한다.

   나. 「축산물위생관리법」 제12조에 따라 검사를 받지 아니한 축산물 또는 실험 등의 용도로 사용한 동물은 음식물의 조리에 사용하여서는 아니 된다.

   다. 업소 안에서는 도박이나 그 밖의 사행행위 또는 풍기문란행위를 방지하여야 하며, 배달판매 등의 영업행위 중 종업원의 이러한 행위를 조장하거나 묵인하여서는 아니 된다.

   라. 삭제 〈2011.8.19〉   마. 삭제 〈2011.8.19〉

   바. 제과점영업자가 별표 14 제8호가목2)라)(5)에 따라 조리장을 공동 사용하는 경우 빵류를 실제 제조한 업소명과 소재지를 소비자가 알아볼 수 있도록 별도로 표시하여야 한다. 이 경우 게시판, 팻말 등 다양한 방법으로 표시할 수 있다.

사. 간판에는 영 제21조에 따른 해당업종명과 허가를 받거나 신고한 상호를 표시하여야 한다. 이 경우 상호와 함께 외국어를 병행하여 표시할 수 있으나 업종구분에 혼동을 줄 수 있는 사항은 표시하여서는 아니 된다.

아. 손님이 보기 쉽도록 영업소의 외부 또는 내부에 가격표(부가가치세 등이 포함된 것으로서 손님이 실제로 내야 하는 가격이 표시된 가격표를 말한다)를 붙이거나 게시하되, 신고한 영업장 면적이 150㎡ 이상인 휴게음식점 및 일반음식점은 영업소의 외부와 내부에 가격표를 붙이거나 게시하여야 하고, 가격표대로 요금을 받아야 한다.

자. 영업허가증·영업신고증·조리사면허증(조리사를 두어야 하는 영업에만 해당한다)을 영업소 안에 보관하고, 허가관청 또는 신고관청이 식품위생·식생활개선 등을 위하여 게시할 것을 요청하는 사항을 손님이 보기 쉬운 곳에 게시하여야 한다.

차. 식품의약품안전처장 또는 시·도지사가 국민에게 혐오감을 준다고 인정하는 식품을 조리·판매하여서는 아니 되며, 「멸종위기에 처한 야생동식물종의 국제거래에 관한 협약」에 위반하여 포획·채취한 야생동물·식물을 사용하여 조리·판매하여서는 아니 된다.

카. 소비기한이 경과된 원료 또는 완제품을 조리·판매의 목적으로 보관하거나 이를 음식물의 조리에 사용하여서는 아니 된다.

타. 허가를 받거나 신고한 영업 외의 다른 영업시설을 설치하거나 다음에 해당하는 영업행위를 하여서는 아니 된다.
  1) 휴게음식점영업자·일반음식점영업자 또는 단란주점영업자가 유흥접객원을 고용하여 유흥접객행위를 하게 하거나 종업원의 이러한 행위를 조장하거나 묵인하는 행위
  2) 휴게음식점영업자·일반음식점영업자가 음향 및 반주시설을 갖추고 손님이 노래를 부르도록 허용하는 행위. 다만, 연회석을 보유한 일반음식점에서 회갑연, 칠순연 등 가정의 의례로서 행하는 경우에는 그러하지 아니하다.
  3) 일반음식점영업자가 주류만을 판매하거나 주로 다류를 조리·판매하는 다방형태의 영업을 하는 행위
  4) 휴게음식점영업자가 손님에게 음주를 허용하는 행위
  5) 식품접객업소의 영업자 또는 종업원이 영업장을 벗어나 시간적 소요의 대가로 금품을 수수하거나, 영업자가 종업원의 이러한 행위를 조장하거나 묵인하는 행위
  6) 휴게음식점영업 중 주로 다류 등을 조리·판매하는 영업소에서 「청소년보호법」 제2조제1호에 따른 청소년인 종업원에게 영업소를 벗어나 다류 등을 배달하게 하여 판매하는 행위
  7) 휴게음식점영업자·일반음식점영업자가 음향시설을 갖추고 손님이 춤을 추는 것을 허용하는 행위. 다만, 특별자치도·시·군·구의 조례로 별도의 안전기준, 시간 등을 정하여 별도의 춤을 추는 공간이 아닌 객석에서 춤을 추는 것을 허용하는 경우는 제외한다.

파. 유흥주점영업자는 성명, 주민등록번호, 취업일, 이직일, 종사분야를 기록한 종업원(유흥접객원만 해당한다)명부를 비치하여 기록·관리하여야 한다.

하. 손님을 꾀어서 끌어들이는 행위를 하여서는 아니 된다.

거. 업소 안에서 선량한 미풍양속을 해치는 공연, 영화, 비디오 또는 음반을 상영하거나 사용하여서는 아니 된다.

너. 수돗물이 아닌 지하수 등을 먹는 물 또는 식품의 조리·세척 등에 사용하는 경우에는 「먹는물관리법」 제43조에 따른 먹는 물 수질검사기관에서 다음의 검사를 받아 마시기에 적합하다고 인정된 물을 사용하여야 한다. 다만, 둘 이상의 업소가 같은 건물에서 같은 수원을 사용하는 경우에는 하나의 업소에 대한 시험결과로 해당 업소에 대한 검사에 갈음할 수 있다.
  1) 일부항목 검사: 1년(모든 항목 검사를 하는 연도는 제외한다)마다 「먹는물 수질기준 및 검사 등에 관한 규칙」 제4조에 따른 마을상수도의 검사기준에 따른 검사(잔류염소검사는 제외한다)를 하여야 한다. 다만, 시·도지사가 오염의 염려가 있다고 판단하여 지정한 지역에서는 같은 규칙 제2조에 따른 먹는 물의 수질기준에 따른 검사를 하여야 한다.
  2) 모든 항목 검사 : 2년마다 「먹는물 수질기준 및 검사 등에 관한 규칙」 제2조에 따른 먹는 물의 수질기준에 따른 검사

더. 동물의 내장을 조리한 경우에는 이에 사용한 기계·기구류 등을 세척하여 살균하여야 한다.

러. 식품접객업자는 손님이 먹고 남은 음식물을 다시 사용하거나 조리하거나 또는 보관(폐기용이라는 표시를 명확하게 하여 보관하는 경우는 제외한다)하여서는 아니 된다.

머. 식품접객업자는 공통찬통, 소형·복합 찬기, 국·찌개·반찬 등을 덜어 먹을 수 있는 기구 또는 1인 반상을 사용하거나, 손님이 남은 음식물을 싸서 가지고 갈 수 있도록 포장용기를 비치하고 이를 손님에게 알리는 등 음식문화개

선과 「감염병의 예방 및 관리에 관한 법률」 제49조에 따른 감염병의 예방 조치사항 준수를 위해 노력해야 한다.

버. 휴게음식점영업자·일반음식점영업자 또는 단란주점영업자는 영업장 안에 설치된 무대시설 외의 장소에서 공연을 하거나 공연을 하는 행위를 조장·묵인하여서는 아니 된다. 다만, 일반음식점영업자가 손님의 요구에 따라 회갑연, 칠순연 등 가정의 의례로서 행하는 경우에는 그러하지 아니하다.

서. 「야생동·식물보호법」을 위반하여 포획한 야생동물을 사용한 식품을 조리·판매하여서는 아니 된다.

어. 법 제15조제2항에 따른 위해평가가 완료되기 전까지 일시적으로 금지된 식품등을 사용·조리하여서는 아니 된다.

저. 조리·가공한 음식을 진열하고, 진열된 음식을 손님이 선택하여 먹을 수 있도록 제공하는 형태(이하 "뷔페"라 한다)로 영업을 하는 일반음식점영업자는 제과점영업자에게 당일 제조·판매하는 빵류를 구입하여 구입 당일 이를 손님에게 제공할 수 있다. 이 경우 당일 구입하였다는 증명서(거래명세서나 영수증 등을 말한다)를 6개월간 보관하여야 한다.

처. 법 제47조제1항에 따른 모범업소가 아닌 업소의 영업자는 모범업소로 오인·혼동할 우려가 있는 표시를 하여서는 아니 된다.

커. 손님에게 조리하여 제공하는 식품의 주재료, 중량 등이 아목에 따른 가격표에 표시된 내용과 달라서는 아니 된다.

터. 아목에 따른 가격표에는 불고기, 갈비 등 식육의 가격을 100그램당 가격으로 표시하여야 하며, 조리하여 제공하는 경우에는 조리하기 이전의 중량을 표시할 수 있다. 100그램당 가격과 함께 1인분의 가격도 표시하려는 경우에는 다음의 예와 같이 1인분의 중량과 가격을 함께 표시하여야 한다.
예) 불고기 100그램 ○○원(1인분 120그램 △△원) 갈비 100그램 ○○원(1인분 150그램 △△원)

퍼. 음식판매자동차를 사용하는 휴게음식점영업자 및 제과점영업자는 신고한 장소가 아닌 장소에서 그 음식판매자동차로 휴게음식점영업 및 제과점영업을 하여서는 아니 된다.

허. 법 제47조의2제1항에 따라 위생등급을 지정받지 아니한 식품접객업소의 영업자는 위생등급 지정업소로 오인·혼동할 우려가 있는 표시를 해서는 아니 된다.

고. 식품접객영업자는 「재난 및 안전관리 기본법」 제38조제2항 본문에 따라 경계 또는 심각의 위기경보(「감염병의 예방 및 관리에 관한 법률」에 따른 감염병 확산의 경우만 해당한다)가 발령된 경우에는 손님의 보건위생을 위해 해당 영업장에 손을 소독할 수 있는 용품이나 장치를 갖춰 두어야 한다.

노. 휴게음식점영업자·일반음식점영업자 또는 제과점영업자는 건물 외부에 있는 영업장에서는 조리·제조한 음식류 등만을 제공해야 한다.

도. 손님에게 조리·제공할 목적으로 이미 양념에 재운 불고기, 갈비 등을 새로이 조리한 것처럼 보이도록 세척하는 등 재처리하여 사용·조리 또는 보관해서는 안 된다.

로. 식품접객업자는 조리·제조한 식품을 주문한 손님에게 판매해야 하며, 유통·판매를 목적으로 하는 자에게 판매하거나 다른 식품접객업자가 조리·제조한 식품을 자신의 영업에 사용해서는 안 된다.

※ 영업자 준수사항위반 중 벌칙 제외대상(과태료처분)

> ※ **식품위생법**
> 제97조(벌칙) 6. 제44조제1항에 따라 영업자가 지켜야 할 사항을 지키지 아니한 자. 다만, 총리령으로 정하는 경미한 사항을 위반한 자는 제외한다.
>
> ※ **시행규칙**
> 제98조(벌칙에서 제외되는 사항) 법 제97조제6호에서 "총리령으로 정하는 경미한 사항"이란 다음 각 호의 어느 하나에 해당하는 경우를 말한다.
> 1. 영 제21조제1호의 식품제조·가공업자가 식품광고 시 소비기한을 확인하여 제품을 구입하도록 권장하는 내용을 포함하지 아니한 경우
> 2. 영 제21조제1호의 식품제조·가공업자 및 제21조제5호의 식품소분·판매업자가 해당 식품 거래기록을 보관하지 아니한 경우
> 3. 영 제21조제8호의 식품접객업자가 영업신고증 또는 영업허가증을 보관하지 아니한 경우
> 4. 영 제21조제8호라목의 유흥주점영업자가 종업원 명부를 비치·관리하지 아니한 경우

2) 범죄사실 기재례

[기재례1] 업종구분에 혼동을 주는 간판부착 (제97조 제6호, 제44조 제1항)

> 피의자는 ○○에서 "도쿄가요주점"이라는 상호로 유흥주점을 경영하는 식품접객업자이다. 식품접객업자는 간판에 규정에 위한 해당 업종명과 허가를 받거나 신고한 상호를 표시하여야 한다.
>
> 그럼에도 불구하고 피의자는 20○○. ○. ○. 경부터 20○○. ○. ○.경까지 위 업소의 외부 간판에 업종구분에 혼동을 줄 수 있는 "역전노래연습장"이라는 상호를 부착하여 영업함으로써 식품접객업자의 준수사항을 위반하였다.

[기재례2] 일반음식점영업자가 접객원 고용 영업 (제98조 제1호, 제44조 제3항)

> 피의자 甲은 20○○. ○. ○. ○○구청에 일반음식점영업신고를 한 후 ○○에서 "홍콩카페"라는 상호로 영업을 하는 자, 피의자 홍길녀는 위 업소에서 접객원으로 일하는 사람이다.
>
> 누구든지 영리를 목적으로 식품접객업을 행하는 장소에서 손님과 함께 술을 마시거나 노래 또는 춤으로 손님의 유흥을 돋우는 접객행위를 하거나 다른 사람에게 그 행위를 알선하여서는 아니 된다.
>
> 가. 피의자 甲
>
> 피의자는 20○○. ○. ○.경부터 20○○. ○. ○.까지 사이에 위 카페 약 ○○㎡에 칸막이 방 5개, 탁자 5개, 의자 40석 등의 영업설비를 갖추고 유흥접객원 홍길녀(여, 21세) 등 3명을 고용하여 그곳을 찾아오는 손님들을 상대로 여흥을 돋구며 술 시중을 들게 하는 방법으로 맥주, 양주, 마른오징어, 과일 안주 등의 술과 안주를 팔아 월평균 ○○만원의 매상을 올리는 유흥주점 영업을 함으로써 식품접객업자준수사항을 위반하였다.
>
> 나. 피의자 홍길녀
>
> 피의자는 위와 같이 접객행위를 하였다.

[기재례3] 소비기한 경과 제품의 판매목적 진열 · 보관 (제97조 제6호, 제44조 제1항)

> 피의자는 ○○에서 ○○마트를 운영하는 자로 소비기한이 경과된 제품은 판매목적으로 진열, 보관하여서는 아니 된다.
>
> 그럼에도 불구하고 피의자는 20○○. ○. ○. 위 마트 식품매장 350㎡ 정도의 식품판매 진열대에 소비기한 20○○. ○. ○. 인 유자차 10통을 판매목적으로 진열, 보관하였다.

✱ 소비기한 경과 단속대상은 영업매장이 300㎡ 이상의 경우에만 가능하고 그 미만은 과태료 대상이다(시행규칙 제39조, 시행령 제21조제5호 나목의 (6), 제54조 제1항

※ **식품위생법 시행규칙**

제39조(기타 식품판매업의 신고대상) 영 제21조제5호나목6)의 기타 식품판매업에서 "총리령으로 정하는 일정 규모 이상의 백화점, 슈퍼마켓, 연쇄점 등"이란 백화점, 슈퍼마켓, 연쇄점 등의 영업장의 면적이 300제곱미터 이상인 업소를 말한다.

[기재례4] 가격표와 다르게 요금 수수 (제97조 제6호, 제44조 제1항)

피의자는 ○○에서 "도쿄식당"이라는 상호로 일반음식점을 경영하는 식품접객업자이다. 식품접객업자는 손님이 보기 쉽도록 영업소의 외부 또는 내부에 가격표를 붙이거나 비치하여야 하고, 가격표대로 요금을 받아야 한다. 이 경우 불고기·갈비 등 식육은 중량당 가격으로 표시하여야 한다.

그럼에도 불구하고 피의자는 20○○. ○. ○. 경 위 업소에 비치된 가격표에 한우 ○○g당 ○○원으로 표시하고 손님들에게는 실질적으로 ○○원을 받는 등 식품접객업자의 준수사항을 위반하였다.

[기재례5] 남은 음식 제사용 (제97조 제6호, 제44조 제1항)

피의자는 ○○에서 "○○"이라는 상호로 일반음식점을 경영하는 식품접객업자이다. 식품접객업자는 손님이 먹고 남은 음식물을 다시 사용·조리하여서는 아니 된다.

그럼에도 불구하고 피의자는 20○○. ○. ○. 13:00 경 위 업소의 손님들이 먹고 남긴 김치를 모아 두었다가 김치찌개를 끓이는 데 다시 사용·조리하는 등 식품접객업자의 준수사항을 위반하였다.

[기재례6] 일반음식점에 노래반주기 설치 (제97조 제6호, 제44조 제1항)

피의자는 ○○에서 "○○"라는 상호로 일반음식점을 경영하는 식품접객업자이다. 식품접객업자는 허가를 받거나 신고한 영업 외의 다른 영업시설을 설치하거나 일반음식점영업자가 음향 및 반주시설을 갖추고 손님이 노래를 부르도록 허용하는 행위를 하여서는 아니 된다.

그럼에도 불구하고 피의자는 20○○. ○. ○. 경부터 20○○. ○. ○. 경까지 위 업소의 제2호실에 ○○회사의 노래반주기 1대를 설치해 놓고 그곳을 찾는 손님들이 노래를 부르는 데 사용하게 함으로써 식품접객업자의 준수사항을 위반하였다.

[기재례7] 포장 용기 미비치 (제97조 제6호, 제44조 제1항, 시행규칙 별표 제17호 7-머)

피의자는 ○○에서 "○○"이라는 상호로 일반음식점을 경영하는 식품접객업자이다. 식품접객업자는 손님이 남은 음식물을 싸서 가지고 갈 수 있도록 포장 용기를 비치하고 이를 손님에게 알리도록 하여야 한다.

그럼에도 불구하고 피의자는 20○○. ○. ○. 11:30경 위 업소를 찾은 甲이 남은 음식인 ○○을 가져가겠다며 포장을 요구하였으나 '우리 업소에는 포장 용기가 없기 때문에 포장해 줄 수 없다'라고 하면서 거절하는 등 식품접객업자의 준수사항을 위반하였다.

[기재례8] 청소년 종업원에게 다류 배달시킨 경우(청소년보호법위반)

피의자는 ○○에서 약산다방이라는 상호로 휴게음식점업을 하는 자로 청소년인 종업원에게 영업소를 벗어나 다류 등을 배달하게 하여 판매하는 행위를 하여서는 아니 된다.

그럼에도 불구하고 피의자는 20○○. ○. ○. 청소년인 이보라(여, 18세)를 종업원으로 고용하여 ○○○에 녹차 2잔, 커피 4잔 등 다류를 배달하게 하였다.

✽ 청소년보호법개정(04.1.29)으로 본법으로도 처벌가능

[기재례9] 불법 야생동물 조리판매 (제97조 제6호, 제44조 제1항, 야생동·식물보호법 제70조 제2호, 제9조 제1항)

> 피의자는 ○○에서 "○○"이라는 상호로 일반음식점을 경영하는 식품접객업자이다. 식품접객업자는 야생 동·식물 보호법을 위반하여 포획한 야생동물을 사용한 식품을 조리·판매하여서는 아니 된다.
>
> 그럼에도 불구하고 피의자는 20○○. ○. ○. 경 甲이 불법으로 포획한 꿩이라는 것을 알면서도 구입한 후 20○○. ○. ○. 19:00경 이를 조리하여 손님 乙 등에 ○○만원에 판매하는 등 식품접객업자의 준수사항을 위반하였다.

※ 손님 乙이 불법포획한 꿩이라는 것을 알고 먹었을 경우
  → 야생동식물보호법 제70조 제2호, 제9조 제1항으로 처벌

[기재례10] 일반음식점에서 빠 운영 (제97조 제6호, 제44조 제1항)

> 피의자는 ○○에서 " ○○○"이라는 상호로 "빠"를 운영하는 사람이다.
>
> 식품접객업자 등 대통령령으로 정하는 영업자와 그 종업원은 영업의 위생관리와 질서유지, 국민의 보건위생 증진을 위하여 보건복지가족부령이 정하는 사항을 지켜야 한다.
>
> 피의자는 ○○시장으로부터 영업의 종류로는 식품접객업, 영업의 형태로는 일반음식점 영업신고증을 교부받았다. 일반음식점 영업자는 음식류를 조리·판매하는 영업으로서 식사와 함께 부수적으로 음주 행위가 허용되고 주류만을 판매하거나 주로 다류를 조리·판매하는 영업형태를 하는 행위를 하여서는 아니된다.
>
> 그럼에도 불구하고 피의자는 20○○. ○. ○. 경부터 위 장소에서 면적 약 ○○㎡, 1개의 부스에 손님 ○○명이 앉을 수 있는 ○○개의 바텐더를 갖추고 여종업원 甲(여, 29세) 등 ○○명을 고용하여 술과 안주를 판매하여 20○○. ○. ○. 경까지 월매출액 ○○만원의 매상을 올렸다.
>
> 이로써 피의자는 식사와 함께 부수적으로 음주행위가 허용되는 일반음식점 영업자임에도 위와 같이 주류만을 판매하는 영업행위를 하여 식품접객영업자 등의 준수사항을 위반하였다.

■ **판례** ■   **구 식품위생법 제77조, 제31조 제1항의 영업자 등 준수사항 위반죄의 주체**

구 식품위생법 제79조, 제77조 제5호, 제31조 제1항, 구 식품위생법 시행규칙(2005. 7. 28. 부령 제324호로 개정되기 전의 것) 제42조 제1항 및 [별표 13] 제2호 (파)목의 구성요건에 해당하기 위해서는, 행위자가 식품위생법 소정의 영업허가 등을 받아 적법하게 식품접객업 등을 할 수 있는 영업자로서 구 식품위생법 시행령(2003. 4. 22. 대통령령 제17971호로 개정된 것) 제17조의2에 규정된 영업자이어야 한다(대법원 2008. 7.10. 선고 2007도5583 판결).

■ **판례** ■   **청소년고용금지업소의 업주가 유흥종사자를 고용함에 있어서 연령확인에 필요한 의무의 내용**

청소년보호법의 입법목적 등에 비추어 볼 때, 유흥주점과 같은 청소년유해업소의 업주에게는 청소년의 보호를 위하여 청소년을 당해 업소에 고용해서는 안 될 매우 엄중한 책임이 부여되어 있다 할 것이다. 그러므로 유흥주점영업의 업주가 당해 유흥업소에 종업원을 고용함에 있어서는 주민등록증이나 이에 유사한 정도로 연령에 관한 공적 증명력이 있는 증거에 의하여 대상자의 연령을

확인하여야 한다. 만일 대상자가 신분증을 분실하였다는 사유로 그 연령 확인에 응하지 아니하는 등 고용대상자의 연령확인이 당장 용이하지 아니한 경우라면 청소년유해업소의 업주로서는 청소년이 자신의 신분과 연령을 감추고 유흥업소 취업을 감행하는 사례가 적지 않은 유흥업계의 취약한 고용실태 등에 비추어 대상자의 연령을 공적 증명에 의하여 확실히 확인할 수 있는 때까지 그 채용을 보류하거나 거부하여야 할 것이다. 그리고 건강진단수첩(속칭 보건증) 제도가 폐지된 후 건강진단결과서 제도가 마련된 취지와 경위, 건강진단결과서의 발급목적, 건강진단결과서가 발급되는 과정에서 피검자에 대한 신분을 확인하는 검증절차 및 피검자의 동일성에 관한 건강진단결과서의 증명도 등을 두루 감안해 볼 때 비록 그 결과서에 피검자의 주민등록번호 등 인적 사항이 기재되어 있다고 하더라도 이는 주민등록증에 유사한 정도로 연령에 관한 공적 증명력이 있는 증거라고 볼 수는 없다고 할 것이므로 유흥업소의 업주가 다른 공적 증명력 있는 증거를 확인해 봄이 없이 단순히 건강진단결과서상의 생년월일 기재만을 확인하는 것으로는 청소년보호를 위한 연령확인의무이행을 다한 것으로 볼 수 없다(대법원 2006.3.23. 선고 2006도477 판결).

■ 판례 ■   노래연습장에서 손님이 직접 이른바 '티켓걸'을 부르고 그 티켓비를 지급하는 것을 업소주인이 알고서 용인한 경우

구 식품위생법 시행령 제7조 제8호(라)목에서 유흥주점영업을 '주로 주류를 조리·판매하는 영업으로서 유흥종사자를 두거나 유흥시설을 설치할 수 있고 손님이 노래를 부르거나 춤을 추는 행위가 허용되는 영업'이라고 규정하고 있는바, 여기서 '유흥종사자를 둔다'고 함은 부녀자에게 시간제로 보수를 지급하고 손님과 함께 술을 마시거나 노래 또는 춤으로 손님의 유흥을 돋우게 하는 경우도 포함되고, 한편 특정다방에 대기하는 이른바 '티켓걸'이 노래연습장에 티켓영업을 나가 시간당 정해진 보수를 받고 그 손님과 함께 춤을 추고 노래를 불러 유흥을 돋우게 한 경우, 손님이 직접 전화로 '티켓걸'을 부르고 그 티켓비를 손님이 직접 지급하였더라도 업소주인이 이러한 사정을 알고서 이를 용인하였다면 위 법령의 입법 취지에 비추어 '유흥종사자를 둔' 경우에 해당한다(대법원 2006.2.24. 선고 2005도9114 판결).

■ 판례 ■   음식점 운영자가 술을 내어놓을 당시에는 성년자들만이 술을 마시다가 나중에 청소년이 합석하여 술을 마신 경우

음식점을 운영하는 사람이 그 음식점에 들어온 사람들에게 술을 내어 놓을 당시에는 성년자들만이 있었고 그들끼리만 술을 마시다가 나중에 청소년이 들어와서 합석하게 된 경우에는, 처음부터 음식점 운영자가 나중에 그렇게 청소년이 합석하리라는 것을 예견할 만한 사정이 있었거나, 청소년이 합석한 후에 이를 인식하면서 추가로 술을 내어 준 경우가 아닌 이상, 나중에 합석한 청소년이 남아 있던 술을 일부 마셨다고 하더라도 음식점 운영자가 식품위생법 제31조 제2항 제4호에 규정된 '청소년에게 주류를 제공하는 행위'를 하였다고 볼 수는 없다(대법원 2005.5.27. 선고 2005두2223 판결).

8. 영업정지 기간 중의 영업행위(명령위반)

1) 적용법조 : 제97조 제7호, 제75조 제1항 ☞ 공소시효 7년

제75조(허가취소 등) ① 식품의약품안전청장 또는 특별자치도지사 · 시장 · 군수 · 구청장은 영업자가 다음 각 호의 어느 하나에 해당하는 경우에는 대통령령으로 정하는 바에 따라 영업허가를 취소하거나 6개월 이내의 기간을 정하여 그 영업의 전부 또는 일부를 정지하거나 영업소 폐쇄(제37조제4항에 따라 신고한 영업만 해당한다. 이하 이 조에서 같다)를 명할 수 있다.

2) 범죄사실 기재례

피의자는 ○○에서 오솔길이라는 상호로 일반음식점영업을 하는 자로, 20○○. ○. ○. ○○ 구청장으로부터 20○○. ○. ○.부터 20○○. ○. ○.까지 ○○사유로 영업의 정지를 받았다.
그럼에도 불구하고 피의자는 20○○. ○. ○.경 위 음식점에서 음식을 먹으러 온 김삼진 등 4명에게 설렁탕 등을 조리 판매하여 영업정지 명령을 위반하여 영업을 계속하였다.

3) 신문사항

- 피의자는 언제부터 무슨 상호로 (식품접객영업)을 하고 있나
- (식품접객영업)허가는 누구명의 인가
- 영업 중 법규위반으로 영업정지처분을 받은 일이 있는가
- 언제부터 언제까지인가
- 이 정지기간 중 영업한 일이 있는가
- 언제 누구를 상대로 어떠한 영업을 하였는가
- 허가업종은 무엇이며 업소의 규모는(면적, 시설, 규모, 종업원)
- 영업정지기간 중에 영업을 한 이유는 무엇인가
- 피의자에게 유리한 증거나 진술이 있나

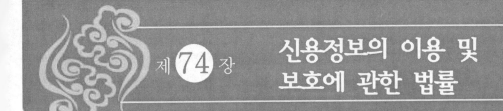

제74장 신용정보의 이용 및 보호에 관한 법률

Ⅰ. 개념정의

제2조(정의) 이 법에서 사용하는 용어의 뜻은 다음과 같다.
1. "신용정보"란 금융거래 등 상거래에서 거래 상대방의 신용을 판단할 때 필요한 정보로서 다음 각 목의 정보를 말한다.
　가. 특정 신용정보주체를 식별할 수 있는 정보(나목부터 마목까지의 어느 하나에 해당하는 정보와 결합되는 경우만 신용정보에 해당한다)
　나. 신용정보주체의 거래내용을 판단할 수 있는 정보
　다. 신용정보주체의 신용도를 판단할 수 있는 정보
　라. 신용정보주체의 신용거래능력을 판단할 수 있는 정보
　마. 가목부터 라목까지의 정보 외에 신용정보주체의 신용을 판단할 때 필요한 정보
1의2. 제1호가목의 "특정 신용정보주체를 식별할 수 있는 정보"란 다음 각 목의 정보를 말한다.
　가. 살아 있는 개인에 관한 정보로서 다음 각각의 정보
　1) 성명, 주소, 전화번호 및 그 밖에 이와 유사한 정보로서 대통령령으로 정하는 정보
　2) 법령에 따라 특정 개인을 고유하게 식별할 수 있도록 부여된 정보로서 대통령령으로 정하는 정보(이하 "개인식별번호"라 한다)
　3) 개인의 신체 일부의 특징을 컴퓨터 등 정보처리장치에서 처리할 수 있도록 변환한 문자, 번호, 기호 또는 그 밖에 이와 유사한 정보로서 특정 개인을 식별할 수 있는 정보
　4) 1)부터 3)까지와 유사한 정보로서 대통령령으로 정하는 정보
　나. 기업(사업을 경영하는 개인 및 법인과 이들의 단체를 말한다. 이하 같다) 및 법인의 정보로서 다음 각각의 정보
　1) 상호 및 명칭
　2) 본점·영업소 및 주된 사무소의 소재지
　3) 업종 및 목적
　4) 개인사업자(사업을 경영하는 개인을 말한다. 이하 같다)·대표자의 성명 및 개인식별번호
　5) 법령에 따라 특정 기업 또는 법인을 고유하게 식별하기 위하여 부여된 번호로서 대통령령으로 정하는 정보
　6) 1)부터 5)까지와 유사한 정보로서 대통령령으로 정하는 정보
1의3. 제1호나목의 "신용정보주체의 거래내용을 판단할 수 있는 정보"란 다음 각 목의 정보를 말한다.
　가. 신용정보제공·이용자에게 신용위험이 따르는 거래로서 다음 각각의 거래의 종류, 기간, 금액, 금리, 한도 등에 관한 정보
　1) 「은행법」 제2조제7호에 따른 신용공여
　2) 「여신전문금융업법」 제2조제3호·제10호 및 제13호에 따른 신용카드, 시설대여 및 할부금융 거래
　3) 「자본시장과 금융투자업에 관한 법률」 제34조제2항, 제72조, 제77조의3제4항 및 제342조제1항에 따른 신용공여
　4) 1)부터 3)까지와 유사한 거래로서 대통령령으로 정하는 거래
　나. 「금융실명거래 및 비밀보장에 관한 법률」 제2조제3호에 따른 금융거래의 종류, 기간, 금액, 금리 등에 관한 정보
　다. 「보험업법」 제2조제1호에 따른 보험상품의 종류, 기간, 보험료 등 보험계약에 관한 정보 및 보험금의 청구 및 지급에 관한 정보

라. 「자본시장과 금융투자업에 관한 법률」 제3조에 따른 금융투자상품의 종류, 발행·매매 명세, 수수료·보수 등에 관한 정보

마. 「상법」 제46조에 따른 상행위에 따른 상거래의 종류, 기간, 내용, 조건 등에 관한 정보

바. 가목부터 마목까지의 정보와 유사한 정보로서 대통령령으로 정하는 정보

1의4. 제1호다목의 "신용정보주체의 신용도를 판단할 수 있는 정보"란 다음 각 목의 정보를 말한다.

　가. 금융거래 등 상거래와 관련하여 발생한 채무의 불이행, 대위변제, 그 밖에 약정한 사항을 이행하지 아니한 사실과 관련된 정보

　나. 금융거래 등 상거래와 관련하여 신용질서를 문란하게 하는 행위와 관련된 정보로서 다음 각각의 정보

　1) 금융거래 등 상거래에서 다른 사람의 명의를 도용한 사실에 관한 정보

　2) 보험사기, 전기통신금융사기를 비롯하여 사기 또는 부정한 방법으로 금융거래 등 상거래를 한 사실에 관한 정보

　3) 금융거래 등 상거래의 상대방에게 위조·변조하거나 허위인 자료를 제출한 사실에 관한 정보

　4) 대출금 등을 다른 목적에 유용(流用)하거나 부정한 방법으로 대출·보험계약 등을 체결한 사실에 관한 정보

　5) 1)부터 4)까지의 정보와 유사한 정보로서 대통령령으로 정하는 정보

　다. 가목 또는 나목에 관한 신용정보주체가 법인인 경우 실제 법인의 경영에 참여하여 법인을 사실상 지배하는 자로서 대통령령으로 정하는 자에 관한 정보

　라. 가목부터 다목까지의 정보와 유사한 정보로서 대통령령으로 정하는 정보

1의5. 제1호라목의 "신용정보주체의 신용거래능력을 판단할 수 있는 정보"란 다음 각 목의 정보를 말한다.

　가. 개인의 직업·재산·채무·소득의 총액 및 납세실적

　나. 기업 및 법인의 연혁·목적·영업실태·주식 또는 지분보유 현황 등 기업 및 법인의 개황(槪況), 대표자 및 임원에 관한 사항, 판매명세·수주실적 또는 경영상의 주요 계약 등 사업의 내용, 재무제표(연결재무제표를 작성하는 기업의 경우에는 연결재무제표를 포함한다) 등 재무에 관한 사항과 감사인(「주식회사 등의 외부감사에 관한 법률」 제2조제7호에 따른 감사인을 말한다)의 감사의견 및 납세실적

　다. 가목 및 나목의 정보와 유사한 정보로서 대통령령으로 정하는 정보

1의6. 제1호마목의 "가목부터 라목까지의 정보 외에 신용정보주체의 신용을 판단할 때 필요한 정보"란 다음 각 목의 정보를 말한다.

　가. 신용정보주체가 받은 법원의 재판, 행정처분 등과 관련된 정보로서 대통령령으로 정하는 정보

　나. 신용정보주체의 조세, 국가채권 등과 관련된 정보로서 대통령령으로 정하는 정보

　다. 신용정보주체의 채무조정에 관한 정보로서 대통령령으로 정하는 정보

　라. 개인의 신용상태를 평가하기 위하여 정보를 처리함으로써 새로이 만들어지는 정보로서 기호, 숫자 등을 사용하여 점수나 등급 등으로 나타낸 정보(이하 "개인신용평점"이라 한다)

　마. 기업 및 법인의 신용을 판단하기 위하여 정보를 처리함으로써 새로이 만들어지는 정보로서 기호, 숫자 등을 사용하여 점수나 등급 등으로 표시한 정보(이하 "기업신용등급"이라 한다). 다만, 「자본시장과 금융투자업에 관한 법률」 제9조제26항에 따른 신용등급은 제외한다.

　바. 기술(「기술의 이전 및 사업화 촉진에 관한 법률」 제2조제1호에 따른 기술을 말한다. 이하 같다)에 관한 정보

　사. 기업 및 법인의 신용을 판단하기 위하여 정보(기업 및 법인의 기술과 관련된 기술성·시장성·사업성 등을 대통령령으로 정하는 바에 따라 평가한 결과를 포함한다)를 처리함으로써 새로이 만들어지는 정보로서 대통령령으로 정하는 정보(이하 "기술신용정보"라 한다). 다만, 「자본시장과 금융투자업에 관한 법률」 제9조제26항에 따른 신용등급은 제외한다.

　아. 그 밖에 제1호의2부터 제1호의5까지의 규정에 따른 정보 및 가목부터 사목까지의 규정에 따른 정보와 유사한 정보로서 대통령령으로 정하는 정보

2. "개인신용정보"란 기업 및 법인에 관한 정보를 제외한 살아 있는 개인에 관한 신용정보로서 다음 각 목의 어느 하나에 해당하는 정보를 말한다.

　가. 해당 정보의 성명, 주민등록번호 및 영상 등을 통하여 특정 개인을 알아볼 수 있는 정보

　나. 해당 정보만으로는 특정 개인을 알아볼 수 없더라도 다른 정보와 쉽게 결합하여 특정 개인을 알아볼 수 있는 정보

3. "신용정보주체"란 처리된 신용정보로 알아볼 수 있는 자로서 그 신용정보의 주체가 되는 자를 말한다.

4. "신용정보업"이란 다음 각 목의 어느 하나에 해당하는 업(業)을 말한다.

가. 개인신용평가업

나. 개인사업자신용평가업

다. 기업신용조회업

라. 신용조사업

5. "신용정보회사"란 제4호 각 목의 신용정보업에 대하여 금융위원회의 허가를 받은 자로서 다음 각 목의 어느 하나에 해당하는 자를 말한다.

　　가. 개인신용평가회사: 개인신용평가업 허가를 받은 자

　　나. 개인사업자신용평가회사: 개인사업자신용평가업 허가를 받은 자

　　다. 기업신용조회회사: 기업신용조회업 허가를 받은 자

　　라. 신용조사회사: 신용조사업 허가를 받은 자

6. "신용정보집중기관"이란 신용정보를 집중하여 관리·활용하는 자로서 제25조제1항에 따라 금융위원회로부터 허가받은 자를 말한다.

7. "신용정보제공·이용자"란 고객과의 금융거래 등 상거래를 위하여 본인의 영업과 관련하여 얻거나 만들어 낸 신용정보를 타인에게 제공하거나 타인으로부터 신용정보를 제공받아 본인의 영업에 이용하는 자와 그 밖에 이에 준하는 자로서 대통령령으로 정하는 자를 말한다.

8. "개인신용평가업"이란 개인의 신용을 판단하는 데 필요한 정보를 수집하고 개인의 신용상태를 평가(이하 "개인신용평가"라 한다)하여 그 결과(개인신용평점을 포함한다)를 제3자에게 제공하는 행위를 영업으로 하는 것을 말한다.

8의2. "개인사업자신용평가업"이란 개인사업자의 신용을 판단하는 데 필요한 정보를 수집하고 개인사업자의 신용상태를 평가하여 그 결과를 제3자에게 제공하는 행위를 영업으로 하는 것을 말한다. 다만, 「자본시장과 금융투자업에 관한 법률」 제9조제26항에 따른 신용평가업은 제외한다.

8의3. "기업신용조회업"이란 다음 각 목에 따른 업무를 영업으로 하는 것을 말한다. 다만, 「자본시장과 금융투자업에 관한 법률」 제9조제26항에 따른 신용평가업은 제외한다.

　　가. 기업정보조회업무: 기업 및 법인인 신용정보주체의 거래내용, 신용거래능력 등을 나타내기 위하여 대통령령으로 정하는 정보를 제외한 신용정보를 수집하고, 대통령령으로 정하는 방법으로 통합·분석 또는 가공하여 제공하는 행위

　　나. 기업신용등급제공업무: 기업 및 법인인 신용정보주체의 신용상태를 평가하여 기업신용등급을 생성하고, 해당 신용정보주체 및 그 신용정보주체의 거래상대방 등 이해관계를 가지는 자에게 제공하는 행위

　　다. 기술신용평가업무: 기업 및 법인인 신용정보주체의 신용상태 및 기술에 관한 가치를 평가하여 기술신용정보를 생성한 다음해당 신용정보주체 및 그 신용정보주체의 거래상대방 등 이해관계를 가지는 자에게 제공하는 행위

9. "신용조사업"이란 제3자의 의뢰를 받아 신용정보를 조사하고, 그 신용정보를 그 의뢰인에게 제공하는 행위를 영업으로 하는 것을 말한다.

9의2. "본인신용정보관리업"이란 개인인 신용정보주체의 신용관리를 지원하기 위하여 다음 각 목의 전부 또는 일부의 신용정보를 대통령령으로 정하는 방식으로 통합하여 그 신용정보주체에게 제공하는 행위를 영업으로 하는 것을 말한다.

　　가. 제1호의3가목1)·2) 및 나목의 신용정보로서 대통령령으로 정하는 정보

　　나. 제1호의3다목의 신용정보로서 대통령령으로 정하는 정보

　　다. 제1호의3라목의 신용정보로서 대통령령으로 정하는 정보

　　라. 제1호의3마목의 신용정보로서 대통령령으로 정하는 정보

　　마. 그 밖에 신용정보주체 본인의 신용관리를 위하여 필요한 정보로서 대통령령으로 정하는 정보

9의3. "본인신용정보관리회사"란 본인신용정보관리업에 대하여 금융위원회로부터 허가를 받은 자를 말한다.

10. "채권추심업"이란 채권자의 위임을 받아 변제하기로 약정한 날까지 채무를 변제하지 아니한 자에 대한 재산조사, 변제의 촉구 또는 채무자로부터의 변제금 수령을 통하여 채권자를 대신하여 추심채권을 행사하는 행위를 영업으로 하는 것을 말한다.

10의2. "채권추심회사"란 채권추심업에 대하여 금융위원회로부터 허가를 받은 자를 말한다.

11. 채권추심의 대상이 되는 "채권"이란 「상법」에 따른 상행위로 생긴 금전채권, 판결 등에 따라 권원(權原)이

인정된 민사채권으로서 대통령령으로 정하는 채권, 특별법에 따라 설립된 조합·공제조합·금고 및 그 중앙회·연합회 등의 조합원·회원 등에 대한 대출·보증, 그 밖의 여신 및 보험 업무에 따른 금전채권 및 다른 법률에서 채권추심회사에 대한 채권추심의 위탁을 허용한 채권을 말한다.

12. 삭제 〈2013. 5. 28.〉

13. "처리"란 신용정보의 수집(조사를 포함한다. 이하 같다), 생성, 연계, 연동, 기록, 저장, 보유, 가공, 편집, 검색, 출력, 정정(訂正), 복구, 이용, 결합, 제공, 공개, 파기(破棄), 그 밖에 이와 유사한 행위를 말한다.

14. "자동화평가"란 제15조제1항에 따른 신용정보회사등의 종사자가 평가 업무에 관여하지 아니하고 컴퓨터 등 정보처리장치로만 개인신용정보 및 그 밖의 정보를 처리하여 개인인 신용정보주체를 평가하는 행위를 말한다.

15. "가명처리"란 추가정보를 사용하지 아니하고는 특정 개인인 신용정보주체를 알아볼 수 없도록 개인신용정보를 처리(그 처리 결과가 다음 각 목의 어느 하나에 해당하는 경우로서 제40조의2제1항 및 제2항에 따라 그 추가정보를 분리하여 보관하는 등 특정 개인인 신용정보주체를 알아볼 수 없도록 개인신용정보를 처리한 경우를 포함한다)하는 것을 말한다.

　가. 어떤 신용정보주체와 다른 신용정보주체가 구별되는 경우

　나. 하나의 정보집합물(정보를 체계적으로 관리하거나 처리할 목적으로 일정한 규칙에 따라 구성되거나 배열된 둘 이상의 정보들을 말한다. 이하 같다)에서나 서로 다른 둘 이상의 정보집합물 간에서 어떤 신용정보주체에 관한 둘 이상의 정보가 연계되거나 연동되는 경우

　다. 가목 및 나목과 유사한 경우로서 대통령령으로 정하는 경우

16. "가명정보"란 가명처리한 개인신용정보를 말한다.

17. "익명처리"란 더 이상 특정 개인인 신용정보주체를 알아볼 수 없도록 개인신용정보를 처리하는 것을 말한다.

18. "대주주"란 다음 각 목의 어느 하나에 해당하는 주주를 말한다.

　가. 신용정보회사, 본인신용정보관리회사 및 채권추심회사의 의결권 있는 발행주식(출자지분을 포함한다. 이하 같다) 총수를 기준으로 본인 및 그와 대통령령으로 정하는 특수한 관계가 있는 자(이하 "특수관계인"이라 한다)가 누구의 명의로 하든지 자기의 계산으로 소유하는 주식(그 주식과 관련된 증권예탁증권을 포함한다)을 합하여 그 수가 가장 많은 경우의 그 본인(이하 "최대주주"라 한다)

　나. 다음 각 1) 및 2)의 어느 하나에 해당하는 자

　　1) 누구의 명의로 하든지 자기의 계산으로 신용정보회사, 본인신용정보관리회사 및 채권추심회사의 의결권 있는 발행주식 총수의 100분의 10 이상의 주식(그 주식과 관련된 증권예탁증권을 포함한다)을 소유한 자

　　2) 임원[이사, 감사, 집행임원(「상법」 제408조의2에 따라 집행임원을 둔 경우로 한정한다)을 말한다. 이하 같다]의 임면(任免) 등의 방법으로 신용정보회사, 본인신용정보관리회사 및 채권추심회사의 중요한 경영사항에 대하여 사실상의 영향력을 행사하는 주주로서 대통령령으로 정하는 자

II. 벌칙 및 다른 법률과의 관계

1. 벌 칙

제50조(벌칙) ① 제42조제1항 또는 제3항을 위반한 자는 10년 이하의 징역 또는 1억원 이하의 벌금에 처한다.

② 다음 각 호의 어느 하나에 해당하는 자는 5년 이하의 징역 또는 5천만원 이하의 벌금에 처한다.

1. 제4조제1항을 위반하여 신용정보업, 본인신용정보관리업 또는 채권추심업 허가를 받지 아니하고 신용정보업, 본인신용정보관리업 또는 채권추심업을 한 자

2. 거짓이나 그 밖의 부정한 방법으로 제4조제2항 또는 제10조제1항에 따른 허가 또는 인가를 받은 자

3. 삭제 〈2020. 2. 4.〉

4. 제17조제6항을 위반한 자

4의2. 제17조의2제1항을 위반하여 정보집합물을 결합한 자

5. 권한 없이 제19조제1항에 따른 신용정보전산시스템의 정보를 변경·삭제하거나 그 밖의 방법으로 이용할 수

없게 한 자 또는 권한 없이 신용정보를 검색·복제하거나 그 밖의 방법으로 이용한 자

5의2. 제25조제1항을 위반하여 신용정보집중기관 허가를 받지 아니하고 신용정보집중기관 업무를 한 자

5의3. 제27조의2를 위반하여 채권추심회사 외의 자에게 채권추심업무를 위탁한 자

6. 제32조제1항 또는 제2항(제34조에 따라 준용하는 경우를 포함한다)을 위반한 자 및 그 사정을 알고 개인신용정보를 제공받거나 이용한 자

7. 제33조(제34조에 따라 준용하는 경우를 포함한다)를 위반한 자

7의2. 제40조의2제6항을 위반하여 영리 또는 부정한 목적으로 특정 개인을 알아볼 수 있게 가명정보를 처리한 자

8. 제42조제4항을 위반한 자

③ 다음 각 호의 어느 하나에 해당하는 자는 3년 이하의 징역 또는 3천만원 이하의 벌금에 처한다.

1. 제14조제2항에 따른 업무정지 기간에 업무를 한 자

1의2. 제22조의7제1항제1호를 위반하여 의뢰인에게 허위 사실을 알린 자

1의3. 제22조의7제1항제2호를 위반하여 신용정보에 관한 조사 의뢰를 강요한 자

1의4. 제22조의7제1항제3호를 위반하여 신용정보 조사 대상자에게 조사자료 제공과 답변을 강요한 자

1의5. 제22조의7제1항제4호를 위반하여 금융거래 등 상거래관계 외의 사생활 등을 조사한 자

2. 신용정보집중기관이 아니면서 제25조제6항에 따른 공동전산망을 구축한 자

3. 제40조제1항제4호 본문을 위반하여 특정인의 소재등을 알아낸 자

3의2. 제40조제1항제5호를 위반하여 정보원, 탐정, 그 밖에 이와 비슷한 명칭을 사용한 자

4. 제41조제1항을 위반한 자

5. 제41조의2제1항을 위반하여 모집업무수탁자가 불법취득신용정보를 모집업무에 이용하였는지 등을 확인하지 아니한 자

④ 다음 각 호의 어느 하나에 해당하는 자는 1년 이하의 징역 또는 1천만원 이하의 벌금에 처한다.

1. 제9조제1항을 위반하여 금융위원회의 승인 없이 신용정보회사, 본인신용정보관리회사 및 채권추심회사의 주식에 대하여 취득등을 하여 대주주가 된 자

1의2. 제9조제2항을 위반하여 승인 신청을 하지 아니한 자

2. 제9조제3항에 따른 명령을 위반하여 승인 없이 취득한 주식을 처분하지 아니한 자

3. 삭제 〈2020. 2. 4.〉

4. 제18조제2항을 위반한 자

5. 제20조제2항을 위반한 자

6. 제27조제3항을 위반하여 위임직채권추심인으로 금융위원회에 등록하지 아니하고 채권추심업무를 한 자

7. 제27조제4항을 위반한 자

8. 제27조제5항을 위반하여 추심채권이 아닌 채권을 추심하거나 등록되지 아니한 위임직채권추심인, 다른 채권추심회사의 소속으로 등록된 위임직채권추심인 또는 업무정지 중인 위임직채권추심인을 통하여 채권추심업무를 한 자

9. 제27조제7항에 따른 업무정지 중에 채권추심업무를 한 자

제51조(양벌규정) 법인의 대표자나 법인 또는 개인의 대리인, 사용인, 그 밖의 종업원이 그 법인 또는 개인의 업무에 관하여 제50조의 위반행위를 하면 그 행위자를 벌하는 외에 그 법인 또는 개인에게도 해당 조문의 벌금형을 과(科)한다. 다만, 법인 또는 개인이 그 위반행위를 방지하기 위하여 해당 업무에 관하여 상당한 주의와 감독을 게을리하지 아니한 경우에는 그러하지 아니하다.

2. 다른 법률과의 관계

제3조의2(다른 법률과의 관계) ① 신용정보의 이용 및 보호에 관하여 다른 법률에 특별한 규정이 있는 경우를 제외하고는 이 법에서 정하는 바에 따른다.

② 개인정보의 보호에 관하여 이 법에 특별한 규정이 있는 경우를 제외하고는 「개인정보 보호법」에서 정하는 바에 따른다.

III. 범죄사실

1. 무허가 신용정보업(신용조사) 영위

1) 적용법조 : 제50조 제2항 제1호, 제4조 제1항 ☞ 공소시효 7년

> 제4조(신용정보업 등의 허가) ① 누구든지 이 법에 따른 신용정보업, 본인신용정보관리업, 채권추심업 허가를 받지 아니하고는 신용정보업, 본인신용정보관리업 또는 채권추심업을 하여서는 아니 된다.
> ② 신용정보업, 본인신용정보관리업 및 채권추심업을 하려는 자는 금융위원회로부터 허가를 받아야 한다.

2) 범죄사실 기재례

> 누구든지 이 법에 따른 신용정보업, 본인신용정보관리업, 채권추심업 허가를 받지 아니하고는 신용정보업, 본인신용정보관리업 또는 채권추심업을 하여서는 아니 된다.
> 그럼에도 피의자는 ○○에서 "고려신용"이라는 상호로 신용정보업을 하는 사람으로 금융위원회의 허가를 받음이 없이, 200○. ○. ○.경 위 사무실에서 홍길동으로부터 ○○○에 대한 신용조사를 부탁받아 ○○만원을 받고 ○○○의 신용조사를 하는 등 200○. ○. ○.경 까지 총 ○○회에 걸쳐 ○○만원 상당의 수입을 올리는 신용정보업을 하였다.

3) 신문사항

- 피의자는 어떠한 일을 하고 있는가
- 언제부터 어디에서 신용정보업을 하였나
- 어떠한 내용의 신용정보업인가
- 누구를 상대로 하였나
- 영업 허가를 받았나
- 왜 허가를 받지 않고 이러한 일을 하였나
- 언제까지 영업을 하였으며 그 동안 얼마의 수입을 올렸나

2. 신용정보회사의 업무처리기록 보존위반

1) 적용법조 : 제50조 제4항 제5호, 제20조 제2항 ☞ 공소시효 5년

> **제20조(신용정보 관리책임의 명확화 및 업무처리기록의 보존)** ② 신용정보회사등은 다음 각 호의 구분에 따라 개인신용정보의 처리에 대한 기록을 3년간 보존하여야 한다.
> 1. 개인신용정보를 수집·이용한 경우
>   가. 수집·이용한 날짜
>   나. 수집·이용한 정보의 항목
>   다. 수집·이용한 사유와 근거
> 2. 개인신용정보를 제공하거나 제공받은 경우
>   가. 제공하거나 제공받은 날짜
>   나. 제공하거나 제공받은 정보의 항목
>   다. 제공하거나 제공받은 사유와 근거
> 3. 개인신용정보를 폐기한 경우
>   가. 폐기한 날짜
>   나. 폐기한 정보의 항목
>   다. 폐기한 사유와 근거
> 4. 그 밖에 대통령령으로 정하는 사항

2) 범죄사실 기재례

> 피의자는 ○○에서 채권추심업무 등에 관한 신용정보업 허가(허가번호, 허가일자)를 받아 신용정보업을 하는 신용정보회사이다.
> 신용정보회사등은 의뢰인의 주소와 성명 또는 정보제공·교환기관의 주소와 이름, 의뢰받은 업무 내용 및 의뢰받은 날짜, 의뢰받은 업무의 처리 내용 또는 제공한 신용정보의 내용과 제공한 날짜 등에 대한 기록을 3년간 보존하여야 한다.
> 그럼에도 불구하고 피의자는 20○○. ○. ○. 위 사무실에서 甲으로부터 ○○과 관련 사항을 의뢰받아 처리하고도 그에 대한 기록을 보존하지 아니하였다.

3) 신문사항

- 어떤 일을 하고 있는가
- 신용정보업 허가를 받았는가(허가번호, 일자, 종류 등)
- 개인 신용정보를 취급하는가
- 甲으로부터 신용정보와 관련 사항을 의뢰 받은 일이 있는가
- 언제 어디에서 어떤 내용을 의뢰받았는가
- 의뢰받은 내용을 처리하였는가
- 甲에 대한 일을 처리하고 그에 대한 개인정보 등의 정보는 보존하고 있는가
- 왜 처리기록을 보존하지 않았는가

3. 신용정보 제공자의 동의 없이 정보제공

1) 적용법조 : 제50조 제2항 제6호, 제32조 제1항   ☞   공소시효 7년

제32조(개인신용정보의 제공·활용에 대한 동의) ① 신용정보제공·이용자가 개인신용정보를 타인에게 제공하려는 경우에는 대통령령으로 정하는 바에 따라 해당 신용정보주체로부터 다음 각 호의 어느 하나에 해당하는 방식으로 개인신용정보를 제공할 때마다 미리 개별적으로 동의를 받아야 한다. 다만, 기존에 동의한 목적 또는 이용 범위에서 개인신용정보의 정확성·최신성을 유지하기 위한 경우에는 그러하지 아니하다.
1. 서면
2. 「전자서명법」 제2조제2호에 따른 전자서명(서명자의 실지명의를 확인할 수 있는 것을 말한다)이 있는 전자문서(「전자문서 및 전자거래 기본법」 제2조제1호에 따른 전자문서를 말한다)
3. 개인신용정보의 제공 내용 및 제공 목적 등을 고려하여 정보 제공 동의의 안정성과 신뢰성이 확보될 수 있는 유무선 통신으로 개인비밀번호를 입력하는 방식
4. 유무선 통신으로 동의 내용을 해당 개인에게 알리고 동의를 받는 방법. 이 경우 본인 여부 및 동의 내용, 그에 대한 해당 개인의 답변을 음성녹음하는 등 증거자료를 확보·유지하여야 하며, 대통령령으로 정하는 바에 따른 사후 고지절차를 거친다.
5. 그 밖에 대통령령으로 정하는 방식

※ 시행령
제28조(개인신용정보의 제공·활용에 대한 동의) ② 신용정보제공·이용자는 법 제32조제1항 각 호 외의 부분 본문에 따라 해당 신용정보주체로부터 동의를 받으려면 다음 각 호의 사항을 미리 알려야 한다. 다만, 동의 방식의 특성상 동의 내용을 전부 표시하거나 알리기 어려운 경우에는 해당 기관의 인터넷 홈페이지 주소나 사업장 전화번호 등 동의 내용을 확인할 수 있는 방법을 안내하고 동의를 받을 수 있다.
1. 개인신용정보를 제공받는 자
2. 개인신용정보를 제공받는 자의 이용 목적
3. 제공하는 개인신용정보의 내용
4. 개인신용정보를 제공받는 자(개인신용평가회사, 개인사업자신용평가회사, 기업신용조회회사 및 신용정보집중기관은 제외한다)의 정보 보유 기간 및 이용 기간
5. 동의를 거부할 권리가 있다는 사실 및 동의 거부에 따른 불이익이 있는 경우에는 그 불이익의 내용
③ 신용정보제공·이용자는 법 제32조제1항제4호에 따라 유무선 통신을 통하여 동의를 받은 경우에는 1개월 이내에 서면, 전자우편, 휴대전화 문자메시지, 그 밖에 금융위원회가 정하여 고시하는 방법으로 제2항 각 호의 사항을 고지하여야 한다.
④ 법 제32조제1항제5호에서 "대통령령으로 정하는 방식"이란 정보 제공 동의의 안전성과 신뢰성이 확보될 수 있는 수단을 활용함으로써 해당 신용정보주체에게 동의 내용을 알리고 동의의 의사표시를 확인하여 동의를 받는 방식을 말한다.

2) 범죄사실 기재례

> 피의자는 ○○에 있는 ○○은행 ○○지점에서 대출업무를 맡아 처리하고 있는 신용정보제공자로서, 개인신용정보를 타인에게 제공하려는 경우에는 대통령령으로 정하는 바에 따라 해당 신용정보주체로부터 서면 또는 공인전자서명에 의한 동의를 얻어야 한다.
> 그럼에도 불구하고 피의자는 20○○. ○. ○. 위 은행에서 동의 없이 대출업무와 관련 알게 된 홍길동의 주민등록번호, 주소 등 인적사항을 20○○. ○. ○. 위 은행에서 甲이 은행계좌 압류에 사용한다며 요구하자 이를 제공하여 개인신용정보를 누설하였다.

3) 신문사항

- 은행원인가
- 언제부터 어디 은행에서 근무하는가
- 어떤 업무를 맡고 있는가
- 개인 신용정보를 취급하는가
- 甲과 홍길동을 알고 있는가
- 갑이 홍길동의 신용정보 제공을 요구한 일이 있는가
- 언제 어디에서 요구하던가
- 어떤 정보를 요구하던가
- 어디에 사용한다고 하던가
- 어떤 정보를 주었나
- 어떤 조건으로 주었나
- 왜 주었나

■ 판례 ■ 학교 졸업앨범 등을 통하여 입수한 졸업생의 이름, 주소, 전화번호 등이 신용정보의이용및보호에관한법률 제24조 제1항 소정의 '개인신용정보'에 해당하는지 여부(소극)

신용정보의이용및보호에관한법률 제23조에 의하면, '개인신용정보'라 함은 '① 금융실명거래및비밀보장에관한법률 제4조의 규정에 의한 금융거래의 내용에 관한 정보 또는 자료, ② 개인의 질병에 관한 정보, ③ 기타 대통령령이 정하는 개인신용정보'를 의미하고, 구 신용정보의이용및보호에관한법률시행령(1997. 12. 27. 대통령령 제15548호로 개정되기 전의 것) 제12조 제2항, 제2조 제2호, 제4호에 의하면, 같은 법 제23조 제3호에서 규정하고 있는 '기타 대통령령이 정하는 개인신용정보'라 함은 '① 대출·보증·담보제공·가계당좌예금 또는 당좌예금·신용카드·할부신용제공·시설대여 등의 금융거래 등 상거래와 관련하여 신용정보주체의 거래내용을 판단할 수 있는 정보로서 총리령이 정하는 정보, ② 금융거래 등 상거래에 있어서 신용도 등의 판단을 위하여 필요한 개인의 재산·채무·소득의 총액, 납세실적 등과 기업 및 법인의 연혁·주식 또는 지분보유현황 등 회사의 개황, 판매내역·수주실적·경영상의 주요계약 등 사업의 내용, 재무제표 등 재무에 관한 사항, 주식회사의외부감사에관한법률의 규정에 의한 감사인의 감사의견 및 납세실적 등 신용정보주체의 신용거래능력을 판단할 수 있는 정보' 중에서 '개인에 관한 정보'를 의미하며, 같은 법 제24조 제1항에서 규정하고 있는 '개인신용정보'라 함은 그 조문의 배열 및 규정 형식에 비추어 볼 때 같은 법 제23조에서 규정하고 있는 '개인신용정보'를 말하는 것임이 분명하므로, 학교 졸업앨범 등을 통하여 입수한 졸업생의 이름, 주소, 전화번호 등은 같은 법령에서 그 제공 또는 사용시 개인의 서면 동의를 받도록 규정하고 있는 '개인신용정보'에 속하지 않는다(대법원 2000.7.28. 선고 99도6 판결).

4. 사생활 조사 행위

1) 적용법조 : 제50조 제3항 제3호, 제40조 제1항 제4호 ☞ 공소시효 5년

> 제40조(신용정보회사등의 금지사항) ① 신용정보회사등은 다음 각 호의 행위를 하여서는 아니 된다.
> 1. 삭제 〈2020. 2. 4.〉
> 2. 삭제 〈2020. 2. 4.〉
> 3. 삭제 〈2020. 2. 4.〉
> 4. 특정인의 소재 및 연락처(이하 "소재등"이라 한다)를 알아내는 행위. 다만, 채권추심회사가 그 업무를 하기 위하여 특정인의 소재등을 알아내는 경우 또는 다른 법령에 따라 특정인의 소재등을 알아내는 것이 허용되는 경우에는 그러하지 아니하다.
> 5. 정보원, 탐정, 그 밖에 이와 비슷한 명칭을 사용하는 일
> 6. 삭제 〈2013. 5. 28.〉
> 7. 삭제 〈2020. 2. 4.〉
> ② 신용정보회사등이 개인신용정보 또는 개인을 식별하기 위하여 필요한 정보를 이용하여 영리목적의 광고성 정보를 전송하는 경우에 대하여는 「정보통신망 이용촉진 및 정보보호 등에 관한 법률」 제50조를 준용한다.

2) 범죄사실 기재례

[기재례1] 신용정보업자의 금지위반

> 피의자 甲은 (주)보디가드의 대표이사, 피의자 (주)보디가드는 신용정보업을 목적으로 설립된 법인이다. 신용정보업자는 특정인의 소재를 탐지하거나 금융거래 등 상거래 관계 외의 사생활 등을 조사하는 일을 하여서는 아니 된다.
> 가. 피의자 甲
> 피의자는 20○○. ○. ○. 11:00경 ○○에 있는 ○○다방에서 홍길동으로부터 그의 처 신애라의 남자관계 등을 조사해 달라는 의뢰와 함께 수수료 등 명목으로 ○○만원을 받고 20○○. ○. ○.경부터 20○○. ○. ○.경까지 위 신애라의 사생활을 조사하였다.
> 나. 피의자 (주)보디가드
> 피의자는 전항과 같이 피의자 甲이 피의자의 업무에 관하여 위와 같은 위반행위를 하였다.

[기재례2] 신용정보업자 이외의 자의 사생활조사

> 신용정보업자 이외의 자는 특정인의 소재를 탐지하거나 금융거래 등 상거래 관계 외의 사생활 등을 조사하는 일을 업으로 하여서는 아니된다.
> 그럼에도 불구하고 피의자는 인터넷상에 '○○심부름센터'라는 상호로 홈페이지를 개설한 후 심부름센터를 운영하였고, 20○○. ○. ○. 11:00경 ○○에 있는 카페에서 위 홈페이지를 보고 연락해 온 甲이 남편인 乙의 외도를 의심하면서 남편의 사생활을 조사해달라고 부탁을 하자 이를 수락하였다.
> 그 후 20○○. ○. ○.경 위 甲으로부터 착수금 ○○만원을 피의자가 관리하는 丙 명의의 ○○은행 계좌로 송금받은 다음 위 乙을 따라다니면서 위 乙의 사생활을 조사하였다.

3) 신문사항

- 피의자는 언제 신용정보업 허가를 받았나(허가일, 허가번호 등)
- 언제부터 언제까지 어디에서 신용정보업을 하였는가
- 어떠한 종류의 신용정보업인가(법 제4조)
- 규모는 어느 정도인가
- 홍길동으로부터 사생활조사를 의뢰 받은 일이 있는가
- 어떤 내용의 조사를 의뢰받았는가
- 어떤 조건이였나
- 의뢰사항을 조사하였나
- 언제부터 언제까지 어떤 방법으로 조사하였나
- 조사한 사항을 홍길동에게 전달하였나
- 왜 이런 행위를 하였나

■ **판례** ■ 신용정보의 이용 및 보호에 관한 법률 제50조 제2항 제7호, 제40조 제4호에서 처벌하는 '신용정보회사 등이 아니면서 특정인의 사생활 조사 등을 업으로 행위'의 의미와 판단 기준 및 사생활 조사 등을 업으로 하는 행위와 그 의뢰행위가 대향범 관계에 있는지 여부(소극)

신용정보회사 등이 아니면서 특정인의 소재 및 연락처를 알아내거나 금융거래 등 상거래관계 외의 사생활 등을 조사하는 행위를 업으로 하는 자를 처벌하는 규정을 두고 있는바, 2인 이상의 서로 대향된 행위의 존재를 필요로 하는 대향범에 대하여는 공범에 관한 형법총칙의 규정이 적용될 수 없다고 할 것이나, 위와 같이 사생활 조사 등을 업으로 한다는 것은 그러한 행위를 계속하여 반복하는 것을 의미하고, 이에 해당하는지 여부는 사생활 조사 등 행위의 반복·계속성 여부, 영업성의 유무, 그 목적이나 규모, 횟수, 기간, 태양 등의 여러 사정을 종합적으로 고려하여 사회통념에 따라 판단할 것으로 반드시 영리의 목적이 요구되는 것은 아니라 할 것이므로, 사생활 조사 등을 업으로 하는 행위에 그러한 행위를 의뢰하는 대향된 행위의 존재가 반드시 필요하다거나 의뢰인의 관여행위가 당연히 예상된다고 볼 수 없고, 따라서 사생활 조사 등을 업으로 하는 행위와 그 의뢰행위는 대향범의 관계에 있다고 할 수 없다.(대법원 2012.9.13, 선고, 2012도5525, 판결)

5. 신용정보회사의 개인신용 정보 업무목적 외 누설

1) 적용법조 : 제50조 제1항, 제42조 제1항 ☞ 공소시효 10년

> 제42조(업무 목적 외 누설금지 등) ① 신용정보회사등과 제17조제2항에 따라 신용정보의 처리를 위탁받은 자의 임직원이거나 임직원이었던 자(이하 "신용정보업관련자"라 한다)는 업무상 알게 된 타인의 신용정보 및 사생활 등 개인적 비밀(이하 "개인비밀"이라 한다)을 업무 목적 외에 누설하거나 이용하여서는 아니 된다.
> ③ 제1항을 위반하여 누설된 개인비밀을 취득한 자(그로부터 누설된 개인비밀을 다시 취득한 자를 포함한다)는 그 개인비밀이 제1항을 위반하여 누설된 것임을 알게 된 경우 그 개인비밀을 타인에게 제공하거나 이용하여서는 아니 된다.
> ④ 신용정보회사등과 신용정보업관련자로부터 개인신용정보를 제공받은 자는 그 개인신용정보를 타인에게 제공하여서는 아니 된다. 다만, 이 법 또는 다른 법률에 따라 제공이 허용되는 경우에는 그러하지 아니하다.

2) 범죄사실 기재례

> 피의자는 ○○에서 채권추심업무 등에 관한 신용정보업 허가(허가번호, 허가일자)를 받아 신용정보업을 하는 신용정보회사이다.
> 신용정보회사는 업무상 알게 된 타인의 신용정보 및 사생활 등 개인적 비밀을 업무 목적 외에 누설하거나 이용하여서는 아니 된다.
> 그럼에도 불구하고 피의자는 20○○. ○. ○. 甲으로부터 ○○과 관련 의뢰를 받으면서 알게 된 甲의 개인 비밀인 ○○을 20○○. ○. ○.경 ○○에서 乙에게 ○○명목으로 제공하여 개인신용정보를 누설하였다.

3) 신문사항
- 어떤 일을 하고 있는가
- 신용정보업 허가를 받았는가(허가번호, 일자, 종류 등)
- 개인 신용정보를 취급하는가
- 甲과 乙을 알고 있는가
- 甲으로부터 신용정보와 관련 사항을 의뢰 받은 일이 있는가
- 언제 어디에서 어떤 내용을 의뢰받았는가
- 의뢰받은 내용을 이행하였는가
- 甲에 대한 일을 처리하고 그에 대한 개인정보 등의 정보는 관리하고 있는가
- 甲이 乙의 개인정보 제공을 요구한 일이 있는가
- 언제 어디에서 요구하던가
- 어떤 정보를 요구하던가
- 어디에 사용한다고 하던가
- 어떤 정보를 주었나
- 어떤 조건으로 주었나
- 왜 주었나

실종아동등의 보호 및 지원에 관한 법률

Ⅰ. 개념정의

제2조(정의) 이 법에서 사용하는 용어의 정의는 다음과 같다.
1. "아동등"이란 다음 각 목의 어느 하나에 해당하는 사람을 말한다.
   가. 실종 당시 18세 미만인 아동
   나. 「장애인복지법」 제2조의 장애인 중 지적장애인, 자폐성장애인 또는 정신장애인
   다. 「치매관리법」 제2조제2호의 치매환자
2. "실종아동등"이란 약취(略取)·유인(誘引) 또는 유기(遺棄)되거나 사고를 당하거나 가출하거나 길을 잃는 등의 사유로 인하여 보호자로부터 이탈(離脫)된 아동등을 말한다.
3. "보호자"란 친권자, 후견인이나 그 밖에 다른 법률에 따라 아동등을 보호하거나 부양할 의무가 있는 사람을 말한다. 다만, 제4호의 보호시설의 장 또는 종사자는 제외한다.
4. "보호시설"이란 「사회복지사업법」 제2조제4호에 따른 사회복지시설 및 인가·신고 등이 없이 아동등을 보호하는 시설로서 사회복지시설에 준하는 시설을 말한다.
5. "유전자검사"란 개인 식별(識別)을 목적으로 혈액·머리카락·침 등의 검사대상물로부터 유전자를 분석하는 행위를 말한다.
6. "유전정보"란 유전자검사의 결과로 얻어진 정보를 말한다.
7. "신상정보"란 이름·나이·사진 등 특정인(特定人)임을 식별하기 위한 정보를 말한다.

Ⅱ. 벌 칙

제17조(벌칙) 제7조를 위반하여 정당한 사유없이 실종아동등을 보호한 자 및 제9조제4항을 위반하여 개인위치정보 등을 실종아동등을 찾기 위한 목적 외의 용도로 이용한 자는 5년 이하의 징역 또는 5천만원 이하의 벌금에 처한다.
제18조(벌칙) 다음 각 호의 어느 하나에 해당하는 자는 2년 이하의 징역 또는 2천만원 이하의 벌금에 처한다.
1. 위계(僞計) 또는 위력(威力)을 행사하여 제10조제1항에 따른 관계공무원의 출입 또는 조사를 거부하거나 방해한 자
1의2. 제7조의4를 위반하여 지문등정보를 실종아동등을 찾기 위한 목적 외로 이용한 자
1의3. 제9조제3항을 위반하여 경찰관서의 장의 요청을 거부한 자
2. 제12조제1항을 위반하여 목적 외의 용도로 검사대상물의 채취 또는 유전자검사를 실시하거나 유전정보를 이용한 자
3. 제12조제2항을 위반하여 채취한 검사대상물 또는 유전정보를 외부로 유출한 자
4. 제15조를 위반하여 신상정보를 실종아동등을 찾기 위한 목적 외의 용도로 이용한 자

Ⅲ. 범죄사실

1. 실종아동 신고없이 보호

1) 적용법조 : 제17조, 제7조 ☞ 공소시효 7년

> 제7조(미신고 보호행위의 금지) 누구든지 정당한 사유 없이 실종아동등을 경찰관서의 장에게 신고하지 아니하고 보호할 수 없다.

2) 범죄사실 기재례

[기재례1]

> 누구든지 정당한 사유 없이 실종아동 등을 경찰관서의 장에게 신고하지 아니하고 보호할 수 없다.
> 그럼에도 불구하고, 피의자는 20○○. ○. ○.경 피의자의 여자친구인 갑으로부터 갑의 친구인 피해자 을(여, 16세)이 20○○. ○. ○.경 가출하여 지낼만한 곳이 없다는 이야기를 듣고, 위 을을 만나 피의자의 주거지인 ○○로 데려간 다음, 그때부터 20○○. ○. ○.경까지 약 ○○일 동안 피의자의 주거지에서 을과 함께 생활하는 방법으로 보호하였다.
> 이로써 피의자는 실종아동을 아무런 신고 없이 보호하였다.

[기재례2]

> 누구든지 정당한 사유 없이 실종아동등을 경찰관서의 장에게 신고하지 아니하고 보호할 수 없다.
> 그럼에도 피고인은 20○○. ○. ○.경부터 20○○. ○. ○.경까지 ○○피의자의 여자친구인 갑의 주거지에서, 가출하여 보호자 을로부터 이탈한 실종아동 G(16세, 여)를 정당한 사유 없이 경찰관서의 장에게 신고하지 아니하고 보호하였다.

3) 신문사항

- 실종아동을 보호한 사실이 있는가
- 언제부터 누구를 보호하였나
- 실종아동을 처음 어떻게 알게 되었는가
- 언제까지 어디에서 보호하였는가
- 어떤 방법으로 보호하였나
- 실종아동의 보호자에게 연락하였는가
- 실종사실을 경찰관서에 신고하였는가
- 왜 신고없이 보호하였는가

2. 경찰관의 실종아동 개인위치정보 미파기

1) 적용법조 : 제17조, 제9조 제4항 ☞ 공소시효 7년

> 제9조(수색 또는 수사의 실시 등) ④ 경찰관서와 경찰관서에 종사하거나 종사하였던 자는 실종아동등을 찾기 위한 목적으로 제공받은 개인위치정보등을 실종아동등을 찾기 위한 목적 외의 용도로 이용하여서는 아니 되며, 목적을 달성하였을 때에는 지체 없이 파기하여야 한다.

2) 범죄사실 기재례

> 피의자는 20○○. ○. ○.부터 ○○경찰서 여성청소년과 여청수사팀에서 실종아동 업무를 담당하고 있는 경찰공무원(경사)이다.
> 피의자는 20○○. ○. ○.경 위 경찰서 여청수사팀에서 아동 갑(남, 11세)이 20○○. ○. ○. 실종되었다며 갑의 모친 을로부터 신고를 접수하였다.
> 신고접수 후 실종아동 갑의 위치정보를 수집하기 위해 20○○. ○. ○. ○○법원으로부터 갑이 휴대하고 있는 휴대전화(번호) 위치정보를 확인하여 20○○. ○. ○. ○○에서 실종아동을 찾아 목적을 달성하였다.
> 경찰관서와 경찰관서에 종사하거나 종사하였던 자는 실종아동등을 찾기 위한 목적으로 제공받은 개인 위치정보 등을 실종아동등을 찾기 위한 목적 외의 용도로 이용하여서는 아니 되며, 목적을 달성하였을 때에는 지체 없이 파기하여야 한다.
> 그럼에도 불구하고 피의자는 20○○. ○. ○.까지 실종아동의 위치를 계속 수집하였다.

3) 신문사항

- 언제부터 어떤 부서에서 어떤 업무를 담당하고 있는가
- 아동 갑에 대한 실종신고를 받고 이를 처리한 일이 있는가(접수 일시 장소 등)
- 실종신고를 신청받고 어떤 조치를 하였는가
- 언제 어떤 위치정보 수집을 하였는가
- 아동을 찾았는가(언제 어디에서 어떤 방법으로)
- 아동을 찾은 후 수집한 위치정보를 파기하였는가
- 언제까지 위치정보를 수집하였는가
- 아동을 찾은 후에도 왜 수집한 위치 정보를 파기하지 않았는가
- 파기하지 않는 아동에 대한 위치정보를 어떻게 하였는가

3. 위계 방법으로 경찰공무원 출입거부

1) 적용법조 : 제18조 제1호, 제10조 ☞ 공소시효 5년

> 제10조(출입·조사 등) ① 경찰청장이나 지방자치단체의 장은 실종아동등의 발견을 위하여 필요하면 관계인에 대하여 필요한 보고 또는 자료제출을 명하거나 소속 공무원으로 하여금 관계 장소에 출입하여 관계인이나 아동등에 대하여 필요한 조사 또는 질문을 하게 할 수 있다.

2) 범죄사실 기재례

> 피의자는 ○○에서 ○○아동상담소를 운영하는 사람이다.
> 피의자는 200○. ○. ○.경 ○○경찰서 여성청소년과 여청수사팀에서 실종아동 업무를 담당하고 있는 경찰공무원 갑이 실종아동을 발견하기 위해 입소자 명단 자료제출을 요구하였다.
> 그럼에도 불구하고 피의자는 ○○방법으로 위력을 행사하여 자료제출을 거부하는 등 관계 경찰공무원의 조사를 거부하였다.

※ 실종아동을 신고 없이 보호하고 있는 경우 제17조, 제7조 추가

3) 신문사항

- 아동상담소를 운영하고 있는가(명칭, 규모, 인허가 여부 등)
- 수사기관으로부터 실종아동 관련 자료제출 요구를 받은 사실이 있는가
- 언제 누구로부터 자료 요구를 받았는가
- 언제까지 어떤 자료 요구를 받았는가
- 자료를 제출하였는가
- 왜 자료 제출을 거부하였는가
- 제출 거부가 정당한 것인가

4. 유전정보 목적 외 이용

1) 적용법조 : 제18조 제2호, 제12조 제1항 ☞ 공소시효 5년

제12조(유전정보의 목적 외 이용금지 등) ① 누구든지 실종아동등을 발견하기 위한 목적 외의 용도로 제11조에 따른 검사대상물을 채취하거나 유전자검사를 실시하거나 유전정보를 이용할 수 없다.
② 검사대상물의 채취, 유전자검사 또는 유전정보관리에 종사하고 있거나 종사하였던 사람은 채취한 검사대상물 또는 유전정보를 외부로 유출하여서는 아니 된다.
제11조(유전자검사의 실시) ① 경찰청장은 실종아동등의 발견을 위하여 다음 각 호의 어느 하나에 해당하는 자로부터 유전자검사대상물(이하 "검사대상물"이라 한다)을 채취할 수 있다.
  1. 보호시설의 입소자나 「정신건강증진 및 정신질환자 복지서비스 지원에 관한 법률」 제3조제5호에 따른 정신의료기관의 입원환자 중 보호자가 확인되지 아니한 아동등
  2. 실종아동등을 찾고자 하는 가족
  3. 그 밖에 보호시설의 입소자였던 무연고아동

2) 범죄사실 기재례

피의자는 20○○. ○. ○.부터 ○○에서 ○○치매 센터를 운영하는 사람이다.
누구든지 실종아동등을 발견하기 위한 목적 외의 용도로 유전자 검사대상물을 채취하거나 유전자검사를 하거나 유전정보를 이용할 수 없다.
그럼에도 불구하고 피의자는 20○○. ○. ○.경 위 시설에 입소 중이던 치매환자 갑(남, 79세) 등 입소자 20여 명에 대해 ○○대학교 교수 A의 부탁을 받고 구강채취 방법으로 검사대상물을 채취하여 A에게 전달하였다.
이로써 피의자는 지문등정보를 실종아동등을 찾기 위한 목적 외로 이용하였다.

3) 신문사항

- 어디에서 언제부터 치매센터를 운영하고 있는가
- 입소한 치매환자는 몇 명이며, 어떤 방법으로 관리하고 있는가
- 입소 치매환자 중 보호자가 없는 사람이 있는가
- 그러면 실종여부를 확인할 대상자는 없는가
- 치매 환자들의 구강채취를 한 사실이 있는가
- 언제 어디에서 누구를 상대로 채취하였는가
- 무엇 때문에 채취하였나
- 채취한 검사대상물은 어떻게 하였는가
- 언제 얼마를 받고 전달하였는가
- 어디에 사용하는 것으로 알고 전달하였는가

5. 신상정보 목적 외 이용

1) 적용법조 : 제18조 제4호, 제15조 ☞ 공소시효 5년

> 제15조(신상정보의 목적 외 이용금지) 누구든지 정당한 사유 없이 실종아동등의 신상정보를 실종아동등을 찾기 위한 목적 외의 용도로 이용할 수 없다.

2) 범죄사실 기재례

> 피의자는 20○○. ○. ○.경부터 ○○에서 ○○장애인 거주시설을 운영하는 사람이다.
> 누구든지 정당한 사유 없이 실종아동등의 신상정보를 실종아동등을 찾기 위한 목적 외의 용도로 이용할 수 없다.
> 그럼에도 불구하고 피의자는 20○○. ○. ○.경 가출하여 보호자를 알 수 없어 위 시설에 입소한 지적장애인 갑(여, 23세)의 신상정보를 이용 갑 명의로 휴대전화에 가입하여 이를 피의자가 사용하였다.
> 이로써 피의자는 갑의 신상정보를 실종아동등을 찾기 위한 목적 외의 용도로 이용하였다.

3) 신문사항

- 어디에서 어떤 일을 하고 있는가
- 보호하고 있는 장애인이 몇 명이며 어떤 장애를 앓고 있는 사람들인가
- 입소 장애인들의 신상정보를 사용한 일이 있는가
- 언제 어디에서 사용하였는가가
- 누구의 신상정보를 사용하였는가
- 어떤 신상정보를 어디에 사용하였는가
- 갑은 언제 입소하였는가
- 보호자의 동의를 받고 사용하였는가
- 무엇 때문에 사용하였는가
- 이러한 신상정보 사용이 실종아동등을 찾기 위한 목적이었는가

제**76**장 아동복지법

Ⅰ. 개념정의 및 특별법

1. 개념정의

제3조(정의) 이 법에서 사용하는 용어의 뜻은 다음과 같다.
1. "아동"이란 18세 미만인 사람을 말한다.
2. "아동복지"란 아동이 행복한 삶을 누릴 수 있는 기본적인 여건을 조성하고 조화롭게 성장·발달할 수 있도록 하기 위한 경제적·사회적·정서적 지원을 말한다.
3. "보호자"란 친권자, 후견인, 아동을 보호·양육·교육하거나 그러한 의무가 있는 자 또는 업무·고용 등의 관계로 사실상 아동을 보호·감독하는 자를 말한다.
4. "보호대상아동"이란 보호자가 없거나 보호자로부터 이탈된 아동 또는 보호자가 아동을 학대하는 경우 등 그 보호자가 아동을 양육하기에 적당하지 아니하거나 양육할 능력이 없는 경우의 아동을 말한다.
5. "지원대상아동"이란 아동이 조화롭고 건강하게 성장하는 데에 필요한 기초적인 조건이 갖추어지지 아니하여 사회적·경제적·정서적 지원이 필요한 아동을 말한다.
6. "가정위탁"이란 보호대상아동의 보호를 위하여 성범죄, 가정폭력, 아동학대, 정신질환 등의 전력이 없는 보건복지부령으로 정하는 기준에 적합한 가정에 보호대상아동을 일정 기간 위탁하는 것을 말한다.
7. "아동학대"란 보호자를 포함한 성인이 아동의 건강 또는 복지를 해치거나 정상적 발달을 저해할 수 있는 신체적·정신적·성적 폭력이나 가혹행위를 하는 것과 아동의 보호자가 아동을 유기하거나 방임하는 것을 말한다.
7의2. "아동학대관련범죄"란 다음 각 목의 어느 하나에 해당하는 죄를 말한다.
   가. 「아동학대범죄의 처벌 등에 관한 특례법」 제2조제4호에 따른 아동학대범죄
   나. 아동에 대한 「형법」 제2편제24장 살인의 죄 중 제250조부터 제255조까지의 죄
8. "피해아동"이란 아동학대로 인하여 피해를 입은 아동을 말한다.
9. "삭제 〈2016.3.22.〉
10. "아동복지시설"이란 제50조에 따라 설치된 시설을 말한다.
11. "아동복지시설 종사자"란 아동복지시설에서 아동의 상담·지도·치료·양육, 그 밖에 아동의 복지에 관한 업무를 담당하는 사람을 말한다.

2. 특별법 (아동학대범죄의 처벌 등에 관한 특례법)

제1조(목적) 이 법은 아동학대범죄의 처벌 및 그 절차에 관한 특례와 피해아동에 대한 보호절차 및 아동학대행위자에 대한 보호처분을 규정함으로써 아동을 보호하여 아동이 건강한 사회 구성원으로 성장하도록 함을 목적으로 한다.

Ⅱ. 벌칙 및 죄명표

1. 벌 칙

> **제71조(벌칙)** ① 제17조를 위반한 자는 다음 각 호의 구분에 따라 처벌한다.
>   1. 제1호(「아동·청소년의 성보호에 관한 법률」 제12조에 따른 매매는 제외한다)에 해당하는 행위를 한 자는 10년 이하의 징역에 처한다.
>   1의2. 제2호에 해당하는 행위를 한 자는 10년 이하의 징역 또는 1억원 이하의 벌금에 처한다.
>   2. 제3호부터 제8호까지의 규정에 해당하는 행위를 한 자는 5년 이하의 징역 또는 5천만원 이하의 벌금에 처한다.
>   3. 제10호 또는 제11호에 해당하는 행위를 한 자는 3년 이하의 징역 또는 3천만원 이하의 벌금에 처한다.
>   4. 제9호에 해당하는 행위를 한 자는 1년 이하의 징역 또는 1천만원 이하의 벌금에 처한다.
> ② 다음 각 호의 어느 하나에 해당하는 사람은 3년 이하의 징역 또는 3천만원 이하의 벌금에 처한다.
>   1. 제28조의2제5항을 위반하여 피해아동관련 정보를 요청 목적 외로 사용하거나 다른 사람에게 제공 또는 누설한 사람
>   2. 제65조를 위반하여 비밀을 누설하거나 직무상 목적 외 용도로 이용한 사람
> ③ 다음 각 호의 어느 하나에 해당하는 자는 1년 이하의 징역 또는 1천만원 이하의 벌금에 처한다.
>   1. 정당한 사유 없이 제51조제2항에 따라 다른 아동복지시설로 옮기는 권익보호조치를 하지 아니한 사람
>   2. 제22조의5제2항을 위반하여 비밀을 누설하거나 부당한 이익을 취한 사람
>   3. 제50조제2항에 따른 신고를 하지 아니하고 아동복지시설을 설치한 자
>   4. 거짓으로 서류를 작성하여 제54조제1항에 따른 아동복지시설 전문인력의 자격을 인정받은 자
>   5. 제56조에 따른 사업의 정지, 위탁의 취소 또는 시설의 폐쇄명령을 받고도 그 시설을 운영하거나 사업을 한
>   6. 〈삭 제〉
>   7. 제66조제1항에 따른 조사를 거부·방해 또는 기피하거나 질문에 대하여 답변을 거부·기피 또는 거짓 답변을 하거나, 아동에게 답변을 거부·기피 또는 거짓 답변을 하게 하거나 그 답변을 방해한 자
> **제72조(상습범)** 상습적으로 제71조제1항 각 호의 죄를 범한 자는 그 죄에 정한 형의 2분의 1까지 가중한다.
> **제73조(미수범)** 제71조제1항제1호의 미수범은 처벌한다.
> **제74조(양벌규정)** 생략

2. 죄명표

법 조 문	죄명표시
제71조 제1항 제1호	아동복지법 위반(아동매매)
제1의2호	〃 (아동에 대한 음행강요·매개·성희롱 등)
제2호	〃 (아동학대, 아동유기·방임, 장애아동관람, 구걸강요·이용행위)
제3호	〃 (양육알선금품취득, 아동금품유용)
제4호	〃 (곡예강요행위, 제3자인도행위)
제71조 제2항 제2호	〃 (아동복지업무종사자 비밀누설)
제71조 제3항 제3호	〃 (무신고 아동복지시설 설치)
제4호	〃 (허위서류작성 아동복지시설 종사자 자격취득)
제5호	〃 (시설폐쇄명령위반)
제7호	〃 (조사거부·방해 등)
제72조	〃 〔상습(제71조 제1항 각호 각 죄명)〕
그외	아동복지법 위반

※ 아동복지법 제73조 : 해당 기수 죄명 다음에 '미수' 표시하지 아니함

III. 범죄사실

1. 아동에게 음행을 시키는 행위

1) 적용법조 : 제71조 제1항 제1의2호, 제17조 제2호, 식품위생법위반(무허가 유흥주점업)

☞ 공소시효 10년

제17조(금지행위) 누구든지 다음 각 호의 어느 하나에 해당하는 행위를 하여서는 아니된다.

1. 아동을 매매하는 행위
2. 아동에게 음란한 행위를 시키거나 이를 매개하는 행위 또는 아동에게 성적 수치심을 주는 성희롱 등의 성적 학대행위
3. 아동의 신체에 손상을 주거나 신체의 건강 및 발달을 해치는 신체적 학대행위
4. 삭제 〈2014.1.28〉
5. 아동의 정신건강 및 발달에 해를 끼치는 정서적 학대행위(「가정폭력범죄의 처벌 등에 관한 특례법」 제2조 제1호에 따른 가정폭력에 아동을 노출시키는 행위로 인한 경우를 포함한다)
6. 자신의 보호·감독을 받는 아동을 유기하거나 의식주를 포함한 기본적 보호·양육·치료 및 교육을 소홀히 하는 방임행위
7. 장애를 가진 아동을 공중에 관람시키는 행위
8. 아동에게 구걸을 시키거나 아동을 이용하여 구걸하는 행위
9. 공중의 오락 또는 흥행을 목적으로 아동의 건강 또는 안전에 유해한 곡예를 시키는 행위 또는 이를 위하여 아동을 제3자에게 인도하는 행위
10. 정당한 권한을 가진 알선기관 외의 자가 아동의 양육을 알선하고 금품을 취득하거나 금품을 요구 또는 약속하는 행위
11. 아동을 위하여 증여 또는 급여된 금품을 그 목적 외의 용도로 사용하는 행위

---

2) 범죄사실 기재례

> 가. 식품위생법 위반
> 　피의자는 20○○. ○. ○.부터 20○○. ○. ○.경까지 ○○에 방 3개, 주방 1개 등의 영업시설을 갖추고, 종업원 甲(여, 17세) 외 3명을 접대부로 고용하여 위 업소를 찾는 불특정 다수의 고객을 상대로 술 시중을 들게 하면서 1일 평균 약 ○○만원 상당의 술과 안주 등을 조리·판매하는 유흥음식점영업을 하였다.
> 나. 아동복지법 위반
> 　피의자는 20○○. ○. ○. 22:00경 ○○에 있는 '몰라모텔'에서 위 甲녀가 위 업소의 고객인 성명 미상의 남자와 성교를 하게 함으로써 아동에게 음란행위를 시켰다.

3) 신문사항

- 종업원으로 甲을 고용한 일이 있는가
- 언제 어떤 조건으로 고용하였나
- 甲은 아동이라는 것을 알고 있는가
- 보호자를 확인하였는가

- 甲 등을 고용하여 유흥주점 영업을 한 일이 있는가
- 언제부터 언제까지 어떤 유흥주점업을 하였나
- 유흥주점업에 대한 허가를 받았나
- 甲 등의 보수는 어떻게 주었나
- 甲으로 하여금 손님들과 성교하도록 한 일이 있는가
- 언제 누구와 같이 하도록 하였나
- 아동인 甲에게 음란행위을 시킨 것에 대해 어떻게 생각하는가
- 甲외 또 다른 아동을 종업원으로 고용하고 있는가
- 종업원은 모두 몇 명이며 1일 매상은 얼마인가

■ **판례** ■ **행위자 자신이 직접 아동의 음행의 상대방이 된 경우**

구 아동복지법(2000. 1. 12. 법률 제6151호로 전문 개정되기 전의 것) 제18조 제5호는 '아동에게 음행을 시키는' 행위를 금지행위의 하나로 규정하고 있는바, 여기에서 '아동에게 음행을 시킨다'는 것은 행위자가 아동으로 하여금 제3자를 상대방으로 하여 음행을 하게 하는 행위를 가리키는 것일 뿐 행위자 자신이 직접 그 아동의 음행의 상대방이 되는 것까지를 포함하는 의미로 볼 것은 아니다. (대법원 2000.4.25. 선고 2000도223 판결).

■ **판례** ■ **구 아동복지법상 금지되는 '성적 학대행위'의 의미와 판단 기준 / 피해 아동이 성적 자기결정권을 행사하거나 자신을 보호할 능력이 부족한 경우, 행위자의 요구에 명시적인 반대의사를 표시하지 아니하였거나 행위자의 행위로 인해 현실적으로 육체적 또는 정신적 고통을 느끼지 아니하는 등의 사정만으로 성적 학대행위에 해당하지 않는다고 단정할 수 있는지 여부(소극)**

[1] 사실관계

A육군 이병이던 피고인은 인터넷 게임을 통하여 알게 된 초등학교 4학년의 피해자(여, 10세)와 휴대폰을 이용하여 영상통화를 하던 중 '화장실에 가서 배 밑에 있는 부분을 보여달라'고 요구하였고, 이에 피해자는 영상통화를 하면서 피고인에게 바지와 팬티를 벗고 음부를 보여주거나 아예 옷을 전부 다 벗고 음부를 보여주기도 한 사실, 피고인은 2012. 7. 21. 피해자와 처음으로 전화통화를 한 이후 2012. 7. 25.까지 약 50여 회 이상 음성통화 또는 SMS를 통해 피해자와의 연락을 시도하였고, 그 과정에서 피해자는 2012. 7. 21., 2012. 7. 22., 2012. 7. 24. 3일 동안 3회에 걸쳐 영상통화를 통해 피고인에게 음부를 보여주었다.

[2] 판결요지

구 아동복지법(2011. 8. 4. 법률 제11002호로 전부 개정되기 전의 것, 이하 같다)의 입법목적(제1조), 기본이념(제3조 제2항, 제3항) 및 같은 법 제2조 제4호, 제29조 제2호의 내용 등을 종합하면, 구 아동복지법상 금지되는 성적 학대행위란 아동에게 성적 수치심을 주는 성희롱, 성폭행 등의 행위로서 아동의 건강·복지를 해치거나 정상적 발달을 저해할 수 있는 성적 폭력 또는 가혹행위를 말하고, 이에 해당하는지 여부는 행위자 및 피해 아동의 의사·성별·연령, 피해 아동이 성적 자기결정권을 제대로 행사할 수 있을 정도의 성적 가치관과 판단능력을 갖추었는지 여부, 행위자와 피해 아동의 관계, 행위에 이르게 된 경위, 구체적인 행위 태양, 행위가 피해 아동의 인격 발달과

정신 건강에 미칠 수 있는 영향 등의 구체적인 사정을 종합적으로 고려하여 시대의 건전한 사회 통념에 따라 객관적으로 판단하여야 한다.

한편 피해 아동이 성적 가치관과 판단능력이 충분히 형성되지 아니하여 성적 자기결정권을 행사하거나 자신을 보호할 능력이 상당히 부족한 경우라면 자신의 성적 행위에 관한 자기결정권을 자발적이고 진지하게 행사할 것이라 기대하기는 어려우므로, 행위자의 요구에 피해 아동이 명시적인 반대 의사를 표시하지 아니하였거나 행위자의 행위로 인해 피해 아동이 현실적으로 육체적 또는 정신적 고통을 느끼지 아니하는 등의 사정이 있다 하더라도, 이러한 사정만으로 행위자의 피해 아동에 대한 성희롱 등의 행위가 구 아동복지법 제29조 제2호의 '성적 학대행위'에 해당하지 아니한다고 단정할 것은 아니다.(대법원 2015.7.9. 선고, 2013도7787, 판결)

■ 판례 ■ 아동복지법상 아동매매죄는 대가를 받고 아동의 신체를 인계·인수함으로써 성립하는지 여부(적극) 및 아동이 명시적인 반대 의사를 표시하지 아니하거나 동의·승낙의 의사를 표시하였다는 사정이 아동매매죄 성립에 영향을 미치는지 여부(소극)

아동복지법 제17조 제1호의 '아동을 매매하는 행위'는 '보수나 대가를 받고 아동을 다른 사람에게 넘기거나 넘겨받음으로써 성립하는 범죄'로서, '아동'은 같은 법 제3조 제1호에 의하면 18세 미만인 사람을 말한다.

아동은 아직 가치관과 판단능력이 충분히 형성되지 아니하여 자기결정권을 자발적이고 진지하게 행사할 것을 기대하기가 어렵고, 자신을 보호할 신체적·정신적 능력이 부족할 뿐 아니라, 보호자 없이는 사회적·경제적으로 매우 취약한 상태에 있으므로, 이러한 처지에 있는 아동을 마치 물건처럼 대가를 받고 신체를 인계·인수함으로써 아동매매죄가 성립하고, 설령 위와 같은 행위에 대하여 아동이 명시적인 반대 의사를 표시하지 아니하거나 더 나아가 동의·승낙의 의사를 표시하였다 하더라도 이러한 사정은 아동매매죄의 성립에 아무런 영향을 미치지 아니한다.(대법원 2015.8.27. 선고, 2015도6480, 판결)

■ 판례 ■ 아동을 넘기거나 넘겨받는다는 의미와 실력적 지배 판단기준

[1] 아동복지법 제17조 제1호의 아동매매죄에서 '아동을 넘기거나 넘겨받는다'는 의미 및 해당 아동에 대한 실력적 지배가 있었는지 판단하는 기준

아동복지법 제17조 제1호의 아동매매죄는 보수나 대가를 받고 아동을 다른 사람에게 넘기거나 넘겨받음으로써 성립하는 범죄인데, 여기서 '아동을 넘기거나 넘겨받는다'는 의미는 아동을 실력으로 지배하고 있는 상태에서 아동의 신체에 대한 인수인계가 이루어지는 것이다. 그런데 아동복지법은 '아동'을 18세 미만인 사람으로 규정하고 있고 영유아에 한정하지 아니하므로 아동매매죄에서 해당 아동에 대한 실력적 지배가 있었는지는 해당 아동의 나이, 인지능력, 행위자(매도인이나 매수인)와의 관계, 당시 상황 등을 종합적으로 고려해서 판단하여야 한다.

[2] 피고인이 가출 상태인 甲(여, 13세)을 만나 성관계를 맺고 지인인 乙의 원룸에 5일 동안 머무르게 하면서, 인터넷 채팅을 통해 알게 된 丙에게 돈을 받고 甲을 넘기려고 하였으나 현장에 출동한 경찰관에게 체포됨으로써 甲을 매매하려다 미수에 그쳤다고 하여 구 아동복지법 위반으로 기소된 사안

甲이 乙의 원룸에 머물 당시 혼자서 집까지 찾아가기는 곤란했을 것으로 보이는 등 진정한 의사에 기하여 머물렀다고 볼 수 없는 점, 피고인이 인터넷 채팅을 통해 알게 되었을 뿐 신상에 관하여 전혀 아는 바가 없는 丙에게서 돈을 받고 甲을 넘겨주기로 한 것임에도, 甲에게는 丙을 잘 알고 있는 동생이라고 소개하고 돈을 받고 넘겨주기로 한 것에 관하여도 전혀 알려주지 않은 채 짐을 싸서 피고인

을 따라나서게 한 점 등 제반 사정을 종합할 때, 피고인이 甲에게 직접적인 폭행이나 협박을 하지 않았더라도 당시 만 13세에 불과한 가출 상태인 甲을 충분히 실력으로 지배하고 있었으므로, 피고인에게 유죄를 선고한 제1심판결은 정당하다고 한 사례(창원지법 2015.4.16. 선고, 2015노573 판결).

■ 판례 ■   **성적 학대행위의 의미와 판단기준**

[1] 아복지법상 금지되는 '성적 학대행위'의 의미와 판단 기준

구 아동복지법(2011. 8. 4. 법률 제11002호로 전부 개정되기 전의 것, 이하 같다)의 입법목적(제1조), 기본이념(제3조 제2항, 제3항) 및 같은 법 제2조 제4호, 제29조 제2호의 내용 등을 종합하면, 구 아동복지법상 금지되는 성적 학대행위란 아동에게 성적 수치심을 주는 성희롱, 성폭행 등의 행위로서 아동의 건강·복지를 해치거나 정상적 발달을 저해할 수 있는 성적 폭력 또는 가혹행위를 말하고, 이에 해당하는지 여부는 행위자 및 피해 아동의 의사·성별·연령, 피해 아동이 성적 자기결정권을 제대로 행사할 수 있을 정도의 성적 가치관과 판단능력을 갖추었는지 여부, 행위자와 피해 아동의 관계, 행위에 이르게 된 경위, 구체적인 행위 태양, 행위가 피해 아동의 인격 발달과 정신 건강에 미칠 수 있는 영향 등의 구체적인 사정을 종합적으로 고려하여 시대의 건전한 사회통념에 따라 객관적으로 판단하여야 한다.

[2] 피해 아동이 성적 자기결정권을 행사하거나 자신을 보호할 능력이 부족한 경우, 행위자의 요구에 명시적인 반대 의사를 표시하지 아니하였거나 행위자의 행위로 인해 현실적으로 육체적 또는 정신적 고통을 느끼지 아니하는 등의 사정만으로 성적 학대행위에 해당하지 않는다고 단정할 수 있는지 여부(소극)

한편 피해 아동이 성적 가치관과 판단능력이 충분히 형성되지 아니하여 성적 자기결정권을 행사하거나 자신을 보호할 능력이 상당히 부족한 경우라면 자신의 성적 행위에 관한 자기결정권을 자발적이고 진지하게 행사할 것이라 기대하기는 어려우므로, 행위자의 요구에 피해 아동이 명시적인 반대 의사를 표시하지 아니하였거나 행위자의 행위로 인해 피해 아동이 현실적으로 육체적 또는 정신적 고통을 느끼지 아니하는 등의 사정이 있다 하더라도, 이러한 사정만으로 행위자의 피해 아동에 대한 성희롱 등의 행위가 구 아동복지법 제29조 제2호의 '성적 학대행위'에 해당하지 아니한다고 단정할 것은 아니다(대법원 2015.07.09. 선고 2013도7787 판결).

■ 판례 ■   **아동복지법상 아동매매죄는 대가를 받고 아동의 신체를 인계·인수함으로써 성립하는지 여부(적극) 및 아동이 명시적인 반대 의사를 표시하지 아니하거나 동의·승낙의 의사를 표시하였다는 사정이 아동매매죄 성립에 영향을 미치는지 여부(소극)**

아동복지법 제17조 제1호의 '아동을 매매하는 행위'는 '보수나 대가를 받고 아동을 다른 사람에게 넘기거나 넘겨받음으로써 성립하는 범죄'로서, '아동'은 같은 법 제3조 제1호에 의하면 18세 미만인 사람을 말한다.

아동은 아직 가치관과 판단능력이 충분히 형성되지 아니하여 자기결정권을 자발적이고 진지하게 행사할 것을 기대하기가 어렵고, 자신을 보호할 신체적·정신적 능력이 부족할 뿐 아니라, 보호자 없이는 사회적·경제적으로 매우 취약한 상태에 있으므로, 이러한 처지에 있는 아동을 마치 물건처럼 대가를 받고 신체를 인계·인수함으로써 아동매매죄가 성립하고, 설령 위와 같은 행위에 대하여 아동이 명시적인 반대 의사를 표시하지 아니하거나 더 나아가 동의·승낙의 의사를 표시하였다 하더라도 이러한 사정은 아동매매죄의 성립에 아무런 영향을 미치지 아니한다(대법원 2015.08.27. 선고 2015도6480 판결).

■ 판례 ■ **아동 보호자의 아동방임 판단 고려사항**

[1] 아동복지법상 아동의 보호자가 아동을 방임함으로써 아동복지법 제71조 제1항 제2호를 위반하였는지 판단할 때 고려하여야 할 사항 및 특히 보호자가 친권자 또는 이에 준하는 주양육자인 경우 중요하게 고려해야 할 사항

아동복지법은 아동이 건강하게 출생하여 행복하고 안전하게 자랄 수 있도록 아동의 복지를 보장하는 것을 목적으로 한다(제1조). 아동은 완전하고 조화로운 인격발달을 위하여 안정된 가정환경에서 행복하게 자라나야 한다(제2조 제2항). 아동복지법상 아동의 보호자란 친권자, 후견인, 아동을 보호·양육·교육하거나 그러한 의무가 있는 자 또는 업무·고용 등의 관계로 사실상 아동을 보호·감독하는 자를 말하는데(제3조 제3호), 아동의 보호자는 아동을 가정에서 그의 성장시기에 맞추어 건강하고 안전하게 양육하여야 하고, 아동에게 신체적 고통이나 폭언 등의 정신적 고통을 가하여서는 아니 되는 책무를 부담한다(제5조 제1항, 제2항). 이와 함께 아동복지법은 아동학대의 의미를 정의하면서 아동의 보호자와 그 외의 성인을 구분하여, 아동의 보호자가 아닌 성인에 관해서는 신체적·정신적·성적 폭력이나 가혹행위를 아동학대행위로 규정하는 것에 비하여 아동의 보호자에 관해서는 위 행위들에 더하여 아동을 유기하거나 방임하는 행위까지 포함시키고 있다(제3조 제7호). 자신의 보호·감독을 받는 아동에 대하여 의식주를 포함한 기본적 보호·양육·치료 및 교육을 소홀히 하는 방임행위를 하여서는 아니 되고(제17조 제6호), 이를 위반하면 5년 이하의 징역 또는 5천만 원 이하의 벌금에 처해진다(제71조 제1항 제2호).

따라서 보호자가 아동을 방임함으로써 아동복지법 제71조 제1항 제2호를 위반하였는지 여부를 판단할 때에는 아동복지법의 입법 목적과 더불어 아동의 보호자가 그 입법 목적을 달성하기 위하여 일정한 책무를 부담한다는 점을 전제로 하여 보호자와 피해아동의 관계, 피해아동의 나이, 방임행위의 경위와 태양 등의 사정을 종합적으로 고려하여야 할 필요가 있다. 특히 보호자가 친권자 또는 이에 준하는 주양육자인 경우에는 피해아동을 보호하고 양육할 1차적 책임을 부담한다는 점을 중요하게 고려해야 한다.

[2] 아동 甲(당시 1세)의 친아버지인 피고인이 甲을 양육하면서 집안 내부에 먹다 남은 음식물 쓰레기, 소주병, 담배꽁초가 방치된 상태로 청소를 하지 않아 악취가 나는 비위생적인 환경에서 甲에게 제대로 세탁하지 않아 음식물이 묻어있는 옷을 입히고, 목욕을 주기적으로 시키지 않아 몸에서 악취를 풍기게 하는 등으로 甲을 방임하였다고 하여 아동복지법 위반으로 기소된 사안

생존에 필요한 최소한의 보호를 하였다는 사정이나 甲이 피고인에게 애정을 표현했다는 사정만으로는 피고인이 甲의 친권자로서 甲의 건강과 안전, 행복을 위하여 필요한 책무를 다했다고 보기 어렵다는 이유로, 피고인이 비위생적인 환경에서 甲을 양육하였고 甲의 의복과 몸을 청결하게 유지해 주지 않았으며 甲을 집에 두고 외출하기도 하는 등 의식주를 포함한 기본적인 보호·양육·치료 및 교육을 소홀히 하는 방임행위를 하였다고 본 원심의 판단이 정당하다.(2020. 9. 3. 선고 2020도7625 판결)

■ 판례 ■ **아동에 대한 음행강요 · 매개 · 성희롱등**

[1] 아동 · 청소년을 타인의 성적 침해 또는 착취행위로부터 보호하고자 하는 이유 / 아동 · 청소년이 타인의 기망이나 왜곡된 신뢰관계의 이용에 의하여 외관상 성적 결정 또는 동의로 보이는 언동을 한 경우 이를 아동 · 청소년의 온전한 성적 자기결정권의 행사에 의한 것이라고 평가할 수 있는지 여부(소극)

국가와 사회는 아동 · 청소년에 대하여 다양한 보호의무를 부담한다. 국가는 청소년의 복지향상을 위한 정책을 실시하고(헌법 제34조 제4항), 초 · 중등교육을 실시할 의무(교육기본법 제8조)를 부담한다. 사법 영역에서도 마찬가지여서 친권자는 미성년자를 보호하고 양육하여야 하고(민법 제913조), 미성년자가 법정대리인의 동의 없이 한 법률행위는 원칙적으로 그 사유에 제한 없이 취소할 수 있다(민법 제5조). 법원도 아동 · 청소년이 피해자인 사건에서 아동 · 청소년이 특별히 보호되어야 할 대상임을 전제

로 판단해 왔다. 대법원은 아동복지법상 아동에 대한 성적 학대행위 해당 여부를 판단함에 있어 아동이 명시적인 반대 의사를 표시하지 아니하였더라도 성적 자기결정권을 행사하여 자신을 보호할 능력이 부족한 상황에 기인한 것인지 가려보아야 한다는 취지로 판시하였고, 아동복지법상 아동매매죄에 있어서 설령 아동 자신이 동의하였더라도 유죄가 인정된다고 판시하였다. 아동·청소년이 자신을 대상으로 음란물을 제작하는 데에 동의하였더라도 원칙적으로 아동·청소년의 성보호에 관한 법률상 아동·청소년이용 음란물 제작죄를 구성한다는 판시도 같은 취지이다.

이와 같이 아동·청소년을 보호하고자 하는 이유는, 아동·청소년은 사회적·문화적 제약 등으로 아직 온전한 자기결정권을 행사하기 어려울 뿐만 아니라, 인지적·심리적·관계적 자원의 부족으로 타인의 성적 침해 또는 착취행위로부터 자신을 방어하기 어려운 처지에 있기 때문이다. 또한 아동·청소년은 성적 가치관을 형성하고 성 건강을 완성해 가는 과정에 있으므로 아동·청소년에 대한 성적 침해 또는 착취행위는 아동·청소년이 성과 관련한 정신적·신체적 건강을 추구하고 자율적 인격을 형성·발전시키는 데에 심각하고 지속적인 부정적 영향을 미칠 수 있다. 따라서 아동·청소년이 외관상 성적 결정 또는 동의로 보이는 언동을 하였더라도, 그것이 타인의 기망이나 왜곡된 신뢰관계의 이용에 의한 것이라면, 이를 아동·청소년의 온전한 성적 자기결정권의 행사에 의한 것이라고 평가하기 어렵다.

[2] '성적 자기결정권'의 의미와 내용 / 위계에 의한 간음죄를 비롯한 강간과 추행의 죄의 보호법익(=소극적인 성적 자기결정권)

성적 자기결정권은 스스로 선택한 인생관 등을 바탕으로 사회공동체 안에서 각자가 독자적으로 성적 관념을 확립하고 이에 따라 사생활의 영역에서 자기 스스로 내린 성적 결정에 따라 자기책임하에 상대방을 선택하고 성관계를 가질 권리로 이해된다. 여기에는 자신이 하고자 하는 성행위를 결정할 권리라는 적극적 측면과 함께 원치 않는 성행위를 거부할 권리라는 소극적 측면이 함께 존재하는데, 위계에 의한 간음죄를 비롯한 강간과 추행의 죄는 소극적 성적 자기결정권을 침해하는 것을 내용으로 한다.

[3] 피고인이 아동인 甲(여, 15세)과 성관계를 하던 중 甲이 중단을 요구하는데도 계속하여 甲을 간음함으로써 '성적 학대행위'를 하였다고 하여 아동복지법 위반으로 기소된 사안

甲이 성적 자기결정권을 제대로 행사할 수 있을 정도의 성적 가치관과 판단능력을 갖추었는지 여부 등을 신중하게 판단하였어야 한다는 이유로, 이와 달리 만 15세인 甲의 경우 일반적으로 미숙하나마 자발적인 성적 자기결정권을 행사할 수 있는 연령대로 보이는 점, 군검사 역시 피고인이 甲과 성관계를 가진 자체에 대하여는 학대행위로 기소하지 아니한 점 등을 들어 성적 학대행위에 해당하지 않는다고 본 원심의 판단에 아동복지법 제17조 제2호에서 정한 '성적 학대행위'에 관한 법리오해의 잘못이 있다.(대법원 2020. 10. 29., 선고, 2018도16466, 판결)

■ 판례 ■ 아동복지법상 아동에 대한 성적 학대행위에 해당하는지 판단할 때 아동이 명시적인 반대의사를 표시하지 않았더라도 성적 자기결정권을 행사하여 자신을 보호할 능력이 부족한 상황에 기인한 것인지를 가려보아야 하는지 여부(적극) / 아동복지법상 아동매매죄에서 아동 자신이 동의하였더라도 유죄가 인정되는지 여부(적극)

국가와 사회는 아동·청소년에 대하여 다양한 보호의무를 부담한다. 법원은 아동·청소년이 피해자인 사건에서 아동·청소년이 특별히 보호되어야 할 대상임을 전제로 판단해왔다. 아동복지법상 아동에 대한 성적 학대행위에 해당하는지 판단하는 경우 아동이 명시적인 반대의사를 표시하지 아니하였더라도 성적 자기결정권을 행사하여 자신을 보호할 능력이 부족한 상황에 기인한 것인지 가려보아야 하고, 아동복지법상 아동매매죄에서 설령 아동 자신이 동의하였더라도 유죄가 인정된다. 아동·청소년이 자신을 대상으로 음란물을 제작하는 데에 동의하였더라도 원칙적으로 아동·청소년의 성보호에 관한 법률상 아동·청소년이용 음란물 제작죄를 구성한다. (대법원 2022. 7. 28., 선고, 2020도12419, 판결

2. 아동유기 및 방임

1) 적용법조 : 제71조 제1항 제2호, 제17조 제6호 ☞ 공소시효 7년

제17조(금지행위) 누구든지 다음 각 호의 어느 하나에 해당하는 행위를 하여서는 아니된다.
3. 아동의 신체에 손상을 주거나 신체의 건강 및 발달을 해치는 신체적 학대행위
5. 아동의 정신건강 및 발달에 해를 끼치는 정서적 학대행위(「가정폭력범죄의 처벌 등에 관한 특례법」 제2조 제1호에 따른 가정폭력에 아동을 노출시키는 행위로 인한 경우를 포함한다)
6. 자신의 보호 · 감독을 받는 아동을 유기하거나 의식주를 포함한 기본적 보호 · 양육 · 치료 및 교육을 소홀히 하는 방임행위

2) 범죄사실 기재례

[기재례1] 방임 (제17조 제6호)

누구든지 자신의 보호 · 감독을 받는 아동에 대해 의식주를 포함한 기본적 보호 · 양육을 소홀히 하는 방임행위를 하여서는 아니 된다.

피의자는 20○○.○.○.부터 20○○.○.○.까지, 자신의 주거지인 ○○에서 집안 내부에 먹다 남은 음식물 쓰레기, 소주병, 담배꽁초가 방치된 상태로 청소를 하지 않아 악취가 나는 비위생적인 환경에서 피해자 갑(10세)을 양육하면서 위 피해자에게 제대로 세탁하지 않아 음식물이 묻어있는 옷을 입히고, 목욕을 주기적으로 시키지 않아 몸에서 악취를 풍기게 하였다.

이로써 피의자는 자신의 보호를 받는 아동의 의식주를 포함한 기본적 보호 및 양육을 소홀히 하는 방임행위를 하였다.

3) 신문사항

- 피의자는 부양가족이 어떻게 되는가
- 아동인 아들과 언제부터 살고 있는가
- 아들의 양육은 어떤 방법으로 하고 있는가
- 집 안 청소 등 정리 정돈은 누가 어떤 방법으로 하고 있는가
- 집안에 음식물 쓰레기, 소주병 등을 방치한 일이 있는가
- 아들에 대해 목욕과 의류 세탁은 어떤 방법으로 해주고 있는가
- 옷을 갈아 입히지 않고 목욕을 시키지 않아 아들 몸에서 악취가 난 것을 알고 있는가
- 이렇게 아들을 돌보지 않으면 아들 건강을 해칠 수 있다고 생각하지 않는가
- 언제부터 언제까지 이렇게 방치하였는가
- 왜 이렇게 아들에 대해 보호, 양육하지 않고 방임하였느가

[기재례2] 정서적 학대 (제17조 제5호)

피의자 A는 피해자 C(여, 5세)의 외할머니이고, 피의자 B는 피해자의 친어머니이다.

가. 아동복지법위반(아동유기·방임)

피의자들은 20○○.○.○.경부터 20○○.○.○.경까지 ○○에 있는 피의자들의 주거지에서 피해자를 양육하면서, 피해자가 바지를 입은 채로 소변을 보는 등 말썽을 부린다는 이유로 수시로 피해자에게 아침 식사와 점심식사를 제공하지 않은 채 굶기고, 피해자가 영양결핍 및 성장부진 상태에 있다는 사실을 알면서도 병원치료를 받게 하지 않은 채 방치하여 피해자를 같은 연령의 평균 체중(14~15㎏)보다 4~5㎏가량 적게 나가는 심각한 영양결핍 및 성장부진 상태에 이르게 하였다.

이로써 피의자들은 공모하여, 피의자들의 보호·감독을 받는 아동인 피해자를 유기하거나 의식주를 포함한 기본적 보호·양육·치료 및 교육을 소홀히 하는 방임행위를 하였다.

나. 아동복지법위반(아동학대)

피의자들은 20○○.○.○. 20:00경 ○○에 있는 피의자들의 주거지에서 평소 피해자가 말을 잘 듣지 않고 말썽을 피웠다는 이유로 잠을 재우지 않은 채 피해자로 하여금 스스로 잘 못을 말하게 하고, 피의자 A는 피해자에게 "하지 말라고. 거짓말? 아무것도 절대 안 돼. 앉아서 오줌 처벌 싸는 거 안 돼. 첫 번째는 거짓말이야. 째려보지 마. 만약에 약속 어길 때는 너 어떻게 한다고?"라고 말하여 피해자로 하여금 "바로 보육원에 보낸다고 했어요"라고 대답하게 한 후 "근데 그 꼬락서니를 누구한테 다 부리니 너는? 꼬락서니 누구한테 부려? 할미가 뭔 죄야? 할미가 죄지었니 너한테?"라고 화를 내고, 피의자 B는 이에 가담하여 피해자로 하여금 첫 번째, 두 번째, 세 번째로 지켜야 할 사항을 대답하게 하면서 휴대전화 음성녹음 기능을 이용하여 피의자들과 피해자의 대화 내용을 녹음하였다.

이로써 피의자들은 공모하여, 아동인 피해자의 정신건강 및 발달에 해를 끼치는 정서적 학대행위를 하였다.

[기재례3] 신체적 및 정서적 학대 (제17조 제3호, 제5호)

피의자는 피해자 갑(남, 17세)의 친부이다.

피의자는 20○○. ○. ○. 22:00경 ○○에 있는 피의자의 주거지에서, 술에 취해 큰소리로 욕설을 하는 등 소란을 피워 피해자가 피의자를 달래려 하자 갑자기 피해자에게 욕설을 하고, 피해자가 피의자를 피하여 피해자의 방에 들어가자, 같은 날 22:30경 주방에서 위험한 물건인 식칼(전체길이 ○○㎝, 칼날길이 ○○㎝)을 가져와 오른손에 든 채 피해자의 방에 들어가 피해자의 앞에 서서 칼을 들고 찌르거나 벨 듯이 수회 고쳐 쥐는 등 위협하면서 "네가 돈을 왜 가져가나 이 새끼야"라고 욕설을 하고, 칼 등 부분으로 피해자의 머리를 4회 때렸다.

이로써 피의자는 위험한 물건을 휴대하여 피해자를 협박함과 동시에, 17세의 아동인 피해자의 신체에 손상을 주거나 신체의 건강 및 발달을 해치는 신체적 학대행위를 하고, 아동의 정신건강 및 발달에 해를 끼치는 정서적 학대행위를 하였다.

3. 아동에게 구걸을 시키는 행위

1) 적용법조 : 제71조 제1항 제2호, 제17조 제8호, 형법상 공갈미수 ☞ 공소시효 7년

제17조(금지행위) 누구든지 다음 각 호의 어느 하나에 해당하는 행위를 하여서는 아니된다.
  8. 아동에게 구걸을 시키거나 아동을 이용하여 구걸하는 행위

2) 범죄사실 기재례

가. 공갈미수
  피의자는 20○○. ○. ○. ○○:○○경 ○○에 있는 ○○역 앞길에서 그곳을 지나가던 피해자 홍길동(남 9세)을 옆 골목길로 데리고 들어가 담벼락에 위 피해자를 세워놓고 인상을 쓰면서 "있는 것 다 내놔"라고 말을 하여 만약 이에 불응하면 폭행을 가할 듯한 태도를 보여 위 피해자들에게 겁을 먹게 한 뒤 위 피해자의 주머니를 뒤졌으나 돈이 없어 그 뜻을 이루지 못하여 미수에 그쳤다.

나. 아동복지법 위반
  피의자는 같은 날 ○○:○○경부터 ○○:○○경까지 위 역 앞길에서 아동인 위 홍길동에게 구걸하도록 강요하여 그로 하여금 행인들에게 구걸을 시켰다.

3) 신문사항

  – 피의자는 홍길동과 어떠한 관계인가
  – 처음 어떻게 홍길동을 만나게 되었나
  – 위 홍길동에게 구걸을 하도록 한 일이 있는가
  – 언제 어디에서 구걸을 강요하였나
  – 어디에서 구걸하도록 하였나
  – 어떠한 방법으로 구걸하도록 하였나
  – 누구를 상대로 구걸하도록 하였나
  – 얼마를 구걸하였나
  – 구걸하여 받은 돈은 어떻게 하였나

Ⅰ. 개념정의

제2조(정의) 이 법에서 사용하는 용어의 뜻은 다음과 같다.
1. "아동 · 청소년"이란 19세 미만의 자를 말한다. 다만, 19세에 도달하는 연도의 1월 1일을 맞이한 자는 제외한다.
2. "아동 · 청소년대상 성범죄"란 다음 각 목의 어느 하나에 해당하는 죄를 말한다.
　　가. 제7조, 제7조의2, 제8조, 제8조의2, 제9조부터 제15조까지 및 제15조의2의 죄
　　나. 아동 · 청소년에 대한 「성폭력범죄의 처벌 등에 관한 특례법」 제3조부터 제15조까지의 죄
　　다. 아동 · 청소년에 대한 「형법」 제297조, 제297조의2 및 제298부터 제301조까지, 제301조의2, 제302조,
　　　제303조, 제305조, 제339조 및 제342조(제339조의 미수범에 한정한다)의 죄
　　라. 아동 · 청소년에 대한 「아동복지법」 제17조제2호의 죄
3. "아동 · 청소년대상 성폭력범죄"란 아동 · 청소년대상 성범죄에서 제11조부터 제15조까지 및 제15조의2의 죄를
　제외한 죄를 말한다.
3의2. "성인대상 성범죄"란 「성폭력범죄의 처벌 등에 관한 특례법」 제2조에 따른 성폭력범죄를 말한다. 다만,
　아동 · 청소년에 대한 「형법」 제302조 및 제305조의 죄는 제외한다.
4. "아동 · 청소년의 성을 사는 행위"란 아동 · 청소년, 아동 · 청소년의 성(性)을 사는 행위를 알선한 자 또는 아동 · 청
　소년을 실질적으로 보호 · 감독하는 자 등에게 금품이나 그 밖의 재산상 이익, 직무 · 편의제공 등 대가를 제공하
　거나 약속하고 다음 각 목의 어느 하나에 해당하는 행위를 아동 · 청소년을 대상으로 하거나 아동 · 청소년으로
　하여금 하게 하는 것을 말한다.
　　가. 성교 행위
　　나. 구강 · 항문 등 신체의 일부나 도구를 이용한 유사 성교 행위
　　다. 신체의 전부 또는 일부를 접촉 · 노출하는 행위로서 일반인의 성적 수치심이나 혐오감을 일으키는 행위
　　라. 자위 행위
5. "아동 · 청소년이용음란물"이란 아동 · 청소년 또는 아동 · 청소년으로 명백하게 인식될 수 있는 사람이나 표현물이
　등장하여 제4호 각 목의 어느 하나에 해당하는 행위를 하거나 그 밖의 성적 행위를 하는 내용을 표현하는 것
　으로서 필름 · 비디오물 · 게임물 또는 컴퓨터나 그 밖의 통신매체를 통한 화상 · 영상 등의 형태로 된 것을 말한다.
6. "피해아동 · 청소년"이란 제2호나목부터 라목까지, 제7조, 제7조의2, 제8조, 제8조의2, 제9조부터 제15조까지
　및 제15조의2의 죄의 피해자가 된 아동 · 청소년(제13조제1항의 죄의 상대방이 된 아동 · 청소년을 포함한
　다)을 말한다.
7. 삭제 〈2020.5.19.〉
8. 삭제 〈2020.6.9〉
9. "등록정보"란 법무부장관이 「성폭력범죄의 처벌 등에 관한 특례법」 제42조제1항의 등록대상자에 대하여 같
　은 법 제44조제1항에 따라 등록한 정보를 말한다.

■ 판례 ■ 　**아동 · 청소년의 성보호에 관한 법률 제2조 제5호의 의미와 규정 취지**

아동 · 청소년의 성보호에 관한 법률 제2조 제5호는 종전의 '아동 · 청소년이용음란물'을 '아
동 · 청소년성착취물'로 규정함으로써 아동 · 청소년을 대상으로 하는 음란물은 그 자체로 아동 ·
청소년에 대한 성착취, 성학대를 의미하는 것임을 명확히 하고 있다. 또한 실제의 아동 · 청소년뿐

만 아니라 '아동·청소년으로 인식될 수 있는 사람이나 표현물'이 등장하는 경우도 아동·청소년성착취물에 포함되는바, 그 이유는 실제 아동·청소년인지와 상관없이 아동·청소년이 성적 행위를 하는 것으로 묘사하는 각종 매체물의 시청이 아동·청소년을 상대로 한 성범죄를 유발할 수 있다는 점을 고려하여 잠재적 성범죄로부터 아동·청소년을 보호하려는 데 있다. 가상의 표현물이라 하더라도 아동·청소년을 성적 대상으로 하는 표현물의 지속적 접촉은 아동·청소년의 성에 대한 왜곡된 인식과 비정상적 태도를 형성하게 할 수 있고, 또한 아동·청소년을 상대로 한 성범죄로 이어질 수 있다는 점을 부인하기 어렵다. (대법원 2021. 11. 25., 선고, 2021두46421, 판결)

■ 판례 ■　　구 아동·청소년의 성보호에 관한 법률 제2조 제5호에서 말하는 '아동·청소년으로 인식될 수 있는 표현물'의 의미와 판단 기준

구 아동·청소년의 성보호에 관한 법률(2012. 12. 18. 법률 제11572호로 전부 개정되기 전의 것)의 입법 목적과 개정 연혁, 표현물의 특징 등에 비추어 보면, 위 법률 제2조 제5호에서 말하는 '아동·청소년으로 인식될 수 있는 표현물'이란 사회 평균인의 시각에서 객관적으로 보아 명백하게 청소년으로 인식될 수 있는 표현물을 의미하고, 개별적인 사안에서 표현물이 나타내고 있는 인물의 외모와 신체발육에 대한 묘사, 음성 또는 말투, 복장, 상황 설정, 영상물의 배경이나 줄거리 등 여러 사정을 종합적으로 고려하여 신중하게 판단하여야 한다. (대법원 2019. 5. 30., 선고, 2015도863, 판결)

II. 특례 및 벌칙과 죄명표

1. 공소시효 특례

> 제18조(신고의무자의 성범죄에 대한 가중처벌) 제34조제2항 각 호의 기관·시설 또는 단체의 장과 그 종사자가 자기의 보호·감독 또는 진료를 받는 아동·청소년을 대상으로 성범죄를 범한 경우에는 그 죄에 정한 형의 2분의 1까지 가중처벌한다.
>
> 제19조(「형법」상 감경규정에 관한 특례) 음주 또는 약물로 인한 심신장애 상태에서 아동·청소년대상 성폭력범죄를 범한 때에는 「형법」 제10조제1항·제2항 및 제11조를 적용하지 아니할 수 있다.
>
> 제20조(공소시효에 관한 특례) ① 아동·청소년대상 성범죄의 공소시효는 「형사소송법」 제252조제1항에도 불구하고 해당 성범죄로 피해를 당한 아동·청소년이 성년에 달한 날부터 진행한다.
>
> ② 제7조의 죄는 디엔에이(DNA)증거 등 그 죄를 증명할 수 있는 과학적인 증거가 있는 때에는 공소시효가 10년 연장된다.
>
> ③ 13세 미만의 사람 및 신체적인 또는 정신적인 장애가 있는 아동·청소년에 대하여 다음 각 호의 죄를 범한 경우에는 제1항과 제2항에도 불구하고 「형사소송법」 제249조부터 제253조까지 및 「군사법원법」 제291조부터 제295조까지에 규정된 공소시효를 적용하지 아니한다.
>
> 　1. 「형법」 제297조(강간), 제298조(강제추행), 제299조(준강간, 준강제추행), 제301조(강간등 상해·치상) 또는 제305조(미성년자에 대한 간음, 추행)의 죄
>
> 　2. 제9조 및 제10조의 죄
>
> 　3. 「성폭력범죄의 처벌 등에 관한 특례법」 제6조제2항, 제7조제2항제5항, 제8조, 제9조의 죄
>
> ④ 다음 각 호의 죄를 범한 경우에는 제1항과 제2항에도 불구하고 「형사소송법」 제249조부터 제253조까지 및 「군사법원법」 제291조부터 제295조까지에 규정된 공소시효를 적용하지 아니한다.
>
> 　1. 「형법」 제301조의2(강간등 살인·치사)의 죄(강간등 살인에 한정한다)
>
> 　2. 제10조제1항의 죄
>
> 　3. 「성폭력범죄의 처벌 등에 관한 특례법」 제9조제1항의 죄

2. 수사 및 재판의 특례

제25조(수사 및 재판 절차에서의 배려) ① 수사기관과 법원 및 소송관계인은 아동·청소년대상 성범죄를 당한 피해자의 나이, 심리 상태 또는 후유장애의 유무 등을 신중하게 고려하여 조사 및 심리·재판 과정에서 피해자의 인격이나 명예가 손상되거나 사적인 비밀이 침해되지 아니하도록 주의하여야 한다.

② 수사기관과 법원은 아동·청소년대상 성범죄의 피해자를 조사하거나 심리·재판할 때 피해자가 편안한 상태에서 진술할 수 있는 환경을 조성하여야 하며, 조사 및 심리·재판 횟수는 필요한 범위에서 최소한으로 하여야 한다.

③ 수사기관과 법원은 제2항에 따른 조사나 심리·재판을 할 때 피해아동·청소년이 13세 미만이거나 신체적인 또는 정신적인 장애로 의사소통이나 의사표현에 어려움이 있는 경우 조력을 위하여 「성폭력범죄의 처벌 등에 관한 특례법」 제36조부터 제39조까지를 준용한다. 이 경우 "성폭력범죄"는 "아동·청소년대상 성범죄"로, "피해자"는 "피해아동·청소년"으로 본다.

제25조의2(아동·청소년대상 디지털 성범죄의 수사 특례) ① 사법경찰관리는 다음 각 호의 어느 하나에 해당하는 범죄(이하 "디지털 성범죄"라 한다)에 대하여 신분을 비공개하고 범죄현장(정보통신망을 포함한다) 또는 범인으로 추정되는 자들에게 접근하여 범죄행위의 증거 및 자료 등을 수집(이하 "신분비공개수사"라 한다)할 수 있다.

1. 제11조 및 제15조의2의 죄
2. 아동·청소년에 대한 「성폭력범죄의 처벌 등에 관한 특례법」 제14조제2항 및 제3항의 죄

② 사법경찰관리는 디지털 성범죄를 계획 또는 실행하고 있거나 실행하였다고 의심할 만한 충분한 이유가 있고, 다른 방법으로는 그 범죄의 실행을 저지하거나 범인의 체포 또는 증거의 수집이 어려운 경우에 한정하여 수사 목적을 달성하기 위하여 부득이한 때에는 다음 각 호의 행위(이하 "신분위장수사"라 한다)를 할 수 있다.

1. 신분을 위장하기 위한 문서, 도화 및 전자기록 등의 작성, 변경 또는 행사
2. 위장 신분을 사용한 계약·거래
3. 아동·청소년성착취물 또는 「성폭력범죄의 처벌 등에 관한 특례법」 제14조제2항의 촬영물 또는 복제물(복제물의 복제물을 포함한다)의 소지, 판매 또는 광고

③ 제1항에 따른 수사의 방법 등에 필요한 사항은 대통령령으로 정한다. [본조신설 2021. 3. 23.]

제25조의3(아동·청소년대상 디지털 성범죄 수사 특례의 절차) ① 사법경찰관리가 신분비공개수사를 진행하고자 할 때에는 사전에 상급 경찰관서 수사부서의 장의 승인을 받아야 한다. 이 경우 그 수사기간은 3개월을 초과할 수 없다.

② 제1항에 따른 승인의 절차 및 방법 등에 필요한 사항은 대통령령으로 정한다.

③ 사법경찰관리는 신분위장수사를 하려는 경우에는 검사에게 신분위장수사에 대한 허가를 신청하고, 검사는 법원에 그 허가를 청구한다.

④ 제3항의 신청은 필요한 신분위장수사의 종류·목적·대상·범위·기간·장소·방법 및 해당 신분위장수사가 제25조의2제2항의 요건을 충족하는 사유 등의 신청사유를 기재한 서면으로 하여야 하며, 신청사유에 대한 소명자료를 첨부하여야 한다.

⑤ 법원은 제3항의 신청이 이유 있다고 인정하는 경우에는 신분위장수사를 허가하고, 이를 증명하는 서류(이하 "허가서"라 한다)를 신청인에게 발부한다.

⑥ 허가서에는 신분위장수사의 종류·목적·대상·범위·기간·장소·방법 등을 특정하여 기재하여야 한다.

⑦ 신분위장수사의 기간은 3개월을 초과할 수 없으며, 그 수사기간 중 수사의 목적이 달성되었을 경우에는 즉시 종료하여야 한다.

⑧ 제7항에도 불구하고 제25조의2제2항의 요건이 존속하여 그 수사기간을 연장할 필요가 있는 경우에는 사법경찰관리는 소명자료를 첨부하여 3개월의 범위에서 수사기간의 연장을 검사에게 신청하고, 검사는 법원에 그 연장을 청구한다. 이 경우 신분위장수사의 총 기간은 1년을 초과할 수 없다. [본조신설 2021. 3. 23.]

제25조의4(아동·청소년대상 디지털 성범죄에 대한 긴급 신분위장수사) ① 사법경찰관리는 제25조의2제2항의 요건을 구비하고, 제25조의3제3항부터 제8항까지에 따른 절차를 거칠 수 없는 긴급을 요하는 때에는 법원의 허가 없이 신분위장수사를 할 수 있다.

② 사법경찰관리는 제1항에 따른 신분위장수사 개시 후 지체 없이 검사에게 허가를 신청하여야 하고, 사법경찰관

리는 48시간 이내에 법원의 허가를 받지 못한 때에는 즉시 신분위장수사를 중지하여야 한다.

③ 제1항 및 제2항에 따른 신분위장수사 기간에 대해서는 제25조의3제7항 및 제8항을 준용한다.

제25조의5(아동ㆍ청소년대상 디지털 성범죄에 대한 신분비공개수사 또는 신분위장수사로 수집한 증거 및 자료 등의 사용제한) 사법경찰관리가 제25조의2부터 제25조의4까지에 따라 수집한 증거 및 자료 등은 다음 각 호의 어느 하나에 해당하는 경우 외에는 사용할 수 없다.

1. 신분비공개수사 또는 신분위장수사의 목적이 된 디지털 성범죄나 이와 관련되는 범죄를 수사ㆍ소추하거나 그 범죄를 예방하기 위하여 사용하는 경우

2. 신분비공개수사 또는 신분위장수사의 목적이 된 디지털 성범죄나 이와 관련되는 범죄로 인한 징계절차에 사용하는 경우

3. 증거 및 자료 수집의 대상자가 제기하는 손해배상청구소송에서 사용하는 경우

4. 그 밖에 다른 법률의 규정에 의하여 사용하는 경우

제25조의6(국가경찰위원회와 국회의 통제) ① 「국가경찰과 자치경찰의 조직 및 운영에 관한 법률」 제16조제1항에 따른 국가수사본부장(이하 "국가수사본부장"이라 한다)은 신분비공개수사가 종료된 즉시 대통령령으로 정하는 바에 따라 같은 법 제7조제1항에 따른 국가경찰위원회에 수사 관련 자료를 보고하여야 한다.

② 국가수사본부장은 대통령령으로 정하는 바에 따라 국회 소관 상임위원회에 신분비공개수사 관련 자료를 반기별로 보고하여야 한다.

제25조의7(비밀준수의 의무) ① 제25조의2부터 제25조의6까지에 따른 신분비공개수사 또는 신분위장수사에 대한 승인ㆍ집행ㆍ보고 및 각종 서류작성 등에 관여한 공무원 또는 그 직에 있었던 자는 직무상 알게 된 신분비공개수사 또는 신분위장수사에 관한 사항을 외부에 공개하거나 누설하여서는 아니 된다.

② 제1항의 비밀유지에 관하여 필요한 사항은 대통령령으로 정한다.

제25조의8(면책) ① 사법경찰관리가 신분비공개수사 또는 신분위장수사 중 부득이한 사유로 위법행위를 한 경우 그 행위에 고의나 중대한 과실이 없는 경우에는 벌하지 아니한다.

② 제1항에 따른 위법행위가 「국가공무원법」 제78조제1항에 따른 징계 사유에 해당하더라도 그 행위에 고의나 중대한 과실이 없는 경우에는 징계 요구 또는 문책 요구 등 책임을 묻지 아니한다.

③ 신분비공개수사 또는 신분위장수사 행위로 타인에게 손해가 발생한 경우라도 사법경찰관리는 그 행위에 고의나 중대한 과실이 없는 경우에는 그 손해에 대한 책임을 지지 아니한다.

제26조(영상물의 촬영ㆍ보존 등) ① 아동ㆍ청소년대상 성범죄 피해자의 진술내용과 조사과정은 비디오녹화기 등 영상물 녹화장치로 촬영ㆍ보존하여야 한다.

② 제1항에 따른 영상물 녹화는 피해자 또는 법정대리인이 이를 원하지 아니하는 의사를 표시한 때에는 촬영을 하여서는 아니 된다. 다만, 가해자가 친권자 중 일방인 경우는 그러하지 아니하다.

③ 제1항에 따른 영상물 녹화는 조사의 개시부터 종료까지의 전 과정 및 객관적 정황을 녹화하여야 하고, 녹화가 완료된 때에는 지체 없이 그 원본을 피해자 또는 변호사 앞에서 봉인하고 피해자로 하여금 기명날인 또는 서명하게 하여야 한다.

④ 검사 또는 사법경찰관은 피해자가 제1항의 녹화장소에 도착한 시각, 녹화를 시작하고 마친 시각, 그 밖에 녹화과정의 진행경과를 확인하기 위하여 필요한 사항을 조서 또는 별도의 서면에 기록한 후 수사기록에 편철하여야 한다.

⑤ 검사 또는 사법경찰관은 피해자 또는 법정대리인이 신청하는 경우에는 영상물 촬영과정에서 작성한 조서의 사본을 신청인에게 교부하거나 영상물을 재생하여 시청하게 하여야 한다.

⑥ 제1항부터 제4항까지의 절차에 따라 촬영한 영상물에 수록된 피해자의 진술은 공판준비기일 또는 공판기일에 피해자 또는 조사과정에 동석하였던 신뢰관계에 있는 자의 진술에 의하여 그 성립의 진정함이 인정된 때에는 증거로 할 수 있다.

⑦ 누구든지 제1항에 따라 촬영한 영상물을 수사 및 재판의 용도 외에 다른 목적으로 사용하여서는 아니 된다.

제27조(증거보전의 특례) ① 아동ㆍ청소년대상 성범죄의 피해자, 그 법정대리인 또는 경찰은 피해자가 공판기일에 출석하여 증언하는 것에 현저히 곤란한 사정이 있을 때에는 그 사유를 소명하여 제26조에 따라 촬영된 영상물 또는 그 밖의 다른 증거물에 대하여 해당 성범죄를 수사하는 검사에게 「형사소송법」 제184조제1항에 따른 증거보전의 청구를 할 것을 요청할 수 있다.

② 제1항의 요청을 받은 검사는 그 요청이 상당한 이유가 있다고 인정하는 때에는 증거보전의 청구를 하여야 한다.

제28조(신뢰관계에 있는 사람의 동석) ① 법원은 아동·청소년대상 성범죄의 피해자를 증인으로 신문하는 경우에 검사, 피해자 또는 법정대리인이 신청하는 경우에는 재판에 지장을 줄 우려가 있는 등 부득이한 경우가 아니면 피해자와 신뢰관계에 있는 사람을 동석하게 하여야 한다.

② 제1항은 수사기관이 제1항의 피해자를 조사하는 경우에 관하여 준용한다.

③ 제1항 및 제2항의 경우 법원과 수사기관은 피해자와 신뢰관계에 있는 사람이 피해자에게 불리하거나 피해자가 원하지 아니하는 경우에는 동석하게 하여서는 아니 된다.

3. 벌 칙

제65조(벌칙) ① 다음 각 호의 어느 하나에 해당하는 자는 5년 이하의 징역 또는 5천만원 이하의 벌금에 처한다.

  1. 제25조의7을 위반하여 직무상 알게 된 신분비공개수사 또는 신분위장수사에 관한 사항을 외부에 공개하거나 누설한 자

  2. 제54조를 위반하여 직무상 알게 된 등록정보를 누설한 자

  3. 제55조제1항 또는 제2항을 위반한 자

  4. 정당한 권한 없이 등록정보를 변경하거나 말소한 자

② 제42조에 따른 보호처분을 위반한 자는 2년 이하의 징역 또는 2천만원 이하의 벌금에 처한다.

③ 제21조제2항에 따라 징역형 이상의 실형과 이수명령이 병과된 자가 보호관찰소의 장 또는 교정시설의 장의 이수명령 이행에 관한 지시에 불응하여 「보호관찰 등에 관한 법률」 또는 「형의 집행 및 수용자의 처우에 관한 법률」에 따른 경고를 받은 후 재차 정당한 사유 없이 이수명령 이행에 관한 지시에 불응한 경우에는 1년 이하의 징역 또는 1천만원 이하의 벌금에 처한다.

④ 다음 각 호의 어느 하나에 해당하는 자는 1년 이하의 징역 또는 500만원 이하의 벌금에 처한다.

  1. 제34조제3항을 위반하여 신고자 등의 신원을 알 수 있는 정보나 자료를 출판물에 게재하거나 방송 또는 정보통신망을 통하여 공개한 자

  2. 제55조제3항을 위반한 자

⑤ 제21조제2항에 따라 벌금형과 이수명령이 병과된 자가 보호관찰소의 장의 이수명령 이행에 관한 지시에 불응하여 「보호관찰 등에 관한 법률」에 따른 경고를 받은 후 재차 정당한 사유 없이 이수명령 이행에 관한 지시에 불응한 경우에는 1천만원 이하의 벌금에 처한다.

제66조(벌칙) 보호관찰 대상자가 제62조제1항에 따른 제재조치를 받은 이후 재차 정당한 이유 없이 준수사항을 위반하면 3년 이하의 징역 또는 1천만원 이하의 벌금에 처한다.

제32조(양벌규정) 법인의 대표자나 법인 또는 개인의 대리인, 사용인, 그 밖의 종업원이 그 법인 또는 개인의 업무에 관하여 제14조제3항, 제15조제2항·제3항 또는 제31조제3항의 어느 하나에 해당하는 위반행위를 하면 그 행위자를 벌하는 외에 그 법인 또는 개인에게도 해당 조문의 벌금형을 과(科)하고, 제11조제1항부터 제6항까지, 제12조, 제14조제1항·제2항·제4항 또는 제15조제1항의 어느 하나에 해당하는 위반행위를 하면 그 행위자를 벌하는 외에 그 법인 또는 개인을 5천만원 이하의 벌금에 처한다. 다만, 법인 또는 개인이 그 위반행위를 방지하기 위하여 해당 업무에 관하여 상당한 주의와 감독을 게을리하지 아니한 경우에는 그러하지 아니하다.

4. 죄명표

해당조문	죄 명 표 시
제7조 제1항	아동·청소년의성보호에관한법률위반(강간)
제2항	아동·청소년의성보호에관한법률위반(유사성행위)
제3항	아동·청소년의성보호에관한법률위반(강제추행)
제4항	아동·청소년의성보호에관한법률위반(준강간, 준유사성행위, 준강제추행)
제5항	아동·청소년의성보호에관한법률위반[위계등(간음, 추행)]
제7조의2	아동·청소년의성보호에관한법률위반[(제7조 각항의 각 죄명)(예비, 음모)]
제8조 제1항	아동·청소년의성보호에관한법률위반(장애인간음)
제8조 제2항	아동·청소년의성보호에관한법률위반(장애인추행)
제8조의2 제1항	아동·청소년의성보호에관한법률위반(16세미만아동·청소년간음)
제8조의2 제2항	아동·청소년의성보호에관한법률위반(16세미만아동·청소년추행)
제9조	아동·청소년의성보호에관한법률위반[강간등(상해, 치상)]
제10조	아동·청소년의성보호에관한법률위반[강간등(살인, 치사)]
제11조 제5항	아동·청소년의성보호에관한법률위반(성착취물소지)
제11조 제7항	아동·청소년의성보호에관한법률위반(상습성착취물제작·배포등)
그 외의 11조	아동·청소년의성보호에관한법률위반(성착취물제작·배포등)
제12조	아동·청소년의성보호에관한법률위반(매매)
제13조	아동·청소년의성보호에관한법률위반(성매수등)
제14조	아동·청소년의성보호에관한법률위반(강요행위등)
제15조	아동·청소년의성보호에관한법률위반(알선영업행위등)
제16조	아동·청소년의성보호에관한법률위반(합의강요)
제17조 제1항	아동·청소년의성보호에관한법률위반(음란물온라인서비스제공)
제31조	아동·청소년의성보호에관한법률위반(비밀누설)
그 외	아동·청소년의성보호에관한법률위반

Ⅲ. 범죄사실

1. 아동 · 청소년에 대한 강간 등 (유사성교행위)

1) 적용법조 : 제7조 제1항 ☞ 공소시효 성년에 달한 날부터 15년

제7조(아동 · 청소년에 대한 강간 · 강제추행 등) ① 폭행 또는 협박으로 아동 · 청소년을 강간한 사람은 무기 또는 5년 이상의 징역에 처한다.
② 아동 · 청소년에 대하여 폭행이나 협박으로 다음 각 호의 어느 하나에 해당하는 행위를 한 자는 5년 이상의 유기징역에 처한다.
 1. 구강 · 항문 등 신체(성기는 제외한다)의 내부에 성기를 넣는 행위
 2. 성기 · 항문에 손가락 등 신체(성기는 제외한다)의 일부나 도구를 넣는 행위
③ 아동 · 청소년에 대하여 「형법」 제298조의 죄를 범한 자는 2년 이상의 유기징역 또는 1천만원 이상 3천만원 이하의 벌금에 처한다.
④ 아동 · 청소년에 대하여 「형법」 제299조의 죄를 범한 자는 제1항부터 제3항까지의 예에 따른다.
⑤ 위계 또는 위력으로써 아동 · 청소년을 간음하거나 아동 · 청소년을 추행한 자는 제1항부터 제3항까지의 예에 따른다.
⑥ 제1항부터 제5항까지의 미수범은 처벌한다.
제7조의2(예비, 음모) 제7조의 죄를 범할 목적으로 예비 또는 음모한 사람은 3년 이하의 징역에 처한다.
제9조(강간 등 상해 · 치상) 제7조의 죄를 범한 사람이 다른 사람을 상해하거나 상해에 이르게 한 때에는 무기 또는 7년 이상의 징역에 처한다.
제10조(강간 등 살인 · 치사) ① 제7조의 죄를 범한 사람이 다른 사람을 살해한 때에는 사형 또는 무기징역에 처한다.
② 제7조의 죄를 범한 사람이 다른 사람을 사망에 이르게 한 때에는 사형, 무기 또는 10년 이상의 징역에 처한다.
제20조(공소시효에 관한 특례) ② 제7조의 죄는 디엔에이(DNA)증거 등 그 죄를 증명할 수 있는 과학적인 증거가 있는 때에는 공소시효가 10년 연장된다.

2) 범죄사실 기재례

[기재례1] 유사성교 행위

> 피의자는 ○○고등학교 교장이고, 아동 · 청소년인 피해자 甲은 위 학교의 여학생인바, 피의자는 피해자를 교장실로 불러 ○○에 있는 자신의 관사로 오도록 하고, 피해자가 이에 응하지 아니하면 교장실로 다시 불러 관사로 오도록 하는 등 교장이라는 지위를 이용하여 피해자의 반항 의사를 제압하여 아래와 같이 위력으로 아동 · 청소년인 피해자의 성기에 손가락을 넣는 등 소위 '유사성교행위'를 하였다.
> 가. 피의자는 20○○. 6. 하순 18:30경 피의자의 위 관사 안방에서, 피해자 甲(여, 16세)을 침대에 눕힌 후 피의자의 혀를 피해자의 입안으로 넣고, 피해자의 가슴을 빨고 피해자의 음부에 손가락을 넣은 후 피해자에게 양다리를 벌리게 한 후 피해자의 음부를 핥고, 계속하여 피해자의 몸 위에 올라타 피의자의 성기를 피해자의 음부에 비비대면서 위아래로 왕복하였다. 이로써 피의자는 피해자의 성기에 손가락을 넣는 행위를 하였다.
> 나. 피의자는 20○○. 8. 12. 20:00경 피의자의 위 관사 안방에서, 위 피해자를 침대에 눕힌 후 피해자의 옷 속으로 손을 넣어 피해자의 가슴과 음부를 만지고, 손가락을 피해자의 음부에 넣었으며, 피의자의 성기를 피해자에게 빨게 하고, 피해자를 자신의 위로 올라오게 한 후 피해자의 허리를 양손으로 잡고 자신의 성기를 피해자의 음부에 대고 비비면서 위아래로 왕복하였다. 이로써 피의자는 피해자의 구강에 성기를 넣고, 피해자의 성기에 손가락을 넣는 행위를 하였다.

[기재례2] 교사의 학생 추행 및 개인정보보호법 위반

가. 아동 · 청소년의 성 보호에 관한 법률 위반(위계등추행)

피의자는 20○○. 3.경부터 20○○. 3.경까지 ○○에 있는 (명칭 1 생략) 고등학교에서 담임교사로 근무하면서, 학생들을 추행하더라도 미숙하고 나이가 어린 학생들이 학교생활 및 성적평가에 불이익을 우려하여 피의자의 행동에 대해 거절하거나 반항하기 어렵다는 점을 이용하여 학생들을 추행하기로 마음먹었다.

1) 피해자 갑(여, 17세)에 대한 범행

① 피의자는 20○○. 5.경 ○○에 있는 피의자가 담임교사로 근무하는 (명칭 1 생략) 고등학교 301호 실습실에서, 공부하는 피해자 옆에 앉아 피해자에게 "남자 친구 있냐, 없으면 남자 친구 대신 그 사랑을 나한테 주면 안 되냐?" 라고 말하며 손을 어깨에 올리고 팔뚝에 손가락을 대고 몸을 밀착시켰다.

② 피의자는 20○○. 6.경 위 고등학교 교무실에서, 피해자에게 "다른 애들은 애교도 부리는데 너는 왜 애교를 부리지 않니?" 라고 말을 하며 손을 피해자의 어깨에 올리고 몸을 피해자에게 가까이 밀착시켰다.

2) 피해자 을(여, 18세)에 대한 범행

피의자는 20○○. 9.경 위 고등학교 교실에서, 7교시 실습수업을 마치고 종례를 하기 위하여 교실 뒷문으로 들어오는 피해자의 옆으로 가서 어깨동무한 후 피의자의 머리를 피해자의 머리와 맞대고 피의자의 볼을 피해자의 볼에 수회 닿게 하였다.

3) 피해자 병(여, 18세)에 대한 범행

피의자는 20○○년 여름경 위 고등학교 실습실에서, 갑자기 학생인 피해자의 옆자리에 앉아 어깨동무하고 피해자에게 "오늘도 지각을 안 했네. 앞으로 지각하지 말아라." 라고 이야기를 하며 피의자의 볼을 피해자의 볼에 수회 닿게 하였다.

이로써 피의자는 위력으로 아동 · 청소년인 피해자들을 추행하였다.

나. 개인정보 보호법 위반

피의자는 20○○. 11. 18.경부터 가항의 수사로 인하여 위 고등학교의 담임교사로서의 업무를 수행하지 않게 되었다.

1) 피의자는 20○○. 12. 12. ○○에 있는 (명칭 2 생략) 우체국에서, 담임교사로서 학생들로부터 받았던 주민등록등본을 통해 학부모들의 주소를 미리 알고 있는 것을 이용하여, 학부모 A, B, C, D의 주소로 '피의자를 신고한 것에 대한 학부모들과 학생들의 사과' 를 내용으로 하는 내용증명서를 발송하였다.

2) 피의자는 20○○. 12. 하순경 ○○에 있는 피의자가 위임한 ○○법률사무실에서, 위 항 기재 학부모들에 대한 내용증명 발송을 위임하면서 위 학부모들의 주소를 알려주었다.

이로써 피의자는 개인정보처리자로부터 개인정보를 제공받은 자로 개인정보를 제공받은 목적 외의 용도로 정보를 이용하였다.

※ 적용법조 : 아동 · 청소년의 성 보호에 관한 법률 제7조 제5항, 제3항, 형법 제298조, 개인정보보호법 제71조 제2호, 제19조

■ 판례 ■   **청소년의성보호에관한법률 제10조 제4항에 정한 '위력'의 의미 및 위력 행사 여부의 판단 방법**

청소년의성보호에관한법률위반(청소년강간등)죄는 '위계 또는 위력으로써 여자 청소년을 간음하거나 청소년에 대하여 추행한' 것인바, 이 경우 위력이라 함은 피해자의 자유의사를 제압하기에 충분한 세력을 말하고, 유형적이든 무형적이든 묻지 않으므로 폭행·협박뿐 아니라 행위자의 사회적·경제적·정치적인 지위나 권세를 이용하는 것도 가능하며, '위력으로써' 간음 또는 추행한 것인지 여부는 행사한 유형력의 내용과 정도 내지 이용한 행위자의 지위나 권세의 종류, 피해자의 연령, 행위자와 피해자의 이전부터의 관계, 그 행위에 이르게 된 경위, 구체적인 행위 태양, 범행 당시의 정황 등 제반 사정을 종합적으로 고려하여 판단하여야 한다(대법원 2007.8.23. 선고 2007도4818 판결).

■ 판례 ■   **甲이 청소년에게 성교의 대가로 돈을 주겠다고 거짓말하고 이에 속은 청소년과 성교 행위를 한 경우**

[1] 형법 제302조의 위계에 의한 미성년자간음죄에 있어서 위계의 의미

형법 제302조의 위계에 의한 미성년자간음죄에 있어서 위계라 함은 행위자가 간음의 목적으로 상대방에게 오인, 착각, 부지를 일으키고는 상대방의 그러한 심적 상태를 이용하여 간음의 목적을 달성하는 것을 말하는 것이고, 여기에서 오인, 착각, 부지란 간음행위 자체에 대한 오인, 착각, 부지를 말하는 것이지, 간음행위와 불가분적 관련성이 인정되지 않는 다른 조건에 관한 오인, 착각, 부지를 가리키는 것은 아니다.

[2] 甲의 행위가 청소년의성보호에관한법률 제10조 제4항 소정의 위계에 해당하는지 여부(소극)

피고인이 청소년에게 성교의 대가로 돈을 주겠다고 거짓말하고 청소년이 이에 속아 피고인과 성교행위를 하였다고 하더라도, 사리판단력이 있는 청소년에 관하여는 그러한 금품의 제공과 성교행위 사이에 불가분의 관련성이 인정되지 아니하는 만큼 이로 인하여 청소년이 간음행위 자체에 대한 착오에 빠졌다거나 이를 알지 못하였다고 할 수 없으므로 피고인의 행위는 청소년의성보호에관한 법률 제10조 제4항 소정의 위계에 해당하지 아니한다(대법원 2001.12.24. 선고 2001도5074 판결).

■ 판례 ■   **고소능력의 정도 및 고소능력이 없던 피해자가 후에 고소능력이 생긴 경우 고소기간의 기산점(= 고소능력이 생긴 때)**

[1] 고소를 함에는 고소능력이 있어야 하는바, 이는 피해를 받은 사실을 이해하고 고소에 따른 사회생활상의 이해관계를 알아차릴 수 있는 사실상의 의사능력으로 충분하므로 민법상의 행위능력이 없는 자라도 위와 같은 능력을 갖춘 자에게는 고소능력이 인정되고, 범행 당시 고소능력이 없던 피해자가 그 후에 비로소 고소능력이 생겼다면 그 고소기간은 고소능력이 생긴 때로부터 기산하여야 한다.
[2] 따라서 강간 피해 당시 14세의 정신지체아가 범행일로부터 약 1년 5개월 후 담임교사 등 주위 사람들에게 피해사실을 말하고 비로소 그들로부터 고소의 의미와 취지를 설명듣고 고소에 이른 경우, 위 설명을 들은 때 고소능력이 생겼다고 보아야 할 것이다(대법원 2007.10.11. 선고 2007도4962 판결).

■ 판례 ■   **체구가 큰 만 27세 남자가 만 15세(48kg)인 피해자의 거부 의사에도 불구하고, 성교를 위하여 피해자의 몸 위로 올라간 것 외에 별다른 유형력을 행사하지는 않은 경우, 청소년의 성보호에 관한 법률상 '위력에 의한 청소년 강간죄'의 성립여부(적극)**

피해자는 1991. 7. 26.생으로 이 사건 당시 만 15세 8개월 남짓의 키 164cm, 체중 48kg인 여자인데 비해, 피고인은 1979. 8. 20.생으로 이 사건 당시 만 27세 8개월 남짓의 신장 185cm, 체중 87kg인 남자인바, 피고인이 피해자의 반바지를 벗기려고 하자 피해자가 '안 하신다고 하셨잖아요' '하지 마세요'라고 하면

서 계속해서 명시적인 거부 의사를 밝혔음에도, '괜찮다' '가만히 있어'라고 말하면서 피해자의 바지와 팬티를 벗기고 몸으로 피해자를 누르면서 간음하기에 이른 점, 피해자가 처음 만난 피고인의 요구에 순순히 응하여 성관계를 가진다는 것은 경험칙상 납득되지 않는 점, 피고인이 공소외인과 피해자 및 공소외인의 다른 친구 2명과 함께 모텔을 찾으러 다닐 때만 하여도 피해자는 피고인과 단둘이 모텔방에 남게 될 것을 예상하지 못했던 것으로 보이는 점, 술에 취한데다가 나이, 키, 체중에서 현저한 차이가 나는 피고인과 단둘이 모텔방에 있게 된 피해자로서는 피고인에게 압도당하여 정상적인 반항을 하기가 어려웠으리라고 보이는 점 등에 비추어, 피고인이 이 사건 당시 피해자와 성교를 위하여 피해자의 몸 위로 올라간 것 이외에 별다른 유형력을 행사하지 않았더라도, 피고인이 몸으로 짓누르고 있어서 저항할 수가 없었고 겁을 먹은 나머지 그 의사에 반하여 간음을 당하였다고 할 수 있다(대법원 2008.7.24. 선고 2008도4069 판결).

■ 판례 ■   강제추행미수 사건

[1] 강제추행죄에서 '폭행'의 형태와 정도 및 '추행'의 의미와 판단 기준 / 추행의 고의로 폭행행위를 하여 실행행위에 착수하였으나 추행의 결과에 이르지 못한 경우, 강제추행미수죄가 성립하는지 여부(적극) 및 이러한 법리는 폭행행위 자체가 추행행위라고 인정되는 '기습추행'의 경우에도 마찬가지로 적용되는지 여부(적극)

강제추행죄는 상대방에 대하여 폭행 또는 협박을 가하여 항거를 곤란하게 한 뒤에 추행행위를 하는 경우뿐만 아니라 폭행행위 자체가 추행행위라고 인정되는 경우도 포함되며, 이 경우의 폭행은 반드시 상대방의 의사를 억압할 정도의 것일 필요는 없다. 추행은 객관적으로 일반인에게 성적 수치심이나 혐오감을 일으키게 하고 선량한 성적 도덕관념에 반하는 행위로서 피해자의 성적 자유를 침해하는 것을 말하며, 이에 해당하는지는 피해자의 의사, 성별, 연령, 행위자와 피해자의 이전부터의 관계, 행위에 이르게 된 경위, 구체적 행위태양, 주위의 객관적 상황과 그 시대의 성적 도덕관념 등을 종합적으로 고려하여 신중히 결정되어야 한다. 그리고 추행의 고의로 상대방의 의사에 반하는 유형력의 행사, 즉 폭행행위를 하여 실행행위에 착수하였으나 추행의 결과에 이르지 못한 때에는 강제추행미수죄가 성립하며, 이러한 법리는 폭행행위 자체가 추행행위라고 인정되는 이른바 '기습추행'의 경우에도 마찬가지로 적용된다.

[2] 피고인이 밤에 술을 마시고 배회하던 중 버스에서 내려 혼자 걸어가는 피해자 甲을 발견하고 마스크를 착용한 채 뒤따라가다가 인적이 없고 외진 곳에서 가까이 접근하여 껴안으려 하였으나, 甲이 뒤돌아보면서 소리치자 그 상태로 몇 초 동안 쳐다보다가 다시 오던 길로 되돌아갔다고 하여 아동·청소년의 성보호에 관한 법률 위반으로 기소된 사안에서, 피고인의 행위가 아동·청소년에 대한 강제추행미수죄에 해당한다고 한 사례

피고인이 밤에 술을 마시고 배회하던 중 버스에서 내려 혼자 걸어가는 피해자 甲(여, 17세)을 발견하고 마스크를 착용한 채 뒤따라가다가 인적이 없고 외진 곳에서 가까이 접근하여 껴안으려 하였으나, 甲이 뒤돌아보면서 소리치자 그 상태로 몇 초 동안 쳐다보다가 다시 오던 길로 되돌아갔다고 하여 아동·청소년의 성보호에 관한 법률 위반으로 기소된 사안에서, 피고인과 甲의 관계, 甲의 연령과 의사, 행위에 이르게 된 경위와 당시 상황, 행위 후 甲의 반응 및 행위가 甲에게 미친 영향 등을 고려하여 보면, 피고인은 甲을 추행하기 위해 뒤따라간 것으로 추행의 고의를 인정할 수 있고, 피고인이 가까이 접근하여 갑자기 뒤에서 껴안는 행위는 일반인에게 성적 수치심이나 혐오감을 일으키게 하고 선량한 성적 도덕관념에 반하는 행위로서 甲의 성적 자유를 침해하는 행위여서 그 자체로 이른바 '기습추행' 행위로 볼 수 있으므로, 피고인의 팔이 甲의 몸에 닿지 않았더라도 양팔을 높이 들어 갑자기 뒤에서 껴안으려는 행위는 甲의 의사에 반하는 유형력의 행사로서 폭행행위에 해당하며, 그때 '기습추행'에 관한 실행의 착수가 있는데, 마침 甲이 뒤돌아보면서 소리치는 바람에 몸을 껴안는 추행의 결과에 이르지 못하고 미수에 그쳤으므로, 피고인의 행위는 아동·청소년에 대한 강제추행미수죄에 해당한다.(대법원 2015.9.10. 선고, 2015도6980,2015모2524, 판결)

2. 장애인 청소년간음

1) 적용법조 : 제8조 제2항 ☞ 공소시효 성년에 달한 날부터 10년

> **제8조(장애인인 아동·청소년에 대한 간음 등)** ① 19세 이상의 사람이 13세 이상의 장애 아동·청소년(「장애인복지법」 제2조제1항에 따른 장애인으로서 신체적인 또는 정신적인 장애로 사물을 변별하거나 의사를 결정할 능력이 미약한 아동·청소년을 말한다. 이하 같다)을 간음하거나 13세 이상의 장애 아동·청소년으로 하여금 다른 사람을 간음하게 하는 경우에는 3년 이상의 유기징역에 처한다.
> ② 19세 이상의 사람이 13세 이상의 장애 아동·청소년을 추행한 경우 또는 13세 이상의 장애 아동·청소년으로 하여금 다른 사람을 추행하게 하는 경우에는 10년 이하의 징역 또는 5천만원 이하의 벌금에 처한다.

2) 범죄사실 기재례

> 피의자는 20○○. ○. ○. 01:00경 ○○에 있는 ○○카페 부근 상호를 알 수 없는 여관 객실에서, 지적장애로 심신미약 상태인 피해자 홍미라(여, 17세)에게 남자를 소개해 준다며 피해자를 위 장소까지 유인한 후 1회 성교하여 피해자를 간음하였다.

3) 신문시 유의사항

- 피의자는 19세 이상일 경우(19세 미만일 경우 제7조 제5항 등으로 처벌)
- 피해자는 13세이상 19세 미만 장애인일 것(13세 미만일 경우 성폭법, 19세 이상일 경우 형법적용)
- 간음함으로써 성립하고 폭행협박에 이르지 않을 것(폭행협박이 수반될 경우 제7조 적용)

■ **판례** ■　제8조 제1항에서 정한 '사물을 변별할 능력', '의사를 결정할 능력'의 의미 및 위 각 능력이 미약한지 여부의 판단 기준

　'사물을 변별할 능력'이란 사물의 선악과 시비를 합리적으로 판단하여 정할 수 있는 능력을 의미하고, '의사를 결정할 능력'이란 사물을 변별한 바에 따라 의지를 정하여 자기의 행위를 통제할 수 있는 능력을 의미하는데, 이러한 사물변별능력이나 의사결정능력은 판단능력 또는 의지능력과 관련된 것으로서 사실의 인식능력이나 기억능력과는 반드시 일치하는 것은 아니다. 한편 위 각 능력이 미약한지 여부는 전문가의 의견뿐 아니라 아동·청소년의 평소 언행에 관한 제3자의 진술 등 객관적 증거, 공소사실과 관련된 아동·청소년의 언행 및 사건의 경위 등 여러 사정을 종합하여 판단할 수 있는데, 이때 해당 연령의 아동·청소년이 통상 갖추고 있는 능력에 비하여 어느 정도 낮은 수준으로서 그로 인하여 성적 자기결정권을 행사할 능력이 부족하다고 판단되면 충분하다(대법원 2015.03.20. 선고 2014도17346 판결).

■ **판례** ■　사물을 변별할 능력', '의사를 결정할 능력'의 의미 및 위 각 능력이 미약한지 여부의 판단 기준

[1] 아동·청소년의 성보호에 관한 법률 제8조 제1항에서 정한 '사물을 변별할 능력', '의사를 결정할 능력'의 의미 및 위 각 능력이 미약한지 여부의 판단 기준

　'사물을 변별할 능력'이란 사물의 선악과 시비를 합리적으로 판단하여 정할 수 있는 능력을 의미하고, '의사를 결정할 능력'이란 사물을 변별한 바에 따라 의지를 정하여 자기의 행위를 통제할 수 있는 능력을 의미하는데, 이러한 사물변별능력이나 의사결정능력은 판단능력 또는 의지능력

과 관련된 것으로서 사실의 인식능력이나 기억능력과는 반드시 일치하는 것은 아니다. 한편 위 각 능력이 미약한지 여부는 전문가의 의견뿐 아니라 아동·청소년의 평소 언행에 관한 제3자의 진술 등 객관적 증거, 공소사실과 관련된 아동·청소년의 언행 및 사건의 경위 등 여러 사정을 종합하여 판단할 수 있는데, 이때 해당 연령의 아동·청소년이 통상 갖추고 있는 능력에 비하여 어느 정도 낮은 수준으로서 그로 인하여 성적 자기결정권을 행사할 능력이 부족하다고 판단되면 충분하다.

[2] 제8조 제1항의 취지 및 위 조항이 장애인의 일반적인 성적 자기결정권을 과도하게 침해하는지 여부(소극)

제8조 제1항은 일반 아동·청소년보다 판단능력이 미약하고 성적 자기결정권을 행사할 능력이 부족한 장애 아동·청소년을 대상으로 성적 행위를 한 자를 엄중하게 처벌함으로써 성적 학대나 착취로부터 장애 아동·청소년을 보호하기 위해 마련된 것으로 입법의 필요성과 정당성이 인정된다. 한편 비록 장애가 있더라도 성적 자기결정권을 완전하게 행사할 능력이 충분히 있다고 인정되는 경우에는 위 조항의 '사물을 변별하거나 의사를 결정할 능력이 미약한 아동·청소년'에 해당하지 않게 되어, 이러한 아동·청소년과의 간음행위를 위 조항으로 처벌할 수 없으므로, 위 조항이 장애인의 일반적인 성적 자기결정권을 과도하게 침해한다고 볼 수 없다.(대법원 2015. 3. 20., 선고, 2014도17346, 판결)

■ 판례 ■ 성폭력범죄의 처벌 등에 관한 특례법 제6조에서 규정하는 '신체적인 장애가 있는 사람'의 의미 및 신체적인 장애를 판단하는 기준 / 위 규정에서 처벌하는 '신체적인 장애가 있는 사람에 대한 강간·강제추행 등의 죄'가 성립하려면 행위자가 범행 당시 피해자에게 이러한 신체적인 장애가 있음을 인식하여야 하는지 여부(적극)

제6조는 신체적인 장애가 있는 사람에 대하여 강간의 죄 또는 강제추행의 죄를 범하거나 위계 또는 위력으로써 그러한 사람을 간음한 사람을 처벌하고 있다. 2010. 4. 15. 제정된 당초의 성폭력처벌법 제6조는 '신체적인 장애 등으로 항거불능인 상태에 있는 여자 내지 사람'을 객체로 하는 간음, 추행만을 처벌하였으나, 2011. 11. 17.자 개정 이후 '신체적인 장애가 있는 여자 내지 사람'을 객체로 하는 강간, 강제추행 등도 처벌대상으로 삼고 있다. 이러한 개정 취지는 성폭력에 대한 인지능력, 항거능력, 대처능력 등이 비장애인보다 낮은 장애인을 보호하기 위하여 장애인에 대한 성폭력범죄를 가중처벌하는 데 있다. 장애인복지법 제2조는 장애인을 '신체적·정신적 장애로 오랫동안 일상생활이나 사회생활에서 상당한 제약을 받는 자'라고 규정하고 있고, 성폭력처벌법과 유사하게 장애인에 대한 성폭력범행의 특칙을 두고 있는 아동·청소년의 성보호에 관한 법률 제8조는 장애인복지법상 장애인 개념을 그대로 가져와 장애 아동·청소년의 의미를 밝히고 있다. 장애인차별금지 및 권리구제 등에 관한 법률 제2조는 장애를 '신체적·정신적 손상 또는 기능상실이 장기간에 걸쳐 개인의 일상 또는 사회생활에 상당한 제약을 초래하는 상태'라고 규정하면서, 그러한 장애가 있는 사람을 장애인이라고 규정하고 있다. 이와 같은 관련 규정의 내용을 종합하면, 성폭력처벌법 제6조에서 규정하는 '신체적인 장애가 있는 사람'이란 '신체적 기능이나 구조 등의 문제로 일상생활이나 사회생활에서 상당한 제약을 받는 사람'을 의미한다고 해석할 수 있다.

한편 장애와 관련된 피해자의 상태는 개인별로 그 모습과 정도에 차이가 있는데 그러한 모습과 정도가 성폭력처벌법 제6조에서 정한 신체적인 장애를 판단하는 본질적인 요소가 되므로, 신체적인 장애를 판단함에 있어서는 해당 피해자의 상태가 충분히 고려되어야 하고 비장애인의 시각과 기준에서 피해자의 상태를 판단하여 장애가 없다고 쉽게 단정해서는 안 된다.

아울러 본 죄가 성립하려면 행위자도 범행 당시 피해자에게 이러한 신체적인 장애가 있음을 인식하여야 한다. (대법원 2021. 2. 25., 선고, 2016도4404, 2016전도49, 판결)

3. 궁박한 상태 청소년간음

1) 적용법조 : 제8조의2 제1항 ☞ 공소시효 성년에 달한 날부터 10년

제8조의2(13세 이상 16세 미만 아동·청소년에 대한 간음 등) ① 19세 이상의 사람이 13세 이상 16세 미만인 아동·청소년(제8조에 따른 장애 아동·청소년으로서 16세 미만인 자는 제외한다. 이하 이 조에서 같다)의 궁박(窮迫)한 상태를 이용하여 해당 아동·청소년을 간음하거나 해당 아동·청소년으로 하여금 다른 사람을 간음하게 하는 경우에는 3년 이상의 유기징역에 처한다.
② 19세 이상의 사람이 13세 이상 16세 미만인 아동·청소년의 궁박한 상태를 이용하여 해당 아동·청소년을 추행한 경우 또는 해당 아동·청소년으로 하여금 다른 사람을 추행하게 하는 경우에는 10년 이하의 징역 또는 5천만원 이하의 벌금에 처한다.

2) 범죄사실 기재례

피의자는 20○○. 4. 25.경 서울시 ○○ ○○주택 30○호에 있는 피의자의 주거지에서, 스마트폰 애플리케이션인 '○○'을 통하여 알게 된 청소년인 피해자 갑(여, 15세)이 가출하여 갈 곳이 없고 용돈이 떨어져 지하철역 등에서 노숙을 하는 등 생활에 궁박한 상태라는 것을 알고 피해자에게 '나와 성관계를 하면 매일 용돈을 주며 앞으로 일자리를 알아봐 주겠다'라는 취지로 말하면서 피해자와 1회 성교하여 피해자를 간음하였다.

3) 신문시 유의사항
- 궁박한 상태란 반드시 경제적 궁핍상태(例, 파산·부도 등)에 한하지 않고, 정신적·육체적 궁박상태(例, 생명·신체의 위급 상태, 명예·신용에 대한 위난)를 포함하며, 사회적 곤궁상태(例, 주택난·자금난)를 모두 포함한다.
- 피의자는 19세 이상일 경우(19세 미만일 경우 제7조 제5항 등으로 처벌)
- 피해자는 13세 이상 19세 미만 아동청소년일 것(장애인일 경우 제8조, 13세 미만일 경우 성폭법, 19세 이상일 경우 형법 적용)
- 폭행협박에 이르지 않을 것(폭행협박이 수반될 경우 제7조 적용)
- 간음함으로써 성립

■ 판례 ■ **아동이 성적 자기결정권을 행사하였는지 판단함에 있어 고려할 사항**

[1] 15세의 중학생인 피해자가 피고인과 성관계를 할 당시 성적 자기결정권을 행사하였음을 전제로, 중단 요구를 무시하고 계속 성관계를 한 피고인의 행위에 대해 성적 학대행위에 해당하지 않는다고 판단한 원심이 타당한지 여부(소극)

국가와 사회는 아동·청소년에 대하여 다양한 보호의무를 부담한다. 국가는 청소년의 복지향상을 위한 정책을 실시하고(헌법 제34조 제4항), 초·중등교육을 실시할 의무(교육기본법 제8조)를 부담한다. 사법 영역에서도 마찬가지여서 친권자는 미성년자를 보호하고 양육하여야 하고(민법 제913조), 미성년자가 법정대리인의 동의 없이 한 법률행위는 원칙적으로 그 사유에 제한 없이 취소할 수 있다(민법 제5조). 법원도 아동·청소년이 피해자인 사건에서 아동·청소년이 특별히 보호되어야 할 대상임을 전제로 판단해왔다. 대법원은 아동복지법상 아동에 대한 성적 학대행위 해당 여부를 판단함에 있어 아동이 명시적인 반대 의사를 표시하지 아니하였더라도 성적 자기결정권을 행사하여 자신을 보호할 능력이 부족한 상황에 기인한 것인지 가려보아야 한다는 취지로 판시하였고(대법원 2015. 7. 9. 선고 2013도7787 판결 참조), 아동복지법상 아동매매죄에 있어서 설령 아동 자신이 동의하였더라도 유죄가 인정된다고 판시하였다(대법원 2015. 8. 27. 선고 2015도6480 판결 참조). 아동·청소년이 자신을 대상으로 음란물을 제작하는 데에 동의하였더라도 원칙적으로 청소년성보호법상 아동·청소년이용 음란물 제작죄를 구성한다는 판시(대법원 2015. 2. 12. 선고 2014도11501, 2014전도197 판결 참조)도 같은 취지이다.

이와 같이 아동·청소년을 보호하고자 하는 이유는, 아동·청소년은 사회적·문화적 제약 등으로 아직 온전한 자기결정권을 행사하기 어려울 뿐만 아니라, 인지적·심리적·관계적 자원의 부족으로 타인의 성적 침해 또는 착취행위로부터 자신을 방어하기 어려운 처지에 있기 때문이다. 또한 아동·청소년은 성적 가치관을 형성하고 성 건강을 완성해가는 과정에 있으므로 아동·청소년에 대한 성적 침해 또는 착취행위는 아동·청소년이 성과 관련한 정신적·신체적 건강을 추구하고 자율적 인격을 형성·발전시키는 데에 심각하고 지속적인 부정적 영향을 미칠 수 있다. 따라서 아동·청소년이 외관상 성적 결정 또는 동의로 보이는 언동을 하였다 하더라도, 그것이 타인의 기망이나 왜곡된 신뢰관계의 이용에 의한 것이라면, 이를 아동·청소년의 온전한 성적 자기결정권의 행사에 의한 것이라고 평가하기 어렵다(대법원 2020. 8. 27. 선고 2015도9436 전원합의체 판결 참조).

[2] 신체 노출 사진 인터넷 게시 등을 피해자에 대한 협박으로 인정하면서도 피고인이 계획한 간음 행위 시기와 2달 정도의 간격이 있고, 간음 행위에 대한 구체적인 계획까지 드러내지 않았음을 이유로 미수를 인정하지 않은 원심이 타당한지 여부(소극)

성적 자기결정권은 스스로 선택한 인생관 등을 바탕으로 사회공동체 안에서 각자가 독자적으로 성적 관념을 확립하고 이에 따라 사생활의 영역에서 자기 스스로 내린 성적 결정에 따라 자기책임 하에 상대방을 선택하고 성관계를 가질 권리로 이해된다. 여기에는 자신이 하고자 하는 성행위를 결정할 권리라는 적극적 측면과 함께 원치 않는 성행위를 거부할 권리라는 소극적 측면이 함께 존재하는데, 위계에 의한 간음죄를 비롯한 강간과 추행의 죄는 소극적 성적 자기결정권을 침해하는 것을 내용으로 한다(위 대법원 2015도9436 전원합의체 판결, 대법원 2019. 6. 13. 선고 2019도3341 판결 참조).(대법원 2020. 10. 29. 선고 2018도16466)

4. 청소년성착취물 제작 · 배포 등

1) 적용법조 : 제11조 제2항 ☞ 공소시효 10년(정보통신망법 제74조 제1항 제2호)

제11조(아동 · 청소년성착취물의 제작 · 배포 등) ① 아동 · 청소년성착취물을 제작 · 수입 또는 수출한 자는 무기 또는 5년 이상의 징역에 처한다.
② 영리를 목적으로 아동 · 청소년성착취물을 판매 · 대여 · 배포 · 제공하거나 이를 목적으로 소지 · 운반 · 광고 · 소개하거나 공연히 전시 또는 상영한 자는 5년 이상의 유기징역에 처한다.
③ 아동 · 청소년성착취물을 배포 · 제공하거나 이를 목적으로 광고 · 소개하거나 공연히 전시 또는 상영한 자는 3년 이상의 유기징역에 처한다.
④ 아동 · 청소년성착취물을 제작할 것이라는 정황을 알면서 아동 · 청소년을 아동 · 청소년성착취물의 제작자에게 알선한 자는 3년 이상의 유기징역에 처한다.
⑤ 아동 · 청소년성착취물을 구입하거나 아동 · 청소년성착취물임을 알면서 이를 소지 · 시청한 자는 1년 이상의 유기징역에 처한다.
⑥ 제1항의 미수범은 처벌한다
⑦ 상습적으로 제1항의 죄를 범한 자는 그 죄에 대하여 정하는 형의 2분의 1까지 가중한다.

2) 범죄사실 기재례

> 피의자는 20○○. ○. ○.경부터 20○○. ○. ○.경까지 사이에 ○○에 있는 피의자 경영 피시방에서, 성착취물이 저장된 서버 컴퓨터 2대 등 컴퓨터 18대, 위 컴퓨터를 서로 연결하여 놓은 통신망 등을 설치한 다음, 위 서버 컴퓨터에 인터넷 음란사이트로부터 내려받은 '미국 롤리타', '러시아 길거리 아이들' 등 청소년과의 성교행위 등이 표현된 청소년성착취물을 저장해 놓았다.
> 피의자는 손님들에게 시간당 ○○만원을 받고 컴퓨터의 바탕화면에 있는 '즐겨찾기' 라는 아이콘을 통하여 위 청소년성착취물인 동영상을 볼 수 있도록 함으로써 영리를 목적으로 청소년성착취물을 공연히 전시하였다.

3) 신문사항

- 피시방을 경영하고 있는가
- 언제부터 어디에서 하고 있는가
- 누가 관리 운영을 하는가
- 이 PC방에 청소년성착취물 동영상을 저장한 일이 있는가
- 어떤 동영상인가
- 어떤 방법으로 이런 성착취 동영상을 이용하게 하였나
- 누구를 상대로 하였나
- 언제부터 이런 동영상을 전시하였나
- 이러한 동영상은 언제 누구로부터 구입하였나
- 어떤 조건으로 구입했나
- 시간당 얼마를 받고 이용하도록 하였나

- 그동안 얼마상당의 이익을 보았나
- 이렇게 얻은 돈은 어떻게 하였나

■ 판례 ■   '아동·청소년으로 인식될 수 있는 사람이나 표현물'에 해당하는지 판단 기준

피고인들이 교복을 입은 여학생이 남성과 성행위를 하는 내용 등의 동영상 32건을 인터넷 사이트 게시판에 업로드하여 불특정 다수의 사람들이 이를 다운로드받을 수 있도록 함으로써 영리를 목적으로 아동·청소년이용음란물을 판매·대여·배포하거나 공연히 전시 또는 상영하였다고 하여 아동·청소년의 성보호에 관한 법률 위반으로 기소된 사안에서, 위 동영상은 모두 교실과 대중교통수단 등의 장소에서 체육복 또는 교복을 입었거나 가정교사로부터 수업을 받는 등 학생으로 연출된 사람이 성행위를 하는 것을 내용으로 하고 있어 '아동·청소년으로 인식될 수 있는 사람'이 등장하는 '아동·청소년이용음란물'에 해당한다고 보아야 하고, 해당 인물이 실제 성인으로 알려져 있다고 하여 달리 볼 수 없다는 이유로 유죄를 선고한 사례.(수원지법 2013.2.20, 선고 2012고단 3926,4943 판결)

■ 판례 ■   아동·청소년을 이용한 음란물 제작을 처벌하는 이유 및 아동·청소년의 동의가 있다거나 개인적인 소지·보관을 1차적 목적으로 제작하더라도 아동·청소년의 성보호에 관한 법률 제11조 제1항의 '아동·청소년이용음란물의 제작'에 해당하는지 여부(적극) / 직접 아동·청소년의 면전에서 촬영행위를 하지 않았더라도 아동·청소년이용음란물을 만드는 것을 기획하고 타인으로 하여금 촬영행위를 하게 하거나 만드는 과정에서 구체적인 지시를 한 경우, 아동·청소년이용음란물 '제작'에 해당하는지 여부(원칙적 적극)와 그 기수 시기(=촬영을 마쳐 재생이 가능한 형태로 저장된 때) 및 이러한 법리는 아동·청소년으로 하여금 스스로 자신을 대상으로 하는 음란물을 촬영하게 한 경우에도 마찬가지인지 여부(적극)

아동·청소년의 성보호에 관한 법률(이하 '청소년성보호법'이라 한다)의 입법목적은 아동·청소년을 대상으로 성적 행위를 한 자를 엄중하게 처벌함으로써 성적 학대나 착취로부터 아동·청소년을 보호하고 아동·청소년이 책임 있고 건강한 사회구성원으로 성장할 수 있도록 하려는 데 있다. 아동·청소년이용음란물은 직접 피해자인 아동·청소년에게는 치유하기 어려운 정신적 상처를 안겨줄 뿐만 아니라, 이를 시청하는 사람들에게까지 성에 대한 왜곡된 인식과 비정상적 가치관을 조장한다. 따라서 아동·청소년을 이용한 음란물 '제작'을 원천적으로 봉쇄하여 아동·청소년을 성적 대상으로 보는 데서 비롯되는 잠재적 성범죄로부터 아동·청소년을 보호할 필요가 있다. 특히 인터넷 등 정보통신매체의 발달로 음란물이 일단 제작되면 제작 후 제작자의 의도와 관계없이 언제라도 무분별하고 무차별적으로 유통에 제공될 가능성이 있다. 이러한 점에 아동·청소년을 이용한 음란물 제작을 처벌하는 이유가 있다. 그러므로 아동·청소년의 동의가 있다거나 개인적인 소지·보관을 1차적 목적으로 제작하더라도 청소년성보호법 제11조 제1항의 '아동·청소년이용음란물의 제작'에 해당한다고 보아야 한다. 피고인이 직접 아동·청소년의 면전에서 촬영행위를 하지 않았더라도 아동·청소년이용음란물을 만드는 것을 기획하고 타인으로 하여금 촬영행위를 하게 하거나 만드는 과정에서 구체적인 지시를 하였다면, 특별한 사정이 없는 한 아동·청소년이용음란물 '제작'에 해당한다. 이러한 촬영을 마쳐 재생이 가능한 형태로 저장이 된 때에 제작은 기수에 이르고 반드시 피고인이 그와 같이 제작된 아동·청소년이용음란물을 재생하거나 피고인의 기기로 재생할 수 있는 상태에 이르러야만 하는 것은 아니다. 이러한 법리는 피고인이 아동·청소년으로 하여금 스스로 자신을 대상으로 하는 음란물을 촬영하게 한 경우에도 마찬가지이다.(대법원 2018. 9. 13., 선고, 2018도9340, 판결)

■ **판례** ■ 구 아동·청소년의 성보호에 관한 법률 제11조 제5항에서 정한 '소지'의 의미 / 자신이 지배하지 않는 서버 등에 저장된 아동·청소년이용음란물에 접근하여 다운로드받을 수 있는 인터넷 주소(URL) 등을 제공받은 것에 그친 경우, 이를 아동·청소년이용음란물을 '소지'한 것으로 평가할 수 있는지 여부(원칙적 소극) / 아동·청소년성착취물 등을 구입한 다음 직접 다운로드받을 수 있는 인터넷 주소를 제공받은 경우, 2020. 6. 2. 개정된 아동·청소년의 성보호에 관한 법률 제11조 제5항, 2020. 5. 19. 개정된 성폭력범죄의 처벌 등에 관한 특례법 제14조 제4항에 따라 처벌되는지 여부(적극)

구 아동·청소년의 성보호에 관한 법률(2020. 6. 2. 법률 제17338호로 개정되기 전의 것) 제11조 제5항은 "아동·청소년이용음란물임을 알면서 이를 소지한 자는 1년 이하의 징역 또는 2천만 원 이하의 벌금에 처한다."라고 규정하고 있다. 여기서 '소지'란 아동·청소년이용음란물을 자기가 지배할 수 있는 상태에 두고 지배관계를 지속시키는 행위를 말하고, 인터넷 주소(URL)는 인터넷에서 링크하고자 하는 웹페이지나 웹사이트 등의 서버에 저장된 개개의 영상물 등의 웹 위치정보 또는 경로를 나타낸 것에 불과하다.

따라서 아동·청소년이용음란물 파일을 구입하여 시청할 수 있는 상태 또는 접근할 수 있는 상태만으로 곧바로 이를 소지로 보는 것은 소지에 대한 문언 해석의 한계를 넘어서는 것이어서 허용될 수 없으므로, 피고인이 자신이 지배하지 않는 서버 등에 저장된 아동·청소년이용음란물에 접근하여 다운로드받을 수 있는 인터넷 주소 등을 제공받은 것에 그친다면 특별한 사정이 없는 한 아동·청소년이용음란물을 '소지'한 것으로 평가하기는 어렵다.

한편 2020. 6. 2. 법률 제17338호로 개정된 아동·청소년의 성보호에 관한 법률 제11조 제5항은 아동·청소년성착취물을 구입하거나 시청한 사람을 처벌하는 규정을 신설하였고, 2020. 5. 19. 법률 제17264호로 개정된 성폭력범죄의 처벌 등에 관한 특례법 제14조 제4항은 카메라 등을 이용하여 성적 욕망 또는 수치심을 유발할 수 있는 사람의 신체를 촬영대상자의 의사에 반하여 촬영한 촬영물 또는 복제물을 소지·구입·저장 또는 시청한 사람을 처벌하는 규정을 신설하였다. 따라서 아동·청소년성착취물 등을 구입한 다음 직접 다운로드받을 수 있는 인터넷 주소를 제공받았다면 위 규정에 따라 처벌되므로 처벌공백의 문제도 더 이상 발생하지 않는다.(대법원 2023. 6. 29. 선고 2022도6278 판결)

5. 청소년 매매행위

1) 적용법조 : 제12조 제1항 ☞ 공소시효 성년에 달한 날부터 15년

> **제12조(아동·청소년 매매행위)** ① 아동·청소년의 성을 사는 행위 또는 아동·청소년성착취물을 제작하는 행위의 대상이 될 것을 알면서 아동·청소년을 매매 또는 국외에 이송하거나 국외에 거주하는 아동·청소년을 국내에 이송한 자는 무기 또는 5년 이상의 징역에 처한다.
> ② 제1항의 미수범은 처벌한다.

2) 범죄사실 기재례

> 피의자는 홍길동이 ○○에서 ○○업을 하고 있었기 때문에 청소년을 상대로 성매매행위를 할 것을 알고 있었다.
> 그럼에도 불구하고 피의자는 20○○. ○. ○. ○○에서 청소년인 甲(여, 18세)을 위 홍길동에게 ○○만원을 받고 넘겨 청소년의 성을 사는 행위의 대상이 될 것을 알면서 매매하였다.

3) 신문사항

- 홍길동을 알고 있는가
- 홍길동이 어디에서 어떤 일을 하고 있는가
- 피의자는 청소년인 甲녀를 알고 있는가
- 위 甲녀를 언제 어떻게 만나 처음 알게 되었나
- 甲녀가 청소년인 것 알고 있는가
- 甲녀를 홍길동에게 매매한 일이 있는가
- 언제 어디에서 어떤 조건으로 매매하였나
- 홍길동이 甲녀를 어떻게 할 것을 알면서 넘겨 주었는가
- 그럼 청소년을 상대로 성매매 사실을 알면서도 넘겼다는 것인가

6. 청소년의 성(性)을 사는 행위

1) 적용법조 : 제13조 제1항 ☞ 공소시효 성년에 달한 날부터 10년

> **제13조(아동·청소년의 성을 사는 행위 등)** ① 아동·청소년의 성을 사는 행위를 한 자는 1년 이상 10년 이하의 징역 또는 2천만원 이상 5천만원 이하의 벌금에 처한다.
> ② 아동·청소년의 성을 사기 위하여 아동·청소년을 유인하거나 성을 팔도록 권유한 자는 3년 이하의 징역 또는 3천만원 이하의 벌금에 처한다.
> ③ 16세 미만의 아동·청소년 및 장애 아동·청소년을 대상으로 제1항 또는 제2항의 죄를 범한 경우에는 그 죄에 정한 형의 2분의 1까지 가중처벌한다.

2) 범죄사실 기재례

> 피의자는 20○○. ○. ○. ○○에 있는 홍콩모텔 304호실에서 20○○. ○. ○.경 인터넷 채팅을 통하여 알게 된 청소년인 홍길녀(여, 17세)에게 용돈 명목으로 ○○만원을 주고 성교하여 청소년의 성을 사는 행위를 하였다.

3) 신문사항

- 피의자는 청소년인 홍길녀를 알고 있는가
- 위 홍길녀를 언제 어떻게 만나 처음 알게 되었나
- 홍길녀가 청소년인 것 알고 있는가
- 홍길녀와 성교한 일이 있는가
- 언제 어디에서 성교하였나
- 어떻게 그곳에 가게 되었나
- 어떠한 조건으로 성교하였나
- 홍길녀가 순순히 피의자를 따라 가던가
- 청소년에게 용돈을 주고 성교한 것에 대해 어떻게 생각하나

■ **판례** ■ **피고인이 피해자에게 제공한 편의 즉, 숙소의 제공과 기타 차비 명목의 금전 교부 등이 성교의 대가로 제공한 것인지의 여부(적극)**

청소년인 피해자가 숙식의 해결 등 생활비 조달이 매우 어려운 처지에 놓이게 되어 피고인을 만나 함께 잠을 자는 방법으로 숙소를 해결하는 외에는 공원이나 길에서 잠을 자야만 할 정도로 절박한 상황에 처해 있었던 점, 피고인은 피해자가 잠잘 곳이 없다는 사정을 미리 알고 있었으며, 특히 피해자로서는 피고인의 성교 요구를 거절하면 야간에 집 또는 여관에서 쫓겨날 것을 두려워하여 어쩔 수 없이 성교를 하게 되었던 점, 피해자는 그 이후 피고인과 지속적으로 만나거나 특별한 애정관계를 유지하지는 아니하였던 점 등을 종합적으로 고려해 볼 때, 피고인이 피해자에게 제공한 편의 즉, 숙소의 제공과 기타 차비 명목의 금전 교부 등은 피고인과 피해자 사이의 사생활 내지 애정관계에서 발생한 부대비용의 부담으로 볼 수는 없고, 피고인이 피해자에게 성교의 대가로 제공한 것이라고 인정함이 상당하다(대법원 2002.3.15. 선고 2002도83 판결).

■ 판례 ■　　이미 성매매 의사를 가지고 있었던 아동·청소년에게 성을 팔도록 권유하는 행위도 아동·청소년의 성보호에 관한 법률 제10조 제2항에서 정한 '성을 팔도록 권유하는 행위'에 포함되는지 여부(적극)

피고인이 인터넷 채팅사이트를 통하여, 이미 성매매 의사를 가지고 성매수자를 물색하고 있던 청소년 갑과 성매매 장소, 대가 등에 관하여 구체적 합의에 이른 다음 약속장소 인근에 도착하여 갑에게 전화로 요구 사항을 지시한 사안에서, 피고인의 행위가 아동·청소년의 성보호에 관한 법률 제10조 제2항에서 정한 '아동·청소년에게 성을 팔도록 권피고인이 인터넷 채팅사이트를 통하여, 이미 성매매 의사를 가지고 성매수 행위를 할 자를 물색하고 있던 청소년 갑(여, 16세)과 성매매 장소, 대가, 연락방법 등에 관하여 구체적인 합의에 이른 다음, 약속장소 인근에 도착하여 갑에게 전화를 걸어 '속바지를 벗고 오라'고 지시한 사안에서, 피고인의 일련의 행위가 아동·청소년의 성보호에 관한 법률 제10조 제2항에서 정한 '아동·청소년에게 성을 팔도록 권유하는 행위'에 해당한다.(대법원 2011.11.10. 선고 2011도3934 판결)

■ 판례 ■　　아동·청소년의 성을 사는 행위를 알선하는 행위로 아동·청소년의 성을 사는 행위를 한 사람이 행위의 상대방이 아동·청소년임을 인식하여야 하는지 여부(소극)

아동·청소년의 성을 사는 행위를 알선하는 행위를 업으로 하여 청소년성보호법 제15조 제1항 제2호의 위반죄가 성립하기 위해서는 알선행위를 업으로 하는 사람이 아동·청소년을 알선의 대상으로 삼아 그 성을 사는 행위를 알선한다는 것을 인식하여야 하지만, 이에 더하여 알선행위로 아동·청소년의 성을 사는 행위를 한 사람이 행위의 상대방이 아동·청소년임을 인식하여야 한다고 볼 수는 없다.(대법원 2016.2.18. 선고, 2015도15664, 판결)

7. 청소년의 성을 사는 상대가 되도록 권유

1) 적용법조 : 제14조 제1항 제4호 ☞ 공소시효 성년에 달한 날부터 10년

제14조(아동·청소년에 대한 강요행위 등) ① 다음 각 호의 어느 하나에 해당하는 자는 5년 이상의 유기징역에 처한다.
1. 폭행이나 협박으로 아동·청소년으로 하여금 아동·청소년의 성을 사는 행위의 상대방이 되게 한 자
2. 선불금(先拂金), 그 밖의 채무를 이용하는 등의 방법으로 아동·청소년을 곤경에 빠뜨리거나 위계 또는 위력으로 아동·청소년으로 하여금 아동·청소년의 성을 사는 행위의 상대방이 되게 한 자
3. 업무·고용이나 그 밖의 관계로 자신의 보호 또는 감독을 받는 것을 이용하여 아동·청소년으로 하여금 아동·청소년의 성을 사는 행위의 상대방이 되게 한 자
4. 영업으로 아동·청소년을 아동·청소년의 성을 사는 행위의 상대방이 되도록 유인·권유한 자
② 제1항제1호부터 제3호까지의 죄를 범한 자가 그 대가의 전부 또는 일부를 받거나 이를 요구 또는 약속한 때에는 7년 이상의 유기징역에 처한다.
③ 아동·청소년의 성을 사는 행위의 상대방이 되도록 유인·권유한 자는 7년 이하의 징역 또는 5천만원 이하의 벌금에 처한다.
④ 제1항과 제2항의 미수범은 처벌한다.

2) 범죄사실 기재례

피의자는 ○○에서 "신속다방"이라는 상호로 휴게음식점업을 경영하는 사람이다. 영업으로 청소년을 청소년의 성을 사는 행위의 상대방이 되도록 유인·권유하여서는 아니 된다.
가. 청소년보호법 위반
영업장을 벗어나 다류 등을 배달·판매하게 하면서 소요시간에 따라 대가를 받는 청소년 유해업소인 속칭 티켓다방의 업주로서 청소년을 고용하여서는 아니 된다.
그럼에도 불구하고 피의자는 20○○. ○. ○. 경부터 20○○. ○. ○.경까지 사이에 위 다방에서 청소년인 최사라(여 17세)를 매상의 40%를 급여로 지불키로 하고 위 다방 종업원으로 고용하여 영업장을 벗어나 차를 배달·판매하게 하여 시간비로 1시간에 ○○원을 수수하였다.
나. 아동·청소년의 성 보호에 관한 법률 위반
피의자는 20○○. ○. ○. ○○:○○경부터 위 다방에서 성명불상의 남자로부터 차 배달 전화를 받고 위 최사라로 하여금 차를 배달·판매케 하여 영업으로 그녀에게 ○○에 있는 홍콩여관에서 성명을 알 수 없는 남자와 성매매행위를 하게 하여 화대로 ○○만원과 3시간의 시간비로 ○○만원을 받도록 하는 등 20○○. ○. ○.경까지 별지 범죄일람표 내용과 같이 총 ○○회에 걸쳐 총 ○○만원 상당을 받도록 하여 그녀에게 청소년의 성을 사는 행위의 상대가 되도록 권유하였다.

✱ "가항" 행위 ⇨ 티켓다방 청소년 고용(청소년보호법 제50조 제2호, 제24조 제1항)

8. 청소년의 성 알선행위업

1) 적용법조 : 제15조 제1항 제2호 ☞ 공소시효 성년에 달한 날부터 10년

제15조(알선영업행위 등) ① 다음 각 호의 어느 하나에 해당하는 자는 7년 이상의 유기징역에 처한다.
1. 아동·청소년의 성을 사는 행위의 장소를 제공하는 행위를 업으로 하는 자
2. 아동·청소년의 성을 사는 행위를 알선하거나 정보통신망(「정보통신망 이용촉진 및 정보보호 등에 관한 법률」 제2조제1항제1호의 정보통신망을 말한다. 이하 같다)에서 알선정보를 제공하는 행위를 업으로 하는 자
3. 제1호 또는 제2호의 범죄에 사용되는 사실을 알면서 자금·토지 또는 건물을 제공한 자
4. 영업으로 아동·청소년의 성을 사는 행위의 장소를 제공·알선하는 업소에 아동·청소년을 고용하도록 한 자
② 다음 각 호의 어느 하나에 해당하는 자는 7년 이하의 징역 또는 5천만원 이하의 벌금에 처한다.
1. 영업으로 아동·청소년의 성을 사는 행위를 하도록 유인·권유 또는 강요한 자
2. 아동·청소년의 성을 사는 행위의 장소를 제공한 자
3. 아동·청소년의 성을 사는 행위를 알선하거나 정보통신망에서 알선정보를 제공한 자
4. 영업으로 제2호 또는 제3호의 행위를 약속한 자
③ 아동·청소년의 성을 사는 행위를 하도록 유인·권유 또는 강요한 자는 5년 이하의 징역 또는 3천만원 이하의 벌금에 처한다.

2) 범죄사실 기재례

[기재례1] 채팅 이용 알선

> 피의자는 20○○. ○. ○.경 인터넷 채팅을 통해 알게 된 가출 청소년인 甲(여, 14세)에게 사귀자며 접근한 뒤 ○○에 있는 '홍콩모텔' 210호실에 甲과 함께 장기 투숙하면서 '버디버디'라는 채팅 사이트에 "○○ 만남하실 분, 15女"라는 채팅방을 개설하였다.
> 피의자는 이에 접속한 성명불상의 남자를 상대로 "조건합니다.○○"이라며 채팅하여, 甲으로 하여금 이에 응하는 성명불상의 남자들을 상대로 ○○에서 만나게 한 뒤 위 '홍콩모텔'로 함께 가 화대 명목으로 1시간에 15만 원, 2시간에 25만 원을 받고 성매매를 하도록 하는 방법으로 성매매 알선행위를 하기로 마음먹었다.
> 피의자는 20○○. ○. ○. 16:00경 위 모텔 불상의 호실에서 위와 같은 방법으로 청소년인 甲으로 하여금 성명불상의 남자로부터 화대 명목으로 25만 원을 받고 성교하도록 함으로써 청소년의 성을 사는 행위를 알선하였다.

[기재례2] 보도집 운영 알선

> 피의자는 ○○에서 청소년인 甲녀(18세), 乙녀(17세) 등을 상주시키면서 위 시내에 있는 ♠모텔, ♥모텔, ★여관 등의 종업원들에게 투숙객들이 성매매 여성을 찾으면 연락하여 달라면서 전화번호를 알려준 다음 위 모텔 등에서 전화가 걸려오면 위 청소년들을 그곳으로 보내어 성명을 알 수 없는 투숙객들과 성교하게 하고, 위 청소년들이 1회의 성매매행위로 받는 화대 중 30%를 숙식비명목으로 받는 등 속칭 보도집을 운영하는 사람이다.
> 피의자는 20○○. ○. ○. 21:00경 위 ♠모텔 불상의 호실에서 위와 같은 방법으로 청소년인 甲으로 하여금 성명불상의 남자로부터 화대 명목으로 ○○만 원을 받고 성교하도록 하였다.
> 피의자는 그때부터 20○○. ○. ○.까지 사이에 위와 같은 방법으로 청소년인 甲녀(18세), 乙녀(17세)로 하여금 성명 불상의 남자로부터 별지 범죄일람표 내용과 같이 화대 명목으로 총 ○○만원을 받고 성교하도록 하고 이중 30%를 숙식비명목으로 받아서 청소년의 성을 사는 행위를 알선하였다.

3) 신문사항

- 피의자는 어떠한 영업을 하고 있는가
- 청소년들에게 성을 파는 행위를 하도록 한 일이 있는가
- 언제부터 언제까지 하였나
- 성을 파는 행위를 하도록 한 청소년은 몇 명이며 그 들의 인적사항은
- 이들 청소년들을 처음 어떻게 고용하게 되었는가
- 어떠한 방법으로 성을 파는 행위를 알선하였나
- 누구를 상대로 하였나
- 청소년들이 1회 성매매행위를 하는데 화대로 얼마를 받았나
- 피의자는 이들에게 얼마를 받았나
- 어떠한 목적과 명목으로 받았나
- 지금까지 각 청소년들로부터 피의자가 받은 금액은

■ 판례 ■ **수회에 걸쳐 청소년 성매매 알선을 한 경우의 죄수**

청소년의 성보호에 관한 법률 제12조 제2항 제3호 위반죄는 같은 조 제1항 제2호 위반죄와는 달리 원칙적으로 각 알선행위마다 1개의 '성을 사는 행위의 알선죄'가 성립한다고 봄이 상당하므로, 각 알선행위의 일시·장소와 방법을 명시하여 다른 사실과 구별이 가능하도록 공소사실을 기재하여야 한다. (서울중앙지법 2009.2.16. 선고 2009고합12 선고 판결).

■ 판례 ■ **아동·청소년의 성을 사는 행위를 알선하는 행위를 업으로 하여 아동·청소년의 성보호에 관한 법률 제15조 제1항 제2호의 위반죄가 성립하기 위하여, 알선행위로 아동·청소년의 성을 사는 행위를 한 사람이 행위의 상대방이 아동·청소년임을 인식하여야 하는지 여부 (소극)**

아동·청소년의 성보호에 관한 법률(이하 '청소년성보호법'이라고 한다)은 성매매의 대상이 된 아동·청소년을 보호·구제하려는 데 입법 취지가 있고, 청소년성보호법에서 '아동·청소년의 성매매 행위'가 아닌 '아동·청소년의 성을 사는 행위'라는 용어를 사용한 것은 아동·청소년은 보호대상에 해당하고 성매매의 주체가 될 수 없어 아동·청소년의 성을 사는 사람을 주체로 표현한 것이다. 그리고 아동·청소년의 성을 사는 행위를 알선하는 행위를 업으로 하는 사람이 알선의 대상이 아동·청소년임을 인식하면서 알선행위를 하였다면, 알선행위로 아동·청소년의 성을 사는 행위를 한 사람이 행위의 상대방이 아동·청소년임을 인식하고 있었는지는 알선행위를 한 사람의 책임에 영향을 미칠 이유가 없다.

따라서 아동·청소년의 성을 사는 행위를 알선하는 행위를 업으로 하여 청소년성보호법 제15조 제1항 제2호의 위반죄가 성립하기 위해서는 알선행위를 업으로 하는 사람이 아동·청소년을 알선의 대상으로 삼아 그 성을 사는 행위를 알선한다는 것을 인식하여야 하지만, 이에 더하여 알선행위로 아동·청소년의 성을 사는 행위를 한 사람이 행위의 상대방이 아동·청소년임을 인식하여야 한다고 볼 수는 없다.(대법원 2016.2.18. 선고, 2015도15664, 판결)

9. 성착취 목적 대화 (카카오톡 이용 성적 수치심 유발)

1) 적용법조 : 제15조의2 제1항 제2호, 제2조 제4호 다목 ☞ 공소시효 5년

> **제15조의2(아동·청소년에 대한 성착취 목적 대화 등)** ① 19세 이상의 사람이 성적 착취를 목적으로 정보통신망을 통하여 아동·청소년에게 다음 각 호의 어느 하나에 해당하는 행위를 한 경우에는 3년 이하의 징역 또는 3천만원 이하의 벌금에 처한다.
> 1. 성적 욕망이나 수치심 또는 혐오감을 유발할 수 있는 대화를 지속적 또는 반복적으로 하거나 그러한 대화에 지속적 또는 반복적으로 참여시키는 행위
> 2. 제2조제4호 각 목의 어느 하나에 해당하는 행위를 하도록 유인·권유하는 행위
> ② 19세 이상의 사람이 정보통신망을 통하여 16세 미만인 아동·청소년에게 제1항 각 호의 어느 하나에 해당하는 행위를 한 경우 제1항과 동일한 형으로 처벌한다.

2) 범죄사실 기재례

> 피의자는 ○○에서 ○○식당업을 하는 사람으로 20○○.○.○.부터 피의자의 식당 아르바이트생으로 청소년인 피해자 갑(여, 18세)이 취업하여 일하고 있었다.
> 19세 이상의 사람이 성적 착취를 목적으로 정보통신망을 통하여 아동·청소년에게 신체의 전부 또는 일부를 접촉·노출하는 행위로서 일반인의 성적 수치심이나 혐오감을 일으키는 행위를 하도록 유인·권유하는 행위를 하여서는 아니 된다.
> 그럼에도 피의자는 피해자가 평소 서빙 잘못으로 불이익을 우려하여 피의자의 행동에 대해 거절하거나 반항하기 어렵다는 점을 이용하여 교육한다는 명목으로 20○○.○.○. ○○:○○ 경 퇴근한 위 피해자에게 정보통신망(전화번호)인 카카오톡 화상통화로 전화하여 앞으로 계속 손님들에게 불친절하면 더 이상 아르바이트로 일하게 할 수 없다고 하였다.
> 그러면서 피의자는 손님들이 좋아하는 몸매를 갖추어야 손님들이 좋아하기 때문에 몸매를 확인해야 한다며 상의를 모두 탈의하게 한 후 하체 확인을 위해 하의도 모두 탈의하게 하였다.
> 이로써 피의자는 신체 전부를 노출하게 하여 성적 수치심을 일으키게 하는 행위를 하였다.

3) 신문사항

- 갑을 알고 있는가
- 갑을 피의자 종업원으로 고용한 사실이 있는가
- 언제부터 어떤 조건으로 고용하였는가
- 갑에게 퇴근시간 이후 전화한 사실이 있는가
- 언제 어떤 방법으로 전화하였는가
- 무엇 때문에 전화하였나
- 전화하여 뭐라고 하였는가
- 왜 갑에게 탈의하도록 하였는가
- 순순히 탈의하던가
- 갑이 피의자의 행위로 성적 수치심을 느꼈다고 생각하지 않았는가

10. 성폭력 피해자 합의 강요

1) 적용법조 : 제16조 ☞ 공소시효 5년

제16조(피해자 등에 대한 강요행위) 폭행이나 협박으로 아동·청소년대상 성범죄의 피해자 또는 「아동복지법」
제3조제3호에 따른 보호자를 상대로 합의를 강요한 자는 7년 이하의 징역에 처한다.

※ 아동복지법
제3조(용어) 이 법에서 사용하는 용어의 뜻은 다음과 같다.
 3. "보호자"란 친권자, 후견인, 아동을 보호·양육·교육하거나 그러한 의무가 있는 자 또는 업무·고용 등의 관
  계로 사실상 아동을 보호·감독하는 자를 말한다.

2) 범죄사실 기재례

 피의자는 乙의 친구로 乙이 20○○. ○. ○. 21:00경 ○○에서 피해자 홍길녀(여, 17세)를
강간한 사실을 乙로부터 전해 들어 알고 있다.
 피의자는 20○○. ○. ○. 11:00경 ○○에 있는 홍길녀를 찾아가 乙과 합의를 종용하면서
'만약 합의를 해주지 않으면 다니고 있는 학교 학생들에게 강간사실을 폭로하여 학교에 다
닐 수 없도록 하겠다' 라며 강간 피해자인 홍길녀를 상대로 합의를 강요하였다.

3) 신문사항

 − 乙과 홍길녀를 각 알고 있는가
 − 홍길녀가 乙에게 강간당한 내용을 알고 있는가
 − 언제 어떻게 알게 되었는가
 − 홍길녀에게 乙과 합의할 것을 강요한 일이 있는가
 − 언제 어디에서 홍길녀를 만났는가
 − 어떻게 그곳에서 만나게 되었나
 − 홍길녀의 연락처를 어떻게 알았는가
 (만약, 홍길녀의 승낙없이 담당경찰관이 알려주었다고 할 경우 경찰관은 개인정보보
  호법 위반)
 − 뭐라면서 乙과 합의를 강요하였는가
 − 홍길녀가 합의를 하겠다고 하던가

11. 성매매 피해상담소장의 비밀누설

1) 적용법조 : 제31조 제4항, 제1항 ☞ 공소시효 5년

> 제31조(비밀누설 금지) ① 아동·청소년대상 성범죄의 수사 또는 재판을 담당하거나 이에 관여하는 공무원 또는 그 직에 있었던 사람은 피해아동·청소년의 주소·성명·연령·학교 또는 직업·용모 등 그 아동·청소년을 특정할 수 있는 인적사항이나 사진 등 또는 그 아동·청소년의 사생활에 관한 비밀을 공개하거나 타인에게 누설하여서는 아니 된다.
> ② 제45조 및 제46조의 기관·시설 또는 단체의 장이나 이를 보조하는 자 또는 그 직에 있었던 자는 직무상 알게 된 비밀을 타인에게 누설하여서는 아니 된다.
> ③ 누구든지 피해아동·청소년의 주소·성명·연령·학교 또는 직업·용모 등 그 아동·청소년을 특정하여 파악할 수 있는 인적사항이나 사진 등을 신문 등 인쇄물에 싣거나 「방송법」 제2조제1호에 따른 방송(이하 "방송"이라 한다) 또는 정보통신망을 통하여 공개하여서는 아니 된다.
> ④ 제1항부터 제3항까지를 위반한 자는 7년 이하의 징역 또는 5천만원 이하의 벌금에 처한다. 이 경우 징역형과 벌금형은 병과할 수 있다.

2) 범죄사실 기재례

> 피의자는 ○○에서 성매매상담소장직에 있는 사람이다. 보호시설 및 상담시설의 기관·시설 또는 단체의 장이나 이를 보조하는 사람 또는 그 직에 있었던 사람은 직무상 알게 된 비밀을 타인에게 누설하여서는 아니 된다.
> 그럼에도 불구하고 피의자는 20○○. ○. ○. 위 상담소에서 강간피해 청소년인 홍길녀(17세)를 상담하는 과정에서 알게 된 위 홍길녀가 재학 중인 학교와 가족사항 등을 20○○. ○. ○. ○○에서 청소년 ○○명을 상대로 실시한 청소년강좌시 사례를 들어 말함으로써 직무상 알게 된 비밀을 누설하였다.

3) 신문사항

- 어떤 일을 하고 있는가
- 언제부터 성매매상담소장직에 재직하였나
- 홍길녀를 상담한 일이 있는가
- 언제 어디에서 상담하였나
- 어떤 상담을 하였는가
- 상담내용을 타인에게 누설한 일이 있는가
- 언제 어디에서 누구에게 말하였나
- 어떤 내용을 말하였나
- 무엇 때문에 이런 말을 하였는가
- 어떤 방법으로 합의를 요구하였는가

Ⅰ. 개념정의 및 고소특례

1. 개념정의

제2조(정의) 이 법에서 사용하는 용어의 뜻은 다음과 같다.

1. "아동"이란 「아동복지법」 제3조제1호에 따른 아동을 말한다.

2. "보호자"란 「아동복지법」 제3조제3호에 따른 보호자를 말한다.

3. "아동학대"란 「아동복지법」 제3조제7호에 따른 아동학대를 말한다.

4. "아동학대범죄"란 보호자에 의한 아동학대로서 다음 각 목의 어느 하나에 해당하는 죄를 말한다.

　　가. 「형법」 제2편제25장 상해와 폭행의 죄 중 제257조(상해)제1항·제3항, 제258조의2(특수상해)제1항(제257조제1항의 죄에만 해당한다)·제3항(제1항 중 제257조제1항의 죄에만 해당한다), 제260조(폭행)제1항, 제261조(특수폭행) 및 제262조(폭행치사상)(상해에 이르게 한 때에만 해당한다)의 죄

　　나. 「형법」 제2편제28장 유기와 학대의 죄 중 제271조(유기)제1항, 제272조(영아유기), 제273조(학대)제1항, 제274조(아동혹사) 및 제275조(유기등 치사상)(상해에 이르게 한 때에만 해당한다)의 죄

　　다. 「형법」 제2편제29장 체포와 감금의 죄 중 제276조(체포, 감금)제1항, 제277조(중체포, 중감금)제1항, 제278조(특수체포, 특수감금), 제280조(미수범) 및 제281조(체포·감금등의 치사상)(상해에 이르게 한 때에만 해당한다)의 죄

　　라. 「형법」 제2편제30장 협박의 죄 중 제283조(협박)제1항, 제284조(특수협박) 및 제286조(미수범)의 죄

　　마. 「형법」 제2편제31장 약취, 유인 및 인신매매의 죄 중 제287조(미성년자 약취, 유인), 제288조(추행 등 목적 약취, 유인 등), 제289조(인신매매) 및 제290조(약취, 유인, 매매, 이송 등 상해·치상)의 죄

　　바. 「형법」 제2편제32장 강간과 추행의 죄 중 제297조(강간), 제297조의2(유사강간), 제298조(강제추행), 제299조(준강간, 준강제추행), 제300조(미수범), 제301조(강간등 상해·치상), 제301조의2(강간등 살인·치사), 제302조(미성년자등에 대한 간음), 제303조(업무상위력 등에 의한 간음) 및 제305조(미성년자에 대한 간음, 추행)의 죄

　　사. 「형법」 제2편제33장 명예에 관한 죄 중 제307조(명예훼손), 제309조(출판물등에 의한 명예훼손) 및 제311조(모욕)의 죄

　　아. 「형법」 제2편제36장 주거침입의 죄 중 제321조(주거·신체 수색)의 죄

　　자. 「형법」 제2편제37장 권리행사를 방해하는 죄 중 제324조(강요) 및 제324조의5(미수범)(제324조의 죄에만 해당한다)의 죄

　　차. 「형법」 제2편제39장 사기와 공갈의 죄 중 제350조(공갈), 제350조의2(특수공갈) 및 제352조(미수범)(제350조, 제350조의2의 죄에만 해당한다)의 죄

　　카. 「형법」 제2편제42장 손괴의 죄 중 제366조(재물손괴등)의 죄

　　타. 「아동복지법」 제71조제1항 각 호의 죄(제3호의 죄는 제외한다)

　　파. 가목부터 타목까지의 죄로서 다른 법률에 따라 가중처벌되는 죄

　　하. 제4조(아동학대살해·치사), 제5조(아동학대중상해) 및 제6조(상습범)의 죄

4의2. "아동학대범죄신고등"이란 아동학대범죄에 관한 신고·진정·고소·고발 등 수사 단서의 제공, 진술 또는 증언이나 그 밖의 자료제출행위 및 범인검거를 위한 제보 또는 검거활동을 말한다.

4의3. "아동학대범죄신고자등"이란 아동학대범죄신고등을 한 자를 말한다.

5. "아동학대행위자"란 아동학대범죄를 범한 사람 및 그 공범을 말한다.

6. "피해아동"이란 아동학대범죄로 인하여 직접적으로 피해를 입은 아동을 말한다.

7. "아동보호사건"이란 아동학대범죄로 인하여 제36조제1항에 따른 보호처분(이하 "보호처분"이라 한다)의 대상이 되는 사건을 말한다.

8. "피해아동보호명령사건"이란 아동학대범죄로 인하여 제47조에 따른 피해아동보호명령의 대상이 되는 사건을 말한다.

9. "아동보호전문기관"이란 「아동복지법」 제45조에 따른 아동보호전문기관을 말한다.

9의2. "가정위탁지원센터"란 「아동복지법」 제48조에 따른 가정위탁지원센터를 말한다.

10. "아동복지시설"이란 「아동복지법」 제50조에 따라 설치된 시설을 말한다.

11. "아동복지시설의 종사자"란 아동복지시설에서 아동의 상담·지도·치료·양육, 그 밖에 아동의 복지에 관한 업무를 담당하는 사람을 말한다.

2. 고소에 대한 특례

제10조의4(고소에 대한 특례) ① 피해아동 또는 그 법정대리인은 아동학대행위자를 고소할 수 있다. 피해아동의 법정대리인이 아동학대행위자인 경우 또는 아동학대행위자와 공동으로 아동학대범죄를 범한 경우에는 피해아동의 친족이 고소할 수 있다.

② 피해아동은 「형사소송법」 제224조에도 불구하고 아동학대행위자가 자기 또는 배우자의 직계존속인 경우에도 고소할 수 있다. 법정대리인이 고소하는 경우에도 또한 같다.

③ 피해아동에게 고소할 법정대리인이나 친족이 없는 경우에 이해관계인이 신청하면 검사는 10일 이내에 고소할 수 있는 사람을 지정하여야 한다.

3. 공소시효의 정지와 효력

제34조(공소시효의 정지와 효력) ① 아동학대범죄의 공소시효는 「형사소송법」 제252조에도 불구하고 해당 아동학대범죄의 피해아동이 성년에 달한 날부터 진행한다.

② 아동학대범죄에 대한 공소시효는 해당 아동보호사건이 법원에 송치된 때부터 시효 진행이 정지된다. 다만, 다음 각 호의 어느 하나에 해당하는 경우에는 그 때부터 진행된다.

1. 해당 아동보호사건에 대하여 제44조에 따라 준용되는 「가정폭력범죄의 처벌 등에 관한 특례법」 제37조제1항제1호에 따른 처분을 하지 아니한다는 결정이 확정된 때

2. 해당 아동보호사건이 제41조 또는 제44조에 따라 준용되는 「가정폭력범죄의 처벌 등에 관한 특례법」 제27조제2항 및 제37조제2항에 따라 송치된 때

③ 공범 중 1명에 대한 제2항의 시효정지는 다른 공범자에게도 효력을 미친다.

■ 판례 ■ 　아동학대범죄의 공소시효 정지 규정인 아동학대범죄의 처벌 등에 관한 특례법 제34조의 취지 / 같은 법 제34조 제1항은 완성되지 않은 공소시효의 진행을 일정한 요건에서 장래를 향하여 정지시키는 것인지 여부(적극) 및 그 시행일 당시 범죄행위가 종료되었으나 아직 공소시효가 완성되지 않은 아동학대범죄에 대해서도 적용되는지 여부(적극)

아동학대범죄의 처벌 등에 관한 특례법(2014. 1. 28. 제정되어 2014. 9. 29. 시행되었으며, 이하 '아동학대처벌법'이라 한다)은 아동학대범죄의 처벌에 관한 특례 등을 정함으로써 아동을 보호하여 아동이 건강한 사회 구성원으로 성장하도록 함을 목적으로 다음과 같은 규정을 두고 있다. 제2조 제4호 (타)목은 아동복지법 제71조 제1항 제2호, 제17조 제3호에서 정한 '아동의 신체에 손상을 주거나 신체의 건강 및 발달을 해치는 신체적 학대행위'를 아동학대범죄의 하나로 정하고 있다. 제34조는 '공소시효의 정지와 효력'이라는 제목으로 제1항에서 "아동학대범죄의 공소시효는 형사소송법 제252조에도 불구하고 해당 아동학대범죄의 피해아동이 성년에 달한 날부터 진행한다."라고 정하고, 부칙은 "이 법은 공포 후 8개월이 경과한 날부터 시행한다."라고 정하고 있다. 아동학대처벌법은 신체적 학대행위를 비롯한 아동학대범죄로부터 피해아동을 보호하기

위한 것으로서, 제34조는 아동학대범죄가 피해아동의 성년에 이르기 전에 공소시효가 완성되어 처벌대상에서 벗어나는 것을 방지하고자 그 진행을 정지시킴으로써 피해를 입은 18세 미만 아동(아동학대처벌법 제2조 제1호, 아동복지법 제3조 제1호)을 실질적으로 보호하려는 데 취지가 있다. 아동학대처벌법은 제34조 제1항의 소급적용에 관하여 명시적인 경과규정을 두고 있지는 않다. 그러나 이 규정의 문언과 취지, 아동학대처벌법의 입법 목적, 공소시효를 정지하는 특례조항의 신설·소급에 관한 법리에 비추어 보면, 이 규정은 완성되지 않은 공소시효의 진행을 일정한 요건에서 장래를 향하여 정지시키는 것으로서, 그 시행일인 2014. 9. 29. 당시 범죄행위가 종료되었으나 아직 공소시효가 완성되지 않은 아동학대범죄에 대해서도 적용된다고 봄이 타당하다.

한편 대법원 2015. 5. 28. 선고 2015도1362, 2015전도19 판결은 공소시효의 배제를 규정한 구 성폭력범죄의 처벌 등에 관한 특례법(2012. 12. 18. 법률 제11556호로 전부 개정되기 전의 것) 제20조 제3항에 대한 것으로, 공소시효의 적용을 영구적으로 배제하는 것이 아니고 공소시효의 진행을 장래에 향하여 정지시키는 데 불과한 아동학대처벌법 제34조 제1항의 위와 같은 해석·적용에 방해가 되지 않는다. (대법원 2021. 2. 25., 선고, 2020도3694, 판결)

Ⅱ. 벌칙 및 죄명표

1. 벌칙

제4조(아동학대치사) 제2조제4호가목부터 다목까지의 아동학대범죄를 범한 사람이 아동을 사망에 이르게 한 때에는 무기 또는 5년 이상의 징역에 처한다.

제5조(아동학대중상해) 제2조제4호가목부터 다목까지의 아동학대범죄를 범한 사람이 아동의 생명에 대한 위험을 발생하게 하거나 불구 또는 난치의 질병에 이르게 한 때에는 3년 이상의 징역에 처한다.

제6조(상습범) 상습적으로 제2조제4호가목부터 파목까지의 아동학대범죄를 범한 자는 그 죄에 정한 형의 2분의 1까지 가중한다. 다만, 다른 법률에 따라 상습범으로 가중처벌되는 경우에는 그러하지 아니하다.

제7조(아동복지시설의 종사자 등에 대한 가중처벌) 제10조제2항 각 호에 따른 아동학대 신고의무자가 보호하는 아동에 대하여 아동학대범죄를 범한 때에는 그 죄에 정한 형의 2분의 1까지 가중한다.

제59조(보호처분 등의 불이행죄) ① 다음 각 호의 어느 하나에 해당하는 아동학대행위자는 2년 이하의 징역 또는 2천만원 이하의 벌금 또는 구류에 처한다.

1. 제19조제1항제1호부터 제4호까지의 어느 하나에 해당하는 임시조치를 이행하지 아니한 아동학대행위자
2. 제36조제1항제1호부터 제8호까지의 어느 하나에 해당하는 보호처분이 확정된 후에 이를 이행하지 아니한 아동학대행위자
3. 제47조에 따른 피해아동보호명령, 제52조에 따른 임시보호명령이 결정된 후에 이를 이행하지 아니한 아동학대행위자

② 상습적으로 제1항의 죄를 범한 아동학대행위자는 5년 이하의 징역이나 5천만원 이하의 벌금에 처한다.

③ 제8조제1항에 따라 이수명령을 부과받은 사람이 보호관찰소의 장 또는 교정시설의 장의 이수명령 이행에 관한 지시에 불응하여 「보호관찰 등에 관한 법률」 또는 「형의 집행 및 수용자의 처우에 관한 법률」에 따른 경고를 받은 후 재차 정당한 사유 없이 이수명령 이행에 관한 지시에 불응한 경우 다음 각 호에 따른다.

1. 벌금형과 병과된 경우에는 500만원 이하의 벌금에 처한다.
2. 징역형의 실형과 병과된 경우에는 1년 이하의 징역 또는 1천만원 이하의 벌금에 처한다.

제60조(피해자 등에 대한 강요행위) 폭행이나 협박으로 아동학대범죄의 피해아동 또는 제2조제2호에 따른 보호자를 상대로 합의를 강요한 사람은 7년 이하의 징역에 처한다.

제61조(업무수행 등의 방해죄) ① 제11조제2항·제3항, 제12조제1항, 제19조제1항 각 호, 제36조제1항 각 호 또는 제47조제1항 각 호에 따른 업무를 수행 중인 사법경찰관리, 아동학대전담공무원이나 아동보호전문기관의 직원에 대하여 폭행 또는 협박하거나 위계 또는 위력으로써 그 업무수행을 방해한 사람은 5년 이하의 징역 또는 1천500만원 이하의 벌금에 처한다.

② 단체 또는 다중의 위력을 보이거나 위험한 물건을 휴대하여 제1항의 죄를 범한 때에는 그 정한 형의 2분의 1까지 가중한다.

③ 제1항의 죄를 범하여 사법경찰관리, 아동학대전담공무원이나 아동보호전문기관의 직원을 상해에 이르게 한 때에는 3년 이상의 유기징역에 처한다. 사망에 이르게 한 때에는 무기 또는 5년 이상의 징역에 처한다.

제62조(비밀엄수 등 의무의 위반죄) ① 제35조제1항에 따른 비밀엄수 의무를 위반한 보조인, 진술조력인, 아동보호전문기관 직원과 그 기관장, 상담소 등에 근무하는 상담원과 그 기관장 및 제10조제2항 각 호에 규정된 사람(그 직에 있었던 사람을 포함한다)은 3년 이하의 징역이나 5년 이하의 자격정지 또는 3천만원 이하의 벌금에 처한다. 다만, 보조인인 변호사에 대하여는 「형법」 제317조제1항을 적용한다.

② 제10조제3항을 위반하여 신고인의 인적사항 또는 신고인임을 미루어 알 수 있는 사실을 다른 사람에게 알려주거나 공개 또는 보도한 자는 3년 이하의 징역이나 3천만원 이하의 벌금에 처한다.

③ 제35조제2항의 보도 금지 의무를 위반한 신문의 편집인 · 발행인 또는 그 종사자, 방송사의 편집책임자, 그 기관장 또는 종사자, 그 밖의 출판물의 저작자와 발행인은 500만원 이하의 벌금에 처한다.

제62조의2(불이익조치 금지 위반죄) ① 제10조의2를 위반하여 아동학대범죄신고자등에게 파면, 해임, 해고, 그 밖에 신분상실에 해당하는 신분상의 불이익조치를 한 자는 2년 이하의 징역 또는 2천만원 이하의 벌금에 처한다.

② 제10조의2를 위반하여 아동학대범죄신고자등에게 다음 각 호의 어느 하나에 해당하는 불이익조치를 한 자는 1년 이하의 징역 또는 1천만원 이하의 벌금에 처한다.

1. 징계, 정직, 감봉, 강등, 승진 제한, 그 밖에 부당한 인사조치
2. 전보, 전근, 직무 미부여, 직무 재배치, 그 밖에 본인의 의사에 반하는 인사조치
3. 성과평가 또는 동료평가 등에서의 차별과 그에 따른 임금 또는 상여금 등의 차별 지급
4. 교육 또는 훈련 등 자기계발 기회의 취소, 예산 또는 인력 등 가용자원의 제한 또는 제거, 보안정보 또는 비밀정보 사용의 정지 또는 취급 자격의 취소, 그 밖에 근무조건 등에 부정적 영향을 미치는 차별 또는 조치
5. 주의 대상자 명단 작성 또는 그 명단의 공개, 집단 따돌림, 폭행 또는 폭언, 그 밖에 정신적 · 신체적 손상을 가져오는 행위
6. 직무에 대한 부당한 감사 또는 조사나 그 결과의 공개

2. 죄명표

법 조 문	죄 명 표 시
제4조 제1항	아동학대범죄의 처벌 등에 관한 특례법 위반(아동학대살해)
제4조 제2항	〃　　(아동학대치사)
제5조	〃　　(아동학대중상해)
제6조	〃　　〔상습(제2조 제4호 가목 내지 카목의 각 죄명)〕
제7조	〃　　(아동복지시설 종사자 등의 아동학대 가중처벌)
제59조 제1항, 제2항	〃　　(보호처분 등의 불이행)
제59조 제3항	〃　　(이수명령 불이행)
제60조	〃　　(피해자 등에 대한 강요행위)
제61조 제1항	〃　　〔(폭행, 협박)업무수행 등 방해〕
제2항	〃　　〔(단체다중의 위력, 위험한 물건 휴대)업무수행 등 방해〕
제3항	〃　　〔업무수행 등 방해(치상, 치사)〕
제62조 제1항	〃　　(비밀엄수의무위반)
제2항	〃　　(아동학대신고인의 인적사항 공개 및 보도행위)
제3항	〃　　(보도금지의무위반)
그외	아동학대범죄의 처벌 등에 관한 특례법 위반

Ⅲ. 범죄사실

1. 아동학대치사

1) 적용법조 : 제4조, 제1항, 제2조 제4호 가목 ☞ 공소시효 15년

> 제4조(아동학대치사) ① 제2조제4호가목부터 다목까지의 아동학대범죄를 범한 사람이 아동을 살해한 때에는 사형, 무기 또는 7년 이상의 징역에 처한다.
> ② 제2조제4호가목부터 다목까지의 아동학대범죄를 범한 사람이 아동을 사망에 이르게 한 때에는 무기 또는 5년 이상의 징역에 처한다.

2) 범죄사실 기재례

[기재례1] 아동학대치사

> 피의자는 법률상 배우자인 갑(여, 40세, 20○○. ○. ○.혼인신고)과 사이에 5세 딸을 두고 있었다.
>
> 피의자는 잦은 외박으로 배우자와 부부싸움을 하다 배우자가 가출하자 혼자 위 딸을 양육하던 중 귀찮게 생각하여 보육원에 맡기기로 마음먹었다.
>
> 피의자는 20○○. ○. ○.14:00경 보육원을 찾기 위해 위 주거지 아파트 11층 승강기 출입구에서 승강기를 기다리던 중, 평소에 피해자가 심하게 울고 보챌 때 쉽게 달래지지 않아 힘이 들고 짜증이 나게 되자, 피해자가 타고 있는 유모차를 피해자의 몸과 머리가 심하게 들썩거릴 정도로 앞뒤로 강하게 흔들고, 계속하여 피해자를 피의자의 머리 뒤로 넘겼다가 무릎까지 빠른 속도로 내리면서 흔드는 행위를 반복하다가 피해자를 머리 뒤로 넘긴 상태에서 피해자를 놓쳐 피해자로 하여금 거실 바닥에 떨어지게 하였다.
>
> 피의자는 이로 인하여 20○○. ○. ○.17:50경 ○○대학교 병원에서 경막하출혈, 뇌부종, 양안 다발성 망막출혈 등으로 치료를 받던 피해자를 뇌간마비로 사망에 이르게 하였다.

3) 신문사항

- 가족관계는(현재 누구랑 살고 있는가)
- 딸을 누가 키우고 있는가
- 언제부터 키우고 있는가
- 왜 처와 같이 살고 있지 않는가
- 딸을 사망하게 한 일이 있는가
- 왜 딸이 사망하였는가
- 언제 어디에서 때렸는가
- 피의자의 행위로 딸이 죽을 수도 있다고 생각하지 않았는가
- 딸의 사망원인은

[기재례2] 아동 학대치사 및 보장급여 허위 청구 수령

가. 아동학대범죄의 처벌 등에 관한 특례법 위반(아동학대치사)

누구든지 아동의 신체에 손상을 주거나 신체의 건강 및 발달을 해치는 신체적 학대행위, 자신의 보호·감독을 받는 아동을 유기하거나 의식주를 포함한 기본적 보호·양육·치료 및 교육을 소홀히 하는 방임행위를 하여서는 아니 된다.

피의자는 갑과 사이에 피해자 을(여, 5세)을 포함하여 2남 1녀를 두고 생활하다가 갑과 헤어지고 이혼소송을 하였다.

피의자는 20○○.○.○.경부터 피의자의 주거지인 ○○에서 피해자를 양육하면서 피해자의 갑상선 기능 저하증과 관련하여 정기적으로 병원에 데려가 검진 및 치료를 전혀 받게 하지 않았다.

위와 같은 피의자의 일련의 학대, 방임행위로 인해 피해자는 20○○.○.○.경 입 주변, 얼굴, 가슴 등을 비롯한 상반신 전반에 수포가 발생하였음에도, 아동학대로 처벌될 것을 우려하여 피해자를 병원에 데려가는 등 기본적인 치료를 소홀히 하는 방임행위를 하였다.

위와 같은 학대 및 방임의 결과로 갑상선 기능 저하, 전신 수포 질환, 우하지 염증으로 인한 극도의 신체기능 악화 및 왼쪽 2,3번 갈비뼈 골절로 인한 호흡곤란, 흉복부손상에 따른 흉강 내출혈 등으로 20○○.○.○.경 위 주거지 부근에서 피해자를 사망에 이르게 하였다.

이로써 피의자는 피해자의 신체에 손상을 주거나 신체의 건강 및 발달을 해치는 신체적 학대행위, 자신의 보호·감독을 받는 피해자를 유기하거나 의식주를 포함한 기본적 보호·양육·치료를 소홀히 하는 방임행위를 하여 피해자를 사망에 이르게 하였다.

나. 사기, 사회보장급여의 이용·제공 및 수급권자 발굴에 관한 법률 위반

피의자는 20○○.○.○.경 ○○에 있는 ○○동사무소에서 을에 대한 양육수당 관련 사회보장급여신청서를 작성하여 성명불상의 담당 공무원에게 제출하였다.

그러나 사실 을은 20○○.○.○.경 이미 사망하였으므로, 피의자에게는 양육수당을 수급할 수 있는 자격이 없었다.

이로써 피의자는 이처럼 위 성명불상의 담당 공무원을 기망하여 이에 속은 피해자 ○○시로부터 20○○.○.○.경부터 20○○.○.○.경까지 총 ○○회에 걸쳐 을의 양육수당 명목으로 월 ○○만 원씩 합계 ○○만 원을 피의자의 계좌로 송금받음과 동시에 부정한 방법으로 피해자 ○○시로부터 같은 금액 상당의 사회보장급여를 받았다.

※ **적용법조** : 아동학대범죄의 처벌 등에 관한 특례법 제4조, 제2조 제4호 가목, 나목 사회보장급여의 이용·제공 및 수급권자 발굴에 관한 법률 제54조 제3항, 제22조 제1항

※ **사회보장급여의 이용·제공 및 수급권자 발굴에 관한 법률**

제22조(사회보장급여의 환수) ① 수급자가 제20조에 따른 신고를 고의로 회피하거나 속임수 등의 부정한 방법으로 사회보장급여를 받거나 타인으로 하여금 사회보장급여를 받게 한 경우에는 사회보장급여를 제공한 보장기관의 장은 그 사회보장급여의 전부 또는 일부를 그 사회보장급여를 받거나 받게 한 자(이하 "부정수급자"라 한다)로부터 환수할 수 있다.

---

2. 아동복지시설종사자 등의 아동학대

1) 적용법조 : 제7조, 제10조 제2항 제2호 ☞ 공소시효 15년

제7조(아동복지시설의 종사자 등에 대한 가중처벌) 제10조제2항 각 호에 따른 아동학대 신고의무자가 보호하는
아동에 대하여 아동학대범죄를 범한 때에는 그 죄에 정한 형의 2분의 1까지 가중한다.
제10조(아동학대범죄 신고의무와 절차) ② 다음 각 호의 어느 하나에 해당하는 사람이 직무를 수행하면서 아동
학대범죄를 알게 된 경우나 그 의심이 있는 경우에는 아동보호전문기관 또는 수사기관에 즉시 신고하여야 한다.
　2. 아동복지시설의 장과 그 종사자(아동보호전문기관의 장과 그 종사자는 제외한다)
　13.「유아교육법」제2조제2호에 따른 유치원의 장과 그 종사자

2) 범죄사실 기재례

[기재례1] 어린이집 원장의 학대 (제7조, 제10조 제2항 제13호, 아동복지법 제71조 제1항 제2
호, 제17조 제3호, 제5호 ☞ 공소시효 15년)

　피의자는 20○○.○.○.경부터 ○○에 있는 ○○어린이집의 원장이다.
　피의자는 20○○.○.○. 09:50경 위 어린이집 원장실에서 피해자 갑(1세)이 울면서 말을 듣
지 않는다는 이유로 피해자를 바닥에 눕힌 다음 피의자의 셔츠, 레깅스 등을 이용하여 피해자
의 다리를 묶은 다음 이불로 피해자의 몸을 감싸 움직이지 못하게 한 상태로 같은 날 15:00
경까지 그대로 두어 정해진 간식시간과 점심시간에 간식과 점심을 주지 않았다.
　피의자는 이를 비롯하여 별지 범죄일람표(Ⅰ) 기재와 같이 총 ○○회에 걸쳐 아동의 신체
의 건강 및 발달을 해치는 신체적 학대행위를 함과 동시에 정신건강 및 발달에 해를 끼치는
정서적 학대행위를 하였다.

[기재례2] 보육교사의 정서적 학대 (제7조, 제10조 제2항 제13호, 아동복지법 제71조 제1항 제2
호, 제17조 제5호)

　피의자는 ○○에 있는 ○○유치원 ○○반 보육교사이고, 아동학대범죄의 처벌 등에 관
한 특례법 제10조 제2항에 따른 아동학대범죄의 신고의무자이다.
　피의자는 20○○. ○. ○.16:30경 위 유치원 ○○반에서, 피해자 갑(4세)에게 오라고 하
였는데 오지 않는다는 이유로, 다른 원생들이 보고 있는 가운데 피해자에게 소리를 지르
면서 피해자의 책가방을 바닥에 던지고, 피해자에게 다가가 손으로 피해자의 어깨를 수회
흔들어 아동인 피해자의 정신건강 및 발달에 해를 끼치는 정서적 학대행위를 하여 아동
학대 신고의무자가 보호하는 아동에 대하여 아동학대범죄를 범하였다.
　피의자는 이를 비롯하여 20○○. ○. ○.경부터 20○○. ○. ○.경까지 별지 범죄일람표
기재와 같이 피해자 ○○명에게 총 ○○회에 걸쳐 정신건강 및 발달에 해를 끼치는 정서
적 학대행위를 하여 아동학대 신고의무자가 보호하는 아동에 대하여 아동학대범죄를 범
하였다.

[기재례3] 보육교사의 신체적 학대 (제7조, 제10조 제2항 제13호, 아동복지법 제71조 제1항 제2호, 제17조 제5호)

피의자는 ○○에 있는 △△어린이집에서 ○○반을 담당하는 보육교사였다.

가. 피해자 '갑' 관련

피의자는 200○. ○. ○.경 위 △△어린이집에서 피의자가 담당하고 있는 아동인 피해자 갑(당시 4세, 생년월일 200○. ○. ○.)이 율동 연습을 하던 중 틀렸다는 이유로 주먹으로 피해자의 머리에 꿀밤을 주듯이 때렸다. 이로써 피의자는 아동인 피해자의 신체에 손상을 주거나 신체의 건강 및 발달을 해치는 신체적 학대행위를 하였다.

나. 피해자 '을' 관련

피의자는 200○. ○. ○.16:00경 피해자 을(당시 5세, 생년월일 200○. ○. ○.)이 가져온 생일떡을 책상에 보관하고 있었는데, 피해자 을이 허락을 받지 아니하고 피해자 갑에게 떡을 주었다는 이유로 피해자 을에게 떡을 꺼내라고 하면서 피해자 을과 피해자 갑의 머리를 손바닥으로 각 1회씩 때렸다.

이로써 피의자는 아동인 피해자들 신체에 손상을 주거나 신체의 건강 및 발달을 해치는 신체적 학대행위를 하였다.

■ **판례** ■ 어린이집 보육교사인 피고인이, 보육 아동인 甲(만 1세)이 수업에 집중하지 않거나 잠을 자지 않는다는 등의 이유로 甲의 팔을 움켜잡아 강하게 흔들고, 이마에 딱밤을 때리고, 색연필 뒷부분으로 볼을 찌르거나 손으로 볼을 꼬집고, 손으로 엉덩이를 때리거나 자신의 다리를 甲의 몸 위에 올려놓고 누르는 등으로 5회에 걸쳐 신체적 학대행위를 하였다고 하여 아동학대범죄의 처벌 등에 관한 특례법 위반(아동복지시설종사자등의아동학대)으로 기소된 사안

甲은 보육교사의 강한 훈육이나 신체적 유형력을 통한 지도가 필요할 정도로 잘못된 행위를 하지 아니하였음에도 피고인은 甲을 훈육한다는 명목으로 몸을 세게 잡고 흔들거나 자리에 던지듯이 눕히거나 엉덩이를 때리는 등의 행위를 한 점 등 제반 사정을 종합하면, 피고인의 행위는 甲의 신체를 손상하거나 신체의 건강 및 발달을 해치는 신체적 학대행위에 해당하고, 피고인의 지위, 신체적 학대행위에 이르게 된 경위, 학대행위의 정도, 甲이 나름대로 아프다거나 싫다는 등의 의사를 표현한 점 등에 비추어 피고인에게 신체적 학대의 고의가 있었음을 충분히 인정할 수 있으며, 당시 甲에게 강한 훈육이나 신체적 유형력을 통한 지도가 필요한 상황이라고 보기 어려울뿐더러, 설령 甲이 잘못된 행위를 하여 적정한 훈육이 필요한 상황이었더라도 정당한 보육 내지 훈육행위로서 사회통념상 객관적 타당성을 갖추었다고 보기 어려우므로, 피고인의 행위는 관계 법령 등에 의한 정당행위에 해당하지 않는다.(울산지법 2017.8.4. 선고, 2017노542, 판결)

3. 아동학대 피해자 보호자에 대한 합의강요

1) 적용법조 : 제60조 ☞ 공소시효 10년

> 제60조(피해자 등에 대한 강요행위) 폭행이나 협박으로 아동학대범죄의 피해아동 또는 제2조제2호에 따른 보호자를 상대로 합의를 강요한 사람은 7년 이하의 징역에 처한다.

2) 범죄사실 기재례

> 피의자는 20○○. ○. ○.경 ○○에 있는 ○○어린이집에서 피의자가 담당하고 있는 아동인 갑(4세, 여)이 율동 연습을 하던 중 틀렸다는 이유로 폭행하여 현재 ○○경찰서에서 사건이 진행 중이다.
>
> 피의자는 20○○. ○. ○.16:00경 ○○에서 위 아동의 모친인 피해자 A(35세, 여)를 만나 '우리 남편이 검사로 있는데 합의를 해주지 않으면 남편 뒷조사를 하여 다니고 있는 회사를 그만두게 하겠다. 좋은 말로 했을 때 당장 합의서를 작성해 달라' 고 말하여 협박하였다. 이로써 피의자는 협박으로 아동학대범죄의 피해자 보호자를 상대로 합의를 강요하였다.

3) 신문사항

- 보육교사인가
- 언제부터 어느 어린이집에 근무하고 있는가(담당, 아동 수 등)
- 보육 중인 어린이를 학대한 사실이 있는가
- 이러한 학대 사실로 수사기관의 수사를 받고 있는가(언제 어디에서 어떤 조사)
- 피해자가 누구인가
- 피해자 부모와 합의를 위해 만난 사실이 있는가
- 합의하였는가
- 합의 과정에서 합의를 종용한 사실이 있는가
- 어떤 방법으로 합의를 요구하였는가

Ⅰ. 개념정의

제2조(정의) 이 법에서 사용하는 용어의 뜻은 다음과 같다.

1. "액화석유가스"란 프로판이나 부탄을 주성분으로 한 가스를 액화(液化)한 것[기화(氣化)된 것을 포함한다]을 말한다.
2. "액화석유가스 수출입업"이란 액화석유가스를 수출하거나 수입하는 사업을 말한다.
3. "액화석유가스 수출입업자"란 제17조에 따라 등록(등록이 면제된 경우를 포함한다)을 하고 액화석유가스 수출입업을 하는 자를 말한다.
4. "액화석유가스 충전사업"이란 저장시설에 저장된 액화석유가스를 용기(容器)에 충전(배관을 통하여 다른 저장탱크에 이송하는 것을 포함한다. 이하 같다)하거나 자동차에 고정된 탱크에 충전하여 공급하는 사업을 말한다.
5. "액화석유가스 충전사업자"란 제5조에 따라 액화석유가스 충전사업의 허가를 받은 자를 말한다.
6. "액화석유가스 집단공급사업"이란 액화석유가스를 일반의 수요에 따라 배관을 통하여 연료로 공급하는 사업을 말한다.
6의2. "액화석유가스 배관망공급사업"이란 액화석유가스 집단공급사업 중 저장탱크로부터 도로 등에 지중(地中) 매설된 배관을 통하여 일반 수요자에게 액화석유가스를 공급하는 사업으로 대통령령으로 정하는 사업을 말한다.
7. "액화석유가스 집단공급사업자"란 제5조에 따라 액화석유가스 집단공급사업의 허가를 받은 자를 말한다.
7의2. "액화석유가스 배관망공급사업자"란 액화석유가스 집단공급사업자 중 제5조에 따라 액화석유가스 배관망공급사업으로 허가를 받은 자를 말한다.
8. "액화석유가스 판매사업"이란 용기에 충전된 액화석유가스를 판매하거나 자동차에 고정된 탱크(탱크의 규모 등이 산업통상자원부령으로 정하는 기준에 맞는 것만을 말한다)에 충전된 액화석유가스를 산업통상자원부령으로 정하는 규모 이하의 저장 설비에 공급하는 사업을 말한다.
9. "액화석유가스 판매사업자"란 제5조에 따라 액화석유가스 판매사업의 허가를 받은 자를 말한다.
10. "액화석유가스 위탁운송사업"이란 산업통상자원부령으로 정하는 액화석유가스 충전사업자나 액화석유가스 판매사업자로부터 액화석유가스의 운송을 위탁받아 산업통상자원부령으로 정하는 자동차에 고정된 탱크를 이용하여 소형저장탱크에 운송하여 공급하는 사업을 말한다.
11. "액화석유가스 위탁운송사업자"란 제9조에 따라 액화석유가스 위탁운송사업의 등록을 한 자를 말한다.
12. "가스용품 제조사업"이란 액화석유가스 또는 「도시가스사업법」에 따른 연료용 가스를 사용하기 위한 기기(機器)를 제조하는 사업을 말한다.
13. "가스용품 제조사업자"란 제5조에 따라 가스용품 제조사업의 허가를 받은 자를 말한다.
14. "액화석유가스 저장소"란 산업통상자원부령으로 정하는 일정량 이상의 액화석유가스를 용기 또는 저장 탱크에 저장하는 일정한 장소를 말한다.
15. "액화석유가스 저장자"란 제8조에 따라 액화석유가스 저장소의 설치 허가를 받은 자를 말한다.
16. "액화석유가스 사업자등"이란 액화석유가스 충전사업자, 액화석유가스 집단공급사업자, 액화석유가스 판매사업자, 액화석유가스 위탁운송사업자, 가스용품 제조사업자 및 액화석유가스 저장자를 말한다.
17. "정밀안전진단"이란 가스안전관리 전문기관이 가스사고를 방지하기 위하여 가스공급시설에 대하여 장비와 기술을 이용하여 잠재된 위험요소와 원인을 찾아내는 것을 말한다.

제65조(벌칙) ① 액화석유가스 집단공급사업자의 가스시설을 손괴(損壞)하거나 그 기능에 장애를 가져오게 하여 액화석유가스의 공급을 방해한 자는 1년 이상 10년 이하의 징역 또는 1억 5천만원 이하의 벌금에 처한다.

② 액화석유가스 충전시설을 손괴하거나 그 기능에 장애를 입혀 액화석유가스 공급을 방해한 자는 5년 이하의 징역 또는 5천만원 이하의 벌금에 처한다.

③ 제40조제5항을 위반하여 가스용품을 개조하여 판매하거나 판매할 목적으로 개조한 자는 3년 이하의 징역 또는 3천만원 이하의 벌금에 처한다.

④ 업무상 과실이나 중대한 과실로 제1항의 죄를 범한 자는 7년 이하의 금고 또는 2천만원 이하의 벌금에 처한다.

⑤ 업무상 과실이나 중대한 과실로 제2항의 죄를 범한 자는 2년 이하의 금고 또는 2천만원 이하의 벌금에 처한다.

⑥ 제4항 및 제5항의 죄를 범하여 가스를 누출시키거나 폭발하게 함으로써 사람을 상해(傷害)한 경우에는 10년 이하의 금고 또는 1억원 이하의 벌금에, 사망에 이르게 한 경우에는 1년 이상 10년 이하의 금고 또는 1억 5천만원 이하의 벌금에 처한다.

⑦ 액화석유가스 사업자등(액화석유가스 위탁운송사업자와 가스용품 제조사업자는 제외한다) 또는 액화석유가스 사용자의 승낙 없이 가스공급시설 또는 가스사용시설(액화석유가스 판매사업자가 액화석유가스를 공급하는 경우에는 그 사업자 소유인 가스설비만을 말한다)을 조작하여 가스의 공급 및 사용을 방해한 자는 1년 이하의 징역 또는 1천만원 이하의 벌금에 처한다.

⑧ 액화석유가스 사업자등(액화석유가스 위탁운송사업자와 가스용품 제조사업자는 제외한다) 또는 액화석유가스 사용자의 가스공급시설 및 가스사용시설에 종사하는 자가 정당한 사유 없이 가스 공급에 장애를 발생하게 한 경우에는 제7항의 형(刑)과 같다.

⑨ 액화석유가스 사업자등(액화석유가스 위탁운송사업자와 가스용품 제조사업자는 제외한다) 또는 액화석유가스 사용자의 승낙 없이 가스공급시설 또는 가스사용시설(액화석유가스 판매사업자가 액화석유가스를 공급하는 경우에는 그 사업자 소유인 가스설비만을 말한다)을 변경한 자는 500만원 이하의 벌금에 처한다.

⑩ 제1항, 제2항 및 제7항에 규정된 죄의 미수범은 처벌한다.

제66조(벌칙) ① 제17조제1항에 따른 등록을 하지 아니하고 액화석유가스 수출입업을 한 자는 5년 이하의 징역 또는 2억원 이하의 벌금에 처한다.

2. 제49조의3제1항에 따른 액화석유가스배관 매설상황의 확인요청을 하지 아니하고 굴착공사를 한 자

3. 제49조의4제1항 전단에 따른 평가서를 제출하지 아니하고 굴착공사를 한 자

4. 제49조의5제1항 본문에 따른 협의를 하지 아니하고 굴착공사를 한 자와 정당한 사유 없이 협의 요청에 응하지 아니한 자

5. 제49조의5제2항을 위반하여 협의 내용을 지키지 아니한 자

6. 제49조의5제3항을 위반하여 합동 감시체계를 구축하지 아니하거나 정기적으로 순회점검을 하지 아니한 자

7. 제49조의6에 따른 기준에 따르지 아니하고 굴착공사를 한 자

8. 제49조의7제2항에 따른 액화석유가스배관에 대한 도면을 작성·보존하지 아니하거나 거짓으로 작성·보존한 자

9. 제64조제2항에 따라 준용되는 「석유 및 석유대체연료 사업법」 제21조제1항에 따른 명령을 위반한 자

제67조(벌칙) 삭제 〈2018. 12. 11.〉

제68조(벌칙) 다음 각 호의 어느 하나에 해당하는 자는 1년 이하의 징역 또는 1천만원 이하의 벌금에 처한다.

1. 제5조제2항·제7항 또는 제8조제1항에 따른 허가를 받지 아니하고 액화석유가스 판매사업을 하거나 액화석유가스 충전사업자의 영업소 또는 액화석유가스 저장소를 설치한 자

2. 제5조제3항 본문 또는 제8조제2항 본문을 위반하여 변경허가를 받지 아니하고 허가받은 사항을 변경한 자

3. 제9조제1항에 따른 등록을 하지 아니하고 액화석유가스 위탁운송사업을 한 자

4. 제9조제2항 본문에 따른 변경등록을 하지 아니하고 등록한 사항을 변경한 자

5. 제23조의2제1항과 제2항을 모두 위반하여 정량 미달 공급을 목적으로 영업시설을 설치·개조하거나 그 설치·개조한 영업시설을 양수·임차한 자로서 이를 사용하여 액화석유가스를 정량에 미달되게 공급한 자

6. 제26조제3항을 위반하여 액화석유가스를 판매 또는 인도하거나 판매 또는 인도할 목적으로 저장·운송 또는 보관한 자

7. 제27조제1항에 따른 검사를 받지 아니하거나 같은 조 제2항에 따른 품질검사를 거부ㆍ방해하거나 기피한 자
8. 제30조제1항 또는 제32조제1항을 위반한 자
9. 제36조제2항에 따른 검사를 받지 아니한 액화석유가스 사업자등 또는 시공자
10. 제36조의2제2항에 따른 적합 판정을 받지 아니하고 가스공급시설을 사용한 자
11. 제39조제1항 본문에 따른 검사를 받지 아니한 가스용품 제조사업자 또는 수입자
12. 제39조제3항을 위반하여 검사를 받지 아니한 가스용품을 양도ㆍ임대 또는 사용하거나 판매할 목적으로 진열한 자
13. 제49조의3제3항에 따른 액화석유가스배관 매설상황 확인을 하여 주지 아니한 자
14. 제49조의3제4항 각 호의 조치를 하지 아니한 자
15. 제49조의3제6항을 위반하여 굴착공사 개시통보를 받기 전에 굴착공사를 한 자
16. 제49조의4제4항에 따른 평가서의 내용을 지키지 아니하고 굴착공사를 시행한 자
17. 제53조에 따른 명령을 위반한 자
18. 제64조제2항에 따라 준용되는 「석유 및 석유대체연료 사업법」 제23조에 따른 판매가격의 최고액보다 높은 가격으로 액화석유가스를 판매한 액화석유가스 충전사업자 또는 액화석유가스 판매사업자

제69조(벌칙) 다음 각 호의 어느 하나에 해당하는 자는 6개월 이하의 징역 또는 500만원 이하의 벌금에 처한다.
1. 제23조제1항에 따른 표시를 하지 아니하거나 거짓으로 표시한 자 또는 같은 조 제2항에 따른 허용 오차를 넘어서 계량한 자
2. 제23조제3항을 위반하여 충전량 등의 표시를 훼손하거나 액화석유가스의 양을 줄인 자
2의2. 제23조의2제1항을 위반하여 액화석유가스를 정량에 미달되게 공급한 자
2의3. 제23조의2제2항을 위반하여 정량 미달 공급을 목적으로 영업시설을 설치ㆍ개조하거나 그 설치ㆍ개조한 영업시설을 양수ㆍ임차하여 사용한 자
3. 제36조제1항에 따른 안전성 확인을 받지 아니한 액화석유가스 충전사업자, 액화석유가스 집단공급사업자, 액화석유가스 판매사업자 또는 액화석유가스 저장자
4. 제37조제1항 본문에 따른 정기검사 또는 수시검사를 받지 아니한 액화석유가스 사업자등
5. 제38조제1항에 따른 정밀안전진단 또는 안전성평가를 받지 아니한 액화석유가스 충전사업자, 액화석유가스 저장자 또는 액화석유가스 배관망공급사업자
6. 제40조제4항에 따른 표시를 하지 아니한 자

제70조(벌칙) 다음 각 호의 어느 하나에 해당하는 자는 500만원 이하의 벌금에 처한다.
1. 제34조제1항을 위반하여 안전관리자를 선임하지 아니한 액화석유가스 사업자등 또는 액화석유가스 특정사용자
2. 제34조제2항을 위반한 액화석유가스 사업자등 또는 액화석유가스 특정사용자
3. 제35조제4항을 위반하여 시설기준과 기술기준에 맞지 아니하게 시공한 자

제71조(벌칙) 다음 각 호의 어느 하나에 해당하는 자는 300만원 이하의 벌금에 처한다.
1. 제5조제2항에 따른 판매 지역을 위반하여 판매한 자
2. 제5조제9항에 따른 명령을 위반한 액화석유가스 판매사업자
3. 제25조제1항에 따른 공급규정을 위반한 액화석유가스 집단공급사업자
4. 제30조제2항을 위반한 액화석유가스 충전사업자, 액화석유가스 집단공급사업자 또는 액화석유가스 판매사업자
5. 제32조제2항을 위반하여 용기의 안전을 점검하지 아니하거나 기준에 맞지 아니한 용기에 충전한 액화석유가스 충전사업자
6. 제33조제1항에 따른 명령을 위반한 가스공급자
7. 제33조제3항을 위반하여 정당한 사유 없이 시설의 개선 또는 철거를 하지 아니한 가스공급자
8. 제40조제2항에 따른 회수명령 또는 공표명령을 따르지 아니한 가스용품 제조사업자 또는 수입자

제72조(양벌규정) 법인의 대표자나 법인 또는 개인의 대리인, 사용인, 그 밖의 종업원이 그 법인 또는 개인의 업무에 관하여 제65조부터 제71조까지의 어느 하나에 해당하는 위반행위를 하면 그 행위자를 벌하는 외에 그 법인 또는 개인에게도 해당 조문의 벌금형을 과(科)한다. 다만, 법인 또는 개인이 그 위반행위를 방지하기 위하여 해당 업무에 관하여 상당한 주의와 감독을 게을리하지 아니한 경우에는 그러하지 아니하다.

1. 함량 미달 액화석유가스 판매

1) 적용법조 : 제68조 제6호, 제26조 제3항 ☞ 공소시효 5년

제26조(액화석유가스의 품질 유지) ① 산업통상자원부장관은 액화석유가스의 적정한 품질을 확보하기 위하여 액화석유가스에 대한 품질기준을 정할 수 있다. 이 경우 대기환경에 영향을 미치는 품질기준을 정하는 경우에는 미리 환경부장관과 협의를 하여야 한다.
② 산업통상자원부장관은 제1항에 따라 액화석유가스의 품질기준을 정하면 고시하여야 한다.
③ 액화석유가스 수출입업자, 액화석유가스 충전사업자, 액화석유가스 집단공급사업자, 액화석유가스 판매사업자와 「석유 및 석유대체연료 사업법」에 따른 석유정제업자 및 부산물인 석유제품판매업자는 제1항에 따른 품질기준에 맞도록 액화석유가스의 품질을 유지하여야 하며, 품질기준에 미달되는 액화석유가스임을 알고 판매 또는 인도하거나 판매 또는 인도할 목적으로 저장·운송 또는 보관하여서는 아니 된다.

2) 범죄사실 기재례

피의자는 ○○에서 ○○상호로 액화석유가스판매업을 하는 사람으로서, 품질기준에 미달한 약화석유가스를 판매해서는 아니된다.
그럼에도 불구하고 피의자는 200○. ○. ○. 위 장소에서 프로판 함유량 10% 이하 기준을 위반하여 프로판 함유량 16%인 상태의 품질기준에 미달하는 액화석유가스를 판매하였다.

3) 신문사항

- 액화석유가스판매사업자(액화석유가스충전사업자 또는 액화석유가스집단공급사업자)인가
- 언제부터 어디에서 하고 있는가
- 영업 규모는 어느 정도인가
- 어떤 물건을 취급하고 있는가
- 함량 미달 물건을 판매한 일이 있는가
- 어떤 내용의 함량미달이였나
- 함량에 대한 기준을 알고 있는가
- 어느 정도 미달하였나
- 왜 이렇게 기준에 미달하였나

2. 시설에 대한 안전점검 미실시

1) 적용법조 : 제68조 제8호, 제30조 제1항 ☞ 공소시효 5년

제30조(공급자의 의무) ① 액화석유가스 충전사업자, 액화석유가스 집단공급사업자 및 액화석유가스 판매사업자
(이하 "가스공급자"라 한다)가 액화석유가스를 수요자(액화석유가스 사업자등은 제외한다. 이하 이 조에서 같다)
에게 공급할 때에는 그 수요자의 시설에 대하여 안전 점검을 하고, 산업통상자원부령으로 정하는 바에 따라 수
요자에게 위해를 예방하는 데에 필요한 사항을 지도하여야 한다.

2) 범죄사실 기재례

> 가스공급자가 액화석유가스를 수요자에게 공급할 때에는 그 수요자의 시설에 대하여 안전
> 점검을 하고, 산업통상자원부령으로 정하는 바에 따라 수요자에게 위해를 예방하는 데에 필
> 요한 사항을 지도하여야 한다.
> 그럼에도 불구하고 피의자는 20○○. ○. ○. ○○:○○경 ○○에 있는 홍길동의 집에서
> 홍길동에게 엘피가스를 공급하면서 위 홍길동의 집에 설치된 액화석유가스의 사용시설에 대
> 한 안전 점검을 하지 아니하였다.

3) 신문사항

- 피의자는 액화석유가스판매사업자(액화석유가스충전사업자 또는 액화석유가스집단
  공급사업자)인가
- 홍길동에게 엘피가스를 공급한 일이 있는가
- 언제 어디로 어떠한 액화석유가스를 공급하였나
- 그 당시 액화석유가스의 사용시설에 대한 안전점검을 실시하였나
- 수요자(홍길동)에게 위해예방에 필요한 사항을 계몽하였나
- 왜 이러한 사항을 실시하지 않았나

■ 판례 ■ 액화석유가스 판매사업자가 소비설비의 철거를 요청하는 전화를 받았으나 응하지 아
니하고 직접 철거하라고 하여 그 세입자로 하여금 별다른 안전조치도 하지 아니한 채 휴즈콕크(속
칭 중간밸브)까지 떼어가게 한 경우

[1] 액화석유가스의 안전 및 사업관리법 제9조 제1항이 액화석유가스 판매사업자에게 안전점검 및 계도의무를
부과하는 취지 및 그 의무의 존재 시기

액화석유가스는 인화 폭발하기 쉬운 성질을 가지고 있고 그 폭발 사고로 인한 피해가 심각하여
고도의 위험성을 가지고 있는 반면 일반인으로서는 그 누출 가능성 등을 알기 어려운 점을 감안
하여 일반 수요자에게 가스를 공급하는 액화석유가스 판매사업자에게 위와 같은 엄격한 의무를
부과하고 있는 것이다. 따라서 위와 같은 안전점검 및 계도의무는 액화석유가스 판매사업자가 수
요자와 액화석유가스의 공급계약을 체결하기 직전 또는 계약을 체결한 직후만이 아니라 액화석유
가스에 의한 재해가 발생할 위험성이 있는 경우라면 그 계약이 해지되어 수요자가 소비설비를 철
거할 때까지 계속하여 존재하는 것으로 보아야 한다.

[2] 위의 경우 액화석유가스 판매사업자는 안전점검의무를 위반한 것인지 여부(적극)

액화석유가스 판매사업자인 피고인 등이 공소외인을 통하여 이사를 가는 성윤빌라 204호의 세입자가 설치한 소비설비의 철거를 요청하는 전화를 받았으면 이를 안전하게 철거하여 주었어야 함에도 그 요청에 응하지 아니하고 직접 철거하라고 이야기하여 그 세입자로 하여금 별다른 안전조치도 하지 아니한 채 휴즈콕크(속칭 중간밸브)까지 떼어가게 하였다면 위 규정에 의한 안전점검의무를 위반한 것이다(대법원 2006.4.27. 선고 2006도818 판결).

■ **판례** ■ **액화석유가스 판매사업자가 가스통을 새것으로 교체하면서 기존의 가스 시설이 지극히 불량하게 설치되어 있음을 확인하고도 이를 점검하거나 개선하도록 하는 조치를 취하지 않은 경우**

[1] 일반 수요자에게 가스를 공급하는 액화석유가스 판매사업자의 주의의무의 내용 및 그 판단 기준

액화석유가스는 인화 폭발하기 쉬운 성질을 가지고 있고 그 폭발 사고로 인한 피해가 심각하여 고도의 위험성을 가지고 있는 반면 일반인으로서는 그 누출 가능성 등을 알기 어려우므로, 일반 수요자에게 가스를 공급하는 액화석유가스 판매사업자로서는 가스에 의한 재해가 발생할 위험성이 있는 경우에 이를 미리 방지하기 위한 조치를 강구할 업무상의 주의의무가 있고, 구체적인 사안에서 액화석유가스 판매사업자가 재해방지를 위한 주의의무를 다하였는지의 여부를 판단함에는 액화석유가스의안전및사업관리법의 규정 내용들도 참작되어야 한다.

[2] 위의 경우 액화석유가스 판매사업자에게 가스폭발사고에 대한 중과실이 인정되는지 여부(적극)

안전관리자를 두지 아니한 채 사업을 영위하던 액화석유가스 판매사업자가 가스통을 새것으로 교체하면서 기존의 가스 시설이 지극히 불량하게 설치되어 있음을 확인하고도 이를 점검하거나 개선하도록 하는 조치를 취하지 않은 경우, 그 후 발생한 가스폭발 사고에 대하여 실화책임에관한법률 소정의 중과실이 인정된다(대법원 1998.7.24. 선고 98다12997 판결).

3. LPG 충전용기 도로변 주차 차량에 보관

1) 적용법조

‘가항’ : 제68조 제8호, 제32조 제1항 ☞ 공소시효 5년

‘나항’ : 고압가스안전관리법 제42조 제3호, 제22조 제1항 ☞ 공소시효 5년

제32조(시설과 용기의 안전 유지) ① 액화석유가스 사업자등(액화석유가스 위탁운송사업자는 제외한다)은 액화석유가스의 충전시설, 집단공급시설, 판매시설, 영업소시설, 저장시설 또는 가스용품 제조시설을 제5조제4항 및 제6항이나 제8조제3항에 따른 시설기준과 기술기준에 맞도록 유지하여야 한다.
② 액화석유가스 충전사업자가 액화석유가스를 용기에 충전하려면 산업통상자원부령으로 정하는 바에 따라 미리 용기의 안전을 점검하여 기준에 맞는 용기에 충전하여야 한다.

2) 범죄사실 기재례

피의자는 ○○에서 ○○가스라는 상호로 액화석유가스(LPG)를 판매하는 액화석유가스 판매업자이다.
가. 액화석유가스의 안전관리 및 사업법 위반
액화석유가스 판매업자는 수요자의 주문에 의하여 운반 중인 경우를 제외하고는 충전용기와 잔 가스용기를 구분하여 용기보관실에 저장하여야 한다.
그럼에도 불구하고 피의자는 20○○. ○. ○. 22:00경부터 다음 날 07:00 경까지 ○○에 있는 ○○앞 노상에서 (차량번호, 차종)에 LPG 충전용기 ○○개를 적재한 채 용기보관실이 아닌 도로에 주차하여 위 기술기준준수의무를 위반하였다.
나. 고압가스 안전관리법 위반
-생략 (고압가스 안전관리법 참조) -

3) 신문사항

- 액화석유가스판매사업자인가
- 언제부터 어디에서 하고 있는가
- 영업 규모는 어느 정도인가
- 어떤 물건을 취급하고 있는가
- 어떤 방법으로 판매하고 있는가
-배달차량의 차량번호, 차종은
-충전용기와 잔 가스용기를 어떻게 구분하여 보관하는가
-이를 구분하지 않고 차량에 적재하여 도로상에 주차시킨 일이 있는가
-언제부터 언제까지 어디에 주차해 두었는가
-어느 정도의 양을 주차된 차량에 보관하였는가
-그 차량은 누가 그곳에 주차해 두었나
-평소 배달차량은 어디에 주차해 놓은가
-고압가스안전관리법위반 신문사항(생략)

4. 안전관리자를 선임하지 아니한 경우

1) 적용법조 : 제70조 제1호, 제34조 제1항 ☞ 공소시효 5년

> **제34조(안전관리자)** ① 액화석유가스 사업자등과 제44조제2항에 따른 액화석유가스 특정사용자는 그 시설·용기·가스용품 등의 안전 확보와 위해 방지에 관한 직무를 수행하게 하기 위하여 산업통상자원부령으로 정하는 바에 따라 사업을 시작하거나 액화석유가스를 사용하기 전에 안전관리자를 선임하여야 한다. 다만, 액화석유가스 특정사용자의 사용시설 중 저장설비를 이용하여 다수의 사용자가 액화석유가스를 사용하는 시설로서 산업통상자원부령으로 정하는 시설은 그 시설에 액화석유가스를 공급하는 사업자가 안전관리자를 선임하여야 한다.

2) 범죄사실 기재례

> 피의자는 ○○에서 ○○상호로 액화석유가스 판매업자인바 사업개시 또는 액화석유가스의 사용 전에 안전관리자를 선임하여야 한다.
> 그럼에도 불구하고 피의자는 20○○. ○. ○.부터 20○○. ○. ○. 까지 사이에 위 장소에서 안전관리자를 선임하지 아니한 채 가스판매업을 영위하였다.

3) 신문사항

- 액화석유가스판매사업자인가
- 언제부터 어디에서 하고 있는가
- 영업 규모는 어느 정도인가
- 어떤 물건을 취급하고 있는가
- 사업개시 또는 액화석유가스의 사용은 언제하였나
- 안전관리자를 선임하였는가
- 사업개시 또는 액화석유가스의 사용전에 선임해야 하는 것이 아닌가

5. 무자격자의 액화석유가스 시설공사

1) 적용법조 : 제70조 제3호, 제35조 제4항 ☞ 공소시효 5년

> **제35조(시설의 시공 및 시공기록 등의 보존·제출)** ① 액화석유가스의 충전시설, 집단공급시설, 판매시설, 영업
> 소시설, 저장시설 또는 사용시설(이하 "액화석유가스시설"이라 한다)을 시공하려는 자는 「건설산업기본법」 제9조
> 에 따라 가스시설시공업의 등록을 한 자(이하 "가스시설시공업자"라 한다)이어야 한다.
> ④ 가스시설시공업자가 액화석유가스시설을 시공할 때에는 제5조제4항·제6항, 제8조제3항 및 제44조제1항에 따른
> 시설기준과 기술기준에 맞게 시공하여야 한다.

2) 범죄사실 기재례

> 피의자는 배관공사업을 영위하는 자로, 액화석유가스시설의 설치공사 자격이 없으면서, 20
> ○○. ○. ○. 경 ○○동 112번지의 홍길동 소유의 주택에 취사용으로 사용하게 하려고 위 주
> 택 뒤에 엘피가스 통을 설치하고 티자(T) 관을 이용하여 위 주택의 주방에 있는 가스레인지에
> 연결해 주고 위 홍길동으로부터 ○○만원을 받아 가스사용시설 설치공사를 하였다.

3) 신문사항

- 액화석유가스 시설공사를 한 일이 있는가
- 언제부터 언제까지 하였나
- 영업소는 어디에 있으며 규모는 어느 정도인가
- 누구를 상대로 하였나
- 어떤 내용의 설치공사를 하였나
- 비용은 얼마를 받았는가
- 설치공사 자격이 있는가
- 왜 자격없이 이런 행위를 하였나

■ **판례** ■ **임차인이 자신의 비용으로 설치·사용하던 가스설비의 휴즈콕크를 아무런 조치 없이 제거하고 이사를 간 후 가스가 유입되어 폭발사고가 발생한 경우**

[1] 구 액화석유가스의안전및사업관리법 제15조 제1항 및 제29조 제3항의 규정 취지

액화석유가스는 그 취급을 조금만 소홀히 하더라도 가스유출로 인한 사고가 발생하기 쉬울 뿐만 아니라 대형사고로 이어질 가능성이 크므로 가스사용시설의 설치 및 변경에 있어서 일정한 자격을 갖춘 자로 하여금 이를 시행하게 하고, 액화석유가스를 사용하고자 하는 자에게 일정한 시설기준과 기술기준에 적합한 가스사용시설 및 가스용품을 갖추도록 함으로써 가스누출로 인한 사고를 미연에 방지하고자 함에 있다.

[2] 위의 경우 임차인의 과실과 가스폭발사이에 인과관계가 있는지 여부(적극)

임차인이 자신의 비용으로 설치·사용하던 가스설비의 휴즈콕크를 아무런 조치 없이 제거하고 이사를 간 후 가스공급을 개별적으로 차단할 수 있는 주밸브가 열려져 가스가 유입되어 폭발사고가 발생한 경우, 임차인의 과실과 가스폭발사고 사이의 상당인과관계가 인정된다(대법원 2001.6.1. 선고 99도5086 판결).

Ⅰ. 개념정의

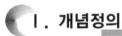

제2조(정의) 이 법에서 사용하는 용어의 뜻은 다음과 같다.

1. "야생생물"이란 산·들 또는 강 등 자연상태에서 서식하거나 자생(自生)하는 동물, 식물, 균류·지의류(地衣類), 원생생물 및 원핵생물의 종(種)을 말한다.

2. "멸종위기 야생생물"이란 다음 각 목의 어느 하나에 해당하는 생물의 종으로서 관계 중앙행정기관의 장과 협의하여 환경부령으로 정하는 종을 말한다.
   가. 멸종위기 야생생물 Ⅰ급: 자연적 또는 인위적 위협요인으로 개체수가 크게 줄어들어 멸종위기에 처한 야생생물로서 대통령령으로 정하는 기준에 해당하는 종
   나. 멸종위기 야생생물 Ⅱ급: 자연적 또는 인위적 위협요인으로 개체수가 크게 줄어들고 있어 현재의 위협요인이 제거되거나 완화되지 아니할 경우 가까운 장래에 멸종위기에 처할 우려가 있는 야생생물로서 대통령령으로 정하는 기준에 해당하는 종

3. "국제적 멸종위기종"이란 「멸종위기에 처한 야생동식물종의 국제거래에 관한 협약」 (이하 "멸종위기종국제거래협약"이라 한다)에 따라 국제거래가 규제되는 다음 각 목의 어느 하나에 해당하는 생물로서 환경부장관이 고시하는 종을 말한다.
   가. 멸종위기에 처한 종 중 국제거래로 영향을 받거나 받을 수 있는 종으로서 멸종위기종국제거래협약의 부속서 Ⅰ에서 정한 것
   나. 현재 멸종위기에 처하여 있지는 아니하나 국제거래를 엄격하게 규제하지 아니할 경우 멸종위기에 처할 수 있는 종과 멸종위기에 처한 종의 거래를 효과적으로 통제하기 위하여 규제를 하여야 하는 그 밖의 종으로서 멸종위기종국제거래협약의 부속서 Ⅱ에서 정한 것
   다. 멸종위기종국제거래협약의 당사국이 이용을 제한할 목적으로 자기 나라의 관할권에서 규제를 받아야 하는 것으로 확인하고 국제거래 규제를 위하여 다른 당사국의 협력이 필요하다고 판단한 종으로서 멸종위기종국제거래협약의 부속서 Ⅲ에서 정한 것

4. "지정관리 야생동물"이란 야생생물 중 다음 각 목에 해당하지 아니하는 살아있거나 알 상태인 포유류·조류·파충류·양서류를 말한다.
   가. 멸종위기 야생생물
   나. 국제적 멸종위기종
   다. 제21조제1항에 따라 환경부령으로 정하는 종
   라. 「생물다양성 보전 및 이용에 관한 법률」 제2조제6호의2에 따른 유입주의 생물, 같은 조 제8호에 따른 생태계교란 생물 및 같은 조 제8호의2에 따른 생태계위해우려 생물
   마. 「축산법」 제2조제1호에 따른 가축
   바. 「동물보호법」 제2조제7호에 따른 반려동물
   사. 「해양생태계의 보전 및 관리에 관한 법률」 제2조제8호에 따른 해양생물 중 해양만을 서식지로 하는 동물 및 같은 조 제11호에 따른 해양보호생물
   아. 「문화재보호법」 제25조에 따라 천연기념물로 지정된 동물

5. "유해야생동물"이란 사람의 생명이나 재산에 피해를 주는 야생동물로서 환경부령으로 정하는 종을 말한다.

6. "인공증식"이란 야생생물을 일정한 장소 또는 시설에서 사육·양식 또는 증식하는 것을 말한다.

7. "생물자원"이란 「생물다양성 보전 및 이용에 관한 법률」 제2조제3호에 따른 생물자원을 말한다.

8. "야생동물 질병"이란 야생동물이 병원체에 감염되거나 그 밖의 원인으로 이상이 발생한 상태로서 환경부령으로 정하는 질병을 말한다.

8의2. "야생동물 검역대상질병"이란 야생동물 질병의 유입을 방지하기 위하여 제34조의18에 따라 수입검역을 실시하는 야생동물 질병으로서 환경부령으로 정하는 것을 말한다. 이 경우 「가축전염병 예방법」 제2조제2호에 따른 가축전염병 및 「수산생물질병 관리법」 제2조제6호에 따른 수산동물전염병은 제외한다.

9. "질병진단"이란 죽은 야생동물 또는 질병에 걸린 것으로 확인되거나 걸릴 우려가 있는 야생동물에 대하여 부검, 임상검사, 혈청검사, 그 밖의 실험 등을 통하여 야생동물 질병의 감염 여부를 확인하는 것을 말한다.

II. 벌 칙

제67조(벌칙) ① 제14조제1항을 위반하여 멸종위기 야생생물 Ⅰ급을 포획·채취·훼손하거나 고사시킨 자는 5년 이하의 징역 또는 500만원 이상 3천만원 이하의 벌금에 처한다.

② 상습적으로 제1항의 죄를 지은 사람은 7년 이하의 징역에 처한다. 이 경우 7천만원 이하의 벌금을 병과할 수 있다.

제68조(벌칙) ① 다음 각 호의 어느 하나에 해당하는 자는 3년 이하의 징역 또는 300만원 이상 3천만원 이하의 벌금에 처한다.

1. 제8조제1항을 위반하여 야생동물을 죽음에 이르게 하는 학대행위를 한 자
2. 제14조제1항을 위반하여 멸종위기 야생생물 Ⅱ급을 포획·채취·훼손하거나 죽인 자
3. 제14조제1항을 위반하여 멸종위기 야생생물 Ⅰ급을 가공·유통·보관·수출·수입·반출 또는 반입한 자
4. 제14조제2항을 위반하여 멸종위기 야생생물의 포획채취 등을 위하여 폭발물, 덫, 창애, 올무, 함정, 전류 및 그물을 설치 또는 사용하거나 유독물, 농약 및 이와 유사한 물질을 살포 또는 주입한 자
5. 제16조제1항을 위반하여 허가 없이 국제적 멸종위기종 및 그 가공품을 수출·수입·반출 또는 반입한 자
5의2. 제16조제7항 단서를 위반하여 인공증식 허가를 받지 아니하고 국제적 멸종위기종을 증식한 자
6. 제28조제1항을 위반하여 특별보호구역에서 훼손행위를 한 자
7. 제16조의2제1항에 따른 사육시설의 등록을 하지 아니하거나 거짓으로 등록을 한 자
8. 제34조의15제1항을 위반하여 야생동물 또는 물건을 수입한 자
9. 제34조의16제2항 본문을 위반하여 지정검역물등에 대한 반송 또는 소각·매몰등의 명령을 이행하지 아니한 자
10. 제34조의16제5항을 위반하여 야생동물검역관의 지시를 받지 아니하고 지정검역물을 다른 장소로 이동시킨 자
11. 제34조의17제1항을 위반하여 검역증명서를 첨부하지 아니하고 지정검역물을 수입한 자
12. 제34조의18제1항을 위반하여 수입검역을 받지 아니하거나 거짓 또는 부정한 방법으로 수입검역을 받은 자
13. 제34조의19제1항을 위반하여 지정검역물을 수입한 자
14. 제34조의23제2항 본문을 위반하여 지정검역물등에 대한 반송 또는 소각·매몰등의 명령을 이행하지 아니한 자

② 상습적으로 제1항제1호, 제2호, 제4호 또는 제5호의2의 죄를 지은 사람은 5년 이하의 징역에 처한다. 이 경우 5천만원 이하의 벌금을 병과할 수 있다.

제69조(벌칙) ① 다음 각 호의 어느 하나에 해당하는 자는 2년 이하의 징역 또는 2천만원 이하의 벌금에 처한다.

1. 제8조제2항을 위반하여 야생동물에게 고통을 주거나 상해를 입히는 학대행위를 한 자
2. 제14조제1항을 위반하여 멸종위기 야생생물 Ⅱ급을 가공·유통·보관·수출·수입·반출 또는 반입한 자
3. 제14조제1항을 위반하여 멸종위기 야생생물을 방사하거나 이식한 자
4. 제16조제3항을 위반하여 국제적 멸종위기종 및 그 가공품을 수입 또는 반입 목적 외의 용도로 사용한 자
5. 제16조제4항을 위반하여 국제적 멸종위기종 및 그 가공품을 포획·채취·구입하거나 양도·양수, 양도·양수의 알선·중개, 소유, 점유 또는 진열한 자
6. 제19조제1항을 위반하여 야생생물을 포획·채취하거나 죽인 자
7. 제19조제3항을 위반하여 야생생물을 포획·채취하거나 죽이기 위하여 폭발물, 덫, 창애, 올무, 함정, 전류 및 그물을 설치 또는 사용하거나 유독물, 농약 및 이와 유사한 물질을 살포하거나 주입한 자

8. 제22조의5제1항을 위반하여 허가 없이 야생동물 관련 영업을 한 자

9. 삭제 〈2013.2.2.시행〉

10. 제30조에 따른 명령을 위반한 자

11. 삭제 〈2013.2.2.시행〉

12. 제42조제2항을 위반하여 수렵장 외의 장소에서 수렵한 사람

13. 제43조제1항 또는 제2항에 따른 수렵동물 외의 동물을 수렵하거나 수렵기간이 아닌 때에 수렵한 사람

14. 제44조제1항을 위반하여 수렵면허를 받지 아니하고 수렵한 사람

15. 제50조제1항을 위반하여 수렵장설정자로부터 수렵승인을 받지 아니하고 수렵한 사람

16. 제16조의2제2항에 따른 사육시설의 변경등록을 하지 아니하거나 거짓으로 변경등록을 한 자

17. 제8조의3제1항을 위반하여 야생동물 전시행위를 한 자

② 상습적으로 제1항제1호, 제6호 또는 제7호의 죄를 지은 사람은 3년 이하의 징역에 처한다. 이 경우 3천만원 이하의 벌금을 병과할 수 있다.

제70조(벌칙) 다음 각 호의 어느 하나에 해당하는 자는 1년 이하의 징역 또는 1천만원 이하의 벌금에 처한다.

1. 삭제 〈2017.12.12〉

2. 제9조제1항을 위반하여 포획·수입 또는 반입한 야생동물, 이를 사용하여 만든 음식물 또는 가공품을 그 사실을 알면서 취득(음식물 또는 추출가공식품을 먹는 행위를 포함한다)·양도·양수·운반·보관하거나 그러한 행위를 알선한 자

3. 제10조를 위반하여 덫, 창애, 올무 또는 그 밖에 야생동물을 포획하는 도구를 제작·판매·소지 또는 보관한 자

4. 거짓이나 그 밖의 부정한 방법으로 제14조제1항 단서에 따른 포획·채취등의 허가를 받은 자

5. 거짓이나 그 밖의 부정한 방법으로 제16조제1항 본문에 따른 수출·수입·반출 또는 반입 허가를 받은 자

5의2. 삭제 〈2021.5.18〉

5의3. 제16조의4제1항에 따른 정기 또는 수시 검사를 받지 아니한 자

5의4. 제16조의5에 따른 개선명령을 이행하지 아니한 자

6. 제18조 본문을 위반하여 멸종위기 야생생물 및 국제적 멸종위기종의 멸종 또는 감소를 촉진시키거나 학대를 유발할 수 있는 광고를 한 자

7. 거짓이나 그 밖의 부정한 방법으로 제19조제1항 단서에 따른 포획·채취 또는 죽이는 허가를 받은 자

8. 제21조제1항을 위반하여 허가 없이 야생생물을 수출·수입·반출 또는 반입한 자

8의2. 제22조의2제1항을 위반하여 지정관리 야생동물을 수입·반입한 자

8의3. 제22조의4제1항을 위반하여 지정관리 야생동물을 양도·양수·보관한 자

8의2. 거짓이나 그 밖의 부정한 방법으로 제23조제1항에 따른 유해야생동물 포획허가를 받은 자

9. 제34조의10제1항에 따른 예방접종·격리·이동제한·출입제한 또는 살처분 명령에 따르지 아니한 자

10. 제34조의10제3항을 위반하여 살처분한 야생동물의 사체를 소각하거나 매몰하지 아니한 자

10의2. 거짓이나 그 밖의 부정한 방법으로 제34조의21제1항 각 호 외의 부분 단서에 따른 지정검역시행장의 지정을 받은 자

10의3. 거짓이나 그 밖의 부정한 방법으로 제34조의22제1항에 따른 보관관리인의 지정을 받은 자

11. 제40조제1항을 위반하여 등록을 하지 아니하고 야생동물의 박제품을 제조하거나 판매한 자

12. 제43조제2항에 따라 수렵장에서 수렵을 제한하기 위하여 정하여 고시한 사항(수렵기간은 제외한다)을 위반한 사람

13. 거짓이나 그 밖의 부정한 방법으로 제44조제1항에 따른 수렵면허를 받은 사람

14. 제48조제2항을 위반하여 수렵면허증을 대여한 사람

15. 제55조를 위반하여 수렵 제한사항을 지키지 아니한 사람

16. 이 법을 위반하여 야생동물을 포획할 목적으로 총기와 실탄을 같이 지니고 돌아다니는 사람

제72조(양벌규정) 법인 또는 단체의 대표자나 법인·단체 또는 개인의 대리인, 사용인, 그 밖의 종업원이 그 법인·단체 또는 개인의 업무에 관하여 제67조제1항, 제68조제1항, 제69조제1항 또는 제70조의 위반행위를 하면 그 행위자를 벌하는 외에 그 법인·단체 또는 개인에게도 해당 조문의 벌금형을 과(科)한다. 다만, 법인·단체 또는 개인이 그 위반행위를 방지하기 위하여 해당 업무에 관하여 상당한 주의와 감독을 게을리하지 아니한 경우에는 그러하지 아니하다.

III. 범죄사실

1. 야생동물 학대

1) 적용법조 : 제68조 제1항 제1호, 제8조 제1항 제2호 ☞ 공소시효 5년

제8조(야생동물의 학대방지) ① 누구든지 정당한 사유 없이 야생동물을 죽음에 이르게 하는 다음 각 호의 학대행위를 하여서는 아니 된다.
1. 때리거나 산채로 태우는 등 다른 사람에게 혐오감을 주는 방법으로 죽이는 행위
2. 목을 매달거나 독극물, 도구 등을 사용하여 잔인한 방법으로 죽이는 행위
3. 그 밖에 제2항 각 호의 학대행위로 야생동물을 죽음에 이르게 하는 행위
② 누구든지 정당한 사유 없이 야생동물에게 고통을 주거나 상해를 입히는 다음 각 호의 학대행위를 하여서는 아니 된다.
1. 포획·감금하여 고통을 주거나 상처를 입히는 행위
2. 살아 있는 상태에서 혈액, 쓸개, 내장 또는 그 밖의 생체의 일부를 채취하거나 채취하는 장치 등을 설치하는 행위
3. 도구·약물을 사용하거나 물리적인 방법으로 고통을 주거나 상해를 입히는 행위
4. 도박·광고·오락·유흥 등의 목적으로 상해를 입히는 행위
5. 야생동물을 보관, 유통하는 경우 등에 고의로 먹이 또는 물을 제공하지 아니하거나, 질병 등에 대하여 적절한 조치를 취하지 아니하고 방치하는 행위

---

2) 범죄사실 기재례

> 누구든지 정당한 사유없이 야생동물에 대하여 목을 매달거나 독극물, 도구 등을 사용하여 잔인한 방법으로 죽이는 행위를 하여서는 아니된다.
> 그런데도 피의자는 20○○. ○. ○. 16:00경 ○○에 있는 약 ○○m 높이의 소나무에 같은 날 10:00경 ○○에서 잡은 야생동물인 ○○의 목에 밧줄을 매어 다른 사람에게 혐오감을 주는 방법으로 죽이는 행위를 하였다.

3) 신문사항

- 야생동물을 잡은 일이 있는가
- 언제 어디에서 어떤 야생동물을 잡았는다
- 어떤 방법으로 잡았는가
- 총기 소지허가와 수렵면허는 받았는가
- 이렇게 잡은 야생동물을 어떻게 하였는가
- 어떤 방법으로 죽였는가
- 다른 사람에게 혐오감을 준다고 생각하지 않았는가
- 왜 이렇게 죽였는가

2. 불법포획 야생동물 취식

1) 적용법조 : 甲은 제69조 제12호, 제42조 제2항, 제70조 제2호, 제9조 제1항, 乙은 제
70조 제2호, 제9조 제1항, 丙과 丁은 제70조 제2호, 제9조 제1항 ☞ 공소시효 5년

> 제9조(불법 포획한 야생동물의 취득 등 금지) ① 누구든지 이 법을 위반하여 포획·수입 또는 반입한 야생동물,
> 이를 사용하여 만든 음식물 또는 가공품을 그 사실을 알면서 취득(환경부령으로 정하는 야생동물을 사용하여 만
> 든 음식물 또는 추출가공식품을 먹는 행위를 포함한다)·양도·양수·운반·보관하거나 그러한 행위를 알선하지
> 못한다.

2) 범죄사실 기재례

> 누구든지 이 법을 위반하여 포획·수입 또는 반입한 야생동물 및 이를 사용하여 만든 음
> 식물 또는 가공품을 취득(환경부령이 정하는 야생동물을 사용하여 만든 음식물 또는 추출가
> 공식품을 먹는 행위를 포함한다)·양도·양수·운반·보관하거나 그러한 행위를 알선하지
> 못한다.
> 가. 피의자 甲
> 　피의자는 20○○. ○. ○. 수렵장이 아닌 ○○○에서 20○○. ○. ○. ○○도지사로부터 수
> 렵면허(제○○호) 받은 공기총으로 야생동물인 꿩 1마리를 불법포획하여 같은 날 피의자 乙
> 에게 ○○만원을 받고 양도하였다.
>
> 나. 피의자 乙
> 　피의자는 위 같은 날 피의자 경영 식당에서 위 피의자 甲이 불법포획한 위 꿩을 음식점
> 손님들에게 판매할 목적으로 ○○만원에 양수하였다.
> 다. 피의자 丙, 피의자 丁
> 　피의자들은 20○○. ○. ○. 위 피의자 乙이 불법포획한 야생동물인 위 꿩을 양수한 사실
> 을 알고도 음식으로 주문하여 이를 먹었다.

3) 신문사항(불법포획조수 등의 보관)
- 피의자는 어디에서 어떠한 일을 하고 있는가
- 언제부터 박제업을 하고 있는가(등록 여부등 확인)
- 불법포획조수를 박제한 일이 있는가
- 언제 어디에서 박제를 하였나
- 어떠한 조수를 어떻게 박제하였나
- 누가 이러한 의뢰를 하였나
- 그 조수가 불법포획된 것을 알았나
- 왜 불법포획된 조수를 박제하였나

3. 덫 등 야생동물포획도구 제작 · 판매 · 소지 · 보관

1) 적용법조 : 제70조 제3호, 제10조 ☞ 공소시효 5년

> 제10조(덫 · 창애 · 올무 등의 제작금지 등) 누구든지 덫, 창애, 올무 또는 그 밖에 야생동물을 포획할 수 있는 도구를 제작 · 판매 · 소지 또는 보관하여서는 아니 된다. 다만, 학술 연구, 관람 · 전시, 유해야생동물의 포획 등 환경부령으로 정하는 경우에는 그러하지 아니하다.

2) 범죄사실 기재례

[기재례1] 포획도구 보관

> 누구든지 덫 · 창애 · 올무 그 밖에 이와 유사한 방법으로 야생동물을 포획할 수 있는 도구를 제작 · 판매 · 소지 또는 보관하여서는 아니 된다.
> 그럼에도 불구하고 피의자는 20○○. ○. ○. ○○에 있는 피의자의 창고에 야생동물을 포획하는 데 사용하기 위해 ○○크기의 철사를 이용하여 만든 올무 ○○개를 보관하였다.

[기재례2] 포획도구 소지

> 누구든지 덫, 창애, 올무 또는 그 밖에 야생동물을 포획할 수 있는 도구를 제작 · 판매 · 소지 또는 보관하여서는 아니 된다.
> 피의자는 20○○. 1. 18. 12:30경 ○○에 있는 야산 부근에서 야생동물을 포획할 목적으로 전파발신기 6개를 부착한 사냥개 8마리와 전파수신기 1개, 수렵용 칼 2자루를 피의자의 (차량번호) 화물차에 싣고 다녔다.
> 이로써 피의자는 야생동물을 포획할 수 있는 도구를 소지하였다.

3) 신문사항

- 야생동물을 포획하기 위해 올무를 보관한 일이 있는가
- 언제 어디에 보관하였나
- 몇 개를 보관하였나
- 이런 올무는 언제 누가 만들었는가
- 어떤 방법으로 만들었는가
- 무엇 때문에 만들어 보관하였나
- 사용한 일이 있는가

■ 판례 ■ 야생생물 보호 및 관리에 관한 법률 제70조 제3호 및 제10조에 규정되어 있는 '그 밖에 야생동물을 포획할 수 있는 도구'의 의미

제10조는 야생생물을 포획할 목적이 있었는지를 불문하고 야생동물을 포획할 수 있는 도구의 제작 · 판매 · 소지 또는 보관행위 자체를 일체 금지하고 있고, 도구를 사용하여 야생동물을 포획할 수 있기만 하면 도구의 본래 용법이 어떠하든지 간에 위 규정에 의하여 처벌될 위험이 있으므로 '그 밖에 야생동물을 포획할 수 있는 도구'의 의미를 엄격하게 해석하여야 할 필요가 있는 점, 제69조 제1항 제7호 및 제19조 제3항은 야생생물을 포획하기 위하여 폭발물, 덫, 창애, 올무, 함정, 전

류 및 그물을 설치 또는 사용한 행위를 처벌하고 있는데, 덫, 창애, 올무는 제70조 제3호 및 제10조에서 별도로 제작·판매·소지 또는 보관행위까지 금지·처벌하고 있는 반면, 제69조 제1항 제7호 및 제19조 제3항에 함께 규정된 '폭발물, 함정, 전류 및 그물' 등도 야생동물을 포획할 수 있는 도구에 해당할 수 있으나 이에 대하여는 제70조 제3호 및 제10조에서 특별히 언급하고 있지 않은 점, 제70조 제3호 및 제10조의 문언상 '그 밖에 야생동물을 포획할 수 있는 도구'는 '덫, 창애, 올무'와 병렬적으로 규정되어 있으므로 '그 밖에 야생동물을 포획할 수 있는 도구' 사용의 위험성이 덫, 창애, 올무 사용의 위험성에 비견될 만한 것이어야 하는 점 등을 종합하여 보면, 제70조 제3호 및 제10조에 규정되어 있는 '그 밖에 야생동물을 포획할 수 있는 도구'란 도구의 형상, 재질, 구조와 기능 등을 종합하여 볼 때 덫, 창애, 올무와 유사한 방법으로 야생동물을 포획할 용도로 만들어진 도구를 의미한다. (대법원 2016.10.27. 선고, 2016도5083, 판결)

4. 국제적 멸종위기종 포획

1) 적용법조 : 제69조 제1항 제4호, 제16조 제4항, 수산자원관리법 제64조 제2호, 제17조 ☞ 공소시효 5년

> 제40조(박제업자의 등록 등) ① 야생동물 박제품의 제조 또는 판매를 업(業)으로 하려는 자는 시장·군수·구청장에게 등록하여야 한다. 등록한 사항 중 환경부령으로 정하는 사항을 변경할 때에도 또한 같다.
>
> ※ 수산자원관리법
>   제17조(불법어획물의 판매 등의 금지) 누구든지 이 법 또는 「수산업법」에 따른 명령을 위반하여 포획·채취한 수산자원이나 그 제품을 소지·유통·가공·보관 또는 판매하여서는 아니 된다.

2) 범죄사실 기재례

> 피의자들은 20○○. ○. ○.경 ○○해상에서 피의자 갑은 선수 난간 대에서 갑판에 미리 준비해 둔 작살촉이 연결된 작살봉(작살대)을 들고 수면으로 부상하는 밍크고래를 향해 찌르고 피의자 을은 작살에 찔린 채 도망하는 밍크고래를 추적하기 위해 작살촉에 로프줄을 연결해 놓은 부표를 해상에 던지고 피의자 병은 조타실 위에서 어선을 조종하여 작살에 찔린 채 도망하는 밍크고래를 추적하고 A는 육안으로 위 부표 방향을 추적하여 피의자들에게 알려주는 방법으로 역할을 분담하여 밍크고래 1마리를 포획하였다
> 결국, 피의자들은 A와 공모하여 국제적 멸종위기종인 밍크고래를 포획함과 동시에 수산업법 등 관련 법령에 따른 어업 이외의 방법으로 수산동식물을 포획하고, 더불어 행정관청이 정한 어업조정 등에 관한 명령을 위반하였다.

5. 미등록 박제업

1) 적용법조 : 제70조 제11호, 제40조 제1항 ☞ 공소시효 5년

> **제40조(박제업자의 등록 등)** ① 야생동물 박제품의 제조 또는 판매를 업(業)으로 하려는 자는 시장·군수·구청장에게 등록하여야 한다. 등록한 사항 중 환경부령으로 정하는 사항을 변경할 때에도 또한 같다.

2) 범죄사실 기재례

> 야생동물 박제품의 제조 또는 판매를 업(業)으로 하려는 자는 시장·군수·구청장에게 등록하여야 한다.
> 그럼에도 불구하고 피의자는 20○○. ○. ○.경 ○○에서 등록없이 홍길동의 의뢰를 받아 위 홍길동이 가져온 수꿩과 암꿩 각 1마리를 박제품으로 제조해 주고 그로부터 20만원을 받은 것을 비롯하여 그 무렵부터 20○○. ○. ○.까지 사이에 불특정다수인의 의뢰를 받아 조수의 박제품을 제조함으로써 월평균 ○○만원의 이익을 얻는 박제품의 제조업을 영위하였다.

3) 신문사항

- 박제업을 하고 있는가
- 언제부터 어디에서 하고 있는가
- 영업장 규모는 어느 정도 인가
- 누구를 상대로 하고 있는가
- 홍길동을 알고 있는가
- 위 홍길동이 가져온 동물에 대해 박제를 해 준 일이 있는가
- 언제 어디에서 해주었는가
- 어떤 박제를 해주었나
- 이런 박제를 하기 위해 어떤 시설을 갖추고 있는가
- 월 평균 수입은 어느 정도인가
- 행정관청의 영업등록을 하였나
- 등록없이 왜 이런 행위를 하였나

6. 수렵장 외에서의 수렵행위

1) 적용법조 : 제69조 제12호, 제42조 제2항 ☞ 공소시효 5년

> 제42조(수렵장의 설정 등) ② 누구든지 수렵장외의 장소에서 수렵을 하여서는 아니된다.

2) 범죄사실 기재례

> 누구든지 수렵장 외의 장소에서 수렵하여서는 아니된다.
> 그럼에도 불구하고 피의자는 20○○. ○. ○. ○○:○○경 ○○ 마을 뒷산에서 공기총으로 까마귀 1마리를 사살하여 포획함으로써 지정된 수렵장 밖에서 수렵조수를 포획하였다.

3) 신문사항

- 피의자는 공기총을 소유하고 있는가(소지허가증 확인)
- 수렵면허를 받았는가(수렵면허장 확인)
- 조수를 수렵한 일이 있는가
- 언제 어디에서 수렵하였나
- 어떠한 조수를 수렵하였나
- 그 곳은 수렵허용이 고시된 수렵장인가
- 왜 수렵장이 아닌 곳에서 수렵을 하였나

7. 수렵조수 아닌 조수의 수렵

1) 적용법조 : 제69조 제13호, 제43조 제1항 ☞ 공소시효 5년

> 제43조(수렵동물의 지정 등) ① 환경부장관은 수렵장에서 수렵할 수 있는 야생동물(이하 "수렵동물"이라 한다)의 종류를 지정·고시하여야 한다.
> ② 환경부장관이나 지방자치단체의 장은 수렵장에서 수렵동물의 보호·번식을 위하여 수렵을 제한하려면 수렵동물을 포획할 수 있는 기간(이하 "수렵기간"이라 한다)과 그 수렵장의 수렵동물 종류·수량, 수렵 도구, 수렵 방법 및 수렵인의 수 등을 정하여 고시하여야 한다.
> ③ 환경부장관은 수렵동물의 지정 등을 위하여 야생동물의 종류 및 서식밀도 등에 대한 조사를 주기적으로 실시하여야 한다.

2) 범죄사실 기재례

> 피의자는 20○○. ○. ○. ○○:○○경 지정된 수렵장인 ○○에 있는 삼각산에서 환경부장관이 지정, 고시한 수렵조수가 아닌 암꿩(까투리) 3마리를 엽총으로 사살하여 포획하였다.

3) 신문사항

- 엽총을 소지하고 있는가
- 소지허가는 받았는가(허가사항, 허가번호등)
- 수렵면허를 받았는가
- 그 기간은 언제부터 언제까지인가
- 지정 고시된 수렵조수는 무엇인가
- 야동 동물을 수렵한 일이 있는가
- 어떤 조수를 수렵하였나
- 이 조수는 지정 고시된 수렵조수인가
- 왜 지정고시되지 않는 조수를 수렵하였나

8. 수렵면허 없이 수렵행위

1) 적용법조 : 제69조 제14호, 제44조 제1항 ☞ 공소시효 5년

제44조(수렵면허) ① 수렵장에서 수렵동물을 수렵하려는 사람은 대통령령으로 정하는 바에 따라 그 주소지를 관할하는 시장·군수·구청장으로부터 수렵면허를 받아야 한다.

※ 시행령(대통령령)

제30조(수렵면허의 신청) 법 제44조제1항의 규정에 의하여 수렵면허를 받고자 하는 자는 법 제45조의 규정에 의한 수렵면허시험에 합격하고, 법 제47조의 규정에 의한 수렵강습을 이수한 후 환경부령이 정하는 바에 따라 주소지를 관할하는 시장·군수·구청장에게 수렵면허를 신청하여야 한다.

2) 범죄사실 기재례

> 수렵장에서 수렵동물을 수렵하려는 사람은 대통령령으로 정하는 바에 따라 그 주소지를 관할하는 시장·군수·구청장으로부터 수렵면허를 받아야 한다.
> 그럼에도 불구하고 피의자는 20○○. ○. ○. ○○:○○경 수렵면허 없이 지정된 수렵장인 ○○에 있는 삼각산에서 피의자 소유 공기총(총번)을 이용하여 암꿩(까투리) 3마리를 사살하여 포획하였다.

3) 신문사항

- 공기총을 소지하고 있는가
- 소지허가는 받았는가(허가사항, 허가번호 등)
- 야동 동물을 수렵한 일이 있는가
- 어떤 조수를 수렵하였나
- 이 조수는 지정 고시된 수렵조수인가
- 수렵면허를 받았는가
- 왜 수렵면허 없이 조수를 수렵하였나

9. 수렵면허증 대여

1) 적용법조 : 제70조 제14호, 제48조 제2항 ☞ 공소시효 5년

> **제48조(수렵면허증의 교부 등)** ① 시장·군수·구청장은 제45조제1항에 따른 수렵면허시험에 합격하고, 제47조제 3항에 따른 강습이수증을 발급받은 사람에게 환경부령으로 정하는 바에 따라 수렵면허증을 발급하여야 한다.
> ② 수렵면허의 효력은 제1항에 따른 수렵면허증을 본인이나 대리인에게 발급한 때부터 발생하고, 발급받은 수렵면 허증은 다른 사람에게 대여하지 못한다.

2) 범죄사실 기재례

> 피의자는 20○○. ○. ○. ○○군수로부터 수렵면허증(제○○호)을 교부받았다. 교부받은 수 렵면허증은 다른 사람에게 대여하지 못한다.
> 그럼에도 불구하고 피의자는 20○○. ○. ○.경 ○○에서 홍길동에게 위 수렵면허증을 ○○ 조건으로 대여하였다.

3) 신문사항

- 수렵면허증이 있는가
- 언제 누구로부터 교부받았나(면허번호, 일자 등)
- 무엇 때문에 교부받았는가
- 수렵용 총기가 있는가
- 어떤 총기이며 소지허가는 받았는가(허가번호, 일자, 허가자 등)
- 이를 다른 사람에게 대여한 일이 있는가
- 언제 어디에서 대여하였나
- 누구에게 어떤 조건으로 대여하였나
- 왜 이런 행위를 하였나

10. 포획목적 총기와 실탄소지 배회

1) 적용법조 : 제70조 제16호 ☞ 공소시효 5년

2) 범죄사실 기재례

> 피의자는 20○○. ○. ○. ○○경찰서장으로부터 공기총 소지허가(제○○호)를 받아 공기총을 소지한 사람이다. 법의 규정에 위반하여 야생동물을 포획할 목적으로 총기와 실탄을 지니고 돌아다녀서는 아니 된다.
> 그럼에도 불구하고 피의자는 20○○. ○. ○. ○○에서 야생동물을 포획목적으로 위 공기총과 ○○실탄 ○○발을 소지하고 배회하였다.

3) 신문사항

- 공기총을 소지하고 있는가
- 어떤 총기이며 소지허가를 받았는가(총번, 허가번호, 일자 등)
- 수렵하기 위해 총기와 실탄을 소지하고 다닌 일이 있는가
- 어떤 총기와 어떤 실탄을 가지고 다녔는가
- 무엇 때문에 배회하였나
- 수렵면허는 받았는가

제 81 장   약 사 법

Ⅰ. 개념정의

제2조(정의) 이 법에서 사용하는 용어의 뜻은 다음과 같다.

1. "약사(藥事)"란 의약품·의약외품의 제조·조제·감정(鑑定)·보관·수입·판매[수여(授與)를 포함한다. 이하 같다]와 그 밖의 약학 기술에 관련된 사항을 말한다.

2. "약사(藥師)"란 한약에 관한 사항 외의 약사(藥事)에 관한 업무(한약제제에 관한 사항을 포함한다)를 담당하는 자로서, "한약사"란 한약과 한약제제에 관한 약사(藥事) 업무를 담당하는 자로서 각각 보건복지부장관의 면허를 받은 자를 말한다.

3. "약국"이란 약사나 한약사가 수여할 목적으로 의약품 조제 업무[약국제제(藥局製劑)를 포함한다]를 하는 장소(그 개설자가 의약품 판매업을 겸하는 경우에는 그 판매업에 필요한 장소를 포함한다)를 말한다. 다만, 의료기관의 조제실은 예외로 한다.

4. "의약품"이란 다음 각 목의 어느 하나에 해당하는 물품을 말한다.
   가. 대한민국약전(大韓民國藥典)에 실린 물품 중 의약외품이 아닌 것
   나. 사람이나 동물의 질병을 진단·치료·경감·처치 또는 예방할 목적으로 사용하는 물품 중 기구·기계 또는 장치가 아닌 것
   다. 사람이나 동물의 구조와 기능에 약리학적(藥理學的) 영향을 줄 목적으로 사용하는 물품 중 기구·기계 또는 장치가 아닌 것

5. "한약"이란 동물·식물 또는 광물에서 채취된 것으로 주로 원형대로 건조·절단 또는 정제된 생약(生藥)을 말한다.

6. "한약제제(韓藥製劑)"란 한약을 한방원리에 따라 배합하여 제조한 의약품을 말한다.

7. "의약외품(醫藥外品)"이란 다음 각 목의 어느 하나에 해당하는 물품(제4호나목 또는 다목에 따른 목적으로 사용되는 물품은 제외한다)으로서 보건복지부장관이 지정하는 것을 말한다.
   가. 사람이나 동물의 질병을 치료·경감(輕減)·처치 또는 예방할 목적으로 사용되는 섬유·고무제품 또는 이와 유사한 것
   나. 인체에 대한 작용이 약하거나 인체에 직접 작용하지 아니하며, 기구 또는 기계가 아닌 것과 이와 유사한 것
   다. 감염병 예방을 위하여 살균·살충 및 이와 유사한 용도로 사용되는 제제

8. "신약"이란 화학구조나 본질 조성이 전혀 새로운 신물질의약품 또는 신물질을 유효성분으로 함유한 복합제제 의약품으로서 식품의약품안전청장이 지정하는 의약품을 말한다.

9. "일반의약품"이란 다음 각 목의 어느 하나에 해당하는 것으로서 보건복지부장관이 정하여 고시하는 기준에 해당하는 의약품을 말한다.
   가. 오용·남용될 우려가 적고, 의사나 치과의사의 처방 없이 사용하더라도 안전성 및 유효성을 기대할 수 있는 의약품
   나. 질병 치료를 위하여 의사나 치과의사의 전문지식이 없어도 사용할 수 있는 의약품
   다. 의약품의 제형(齊型)과 약리작용상 인체에 미치는 부작용이 비교적 적은 의약품

10. "전문의약품"이란 일반의약품이 아닌 의약품을 말한다.

11. "조제"란 일정한 처방에 따라서 두 가지 이상의 의약품을 배합하거나 한 가지 의약품을 그대로 일정한 분량으로 나누어서 특정한 용법에 따라 특정인의 특정된 질병을 치료하거나 예방하는 등의 목적으로 사용하도록 약제를 만드는 것을 말한다.

12. "복약지도(服藥指導)"란 다음 각 목의 어느 하나에 해당하는 것을 말한다.
    가. 의약품의 명칭, 용법·용량, 효능·효과, 저장 방법, 부작용, 상호 작용 등의 정보를 제공하는 것
    나. 일반의약품을 판매할 때 진단적 판단을 하지 아니하고 구매자가 필요한 의약품을 선택할 수 있도록 도와
        주는 것
13. "안전용기·포장"이란 5세 미만 어린이가 열기 어렵게 설계·고안된 용기나 포장을 말한다.
14. "위탁제조판매업"이란 제조시설을 갖추지 아니하고 식품의약품안전청장으로부터 제조판매품목허가를 받은
    의약품을 의약품제조업자에게 위탁하여 제조판매하는 영업을 말한다.
15. "임상시험"이란 의약품 등의 안전성과 유효성을 증명하기 위하여 사람을 대상으로 해당 약물의 약동(藥動)·
    약력(藥力)·약리·임상적 효과를 확인하고 이상반응을 조사하는 시험(생물학적 동등성시험을 포함한다)을 말
    한다. 다만, 「첨단재생의료 및 첨단바이오의약품 안전 및 지원에 관한 법률」 제2조제3호에 따른 첨단재생의
    료 임상연구는 제외한다.
16. "비임상시험"이란 사람의 건강에 영향을 미치는 시험물질의 성질이나 안전성에 관한 각종 자료를 얻기 위하
    여 실험실과 같은 조건에서 동물·식물·미생물과 물리적·화학적 매체 또는 이들의 구성 성분으로 이루어진
    것을 사용하여 실시하는 시험을 말한다.]
17. "생물학적 동등성시험"이란 임상시험 중 생물학적 동등성을 입증하기 위한 생체시험으로서 동일 주성분을
    함유한 두 제제의 생체이용률이 통계학적으로 동등하다는 것을 보여주는 시험을 말한다.
18. "희귀의약품"이란 제4호에 따른 의약품 중 다음 각 목의 어느 하나에 해당하는 의약품으로서 식품의약품안
    전처장의 지정을 받은 의약품을 말한다.
    가. 「희귀질환관리법」 제2조제1호에 따른 희귀질환을 진단하거나 치료하기 위한 목적으로 사용되는 의약품
    나. 적용 대상이 드문 의약품으로서 대체 가능한 의약품이 없거나 대체 가능한 의약품보다 현저히 안전성
        또는 유효성이 개선된 의약품
19. "국가필수의약품"이란 질병 관리, 방사능 방재 등 보건의료상 필수적이나 시장 기능만으로는 안정적 공급이
    어려운 의약품으로서 보건복지부장관과 식품의약품안전처장이 관계 중앙행정기관의 장과 협의하여 지정하
    는 의약품을 말한다.

■ 판례 ■ 한약재판매업자가 한약재들을 별도의 표시가 없는 비닐 등에 담아 일반 소비자에 판매한 경우

[1] 사실관계

한약재판매업자 甲은 자신의 점포에서 감초, 당귀, 황기 등의 한약재들을 별도의 표시가 없는 비닐
등에 담아 일반 소비자들이 선택하여 요구하는 양만큼 저울로 달아 그램당 가격으로 계산하여 판
매하거나 작두를 이용하여 잘게 썰어 비닐봉지에 넣어 판매하였다.

[2] 판결요지

가. 약사법의 규제 대상인 의약품 및 한약의 의미와 한약에 해당되는지 여부에 대한 판단 기준

약사법 제2조 제4항, 제5항의 각 규정에 의하면, '한약'이라 함은 동물, 식물 또는 광물에서 채
취된 것으로서 주로 원형대로 건조, 절단 또는 정제된 생약을 말하는 것인바, 위와 같은 의약품인
한약에 해당되는지 여부는 그 물의 성분, 형상(용기, 포장, 의장 등), 명칭 및 표시된 사용 목적,
효능, 효과, 용법, 용량, 판매할 때의 선전 또는 설명 등을 종합적으로 판단하여 사회 일반인이 볼
때 농산물이나 식품 등으로 인식되는 것을 제외하고 그것이 위 목적에 사용되는 것으로 인식되고
혹은 약효가 있다고 표방된 경우에 이를 약사법의 규제대상인 의약품에 해당된다고 할 것이다.

나. 甲이 판매한 위 물품들이 약사법에 정한 의약품에 해당하는지 여부(소극)

피고인이 임의로 위 물품들을 선택하거나 이를 혼합 또는 가공하여 판매하지 아니하였을 뿐만 아

니라 의약품으로 오인될 수 있는 포장을 하거나 효능, 효과 등의 표시 또는 그에 대한 선전광고나 용량, 용법에 대한 설명 등을 하지 아니한 것으로, 피고인이 판매한 위 물품들은 사회 일반인에게 약사법 소정의 목적에 사용되는 것으로 인식되거나 약효가 있다고 표방된 것이라고 할 수 없어 약사법 소정의 의약품에 해당한다고 할 수 없다(대법원 2007.2.9. 선고 2006도7109 판결).

■ 판례 ■ **약사법의 규제 대상이 되는 의약품의 개념 및 그 판단 기준**

약사법의 입법목적과 취지 그리고 의약품을 정의한 약사법 제2조 제4항의 규정내용과 그 취지에 비추어 보면, 약사법에서 말하는 의약품은 제2조 제4항 제1호의 대한약전에 수재된 것 외에 사람 또는 동물의 질병의 진단, 치료, 경감, 처치 또는 예방에 사용됨을 목적으로 하는 것이거나 혹은 사람 또는 동물의 신체의 구조 또는 기능에 약리적 기능을 미치게 하는 것이 목적으로 되어 있는 것을 모두 포함하는 개념(단 기계기구, 화장품 제외)이라고 할 것이고 반드시 약리작용상 어떠한 효능의 유무와 관계없이 그 성분, 형상(용기, 포장, 의장 등), 명칭, 거기에 표시된 사용목적, 효능, 효과, 용법, 용량, 판매할 때의 선전 또는 설명 등을 종합적으로 판단하여 사회일반인이 볼 때 한 눈으로 의약품 아닌 식품에 불과한 것으로 인식되는 것
을 제외하고는, 그것이 위 목적에 사용되는 것으로 인식되거나 약효가 있다고 표방된 경우에는 이를 모두 의약품으로 보아 약사법의 규제대상이 된다(대법원 2004.1.15. 선고 2001도1429 판결).

■ 판례 ■ **의약품인 한약에 해당하는지 여부에 관한 판단기준**

의약품인 한약에 해당되는지 여부는 그 물의 성분, 형상(용기, 포장, 의장 등), 명칭 및 표시된 사용목적, 효능, 효과, 용법, 용량, 판매할 때의 선전 또는 설명 등을 종합적으로 판단하여 사회일반인이 볼 때 농산물이나 식품 등으로 인식되는 것을 제외하고 그것이 위 목적에 사용되는 것으로 인식되고 혹은 약효가 있다고 표방된 경우에는 이를 약사법의 규제대상인 의약품에 해당된다. 따라서 금산인삼약초특산품은 약사법 제2조 소정의 '의약품'에 해당한다(대법원 1996.10.15. 선고 96도1941 판결).

■ 판례 ■ **약사법의 규제 대상인 의약품 및 한약의 개념과 한약에 해당되는지 여부에 대한 판단 기준**

약사법 제2조 제4항, 제5항의 각 규정에 의하면 의약품이라 함은 대한 약전에 수재된 것으로서 위생용품이 아닌 것과 사람 또는 동물의 질병의 진단, 치료, 경감, 처치 또는 예방의 목적으로 사용되는 것으로서 기구 기계가 아닌 것, 사람 또는 동물의 구조 기능에 약리학적 영향을 주기 위한 목적으로 사용되는 것으로서 기구 기계나 화장품이 아닌 것을 모두 포함하는 개념이고, 한약이라 함은 동물, 식물 또는 광물에서 채취된 것으로서 주로 원형대로 건조, 절단 또는 정제된 생약을 말하는 것인바, 위와 같은 의약품인 한약에 해당되는지 여부는 그 물의 성분, 형상(용기, 포장, 의장 등), 명칭 및 표시된 사용목적, 효능, 효과, 용법, 용량, 판매할 때의 선전 또는 설명 등을 종합적으로 판단하여 사회 일반인이 볼 때 농산물이나 식품 등으로 인식되는 것을 제외하고 그것이 위 목적에 사용되는 것으로 인식되고 혹은 약효가 있다고 표방된 경우에는 약사법의 규제 대상인 의약품에 해당된다(대법원 1995.9.15. 선고 95도587 판결).

II. 벌 칙

제93조(벌칙) ① 제6조제3항을 위반하여 다른 사람에게 면허를 대여한 사람

1의2. 제6조제4항을 위반하여 면허를 대여받거나 면허 대여를 알선한 사람

2. 제20조제1항을 위반하여 약국을 개설한 자

3. 제23조제1항을 위반한 자

4. 제31조제1항부터 제4항까지 또는 제9항을 위반하여 허가를 받거나 신고를 하지 아니한 자 또는 변경허가를 받거나 변경신고를 하지 아니한 자

4의2. 거짓이나 그 밖의 부정한 방법으로 제31조제1항부터 제4항까지 또는 제9항에 따른 허가·변경허가를 받거나 신고·변경신고를 한 자

4의3. 거짓이나 그 밖의 부정한 방법으로 제31조의2제1항·제3항(제42조제5항에서 준용하는 경우를 포함한다)에 따른 원료의약품의 등록·변경등록을 한 자

4의4. 거짓이나 그 밖의 부정한 방법으로 제35조제1항 및 제2항(제42조제5항에서 준용하는 경우를 포함한다)에 따른 시설 조건부 허가 또는 품목 조건부 허가를 받은 자

5. 제42조제1항을 위반하여 허가를 받거나 신고를 하지 아니한 자 또는 변경허가를 받거나 변경신고를 하지 아니한 자

5의2. 거짓이나 그 밖의 부정한 방법으로 제42조제1항에 따른 허가·변경허가를 받거나 신고·변경신고를 한 자

6. 제43조를 위반한 자

6의2. 거짓이나 그 밖의 부정한 방법으로 제43조제1항에 따른 허가를 받은 자

7. 제44조제1항을 위반한 자

8. 제44조제2항제2호에 따른 허가를 받지 아니하고 의약품을 판매한 자

8의2. 거짓이나 그 밖의 부정한 방법으로 제44조의2제1항에 따른 등록 또는 같은 조 제3항에 따른 변경등록을 한 자

8의3. 거짓이나 그 밖의 부정한 방법으로 제45조제1항에 따른 허가·변경허가를 받은 자

9. 제53조제1항을 위반하여 출하승인을 받지 아니하거나 거짓 또는 그 밖의 부정한 방법으로 출하승인을 받은 자

10. 제61조(제66조에서 준용하는 경우를 포함한다)를 위반한 자. 다만, 제56조제2항(제44조의6제1항에서 준용하는 경우를 포함한다) 또는 제65조제2항을 위반한 자는 제외한다.

11. 제34조의2제3항제6호 또는 제34조의3제3항에 따른 임상시험성적서, 임상시험검체분석성적서 또는 비임상시험성적서를 거짓으로 작성·발급한 자

② 제1항의 경우 징역과 벌금은 병과(併科)할 수 있다.

제94조(벌칙) ① 다음 각 호의 어느 하나에 해당하는 자는 3년 이하의 징역 또는 3천만원 이하의 벌금에 처한다. 다만, 제87조제1항을 위반한 자에 대하여는 고소가 있어야 공소를 제기할 수 있다.

1. 제3조제3항 또는 제4조제3항을 위반한 자

2. 제24조제2항을 위반하여 담합행위를 한 자

3. 제34조제1항 본문·제3항제1호·제2호 및 같은 조 제4항을 위반한 자 또는 같은 조 제6항에 따른 명령을 위반한 자

3의2. 거짓이나 그 밖의 부정한 방법으로 제34조제1항에 따른 임상시험의 계획 승인·변경승인을 받은 자

3의3. 제34조의2제1항을 위반하여 지정을 받지 아니하고 임상시험을 실시한 자

3의4. 제34조의2제2항 본문을 위반하여 변경지정을 받지 아니하고 임상시험을 실시한 자

3의5. 제34조의2제3항제1호 또는 제2호를 위반한 자

4. 제37조제3항(제42조제5항에서 준용하는 경우를 포함한다)을 위반한 자

4의2. 제39조제1항 전단(제44조의6제1항에서 준용하는 경우를 포함한다)을 위반하여 회수 또는 회수에 필요한 조치를 하지 아니한 자

5. 제45조제5항을 위반한 자

5의2. 제46조의2제1항을 위반하여 신고하지 아니하고 의약품 판매촉진 업무를 위탁받아 수행한 자

5의3. 거짓이나 그 밖의 부정한 방법으로 제46조의2제1항에 따른 신고·변경신고를 한 자

5의4. 제47조제2항을 위반하여 경제적 이익등을 제공하거나 같은 조 제6항을 위반하여 경제적 이익등을 제공받은 자. 이 경우 취득한 경제적 이익등은 몰수하고, 몰수할 수 없을 때에는 그 가액을 추징한다.

5의5. 제47조제3항을 위반하여 의약품 판촉영업자가 아닌 자에게 의약품의 판매촉진 업무를 위탁한 자

7. 제49조를 위반하여 의약품을 판매 · 저장 또는 진열한 자

8. 제50조제1항(제44조의6제1항에서 준용하는 경우를 포함한다)을 위반한 자

9. 제62조(제66조에서 준용하는 경우를 포함한다)를 위반하여 의약품을 판매 · 제조 · 수입 · 저장 또는 진열한 자

9의2. 제68조의9를 위반하여 비밀을 누설한 자

10. 제70조제2항을 위반하여 정당한 사유 없이 의약품 생산 또는 업무개시명령을 거부한 자

11. 제71조제1항 · 제2항(제44조의6제1항에서 준용하는 경우를 포함한다) 및 제72조제1항 · 제2항(제44조의6제1항에서 준용하는 경우를 포함한다)에 따른 명령을 위반한 자 또는 제71조제3항(제44조의6제1항에서 준용하는 경우를 포함한다)에 따른 관계 공무원이 행하는 물품의 회수 · 폐기와 그 밖에 필요한 처분을 거부 · 방해하거나 기피한 자

12. 제87조 또는 제88조제2항을 위반한 자

② 제1항의 징역과 벌금은 병과(倂科)할 수 있다.

제95조(벌칙) ① 다음 각 호의 어느 하나에 해당하는 자는 1년 이하의 징역 또는 1천만원 이하의 벌금에 처한다.

1. 제20조제2항 전단을 위반하여 개설등록을 하지 아니한 자

1의2. 거짓이나 그 밖의 부정한 방법으로 제20조제2항에 따른 개설 등록 · 변경등록을 한 자

2. 제21조제1항 · 제2항을 위반한 자

3. 제23조제2항 · 제3항 · 제4항 · 제6항 · 제7항을 위반한 자

4. 제24조제1항을 위반하여 정당한 사유 없이 조제를 거부한 자

5. 제26조제1항을 위반하여 조제한 자

6. 제27조제1항 · 제3항 · 제4항을 위반한 자

6의2. 제34조제3항제5호를 위반하여 보험에 가입하지 아니하거나 대상자에게 사전에 설명한 보상 절차 등을 준수하여 보상하지 아니한 자

6의3. 제34조제3항제6호를 위반하여 임상시험용 의약품 등의 안전성 정보를 평가 · 기록 · 보존 · 보고하지 아니하거나 거짓으로 평가 · 기록 · 보존 · 보고한 자

6의4. 제34조의2제3항제6호(제93조제1항제11호에 따른 위반사항은 제외한다)를 위반하여 임상시험에 관한 기록을 작성 · 보관 · 보고하지 아니하거나 거짓으로 작성 · 보관 · 보고한 자

7. 제36조(제42조제5항에서 준용하는 경우를 포함한다) · 제37조제2항(제42조제5항에서 준용하는 경우를 포함한다) 또는 제37조의3제1항(제42조제5항에서 준용하는 경우를 포함한다)을 위반하여 안전관리업무를 실시하지 아니한 자

7의2. 제37조제1항 또는 제38조제1항을 위반하여 의약품등의 제조 관리의무 또는 생산 관리의무를 지키지 아니한 자

7의3. 제39조제1항 후단을 위반하여 회수 계획을 보고하지 아니하거나 거짓으로 보고한 자

8. 제47조제1항(제47조제1항제3호나목은 제외하며, 제44조의6제1항에서 준용하는 경우를 포함한다) · 제4항 · 제7항 또는 제85조제9항을 위반한 자

8의2. 제47조의2제1항을 위반하여 지출보고서를 작성 또는 공개하지 아니하거나 해당 지출보고서와 관련 장부 및 근거 자료를 보관하지 아니한 자

8의3. 제47조의2제1항에 따른 지출보고서를 거짓으로 작성 또는 공개한 자

8의4. 제47조의2제2항을 위반하여 위탁계약서 및 관련 근거 자료를 보관하지 아니한 자

8의5. 제47조의2제3항에 따른 지출보고서, 관련 장부 및 근거자료 또는 위탁계약서 및 관련 근거 자료의 제출 요구를 따르지 아니한 자

8의6. 제48조 본문을 위반하여 봉함한 의약품의 용기나 포장을 개봉하여 판매한 자

9. 제50조제2항을 위반하여 전문의약품을 판매한 자

9의2. 거짓이나 그 밖의 부정한 방법으로 제50조의2제4항에 따른 등재를 받은 자

9의3. 거짓이나 그 밖의 부정한 방법으로 제50조의5에 따른 판매금지를 신청하거나 우선판매품목허가를 신청한 자

10. 제60조(제66조에 따라 준용되는 경우를 포함한다), 제64조제1항 또는 제68조를 위반한 자

10의2. 제61조의2제1항을 위반하여 판매를 알선하거나 광고한 자

10의3. 거짓이나 그 밖의 부정한 방법으로 제69조의3에 따른 합의 사항을 보고한 자

11. 제85조제6항 · 제7항을 위반하여 처방전 없이 동물용 의약품을 판매한 자

12. 제86조의5제2항제1호에 따른 거짓 또는 그 밖의 부정한 방법으로 피해구제급여를 받은 사람

② 제1항의 징역과 벌금은 병과(倂科)할 수 있다.

③ 제1항제7호의2의 죄로 형을 선고받고 그 형이 확정된 후 3년 이내에 다시 같은 호의 죄를 범한 자는 해당 형의 ¦ 분의 1까지 가중한다.

제95조의2(벌칙) 제26조제2항을 위반한 자는 300만원 이하의 벌금에 처한다.

제96조(벌칙) 다음 각 호의 어느 하나에 해당하는 자는 200만원 이하의 벌금에 처한다. 다만, 제30조제2항을 위 반한 자에 대해서는 고소가 있어야 공소를 제기할 수 있다.

1. 제24조제3항을 위반한 자
2. 제28조, 제29조 또는 제30조제1항·제2항·제3항을 위반한 자
3. 제37조의3제2항 또는 제47조제1항제3호나목을 위반한 자
3의2. 제38조의2제1항(제42조제5항에서 준용하는 경우를 포함한다)을 위반하여 식별표시를 하지 아니하고 시판 하거나 식별표시를 등록하지 아니하고 시판한 자
3의3. 제38조의2제2항(제42조제5항에서 준용하는 경우를 포함한다)을 위반하여 변경등록을 하지 아니하고 시판한 자
3의4. 삭제 〈2021.7.20.〉 3의5. 삭제 〈2021.7.20.〉 3의6. 삭제 〈2021.7.20〉
4. 제56조제1항, 제57조, 제58조, 제63조(제66조에서 준용하는 경우를 포함한다) 또는 제65조제1항을 위반한 자
5. 제68조의12제3항 또는 제69조제1항(제44조의6제1항에서 준용하는 경우를 포함한다)에 따른 약물역학조사관 또는 관계 공무원의 조사·검사·질문·수거 등을 거부·방해하거나 기피한 자
6. 제69조제1항(제44조의6제1항에서 준용하는 경우를 포함한다), 제72조제3항·제4항, 제73조, 제74조 및 제75 조에 따른 보고·공표·검사·개수·변경 등의 명령을 위반한 자
7. 제86조의6제3항에 따른 조사·열람 또는 복사를 정당한 이유 없이 거부·방해 또는 기피한 자

제97조(양벌규정) 법인의 대표자나 법인 또는 개인의 대리인, 사용인, 그 밖의 종업원이 그 법인 또는 개인의 업 무에 관하여 제93조, 제94조, 제94조의2, 제95조, 제95조의2 또는 제96조의 위반행위를 하면 그 행위자를 벌하 는 외에 그 법인 또는 개인에게도 해당 조문의 벌금형을 과(科)한다. 다만, 법인 또는 개인이 그 위반행위를 방 지하기 위하여 해당 업무에 관하여 상당한 주의와 감독을 게을리하지 아니한 경우에는 그러하지 아니하다.

III. 범죄사실

1. 2개소 약국 개설

1) 적용법조 : 제95조 제1항 제2호, 제21조 제1항 ☞ 공소시효 5년

제21조(약국의 관리의무) ① 약사 또는 한약사는 하나의 약국만을 개설할 수 있다.

2) 범죄사실 기재례

> 피의자는 약사로서 이미 약국 甲을 개설하였으므로 더 이상 피의자의 명의로 약국을 개설할 수 없게 되자 丙의 약사면허 명의를 빌려 丙 명의로 약국개설을 하기로 丙과 공모하였다.
> 그럼에도 불구하고 피의자는 20○○. ○.경 위 약국 甲에서 丙은 피의자로부터 월 급여 ○ ○만원과 면허대여료로 ○○만 원을 주겠으니 약국 乙 개설에 필요한 약사면허 명의를 빌려 달라는 제의를 받아 이를 승낙하고 피의자는 丙 명의로 ○○에서 당국에 乙 약국개설등록을 한 후 성명 불상 고객들에게 의약품을 판매하는 등으로 2개소 약국을 개설하였다.

3) 신문사항

- 약사인가
- 약국을 개설한 일이 있는가
- 언제 어디에 개설하였나
- 개설한 약국 상호가 무엇인가(甲약국)
- 그 약국에는 약사가 몇 명이며 규모는 어느 정도 인가
- 甲약국 이외 또 다른 약국을 개설한 일이 있는가
- 누구 명의로 개설하였나
- 어떻게 丙명의를 빌렸는가
- 어떤 조건으로 빌렸는가
- 그 약국 상호는 무엇인가(乙약국)
- 그러면 실질적으로 피의자가 2개의 약국을 개설하였다는 것인가

■ 판례 ■　자신 명의로 약국을 개설하고 있는 약사가 다른 약사 명의로 개설된 약국의 경영에 관여한 데에 그치지 아니하고 자신의 주관 하에 무자격자로 하여금 의약품의 조제 내지 판매 업무를 수행하게 한 경우, 약사법 제19조 제1항에 위반되는지 여부(적극)

약사(藥事)의 적정을 기하여 국민보건 향상에 기여함을 목적으로 하는 약사법의 입법취지나 이러한 목적을 달성하기 위하여 약사의 자격에 관하여 엄격한 요건을 정하여 두는 한편, 약사(藥師)가 아니면 약국을 개설하거나 의약품을 조제하는 등의 약사에 관한 업무를 할 수 없음은 물론 원칙적으로 약국개설자에 한하여 그 약국을 관리하면서 의약품을 판매할 수 있음을 그 본질적·핵심적 내용으로 하는 약사법 관계 규정의 내용 및 면허증이란 '약사로서의 자격이 있음을 증명하는 증명서'인 점 등에 비추어 보면, 우선 약사법 제5조 제3항에서 금지하고 있는 면허증의 대여라 함은 "타인이 그 면허증을 이용하여 약사로서 행세하면서 약사에 관한 업무를 하려는 것을 알면서도 면허증 자체를 빌려 주는 것"이라고 해석함이 상당하고, 나아가 약사법 제19조 제1항에서 약사가 개설할 수 있는 약국의 수를 1개소로 제한하고 있는 법의 취지는 약사가 의약품에 대한 조제·판매의 업무를 직접 수행할 수 있는 장소적 범위 내에서만 약국개설을 허용함으로써 약사 아닌 자에 의하여 약국이 관리되는 것을 그 개설단계에서 미리 방지하기 위한 데에 있다. 따라서 자신 명의로 약국을 개설하고 있는 약사가 다른 약사 명의로 개설된 약국의 경영에 관여한 데에 그치지 아니하고 자신의 주관 하에 무자격자로 하여금 의약품의 조제 내지 판매 업무를 수행하게 한 경우, 약사법 제19조 제1항에 위반된다(대법원 1998.10.27. 선고 98도2119 판결).

■ 판례 ■　법인이 아닌 약국을 실질적으로 경영하는 약사가 다른 약사를 고용하여 그 고용된 약사를 명의상의 개설약사로 등록하게 해두고 약사 아닌 종업원을 직접고용하여 영업하던 중 그 종업원이 약사법위반 행위를 한 경우, 약사법 제78조의 양벌규정상의 형사책임의 주체(= 실질적 경영자)

법인이 아닌 약국에서의 영업으로 인한 사법상의 권리의무는 그 약국을 개설한 약사에게 귀속되므로 대외적으로 그 약국의 영업주는 그 약국을 개설한 약사라고 할 것이지만, 그 약국을 실질적으로 경영하는 약사가 다른 약사를 고용하여 그 고용된 약사를 명의상의 개설약사로 등록하게 해두고 실질적인 영업약사가 약사 아닌 종업원을 직접 고용하여 영업하던 중 그 종업원이 약사법위반 행위를 하였다면 약사법 제78조의 양벌규정상의 형사책임은 그 실질적 경영자가 지게된다(대법원 2000.10.27. 선고 2000도3570 판결).

2. 무자격자의 의약품 조제행위

1) 적용법조 : 제93조 제1항 제3호, 제23조 제1항 ☞ 공소시효 7년

> 제23조(의약품 조제) ① 약사 및 한약사가 아니면 의약품을 조제할 수 없으며, 약사 및 한약사는 각각 면허 범위에서 의약품을 조제하여야 한다. 다만, 약학을 전공하는 대학의 학생은 보건복지부령으로 정하는 범위에서 의약품을 조제할 수 있다.

2) 범죄사실 기재례

> 피의자는 약사면허 없는 사람으로서 약사 및 한약사가 아니면 의약품을 조제할 수 없다.
> 그럼에도 불구하고 피의자는 그의 처인 홍길녀가 ○○에서 "부부약국"이라는 상호로 운영하는 약국에서 20○○. ○. ○. 이기백으로부터 감기 몸살기가 있다는 증세를 듣고 1일 3회 복용분으로 "○○○○"을 혼합하는 방법으로 위 증세에 대한 3일분의 약을 ○○원을 받고 조제하였다.

3) 신문사항

- 피의자는 약사인가
- 약사가 아니면서 의약품을 조제 판매한 일이 있는가
- 언제 어디에서
- 누구에게 어떠한 약을 제조 판매하였나(판매약, 금액 등)
- 그 약국의 약사는 누구이며 피의자와는 어떠한 관계인가
- 어떻게 피의자가 이러한 행위를 하였나
- 약사인 홍길녀도 피의자의 이러한 행위를 알고 있나

■ 판례 ■ **한약사의 한약조제에 관한 약사법 제21조 제7항에서 정한 '조제'의 의미**

약사법 제21조 제7항은 한약사가 한약을 조제할 때에는 한의사의 처방전에 의하여 한다고 규정하고 있는바, 여기에서 말하는 '조제'라고 함은 일정한 처방에 따라서 두 가지 이상의 의약품을 배합하거나 한 가지의 의약품을 그대로 일정한 분량으로 나눔으로써 특정한 용법에 따라 특정인의 특정된 질병을 치료하거나 예방하는 것 등을 목적으로 사용되도록 약제를 만드는 것을 말하는 것으로서(약사법 제2조 제15항), 타인에 의한 처방에 따라 한약을 혼합하여 특정인의 특정된 질병에 대한 약제를 만드는 것도 일반적으로는 위와 같은 조제의 개념에 포함된다(대법원 2006.2.24. 선고 2005두2322 판결).

■ 판례 ■ **한약업사의 한약 혼합판매가 허용되는 범위**

약사법 제36조 제2항은, 한약업사는 약사가 아니기 때문에 일반적인 의약품은 조제할 수 없는 것이 원칙이나, 한약은 보건위생상 특별한 주의를 요할 위험성이 다른 의약품에 비하여 적다는 특수성과 고래로부터 전하여 온 한약의 판매에 관한 관행을 감안하여 일정한 요건 아래서 약사의 조제 능력에 해당하는 혼합판매 능력을 한약업사에게 부여하고 있으므로, 한약업사는 위 규정에 정한 바와 같이 환자의 요구가 있을 때에 기성 한약서에 수재된 처방 또는 한의사의 처방전에 의하여 한약을 혼합판매할 수 있으나, 위 조제 능력의 범위를 넘어 진찰이나 치료 등 한의사에게 부여된 한방의료행위까지 할 수는 없다(대법원 1996.10.25. 선고 96도1088 판결).

■ 판례 ■   약사법 제50조 제1항이 의약품 판매 장소를 엄격하게 제한하고 있는 취지 및 의약품 판매를 구성하는 일련의 행위 전부 또는 주요 부분이 약국 또는 점포 내에서 이루어지거나 그와 동일하게 볼 수 있는 방법으로 이루어져야 하는지 여부(적극) / 약국 개설자가 동물병원 개설자에게 인체용 의약품을 판매하는 경우에도 약사법 제50조 제1항이 정하는 판매 장소의 제한이 그대로 적용되는지 여부(적극) 및 약국 개설자가 인터넷 또는 인터넷 쇼핑몰을 이용하여 동물병원 개설자에게 의약품을 판매한 경우, 위 규정을 위반한 것인지 여부(원칙적 적극)

약사(藥師) 또는 한약사(韓藥師)가 아니면 약국을 개설하거나 의약품을 조제하는 등 약사에 관한 업무를 할 수 없고, 약국을 개설하고자 하는 자는 대통령령이 정하는 시설기준에 필요한 시설을 갖추어 법령이 정하는 바에 따라 개설등록을 하여야 하며, 원칙적으로 약국 개설자에 한하여 그 약국을 관리하면서 의약품을 판매할 수 있다(약사법 제20조 제1항 내지 제3항, 제21조 제2항, 제23조 제1항, 제44조 제1항). 여기에서 나아가 약사법 제50조 제1항은 "약국개설자 및 의약품판매업자는 그 약국 또는 점포 이외의 장소에서 의약품을 판매하여서는 아니 된다."라고 정함으로써 의약품 판매 장소를 엄격하게 제한하고 있다. 이는 약사(藥事)의 적정을 기하여 국민보건 향상에 기여함을 목적으로 하는 약사법의 입법 목적(약사법 제1조)을 실현하고, 의약품의 오·남용 방지뿐만 아니라 보관과 유통과정에서 의약품이 변질·오염될 가능성을 차단하기 위한 것이다. 따라서 의약품의 주문, 조제, 인도, 복약지도 등 의약품 판매를 구성하는 일련의 행위 전부 또는 주요 부분이 약국 또는 점포 내에서 이루어지거나 그와 동일하게 볼 수 있는 방법으로 이루어져야 한다.

그런데 약사법령은 약국 개설자에 대해서는 의약품 도매상과는 달리 의약품 유통과정에서 의약품의 안정성을 확보하기 위한 시설기준이나 의약품 유통품질관리기준 등을 규정하고 있지 않다. 또한 약사법은 약국 개설자에게만 동물약국 개설자에 대한 인체용 의약품 판매를 허용하고 있을 뿐이고 의약품 도매상에게는 동물약국 개설자에 대한 인체용 의약품 판매를 허용하지 않고 있다. 그러므로 약국 개설자가 동물병원 개설자에게 인체용 의약품을 판매하는 경우에도 약사법 제50조 제1항이 정하는 판매 장소의 제한은 그대로 적용된다. 약국 개설자가 인터넷 또는 인터넷 쇼핑몰을 이용하여 동물병원 개설자에게 의약품을 판매하였다면 특별한 사정이 없는 한 약국 이외의 장소에서 의약품을 판매한 것으로 볼 수 있어 약사법의 위 규정을 위반하였다고 보아야 한다.(대법원 2017.4.26. 선고, 2017도3406, 판결)

3. 약국개설자의 의료기관개설자에게 처방전 대가 금품교부행위

1) 적용법조 : 제94조 제1항 제2호, 제24조 제2항 제2호 ☞ 공소시효 5년

제24조(의무 및 준수사항) ① 약국에서 조제에 종사하는 약사 또는 한약사는 조제 요구를 받으면 정당한 이유 없이 조제를 거부할 수 없다.

② 약국개설자(해당 약국 종사자를 포함한다. 이하 이 조에서 같다)와 의료기관 개설자(해당 의료기관의 종사자를 포함한다. 이하 이 조에서 같다)는 다음 각 호의 어느 하나에 해당하는 담합 행위를 하여서는 아니 된다.

1. 약국개설자가 특정 의료기관의 처방전을 가진 자에게 약제비의 전부 또는 일부를 면제하여 주는 행위
2. 약국개설자가 의료기관 개설자에게 처방전 알선의 대가로 금전, 물품, 편익, 노무, 향응, 그 밖의 경제적 이익을 제공하는 행위
3. 의료기관 개설자가 처방전을 가진 자에게 특정 약국에서 조제 받도록 지시하거나 유도하는 행위(환자의 요구에 따라 지역 내 약국들의 명칭·소재지 등을 종합하여 안내하는 행위는 제외한다)
4. 의사 또는 치과의사가 제25조제2항에 따라 의사회 분회 또는 치과의사회 분회가 약사회 분회에 제공한 처방 의약품 목록에 포함되어 있는 의약품과 같은 성분의 다른 품목을 반복하여 처방하는 행위(그 처방전에 따라 의약품을 조제한 약사의 행위도 또한 같다)
5. 제1호부터 제4호까지의 규정에 해당하는 행위와 유사하여 담합의 소지가 있는 행위로서 대통령령으로 정하는 행위

③ 제23조제2항에 따른 의료기관의 조제실에 근무하는 약사 또는 한약사가 의약품을 조제할 때에는 보건복지부령으로 정하는 사항을 지켜야 한다.

④ 약사는 의약품을 조제하면 환자 또는 환자보호자에게 필요한 복약지도(服藥指導)를 구두 또는 복약지도서(복약지도에 관한 내용을 환자가 읽기 쉽고 이해하기 쉬운 용어로 설명한 서면 또는 전자문서를 말한다)로 하여야 한다. 이 경우 복약지도서의 양식 등 필요한 사항은 보건복지부령으로 정한다.

⑤ 보건복지부장관은 약사가 적정한 처방건수를 조제하게 하여 제4항에 따른 복약지도를 충실히 할 수 있도록 필요한 조치를 강구할 수 있다.

2) 범죄사실 기재례

피의자는 약국을 운영하는 사람으로서 속칭 '살 빼는 약'이 시중에 유행하자 위 약의 구입을 희망하는 손님들의 성명, 주민등록번호 등 인적사항을 파악하여 '○○의원' 원장인 甲에게 알려주고, 甲은 그 인적사항에 따라 위 약에 대한 처방전을 작성하여 피의자에게 교부하고, 피의자는 위 처방전 발급의 대가로 위 甲에게 처방전 1장당 ○○만 원 내지 ○○만 원을 제공하기로 담합하였다.

그럼에도 불구하고 피의자는 20○○. ○. ○.부터 20○○. ○. ○.까지 ○○회에 걸쳐 처방전 발급의 대가로 위와 같은 금원을 제공함으로써 약국개설자가 의료기관개설자와 담합행위를 하였다.

3) 신문사항

- 약사인가
- 언제 어디에 약국을 개설하였는가
- 그 약국의 규모는
- ○○의원 원장 甲을 알고 있는가
- 살 빼는 약의 구입을 요구하는 손님들의 명단을 가지고 있는가
- 모두 몇 명이며 이런 명단은 언제 어떻게 구하게 되었는가

- 이런 명단을 위 갑에게 알려 준 일이 있는가
- 언제 어디에서 알려 주었는가
- 어떤 조건으로 알려 주었는가
- 그에 대한 대가로 언제어디에서 얼마를 받았는가
- 甲은 피의자가 알려준 명단을 어디에 사용한다 하던가
- 약국개설자로서 의료기관개설자와 이런 담합행위를 한 것에 대해 어떻게 생각하는가

■ **판례** ■ **단일하고 계속된 범의 하에 일정기간 계속하여 약사법 22조 2항 2호에 위반된 행위를 한 경우 그 죄수(= 포괄일죄)**

동일 죄명에 해당하는 수개의 행위를 단일하고 계속된 범의 하에 일정기간 계속하여 행하고 그 피해법익도 동일한 경우에는 이들 각 행위를 통틀어 포괄일죄로 처단하여야 한다. 따라서 약국개설자가 처방전 알선의 대가로 일정기간 동안 동일한 의료기관개설자에게 수회에 걸쳐 금원을 제공한 행위는 이들 각 행위를 통틀어 포괄일죄로 처단하여야 한다(대법원 2003.12.26. 선고 2003도6288 판결).

■ **판례** ■ **유사담합행위**

[1] 의료기관 개설자와 약국개설자 사이에 금지되는 유사담합행위의 하나로 약사법 시행령 제24조 제1항 제3호에서 정한 '관리행위'의 의미

의료기관 개설자와 약국개설자 사이에 금지되는 담합행위 또는 유사담합행위를 규정하고 있는 구 약사법(2007. 10. 17. 법률 제8643호로 개정되기 전의 것) 제24조 제2항 및 약사법 시행령 제24조 제1항의 내용 및 체계와 의약분업의 근본취지가 훼손되는 것을 방지하려는 위 각 조항의 입법목적, 그리고 형벌법규 엄격해석의 원칙 등에 비추어, 약사법 시행령 제24조 제1항 제3호에서 정한 '관리행위'는 위 각 조항이 규정하고 있는 담합행위 및 나머지 유사담합행위에 준하는 정도로 구체적·직접적으로 의약품 구매사무나 의약품 조제업무 등을 통제·관리하여 경쟁을 제한하는 행위를 말하는 것으로 해석함이 상당하다.

[2] 제약회사 직원 甲이 의사 乙과 약사 丙에게 일정 비율의 리베이트를 제공하기로 하고 甲이 취급하는 제약회사의 약품을 처방·조제하도록 한 행위가, 약사법 시행령 제24조 제1항 제3호에서 정한 '관리행위'로서 유사담합행위에 해당한다고 한 원심판단에, 법리오해의 위법이 있다고 한 사례

제약회사 직원 甲이 의사 乙과 약사 丙에게 일정 비율의 리베이트를 제공하기로 하고 甲이 취급하는 제약회사의 약품을 처방·조제하도록 한 행위가, 약사법 시행령 제24조 제1항 제3호에서 정한 '의료기관 개설자와 약국개설자 사이에 의약품 구매사무, 의약품 조제업무를 관리하는 행위'로서 담합의 소지가 있는 행위에 해당한다고 보기는 어렵다고 할 것임에도, 피고인들에 대한 구 약사법(2007. 10. 17. 법률 제8643호로 개정되기 전의 것) 위반의 공소사실을 모두 유죄로 인정한 원심판결에 법리오해의 위법이 있다.(대법원 2010.4.29. 선고, 2008도10045, 판결)

4. 처방전 변경 조제

1) 적용법조 : 제95조 제1항 제5호, 제26조 제1항 ☞ 공소시효 5년

> 제26조(처방의 변경·수정) ① 약사 또는 한약사는 처방전을 발행한 의사·치과의사·한의사 또는 수의사의 동의 없이 처방을 변경하거나 수정하여 조제할 수 없다.

2) 범죄사실 기재례

> 피의자는 ○○에서 "삼성약국"이라는 상호로 의약품을 조제 판매하는 약사이다. 약사는 처방전을 발행한 의사의 동의 없이 처방을 변경하여 조제할 수 없다.
> 그럼에도 불구하고 피의자는 20○○. ○. ○. ○○:○○경 위 약국에서 같은 날 ○○병원 의사 홍길동이 발행한 처방전을 소지한 김○○에게 처방의약품인 까스로비(염산메트로프라마이드 15.8㎎)를 맥소롱(메트클로프라마이드3.84㎎)으로 변경 조제하였다.

3) 신문사항

- 약사인가
- 언제 어디에 약국등록을 하였는가
- 규모는
- ○○병원 의사 홍길동이 발행한 처방전 따라 약을 조제한 일이 있는가
- ○○○에 대한 약을 조제한 일이 있는가
- 어떤 처방전이였는가
- 그 처방전대로 조제하였는가
- 왜 처방전과 다르게 조제하였는가

■ 판례 ■ 　　의사 등이 처방전에 환자로 기재한 사람이 아닌 제3자를 진찰하고도 환자의 성명 및 주민등록번호를 허위로 기재하여 처방전을 작성·교부한 행위가 의료법 제17조 제1항에 위배되는지 여부(적극)

의사나 치과의사(이하 '의사 등'이라고 한다)와 약사 사이의 분업 내지 협업을 통한 환자의 치료행위는 의사 등에 의하여 진료를 받은 환자와 약사에 의한 의약품 조제와 복약지도의 상대방이 되는 환자의 동일성을 필수적 전제로 하며, 그 동일성은 의사 등이 최초로 작성한 처방전의 기재를 통하여 담보될 수밖에 없으므로, 의사 등이 의료법 제18조에 따라 작성하는 처방전의 기재사항 중 의료법 시행규칙 제12조 제1항 제1호에서 정한 '환자의 성명 및 주민등록번호'는 치료행위의 대상을 특정하는 요소로서 중요한 의미를 가진다고 보아야 한다. 따라서 의사 등이 의료법 제17조 제1항에 따라 직접 진찰하여야 할 상대방은 처방전에 환자로 기재된 사람을 가리키고, 만일 의사 등이 처방전에 환자로 기재한 사람이 아닌 제3자를 진찰하고도 환자의 성명 및 주민등록번호를 허위로 기재하여 처방전을 작성·교부하였다면, 그러한 행위는 의료법 제17조 제1항에 위배된다고 보아야 한다. (대법원 2013. 4. 11., 선고, 2011도14690, 판결)

5. 처방전 및 조제기록부 보전 의무 위반

1) 적용법조 : 제96조 제2호, 제29조, 제30조 ☞ 공소시효 5년

제29조(처방전의 보존) 약사 또는 한약사가 약국에서 조제한 처방전은 조제한 날부터 2년 동안 보존하여야 한다.
제30조(조제기록부) ① 약사는 약국에서 의약품을 조제(제23조제3항 각 호 외의 부분 단서 및 각 호에 따라 처방전 없이 조제하는 경우를 포함한다. 이하 이 조에서 같다)하면 환자의 인적 사항, 조제 연월일, 처방 약품명과 일수, 조제 내용 및 복약지도 내용, 그 밖에 보건복지부령으로 정하는 사항을 조제기록부(전자문서로 작성한 것을 포함한다)에 적어 5년 동안 보존하여야 한다.
② 환자는 약사에게 본인에 관한 기록의 열람 또는 사본의 발급 등 그 내용의 확인을 요청할 수 있다. 이 경우 약사는 정당한 사유 없이 이를 거부하여서는 아니 된다.

2) 범죄사실 기재례

피의자는 ○○에서 "삼성약국"이라는 상호로 의약품을 조제 판매하는 약사이다. 약사는 약국에서 의약품을 조제한 때에는 환자의 인적사항, 조제연월일, 처방약품명 및 일수, 조제내역 및 복약지도 내용 그 밖에 보건복지부령이 정하는 사항을 조제기록부에 기재하여 5년간 보존하여야 한다.

그럼에도 불구하고 피의자는 20○○. ○. ○. 위 약국에서 홍길동에 대한 ○○의약품을 조제해 주고도 위 홍길동에 대한 인적사항을 기재하여 보존하지 아니하였다.

3) 신문사항

- 약사인가
- 언제 어디에 약국을 개설하였는가
- 그 약국의 규모는
- 홍길동에 대한 의약품을 조제해 준 일이 있는가
- 언제 어떤 내용의 의약품을 제조해 주었는가
- 그에 대한 조제기록부를 기재하였는가
- 의약품을 조제하였으면 그에 대한 조제기록부를 정리 보관하여야 하는 것이 아닌가
- 왜 정리 보관하지 않았는가

■ 판례 ■ **약사법상 조제기록부 기재·보존의무의 부담자**

약사에게 조제기록부 기재·보존의무를 부과한 약사법 제25조의2는 한약조제자격을 가진 약사가 한약을 조제하는 경우에는 적용되지 않는다고 보아야 할 것이다(대법원 2006.1.26. 선고 2005도7505).

6. 무허가 의약품 제조 · 판매업

1) 적용법조 : 제93조 제1항 제4호, 제31조 제1항(제조) ☞ 공소시효 7년

제93조 제1항 제7호, 제44조 제1항(판매) ☞ 공소시효 7년

제31조(제조업 허가 등) ① 의약품 제조를 업(業)으로 하려는 자는 대통령령으로 정하는 시설기준에 따라 필요한 시설을 갖추고 보건복지부령으로 정하는 바에 따라 식품의약품안전청장의 허가를 받아야 한다.

② 제1항에 따른 제조업자가 그 제조(다른 제조업자에게 제조를 위탁하는 경우를 포함한다)한 의약품을 판매하려는 경우에는 보건복지부령으로 정하는 바에 따라 품목별로 식품의약품안전청장의 제조판매품목허가(이하 "품목허가"라 한다)를 받거나 제조판매품목신고(이하 "품목신고"라 한다)를 하여야 한다.

③ 제1항에 따른 제조업자 외의 자가 다음 각 호의 어느 하나에 해당하는 의약품을 제조업자에게 위탁제조하여 판매하려는 경우에는 총리령으로 정하는 바에 따라 식품의약품안전처장에게 위탁제조판매업신고를 하여야 하며, 품목별로 품목허가를 받아야 한다.

1. 제34조제1항에 따라 식품의약품안전처장으로부터 임상시험계획의 승인을 받아 임상시험을 실시한 의약품
2. 제1호에 따른 임상시험 외에 외국에서 실시한 임상시험 중 총리령으로 정하는 임상시험을 실시한 생물학적 제제, 유전자 재조합 의약품, 세포배양 의약품, 세포 치료제, 유전자 치료제 및 이와 유사한 의약품
3. 외국에서 판매되고 있는 의약품 중 국내 제조업자에게 제제기술을 이전한 의약품으로서 총리령으로 정하는 의약품
4. 제91조제1항에 따른 한국희귀 · 필수의약품센터에서 취급하는 같은 항 각 호에 따른 의약품

④ 의약외품의 제조를 업으로 하려는 자는 대통령령으로 정하는 시설기준에 따라 필요한 시설을 갖추고 식품의약품안전청장에게 제조업신고를 하여야 하며, 품목별로 품목허가를 받거나 품목신고를 하여야 한다.

제44조(의약품 판매) ① 약국 개설자(해당 약국에 근무하는 약사 또는 한약사를 포함한다. 제47조, 제48조 및 제50조에서도 같다)가 아니면 의약품을 판매하거나 판매할 목적으로 취득할 수 없다. 다만, 의약품의 품목허가를 받은 자 또는 수입자가 그 제조 또는 수입한 의약품을 이 법에 따라 의약품을 제조 또는 판매할 수 있는 자에게 판매하는 경우와 약학을 전공하는 대학의 학생이 보건복지부령으로 정하는 범위에서 의약품을 판매하는 경우에는 그러하지 아니하다.

제45조(의약품 판매업의 허가) ① 제44조제2항제2호에 따른 한약업사 및 의약품 도매상이 되려는 자는 보건복지부령으로 정하는 바에 따라 시장 · 군수 · 구청장의 허가를 받아야 한다. 허가 받은 사항을 변경할 경우에도 또한 같다.

---

2) 범죄사실 기재례

[기재례1] 무허가 의약품 제조업

> 의약품을 제조하고자 하는 자는 의약품 등에 대한 식품의약품안전청장의 허가를 받아야 하며, 약국개설자가 아니면 의약품을 판매할 수 없다.
>
> 가. 피의자는 20○○. ○. ○. ○○ 5일 시장 앞 노상 등지에서 의약품을 판매할 목적으로, 기름을 짜는데 사용하는 용진엑스펠스라는 기계에 살구씨 등을 넣어 이를 분쇄, 착유하여 그 기름을 박카스병에 담아 이를 제조하였다.
>
> 나. 피의자는 같은 날 ○○:○○경부터 ○○:○○경까지 사이에 위 제조한 약이 만성기관지염질환 등에 잘 듣는 특효약이라고 선전 표방하여 불특정다수인에게 1병당 ○○원씩 받고 총 20병을 판매하였다.

[기재례2] 무허가 약품 판매, 명의대여

피의자 1은 피의자 2 약품회사의 대표이사, 피의자 3, 피의자 4는 각각 의약품 판매업자, 피의자 5는 약사. 피의자 2 약품회사는 의약품 도매 등을 목적으로 설립된 법인이다.

가. ① 피의자 1, 피의자 3

피의자들은 ○○에서 피의자 2 약품 회사에서 피의자 1이 의약품 도매상 허가를 받지 아니한 피의자3에게 의약품을 공급해 주고, 피의자 3은 피의자 1로부터 공급받은 의약품을 약국에 도매로 판매한 다음 그 판매대금의 5 내지 10%를 이익금으로 교부받기로 공모하였다.

피의자들은 200○. ○.경부터 200○. ○. ○.경까지 사이에 의약품 도매상 허가를 받지 아니한 피의자 3이 피의자 1로부터 시가 ○○만 원 상당의 의약품을 공급받아 이를 ○○동에 있는 종로 태평양약국 등에 판매하였다.

② 피의자 1, 피의자 4

피의자들은 위 ①항과 같이 공모하여, 200○. ○.경부터 200○. ○. ○.까지 사이에 의약품 도매상 허가를 받지 아니한 피의자 4가 피의자 1로부터 시가 ○○만원 상당의 의약품을 공급받아 이를 ○○에 있는 고려약국 등에 판매하였다.

나. 피의자 5

피의자는 약사면허증을 타인에게 대여하지 못함에도 200○. ○. 경부터 200○. ○. ○.경까지 사이에 피의자 1로부터 월 ○○원, 합계 ○○만원을 대여료로 받고 피의자1에게 약사면허증을 대여하였다.

다. 피의자 2 약품회사

피의자는 위 ①항 일시, 장소에서 그 대표이사인 피의자 1이 피의자 회사의 업무에 관하여 위와 같이 위반행위를 하였다.

[기재례3] 무허가 약품판매 방조

피의자는 甲이 약국개설자도 아니고 의약품도소매허가도 없어 의약품을 판매하거나 판매 목적으로 취득할 수 없음에도, 위 甲이 마약 대용물로 남용되고 있는 전문의약품인 염산날부핀을 대량 구매하여 이를 시중의 일반인들에게 유통시킨다는 정을 알고 있었다.

그럼에도 불구하고 피의자는 200○. ○. ○. ○○:○○경 甲에게 염산날부핀 100,000 앰풀을 ○○만원에 판매하여, 甲이 의약품인 염산날부핀을 일반인들 상대로 판매하거나, 판매 목적으로 취득할 수 있도록 공급하여 이를 방조하였다.

[기재례4] 무허가 한약 판매

피의자는 한약업사와 한약품도매업의 허가 없이 ○○○에서 "고려한방원" 이라는 상호로, 200○. ○. 경부터 200○. ○. 말경까지 위 업소에 한약장과 한약추출기 등을 갖추고 감기 환자와 소화불량 환자들을 상대로 오미자, 감초, 갈근, 진피, 후박 등 한약제를 혼합 조제하여 월 ○○만원 상당을 판매하였다.

3) 신문사항

- 피의자는 의약품제조 허가가 있는가
- 허가 없이 의약품을 제조한 일이 있는가
- 언제 어디에서(상호, 시설. 규모 등)
- 어떠한 의약품을 제조하였나
- 어떠한 기계·기구를 사용하여 제조하였나
- 어느 정도 제조하였는가
- 이렇게 제조한 것은 어떻게 하였나
- 언제 어디에서 누구를 상대로 판매하였나
- 무슨 약이라면 얼마에 판매하였나
- 어느 정도 판매하였는가
- 이러한 약품판매허가가 있는가
- 왜 이러한 행위를 하였나
- 판매하고 남은 약은 어떻게 하였나
- 당시 사용한 기계·기구는 어떻게 하였나

■ 판례 ■　여러가지 한약재를 혼합하지 아니하고 별개로 구분하여 포장한 후 이것들을 종이상자에 넣어 다시 포장, 판매한 행위가 약사법 소정의 약품제조행위에 해당하는지 여부(소극)

약초재배농민들로 구성된 전국 각지의 품목조합들로부터 12종의 한약재를 구입하여 이에 별다른 가공이나 변형을 가하지 아니한 채 그 약재 이름이 인쇄된 종이상자에 종류별로 한 봉지씩 분리하여 넣고 다시 포장하여 이를 전국에 산재한 농업협동조합 판매시설들에 판매한 것은 약품의 제조행위라고 볼 수 없다(대법원 2003.7.22. 선고 2003도2432).

■ 판례 ■　약사면허증 차용인이 자격 있는 약사인 경우에도 약사법에서 금지하는 '면허증의 대여'에 해당되는지 여부(적극)

약사자격을 가진 자가 채무가 많아 자기의 이름으로 약국을 운영하기 어려운 처지에 있게 되자, 피고인으로부터 약사면허증을 빌려 피고인 이름으로 약국을 개설한 후 약국을 직접 운영하였고 피고인은 이에 전혀 관여하지 않은 경우에도 약사법 5조 3항에서 금지하는 '면허증의 대여'에 해당한다(대법원 2003. 6.24. 2002도6829 판결).

■ 판례 ■　약국개설자가 아닌 자가 의약품을 수출한 경우 구 약사법(2000. 1. 12. 법률 제6153호로 개정되기 전의 것)제35조 제1항에 해당되는지 여부(소극)

구 약사법(2000. 1. 12. 법률 제6153호로 개정되기 전의 것) 제35조 제1항은 '약국개설자가 아니면 의약품을 판매할 수 없다'고 규정하고 있는바, 국민의 보건 향상에 기여함을 목적으로 하는 약사법의 입법목적과 약사법이 '수출'과 '판매'의 용어를 구별하고 사용하고 있는 점, 약사법이 제5장 제2절에서 '의약품 등의 수입허가 등', 제3절에서 '의약품 등의 판매업'에 관하여 규정하면서도 의약품의 수출에 관하여 규율하는 일반적인 규정을 두고 있지 않은 점, 그리고 형벌법규의 유추해석이나 확대해석은 허용될 수 없는 점 등을 종합하면, 구 약사법 제35조 제1항의 '판매'는 국내에서 불특정 또는 다수인에게 의약품을 유상으로 양도하는 행위를 말하고 여기에 의약품을 다른 나라로 수출하는 행위는 포함되지 않는다고 보아야 한다(대법원 2003.3.28. 선고 2001도2479 판결).

■ 판례 ■ 　몸이 아프다며 찾아온 손님들에게 질병치료에 효과가 있다고 선전하면서 캡슐에 넣어져 있거나 약첩에 담겨져 있는 뱀가루를 고가에 판매한 경우

[1] 의료행위의 의미

의료행위라 함은 의학적 전문지식을 기초로 하는 경험과 기능으로 진찰, 검안, 처방, 투약 또는 외과적 수술을 시행하여 하는 질병의 예방 또는 치료행위와 그 밖에 의료인이 행하지 아니하면 보건위생상 위해가 생길 우려가 있는 행위를 말하는 것이고, 여기에서 진찰이라 함은 환자의 용태를 관찰하여 병상과 병명을 규명·판단하는 작용으로 그 진단 방법으로는 문진, 시진, 청진, 타진, 촉진, 기타 각종의 과학적 방법을 써서 검사하는 등 여러 가지가 있고, 위와 같은 작용에 의하여 밝혀진 질병에 적합한 약품을 처방, 조제, 공여하거나 시술하는 것이 치료행위에 속한다.

[2] 건강원 운영자가 병상이나 병명에 대한 규명없이 뱀가루의 복용을 권유한 것이 의료행위에 해당하는지 여부(소극)

건강원을 운영하는 피고인이 손님들에게 뱀가루를 판매함에 있어 그들의 증상에 대하여 듣고 손바닥을 펴보게 하거나 혀를 내보이게 한 후 뱀가루를 복용할 것을 권유하였을 뿐 병상이나 병명이 무엇인지를 규명하여 판단을 하거나 설명을 한 바가 없는 경우, 의료행위에 해당하지 않는다.

[3] 약사법의 규제 대상이 되는 의약품의 개념 및 그 판단 기준

구 약사법(2000. 1. 12. 법률 제6153호로 개정되기 전의 것) 제2조 제4항의 규정에 의하면 의약품이라 함은 대한약전에 수재된 것으로서 위생용품이 아닌 것과 사람 또는 동물의 질병의 진단·치료·경감·처치 또는 예방의 목적으로 사용되는 것으로서 기구기계가 아닌 것, 사람 또는 동물의 구조기능에 약리학적 영향을 주기 위한 목적으로 사용되는 것으로서 기구기계나 화장품이 아닌 것을 모두 포함하는 개념인바, 위와 같은 의약품에 해당되는지 여부는 반드시 약리작용상 어떠한 효능의 유무와는 관계없이 그 성분, 형상(용기, 포장, 의장 등), 명칭 및 표시된 사용목적, 효능, 효과, 용법, 용량, 판매할 때의 선전 또는 설명 등을 종합적으로 판단하여 사회 일반인이 볼 때 한 눈으로 식품으로 인식되는 것을 제외하고는 그것이 위 목적에 사용되는 것으로 인식되고 혹은 약효가 있다고 표방된 경우에는 이를 모두 의약품으로 보아 약사법의 규제대상이 된다고 해석함이 상당하다.

[4] 위의 경우 피고인이 판매한 뱀가루가 약사법상의 의약품에 해당하는지 여부(적극)

건강원을 운영하는 피고인이 몸이 아프다며 찾아온 손님들에게 질병치료에 효과가 있다고 선전하면서 캡슐에 넣어져 있거나 약첩에 담겨져 있는 뱀가루를 80만 원 내지 160만 원의 고가에 판매한 경우, 판매한 뱀가루의 외관, 사용목적, 효과, 용법, 용량 등의 선전내용, 포장방법, 판매가격 등을 고려하면 피고인이 판매한 뱀가루는 약사법상의 의약품에 해당한다(대법원 2001.7.13. 선고 99도2328 판결).

■ 판례 ■ 　오행분석에 의한 처방에 기하여, 기성한의서에 기재된 처방에 임의로 다른 한약재를 추가하여 한약을 조제한 경우

[1] 환자의 생년월일로 이른바 오행분석을 하여 병명을 진단한 후 한약을 처방하는 것이 의료법 제25조의 의료행위인지 여부(적극)

한약업사가 환자의 생년월일로 이른바 오행분석을 하여 병명을 진단한 후 한약을 처방하였다면, 그 오행분석은 환자의 병상과 병명을 규명하는 판단작용의 방법으로 사용된 것이어서 일종의 진찰 방법이라고 할 수 있고, 오행분석에 의한 처방은 일종의 치료행위라고 할 것이어서, 이는 의료법 제25조의 의료행위에 해당한다.

[2] 위의 행위가 의약품 제조인지 여부(적극)

한약업사는 약사법 제36조 제2항에 의하여 환자의 요구가 있을 때에 기성한의서에 기재된 처방 또는 한의사의 처방전에 의하여 한약을 혼합판매할 수 있으나, 한약업사가 오행분석에 의하여 병명을 진단한 후 자신의 처방에 기하여 기성한의서에 기재된 처방(본방)에 임의로 다른 한약재를 추가하여 한약을 조제하였다면, 이는 약사법 제36조 제2항의 혼합판매가 아니라 약사법 제26조 제1항의 의약품의 제조에 해당한다(대법원 1997.2.14. 선고 96도2234 판결).

■ 판례 ■   약사법 제44조, 제45조의 규정 취지 및 약사법 제44조 제2항의 '판매'에 해당하는지 판단하는 기준

약사법 제44조, 제45조의 규정 취지는 의약품 소비자인 개인 또는 의료기관에 대한 판매는 국민 보건에 미치는 영향이 커서 판매행위를 국민의 자유에 맡기는 것은 보건위생상 부적당하므로 일반적으로 금지하고, 일정한 자격을 갖춘 약국개설자나 일정한 시설 등을 갖추어 허가를 받은 의약품 도매상 등에게만 일반적 금지를 해제하여 의약품의 판매를 허용하는 데 있으므로, 약사법 제44조 제2항의 '판매'에 해당하는지는 계약당사자 명의 등 거래의 형식에 구애될 것이 아니라 판촉, 주문, 배송 등 의약품 판매에 이르는 일련의 행위의 주요 부분을 실질적으로 지배·장악하고 있는지를 포함하여 거래의 실질에 따라 판단하여야 한다(대법원 2015.09.15. 선고 2014도13656 판결).

■ 판례 ■   미신고 의약외품 제조사건

[1] 약사법상 의약외품의 제조를 신고사항으로 하고, 품목별로 허가를 받게 하는 등 제조·판매에 관한 엄격한 법적 규제를 하는 취지 / 약사법 제31조 제4항에서 정한 '의약외품의 제조'의 의미 및 의약외품의 포장을 제거하고 재포장한 경우가 의약외품의 제조행위에 해당하는지 판단하는 방법

약사법상 의약외품의 제조를 신고사항으로 하고, 품목별로 허가를 받게 하는 등 제조·판매에 관한 엄격한 법적 규제를 하는 이유는 의약외품의 직·간접적인 약리작용으로 사람 또는 동물 등의 건강에 대한 적극적인 위험을 발생시킬 우려가 있다는 점과 의약외품의 명칭, 제조업자, 제조연월일, 성분 등을 의약외품의 포장 등에 표시하도록 하여 의약외품의 품질, 유효성 및 안전성을 확보함으로써 국민의 보건위생상의 위해를 미연에 방지하기 위함이다.

위와 같은 입법 취지에 비추어 볼 때, 약사법 제31조 제4항의 '의약외품의 제조'란 의약품 이외의 물품으로서 일반의 수요에 응하기 위하여 일정한 작업에 따라 식품의약품안전처장이 지정한 물품을 산출하는 행위라 할 것이다.

의약외품의 포장을 제거하고 재포장한 경우가 의약외품의 제조행위에 해당하는지 여부는 제품의 성분과 외관, 제조시설 및 제조방법, 제품 포장의 표시 내용, 판매할 때의 설명 및 선전내용, 사회 일반인의 인식가능성 등을 고려하되, 재포장 과정에서 원래 제품의 변질가능성이나 제품명, 제조연월일 등 재포장 표시에 의하여 원래 제품과의 동일성이 상실되어 별개의 제품으로 오인할 가능성 등도 함께 참작하여 제조행위에 해당하는지를 판단하여야 한다.

[2] 피고인 甲 주식회사의 실질적인 대표자이자 사용인인 피고인 乙이 제조업신고를 하지 아니하고 다른 제조업자로부터 공급받은 멸균장갑 등 의약외품의 포장을 개봉하여 새로 포장한 후 피고인 甲 회사에서 새로 제작

한 것처럼 명칭, 유효기한 등을 임의로 기재하여 제조·판매하였다고 하여 약사법 위반으로 기소된 사안

피고인들은 다수의 의약외품 제조업체로부터 포장이 봉함된 의약외품 뿐만 아니라 반제품 또는 포장되지 않은 상태의 제품을 공급받아 피고인 甲 회사 작업장에서 포장기계 등을 이용하여 완제품 형태로 포장하였는데, 그 과정에서 봉함된 포장을 개봉하거나 개별 포장 후 피고인 甲 회사에서 별도로 제작한 상자에 필요한 개수만큼 넣고 포장하여 대량으로 제작·판매한 점, 그 제품 포장에는 피고인 甲 회사가 제조한 것처럼 겉면에 피고인 甲 회사 상호를 표시하고, 제품의 용도, 용법, 용량, 유효기간 등을 기재하였으며, 일부 제품에는 그 자체 소포장에도 피고인 甲 회사의 상호를 표시한 점, 피고인 甲 회사의 인터넷 홈페이지에는 피고인 甲 회사가 의약품도 제조하는 것처럼 표시하고 개별 의약외품에 대한 제조업체를 '주문자 상표 부착 생산'으로 표시하여 피고인 甲 회사를 제조업체인 것처럼 선전·판매한 점 등 제반 사정을 종합하면, 일반인의 입장에서 피고인 甲 회사를 제조업체로 오인하거나 원래 제품과의 동일성을 상실하여 별개의 제품으로 여길 가능성이 커 피고인들의 재포장행위는 의약외품 제조행위로 볼 여지가 있는데도, 이와 달리 보아 피고인들에게 무죄를 선고한 원심판단에 약사법상 의약외품 제조행위에 관한 법리오해 등의 위법이 있다.(대법원 2018. 6. 15., 선고, 2016도20406, 판결)

7. 의약품의 무허가 수입

1) 적용법조 : 제93조 제1항 제5호, 제42조 제1항 ☞ 공소시효 7년

> 제42조(의약품등의 수입허가 등) ① 의약품등의 수입을 업으로 하려는 자는 총리령으로 정하는 바에 따라 식품의약품안전처장에게 수입업 신고를 하여야 하며, 총리령으로 정하는 바에 따라 품목마다 식품의약품안전처장의 허가를 받거나 신고를 하여야 한다. 허가받은 사항 또는 신고한 사항을 변경하려는 경우에도 또한 같다.

2) 범죄사실 기재례

> 피의자는 ○○에서 ○○무역이라는 상호로 무역업에 종사하는 자로, 의약품 등의 수입을 업으로 하려는 자는 총리령으로 정하는 바에 따라 식품의약품안전처장에게 수입업 신고를 하여야 한다.
> 그럼에도 불구하고 피의자는 20○○. ○. ○. 허가없이 인천국제공항을 통하여 중국산 비아그라인(약품명) 약 ○○kg을 수입하였다.

3) 신문사항

- 의약품을 수입한 일이 있는가
- 언제 어떤 약품을 수입하였나
- 어디 누구로부터 수입하였나
- 어떤 방법으로 수입하였는가
- 행정관청의 수입허가를 받았는가
- 이런 약품을 어디에 사용하기 위해 수입하였나
- 수입한 약품은 어떻게 하였나
- 왜 이런 행위를 하였는가

■ 판례 ■   구 동물용의약품 등 취급규칙 제8조 제1항의 무환수입 승인조항 위반행위를 허가나 신고 없는 수입행위를 금지하는 구 약사법 제74조 제1항 제1호, 제34조 제1항위반으로 처벌할 수 있는지 여부(소극)

구 동물용의약품 등 취급규칙(1997. 5. 6. 농림부령 제1255호로 전문 개정되기 전의 것) 제8조 제1항의 무환수입 승인은 구 약사법(1997. 12. 13. 법률 제5453호로 개정되기 전의 것) 제34조 제1항에서 정한 수입품목 허가나 신고와는 구별되는 별개의 절차에 해당된다고 보아야 할 것인바, 결국 같은 법 제34조 제1항위반 행위를 처벌하는 규정인 같은 법 제74조 제1항 제1호에 의하여 처벌할 수는 없다(대법원 2005.10.14. 선고 2003도1154 판결).

8. 약국 개설자가 아니면서 약품판매(성인용품 판매)

1) 적용법조 : 제93조 제1항 제7호, 제44조 제1항 ☞ 공소시효 7년

> **제44조(의약품 판매)** ① 약국 개설자(해당 약국에 근무하는 약사 또는 한약사를 포함한다. 제47조, 제48조 및 제50조에서도 같다)가 아니면 의약품을 판매하거나 판매할 목적으로 취득할 수 없다. 다만, 의약품의 품목허가를 받은 자 또는 수입자가 그 제조 또는 수입한 의약품을 이 법에 따라 의약품을 제조 또는 판매할 수 있는 자에게 판매하는 경우와 약학을 전공하는 대학의 학생이 보건복지부령으로 정하는 범위에서 의약품을 판매하는 경우에는 그러하지 아니하다.

2) 범죄사실 기재례

> 약국개설자가 아니면 의약품을 판매하거나 판매할 목적으로 취득할 수 없다.
>
> 가. 피의자는 20○○. ○. ○.경 ○○에 있는 피의자가 운영하는 ○○성인용품점에서 갑으로부터 비아그라 및 시알리스를 공급해 달라는 연락을 받고 일명 번개로부터 구입하여 보관하고 있던 비아그라 및 시알리스 등 ○○통(1통에 30정)을 ○○만원에 판매한 것을 비롯해 별지 범죄일람표 기재와 같이 총 ○○회에 걸쳐 ○○정의 비아그라 및 시알리스 등을 ○○원에 판매하였다.
>
> 나. 피의자는 20○○. ○. ○.부터 20○○. ○. ○.경까지 위 ○○성인용품점에서 위와 같이 일명 번개로부터 구입하여 보관하고 있던 비아그라 및 시알리스 등을 불특정 다수의 손님에게 1정에 ○○원씩 판매하는 등 하루 평균 ○○정 총 ○○원 상당을 판매하고, 비아그라 및 시알리스 등 ○○여정을 불특정 다수의 손님에게 판매할 목적으로 일명 번개로부터 취득하였다.

■ 판례 ■ **약사법 제44조, 제45조의 규정 취지 및 약사법 제44조 제2항의 '판매'에 해당하는지 판단하는 기준**

약사법 제44조, 제45조의 규정 취지는 의약품 소비자인 개인 또는 의료기관에 대한 판매는 국민보건에 미치는 영향이 커서 판매행위를 국민의 자유에 맡기는 것은 보건위생상 부적당하므로 일반적으로 금지하고, 일정한 자격을 갖춘 약국개설자나 일정한 시설 등을 갖추어 허가를 받은 의약품 도매상 등에게만 일반적 금지를 해제하여 의약품의 판매를 허용하는 데 있으므로, 약사법 제44조 제2항의 '판매'에 해당하는지는 계약당사자 명의 등 거래의 형식에 구애될 것이 아니라 판촉, 주문, 배송 등 의약품 판매에 이르는 일련의 행위의 주요 부분을 실질적으로 지배·장악하고 있는지를 포함하여 거래의 실질에 따라 판단하여야 한다. (대법원 2015. 9. 15., 선고, 2014도13656, 판결)

9. 실제 구매가격 미만의 의약품 판매행위

1) 적용법조 : 제95조 제1항 제8호, 제47조 제1항 ☞ 공소시효 5년

제47조(의약품등의 판매 질서) ① 다음 각 호의 어느 하나에 해당하는 자는 의약품등의 유통 체계 확립과 판매 질서 유지를 위하여 다음 사항을 지켜야 한다.
1. 의약품공급자는 다음 각 목의 어느 하나에 해당하는 행위를 할 수 없다.
   가. 의약품의 소매
   나. 약국개설자, 안전상비의약품 판매자, 한약업사, 법률 제8365호 약사법 전부개정법률 부칙 제5조에 따른 약업사 또는 매약상, 다른 의약품 도매상, 그 밖에 이 법에 따라 의약품을 판매할 수 있는 자 외의 자에 게의 의약품 판매
2. 제1호에도 불구하고 의약품공급자는 공익 목적을 위한 경우 등 대통령령으로 정하는 사유에 해당하는 때에 는 의약품을 소매하거나 판매할 수 있다.
3. 의약품 도매상 또는 약국등의 개설자는 다음 각 목의 사항을 준수하여야 한다.
   가. 의약품공급자가 아닌 자로부터 의약품을 구입하지 아니할 것. 다만, 폐업하는 약국등의 개설자로부터 의 약품을 구입하거나 의사 또는 치과의사가 처방한 의약품이 없어 약국개설자가 다른 약국개설자로부터 해 당 의약품을 긴급하게 구입하는 경우에는 그러하지 아니하다.
   나. 의약품 도매상의 경우 제45조제2항에 따라 갖춘 창고 외의 장소에 의약품을 보관하지 아니할 것
4. 의약품공급자, 약국등의 개설자 및 그 밖에 이 법에 따라 의약품을 판매할 수 있는 자는 다음 각 목의 사항 을 준수하여야 한다.
   가. 불량·위해 의약품 유통 금지, 의약품 도매상의 의약품 유통품질관리기준 준수 등 의약품등의 안전 및 품 질 관련 유통관리에 관한 사항으로서 총리령으로 정하는 사항
   나. 매점매석 등 시장 질서를 어지럽히는 행위, 약국의 명칭 등으로 소비자를 유인하는 행위나 약품의 조제·판매 제한을 넘어서는 행위를 금지하는 등 약품 유통관리 및 판매질서 유지와 관련한 사항으로서 보건복지부령으로 정하는 사항

※ 시행규칙
제44조(의약품 유통관리 및 판매질서 유지를 위한 준수사항) ① 법 제47조제1항제4호나목에 따라 의약품의 품 목허가를 받은 자, 수입자, 의약품 도매상(이하 "의약품공급자"라 한다), 약국등의 개설자, 그 밖에 법의 규정에 따라 의약품을 판매할 수 있는 자는 매점매석 등 시장질서를 어지럽히는 행위를 방지하기 위하여 다음 각 호의 사항을 준수하여야 한다.
2. 의약품 도매상 또는 약국등의 개설자는 현상품(懸賞品)·사은품 등 경품류를 제공하거나 소비자·환자 등을 유 치하기 위하여 호객행위를 하는 등의 부당한 방법이나 실제로 구입한 가격(사후 할인이나 의약품의 일부를 무상으로 제공받는 등의 방법을 통하여 구입한 경우에는 이를 반영하여 환산한 가격을 말한다) 미만으로 의 약품을 판매하여 의약품 시장질서를 어지럽히거나 소비자를 유인하지 아니할 것

2) 범죄사실 기재례

> 피의자는 ○○에서 ○○약국이라는 상호로 약국을 운영하는 사람으로서 약국 등의 개설자 는 실제로 구입한 가격 미만으로 의약품을 판매하여 의약품 시장질서를 어지럽히거나 소비 자를 유인하여서는 아니 된다.
> 그럼에도 불구하고 피의자는 20○○. ○. ○.경 홍길동에게 ○○의약품을 판매하면서 실제 구매가격은 ○○원임에도 ○○원에 판매하여 유통체계확립 및 판매질서유지에 필요한 사항 을 준수하지 아니하였다.

3) 신문사항

- 언제 어디에 약국을 개설하였는가
- 그 약국의 규모는
- 홍길동에게 의약품을 판매한 일이 있는가
- 어떤 의약품을 어떻게 판매하였는가
- ○○의약품은 언제 어디에서 얼마에 구입하였는가
- 홍길동에게는 얼마에 판매하였는가
- 왜 이렇게 구입가격의 미만가격으로 판매하였는가
- 이렇게 판매하여야 할 이유라도 있었는가
- 피의자의 이런 행위가 의약품 시장질서를 어지럽힌다 생각하지 않는가

■ 판례 ■　**약국개설자가 의약품을 공장도가격 미만이지만 실제 구입가격 이상으로 판매한 경우, 부당한 가격으로 의약품을 판매한 경우에 해당하는지 여부(소극)**

약국개설자가 의약품을 실제로 구입한 가격 이상으로 판매하였다면 그 판매가격이 공장도가격 미만이라 하더라도, 이를 구 약사법시행규칙(1999. 1. 6. 보건복지부령 제92호로 개정되기 전의 것) 제57조 제1항 제6호 소정의 부당한 가격으로 의약품을 판매한 것에 해당한다고 볼 수 없다(대법원 1999.4.27. 선고 99도134 판결).

■ 판례 ■　**의사가 입원환자의 진료기록지에 의약품의 종류와 용량을 적어 처방을 하면 간호조무사들이 위 의사의 특별한 지시나 감독 없이 진료기록지의 내용에 따라 약을 꺼내어 배합·밀봉하는 등의 행위를 한 경우**

위 행위는 구 약사법(2007. 4. 11. 법률 제8365호로 전문 개정되기 전의 것) 제21조 제5항에 따라 위 의사가 의약품을 직접 조제한 것으로 볼 수 없다(대법원 2007.10.25. 선고 2006도4418 판결).

■ 판례 ■　**상급종합병원 인근 문전약국 약사들이 공동으로 도우미들을 고용하여 환자들을 자신이 정한 순번에 따라 특정 약국으로 안내하고 편의 차량 등을 제공한 사건**

[1] 약사법 제47조 제1항 제4호 (나)목, 약사법 시행규칙 제44조 제1항 제2호의 입법 취지 및 호객행위 등으로 인한 약사법 위반죄의 '고의'의 의미

약사법 제47조 제1항 제4호 (나)목은 '약국 개설자 등 의약품을 판매할 수 있는 자는 의약품 등의 유통체계 확립과 판매질서 유지를 위하여 매점매석 등 시장질서를 어지럽히는 행위, 약국의 명칭 등으로 소비자를 유인하는 행위나 의약품의 조제·판매 제한을 넘어서는 행위를 금지하는 등 의약품 유통관리 및 판매질서 유지와 관련한 사항으로서 보건복지부령으로 정하는 사항을 준수하여야 한다.'고 규정하고, 약사법 제95조 제1항 제8호는 약국 개설자 등이 이를 위반한 경우 1년 이하의 징역 또는 1천만 원 이하의 벌금에 처하도록 규정하고 있다. 이에 따라 보건복지부령인 약사법 시행규칙 제44조 제1항 제2호는 '의약품 유통관리 및 판매질서를 위한 준수사항'으로 '의약품 도매상 또는 약국 등의 개설자는 현상품·사은품 등 경품류를 제공하거나 소비자·환자 등을 유치하기 위하여 호객행위를 하는 등의 부당한 방법이나 실제로 구입한 가격 미만으로 의약품을 판매하여 의약품 시장질서를 어지럽히거나 소비자를 유인하지 아니할 것'(이하 '호객행위

등'이라 한다)을 규정하고 있다. 이는 의약품 판매질서의 적정을 기하여 국민보건 향상에 기여함을 목적으로 하는 약사법의 입법 취지나 그 목적을 달성하기 위해 약국 개설자 등 의약품 판매자의 불건전한 영업행위 등을 제한하고자 함에 있다. 이와 같은 호객행위 등으로 인한 약사법 위반죄의 '고의' 란 약국 개설자 등이 자신의 행위가 의약품 시장질서를 어지럽히는 호객행위나 소비자를 유인하는 행위 등이라는 객관적 구성요건을 충족하였음을 인식하는 것을 의미한다.

[2] 약국 개설자들인 피고인들이 공모하여 자신들이 속한 회원 약국들 전부를 위한 공동의 안내도우미를 고용하고, 그 공동의 안내도우미로 하여금 인근 병원 근처에서 약국을 정하지 않은 환자들에게 접근하여 회원 약국들 중 미리 정해진 순번 약국으로 안내하면서 편의 차량을 제공하는 등 소비자·환자 등을 유치하기 위한 호객행위 등의 부당한 방법을 사용하여 약사법 위반으로 기소된 사안

약국들의 호객행위 등이 지속되면서 약국들 상호 간 분쟁이나 갈등이 심화되자, 피고인들이 속한 회원 약국들은 약국 간 분쟁이나 갈등을 낮추려는 의도로 위 안내 행위를 한 점, 위 안내 행위는 불특정 다수인 비지정환자의 자유로운 의사와 무관하게 특정 약국으로 안내하므로 비지정환자의 약국 선택권이 침해될 가능성이 상당히 높은 점, 일부 지역의 약국들이 영리 목적으로 담합하여 비지정환자에게 자신들의 약국들로만 안내한 것으로, 실질적으로는 '공동 호객행위' 의 한 형태로 보이는 점 등을 종합하면, 피고인들은 위 안내 행위가 약사법이 금지한 호객행위 등에 해당함을 인식하였다고 볼 여지가 많다고 하여, 이와 달리 본 원심판단에 잘못이 있다. (대법원 2022. 5. 12., 선고, 2020도18062, 판결)

10. 약국 이외의 장소에서 의약품 판매

1) 적용법조 : 제94조 제1항 제8호, 제50조 제1항 ☞ 공소시효 5년

> 제50조(의약품 판매) ① 약국개설자 및 의약품판매업자는 그 약국 또는 점포 이외의 장소에서 의약품을 판매하여서는 아니 된다. 다만, 시장·군수·구청장의 승인을 받은 경우에는 예외로 한다.

2) 범죄사실 기재례

> 피의자는 ○○에서 "삼성약국" 이라는 상호로 의약품을 조제 판매하는 약사이다. 약국개설자 및 의약품판매업자는 그 약국 또는 점포 이외의 장소에서 의약품을 판매하여서는 아니 된다.
> 그럼에도 불구하고 피의자는 20○○. ○. ○. 11:00경 ○○시장의 승인없이 ○○에서 홍길동 등을 상대로 ○○의약품약 등 ○○원 상당을 판매하였다.

3) 신문사항

- 약사인가
- 언제 어디에서 약국을 개설등록을 하였나
- 약국 이외의 장소에서 의약품을 판매한 일이 있느냐
- 언제 어디에서 판매하였나
- 어떤 의약품을 판매하였나
- 누구를 상대로 판매하였나
- 왜 그랬는가

■ 판례 ■   약사법 제50조 제1항이 의약품 판매 장소를 엄격하게 제한하고 있는 취지 및 의약품 판매를 구성하는 일련의 행위 전부 또는 주요 부분이 약국 또는 점포 내에서 이루어지거나 그와 동일하게 볼 수 있는 방법으로 이루어져야 하는지 여부(적극) / 약국 개설자가 동물병원 개설자에게 인체용 의약품을 판매하는 경우에도 약사법 제50조 제1항이 정하는 판매 장소의 제한이 그대로 적용되는지 여부(적극) 및 약국 개설자가 인터넷 또는 인터넷 쇼핑몰을 이용하여 동물병원 개설자에게 의약품을 판매한 경우, 위 규정을 위반한 것인지 여부(원칙적 적극)

약사(藥師) 또는 한약사(韓藥師)가 아니면 약국을 개설하거나 의약품을 조제하는 등 약사에 관한 업무를 할 수 없고, 약국을 개설하고자 하는 자는 대통령령이 정하는 시설기준에 필요한 시설을 갖추어 법령이 정하는 바에 따라 개설등록을 하여야 하며, 원칙적으로 약국 개설자에 한하여 그 약국을 관리하면서 의약품을 판매할 수 있다(약사법 제20조 제1항 내지 제3항, 제21조 제2항, 제23조 제1항, 제44조 제1항).

여기에서 나아가 약사법 제50조 제1항은 "약국개설자 및 의약품판매업자는 그 약국 또는 점포 이외의 장소에서 의약품을 판매하여서는 아니 된다."라고 정함으로써 의약품 판매 장소를 엄격하게 제한하고 있다. 이는 약사(藥事)의 적정을 기하여 국민보건 향상에 기여함을 목적으로 하는 약사법의 입법 목적(약사법 제1조)을 실현하고, 의약품의 오·남용 방지뿐만 아니라 보관과 유통과정에서 의약품이 변질·오염될 가능성을 차단하기 위한 것이다. 따라서 의약품의 주문, 조제, 인도, 복약지도 등 의약품 판매를 구성하는 일련의 행위 전부 또는 주요 부분이 약국 또는 점포 내에서 이루어지거나 그와 동일하게 볼 수 있는 방법으로 이루어져야 한다.

그런데 약사법령은 약국 개설자에 대해서는 의약품 도매상과는 달리 의약품 유통과정에서 의약품의 안정성을 확보하기 위한 시설기준이나 의약품 유통품질관리기준 등을 규정하고 있지 않다. 또한 약사법은 약국 개설자에게만 동물약국 개설자에 대한 인체용 의약품 판매를 허용하고 있을 뿐이고 의약품 도매상에게는 동물약국 개설자에 대한 인체용 의약품 판매를 허용하지 않고 있다. 그러므로 약국 개설자가 동물병원 개설자에게 인체용 의약품을 판매하는 경우에도 약사법 제50조 제1항이 정하는 판매 장소의 제한은 그대로 적용된다. 약국 개설자가 인터넷 또는 인터넷 쇼핑몰을 이용하여 동물병원 개설자에게 의약품을 판매하였다면 특별한 사정이 없는 한 약국 이외의 장소에서 의약품을 판매한 것으로 볼 수 있어 약사법의 위 규정을 위반하였다고 보아야 한다. (대법원 2017. 4. 26., 선고, 2017도3406, 판결)

11. 용기 등의 기재사항 위반

1) 적용법조 : 제96조 제4호, 제56조 제1항 제3호 ☞ 공소시효 5년

> **제56조(의약품 용기 등의 기재 사항)** ① 의약품 품목허가를 받은 자와 수입자는 의약품의 용기나 포장에 다음 각 호의 사항을 적어야 한다. 다만, 총리령으로 정하는 용기나 포장인 경우에는 총리령으로 정하는 바에 따라 다음 각 호의 사항 중 그 일부를 적지 아니하거나 그 일부만을 적을 수 있다.
> 1. 의약품 품목허가를 받은 자 또는 수입자의 상호와 주소(위탁제조한 경우에는 제조소의 명칭과 주소를 포함한다)
> 2. 명칭(대한민국약전에 실린 의약품은 대한민국약전에서 정한 명칭, 그 밖의 의약품은 일반 명칭)
> 3. 제조번호와 유효기한 또는 사용기한
> 4. 중량 또는 용량이나 개수
> 5. 대한민국약전에서 용기나 포장에 적도록 정한 사항
> 6. 제52조제1항에 따라 기준이 정하여진 의약품은 그 저장 방법과 그 밖에 그 기준에서 용기나 포장에 적도록 정한 사항
> 7. 대한민국약전에 실리지 아니한 의약품은 유효 성분의 명칭(일반 명칭이 있는 것은 일반 명칭) 및 분량(유효 성분이 분명하지 아니한 것은 그 본질 및 제조 방법의 요지)
> 8. "전문의약품" 또는 "일반의약품"[안전상비의약품은 "일반(안전상비)의약품"]이라는 문자
> 9. 제58조제1호부터 제3호까지에 규정된 사항
> 10. 그 밖에 총리령으로 정하는 사항

2) 범죄사실 기재례

> 피의자는 ○○에서 ○○제약이라는 상호로 의약품을 제조 판매하는 사람으로서, 의약품의 용기나 포장에는 제조번호와 유효기한 또는 사용기한 등 기재사항을 기재하여야 한다.
> 그럼에도 불구하고 피의자는 20○○. ○. ○. 경 위 제약에서 생산한 ○○제품 ○○병에 대해 제조번호와 유효기한(또는 사용기한)을 기재하지 아니하였다.

3) 신문사항

- 의약품을 제조판매하고 있는가
- 언제부터 어디에서 어떤 의약품을 제조판매하는가
- 그 규모는 어느 정도인가
- ○○제품을 제조 판매한 일이 있는가
- 이 의약품은 어떤 약인가
- 이 약에 대한 제조번호, 유효기간 등을 기재하였는가
- 왜 기재하지 않았는가

12. 의학적 효능 · 효과가 있는 것으로 오인될 우려가 있는 광고행위

1) 적용법조 : 제93조 제1항 제10호, 제61조 제2항 ☞ 공소시효 7년

제61조(판매 등의 금지) ① 누구든지 다음 각 호의 의약품을 판매하거나 판매할 목적으로 저장 또는 진열하여서는 아니 된다.

1. 제56조부터 제60조까지의 규정에 위반되는 의약품이나 위조(僞造) 의약품

2. 제31조제1항부터 제3항까지 및 제9항, 제41조제1항, 제42조제1항 · 제3항 및 제43조제1항을 위반하여 제조 또는 수입된 의약품

② 누구든지 의약품이 아닌 것을 용기 · 포장 또는 첨부 문서에 의학적 효능 · 효과 등이 있는 것으로 오인될 우려가 있는 표시를 하거나 이와 같은 내용의 광고를 하여서는 아니 되며, 이와 같은 의약품과 유사하게 표시되거나 광고된 것을 판매하거나 판매할 목적으로 저장 또는 진열하여서는 아니 된다.

---

2) 범죄사실 기재례

> 피의자는 ○○에서 사철농원을 경영하면서 그곳에 헛개나무와 삼지구엽초를 재배하여 이를 건조 가공하여 '헛개구엽초차'를 판매하는 자로, 의약품이 아닌 것은 그 용기 · 포장 또는 첨부 문서에 의학적 효능 · 효과 등이 있는 것으로 오인될 우려가 있는 표시를 하거나 이와 같은 내용의 광고를 하여서는 아니된다.
>
> 그럼에도 불구하고 피의자는 20○○. ○. ○.부터 20○○. ○. ○. 까지 위 '헛개구엽초차'의 포장지와 그 첨부서인 사용법 란의 인쇄물에 "식약청에서 헛개나무와 삼지구엽초는 간장질환, 냉대하증, 고혈압 등에 효능 · 효과가 있다는 기준시험을 받았다"라는 취지의 광고문을 게재함으로써 의약품이 아닌 것의 포장 및 첨부 문서에 의학적 효능 · 효과 등이 있는 것으로 오인 될 우려가 있는 표시를 하였다.

3) 신문사항

- 농장을 하고 있는가
- 언제부터 어디에서 하고 있으며 그 규모는 어느 정도인가
- 주로 어떤 작물을 재배하는가
- 그곳에서 생산된 헛개나무와 삼지구엽초를 가공판매한 일이 있는가
- 언제부터 어떤 방법으로 가공판매하는가
- 가공품의 이름이 있는가
- 판매는 어떠한 방법으로 누구를 상대로 하는가
- 월 판매량은 어느 정도이면 매출액은 얼마인가
- 이 물건의 효능 · 효과는 어떠한가
- 이런 효능 · 효과에 대해 광고나 판매할 때 인쇄물로 동봉한 한 일이 있는가
- 어떤 방법으로 광고하였는가
- 그 광고 내용이 모두 사실인가
- 이 물건은 의약품인가
- 의약품이 아니면서 어떻게 의약품같이 광고하였는가

13. 효능 없는 의약품 판매와 필수기재사항 이외 의약품 판매

1) 적용법조 : 제94조 제1항 제9호, 제66조, 제62조 제11호, 제76조 제1항 제4호, 제93조 제1항 제10호, 제66조, 제61조 제1항 제1호, 제65조 제1항 ☞ 공소시효 7년

제62조(제조 등의 금지) 누구든지 다음 각 호의 어느 하나에 해당하는 의약품을 판매하거나 판매할 목적으로 제조·수입·저장 또는 진열하여서는 아니 된다.

11. 제76조제1항제4호에 해당하는 의약품

제76조(허가취소와 업무정지 등) ①의약품등의 제조업자, 품목허가를 받은 자, 원료의약품의 등록을 한 자, 수입자, 임상시험의 계획 승인을 받은 자 또는 약국개설자나 의약품 판매업자가 다음 각 호의 어느 하나에 해당하면 의약품등의 제조업자, 품목허가를 받은 자, 원료의약품의 등록을 한 자, 수입자, 임상시험의 계획 승인을 받은 자에게는 식품의약품안전처장이, 약국개설자나 의약품 판매업자에게는 시장·군수·구청장이 그 허가·승인·등록의 취소 또는 위탁제조판매소·제조소 폐쇄(제31조제4항에 따라 신고한 경우만 해당한다. 이하 제77조제1호에서 같다), 영업소 폐쇄(제42조제1항에 따라 신고한 경우만 해당한다. 이하 제77조제1호에서 같다), 품목제조 금지나 품목수입 금지를 명하거나, 1년의 범위에서 업무의 전부 또는 일부의 정지를 명할 수 있다. 다만, 제4호의 경우에 그 업자에게 책임이 없고 그 의약품등의 성분·처방 등을 변경하여 허가 또는 신고 목적을 달성할 수 있다고 인정되면 그 성분·처방 등의 변경만을 명할 수 있다.

4. 국민보건에 위해를 주었거나 줄 염려가 있는 의약품등과 그 효능이 없다고 인정되는 의약품등을 제조·수입 또는 판매한 경우

---

2) 범죄사실 기재례

누구든지 국민보건에 위해를 주었거나 줄 염려가 있는 의약외품과 그 효능이 없다고 인정되는 의약외품을 제조·수입 또는 판매하여서는 아니 되고, 의약외품의 제조업자와 수입자는 의약외품의 용기나 포장에 의약외품의 명칭, 제조업자 또는 수입자의 상호 및 주소, 용량 또는 중량이나 개수, 제조번호와 사용기한, 품목허가증 및 품목 신고증에 기재된 모든 성분의 명칭, "의약외품"이라는 문자 등을 적어야 하며, 누구든지 이와 같은 사항들이 기재되지 않은 의약외품을 판매하거나 판매할 목적으로 저장 또는 진열하여서는 아니 된다.

가. 피의자 A

피의자는 ○○에 있는 보건용 마스크 제조업체인 주식회사 B의 대표이사로서 20○○.○.○.경 위 회사에서 KF94 보건용 마스크 ○○개를 생산하여 보관하던 중, 20○○.○.○.경 위 회사에서, 위 마스크에 대해 성능 검사한 결과 분진포집효율이 허가받은 내용(94% 이상)에 미달하는 93.3%로 측정되어 부적합 판정되었음에도 의약외품의 명칭, 제조업자 또는 수입자의 상호 및 주소, 용량 또는 중량이나 개수, 제조번호와 사용기한, 품목허가증 및 품목 신고증에 기재된 모든 성분의 명칭, "의약외품"이라는 문자 등을 기재하지 아니하고 비닐 포장하여 ○○등에게 ○○원에 판매하였다.

이로써 피의자는 그 효능이 없다고 인정되는 의약외품을 판매하고, 약사법에서 정한 기재사항이 표기되어 있지 않은 의약외품을 판매하였다.

나. 피의자 주식회사 B

피의자는 피의자의 대표이사인 위 A가 제1항 기재 일시 및 장소에 피의자의 업무에 관하여 위와 같이 위반행위를 하였다.

■ 판례 ■   일회용 찜질팩의 광고문구에 통증의 완화·해소라는 의학적 효능을 표방하는 듯한 부분이 '의학적 효능이 있는 것으로 오인될 우려가 있는 표시'에 해당하는지 여부(소극)

일회용 찜질팩의 광고문구에 통증의 완화·해소라는 의학적 효능을 표방하는 듯한 부분이 있다고 할지라도, 그것만으로는 일반적 사회인으로 하여금 의학적 효능·효과 등이 있는 것으로 오인될 우려가 있다고 보기 어려워 구 약사법 제55조 제2항의 '의학적 효능이 있는 것으로 오인될 우려가 있는 표시'에 해당하지 않는다(대법원 2004.5.14. 선고 2003도7319 판결).

■ 판례 ■   다단계 판매자가 다단계 판매원이 되고자 하는 자에게 교육을 실시하면서 의약품이 아닌 제품에 관하여 의학적 효능·효과 등이 있는 것으로 오인될 우려가 있는 광고를 한 경우, 약사법 위반으로 처벌할 수 있는지 여부(적극)

방문판매등에관한법률 제18조 제1항은 다단계 판매에 있어서, 다단계 판매자가 다단계 판매원 또는 소비자에게 판매한 때에는 다단계 판매원 또는 소비자가 거래의 상대방이 된다고 규정하고 있으므로, 다단계 판매자가 다단계 판매원이 되고자 하는 자에게 그 판매하는 제품의 효능에 관한 교육을 실시하면서, 그 제품이 의약품이 아님에도 마치 의학적 효능·효과 등이 있는 것으로 오인될 우려가 있는 광고를 한 경우에는, 단순히 내부 교육에 그치는 것이 아니라 다단계 판매의 성격상 다단계 판매원이 되고자 하는 자가 다단계 판매자로부터 당해 제품을 구입하는 거래의 상대방이 될 수 있으므로, 이와 같은 경우에도 의약품이 아닌 것에 대하여 의학적 효능·효과 등이 있는 것으로 오인될 우려가 있는 내용의 광고를 한 행위에 대한 처벌법규인 약사법 제74조 제1항 제1호, 제55조 제2항을 적용할 수 있다(대법원 2004.6.11. 선고 2003도7911 판결).

■ 판례 ■   약사법 제55조 제2항 위반죄의 성립에 의약품이 아닌 것에 대하여 표시되거나 광고된 의학적 효능·효과가 허위일 것을 요하는지 여부(소극)

약사법 제55조 제2항 위반죄는 의약품이 아니면서 의학적 효능·효과 등이 있는 것으로 오인될 우려가 있는 내용의 표시나 광고를 하거나, 그러한 표시나 광고가 된 것을 판매하거나 판매의 목적으로 저장 또는 진열함으로써 성립하는 것이고, 다만 식품의 경우에는 식품위생법 제11조 제1항, 같은법 시행규칙 제6조 제2항 [별표 3]에서 건강보조식품 등을 대상으로 허위표시 과대광고로 보지 않도록 규정한 것에 대하여는 위 약사법 제55조 제2항 소정의 의학적 효능·효과 등이 있는 것으로 오인될 우려가 있는 표시나 광고에 해당하지 않는다 할 것이며, 위 죄는 의약품이 아닌 것에 대하여 표시되거나 광고된 의학적 효능·효과가 허위일 것을 요하지 아니한다(대법원 2002.9.6. 선고 2000도1233 판결).

■ 판례 ■   건강보조식품인 두오차, 명비산, 양진화 등을 판매함에 있어서 구체적인 병명 또는 의학적 효능을 명시하여 표시 내지 광고한 경우

[1] 약사법의 규제 대상이 되는 의약품의 개념 및 그 판단 기준

약사법에서 말하는 의약품은 제2조 제4항 제1호의 대한약전에 수재된 것 외에 사람 또는 동물의 질병의 진단, 치료, 경감, 처치 또는 예방에 사용됨을 목적으로 하는 것이거나 혹은 사람 또는 동물의 신체의 구조 또는 기능에 약리적 기능을 미치게 하는 것이 목적으로 되어 있는 것을 모두 포함하는 개념(단 기계기구, 화장품 제외)이라고 할 것이고 반드시 약리작용상 어떠한 효능의 유무와 관계없이 그 성분, 형상(용기, 포장, 의장 등), 명칭, 거기에 표시된 사용목적, 효능, 효과, 용법, 용량, 판매할 때의 선전 또는 설명 등을 종합적으로 판단하여 사회일반인이 볼 때 한 눈으로 식품으로 인식되는 것을 제외하고는, 그것이 위 목적에 사용되는 것으로 인식되거나 약효가 있다

고 표방된 경우에는 이를 모두 의약품으로 보아 약사법의 규제대상이 된다. 따라서 식품을 표시하거나 광고함에 있어서 의약품과 혼동할 우려가 있는 표현을 사용한 경우, 식품위생법 제11조 및 약사법 제55조 제2항에 위반된다.

[2] 건강보조식품의 효능에 관한 표시 및 광고의 허용 범위

의약품이 아닌 식품에 대한 규제는 그로 인한 위생상의 위해방지에 관련된 범위 내에서는 일차적으로 식품위생법의 규정에 따라야 할 것이므로 식품위생법시행규칙 제6조 제2항 [별표 3]에서 건강보조식품 등을 대상으로 허위표시·과대광고로 보지 않도록 규정한 것, 즉 (1) 질병의 예방과 치료에 관한 사항을 포함하지 않는 범위 내에서 신체조직 기능의 일반적인 증진을 주목적으로 하는 표현, (2) 임신수유기영양보급, 노약자영양보급 등과 같이 식품영양학적으로 공인된 사실의 표현, (3) 제품의 함유된 주요영양성분의 식품영양학적 기능·작용에 대한 표현, (4) 특정질병을 지칭하지 아니하는 단순한 권장내용의 표현 등은 약사법 제55조 제2항 소정의 의약품이 갖는 의학적 효능·효과와 오인될 우려가 있는 표시나 광고에 해당하지 않는다고 해석함이 상당하다.

[3] 위의 행위가 약사법 제55조 제2항에 위반되는지 여부(적극)

건강보조식품인 두오차, 명비산, 양진화 등을 판매함에 있어서 구체적인 병명 또는 의학적 효능을 명시하여 표시 내지 광고한 것이 약사법 제55조 제2항을 위반한다(대법원 1998.2.13. 선고 97도2925 판결).

■ **판례** ■   오리, 하명, 누에, 동충하초, 녹용 등 여러가지 재료를 혼합하여 제조·가공한 '녹동달오리골드'라는 제품이 성인병 치료에 특별한 효능이 있는 좋은 약이라고 속여 판매한 경우

[1] 상품의 허위, 과장광고가 사기죄의 기망행위에 해당하는 경우

일반적으로 상품의 선전·광고에 있어 다소의 과장, 허위가 수반되는 것은 그것이 일반 상거래의 관행과 신의칙에 비추어 시인될 수 있는 한 기망성이 결여된다고 하겠으나 거래에 있어서 중요한 사항에 관하여 구체적 사실을 거래상의 신의성실의 의무에 비추어 비난받을 정도의 방법으로 허위로 고지한 경우에는 과장, 허위광고의 한계를 넘어 사기죄의 기망행위에 해당한다.

[2] 위의 행위가 사기죄의 기망행위에 해당하는지 여부(적극)

오리, 하명, 누에, 동충하초, 녹용 등 여러가지 재료를 혼합하여 제조·가공한 '녹동달오리골드'라는 제품이 당뇨병, 관절염, 신경통 등의 성인병 치료에 특별한 효능이 있는 좋은 약이라는 허위의 강의식 선전·광고행위를 하여 이에 속은 노인들로 하여금 위 제품을 고가에 구입하도록 한 것은 그 사술의 정도가 사회적으로 용인될 수 있는 상술의 정도를 넘은 것이어서 사기죄의 기망행위를 구성한다.

[3] '녹동달오리골드'라는 제품이 약사법 제2조 제4항 제2호의 의약품에 해당하는지 여부(적극)

오리, 하명, 누에, 동충하초, 녹용 등 여러가지 재료를 혼합하여 제조·가공한 '녹동달오리골드'라는 제품은 약사법 제2조 제4항 제2호의 의약품에 해당한다.

[4] 형법 제347조 제1항의 사기죄와 보건범죄단속에관한특별조치법 제3조 제1항 제2호 위반죄의 죄수관계(실체적 경합)

형법 제347조 제1항의 사기죄와 무허가 의약품 제조행위를 처벌하는 보건범죄단속에관한특별조치법 제3조 제1항 제2호 위반죄를 실체적 경합관계로 봄이 상당하다(대법원 2004.1.15. 선고 2001도1429 판결).

14. 의약품의 효능 등 과대광고

1) 적용법조 : 제95조 제1항 제10호, 제68조 제1항 ☞ 공소시효 5년

> 제68조(과장광고 등의 금지) ① 의약품등의 명칭·제조방법·효능이나 성능에 관하여 거짓광고 또는 과장광고를 하지 못한다.
> ② 의약품등은 그 효능이나 성능에 관하여 의사·치과의사·한의사·수의사 또는 그 밖의 자가 보증한 것으로 오해할 염려가 있는 기사를 사용하지 못한다.
> ③ 의약품등은 그 효능이나 성능을 암시하는 기사·사진·도안, 그 밖의 암시적 방법을 사용하여 광고하지 못한다.
> ④ 의약품에 관하여 낙태를 암시하는 문서나 도안은 사용하지 못한다.
> ⑤ 제31조제2항부터 제4항까지 및 제9항 또는 제42조제1항에 따른 허가·변경허가를 받거나 신고·변경신고를 한 후가 아니면 의약품등의 명칭·제조 방법·효능이나 성능에 관하여 광고하지 못한다.
> ⑥ 의약품등의 광고 범위와 그 밖에 필요한 사항은 보건복지부령으로 정한다.

2) 범죄사실 기재례

[기재례1] 십전대보탕의 효과가 있는 것처럼 과대광고

> 피의자는 ○○○에서 "만년건강"이라는 상호로 건강사를 경영하는 자로, 의약품등의 명칭·제조방법·효능이나 성능에 관하여 거짓광고 또는 과장광고를 하여서는 아니된다.
> 그럼에도 불구하고 피의자는 20○○. ○. ○.경부터 20○○. ○. ○.경까지 사이에 위 건강사사무실에서 동의보감에 나오는 십전대보탕의 약효와는 전혀 무관한 십전대보초를 판매하면서 십전대보초가 십전대보탕의 효과가 있는 것처럼 "십전대보탕의 주원료, 동의보감에서는 십전대보탕이라 칭한 십전대보초"라고 인쇄된 광고문 1,000매를 ○○○ 일대에 배포하여 과대광고를 하였다.

[기재례2] 제니센터치포인터 제품에 대한 과대광고(대법원 2002.1.22. 선고 2001도5530 판결)

> 의약품등의 명칭·제조방법·효능이나 성능에 관하여 거짓광고 또는 과장 광고를 하지 못한다.
> 그럼에도 불구하고 피의자는 20○○. ○. ○. ○○일보 제12면에 "제니센터치포인터는 자기, 원적외선, 음이온 등을 동시에 방출해 기혈막힘으로 인한 근육강직과 두통, 관절통, 소화불량 등에 효과가 있다."라는 광고를 게재하여 제니센터치포인터 제품에 대하여 과대광고를 하였다.

3) 신문사항

- 건강사를 운영하고 있는가
- 어떤 제품을 생산하고 있는가
- 이런 제품은 어떤 재료를 사용하고 만들고 있는가
- 어떤 효능효과가 있는가
- 이렇게 만든 제품은 어떻게 처분하는가
- 제품에 대한 광고는 어떤 방법으로 하고 있는가

- 광고 내용은 무엇이며 모두 사실인가
- 그러한 광고내용은 과장되지 않았는가
- 왜 이런 과장광고를 하였는가

■ 판례 ■   의사 등의 처방에 따라 조제되는 약제가 광고를 제한·금지하는 의약품에 해당하는지 여부

[1] 의사 등의 처방에 따라 조제되는 약제가 구 약사법 제63조 제1항 및 제5항에서 광고를 제한·금지하는 의약품에 해당하는지 여부(소극)

의사나 한의사의 처방에 따라 특정인의 특정 질병을 치료하거나 예방할 목적으로 '조제'되는 약제는 구 약사법(2007. 4. 11. 법률 제8365호로 전문 개정되기 전의 것) 제63조 제1항 및 제5항이 그 명칭·제조방법·효능이나 성능에 관한 광고를 제한·금지하는 '의약품'에 해당하지 않는다. 만약 이러한 약제의 조제에 관한 광고를 하였다면 이는 의료인의 진료·처방·투약에 관한 의료광고로서 구 약사법이 아니라 의료법의 규율대상이 된다.

[2] 한의원 홈페이지에 각종 암치료제·폐치료제·중풍치료약·당뇨치료약의 명칭과 효능을 게재한 사안에서, 위 약제들은 판매용으로 미리 제조한 것이 아니고 한의사의 처방에 따라 조제·판매되는 약제이므로, 구 약사법 제63조 제1항 및 제5항에서 광고를 제한·금지하는 의약품에 해당하지 않는다고 한 사례

한의원 홈페이지에 각종 암치료제·폐치료제·중풍치료약·당뇨치료약의 명칭과 효능을 게재한 사안에서, 위 약제들이 일반의 수요에 응하기 위하여 판매용으로 미리 제조하여 한의원 내에 탕약이나 캡슐 등의 상태로 비치해 둔 것이 아니고, 내원한 환자들에게 한의사의 진료·처방에 따라 조제·판매하는 약제이므로, 구 약사법(2007. 4. 11. 법률 제8365호로 전문 개정되기 전의 것) 제63조 제1항 및 제5항에서 광고를 제한·금지하는 의약품에 해당하지 않는다(대법원 2007.11.15. 선고 2007도2990 판결).

■ 판례 ■   '광고'의 의미 및 기사 형식에 의한 광고가 여기에 포함되는지 여부(적극)

약사법 제63조는 제1항에서 의약품·의약외품 또는 의료용구의 명칭·제조방법·효능이나 성능에 관한 허위 또는 과대한 광고를, 제3항에서 의약품 등의 효능이나 성능에 관한 암시적 기사·사진·도안 기타 암시적 방법에 의한 광고를, 제5항에서 허가나 신고 이전의 의약품 등의 명칭·제조방법·효능이나 성능에 관한 광고를 각 금지하고 있는바, 이러한 규제의 내용 및 의약품 등이 국민의 건강과 직결되어 있는데도 국민들로서는 그 유효성, 안전성 등을 용이하게 판단할 수 없고 적정한 정보가 제공되지 않을 경우 각종 보건위생상의 위해가 생길 염려가 있기 때문에 의약품 등의 광고를 규제할 필요가 있는 점 등에 비추어 보면, 위 제63조 제1항에서의 '광고'는 널리 불특정 다수의 일반인에게 알릴 목적으로 이루어지는 일체의 수단을 말하는 것으로 여기에는 기사 형식에 의한 광고도 포함된다(대법원 2002.1.22. 선고 2001도5530 판결).

Ⅰ. 개념정의

제2조(정의) 이 법에서 사용하는 용어의 뜻은 다음과 같다.
1. "자동차"란「자동차관리법」제3조에 따른 승용자동차, 승합자동차 및 특수자동차(「자동차관리법」제29조제3항에 따른 캠핑용자동차를 말하며, 제4호에 따른 자동차대여사업에 한정한다)를 말한다.
2. "여객자동차 운수사업"이란 여객자동차운송사업, 자동차대여사업, 여객자동차터미널사업 및 여객자동차운송플랫폼사업을 말한다.
3. "여객자동차운송사업"이란 다른 사람의 수요에 응하여 자동차를 사용하여 유상(有償)으로 여객을 운송하는 사업을 말한다.
4. "자동차대여사업"이란 다른 사람의 수요에 응하여 유상으로 자동차를 대여(貸與)하는 사업을 말한다.
5. "여객자동차터미널"이란 다음 각 목의 어느 하나에 해당하는 장소가 아닌 곳으로서 승합자동차를 정류(停留)시키거나 여객을 승하차(乘下車)시키기 위하여 설치된 시설과 장소를 말하며, 그 종류는 국토교통부령으로 정한다.
   가. 도로의 노면(路面)
   나. 그 밖에 일반교통에 사용되는 장소
6. "여객자동차터미널사업"이란 여객자동차터미널을 여객자동차운송사업에 사용하게 하는 사업을 말한다.
7. "여객자동차운송플랫폼사업"이란 여객의 운송과 관련한 다른 사람의 수요에 응하여 이동통신단말장치, 인터넷 홈페이지 등에서 사용되는 응용프로그램(이하 "운송플랫폼"이라 한다)을 제공하는 사업을 말한다.

Ⅱ. 벌 칙

제90조(벌칙) 다음 각 호의 어느 하나에 해당하는 자는 2년 이하의 징역 또는 2천만원 이하의 벌금에 처한다.
1. 제4조제1항에 따른 면허를 받지 아니하거나 등록을 하지 아니하고 여객자동차운송사업을 경영한 자
2. 부정한 방법으로 제4조제1항에 따른 여객자동차운송사업의 면허를 받거나 등록을 한 자
3. 제12조(제35조·제49조의9 및 제49조의16에서 준용하는 경우를 포함한다)에 따른 명의이용 금지를 위반한 자
3의2. 거짓이나 부정한 방법으로 제23조제3항의 손실보상금, 제50조의 보조금 또는 융자금을 교부받은 자
4. 제28조제1항에 따른 등록을 하지 아니하고 자동차대여사업을 경영한 자
5. 부정한 방법으로 제28조제1항에 따른 자동차대여사업을 등록한 자
6. 제32조제1항에 따른 관리위탁 허가를 받지 아니하거나 부정한 방법으로 관리위탁 허가를 받아 자동차대여사업을 관리위탁한 자와 이 자로부터 관리위탁을 받은 자
6의2. 제34조제1항을 위반하여 임차한 자동차를 유상 운송에 사용하거나 다시 남에게 대여한 자 또는 이를 알선한 자
6의3. 제34조제2항을 위반하여 운전자를 알선한 자
7. 제34조제3항을 위반하여 사업용자동차를 사용하여 유상으로 여객을 운송하거나 이를 알선한 자
7의2. 제49조의3제1항에 따른 허가를 받지 아니하고 플랫폼운송사업을 경영한 자 또는 제2조에서 정한 자동차 이외의 자동차(「자동차관리법」제3조에 따른 화물자동차·특수자동차·이륜자동차를 말한다)를 사용하여 플랫폼운송사업 형태의 행위를 한 자

7의3. 부정한 방법으로 제49조의3제1항에 따른 허가를 받은 자

8. 제81조를 위반하여 자가용자동차를 유상으로 운송용으로 제공 또는 임대하거나 이를 알선한 자

9. 제82조제1항을 위반하여 고객을 유치할 목적으로 노선을 정하여 자가용자동차를 운행하거나 이를 알선한 자

10. 제85조제1항에 따른 사업정지 처분 기간 중에 여객자동차 운수사업을 경영한 자

제91조(벌칙) 다음 각 호의 어느 하나에 해당하는 자는 1년 이하의 징역 또는 1천만원 이하의 벌금에 처한다.

1. 제27조의2제3항을 위반하여 술을 마시거나 약물을 복용하고 다른 사람에게 위해를 주는 행위를 한 자

2. 제27조의3제3항을 위반하여 설치 목적과 다른 목적으로 영상기록장치를 임의로 조작하거나 다른 곳을 비춘 자, 운행기간 외에 영상기록을 한 자 또는 녹음기능을 사용하여 음성기록을 한 자

3. 제27조의3제4항을 위반하여 영상기록을 목적 외의 용도로 이용하거나 다른 자에게 제공한 자

4. 제27조의3제6항을 위반하여 안전성 확보에 필요한 조치를 하지 아니하여 영상기록장치에 기록된 영상정보를 분실·도난·유출·변조 또는 훼손당한 자

5. 제34조의2제1항을 위반한 자동차대여사업자

6. 제34조의4를 위반하여 다른 사람에게 명의를 빌려주거나 다른 사람의 명의를 빌린 사람 또는 대여를 알선한 사람

7. 제36조에 따른 면허(변경면허를 포함한다)를 받지 아니하고 터미널사업을 경영하거나 부정한 방법으로 면허(변경면허를 포함한다)를 받은 자

제92조(벌칙) 다음 각 호의 어느 하나에 해당하는 자는 1천만원 이하의 벌금에 처한다.

1. 삭제 〈2009.5.27〉

2. 제9조제1항(제49조의9 및 제49조의16에서 준용하는 경우를 포함한다)에 따른 운송약관을 신고하지 아니하거나 신고한 운송약관을 이행하지 아니한 자

3. 제10조(제35조에서 준용하는 경우를 포함한다)·제49조의3제6항 또는 제49조의10제2항에 따른 인가를 받지 아니하거나 등록 또는 신고를 하지 아니하고 사업계획을 변경한 자

4. 제11조(제35조에서 준용하는 경우를 포함한다)를 위반하여 공동운수협정을 체결하거나 변경한 자

5. 제13조제1항에 따른 관리위탁 신고를 하지 아니하거나 거짓 신고를 하고 여객자동차운송사업을 관리위탁한 자

6. 제14조(제35조·제48조·제49조의9 및 제49조의16에서 준용하는 경우를 포함한다)에 따른 인가를 받지 아니하거나 신고를 하지 아니하고 여객자동차 운수사업을 양도·양수하거나 법인을 합병한 자

7. 삭제 〈2009.5.27〉

8. 제16조(제35조·제48조·제49조의9 및 제49조의16에서 준용하는 경우를 포함한다)에 따른 허가를 받지 아니하거나 신고를 하지 아니하고 여객자동차 운수사업을 휴업하거나 폐업한 자

9. 제21조제2항(제49조의9에서 준용하는 경우를 포함한다)을 위반하여 운수종사자의 자격요건을 갖추지 아니한 사람을 운전업무에 종사하게 한 자

10. 자동차대여사업을 시작하기 전까지 제31조제1항에 따른 대여약관을 신고하지 아니하거나 신고한 대여약관을 이행하지 아니한 자

10의2. 제34조의2제3항을 위반하여 결함 사실이 공개된 대여사업용 자동차를 시정조치 받지 아니하고 신규로 대여한 자

10의3. 제34조의2제4항을 위반하여 차량의 임차인에게 결함 사실을 통보하지 아니한 자

11. 삭제 〈2015.6.22〉

12. 삭제 〈2015.6.22〉

13. 제38조제4항을 위반하여 시설확인을 받지 아니하고 터미널 사용을 시작한 자

14. 제40조제1항에 따른 사용약관을 신고하지 아니하거나 신고한 사용약관을 위반한 자

15. 제41조에 따라 시설사용료에 관한 인가를 받지 아니한 자

16. 제43조에 따른 인가를 받지 아니하고 터미널의 위치·규모와 구조·설비 등을 변경한 자

제93조(양벌규정) ① 법인의 대표자나 법인 또는 개인의 대리인, 사용인, 그 밖의 종업원이 그 법인 또는 개인의 업무에 관하여 제90조부터 제92조까지의 어느 하나에 해당하는 위반행위를 하면 그 행위자를 벌하는 외에 그 법인 또는 개인에게도 해당 조문의 벌금형을 과(科)한다. 다만, 법인 또는 개인이 그 위반행위를 방지하기 위하여 해당 업무에 관하여 상당한 주의와 감독을 게을리하지 아니한 경우에는 그러하지 아니하다.

1. 무면허(미등록) 여객자동차운송사업

1) 적용법조 : 제90조 제1호, 제4조 제1항 ☞ 공소시효 5년

> 제4조(면허 등) ① 여객자동차운송사업을 경영하려는 자는 사업계획을 작성하여 국토교통부령으로 정하는 바에 따라 국토교통부장관의 면허를 받아야 한다. 다만, 대통령령으로 정하는 여객자동차운송사업을 경영하려는 자는 사업계획을 작성하여 국토교통부령으로 정하는 바에 따라 시·도지사의 면허를 받거나 시·도지사에게 등록하여야 한다.
>
> ※ 시행령(대통령령)
> 제4조(시·도지사의 면허 또는 등록 대상인 여객자동차운송사업) ② 법 제4조제1항 단서에 따라 시·도지사에게 등록하여야 하는 등록대상 여객자동차운송사업은 마을버스운송사업·전세버스운송사업 및 특수여객자동차운송사업으로 한다.

2) 범죄사실 기재례

[기재례1] 무면허 등하교생 운송

> 피의자는 9인승 봉고승용차의 소유자로서, 여객자동차운송사업을 경영하고자 할 때는 시도지사의 면허를 받아야 한다.
>
> 그럼에도 불구하고 피의자는 20○○. ○. ○.경 ○○에 있는 진학고등학교 학생의 학부형 홍길녀 등과의 사이에 위 봉고차를 이용하여 학생 각 7명을 등하교시켜주기로 계약을 체결하고 20○○. ○. ○.부터 20○○. ○. ○.까지 사이에 위 학교 학생 7명을 등하교시켜주고 매달 1인당 ○○만원씩의 운송료를 받음으로써 면허없이 여객자동차운송사업을 하였다.

[기재례2] 무면허 아파트 주민 운송

> 피의자는 ○○아파트 버스운영위원으로, 관할 행정관청의 면허를 받지 아니하였다.
>
> 피의자는 20○○. ○. ○.경 ○○에 있는 ○○아파트에서 그 아파트 주민들에게 10회 탑승하는 데 의정부 일반 ○○원, 의정부 학생 ○○원, 송우리 일반 ○○원, 송우리 학생 ○○원, 송우리 경로 ○○원으로 정한 회원카드를 유상으로 발급하여, 자신 소유인 35인승 버스, 16인승 승합차를 이용, 운전자 갑, 을로 하여금 운전케 하여 아파트 주민들을 출퇴근시켜 주는 방법으로 여객자동차운송사업을 하였다.

3) 신문사항

- 피의자는 여객자동차운송업을 한 일이 있는가
- 어떠한 자동차로 하였나(소유자, 차종 등)
- 언제부터 언제까지 하였나
- 어떠한 운송업을 하였나
- 국토교통부장관의 면허를 받았나

- ○○○와 언제 어디서 어떠한 계약을 하였나
- 이러한 운송업을 하고 누구에게 얼마를 받았나
- 왜 이러한 행위를 하였나

■ 판례 ■   **화물자동차로 형식승인을 받고 등록된 밴형 자동차를 사용하여 유상으로 여객을 운송한 경우**

[1] 여객자동차운송사업면허를 받거나 등록을 하지 아니한 채 화물자동차를 사용하여 유상으로 여객을 운송하는 행위가 여객자동차운수사업법 제81조 제1호 위반죄에 해당하는지 여부(소극)

여객자동차운수사업법 제81조 제1호에서 면허를 받지 아니하거나 등록을 하지 아니하고 경영하였을 때 처벌하는 '여객자동차운송사업'이라 함은 자동차관리법 제3조의 규정에 의한 승용자동차 및 승합자동차를 사용하여 유상으로 여객을 운송하는 사업을 말하고, 여객자동차에 해당하지 않는 자동차인 화물자동차, 특수자동차 또는 이륜자동차 등을 사용하여 유상으로 여객을 운송하는 행위는 위 여객자동차운수사업법 관련 규정의 해석상 여객자동차운송사업에 포함되지 않는다.

[2] 화물자동차로 형식승인을 받고 등록된 밴형 자동차가 구 자동차관리법시행규칙에서 정한 승용 또는 승합자동차에 해당하는지 여부(소극)

자동차관리법 제3조의 위임을 받아 자동차의 종류의 구분기준을 정한 구 자동차관리법시행규칙(2003. 1. 2. 건설교통부령 제346호로 개정되기 전의 것) 제2조 제1항 제3호의 화물자동차의 기준에 부합한다고 판단되어 관련 법령에 의하여 화물자동차로 형식승인을 받아 화물자동차로 등록되고, 또 그 자동차를 이용한 화물자동차운송사업 등록까지 되는 등 화물자동차로 취급을 받는 자동차이면서도 밴형 자동차처럼 승객을 운송하기에 적합한 자동차의 경우에는 위 시행규칙 제2조 제1항 제1호, 제2호 소정의 승용 또는 승합자동차로 볼 수 있다고 해석할 여지가 있어 보이기는 하나, 어떤 자동차가 화물자동차이면서 동시에 승용 또는 승합자동차일 수 있다고 하는 해석은 자동차의 종류를 구분하여 따로 취급하고자 하는 자동차관리법의 입법 취지에 어긋날 뿐만 아니라 관련 법령들 간의 유기적이고 통일적인 해석을 그르치는 것이고, 또 그와 같은 해석은 그 자동차에 대하여 화물자동차로 형식승인을 받아 화물자동차로 등록하거나 경우에 따라서는 화물자동차운송사업의 등록이나 허가까지 받은 자의 예상을 뛰어 넘는 것으로서 법적 안정성을 해치는 것이 되며, 형벌법규의 명확성이나 그 엄격해석을 요구하는 죄형법정주의의 원칙에도 반하는 것이어서 허용될 수 없다(2004.11.18. 선고 2004도1228 전원합의체 판결).

■ 판례 ■   **아파트입주자 대표회의가 실질적으로 아파트 주민들 전체의 소유인 버스를 버스운영위원회를 조직하여 주민들의 의사에 기하여 주민들을 대상으로 운행하면서 이용자들로부터 개별비용을 수령한 경우**

[1] 여객자동차운수사업법 제2조 제3호소정의 '여객자동차운송사업'의 의미

여객자동차운수사업법 제81조 제1호는, 제5조 제1항의 규정에 의한 면허를 받지 아니하거나 등록을 하지 아니하고 여객자동차운송사업을 경영한 자는 2년 이하의 징역 또는 2,000만 원 이하의 벌금에 처한다고 규정하는 한편, 같은 법 제2조 제3호는 '여객자동차운송사업'이라 함은 다른 사람의 수요에 응하여 자동차를 사용하여 유상으로 여객을 운송하는 사업을 말한다고 정의하고 있는바, 어떤 법인이나 단체의 대표자가 일정한 구간을 반복하여 자동차를 운행하는 경우 그것이 단체 구성원들의 의사에 기하여 그 단체 구성원들만을 대상으로 한 것이라면, 이용자들로부터 개별비용을 수령하였다 하더라도 그 운송사업은 단체의 대표자로서 한 행위일 뿐, 불특정 또는 다수의 타인의 수

요에 응하여 여객을 운송하는 사업을 경영하였다고는 볼 수 없다.

[2] 위의 경우 여객을 운송하는 사업을 경영하였다고 볼 수 있는지 여부(소극)

아파트입주자 대표회의가 실질적으로 아파트 주민들 전체의 소유인 버스를 버스운영위원회를 조직하여 주민들의 의사에 기하여 주민들을 대상으로 운행하면서 이용자들로부터 개별비용을 수령한 경우, 그 운영위원 및 버스의 등록명의자가 불특정 또는 다수의 타인의 수요에 응하여 여객을 운송하는 사업을 경영하였다고 볼 수 없다(대법원 2002.6.14. 선고 2001도492 판결).

■ 판례 ■ 대학교 총학생회와 운송계약을 체결하고 그 총학생회의 운행코스 지정에 따라 전세버스를 이용하여 같은 구간을 반복적으로 운행하면서 그 대학교 학생들을 운송한 경우, 노선여객자동차운송사업에 해당하는지 여부(소극)

여객자동차운수사업법 제3조 제1항 제1호, 구 여객자동차운수사업법시행령(2000. 8. 2. 대통령령 제16934호로 개정되기 전의 것) 제2조 제1항 제1호, 제2호, 제2항, 제3조 제1호(가)목, (다)목, 제2호(가)목의 각 규정을 종합하여 보면, 여객자동차운송사업자의 일방적인 의사에 의하여 운행계통, 즉 운행구간의 기점·경로 및 종점, 기점으로부터 종점까지의 거리·운행횟수 및 운행대수를 결정하여 불특정 다수의 공중을 대상으로 여객자동차운송사업을 하는 경우에는 노선여객자동차운송사업에 해당하지만, 외형상으로 일정한 운행구간을 계속 반복하여 운행하더라도 그것이 특정 단체와의 1개의 운송계약에 의하여 그 단체에 소속된 사람들만을 운송하는 형태로 여객자동차운송사업이 이루어지는 경우에는 이용자들이 이용료를 부담하는지와 관계없이 전세버스운송사업으로 보아야 한다. 따라서 대학교 총학생회와 운송계약을 체결하고 그 총학생회의 운행코스 지정에 따라 전세버스를 이용하여 같은 구간을 반복적으로 운행하면서 그 대학교 학생들을 운송한 경우, 노선여객자동차운송사업에 해당하지 않는다(대법원 2001.1.5. 선고 2000도5104 판결).

■ 판례 ■ 여객자동차 운수사업법 제90조 제1호의 처벌 대상에 '운송료가 실제로 지급되지 않았으나 운송료 지급을 약속하고 여객을 운송한 경우'가 포함되는지 여부(적극) 및 이때 '여객을 운송'한다는 것에 객관적으로 보아 승객과의 운송에 관한 합의에 따라 운송을 시작하였다고 볼 수 있는 단계에 이른 경우가 포함되는지 여부(적극)

여객자동차 운수사업법 제90조 제1호는 같은 법 제4조 제1항에 따른 면허를 받지 아니하고 제2조에서 정한 자동차 이외의 자동차를 사용하여 여객자동차운송사업 형태의 행위를 한 사람을 처벌하고 있고, 여기서 '여객자동차운송사업'은 다른 사람의 수요에 응하여 자동차를 사용하여 유상(有償)으로 여객을 운송하는 사업(같은 법 제2조 제3호)을 말하는데, 위 조항의 입법취지와 내용 등에 비추어 보면, 운송료가 실제로 지급되지 않았다고 하더라도 운송료 지급을 약속하고 여객을 운송한 경우에는 처벌 대상이 되고, 나아가 '여객을 운송'한다는 것에는 여객 운송을 완료한 경우만이 아니라 객관적으로 보아 승객과의 운송에 관한 합의에 따라 운송을 시작하였다고 볼 수 있는 단계에 이른 경우까지도 포함된다.(대법원 2014.11.27. 선고, 2014도5827, 판결)

2. 타 운송사업자에게 경영권 양도(일명 도급택시 영업)

1) 적용법조 : 제90조 제3호, 제12조 제1항 ☞ 공소시효 5년

> 제12조(명의이용 금지 등) ① 운송사업자는 다른 운송사업자나 운송사업자가 아닌 자로 하여금 유상이나 무상으로 그 사업용 자동차의 전부 또는 일부를 사용하여 여객자동차운송사업을 경영하게 할 수 없다. 이 경우 운송사업자가 다른 운송사업자나 운송사업자가 아닌 자에게 그 사업과 관련되는 지시를 하는 경우에도 또한 같다.

2) 범죄사실 기재례

운송사업자는 다른 운송사업자 또는 운송사업자가 아닌 자로 하여금 유상 또는 무상으로 그 사업용 자동차의 전부 또는 일부를 사용하여 여객자동차운송사업을 경영하게 하여서는 아니된다.

그럼에도 불구하고 피의자는 20○○. ○. ○. ○○에 있는 피의자 경영의 위 A 교통 사무실에서, 위 회사 소유 ○○60바0000호 택시의 지분을 운전기사 홍길동에게 ○○만원에 양도하고 그로부터 지입료 명목으로 매월 ○○만원을 받아 운송사업자가 아닌 자로 하여금 여객자동차운송사업을 경영하게 하였다.

피의자는 이를 비롯하여 별지 범죄일람표 기재와 같이 그 시경부터 20○○. 9. 30.경까지 사이에 위 회사 소유 택시 30대의 지분을 운전기사 30명에게 ○○만원에 각각 양도하여 20○○. ○. ○.경부터 20○○. 12.경까지 사이에 각각 운전기사들로 하여금 여객자동차운송사업을 경영하게 하였다.

3) 신문사항

- 운송사업자인가
- 어떤 운송사업을 하는가
- 회사규모는
- 어떤 방법으로 회사를 운영하는가
- 회사차량의 영업권을 타인에게 양도한 일이 있는가
- 언제 어떤 영업권을 양도하였나
- 어떤 방법으로 양도하였나
- 어떤 조건이였는가
- 왜 양도하였나

3. 운송사업 미신고(무인가)의 양도 · 양수

1) 적용법조 : 제92조 제6호, 제14조 제1항 ☞ 공소시효 5년

> **제14조(사업의 양도 · 양수 등)** ① 여객자동차운송사업을 양도 · 양수하려는 자는 국토교통부령으로 정하는 바에 따라 국토교통부장관 또는 시 · 도지사에게 신고하여야 한다. 이 경우 국토교통부장관 또는 시 · 도지사는 대통령령으로 정하는 여객자동차운송사업의 질서를 확립하기 위하여 필요하다고 인정할 때에는 국토교통부령으로 정하는 바에 따라 양도 · 양수의 지역적 범위를 한정할 수 있다.
> ④ 운송사업자인 법인이 합병하려는 경우(운송사업자인 법인이 운송사업자가 아닌 법인을 흡수합병하는 경우는 제외한다)에는 국토교통부령으로 정하는 바에 따라 국토교통부장관 또는 시 · 도지사에게 신고하여야 한다.

2) 범죄사실 기재례

> 피의자 甲은 늘봄관광(주)의 대표이사, 피의자 늘봄관광(주)은 여객자동차운송사업 등을 목적으로 설립된 법인, 피의자 乙은 (주)한양관광의 대표이사, 피의자 (주)한양관광은 전세버스운송사업 등을 목적으로 설립된 법인이다.
> 여객자동차운송사업을 양도 · 양수하려는 자는 국토교통부령으로 정하는 바에 따라 국토교통부장관 또는 시 · 도지사에게 신고하여야 한다.
> 가. 피의자 甲
> 피의자는 20○○. ○. ○. ○○에 있는 늘봄관광(주)의 사무실에서 관할관청의 인가를 받지 아니하고 피의자 乙에게 피의자가 경영하던 위 늘봄관광(주)의 여객자동차운송사업을 ○○만원에 매도함으로써 이를 양도하였다.
> 나. 피의자 늘봄관광(주)
> 피의자는 위 피의자 甲이 피의자의 업무에 관하여 위와 같은 위반행위를 하였다.
> 다. 피의자 乙
> 피의자는 위의 일시장소에서 관할관청의 인가를 받지 아니하고 피의자 甲으로부터 위 늘봄관광(주)의 여객자동차운송사업을 ○○만원에 매수하여 이를 양수하였다.
> 라. 피의자 (주)한양관광
> 피의자는 위 피의자 乙이 법인의 업무에 관하여 위와 같은 위반행위를 하였다.

4. 미등록 자동차대여사업

1) 적용법조 : 제90조 제4호, 제28조 제1항 ☞ 공소시효 5년

> **제28조(등록)** ① 자동차대여사업을 경영하려는 자는 사업계획을 작성하여 국토교통부령으로 정하는 바에 따라 시·도지사에게 등록하여야 한다.

2) 범죄사실 기재례

> 자동차대여사업을 경영하려는 자는 사업계획을 작성하여 국토교통부령으로 정하는 바에 따라 시·도지사에게 등록하여야 한다.
> 그럼에도 불구하고 피의자는 20○○. ○. ○. ○○에 있는 ○○주차장에 제네시스 승용차 등 승용차 5대를 갖추고 홍길동에게 4일간 ○○호 승용차 1대를 대여하고 ○○만원을 받는 등으로, 그때부터 20○○. ○. ○.까지 사이에 월평균 ○○만원의 수익을 올리는 자동차대여업을 경영하였다.

3) 신문사항

- 피의자는 어디에서 어떠한 일을 하고 있는가
- 주차장을 하면서 자동차 대여를 한 일이 있는가
- 언제부터 언제까지 하였나
- 자동차대여업을 하기 위해 마련된 차량은(영업의 규모, 차량수 등)
- 어떠한 내용의 자동차대여업을 하였나(대여료등)
- 누구를 상대로
- 이러한 영업행위에 대해 자동차대여사업 등록을 하였나
- 월평균 수입은
- 왜 등록을 하지 않고 이러한 행위를 하였나

5. 임차자동차(렌터카)로 영업행위

1) 적용법조 : 제90조 제6호의2, 제34조 제1항 ☞ 공소시효 5년

제34조(유상운송의 금지 등) ① 자동차대여사업자의 사업용 자동차를 임차한 자는 그 자동차를 유상(有償)으로 운송에 사용하거나 다시 남에게 대여하여서는 아니 되며, 누구든지 이를 알선(斡旋)하여서는 아니 된다.
② 누구든지 자동차대여사업자의 사업용 자동차를 임차한 자에게 운전자를 알선하여서는 아니 된다. 다만, 외국인이나 장애인 등 대통령령으로 정하는 경우에는 운전자를 알선할 수 있다.
③ 자동차대여사업자는 다른 사람의 수요에 응하여 사업용자동차를 사용하여 유상으로 여객을 운송하여서는 아니 되며, 누구든지 이를 알선하여서는 아니 된다.

2) 범죄사실 기재례

자동차대여사업자의 사업용 자동차를 임차(賃借)한 자는 그 자동차를 유상(有償)으로 운송에 사용하거나 다시 남에게 대여하여서는 아니 된다.
그럼에도 불구하고 피의자는 20○○. ○. ○. ○○에 있는 ○○렌터카에서 1개월을 기간으로 ○○허1111호 승용차를 ○○만원에 대여받고, 이 차량을 이용하여 위 같은 날 ○○:○○경 ○○에서 ○○까지 승객 3명을 운송하고 ○○만원을 받은 것을 비롯하여 그때부터 20○○. ○. ○.까지 사이에 총 100명가량의 승객을 유상으로 운송하여 임차자동차로 운송영업을 하였다.

3) 신문사항
- 피의자는 임차자동차로 영업행위를 한 일이 있는가
- 언제 어디에서 어떠한 렌터카를 빌렸나
- 어떠한 조건으로 언제까지 사용하기로 하였나
- 이렇게 빌린 렌터카를 어떻게 하였나
- 어디에서 어떠한 방법으로 영업행위를 하였나(구체적인 영업행위와 방법, 유상운행 등)
- 누구를 상대로 하였나
- 지금까지 총 몇 명을 유상 운송해 주었으며 그 총 수입은
- 피의자의 이러한 행위를 어떻게 생각하는가

■ 판례 ■　지입차주가 교습용 차량을 렌트카회사에 지입한 후 그 차량을 이용하여 운전교습비를 받고 운전교습을 한 경우, 유상으로 자동차를 대여한 것으로 볼 수 있는지의 여부

원심판결 이유에 의하면 원심은 제1심이 적법하게 조사하여 채택한 증거들을 종합하여 피고인은 이 사건 교습차를 취득하여 영동렌트카 회사에 지입하고 지입료 등으로 매월 30만 원씩을(형식상으로는 렌트료로) 위 영동렌트카에 지급하여 온 사실, 피고인은 위 자동차를 이용하여 운전면허를 취득한 자로부터 운전연수를 요청받고, 피고인이 조수석에 승차하고 운전연습생은 운전석에 승차하여 운전연수를 시켜주고 그 교습비 등 명목으로 1시간당 금 16,000원 상당을 지급받아 왔고, 운전연수를 희망하는 교습생이 자기차로 교습을 요청하는 경우에도 같은 금액을 지급받으면서 1998. 4. 18.경부터 같은 해 6월 22일경까지 사이에 운전교습을 하여 온 사실 등 이 사건 공소사

실 중 피고인이 자동차대여사업을 하였다는 부분을 제외한 나머지 사실을 모두 인정한 다음, 운전교습비를 받고 위 지입차를 이용하여 운전교습을 하는 것이 자동차대여사업에 해당하는지 여부에 관하여는 피고인이 이 사건 교습차를 취득하여 영동렌트카에 지입하고 지입료(형식상으로는 렌트료)를 내었다 하여도 그 사실만으로 위 회사와 피고인 사이에 이 사건 자동차의 대여라는 임대계약이 존재하는 사실 이외에 피고인과 이 사건 피교습자들 내지 잠재적인 피교습자들 사이에 임대(전대)계약이라는 법률행위가 내재되어 있다고 보기 어렵고, 또한 증거에 의하면 이 사건 자동차가 그 조수석에 보조브레이크 및 클러치가 부착되어 있는 특수목적용 차량이라는 사실은 인정되나 그 사실만으로 당연히 피고인과 운전교습생 사이에 차량사용료를 주고 받아야 하는 임대차계약이 존재한다고 보기도 어려우며 운전교습시 피고인이 조수석에 승차하고 운전교습생이 운전석에 앉아 운전교습이 이루어진다 하여도 운전교습생은 항상 피고인의 지시에 따라 운전을 하는 것이고 피고인이 탑승한 조수석에도 보조 브레이크와 클러치가 있어서 조수석에 앉아서도 자동차의 운전이 불가능한 것이 아니므로 비록 운전석에 앉은 운전교습생이 이 사건 자동차를 운전하여 자신이 원하는 곳으로 갈 수 있는 가능성이 있다 하더라도 위 자동차에 대한 실질적 지배권은 여전히 피고인에게 있다고 보아야 할 것이며 자동차 대여업자가 자동차를 대여하면서 운전기사를 딸려 보내는 경우와 유사하다고 볼 수는 없고, 검사작성의 피고인에 대한 진술조서의 기재 중에 피고인이 받은 금원 중 자동차사용료가 포함되었다는 취지의 진술이 있다 하여도 이는 그 법률적 의미를 모르고 진술한 것으로 보인다 하여 이를 믿지 아니하고 피고인의 이 사건 행위를 운전교습을 위하여 차량을 대여한 것이라거나 유상으로 자동차를 대여하는 사업을 한 것이라고 볼 수 없다고 판단한 다음, 같은 취지로 피고인에 대하여 무죄를 선고한 제1심판결을 유지하였는바, 관계 법리와 기록에 비추어 살펴보니 원심의 사실인정과 판단은 정당하다고 수긍되고, 거기에 여객자동차운수사업에 관한 법리오해의 위법이 있다 할 수 없다(대법원 2000.2.11. 선고 99도4510 판결).

6. 자가용 자동차의 유상운송

1) 적용법조 : 제90조 제8호, 제81조 제1항 ☞ 공소시효 5년

> 제81조(자가용 자동차의 유상운송 금지) ① 사업용 자동차가 아닌 자동차(이하 "자가용자동차"라 한다)를 유상(자동차 운행에 필요한 경비를 포함한다. 이하 이 조에서 같다)으로 운송용으로 제공하거나 임대하여서는 아니 되며, 누구든지 이를 알선하여서는 아니 된다. 다만, 다음 각 호의 어느 하나에 해당하는 경우에는 유상으로 운송용으로 제공 또는 임대하거나 이를 알선할 수 있다.
> 1. 출·퇴근시간대(오전 7시부터 오전 9시까지 및 오후 6시부터 오후 8시까지를 말하며, 토요일, 일요일 및 공휴일인 경우는 제외한다) 승용자동차를 함께 타는 경우
> 2. 천재지변, 긴급 수송, 교육 목적을 위한 운행, 그 밖에 국토교통부령으로 정하는 사유에 해당되는 경우로서 특별자치도지사·시장·군수·구청장(자치구의 구청장을 말한다. 이하 같다)의 허가를 받은 경우
> ② 특별자치시장·특별자치도지사·시장·군수·구청장은 제1항제2호에 따른 허가의 신청을 받은 날부터 10일 이내에 허가 여부를 신청인에게 통지하여야 한다.
> ③ 특별자치시장·특별자치도지사·시장·군수·구청장이 제2항에서 정한 기간 내에 허가 여부 또는 민원 처리 관련 법령에 따른 처리기간의 연장 여부를 신청인에게 통지하지 아니하면 그 기간이 끝난 날의 다음 날에 허가를 한 것으로 본다.
> ④ 제1항제2호의 유상운송 허가의 대상 및 기간 등은 국토교통부령으로 정한다.

2) 범죄사실 기재례

[기재례1]

> 피의자는 甲은 늘봄(주)의 대표이사, 피의자 늘봄(주)은 ○○목적으로 설립된 법인이다.
> 자가용 자동차를 유상으로 운송용으로 제공하거나 임대하여서는 아니 된다.
> 가. 피의자 甲
> 피의자는 200○. ○. ○. ○○에서 홍길동과 위 회사소속 자가용 자동차인 ○○노1234호 9인승 승합자동차를 이용하여 홍길동 직원들에 대해 매일 ○○에서 ○○까지 출퇴근시켜 주기로 계약을 체결하고 그때부터 200○. ○. ○. 까지 위 회사소속 운전사인 乙로 하여금 위 홍길동 직원들을 출퇴근시켜 주고 매월 ○○만원씩의 운송료를 받음으로써 자가용 자동차 유상운송사업을 하였다.
> 나. 피의자 늘봄(주)
> 피의자는 법인의 대표자인 피의자 甲이 법인의 업무에 관하여 위 항과 같은 위반 행위를 하였다.

3) 신문사항

- 피의자 회사는 무슨 사업을 하는가
- 회사에 승합자동차가 몇 대인가
- 어떤 용도로 구입하였나
- 홍길동을 알고 있는가
- 이 차량을 이용하여 홍길동 직원들을 출퇴근시켜 준 일이 있는가
- 어떤 조건으로 출퇴근시켜주고 있는가

- 이런 계약은 언제 어디에서 하였나
- 어떤 조건으로 계약하였나(운송료, 운송시간 등)
- 운전은 누가하였나
- 이런 행위는 자가용 자동차 유상운송행위가 아닌가
- 왜 이런 행위를 하였나

[기재례2]

> 피의자는 사단법인 ○○협회의 사무총장이고, 갑은 자가용 자동차인 ○○승합차의 소유자이다. 사업용 자동차가 아닌 자동차를 유상으로 운송용으로 제공하여서는 아니 된다.
> 그럼에도 불구하고, 피의자는 20○○. ○. ○. 갑과 사이에 단체의 대표자가 단체 소유의 자가용 자동차를 단체의 회원에게 유상운송에 제공하더라도 여객자동차 운수사업법 상의 금지행위에 위반되지 않는다는 점을 이용하여 갑 소유의 위 승합차의 지분 10%를 형식적으로 사단법인 ○○협회로 이전한 후 갑은 사단법인 ○○협회의 회원 또는 그 자녀들에게 위 승합차를 대가를 받고 운송용으로 제공하고 피의자는 갑으로부터 매월 수수료 ○○원을 받기로 공모하였다.
> 피의자는 그에 따라 갑은 20○○. ○. ○.경부터 20○○. ○. ○.경까지 사이에 위 승합차를 이용하여 ○○에 거주하는 사단법인 ○○협회의 회원 또는 그 자녀인 ○○중학교 학생 약 ○○명을 등·하교시켜 주고 운송의 대가로 학생으로부터 1인당 월 ○○원을 받았다.
> 이로써 피의자는 갑과 공모하여 사업용 자동차가 아닌 자동차를 유상으로 운송용으로 제공하였다.

■ **판례** ■ **피고인이 승용차를 구입하여 렌트카 회사에 지입한 후 유상으로 운송용에 제공한 경우**

[1] 여객자동차 운수사업법 제81조 제7호에서 유상운송 제공행위를 처벌하는 '자가용 자동차'의 의미

여객자동차 운수사업법 제81조 제7호, 제73조 제1항의 규정들의 문언에 비추어 볼 때 여객자동차 운수사업법 제81조 제7호에서 유상으로 운송용에 제공하였을 때 처벌하는 '자가용 자동차'라 함은 여객자동차 운수사업법의 각 규정에 의한 사업용 자동차 이외의 자동차를 말한다.

[2] 위의 차량이 여객자동차 운수사업법 제81조 제7호에서 유상운송 제공행위를 처벌하는 '자가용 자동차'에 해당하는지 여부(소극)

피고인이 유상으로 운송용에 제공한 승용차가 피고인이 구입한 후 렌트카 회사에 지입한 차량으로서 여객자동차 운수사업법에 의한 자동차 대여사업용 자동차이므로, 여객자동차 운수사업법 제81조 제7호에서 유상운송 제공행위를 처벌하는 '자가용 자동차'에 해당하지 않는다(대법원 2006.6.29. 선고 2005도7612 판결).

■ **판례** ■ **중소기업협동조합이 자가용자동차를 조합원 이외의 자에게 운송용으로 제공하고 운행경비 등 명목으로 금원을 수령한 경우, 구 자동차운수사업법 제58조 소정의 '유상운송'에 해당하는지 여부(적극)**

중소기업협동조합이 조합원을 상대로 자가용자동차를 운송용으로 제공하면서 운행에 필요한 경비 등을 수령하는 행위는 구 자동차운수사업법(1997. 12. 13. 법률 제5448호 여객자동차운수사업법으로 전문 개정되기 전의 것) 제58조에서 금지하는 자가용 유상운송행위에 해당된다고 할 수 없을

것이나, 조합이 그 자가용자동차를 조합원 이외의 자에게 운송용으로 제공하고 운행경비 등 명목으로 금원을 수령하였다면, 이는 비조합원에게 사업을 이용시킬 수 있는 분량 내의 것인지 여부를 따질 것도 없이 그 자체로써 위 법조에서 금지하는 자가용 유상운송행위에 해당된다고 할 것이고, 구 중소기업협동조합법(1997. 12. 13. 법률 제5453호로 개정되기 전의 것) 제31조 제2항에 조합은 조합원의 이용에 지장이 없는 경우에는 조합원 이외의 자에게 그 사업을 이용시킬 수 있는 것으로 규정되어 있다고 하여 달리 볼 것은 아니다(대법원 2001.10.12. 선고 99도4780 판결).

■ **판례** ■　**유류대와 수고비 명목의 금원을 수수하고 자가용 자동차를 운행한 것이 자동차운수사업법 제58조소정의 유상운송에 해당하는지 여부(적극)**

자동차운수사업법 제58조의 '유상운송의 금지등' 규정에서 말하는 유상이라 함은 자동차 운행에 필요한 경비를 포함한다고 규정하고 있어 유류대와 수고비 명목의 금원을 수수하고 운송하는 것도 유상운송에 해당한다(대법원 1997.7.11. 선고 97도1463 판결).

■ **판례** ■　**양벌규정인 자동차운수사업법 제74조를 법인격 없는 사단이나 그 구성원 개개인에 적용할 수 있는지 여부(소극)**

자동차운수사업법 제72조 제5호는 같은 법 제58조의 규정에 의한 허가를 받지 아니하고 자가용자동차를 유상으로 운송용에 제공하거나 임대한 자를 처벌한다고 규정하고, 같은 법 제74조는 이른바 양벌규정으로서 '법인의 대표자나 법인 또는 개인의 대리인, 사용인 기타의 종업원이 그 법인 또는 개인의 업무와 관련하여 같은 법 제72조의 위반행위를 한 때에는 행위자를 벌하는 외에 그 법인 또는 개인에 대하여도 각 해당 조항의 벌금형에 처한다'고 규정하고 있을 뿐이고 법인격 없는 사단에 대하여서도 위 양벌규정을 적용할 것인가에 관하여는 아무런 명문의 규정을 두고 있지 아니하므로, 죄형법정주의의 원칙상 법인격 없는 사단에 대하여는 같은 법 제74조에 의하여 처벌할 수 없고, 나아가 법인격 없는 사단에 고용된 사람이 유상운송행위를 하였다 하여 법인격 없는 사단의 구성원 개개인이 위 법 제74조 소정의 '개인'의 지위에 있다하여 처벌할 수도 없다(대법원 1995.7.28. 선고 94도3325 판결).

■ **판례** ■　**교회 산하 각 교구가 공동설립한 회사가 각 교구 소속 버스들을 가지고 한 신도운송행위가 자동차운수사업법 소정의 유상운송행위에 해당하는지 여부(소극)**

교회 산하 각 교구가 그 소속 버스들을 개별적으로 관리하는데서 오는 차량의 노후화, 자동차종합보험 등의 문제점을 개선하여 각 교구 소속 버스들을 효율적, 조직적으로 관리하기 위하여 회사를 설립하게 되었고, 위 회사는 위 교회 근처에 사무실을 마련하여 여직원 1명을 두고 버스들을 일괄적으로 관리하면서 버스들의 연락 배차, 교통사고, 보험, 세무처리 등의 행정적인 관리업무만을 처리하여 왔을 뿐이고, 위 회사가 설립된 이후에도 위 버스들의 관리는 여전히 종전과 같이 각 교구별로 담당책임자인 조장이 있어 각 교구 소속 신도들로부터 차량관리헌금을 받아 교구 소속 버스의 운전기사 급료, 유류대, 차량수리비 등을 지급하는 등의 방법으로 교구별로 직접 맡아 오면서, 다만 위 회사의 사무실 등을 운영하기 위한 경비조로 매달 10만 원씩 공동비용을 내어왔다면, 위 회사가 자기 계산하에 영리적 목적으로 운송의 대가를 받고 신도들을 수송한 것은 아니라고 할 것이어서 위 회사의 신도운송행위는 자동차운수사업법 소정의 유상운송행위에 해당하지 않는다(대법원 1992.7.10. 선고 92도500 판결).

제83장 여신전문금융업법

I. 개념정의

제2조(정의) 이 법에서 사용하는 용어의 뜻은 다음과 같다.
1. "여신전문금융업(與信專門金融業)"이란 신용카드업, 시설대여업, 할부금융업 또는 신기술사업금융업을 말한다.
2. "신용카드업"이란 다음 각 목의 업무 중 나목의 업무를 포함한 둘 이상의 업무를 업(業)으로 하는 것을 말한다.
   가. 신용카드의 발행 및 관리
   나. 신용카드 이용과 관련된 대금(代金)의 결제
   다. 신용카드가맹점의 모집 및 관리
2의2. "신용카드업자"란 제3조제1항에 따라 신용카드업의 허가를 받거나 등록을 한 자를 말한다. 다만, 제3조제
   3항제1호의 요건에 해당하는 자가 제3조제1항제2호 및 제3호의 업무를 하는 경우에는 그 업무에 관하여만
   신용카드업자로 본다.
3. "신용카드"란 이를 제시함으로써 반복하여 신용카드가맹점에서 다음 각 목을 제외한 사항을 결제할 수 있는
   증표로서 신용카드업자(외국에서 신용카드업에 상당하는 영업을 영위하는 자를 포함)가 발행한 것을 말한다.
   가. 금전채무의 상환
   나. 「자본시장과 금융투자업에 관한 법률」 제3조제1항에 따른 금융투자상품 등 대통령령으로 정하는 금융상품
   다. 「게임산업진흥에 관한 법률」 제2조제1호의2에 따른 사행성게임물의 이용 대가 및 이용에 따른 금전의 지급. 다만,
       외국인(해외이주법 제2조에 따른 해외이주자 포함)이 관광진흥법에 따라 허가받은 카지노영업소에서 외국에서 신
       용카드업에 상당하는 영업을 영위하는 자가 발행한 신용카드로 결제하는 것은 제외한다.
   라. 그 밖에 사행행위 등 건전한 국민생활을 저해하고 선량한 풍속을 해치는 행위로 대통령령으로 정하는 사
       항의 이용 대가 및 이용에 따른 금전의 지급
4. "신용카드회원"이란 신용카드업자와의 계약에 따라 그로부터 신용카드를 발급받은 자를 말한다.
5. "신용카드가맹점"이란 다음 각 목의 자를 말한다.
   가. 신용카드업자와의 계약에 따라 신용카드회원·직불카드회원 또는 선불카드소지자(이하 "신용카드회원등"
       이라 한다)에게 신용카드·직불(直拂)카드 또는 선불(先拂)카드(이하 "신용카드등"이라 한다)를 사용한
       거래에 의하여 물품의 판매 또는 용역의 제공 등을 하는 자
   나. 신용카드업자와의 계약에 따라 신용카드회원등에게 물품의 판매 또는 용역의 제공 등을 하는 자를 위하
       여 신용카드등에 의한 거래를 대행(代行)하는 자(이하 "결제대행업체"라 한다)
5의2. "수납대행가맹점"이란 신용카드업자와의 별도의 계약에 따라 다른 신용카드가맹점을 위하여 신용카드등에
   의한 거래에 필요한 행위로서 대통령령으로 정하는 사항을 대행하는 신용카드가맹점을 말한다.
5의3. "가맹점모집인"이란 신용카드업자를 위하여 가맹점계약의 체결을 중개 또는 대리하고 부가통신업자를 위
   하여 신용카드 단말기를 설치하는 자로서 제16조의3에 따라 금융위원회에 등록을 한 자를 말한다.
5의4. "신용카드포인트"란 신용카드업자가 신용카드의 이용금액 등에 따라 신용카드회원에게 적립하여 재화를
   구매하거나 서비스를 이용할 수 있도록 하는 경제상의 이익을 말한다.
6. "직불카드"란 직불카드회원과 신용카드가맹점 간에 전자적(電子的) 또는 자기적(磁氣的) 방법으로 금융거래
   계좌에 이체(移替)하는 등의 방법으로 물품의 판매 또는 용역의 제공과 그에 대한 대가의 지급이 동시에 이
   루어질 수 있도록 신용카드업자가 발행한 증표{자금(資金) 융통받을 수 있는 증표는 제외한다}를 말한다.
7. "직불카드회원"이란 신용카드업자와의 계약에 따라 그로부터 직불카드를 발급받은 자를 말한다.

8. "선불카드"란 신용카드업자가 대금을 미리 받고 이에 해당하는 금액을 기록(전자적 또는 자기적 방법에 따른 기록을 말한다)하여 발행한 증표로서 선불카드소지자가 신용카드가맹점에 제시하여 그 카드에 기록된 금액의 범위에서 결제할 수 있게 한 증표를 말한다.

9. "시설대여업"이란 시설대여를 업으로 하는 것을 말한다.

10. "시설대여"란 대통령령으로 정하는 물건(이하 "특정물건"이라 한다)을 새로 취득하거나 대여받아 거래상대방에게 대통령령으로 정하는 일정 기간 이상 사용하게 하고, 그 사용 기간 동안 일정한 대가를 정기적으로 나누어 지급받으며, 그 사용 기간이 끝난 후의 물건의 처분에 관하여는 당사자 간의 약정(約定)으로 정하는 방식의 금융을 말한다.

10의2. "시설대여업자"란 시설대여업에 대하여 제3조제2항에 따라 금융위원회에 등록한 자를 말한다.

11. "연불판매(延拂販賣)"란 특정물건을 새로 취득하여 거래상대방에게 넘겨주고, 그 물건의 대금 · 이자 등을 대통령령으로 정하는 일정한 기간 이상 동안 정기적으로 나누어 지급받으며, 그 물건의 소유권 이전 시기와 그 밖의 조건에 관하여는 당사자 간의 약정으로 정하는 방식의 금융을 말한다.

12. "할부금융업"이란 할부금융을 업으로 하는 것을 말한다.

13. "할부금융"이란 재화와 용역의 매매계약에 대하여 매도인 및 매수인과 각각 약정을 체결하여 매수인에게 융자한 재화와 용역의 구매자금을 매도인에게 지급하고 매수인으로부터 그 원리금을 나누어 상환받는 방식의 금융을 말한다.

13의2. "할부금융업자"란 할부금융업에 대하여 제3조제2항에 따라 금융위원회에 등록한 자를 말한다.

14. "신기술사업금융업"이란 제41조제1항 각 호에 따른 업무를 종합적으로 업으로서 하는 것을 말한다.

14의2. "신기술사업자"란 「기술보증기금법」 제2조제1호에 따른 신기술사업자와 기술 및 저작권 · 지적재산권 등과 관련된 연구 · 개발 · 개량 · 제품화 또는 이를 응용하여 사업화하는 사업(이하 "신기술사업"이라 한다)을 영위하는 「중소기업기본법」 제2조에 따른 중소기업, 「중견기업 성장촉진 및 경쟁력 강화에 관한 특별법」 제2조제1호에 따른 중견기업 및 「외국환거래법」 제3조제15호에 따른 비거주자를 말한다. 다만, 다음 각 목의 어느 하나에 해당하는 업종을 영위하는 자는 제외한다.

14의3. "신기술사업금융업자"란 신기술사업금융업에 대하여 제3조제2항에 따라 금융위원회에 등록한 자를 말한다.

14의4. "신기술사업금융전문회사"란 신기술사업금융업자로서 신용카드업 · 시설대여업 · 할부금융업, 그 밖에 대통령령으로 정하는 금융업을 함께 하지 아니하는 자를 말한다.

14의5. "신기술사업투자조합"이란 신기술사업자에게 투자하기 위하여 설립된 조합으로서 다음 각 목의 어느 하나에 해당하는 조합을 말한다.
  가. 신기술사업금융업자가 신기술사업금융업자 외의 자와 공동으로 출자하여 설립한 조합
  나. 신기술사업금융업자가 조합자금을 관리 · 운용하는 조합

15. "여신전문금융회사"란 여신전문금융업에 대하여 제3조제1항 또는 제2항에 따라 금융위원회의 허가를 받거나 금융위원회에 등록을 한 자로서 제46조제1항 각 호에 따른 업무를 전업(專業)으로 하는 자를 말한다.

16. "겸영여신업자(兼營與信業者)"란 여신전문금융업에 대하여 제3조제3항 단서에 따라 금융위원회의 허가를 받거나 금융위원회에 등록을 한 자로서 여신전문금융회사가 아닌 자를 말한다.

17. "대주주"란 다음 각 목의 어느 하나에 해당하는 주주를 말한다.
  가. 최대주주 : 여신전문금융회사의 의결권 있는 발행주식 총수를 기준으로 본인 및 그와 대통령령으로 정하는 특수한 관계에 있는 자(이하 "특수관계인"이라 한다)가 누구의 명의로 하든지 자기의 계산으로 소유하는 주식을 합하여 그 수가 가장 많은 경우의 그 본인
  나. 주요주주 : 누구의 명의로 하든지 자기의 계산으로 여신전문금융회사의 의결권 있는 발행주식 총수의 100분의 10 이상의 주식을 소유하는 자 또는 임원의 임면 등의 방법으로 그 여신전문금융회사의 주요 경영사항에 대하여 사실상의 영향력을 행사하는 주주로서 대통령령으로 정하는 자

18. "신용공여"란 대출, 지급보증 또는 자금 지원적 성격의 유가증권의 매입, 그 밖에 금융거래상의 신용위험이 따르는 여신전문금융회사의 직접적 · 간접적 거래로서 대통령령으로 정하는 것을 말한다.

19. "자기자본"이란 납입자본금 · 자본잉여금 및 이익잉여금 등의 합계액으로서 대통령령으로 정하는 것을 말한다.

20. "총자산"이란 유동자산 및 비유동자산 등의 합계액으로서 대통령령으로 정하는 것을 말한다.

Ⅱ. 벌 칙

제70조(벌칙) ① 다음 각 호의 어느 하나에 해당하는 자는 7년 이하의 징역 또는 5천만원 이하의 벌금에 처한다.
  1. 신용카드등을 위조하거나 변조한 자
  2. 위조되거나 변조된 신용카드등을 판매하거나 사용한 자
  3. 분실하거나 도난당한 신용카드나 직불카드를 판매하거나 사용한 자
  3의2. 제18조의3제4항 각 호를 위반한 자
  4. 강취·횡령하거나, 사람을 기망하거나 공갈하여 취득한 신용카드나 직불카드를 판매하거나 사용한 자
  5. 행사할 목적으로 위조되거나 변조된 신용카드등을 취득한 자
  6. 거짓이나 그 밖의 부정한 방법으로 알아낸 타인의 신용카드 정보를 보유하거나 이를 이용하여 신용카드로 거래한 자
  7. 제3조제1항에 따른 허가를 받지 아니하거나 등록을 하지 아니하고 신용카드업을 한 자
  8. 거짓이나 그 밖의 부정한 방법으로 제3조제1항에 따른 허가를 받거나 등록을 한 자
  9. 제49조의2제1항 또는 제8항을 위반하여 대주주에게 신용공여를 한 여신전문금융회사와 그로부터 신용공여를 받은 대주주 또는 대주주의 특수관계인
  9의2. 제50조제1항을 위반하여 대주주가 발행한 주식을 소유한 여신전문금융회사
  10. 제50조의2제5항을 위반하여 같은 항 각 호의 어느 하나에 해당하는 행위를 한 대주주 또는 대주주의 특수관계인
② 제18조의3제4항제2호, 제19조제6항 또는 제24조의2제3항을 위반한 자는 5년 이하의 징역 또는 3천만원 이하의 벌금에 처한다.
③ 다음 각 호의 어느 하나에 해당하는 자는 3년 이하의 징역 또는 2천만원 이하의 벌금에 처한다.
  1. 거짓이나 그 밖의 부정한 방법으로 제3조제2항에 따른 등록을 한 자
  2. 다음 각 목의 어느 하나에 해당하는 행위를 통하여 자금을 융통하여 준 자 또는 이를 중개·알선한 자
     가. 물품의 판매 또는 용역의 제공 등을 가장하거나 실제 매출금액을 넘겨 신용카드로 거래하거나 이를 대행하게 하는 행위
     나. 신용카드회원으로 하여금 신용카드로 구매하도록 한 물품·용역 등을 할인하여 매입하는 행위
     다. 제15조를 위반하여 신용카드에 질권을 설정하는 행위
  3. 제19조제5항제3호를 위반하여 다른 신용카드가맹점의 명의를 사용하여 신용카드로 거래한 자
  4. 제19조제5항제5호를 위반하여 신용카드에 의한 거래를 대행한 자
  5. 제20조제1항을 위반하여 매출채권을 양도한 자 및 양수한 자
  6. 제20조제2항을 위반하여 신용카드가맹점의 명의로 신용카드등에 의한 거래를 한 자
  7. 제27조의2제1항에 따른 등록을 하지 아니하고 신용카드등부가통신업을 한 자
  8. 거짓이나 그 밖의 부정한 방법으로 제27조의2제1항에 따른 등록을 한 자
④ 다음 각 호의 어느 하나에 해당하는 자는 1년 이하의 징역 또는 1천만원 이하의 벌금에 처한다.
  1. 2. 삭제 〈2015.7.31.〉
  2의2. 제14조의2제1항 각 호의 어느 하나에 해당하지 아니한 자로서 신용카드회원을 모집한 자
  3. 제15조를 위반하여 신용카드를 양도·양수한 자
  3의2. 제18조의3제4항제1호를 위반한 자
  4. 제19조제1항을 위반하여 신용카드로 거래한다는 이유로 물품의 판매 또는 용역의 제공 등을 거절하거나 신용카드회원을 불리하게 대우한 자
  5. 제19조제4항을 위반하여 가맹점수수료를 신용카드회원이 부담하게 한 자
  6. 제19조제5항제4호를 위반하여 신용카드가맹점의 명의를 타인에게 빌려준 자
  7. 제27조, 제50조의2제1항·제3항 또는 제51조를 위반한 자

⑤ 제36조제2항을 위반한 자는 500만원 이하의 벌금에 처한다.

⑥ 제1항제1호 및 제2호의 미수범은 처벌한다.

⑦ 제1항제1호의 죄를 범할 목적으로 예비하거나 음모한 자는 3년 이하의 징역 또는 2천만원 이하의 벌금에 처한다. 다만, 그 목적한 죄를 실행하기 전에 자수한 자에 대하여는 그 형을 감경하거나 면제한다.

⑧ 제1항부터 제4항까지의 규정에 따른 징역형과 벌금형은 병과(併科)할 수 있다.

제71조(양벌규정) 법인의 대표자나 법인 또는 개인의 대리인, 사용인, 그 밖의 종업원이 그 법인 또는 개인의 업무에 관하여 제70조의 위반행위를 하면 그 행위자를 벌하는 외에 그 법인 또는 개인에게도 해당 조문의 벌금형을 과(科)한다. 다만, 법인 또는 개인이 그 위반행위를 방지하기 위하여 해당 업무에 관하여 상당한 주의와 감독을 게을리하지 아니한 경우에는 그러하지 아니하다.

Ⅲ. 범죄사실

1. 훔친 신용카드로 물품구입

1) 적용법조 : 제70조 제1항 제3호, 형법 제329조, 제347조 제1항 ☞ 공소시효 7년

2) 범죄사실 기재례

> 가. 절도
> 　피의자는 20○○. ○. ○. ○○:○○경 ○○에 있는 음식점에서 피해자 홍길동이 벗어놓은 양복 상의 속주머니에서 피해자 소유 비씨카드 1개를 꺼내어 이를 절취하였다.
> 나. 여신전문금융업법 위반, 사기
> 　피의자는 같은 날 ○○:○○ ○○에 있는 뉴코아백화점에서 핸드폰 1개 ○○만원, 남성정장 ○○만원 상당 등 합계 ○○만원 상당의 물품을 구입하면서 위 홍길동 명의의 비씨카드로 대금을 결제하였다. 이로써 피의자는 도난된 신용카드를 사용하였다.

3) 신문사항
- 피의자는 신용카드를 훔친(습득)한 일이 있는가
- 언제 어디서 훔쳤나
- 어떻게 훔치게 되었나
- 카드 이외 다른 물건은 훔치지 않았나
- 훔친 카드는 어떻게 하였나
- 언제 어디에서 어떠한 물건을 구입하였나
- 그 점원에게 뭐라면서 훔친 카드를 사용하였나
- 카드를 사용한 총액은 얼마인가
- 구입한 물건은 어떻게 하였나

■ 판례 ■   여신전문금융업법 제70조 제1항 소정의 부정사용의 의미 및 절취한 직불카드를 이용하여 현금자동지급기로부터 예금을 인출하는 행위가 직불카드부정사용죄에 해당하는지 여부(소극)

여신전문금융업법 제70조 제1항 소정의 부정사용이라 함은 위조·변조 또는 도난·분실된 신용카드나 직불카드를 진정한 카드로서 신용카드나 직불카드의 본래의 용법에 따라 사용하는 경우를 말하는 것이므로, 절취한 직불카드를 온라인 현금자동지급기에 넣고 비밀번호 등을 입력하여 피해자의 예금을 인출한 행위는 여신전문금융업법 제70조 제1항 소정의 부정사용의 개념에 포함될 수 없다(대법원 2003.11.14. 선고 2003도3977 판결).

■ 판례 ■   타인의 신용카드를 임의로 가지고 가 현금자동지급기에서 현금을 인출한 후 곧바로 반환한 경우

신용카드업자가 발행한 신용카드는 이를 소지함으로써 신용구매가 가능하고 금융의 편의를 받을 수 있다는 점에서 경제적 가치가 있다 하더라도, 그 자체에 경제적 가치가 화체되어 있거나 특정의 재산권을 표창하는 유가증권이라고 볼 수 없고, 단지 신용카드회원이 그 제시를 통하여 신용카드회원이라는 사실을 증명하거나 현금자동지급기 등에 주입하는 등의 방법으로 신용카드업자로부터 서비스를 받을 수 있는 증표로서의 가치를 갖는 것이어서, 이를 사용하여 현금자동지급기에서 현금을 인출하였다 하더라도 신용카드 자체가 가지는 경제적 가치가 인출된 예금액만큼 소모되었다고 할 수 없으므로, 이를 일시 사용하고 곧 반환한 경우에는 불법영득의 의사가 없다.(대법원 1999.7.9. 선고 99도857 판결).

■ 판례 ■   현금카드 겸용 신용카드로 현금자동지급기에서 피해자의 예금구좌로부터 현금을 인출한 경우, 신용카드부정사용죄 성립 여부(적극)

구 신용카드업법(1997.8.28. 법률 제5374호 '여신전문금융업법'에 의하여 1998. 1. 1.자로 폐지되기 전의 것) 제25조 제1항 소정의 부정사용이라 함은 위조·변조 또는 도난·분실된 신용카드를 진정한 카드로서 신용카드의 본래의 용법에 따라 사용하는 경우를 말하는 것이므로, 결국 신용카드를 사용하여 예금을 인출할 수 있는 현금카드 기능은 법 제6조 제2항, 구 신용카드업법시행령 제5조 제3호, 제6조의 규정 등에 따라 재정경제원장관이 신용카드업을 건전하게 보호·육성하여 신용사회의 기반을 조성하고 소비자의 금융편의를 도모함으로써 국민경제의 발전에 이바지한다는 구 신용카드업법의 목적(제1조)을 달성하기 위하여 허가한 부대업무로 볼 수 있으므로, 피고인이 강취한 신용카드를 온라인 현급자동지급기에 주입하고 비밀번호 등을 조작하여 피해자의 예금을 인출한 행위는 재정경제원장관의 인가를 받아 신용카드업자가 시행하고 있는 신용카드의 현금카드 기능을 사용한 것으로 이와 같은 일련의 행위도 신용카드 본래 용도에 따라 사용하는 것으로 보아야 할 것이므로 구 신용카드업법 제25조 제1항 소정의 부정사용의 개념에 포함된다(대법원 1998.2.27. 선고 97도2974 판결).

■ 판례 ■   절취한 신용카드로 여러 가맹점으로부터 물품을 구입한 경우

[1] 절취한 신용카드의 부정사용행위가 절도범행의 불가벌적 사후행위에 해당하는지 여부

신용카드를 절취한 후 이를 사용한 경우 신용카드의 부정사용행위는 새로운 법익의 침해로 보아야 하고 그 법익침해가 절도범행보다 큰 것이 대부분이므로 위와 같은 부정사용행위가 절도범행의 불가벌적 사후행위가 되는 것은 아니다.

[2] 신용카드 부정사용의 포괄일죄에 해당하는지 여부(적극)

피고인은 절취한 카드로 가맹점들로부터 물품을 구입하겠다는 단일한 범의를 가지고 그 범의가 계속된 가운데 동종의 범행인 신용카드 부정사용행위를 동일한 방법으로 반복하여 행하였고, 또

위 신용카드의 각 부정사용의 피해법익도 모두 위 신용카드를 사용한 거래의 안전 및 이에 대한 공중의 신뢰인 것으로 동일하므로, 피고인이 동일한 신용카드를 위와 같이 부정사용한 행위는 포괄하여 일죄에 해당하고, 신용카드를 부정사용한 결과가 사기죄의 구성요건에 해당하고 그 각 사기죄가 실체적 경합관계에 해당한다고 하여도 신용카드부정사용죄와 사기죄는 그 보호법익이나 행위의 태양이 전혀 달라 실체적 경합관계에 있으므로 신용카드 부정사용행위를 포괄일죄로 취급하는 데 아무런 지장이 없다(대법원 1996.7.12. 선고 96도1181 판결).

■ **판례** ■ **현금카드 소유자를 협박하여 예금인출 승낙과 함께 현금카드를 교부받은 후 이를 사용하여 현금자동지급기에서 예금을 여러 번 인출한 경우의 죄책(공갈죄의 포괄일죄)**

예금주인 현금카드 소유자를 협박하여 그 카드를 갈취하였고, 하자 있는 의사표시이기는 하지만 피해자의 승낙에 의하여 현금카드를 사용할 권한을 부여받아 이를 이용하여 현금을 인출한 이상, 피해자가 그 승낙의 의사표시를 취소하기까지는 현금카드를 적법, 유효하게 사용할 수 있고, 은행의 경우에도 피해자의 지급정지 신청이 없는 한 피해자의 의사에 따라 그의 계산으로 적법하게 예금을 지급할 수밖에 없는 것이므로, 피고인이 피해자로부터 현금카드를 사용한 예금인출의 승낙을 받고 현금카드를 교부받은 행위와 이를 사용하여 현금자동지급기에서 예금을 여러 번 인출한 행위들은 모두 피해자의 예금을 갈취하고자 하는 피고인의 단일하고 계속된 범의 아래에서 이루어진 일련의 행위로서 포괄하여 하나의 공갈죄를 구성한다고 볼 것이지, 현금지급기에서 피해자의 예금을 취득한 행위를 현금지급기 관리자의 의사에 반하여 그가 점유하고 있는 현금을 절취한 것이라 하여 이를 현금카드 갈취행위와 분리하여 따로 절도죄로 처단할 수는 없다(대법원 1996.9.20. 선고 95도1728 판결).

■ **판례** ■ **절취한 신용카드로 대금을 결제하기 위하여 신용카드를 제시하였으나 확인과정에서 도난카드임이 밝혀져 바로 검거된 경우의 죄책**

신용카드업법 제25조 제1항 소정의 신용카드부정사용죄의 구성요건적 행위인 신용카드의 사용이라 함은 신용카드의 소지인이 신용카드의 본래 용도인 대금결제를 위하여 가맹점에 신용카드를 제시하고 매출표에 서명하여 이를 교부하는 일련의 행위를 가리키므로, 단순히 신용카드를 제시하는 행위만으로는 신용카드부정사용죄의 실행에 착수한 것에 불과하고 그 사용행위를 완성한 것으로 볼 수 없다(대법원 1993.11.23. 선고 93도604 판결).

■ **판례** ■ **신용카드업법 제25조 제1항 소정의 신용카드부정사용죄에 있어 '신용카드의 사용'의 의미와 매출표에 서명하여 이를 교부하는 행위가 별도로 사문서위조 및 동행사죄를 구성하는지 여부(소극)**

신용카드업법 제25조 제1항은 신용카드를 위조·변조하거나 도난·분실 또는 위조·변조된 신용카드를 사용한 자는 7년 이하의 징역 또는 5천만 원 이하의 벌금에 처한다고 규정하고 있는바, 위 부정사용죄의 구성요건적 행위인 신용카드의 사용이라 함은 신용카드의 소지인이 신용카드의 본래 용도인 대금결제를 위하여 가맹점에 신용카드를 제시하고 매출표에 서명하여 이를 교부하는 일련의 행위를 가리키고 단순히 신용카드를 제시하는 행위만을 가리키는 것은 아니라고 할 것이므로, 위 매출표의 서명 및 교부가 별도로 사문서위조 및 동행사의 죄의 구성요건을 충족한다고 하여도 이 사문서위조 및 동행사의 죄는 위 신용카드부정사용죄에 흡수되어 신용카드부정사용죄의 1죄만이 성립하고 별도로 사문서위조 및 동행사의 죄는 성립하지 않는다(대법원 1992.6.9. 선고 92도77 판결).

2. 갈취한 신용카드로 현금인출

1) 적용법조 : 제70조 제1항 제4호, 형법 제350조 ☞ 공소시효 7년

2) 범죄사실 기재례

> **가. 공갈**
> 　피의자는 같은 학원에 다니면서 알게 된 피해자 홍길녀와 부산 등지로 여행하던 중 20○○. ○. ○. ○○:○○경 ○○에 있는 ○○여관 305호실에서 위 피해자에게 '신용카드를 빌려주지 않으면 아는 깡패를 동원하여 가루로 만들어 버리겠다.'라고 말하여 피의자의 요구에 응하지 아니하면 위 피해자에게 어떤 해악을 가할 듯한 태도를 보여 이에 겁을 먹은 위 피해자로부터 즉석에서 ○○카드(카드번호) 1장을 교부받았다.
> **나. 여신전문금융업법 위반**
> 　피의자는 같은 날 ○○:○○경 ○○에 있는 ○○은행 ○○지점에서 그곳에 설치된 현금자동지급기에 위 피해자로부터 갈취한 ○○카드를 사용 비밀번호, 금액 등의 버튼을 조작 ○○만원을 인출하여 전항에서 피해자로부터 교부받은 신용카드를 사용하였다.

3) 신문사항

- 홍길녀를 알고 있는가
- 홍길녀와 여행을 같이 간 일이 있는가
- 홍길녀의 신용카드를 협박하여 달라고 한 일이 있는가
- 언제 어디에서 그랬는가
- 뭐라고 협박하였나
- 피의자의 협박에 피해자가 순순히 카드를 내 놓던가
- 그럼 겁을 먹고 어쩔 수 없이 카드를 주었다는 것인가
- 피해자가 말을 듣지 않으면 실질적으로 깡패를 동원하려고 하였나
- 피해자로부터 빼앗은 카드는 어떤 신용카드였나
- 이렇게 갈취한 카드는 어떻게 하였나
- 언제 어디에서 있는 현금지급기에서 인출하였나
- 얼마를 인출하였나
- 왜 그 금액만 인출하였나
- 비밀번호는 어떻게 알았는가
- 사용하고 그 카드는 어떻게 하였나
- 무엇 때문에 이런 행위를 하였나
- 피해 변제는 하였나

■ 판례 ■   유흥주점 업주인 甲이 과다한 술값 청구에 항의하는 피해자들을 폭행 또는 협박하여 피해자들로부터 일정 금액을 지급받기로 합의한 다음, 피해자들이 결제하라고 건네준 신용카드로 합의에 따라 현금서비스를 받거나 물품을 구입한 경우

[1] 여신전문금융업법 제70조 제1항 제4호에서 말하는 '강취, 횡령, 기망, 공갈로 취득한 신용카드'의 의미

여신전문금융업법 제70조 제1항 제4호에 의하면, "강취·횡령하거나 사람을 기망·공갈하여 취득한 신용카드 또는 직불카드를 판매하거나 사용한 자"에 대하여 "7년 이하의 징역 또는 5천만 원 이하의 벌금에 처한다"고 규정하고 있는바, 여기서 강취, 횡령, 기망 또는 공갈로 취득한 신용카드는 소유자 또는 점유자의 의사에 기하지 않고, 그의 점유를 이탈하거나 그의 의사에 반하여 점유가 배제된 신용카드를 가리킨다.

[2] 甲의 행위가 여신전문금융업법상의 신용카드 부정사용에 해당하는지 여부(소극)

유흥주점 업주가 과다한 술값 청구에 항의하는 피해자들을 폭행 또는 협박하여 피해자들로부터 일정 금액을 지급받기로 합의한 다음, 피해자들이 결제하라고 건네준 신용카드로 합의에 따라 현금서비스를 받거나 물품을 구입한 경우, 신용카드에 대한 피해자들의 점유가 피해자들의 의사에 기하지 않고 이탈하였거나 배제되었다고 보기 어려워 여신전문금융업법상의 신용카드 부정사용에 해당하지 않는다(대법원 2006. 7.6. 선고 2006도654 판결).

■ 판례 ■   여신전문금융업법 제70조 제1항 제4호에서 말하는 '기망하거나 공갈하여 취득한 신용카드나 직불카드'의 의미(=신용카드나 직불카드의 소유자 또는 점유자를 기망하거나 공갈하여 그들의 자유로운 의사에 의하지 않고 점유가 배제되어 그들로부터 사실상 처분권을 취득한 신용카드나 직불카드) 및 '사용'의 의미(=강취·횡령, 기망 또는 공갈로 취득한 신용카드나 직불카드를 진정한 카드로서 본래의 용법에 따라 사용하는 경우)

여신전문금융업법 제70조 제1항 제4호에서는 '강취·횡령하거나, 사람을 기망하거나 공갈하여 취득한 신용카드나 직불카드를 판매하거나 사용한 자'를 처벌하도록 규정하고 있는데, 여기에서 '사용'은 강취·횡령, 기망 또는 공갈로 취득한 신용카드나 직불카드를 진정한 카드로서 본래의 용법에 따라 사용하는 경우를 말한다(대법원 2003. 11. 14. 선고 2003도3977 판결, 대법원 2005. 7. 29. 선고 2005도4233 판결 등 참조). 그리고 '기망하거나 공갈하여 취득한 신용카드나 직불카드'는 문언상 '기망이나 공갈을 수단으로 하여 다른 사람으로부터 취득한 신용카드나 직불카드'라는 의미이므로, '신용카드나 직불카드의 소유자 또는 점유자를 기망하거나 공갈하여 그들의 자유로운 의사에 의하지 않고 점유가 배제되어 그들로부터 사실상 처분권을 취득한 신용카드나 직불카드'라고 해석되어야 한다.

⇒ 대법원은 위와 같은 법리를 판시한 뒤, 이 사건에서 피고인은 피해자를 기망하여 이 사건 신용카드를 교부받은 뒤 이를 총 23회에 걸쳐 피고인의 의사에 따라 사용하였으므로, 피해자는 피고인으로부터 기망당함으로써 피해자의 자유로운 의사에 의하지 않고 이 사건 신용카드에 대한 점유를 상실하였고 피고인은 이에 대한 사실상 처분권을 취득하였다고 보아야 하기에, 이 사건 신용카드는 피고인이 그 소유자인 피해자를 기망하여 취득한 신용카드에 해당하고 이를 사용한 피고인의 행위는 기망하여 취득한 신용카드 사용으로 인한 여신전문금융업법 위반죄에 해당한다고 판단하였음. (대법원 2022. 12. 16. 선고 2022도10629 판결)

3. 물품판매 또는 용역제공 가장

1) **적용법조 :** 제70조 제3항 제3호 가목 ☞ 공소시효 5년

[기재례1] 물품판매를 가장하여 융통

> 피의자는 20○○. ○. ○.경 ○○에서 "세계유통"이라는 상호로 사업자등록을 하고 카드 가맹점을 개설하였다. 물품의 판매 또는 용역의 제공 등을 가장하거나 실제 매출금액을 초과하여 신용카드에 의한 거래를 하거나 이를 대행하게 하는 행위를 하여서는 아니된다.
> 그럼에도 불구하고 피의자는 20○○. ○. ○.경 위 세계유통 사무실에서 물품판매 및 용역제공 없이 미리 준비해 두었던 매출전표 상에 마치 甲이 피의자로부터 ○○만원 상당의 물품을 구입하고 그 대금을 지급한 것처럼 가장하여 매출전표를 작성한 것을 비롯하여 그때부터 20○○. ○. ○.경까지 사이에 위와 같은 방법으로 별지 범죄일람표 기재와 같이 ○○회에 걸쳐 합계 ○○만원 상당의 자금을 물품판매를 가장하여 융통하여 주었다.

〈범죄일람표〉

순번	범죄일	범죄장소(가맹점)	융통받은 사람	융통금액(원)	신용카드명
1					
2					
3					

[기재례2] 전자제품을 구입한 것으로 가장 융통

> 피의자는 ○○에서 전자통신이라는 상호로 국민카드 주식회사 및 외환카드 주식회사와 신용카드가맹점 계약을 체결하였다.
> 피의자는 20○○. ○. ○. 국민카드 회원인 甲으로부터 신용카드를 이용한 금전 대출을 의뢰받고 위 甲이 국민카드 가맹점인 전자통신에서 전자제품 ○○만 원 상당을 구입한 것처럼 카드조회기를 이용하여 허위의 매출전표를 작성한 다음 위 甲에게 매출 전표상의 금액의 16%에 해당하는 ○○만 원을 공제한 잔액 ○○만 원을 융통하여 준 것을 비롯하여 20○○. ○. ○.까지 사이에 별지 범죄일람표 기재와 같이 합계 ○○회에 걸쳐 합계 ○○만 원 상당의 허위의 매출전표를 작성한 다음 그를 근거로 하여 합계 ○○만원을 융통해 주었다.

2) **신문사항**

- 피의자는 어디에서 어떠한 사업을 하는가
- 카드 가맹점을 개설한 일이 있는가
- 언제 어떠한 가맹점을 개설하였나
- 물품판매나 용역제공 없이 카드를 사용한 일이 있는가
  이때 고발장에 첨부된 신용카드 가맹점별 입금내역서 사본을 보여주며
- 이 내용이 피의자가 물품판매를 가장하여 현금을 융통한 내역서가 맞는가
- 어떠한 조건으로 이러한 행위를 하였나

- 총 할인금액은 얼마인가
- 이 금액 중 피의자가 취득한 금액은(수수료 등)
- 누구를 상대로 이러한 행위를 하였나

■ 판례 ■   편의점 업주가 인근 유흥주점 업주의 부탁을 받고 유흥주점 손님인 피해자들의 신용카드로 술값을 결제하도록 하고 결제대금 상당의 물품을 제공하여 유흥주점 업주가 이를 다른 사람들에게 정상가격이나 할인가격으로 처분한 경우

[1] 실제로 신용카드에 의한 물품거래가 있고 그 매출금액대로 매출전표가 작성된 경우 여신전문금융업법 제70조 제2항 제3호 (가)목의 처벌대상에 포함되는지 여부(소극)

구 여신전문금융업법(2005. 5. 31. 법률 제7531호로 개정되기 전의 것) 제70조 제2항 제3호와 현행 여신전문금융업법 제70조 제2항 제3호 (가)목에서 규정하는 요건을 충족하기 위하여는 실제로 신용카드거래가 없었음에도 불구하고, 신용매출이 있었던 것으로 가장하거나 실제의 매출금액을 초과하여 신용카드에 의한 거래를 할 것을 요하고, 실제로 신용카드에 의한 물품거래가 있었을 뿐만 아니라 그 매출금액 그대로 매출전표를 작성한 경우는 위 법조에서 규정하는 처벌대상에 포함되지 아니한다.

[2] 위의 경우 여신전문금융업법상 물품의 판매 또는 용역의 제공 등을 가장한 행위라고 볼 수 있는지 여부(소극)

편의점 업주가 인근 유흥주점 업주의 부탁을 받고 유흥주점 손님인 피해자들의 신용카드로 술값을 결제하도록 하고 결제대금 상당의 물품을 제공하여 유흥주점 업주가 이를 다른 사람들에게 정상가격이나 할인가격으로 처분한 경우, 피해자들에게 신용카드대금에 대한 결제의사는 있었으나 자금융통에 대한 의사는 없었고, 실제로 신용카드에 의한 물품거래가 있었으며 그 매출금액대로 매출전표가 작성된 이상 편의점 업주의 행위는 여신전문금융업법상 물품의 판매 또는 용역의 제공 등을 가장한 행위라고 보기 어렵다(대법원 2006.7.6. 선고 2006도654 판결).

■ 판례 ■   신용카드 가맹점주가 신용카드회사에게 용역의 제공을 가장한 허위의 매출전표를 제출하여 대금을 청구한 행위가 기망행위에 해당하는지 여부(적극)

신용카드 가맹점주가 신용카드회사로부터 금원을 교부받을 당시 신용카드회사에게 매출전표가 용역의 제공을 가장하여 허위로 작성된 것임을 고지하지 아니한 채 제출하여 대금을 청구하였고, 신용카드회사는 매출전표에 기재된 바와 같은 가맹점의 용역의 제공이 실제로 있은 것으로 오신하여 그에게 그 대금 상당의 금원을 교부한 경우, 신용카드회사가 가맹점의 용역의 제공을 가장한 허위 내용의 매출전표에 의한 대금청구에 대하여는 이를 거절할 수 있는 등 매출전표가 허위임을 알았더라면 가맹점주에게 그 대금의 지급을 하지 아니하였을 관계가 인정된다면, 가맹점주가 용역의 제공을 가장한 허위의 매출전표임을 고지하지 아니한 채 신용카드회사에게 제출하여 대금을 청구한 행위는 사기죄의 실행행위로서의 기망행위에 해당하고, 가맹점주에게 이러한 기망행위에 대한 범의가 있었다면, 비록 당시 그에게 신용카드 이용대금을 변제할 의사와 능력이 있었다고 하더라도 사기죄의 범의가 있었음을 인정할 수 있다(대법원 1999.2.12. 선고 98도3549 판결).

■ 판례 ■   위조 · 변조 또는 도난 · 분실된 신용카드 등의 사용에 의하거나 신용카드의 제시도 없이 카드회원의 서명이 위조되어 작성된 매출전표가 신용카드업법 제 25조 제2항 제4호, 제3항 제4호 소정의 '매출전표'에 해당하는지 여부(소극)

신용카드업법 제25조 제2항 제4호 소정의 신용카드 매출전표에 의한 자금융통행위나 같은 법 제

25조 제3항 제4호 소정의 매출전표의 양도·양수행위에 있어서 '매출전표'라 함은 당해 신용카드가 카드회원 본인에 의하여 정당하게 사용됨으로써 진정하게 성립된 매출전표를 말하는 것이므로, 위조·변조 또는 도난·분실된 신용카드 등의 사용에 의하거나 신용카드의 제시도 없이 카드회원의 서명이 위조되어 작성된 매출전표는 이에 해당한다고 볼 수 없다(대법원 1996.5.31. 선고 96도449 판결).

■ 판례 ■ **실제로 신용카드에 의한 물품거래가 있고 그 매출금액대로 매출전표가 작성된 경우, 여신전문금융업법 제70조 제2항 제3호의 처벌대상에 포함되는지 여부(소극)**

여신전문금융업법 제70조 제2항 제3호에서 규정하는 요건을 충족하기 위하여는 실제로 신용카드 거래가 없었음에도 불구하고 신용매출이 있었던 것으로 가장하거나 실제의 매출금액을 초과하여 신용카드에 의한 거래를 할 것을 요하고, 실제로 신용카드에 의한 물품거래가 있었을 뿐 아니라 그 매출금액 그대로 매출전표를 작성한 경우는 위 법조에서 규정하는 처벌대상에 포함되지 아니한다. (대법원 2004. 3. 11., 선고, 2003도6606, 판결)

■ 판례 ■ **피고인이 '기업구매전용카드'를 이용하여 물품의 판매 또는 용역의 제공을 가장하는 방법으로 자금을 융통한 경우**

기업구매전용카드는 구 여신전문금융업법 제2조 제3호에서 규정한 '신용카드'처럼 실물 형태의 '증표'가 발행되는 것이 아니라 단지 구매기업이 이용할 수 있는 카드번호만이 부여될 뿐이며, 거래방법도 구매기업이 판매기업에 기업구매전용카드를 '제시'할 것이 요구되지 않고, 구매기업이 카드회사에 인터넷 등을 통하여 구매 사실을 통보하면 카드회사가 판매기업에 물품대금을 지급하여 결제가 이루어지게 하는 온라인거래 수단을 지칭하는 데 지나지 않는 점, 구매기업은 카드회사와 가맹점가입계약을 체결한 모든 판매기업과 거래를 할 수 있는 것은 아니고 구매기업이 지정한 특정한 판매기업과 사이에서만 기업구매전용카드를 이용한 거래를 할 수 있을 뿐이므로, 판매기업을 일반 신용카드거래의 가맹점과 동일하게 보기 어려운 점 등을 종합할 때, 기업구매전용카드에 의한 거래는 구 여신전문금융업법 제70조 제2항 제2호에서 정한 '신용카드에 의한 거래'에 해당하지 않는다는 이유로, 기업구매전용카드가 '신용카드'에 해당하지 않는다.(대법원 2013.7. 25, 선고, 2011도14687, 판결)

4. 다른 가맹점 명의사용 거래

1) 적용법조

　　甲 : 제70조 제3항 제4호, 제19조 제5항 제3호　☞　공소시효 5년
　　乙 : 제70조 제4항 제6호, 제19조 제5항 제4호, 법인처벌　☞　공소시효 5년

제19조(가맹점의 준수사항) ① 신용카드가맹점은 신용카드로 거래한다는 이유로 신용카드 결제를 거절하거나 신용카드회원을 불리하게 대우하지 못한다.
② 신용카드가맹점은 신용카드로 거래를 할 때마다 그 신용카드를 본인이 정당하게 사용하고 있는지를 확인하여야 한다.
③ 신용카드가맹점은 신용카드회원의 정보보호를 위하여 금융위원회에 등록된 신용카드 단말기를 설치 · 이용하여야 한다.
④ 신용카드가맹점은 가맹점수수료를 신용카드회원이 부담하게 하여서는 아니 된다.
⑤ 신용카드가맹점은 다음 각 호의 어느 하나에 해당하는 행위를 하여서는 아니 된다. 다만, 결제대행업체의 경우에는 제1호 · 제4호 및 제5호를 적용하지 아니하고, 수납대행가맹점의 경우에는 제3호 · 제5호(제2조제5호의2에 따라 대행하는 행위에 한한다)를 적용하지 아니한다.
1. 물품의 판매 또는 용역의 제공 등이 없이 신용카드로 거래한 것처럼 꾸미는 행위
2. 신용카드로 실제 매출금액 이상의 거래를 하는 행위
3. 다른 신용카드가맹점의 명의(名義)를 사용하여 신용카드로 거래하는 행위
4. 신용카드가맹점의 명의를 타인에게 빌려주는 행위
5. 신용카드에 의한 거래를 대행하는 행위

---

2) 범죄사실 기재례

　　피의자 甲은 상품권 및 미곡 도소매업이 목적인 (주)대풍농산, 피의자 乙은 위탁에 의한 농업경영 및 농작업 대행을 목적으로 설립된 합명회사 고전위탁영통의 대표사원, 피의자 합명회사 고전위탁영농은 위 乙의 사용인이다.
　가. 피의자 甲
　　피의자는 2000. ○. ○. ○○에 있는 피의자 사무실에서 성명불상 고객에게 ○○만원 상당의 미곡을 판매하면서 받은 비씨카드로 그 대금을 결제하면서 다른 신용카드가맹점인 피의자 乙 경영 고전위탁영농 가맹점 명의로 거래하였다.
　나. 피의자 乙
　　피의자는 신용카드가맹점의 명의를 타인에게 대여하여서는 아니 됨에도 불구하고 자신이 대표이사인 고전위탁영농 신용카드가맹점 명의를 위 항과 같이 대여하여 신용카드가맹점의 준수사항을 위반하였다.
　다. 피의자 합명회사 고전위탁영농
　　피의자는 위 "나항"과 같이 법인의 사용인인 피의자 乙이 법인의 업무에 관하여 위 항과 같이 위반행위를 하였다.

3) 타 가맹점 명의로 거래행위에 관한 적용법조 연구

구분(주체)	적용법조
신용카드가맹점의 경우	제70조 제3항 제4호 적용
신용카드가맹점이 아닌 자가 신용카드가맹점 명의로 신용카드 등에 의한 거래를 한 경우	제70조 제3항 제7호 적용

✽ 제19조 제4항에 신용카드가맹점의 금지사항 중 제5호 '신용카드에 의한 거래를 대행하는 행위'의 의미는 등록하지 않고 영업하는 결제대행업체(PG사)를 처벌하기 위하여 만든 항목

5. 가맹점수수료를 카드회원에게 부담시킨 경우

1) 적용법조 : 제70조 제4항 제5호, 제19조 제4항 ☞ 공소시효 5년

> 제19조(가맹점의 준수사항) ④ 신용카드가맹점은 가맹점수수료를 신용카드회원이 부담하게 하여서는 아니 된다.

2) 범죄사실 기재례

> 피의자는 20○○. ○. ○.경 ○○에서 "세계유통"이라는 상호로 사업자등록을 하고 카드가맹점을 개설한 자로, 신용카드가맹점은 가맹점수수료를 신용카드회원이 부담하게 하여서는 아니 된다.
>
> 그럼에도 불구하고 피의자는 20○○. ○. ○. 위 가맹점에서 홍길동이 ○○물건을 50만원에 구입하면서 ○○(주) 신용카드를 제시하자 가맹점수수료 ○○원을 위 홍길동으로 하여금 부담하게 하였다.

3) 신문사항

- 신용카드 가맹점인가
- 어디에서 어떤 사업을 하고 있는가
- 어떤 신용카드를 취급하는가
- 판매하는 물건은 어떤 것인가
- 홍길동을 알고 있는가
- 위 홍길동에게 물건을 판매한 일이 있는가
- 언제 어디에서 어떤 물건을 판매하였나
- 어떤 조건으로 판매하였나
- 홍길동이 제시한 신용카드는 어느 회사카드였나
- 이 신용카드로 결재를 하였는가
- 그에 따른 수수료는 얼마였으며 누가 부담하였나
- 왜 홍길동에게 부담하도록 하였나

6. 신용카드 위조

1) **적용법조** : 제70조 제1항 제1호, 제2호, 제5항, 형법 제352조, 제347조 제1항
☞ 공소시효 7년

2) **범죄사실 기재례**

> 피의자들은 피의자 丙이 신용카드 배송업체에 배송원으로 취업하여 다른 사람에서 우송될 신용카드를 가져오면 그 신용카드의 정보를 빼내어 신용카드를 위조한 뒤 금품을 교부받아 재산상 이익을 취득하기로 공모하였다.
>
> 가. 여신전문금융업법 위반
>
> 피의자는 20○○. ○. ○.경부터 ○. ○.경까지 신용카드 배송업체에 취업한 피의자 丙이 다른 사람에게 전달될 신용카드를 가져오자, 피의자 乙이 봉함된 편지봉투에서 신용카드를 꺼내어 피의자 甲에게 건네주고, 피의자 甲은 카드리더기로 신용카드의 자기기록을 읽어 각 신용카드의 정보를 빼내어 컴퓨터 디스켓에 저장한 뒤 20○○. ○. ○.경 ○○에서 피의자 甲이 A에게 의뢰하여 그로 하여금 저장된 신용카드 정보를 이용하여 B 명의의 ○○은행 신용카드 각 1매를 복제하도록 하여 위조하였다.
>
> 나. 사기미수
>
> 피의자는 20○○. ○. ○.18:35경 ○○에서, 피의자 甲이 위와 같이 위조한 신용카드를 이름을 알지 못하는 카드할인업자에게 교부하여, ○○만원의 물품을 ○○에서 구입한 것처럼 가장하는 방법으로 매출을 발생시켜, 정상적인 물품거래가 이루어진 것으로 믿은 피해자 ○○은행으로부터 위 금액 상당액을 계좌로 이체받아 재산상 이득을 취득하려고 하였으나, 신용카드 할인업자가 수수료를 지나치게 많이 공제하려고 하자, 그 매출취소 신청을 하여 금원 취득 및 신용카드사용의 뜻을 이루지 못하고 미수에 그쳤다.

3) **신문사항**

- 신용카드를 위조한 일이 있는가
- 언제 어디에서 하였나
- 어떤 신용카드인가
- 누구 어떻게 입수하였나
- 어떤 방법으로 위조하였나
- 누구에게 의뢰하여 위조하였나
- 어떻게 그에게 의뢰하였나
- 사전 피의자들이 공모하였는가
- 언제 어디에서 공모하였나
- 이렇게 위조된 신용카드는 어떻게 하였나

7. 타 가맹점 명의로 신용카드 거래

1) 적용법조 : 제70조 제3항 제6호, 제20조 제2항 ☞ 공소시효 5년

> 제20조(매출채권의 양도금지 등) ② 신용카드가맹점이 아닌 자는 신용카드가맹점의 명의로 신용카드등에 의한 거래를 하여서는 아니 된다.

2) 범죄사실 기재례

신용카드가맹점이 아닌 자는 신용카드가맹점의 명의로 신용카드 등에 의한 거래를 하여서는 아니 된다.

그럼에도 불구하고, 피의자는 20○○. ○. ○. 21:00경 ○○에 있는 ○○에서 '○○'라는 상호의 식당을 운영하면서 사실은 신용불량자여서 신용카드가맹점으로 등록할 수 없어 신용카드가맹점이 아님에도 성명불상의 손님에게 ○○원 상당의 술과 안주를 판매한 후 피의자의 아들 갑 명의로 등록한 신용카드가맹점인 '○○' 명의로 위 대금을 결제하였다.

피의자는 이를 비롯하여 그때부터 20○○. ○. ○.19:00경까지 별지 범죄일람표 기재와 같이 총 ○○회에 걸쳐 합계 ○○원 상당의 대금을 결제함으로써 신용카드가맹점의 명의로 신용카드 등에 의한 거래를 하였다.

■ 판례 ■ 여신전문금융업법 제20조 제1항 후단이 신용카드업자 외의 자가 '신용카드에 의한 거래로 생긴 채권'을 양수하는 행위를 금지하는 규정인지 여부(적극) 및 양수행위의 상대방이 신용카드가맹점으로 제한되는지 여부(소극)

구 여신전문금융업법제20조 제1항은 "신용카드에 의한 거래에 의하여 발생한 매출채권은 이를 신용카드업자 외의 자에게 양도하여서는 아니 되며, 신용카드업자 외의 자는 이를 양수하여서는 아니 된다."라고 규정하고 있고, 구 여신전문금융업법(2015. 1. 20. 법률 제13068호로 개정되기 전의 것) 제20조 제1항은 "신용카드가맹점은 신용카드에 따른 거래로 생긴 채권(신용카드업자에게 가지는 매출채권을 포함한다)을 신용카드업자 외의 자에게 양도하여서는 아니 되고, 신용카드업자 외의 자는 이를 양수하여서는 아니 된다."라고 규정하고 있다. 위와 같은 조항은 원래 1990. 12. 31. 법률 제4290호로 개정된 구 신용카드업법 제15조 제5항에서 '신용카드가맹점의 준수사항'의 하나로 최초 규정되었다가, 1994. 1. 5. 법률 제4699호로 개정된 구 신용카드업법 (1997. 8. 28. 법률 제5374호 여신전문금융업법 부칙 제2조로 폐지) 제15조의2에서 '매출전표의 양도의 금지'라는 제목으로 '신용카드가맹점의 준수사항'을 정한 제15조와 별개로 매출채권 양도·양수행위 자체를 금지하는 내용으로 개정되었고, 이후 1997. 8. 28. 법률 제5374호로 제정·공포된 여신전문금융업법 제20조 제1항에 구 신용카드업법 제15조의2 규정이 그대로 옮겨진 이래, 현재까지 같은 조항에서 신용카드가맹점의 준수사항과 별개로 매출채권 양도·양수행위 자체를 금지하는 규율형태를 유지하고 있다. 이와 같이 신용카드에 의한 거래로 생긴 채권이 금전거래의 대상이 됨을 방지함으로써 신용질서 유지를 도모하려는 위 각 규정의 입법 취지와 연혁, 문언 등을 종합하면, 위 각 규정의 후단은 신용카드업자 외의 자가 '신용카드에 의한 거래로 생긴 채권'을 양수하는 행위를 금지하는 것이고, 양수행위의 상대방이 신용카드가맹점으로 제한된다고 해석할 것은 아니다.(대법원 2016. 7. 22. 선고 2016도5399 판결)

Ⅰ. 벌칙과 병역법과의 관계

1. 벌 칙

제15조(벌칙) ① 제8조제2항에 따른 작전지역에서 동원된 예비군의 작전상 검문에 정당한 사유 없이 응하지 아니한 사람 또는 검문하는 예비군대원을 폭행하거나 협박한 사람은 3년 이하의 징역에 처한다. 다만, 전시·사변이거나 적 또는 무장공비와 교전 중일 때에는 5년 이하의 징역에 처한다.

② 제6조의2에 따른 소집통지서를 전달할 수 없도록 정당한 사유 없이 「주민등록법」 제10조에 따른 신고를 하지 아니하거나 사실과 다르게 신고하여 같은 법 제8조 또는 제20조에 따라 주민등록이 말소되도록 하거나 거주불명 등록이 되도록 한 사람은 3년 이하의 징역 또는 3천만원 이하의 벌금에 처한다.

③ 제12조제2항을 위반하여 정치운동에 관여한 사람은 3년 이하의 징역 또는 3천만원 이하의 벌금에 처한다.

④ 제5조제1항에 따른 동원에 정당한 사유 없이 응하지 아니한 사람과 동원을 기피할 목적으로 거짓으로 거주지를 변경한 사람은 3년 이하의 징역 또는 3천만원 이하의 벌금에 처한다. 다만, 전시·사변일 때에는 5년 이하의 징역에 처한다.

⑤ 예비군의 무기·탄약·장비 및 그 밖의 부속품의 경비 임무를 수행하는 사람 또는 보관할 책임이 있는 사람이 과실로 이를 분실하거나 탈취당한 경우에는 3년 이하의 징역 또는 3천만원 이하의 벌금에 처한다.

⑥ 제12조제1항을 위반한 예비군부대의 지휘관은 2년 이하의 징역 또는 2천만원 이하의 벌금에 처한다.

⑦ 제5조제4항에 따른 지휘관의 정당한 명령에 반항하거나 복종하지 아니한 사람은 2년 이하의 징역, 2천만원 이하의 벌금이나 구류 또는 과료에 처한다. 다만, 전시·사변이거나 적 또는 무장공비와 교전 중일 때에는 5년 이하의 징역에 처한다.

⑧ 제10조 및 제10조의2를 위반하여 예비군대원으로 동원되거나 훈련을 받는 사람에 대하여 정당한 사유 없이 불리한 처우를 한 사람은 2년 이하의 징역 또는 2천만원 이하의 벌금에 처한다.

⑨ 다음 각 호의 어느 하나에 해당하는 사람은 1년 이하의 징역, 1천만원 이하의 벌금, 구류 또는 과료에 처한다.

　1. 제6조제1항에 따른 훈련을 정당한 사유 없이 받지 아니한 사람이나 훈련받을 사람을 대신하여 훈련받은 사람

　2. 제6조제2항에 따른 지휘관의 정당한 명령에 반항하거나 복종하지 아니한 사람

　3. 제8조제1항에 따른 예비군의 임무수행에 필요한 명령을 이행하지 아니한 사람

⑩ 예비군대원이 제6조의2제1항 본문 및 같은 조 제4항에 따른 소집통지서의 수령을 거부하는 경우에는 6개월 이하의 징역 또는 500만원 이하의 벌금에 처한다.

⑪ 다음 각 호의 어느 하나에 해당하는 사람은 3개월 이하의 징역 또는 300만원 이하의 벌금이나 구류에 처한다.

　1. 제5조제1항 단서 및 제6조제3항에 따른 동원 또는 훈련의 보류를 받기 위하여 그 사유를 고의로 발생하게 하거나 거짓된 행위를 한 사람

　2. 제5조제2항(제6조제4항에서 준용하는 경우를 포함한다)에 따라 동원 또는 훈련을 연기할 때 그 사유를 고의로 발생하게 하거나 거짓된 행위를 한 사람

⑫ 제5조제3항 또는 제6조의3제2항에 따른 신고를 정당한 사유 없이 하지 아니한 사람은 200만원 이하의 벌금이나 구류에 처한다.

2. 병역법과의 관계

제13조(「병역법」과의 관계) 제5조에 따라 동원된 사람에게는 동원된 기간에는 「병역법」에 규정된 현역입영, 병력동원소집 및 전시근로소집 외의 소집은 하지 아니한다.

● Ⅱ. 범죄사실

1. 예비군훈련을 받지 않은 경우

1) 적용법조 : 제15조 제9항 제1호, 제6조 제1항 ☞ 공소시효 5년

❋ 공소시효기산점 : 훈련소집 통지를 받은 날이 아니라 훈련일을 기준으로 할 것

제6조(훈련) ① 국방부장관은 대통령령으로 정하는 바에 따라 연간 20일의 한도에서 예비군대원을 훈련할 수 있다. 다만, 법률에 따라 국민이 직접 선거하는 공직 선거기간 중에는 훈련을 하지 아니한다.

※ 시행령(대통령령)

제15조(훈련) ① 법 제6조제1항에 따른 예비군대원의 훈련은 복무 연차에 따라 연 160시간 이내에서 실시하며, 훈련의 내용과 방법, 그 밖에 훈련에 필요한 사항은 국방부장관이 정한다.

2) 범죄사실 기재례

피의자는 예비군 대원으로서 20○○. ○. ○. 11:00경 ○○에 있는 피의자의 집에서 20○○. ○. ○. ○○에 있는 예비군 훈련장에서 예비군훈련을 받으라는 육군 제○○부대장 명의의 예비군훈련 소집통지서를 전달받았다.
그러나 피의자는 정당한 사유 없이 위 훈련을 받지 아니하였다.

3) 신문사항

- 피의자는 예비군인가
- 예비군훈련을 받으라는 소집통지서를 전달받았나
- 언제 어디에서 누구로부터 전달받았나
- 훈련은 언제, 어디에서 실시하는 어떤 훈련인가
- 훈련을 받았나
- 훈련을 받지 못한 정당한 사유가 있나
- 그밖에 피의자에게 유리한 증거나 진술이 있나

❋ 훈련소집통지서를 피의자 아닌 가족이 대신 받았을 경우 그 가족을 상대로 본인(피의자)에게 전달여부를 확인하여 소재불명 등으로 전달하지 못한 것이 인정 될 경우 불기소(혐의없음)의견으로 송치. 또한 훈련소집일 7일 전까지 본인에게 이를 전달하였는지 여부 확인

■ 판례 ■　　소집명령을 받고 이미 동 훈련을 받았다는 이유로 이에 불응한 것과 정당한 사유

실역미필자 기본교육훈련을 받으라는 교육소집명령을 받고 이미 위 훈련을 받았다는 이유로 이에 불응하였다면 위 교육훈련소집명령에 불응한 것에 관하여는 정당한 이유가 있다고 인정된다(대법원 1986.12. 9. 선고 86도2034 판결).

■ 판례 ■　　형집행정지 중에 있는 것이 향토예비군설치법 제5조 제2항 제2호 소정의 법률규정에 의하여 구속 중인 때에 해당하는지 여부

형집행정지 중에 있는 경우는 향토예비군설치법 제5조 제2항 제2호에서 말하는 법률의 규정에 의하여 구속 중인 경우에 해당한다고 볼 수 없다(대법원 1986.10.14. 선고 86도588 판결).

■ 판례 ■　　중상으로 입원한 것이 예비군훈련을 받지 아니한 정당한 사유가 되는지 여부

피고인이 중상을 입고 입원 중이었다면 예비군훈련을 받지 아니한데에 정당한 사유가 있었다고 할 것이다(대법원 1986.3.11. 선고 85도1786 판결).

■ 판례 ■　　교육훈련을 이수한 자에게 착오로 다시 보충교육소집영장이 발부되어 동 훈련에 불참한 경우의 죄책

보충교육훈련이 제1차 교육훈련의 불참자만을 대상으로 실시되는 것인데 제1차 교육을 이수한 자에게 사무착오로 다시 보충교육소집영장이 발부되었다면 동 영장을 전달받고 그 소집에 응하지 아니하였다 하더라도 거기에는 정당한 사유가 있었다고 볼 것이다(대법원 1984.12.11. 선고 84도2011 판결).

2. 예비군훈련 시 지휘관의 명령에 불복종

1) 적용법조 : 제15조 제9항 제2호, 제6조 제2항 ☞ 공소시효 5년

제6조(훈련) ② 예비군대원은 제1항에 따른 훈련을 위하여 소집되었을 때에는 지휘관(훈련을 담당하는 교관을 포함한다)의 정당한 명령에 복종하여야 한다.

2) 범죄사실 기재례

피의자는 예비군대원으로서 20○○. ○. ○. ○○:○○경 육군 제○○부대에서 실시한 20○○년도 2/4분기 향방지상협동훈련에 소집되었다.
피의자는 ○○뒷산에 배치되어 진중근무 중 예비군훈련 시에는 음주하여서는 아니 된다는 지휘관의 명령이 있었음에도 동일 ○○:○○경 음주하여 지휘관의 정당한 명령에 복종하지 아니하였다.

3) 신문사항

- 피의자는 예비군인가
- 예비군훈련에 동원된 일이 있는가
- 훈련은 언제, 어디에서 실시하는 어떤 훈련인가
- 훈련을 받았나
- 훈련중 중대장으로부터 금주지시를 받은 일이 있는가
- 이를 준수하였는가
- 언제 어디에서 누구와 같이 술을 먹었는가
- 왜 지시명령을 위반하였는가

3. 무단전출 직권말소

1) 적용법조 : 제15조 제2항, 제6조의2 제1항 ☞ 공소시효 5년

제6조의2(소집통지서의 전달 등) ① 예비군대원을 훈련할 때에는 대통령령으로 정하는 바에 따라 사전에 소집통지서를 본인에게 전달하여야 한다. 다만, 동원에 대비한 불시(不時) 훈련이나 점검을 할 때에는 소집통지서를 전달하지 아니하고 대통령령으로 정하는 방법으로 통지하여 소집할 수 있다.
② 제1항 본문에도 불구하고 예비군대원 본인이 없을 때에는 같은 세대 내의 세대주나 가족 중 성년자, 본인의 고용주나 본인이 선정한 수집통지서 수령인(이하 "세대주등"이라 한다)에게 제1항의 소집통지서를 전달하여야 한다.
③ 제2항에 따라 세대주등에게 소집통지서를 전달하는 경우로서 소집통지서를 전달받는 자가 본인이 선정한 소집통지서 수령인인 경우에는 소집통지서 전달 전에 수령에 관한 동의를 받아야 한다.
④ 제2항에 따라 소집통지서를 전달받은 세대주등은 소집통지서를 지체 없이 예비군대원 본인에게 직접 전달하거나 휴대전화 문자메시지 등 대통령령으로 정하는 방법으로 전달하여야 한다.
⑤ 제2항에 따라 소집통지서가 세대주등에게 전달된 때에는 예비군대원 본인에게 전달된 것으로 본다.
⑥ 제1항이나 제2항에 따라 소집통지서를 전달함에 있어서 특히 필요하다고 인정되어 국방부장관이 정하는 경우에는 「민사소송법」 중 송달에 관한 규정(같은 법 제189조는 제외한다)을 준용하여 우편법령에 따른 특별한 송달의 방법으로 이를 전달할 수 있다.
⑦ 제1항에 따른 소집통지서는 본인으로부터 동의를 받았을 때에는 대통령령으로 정하는 바에 따라 「정보통신망 이용촉진 및 정보보호 등에 관한 법률」 제2조제1항제5호에 따른 전자문서로 전달할 수 있다.

2) 범죄사실 기재례

> 피의자는 예비군 대원으로서 20○○. ○. ○.경 ○○에서 ○○로 거주지를 이동하였다. 이럴 때 예비군은 관할 동사무소에 거주지 이동 신고를 하여야 한다.
> 그럼에도 피의자는 정당한 사유없이 예비군훈련 소집통지서를 전달할 수 없도록 거주지 이동 신고를 하지 아니하여 20○○. 5. 3. 주민등록이 거주불명등록 되게 하였다.

✽ 공소시효기산점 : 무단전출일로부터 14일이 지난날을 기준으로 할 것이 아니고 주민등록상 실질적 말소일자인 20○○. 5. 3. 기준으로 할 것

3) 신문사항

- 피의자는 예비군대원인 가
- 피의자의 주민등록상 주소지가 어디인가
- 주소지에서 주거를 다른 곳으로 전출한 일이 있는가
- 언제 전출하였나
- 신 주소지에 전입신고를 하였나
- 전입신고를 하지 않아 말소된 일이 있는가
- 언제 무엇 때문에 거주불명등록 되었나
- 신규등록을 하였나
- 예비군으로서 왜 무단전출하였나

4. 대리 훈련 참석

1) **적용법조** : 제15조 제9항 제1호, 제6조 제1항　☞　공소시효 5년

2) **범죄사실 기재례**

> 피의자는 20○○. ○. ○. 주거지에서 함께 거주하는 형인 홍길동이 육군 제○○부대장 명의의 예비군훈련 통지서를 받고 회사 일이 바빠서 훈련을 받을 수 없다고 말하자 위 형을 대리하여 20○○. ○. ○.부터 20○○. ○. ○.까지 ○○교육장에서 위 훈련을 대리하여 받았다.

3) **신문사항**

- 예비군 대원인가
- 예비군 훈련을 대리로 받은 일이 있는가
- 언제 어디에서 누구를 대리하여 받았는가
- 홍길동과는 어떤 관계안가
- 어떤 조건으로 홍길동을 대리하여 받았는가
- 홍길동도 이런 내용을 알고 있는가

5. 소집통지서를 전달하지 아니한 전달의무자

1) **적용법조** : 제15조 제10항, 제6조의2 제2항　☞　공소시효 5년

2) **범죄사실 기재례**

> 피의자는 예비군대원인 홍길동의 누나로, 20○○. ○. ○. 위 홍길동에 대하여 20○○. ○. ○. ○○:○○부터 20○○. ○. ○.까지 육군 제○○관리대 예비군종합교장에서 ○○보충교육을 받으라는 육군 제○○부대장 명의의 교육훈련소집통지서를 담당 甲으로부터 수령하였다.
> 이러한 경우 이를 지체없이 본인에게 전달하여야 함에도 불구하고 정당한 사유없이 전달하지 아니하였다.

3) **신문사항**

- 피의자는 홍길동과 어떠한 관계인가
- 홍길동은 어디 소속 예비군대원인가
- 홍길동에 대해 ○○훈련을 받으라는 교육훈련소집통지서를 받은 일이 있는가
- 언제 어디서 누구로부터 받았나
- 전달자 ○○○가 뭐라면서 전달하던가
- 어떠한 내용의 통지서였나
- 통지서를 받고 이를 홍길동에게 전달하였나

- 왜 전달하지 아니하였나
- 전달하지 못한 것에 대해 정당한 사유가 있는가

■ 판례 ■   향토예비군설치법 제15조 제9항 후문의 '소집통지서를 수령할 의무 있는 자'에 같은 법 제6조의2 제2항에 규정된 '동일 세대 내의 세대주나 가족 중 성년자 또는 그의 고용주'가 포함되는지 여부(소극)

향토예비군설치법 제3조 제1항 제1호, 제2호, 제6조, 제6조의2 제1항의 규정 등을 종합하면, 같은 법 소정의 훈련소집 대상 예비군대원 본인이 소집통지서의 수령의무자가 된다는 점은 일반인의 이해와 판단으로서도 충분히 알 수 있다고 할 것이나, 이 '소집통지서를 수령할 의무가 있는 자'의 의미나 범위에 관하여 향토예비군 대원 본인 외에 '그와 동일 세대 내의 세대주나 가족 중 성년자 또는 그의 고용주'도 포함된다고 하기 위하여는 같은 법 제6조의2 제3항의 소집통지서 전달의무가 수령의무를 전제로 하는 것이고, 같은 조 제2항이 본인이 부재중인 때에는 '그와 동일 세대 내의 세대주나 가족 중 성년자 또는 그의 고용주'에게 소집통지서를 전달하도록 규정함으로써 전달의무자에게 수령의무를 부과한 것으로 확장 내지 유추해석할 수밖에 없지만, 이러한 해석방법은 같은 법 제15조 제9항, 제6조의2 제2항, 제3항의 법률문언이 갖는 통상적인 의미를 벗어난 것이거나 형벌법규 명확성의 원칙에 위배되는 것이라고 아니할 수 없으므로, 같은 법 제6조의2 제2항에 규정된 '그와 동일 세대 내의 세대주나 가족 중 성년자 또는 그의 고용주'는 같은 법 제15조 제9항 후문의 '소집통지서를 수령할 의무 있는 자'에 포함되지 아니한다(대법원 2005.4.15. 선고 2004도7977 판결).

■ 판례 ■   7일의 유예기간을 두지 않고 본인에게 전달할 의무있는 자에 대하여 소집통지서를 전달한 경우

향토예비군설치법 제6조의 2 제3항 소정의 본인 부재중 본인에 갈음하여 교육훈련소지통지서를 받아 본인에게 전달할 의무있는 자에 대한 소집통지서의 전달이 같은 법 시행령 제13조의 제2하의 7일의 유예기간을 두지 않은 부적법한 전달인 경우에는 소집통지서를 받은 자는 본인에게 이를 전달하지 아니하였다 하여 같은 법 제15조 제8항 소정의 정당한 이유없이 전달의무를 이반한 것이라고 할 수 없다(대법원 1979.5.29. 선고 79도705 판결).

■ 판례 ■   향토예비군설치법시행령 제13조 제2항에서 말하는 "소집일 7일전"의 계산방법

향토예비군설치법시행령 제13조 제2항의 "소집일 7일전"이라 함은 소집일 전일을 기산일로 하여 거꾸로 계산하여 7일이 말일이 되고 그날의 오전 0시에 7일의 기간이 만료한다고 해석된다(대법원 1978.10.10. 선고 78도2208 판결).

제85장 영유아보육법

I. 개념정의

제2조(정의) 이 법에서 사용하는 용어의 뜻은 다음과 같다.
1. "영유아"란 7세 이하의 취학 전 아동을 말한다.
2. "보육"이란 영유아를 건강하고 안전하게 보호·양육하고 영유아의 발달 특성에 맞는 교육을 제공하는 어린이집 및 가정양육 지원에 관한 사회복지서비스를 말한다.
3. "어린이집"이란 보호자의 위탁을 받아 영유아를 보육하는 기관을 말한다.
4. "보호자"란 친권자·후견인, 그 밖의 자로서 영유아를 사실상 보호하고 있는 자를 말한다.
5. "보육교직원"이란 어린이집 영유아의 보육, 건강관리 및 보호자와의 상담, 그 밖에 어린이집의 관리·운영 등의 업무를 담당하는 자로서 어린이집의 원장 및 보육교사와 그 밖의 직원을 말한다.

II. 벌 칙

제54조(벌칙) ① 제15조의5제5항을 위반하여 영상정보를 유출·변조·훼손 또는 멸실한 자는 5년 이하의 징역 또는 5천만원 이하의 벌금에 처한다.
② 다음 각 호의 어느 하나에 해당하는 자는 3년 이하의 징역 또는 3천만원 이하의 벌금에 처한다.
1. 거짓이나 그 밖의 부정한 방법으로 보조금을 교부받거나 보조금을 유용한 자
2. 제15조의5제2항제1호를 위반하여 폐쇄회로 텔레비전의 설치 목적과 다른 목적으로 폐쇄회로 텔레비전을 임의로 조작하거나 다른 곳을 비추는 행위를 한 자
3. 제15조의5제2항제2호를 위반하여 녹음기능을 사용하거나 보건복지부령으로 정하는 저장장치 이외의 장치 또는 기기에 영상정보를 저장한 자
③ 제15조의5제3항에 따른 안전성 확보에 필요한 조치를 하지 아니하여 영상정보를 분실·도난·유출·변조 또는 훼손당한 자는 2년 이하의 징역 또는 2천만원 이하의 벌금에 처한다.
④ 다음 각 호의 어느 하나에 해당하는 자는 1년 이하의 징역 또는 1천만원 이하의 벌금에 처한다.
1. 제13조제1항에 따른 설치인가를 받지 아니하고 어린이집의 명칭을 사용하거나 사실상 어린이집의 형태로 운영한 자
2. 거짓이나 그 밖의 부정한 방법으로 제13조제1항에 따른 어린이집의 설치인가 또는 변경인가를 받은 자
3. 제22조의2제1항을 위반하여 자기의 성명이나 어린이집의 명칭을 사용하여 어린이집의 원장 또는 보육교사의 업무를 수행하게 한 자 및 그 상대방
3의2. 제22조의2제2항을 위반하여 다른 사람에게 자격증을 빌려주거나 빌린 자
3의3. 제22조의2제3항을 위반하여 자격증을 빌려주거나 빌리는 것을 알선한 자
4. 거짓이나 그 밖의 부정한 방법으로 제34조 및 제34조의2에 따른 비용을 지원받거나 타인으로 하여금 지원을 받게 한 자
5. 제34조의3에 따른 보육서비스 이용권을 부정사용한 자
6. 거짓이나 그 밖의 부정한 방법으로 제38조제1항에 따른 보육료와 그 밖의 필요경비 등을 받은 어린이집의 설치·운영자
7. 제38조의2를 위반하여 어린이집의 회계에 속하는 재산이나 수입을 보육 목적 외로 부정하게 사용한 자
8. 제45조제1항에 따른 어린이집 운영정지명령 또는 어린이집의 폐쇄명령을 위반하여 사업을 계속한 자
제55조(양벌규정) 생략

1. 무인가 어린이집 운영

1) 적용법조 : 제54조 제4항 제1호, 제13조 제1항 ☞ 공소시효 5년

제13조(국공립어린이집 외의 어린이집의 설치) ① 국공립어린이집 외의 어린이집을 설치·운영하려는 자는 특별자치도지사·시장·군수·구청장의 인가를 받아야 한다. 인가받은 사항 중 중요 사항을 변경하려는 경우에도 또한 같다.
---

2) 범죄사실 기재례

> 국공립어린이집 외의 어린이집을 설치·운영하려는 자는 특별자치도지사·시장·군수·구청장의 인가를 받아야 한다.
>
> 그럼에도 불구하고 피의자는 20○○. ○. ○.부터 20○○. ○. ○.까지 사이에 설치인가를 받지 않고 ○○에서 약 ○○㎡ 면적에 ○○ 등의 시설을 갖추고 '딩동댕 어린이집'이라는 명칭을 사용하여 4, 5세 영유아 ○○명을 대상으로 어린이집을 운영하였다.

3) 신문사항

- 어린이집을 운영한 일이 있는가
- 언제부터 언제까지 운영하였는가
- 그 장소가 어디인가
- 시설과 규모는 어느 정도인가 (교직원 수, 영유아 인원 등)
- 어린이들은 어떤 방법으로 모집하였는가
- 어떠한 방법으로 운영 하였는가
- 인가를 받았는가
- 왜 인가를 받지 않고 운영하였는가
- 보호자들도 설치인가 없이 운영한 사실을 알고 있는가
- 그동안 총 얼마의 수입을 올렸으며 수입금은 어떻게 하였는가

■ **판례** ■   어린이집 대표자의 변경인가를 받지 않고 어린이집을 운영한 행위에 대한 설치인가를 받지 않은 행위의 처벌규정을 적용한 원심이 정당한지 여부(소극)

영유아보육법령의 체계와 규정 내용, 유아교육법 및 초·중등교육법의 규정과의 비교 등에 비추어 보면, 어린이집 대표자를 변경하고도 변경인가를 받지 않은 채 어린이집을 운영한 행위에 대하여 설치인가를 받지 않고 사실상 어린이집의 형태로 운영한 행위 등을 처벌하는 규정인 영유아보육법 제54조 제4항 제1호를 적용하거나 유추 적용할 수 없다. (대법원 2022. 12. 1. 선고 2021도6860 판결)

2. CCTV 영상자료 삭제

1) 적용법조 : 제54조 제1항, 제15조의4 제1항, 제3항, 제15조의5 제5항 ☞ 공소시효 7년

제15조의5(영상정보의 열람금지 등) ② 어린이집을 설치·운영하는 자는 다음 각 호의 어느 하나에 해당하는 행위를 하여서는 아니 된다.
  1. 제15조의4제1항의 설치 목적과 다른 목적으로 폐쇄회로 텔레비전을 임의로 조작하거나 다른 곳을 비추는 행위
  2. 녹음기능을 사용하거나 보건복지부령으로 정하는 저장장치 이외의 장치 또는 기기에 영상정보를 저장하는 행위
③ 어린이집을 설치·운영하는 자는 제15조의4제1항의 영상정보가 분실·도난·유출·변조 또는 훼손되지 아니하도록 내부 관리계획의 수립, 접속기록 보관 등 대통령령으로 정하는 바에 따라 안전성 확보에 필요한 기술적·관리적 및 물리적 조치를 하여야 한다.
⑤ 누구든지 이 법의 규정에 따르지 아니하고는 제15조의4제1항의 영상정보를 유출·변조·훼손 또는 멸실하는 행위를 하여서는 아니 된다.
제15조의4(폐쇄회로 텔레비전의 설치 등) ① 어린이집을 설치·운영하는 자는 아동학대 방지 등 영유아의 안전과 어린이집의 보안을 위하여 「개인정보 보호법」 및 관련 법령에 따른 폐쇄회로 텔레비전(이하 "폐쇄회로 텔레비전"이라 한다)을 설치·관리하여야 한다. 다만, 다음 각 호의 어느 하나에 해당하는 경우에는 그러하지 아니하다.
  1. 어린이집을 설치·운영하는 자가 보호자 전원의 동의를 받아 시장·군수·구청장에게 신고한 경우
  2. 어린이집을 설치·운영하는 자가 보호자 및 보육교직원 전원의 동의를 받아 「개인정보 보호법」 및 관련 법령에 따른 네트워크 카메라를 설치한 경우
③ 어린이집을 설치·운영하는 자는 폐쇄회로 텔레비전에 기록된 영상정보를 60일 이상 보관하여야 한다.

2) 범죄사실 기재례

어린이집을 설치·운영하는 사람은 아동학대 방지 등 영유아의 안전과 어린이집의 보안을 위하여 폐쇄회로 텔레비전을 설치·관리하여야 하고, 폐쇄회로 텔레비전의 영상정보가 분실·도난·유출·변조 또는 훼손되지 아니하도록 내부 관리계획의 수립, 접속기록 보관 등 안정성 확보에 필요한 기술적·관리적 및 물리적 조치를 하여야 하며, 누구든지 이 법의 규정에 따르지 아니하고는 영상정보를 유출·변조·훼손 또는 멸실하는 행위를 하여서는 아니 된다.

피의자는 ○○에 있는 '○○어린이집'을 운영하는 사람으로서, 20○○.○.○.경 위 어린이집 △△반에 다니고 있는 甲(5세)의 부모로부터 담임교사가 甲을 방치한 것 같으니 CCTV 녹화내용을 보여 달라는 요구를 받게 되자 공공형 어린이집 취소 등을 우려한 나머지 영상정보가 저장된 장치를 훼손시키기로 결심하였다.

피의자는 위 어린이집 사무실에 설치된 폐쇄회로 화면 저장장치에 저장된 영상정보가 훼손되지 아니하도록 안전성을 확보하기 위한 아무런 조치를 하지 아니하고, 20○○.○.○.12:00경 CCTV 수리업자인 乙로 하여금 위 폐쇄회로 저장장치를 교체하도록 하고, 교체되기 전 영상정보가 기록되어 있는 저장장치를 은닉하는 방법으로 20○○.○.○. 이전의 녹화영상 정보가 전부 삭제되도록 하였다.

이로써 피의자는 폐쇄회로 텔레비전의 녹화영상 정보가 훼손되게 하였다.

3. 자격증 대여

1) 적용법조 : 제54조 제4항 제3의2호, 제22조의2 제2항 ☞ 공소시효 5년

제22조의2(명의대여 등의 금지) ① 어린이집의 원장 또는 보육교사는 다른 사람에게 자기의 성명이나 어린이집의 명칭을 사용하여 어린이집의 원장 또는 보육교사의 업무를 수행하게 하여서는 아니 된다.
② 제22조제1항에 따라 자격증을 교부받은 사람은 다른 사람에게 그 자격증을 빌려주어서는 아니 되고, 누구든지 그 자격증을 빌려서는 아니 된다.
③ 누구든지 제2항에 따라 금지된 행위를 알선하여서는 아니 된다.

2) 범죄사실 기재례

[기재례1] 자격증 차용

어린이집의 원장 또는 보육교사는 다른 사람에게 자기의 성명이나 어린이집의 명칭을 사용하여 어린이집의 원장 또는 보육교사의 업무를 수행하게 하거나 자격증을 대여하여서는 아니 된다.
가. 피의자 甲
피의자는 20○○. ○. ○.부터 20○○. ○. ○.까지 ○○에서 '○○어린이집'을 운영하는 홍길동에게 월 ○○만원을 받고 ○○자격증을 대여하였다.
나. 피의자 홍길동
피의자는 위 '가항'의 피의자로부터 위와 같은 조건으로 자격증을 대여받아 어린이집을 운영하였다.

[기재례2] 자격증 차용 및 보조금 부당수령 – 보조금 관리에 관한 법률 제40조

피의자는 20○○.○.○.경부터 ○○에 있는 ○○어린이집의 원장으로 재직 중인 사람이다.
가. 영유아보육법 위반
어린이집의 원장은 다른 사람으로부터 자격증을 차용하여서는 아니 된다.
그럼에도 불구하고 피의자는 20○○.○.○.경 ○○에 있는 "○○"에서 보육교사 1급 자격증을 소지하고 있던 갑에게 "어린이집 보육교사가 부족한데 당장 채용이 어렵다. 보육교사 자격증을 ○○개월만 빌려 달라."고 말하였다.
피의자는 갑으로 하여금 위 어린이집에서 보육교사로 근무하게 할 의사가 없음에도 불구하고, 갑으로부터 보육교사 자격증을 차용하였다.
나. 보조금 관리에 관한 법률 위반
피의자는 20○○.○.○.경 ○○에 있는 ○○시 사회복지과에 위 어린이집 보육교사로 갑을 임용하였다는 취지의 어린이집 보육교직원 임면사항 보고를 하면서 전항과 같이 대여 받은 갑의 보육교사 자격증을 제출하였다.
그러나 사실은 위 어린이집의 보육교사로 근무한 사실이 없었다.
피의자는 이와 같은 방법으로 ○○시 사회복지과로부터 기본보육료 명목으로 20○○.○.○. ○○만원, 20○○.○.○. ○○만원 등 총 ○○회에 걸쳐 합계 ○○만원을 교부받았다.
이로써 피의자는 부정한 방법으로 보조금을 교부받았다.

3) 신문사항 (자격증 대여)

- 어린이집을 운영한 일이 있는가
- 언제부터 운영하였는가
- 그 장소가 어디인가
- 시설과 규모는 어느 정도인가(영유아 인원 등)
- 보육교사는 총 몇 명인가
- 보육교사 자격증을 대여 받은 일이 있는가
- 누구의 자격증을 빌렸는가
- 언제부터 언제까지 빌렸는가
- 어떤 조건으로 빌렸는가
- 무엇 때문에 빌렸는가
- 이렇게 빌린 자격증을 이용하여 무엇을 하였는가
- 자격증을 빌려 준 홍길동은 무엇을 하고 있는가
- 홍길동도 피의자가 빌린 자격증을 이러한 방법으로 사용하는 것을 알고 있는가

4. 부정한 방법으로 지원금 수령

1) 적용법조 : 제54조 제4항 제4호, 제34조의2 제1항 ☞ 공소시효 5년

> **제34조(비용의 부담)** ① 국가나 지방자치단체는 「국민기초생활 보장법」에 따른 수급자와 보건복지부령으로 정하는 일정소득 이하 가구의 자녀 등의 보육에 필요한 비용의 전부 또는 일부를 부담하여야 한다.
> ② 제1항에 따른 보육에 필요한 비용은 가구의 소득수준과 거주 지역 등을 고려하여 차등 지원할 수 있다.
> ③ 국가와 지방자치단체는 자녀가 2인 이상인 경우에 대하여 추가적으로 지원할 수 있다.
> **제34조의2(양육수당)** ① 국가와 지방자치단체는 어린이집이나 「유아교육법」 제2조에 따른 유치원을 이용하지 아니하는 영유아에 대하여 영유아의 연령과 보호자의 경제적 수준을 고려하여 양육에 필요한 비용을 지원할 수 있다.
>
> ※ **시행령**
> **제21조의8(양육수당의 지원대상 및 기준)** ① 법 제34조의2제1항에 따라 양육에 필요한 비용을 지원하는 대상자는 해당 가구의 소득액(소득과 보건복지부령으로 정하는 바에 따라 재산을 소득으로 환산한 금액을 합한 금액을 말한다)이 보건복지부장관이 정하는 금액 이하인 가구의 영유아로 한다.

2) 범죄사실 기재례

> 피의자는 30개월 영유아인 甲의 모친으로 20○○. ○. ○.부터 甲을 ○○에 있는 ○○유아원을 보내 그곳에 다니고 있다.
> 피의자는 이러한 사실을 숨기고 20○○. ○. ○.경 ○○시장에게 양육수당을 신청하여 ○○만원을 부정한 방법으로 수령하였다.

※ 양육수당 신청 대상자는 36개월 미만의 영유아로 한다.

3) 신문사항

- 자녀 중에 영유아가 있는가
- 생후 몇 개월 정도 되었는가
- 양육수당을 신청하여 받은 일이 있는가
- 언제 어디에 신청하였는가
- 언제 얼마를 받았는가
- 신청당시 자녀는 누가 어떻게 키우고 있었는가
- 언제부터 유아원에 다니고 있었는가
- 유아원에 다니고 있었으면서 ○○시청에 양육수당을 신청하였다는 것인가
- 어떻게 이러한 수당을 신청하게 되었는가

5. 부정한 방법으로 보육료 수납

1) 적용법조 : 제54조 제4항 제6호, 제38조 ☞ 공소시효 5년

제38조(보육료 등의 수납) 제2조부터 제14조까지의 규정에 따라 어린이집을 설치·운영하는 자는 그 어린이집의 소재지를 관할하는 시·도지사가 정하는 범위에서 그 어린이집을 이용하는 자로부터 보육료와 그 밖의 필요경비 등을 받을 수 있다. 다만, 시·도지사는 필요시 어린이집 유형과 지역적 여건을 고려하여 그 기준을 다르게 정할 수 있다.

제12조(국공립어린이집의 설치 등) 국가나 지방자치단체는 국공립어린이집을 설치·운영하여야 한다. 이 경우 국공립어린이집은 제11조의 보육계획에 따라 도시 저소득주민 밀집 주거지역 및 농어촌지역 등 취약지역에 우선적으로 설치하여야 한다.

제13조(국공립어린이집 외의 어린이집의 설치) ① 국공립어린이집 외의 어린이집을 설치·운영하려는 자는 특별자치도지사·시장·군수·구청장의 인가를 받아야 한다.

제14조(직장어린이집의 설치 등) ① 대통령령으로 정하는 일정 규모 이상의 사업장의 사업주는 직장어린이집을 설치하여야 한다. 다만, 사업장의 사업주가 직장어린이집을 단독으로 설치할 수 없을 때에는 사업주 공동으로 직장어린이집을 설치·운영하거나, 지역의 어린이집과 위탁계약을 맺어 근로자 자녀의 보육을 지원(이하 이 조에서 "위탁보육"이라 한다)하여야 한다.

2) 범죄사실 기재례

피의자는 20○○. ○. ○.부터 ○○에서 ○○어린이집을 운영하는 사람이다.

어린이집을 설치·운영하는 자는 그 어린이집의 소재지를 관할하는 시·도지사가 정하는 범위에서 그 어린이집을 이용하는 자로부터 보육료와 그 밖의 필요경비 등을 받을 수 있다.

피의자는 20○○. ○. ○.부터 20○○. ○. ○.까지 위 어린이집을 이용하는 보호자들로부터 규정된 보육비 ○○원을 초과한 ○○원을 ○○명목으로 더 받았다.

이로써 피의자는 부정한 방법으로 총 ○○원의 보육료 등을 수납하였다.

3) 신문사항

- 어린이집을 운영하고 있는가
- 언제부터 어디에서 운영하였는가
- 시설과 규모는 어느 정도인가(교직원 수, 영유아 인원 등)
- 이용자로부터 받은 보육료 등 비용은 어떤 것이 있으며 얼마를 받고 있는가
- ○○도에서 규정한 금액은 얼마인가
- 왜 이렇게 금액 차이가 나는가
- 그 차액은 어떤 명목으로 받고 있는가
- 이렇게 초과하여 받은 것이 정당하다고 생각하는가
- 언제부터 언제까지 초과금액을 받았으며 총 얼마정도인가
- 이렇게 초과하여 받은 금액은 언제 어떻게 사용하였는가
- 부모들도 이러한 사실을 알고 있는가

6. 거짓으로 보조금 수령

1) 적용법조 : 제54조 제2항 제1호　☞　공소시효 5년

2) 범죄사실 기재례

[기재례1] 허위 영아 등록 후 보조금 수령

피의자는 ○○에서 ○○어린이집을 운영하는 보육시설의 장이다. 거짓이나 그 밖의 부정한 방법으로 보조금을 받거나 보조금을 유용하여서는 아니 된다.

그럼에도 불구하고 피의자는 20○○. ○. ○.부터 20○○. ○. ○.까지 위 어린이집에서 실재 위 어린이집에 다니지도 않았던 영유아 甲(5세) 등 ○명에 대해 보육아동으로 등록한 후 보육하는 것처럼 ○○시장에게 거짓으로 보고하였다.

이로써 피의자는 20○○. ○. ○. 경 위 시장으로부터 총 ○○만원을 보조금으로 부정하게 교부받았다.

[기재례2] 법정 보육교사비율 허위 보고 후 보조금 수령 (※ 자격증 대여행위는 별도)

피의자는 ○○에서 ○○어린이집을 운영하는 보육시설의 장이다. 거짓이나 그 밖의 부정한 방법으로 보조금을 받거나 보조금을 유용하여서는 아니 된다.

그럼에도 불구하고 피의자는 20○○. ○. ○.부터 20○○. ○. ○.까지 홍길동으로부터 자격증을 대여받아 ○○시장에게 허위로 임면보고 하여 법정 보육교사비율을 충족하게 한 후 20○○. ○. ○. 기본보육료 ○○만원을 부정하게 수령하였다.

3) 신문사항

- 어린이집을 운영 하고 있는가
- 언제부터 어디에서 하고 있는가
- 규모는 어느 정도인가
- 보육중인 영유아는 총 몇 명인가
- ○○시로부터 보조금을 받은 일이 있는가요
- 언제 얼마를 어떤 명목으로 받았는가
- 지급신청은 언제 얼마를 하였는가
- 신청 당시 보육 영아가 몇 명 이였는가
- 왜 인원을 초과하여 보고하였는가
- 그럼 부당 수령한 금액이 총 얼마인가
- 이렇게 부정 수령한 금액은 어떻게 하였는가
- ○○시 담당공무원이 확인하지 않고 보조금을 지급하던가

■ 판례 ■ '거짓이나 그 밖의 부정한 방법'의 의미

[1] 구 영유아보육법 제54조 제2항에 정한 '거짓이나 그 밖의 부정한 방법'의 의미

구 영유아보육법(2013. 1. 23. 법률 제11627호로 개정되기 전의 것) 제54조 제2항에 정한 '거짓이나 그 밖의 부정한 방법'이란 정상적인 절차에 의하여는 보조금을 지급받을 수 없음에도 위계 기타 사회통념상 부정이라고 인정되는 행위로서 보조금 교부에 관한 의사결정에 영향을 미칠 수 있는 적극적 및 소극적 행위를 하는 것을 뜻한다.

[2] 어린이집 운영자가 어린이집의 운영과 관련하여 허위로 지출을 증액한 내용으로 '재무회계규칙에 의한 회계'를 하고 그 결과를 보고하여 기본보육료를 지급받은 경우, 구 영유아보육법 제54조 제2항의 '거짓이나 그 밖의 부정한 방법으로 보조금을 교부받은 경우'에 해당하는지 여부(소극) 및 형법 제347조 제1항에 정한 사기죄에 해당하는지 여부(소극)

구 영유아보육법(2013. 1. 23. 법률 제11627호로 개정되기 전의 것, 이하 같다) 제36조, 구 영유아보육법 시행령(2013. 12. 4. 대통령령 제24904호로 개정되기 전의 것, 이하 같다) 제24조 제1항 제2호, 제6호, 제7호, 제2항 및 보건복지부장관이 발행한 '2012년도 보육사업 안내'의 문언·취지 등에 비추어 알 수 있는 다음과 같은 사정, 즉 '2012년도 보육사업 안내'에서 기본보육료의 지원요건으로 정한 '재무회계규칙에 의한 회계보고 이행'에서 재무회계규칙은 '2012년도 보육사업 안내'에 첨부된 '어린이집 재무회계규칙'을 의미하는데, 이는 어린이집의 재무와 회계에 필요한 사항을 정한 것으로서 구 영유아보육법 시행령 제24조가 위임한 범위에 당연히 포함된다고 보기 어렵고, 규정 내용도 어린이집 재무회계에 관한 일반적인 기준에 불과할 뿐 보육서비스의 내용이나 품질과는 직접적인 관련이 없는 점, 구 영유아보육법령 및 '2012년도 보육사업 안내'에는 '재무회계규칙에 의한 회계보고 이행'과 관련하여 회계보고 내용의 진실성을 검증하기 위한 절차 등에 관하여 아무런 규정을 두고 있지 아니하고, 실제로 기본보육료 지급 과정에서 회계보고 내용에 대한 심사를 하지 아니하고 있는 점, '2012년도 보육사업 안내'는 기본보육료 지원요건 중 '재무회계규칙에 의한 회계보고 이행'을 제외한 나머지 요건에 대하여는 위반 시 기본보육료를 환수하도록 정하고 있음에도 '재무회계규칙에 의한 회계보고 이행'의 위반에 대하여는 환수에 관한 사항을 정하고 있지 아니한 점 등을 종합하면, 기본보육료 신청 과정에서 일단 회계보고를 한 이상 '2012년도 보육사업 안내'에 정한 기본보육료 지원요건으로서의 '재무회계규칙에 의한 회계보고 이행'이 있었다고 보아야 한다.

따라서 어린이집 운영자가 어린이집의 운영과 관련하여 허위로 지출을 증액한 내용으로 '재무회계규칙에 의한 회계'를 하고 그 결과를 보고하여 기본보육료를 지급받았더라도 그와 같이 회계보고에 허위가 개입되어 있다는 사정은 기본보육료의 지급에 관한 의사결정에 영향을 미쳤다고 볼 수 없으므로, 이를 들어 구 영유아보육법 제54조 제2항의 '거짓이나 그 밖의 부정한 방법으로 보조금을 교부받은 경우'에 해당한다고 볼 수 없고, 이와 같은 행위가 형법 제347조 제1항에 정한 사기죄에 해당한다고 볼 수도 없다.(대법원 2016. 12. 29., 선고, 2015도3394, 판결)

■ 판례 ■ 지방자치단체가 보육교사의 처우개선 및 평가인증 참여에 대한 인센티브 제공을 위해 지급한 평가인증수당 등이 구 영유아보육법 제36조와 구 영유아보육법 시행령 제24조에서 정한 보조금 및 구 영유아보육법 제54조 제2항에 의하여 거짓이나 그 밖의 부정한 방법으로 교부받는 것이 금지되는 보조금에 해당하는지 여부(적극)

구 영유아보육법(2011. 6. 7. 법률 제10789호로 개정되기 전의 것, 이하 같다) 제30조 제1항, 제3항, 제5항, 제36조, 구 영유아보육법 시행령(2011. 12. 8. 대통령령 제23356호로 개정되기 전의 것,

이하 같다) 제24조 제1항 제2호, 제7호, 제2항, 구 영유아보육법 시행규칙(2011. 12. 8. 보건복지부령 제92호로 개정되기 전의 것, 이하 같다) 제31조 제1항, 제2항의 문언 및 체계, 2008년부터 시행된 인천광역시 계양구의 "평가인증 참여 보육시설 인센티브 제공계획"과 "2011년도 보육교사 연구활동비 및 평가인증 인센티브 지급계획 알림" 공문에 따라 보육교사의 처우개선 및 평가인증 참여에 대한 인센티브 제공을 위해 지급된 평가인증수당 등(이하 '평가인증수당 등'이라 한다)의 재원과 지급목적 및 지급대상과 지급요건 등을 종합하면, 평가인증수당 등은 구 영유아보육법 제30조 및 구 영유아보육법 시행규칙 제31조에 따라 보건복지부장관에 의하여 실시되는 평가인증과 관련하여 세워진 계획 등에 의하여 지급되었는데, 그중 연구활동비 부분은 인천광역시 계양구의 예산에 의하여 민간 및 가정 보육시설에서 근무하는 보육교사의 연구활동을 지원하는 내용으로 되어 있어 처우개선비와 실질적으로 차이가 없고, 또한 그중 평가인증 인센티브 부분은 위 규정들의 취지를 반영하여 평가인증을 통과한 보육시설에 대하여 소속 보육교사의 처우를 개선하고 평가인증 참여를 유도하기 위하여 인천광역시 계양구의 예산에서 지원한 것이다.

따라서 평가인증수당 등은 모두 지방자치단체가 보육시설에 대하여 보육교사 인건비 내지는 보육시설 운영에 필요하다고 인정하는 비용을 보조하기 위하여 지급한 것으로서 구 영유아보육법 제36조와 구 영유아보육법 시행령 제24조에서 정한 보조금에 해당하며, 나아가 구 영유아보육법 제54조 제2항에 의하여 거짓이나 그 밖의 부정한 방법으로 교부받는 것이 금지되는 '보조금'에 해당한다. 비록 구 영유아보육법 제30조 및 구 영유아보육법 시행규칙 제31조에서 평가인증과 관련하여 보육시설에 대한 지방자치단체의 지원이나 보조금에 관하여 직접 규정하고 있지 아니하고, 또한 신청을 받은 후 인천광역시 계양구가 보육교사에게 직접 평가인증수당 등을 지급하였더라도, 이러한 사정만을 가지고 달리 볼 수 없다.(대법원 2016. 7. 22. 선고, 2014도7160, 판결)

7. 운영정지명령 기간 중 어린이집 운영

1) 적용법조 : 제54조 제4항 제8호, 제45조 제1항 제1호 ☞ 공소시효 5년

제45조(어린이집의 폐쇄 등) ① 보건복지부장관, 시·도지사 및 시장·군수·구청장은 어린이집을 설치·운영하는 자가 다음 각 호의 어느 하나에 해당하면 1년 이내의 어린이집 운영정지를 명하거나 어린이집의 폐쇄를 명할 수 있다.
1. 거짓이나 그 밖의 부정한 방법으로 보조금을 교부받거나 보조금을 유용(流用)한 경우
2. 제40조에 따른 비용 또는 보조금의 반환명령을 받고 반환하지 아니한 경우
3. 제44조에 따른 시정 또는 변경 명령을 위반한 경우
4. 「아동복지법」 제3조제7호에 따른 아동학대 행위를 한 경우
5. 「도로교통법」 제53조제3항을 위반하여 어린이통학버스(제33조의2 및 「도로교통법」 제52조에 따른 신고를 하지 아니한 경우를 포함한다)에 보육교직원을 함께 태우지 아니한 채 어린이통학버스 운행 중 발생한 교통사고로 영유아가 사망하거나 신체에 보건복지부령으로 정하는 중상해를 입은 경우

2) 범죄사실 기재례

> 피의자는 20○○. ○. ○.부터 ○○에서 ○○어린이집을 운영하는 사람이다.
> 피의자는 20○○. ○. ○. 법 제40조에 따른 비용 또는 보조금의 반환 명령을 받고 반환하지 아니하여 ○○시장으로부터 20○○. ○. ○.부터 20○○. ○. ○.까지 어린이집 운영정지 명령을 받았다.
> 그럼에도 불구하고 피의자는 위 명령을 위반하여 20○○. ○. ○.부터 20○○. ○. ○. 까지 운영을 계속하였다.

3) 신문사항

- 어린이집을 운영 하고 있는가
- 언제부터 어디에서 하고 있는가
- 규모는 어느 정도인가
- 운영정지 명령을 받은 일이 있는가
- 누구로부터 어떤 명령을 받았는가
- 운영정지기간은 언제부터 언제까지 인가
- 무엇 때문에 정지명령을 받았는가
- 위 기간 운영을 하였는가
- 어떤 방법으로 운영하였는가
- 왜 정지기간 중 운영을 하게 되었는가

제 86 장 영화 및 비디오물의 진흥에 관한 법률

Ⅰ. 개념정의

제2조(정의) 이 법에서 사용하는 용어의 정의는 다음과 같다.

1. "영화"라 함은 연속적인 영상이 필름 또는 디스크 등의 디지털 매체에 담긴 저작물로서 영화상영관 등의 장소 또는 시설에서 공중에게 관람하게 할 목적으로 제작한 것을 말한다.
2. "영화산업"이라 함은 영화의 제작·활용·유통·보급·수출·수입 등에 관련된 산업을 말한다.
3. "한국영화"라 함은 국내에 주된 사업소를 둔 자(법인을 포함한다)가 제작한 영화와 제27조에 따라 한국영화로 인정받은 영화를 말한다.
4. "공동제작영화"라 함은 한국영화제작업자와 외국영화제작업자가 공동으로 제작한 영화 중 문화체육관광부령으로 정하는 바에 따라 공동으로 제작비용을 출자하여 제작한 영화를 말한다.
5. "애니메이션(animation) 영화"라 함은 실물의 세계 또는 상상의 세계를 가공하여 현실과 유사한 동적 감각을 느낄 수 있도록 인력 또는 기술력을 이용하여 표현한 영화를 말한다.
6. "소형영화"라 함은 16밀리미터 이하의 필름을 사용하여 제작한 영화 및 디지털 매체를 사용하여 제작한 영화로서 문화체육관광부령으로 정하는 영화를 말한다.
7. "단편영화"라 함은 상영시간이 40분을 넘지 아니하는 영화를 말한다.
8. "상영"이라 함은 영화를 공중에게 관람하도록 하는 행위를 말한다.
9. "영화업자"라 함은 영리를 목적으로 하는 자로서 다음 각 목의 어느 하나에 해당하는 자를 말한다.
    가. 영화제작업자 : 영화제작을 업으로 하는 자 나. 영화수입업자 : 영화수입을 업으로 하는 자
    다. 영화배급업자 : 영화배급을 업으로 하는 자 라. 영화상영업자 : 영화상영을 업으로 하는 자
10. "영화상영관"이라 함은 영리를 목적으로 영화를 상영하는 장소 또는 시설을 말한다. 다만, 연간 영화상영일수가 대통령령으로 정하는 일수의 범위 이내인 장소 또는 시설(이하 "비상설상영장"이라 한다)을 제외한다.
11. "제한상영관"이라 함은 영화상영관 중 제29조제2항제5호에 따른 제한상영가(制限上映可) 영화를 상영하는 영화상영관을 말한다.
12. "비디오물"이라 함은 연속적인 영상이 테이프 또는 디스크 등의 디지털 매체나 장치에 담긴 저작물로서 기계·전기·전자 또는 통신장치에 의하여 재생되어 볼 수 있거나 보고 들을 수 있도록 제작된 것을 말한다. 다만, 다음 각 목의 어느 하나에 해당하는 것을 제외한다.
    가. 「게임산업진흥에관한법률」 제2조제1호에 따른 게임물
    나. 컴퓨터프로그램에 의한 것(영화가 수록되어 있지 아니한 것에 한정한다)
13. "비디오산업"이라 함은 비디오물의 제작·활용·유통·공급·수출·수입 등에 관련된 산업을 말한다.
14. "비디오물제작업"이라 함은 비디오물을 제작하거나 복제하는 영업을 말한다.
15. "비디오물배급업"이라 함은 비디오물을 수입(원판수입을 포함한다)하거나 그 저작권을 소유·관리하여 비디오물을 판매하거나 대여하는 업을 하는 자에게 공급하는 영업을 말한다.
16. "비디오물시청제공업"이라 함은 다음 각 목의 어느 하나에 해당하는 영업을 말한다.
    가. 비디오물감상실업 : 다수의 구획된 시청실과 비디오물 시청기자재를 갖추고 비디오물을 공중의 시청에 제공(이용자가 직접 시청시설을 작동하여 이용하는 경우를 포함한다)하는 영업
    나. 비디오물소극장업 : 영사막 및 다수의 객석과 비디오물 시청기자재를 갖추고 비디오물만을 전용으로 공중의 시청에 제공하는 영업
    다. 제한관람가비디오물소극장업 : 영사막 및 다수의 객석과 비디오물 시청기자재를 갖추고 제한관람가 등급의 비디오물만을 전용으로 공중의 시청에 제공하는 영업

라. 복합영상물제공업: 비디오물감상실업을 하면서 부수적으로 게임물을 이용할 수 있는 시설 또는 노래를 할 수 있는 시설을 갖추어 공중에 제공하는 영업

마. 그 밖의 비디오물시청제공업 : 공중이 숙박 · 휴게 등의 목적으로 이용하는 장소 또는 시설에서 비디오물 시청기자재를 갖추고 비디오물을 공중의 시청에 제공하는 영업

17. "비디오물영업자"라 함은 제14호부터 제16호의 영업을 하는 자를 말한다.

18. "청소년"이라 함은 18세 미만의 자(「초 · 중등교육법」 제2조의 규정에 따른 고등학교에 재학 중인 학생을 포함한다)를 말한다.

19. "디지털시네마"란 영상저작물을 디지털파일 형태로 가공 · 처리하고 이를 디스크 등의 디지털매체나 「정보통신망 이용촉진 및 정보보호 등에 관한 법률」 제2조제1항제1호에 따른 정보통신망(이하 "정보통신망"이라 한다)을 통하여 디지털영사기 및 전기통신기자재로 공중에게 상영하거나 이용자에게 제공하는 것을 말한다.

20. "내용정보"란 영화 · 비디오물의 내용에 대한 주제, 선정성, 폭력성, 대사, 공포, 약물, 모방위험 등의 정도, 그 밖에 이에 관련된 정보를 말한다.

21. "영화근로자"란 영화산업에 종사하는 사람으로서 대통령령으로 정하는 사람을 말한다.

22. "영화업자단체"란 노동관계에 관하여 그 구성원인 영화업자에 대하여 조정 또는 규제할 수 있는 권한을 가진 영화업자의 단체를 말한다.

23. "영화근로자조합"이란 영화근로자가 주체가 되어 자주적으로 단결하여 근로조건의 유지 · 개선, 그 밖에 영화근로자의 경제적 · 사회적 지위의 향상을 도모함을 목적으로 조직하는 단체 또는 그 연합체를 말한다.

II. 벌 칙

제93조(벌칙) 제70조제1항 각 호에 따른 조치를 받고 이를 위반하여 영업을 한 자는 5년 이하의 징역 또는 5천만원 이하의 벌금에 처한다.

제94조(벌칙) 다음 각 호의 어느 하나에 해당하는 자는 3년 이하의 징역 또는 3천만원 이하의 벌금에 처한다.

1. 제29조제3항의 규정을 위반하여 상영등급을 분류받지 아니한 영화를 상영한 자
2. 제29조제5항의 규정을 위반하여 제한상영가 영화를 관람할 수 없는 청소년을 입장시킨 자
3. 제43조제1항의 규정을 위반하여 제한상영가 영화를 제한상영관이 아닌 장소 또는 시설에서 상영한 자
4. 제43조제2항의 규정을 위반하여 제한상영가 영화를 다른 영상물로 제작하거나 그 제작된 영상물을 상영 · 판매 · 전송 · 대여 또는 시청에 제공한 자
5. 제53조의2제1항을 위반하여 제한관람가 비디오물을 제한관람가비디오물소극장 또는 복합영상물제공업소이 아닌 장소 또는 시설에서 시청에 제공한 자
6. 제53조의2제2항을 위반하여 제한관람가 비디오물을 유통한 자
7. 제62조제1호를 위반하여 비디오물감상실 · 제한관람가비디오물소극장 또는 복합영상물제공업소에 청소년 출입을 허용한 자

제95조(벌칙) 다음 각 호의 어느 하나에 해당하는 자는 2년 이하의 징역 또는 2천만원 이하의 벌금에 처한다.

1. 제29조제6항의 규정을 위반하여 영화를 상영한 자
2. 제33조의 규정을 위반하여 제한상영가 영화의 광고 또는 선전물을 게시하거나 제한상영관 밖에서 보이도록 한 자
3. 제43조제3항의 규정을 위반하여 제한상영관에서 제29조제2항제1호부터 제4호까지에 따른 영화를 상영한 자
4. 제45조에 따른 영업정지명령을 이행하지 아니한 자
5. 비디오물에 관한 정당한 권리를 가지지 아니한 자가 거짓이나 그 밖에 부정한 방법으로 제50조제1항에 따른 등급분류를 받거나 제51조제1항에 따른 복제 · 배급 등의 확인을 받은 자
6. 제53조제1항의 규정을 위반하여 불법비디오물을 제작 · 유통 · 시청에 제공하거나 이를 위하여 진열 · 보관한 자
7. 제53조제3항의 규정을 위반하여 등급분류증명서 또는 확인증명서를 매매 또는 증여한 자
8. 제53조의2제3항을 위반하여 제한관람가비디오물소극장에서 제50조제3항제1호부터 제4호까지의 규정에 따른 비디오물을 공중의 시청에 제공한 자
9. 제58조제1항의 규정을 위반하여 등록을 하지 아니하고 비디오물시청제공업을 영위한 자
10. 제62조제2호 또는 제3호의 규정을 위반하여 준수사항을 지키지 아니한 자
11. 제66조제5항을 위반하여 제한관람가 비디오물의 광고 또는 선전물을 제한관람가비디오물소극장 안 이외의 장소에 게시하거나 제한관람가비디오물소극장 밖에서 보이도록 한 자

    12. 제67조제2항에 따른 영업의 정지명령을 위반하여 영업을 계속한 자
제96조(벌칙) 다음 각 호의 어느 하나에 해당하는 자는 1천만원 이하의 벌금에 처한다.
    1. 제57조의 규정을 위반하여 신고를 하지 아니하고 영업을 한 자
    2. 제67조제1항에 따른 영업의 정지명령을 위반하여 영업을 계속한 자
    3. 제70조제1항 또는 제3항에 따른 관계공무원의 조치를 거부·방해 또는 기피한 자
제96조의2(벌칙) 제3조의4를 위반하여 근로계약을 체결한 자는 500만원 이하의 벌금에 처한다.
제97조(양벌규정) 생략

● III. 범죄사실

1. 청소년 관람불가 영화 청소년 입장행위

1) 적용법조 : 제94조 제2호, 제29조 제5항 ☞ 공소시효 5년

제29조(상영등급분류) ③ 누구든지 제1항 및 제2항의 규정에 위반하여 상영등급을 분류 받지 아니한 영화를 상영하여서는 아니 된다.
⑤ 누구든지 제2항제4호 또는 제5호에 따른 상영등급에 해당하는 영화의 경우에는 청소년을 입장시켜서는 아니 된다.
⑥ 누구든지 제1항에 따라 분류 받은 상영등급을 변조하거나 상영등급을 분류 받은 영화의 내용을 변경하여 영화를 상영하여서는 아니 된다.

2) 범죄사실 기재례

> 피의자는 ○○에서 ○○시네마라는 상호로 영화상영관을 운영하는 사람이다. 청소년관람불가에 해당하는 영화의 경우에는 청소년을 입장시켜서는 아니된다.
> 그럼에도 불구하고 피의자는 20○○. ○. ○. 21:00경 위 상영관 제2호관에서 상영 중인 ○○영화는 청소년관람 불가 등급임에도 청소년인 홍길동(17세) 등 2명을 입장시켰다.

3) 신문사항
    - 영화상영관을 하고 있는가
    - 어떤 종류의 영화상영관인가
    - 언제부터 어디에서 하고 있는가
    - 규모는 어느 정도인가
    - 청소년 관람불가 등급을 상영한 일이 있는가
    - 어떤 영화이며 어느 상영관에서 상영하였는가
    - 이 상영관에 청소년을 출입시킨 일이 있는가
    - 언제 누구를 출입시켰나
    - 청소년의 연령을 확인하지 않았는가
    - 왜 확인하지 않나

※ "청소년"이라 함은 18세 미만의 자(「초·중등교육법」 제2조의 규정에 따른 고등학교에 재학 중인 학생을 포함한다)를 말한다.(법 제2조 제18호)

2. 제한상영가 영화의 광고 제한 위반

1) 적용법조 : 제95호 제2호, 제33조 ☞ 공소시효 5년

제33조(제한상영가 영화의 광고·선전 제한) 제한상영가 영화에 관한 광고 또는 선전을 하는 자는 그 광고 또는 선전물을 제한상영관 안에 게시하여야 한다. 이 경우 당해 게시물이 제한상영관 밖에서 보이도록 하여서는 아니 된다.

2) 범죄사실 기재례

피의자는 ○○에서 ○○시네마라는 상호로 영화상영관을 운영하는 사람으로서 제한상영가 영화에 관한 광고 또는 선전을 하는 자는 그 광고 또는 선전물을 제한상영관 안에 게시하여야 한다.

그럼에도 불구하고 피의자는 20○○. ○. ○. 21:00경 위 영화관에 제한상영가 영화인 ○○영화를 광고하는 광고물을 제한상영관 밖에서 보이도록 하여 광고 제한을 위반하였다.

3) 신문사항

- 영화상영관을 하고 있는가
- 어떤 종류의 영화상영관인가
- 언제부터 어디에서 하고 있는가
- 규모는 어느 정도인가
- 제한상영가 영화를 광고한 일이 있는가
- 어떤 영화이며 어디에 어떤 방법으로 광고하였나
- 어떤 광고였는가
- 이 광고를 밖에서도 볼 수 있도록 하였는가
- 왜 이런 행위를 하였나

3. 영화상영관의 영업정지 기간 중 영업행위

1) 적용법조 : 제95조 제4호, 제45조 제1항 제3호 ☞ 공소시효 5년

제45조(영화상영관의 영업정지 및 등록취소) ① 시장 · 군수 · 구청장은 영화상영관 경영자가 다음 각 호의 어느 하나에 해당하는 때에는 대통령령이 정하는 바에 의하여 3월 이내의 기간을 정하여 영업의 정지를 명하거나 영화상영관의 등록을 취소할 수 있다. 다만, 제1호 또는 제8호에 해당하는 경우에는 그 등록을 취소하여야 한다.
1. 거짓 그 밖의 부정한 방법으로 등록을 한 때
2. 제29조제3항 내지 제6항의 규정에 위반한 때
3. 제33조의 규정에 위반하여 광고 또는 선전물을 게시하거나 제한상영관 밖으로 보이도록 한 때
4. 제36조제1항의 규정에 의한 시설기준에 미달한 때
4의2. 제37조제4항에 따른 재해예방조치를 취하지 아니한 때
5. 한국영화의 상영일수가 제40조의 규정에 의한 기준일수에 미달한 때
6. 제42조의 규정에 의한 영화상영의 금지 또는 정지명령에 따르지 아니한 때
7. 1년에 3회 이상 영업정지처분을 받은 때
8. 영업정지기간 중 영업을 한 때

2) 범죄사실 기재례

피의자는 ○○에서 ○○상호로 영화상영관을 운영하는 사람으로, 20○○. ○. ○. 22:00경 제한상영가 영화의 광고 제한위반으로 적발되어 ○○시장으로부터 20○○. ○. ○.부터 20○○. ○. ○.까지 영업 정지명령을 받았다.
그럼에도 불구하고 피의자는 20○○. ○. ○.부터 20○○. ○. ○.까지 위 명령을 위반하여 영업을 계속하였다.

3) 신문사항

- 영화상영관을 하고 있는가
- 어떤 종류의 영화상영관인가
- 언제부터 어디에서 하고 있는가
- 규모는 어느 정도인가
- 영업정지 명령을 받은 일이 있는가
- 언제부터 언제까지 누구로부터 받았는가
- 무엇 때문에 정지명령을 받았는가
- 위 기간 영업을 하였는가
- 왜 정지기간 중 영업을 하게 되었는가

4. 등급분류를 받지 아니한 비디오물 판매

1) 적용법조 : 제95조 제6호, 제53조 제1항 제1호 ☞ 공소시효 5년

제53조(불법비디오물의 판매 등의 금지) ① 누구든지 다음 각 호의 어느 하나에 해당하는 비디오물을 제작하거나 공급·판매·대여(이하 "유통"이라 한다) 또는 시청에 제공하거나 이를 위하여 진열·보관하여서는 아니 된다.
1. 제50조제1항의 규정을 위반하여 등급분류를 받지 아니한 비디오물
2. 제51조제1항의 규정을 위반하여 확인을 받지 아니하고 복제하거나 배급한 비디오물
3. 제52조제1항의 규정에 따라 등급분류 또는 확인이 취소된 해당 비디오물
4. 제57조제1항의 규정에 위반하여 신고를 하지 아니한 자가 제작하거나 수입 또는 배급한 비디오물
5. 등급분류를 받은 내용을 변경하거나 등급을 변경한 비디오물

---

2) 범죄사실 기재례

[기재례1] 외국의 비디오물을 수입·유통 - 대법원 2001도3495 관련

피의자 甲은 피의자 乙과 공모하여, 피의자 甲은 영상물등급위원회의 수입추천 및 등급분류를 받지 아니하여 음란·선정성이나 폭력성이 삭제되지 아니한 외국영화 DVD를 미국, 홍콩 등으로부터 수입하면 피의자 乙은 인터넷을 통하여 고객들로부터 주문을 받아 배달하여 주고 피의자 甲의 예금통장으로 돈을 입금받는 방법으로 부당이득을 취하기로 공모하였다.

가. 피의자 甲, 피의자 乙의 공동범행

1) 피의자들은 영상물등급위원회의 추천을 받지 아니하고, 피의자 甲이 20○○. ○. ○. 경부터 20○○. ○. ○.경까지 사이에 ○○에 있는 피의자 甲 자신의 사무실에서 미국의 '○○, '아마존', 홍콩의 '○○' 등 인터넷 사이트를 통하여 '감각의 제국(남자가 여자 음부에 성기를 삽입하는 장면과 계란을 여자 음부에 넣었다가 다시 빼내어 먹는 장면과 여자가 입으로 남자의 성기를 빨아주는 장면 등이 삭제되지 않고 그대로 노출됨)' 등 총 ○○종류의 USB ○○점을 우송 받아 외국의 비디오물을 수입하였다.

2) 피의자들은 영상물등급위원회의 수입추천을 받지 아니하거나 등급분류를 받지 아니한 비디오물을 유통하여서는 아니 됨에도, 피의자 甲은 위 같은 일시, 장소에서 수입추천을 받지 아니하고 영상물등급위원회의 수입추천을 받지 아니하고 등급분류도 받지 아니한 외국영화 DVD를 수입한 다음, 인터넷에 www.○○.co.kr이라는 홈페이지를 개설하고, 丙, 丁 등 회원 ○○명을 모집하여 그들 중 ○○명으로부터 1인당 ○○만 원 합계 ○○만 원의 가입비를 받고 회원들을 관리하면서 그들로부터 인터넷을 통해 주문을 받으면 피의자 乙은 ○○에서 위와 같은 종류의 USB를 봉투에 넣어서 배달해 주고 피의자 甲의 예금통장으로 1점당 ○○원을 입금받는 방법으로 ○○점의 USB 합계 ○○만 원 상당을 대여하여 유통하였다.

나. 피의자 乙

피의자는 20○○. 11. 22. 위 자신의 집에서 수입추천 및 등급분류를 받지 아니한 USB ○○점을 유통을 목적으로 보관하였다.

[기재례2] 등급분류를 받지 아니한 비디오물을 판매목적으로 진열 · 보관

> 피의자는 ○○에서 ○○라는 상호로 비디오대여업을 하는 사람으로서 영상물등급위원회의 등급분류를 받지 아니한 비디오물을 진열 · 보관하여서는 아니된다.
> 그럼에도 불구하고 피의자는 20○○. ○. ○. 위 매장에 등급분류를 받지 아니한 (비디오물 명) ○○개의 비디오물을 판매목적으로 진열 · 보관하였다.

3) 신문사항

- 비디오물 대여점을 하고 있는가
- 언제부터 어디에서 하고 있는가
- 규모는 어느 정도인가
- 영상물등급위원회의 등급분류를 받지 않는 비디오물을 진열 · 보관한 일이 있는가
- 언제 어떤 비디오물을 보관하였나
- 이 비디오는 언제 누구로부터 구입하였나
- 무엇 때문에 구입하였나
- 처음부터 등급분류되지 아니한 것을 알고 있었나

■ **판례** ■ **등급분류를 받은 것과 그 내용이 완전히 동일한 비디오물을 유통하고자 하는 경우, 별도로 등급분류를 받아야 하는지 여부(소극)**

기왕에 법 제18조에 의하여 등급분류를 받은 것과 그 내용이 완전히 동일한 비디오물을 유통하고자 하는 경우, 그 유통하려고 하는 사람이 기왕에 등급분류를 신청하였던 자와 다르다고 하더라도 기왕의 등급분류와 별도로 다시 신청하여 등급분류를 받아야 하는 것은 아니라 할 것인바, 피고인은 이 사건 비디오물 중에는 기왕에 이미 등급분류를 받은 것과 내용이 완전히 동일한 비디오물이 있다고 주장하고 있고, 한편 기록에 의하면 압수된 600점의 비디오물이 정확히 어떤 것인지 제목조차 알 수 없어서 그 비디오물 중에 기왕에 등급분류를 받은 비디오물과 같은 내용의 것이 있는지 여부에 대하여 조사 · 심리된 바가 없음을 알 수 있다(대법원 2005.3.10. 선고 2001도3495 판결).

■ **판례** ■ **모텔에 위성수신장치를 설치한 후 전파송출방송사업자 등으로부터 송출된, 상영등급분류를 받지 아니한 음란한 영상을 텔레비전 화면에 현출되게 하여 투숙객들이 시청한 경우**

[1] 위성수신장치를 통하여 모텔의 텔레비전 화면에 현출시킨 음란한 영상이 제2조 제12호 의 '비디오물' 에 해당하는지 여부(적극)

위성수신장치를 통하여 모텔의 텔레비전 화면에 현출시킨 음란한 영상은 연속적인 영상이 테이프 또는 디스크 등의 디지털 매체나 장치에 담긴 저작물로서 통신장치에 의하여 보고 들을 수 있도록 제작된 것이므로, 영화 및 비디오물의 진흥에 관한 법률 제2조 제12호 의 '비디오물' 에 해당한다.

[2] 위반여부

위 행위는 영화 및 비디오물의 진흥에 관한 법률 제95조 제6호 의 불법비디오물을 시청에 제공한 행위 및 풍속영업의 규제에 관한 법률 제3조 제2호의 '음란한 영화를 풍속영업소에서 관람하게 한 행위' 에 해당한다(수원지법 2009.5.7. 선고 2008노4220 판결).

5. 미등록 비디오물시청제공업

1) 적용법조 : 제95조 제9호, 제58조 제1항 ☞ 공소시효 5년

> 제58조(비디오물시청제공업의 등록) ① 비디오물시청제공업을 영위하고자 하는 자는 문화체육관광부령으로 정하는 시설을 갖추어 시장·군수·구청장에게 등록하여야 한다.

2) 범죄사실 기재례

> 피의자는 ○○에서 ○○라는 상호로 비디오물시청제공업인 비디오물감상실업을 운영하는 사람이다. 비디오물시청제공업을 영위하고자 하는 자는 문화체육관광부령이 정하는 시설을 갖추어 시장·군수·구청장에게 등록하여야 한다.
> 그럼에도 불구하고 피의자는 20○○. ○. ○.부터 20○○. ○. ○.까지 등록하지 아니하고 위 장소 ○○㎡에 ○○시설을 갖추고 월 ○○만원 상당의 매상을 올리는 비디오물감상실업을 영위하였다.

3) 신문사항

- 비디오물감상실업을 하고 있는가
- 언제부터 어디에서 하고 있는가
- 규모는 어느 정도인가
- 어떤 시설을 갖추고 있는가
- 행정기관에 영업등록을 하였나
- 왜 등록하지 않았나
- 누구를 상대로 영업한가
- 월 매상은 어느 정도인가

■ 판례 ■   세무서에 부동산 전대업, 휴게업, 기타 숙박업 등으로 사업자등록을 마친 자가 자신의 영업을 영위하면서 부수적으로 손님들에게 무상으로 DVD를 빌려주어 시청하게 한 경우

[1] 다른 주된 영업을 하면서 부수적으로 손님의 선택에 따라 무상으로 비디오물을 시청하게 한 경우, '비디오물시청제공업을 영위하는 것'에 해당하는지 여부(소극)

구 영화 및 비디오물의 진흥에 관한 법률(2009. 5. 8. 법률 제9657호로 개정되기 전의 것) 제58조 제1항 의 규정에 따라 관할 관청에 등록을 요하는 '비디오물시청제공업'이란, 영리를 목적으로 계속·반복적으로 같은 법 제2조 제16호 각 목 에 정한 바에 따라 비디오물을 공중의 시청에 제공하는 것을 의미하고, 이와 다른 내용의 주된 영업을 영위하면서 부수적으로 손님의 선택에 따라 무상으로 비디오물을 시청에 제공하는 것에 불과한 경우에는 위 법 제58조 제1항 에 정한 '비디오물시청제공업'을 영위하는 것에 해당한다고 볼 수 없다.

[2] 위 행위가 '비디오물시청제공업'에 해당하는지 여부(소극)

위 DVD 제공행위는 구 영화 및 비디오물의 진흥에 관한 법률 제58조 제1항의 규율대상인 '비디오물시청제공업'에 해당하지 않는다(대법원 2009.9.10. 선고 2009도5334 판결).

6. 비디오물시청제공업자의 준수사항위반

1) 적용법조 : 제95조 제10호, 제62조 ☞ 공소시효 5년

> 제62조(비디오물시청제공업자의 준수사항) 비디오물시청제공업을 영위하는 자는 다음 각 호의 사항을 지켜야 한다.
> 2. 비디오물소극장업의 경우에는 대통령령으로 정하는 출입시간에 한정하여 청소년을 출입시킬 것 다만, 부모 등 보호자를 동반하거나 그의 출입동의서를 받은 경우 그 밖에 대통령령으로 정하는 경우에는 그러하지 아니하다.
> 3. 비디오물감상실업 및 복합영상물제공업의 경우에는 다음 각 목에 해당하는 행위를 하지 아니할 것
>   가. 주류를 판매·제공하는 행위
>   나. 접대부(남녀를 불문한다)를 고용·알선하는 행위
>
> ※ 시행령(대통령령)
> 제25조(청소년 출입시간 제한 등) ① 법 제62조제2호 본문에서 "대통령령이 정하는 출입시간"이라 함은 오전 9시부터 오후 10시까지를 말한다.
> ② 법 제62조제2호 단서에서 "대통령령이 정하는 경우"란 해당청소년의 성년인 친족, 「초·중등교육법」에 따른 소속 학교의 교원 또는 이에 준하여 그 청소년을 지도·감독할 수 있는 지위에 있는 자를 동반하는 경우를 말한다.

2) 범죄사실 기재례

[기재례1] 비디오물소극장업자의 청소년출입시간 제한위반(제95조 제9호, 제62조 제2호)

> 피의자는 ○○에서 ○○라는 상호로 비디오물소극장업을 운영하는 사람으로서 대통령령이 정하는 출입시간(오전 9시부터 오후 10시까지)에 한하여 청소년을 출입시켜야 한다.
> 그럼에도 불구하고 피의자는 20○○. ○. ○. ○○:○○경 청소년인 홍길동(17세)을 ○○:○○경에 출입시켜 비디오물시청제공업자의 준수사항을 위반하였다.

[기재례2] 비디오물감상실업자의 주류를 판매·제공하는 행위(제95조 제9호, 제62조 제3호 가목)

> 피의자는 ○○에서 ○○라는 상호로 비디오물감상실업을 운영하는 사람으로서 감상실업자는 주류를 판매·제공하는 행위를 하여서는 아니 된다.
> 그럼에도 불구하고 피의자는 20○○. ○. ○. ○○:○○경 위 감상실 제2호실에 입장한 홍길동에게 하이트 캔맥주 2개를 ○○원을 받고 판매하여 비디오물시청제공업자의 준수사항을 위반하였다.

[기재례3] 비디오물감상실업자의 접대부 고용·알선하는 행위(제95조 제9호, 제62조 제3호 나목)

> 피의자는 ○○에서 ○○라는 상호로 비디오물감상실업을 운영하는 사람으로서 감상실업자는 접대부를 고용·알선하는 행위를 하여서는 아니 된다.
> 그럼에도 불구하고 피의자는 20○○. ○. ○.부터 20○○. ○. ○.경까지 접대부인 홍미자(여, 26세)를 고용하여 위 감상실을 찾는 불특정 다수인들을 상대로 비디오물을 같이 감상하도록 하는 등 비디오물시청제공업자의 준수사항을 위반하였다.

3) 신문사항(주류판매 행위)

- 비디오물감상실업을 하고 있는가
- 언제부터 어디에서 하고 있는가
- 규모는 어느 정도인가
- 주류를 판매한 일이 있는가
- 언제 누구에게 판매하였나
- 어떤 주류를 어떤 조건으로 판매하였나
- 왜 이런 행위를 하였나

■ 판례 ■   비디오 감상실을 운영하는 자가 18세이상 19세 미만의 청소년을 출입시킨 경우

[1] 비디오물감상실업자가 18세 이상 19세 미만의 청소년을 비디오물감상실에 출입시킨 경우, 청소년보호법위반죄가 성립하는지 여부(적극)

구 청소년보호법(2001.5.24. 법률 제6479호로 개정되기 전의 것, 이하 '법'이라고 한다) 제2조 제1호는 청소년이라 함은 19세 미만의 자를 말한다고 규정하고 있고, 제5호 (가)목 (2)는 청소년출입금지업소의 하나로 음반·비디오물및게임물에관한법률에 의한 비디오물감상실업을 규정하고 있으며, 제6조는 이 법은 청소년유해환경의 규제에 관한 형사처벌에 있어서는 다른 법률에 우선하여 적용한다고 규정하고 있으므로, 비디오물감상실업자가 18세 이상 19세 미만의 청소년을 비디오물감상실에 출입시킨 경우에는 법 제51조 제7호, 제24조 제2항의 청소년보호법위반죄가 성립한다.

[2] 18세 미만자를 연소자로 규정한 구 음반·비디오물및게임물에관한법률 및 같은 법 시행령의 규정이 청소년보호법위반 행위에 대한 예외규정에 해당하는지 여부(소극)

구 청소년보호법(2001.5.24. 법률 제6479호로 개정되기 전의 것, 이하 '법'이라고 한다) 제24조 제3항이 제2항의 규정에 불구하고 청소년이 친권자 등을 동반할 때에는 대통령령이 정하는 바에 따라 출입하게 할 수 있다고 규정하고 있고, 법시행령(2001.8.25. 대통령령 제17350호로 개정되기 전의 것) 제19조가 법 제24조 제2항 및 제3항의 규정에 의하여 다른 법령에서 청소년이 친권자 등을 동반할 경우 출입이 허용되는 경우 기타 다른 법령에서 청소년 출입에 관하여 특별한 규정을 두고 있는 경우에는 당해 법령이 정하는 바에 의한다고 규정하고 있으며, 구 음반·비디오물및게임물에관한법률(2001.5.24. 법률 제6473호로 전문 개정되기 전의 것) 제8조 제3호, 제5호, 같은법시행령(2001.10.20. 대통령령 제17395호로 전문 개정되기 전의 것) 제14조 [별표 1] 제2호 (다)목 등이 18세 미만의 자를 연소자로 규정하면서 비디오물감상실업자가 포함되는 유통관련업자의 준수사항 중의 하나로 출입자의 연령을 확인하여 연소자의 출입을 금지하도록 하고 출입문에는 "18세 미만 출입금지"라는 표시를 부착하여야 한다고 규정하고 있다고 하더라도, 법 제24조 제3항의 규정내용에 비추어 위 음반·비디오물및게임물에관한법률 및 같은법시행령의 규정을 다른 법령이 청소년보호법위반 행위에 대한 예외사유로서 청소년의 출입을 허용한 특별한 규정에 해당한다고 볼 수는 없다.

[3] 비디오물감상실업자가 자신의 비디오물감상실에 18세 이상 19세 미만의 청소년을 출입시킨 행위가 법률의 착오에 해당하는지 여부(적극)

비디오물감상실업자가 자신의 비디오물감상실에 18세 이상 19세 미만의 청소년을 출입시킨 행위가 관련 법률에 의하여 허용된다고 믿었고, 그렇게 믿었던 것에 대하여 정당한 이유가 있는 경우에 해당한다(대법원 2002.5.17. 선고 2001도4077 판결).

7. 비디오물 시청제공업자의 영업정지 중 영업행위

1) 적용법조 : 제95조 제12호, 제67조 제2항 제5호 ☞ 공소시효 5년

제67조(행정처분 등) ① 시장·군수·구청장은 비디오물제작업 또는 비디오물배급업의 신고를 한 자가 다음 각 호의 어느 하나에 해당하는 때에는 6개월 이내의 기간을 정하여 영업정지를 명하거나 영업폐쇄를 명할 수 있다. 다만, 제1호 또는 제4호에 해당하는 때에는 영업폐쇄를 명하여야 한다.
1. 거짓이나 그 밖의 부정한 방법으로 신고한 때
2. 제53조제1항의 규정을 위반한 때
3. 제61조제1항에 따른 변경신고를 하지 아니한 때
4. 영업정지명령을 위반하여 영업을 계속한 때
② 시장·군수·구청장은 비디오물시청제공업을 영위하는 자가 다음 각 호의 어느 하나에 해당하는 때에는 6개월 이내의 기간을 정하여 영업정지를 명하거나 등록을 취소할 수 있다. 다만, 제1호 또는 제7호에 해당하는 때에는 등록을 취소하여야 한다.
1. 거짓이나 그 밖의 부정한 방법으로 등록한 때
2. 제53조제1항 또는 제2항의 규정을 위반한 때
3. 제58조제1항에 따른 시설기준을 갖추지 못한 때
4. 제61조제1항에 따른 변경등록을 하지 아니한 때
5. 제62조에 따른 준수사항을 지키지 아니한 때
6. 「성매매알선 등 행위의 처벌에 관한 법률」 제2조제1항에 따른 성매매 등의 행위를 하거나 이를 알선 또는 제공하는 행위를 한 때
7. 영업정지명령을 위반하여 영업을 계속한 때

2) 범죄사실 기재례

> 피의자는 ○○에서 ○○상호로 비디오물시청제공업에 종사하는 사람으로, 20○○. ○. ○. 22:00경 주류를 판매·제공하는 행위로 적발되어 ○○시장으로부터 20○○. ○. ○.부터 20○○. ○. ○.까지 영업 정지명령을 받았다.
> 그럼에도 불구하고 피의자는 20○○. ○. ○.부터 20○○. ○. ○.까지 위 명령을 위반하여 영업을 계속하였다.

3) 신문사항
- 비디오물시청제공업을 하고 있는가
- 언제부터 어디에서 하고 있는가
- 규모는 어느 정도인가
- 영업정지 명령을 받은 일이 있는가
- 언제부터 언제까지 누구로부터 받았는가
- 무엇 때문에 정지명령을 받았는가
- 위 기간 영업을 하였는가
- 왜 정지기간 중 영업을 하게 되었는가

8. 폐쇄명령을 위반하여 영업행위

1) 적용법조 : 제93조, 제70조 제1항 제2호 ☞ 공소시효 7년

> 제70조(폐쇄 및 수거) ① 시장·군수·구청장은 제57조 및 제58조에 따른 신고 또는 등록을 하지 아니하고 영업을 하는 자와 제67조제1항 또는 제2항에 따른 영업의 폐쇄명령 또는 등록의 취소처분을 받고 계속 영업을 하는 자에 대하여는 관계 공무원으로 하여금 그 영업소를 폐쇄하기 위하여 다음 각 호의 조치를 하게 할 수 있다.
> 1. 당해 영업 또는 영업소의 간판 및 그 밖의 영업표지물의 제거
> 2. 당해 영업 또는 영업소가 위법한 것임을 알리는 게시물의 부착
> 3. 영업을 위하여 필요한 기구 또는 시설물을 사용할 수 없게 하는 봉인
> ② 제1항의 조치를 하는 경우 미리 해당 비디오물영업자 또는 그 대리인에게 서면으로 이를 알려 주어야 한다. 다만, 공공의 안전 또는 복리를 위하여 긴급히 처분을 할 필요가 있는 경우에는 그러하지 아니하다.
> ③ 문화체육관광부장관, 특별시장·광역시장·도지사·특별자치도지사(이하 "시·도지사"라 한다) 또는 시장·군수·구청장은 제53조제1항 각 호의 규정에 해당하는 비디오물을 발견한 때에는 관계 공무원으로 하여금 이를 수거하여 폐기하게 할 수 있다.

2) 범죄사실 기재례

> 피의자는 ○○에서 ○○라는 상호로 약 ○○m²의 규모로 등록없이 비디오물감상실업을 하다 20○○. ○. ○. ○○시장으로부터 영업폐쇄 명령을 받고 당해 영업 또는 영업소가 위법한 것임을 알리는 게시물을 부착하였으므로 더 이상 영업을 하여서는 아니 된다.
> 그럼에도 불구하고 피의자는 20○○. ○. ○. 21:00경 위 게시물을 제거하고 그때부터 20○○. ○. ○.까지 계속하여 영업행위를 하였다.

3) 신문사항

- 비디오물감상실업을 하고 있는가
- 어디에서 하고 있는가
- 언제부터 언제까지 하였나
- 사업규모는 어느 정도인가(업장 면적, 종업원 등)
- 영업 등록을 하였는가
- 영업등록을 하지 않아 ○○시장으로부터 폐쇄명령을 받은 일이 있는가
- 언제 어떠한 명령을 받았는가
- 영업소가 위법이라는 게시물을 부착하였는가
- 언제 누가 부착하였는가
- 이러한 조치를 받고도 영업행위를 하였는가
- 언제부터 어제까지 하였나
- 게시물은 누가 언제 제거하였나
- 왜 이런 행위를 하였는가

제87장 옥외광고물 등 관리와 옥외 광고산업 진흥에 관한 법률

Ⅰ. 개념정의 및 허가와 신고대상 광고물

1. 개념 정의

제2조(정의) 이 법에서 사용하는 용어의 정의는 다음과 같다.
1. "옥외광고물"이란 공중에게 항상 또는 일정 기간 계속 노출되어 공중이 자유로이 통행하는 장소에서 볼 수 있는 것(대통령령으로 정하는 교통시설 또는 교통수단에 표시되는 것을 포함한다)으로서 간판·디지털광고물(디지털 디스플레이를 이용하여 정보·광고를 제공하는 것으로서 대통령령으로 정하는 것을 말한다)·입간판·현수막(懸垂幕)·벽보·전단(傳單)과 그 밖에 이와 유사한 것을 말한다.
2. "게시시설"이란 광고탑·광고판과 그 밖의 인공구조물로서 옥외광고물(이하 "광고물"이라 한다)을 게시하거나 표시하기 위한 시설을 말한다.
3. "옥외광고사업"이란 광고물이나 게시시설을 제작·표시·설치하거나 옥외광고를 대행하는 영업을 말한다.

제2조의2(적용상의 주의) 이 법을 적용할 때에는 국민의 정치활동의 자유 및 그 밖의 자유와 권리를 부당하게 침해하지 아니하도록 주의하여야 한다.

제8조(적용 배제) 표시·설치 기간이 30일 이내인 비영리 목적의 광고물등이 다음 각 호의 어느 하나에 해당하면 허가·신고에 관한 제3조 및 금지·제한 등에 관한 제4조를 적용하지 아니한다. 이 경우 제3호는 표시·설치 기간이 30일을 초과하는 광고물등도 포함한다.
1. 관혼상제 등을 위하여 표시·설치하는 경우
2. 학교행사나 종교의식을 위하여 표시·설치하는 경우
3. 시설물의 보호·관리를 위하여 표시·설치하는 경우
4. 단체나 개인이 적법한 정치활동을 위한 행사 또는 집회 등에 사용하기 위하여 표시·설치하는 경우
5. 단체나 개인이 적법한 노동운동을 위한 행사 또는 집회 등에 사용하기 위하여 표시·설치하는 경우
6. 안전사고 예방, 교통 안내, 긴급사고 안내, 미아 찾기, 교통사고 목격자 찾기 등을 위하여 표시·설치하는 경우
7. 「선거관리위원회법」에 따른 각급선거관리위원회의 선거, 국민투표, 주민투표(주민소환투표를 포함한다)에 관한 계도 및 홍보를 위하여 표시·설치하는 경우
8. 정당이 「정당법」 제37조제2항에 따른 통상적인 정당활동으로 보장되는 정당의 정책이나 정치적 현안에 대하여 표시·설치하는 경우. 다만, 현수막의 표시 방법 및 기간은 대통령령으로 정한다.

※ 시행령(대통령령)

제2조(교통시설 및 교통수단의 범위) ① 옥외광고물등관리법(이하 "법"이라 한다) 제2조제1호에서 "대통령령이 정하는 교통시설 또는 교통수단"이라 함은 다음 각호의 것을 말한다.
1. 다음 각목의 교통시설
   가. 지하도   나. 철도   다. 지하철   라. 공항   마. 항만   바. 고속국도
2. 다음 각 목의 교통수단
   가. 「철도산업발전기본법」 제3조제4호에 따른 철도차량(이하 "철도차량"이라 한다) 및 「도시철도법」에 따른 도시철도차량(이하 "도시철도차량"이라 한다)
   나. 「자동차관리법」 제2조제1호에 따른 자동차
   다. 「선박법」 제조의2제1항제1호 및 제2호에 따른 기선 및 범선(이하 "선박"이라 한다)
   라. 「항공안전법」 제2조제1호 및 제3호에 따른 항공기 및 초경량비행장치(이하 "항공기등"이라 한다)

마. 「건설기계관리법 시행령」별표 1 제6호에 따른 덤프트럭(이하 "덤프트럭"이라 한다)
바. 「자전거 이용 활성화에 관한 법률」에 따른 자전거 및 전기자전거로서 무상 또는 유상으로 대여하는 사업에 활용되는 자전거(이하 "대여자전거"라 한다)

② 법 제2조제1호에서 "디지털 디스플레이를 이용하여 정보·광고를 제공하는 것으로서 대통령령으로 정하는 것"이란 디지털 디스플레이(전기·전자제어장치를 이용하여 광고내용을 평면 혹은 입체적으로 표시하게 하는 장치를 말한다. 이하 같다)를 이용하여 빛의 점멸 또는 빛의 노출로 화면·형태의 변화를 주는 등 정보·광고의 내용을 수시로 변화하도록 한 옥외광고물(이하 "디지털광고물"이라 한다)을 말한다.

2. 허가대상 광고물 (시행령 제4조)

제4조(허가 대상 광고물 및 게시시설) ① 법 제3조제1항 각 호 외의 부분 전단에 따라 허가를 받아 표시 또는 설치(이하 "표시"라 한다)를 해야 하는 광고물은 다음 각 호와 같다.
1. 제3조제1호에 따른 가로형 간판(이하 "가로형 간판"이라 한다) 중 다음 각 목의 어느 하나에 해당하는 것
   가. 한 변의 길이가 10미터 이상인 것
   나. 건물의 4층 이상 층의 옆 벽면 또는 뒷 벽면에 설치하는 것으로서 타사광고(건물을 사용하고 있는 자와 관련이 없는 광고내용을 표시하는 광고물을 말한다. 이하 같다)를 표시하는 것
2. 제3조제3호에 따른 돌출간판(이하 "돌출간판"이라 한다). 다만, 다음 각 목의 어느 하나에 해당하는 것은 제외한다.
   가. 의료기관·약국의 표지등("+" 또는 "약"을 표시하는 표지등을 말한다. 이하 같다) 또는 이용업소·미용업소의 표지등을 표시하는 것
   나. 윗부분까지의 높이가 지면으로부터 5미터 미만인 것
   다. 한 면의 면적이 1㎡ 미만인 것
3. 제3조제4호에 따른 공연간판(이하 "공연간판"이라 한다)으로서 최초로 표시하는 것
4. 제3조제5호에 따른 옥상간판(이하 "옥상간판"이라 한다)
5. 제3조제6호에 따른 지주 이용 간판(이하 "지주 이용 간판") 중 윗부분까지의 높이가 지면으로부터 4미터 이상인 것
6. 제3조제8호에 따른 애드벌룬(이하 "애드벌룬"이라 한다)
7. 제3조제11호에 따른 공공시설물 이용 광고물(이하 "공공시설물 이용 광고물"이라 한다). 다만, 제17조제1호 다목에 따른 지정벽보판 및 현수막 지정게시대에 표시하는 것은 제외한다.
8. 제3조제12호에 따른 교통시설 이용 광고물(이하 "교통시설 이용 광고물"이라 한다). 다만, 지하도·지하철역·철도역·공항 또는 항만의 시설 내부에 표시하는 것은 제외한다.
9. 제3조제13호에 따른 교통수단 이용 광고물(이하 "교통수단 이용 광고물"이라 한다) 중 다음 각 목의 교통수단을 이용하는 것. 다만, 해당 교통수단(다목 중 비행선은 제외한다)에 제19조제5항제2호의 사항을 표시하는 것은 제외한다.
   가. 「여객자동차 운수사업법」에 따른 사업용 자동차(이하 "사업용 자동차"라 한다)
   나. 「화물자동차 운수사업법」에 따른 사업용 화물자동차(이하 "사업용 화물자동차"라 한다)
   다. 항공기 등
   라. 「자동차관리법」제3조제1항제3호에 따른 화물자동차로서 이동용 음식판매 용도인 소형·경형화물자동차 또는 같은 항 제4호에 따른 특수자동차로서 이동용 음식판매 용도인 특수작업형 특수자동차(이하 "음식판매자동차"라 한다)
   마. 대여자전거
10. 제3조제14호에 따른 선전탑(이하 "선전탑"이라 한다)
11. 제3조제15호에 따른 아치광고물(이하 "아치광고물"이라 한다)
12. 전기를 이용하는 광고물로서 다음 각 목의 어느 하나에 해당하는 광고물
   가. 네온류(유리관 내부에 수은·네온·아르곤 등의 기체를 집어넣어 문자 또는 모양을 나타내는 것을 말한다. 이하 같다) 광고물 또는 전광류 [발광다이오드, 액정표시장치 등의 발광(發光) 장치를 이용한 것을 말한다. 이하 같다] 광고물 중 광원(光源)이 직접 노출되어 표시되는 광고물로서 광고내용의 변화를 주지 아니하는 광고물
   나. 네온류 또는 전광류 등을 이용하여 동영상 등 광고내용을 평면적으로 수시로 변화하도록 한 디지털광고물
   다. 디지털홀로그램, 전자빔 등을 이용하여 광고내용을 공간적·입체적으로 수시로 변화하도록 한 디지털광고물
13. 제3조제17호에 따른 특정광고물(이하 "특정광고물"이라 한다)

3. 신고대상 광고물(시행령 제5조)

> **제5조(신고 대상 광고물 및 게시시설)** ① 법 제3조제1항 각 호 외의 부분 전단에 따라 신고를 하고 표시해야 하는 광고물은 다음 각 호와 같다.
>   1. 벽면 이용 간판 중 다음 각 목의 어느 하나에 해당하는 것. 다만, 제4조제1항제1호 및 제12호에 해당하는 것은 제외한다.
>   가. 면적이 5㎡ 이상인 것. 다만, 건물의 출입구 양 옆에 세로 로 표시하는 것은 제외한다.
>   나. 건물의 4층 이상 층에 표시하는 것
>   3. 최초로 표시하는 공연간판을 제외한 공연간판
>   4. 제4조제1항제2호 각 목의 어느 하나에 해당하는 돌출간판
>   5. 윗부분까지의 높이가 지면으로부터 4미터 미만인 지주 이용 간판
>   5의2. 제3조제6호의2에 따른 입간판
>   6. 현수막 [가로등 현수기(懸垂旗)를 포함한다]
>   7. 제4조제1항제9호에 따른 허가 대상 교통수단 이용 광고물을 제외한 교통수단 이용 광고물
>   8. 벽보
>   9. 전단
> ② 법 제3조제1항 각 호 외의 부분 전단에 따라 신고를 하고 표시해야 하는 게시시설은 제1항 각 호의 광고물을 설치하기 위한 게시시설로 한다. 다만, 면적이 30제곱미터를 초과하는 현수막 게시시설은 제외한다.

II. 벌 칙

> **제17조의3(벌칙)** 제5조제2항제2호를 위반하여 금지광고물을 제작·표시한 자는 2년 이하의 징역 또는 2천만원 이하의 벌금에 처한다.
> **제18조(벌칙)** ① 다음 각 호의 어느 하나에 해당하는 자는 1년 이하의 징역 또는 1천만원 이하의 벌금에 처한다.
>   1. 제3조에 따른 허가를 받지 아니하고 광고물등(입간판·현수막·벽보·전단은 제외한다)을 표시하거나 설치한 자
>   2. 제3조의2에 따른 허가를 받지 아니한 광고물(입간판·현수막·벽보·전단은 제외한다)을 표시한 자
>   3. 제4조제1항, 제5조제1항 또는 제2항제4호를 위반하여 광고물등을 표시하거나 설치한 자
>   4. 제11조제1항에 따른 등록을 하지 아니하고 옥외광고사업을 한 자
> ② 다음 각 호의 어느 하나에 해당하는 자는 500만원 이하의 벌금에 처한다.
>   1. 제3조에 따른 신고를 하지 아니하고 광고물등(입간판·현수막·벽보·전단은 제외한다)을 표시하거나 설치한 자
>   2. 제3조의2에 따른 신고를 하지 아니하고 광고물(입간판·현수막·벽보·전단은 제외한다)을 표시한 자
> **제19조(양벌규정)** 법인의 대표자나 법인 또는 개인의 대리인, 사용인, 그 밖의 종업원이 그 법인 또는 개인의 업무에 관하여 제18조의 위반행위를 하면 그 행위자를 벌하는 외에 그 법인 또는 개인에게도 해당 조문의 벌금형을 과(科)한다. 다만, 법인 또는 개인이 그 위반행위를 방지하기 위하여 해당 업무에 관하여 상당한 주의와 감독을 게을리하지 아니한 경우에는 그러하지 아니하다.

Ⅲ. 범죄사실

1. 미신고 · 무허가 광고물 설치

1) 적용법조 : 제18조 제1항 제1호, 제3조 제1항 ☞ 공소시효 5년

제3조(광고물등의 허가 또는 신고) ① 다음 각 호의 어느 하나에 해당하는 지역 · 장소 및 물건에 광고물 또는 게시시설(이하 "광고물등"이라 한다) 중 대통령령으로 정하는 광고물등을 표시하거나 설치하려는 자는 대통령령으로 정하는 바에 따라 특별자치시장 · 특별자치도지사 · 시장 · 군수 또는 자치구의 구청장(이하 "시장등"이라 한다)에게 허가를 받거나 신고하여야 한다. 허가 또는 신고사항을 변경하려는 경우에도 또한 같다.
1. 「국토의 계획 및 이용에 관한 법률」 제36조에 따른 도시지역
2. 「문화재보호법」에 따른 문화재 및 보호구역
3. 「산지관리법」에 따른 보전산지
4. 「자연공원법」에 따른 자연공원
5. 도로 · 철도 · 공항 · 항만 · 궤도(軌道) · 하천 및 대통령령으로 정하는 그 부근의 지역
6. 대통령령으로 정하는 교통수단
7. 그 밖에 아름다운 경관과 도시환경을 보전하기 위하여 대통령령으로 정하는 지역 · 장소 및 물건
제3조의2(광역단위 광고물에 관한 허가 등 예외) ① 시 · 도지사(특별자치시장 및 특별자치도지사를 포함한다. 이하 이 조에서 같다)가 동일모형으로 설치하는 버스승강장, 택시승강장, 노선버스안내표지판 등의 공공시설물에 표시되는 광고물 및 제4조의4제1항에 따라 지정된 자유표시구역에 표시하거나 설치하는 광고물등의 경우에는 제3조제1항에도 불구하고 시 · 도지사에게 허가를 받거나 신고하여야 한다. 허가 또는 신고사항을 변경하려는 경우에도 또한 같다.

※ 시행령(대통령령)
제6조(허가 및 신고지역등) ① 법 제3조제1항제5호에서 "대통령령이 정하는 그 부근의 지역"이라 함은 도로 · 철도 · 공항 · 항만 · 궤도 · 하천의 경계지점으로부터 직선거리 1킬로미터이내의 지역으로서 경계지점의 지상 2미터의 높이에서 직접 보이는 지역을 말한다.
② 법 제3조제1항제6호에서 "대통령령으로 정하는 교통수단"이란 제2조제2호 각 목의 교통수단을 말한다.

2) 범죄사실 기재례

[기재례1] 미신고 광고물 설치(제18조 제3항, 제3조 제1항)

> 대통령령이 정하는 광고물 등을 표시하거나 설치하고자 하는 자는 대통령령이 정하는 바에 의하여 특별자치도지사 · 시장 · 군수 또는 구청장의 허가를 받거나 시장 · 군수 또는 구청장에게 신고하여야 하며, 돌출간판의 경우 1면의 면적이 1㎡ 미만일 때는 신고하여야 한다.
> 그럼에도 불구하고 피의자는 200○. ○. ○. 위 약국 전방 측면에 1면의 면적이 약 0.9㎡ 크기의 '○○약국'이라는 간판을 설치하였다.

[기재례2] 무허가 광고물 설치

> 피의자는 200○. ○. 초순경 도시계획구역 내인 ○○에 있는 ○○건물의 앞면에 허가없이 2층과 3층을 연결하여 전기(네온)를 이용하여 만든 가로 50㎡, 세로 150㎡ 상당의 "희망철물"이라는 글씨를 써넣은 돌출간판을 설치하였다.

3) 신문사항(무허가 광고물 설치)

– 피의자는 광고물을 설치한 일이 있는가

- 언제 어디서 설치하였나요
- 어떠한 규모로 설치하였나요
- 간판의 종류는 어떠한 것인가요.
- 간판의 광고내용은 무엇인가
- 설치허가를 받았나
- 왜 허가를 받지 않고 설치하였나

■ **판례** ■　건축법 제49조, 같은 법시행령 제100조에 정한 규모 이상의 광고탑을 허가없이 설치한 경우 광고물등관리법 해당하는 여부에 불구하고 건축법에 의해 처벌할 수 있는지 여부

구 광고물등관리법 제4조가 미풍양속을 유지하거나 공중에 대한 위해를 방지하기 위하여 필요한 때에는 광고물게시시설의 형상, 면적 등이나 광고물게시시설의 설치 등을 금지 또는 제한하도록 규정하고 있으나, 이는 공공목적을 위하여 일정한 규모 이상되는 구조물로서의 광고탑 설치 자체를 규제하고 있는 건축법 제49조, 제55조 제5호, 같은 법시행령 제100조의 규제목적이나 규제내용과는 서로 다른 것이어서 일단 위 건축법규에 정한 규모 이상의 광고탑을 허가 없이 설치한 경우에는 그것이 구 광고물등관리법 제4조에 해당하는 여부에 불구하고 건축법에 의하여 처벌할 수 있는 것이고 여기에 위 구 광고물등관리법 조항만이 적용되어야 하는 것은 아니다(대법원 1991.2.26. 선고 90도2678 판결).

2. 광고물의 금지 또는 제한위반 : 제18조 제1항 제3호, 제4조 또는 제5조 제1항

제17조의3, 제5조 제2항 제2호 ☞ 공소시효 5년

제4조(광고물등의 금지 또는 제한) ① 제3조제1항 각 호의 지역·장소 또는 물건 중 아름다운 경관과 미풍양속을 보존하고 공중에 대한 위해를 방지하며 건강하고 쾌적한 생활환경을 조성하기 위하여 대통령령으로 정하는 지역·장소 또는 물건에는 광고물등(대통령령으로 정하는 광고물등은 제외한다)을 표시하거나 설치하여서는 아니 된다

② 시·도지사(특별자치시장 및 특별자치도지사를 포함한다)는 아름다운 경관과 미풍양속을 보존하고 공중에 대한 위해를 방지하며 건강하고 쾌적한 생활환경을 조성하기 위하여 특히 필요하다고 인정하면 제3조제1항 각 호의 지역으로서 대통령령으로 정하는 지역을 특정구역으로 지정하여 제3조제3항에 따른 허가 또는 신고의 기준을 강화할 수 있다.

제5조(금지광고물 등) ① 누구든지 다음 각 호의 어느 하나에 해당하는 광고물등을 표시하거나 설치하여서는 아니 된다.

1. 신호기 또는 도로표지 등과 유사하거나 그 효용(效用)을 떨어뜨리는 형태의 광고물등

1의2. 소방시설 또는 소방용품 등과 유사하거나 그 효용(效用)을 떨어뜨리는 형태의 광고물등

2. 그 밖에 교통수단의 안전과 이용자의 통행안전을 해칠 우려가 있는 광고물등

3. 「사행산업통합감독위원회법」 제2조제1호가목부터 다목까지에 따른 사행산업의 광고물등. 다만, 사행산업통합감독위원회에서 직접 표시·설치하는 광고와 사행산업사업자가 영업장 및 장외발매소의 위치를 표시·안내하기 위하여 영업장 및 장외발매소에 설치하는 광고물등은 제외한다.

② 누구든지 광고물에 다음 각 호의 어느 하나에 해당하는 내용을 표시(제2호 및 제3호의 경우에는 제작을 포함한다)하여서는 아니 된다.

1. 범죄행위를 정당화하거나 잔인하게 표현하는 것

2. 음란하거나 퇴폐적인 내용 등으로 미풍양속을 해칠 우려가 있는 것

3. 청소년의 보호·선도를 방해할 우려가 있는 것

4. 사행산업통합감독위원회법 제2조제1호라목부터 바목까지에 따른 사행산업의 광고물로서 사행심을 부추기는 것

5. 인종차별적 또는 성차별적 내용으로 인권침해의 우려가 있는 것

6. 그 밖에 다른 법령에서 광고를 금지한 것

---

3. 무등록 옥외광고업

1) 적용법조 : 제18조 제1항 제3호, 제11조 제1항　☞　공소시효 5년

> **제11조(옥외광고업의 등록)** ① 옥외광고업을 하려는 자는 대통령령으로 정하는 기술능력과 시설 등을 갖추고 제12조에 따른 교육을 받은 후에 시장 등에게 등록하여야 한다. 다만, 등록사항을 변경하려는 경우에는 교육을 받지 아니할 수 있다
> ② 제1항에 따라 옥외광고업을 등록한 자가 휴업 또는 폐업하거나, 휴업하였다가 업무를 다시 시작하였을 때에는 대통령령으로 정하는 바에 따라 시장 등 신고하여야 한다.

2) 범죄사실 기재례

　　옥외광고사업을 하고자 하는 자는 대통령령이 정하는 기술능력·시설 등을 갖추어 시장·군수 또는 구청장에게 등록하여야 한다.
　　그럼에도 불구하고 피의자는 20○○. ○.경부터 20○○. ○. ○.경까지 사이 ○○에 있는 ○○건물 약 ○○㎡의 점포에 간판제작대, 페인트 스프레이기 등의 영업시설을 갖추고 그곳을 찾는 불특정다수의 손님을 상대로 옥외간판 등을 제작, 설치해주고 월평균 ○○만원 상당의 수익을 얻는 옥외광고업을 영위하였다.

3) 신문사항

- 언제부터 어디에서 옥외광고업을 하고 있는가
- 어떠한 광고업을 하고 있나
- ○○구청에 영업등록을 하였나
- 광고영업의 시설과 내용(영업규모, 종업원 수 등)
- 누구를 상대로 영업하였나
- 언제까지 하였나
- 주로 어떠한 간판을 제작
- 월 평균 수입은

제 88 장 위생용품 관리법

Ⅰ. 개념정의

제1조의2(정의) 이 법에서 사용하는 용어의 뜻은 다음과 같다.

1. "위생용품"이란 보건위생을 확보하기 위하여 특별한 위생관리가 필요한 용품으로서 다음 각 목의 구분에 따른 용품을 말한다.

   가. 세척제로서 다음의 어느 하나에 해당하는 것

   1) 야채, 과일 등을 씻는 데 사용되는 제제(製劑)

   2) 식품의 용기나 가공기구, 조리기구 등을 씻는 데 사용되는 제제

   나. 헹굼보조제: 자동식기세척기의 최종 헹굼과정에서 식기류에 남아있는 잔류물 제거, 건조 촉진 등 보조적 역할을 위하여 사용되는 제제

   다. 위생물수건: 「식품위생법」 제36조제1항제3호에 따른 식품접객업의 영업소에서 손을 닦는 용도 등으로 사용할 수 있도록 포장된 물수건

   라. 기타 위생용품

   1) 일회용 컵·숟가락·젓가락·포크·나이프·빨대

   2) 화장지, 일회용 행주·타월·종이냅킨, 「식품위생법」 제36조제1항제3호에 따른 식품접객업의 영업소에서 손을 닦는 용도 등으로 사용할 수 있도록 포장된 물티슈

   3) 일회용 이쑤시개·면봉·기저귀

   4) 그 밖에 대통령령으로 정하는 것

   > **※ 시행령**
   > **제2조(위생용품의 종류)** 「위생용품 관리법」(이하 "법"이라 한다) 제2조제1호라목4)에서 "대통령령으로 정하는 것"이란 별표 1의 용품을 말한다.
   > [별표1] 위생용품의 종류(제2조 관련)
   > 1. 일회용 팬티라이너(「약사법」 제2조제7호가목에 따른 의약외품은 제외한다)
   > 2. 손을 닦는 용도 등으로 사용할 수 있도록 포장된 마른 티슈로서 최종 단계에서 물을 첨가하여 사용하는 제품

2. "위생용품제조업"이란 판매하거나 영업에 사용할 목적으로 위생물수건을 제외한 위생용품을 제조·가공·소분 [(小分): 완제품을 나누어 유통을 목적으로 재포장하는 것을 말한다. 이하 같다]하는 영업을 말한다.

3. "위생용품수입업"이란 판매하거나 영업에 사용할 목적으로 위생물수건을 제외한 위생용품을 수입하는 영업을 말한다.

4. "위생물수건처리업"이란 위생물수건을 세척·살균·소독 등의 방법으로 처리(이하 "위생처리"라 한다)하여 포장·대여하는 영업을 말한다.

II. 벌 칙

제32조(벌칙) 다음 각 호의 어느 하나에 해당하는 자는 1년 이하의 징역 또는 1천만원 이하의 벌금에 처한다.
  1. 제3조제1항 또는 제2항에 따른 시설을 갖추지 아니하고 영업을 한 자
  2. 제3조제1항 전단 또는 제3조제2항 전단에 따른 신고를 하지 아니하고 영업을 한 자
  3. 제6조제3항에 따른 영업자 지위승계의 신고를 하지 아니한 자
  4. 제7조제1항에 따른 영업자 준수사항을 위반한 자. 다만, 총리령으로 정하는 경미한 사항을 위반한 자는 제외한다.
  5. 제8조제1항에 따른 신고를 하지 아니하고 위생용품을 수입한 자
  6. 제10조제3항을 위반하여 기준과 규격에 맞지 아니하는 위생용품을 판매·대여하거나 판매·대여할 목적으로 제조·가공·소분·수입·위생처리·저장·진열·운반하거나 영업에 사용한 자
  7. 제11조제2항을 위반하여 표시기준에 맞지 아니하는 위생용품을 판매·대여하거나 판매·대여할 목적으로 제조·가공·소분·수입·위생처리·저장·진열·운반하거나 영업에 사용한 자
  8. 제12조제1항에 따른 허위표시 등의 금지 의무를 위반한 자. 다만, 총리령으로 정하는 경미한 사항을 위반한 자는 제외한다.
  9. 제13조제1항 또는 제2항에 따른 검사를 실시하지 아니한 자
  10. 제14조제1항에 따른 관계 공무원의 출입·검사·수거 등을 거부·방해하거나 기피한 자
  11. 제16조제1항 또는 제2항에 따른 관계 공무원의 압류·폐기를 거부·방해하거나 기피한 자
  12. 제16조제2항에 따른 명령을 위반한 자
  12의2. 제16조제3항에 따른 회수계획을 보고하지 아니하거나 거짓으로 보고한 자
  13. 제17조제1항에 따른 영업정지 명령 또는 영업소 폐쇄명령을 위반하여 영업을 한 자
  14. 제19조제1항에 따른 안내문 또는 봉인 등을 제거하거나 훼손시킨 자
제33조(양벌규정) 법인의 대표자나 법인 또는 개인의 대리인, 사용인, 그 밖의 종업원이 그 법인 또는 개인의 업무에 관하여 제32조 각 호의 어느 하나에 해당하는 위반행위를 하면 행위자를 벌하는 외에 그 법인 또는 개인에게도 해당 조문의 벌금형을 과(科)한다. 다만, 법인 또는 개인이 그 위반행위를 방지하기 위하여 그 업무에 관하여 상당한 주의와 감독을 게을리하지 아니한 경우에는 그러하지 아니하다.

III. 범죄사실

1. 미신고 위생용품 처리업

1) 적용법조 : 제32조 제2항, 제3조 제1항   ☞   공소시효 5년

제3조(영업의 신고) ① 위생용품제조업 또는 위생물수건처리업을 하려는 자는 총리령으로 정하는 기준에 따른 시설을 갖추고 특별자치시장·특별자치도지사·시장·군수·구청장(자치구의 구청장을 말한다. 이하 같다)에게 신고하여야 한다. 신고한 사항 중 총리령으로 정하는 사항을 변경하려는 경우에도 또한 같다.
② 위생용품수입업을 하려는 자는 총리령으로 정하는 기준에 따른 시설을 갖추고 식품의약품안전처장에게 신고하여야 한다. 신고한 사항 중 총리령으로 정하는 사항을 변경하려는 경우에도 또한 같다.
③ 특별자치시장·특별자치도지사·시장·군수·구청장 또는 식품의약품안전처장은 제1항 또는 제2항에 따른 영업신고를 받은 경우에는 신고를 받은 날부터 총리령으로 정하는 기간 내에 수리(受理) 여부 또는 처리 지연 사유를 통지하여야 한다. 이 경우 그 기간 내에 수리 여부 또는 처리 지연 사유를 통지하지 아니하면 그 기간이 끝난 날의 다음 날에 신고가 수리된 것으로 본다.
④ 제1항에 따른 위생용품제조업의 신고를 한 자가 사람에게 화학물질이 노출될 우려가 있는 등 국민의 건강 보호

를 위하여 특별히 관리가 필요한 대통령령으로 정하는 품목을 제조·가공하려는 경우에는 그 품목의 제품명, 성분 등을 총리령으로 정하는 바에 따라 특별자치시장·특별자치도지사·시장·군수·구청장에게 그 사실을 보고하여야 한다. 보고한 사항 중 총리령으로 정하는 중요한 사항을 변경하려는 경우에도 또한 같다.

⑤ 제1항 또는 제2항에 따른 신고의 내용, 방법 및 절차 등에 필요한 사항은 총리령으로 정한다.

2) 범죄사실 기재례

위생용품제조업 또는 위생물수건처리업을 하려는 자는 총리령으로 정하는 기준에 따른 시설을 갖추고 특별자치시장·특별자치도지사·시장·군수·구청장(자치구의 구청장을 말한다. 이하 같다)에게 신고하여야 한다.

그럼에도 불구하고 피의자는 신고없이 20○○. ○. ○.경부터 20○○. ○. ○.경까지 사이에 ○○에 있는 ○○건물 약 300㎡에서 ○○위생업이라는 상호로 ○○ 등 영업시설을 갖추고 위생물수건을 세척·살균·소독 등의 방법으로 처리하여 포장·대여하는 영업을 하였다.

3) 신문사항

- 피의자는 위생물수건처리업 하고 있는가
- 언제부터 어디에서 무슨 상호로 영업을 하고 있나
- ○○군수의 신고를 하고 영업을 하였나
- 신고 없이 영업을 하다가 적발된 사실이 있나
- 언제누구에게 적발되었나요

  이때 고발장에 첨부된 시인서 등을 보여 주며
- 이러한 위반내용이 사실인가
- 피의자가 경영하는 업소의 규모는(면적, 시설, 규모, 종업원 수 등)
- 1일 매상은 얼마나
- 신고 없이 영업을 한 이유는
- 전에도 같은 법 위반으로 처벌받은 사실이 있나
- 피의자에게 유리한 증거나 진술이 있나

2. 영업자 지위승계 미신고

1) 적용법조 : 제32조 제3호, 제6조 제3항 ☞ 공소시효 5년

제6조(영업자의 지위승계) ① 다음 각 호의 어느 하나에 해당하는 자는 영업자의 지위를 승계한다.
  1. 영업자가 사망한 경우: 그 상속인
  2. 영업자가 영업을 양도한 경우: 그 양수인
  3. 법인인 영업자가 다른 법인과 합병한 경우: 합병 후 존속하는 법인이나 합병에 따라 설립되는 법인
② 다음 각 호의 어느 하나에 해당하는 절차에 따라 영업용 시설의 전부를 인수한 자는 그 영업자의 지위를 승계한다. 이 경우 종전의 영업자가 한 영업 신고는 그 효력을 잃는다.
  1. 「민사집행법」에 따른 경매
  2. 「채무자 회생 및 파산에 관한 법률」에 따른 환가(換價)
  3. 「국세징수법」·「관세법」또는「지방세기본법」에 따른 압류재산의 매각
  4. 그 밖에 제1호부터 제3호까지의 규정에 준하는 절차
③ 제1항 또는 제2항에 따라 영업자의 지위를 승계한 자는 총리령으로 정하는 바에 따라 승계한 날부터 30일 이내에 그 사실을 식품의약품안전처장 또는 특별자치시장·특별자치도지사·시장·군수·구청장에게 신고하여야 한다.

2) 범죄사실 기재례

영업자의 지위를 승계한 자는 총리령으로 정하는 바에 따라 승계한 날부터 30일 이내에 그 사실을 식품의약품안전처장 또는 특별자치시장·특별자치도지사·시장·군수·구청장에게 신고하여야 한다.
그럼에도 불구하고 피의자는 20○○. ○. ○. 경 ○○에 있는 ○○위생용품제조업을 전 업주인 甲으로부터 그 영업을 양수하고도 30월이 지난 20○○. ○. ○.까지 지위 승계신고를 하지 아니하였다.

3) 신문사항

  - 피의자는 언제부터 위생용품제조업을 하고 있나
  - 영업신고자는 누구인가요
  - 피의자가 경영하는 업소를 언제 누구로부터 인수하였는가
  - 인수 후 관할구청에 영업승계신고는 하였나요
  - 지위승계신고를 하지 않아 적발된 사실이 있나요
  - 언제 누구에게 적발되었나요
  - 허가업종은 무엇이며 업소의 규모는(면적, 시설, 규모, 종업원 등)
  - 지위승계를 하지 않고 영업을 한 이유는
  - 피의자에게 유리한 증거나 진술이 있나

제89장 위치정보의 보호 및 이용 등에 관한 법률

Ⅰ. 개념정의 및 다른 법률과의 관계

1. 개념정의

> **제2조(정의)** ① 이 법에서 사용하는 용어의 정의는 다음과 같다.
> 1. "위치정보"라 함은 이동성이 있는 물건 또는 개인이 특정한 시간에 존재하거나 존재하였던 장소에 관한 정보로서 「전기통신사업법」 제2조제2호 및 제3호에 따른 전기통신설비 및 전기통신회선설비를 이용하여 측위(測位)된 것을 말한다.
> 2. "개인위치정보"라 함은 특정 개인의 위치정보(위치정보만으로는 특정 개인의 위치를 알 수 없는 경우에도 다른 정보와 용이하게 결합하여 특정 개인의 위치를 알수 있는 것을 포함한다)를 말한다.
> 3. "개인위치정보주체"라 함은 개인위치정보에 의하여 식별되는 자를 말한다.
> 4. "위치정보 수집사실 확인자료"라 함은 위치정보의 수집요청인, 수집일시 및 수집방법에 관한 자료(위치정보는 제외한다)를 말한다.
> 5. "위치정보 이용·제공사실 확인자료"라 함은 위치정보를 제공받는 자, 취득경로, 이용·제공일시 및 이용·제공방법에 관한 자료(위치정보는 제외한다)를 말한다.
> 6. "위치정보사업"이라 함은 위치정보를 수집하여 위치기반서비스사업을 하는 자에게 제공하는 것을 사업으로 영위하는 것을 말한다.
> 7. "위치기반서비스사업"이라 함은 위치정보를 이용한 서비스(이하 "위치기반서비스"라 한다)를 제공하는 것을 사업으로 영위하는 것을 말한다.
> 8. "위치정보시스템"이라 함은 위치정보사업 및 위치기반서비스사업을 위하여 「정보통신망 이용촉진 및 정보보호 등에 관한 법률」 제2조제1항제1호에 따른 정보통신망을 통하여 위치정보를 수집·저장·분석·이용 및 제공할 수 있도록 서로 유기적으로 연계된 컴퓨터의 하드웨어, 소프트웨어, 데이터베이스 및 인적자원의 결합체를 말한다.

2. 다른 법률과의 관계

> **제4조(다른 법률과의 관계)** 위치정보의 수집, 저장, 보호 및 이용 등에 관하여 다른 법률에 특별한 규정이 있는 경우를 제외하고는 이 법에서 정하는 바에 의한다.

II. 벌 칙

제39조(벌칙) 다음 각 호의 어느 하나에 해당하는 자는 5년 이하의 징역 또는 5천만원 이하의 벌금에 처한다.
1. 제5조제1항의 규정을 위반하여 등록을 하지 아니하고 위치정보사업을 하는 자 또는 거짓이나 그 밖의 부정한 방법으로 등록을 한 자
2. 제17조의 규정을 위반하여 개인위치정보를 누설·변조·훼손 또는 공개한 자
3. 제18조제1항·제2항 또는 제19조제1항·제2항·제5항을 위반하여 개인위치정보주체의 동의를 얻지 아니하거나 동의의 범위를 넘어 개인위치정보를 수집·이용 또는 제공한 자 및 그 정을 알고 영리 또는 부정한 목적으로 개인위치정보를 제공받은 자
4. 제21조의 규정을 위반하여 이용약관에 명시하거나 고지한 범위를 넘어 개인위치정보를 이용하거나 제3자에게 제공한 자
5. 제29조제8항을 위반하여 개인위치정보를 긴급구조 외의 목적에 사용한 자
6. 제29조제11항을 위반하여 개인위치정보주체의 동의를 받지 아니하거나 긴급구조 외의 목적으로 개인위치정보를 제공하거나 제공받은 자

제40조(벌칙) 다음 각 호의 어느 하나에 해당하는 자는 3년 이하의 징역 또는 3천만원 이하의 벌금에 처한다.
1. 제5조제2항을 위반하여 변경등록을 하지 아니하고 위치정보사업을 하는 자 또는 거짓이나 그 밖의 부정한 방법으로 변경등록을 한 자
1의2. 제5조의2제1항을 위반하여 신고를 하지 아니하고 개인위치정보를 대상으로 하지 아니하는 위치정보사업을 하는 자 또는 거짓이나 그 밖의 부정한 방법으로 신고한 자
2. 제9조제1항, 제9조의2제1항 단서 또는 같은 조 제4항을 위반하여 신고를 하지 아니하고 위치기반서비스사업을 하는 자 또는 거짓이나 그 밖의 부정한 방법으로 신고한 자
3. 제13조제1항에 따른 사업의 폐지명령을 위반한 자
4. 제15조제1항을 위반하여 개인위치정보주체의 동의를 받지 아니하고 해당 개인위치정보를 수집·이용 또는 제공한 자
5. 제15조제2항을 위반하여 타인의 정보통신기기를 복제하거나 정보를 도용하는 등의 방법으로 개인위치정보사업자등을 속여 타인의 개인위치정보를 제공받은 자

제40조의2(벌칙) 제23조제1항을 위반하여 개인위치정보를 파기하지 아니한 자는 2년 이하의 징역 또는 2천만원 이하의 벌금에 처한다.

제41조(벌칙) 다음 각 호의 어느 하나에 해당하는 자는 1년 이하의 징역 또는 2천만원 이하의 벌금에 처한다.
1. 제5조의2제3항제3호 또는 제9조제3항제3호를 위반하여 변경신고를 하지 아니하고 위치정보시스템을 변경한 자 또는 거짓이나 그 밖의 부정한 방법으로 위치정보시스템의 변경신고를 한 자
2. 제8조제4항 또는 제11조제1항·제2항을 위반하여 위치정보를 파기하지 아니한 자
3. 제13조제1항에 따른 사업의 정지명령을 위반한 자
4. 제16조제1항을 위반하여 기술적·관리적 조치를 하지 아니한 자(제38조의3에 따라 준용되는 자를 포함한다)
4의2. 제16조제2항을 위반하여 위치정보 수집·이용·제공사실 확인자료가 위치정보시스템에 자동으로 기록·보존되도록 하지 아니한 자
5. 제29조제5항을 위반하여 긴급구조기관 또는 경찰관서의 요청을 거부하거나 제29조제7항을 위반하여 경보발송을 거부한 자

제42조(양벌규정) 법인의 대표자나 법인 또는 개인의 대리인, 사용인, 그 밖의 종업원이 그 법인 또는 개인의 업무에 관하여 제39조부터 제41조까지의 어느 하나에 해당하는 위반행위를 하면 그 행위자를 벌하는 외에 그 법인 또는 개인에게도 해당 조문의 벌금형을 과(科)한다. 다만, 법인 또는 개인이 그 위반행위를 방지하기 위하여 해당 업무에 관하여 상당한 주의와 감독을 게을리하지 아니한 경우에는 그러하지 아니하다.

III. 범죄사실

1. 위치정보 수집

1) 적용법조 : 제40조 제4호, 제15조 제1항 ☞ 공소시효 10년

> 제15조(위치정보의 수집 등의 금지) ① 누구든지 개인 또는 소유자의 동의를 얻지 아니하고 당해 개인 또는 이동성이 있는 물건의 위치정보를 수집·이용 또는 제공하여서는 아니된다. 다만, 다음 각 호의 어느 하나에 해당하는 경우에는 그러하지 아니하다.
> 1. 제29조제1항에 따른 긴급구조기관의 긴급구조요청 또는 같은 조 제7항에 따른 경보발송요청이 있는 경우
> 2. 제29조제2항에 따른 경찰관서의 요청이 있는 경우
> 3. 다른 법률에 특별한 규정이 있는 경우

2) 범죄사실 기재례

[기재례1] 차량을 판매하면서 위치추적기 부착

1. 사 기

피의자들은 피의자 3의 제안에 따라 피의자 1 소유의 (차량번호 생략) BMW Z4 승용차에 GPS 장치를 설치한 후 위 승용차를 인터넷 사이트를 통해 매도하여 대금을 지급받은 다음 위 승용차의 위치를 파악 후 보조키를 이용하여 다시 가져오는 방법으로 승용차 매매대금을 편취하기로 공모하였다.

피의자 2는 위 공모에 따라 20○○. ○. ○.경 "○○"라는 인터넷 중고차 판매 사이트에 위 승용차를 판매하겠다는 글을 게시하여 거짓말을 하였다. 그러나 사실 피의자들은 위 승용차를 인도하여 매매대금을 지급받은 다음 다시 승용차를 가지고 올 생각이었을 뿐 승용차를 판매할 의사나 능력이 없었다.

피의자들은 이에 속은 피해자 갑으로부터 위 승용차를 매수하겠다는 연락을 받고, 피의자 1과 피의자 2는 20○○. ○. ○. 01:30경 ○○에 있는 앞길에서 위 피해자로부터 위 승용차 매매대금으로 ○○만 원을 받고 위 승용차를 인도한 다음, 같은 날 05:17경 위 승용차에 설치된 GPS 장치를 통하여 파악한 피해자의 주소지인 ○○에 있는 ○○아파트 주차장으로 이동한 후 피의자 1이 위 주차장에 있는 위 승용차를 운전하여 갔다.

이로써 피의자들은 공모하여 피해자를 기망하여 재물을 교부받았다.

2. 위치정보의 보호 및 이용 등에 관한 법률 위반

누구든지 개인 또는 소유자의 동의를 얻지 아니하고 당해 개인 또는 이동성이 있는 물건의 위치정보를 수집·이용 또는 제공하여서는 아니 된다.

그럼에도 불구하고 피의자들은 공모하여 위 1항과 같이 (차량번호) BMW Z4 승용차 조수석 밑부분에 GPS 장치를 설치한 다음 위 1항과 같이 승용차를 매수한 갑의 동의를 받지 않고 20○○. ○. ○. 01:30경 ○○ 앞길에서부터 같은 날 5:30경 ○○에 있는 ○○아파트 주차장까지 위 승용차의 위치정보를 피의자 1의 휴대전화로 전송받아 이동성이 있는 물건의 위치정보를 수집하였다.

[기재례2] 차량에 위치추적기 부착 위치추적

> 피의자는 20○○. ○. ○.경부터 20○○. ○. ○.경까지 피해자 갑(여, 33세)와 교제하였던 사이로, 피해자로부터 일방적으로 이별 통보를 받자 피해자가 다른 남성을 만난다고 의심하여 피해자의 위치를 추적하기로 마음먹었다.
>
> 누구든지 개인위치정보주체의 동의를 받지 아니하고 해당 개인위치정보를 수집·이용 또는 제공하여서는 아니 된다.
>
> 그럼에도 피의자는 20○○. ○. ○.경 ○○에서 피해자가 운행하는 ○○승용차의 뒤 범퍼 부분에 피해자의 위치정보를 수집할 수 있는 GPS 단말기를 몰래 부착한 뒤 그때부터 20○○. ○. ○.경까지 사이에 피의자의 휴대전화에 설치된 위치추적어플을 통하여 위 GPS단말기로 수집한 피해자의 개인위치정보를 수집하였다.
>
> 이로써 피의자는 개인위치정보주체인 피해자의 동의를 받지 아니하고 피해자의 개인 위치정보를 수집하였다

3) 신문사항

- 차량의 위치를 추적한 사실이 있는가
- 언제 어떤 차량의 위치를 추적하였는가
- 언제 어떤 방법으로 위치추적기를 부착하였는가
- 차량 소유자 등의 동의를 받았는가
- 언제 어디에서 위치추적기를 구입하였는가
- 무엇 때문에 위치를 추적하였는가

■ **판례** ■　위치정보의 보호 및 이용 등에 관한 법률에서 정한 '개인의 위치정보'의 의미 및 구 위치정보의 보호 및 이용 등에 관한 법률이 개인 등의 위치정보의 수집 등을 금지하고 위반 시 형사처벌하도록 정한 취지 / 제3자가 정보주체의 동의를 얻지 아니하고 개인의 위치정보를 수집·이용 또는 제공한 경우, 그로 인하여 정보주체에게 위자료로 배상할 만한 정신적 손해가 발생하였는지 판단하는 기준

'개인의 위치정보'는 특정 개인이 특정한 시간에 존재하거나 존재하였던 장소에 관한 정보로서 전기통신기본법 제2조 제2호 및 제3호의 규정에 따른 전기통신설비 및 전기통신회선설비를 이용하여 수집된 것인데, 위치정보만으로는 특정 개인의 위치를 알 수 없는 경우에도 다른 정보와 용이하게 결합하여 특정 개인의 위치를 알 수 있는 것을 포함한다(위치정보의 보호 및 이용 등에 관한 법률 제2조 제1호, 제2호). 위치정보를 다른 정보와 종합적으로 분석하면 개인의 종교, 대인관계, 취미, 자주 가는 곳 등 주요한 사적 영역을 파악할 수 있어 위치정보가 유출 또는 오용·남용될 경우 사생활의 비밀 등이 침해될 우려가 매우 크다. 이에 구 위치정보의 보호 및 이용 등에 관한 법률(2015. 12. 1. 법률 제13540호로 개정되기 전의 것)은 누구든지 개인 또는 소유자의 동의를 얻지 아니하고 개인 또는 이동성이 있는 물건의 위치정보를 수집·이용 또는 제공하여서는 아니 된다고 정하고, 이를 위반한 경우에 형사처벌하고 있다(제15조 제1항, 제40조 참조). 한편 제3자가 정보주체의 동의를 얻지 아니하고 개인의 위치정보를 수집·이용 또는 제공한 경우, 그로 인하여 정보주체에게 위자료로 배상할 만한 정신적 손해가 발생하였는지는 위치정보 수집으로 정보

주체를 식별할 가능성이 발생하였는지, 제3자가 수집된 위치정보를 열람 등 이용하였는지, 위치정보가 수집·이용된 기간이 장기간인지, 위치정보를 수집하게 된 경위와 수집한 정보를 관리해 온 실태는 어떠한지, 위치정보 수집·이용으로 인한 피해 발생 및 확산을 방지하기 위하여 어떠한 조치가 취하여졌는지 등 여러 사정을 종합적으로 고려하여 구체적 사건에 따라 개별적으로 판단하여야 한다. (대법원 2016. 9. 28., 선고, 2014다56652, 판결)

2. 휴대폰을 복제하여 위치추적

1) 적용법조 : 제40조 제5호, 제15조 제2항 ☞ 공소시효 5년

제15조(위치정보의 수집 등의 금지) ① 누구든지 개인 또는 소유자의 동의를 얻지 아니하고 당해 개인 또는 이동성이 있는 물건의 위치정보를 수집·이용 또는 제공하여서는 아니된다. 다만, 다음 각 호의 어느 하나에 해당하는 경우에는 그러하지 아니하다.

1. 제29조제1항에 따른 긴급구조기관의 긴급구조요청 또는 같은 조 제7항에 따른 경보발송요청이 있는 경우
2. 제29조제2항에 따른 경찰관서의 요청이 있는 경우
3. 다른 법률에 특별한 규정이 있는 경우

② 누구든지 타인의 정보통신기기를 복제하거나 정보를 도용하는 등의 방법으로 위치정보사업자등을 속여 타인의 개인위치정보를 제공받아서는 아니된다.

---

2) 범죄사실 기재례

누구든지 형식검정에 합격하거나 형식등록을 한 기구 또는 전자파 적합등록을 한 기구의 성능을 복제하여서는 아니 되며, 타인의 정보통신기기를 복제하거나 정보를 도용하는 등의 방법으로 위치정보사업자 등을 속여 타인의 개인 위치정보를 제공받아서는 아니 된다.

그럼에도 불구하고 피의자들은 공모하여 20○○. ○. ○.경 ○○에서 피의자 甲의 지시를 받은 피의자는 '○○'이라는 심부름센터 운영자로부터 휴대폰 번호 '010-○○○○-○○○○번'에 대한 위치추적을 의뢰받고 그 의뢰내용을 위 甲에게 휴대폰으로 전달하고, 위 甲은 성명불상의 휴대전화복제 전문가에게 의뢰하여 위 휴대폰을 알 수 없는 방법으로 복제한 후 인증번호를 알아내어 피의자에게 휴대폰으로 알려주고, 피의자는 ○○텔레콤의 홈페이지에 접속하여 위 인증번호를 이용하여 임의로 위 휴대폰에 대한 아이디 및 비밀번호를 생성한 후, 이를 심부름센터 운영자 丙에게 알려주고, ○○텔레콤 홈페이지에서 위 휴대폰에 대해 위치추적을 할 수 있도록 하였다.

이로써 피의자들은 형식검정에 합격하거나 형식등록을 한 기구 또는 전자파 적합등록을 한 기구인 위 휴대폰의 성능을 복제하고, 타인의 정보통신기기를 복제하거나 정보를 도용하는 등의 방법으로 위치정보사업자 등을 속여 타인의 개인 위치정보를 제공받은 것을 비롯하여 그때부터 20○○. ○. ○.경까지 같은 수법으로 별지 범죄일람표 기재와 같이 총 ○○에 걸쳐 형식검정에 합격하거나 형식등록을 한 기구 또는 전자파 적합등록을 한 기구인 휴대폰의 성능을 복제하고, 타인의 정보통신기기를 복제하거나 정보를 도용하는 등의 방법으로 위치정보사업자 등을 속여 타인의 개인 위치정보를 제공받았다.

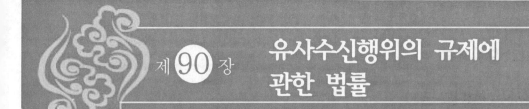

I. 개념정의

제2조(정의) 이 법에서 "유사수신행위"란 다른 법령에 따른 인가·허가를 받지 아니하거나 등록·신고 등을 하지 아니하고 불특정 다수인으로부터 자금을 조달하는 것을 업(業)으로 하는 행위로서 다음 각 호의 어느 하나에 해당하는 행위를 말한다.
1. 장래에 출자금의 전액 또는 이를 초과하는 금액을 지급할 것을 약정하고 출자금을 받는 행위
2. 장래에 원금의 전액 또는 이를 초과하는 금액을 지급할 것을 약정하고 예금·적금·부금·예탁금 등의 명목으로 금전을 받는 행위
3. 장래에 발행가액(發行價額) 또는 매출가액 이상으로 재매입(再買入)할 것을 약정하고 사채(社債)를 발행하거나 매출하는 행위
4. 장래의 경제적 손실을 금전이나 유가증권으로 보전(補塡)하여 줄 것을 약정하고 회비 등의 명목으로 금전을 받는 행위

II. 벌 칙

제4조(유사수신행위의 표시·광고의 금지) 누구든지 유사수신행위를 하기 위하여 불특정 다수인을 대상으로 하여 그 영업에 관한 표시 또는 광고(「표시·광고의 공정화에 관한 법률」에 따른 표시 또는 광고를 말한다)를 하여서는 아니 된다.
제5조(금융업 유사상호 사용금지) 누구든지 유사수신행위를 하기 위하여 그 상호(商號) 중에 금융업으로 인식될 수 있는 명칭으로서 대통령령으로 정하는 명칭을 사용하여서는 아니 된다.
제6조(벌칙) ① 제3조를 위반하여 유사수신행위를 한 자는 5년 이하의 징역 또는 5천만원 이하의 벌금에 처한다.
② 제4조를 위반하여 표시 또는 광고를 한 자는 2년 이하의 징역 또는 2천만원 이하의 벌금에 처한다.
제7조(양벌규정) 법인의 대표자나 법인 또는 개인의 대리인, 사용인, 그 밖의 종업원이 그 법인 또는 개인의 업무에 관하여 제6조의 위반행위를 하면 그 행위자를 벌하는 외에 그 법인 또는 개인에게도 해당 조문의 벌금형을 과(科)한다. 다만, 법인 또는 개인이 그 위반행위를 방지하기 위하여 해당 업무에 관하여 상당한 주의와 감독을 게을리하지 아니한 경우에는 그러하지 아니하다.

III. 범죄사실

1. 유사수신행위의 금지

1) 적용법조 : 제6조 제1항, 제3조 ☞ 공소시효 7년

제3조(유사수신행위의 금지) 누구든지 유사수신행위를 하여서는 아니 된다.

2) 범죄사실 기재례

[기재례1] 상품권 판매수익금 미끼로 투자금 유치

가. 사기

1) 피의자는 20○○. ○. ○. ○○에 있는 ○○주식회사 사무실에서 사실은 피해자 홍길동으로부터 투자금을 받더라도 원금 및 수익금을 제대로 지급하여 줄 의사나 능력이 없었다.

그럼에도 불구하고 피의자는 음에도 불구하고, 위 피해자에게 "가전제품이나 상품권을 대량으로 구입하여 판매하면 높은 수익금이 발생하는데 투자후원금은 요구하면 한 달 후에 상환하여 주고 15일에 3%의 수익을 보장하여 주겠다"라는 취지로 거짓말을 하였다.

피의자는 이에 속은 위 피해자로부터 같은 날 투자금 명목으로 ○○만 원을 피의자 甲 명의의 ○○은행 계좌(계좌번호)로 송금받았다.

2) 피의자는 20○○. ○. ○.경 위 주식회사 피해자 A에게 "상품권을 구입하여 판매하면 높은 수익금이 발생하는데 투자하면 원금은 35일 후에 상환하여 주고 월 25%의 이익배당금을 주겠다"라는 취지로 거짓말을 하였다.

피의자는 이에 속은 피해자로부터 같은 날 투자금 명목으로 ○○만 원을 교부받았다.

나. 유사수신행위의 규제에 관한 법률 위반

누구든지 다른 법령에 따른 인가·허가를 받지 아니하거나 등록·신고 등을 하지 아니하고 불특정 다수인으로부터 자금을 조달하는 것을 업으로 하여 장래에 출자금의 전액 또는 이를 초과하는 금액을 지급할 것을 약정하고 출자금을 수입하는 유사수신행위를 하여서는 아니된다.

그럼에도 불구하고 피의자는 위 "가항" 기재 각각 일시장소에서 투자금 명목으로 합계 ○○ 만원을 수입하여 유사수신행위를 하였다.

[기재례2] 주주차입금 명목으로 수입하여 유사수신행위

누구든지 금융관계법령에 의한 인가·허가를 받지 아니하거나 등록·신고를 하지 아니하고 불특정다수인으로부터 자금을 조달하는 것을 업으로 하기 위하여 출자금을 수입하거나 예금·적금·예탁금 등의 명목으로 금전을 수입하여서는 아니 된다.

그럼에도 불구하고 피의자는 20○○. ○. ○. 경 위 회사 사무실에서 피해자 홍길동에게 1년 후 원금과 함께 연리 20%의 이자를 지급하기로 약정한 후 주주차입금 명목으로 ○○만원을 수입한 것을 비롯하여 20○○. ○. ○.까지 별지 범죄일람표의 기재와 같이 ○○명의 고객으로부터 합계 ○○만원을 주주차입금 명목으로 수입하여 유사수신행위를 하였다.

[기재례3] 교통범칙금 대납명목 유사수신행위

피의자는 금융위원회의 허가 없이 '라이센스보장'이라는 이름 아래 회원이 연회비를 내면 회원가입일로부터 1년간 차량운행 중 도로교통법시행령 제○○조에 규정된 ○○종의 위반행위(일부 위반행위는 보상하는 범위에서 제외)로 적발되어 범칙금을 통보받는 경우 회수 및 금액에 불문하고 회원에게 그 범칙금 상당액을 지급하는 대신 국가에 이를 전부 대납함으로써 보상해 주는 내용의 상품을 내걸고 회원과 계약을 체결하였다.

상품의 종류는 일반회원의 경우 위반행위 발생가능성의 정도를 예상하여 가입대상차량 및 연령에 따라 승용차 운전자는 Ⅰ종(40세 미만은 A형, 40세 이상은 B형으로 나눔), 비영업용 승합차량, 4t 이하 화물자동차 운전자는 Ⅱ종, 영업용 차량, 4t 초과 화물자동차, 특수차량 운전자는 Ⅲ종으로 나누어, 연회비로 Ⅰ종 A형 가입자는 ○○원, Ⅰ종 B형 가입자는 ○○원, Ⅱ종 A형 가입자는 ○○원, Ⅱ종 B형 가입자는 ○○원, Ⅲ종 A형 가입자는 ○○원, Ⅲ종 B형 가입자는 ○○원을 납부하되, Ⅱ종 가입자는 Ⅰ종까지, Ⅲ종 가입자는 Ⅰ종 및 Ⅱ종까지 보상하고, 대리점 회원(일반회원을 모집할 수 있는 회원)의 경우 대리점가입비 및 회원가입비로 ○○원을 납부하면 일반회원 Ⅰ종의 해당 범칙금을 보상하여 주기로 약정하였다.

이로써 피의자는 200○. ○. ○.경부터 200○. ○. ○.경까지 사이에 甲 등 ○○명과 위와 같은 계약을 체결하고 연회비로 합계 ○○만원을 납부받아 유사수신행위를 하였다.

[기재례4] 건강보조식품 유사수신행위

누구든지 법령에 의한 인가·허가 등을 받지 아니하고 장래에 출자금의 전액 또는 이를 초과하는 금액을 지급할 것을 약정하고 불특정다수인으로부터 출자금을 수입하는 유사수신행위를 하여서는 아니 된다.

그럼에도 불구하고 피의자는 200○. ○. ○.경부터 200○. ○. ○.경까지 ○○에 있는 ○○주식회사 본사 및 전국 ○○개 지사, ○○개 센터에서 불특정다수인을 상대로 건강보조식품 등 회사 구매가 판매가에서 부여되는 에스브이(SV)를 뺀 금액보다 적은 판매가의 약 20%에 미치지 못하는 저가의 물품을 제공하면서 약정서를 작성하였다.

약정서의 내용은 "일정 금액 이상의 물품을 구입하고 판매원이 된 후 1단위(비즈)를 속칭 ○○만 에스브이(평균 ○○만 원)로 하여 투자 한도 제한 없이 투자하면 그 투자금 중 25%만을 공유수당 지급에 사용하고, 수당, 운영비, 물품대금 등을 제외한 자금은 수익사업에 투자하며, 그리하여 투자금 10단위(비즈) 약 ○○만 원에 대하여 원금을 초과하는 ○○만 원을, 100단위(비즈) 약 ○○만 원에 대하여 원금을 초과하는 ○○만 원을 틀림없이 지급해 주겠다. 후순위 투자금이 영속적으로 납부되지 않더라도 수당, 운영비, 물품대금 등으로 사용하고 남은 자금을 수익사업에 투자하여 발생하는 수익금으로 투자금 10단위(비즈) 약 ○○만 원에 대하여 원금을 초과하는 ○○만 원을, 100단위(비즈) 약 ○○만 원에 대하여 원금을 초과하는 ○○만 원을 틀림없이 지급하겠다"라고 약정하여 홍길동 등으로부터 물품구입을 가장한 투자금 명목으로 총 ○○회에 걸쳐 합계금 ○○만 원을 수입함으로써 유사수신행위를 하였다.

<表>

연번	차입일	성 명	차입금	이율%(년)	차입기간	비고
1	20○○. ○. ○.	홍길녀	350만	20	1년	복리
2						

3) 신문사항

- 피의자는 (주)○○○상조의 대표인가
- 위 회사는 언제 어떠한 목적으로 설립되었나
- 조직원의 구성과 각 구성원의 역할분담은
- 유사수신행위를 한 일이 있는가
- 언제 어디서 금전을 수입하였나
- 어떠한 방법과 명목으로(이율, 이자지급방법 등)
- 누구를 상대로
- 피해자들에게는 뭐라면서 어떤 조건으로 모집하였나
- 피해자들에게 수입한 금액의 관리는 누가 어떻게 하였나
- 언제까지 총 얼마의 수입을 얻었으며 피해자들에게 배당금명목으로 지급한 금액은

■ 판례 ■ 단계판매조직 등을 이용한 금전거래행위가 유사수신행위의 규제에 관한 법률 제3조에서 금하는 유사수신행위에 해당하기 위한 요건

[1] 사실관계

A주식회사의 대표이사 및 총괄이사인 甲 등은 다단계 판매업을 영위하면서 불특정 다수의 판매원들의 금원을 유치하기 위하여 금 60만 원을 투자할 경우 수당으로 20만 원을 받게 되고, 600만 원을 투자할 경우 800만 원을 수당으로 받게 되며, 6,000만 원을 투자할 경우 1억 700만 원을 수당으로 받게 되어 장래에는 원금 이상의 금액을 돌려준다는 취지로 투자를 권유하여 판매원들로부터 물품대금 명목의 금원을 교부받았으나, 판매한 물품의 출고되지 않은 비율이 50%를 상회하였다.

[2] 판결요지

가. 유사수신행위의 규제에 관한 법률 제3조의 입법 취지 및 상품의 거래가 매개된 자금의 수입이 위 법률에서 금하는 유사수신행위에 해당하는지의 판단 기준

실질적으로 상품의 거래가 매개된 자금의 수입은 이를 출자금의 수입이라고 보기 어려우나 그것이 상품의 거래를 가장하거나 빙자한 것이어서 실제로는 상품의 거래 없이 금원의 수입만 있는 것으로 볼 수 있는 경우에는 이를 법에서 금하는 유사수신행위로 볼 수 있다.

나. 甲 등의 죄책

피고인들이 운영하는 주식회사가 방판법의 다단계판매업자로서 위 법 소정의 등록요건을 갖추고 다단계판매업을 영위하였다고 하여도 판시 범행과 같이 장래에 출자금의 전액 또는 이를 초과하는 금액을 지급할 것을 약정할 때에는 유사수신규제법 제3조 위반의 죄책을 면할 수 없다(대법원 2007.4.12. 선고 2007도472 판결).

■ 판례 ■ **甲이 평소 알고 지내는 사람에게 직접 투자를 권유하여 자금을 조달한 경우**

[1] 유사수신행위를 금지하는 유사수신행위의 규제에 관한 법률 제3조의 입법 취지

유사수신행위의 규제에 관한 법률 제3조는 유사수신행위를 금지하면서 제2조 제1호에서 '장래에 출자금의 전액 또는 이를 초과하는 금액을 지급할 것을 약정하고 출자금을 수입하는 행위'를 유사수신행위의 하나로 규정하고 있는바, 그와 같이 유사수신행위를 규제하려는 입법 취지는 관계 법령에 의한 허가나 인가를 받지 않고 불특정 다수인으로부터 출자금 등의 명목으로 자금을 조달하는 행위를 규제하여 선량한 거래자를 보호하고 건전한 금융질서를 확립하려는 데에 있다.

[2] 甲의 행위가 유사수신행위에 해당하는지 여부(한정 적극)

유사수신행위의 규제에 관한 법률 제3조의 입법 취지 등에 비추어 볼 때, 광고를 통하여 투자자를 모집하는 등 전혀 면식이 없는 사람들로부터 자금을 조달하는 경우뿐만 아니라 평소 알고 지내는 사람에게 직접 투자를 권유하여 자금을 조달하는 경우라도, 그 자금조달 행위의 구조나 성격상 어느 누구라도 희망을 하면 투자에 참여할 수 있는 기회가 열려 있다고 한다면 이는 불특정 다수인으로부터 자금을 조달하는 행위로서 유사수신행위에 해당한다고 봄이 상당하다(대법원 2006.5.26. 선고 2006도1614 판결).

■ 판례 ■ **甲이 금융감독위원회로부터 신탁업에 대한 인가를 받지 아니하고 투자자들로부터 출자금을 수입한 경우**

피고인들이 상가지분의 분양을 통한 분양대금의 수수라는 외형을 취하여 투자자들로부터 출자금을 수입하였고, 또 임대료의 지급이라는 외형을 취하여 투자자들에게 수익금을 지급하였다고 하더라도, 피고인들이 금융감독위원회로부터 신탁업에 대한 인가를 받지 아니하고 위 투자자들로부터 출자금을 수입한 행위는 그 실질에 있어서 '장래에 출자금의 전액 또는 이를 초과하는 금액을 지급할 것을 약정하고 출자금을 수입한 행위'로서 유사수신행위의 규제에 관한 법률 제2조 제1호에 정하여진 유사수신행위에 해당한다(대법원 2005.12.9. 선고 2005도7120 판결).

■ 판례 ■ **甲이 교통범칙금 상당액을 보상해 주기로 약정하고 연회비를 납부받은 경우**

[1] 甲의 영업행위가 유사수신행위에 해당하는지 여부(적극)

교통범칙금 상당액을 보상해 주기로 약정하고 연회비를 납부받은 영업행위는 실질적으로 무허가 보험사업으로 유사수신행위의규제에관한법률 제2조 제4호 소정의 '유사수신행위'에 해당한다.

[2] 무등록 다단계판매업 영업행위를 통하여 금전을 수입한 유사수신행위에 대한 유사수신행위의규제에관한법률 제6조, 제3조, 제2조 제4호의 위반죄와 방문판매등에관한법률 제58조 제1호, 제28조 제1항의 위반죄의 죄수 관계(= 실체적 경합범)

방문판매등에관한법률 제58조 제1호는 "제28조 제1항의 규정에 위반하여 등록을 하지 아니하고 다단계판매조직을 개설·관리·운영한 자"를 처벌하고 있어 유사수신행위의규제에관한법률 제3조, 제2조 제4호 소정의 '유사수신행위금지' 규정과는 구성요건과 보호법익을 달리하므로 무등록 다단계판매업 영업행위를 통하여 금전을 수입한 유사수신행위에 대한 유사수신행위의규제에관한법률 제3조, 제2조 각 호의 위반죄와 방문판매등에관한법률 제28조 제1항 위반죄는 법률상 1개의 행위로 평가되는 경우에 해당하지 않으므로, 양 죄를 상상적 경합관계로 볼 것이 아니라 실체적 경합관계로 보아야 한다(대법원 2001.12.24. 선고 2001도205 판결).

■ 판례 ■ 　유사수신행위의 금지에 관한 유사수신행위의 규제에 관한 법률 제3조 위반죄와 특정
경제범죄 가중처벌 등에 관한 법률 제3조 제1항 위반(사기)죄의 관계(=실체적 경합범)

유사수신행위의 규제에 관한 법률 제3조에서 금지하고 있는 유사수신행위 그 자체에는 기망행위
가 포함되어 있지 않고, 이러한 위 법률 위반죄와 특정경제범죄 가중처벌 등에 관한 법률 위반(사
기)죄는 각 그 구성요건을 달리하는 별개의 범죄로서, 서로 행위의 태양이나 보호법익을 달리하고
있어 양 죄는 상상적 경합관계가 아니라 실체적 경합관계로 봄이 상당할 뿐만 아니라, 그 기본적
사실관계에 있어서도 동일하다고 볼 수 없다(대법원 2008.2.29. 선고 2007도10414 판결).

■ 판례 ■ 　상품거래의 형식을 띠었더라도 사실상 금전의 거래라고 볼 수 있는 경우 유사수신행
위에 해당하는지 여부(적극) 및 유사수신행위가 즉시범인지 여부(적극)

유사수신행위의 규제에 관한 법률 제3조 는 유사수신행위를 금지하면서 제2조 제1호 에서 '장래
에 출자금의 전액 또는 이를 초과하는 금액을 지급할 것을 약정하고 출자금을 수입하는 행위'를
유사수신행위의 하나로 규정하고 있는바, 상품거래의 형식을 띠었다고 하더라도 그것이 상품의 거
래를 가장하거나 빙자한 것일 뿐 사실상 금전의 거래라고 볼 수 있는 경우라면 위 법이 금하는
유사수신행위로 볼 수 있다. 또한 위 법 제3조 , 제2조 제1호 의 유사수신행위는 장래에 출자금의
전액 또는 이를 초과하는 금액을 지급할 것을 약정하고 출자금을 수입하는 행위를 함으로써 즉시
성립하고, 그와 동시에 완성되는 즉시범이다(대법원 2009.9.10. 선고 2009도5075 판결).

2. 유사수신행위의 표시 · 광고행위 : 제6조 제2항, 제4조 ☞ 공소시효 5년

> 제4조(유사수신행위의 표시 · 광고의 금지) 누구든지 유사수신행위를 하기 위하여 불특정 다수인을 대상으로 하
> 여 그 영업에 관한 표시 또는 광고(「표시 · 광고의 공정화에 관한 법률」 에 따른 표시 또는 광고를 말한다)를
> 하여서는 아니 된다.

3. 금융업 유사상호 사용

1) 적용법조 : 제6조 제3항, 제5조 ☞ 공소시효 5년

제5조(금융업유사상호 사용금지) 누구든지 유사수신행위를 하기 위하여 그 상호중에 금융업으로 인식할 수 있는 명칭으로서 대통령령이 정하는 명칭을 사용하여서는 아니된다.

※ 시행령(대통령령)
제2조(금융업유사상호의 범위) 「유사수신행위의 규제에 관한 법률」 (이하 "법" 이라 한다) 제5조에서 "대통령령으로 정하는 명칭" 이란 다음 각 호의 것을 말한다.
1. 금융 또는 파이낸스
2. 자본 또는 캐피탈
3. 신용 또는 크레디트
4. 투자 또는 인베스트먼트
5. 자산운용 또는 자산관리
6. 펀드 · 보증 · 팩토링 또는 선물
7. 제1호 내지 제6호의 명칭과 같은 의미를 가지는 외국어용어(그의 한글표기용어를 포함한다)

2) 범죄사실 기재례

> 피의자는 ○○에서 사채업을 하는 사람으로서 누구든지 유사수신행위를 하기 위하여 그 상호 중에 금융업으로 인식할 수 있는 명칭을 사용하여서는 아니된다.
> 그럼에도 불구하고 피의자는 20○○. ○. ○. 경부터 20○○. ○. ○.경까지 사이에 위 장소에 ○○파이낸스라는 금융업 유사상호를 사용하였다.

3) 신문사항

- 금융업을 하고 있는가
- 어떤 금융업인가
- 사업규모는 어느 정도인가
- 상호는 무엇이며 상호표시는 어떻게 하고 있는가
- 어떻게 이런 명칭을 사용하게 되었는가
- 대부업 등록은 하였나
- 누구를 상대로 하고 있는가

I. 개념정의

제2조(정의) 이 법에서 사용하는 용어의 정의는 다음과 같다.
1. "음악"이라 함은 소리를 소재로 박자·선율·화성·음색 등을 일정한 법칙과 형식으로 종합하여 사상과 감정을 나타낸 것을 말한다.
2. "음악산업"이라 함은 음악의 창작·공연·교육, 음반·음악파일·음악영상물·음악영상파일의 제작·유통·수출·수입, 악기·음향기기 제조 및 노래연습장업 등과 이와 관련된 산업을 말한다.
3. "음원"이라 함은 음 또는 음의 표현으로서 유형물에 고정시킬 수 있거나 전자적 형태로 수록할 수 있는 것을 말한다.
4. "음반"이라 함은 음원이 유형물에 고정되어 재생하여 들을 수 있도록 제작된 것을 말한다.
5. "음악파일"이라 함은 음원이 복제·전송·송신·수신될 수 있도록 전자적 형태로 제작되거나 전자적 기기에 수록된 것을 말한다.
6. "음악영상물"이라 함은 음원의 내용을 표현하기 위하여 해당 음원에 영상이 포함되어 제작된 것을 말하며 음악의 실연(실연)에 대한 영상물을 포함한다.
7. "음악영상파일"이라 함은 음악영상물이 복제·전송·송신·수신될 수 있도록 전자적 형태로 제작되거나 전자적 기기에 수록된 것을 말한다.
8. "음반·음악영상물제작업"이라 함은 음반, 음악파일, 음악영상물, 음악영상파일(이하 "음반등"이라 한다)을 기획제작하거나 복제제작하는 영업을 말한다.
9. "음반·음악영상물배급업"이라 함은 음반 등을 수입(원판수입을 포함한다)하거나 그 저작권을 소유·관리하여 음반·음악영상물판매업자 또는 온라인음악서비스제공업자에게 공급하는 영업을 말한다.
10. "음반·음악영상물판매업"이라 함은 음반 및 음악영상물을 소비자에게 직접 판매하는 영업을 말한다.
11. "온라인음악서비스제공업"이라 함은 「정보통신망 이용촉진 및 정보보호 등에 관한법률」 제2조제1항제1호의 규정에 따른 정보통신망을 이용하여 음악파일·음악영상파일을 소비자의 이용에 제공하는 영업을 말한다.
12. "식별표시"라 함은 음반등의 유통통계·검색·검증 등에 활용하기 위하여 「콘텐츠산업 진흥법」 제23조에 따라 문화체육관광부장관이 음반 등에 에 부여한 식별번호·기호 등을 말한다.
13. "노래연습장업"이라 함은 연주자를 두지 아니하고 반주에 맞추어 노래를 부를 수 있도록 하는 영상 또는 무영상 반주장치 등의 시설을 갖추고 공중의 이용에 제공하는 영업을 말한다.
14. "청소년"이라 함은 18세 미만의 사람(「초·중등교육법」 제2조에 따른 고등학교에 재학 중인 학생을 포함한다)을 말한다.

II. 벌 칙

제34조(벌칙) ① 제29조제1항 각 호의 규정에 따른 조치를 위반하여 영업을 한 자는 5년 이하의 징역 또는 5천만 원 이하의 벌금에 처한다.

② 제22조제1항제4호 또는 제5호의 규정을 위반한 노래연습장업자는 3년 이하의 징역 또는 3천만원 이하의 벌금에 처한다.

③ 다음 각 호의 어느 하나에 해당하는 자는 2년 이하의 징역 또는 2천만원 이하의 벌금에 처한다.

  1. 제18조제1항의 규정을 위반하여 등록을 하지 아니하고 노래연습장업을 영위한 자

  2. 제22조제1항제2호 또는 제3호의 규정을 위반하여 청소년을 출입하게 하거나 주류를 판매·제공한 노래연습장업자

  2의2. 제26조제1항을 위반하여 금지행위를 한 자 또는 같은 조 제3항에 따른 명령을 이행하지 아니한 자

  3. 제27조제1항의 규정에 따른 영업정지명령을 위반하여 영업을 계속한 자(제18조제1항의 규정에 따라 영업등록을 한 자에 한정한다)

  4. 제29조제3항의 규정에 해당하는 음반등을 제작·유통 또는 이용에 제공하거나 그 목적으로 진열·보관 또는 전시한 자

④ 제22조제2항의 규정을 위반한 자는 1년 이하의 징역 또는 300만원 이하의 벌금에 처한다.

⑤ 다음 각 호의 어느 하나에 해당하는 자는 1천만원 이하의 벌금에 처한다.

  1. 제16조의 규정을 위반하여 신고를 하지 아니하고 영업을 한 자

  2. 제27조제1항의 규정에 따른 영업정지명령을 위반하여 영업을 계속한 자(제16조의 규정에 따른 영업의 신고를 한 자에 한정한다)

  3. 제29조제1항 또는 제3항의 규정에 따른 관계공무원의 조치를 거부·방해 또는 기피한 자

제35조(양벌규정) 법인의 대표자나 법인 또는 개인의 대리인, 사용인, 그 밖의 종업원이 그 법인 또는 개인의 업무에 관하여 제34조의 위반행위를 하면 그 행위자를 벌하는 외에 그 법인 또는 개인에게도 해당 조문의 벌금형을 과(科)한다. 다만, 법인 또는 개인이 그 위반행위를 방지하기 위하여 해당 업무에 관하여 상당한 주의와 감독을 게을리하지 아니한 경우에는 그러하지 아니하다.

1. 미등록 노래연습장업

1) 적용법조 : 제34조 제3항 제1호, 제18조 제1항 ☞ 공소시효 5년

제18조(노래연습장업의 등록) ① 노래연습장업을 영위하고자 하는 자는 문화체육관광부령으로 정하는 노래연습장 시설을 갖추어 특별자치시장·특별자치도지사·시장·군수·구청장에게 등록하여야 한다.

---

2) 범죄사실 기재례

   노래연습장업을 영위하고자 하는 자는 노래연습장 시설을 갖추어 관할관청에 등록하여야 한다.

   그럼에도 불구하고 피의자는 20○○. 3. 10.부터 20○○. ○. ○.경까지 등록없이 ○○시 조례동 00번지에 있는 건물 2층 약 70㎡ 규모의 점포에서 "○○노래방"이라는 상호로 객실 5개에 노래방기기를 설치하고 성명불상의 손님들을 상대로 1일 평균 약 ○○만원 상당의 수입을 올리는 노래연습장업을 영위하였다.

3) 신문사항

  – 피의자는 노래연습장을 하고 있는가

  – 등록을 하였는가

    이때 단속 당시 피의자가 작성한 시인서 등을 보여주며

  – 이러한 위반 내용이 사실인가

- 왜 등록을 하지 않고 이러한 영업을 하였나요
- 규모는 어느 정도인가
- 전에도 이러한 위반행위를 한 일이 있는가
- 본 건과 관련 피의자에게 유리한 증거나 참고로 더 할말이 있나

■ **판례** ■ **학교환경위생정화구역 내에서 등록하지 아니하고 노래연습장을 운영한 행위의 죄수 관계**

학교환경위생정화구역 내에서의 단일한 노래연습장의 무등록 영업행위는 구 음반·비디오물 및 게임물에 관한 법률(2006. 4. 28. 법률 제7943호 영화 및 비디오물의 진흥에 관한 법률 부칙 제3조로 폐지)과 학교보건법 소정의 각 범죄구성요건에 해당하는 상상적 경합의 관계에 있다(대법원 2007.6.29. 선고 2007도3038 판결).

■ **판례** ■ **노래연습장 영업을 위하여 관할 경찰서에 신고한 자로부터 영업을 양수한 자가 변경 등록을 하지 않은 경우 구 음반법위반으로 처벌할 수 있는지 여부(적극)**

구 풍속영업규제에관한법률(1999.3.31. 법률 제5942호로 개정되기 전의 것) 5조 1항의 규정에 의하면 풍속영업을 영위하고자 하는 자는 대통령령이 정하는 바에 경찰서장에 신고하여야 하도록 되어 있고 여기에 그 시행령 및 시행규칙의 규정을 종합하면, 구 풍속영업의규제에관한법률 아래에서는 영업의 양도 등으로 인한 업주의 변경은 변경신고의 대상이 될 수 없는 것으로 해석되고, 달리 영업의 승계 등에 관한 규정이 없는 이상, 기왕에 신고를 마친 업주로부터 노래연습장을 양수한 자는 새로이 자기 명의로 영업신고를 하여야 하고, 이와 같은 신고를 하지 아니한 채 영업을 한 때에는 과태료가 부과되거나 형사처벌되며, 나아가 구 음반법 제정에 따른 경과규정인 부칙 3조 7항 소정의 '풍속영업의규제에관한법률 5조 1항의 규정에 의하여 노래연습장업으로 신고한 경우'에 해당되지 아니하므로 위 경과규정에 의하여 구 음반법에 의한 노래연습장업자로 등록을 한 것으로 볼 수 없다(대법원 2003.7.25. 선고 2002도4872 판결).

■ **판례** ■ **노래반주장치를 갖추고 입장료 또는 시설이용료를 받으면서 영업한 경우, 노래연습장에 해당하는지 여부(적극)**

노래반주장치를 갖추고 입장료 또는 시설이용료를 받으면서 영업한 경우, 비록 녹음방이라는 상호를 사용하였더라도 실제 영업형태가 풍속영업인 노래연습장에 해당한다(대법원 1998.2.13. 선고 97도3099 판결).

■ **판례** ■ **영상반주장치를 갖추고 시간당 입장료 또는 시설이용료를 받고 영업을 한 경우, 노래연습장에 해당하는지 여부(적극)**

영상반주장치를 갖추고 시간당 입장료 또는 시설이용료를 받고 영업을 한 것은, 그에 부수하여 고객들이 원하는 경우에 그들의 노래를 콤팩트디스크(CD)나 녹음테이프에 녹음을 하여 주었다거나, 녹음방이라는 상호를 사용하여 영업을 한 것과 관계없이 풍속영업인 노래연습장에 해당한다(대법원 1996.4.19. 자 96마229 결정).

2. 노래연습장업자 준수사항 위반

제22조(노래연습장업자의 준수사항 등) ① 노래연습장업자는 다음 각 호의 사항을 지켜야 한다.
   2. 해당 영업장소에 대통령령으로 정하는 출입시간외에 청소년이 출입하지 아니하도록 할 것. 다만, 부모 등 보호자를 동반하거나 그의 출입동의서를 받은 경우 그 밖에 대통령령으로 정하는 경우에는 그러하지 아니하다.
   3. 주류를 판매·제공하지 아니할 것
   4. 접대부(남녀를 불문한다)를 고용·알선하거나 호객행위를 하지 아니할 것
   5. 「성매매알선 등 행위의 처벌에 관한법률」 제2조제1항의 규정에 따른 성매매 등의 행위를 하게 하거나 이를 알선·제공하는 행위를 하지 아니할 것
② 누구든지 영리를 목적으로 노래연습장에서 손님과 함께 술을 마시거나 노래 또는 춤으로 손님의 유흥을 돋구는 접객행위를 하거나 타인에게 그 행위를 알선하여서는 아니 된다.

※ 대통령령
제8조(청소년 출입시간 제한 등) ① 법 제22조제1항제2호 본문에서 "대통령령이 정하는 출입시간"이라 함은 오전 9시부터 오후 10시까지를 말한다.
② 법 제22조제1항제2호 단서에서 "그 밖에 대통령령이 정하는 경우"라 함은 해당 청소년의 성년인 친족, 「초·중등교육법」에 따른 소속학교의 교원 또는 이에 준하여 해당 청소년을 지도·감독할 수 있는 지위에 있는 자를 동반하는 경우를 말한다.

[기재례1] 출입시간외 청소년 출입행위

1) **적용법조** : 제34조 제3항 제2호, 제22조 제1항 제2호   ☞   공소시효 5년
2) **범죄사실 기재례**

> 피의자는 ○○시 조례동 00번지에서 "가나다노래방" 이라는 상호로 노래연습장업을 운영하는 사람으로서, 해당 영업장소에 대통령령이 정하는 출입시간(오전 9시부터 오후 10시까지) 외에 청소년이 출입하지 아니하도록 하여야 한다.
> 그럼에도 불구하고 피의자는 20○○. 3. 10. 01:00경 위 업소 제3호실에 청소년인 홍길동 (17세) 등 3명을 출입시켜 노래연습장업자의 준수사항을 위반하였다.

3) **신문사항**
   - 노래연습장을 하고 있는가
   - 언제부터 어디에서 하고 있는가
   - 영업등록을 하였는가
   - 규모는 어느 정도인가요(종업원수, 영업면적, 월수입등)
   - 영업중 청소년 출입제한 시간에 청소년을 출입시킨 일이 있는가
   - 당시 출입한 청소년이 누구인가
   - 어떻게 이들 청소년을 출입시키게 되었는가
   - 청소년의 연령을 확인하지 않았는가
      이때 단속 당시 피의자가 작성한 시인서 등을 보여주며
   - 이러한 위반 내용이 사실인가
   - 전에도 이런 위반 사실이 있는가

[기재례2] 주류판매행위

1) **적용법조** : 제34조 제3항 제2호, 제22조 제1항 제3호 ☞ 공소시효 5년

2) **범죄사실 기재례**

> 피의자는 ○○시 조례동 00번지에서 "○○노래방"이라는 상호로 노래연습장업을 운영하는 사람으로서, 업소 내에서 주류를 판매·제공하여서는 아니된다.
> 그럼에도 불구하고 피의자는 20○○. 3. 10. 01:00경 위 업소에 제3호실에 손님 홍길동 등 3명에게 캔맥주 3병, 오징어 안주 1접시 등 ○○만원 상당을 판매·제공하여 노래연습장업자의 준수사항을 위반하였다.

3) **신문사항**

- 노래연습장을 하고 있는가
- 언제부터 어디에서 하고 있는가
- 영업등록을 하였는가
- 규모는 어느 정도인가요.
- 영업중 주류를 판매하다 단속 당한 일이 있나요.
  이때 단속 당시 피의자가 작성한 시인서 등을 보여주며
- 이러한 위반 내용이 사실인가요.
- 누구에게 어떤 주류를 판매하였나
- 어떻게 판매하게 되었는가
- 누가 이러한 주류와 안주를 제공하였으며 판매금액은 얼마인가

[기재례3] 도우미 접객행위

1) **적용법조** : 제34조 제4항, 제22조 제2항 ☞ 공소시효 5년

2) **범죄사실 기재례**

> 피의자는 20○○. 3. 10. 22:00경 ○○에 있는 ○○노래연습장 제3호실에서 그곳 손님인 홍길동으로부터 전화 연락을 받고 영리를 목적으로 시간당 ○○만원을 받기로 하고 그곳에서 홍길동 등 손님 3명과 함께 술을 마시면서 춤으로 손님의 유흥을 돋구는 접객행위를 하였다.

3) **신문사항(도우미)**

- 노래연습장 접객원으로 일한 사실이 있는가
- 언제 어느 노래연습장인가
- 어떻게 그 노래연습장을 가게 되었는가

- 누가 어떤 방법으로 연락하였던가
- 평소 어디에서 전화대기를 하고 있는가
- 노래연습장에 도착한 시간이 언제쯤인가
- 도착하여 몇 호실에서 누구와 같이 있었는가
- 어떤 방법으로 접객행위를 하였는가
- 접객행위에 대한 대가는 언제 누구로부터 얼마를 받았는가
- 받은 돈 중 업주 또는 다른 알선자에게는 어떤 명목으로 얼마를 주었는가
- 1일 평균 몇 개 업소에서 이런 접객행위를 하고 있는가
- 월 수입은 어느 정도인가

[기재례4] 노래연습장 업주의 도우미 알선

1) 적용법조 : 제34조 제2항, 제22조 제1항 제4호 ☞ 공소시효 5년

   ✱ 노래연습장 업주가 아닌 자가 도우미를 알선한 경우에는 제34조 제4항, 제22조 제2항

2) 범죄사실 기재례

> 피의자는 ○○시 조례동 00번지에서 "가나다노래방"이라는 상호로 노래연습장업을 운영하는 사람으로서, 영리를 목적으로 노래연습장에서 손님과 함께 술을 마시거나 노래 또는 춤을 추게 하는 접객행위를 하도록 알선하여서는 아니 된다.
> 그럼에도 불구하고 피의자는 20○○. 3. 10. 21:00경 위 업소에서 제3호실 손님 홍길동이 도우미를 불려 달라 하자 영리를 목적으로 김추자(27세) 등 3명을 시간당 ○○만원을 받고 접객행위를 하도록 알선하였다.

3) 신문사항
- 노래연습장을 하고 있는가
- 언제부터 어디에서 하고 있는가
- 영업등록을 하였는가
- 규모는 어느 정도인가요(종업원수, 영업면적, 월수입등)
- 영업중 접객원을 알선한 일이 있는가
- 어떻게 알선하게 되었는가
- 이들 접객원들로 하여금 어떠한 접객행위를 하도록 하였나
- 어떤 접객원을 알선 하였는가
- 이들 접객원들의 연락처는 어떻게 알고 연락하였는가
- 어떤 조건으로 하였는가
- 피의자는 이를 알선해 주고 어떤 영리를 취하였는가

[기재례5] 노래연습장 업주의 보도방에서 도우미 알선

가. 피의자 甲 (직업안정법 위반 : 제47조 제1호, 제19조 제1항)

피의자는 20○○. ○. ○.경부터 20○○. ○. ○.경까지 ○○시 ○○동 및 ○○동 일대에서 ○○○이라는 상호의 속칭 보도방을 개설한 후 생활정보지를 보고 찾아온 홍길녀 등을 피의자 甲의 (차량번호) ○○승용차에 태우고 다니면서 위 부근 노래방에 도우미로 알선하면서 1명 당 1시간에 ○○원의 소개비를 받아 그 중 ○○원을 알선비 명목으로 받아 챙기는 방법으로 등록하지 아니하고 유료직업소개사업을 하였다.

나. 피의자 乙

피의자는 20○○. ○. ○.경 ○○에 있는 피의자 경영의 ○○노래연습장에서 위 피의자 甲으로부터 홍길녀를 노래방 도우미로 소개받아 그녀로 하여금 손님들과 함께 노래를 부르게 하는 등 여흥을 돋우게 하여 접대부를 알선하였다.

■ 판례 ■ 노래연습장에서 손님이 직접 이른바 '티켓걸'을 부르고 그 티켓비를 지급하는 것을 업소주인이 알고서 용인한 경우, 구 식품위생법 시행령이 정하는 '유흥종사자를 둔' 경우에 해당하는지 여부(적극)

구 식품위생법 시행령(2005. 7. 27. 대통령령 제18978호로 개정되기 전의 것) 제7조 제8호 (라)목에서 유흥주점영업을 '주로 주류를 조리·판매하는 영업으로서 유흥종사자를 두거나 유흥시설을 설치할 수 있고 손님이 노래를 부르거나 춤을 추는 행위가 허용되는 영업'이라고 규정하고 있는바, 여기서 '유흥종사자를 둔다'고 함은 부녀자에게 시간제로 보수를 지급하고 손님과 함께 술을 마시거나 노래 또는 춤으로 손님의 유흥을 돋우게 하는 경우도 포함되고, 한편 특정다방에 대기하는 이른바 '티켓걸'이 노래연습장에 티켓영업을 나가 시간당 정해진 보수를 받고 그 손님과 함께 춤을 추고 노래를 불러 유흥을 돋우게 한 경우, 손님이 직접 전화로 '티켓걸'을 부르고 그 티켓비를 손님이 직접 지급하였더라도 업소주인이 이러한 사정을 알고서 이를 용인하였다면 위 법령의 입법 취지에 비추어 '유흥종사자를 둔' 경우에 해당한다(대법원 2006.2. 24. 선고 2005도9114 판결).

■ 판례 ■ 노래연습장업자가 손님의 부탁으로 노래방도우미를 불러 노래방도우미가 노래방에 도착한 경우

노래연습장업자가 손님의 부탁으로 노래방도우미를 불러 노래방도우미가 노래방에 도착하였다면 구 음반·비디오물 및 게임물에 관한 법률(2006. 4. 28. 법률 7943호로 폐지) 제32조 제7호에서 금지하고 있는 노래연습장업자의 접대부 알선행위는 이미 기수에 이르렀고, 그후 노래방도우미가 실제로 손님과 동석하여 여흥을 돋우었는지 여부는 이에 영향을 미치지 않는다(인천지법 2007.7.6. 선고 2006고정1486 판결).

3. 영업정지기간 중 영업행위

1) 적용법조 : 제34조 제3항 제3호, 제27조 제1항 제2호 ☞ 공소시효 5년

> **제27조(등록취소 등)** ① 시장·군수·구청장은 제2조제8호부터 제11호까지 및 제13호의 규정에 따른 영업을 영위하는 자가 다음 각 호의 어느 하나에 해당하는 때에는 그 영업의 폐쇄명령, 등록의 취소처분, 6개월 이내의 영업정지명령, 시정조치 또는 경고조치를 할 수 있다. 다만, 제1호 또는 제2호에 해당하는 때에는 영업을 폐쇄하거나 등록을 취소하여야 하고, 제5호에 해당하는 경우로서 제22조제1항제2호 또는 제6호에 따른 준수사항 위반 중 청소년의 신분증 위조·변조 또는 도용으로 노래연습장업자가 청소년인 사실을 알지 못하였거나 폭행 또는 협박으로 노래연습장업자에게 청소년임을 확인하지 못한 사정이 있다고 인정되는 때에는 문화체육관광부령으로 정하는 바에 따라 해당 행정처분을 면제할 수 있다.
> 1. 거짓이나 그 밖의 부정한 방법으로 신고 또는 등록을 한 때
> 2. 영업의 정지명령을 위반하여 영업을 계속한 때
> 3. 제18조의 규정에 따른 시설기준을 위반한 때
> 4. 제21조의 규정에 따른 변경신고 또는 변경등록을 하지 아니한 때
> 5. 제22조의 규정에 따른 노래연습장업자 준수사항을 위반한 때
> 6. 제29조제3항에 해당하는 음반등을 제작·유통 또는 이용에 제공하거나 이를 위하여 진열·보관 또는 전시한 때

2) 범죄사실 기재례

> 피의자는 ○○에서 ○○상호로 노래연습장업에 종사하는 자로, 20○○. ○. ○. 22:00경 주류를 판매·제공하는 행위로 적발되어 ○○시장으로부터 20○○. ○. ○.부터 20○○. ○. ○.까지 영업 정지명령을 받았다.
> 그럼에도 불구하고 피의자는 위 명령을 위반하여 20○○. ○. ○.부터 20○○. ○. ○.까지 영업을 계속하였다.

3) 신문사항

- 노래연습장업을 하고 있는가
- 언제부터 어디에서 하고 있는가
- 규모는 어느 정도인가
- 영업정지 명령을 받은 일이 있는가
- 언제부터 언제까지 누구로부터 받았는가
- 무엇 때문에 정지명령을 받았는가
- 위 기간 영업을 하였는가
- 왜 정지기간 중 영업을 하게 되었는가

4. 영업소 폐쇄명령에 위반하여 영업행위

1) 적용법조 : 제34조 제1항, 제29조 제1항 제2호   ☞   공소시효 7년

제29조(영업소폐쇄 및 음반등의 수거·폐기) ① 시장·군수·구청장은 제16조 및 제18조의 규정에 따른 신고 또는 등록을 하지 아니하고 영업을 하는 자와 제27조제1항의 규정에 따른 영업의 폐쇄명령 또는 등록의 취소처분을 받고 계속하여 영업을 하는 자에 대하여는 관계공무원으로 하여금 그 영업소를 폐쇄하기 위하여 다음 각 호의 조치를 하게 할 수 있다.
1. 해당 영업 또는 영업소의 간판 그 밖의 영업표지물의 제거·삭제
2. 해당 영업 또는 영업소가 위법한 것임을 알리는 게시물의 부착
3. 영업을 위하여 필요한 기구 또는 시설물을 사용할 수 없게 하는 봉인
4. 해당 영업을 위하여 필요한 인터넷 주소 및 서버 등의 사용 중지 또는 압류
② 제1항의 조치를 하는 경우 미리 해당 영업자 또는 그 대리인에게 서면으로 이를 알려 주어야 한다. 다만, 대통령령으로 정하는 급박한 사유가 있는 경우에는 그러하지 아니하다.
③ 시장·군수·구청장은 제16조의 규정에 따른 신고를 하지 아니한 자가 영리목적으로 제작한 음반등을 발견한 때에는 관계 공무원 등으로 하여금 이를 수거하여 삭제 또는 폐기하게 할 수 있다.

2) 범죄사실 기재례

> 피의자는 ○○에서 ○○노래연습장이라는 상호로 약 ○○㎡의 규모로 등록없이 노래연습장업을 하다 20○○. ○. ○. ○○시장으로부터 영업폐쇄 명령을 받고 해당 영업 또는 영업소가 위법한 것임을 알리는 게시물을 부착하였으므로 더 이상 영업을 하여서는 아니된다.
>
> 그럼에도 불구하고 피의자는 20○○. ○. ○. 21:00경 위 게시물을 제거하고 그 때부터 20○○. ○. ○. 까지 계속하여 영업행위를 하였다.

3) 신문사항

- 노래연습장업을 하고 있는가
- 어디에서 하고 있는가
- 언제부터 언제까지 하였나
- 사업규모는 어느 정도인가(업장 면적, 종업원 등)
- 영업 등록을 하였는가
- 영업등록을 하지 않아 ○○시장으로부터 폐쇄명령을 받은 일이 있는가
- 언제 어떠한 명령을 받았는가
- 영업소가 위법이라는 게시물을 부착하였는가
- 언제 누가 부착하였는가
- 이러한 조치를 받고도 영업행위를 하였는가
- 언제부터 어제까지 하였나
- 게시물은 누가 언제 제거하였나
- 왜 이런 행위를 하였는가

■ 판례 ■ 　경찰관이 노래방의 도우미 알선 영업 단속 실적을 올리기 위하여 그에 대한 제보나 첩보가 없는데도 손님을 가장하고 들어가 도우미를 불러낸 경우(무죄)

경찰관들이 단속 실적을 올리기 위하여 손님을 가장하고 들어가 도우미를 불러 줄 것을 요구하였던 점, 피고인측은 평소 자신들이 손님들에게 도우미를 불러 준 적도 없으며, 더군다나 이 사건 당일 도우미를 불러달라는 다른 손님들이 있었으나 응하지 않고 모두 돌려보낸 바 있다고 주장하는데, 위 노래방이 평소 손님들에게 도우미 알선 영업을 해 왔다는 아무런 자료도 없는 점, 위 경찰관들도 그와 같은 제보나 첩보를 가지고 이 사건 노래방에 대한 단속을 한 것이 아닌 점, 위 경찰관들이 피고인측으로부터 한 차례 거절당하였으면서도 다시 위 노래방에 찾아가 도우미를 불러 줄 것을 요구하여 도우미가 오게 된 점 등 여러 사정들을 종합해 보면, 이 사건 단속은 수사기관이 사술이나 계략 등을 써서 피고인의 범의를 유발케 한 것으로서 위법하고, 이러한 함정수사에 기한 이 사건 공소제기 또한 그 절차가 법률의 규정에 위반하여 무효인 때에 해당한다고 하여 이 사건 공소를 기각한 제1심판결을 유지하였다. 위 법리와 기록에 비추어 살펴보면, 원심의 위와 같은 사실인정과 판단은 수긍이 가고 거기에 주장과 같은 함정수사에 관한 법리오해의 위법이 없다. 그러므로 상고를 기각하기로 하여 관여 법관의 일치된 의견으로 주문과 같이 판결한다.(대법원 2008.10.23. 선고, 2008도7362, 판결]

제**92**장　응급의료에 관한 법률

Ⅰ. 개념정의

제2조(정의) 이 법에서 사용하는 용어의 뜻은 다음과 같다.
1. "응급환자"란 질병, 분만, 각종 사고 및 재해로 인한 부상이나 그 밖의 위급한 상태로 인하여 즉시 필요한 응급처치를 받지 아니하면 생명을 보존할 수 없거나 심신에 중대한 위해(危害)가 발생할 가능성이 있는 환자 또는 이에 준하는 사람으로서 보건복지부령으로 정하는 사람을 를 말한다.
2. "응급의료"란 응급환자가 발생한 때부터 생명의 위험에서 회복되거나 심신상의 중대한 위해가 제거되기까지의 과정에서 응급환자를 위하여 하는 상담 · 구조(救助) · 이송 · 응급처치 및 진료 등의 조치를 말한다.
3. "응급처치"란 응급의료행위의 하나로서 응급환자의 기도를 확보하고 심장박동의 회복, 그 밖에 생명의 위험이나 증상의 현저한 악화를 방지하기 위하여 긴급히 필요로 하는 처치를 말한다.
4. "응급의료종사자"란 관계 법령에서 정하는 바에 따라 취득한 면허 또는 자격의 범위에서 응급환자에 대한 응급의료를 제공하는 의료인과 응급구조사를 말한다.
5. "응급의료기관"이란 「의료법」 제3조에 따른 의한 의료기관 중에서 이 법에 따라 지정된 권역응급의료센터, 전문응급의료센터, 지역응급의료센터 및 지역응급의료기관을 말한다.
6. "구급차등"란 응급환자의 이송 등 응급의료의 목적에 이용되는 자동차 · 선박 및 항공기 등의 이송수단을 말한다.
7. "응급의료기관등"이란 응급의료기관, 구급차등의 운용자 및 응급의료지원센터를 말한다.
8. "응급환자이송업"이란 구급차등을 이용하여 응급환자 등을 이송하는 업(業)을 말한다.

■ 판례 ■　조산사가 독자적인 판단으로 약물 투여 등 조산 외의 응급의료행위를 하는 것이 허용되는 경우

응급의료에 관한 법률은 '국민들이 응급상황에서 신속하고 적절한 응급의료를 받을 수 있도록 응급의료에 관한 국민의 권리와 의무, 국가 · 지방자치단체의 책임, 응급의료제공자의 책임과 권리를 정하고 응급의료자원의 효율적인 관리를 위하여 필요한 사항을 규정함으로써 응급환자의 생명과 건강을 보호하고 국민의료의 적정을 기함을 목적으로' 하는 것으로서 의료인에게 적극적으로 그 면허 범위 외의 응급의료행위를 할 수 있는 권한을 부여하고 있지는 않은 점, 또 의료법은 조산사가 조산원을 개설하는 경우에는 반드시 지도의사를 정하여 그의 지도를 받도록 하고 있는 점 등에 비추어 보면, 이미 조산원에서 조산사의 도움을 받아 정상적인 분만 과정이 진행되고 있는 경우에는 이상분만상황이 발생하지 않는 한 그 자체로 조산사의 독자적인 판단에 따른 응급처치가 요구되는 상황은 아니라고 봄이 상당하고, 다만 이상분만으로 인하여 임부 · 해산부 등에게 이상현상이 발생하였음에도 조산원 지도의사와 연락을 할 수 없고 또 그 지도의사의 지시를 기다리거나 산부인과의원으로 전원하는 등의 조치를 취할 시간적 여유도 없는 경우에 한하여 예외적으로 조산사가 그 독자적인 판단에 의하여 약물 투여 등 조산 이외의 응급처치를 하는 것이 허용된다(대법원 2007.9.6. 선고 2005도9670 판결).

Ⅱ. 벌 칙

제60조(벌칙) ① 「의료법」 제3조에 따른 의료기관의 응급실에서 응급의료종사자(「의료기사 등에 관한 법률」 제2
조에 따른 의료기사와 「의료법」 제80조에 따른 간호조무사를 포함한다)를 폭행하여 상해에 이르게 한 사람은
10년 이하의 징역 또는 1천만원 이상 1억원 이하의 벌금에 처하고, 중상해에 이르게 한 사람은 3년 이상의 유기
징역에 처하며, 사망에 이르게 한 사람은 무기 또는 5년 이상의 징역에 처한다.
② 다음 각 호의 어느 하나에 해당하는 자는 5년 이하의 징역 또는 5천만원 이하의 벌금에 처한다.
  1. 제12조제1항을 위반하여 응급의료를 방해하거나 의료용 시설 등을 파괴·손상 또는 점거한 사람
  2. 제36조에 따른 응급구조사의 자격인정을 받지 못하고 응급구조사를 사칭하여 제41조에 따른 응급구조사의 업
     무를 한 사람
  3. 제51조제1항을 위반하여 이송업 허가를 받지 아니하고 이송업을 한 자
③ 다음 각 호의 어느 하나에 해당하는 사람은 3년 이하의 징역 또는 3천만원 이하의 벌금에 처한다.
  1. 제6조제2항을 위반하여 응급의료를 거부 또는 기피한 응급의료종사자
  1의2. 제36조의2제3항을 위반하여 다른 사람에게 자기의 성명을 사용하여 제41조에 따른 응급구조사의 업무를
     수행하게 한 자
  1의3. 제36조의2제5항을 위반하여 다른 사람에게 자격증을 빌려주거나 빌린 자
  1의4. 제36조의2제6항을 위반하여 자격증을 빌려주거나 빌리는 것을 알선한 자
  2. 제40조의 비밀 준수 의무를 위반한 사람. 다만, 고소가 있어야 공소를 제기할 수 있다.
  3. 제42조를 위반하여 의사로부터 구체적인 지시를 받지 아니하고 응급처치를 한 응급구조사
④ 다음 각 호의 어느 하나에 해당하는 자는 1년 이하의 징역 또는 1천만원 이하의 벌금에 처한다.
  1. 제18조제2항을 위반한 응급의료종사자, 의료기관의 장 및 구급차등을 운용하는 자
  2. 제44조제1항을 위반하여 구급차등을 운용한 자
  3. 제44조의4를 위반하여 자기 명의로 다른 사람에게 구급차등을 운용하게 한 자
  4. 제45조제1항을 위반하여 구급차등을 다른 용도에 사용한 자
제61조(양벌규정) 법인의 대표자나 법인 또는 개인의 대리인, 사용인, 그 밖의 종업원이 그 법인 또는 개인의 업
무에 관하여 제60조의 위반행위를 하면 그 행위자를 벌하는 외에 그 법인 또는 개인에게도 해당 조문의 벌금형
을 과(科)한다. 다만, 법인 또는 개인이 그 위반행위를 방지하기 위하여 해당 업무에 관하여 상당한 주의와 감독
을 게을리하지 아니한 경우에는 그러하지 아니하다.
제63조(응급처치 및 의료행위에 대한 형의 감면) ① 응급의료종사자가 응급환자에게 발생한 생명의 위험, 심신
상의 중대한 위해 또는 증상의 악화를 방지하기 위하여 긴급히 제공하는 응급의료로 인하여 응급환자가 사상(死
傷)에 이른 경우 그 응급의료행위가 불가피하였고 응급의료행위자에게 중대한 과실이 없는 경우에는 정상을 고
려하여 「형법」 제268조의 형을 감경(減輕)하거나 면제할 수 있다.
② 제5조의2제1호나목에 따른 응급처치 제공의무를 가진 자가 응급환자에게 발생한 생명의 위험, 심신상의 중대한
위해 또는 증상의 악화를 방지하기 위하여 긴급히 제공하는 응급처치(자동심장충격기를 사용하는 경우를 포함
한다)로 인하여 응급환자가 사상에 이른 경우 그 응급처치행위가 불가피하였고 응급처치행위자에게 중대한 과
실이 없는 경우에는 정상을 고려하여 형을 감경하거나 면제할 수 있다.
제64조(「형법」 상 감경규정에 관한 특례) 음주로 인한 심신장애 상태에서 제12조를 위반하는 죄를 범한 때에는
「형법」 제10조제1항을 적용하지 아니할 수 있다.

1. 응급환자 진료거부

1) **적용법조** : 제60조 제3항 제1호, 제6조 제2항   ☞   공소시효 5년

> **제6조(응급의료의 거부금지 등) ①** 응급의료기관등에서 근무하는 응급의료종사자는 응급환자를 항상 진료할 수 있도록 응급의료업무에 성실히 종사하여야 한다.
> **②** 응급의료종사자는 업무 중에 응급의료를 요청받거나 응급환자를 발견하면 즉시 응급의료를 하여야 하며 정당한 사유 없이 이를 거부하거나 기피하지 못한다.

2) **범죄사실 기재례**

> 　피의자는 ○○에 있는 ○○병원 응급실에 근무하고 있는 ○○○과 의사로서, 응급의료종사자는 업무 중에 응급의료를 요청받거나 응급환자를 발견한 때에는 즉시 응급의료를 행하여야 하며 정당한 사유 없이 이를 거부하거나 기피하여서는 아니 된다.
> 　그럼에도 불구하고 피의자는 20○○. ○. ○. ○○:○○경 위 병원 응급실 근무 중 교통사고 응급환자인 홍길동을 택시운전사 김○○가 후송하여 응급의료를 요청하였으나 신원이 확실하지 않다는 이유 정당한 사유없이 응급의료를 거부하였다.

3) **신문사항**

　– 의사인가

　– 언제부터 어디 병원 어느 부서에서 근무하고 있는가

　– 응급환자인 홍길동의 응급진료를 한 일이 있는가

　– 언제 응급의료를 거부하였는가

　– 당시 홍길동의 상태는 어떠하였는가

　– 신원미상이라는 이유로 응급의료를 거부하였다는 것인가

　– 그럼 그 홍길동은 어떻게 하였는가가

　– 의사로서 이런 행위가 정당하다고 생각하는가

2. 응급의료 방해

1) 적용법조 : 제60조 제2항 제1호, 제12조 제1항 ☞ 공소시효 7년

> **제12조(응급의료 등의 방해 금지)** ① 누구든지 응급의료종사자(「의료기사 등에 관한 법률」 제2조에 따른 의료기사와 「의료법」 제80조에 따른 간호조무사를 포함한다)의 응급환자에 대한 구조·이송·응급처치 또는 진료를 폭행, 협박, 위계(僞計), 위력(威力), 그 밖의 방법으로 방해하거나 의료기관 등의 응급의료를 위한 의료용 시설·기재(機材)·의약품 또는 그 밖의 기물(器物)을 파괴·손상하거나 점거하여서는 아니 된다.
> **제64조(「형법」 상 감경규정에 관한 특례)** 음주로 인한 심신장애 상태에서 제12조를 위반하는 죄를 범한 때에는 「형법」 제10조제1항을 적용하지 아니할 수 있다.

2) 범죄사실 기재례

[기재례1] 의료용 시설 손상

> 누구든지 응급의료종사자의 응급환자에 대한 구조·이송·응급처치 또는 진료를 폭행, 협박, 위계, 위력, 그 밖의 방법으로 방해하거나 의료기관 등의 응급의료를 위한 의료용 시설·기재·의약품 또는 그 밖의 기물을 파괴·손상하거나 점거하여서는 아니 된다.
>
> 그럼에도 불구하고 피의자는 20○○. ○. ○. 11:00경 ○○에서 발생한 ○○백화점 붕괴사건의 피해자 홍길동의 유족으로서 위 장소에 설치된 응급구호센터에서 피해자들을 빨리 구조하지 않고 소극적으로 대처한다면서 그곳 의료센터에 설치된 의료용 시설인 ○○등을 ○○크기의 각목으로 손괴하여 의료용 시설을 파괴·손상하였다.

[기재례2] 응급의료 방해

> 누구든지 응급의료종사자의 응급환자에 대한 구조·이송·응급처치 또는 진료를 위력으로 방해하여서는 아니 된다.
>
> 피의자는 20○○. ○. ○. 06:00경 ○○에 있는 피해자 갑이 수간호사로 근무하고 있는 ○○병원 응급실에서, 피해자에게 다가가 "접수를 내 대신해라"고 하고, 피해자로부터 "접수는 본인이 하셔야된다"는 말을 듣자, "씨발 왜 안해주노, 해달라"고 욕설을 섞어 고함치는 것을 반복하다 갑자기 손을 들어 때릴 듯이 위협하거나 위 응급실과 외부를 들락거리면서 "씨발, 개새끼"등 욕설을 섞어 중얼거리는 등 약 5～10분 정도 소란을 피웠다.
>
> 이로써 피의자는 위력으로써 응급의료종사자의 응급환자에 대한 응급의료를 방해하였다.

3) 신문사항

- ○○에서 발생한 사고의 유족인가
- 피해자가 누구이며 어떤 관계인가
- 의료용시설을 파괴한 일이 있는가
- 언제 어디에 있는 시설을 파괴하였는가
- 어떤 의료시설을 파괴하였는가
- 무엇 때문에 어떤 방법으로 파괴하였는가
- 왜 이런 행위를 하였는가

[기재례3] 응급의료종사자 폭행 (제60조 제1항 ☞ 공소시효 10년)

> 누구든지 응급의료종사자의 응급환자에 대한 구조·이송·응급처치 또는 진료를 폭행, 협박, 위계, 위력, 그 밖의 방법으로 방해하거나 의료기관 등의 응급의료를 위한 의료용 시설·기재·의약품 또는 그 밖의 기물을 파괴·손상하거나 점거하여서는 아니 된다.
> 그럼에도 피의자는 20○○. ○. ○. 22:00경 ○○에서 술을 마시던 중 기절하여 119 구급대를 통해 ○○에 있는 ○○병원 응급실로 호송된 후, 술에 취하여 특별한 이유 없이 화가 나 그곳에 있던 의사인 피해자 갑(여, 33세)의 목을 손으로 1회 때리고, 안경과 마스크를 강제로 벗겨 위 피해자에게 약 2주간의 치료가 필요한 안면부 타박상을 입게 하였다.
> 피의자는 이어서 의사인 피해자 을(남, 32세)의 얼굴을 팔로 1회 때려 위 피해자에게 약 2주간의 치료가 필요한 안면부 타박상을 입게 하였다.
> 이로써 피의자는 의료기관의 응급실에서 응급의료종사자를 폭행하여 상해에 이르게 하였다.

3. 비밀누설

1) 적용법조 : 제60조 제3항 제2호, 제40조 (친고죄) ☞ 공소시효 5년

> 제40조(비밀준수의 의무) 응급구조사는 직무상 알게 된 비밀을 누설하거나 공개하여서는 아니 된다.

2) 범죄사실 기재례

> 피의자는 ○○소속 2급 응급구조사로서, 응급구조사는 직무상 알게 된 비밀을 누설하거나 공개하여서는 아니 된다.
> 그럼에도 불구하고 피의자는 20○○. ○. ○. 11:00경 ○○에서 발생한 교통사고 현장에서 당시 교통사고 피해자인 홍길동을 구조하는 과정에서 알게 된 위 홍길동의 ○○비밀을 20○○. ○. ○. 동료회원들의 모임 자리인 ○○에서 회원인 최민자 등에게 말하여 누설하였다.

3) 신문사항

- 응급구조사인가
- 언제부터 어디에서 응급구조업무를 수행하고 있는가
- 홍길동을 응급구조한 일이 있는가
- 언제 어디에서 구조하였나
- 구조하는 과정에서 알게된 위 홍길동에 대한 비밀을 누설한 일이 있는가
- 어떤 비밀사항인가
- 언제 어디에서 누구에게 누설하였나
- 피의자의 행위로 홍길동이 어떠한 피해를 보았는지 알고 있나
- 응급구조사로서 이러한 누설행위에 대해 어떻게 생각하느냐

제 93 장   의료기기법

Ⅰ. 개념정의

제2조(정의) ① 이 법에서 "의료기기"란 사람이나 또는 동물에게 단독 또는 조합하여 사용되는 기구·기계·장치·재료 또는 이와 유사한 제품으로서 다음 각 호의 어느 하나 해당하는 제품을 말한다. 다만, 「약사법」에 따른 의약품과 의약외품 및 「장애인복지법」 제65조에 따른 장애인보조기구 중 의지(義肢)·보조기(補助器)는 제외한다.
1. 질병을 진단·치료·경감·처치 또는 예방할 목적으로 사용되는 제품
2. 상해(傷害) 또는 장애를 진단·치료·경감 또는 보정의 목적으로 사용되는 제품
3. 구조 또는 기능을 검사·대체 또는 변형할 목적으로 사용되는 제품
4. 임신을 조절할 목적으로 사용되는 제품
② 이 법에서 "기술문서"란 의료기기의 성능과 안전성 등 품질에 관한 자료로서 해당 품목의 원자재, 구조, 사용목적, 사용방법, 작용원리, 사용 시 주의사항, 시험규격 등이 포함된 문서를 말한다.
③ 이 법에서 "의료기기취급자"란 의료기기를 업무상 취급하는 다음 각 호의 어느 하나에 해당하는 자로서 이 법에 따라 허가를 받거나 신고를 한 자, 「의료법」에 따른 의료기관 개설자 및 「수의사법」에 따른 동물병원 개설자를 말한다.
1. 의료기기 제조업자   2. 의료기기 수입업자   3. 의료기기 수리업자
4. 의료기기 판매업자   5. 의료기기 임대업자

Ⅱ. 벌 칙

제51조(벌칙) ① 다음 각 호의 어느 하나에 해당하는 자는 5년 이하의 징역 또는 5천만원 이하의 벌금에 처한다.
1. 거짓이나 그 밖의 부정한 방법으로 제6조제1항·제2항 또는 제15조제1항·제2항에 따른 허가 또는 인증을 받거나 신고를 한 자
1의2. 거짓이나 그 밖의 부정한 방법으로 제8조제4항에 따른 보고를 한 자
1의3. 거짓이나 그 밖의 부정한 방법으로 제8조의2제1항에 따른 자료를 제출한 자
2. 제26조제1항을 위반한 자
3. 거짓이나 그 밖의 부정한 방법으로 제49조제3항에 따른 갱신을 받은 자
3의2. 제49조제3항을 위반하여 제조허가등의 갱신을 받지 아니하고 제조허가등의 유효기간이 끝난 의료기기를 제조 또는 수입한 자
② 제1항의 징역과 벌금은 병과(倂科)할 수 있다.
제52조(벌칙) ① 다음 각 호의 어느 하나에 해당하는 자는 3년 이하의 징역 또는 3천만원 이하의 벌금에 처한다.
1. 제10조제1항·제2항 전단·제4항, 제12조제1항(제15조제6항 및 제16조제4항에서 준용하는 경우를 포함한다), 제13조제1항(제15조제6항에서 준용하는 경우를 포함한다), 제16조제1항 본문, 제17조제1항, 제24조제1항·제2항, 제26조제2항부터 제7항까지 또는 제45조제2항을 위반한 자

1의2. 거짓이나 그 밖의 부정한 방법으로 제10조제1항에 따른 승인 또는 변경승인을 받은 자

1의3. 거짓이나 그 밖의 부정한 방법으로 제12조제1항(제15조제6항, 제16조제4항 또는 제17조제3항에 따라 준용되는 경우를 포함한다)에 따른 변경허가 또는 변경인증을 받거나 변경신고를 한 자

1의4. 거짓이나 그 밖의 부정한 방법으로 제16조제1항 또는 제17조제1항에 따른 신고를 한 자

2. 제34조제2항에 따라 관계 공무원이 행하는 폐기·봉함·봉인 등 그 밖에 필요한 처분을 거부·방해하거나 기피한 자

② 제1항의 징역과 벌금은 병과할 수 있다.

제53조(벌칙) 제13조제3항(제15조제6항에서 준용하는 경우를 포함한다) 또는 제18조제2항을 위반한 자는 2년 이하의 징역 또는 3천만원 이하의 벌금에 처한다.

제53조의2(벌칙) 다음 각 호의 어느 하나에 해당하는 자는 1년 이하의 징역 또는 1천만원 이하의 벌금에 처한다.

1. 제10조제5항, 제10조의2제3항 또는 제28조제4항에 따른 임상시험결과보고서, 비임상시험성적서 또는 품질관리심사결과서를 거짓으로 작성 또는 발급한 자

2. 제13조의2제1항(제15조제6항 또는 제18조제3항에서 준용하는 경우를 포함한다)을 위반하여 지출보고서를 작성 또는 공개하지 아니하거나 해당 지출보고서와 관련 장부 및 근거 자료를 보관하지 아니한 자

3. 제13조의2제1항(제15조제6항 또는 제18조제3항에서 준용하는 경우를 포함한다)에 따른 지출보고서를 거짓으로 작성 또는 공개한 자

4. 제13조의2제2항(제15조제6항 또는 제18조제3항에서 준용하는 경우를 포함한다)에 따른 지출보고서와 관련 장부 및 근거 자료의 제출 요구를 따르지 아니한 자

5. 제18조의2를 위반하여 봉함한 의료기기의 용기나 포장을 개봉하여 판매한 자

제54조(벌칙) 다음 각 호의 어느 하나에 해당하는 자는 500만원 이하의 벌금에 처한다.

1. 제18조제1항, 제20조부터 제23조까지, 제30조제1항·제2항 또는 제31조제1항, 제5항을 위반한 자

2. 제32조제1항 또는 제36조제1항·제2항에 따른 관계 공무원의 출입·수거·폐쇄 또는 그 밖의 처분을 거부·방해하거나 기피한 자

3. 제33조, 제34조제1항, 제35조 또는 제36조제1항·제2항에 따른 검사, 회수, 폐기, 공표, 사용중지, 업무정지 등의 명령을 위반한 자

4. 제37조제1항제1호·제2호·제5호에 해당하는 위반행위를 한 자

제54조의2(벌칙) ① 제6조제7항(제15조제6항에서 준용하는 경우를 포함한다), 제6조의2제1항(제15조제6항에서 준용하는 경우를 포함한다), 제13조제4항(제15조제6항에서 준용하는 경우를 포함한다)을 위반한 자는 300만원 이하의 벌금에 처한다.

② 다음 각 호의 어느 하나에 해당하는 자는 200만원 이하의 벌금에 처한다.

1. 삭제 〈2021. 7. 20.〉

2. 삭제 〈2021. 7. 20.〉

3. 삭제 〈2021. 7. 20.〉

4. 제25조의5를 위반하여 의료기기의 용기나 포장을 봉함하지 아니하고 판매한 자

5. 제43조의5제3항에 따른 인과관계조사관의 조사·질문 등을 거부·방해하거나 기피한 자

제55조(양벌규정) 법인의 대표자나 법인 또는 개인의 대리인, 사용인, 그 밖의 종업원이 그 법인 또는 개인의 업무에 관하여 제51조부터 제54조까지의 어느 하나에 해당하는 위반행위를 하면 그 행위자를 벌하는 외에 그 법인 또는 개인에게도 해당 조문의 벌금형을 과(科)한다. 다만, 법인 또는 개인이 그 위반행위를 방지하기 위하여 해당 업무에 관하여 상당한 주의와 감독을 게을리하지 아니한 경우에는 그러하지 아니하다.

1. 미신고 판매업

1) 적용법조 : 제52조 제1항, 제17조 제1항 ☞ 공소시효 5년

> 제17조(판매업 등의 신고) ① 의료기기의 판매를 업으로 하려는 자(이하 "판매업자"라 한다) 또는 임대를 업으로 하려는 자(이하 "임대업자"라 한다)는 영업소마다 총리령으로 정하는 바에 따라 영업소 소재지의 특별자치도지사, 시장·군수·구청장(자치구의 구청장을 말한다. 이하 같다)에게 판매업신고 또는 임대업신고를 하여야 한다.

2) 범죄사실 기재례

> 피의자는 ○○에서 "노화방지의료기판매" 라는 상호로 ○○등의 의료기기 판매를 하는 사람으로서, 의료기기의 판매를 업으로 하고자 하는 자는 ○○시장(군수 또는 구청장)에게 판매업 신고를 하여야 한다.
> 그럼에도 불구하고 피의자는 20○○. ○. ○. 경부터 신고없이 위 장소 약 200㎡의 매장에서 ○○의료기 등을 20○○. ○. ○.경까지 판매하여 판매업을 영위하였다.

3) 신문사항

- 의료기기를 판매한 일이 있는가
- 언제부터 어디에서 판매하는가
- 어떠한 의료기기를 판매하는가
- 판매업 신고를 하였는가
- 주로 누구를 상대로 판매하는가
- 왜 신고없이 판매 하게되었는가
- 매장의 규모, 조업원 수는 어느 정도인가
- 월 판매량은 어느 정도인가

■ 판례 ■　　甲이 플라스틱제의 욕조에 모터를 장착하고 모터의 작용에 의해 욕조 내부에 기포를 포함한 물줄기를 형성하게 하는 기능을 가진 욕조를 수입하여 판매한 경우

[1] 구 약사법상 의료용구에 해당하는지 여부의 판단 기준

구 약사법 제2조 제9항(2003.5.29. 법률 제6909호로 삭제)에 의하여 식품의약품안전청장이 지정한 의료용구에 해당하기 위하여는 그 수입한 기구 등이 객관적으로 위 조항 소정의 성능을 가지고 있거나 객관적으로 그러한 성능을 가지고 있지 않더라도 그 기구 등의 구조와 형태, 그에 표시된 사용목적과 효과, 그 판매 대상과 판매할 때의 선전, 설명 등을 종합적으로 고려하여 위 조항 소정의 목적으로 사용되는 것으로 인정되어야 할 것이므로, 같은 법 제2조 제9항 소정의 성능을 객관적으로 가지고 있지 않거나 위 조항 소정의 목적으로 사용되는 것이 아니라면 위 조항 소정의 의료용구에 해당한다고 볼 수 없다.

[2] 甲이 판매한 욕조가 의료용구에 해당하는지 여부(소극)

플라스틱제의 욕조에 모터를 장착하고 모터의 작용에 의해 욕조 내부에 기포를 포함한 물줄기를 형성하게 하는 기능을 가진 욕조는 목욕의 효율성과 욕조로서의 상품성을 높인 것에 불과할 뿐 식품의약품안전청장이 지정한 의료용구인 '수요법 장치'로서의 성능을 객관적으로 가지고 있다거나 그러한 목적으로 사용되는 것으로 보기 어려워 의료용구에 해당하지 않는다(대법원 2005.3.25. 선고 2004도8706 판결).

■ 판례 ■   甲이 전기를 사용하여 발생한 자외선을 의료용 기구 등에 조사(照射)함으로써 의료용 기구 등을 살균 · 소독 · 보관하는 제품(일명 한의원 전용 자외선 살균소독기)을 판매한 경우

[1] 약사법상 의료용구에 해당하는지 여부의 판단 기준

어떤 기구 등이 약사법 제2조 제9항에 의하여 보건복지부장관이 지정한 의료용구에 해당하는가 여부를 판단함에 있어서는 그 기구 등이 위 조항 소정의 목적으로 사용되는 것이면 족하고 객관적으로 그러한 성능을 가지고 있는가는 고려할 필요가 없으며, 또 그 기구 등의 사용목적은 그 기구 등의 구조와 형태, 그에 표시된 사용목적과 효과, 판매할 때의 선전 또는 설명 등을 종합적으로 고려하여 결정하여야 한다.

[2] 甲이 판매한 한의원 전용 자외선 살균소독기가 의료용구에 해당하는지 여부(적극)

보건복지부장관이 피고인에게 한 민원회신에서 '한의원 전용 자외선 살균소독기'가 살균력이 약하며 병원에서 치료나 수술시 감염방지를 위한 목적으로 사용하는 소독기와는 용도와 성능이 다르므로 의료용구에 해당하지 않는다고 하였다 하더라도 '한의원 전용 자외선 살균소독기'가 의료용구에 해당한다는 판단에 장애가 된다고 할 수 없다(대법원 1997.3.14. 선고 96도3460 판결).

2. 의료기기 과대광고

1) 적용법조 : 제52조 제1항 제1호, 제24조 제2항 제1호   ☞   공소시효 5년

제24조(기재 및 광고의 금지 등) ① 의료기기의 용기, 외장, 포장 또는 첨부문서에 해당 의료기기에 관하여 다음 각 호의 사항을 표시하거나 적어서는 아니 된다.
  1. 거짓이나 오해할 염려가 있는 사항
  2. 제6조제2항 또는 제15조제2항에 따른 허가 또는 인증을 받지 아니하거나 신고한 사항과 다른 성능이나 효능 및 효과
  3. 보건위생상 위해가 발생할 우려가 있는 사용방법이나 사용기간
② 누구든지 의료기기의 광고와 관련하여 다음 각 호의 어느 하나에 해당하는 광고를 하여서는 아니 된다.
  1. 의료기기의 명칭 · 제조방법 · 성능이나 효능 및 효과 또는 그 원리에 관한 거짓 또는 과대 광고
  2. 의사 · 치과의사 · 한의사 · 수의사 또는 그 밖의 자가 의료기기의 성능이나 효능 및 효과에 관하여 보증 · 추천 · 공인 · 지도 또는 인정하고 있거나 그러한 의료기기를 사용하고 있는 것으로 오해할 염려가 있는 기사를 사용한 광고
  3. 의료기기의 성능이나 효능 및 효과를 암시하는 기사 · 사진 · 도안을 사용하거나 그 밖에 암시적인 방법을 사용한 광고
  4. 의료기기에 관하여 낙태를 암시하거나 외설적인 문서 또는 도안을 사용한 광고
  5. 제6조제2항 또는 제15조제2항에 따라 허가 또는 인증을 받지 아니하거나 신고한 사항과 다른 의료기기의 명칭 · 제조방법 · 성능이나 효능 및 효과에 관한 광고. 다만, 제26조제1항 단서에 해당하는 의료기기의 경우에는 식품의약품안전처장이 정하여 고시하는 절차 및 방법, 허용범위 등에 따라 광고할 수 있다.
  6. 삭제 〈2021.3.23〉
  7. 제25조제1항에 따른 자율심의를 받지 아니한 광고 또는 심의받은 내용과 다른 내용의 광고

2) 범죄사실 기재례

> 피의자는 ○○에서 "노화방지의료기판매"라는 상호로 의료기기 판매업자인바, 누구든지 의료기기의 광고와 관련 의료기기의 명칭, 제조방법, 성능이나 효능 또는 그 원리에 관한 거짓 또는 과대광고를 하여서는 아니된다.
> 그럼에도 불구하고 피의자는 20○○. ○. ○. 위 매장에 불특정다수의 일반인에게 알릴 목적으로 "적외선○○" 제품을 전시 판매하면서 "○○제품은 노인성 만성질환, 골다공증에 특효"라는 내용의 플래카드를 부착해 놓고 매장을 찾아온 불특정 다수인들에게 위와 같은 내용으로 효능 및 효과에 대해 과대광고를 하였다.

3) 신문사항

- 의료기기를 판매한 일이 있는가
- 언제부터 어디에서 판매하는가
- 어떠한 의료기기를 판매하는가
- 판매업 신고를 하였는가
- 주로 누구를 상대로 판매하는가
- ○○의료기는 어떠한 용도로 사용하며 그 성능이나 효능 및 효과는 어떠한가
- 이러한 효능 등은 의료기기의 용기 등에 표기되어 있는가
- 이 이외의 효능·효과를 과대광고한 일이 있는가
- 어떠한 내용과 방법으로 과대광고를 하였는가
- 이때 매장에 부착하여 있던 플래카드 내용의 사진을 보여주며
- 이런 내용의 광고를 한 일이 사실인가
- 언제부터 이러한 광고를 하였는가
- 누구를 상대로 하였는가
- 이러한 광고내용의 효능이 사실인가
- 왜 이러한 과대광고를 하게되었는가
- 매장의 규모, 조업원 수는 어느 정도인가
- 월 판매량은 어느 정도인가

■ **판례** ■　**'광고'의 의미 및 기사 형식에 의한 광고가 여기에 포함되는지 여부(적극)**

약사법 제63조는 제1항에서 의약품·의약외품 또는 의료용구의 명칭·제조방법·효능이나 성능에 관한 허위 또는 과대한 광고를, 제3항에서 의약품 등의 효능이나 성능에 관한 암시적 기사·사진·도안 기타 암시적 방법에 의한 광고를, 제5항에서 허가나 신고 이전의 의약품 등의 명칭·제조방법·효능이나 성능에 관한 광고를 각 금지하고 있는바, 이러한 규제의 내용 및 의약품 등이 국민의 건강과 직결되어 있는데도 국민들로서는 그 유효성, 안전성 등을 용이하게 판단할 수 없고 적정한 정보가 제공되지 않을 경우 각종 보건위생상의 위해가 생길 염려가 있기 때문에 의약품 등의 광고를 규제할 필요가 있는 점 등에 비추어 보면, 위 제63조 제1항에서의 '광고'는 널리 불특

정 다수의 일반인에게 알릴 목적으로 이루어지는 일체의 수단을 말하는 것으로 여기에는 기사 형식에 의한 광고도 포함된다(대법원 2002.1.22. 선고 2001도5530 판결).

■ 판례 ■　근육통 완화를 위한 품목으로 제조허가를 받은 의료기기를 전립선 질환에 특수한 효능·효과가 있는 것처럼 광고한 행위가 과대광고에 해당하는지 여부

의료기기법 제23조 제2항은 제1호에서 '의료기기의 명칭·제조방법·성능이나 효능 및 효과 또는 그 원리에 관한 거짓 또는 과대광고'를 금지하면서 제44조에서 그에 관한 처벌규정을 두고 있다. 의료기기법이 이와 같은 규정을 둔 것은 의료기기에 관한 광고를 아무런 제한 없이 전면적으로 허용할 경우 무분별한 거짓·과대광고로 소비자의 정확한 판단을 그르치게 할 위험이 있고, 소비자의 오신·과신으로 말미암은 여러 가지 부작용이 예상되기 때문에, 소비자의 알 권리 내지 선택할 권리를 해하지 않는 범위 안에서 국민건강 보호를 위하여 의료기기의 효능 등에 관한 거짓·과대광고를 규제하기 위한 것이다.

원심은 그 채용증거들을 종합하여, 이 사건 의료기기는 '근육통 완화'를 사용목적으로 하는 2등급 의료기기인 '개인용 온열기' 품목으로 제조허가를 받은 사실, 2등급 의료기기의 경우에는 원칙적으로 인체에 삽입하는 사용이 허용되어 있지 아니함에도 피고인은 이 사건 온열기의 알루미늄 봉을 사람의 항문 쪽으로 직장까지 직접 삽입하여 전립선 가까이에 열을 가하는 방식으로 사용하도록 광고한 사실, 또한 피고인은 일간신문 등지에 이 사건 의료기기를 '전립선을 따뜻하고 편안하게 純銀 J2V', '사나이의 자신감! 은나노 J2V 전립선이 좋아지면 다른 부분은 저절로 좋아집니다'라는 문구로 광고하고, 인터넷 홈페이지에 전립선비대증, 전립선 염증, 치질, 변비, 정력, 대장 등의 병명을 열거하고 병명별로 이 사건 의료기기의 사용 전·후를 비교하는 체험담을 분류 게시하여 일반인으로 하여금 읽을 수 있도록 하고 있는 사실을 인정한 후, 그 판시와 같은 사정에 비추어 피고인이 신체 일반에 대한 근육통 완화를 위한 품목으로 제조허가를 받은 이 사건 의료기기를 마치 '전립선 질환'에 특수한 효능·효과가 있는 것처럼 일반인에게 과대광고를 한 사실을 넉넉히 인정할 수 있다고 판단하였는바, 의료기기법 제23조 제2항 제1호의 취지와 기록에 비추어 살펴보면, 원심의 위와 같은 사실인정과 판단은 정당한 것으로 수긍할 수 있다. 원심판결에는 상고이유로 주장하는 바와 같은 채증법칙 위배나 의료기기의 과대광고에 관한 법리오해 등의 위법이 없다(대법원 2007.9.6. 선고 2006도8030 판결).

■ 판례 ■　어떤 기구 등이 의료기기법상 '의료기기'에 해당하기 위한 요건

의료기기법 제2조 제1항은 의료기기를 사람이나 동물에게 단독 또는 조합하여 사용되는 기구·기계·재료 또는 이와 유사한 제품으로서 질병을 진단·치료·경감·처치 또는 예방할 목적으로 사용되는 제품(제1호), 상해 또는 장애를 진단·치료·경감 또는 보정할 목적으로 사용되는 제품(제2호), 구조 또는 기능을 검사·대체 또는 변형할 목적으로 사용되는 제품(제3호), 임신을 조절할 목적으로 사용되는 제품(제4호) 중 어느 하나에 해당하는 제품으로서 약사법에 따른 의약품과 의약외품 및 장애인복지법 제65조에 따른 장애인보조기구 중 의지·보조기를 제외한 것이라고 정의하고 있는데, 어떤 기구 등이 의료기기법상 의료기기에 해당하기 위하여는 그 기구 등이 객관적으로 의료기기법 제2조 제1항 각호에서 정한 성능을 가지고 있거나, 객관적으로 그러한 성능을 가지고 있지 않더라도 그 기구 등의 형태, 그에 표시된 사용목적과 효과, 그 판매 대상과 판매할 때의 선전, 설명 등을 종합적으로 고려하여 위 조항에서 정한 목적으로 사용되는 것으로 인정되어야 한다.(대법원 2018. 8. 1., 선고, 2015도10388, 판결)

제94장 의료기사 등에 관한 법률

Ⅰ. 개념정의

제1조의2(정의) 이 법에서 사용하는 용어의 뜻은 다음과 같다.
1. "의료기사"란 의사 또는 치과의사의 지도 아래 진료나 의화학적(醫化學的) 검사에 종사하는 사람을 말한다.
2. "보건의료정보관리사"란 의료 및 보건지도 등에 관한 기록 및 정보의 분류·관리를 주된 업무로 하는 사람을 말한다.
3. "안경사"란 안경(시력보정용에 한정한다. 이하 같다)의 조제 및 판매와 콘택트렌즈(시력보정용이 아닌 경우를 포함한다. 이하 같다)의 판매를 주된 업무로 하는 사람을 말한다.
제2조(의료기사의 종류 및 업무) ① 의료기사의 종류는 임상병리사, 방사선사, 물리치료사, 작업치료사, 치과기공사 및 치과위생사로 한다.

Ⅱ. 벌 칙

제30조(벌칙) ① 다음 각 호의 어느 하나에 해당하는 사람은 3년이하의 징역 또는 3천만원이하의 벌금에 처한다.
1. 제9조제1항 본문을 위반하여 의료기사등의 면허 없이 의료기사등의 업무를 한 사람
2. 제9조제3항을 위반하여 다른 사람에게 면허를 대여한 사람
2의2. 제9조제4항을 위반하여 면허를 대여받거나 면허 대여를 알선한 사람
3. 제10조를 위반하여 업무상 알게 된 비밀을 누설한 사람
4. 제11조의2제1항을 위반하여 치과기공사의 면허 없이 치과기공소를 개설한 자. 다만, 제11조의2제1항에 따라 개설등록을 한 치과의사는 제외한다.
5. 제11조의3제1항을 위반하여 치과의사가 발행한 치과기공물제작의뢰서에 따르지 아니하고 치과기공물제작등 업무를 행한 자
6. 제12조제1항을 위반하여 안경사의 면허 없이 안경업소를 개설한 사람
② 제1항제3호의 죄는 고소가 있어야 공소를 제기할 수 있다.
제31조(벌칙) 다음 각 호의 어느 하나에 해당하는 자는 500만원이하의 벌금에 처한다.
1. 제9조제2항을 위반하여 의료기사등의 면허 없이 의료기사등의 명칭 또는 이와 유사한 명칭을 사용한 자
1의2. 제11조의2제2항을 위반하여 2개소 이상의 치과기공소를 개설한 자
2. 제12조제2항을 위반하여 2개 이상의 안경업소를 개설한 자
2의2. 제11조의2제3항을 위반하여 등록을 하지 아니하고 치과기공소를 개설한 자
3. 제12조제3항을 위반하여 등록을 하지 아니하고 안경업소를 개설한 자
3의2. 제12조제5항을 위반한 사람
3의3. 제12조제6항을 위반하여 안경 및 콘택트렌즈를 안경업소 외의 장소에서 판매한 안경사
4. 제14조제2항을 위반하여 영리를 목적으로 특정 치과기공소·안경업소 또는 치과기공사·안경사에게 고객을 알선·소개 또는 유인한 자
제32조(양벌규정) 법인의 대표자나 법인 또는 개인의 대리인, 사용인, 그 밖의 종업원이 그 법인 또는 개인의 업무에 관하여 제30조 또는 제31조의 위반행위를 하면 그 행위자를 벌하는 외에 그 법인 또는 개인에게도 해당 조문의 벌금형을 과(科)한다. 다만, 법인 또는 개인이 그 위반행위를 방지하기 위하여 해당 업무에 관하여 상당한 주의와 감독을 게을리하지 아니한 경우에는 그러하지 아니하다.

Ⅲ. 범죄사실

1. 무면허 치과기공사

1) 적용법조 : 제30조 제1항 제1호, 제9조 제1항 ☞ 공소시효 5년

제9조(무면허자의 업무금지등) ① 의료기사등이 아니면 의료기사등의 업무를 하지 못한다. 다만, 대학·산업대학 또는 전문대학에서 취득하려는 면허에 상응하는 교육과정을 이수하기 위하여 실습 중에 있는 사람의 실습에 필요한 경우에는 그러하지 아니하다.
② 의료기사등이 아니면 의료기사등의 명칭 또는 이와 유사한 명칭을 사용하지 못한다.
③ 의료기사등은 제4조에 따라 받은 면허를 다른 사람에게 대여하여서는 아니 된다.
④ 누구든지 제4조에 따라 받은 면허를 대여받아서는 아니 되며 면허 대여를 알선하여서도 아니 된다.

2) 범죄사실 기재례

> 의료기사등이 아니면 의료기사등의 업무를 하지 못한다.
> 그럼에도 불구하고 피의자는 20○○. ○. ○. 경부터 20○○. ○. ○.까지 사이에 의료기사가 아니면서 ○○에 있는 약 30㎡의 점포에 ○○등 영업시설을 갖추고 종업원 1명을 고용하여 홍치과의원 등 10여개의 거래처를 상대로 틀니, 금니 등 치과기공물을 제조·판매함으로써 월 평균 ○○만원 상당의 수익을 올리는 치과기공사의 업무를 하였다.

3) 신문사항

- 의료기사(치과기공사)인가
- 치과기공사의 업무를 한 일이 있는가
- 언제부터 언제까지 하였나
- 어디에서 하였으며 규모는 어느 정도인가
- 종업원이 있는가
- 어떤 영업시설을 갖추고 있는가
- 어떤 영업을 하였나(틀니, 금니 등)
- 누구를 상대로 하였나(거래처 등)
- 월 매출은 어느 정도였나

2. 안경사면허의 대여

1) 적용법조 : 제30조 제1항 제2호, 제9조 제3항 ☞ 공소시효 5년

2) 범죄사실 기재례

> 피의자는 안경사로서 면허증을 타인에게 대여하여서는 아니된다.
> 그럼에도 불구하고 피의자는 20○○. ○. ○. ○○에서 홍길동으로부터 월 대여료로 ○○만원을 받기로 약정하고 그 무렵부터 20○○. ○. ○.까지 홍길동으로 하여금 안경업소를 개설하도록 안경사면허를 대여하였다.

✲ 홍길동은 무면허개설업자 : 30조 제1항 제4호, 제12조 제1항으로 처벌

3) 신문사항

- 안경사인가
- 언제 안경사면허를 취득하였는가(취득일자, 면허번호 등)
- 안경점을 개설 등록하였는가
- 안경사 면허를 타인에게 대여해 준 일이 있는가
- 언제 누구에게 대여해 주었는가
- 어떤 조건으로 언제까지 대여하기로 하였나
- 대여 대가로 언제부터 얼마를 받았는가
- 안경사로서 이런 행위에 대해 어떻게 생각하는가

3. 비밀누설 행위

1) 적용법조 : 제30조 제1항 제3호, 제10조 ☞ 공소시효 5년

> 제10조(비밀누설의 금지) 의료기사등은 이 법 또는 다른 법령에 특별히 규정된 경우를 제외하고는 업무상 알게 된 비밀을 누설하여서는 아니 된다.

2) 범죄사실 기재례

> 의료기사등은 이 법 또는 다른 법령에 특히 규정된 경우를 제외하고는 그 업무상 알게 된 비밀을 누설하여서는 아니된다.
> 그럼에도 불구하고 피의자는 20○○. ○. ○. 11:00경 피의자 경영 ○○안경사에서 시력검사과정에서 알게 된 홍길동의 한쪽 눈알이 개눈이라는 것을 20○○. ○. ○.동료회원들의 모임 자리인 ○○에서 회원인 최민자 등에게 말하여 누설하였다.

3) 신문사항

- 어떠한 업무를 수행하는가(안경사)

- 홍길동을 진료한 일이 있는가
- 언제 어디에서 진료하였나
- 홍길동의 한쪽 눈이 개눈알이라는 것을 알고 있는가
- 이러한 사실을 누설한 일이 있나
- 언제 어디에서 누구에게 누설하였나
- 피의자의 행위로 홍길동이 어떠한 피해를 보았는지 알고 있나
- 의료기사로서 이러한 누설행위에 대해 어떻게 생각하느냐

4. 무면허 안경사개설

1) 적용법조 : 제30조 제1항 제6호, 제12조 제1항 ☞ 공소시효 5년

제12조(안경업소의 개설등록등) ① 안경사가 아니면 안경을 조제하거나 안경 및 콘택트렌즈의 판매업소(이하 "안경업소"라 한다)를 개설할 수 없다.
② 안경사는 1개 안경업소만을 개설할 수 있다.

2) 범죄사실 기재례

안경사가 아니면 안경의 조제 및 판매업소를 개설할 수 없다.
그럼에도 불구하고 피의자는 20○○. ○. ○. ○○에 있는 약 ○○㎡의 점포에 "한빛안경사" 라는 상호로 홍길동으로부터 ○○만원을 받고 ○○용 안경1개를 조제, 판매한 것을 비롯하여 20○○. ○. ○.까지 월평균 ○○만원의 수익을 올리는 안경업소를 개설하였다.

3) 신문사항
- 피의자는 안경사인가
- 안경사를 개설한 일이 있는가
- 언제 어디에 개설하였나
- 그 규모는 어느 정도인가
- 누구를 상대로 영업하였나
- 어떠한 영업을 하였나
- 언제까지 하였으며 월평균 수입은 어느 정도 였는가
- 왜 안경사가 아니면서 이러한 행위를 하였나

5. 미등록 안경점 개설

1) 적용법조 : 제31조 제3호, 제12조 제3항 ☞ 공소시효 5년

> 제12조(안경업소의 개설등록 등) ③ 안경업소를 개설하려는 사람은 보건복지부령으로 정하는 바에 따라 특별자치도지사·시장·군수·구청장에게 개설등록을 하여야 한다.

2) 범죄사실 기재례

> 안경업소를 개설하고자 하는 자는 보건복지부령이 정하는 바에 의하여 시장·군수·구청장에게 개설등록을 하여야 한다.
>
> 그럼에도 불구하고 피의자는 20○○. ○. ○. 경부터 20○○. ○. ○.경까지 ○○에 솜사탕 안경점을 개설·운영하여 등록없이 안경영업소를 개설하였다.

3) 신문사항

- 피의자는 안경사인가
- 안경업소를 개설·운영하고 있는가
- 언제 어디에 개설하였는가
- 규모는 어느 정도인가
- ○○군수(시장·군수·구청장)에게 개설등록을 하였는가
- 왜 개설등록을 하지 않았는가
- 개설등록없이 언제까지 운영하였는가

6. 고객알선·소개 또는 유인

1) 적용법조 : 제31조 제4호, 제14조 제2항 ☞ 공소시효 5년

> 제14조(과대광고 등의 금지) ② 누구든지 영리를 목적으로 특정 안경업소 또는 안경사에게 고객을 알선·소개 또는 는 유인하여서는 아니 된다.

2) 범죄사실 기재례

> 누구든지 영리를 목적으로 특정 안경업소 또는 안경사에게 고객을 알선·소개 또는 유인하여서는 아니 된다.
>
> 그럼에도 불구하고 피의자는 20○○. ○. ○. 경부터 20○○. ○. ○.경까지 甲 등 2명을 아르바이트로 고용하여 그들로 하여금 ○○에서 안경 닦는 수건을 무료로 나누어 주면서 "○○안경은 다른 안경원보다 10% 저렴한 가격으로 모시고 있습니다. 많은 이용 바랍니다"라고 하는 등 영리를 목적으로 특정 안경업소에 고객을 유인하는 행위를 하였다.

3) 신문사항

- 안경원을 운영하고 있는가
- 언제 어디에 개설등록을 하였는가
- 그 규모는 어느 정도인가
- 안경원 홍보를 한 일이 있는가
- 어떤 어디에서 어떤 방법으로 하였나
- 누구를 상대로 하였나
- 이런 행위는 고객을 유인하는 행위가 아닌가

■ 판례 ■ 안경사가 홍보이벤트사의 도우미들을 고용하여 자신의 영업소 부근을 지나가는 행인 등을 상대로 홍보전단을 나누어 준 경우

의료기사등에관한법률 제14조 제2항은 누구든지 영리를 목적으로 특정 안경업소 또는 안경사에게 고객을 알선·소개 또는 유인하여서는 아니된다고 규정하고 있는데, 이 규정은 안경업계의 건전한 거래질서를 확립하기 위하여 특정 안경업소에 대한 고객알선·소개 및 유인행위를 금지한 것으로서 안경사의 경우 자신의 안경업소가 아닌 다른 특정 안경업소 또는 안경사에게 고객을 알선·소개 또는 유인하는 것을 금지하는 규정이고, 특정 안경업소 또는 안경사가 그 안경업소 또는 안경사 자신에게 고객을 유인하는 경우는 위 같은 조 제2항 소정의 유인행위에 해당하지 아니한다는 점(헌법재판소 1999.9.16. 선고 98헌마289 결정 참조)과 오늘날 영업에 있어 광고의 중요성이 증대하고 광고 수단이 발달하고 있는 점, 타인으로부터 무상으로 도움을 받는 경우가 아닌 한 안경사는 언제나 혼자 힘으로만 광고행위를 하여야 한다고까지 제한하는 것은 그 규제가 비현실적일 뿐 아니라 영업의 자유를 지나치게 침해하는 것이 된다는 점 등에 비추어 안경사에게 고용되어 그 안경사의 안경업소에 고객을 유인하는 자의 행위 역시 이를 일률적으로 위 법 제14조 제2항 소정의 유인행위로 볼 것이 아니라, 그 고용 형태 등에 비추어 안경사의 수족과 같은 지위에 있어 그의 행위가 안경사 자신의 행위와 동등하게 평가될 수 있는 자의 행위로서 그 고객 유인 형태, 광고 내용 및 광고 방법, 광고 대상인 고객 등의 여러 사정을 참작하여 그 행위가 위 조항이 규제하는 안경업계의 건전한 거래질서에 위반되지 않는다고 판단되는 경우에는 위 법 제14조 제2항 소정의 유인행위에 해당되지 않는다고 전제한 후, 이 사건에서 위 도우미들과 피고인의 고용형태와 도우미들의 행위내용에 비추어 위 도우미들의 피고인의 안경업소 홍보를 위한 위와 같은 행위는 위 법 제14조 제2항 소정의 유인행위에 해당하지 않는다(대법원 2002.7.23. 선고 2001도5603 판결).

■ 판례 ■ 특정한 신분을 가진 자에 대하여서만 특별할인 한다는 내용의 광고가 의료기사등에관한법률 제14조 제1항 소정의 과대광고에 해당하는지 여부(소극)

안경업소가 제품의 가격에 대한 객관적인 기준없이 모든 제품 또는 특정 제품을 할인판매 한다는 광고를 하는 경우에는 판매가격에 관하여 소비자가 오인하거나 정상적인 판단을 못하게 될 우려가 있어 과대광고에 해당할 여지가 있다고 하겠으나, 특정한 신분을 가진 자에 대하여서만 특별할인 한다는 내용의 광고는 일반소비자에 대한 판매가격을 기준으로 일정 비율을 저감하겠다는 것으로서 실제로 할인의 기준이 되는 일반소비자 판매가격을 제품에 표시하지 않았다거나 할인대상자에게 일반소비자에 비하여 매우 미미한 할인율로 제품을 판매하였다는 등의 특별한 사정이 없는 한 과대광고에 해당하지 않는다고 봄이 타당하다(서울행법 1999.6.10. 선고 99구1822 판결).

제 95 장   의 료 법

Ⅰ. 개념정의

제2조(의료인) ① 이 법에서 "의료인"이란 보건복지부장관의 면허를 받은 의사·치과의사·한의사·조산사 및 간호사를 말한다.

② 의료인은 종별에 따라 다음 각 호의 임무를 수행하여 국민보건 향상을 이루고 국민의 건강한 생활 확보에 이바지할 사명을 가진다.

  1. 의사는 의료와 보건지도를 임무로 한다.

  2. 치과의사는 치과 의료와 구강 보건지도를 임무로 한다.

  3. 한의사는 한방 의료와 한방 보건지도를 임무로 한다.

  4. 조산사는 조산과 임부·해산부·산욕부 및 신생아에 대한 보건과 양호지도를 임무로 한다.

  5. 간호사는 다음 각 목의 업무를 임무로 한다.

    가. 환자의 간호요구에 대한 관찰, 자료수집, 간호판단 및 요양을 위한 간호

    나. 의사, 치과의사, 한의사의 지도하에 시행하는 진료의 보조

    다. 간호 요구자에 대한 교육·상담 및 건강증진을 위한 활동의 기획과 수행, 그 밖의 대통령령으로 정하는 보건활동

    라. 제80조에 따른 간호조무사가 수행하는 가목부터 다목까지의 업무보조에 대한 지도

제3조(의료기관) ① 이 법에서 "의료기관"이란 의료인이 공중(公衆) 또는 특정 다수인을 위하여 의료·조산의 업(이하 "의료업"이라 한다)을 하는 곳을 말한다.

② 의료기관은 다음 각 호와 같이 구분한다.

  1. 의원급 의료기관 : 의사, 치과의사 또는 한의사가 주로 외래환자를 대상으로 각각 그 의료행위를 하는 의료기관으로서 그 종류는 다음 각 목과 같다.

    가. 의원   나. 치과의원   다. 한의원

  2. 조산원 : 조산사가 조산과 임부·해산부·산욕부 및 신생아를 대상으로 보건활동과 교육·상담을 하는 의료기관을 말한다.

  3. 병원급 의료기관 : 의사, 치과의사 또는 한의사가 주로 입원환자를 대상으로 의료행위를 하는 의료기관으로서 그 종류는 다음 각 목과 같다.

    가. 병원   나. 치과병원   다. 한방병원

    라. 요양병원(「장애인복지법」 제58조제1항제2호에 따른 의료재활시설로서 제3조의2의 요건을 갖춘 의료기관을 포함한다. 이하 같다)

    마. 정신병원   바. 종합병원

③ 보건복지부장관은 보건의료정책에 필요하다고 인정하는 경우에는 제2항제1호부터 제3호까지의 규정에 따른 의료기관의 종류별 표준업무를 정하여 고시할 수 있다.

제3조의2(병원등) 병원·치과병원·한방병원 및 요양병원(이하 "병원등"이라 한다)은 30개 이상의 병상(병원·한방병원만 해당한다) 또는 요양병상(요양병원만 해당하며, 장기입원이 필요한 환자를 대상으로 의료행위를 하기 위하여 설치한 병상을 말한다)을 갖추어야 한다.

제3조의3(종합병원) ① 종합병원은 다음 각 호의 요건을 갖추어야 한다.

  1. 100개 이상의 병상을 갖출 것

2. 100병상 이상 300병상 이하인 경우에는 내과 · 외과 · 소아청소년과 · 산부인과 중 3개 진료과목, 영상의학과, 마취통증의학과와 진단검사의학과 또는 병리과를 포함한 7개 이상의 진료과목을 갖추고 각 진료과목마다 전속하는 전문의를 둘 것

3. 300병상을 초과하는 경우에는 내과, 외과, 소아청소년과, 산부인과, 영상의학과, 마취통증의학과, 진단검사의학과 또는 병리과, 정신건강의학 및 치과를 포함한 9개 이상의 진료과목을 갖추고 각 진료과목마다 전속하는 전문의를 둘 것

② 종합병원은 제1항제2호 또는 제3호에 따른 진료과목(이하 이 항에서 "필수진료과목"이라 한다) 외에 필요하면 추가로 진료과목을 설치 · 운영할 수 있다. 이 경우 필수진료과목 외의 진료과목에 대하여는 해당 의료기관에 전속하지 아니한 전문의를 둘 수 있다.

제3조의4(상급종합병원 지정) ① 보건복지부장관은 다음 각 호의 요건을 갖춘 종합병원 중에서 중증질환에 대하여 난이도가 높은 의료행위를 전문적으로 하는 종합병원을 상급종합병원으로 지정할 수 있다.

1. 보건복지부령으로 정하는 20개 이상의 진료과목을 갖추고 각 진료과목마다 전속하는 전문의를 둘 것

2. 제77조제1항에 따라 전문의가 되려는 자를 수련시키는 기관일 것

3. 보건복지부령으로 정하는 인력 · 시설 · 장비 등을 갖출 것

4. 질병군별(疾病群別) 환자구성 비율이 보건복지부령으로 정하는 기준에 해당할 것

② 보건복지부장관은 제1항에 따른 지정을 하는 경우 제1항 각 호의 사항 및 전문성 등에 대하여 평가를 실시하여야 한다.

③ 보건복지부장관은 제1항에 따라 상급종합병원으로 지정받은 종합병원에 대하여 3년마다 제2항에 따른 평가를 실시하여 재지정하거나 지정을 취소할 수 있다.

④ 보건복지부장관은 제2항 및 제3항에 따른 평가업무를 관계 전문기관 또는 단체에 위탁할 수 있다.

⑤ 상급종합병원 지정 · 재지정의 기준 · 절차 및 평가업무의 위탁 절차 등에 관하여 필요한 사항은 보건복지부령으로 정한다.

제3조의5(전문병원 지정) ① 보건복지부장관은 병원급 의료기관 중에서 특정 진료과목이나 특정 질환 등에 대하여 난이도가 높은 의료행위를 하는 병원을 전문병원으로 지정할 수 있다.

▪ 판례 ▪   의사가 그 사용인 등을 교사하여 의료법 위반행위를 하게 한 경우, 의료법위반교사의 책임을 지게 되는지 여부(적극)

의사인 피고인이 그 사용인 등을 교사하여 의료법 위반행위를 하게 한 경우 피고인은 의료법의 관련 규정 및 형법 총칙의 공범규정에 따라 의료법 위반 교사의 책임을 지게 된다고 할 것이다 (대법원 2007.1.25. 선고 2006도6912 판결).

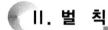 **II. 벌 칙**

제87조(벌칙) 제33조제2항을 위반하여 의료기관을 개설하거나 운영하는 자는 10년 이하의 징역이나 1억원 이하의 벌금에 처한다.

제87조의2(벌칙) ① 제12조제3항을 위반한 죄를 범하여 사람을 상해에 이르게 한 경우에는 7년 이하의 징역 또는 1천만원 이상 7천만원 이하의 벌금에 처하고, 중상해에 이르게 한 경우에는 3년 이상 10년 이하의 징역에 처하며, 사망에 이르게 한 경우에는 무기 또는 5년 이상의 징역에 처한다.

② 다음 각 호의 어느 하나에 해당하는 자는 5년 이하의 징역이나 5천만원 이하의 벌금에 처한다.

1. 제4조의3제1항을 위반하여 면허를 대여한 사람

1의2. 제4조의3제2항을 위반하여 면허를 대여받거나 면허 대여를 알선한 사람

2. 제12조제2항 및 제3항, 제18조제3항, 제21조의2제5항·제8항, 제23조제3항, 제27조제1항, 제33조제2항(제82조제3항에서 준용하는 경우만을 말한다)·제8항(제82조제3항에서 준용하는 경우를 포함한다)·제10항을 위반한 자. 다만, 제12조제3항의 죄는 피해자의 명시한 의사에 반하여 공소를 제기할 수 없다.

3. 제27조제5항을 위반하여 의료인이 아닌 자에게 의료행위를 하게 하거나 의료인에게 면허 사항 외의 의료행위를 하게 한 자

3의2. 제38조의2제5항을 위반하여 촬영한 영상정보를 열람하게 하거나 제공한 자 [시행 2023. 9. 25]

3의3. 제38조의2제6항을 위반하여 촬영한 영상정보를 탐지하거나 누출·변조 또는 훼손한 자 [시행 2023. 9. 25]

3의4. 제38조의2제7항을 위반하여 촬영한 영상정보를 이 법에서 정한 목적 외의 용도로 사용한 자[시행 2023. 9. 25]

4. 제40조의3제3항을 위반하여 직접 보관한 진료기록부등 외 진료기록보관시스템에 보관된 정보를 열람하는 등 그 내용을 확인한 사람

5. 제40조의3제7항을 위반하여 정당한 접근 권한 없이 또는 허용된 접근 권한을 넘어 진료기록보관시스템에 보관된 정보를 훼손·멸실·변경·위조·유출하거나 검색·복제한 사람

제88조(벌칙) 다음 각 호의 어느 하나에 해당하는 자는 3년 이하의 징역이나 3천만원 이하의 벌금에 처한다.

1. 제19조, 제21조제2항(제40조의2제4항에서 준용하는 경우를 포함한다), 제22조제3항, 제27조제3항·제4항, 제33조제4항, 제35조제1항 단서, 제38조제3항, 제47조제11항, 제59조제3항, 제64조제2항(제82조제3항에서 준용하는 경우를 포함한다), 제69조제3항을 위반한 자. 다만, 제19조, 제21조제2항(제40조의2제4항에서 준용하는 경우를 포함한다) 또는 제69조제3항을 위반한 자에 대한 공소는 고소가 있어야 한다.

2. 제23조의5를 위반한 자. 이 경우 취득한 경제적 이익등은 몰수하고, 몰수할 수 없을 때에는 그 가액을 추징한다.

3. 제38조의2제2항에 따른 절차에 따르지 아니하고 같은 조 제1항에 따른 폐쇄회로 텔레비전으로 의료행위를 하는 장면을 임의로 촬영한 자

4. 제82조제1항에 따른 안마사의 자격인정을 받지 아니하고 영리를 목적으로 안마를 한 자

제88조의2(벌칙) 다음 각 호의 어느 하나에 해당하는 자는 2년 이하의 징역이나 2천만원 이하의 벌금에 처한다.

1. 제20조를 위반한 자

2. 제38조의2제4항을 위반하여 안전성 확보에 필요한 조치를 하지 아니하여 폐쇄회로 텔레비전으로 촬영한 영상정보를 분실·도난·유출·변조 또는 훼손당한 자

3. 제47조제12항을 위반하여 자율보고를 한 사람에게 불리한 조치를 한 자

제89조(벌칙) 다음 각 호의 어느 하나에 해당하는 자는 1년 이하의 징역이나 1천만원 이하의 벌금에 처한다.

1. 제15조제1항, 제17조제1항·제2항(제1항 단서 후단과 제2항 단서는 제외한다), 제17조의2제1항·제2항(처방전을 교부하거나 발송한 경우만을 말한다), 제23조의2제3항 후단, 제33조제9항, 제56조제1항부터 제3항까지 또는 제58조의6제2항을 위반한 자

2. 정당한 사유 없이 제40조제4항에 따른 권익보호조치를 하지 아니한 자

3. 제51조의2를 위반하여 의료법인의 임원 선임과 관련하여 금품 등을 주고받거나 주고받을 것을 약속한 자

4. 제61조제1항에 따른 검사를 거부·방해 또는 기피한 자(제33조제2항·제10항 위반 여부에 관한 조사임을 명시한 경우에 한정한다)

제90조(벌칙) 제16조제1항·제2항, 제17조제3항·제4항, 제17조의2제1항·제2항(처방전을 수령한 경우만을 말한다), 제18조제4항, 제21조제1항 후단(제40조의2제4항에서 준용하는 경우를 포함한다), 제21조의2제1항·제2항, 제22조제1항·제2항(제40조의2제4항에서 준용하는 경우를 포함한다), 제23조제4항, 제26조, 제27조제2항, 제33조제1항·제3항(제82조제3항에서 준용하는 경우를 포함한다)·제5항(허가의 경우만을 말한다), 제35조제1항 본문, 제38조의2제1항부터 제4항까지·제9항, 제41조, 제42조제1항, 제48조제3항·제4항, 제77조제2항을 위반한 자나 제63조에 따른 시정명령을 위반한 자와 의료기관 개설자가 될 수 없는 자에게 고용되어 의료행위를 한 자는 500만원 이하의 벌금에 처한다.

제91조(양벌규정) 법인의 대표자나 법인 또는 개인의 대리인, 사용인, 그 밖의 종업원이 그 법인 또는 개인의 업무에 관하여 제87조, 제87조의2, 제88조, 제88조의2, 제89조 또는 제90조의 위반행위를 하면 그 행위자를 벌하는 외에 그 법인 또는 개인에게도 해당 조문의 벌금형을 과(科)한다. 다만, 법인 또는 개인이 그 위반행위를 방지하기 위하여 해당 업무에 관하여 상당한 주의와 감독을 게을리하지 아니한 경우에는 그러하지 아니하다.

III. 범죄사실

1. 의료행위 장소의 의료인 폭행

1) 적용법조 : 제87조의2 제2항 제2호, 제12조 제3항 ☞ 공소시효 5년

> 제12조(의료기술 등에 대한 보호) ③ 누구든지 의료행위가 이루어지는 장소에서 의료행위를 행하는 의료인, 제80조에 따른 간호조무사 및 「의료기사 등에 관한 법률」 제2조에 따른 의료기사 또는 의료행위를 받는 사람을 폭행·협박하여서는 아니 된다.

2) 범죄사실 기재례

> 누구든지 의료행위가 이루어지는 장소에서 의료행위를 행하는 의료인, 간호조무사 및 의료기사 또는 의료행위를 받는 사람을 폭행·협박하여서는 아니 된다.
> 그럼에도 불구하고 피의자는 20○○. ○. ○.경 ○○병원 제00호실에서 환자 진료를 하는 의사 홍길동을 찾아가 '왜 우리 아들 치료를 잘못하였냐며 주먹으로 머리 부분을 3회 때려 폭행하였다.

3) 다른 법과의 관계

- ○ 형법상 폭행죄와의 관계

  의료법이 특별법으로 의료행위를 하는 의료인(간호조무사, 의료기사 포함)을 폭행·협박한 경우 의료법 적용(형법 상 폭행 : 2년↓500만원↓)

- ○ 응급의료에관한법률과 관계

  응급의료종사자를 폭행·협박한 경우에는 응급의료에관한법률 적용(응급의료에관한법률 5년↓5천만원↓)

4) 신문사항

- ○○병원을 찾아간 일이 있는가
- 언제 어느 병원 어디를 찾아갔는가
- 무엇 때문에 찾아갔는가
- 가서 누구를 만났는가
- 찾아갔을 때 의사가 무엇을 하고 있던가
- 의사에게 어떻게 하였는가
- 의사가 의료행위를 하고 있었는데 폭행하였다는 것인가
- 피해자에게 어느 정도의 피해를 입혔는가
- 왜 진료중인 의사를 폭행하였는가

2. 적출물의 처리기준 위반

1) 적용법조 : 제90조, 제16조 제2항 ☞ 공소시효 5년

> 제16조(세탁물 처리) ① 의료기관에서 나오는 세탁물은 의료인·의료기관 또는 시장·군수·구청장(자치구의 구청
> 장을 말한다. 이하 같다)에게 신고한 자가 아니면 처리할 수 없다.
> ② 제1항에 따라 세탁물을 처리하는 자는 보건복지부령으로 정하는 바에 따라 위생적으로 보관·운반·처리하여야
> 한다.

2) 범죄사실 기재례

피의자는 ○○○에서 "○○소아청소년과 의원"이라는 상호로 소아청소년과 진료 등 의
료기관을 개설한 의사이다. 의료기관에서 발생하는 적출물은 적출물등처리규칙에 의거 운반,
보관, 처리하여야 한다.
그럼에도 불구하고 피의자는 20○○. ○. ○. 18:00경 위 의원 내 일반생활 쓰레기 처리함
에서 환자치료 후 발생한 적출물인 피고름을 닦아낸 거즈와 붕대, 주사 앰플 45개, ○○ 등
을 일반 쓰레기와 분리하지 아니한 채 혼합 보관하는 등 적출물의 보관, 운반, 처리방법을
위반하였다.

3) 신문사항

- 의료인인가
- 어디에서 어떤 의료업에 종사하는가
- 환자치료 후 발생한 적출물처리는 어떻게 하고 있는가
- 분리수거함은 평소 어떻게 구분하여 활용하고 있는가
- 하루 평균 어느 정도 적출물이 발생하는 가
  이때 단속당시 간호사 甲을 입회하고 촬영 사진을 보여주며
- 이렇게 혼합보관한 것을 인정하는가
- 평상시에도 이렇게 처리하였나

■ 판례 ■ **태반을 매수·판매한 행위가 의료법 제17조 제1항에서 규정한 "처리"의 개념에 포함
되는지 여부(소극)**

의료법 제17조 제1항, 적출물등처리규칙(1985.7.25 보건사회부령 제769호)제2조의2, 제5조, 제6조
의 위 각 규정 취지를 종합하여 보면 의료법 제17조 제1항에서 규정하고 있는 '처리'라는 용어의
의미는 적출물의 소각 또는 매몰과 이에 준한다고 볼 수 있는 적출물 자체의 종국적인 처분을 뜻
하는 것이므로 적출물인 태반을 매수하고 판매한 행위는 형사법정주의 원칙상 동법 제17조 제1항
에서 규정한 "처리"의 개념에 포함된다고는 해석할 수 없다(대법원 1987.12.22. 선고 87도1954 판
결).

3. 진찰 등을 하지 아니하고 진단서 발급

1) 적용법조 : 제89조 제1항, 제17조 제1항 ☞ 공소시효 5년

제17조(진단서 등) ① 의료업에 종사하고 직접 진찰하거나 검안(檢案)한 의사[이하 이 항에서는 검안서에 한하여 검시(檢屍)업무를 담당하는 국가기관에 종사하는 의사를 포함한다. 이하 같다], 치과의사, 한의사가 아니면 진단서·검안서·증명서를 작성하여 환자(환자가 사망한 경우에는 배우자, 직계존비속 또는 배우자의 직계존속을 말한다) 또는 「형사소송법」 제222조제1항에 따라 검시(檢屍)를 하는 지방검찰청검사(검안서에 한한다)에게 교부하거나 발송(전자처방전에 한한다)하지 못한다. 다만, 진료 중이던 환자가 최종 진료 시부터 48시간 이내에 사망한 경우에는 다시 진료하지 아니하더라도 진단서나 증명서를 내줄 수 있으며, 환자 또는 사망자를 직접 진찰하거나 검안한 의사·치과의사 또는 한의사가 부득이한 사유로 진단서·검안서 또는 증명서를 내줄 수 없으면 같은 의료기관에 종사하는 다른 의사·치과의사 또는 한의사가 환자의 진료기록부 등에 따라 내줄 수 있다.

2) 범죄사실 기재례

> 피의자 홍길동은 ○○에 있는 ○○내과 원장으로 의료업에 종사한 사람이다.
> 의료업에 종사하고 직접 진찰하거나 검안한 의사, 치과의사, 한의사가 아니면 진단서·검안서·증명서를 작성하여 환자 또는 「형사소송법」 제222조 제1항에 따라 검시를 하는 지방검찰청 검사에게 교부하거나 발송하지 못한다.
> 그럼에도 불구하고 피의자는 20○○. ○. ○. 위 의원에서 甲이 자동차운전면허증 발급과 관련 신체검사서 발급 부탁을 받고 피의자 자신이 직접 진찰함이 없이 신체검사서 용지에 ○○라고 마음대로 기재한 다음 ○○내과 원장 홍길동이라는 명판과 자신 명의의 인장을 날인하여 동 신체검사서를 교부함으로써 자신이 진찰하지 아니하고 진단서를 교부하였다.

3) 신문사항

- 의료인인가
- 어디에서 어떤 의료업에 종사하는가
- 甲에게 진단서를 발급 교부해 준이 있는가
- 언제 어디에서 어떠한 진단서를 교부하였나
- 甲이 뭐라면 발급해 달라하던가
- 甲이 요구한 신체검사서 용지는 어디에서 구했는가
- 신체검사서에 뭐라고 기재하였나
- 甲을 진찰하였나
- 왜 진찰하지도 않고 이렇게 신체검사서를 적성해 주었나
- 甲의 신체에 문제가 있기 때문이 아닌가
- 甲으로부터 어떤 대가를 받았나

4. 업무상 비밀누설

1) 적용법조 : 제88조 제1호, 제19조 (친고죄) ☞ 공소시효 5년

> 제19조(비밀누설의 금지) 의료인은 이 법이나 다른 법령에 특별히 규정된 경우 외에는 의료·조산 또는 간호를 하면서 알게 된 다른 사람의 비밀을 누설하거나 발표하지 못한다.

2) 범죄사실 기재례

> 피의자는 ○○○에 있는 "○○산부인과의원" 원장으로서, 의료인은 이 법이나 다른 법령에 특별히 규정된 경우 외에는 의료·조산 또는 간호를 하면서 알게 된 다른 사람의 비밀을 누설하거나 발표하지 못한다.
>
> 그럼에도 불구하고 피의자는 200○. ○. ○. ○○:○○경 위 의원에서 200○. ○. ○.경 피의자로부터 진료받은 사실이 있는 피해자 홍길녀가 "○○" 성병에 감염되어 남편과 성관계를 하지 못하고 있다는 사실을 친구인 최민수에게 말함으로써 의료인이 그 업무상 알게 된 홍길녀의 비밀을 누설하였다.

3) 신문사항

- 피의자는 의사인가(의사면허번호, 취득일 등)
- 어디에서 어떠한 의원을 운영하고 있는가
- 홍길녀를 진료한 사실이 있는가
- 언제 무엇 때문에 피의자 의원을 내원하였던가
- 어떠한 진료를 하였나
- 진료결과는
- 진료결과 지득한 위 홍길녀의 비밀을 누설한 일이 있는가
- 언제 어디에서 누구에게 말하였나
- 어떠한 비밀을 누설하였나
- 무엇 때문에 누설하였나
- 의사로서 이러한 행위에 대해 어떻게 생각하는가

■ 판례 ■   의사 甲이 성폭행 피해자를 진찰한 결과 알게 된 '처녀막이 파열되지 않았고 정충이 발견되지 않았다'는 내용을 가해자측에게 알려준 경우

[1] 의료법 제19조가 규정한 '의료에 있어서 지득한 타인의 비밀'의 의미

의료법 제19조는 의료인이 '의료에 있어서 지득한 타인의 비밀'을 누설하는 것을 금지하고 있는 바, 의료법에 의하여 보호되는 비밀이란, 의사가 환자의 신뢰를 바탕으로 하여 진료 과정에서 알게된 사실로서, 객관적으로 보아 환자에게 이익이 되거나 또는 환자가 특별히 누설을 금하여 실질적으로 그것을 비밀로서 보호할 가치가 있다고 인정되는 사실을 말한다.

[2] 의사가 법원에 제출한 사실조회서에 기재한 내용을 보충 설명하는 취지의 진술서를 작성하여 제3자에게 교부한 경우, 의료상 비밀을 누설하는 행위에 해당하는지 여부(적극)

그 진술서의 내용상 단순한 용어설명의 정도를 넘어서 환자의 신뢰를 토대로 직접 진료한 의사가 아니면 덧붙여 밝힐 수 없는 구체적이고도 상세한 내용과 그에 대한 의학적 소견 등 새로운 사항들을 담고 있다면, 이는 의료상 비밀을 누설하는 행위에 해당한다.

[3] 甲이 가해자측에게 알려준 내용이 의료상 비밀에 해당하는지 여부(소극)

의사가 성폭행 피해자를 진찰한 결과 알게 된 '처녀막이 파열되지 않았고 정충이 발견되지 않았다'는 내용을 가해자측에게 알려준 경우, 이는 피해자가 의학적 소견으로 보아 건강하며 별 이상이 없다는 취지여서 그 사실이 다른 사람에게 알려지더라도 피해자측의 사회적 또는 인격적 이익이 침해된다고 볼 수 없어 의료상 비밀에 해당하지 않는다(서울동부지법 2004.5.13. 선고 2003고단2941 판결).

■ 판례 ■ 의료인의 비밀누설 금지의무를 규정한 구 의료법 제19조에서 정한 '다른 사람'에 생존하는 개인 이외에 이미 사망한 사람도 포함되는지 여부(적극)

의료법은 '모든 국민이 수준 높은 의료 혜택을 받을 수 있도록 국민의료에 필요한 사항을 규정함으로써 국민의 건강을 보호하고 증진'(제1조)하는 것을 목적으로 한다. 이 법은 의료인(제2장)의 자격과 면허(제1절)에 관하여 정하면서 의료인의 의무 중 하나로 비밀누설 금지의무를 정하고 있다. 이는 의학적 전문지식을 기초로 사람의 생명, 신체나 공중위생에 위해를 발생시킬 우려가 있는 의료행위를 하는 의료인에 대하여 법이 정한 엄격한 자격요건과 함께 의료과정에서 알게 된 다른 사람의 비밀을 누설하거나 발표하지 못한다는 법적 의무를 부과한 것이다. 그 취지는 의료인과 환자 사이의 신뢰관계 형성과 함께 이에 대한 국민의 의료인에 대한 신뢰를 높임으로써 수준 높은 의료행위를 통하여 국민의 건강을 보호하고 증진하는 데 있다. 따라서 의료인의 비밀누설 금지의무는 개인의 비밀을 보호하는 것뿐만 아니라 비밀유지에 관한 공중의 신뢰라는 공공의 이익도 보호하고 있다고 보아야 한다. 이러한 관점에서 보면, 의료인과 환자 사이에 형성된 신뢰관계와 이에 기초한 의료인의 비밀누설 금지의무는 환자가 사망한 후에도 그 본질적인 내용이 변한다고 볼 수 없다. 구 의료법 제19조에서 누설을 금지하고 있는 '다른 사람의 비밀'은 당사자의 동의 없이는 원칙적으로 공개되어서는 안 되는 비밀영역으로 보호되어야 한다. 이러한 보호의 필요성은 환자가 나중에 사망하더라도 소멸하지 않는다. 구 의료법 제21조 제1항은 환자가 사망하였는지를 묻지 않고 환자가 아닌 다른 사람에게 환자에 관한 기록을 열람하게 하거나 사본을 내주는 등 내용을 확인할 수 있게 해서는 안 된다고 정하고 있는데, 이 점을 보더라도 환자가 사망했다고 해서 보호 범위에서 제외된다고 볼 수 없다. 헌법 제10조는 인간의 존엄과 가치를 선언하고 있고, 헌법 제17조는 사생활의 비밀과 자유를 보장하고 있다. 따라서 모든 국민은 자신에 관한 정보를 스스로 통제할 수 있는 자기결정권과 사생활이 함부로 공개되지 않고 사적 영역의 평온과 비밀을 요구할 수 있는 권리를 갖는다. 이와 같은 개인의 인격적 이익을 보호할 필요성은 그의 사망으로 없어지는 것이 아니다. 사람의 사망 후에 사적 영역이 무분별하게 폭로되고 그의 생활상이 왜곡된다면 살아있는 동안 인간의 존엄과 가치를 보장하는 것이 무의미해질 수 있다. 사람은 적어도 사망 후에 인격이 중대하게 훼손되거나 자신의 생활상이 심각하게 왜곡되지 않을 것이라고 신뢰하고 그러한 기대 속에서 살 수 있는 경우에만 인간으로서의 존엄과 가치가 실효성 있게 보장되고 있다고 말할 수 있다. 형벌법규 해석에 관한 일반적인 법리, 의료법의 입법 취지, 구 의료법 제19조의 문언·내용·체계·목적 등에 비추어 보면, 구 의료법 제19조에서 정한 '다른 사람'에는 생존하는 개인 이외에 이미 사망한 사람도 포함된다고 보아야 한다.(대법원 2018. 5. 11., 선고, 2018도2844, 판결)

5. 태아의 성 감별 행위

1) 적용법조 : 제88조의2 제1호, 제20조 제2항 ☞ 공소시효 5년

제20조(태아 성 감별 행위 등 금지) ① 의료인은 태아 성 감별을 목적으로 임부를 진찰하거나 검사하여서는 아니 되며, 같은 목적을 위한 다른 사람의 행위를 도와서도 아니 된다.
② 의료인은 임신 32주 이전에 태아나 임부를 진찰하거나 검사하면서 알게 된 태아의 성(性)을 임부, 임부의 가족, 그 밖의 다른 사람이 알게 하여서는 아니 된다.

2) 범죄사실 기재례

피의자는 ○○에 있는 홍길녀산부인과 원장으로 의사이다.
의료인은 태아 또는 임부에 대한 진찰이나 검사를 통하여 알게 된 태아의 성별을 임부 본인, 그 가족 그 밖의 다른 사람이 알 수 있도록 하여서는 아니 된다.
그럼에도 불구하고 피의자는 20○○. ○. ○. 14:00경 위 산부인과에서 임신 30주의 임산부인 乙을 진찰하여 알게 된 태아의 성별을 아들이라고 알려주었다.

3) 신문사항

- 의료인인가
- 어디에서 어떤 의료업에 종사하는가
- 임산부인 乙을 진찰한 일이 있는가
- 언제 어떤 진찰을 하였는가
- 진찰을 통하여 태아의 성별을 알게되었나
- 이런 태아의 성별을 乙녀에게 알려 준 일이 있는가
- 왜 알려 주었는가
- 그래도 의료인으로 비밀을 준수해야 하는 것 아닌가

6. 환자에 관한 기록열람 거부

1) 적용법조 : 제90조, 제21조 제1항   ☞ 공소시효 5년

> 제21조(기록 열람 등) ① 환자는 의료인, 의료기관의 장 및 의료기관 종사자에게 본인에 관한 기록(추가기재·수정된 경우 추가기재·수정된 기록 및 추가기재·수정 전의 원본을 모두 포함한다. 이하 같다)의 전부 또는 일부에 대하여 열람 또는 그 사본의 발급 등 내용의 확인을 요청할 수 있다. 이 경우 의료인, 의료기관의 장 및 의료기관 종사자는 정당한 사유가 없으면 이를 거부하여서는 아니 된다.

2) 범죄사실 기재례

> 피의자는 ○○에서 ○○의원을 운영하는 의사이다. 의료인, 의료기관의 장 및 의료기관 종사자는 정당한 사유가 없으면 환자의 기록열람을 거부하여서는 아니 된다.
> 그럼에도 불구하고 피의자는 20○○. ○. ○. 10:30경 위 의원에서 피의자로부터 우울증 치료를 받았던 홍길동의 치료내용 등을 알기 위하여 홍길동의 모인 김삼순이 위 홍길동에 대한 진료기록부 사본의 발급을 요구하였으나 정당한 이유 없이 이에 응하지 아니하였다.

3) 신문사항

- 의료인인가
- 어디에서 어떤 의료업에 종사하는가
- 홍길동을 치료한 일이 있는가
- 언제 어떠한 치료를 하였는가
- 위 홍길동의 가족으로부터 기록열람 요구를 받은 일이 있는가
- 언제 누구로부터 어떤 기록열람요구를 받았는가
- 열람시켜 주었는가
- 치료목적상 불가피한 사유라도 있었는가
- 왜 열람해 주지 않았는가

■ **판례** ■ **의사가 진료기록부 사본을 전원할 병원에 직접 송부하겠다고 설명한 후 위 환자의 어머니의 요청에 따라 환자에게 처방한 약을 기재한 진료의뢰서를 발급해 준 경우**

의사가, 환자의 전원을 위하여 진료기록부 사본의 발급을 요구하는 환자의 어머니에게 필요에 따라 진료기록부 사본을 전원할 병원에 직접 송부하겠다고 설명한 후 위 환자의 어머니의 요청에 따라 환자에게 처방한 약을 기재한 진료의뢰서를 발급해 준 사안에서, 위 의사에게 진료기록부 사본의 발급 요구에 응하지 않으려는 고의가 있었다고 볼 수 없다(대법원 2005.7.14. 선고 2004도5038 판결).

■ 판례 ■   의료인이 아닌 甲이 일간지에 '키 성장 맞춤 운동법과 그 보조기구'에 관한 광고를 게재한 경우

[1] 의료법 제56조에서 금지하는 '의료에 관한 광고'에 해당하기 위한 요건 및 그 증명책임자(=검사)

의료법은 의료인의 자격 요건을 엄격히 규정하고, 의료인이 아닌 자의 '의료행위'를 금지하는 한편, 의료법인·의료기관 또는 의료인이 아닌 자의 '의료에 관한 광고'를 금지하고, 그 위반자에 대한 형사처벌을 규정하고 있다. 의료광고에 관한 이러한 규제는 의료지식이 없는 자가 의학적 전문지식을 기초로 하는 경험과 기능으로 진찰·검안·처방·투약 또는 외과적 시술을 시행하여 하는 질병의 예방 또는 치료행위 및 그 밖에 의료인이 행하지 아니하면 보건위생상 위해가 생길 우려가 있는 행위에 해당하는 의료행위를 시행하는 내용의 광고를 함으로써 발생할 수 있는 보건위생상의 위험을 사전에 방지하기 위한 것으로 이해할 수 있다. 따라서 의료인 등이 아닌 자가 한 광고가 '의료에 관한 광고'에 해당한다고 하기 위해서는 그 광고 내용이 위에서 본 의료행위에 관한 것이어야 한다. 한편, 형사재판에서 공소가 제기된 범죄의 구성요건을 이루는 사실에 대한 증명책임은 검사에게 있으므로 위 광고내용이 의료행위에 관한 것이라는 점도 검사가 증명하여야 한다.

[2] 의료인이 아닌 피고인이 일간지에 '키 성장 맞춤 운동법과 그 보조기구'에 관한 광고를 게재한 경우, 의료법 제56조에서 금지하는 '의료에 관한 광고'에 해당하는지 여부(소극)

의료인이 아닌 피고인이 일간지에 '키 성장 맞춤 운동법과 그 보조기구'에 관한 광고를 게재한 사안에서, 광고의 내용, 실제 피고인이 행한 영업의 내용 등에 비추어 볼 때 비정상인 혹은 질환자에 대한 진단·치료 등을 내용으로 하는 광고라기보다는 고유한 의료의 영역이라고 단정하기 어려운 체육 혹은 운동생리학적 관점에서 운동 및 자세교정을 통한 청소년 신체성장의 촉진에 관한 광고이므로, 의료법 제56조에서 금지하는 '의료에 관한 광고'에 해당하지 않는다(대법원 2009. 11.12. 선고 2009도7455 판결).

7. 진료기록부 미기록

1) 적용법조 : 제90조, 제22조 제1항 ☞ 공소시효 5년

> **제22조(진료기록부 등)** ① 의료인은 각각 진료기록부, 조산기록부, 간호기록부, 그 밖의 진료에 관한 기록(이하 "진료기록부등"이라 한다)을 갖추어 두고 그 의료행위에 관한 사항과 의견을 상세히 기록하고 서명하여야 한다.
> ② 의료인이나 의료기관 개설자는 진료기록부등[제23조제1항에 따른 전자의무기록(電子醫務記錄)을 포함하며, 추가기재·수정된 경우 추가기재·수정된 진료기록부등 및 추가기재·수정 전의 원본을 모두 포함한다. 이하 같다]을 보건복지부령으로 정하는 바에 따라 보존하여야 한다.

2) 범죄사실 기재례

> 피의자는 ○○에서 "○○소아청소년과 의원"이라는 상호로 소아청소년과 진료 등 의료기관을 개설한 의사이다. 의료인은 진료기록부 등을 갖추어 두고 그 의료행위에 관한 사항과 의견을 상세히 기록하고 서명하여야 한다.
> 피의자는 200○. ○. ○. 위 의원에서 홍길동에 대해 기관지천식 등을 진료하였으므로 그 진료기록부를 비치하여 의료행위에 관한 사항과 소견을 상세히 기록하고 서명을 하여야 함에도 불구하고 위 진료기록부를 기록하지 아니하였다.

3) 신문사항

- 의료인인가
- 어디에서 어떤 의료업에 종사하는가
- 홍길동을 진찰한 일이 있는가
- 언제 어떤 진찰을 하였는가
- 진찰내용을 진록기록부에 기록하였나
- 의료인은 의료행위에 관한 사항과 소견을 상세히 기록하고 서명하여야 하는 것 아닌가
- 왜 기록하지 않았나

■ **판례** ■　의료인이 실제보다 더 많은 물리치료 등을 한 것처럼 진료기록부에 허위 사항을 기재한 행위가 구 의료법 제21조 제1항 위반에 해당하는지 여부(소극)

구 의료법(2000. 1. 12. 법률 제6157호로 개정되기 전의 것) 제21조 제1항, 제53조 제1항 제3호, 제69조의 규정 등을 고려해 볼 때, 의료인이 진료기록부를 허위로 작성한 경우에는 위 제53조 제1항 제3호에 따라 그 면허자격을 정지시킬 수 있는 사유에 해당한다고 볼 수 있을지언정 나아가 그것이 형사처벌 규정인 제69조 소정의 제21조 제1항의 규정에 위반한 경우에 해당한다고 해석할 수는 없다. 따라서 실제보다 더 많은 물리치료 등을 한 것처럼 진료기록부에 허위 사항을 기재한 행위가 구 의료법 제21조 제1항 위반에 해당하지 않는다(대법원 2005.11.24. 선고 2002도4758 판결).

■ 판례 ■　의사의 진료기록부 작성

[1] 의료법 제21조 제1항 소정의 진료기록부 작성의무의 취지

의사가 환자를 진료하는 경우에는 의료법 제21조 제1항에 의하여 그 의료행위에 관한 사항과 소견을 상세히 기록하고 서명한 진료기록부를 작성하여야 하며, 진료기록부를 작성하지 않은 자는 같은 법 제69조에 의하여 처벌하도록 되어 있는바, 이와 같이 의사에게 진료기록부를 작성하도록 한 취지는 진료를 담당하는 의사 자신으로 하여금 환자의 상태와 치료의 경과에 관한 정보를 빠뜨리지 않고 정확하게 기록하여 이를 그 이후 계속되는 환자치료에 이용하도록 함과 아울러 다른 의료관련 종사자들에게도 그 정보를 제공하여 환자로 하여금 적정한 의료를 제공받을 수 있도록 하고, 의료행위가 종료된 이후에는 그 의료행위의 적정성을 판단하는 자료로 사용할 수 있도록 하고자 함에 있다.

[2] 진료기록부의 작성방법

의료법에서 진료기록부의 작성방법에 관하여 구체적인 규정을 두고 있지 아니하므로, 의사는 의료행위의 내용과 치료의 경과 등에 비추어 효과적이라고 판단하는 방법에 의하여 진료기록부를 작성할 수 있다. 따라서 의사는 이른바 문제중심의무기록 작성방법(Problem Oriented Medical Record), 단기의무기록 작성방법, 또는 기타의 다른 방법 중에서 재량에 따른 선택에 의하여 진료기록부를 작성할 수 있을 것이지만, 어떠한 방법에 의하여 진료기록부를 작성하든지 의료행위에 관한 사항과 소견은 반드시 상세히 기록하여야 한다.

[3] 진료기록부 작성의 정도

의사는 진료기록부에 환자의 상태와 치료의 경과 등 의료행위에 관한 사항과 그 소견을 환자의 계속적인 치료에 이용할 수 있고 다른 의료인들에게 적절한 정보를 제공할 수 있으며, 의료행위가 종료된 이후에는 그 의료행위의 적정성 여부를 판단하기에 충분할 정도로 상세하게 기록하여야 한다(대법원 1998.1.23. 선고 97도2124 판결).

■ 판례 ■　**진료기록부에 의료행위에 관한 사항과 소견을 기록하도록 한 의료법 제21조 소정의 작위의무가 부여된 의무의 주체**

의사가 환자를 진료하는 경우에는 의료법 제21조 제1항에 의하여 그 의료행위에 관한 사항과 소견을 상세히 기록하고 서명한 진료기록부를 작성하여야 하고, 진료기록부를 작성하지 않은 자는 같은 법 제69조에 의하여 처벌하도록 규정되어 있는바, 이와 같이 의사에게 진료기록부를 작성하도록 한 취지는 진료를 담당하는 의사 자신으로 하여금 환자의 상태와 치료의 경과에 관한 정보를 빠뜨리지 않고 정확하게 기록하여 이를 그 이후의 계속되는 환자치료에 이용하도록 함과 아울러 다른 관련 의료종사자에게도 그 정보를 제공하여 환자로 하여금 적정한 의료를 제공받을 수 있도록 하고, 의료행위가 종료된 이후에는 그 의료행위의 적정성을 판단하는 자료로 사용할 수 있도록 하고자 함에 있으므로, 진료기록부에 의료행위에 관한 사항과 소견을 기록하도록 한 의료법상 작위의무가 부여된 의무의 주체는, 구체적인 의료행위에 있어서 그 환자를 담당하여 진료를 행하거나 처치를 지시하는 등으로 당해 의료행위를 직접 행한 의사에 한하고, 아무런 진료행위가 없었던 경우에는 비록 주치의라고 할지라도 그의 근무시간 이후 다른 당직의에 의하여 행하여진 의료행위에 대하여까지 그 사항과 소견을 진료기록부에 기록할 의무를 부담하는 것은 아니다(대법원 1997. 11.14. 선고 97도2156 판결).

8. 무면허 의료행위

1) 적용법조 : 제87조의2 제2항 제2호, 제27조 제1항, 의료기사등에관한법률 제3조
☞ 공소시효 7년

> **제27조(무면허 의료행위 등 금지)** ① 의료인이 아니면 누구든지 의료행위를 할 수 없으며 의료인도 면허된 것
> 이외의 의료행위를 할 수 없다. 다만, 다음 각 호의 어느 하나에 해당하는 자는 보건복지부령으로 정하는 범위
> 에서 의료행위를 할 수 있다.
> 1. 외국의 의료인 면허를 가진 자로서 일정 기간 국내에 체류하는 자
> 2. 의과대학, 치과대학, 한의과대학, 의학전문대학원, 치의학전문대학원, 한의학전문대학원, 종합병원 또는 외국
>   의료원조기관의 의료봉사 또는 연구 및 시범사업을 위하여 의료행위를 하는 자
> 3. 의학·치과의학·한방의학 또는 간호학을 전공하는 학교의 학생

2) 범죄사실 기재례

[기재례1] 물리치료사의 의료행위

> 피의자들은 20○○. ○. ○. ○○:○○경 피의자 乙 경영의 ○○의원에서, 의료인이 아니면
> 누구도 의료행위를 할 수 없고, S.S.P. 등 각종 침을 이용한 침습적 치료는 침습부위의 감염
> 관리와 침습기술에 관한 전문지식을 갖춘 의사가 시행하여야 한다.
> 그럼에도 불구하고 피의자 乙이 물리치료사에 불과한 피의자 甲에게 겨드랑이 밑이 아프
> 다고 하는 홍길동의 좌측 옆구리에 길이 6cm가량의 침 4개를 깊이 0.5cm가량 4군데 꽂는
> 방법으로 의료행위를 할 것을 지시하고, 피의자 甲은 그 지시에 따라 위와 같은 방법으로 의
> 료행위를 하였다.

[기재례2] 간호조무사의 의료행위

> 피의자는 간호조무사로 의료인이 아니다. 의료인이 아니면 누구든지 의료행위를 할 수 없
> 으며 의료인도 면허된 것 이외의 의료행위를 할 수 없다.
> 그런데도 피의자는 20○○. ○. ○. ○○에 있는 홍길동 경영의 길동 외과의원 응급실에서
> 부상인 김지미의 우측 발열 창부 위를 10바늘 봉합한 것을 비롯하여 그 무렵부터 20○○.
> ○. ○.경까지 약 10회에 걸쳐 마취시술, 봉합 수술 등의 의료행위를 하였다.

[기재례3] 문신 의료행위

> 피의자는 의료인이 아님에도 불구하고, 20○○. ○. ○. 15:00경 ○○에 있는 피의자의 집
> 에서 의료기구인 타투머신, 팁(바늘집), 잉크 등을 비치하여 놓고 손님으로 온 김진수 피부에
> ○○○○(동양문신)를 타투머신으로 그림을 그려 주어 무면허 의료행위를 한 것이다.

3) 신문사항

- 피의자는 의료인인가
- 환자를 치료한 일이 있는가
- 언제 어디에서 누구를 치료하였나
- 어떤 환자를 어떠한 방법으로 치료하였나(의료기구등 조사)

- 언제까지 이러한 행위를 하였나
- 지금까지 몇 명을 치료하고 받은 치료비는 얼마인가
- 어떻게 피의자가 이러한 행위를 하게 되었나

■ 판례 ■ 　　조산사 甲이 의사의 지시를 받고 자신이 근무하는 산부인과를 찾아온 환자들을 상대로 진찰 · 환부소독 · 처방전발행 등의 행위를 한 경우

[1] 구 의료법(2007. 4. 11. 법률 제8366호로 전문 개정되기 전의 것) 제2조에 의하면 조산사도 의료법에서 정한 의료인이기는 하나 조산사는 의료행위 중 조산과 임부 · 해산부 · 산욕부 및 신생아에 대한 보건과 양호지도에 종사함을 그 임무로 하므로, 조산사가 이를 넘어서 의사만이 할 수 있는 부녀자에 대한 진찰 및 치료 등의 의료행위를 한 경우에는 구 의료법 제25조에서 금지하는 무면허의료행위에 해당한다. 또한, 의사가 간호사에게 진료의 보조행위를 하도록 지시하거나 위임할 수는 있으나, 의사만이 할 수 있는 진료행위 자체를 하도록 지시하거나 위임하는 것은 허용될 수 없으므로, 간호사가 의사의 지시나 위임을 받고 그와 같은 행위를 하였다고 하더라도 이는 무면허의료행위에 해당한다.

[2] 조산사가 자신이 근무하는 산부인과를 찾아온 환자들을 상대로 진찰 · 환부소독 · 처방전발행 등의 행위를 한 것은 진료의 보조행위가 아닌 진료행위 자체로서 의사의 지시가 있었다고 하더라도 무면허의료행위에 해당한다(대법원 2007.9.6. 선고 2006도2306 판결).

■ 판례 ■ 　　속눈썹 또는 모발의 이식시술행위가 의료행위에 해당하는지 여부(적극)

의사가 속눈썹이식시술을 하면서 간호조무사로 하여금 피시술자의 후두부에서 채취한 모낭을 속눈썹 시술용 바늘에 일정한 각도로 끼우고 바늘을 뽑아낸 뒤 이식된 모발이 위쪽을 향하도록 모발의 방향을 수정하도록 한 행위나, 모발이식시술을 하면서 간호조무사로 하여금 식모기(식모기)를 피시술자의 머리부위 진피층까지 찔러 넣는 방법으로 수여부에 모낭을 삽입하도록 한 행위가 진료보조행위의 범위를 벗어나 의료행위에 해당한다(대법원 2007.6.28. 선고 2005도8317 판결).

■ 판례 ■ 　　간호조무사 양성학원에서 학과교육을 받은 후 학원장의 위탁에 따라 병 · 의원에서 실습교육을 받고 있는 사람이 '의학 · 치과의학 · 한방의학 또는 간호학을 전공하는 학교의 학생'에 해당하는지 여부(소극)

간호조무사 자격시험에 응시하기 위하여 국 · 공립 간호조무사 양성소 또는 '학원의 설립 · 운영 및 과외교습에 관한 법률'의 규정에 의한 간호조무사 양성학원에서 학과교육을 받고 있거나 간호조무사 양성학원장 등의 위탁에 따라 의료기관에서 실습교육을 받고 있는 사람은 의료법 제25조 제1항 단서 제3호에서 규정하고 있는 '의학 · 치과의학 · 한방의학 또는 간호학을 전공하는 학교의 학생'이라고 볼 수 없다(대법원 2005. 12.9. 선고 2005도5652 판결).

■ 판례 ■ 　　자격기본법에 의한 민간자격관리자로부터 대체의학자격증을 수여받은 甲이 사업자등록을 한 후 침술원을 개설하여 침술행위를 한 경우

[1] 무면허 의료행위가 사회상규에 위배되지 아니하는 정당행위로 인정되기 위한 요건

일반적으로 면허 또는 자격 없이 침술행위를 하는 것은 의료법 제25조 의 무면허 의료행위(한방의료행위)에 해당되어 같은 법 제66조 에 의하여 처벌되어야 하는 것이며, 그 침술행위가 광범위하고 보편화된 민간요법이고 그 시술로 인한 위험성이 적다는 사정만으로 그것이 바로 사회상규에 위배되지 아니하는 행위에 해당한다고 보기는 어렵다 할 것이고, 다만 개별적인 경우에 그 침술행위의 위험성의

정도, 일반인들의 시각, 시술자의 시술의 동기, 목적, 방법, 횟수, 시술에 대한 지식수준, 시술경력, 피시술자의 나이, 체질, 건강상태, 시술행위로 인한 부작용 내지 위험발생 가능성 등을 종합적으로 고려하여 법질서 전체의 정신이나 그 배후에 놓여 있는 사회윤리 내지 사회통념에 비추어 용인될 수 있는 행위에 해당한다고 인정되는 경우에만 사회상규에 위배되지 아니하는 행위로서 위법성이 조각된다.

[2] 甲이 무면허의료행위에 해당하지 않는다고 믿는 데 정당한 이유가 있는지 여부(소극)

자격기본법에 의한 민간자격관리자로부터 대체의학자격증을 수여받은 자가 사업자등록을 한 후 침술원을 개설하였다고 하더라도 국가의 공인을 받지 못한 민간자격을 취득하였다는 사실만으로는 자신의 행위가 무면허 의료행위에 해당되지 아니하여 죄가 되지 않는다고 믿는 데에 정당한 사유가 있었다고 할 수 없다(대법원 2003.5.13. 선고 2003도939 판결).

■ 판례 ■ 외국에서 침구사자격을 취득하였으나 국내에서 침술행위를 할 수 있는 면허나 자격을 취득하지 못한 자가 단순한 수지침 정도의 수준을 넘어 체침을 시술한 경우, 사회상규에 위배되는지 여부(적극)

외국에서 침구사자격을 취득하였으나 국내에서 침술행위를 할 수 있는 면허나 자격을 취득하지 못한 자가 단순한 수지침 정도의 수준을 넘어 체침을 시술한 경우, 사회상규에 위배되지 아니하는 무면허의료행위로 인정될 수 없다(대법원 2002.12.26. 선고 2002도5077 판결).

■ 판례 ■ 물리치료사인 甲이 겨드랑이 밑이 아프다고 하는 환자의 좌측 옆구리에 길이 약 6cm 가량의 침 4개를 깊이 0.5cm 가량 4군데 꽂는 방법으로 의료행위를 한 경우

[1] 의료기사 제도의 취지

의료행위는 의료인만이 할 수 있음을 원칙으로 하되, 의료기사등에관한법률에 의하여 임상병리사, 방사선사, 물리치료사, 작업치료사, 치과기공사, 치과위생사의 면허를 가진 자가 의사, 치과의사의 지도하에 진료 또는 의학적 검사에 종사하는 행위는 허용된다 할 것이나, 의료기사등에관한법률이 의료기사 제도를 두고 그들에게 한정된 범위 내에서 의료행위 중의 일부를 할 수 있도록 허용한 것은, 의료인만이 할 수 있도록 제한한 의료행위 중에서, 그 행위로 인하여 사람의 생명이나 신체 또는 공중위생에 위해를 발생시킬 우려가 적은 특정 부분에 관하여, 인체에 가해지는 그 특정 분야의 의료행위가 가져올 수 있는 위험성 등에 대하여 지식과 경험을 획득하여 그 분야의 의료행위로 인한 인체의 반응을 확인하고 이상 유무를 판단하며 상황에 대처할 수 있는 능력을 가졌다고 인정되는 자에게 면허를 부여하고, 그들로 하여금 그 특정 분야의 의료행위를 의사의 지도하에서 제한적으로 행할 수 있도록 허용한 것이라고 보아야 한다.

[2] 물리치료사의 업무 범위

의료기사등에관한법률시행령 제2조 제1항 제3호에서는 물리치료사의 업무의 범위와 한계로서, 온열치료, 전기치료, 광선치료, 수치료, 기계 및 기구치료, 마사지·기능훈련·신체교정운동 및 재활훈련과 이에 필요한 기기·약품의 사용·관리 기타 물리요법적 치료업무를 규정하고 있는바, 위에서 정하고 있는 업무범위 이외의 의료행위를 물리치료사가 행하였다면 이는 무면허 의료행위라고 보아야 할 것이고, 이 경우 물리치료사가 할 수 있는 업무범위는 위 시행령 조항의 규정에 비추어 볼 때 인체 외부에 물리적인 힘이나 자극을 가하는 물리요법적 치료방법에 한정된다 할 것이며, 약물을 인체에 투입하는 치료나 인체에 생물학적 또는 화학적 변화가 일어날 위험성이 있는 치료 또는 수술적인 치료방법은 이에 포함되지 아니한다.

[3] 甲의 행위가 물리치료사의 업무범위를 벗어난 의료행위인지 여부(적극)

환자의 좌측 옆구리에 길이 약 6cm 가량의 침 4개를 0.5cm 깊이로 꽂는 행위는 물리치료사의 업무 범위를 벗어난 의료행위다(대법원 2002.8.23. 선고 2002도2014 판결).

■ **판례** ■ 　　**의료행위의 의미 및 안마나 지압이 이에 해당하는지 여부(한정 적극)**

의료행위라 함은 의학적 전문지식을 기초로 하는 경험과 기능으로 진찰·검안·처방·투약 또는 외과적 시술을 시행하여 하는 질병의 예방 또는 치료행위 및 그 밖에 의료인이 행하지 아니하면 보건위생상 위해가 생길 우려가 있는 행위를 의미한다 할 것이고, 안마나 지압이 의료행위에 해당하는지에 대해서는 그것이 단순한 피로회복을 위하여 시술하는 데 그치는 것이 아니라, 신체에 대하여 상당한 물리적인 충격을 가하는 방법으로 어떤 질병의 치료행위에까지 이른다면 이는 보건위생상 위해가 생길 우려가 있는 행위, 즉 의료행위에 해당한다고 보아야 한다(대법원 2002.6.20. 선고 2002도807 전원합의체 판결).

■ **판례** ■ 　　**정부 공인의 체육종목인 '활법'의 사회체육지도자 자격증을 취득한 甲이 기공원으로 찾아오는 환자들에게 척추불균형상태를 교정한다는 명목으로 압박 등의 시술을 반복 계속한 경우**

[1] 甲의 행위가 의료행위에 해당하는지 여부(적극)

기공원이라는 간판 아래 척추교정원을 운영하면서 찾아오는 환자들에게 그 용태를 묻거나 엑스레이 필름을 판독하여 그 증세를 판단한 것은 진찰 행위에 해당한다 할 것이고, 이에 따라 척추 등에 나타나는 불균형상태를 교정한다 하여 손이나 기타 방법으로 압박하는 등의 시술을 반복 계속한 것은 결국 사람의 생명이나 신체 또는 공중위생에 위해를 발생케 할 우려가 있는 의료행위에 해당한다.

[2] 이른바 '대체의학'의 처벌 필요성

사람의 정신적, 육체적 고통을 해소하여 주는 모든 행위를 의료행위의 범주에 포함시켜 이를 규제하는 것은 불필요한 과잉규제로서 오히려 환자의 생명권 및 건강권 등을 침해하는 결과를 초래할 경우도 전혀 없다고 볼 수는 없다 할 것이나, 의료행위는 전문지식을 기초로 하는 경험과 기능으로 시행하지 아니하면 사람의 생명이나 신체 또는 공중위생에 위해를 발생시킬 우려가 있는 것이기 때문에, 의료법 제25조 제1항에서 이러한 위해를 방지하기 위하여 의사가 아닌 자의 의료행위를 규제하고 있는 것이므로, 이른바 '대체의학'이 사람의 정신적, 육체적 고통을 해소하여 주는 기능이 전혀 없지 아니하다 하여도, 그것은 단순히 통증을 완화시켜 주는 정도의 수준을 넘어서서, 그 행위로 인하여 사람의 생명이나 신체 또는 공중위생의 위해라는 중대한 부작용을 발생시킬 소지가 크다 할 것이어서, 이는 쉽게 허용될 수 없다 할 것인바, 이른바 '활법'이라는 이름하에 행하여지나 사실은 사람의 생명이나 신체 또는 공중위생에 위해를 발생시킬 우려가 있는 의료행위는 지금도 여전히 이를 처벌하여야 할 필요가 있다.

[3] 甲이 자신의 행위가 무면허 의료행위에 해당되지 아니하여 죄가 되지 않는다고 믿은 데에 정당한 사유가 있었는지 여부(소극)

기공원을 운영하면서 환자들을 대상으로 척추교정시술행위를 한 자가 정부 공인의 체육종목인 '활법'의 사회체육지도자 자격증을 취득한 자라 하여도 자신의 행위가 무면허 의료행위에 해당되지 아니하여 죄가 되지 않는다고 믿은 데에 정당한 사유가 있었다고 할 수 없다(대법원 2002.5.10. 선고 2000도2807 판결).

■ **판례** ■ 　　**건강보조식품판매업자가 건강보조식품 등을 판매하면서 행한 행위가 무면허의료행위에 해당하는지 여부(적극)**

건강보조식품판매업자가 사실상 운영하는 회사가 고객들에게 체질검사를 하여 체질에 맞는 식이요법이나 운동요법을 곁들여 전문적인 다이어트 관리를 해주겠다고 하면서 의료기기인 체지방측정기를 사용하여 고객의 체지방분포율과 비만도를 측정하는 한편 고객의 체질 및 증상에 대한 72개 항목의 질문사항이 기재되어 있는 고객기록카드를 작성하게 하고, 살을 빼는 데 효능이 있다는 아무런 검증

결과가 없고 오히려 이를 남용할 경우 설사 등의 부작용이 있는 건강보조식품 5, 6종 등을 마치 비만을 치유하는 데 효력이 있는 것처럼 판매를 하고, 위 식품을 복용한 고객들이 복통과 구토, 설사 등의 증상을 호소하자 그 대처방법이나 복용방법의 변경 등을 상담하였다면 건강보조식품판매업자의 그와 같은 행위는 무면허의료행위에 해당한다(대법원 2001.12.28. 선고 2001도6130 판결).

■ **판례** ■　암 등 난치성 질환을 앓는 환자에게 찜질기구를 주어 그 환자로 하여금 직접 환부에 대고 찜질을 하게 한 행위가 의료법 제25조 제1항 소정의 의료행위에 해당하는지 여부(적극)

돌 등이 들어있는 스테인레스 용기를 천과 가죽으로 덮은 찜질기구를 가열하여 암 등 난치성 질환을 앓는 환자들에게 건네주어 환부에 갖다 대도록 한 행위는 명백히 암 등 난치성 질환이라는 특정 질병에 대한 치료를 목적으로 한 것이고, 이를 장기간 사용할 경우 피부 등에 화상을 입거나 암 등 난치성 질환을 앓고 있는 환자의 신체에 다른 부작용이 일어날 가능성을 배제할 수 없으므로, 이러한 치료행위는 의학상 전문지식이 있는 의료인이 행하지 아니하면 보건위생상 위해가 생길 우려가 있는 행위, 즉 의료행위에 해당한다고 보아야 할 것이고, 비록 찜질기구의 가열 후 온도나 사용방법에 비추어 화상의 우려가 적다거나, 직접 환자의 몸에 손을 대지 않거나, 약물을 투여하는 등의 진찰행위가 없다고 하여 결론을 달리 할 것은 아니다(대법원 2000.9.8. 선고 2000도432 판결).

■ **판례** ■　수지침 시술행위가 의료법에서 금지하고 있는 무면허 의료행위에 해당하는지 여부(적극) 및 수지침 시술행위가 형법 제20조 소정의 정당행위에 해당하기 위한 요건

일반적으로 면허 또는 자격 없이 침술행위를 하는 것은 의료법 제25조의 무면허 의료행위(한방의료행위)에 해당되어 같은 법 제66조에 의하여 처벌되어야 하고, 수지침 시술행위도 위와 같은 침술행위의 일종으로서 의료법에서 금지하고 있는 의료행위에 해당하며, 이러한 수지침 시술행위가 광범위하고 보편화된 민간요법이고, 그 시술로 인한 위험성이 적다는 사정만으로 그것이 바로 사회상규에 위배되지 아니하는 행위에 해당한다고 보기는 어렵다고 할 것이나, 수지침은 시술부위나 시술방법 등에 있어서 예로부터 동양의학으로 전래되어 내려오는 체침의 경우와 현저한 차이가 있고, 일반인들의 인식도 이에 대한 관용의 입장에 기울어져 있으므로, 이러한 사정과 함께 시술자의 시술의 동기, 목적, 방법, 횟수, 시술에 대한 지식수준, 시술경력, 피시술자의 나이, 체질, 건강상태, 시술행위로 인한 부작용 내지 위험발생 가능성 등을 종합적으로 고려하여 구체적인 경우에 있어서 개별적으로 보아 법질서 전체의 정신이나 그 배후에 놓여 있는 사회윤리 내지 사회통념에 비추어 용인될 수 있는 행위에 해당한다고 인정되는 경우에는 형법 제20조 소정의 사회상규에 위배되지 아니하는 행위로서 위법성이 조각된다고 할 것이다(대법원 2000.4.25. 선고 98도2389 판결).

■ **판례** ■　근육통을 완화시켜 주는 지압이 의료행위에 해당하는지 여부(소극)

지압서비스업소에서 근육통을 호소하는 손님들에게 엄지손가락과 팔꿈치 등을 사용하여 근육이 뭉쳐진 허리와 어깨 등의 부위를 누르는 방법으로 근육통을 완화시켜 준 행위가 의료행위에 해당하지 않는다(대법원 2000.2.22. 선고 99도4541 판결).

■ **판례** ■　무면허 의료행위를 엄격히 금지하는 의료법 제27조 제1항에서 정한 '의료행위'의 의미와 범위

의료법 제27조 제1항은 의료인에게만 의료행위를 허용하고, 의료인이라고 하더라도 면허된 의료행위만 할 수 있도록 하여, 무면허 의료행위를 엄격히 금지하고 있다. 여기서 '의료행위'란 의학적 전문지식을 기초로 하는 경험과 기능으로 진찰, 검안, 처방, 투약 또는 외과적 시술을 시행하

여 하는 질병의 예방 또는 치료행위 및 그 밖에 의료인이 행하지 아니하면 보건위생상 위해가 생길 우려가 있는 행위를 의미한다. '의료인이 행하지 아니하면 보건위생상 위해가 생길 우려'는 추상적 위험으로도 충분하므로, 구체적으로 환자에게 위험이 발생하지 아니하였다고 해서 보건위생상의 위해가 없다고 할 수는 없다.(대법원 2018. 6. 19., 선고, 2017도19422, 판결)

■ 판례 ■　　의료법이 의사, 치과의사 및 한의사가 각자 면허를 받아 면허된 것 이외의 의료행위를 할 수 없도록 규정한 취지

[1] 의료법이 의사, 치과의사 및 한의사가 각자 면허를 받아 면허된 것 이외의 의료행위를 할 수 없도록 규정한 취지 / 의사나 치과의사의 의료행위가 '면허된 것 이외의 의료행위'에 해당하는지 판단하는 기준 및 치과의사의 의료행위의 경우 더 고려할 사항

[다수의견] 의료법 제2조 제1항, 제2항 제1호, 제2호, 제3호, 제5조, 제27조 제1항 본문, 제87조 제1항이 의사, 치과의사 및 한의사가 각자 면허를 받아 면허된 것 이외의 의료행위를 할 수 없도록 규정한 취지는, 각 의료인의 고유한 담당 영역을 정하여 전문화를 꾀하고 독자적인 발전을 촉진함으로써 국민이 보다 나은 의료 혜택을 누리게 하는 한편, 의사, 치과의사 및 한의사가 각자의 영역에서 체계적인 교육을 받고 국가로부터 관련 의료에 관한 전문지식과 기술을 검증받은 범위를 벗어난 의료행위를 할 경우 사람의 생명·신체나 일반 공중위생에 발생할 수 있는 위험을 방지함으로써 궁극적으로 국민의 건강을 보호하고 증진하기 위한 데 있다.

이러한 취지에서 의료법은 의료기관의 개설(제33조), 진료과목의 설치·운영(제43조), 전문의 자격인정 및 전문과목의 표시(제77조) 등에 관한 여러 규정에서 의사·치과의사·한의사의 세 가지 직역이 각각 구분되는 것을 전제로 규율하면서 각 직역의 의료인이 '면허된 것 이외의 의료행위'를 할 경우 형사처벌까지 받도록 규정하고 있으나, 막상 각 의료인에게 '면허된 의료행위'의 내용이 무엇인지, 어떠한 기준에 의하여 구분하는지 등에 관하여는 구체적인 규정을 두고 있지 아니하다. 즉 의료법은 의료인을 의사·치과의사·한의사 등 종별로 엄격히 구분하고 각각의 면허가 일정한 한계를 가짐을 전제로 면허된 것 이외의 의료행위를 금지·처벌하는 것을 기본적 체계로 하고 있으나, 각각의 업무 영역이 어떤 것이고 면허의 범위 안에 포섭되는 의료행위가 구체적으로 어디까지인지에 관하여는 아무런 규정을 두고 있지 아니하다. 이는 의료행위의 종류가 극히 다양하고 그 개념도 의학의 발달과 사회의 발전, 의료서비스 수요자의 인식과 요구에 수반하여 얼마든지 변화될 수 있는 것임을 감안하여, 법률로 일의적으로 규정하는 경직된 형태보다는 시대적 상황에 맞는 합리적인 법 해석에 맡기는 유연한 형태가 더 적절하다는 입법 의지에 기인한다.

의사나 치과의사의 의료행위가 '면허된 것 이외의 의료행위'에 해당하는지는 구체적 사안에 따라 의사와 치과의사의 면허를 구분한 의료법의 입법 목적, 해당 의료행위에 관련된 법령의 규정 및 취지, 해당 의료행위의 기초가 되는 학문적 원리, 해당 의료행위의 경위·목적·태양, 의과대학 등의 교육과정이나 국가시험 등을 통하여 해당 의료행위의 전문성을 확보할 수 있는지 등을 종합적으로 고려하여 사회통념에 비추어 합리적으로 판단하여야 한다.

전통적인 관념이나 문언적 의미에 따르면, '치과'는 '이(치아)와 그 지지 조직 및 입 안의 생리·병리·치료 기술 등을 연구하는 의학 분야', '치과의사'는 '입 안 및 치아의 질병이나 손상을 예방하고 치료하는 것을 직업으로 하는 사람'으로 정의함이 일반적이다. 그러나 치과의사의 의료행위와 의사의 의료행위가 이러한 전통적 관념이나 문언적 의미만으로 구분될 수 있는 것은 아닐뿐더러, 의료행위의 개념은 고정 불변인 것이 아니라 의료기술의 발전과 시대 상황의 변화, 의료서비스에 대한 수요자의 인식과 필요에 따라 달라질 수 있는 가변적인 것이기도 하고, 의약품과 의료기술 등의 변화·발전 양상을 반영하

여 전통적인 치과진료 영역을 넘어서 치과의사에게 허용되는 의료행위의 영역이 생겨날 수도 있다. 따라서 앞서 든 '면허된 것 이외의 의료행위' 해당 여부에 관한 판단기준에 이러한 관점을 더하여 치과의사의 면허된 것 이외의 의료행위에 해당하여 의료법 위반으로 처벌대상이 되는지 살펴볼 필요가 있다.

[2] 치과의사인 피고인이 보톡스 시술법을 이용하여 환자의 눈가와 미간의 주름 치료를 함으로써 면허된 것 이외의 의료행위를 하였다고 하여 의료법 위반으로 기소된 사안

의료법 등 관련 법령이 구강악안면외과를 치과 영역으로 인정하고 치과의사 국가시험과목으로 규정하고 있는데, 구강악안면외과의 진료영역에 문언적 의미나 사회통념상 치과 의료행위로 여겨지는 '치아와 구강, 턱뼈 그리고 턱뼈를 둘러싼 안면부'에 대한 치료는 물론 정형외과나 성형외과의 영역과 중첩되는 안면부 골절상 치료나 악교정수술 등도 포함되고, 여기에 관련 규정의 개정 연혁과 관련 학회의 설립 경위, 국민건강보험공단의 요양급여 지급 결과 등을 더하여 보면 치아, 구강 그리고 턱과 관련되지 아니한 안면부에 대한 의료행위라 하여 모두 치과 의료행위의 대상에서 배제된다고 보기 어려운 점, 의학과 치의학은 의료행위의 기초가 되는 학문적 원리가 다르지 아니하고, 각각의 대학 교육과정 및 수련과정도 공통되는 부분이 적지 않게 존재하며, 대부분의 치과대학이나 치의학전문대학원에서 보톡스 시술에 대하여 교육하고 있고, 치과 의료 현장에서 보톡스 시술이 활용되고 있으며, 시술 부위가 안면부라도 치과대학이나 치의학전문대학원에서는 치아, 혀, 턱뼈, 침샘, 안면의 상당 부분을 형성하는 저작근육과 이에 관련된 주위 조직 등 악안면에 대한 진단 및 처치에 관하여 중점적으로 교육하고 있으므로, 보톡스 시술이 의사만의 업무영역에 전속하는 것이라고 단정할 수 없는 점 등을 종합하면, 환자의 안면부인 눈가와 미간에 보톡스를 시술한 피고인의 행위가 치과의사에게 면허된 것 이외의 의료행위라고 볼 수 없고, 시술이 미용목적이라 하여 달리 볼 것은 아니다. (대법원 2016. 7. 21., 선고, 2013도850, 전원합의체 판결)

■ 판례 ■ 한의사가 초음파 진단기기를 사용하여 한 한의학적 진단행위에 대하여 무면허의료행위로 인한 의료법위반죄로 기소된 사건

[1] 사실관계

'한의사인 피고인이 2010. 3. 2.부터 2012. 6. 16.까지 환자 최○○를 진료하면서 초음파 진단기기를 사용하여 최○○의 신체 내부를 초음파 촬영함으로써 초음파 화면에 나타난 모습을 보고 진단하는 방법으로 진료행위를 한 것에 대하여, 한의사가 면허된 것 이외의 의료행위를 하였다'는 혐의의 의료법 위반죄로 기소된 사안임

[2] 판결요지

가. 한의사의 진단용 의료기기 사용이 무면허 의료행위에 해당하는지 여부를 판단하는 기준

한의사가 의료공학 및 그 근간이 되는 과학기술의 발전에 따라 개발·제작된 진단용 의료기기를 사용하는 것이 한의사의 '면허된 것 이외의 의료행위'에 해당하는지 여부는 관련 법령에 한의사의 해당 의료기기의 사용을 금지하는 규정이 있는지, 해당 진단용 의료기기의 특성과 그 사용에 필요한 기본적 전문적 지식과 기술 수준에 비추어 의료전문가인 한의사가 진단의 보조수단으로 사용하게 되면 의료행위에 통상적으로 수반되는 수준을 넘어서는 보건위생상의 위해가 생길 우려가 있는지, 전체 의료행위의 경위·목적·태양에 비추어 한의사가 그 진단용 의료기기를 사용하는 것이 한의학적 의료행위의 원리에 입각하여 이를 적용 내지 응용하는 행위와 무관한 것임이 명백한지 등을 종합적으로 고려하여 사회통념에 따라 합리적으로 판단하여야 한다(이하 '새로운 판단기준'이라 한다).

나. 한의사가 초음파 진단기기를 한의학적 진단의 보조수단으로 사용한 행위가 구 의료법 제27조 제1항 본문의 무면허 의료행위에 해당하는지 여부(소극)◇

한의사가 의료공학 및 그 근간이 되는 과학기술의 발전에 따라 개발·제작된 진단용 의료기기를 사용하는 것이 한의사의 '면허된 것 이외의 의료행위'에 해당하는지는 앞서 본 '새로운 판단기준'에 따라 판단하여야 한다. 이와 달리 진단용 의료기기의 사용에 해당하는지 여부 등을 따지지 않고 '종전 판단기준'이 적용된다는 취지로 판단한 대법원 2014. 2. 13. 선고 2010도10352 판결을 비롯하여 같은 취지의 대법원 판결은 모두 이 판결의 견해에 배치되는 범위 내에서 변경하기로 한다. (대법원 2022. 12. 22. 선고 전원합의체 2016도21314 판결)

9. 면허없이 의사 및 이와 비슷한 명칭의 사용

1) 적용법조 : 제90조, 제27조 제2항 ☞ 공소시효 5년

> 제27조(무면허 의료행위 등 금지) ② 의료인이 아니면 의사·치과의사·한의사·조산사 또는 간호사 명칭이나 이와 비슷한 명칭을 사용하지 못한다.

2) 범죄사실 기재례

> 의료인이 아니면 의사·치과의사·한의사·조산사 또는 간호사 명칭이나 이와 비슷한 명칭을 사용하지 못한다.
> 그럼에도 불구하고 피의자는 20○○. ○. ○.경부터 20○○. ○. ○.까지 사이에 ○○에 있는 피의자의 집에서 "의학박사 홍길동"이라고 인쇄한 명함을 사용하고 또 "산부인과전문의 홍길동"이라고 표시한 표찰을 붙이는 등 의사 또는 이에 현혹되기 쉬운 명찰을 사용하였다.

3) 신문사항

- 의사 자격이 있는가
- 의사라는 명함을 사용한 일이 있는가
- 또 산부인과 전문의라는 표찰을 붙여놓은 일이 있는가
- 어디에서 하였나
- 언제부터 언제까지 이런 행위를 하였나
- 이런 명함과 표찰을 붙이고 어떤 행위를 하였나
- 무엇 때문에 이런 행위를 하였나

10. 환자 유인행위

1) 적용법조 : 제88조 제1호, 제27조 제3항 ☞ 공소시효 5년

제27조(무면허 의료행위 등 금지) ③ 누구든지 「국민건강보험법」 이나 「의료급여법」 에 따른 본인부담금을 면제하거나 할인하는 행위, 금품 등을 제공하거나 불특정 다수인에게 교통편의를 제공하는 행위 등 영리를 목적으로 환자를 의료기관이나 의료인에게 소개·알선·유인하는 행위 및 이를 사주하는 행위를 하여서는 아니 된다. 다만, 다음 각 호의 어느 하나에 해당하는 행위는 할 수 있다.
  1. 환자의 경제적 사정 등을 이유로 개별적으로 관할 시장·군수·구청장의 사전승인을 받아 환자를 유치하는 행위
  2. 「국민건강보험법」 제109조에 따른 가입자나 피부양자가 아닌 외국인(보건복지부령으로 정하는 바에 따라 국내에 거주하는 외국인은 제외한다)환자를 유치하기 위한 행위

2) 범죄사실 기재례

피의자 甲은 ○○병원의 행정부장으로 종사하는 사람이다.
누구든지 「국민건강보험법」 이나 「의료급여법」 에 따른 본인부담금을 면제하거나 할인하는 행위, 금품 등을 제공하거나 불특정 다수인에게 교통편의를 제공하는 행위 등 영리를 목적으로 환자를 의료기관이나 의료인에게 소개·알선·유인하는 행위 및 이를 사주하는 행위를 하여서는 아니 된다.
피의자는 200○. ○. ○.경 ○○에 있는 ○○농협에서 정○○에게 "○○병원에서 계약금 ○○만 원으로 예약을 하면 시중보다 싼 금액인 ○○만 원에 건강검진을 받을 수 있다."라고 선전하여 계약금 명목으로 ○○만 원을 받는 등 그때부터 200○. ○. ○.경까지 사이에 ○○시, ○○군 등지의 공공기관 및 단체 등을 방문하여 위와 같은 방법으로 약 250명으로부터 계약금을 수령하는 등 영리를 목적으로 환자를 의료기관에 소개·알선하는 행위를 하였다.

■ 판례 ■   산부인과 의사인 甲이 자신의 인터넷 홈페이지 상담게시판을 이용하여 낙태 관련 상담을 하면서 불법적인 낙태시술을 약속하고 병원 방문을 권유·안내한 경우

[1] 환자에게 불법적인 의료행위를 제의·약속하여 치료위임계약을 체결하게 한 것이 구 의료법 제25조 제3항에 정한 '유인'에 해당하는지 여부(적극)

구 의료법(2002.3.30. 법률 제6686호로 개정되기 전의 것) 제25조 제3항 소정의 '유인'이라 함은 기망 또는 유혹을 수단으로 환자로 하여금 특정 의료기관 또는 의료인과 치료위임계약을 체결하도록 유도하는 행위를 말하는 것으로서, 의료인 또는 의료기관 개설자의 환자 유인행위도 환자 또는 행위자에게 금품이 제공되거나 의료시장의 질서를 근본적으로 해하는 등의 특별한 사정이 있는 경우에는 같은 법 제25조 제3항의 유인행위에 해당한다고 할 것이고, "의료의 적정을 기하고 국민의 건강을 보호증진한다."는 의료법의 제정 목적(같은 법 제1조)에 비추어 보면, 합법적인 의료행위를 하면서 환자를 유인할 목적으로 금품을 제공하는 경우는 물론, 법(法)이 금지하고 있어 의료인으로서는 마땅히 거부하여야 할 의료행위를 해 주겠다고 제의하거나 약속함으로써 환자를 유혹하여 치료위임계약을 체결하도록 유도하는 경우도 같은 법 제25조 제3항의 유인행위에 해당한다고 보아야 한다.

[2] 甲의 행위가 구 의료법 제25조 제3항에 정한 '유인'에 해당하는지 여부(적극)

산부인과 의사인 피고인이 자신이 개설한 인터넷 홈페이지의 상담게시판을 이용하여 낙태 관련 상담을 하면서 합법적인 인공임신중절수술이 허용되는 경우가 아님에도 낙태시술을 해줄 수 있다

고 약속하면서 자신의 병원을 방문하도록 권유하고 안내한 행위는 구 의료법(2002.3.30. 법률 제 6686호로 개정되기 전의 것) 제25조 제3항에 정한 '유인'에 해당한다고 볼 수 있다(대법원 2005.4.15. 선고 2003도2780 판결).

■ 판례 ■ **의료기관 또는 의료인인 甲이 스스로 자신에게 환자를 유치한 경우**

[1] 구 의료법 제25조 제3항에서 금지하는 '환자를 소개·알선 기타 유인하거나 이를 사주하는 행위'의 의미 및 위 규정 위반죄의 주체

구 의료법(2002.3.30 법률 제6686호로 개정되기 전의 것) 제25조 제3항의 '소개·알선'이라고 함은 환자와 특정 의료기관 또는 의료인 사이에서 치료위임계약의 성립을 중개하거나 편의를 도모하는 행위를 말하고, '유인'이라 함은 기망 또는 유혹을 수단으로 환자로 하여금 특정 의료기관 또는 의료인과 치료위임계약을 체결하도록 유도하는 행위를 말하며, '이를 사주하는 행위'라고 함은 타인으로 하여금 영리를 목적으로 환자를 특정 의료기관 또는 의료인에게 소개·알선·유인할 것을 결의하도록 유혹하는 행위를 말하고, 위 조항은 의료인 또는 의료기관 개설자가 아닌 자의 환자 유인행위 등을 금지함은 물론 의료인 또는 의료기관 개설자의 환자 유인행위나 그 사주행위까지도 금지하는 취지이다.

[2] 甲의 행위가 구 의료법 제25조 제3항의 환자의 유인에 해당하는지 여부(한정 적극)

의료기관·의료인이 스스로 자신에게 환자를 유치하는 행위는 그 과정에서 환자 또는 행위자에게 금품이 제공되거나 의료시장의 질서를 근본적으로 해하는 등의 특별한 사정이 없는 한, 구 의료법 제25조 제3항의 환자의 '유인'이라 할 수 없고, 그 행위가 의료인이 아닌 직원을 통하여 이루어졌더라도 환자의 '소개·알선' 또는 그 '사주'에 해당하지 아니한다(대법원 2004.10.27. 선고 2004도5724 판결).

■ 판례 ■ **환자를 보내준 병원에 대가를 지급한 경우**

의료법 제25조 제3항상의 '소개·알선'이라고 함은 환자와 특정 의료기관 또는 의료인 사이에서 치료위임계약의 성립을 중개하거나 편의를 도모하는 행위를 말하고, '유인'이라 함은 기망 또는 유혹을 수단으로 환자로 하여금 특정 의료기관 또는 의료인과 치료위임계약을 체결하도록 유도하는 행위를 말하며, '이를 사주하는 행위'라고 함은 타인으로 하여금 영리를 목적으로 환자를 특정 의료기관 또는 의료인에게 소개·알선·유인할 것을 결의하도록 유혹하는 행위를 말하는 것으로서 어떠한 행위가 사주행위에 해당하는가의 판단은 일반인을 기준으로 당해 행위의 결과 영리를 목적으로 환자를 특정 의료기관 또는 의료인에게 소개·알선·유인할 것을 결의하도록 할 정도의 행위인지의 여부에 의하여야 할 것이다. 또한 사주행위가 범죄행위를 교사하는 행위와 유사하나 이를 별개의 구성요건으로 규정하고 있는 이상 당해 행위가 일반인을 기준으로 영리를 목적으로 환자를 의료기관에 소개·알선·유인할 것을 결의하도록 할 정도의 행위이기만 하면 범죄가 성립하고, 그 결과 사주받은 자가 실제로 소개·알선·유인행위를 결의하였거나 실제로 소개·알선·유인행위를 행할 것까지 요구되는 것은 아니라 할 것이다. 따라서 환자를 보내준 병원에 대가를 지급하는 것은 의료법 제25조 제3항 소정의 사주행위에 해당한다(대법원 1998.5.29. 선고 97도1126 판결).

■ 판례 ■   의료법 제27조 제3항에서 '소개·알선·유인하는 행위'의 의미 및 입법 취지 / 의료법 제27조 제3항에서 정한 '영리 목적'의 의미 및 이때 '대가'는 소개·알선·유인행위에 따른 의료행위와 관련하여 의료기관·의료인 측으로부터 취득한 이익을 분배받는 것을 전제하는지 여부(적극) / 손해사정사가 보험금 청구·수령 등 보험처리에 필요한 후유장애 진단서 발급의 편의 등 목적으로 환자에게 특정 의료기관·의료인을 소개·알선·유인하면서 그에 필요한 비용을 대납하여 준 후 그 환자가 수령한 보험금에서 이에 대한 대가를 받은 경우, 의료법 제27조 제3항이 금지하는 행위에 해당하는지 여부(소극)

의료법 제27조 제3항은 국민건강보험법이나 의료급여법에 따른 본인부담금을 면제하거나 할인하는 행위, 금품 등을 제공하거나 불특정 다수인에게 교통편의를 제공하는 행위 등 영리를 목적으로 환자를 의료기관이나 의료인에게 소개·알선·유인하는 행위 및 이를 사주하는 행위를 금지한다. 이 조항의 '소개·알선·유인하는 행위'는 환자와 특정 의료기관·의료인 사이에 치료위임계약의 성립 또는 체결에 관한 중개·유도 또는 편의를 도모하는 행위를 의미하는 것으로, 이러한 행위가 영리적으로 이루어지는 것을 금지·처벌하는 이 조항의 입법취지는 의료기관 주위에서 환자유치를 둘러싸고 금품수수 등 비리가 발생하는 것을 방지하며 의료기관 사이의 불합리한 과당경쟁을 방지함에 있다. 이와 같은 의료법 제27조 제3항의 규정·내용·입법취지와 규율의 대상을 종합하여 보면, 위 조항에서 정한 '영리 목적'은 환자를 특정 의료기관·의료인에게 소개·알선·유인하는 행위에 대한 대가로 그에 따른 재산상 이익을 취득하는 것으로, 이때의 '대가'는 간접적·경제적 이익까지 포함하는 것으로 볼 수 있지만, 적어도 소개·알선·유인행위에 따른 의료행위와 관련하여 의료기관·의료인 측으로부터 취득한 이익을 분배받는 것을 전제한다고 봄이 상당하다. 그러므로 손해사정사가 보험금 청구·수령 등 보험처리에 필요한 후유장애 진단서 발급의 편의 등 목적으로 환자에게 특정 의료기관·의료인을 소개·알선·유인하면서 그에 필요한 비용을 대납하여 준 후 그 환자가 수령한 보험금에서 이에 대한 대가를 받은 경우, 이는 치료행위를 전후하여 이루어지는 진단서 발급 등 널리 의료행위 관련 계약의 성립 또는 체결과 관련한 행위이자 해당 환자에게 비용 대납 등 편의를 제공한 행위에 해당할 수는 있지만, 그와 관련한 금품수수 등은 환자의 소개·알선·유인에 대하여 의료기관·의료인 측이 지급하는 대가가 아니라 환자로부터 의뢰받은 후유장애 진단서 발급 및 이를 이용한 보험처리라는 결과·조건의 성취에 대하여 환자 측이 약정한 대가를 지급한 것에 불과하여, 의료법 제27조 제3항의 구성요건인 '영리목적'이나 그 입법취지와도 무관하므로, 위 조항이 금지하는 행위에 해당한다고 볼 수 없다. (2022. 10. 14. 선고 2021도10046 판결)

11. 무면허 개설행위

1) 적용법조 : 제87조의2 제2항 제2호, 제33조 제2항 ☞ 공소시효 7년

제33조(개설 등) ① 의료인은 이 법에 따른 의료기관을 개설하지 아니하고는 의료업을 할 수 없으며, 다음 각 호의 어느 하나에 해당하는 경우 외에는 그 의료기관 내에서 의료업을 하여야 한다.
1. 「응급의료에 관한 법률」 제2조제1호에 따른 응급환자를 진료하는 경우
2. 환자나 환자 보호자의 요청에 따라 진료하는 경우
3. 국가나 지방자치단체의 장이 공익상 필요하다고 인정하여 요청하는 경우
4. 보건복지부령으로 정하는 바에 따라 가정간호를 하는 경우
5. 그 밖에 이 법 또는 다른 법령으로 특별히 정한 경우나 환자가 있는 현장에서 진료를 하여야 하는 부득이한 사유가 있는 경우
② 다음 각 호의 어느 하나에 해당하는 자가 아니면 의료기관을 개설할 수 없다. 이 경우 의사는 종합병원·병원·요양병원정신병원 또는 의원을, 치과의사는 치과병원 또는 치과의원을, 한의사는 한방병원·요양병원 또는 한의원을, 조산사는 조산원만을 개설할 수 있다.
1. 의사, 치과의사, 한의사 또는 조산사
2. 국가나 지방자치단체
3. 의료업을 목적으로 설립된 법인(이하 "의료법인"이라 한다)
4. 「민법」이나 특별법에 따라 설립된 비영리법인
5. 「공공기관의운영에관한법률」에 따른 준정부기관, 「지방의료원의 설립 및 운영에 관한 법률」에 따른 지방의료원, 「한국보훈복지의료공단법」에 따른 한국보훈복지의료공단
③ 제2항에 따라 의원·치과의원·한의원 또는 조산원을 개설하려는 자는 보건복지부령으로 정하는 바에 따라 시장·군수·구청장에게 신고하여야 한다.
④ 제2항에 따라 종합병원·병원·치과병원·한방병원·요양병원 또는 정신병원을 개설하려면 제33조의2에 따른 시·도 의료기관개설위원회의 심의를 거쳐 보건복지부령으로 정하는 바에 따라 시·도지사의 허가를 받아야 한다. 이 경우 시·도지사는 개설하려는 의료기관이 다음 각 호의 어느 하나에 해당하는 경우에는 개설허가를 할 수 없다.
1. 제36조에 따른 시설기준에 맞지 아니하는 경우
2. 제60조제1항에 따른 기본시책과 같은 조 제2항에 따른 수급 및 관리계획에 적합하지 아니한 경우
⑤ 제3항과 제4항에 따라 개설된 의료기관이 개설 장소를 이전하거나 개설에 관한 신고 또는 허가사항 중 보건복지부령으로 정하는 중요사항을 변경하려는 때에도 제3항 또는 제4항과 같다.
⑥ 조산원을 개설하는 자는 반드시 지도의사(指導醫師)를 정하여야 한다.
⑦ 다음 각 호의 어느 하나에 해당하는 경우에는 의료기관을 개설할 수 없다.
1. 약국 시설 안이나 구내인 경우
2. 약국의 시설이나 부지 일부를 분할·변경 또는 개수하여 의료기관을 개설하는 경우
3. 약국과 전용 복도·계단·승강기 또는 구름다리 등의 통로가 설치되어 있거나 이런 것들을 설치하여 의료기관을 개설하는 경우
4. 「건축법」 등 관계 법령에 따라 허가를 받지 아니하거나 신고를 하지 아니하고 건축 또는 증축·개축한 건축물에 의료기관을 개설하는 경우
⑧ 제2항제1호의 의료인은 어떠한 명목으로도 둘 이상의 의료기관을 개설·운영할 수 없다. 다만, 2 이상의 의료인 면허를 소지한 자가 의원급 의료기관을 개설하려는 경우에는 하나의 장소에 한하여 면허 종별에 따른 의료기관을 함께 개설할 수 있다.

2) 범죄사실 기재례

[기재례1] 둘 이상 의료기관 개설

> 피의자 甲은 내과·정신과 전문의, 피의자 乙, 피의자 丙은 각 정신과 전문의이다. 의료인은 어떠한 명목으로도 둘 이상의 의료기관을 개설·운영할 수 없다.
>
> 그럼에도 불구하고 피의자 甲은 20○○. ○. ○.부터 ○○에 있는 ○○빌딩 3층에서 '甲내과신경과의원'을 개설하여 운영하던 甲은 20○○. ○. ○. ○○에 있는 ○○빌딩 7층 내부 ○○m² 정도에 ○○만 원 정도의 의료기기를 설치하고 의료기관 개설을 준비하였다.
>
> 가. 피의자 甲, 피의자 乙은 공모하여, 20○○. ○. ○.부터 20○○. ○. ○.까지 사이에 위 ○○빌딩 7층에서, 피의자 甲이 피의자 乙에게 월 ○○만 원을 지급하기로 제안하고, 피의자 乙은 이를 받아들여 피의자 甲이 피의자 乙의 의사면허로 의료기관인 '○○의원'을 개설하였다.
>
> 나. 피의자 甲, 피의자 丙은 공모하여, 20○○. ○. ○.부터 20○○. ○. ○.까지 사이에 위 같은 곳에서, 피의자 甲이 피의자 丙에게 월급으로 ○○만 원, 총매출액이 월 ○○만 원을 초과할 경우 수입액의 40%를 지급하기로 제안하고, 피의자 丙이 이를 받아들여 피의자 甲이 피의자 丙의 의사면허로 의료기관인 '○○의원'을 개설하였다.

[기재례2] 소비자 생협조합을 거짓 방법으로 설립 후 의료행위

> 누구든지 의사 등 의료인이 아니면 의료기관을 개설 할 수 없다.
>
> 그럼에도 피의자는 20○○. ○. ○.경 ○○에 방 ○○와 상담실 진료실 입원실 등의 시설을 갖추고 의사 ○○명, 약사 ○○명, 물리치료사 간호사 등을 고용하여 ○○요양병원을 개설하고 그때부터 20○○. ○. ○. 총회결의에 의한 해산 시까지 위 요양병원을 운영하였다.
>
> 이로써 피의자는 의료인이 아닌 자로서 의료기관을 개설하였다.

■ 판례 ■ **의료기관의 개설자격이 있는 의료인이 다른 의료인 또는 의료기관을 개설할 자격이 있는 자의 명의를 빌려 의료기관을 개설한 경우, 의료법 제30조 제2항 위반으로 볼 수 있는지 여부(소극)**

의료법 제30조 제2항 본문 규정의 취지는 의료기관 개설자격을 의료전문성을 가진 의료인이나 공적인 성격을 가진 법인, 기관 등으로 엄격히 제한하여 그 이외의 자가 의료기관을 개설하는 행위를 금지함으로써 의료의 적정을 기하여 국민의 건강을 보호 증진하려는 데 있는 것이므로, 의료기관을 개설할 자격이 있는 의료인이 의료법 제30조 제2항 각 호 소정의 자들로부터 명의를 빌려 그 명의로 의료기관을 개설하더라도 이는 의료기관을 개설할 자격이 없는 자가 의료기관을 개설하는 경우와는 다르다 할 것이어서 의료법 제30조 제2항 본문에 위반되는 행위로 볼 수 없다(대법원 2004.9.24. 선고 2004도3875 판결).

■ 판례 ■ **의료인이 다른 의료기관의 명의를 빌려 의료기관을 개설한 경우 죄책**

의료법은 제30조 제2항에서 "다음 각호의 1에 해당하는 자가 아니면 의료기관을 개설할 수 없다"고 규정하면서 의료기관을 개설할 수 있는 유자격자로 의사, 치과의사, 한의사, 또는 조산사와 일정한 법인, 정부투자기관 등을 제한적으로 열거하고 있고, 제66조 제3호에서 이를 위반한 경우 형사처벌하도록 규정하고 있는바, 위 규정의 입법취지와 의료법 제30조 제2항의 법문에 비추어 볼 때 그 위반의 주체는 동조 동항 소정의 의료인이나 일정한 법인, 정부 투자기관 등 이외의 자라고 할 것이므로, 의료인은 의료인 아닌 자의 의료기관 개설행위에 공모 가공함으로써 그와 공범관계가 성립하게 됨은 별론으로 하더라도, 독자적으로 위 조항 위반의 주체가 될 수는 없는 것이고, 따라서 의료인이 다른 의료기관의 명의를 빌려 의료기관을 개설하였다고 하여 이를 의료인이 아닌 자가 의료기관을 개설하는 경우와 동일하게 보아 위 금지규정에 저촉되는 것이라고 볼 수는 없다(대법원 2004.9.16. 선고 2004도3874 판결).

■ 판례 ■ **의료인이나 의료법인이 아닌 자가 의료기관을 개설하여 운영한 경우**

[1] 의료인이 의료인이나 의료법인 아닌 자의 의료기관 개설행위에 공모하여 가공하면 의료법 제66조 제3호, 제30조 제2항 위반죄의 공동정범에 해당된다.

[2] 의료인이나 의료법인이 아닌 자가 의료기관을 개설하여 운영하는 경우, 그 의료기관운영업무가 업무방해죄의 보호대상이 되는 '업무'에 해당하는지 여부(소극)

의료인이나 의료법인이 아닌 자가 의료기관을 개설하여 운영하는 행위는 그 위법의 정도가 중하여 사회생활상 도저히 용인될 수 없는 정도로 반사회성을 띠고 있으므로 업무방해죄의 보호대상이 되는 '업무'에 해당하지 않는다(대법원 2001.11.30. 선고 2001도2015 판결).

■ 판례 ■ **의료인이 의료기관을 중복 개설한 것으로 인정할 수 있는 범위**

이미 자신 명의로 의원을 개설, 운영하면서 의료행위를 하고 있는 의사가 다른 의사를 고용하여 그 의사 명의로 새로운 의원을 개설하고 그 운영에 직접 관여하는 데서 더 나아가 그 의원에서 자신이 직접 의료행위를 하거나 비의료인을 고용하여 자신의 주관하에 의료행위를 하게 한 경우에는 위 의료법 위반죄의 죄책을 면할 수 없고, 이는 새로운 의원의 개설명의자인 다른 의사가 그 의원에서 직접 일부 의료행위를 하였다거나 위 두 의원이 별도로 개설 신고가 되었을 뿐 외형적으로 서로 분리되지 않고 같은 장소에서 사실상 하나의 의원처럼 운영되었다고 하여 달리 볼 것은 아니다(대법원 2008.9.25. 선고 2006도4652 판결).

■ 판례 ■ **의료법 제33조 제8항 본문에서 규정한 '1인 1개설·운영 원칙'에 반하는 행위 중 의료기관의 '중복 개설'과 '중복 운영'의 의미 및 의료기관의 중복 운영에 해당하면 중복 개설에 해당하지 않더라도 1인 1개설·운영 원칙을 위반한 것인지 여부(적극) / 구체적인 사안에서 1인 1개설·운영 원칙에 어긋나는 의료기관의 중복 운영에 해당하는지 판단하는 기준**

의료법 제4조 제2항은 "의료인은 다른 의료인의 명의로 의료기관을 개설하거나 운영할 수 없다."라고 규정하고, 의료법 제33조 제8항 본문은 "의료인은 어떠한 명목으로도 둘 이상의 의료기관을 개설·운영할 수 없다."라고 규정하고 있다(이하 의료법 제33조 제8항 본문의 금지규정을 '1인 1개설·운영 원칙'이라고 한다). 이러한 의료법의 규정 내용 등에 비추어 보면, 1인 1개설·운영 원칙에 반하는 행위 중, 의료기관의 중복 개설이란 '이미 자신의 명의로 의료기관을 개설한 의료인이 다른 의료인 등의 명의로 개설한 의료기관에서 직접 의료행위를 하거나 자신의 주관 아래 무자격자로 하여금 의료행위를 하게 하는 경우'를, 그와 구분되는 의료기관의 중복 운영이란 '의료인이 둘 이상의 의료기관에 대하여 그 존폐·이전, 의료행위 시행 여부, 자금 조달, 인력·시설·장비의 충원과 관리, 운영성과의 귀속·배분 등의 경영사항에 관하여 의사 결정 권한을 보유하면서 관련 업무를 처리하거나 처리하도록 하는 경우'를 뜻한다. 의료기관의 중복 운영에 해당하면 중복 개설에 해당하지 않더라도 1인 1개설·운영 원칙을 위반한 것이 된다.

나아가 구체적인 사안에서 1인 1개설·운영 원칙에 어긋나는 의료기관의 중복 운영에 해당하는지를 판단할 때에는 위와 같은 운영자로서의 지위 유무, 즉 둘 이상의 의료기관 개설 과정, 개설명의자의 역할과 경영에 관여하고 있다고 지목된 다른 의료인과의 관계, 자금 조달 방식, 경영에 관한 의사 결정 구조, 실무자에 대한 지휘·감독권 행사 주체, 운영성과의 분배 형태, 다른 의료인이 운영하는 경영지원 업체가 있을 경우 그 경영지원 업체에 지출되는 비용 규모 및 거래 내용 등의 제반 사정을 고려하여야 한다. 이를 바탕으로, 둘 이상의 의료기관이 의사 결정과 운영성과 귀속 등의 측면에서 특정 의료인에게 좌우되지 않고 각자 독자성을 유지하고 있는지, 아니면 특정 의료인이 단순히 협력관계를 맺거나 경영지원 혹은 투자를 하는 정도를 넘어 둘 이상의 의료기관의 운영을 실질적으로 지배·관리하고 있는지를 살펴보아야 한다.(대법원 2018. 7. 12. 선고, 2018도3672, 판결)

■ 판례 ■ 의료인이 전화 등을 통해 원격지에 있는 환자를 상대로 의료행위

의료인이 전화 등을 통해 원격지에 있는 환자에게 행하는 의료행위가 특별한 사정이 없는 한 의료법 제33조 제1항에 위반되는 행위인지 여부(적극)

의료법 제33조 제1항은 "의료인은 이 법에 따른 의료기관을 개설하지 아니하고는 의료업을 할 수 없으며, 다음 각 호의 어느 하나에 해당하는 경우 외에는 그 의료기관 내에서 의료업을 하여야 한다."라고 규정하고 있다. 의료법이 의료인에 대하여 의료기관 내에서 의료업을 영위하도록 한 것은 그렇지 않을 경우 의료의 질 저하와 적정 진료를 받을 환자의 권리 침해 등으로 인해 의료 질서가 문란하게 되고 국민의 보건위생에 심각한 위험을 초래하게 되는 것을 사전에 방지하고자 하는 보건의료정책상의 필요성에 의한 것이다(대법원 2011. 4. 14. 선고 2010두26315 판결 참조).

아울러 의료법 제34조 제1항은 "의료인은 제33조 제1항에도 불구하고 컴퓨터·화상통신 등 정보통신기술을 활용하여 먼 곳에 있는 의료인에게 의료지식이나 기술을 지원하는 원격의료를 할 수 있다."라고 규정하여 의료인이 원격지에서 행하는 의료행위를 의료법 제33조 제1항의 예외로 보는 한편, 이를 의료인 대 의료인의 행위로 제한적으로만 허용하고 있다.

또한, 현재의 의료기술 수준 등을 고려할 때 의료인이 전화 등을 통해 원격지에 있는 환자에게 의료행위를 행할 경우, 환자에 근접하여 환자의 상태를 관찰해가며 행하는 일반적인 의료행위와 동일한 수준의 의료서비스를 기대하기 어려울 뿐만 아니라 환자에 대한 정보 부족 및 의료기관에 설치된 시설 내지 장비의 활용 제약 등으로 말미암아 부적정한 의료행위가 이루어질 가능성이 높고, 그 결과 국민의 보건위생에 심각한 위험을 초래할 수 있다. 이러한 의료행위는 앞서 본 의료법 제33조 제1항의 목적에 반하고 이는 의료법이 원격의료를 제한적으로만 허용하는 까닭이기도 하다. 이와 같은 사정 등을 종합하면 의료인이 전화 등을 통해 원격지에 있는 환자에게 행하는 의료행위는 특별한 사정이 없는 한 의료법 제33조 제1항에 위반되는 행위로 봄이 타당하다.(대법원 2020. 11. 5. 선고 2015도13830)

12. 면허증 대여행위

1) 적용법조 : 제87조의2 제2항 제1호, 제4조의3 제1항　☞　공소시효 7년

> **제4조의3(의료인의 면허 대여 금지 등)** ① 의료인은 제5조(의사 · 치과의사 및 한의사를 말한다), 제6조(조산사를 말한다) 및 제7조(간호사를 말한다)에 따라 받은 면허를 다른 사람에게 대여하여서는 아니 된다.
> ② 누구든지 제5조부터 제7조까지에 따라 받은 면허를 대여받아서는 아니 되며, 면허 대여를 알선하여서도 아니 된다.

2) 범죄사실 기재례

> 가. 피의자 甲
> 　피의자는 한의사가 아니면서 20○○. ○. ○. ○○에 약 ○○㎡의 점포를 한중한의원이라는 상호로 열고 한의사인 피의자 乙을 고용하여 동인의 명의로 한의원개설신고를 한 다음 "○○○" 등의 의료시설을 갖추고 불특정다수의 환자를 상대로 위 피의자 乙로 하여금 진료행위를 하게 하여 한의원을 개설하였다.
> 나. 피의자 乙
> 　피의자는 20○○. ○. ○.부터 20○○. ○. ○.경까지 위 피의자 甲이 한의원을 개설하도록 한 달에 ○○만원씩의 대여료를 받고 자신 명의의 한의사면허증을 대여하였다.

3) 신문사항(대여자)

- 한의사 자격이 있는가
- 언제 취득하였는가
- 이러한 면허를 다른 사람에게 대여한 일이 있는가
- 누구에게 대여하였는가
- 언제 어떤 조건으로 대여하였는가
- 대여받은 甲은 무엇 때문에 대여해 달라고 하던가
- 甲은 대여 받아 어떻게 하였나
- 왜 이러한 행위를 하였는가

■ **판례** ■　　의료법 제66조 제1호에서 금하는 '면허증의 대여'의 의미 및 그 대여의 상대방이 자격 있는 의료인인 경우, 위 규정에서 금하는 '면허증의 대여'에 포함되는지 여부(적극)

의료법의 입법 취지와 의료인의 자격과 면허에 관한 규정 내용을 종합하여 보면, 의료법 제66조 제1호에서 금하고 있는 '면허증의 대여'는 '다른 사람이 그 면허증을 이용하여 그 면허증의 명의자인 의사인 것처럼 행세하면서 의료행위를 하려는 것을 알면서도 면허증을 빌려 주는 것'을 의미한다고 해석함이 상당하고, 따라서 면허증 대여의 상대방이 무자격자인 경우뿐만 아니라 자격 있는 의료인인 경우도 포함하며, 다만 면허증 대여 후 대여자인 의료인 자신이 면허증을 대여 받은 자가 개설 · 운영하는 의료기관에서 의료행위를 할 의사로 그리하였고 또 실제로 위 의료기관에서 위 의료인이 의료행위를 계속하여 왔으며, 무자격자가 의료행위를 한 바 없는 경우에는 면허증을 대여한 것으로는 볼 수 없을 것이다(대법원 2005.7.22. 선고 2005도3468 판결).

■ 판례 ■　　그 개설 후 의료인 자신이 그 의료기관에서 의료행위를 할 의사로 무자격자가 시설을 갖추고 의료기관 개설신고를 하는데에 면허증을 이용하도록 하였으나, 실제로 의료인이 의료행위를 계속하여 왔으며 무자격자가 의료행위를 한 바 없는 경우, 면허증을 대여한 것으로 볼 수 있는지 여부(소극)

무자격자가 시설을 갖추고 의료기관 개설신고를 하는 데에 면허증을 이용하도록 하였다고 하더라도 그 개설 후 의료인 자신이 그 의료기관에서 의료행위를 할 의사로 그리하였고, 실제로 의료인이 의료행위를 계속하여 왔으며 무자격자가 의료행위를 한 바 없다면, 면허증을 대여한 것으로 볼 수 없다(대법원 1994. 12.23. 선고 94도1937 판결).

■ 판례 ■　　의료인 자격이 없는 자가 유자격 의료인을 고용하여 그 명의로 의료기관 개설신고를 한 행위의 의료법위반 여부(적극)

의료인의 자격이 없는 일반인이 필요한 자금을 투자하여 시설을 갖추고 유자격 의료인을 고용하여 그 명의로 의료기관 개설신고를 한 행위는 형식적으로만 적법한 의료기관의 개설로 가장한 것이어서 의료법 제66조 제3호, 제30조 제2항 위반죄가 성립되고, 그 개설신고 명의인인 의료인이 직접 의료행위를 하였다 하여 달리 볼 것은 아니다(대법원 1995.12.12. 선고 95도2154 판결).

13. 안마사 자격인정 없이 안마

1) 적용법조 : 제88조 제4호, 제82조 제1항 ☞ 공소시효 5년

제82조(안마사) ① 안마사는 「장애인복지법」에 따른 시각장애인 중 다음 각 호의 어느 하나에 해당하는 자로서 시 · 도지사에게 자격인정을 받아야 한다.
1. 「초 · 중등교육법」 제2조제5호에 따른 특수학교 중 고등학교에 준한 교육을 하는 학교에서 제4항에 따른 안마사의 업무한계에 따라 물리적 시술에 관한 교육과정을 마친 자
2. 중학교 과정 이상의 교육을 받고 보건복지부장관이 지정하는 안마수련기관에서 2년 이상의 안마수련과정을 마친 자
② 제1항의 안마사는 제27조에도 불구하고 안마업무를 할 수 있다.

---

2) 범죄사실 기재례

[기재례1]

> 피의자는 관할관청으로부터 안마사 자격인정을 받지 아니하고 20○○. ○. ○.부터 20○○. ○. ○.까지 ○○에 있는 건물 2층에서 ○○㎡ 규모의 사무실에 침대 3개, 방 3개 등의 시설을 갖추고, 불특정 다수의 손님으로부터 요금을 받고 엄지손가락과 손바닥을 이용하여 손님들의 피부나 뭉쳐 있는 근육을 잡아당기거나 문지르거나 누르는 방법으로 자극을 주어 근육을 풀어주는 이른바 스포츠마사지 업무에 종사하였다.

[기재례2]

> 피의자는 ○○에 있는 건물 3층에서 '○○' 라는 상호로 마사지업소를 운영하는 사람이다. 누구든지 시 · 도지사로부터 안마사 자격을 받지 아니하면 안마시술소 등을 개설할 수 없다.
> 피의자는 안마사 자격을 받지 아니하고, 20○○. ○. ○.경부터 20○○. ○. ○.경까지 위 '○○' 마사지 가게에서 안마실을 갖추어 놓고, 그곳을 찾아온 손님 갑 등 불특정 다수인을 상대로 얼굴, 허리, 다리 등을 손을 주물러 주고 대가를 받는 방법으로 안마시술소를 개설하였다.

3) 신문사항

- 안마사 자격이 있는가
- 안마업무에 종사한 일이 있는가
- 언재부터 언제까지 하였나
- 어디에서 하였나
- 어떤 시설을 갖추고 하였나(규모 등)
- 누구를 상대로 하였나
- 어떤 방법으로 하였나
- 어떤 조건으로 하였나(요금 등)
- 월 수입은 어느정도였는가
- 왜 자격없이 이런 행위를 하였나

4) 안마사 침 시술행위 기준(보건복지부 유권해석)

안마사의 침 시술행위는 무면허 의료행위로서 단속대상이나 3호침(굵기 0.25mm)이내의 침 시술행위는 '안마사에관한규칙' 제2호(안마사의 업무한계)에 따른 "기타 자극요법"에 해당되어 무면허 의료행위에 해당되지 않는다는 보건복지부 유권해석에 따라 안마사의 3호이내의 침 시술행위는 단속대상이 아님(보건복지부 유권해석 06. 6. 7. 안마사에관한규칙 제2조 중 "기타의 자극요법"에는 안마의 "자극요법"을 포함하는 것으로 보아야 할 것이나 그 이외의 한방의료나 모방행위는 할 수 없다고 사료됨

⇨ 이는 안마사가 안마의 목적을 달성하기 위한 보조요법으로 극히 미세한 침(3호침 이하)을 사용할 수 있다는 뜻이며 전문적인 침 시술을 행할 수 있는 자격을 부여한 것이 아님

■ 판례 ■ **이발소에서의 안마행위가 의료법상 무자격 안마영업에 해당하는지 여부(적극)**

의료법 제61조는 안마사가 되고자 하는 자는 시·도지사의 자격인정을 받아야 하고(제1항), 자격인정을 받은 안마사는 제25조의 규정에 불구하고 안마업무에 종사할 수 있으며(제2항), 안마사의 자격인정과 그 업무한계 등은 보건복지부령으로 정한다고(제4항) 규정하고 있고, 의료법 제67조는 제61조 제1항의 규정에 의한 안마사의 자격인정을 받지 아니하고 영리를 목적으로 안마행위를 한 자를 처벌대상으로 규정하고 있으며, 한편 의료법 제61조 제4항에 따라 안마사에관한규칙 제2조는 안마사의 업무한계에 관하여 안마, 마사지 또는 지압 등 각종 수기요법에 의하거나 전기기구의 사용 그 밖의 자극요법에 의하여 인체에 대한 물리적 시술행위를 하는 것을 업무로 한다고 규정하고 있고, 위 규칙 제3조는 안마사의 자격인정을 받을 수 있는 사람을 앞을 보지 못하는 사람에 한정하고 있는데, 여기에서 안마사의 업무한계 중 각종 수기요법이란 안마·마사지·지압 등 명칭에 불구하고 손으로 사람의 근육·관절·피부 등 신체 부위를 두드리거나 주무르거나 문지르거나 누르거나 잡아당기는 등의 방법으로 혈액순환을 촉진시키고 근육을 풀어줌으로써 통증 등 증상의 완화·건강증진·피로회복 등을 도모하기 위한 물리적인 시술을 통칭하는 것으로 봄이 상당하다. 따라서 이발소에서의 안마행위는 의료법상 무자격 안마영업에 해당한다(대법원 2004.1.29. 선고 2001도6554 판결).

■ 판례 ■ **마사지업소에서 종업원인 甲이 대가를 받고 손님들의 몸을 손으로 문지른 등의 행위를 한 경우**

[1] **의료법 제67조 소정의 '영리를 목적으로 한 안마행위'의 의미**

보건복지부령인 안마사에관한규칙 제2조에 정하여진 안마사의 업무한계, 안마의 시술기원, 시술원리, 시술방법, 시술수단, 의료법의 입법목적 등에 비추어 보면, 의료법 제67조에 규정된 '안마행위'라 함은 "국민의 건강증진을 목적으로, 손이나 특수한 기구로 몸을 주무르거나, 누르거나, 잡아당기거나, 두드리거나 하는 등의 안마, 마사지 또는 지압 등 각종 수기요법과, 전기기구의 사용, 그 밖의 자극요법에 의하여 인체에 대한 물리적 시술을 하여 혈액의 순환을 촉진시킴으로써 뭉쳐진 근육을 풀어주는 등에 이를 정도의 행위"라고 풀이되고, 나아가 같은 법조에 규정된 '영리를 목적으로 한 안마행위'라 함은 영리를 목적으로 한 행위가 '안마행위' 그 자체이거나, 적어도 '안마행위'가 주된 행위라고 풀이함이 상당하다.

[2] **甲의 행위가 영리를 목적으로 한 안마행위에 해당하는지 여부(소극)**

마사지업소에서 종업원이 대가를 받고 손님들의 몸을 손으로 문지른 등의 행위는 사실관계 등에 비추어 윤락행위를 위하여 성적 흥분을 일으키게 하는 행위이지 의료법 제67조 소정의 '영리를 목적으로 한 안마행위'에 해당하지 않는다(대법원 2001.6.1. 선고 2001도1568 판결).

제96장 자격기본법

Ⅰ. 개념정의

제2조(정의) 이 법에서 사용하는 용어의 정의는 다음과 같다.

1. "자격"이란 직무수행에 필요한 지식·기술·소양 등의 습득정도가 일정한 기준과 절차에 따라 평가 또는 인정된 것을 말한다.
2. "국가직무능력표준"이란 산업현장에서 직무를 수행하기 위하여 요구되는 지식·기술·소양 등의 내용을 국가가 산업부문별·수준별로 체계화한 것을 말한다.
3. "자격체제"란 국가직무능력표준을 바탕으로 학교교육·직업훈련(이하 "교육훈련"이라 한다) 및 자격이 상호 연계될 수 있도록 한 자격의 수준체계를 말한다.
4. "국가자격"이란 법령에 따라 국가가 신설하여 관리·운영하는 자격을 말한다.
5. "민간자격"이란 국가 외의 자가 신설하여 관리·운영하는 자격을 말한다.
5의2. "등록자격"이란 제17조제2항에 따라 해당 주무부장관에게 등록한 민간자격 중 공인자격을 제외한 자격을 말한다.
5의3. "공인자격"이란 제19조제1항에 따라 주무부장관이 공인한 민간자격을 말한다.
6. "국가자격관리자"란 해당 국가자격을 관리·운영하는 중앙행정기관의 장을 말한다.
7. "민간자격관리자"란 해당 민간자격을 관리·운영하는 자를 말한다.
8. "주무부장관"이란 소관 민간자격을 등록받거나 공인하고 이를 지도·감독하는 중앙행정기관의 장을 말한다.
9. "자격검정"이란 자격을 부여하기 위하여 필요한 직무수행능력을 평가하는 과정을 말한다.
10. "공인"이란 자격의 관리·운영 수준이 국가자격과 같거나 비슷한 민간자격을 이 법에서 정한 절차에 따라 국가가 인정하는 행위를 말한다.

Ⅱ. 벌 칙

제39조(벌칙) 다음 각 호의 어느 하나에 해당하는 자는 3년 이하의 징역 또는 3천만원 이하의 벌금에 처한다. 다만, 제1호의 경우 국가자격관련법령에 처벌규정이 있는 경우에는 그 규정에 따른다.

1. 제17조제1항에서 금지하고 있는 민간자격을 신설하거나 관리·운영하는 자
1의2. 거짓이나 그 밖의 부정한 방법으로 제17조제2항에 따른 등록을 한 자
1의3. 제17조제2항을 위반하여 민간자격을 등록하지 아니하고 이를 신설하여 관리·운영한 자
2. 제22조제2항을 위반하여 공인받은 것으로 기재한 자격증을 교부한 자
3. 제26조제1항제2호에 따른 거짓이나 그 밖의 부정한 방법으로 공인을 받은 자
4. 제33조제2항을 위반하여 공인받지 아니한 민간자격을 공인받은 것으로 광고하거나 공인에 따른 효력이 있는 것으로 광고한 자
5. 제34조제3항을 위반하여 자격정보를 누설하거나 다른 사람의 이용에 제공하는 등 부당한 목적을 위하여 자격정보를 사용한 자

제40조(벌칙) 다음 각 호의 어느 하나에 해당하는 자는 1년 이하의 징역 또는 1천만원 이하의 벌금에 처한다. 다

만, 국가자격관련법령에 처벌규정이 있는 경우에는 그 규정을 따른다.

1. 제14조를 위반하여 국가자격의 명칭과 동일한 명칭을 사용한 자

2. 제23조제4항을 위반하여 공인자격을 취득하지 아니하고 공인자격의 명칭과 동일한 명칭을 사용한 자

3. 제25조를 위반하여 주무부장관의 시정명령에 정당한 사유 없이 따르지 아니한 자

4. 제27조제2항을 위반하여 공인증서를 다른 사람에게 대여하거나 양도한 자 또는 대여받거나 양도받은 자

5. 제31조제2항을 위반하여 취득한 자격을 다른 사람에게 대여한 자 또는 대여받은 자

제41조(벌칙) 제33조제1항을 위반하여 자격과 관련하여 표시사항을 표시하지 아니하거나 같은 조 제2항을 위반하여 거짓 또는 과장 광고를 한 자는 3천만원 이하의 벌금에 처한다. 다만, 다른 법령에 처벌규정이 있는 경우에는 그 규정에 따른다.

제42조(양벌규정) 법인 또는 단체의 대표자나 법인·단체 또는 개인의 대리인, 사용인, 그 밖의 종업원이 그 법인·단체 또는 개인의 업무에 관하여 제39조, 제40조(제5호는 제외한다) 또는 제41조의 어느 하나의 위반행위를 하면 그 행위자를 벌하는 외에 그 법인·단체 또는 개인에게도 해당 조문의 벌금형을 과(科)한다. 다만, 법인·단체 또는 개인이 그 위반행위를 방지하기 위하여 해당 업무에 관하여 상당한 주의와 감독을 게을리하지 아니한 경우에는 그러하지 아니하다.

III. 범죄사실

1. 공인증서 대여행위

1) 적용법조 : 제40조 제4호, 제27조 제2항 ☞ 공소시효 5년

제27조(공인자격관리자의 책무) ② 공인자격관리자가 교부받은 공인증서는 이를 다른 사람에게 대여 또는 양도하거나 대여 또는 양도받아서는 아니 된다.

2) 범죄사실 기재례

공인자격관리자가 교부받은 공인증서는 이를 다른 사람에게 대여 또는 양도하거나 대여 또는 양도받아서는 아니 된다.

가. 피의자 甲

피의자는 20○○. ○. ○. ○○에서 피의자의 공인증서인 "○○"을 피의자 乙에게 ○○ 조건으로 양도하였다.

나. 피의자 乙

피의자는 전항의 피의자 甲으로부터 위와 같이 공인증서를 양도받았다.

3) 신문사항

- 피의자는 공인증서가 있는가

- 어떠한 자격인가

- 언제 어디에서 취득하였나

- 취득한 공인증서를 현재 사용하고 있는가

- 이를 타인에게 양도한 일이 있는가

- 언제부터 언제까지 누구에게 양도하였나
- 어떠한 조건으로 양도하였나
- 홍길동(대여받은자)는 피의자의 자격증을 어디에 사용하겠다고 하던가
- 그러면 실질적으로 홍길동이 이를 사용하였을까
- 왜 이러한 행위를 하였나

2. 자격 대여

1) 적용법조 : 제40조 제5호, 제31조 제2항 ☞ 공소시효 5년

> 제31조(자격취득자의 성실의무 등) ① 자격을 취득한 자는 그 자격과 관련된 직무를 성실히 수행하여야 하고, 품위를 손상하여서는 아니 된다.
> ② 누구든지 자신이 취득한 자격을 다른 사람에게 대여하거나 다른 사람이 취득한 자격을 대여 받아서는 아니 된다.

2) 범죄사실 기재례

> 피의자는 20○○. ○. ○. (발행단체)에서 공인받은 민간자격인 ○○○(자격 내용, 번호)을 취득하였다. 누구든지 자신이 취득한 자격을 다른 사람에게 대여하거나 다른 사람이 취득한 자격을 대여받아서는 아니 된다.
> 그럼에도 불구하고 피의자는 20○○. ○. ○.부터 20○○. ○. ○.까지 홍길동에게 위 자격증을 월 ○○만원을 받고 대여하였다.

3) 신문사항
- 피의자는 공인받은 민간자격이 있는가
- 어떠한 자격인가
- 언제 어디에서 취득하였나
- 취득한 민간자격을 현재 사용하고 있는가
- 이를 타인에게 대여한 일이 있는가
- 언제부터 언제까지 누구에게 대여하였나
- 어떠한 조건으로 대여하였나
- 홍길동(대여받은 자)는 피의자의 자격증을 어디에 사용하겠다고 하던가
- 그러면 실질적으로 홍길동이 이를 사용하였을까
- 왜 이러한 행위를 하였나

Ⅰ. 개념정의

제2조(정의) 이 법에서 사용하는 용어의 뜻은 다음과 같다.

1. "자동차"란 원동기에 의하여 육상에서 이동할 목적으로 제작한 용구 또는 이에 견인되어 육상을 이동할 목적으로 제작한 용구(이하 "피견인자동차"라 한다)를 말한다. 다만, 대통령령으로 정하는 것은 제외한다.

1의2. "원동기"란 자동차의 구동을 주목적으로 하는 내연기관이나 전동기 등 동력발생장치를 말한다.

1의3. "자율주행자동차"란 운전자 또는 승객의 조작 없이 자동차 스스로 운행이 가능한 자동차를 말한다.

1의4. "미완성자동차"란 차대 등 국토교통부령으로 정하는 최소한의 구조·장치를 갖춘 자동차로서 용법에 따라 사용이 가능하도록 추가적인 제작·조립 공정이 필요한 자동차를 말한다.

1의5. "단계제작자동차"란 미완성자동차를 이용하여 제2호에 따른 운행(용법에 따라 사용이 가능하도록 하는 것을 말한다)이 가능하도록 단계별로 제작된 자동차를 말한다.

2. "운행"이란 사람 또는 화물의 운송 여부와 관계없이 자동차를 그 용법(用法)에 따라 사용하는 것을 말한다.

3. "자동차사용자"란 자동차 소유자 또는 자동차 소유자로부터 자동차의 운행 등에 관한 사항을 위탁받은 자를 말한다.

4. "형식"이란 자동차의 구조와 장치에 관한 형상, 규격 및 성능 등을 말한다.

4의2. "내압용기"란 「고압가스 안전관리법」 제3조제2호에 따른 용기로서 고압가스를 연료로 사용하기 위하여 자동차에 장착하거나 장착할 목적으로 제작된 용기(용기밸브와 용기안전장치를 포함한다)를 말한다.

5. "폐차"란 자동차를 해체하여 국토교통부령으로 정하는 자동차의 장치를 그 성능을 유지할 수 없도록 압축·파쇄(破碎) 또는 절단하거나 자동차를 해체하지 아니하고 바로 압축·파쇄하는 것을 말한다.

6. "자동차관리사업"이란 자동차매매업·자동차정비업 및 자동차해체재활용업을 말한다.

7. "자동차매매업"이란 자동차[신조차(新造車)와 이륜자동차는 제외한다]의 매매 또는 매매 알선 및 그 등록 신청의 대행을 업(業)으로 하는 것을 말한다.

8. "자동차정비업"이란 자동차(이륜자동차는 제외한다)의 점검작업, 정비작업 또는 튜닝작업을 업으로 하는 것을 말한다. 다만, 국토교통부령으로 정하는 작업은 제외한다.

9. "자동차해체재활용업"이란 폐차 요청된 자동차(이륜자동차는 제외한다)의 인수(引受), 재사용 가능한 부품의 회수, 폐차 및 그 말소등록신청의 대행을 업으로 하는 것을 말한다.

10. "사고기록장치"란 자동차의 충돌 등 국토교통부령으로 정하는 사고 전후 일정한 시간 동안 자동차의 운행정보를 저장하고 저장된 정보를 확인할 수 있는 장치 또는 기능을 말한다.

11. "자동차의 튜닝"이란 자동차의 구조·장치의 일부를 변경하거나 자동차에 부착물을 추가하는 것을 말한다.

12. "표준정비시간"이란 자동차정비사업자 단체가 정하여 공개하고 사용하는 정비작업별 평균 정비시간을 말한다.

13. "전손(全損) 처리 자동차"란 피보험자동차가 완전히 파손, 멸실 또는 오손되어 수리할 수 없는 상태이거나 피보험자동차에 생긴 손해액과 보험회사가 부담하기로 한 비용의 합산액이 보험가액 이상인 자동차로서 「보험업법」 제2조에 따른 보험회사(이하 "보험회사"라 한다)가 다음 각 목으로 분류 처리한 경우를 말한다.

　가. 도난 또는 분실 자동차로 분류한 경우　　　나. 수리가 가능한 자동차로 분류한 경우
　다. 수리가 불가능하여 폐차하기로 분류한 경우

14. "자동차경매"란 제60조에 따라 경매장을 개설하여 자동차(신조차와 이륜자동차는 제외한다)를 경매의 방식(「전자문서 및 전자거래 기본법」 제2조제5호에 따른 전자거래를 통한 경매를 포함)으로 처리하는 것을 말한다.

※ **시행령(대통령령)**

제2조(적용이 제외되는 자동차) 「자동차관리법」 (이하 "법"이라 한다) 제2조제1호 단서에서 "대통령령으로 정하는 것"이라 함은 다음 각호의 것을 말한다.

1. 「건설기계관리법」에 따른 건설기계　　　2. 「농업기계화 촉진법」에 따른 농업기계
3. 「군수품관리법」에 따른 차량　　　　　　4. 궤도 또는 공중선에 의하여 운행되는 차량
5. 「의료기기법」에 따른 의료기기

II. 벌 칙

제78조(벌칙) 다음 각 호의 어느 하나에 해당하는 자는 10년 이하의 징역 또는 1억원 이하의 벌금에 처한다.
1. 제31조제1항(제52조에서 준용하는 경우를 포함한다)을 위반하여 결함을 은폐·축소 또는 거짓으로 공개하거나 결함사실을 안 날부터 지체 없이 그 결함을 시정하지 아니한 자
2. 제71조제1항을 위반하여 자동차등록증 등을 위조·변조한 자 또는 부정사용한 자와 위조·변조 된 것을 매매, 매매 알선, 수수(收受) 또는 사용한 자

제78조의2(벌칙) 다음 각 호의 어느 하나에 해당하는 자는 5년 이하의 징역 또는 5천만원 이하의 벌금에 처한다.
1. 제44조의2 또는 제45조의2에 따른 지정을 받지 아니하고 자동차종합검사를 한 자
2. 제30조에 따라 자동차자기인증을 한 자동차의 전기·전자장치를 훼손할 목적으로 프로그램을 개발하거나 유포한 자

제79조(벌칙) 다음 각 호의 어느 하나에 해당하는 자는 3년 이하의 징역 또는 3천만원 이하의 벌금에 처한다.
1. 제20조·제44조·제45조 및 제47조에 따른 국토교통부장관의 지정을 받지 아니하고 등록번호판의 발급, 자동차검사 또는 택시미터의 검정을 한 자
2. 제29조의3제1항을 위반한 자동차제작·판매자등(판매위탁을 받은 자는 제외한다)
3. 제29조의3제2항을 위반하여 사고기록장치가 장착되어 있음을 구매자에게 알리지 아니한 자
4. 제29조의3제3항을 위반하여 같은 항 제1호에 따른 정보 또는 제2호에 따른 결과보고서를 제공하지 아니하거나 거짓으로 제공한 자
5. 거짓이나 그 밖의 부정한 방법으로 제30조에 따른 자동차자기인증 또는 제30조의2에 따른 부품자기인증을 한 자
5의2. 제35조를 위반하여 자동차의 최고속도 를 제한 하는 장치를 무단으로 해체 하거나 조작 한 자
6. 거짓이나 그 밖의 부정한 방법으로 제35조의6제1항에 따른 내압용기검사를 받은 자
7. 제35조의6제4항을 위반하여 내압용기검사에 합격하지 아니한 내압용기를 사용한 자
8. 제35조의6제5항을 위반하여 내압용기를 양도·임대 또는 사용한 자
9. 제35조의7제1항에 따른 내압용기장착검사를 받지 아니한 자
10. 제35조의8제1항을 위반하여 내압용기재검사를 받지 아니한 자
11. 제35조의8제4항을 위반하여 내압용기를 양도·임대 또는 사용한 자
12. 제47조에 따라 검정을 받은 택시미터를 무단으로 변조하거나 변조된 택시미터를 사용한 자 또는 검정을 받지 아니하고 택시미터를 제작·수리·수입하거나 이를 매매 또는 매매 알선한 자
13. 제53조제1항을 위반하여 시장·군수·구청장에게 등록을 하지 아니하고 자동차관리사업을 한 자
14. 제57조제3항을 위반하여 등록원부상의 소유자가 아닌 자로부터 자동차의 매매 알선을 의뢰받아 매매 알선을 한 자
14의2. 제57조의2제1항을 위반하여 자동차해체재활용업자가 아닌 자가 영업을 목적으로 폐차 대상 자동차를 수집 또는 매집하거나 그 자동차를 자동차해체재활용업자에게 알선하는 행위를 한 자
15. 제60조제1항을 위반하여 승인을 받지 아니하고 경매장을 개설·운영한 자
15의2. 제60조에 따른 경매장을 개설하지 아니하고 자동차경매를 한 자
16. 제71조제2항을 위반하여 자동차의 주행거리를 변경한 자
17. 거짓이나 그 밖의 부정한 방법으로 제68조의10제2항에 따라 준용되는 「도시개발법」 제17조에 따른 실시계획의 인가를 받은 자
18. 거짓이나 그 밖의 부정한 방법으로 제68조의10제3항에 따라 준용되는 「도시개발법」 제50조에 따른 준공검사를 받은 자
19. 거짓이나 그 밖의 부정한 방법으로 제68조의11에 따른 사업시행자 지정을 받은 자

제80조(벌칙) 다음 각 호의 어느 하나에 해당하는 자는 2년 이하의 징역 또는 2천만원 이하의 벌금에 처한다.
1. 제5조를 위반하여 등록하지 아니하고 자동차를 운행한 자
2. 제12조제3항을 위반하여 자기 명의로 이전 등록을 하지 아니하고 다시 제3자에게 양도한 자
3. 제32조제3항, 제44조제1항, 제44조의2제1항, 제45조제1항, 제45조의2제1항 및 제47조제2항에 따른 성능시험대행자, 자동차검사대행자, 종합검사대행자, 지정정비사업자, 종합검사지정정비사업자 또는 택시미터전문검정기관이나 그 종사원으로서 부정하게 자동차의 확인, 자동차검사, 정기검사, 종합검사 또는 택시미터검정을 한 자와 이들에게 재물이나 그 밖의 이익을 제공하거나 제공 의사를 표시하고 부정한 확인·검사 또는 검정을 받은 자
4. 제35조를 위반하여 자동차에서 장치를 무단으로 해체한 자(제79조제5호의2에 해당하는 경우는 제외한다)

5. 제57조제1항(제5호에 해당하는 경우는 제외한다) 및 제2항을 위반하여 금지행위를 한 자동차관리사업자
5의2. 제57조제2항을 위반하여 제34조에 따른 승인을 받지 아니한 자동차를 튜닝하거나 승인을 받은 내용과 다르게 자동차를 튜닝한 자동차제작자등
5의3. 제57조제3항제2호를 위반하여 부당한 표시·광고를 한 자
5의4. 제57조의2제2항을 위반하여 자동차매매업자가 아닌 자로서 영업을 목적으로 매매용 자동차 또는 매매를 알선하려는 자동차에 대한 표시·광고를 한 자
6. 제58조제1항을 위반하여 자동차의 구조·장치 등의 성능·상태를 점검한 내용 또는 압류 및 저당권의 등록 여부를 고지하지 아니한 자
7. 제58조제1항을 위반하여 자동차의 구조·장치 등의 성능·상태를 거짓으로 점검하거나 고지한 자 또는 압류·저당권의 등록 여부를 거짓으로 고지한 자
7의2. 제58조제3항을 위반하여 자동차이력 및 판매자정보를 허위로 제공한 자
8. 제58조제5항제1호을 위반하여 폐차 요청 사실을 증명하는 서류의 발급을 거부하거나 이를 거짓으로 발급한 자
9. 제58조제5항제2호을 위반하여 폐차 요청을 받은 자동차를 폐차하지 아니하거나 자동차등록증·등록번호판 및 봉인을 폐기하지 아니한 자

제81조(벌칙) 다음 각 호의 어느 하나에 해당하는 자는 1년 이하의 징역 또는 1천만원 이하의 벌금에 처한다.
1. 제10조제2항(제10조제7항에서 준용하는 경우를 포함한다)을 위반하여 등록번호판 또는 그 봉인을 뗀 자
1의2. 제10조제5항(제10조제7항 및 제52조에서 준용하는 경우를 포함한다)을 위반하여 고의로 등록번호판을 가리거나 알아보기 곤란하게 한 자
1의3. 제10조제6항(제10조제7항에서 준용하는 경우를 포함한다)을 위반하여 등록번호판을 가리거나 알아보기 곤란하게 하기 위한 장치를 제조·수입하거나 판매·공여한 자
2. 제12조제1항을 위반하여 정당한 사유 없이 자동차 소유권의 이전등록을 신청하지 아니한 자
3. 제12조제2항을 위반하여 자동차 소유권의 이전등록을 신청하지 아니한 자
4. 제21조에 따른 정지 명령을 위반한 자
5. 제22조제2항(제52조에서 준용하는 경우를 포함한다)을 위반하여 자동차의 차대번호 또는 원동기형식의 표기를 한 자
6. 제23조제1항(제52조에서 준용하는 경우를 포함한다)을 위반하여 자동차의 차대번호 또는 원동기형식의 표기를 지우거나 그 밖에 이를 알아보기 곤란하게 하는 행위를 한 자
7. 제23조제2항(제52조에서 준용하는 경우를 포함한다)에 따른 표기에 관한 명령을 위반한 자
7의2. 제24조의2제1항을 위반하여 자동차를 운행한 자
7의3. 제25조제3항을 위반하여 자동차 소유자를 보호하기 위한 대책을 공개하지 아니하거나 그 대책을 이행하지 아니한 자
8. 제26조제1항(제52조에서 준용하는 경우를 포함한다)을 위반하여 같은 항 각 호의 어느 하나에 해당하는 금지행위를 한 자
9. 제30조제1항(제52조에서 준용하는 경우를 포함하며, 제74조제2항 및 제3항에 해당하는 경우는 제외한다)을 위반하여 자동차안전기준에 적합하지 아니하게 자동차자기인증을 한 자
10. 제30조제2항(제52조에서 준용하는 경우를 포함한다)을 위반하여 자동차의 제작·시험·검사 시설 등을 등록하지 아니하고 자동차자기인증을 한 자
11. 제30조제3항(제52조에서 준용하는 경우를 포함한다)을 위반하여 성능시험대행자로부터 기술검토 및 안전검사를 받지 아니하고 자동차자기인증을 한 자
12. 제30조제4항(제52조에서 준용하는 경우를 포함한다)을 위반하여 성능시험대행자에게 자동차 제원을 통보하지 아니하고 자동차자기인증의 표시를 한 자
12의2. 제30조제4항(제52조에서 준용하는 경우를 포함한다)을 위반하여 자동차자기인증의 표시를 하지 아니하거나 거짓으로 표시한 자
13. 제30조의2제1항(제52조에서 준용하는 경우를 포함하며, 제74조제2항 및 제3항에 해당하는 경우는 제외한다)을 위반하여 부품안전기준에 적합하지 아니하게 부품자기인증을 한 자
14. 제30조의2제2항 및 제3항(제52조에서 준용하는 경우를 포함한다)을 위반하여 부품제작자명·자동차부품의 종류 등을 등록하지 아니하고 부품자기인증을 한 자
15. 제30조의2제3항(제52조에서 준용하는 경우를 포함한다)을 위반하여 자동차부품의 성능시험대행자에게 제원을 통보하지 아니하고 부품자기인증의 표시를 한 자
15의2. 제30조의2제3항에 따른 부품자기인증 표시를 위조한 자 또는 부품자기인증 표시가 없는 자동차부품을

유통·판매하거나 영업에 사용한 자

16. 제30조의3제1항(제52조에서 준용하는 경우를 포함한다)에 따른 자동차 또는 자동차부품 및 대체부품의 제작·조립·수입 또는 판매의 중지명령을 위반한 자

17. 제32조의2제4항에 따른 이행명령을 위반한 자

18. 제33조제2항(제52조에서 준용하는 경우를 포함한다)을 위반하여 구매자 명세 등에 관한 자료를 기록·보존하지 아니한 자

19. 제34조(제52조에서 준용하는 경우를 포함한다)를 위반하여 시장·군수·구청장의 승인을 받지 아니하고 자동차에 튜닝을 변경한 자

20. 제34조(제52조에서 준용하는 경우를 포함한다)를 위반하여 튜닝된 자동차인 것을 알면서 이를 운행한 자

20의2. 제35조 를 위반하여 자동차 의 최고속도를 제한하는 장치가 무단으로 해체되거나 조작된 자동차인 것을 알면서 이를 운행하거나 운행하게 한 자

20의3. 제35조의6제5항을 위반하여 내압용기를 판매할 목적으로 진열한 자

20의4. 제35조의8제4항을 위반하여 내압용기를 판매할 목적으로 진열한 자

20의5. 제35조의9제1항에 따른 내압용기의 제조·수입 또는 판매의 중지명령을 위반한 자

20의6. 제35조의10제2항 및 제3항에 따른 내압용기 회수등의 명령을 위반한 자

20의7. 제35조의11제2항을 위반하여 구매자 명세 등에 관한 자료를 기록·보존하지 아니한 자

21. 제36조를 위반하여 자동차를 정비한 자

22. 제37조(제52조에서 준용하는 경우를 포함한다)에 따른 점검·정비·검사 또는 원상복구 명령을 위반한 자

22의2. 제37조제3항을 위반하여 자동차를 운행한 자

22의3. 제43조제7항(제43조의2제3항에서 준용하는 경우를 포함한다)을 위반하여 자동차검사에 사용하는 기계·기구에 설정된 자동차검사기준의 값 또는 기계·기구를 통하여 측정된 값을 조작·변경하거나 조작·변경하게 한 자

23. 제45조의3제1항에 따른 자동차검사대행자 업무의 전부 또는 일부의 정지명령을 위반한 자

24. 제46조제2항에 따른 해임 또는 직무정지 명령을 위반한 자

25. 제47조제5항에 따른 업무의 전부 또는 일부의 정지명령을 위반한 자

26. 제59조제1항을 위반하여 신고를 하지 아니한 자

27. 제60조제3항을 위반하여 준수 사항을 이행하지 아니한 자

28. 제66조에 따른 사업의 전부 또는 일부의 정지명령을 위반한 자

제82조(벌칙) 다음 각 호의 어느 하나에 해당하는 자는 100만원 이하의 벌금에 처한다.

1의2. 제10조제9항을 위반하여 등록번호판을 부착 또는 봉인하거나, 그러한 자동차를 운행한 자

2. 제13조제1항 또는 제5항을 위반하여 정당한 사유 없이 등록번호판 및 봉인을 반납하지 아니한 자

2의2. 제24조의2제2항에 따른 운행정지명령을 위반하여 운행한 자

3. 제40조제1항을 위반하여 기계·기구의 정밀도검사를 받지 아니한 자

4. 제43조제1항제3호를 위반하여 자동차의 구조변경검사를 받지 아니한 자

4의2. 제43조제1항제4호를 위반하여 자동차의 임시검사를 받지 아니한 자

5. 제43조제1항제5호를 위반하여 자동차의 수리검사를 받지 아니한 자

5의2. 제46조제3항을 위반하여 기간이 지나지 아니한 자를 기술인력으로 선임한 자

6. 제64조제1항을 위반하여 정비책임자를 신고하지 아니한 자

7. 제64조제2항에 따른 정비책임자의 해임명령을 받고 이행하지 아니한 자

제83조(양벌규정) 법인의 대표자나 법인 또는 개인의 대리인, 사용인, 그 밖의 종업원이 그 법인 또는 개인의 업무에 관하여 제78조, 제78조의2 및 제79조부터 제82조까지의 어느 하나에 해당하는 위반행위를 하면 그 행위자를 벌하는 외에 그 법인 또는 개인에게도 해당 조문의 벌금형을 과(科)한다. 다만, 법인 또는 개인이 그 위반 행위를 방지하기 위하여 해당 업무에 관하여 상당한 주의와 감독을 게을리하지 아니한 경우에는 그러하지 아니하다.

III. 범죄사실

1. 무등록 자동차를 운행한 자

1) 적용법조 : 제80조 제1호, 제5조 ☞ 공소시효 5년

> 제5조(등록) 자동차(이륜자동차는 제외한다. 이하 이 조부터 제47조의12까지의 규정에서 같다)는 자동차등록원부 (이하 "등록원부"라 한다)에 등록한 후가 아니면 이를 운행할 수 없다. 다만, 제27조제1항에 따른 임시운행허가를 받아 허가 기간 내에 운행하는 경우에는 그러하지 아니하다.

2) 범죄사실 기재례

> 자동차는 자동차등록원부에 등록한 후가 아니면 이를 운행하지 못한다.
> 그럼에도 불구하고 피의자는 20○○. ○. ○. ○○:○○경 정비소와 폐차장에서 수집한 중고부품 등으로 제작한 가로 2.0m, 세로 5.0m의 디젤엔진 차를 관할관청에 등록하지 않고 ○○○에 있는 지방도로 상을 운행하였다.

3) 신문사항

- 자동차 운전면허가 있는가
- 무등록 자동차를 운행한 일이 있는가
- 언제 어떤 차량을 운행하였나
- 그 차량은 왜 등록이 되지 않았는가
- 어디에서 어디까지 운행하였나

❋ 무등록 차량을 운전한 경우 면허 취소사유가 되므로 면허증을 회수하여 교통과에 인계

■ 판례 ■ **임시운행허가기간을 벗어나 무등록차량을 운행한 자에 대한 과태료의 제재와 형사처벌이 일사부재리의 원칙에 반하는 것인지 여부(소극)**

행정법상의 질서벌인 과태료의 부과처분과 형사처벌은 그 성질이나 목적을 달리하는 별개의 것이므로 행정법상의 질서벌인 과태료를 납부한 후에 형사처벌을 한다고 하여 이를 일사부재리의 원칙에 반하는 것이라고 할 수는 없으며, 자동차의 임시운행허가를 받은 자가 그 허가 목적 및 기간의 범위 안에서 운행하지 아니한 경우에 과태료를 부과하는 것은 당해 자동차가 무등록 자동차인지 여부와는 관계없이, 이미 등록된 자동차의 등록번호표 또는 봉인이 멸실되거나 식별하기 어렵게 되어 임시운행허가를 받은 경우까지를 포함하여, 허가받은 목적과 기간의 범위를 벗어나 운행하는 행위 전반에 대하여 행정질서벌로써 제재를 가하고자 하는 취지라고 해석되므로, 만일 임시운행허가기간을 넘어 운행한 자가 등록된 차량에 관하여 그러한 행위를 한 경우라면 과태료의 제재만을 받게 되겠지만, 무등록 차량에 관하여 그러한 행위를 한 경우라면 과태료와 별도로 형사처벌의 대상이 된다(대법원 1996.4.12. 선고 96도158 판결).

2. 자동차 봉인을 떼어낸 경우(렌트카에 절취한 번호판을 부착하고 운행)

1) 적용법조 : 형법 제238조 제1항·제2항(공기호부정사용, 동행사), 제329조(절도), 자동차관리법 제81조 제1호, 제10조 제2항(자동차번호판 떼어낸 경우)… 공소시효 7년

> 제10조(자동차등록번호판) ① 시·도지사는 국토교통부령으로 정하는 바에 따라 자동차등록번호판(이하 "등록번호판"이라 한다)을 붙이고 봉인을 하여야 한다. 다만, 자동차 소유자 또는 제8조제3항 본문 및 제12조제2항 본문에 따라 자동차 소유자를 갈음하여 등록을 신청하는 자가 직접 등록번호판의 부착 및 봉인을 하려는 경우에는 국토교통부령으로 정하는 바에 따라 등록번호판의 부착 및 봉인을 직접 하게 할 수 있다.
> ② 제1항에 따라 붙인 등록번호판 및 봉인은 시·도지사의 허가를 받은 경우와 다른 법률에 특별한 규정이 있는 경우를 제외하고는 떼지 못한다.

2) 범죄사실 기재례

> 피의자는 20○○. ○. ○. ○○:○○경 ○○에 있는 ○○주차장에서, 피의자가 ○○렌터카 ○○영업소로부터 빌린 (차량번호, 차종) 승용차의 앞·뒤 번호판을 떼어 낸 다음 이미 절취하여 가지고 있던 ○○호 ○○승용차의 앞·뒤 번호판을 위 ○○승용차에 부착하고 그 날 ○○:○○경 ○○에 있는 ○○호텔 주차장에 이르기까지 위 승용차를 운전하여 운행함으로써 부정사용한 공기호를 행사하였다.

3) 신문사항
- 대여차량을 빌린 일이 있는가
- 언제 어디에서 빌렸는가
- 어떤 차량을 무엇 때문에 빌렸는가
- 위 차량의 번호판을 떼어낸 일이 있는가
- 무엇 때문에 떼어 냈는가
- 떼어낸 번호판은 어떻게 하였나
- 언제 어디에서 어떤 차량에 부착하였나
- 그 차량은 누구 차량인가
- 언제 어디에서 훔쳤는가
- 이렇게 차량번호판을 부착하고 그 차량을 운행하였는가
- 언제 어디에서 어디까지 운행하였는가

3. 등록번호판의 고의로 식별곤란

1) 적용법조 : 제81조 제1의2호, 제10조 제5항 ☞ 공소시효 5년

> 제10조(자동차등록번호판) ⑤ 누구든지 등록번호판을 가리거나 알아보기 곤란하게 하여서는 아니 되며, 그러한 자동차를 운행하여서도 아니 된다.

2) 범죄사실 기재례

[기재례1]

> 피의자는 ○○호 8톤 화물트럭의 운전업무에 종사하는 사람이다.
> 피의자는 20○○. ○. ○. ○○:○○경 위 차를 운행하면서 ○○에 있는 ▲▲앞길을 ○○에서 ○○쪽으로 운전하면서 고의로 위 차의 뒤쪽 등록번호판을 밧줄로 감아 가린 채 운행함으로써 등록번호판의 식별을 곤란하게 하였다.

[기재례2]

> 피의자는 (차량번호) 화물차를 이용하여 택배 업무를 하는 사람이다.
> 누구든지 등록번호판을 가리거나 알아보기 곤란하게 하여서는 아니 된다.
> 그럼에도 피의자는 20○○. ○. ○. 13:00경 ○○ 도로에서 불법주정차 단속 카메라를 피할 생각으로 위 차량의 앞 번호판에 영수증 종이를, 뒤 번호판에 검은 수건을 두는 방법으로 등록번호판을 가렸다.

3) 신문사항

- 자동차를 운전하고 있는가
- 운전하고 있는 차량번호는
- 이 차량을 운전하면서 등록번호판을 가려 알아보기 곤란하게 한 일이 있는가
- 언제 어디를 운행하면서 그랬는가
- 어떤 방법으로 가렸는가
- 왜 가리고 운행하였나

4) 번호판 식별곤란 고의와 과실 구별

○ 고의로 가린 경우

> 제81조(벌칙) 다음 각 호의 어느 하나에 해당하는 자는 1년 이하의 징역 또는 1천만원 이하의 벌금에 처한다.
> 1의2. 제10조제5항(제10조제7항 및 제52조에서 준용하는 경우를 포함한다)을 위반하여 고의로 등록번호판을 가리거나 알아보기 곤란하게 한 자

ㅇ과실로 가린 경우

제84조(과태료) ③ 다음 각 호의 어느 하나에 해당하는 자에게는 300만원 이하의 과태료를 부과한다.
2. 제10조제5항(제10조제7항 및 제52조에서 준용하는 경우를 포함한다)을 위반하여 등록번호판을 가리거나 알아
보기 곤란하게 하거나 그러한 자동차를 운행한 자(제81조제1호의2에 해당되는 자의 경우는 제외한다)

■ 판례 ■ 　야광물질로 번호판을 칠한 경우

[1] 자동차관리법 제10조 제5항에 정한 '알아보기 곤란하게 한다'는 것의 의미

'알아보기 곤란하게 한다'는 의미는 사람이 육안으로 보아 알아보기 곤란하게 하는 경우뿐만
아니라 무인교통단속카메라와 같은 기계장치에 의한 인식 또는 판독을 곤란하게 하는 경우도 포
함된다고 해석함이 상당하다.

[2] 야광물질이 칠해진 보조번호판 또는 안전번호판을 판매하는 자가 자신의 판매물품을 자동차에
부착하면 야간단속을 피할 수 있다고 홍보하였다면, 자동차관리법 제10조 제5항 위반죄에 해당한
다(대법원 2008. 3.27. 선고 2008도563 판결).

■ 판례 ■ 　호텔 종업원인 피고인이 호텔 주차장에 주차된 자동차의 번호판을 간판 등으로 가려
번호판을 식별하지 못하게 한 경우

[1] 구 자동차관리법 제10조 제5항, 제82조 위반 여부 판단 기준

구 자동차관리법(2009. 2. 6. 법률 제9449호로 개정되기 전의 것, 이하 같다) 제10조 제5항은
'누구든지 자동차 등록번호판을 가리거나 알아보기 곤란하게 하여서는 아니 되며, 그러한 자동차
를 운행하여서도 아니 된다'고 규정하고 있고, 구 자동차관리법 제82조는 고의로 위 제10조 제5
항을 위반한 경우에는 100만 원 이하의 벌금에 처하도록 규정하고 있는데, 위 각 규정이 자동차
등록번호판을 가리거나 알아보기 곤란하게 하는 모든 행위에 무차별적으로 적용된다고 할 수는
없고, 구 자동차관리법이 자동차를 효율적으로 관리하고 자동차의 성능 및 안전을 확보함으로써
공공의 복리를 증진함을 목적으로 하고 있는 점 등에 비추어, 행위가 이루어진 의도, 목적, 내용
및 장소 등을 종합적으로 고려하여 구 자동차관리법 위반 여부를 판단해야 한다. 특히 자동차 등
록번호판을 가리는 등의 행위가 자동차의 효율적 관리나 자동차의 성능 및 안전 확보, 교통·범죄
의 단속과는 무관하게 사적인 장소에서 이를 저해하거나 회피할 의도 없이 행해진 경우에는 위
각 규정에 따른 처벌 대상이라고 할 수 없다.

[2] 호텔 종업원인 피고인이 호텔 주차장에 주차된 자동차의 번호판을 간판 등으로 가려 번호판을 식별하지
못하게 하였다는 내용으로 기소된 사안에서, 위 행위를 구 자동차관리법 제10조 제5항 및 제82조 위반죄로
처벌할 수 없는데도 이와 달리 판단하여 유죄를 선고한 원심판결에 법리오해의 위법이 있다고 한 사례

호텔 종업원인 피고인이 호텔 주차장에 주차된 자동차의 번호판을 간판 등으로 가려 번호판을 식
별하지 못하게 하였다는 내용으로 기소된 사안에서, 위 행위는 호텔을 이용하는 사람들의 요청에
따라 사생활 노출 방지 등을 목적으로 한 것이고, 자동차의 효율적 관리나 자동차의 성능 및 안
전, 교통·범죄의 단속과는 별다른 관련이 없으므로 구 자동차관리법(2009. 2. 6. 법률 제9449호
로 개정되기 전의 것, 이하 같다) 제10조 제5항 및 제82조를 적용하여 처벌할 수 없는데도, 이와
달리 판단하여 유죄를 선고한 원심판결에 구 자동차관리법 제10조 제5항의 해석·적용에 관한 법
리오해의 위법이 있다고 한 사례.(대법원 2011.8.25. 선고 2009도2800 판결)

4. 자동차 등록번호판(봉인) 미반납(말소등록신청 불이행)

1) 적용법조 : 제82조 제2호, 제13조 제1항 ☞ 공소시효 5년

제13조(말소등록) ① 자동차 소유자(재산관리인 및 상속인을 포함한다. 이하 이 조에서 같다)는 등록된 자동차가 다음 각 호의 어느 하나의 사유에 해당하는 경우에는 대통령령으로 정하는 바에 따라 자동차등록증, 등록번호판 및 봉인을 반납하고 시·도지사에게 말소등록(이하 "말소등록"이라 한다)을 신청하여야 한다. 다만, 제7호 및 제8호의 사유에 해당되는 경우에는 말소등록을 신청할 수 있다.

1. 제53조에 따라 자동차해체재활용업을 등록한 자(이하 "자동차해체재활용업자"라 한다)에게 폐차를 요청한 경우
2. 자동차제작·판매자등에게 반품한 경우
3. 「여객자동차 운수사업법」에 따른 차령(車齡)이 초과된 경우
4. 「여객자동차 운수사업법」 및 「화물자동차 운수사업법」에 따라 면허·등록·인가 또는 신고가 실효(失效)되거나 취소된 경우
5. 천재지변·교통사고 또는 화재로 자동차 본래의 기능을 회복할 수 없게 되거나 멸실된 경우
6. 자동차를 수출하는 경우
7. 제14조의 압류등록을 한 후에도 환가(換價) 절차 등 후속 강제집행 절차가 진행되고 있지 아니하는 차량 중 차령 등 대통령령으로 정하는 기준에 따라 환가가치가 남아 있지 아니하다고 인정되는 경우. 이 경우 시·도지사가 해당 자동차 소유자로부터 말소등록 신청을 접수하였을 때에는 즉시 그 사실을 압류등록을 촉탁(囑託)한 법원 또는 행정관청과 등록원부에 적힌 이해관계인에게 알려야 한다.
8. 자동차를 교육·연구의 목적으로 사용하는 등 대통령령으로 정하는 사유에 해당하는 경우

⑦ 자동차 소유자는 다음 각 호의 어느 하나에 해당하는 경우에는 대통령령으로 정하는 바에 따라 시·도지사에게 말소등록을 신청할 수 있다.

1. 본인이 소유하는 자동차를 도난당한 경우
2. 본인이 소유하는 자동차를 횡령 또는 편취당한 경우

※ **자동차등록령**

제31조(말소등록신청) ① 말소등록은 그 사유가 발생한 날부터 1월이내에 자동차등록증·등록번호판 및 봉인을 반납하고 말소등록사유를 증명하는 서류를 첨부하여 등록관청에 신청하여야 한다. 다만, 제1호 내지 제3호에 해당하는 경우에는 등록번호판 및 봉인을, 제4호에 해당하는 경우에는 자동차등록증을 반납하지 아니할 수 있다.

1. 법 제13조제1항제5호에 해당하게 되어 말소등록신청을 하는 경우
2. 법 제58조제4항의 규정에 의하여 자동차폐차업자가 등록번호판 및 봉인을 인수한 경우
3. 제6항제7호에 해당되어 말소등록신청을 하는 경우
4. 자동차등록증을 반납할 수 없는 사유를 소명하는 경우(법 제13조제1항의 규정에 의한 재산관리인이 말소등록신청을 하는 경우에 한한다)

---

2) 범죄사실 기재례

> 피의자는 (차량번호, 차종) 승용차를 소유하였던 자로, 자동차 소유자는 자동차가 멸실되거나 해체된 경우에는 1월 이내에 말소등록을 신청하여야 한다.
> 그럼에도 불구하고 피의자는 20○○. ○. ○. ○○에 있는 ○○폐차장에서 위 차량을 해체하고도 말소등록을 신청하지 아니하였다.

5. 자동차의 강제처리

1) 적용법조 : 제81조 제8호, 제26조 제1항 ☞ 공소시효 5년

> 제26조(자동차의 강제 처리) ① 자동차(자동차와 유사한 외관 형태를 갖춘 것을 포함한다. 이하 이 조에서 같다)의 소유자 또는 점유자는 다음 각 호의 어느 하나에 해당하는 행위를 하여서는 아니 된다.
> 1. 자동차를 일정한 장소에 고정시켜 운행 외의 용도로 사용하는 행위
> 2. 자동차를 도로에 계속하여 방치하는 행위
> 3. 정당한 사유 없이 자동차를 타인의 토지에 대통령령으로 정하는 기간 이상 방치하는 행위

2) 범죄사실 기재례

[기재례1] 자동차 무단방치(제81조 제8호, 제26조 제1항 제2호)

> 피의자는 ○○호 ○○승용차의 소유자이다. 자동차의 소유자 또는 점유자는 자동차를 도로에 계속하여 방치하는 행위를 하여서는 아니 된다.
> 그럼에도 불구하고 피의자는 20○○. ○. ○.경부터 20○○. ○. ○.까지 위 차를 ○○ 도로상에 계속하여 방치하였다.

[기재례2] 운행 외의 용도사용행위(제81조 제8호, 제26조 제1항 제1호)

> 피의자는 (차량번호, 차종) 화물자동차의 소유자로서 자동차를 일정한 장소에 고정시켜 운행 외의 용도로 사용하여서는 아니 된다.
> 그럼에도 불구하고 피의자는 20○○. ○. ○.부터 20○○. ○. ○. 까지 위 차를 ○○○ 도로변에 주차한 상태에서 화물칸에 회전판 통닭구이용 기계를 설치하여 통닭구이를 판매하는 등 운행 외의 용도로 사용하였다.

✽ 식품위생법상 미신고 일반음식점영업 행위로도 처벌

3) 신문사항(자동차 무단방치)

- 피의자 소유 차량은 무엇인가요
- 피의자는 위 차량을 무단 방치하였다가 고발된 사실이 있나요
- 위 차량을 언제부터 언제까지, 어느 장소에 방치를 하였나요
- 그 동안 ○○시장으로부터 위 차량을 이전하라는 통지서를 수령했나요
- 위 차량을 방치한 이유는 무엇인가요
- 그밖에 피의자에게 유리한 증거나 진술이 있나요

■ 판례 ■ **상가부지의 공유지분을 가지고 있는 상가입주자가 상가 주차장에 자신의 차량을 장기간 주차해 둔 경우, 자동차를 타인의 토지에 방치하였다고 볼 수 있는지 여부(소극)**

자동차관리법 제26조 제1항 제2호에서 '타인의 토지'라 함은 타인이 소유하거나 점유하고 있는 토지로서 자동차의 소유자 또는 점유자가 임의로 사용할 수 없는 토지를 의미한다. 따라서 상가부지의 공유지분을 가지고 있는 상가입주자가 상가 주차장에 자신의 차량을 장기간 주차해 둔 경우, 자동차를 타인의 토지에 방치하였다고 볼 수 없다(대법원 2002.2.5. 선고 2001도6447 판결).

정비공장에 차량의 수리를 의뢰한 사람이 수리가 완료되고 관할 시장의 회수통고를 거쳐 폐차될 때까지 2년 가까이 계속 정비공장에 내버려 둔 경우

자동차관리법상 '방치행위'에 해당한다(대법원 2008.5.29. 선고 2008도2501 판결).

6. 승인없이 자동차의 튜닝

1) 적용법조 : 제81조 제19호, 제34조 제1항 ☞ 공소시효 5년

튜닝된 차량을 알면서 운행 : 제81조 제20호, 제34조

제34조(자동차의 튜닝) ① 자동차소유자가 국토교통부령으로 정하는 항목에 대하여 튜닝을 하려는 경우에는 시장·군수·구청장의 승인을 받아야 한다.

2) 범죄사실 기재례

[기재례1] 버킷부착

피의자는 ○○호 5톤 트럭초장축중간 유압 크레인 차량의 소유자이다. 자동차 소유자가 국토교통부령으로 정하는 항목에 대하여 튜닝을 하려는 경우에는 시장·군수·구청장의 승인을 받아야 한다.

그럼에도 불구하고 피의자는 20○○. 11. 2. 10:00경 ○○에 있는 ○○초등학교 앞 노상에서 ○○구청장의 승인을 받지 아니하고 위 차량의 크레인 끝부분에 승차장치 및 물품적재장치의 일종인 일명 버킷을 부착하여 자동차의 튜닝을 하였다.

[기재례2] 냉동 탑을 얹어 고정

피의자는 (차량번호, 차종) 차량의 소유자이다. 자동차 소유자가 국토교통부령으로 정하는 항목에 대하여 튜닝을 하려는 경우에는 시장·군수·구청장의 승인을 받아야 한다.

그럼에도 불구하고 피의자는 20○○. ○. ○. ○○에 있는 완전 카센터에서 위 자동차의 적재함 난간대를 떼어내고 길이 ○○cm, 높이 ○○cm의 냉동 탑을 얹어 고정함으로써 자동차의 튜닝을 하였다.

[기재례3] 캠핑카

자동차 소유자는 국토교통부령으로 정하는 항목에 대하여 차량을 튜닝하려는 경우에는 시장·군수·구청장의 승인을 받아야 한다.

피의자는 (차량번호 생략) 한국쓰리축롱바디 1t 화물차의 소유자로서 ○○시장의 승인을 받지 아니하고 20○○. ○. ○.경 ○○에 있는 ○○캠핑카에서, 자동차 제작업자인 갑을 통하여 차량 내에서 취침 및 취사 등이 가능한 야영 캠핑용 주거공간(일명 '캠퍼')을 위 화물차 적재함에 부착하였다.

3) 신문사항

- 피의자는 (차량번호) 소유자인가

- 위 차량의 튜닝한 일이 있는가
- 언제 어디서 변경하였나
- 어느 부위를 어떻게 변경하였나(구조 또는 장치중 변경)
  이때 적발보고서(고발장)의 사진등을 보여주며
- 이러한 위반 내용이 맞나
- 구조변경 전 ○○구청장의 승인을 얻었나

■ 판례 ■ **자동차관리법상 승인이 필요한 '튜닝'에 해당하기 위해서는 피고인의 행위가 부착물을 추가하는 것에 해당하는지와 관계없이 그 행위로 인하여 자동차의 구조·장치가 일부 변경될 것이 필요한지 여부(적극)**

자동차관리법 제2조(정의) 제11호는 '자동차의 튜닝'을 "자동차의 구조·장치의 일부를 변경하거나 자동차에 부착물을 추가하는 것"으로 규정하면서 같은 법 시행령 제8조(자동차의 구조 및 장치) 및 시행규칙 제55조(튜닝의 승인대상 및 승인기준)에서 길이, 높이, 총중량 등 승인이 필요한 구조·장치의 변경사항을 상세하게 규정하고 있다. 따라서 자동차관리법상 승인이 필요한 튜닝에 해당하기 위해서는 피고인의 행위가 부착물을 추가하는 것에 해당하는 것인지 여부를 떠나 그 행위로 인하여 자동차의 구조·장치가 일부 변경될 것을 필요로 한다고 할 것이다. (대법원 2018. 7. 12., 선고, 2017도1589, 판결)

■ 판례 ■ **'자동차의 튜닝'의 의미**

[1] 자동차관리법상 승인이 필요한 '자동차의 튜닝'의 의미

자동차관리법상 승인이 필요한 '자동차의 튜닝'은 '자동차의 안전운행에 필요한 성능과 기준이 설정되어 있는 자동차의 구조·장치가 일부 변경되거나 자동차에 부착물을 추가함으로써 그러한 자동차 구조·장치의 일부 변경에 이르게 된 경우'를 의미한다고 해석함이 타당하다

[2] 피고인이 관할 관청의 승인을 받지 않고 피고인 소유의 화물자동차 적재함에 야영 캠핑용 주거공간(일명 '캠퍼')을 부착하여 자동차를 튜닝하였다고 하여 자동차관리법 위반으로 기소된 사안

피고인은 캠퍼를 적재함에 실으면서 턴버클(turn buckle)로 연결하여 고정하였을 뿐 적재함 등에 어떠한 변경을 가하지 않았고, 캠퍼는 '분리형 캠퍼'로서 별도 장비 없이 캠퍼 자체에 내장된 전동식 지지대를 이용하여 캠퍼를 위아래로 움직이는 방법으로 적재함에 싣거나 내리는 것이 가능한 점 등을 종합하면, 캠퍼를 화물자동차에 설치하는 것이 자동차의 구조·장치를 일부 변경하거나 그와 동일한 결과를 가져오는 부착물 추가에 해당한다고 볼 수 없어 '자동차의 튜닝'에 해당하지 않는다. (대법원 2021. 6. 24., 선고, 2019도110, 판결)

7. 자동차 무단해체

1) 적용법조 : 제80조 제4호, 제35조 ☞ 공소시효 5년

> 제35조(자동차의 무단 해체 금지) 누구든지 다음 각 호의 어느 하나에 해당하는 경우를 제외하고는 자동차에서 국토교통부령으로 정하는 장치를 해체하여서는 아니 된다.
> 1. 자동차의 점검·정비 또는 튜닝을 하려는 경우
> 2. 폐차하는 경우
> 3. 교육·연구의 목적으로 사용하는 등 국토교통부령으로 정하는 사유에 해당되는 경우

2) 범죄사실 기재례

> 피의자는 20○○. ○. ○. 경부터 20○○. ○. ○. 경까지 ○○에 있는 ○○회사에서 자동차 동력 전달장치의 일종으로 해체가 금지된 자동차부품인 등속조인트를 가공, 재생하여 판매할 목적으로 폐차된 자동차의 부품인 등속조인트 시가 ○○만 원 상당의 약 ○○개를 분해하여 자동차의 장치를 무단해체하였다.

3) 신문사항

- 자동차 정비사인가
- 자동차 부품을 무단해체한 일이 있는가
- 언제부터 언제까지 어디에서 하였나
- 어떤 자동차를 부품을 해체하였나
- 자동차의 어떤 부품을 주로 해체하였나
- 그 부품은 해체 할 수 없는 것이 아닌가
- 그 동안 해체한 부분은 어느 정도이면 금액으로는 얼마 정도인가
- 이렇게 해체한 부품은 어떻게 하였나
- 왜 이런 행위를 하였나

■ 판례 ■ 구 자동차관리법시행규칙 138조 1항 1호의 삭제가 종전의 처벌 자체가 부당하였다는 반성적 고려에서 이루어진 것인지 여부(적극)

구 자동차관리법시행규칙(2003.1.2. 건설교통부령 제346호로 개정되기 전의 것) 제138조 제1항 제1호가 삭제되면서 제138조 제3항, 제4항이 신설되어 폐차 과정에서 회수되어 자동차 수리용으로 재사용되는 중고 부품은 자동차안전기준 등에 저촉되지 아니하여야 하고, 폐차업자는 재사용되는 원동기 등 기능성장치 또는 부품에 업체명, 전화번호, 사용된 차종, 그 형식 및 연식, 부품의 명칭, 주행거리 등이 기재된 표지를 부착하도록 하였는데, 그 취지는 자동차 생산기술의 발달로 그 부품의 성능과 품질이 향상됨에 따라 폐차되는 자동차의 원동기를 재사용할 필요가 있고 이를 일정한 조건 아래에서 허용하더라도 별다른 문제가 발생할 여지가 많지 않음에도 불구하고 폐차시 원동기를 압축·파쇄 또는 절단하도록 한 종전의 조치가 부당하다는 데에서 나온 반성적 조치라고 보아야 한다(대법원 2003.10.10. 선고 2003도2770).

■ 판례 ■   '폐차된 자동차의 부품인 등속조인트를 분해' 한 경우

[1] 자동차관리법 제80조 제3호, 제35조 위반죄의 죄수 및 그 공소사실의 특정방법

자동차관리법 제80조 제3호, 제35조 위반죄는 각 해체행위마다 1개의 죄가 성립하는 것이므로, 각 해체행위마다 그 일시, 장소와 방법을 구체적으로 명백히 하여야만 공소사실이 특정되어 있다고 할 것이다.

[2] 자동차 장치의 해체의 의미

자동차관리법 제35조가 금지하는 행위는 '자동차로부터 일정한 장치를 무단해체하는 행위'이지 '일단 해체된 자동차 장치를 다시 해체(분해)하는 행위'라고 볼 것은 아니다(대법원 1999.4.23. 선고 98도4455 판결).

8. 정기검사 명령불이행

1) 적용법조 : 제81조 제22호, 제37조 제1항 제3호, 제43조 제1항 제2호   ☞ 공소시효 5년

> 제37조(점검 및 정비명령등) ① 시장·군수·구청장은 다음 각 호의 어느 하나에 해당하는 자동차 소유자에게 국토교통부령으로 정하는 바에 따라 점검·정비·검사 또는 원상복구를 명할 수 있다. 다만, 제2호 또는 제3호에 해당하는 경우에는 이를 명하여야 한다.
> 1. 자동차안전기준에 적합하지 아니하거나 안전운행에 지장이 있다고 인정되는 자동차
> 2. 제34조에 따른 승인을 받지 아니하고 튜닝한 자동차
> 3. 제43조제1항제2호에 따른 정기검사 또는 제43조의2에 따른 자동차종합검사를 받지 아니한 자동차
> 4. 「여객자동차 운수사업법」 제19조제2항 또는 「화물자동차 운수사업법」 제19조제1항제11호 및 제32조제1항제12호에 따른 중대한 교통사고가 발생한 사업용 자동차
>
> ※ 시행규칙
> 제63조의2(정기검사기간이 지난 자동차에 대한 검사명령) ① 시장·군수 또는 구청장은 제77조제2항에 따른 정기검사기간이 끝난 후 30일이 지난 날까지 정기검사를 받지 아니한 자동차의 소유자에 대하여는 지체 없이 법 제37조제1항에 따라 정기검사를 명하여야 한다. 이 경우 9일 이상의 이행기간을 주어야 한다.

2) 범죄사실 기재례

> 피의자는 (차량번호) 차량 소유자로서 자동차관리법 규정에 의거 유효 정기검사 기간인 20○○. ○. ○.까지 검사를 받아야 함에도 이를 받지 않아 20○○. ○. ○. ○○구청장으로부터 15일 이내 자동차 정기검사명을 받고도 이를 이행하지 않았다.

3) 신문사항

- 자동차를 소유하고 있는가
- 소유하고 있는 차종, 차량번호는
- 정기검사기간이 언제까지 인가
- 검사를 받았는가
- ○○구청장으로부터 정기검사를 받으라는 명을 받은 일이 있는가
- 언제 누구로부터 어떤 명령을 받았는가

- 이를 이행하였나
- 왜 이행하지 않았는가
- 현재도 그 차량을 운행하고 있는가

■ 판례 ■ 자동차 소유자인 시설대여업자가 자동차를 시설대여 받아 사용하는 대여시설이용자에게 구 여신전문금융업법 제34조 제2항에서 정한 고지의무를 이행하지 않은 경우, 구 자동차관리법 제37조 제1항에 따른 검사명령 이행의무를 부담하는지 여부(소극)

[1] 대여시설이용자가 자동차를 시설대여 받아 사용하는 경우 구 자동차관리법 제37조 제1항에 따른 명령(이하 '검사명령'이라고 한다)을 이행할 의무를 부담하는 자는 대여시설이용자가 되고 자동차 소유자인 시설대여업자는 더 이상 검사명령 이행의무를 부담하지 않는 것으로 보아야 한다. 그리고 시설대여업자가 자동차를 시설대여 받아 사용하고 있는 대여시설이용자에게 구 여신전문금융업법 제34조 제2항이 정한 고지의무를 이행하지 않은 경우에도, 위 고지의무를 이행하지 않은 경우 시설대여업자가 스스로 검사명령을 이행해야 한다는 별도의 규정이 없는 이상, 시설대여업자를 검사명령 이행의무의 주체로 보아 구 자동차관리법 제81조 제2호, 제37조 제1항 위반죄로 처벌할 수도 없다고 보아야 한다.

[2] 시설대여업자인 갑 회사와 시설대여계약을 체결한 을이 갑 회사 소유의 자동차를 인도받아 사용하던 중 갑 회사의 자동차검사업무 담당자 병이 구청장 명의의 정기검사 명령서를 수령하고도 을에게 알려주지 아니하여 검사명령이 이행되지 않은 사안에서, 위 검사명령 이행의무를 부담하는 자는 대여시설이용자인 을이라는 이유로, 갑 회사와 병에 대한 구 자동차관리법 위반의 공소사실을 모두 무죄로 인정한 원심판결을 정당하다고 한 사례(대법원 2010.12.9. 선고 2010도4946 판결)

9. 부정한 차량검사를 하여준 경우

1) 적용법조 : 제80조 제3호, 제44조 제1항 ☞ 공소시효 5년

> 제44조(자동차검사대행자의 지정 등) ① 국토교통부장관은 「교통안전공단법」에 따라 설립된 교통안전공단을 자동차검사를 대행하는 자로 지정하여 자동차검사와 그 결과의 통지를 대행하게 할 수 있다.

2) 범죄사실 기재례

> 피의자는 ○○에서 관할 행정관청으로부터 자동차검사대행자의 지정을 받아 ○○자동차검사장의 검사원으로 종사하는 사람이다.
> 피의자는 20○○. ○. ○. 11:00경 정기검사를 받기 위해 홍길동이 운전하고 온 (차량번호)승용자동차를 검사하면서 위 차량이 자동차관리법의 안전기준에 미비한 조향장치가 되어있음을 발견하였음에도 위 홍길동으로부터 "지금 바빠서 그러니 우선 검사해주면 바로 정비하겠다"라는 청탁을 받고 그대로 부정한 검사를 하여 주었다.

3) 신문사항

- 자동차검사대행자인가
- 행정관청으로부터 대행자 지정을 언제 받았는가
- 언제부터 어디에서 대행하고 있는가

- 홍길동차량에 대해 정기검사를 한 일이 있는가

- 검사결과는 어떠하였는가

- 안전기분에 비미할 경우 어떻게 하여야 하는가

- 그럼 안전기준에 따라 조치를 하였는가

- 왜 미비함에도 검사를 해주었는가

- 어떤 대가를 받기고 하였나

- 아무 대가없이 부정한 검사를 해주었다는 것인가

10. 택시미터 무단변조 등

1) 적용법조 : 제79조 제1호, 제47조 ☞ 공소시효 5년

제47조(택시미터의 검정 등) ① 택시요금미터(이하 "택시미터"라 한다)를 제작·수리·수입 또는 사용하는 자는 그 택시미터에 대하여 국토교통부령으로 정하는 바에 따라 국토교통부장관의 검정을 받아야 한다.
② 국토교통부장관은 필요하다고 인정하면 국토교통부령으로 정하는 바에 따라 택시미터를 검정할 수 있는 전문검정기관(이하 "택시미터전문검정기관"이라 한다)을 지정하여 제항에 따른 검정을 대행하게 할 수 있다.
③ 누구든지 제항 또는 제2항에 따른 검정을 받지 아니하고는 택시미터를 제작·수리·수입 또는 사용하거나, 이를 매매 또는 매매 알선을 하여서는 아니 된다.

2) 범죄사실 기재례

피의자는 ○○호 개인택시 운전사로, 20○○. ○. ○.경 검정 받은 택시 요금미터기를 20○○. ○. ○.경 ○○에서 구입한 1㎞당 ○○원을 더 받도록 변조된 택시 요금미터기로 교체한 후 20○○. ○. ○.경까지 본인 소유 택시에 부착하여 손님들이 변조된 택시요금을 지급하게 하였다.

3) 신문사항
- 택시 운전사인가
- 어떤 책시를 운전하는가(소속, 차량번호 등)
- 언제부터 이 택시를 운행하고 있는가
- 검정 받은 택시미터기를 부착하고 있는가
- 언제 검정받았는가
- 그 검정 받은 택시미터기를 그대로 부착하고 운행하는가
- 언제 어떤 미터기로 교체하였나
- 그 변조된 미터기는 언제 어디에서 구하였는가
- 이렇게 변조된 미터기를 사용할 경우 요금에서 얼마의 차이가 있는가
- 1일 얼마정도의 매상에 차이가 있는가
- 왜 이런 행위를 하였나

11. 미등록 자동차관리사업

1) 적용법조 : 제79조 제13호, 제53조 제1항 ☞ 공소시효 5년

제53조(자동차관리사업의 등록 등) ① 자동차관리사업을 하려는 자는 국토교통부령으로 정하는 바에 따라 시장·군수·구청장에게 등록하여야 한다. 등록 사항을 변경하려는 경우에도 또한 같다. 다만, 대통령령으로 정하는 경미한 등록 사항을 변경하는 경우에는 그러하지 아니하다.

2) 범죄사실 기재례

[기재례1] 자동차정비

피의자는 ○○○에서 "마춤카센터"를 운영하는 사람이다. 자동차관리사업을 하려는 자는 국토교통부령으로 정하는 바에 따라 시장·군수·구청장에게 등록하여야 한다.

그럼에도 불구하고 피의자는 20○○. ○. ○. 위 카센터 약 ○○㎡의 작업장의 리프트기, 압축기, 용접기 및 각종 공구를 갖추고 홍길동 소유의 ○○호 ○○승용차의 미션을 탈착하여 디스크 및 삼발이 등의 부품을 교환하여 주고 그 수리비로 ○○만원을 받은 것을 비롯하여 그 때부터 20○○. ○. ○.경까지 사이에 그곳에서 하루에 약 3대의 차량을 정비하여 월평균 ○○만원의 이익을 얻는 미등록 자동차관리사업을 하였다.

[기재례2] 도색작업

피의자는 ○○에서 '○○광택'이라는 상호로 자동차 광택 및 도색 업에 종사하는 사람으로서, 자동차관리사업을 하려는 자는 국토교통부령으로 정하는 바에 따라 시장·군수·구청장에게 등록하여야 한다.

그럼에도 불구하고 피의자는 등록없이, 20○○. ○. ○. 20:30경 위 장소에서 (차량번호, 차종) 승합차량의 좌우 사이드 판넬부분을 페이퍼로 닦은 다음 저압식터빈기 등을 이용하여 도색작업을 하여 자동차정비업을 하였다.

[기재례3] 자동차 매매 알선행위

자동차관리사업을 하려는 자는 국토교통부령으로 정하는 바에 따라 시장·군수·구청장에게 등록하여야 한다.

그럼에도 피의자는 20○○. ○. ○. ○○에서 관할관청에 등록을 하지 아니하고 자동차관리사업 인터넷 ○○에서 자동차 광고를 보고 찾아온 갑을 상대로 번호 불상의 포터 화물차의 매매를 알선하는 행위를 하였다.

3) 신문사항

- 자동차관리사업을 알고 있는가
- 언제부터 언제까지 어디에서 하고 있는가
- 어떤 종류의 관리사업을 하는가
- 규모는 어느 정도인가
- 주로 어떤 차 누구를 상대로 하는가
- 홍길동 소유의 차량을 수리한 일이 있는가

- 언제 어떠한 수리를 하였는가
- 수리비로 얼마를 받았나
- 이러한 수리를 하고 월평균 얼마의 수입을 올리는가
- 구청에 사업등록을 하였나

12. 사업자 명의대여

1) 적용법조 : 제80조 제5호, 제57조 제1항 제1호 ☞ 공소시효 5년

> 제57조(자동차관리사업자의 금지 행위) ① 자동차관리사업자는 다음 각 호의 행위를 하여서는 아니 된다.
> 1. 다른 사람에게 자신의 명의로 사업을 하게 하는 행위(사업의 전부 또는 일부에 대하여 위탁·위임·도급 등의 형태로 용역을 주는 행위를 포함한다)

2) 범죄사실 기재례

> 피의자는 ○○구청에 등록하고 20○○. ○. ○.부터 ○○에서 ○○자동차관리사업을 경영하였다. 자동차관리사업자는 다른 사람에게 자신의 명의로 사업을 하게 하는 행위를 하여서는 아니 된다.
> 그럼에도 불구하고 피의자는 20○○. ○. ○. 경부터 20○○. ○. ○. 까지 홍길동에게 명의를 대여하여 위 홍길동이 영업을 하게 하였다.

3) 신문사항
- 자동차관리사업을 하고 있는가
- 어떤 관리사업을 하고 있는가
- 행정관청에 등록하였는가(등록일, 번호 등)
- 피의자가 실질적으로 운영하였나
- 언제 명의를 대여하였나
- 누구에게 어떤 조건으로 대여하였나
- 무엇 때문에 대여하였나

13. 자동차관리사업자의 주행거리 조작 및 판매행위

1) 적용법조

가 : 제80조 제5호, 제57조 제1항 제3호 ☞ 공소시효 5년
나 : 형법 제351조, 제347조 제1항(상습사기) ☞ 공소시효 10년

> **제57조(자동차관리사업자의 금지 행위)** ① 자동차관리사업자는 다음 각 호의 행위를 하여서는 아니 된다.
> 2. 사업장의 전부 또는 일부를 다른 사람에게 임대하거나 점용하게 하는 행위
> 3. 해당 사업과 관련한 부정한 금품의 수수 또는 그 밖의 부정한 행위
> 4. 해당 사업에 관하여 이용자의 요청을 정당한 사유 없이 거부하는 행위
> 5. 해당 사업에 관하여 이용자가 요청하지 아니한 상품 또는 서비스를 강매하는 행위나 이용자가 요청하지 아니한 일을 하고 그 대가를 요구하는 행위 또는 영업을 목적으로 손님을 부르는 행위

2) 범죄사실 기재례

가. 자동차관리법 위반

자동차관리업자는 당해 사업과 관련하여 주행거리의 무단변경을 하여서는 아니 된다.

그럼에도 불구하고 피의자들은 20○○. ○. ○.경 ○○에 있는 ○○중고자동차매매상사에서, 피의자 임○○은 주행거리가 ○○km인 (차량번호) 1톤 화물차량을 100만원에 매입하였다.

그 후 피의자 최○○은 드라이버를 이용하여 위 적산누적계의 커버를 벗겨낸 후 송곳으로 숫자를 뒤로 돌리는 방법으로 위 차량의 주행거리를 ○○km로 무단변경하는 등 그때부터 20○○. ○. ○.경까지 별지 범죄일람표와 같이 총 ○○회에 걸쳐 ○○대의 차량에 대한 주행거리를 무단으로 변경하였다.

나. 상습사기

피의자들은 위와 같은 일시, 장소에서 사실은 (차량번호) 1톤 화물차량의 주행거리가 ○○km로 위 차량을 구입할 사람이 없음에도 불구하고 위와 같은 방법으로 위 차량의 주행거리를 ○○km로 변경한 후 중고차량을 구입하러 온 피해자 김○○에게 위 차량의 실제 주행거리가 ○○km라는 취지로 거짓말하였다.

피의자들은 이에 속은 위 김○○으로부터 ○○만원을 받고 위 차량을 판매하여 같은 금액 상당의 재산상 이익을 취득하였다.

3) 신문사항

- 자동차관리사업을 알고 있는가
- 언제부터 언제까지 어디에서 하고 있는가
- 규모는 어느 정도인가
- 자동차주행거리를 변경한 사실이 있는가
- 언제 어떤 방법으로 변경하였는가
- 무엇 때문에 변경하였는가
- 이렇게 변경한 차량은 어떻게 하였는가

14. 거짓광고 및 자동차 이력 및 판매자정보 허위제공

1) 적용법조

　가 : 제80조 제5의3호, 제57조 제3항 제2호　☞　공소시효 5년

　나 : 제80조 제7의2호, 제58조 제3항　☞　공소시효 50년

> 제57조(자동차관리사업자 등의 금지 행위) ③ 자동차매매업자(그 사용인 및 종사원을 포함한다)는 다음 각 호의 행위를 하여서는 아니 된다.
> 1. 등록원부상의 소유자가 아닌 자로부터 자동차의 매매 알선을 의뢰받아 그 자동차의 매매를 알선하는 행위. 다만, 등록원부상의 소유자에게서 그 자동차의 매도에 관한 행위를 위임받은 자로부터 매매 알선을 의뢰받은 경우에는 그러하지 아니하다.
> 2. 매도 또는 매매를 알선하려는 자동차에 대하여 다음 각 목의 어느 하나에 해당하는 부당한 표시·광고를 하는 행위
> 　가. 매도 또는 매매를 알선하려는 자동차가 존재하지 아니하여 실제로는 거래가 불가능한 자동차에 대한 표시·광고
> 　나. 매도 또는 매매를 알선하려는 자동차의 이력이나 가격 등 내용을 사실과 다르게 거짓으로 표시·광고하거나 사실을 과장되게 하는 표시·광고
> 　다. 그 밖에 표시·광고의 내용이 자동차매매업의 질서를 해치거나 자동차 매수인에게 피해를 줄 우려가 있는 것으로서 대통령령으로 정하는 내용의 표시·광고

2) 범죄사실 기재례

　피의자는 200○. ○. ○. ○○에서 '○○'라는 상호로 중고차 판매업사업자등록을 하여 자동차관리사업 및 자동차매매업을 하는 사람이다.

가. 거짓(과장) 광고·표시

　자동차매매업자는 매도 또는 매매를 알선하려는 자동차에 관하여 거짓이나 과장된 표시·광고를 하여서는 아니된다.

　그럼에도 불구하고 피의자는 200○. ○. ○.경 자신이 운영하는 인터넷 홈페이지인'(생략)'에 모하비 자동차 광고를 함에 있어서 실제 시세는 ○○원 정도임에도 ○○원으로 실제 가격보다 싼 값으로 거짓(과장)등재하여 광고하였다.

나. 자동차이력 및 판매자정보 허위제공

　자동차매매업자는 인터넷을 통하여 자동차의 광고를 하는 때에는 자동차 이력 및 판매자정보, 자동차의 압류 및 저당에 관한 정보 등 국토교통부령으로 정하는 사항을 허위로 기재하여서는 아니된다.

　그럼에도 불구하고 피의자는 위항 기재 일자경 위 인터넷 홈페이지에 위 자동차광고를 함에 있어서 위 자동차에 채권가액 ○○원 상당의 저당권(저당권자: 갑)이 설정이 있음에도 저당내역을 표시하지 않고, 실제 판매자는 '을'임에도 '병'으로 기재하여 자동차 이력 및 판매자정보를 허위로 제공하였다.

15. 폐차증명서 허위발급

1) 적용법조 : 제80조 제8호, 제58조 제5항 제1호 ☞ 공소시효 5년

> **제58조(자동차관리사업자의 고지 및 관리의 의무 등)** ⑤ 자동차해체재활용업자는 다음 각 호의 사항을 준수하여야 한다.
>
> 1. 자동차 소유자 또는 시장·군수·구청장으로부터 폐차 요청을 받은 경우에는 그 자동차·자동차등록증·등록번호판 및 봉인을 인수하고 국토교통부령으로 정하는 바에 따라 그 사실을 증명하는 서류를 발급할 것
> 2. 폐차 요청을 받은 경우에는 해당 자동차를 폐차하고, 자동차등록증·등록번호판 및 봉인은 다시 사용할 수 없는 상태로 폐기할 것
> 3. 그 밖에 자동차의 해체재활용을 위하여 국토교통부령으로 정하는 사항

2) 범죄사실 기재례

> 피의자는 20○○. ○. ○. ○○에 있는 피의자 경영 ○○폐차장에서 홍길동으로부터 그의 소유 (차량번호, 차종) 승용차를 해체하여 부품 일부를 사용할 수 있도록 하고 폐차 증명서를 발급해 달라는 부탁을 받고 이를 승낙하였다.
>
> 피의자는 같은 날 위 차를 인수한 후 위 차량을 해체하여 ○○등 주요부품을 위 홍길동에게 주면서 폐차 증명서에 주요부품을 모두 압축 파쇄한 것처럼 허위로 기재한 후 종합폐차장 대표라고 기재하고 날인한 폐차증명서 1통을 교부하고 그 대가로 ○○원을 받았다.

3) 신문사항

- 자동차 폐차업을 하고 있는가
- 언제부터 어디에서 하고 있는가
- 사업등록은 하였는가
- 홍길동의 차량을 폐차 접수한 일이 있는가
- 언제 어떤 차량이었나
- 폐차하고 폐차증명서를 발급하여 주었는가
- 어떤 방법으로 폐차하였는가
- 왜 부품일부를 압축파쇄하지 않고 홍길동에게 주었나
- 어떤 부품을 주었다는 것인가
- 모두 압축 파쇄하도록 되어 있는 것이 아닌가
- 왜 이를 주었나
- 홍길동은 이를 어디에 사용한다 하던가
- 그 대가로 홍길동에게 무엇을 받았는가

16. 중고자동차매매업자의 신고의무 불이행

1) 적용법조 : 제81조 제26호, 제59조 제1항 제3호 ☞ 공소시효 5년

> **제59조(매매용 자동차의 관리)** ① 자동차매매업자는 다음 각 호의 어느 하나에 해당되는 경우에는 국토교통부령으로 정하는 바에 따라 시장·군수·구청장에게 신고하여야 한다. 다만, 제60조에 따른 경매장에 출품된 자동차의 경우에는 그러하지 아니하다.
> 1. 매매용 자동차가 사업장에 제시된 경우
> 2. 매매용 자동차가 팔린 경우
> 3. 매매용 자동차가 팔리지 아니하고 그 소유자에게 반환된 경우

2) 범죄사실 기재례

> 피의자는 20○○. ○. ○. ○○구청에 등록하고 ○○에서 ○○자동차매매상사라는 상호로 자동차매매업을 하는 자이다. 매매용 자동차가 팔리지 아니하고 그 소유자에게 반환된 때에는 국토교통부령이 정하는 바에 의하여 시장·군수 또는 구청장에게 신고하여야 한다.
> 그럼에도 불구하고 피의자는 20○○. ○. ○. 위 자동차 매매상사에서 20○○. ○. ○. 홍길동이 매도 의뢰한 (차량번호)가 매도되지 아니하여 이를 그 소유자인 위 홍길동에게 반환하고도 이를 신고하지 아니하였다.

3) 신문사항

- 자동차매매업을 하고 있는가
- 언제부터 어디에서 하고 있는가
- 행정관청에 매매업 등록은 하였는가
- 홍길동 차량에 대해 매매의뢰를 받은 일이 있는가
- 언제 어떤 차량의 매매의뢰를 받았는가
- 이를 매매하여 주었나
- 언제 무엇 때문에 홍길동에게 반환하였나
- 이런 사항을 ○○군수에게 신고하였나
- 왜 신고하지 않았는가

17. 부정사용금지 등

1) 적용법조 : 제78조 제2호, 제71조 제1항 ☞ 공소시효 10년

제71조(부정사용 금지 등) ① 누구든지 이 법에 따른 자동차등록증, 폐차사실 증명서류, 등록번호판, 임시운행허가증, 임시운행허가번호판, 자동차자기인증표시, 부품자기인증표시, 내압용기검사 각인 또는 표시, 내압용기재검사 각인 또는 표시, 신규검사증명서, 이륜자동차번호판, 차대표기 및 원동기형식 표기를 위조·변조 또는 부정사용하거나 위조 또는 변조한 것을 매매, 매매 알선, 수수(收受) 또는 사용하여서는 아니 된다.

2) 범죄사실 기재례

[기재례1] 등록번호판 변조 행위

피의자는 ○○호 ○○승용차의 소유자이다. 누구든지 자동차등록증·폐차사실증명서류·등록번호판·임시운행허가증·임시운행허가번호판·자동차자기인증표시·부품자기인증표시·신규검사증명서·이륜자동차번호판·차대표기 및 원동기형식표기를 위조·변조 또는 부정 사용하거나 위조 또는 변조한 것을 매매·매매 알선·수수 또는 사용하여서는 아니 된다.

그럼에도 불구하고 피의자는 20○○. ○. ○.경 ○○에 있는 피의자의 집 차고에서 위 차량의 자동차등록번호판의 숫자를 ○○로 변조한 후, 그때부터 20○○. ○. ○.경까지 위 자동차를 운행하는 등 변조한 자동차등록번호판을 사용하였다.

[기재례2] 폐차인수증명서 부정사용

피의자 을회사는 폐차처리 및 서비스업 등을 목적으로 설립된 법인이고, 피의자 갑은 피의자 회사의 대표이사이다.

1. 피의자 갑

피의자는 20○○. ○. ○.경 ○○에 있는 피의자 회사의 사업장에서, 사실은 피의자 회사가 (차량번호 생략) ○○승용차를 매수한 후 이를 폐차하지 않고, 수출업자에게 판매할 예정이었음에도 마치 소유자로부터 위 승용차의 폐차요청을 받은 것처럼 폐차인수증명서를 발급한 후 이를 ○○시청 차량등록사업소에 자동차말소등록에 필요한 첨부서류로 제출하여 부정사용한 것을 비롯하여 그 무렵부터 20○○. ○. ○.경까지 ○○회에 걸쳐 별지 범죄일람표 기재와 같이 폐차인수증명서를 자동차말소등록 첨부서류로 제출함으로써 이를 부정하게 사용하였다.

2. 피의자 회사

피의자 회사는 제1항 기재 일시, 장소에서 위와 같이 피의자 회사의 대표이사인 피의자 갑이 피의자 회사의 업무에 관하여 폐차인수증명서를 부정하게 사용하였다.

[기재례3] 등록번호판 부정사용

피의자는 20○○. ○. ○. 23:00경 ○○에서 (차량번호) 승용차를 훔쳐 타고 다니던 중 20○○. ○. ○. 20:00경 ○○폐차장에서 폐차대기 중이던 (차량번호) 등록번호판을 절취하여 이를 위 차량 앞뒤에 임의로 부착 부정하게 사용하였다.

3) 신문사항

- 승용차를 소유하고 있는가
- 언제 어디에서 구하였나
- 20○○. ○. ○.에서 훔친 자동차 번호는
- 현재 부착되어 있는 (차량번호) 번호판은 어디에서 구하였나
- 언제 어디에서 절취한 차량번호판을 부착하였나
- 기존 번호판은 어떻게 하였나
- 차량에 부착되어 있던 봉인은 어떻게 하였나
- 차량 운전면허는 있는가

■ 판례 ■   **자동차관리법 제71조, 제78조가 형법 제238조 제1항 소정의 공기호부정사용죄의 특별법 관계인지 여부(소극)**

형법 제238조 제1항은 인장에 관한 죄의 한 태양으로서 인장·서명·기명·기호 등의 진정에 대한 공공의 신용, 즉 거래상의 신용과 안정을 그 보호법익으로 하고 있는 반면, 자동차관리법의 입법취지는 자동차를 효율적으로 관리하고 자동차의 성능과 안정을 확보함으로써 공공의 복리를 증진함을 그 목적으로 하고 있어(특히 같은 법 제78조, 제71조는 이러한 자동차의 효율적인 관리를 저해하는 행위를 규제하기 위한 것으로 보인다) 그 보호법익을 달리 하고 있을 뿐 아니라 그 주관적 구성요건으로서 형법상의 위 공기호부정사용죄는 고의와 더불어 '행사할 목적'이 있음을 요하는 반면 위 자동차관리법은 '행사할 목적'을 그 주관적 구성요건으로 하지 아니하고 있는 점에 비추어 보면, 자동차관리법 제78조, 제71조가 형법 제238조 제1항 소정의 공기호부정사용죄의 특별법 관계에 있다고는 보여지지 아니한다(대법원 1997.6.27. 선고 97도1085 판결).

■ 판례 ■   **어떤 자동차의 등록번호판을 다른 자동차에 부착하는 행위 자체만으로 자동차등록번호판의 부정사용에 해당하는지 여부(적극)**

자동차관리법 제71조에 규정하고 있는 자동차등록번호판의 부정사용이라 함은 진정하게 만들어진 자동차등록번호판을 권한 없는 자가 사용하든가, 권한 있는 자라도 권한을 남용하여 부당하게 사용하는 행위를 말하는 것으로서 (대법원 1997. 7. 8. 선고 96도3319 판결 참조), 어떤 자동차의 등록번호판을 다른 자동차에 부착하는 것은 그로 말미암아 일반인으로 하여금 자동차의 동일성에 관한 오인을 불러일으키는 행위이므로 그 자체만으로 자동차등록번호판의 부정사용에 해당한다 할 것이다(대법원 2006.9.28. 선고, 2006도5233 판결).

■ 판례 ■   **'폐차사실 증명서류'에 자동차해체재활용업자가 자동차 소유자로부터 폐차 요청을 받은 경우에 자동차를 인수하고 발급하는 폐차인수증명서가 포함되는지 여부(소극)**

형벌법규의 해석 법리, 자동차관리법 등 관련 규정의 문언과 체계, 개정 연혁 등에 비추어 보면, 자동차관리법 제71조 제1항에 따라 부정사용이 금지되는 '폐차사실 증명서류'에 자동차해체재활용업자가 자동차 소유자로부터 폐차 요청을 받은 경우에 자동차를 인수하고 발급하는 폐차인수증명서까지 포함된다고 해석하는 것은 죄형법정주의 원칙상 허용되지 않는다. (대법원 2022. 7. 14., 선고, 2021도16578, 판결)

18. 자동차 주행거리 조작 및 판매 방조

1) 적용법조 : 제79조 제16호, 제71조 제2항, 형법 제347조 제1항, 제30조 ☞ 공소시효 10년

제71조(부정사용 금지 등) ② 누구든지 자동차의 주행거리를 변경하여서는 아니 된다. 다만, 고장 또는 파손 등 대통령령으로 정하는 불가피한 사유로 변경하는 경우에는 그러하지 아니하다.

---

2) 범죄사실 기재례

> 가. 자동차관리법 위반
> 　피의자는 20○○. 초순경부터 ○○지역에 있는 중고자동차 매매단지에서 배달 일을 하다가 중고자동차 매매상들로부터 자동차의 주행거리를 변경해 주는 일을 하는 사람들이 있다는 말을 듣고 그 일을 하기로 마음먹었다.
> 　그리고 피의자는 20○○. ○. ○.경 자동차의 주행거리계에 연결하여 주행거리를 변경할 수 있는 '파워발생기'라는 기계를 구입한 후 중고자동차 매매상들에게 '메다방 출장 수리'라고 적힌 명함을 배포하면서 자동차 주행거리를 변경하여 줄 수 있다는 내용으로 광고를 하였고, 20○○. ○. ○.경에는 자동차의 주행거리계 안에 있는 반도체 칩에 연결하여 주행거리를 변경할 수 있는 '롬라이터'라는 프로그램이 설치된 노트북을 구입하였다.
> 　그럼에도 피의자는 20○○. ○. ○. 12:00경 ○○에 있는 종합운동장 주차장에서, 광고를 보고 연락한 甲으로부터 의뢰를 받아 위 '파워발생기'라는 기계를 이용하여 (차량번호) 쏘나타 자동차의 주행거리를 ○○km에서 ○○km로 바꾸었다.
> 　이로써 피의자는 위 甲과 공모하여 자동차의 주행거리를 변경한 것을 비롯하여 20○○. ○. ○.경부터 20○○. ○. ○.경까지는 위 '파워발생기'라는 기계를, 20○○. ○. ○.경부터 20○○. ○. ○.경까지는 위 '롬라이터'라는 프로그램이 설치된 노트북을 각 이용하여 별지 범죄일람표 (1) 기재와 같이 총 ○○회에 걸쳐 자동차의 주행거리를 변경하였다.
>
> 나. 사기방조
> 　피의자는 20○○. ○. ○. 17:00경 ○○에 있는 ○○자동차매매단지 부근 공터에서, 광고를 보고 연락한 乙로부터 자동차의 주행거리를 변경하여 달라는 의뢰를 받고 위 甲이 주행거리를 변경한 자동차를 판매한다는 사실을 알면서도 위 '파워발생기'라는 기계를 이용하여 (차량번호) 소렌토 자동차의 주행거리를 ○○km에서 ○○km로 변경하였다.
> 　그리고 위 乙은 20○○. ○. ○.경 위 ○○자동차의 주행거리가 변경되었다는 사실을 숨긴 채 피해자 丙에게 위 자동차를 판매하는 방법으로 피해자를 기망하여 이에 속은 피해자로부터 그 대금으로 피해자가 타던 ○○승용차 1대와 ○○만원을 교부받았다.
> 　이로써 피의자는 위 乙의 사기 범행을 용이하게 하여 방조한 것을 비롯하여 그 무렵부터 20○○. ○. ○.경까지 같은 방법으로 별지 범죄일람표 (2) 기재와 같이 총 ○○회에 걸쳐 위 甲, 乙의 사기 범행을 용이하게 하여 이를 각 방조하였다.

제98장 장사 등에 관한 법률

Ⅰ. 개념정의 및 적용배제

1. 개념정의

제2조(정의) 이 법에서 사용하는 용어의 뜻은 다음과 같다.
1. "매장"이란 시신(임신 4개월 이후에 죽은 태아를 포함한다. 이하 같다)이나 유골을 땅에 묻어 장사(葬事)하는 것을 말한다.
2. "화장"이란 시신이나 유골을 불에 태워 장사하는 것을 말한다.
3. "자연장"이란 화장한 유골의 골분(骨粉)을 수목·화초·잔디 등의 밑이나 주변에 묻어 장사하는 것을 말한다.
4. "개장"이란 매장한 시신이나 유골을 다른 분묘 또는 봉안시설에 옮기거나 화장 또는 자연장하는 것을 말한다.
5. "봉안"이란 유골을 봉안시설에 안치하는 것을 말한다.
6. "분묘"란 시신이나 유골을 매장하는 시설을 말한다.
7. "묘지"란 분묘를 설치하는 구역을 말한다.
8. "화장시설"이란 시신이나 유골을 화장하기 위한 화장로 시설(대통령령으로 정하는 부대시설을 포함)을 말한다.
9. "봉안시설"이란 유골을 안치(매장은 제외한다)하는 다음 각 목의 시설을 말한다.
   가. 분묘의 형태로 된 봉안묘
   나. 「건축법」 제2조제1항제2호의 건축물인 봉안당
   다. 탑의 형태로 된 봉안탑
   라. 벽과 담의 형태로 된 봉안담
10. 11. 12. 삭제 〈2015.1.28〉
13. "자연장지(自然葬地)"란 자연장으로 장사할 수 있는 구역을 말한다.
14. "수목장림"이란 「산림자원의 조성 및 관리에 관한 법률」 제2조제1호에 따른 산림에 조성하는 자연장지를 말한다.
15. "장사시설"이란 묘지·화장시설·봉안시설·자연장지 및 제2 8조의2·제2 9조에 따른 장례식장을 말한다.
16. "연고자"란 사망한 자와 다음 각 목의 관계에 있는 자를 말하며, 연고자의 권리·의무는 다음 각 목의 순서로 행사한다. 다만, 순위가 같은 자녀 또는 직계비속이 2명 이상이면 최근친(最近親)의 연장자가 우선 순위를 갖는다.
   가. 배우자   나. 자녀   다. 부모   라. 자녀 외의 직계비속
   마. 부모 외의 직계존속   바. 형제·자매
   사. 사망하기 전에 치료·보호 또는 관리하고 있었던 행정기관 또는 치료·보호기관의 장으로서 대통령령으로 정하는 사람
   아. 가목부터 사목까지에 해당하지 아니하는 자로서 시신이나 유골을 사실상 관리하는 자

2. 적용배제

제3조(국가가 설치·운영하는 묘지에 관한 적용 배제) 국가가 설치·운영하는 묘지에 대하여는 이 법을 적용하지 아니한다.

제39조(벌칙) 다음 각 호의 어느 하나에 해당하는 자는 2년 이하의 징역 또는 2만원 이하의 벌금에 처한다.

1. 제14조제4항에 따른 허가 또는 변경 허가를 받지 아니하고 가족묘지, 종중·문중묘지 또는 법인묘지를 설치한 자
2. 제17조를 위반하여 금지구역 안에 묘지·화장시설·봉안시설 또는 자연장지를 설치·조성한 자
2의2. 제29조제1항에 따른 신고를 하지 아니하고 장례식장을 운영한 자
3. 제30조에 따른 장사시설 등의 정비·개선명령이나 사용제한명령을 이행하지 아니한 자

제40조(벌칙) 다음 각 호의 어느 하나에 해당하는 자는 1년 이하의 징역 또는 1천만원 이하의 벌금에 처한다.

1. 제6조를 위반하여 사망 또는 사산한 후 24시간 이내에 매장 또는 화장을 한 자
2. 제7조를 위반하여 묘지 외의 구역에 매장을 하거나 화장장 외의 시설·장소에서 화장을 한 자
3. 제9조 및 제10조에 따른 매장·화장·자연장 또는 개장의 방법 및 기준을 위반하여 매장·화장·자연장 또는 개장을 한 자
4. 제16조제5항에 따른 허가 또는 변경허가를 받지 아니하고 법인등자연장지를 조성한 자
5. 제18조에 따른 면적기준 또는 시설물의 설치기준을 위반하여 분묘·묘지 또는 시설물을 설치한 자
6. 제20조제1항을 위반하여 설치기간이 끝난 분묘에 설치된 시설물을 철거하지 아니하거나 화장 또는 봉안하지 아니한 자
7. 제21조를 위반하여 묘지의 매매·양도·임대·사용계약을 한 자
7의2. 제26조제1항에 따른 신고를 하지 아니하고 장사시설을 폐지한 자
8. 제27조제1항을 위반하여 허가를 받지 아니하고 개장을 한 자
8의2. 제29조의2제6항을 위반하여 다른 사람에게 자격증을 빌려주거나 빌린 자
8의3. 제29조의2제7항을 위반하여 자격증을 빌려주거나 빌리는 것을 알선한 자
9. 제31조에 따른 묘지·화장시설봉안시설 또는 자연장지의 이전·개수명령·시설의 폐쇄·사용금지 명령 또는 업무의 정지 명령을 이행하지 아니한 자
10. 제32조제3항에 따른 장례식장의 폐쇄명령을 이행하지 아니한 자

제41조(양벌규정) ① 법인의 대표자, 대리인, 사용인, 그 밖의 종업원이 그 법인의 업무에 관하여 제39조 또는 제40조의 위반행위를 하면 그 행위자를 벌할 뿐만 아니라 그 법인에도 해당 조문의 벌금형을 과(科)한다.
② 개인의 대리인, 사용인, 그 밖의 종업원이 그 개인의 업무에 관하여 제39조 또는 제40조의 위반행위를 하면 그 행위자를 벌할 뿐만 아니라 그 개인에게도 해당 조문의 벌금형을 과한다.

III. 범죄사실

1. 사설묘지의 설치 등

1) 적용법조 : 제39조 제1호, 제14조 제4항 ☞ 공소시효 5년

제14조(사설묘지의 설치 등) ① 국가, 시·도지사 또는 시장·군수·구청장이 아닌 자는 다음 각 호의 구분에 따른 묘지(이하 "사설묘지"라 한다)를 설치·관리할 수 있다.

1. 개인묘지 : 1기의 분묘 또는 해당 분묘에 매장된 자와 배우자 관계였던 자의 분묘를 같은 구역 안에 설치하는 묘지
2. 가족묘지 : 「민법」에 따라 친족관계였던 자의 분묘를 같은 구역 안에 설치하는 묘지
3. 종중·문중묘지 : 종중이나 문중 구성원의 분묘를 같은 구역 안에 설치하는 묘지
4. 법인묘지 : 법인이 불특정 다수인의 분묘를 같은 구역 안에 설치하는 묘지

② 개인묘지를 설치한 자는 보건복지부령으로 정하는 바에 따라 묘지를 설치한 후 30일 이내에 해당 묘지를 관할하는 시장등에게 신고하여야 한다. 신고한 사항 중 대통령령으로 정하는 사항을 변경한 경우에도 또한 같다.
④ 가족묘지, 종중·문중묘지 또는 법인묘지를 설치·관리하려는 자는 보건복지부령으로 정하는 바에 따라 해당 묘지를 관할하는 시장등의 허가를 받아야 한다. 허가받은 사항 중 대통령령으로 정하는 사항을 변경하려는 경우에도 또한 같다.

2) 범죄사실 기재례

[기재례1] 무허가 사설묘지의 설치

피의자는 관할관청으로부터 공원묘지조성승인을 받은 재단법인 탄생공원묘원의 대표이다. 가족묘지, 종중·문중묘지 또는 법인묘지를 설치·관리하려는 자는 보건복지부령으로 정하는 바에 따라 해당 묘지를 관할하는 시장 등의 허가를 받아야 한다.

그럼에도 불구하고 피의자는 20○○. ○. ○.경 ○○에 있는 홍길동 소유의 임야 ○○㎡를 매수하고 허가없이 그 무렵 굴착기 등의 장비로 계단식 묘지를 조성하여 최민수의 사체매장용 분묘 등 합계 20기의 분묘용 사설묘지를 설치하였다.

[기재례2] 무허가 가족묘지의 설치

가족묘지를 설치하고자 할 때는 ○○시장의 허가를 받아야 한다.

그럼에도 불구하고 피의자는 20○○. ○. ○. ○○시 상사면 초곡리 산00−1에 있는 임야에 묘지면적 ○○㎡에 분묘(墳墓) 4기, 가묘 3기 규모의 가족묘지를 설치하였다.

3) 신문사항

- 피의자는 가족묘지를 설치한 일이 있는가
- 언제 어디에 설치하였나
- 그 임야의 소유자는
- 어떠한 방법으로
- 묘지면적과 규모는
- ○○시장의 허가를 받았나
- 왜 허가를 받지 않았는가
- 산림훼손허가를 받았나
- 피의자와 분묘와의 관계는

■ 판례 ■ **매장과 자연장 판단기준, 유골을 다시 화장하여 가족묘지를 만든 경우**

[1] 매장의 대상인 '유골'에 화장한 유골의 골분이 포함되는지 여부(적극) 및 이를 장사의 목적으로 땅에 묻은 경우, 매장과 자연장의 어느 쪽에 해당하는지 판단하는 기준

종래부터 '유골'을 땅에 묻어 장사하는 것도 장사 방법 중 '매장'에 포함되는 것이었지만, 국토를 잠식하고 자연환경을 훼손하는 문제를 해결하기 위하여 '유골의 골분'을 땅에 묻고 표지 이외에 아무런 시설을 설치하지 않는 경우에는 설치 장소의 제한을 완화하고 설치기간의 제한을 받지 않도록 하는 자연장 제도를 새로운 장사 방법으로 신설하기에 이른 점, 자연장 제도가 도입된 이후에도 법은 시체나 유골을 땅에 묻어 장사하는 것을 '매장'으로 규정한 종전 규정을 유지하면서, 매장의 대상이 되는 유골에는 화장한 유골도 포함되는 것으로 규정하고 있는 점, 묘지에 설치되는 분묘의 형태는 봉분이 있는 것뿐 아니라 평분도 포함되는 점 등을 참작하면, 매장의 대상인

유골에는 화장한 유골의 골분도 포함되고, 화장한 유골의 골분을 묻은 경우라도 그것이 자연장으로 인정될 수 없는 경우에는 이를 매장으로 보아 분묘 및 묘지에 관한 규제의 적용 대상이 된다고 보아야 한다. 나아가 화장한 유골의 골분을 장사의 목적으로 땅에 묻은 경우 그것이 매장과 자연장의 어느 쪽에 해당하는지는 골분을 묻는 방법과 그곳에 설치한 시설이 법에서 요구하는 자연장의 주요 요건을 갖추었는지 여부 및 시설의 형태 등을 종합적으로 고려하여 결정하여야 한다.

[2] 매장된 시체나 유골이 토괴화한 것을 화장하여 다시 묻는 경우, 그 시설을 분묘로 볼 수 있는지 여부(한정 적극)

분묘는 시체나 유골을 매장하여 제사나 예배 또는 기념의 대상으로 삼기 위하여 만든 시설이므로, 여기에 매장된 시체나 유골이 후에 토괴화되었더라도 이는 여전히 분묘라 할 것이고, 이를 개장하여 토괴화한 유골을 화장하여 다시 묻는 경우에도 그 시설이 자연장의 요건을 갖추었다는 등의 사정이 없는 한 제사나 예배 또는 기념의 대상으로 삼기 위하여 만든 분묘로 보아야 한다.

[3] 피고인이 분묘 5기를 개장하여 나온 유골을 화장한 후 그 골분을 나무상자에 나누어 담아 농지에 봉분 없는 상태로 묻은 다음 지표에 대리석 덮개를 설치함으로써 관할 관청의 허가 없이 가족묘지를 설치함과 동시에 허가 없이 농지를 전용한 경우 '장사 등에 관한 법률' 위반 및 구 농지법 위반여부

골분은 분묘의 매장 대상인 유골에 해당하는 것으로서 피고인이 상당한 크기의 대리석 덮개들을 묻은 곳 지표면마다 설치하고 주위에 잔디를 심은 것은 그 시설이 자연장의 요건을 갖추었다는 사정이 없는 한 묘지의 설치에 해당하고, 나아가 피고인의 친척들이 그곳에서 제사를 올리기도 하였다면 위와 같은 행위는 농지를 농작물 경작이나 다년생식물의 재배 외의 용도로 사용한 경우에 해당하며, 그와 같은 사용이 일시적이었다거나 그로부터 오랜 기간이 경과하기 전에 그곳에 흙을 덮고 경작을 다시 시작하였더라도 농지전용 행위에 해당한다는 이유로, 이와 달리 보아 공소사실을 무죄로 판단한 원심판결에 법리오해 등 위법이 있다.(대법원 2012.10.25, 선고, 2010도5112, 판결)

■ 판례 ■ 무허가 법인묘지 설치행위의 의미(=법인이 '분묘를 설치하기 위하여 부지를 조성하는 행위') 및 이를 묘지의 조성에서 더 나아가 분묘 설치나 매장을 완료하는 행위가 반드시 동반되어야 한다는 의미로 해석할 수 있는지 여부(소극) / 위 규정에서 금지하는 무허가 법인묘지를 설치한 죄가 즉시범인지 여부(적극)

장사법은 묘지와 분묘, 분묘 설치와 매장의 의미를 명확하게 구분하고 있고, 구 장사법 규정에 위반한 묘지 설치, 분묘 설치, 매장행위를 모두 구분하여 처벌하고 있다. 또한, 장사법은 법인묘지의 '설치·관리' 행위에 대하여 시장 등의 허가를 요구하면서도, 허가를 받지 않은 법인묘지의 '설치' 행위만을 처벌한다고 규정하고 있고, 이미 설치된 무허가 법인묘지 등에 대한 시장 등의 시설 폐쇄명령 등의 조치 권한, 그 조치의무 위반자에 대한 형사처벌을 규정하고 있다. 위와 같이 구 장사법이 '묘지'와 '분묘'를 명확히 구분하여 사용하고 있고, 위 법이 장사의 방법과 장사시설의 설치·조성 및 관리 등에 관한 사항을 정하여 보건위생상의 위해를 방지하는 것 외에도, 국토의 효율적 이용과 공공복리 증진에 이바지하는 것을 목적으로 하는 점(장사법 제1조) 등을 종합하여 보면, 구 장사법 제39조 제1호(이하 '처벌규정'이라고 한다)가 금지하는 무허가 법인묘지 설치행위는 법인이 '분묘를 설치하기 위하여 부지를 조성하는 행위'를 의미할 뿐, 묘지의 조성에서 더 나아가 분묘 설치나 매장을 완료하는 행위가 반드시 동반되어야 한다는 의미로 해석할 수는 없다. 나아가, 위와 같은 구 장사법의 문언과 체계에 비추어 보면, 처벌규정이 금지하는 무허가 법인묘지를 설치한 죄는 법인묘지의 설치행위, 즉 법인이 '분묘를 설치하기 위하여 부지를 조성하는 행위'를 종료할 때 즉시 성립하고 그와 동시에 완성되는 이른바 즉시범이라고 보아야 한다.(대법원 2018. 6. 28. 선고, 2017도7937, 판결)

2. 금지구역 내 묘지 설치

1) 적용법조 : 제39조 제2호, 제17조 제2호 ☞ 공소시효 5년

> **제17조(묘지 등의 설치 제한)** 다음 각 호의 어느 하나에 해당하는 지역에는 묘지·화장시설·봉안시설 또는 자연장지를 설치·조성할 수 없다.
> 1. 「국토의 계획 및 이용에 관한 법률」 제36조제1항제1호라목에 따른 녹지지역 중 대통령령으로 정하는 지역
> 2. 「수도법」 제7조제1항에 따른 상수원보호구역. 다만, 기존의 사원 경내에 설치하는 봉안시설 또는 대통령령으로 정하는 지역주민이 설치하거나 조성하는 일정규모 미만의 개인, 가족 및 종중·문중의 봉안시설 또는 자연장지인 경우에는 그러하지 아니하다.
> 3. 「문화재보호법」 제27조·제70조제3항 및 「자연유산의 보존 및 활용에 관한 법률」 제13조·제41조제1항에 따른 보호구역. 다만, 대통령령으로 정하는 규모 미만의 자연장지로서 문화재청장의 허가를 받은 경우에는 그러하지 아니하다.
> 4. 그 밖에 대통령령으로 정하는 지역

2) 범죄사실 기재례

> 수도법에 따른 상수원 보호구역 등 지역에는 묘지·화장시설·봉안시설 또는 자연장지를 설치·조성할 수 없다.
> 그럼에도 불구하고 피의자는 20○○. ○. ○. 상수원보호구역인 ○○에 피의자의 조부 묘지를 설치하였다.

3) 신문사항

- 묘지를 설치한 일이 있는가
- 언제 어디에 설치하였나
- 그 곳은 상수원보호구역이라는 것을 알고 있는가
- 어떠한 방법으로 설치하였나
- 누구의 묘인가
- 왜 설치할 수 없는 곳에 묘지를 설치하였나

3. 묘지 이외의 구역에서의 매장행위

1) 적용법조 : 제40조 제2호, 제7조 제1항 ☞ 공소시효 5년

제7조(매장 및 화장의 장소) ① 누구든지 제13조 또는 제14조에 따른 묘지 외의 구역에 매장을 하여서는 아니 된다.
② 누구든지 화장시설 외의 시설 또는 장소에서 화장을 하여서는 아니 된다. 다만, 대통령령으로 정하는 경우로서 보건위생상의 위해가 없는 경우에는 그러하지 아니하다.

2) 범죄사실 기재례

> 묘지구역 외에서는 시신을 매장하여서는 아니 된다.
> 그럼에도 불구하고 피의자는 20○○. ○. ○. ○○:○○경 묘지구역이 아닌 ○○○에 있는 홍길동 소유의 임야에 20○○. ○. ○. 사망한 피의자의 조부 시신을 땅에 묻어 매장하였다.

3) 신문사항

- 시신을 매장한 일이 있는가
- 언제 어디에 매장하였나
- 그 임야의 소유자는
- 어떠한 방법으로 매장하였나
- 누구의 시신을 매장하였나
- 그곳은 묘지인가
- 왜 묘지가 아닌 곳에 매장하였나
- 산림훼손 허가를 받았나

4. 사망 24시간 이내 매장(화장)행위

1) 적용법조 : 제40조 제1호, 제6조 ☞ 공소시효 5년

> 제6조(매장 및 화장의 시기) 사망 또는 사산한 때부터 24시간이 지난 후가 아니면 매장 또는 화장을 하지 못한다. 다만, 다른 법률에 특별한 규정이 있거나 임신 7개월이 되기 전에 죽은 태아, 그 밖에 대통령령으로 정하는 시신의 경우에는 그러하지 아니하다.
>
> ※ 대통령령(시행령)
> 제5조(매장 및 화장의 시기) 법 제6조 단서에서 "대통령령으로 정하는 시신"이란 다음 각 호의 어느 하나에 해당하는 시신을 말한다.
> 1. 「감염병의 예방 및 관리에 관한 법률」 제2조에 따른 감염병으로 사망한 시신(시장등이 감염병의 확산을 방지하기 위하여 긴급한 조치가 필요하다고 인정하는 경우만 해당한다)
> 2. 「장기등 이식에 관한 법률」 제18조에 따라 뇌사판정을 받은 후 같은 법 제4조제1호에 따른 장기등의 적출(摘出)이 끝난 시신

2) 범죄사실 기재례

> 　매장 및 화장은 사망 또는 사산한 때부터 24시간을 경과한 후가 아니면 이를 하지 못한다.
> 　그럼에도 불구하고 피의자는 20○○. 3. 1. 03:00에 ○○에서 사망한 피의자의 모 홍길녀에 대해 정당한 이유없이 같은 날 15:00경 ○○에 매장함으로써 매장 시기를 위반하였다.

3) 신문사항

- 모(母)가 사망한 일이 있는가
- 언제 어디에서 사망하였는가(사망일시 조사)
- 왜 사망하였는가
- 언제 어디에 매장하였는가(매장일시 조사)
- 왜 사망후 24시간 이내에 매장하였는가
- 이러한 매장에 대해 정당한 사유라도 있는가

5. 매장·화장 및 개장의 방법기준 위반

1) 적용법조 : 제40조 제3호, 제9조 제2항 ☞ 공소시효 5년

> 제9조(매장·화장 및 개장의 방법 등) ① 매장하려는 자가 시신에 대하여 약품처리를 하려면 보건복지부령으로 정하는 기준에 따라 위생적으로 처리하여야 한다.
> ② 매장·화장 및 개장을 하려는 자는 공중위생에 해를 끼치지 아니하도록 하여야 하며, 매장 깊이와 시신이나 유골의 소각 정도 및 종전 분묘의 처리 등 그 구체적인 방법 및 기준에 관하여 필요한 사항은 대통령령으로 정한다
>
> ※ 대통령령(시행령)
> 제7조(매장·화장 및 개장의 방법 등) 법 제9조제2항에 따른 매장·화장 및 개장의 방법과 기준은 다음 각 호와 같다.
> 1. 매장

가. 시신 또는 화장하지 아니한 유골은 위생적으로 처리하여야 하며, 매장 깊이는 지면으로부터 1m 이상이어야 한다.

나. 화장한 유골을 매장하는 경우 매장 깊이는 지면으로부터 30㎡ 이상이어야 한다.

2. 화장

가. 시신 또는 화장하지 아니한 유골은 공중위생에 해를 끼치지 아니하도록 완전히 태워야 한다.

나. 화장할 때 관 속에는 화학합성섬유, 비닐제품 등 환경오염 발생물질 및 화장로의 작동 오류나 폭발 위험의 원인이 되는 물질(휴대 전화, 심박조율기, 병 등의 금속·유리·탄소제품을 포함한다)을 넣어서는 아니 된다.

3. 개장

제1호에 따른 매장과 제2호에 따른 화장의 방법과 기준을 따르되, 개장으로 인한 종전의 분묘는 시신 또는 유골을 처리한 후 파묻어야 한다.

2) 범죄사실 기재례

매장하기 위해서는 시신 또는 화장하지 아니한 유골을 입관하여 위생적으로 처리하여야 하며, 매장 깊이는 1m 이상으로 하여야 한다.

그럼에도 불구하고 피의자는 20○○. ○. ○. 경 지병으로 사망한 피의자의 모 홍길녀를 ○○에 있는 야산에 매장하면서 매장 깊이를 0.3m 정도로 하여 매장함으로써 매장 방법을 위반하였다.

3) 신문사항

- 시신을 매장한 일이 있는가

- 언제 어디에 매장하였나

- 누구의 시신인가

- 매장 신고는 하였나

- 매장 깊이를 어느 정도로 하였나

- 매장 깊이의 기준이 어느 정도인지 알고 있는가

- 왜 기준에 따라 매장하지 않았는가

■ 판례 ■ 토지구획정리사업자의 개장명령에 의한 분묘개장에 있어서도 이장및묘지등에관한법률 제5조 제2항 소정의 개장신고가 필요한지 여부(적극)

토지구획정리사업 시행자로부터 분묘의 개장명령을 받았다 하더라도 그 분묘를 보존 수호하는 권한 있는 자의 제지를 무릅쓰고 한 분묘발굴행위가 정당한 것으로 될 수는 없고 또 그와 같은 개장명령이 있었다 하여 매장및묘지등에관한법률에 정한 절차에 따른 개장신고를 하지 않아도 된다고(즉 형법상 무죄라고) 볼 수도 없다(대법원 1978.5.9. 선고 77도3588 판결).

6. 면적기준 위반

1) 적용법조 : 제40조 제5호, 제18조 제2항 ☞ 공소시효 5년

> 제18조(분묘 등의 점유면적 등) ① 공설묘지, 가족묘지, 종중·문중묘지 또는 법인묘지 안의 분묘 1기 및 그 분묘의 상석(床石)·비석 등 시설물을 설치하는 구역의 면적은 10㎡(합장하는 경우에는 15㎡)를 초과하여서는 아니 된다.
> ② 개인묘지는 30㎡를 초과하여서는 아니 된다.
> ③ 봉안시설 중 봉안묘의 높이는 70㎡, 봉안묘의 1기당 면적은 2㎡를 초과하여서는 아니 된다.
> ④ 분묘, 봉안묘 또는 봉안탑 1기당 설치할 수 있는 상석·비석 등 시설물의 종류 및 크기 등에 관한 사항은 대통령령으로 정한다.
>
> ※ 대통령령(시행령)
> 제23조(분묘, 봉안묘 또는 봉안탑 1기당 시설물 설치기준) ① 법 제18조제4항에 따른 분묘, 봉안묘 또는 봉안탑 1기당 설치할 수 있는 시설물은 다음과 같다.
>   1. 비석 1개(높이는 지면으로부터 2미터 이내, 그 표면적은 3㎡ 이하로 한다)
>   2. 상석 1개
>   3. 그 밖의 석물은 1개 또는 1쌍(높이는 지면으로부터 2미터 이내로 한다). 다만, 인물상은 설치할 수 없다.
> ② 제1항에 따른 시설물은 묘지, 봉안묘지 또는 봉안탑 외의 구역에 설치하여서는 아니 된다.

2) 범죄사실 기재례

> 개인묘지는 30㎡를 초과하여서는 아니 된다.
> 그럼에도 불구하고 피의자는 20○○. ○. ○. 경 지병으로 사망한 피의자의 모 홍길녀를 ○○에 있는 야산에 매장하면서 점유면적을 40㎡로 설치하여 시설기준을 위반하였다.

3) 신문사항

- 분묘를 설치한 일이 있는가
- 언제 어디에 설치하였나
- 누구의 묘인가
- 매장 신고는 하였나
  - ✱ 신고하지 않을 경우 제37조 제1항, 제8조 제1항에 의거 과태료 부과
- 점유면적을 어느 정도로 하였나
- 점유면적 기준이 얼마인지 알고 있는가
- 왜 점유면적을 초과하였는가

제 99 장   장애인복지법

Ⅰ. 개념정의

제2조(장애인의 정의 등) ① "장애인"이란 신체적·정신적 장애로 오랫동안 일상생활이나 사회생활에서 상당한 제약을 받는 자를 말한다.
② 이 법을 적용받는 장애인은 제1항에 따른 장애인 중 다음 각 호의 어느 하나에 해당하는 장애가 있는 자로서 대통령령으로 정하는 장애의 종류 및 기준에 해당하는 자를 말한다.
　1. "신체적 장애"란 주요 외부 신체 기능의 장애, 내부기관의 장애 등을 말한다.
　2. "정신적 장애"란 발달장애 또는 정신 질환으로 발생하는 장애를 말한다.
③ "장애인학대"란 장애인에 대하여 신체적·정신적·정서적·언어적·성적 폭력이나 가혹행위, 경제적 착취, 유기 또는 방임을 하는 것을 말한다.
④ "장애인학대관련범죄"란 장애인학대로서 다음 각 호의 어느 하나에 해당하는 죄를 말한다.
　1. 「형법」 제2편제24장 살인의 죄 중 제250조(살인, 존속살해), 제252조(촉탁, 승낙에 의한 살인 등), 제253조(위계 등에 의한 촉탁살인 등) 및 제254조(미수범)의 죄
　2. 「형법」 제2편제25장 상해와 폭행의 죄 중 제257조(상해, 존속상해), 제258조(중상해, 존속중상해), 제258조의2(특수상해), 제259조(상해치사), 제260조(폭행, 존속폭행)제1항·제2항, 제261조(특수폭행) 및 262조(폭행치사상)의 죄
　3. 「형법」 제2편제28장 유기와 학대의 죄 중 제271조(유기, 존속유기)제1항·제2항, 제272조(영아유기), 제273조(학대, 존속학대), 제274조(아동혹사) 및 제275조(유기등 치사상)의 죄
　4. 「형법」 제2편제29장 체포와 감금의 죄 중 제276조(체포, 감금, 존속체포, 존속감금), 제277조(중체포, 중감금, 존속중체포, 존속중감금), 제278조(특수체포, 특수감금), 제280조(미수범) 및 제281조(체포·감금등의 치사상)의 죄
　5. 「형법」 제2편제30장 협박의 죄 중 제283조(협박, 존속협박)제1항·제2항, 제284조(특수협박) 및 제286조(미수범)의 죄
　6. 「형법」 제2편제31장 약취, 유인 및 인신매매의 죄 중 제287조(미성년자의 약취, 유인), 제288조(추행 등 목적 약취, 유인 등), 제289조(인신매매) 및 제290조(약취, 유인, 매매, 이송 등 상해·치상), 제291조(약취, 유인, 매매, 이송 등 살인·치사) 및 제292조(약취, 유인, 매매, 이송된 사람의 수수·은닉 등) 및 제294조(미수범)의 죄
　7. 「형법」 제2편제32장 강간과 추행의 죄 중 제297조(강간), 제297조의2(유사강간), 제298조(강제추행), 제299조(준강간, 준강제추행), 제300조(미수범), 제301조(강간 등 상해·치상), 제301조의2(강간등 살인·치사), 제302조(미성년자 등에 대한 간음), 제303조(업무상위력 등에 의한 간음) 및 제305조(미성년자에 대한 간음, 추행)의 죄
　8. 「형법」 제2편제33장 명예에 관한 죄 중 제307조(명예훼손), 제309조(출판물 등에 의한 명예훼손) 및 제311조(모욕)의 죄
　9. 「형법」 제2편제36장 주거침입의 죄 중 제321조(주거·신체 수색)의 죄
　10. 「형법」 제2편제37장 권리행사를 방해하는 죄 중 제324조(강요) 및 제324조의5(미수범)(제324조의 죄에만 해당한다)의 죄
　11. 「형법」 제2편제39장 사기와 공갈의 죄 중 제347조(사기), 제347조의2(컴퓨터등 사용사기), 제348조(준사기), 제350조(공갈), 제350조의2(특수공갈) 및 제352조(미수범)의 죄
　12. 「형법」 제2편제40장 횡령과 배임의 죄 중 제355조(횡령, 배임), 제356조(업무상의 횡령과 배임) 및 제357조(배임수증재)의 죄
　13. 「형법」 제2편제42장 손괴의 죄 중 제366조(재물손괴등)의 죄
　14. 제86조제1항·제2항, 같은 조 제3항제3호, 같은 조 제4항제2호 및 같은 조 제5항의 죄
　15. 「성매매알선 등 행위의 처벌에 관한 법률」 제18조 및 제23조(제18조의 죄에만 해당한다)의 죄
　16. 「장애인차별금지 및 권리구제 등에 관한 법률」 제49조제1항의 죄
　17. 「정보통신망 이용촉진 및 정보보호 등에 관한 법률」 제70조제1항 및 제2항의 죄
　18. 「정신건강증진 및 정신질환자 복지서비스 지원에 관한 법률」 제84조제1호 및 제11호의 죄
　19. 제1호부터 제18호까지의 죄로서 다른 법률에 따라 가중처벌되는 죄

II. 벌 칙

제86조(벌칙) ① 제59조의9제1호의 행위를 한 사람은 10년 이하의 징역 또는 1억원 이하의 벌금에 처한다.

② 다음 각 호의 어느 하나에 해당하는 사람은 7년 이하의 징역 또는 7천만원 이하의 벌금에 처한다.

　1. 제59조의9제2호(상해에 한정한다)의 행위를 한 사람

　2. 제59조의9제2호의2의 행위를 한 사람

③ 다음 각 호의 어느 하나에 해당하는 사람은 5년 이하의 징역 또는 5천만원 이하의 벌금에 처한다.

　1. 제50조의3제6항을 위반하여 금융정보등을 이 법에서 정한 목적 외의 용도로 사용하거나 다른 사람 또는 기관에 제공 또는 누설한 사람

　2. 제59조의7제2항 각 호 외의 부분 전단, 같은 조 제3항 또는 제5항에 따른 업무를 수행 중인 장애인권익옹호기관의 직원에 대하여 폭행 또는 협박하거나 위계 또는 위력으로써 그 업무를 방해한 사람

　3. 제59조의9제2호(폭행에 한정한다)부터 제6호까지에 해당하는 행위를 한 사람

④ 다음 각 호의 어느 하나에 해당하는 사람은 3년 이하의 징역 또는 3천만원 이하의 벌금에 처한다.

　1. 제59조의6에 따라 준용되는 「특정범죄신고자 등 보호법」 제8조를 위반하여 신고자의 인적사항 또는 신고자임을 미루어 알 수 있는 사실을 다른 사람에게 알려주거나 공개 또는 보도한 사람

　2. 제59조의9제7호에 해당하는 행위를 한 사람

　3. 제85조의2를 위반하여 업무 수행 중 알게 된 정보 또는 비밀 등을 이 법에서 정한 목적 외에 다른 용도로 사용하거나 다른 사람 또는 기관에 제공 또는 누설한 사람

⑤ 제59조의9제8호의 행위를 한 사람은 1년 이하의 징역 또는 1천만원 이하의 벌금에 처한다.

제86조의2(벌칙) ① 제59조의5제1호에 해당하는 불이익조치를 한 자는 2년 이하의 징역 또는 2천만원 이하의 벌금에 처한다.

② 제59조의5제2호부터 제7호까지의 어느 하나에 해당하는 불이익조치를 한 자는 1년 이하의 징역 또는 1천만원 이하의 벌금에 처한다.

제87조(벌칙) 다음 각 호의 어느 하나에 해당하는 자는 1년 이하의 징역 또는 1천만원 이하의 벌금에 처한다.

　1. 제8조제2항을 위반하여 장애인을 이용하여 부당한 영리행위를 한 자

　2. 제32조제5항을 위반하여 등록증을 양도 또는 대여하거나 양도 또는 대여를 받은 자 및 유사한 명칭 또는 표시를 사용한 자

　3. 제33조제2항을 위반하여 업무상 알게 된 개인의 신상에 관한 비밀을 누설한 자

　4. 5. 삭제 〈2017.12.19.〉

　6. 제59조제2항에 따른 신고 또는 변경신고를 하지 아니하고 장애인복지시설을 설치·운영한 자

　7. 제60조제3항에 따른 시설 이용자의 권익 보호조치를 위반한 시설 운영자

　8. 정당한 사유 없이 제61조제1항에 따른 보고를 하지 아니하거나 거짓의 보고를 한 자, 자료를 제출하지 아니하거나 거짓 자료를 제출한 자, 조사·검사·질문을 거부·방해 또는 기피한 자

　9. 제62조에 따른 명령 등을 받고 이행하지 아니한 자

　10. 제69조제2항을 위반하여 의지·보조기 기사를 두지 아니하고 의지·보조기제조업을 한 자

　11. 제69조제3항을 위반하여 폐쇄 명령을 받은 후 6개월이 지나지 아니하였음에도 불구하고 같은 장소에서 같은 제조업을 한 자

　12. 제70조제1항에 따른 제조업소 폐쇄 명령을 받고도 영업을 한 자

제88조(벌칙) 다음 각 호의 어느 하나에 해당하는 자는 500만원 이하의 벌금에 처한다.

　1. 제20조제4항을 위반하여 장애인의 입학 지원을 거부하거나 입학시험 합격자의 입학을 거부하는 등 불리한 조치를 한 자

　2. 제72조제3항을 위반하여 타인에게 의지·보조기 기사자격증을 대여한 자

제88조의2(가중처벌) ① 상습적으로 장애인학대관련범죄를 범한 자는 그 죄에서 정한 형의 2분의 1까지 가중한다.

② 제59조의4제2항에 따른 신고의무자가 자기의 보호·감독 또는 진료를 받는 장애인을 대상으로 장애인학대관련범죄를 범한 때에는 그 죄에서 정한 형의 2분의 1까지 가중한다.

제89조(양벌규정) 생략

Ⅲ. 범죄사실

1. 장애인 입학거부

1) 적용법조 : 제88조 제1호, 제20조 제4항 ☞ 공소시효 5년

> **제20조(교육)** ④ 각급 학교의 장은 교육을 필요로 하는 장애인이 그 학교에 입학하려는 경우 장애를 이유로 입학 지원을 거부하거나 입학시험 합격자의 입학을 거부하는 등의 불리한 조치를 하여서는 아니 된다.

2) 범죄사실 기재례

> 피의자는 ○○○에 있는 "♥중학교" 교장직에 있는 사람이다. 각급 학교의 장은 교육해야 하는 장애인이 그 학교에 입학하려는 경우 장애를 이유로 입학 지원을 거부하거나 입학시험 합격자의 입학을 거부하는 등의 불리한 조치를 하여서는 아니 된다.
>
> 그럼에도 불구하고 피의자는 20○○. ○. ○. 위 학교에 20○○학년 신입생으로 입학 지원하려는 홍길동이 2년 전 교통사고로 무릎 이하 반신불수로서 휠체어를 타고 다녀야 하는데 위 학교는 이러한 장애인을 위한 시설이 되어있지 않는다는 이유로 입학의 지원을 거부하였다.

3) 신문사항

- 교직에 있는가
- 어느 학교에 있으면 직책은
- 20○○학년 신입생을 모집하였나
- 입학지원 자격이 별도로 있나
- 홍길동을 알고 있는가
- 위 홍길동이 피의자 학교에 입학지원한 일이 있는가
- 언제 지원하였나
- 지원을 받아 들였나
- 왜 받아 주지 않았나
- 장애인이라는 이유로 받아 주지 않았다는 것인가

2. 미신고 장애인복지시설 설치

1) 적용법조 : 제87조 제6호, 제59조 제2항 ☞ 공소시효 5년

제59조(장애인복지시설 설치) ① 국가와 지방자치단체는 장애인복지시설을 설치할 수 있다.
② 제1항에 규정된 자 외의 자가 장애인복지시설을 설치·운영하려면 해당 시설 소재지 관할 시장·군수·구청장에게
신고하여야 하며, 신고한 사항 중 보건복지부령으로 정하는 중요한 사항을 변경할 때에도 신고하여야 한다. 다
만, 제62조에 따른 폐쇄 명령을 받고 1년이 지나지 아니한 자는 시설의 설치·운영 신고를 할 수 없다.

2) 범죄사실 기재례

피의자는 ○○에서 "★복지원"이라는 상호로 장애인복지시설을 운영하는 사람이다. 장애
인복지시설을 설치·운영하고자 할 때는 시설 소재지 관할 구청장(시장·군수)에게 신고하여
야 한다.
그럼에도 불구하고 피의자는 20○○. ○. ○. 경부터 20○○. ○. ○.까지 위 장소 약 300
㎡에 방 3개의 수용시설을 갖추고 지적장애인 김아파외 20명에 대해 1인당 요양비 명목으로
월 ○○만원씩 받고 이들을 수용하였다.

3) 신문사항

- 장애인복지시설을 운영하고 있는가
- 언제부터 어디에서 운영하고 있는가
- 규모는 어느 정도 인가
- 누구를 상대로 운영하는가
- 수용인원은 몇 명인가
- 이들을 어떤 조건으로 수용하고 있는가
- 영업신고를 하였나
- 왜 신고없이 이런 행위를 하였는가

3. 장애인에 대한 금지행위

1) 적용법조 : 제86조 제3항 제3호, 제59조의9 ☞ 공소시효 7년

제59조의9(금지행위) 누구든지 다음 각 호의 어느 하나에 해당하는 행위를 하여서는 아니 된다.
1. 장애인에게 성적 수치심을 주는 성희롱·성폭력 등의 행위
2. 장애인의 신체에 폭행을 가하거나 상해를 입히는 행위
2의2. 장애인을 폭행, 협박, 감금, 그 밖에 정신상 또는 신체상의 자유를 부당하게 구속하는 수단으로써 장애인의 자유의사에 어긋나는 노동을 강요하는 행위
3. 자신의 보호·감독을 받는 장애인을 유기하거나 의식주를 포함한 기본적 보호 및 치료를 소홀히 하는 방임행위
4. 장애인에게 구걸을 하게 하거나 장애인을 이용하여 구걸하는 행위
5. 장애인을 체포 또는 감금하는 행위
6. 장애인의 정신건강 및 발달에 해를 끼치는 정서적 학대행위
7. 장애인을 위하여 증여 또는 급여된 금품을 그 목적 외의 용도에 사용하는 행위
8. 공중의 오락 또는 흥행을 목적으로 장애인의 건강 또는 안전에 유해한 곡예를 시키는 행위

2) 범죄사실 기재례

[기재례1] 장애인 폭행 : 제86조 제3항 제3호, 제59조의9 제2호 ☞ 공소시효 7년

누구든지 장애인의 신체에 폭행을 가하거나 상해를 입히는 행위를 하여서는 아니 된다.

그럼에도 피의자는 ○○에 있는 중증장애인 거주시설인 '○○의집'에서 생활 재활교사로 근무하던 중 20○○. ○. ○. 10:00경 위 ○○의집 2층 휴게실에서 위 시설에 거주하는 지적장애 2급 장애인인 피해자 갑(19세)이 소파에 앉아 잠에서 깨지 않는다는 이유로 오른손으로 위 피해자의 왼쪽 허벅지 부분을 1회 때리고, 왼손으로 피해자의 목 부분을 1회 때렸다.

피의자는 이를 비롯하여 그때부터 20○○. ○. ○.경까지 사이에 모두 ○○회에 걸쳐 별지 범죄일람표에 기재된 것과 같이 위 시설에 거주하는 장애인의 신체에 폭행을 가하였다.

[기재례2] 정서적 학대 : 제86조 제3항 제3호, 제59조의9 제6호 ☞ 공소시효 7년

피의자는 ○○에 있는 ○○장애인보호작업장에서 사회복지사로 근무하던 사람이다.

누구든지 장애인의 정신건강 및 발달에 해를 끼치는 정서적 학대행위를 하여서는 아니 된다.

그럼에도 피의자는 20○○. ○. ○.12:00경 위 ○○장애인보호작업장 2층에서, 지적장애 3급인 피해자 갑(여, 36세)의 머리에 쇼핑백 끈 다발을 올려놓고 '여러분 갑씨 어때요'라고 말하여 다른 장애인 근로자들이 피해자를 보고 웃게 하고 피해자의 사진을 찍고, 피해자에게 눈을 찌르고 우는 시늉을 하도록 지시하여 피해자가 어쩔 수 없이 이를 따르도록 하여, 피해자에게 사람들의 웃음거리가 되고 수치심을 느끼게 하였다.

이로써 피의자는 피해자에 대하여 정서적 학대행위를 하였다.

4. 의지(義肢) · 보조기기사 미고용

1) 적용법조 : 제87조 제10호, 제69조 제2항 ☞ 공소시효 5년

> 제69조(의지 · 보조기제조업의 개설사실의 통보 등) ① 의지 · 보조기를 제조 · 개조 · 수리하거나 신체에 장착하는 사업(이하 "의지 · 보조기제조업"이라 한다)을 하는 자는 그 제조업소를 개설한 후 7일 이내에 보건복지부령이 정하는 바에 따라 시장 · 군수 · 구청장에게 제조업소의 개설사실을 알려야 한다. 제조업소의 소재지 변경 등 보건복지부령이 정하는 중요 사항을 변경한 때에도 또한 같다.
> ② 의지 · 보조기 제조업자는 제72조에 따른 의지 · 보조기 기사(補助器 技士)를 1명 이상 두어야 한다. 다만, 의지 · 보조기 제조업자 자신이 의지 · 보조기 기사인 경우에는 따로 기사를 두지 아니하여도 된다.
> ③ 의지 · 보조기 제조업자가 제70조에 따른 폐쇄 명령을 받은 후 6개월이 지나지 아니하면 같은 장소에서 같은 제조업을 하여서는 아니 된다.
> ④ 의지 · 보조기 제조업자는 의사의 처방에 따라 의지 · 보조기를 제조하거나 개조하여야 한다.

2) 범죄사실 기재례

> 피의자는 ○○에서 ○○라는 상호로 의지 · 보조기제조업을 운영하는 사람으로서, 의지 · 보조기제조업자는 의지 · 보조기 기사를 1명 이상 두어야 한다.
> 그럼에도 불구하고 피의자는 20○○. ○. ○.부터 20○○. ○. ○.까지 의지 · 보조기 기사를 두지 아니하고 영업하였다.

3) 신문사항

- 의지 · 보조기제업을 하고 있는가
- 언제부터 어디에서 하고 있는가
- 주로 어떤 기제를 제조하는가
- 규모는 어는 정도 인가
- 의지 · 보조기기사를 두었는가
- 언제부터 언제까지 이를 두지 않았나
- 왜 두지 않았나

■ 판례 ■ 　장애인복지법에 따른 보장구제조업 허가를 받아 이를 제조하는 자가 별도의 허가를 받지 않고 정형외과용 의료용구인 다리교정 장치를 제조한 경우

[1] 다리교정기가 의료용구의 일종인 정형외과용 교정장치에 해당하는지 여부

다리교정기는 휘어진 다리를 알루미늄 받침대에 벨트로 꽉 조이도록 묶어 벨트의 당기는 힘에 의하여 물리적으로 휜 다리가 펴지도록 할 목적으로 사용되는 장치로서 약사법 제2조 제9항 소정의 의료용구의 일종인 정형외과용 교정장치에 해당된다.

[2] 다리교정기가 의료용구에 해당되지 않는다고 믿은 데에 정당한 이유가 있는지 여부(소극)

장애인복지법 제50조 제1항 소정의 보장구제조업허가를 받아 제조되는 보장구는 어디까지나 장애인의 장애를 보완하기 위하여 필요한 기구(장애인복지법 제9조 제1항 참조)에 불과하므로 위 허가를 받았다고 하여 다리교정기와 같은 정형외과용 교정장치를 제조할 수 있도록 허용되는 것이 아

님은 분명하므로, 설령 장애인복지법 제50조 제1항에 의해 보장구제조허가를 받았고 또 한국보장구협회에서 다리교정기와 비슷한 기구를 제작·판매하고 있던 자라 하더라도, 다리교정기가 의료용구에 해당되지 않는다고 믿은 데에 정당한 사유가 있다고 볼 수는 없다(대법원 1995.12.26. 선고 95도2188 판결).

5. 의지·보조기기사 자격증 대여

1) **적용법조** : 제88조 제2호, 제72조 제3항 ☞ 공소시효 5년

> 제72조(의지·보조기 기사자격증 교부 등) ③ 의지·보조기 기사자격증은 다른 자에게 대여하지 못한다.

2) **범죄사실 기재례**

> 피의자는 의지·보조기 기사 자격증을 소지한 사람으로서 의지·보조기 기사의 자격증은 타인에게 대여하여서는 아니 된다.
> 그럼에도 불구하고 피의자는 20○○. ○. ○. ○○에서 홍길동에게 월 ○○만원을 받기로 하고 피의자 명의의 의지·보조기기사 자격증을 대여하였다.

3) **신문사항**

- 의지·보조기기사 자격증이 있는가
- 어떤 내용의 자격증인가
- 언제 취득하였는가
- 이러한 자격증을 다른 사람에게 대여한 일이 있는가
- 누구에게 대여하였는가
- 언제 어떤 조건으로 대여하였는가
- 대여받은 乙은 무엇 때문에 대여해 달라고 하던가
- 대여받은 乙은 대여받은 자격증으로 무엇을 하였는지 알고 있는가
- 왜 이러한 행위를 하였는가

6. 장애인 복지상담원의 비밀누설

1) 적용법조 : 제86조 제4항 제3호, 제85조의2 ☞ 공소시효 5년

제85조의2(비밀 누설 등의 금지) 보건복지부 및 특별자치시·특별자치도·시·군·구 소속 공무원과 소속 공무원이었던 사람, 제32조제6항에 따른 정밀심사 의뢰기관의 종사자와 종사자였던 사람, 제32조의5제1항·제32조의6제3항·제59조의11제4항에 따른 수탁기관의 종사자와 종사자였던 사람은 업무 수행 중 알게 된 정보 또는 비밀 등을 이 법에서 정한 목적 외에 다른 용도로 사용하거나 다른 사람 또는 기관에 제공·누설하여서는 아니된다.

2) 범죄사실 기재례

피의자는 20○○. ○. ○.부터 ○○시청 노인장애인과에서 장애인등록 등의 업무를 맡고 있는 지방직공무원(사회복지 7급)이다.

장애인 등록업무를 맡은 공무원 등은 업무 수행 중 알게 된 정보 또는 비밀 등을 이 법에서 정한 목적 외에 다른 용도로 사용하거나 다른 사람 또는 기관에 제공·누설하여서는 아니 된다.

그럼에도 불구하고 피의자는 20○○. ○. ○. ○○:○○경 위 사무실에서 장애인등록 업무와 과정에서 홍길녀(여, 28세)가 ○○장애가 있다는 것을 알고 20○○. ○. ○.경 갑에게 홍길녀의 장애 사실을 말하여 이를 누설하였다.

이로써 피의자는 업무 수행 중 알게 된 비밀을 다른 사람에게 누설하였다.

3) 신문사항

- 피의자는 어디에서 근무하고 있는가
- 어떠한 업무를 수행하는가(장애인복지상담원)
- 홍길녀를 알고 있는가
- 언제 어디에서 위 홍길녀와 상담하였나
- 상담과정에서 어떠한 사항을 알게 되었나
- 이러한 사실을 누설한 일이 있나
- 언제 어디에서 누구에게 누설하였나
- 피의자의 행위로 홍길녀는 어떠한 피해를 보았는지 알고 있나
- 장애인복지상담원으로서 이러한 누설행위에 대해 어떻게 생각하느냐

제 100 장 저작권법

Ⅰ. 개념정의

제2조(정의) 이 법에서 사용하는 용어의 뜻은 다음과 같다.

1. "저작물"은 인간의 사상 또는 감정을 표현한 창작물을 말한다.
2. "저작자"는 저작물을 창작한 자를 말한다.
3. "공연"은 저작물 또는 실연(實演)·음반·방송을 상연·연주·가창·구연·낭독·상영·재생 그 밖의 방법으로 공중에게 공개하는 것을 말하며, 동일인의 점유에 속하는 연결된 장소 안에서 이루어지는 송신(전송은 제외한다)을 포함한다.
4. "실연자"는 저작물을 연기·무용·연주·가창·구연·낭독 그 밖의 예능적 방법으로 표현하거나 저작물이 아닌 것을 이와 유사한 방법으로 표현하는 실연을 하는 자를 말하며, 실연을 지휘, 연출 또는 감독하는 자를 포함한다.
5. "음반"은 음(음성·음향을 말한다. 이하 같다)이 유형물에 고정된 것(음을 디지털화한 것을 포함한다)을 말한다. 다만, 음이 영상과 함께 고정된 것은 제외한다.
6. "음반제작자"는 음을 음반에 고정하는데 있어 전체적으로 기획하고 책임을 지는 자를 말한다.
7. "공중송신"은 저작물, 실연·음반·방송 또는 데이터베이스(이하 "저작물등"이라 한다)를 공중이 수신하거나 접근하게 할 목적으로 무선 또는 유선통신의 방법에 의하여 송신하거나 이용에 제공하는 것을 말한다.
8. "방송"은 공중송신 중 공중이 동시에 수신하게 할 목적으로 음·영상 또는 음과 영상 등을 송신하는 것을 말한다.
8의2. "암호화된 방송 신호"란 방송사업자나 방송사업자의 동의를 받은 자가 정당한 권한 없이 방송(유선 및 위성 통신의 방법에 의한 방송에 한한다)을 수신하는 것을 방지하거나 억제하기 위하여 전자적으로 암호화한 방송 신호를 말한다.
9. "방송사업자"는 방송을 업으로 하는 자를 말한다.
10. "전송(傳送)"은 공중송신 중 공중의 구성원이 개별적으로 선택한 시간과 장소에서 접근할 수 있도록 저작물 등을 이용에 제공하는 것을 말하며, 그에 따라 이루어지는 송신을 포함한다.
11. "디지털음성송신"은 공중송신 중 공중으로 하여금 동시에 수신하게 할 목적으로 공중의 구성원의 요청에 의하여 개시되는 디지털 방식의 음의 송신을 말하며, 전송은 제외한다.
12. "디지털음성송신사업자"는 디지털음성송신을 업으로 하는 자를 말한다.
13. "영상저작물"은 연속적인 영상(음의 수반여부는 가리지 아니한다)이 수록된 창작물로서 그 영상을 기계 또는 전자장치에 의하여 재생하여 볼 수 있거나 보고 들을 수 있는 것을 말한다.
14. "영상제작자"는 영상저작물의 제작에 있어 그 전체를 기획하고 책임을 지는 자를 말한다.
15. "응용미술저작물"은 물품에 동일한 형상으로 복제될 수 있는 미술저작물로서 그 이용된 물품과 구분되어 독자성을 인정할 수 있는 것을 말하며, 디자인 등을 포함한다.
16. "컴퓨터프로그램저작물"은 특정한 결과를 얻기 위하여 컴퓨터 등 정보처리능력을 가진 장치(이하 "컴퓨터"라 한다) 내에서 직접 또는 간접으로 사용되는 일련의 지시·명령으로 표현된 창작물을 말한다.
17. "편집물"은 저작물이나 부호·문자·음·영상 그 밖의 형태의 자료(이하 "소재"라 한다)의 집합물을 말하며, 데이터베이스를 포함한다.
18. "편집저작물"은 편집물로서 그 소재의 선택·배열 또는 구성에 창작성이 있는 것을 말한다.
19. "데이터베이스"는 소재를 체계적으로 배열 또는 구성한 편집물로서 개별적으로 그 소재에 접근하거나 그 소재를 검색할 수 있도록 한 것을 말한다.
20. "데이터베이스제작자"는 데이터베이스의 제작 또는 그 소재의 갱신·검증 또는 보충(이하 "갱신등"이라 한다)에 인적 또는 물적으로 상당한 투자를 한 자를 말한다.
21. "공동저작물"은 2인 이상이 공동으로 창작한 저작물로서 각자의 이바지한 부분을 분리하여 이용할 수 없는 것을 말한다.
22. "복제"는 인쇄·사진촬영·복사·녹음·녹화 그 밖의 방법으로 일시적 또는 영구적으로 유형물에 고정하거나 다시 제작하는 것을 말하며, 건축물의 경우에는 그 건축을 위한 모형 또는 설계도서에 따라 이를 시공하는 것

을 포함한다.

23. "배포"는 저작물등의 원본 또는 그 복제물을 공중에게 대가를 받거나 받지 아니하고 양도 또는 대여하는 것을 말한다.

24. "발행"은 저작물 또는 음반을 공중의 수요를 충족시키기 위하여 복제·배포하는 것을 말한다.

25. "공표"는 저작물을 공연, 공중송신 또는 전시 그 밖의 방법으로 공중에게 공개하는 경우와 저작물을 발행하는 경우를 말한다.

26. "저작권신탁관리업"은 저작재산권자, 배타적발행권자, 출판권자, 저작인접권자 또는 데이터베이스제작자의 권리를 가진 자를 위하여 그 권리를 신탁받아 이를 지속적으로 관리하는 업을 말하며, 저작물등의 이용과 관련하여 포괄적으로 대리하는 경우를 포함한다.

27. "저작권대리중개업"은 저작재산권자, 배타적발행권자, 출판권자, 저작인접권자 또는 데이터베이스제작자의 권리를 가진 자를 위하여 그 권리의 이용에 관한 대리 또는 중개행위를 하는 업을 말한다.

28. "기술적 보호조치"란 다음 각 목의 어느 하나에 해당하는 조치를 말한다.

　가. 저작권, 그 밖에 이 법에 따라 보호되는 권리의 행사와 관련하여 이 법에 따라 보호되는 저작물등에 대한 접근을 효과적으로 방지하거나 억제하기 위하여 그 권리자나 권리자의 동의를 받은 자가 적용하는 기술적 조치

　나. 저작권, 그 밖에 이 법에 따라 보호되는 권리에 대한 침해 행위를 효과적으로 방지하거나 억제하기 위하여 그 권리자나 권리자의 동의를 받은 자가 적용하는 기술적 조치

29. "권리관리정보"는 다음 각 목의 어느 하나에 해당하는 정보나 그 정보를 나타내는 숫자 또는 부호로서 각 정보가 저작권, 그 밖에 이 법에 따라 보호되는 권리에 의하여 보호되는 저작물등의 원본이나 그 복제물에 붙여지거나 그 공연·실행 또는 공중송신에 수반되는 것을 말한다.

　가. 저작물등을 식별하기 위한 정보

　나. 저작권, 그 밖에 이 법에 따라 보호되는 권리를 가진 자를 식별하기 위한 정보

　다. 저작물등의 이용 방법 및 조건에 관한 정보

30. "온라인서비스제공자"란 다음 각 목의 어느 하나에 해당하는 자를 말한다.

　가. 이용자가 선택한 저작물등을 그 내용의 수정 없이 이용자가 지정한 지점 사이에서 정보통신망(「정보통신망 이용촉진 및 정보보호 등에 관한 법률」 제2조제1항제1호의 정보통신망을 말한다. 이하 같다)을 통하여 전달하기 위하여 송신하거나 경로를 지정하거나 연결을 제공하는 자

　나. 이용자들이 정보통신망에 접속하거나 정보통신망을 통하여 저작물등을 복제·전송할 수 있도록 서비스를 제공하거나 그를 위한 설비를 제공 또는 운영하는 자

31. "업무상저작물"은 법인·단체 그 밖의 사용자(이하 "법인등"이라 한다)의 기획하에 법인등의 업무에 종사하는 자가 업무상 작성하는 저작물을 말한다.

32. "공중"은 불특정 다수인(특정 다수인을 포함한다)을 말한다.

33. "인증"은 저작물등의 이용허락 등을 위하여 정당한 권리자임을 증명하는 것을 말한다.

34. "프로그램코드역분석"은 독립적으로 창작된 컴퓨터프로그램저작물과 다른 컴퓨터프로그램과의 호환에 필요한 정보를 얻기 위하여 컴퓨터프로그램저작물코드를 복제 또는 변환하는 것을 말한다.

35. "라벨"이란 그 복제물이 정당한 권한에 따라 제작된 것임을 나타내기 위하여 저작물등의 유형적 복제물·포장 또는 문서에 부착·동봉 또는 첨부되거나 그러한 목적으로 고안된 표지를 말한다.

36. "영화상영관등"이란 영화상영관, 시사회장, 그 밖에 공중에게 영상저작물을 상영하는 장소로서 상영자에 의하여 입장이 통제되는 장소를 말한다.

■ 판례 ■　아날로그 방식으로 녹음된 음반을 디지털 샘플링의 기법을 이용하여 디지털화한 것이 저작권법 부칙(1995.12.6.) 제4조 제3항에 말하는 '2차적 저작물'로 인정되기 위한 요건

1995.12.6. 법률 제5105호로 개정된 저작권법의 부칙 제4조 제3항에서 정한 외국인의 저작물을 원저작물로 하는 2차적 저작물로 인정되기 위해서는 원저작물을 기초로 하되 이것에 사회통념상 새로운 저작물이 될 수 있을 정도의 수정·증감을 가하여 새로운 창작성이 부가되어야 한다. 한편, 1986.12.31. 법률 제3916호로 전문 개정되기 전의 저작권법 제2조는 음반을 저작물의 하나로 규정하

고 있었으므로 같은 법의 적용을 받는 내외국인의 음반을 기초로 한 2차적 저작물이 작성될 수 있다고 할 것이지만, 아날로그 방식으로 녹음된 음반을 디지털 샘플링의 기법을 이용하여 디지털화한 것이 2차적 저작물로 인정되기 위해서는 단지 아날로그 방식의 음반을 부호화하면서 잡음을 제거하는 등으로 실제 연주에 가깝게 하였다는 정도로는 부족하고 이를 재구성하거나 새로운 내용을 첨삭하는 등의 방법으로 독자적인 표현을 부가하여야만 한다(대법원 2006.2.10. 선고 2003다41555 판결).

■ 판례 ■ **지하철 통신설비 중 화상전송설비에 대한 제안서도면이 기능적 저작물로서의 창작성이 인정되는지 여부(소극)**

저작권법 제2조 제1호는 저작물을 "문학·학술 또는 예술의 범위에 속하는 창작물"로 규정하고 있는바, 위 법조항에 따른 저작물로서 보호를 받기 위해서 필요한 창작성이란 완전한 의미의 독창성을 말하는 것은 아니며 단지 어떠한 작품이 남의 것을 단순히 모방한 것이 아니고 작자 자신의 독자적인 사상 또는 감정의 표현을 담고 있음을 의미하므로, 누가 하더라도 같거나 비슷할 수밖에 없는 표현, 즉 저작물 작성자의 창조적 개성이 드러나지 않는 표현을 담고 있는 것은 창작성이 있는 저작물이라고 할 수 없고, 한편 저작권법은 제4조 제1항 제8호에서 "지도·도표·설계도·약도·모형 그 밖의 도형저작물"을 저작물로 예시하고 있는데, 이와 같은 도형저작물은 예술성의 표현보다는 기능이나 실용적인 사상의 표현을 주된 목적으로 하는 이른바 기능적 저작물로서, 기능적 저작물은 그 표현하고자 하는 기능 또는 실용적인 사상이 속하는 분야에서의 일반적인 표현방법, 규격 또는 그 용도나 기능 자체, 저작물 이용자의 이해의 편의성 등에 의하여 그 표현이 제한되는 경우가 많으므로 작성자의 창조적 개성이 드러나지 않을 가능성이 크며, 동일한 기능을 하는 기계장치나 시스템의 연결관계를 표현하는 기능적 저작물에 있어서 그 장치 등을 구성하는 장비 등이 달라지는 경우 그 표현이 달라지는 것은 당연한 것이고, 저작권법은 기능적 저작물이 담고 있는 사상을 보호하는 것이 아니라, 그 저작물의 창작성 있는 표현을 보호하는 것이므로, 기술 구성의 차이에 따라 달라진 표현에 대하여 동일한 기능을 달리 표현하였다는 사정만으로 그 창작성을 인정할 수는 없고 창조적 개성이 드러나 있는지 여부를 별도로 판단하여야 한다. 따라서 지하철 통신설비 중 화상전송설비에 대한 제안서도면은 기능적 저작물로서의 창작성을 인정하기 어려워 그 저작물성이 부인된다(대법원 2005.1.27. 선고 2002도965 판결).

■ 판례 ■ **지도가 저작권법에 의하여 저작물로 보호되는 범위**

저작권법에 의하여 보호되는 저작물이기 위하여는 문학·학술 또는 예술의 범위에 속하는 창작물이어야 하므로 그 요건으로서 창작성이 요구되는바, 일반적으로 지도는 지표상의 산맥·하천 등의 자연적 현상과 도로·도시·건물 등의 인문적 현상을 일정한 축적으로 미리 약속한 특정한 기호를 사용하여 객관적으로 표현한 것으로서 지도상에 표현되는 자연적 현상과 인문적 현상은 사실 그 자체로서 저작권의 보호대상이 아니라고 할 것이어서 지도의 창작성 유무의 판단에 있어서는 지도의 내용이 되는 자연적 현상과 인문적 현상을 종래와 다른 새로운 방식으로 표현하였는지 여부와 그 표현된 내용의 취사선택에 창작성이 있는지 여부가 기준이 된다고 할 것이고, 한편 지도의 표현방식에 있어서도 미리 약속된 특정의 기호를 사용하여야 하는 등 상당한 제한이 있어 동일한 지역을 대상으로 하는 것인 한 그 내용 자체는 어느 정도 유사성을 가질 수밖에 없는 것이다(대법원 2003.10.9 선고 2001다50586 판결).

■ 판례 ■ **생활한복이 저작권법의 보호대상이 되는지 여부(소극)**

응용미술작품이 상업적인 대량생산에의 이용 또는 실용적인 기능을 주된 목적으로 하여 창작된 경우 그 모두가 바로 저작권법상의 저작물로 보호될 수는 없고, 그 중에서도 그 자체가 하나의 독립적인 예술적 특성이나 가치를 가지고 있어 예술의 범위에 속하는 창작물에 해당하는 것만이 저작물로서 보호된다. 따라서 생활한복은 저작권법의 보호대상이 되는 저작물에 해당하지 않는다(대법원 2000.3.28. 선고 2000도79 판결).

■ 판례 ■ **저작권의 보호대상 및 저작물의 무단복제 여부에 대한 판단 기준**

[1] 저작권의 보호 대상

저작권법상 저작물은 문학·학술 또는 예술과 같은 문화의 영역에서 사람의 정신적 노력에 의하여 얻어진 아이디어나 사상 또는 감정의 창작적 표현물을 가리키므로 그에 대한 저작권은 아이디어 등을 말·문자·음(音)·색(色) 등에 의하여 구체적으로 외부에 표현한 창작적인 표현 형식만을 보호대상으로 하는 것이어서 표현의 내용이 된 아이디어나 그 기초 이론 등은 설사 독창성·신규성이 있는 것이라 하더라도 저작권의 보호대상이 될 수 없을 뿐만 아니라, 표현 형식에 해당하는 부분에 있어서도 다른 저작물과 구분될 정도로 저작자의 개성이 나타나 있지 아니하여 창작성이 인정되지 않는 경우에는 이 역시 저작권의 보호대상이 될 수가 없다.

[2] 저작권법 제98조 제1호 소정의 저작물의 무단복제 여부에 대한 판단 기준

저작권법 제98조 제1호에서 형사처벌의 대상이 되는 저작권 침해행위로 규정하고 있는 저작물의 무단 복제 여부도 어디까지나 저작물의 표현 형식에 해당하고 또 창작성이 있는 부분만을 대비하여 볼 때 상호간에 실질적 유사성이 있다고 인정할 수 있는지 여부에 의하여 결정되는 것이어서, 원칙적으로 표현 내용이 되는 아이디어나 그 기초 이론 등에 있어서의 유사성은 그에 아무런 영향을 미칠 수 없을 뿐만 아니라 표현 형식에 해당하는 부분이라 하여도 창작성이 인정되지 아니하는 부분은 이를 고려할 여지가 없다(대법원 1999.10.22. 선고 98도112 판결).

■ 판례 ■ **대학입시용 문제집을 제작함에 있어서 개개의 문제의 질문을 만들기 위하여 대학입시 문제의 질문과 제시된 답안을 그대로 베낀 경우**

대입 본고사 입시문제가 역사적인 사실이나 자연과학적인 원리에 대한 인식의 정도나 외국어의 해독능력 등을 묻는 것이고, 또 교과서, 참고서 기타 교재의 일정한 부분을 발췌하거나 변형하여 구성된 측면이 있다고 하더라도, 출제위원들이 우수한 인재를 선발하기 위하여 정신적인 노력과 고심 끝에 남의 것을 베끼지 아니하고 문제를 출제하였고 그 출제한 문제의 질문의 표현이나 제시된 여러 개의 답안의 표현에 최소한도의 창작성이 인정된다면, 이를 저작권법에 의하여 보호되는 저작물로 보는데 아무런 지장이 없다(대법원 1997.11.25. 선고 97도2227 판결).

■ 판례 ■ **'한국입찰경매정보'지가 저작권법의 보호를 받는 편집저작물에 해당하는지 여부**

'한국입찰경매정보'지는 그 소재의 선택이나 배열에 창작성이 있는 것이어서 독자적인 저작물로서 보호되는 편집저작물에 해당하므로, 이를 가리켜 저작권법 제7조 소정의 보호받지 못하는 저작물이라고 할 수 없다(대법원 1996.12.6. 선고 96도2440 판결).

■ 판례 ■ **저작권법의 보호대상이 되는 저작물의 요건 및 저작물의 내용 중에 부도덕하거나 위법한 부분이 포함되어 있더라도 저작권법상 저작물로 보호되는지 여부(적극)**

저작권법은 제2조 제1호에서 저작물을 '인간의 사상 또는 감정을 표현한 창작물'이라고 정의하는 한편, 제7조에서 보호받지 못하는 저작물을 열거하고 있을 뿐이다. 따라서 저작권법의 보호대상이 되는 저작물이란 위 열거된 보호받지 못하는 저작물에 속하지 아니하면서도 인간의 정신적 노력에 의하여 얻어진 사상 또는 감정을 말, 문자, 음, 색 등에 의하여 구체적으로 외부에 표현한 것으로서 '창작적인 표현형식'을 담고 있으면 족하고, 표현되어 있는 내용 즉 사상 또는 감정

자체의 윤리성 여하는 문제 되지 아니하므로, 설령 내용 중에 부도덕하거나 위법한 부분이 포함되어 있다 하더라도 저작권법상 저작물로 보호된다(대법원 2015.6.11. 선고, 2011도10872 판결).

■ 판례 ■ 저작권법상 '공표'의 한 유형인 '발행'에 관한 정의규정인 저작권법 제2조 제24호에서 말하는 '복제·배포'의 의미 / 저작물을 '복제하여 배포하는 행위'가 있어야 저작물의 발행에 해당하는지 여부(적극) 및 저작물을 복제한 것만으로 저작물의 발행에 해당하는지 여부(소극)

저작권법 제137조 제1항 제1호는 '저작자 아닌 자를 저작자로 하여 실명·이명을 표시하여 저작물을 공표한 자를 형사처벌한다'고 정하고 있고, 저작권법 제2조 제25호는 '공표'의 의미에 관해 "저작물을 공연, 공중송신 또는 전시 그 밖의 방법으로 공중에게 공개하는 것과 저작물을 발행하는 것을 말한다."라고 정하고 있다. 공표의 한 유형인 저작물의 '발행'에 관하여 저작권법 규정이 다음과 같이 개정되었다. 구 저작권법(1986. 12. 31. 법률 제3916호로 전부 개정되기 전의 것, 이하 '구 저작권법'이라 한다) 제8조 제1항에서 "발행이라 함은 저작물을 복제하여 발매 또는 배포하는 행위를 말한다."라고 정하고 있었다. 그 후 1986. 12. 31. 법률 제3916호로 전부 개정된 저작권법은 "발행: 저작물을 일반공중의 수요를 위하여 복제·배포하는 것을 말한다."(제2조 제16호)라고 정하였고, 2006. 12. 28. 법률 제8101호로 전부 개정된 저작권법은 "발행은 저작물 또는 음반을 공중의 수요를 충족시키기 위하여 복제·배포하는 것을 말한다."(제2조 제24호)라고 정하였으며, 현행 저작권법도 이와 같다. 여기에서 '복제·배포'의 의미가 '복제하여 배포하는 행위'를 뜻하는지 아니면 '복제하거나 배포하는 행위'를 뜻하는지 문제 된다.

'공표'는 사전(辭典)적으로 '여러 사람에게 널리 드러내어 알리는 것'을 의미하고, 저작물의 '발행'은 저작권법상 '공표'의 한 유형에 해당한다. 단순히 저작물을 복제하였다고 해서 공표라고 볼 수 없다. 그리고 가운뎃점(·)은 단어 사이에 사용할 때 일반적으로 '와/과'의 의미를 가지는 문장부호이다. 따라서 위 조항에서 말하는 '복제·배포'는 그 문언상 '복제하여 배포하는 행위'라고 해석할 수 있다. 또한 구 저작권법상 '발행'은 저작물을 복제하여 발매 또는 배포하는 행위라고 정의하고 있었다. 현행 저작권법상 '발행'의 정의규정은 구 저작권법 제8조의 '발행'에 관한 정의규정의 문구나 표현을 간결한 표현으로 정비한 것으로 보일 뿐 이와 다른 의미를 규정하기 위해 개정된 것으로 볼 만한 사정이 없다. 한편 죄형법정주의의 원칙상 형벌법규는 문언에 따라 해석·적용하여야 하고 피고인에게 불리한 방향으로 지나치게 확장해석하거나 유추해석해서는 안 된다. 이러한 견지에서 '복제·배포'의 의미를 엄격하게 해석하여야 한다. 결국 저작물을 '복제하여 배포하는 행위'가 있어야 저작물의 발행이라고 볼 수 있고, 저작물을 복제한 것만으로는 저작물의 발행이라고 볼 수 없다.(대법원 2018. 1. 24. 선고, 2017도18230, 판결)

II. 벌칙 및 소추조건

1. 벌 칙

제136조(벌칙) ① 다음 각 호의 어느 하나에 해당하는 자는 5년 이하의 징역 또는 5천만원 이하의 벌금에 처하거나 이를 병과할 수 있다.
1. 저작재산권, 그 밖에 이 법에 따라 보호되는 재산적 권리(제93조에 따른 권리는 제외한다)를 복제, 공연, 공중송신, 전시, 배포, 대여, 2차적저작물 작성의 방법으로 침해한 자
2. 제129조의3제1항에 따른 법원의 명령을 정당한 이유 없이 위반한 자
② 다음 각 호의 어느 하나에 해당하는 자는 3년 이하의 징역 또는 3천만원 이하의 벌금에 처하거나 이를 병과할 수 있다.
1. 저작인격권 또는 실연자의 인격권을 침해하여 저작자 또는 실연자의 명예를 훼손한 자
2. 제53조 및 제54조(제90조 및 제98조에 따라 준용되는 경우를 포함한다)에 따른 등록을 거짓으로 한 자
3. 제93조에 따라 보호되는 데이터베이스제작자의 권리를 복제·배포·방송 또는 전송의 방법으로 침해한 자
3의2. 제103조의3제4항을 위반한 자
3의3. 업으로 또는 영리를 목적으로 제104조의2제1항 또는 제2항을 위반한 자
3의4. 업으로 또는 영리를 목적으로 제104조의3제1항을 위반한 자. 다만, 과실로 저작권 또는 이 법에 따라 보호되는 권리 침해를 유발 또는 은닉한다는 사실을 알지 못한 자는 제외한다.
3의5. 제104조의4제1호 또는 제2호에 해당하는 행위를 한 자
3의6. 제104조의5를 위반한 자 3의7. 제104조의7을 위반한 자
4. 제124조제1항에 따른 침해행위로 보는 행위를 한 자
제137조(벌칙) ① 다음 각 호의 어느 하나에 해당하는 자는 1년 이하의 징역 또는 1천만원 이하의 벌금에 처한다.
1. 저작자 아닌 자를 저작자로 하여 실명·이명을 표시하여 저작물을 공표한 자
2. 실연자 아닌 자를 실연자로 하여 실명·이명을 표시하여 실연을 공연 또는 공중송신하거나 복제물을 배포한 자
3. 제14조제2항을 위반한 자
3의2. 제104조의4제3호에 해당하는 행위를 한 자
3의3. 제104조의6을 위반한 자
4. 제105조제1항에 따른 허가를 받지 아니하고 저작권신탁관리업을 한 자
5. 제124조제2항에 따라 침해행위로 보는 행위를 한 자
6. 자신에게 정당한 권리가 없음을 알면서 고의로 제103조제1항 또는 제3항에 따른 복제·전송의 중단 또는 재개요구를 하여 온라인서비스제공자의 업무를 방해한 자
7. 제55조의5(제90조 및 제98조에 따라 준용되는 경우를 포함한다)를 위반한 자
② 제1항제3호의3의 미수범은 처벌한다.
제138조(벌칙) 다음 각 호의 어느 하나에 해당하는 자는 500만원 이하의 벌금에 처한다.
1. 제35조제4항을 위반한 자
2. 제37조(제87조 및 제94조에 따라 준용되는 경우를 포함한다)를 위반하여 출처를 명시하지 아니한 자
3. 제58조제3항(제63조의2, 제88조 및 제96조에 따라 준용되는 경우를 포함한다)을 위반하여 저작재산권자의 표지를 하지 아니한 자
4. 제58조의2제2항(제63조의2, 제88조 및 제96조에 따라 준용되는 경우를 포함한다)을 위반하여 저작자에게 알리지 아니한 자
5. 제105조제1항에 따른 신고를 하지 아니하고 저작권대리중개업을 하거나, 제109조제2항에 따른 영업의 폐쇄명령을 받고 계속 그 영업을 한 자
제141조(양벌규정) 법인의 대표자나 법인 또는 개인의 대리인·사용인 그 밖의 종업원이 그 법인 또는 개인의 업무에 관하여 이 장의 죄를 저지른 때에는 행위자를 벌하는 외에 그 법인 또는 개인에 대하여도 각 해당조의 벌금형을 과한다. 다만, 법인 또는 개인이 그 위반행위를 방지하기 위하여 해당 업무에 관하여 상당한 주의와 감독을 게을리하지 아니한 경우에는 그러하지 아니하다.

2. 소추조건

제140조(고소) 이 장의 죄에 대한 공소는 고소가 있어야 한다. 다만, 다음 각 호의 어느 하나에 해당하는 경우에는 그러하지 아니하다.
1. 영리를 목적으로 또는 상습적으로 제136조제1항제1호, 제136조제2항제3호 및 제4호(제124조제1항제3호의 경우에는 피해자의 명시적 의사에 반하여 처벌하지 못한다)에 해당하는 행위를 한 경우
2. 제136조제2항제2호 및 제3호의2부터 제3호의7까지, 제137조제1항제1호부터 제4호까지, 제6호 및 제7호와 제138조제5호의 경우

■ 판례 ■　저작재산권 침해죄에 있어서 저작재산권을 양도받았으나 양도등록을 하지 아니한 자의 고소가 적법한지 여부(적극)

구 저작권법(2000.1.12. 법률 제6134호로 개정되기 전의 것) 제52조에 따른 저작재산권의 양도등록은 그 양도의 유효요건이 아니라 제3자에 대한 대항요건에 불과하고, 여기서 등록하지 아니하면 제3자에게 대항할 수 없다고 할 때의 "제3자"란 당해 저작재산권의 양도에 관하여 양수인의 지위와 양립할 수 없는 법률상 지위를 취득한 경우 등 저작재산권의 양도에 관한 등록의 흠결을 주장함에 정당한 이익을 가지는 제3자에 한하고, 저작재산권을 침해한 사람은 여기서 말하는 제3자가 아니므로, 저작재산권을 양도받은 사람은 그 양도에 관한 등록 여부에 관계없이 그 저작재산권을 침해한 사람을 고소할 수 있다(대법원 2002.11.26. 선고 2002도4849 판결).

■ 판례 ■　침해행위가 계속되는 경우 범인을 알게 된 날의 의미

형사소송법 제230조 제1항에서 말하는 '범인을 알게 된 날'이란 범죄행위가 종료된 후에 범인을 알게 된 날을 가리키는 것으로서, 고소권자가 범죄행위가 계속되는 도중에 범인을 알았다 하여도, 그 날부터 곧바로 위 조항에서 정한 친고죄의 고소기간이 진행된다고는 볼 수 없고, 이러한 경우 고소기간은 범죄행위가 종료된 때부터 계산하여야 하며, 동종행위의 반복이 당연히 예상되는 영업범 등 포괄일죄의 경우에는 최후의 범죄행위가 종료한 때에 전체 범죄행위가 종료된 것으로 보아야 한다(대법원 2004.10.28. 선고 2004도5014 판결).

III. 범죄사실

1. 권리의 침해죄

1) 적용법조 : 제136조 제1항 ☞ 공소시효 7년

2) 범죄사실 기재례

[기재례1] 저작자의 허락 없이 저작물 복사 … 친고죄

> 피의자는 20○○. ○. ○. ○○○에 있는 대학제본사에서 저작권자인 박태곤의 허락을 받지 아니하고 위 박태곤이 저작한 "수사관의 등대지기(III)-형사특별법" 200부를 복사함으로써 위 박태곤의 저작재산권을 침해하였다.

[기재례2] 영상물인 파일 침해 … 친고죄

> 피의자는 20○○. ○. ○. 인터넷 온라인 서비스 제공업체인 네이버 사이트(http//www.naver.com)에 회원 (ID: ○○)으로 가입하였다. 저작재산권 그 밖에 이 법에 따라 보호되는 재산적 권리를 복제·공연·공중송신·전시·배포·대여·2차적 저작물 작성의 방법으로 침해하면 아니 된다.
>
> 그럼에도 불구하고 피의자는 20○○. ○. ○. 경 ○○에 있는 피의자 집에서 위 사이트 게시판에 저작권자인 피해자 甲이 창작한 "○○"(소설) 영상물 파일을 인터넷 접속자들이 이를 배포·전송받아 공유하도록 업로드하였다.
>
> 이로써 피의자는 위 피해자의 저작권인 저작재산권을 침해하였다.

[기재례3] 저작재산권 침해 … 친고죄

> 피의자는 20○○. ○. ○. ○○에 있는 '도서출판' 내에서 "손만을 대상으로 전신의 질병을 치료할 수 있다는 14기맥론, 상응요법, 오지진찰법 및 31체질진단법" 이라는 내용의 '대한수지의학강좌' 책을 출판하였다.
>
> 그러나 이러한 내용은 피해자 甲이 20○○경부터 연구하여 저술한 '고려수지요법강좌, 고려수지침과 14기맥론' 등 수지침에 관한 책에서 소개된 내용이었다.
>
> 따라서 피의자는 위 피해자의 독창적인 내용을 그의 승낙 없이 그대로 또는 일부 변경시키는 방법으로 피의자의 책에 포함하고, 약 500권을 발행, 배포함으로써 위 甲의 저작재산권에 관한 권리를 침해하였다.

[기재례4] 허락 없이 음악 등을 공연한 경우 … 친고죄

> 피의자는 ○○에서 "○○노래연습장업을 경영하는 사람으로, 20○○. ○. ○.부터 20○○. ○. ○.경까지 위 노래연습장에서 음악저작권자의 사용승인을 받음이 없이 노래방연주기 4대를 설치하여 불특정 다수의 고객에게 조운파 작사, 안치행 작곡의 "연안부두" 등의 가요를 공연케 하여 저작자의 저작재산권을 침해하였다.

3) 신문사항(허락없이 음악등을 공연한 경우)

- 피의자는 노래연습장업을 하고 있는가
- 저작협회비를 내지 않은 일이 있는가
- 피의자는 저작협회비를 내지 않고 연주를 하다가 적발된 사실이 있는가
- 언제 적발되었나
- 언제부터 언제까지 납입치 않았나
- 노래방기구가 몇 대 설치되었나
- 음악연주는 어떻게 하나
- 왜 저작협회비를 납부하지 않았는가

■ 판례 ■   복제 및 배포의 의미와 복제권 침해에 대한 방조의 판단기준

[1] 저작권법상 복제 및 배포의 의미

저작권법 제2조의 유형물에는 특별한 제한이 없으므로 컴퓨터의 하드디스크가 이에 포함됨은 물론이지만, 하드디스크에 전자적으로 저장하는 MPEG-1 Audio Layer-3 (MP3) 파일을 일컬어 유형물이라고는 할 수 없을 것이므로, 음악 CD로부터 변환한 MP3 파일을 Peer-To-Peer(P2P) 방식으로 전송받아 자신의 컴퓨터 하드디스크에 전자적으로 저장하는 행위는 구 저작권법(2000. 1. 12. 법률 제6134호로 개정되기 전의 것, 이하 '구 저작권법'이라고 한다) 제2조 제14호에서 말하는 '유형물로 다시 제작하는 것'에 해당된다고는 할 수 없을 것이지만, 저작권법 제2조 제14호에서 말하는 '유형물에 고정하는 것'에는 해당된다고 할 것이다. 그리고 저작권법 제2조 제15호에서 말하는 배포란 저작물의 원작품 또는 그 복제물을 유형물의 형태로 일반 공중에게 양도 또는 대여하는 것을 말하는 것이므로, 나아가 위와 같이 컴퓨터 하드디스크에 저장된 MP3 파일을 다른 P2P 프로그램 이용자들이 손쉽게 다운로드 받을 수 있도록 자신의 컴퓨터 내의 공유폴더에 담아 두었다고 하더라도, 이러한 행위가 배포에 해당된다고는 할 수 없을 것이다.

[2] 복제권 침해에 대한 방조죄의 판단기준

저작권법이 보호하는 복제권의 침해를 방조하는 행위란 정범의 복제권 침해를 용이하게 해주는 직접·간접의 모든 행위로서, 정범의 복제권 침해행위 중에 이를 방조하는 경우는 물론, 복제권 침해행위에 착수하기 전에 장래의 복제권 침해행위를 예상하고 이를 용이하게 해주는 경우도 포함하며, 정범에 의하여 실행되는 복제권 침해행위에 대한 미필적 고의가 있는 것으로 충분하고, 정범의 복제권 침해행위가 실행되는 일시, 장소, 객체 등을 구체적으로 인식할 필요가 없으며, 나아가 정범이 누구인지 확정적으로 인식할 필요도 없다(대법원 2007.12.14. 선고 2005도872 판결).

■ 판례 ■   노래방영업과 저작권

[1] 저작권자의 이용허락 없이 복제된 노래반주용 기계를 구입하여 노래방에서 복제된 가사와 악곡을 재생하는 방식으로 일반 공중을 상대로 영업하는 경우, 저작재산권을 침해하는 행위에 해당하는지 여부(적극)

구 저작권법(2000.1.12. 법률 제6134호로 개정되기 전의 것) 제42조 제1항 및 제2항은 저작재산권자는 다른 사람에게 그 저작물의 이용을 허락할 수 있고, 그 허락을 받은 자는 허락을 받은 이용방법 및 조건의 범위 안에서 그 저작물을 이용할 수 있다고 규정하고 있는바, 이에 위반하여 저작권자의 이용허락 없이 복제된 노래반주용 기계를 구입하여 노래방에서 복제된 가사와 악곡을 재생하

는 방식으로 일반 공중을 상대로 영업하는 행위는 저작재산권을 침해하는 행위라고 볼 것이다.

[2] 노래방 기기 제작업자에 대한 음악저작물 이용 허락의 효력이 그 기기를 구입하여 영업하는 노래방 영업자에게도 미치는지 여부(소극)

음악저작물에 대한 저작권위탁관리업자인 사단법인 한국음악저작권협회가 영상반주기 등 노래방 기기의 제작이나 신곡의 추가 입력시에 그 제작업자들로부터 사용료를 받고서 음악저작물의 이용을 허락한 것은 특별한 사정이 없는 한 위 제작업자들이 저작물을 복제하여 노래방 기기에 수록하고 노래방 기기와 함께 판매·배포하는 범위에 한정되는 것이라 할 것이고, 그와 같은 허락의 효력이 노래방 기기를 구입한 노래방 영업자가 일반 공중을 상대로 거기에 수록된 저작물을 재생하여 주는 방식으로 이용하는 데에까지 미치는 것은 아니다.

[3] 구 저작권법 제2조 제3호 소정의 '공연'의 개념 중 '일반 공중에게 공개하는 것'의 의미 및 노래방에서 고객들로 하여금 노래방 기기에 녹음 또는 녹화된 음악저작물을 이용하게 하는 것이 저작권법 소정의 '공연'에 해당하는지 여부(적극)

구 저작권법 제2조 제3호는 '공연이라 함은 저작물을 상연·연주·가창·연술·상영 그 밖의 방법으로 일반 공중에게 공개하는 것을 말하며, 공연·방송·실연의 녹음물 또는 녹화물을 재생하여 일반 공중에게 공개하는 것을 포함한다'고 규정하고 있는바, 여기서 일반 공중에게 공개한다 함은 불특정인 누구에게나 요금을 내는 정도 외에 다른 제한 없이 공개된 장소 또는 통상적인 가족 및 친지의 범위를 넘는 다수인이 모여 있는 장소에서 저작물을 공개하거나, 반드시 같은 시간에 같은 장소에 모여 있지 않더라도 위와 같은 불특정 또는 다수인에게 전자장치 등을 이용하여 저작물을 전파·통신함으로써 공개하는 것을 의미한다고 할 것이므로, 노래방의 구분된 각 방실이 소수의 고객을 수용할 수 있는 소규모에 불과하다고 하더라도, 일반 고객 누구나 요금만 내면 제한 없이 이를 이용할 수 있는 공개된 장소인 노래방에서 고객들로 하여금 노래방 기기에 녹음 또는 녹화된 음악저작물을 재생하는 방식으로 저작물을 이용하게 하였다면, 이는 일반 공중에게 저작물을 공개하여 공연한 행위에 해당되고, 공연법상 공연의 의미가 저작권법의 그것과 다르다거나, 음반·비디오물및게임물에관한법률에서 노래연습장업을 별도로 규율하는 규정을 두고 있다고 하더라도 위 각 법률과 저작권법은 그 입법목적, 규정사항, 적용 범위 등을 달리하고 있으므로 위와 같은 다른 법률의 규정이 있다는 사정만으로는 노래방 영업이 저작권법 소정의 공연에 해당하지 않는다고 볼 수도 없다(대법원 2001.9.28. 선고 2001도4100 판결).

■ 판례 ■   甲이 인터넷 검색사이트에서 원저작자의 허락을 받지 아니하고 그의 사진작품을 이미지검색의 이미지로 사용한 경우

甲의 행위가 저작권법상 정당한 범위 안에서 공정한 관행에 합치되게 사용한 것에 해당하는지 여부(적극)

인터넷 검색사이트에서 원저작자의 허락을 받지 아니하고 그의 사진작품을 이미지검색의 이미지로 사용한 것은 저작권법상 정당한 범위 안에서 공정한 관행에 합치되게 사용한 것에 해당한다(대법원 2006.2.9. 선고 2005도7793 판결).

■ 판례 ■   인터넷 링크를 하는 행위가 저작권법상 복제 및 전송에 해당하는지 여부(소극)

이른바 인터넷 링크(Internet link)는 인터넷에서 링크하고자 하는 웹페이지나, 웹사이트 등의 서버에 저장된 개개의 저작물 등의 웹 위치 정보나 경로를 나타낸 것에 불과하여, 비록 인터넷 이용자가 링크 부분을 클릭함으로써 링크된 웹페이지나 개개의 저작물에 직접 연결된다 하더라도 링크를 하는 행위는 저작권법이 규정하는 복제 및 전송에 해당하지 아니한다(대법원 2015.03.12. 선고 2012도13748 판결).

■ 판례 ■   저작물의 공동저작자가 되기 위한 요건 및 여기서 '공동창작의 의사'의 의미 / 2인 이상이 시기를 달리하여 순차적으로 창작에 기여함으로써 단일한 저작물이 만들어지는 경우, 공동창작의 의사가 있는지 판단하는 기준 및 선행 저작자에게 자신의 창작으로 하나의 완결된 저작물을 만들려는 의사가 있는 경우, 후행 저작자에 의하여 완성된 저작물을 공동저작물로 볼 수 있는지 여부(소극)

2인 이상이 공동창작의 의사를 가지고 창작적인 표현형식 자체에 공동의 기여를 함으로써 각자의 이바지한 부분을 분리하여 이용할 수 없는 단일한 저작물을 창작한 경우 이들은 저작물의 공동저작자가 된다. 여기서 공동창작의 의사는 법적으로 공동저작자가 되려는 의사를 뜻하는 것이 아니라, 공동의 창작행위에 의하여 각자의 이바지한 부분을 분리하여 이용할 수 없는 단일한 저작물을 만들어 내려는 의사를 뜻한다.

그리고 2인 이상이 시기를 달리하여 순차적으로 창작에 기여함으로써 단일한 저작물이 만들어지는 경우에, 선행 저작자에게 자신의 창작 부분이 하나의 저작물로 완성되지는 아니한 상태로서 후행 저작자의 수정·증감 등을 통하여 분리이용이 불가능한 하나의 완결된 저작물을 완성한다는 의사가 있고, 후행 저작자에게도 선행 저작자의 창작 부분을 기초로 하여 이에 대한 수정·증감 등을 통하여 분리이용이 불가능한 하나의 완결된 저작물을 완성한다는 의사가 있다면, 이들에게는 각 창작 부분의 상호 보완에 의하여 단일한 저작물을 완성하려는 공동창작의 의사가 있는 것으로 인정할 수 있다. 반면에 선행 저작자에게 위와 같은 의사가 있는 것이 아니라 자신의 창작으로 하나의 완결된 저작물을 만들려는 의사가 있을 뿐이라면 설령 선행 저작자의 창작 부분이 하나의 저작물로 완성되지 아니한 상태에서 후행 저작자의 수정·증감 등에 의하여 분리이용이 불가능한 하나의 저작물이 완성되었더라도 선행 저작자와 후행 저작자 사이에 공동창작의 의사가 있다고 인정할 수 없다. 따라서 이때 후행 저작자에 의하여 완성된 저작물은 선행 저작자의 창작 부분을 원저작물로 하는 2차적 저작물로 볼 수 있을지언정 선행 저작자와 후행 저작자의 공동저작물로 볼 수 없다.(대법원 2016.7.29, 선고, 2014도16517, 판결)

■ 판례 ■   인터넷 링크를 하는 행위가 저작권법상 복제, 전시 또는 2차적저작물 작성에 해당하는지 여부(소극) / 위 법리는 모바일 애플리케이션(Mobile application)에서 인터넷 링크와 유사하게 제3자가 관리·운영하는 모바일 웹페이지로 이동하도록 연결하는 경우에도 마찬가지인지 여부(적극)

인터넷 링크(Internet link)는 인터넷에서 링크하고자 하는 웹페이지나, 웹사이트 등의 서버에 저장된 개개의 저작물 등의 웹 위치 정보 내지 경로를 나타낸 것에 불과하여, 인터넷 이용자가 링크 부분을 클릭함으로써 링크된 웹페이지나 개개의 저작물에 직접 연결하더라도, 이는 저작권법 제2조 제22호에 규정된 '유형물에 고정하거나 유형물로 다시 제작하는 것'에 해당하지 아니하고, 같은 법 제19조에서 말하는 '유형물을 진열하거나 게시하는 것'에도 해당하지 아니한다. 또한 위와 같은 인터넷 링크의 성질에 비추어 보면 인터넷 링크는 링크된 웹페이지나 개개의 저작물에 새로운 창작성을 인정할 수 있을 정도로 수정·증감을 가하는 것에 해당하지 아니하므로 2차적저작물 작성에도 해당하지 아니한다. 이러한 법리는 모바일 애플리케이션(Mobile application)에서 인터넷 링크와 유사하게 제3자가 관리·운영하는 모바일 웹페이지로 이동하도록 연결하는 경우에도 마찬가지이다.(대법원 2016.5.26, 선고, 2015도16701, 판결)

■ 판례 ■   저작권법의 보호대상이 되는 저작물의 요건 및 저작물의 내용 중에 부도덕하거나 위법한 부분이 포함되어 있더라도 저작권법상 저작물로 보호되는지 여부(적극)

저작권법은 제2조 제1호에서 저작물을 '인간의 사상 또는 감정을 표현한 창작물'이라고 정의하는 한편, 제7조에서 보호받지 못하는 저작물로서 헌법·법률·조약·명령·조례 및 규칙(제1호), 국가 또는 지방자치단체의 고시·공고·훈령 그 밖에 이와 유사한 것(제2호), 법원의 판결·결정·명령 및 심판이나 행정심판절차 그 밖에 이와 유사한 절차에 의한 의결·결정 등(제3호), 국가 또는 지방자치단체가 작성한 것으로서 제1호 내지 제3호에 규정된 것의 편집물 또는 번역물(제4호), 사실의 전달에 불과한 시사보도(제5호)를 열거하고 있을 뿐이다. 따라서 저작권법의 보호대상이 되는 저작물이란 위 열거된 보호받지 못하는 저작물에 속하지 아니하면서도 인간의 정신적 노력에 의하여 얻어진 사상 또는 감정을 말, 문자, 음, 색 등에 의하여 구체적으로 외부에 표현한 것으로서 '창작적인 표현형식'을 담고 있으면 족하고, 표현되어 있는 내용 즉 사상 또는 감정 자체의 윤리성 여하는 문제 되지 아니하므로, 설령 내용 중에 부도덕하거나 위법한 부분이 포함되어 있다 하더라도 저작권법상 저작물로 보호된다.(대법원 2015.6.11. 선고, 2011도10872, 판결)

■ 판례 ■   사진촬영이나 녹화 등의 과정에서 원저작물이 그대로 복제된 경우, 원저작물과 새로운 저작물 사이에 실질적 유사성이 있는지 판단하는 기준

사진촬영이나 녹화 등의 과정에서 원저작물이 그대로 복제된 경우, 새로운 저작물의 성질, 내용, 전체적인 구도 등에 비추어 볼 때, 원저작물이 새로운 저작물 속에서 주된 표현력을 발휘하는 대상물의 사진촬영이나 녹화 등에 종속적으로 수반되거나 우연히 배경으로 포함되는 경우 등과 같이 부수적으로 이용되어 그 양적·질적 비중이나 중요성이 경미한 정도에 그치는 것이 아니라 새로운 저작물에서 원저작물의 창작적인 표현형식이 그대로 느껴진다면 이들 사이에 실질적 유사성이 있다고 보아야 한다.(대법원 2014.8.26. 선고, 2012도10786, 판결)

■ 판례 ■   저작권법 제2조 제22호에서 정한 '복제'의 의미 및 도안이나 도면의 형태로 되어 있는 저작물을 입체적인 조형물로 다시 제작하는 것도 이에 포함되는지 여부(적극) / 위 조항 후문은 저작물인 '건축물을 위한 모형 또는 설계도서'에 따라 건축물을 시공하더라도 복제에 해당한다는 점을 명확히 하려는 확인적 성격의 규정인지 여부(적극)

저작권법 제2조 제22호는 '복제'의 의미에 대해 "인쇄·사진촬영·복사·녹음·녹화 그 밖의 방법으로 일시적 또는 영구적으로 유형물에 고정하거나 다시 제작하는 것"이라고 규정하고 있다. 이러한 복제에는 도안이나 도면의 형태로 되어 있는 저작물을 입체적인 조형물로 다시 제작하는 것도 포함한다. 위 조항의 후문은 "건축물의 경우에는 그 건축을 위한 모형 또는 설계도서에 따라 이를 시공하는 것을 포함한다."라고 규정하고 있으나, 이는 저작물인 '건축물을 위한 모형 또는 설계도서'에 따라 건축물을 시공하더라도 복제에 해당한다는 점을 명확히 하려는 확인적 성격의 규정에 불과하다.(대법원 2019. 5. 10. 선고, 2016도15974, 판결)

■ 판례 ■   카페 건물이 저작권법으로 보호되는 건축저작물인지 여부가 문제된 사건]

[1] 저작권법 제2조 제1호에서 규정한 '저작물'의 요건 중 '창작성'의 의미 / 건축물과 같은 건축저작물의 창작성을 인정할 수 있는 경우

저작권법 제2조 제1호는 저작물을 '인간의 사상 또는 감정을 표현한 창작물'로 규정하여 창작성을 요구하고 있다. 여기서 창작성은 완전한 의미의 독창성을 요구하는 것은 아니라고 하더라도, 창작성이 인정되려면 적어도 어떠한 작품이 단순히 남의 것을 모방한 것이어서는 안 되고 사상이나 감정에 대한 창작자 자신의 독자적인 표현을 담고 있어야 한다.

저작권법은 제4조 제1항 제5호에서 '건축물·건축을 위한 모형 및 설계도서 그 밖의 건축저작물'을 저작물로 예시하고 있다. 그런데 건축물과 같은 건축저작물은 이른바 기능적 저작물로서,

건축분야의 일반적인 표현방법, 용도나 기능 자체, 저작물 이용자의 편의성 등에 따라 표현이 제한되는 경우가 많다. 따라서 건축물이 그와 같은 일반적인 표현방법 등에 따라 기능 또는 실용적인 사상을 나타내고 있을 뿐이라면 창작성을 인정하기 어렵지만, 사상이나 감정에 대한 창작자 자신의 독자적인 표현을 담고 있어 창작자의 창조적 개성이 나타나 있는 경우라면 창작성을 인정할 수 있으므로 저작물로서 보호를 받을 수 있다.

[2] 저작권 침해가 인정되기 위한 요건 / 저작권 침해 여부를 가리기 위하여 두 저작물 사이에 실질적인 유사성이 있는지 판단하는 기준

저작권 침해가 인정되기 위해서는 침해자의 저작물이 저작권자의 저작물에 의거(依據)하여 그것을 이용하였어야 하고, 침해자의 저작물과 저작권자의 저작물 사이에 실질적 유사성이 인정되어야 한다. 저작권의 보호 대상은 인간의 사상 또는 감정을 말, 문자, 음, 색 등으로 구체적으로 외부에 표현한 창작적인 표현형식이므로, 저작권 침해 여부를 가리기 위하여 두 저작물 사이에 실질적인 유사성이 있는지를 판단할 때에는 창작적인 표현형식에 해당하는 것만을 가지고 대비해 보아야 한다.

[3] 건축사인 피고인이 甲으로부터 건축을 의뢰받고, 乙이 설계·시공한 카페 건축물의 디자인을 모방하여 甲의 카페 건축물을 설계·시공함으로써 乙의 저작권을 침해하였다는 내용으로 기소된 사안

乙의 건축물은 외벽과 지붕슬래브가 이어져 1층, 2층 사이의 슬래브에 이르기까지 하나의 선으로 연결된 형상, 슬래브의 돌출 정도와 마감 각도, 양쪽 외벽의 기울어진 형태와 정도 등 여러 특징이 함께 어우러져 창작자 자신의 독자적인 표현을 담고 있어, 일반적인 표현방법에 따른 기능 또는 실용적인 사상만이 아니라 창작자의 창조적 개성을 나타내고 있으므로 저작권법으로 보호되는 저작물에 해당한다는 이유로, 같은 취지에서 乙의 건축물의 창작성이 인정되고, 피고인이 설계·시공한 카페 건축물과 乙의 건축물 사이에 실질적 유사성이 인정된다.(대법원 2020. 4. 29. 선고, 2019도9601, 판결)

■ 판례 ■   공중송신권을 침해하는 게시물이나 그 게시물이 위치한 웹페이지 등에 연결되는 링크를 한 행위가 공중송신권 침해에 해당하는지 여부(소극)

공중송신권을 침해하는 게시물이나 그 게시물이 위치한 웹페이지 등(이하 통틀어 '침해 게시물 등'이라 한다)에 연결되는 링크를 한 행위라도, 전송권(공중송신권) 침해행위의 구성요건인 '전송(공중송신)'에 해당하지 않기 때문에 전송권 침해가 성립하지 않는다. 이는 대법원의 확립된 판례이다. 링크는 인터넷에서 링크하고자 하는 웹페이지나 웹사이트 등의 서버에 저장된 개개의 저작물 등의 웹 위치 정보 또는 경로를 나타낸 것에 지나지 않는다. 인터넷 이용자가 링크 부분을 클릭함으로써 침해 게시물 등에 직접 연결되더라도, 이러한 연결 대상 정보를 전송하는 주체는 이를 인터넷 웹사이트 서버에 업로드하여 공중이 이용할 수 있도록 제공하는 측이지 그 정보에 연결되는 링크를 설정한 사람이 아니다. 링크는 단지 저작물 등의 전송을 의뢰하는 지시나 의뢰의 준비행위 또는 해당 저작물로 연결되는 통로에 해당할 뿐이므로, 링크를 설정한 행위는 전송에 해당하지 않는다. 따라서 전송권(공중송신권) 침해에 관한 위와 같은 판례는 타당하다.(대법원 2021. 9. 9., 선고, 2017도19025, 전원합의체 판결)

2. 컴퓨터프로그램 저작권 무단복제 … 친고죄

1) 적용법조 : 제136조 제1항 ☞ 공소시효 7년

2) 범죄사실 기재례

[기재례1] 무단복제 · 판매

> 피의자는 20○○. ○. ○.경부터 20○○. ○. ○.경까지 사이에 홍길동이 창작하여 20○○. ○. ○. 등록한 컴퓨터 오락용 프로그램 "★★"를 위 창작자의 허락 없이 ○○에 있는 피의자의 점포 내에서 100조를 복제하여 성명을 알 수 없는 사람들에게 판매함으로써 프로그램저작권을 침해하였다.

[기재례2] 무단복제 · 판매

> 피의자는 20○○. ○. ○. 인터넷 온라인 서비스 제공업체인 엔피 사이트(http//www.enppy.com)에 회원 (ID : ○○)으로 가입하였다. 누구든지 정당한 권원 없이 다른 사람의 프로그램저작권을 복제 · 개작 · 번역 · 배포 · 발행 및 전송의 방법으로 침해하면 아니 된다.
>
> 그럼에도 불구하고 피의자는 20○○. ○. ○. ○○에 있는 피의자 집에서 위 사이트 게시판에 저작권자인 피해자 ○○주식회사(대표이사 홍길동)의 "시디 스페이스(CD space)" 프로그램을 인터넷 접속자들이 이를 배포 · 전송받아 공유하도록 업로드하였다. 이로써 피의자는 피해자 회사의 프로그램저작권을 침해하였다.

[기재례3] 프로그램저작권 무단전송

> 피의자는 20○○. ○. ○.경 (주)나모인터랙티브사에서 출시한 인터넷 홈페이지 제작 · 관리 프로그램 "○○"에 대하여 아무런 권한이 없다.
>
> 그럼에도 불구하고 피의자는 20○○. ○. ○. ○○:○○경 ○○에 있는 피의자의 집에서 피의자가 개설한 "○○의 홈페이지"라는 인터넷 홈페이지의 유틸자료실 내에 다른 인터넷 사이트에 "○○"라는 주소로 게시되어 있던 "○○" 프로그램을 직접 연결하여 위 주소를 누르면 불특정 다수의 인터넷 이용자들이 위 프로그램을 전송받을 수 있도록 하고, 위 게시판에 그 압축을 풀 수 있는 암호 "○○"를 공개함으로써 위 회사의 프로그램저작권을 침해하였다.

[기재례4] 무단복제 · 배포

> 피의자는 20○○. ○. 경부터 20○○. ○. ○.경까지 ○○에 있는 피의자의 집에서 피해자 CMI사의 대표 장길동이 미국 하이퍼리오닉스(Hyperionics)로부터 20○○. ○. ○.부터 200○. ○. ○.까지 기간을 정하여 한국 내 저작권을 양도받은 컴퓨터관리 프로그램인 '○○의 비밀번호(시리얼 번호)를 자신의 홈페이지인 http://○○○에 무단으로 복제, 배포하여 프로그램저작권을 침해하였다.

3) 신문사항

- 피의자는 어디서 어떤 일을 하고 있는가
- 주로 어떠한 제품의 수립과 조립을 하는가
- 업소의 규모는
- 컴퓨터오락용 프로그램 "★★"에 대해 알고 있는가
- 이 프로그램저작권은 어떠한 것인가
- 창작자가 누구인지 알고 있는가
- 이를 복제한 일이 있는가
- 언제부터 언제까지 어디서 복제하였나
- 어느 정도 복제하였나
- 어떠한 방법으로 복제하였나
- 창작자의 허락을 받고 복제하였나
- 복제한 프로그램은 어떻게 하였나
- 누구에게 판매하였나
- 1조당 가격은 얼마이며 총 어느 정도를 판매하였나
- 판매하고 남은 것은 어떻게 하였나
- 왜 이러한 행위를 하였나

■ 판례 ■　　소니 엔터테인먼트사가 제작한 게임기 본체에 삽입되는 게임프로그램 저장매체에 내장된 엑세스 코드는 없으나 위 게임기를 통해 프로그램 실행이 가능하도록 불법 복제한 게임 CD를 준 경우

소니 엔터테인먼트사가 제작한 게임기 본체에 삽입되는 게임프로그램 저장매체에 내장된 엑세스 코드는 컴퓨터프로그램 보호법이 정한 '기술적 보호조치'에 해당하여, 엑세스 코드가 없는 불법 복제된 게임 CD도 위 게임기를 통해 프로그램 실행이 가능하도록 하여 준 것은 같은 법상의 상당히 기술적 보호조치를 무력화하는 행위에 해당한다(대법원 2006.2.24. 선고 2004도2743 판결).

■ 판례 ■　　신청인과 피신청인의 서체파일의 소스코드가 동일한 경우

[1] 서체파일이 구 컴퓨터프로그램보호법 제2조 제1호에서 정한 컴퓨터프로그램에 해당하는지 여부(적극)

구 컴퓨터프로그램보호법(1998.12.30. 법률 제5605호로 개정되기 전의 것)상의 컴퓨터프로그램은 특정한 결과를 얻기 위하여 컴퓨터 내에서 직접 또는 간접으로 사용되는 일련의 지시·명령으로 표현된 것으로 정의되는바, 이 사건 서체파일의 소스코드는 ① 그것이 비록 다른 응용프로그램의 도움 없이는 바로 실행되지 아니한다고 하여도 컴퓨터 내에서 특정한 모양의 서체의 윤곽선을 크기, 장평, 굵기, 기울기 등을 조절하여 반복적이고 편리하게 출력하도록 특정한 결과를 얻기 위하여 프로그래밍 언어의 일종인 포스트스크립트(PostScript) 언어로 제작된 표현물이고, ② 서체파일 제작 프로그램에서 마우스의 조작으로 서체의 모양을 가감하거나 수정하여 좌표값을 지정하고 이를 이동하거나 연결하여 저장함으로써, 제작자가 특정한 결과를 얻기 위하여 스스로의 알고리즘(algorithm)에 따라 프로그래밍 언어로 직접 코드를 작성하는 보통의 프로그램 제작과정과는 다르

1204　형사특별법 수사실무총서

다 하여도, 포스트스크립트 언어로 작성되어 사람에게 이해될 수 있고 그 내용도 좌표값과 좌표값을 연결하는 일련의 지시, 명령으로 이루어져 있으므로, 구 컴퓨터프로그램보호법(1998.12. 30. 법률 제5605호로 개정되기 전의 것)상의 컴퓨터프로그램에 해당한다.

[2] 윤곽선의 수정 내지 제작작업을 한 서체파일에 창작성이 인정되는지 여부(적극)

서체파일 제작용 프로그램인 폰토그라퍼(fontographer)에서 윤곽선 추출기능을 통해 자동으로 추출된 윤곽선은 본래의 서체 원도와는 일치하지 않는 불완전한 모습으로 나타나기 때문에 다시 마우스를 사용하여 윤곽선을 수정하여야 하고, 또한 폰토그라퍼에서 하나의 글자를 제작하기 위한 서체 제작용 창의 좌표는 가로축 1,000, 세로축 1,000의 좌표로 세분되어 있어, 동일한 모양의 글자라 하더라도 윤곽선의 각 제어점들의 구체적 좌표값이 위와 같은 수정 부분에 있어서도 일치할 가능성은 거의 없다고 보여지므로, 서체파일을 제작하는 과정에서 글자의 윤곽선을 수정하거나 제작하기 위한 제어점들의 좌표값과 그 지시·명령어를 선택하는 것에는 서체파일 제작자의 정신적 노력의 산물인 창의적 개성이 표현되어 있다고 봄이 상당하고, 따라서 윤곽선의 수정 내지 제작작업을 한 부분의 서체파일은 프로그램저작물로서의 창작성이 인정된다.

[3] 신청인과 피신청인의 서체파일의 소스코드가 동일한 경우 프로그램저작권 침해를 인정할 수 있는지 여부(적극)

신청인과 피신청인의 서체파일의 소스코드가 동일하다면 피신청인의 서체파일은 신청인의 서체파일에 의존하여 작성된 것으로 추정되므로 프로그램저작권 침해를 인정함이 상당하다(대법원 2001.6.29. 선고 99다23246 판결).

■ **판례** ■ **저작물의 공동저작자가 되기 위한 요건 및 여기서 '공동창작의 의사'의 의미 / 2인 이상이 시기를 달리하여 순차적으로 창작에 기여함으로써 단일한 저작물이 만들어지는 경우, 공동창작의 의사가 있는지 판단하는 기준 및 선행 저작자에게 자신의 창작으로 하나의 완결된 저작물을 만들려는 의사가 있는 경우, 후행 저작자에 의하여 완성된 저작물을 공동저작물로 볼 수 있는지 여부(소극)**

2인 이상이 공동창작의 의사를 가지고 창작적인 표현형식 자체에 공동의 기여를 함으로써 각자의 이바지한 부분을 분리하여 이용할 수 없는 단일한 저작물을 창작한 경우 이들은 저작물의 공동저작자가 된다. 여기서 공동창작의 의사는 법적으로 공동저작자가 되려는 의사를 뜻하는 것이 아니라, 공동의 창작행위에 의하여 각자의 이바지한 부분을 분리하여 이용할 수 없는 단일한 저작물을 만들어 내려는 의사를 뜻한다.

그리고 2인 이상이 시기를 달리하여 순차적으로 창작에 기여함으로써 단일한 저작물이 만들어지는 경우에, 선행 저작자에게 자신의 창작 부분이 하나의 저작물로 완성되지는 아니한 상태로서 후행 저작자의 수정·증감 등을 통하여 분리이용이 불가능한 하나의 완결된 저작물을 완성한다는 의사가 있고, 후행 저작자에게도 선행 저작자의 창작 부분을 기초로 하여 이에 대한 수정·증감 등을 통하여 분리이용이 불가능한 하나의 완결된 저작물을 완성한다는 의사가 있다면, 이들에게는 각 창작 부분의 상호 보완에 의하여 단일한 저작물을 완성하려는 공동창작의 의사가 있는 것으로 인정할 수 있다. 반면에 선행 저작자에게 위와 같은 의사가 있는 것이 아니라 자신의 창작으로 하나의 완결된 저작물을 만들려는 의사가 있을 뿐이라면 설령 선행 저작자의 창작 부분이 하나의 저작물로 완성되지 아니한 상태에서 후행 저작자의 수정·증감 등에 의하여 분리이용이 불가능한 하나의 저작물이 완성되었더라도 선행 저작자와 후행 저작자 사이에 공동창작의 의사가 있다고 인정할 수 없다. 따라서 이때 후행 저작자에 의하여 완성된 저작물은 선행 저작자의 창작 부분을 원저작물로 하는 2차적 저작물로 볼 수 있을지언정 선행 저작자와 후행 저작자의 공동저작물로 볼 수 없다.(대법원 2016.7.29. 선고, 2014도16517, 판결)

3. 허위의 저작자 표시행위(부정발행죄)

1) 적용법조 : 제137조 제1항 제1호 ☞ 공소시효 5년

2) 범죄사실 기재례

> 피의자는 ○○에서 "셋별출판"이라는 상호로 도서 출판업을 영위하는 자로, 20○○. ○. ○.경 위 출판사에서 저작자가 일본인인 만화책 "린나"를 출판하면서 위 저작자가 아닌 ○○○거주 홍길동의 이명(異名)을 저작자로 표시하여 저작물을 공표하였다.

3) 신문사항

- 피의자는 어떠한 일을 하는가
- 대학에서 사용하기 위해 홍길동의 제작물을 복사한 일이 있는가
- 언제 어디에서 복사하였나
- 어떠한 내용의 저작물을 복사하였나
- 어느 정도 하였나
- 복사한 저작물은 어떻게 하였나
- 홍길동(저작자)의 허락을 받았나
- 왜 이러한 행위를 하였나

■ 판례 ■   저작자 아닌 자를 저작자로 표시

[1] 저작권법 제137조 제1항 제호의 입법 취지 / 저작자 아닌 자를 저작자로 표시하여 저작물을 공표한 이상 위 규정에 따른 범죄가 성립하는지 여부(적극) 및 그러한 공표에 저작자 아닌 자와 실제 저작자의 동의가 있었더라도 마찬가지인지 여부(원칙적 적극)

저작권법 제137조 제1항 제1호는 저작자 아닌 자를 저작자로 하여 실명·이명을 표시하여 저작물을 공표한 자를 형사처벌한다고 규정하고 있다. 위 규정은 자신의 의사에 반하여 타인의 저작물에 저작자로 표시된 저작자 아닌 자와 자신의 의사에 반하여 자신의 저작물에 저작자 아닌 자가 저작자로 표시된 실제 저작자의 인격적 권리뿐만 아니라 저작자 명의에 관한 사회 일반의 신뢰도 보호하려는 데 목적이 있다. 이와 같은 입법 취지 등을 고려하면, 저작자 아닌 자를 저작자로 표시하여 저작물을 공표한 이상 위 규정에 따른 범죄는 성립하고, 사회 통념에 비추어 사회 일반의 신뢰가 손상되지 않는다고 인정되는 특별한 사정이 있는 경우가 아닌 한 그러한 공표에 저작자 아닌 자와 실제 저작자의 동의가 있었더라도 달리 볼 것은 아니다.

[2] 저작권법상 '공표'의 의미 및 저작자를 허위로 표시하는 대상이 되는 저작물이 이전에 공표된 적이 있더라도 저작권법 제137조 제항 제1호에 따른 범죄가 성립하는지 여부(적극)

저작권법상 공표는 저작물을 공연, 공중송신 또는 전시 그 밖의 방법으로 공중에게 공개하는 것과 저작물을 발행하는 것을 뜻한다(저작권법 제2조 제25호). 이러한 공표의 문언적 의미와 저작권법 제137조 제1항 제1호의 입법 취지 등에 비추어 보면, 저작자를 허위로 표시하는 대상이 되는 저작물이 이전에 공표된 적이 있더라도 위 규정에 따른 범죄의 성립에는 영향이 없다.(대법원 2017.10.26. 선고, 2016도16031, 판결)

■ 판례 ■   **저작자 아닌 자와 실제 저작자의 동의가 있었더라도 마찬가지인지 여부**

[1] 저작자 아닌 자를 저작자로 표시하여 저작물을 공표한 이상 저작권법 제137조 제1항 제1호에 따른 범죄가 성립하는지 여부(적극) 및 그러한 공표에 저작자 아닌 자와 실제 저작자의 동의가 있었더라도 마찬가지인지 여부(원칙적 적극) / 실제 저작자가 저작자 아닌 자를 저작자로 표시하여 저작물을 공표하는 범행에 가담한 경우, 위 규정 위반죄의 공범으로 처벌할 수 있는지 여부(적극)

저작권법 제137조 제1항 제1호는 저작자 아닌 자를 저작자로 하여 실명·이명을 표시하여 저작물을 공표한 자를 형사처벌한다고 정하고 있다. 이 규정은 자신의 의사에 반하여 타인의 저작물에 저작자로 표시된 저작자 아닌 자의 인격적 권리나 자신의 의사에 반하여 자신의 저작물에 저작자 아닌 자가 저작자로 표시된 데 따른 실제 저작자의 인격적 권리뿐만 아니라 저작자 명의에 관한 사회 일반의 신뢰도 보호하려는 데 목적이 있다. 이러한 입법 취지 등을 고려하면, 저작자 아닌 자를 저작자로 표시하여 저작물을 공표한 이상 위 규정에 따른 범죄는 성립하고, 사회통념에 비추어 사회 일반의 신뢰가 손상되지 않는다고 인정되는 특별한 사정이 있는 경우가 아닌 한 그러한 공표에 저작자 아닌 자와 실제 저작자의 동의가 있었더라도 달리 볼 것은 아니다. 또한 실제 저작자가 저작자 아닌 자를 저작자로 표시하여 저작물을 공표하는 범행에 가담하였다면 저작권법 제137조 제1항 제1호 위반죄의 공범으로 처벌할 수 있다.

[2] 저작자를 허위로 표시하는 대상이 되는 저작물이 이전에 공표된 적이 있더라도 저작권법 제137조 제1항 제1호에 따른 범죄가 성립하는지 여부(적극)

저작권법상 공표는 저작물을 공연, 공중송신 또는 전시 그 밖의 방법으로 공중에게 공개하는 것과 저작물을 발행하는 것을 말한다(저작권법 제2조 제25호). 이러한 공표의 문언적 의미와 저작권법 제137조 제1항 제1호의 입법 취지에 비추어 보면, 저작자를 허위로 표시하는 대상이 되는 저작물이 이전에 공표된 적이 있더라도 위 규정에 따른 범죄의 성립에는 영향이 없다.(대법원 2021. 7. 15., 선고, 2018도144, 판결)

4. 비밀누설 행위

1) 적용법조 : 제137조 제1항 제7호, 제55조의5 ☞ 공소시효 5년

> 제55조의5(비밀유지의무) 제53조부터 제55조까지, 제55조의2부터 제55조의4까지의 규정에 따른 등록 업무를 수행하는 직에 재직하는 사람과 재직하였던 사람은 직무상 알게 된 비밀을 다른 사람에게 누설하여서는 아니 된다.

2) 범죄사실 기재례

> 등록업무를 수행하는 자와 그 직에 있었던 자는 직무상 알게 된 비밀을 다른 사람에게 누설하여서는 아니 된다
>
> 그럼에도 불구하고 피의자는 20○○. ○. ○.부터 20○○. ○. ○.사이에 프로그램의 등록시에 알게 된 ○○회사의 ○○비밀을 20○○. ○. ○. 평소 알고 지내던 홍길동에게 ○○에서 누설하여 비밀유지의무를 위반하였다.

3) 신문사항

- 어떠한 업무를 수행하는가
- 컴퓨터프로그램 등록업무를 취급하고 있는가.
- 언제 언제까지 위 업무를 보았는가
- 위 업무를 취급하는 도중 ○○비밀을 알게 된 일이 있는가
- 이러한 사실을 누설한 일이 있나
- 언제 어디에서 누구에게 누설하였나
- 홍길동과는 어떤 관계인가
- 무엇 때문에 누설하였는가
- 홍길동에게 어떤 대가를 알려 주었나

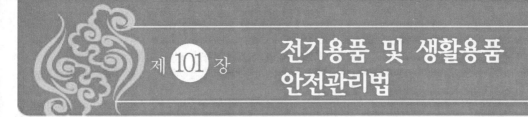

I. 개념정의

제2조(정의) 이 법에서 사용하는 용어의 뜻은 다음과 같다.
1. "전기용품"이란 공업적으로 생산된 물품으로서 교류 전원 또는 직류 전원에 연결하여 사용되는 제품이나 그 부분품 또는 부속품을 말한다.
2. "생활용품"이란 공업적으로 생산된 물품으로서 별도의 가공(단순한 조립은 제외한다) 없이 소비자의 생활에 사용할 수 있는 제품이나 그 부분품 또는 부속품(전기용품은 제외한다)을 말한다.
3. "제조"란 전기용품이나 생활용품을 판매하거나 대여할 목적으로 생산·조립하거나 가공하는 것을 말한다.
4. "제품안전관리"란 제품의 취급 및 사용으로 인하여 발생하는 소비자의 생명·신체에 대한 위해(危害), 재산상 피해나 자연환경의 훼손을 방지하기 위하여 제품의 제조·수입·판매 등을 관리하는 활동을 말한다.
5. "안전인증"이란 제품시험 및 공장심사를 거쳐 제품의 안전성을 증명하는 것을 말한다.
6. "안전확인"이란 안전확인시험기관으로부터 안전확인시험을 받아 안전기준에 적합한 것임을 확인하는 것을 말한다.
7. "공급자적합성확인"이란 직접 제품시험을 실시하거나 제3자에게 제품시험을 의뢰하여 해당 제품의 안전기준에 적합한 것임을 스스로 확인하는 것을 말한다.
8. "제품시험"이란 제품 자체의 안전성을 확인하기 위하여 시험하는 것을 말한다.
9. "공장심사"란 제품의 제조에 필요한 제조설비·검사설비·기술능력 및 제조체제를 평가하는 것을 말한다.
9의2. "안전성검사"란 제34조의2제1항에 따라 산업통상자원부장관이 지정한 기관(이하 "안전성검사기관"이라 한다)의 검사를 거쳐 안전기준에 적합한 것임을 확인하는 것을 말한다.
10. "안전인증대상제품"이란 다음 각 목에 해당하는 전기용품 및 생활용품을 말한다.
가. 안전인증대상전기용품: 구조 또는 사용 방법 등으로 인하여 화재·감전 등의 위해가 발생할 우려가 크다고 인정되는 전기용품으로서 안전인증을 통하여 그 위해를 방지할 수 있다고 인정되어 산업통상자원부령으로 정하는 것
나. 안전인증대상생활용품: 구조·재질 또는 사용 방법 등으로 인하여 소비자의 생명·신체에 대한 위해, 재산상 피해나 자연환경의 훼손에 대한 우려가 크다고 인정되는 생활용품으로서 안전인증을 통하여 그 위해를 방지할 수 있다고 인정되어 산업통상자원부령으로 정하는 것
11. "안전확인대상제품"이란 다음 각 목에 해당하는 전기용품 및 생활용품을 말한다.
가. 안전확인대상전기용품: 구조 또는 사용 방법 등으로 인하여 화재·감전 등의 위해가 발생할 우려가 있는 전기용품으로서 산업통상자원부장관이 지정한 기관의 제품시험을 통하여 그 위해를 방지할 수 있다고 인정되어 산업통상자원부령으로 정하는 것
나. 안전확인대상생활용품: 구조·재질 또는 사용 방법 등으로 인하여 소비자의 생명·신체에 대한 위해, 재산상 피해나 자연환경의 훼손에 대한 우려가 있는 생활용품으로서 산업통상자원부장관이 지정한 기관의 제품시험을 통하여 그 위해를 방지할 수 있다고 인정되어 산업통상자원부령으로 정하는 것
12. "공급자적합성확인대상제품"이란 다음 각 목에 해당하는 전기용품 및 생활용품을 말한다.
가. 공급자적합성확인대상전기용품: 구조 또는 사용 방법 등으로 인하여 화재·감전 등의 위해가 발생할 가능성이 있는 전기용품으로서 제조업자 또는 수입업자가 직접 또는 제3자에게 의뢰하여 실시하는 제품시험을 통하여 그 위해를 방지할 수 있다고 인소비자가 취급·사용·운반 등을 하는 과정에서 사고가 발생하거나 위해를 입을 가능성이 있거나 소비자가 성분·성능·규격 등을 구별하기 곤란한 생활용품으로서 제조업자 또는 수입업자가 직접 또는 제3자에게 의뢰하여 실시하는 제품시험을 통하여 그 위해를 방지할 수 있다고 인정되어 산업통상자원부령으로 정하는 것
13. "안전기준준수대상생활용품"이란 소비자가 취급·사용·운반 등을 하는 과정에서 사고 또는 위해가 발생할 가능성은 적으나 소비자가 성분·성능·규격 등을 구별하기 곤란한 생활용품으로서 제조업자 또는 수입업자가 안전

기준을 준수함으로써 그 위해를 방지할 수 있다고 인정되어 산업통상자원부령으로 정하는 것을 말한다.

14. "어린이보호포장"이란 성인이 개봉하기는 어렵지 아니하지만 5세 미만의 어린이가 일정 시간 내에 내용물을 꺼내기 어렵게 설계·고안된 포장 및 용기를 말한다.

15. "어린이보호포장대상생활용품"이란 소비자가 마시거나 흡입하는 경우에 중독 등의 위해가 우려되는 생활용품 중 어린이보호포장의 대상이 되는 것으로 산업통상자원부령으로 정하는 것을 말한다.

15의2. "안전성검사대상전기용품"이란 구조 또는 사용 방법 등으로 인하여 화재·감전 등의 위해가 발생할 우려가 있는 재사용전기용품(사용된 전기용품을 재사용 목적으로 제조한 것을 말한다)으로서 안전성검사기관의 안전성검사를 통하여 그 위해를 방지할 수 있다고 인정되어 산업통상자원부령으로 정하는 것을 말한다.

16. "구매대행"이란 개인 사용목적으로 소비자의 요청에 따라 해외에서 판매되는 제품에 대하여 주문, 대금지급 등의 절차를 대행하여 해당 제품을 해외 판매자가 국내 소비자에게 직접 발송하도록 하는 방식의 용역을 제공하는 것을 말한다.

17. "병행수입"이란 해외상표권자에 의해 생산·유통되는 제품(상표가 외국에서 적법하게 사용할 수 있는 권리가 있는 자에 의하여 부착·배포된 상품에 한정한다)을 국내 전용사용권자가 아닌 제3자가 판매를 목적으로 수입하는 것을 말한다.

II. 벌 칙

제49조(벌칙) ① 다음 각 호의 어느 하나에 해당하는 자는 3년 이하의 징역 또는 3천만원 이하의 벌금에 처한다.

1. 거짓이나 그 밖의 부정한 방법으로 안전인증기관으로 지정을 받고 안전인증이나 안전검사를 한 자
2. 안전인증기관으로 지정을 받지 아니하고 안전인증이나 안전검사를 한 자
3. 거짓이나 그 밖의 부정한 방법으로 제5조제1항에 따른 안전인증을 받은 자
4. 제5조제1항을 위반하여 안전인증을 받지 아니하고 안전인증대상제품을 제조 또는 수입한 자
5. 제5조제2항 본문을 위반하여 변경인증을 받지 아니한 자
6. 제5조제3항에 따른 안전기준 또는 공장심사 기준을 위반하여 안전인증을 한 자
7. 거짓이나 그 밖의 부정한 방법으로 제8조제1항에 따른 안전검사를 받은 자
8. 제8조제1항을 위반하여 안전검사를 받지 아니하고 중고 안전인증대상전기용품을 수입한 자
9. 제8조제2항에 따른 안전검사 기준을 위반하여 안전검사를 한 자
10. 제9조제2항을 위반하여 안전인증표시등을 하거나 이와 비슷한 표시를 한 자
11. 제10조제1항을 위반하여 안전인증표시등이 없는 안전인증대상전기용품을 판매·대여하거나 판매·대여할 목적으로 수입·진열 또는 보관한 자
12. 제10조제2항을 위반하여 안전인증표시등이 없는 안전인증대상전기용품의 판매를 중개하거나 구매 또는 수입을 대행한 자(제35조제1호에 따라 구매대행을 한 자는 제외한다)
13. 제12조제1항에 따라 안전인증기관의 지정이 취소된 후 또는 업무정지기간 중에 안전인증이나 안전검사를 한 자
14. 거짓이나 그 밖의 부정한 방법으로 안전확인시험기관으로 지정을 받고 안전확인시험이나 안전검사를 한 자
15. 안전확인시험기관으로 지정을 받지 아니하고 안전확인시험이나 안전검사를 한 자
16. 거짓이나 그 밖의 부정한 방법으로 안전확인신고를 한 자
17. 제15조제1항을 위반하여 안전확인신고를 하지 아니하고 안전확인대상제품을 제조 또는 수입한 자
18. 제15조제2항 본문을 위반하여 안전확인의 변경신고를 하지 아니한 자
19. 제15조제4항에 따른 안전기준을 위반하여 안전확인시험을 한 자
20. 거짓이나 그 밖의 부정한 방법으로 제17조제1항에 따른 안전검사를 받은 자
21. 제17조제1항을 위반하여 안전검사를 받지 아니하고 중고 안전확인대상전기용품을 수입한 자
22. 제17조제2항에 따른 안전검사의 기준을 위반하여 안전검사를 한 자
23. 제18조제2항을 위반하여 안전확인표시등을 하거나 이와 비슷한 표시를 한 자

24. 제19조제1항을 위반하여 안전확인표시등이 없는 안전확인대상전기용품을 판매·대여하거나 판매·대여할 목적으로 수입·진열 또는 보관한 자
25. 제19조제2항을 위반하여 안전확인표시등이 없는 안전확인대상전기용품의 판매를 중개하거나 구매 또는 수입을 대행한 자(제35조제2호에 따라 구매대행을 한 자는 제외한다)
26. 제21조제1항에 따라 안전확인시험기관의 지정이 취소된 후 또는 업무정지기간 중에 안전확인시험을 한 자
27. 거짓이나 그 밖의 부정한 방법으로 공급자적합성확인을 한 자
28. 제23조제1항을 위반하여 공급자적합성확인을 하지 아니하고 공급자적합성확인대상제품을 제조 또는 수입한 자
29. 제25조제2항을 위반하여 공급자적합성확인표시등을 하거나 이와 비슷한 표시를 한 자
30. 제26조제1항을 위반하여 공급자적합성확인표시등이 없는 공급자적합성확인대상전기용품을 판매·대여하거나 판매·대여할 목적으로 수입·진열 또는 보관한 자
31. 제26조제2항을 위반하여 공급자적합성확인표시등이 없는 공급자적합성확인대상전기용품의 판매를 중개하거나 수입을 대행한 자
32. 제33조제2항을 위반하여 어린이보호포장표시를 하거나 이와 비슷한 표시를 한 자
32의2. 거짓이나 그 밖의 부정한 방법으로 안전성검사기관으로 지정을 받고 안전성검사를 한 자
32의3. 안전성검사기관으로 지정을 받지 아니하고 안전성검사를 한 자
32의4. 거짓이나 그 밖의 부정한 방법으로 제34조의3제1항에 따른 안전성검사를 받은 자
32의5. 제34조의3제1항을 위반하여 안전성검사를 받지 아니하고 안전성검사대상전기용품을 제조한 자
32의6. 제34조의3제2항 본문의 안전기준(같은 항 단서에 따라 안전성검사를 한 경우에는 산업통상자원부령으로 정하는 기준을 말한다)을 위반하여 안전성검사를 한 자
32의7. 제34조의4제2항을 위반하여 안전성검사표시등 또는 이와 비슷한 표시를 한 자
32의8. 제34조의5제1항을 위반하여 안전성검사표시등이 없는 안전성검사대상전기용품을 판매·대여하거나 판매·대여할 목적으로 진열 또는 보관한 자
32의9. 제34조의5제2항을 위반하여 안전성검사표시등이 없는 안전성검사대상전기용품의 판매를 중개한 자
32의10. 제34조의6제1항에 따라 안전성검사기관의 지정이 취소된 후 또는 같은 항에 따른 업무정지기간 중에 안전성검사를 한 자
33. 제37조제1항에 따른 구매대행의 금지 명령을 위반하여 구매대행을 한 자
34. 제40조제1항부터 제6항까지 또는 제9항에 따른 명령을 이행하지 아니한 자
② 다음 각 호의 어느 하나에 해당하는 자는 2년 이하의 징역 또는 2천만원 이하의 벌금에 처한다.
1. 제9조제3항을 위반하여 안전인증표시등을 임의로 변경하거나 제거한 자
2. 제18조제3항을 위반하여 안전확인표시등을 임의로 변경하거나 제거한 자
3. 제25조제3항을 위반하여 공급자적합성확인표시등을 임의로 변경하거나 제거한 자
4. 제34조의4제3항을 위반하여 정당한 사유 없이 안전성검사표시등을 임의로 변경하거나 제거한 자
③ 다음 각 호의 어느 하나에 해당하는 자는 1년 이하의 징역 또는 1천만원 이하의 벌금에 처한다.
1. 거짓 또는 그 밖의 부정한 방법으로 제6조에 따른 안전인증의 면제를 받은 자
2. 제10조제3항을 위반하여 안전인증표시등이 없는 안전인증대상전기용품을 사용한 자
3. 제11조제3항을 위반하여 안전인증을 한 자
4. 거짓 또는 그 밖의 부정한 방법으로 제16조에 따른 안전확인신고의 면제를 받은 자
5. 제19조제3항을 위반하여 안전확인표시등이 없는 안전확인대상전기용품을 사용한 자
6. 거짓 또는 그 밖의 부정한 방법으로 제24조에 따른 공급자적합성확인 또는 공급자적합성확인신고의 면제를 받은 자
7. 제26조제3항을 위반하여 공급자적합성확인표시등이 없는 공급자적합성확인대상전기용품을 사용한 자
8. 제32조제1항을 위반하여 어린이보호포장대상생활용품에 어린이보호포장을 사용하지 아니한 자
9. 제34조를 위반하여 어린이보호포장표시가 없는 어린이보호포장대상생활용품을 판매하거나 판매할 목적으로 수입·진열 또는 보관한 자
10. 제34조의5제3항을 위반하여 안전성검사표시등이 없는 안전성검사대상전기용품을 사용한 자

제50조(양벌규정) 법인의 대표자나 법인 또는 개인의 대리인, 사용인, 그 밖의 종업원이 그 법인 또는 개인의 업무에 관하여 제49조의 위반행위를 하면 그 행위자를 벌하는 외에 그 법인 또는 개인에게도 해당 조문의 벌금형을 과(科)한다. 다만, 법인 또는 개인이 그 위반행위를 방지하기 위하여 해당 업무에 관하여 상당한 주의와 감독을 게을리하지 아니한 경우에는 그러하지 아니하다.

Ⅲ. 범죄사실

1. 안전인증대상제품 제조자의 안전인증 미필

1) 적용법조 : 제49조 제1항 제4호, 제5조 제1항 ☞ 공소시효 5년

제5조(안전인증 등) ① 안전인증대상제품의 제조업자(외국에서 제조하여 대한민국으로 수출하는 자를 포함한다. 이하 같다) 또는 수입업자는 안전인증대상제품에 대하여 모델(산업통상자원부령으로 정하는 고유한 명칭을 붙인 제품의 형식을 말한다. 이하 같다)별로 산업통상자원부령으로 정하는 바에 따라 안전인증기관의 안전인증을 받아야 한다.
② 안전인증대상제품의 제조업자 또는 수입업자는 안전인증을 받은 사항을 변경하려는 경우에는 산업통상자원부령으로 정하는 바에 따라 안전인증기관으로부터 변경인증을 받아야 한다. 다만, 제품의 안전성과 관련이 없는 것으로서 산업통상자원부령으로 정하는 사항을 변경하는 경우에는 그러하지 아니하다.

2) 범죄사실 기재례

> 피의자는 ○○에서 안전인증대상 전기용품을 제조하는 제조업자이다.
> 안전인증 대상 제품의 제조업자 또는 수입업자는 안전인증 대상 제품에 대하여 모델별로 산업통상자원부령으로 정하는 바에 따라 안전인증기관의 안전인증을 받아야 한다.
> 그럼에도 불구하고 피의자는 20○○. ○. ○. 위 공장에서 안전인증을 받지 아니한 (제품명) ○○개 시가 ○○원 상당을 제조하였다.

3) 신문사항

- 피의자는 안전인증대상전기용품을 제조하고 있는가
- 어디에서 어떠한 전기용을 제조하는가
- 안전인증표시가 없는 전기용품을 제조하다 적발된 일이 있는가
  이때 고발장에 첨부된 피의자의 자술서, 사진 등을 보여주며
- 이러한 위반사실이 사실인가
- 어떠한 전기용품 이었는가(안전인증대상전기용품 여부확인)
- 어떤 용도로 제조하였나
- 누구를 대상으로 판매하려고 제조한 것인가
- 공장의 규모는 어느 정도인가
- 월 매출은 어느 정도인가

2. 안전인증을 받지 아니하고 생활용품에 안전인증 표시

1) 적용법조 : 제49조 제1항 제10호, 제9조 제2항   ☞   공소시효 5년

제9조(안전인증의 표시 등) ① 안전인증대상제품의 제조업자 또는 수입업자는 산업통상자원부령으로 정하는 바에
따라 안전인증대상제품 또는 포장에 다음 각 호의 구분에 따른 표시(이하 "안전인증표시등"이라 한다)를 하여야
한다.
  1. 제5조제1항에 따른 안전인증을 받은 안전인증대상제품: 안전인증의 표시 및 제5조제3항에 따른 안전기준에서
     정하는 표시
  2. 제6조에 따라 안전인증의 면제를 받은 안전인증대상제품: 안전인증의 면제표시
  3. 제8조제1항에 따른 안전검사를 받은 안전인증대상전기용품: 안전검사의 표시 및 제8조제2항에 따른 안전검사
     의 기준에서 정하는 표시
② 제5조제1항에 따른 안전인증을 받지 아니하거나 제6조에 따른 안전인증의 면제를 받지 아니하거나 제8조제1항
  에 따른 안전검사를 받지 아니한 자는 안전인증대상제품과 포장에 안전인증표시등을 하거나 이와 비슷한 표시
  를 해서는 아니 된다.

---

2) 범죄사실 기재례

> 피의자는 20○○. 5. 19. 공기주입식 물놀이보트 . '○○' 에 대하여 한국생활용품시험연구
> 원으로부터 정원 수가 2인 이상 되어야 하는데 시료검사 결과 각 1.8, 1.8, 1.8로 기준에 미
> 달하여 불합격되었다.
> 그러나 피의자는 부정 수입할 목적으로 위 상품의 원본 카탈로그의 정원 수를 백색 수정액
> 으로 1인승인 양 지워서 변조한 후 이를 복사하여 위 연구원에 다시 시료검사 신청, 20○○.
> ○. ○. 1인승 보트인 양 시료검사 합격을 받아, 위 ○○을 1인승인 양, 20○○. ○. ○.
> 3,000개 시가 ○○만원(원가 ○○만 원) 상당을 수입하여 안전인증표시를 위반하였다.

■ 판례 ■   정원수가 1.8인으로 측정된 물놀이 보트를 수입하면서 1인승으로 안전검사를 받아
수입한 경우 관세법상 '사위 기타 부정한 방법'에 의한 수입이라고 볼 수 있는지 여부(소극)

2인승용 물놀이 보트를 수입하기 위하여 안전검사를 실시하였으나 정원수가 1.8인으로 측정되자 1
인승으로 카탈로그를 수정한 후 1인승으로 안전검사를 받아 수입한 경우, 구 관세법 제181조의2의
'사위 기타 부정한 방법' 에 의한 수입이라고 볼 수 없다(대법원 2000.2.11. 선고 98도2761 판결).

3. 신고없이 어린이보호포장표시 사용

1) 적용법조 : 제49조 제1항 제32호, 제33조 제2항 ☞ 공소시효 5년

제33조(어린이보호포장표시 등) ① 어린이보호포장대상생활용품의 제조업자·수입업자는 제32조제2항에 따른 신고를 한 경우에는 산업통상자원부령으로 정하는 바에 따라 해당 어린이보호포장대상생활용품 또는 포장에 어린이보호포장을 사용하였음을 나타내는 표시(이하 "어린이보호포장표시"라 한다)를 하여야 한다.
② 제32조제2항에 따른 신고를 하지 아니한 어린이보호포장대상생활용품 및 포장에는 어린이보호포장표시 또는 이와 비슷한 표시를 해서는 아니 된다.
제32조(어린이보호포장대상생활용품의 신고 등) ① 제조업자 및 수입업자는 어린이보호포장대상생활용품을 제조거나 수입하는 경우에는 어린이보호포장을 사용하여야 한다. 다만, 다음 각 호의 어느 하나에 해당하는 것으로서 산업통상자원부장관의 확인을 받은 경우에는 그러하지 아니하다.
1. 제조업자에게 판매할 목적으로 제조하거나 수입하는 것
2. 연구·개발 또는 수출을 목적으로 제조하거나 수입하는 것

2) 범죄사실 기재례

> 피의자는 ○○에서 어린이보호포장대상생활용품인 ○○생활용품을 제조하는 제조업자이다. 제조업자는 어린이보호포장을 사용한 경우에는 그 내용을 어린이보호포장대상생활용품의 모델별로 산업통상자원부장관에게 신고하여야 한다.
> 그럼에도 불구하고 피의자는 20○○. ○. ○. 위 공장에서 생산된 어린이보호포장대상생활용품인 "○○"약 ○○개를 신고없이 ○○내용으로 어린이보호포장표시를 하였다.

3) 신문사항

- 피의자는 어린이보호포장대상생활용품을 제조하고 있는가
- 어디에서 어떠한 생활용품을 제조하는가
- 신고없는 어린이보증표시생활용품을 제조하다 적발된 일이 있는가
  이때 고발장에 첨부된 피의자의 자술서, 사진 등을 보여주며
- 이러한 위반사실이 사실인가
- 어떠한 생활용품 이였으며 어느 정도인가
- 어떤 용도로 제조하였나
- 누구를 대상으로 판매하려고 제조한 것인가
- 왜 어린이보호포장대상생활용품 신고를 하지 않았는가
- 공장의 규모는 어느 정도인가
- 월 매출은 어느 정도인가

제 102 장 전기통신사업법

Ⅰ. 개념정의 및 통신사업의 종류

1. 개념정의

제2조(정의) 이 법에서 사용하는 용어의 뜻은 다음과 같다.
1. "전기통신"이란 유선·무선·광선 또는 그 밖의 전자적 방식으로 부호·문언·음향 또는 영상을 송신하거나 수신하는 것을 말한다.
2. "전기통신설비"란 전기통신을 하기 위한 기계·기구·선로 또는 그 밖에 전기통신에 필요한 설비를 말한다.
3. "전기통신회선설비"란 전기통신설비 중 전기통신을 행하기 위한 송신·수신 장소 간의 통신로 구성설비로서 전송설비·선로설비 및 이것과 일체로 설치되는 교환설비와 이들의 부속설비를 말한다.
4. "사업용전기통신설비"란 전기통신사업에 제공하기 위한 전기통신설비를 말한다.
5. "자가전기통신설비"란 사업용전기통신설비 외의 것으로서 특정인이 자신의 전기통신에 이용하기 위하여 설치한 전기통신설비를 말한다.
6. "전기통신역무"란 전기통신설비를 이용하여 타인의 통신을 매개하거나 전기통신설비를 타인의 통신용으로 제공하는 것을 말한다.
7. "전기통신사업"이란 전기통신역무를 제공하는 사업을 말한다.
8. "전기통신사업자"란 이 법에 따라 등록 또는 신고(신고가 면제된 경우를 포함한다)를 하고 전기통신역무를 제공하는 자를 말한다.
9. "이용자"란 전기통신역무를 제공받기 위하여 전기통신사업자와 전기통신역무의 이용에 관한 계약을 체결한 자를 말한다.
10. "보편적 역무"란 모든 이용자가 언제 어디서나 적절한 요금으로 제공받을 수 있는 기본적인 전기통신역무를 말한다.
11. "기간통신역무"란 전화·인터넷접속 등과 같이 음성·데이터·영상 등을 그 내용이나 형태의 변경 없이 송신 또는 는 수신하게 하는 전기통신역무 및 음성·데이터·영상 등의 송신 또는 수신이 가능하도록 전기통신회선설비를 임대하는 전기통신역무를 말한다. 다만, 과학 기술정보통신 부장관이 정하여 고시하는 전기통신서비스(제6호의 전기통신역무의 세부적인 개별 서비스를 말한다. 이하 같다)는 제외한다.
12. "부가통신역무"란 기간통신역무 외의 전기통신역무를 말한다.
12의2. "온라인 동영상 서비스"란 정보통신망을 통하여 「영화 및 비디오물의 진흥에 관한 법률」 제2조제12호에 따른 비디오물 등 동영상 콘텐츠를 제공하는 부가통신역무를 말한다.
13. "앱 마켓사업자"란 부가통신역무를 제공하는 사업 중 모바일콘텐츠 등을 등록·판매하고 이용자가 모바일콘텐츠 등을 구매할 수 있도록 거래를 중개하는 사업을 하는 자를 말한다.
14. "특수한 유형의 부가통신역무"란 다음 각 목의 어느 하나에 해당하는 업무를 말한다.
    가. 「저작권법」 제104조에 따른 특수한 유형의 온라인서비스제공자의 부가통신역무
    나. 문자메시지 발송시스템을 전기통신사업자의 전기통신설비에 직접 또는 간접적으로 연결하여 문자메시지를 발송하는 부가통신역무
15. "전기통신번호"란 전기통신역무를 제공하거나 이용할 수 있도록 통신망, 전기통신서비스, 지역 또는 이용자 등을 구분하여 식별할 수 있는 번호를 말한다.

2. 전기통신사업의 구분(종류)

제5조(전기통신사업의 구분 등) ① 전기통신사업은 기간통신사업 및 부가통신사업으로 구분한다.
② 기간통신사업은 전기통신회선설비를 설치하거나 이용하여 기간통신역무를 제공하는 사업으로 한다.
③ 부가통신사업은 부가통신역무를 제공하는 사업으로 한다.

Ⅱ. 벌 칙

제94조(벌칙) 다음 각 호의 어느 하나에 해당하는 자는 5년 이하의 징역 또는 2억원 이하의 벌금에 처한다.
  1. 제79조제1항을 위반하여 전기통신설비를 파손하거나 전기통신설비에 물건을 접촉하거나 그 밖의 방법으로 그 기능에 장해를 주어 전기통신의 소통을 방해한 자
  2. 제83조제2항을 위반하여 재직 중에 통신에 관하여 알게 된 타인의 비밀을 누설한 자
  3. 제83조제3항을 위반하여 통신자료제공을 한 자 및 그 제공을 받은 자
제95조(벌칙) 다음 각 호의 어느 하나에 해당하는 자는 3년 이하의 징역 또는 1억5천만원 이하의 벌금에 처한다.
  1. 제3조제1항을 위반하여 정당한 사유 없이 전기통신역무의 제공을 거부한 자
  2. 삭제 〈2018.12.24.〉
  3. 제6조제1항에 따른 등록을 하지 아니하고 기간통신사업을 경영한 자
  3의2. 제22조제2항에 따른 등록을 하지 아니하고 부가통신사업을 경영한 자
  4. 제20조제1항에 따른 등록의 일부 취소를 위반하여 기간통신사업을 경영한 자
  5. 제52조제1항에 따른 명령을 이행하지 아니한 자
  5의2. 제52조제5항에 따른 사업의 일부 정지 명령을 위반한 자
  6. 제73조제2항을 위반하여 선로등의 측량, 전기통신설비의 설치공사 또는 보전공사를 방해한 자
  7. 제83조제1항을 위반하여 전기통신사업자가 취급 중에 있는 통신의 비밀을 침해하거나 누설한 자
제95조의2(벌칙) 다음 각 호의 어느 하나에 해당하는 자는 3년 이하의 징역 또는 1억원 이하의 벌금에 처한다.
  1. 제4조의2제3항을 위반하여 재직 중에 알게 된 타인의 비밀을 누설한 사람
  1의2. 제22조의5제1항에 따른 불법촬영물등의 삭제·접속차단 등 유통방지에 필요한 조치를 취하지 아니한 자. 다만, 불법촬영물등을 인식한 경우 지체 없이 해당 정보의 삭제·접속차단 등 유통방지에 필요한 조치를 취하기 위하여 상당한 주의를 게을리하지 아니하였거나 해당 정보의 삭제·접속차단 등 유통방지에 필요한 조치가 기술적으로 현저히 곤란한 경우에는 그러하지 아니하다.
  1의3. 제22조의5제2항에 따른 기술적·관리적 조치를 하지 아니한 자. 다만, 제22조의5제2항에 따른 기술적·관리적 조치를 하기 위하여 상당한 주의를 게을리하지 아니하였거나 제22조의5제2항에 따른 기술적·관리적 조치가 기술적으로 현저히 곤란한 경우에는 그러하지 아니하다.
  2. 제32조의4제1항제1호를 위반하여 자금을 제공 또는 융통하여 주는 조건으로 다른 사람 명의의 이동통신단말장치를 개통하여 그 이동통신단말장치에 제공되는 전기통신역무를 이용하거나 해당 자금의 회수에 이용하는 행위를 한 자
  3. 제32조의4제1항제2호를 위반하여 자금을 제공 또는 융통하여 주는 조건으로 이동통신단말장치 이용에 필요한 전기통신역무 제공에 관한 계약을 권유·알선·중개하거나 광고하는 행위를 한 자
  3의2. 제32조의4제1항제3호를 위반하여 「형법」 제247조(도박장소 등 개설), 제347조(사기) 및 제347조의2(컴퓨터등 사용사기)의 죄에 해당하는 행위, 「성매매알선 등 행위의 처벌에 관한 법률」 제2조제1항제2호 및 제3호에 따른 성매매알선 등 행위 및 성매매 목적의 인신매매에 이용할 목적으로 다른 사람 명의의 이동통신단말장치를 개통하여 그 이동통신단말장치에 제공되는 전기통신역무를 이용하는 행위를 한 자
  4. 제84조의2제1항을 위반하여 다른 사람을 속여 재산상 이익을 취하거나 폭언·협박·희롱 등의 위해를 입힐 목적으로 전화(문자메시지를 포함한다)를 하면서 송신인의 전화번호를 변작하는 등 거짓으로 표시한 자
  5. 제84조의2제2항을 위반하여 영리를 목적으로 송신인의 전화번호를 변작하는 등 거짓으로 표시하는 서비스를 제공한 자

제96조(벌칙) 다음 각 호의 어느 하나에 해당하는 자는 2년 이하의 징역 또는 1억원 이하의 벌금에 처한다.

1. 제17조제1항 및 제42조제4항에 따른 승인을 받지 아니한 자
2. 제18조제1항 각 호 외의 부분 본문에 따른 인가를 받지 아니하거나 제19조제1항에 따른 승인을 받지 아니한 자
3. 제18조제9항을 위반하여 인가를 받기 전에 통신망 통합, 임원의 임명행위, 영업의 양수, 법인의 합병·분할 ·분할합병이나 설비 매각 협정의 이행행위 또는 회사 설립에 관한 후속조치를 한 자
4. 제19조제2항 또는 제20조제3항에 따른 이용자 보호조치명령을 위반한 자
5. 제22조제1항에 따른 신고를 하지 아니하고 부가통신사업을 경영한 자
6. 제22조의3제2항을 위반하여 정당한 권한 없이 같은 조 제1항에 따른 기술적 조치를 제거·변경하거나 우회하는 등의 방법으로 무력화한 자
7. 제27조제1항에 따른 사업정지처분을 위반한 자
8. 제27조제2항에 따른 사업폐지명령을 위반한 자
9. 제32조제4항을 위반하여 보증보험에 가입하지 아니한 자
10. 제43조를 위반하여 정보를 사용하거나 제공한 자
10의2. 제60조의3을 위반하여 제60조의2제1항 각 호의 어느 하나에 해당하는 통신단말장치의 사용 차단을 방해할 목적으로 통신단말장치의 고유식별번호를 훼손하거나 위조 또는 변조하는 자
11. 제85조에 따른 업무의 제한 또는 정지 명령을 이행하지 아니한 자
12. 제86조제2항 또는 제4항에 따른 승인·변경승인 또는 폐지승인을 받지 아니한 자

제97조(벌칙) 다음 각 호의 어느 하나에 해당하는 자는 1년 이하의 징역 또는 5천만원 이하의 벌금에 처한다.

1. 제10조제5항에 따른 명령을 이행하지 아니한 자, 제12조제2항(법률 제5385호 전기통신사업법중개정법률 부칙 제4조제4항에 따라 준용되는 경우를 포함한다) 또는 제18조제8항에 따른 명령을 이행하지 아니한 자
2. 제18조제1항 각 호 외의 부분 단서에 따른 신고를 하지 아니한 자
3. 제16조에 따른 변경등록이나 변경신고를 하지 아니한 자
4. 제24조에 따른 신고를 하지 아니한 자
5. 제27조제1항에 따른 사업정지처분을 위반한 자
6. 제28조제1항 및 제2항 단서에 따른 신고 또는 변경신고를 하지 아니하거나 같은 조 제2항에 따른 인가 또는 변경인가를 받지 아니하고 전기통신서비스를 제공한 자
7. 제30조 각 호 외의 부분 본문을 위반하여 전기통신사업자가 제공하는 전기통신역무를 이용하여 타인의 통신을 매개하거나 이를 타인의 통신용으로 제공한 자

제98조(벌칙) 다음 각 호의 어느 하나에 해당하는 자는 1년 이하의 징역 또는 1천만원 이하의 벌금에 처한다.

1. 제22조의4제1항을 위반하여 요금 신고를 하지 아니하거나 신고한 내용과 다르게 전기통신서비스를 제공한 자
2. 제62조제1항 본문에 따른 신고를 하지 아니하고 중요한 전기통신설비를 설치하거나 변경한 자 또는 같은 항 단서에 따른 승인을 받지 아니하고 전기통신설비를 설치한 자
3. 제64조제1항에 따른 신고 또는 변경신고를 하지 아니하고 자가전기통신설비를 설치한 자
4. 제65조제1항을 위반하여 자가전기통신설비를 이용하여 타인의 통신을 매개하거나 설치한 목적에 어긋나게 이를 운용한 자
5. 제66조제1항에 따른 전기통신업무나 그 밖에 중요한 통신업무를 취급하게 하거나 해당 설비를 다른 전기통신설비에 접속하도록 하는 명령을 위반한 자
6. 제67조제2항에 따른 사용정지명령 또는 같은 조 제3항에 따른 명령을 위반한 자
7. 제82조제2항에 따른 전기통신설비의 제거명령 또는 그 밖에 필요한 조치의 명령을 위반한 자

제99조(벌칙) 제50조제1항 각 호의 금지행위(제50조제1항제5호의 행위 중 이용약관과 다르게 전기통신서비스를 제공하는 행위 및 같은 항 제5호의2의 행위는 제외한다)를 한 자는 3억원 이하의 벌금에 처한다.

제100조(벌칙) 삭제 〈2014.10.15.〉

제101조(벌칙) 제79조제2항을 위반하여 전기통신설비를 오손하거나 전기통신설비의 측량표를 훼손한 자는 100만원 이하의 벌금 또는 과료(科料)에 처한다.

제102조(미수범) 제94조제1호·제2호 및 제95조제7호의 미수범은 처벌한다.

제103조(양벌규정) 생략

III. 범죄사실

1. 미신고 부가통신사업

1) 적용법조 : 제96조 제5호, 제22조 제1항 ☞ 공소시효 5년

제22조(부가통신사업의 신고 등) ① 부가통신사업을 경영하려는 자는 대통령령으로 정하는 요건 및 절차에 따라 방송통신위원회에 신고(정보통신망에 의한 신고를 포함한다)하여야 한다.

2) 범죄사실 기재례

> 피의자는 ○○에서 ○○라는 상호로 ○○성인사이트를 운영하는 사람이다. 부가통신사업을 경영하고자 하는 자는 대통령령이 정하는 요건 및 절차에 따라 방송통신위원회에 신고하여야 한다.
>
> 그럼에도 불구하고 피의자는 200○. ○. ○. 경부터 200○. ○. ○. 경까지 사이 위 사무실에서 전기통신회선설비인 인터넷 전용회선을 이용하여 위 사이트에 가입한 회원들의 통신을 영리 목적으로 매개하는 등 미신고 부가통신사업을 하였다.

3) 신문사항

- 성인사이트를 운영하고 있는가
- 어떤 성인사이트인가
- 인터넷 전용회선을 이용하고 있는가
- 어떤 방법으로 이를 이용하는가
- 이를 이용 어떤 방법으로 영업행위를 하는가
- 회원모집은 어떠한 방법으로 하고 있으며 가입한 회원은 몇 명인가
- 이들 회원들이 어떠한 방법으로 성인사이트를 접속하게 하고 있는가
- 회원들은 어떤 조건으로 사이트에 접속하는가
- 통신사업자에게는 전용회선설비를 임차하고 사용료로 얼마를 지불하고 있는가
- 피의자의 이런 행위는 부가통신사업이라는 것을 알고 있는가
- 이런 행위를 하기 위해서는 산업통상자원부장관에게 사업신고를 하여야 하는가 신고하였는가
- 왜 신고 없이 이런 행위를 하였는가

✱ 부가통신사업은 기간통신사업자로부터 전기통신회선설비를 임차하여 제2항(별정통신사업)의 규정에 의한 기간통신역무외의 전기통신역무("부가통신역무")를 제공하는 사업으로 한다.

2. 대포폰 개설 알선, 중개, 광고

1) 적용법조 : 제95조의2 제2호, 제32조의4 제1항 ☞ 공소시효 5년

> 제32조의4(이동통신단말장치 부정이용 방지 등) ① 누구든지 다음 각 호의 어느 하나에 해당하는 행위를 하여
> 서는 아니 된다.
> 1. 자금을 제공 또는 융통하여 주는 조건으로 다른 사람 명의로 전기통신역무의 제공에 관한 계약을 체결하는
>   이동통신단말장치(「전파법」에 따라 할당받은 주파수를 사용하는 기간통신역무를 이용하기 위하여 필요한
>   단말장치를 말한다. 이하 같다)를 개통하여 그 이동통신단말장치에 제공되는 전기통신역무를 이용하거나 해
>   당 자금의 회수에 이용하는 행위
> 2. 자금을 제공 또는 융통하여 주는 조건으로 이동통신단말장치 이용에 필요한 전기통신역무 제공에 관한 계약
>   을 권유·알선·중개하거나 광고하는 행위

2) 범죄사실 기재례

[기재례1] 이동통신 단말장치에 제공되는 전기통신 역무를 이용

누구든지 자금을 제공 또는 융통하여 주는 조건으로 다른 사람 명의로 전기통신역무의 제
공에 관한 계약을 체결하는 이동통신 단말장치를 개통하여 그 이동통신 단말장치에 제공되
는 전기통신 역무를 이용하거나 해당 자금의 회수에 이용하는 행위를 하여서는 아니 된다.

그럼에도 피의자는 공범 갑과 대포통장을 양수, 양도하면서 수사기관 등의 추적을 피하고자
타인 명의의 핸드폰(속칭 '대포폰')을 구입하여 범행 중 사용하기로 마음먹었다.

피의자는 20○○. 8. 중순경 ○○에서, 인터넷 사이트를 통하여 알게 된 성명불상자로부터
○○회사' 명의로 개설된 (휴대전화번호), ○○유한회사' 명의로 개설된 (휴대전화번호) 등
의 핸드폰 USIM 2개를 1개당 30만 원을 주고 구입하였고, 그중 (휴대전화번호)의 USIM을 ○
○핸드폰에 부착한 후, 20○○. 10.경까지 이를 사용하였다.

피의자는 위와 같이 다른 사람 명의로 전기통신역무의 제공에 관한 계약을 체결하는 이동
통신 단말장치를 개통하여 그 이동통신 단말장치에 제공되는 전기통신 역무를 이용하였다.

[기재례2] 이동통신 단말장치 부정이용

누구든지 자금을 제공 또는 융통하여 주는 조건으로 다른 사람 명의로 전기통신역무의 제
공에 관한 계약을 체결하는 이동통신 단말장치를 개통하여 그 이동통신 단말장치에 제공되
는 전기통신 역무를 이용하거나 해당 자금의 회수에 이용하는 행위를 하여서는 아니 된다.

그럼에도 불구하고 피의자는 20○○.○.○.경 ○○부근 길에서 甲으로부터 ○○○ 명의로
개통된 '(휴대전화번호)' 유심을 ○○만 원을 주고 구입한 다음, 소지하고 있던 휴대전화
에 삽입하여 수신번호 116번 등으로 전화를 걸어 정상 동작 여부를 확인하고 이를 보이스피
싱 조직에 전달하는 한편, 위와 같이 VoIP 게이트웨이를 설치하여 관리하면서 보이스피싱
조직원들이 위 유심을 이용하게 한 것을 비롯하여 20○○.○.○.경부터 20○○.○.○.경까지
위와 같은 방법으로 별지 범죄일람표 기재와 같이 다른 사람의 명의로 총 ○○개의 유심을
개통하여 이용하였다.

이로써 피의자는 성명불상자와 공모하여 자금을 제공하여 주는 조건으로 다른 사람 명의
로 이동통신 단말장치를 개통하여 전기통신 역무를 이용하였다.

▪ 판례 ▪　　피고인이 甲과 공모하여, 인터넷 사이트를 통해 알게 된 乙에게서 타인 명의의 휴대전화(이른바 '대포폰')를 돈을 주고 구입하여 사용하였다고 하여 전기통신사업법 위반으로 기소된 사안에서, 대포폰을 직접 개통하지 않았더라도 다른 사람을 통해 개통된 대포폰을 교부받아 사용한 경우 공범여부

2014. 10. 15. 신설된 같은 법 제32조의4 제1항 제1호의 제목이 '이동통신단말장치 부정이용 방지 등'이고, 대포폰의 '개통'은 위 조항 신설 전에도 실무상 같은 법 제97조 제7호, 제30조에 의하여 별도로 처벌되고 있었으므로, 위 조항은 '개통'보다는 '이용'에 초점이 있는 점, 문언상 반드시 개통을 스스로 해야 한다고 해석되지는 않는 점, 같은 법 제32조의4 신설에 관한 개정이유도 본인이 대포폰을 직접 개통하여 이용한 경우뿐 아니라 다른 사람을 통해 개통된 대포폰을 교부받아 이용하는 것도 처벌하고자 한 취지인 점 등을 종합하면, 대포폰을 직접 개통하지 않았더라도 다른 사람을 통해 개통된 대포폰을 교부받아 사용하는 것 역시 위법이다(서울중앙지법 2016.5.26. 선고, 2016노276, 판결).

▪ 판례 ▪　　피고인이 수사기관 등의 추적을 피하고자 성명불상자로부터 甲 명의로 개설된 휴대폰 유심(USIM)칩 1개를 구입한 다음 이를 자신이 소지 중인 휴대폰에 부착하여 사용하는 방법으로 타인 명의의 이동통신단말장치를 개통하여 그 이동통신단말장치에 제공되는 전기통신역무를 부정하게 이용한 경우

전기통신사업법 제95조의2 제2호, 제32조의4 제1항 제1호(이하 '적용법조'라고 한다)가 금지하는 단말장치 부정이용은, 자금을 제공하는 것을 조건으로 다른 사람 명의로 전기통신역무의 제공에 관한 계약을 체결하는 단말장치를 개통하여 그 단말장치에 제공되는 전기통신역무를 이용하는 행위로서, 여기에는 다른 사람 명의로 직접 단말장치를 개통한 후 이를 이용하는 행위뿐 아니라 다른 사람 명의로 개통된 단말장치를 넘겨받아 이를 이용하는 행위도 포함되는 점, '범용 가입자 식별 모듈(Universal Subscriber Identity Module)'의 약자인 유심(USIM)은 무선통신 회선 가입자들의 신원, 전화번호, 요금제 등의 식별정보를 담고 있는 저장장치로서 개념상 단말장치와는 구별되는 점, 휴대폰, 태블릿 등 단말장치를 통하여 전기통신역무를 제공받기 위해서는, 통신회사와 전기통신역무의 제공에 관한 계약을 체결하여 전화번호를 부여받고 요금제를 선택한 후 전기통신역무를 제공받을 수 있는 정보와 권한의 내용이 저장된 유심을 취득하는 유심의 개통과 단말장치에 유심이 장착되어 단말장치가 전기통신역무를 제공할 수 있는 상태로 활성화되는 단말장치의 개통이 모두 필요하고, 이러한 유심의 개통과 단말장치의 개통은 순차적으로 함께 이루어지는 것이 일반적이지만, 경우에 따라 향후 단말장치를 따로 개통할 것을 전제로 유심만 먼저 개통하거나 반대로 이미 개통된 유심을 공기계 단말장치에 삽입하고 단말장치만을 활성화시켜 개통하는 방법도 가능하나, 유심을 사용하는 현재 보편적인 이동통신 시스템 아래에서는 유심의 개통 없이 단말장치만 개통할 수는 없고, 반대로 단말장치의 개통 없이 유심의 개통만으로 전기통신역무를 이용할 수도 없으므로, 적용법조에서 말하는 단말장치의 개통은 유심의 개통을 당연히 포함하거나 이를 전제로 하고 있는 점, 타인 명의로 개통된 유심을 공기계 단말장치에 장착하여 그 단말장치가 이동통신역무를 제공할 수 있도록 활성화되는 경우 그 단말장치는 장착된 유심의 명의자인 타인 명의로 개통된 것으로 인식되는 점 등을 종합하면, 피고인이 甲 명의로 개통된 유심을 구입한 후 이를 자신이 소지하던 공기계 휴대폰에 장착하고 전기통신역무를 제공받을 수 있도록 휴대폰을 甲 명의로 활성화시켜 사용한 행위 역시 적용법조가 금지하는 단말장치 부정이용에 해당한다는 이유로, 이와 달리 보아 공소사실을 무죄로 판단한 원심판결에 단말장치 부정이용에 관한 법리를 오해한 잘못이 있다.(대법원 2020. 2. 13. 선고, 2019도15087, 판결)

3. 통신비밀 침해

1) 적용법조 : 제95조 제7호, 제83조 제1항 ☞ 공소시효 5년

제83조(통신비밀의 보호) ① 누구든지 전기통신사업자가 취급 중에 있는 통신의 비밀을 침해하거나 누설하여서는 아니 된다.

② 전기통신업무에 종사하는 자 또는 종사하였던 자는 그 재직 중에 통신에 관하여 알게 된 타인의 비밀을 누설하여서는 아니 된다.

③ 전기통신사업자는 법원, 검사 또는 수사관서의 장(군 수사기관의 장, 국세청장 및 지방국세청장을 포함한다. 이하 같다), 정보수사기관의 장이 재판, 수사(「조세범 처벌법」 제10조제1항·제3항·제4항의 범죄 중 전화, 인터넷 등을 이용한 범칙사건의 조사를 포함한다), 형의 집행 또는 국가안전보장에 대한 위해를 방지하기 위한 정보수집을 위하여 다음 각 호의 자료의 열람이나 제출(이하 "통신자료제공"이라 한다)을 요청하면 그 요청에 따를 수 있다.

1. 이용자의 성명
2. 이용자의 주민등록번호
3. 이용자의 주소
4. 이용자의 전화번호
5. 이용자의 아이디(컴퓨터시스템이나 통신망의 정당한 이용자임을 알아보기 위한 이용자 식별부호를 말한다)
6. 이용자의 가입일 또는 해지일

2) 범죄사실 기재례

누구든지 전기통신사업자가 취급 중인 통신의 비밀을 침해하거나 누설하여서는 아니 된다.

그럼에도 불구하고 피의자는 20○○. ○. ○.경 ○○에서 피의자 甲의 지시를 받은 피의자 乙은 '○○'이라는 심부름센터 운영자로부터 휴대폰번호 010-111-3456번 '의 통화내역을 알아봐 줄 것을 의뢰받고 그 의뢰내용을 피의자 甲에게 휴대폰으로 전달하고 피의자 甲은 알 수 없는 방법으로 휴대폰의 통화내역을 알아내어 이를 위 심부름센터 운영자에게 퀵서비스를 이용하여 전달해 주었다.

이로써 피의자들은 공모하여 전기통신사업자가 취급 중인 통신 비밀인 위 휴대폰의 통화내역을 침해·누설하였다.

4. 보이스피싱의 전화번호 조작행위로 금품 편취

1) 적용법조 : 제95조의2 제4호, 제84조의2 제1항 ☞ 공소시효 5년 (전기통신사업법)

제84조의2(전화번호의 거짓표시 금지 및 이용자 보호) ① 누구든지 다른 사람을 속여 재산상 이익을 취하거나 폭언·협박·희롱 등의 위해를 입힐 목적으로 전화(문자메시지를 포함한다. 이하 이 조에서 같다)를 하면서 송신인의 전화번호를 변작하는 등 거짓으로 표시하여서는 아니 된다.
② 누구든지 영리를 목적으로 송신인의 전화번호를 변작하는 등 거짓으로 표시할 수 있는 서비스를 제공하여서는 아니 된다. 다만, 공익을 목적으로 하거나 수신인에게 편의를 제공하는 등 정당한 사유가 있는 경우에는 그러하지 아니하다.

2) 범죄사실 기재례

가. 전기통신사업법 위반
  누구든지 다른 사람을 속여 재산상 이익을 취하거나 폭언·협박·희롱 등의 위해를 입힐 목적으로 전화를 하면서 송신인의 전화번호를 변작하는 등 거짓으로 표시하여서는 아니 된다.
  그럼에도 불구하고 피의자는 20○○.○.○.경 ○○ 부근 길에서 보이스피싱 조직원들과 함께 불특정 다수의 피해자를 속여 피해자들로부터 금원을 편취할 목적으로 甲으로부터 ○○ 명의로 개통된 '휴대전화번호 1(번호)' 유심을 ○○만 원을 주고 구입하여 보이스피싱 조직에 전달하는 한편, 위와 같이 VoIP 게이트웨이를 설치하여 관리하면서 보이스피싱 조직원들이 20○○.○.○.경부터 20○○.○.○.경까지 사이에 장소를 알 수 없는 곳에서 송신한 전화번호를 국내 휴대전화번호인 '휴대전화번호2(번호)'로 변작하여 수신인 乙에게 거짓으로 표시되도록 한 것을 비롯하여 20○○.○.○.경부터 20○○.○.○.경까지 위와 같은 방법으로 별지 범죄일람표 기재와 같이 총 ○○개의 휴대전화번호를 이용하여 송신인의 전화번호를 변작하였다.
  이로써 피의자는 성명불상자와 공모하여 다른 사람을 속여 재산상 이익을 취할 목적으로 송신인의 전화번호를 변작하였다.

나. 사기
  성명불상의 유인책은 20○○.○.○.경 장소를 알 수 없는 곳에서 피의자가 보이스피싱 조직에 전달한 유심과 피의자가 위와 같이 설치한 VoIP 게이트웨이를 이용하여 피해자 丙의 휴대전화에 발신번호 '휴대전화번호 3(번호)'으로 표시되도록 하는 방법으로 피해자에게 전화를 걸어 KB국민은행 직원을 사칭하면서 "저렴한 이율로 대환대출을 해주겠다. 추심팀 직원에게 현금을 전달하면 기존 대출금을 상환해 주겠다."라고 거짓말하여 피해자로 하여금 현금을 준비하여 지정한 장소로 나오게 하였다.
  성명불상의 수거책은 20○○.○.○.경 ○○에 있는 ○○농협 주차장에서 피해자를 만나 금융기관 직원을 사칭하면서 피해자로부터 ○○만 원을 교부받은 것을 비롯하여 그때부터 20○○.○.○.경까지 위와 같은 방법으로 별지 범죄일람표(2) 기재와 같이 피해자 ○○명으로부터 합계 ○○만 원을 교부받았다.
  이로써 피의자는 성명불상자와 공모하여 위와 같이 피해자들을 기망하여 재물을 교부받았다.

제 103 장   전자금융거래법

Ⅰ. 개념정의

제2조(정의) 이 법에서 사용하는 용어의 정의는 다음과 같다.
1. "전자금융거래"라 함은 금융회사 또는 전자금융업자가 전자적 장치를 통하여 금융상품 및 서비스를 제공(이하 "전자금융업무"라 한다)하고, 이용자가 금융회사 또는 전자금융업자의 종사자와 직접 대면하거나 의사소통을 하지 아니하고 자동화된 방식으로 이를 이용하는 거래를 말한다.
2. "전자지급거래"라 함은 자금을 주는 자(이하 "지급인"이라 한다)가 금융회사 또는 전자금융업자로 하여금 전자지급수단을 이용하여 자금을 받는 자(이하 "수취인"이라 한다)에게 자금을 이동하게 하는 전자금융거래를 말한다.
3. "금융회사"란 다음 각 목의 어느 하나에 해당하는 기관이나 단체 또는 사업자를 말한다.
    가. 「금융위원회의 설치 등에 관한 법률」 제38조제1호부터 제5호까지, 제7호 및 제8호에 해당하는 기관
    나. 「여신전문금융업법」 에 따른 여신전문금융회사
    다. 「우체국예금 · 보험에 관한 법률」 에 따른 체신관서
    라. 「새마을금고법」 에 따른 새마을금고 및 새마을금고중앙회
    마. 그 밖에 법률의 규정에 따라 금융업 및 금융 관련 업무를 행하는 기관이나 단체 또는 사업자로서 대통령령이 정하는 자
4. "전자금융업자"라 함은 제28조의 규정에 따라 허가를 받거나 등록을 한 자(금융회사는 제외한다)를 말한다.
5. "전자금융보조업자"라 함은 금융회사 또는 전자금융업자를 위하여 전자금융거래를 보조하거나 그 일부를 대행하는 업무를 행하는 자 또는 결제중계시스템의 운영자로서 「금융위원회의 설치 등에 관한 법률」 제3조에 따른 금융위원회(이하 "금융위원회"라 한다)가 정하는 자를 말한다.
6. "결제중계시스템"이라 함은 금융회사와 전자금융업자 사이에 전자금융거래정보를 전달하여 자금정산 및 결제에 관한 업무를 수행하는 금융정보처리운영체계를 말한다.
7. "이용자"라 함은 전자금융거래를 위하여 금융회사 또는 전자금융업자와 체결한 계약(이하 "전자금융거래계약"이라 한다)에 따라 전자금융거래를 이용하는 자를 말한다.
8. "전자적 장치"라 함은 전자금융거래정보를 전자적 방법으로 전송하거나 처리하는데 이용되는 장치로서 현금자동지급기, 자동입출금기, 지급용단말기, 컴퓨터, 전화기 그 밖에 전자적 방법으로 정보를 전송하거나 처리하는 장치를 말한다.
9. "전자문서"라 함은 「전자문서 및 전자거래 기본법」 제2조제1호에 따른 작성, 송신 · 수신 또는 저장된 정보를 말한다.
10. "접근매체"라 함은 전자금융거래에 있어서 거래지시를 하거나 이용자 및 거래내용의 진실성과 정확성을 확보하기 위하여 사용되는 다음 각 목의 어느 하나에 해당하는 수단 또는 정보를 말한다.
    가. 전자식 카드 및 이에 준하는 전자적 정보
    나. 「전자서명법」 제2조제3호의 전자서명생성정보 및 같은 조제6호의 인증서
    다. 금융회사 또는 전자금융업자에 등록된 이용자번호
    라. 이용자의 생체정보
    마. 가목 또는 나목의 수단이나 정보를 사용하는데 필요한 비밀번호
11. "전자지급수단"이라 함은 전자자금이체, 직불전자지급수단, 선불전자지급수단, 전자화폐, 신용카드, 전자채권 그 밖에 전자적 방법에 따른 지급수단을 말한다.
12. "전자자금이체"라 함은 지급인과 수취인 사이에 자금을 지급할 목적으로 금융회사 또는 전자금융업자에 개

설된 계좌(금융회사에 연결된 계좌에 한한다. 이하 같다)에서 다른 계좌로 전자적 장치에 의하여 다음 각 목의 어느 하나에 해당하는 방법으로 자금을 이체하는 것을 말한다.

　가. 금융회사 또는 전자금융업자에 대한 지급인의 지급지시

　나. 금융회사 또는 전자금융업자에 대한 수취인의 추심지시(이하 "추심이체"라 한다)

13. "직불전자지급수단"이라 함은 이용자와 가맹점간에 전자적 방법에 따라 금융회사의 계좌에서 자금을 이체하는 등의 방법으로 재화 또는 용역의 제공과 그 대가의 지급을 동시에 이행할 수 있도록 금융회사 또는 전자금융업자가 발행한 증표(자금을 융통받을 수 있는 증표를 제외한다) 또는 그 증표에 관한 정보를 말한다.

14. "선불전자지급수단"이라 함은 이전 가능한 금전적 가치가 전자적 방법으로 저장되어 발행된 증표 또는 그 증표에 관한 정보로서 다음 각 목의 요건을 모두 갖춘 것을 말한다. 다만, 전자화폐를 제외한다.

　가. 발행인(대통령령이 정하는 특수관계인을 포함한다) 외의 제3자로부터 재화 또는 용역을 구입하고 그 대가를 지급하는데 사용될 것

　나. 구입할 수 있는 재화 또는 용역의 범위가 2개 업종(「통계법」 제22조제1항의 규정에 따라 통계청장이 고시하는 한국표준산업분류의 중분류상의 업종을 말한다. 이하 이 조에서 같다)이상일 것

15. "전자화폐"라 함은 이전 가능한 금전적 가치가 전자적 방법으로 저장되어 발행된 증표 또는 그 증표에 관한 정보로서 다음 각 목의 요건을 모두 갖춘 것을 말한다.

　가. 대통령령이 정하는 기준 이상의 지역 및 가맹점에서 이용될 것

　나. 제14호 가목의 요건을 충족할 것

　다. 구입할 수 있는 재화 또는 용역의 범위가 5개 이상으로서 대통령령이 정하는 업종 수 이상일 것

　라. 현금 또는 예금과 동일한 가치로 교환되어 발행될 것

　마. 발행자에 의하여 현금 또는 예금으로 교환이 보장될 것

16. "전자채권"이라 함은 다음 각 목의 요건을 갖춘 전자문서에 기재된 채권자의 금전채권을 말한다.

　가. 채무자가 채권자를 지정할 것

　나. 전자채권에 채무의 내용이 기재되어 있을 것

　다. 「전자서명법」 제2조제2호에 따른 전자서명(서명자의 실지명의를 확인할 수 있는 것을 말한다)이 있을 것

　라. 금융회사를 거쳐 제29조제1항의 규정에 따른 전자채권관리기관(이하 "전자채권관리기관"이라 한다)에 등록될 것

　마. 채무자가 채권자에게 가목 내지 다목의 요건을 모두 갖춘 전자문서를 「전자문서 및 전자거래 기본법」 제6조제1항에 따라 송신하고 채권자가 이를 같은 법 제6조제2항의 규정에 따라 수신할 것

17. "거래지시"라 함은 이용자가 전자금융거래계약에 따라 금융회사 또는 전자금융업자에게 전자금융거래의 처리를 지시하는 것을 말한다.

18. "오류"라 함은 이용자의 고의 또는 과실 없이 전자금융거래가 전자금융거래계약 또는 이용자의 거래지시에 따라 이행되지 아니한 경우를 말한다.

19. "전자지급결제대행"이라 함은 전자적 방법으로 재화의 구입 또는 용역의 이용에 있어서 지급결제정보를 송신하거나 수신하는 것 또는 그 대가의 정산을 대행하거나 매개하는 것을 말한다.

20. "가맹점"이라 함은 금융회사 또는 전자금융업자와의 계약에 따라 직불전자지급수단이나 선불전자지급수단 또는 전자화폐에 의한 거래에 있어서 이용자에게 재화 또는 용역을 제공하는 자로서 금융회사 또는 전자금융업자가 아닌 자를 말한다.

21. "전자금융기반시설"이란 전자금융거래에 이용되는 정보처리시스템 및 「정보통신망 이용촉진 및 정보보호 등에 관한 법률」 제2조제1항제1호에 따른 정보통신망을 말한다.

22. "전자적 침해행위"란 해킹, 컴퓨터 바이러스, 논리폭탄, 메일폭탄, 서비스 거부 또는 고출력 전자기파 등의 방법으로 전자금융기반시설을 공격하는 행위를 말한다.

II. 적용범위 및 여신전문금융업법과의 관계

1. 적용범위

> **제3조(적용범위)** ① 이 법은 다른 법률에 특별한 규정이 있는 경우를 제외하고 모든 전자금융거래에 적용한다. 다만, 금융회사 및 전자금융업자간에 따로 정하는 계약에 따라 이루어지는 전자금융거래 가운데 대통령령이 정하는 경우에는 이 법을 적용하지 아니한다.
> ② 제5장의 규정은 제2조제3호다목 및 라목의 금융회사에 대하여는 이를 적용하지 아니한다.
>
> ※ **시행령**
> **제5조(적용범위의 예외)** 법 제3조제1항 단서에서 "대통령령이 정하는 경우"라 함은 다음 각 호의 어느 하나에 해당하는 경우를 말한다.
> 1. 법 제2조제6호에 따른 결제중계시스템을 이용하는 전자금융거래
> 2. 「한국은행법」 제81조제1항에 따라 한국은행이 운영하는 지급결제제도를 이용하는 전자금융거래

2. 여신전문금융업법과의 관계

신용카드와 직불카드의 경우에는 여신전문금융업법을 적용하여야 한다. 물론 본법과 여신법의 형량은 동일하나 본법 제3조(적용범위) 제1항의 규정에 다른 법률에 특별한 규정이 있는 경우를 그 특별법에 의하도록 되어 있기 때문이다.

III. 벌 칙

> **제49조(벌칙)** ① 다음 각 호의 어느 하나에 해당하는 자는 10년 이하의 징역 또는 1억원 이하의 벌금에 처한다.
> 1. 제21조의4제1호를 위반하여 전자금융기반시설에 접근하거나 저장된 데이터를 조작·파괴·은닉 또는 유출한 자
> 2. 제21조의4제2호를 위반하여 데이터를 파괴하거나 컴퓨터 바이러스, 논리폭탄 또는 메일폭탄 등의 프로그램을 투입한 자
> 3. 제21조의4제3호를 위반하여 일시에 대량의 신호, 고출력 전자기파 또는 데이터를 보내거나 전자금융기반시설에 오류 또는 장애를 발생시킨 자
> 4. 제26조를 위반하여 전자금융거래정보를 타인에게 제공 또는 누설하거나 업무상 목적 외에 사용한 자(제28조제4항에 따라 이를 준용하는 선불전자지급수단을 발행하는 자를 포함한다)
> ② 다음 각 호의 어느 하나에 해당하는 자는 7년 이하의 징역 또는 5천만원 이하의 벌금에 처한다.
> 1. 접근매체를 위조하거나 변조한 자
> 2. 위조되거나 변조된 접근매체를 판매알선·판매·수출 또는 수입하거나 사용한 자
> 3. 분실되거나 도난된 접근매체를 판매알선·판매·수출 또는 수입하거나 사용한 자
> 4. 전자금융기반시설 또는 전자금융거래를 위한 전자적 장치에 침입하여 거짓이나 그 밖의 부정한 방법으로 접근매체를 획득하거나 획득한 접근매체를 이용하여 전자금융거래를 한 자
> 5. 강제로 빼앗거나, 횡령하거나, 사람을 속이거나 공갈하여 획득한 접근매체를 판매알선·판매·수출 또는 수입하거나 사용한 자
> ③ 전자화폐는 「형법」 제214조 내지 제217조에 정한 죄의 유가증권으로 보아 각 그 죄에 정한 형으로 처벌한다.
> ④ 다음 각 호의 어느 하나에 해당하는 자는 5년 이하의 징역 또는 3천만원 이하의 벌금에 처한다.
> 1. 제6조제3항제1호를 위반하여 접근매체를 양도하거나 양수한 자
> 2. 제6조제3항제2호 또는 제3호를 위반하여 접근매체를 대여받거나 대여한 자 또는 보관·전달·유통한 자

3. 제6조제3항제4호를 위반한 질권설정자 또는 질권자

4. 제6조제3항제5호를 위반하여 알선·중개·광고하거나 대가를 수수(授受)·요구 또는 약속하면서 권유하는 행위를 한 자

5. 제6조의3을 위반하여 계좌와 관련된 정보를 제공받거나 제공한 자 또는 보관·전달·유통한 자

⑤ 다음 각 호의 어느 하나에 해당하는 자는 3년 이하의 징역 또는 2천만원 이하의 벌금에 처한다.

1. 2. 3. 4. 삭제 〈2020.5.19〉

5. 제28조 또는 제29조의 규정에 따라 허가를 받거나 등록을 하지 아니하고 그 업무를 행한 자

6. 허위 그 밖의 부정한 방법으로 제28조 또는 제29조의 규정에 따라 허가를 받거나 등록을 한 자

7. 제37조제3항제3호의 규정을 위반하여 다른 가맹점의 이름으로 전자화폐등에 의한 거래를 한 자

8. 제37조제3항제5호의 규정을 위반하여 전자화폐등에 의한 거래를 대행한 자

9. 제37조제4항의 규정을 위반하여 가맹점의 이름으로 전자화폐등에 의한 거래를 한 자

10. 허위 그 밖의 부정한 방법으로 전자금융거래정보를 열람하거나 제공받은 자

⑥ 다음 각 호의 어느 하나에 해당하는 자는 1년 이하의 징역 또는 1천만원 이하의 벌금에 처한다.

1. 삭제 〈2008.12.31.〉　　　 2. 삭제 〈2013.5.22〉

3. 제37조제1항의 규정을 위반하여 전자화폐등에 의한 거래를 이유로 재화 또는 용역의 제공을 거절하거나 이용자를 불리하게 대우한 자

4. 제37조제2항의 규정을 위반하여 이용자에게 가맹점수수료를 부담하게 한 자

5. 제37조제3항제4호의 규정을 위반하여 가맹점의 이름을 타인에게 빌려준 자

6. 제45조제1항의 규정에 따른 인가를 받지 아니하고 동항 각 호의 어느 하나에 해당하는 행위를 한 자

⑦ 제1항제1호·제2호 및 제3호와 제2항제1호·제2호 및 제4호의 미수범은 처벌한다.

⑧ 제1항부터 제7항까지의 징역형과 벌금형은 병과할 수 있다.

제50조(양벌규정) ① 법인의 대표자나 법인 또는 개인의 대리인, 사용인, 그 밖의 종업원이 그 법인 또는 개인의 업무에 관하여 제49조제1항, 제2항, 제3항(「형법」 제216조에서 정한 형으로 처벌하는 경우로 한정한다), 제4항부터 제7항까지의 어느 하나에 해당하는 위반행위를 하면 그 행위자를 벌하는 외에 그 법인 또는 개인에게도 해당 조문의 벌금형을 과(科)한다. 다만, 법인 또는 개인이 그 위반행위를 방지하기 위하여 해당 업무에 관하여 상당한 주의와 감독을 게을리하지 아니한 경우에는 그러하지 아니하다.

② 법인의 대표자나 법인 또는 개인의 대리인, 사용인, 그 밖의 종업원이 그 법인 또는 개인의 업무에 관하여 제49조제3항(「형법」 제214조, 제215조 또는 제217조에서 정한 형으로 처벌하는 경우로 한정한다)의 위반행위를 하면 그 행위자를 벌하는 외에 그 법인 또는 개인을 5천만원 이하의 벌금에 처한다. 다만, 법인 또는 개인이 그 위반행위를 방지하기 위하여 해당 업무에 관하여 상당한 주의와 감독을 게을리하지 아니한 경우에는 그러하지 아니하다.

◖ Ⅳ. 범죄사실

1. 접근매체(현금카드 등) 양도 및 전화사기

1) 적용법조 : 제49조 제4항 제1호, 제6조 제3항 제1호 ☞ 공소시효 5년

제6조(접근매체의 선정과 사용 및 관리) ③ 누구든지 접근매체를 사용 및 관리함에 있어서 다른 법률에 특별한 규정이 없는 한 다음 각 호의 행위를 하여서는 아니 된다. 다만, 제18조에 따른 선불전자지급수단이나 전자화폐의 양도 또는 담보제공을 위하여 필요한 경우(제3호의 행위 및 이를 알선·중개하는 행위는 제외한다)에는 그러하지 아니하다.

1. 접근매체를 양도하거나 양수하는 행위

2. 대가를 수수(授受)·요구 또는 약속하면서 접근매체를 대여받거나 대여하는 행위 또는 보관·전달·유통하는 행위

3. 범죄에 이용할 목적으로 또는 범죄에 이용될 것을 알면서 접근매체를 대여받거나 대여하는 행위 또는 보관·전달·유통하는 행위

4. 접근매체를 질권의 목적으로 하는 행위

5. 제1호부터 제4호까지의 행위를 알선·중개·광고하거나 대가를 수수(授受)·요구 또는 약속하면서 권유하는 행위

2) 범죄사실 기재례

[기재례1] 현금카드 등 판매 및 전화사기 방조 ☞ 공소시효 10년

가. 전자금융거래법 위반

전자금융거래의 접근 매체인 현금카드 및 현금카드를 사용하는데 필요한 비밀번호, 금융기관 또는 전자금융기관에 등록된 이용자 번호 등을 양도·양수하거나 질권을 설정하여서는 아니 된다.

1) 피의자 두○○

피의자는 200○. ○. ○.경 ○○에서 이○○에게 통장 당 10만 원을 지급하기로 하고 별지 범죄일람표(2) 기재의 통장 3개, 비밀번호 및 현금카드를 각각 교부받아, 전자금융거래 접근매체를 양수하였다.

2) 피의자 두○○, 피의자 장○○의 공동범행

200○. ○. ○.경 ○○에서, 피의자 두○○이 피의자 장○○로부터 통장 당 30만 원을 지급받기로 하고 피의자 두○○의 ○○은행 통장(계좌번호 ○○) 비밀번호 및 현금카드를 양도한 것을 비롯하여 그때부터 200○. ○. ○.경까지 별지 범죄일람표(1) 기재와 같이 통장 30개와 해당 비밀번호 및 현금카드를 각각 교부하여, 피의자 두○○은 전자금융거래 접근매체를 양도하고, 피의자 장○○는 양수하였다.

나. 사기방조

피의자 임○○은 신원이 밝혀지지 않은 중국인으로부터 속칭 대포통장을 가급적 많이 만들어 달라는 부탁을 받아 통장 당 50만 원을 받기로 하고 승낙한 다음 피의자 장○○에게 한국인의 대포통장을 만들어 주면 통장 당 40만 원을 주겠다고 제의하고, 피의자 장○○는 제의를 승낙하고 피의자 두○○에게 대포통장을 만들어 주면 통장 당 30만 원을 지급하겠다고 제의하고, 피의자 두○○은 제의를 승낙하여 이○○, 김○○에게 대포통장을 만들어 주면 통장 당 10만 원을 지급하겠다고 제의하고, 이○○ 등은 이를 승낙하는 방법으로, 대포통장이 전화사기 등의 범행에 사용될 것이라는 정을 알면서도 순차 공모하였다.

피의자들은 200○. ○. ○.경부터 200○. ○. ○.경까지, 피의자 두○○은 피의자 장○○에게 별지 범죄일람표(1) 기재와 같이 대포통장 및 현금카드 각 30개를 건네주고, 피의자 장○○는 이를 별지 범죄일람표(2) 기재와 같이 피의자 임○○에게 건네주고, 피의자 임○○은 이를 별지 범죄일람표(3) 기재와 같이 신원이 알려지지 않은 자에게 건네주었다.

피의자 임○○에게 대포통장 구입을 지시한 자 등이 200○. ○. ○. 11:30경 피해자 박○○에게 전화하여 "신용카드대금이 연체되었고, 연체된 사실이 없다면 신용카드 정보가 노출되어 다른 사람이 사용한 것 같다. 안전장치를 하여 가상의 계좌로 입금해야 하니 통장현금카드를 가지고 가까운 은행의 현금지급기로 가서 시키는 대로 하라."고 말하였다.

피의자는 이처럼 피해자를 ○○에 있는 ○○은행 ○○지점 내 현금지급기 앞으로 유인한 다음, 이에 속은 피해자가 계좌번호 등을 누르게 하여 피해자의 ○○은행 계좌에서 이○○ 명의의 농협계좌로 ○○만원을 송금받아 교부받은 것을 비롯하여 200○. ○. ○.경부터 200○. ○. ○.경까지 별지 범죄일람표(4) 기재와 같이 총 ○○명으로부터 합계 ○○만원을 송금받음에 있어 범행을 용이하게 하여 방조하였다.

[기재례2] 현금카드 양도

피의자는 중화인민공화국 국적의 조선족으로 노동에 종사하는 사람으로서, 누구든지 전자금융거래의 접근 매체인 현금카드 및 현금카드를 사용하는데 필요한 비밀번호, 금융기관 또는 전자금융기관에 등록된 이용자 번호 등을 양도, 양수하거나 질권을 설정하여서는 아니된다.

그럼에도 불구하고 피의자는 20○○. ○. ○.경 ○○에 있는 ○○은행 ○○지점에서 ○○은행 통장(계좌번호) 및 현금카드를 성명을 알 수 없는 자에게 교부하여 전자금융거래 접근 매체를 양도하였다.

[기재례3] 전화사기 방조 및 현금카드 판매   ☞ 공소시효 10년

피의자는 20○○. ○. ○. ○○지방법원에서 사기죄 등으로 징역 3년을 선고받아 20○○. ○. ○. 위 형의 집행을 종료하였다.

가. 사기방조

피의자는 20○○. ○. ○.부터 20○○. ○. ○.경까지 '범죄일람표(1) 기재와 같이 총 책임자인 중국인 甲, 입금유도책 乙, 현금인출책 A, 등의 사기범행을 용이하게 하기 위하여 사기(소위 '보이스피싱' 방식에 의한 것임)의 대상자들로부터 돈을 이체받을 통장(속칭 '대포통장')을 모집하여 A 등에게 교부하였다.

그리고 乙은 20○○. ○. ○. 15:00경 불상의 장소에서 피해자 홍길동에게 전화하여 "국민건강보험공단 직원인데 건강보험료를 환급해주겠다"라고 거짓말하여 이에 속은 피해자로 하여금 현금자동지급기를 조작하게 하여 정명의 ○○은행 계좌로 ○○만원을 송금받았다.

그러나 위 乙 등은 국민건강보험공단과 아무런 관련이 없었고, 건강보험료를 환급해 줄 의사가 전혀 없었다.

乙 등은 20○○. ○. ○.부터 20○○. ○. ○.까지 별지범죄일람표(2) 기재와 같이 ○○회에 걸쳐 ○○만원을 송금받았다.

이로써 피의자는 위 입금유도책 등의 사기 범행을 용이하게 하여 이를 방조하였다.

나. 전자금융거래법 위반

누구든지 전자금융거래의 접근 매체인 현금카드 및 현금카드를 사용하는데 필요한 비밀번호, 금융기관 또는 전자금융기관에 등록된 이용자 번호 등을 양도, 양수하거나 질권을 설정하여서는 아니 된다.

그럼에도 불구하고 피의자는 A와 공모하여 전화금융사기 등 범죄에 이용되는 타인 명의의 통장 및 현금카드 등 접근매체를 1개당 ○○만원에 중국인인 B에게 양도하기로 마음먹었다.

피의자는 20○○. ○. ○. 18:00경 ○○에서 C에게 1계좌당 10만원씩 주기로 하고 그 명의의 ○○은행 계좌 통장과 현금카드 등 접근매체를 양수한 후 중국인인 B에게 양도한 것을 비롯하여 별지 범죄일람표(3) 기재와 같이 위 A와 공모하여 피의자 및 타인 명의 ○○개 계좌의 각 접근매체를 양수하거나 양도하였다.

※ 전기통신금융사기 피해 방지 및 피해금 환급에 관한 특별법

제2조(정의) 이 법에서 사용하는 용어의 뜻은 다음과 같다
2. "전기통신금융사기"란 「전기통신기본법」 제2조제1호에 따른 전기통신을 이용하여 타인을 기망(欺罔)·공갈(恐喝)함으로써 재산상의 이익을 취하거나 제3자에게 재산상의 이익을 취하게 하는 다음 각 목의 행위를 말한다. 다만, 재화의 공급 또는 용역의 제공 등을 가장한 행위는 제외하되, 대출의 제공·알선·중개를 가장한 행위는 포함한다.
  가. 자금을 송금·이체하도록 하는 행위
  나. 개인정보를 알아내어 자금을 송금·이체하는 행위
제15조의2(벌칙) ① 전기통신금융사기를 목적으로 다음 각 호의 어느 하나에 해당하는 행위를 한 자는 10년 이하의 징역 또는 1억원 이하의 벌금에 처한다.
  1. 타인으로 하여금 컴퓨터 등 정보처리장치에 정보 또는 명령을 입력하게 하는 행위
  2. 취득한 타인의 정보를 이용하여 컴퓨터 등 정보처리장치에 정보 또는 명령을 입력하는 행위
② 제1항의 미수범은 처벌한다.
③ 상습적으로 제1항의 죄를 범한 자는 그 죄에 대하여 정하는 형의 2분의 1까지 가중한다.

3) 신문사항

- 예금통장을 만들어 다른 사람에게 준 일이 있는가
- 어떤 통장인가
- 언제 어디에서 이러한 통장을 만들었는가
- 어디에 사용하기 위해 만들었는가
- 언제 어디에서 甲이 통장을 만들어 달라고 하던가
- 뭐라면서 만들어 달라고 하던가
- 어떤 조건으로 주었나
- 甲이 어디에 사용한다고 하던가
- 피의자는 이러한 통장을 어디에 사용할 것으로 알고 주었는가
- 대가는 어떤 방법으로 언제 누구로부터 얼마를 받았는가
- 甲은 언제 어떻게 알게 되었나

[기재례4] 접근매체 대여 (제49조 제4항 제2호, 제6조 제3항 제2호)

누구든지 접근매체를 사용 및 관리함에 있어서 다른 법률에 특별한 규정이 없는 한 대가를 수수·요구 또는 약속하면서 대여하는 행위를 하여서는 아니 된다.

그럼에도 불구하고 피의자는 20○○. ○. ○.경 성명불상자로부터 "○○만 원 이상의 대출이 가능하다. 이자 상환은 본인 계좌에 대출 이자를 입금해 놓으면 내가 체크카드를 이용하여 출금할 것이니, 이자 상환에 필요한 체크카드를 보내 달라."는 연락을 받고, 20○○. ○. ○. 경 ○○에서, 피의자 명의의 ○○은행 계좌(계좌번호)의 접근매체인 체크카드를 택배를 통해 성명불상자에게 교부하고, 위 체크카드의 비밀번호를 알려주었다.

이로써 피의자는 향후 대출을 받을 수 있는 무형의 기대이익을 받을 것을 약속하고 접근매체를 대여하였다.

[기재례5] 접근매체 대여 (제49조 제4항 제2호, 제6조 제3항 제2호)

> 누구든지 접근매체를 사용 및 관리함에 있어서 다른 법률에 특별한 규정이 없는 한 대가를 약속하면서 접근매체를 대여하는 행위를 하여서는 아니 된다.
>
> 그럼에도 불구하고 피고인은 성명불상자로부터 "우리는 주류회사를 운영하고 있다. 그런데, 세금 절감 문제 때문에 타인의 계좌를 대여하여 사용하고 있다. 우리에게 은행 계좌와 연결된 체크카드를 보내주면 하루에 한 장당 80만 원을 지급하겠다."는 제안을 받고 이를 승낙한 다음, 20○○. ○. ○.10:00경 ○○에 있는 ○○택배에서, 피의자 명의의 ○○은행 계좌(번호)와 연결된 체크카드 1매를 박스에 담아 위 성명불상자에게 발송하고 甲으로 위 체크카드의 비밀번호를 알려주었다.
>
> 이로써 피의자는 대가를 받을 것을 약속하고 성명불상자에게 접근매체를 대여하였다.

■ **판례** ■   접근매체의 양수'의 의미 및 접근매체의 명의자가 양도하거나 명의자로부터 양수한 경우

[1] 전자금융거래법상 처벌대상인 '접근매체의 양수'의 의미 및 접근매체의 명의자가 양도하거나 명의자로부터 양수한 경우에만 처벌대상이 되는지 여부(소극)

전자금융거래법 제49조 제4항 제1호에서 말하는 접근매체의 양수는 양도인의 의사에 기하여 접근매체의 소유권 내지 처분권을 확정적으로 이전받는 것을 의미하고, 단지 대여받거나 일시적인 사용을 위한 위임을 받는 행위는 이에 포함되지 않는다고 보는 것이 타당한데, 같은 법 제6조 제3항 제1호는 접근매체의 양도, 양수행위의 주체에 제한을 두지 않고 있으므로 반드시 접근매체의 명의자가 양도하거나 명의자로부터 양수한 경우에만 처벌대상이 된다고 볼 수 없다.

[2] 피고인이 甲으로부터 건네받은 乙 명의의 통장 등 접근매체를 丙이 지시하는 성명을 알 수 없는 사람에게 '양도'하였다고 하여 전자금융거래법 위반으로 기소된 사안에서, 피고인의 행위는 접근매체의 양도에 해당한다는 이유로, 이와 달리 보아 무죄를 선고한 원심판결에 법리오해의 위법이 있다고 한 사례

피고인은 단순히 접근매체를 사기 범행의 공범들 사이에서 내부적으로 전달하였다기보다 접근매체를 매수한 후 전부를 다시 매도하여 중간 차익을 얻는 행위를 업으로 한 점, 전화금융사기 범행의 특성상 유기적으로 연결된 범죄집단과 달리 행위자들 사이에 충분히 접근매체의 거래가 이루어질 수 있는 점, 접근매체의 유통 과정은 취득자가 접근매체를 이용하여 임의로 전자금융거래를 할 수 있음을 전제로 하고 있고 그에 대하여 일정한 가액도 수수되고 있는 점, 전자금융거래법은 전자금융거래의 법률관계를 명확히 하여 전자금융거래의 안전성과 신뢰성을 확보함에 입법목적이 있어 전자금융거래법 위반죄와 사기죄는 보호법익이나 입법목적을 달리하는 점 등을 감안할 때, 피고인의 행위는 접근매체의 양도에 해당한다는 이유로, 이와 달리 보아 무죄를 선고한 원심판결에 전자금융거래법상 접근매체 양도에 관한 법리오해의 위법이 있다(대법원 2013.8.23. 선고, 2013도4004 판결).

■ **판례** ■   구 전자금융거래법상 금지 · 처벌의 대상인 '접근매체의 양도'에 단순히 접근매체를 빌려 주거나 일시적으로 사용하게 하는 행위가 포함되는지 여부(소극)

구 전자금융거래법(2008. 12. 31. 법률 제9325호로 개정되기 전의 것, 이하 같다) 제2조 제10호는 금융계좌에 관한 접근매체의 종류로 '전자식 카드 및 이에 준하는 전자적 정보', '금융기관 또는 전자금융업자에 등록된 이용자번호' 등을 규정하고 있고, 제6조 제3항은 접근매체를 양도 · 양수하는 행위를 원칙적으로 금지하고 있으며, 제49조 제5항 제1호는 '제6조 제3항의 규정을 위

반하여 접근매체를 양도·양수한 자는 1년 이하의 징역 또는 1천만 원 이하의 벌금에 처한다'고 규정하고 있다. 일반적으로 양도라고 하면 권리나 물건 등을 남에게 넘겨주는 행위를 지칭하는데, 형벌법규의 해석은 엄격하여야 하고 명문규정의 의미를 피고인에게 불리한 방향으로 지나치게 확장 해석하거나 유추 해석하는 것은 죄형법정주의 원칙상 허용되지 않는 점, 민법상 양도와 임대를 별개의 개념으로 취급하고 있는 점, 이른바 '대포통장'을 활용한 범죄에 적극 대처하기 위하여 2008. 12. 31. 법률 제9325호로 구 전자금융거래법을 개정하면서 '대가를 매개로 접근매체를 대여받거나 대여하는 행위'에 대한 금지 및 처벌 조항을 신설한 점(제6조 제3항 제2호, 제49조 제4항 제2호) 등에 비추어 보면, 구 전자금융거래법에서 말하는 '양도'에는 단순히 접근매체를 빌려 주거나 일시적으로 사용하게 하는 행위는 포함되지 아니한다고 보아야 한다(대법원 2012.7.5, 선고, 2011도16167 판결).

■ 판례 ■　　**전자금융거래법 제6조 제3항 제2호에서 정한 '접근매체의 대여' 및 '대가'의 의미**
전자금융거래법은 전자금융거래의 법률관계를 명확히 하여 전자금융거래의 안전성과 신뢰성을 확보하기 위하여 제정된 것으로(제1조) '대가를 수수·요구 또는 약속하면서 접근매체를 대여하는 행위'를 금지하고(제6조 제3항 제2호), 이를 위반하여 접근매체를 대여한 사람을 처벌하고 있다(제49조 제4항 제2호). 전자금융거래법 제6조 제3항 제2호에서 정한 '접근매체의 대여'란 대가를 수수·요구 또는 약속하면서 일시적으로 다른 사람으로 하여금 접근매체 이용자의 관리·감독 없이 접근매체를 사용해서 전자금융거래를 할 수 있도록 접근매체를 빌려주는 행위를 말하고, '대가'란 접근매체의 대여에 대응하는 관계에 있는 경제적 이익을 말한다.(대법원 2019. 6. 27., 선고, 2017도16946, 판결)

■ 판례 ■　　**전자금융거래법 제6조 제3항 제3호에서 정한 '범죄에 이용할 목적으로 또는 범죄에 이용될 것을 알면서'에서 말하는 '범죄에 이용'의 의미**
전자금융거래법 제6조 제3항 제3호의 입법 취지와 문언적 의미 등을 종합해 보면, 위 조항에서 정한 '범죄에 이용할 목적으로 또는 범죄에 이용될 것을 알면서'에서 말하는 '범죄에 이용'이란 접근매체가 범죄의 실행에 직접 사용되는 경우는 물론, 그 범죄에 통상 수반되거나 밀접한 관련이 있는 행위에 사용되는 등 범죄의 수행에 실질적으로 기여하는 경우도 포함된다.(대법원 2020. 9. 24., 선고, 2020도8594, 판결)

2. 전자금융거래정보 제공

1) 적용법조 : 제49조 제1항 제4호, 제26조 ☞ 공소시효 7년

> **제26조(전자금융거래정보의 제공 등)** 전자금융거래와 관련한 업무를 수행함에 있어서 다음 각 호의 어느 하나에 해당하는 사항을 알게 된 자는 이용자의 동의를 얻지 아니하고 이를 타인에게 제공·누설하거나 업무상 목적 외에 사용하여서는 아니된다. 다만, 「금융실명거래 및 비밀보장에 관한 법률」 제4조제1항 단서의 규정에 따른 경우 그 밖에 다른 법률에서 정하는 바에 따른 경우에는 그러하지 아니하다.
> 1. 이용자의 인적 사항
> 2. 이용자의 계좌, 접근매체 및 전자금융거래의 내용과 실적에 관한 정보 또는 자료

2) 범죄사실 기재례

피의자는 ○○에 있는 ○○은행 ○○지점에서 전자금융거래와 관련한 업무를 수행하고 있다.

전자금융거래와 관련한 업무를 수행하면서 이용자의 인적사항, 이용자의 계좌, 접근 매체 및 전자금융거래의 내용과 실적에 관한 정보 또는 자료 등을 알게 된 자는 이용자의 동의를 얻지 아니하고 이를 타인에게 제공·누설하거나 업무상 목적 외에 사용하여서는 아니된다.

그럼에도 불구하고 피의자는 20○○. ○. ○. ○○에서 업무수행과정에서 알게 된 전자금융거래정보인 '○○'을 甲에게 ○○조건으로 제공하였다.

3) 신문사항

- 어느 은행에 근무하는가
- 언제부터 그곳에 근무하였으며 어떤 업무를 수행하는가
- 전자금융거래정보를 취급하는가
- 어떤 금융거래정보인가
- 이를 다른 사람에게 제공한 일이 있는가
- 언제 어디에서 제공하였나
- 어떤 조건으로 제공하였나
- 왜 제공하였나

3. 현금카드를 빼앗아 이를 사용한 경우

1) 적용법조 : 제49조 제2항 제5호 ☞ 공소시효 7년

2) 범죄사실 기재례

> **가. 공갈**
>
> 피의자는 같은 학원에 다니면서 알게 된 피해자 홍길녀와 부산 등지로 여행하던 중 20○○. ○. ○. ○○:○○경 ○○에 있는 ○○여관 305호실에서 위 피해자에게 '현금카드를 빌려주지 않으면 아는 깡패를 동원하여 가루로 만들어 버리겠다.' 라고 말하여 피의자의 요구에 응하지 아니하면 위 피해자에게 어떤 해악을 가할 듯한 태도를 보여 이에 겁을 먹은 위 피해자로부터 즉석에서 접근 매체인 ○○은행의 현금카드(카드번호) 1장을 교부받았다.
>
> **나. 전자금융거래법 위반**
>
> 피의자는 같은 날 ○○:○○경 ○○에 있는 ○○은행 ○○지점에서 그곳에 설치된 현금자동지급기에 위 피해자로부터 빼앗은 ○○카드를 사용 비밀번호, 금액 등의 버튼을 조작 ○○만원을 인출하여 전항에서 피해자로부터 교부받은 접근 매체인 현금카드를 사용하였다.

✱ 공갈의 경우 현금인출행위에 별도의 절도죄가 성립하지 않는다. 강취의 경우는 절도죄 성립(대법원 2007도 1375판결 참조)

3) 신문사항

- 홍길녀를 알고 있는가
- 홍길녀와 여행을 같이 간 일이 있는가
- 홍길녀의 현금카드를 협박하여 달라고 한 일이 있는가
- 언제 어디에서 그랬는가
- 뭐라고 협박하였나
- 피의자의 협박에 피해자가 순순히 카드를 내 놓던가
- 그럼 겁을 먹고 어쩔 수 없이 카드를 주었다는 것인가
- 피해자가 말을 듣지 않으면 실질적으로 깡패를 동원하려고 하였나
- 피해자로부터 빼앗은 카드는 어떤 현금카드였나
- 이렇게 갈취한 카드는 어떻게 하였나
- 언제 어디에서 있는 현금지급기에서 인출하였나
- 얼마를 인출하였나
- 왜 그 금액만 인출하였나
- 비밀번호는 어떻게 알았는가
- 사용하고 그 카드는 어떻게 하였나
- 무엇 때문에 이런 행위를 하였나
- 피해 변제는 하였나

4. 접근 매체(현금카드) 위조사용

1) 적용법조 : 제49조 제2항 제1호 ☞ 공소시효 7년

2) 범죄사실 기재례

> 피의자들은 피의자 丙이 현금카드 배송업체에 배송원으로 취업하여 다른 사람에서 우송될 현금카드를 가져오면 그 현금카드의 정보를 빼내어 현금카드를 위조한 뒤 금품을 교부받아 재산상 이익을 취득하기로 공모하였다.
>
> 피의자는 200○. ○. ○.경부터 ○. ○.경까지 현금카드 배송업체에 취업한 피의자 丙이 다른 사람에게 전달될 접근 매체인 현금카드를 가져오자, 피의자 乙이 봉함된 편지봉투에서 현금카드를 꺼내어 피의자 甲에게 건네주고, 피의자 甲은 카드리더기로 현금카드의 자기기록을 읽어 각 현금카드의 정보를 빼내어 컴퓨터 디스켓에 저장한 뒤 200○. ○. ○.경 ○○에서 피의자 甲이 A에게 의뢰하여 그로 하여금 저장된 현금카드 정보를 이용하여 B 명의의 ○○은행 현금카드 각 1매를 복제하도록 하여 위조하였다.

3) 신문사항

– 현금카드를 위조한 일이 있는가

– 언제 어디에서 하였나

– 어떤 현금카드인가

– 누구 어떻게 입수하였나

– 어떤 방법으로 위조하였나

– 누구에게 의뢰하여 위조하였나

– 어떻게 그에게 의뢰하였나

– 사전 피의자들이 공모하였는가

– 언제 어디에서 공모하였나

– 이렇게 위조된 현금카드는 어떻게 하였나

5. 정보통신망에 침입하여 접근 매체 획득

1) 적용법조 : 제49조 제2항 제4호 ☞ 공소시효 7년

2) 범죄사실 기재례

> 피의자는 20○○. ○. ○.경 자신이 개설한 홈페이지에 해킹 프로그램인 '○○'을 올려놓은 후 피해자들이 피의자의 홈페이지에 접속하면 해킹 프로그램이 피해자들의 PC에 자동으로 설치되게 하였다.
> 피의자는 20○○. ○. ○. 피해자 乙이 피의자의 위 해킹 프로그램에 접근하자 피해자의 공인인증서를 획득하였다. 피의자는 이를 기회로 피해자의 공인인증서를 이용하여 ○○은행 인터넷 뱅킹에 접속, 피해자의 계좌에서 자신의 계좌로 ○○만원을 이체하여 부정한 방법으로 획득된 접근매체를 이용하여 전자금융거래를 하였다.

3) 신문사항

- ○○홈페이지를 개설한 일이 있는가
- 그 홈페이지에 ○○프로그램을 설치한 일이 있는가
- 그 프로그램은 어떤 것인가
- 누구든지 접속하면 정보를 해킹할 수 있는가
- 어떤 방법으로 해킹하며 해킹한 정보는 어떠한 것인가
- 이렇게 해킹한 정보는 어떻게 하는가
- 이러한 방법으로 취득한 돈은 얼마인가
- 이러한 해킹 프로그램은 언제 누구로부터 취득하였나

Ⅰ. 개념정의 및 적용범위

1. 정 의

제2조(정의) 이 법에서 사용하는 용어의 정의는 다음과 같다.
1. "특정범죄"란 성폭력범죄, 미성년자 대상 유괴범죄, 살인범죄, 강도범죄 및 스토킹범죄를 말한다.
2. "성폭력범죄"란 다음 각 목의 범죄를 말한다.
   가. 「형법」 제2편제32장 강간과 추행의 죄 중 제297조(강간)·제297조의2(유사강간)·제298조(강제추행)·제299조(준강간, 준강제추행)·제300조(미수범)·제301조(강간등 상해·치상)·제301조의2(강간등 살인·치사)·제302조(미성년자등에 대한 간음)·제303조(업무상위력등에 의한 간음)·제305조(미성년자에 대한 간음, 추행)·제305조의2(상습범), 제2편제38장 절도와 강도의 죄 중 제339조(강도강간)·제340조(해상강도)제3항(사람을 강간한 죄만을 말한다) 및 제342조(미수범)의 죄(제339조 및 제340조제3항 중 사람을 강간한 죄의 미수범만을 말한다)
   나. 「성폭력범죄의 처벌 등에 관한 특례법」 제3조(특수강도강간 등)부터 제10조(업무상 위력 등에 의한 추행)까지의 죄 및 제15조(미수범)의 죄(제3조부터 제9조까지의 미수범만을 말한다)
   다. 「아동·청소년의 성보호에 관한 법률」 제7조(아동·청소년에 대한 강간·강제추행 등)·제8조(장애인인 아동·청소년에 대한 간음 등)·제9조(강간 등 상해·치상) 및 제10조(강간 등 살인·치사)의 죄
   라. 가목부터 다목까지의 죄로서 다른 법률에 따라 가중 처벌되는 죄
3. "미성년자 대상 유괴범죄"란 다음 각 목의 범죄를 말한다.
   가. 미성년자에 대한 「형법」 제287조부터 제292조까지, 제294조, 제296조, 제324조의2 및 제336조의 죄
   나. 미성년자에 대한 「특정범죄가중처벌 등에 관한 법률」 제5조의2(약취·유인죄의 가중처벌)의 죄
   다. 가목과 나목의 죄로서 다른 법률에 따라 가중 처벌되는 죄
3의2. "살인범죄"란 다음 각 목의 범죄를 말한다.
   가. 「형법」 제2편제1장 내란의 죄 중 제88조(내란목적의 살인)·제89조(미수범)의 죄(제88조의 미수범만을 말한다), 제2편제24장 살인의 죄 중 제250조(살인, 존속살해)·제251조(영아살해)·제252조(촉탁, 승낙에 의한 살인등)·제253조(위계등에 의한 촉탁살인등)·제254조(미수범)·제255조(예비, 음모), 제2편제32장 강간과 추행의 죄 중 제301조의2(강간등 살인·치사) 전단, 제2편제37장 권리행사를 방해하는 죄 중 제324조의4(인질살해·치사) 전단·제324조의5(미수범)의 죄(제324조의4 전단의 미수범만을 말한다), 제2편제38장 절도와 강도의 죄 중 제338조(강도살인·치사) 전단·제340조(해상강도)제3항(사람을 살해한 죄만을 말한다) 및 제342조(미수범)의 죄(제338조 전단 및 제340조제3항 중 사람을 살해한 죄의 미수범만을 말한다)
   나. 「성폭력범죄의 처벌 등에 관한 특례법」 제9조(강간 등 살인·치사)제1항의 죄 및 제15조(미수범)의 죄(제9조제1항의 미수범만을 말한다)
   다. 「아동·청소년의 성보호에 관한 법률」 제10조(강간 등 살인·치사)제1항의 죄
   라. 「특정범죄 가중처벌 등에 관한 법률」 제5조의2(약취·유인죄의 가중처벌)제2항제2호의 죄 및 같은 조 제6항의 죄(같은 조 제2항제2호의 미수범만을 말한다)
   마. 가목부터 라목까지의 죄로서 다른 법률에 따라 가중처벌되는 죄
3의3. "강도범죄"란 다음 각 목의 범죄를 말한다.

가. 「형법」제2편제38장 절도와 강도의 죄 중 제333조(강도) · 제334조(특수강도) · 제335조(준강도) · 제336조(인질강도) · 제337조(강도상해, 치상) · 제338조(강도살인 · 치사) · 제339조(강도강간) · 제340조(해상강도) · 제341조(상습범) · 제342조(미수범)의 죄(제333조부터 제341조까지의 미수범만을 말한다) 및 제343조(예비, 음모)의 죄

나. 「성폭력범죄의 처벌 등에 관한 특례법」제3조(특수강도강간 등)제2항 및 제15조(미수범)의 죄(제3조제2항의 미수범만을 말한다)

다. 가목과 나목의 죄로서 다른 법률에 따라 가중처벌되는 죄

3의4. "스토킹범죄"란 「스토킹범죄의 처벌 등에 관한 법률」제18조제1항 및 제2항의 죄를 말한다.

4. "위치추적 전자장치(이하 "전자장치"라 한다)"란 전자파를 발신하고 추적하는 원리를 이용하여 위치를 확인하거나 이동경로를 탐지하는 일련의 기계적 설비로서 대통령령으로 정하는 것을 말한다.

2. 적용 범위

제4조(적용 범위) 만 19세 미만의 자에 대하여 부착명령을 선고한 때에는 19세에 이르기까지 이 법에 따른 전자장치를 부착할 수 없다.

Ⅱ. 벌 칙

제36조(벌칙) ① 전자장치 부착 업무를 담당하는 자가 정당한 사유 없이 피부착자의 전자장치를 해제하거나 손상한 때에는 1년 이상의 유기징역에 처한다.

② 전자장치 부착 업무를 담당하는 자가 금품을 수수 · 요구 또는 약속하고 제1항의 죄를 범한 때에는 2년 이상의 유기징역에 처한다.

③ 수신자료(스토킹행위자 수신자료를 포함한다)를 관리하는 자가 제16조제2항 또는 제31조의8제2항을 위반한 때에는 1년 이상의 유기징역에 처한다.

제37조(벌칙) ① 타인으로 하여금 부착명령 또는 보호관찰명령을 받게 할 목적으로 공무소 또는 공무원에 대하여 허위의 사실을 신고하거나 「형법」제152조제1항의 죄를 범한 때에는 10년 이하의 징역에 처한다.

② 제2장의 부착명령 또는 보호관찰명령 청구사건에 관하여 피부착명령청구자 또는 피보호관찰명령청구자를 모해할 목적으로 「형법」제154조 · 제233조 또는 제234조(허위작성진단서의 행사에 한한다)의 죄를 범한 때에는 10년 이하의 징역에 처한다. 이 경우 10년 이하의 자격정지를 병과한다.

제38조(벌칙) ① 피부착자가 제14조제1항(제27조 및 제31조에 따라 준용되는 경우를 포함한다)을 위반하여 전자장치의 부착기간 중 전자장치를 신체에서 임의로 분리 · 손상, 전파 방해 또는 수신자료의 변조, 그 밖의 방법으로 그 효용을 해한 때에는 7년 이하의 징역 또는 2천만원 이하의 벌금에 처한다.

② 제1항의 미수범은 처벌한다.

제39조(벌칙) ① 피부착자 또는 보호관찰대상자가 제9조의2제1항제3호 또는 제4호의 준수사항을 정당한 사유 없이 위반한 때에는 3년 이하의 징역 또는 3천만원 이하의 벌금에 처한다.

② 피부착자 또는 보호관찰대상자가 정당한 사유 없이 「보호관찰 등에 관한 법률」제32조제2항 또는 제3항에 따른 준수사항을 위반하여 같은 법 제38조에 따른 경고를 받은 후 다시 정당한 사유 없이 같은 법 제32조제2항 또는 제3항에 따른 준수사항을 위반한 경우 1년 이하의 징역 또는 1천만원 이하의 벌금에 처한다.

③ 피부착자 또는 보호관찰대상자가 제9조의2제1항제1호 · 제2호 · 제2호의2 · 제5호 또는 제6호의 준수사항을 정당한 사유 없이 위반한 때에는 1년 이하의 징역 또는 1천만원 이하의 벌금에 처한다

III. 범죄사실

1. 전자장치 손상

1) 적용법조 : 제38조 제1항, 제14조 제1항 ☞ 공소시효 7년

제14조(피부착자의 의무) ① 전자장치가 부착된 자(이하 "피부착자"라 한다)는 전자장치의 부착기간 중 전자장치를 신체에서 임의로 분리·손상, 전파 방해 또는 수신자료의 변조, 그 밖의 방법으로 그 효용을 해하여서는 아니 된다.
② 피부착자는 특정범죄사건에 대한 형의 집행이 종료되거나 면제·가석방되는 날부터 10일 이내에 주거지를 관할하는 보호관찰소에 출석하여 대통령령으로 정하는 신상정보 등을 서면으로 신고하여야 한다.
③ 피부착자는 주거를 이전하거나 7일 이상의 국내여행을 하거나 출국할 때에는 미리 보호관찰관의 허가를 받아야 한다.

2) 범죄사실 기재례

[기재례1] 전자장치 신체에서 분리

> 피의자는 20○○. ○. ○. ○○법원에서 아동·청소년의성보호에관한법률 위반(강간등)죄로 징역 3년을 선고받아 20○○. ○. ○. ○○교도소에서 그 형의 집행을 종료하였다.
> 피의자는 20○○. ○. ○. ○○법원에서 아동·청소년의성보호에관한법률 위반(강간등)죄로 징역 3년, 신상정보공개 5년 및 위치추적 전자장치 부착 명령 5년을 선고받고, 20○○. ○. ○. ○○보호관찰소에서 위치추적 전자장치를 피의자의 발목에 부착하여, 현재 전자장치의 부착 기간 중인 사람이다.
> 위치추적 전자장치가 부착된 자는 전자장치 부착 기간에 전자장치를 신체에서 임의로 분리·손상, 전파 방해 또는 수신자료의 변조, 그 밖의 방법으로 그 효용을 해하여서는 아니 된다.
> 그럼에도 불구하고 피의자는 20○○. ○. ○. 05:20경 ○○부근에서 전자장치 체결 부위인 고정피스와 끈 부분을 라이터 불로 녹여서 끊는 등 훼손하고, 이를 신체에서 임의로 분리한 후 휴대용 추적장치와 함께 길에 버림으로써 그 효용을 해하였다.

[기재례2] 휴대 충전장치를 충전하지 않아 효용 상실

> 피의자는 20○○. ○. ○. ○○법원에서 강간치상죄 등으로 징역 3년 및 10년간 위치추적 전자장치의 부착 명령을 선고받고 위 징역형을 종료하였다.
> 피의자는 20○○. ○. ○. ○○법원에서 3년간 위치추적 전자장치의 부착 명령을 받고 20○○. ○. ○.부터 전자장치를 부착하였다.
> 전자장치가 부착된 자는 전자장치의 부착 기간에 전자장치를 신체에서 임의로 분리·손상, 전파 방해 또는 수신자료의 변조, 그 밖의 방법으로 그 효용을 해하여서는 아니 된다.
> 피의자는 20○○. ○. ○. 13:00경부터 같은 날 21:00경까지 약 ○○분 동안 ○○에 있는 ○○역 대합실에서 노숙을 하며 전자장치 중 휴대용추적장치를 충전하지 아니하여 전원이 꺼지도록 하는 방법으로 그 효용을 해하였다.

[기재례3] 위치추적 전자장치 버리는 행위

> 피의자는 20○○. ○. ○. ○○법원에서 전자장치 부착 등에 관한 법률 위반죄로 징역 6개월을 선고받아 20○○. ○. ○. ○○교도소에서 그 형의 집행을 종료하였다.
> 피의자는 20○○. ○. ○. ○○법원에서 성폭력범죄의 처벌 및 피해자보호 등에 관한 법률 위반(13세미만 미성년자 강간 등)죄로 3년간 위치추적 전자장치의 부착을 명하는 결정을 받아 20○○. ○. ○.부터 위치추적 전자장치를 부착하고 있었다.
> 전자장치가 부착된 자는 전자장치의 부착 기간에 전자장치를 신체에서 임의로 분리, 손상, 전파 방해 또는 수신자료의 변조, 그 밖의 방법으로 그 효용을 해하여서는 아니 된다.
> 그럼에도 불구하고, 피의자는 20○○. ○. ○.12:00경 ○○에 있는 ○○역 2번 출구 옆 화단에 휴대용 위치추적 전자장치를 버려 휴대용 위치추적 전자장치를 소지하지 않는 방법으로 정상적인 위치추적을 불가능하게 하였다.

[기재례4] 휴대용 추적장치 미 휴대

> 피의자는 20○○. ○. ○. ○○법원에서 강간치상죄 등으로 징역 3년 및 10년간 위치추적 전자장치의 부착 명령을 선고받고 위 징역형을 종료하였다.
> 전자장치가 부착된 자는 전자장치의 부착 기간에 전자장치를 신체에서 임의로 분리, 전파 방해 또는 수신자료의 변조 그 밖의 방법으로 그 효용을 해하여서는 아니된다.
> 그럼에도 피의자는 20○○. ○. ○. ○○ : ○○경 ○○에 있는 ○○에 휴대용 추적장치를 놓아두고 그곳을 이탈하여 같은 날 ○○:00경 ○○보호관찰소 신속대응팀 근무자에 의하여 휴대용 추적장치를 재교부받을 때까지 이를 휴대하지 아니함으로써 시간 위치추적 전자장치의 효용을 해하였다.

■ **판례** ■ 　제38조에서 정한 '그 효용을 해하는 행위'의 의미

[1] 제38조에서 정한 '그 효용을 해하는 행위'에 위치추적 전자장치 자체의 기능을 직접적으로 해하는 행위 외에 전자장치의 효용이 정상적으로 발휘될 수 없도록 하는 행위도 포함되는지 여부(적극) 및 이때 부작위라도 고의적으로 그 효용이 정상적으로 발휘될 수 없도록 한 경우 처벌 대상이 되는지 여부(적극)

특정 범죄자에 대한 위치추적 전자장치 부착 등에 관한 법률 제38조는 위치추적 전자장치(이하 '전자장치'라 한다)의 피부착자가 부착기간 중 전자장치를 신체에서 임의로 분리 · 손상, 전파 방해 또는 수신자료의 변조, 그 밖의 방법으로 그 효용을 해한 행위를 처벌하고 있는데, 효용을 해하는 행위는 전자장치를 부착하게 하여 위치를 추적하도록 한 전자장치의 실질적인 효용을 해하는 행위를 말하는 것으로서, 전자장치 자체의 기능을 직접적으로 해하는 행위뿐 아니라 전자장치의 효용이 정상적으로 발휘될 수 없도록 하는 행위도 포함되며, 부작위라고 하더라도 고의적으로 그 효용이 정상적으로 발휘될 수 없도록 한 경우에는 처벌된다고 해석된다.

[2] 위치추적 전자장치의 피부착자인 피고인이 구성 부분인 휴대용 추적장치를 분실한 후 3일이 경과하도록 분실신고를 하지 않고 돌아다니는 등 전자장치의 효용을 해하였다고 하여 특정 범죄자에 대한 위치추적 전자장치 부착 등에 관한 법률 위반으로 기소된 사안

피고인이 휴대용 추적장치의 분실을 넘어서서 상당한 기간 동안 휴대용 추적장치가 없는 상태를 임의로 방치하여 전자장치의 효용이 정상적으로 발휘될 수 없는 상태를 이룬 행위를 전자장치의

효용을 해한 행위로 보고, 위 행위에 고의가 있었음을 전제로 유죄를 인정한 원심판단을 정당하다. (대법원 2012. 8. 17., 선고, 2012도5862, 판결)

■ 판례 ■ **부작위라도 고의적으로 그 효용이 정상적으로 발휘될 수 없도록 한 경우 처벌 대상이 되는지 여부**

[1] 위치추적 전자장치의 효용을 해한 행위를 처벌하는 특정 범죄자에 대한 보호관찰 및 전자장치 부착 등에 관한 법률 제38조에서 '효용을 해하는 행위'의 의미 및 부작위라도 고의적으로 그 효용이 정상적으로 발휘될 수 없도록 한 경우 처벌 대상이 되는지 여부(적극)

특정 범죄자에 대한 보호관찰 및 전자장치 부착 등에 관한 법률 제38조는 위치추적 전자장치(이하 '전자장치'라고 한다)가 부착된 사람이 부착기간 중 전자장치를 신체에서 임의로 분리·손상, 전파 방해 또는 수신자료의 변조, 그 밖의 방법으로 그 효용을 해한 행위를 처벌하고 있다. 여기서 '효용을 해하는 행위'는 전자장치를 부착하게 하여 위치를 추적하도록 한 전자장치의 실질적인 효용을 해하는 행위를 말하는 것으로서, 전자장치 자체의 기능을 직접적으로 해하는 행위뿐 아니라 전자장치의 효용이 정상적으로 발휘될 수 없도록 하는 행위도 포함하며, 부작위라고 하더라도 고의적으로 그 효용이 정상적으로 발휘될 수 없도록 한 경우에는 처벌의 대상이 된다.

[2] 위치추적 전자장치가 부착된 사람이 재택 감독장치가 설치되어 있는 자신의 독립된 주거공간이나 가족 등과의 공동 주거공간을 떠나 타인의 생활공간 또는 타인이 공동으로 이용하는 공간에 출입하면서 휴대용 추적장치를 휴대하지 아니하고 출입함으로써 부착장치의 전자파를 추적하지 못하게 하는 행위가 특정 범죄자에 대한 보호관찰 및 전자장치 부착 등에 관한 법률 제38조의 '기타의 방법으로 전자장치의 효용을 해한 경우'에 해당하는지 여부(적극)

특정 범죄자에 대한 보호관찰 및 전자장치 부착 등에 관한 법률(이하 '전자장치부착법'이라고 한다)에 의한 위치추적 전자장치(이하 '전자장치'라고 한다)가 부착된 사람(이하 '피부착자'라고 한다)은 전자장치의 부착기간 중 전자장치의 기능이 정상적으로 유지될 수 있도록 전자장치를 충전, 휴대 또는 관리하여야 한다(특정 범죄자에 대한 보호관찰 및 전자장치 부착 등에 관한 법률 시행령 제11조 제1호). 나아가 특정범죄를 저지른 사람의 재범방지를 위하여 형기를 마친 뒤에 보호관찰 등을 통하여 건전한 사회복귀를 촉진하고 전자장치를 신체에 부착하게 하는 부가적인 조치를 취함으로써 특정범죄로부터 국민을 보호함을 목적으로 하는 전자장치부착법의 취지와 전자장치를 구성하는 휴대용 추적장치와 재택 감독장치의 기능과 목적 등을 고려하여 볼 때, 피부착자가 재택 감독장치가 설치되어 있는 자신의 독립된 주거공간이나 가족 등과의 공동 주거공간을 떠나 타인의 생활공간 또는 타인이 공동으로 이용하는 공간을 출입하고자 하는 경우에는 휴대용 추적장치를 휴대하여야 한다. 따라서 피부착자가 이를 위반하여 휴대용 추적장치를 휴대하지 아니하고 위와 같은 장소에 출입함으로써 부착장치의 전자파를 추적하지 못하게 하는 경우에는 전자장치부착법 제38조의 기타의 방법으로 전자장치의 효용을 해한 경우에 해당한다. (대법원 2017. 3. 15., 선고, 2016도17719, 판결)

2. 준수사항 위반

1) 적용법조 : 제39조 제3항, 제9조의2 제1항 제1호 ☞ 공소시효 5년

> **제9조의2(준수사항)** ① 법원은 제9조제1항에 따라 부착명령을 선고하는 경우 부착기간의 범위에서 준수기간을 정하여 다음 각 호의 준수사항 중 하나 이상을 부과할 수 있다. 다만, 제4호의 준수사항은 500시간의 범위에서 그 기간을 정하여야 한다.
> 1. 야간, 아동·청소년의 통학시간 등 특정 시간대의 외출제한
> 2. 어린이 보호구역 등 특정지역·장소에의 출입금지 및 접근금지
> 2의2. 주거지역의 제한
> 3. 피해자 등 특정인에의 접근금지
> 4. 특정범죄 치료 프로그램의 이수
> 5. 마약 등 중독성 있는 물질의 사용금지
> 6. 그 밖에 부착명령을 선고받는 사람의 재범방지와 성행교정을 위하여 필요한 사항

2) 범죄사실 기재례

[기재례1] 주거 제한위반 (제9조의2 제1항 제2의2호)

> 피의자는 200○. ○. ○. ○○지방법원에서 강제추행죄 등으로 징역 1년 6월에 5년간 위치추적 전자장치 부착 명령, 40시간 성폭력 치료 프로그램 이수 및 준수사항 부과를 선고받고 200○. ○. ○. 그 형의 집행을 종료하였다.
>
> 피의자는 자신의 주거를 보호관찰소장에게 신고한 거주지의 관할 시·군·구로 제한하여야 하고, 거주지를 벗어나 여행을 할 경우에는 담당 보호관찰관에게 사전에 그 사유·기간·행선지 등을 구체적으로 신고하고 허락을 받아야 한다.
>
> 그럼에도 불구하고, 200○. ○. ○.경 피의자의 거주지를 벗어나 ○○인근으로 이동한 것을 비롯하여 별지 범죄일람표 기재와 같이 총 ○○회에 걸쳐 주거지역 제한의 준수사항을 정당한 사유 없이 위반하였다.

[기재례2] 특정 시간대 외출 제한위반 (제9조의2 제1항 제1호)

> 피의자는 200○. ○. ○. ○○법원에서 강간치상죄 등으로 징역 3년 및 10년간 위치추적 전자장치의 부착 명령을 선고받고 위 징역형을 종료하였다.
>
> 피의자는 위 위치추적 전자장치 부착 명령 과정에서 준수 사항으로 위치추적 전자장치 부착 기간에 매일 ○○:00경부터 다음날 ○○:00경까지 보호관찰소에 신고된 주거지에 머물 것을 명령받았다.
>
> 그럼에도 불구하고 피의자는 200○. ○. ○.경 외출하여 정당한 사유 없이 같은 17:51경에 귀가함으로써 야간 등 특정 시간대의 외출 제한에 대한 준수사항을 위반하였다.

[기재례3] 음주측정 순응의무 위반 (제39조 제3항, 제9조의2 제1항 제6)

> 피의자는 20○○. ○. ○. ○○지방법원에서 ○○죄로 징역 2년 6월을 선고받고 20○○.
> ○. ○. ○○교도소에서 그 형의 집행을 종료하였다.
> 피의자는 20○○. ○. ○. 22:50경 ○○에 있는 범무보호복지공간 ○○호실에서, ○○소방
> 서의 지원으로 출입문을 개방하고 방안으로 들어간 ○○보호관찰소보호주사보 ○○로부터
> 총 5회에 걸쳐 음주측정을 요구받았음에도 눈을 감고 자는 척을 하는 방법으로 보호관찰관
> 의 음주측정 등 지도·감독에 따르지 않았다.

3. 보호관찰관의 지도·감독 순응의무 위반

1) **적용법조** : 제39조 제2항, 보호관찰 등에 관한 법률 제32조 제2항 제3호, 재38조
   ☞ 공소시효 5년

※ **보호관찰 등에 관한 법률**

제32조(보호관찰 대상자의 준수사항) ① 보호관찰 대상자는 보호관찰관의 지도·감독을 받으며 준수사항을 지키
고 스스로 건전한 사회인이 되도록 노력하여야 한다.

② 보호관찰 대상자는 다음 각 호의 사항을 지켜야 한다.
 1. 주거지에 상주(常住)하고 생업에 종사할 것
 2. 범죄로 이어지기 쉬운 나쁜 습관을 버리고 선행(善行)을 하며 범죄를 저지를 염려가 있는 사람들과 교제하거
  나 어울리지 말 것
 3. 보호관찰관의 지도·감독에 따르고 방문하면 응대할 것
 4. 주거를 이전(移轉)하거나 1개월 이상 국내외 여행을 할 때에는 미리 보호관찰관에게 신고할 것

③ 법원 및 심사위원회는 판결의 선고 또는 결정의 고지를 할 때에는 제2항의 준수사항 외에 범죄의 내용과 종류
 및 본인의 특성 등을 고려하여 필요하면 보호관찰 기간의 범위에서 기간을 정하여 다음 각 호의 사항을 특별히
 지켜야 할 사항으로 따로 과(科)할 수 있다.
 1. 야간 등 재범의 기회나 충동을 줄 수 있는 특정 시간대의 외출 제한
 2. 재범의 기회나 충동을 줄 수 있는 특정 지역·장소의 출입 금지
 3. 피해자 등 재범의 대상이 될 우려가 있는 특정인에 대한 접근 금지
 4. 범죄행위로 인한 손해를 회복하기 위하여 노력할 것
 5. 일정한 주거가 없는 자에 대한 거주장소 제한
 6. 사행행위에 빠지지 아니할 것
 7. 일정량 이상의 음주를 하지 말 것
 8. 마약 등 중독성 있는 물질을 사용하지 아니할 것
 9. 「마약류관리에 관한 법률」상의 마약류 투약, 흡연, 섭취 여부에 관한 검사에 따를 것
 10. 그 밖에 보호관찰 대상자의 재범 방지를 위하여 필요하다고 인정되어 대통령령으로 정하는 사항

제38조(경고) 보호관찰소의 장은 보호관찰 대상자가 제32조의 준수사항을 위반하거나 위반할 위험성이 있다고 인
 정할 상당한 이유가 있는 경우에는 준수사항의 이행을 촉구하고 형의 집행 등 불리한 처분을 받을 수 있음을 경
 고할 수 있다.

---

2) 범죄사실 기재례

[기재례1]

피의자는 20○○. ○. ○. ○○지방법원에서 강제추행죄 등으로 징역 1년 6월에 5년간 위치추적 전자장치 부착명령, 40시간 성폭력 치료프로그램 이수 및 준수사항 부과를 선고받고 20○○. ○. ○. 그 형의 집행을 종료하였다.

피부착자는 정당한 사유 없이 준수사항을 위반하여 보호관찰관의 경고를 받은 후 다시 정당한 사유 없이 준수사항을 위반하여서는 아니 된다.

그럼에도 불구하고, 피의자는 준수사항 위반으로 20○○. ○. ○.경 보호관찰관의 경고를 받은 후, 20○○. ○. ○.경 ○○에서 야간 시간에 외출하여 담배, 술 등을 구입하는 등의 사유로 보호관찰관이 귀가지도를 하였으나 이에 불응한 것을 비롯하여 별지 범죄일람표 기재와 같이 총 ○○회에 걸쳐 보호관찰관의 지도감독에 불응하였다.

[기재례2]

피의자는 20○○. ○. ○. ○○지방법원에서 강제추행죄 등으로 징역 1년 6월에 5년간 위치추적 전자장치 부착명령, 40시간 성폭력 치료프로그램 이수 및 준수사항 부과를 선고받고 20○○. ○. ○. 그 형의 집행을 종료하였다.

피의자는 20○○. ○. ○. 및 20○○. ○. ○. ○○보호관찰소로부터 재범 또는 준수사항 위반 등의 사유로 서면 경고를 받았으므로 다시 정당한 사유 없이 보호관찰관의 지도·감독에 따르지 않는 등으로 준수사항을 위반하여서는 아니 된다.

그럼에도 피의자는 ○○ 21:00경 ○○ 인근에서, ○○보호관찰소 보호주사보 갑 등으로부터 '성매매를 하기 위하여 ○○를 벗어나는 것은 주거지역제한 준수사항을 위반하는 것'이라는 취지의 설명과 함께 ○○로 이동할 것을 지시 받았으나, 이에 응하지 아니하고 같은 날 22:30경까지 ○○ 일대에 머무르는 등으로 보호관찰관의 지도·감독에 따르지 않았다.

제 105 장 전파법 (舊, 전파관리법)

Ⅰ. 개념정의

제2조(정의) ① 이 법에서 사용하는 용어의 뜻은 다음과 같다.

1. "전파"란 인공적인 유도(誘導) 없이 공간에 퍼져 나가는 전자파로서 국제전기통신연합이 정한 범위의 주파수를 가진 것을 말한다.

2. "주파수분배"란 특정한 주파수의 용도를 정하는 것을 말한다.

3. "주파수할당"이란 특정한 주파수를 이용할 수 있는 권리를 특정인에게 주는 것을 말한다.

4. "주파수지정"이란 허가나 신고로 개설하는 무선국에서 이용할 특정한 주파수를 지정하는 것을 말한다.

4의2. "주파수 사용승인"이란 안보·외교적 목적 또는 국제적·국가적 행사 등을 위하여 특정한 주파수의 사용을 허용하는 것을 말한다.

4의3. "주파수회수"란 주파수할당, 주파수지정 또는 주파수 사용승인의 전부나 일부를 철회하는 것을 말한다.

4의4. "주파수재배치"란 주파수회수를 하고 이를 대체하여 주파수할당, 주파수지정 또는 주파수 사용승인을 하는 것을 말한다.

4의5. "주파수 공동사용"이란 둘 이상의 주파수 이용자가 동일한 범위의 주파수를 상호 배제하지 아니하고 사용하는 것을 말한다.

5. "무선설비"란 전파를 보내거나 받는 전기적 시설을 말한다.

5의2. "무선통신"이란 전파를 이용하여 모든 종류의 기호·신호·문언·영상·음향 등의 정보를 보내거나 받는 것을 말한다.

6. "무선국"이란 무선설비와 무선설비를 조작하는 자의 총체를 말한다. 다만, 방송수신만을 목적으로 하는 것은 제외한다.

7. "무선종사자"란 무선설비를 조작하거나 설치공사를 하는 사람으로서 제70조제2항에 따라 기술자격증을 발급받은 사람을 말한다.

8. "시설자"란 과학 기술정보통신 부장관으로부터 무선국의 개설허가를 받거나 과학 기술정보통신 부장관에게 개설신고를 하고 무선국을 개설한 자를 말한다.

9. "방송국"이란 공중(公衆)이 방송신호를 직접 수신할 수 있도록 할 목적으로 개설한 무선국을 말한다.

10. "우주국(宇宙局)"이란 인공위성에 개설한 무선국을 말한다.

11. "지구국(地球局)"이란 우주국과 통신을 하기 위하여 지구에 개설한 무선국을 말한다.

12. "위성망"이란 우주국과 지구국으로 구성된 통신망(위성주파수와 위성궤도를 포함한다. 이하 같다)의 총체를 말한다.

13. "위성궤도"란 우주국의 위치나 궤적(軌跡)을 말한다.

14. "전자파장해"란 전자파를 발생시키는 기자재로부터 전자파가 방사(방사: 전자파에너지가 공간으로 퍼져나가는 것을 말한다) 또는 전도 [전도: 전자파에너지가 전원선(電源線)을 통하여 흐르는 것을 말한다]되어 다른 기자재의 성능에 장해를 주는 것을 말한다.

15. "전자파적합"이란 전자파장해를 일으키는 기자재나 전자파로부터 영향을 받는 기자재가 제47조의3제1항에 따른 전자파장해 방지기준 및 보호기준에 적합한 것을 말한다.

16. "방송통신기자재"란 방송통신설비에 사용하는 장치·기기·부품 또는 선조(線條) 등을 말한다.

17. "전파환경"이란 인체, 기자재, 무선설비 등을 둘러싸고 있는 전파의 세기, 잡음 등 전자파의 총체적인 분포 상황을 말한다.

② 이 법에서 사용하는 용어의 뜻은 제1항에서 정하는 것 외에는 「방송통신발전 기본법」에서 정하는 바에 따른다.

II. 벌 칙

제80조(벌칙) ① 무선설비나 전선로에 주파수가 9킬로헤르츠 이상인 전류가 흐르는 통신설비(케이블전송설비 및 평형2선식 나선전송설비를 제외한 통신설비를 말한다)를 이용하여 「대한민국헌법」 또는 「대한민국헌법」에 따라 설치된 국가기관을 폭력으로 파괴할 것을 주장하는 통신을 한 자는 1년 이상 15년 이하의 징역에 처한다.
② 제1항의 미수범은 처벌한다.
③ 제1항의 저지를 범할 목적으로 예비하거나 음모한 자는 10년 이하의 징역에 처한다.

제81조(벌칙) ① 다음 각 호의 어느 하나에 해당하는 자는 10년 이하의 징역 또는 1억원 이하의 벌금에 처한다.
  1. 조난통신·긴급통신 또는 안전통신을 발신하여야 할 사태에 이르렀는데도 그 선장이나 기장이 필요한 명령을 하지 아니하거나 무선통신 업무에 종사하는 자로서 그 명령을 받고 지체 없이 이를 발신하지 아니한 자
  2. 무선통신 업무에 종사하는 자로서 제28조제2항에 따른 조난통신의 조치를 하지 아니하거나 지연시킨 자
  3. 조난통신의 조치를 방해한 자
② 제1항제2호 및 제3호의 미수범은 처벌한다.

제82조(벌칙) ① 다음 각 호 어느 하나의 업무에 제공되는 무선국의 무선설비를 손괴(損壞)하거나 물품의 접촉, 그 밖의 방법으로 무선설비의 기능에 장해를 주어 무선통신을 방해한 자는 10년 이하의 징역 또는 1억원 이하의 벌금에 처한다.
  1. 전기통신 업무   2. 방송 업무   3. 치안유지 업무
  4. 기상 업무   5. 전기공급 업무   6. 철도·선박·항공기의 운행 업무
② 제1항에 따른 무선설비 외의 무선설비에 대하여 제1항에 해당하는 행위를 한 자는 5년 이하의 징역 또는 5천만원 이하의 벌금에 처한다.
③ 제1항과 제2항의 미수범은 처벌한다.

제83조(벌칙) ① 삭제 〈2015.12.22〉
② 선박이나 항공기의 조난이 없음에도 불구하고 무선설비로 조난통신을 한 자는 5년 이하의 징역에 처한다.
③ 무선통신 업무에 종사하는 자가 제2항에 따른 행위를 하면 10년 이하의 징역 또는 1억원 이하의 벌금에 처한다.

제84조(벌칙) 다음 각 호의 어느 하나에 해당하는 자는 3년 이하의 징역 또는 3천만원 이하의 벌금에 처한다.
  1. 제19조제1항에 따른 허가를 받지 아니하거나 제19조의2제1항에 따른 신고를 하지 아니하고 같은 항 제3호 및 제4호의 무선국을 개설하거나 운용한 자
  1의2. 제29조제5항에 따른 인가를 받지 아니하고 전파차단장치를 제조·수입 또는 판매한 자
  2. 제41조제3항에 따른 승인을 받지 아니하고 위성주파수이용권의 전부 또는 일부를 양도·양수 또는 임대·임차하거나 위성주파수등의 이용을 중단한 자
  3. 제42조의2제1항에 따른 승인을 받지 아니하고 우주국 무선설비의 전부나 일부를 양도·양수하거나 임대·임차(무선설비를 위탁운용하거나 다른 자와 공동으로 사용하는 경우를 포함한다)한 자
  4. 제58조제1항에 따른 허가를 받지 아니하고 같은 항 제2호에 따른 통신설비를 설치하거나 운용한 자
  5. 제58조의2에 따른 적합성평가를 받지 아니한 기자재를 판매하거나 판매할 목적으로 제조·수입한 자(판매를 중개하거나 구매 대행 또는 수입 대행을 한 자를 포함한다)
  6. 제58조의10제1항을 위반하여 적합성평가를 받은 기자재를 복제·개조 또는 변조한 자

제85조(벌칙) 삭제 〈2015.12.22.〉

제86조(벌칙) 다음 각 호의 어느 하나에 해당하는 자는 1년 이하의 징역 또는 1천만원 이하의 벌금에 처한다.
  1. 제24조제4항 및 제5항(제33조 및 제58조제3항본문에 따라 준용되는 경우를 포함한다), 제47조의2제5항 및 제53조제1항에 따른 검사·측정·조사 또는 시험을 거부하거나 방해한 자
  2. 삭제 〈2010.7.23〉
  3. 제47조의2제6항에 따른 명령을 이행하지 아니한 자
  4. 제52조제1항에 따른 승인을 얻지 아니하고 건축물 또는 인공구조물을 건설한 자
  4의2. 제58조의2제1항을 위반하여 적합성평가를 받지 아니한 기자재를 판매·대여할 목적으로 진열·보관 또는 운송하거나 무선국·방송통신망에 설치한 자

5. 제53조제2항에 따른 명령을 이행하지 아니한 자5의2. 제58조의10제2항을 위반하여 복제 또는 개조·변조한 기자재를 판매·대여하거나 판매·대여할 목적으로 진열·보관 또는 운송하거나 무선국·방송통신망에 설치한 자

5의2. 제58조의10제2항을 위반하여 복제 또는 개조·변조한 기자재를 판매·대여하거나 판매·대여할 목적으로 진열·보관 또는 운송하거나 무선국·방송통신망에 설치한 자

5의3. 제70조제5항을 위반하여 무선종사자의 기술자격증을 다른 사람에게 빌려주거나 빌린 사람

5의4. 제70조제6항을 위반하여 무선종사자의 기술자격증을 빌려주거나 빌리는 것을 알선한 사람

6. 제72조제2항 또는 제3항(제58조제3항에 따라 준용되는 경우를 포함한다)에 따라 운용정지 명령을 받은 무선국·무선설비 또는 제58조제1항제2호에 따른 통신설비를 운용한 자

제87조(벌칙) 다음 각 호의 어느 하나에 해당하는 자는 100만원 이하의 벌금에 처한다.

1. 제24조의2제1항제1호부터 제3호까지의 무선국을 제19조제1항에 따른 허가를 받지 아니하고 개설하거나 운용한 자

2. 제72조제3항(제58조제3항에 따라 준용되는 경우를 포함한다)에 따라 운용이 정지된 제58조제1항제1호에 따른 설비를 운용한 자

제88조(양벌규정) 생략

Ⅲ. 범죄사실

1. 무선통신 방해

1) 적용법조 : 제82조 제1항 제1호 ☞ 공소시효 10년

2) 범죄사실 기재례

[기재례1]

> 전기통신업무, 방송업무, 치안유지업무, 기상업무, 전기공급업무 또는 철도·선박·항공기의 운행업무에 제공되는 무선국의 무선설비를 손괴하거나 물품의 접촉 기타의 방법으로 무선설비의 기능에 장해를 주어 무선통신을 방해하여서는 아니된다.
>
> 그럼에도 불구하고 피의자는 20○○. ○. ○. ○○에 있는 ○○선박무선국 옥상에 설치된 선박업무에 제공되는 무선설비인 ○○을 전일 안개로 항해가 어려워 위 무선국에 무선으로 구호요청을 하였으나 응답이 늦어 귀항이 늦었다는 이유로 미리 소지한 도끼로 손괴함으로써 무선설비의 기능에 장애를 주어 무선통신을 방해하였다.

[기재례2]

> 누구든지 전기통신 업무에 제공되는 무선국의 무선설비를 손괴하거나 물품의 접촉, 그 밖의 방법으로 무선설비의 기능에 장해를 주어 무선통신을 방해하여서는 아니된다.
>
> 그럼에도 불구하고 피의자는 갑과 함께 20○○. ○. ○.10:00경부터 20○○. ○. ○. 22:00경까지 불법 사행성 게임장 신고를 막기 위하여 ○○에 있는 위 게임장에 전파차단기 1대를 위 깜깜이 차량에 전파차단기 1대를 각 설치하여 이동통신사(KT, LG유플러스, SKT)의 주파수와 동일한 방해주파수를 송출하는 방법으로 위 게임장을 이용하는 불특정 다수의 손님의 이동전화 무선통신을 방해하였다.
>
> 이로써 피의자는 갑과 공모하여 위와 같이 이동전화 무선통신을 방해하였다.

3) 신문사항

– 선박을 소유하고 있는가

– ○○무선국 무선설비를 손괴한 일이 있는가

– 언제 어디에 있는 설비를 손괴하였나

– 어떤 방법으로 손괴하였나

– 무엇 때문에 손괴하였나

– 이런 설비가 선박의 운행업무에 제공하는 장비라는 것을 알고 있는가

– 이를 손괴할 경우 무선통신에 방해를 야기한다는 것을 알고 있는가

2. 무허가무선국 개설행위

1) **적용법조** : 제84조 제1호, 제19조 제1항　☞　공소시효 5년

제19조(허가를 통한 무선국 개설 등) ① 무선국을 개설하려는 자는 대통령령으로 정하는 바에 따라 과학기술정보통신부장관의 허가를 받아야 한다. 허가받은 사항 중 대통령령으로 정하는 사항을 변경하려는 경우에도 또한 같다.

---

2) **범죄사실 기재례**

[기재례1] 무허가 기지국 및 육상 이동국을 개설 운용

무선국을 개설하려는 자는 대통령령으로 정하는 바에 따라 과학기술정보통신부장관의 허가를 받아야 한다.

그럼에도 불구하고 피의자는 20○○. ○. ○. 경부터 20○○. ○. ○.경까지 사이에 허가없이 ○○에 있는 피의자 경영의 ○○견인차사무실과 피의자 소유 (차량번호) 견인차에 사용주파수 ○○메가헤르츠의 무전 전화기를 각 1대씩 설치하여 사용함으로써 기지국 및 육상 이동국을 개설 운용하였다.

[기재례2] 습득한 휴대전화기의 번호를 변경 판매한 경우

피의자는 20○○. ○. ○. ○○에서 甲으로부터 매입한 모델명 불상의 ○○휴대폰 뒷면 라벨에 모델명 ○○, 일련번호 ○○번이라고 기재한 후 피의자가 거래하던 ○○에 있는 '○○통신'에 기기변경신청서, 가입자 乙 신분증사본 등을 송부한 뒤 위 乙 명의로 기기변경 등록케 하는 등 마치 가입자가 정상적으로 기기를 변경한 것처럼 휴대폰을 개조하여 ○○만원에 판매하였다.

피의자는 이를 비롯하여 별지 범죄일람표와 같이 20○○. ○. ○.까지 총 ○○대의 휴대폰 단말기를 불법개조 기기변경 등록시켜 ○○만원 상당을 판매하였다.

✻ 대학 강의실에 강의시간 중 정숙을 목적으로 휴대전화차단장치 설치하여 운용하거나 병원내 응급의료센터에 의료기기의 오작동 방지를 목적으로 설치한 경우(제84조제1호, 제19조제1항)

3. 적합성평가 받지 않고 판매

1) 적용법조 : 제84조 제5호, 제58조의2 제1항 ☞ 공소시효 5년

제58조의2(방송통신기자재등의 적합성평가) ① 방송통신기자재와 전자파장해를 주거나 전자파로부터 영향을 받는 기자재(이하 "방송통신기자재등"이라 한다)를 제조 또는 판매하거나 수입하려는 자는 해당 기자재에 대하여 다음 각 호의 기준(이하 "적합성평가기준"이라 한다)에 따라 제2항에 따른 적합인증, 제3항 및 제4항에 따른 적합등록 또는 제7항에 따른 잠정인증(이하 "적합성평가"라 한다)을 받아야 한다.

1. 제37조 및 제45조에 따른 기술기준
2. 제47조의2에 따른 전자파 인체보호기준
3. 제47조의3제1항에 따른 전자파적합성기준
4. 「방송통신발전 기본법」 제28조에 따른 기술기준
5. 「전기통신사업법」 제61조·제68조·제69조에 따른 기술기준
6. 「방송법」 제79조에 따른 기술기준
7. 다른 법률에서 방송통신기자재등과 관련하여 과학기술정보통신부장관이 정하도록 한 기술기준이나 표준

② 전파환경 및 방송통신망 등에 위해를 줄 우려가 있는 기자재와 중대한 전자파장해를 주거나 전자파로부터 정상적인 동작을 방해받을 정도의 영향을 받는 기자재를 제조 또는 판매하거나 수입하려는 자는 해당 기자재에 대하여 제58조의5에 따른 지정시험기관의 적합성평가기준에 관한 시험을 거쳐 과학기술정보통신부장관의 적합인증을 받아야 한다.

---

2) 범죄사실 기재례

[기재례1]

피의자는 배터리 충전기 등 판매업체인 ○○운영하는 사람이다.

방송통신기자재와 전자파장해를 주거나 전자파로부터 영향을 받는 기자재를 제조 또는 판매하거나 수입하려는 사람은 해당 기자재에 대하여 적합성평가를 받아야 한다.

그럼에도 불구하고, 20○○. ○. ○.경 중국에서 위 적합성평가 대상 기자재인 카메라용 배터리 충전기(모델명) ○○대를 반입한 후 그 무렵 '○○' 등 온라인 쇼핑 인터넷 사이트를 통하여 적합성평가를 받지 아니하고 위 배터리 충전기 ○○대를 대당 ○○원에 판매하였다.

[기재례2]

피의자는 20○○. ○. ○.경부터 ○○에서 드론 등 판매업소인 '○○'을 운영하는 사람이다. 방송통신기자재와 전자파장해를 주거나 전자파로부터 영향을 받는 기자재를 제조 또는 판매하거나 수입하려는 사람은 해당 기자재에 대하여 적합성평가를 받아야 하고, 적합성평가를 받지 아니한 기자재를 판매하거나 판매할 목적으로 제조·수입하여서는 아니 된다.

그럼에도 불구하고 피의자는 20○○. ○. ○.경 위 ○○사무실에서, 20○○. ○. ○.경 인터넷쇼핑몰인 ○○에서 적합성평가를 받지 않은 드론(모델명) ○○대를 판매할 목적으로 수입하여 불상의 구매자에게 판매하였다.

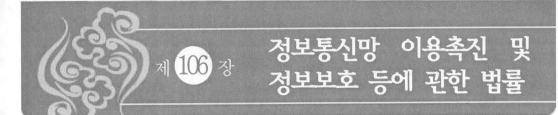

제 106 장

정보통신망 이용촉진 및 정보보호 등에 관한 법률

Ⅰ. 개념정의 및 다른 법률과의 관계

1. 개념정의

제2조(정의) ① 이 법에서 사용하는 용어의 뜻은 다음과 같다.
1. "정보통신망"이란 「전기통신사업법」 제2조제2호에 따른 전기통신설비를 이용하거나 전기통신설비와 컴퓨터 및 컴퓨터의 이용기술을 활용하여 정보를 수집 · 가공 · 저장 · 검색 · 송신 또는 수신하는 정보통신체제를 말한다.
2. "정보통신서비스"란 「전기통신사업법」 제2조제6호에 따른 전기통신역무와 이를 이용하여 정보를 제공하거나 정보의 제공을 매개하는 것을 말한다.
3. "정보통신서비스 제공자"란 「전기통신사업법」 제2조제8호에 따른 전기통신사업자와 영리를 목적으로 전기통신사업자의 전기통신역무를 이용하여 정보를 제공하거나 정보의 제공을 매개하는 자를 말한다.
4. "이용자"란 정보통신서비스 제공자가 제공하는 정보통신서비스를 이용하는 자를 말한다.
5. "전자문서"란 컴퓨터 등 정보처리능력을 가진 장치에 의하여 전자적인 형태로 작성되어 송수신되거나 저장된 문서형식의 자료로서 표준화된 것을 말한다.
6. 삭제 〈2020.2.4.〉
7. "침해사고"란 다음 각 목의 방법으로 정보통신망 또는 이와 관련된 정보시스템을 공격하는 행위로 인하여 발생한 사태를 말한다.
   가. 해킹, 컴퓨터바이러스, 논리폭탄, 메일폭탄, 서비스거부 또는 고출력 전자기파 등의 방법
   나. 정보통신망의 정상적인 보호 · 인증 절차를 우회하여 정보통신망에 접근할 수 있도록 하는 프로그램이나 기술적 장치 등을 정보통신망 또는 이와 관련된 정보시스템에 설치하는 방법
8. 〈2015.6.22.삭제〉
9. "게시판"이란 그 명칭과 관계없이 정보통신망을 이용하여 일반에게 공개할 목적으로 부호 · 문자 · 음성 · 음향 · 화상 · 동영상 등의 정보를 이용자가 게재할 수 있는 컴퓨터 프로그램이나 기술적 장치를 말한다.
10. "통신과금서비스"란 정보통신서비스로서 다음 각 목의 업무를 말한다.
    가. 타인이 판매 · 제공하는 재화 또는 용역(이하 "재화등"이라 한다)의 대가를 자신이 제공하는 전기통신역무의 요금과 함께 청구 · 징수하는 업무
    나. 타인이 판매 · 제공하는 재화등의 대가가 가목의 업무를 제공하는 자의 전기통신역무의 요금과 함께 청구 · 징수되도록 거래정보를 전자적으로 송수신하는 것 또는 그 대가의 정산을 대행하거나 매개하는 업무
11. "통신과금서비스제공자"란 제53조에 따라 등록을 하고 통신과금서비스를 제공하는 자를 말한다.
12. "통신과금서비스이용자"란 통신과금서비스제공자로부터 통신과금서비스를 이용하여 재화등을 구입 · 이용하는 자를 말한다.
13. "전자적 전송매체"란 정보통신망을 통하여 부호 · 문자 · 음성 · 화상 또는 영상 등을 수신자에게 전자문서 등의 전자적 형태로 전송하는 매체를 말한다.
② 이 법에서 사용하는 용어의 뜻은 제1항에서 정하는 것 외에는 「지능정보화 기본법」에서 정하는 바에 따른다.
※ 지능정보화 기본법
제2조(정의) 이 법에서 사용하는 용어의 뜻은 다음과 같다.
1. "정보"란 광(光) 또는 전자적 방식으로 처리되는 부호, 문자, 음성, 음향 및 영상 등으로 표현된 모든 종류의 자료 또는 지식을 말한다.
2. "정보화"란 정보를 생산 · 유통 또는 활용하여 사회 각 분야의 활동을 가능하게 하거나 그러한 활동의 효율화를 도모하는 것을 말한다.

3. "정보통신"이란 정보의 수집·가공·저장·검색·송신·수신 및 그 활용, 이에 관련되는 기기·기술·서비스 및 그 밖에 정보화를 촉진하기 위한 일련의 활동과 수단을 말한다.

4. "지능정보기술"이란 다음 각 목의 어느 하나에 해당하는 기술 또는 그 결합 및 활용 기술을 말한다.

   가. 전자적 방법으로 학습·추론·판단 등을 구현하는 기술

   나. 데이터(부호, 문자, 음성, 음향 및 영상 등으로 표현된 모든 종류의 자료 또는 지식을 말한다)를 전자적 방법으로 수집·분석·가공 등 처리하는 기술

   다. 물건 상호간 또는 사람과 물건 사이에 데이터를 처리하거나 물건을 이용·제어 또는 관리할 수 있도록 하는 기술

   라. 「클라우드컴퓨팅 발전 및 이용자 보호에 관한 법률」 제2조제2호에 따른 클라우드컴퓨팅기술

   마. 무선 또는 유·무선이 결합된 초연결지능정보통신기반 기술

   바. 그 밖에 대통령령으로 정하는 기술

5. "지능정보화"란 정보의 생산·유통 또는 활용을 기반으로 지능정보기술이나 그 밖의 다른 기술을 적용·융합하여 사회 각 분야의 활동을 가능하게 하거나 그러한 활동을 효율화·고도화하는 것을 말한다.

6. "지능정보사회"란 지능정보화를 통하여 산업·경제, 사회·문화, 행정 등 모든 분야에서 가치를 창출하고 발전을 이끌어가는 사회를 말한다.

7. "지능정보서비스"란 다음 각 목의 어느 하나에 해당하는 서비스를 말한다.

   가. 「전기통신사업법」 제2조제6호에 따른 전기통신역무와 이를 이용하여 정보를 제공하거나 정보의 제공을 매개하는 것

   나. 지능정보기술을 활용한 서비스

   다. 그 밖에 지능정보화를 가능하게 하는 서비스

8. "정보통신망"이란 「전기통신기본법」 제2조제2호에 따른 전기통신설비를 이용하거나 전기통신설비와 컴퓨터 및 컴퓨터의 이용기술을 활용하여 정보를 수집·가공·저장·검색·송신 또는 수신하는 정보통신체제를 말한다.

9. "초연결지능정보통신망"이란 정보통신 및 지능정보기술 관련 기기·서비스 등 모든 것이 언제 어디서나 연결[이하 "초연결"(超連結)이라 한다)되어 지능정보서비스를 이용할 수 있는 정보통신망을 말한다.

10. "초연결지능정보통신기반"이란 초연결지능정보통신망과 이에 접속되어 이용되는 정보통신 또는 지능정보기술 관련 기기·설비, 소프트웨어 및 데이터 등을 말한다.

11. "정보문화"란 지능정보화를 통하여 사회구성원에 의하여 형성되는 행동방식·가치관·규범 등의 생활양식을 말한다.

12. "지능정보사회윤리"란 지능정보기술의 개발, 지능정보서비스의 제공·이용 및 지능정보화의 추진 과정에서 인간 중심의 지능정보사회의 구현을 위하여 개인 또는 사회 구성원이 지켜야 하는 가치판단 기준을 말한다.

13. "정보격차"란 사회적·경제적·지역적 또는 신체적 여건 등으로 인하여 지능정보서비스, 그와 관련된 기기·소프트웨어에 접근하거나 이용할 수 있는 기회에 차이가 생기는 것을 말한다.

14. "지능정보서비스 과의존"이란 지능정보서비스의 지나친 이용이 지속되어 이용자가 일상생활에 심각한 지장을 받는 상태를 말한다.

15. "정보보호"란 정보의 수집·가공·저장·검색·송신 또는 수신 중 발생할 수 있는 정보의 훼손·변조·유출 등을 방지하기 위한 관리적·기술적 수단(이하 "정보보호시스템"이라 한다)을 마련하는 것을 말한다.

16. "공공기관"이란 다음 각 목의 어느 하나에 해당하는 기관을 말한다.

   가. 「공공기관의 운영에 관한 법률」에 따른 공공기관

   나. 「지방공기업법」에 따른 지방공사 및 지방공단

   다. 특별법에 따라 설립된 특수법인

   라. 「초·중등교육법」, 「고등교육법」 및 그 밖의 다른 법률에 따라 설치된 각급 학교

   마. 그 밖에 대통령령으로 정하는 법인·기관 및 단체

2. 다른 법률과의 관계

제5조(다른 법률과의 관계) 정보통신망 이용촉진 및 정보보호등에 관하여는 다른 법률에서 특별히 규정된 경우 외에는 이 법으로 정하는 바에 따른다. 다만, 제4장의 개인정보의 보호에 관하여 이 법과 「개인정보 보호법」의 적용이 경합하거나 제7장의 통신과금서비스에 관하여 이 법과 「전자금융거래법」의 적용이 경합하는 때에는 이 법을 우선 적용한다.

II. 벌칙 및 죄명표

1. 벌 칙

제70조(벌칙) ① 사람을 비방할 목적으로 정보통신망을 통하여 공공연하게 사실을 드러내어 다른 사람의 명예를 훼손한 자는 3년 이하의 징역이나 금고 또는 2천만원 이하의 벌금에 처한다.

② 사람을 비방할 목적으로 정보통신망을 통하여 공공연하게 거짓의 사실을 드러내어 다른 사람의 명예를 훼손한 자는 7년 이하의 징역, 10년 이하의 자격정지 또는 5천만원 이하의 벌금에 처한다.

③ 제1항과 제2항의 죄는 피해자가 구체적으로 밝힌 의사에 반하여 공소를 제기할 수 없다.

제70조의2(벌칙) 제48조제2항을 위반하여 악성프로그램을 전달 또는 유포하는 자는 7년 이하의 징역 또는 7천만원 이하의 벌금에 처한다.

제71조(벌칙) ① 다음 각 호의 어느 하나에 해당하는 자는 5년 이하의 징역 또는 5천만원 이하의 벌금에 처한다.

1. ~ 8. 삭제 〈2020. 2. 4.〉

9. 제48조제1항을 위반하여 정보통신망에 침입한 자

10. 제48조제3항을 위반하여 정보통신망에 장애가 발생하게 한 자

11. 제49조를 위반하여 타인의 정보를 훼손하거나 타인의 비밀을 침해·도용 또는 누설한 자

② 제1항제9호의 미수범은 처벌한다.

제72조(벌칙) ① 다음 각 호의 어느 하나에 해당하는 자는 3년 이하의 징역 또는 3천만원 이하의 벌금에 처한다.

1. 삭제 〈2016.3.22.〉

2. 제49조의2제1항을 위반하여 다른 사람의 정보를 수집한 자

3. 제53조제1항에 따른 등록을 하지 아니하고 그 업무를 수행한 자

4. 다음 각 목의 어느 하나에 해당하는 행위를 통하여 자금을 융통하여 준 자 또는 이를 알선·중개·권유·광고한 자

  가. 재화등의 판매·제공을 가장하거나 실제 매출금액을 초과하여 통신과금서비스에 의한 거래를 하거나 이를 대행하게 하는 행위

  나. 통신과금서비스이용자로 하여금 통신과금서비스에 의하여 재화등을 구매·이용하도록 한 후 통신과금서비스이용자가 구매·이용한 재화등을 할인하여 매입하는 행위

5. 제66조를 위반하여 직무상 알게 된 비밀을 타인에게 누설하거나 직무 외의 목적으로 사용한 자

제73조(벌칙) 다음 각 호의 어느 하나에 해당하는 자는 2년 이하의 징역 또는 1천만원 이하의 벌금에 처한다.

1. 삭제 〈2020.2.4〉

2. 제42조를 위반하여 청소년유해매체물임을 표시하지 아니하고 영리를 목적으로 제공한 자

3. 제42조의2를 위반하여 청소년유해매체물을 광고하는 내용의 정보를 청소년에게 전송하거나 청소년 접근을 제한하는 조치 없이 공개적으로 전시한 자

4. 제44조의6제3항을 위반하여 이용자의 정보를 민·형사상의 소를 제기하는 것 외의 목적으로 사용한 자

5. 제44조의7제2항 및 제3항에 따른 방송통신위원회의 명령을 이행하지 아니한 자

6. 제48조의4제4항에 따른 명령을 위반하여 관련 자료를 보전하지 아니한 자

7. 제49조의2제1항을 위반하여 정보의 제공을 유인한 자

7의2. 제58조의2(제59조제2항에 따라 준용되는 경우를 포함한다)를 위반하여 제공받은 정보를 본인 여부를 확인하거나 고소·고발을 위하여 수사기관에 제출하기 위한 목적 외의 용도로 사용한 자

8. 제61조에 따른 명령을 이행하지 아니한 자

제74조(벌칙) ① 다음 각 호의 어느 하나에 해당하는 자는 1년 이하의 징역 또는 1천만원 이하의 벌금에 처한다.

1. 제8조제4항을 위반하여 비슷한 표시를 한 제품을 표시·판매 또는 판매할 목적으로 진열한 자

2. 제44조의7제1항제1호를 위반하여 음란한 부호·문언·음향·화상 또는 영상을 배포·판매·임대하거나 공공연하게 전시한 자

3. 제44조의7제1항제3호를 위반하여 공포심이나 불안감을 유발하는 부호·문언·음향·화상 또는 영상을 반복적으로 상대방에게 도달하게 한 자

4. 제50조제5항을 위반하여 조치를 한 자

5. 삭제 〈2014. 5. 28.〉

6. 제50조의8을 위반하여 광고성 정보를 전송한 자

7. 제53조제4항을 위반하여 등록사항의 변경등록 또는 사업의 양도·양수 또는 합병·상속의 신고를 하지 아니한 자
② 제1항제3호의 죄는 피해자가 구체적으로 밝힌 의사에 반하여 공소를 제기할 수 없다.

제75조(양벌규정) 법인의 대표자나 법인 또는 개인의 대리인, 사용인, 그 밖의 종업원이 그 법인 또는 개인의 업무에 관하여 제71조부터 제73조까지 또는 제74조제1항의 어느 하나에 해당하는 위반행위를 하면 그 행위자를 벌하는 외에 그 법인 또는 개인에게도 해당 조문의 벌금형을 과(科)한다. 다만, 법인 또는 개인이 그 위반행위를 방지하기 위하여 해당 업무에 관하여 상당한 주의와 감독을 게을리하지 아니한 경우에는 그러하지 아니하다

2. 죄명표

법 조 문	죄 명 표 시
제70조 제1항, 제2항	정보통신망 이용촉진 및 정보보호 등에 관한 법률 위반(명예훼손)
제71조 제1항 제3,5호	정보통신망 이용촉진 및 정보보호 등에 관한 법률 위반(개인정보누설등)
제71조 제1항 제9, 10, 11호, 제72조 제1항 제1호	정보통신망 이용촉진 및 정보보호 등에 관한 법률 위반(정보통신망침해등)
제74조 제1항 제2호	정보통신망 이용촉진 및 정보보호 등에 관한 법률 위반(음란물유포)
그 외	정보통신망 이용촉진 및 정보보호 등에 관한 법률 위반

III. 범죄사실

1. 허위사실적시 명예훼손 ··· 반의사불벌죄

1) **적용법조 :** 제70조 제2항 ☞ 공소시효 7년

2) **범죄사실 기재례**

[기재례1] 카페에 허위사실 적시

> 사람을 비방할 목적으로 정보통신망을 통하여 공연히 허위의 사실을 적시하여 타인의 명예를 훼손하여서는 아니 된다.
> 그럼에도 불구하고 피의자는 20○○. ○. ○. ○○에서 '○○○'라는 닉네임으로 인터넷 네이버 카페 '△△△ △△△'(인터넷 주소) 게시판에 접속하여 피해자 甲을 가리켜 "□□□님 또 괴롭히면 너 명예훼손 띠리한다~!!! 작업 좀 작작하고... ^.~ 두 살림 하는거 온 카페가 다 알던데 제발 들키지 말고...."라는 내용의 글을 게시하였다. 그러나 사실은 피해자는 두 살림을 하는 등의 사실이 없었다.
> 이로써 피의자는 피해자를 비방할 목적으로 정보통신망을 통하여 공공연하게 허위사실을 드러내어 피해자의 명예를 훼손하였다.

[기재례2] 인터넷에 허위사실 적시

사람을 비방할 목적으로 정보통신망을 통하여 공연히 허위의 사실을 적시하여 타인의 명예를 훼손하여서는 아니 된다.

그럼에도 불구하고 피의자는 20○○. ○. ○. ○○에서 ○○이유로 피해자 홍길동을 비방할 목적으로 정보통신망인 철도노동조합 홈페이지(www.ktwunodong.net) 참여광장 열린마당 게시판에 "○○○○" 라고 공연히 허위의 사실을 적시하여 그의 명예를 훼손하였다.

[기재례3] 사진 등을 편집 인터넷에 허위사실 적시

피의자는 20○○. 8. 말경 ○○에 있는 피의자의 집에서 피해자 을녀가 피의자와 사귀자는 요구를 거절했다는 이유로 피해자를 비방할 목적으로 컴퓨터를 이용하여 피해자의 싸이월드 미니홈페이지에 접속하여 피해자가 게시해 놓은 피해자의 사진 20여 장을 편집한 후 "걸레 ○○시 ○○동 창녀 C 샵매니저"라는 제목하에 전화번호, 메일 주소, 나이, 사는 곳, 직업과 함께 "무슨 수술해서 배에 칼자국, 남자는 많이 사귀지 않았지만 한번 빠지면 헤어나지 못할 정도. 처음에 잘 꼬셔둠 화끈하게 즐길 수 있음"이라는 설명글을 달아 마치 성매매를 유인하는 듯한 형식의 문서를 작성하여 인터넷 파일공유사이트인 "돈키호테 (www.donkeyhote.co.kr)"에 올려놓음으로써 공연히 허위의 사실을 적시하여 피해자의 명예를 훼손하였다.

[기재례4] 미니홈피에 음란물게시 및 명예훼손(제70조 제2항, 제74조 제1항 제2호)

피의자는 평소 피해자 홍길녀(여, 23)가 자신과 사귀기 전에 여러 남자를 사귀어 왔으며, 그러던 중 임신 및 낙태를 한 경험이 있다는 사실을 알게 된 뒤 피해자에게 격분해 있던 중, 20○○. ○. ○.경 피해자의 인터넷 메신저상에 수신 거부의 상대방으로 지정되어 있던 불상의 남자와 인터넷 채팅을 하다가 위와 같은 사실을 피해자의 주변 사람들에게 알려 피해자의 명예를 훼손할 것을 결의하였다.

피의자는 피해자와의 인터넷 채팅을 통하여 피해자로부터 받았던 피해자의 전신 및 음부를 촬영한 나체사진을 위 불상의 남자에게 인터넷 메신저 또는 이메일을 이용하여 전송하고, 위 불상의 남자는 불상의 장소에서 인터넷에 접속하여 피해자의 나체사진을 피해자의 이메일 또는 피해자의 부모, 형제, 친구들의 인터넷 홈페이지 등에 게시할 것을 공모하였다.

피의자는 20○○. ○. ○.경 11:00경 불상의 장소에서 알 수 없는 방법으로 정보통신망인 甲의 싸이월드 미니홈페이지에 접속한 다음, 위 홈페이지 사진첩에 '○○'라는 제목하에 피해자의 성기를 촬영한 사진을, 위 홈페이지 동영상란에 피해자의 나체를 촬영한 동영상을 각각 게시하고, 피해자를 비방할 목적으로 위 홈페이지 방명록에 위 홍길녀 명의로 '저는 ○○대 ○○학년 홍길녀의 남친입니다. 제 미니홈피에 있으니 확인하시고 홍길녀를 심판하여 주십시오.'라는 취지의 글을 게시하였다.

이로써 피의자는 정보통신망을 통하여 음란한 화상 또는 영상을 공연히 전시함과 동시에 허위의 사실을 적시하여 피해자의 명예를 훼손하였다.

3) 신문사항

- 고소인 홍길동과 어떠한 관계인가
- 고소인의 명예를 훼손한 일이 있는가
- 언제 어디서
- 어떠한 내용의 명예를 훼손하였나
- 어떤 방법으로(정보통신망 이용 여부)
- 그러한 내용이 사실인가(사실과 허위의 사실여부 확인)
- 무엇 때문에 이러한 행위를 하였나(비방할 목적 유무조사)
- 피의자가 게시판에 올린 글은 누가 볼 수 있는가(공연성 유무)

■ **판례** ■ 甲이 종전의 주민지원기금 횡령혐의에 대한 철저한 진상재조사 및 향후 주민지원기금의 적절한 운용을 촉구하고자 인터넷 사이트에 글을 게재한 경우

[1] 정보통신망 이용촉진 및 정보보호 등에 관한 법률 제61조 제1항의 '사람을 비방할 목적'의 의미 및 그 판단 방법

정보통신망 이용촉진 및 정보보호 등에 관한 법률 제61조 제1항의 '사람을 비방할 목적'이란 형법 제309조 제1항의 '사람을 비방할 목적'과 마찬가지로 가해의 의사 내지 목적을 요하는 것으로서 공공의 이익을 위한 것과는 행위자의 주관적 의도의 방향에 있어 서로 상반되는 관계에 있다고 할 것이므로, 적시한 사실이 공공의 이익에 관한 것인 경우에는 특별한 사정이 없는 한 비방할 목적은 부인된다고 봄이 상당하고, 여기에서 '적시한 사실이 공공의 이익에 관한 경우'라 함은 적시된 사실이 객관적으로 볼 때 공공의 이익에 관한 것으로서 행위자도 주관적으로 공공의 이익을 위하여 그 사실을 적시한 것이어야 하는데, 공공의 이익에 관한 것에는 널리 국가·사회 기타 일반 다수인의 이익에 관한 것뿐만 아니라 특정한 사회집단이나 그 구성원 전체의 관심과 이익에 관한 것도 포함하는 것이며, 적시한 사실이 공공의 이익에 관한 것인지 여부는 당해 명예훼손적 표현으로 인한 피해자가 공무원 내지 공적 인물과 같은 공인(公人)인지 아니면 사인(私人)에 불과한지 여부, 그 표현이 객관적으로 국민이 알아야 할 공공성·사회성을 갖춘 공적 관심 사안에 관한 것으로 사회의 여론형성 내지 공개토론에 기여하는 것인지 아니면 순수한 사적인 영역에 속하는 것인지 여부, 피해자가 그와 같은 명예훼손적 표현의 위험을 자초한 것인지 여부, 그리고 그 표현에 의하여 훼손되는 명예의 성격과 그 침해의 정도, 그 표현의 방법과 동기 등 제반 사정을 고려하여 판단하여야 할 것이다.

[2] 甲의 행위에 비방의 목적이 있다고 할 수 있는지 여부(소극)

피고인이 인터넷 사이트에 글을 게재한 행위는 종전의 주민지원기금 횡령혐의에 대한 철저한 진상재조사 및 향후 주민지원기금의 적절한 운용을 촉구하고자 하는 것을 주된 목적으로 공공의 이익을 위하여 한 것으로 봄이 상당하므로, 거기에 비방의 목적이 있다고 볼 수 없다(대법원 2005.10.14. 선고 2005도5068 판결).

■ **판례** ■ 면장으로 근무하는 甲이 군의회 의장인 乙을 비방할 목적으로 군청 홈페이지 게시판에 "안하무인의 피해자일장 축사 등 작태"라는 제목으로 "군민 앞에서 되고 말고 식의 껍데기 연설은 하지 말고 진정 깊이 있고 주민이 공감할 수 있는 연설문을 작성하여(공부하고) 연설할 것을 충고한다."라는 글을 게재한 경우

[1] 정보통신망이용촉진및정보보호등에관한법률 제61조 제1항위반죄 성립에 필요한 사실 적시의 정도

정보통신망이용촉진및정보보호등에관한법률 제61조 제1항위반죄가 성립하기 위하여는 사실의 적

시가 있어야 하며 적시된 사실은 이로써 특정인의 사회적 가치 내지 평가가 침해될 가능성이 있을 정도로 구체성을 띠어야 한다.

[2] 정보통신망을 통한 표현행위가 명예훼손적 사실의 적시에 해당하는지 여부의 판단 기준

정보통신망을 통하여 게시된 어떠한 표현행위가 위 죄와 관련하여 문제가 되는 경우 그 표현이 사실을 적시하는 것인가, 아니면 단순히 의견 또는 논평을 표명하는 것인가, 또는 의견 또는 논평을 표명하는 것이라면 그와 동시에 묵시적으로라도 그 전제가 되는 사실을 적시하고 있는 것인가 그렇지 아니한가의 구별은, 당해 게시물의 객관적인 내용과 아울러 일반의 독자가 보통의 주의로 게시물을 접하는 방법을 전제로 게시물에 사용된 어휘의 통상적인 의미, 게시물의 전체적인 흐름, 문구의 연결 방법 등을 기준으로 판단하여야 하고, 여기에다가 당해 게시물이 게재된 보다 넓은 문맥이나 배경이 되는 사회적 흐름 등도 함께 고려하여야 한다.

[3] 명예훼손적 사실의 적시가 있었는지 여부(소극)

게시물의 내용 중 피고인이 피해자의 연설내용을 적시한 부분은 객관적인 사실에 부합하는 것으로 그 내용이 그 자체로써 피해자의 사회적 가치 내지 평가가 침해될 가능성이 있을 정도로 구체성이 있는 것이라고 할 수 없고, 관련 사실과 연결되면 명예훼손적 사실이 될 수 있는 특별한 사정이 보이지도 아니한다. 또 게시물의 내용 중 피고인의 의견을 표명한 부분은 의견의 기초가 되는 사실을 함께 기술하면서 의견을 표명한 것으로서 간접적으로 증거에 의하여 그 진위를 결정하는 것이 가능한 타인에 관한 특정의 사항을 주장하는 경우에 해당하지 아니하는 순수한 의견 또는 논평이라고 할 것이므로 그 부분에 간접적이고 우회적인 표현에 의한 사실의 적시가 있었다고 볼 수도 없다(대법원 2003.6.24. 선고 2003도1868 판결).

■ 판례 ■ 국가나 지방자치단체가 명예훼손죄 또는 모욕죄의 피해자가 될 수 있는지 여부(소극)

형법이 명예훼손죄 또는 모욕죄를 처벌함으로써 보호하고자 하는 사람의 가치에 대한 평가인 외부적 명예는 개인적 법익으로서, 국민의 기본권을 보호 내지 실현해야 할 책임과 의무를 지고 있는 공권력의 행사자인 국가나 지방자치단체는 기본권의 수범자일 뿐 기본권의 주체가 아니고, 정책결정이나 업무수행과 관련된 사항은 항상 국민의 광범위한 감시와 비판의 대상이 되어야 하며 이러한 감시와 비판은 그에 대한 표현의 자유가 충분히 보장될 때에 비로소 정상적으로 수행될 수 있으므로, 국가나 지방자치단체는 국민에 대한 관계에서 형벌의 수단을 통해 보호되는 외부적 명예의 주체가 될 수는 없고, 따라서 명예훼손죄나 모욕죄의 피해자가 될 수 없다.(대법원 2016. 12. 27. 선고, 2014도15290, 판결)

■ 판례 ■ 제70조 제1항 명예훼손죄의 구성요건 중 비방할 목적이 있는지와 피고인이 드러낸 사실이 사회적 평가를 떨어트릴 만한 것인지가 별개의 구성요건인지 여부(적극) 및 드러낸 사실이 사회적 평가를 떨어트리는 것이면 비방할 목적이 당연히 인정되는지 여부(소극) / '비방할 목적'의 판단 기준 및 '공공의 이익'을 위한 것과의 관계 / 드러낸 사실이 '공공의 이익'에 관한 것인지 판단하는 기준 / 행위자의 주요한 동기와 목적인 공공의 이익에 부수적으로 다른 사익적 목적이나 동기가 포함되어 있는 경우, 비방할 목적의 유무(소극)

정보통신망 이용촉진 및 정보보호 등에 관한 법률 제70조 제1항은 "사람을 비방할 목적으로 정보통신망을 통하여 공공연하게 사실을 드러내어 다른 사람의 명예를 훼손한 자는 3년 이하의 징역 또는 3천만 원 이하의 벌금에 처한다."라고 정한다. 이 규정에 따른 범죄가 성립하려면 피고인이 공공연하게 드러낸 사실이 다른 사람의 사회적 평가를 떨어트릴 만한 것임을 인식해야 할 뿐만 아니라 사람을 비방할 목적이 있어야 한다. 비방할 목적이 있는지는 피고인이 드러낸 사실이

사회적 평가를 떨어트릴 만한 것인지와 별개의 구성요건으로서, 드러낸 사실이 사회적 평가를 떨어트리는 것이라고 해서 비방할 목적이 당연히 인정되는 것은 아니다.

'비방할 목적'은 드러낸 사실의 내용과 성질, 사실의 공표가 이루어진 상대방의 범위, 표현의 방법 등 표현 자체에 관한 여러 사정을 감안함과 동시에 그 표현으로 훼손되는 명예의 침해 정도 등을 비교·형량하여 판단해야 한다. 이것은 공공의 이익을 위한 것과는 행위자의 주관적 의도라는 방향에서 상반되므로, 드러낸 사실이 공공의 이익에 관한 것인 경우에는 특별한 사정이 없는 한 비방할 목적은 부정된다. 여기에서 '드러낸 사실이 공공의 이익에 관한 것인 경우'란 드러낸 사실이 객관적으로 볼 때 공공의 이익에 관한 것으로서 행위자도 주관적으로 공공의 이익을 위하여 그 사실을 드러낸 것이어야 한다. 공공의 이익에 관한 것에는 널리 국가·사회 그 밖에 일반 다수인의 이익에 관한 것뿐만 아니라 특정한 사회집단이나 그 구성원 전체의 관심과 이익에 관한 것도 포함한다. 그 사실이 공공의 이익에 관한 것인지는 명예훼손의 피해자가 공무원 등 공인(公人)인지 아니면 사인(私人)에 불과한지, 그 표현이 객관적으로 공공성·사회성을 갖춘 공적 관심 사안에 관한 것으로 사회의 여론형성이나 공개토론에 기여하는 것인지 아니면 순수한 사적인 영역에 속하는 것인지, 피해자가 명예훼손적 표현의 위험을 자초한 것인지 여부, 그리고 표현으로 훼손되는 명예의 성격과 침해의 정도, 표현의 방법과 동기 등 여러 사정을 고려하여 판단해야 한다. 행위자의 주요한 동기와 목적이 공공의 이익을 위한 것이라면 부수적으로 다른 사익적 목적이나 동기가 포함되어 있더라도 비방할 목적이 있다고 보기는 어렵다. (대법원 2022. 7. 28., 선고, 2022도4171, 판결)

2. 음란한 부호 · 문언 · 음향 · 화상 또는 영상을 배포 · 판매 · 임대하거나 공연히 전시

1) 적용법조 : 제74조 제1항 제2호, 제44조의7 제1항 제1호   ☞   공소시효 5년

> **제44조의7(불법정보의 유통금지 등)** ① 누구든지 정보통신망을 통하여 다음 각 호의 어느 하나에 해당하는 정보를 유통하여서는 아니 된다.
> 1. 음란한 부호 · 문언 · 음향 · 화상 또는 영상을 배포 · 판매 · 임대하거나 공공연하게 전시하는 내용의 정보
> 2. 사람을 비방할 목적으로 공공연하게 사실이나 거짓의 사실을 드러내어 타인의 명예를 훼손하는 내용의 정보
> 3. 공포심이나 불안감을 유발하는 부호 · 문언 · 음향 · 화상 또는 영상을 반복적으로 상대방에게 도달하도록 하는 내용의 정보
> 4. 정당한 사유 없이 정보통신시스템, 데이터 또는 프로그램 등을 훼손 · 멸실 · 변경 · 위조하거나 그 운용을 방해하는 내용의 정보
> 5. 「청소년 보호법」에 따른 청소년유해매체물로서 상대방의 연령 확인, 표시의무 등 법령에 따른 의무를 이행하지 아니하고 영리를 목적으로 제공하는 내용의 정보
> 6. 법령에 따라 금지되는 사행행위에 해당하는 내용의 정보
> 6의3. 총포 · 화약류(생명 · 신체에 위해를 끼칠 수 있는 폭발력을 가진 물건을 포함한다)를 제조할 수 있는 방법이나 설계도 등의 정보
> 7. 법령에 따라 분류된 비밀 등 국가기밀을 누설하는 내용의 정보
> 8. 「국가보안법」에서 금지하는 행위를 수행하는 내용의 정보
> 9. 그 밖에 범죄를 목적으로 하거나 교사(敎唆) 또는 방조하는 내용의 정보

2) 범죄사실 기재례

[기재례1] 해외 포르노 사이트 운영 음란 화상배포

> 누구든지 정보통신망을 이용하여 음란한 부호 · 문언 · 음향 · 화상 또는 영상을 배포 · 판매 · 임대하거나 공공연하게 전시하여서는 아니 된다.
>
> 그럼에도 불구하고 피의자는 국내에 서버를 둔 대다수 성인사이트가 심의를 필한 영화만을 방영함으로 인해 그 수익성이 현저히 떨어지는 반면, 포르노물이 합법화되어 있는 외국의 서버를 임차하여 유료 음란사이트를 개설하여 놓고 ○○프로그램 등을 이용 서버−클라이언트 간 터미널 개념으로 국내에서 원격 관리하면 수사기관의 추적을 따돌릴 수 있다고 생각하고 위와 같은 방법으로 해외 음란사이트를 개설하여 돈을 취득하기로 마음먹었다.
>
> 피의자는 20○○. ○. ○. 도매인 등록대행 사이트인 ○○를 통해 "○○"라는 국제도매인을 등록하고 20○○. ○. ○. 미국 엘에이에 있는 ○○사와 서버 임대차 및 호스팅 계약을, 같은 날 ○○사와 신용카드 결재대행 계약을 각각 체결하였다.
>
> 이후 피의자는 ○○에 있는 피의자 집에서 ○○통신에서 제공하는 인터넷 전용회선에 연결된 컴퓨터를 이용하여 남녀의 성기와 삽입장면, 구강색스, 강간, 윤간, 변태성행위 등이 실연되는 한국, 유럽, 동남아 등지에서 제작된 동영상과 음란한 언어로 구성된 사이트를 제작하여 위 서버에 설치하여 놓고 1인당 1개월에 미화 32달러, 3개월 100달러를 받는 조건으로 회원가입을 유도하면서, 20○○. ○. ○.경부터 20○○. ○. ○.까지 사이에 위 사이트에 접속한 불특정 여러 사람을 상대로 별지 범죄일람표의 내용과 같이 ○○편의 음란한 영상 등을 공연히 전시 · 배포하였다.

[기재례2] 정보통신망 이용 음란 화상배포

피의자는 20○○. ○. ○.경부터 20○○. ○. ○.경까지 사이에 인터넷 서비스업체인 ○○ 상에 개설한 인터넷 신문인 '○○신문'에, 피의자 乙이 개설한 각 홈페이지와 피의자 丙이 미국 인터넷 서비스업체 ○○상에 개설하여 수십 개의 음란소설을 게재한 홈페이지에 바로 연결될 수 있는 링크사이트를 만들었다.

이를 통해 위 피의자 乙, 피의자 丙이 음란 사진과 음란소설을 게재하고 있는 사이트에 바로 접속되도록 하여 위 '○○신문'에 접속한 불특정 다수의 인터넷 이용자들이 이를 컴퓨터 화면을 통해 볼 수 있도록 함으로써, 전기통신 역무를 이용하여 음란한 영상 및 문언을 공연히 전시하였다.

[기재례3] 포르노 사이트 운영 음란 화상배포

피의자는 동영상 콘텐츠제공업체(CP)인 주식회사 A 대표이사로, 인터넷 포털사이트업체인 B 주식회사와 동 회사 운영의 포털사이트에 동영상을 제공하고 정보이용료의 50%를 받는 동영상 제공 계약을 체결하였다.

피의자는 20○○. 8.경부터 20○○. 3. 23.경까지 ○○에 있는 ○○빌딩에 있는 위 A 사무실에서, 전라의 남녀가 성관계를 맺는 장면 등이 담겨 있는 '꿈의 손빨래' 등 별지 범죄일람표 기재와 같은 동영상 12편을 B 주식회사 운영의 인터넷포탈 사이트인 www.○○.com의 VOD 성인페이지에 각 게시하고, 1편당 ○○원의 요금을 받고 일반인들에게 이를 감상하게 하였다.

이로써 피의자는 월평균 ○○만원의 매출을 올리는 방법으로 정보통신망을 통하여 음란한 화상 또는 영상을 배포·공연히 전시하였다.

[기재례4] 카카오톡 이용 음란 화상배포

누구든지 정보통신망을 이용하여 음란한 부호·문언·음향·화상 또는 영상을 배포·판매·임대하거나 공공연하게 전시하여서는 아니 된다.

그럼에도 피의자는 20○○. 7. 31. 11:51경 휴대전화를 이용하여 카카오톡 단체 대화방을 개설한 뒤 성명불상의 수신자들에게 성명 불상 여자의 나체 음부 사진을 전송한 것을 비롯하여 별지 범죄일람표 기재와 같이 총 187회에 걸쳐 음란한 화상 또는 영상을 배포하였다.

■ **판례** ■ 인터넷 포털 사이트 내 오락채널 총괄팀장과 위 오락채널 내 만화사업의 운영 직원들이 콘텐츠제공업체들의 음란만화게재에 대해 삭제요구를 하지 않은 경우

[1] 구 전기통신기본법 제48조의2에서 규정하고 있는 '음란'의 의미 및 그 판단 기준

구 전기통신기본법(2001.1.16. 법률 제6360호로 개정되기 전의 것) 제48조의2에서 규정하고 있는 '음란'이라 함은, 일반 보통인의 성욕을 자극하여 성적 흥분을 유발하고 정상적인 성적 수치심을 해하여 성적 도의관념에 반하는 것을 말하고, 표현물의 음란 여부를 판단함에 있어서는 당해 표현물의 성에 관한 노골적이고 상세한 묘사·서술의 정도와 그 수법, 묘사·서술이 그 표현물 전체에서 차지하는 비중, 거기에 표현된 사상 등과 묘사·서술의 관련성, 표현물의 구성이나 전개

또는 예술성·사상성 등에 의한 성적 자극의 완화 정도, 이들의 관점으로부터 당해 표현물을 전체로서 보았을 때 주로 그 표현물을 보는 사람들의 호색적 흥미를 돋우느냐의 여부 등 여러 점을 고려하여야 하며, 표현물 제작자의 주관적 의도가 아니라 그 사회의 평균인의 입장에서 그 시대의 건전한 사회 통념에 따라 객관적이고 규범적으로 평가하여야 한다.

[2] 총괄팀장과 직원들에게 음란만화의 삭제를 요구할 조리상 의무가 있는지 여부(적극)

인터넷 포털 사이트 내 오락채널 총괄팀장과 위 오락채널 내 만화사업의 운영 직원인 피고인들에게, 콘텐츠제공업체들이 게재하는 음란만화의 삭제를 요구할 조리상의 의무가 있으므로, 구 전기통신기본법(2001. 1.16. 법률 제6360호로 개정되기 전의 것) 제48조의2 위반 방조죄가 성립한다(대법원 2006.4.28. 선고 2003도4128 판결).

■ **판례** ■ 　음란한 부호 등이 전시된 웹페이지에 대한 링크(link)행위

[1] 구 전기통신기본법 제48조의2소정의 '공연히 전시'의 의미

구 전기통신기본법 제48조의2(2001.1.16. 법률 제6360호 부칙 제5조 제1항에 의하여 삭제, 현행정보통신망이용촉진및정보보호등에관한법률 제65조 제1항 제2호참조) 소정의 '공연히 전시'한다고 함은, 불특정·다수인이 실제로 음란한 부호·문언·음향 또는 영상을 인식할 수 있는 상태에 두는 것을 의미한다.

[2] 음란한 부호 등이 전시된 웹페이지에 대한 링크(link)행위가 그 음란한 부호 등의 전시에 해당하는지 여부(한정 적극)

음란한 부호 등으로 링크를 해 놓는 행위자의 의사의 내용, 그 행위자가 운영하는 웹사이트의 성격 및 사용된 링크기술의 구체적인 방식, 음란한 부호 등이 담겨져 있는 다른 웹사이트의 성격 및 다른 웹사이트 등이 음란한 부호 등을 실제로 전시한 방법 등 모든 사정을 종합하여 볼 때, 링크를 포함한 일련의 행위 및 범의가 다른 웹사이트 등을 단순히 소개·연결할 뿐이거나 또는 다른 웹사이트 운영자의 실행행위를 방조하는 정도를 넘어, 이미 음란한 부호 등이 불특정·다수인에 의하여 인식될 수 있는 상태에 놓여 있는 다른 웹사이트를 링크의 수법으로 사실상 지배·이용함으로써 그 실질에 있어서 음란한 부호 등을 직접 전시하는 것과 다를 바 없다고 평가되고, 이에 따라 불특정·다수인이 이러한 링크를 이용하여 별다른 제한 없이 음란한 부호 등에 바로 접할 수 있는 상태가 실제로 조성되었다면, 그러한 행위는 전체로 보아 음란한 부호 등을 공연히 전시한다는 구성요건을 충족한다고 봄이 상당하며, 이러한 해석은 죄형법정주의에 반하는 것이 아니라, 오히려 링크기술의 활용과 효과를 극대화하는 초고속정보통신망 제도를 전제로 하여 신설된 구 전기통신기본법 제48조의2(2001.1.16. 법률 제6360호 부칙 제5조 제1항에 의하여 삭제, 현행정보통신망이용촉진및정보보호등에관한법률 제65조 제1항 제2호참조) 규정의 입법 취지에 부합하는 것이라고 보아야 한다(대법원 2003.7.8. 선고 2001도1335 판결).

■ **판례** ■ 　표현의 자유와 관련된 정당행위의 새로운 판단기준을 제시한 사건)

[1] 정보통신망 이용촉진 및 정보보호 등에 관한 법률 제44조의7 제1항 제1호, 제74조 제1항 제2호에서 규정하는 '음란'의 의미 / 특정 표현물을 형사처벌의 대상이 될 음란 표현물이라고 하기 위한 요건 및 판단 기준

정보통신망 이용촉진 및 정보보호 등에 관한 법률 제44조의7 제1항 제1호, 제74조 제1항 제2호에서 규정하는 '음란'이란 사회통념상 일반 보통인의 성욕을 자극하여 성적 흥분을 유발하고 정상적인 성적 수치심을 해하여 성적 도의관념에 반하는 것을 말한다. 음란성에 관한 논의는 자연스럽게 형성·발전되어 온 사회 일반의 성적 도덕관념이나 윤리의식 및 문화적 사조와 직결되고, 아울러

개인의 사생활이나 행복추구권 및 다양성과도 깊이 연관되는 문제로서, 국가 형벌권이 지나치게 적극적으로 개입하기에 적절한 분야가 아니다. 이러한 점을 고려할 때, 특정 표현물을 형사처벌의 대상이 될 음란 표현물이라고 하기 위하여는 표현물이 단순히 성적인 흥미에 관련되어 저속하다거나 문란한 느낌을 준다는 정도만으로는 부족하다. 사회통념에 비추어 전적으로 또는 지배적으로 성적 흥미에만 호소할 뿐 하등의 문학적·예술적·사상적·과학적·의학적·교육적 가치를 지니지 아니한 것으로서, 과도하고도 노골적인 방법에 의하여 성적 부위나 행위를 적나라하게 표현·묘사함으로써, 존중·보호되어야 할 인격체로서의 인간의 존엄과 가치를 훼손·왜곡한다고 볼 정도로 평가될 수 있어야 한다. 나아가 이를 판단할 때에는 표현물 제작자의 주관적 의도가 아니라 사회 평균인의 입장에서 전체적인 내용을 관찰하여 건전한 사회통념에 따라 객관적이고 규범적으로 평가하여야 한다.

[2] 음란물에 문학적·예술적·사상적·과학적·의학적·교육적 표현 등이 결합된 경우, 이러한 결합 표현물에 의한 표현행위가 형법 제20조에 정하여진 '사회상규에 위배되지 아니하는 행위'에 해당하는 경우

음란물이 그 자체로는 하등의 문학적·예술적·사상적·과학적·의학적·교육적 가치를 지니지 아니하더라도, 음란성에 관한 논의의 특수한 성격 때문에, 그에 관한 논의의 형성·발전을 위해 문학적·예술적·사상적·과학적·의학적·교육적 표현 등과 결합되는 경우가 있다. 이러한 경우 음란 표현의 해악이 이와 결합된 위와 같은 표현 등을 통해 상당한 방법으로 해소되거나 다양한 의견과 사상의 경쟁메커니즘에 의해 해소될 수 있는 정도라는 등의 특별한 사정이 있다면, 이러한 결합 표현물에 의한 표현행위는 공중도덕이나 사회윤리를 훼손하는 것이 아니어서, 법질서 전체의 정신이나 그 배후에 놓여 있는 사회윤리 내지 사회통념에 비추어 용인될 수 있는 행위로서 형법 제20조에 정하여진 '사회상규에 위배되지 아니하는 행위'에 해당된다.

[3] 방송통신심의위원회 심의위원인 피고인이 자신의 인터넷 블로그에 위원회에서 음란정보로 의결한 '남성의 발기된 성기 사진'을 게시함으로써 정보통신망을 통하여 음란한 화상 또는 영상인 사진을 공공연하게 전시한 경우

방송통신심의위원회(이하 '위원회'라고 한다) 심의위원인 피고인이 자신의 인터넷 블로그에 위원회에서 음란정보로 의결한 '남성의 발기된 성기 사진'을 게시함으로써 정보통신망을 통하여 음란한 화상 또는 영상인 사진을 공공연하게 전시하였다고 하여 정보통신망 이용촉진 및 정보보호 등에 관한 법률 위반(음란물유포)으로 기소된 사안에서, 피고인의 게시물은 다른 블로그의 화면 다섯 개를 갈무리하여 옮겨온 남성의 발기된 성기 사진 8장(이하 '사진들'이라 한다)과 벌거벗은 남성의 뒷모습 사진 1장을 전체 게시면의 절반을 조금 넘는 부분에 걸쳐 게시하고, 이어서 정보통신에 관한 심의규정 제8조 제1호를 소개한 후 피고인의 의견을 덧붙이고 있으므로 사진들과 음란물에 관한 논의의 형성·발전을 위한 학술적, 사상적 표현 등이 결합된 결합 표현물로서, 사진들은 오로지 남성의 발기된 성기와 음모만을 뚜렷하게 강조하여 여러 맥락 속에서 직접적으로 보여줌으로써 성적인 각성과 흥분이 존재한다는 암시나 공개장소에서 발기된 성기의 노출이라는 성적 일탈의 의미를 나타내고, 나아가 여성의 시각을 배제한 남성중심적인 성관념의 발로에 따른 편향된 관점을 전달하고 있어 음란물에 해당하나, 사진들의 음란성으로 인한 해악은 이에 결합된 학술적, 사상적 표현들과 비판 및 논증에 의해 해소되었고, 결합 표현물인 게시물을 통한 사진들의 게시는 목적의 정당성, 수단이나 방법의 상당성, 보호법익과 침해법익 간의 법익균형성이 인정되어 법질서 전체의 정신이나 그 배후에 놓여 있는 사회윤리 내지 사회통념에 비추어 용인될 수 있는 행위에 해당하므로, 원심이 게시물의 전체적 맥락에서 사진들을 음란물로 단정할 수 없다고 본 것에는 같은 법 제74조 제1항 제2호 및 제44조의7 제1항 제1호가 규정하는 '음란'에 관한 법리오해의 잘못이 있으나, 공소사실을 무죄로 판단한 것은 결론적으로 정당하다.(대법원 2017.10.26. 선고, 2012도13352, 판결)

■ **판례** ■　음란물 영상의 '토렌트 파일'의 의미 및 위 파일이 정보통신망 이용촉진 및 정보보호 등에 관한 법률 제44조의7 제1항 제1호에서 정보통신망을 통한 유통을 금지한 '음란한 영상을 배포하거나 공공연하게 전시하는 내용의 정보'에 해당하는지 여부(적극) / 음란물 영상의 토렌트 파일을 웹사이트 등에 게시하여 불특정 또는 다수인에게 무상으로 다운로드 받게 하는 행위 또는 그 토렌트 파일을 이용하여 별다른 제한 없이 해당 음란물 영상에 바로 접할 수 있는 상태를 실제로 조성한 행위가 같은 법상 음란한 영상을 배포하거나 공공연하게 전시한다는 구성요건을 충족하는지 여부(적극)

음란물 영상의 토렌트 파일은 그 음란물 영상을 P2P 방식의 파일 공유 프로토콜인 토렌트를 통해 공유하기 위해 토렌트 클라이언트 프로그램(이하 '토렌트 프로그램'이라 한다)을 사용하여 생성된 파일이다.

음란물 영상의 토렌트 파일은 음란물 영상의 이름·크기·고유의 해쉬값 등의 메타데이터를 담고 있는 파일이고, 그 메타데이터는 수많은 토렌트 이용자들로부터 토렌트를 통해 전송받을 해당 음란물 영상을 찾아내는 색인(index)과 같은 역할을 한다. 그 토렌트 파일을 취득하여 토렌트 프로그램에서 실행하면 자동으로 다른 토렌트 이용자들로부터 그 토렌트 파일이 가리키는 해당 음란물 영상을 전송받을 수 있다. 이처럼 음란물 영상의 토렌트 파일은 음란물 영상을 공유하기 위해 생성된 정보이자 토렌트를 통해 공유 대상인 해당 음란물 영상을 전송받는 데에 필요한 정보이다. 위와 같이 P2P 방식의 파일 공유 프로토콜인 토렌트에서 토렌트 파일이 수행하는 역할과 기능, 음란물 영상을 공유하기 위해 그 토렌트 파일을 웹사이트 등에 게시하는 행위자의 의도 등을 종합하면, 음란물 영상을 공유하기 위해 생성된 정보이자 토렌트를 통해 그 음란물 영상을 전송받는 데에 필요한 정보인 해당 음란물 영상의 토렌트 파일은, 정보통신망 이용촉진 및 정보보호 등에 관한 법률(이하 '정보통신망법'이라 한다) 제44조의7 제1항 제1호에서 정보통신망을 통한 유통을 금지한 '음란한 영상을 배포하거나 공공연하게 전시하는 내용의 정보'에 해당한다.

따라서 음란물 영상의 토렌트 파일을 웹사이트 등에 게시하여 불특정 또는 다수인에게 무상으로 다운로드 받게 하는 행위 또는 그 토렌트 파일을 이용하여 별다른 제한 없이 해당 음란물 영상에 바로 접할 수 있는 상태를 실제로 조성한 행위는 정보통신망법 제74조 제1항 제2호에서 처벌 대상으로 삼고 있는 '같은 법 제44조의7 제1항 제1호를 위반하여 음란한 영상을 배포하거나 공공연하게 전시'한 것과 실질적으로 동일한 결과를 가져온다. 그러므로 위와 같은 행위는 전체적으로 보아 음란한 영상을 배포하거나 공공연하게 전시한다는 구성요건을 충족한다.(대법원 2019. 7. 25. 선고, 2019도5283, 판결)

3. 정보통신망 이용 공포심 유발 … 반의사불벌죄

1) **적용법조** : 제74조 제1항 제3호, 제44조의7 제1항 제3호 ☞ 공소시효 5년

2) **범죄사실 기재례**

[기재례1] 불안감을 느끼게 하는 문자 메시지를 반복적으로 발송

누구든지 정보통신망을 통하여 공포심이나 불안감을 유발하는 부호·문언·음향·화상 또는 영상을 반복적으로 상대방에게 도달하게 하는 내용의 정보를 유통하여서는 아니 된다.

그럼에도 불구하고 피의자는 20○○. ○. ○. ○○:○○경 ○○에서 자신의 핸드폰(011-1234-5678)을 이용하여 피해자 홍길동의 정보통신망인 핸드폰(011-212-2222)에 "얼굴도 못생긴 게 돌아다니냐. 이 십탱아! 밤길 조심히 다녀라"라는 문자메시지를 보냈다.

피의자는 이를 비롯하여 20○○. ○. ○.까지 총 10회에 걸쳐 범죄일람표 내용과 같이 위 피해자로 하여금 불안감을 느끼게 하는 글을 반복적으로 보내 도달하게 하였다.

[기재례2] 공포심이나 불안감을 유발하는 문자메시지를 반복적으로 발송

피의자는 20○○. 2. 중순경 주점에서 우연히 만나 알게 된 피해자 홍길녀(여)가 피의자를 만나주지 않자 이에 대해 앙심을 품고 있었다.

피의자는 20○○.3.13. 05:10경 ○○에서 피의자의 휴대전화를 이용하여 피해자의 휴대전화(123-456-7890)로 "박스 안에 폭발물을 설치하겠다"라는 내용의 문자메시지를 보낸 것을 비롯하여 같은 날 10:00경까지 사이에 별지 범죄일람표 기재와 같이 총 10회에 걸쳐 문자메시지를 보내 정보통신망을 통하여 공포심이나 불안감을 유발하는 글을 반복적으로 피해자에게 도달하게 하였다.

[기재례3] 정교 관련 미끼 금품갈취 및 남편에게 문자메시지 전송 협박

피의자는 20○○. ○. ○.경 ○○에서 '○○댄스학원'의 강사로 일하면서 사교춤을 배우러 온 피해자 홍길녀(여, 43세)를 알게 되어 피해자와 3회가량 성관계를 갖고 난 후 이를 미끼로 금품을 빼앗기로 마음먹었다.

가. 공갈미수

피의자는 20○○. ○. ○.경 ○○에 있는 피해자의 집 앞에서 ○○만원을 빌려달라고 하였는데도 피해자가 돈이 없다며 빌려주지 않자 피해자에게 "젊은 놈을 가지고 놀았으면 그 대가를 치러야지, 너의 남편에게 알리겠다"라고 협박하여 금품을 받으려 하였으나, 피해자가 경찰에 신고하겠다고 하면서 피의자의 요구에 응하지 아니하는 바람에 그 뜻을 이루지 못하고 미수에 그쳤다.

나. 정보통신망 이용촉진 및 정보보호 등에 관한 법률 위반

피의자는 20○○. ○. ○. 20:00경 ○○에서 컴퓨터에 접속하여 위 홍길녀의 남편인 피해자 김바람의 휴대폰(번호)으로 '남편은 좆 빠지게 일하고 있는데 여자는 바람이나 피우고 있는 것이 안타깝다. 오르가즘을 느끼고 흥분하면서 혼전관계가 있었다고 고백하는 홍길녀, 춤바람이 나서 젊은 남자와 지내고 있는 것을 모르고 있는 것이 불쌍하군요'라는 내용의 휴대폰 문자메시지를 보낸 것을 비롯하여 그때부터 같은 날 21:40경까지 별지 범죄일람표 기재와 같이 총 3회에 걸쳐 피해자에게 문자메시지를 보내 피해자에게 공포심이나 불안감을 유발하는 글을 반복적으로 피해자에게 도달하게 하였다.

3) 신문사항

- 홍길동을 알고 있는가

- 어떤 관계인가

- 홍길동에게 정보통신망을 이용 불안감을 갖는 내용을 보낸 일이 있는가

- 어떤 정보통신망을 이용하였나

- 언제 어디에서 어떤 내용을 발송하였나

- 몇 차례 발송하였나

　이때 피해자가 제출한 문자메시지 내용을 제시하면서

- 이러한 내용을 발송할 것이 맞는가

- 무엇 때문에 이를 발송하였나

- 피의자가 이러한 문자를 발송하였을 때 홍길동은 어떠하였을 것이라 생각하는가

■ 판례 ■　　협박죄와 정보통신망 이용촉진 및 정보보호 등에 관한 법률 제74조 제1항 제3호에서 정한 '제44조의7 제1항 제3호를 위반한 죄'가 반의사불벌죄에 해당하는지 여부(적극) / 반의사불벌죄에서 처벌을 희망하는 의사표시의 철회 또는 처벌을 희망하지 않는 의사표시를 할 수 있는 시기(=제1심판결 선고 전까지) 및 처벌불원 의사표시의 부존재가 법원의 직권조사사항에 해당하는지 여부(적극)

형법 제283조 제3항은 '제283조 제1항의 죄는 피해자의 명시한 의사에 반하여 공소를 제기할 수 없다.'고 정하고, 정보통신망 이용촉진 및 정보보호 등에 관한 법률(이하 '정보통신망법'이라 한다) 제74조 제2항은 '제74조 제1항 제3호의 죄는 피해자가 구체적으로 밝힌 의사에 반하여 공소를 제기할 수 없다.'고 정하고 있다. 즉 협박죄와 정보통신망법 제74조 제1항 제3호에서 정한 제44조의7 제1항 제3호를 위반한 죄는 모두 반의사불벌죄에 해당한다. 반의사불벌죄에서 처벌을 희망하는 의사표시의 철회 또는 처벌을 희망하지 않는 의사표시는 제1심판결 선고 전까지 할 수 있다(형사소송법 제232조 제1항, 제3항). 처벌불원의 의사표시의 부존재는 소극적 소송조건으로서 직권조사사항에 해당하므로 당사자가 항소이유로 주장하지 않았더라도 원심은 이를 직권으로 조사·판단하여야 한다. (대법원 2019. 12. 13., 선고, 2019도10678, 판결)

4. 정보통신망 침해행위 등의 금지위반

1) 적용법조 : 제71조 제1항 제9호, 제48조 제1항 ☞ 공소시효 7년(나 : 형법 제314조 제2항)

> **제48조(정보통신망 침해행위 등의 금지)** ① 누구든지 정당한 접근권한 없이 또는 허용된 접근권한을 넘어 정보통신망에 침입하여서는 아니 된다.
> ② 누구든지 정당한 사유 없이 정보통신시스템, 데이터 또는 프로그램 등을 훼손·멸실·변경·위조하거나 그 운용을 방해할 수 있는 프로그램(이하 "악성프로그램"이라 한다)을 전달 또는 유포하여서는 아니 된다.
> ③ 누구든지 정보통신망의 안정적 운영을 방해할 목적으로 대량의 신호 또는 데이터를 보내거나 부정한 명령을 처리하도록 하는 등의 방법으로 정보통신망에 장애가 발생하게 하여서는 아니 된다.

2) 범죄사실 기재례

> 가. 정보통신망 이용촉진 및 정보보호 등에 관한 법률 위반(정보통신망침해등)
>   피의자는 20○○. ○. ○. ○○:○○경 ○○에 있는 피의자 주거지에서 하나로통신으로 전산망(인터넷)에 연결된 개인용 컴퓨터를 이용 대한약사회 홈페이지(http://www.kpanet. or.kr/)에 접속하여 관리자 연락용으로 게시된 전자우편 주소 kpifmagi@kpanet.or.kr 를 보고 동 ID의 비밀번호를 알아내기 위하여 이미 인터넷 해커 사이트에서 다운받아 놓았던 웹크랙(비밀번호를 자동으로 찾아주는 해킹 프로그램)을 실행시켜 부정한 방법으로 "○○○"라는 비밀번호를 알아냈다.
> 나. 컴퓨터등장애업무방해
>   피의자는 같은 날 ○○:○○경 부당하게 취득한 ID와 비밀번호로 회원들만이 접속할 수 있는 대한약사통신 서버에 부정접속, 게시판에 글을 등록한 회원 ID tg1010등 80개의 ID를 알아내어 파일로 저장하는 등 20○○. ○. ○. ○○:○○경까지 총 8회에 걸쳐 위와 같은 방법으로 대한약사통신(주) 회원들의 접속을 방해하고, 전자상거래를 못하도록 하여 피해사로 하여금 평균 매출 차액 ○○만원 상당의 손해를 입히는 등 정상적인 업무를 방해하였다.

3) 신문사항

- 피의자는 대한약사회 통신 홈페이지를 알고 있는가
- 이 홈페이지는 누가 사용하는가
- 이 약사회 홈페이지에 접속한 사실이 있는가
- 언제 어디서 접속하였나
- 접속하여 어떤 일을 하였나
- 이용자의 아이디(ID), 패스워드를 어떻게 알아 냈는가
- 이렇게 알아낸 아이디(ID), 패스워드를 어떻게 이용하였나
- 이와 관련 대한약사회 홈페이지의 업무를 방해한다고 생각하지 않았나
- 이러한 해킹 프로그램은 언제 어디서 구입하였나
- 무엇 때문에 대한 약사회 홈페이지의 계정을 알아내려 하였나

- 누구의 지시로 일한 행위를 하였나
- 타인의 계정을 부정한 방법으로 알아낼 권한이 있는가
- 이에 대해 어떻게 생각하는가

■ 판례 ■ **甲이 업무상 알게 된 직속상관의 아이디와 비밀번호를 이용하여 직속상관이 모르는 사이에 군 내부전산망 등에 접속하여 직속상관의 명의로 군사령관에게 이메일을 보낸 경우**

[1] 정보통신망 이용촉진 및 정보보호 등에 관한 법률 제48조 제1항에 의하여 금지되는 행위의 범위

정보통신망 이용촉진 및 정보보호 등에 관한 법률 제48조 제1항은 구 전산망 보급확장과 이용촉진 등에 관한 법률 제22조 제2항 및 구 정보통신망 이용촉진 등에 관한 법률 제19조 제3항과 달리 정보통신망에 대한 보호조치를 침해하거나 훼손할 것을 구성요건으로 하지 않고 '정당한 접근권한 없이 또는 허용된 접근권한을 초과하여 정보통신망에 침입'하는 행위를 금지하고 있으므로, 정보통신망 이용촉진 및 정보보호 등에 관한 법률은 그 보호조치에 대한 침해나 훼손이 수반되지 않더라도 부정한 방법으로 타인의 식별부호(아이디와 비밀번호)를 이용하거나 보호조치에 따른 제한을 면할 수 있게 하는 부정한 명령을 입력하는 등의 방법으로 침입하는 행위도 금지하고 있다고 보아야 한다.

[2] 정보통신망 이용촉진 및 정보보호 등에 관한 법률 제48조 제1항의 '정당한 접근권한'의 판단 기준

정보통신망 이용촉진 및 정보보호 등에 관한 법률 제48조 제1항은 이용자의 신뢰 내지 그의 이익을 보호하기 위한 규정이 아니라 정보통신망 자체의 안정성과 그 정보의 신뢰성을 보호하기 위한 것이라고 할 것이므로, 위 규정에서 접근권한을 부여하거나 허용되는 범위를 설정하는 주체는 서비스제공자라 할 것이고, 따라서 서비스제공자로부터 권한을 부여받은 이용자가 아닌 제3자가 정보통신망에 접속한 경우 그에게 접근권한이 있는지 여부는 서비스제공자가 부여한 접근권한을 기준으로 판단하여야 한다.

[3] 이용자가 자신의 아이디와 비밀번호를 알려주며 사용을 승낙하여 제3자로 하여금 정보통신망을 사용하도록 한 경우, 그 제3자에게 정당한 접근권한이 있는지 여부(한정 소극)

이용자가 자신의 아이디와 비밀번호를 알려주며 사용을 승낙하여 제3자로 하여금 정보통신망을 사용하도록 한 경우라고 하더라도, 그 제3자의 사용이 이용자의 사자(使者) 내지 사실행위를 대행하는 자에 불과할 뿐 이용자의 의도에 따라 이용자의 이익을 위하여 사용되는 경우와 같이 사회통념상 이용자가 직접 사용하는 것에 불과하거나, 서비스제공자가 이용자에게 제3자로 하여금 사용할 수 있도록 승낙하는 권한을 부여하였다고 볼 수 있거나 또는 서비스제공자에게 제3자로 하여금 사용하도록 한 사정을 고지하였다면 서비스제공자도 동의하였으리라고 추인되는 경우 등을 제외하고는, 원칙적으로 그 제3자에게는 정당한 접근권한이 없다고 봄이 상당하다.

[4] 甲의 행위가 정당한 접근권한 없이 정보통신망에 침입하는 행위에 해당하는지 여부(적극)

甲의 행위는 정보통신망 이용촉진 및 정보보호 등에 관한 법률 제48조 제1항에 규정한 정당한 접근권한 없이 정보통신망에 침입하는 행위에 해당한다(대법원 2005.11.25. 선고 2005도870 판결).

■ 판례 ■ **온라인 슈팅게임의 자동조준 프로그램이 정보통신망법의 '악성프로그램'에 해당하는지 여부가 문제된 사건**

[1] 정보통신망 이용촉진 및 정보보호 등에 관한 법률(이하 '정보통신망법') 제70조의2, 제48조 제2항에서 정한 '악성프로그램' 해당 여부의 판단기준

정보통신망 이용촉진 및 정보보호 등에 관한 법률(이하 '정보통신망법'이라 한다) 제48조 제2

항은 "누구든지 정당한 사유 없이 정보통신시스템, 데이터 또는 프로그램 등을 훼손·멸실·변경·위조하거나 그 운용을 방해할 수 있는 프로그램(이하 '악성프로그램'이라 한다)을 전달 또는 유포하여서는 아니 된다."라고 정하고 있고, 같은 법 제70조의2는 "제48조 제2항을 위반하여 악성프로그램을 전달 또는 유포하는 자는 7년 이하의 징역 또는 7천만 원 이하의 벌금에 처한다."라고 정하고 있다.

정보통신망법 제70조의2와 제48조 제2항은 악성프로그램이 정보통신시스템, 데이터 또는 프로그램 등(이하 '정보통신시스템 등'이라 한다)에 미치는 영향을 고려하여 악성프로그램을 전달하거나 유포하는 행위만으로 범죄 성립을 인정하고, 그로 말미암아 정보통신시스템 등의 훼손·멸실·변경·위조 또는 그 운용을 방해하는 결과가 발생할 것을 필요로 하지 않는다. 악성프로그램에 해당하는지는 프로그램 자체를 기준으로 하되, 그 사용용도와 기술적 구성, 작동 방식, 정보통신시스템 등에 미치는 영향, 프로그램의 설치나 작동 등에 대한 운용자의 동의 여부 등을 종합적으로 고려하여 판단하여야 한다(대법원 2019. 12. 12. 선고 2017도16520 판결 참조)

[2] 유한회사 블리자드엔터테인먼트가 운영하는 '오버워치' 게임에서 상대방을 자동으로 조준하는 기능을 가진 프로그램이 정보통신망법 제70조의2, 제48조 제2항의 '악성프로그램'에 해당하는지 여부(소극)

이 사건 프로그램은 이용자 본인의 의사에 따라 해당 이용자의 컴퓨터에 설치되어 그 컴퓨터 내에서만 실행되고, 정보통신시스템이나 게임 데이터 또는 프로그램 자체를 변경시키지 않는 점, 이 사건 프로그램은 정보통신시스템 등이 예정한 대로 작동하는 범위에서 상대방 캐릭터에 대한 조준과 사격을 더욱 쉽게 할 수 있도록 해줄 뿐이고, 이 사건 프로그램을 실행하더라도 기본적으로 일반 이용자가 직접 상대방 캐릭터를 조준하여 사격하는 것과 동일한 경로와 방법으로 작업이 수행되는 점, 이 사건 프로그램이 서버를 점거함으로써 다른 이용자들의 서버 접속 시간을 지연시키거나 서버 접속을 어렵게 만들고 서버에 대량의 네트워크 트래픽을 발생시키는 등으로 정보통신시스템 등의 기능 수행에 장애를 일으킨다고 볼 증거가 없는 점 등에 비추어, 이 사건 프로그램이 정보통신망법의 '악성프로그램'에 해당한다고 단정하기 어렵다는 이유로, 이와 달리 판단한 원심을 파기한 사안.(대법원 2020. 10. 15. 선고 2019도2862 판결)

☞ 다만 본 판결은, 이 사건 프로그램이 '정보통신망법의 악성프로그램'에 해당하지 않는다고 판단한 것일 뿐, 온라인 게임과 관련하여 일명 '핵' 프로그램을 판매하는 등의 행위가 형사상 처벌되지 않는다고 판단한 것은 아님(이러한 행위는 정보통신망법 위반죄와 별개로 게임산업진흥에 관한 법률 위반죄 등에 해당될 수 있음)

■ 판례 ■　　악성프로그램을 전달하거나 유포하는 행위만으로 범죄 성립이 인정되는지 여부(적극)

[1] 정보통신망 이용촉진 및 정보보호 등에 관한 법률 제70조의2와 제48조 제2항은 악성프로그램을 전달하거나 유포하는 행위만으로 범죄 성립이 인정되는지 여부(적극) 및 그로 말미암아 정보통신시스템 등의 훼손 · 멸실 · 변경 · 위조 또는 그 운용을 방해하는 결과가 발생할 것을 필요로 하는지 여부(소극) / '악성프로그램'에 해당하는지 판단하는 기준

정보통신망 이용촉진 및 정보보호 등에 관한 법률(이하 '정보통신망법'이라 한다) 제48조 제2항은 "누구든지 정당한 사유 없이 정보통신시스템, 데이터 또는 프로그램 등을 훼손 · 멸실 · 변경 · 위조하거나 그 운용을 방해할 수 있는 프로그램(이하 '악성프로그램'이라 한다)을 전달 또는 유포하여서는 아니 된다."라고 정하고 있고, 같은 법 제70조의2는 "제48조 제2항을 위반하여 악성프로그램을 전달 또는 유포하는 자는 7년 이하의 징역 또는 7천만 원 이하의 벌금에 처한다."라고 정하고 있다.

정보통신망법 제70조의2와 제48조 제2항은 악성프로그램이 정보통신시스템, 데이터 또는 프로그램 등(이하 '정보통신시스템 등'이라 한다)에 미치는 영향을 고려하여 악성프로그램을 전달하거나 유포하는 행위만으로 범죄 성립을 인정하고, 그로 말미암아 정보통신시스템 등의 훼손·멸실·변경·위조 또는 그 운용을 방해하는 결과가 발생할 것을 필요로 하지 않는다. 악성프로그램에 해당하는지는 프로그램 자체를 기준으로 하되, 그 사용용도와 기술적 구성, 작동 방식, 정보통신시스템 등에 미치는 영향, 프로그램의 설치나 작동 등에 대한 운용자의 동의 여부 등을 종합적으로 고려하여 판단하여야 한다.

[2] 피고인이 甲 유한회사가 운영하는 온라인 슈팅게임에서, 위 게임의 이용자가 상대방을 더욱 쉽게 조준하여 사격할 수 있도록 도와주기 위한 것으로 처음 사격이 성공한 다음부터 상대방 캐릭터를 자동으로 조준해 주는 기능을 하는 乙 프로그램을 판매함으로써 정당한 사유 없이 정보통신시스템 등의 운용을 방해할 수 있는 '악성프로그램'을 전달 또는 유포하였다고 하여 정보통신망 이용촉진 및 정보보호 등에 관한 법률 위반으로 기소된 사안위 게임의 이용자가 상대방 캐릭터를 처음 사격하는 데 성공하면 상대방 캐릭터 근처에 붉은색 체력 바(bar)가 나타나는데, 乙 프로그램은 체력 바의 이미지를 분석한 다음 게임 화면에서 그와 동일한 이미지를 인식하여 해당 좌표로 마우스 커서를 이동시키는 작업을 반복적으로 수행하도록 설계되어 있는 점, 乙 프로그램은 이용자 본인의 의사에 따라 해당 이용자의 컴퓨터에 설치되어 그 컴퓨터 내에서만 실행되고 정보통신시스템이나 게임 데이터 또는 프로그램 자체를 변경시키지 않으며, 정보통신시스템 등이 예정한 대로 작동하는 범위에서 상대방 캐릭터에 대한 조준과 사격을 더욱 쉽게 할 수 있도록 해줄 뿐, 乙 프로그램을 실행하더라도 기본적으로 일반 이용자가 직접 상대방 캐릭터를 조준하여 사격하는 것과 동일한 경로와 방법으로 작업이 수행되는 점, 乙 프로그램이 서버를 점거함으로써 다른 이용자들의 서버 접속 시간을 지연시키거나 서버 접속을 어렵게 만들고 서버에 대량의 네트워크 트래픽을 발생시키는 등으로 정보통신시스템 등의 기능 수행에 장애를 일으킨다고 볼 증거가 없는 점을 종합하면, 검사가 제출한 증거만으로는 乙 프로그램이 정보통신망법 제48조 제2항의 '악성프로그램'에 해당한다고 단정하기 어렵다는 이유로, 이와 달리 보아 공소사실을 유죄로 판단한 원심판결에 정보통신망법 제48조 제2항의 '악성프로그램'에 관한 법리오해의 잘못이 있다.(대법원 2020. 10. 15., 선고, 2019도2862, 판결)

■ 판례 ■   구 정보통신망법 제48조 제1항의 입법 취지 및 서비스제공자로부터 권한을 부여받은 이용자가 아닌 제3자가 정보통신망에 접속한 경우, 그에게 접근권한이 있는지 판단하는 기준 / 정보통신망에 대하여 서비스제공자가 접근권한을 제한하고 있는지 판단하는 방법

 구 정보통신망 이용촉진 및 정보보호 등에 관한 법률(2018. 12. 24. 법률 제16021호로 개정되기 전의 것, 이하 '구 정보통신망법'이라고 한다) 제48조 제1항은 누구든지 정당한 접근권한 없이 또는 허용된 접근권한을 넘어 정보통신망에 침입하는 것을 금지하고 있고, 이를 위반하여 정보통신망에 침입한 자에 대하여는 5년 이하의 징역 또는 5천만 원 이하의 벌금에 처한다(위 법 제71조 제1항 제9호). 위 규정은 이용자의 신뢰 내지 그의 이익을 보호하기 위한 규정이 아니라 정보통신망 자체의 안정성과 그 정보의 신뢰성을 보호하기 위한 것이므로, 위 규정에서 접근권한을 부여하거나 허용되는 범위를 설정하는 주체는 서비스제공자이다. 따라서 서비스제공자로부터 권한을 부여받은 이용자가 아닌 제3자가 정보통신망에 접속한 경우 그에게 접근권한이 있는지 여부는 서비스제공자가 부여한 접근권한을 기준으로 판단하여야 한다. 그리고 정보통신망에 대하여 서비스제공자가 접근권한을 제한하고 있는지 여부는 보호조치나 이용약관 등 객관적으로 드러난 여러 사정을 종합적으로 고려하여 신중하게 판단하여야 한다. (대법원 2022. 5. 12., 선고, 2021도1533, 판결)

5. 타인의 정보훼손, 타인의 비밀침해 · 도용 · 누설

1) 적용법조 : 제71조 제1항 제11호, 제49조 ☞ 공소시효 7년

> 제49조(비밀 등의 보호) 누구든지 정보통신망에 의하여 처리 · 보관 또는 전송되는 타인의 정보를 훼손하거나 타인의 비밀을 침해 · 도용 또는 누설하여서는 아니 된다.

2) 범죄사실 기재례

> 누구든지 정보통신망에 의하여 처리 · 보관 또는 전송되는 타인의 정보를 훼손하거나 타인의 비밀을 침해 · 도용 또는 누설하여서는 아니 된다.
> 그럼에도 불구하고 피의자는 20○○. ○. ○.경부터 20○○. ○. ○.경까지 위 회사에서 피의자의 친구인 甲으로부터 부탁을 받고 ○○화재사고의 사망자 명단과 생년월일을 인터넷 메신저로 전송받아 위 회사에서 관리하는 ○○은행 신용 전산망을 검색하여 위 명단에 나와 있는 사람들의 주민등록번호를 알아낸 뒤 메신저로 위 甲에게 전송하는 방법으로 별지 범죄일람표 기재와 같이 ○○회에 걸쳐 정보통신망에 의하여 보관되는 타인의 비밀을 누설하였다.

■ **판례** ■ **정보통신망 이용촉진 및 정보보호 등에 관한 법률 제49조 및 제62조 제6호의 '타인'에 이미 사망한 자가 포함되는지 여부(적극)**

정보통신망에 의하여 처리 · 보관 또는 전송되는 타인의 정보를 훼손하거나 타인의 비밀을 침해 · 도용 또는 누설하는 행위를 금지 · 처벌하는 규정인 정보통신망 이용촉진 및 정보보호 등에 관한 법률 제49조 및 제62조 제6호의 '타인'에는 생존하는 개인뿐만 아니라 이미 사망한 자도 포함된다(대법원 2007.6.14. 선고 2007도2162 판결).

■ **판례** ■ **구 정보통신망 이용촉진 및 정보보호 등에 관한 법률 제49조에 규정된 '정보통신망에 의하여 처리 · 보관 또는 전송되는 타인의 비밀누설'에 해당하는 행위의 범위**

구 정보통신망 이용촉진 및 정보보호 등에 관한 법률(2016. 3. 22. 법률 제14080호로 개정되기 전의 것, 이하 '정보통신망법'이라 한다)은 제49조에서 "누구든지 정보통신망에 의하여 처리 · 보관 또는 전송되는 타인의 정보를 훼손하거나 타인의 비밀을 침해 · 도용 또는 누설하여서는 아니 된다."라고 규정하고, 제71조 제11호에서 '제49조를 위반하여 타인의 정보를 훼손하거나 타인의 비밀을 침해 · 도용 또는 누설한 자'를 5년 이하의 징역 또는 5천만 원 이하의 벌금에 처하도록 규정하고 있다. 정보통신망법 제49조에 규정된 '정보통신망에 의하여 처리 · 보관 또는 전송되는 타인의 비밀 누설'이란 타인의 비밀에 관한 일체의 누설행위를 의미하는 것이 아니라, 정보통신망에 의하여 처리 · 보관 또는 전송되는 타인의 비밀을 정보통신망에 침입하는 등의 부정한 수단 또는 방법으로 취득한 사람이나, 그 비밀이 위와 같은 방법으로 취득된 것임을 알고 있는 사람이 그 비밀을 아직 알지 못하는 타인에게 이를 알려주는 행위만을 의미하는 것으로 제한하여 해석함이 타당하다. 이러한 해석이 형벌법규의 해석 법리, 정보통신망법의 입법 목적과 규정 체제, 정보통신망법 제49조의 입법 취지, 비밀 누설행위에 대한 형사법의 전반적 규율 체계와의 균형과 개인정보 누설행위에 대한 정보통신망법 제28조의2 제1항과의 관계 등 여러 사정에 비추어 정보통신망법 제49조의 본질적 내용에 가장 근접한 체계적 · 합리적 해석이기 때문이다.(대법원 2017.6.19, 선고, 2017도4240, 판결)

6. 영리목적 스팸메일 발송

1) 적용법조 : 제74조 제1항 제4호, 제50조 제5항 제3호 ☞ 공소시효 5년

제50조(영리목적의 광고성 정보 전송의 제한) ① ① 누구든지 전자적 전송매체를 이용하여 영리목적의 광고성 정보를 전송하려면 그 수신자의 명시적인 사전 동의를 받아야 한다. 다만, 다음 각 호의 어느 하나에 해당하는 경우에는 사전 동의를 받지 아니한다.
1. 재화등의 거래관계를 통하여 수신자로부터 직접 연락처를 수집한 자가 대통령령으로 정한 기간 이내에 자신이 처리하고 수신자와 거래한 것과 같은 종류의 재화등에 대한 영리목적의 광고성 정보를 전송하려는 경우
2. 「방문판매 등에 관한 법률」에 따른 전화권유판매자가 육성으로 수신자에게 개인정보의 수집출처를 고지하고 전화권유를 하는 경우
④ 전자적 전송매체를 이용하여 영리목적의 광고성 정보를 전송하는 자는 대통령령으로 정하는 바에 따라 다음 각 호의 사항 등을 광고성 정보에 구체적으로 밝혀야 한다.
1. 전송자의 명칭 및 연락처
2. 수신의 거부 또는 수신동의의 철회 의사표시를 쉽게 할 수 있는 조치 및 방법에 관한 사항
⑤ 전자적 전송매체를 이용하여 영리목적의 광고성 정보를 전송하는 자는 다음 각 호의 어느 하나에 해당하는 조치를 하여서는 아니 된다.
1. 광고성 정보 수신자의 수신거부 또는 수신동의의 철회를 회피·방해하는 조치
2. 숫자·부호 또는 문자를 조합하여 전화번호·전자우편주소 등 수신자의 연락처를 자동으로 만들어 내는 조치
3. 영리목적의 광고성 정보를 전송할 목적으로 전화번호 또는 전자우편주소를 자동으로 등록하는 조치
4. 광고성 정보 전송자의 신원이나 광고 전송 출처를 감추기 위한 각종 조치
5. 영리목적의 광고성 정보를 전송할 목적으로 수신자를 기망하여 회신을 유도하는 각종 조치

2) 범죄사실 기재례

> 누구든지 숫자·부호 또는 문자를 조합하여 전화번호·전자우편 주소 등 수신자의 연락처를 자동을 생성하는 프로그램 그 밖의 기술적 장치를 이용하여 영리 목적의 광고성 정보를 전송하여서는 아니 된다.
> 그럼에도 불구하고 피의자는 20○○. ○. ○. 포르노포탈, 물속섹스 등 성인사이트를 홍보하는 광고메일을 발송하여 그 메일 수신자가 위 사이트에 유료회원으로 가입하였을 경우 미리 약정된 비율의 수당을 받는 소위 파트너로 활동하면서, 그 무렵부터 20○○. ○. ○.까지 사이에 ○○에 있는 피시방 등지에서 대량 메일 발송 프로그램인 ○○을 이용하여 ○○등 약 100만 개의 전자우편 주소 사용자를 상대로 위 성인사이트를 홍보하는 영리 목적의 광고성 정보를 전송하였다.

3) 신문사항
- 광고메일을 발송한 일이 있는가
- 언제 어떤 메일을 발송하였나
- 어떤 방법으로 발송하였나
- 어디에서 발송하였나
- 누구를 상대로 총 몇 명에게 발송하였나
- 이런 전자우편 주소는 어떻게 알았는가

- 이런 성인사이트 광고는 어떻게 만들었는가
- 이런 메일을 받아 본 사람들은 어떻게 성인사이트 접속하게 되는가
- 어떤 이익이 있는가
- 언제부터 언제까지 이런 행위를 하였으며 이론 인한 수입금은 얼마인가
- 수입금 관리는 누가 어떻게 하였는가
- 영리를 목적으로 이런 행위를 한 것인가

7. 직무상 지득한 비밀누설 · 목적외 사용

1) 적용법조 : 제72조 제1항 제5호, 제66조 제3호 ☞ 공소시효 5년

제66조(비밀유지 등) 다음 각 호의 어느 하나에 해당하는 업무에 종사하는 사람 또는 종사하였던 사람은 그 직무상 알게 된 비밀을 타인에게 누설하거나 직무 외의 목적으로 사용하여서는 아니 된다. 다만, 다른 법률에 특별한 규정이 있는 경우에는 그러하지 아니하다.
1. 삭제 〈2011. 3. 29.〉
2. 제47조에 따른 정보보호 관리체계 인증 업무
3. 제52조제3항제4호에 따른 정보보호시스템의 평가 업무
4. 삭제 〈2012. 2. 17.〉
5. 제44조의10에 따른 명예훼손 분쟁조정부의 분쟁조정 업무

2) 범죄사실 기재례

피의자는 ○○에서 정보보호시스템의 평가업무를 담당하는 자로, 그 직무상 알게 된 비밀을 타인에게 누설하거나 직무 외의 목적으로 사용하여서는 아니 된다.
그럼에도 불구하고 피의자는 20○○. ○. ○. 11:00경 ○○에서 정보보호시스템 평가업무와 관련 알게 된 ○○의 비밀을 20○○. ○. ○. ○○에서 최민자 등에게 말하여 누설하였다.

3) 신문사항
- 어떠한 업무를 수행하는가
- 정보보호시스템관련 평가업무를 수행한 일이 있는가
- 언제 어디에서 하였나
- 그 업무수행 중 알게 된 비밀이 있는가
- 어떤 비밀인가
- 이를 타인에게 누설한 일이 있는가
- 언제 어디에서 누구에게 누설하였나
- 어떤 조건으로 누설하였나
- 무엇 때문에 누설하였나

8. 청소년유해매체물 표시위반 : 제73조 제2호, 제42조 ☞ 공소시효 5년

제42조(청소년유해매체물의 표시) 전기통신사업자의 전기통신역무를 이용하여 일반에게 공개를 목적으로 정보를 제공하는 자(이하 "정보제공자"라 한다) 중 「청소년 보호법」 제2조제2호마목에 따른 매체물로서 같은 법 제2조 제3호에 따른 청소년유해매체물을 제공하려는 자는 대통령령으로 정하는 표시방법에 따라 그 정보가 청소년유해매체물임을 표시하여야 한다.

제42조의2(청소년유해매체물의 광고금지) 누구든지 「청소년보호법」 제7조제4호에 따른 매체물로서 같은 법 제2조제3호에 따른 청소년유해매체물을 광고하는 내용의 정보를 정보통신망을 이용하여 부호ㆍ문자ㆍ음성ㆍ음향ㆍ화상 또는 영상 등의 형태로 같은 법 제2조제1호에 따른 청소년에게 전송하거나 청소년 접근을 제한하는 조치 없이 공개적으로 전시하여서는 아니 된다.

9. 통신과금서비스 이용자에게 자금융통

1) 적용법조 : 제72조 제1항 제4호, 나목 ☞ 공소시효 5년

2) 범죄사실 기재례

누구든지 통신과금서비스 이용자로 하여금 통신과금서비스에 의하여 재화 등을 구매, 이용하도록 한 후 통신과금서비스 이용자가 구매, 이용한 재화 등을 할인하여 매입하는 행위를 통하여 자금을 융통하여 주면 아니 된다.

피의자는 20○○. ○. ○. 자신의 집에서, ○○내용의 소액대출 광고를 보고 전화한 피해자 甲으로부터 ○○만 원 대출을 요청받자, 인터넷 게임 ○○사이트에 접속한 후 피해자로부터 넘겨받은 개인정보를 이용하여 피해자의 휴대폰 결제방식을 통해 ○○만 원 상당의 게임아이템을 구입하고, 위 대금은 한 달 후에 피해자가 휴대폰 사용대금으로 결제토록 하였다.

피의자는 위 과정을 통해 구매된 ○○만 원 상당의 게임아이템을 자신이 취득하면서 피해자에게 선이자 명목으로 ○○원을 공제한 ○○원을 대부하여 줌으로써 실질적으로 위 게임아이템을 할인하여 매입하는 방법으로 피해자에게 자금을 융통하여 주었다.

피의자는 그때부터 20○○. ○. ○.까지 위와 동일한 방법으로 별지 범죄일람표 기재와 같이 총 ○○회에 걸쳐 피해자들에게 합계 ○○만원의 자금을 융통하여 주었다.

I. 개념정의

제3조(정의) 이 법에서 사용하는 용어의 뜻은 다음과 같다.
1. "정신질환자"란 망상, 환각, 사고(思考)나 기분의 장애 등으로 인하여 독립적으로 일상생활을 영위하는 데 중대한 제약이 있는 사람을 말한다.
2. "정신건강증진사업"이란 정신건강 관련 교육·상담, 정신질환의 예방·치료, 정신질환자의 재활, 정신건강에 영향을 미치는 사회복지·교육·주거·근로 환경의 개선 등을 통하여 국민의 정신건강을 증진시키는 사업을 말한다.
3. "정신건강복지센터"란 정신건강증진시설, 「사회복지사업법」에 따른 사회복지시설(이하 "사회복지시설"이라 한다), 학교 및 사업장과 연계체계를 구축하여 지역사회에서의 정신건강증진사업 및 제33조부터 제38조까지의 규정에 따른 정신질환자 복지서비스 지원사업(이하 "정신건강증진사업등"이라 한다)을 하는 다음 각 목의 기관 또는 단체를 말한다.
   가. 제15조제1항부터 제3항까지의 규정에 따라 국가 또는 지방자치단체가 설치·운영하는 기관
   나. 제15조제6항에 따라 국가 또는 지방자치단체로부터 위탁받아 정신건강증진사업등을 수행하는 기관 또는 단체
4. "정신건강증진시설"이란 정신의료기관, 정신요양시설 및 정신재활시설을 말한다.
5. "정신의료기관"이란 다음 각 목의 어느 하나에 해당하는 기관을 말한다.
   가. 「의료법」에 따른 정신병원
   나. 「의료법」에 따른 의료기관 중 제19조제1항 후단에 따른 기준에 적합하게 설치된 의원
   다. 「의료법」에 따른 병원급 의료기관에 설치된 정신건강의학과로서 제19조제1항 후단에 따른 기준에 적합한 기관
6. "정신요양시설"이란 제22조에 따라 설치된 시설로서 정신질환자를 입소시켜 요양 서비스를 제공하는 시설을 말한다.
7. "정신재활시설"이란 제26조에 따라 설치된 시설로서 정신질환자 또는 정신건강상 문제가 있는 사람 중 대통령령으로 정하는 사람(이하 "정신질환자등"이라 한다)의 사회적응을 위한 각종 훈련과 생활지도를 하는 시설을 말한다.

II. 벌 칙

제84조(벌칙) 다음 각 호의 어느 하나에 해당하는 자는 5년 이하의 징역 또는 5천만원 이하의 벌금에 처한다.
1. 제40조제4항을 위반하여 정신질환자를 유기한 자
2. 제41조제2항, 제42조제2항, 제43조제9항 또는 제47조제4항을 위반하여 정신질환자를 퇴원등을 시키지 아니한 자
3. 제43조제7항을 위반하여 퇴원등의 명령 또는 임시 퇴원등의 명령에 따르지 아니한 자
4. 제45조제2항을 위반하여 입원적합성심사위원회에 신고하지 아니한 자
5. 제59조제1항제1호(제61조제2항에서 준용하는 경우를 포함한다)에 따른 퇴원등의 명령 또는 임시 퇴원등의 명령에 따르지 아니한자
6. 제62조제1항 후단을 위반하여 정신질환자를 퇴원시키지 아니한 자
7. 제66조제4항에 따른 퇴원등의 명령에 따르지 아니한 자
8. 제67조제3항을 위반하여 정보를 처리한 자

9. 제68조제1항을 위반하여 정신건강의학과전문의의 대면 진단에 의하지 아니하고 정신질환자를 입원등을 시키거나 입원등의 기간을 연장한 자

10. 제72조제1항을 위반하여 정신질환자를 이 법 또는 다른 법령에 따라 정신질환자를 보호할 수 있는 시설 외의 장소에 수용한 자

11. 제72조제2항을 위반하여 정신건강증진시설의 장 또는 그 종사자로서 정신건강증진시설에 입원등을 하거나 시설을 이용하는 사람에게 폭행을 하거나 가혹행위를 한 사람

12. 제73조제1항을 위반하여 협의체의 결정 없이 특수치료를 하거나 정신의료기관에 입원을 한 사람 또는 보호의무자의 동의 없이 특수치료를 한 자

제85조(벌칙) 다음 각 호의 어느 하나에 해당하는 자는 3년 이하의 징역 또는 3천만원 이하의 벌금에 처한다.

1. 제19조제5항 또는 제29조제2항에 따른 사업의 정지명령 또는 시설의 폐쇄명령을 위반한 자

2. 제25조제2항에 따른 사업의 정지명령 또는 정신요양시설의 장의 교체명령을 위반한 자

3. 제26조제2항 전단을 위반하여 신고를 하지 아니하고 정신재활시설을 설치·운영한 자

4. 제67조제4항을 위반하여 기록을 삭제하지 아니한 자

5. 제69조제3항을 위반하여 입원등을 하거나 정신건강증진시설을 이용하는 정신질환자에게 노동을 강요한 자

6. 제71조를 위반하여 직무수행과 관련하여 알게 된 다른 사람의 비밀을 누설하거나 공표한 사람

7. 제74조제1항을 위반하여 입원등을 한 사람의 통신과 면회의 자유를 제한한 자

제86조(벌칙) 다음 각 호의 어느 하나에 해당하는 자는 1년 이하의 징역 또는 1천만원 이하의 벌금에 처한다.

1. 제17조제5항을 위반하여 다른 사람에게 자기의 명의를 사용하여 정신건강전문요원의 업무를 수행하게 하거나 정신건강전문요원 자격증을 빌려준 사람

1의2. 제17조제6항을 위반하여 정신건강전문요원의 명의를 사용하거나 그 자격증을 대여받은 사람

1의3. 제17조제6항을 위반하여 정신건강전문요원의 명의의 사용이나 자격증의 대여를 알선한 사람

1의4. 제30조를 위반하여 기록을 작성·보존하지 아니하거나 그 내용확인을 거부한 자

2. 제41조제3항 또는 제42조제4항을 위반하여 퇴원등을 할 의사가 있는지 여부를 확인하지 아니한 자

3. 제43조제1항 후단을 위반하여 입원등 신청서나 보호의무자임을 확인할 수 있는 서류를 받지 아니한 자

4. 제43조제6항을 위반하여 입원등 기간 연장에 대한 심사 청구기간을 지나서 심사 청구를 하거나, 심사 청구를 하지 아니하고 입원등 기간을 연장하여 입원등을 시킨 자

5. 제50조제5항을 위반하여 즉시 퇴원시키지 아니한 자

6. 제51조제1항을 위반하여 신상정보의 확인이나 조회 요청을 하지 아니한 자

7. 제59조제1항제2호부터 제6호까지(제61조제2항에서 준용하는 경우를 포함한다)에 따른 결정·명령을 따르지 아니한 자 또는 제66조제4항에 따른 처우개선을 위하여 필요한 조치 명령을 따르지 아니한 자

8. 제67조제2항을 위반하여 입·퇴원등관리시스템에 제45조제2항에 따른 신고 내용 및 퇴원등의 사항을 등록하지 아니한 자

9. 제69조제2항을 위반하여 동의를 받지 아니하고 정신질환자에 대하여 녹음·녹화 또는 촬영을 한 자

10. 제75조제1항을 위반하여 정신건강의학과전문의의 지시에 따르지 아니하고 신체적 제한을 한 자

11. 제76조제2항을 위반하여 입원등을 한 사람의 신청 또는 동의 없이 작업을 시키거나 정신건강의학과전문의나 정신건강전문요원이 지시한 방법과 다르게 작업을 시킨 자

제87조(벌칙) 제22조제6항 후단을 위반하여 정당한 사유 없이 시설 개방 요구에 따르지 아니한 자는 500만원 이하의 벌금에 처한다.

제88조(양벌규정) 법인의 대표자나 법인 또는 개인의 대리인, 사용인, 그 밖의 종업원이 그 법인 또는 개인의 업무에 관하여 제84조부터 제87조까지의 어느 하나에 해당하는 위반행위를 하면 그 행위자를 벌하는 외에 그 법인 또는 개인에게도 해당 조문의 벌금형을 과(科)한다. 다만, 법인 또는 개인이 그 위반행위를 방지하기 위하여 해당 업무에 관하여 상당한 주의와 감독을 게을리하지 아니한 경우에는 그러하지 아니하다.

III. 범죄사실

1. 미신고 정신재활시설 설치운영

1) 적용법조 : 제85조 제3호, 제26조 제2항 ☞ 공소시효 5년

> 제26조(정신재활시설의 설치·운영) ① 국가 또는 지방자치단체는 정신재활시설을 설치·운영할 수 있다.
> ② 국가나 지방자치단체 외의 자가 정신재활시설을 설치·운영하려면 해당 정신재활시설 소재지 관할 특별자치시장·특별자치도지사·시장·군수·구청장에게 신고하여야 한다. 신고한 사항 중 보건복지부령으로 정하는 중요한 사항을 변경할 때에도 신고하여야 한다.

2) 범죄사실 기재례

> 피의자는 ○○○에서 "★복지원"이라는 상호로 정신재활시설을 운영한 사람으로, 정신재활시설을 설치·운영하려면 해당 정신재활시설 소재지 관할 특별자치시장·특별자치도지사·시장·군수·구청장에게 신고하여야 한다.
>
> 그럼에도 불구하고 피의자는 20○○. ○. ○. 경부터 위 장소 약 300㎡에 신고없이 방 3개의 수용시설을 갖추고 정신질환자인 김아파 등 20명에 대해 1인당 요양비 명목으로 월 ○○만원씩 받는 등 20○○. ○. ○.까지 정신재활시설을 설치·운영하였다.

3) 신문사항

- 정신재활시설을 운영하고 있는가
- 언제부터 어디에서 운영하는가
- 규모는 어느 정도인가
- 수용된 인원은 몇 명 정도인가
- 누구를 대상으로 운영하는가
- 행정기관에 설치운영신고를 하였나
- 수용자들에게는 1인당 요양비 등으로 얼마를 받고 있는가
- 왜 신고없이 이런 시설을 운영하는가

4) 정신재활시설

"정신재활시설"이란 정신질환자 또는 정신건강상 문제가 있는 사람 중 사회적응을 위한 각종 훈련과 생활지도를 하는 시설을 말한다.

2. 정신질환자의 유기

1) 적용법조 : 제84조 제1호, 제40조 제4항 ☞ 공소시효 7년

제40조(보호의무자의 의무) ① 보호의무자는 보호하고 있는 정신질환자가 적절한 치료 및 요양과 사회적응 훈련을 받을 수 있도록 노력하여야 한다.
② 보호의무자는 보호하고 있는 정신질환자가 정신의료기관 또는 정신요양시설(이하 "정신의료기관등"이라 한다)에 입원등을 할 필요가 있는 경우에는 정신질환자 본인의 의사를 최대한 존중하여야 하며, 정신건강의학과전문의가 정신의료기관등에서 정신질환자의 퇴원등이 가능하다고 진단할 경우에는 퇴원등에 적극 협조하여야 한다.
③ 보호의무자는 보호하고 있는 정신질환자가 자신이나 다른 사람을 해치지 아니하도록 유의하여야 하며, 정신질환자의 재산상의 이익 등 권리보호를 위하여 노력하여야 한다.
④ 보호의무자는 보호하고 있는 정신질환자를 유기하여서는 아니 된다.

2) 범죄사실 기재례

> 피의자는 정신질환자인 홍길동의 보호의무자로서 보호의무자는 보호하고 있는 정신질환자를 유기하여서는 아니 된다
> 그럼에도 불구하고 피의자는 20○○. ○. ○. 경 위 정신질환자를 양육할 비용이 없다는 이유로 ○○○에 있는 기도원 정문 앞에 두고 와 유기하였다.

3) 신문사항

- 피의자는 홍길동(피해자)과 어떠한 관계인가
- 언제부터 홍길동과 같이 생활하였나
- 언제 어떻게 홍길동이 정신질환이 되었느냐
- 그 동안 병원치료는 받았나
- 피해자를 보호할 의무가 있다는 것은 알고 있느냐
- 언제 어디에 유기하였나
- 그곳까지는 어떠한 방법으로 이동(운반)하였나
- 왜 그곳(유기장소)을 선택하였나
- 어떠한 방법으로 유기하였나(유기장소에 어떻게 두었나)
- 피의자가 보호하기 어려울 정도였나
- 유기함으로써 생명에 위험이 있을 것이라는 것을 예상하였나
- 유기 후 어떻게 되었나

■ 판례 ■　　정신자애 의심자도 정진질환자에 포함되는지 여부

[1] 정신보건법 제3조 제l호에서 말하는 '정신질환자'에 의학적으로 정신병 또는 정신장애의 진단을 받은 사람 외에 정신장애의 의심이 있는 사람도 포함되는지 여부(적극)

정신보건법 제3조 제1호는 정신질환자를 정신병(기질적 정신병을 포함한다)·인격장애·알코올 및 약물중독 기타 비정신병적 정신장애를 가진 사람으로 정의하고 있으나, 정신질환자의 치료 및 보

호라는 법의 목적에 비추어 볼 때 여기서 말하는 정신질환자에는 의학적으로 정신병 또는 정신장애의 진단을 받은 사람뿐만 아니라 그러한 정신장애의 의심이 있는 사람도 포함된다.

[2] 정신건강의학과 전문의인 피고인 갑, 을이 각각 피해자의 아들 피고인 병 등과 공동하여 피해자를 응급이송차량에 강제로 태워 병원으로 데려가 입원시켰다고 하여 폭력행위 등 처벌에 관한 법률 위반(공동감금)으로 기소된 사안에서, 피고인 갑, 을에게 감금죄의 고의가 있었다거나 이들의 행위가 형법상 감금행위에 해당한다고 단정하기 어렵다고 한 사례

정신건강의학과 전문의인 피고인 갑, 을이 각각 피해자의 아들 피고인 병 등과 공동하여 피해자를 응급이송차량에 강제로 태워 병원으로 데려가 입원시켰다고 하여 폭력행위 등 처벌에 관한 법률 위반(공동감금)으로 기소된 사안에서, 망상장애와 같은 정신질환의 경우 진단적 조사 또는 정확한 진단을 위해 지속적인 관찰이나 특수한 검사가 필요한 때에도 환자의 입원이 고려될 수 있고, 피고인 갑, 을은 보호의무자인 피고인 병의 진술뿐만 아니라 피해자를 직접 대면하여 진찰한 결과를 토대로 피해자에게 피해사고나 망상장애의 의심이 있다고 판단하여 입원이 필요하다는 진단을 한 것이므로, 진단 과정에 정신건강의학과 전문의로서 최선의 주의를 다하지 아니하거나 신중하지 못했던 점이 일부 있었더라도 피해자를 정확히 진단하여 치료할 의사로 입원시켰다고 볼 여지 또한 충분하여 피고인 갑, 을에게 감금죄의 고의가 있었다거나 이들의 행위가 형법상 감금행위에 해당한다고 단정하기 어려움에도 피고인 갑, 을이 피해자를 입원시킨 행위가 감금죄에 해당한다고 판단한 원심판결에 법리오해의 잘못이 있다(대법원 2015.10.29. 선고 2015도8429 판결)

3. 동의없이 정신질환자 촬영 등

1) 적용법조 : 제86조 제9호, 제69조 제2항 ☞ 공소시효 5년

제69조(권익보호) ② 누구든지 정신질환자, 그 보호의무자 또는 보호를 하고 있는 사람의 동의를 받지 아니하고 정신질환자에 대하여 녹음·녹화 또는 촬영하여서는 아니 된다.

2) 범죄사실 기재례

피의자는 ○○에 있는 ○○방송국 사회부 기자이다.

누구든지 정신질환자, 그 보호의무자 또는 보호를 하는 자의 동의 없이 정신질환자에 대하여 녹음·녹화·촬영할 수 없다.

그럼에도 불구하고 피의자는 20○○. ○. ○. ○○에 수용된 정신질환자 홍길녀 등 10여 명에 대해 장애인의 날을 맞이하여 장애인 문제에 대한 기획방송을 위한 취재를 이유로 아무런 동의 없이 식당에서 식사 중인 이들의 활동상을 녹화·촬영하여 이들의 권익을 침해하였다.

3) 신문사항

- 방송국 기자인가
- 어느 방송국 기자인가
- ○○수련원을 방문 취재한 일이 있는가
- 그곳에서 홍길녀등 정신질환자들을 촬영한 일이 있는가
- 언제 어떤 상황을 촬영하였는가
- 무엇 때문에 어느 정도 촬영하였나
- 누구의 동의를 받고 하였나
- 아무런 동의 없이 촬영하였다는 것인가
- 그들의 권익보호에 해가 된다는 것을 생각해 보지 못했는가

4. 정신질환자의 시설이외 장소 수용

1) 적용법조 : 제84조 제10호, 제72조 제1항 ☞ 공소시효 7년

제72조(수용 및 가혹행위 등의 금지) ① 누구든지 이 법 또는 다른 법령에 따라 정신질환자를 보호할 수 있는 시설 외의 장소에 정신질환자를 수용하여서는 아니 된다.
② 정신건강증진시설의 장이나 그 종사자는 정신건강증진시설에 입원등을 하거나 시설을 이용하는 사람에게 폭행을 하거나 가혹행위를 하여서는 아니 된다.

2) 범죄사실 기재례

누구든지 이 법 또는 다른 법령에 따라 정신질환자를 보호할 수 있는 시설 외의 장소에 정신질환자를 수용하여서는 아니 된다.
그럼에도 불구하고 피의자는 정신질환자인 홍길동의 부친으로서 20○○. ○. ○. 경부터 20○○. ○. ○.까지 ○○에 있는 의료 보호시설이 아닌 ○○기도원에 병원치료비가 없다는 이유로 수용하도록 하였다.

3) 신문사항

- 홍길동의 부친인가
- 홍길동이 정신질환을 앓고 있는가
- 언제부터 어떤 정신질환을 앓고 있는가
- 의료보호시설에서 치료를 받도록 한 일이 있는가
- 홍길동을 의료보호시설 이외의 시설에 수용케 한 일이 있는가
- 언제 어디에 수용하였나
- 어떤 조건으로 수용하였나
- 그 기도원은 의료보호를 할 수 있는 곳인가
- 왜 그 곳에 수용시켰는가

제 108 장 조세범 처벌법

Ⅰ. 서 설

1. 개념정의

제2조(정의) 이 법에서 "조세" 란 관세를 제외한 국세를 말한다.

2. 형법적용의 일부 배제

제20조(「형법」 적용의 일부 배제) 제3조부터 제6조까지, 제10조, 제12조부터 제14조까지의 범칙행위를 한 자에 대해서는 「형법」 제38조제1항제2호 중 벌금경합에 관한 제한가중규정을 적용하지 아니한다.

3. 공소시효 기간

제22조(공소시효 기간) 제3조부터 제14조까지에 규정된 범칙행위의 공소시효는 7년이 지나면 완성된다. 다만, 제18조에 따른 행위자가 「특정범죄가중처벌 등에 관한 법률」 제8조의 적용을 받는 경우에는 제18조에 따른 법인에 대한 공소시효는 10년이 지나면 완성된다.

4. 양벌규정

제18조(양벌 규정) 법인(「국세기본법」 제13조에 따른 법인으로 보는 단체를 포함한다. 이하 같다)의 대표자, 법인 또는 개인의 대리인, 사용인, 그 밖의 종업원이 그 법인 또는 개인의 업무에 관하여 이 법에서 규정하는 범칙행위(「국제조세조정에 관한 법률」 제57조를 위반한 행위는 제외한다)를 하면 그 행위자를 벌할 뿐만 아니라 그 법인 또는 개인에게도 해당 조문의 벌금형을 과(科)한다. 다만, 법인 또는 개인이 그 위반행위를 방지하기 위하여 해당 업무에 관하여 상당한 주의와 감독을 게을리하지 아니한 경우에는 그러하지 아니하다.

5. 해외금융계좌 신고의무 불이행

제16조(해외금융계좌 신고의무 불이행) ① 「국제조세조정에 관한 법률」 제53조제1항에 따른 계좌신고의무자로서 신고기한 내에 신고하지 아니한 금액이나 과소 신고한 금액(이하 이 항에서 "신고의무 위반금액" 이라 한다)이 50억원을 초과하는 경우에는 2년 이하의 징역 또는 신고의무 위반금액의 100분의 13 이상 100분의 20 이하에 상당하는 벌금에 처한다. 다만, 정당한 사유가 있는 경우에는 그러하지 아니하다.
② 제1항의 죄를 범한 자에 대해서는 정상에 따라 징역형과 벌금형을 병과할 수 있다.

II. 소추조건

1. 고 발

가. 세무에 종사하는 공무원의 고발

> 제21조(고발) 이 법에 따른 범칙행위에 대해서는 국세청장, 지방국세청장 또는 세무서장의 고발이 없으면 검사는 공소를 제기할 수 없다
>
> ※ 조세범 처벌절차법
> 제17조(고발) ① 지방국세청장 또는 세무서장은 다음 각 호의 어느 하나에 해당하는 경우에는 통고처분을 거치지 아니하고 그 대상자를 즉시 고발하여야 한다.
> 　1. 정상(情狀)에 따라 징역형에 처할 것으로 판단되는 경우
> 　2. 제15조제1항에 따른 통고대로 이행할 자금이나 납부 능력이 없다고 인정되는 경우
> 　3. 거소가 분명하지 아니하거나 서류의 수령을 거부하여 통고처분을 할 수 없는 경우
> 　4. 도주하거나 증거를 인멸할 우려가 있는 경우
> ② 지방국세청장 또는 세무서장은 제15조제1항에 따라 통고처분을 받은 자가 통고서를 송달받은 날부터 15일 이내에 통고대로 이행하지 아니한 경우에는 고발하여야 한다. 다만, 15일이 지났더라도 고발되기 전에 통고대로 이행하였을 때에는 그러하지 아니 하다.

나. 피의자를 잘못 고발한 경우 추가인지 가능여부

1) 사례

> ○○세무서장이 甲을 고발하였는데 확인결과 甲에 대해서는 혐의가 없고 乙의 행위로 확인되었다.

2) 乙에 대한 별도의 고발이 필요한지 여부

범칙행위 즉, 위반내용에 대한 고발을 요하는 것이지 특정인 고발을 요하는 것이 아니기 때문에 乙에 대해 별도의 세무서장의 고발을 요하지 않고 乙을 인지하여 수사하면 된다.

■ 판례 ■　　**고발인이 범법자를 잘못 알고 고발한 경우 고발의 효력이 미치는 범위**

고발이란 범죄사실을 수사기관에 고하여 그 소추를 촉구하는 것으로서 범인을 지적할 필요가 없는 것이고 또한 고발에서 지정한 범인이 진범인이 아니더라도 고발의 효력에는 영향이 없는 것이므로, 고발인이 농지전용행위를 한 사람을 甲으로 잘못 알고 甲을 피고발인으로 하여 고발하였다고 하더라도 乙이 농지전용행위를 한 이상 乙에 대하여도 고발의 효력이 미친다(대법원 1994.5.13. 선고 94도458 판결).

2. 소추에 관한 특례

> ※ 특정범죄 가중처벌 등에 관한 법률
> 제16조(소추에 관한 특례) 제6조(「관세법」 위반행위의 가중처벌) 및 제8조(조세 포탈의 가중처벌)의 죄에 대한 공소(公訴)는 고소 또는 고발이 없는 경우에도 제기할 수 있다. [전문개정 2010.3.31]

III. 범죄사실

1. 조세포탈

1) 적용법조 : 제3조 ☞ 공소시효 5년

제3조(조세 포탈 등) ① 사기나 그 밖의 부정한 행위로써 조세를 포탈하거나 조세의 환급·공제를 받은 자는 2년 이하의 징역 또는 포탈세액, 환급·공제받은 세액(이하 "포탈세액등"이라 한다)의 2배 이하에 상당하는 벌금에 처한다. 다만, 다음 각 호의 어느 하나에 해당하는 경우에는 3년 이하의 징역 또는 포탈세액등의 3배 이하에 상당하는 벌금에 처한다.
  1. 포탈세액등이 3억원 이상이고, 그 포탈세액등이 신고·납부하여야 할 세액(납세의무자의 신고에 따라 정부가 부과·징수하는 조세의 경우에는 결정·고지하여야 할 세액을 말한다)의 100분의 30 이상인 경우
  2. 포탈세액등이 5억원 이상인 경우
⑤ 제1항에서 규정하는 범칙행위의 기수(旣遂) 시기는 다음의 각 호의 구분에 따른다.
  1. 납세의무자의 신고에 의하여 정부가 부과·징수하는 조세: 해당 세목의 과세표준을 정부가 결정하거나 조사결정한 후 그 납부기한이 지난 때. 다만, 납세의무자가 조세를 포탈할 목적으로 세법에 따른 과세표준을 신고하지 아니함으로써 해당 세목의 과세표준을 정부가 결정하거나 조사결정할 수 없는 경우에는 해당 세목의 과세표준의 신고기한이 지난 때로 한다.
  2. 제1호에 해당하지 아니하는 조세: 그 신고·납부기한이 지난 때
⑥ 제1항에서 "사기나 그 밖의 부정한 행위"란 다음 각 호의 어느 하나에 해당하는 행위로서 조세의 부과와 징수를 불가능하게 하거나 현저히 곤란하게 하는 적극적 행위를 말한다.
  1. 이중장부의 작성 등 장부의 거짓 기장
  2. 거짓 증빙 또는 거짓 문서의 작성 및 수취
  3. 장부와 기록의 파기
  4. 재산의 은닉, 소득·수익·행위·거래의 조작 또는 은폐
  5. 고의적으로 장부를 작성하지 아니하거나 비치하지 아니하는 행위 또는 계산서, 세금계산서 또는 계산서합계표, 세금계산서합계표의 조작
  6. 「조세특례제한법」 제5조의2제1항에 따른 전사적 기업자원관리설비의 조작 또는 전자세금계산서의 조작
  7. 그 밖에 위계(僞計)에 의한 행위 또는 부정한 행위

※ 특정범죄 가중처벌 등에 관한 법률
제8조(조세 포탈의 가중처벌) ① 「조세범 처벌법」 제3조제1항, 제4조 및 제5조, 「지방세기본법」 제102조제1항에 규정된 죄를 범한 사람은 다음 각 호의 구분에 따라 가중처벌한다.
  1. 포탈하거나 환급받은 세액 또는 징수하지 아니하거나 납부하지 아니한 세액(이하 "포탈세액등"이라 한다)이 연간 10억원 이상인 경우에는 무기 또는 5년 이상의 징역에 처한다.
  2. 포탈세액등이 연간 5억원 이상 10억원 미만인 경우에는 3년 이상의 유기징역에 처한다.
② 제1항의 경우에는 그 포탈세액등의 2배 이상 5배 이하에 상당하는 벌금을 병과한다.
제16조(소추에 관한 특례) 제6조(관세법 위반행위의 가중처벌) 및 제8조의 죄에 대한 공소(公訴)는 고소 또는 고발이 없는 경우에도 제기할 수 있다.

---

2) 범죄사실 기재례

[기재례1] 바지사장을 이용한 조세포탈

피의자는 20○○. ○. ○.부터 20○○. ○. ○. ○○에 있는 "벤츠음악홀" 유흥주점을 실제 운영하였고, 20○○. ○. ○.부터 20○○. ○. ○.까지 같은 동 00번지에 있는 "벤츠애스클래스" 유흥주점을 실제 운영하던 사람이다.

피의자는 별다른 자력없이 위 주점운영과 관련한 세금을 납부할 의사나 능력이 전혀 없을 뿐 아니라 위 주점 운영에 관여할 생각도 없는 속칭 '바지'로부터 명의를 빌려 그 명의로 사업자등록증을 내고 카드가맹점을 개설한 다음 신용카드 매출전표를 작성하여 위 주점운영과 관련된 특별소비세 등을 '바지'에게 부과되게 하는 수법으로 세금을 포탈하기로 마음먹었다.

피의자는 20○○. ○. ○.부터 20○○. ○. ○. 경까지 위 '벤츠'와 '벤츠애스클래서' 유흥주점에서, 불상의 손님들로부터 술값 등을 신용카드로 결제받으면서 속칭 '바지'인 홍길녀 등의 명의로 신용카드 매출전표를 작성하여 피의자는 아무런 수입이 없고 위 홍길녀 등이 수입이 있는 것처럼 가장하는 등 사기 기타 부정한 행위로써 위 유흥주점 운영과 관련된 특별소비세, 부가가치세, 사업소득세등 합계 ○○만원 상당의 조세를 포탈하였다.

[기재례2] 대여 차량 대여로 조세포탈(제3조 제1항 제0호)

피의자 甲은 자동차대여업을 목적으로 하는 ○○주식회사를 경영하는 사람이고, 피의자 회사는 자동차대여업을 목적으로 설립된 법인이다. 피의자들은 사실은 개인들의 자가용으로 운행하도록 할 것임에도 마치 피의자 회사에서 대여용으로 사용할 것처럼 가장하여 승용차를 구입하는 방법으로 특별소비세 및 교육세를 포탈하기로 마음먹었다.

피의자들은 20○○. ○. ○. ○○기계공업 주식회사가 자가용으로 사용하기 위하여 매입한 ○○33허9007호 ○○승용차를 마치 피의자 회사에서 대여용 자동차로 사용하는 것처럼 위장하여 위 승용차를 출고받아 피의자 회사 명의로 등록을 한 다음, 자가용으로 운행하도록 하는 등의 부정한 방법으로 위 ○○승용차에 대한 특별소비세 ○○만원 및 교육세 ○○만원, 합계 ○○만원을 포탈한 것을 비롯하여 20○○. ○. ○. 까지 총 50대의 승용차에 대한 특별소비세 ○○만원 및 교육세 ○○만원, 합계 ○○만원을 부정한 방법으로 포탈하였다.

[기재례3] 허위의 도급계약서를 이용한 조세포탈(제3조 제1항 제0호, 부가가치세법 제17조, 제19조)

피의자는 사실은 ○○주식회사로부터 일반건설업 면허를 대여받아 위 건물을 직접 시공하였음에도 불구하고 위 건물을 위 회사가 시공한 것처럼 허위의 도급계약서를 작성하였다.

피의자는 위 회사로부터 세금계산서 1건 ○○만원(공급가액)을 교부받은 후 이를 이용하여 20○○. ○. ○.경 ○○에 있는 ○○세무서 부가가치세과에서 20○○년도 월별조기환급신고서를 제출하여 이에 속은 ○○세무서장으로부터 20○○. ○. ○.경 위 ○○만원에 대한 환급세액 ○○만원을 교부받아 부정한 방법으로 부가가치세 ○○만원을 환급받았다.

[기재례4] 사찰에서 허위 기부금납입증명서 작성교부

피의자는 ○○에 있는 대한불교 ○○종 ○○사의 주지로서 근로자 등의 근로소득금액 및 사업소득 금액 등에서 사찰 등 비영리기관에 기부한 금액을 특별공제하여 소득세 및 법인세 부과 대상에서 제외해 주는 제도를 악용하여 기부금납입증명서가 필요한 사람들에게 그 증명서상의 액면 금액에 따라 ○○만원 내지 ○○만원의 사례비를 받고 위 ○○사 명의의 허위 기부금 납입증명서를 작성·교부하여 근로자 등으로 하여금 소득공제신청의 근거자료로 관할세무서에 제출하도록 함으로써 조세를 포탈할 수 있도록 하여 주기로 마음먹었다.

피의자는 200○. 12. 초순경 위 ○○사 내에 있는 종무소를 찾아온 홍길동과 공모하여 그로부터 ○○만원을 받고 그가 마치 위 ○○사에 ○○만원을 기부한 것처럼 허위의 지정기부금 납입증명서를 작성하여 준 다음 그가 이를 200○년분 연말정산과정에서 소득공제신청의 근거자료로 제출하도록 함으로써 근로소득세 ○○만 원을 포탈하도록 하였다.

피의자는 그때부터 200○.5.경까지 별지 범죄일람표 기재와 같이 모두 ○○명에게 합계 ○○억원 상당의 허위 지정기부금 납입증명서를 발행하여 주어 위 홍길동 등 ○○명과 각각 공모하여 그들이 합계 ○○만원의 근로소득세 및 종합소득세, 법인세 등을 환급 또는 공제받도록 함으로써 사기 기타 부정한 행위로서 각각 조세를 포탈하였다.

■ 판례 ■ **조세포탈범의 범죄주체**

조세범처벌법 제9조 제1항 소정의 조세포탈범의 범죄주체는 국세기본법 제2조 제9호 소정의 납세의무자와 조세범처벌법 제3조 소정의 법인의 대표자, 법인 또는 개인의 대리인, 사용인, 기타의 종업원 등의 법정책임자이고, 이러한 신분을 가지지 아니한 자는 비록 원천징수의무자라 하더라도 납세의무자의 조세포탈에 공범이 될 수 있을 뿐, 독자적으로 조세포탈의 주체가 될 수는 없고, 원천징수의무자가 정당한 이유 없이 납세의무자로부터 원천징수세액을 징수하지 아니하거나 또는 그 징수한 세액을 납부하지 아니하는 행위 자체가 처벌대상이 되는 조세범처벌법 제11조 소정의 범죄는 같은 법 제9조 제1항 이 규정하는 이른바 협의의 조세포탈범과는 명백히 구분된다(대법원 2004.11.12. 선고 2004도5818 선고 판결).

■ 판례 ■ **조세범처벌법 제9조 제1항에 정한 '사기 기타 부정한 행위'의 의미**

조세범처벌법 제9조 제1항 소정의 '사기 기타 부정한 행위'라는 것은 조세의 부과와 징수를 불가능하게 하거나 현저히 곤란하게 하는 위계 기타 부정한 적극적인 행위를 말하는 것이다. 이러한 법리에 비추어 기록을 살펴보면, 원심이 그 채용 증거를 종합하여 그 판시와 같은 사실을 인정한 다음, 피고인이 다른 사람들의 명의를 빌려 □□□ 등 3개의 위장 사업체를 설립하여 원심공동피고인 2 주식회사의 매출을 분산하는 등으로 매출을 과소 신고한 것이 조세범처벌법 제9조 제1항에 정한 '사기 기타 부정한 방법'에 의한 조세포탈행위에 해당한다(대법원 2009.5.28. 선고 2008도7210 판결)

■ 판례 ■ **대부업자가 거래장부 등 관련 서류를 작성하지 아니하거나 파기·은닉하고 대부업 이자소득에 관한 종합소득세, 상가 및 주택의 임대수익에 관한 부가가치세 신고를 하지 않은 경우**

피고인은 대부업을 영위하는 사업자로서 소득세법에 따라 성실하게 장부를 비치·기록할 의무가 있고, 장기간 상당한 규모의 대부업에 종사하였음에도 아무런 장부를 작성하지 않았다는 것은 그 자체로 매우 이례적인 점 등의 사정에 비추어 볼 때, 피고인의 일련의 행위는 조세포탈의 의도를 가지고 거래장부 등을 처음부터 고의로 작성하지 않거나 이를 은닉함으로써 조세의 부과징수를 불능 또는 현저하게 곤란하게 하는 적극적인 행위로서 제3조 제1항의 '사기나 그 밖의 부정한 행위'에 해당한다(대법원 2015.10.15. 선고 2013도9906 판결).

2. 면세유 부정유통

1) 적용법조 : 제4조 제1항 ☞ 공소시효 5년

> 제4조(면세유의 부정 유통) ① 「조세특례제한법」 제106조의2제1항제1호에 따른 석유류를 같은 호에서 정한 용도 외의 다른 용도로 사용·판매하여 조세를 포탈하거나 조세의 환급·공제를 받은 석유판매업자(같은 조 제2항에 따른 석유판매업자를 말한다)는 3년 이하의 징역 또는 포탈세액등의 5배 이하의 벌금에 처한다.
> ② 「개별소비세법」 제8조제1항제1호 및 「교통·에너지·환경세법」 제5조제1항제3호에 따른 외국항행선박 또는 원양어업선박에 사용할 목적으로 개별소비세 및 교통·에너지·환경세를 면제받는 석유류를 외국항행선박 또는 원양어업선박 외의 용도로 반출하여 조세를 포탈하거나, 외국항행선박 또는 원양어업선박 외의 용도로 사용된 석유류에 대하여 외국항행선박 또는 원양어업선박에 사용한 것으로 환급·공제받은 자는 3년 이하의 징역 또는 포탈세액등의 5배 이하의 벌금에 처한다.
> 제4조의2(면세유류 구입카드등의 부정 발급) 「조세특례제한법」 제106조의2제11항제1호의 행위를 한 자는 3년 이하의 징역 또는 3천만원 이하의 벌금에 처한다.
>
> ※ 조세특례제한법
> 제106조의2(농업·임업·어업용 및 연안여객선박용 석유류에 대한 부가가치세 등의 감면 등) ① 다음 각 호의 어느 하나에 해당하는 석유류(「석유 및 석유대체연료 사업법」에 따른 석유제품을 말한다. 이하 이 조에서 "면세유"라 한다)의 공급에 대해서는 부가가치세와 제조장 또는 보세구역에서 반출되는 것에 대한 개별소비세, 교통·에너지·환경세, 교육세 및 자동차 주행에 대한 자동차세(이하 이 조에서 "자동차세"라 한다)를 대통령령으로 정하는 바에 따라 면제한다. 이 경우 제1호는 2023년 12월 31일까지 공급하는 것에만 적용하고, 제2호는 2025년 12월 31일까지 공급하는 것에만 적용한다
> 1. 대통령령으로 정하는 농민, 임업에 종사하는 자 및 어민(이하 이 조에서 "농어민등"이라 한다)이 농업·임업 또는 어업에 사용하기 위한 석유류로서 대통령령으로 정하는 것
> 2. 연안을 운항하는 여객선박(「관광진흥법」 제2조에 따른 관광사업 목적으로 사용되는 여객선박은 제외한다)에 사용할 목적으로 「한국해운조합법」에 따라 설립된 한국해운조합에 직접 공급하는 석유류
> ② 주유소 등 대통령령으로 정하는 석유판매업자(이하 이 조에서 "석유판매업자"라 한다)가 부가가치세, 개별소비세, 교통·에너지·환경세, 교육세 및 자동차세가 과세된 석유류를 공급받아 농어민등에게 공급한 석유류가 제1항 각 호의 어느 하나에 해당하는 경우에는 석유판매업자는 대통령령으로 정하는 바에 따라 신청하여 면제되는 세액을 환급받거나 납부 또는 징수할 세액에서 공제받을 수 있다.

2) 범죄사실 기재례

> 피의자는 ○○에서 ○○주유소를 운영하는 자로, 정부에서 영세한 농·어민들에게 제공하는 면세유의 경우, 면세유를 공급한 공급업자가 농·어민들에게 면세유를 공급하였다는 '면세유류공급확인서'를 제출하면 그에 상응하는 감면세액을 환급해주는 점을 이용하여, 실제 농·어민들에게 공급한 면세유보다 많은 양을 공급한 것처럼 이 '면세유류공급확인서'를 위조·행사하여 재산상 이익을 취득할 것을 마음먹었다.
> 가. 사문서위조
> 피의자는 20○○. ○. ○. 피의자가 운영하는 위 주유소에서, 행사할 목적으로 권한 없이, 사실은 피의자가 20○○. ○. ○.부터 20○○. ○. ○.까지 공급한 면세유는 ○○ℓ에 불과함에도 컴퓨터를 이용하여 '면세유류공급확인서(세무서제출용)', '수량 경유 ○○ℓ', '금액 ○○만원', '확인자 ○○농업협동조합장'이라 작성한 후 4장을 출력하여, 출력된 서류의 각 '○○농업협동조합장' 옆에 임의로 조각하여 소지하고 있던 위 ○○농업협동조합장 명의의 도장을 각각 찍어, 위 ○○농업협동조합장 명의의 면세유류공급확인서 4장을 위조였다.
> 피의자는 그때부터 20○○. ○. ○.까지 사이에 별지 범죄일람표(1) 기재와 같이 총 ○○회

에 걸쳐 총 ○○장의 ○○농업협동조합장 명의의 면세유류공급확인서를 위조하였다.

나. 위조사문서행사

피의자는 20○○. ○. ○.경 위 주유소에서, 위와 같이 사실은 피의자가 20○○. ○. ○.에 공급한 면세유는 총 ○○ℓ 에 불과함에도 마치 ○○ℓ 를 공급한 것처럼 위조한 20○○. ○. ○.분 면세유류공급확인서 6장을 그 정을 모르는 ○○에 있는 ○○칼텍스 본사 담당자에게 우편으로 송부하여 이를 행사하였다.

다. 조세범처벌법 위반 및 사기

피의자는 위와 같이 그 정을 모르는 위 칼텍스 담당자로 하여금 위와 같이 위조된 확인서를 관할 ○○세무서에 제출토록 하여 이에 속은 세무서 직원으로 하여금 그때부터 20○○. ○. ○.경까지 별지 범죄일람표(2) 기재와 같이 허위 신고된 면세유에 상응하는 국세 합계 ○○만원, 지방세 합계 ○○만원을 각 위 칼텍스 계좌로 환급하게 하여 위 칼텍스로 하여금 같은 금액 상당을 교부받았다.

■ 판례 ■   주유소 운영자가 농·어민 등에게 조세특례제한법에 정한 면세유를 공급한 것처럼 위조한 면세유류공급확인서로 정유회사를 기망하여 면세유를 공급받음으로써 면세유와 정상유의 가격 차이 상당의 이득을 취득한 경우

정유회사에 대하여 사기죄를 구성하는 것은 별론으로 하고, 국가 또는 지방자치단체를 기망하여 국세 및 지방세의 환급세액 상당을 편취한 것으로 볼 수 없다(대법원 2008.11.27. 선고 2008도7303 판결).

■ 판례 ■   부가가치세를 포탈할 의도로 거래상대방에게 세금계산서를 교부하지 않고 부가가치세 확정신고시 고의로 그 매출액을 누락한 경우

[1] 조세범처벌법 제9조 제1항의 조세포탈죄가 성립하는지 여부(적극)

석유정제업자로부터 석유류를 공급받아 다시 주유소에 공급하는 사업자가 석유정제업자로부터 공급받은 석유류를 제3자에게 공급하면서 부가가치세를 포탈할 의도로 세금계산서를 교부하지 않은 다음 부가가치세 확정신고를 하면서 고의로 그 매출액을 신고에서 누락하였다면, 이는 사기 기타 부정한 행위로써 부가가치세의 부과와 징수를 불가능하게 하거나 현저하게 곤란하게 한 것이므로 조세범처벌법 제9조 제1항의 조세포탈죄가 성립한다.

[2] 석유류 대리점이 농민에게 면세유를 공급한 것처럼 석유정제업자를 기망하여 부가가치세를 부당하게 돌려받는 한편 공급받은 석유류를 제3자에게 판매하면서 세금계산서를 교부하지 않고 그 매출액을 신고하지 않은 경우, 전자의 행위와 후자의 행위는 별도로 조세포탈죄를 구성한다(대법원 2009.1.15. 선고 2006도6687 판결).

3. 가짜석유제조 조세포탈

1) 적용법조 : 제5조(석유 및 석유대체연료 사업법 제44조 제3호) ☞ 공소시효 5년

제5조(가짜석유제품의 제조 또는 판매)「석유 및 석유대체연료 사업법」 제2조제10호에 따른 가짜석유제품을 제조 또는 판매하여 조세를 포탈한 자는 5년 이하의 징역 또는 포탈한 세액의 5배 이하의 벌금에 처한다.

2) 범죄사실 기재례

누구든지 가짜석유제품을 제조·판매하거나 가짜 석유제품임을 알고 이를 저장·운송 또는 보관하여서는 아니 된다.

그럼에도 불구하고 피의자는 20○○. ○. ○. 22:00경 ○○에서 위 창고에 설치된 5만ℓ 들이 유류저장 탱크 3개 중 1번 탱크에 메탄올을, 2번 탱크에 솔벤트를, 3번 탱크에 톨루엔을 저장해 놓고, 피의자 乙이 운전해 온 (차량번호) 2.5t 화물차에 설치된 유류저장 탱크에 솔벤트, 메탄올, 톨루엔을 약 6:2:2의 비율로 주유하여 혼합하는 방법으로 약 6,000ℓ의 가짜휴발유를 제조·판매하였다.

피의자는 그때부터 20○○. ○. ○.까지 위와 같은 방법으로 총 ○○회에 걸쳐 합계 ○○ℓ 시가 ○○만 원 상당의 가짜휴발유를 제조·판매하여 약 ○○만원 상당의 조세를 포탈하였다.

4) 신문사항

- 가짜석유를 제조.판매한 일이 있는가
- 언제부터 언제까지 어디에서 제조하였나
- 그 규모는 어느 정도인가
- 어떤 종류의 석유인가
- 어떤 방법으로 제조.판매하였나
- 그 동안 총 판매량은 어느 정도이며 가격은
- 이렇게 판매하고 세금은 얼마 납부하였는가
- 포탈한 세금은 어느 정도인가

4. 무면허 주류판매(노래연습장에서 주류판매)

1) 적용법조 : 제6조, 주세법 제8조 ☞ 공소시효 5년

제6조(무면허 주류의 제조 및 판매) 「주류 면허 등에 관한 법률」에 따른 면허를 받지 아니하고 주류, 밑술·술 덧을 제조(개인의 자가소비를 위한 제조는 제외한다)하거나 판매한 자는 3년 이하의 징역 또는 3천만원(해당 주 세 상당액의 3배의 금액이 3천만원을 초과할 때에는 그 주세 상당액의 3배의 금액) 이하의 벌금에 처한다. 이 경우 밑술과 술덧은 탁주로 본다.

2) 범죄사실 기재례

피의자는 ○○에서 "등대지기노래연습장"이라는 상호로 노래연습장업을 운영하는 사람 으로서, 주류판매업 면허를 받음이 없이 20○○. ○. ○. 경 위 업소에서 성명불상의 30대 손님 6명을 상대로 하이트 맥주 20병을 ○○○원에 판매하였다.

3) 신문사항

- 노래연습장업을 하고 있는가
- 언제부터 어디에서 하고 있는가
- 노래연습장에서 주류를 판매한 일이 있는가
- 언제 누구에게 어떤 술을 판매하였는가
- 얼마의 술을 어느 정도 판매하였는가
- 주류 판매업면허가 있는가
- 그럼 판매업면허 없이 주류를 판매하였다는 것인가
- 술을 판매하고 영업자의 준수사항 위반으로 형사처벌을 받았는가
- 언제 어떤 처벌을 받았는가

5. 세금계산서 미교부 및 허위기재

1) 적용법조 : 제10조 제1항 제1호 ☞ 공소시효 5년

제10조(세금계산서의 발급의무 위반 등) ① 다음 각 호의 어느 하나에 해당하는 행위를 한 자는 1년 이하의 징역 또는 공급가액에 부가가치세의 세율을 적용하여 계산한 세액의 2배 이하에 상당하는 벌금에 처한다.
1. 「부가가치세법」에 따라 세금계산서(전자세금계산서를 포함한다. 이하 이 조에서 같다)를 발급하여야 할 자가 세금계산서를 발급하지 아니하거나 거짓으로 기재하여 발급한 행위
2. 「소득세법」 또는 「법인세법」에 따라 계산서(전자계산서를 포함한다. 이하 이 조에서 같다)를 발급하여야 할 자가 계산서를 발급하지 아니하거나 거짓으로 기재하여 발급한 행위
3. 부가가치세법에 따라 매출처별 세금계산서합계표를 제출하여야 할 자가 매출처별 세금계산서합계표를 거짓으로 기재하여 제출한 행위
4. 소득세법 또는 법인세법에 따라 매출처별 계산서합계표를 제출하여야 할 자가 매출처별 계산서합계표를 거짓으로 기재하여 제출한 행위

2) 범죄사실 기재례

[기재례1] 세금계산서 미교부

피의자는 ○○에서 미니슈퍼라는 상호로 연쇄점을 경영하는 자로, 피의자로부터 주류를 공급받는 소매점들이 매출액을 축소 신고하여 조세를 포탈하고자 한다는 사실을 알고 있었다.

그럼에도 불구하고 피의자는 20○○. ○. ○.경 위 점포에서 ○○○에 있는 송곡마트의 영업주인 홍길동에게 맥주 10상자, 양주 5상자 등 합계 ○○만원 상당의 주류를 판매하고도 세금계산서를 작성 교부하지 아니한 것을 비롯하여 범죄일람표의 기재와 같이 10개의 거래처를 상대로 20회에 걸쳐 합계 ○○만원의 주류를 판매하고도 세금계산서를 교부하지 아니하였다.

[기재례2] 세금계산서 허위기재

피의자는 20○○. ○. ○.경 ○○에 있는 ○○사무실에서 홍도건어물상회 경영자인 홍길동으로부터 200○○ 1/4분기분 부가가치세의 신고에 필요한 세금계산서의 발급을 부탁받고 위 홍길동에게 건어물을 공급한 사실이 없음에도 마치 위 물품을 판매한 것처럼 세금계산서를 발급해 주기로 하였다.

피의자는 세금계산서용지의 공급자 란에 위 청포도유통의 사업자등록번호, 상호, 성명, 사업장주소 및 업태를 각 기입하고 공급받는자 란에는 위 홍도건어물상회의 사업자등록번호, 상호, 성명, 사업장주소 및 업태를 각 기입한 다음 작성일자 20○○. ○. ○. 공급가액 ○○만원을, 공급물건품명 오징어 등이라고 각 기재하고 공급자의 성명 앞에 피의자 명의의 인장을 찍어 위 홍길동에게 교부하였다.

피의자는 이에 대한 대가로 ○○만원을 받아 부가가치세법의 규정에 의한 매출세금계산서 1매를 허위로 작성하였다.

3) 신문사항(세금계산서 미교부)

- 피의자는 어디서 어떠한 일을 하고 있는가
- 사업자등록이 되어 있는가
- ○○○에서 송곡마트를 경영하고 있는 홍길동을 알고 있는가
- 위 홍길동에게 물건을 판매한 일이 있는가
- 부가가치세법에 의해 세금계산서를 교부하였나
- 세금계산서를 작성 교부해야 할 의무가 있는 것이 아닌가
- 물건을 판매하고 교부하지 않은 세금계산서와 그 총 매출액은

  이때 고발장에 첨부된 내용을 보여주며

- 이러한 내용이 맞나
- 왜 이렇게 세금계산서를 교부하지 않았나

■ 판례 ■ 　허위세금계산서 교부받은 자의 의미와 조세포탈죄의 성립시기

[1] 구 조세범처벌법 제11조의2 제4항에 규정된 '부가가치세법의 규정에 의한 재화 또는 용역을 공급함이 없이 세금계산서를 교부하거나 교부받은 자'의 의미

구 조세범처벌법(2004. 12. 31. 법률 제7321호로 개정되기 전의 것, 이하 같다) 제11조의2 제4항 소정의 "부가가치세법의 규정에 의한 재화 또는 용역을 공급함이 없이 세금계산서를 교부하거나 교부받은 자"라 함은 실물거래 없이 가공의 세금계산서를 발행하여 교부하거나 이를 교부받은 자를 의미한다(대법원 2004. 6. 25. 선고 2004도655 판결 참조).

[2] 구 조세범처벌법 제9조 제1항 제3호 소정의 부정환급에 의한 조세포탈죄의 성립시기(=실제 조기환급을 받았을 때)

사기 기타 부정한 행위로서 부가가치세를 조기환급받았을 경우에는 신고 · 납부기간의 경과와 상관없이 실제 환급을 받았을 때에 부정환급에 의한 조세포탈죄가 성립하므로 그 후에 수정신고를 하였다거나 환급세액을 스스로 반납한 사실이 있다고 하더라도 달리 볼 바 아니고, 조세포탈 범의의 존부(存否) 또한 사기 기타 부정한 행위로서 실제 조기환급을 받았을 때를 기준으로 판단하여야 한다.(대법원 2007. 12. 27. 선고 2007도3362 판결)

■ 판례 ■ 　부동산매매회사의 경영자가 토지 등의 매매금액을 감액하여 허위내용의 매입 · 매출장부를 작성하고, 그 차액을 차명계좌에 보관하는 한편 장부상 금액을 기준으로 법인세 과세신고를 한 경우, 사기 기타 부정한 방법으로 조세를 포탈한 것에 해당하는지 여부(적극)

피고인 1이 부동산매매회사인 주식회사 삼흥인베스트, 주식회사 삼흥에스아이, 주식회사 삼흥피엠, 주식회사 삼흥센추리, 주식회사 삼흥에프엠 등을 경영하면서 토지 등의 매매금액을 감액하여 기재한 허위내용의 매입 · 매출장부를 작성하고, 위와 같이 감액된 금액을 차명계좌에 보관하는 한편, 법인세 신고를 함에 있어서 위와 같이 감액된 금액을 기준으로 과세신고를 하는 등 사기 기타 부정한 방법으로 조세를 포탈한 이 부분 조세포탈의 범행을 유죄로 인정한 조치는 옳고, 거기에 상고이유 주장과 같은 조세범처벌법 제9조에서 정한 조세포탈에 관한 법리오해나 채증법칙 위배의 위법이 있다고 할 수 없다(대법원 2007.10.11. 선고 2007도4697 판결).

■ **판례** ■   **조세범처벌법 제9조 제1항에 정한 조세포탈범의 범죄주체**

조세범처벌법 제9조 제1항 소정의 조세포탈범의 범죄주체는 국세기본법 제2조 제9호 소정의 납세의무자와 조세범처벌법 제3조 소정의 법인의 대표자, 법인 또는 개인의 대리인, 사용인, 기타의 종업원 등의 법정책임자라 할 것이다(대법원 2006.6.29. 선고 2004도817 판결).

■ **판례** ■   **개인기록표를 은닉하는 한편 주대를 축소한 후 이를 기초로 과세표준과 세액을 과소하게 신고 · 납부한 경우, 사기 기타 부정한 행위에 해당하는지 여부(적극)**

피고인이 검사의 압수 · 수색에 의하여 발견된 개인기록표상의 '총매'에 기재된 실제매출액을 감추기 위하여 개인기록표를 은닉하는 한편 신용카드 매출전표에 봉사료를 실제보다 과다 · 계상함으로써 매출액 산정의 기초가 되는 주대를 축소한 후 이를 기초로 과세표준과 세액을 과소하게 신고 · 납부하였다면, 이는 조세의 부과와 징수를 불가능하게 하거나 현저히 곤란하게 하는 위계 기타 부정한 적극적인 행위로서 사기 기타 부정한 행위에 해당한다(대법원 2005.12.22. 선고 2003도6433 판결).

■ **판례** ■   **금(金)의 도 · 소매업체를 운영하는 甲이 금 매입세액을 공제받기 위하여 자료상으로부터 허위의 세금계산서를 구입하여 이를 기초로 부가가치세를 신고 · 납부함으로써 매입세액을 공제받은 경우**

[1] 속칭 자료상 등으로부터 허위의 세금계산서를 구입하여 이를 기초로 매입세액을 공제받은 행위가 조세포탈죄를 구성하는지 여부(적극)

부가가치세법 제17조 제2항 제1의2호는 세금계산서를 교부받지 아니한 경우 그 매입세액은 매출세액에서 공제하지 않도록 규정하고 있는바, 실제로는 세금계산서의 수수 없이 소위 무자료거래를 통하여 재화나 용역을 공급받음으로써 원래 매입세액을 공제받을 수 없는 경우임에도, 속칭 자료상 등으로부터 허위의 세금계산서를 구입하여 마치 세금계산서상의 가공의 공급자로부터 재화나 용역을 공급받은 것처럼 가장하여 매입세액을 공제받았다면, 이러한 행위는 조세의 부과와 징수를 현저하게 곤란하게 하는 적극적인 행위에 해당하여 조세범처벌법 제9조 제1항 소정의 조세포탈죄를 구성한다.

[2] 甲의 행위가 조세포탈죄를 구성하는지 여부(적극)

금(金)의 도 · 소매업체를 운영하는 피고인이 세금계산서 없이 무자료로 금을 구입하여 타에 판매한 후 그 매입세액을 공제받기 위한 방편으로 자료상으로부터 허위의 세금계산서를 구입하여 이를 기초로 부가가치세를 신고 · 납부함으로써 매입세액을 공제받았다면 조세포탈죄를 구성한다(대법원 2005.9.30. 선고 2005도4736 판결).

■ **판례** ■   **재단법인의 주식의 증여행위가 무효이어서 수증자가 주식을 취득할 수 없는 경우, 위 주식양도에 관한 증여세 포탈의 죄책(무죄)**

[1] 과세요건이 구비되지 않은 조세에 대한 조세포탈죄의 성립 여부(소극)

조세범처벌법 제9조 제1항 소정의 조세포탈죄는 납세의무자가 국가에 대하여 지고 있는 것으로 인정되는 일정액의 조세채무를 포탈한 것을 범죄로 보아 형벌을 과하는 것으로서, 조세포탈죄가 성립하기 위하여는 조세법률주의에 따라 세법이 정한 과세요건이 충족되어 조세채권이 성립하여야만 되는 것이므로, 세법이 납세의무자로 하여금 납세의무를 지도록 정한 과세요건이 구비되지 않는 한 조세채무가 성립하지 않음은 물론 조세포탈죄도 성립할 여지가 없다. 따라서 재단법인의 주식의 증여행위가 무효이어서 수증자가 주식을 취득할 수 없는 경우, 위 주식양도에 관한 증여세 포탈은 무죄이다(대법원 2005.6.10. 선고 2003도5631 판결).

■ 판례 ■ 공동사업자들 중 일부인 甲 등이 다른 공동사업자들의 대리인 지위에서 그들에게 귀속될 소득세까지 포탈한 경우

[1] 甲 등의 책임범위

공동사업자들 중 일부가 다른 공동사업자들의 대리인 지위에서 그들에게 귀속될 소득세까지 포탈하였다면 공동사업자들의 소득세 전액을 포탈한 형사상 책임을 져야 한다.

[2] 제8조 제1항의 적용에 있어서 납세의무자로서 포탈한 세액과 조세범처벌법 제3조의 행위자로서 포탈한 세액을 합산할 것인지 여부(적극)

조세범처벌법 제9조 제1항 소정의 조세포탈범의 범죄주체는 같은 조항에 의한 납세의무자와 같은 법 제3조 소정의 법인의 대표자, 법인 또는 개인의 대리인, 사용인, 기타의 종업원 등 행위자라 할 것이고, 연간 포탈세액이 일정액 이상에 달하는 경우를 구성요건으로 하고 있는 특정범죄가중처벌등에관한법률 제8조 제1항의 규정은 이러한 조세포탈범을 가중처벌하기 위한 규정이므로, 같은 조항의 적용에 있어서는 납세의무자로서 포탈한 세액과 조세범처벌법 제3조 소정의 행위자로서 포탈한 세액을 모두 합산하여 그 적용 여부를 판단하여야 한다(대법원 2005.5.12. 선고 2004도7141 판결).

■ 판례 ■ 부외자산인 차명주식을 법인의 장부에 기재하면서 그에 상응하는 현금이 매입대금으로 지출된 것처럼 허위기장하고, 이를 비자금 관리계좌인 차명계좌에 입금하여 관리하는 경우, 법인세 포탈죄의 성립 여부(소극)

[1] 부외자산인 차명주식을 법인의 장부에 기재하면서 그에 상응하는 현금이 매입대금으로 지출된 것처럼 허위기장하고, 이를 비자금 관리계좌인 차명계좌에 입금하여 관리하는 경우, 법인세 포탈죄의 성립 여부(소극)

법인이 이전부터 보유하고 있던 차명주식 등 부외자산을 당해 사업연도에 이르러 비로소 법인의 회계장부에 계상하면서 마치 이를 그 해에 새로 매수하는 것처럼 회계처리하는 방법으로 금원을 인출하여 법인의 비자금 관리계좌에 입금함으로써 동액 상당의 현금자산을 법인의 회계장부 밖으로 유출하였더라도, 그 현금자산 유출은 법인의 당해 사업연도 법인세의 과세표준이 되는 소득에 아무런 영향을 미치지 않았으므로, 당해 사업연도 법인세를 포탈한 것에 해당하지 않는다.

[2] 법인세 포탈죄의 죄수 및 일죄의 일부에 대한 고발의 효력이 미치는 범위

법인세는 사업연도를 과세기간으로 하는 것이므로 그 포탈범죄는 각 사업연도마다 1개의 범죄가 성립하고, 일죄의 관계에 있는 범죄사실의 일부에 대한 공소제기 및 고발의 효력은 그 일죄의 전부에 대하여 미친다(대법원 2005.1.14. 선고 2002도5411 판결).

■ 판례 ■ 사업자등록 명의를 차용하여 유흥주점을 경영한 것이 사기 기타 부정한 방법으로 조세를 포탈한 경우에 해당하는지 여부(적극)

피고인이 유흥주점을 경영함에 있어서 제3자의 이름으로 사업자등록을 한 뒤 그 이름으로 카드가맹점을 개설하고 신용카드 매출전표를 작성하여 피고인의 수입을 숨기는 등 행위를 함으로써 사기 기타 부정한 방법으로 조세를 포탈하였다(2004.11.12. 선고 2004도5818 판결).

■ 판례 ■   자동차대여사업 회사가 자동차를 구입할 때에 실질적인 소유자들과 공모하여 영업용 차량인 것처럼 구입 신청을 하여 자동차회사로 하여금 면세로 출고하게 함으로써 특별소비세 등의 부담을 면한 경우

[1] 자동차대여사업 회사가 회사 명의로 등록된 사실상의 개인 자가용 승용차에 대하여 사업용 승용차인 것처럼 가장하여 부가가치세를 환급받은 행위가 조세범처벌법 제9조 제1항소정의 '사기 기타 부정한 행위'에 해당하는지 여부(적극)

이 사건 승용차는 모두 피고인 회사 명의로 등록되었으나 이는 실질적인 사용자들이 피고인 회사와 공모하여 회사 명의를 빌려 승용자동차를 구입한 것으로서 그 구입대금은 물론 등록세, 자동차세, 보험료 등 승용차의 보유 및 운행에 따른 각종 제세공과금을 모두 차량이용자들이 부담하였고 실질적으로도 반입 당시부터 그들이 자가용으로 사용하여 온 것이라면, 피고인들의 위와 같은 행위가 특별소비세법시행령 제33조 제1항 제3호에서 말하는 조건부 면세의 반입자가 반입 후 5년 이내에 그 용도를 변경하거나 양도한 경우에 해당한다고 보기는 어렵고, 따라서 피고인들에게 위 규정에 의한 특별소비세 및 교육세의 납세의무가 있다고 할 수는 없다. 다만, 이 사건의 경우 피고인들은 자동차를 구입할 때 실질적인 소유자들과 공모하여 영업용 차량인 것처럼 구입신청을 함으로써 그 정을 모르는 납세의무자인 자동차회사로 하여금 자동차 반출시에 특별소비세 및 교육세를 반입자로부터 징수, 납부하지 아니하게 한 것인바, 이런 사정에 비추어 볼 때 피고인들에게 특별소비세 포탈의 고의가 인정될 뿐 아니라 위와 같은 일련의 행위는 그로 인하여 처벌받지 아니하는 자동차회사를 이용하여 결과적으로 특별소비세 등의 부담을 면한 것으로서 조세범처벌법 제9조 제1항 소정의 '사기 기타 부정한 행위'에 해당한다 할 것이므로 비록 피고인들의 행위를 사후적 납세의무 위반으로 본 원심의 판단이 잘못된 것이기는 하나 피고인들에 대하여 특별소비세 등 포탈의 유죄를 선고한 조치는 정당하다.

[2] 자동차대여사업 회사가 자동차를 구입할 때에 실질적인 소유자들과 공모하여 영업용 차량인 것처럼 구입 신청을 하여 자동차회사로 하여금 면세로 출고하게 함으로써 특별소비세 등의 부담을 면하게 된 경우, 조세범처벌법 제9조 제1항 소정의 '사기 기타 부정한 행위'에 해당하는지 여부(적극)

자동차대여사업 회사가 자동차를 구입할 때에 실질적인 소유자들과 공모하여 영업용 차량인 것처럼 구입 신청을 함으로써 그 정을 모르는 납세의무자인 자동차회사로 하여금 자동차 반출시에 특별소비세 및 교육세를 반입자로부터 징수, 납부하지 아니하게 하였다면, 위 회사에게 특별소비세 포탈의 고의가 인정될 뿐 아니라 위와 같은 일련의 행위는 그로 인하여 처벌받지 아니하는 자동차회사를 이용하여 결과적으로 특별소비세 등의 부담을 면한 것으로서 조세범처벌법 제9조 제1항 소정의 '사기 기타 부정한 행위'에 해당한다(대법원 2003.6.27. 선고 2002도6088 판결).

■ 판례 ■   단지 납세신고를 하지 아니하였다는 것이 사기 기타 부정한 행위에 해당하는지 여부(소극)

단지 납세신고를 하지 아니하였다는 것만으로 조세포탈에 있어 사기 기타 부정한 행위에 해당한다고 할 수 없다(대법원 2003.2.14. 선고 2001도3797 판결).

■ 판례 ■   甲이 허위의 장부를 작성하여 세무신고를 한 경우

[1] 비용의 허위계상 또는 과다계상의 방법으로 공금을 정식경리에서 제외한 뒤 그 금액 상당을 손금으로 처리한 경우, 법인세에 대한 조세포탈죄의 죄책을 면하기 위한 요건

법인세법에 의하면 법인이 사업집행상의 필요에 의하여 비용을 지출한 경우 손금으로 인정받을 수 있는 항목 및 그 용인한도액은 법정되어 있으므로 비용의 허위계상 또는 과다계상의 방법으로 공금을 정식경리에서 제외한 뒤 그 금액상당을 손금으로 처리한 경우 그 금액들이 전부 회사의 사업

집행상 필요한 용도에 사용되었더라도 그 용도를 구체적으로 밝혀 그것이 손비로 인정될 수 있는 항목이고 손금 용인한도액 내의 전액임을 입증하지 못하는 이상 조세포탈의 죄책을 면할 수 없다.

[2] 甲의 행위가 조세범처벌법 제9조 제1항 소정의 '사기 기타 부정한 행위'에 해당하는지 여부(적극)

실제 거래상황이 기재된 장부 외에 그보다 매출액을 적게 기재한 허위의 장부를 작성하여 이에 의하여 세무신고를 함으로써 매출액을 실제보다 과소하게 신고한 행위는 조세의 부과와 징수를 불가능하게 하거나 현저히 곤란하게 한 적극적 행위로서 조세범처벌법 제9조 제1항 소정의 '사기 기타 부정한 행위'에 해당한다(대법원 2002.9.24. 선고 2002도2569 판결).

■ 판례 ■   **법인세 및 부가가치세 포탈**

[1] 법인세 및 부가가치세 포탈범칙행위의 기수시기 및 특정범죄가중처벌등에관한법률 제8조 제1항 소정의 '연간 포탈세액 등'의 의미

조세범처벌법 제9조의3은 같은 법 제9조에 규정하는 포탈범칙행위의 기수시기는 납세의무자의 신고에 의하여 부과징수하는 조세에 있어서는 당해 세목의 과세표준에 대한 정부의 결정 또는 심사결정을 한 후 그 납부기한이 경과한 때, 이에 해당하지 아니하는 조세에 있어서는 그 신고·납부기한이 경과한 때로 규정하고 있으므로, 내국법인의 각 사업연도 소득에 대한 법인세 포탈의 범칙행위는 법인세법 제60조 제1항 및 제64조 제1항의 각 규정에 의하여 각 사업연도의 종료일부터 3월이 경과한 때 기수에 이르고, 부가가치세 포탈의 범칙행위는 부가가치세법 제3조 제1항 및 제19조의 각 규정에 의하여 제1기분인 1.1.부터 6.30.까지와 제2기분인 7.1.부터 12.31.까지의 각 과세기간별로 그 각 과세기간 종료 후 25일의 신고·납부기한이 경과함으로써 기수에 이르며, 한편 특정범죄가중처벌등에관한법률 제8조 제1항에서 말하는 '연간 포탈세액 등'은 각 세목의 과세기간 등에 관계없이 각 연도별(1.1.부터 12.31.까지)로 포탈한 또는 부정 환급받은 모든 세액을 합산한 금액을 의미한다.

[2] 부가가치세 포탈의 죄수 및 동일 사업연도분 법인세 및 부가가치세 포탈 전부를 포괄하여 특정범죄가중처벌등에관한법률 제8조 제1항 위반죄로 처벌할 수 있는지 여부(소극)

피고인 주식회사의 1996년도분 부가가치세 중 제1기분(1996.1.1.부터 같은 해 6.30.까지) 부가가치세 포탈은 그 신고·납부기한인 1996.7.25.이 경과함으로써, 제2기분(1996.7.1.부터 같은 해 12.31.까지) 부가가치세 포탈은 그 신고·납부기한인 1997.1.25.이 경과함으로써 각 기수에 이르고, 피고인 주식회사의 1996년도 분 법인세 포탈은 그 신고·납부기한인 1997.3.31.이 경과함으로써 기수에 이른다고 할 것이므로, 피고인 주식회사의 1996년도분 부가가치세 포탈은 제1기분과 제2기분별로 각각 별개의 죄가 성립하고, 그 중 제1기분 부가가치세 포탈은 제2기분 부가가치세 포탈 및 1996년도 법인세의 포탈과는 그 연도를 달리하여, 위 1996년도 분 법인세 및 부가가치세 포탈 전부를 포괄하여 특정범죄가중처벌등에관한법률 제8조 제1항 위반죄로 처벌할 수 없다(대법원 2002.7.23. 선고 2000도746 판결).

■ 판례 ■   **乙의 처 甲이 구속된 乙을 대행하여 그의 지시를 받아 회사를 운영하면서 조세포탈행위를 하다가 협의이혼하고 스스로 회사를 경영한 경우**

[1] 조세범처벌법 제9조 조세1탈죄의 실행의 착수시기

범인이 조세포탈의 고의를 가지고 조세의 부과징수를 불능 또는 현저히 곤란하게 하는 위계 기타 부정한 적극적인 행위를 한 때에 위 각 포탈범죄의 실행행위에 착수한 것으로 보아야 할 것이다.

[2] 甲의 죄책

남편은 처와 조세포탈의 공범관계에 있으며 협의이혼 후 조세포탈에 관하여도 마찬가지이다(대법원 2008.7. 24. 선고 2007도4310 판결).

6. 재화 또는 용역의 공급없이 세금계산서 교부

1) 적용법조 : 제10조 제3항 ☞ 공소시효 5년

제10조(세금계산서의 발급의무 위반 등) ③ 재화 또는 용역을 공급하지 아니하거나 공급받지 아니하고 다음 각 호의 어느 하나에 해당하는 행위를 한 자는 3년 이하의 징역 또는 공급가액에 부가가치세의 세율을 적용하여 계산한 세액의 3배 이하에 상당하는 벌금에 처한다.
1. 「부가가치세법」에 따른 세금계산서를 발급하거나 발급받은 행위
2. 「소득세법」및 「법인세법」에 따른 계산서를 발급하거나 발급받은 행위
3. 「부가가치세법」에 따른 매출·매입처별 세금계산서합계표를 거짓으로 기재하여 제출한 행위
4. 「소득세법」및 「법인세법」에 따른 매출·매입처별계산서합계표를 거짓으로 기재하여 제출한 행위

※ 특정범죄 가중처벌 등에 관한 법률
제8조의2(세금계산서 교부의무 위반 등의 가중처벌) ① 영리를 목적으로 「조세범 처벌법」제10조제3항 및 제4항 전단의 죄를 범한 사람은 다음 각 호의 구분에 따라 가중처벌한다.
1. 세금계산서 및 계산서에 기재된 공급가액이나 매출처별세금계산서합계표·매입처별세금계산서합계표에 기재된 공급가액 또는 매출·매입금액의 합계액(이하 이 조에서 "공급가액등의 합계액"이라 한다)이 50억원 이상인 경우에는 3년 이상의 유기징역에 처한다.
2. 공급가액등의 합계액이 30억원 이상 50억원 미만인 경우에는 1년 이상의 유기징역에 처한다.
② 제1항의 경우에는 공급가액등의 합계액에 부가가치세의 세율을 적용하여 계산한 세액의 2배 이상 5배 이하의 벌금을 병과한다.

2) 범죄사실 기재례

[기재례1] 제화공급 없이 허위 세금계산서 교부

피의자 甲은 ★주식회사의 대표이사, 피의자 ★주식회사는 제어계측기기 제조판매업 등을 목적으로 설립된 법인이다.
가. 피의자 甲
  1) 피의자는 200○. ○. ○. 경 ○○에 있는 피의자 운영의 ★주식회사에서, 주식회사 아름 대표이사인 乙에게 재화 또는 용역을 공급함이 없음에도 불구하고 위 주식회사 아름에 미용기기 ○○만원 상당을 공급하는 내용의 세금계산서 1장을 발행하여 교부한 것을 비롯하여 그 무렵부터 200○. ○. ○.까지 별지 범죄일람표(1) 기재와 같이 위 주식회사 아름에 재화 또는 용역의 공급 없이 세금계산서 ○○장 공급가액 합계 ○○만원 상당을 교부하였다.
  2) 피의자는 200○. ○. ○. 경 같은 장소에서, 한양전자 대표 丙으로부터 재화 또는 용역을 공급받음이 없음에도 불구하고 위 한양전자로부터 전자기기 ○○만원 상당을 공급받는 내용의 세금계산서 1장을 받은 것을 비롯하여 그 무렵부터 200○. ○. ○.까지 별지 범죄일람표(2) 기재와 같이 한양전자, 몰터전자, 서울전자로부터 재화 또는 용역의 공급없이 세금계산서 ○○장 공급가액 합계 ○○만원 상당을 교부받았다.
나. 피의자 ★주식회사
  피의자는 같은 일시·장소에서 피의자의 대표이사인 피의자 甲이 피의자의 업무에 관하여 전항 기재와 같이 재화 또는 용역의 공급 없이 세금계산서를 교부하거나 교부받았다.

[기재례2] 컴퓨터 부품 납품한 것으로 허위 세금계산서 공급

피의자는 20○○. ○. 경부터 20○○. ○. ○.경까지 사이에 ○○에서 "주식회사 신한"이라는 상호의 컴퓨터 도소매업체를 경영하여 오던 자로, 부가가치세법의 규정에 의한 재화 또는 용역을 공급함이 없이 세금계산서를 교부하거나 교부받아서는 아니 된다.

가. 피의자는 20○○. ○. ○.경 ○○에서 사실은 ○○유통으로부터 컴퓨터와 그 부품을 공급받은 사실이 없음에도 마치 ○○유통에서 신한에 공급가액 ○○만원 상당의 컴퓨터 부품을 판매한 것처럼 가장하여 작성된 ○○유통 명의의 허위 매출세금계산서를 교부받았다.

나. 피의자는 20○○. ○. ○.경 ○○에서 사실은 주식회사 ○○컴퓨터랜드에 컴퓨터와 그 부품을 공급한 사실이 없음에도 신한에서 위 회사에 공급가액 ○○만원 상당의 컴퓨터와 그 부품을 판매한 것처럼 가장하여 신한 명의의 허위 매출세금계산서를 작성 · 교부하였다.

[기재례3] 해상경유 저가 구입 판매행위(석유 및 석유대체연료 사업법 제46조 제10호, 제39조 제1항 제5호, 조세범처벌법 제9조 제1항 제3호, 제11조의2 제4항)

피의자는 해상급유업체를 운영하는 사람으로서, 러시아 등 외국적 선박으로부터 저가로 해상경유를 구입한 후 고가로 시중에 유통해 부당이득을 취하고, 세금신고와 관련하여 필요한 매입자료는 자료상에 수수료를 주고 그로부터 허위의 세금계산서를 교부받아 마련하기로 마음먹었다.

피의자는 20○○. ○. ○.부터 20○○. ○. ○.경까지 러시아 선박 등으로부터 시가 ○○여만원 상당의 ○○드럼 해상경유를 불법적으로 구입하여 거래처에 판매하고, 20○○. ○. ○.부터 20○○. ○. ○.까지, 공급가액 합계 ○○여만원 상당의 허위의 매입세금계산서를 자료상으로부터 교부받고, 교부받은 세금계산서를 기초로 법인세와 부가가치세를 신고하여 합계 ○○여만원 상당의 조세를 포탈하거나 부정하게 공제받았다.

3) 신문사항

- 어떤 사업을 하고 있는가
- 주로 어떤 물품을 취급하고 있는가
- 사업규모는 어느 정도인가
- ○○유통을 알고 있는가
- 이 유통으로부터 컴퓨터 및 그 부품을 구입한 일이 있는가
- 언제 얼마를 무엇 때문에 구입하였는가
- 당시 ○○유통으로부터 매출세금계산서를 발급받았는가
- ○○유통에서는 피의자에게 판매한 사실이 없다는데 어떻게 된 것인가
- 그럼 허위의 매출세금계산서를 교부받았다 것인가
- 무엇 때문에 이러한 허위계산서를 교부받았는가
- 이를 다시 ○○컴퓨터랜드에 공급한 것으로 세금계산서를 작성 교부한 일이 있는가
- 언제 어디에서 발행하였는가
- 어떤 내용의 매출세금계산서를 작성 교부하였는가
- 무엇 때문에 이런 행위를 하였는가

■ **판례** ■ 조세범처벌법 제11조의2 제4항의 '부가가치세법의 규정에 의한 재화 또는 용역을 공급함이 없이 세금계산서를 교부한 자'의 의미

세금계산서의 교부시기와 관련한 부가가치세법 제16조 제1항, 제9조, 부가가치세법시행령 제21조 등의 규정 취지에 비추어 보면, 조세범처벌법 제11조의2 제4항의 '부가가치세법의 규정에 의한 재화 또는 용역을 공급함이 없이 세금계산서를 교부한 자'라 함은 실물거래 없이 가공의 세금계산서를 발행하는 행위를 하는 자(이른바 자료상)를 의미하는 것으로 보아야 할 것이고, 재화나 용역을 공급하기로 하는 계약을 체결하는 등 실물거래가 있음에도 세금계산서 교부시기에 관한 부가가치세법 등 관계 법령의 규정에 위반하여 세금계산서를 교부함으로써 그 세금계산서를 교부받은 자로 하여금 현실적인 재화나 용역의 공급 없이 부가가치세를 환급받게 한 경우까지 처벌하려는 규정이라고는 볼 수 없다(대법원 2004.6.25. 선고 2004도655 판결).

■ **판례** ■ 甲 회사가 乙 회사에게 컴퓨터 및 그 부품을 공급함에 있어 컴퓨터 도소매업체를 경영하는 丙이 甲 회사로부터 이를 공급받아 다시 乙 회사에게 공급하는 것처럼 명의를 대여하고 일정한 이익을 얻으면서 매출세금계산서를 수수한 경우

[1] 부가가치세법 제6조 제1항, 제7조 제1항 및 제16조 제1항에 있어서 '계약상 원인에 의하여 재화를 인도 또는 양도하거나 역무를 제공하는 자 등 재화 또는 용역을 공급하거나 또는 공급받는 자'의 의미

부가가치세법 제6조 제1항, 제7조 제1항 및 제16조 제1항에 있어서 '계약상 원인에 의하여 재화를 인도 또는 양도하거나 역무를 제공하는 자 등 재화 또는 용역을 공급하거나 또는 공급받는 자'에 해당하여 그 공급하는 사업자로부터 세금계산서를 교부받고, 공급받는 사업자에게 세금계산서를 교부하며, 나아가 부가가치세를 납부하여야 하는 자는, 공급하는 사업자 또는 공급받는 사업자와 명목상의 법률관계를 형성하고 있는 자가 아니라, 공급하는 사업자로부터 실제로 재화 또는 용역을 공급받거나, 공급받는 자에게 실제로 재화 또는 용역을 공급하는 거래행위를 한 자라고 보아야 한다.

[2] 조세범처벌법 제11조의2 제4항 소정의 '재화 또는 용역을 공급함이 없이 세금계산서를 교부하거나 교부받은 경우'에 해당되는지 여부(적극)

컴퓨터 도소매업체를 경영하는 자가, 갑 회사가 을 회사에게 컴퓨터 및 그 부품을 공급함에 있어, 갑 회사로부터 이를 공급받아 다시 을 회사에게 공급하는 것처럼 명의를 대여하고 일정한 이익을 얻으면서 매출세금계산서를 수수한 경우, 조세범처벌법 제11조의2 제4항 소정의 '재화 또는 용역을 공급함이 없이 세금계산서를 교부하거나 교부받은 경우'에 해당된다(대법원 2003.1.10. 선고 2002도4520 판결).

■ **판례** ■ 수급인 회사 명의로 도급인에게 세금계산서를 발행·교부한 경우

공사도급계약을 체결한 수급인 회사가 그 명의를 타인에게 대여하여 그로 하여금 실제공사를 완성하게 한 후 수급인 회사 명의로 도급인에게 세금계산서를 발행·교부한 사안에서, 구 조세범처벌법 제11조의2 제4항에 정한 재화 또는 용역을 공급함이 없이 세금계산서를 교부하거나 교부받은 경우에 해당하지 않는다(대법원 2008.8.11. 선고 2008도4930 판결).

■ **판례** ■ 재화 등을 공급하거나 공급받은 자가 이를 공급하거나 공급받지 아니한 제3자의 위임을 받아 제3자의 사업자등록을 이용하여 제3자를 공급하는 자로 기재한 세금계산서를 교부하거나 제3자가 공급받는 자로 기재된 세금계산서를 교부받은 경우 및 제3자 명의로 재화 등의 공급에 관

한 세금계산서 합계표를 작성하여 정부에 제출한 경우, 구 조세범 처벌법 제11조의2 제4항 제1호 및 제3호 범행의 단독정범이 될 수 있는지 여부(소극)

구 조세범 처벌법(2010. 1. 1. 법률 제9919호로 전부 개정되기 전의 것, 이하 같다) 제11조의2 제4항 제1호 및 제3호의 내용과 입법 취지를 종합하면, 같은 항 제1호는 재화 또는 용역(이하 '재화 등'이라 한다)을 공급하지 아니한 자가 자신을 공급하는 자로 기재한 세금계산서를 교부하거나 재화 등을 공급받지 아니한 자가 자신이 공급받는 자로 기재된 세금계산서를 교부받은 행위를 대상으로 하고, 같은 항 제3호는 재화 등을 공급하거나 공급받지 아니한 자가 재화 등의 공급에 관한 세금계산서 합계표를 허위로 작성하여 정부에 제출한 행위를 대상으로 한다. 그런데 재화 등을 공급하거나 공급받은 자가 제3자의 위임을 받아 제3자의 사업자등록을 이용하여 제3자를 공급하는 자로 기재한 세금계산서를 교부하거나 제3자가 공급받는 자로 기재된 세금계산서를 교부받은 경우 및 제3자 명의로 재화 등의 공급에 관한 세금계산서 합계표를 작성하여 정부에 제출한 경우에는, 제3자가 위 세금계산서 수수 및 세금계산서 합계표 작성·제출행위를 한 것으로 볼 수 있으므로 그가 재화 등을 공급하거나 공급받지 아니한 이상 구 조세범 처벌법 제11조의2 제4항 제1호 및 제3호 범행의 정범이 되고, 재화 등을 공급하거나 공급받은 자는 가담 정도에 따라 그 범행의 공동정범이나 방조범이 될 수 있을 뿐 그 범행의 단독정범이 될 수 없다. (대법원 2012.5.10. 선고 2010도13433 판결)

■ 판례 ■   구 조세범 처벌법 제11조의2 제4항 제3호의 죄와 같은 법 제9조 제1항 제3호의 죄의 죄수 관계(=실체적 경합) 및 구 특정범죄 가중처벌 등에 관한 법률 제8조의2 제1항의 죄와 같은 법 제8조 제1항의 죄에도 동일한 법리가 적용되는지 여부(적극)

[1] 세금계산서합계표를 허위기재하여 정부에 제출하는 행위를 처벌하는 구 조세범 처벌법(2010. 1. 1. 법률 제9919호로 전부 개정되기 전의 것, 이하 같다) 제11조의2 제4항 제3호의 죄와 사기 기타 부정한 행위로써 부가가치세 등의 조세를 포탈하거나 조세 환급·공제를 받는 행위를 처벌하는 구 조세범 처벌법 제9조 제1항 제3호의 죄는 구성요건적 행위 태양과 보호법익이 서로 다를 뿐 아니라 어느 한 죄의 불법과 책임 내용이 다른 죄의 불법과 책임 내용을 모두 포함하고 있지 아니하므로, 세금계산서합계표를 허위기재하여 정부에 제출하는 방법으로 부가가치세를 포탈하거나 부가가치세의 환급·공제를 받는 경우 구 조세범 처벌법 제11조의2 제4항 제3호의 죄와 같은 법 제9조 제1항 제3호의 죄는 별개로 성립한다. 나아가 구 조세범 처벌법 제9조 제1항 제3호의 죄가 성립하기 위해서는 세금계산서합계표를 조작하여 제출하는 행위 외에 과세표준과 세액에 관한 허위 신고를 하고 그에 근거하여 조세를 포탈하거나 조세의 환급·공제를 받는 행위가 있어야 하므로, 부가가치세를 포탈하거나 부정하게 환급·공제받는 범죄와 허위기재 세금계산서합계표를 정부에 제출하는 범죄는 법률상 1개의 행위로 볼 수 없다. 이러한 법리는 위 각 범죄에 대한 가중처벌 조항인 구 특정범죄 가중처벌 등에 관한 법률(2010. 1. 1. 법률 제9919호로 개정되기 전의 것) 제8조의2 제1항의 죄와 같은 법 제8조 제1항의 죄에도 그대로 적용된다.

[2] 피고인이 세금계산서합계표를 허위기재하여 정부에 제출하는 방법으로 부가가치세를 포탈하였다고 하며 구 특정범죄 가중처벌 등에 관한 법률 위반(조세) 등으로 기소된 사안

허위기재 세금계산서합계표 제출행위와 사기 기타 부정한 행위로써 부가가치세를 포탈한 행위가 별개의 행위로서 별개의 죄를 구성한다고 보아 형법 제37조 전단 경합범으로 처단한 원심의 조치를 수긍한 사례. (대법원 2011.12.8. 선고 2011도9242 판결)

■ 판례 ■ 　구 조세범 처벌법 제11조의2 제4항 각 호 위반죄와 구 특정범죄 가중처벌 등에 관한 법률 제8조의2 제1항 위반죄의 죄수 관계

[1] 재화 또는 용역을 공급하지 아니하고 구 조세범 처벌법(2010. 1. 1. 법률 제9919호로 전부 개정되기 전의 것, 이하 같다) 제11조의2 제4항 각 호의 행위를 한 경우 세금계산서나 계산서를 수수한 때 또는 매출 · 매입처별세금계산서합계표나 매출 · 매입처별계산서합계표를 제출한 때 각 문서마다 1개의 죄가 성립하는 것이 원칙이나, 구 특정범죄 가중처벌 등에 관한 법률(2010. 1. 1. 법률 제9919호로 개정되기 전의 것, 이하 '구 특가법'이라 한다) 제8조의2 제1항은 공급가액등의 합계액이 일정액 이상이라는 가중사유를 구성요건화하여 구 조세범 처벌법 제11조의2 제4항의 행위와 합쳐 하나의 범죄유형으로 하고 그에 대한 법정형을 규정한 것이므로, 세금계산서, 계산서, 매출 · 매입처별세금계산서합계표에 기재된 공급가액을 합산한 금액이 구 특가법 제8조의2 제1항에서 정한 금액 이상인 때에는 구 특가법 제8조의2 제1항 위반의 일죄만이 성립한다.

[2] 구 특정범죄 가중처벌 등에 관한 법률 제8조의2 제1항에서 규정한 '공급가액등의 합계액' 산정 방법
구 특정범죄 가중처벌 등에 관한 법률(2010. 1. 1. 법률 제9919호로 개정되기 전의 것) 제8조의2 제1항에서 규정한 '공급가액등의 합계액'을 산정할 때에는 구 조세범 처벌법(2010. 1. 1. 법률 제9919호로 전부 개정되기 전의 것) 제11조의2 제4항 제1호에서 정한 세금계산서와 같은 항 제3호에서 정한 매입처별세금계산서합계표상의 공급가액을 합산하여야 한다.(대법원 2011.9.29. 선고 2009도3355 판결)

■ 판례 ■ 　조세범 처벌법 제10조 제3항 제1호의 취지

[1] 실물거래 없이 가공의 세금계산서를 발급 · 수취한 행위를 처벌하는 구 조세범 처벌법 제10조 제3항 제1호의 취지
제10조 제3항 제1호는 '재화 또는 용역을 공급하지 아니하거나 공급받지 아니하고 부가가치세법에 따른 세금계산서를 발급하거나 발급받은 행위'를 처벌하고 있다. 이는 실물거래 없이 세금계산서를 수수하는 행위를 처벌함으로써 세금계산서 수수질서의 정상화를 도모하기 위한 것이다(대법원 2014. 4. 30. 선고 2012도7768 판결 참조).

[2] 재화나 용역을 공급하지 아니하거나 공급받지 아니하고 가공의 세금계산서를 발급 · 수취한 후 이를 취소하는 의미에서 같은 공급가액에 음(−)의 표시를 하여 작성한 수정세금계산서를 발급 · 수취한 경우, 뒤의 공급가액이 음수인 수정세금계산서를 발급 · 수취한 행위가 구 조세범 처벌법 제10조 제3항 제1호에서 정한 죄에 해당하는지 여부(소극)
이러한 구 조세범 처벌법 제10조 제3항의 문언과 체계, 입법 취지 등을 종합하면, 재화나 용역을 공급하지 아니하거나 공급받지 아니하고 가공의 세금계산서를 발급 · 수취한 후 이를 취소하는 의미에서 같은 공급가액에 음의 표시를 하여 작성한 수정세금계산서를 발급 · 수취한 경우, 뒤의 공급가액이 음수인 수정세금계산서를 발급 · 수취한 행위는 새로이 재화나 용역을 공급하거나 공급받은 것을 내용으로 하는 가공의 세금계산서를 발급 · 수취하기 위한 것이 아니라 앞선 실물거래 없이 가공의 세금계산서를 발급 · 수취한 행위를 바로잡기 위한 방편에 불과하므로, 구 조세범 처벌법 제10조 제3항 제1호에서 정한 죄에 해당하지 않는다고 봄이 타당하다.(대법원 2020. 10. 15., 선고, 2018도17244, 판결)

7. 사업자 명의대여

1) 적용법조 : 제11조 제1항 ☞ 공소시효 5년

> **제11조(명의대여행위 등)** ① 조세의 회피 또는 강제집행의 면탈을 목적으로 타인의 성명을 사용하여 사업자등록을 하거나 타인 명의의 사업자등록을 이용하여 사업을 영위한 자는 2년 이하의 징역 또는 2천만원 이하의 벌금에 처한다.
> ② 조세의 회피 또는 강제집행의 면탈을 목적으로 자신의 성명을 사용하여 타인에게 사업자등록을 할 것을 허락하거나 자신 명의의 사업자등록을 타인이 이용하여 사업을 영위하도록 허락한 자는 1년 이하의 징역 또는 1천만원 이하의 벌금에 처한다.

2) 범죄사실 기재례

> 피의자는 20○○. ○. ○.경부터 ○○에서 ○○업을 하고 있다.
> 피의자는 20○○. ○. ○.경 ○○세무서에 조세의 회피 및 강제집행의 면탈을 목적으로 친구인 乙 명의를 사용하여 건강 식품판매사인 '아빠건강' 이라는 사업자등록을 하였다.

3) 신문사항

- 사업자등록을 한 일이 있는가
- 언제 어디에 등록하였는가
- 어떤 종류의 사업인가
- 누구명의로 하였는가
- 사업규모는 어느 정도인가
- 왜 타인 명의로 사업자 등록을 하였는가
- 조세의 회피 또는 강제집행을 면탈하기 위한 수단인가

■ **판례** ■ **법인의 사업자등록을 하면서 법인의 대표자 성명을 다른 사람의 것을 사용하거나 이를 허락한 경우, 조세범 처벌법 제11조의 구성요건에 해당하는지 여부(원칙적 소극)**

사업자등록에서의 사업자의 성명 자체를 다른 사람의 것을 사용하거나 이를 허락한 경우를 말하는 것일 뿐이고, 다른 특별한 사정이 없는 한 법인의 사업자등록을 하면서 단지 법인의 대표자 성명을 다른 사람의 것을 사용하거나 이를 허락한 경우는 위 구성요건에 해당하지 않는다.(대법원 2016.11.10. 선고, 2016도10770, 판결)

8. 납세증명표지의 위조

1) 적용법조 : 제12조 제2호 ☞ 공소시효 5년

> 제12조(납세증명표지의 불법사용 등) 다음 각 호의 어느 하나에 해당하는 자는 2년 이하의 징역 또는 2천만원 이하의 벌금에 처한다.
> 1. 「주류 면허 등에 관한 법률」 제22조에 따른 납세증명표지(이하 이 조에서 "납세증명표지"라 한다)를 재사용 하거나 정부의 승인을 받지 아니하고 이를 타인에게 양도한 자
> 2. 납세증명표지를 위조하거나 변조한 자
> 3. 위조하거나 변조한 납세증명표지를 소지 또는 사용하거나 타인에게 교부한 자
> 4. 「인지세법」 제8조제1항 본문에 따라 첨부한 종이문서용 전자수입인지를 재사용한 자

2) 범죄사실 기재례

> 피의자 甲은 ○○○에서 유흥주점업, 피의자 乙은 ○○○에서 여천인쇄소라는 상호로 인쇄 업에 각 종사하는 자들로서 공모하여, 20○○. ○. ○.경 피의자 乙 경영의 위 인쇄소에서 가짜 양주의 병마개로 사용하기 위하여 피의자 甲이 구입해온 패스포트 양주의 병마개용 알 루미늄 원판을 실크인쇄기를 이용 국세청장의 납세증인 500개를 찍어 위조하였다.

✱ 본 조항은 세무서장의 고발이 없어도 인지 수사할 수 있다(조세범처벌법 제6조 규정).

3) 신문사항

- 인쇄업을 하고 있는가
- 언제부터 어디에서 하고 있는가
- 사업규모는 어느 정도인가
- 어떤 기계를 갖추고 있는가
- 甲을 알고 있는가
- 甲에게 양주병 병마개를 만들어 준 일이 있는가
- 언제 어떤 병마개를 만들어 주었는가
- 어떻게 만들게 되었는가
- 어떤 조건이였는가
- 甲과 언제 어디에서 이런 행위를 하기로 하였나
- 어느 정도 만들었는가
- 이렇게 만든 병마개는 누가 어떻게 사용하였나

제109장 주민등록법

Ⅰ. 벌칙 및 주민등록증 제시요구

1. 벌 칙

제37조(벌칙) ① 다음 각 호의 어느 하나에 해당하는 자는 3년 이하의 징역 또는 3천만원 이하의 벌금에 처한다.

1. 제7조의2에 따른 주민등록번호 부여방법으로 거짓의 주민등록번호를 만들어 자기 또는 다른 사람의 재물이나 재산상의 이익을 위하여 사용한 자
2. 주민등록증을 채무이행의 확보 등의 수단으로 제공한 자 또는 그 제공을 받은 자
3. 제10조제2항 또는 제10조의2제2항을 위반하여 이중으로 신고한 사람

3의2. 주민등록 또는 주민등록증에 관하여 거짓의 사실을 신고 또는 신청한 사람
4. 거짓의 주민등록번호를 만드는 프로그램을 다른 사람에게 전달하거나 유포한 자

4의2. 제25조제2항에 따른 주민등록확인서비스를 통해 정보통신기기에 제공된 주민등록사항을 조작하여 사용하거나 부정하게 사용한 자
5. 제29조제2항 또는 제3항을 위반하여 거짓이나 그 밖의 부정한 방법으로 다른 사람의 주민등록표를 열람하거나 그 등본 또는 초본을 교부받은 자
6. 제30조제5항을 위반한 자
7. 제31조제2항 또는 제3항을 위반한 자
8. 다른 사람의 주민등록증을 부정하게 사용한 자
9. 법률에 따르지 아니하고 영리의 목적으로 다른 사람의 주민등록번호에 관한 정보를 알려주는 자
10. 다른 사람의 주민등록번호를 부정하게 사용한 자. 다만, 직계혈족 · 배우자 · 동거친족 또는 그 배우자 간에는 피해자가 명시한 의사에 반하여 공소를 제기할 수 없다.
② 제29조의2제2항을 위반하여 거짓이나 그 밖의 부정한 방법으로 전입세대확인서를 열람하거나 교부받은 자는 1년 이하의 징역 또는 1천만원 이하의 벌금에 처한다.

제38조(벌칙) 제26조제2항에 따른 사법경찰관리가 그 직무를 수행하면서 직권을 남용하면 「경찰관직무집행법」 제12조에 따라 처벌한다.

제39조(양벌규정) 법인의 대표자나 법인 또는 개인의 대리인, 사용인, 그 밖의 종업원이 그 법인 또는 개인의 업무에 관하여 제37조제1항제2호 · 제4호의2 · 제5호 · 제6호 · 제8호 또는 같은 조 제2항의 위반행위를 하면 그 행위자를 벌하는 외에 그 법인 또는 개인에게도 해당 조문의 벌금형을 과(科)한다. 다만, 법인 또는 개인이 그 위반행위를 방지하기 위하여 해당 업무에 관하여 상당한 주의와 감독을 게을리하지 아니한 경우에는 그러하지 아니하다.

2. 제시요구

제26조(주민등록증의 제시요구) ① 사법경찰관리가 범인을 체포하는 등 그 직무를 수행할 때에 17세 이상인 주민의 신원이나 거주 관계를 확인할 필요가 있으면 주민등록증의 제시를 요구할 수 있다. 이 경우 사법경찰관리는 주민등록증을 제시하지 아니하는 자로서 신원을 증명하는 증표나 그 밖의 방법에 따라 신원이나 거주 관계가 확인되지 아니하는 자에게는 범죄의 혐의가 있다고 인정되는 상당한 이유가 있을 때에 한정하여 인근 관계 관서에서 신원이나 거주 관계를 밝힐 것을 요구할 수 있다.
② 사법경찰관리는 제1항에 따라 신원 등을 확인할 때 친절과 예의를 지켜야 하며, 정복근무 중인 경우 외에는 미리 신원을 표시하는 증표를 지니고 이를 관계인에게 내보여야 한다.

1. 주민등록 거짓 신고

1) 적용법조 : 제37조 제1항 제3호, 제10조 제2항 ☞ 공소시효 5년

> **제10조(신고사항)** ① 주민은 다음 각호의 사항을 그 거주지를 관할하는 시장·군수 또는 구청장에게 신고하여야 한다.
> 1. 성명
> 2. 성별
> 3. 생년월일
> 4. 세대주와의 관계
> 5. 합숙하는 곳은 관리책임자
> 6. 가족관계의 등록 등에 관한 법률 제10조제1항에 따른 등록기준지(이하 "등록기준지"라 한다)
> 7. 주소
> 8. 가족관계등록이 되어 있지 아니한 자 또는 가족관계등록의 여부가 분명하지 아니한 자는 그 사유
> 9. 대한민국의 국적을 가지지 아니한 자는 그 국적명이나 국적의 유무
> 10. 거주지를 이동하는 경우에는 전입 전의 주소 또는 전입지와 해당 연월일
> 11. 대통령령으로 정하는 특수기술에 관한 사항
> ② 누구든지 제1항의 신고를 이중으로 할 수 없다.

2) 범죄사실 기재례

[기재례1] 이중 신고 (제37조 제3호)

> 피의자는 ○○주택(주)이 20○○. ○. ○.경 분양 예정하고 있는 ○○에 있는 ○○아파트를 분양받기 위하여 사실은 광주 남구 봉선동 ○○번지에 거주하고 있음에도 불구하고, 20○○. ○. ○. 봉선2동사무소에서 피의자의 전입 주소란에 "광주 북구 두암2동 00번지"라고 거짓 사실을 기재한 주민등록전입신고서를 위 두암동장에게 제출함으로써 주민등록에 관하여 이중으로 신고하였다.

[기재례2] 허위 신고 (제37조 제3의2호)

> 피의자는 20○○. ○. ○.경 서울 영등포구 ○○ 동사무소에서 사실은 피의자는 서울 영등포구 ○○로 ○○에 전입한 사실이 없음에도, 실제 거주지를 숨기기 위하여 마치 피의자가 위 주소에 전입하여 거주하는 것처럼 주민등록 담당 공무원에게 주민등록에 관하여 허위신고를 하였다.

3) 신문사항

– 피의자는 실질적으로 어디에 살고 있는가

– 주민등록상 주소지는 어디로 되어 있는가

– 언제 ○○○로 전입신고를 하였나

- 무엇 때문에 이곳으로 전입신고를 하였는가(아파트 분양, 자녀 학군 등)
- ○○주택을 분양 받았는가(분양일 등)
- 분양을 받기 위해 허위로 주민등록을 이전하였다는 것인가

■ 판례 ■ **이미 주민등록이 되어 있는 사람이 호적법에 의한 출생신고를 한 것이 주민등록법상 이중신고가 되는지 여부(소극)**

주민등록법 제13조의2 제1항은 호적법에 의한 신고사항과 주민등록법에 의한 신고사항이 동일한 경우 호적법에 의한 신고와 별도로 주민등록법에 의한 신고를 이중으로 하는 불편을 덜어주고, 호적부와 주민등록부를 관장하는 행정기관 상호간에는 통지절차를 통하여 호적부와 주민등록부의 기재내용을 일치시키고자 하는 취지의 규정으로서, 이는 호적법에 의한 신고를 한 경우에는 동일한 사항에 관하여 주민등록법에 의한 신고를 이중으로 하지 않아도 된다는 의미일 뿐, 호적법에 의한 신고를 주민등록법에 의한 신고행위와 동일시하거나 호적법에 의한 신고를 주민등록법 제10조 제2항에서 금하는 이중신고로 볼 수 있다는 규정은 아님이 분명하므로, 이미 주민등록이 되어 있는 사람이 호적법에 의한 출생신고를 하였다고 하더라도 이로써 곧 주민등록법상의 이중신고를 한 것으로 볼 수는 없다(대법원 2006.9.14. 선고 2006도3398 판결).

■ 판례 ■ **퇴거신고나 전입신고를 실제의 주거이동일보다 다소 빠르게 한 경우**

퇴거신고나 전입신고를 실제의 주거이동일보다 다소 빠르게 하였다고 하여 주민등록의 신고를 이중으로 하여 주민등록법 제10조 제2항의 규정에 위반하였다고 할 수 없고, 같은 법 제21조 제2항 제1호가 규정하는 바의 주민등록에 관하여 허위의 사실을 신고하였다고 할 수 없다(대법원 1991.12.24. 선고 91도2694 판결).

■ 판례 ■ **주민등록신고서와 면장명의의 주거표 및 주거표 이송부를 위조하여 행사한 경우**

타인으로 가장행세하기 위하여 그 타인명의의 주민등록신고서와 면장명의의 주거표 및 주거표 이송부를 위조하여 행사하였다면 주민등록법 제21조 소정의 "허위의 사실을 신고"한 죄가 아니라 형법상의 사문서위조, 동행사, 공문서위조, 동행사의 죄가 성립하는 것이다(대법원 1970.11.24. 선고 70도1978 판결).

■ 판례 ■ **주민등록법에서 정한 신고의무자 아닌 제3자가 타인에 대한 거주불명 등록의 신고·신청을 하거나 거주불명 등록을 위한 사실조사를 신청 또는 의뢰하는 경우, 같은 법 제37조 제3호 후단이 적용되는지 여부(소극)**

주민등록법(2014. 1. 21. 법률 제12279호로 개정되기 전의 것, 이하 같다) 제8조, 제10조 내지 제12조, 제20조, 제37조 제3호 후단의 내용과 그 입법 취지를 종합하면, 주민등록법에서 정한 신고의무자 아닌 제3자가 타인에 대한 거주불명 등록의 신고·신청을 하거나 거주불명 등록을 위한 사실조사를 신청 또는 의뢰한다 하더라도, 이를 주민등록법에 따른 신고 또는 신청이라고 볼 수는 없으므로, 주민등록법 제37조 제3호 후단이 적용된다고 할 수 없다.(대법원 2014.6.12, 선고, 2012도16025, 판결)

2. 거짓의 주민등록번호 생성

1) 적용법조 : 제37조 제1항 제1호, 제7조의2 제1항 ☞ 공소시효 5년

> 제7조의2(주민등록번호의 부여) ① 시장·군수 또는 구청장은 주민에게 개인별로 고유한 등록번호(이하 "주민등
> 록번호"라 한다)를 부여하여야 한다.

2) 범죄사실 기재례

> 피의자는 20○○. ○. ○. 온라인 게임 '뮤'에 회원으로 가입하면서, 이전에 거짓의 주
> 민등록번호를 알려 주는 인터넷카페에서 알게 된 甲이 주민등록번호 생성 프로그램으로 만
> 든 주민등록번호를 입력하여 거짓의 주민등록번호를 재산상 이익을 위해 사용하였다.

3. 채무이행의 확보수단으로 주민등록증 제공

1) 적용법조 : 제37조 제1항 제2호 ☞ 공소시효 5년

2) 범죄사실 기재례

> 가. 피의자 甲
> 　피의자는 20○○. ○. ○. ○○에 있는 피의자 乙 경영의 ○○주점에서 술과 안주 등 음식
> 물 ○○만원 상당을 받았으나 소지한 돈이 없어서 위 술값 등을 전액 변제할 수 없게 되자
> 피의자 乙에게 위 술값을 다음날 갚겠다고 말하면서 그 채무이행의 담보조로 피의자의 주민
> 등록증을 제공하였다.
> 나. 피의자 乙
> 　피의자는 위와 같이 위 피의자 甲이 채무이행의 확보수단으로 제공한 주민등록증을 제공
> 받았다.

3) 제공한 자에 대한 신문사항

- ○○에서 술을 먹은 일이 있는가
- 술값이 얼마였는가
- 그 술값을 갚았나
- 갚지 못하여 어떻게 하였나
- 누가 주민등록증을 보관하도록 하였나
- 어떤 조건으로 제공하였나

4) 제공받은 자에 대한 신문사항

- 무슨 일을 하고 있는가
- 홍길동을 알고 있는가

- 홍길동이 피의자의 주점에서 술을 먹은 일이 있는가
- 술값 대신으로 주민등록증을 담보로 제공받은 일이 있는가
- 언제 누구 주민등록증을 제공 받았는가
- 어떤 조건으로 받았나
- 지금도 보관하고 있는가

4. 부정한 방법으로 주민등록등본 교부

1) 적용법조 : 제37조 제1항 제5호, 제29조 제2항, 제1항 ☞ 공소시효 5년

> 제29조(열람 또는 등·초본의 교부) ① 주민등록표를 열람하거나 그 등본 또는 초본의 교부를 받으려는 자는 행정안전부령으로 정하는 수수료를 내고 시장·군수 또는 구청장(자치구가 아닌 구의 구청장을 포함한다)이나 읍·면·동장 또는 출장소장(이하 "열람 또는 등·초본교부기관의 장"이라 한다)에게 신청할 수 있다.
> ② 제1항에 따른 주민등록표의 열람이나 등·초본의 교부신청은 본인이나 세대원이 할 수 있다. 다만, 본인이나 세대원의 위임이 있거나 다음 각 호의 어느 하나에 해당하면 그러하지 아니하다.

2) 범죄사실 기재례

[기재례1] 심부름센터에서 주민등록표 열람

> 피의자들은 공모하여 20○○. ○. ○.경 ○○에서 피의자 甲의 지도로 '김길동'이라는 심부름센터 운영자로부터 주민등록번호 670101-1234567의 주소를 알아봐 줄 것을 의뢰받고 그 의뢰내용을 피의자 乙에게 휴대폰으로 전달하고 피의자 乙은 알 수 없는 방법으로 위 주민등록번호의 주민등록표를 열람하여 그 주소를 알아내어 피의자에게 휴대폰으로 알려주고, 피의자는 이를 위 심부름센터 운영자에게 휴대폰으로 알려줌으로써 거짓 그 밖의 부정한 방법으로 다른 사람의 주민등록표를 열람하였다.

[기재례2] 신용정보회사 직원의 망자 주민등록등본 발급

> 피의자는 ○○주식회사 AMC 1팀에서 채권추심업무를 담당하던 사람으로 20○○.○.○.○○동주민센터에서 망 甲 소유의 부동산을 대위 등기하는 데 사용하기 위해 위 주민센터에서 근무하는 공무원 A에게 마치 ○○상호저축은행 망 甲에게 ○○만원의 채권이 있는 것처럼 허위로 기재한 '주민등록표 초본의 열람 또는 교부신청서'를 제출하는 부정한 방법으로 망 甲의 주민등록표 초본 1통을 교부받았다.

[기재례3] 사채업자가 타인 주민등록등본 발급

> 피의자는 20○○. ○. ○. ○○:○○경 ○○시 ○○동사무소 주민등록발급 담당 공무원인 김길동에게 채권확보수단으로 사용하기 위해 "우리모친 홍길녀의 주민등록등본을 발급받으려고 하는데 모친이 고령으로 나올 수 없고 또 주민등록증이 없어 그냥 왔는데 내가 홍길녀의 아들이 틀림없다"라고 거짓으로 말하여 위 홍길녀의 주민등록등본 1통을 제공받았다.

3) 신문사항

 - 무슨일을 하고 있는가

 - 홍길녀를 알고 있는가

 - 홍길녀의 주민등록등본을 발급 받은 일이 있는가

 - 언제 어디에서 발급받았나

 - 누구로부터 뭐라고 말하여 발급받았나

 - 담당공무원이 믿고 그냥 발급해 주던가

 - 어디에 사용하기 위해서 였는가

 - 발급받은 홍길녀의 주민등록등본은 어떻게 하였나

5. 습득한 타인의 <u>주민등록증</u> 부정사용

1) **적용법조** : 제37조 제1항 제8호 ☞ 공소시효 5년

2) **범죄사실 기재례(점유이탈물횡령죄 별도)**

[기재례1]

> 피의자는 20○○. ○. ○. 11:00경 ○○앞 도로상에서 홍길동의 주민등록증을 습득하여 소지하고 있었다.
> 피의자는 20○○. ○. ○. 21:00경 ○○에서 담배를 구입하면서 피의자는 청소년으로 본인 명의로는 담배를 구입할 수 없어 성인인 위 홍길동의 주민등록증을 위 업소 종업원에게 제시하여 다른 사람의 주민등록증을 부정하게 사용하였다.

[기재례2]

> 피의자는 20○○. ○. ○. 경 ○○에서 신호위반으로 ○○경찰서 교통과 소속 경위 박희주에게 적발되어 운전면허증 제시를 요구하자 운전면허증을 소지하지 않았다면서 평소 소지하고 다니던 피의자의 형인 홍길동의 주민등록증을 본인의 주민등록증이라고 제시하여 다른 사람의 주민등록증을 부정 사용하였다.

3) **공문서부정행사죄(형법 제230조)와의 관계**

   주민등록법의 형법보다 형량이 높기 때문에 주민등록법이 특별법으로 주민등록법을 적용하여야 할 것임. 만약 운전면허증을 습득하여 사용하였을 경우에는 형법을 적용하여야 한다.

3) **신문사항**

 -다른 사람의 주민등록증을 습득한 일이 있는가

 - 언제 어디에서 어떤 주민등록증을 습득하였는가

 - 습득한 주민등록증은 어떻게 하였는가

- 언제 어떻게 사용하였는가
- 무엇 때문에 홍길동의 주민등록증을 사용하였는가
- 그럼 부정 사용하였다는 것인가

■ **판례** ■ **타인 명의로 할부금융을 받거나 신용카드를 발급받기 위하여 타인의 주민등록증을 제시한 경우 주민등록법 위반죄가 성립하는지 여부(소극)**

'다른 사람의 주민등록증을 부정사용한 자'를 처벌하고 있는 주민등록법 제21조 제2항 제8호의 입법경위, 입법취지 및 구성요건의 내용 등에 비추어 보면, 위 조항은 다른 사람의 주민등록증을 부정사용한 자를 형법상의 공문서부정행사죄보다 가중처벌하기 위하여 규정된 것으로 보아야 할 것이므로, 공문서부정행사죄와 마찬가지로 다른 사람의 주민등록증을 그 명의자의 허락 없이 함부로 사용하였다고 하더라도 주민등록증 본래의 사용용도인 신분확인용으로 사용한 경우가 아닌 한 주민등록법 제21조 제2항 제8호소정의 주민등록증부정사용죄가 성립하지 않는다고 봄이 상당하다. 따라서 타인 명의로 할부금융을 받거나 신용카드를 발급받기 위하여 타인의 주민등록증을 제시한 행위는 주민등록증 본래의 사용용도인 신분확인용으로 사용한 것으로 볼 수 없어 주민등록법 위반죄가 성립하지 아니한다(대법원 2004.3.26. 선고 2003도7830 판결).

6. 타인의 주민등록번호 정보제공

1) **적용법조** : 제37조 제1항 제9호   ☞   공소시효 5년

2) **범죄사실 기재례**

> 피의자는 20○○. ○. ○.10:00경 ○○에 있는 자신의 주거지에서 인터넷 구글 검색을 통하여 확보한 타인의 주민등록번호 등이 들어있는 파일을 컴퓨터에 보관하던 중, 자신의 인터넷 네이버블로그(○○)에 '주민번호 팝니다(실제존재하는주번). 대량, 소량 가능'이라는 제목으로 타인의 주민등록번호를 판매한다는 광고를 게재하였다.
> 피의자는 위 광고를 보고 연락한 성명불상자(네이버 아이디 '○○')에게 별지 일람표에 기재된 총 ○○명의 성명과 주민등록번호가 기재된 파일을 ○○원을 받기로 하고 전송해 주어 영리의 목적으로 다른 사람의 주민등록번호에 관한 정보를 알려 주었다.

7. 타인의 <u>주민등록번호</u> 부정사용

1) **적용법조** : 제37조 제1항 제10호   ☞   공소시효 5년

2) **범죄사실 기재례**

[기재례1]

> 피의자는 20○○. ○. ○. 경 ○○에 있는 "아울반피시방"에서 인터넷 한게임 사이트상에 피해자 홍길녀의 주민등록번호(701010－200000)로 한게임플러스 회원에 등록하여 "○○○" 계정으로 20○○. ○. ○.까지 한게임상의 캐릭터인 아바타의 의류를 구입하는 등 ○○만원 상당을 유료 사용하고 피해자에게 위 금원을 부과시킴으로써 다른 사람의 주민등록번호를 부정 사용하였다.

[기재례2]

> 누구든지 다른 사람의 주민등록번호를 부정하게 사용하여서는 아니 된다.
> 그럼에도 피의자는 20○○.○.○. ○○에 있는 '○○○약국'에서 마치 자신이 갑인 것처럼 행세하면서 의료기관 직원에게 갑의 주민등록번호를 기재하거나 불러 주고 진료받은 후 발급받은 처방전을 위 약국 직원에게 제출하여 약을 구매한 것을 비롯하여 그때부터 20○○.○.○.경까지 같은 방법으로 별지 범죄일람표 기재 내용과 같이 총 ○○회에 걸쳐 각 병원과 약국에서 다른 사람의 주민등록번호를 부정하게 사용하였다.

3) 신문사항

- 피해자 홍길녀를 알고 있는가
- 어떤 관계인가(친척여부 확인)
- 홍길녀의 주민등록번호를 사용한 일이 있는가
- 언제 어떻게 사용하였는가
- 홍길녀도 이러한 사용을 알고 있는가
- 그럼 부정 사용하였다는 것인가
- 홍길녀의 주민등록번호를 무엇 때문에 부정사용하였는가

■ **판례** ■ 보험대리점 업체가 보험회사와 보험모집 법인대리점 계약을 체결하면서 업체에서 퇴사한 직원의 동의 없이 그의 주민등록번호를 기재한 법인대리점 보험모집 유자격자 명단을 보험회사에 제출한 경우

[1] 타인의 주민등록번호를 그 소지자의 허락 없이 신분확인 외의 용도로 사용한 경우, 주민등록번호 부정사용죄의 성립 여부(소극)

구 주민등록법(2007. 5. 11. 법률 제8422호로 전부 개정되기 전의 것) 제21조 제2항 제9호는 공적·사적인 각종 생활분야에서 주민등록증이나 운전면허증과 같이 명의인의 주민등록번호가 기재된 유형적인 신분증명문서를 제시하지 않고 성명과 주민등록번호 등만으로 본인 여부의 확인 또는 개인식별 내지 특정이 가능한 절차에 있어서, 주민등록번호 소지자의 허락 없이 마치 그 소지자의 허락을 얻은 것처럼 행세하거나 자신이 그 소지자인 것처럼 행세하면서 그 주민등록번호를 사용하는 행위를 처벌하기 위하여 규정된 것으로 보아야 한다. 그러므로 다른 사람의 주민등록번호를 그 소지자의 허락 없이 함부로 이용하였다 하더라도, 그 주민등록번호를 본인 여부의 확인 또는 개인식별 내지 특정의 용도로 사용한 경우에 이른 경우가 아닌 한, 위 조항의 주민등록번호 부정사용죄는 성립하지 아니한다.

[2] 주민등록번호 부정사용죄에 해당여부(소극)

타인의 주민등록번호를 신분확인과 관련하여 사용한 것으로 볼 수 없어 주민등록번호 부정사용죄에 해당하지 않는다(대법원 2009.9.10. 선고 2009도4574 판결).

제 110 장   주차장법

Ⅰ. 개념정의

제2조(정의) 이 법에서 사용하는 용어의 뜻은 다음과 같다.
1. "주차장"이란 자동차의 주차를 위한 시설로서 다음 각 목의 어느 하나에 해당하는 종류의 것을 말한다.
    가. 노상주차장(路上駐車場) : 도로의 노면 또는 교통광장(교차점광장만 해당한다. 이하 같다)의 일정한 구역에 설치된 주차장으로서 일반(一般)의 이용에 제공되는 것
    나. 노외주차장(路外駐車場) : 도로의 노면 및 교통광장 외의 장소에 설치된 주차장으로서 일반의 이용에 제공되는 것
    다. 부설주차장 : 제19조에 따라 건축물, 골프연습장, 그 밖에 주차수요를 유발하는 시설에 부대(附帶)하여 설치된 주차장으로서 해당 건축물 · 시설의 이용자 또는 일반의 이용에 제공되는 것
2. "기계식주차장치"란 노외주차장 및 부설주차장에 설치하는 주차설비로서 기계장치에 의하여 자동차를 주차할 장소로 이동시키는 설비를 말한다.
3. "기계식주차장"이란 기계식주차장치를 설치한 노외주차장 및 부설주차장을 말한다.
4. "도로"란 「건축법」 제2조제1항제11호에 따른 도로로서 자동차가 통행할 수 있는 도로를 말한다.
5. "자동차"란 「도로교통법」 제2조제18호에 따른 자동차 및 같은 법 제2조제19호에 따른 원동기장치자전거를 말한다.
6. "주차"란 「도로교통법」 제2조제24호에 따른 주차를 말한다.
7. "주차단위구획"이란 자동차 1대를 주차할 수 있는 구획을 말한다.
8. "주차구획"이란 하나 이상의 주차단위구획으로 이루어진 구획 전체를 말한다.
9. "전용주차구획"이란 제6조제1항에 따른 경형자동차(輕型自動車) 등 일정한 자동차에 한정하여 주차가 허용되는 주차구획을 말한다.
10. "건축물"이란 「건축법」 제2조제1항제2호에 따른 건축물을 말한다.
11. "주차전용건축물"이란 건축물의 연면적 중 대통령령으로 정하는 비율 이상이 주차장으로 사용되는 건축물을 말한다.
12. "건축"이란 「건축법」 제2조제1항제8호 및 제9호에 따른 건축 및 대수선(같은 법 제19조에 따른 용도변경을 포함한다)을 말한다.
13. "기계식주차장치 보수업"이란 기계식주차장치의 고장을 수리하거나 고장을 예방하기 위하여 정비를 하는 사업을 말한다.

※ 시행령(대통령령)
제1조의2(주차전용건축물의 주차면적비율) ① 「주차장법」 (이하 "법"이라 한다) 제2조제11호에서 "대통령령으로 정하는 비율 이상이 주차장으로 사용되는 건축물"이란 건축물의 연면적 중 주차장으로 사용되는 부분의 비율이 95퍼센트 이상인 것을 말한다. 다만, 주차장 외의 용도로 사용되는 부분이 「건축법 시행령」 별표 1에 따른 단독주택(같은 표 제1호에 따른 단독주택을 말한다. 이하 "단독주택"이라 한다), 공동주택, 제1종 근린생활시설, 제2종 근린생활시설, 문화 및 집회시설, 종교시설, 판매시설, 운수시설, 운동시설, 업무시설 또는 자동차 관련 시설인 경우에는 주차장으로 사용되는 부분의 비율이 70퍼센트 이상인 것을 말한다.
② 제1항에 따른 건축물의 연면적의 산정방법은 「건축법」에 따른다. 다만, 기계식주차장의 연면적은 기계식주차장치에 의하여 자동차를 주차할 수 있는 면적과 기계실, 관리사무소 등의 면적을 합하여 계산한다.
③ 특별시장 · 광역시장 · 특별자치도지사 또는 시장은 법 제12조제6항 또는 제19조제10항에 따라 노외주차장 또는 부설주차장의 설치를 제한하는 지역의 주차전용건축물의 경우에는 제1항 단서에도 불구하고 해당 지방자치단체의 조례로 정하는 바에 따라 주차장 외의 용도로 사용되는 부분에 설치할 수 있는 시설의 종류를 해당 지역의 구역별로 제한할 수 있다.

II. 벌 칙

제29조(벌칙) ① 다음 각 호의 어느 하나에 해당하는 자는 3년 이하의 징역 또는 5천만원 이하의 벌금에 처한다.
1. 제19조제1항 및 제3항을 위반하여 부설주차장을 설치하지 아니하고 시설물을 건축하거나 설치한 자
2. 제19조의4제1항을 위반하여 부설주차장을 주차장 외의 용도로 사용한 자
3. 제19조의23제2항을 위반하여 정밀안전검사에 불합격한 기계식주차장을 사용에 제공한 자
4. 제19조의24제1항에 따른 운행중지명령을 위반한 자
② 다음 각 호의 어느 하나에 해당하는 자는 1년 이하의 징역 또는 1천만원 이하의 벌금에 처한다.
1. 노외주차장인 주차전용건축물을 제2조제11호에 따른 주차장 사용 비율을 위반하여 사용한 자
2. 제19조의4제2항을 위반하여 정당한 사유 없이 부설주차장 본래의 기능을 유지하지 아니한 자
3. 거짓이나 그 밖의 부정한 방법으로 제19조의6제1항에 따른 안전도인증을 받은 자
4. 제19조의6제1항에 따른 안전도인증을 받지 아니하고 기계식주차장치를 제작·조립 또는 수입하여 양도·대여 또는 설치한 자
5. 제19조의6제2항에 따라 기계식주차장치의 안전도에 대한 심사를 하는 자로서 부정한 심사를 한 자
6. 거짓이나 그 밖의 부정한 방법으로 제19조의9제2항 각 호 또는 제19조의23제1항의 검사를 받은 자
7. 제19조의9제2항 각 호에 따른 검사를 받지 아니하고 기계식주차장을 사용에 제공한 자
8. 제19조의10제3항을 위반하여 검사에 불합격한 기계식주차장을 사용에 제공한 자
9. 제19조의12 또는 제19조의23제4항에 따라 기계식주차장의 검사대행을 지정받은 자 또는 그 종사원으로서 부정한 검사를 한 자
10. 제19조의14제1항을 위반하여 등록을 하지 아니하고 보수업을 한 자
11. 거짓이나 그 밖의 부정한 방법으로 제19조의14제1항에 따른 보수업의 등록을 한 자
11의2. 제19조의20제1항을 위반하여 기계식주차장치 관리인을 두지 아니한 자
11의3. 제19조의23제1항에 따른 정밀안전검사를 받지 아니하고 기계식주차장을 사용에 제공한 자
12. 제24조에 따른 금지기간에 주차장을 일반의 이용에 제공한 자
제31조(양벌규정) 법인의 대표자나 법인 또는 개인의 대리인, 사용인, 그 밖의 종업원이 그 법인 또는 개인의 업무에 관하여 제29조의 위반행위를 하면 그 행위자를 벌하는 외에 그 법인 또는 개인에게도 해당 조문의 벌금형을 과(科)한다. 다만, 법인 또는 개인이 그 위반행위를 방지하기 위하여 해당 업무에 관하여 상당한 주의와 감독을 게을리하지 아니한 경우에는 그러하지 아니하다.

■ 판례 ■　　노상주차장에 관하여 주차장법의 규정이 도로법이나 유료도로법에 우선하여 적용되는 지 여부(적극)

도로의 노면의 일정구역에 설치된 노상주차장은 도로와 주차장의 두 가지 성격을 함께 가진다고 볼 수 있을 것이나, 이와 같은 노상주차장에 관한 주차장법의 규정은 도로법이나 유료도로법에 대한 특별규정이므로, 노상주차장에 관하여는 주차장법의 규정이 우선 적용되고 주차장법이 적용되지 아니하는 범위 안에서 도로법이나 유료도로법의 적용이 있다(대법원 1997.11.11. 선고 97도1841 판결).

III. 범죄사실

1. 부설주차장 미설치

1) 적용법조 : 제29조 제1항 제1호, 제19조 제1항 ☞ 공소시효 5년

제19조(부설주차장의 설치) ① 「국토의 계획 및 이용에 관한 법률」에 따른 도시지역, 같은 법 제51조제3항에 따른 지구단위계획구역 및 지방자치단체의 조례로 정하는 관리지역에서 건축물, 골프연습장, 그 밖에 주차수요를 유발하는 시설(이하 "시설물"이라 한다)을 건축하거나 설치하려는 자는 그 시설물의 내부 또는 그 부지에 부설주차장(화물의 하역과 그 밖의 사업 수행을 위한 주차장을 포함한다. 이하 같다)을 설치하여야 한다.

2) 범죄사실 기재례

피의자는 국토의계획및이용에관한법률에 의하여 지정된 도시지역인 ○○시 안에 건축물을 신축하고자 하는 자는 근린생활시설의 경우 (자치단체의 조례로 정하는 규정) 수용할 수 있는 부설주차장을 설치하여야 한다.

그럼에도 불구하고 피의자는 ○○에 있는 5층 ○○건물의 건축주인 피의자가 20○○. 5. 경 당초 1층 중 ○○㎡ 부분, 2층 ○○㎡, 3층 ○○㎡ 부분은 각 근린생활시설로, 4층 ○○㎡ 부분은 2가구로, 5층 ○○㎡ 부분은 1세대로 각 허가받은 위 5층 건물을 시공하면서, 2, 3, 4층은 각 4세대로, 5층은 2세대로 각각 건축하면서 그에 상응하는 모두 11대(10.482대=1층 근린생활시설 102.32㎡에 대한 주차대수 0.682대+주택 14세대 550.94㎡에 대한 주차대수 9.8대)를 수용할 수 있는 부설주차장을 설치하지 아니하였다.

■ 판례 ■   건축법과 주차장법의 관계

[1] 주차장법상 부설주차장의 규모를 결정하는 기준인 시설면적이나 세대 수가 위법하게 건축된 면적이나 세대 수까지 포함하는지 여부(적극)

주차장법상 부설주차장의 규모를 결정하는 기준으로서 시설면적이나 세대 수란 건축법 등 관계법령에 비추어 적법하게 건축된 면적이나 세대 수만을 의미하는 것으로 볼 수 없고, 위법하게 건축된 면적이나 세대 수까지 포함하여 현실적으로 건축 또는 설치된 시설물의 전체 면적 및 세대 수를 뜻하는 것으로 이해함이 상당하다.

[2] 시설기준에 따른 부설주차장을 설치하지 아니하고 시설물을 건축한 후에 위법하게 건축한 부분을 추후 원상회복한 경우, 부설주차장 미설치로 인한 주차장법 제19조 제1항, 제3항 위반죄로 처벌할 수 있는지 여부(적극)

주차장법 제19조 제1항, 제3항 위반의 죄는 부설주차장을 설치하지 아니하고 시설물을 건축 또는 설치하여 위 조항들이 지키고자 하는 법익에 대한 위험을 야기함으로써 즉시 성립하는 것이고, 이후에는 그 법익 침해의 상태만이 지속할 뿐으로서, 일단 시설기준에 따른 부설주차장을 설치하지 아니하고 시설물을 건축함으로써 발생한 법익 침해는 추후 부설주차장을 증설하거나 시설물을 일부 철거 또는 용도 변경하는 등으로 시설기준을 사후 충족하게 되었다 하여 소멸하는 것이 아니고, 건축법과 주차장법은 입법 취지가 서로 다른 것이므로, 피고인이 위법하게 건축한 부분을 추후 원상회복함으로써 법익침해의 상태를 종료시켰다 하여도, 기왕에 이루어진 주차장법 제19조 제1항, 제3항 위반 행위에 대하여는 건축법위반 행위와는 별도의 법적 평가 및 처벌을 피할 수 없다(대법원 2004.5.13. 선고 2003도8081 판결).

2. 부설주차장의 용도변경 행위

1) 적용법조 : 제29조 제1항 제2호, 제19조의4 제1항 ☞ 공소시효 5년

> 제19조의4(부설주차장의 용도변경 금지 등) ① 부설주차장은 주차장 외의 용도로 사용할 수 없다. 다만, 다음 각 호의 어느 하나에 해당하는 경우에는 그러하지 아니하다.
> 1. 시설물의 내부 또는 그 부지(제19조제4항에 따라 해당 시설물의 부지 인근에 부설주차장을 설치하는 경우에는 그 인근 부지를 말한다) 안에서 주차장의 위치를 변경하는 경우로서 시장·군수 또는 구청장이 주차장의 이용에 지장이 없다고 인정하는 경우
> 2. 시설물의 내부에 설치된 주차장을 추후 확보된 인근 부지로 위치를 변경하는 경우로서 시장·군수 또는 구청장이 주차장의 이용에 지장이 없다고 인정하는 경우
> 3. 그 밖에 대통령령으로 정하는 기준에 해당하는 경우
> ② 시설물의 소유자 또는 부설주차장의 관리책임이 있는 자는 해당 시설물의 이용자가 부설주차장을 이용하는 데에 지장이 없도록 부설주차장 본래의 기능을 유지하여야 한다. 다만, 대통령령으로 정하는 기준에 해당하는 경우에는 그러하지 아니하다.

2) 범죄사실 기재례

[기재례1] 주차장을 음식점 창고로 사용

> 피의자는 식당을 경영하는 자로, 건축물의 부설주차장은 주차장 외의 용도로 사용할 수 없다.
> 그럼에도 불구하고 피의자는 20○○. ○. ○. 경부터 20○○. ○. ○.경까지 ○○○에 있는 피의자 소유의 지하 1층, 지상 2층 건물의 1층에 설치된 ○○㎡의 옥외 부설주차장 중 ○○㎡를 경량철골로 구획하여 음식점의 창고로 사용하였다.

[기재례2] 주차장을 보도로 사용

> 건축물부설 주차장은 주차장 이외의 다른 용도로 사용할 수 없다.
> 그럼에도 불구하고 피의자는 20○○. ○. ○.경부터 20○○. ○. ○.까지 위 건물에서, 위 건물 앞쪽에 설치된 자동차 8대분의 기계식주차장을, 출입구의 길폭이 좁아 주차장의 설치 기준에 적합하지 아니한 위 건물 뒤편으로 이동하고, 위 자동차 8대분의 주차장을 보도 및 공간으로 활용함으로써 주차장 외의 다른 용도로 사용하였다.

[기재례3] 주차장을 개조하여 가게로 사용

> 피의자는 ○○에 있는 지하 1층, 지상 4층, 대지면적 ○○㎡, 연면적 ○○㎡인 근린생활시설 건축물의 소유자로, 건축물의 부설주차장은 주차장 외의 용도로 사용할 수 없다.
> 그럼에도 불구하고 피의자는 20○○. ○. ○.경부터 20○○. ○. ○.경까지 위 건축물의 1층 옥외 기계식 부설주차장 2대분 ○○㎡, 옥외 자주식 부설주차장 3대분 및 주차장으로 통하는 통로 ○○㎡ 합계 ○○㎡를 주차장으로 사용치 않고 옷가게 등의 용도로 사용하였다.

[기재례4] 부설주차장 기능 유지 위반 (제29조 제2항 제2호, 제19조의4 제2항)

피의자는 ○○에 위치한 ○○빌딩(5층 건물)의 소유자이다.

시설물의 소유자는 해당 시설물의 이용자가 부설주차장을 이용하는 데에 지장이 없도록 본래의 기능을 유지하여야 한다.

그럼에도 불구하고 피의자는 20○○. ○. ○.부터 20○○. ○. ○.까지 위 건물 내 부설주차장에 설치된 기계식주차장치(다층순환식 1기 ○○면)를 고장 등의 사유로 방치하여 주차장으로 사용하지 못하게 하였다.

이로써 피의자는 정당한 사유 없이 부설주차장 본래의 기능을 유지하지 아니하였다.

3) 신문사항

- 피의자는 주차장을 다른 용도로 변경한 일이 있는가
- 언제 어떠한 주차장을 용도 변경하였나
- 어떠한 방법으로 변경하였나
- 당초 주차장면적은 어느 정도였는데 얼마를 다른 용도로 변경하였나
  - 이때 고발장에 첨부된 사진 등을 보여주며
- 이러한 위반 내용이 사실인가
- 어떤 용도로 사용하기 위해 변경하였나
- 왜 이러한 행위를 하였나

■ 판례 ■ 주차장법에서 규정한 "부설주차장을 주차장 외의 용도로 사용"한 행위의 의미

주차장법 제29조 제1항 제2호에서 규정하는 "부설주차장을 주차장 외의 용도로 사용"한 행위에는 직접 부설주차장을 주차장 외의 용도로 변경하여 사용하는 행위뿐만 아니라 이미 유형적으로 주차장 외의 용도로 변경된 부설주차장의 관리책임을 승계한 자가 그 변경된 용도로 계속 사용하는 경우도 포함된다고 할 것이다. 또 주차장법 제29조 제1항 제2호 위반의 죄는 이른바 계속범으로서, 종전에 용도외 사용행위에 대하여 처벌받은 일이 있다고 하더라도 그 후에도 계속하여 용도외 사용을 하고 있는 이상 종전 재판 후의 사용에 대하여 다시 처벌할 수 있는 것이다(대법원 2006.1.26. 선고 2005도7283 판결).

■ 판례 ■ 관할관청에 대한 신고 없이 바닥면적이 100㎡를 초과하지 아니하는 옥내 주차장을 슈퍼마켓으로 용도변경한 경우

관할관청에 대한 신고 없이 바닥면적이 100㎡를 초과하지 아니하는 옥내 주차장을 슈퍼마켓으로 용도변경한 행위는 건축법위반으로 처벌할 수 없다(대법원 2003.11.28. 선고 2003도4266 판결).

■ 판례 ■ 주차장법 소정의 부설주차장을 주차장 외의 용도로 사용하고 있는 경우, 주차장법 제29조 제1항 위반죄의 공소시효 진행 여부(소극)

구 주차장법(1995.12.29. 법률 제5115호로 개정되기 전의 것) 제29조 제1항은 "부설주차장을 주차장 외의 용도로 사용"한 경우를 처벌하도록 규정하고 있으므로, 피고인이 부설주차장을 임대하여 주차장 외의 용도로 사용하게 하였다면 주차장 외의 용도로 사용하는 행위와 이로 인한 위법 상태는 계속되고 있었으므로 그 때까지는 공소시효가 진행되지 아니한다(대법원 1999.3.9. 선고 98도4582 판결).

■ **판례** ■ **건물 부설주차장 부분의 용도가 주거용인 것으로 잘못 알고 건물을 취득한 경우 그 부분을 주거용으로 사용한 행위가 정당행위에 해당하는지 여부(소극)**

건물의 건축물관리대장에 지하층의 용도가 주택으로 기재되지 아니하였고, 피고인은 관할 구청장으로부터 시정지시를 받고 그 지하층을 주거용으로 사용하는 것이 법에 위반된다는 것을 알게 되었음에도 불구하고 그 지하층을 주거용으로 사용하여 온 점, 그 지하층은 공익목적을 위하여 건축물의 일부를 부설주차장으로 지정하여 그 용도로만 사용하도록 규정하고 있는 건축법과 주차장법의 관계 규정에 의하여 그 용도가 부설주차장으로 지정된 것이라는 점 등에 비추어 보면, 피고인이 그 지하층의 용도가 주거용인 것으로 잘못 알고서 그 건물을 취득하였다는 사정을 감안한다 하더라도 피고인의 행위를 사회상규에 위배되지 아니하는 정당한 행위로 볼 수 없다(대법원 1995.10.13. 선고 95도1789 판결).

■ **판례** ■ **건물의 부설주차장내 차량의 주차에 영향이 없을 정도의 면적인 한쪽 구석에 일시적으로 폐품을 보관한 경우, 주차장외 다른 용도로 사용한 것"에 해당하는지 여부(소극)**

건물의 부설주차장 내 한 쪽 구석에 일시적으로 책상, 의자, 유리창 등 폐품을 보관한 것이고, 그 면적이 차량의 주차에 거의 영향이 없을 정도의 일부분에 지나지 아니한 것인 이상 이는 구 주차장법(1990.4.7. 법률 제4230호로 개정되기 전의 것) 제19조의4 제1항의 규정에 위반하여 위 주차장을 주차장외의 다른 용도로 사용한 것이라고 인정할 수 없다(대법원 1992.3.13. 선고 91도2772 판결).

■ **판례** ■ **건축물부설 주차장의 용도를 허가 없이 변경한 행위에 대하여 성립하는 주차장법위반죄와 건축법위반죄의 죄수관계(상상적 경합범)**

주차장법과 건축법은 각기 입법목적, 규정사항, 그 적용대상 등을 달리하므로 주차장법이 전면적으로 건축법의 특별법이라고 볼 수 없고, 한편 주차장법이 건축물 부설 주차장의 용도를 변경하는 행위를 처벌하는 것은 기왕에 설치된 주차장 시설을 그대로 유지, 확보하고자 하는 데 목적이 있다 할 것이고, 건축법이 일단 허가받아 건축된 건축물의 용도를 무단으로 변경하는 행위를 처벌하는 것은 건축물의 구조나 설비의 기준 및 용도에 관한 규제를 위태롭게 하는 것을 방지하려는데 목적이 있는 것으로서 그 보호법익을 달리한다고 볼 것이므로 주차장법의 처벌법규는 건축법상의 처벌법규에 대한 특별법규가 아니라 각기 독립된 별개의 구성요건이라고 보는 것이 상당하고, 따라서 건축물 부설 주차장의 용도를 허가없이 변경한 행위에 대한 주차장법위반죄와 건축법위반죄는 상상적 경합관계에 있다 할 것이다(대법원 1990.7.27. 선고 89도1829 판결).

■ **판례** ■ **상가건물 부설 주차장의 주차기를 철거한 자리에 다른 건물 등을 건축하지는 아니하였으나 계단을 설치하여 그 건물과 전면 도로 사이의 통로 및 상가 마당으로 사용하는 것이 주차장 법상의 용도변경에 해당하는지 여부(적극)**

상가건물 부설 주차장에 건축허가대로 주차기를 설치하였다가 이를 철거한 자리에 다른 건물 등이 들어서지는 않았다고 하더라도 철거된 자리가 상가건물과 그 앞의 도로 사이의 공간으로서 위 건물에서 도로에 이르게 되는 통로 및 상가 전면 마당으로서의 용도로 사용되고 있을 뿐 아니라, 당초 주차기를 설치하였던 장소에서 도로에 접하게 되는 그 전면 및 측면에 연하여 계단을 설치하는 등 위와 같은 용도로 사용하기 위하여 적극적으로 시설을 한 경우에는 그 장소를 단순히 방치하고 있는 것이 아니라 이를 타용도에 사용하는 것으로 볼 수 있다(대법원 1990.7.24. 선고 90도280 판결).

3. 영업정지기간 중 영업행위

1) 적용법조 : 제29조 제2항 제12호, 제24조 제1항 ☞ 공소시효 5년

제24조(영업정지 등) 시장·군수 또는 구청장은 노외주차장관리자 또는 제19조의3에 따른 부설주차장의 관리자가 다음 각 호의 어느 하나에 해당하는 경우에는 6개월 이내의 기간을 정하여 해당 주차장을 일반의 이용에 제공하는 것을 금지하거나 1천만원 이하의 과징금을 부과할 수 있다.
1. 제6조제1항·제2항 또는 제6조의2제2항에 따른 주차장의 구조·설비 및 안전기준 등을 위반한 경우
2. 제6조제3항에 따른 미끄럼 방지시설과 미끄럼 주의 안내표지를 갖추지 않은 경우
3. 제17조제2항(제19조의3에서 준용되는 경우를 포함한다)을 위반하여 주차장에 대한 일반의 이용을 거절한 경우
4. 제23조제3항에 따른 시장·군수 또는 구청장의 명령에 따르지 아니한 경우(노외주차장관리자만 해당한다)
5. 제25조제1항에 따른 검사를 거부·기피 또는 방해한 경우(노외주차장관리자만 해당한다)

2) 범죄사실 기재례

피의자는 ○○에 있는 건물의 부설주차장 관리자로서 설비기준 위반으로 ○○구청장으로 20○○. ○. ○. 부터 20○○. ○. ○.까지 당해 주차장의 일반이용에의 제공을 금지하는 처분을 받았다.
그럼에도 불구하고 피의자는 20○○. ○. ○. 부터 20○○. ○. ○.까지 위 부설주차장을 일반의 이용에 제공하였다.

3) 신문사항

- 피의자는 주차장을 관리하고 있는가
- 어떤 부설주차장을 관리하는가
- ○○구청으로부터 일반이용에의 제공을 금지하는 처분을 받은 일이 있는가.
- 언제 어떠한 처분을 받았는가
- 이를 이행하는가
- 그럼 언제부터 언제까지 계속 주차장으로 사용하였나
- 어떤 차량을 대상으로 이용하도록 하였나
- 왜 이행하지 않았는가

Ⅰ. 개념정의

제2조(정의) 이 법에서 사용하는 용어의 뜻은 다음과 같다.

1. "주택"이란 세대(世帶)의 구성원이 장기간 독립된 주거생활을 할 수 있는 구조로 된 건축물의 전부 또는 일부 및 그 부속토지를 말하며, 단독주택과 공동주택으로 구분한다.

2. "단독주택"이란 1세대가 하나의 건축물 안에서 독립된 주거생활을 할 수 있는 구조로 된 주택을 말하며, 그 종 류와 범위는 대통령령으로 정한다.

3. "공동주택"이란 건축물의 벽·복도·계단이나 그 밖의 설비 등의 전부 또는 일부를 공동으로 사용하는 각 세 대가 하나의 건축물 안에서 각각 독립된 주거생활을 할 수 있는 구조로 된 주택을 말하며, 그 종류와 범위는 대통령령으로 정한다.

4. "준주택"이란 주택 외의 건축물과 그 부속토지로서 주거시설로 이용가능한 시설 등을 말하며, 그 범위와 종류 는 대통령령으로 정한다.

5. "국민주택"이란 다음 각 목의 어느 하나에 해당하는 주택으로서 국민주택규모 이하인 주택을 말한다.

　가. 국가·지방자치단체, 「한국토지주택공사법」에 따른 한국토지주택공사(이하 "한국토지주택공사"라 한다) 또는 「지 방공기업법」 제49조에 따라 주택사업을 목적으로 설립된 지방공사(이하 "지방공사"라 한다)가 건설하는 주택

　나. 국가·지방자치단체의 재정 또는 「주택도시기금법」에 따른 주택도시기금(이하 "주택도시기금"이라 한다) 으로부터 자금을 지원받아 건설되거나 개량되는 주택

6. "국민주택규모"란 주거의 용도로만 쓰이는 면적(이하 "주거전용면적"이라 한다)이 1호(戶) 또는 1세대당 85 ㎡ 이하인 주택(「수도권정비계획법」 제2조제1호에 따른 수도권을 제외한 도시지역이 아닌 읍 또는 면 지역 은 1호 또는 1세대당 주거전용면적이 100㎡ 이하인 주택을 말한다)을 말한다. 이 경우 주거전용면적의 산정 방법은 국토교통부령으로 정한다.

7. "민영주택"이란 국민주택을 제외한 주택을 말한다.

8. "임대주택"이란 임대를 목적으로 하는 주택으로서, 「공공주택 특별법」 제2조제1호가목에 따른 공공임대주택 과 「민간임대주택에 관한 특별법」 제2조제1호에 따른 민간임대주택으로 구분한다.

9. "토지임대부 분양주택"이란 토지의 소유권은 제15조에 따른 사업계획의 승인을 받아 토지임대부 분양주택 건 설사업을 시행하는 자가 가지고, 건축물 및 복리시설(福利施設) 등에 대한 소유권[건축물의 전유부분(專有部 分)에 대한 구분소유권은 이를 분양받은 자가 가지고, 건축물의 공용부분·부속건물 및 복리시설은 분양받은 자들이 공유한다]은 주택을 분양받은 자가 가지는 주택을 말한다.

10. "사업주체"란 제5조에 따른 주택건설사업계획 또는 대지조성사업계획의 승인을 받아 그 사업을 시행하는 다 음 각 목의 자를 말한다.

　가. 국가·지방자치단체　　　　　　　　　　나. 한국토지주택공사 또는 지방공사

　다. 제4조에 따라 등록한 주택건설사업자 또는 대지조성사업자

　라. 그 밖에 이 법에 따라 주택건설사업 또는 대지조성사업을 시행하는 자

11. "주택조합"이란 많은 수의 구성원이 제15조에 따른 사업계획의 승인을 받아 주택을 마련하거나 제66조에 따 라 리모델링하기 위하여 결성하는 다음 각 목의 조합을 말한다.

　가. 지역주택조합: 다음 구분에 따른 지역에 거주하는 주민이 주택을 마련하기 위하여 설립한 조합

　　　1) 서울특별시·인천광역시 및 경기도　　2) 대전광역시·충청남도 및 세종특별자치시　　3) 충청북도

　　　4) 광주광역시 및 전라남도　　　　　　5) 전라북도　　　　　　6) 대구광역시 및 경상북도

　　　7) 부산광역시·울산광역시 및 경상남도　8) 강원도　　　　　　9) 제주특별자치도

나. 직장주택조합: 같은 직장의 근로자가 주택을 마련하기 위하여 설립한 조합

다. 리모델링주택조합: 공동주택의 소유자가 그 주택을 리모델링하기 위하여 설립한 조합

12. "주택단지"란 제15조에 따른 주택건설사업계획 또는 대지조성사업계획의 승인을 받아 주택과 그 부대시설 및 복리시설을 건설하거나 대지를 조성하는 데 사용되는 일단(一團)의 토지를 말한다. 다만, 다음 각 목의 시설로 분리된 토지는 각각 별개의 주택단지로 본다.

　가. 철도 · 고속도로 · 자동차전용도로

　나. 폭 20미터 이상인 일반도로

　다. 폭 8미터 이상인 도시계획예정도로

　라. 가목부터 다목까지의 시설에 준하는 것으로서 대통령령으로 정하는 시설

13. "부대시설"이란 주택에 딸린 다음 각 목의 시설 또는 설비를 말한다.

　가. 주차장, 관리사무소, 담장 및 주택단지 안의 도로

　나. 「건축법」 제2조제1항제4호에 따른 건축설비

　다. 가목 및 나목의 시설 · 설비에 준하는 것으로서 대통령령으로 정하는 시설 또는 설비

14. "복리시설"이란 주택단지의 입주자 등의 생활복리를 위한 다음 각 목의 공동시설을 말한다.

　가. 어린이놀이터, 근린생활시설, 유치원, 주민운동시설 및 경로당

　나. 그 밖에 입주자 등의 생활복리를 위하여 대통령령으로 정하는 공동시설

15. "기반시설"이란 「국토의 계획 및 이용에 관한 법률」 제2조제6호에 따른 기반시설을 말한다.

16. "기간시설(基幹施設)"이란 도로 · 상하수도 · 전기시설 · 가스시설 · 통신시설 · 지역난방시설 등을 말한다.

17. "간선시설"이란 도로 · 상하수도 · 전기시설 · 가스시설 · 통신시설 및 지역난방시설 등 주택단지(둘 이상의 주택단지를 동시에 개발하는 경우에는 각각의 주택단지) 안의 기간시설을 그 주택단지 밖에 있는 같은 종류의 기간시설에 연결시키는 시설을 말한다. 다만, 가스시설 · 통신시설 및 지역난방시설의 경우에는 주택단지 안의 기간시설을 포함한다.

18. "공구"란 하나의 주택단지에서 대통령령으로 정하는 기준에 따라 둘 이상으로 구분되는 일단의 구역으로, 착공신고 및 사용검사를 별도로 수행할 수 있는 구역을 말한다.

19. "세대구분형 공동주택"이란 공동주택의 주택 내부 공간의 일부를 세대별로 구분하여 생활이 가능한 구조로 하되, 그 구분된 공간의 일부를 구분소유 할 수 없는 주택으로서 대통령령으로 정하는 건설기준, 설치기준, 면적기준 등에 적합한 주택을 말한다.

20. "도시형 생활주택"이란 300세대 미만의 국민주택규모에 해당하는 주택으로서 대통령령으로 정하는 주택을 말한다.

21. "에너지절약형 친환경주택"이란 저에너지 건물 조성기술 등 대통령령으로 정하는 기술을 이용하여 에너지 사용량을 절감하거나 이산화탄소 배출량을 저감할 수 있도록 건설된 주택을 말하며, 그 종류와 범위는 대통령령으로 정한다.

22. "건강친화형 주택"이란 건강하고 쾌적한 실내환경의 조성을 위하여 실내공기의 오염물질 등을 최소화할 수 있도록 대통령령으로 정하는 기준에 따라 건설된 주택을 말한다.

23. "장수명 주택"이란 구조적으로 오랫동안 유지 · 관리될 수 있는 내구성을 갖추고, 입주자의 필요에 따라 내부구조를 쉽게 변경할 수 있는 가변성과 수리 용이성 등이 우수한 주택을 말한다.

24. "공공택지"란 다음 각 목의 어느 하나에 해당하는 공공사업에 의하여 개발 · 조성되는 공동주택이 건설되는 용지를 말한다.

　가. 제24조제2항에 따른 국민주택건설사업 또는 대지조성사업

　나. 「택지개발촉진법」에 따른 택지개발사업. 다만, 같은 법 제7조제1항제4호에 따른 주택건설등 사업자가 같은 법 제12조제5항에 따라 활용하는 택지는 제외한다.

　다. 「산업입지 및 개발에 관한 법률」에 따른 산업단지개발사업

　라. 「공공주택 특별법」에 따른 공공주택지구조성사업

　마. 「민간임대주택에 관한 특별법」에 따른 공공지원민간임대주택 공급촉진지구 조성사업(같은 법 제23조제1항제2호에 해당하는 시행자가 같은 법 제34조에 따른 수용 또는 사용의 방식으로 시행하는 사업만 해당한다)

　바. 「도시개발법」에 따른 도시개발사업[같은 법 제11조제1항제1호부터 제4호까지의 시행자 또는 같은 항 제11호에 해당하는 시행자(같은 법 제11조제1항제1호부터 제4호까지의 시행자가 100분의 50을 초과하여 출자한 경우에 한정한다) 같은 법 제21조에 따른 수용 또는 사용의 방식으로 시행하는 사업과 혼용방식 중 수용 또는 사용의 방식이 적용되는 구역에서 시행하는 사업만 해당한다]

　사. 「경제자유구역의 지정 및 운영에 관한 특별법」에 따른 경제자유구역개발사업(수용 또는 사용의 방식으로

시행하는 사업과 혼용방식 중 수용 또는 사용의 방식이 적용되는 구역에서 시행하는 사업만 해당한다)

아. 「공공기관 지방이전에 따른 혁신도시 건설 및 지원에 관한 특별법」에 따른 혁신도시개발사업

자. 「신행정수도 후속대책을 위한 연기·공주지역 행정중심복합도시 건설을 위한 특별법」에 따른 행정중심복합도시건설사업

차. 「공익사업을 위한 토지 등의 취득 및 보상에 관한 법률」 제4조에 따른 공익사업으로서 대통령령으로 정하는 사업

25. "리모델링"이란 제66조제1항 및 제2항에 따라 건축물의 노후화 억제 또는 기능 향상 등을 위한 다음 각 목의 어느 하나에 해당하는 행위를 말한다.

가. 대수선(大修繕)

나. 제49조에 따른 사용검사일(주택단지 안의 공동주택 전부에 대하여 임시사용승인을 받은 경우에는 그 임시사용승인일을 말한다) 또는 「건축법」 제22조에 따른 사용승인일부터 15년[15년 이상 20년 미만의 연수 중 특별시·광역시·특별자치시·도 또는 특별자치도(이하 "시·도"라 한다)의 조례로 정하는 경우에는 그 연수로 한다]이 지난 공동주택을 각 세대의 주거전용면적(「건축법」 제38조에 따른 건축물대장 중 집합건축물대장의 전유부분의 면적을 말한다)의 30퍼센트 이내(세대의 주거전용면적이 85㎡ 미만인 경우에는 40퍼센트 이내)에서 증축하는 행위. 이 경우 공동주택의 기능 향상 등을 위하여 공용부분에 대하여도 별도로 증축할 수 있다.

다. 나목에 따른 각 세대의 증축 가능 면적을 합산한 면적의 범위에서 기존 세대수의 15퍼센트 이내에서 세대수를 증가하는 증축 행위(이하 "세대수 증가형 리모델링"이라 한다). 다만, 수직으로 증축하는 행위(이하 "수직증축형 리모델링"이라 한다)는 다음 요건을 모두 충족하는 경우로 한정한다.

1) 최대 3개층 이하로서 대통령령으로 정하는 범위에서 증축할 것

2) 리모델링 대상 건축물의 구조도 보유 등 대통령령으로 정하는 요건을 갖출 것

26. "리모델링 기본계획"이란 세대수 증가형 리모델링으로 인한 도시과밀, 이주수요 집중 등을 체계적으로 관리하기 위하여 수립하는 계획을 말한다.

27. "입주자"란 다음 각 목의 구분에 따른 자를 말한다.

가. 제8조·제54조·제57조의2·제64조·제88조·제91조 및 제104조의 경우: 주택을 공급받는 자

나. 제66조의 경우: 주택의 소유자 또는 그 소유자를 대리하는 배우자 및 직계존비속

28. "사용자"란 「공동주택관리법」 제2조제6호에 따른 사용자를 말한다.

29. "관리주체"란 「공동주택관리법」 제2조제10호에 따른 관리주체를 말한다.

Ⅱ. 벌칙

제98조(벌칙) ① 제33조, 제43조, 제44조, 제46조 또는 제70조를 위반하여 설계·시공 또는 감리를 함으로써 「공동주택관리법」 제36조제3항에 따른 공동주택의 내력구조부에 중대한 하자를 발생시켜 일반인을 위험에 처하게 한 설계자·시공자·감리자·건축구조기술사 또는 사업주체는 10년 이하의 징역에 처한다.

② 제1항의 죄를 범하여 사람을 죽음에 이르게 하거나 다치게 한 자는 무기징역 또는 3년 이상의 징역에 처한다.

제99조(벌칙) ① 업무상 과실로 제98조제1항의 죄를 범한 자는 5년 이하의 징역이나 금고 또는 5천만원 이하의 벌금에 처한다.

② 업무상 과실로 제98조제2항의 죄를 범한 자는 10년 이하의 징역이나 금고 또는 1억원 이하의 벌금에 처한다.

제100조(벌칙) 제55조제5항, 제56조제10항 및 제57조의3제4항을 위반하여 정보 또는 자료를 사용·제공 또는 누설한 사람은 5년 이하의 징역 또는 5천만원 이하의 벌금에 처한다.

제101조(벌칙) 다음 각 호의 어느 하나에 해당하는 자는 3년 이하의 징역 또는 3천만원 이하의 벌금에 처한다. 다만, 제2호 및 제3호에 해당하는 자로서 그 위반행위로 얻은 이익의 3배에 해당하는 금액이 3천만원을 초과하는 자는 3년 이하의 징역 또는 그 이익의 3배에 해당하는 금액 이하의 벌금에 처한다.

1. 제11조의2제1항을 위반하여 조합업무를 대행하게 한 주택조합, 주택조합의 구성원 및 조합업무를 대행한 자

1의2. 고의로 제33조를 위반하여 설계하거나 시공함으로써 사업주체 또는 입주자에게 손해를 입힌 자

2. 제64조제1항을 위반하여 주택을 전매하거나 이의 전매를 알선한 자

3. 제65조제1항을 위반한 자

4. 제66조제3항을 위반하여 리모델링주택조합이 설립인가를 받기 전에 또는 입주자대표회의가 소유자 전원의 동의를 받기 전에 시공자를 선정한 자 및 시공자로 선정된 자

5. 제66조제4항을 위반하여 경쟁입찰의 방법에 의하지 아니하고 시공자를 선정한 자 및 시공자로 선정된 자

제102조(벌칙) 다음 각 호의 어느 하나에 해당하는 자는 2년 이하의 징역 또는 2천만원 이하의 벌금에 처한다. 다만, 제5호 또는 제18호에 해당하는 자로서 그 위반행위로 얻은 이익의 50퍼센트에 해당하는 금액이 2천만원을 초과하는 자는 2년 이하의 징역 또는 그 이익의 2배에 해당하는 금액 이하의 벌금에 처한다.

1. 제4조에 따른 등록을 하지 아니하거나, 거짓이나 그 밖의 부정한 방법으로 등록을 하고 같은 조의 사업을 한 자

2. 제11조제3항을 위반하여 신고하지 아니하고 조합원을 모집하거나 조합원을 공개로 모집하지 아니한 자

2의2. 제11조의5를 위반하여 조합원 가입을 권유하거나 조합원을 모집하는 광고를 한 자

2의3. 제11조의6제1항을 위반하여 가입비등을 예치하도록 하지 아니한 자

2의4. 제11조의6제4항을 위반하여 가입비등의 반환을 요청하지 아니한 자

3. 제12조제2항에 따른 서류 및 관련 자료를 거짓으로 공개한 주택조합의 발기인 또는 임원

4. 제12조제3항에 따른 열람·복사 요청에 대하여 거짓의 사실이 포함된 자료를 열람·복사하여 준 주택조합의 발기인 또는 임원

5. 제15조제1항·제3항 또는 제4항에 따른 사업계획의 승인 또는 변경승인을 받지 아니하고 사업을 시행하는 자

6. 삭제〈2018.12.18.〉

6의2. 과실로 제33조를 위반하여 설계하거나 시공함으로써 사업주체 또는 입주자에게 손해를 입힌 자

7. 제34조제1항 또는 제2항을 위반하여 주택건설공사를 시행하거나 시행하게 한 자

8. 제35조에 따른 주택건설기준등을 위반하여 사업을 시행한 자

9. 제39조를 위반하여 공동주택성능에 대한 등급을 표시하지 아니하거나 거짓으로 표시한 자

10. 제40조에 따른 환기시설을 설치하지 아니한 자

11. 고의로 제44조제1항에 따른 감리업무를 게을리하여 위법한 주택건설공사를 시공함으로써 사업주체 또는 입주자에게 손해를 입힌 자

12. 제49조제4항을 위반하여 주택 또는 대지를 사용하게 하거나 사용한 자(제66조제7항에 따라 준용되는 경우를 포함)

13. 제54조제1항을 위반하여 주택을 건설·공급한 자

14. 제54조제3항을 위반하여 건축물을 건설·공급한 자

14의2. 제54조의2제2항을 위반하여 주택의 공급업무를 대행하게 한 자

15. 제57조제1항 또는 제5항을 위반하여 주택을 공급한 자

16. 제60조제1항 또는 제3항을 위반하여 견본주택을 건설하거나 유지관리한 자

17. 제61조제1항을 위반하여 같은 항 각 호의 어느 하나에 해당하는 행위를 한 자

18. 제77조를 위반하여 부정하게 재물 또는 재산상의 이익을 취득하거나 제공한 자

19. 제81조제3항에 따른 조치를 위반한 자

제103조(벌칙) 제59조제4항을 위반하여 고의로 잘못된 심사를 한 자는 2년 이하의 징역 또는 2천만원 이하의 벌금에 처한다.

제104조(벌칙) 다음 각 호의 어느 하나에 해당하는 자는 1년 이하의 징역 또는 1천만원 이하의 벌금에 처한다.

1. 제8조에 따른 영업정지기간에 영업을 한 자

1의2. 제11조의2제4항을 위반하여 실적보고서를 제출하지 아니한 업무대행자

1의3. 제12조제1항을 위반하여 실적보고서를 작성하지 아니하거나 제12조제1항 각 호의 사항을 포함하지 않고 작성한 주택조합의 발기인 또는 임원

2. 제12조제2항을 위반하여 주택조합사업의 시행에 관련한 서류 및 자료를 공개하지 아니한 자

3. 제12조제3항을 위반하여 조합 구성원의 열람·복사 요청에 따르지 아니한 자

4. 삭제〈2020.1.23〉

4의2. 제14조제4항에 따른 시정요구 등의 명령을 위반한 자

4의3. 제14조의2제3항을 위반하여 총회의 개최를 통지하지 아니한 자

4의4. 제14조의3제1항에 따른 회계감사를 받지 아니한 자

4의5. 제14조의3제2항을 위반하여 장부 및 증빙서류를 작성 또는 보관하지 아니하거나 거짓으로 작성한 자

5. 삭제 〈2018.12.18〉
6. 과실로 제44조제1항에 따른 감리업무를 게을리하여 위법한 주택건설공사를 시공함으로써 사업주체 또는 입주자에게 손해를 입힌 자
7. 제44조제4항을 위반하여 시정 통지를 받고도 계속하여 주택건설공사를 시공한 시공자 및 사업주체
8. 제46조제1항에 따른 건축구조기술사의 협력, 제68조제5항에 따른 안전진단기준, 제69조제3항에 따른 검토기준 또는 제70조에 따른 구조기준을 위반하여 사업주체, 입주자 또는 사용자에게 손해를 입힌 자
9. 제48조제2항에 따른 시정명령에도 불구하고 필요한 조치를 하지 아니하고 감리를 한 자
10. 제57조의2제1항 및 제7항을 위반하여 거주의무기간 중에 실제로 거주하지 아니하고 거주한 것으로 속인 자
11. 제66조제1항 및 제2항을 위반한 자
12. 제90조를 위반하여 등록증의 대여 등을 한 자
13. 제93조제1항에 따른 검사 등을 거부·방해 또는 기피한 자
14. 제94조에 따른 공사 중지 등의 명령을 위반한 자

제105조(양벌규정) ① 법인의 대표자나 법인 또는 개인의 대리인, 사용인, 그 밖의 종업원이 그 법인 또는 개인의 업무에 관하여 제98조의 위반행위를 하면 그 행위자를 벌하는 외에 그 법인 또는 개인에게도 10억원 이하의 벌금에 처한다. 다만, 법인 또는 개인이 그 위반행위를 방지하기 위하여 해당 업무에 관하여 상당한 주의와 감독을 게을리하지 아니한 경우에는 그러하지 아니하다.
② 법인의 대표자나 법인 또는 개인의 대리인, 사용인, 그 밖의 종업원이 그 법인 또는 개인의 업무에 관하여 제99조, 제101조, 제102조 및 제104조의 어느 하나에 해당하는 위반행위를 하면 그 행위자를 벌하는 외에 그 법인 또는 개인에게도 해당 조문의 벌금형을 과(科)한다. 다만, 법인 또는 개인이 그 위반행위를 방지하기 위하여 해당 업무에 관하여 상당한 주의와 감독을 게을리하지 아니한 경우에는 그러하지 아니하다.

Ⅲ. 범죄사실

1. 미등록 주택건설사업

1) 적용법조 : 제102조 제1호, 제4조 제1항 ☞ 공소시효 5년

제4조(주택건설사업 등의 등록) ① 연간 대통령령으로 정하는 호수(戶數) 이상의 주택건설사업을 시행하려는 자 또는 연간 대통령령으로 정하는 면적 이상의 대지조성사업을 시행하려는 자는 국토교통부장관에게 등록하여야 한다. 다만, 다음 각 호의 사업주체의 경우에는 그러하지 아니하다.
1. 국가·지방자치단체
2. 한국토지주택공사
3. 지방공사
4. 「공익법인의 설립·운영에 관한 법률」 제4조에 따라 주택건설사업을 목적으로 설립된 공익법인
5. 제11조에 따라 설립된 주택조합(제5조제2항에 따라 등록사업자와 공동으로 주택건설사업을 하는 주택조합만 해당한다)
6. 근로자를 고용하는 자(제5조제3항에 따라 등록사업자와 공동으로 주택건설사업을 시행하는 고용자만 해당하며, 이하 "고용자"라 한다)

※ 시행령(대통령령)
제14조(주택건설사업자 등의 범위 및 등록기준 등) ① 법 제4조제1항 각 호 외의 부분 본문에서 "대통령령으로 정하는 호수"란 다음 각 호의 구분에 따른 호수(戶數) 또는 세대수를 말한다.
1. 단독주택의 경우: 20호
2. 공동주택의 경우: 20세대. 다만, 도시형 생활주택(제10조제2항제1호의 경우를 포함한다)은 30세대로 한다.

2) 범죄사실 기재례

> 연간 20호수 이상의 주택건설사업을 시행하고자 하는 자 또는 연간 1만㎡ 면적 이상의 대지조성 사업을 시행하고자 하는 자는 국토교통부장관에게 등록하여야 한다.
> 그럼에도 불구하고 피의자는 등록하지 아니한 채, 20○○. ○. ○.경 ○○ 등 지상에 24세대의 공동주택을 신축하여 주택건설사업을 영위하였다.

■ 판례 ■   구 주택법 및 그 시행령에서 형사처벌대상으로 규정한 무등록 주택건설사업의 기준이 되는 '단독주택의 경우에는 20호, 공동주택의 경우에는 20세대'의 해석 방법

구 주택법(2005. 7. 13. 법률 제7600호로 개정되기 전의 것) 제9조 제1항, 제97조 제1호는 '연간 대통령령이 정하는 호수 이상의 주택건설사업을 시행하고자 하는 자'가 건설부장관에게 등록하지 않고 사업을 하는 경우를 처벌하도록 규정하고 있고, 구 주택법 시행령(2006. 2. 24. 대통령령 제19356호로 개정되기 전의 것) 제10조 제1항은 위 '대통령령이 정하는 호수'를 '단독주택의 경우에는 20호, 공동주택의 경우에는 20세대'를 말한다고 규정하고 있는바, 그 문언에 비추어 볼 때 위 시행령에서 정한 두 가지 기준 중 어느 한 가지 기준 이상으로 주택건설사업을 시행하고자 하는 자가 법에 따른 등록 없이 사업을 영위한 경우에는 형사처벌을 한다는 뜻으로 해석함이 상당하고, 단독주택과 공동주택에 대한 위 각 기준에는 미달하지만 단독주택과 공동주택을 '합하여' 20호(또는 세대) 이상의 주택건설사업을 시행하고자 하는 자의 경우에까지 위 규정을 적용하는 것은 형벌법규를 지나치게 확장해석하여 죄형법정주의의 원칙에 어긋나 허용될 수 없다 (2007.10.12. 선고 2007도6519 판결).

■ 판례 ■   주택건설공사를 도급받아 시공하고자 하는 건설업자가 구 주택법 제9조 제1항에 의한 등록의무를 부담하는지 여부(소극)

등록의무와 관련하여 구 주택법(2008. 2. 29. 법률 제8863호로 개정되기 전의 것) 제2조 제5호, 제9조 제1항, 제12조 제1항, 제38조 및 구 건설산업기본법(2008. 2. 29. 법률 제8863호로 개정되기 전의 것) 제2조 제2호, 제9조 등을 비교·검토해 보았을 때, 구 건설산업기본법은 건설업 자체만을 규율하고 있음에 비하여 구 주택법은 주택의 건설에서 건설된 주택의 공급에 이르기까지의 일련의 사업 전체를 하나로 파악하여 이를 규율하고 있는 점, 구 주택법 제9조 제1항에 의하여 주택건설사업자로 등록하는 것만으로는 원칙적으로 주택건설공사를 시공할 수 없는 점 및 주택법의 입법 취지 등을 종합하여 보면, 단순한 건설업자에 불과한 '주택건설공사를 도급받아 시공하고자 하는 자'는 구 건설산업기본법 제9조 제1항 소정의 '건설업을 영위하고자 하는 자'일 뿐, 구 주택법 제9조 제1항 소정의 '주택건설사업을 시행하고자 하는 자'에는 해당하지 않는다고 봄이 상당하므로 구 주택법 제9조 제1항에 의한 등록의무는 없다(대법원 2008.4.24. 선고 2007도10491 판결)

2. 비공개 조합원 모집

1) 적용법조 : 제102조 제2호, 제11조의3 제1항 ☞ 공소시효 5년

> 제11조(주택조합의 설립 등) ① 많은 수의 구성원이 주택을 마련하거나 리모델링하기 위하여 주택조합을 설립하려는 경우(제5항에 따른 직장주택조합의 경우는 제외한다)에는 관할 특별자치시장, 특별자치도지사, 시장, 군수 또는 구청장(구청장은 자치구의 구청장을 말하며, 이하 "시장·군수·구청장"이라 한다)의 인가를 받아야 한다. 인가받은 내용을 변경하거나 주택조합을 해산하려는 경우에도 또한 같다.
> 제11조의3(조합원 모집 신고 및 공개모집) ① 제11조제1항에 따라 지역주택조합 또는 직장주택조합의 설립인가를 받거나 인가받은 내용을 변경하기 위하여 조합원을 모집하려는 자는 관할 시장·군수·구청장에게 신고하고, 공개모집의 방법으로 조합원을 모집하여야 한다. 조합 설립인가를 받기 전에 신고한 내용을 변경하는 경우에도 또한 같다.

2) 범죄사실 기재례

> 피의자는 20○○. ○. ○.경 ○○시장으로부터 ○○지역주택조합 인가를 받아 ○○에 모델하우스를 개관하여 20○○. ○. ○.부터 조합원을 모집하고 있다.
> 지역주택조합 또는 직장주택조합의 설립인가를 받거나 인가받은 내용을 변경하기 위하여 조합원을 모집하려는 자는 관할 시장·군수·구청장에게 신고하고, 공개모집의 방법으로 조합원을 모집하여야 한다.
> 그럼에도 불구하고 피의자는 20○○. ○. ○. 홍길동에게 위 주택의 ○○에 대해 공개모집이 아닌 비공개 방법으로 주택 1채를 소유할 수 있도록 조합원 자격을 부여하였다.

3) 신문사항

- ○○주택조합 인가를 받은 일이 있는가
- 언제 누구로부터 인가를 받았는가
- 어떤 조건으로 받았는가
- 조합은 어떻게 구성되었는가(조합구성원)
- 조합원 모집은 언제부터 어떤 방법으로 하였는가
- 공개적으로 조합원을 모집하였는가
- 언제 누구를 비공개로 모집하였는가
- 어떤 방법으로 비공개 모집하였는가
- 비공개로 모집한 조합원은 누구인가
- 왜 이들 조합원을 비공개로 모집하였는가

3. 공급질서교란(입주자 저축증서의 양도 등)

1) 적용법조 : 제101조 제3호, 제65조 제1항 ☞ 공소시효 5년

> 제65조(공급질서 교란 금지) ① 누구든지 이 법에 따라 건설·공급되는 주택을 공급받거나 공급받게 하기 위하여 다음 각 호의 어느 하나에 해당하는 증서 또는 지위를 양도·양수(매매·증여나 그 밖에 권리 변동을 수반하는 모든 행위를 포함하되, 상속·저당의 경우는 제외한다. 이하 이 조에서 같다) 또는 이를 알선하거나 양도·양수 또는 이를 알선할 목적으로 하는 광고(각종 간행물·인쇄물·전화·인터넷, 그 밖의 매체를 통한 행위를 포함한다)를 하여서는 아니 되며, 누구든지 거짓이나 그 밖의 부정한 방법으로 이 법에 따라 건설·공급되는 증서나 지위 또는 주택을 공급받거나 공급받게 하여서는 아니 된다.
> 1. 제11조에 따라 주택을 공급받을 수 있는 지위
> 2. 제56조에 따른 입주자저축 증서
> 3. 제80조에 따른 주택상환사채
> 4. 그 밖에 주택을 공급받을 수 있는 증서 또는 지위로서 대통령령으로 정하는 것

2) 범죄사실 기재례

[기재례1] 부정한 방법으로 신축 분양아파트 양도

> 누구든지 거짓이나 그 밖의 부정한 방법으로 주택법에 따라 건설·공급되는 주택을 공급받거나 공급받게 하여서는 아니된다.
>
> 피의자는 20○○. ○. ○.경 ○○일대에 신축하는 ○○아파트 ○○호의 입주자로 선정된 후, 분양계약을 체결할 자금을 마련할 수 없게 되자 이혼한 전처인 갑에게 위 아파트 ○○호를 양도하여 갑으로 하여금 위 아파트 ○○호를 공급받게 하도록 마음먹었다.
>
> 피의자는 20○○. ○. ○.경 ○○아파트 입주민 공용시설인 정자에서 위 갑과 위 아파트 ○○호를 ○○만 원을 받고 양도하는 계약을 체결하고 즉석에서 ○○만 원을 갑으로부터 건네받고, 20○○. ○. ○. 갑으로부터 별도로 전달받은 ○○만 원으로 위 아파트 ○○호의 매매계약을 체결하였다.
>
> 이로써 피의자는 부정한 방법으로 주택법에 따라 공급되는 주택을 갑으로 하여금 공급받게 하였다.

[기재례2] 지역주택조합 수분양권 양도

> 누구든지 주택법에 의하여 건설·공급되는 주택을 공급받거나 공급받게 하기 위하여 입주자저축증서 등의 지위를 양도 또는 양수하거나 이를 알선하여서는 아니 되며, 누구든지 거짓 그 밖의 부정한 방법으로 이 법에 의하여 건설·공급되는 증서나 지위 또는 주택을 공급받거나 공급받게 하여서는 아니된다.
>
> 그럼에도 불구하고 피의자는 20○○. ○. ○.경 ○○에 있는 '○○공인중개사사무소'에서 갑으로부터 매수한 ○○지역 주택조합아파트 전용면적 85㎡ 이하 1채에 대한 수분양권을 을에게 ○○만원에 매도하여 지역주택조합이 건설하는 주택을 공급받을 수 있는 지위를 양도하였다.

[기재례3] 입주자저축증서 양도

누구든지 주택법에 의하여 건설·공급되는 주택을 공급받거나 공급받게 하기 위하여 입주자저축증서 등의 지위를 양도 또는 양수하거나 이를 알선하여서는 아니 되며, 누구든지 거짓 그 밖의 부정한 방법으로 주택법에 의하여 건설·공급되는 증서나 지위 또는 주택을 공급받거나 공급받게 하여서는 아니 된다.

그럼에도 불구하고 피의자는 20○○. ○. ○.경 ○○에 있는 피의자 집에서 피의자 명의로 저축금 ○○만원이 예치된 입주자저축증서를 국민주택을 공급받으려는 홍길동에게 ○○만원을 받고 양도하였다.

3) 신문사항

– 피의자는 ○○은행 입주자저축에 가입한 일이 있는가

– 언제부터 언제까지 총 얼마를 저축하였나

– 무엇 때문에 이러한 저축을 하였나

– 입주자저축증서를 다른 사람에게 양도한 일이 있는가

– 언제 어디에서 양도하였나

– 누구에게 어떤 조건으로 양도하였나

– 홍길동은 무엇 때문에 피의자로부터 양수하였나

– 누구의 알선으로 이러한 행위를 하였나

– 왜 이러한 행위를 하였나

– 홍길동은 피의자 명의 저축증서로 국민주택을 공급받았나

– 어떠한 국민주택을 공급받았나

■ **판례** ■ 　**특정인에게 특혜 분양을 해주기 위하여 속칭 '로얄층'에 해당하는 동·호수의 미계약 아파트에 대하여 이미 계약이 된 것처럼 사전예약자들에게 공개하지 않고 분양한 경우**

[1] 주택법 제39조 제1항에서 말하는 '거짓 그 밖의 부정한 방법으로 주택을 공급받거나 받게 하는 행위'의 의미

주택법 제39조 제1항은 "누구든지 거짓 그 밖의 부정한 방법으로 이 법에 의하여 건설·공급되는 증서나 지위 또는 주택을 공급받거나 공급받게 하여서는 아니된다."고 규정하고, 제96조 제1호는 그 위반행위를 처벌하고 있는바, 제39조 제1항에서 말하는 '거짓 그 밖의 부정한 방법으로 주택을 공급받거나 받게 하는 행위'라 함은 같은 법에 의하여 공급되는 주택을 공급받을 자격이 없는 자가(또는 그러한 자격이 없는 자에게) 그 자격이 있는 것으로 가장하는 등 정당성이 결여된 부정한 방법으로 주택을 공급받는(또는 공급받게 하는) 행위로서 사회통념상 거짓, 부정으로 인정되는 모든 행위를 말하며 적극적 행위(작위)뿐만 아니라 소극적 행위(부작위)도 포함한다고 할 것이다.

[2] 위의 행위가 주택법 제39조에 제1항에 위반되는지 여부(적극)

예비 당첨자들에 대한 계약이 끝나고 미계약분 아파트에 대하여 사전예약자들을 상대로 분양함에 있어 사전예약자들에게 미계약분 아파트 모두를 공개한 다음 그에 대해 선착순분양을 하여야 함에도 불구하고, 특정인에게 특혜 분양을 해주기 위하여 속칭 '로얄층'에 해당하는 동·호수의

미계약 아파트에 대하여 이미 계약이 된 것처럼 사전예약자들에게 공개하지 않고 분양한 것은 주택법 제39조 제1항의 거짓 그 밖의 부정한 방법으로 주택을 공급받게 한 것에 해당한다(대법원 2005.10.7. 선고 2005도2652 판결).

■ 판례 ■ '입주자저축 증서 등의 양도행위'의 의미

[1] 주택법 제65조 제1항 제2호에서 주택공급질서의 교란행위로서 금지하고 있는 '입주자저축 증서 등의 양도행위'의 의미

주택법 제65조 제1항 제2호에서 주택공급질서의 교란행위로서 금지하고 있는 '입주자저축 증서 등의 양도행위'란 그 개념상 입주자저축 증서 등에 관한 법률상 혹은 사실상의 귀속주체를 종국적으로 변경하는 행위를 의미한다.

[2] 주택법 제65조 제1항 제2호의 '입주자저축 증서' 양도·양수 행위에 주택청약종합저축 계좌가 개설된 은행에 연계된 '공인인증서'를 양도·양수한 행위도 포함되는지 여부(적극)

주택법 제65조 제1항 제2호의 '입주자저축 증서' 양도·양수 행위에는 주택청약종합저축 계좌가 개설된 은행에 연계된 '공인인증서'를 양도·양수한 행위도 포함된다고 봄이 타당하다. 그 이유는 다음과 같다.

(가) 주택법 제65조 제1항은 "누구든지 이 법에 따라 건설·공급되는 주택을 공급받거나 공급받게 하기 위하여 다음 각호의 어느 하나에 해당하는 증서 또는 지위를 양도·양수 또는 이를 알선하거나 양도·양수 또는 이를 알선할 목적으로 하는 광고를 하여서는 아니 된다."라고 정하면서, 제2호에서 양도·양수 등이 금지되는 증서의 하나로 '제56조에 따른 입주자저축 증서'를 정하고 있다. 여기서 '입주자저축'은 '주택청약종합저축'을 말하고(주택법 제56조 제2항), '증서'는 그 사전적 의미가 '권리나 의무, 사실 따위를 증명하는 문서'이므로, 결국 '입주자저축 증서'는 '주택청약종합저축 가입 사실 및 순위, 그에 따라 주택을 공급받을 수 있는 권리 내지 자격을 증명하는 문서'를 의미한다.

(나) 과거에는 주택청약이 주로 현장접수 형태로 이루어졌으므로, 주택을 공급받을 수 있는 권리를 이전하기 위해 '입주자저축 증서'인 청약통장 자체를 양도·양수하는 경우가 많았다. 그러나 최근에는 온라인 청약이 일반화되어 주택청약종합저축 계좌와 개설된 은행에 연계된 공인인증서가 있어야만 청약신청이 가능한 경우가 대부분이다. 은행 실무상으로도 전자통장이 실물통장을 대체하면서 실물 청약통장은 처음부터 발급조차 되지 않는 경우가 많아지고 있다. 이에 주택을 공급받을 수 있는 권리를 양도·양수하는 방법도 '공인인증서, 보안카드번호, 비밀번호' 등을 주고받는 형태로 변화하게 되었다.

(다) 주택청약종합저축 계좌가 개설된 은행에 연계된 공인인증서 및 그 보안카드번호, 비밀번호 등을 양수하여 취득하면, 이를 이용해 청약신청을 위한 인터넷 홈페이지에 접속하여 주택청약종합저축 계좌의 가입자와 동일인임을 확인받고, 주택청약종합저축 가입내역, 납입금, 청약순위 등을 증명하는 전자정보를 이용하여 청약신청을 할 수 있게 된다. 따라서 주택청약종합저축 가입자가 제3자에게 공인인증서를 양도하는 행위는 '주택청약종합저축 가입 사실 및 순위, 그에 따라 주택을 공급받을 수 있는 권리 내지 자격을 증명하는 전자문서'에 관한 접근매체를 양도하고 이로써 그 입주자저축 증서에 관한 법률상 혹은 사실상 귀속주체를 종국적으로 변경하는 행위에 해당한다.

(라) 주택법 제65조 제1항 제2호가 입주자저축 증서의 양도·양수를 금지하고 있는 취지는 주택청약종합저축 가입자가 그 저축에 관한 증서를 제3자에게 이전함으로써, 정해진 요건을 갖춘 주택청약종합저축 가입자에게만 인정되는 '주택을 공급받을 수 있는 지위'를 임의로 제3자에게 이

전하여 실수요자 위주의 공급질서를 교란하는 것을 방지하고자 하는 것이다. 주택청약종합저축 계좌가 개설된 은행에 연계된 공인인증서를 양도하는 경우, 그 양수인은 양도인 명의로 청약신청을 하여 주택을 공급받을 수 있게 되므로 '입주자저축 증서'의 양도·양수 행위에 위 공인인증서 양도·양수 행위도 포함된다고 해석함이 입법 취지에 부합한다.(대법원 2022. 6. 30. 선고 2022도 3044 판결)

4. 등록증 등 대여행위

1) 적용법조 : 제104조 제12호, 제90조 ☞ 공소시효 5년

제90조(등록증의 대여 등 금지) 등록사업자는 다른 사람에게 자기의 성명 또는 상호를 사용하여 이 법에서 정한 사업이나 업무를 수행 또는 시공하게 하거나 그 등록증을 대여하여서는 아니 된다.

2) 범죄사실 기재례

등록사업자는 다른 사람에게 자기의 성명 또는 상호를 사용하여 이 법에서 정한 사업이나 업무를 수행 또는 시공하게 하거나 그 등록증을 대여하여서는 아니 된다.
가. 피의자 甲
피의자는 주택관리업자로서 20○○. ○. ○. 경 ○○에서 피의자 회사 명의를 피의자 乙에게 ○○만원을 받고 대여하여 乙로 하여금 피의자 회사 명의로 주택관리업무를 영위하도록 하였다.
나. 피의자 乙
피의자는 위와 같이 피의자 甲회사 명의를 대여받아 주택관리업무를 영위하였다.

3) 신문사항

- 주택관리업 등록을 하였는가
- 언제 하였는가
- 이러한 등록을 다른 사람에게 대여한 일이 있는가
- 누구에게 대여하였는가
- 언제 어떤 조건으로 대여하였는가
- 대여받은 乙은 무엇 때문에 대여해 달라고 하던가
- 왜 이러한 행위를 하였는가

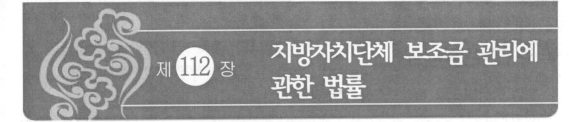

제112장 지방자치단체 보조금 관리에 관한 법률

Ⅰ. 정의 및 다른 법률과의 관계

1. 정 의

제2조(정의) 이 법에서 사용하는 용어의 뜻은 다음과 같다.
1. "지방보조금"이란 지방자치단체가 법령 또는 조례에 따라 다른 지방자치단체, 법인·단체 또는 개인 등이 수행하는 사무 또는 사업 등을 조성하거나 이를 지원하기 위하여 교부하는 보조금 등을 말한다. 다만, 출자금 및 출연금과 국고보조재원에 의한 것으로서 지방자치단체가 교부하는 보조금은 제외한다.
2. "지방보조사업"이란 지방보조금이 지출되거나 교부되는 사업 또는 사무를 말한다.
3. "지방보조사업자"란 지방보조사업을 수행하는 자를 말한다.
4. "지방보조금수령자"란 지방자치단체 및 지방보조사업자로부터 지방보조금을 지급받은 자를 말한다.

2. 다른 법률과의 관계

제3조(다른 법률과의 관계) ① 지방보조금 예산의 편성·집행 등 그 관리에 관하여는 다른 법률에 규정이 있는 것을 제외하고는 이 법에서 정하는 바에 따른다.
② 개인정보의 보호에 관하여는 이 법에 특별한 규정이 있는 경우를 제외하고는 「개인정보 보호법」에서 정하는 바에 따른다.
③ 이 법을 적용할 때 교육·과학 및 체육에 관한 사항 또는 교육비 특별회계에 관하여는 "지방자치단체의 장" 또는 "시·도지사"는 "교육감"으로, "행정안전부장관"은 "교육부장관"으로 본다.

Ⅱ. 벌 칙

제37조(벌칙) 다음 각 호의 어느 하나에 해당하는 자는 10년 이하의 징역 또는 1억원 이하의 벌금에 처한다.
1. 거짓 신청이나 그 밖의 부정한 방법으로 지방보조금을 교부받거나 지급받은 자 또는 그 사실을 알면서 지방보조금을 교부하거나 지급한 자
2. 제28조의4제2항제1호를 위반한 자
제38조(벌칙) 다음 각 호의 어느 하나에 해당하는 자는 5년 이하의 징역 또는 5천만원 이하의 벌금에 처한다.
1. 제13조를 위반하여 지방보조금을 다른 용도에 사용한 자
2. 제21조제3항을 위반하여 지방자치단체의 장의 승인 없이 중요재산에 대하여 금지된 행위를 한 자
3. 제28조의4제2항제2호부터 제4호까지 중 어느 하나를 위반한 자
제39조(벌칙) ① 제14조 또는 제15조를 위반한 자는 2년 이하의 징역 또는 2천만원 이하의 벌금에 처한다.
② 다음 각 호의 어느 하나에 해당하는 자는 1년 이하의 징역 또는 1천만원 이하의 벌금에 처한다.
1. 제16조제3항을 위반하여 관련된 자료를 보관하지 아니한 자
2. 제16조제5항에 따른 정지명령을 위반한 자
3. 제17조 또는 제29조제1항을 위반하여 거짓 보고를 한 자
제40조(양벌규정) 생 략

III. 범죄사실

1. 부정한 방법으로 지방보조금 교부받은 자

1) 적용법조 : 제37조 제1호, 형법 제347조 제1항(사기)　☞　공소시효 10년

2) 범죄사실 기재례

[기재례1] 사업지원금 허위 수령

> 　피의자는 ○○에서 ○○산업을 운영하는 피의자 甲과 공모하여, 20○○.○.○.경 ○○구청에 ○○공사를 하겠다는 사업계획서를 제출하여 승인을 받아 위 공사를 완료한 후, 20○○.○.○.경 사실은 ○○원의 공사비로 위 공사를 마쳤음에도 불구하고 마치 ○○원의 공사비가 투입된 것처럼 허위로 작성된 건축공사도급계약서를 첨부하여 ○○완료신고를 하고, 20○○.○.○.경 위 구청 성명불상의 담당직원에게 ○○지원금을 신청하였다.
>
> 　피의자들은 이에 속은 ○○구청으로부터 20○○.○.○.경 ○○지원금 명목으로 ○○원을 ○○산업 명의의 ○○은행 계좌로 송금받았다.
>
> 　이로써 피의자들은 공모하여 위와 같은 방법으로 ○○구청을 기망하여 ○○사업지원금 명목으로 위 금액을 받음과 동시에 거짓 신청이나 그 밖의 부정한 방법으로 지방보조금을 교부를 받았다.

[기재례2] 어린이집 보육교사 보조금 부정한 방법으로 수령 (제37조 제1호, 보조금법 제40조 제1항, 영유아보육법 제2항 제1호, 형법 제347조 제1항)

> 　피의자들은 부부 사이로, 피의자 A는 20○○. ○. ○.경부터 ○○에 있는 사회복지법인 ○○어린이집 원장을 맡고 있고, 피의자 B는 20○○. ○. ○.부터 20○○. ○. ○.까지 같은 어린이집 보육교사로 재직 등록되었으며, ○○어린이집 보육교직원 들로부터 피의자 A는 '회장님'으로, 피의자 B는 '원장님'으로 불리는 등 실질적으로 ○○어린이집을 공동 운영하는 사람들이다.
>
> 　피의자들은 피의자 B가 실제로는 어린이집 원장 관련 업무 등을 수행하고 겸임교수로 출강하는 등 영유아를 보육하는 업무에 전임하지 않음에도 불구하고, ○○구청에 어린이집 보육교사에 대한 국가 및 지방보조금(국가보조금 60%, 지방보조금 40%로 구성)을 신청하여 이를 교부받기로 공모하였다.
>
> 　영유아보육법은 '보육교사는 영유아를 보육하고 어린이집의 원장이 불가피한 사유로 직무를 수행할 수 없을 때에 그 직무를 대행한다'라고 규정하고 있고, 거짓이나 그 밖의 부정한 방법으로 국가나 지방자치단체의 보조금을 지원받거나 타인으로 하여금 지원을 받게 하여서는 아니 된다.
>
> 　피의자들은 20○○. ○. ○.경 사실은 피의자 B가 위 어린이집 관리, 행정업무 등을 담당하거나, 대학교 겸임교수로 일하는 등 영유아 전담 보육교사로 근무하지 않았음에도 피해자인 ○○구청에 ○○어린이집 보육교사로 등록하고 국가 및 지방자치단체 관련 보조금을 신청하여, 이에 속은 ○○구청으로부터 20○○. ○. ○.경 국가보조금 ○○원과 지방보조금 ○○원 등 합계 ○○원 상당의 보조금을 ○○어린이집 명의 은행계좌(계좌번호)를 통해 송금받았다.
>
> 　피의자들은 이를 비롯하여 그때부터 20○○. ○. ○.경까지 별지 범죄일람표 기재와 같이 매

월 25일경 동일한 방법으로 ○○구청으로부터 '보육교사 B'에 대한 급여보조금 명목의 총 ○○원을 ○○어린이집 명의 위 계좌를 통해 송금받았다.

이로써 피의자들은 공모하여 피해자인 ○○구청을 기망함과 동시에 거짓이나 그 밖의 부정한 방법으로 영유아보육 관련 국가 및 지방보조금 총 ○○원을 교부받았다.

3) 신문사항

- 어디에서 어떠한 사업을 하고 있는가
- 위 사업과 관련 보조금을 신청한 일이 있는가
- 어떤 내용의 보조사업이었는가
- 공사내용과 신청 사실이 일치하였는가
- 어떤 부분에 차이가 있었는가
- 그럼 실질적으로 공사한 부분에 대해서만 보조금 지급 신청을 하였는가
- 허위로 신청한 부분이 무엇인가
- 거짓으로 신청한 금액이 어느 정도인가
- 언제 어떠한 절차에 의해 받았나
- 언제 누구로부터 얼마를 받았는가
- 담당 공무원도 그러한 사실을 알고 있는가
- 이 보조금을 받아 어떻게 하였는가
- 왜 이러한 행위를 하였나

2. 지방보조금 다른 용도 사용

1) 적용법조 : 제38조 제1호, 제13조 ☞ 공소시효 7년

> 제13조(지방보조금의 용도 외 사용 금지) 지방보조사업자는 법령, 지방보조금 교부 결정의 내용 또는 법령에 따른 지방자치단체의 장의 처분에 따라 선량한 관리자의 주의로 지방보조사업을 수행하여야 하며, 해당 지방보조금을 다른 용도에 사용하여서는 아니 된다.

2) 범죄사실 기재례

> 피의자는 ○○에서 ★★사업을 하면서 20○○. ○. ○. ○○로부터 지방보조금 ○○만원을 받아 ★★사업을 하는 보조사업자다.
> 지방보조사업자는 법령, 지방보조금 교부 결정의 내용 또는 법령에 따른 지방자치단체의 장의 처분에 따라 선량한 관리자의 주의로 지방 보조사업을 수행하여야 하며, 해당 지방보조금을 다른 용도에 사용하여서는 아니 된다.
> 그럼에도 불구하고 피의자는 20○○. ○. ○. 경 위 지방보조금을 ○○용도 사용하였다.

3) 신문사항
- 어디에서 어떠한 사업을 하고 있는가
- 위 사업과 관련 지방보조금을 받은 일이 있는가
- 언제 어떠한 절차에 의해 받았나
- 언제 누구로부터 얼마를 받았는가
- 어떤 용도의 지방보조금인가
- 이 지방보조금을 받아 어떻게 하였는가
- 왜 ★★사업에 사용하지 않았나
- 그러면 ★★사업비는 어떻게 충당하였나
- 이러한 내용을 담당 공무원도 알고 있는가
- 현지 확인을 하지 않던가
- 공무원과 공모 여부 수사
- 그러면 처음부터 사업 용도로 사용할 생각이 없었다는 것인가?
- 왜 이러한 행위를 하였나

3. 승인없이 지방보조사업 변경

1) 적용법조 : 제39조 제1항, 제14조 ☞ 공소시효 5년

> **제14조(지방보조사업의 내용 변경 등)** 지방보조사업자는 사정의 변경으로 지방보조사업의 내용을 변경하거나 지방보조사업에 드는 경비의 배분을 변경하려면 지방자치단체의 장의 승인을 받아야 한다. 다만, 지방자치단체의 장이 정하는 경미한 내용 변경이나 경비 배분의 경우에는 그러하지 아니하다.

4. 지방보조사업 자료 미보관

1) 적용법조 : 제39조 제1항, 제14조 ☞ 공소시효 5년

> **제16조(지방보조사업 수행 상황 점검 등)** ③ 지방보조사업자는 지방보조사업의 수행과 관련된 자료를 5년 동안 보관하여야 하며, 그 밖에 필요한 사항은 대통령령으로 정한다.
>
> ※ 시행령
> **제7조(지방보조사업 관련 자료의 보관)** 법 제16조제3항에 따라 지방보조사업자가 보관해야 하는 자료는 다음 각 호와 같다.
> 1. 계산서: 지방보조사업자가 취급한 회계사무의 집행실적을 기간별로 합산한 서류
> 2. 증거서류: 제1호의 계산서 내용을 증명하는 서류
> 3. 첨부서류: 제1호의 계산서 또는 제2호의 증거서류의 내용을 설명하기 위하여 필요한 서류

5. 지방보조사업 실적 허위 보고

1) 적용법조 : 제39조 제2항 제3호, 제17조 제1항 ☞ 공소시효 5년

> **제17조(지방보조사업의 실적 보고)** ① 지방보조사업자는 다음 각 호의 어느 하나에 해당하는 때에는 대통령령으로 정하는 기한까지 그 지방보조사업의 실적보고서(이하 "실적보고서"라 한다)를 작성하여 지방자치단체의 장에게 제출하여야 한다. 이 경우 실적보고서에는 그 지방보조사업에 든 경비를 재원별로 명백히 한 정산보고서 및 지방자치단체의 장이 정하는 서류를 첨부하여야 한다. 다만, 지방보조사업자가 「보조금 관리에 관한 법률」 제27조에 따른 실적보고를 한 때 대통령령으로 정하는 사유가 있는 경우에는 이 법에 따른 실적보고를 완료한 것으로 볼 수 있다.
> 1. 지방보조사업을 완료하였을 때
> 2. 지방보조사업 폐지의 승인을 받았을 때
> 3. 회계연도가 끝났을 때
> ② 지방보조사업에 대한 지방보조금의 총액이 3억원 이상인 지방보조사업자(지방보조사업자가 지방자치단체인 경우는 제외한다)는 「주식회사 등의 외부감사에 관한 법률」 제2조제7호 및 제9조에 따른 감사인으로부터 실적보고서의 적정성에 대하여 검증을 받아야 한다. 다만, 「보조금 관리에 관한 법률」 제27조제2항 후단에 따라 해당 지방보조사업의 내용이 포함되어 있는 보조사업 또는 간접보조사업을 수행하는 자가 이미 정산보고서의 적정성에 대하여 검증을 받은 경우는 제외한다.
>
> ※ 시행령
> **제9조(지방보조사업의 실적보고서 제출)** ① 법 제17조제1항 각 호 외의 부분 전단에서 "대통령령으로 정하는 기한"이란 같은 항 각 호의 사유가 발생한 날부터 2개월 이내를 말한다.
> ② 법 제17조제1항 각 호 외의 부분 단서에서 "대통령령으로 정하는 사유가 있는 경우"란 지방보조사업자가 「보조금 관리에 관한 법률」 제2조제3호 또는 제6호에 따른 보조사업자 또는 간접보조사업자로서 해당 지방자치단체의 장에게 실적보고를 한 경우를 말한다.

제113장 직업안정법

Ⅰ. 개념정의

제2조의2(정의) 이 법에서 사용하는 용어의 뜻은 다음 각 호와 같다.
1. "직업안정기관"이란 직업소개, 직업지도 등 직업안정업무를 수행하는 지방고용노동행정기관을 말한다.
2. "직업소개"란 구인 또는 구직의 신청을 받아 구직자 또는 구인자(求人者)를 탐색하거나 구직자를 모집하여 구인자와 구직자 간에 고용계약이 성립되도록 알선하는 것을 말한다.
3. "직업지도"란 취업하려는 사람이 그 능력과 소질에 알맞은 직업을 쉽게 선택할 수 있도록 하기 위한 직업적성검사, 직업정보의 제공, 직업상담, 실습, 권유 또는 조언, 그 밖에 직업에 관한 지도를 말한다.
4. "무료직업소개사업"이란 수수료, 회비 또는 그 밖의 어떠한 금품도 받지 아니하고 하는 직업소개사업을 말한다.
5. "유료직업소개사업"이란 무료직업소개사업이 아닌 직업소개사업을 말한다.
6. "모집"이란 근로자를 고용하려는 자가 취업하려는 사람에게 피고용인이 되도록 권유하거나 다른 사람으로 하여금 권유하게 하는 것을 말한다.
7. "근로자공급사업"이란 공급계약에 따라 근로자를 타인에게 사용하게 하는 사업을 말한다. 다만, 「파견근로자 보호 등에 관한 법률」 제2조제2호에 따른 근로자파견사업은 제외한다.
8. "직업정보제공사업"이란 신문, 잡지, 그 밖의 간행물 또는 유선·무선방송이나 컴퓨터통신 등으로 구인·구직정보 등 직업정보를 제공하는 사업을 말한다.
9. "고용서비스"란 구인자 또는 구직자에 대한 고용정보의 제공, 직업소개, 직업지도 또는 직업능력개발 등 고용을 지원하는 서비스를 말한다.

Ⅱ. 벌 칙

제46조(벌칙) ① 다음 각 호의 어느 하나에 해당하는 자는 7년 이하의 징역 또는 7천만원 이하의 벌금에 처한다.
1. 폭행·협박 또는 감금이나 그 밖에 정신·신체의 자유를 부당하게 구속하는 것을 수단으로 직업소개, 근로자 모집 또는 근로자공급을 한 자
2. 「성매매알선 등 행위의 처벌에 관한 법률」 제2조제1항제1호에 따른 성매매 행위나 그 밖의 음란한 행위가 이루어지는 업무에 취업하게 할 목적으로 직업소개, 근로자 모집 또는 근로자공급을 한 자
② 제1항의 미수범은 처벌한다.
제47조(벌칙) 다음 각 호의 어느 하나에 해당하는 자는 5년 이하의 징역 또는 5천만원 이하의 벌금에 처한다.
1. 제19조제1항에 따른 등록을 하지 아니하거나 제33조제1항에 따른 허가를 받지 아니하고 유료직업소개사업 또는 근로자공급사업을 한 자
2. 거짓이나 그 밖의 부정한 방법으로 제19조제1항에 따른 등록을 하거나 제33조제1항에 따른 허가를 받은 자
3. 제21조를 위반하여 성명 등을 대여한 자와 그 상대방
4. 제21조의3제2항 및 제3항을 위반한 자
5. 제32조를 위반하여 금품이나 그 밖의 이익을 취한 자

6. 제34조를 위반하여 거짓 구인광고를 하거나 거짓 구인조건을 제시한 자

제48조(벌칙) 다음 각 호의 어느 하나에 해당하는 자는 1년 이하의 징역 또는 1천만원 이하의 벌금에 처한다.

1. 제8조제1항 또는 제23조제1항에 따른 신고를 하지 아니하고 무료직업소개사업 또는 직업정보제공사업을 한 자
2. 거짓이나 그 밖의 부정한 방법으로 제18조제1항 또는 제23조제1항에 따른 신고를 한 자
3. 제36조에 따른 정지기간에 사업을 한 자
4. 제42조를 위반하여 비밀을 누설한 자

제49조(양벌규정) 법인의 대표자나 법인 또는 개인의 대리인, 사용인, 그 밖의 종업원이 그 법인 또는 개인의 업무에 관하여 제46조부터 제48조까지의 어느 하나에 해당하는 위반행위를 하면 그 행위자를 벌하는 외에 그 법인 또는 개인에게도 해당 조문의 벌금형을 과(科)한다. 다만, 법인 또는 개인이 그 위반행위를 방지하기 위하여 해당 업무에 관하여 상당한 주의와 감독을 게을리하지 아니한 경우에는 그러하지 아니하다.

Ⅲ. 범죄사실

1. 공중도덕상 유해업무에 취직하게 할 목적으로 근로자공급

1) **적용법조** : 제46조 제1항 제2호 ☞ 공소시효 7년

2) **범죄사실 기재례**

> 피의자는 20○○. ○. 말경 ○○에 "○○센타" 라는 상호로 유흥접대부 및 성매매녀의 대기소를 차려놓고 전화 3회선을 갖춘 다음 ○○시 일원의 룸살롱 및 여관의 경영주들과 성매매녀 및 유흥종업원을 공급하는 내용의 계약을 체결하고, 위 대기소에 홍길녀(여, 22세) 등 10명의 여자 종업원들을 상주케 하였다.
>
> 피의자는 20○○. ○. ○. ○○에 있는 마담 룸살롱의 경영자인 최시라에게 위 홍길녀를 위 룸살롱에 데려다주고 동녀가 받을 팁의 1할에 해당하는 ○○원을 위 룸살롱 업주로부터 받은 것을 비롯하여 20○○. ○. ○.경까지의 사이에 ○○시 일원의 여관 및 룸살롱 업주들에게 성매매녀 및 유흥종업원을 공급하여 주고 위 영업주들로부터 하루 평균 ○○만원의 이익을 얻어줌으로써 공중도덕상 유해한 업무에 취직하게 할 목적으로 근로자공급을 하였다.

3) **신문사항**
   - 피의자는 유흥주점 등에 종업원을 공급한 일이 있는가
   - 언제부터 어디에서 하였나(대기소의 위치 등)
   - 유흥주점 등에 공급한 종업원는 몇 명인가(종업원 명단등 확인)
   - 이들을 어떠한 방법으로 공급했나
   - 주로 누구에게 공급했나
   - 사전 이들 공급처와 계약을 하였는가
   - 언제 어디에서 어떠한 방법으로 계약하였나
   - 이들 종업원들은 처음 어떻게 모집하였나

- 소개해주고 어떠한 대가를 받았나
- 대가 수수 방법은(업소 마담 등으로부터 차후 계산방법 등)
- 거래한 업소 명단(유흥주점, 여관 등)
- 여관에는 무엇 때문에 공급하였나(성매매 목적 등)
- 성매매녀들로부터 얼마를 어떠한 명목으로 받았나
- 1일 평균 수입은

2. 미등록 유료직업소개사업

1) 적용법조 : 제47조 제1호, 제19조 제1항 ☞ 공소시효 7년

> 제19조(유료직업소개사업) ① 유료직업소개사업은 소개대상이 되는 근로자가 취업하려는 장소를 기준으로 하여 국내 유료직업소개사업과 국외 유료직업소개사업으로 구분하되, 국내 유료직업소개사업을 하려는 자는 주된 사업소의 소재지를 관할하는 특별자치도지사·시장·군수 및 구청장에게 등록하여야 하고, 국외 유료직업소개사업을 하려는 자는 고용노동부장관에게 등록하여야 한다. 등록한 사항을 변경하려는 경우에도 또한 같다.

2) 범죄사실 기재례

[기재례1] 노래연습장 업주의 보도방에서 도우미 알선(乙 : 음악산업진흥에 관한 법률 제34조 제2항, 제22조 제1항 제4호)

> 국내 유료직업소개사업을 하려는 자는 주된 사업소의 소재지를 관할하는 특별자치도지사·시장·군수 및 구청장에게 등록하여야 하고, 국외 유료직업소개사업을 하려는 자는 고용노동부장관에게 등록하여야 한다.
>
> 가. 피의자 甲
>
> 피의자는 20○○. ○. ○.경부터 20○○. ○. ○.경까지 ○○시 ○○동 및 ○○동 일대에서 ○○○이라는 상호의 속칭 보도방을 개설한 후 생활정보지를 보고 찾아온 홍길녀 등을 피의자 甲의 ○○더1234 카니발 승용차에 태우고 다니면서 위 부근 노래방에 도우미로 알선하면서 1명당 1시간에 ○○만원의 소개비를 받아 그 중 ○○원을 알선비 명목으로 받아 챙기는 방법으로 등록없이 유료직업소개사업을 하였다.
>
> 나. 피의자 乙
>
> 피의자는 20○○. ○. ○.경 ○○에 있는 피의자 경영의 노래연습장에서 위 피의자 甲으로부터 홍길녀를 노래방 도우미로 소개받아 그녀로 하여금 손님들과 함께 노래를 부르게 하는 등 여흥을 돋게 하여 접대부를 알선하였다.

[기재례2] 휴게음식점 종업원 소개

피의자는 20○○. ○. 초순경 "구인과 구직 책임소개"라는 내용의 전단을 위 시 일대에 배포하고 20○○. ○. ○. 직업을 구하는 홍길녀를, 휴게음식점 종업원으로 김진실에게 소개하고 양자 모두에게 소개비조로 ○○만원씩을 받을 것을 비롯하여 그때부터 20○○. ○. ○. 경까지 사이에 등록없이 불특정다수인을 상대로 직업소개를 하여 월평균 ○○만원의 수익을 올리는 유료직업소개사업을 영위하였다.

[기재례3] 노래방 도우미 소개

유료직업소개사업을 하려면 관할 구청장에게 등록하여야 한다.
그럼에도 피의자는 관할관청에 등록하지 아니하고 20○○. ○. ○. 00:00경 ○○에 있는 ○○노래방 ○○○룸에서 노래방에 도우미를 소개해 주는 등 유료직업소개사업을 영위하였다.

3) 신문사항

- 피의자는 직업소개를 한 일이 있는가
- 언제 어디에서
- 업소의 규모는(사무실 면적, 종업원 수 등)
- 누구를 상대로
- 어떠한 직업소개를 하였나(구인자와 구직자간에 고용계약이 성립되도록 알선한 사실과 소개비를 받은 사실 등 확인)
- 이러한 직업소개를 위해 어떠한 방법으로 광고를 하였나
- ○○구청에 등록하였나
- 왜 등록없이 이러한 행위를 하였나
- 언제까지 영업하였으며 월 평균 수입은

■ **판례** ■ 　**1회적이거나 일시적 직업소개행위라도 직업안정법 제19조 제1항 소정의 '직업소개사업'에 해당하는지 여부(적극)**

직업안정법 제19조 제1항 소정의 직업소개사업이란 계속적 의사를 가지고 반복하여 직업소개를 행하는 것으로, 현실적으로 여러 차례 반복해서 행하는 것을 요하지는 않고 1회적인 행위라도 반복·계속하여 행할 의도하에서 행해진 것이라면 거기에 해당한다. 따라서 1회적이거나 일시적 직업소개행위라도 직업안정법 제19조 제1항 소정의 '직업소개사업'에 해당한다(대법원 2001.12.14. 선고 2001도5025 판결).

■ **판례** ■ 　**여관방에서 무자격 안마사 겸 윤락녀를 고용하여 손님들의 전화연락에 따라 숙박업소에 가서 안마를 하거나 윤락을 하도록 알선하면서 소개비조로 대가를 받은 경우, 유료직업소개사업에 해당하지는 여부(소극)**

직업안정법 제19조 제1항은 '국내유료직업소개사업을 하고자 하는 자는 시장·군수·구청장에게 등록하여야 한다'고 규정하고 있고, 같은 법 제4조 제2호는 '직업소개'라 함은 구인 또는 구

직의 신청을 받아 구인자와 구직자간에 고용계약의 성립을 알선하는 것을 의미한다고 규정하고 있으므로, 여관방에 사무실 겸 숙소를 차려 놓고 무자격 안마사 겸 윤락녀를 확보한 다음 손님들의 전화연락에 따라 숙박업소에 가서 안마를 하거나 윤락을 하도록 알선하면서 소개비조로 대가를 받은 행위는 손님들과 윤락녀 사이에 같은 법 제4조 제2호가 규정한 구인자와 구직자 사이의 고용계약이 성립되었다고 볼 수 없어 같은 법 제19조 제1항이 규정한 유료직업소개사업에 해당하지 아니한다(대법원 2000.10.10. 선고 2000도2798 판결).

■ 판례 ■ 파출부 구직자로부터는 회비 명목으로, 파출부 구인자로부터는 회원등록비 명목으로 각 소개알선료를 받으며 일당제 파출부를 알선·소개한 경우, 유료직업소개사업에 해당하는지 여부(적극)

직업안정법 제19조 제1항에서 말하는 '직업'은 반드시 일정한 직장에서 계속적으로 일하거나 생계유지를 위하여 하는 것에 한정할 필요는 없고 임금을 목적으로 하는 이상 일시적이거나 시간제로 일하는 경우도 포함하는 것이므로, 일당제 혹은 시간제 파출부도 위 규정 소정의 직업에 포함된다. 따라서 파출부 구직자로부터는 회비 명목으로, 파출부 구인자로부터는 회원등록비 명목으로 각 소개알선료를 받으며 일당제 파출부를 알선·소개한 행위는 직업안정법 소정의 유료직업소개사업에 해당한다(대법원 1997.2.28. 선고 96도3034 판결).

■ 판례 ■ 직업안정법 제19조 소정의 유료직업소개사업에 관한 허가규정이 외국인 근로자를 국외로 알선하여 주는 소개업에 적용되는지 여부(적극)

직업안정법은 근로자의 직업안정을 도모하기 위한 법률이고, 근로자의 지위는 근로기준법 제5조에서 명시하고 있듯이 국적을 불문하고 차별적 대우를 받지 않게 되어 있으며, 직업안정법 제19조의 유료직업소개사업에 대하여 노동부장관의 허가를 받도록 하고 있는 입법취지 역시 무분별한 직업알선으로 인하여 근로자가 입게 될 피해 등을 막기 위하여 정부가 알선기관을 감독하고자 하는 것으로서, 그 주된 목적이 근로자를 보호하기 위한 법조항이라고 보아야 하며, 같은 법 제2조 '균등처우' 조항에서 성별, 종교, 사회적 신분, 혼인 여부 등의 이유로 차별대우를 받지 아니한다라고만 하였을 뿐 국적을 표시하지 않았다 하더라도 위와 같은 사유들은 예시적인 것일 뿐, 거기에 국적이란 사유가 열거되지 않았다 하여 외국인을 제외하는 취지로 보아야 할 이유가 없고, 또 외국인 근로자를 포함한다고 해석하는 것이 죄형법정주의에 위배되는 법해석이라고 할 근거도 없으므로, 같은 법 제19조가 규정하고 있는 유료직업사업에 관한 허가규정은 외국인 근로자를 국외로 알선하여 주는 소개업에도 적용된다(대법원 1995.09.29. 선고 95도1331).

■ 판례 ■ 관할관청에 등록하지 아니하고 회원가입비 명목으로 돈을 받고 방송국의 방청객을 소개하여 준 행위를 직업안정법위반죄로 의율할 수 있는지 여부(소극)

광고를 보고 찾아온 사람들로부터 평생회원가입비 3만 원을 받고 회원으로 등록하게 한 뒤 KBS 등 방송국에서 제작하는 프로그램의 방청객으로 일을 할 수 있도록 알선을 하여 주는 행위는 방청업무제공의 계속성과 회원들의 방송국에 대한 전속성의 정도, 방청비의 지급관계 등의 사정들에 비추어 볼 때 회원들이 방송국의 구체적·개별적인 지휘를 받는 등 고용관계에 있다거나 그 근로자라고 보기 어렵고, 이를 전제로 하는 무등록 유료직업소개사업의 점에 관한 공소사실은 무죄라고 판단한 원심의 판단을 수긍한 사례(대법원 2010. 2. 11. 선고 2009도3806 판결)

3. 응모자로부터 금품수수

1) 적용법조 : 제47조 제5호, 제32조 ☞ 공소시효 7년

> 제32조(금품 등의 수령 금지) 근로자를 모집하려는 자와 그 모집업무에 종사하는 자는 어떠한 명목으로든 응모자로부터 그 모집과 관련하여 금품을 받거나 그 밖의 이익을 취하여서는 아니 된다. 다만, 제19조에 따라 유료직업소개사업을 하는 자가 구인자의 의뢰를 받아 구인자가 제시한 조건에 맞는 자를 모집하여 직업소개한 경우에는 그러하지 아니하다.

2) 범죄사실 기재례

> 근로자를 모집하려는 자와 그 모집업무에 종사하는 자는 어떠한 명목으로든 응모자로부터 그 모집과 관련하여 금품을 받거나 그 밖의 이익을 취하여서는 아니 된다.
> 그럼에도 불구하고 피의자는 20○○. ○. ○. 위 택시회사 휴게소에서 위 회사가 공개 모집하던 택시 운전사의 모집에 응모한 홍길동으로부터 합격하게 해달라는 부탁을 받고 이를 수락한 다음 그로부터 ○○만원을 받음으로써 근로자의 모집에 종사하는 자가 응모자로부터 그 모집과 관련하여 금품을 받았다.

3) 신문사항

- 택시회사원인가
- 직책이 무엇인가
- 피의자 회사에서 택시 운전사를 모집한 일이 있는가
- 언제 공고하였으며 몇 명을 모집하였나
- 응모자는 모두 몇 명이었나
- 홍길동을 알고 있는가
- 홍길동도 운전기사 모집에 응모하였나
- 홍길동으로부터 응모와 관련 금품을 받은 일이 있는가
- 언제 얼마를 받았나
- 무엇 때문에 받았나
- 응모자로부터 금품을 받은 것에 대해 어떻게 생각하는가

■ **판례** ■ 신문사 대표이사가 지사장을 모집하면서 지사장이 되고자 하는 자들로부터 신문지대 적립금 명목으로 보증금을 지급받은 행위가 소정의 '금품 등의 수령금지' 규정에 위반되는지 여부(적극)

신문사 대표이사인 피고인이 지사장이 되고자 하는 피해자들로부터 지대적립금 명목의 보증금을 받았고, 피해자들은 피고인으로부터 신분증과 기자증을 발급받은 후 신문사의 직원으로서 신문 발송업무를 담당하면서 신문구독료의 일정액을 본사에 송금하고 나머지는 지사의 수입으로 하여 이를 급여처리하여 왔으며, 신문사의 기자의 자격을 취득하기 위하여는 지사의 개설이 필수적으로서 피고인은 위 보증금을 완납한 후에야 기자증을 발급하고 이를 일정기간마다 갱신해 준 경우, 피고인의 지사장 등의 모집행위는 그 명칭이나 형식에도 불구하고 실질적으로 보아 구 직업안정법

(1999.2.8. 법률 제5884호로 개정되기 전의 것) 제32조에서 규정하고 있는 '근로자의 모집'에 해당하고, 또 위 모집과 관련하여 응모자인 지사장 등 피해자들로부터 교부받은 신문지대 적립금은 위 규정에서 취득을 금지하고 있는 '금품 기타 이익'에 해당한다고 할 것이며, 그것이 신문지대에 대한 선급금 명목으로 수수되고 장차 지사설립에 관한 계약이 해지되면 반환하여야 할 성질의 것이라고 하여 달리 볼 것이 아니다(대법원 2000.3.24. 선고 99도2108 판결).

■ 판례 ■　신문사 대표이사 甲이 지사장이 되고자 하는 乙과 지사설치약정을 체결하면서 일정 금원을 지대보증금 명목으로 받고 사원증을 발급해 주는 한편 지사에서 채용하는 사원에 대하여도 그 직위를 분류하여 사원증 또는 기자증을 발급해 준 경우

[1] 구 직업안정법 제32조 소정의 '근로자를 고용하고자 하는 자'와 '응모자'의 의미

구 직업안정법(1999.2.8. 법률 제5884호로 개정되기 전의 것) 제4조 제6호에 의하면, 모집이란 근로자를 고용하고자 하는 자가 취직하고자 하는 자에게 피용자가 되도록 권유하거나 다른 사람으로 하여금 권유하게 하는 것을 말하므로, 같은 법 제32조에서 금지하는 금품 등 수령행위의 당사자로 규정된 근로자를 고용하고자 하는 자와 응모자는 고용관계가 성립하면 사용자와 그의 근로자가 되는 자라고 할 것이고, 여기에서 말하는 근로자란 종속적인 관계에서 사용자에게 근로를 제공할 의무를 지고 대가를 얻는 자를 의미하고, 고용이란 그와 같이 사용자가 근로자를 사용하는 관계를 의미한다.

[2] 乙을 신문사에 고용된 근로자라고 단정할 수 있는지 여부(소극)

신문사 대표이사가 지사장이 되고자 하는 자와 신문구독료와 광고료의 일정액을 본사에 송금하고 나머지는 지사장의 수입으로 하는 내용의 지사설치약정을 체결하면서 일정 금원을 지대보증금 명목으로 받고 사원증을 발급해 주는 한편 지사에서 채용하는 사원에 대하여도 그 직위를 분류하여 사원증 또는 기자증을 발급해 준 사정만으로는 그 지사장을 신문사에 고용된 근로자라고 단정할 수 없다(대법원 1999. 11.12. 선고 99도2451 판결).

4. 무허가 근로자공급업

1) 적용법조 : 제47조 제1호, 제33조 제1항 ☞ 공소시효 7년

> 제33조(근로자공급사업) ① 누구든지 고용노동부장관의 허가를 받지 아니하고는 근로자공급사업을 하지 못한다.

2) 범죄사실 기재례 – 대법원 99도3157 관련

> 피의자는 ○○에서 김미녀 등 여종업원 4명을 고용하여 다방을 운영하였다.
> 누구든지 고용노동부장관의 허가를 받지 아니하고는 근로자공급사업을 하지 못한다.
> 그럼에도 불구하고 피의자는 허가없이 20○○. ○. ○.부터 20○○. ○. ○.까지 관내 단란주점, 노래방 등의 접객업자들과 미리 의사연락을 해 두었다가 그 접객업자들로부터 손님을 접대할 여종업원을 보내달라는 요청을 받으면 이에 응하여 그 여종업원들을 위의 접객업소에 보내어 유흥접대부로 일하게 하고 시간당 봉사료로 ○○만원을 받아오게 하는 방법의 속칭 티켓 다방영업을 하였다.

■ 판례 ■   甲이 여종업원을 고용하여 다방을 운영하면서 속칭 티켓다방영업을 한 경우

여종업원을 고용하여 다방을 운영하면서 단란주점, 노래방 등의 접객업자들과의 의사연락을 미리해 두었다가 그 접객업자들로부터 손님을 접대할 여종업원을 보내달라는 요청을 받으면 이에 응하여 여종업원을 그 접객업소에 보내어 유흥접대부로 일하게 하고 봉사료를 받아 오게 하는 방법의 영업(속칭 티켓다방영업)은 직업안정법 제33조 제1항, 제47조 제1호 소정의 무허가근로자공급사업에 해당한다고(대법원 1999.11.12. 선고 99도3157 판결).

■ 판례 ■   외국인 강사를 고용하여 직원들의 외국어교육을 희망하는 기업체에 보내 외국어교육을 하도록 한 경우

[1] 구 파견근로자보호 등에 관한 법률 제2조 제2호의 근로자파견사업에 직업안정법을 적용하여 처벌할 수 있는지 여부(소극)

구 파견근로자보호 등에 관한 법률(2006. 12. 21. 법률 제8076호로 개정되기 전의 것) 제2조 제2호의 규정에 의한 근로자파견사업은 직업안정법의 적용을 받는 근로자공급사업에서 제외되어 있고, 같은 법 제5조 제1항, 구 파견근로자보호 등에 관한 법률 시행령(2007. 6. 18. 대통령령 제20094호로 개정되기 전의 것) 제2조 제1항 [별표 1]에 의하면, '한국표준직업분류(통계청고시 제1992-1호) 33409 달리 분류되지 않은 기타 교육 준전문가'의 업무는 위 근로자파견사업의 대상이 되는 업무에 해당하므로 위 업무를 대상으로 한 근로자파견사업에 직업안정법을 적용하여 처벌할 수 없다.

[2] 외국인 강사를 고용하여 직원들의 외국어교육을 희망하는 기업체에 보내 외국어교육을 하도록 한 경우

파견근로자보호 등에 관한 법률 시행령(2007. 6. 18. 대통령령 제20094호로 개정되기 전의 것) 제2조 제1항 [별표 1]에 정한 '달리 분류되지 않은 기타 교육 준전문가'로서 구 파견근로자보호 등에 관한 법률(2006. 12. 21. 법률 제8076호로 개정되기 전의 것) 제2조 제2호의 규정에 의한 근로자파견사업의 대상에 해당하므로, 직업안정법을 적용하여 처벌할 수 없다(대법원 2007.9.7. 선고 2006도6292 판결).

5. 거짓 구인광고

1) 적용법조 : 제47조 제6호, 제34조 ☞ 공소시효 7년

> 제34조(거짓 구인광고 등 금지) ① 제18조·제19조·제28조·제30조 또는 제33조에 따른 직업소개사업, 근로자 모집 또는 근로자공급사업을 하는 자나 이에 종사하는 사람은 거짓 구인광고를 하거나 거짓 구인조건을 제시하여서는 아니 된다.

2) 범죄사실 기재례

> 피의자는 20○○. ○. ○.경부터 ○○에 있는 홍길동직업안내소라는 상호로 유료직업소개사업을 하는 사람으로서, 직업소개사업자는 거짓 구인광고를 하거나 거짓 구인조건을 제시하여서는 아니 된다.
>
> 그럼에도 불구하고 피의자는 20○○. ○. ○.경 위 직업안내소에서 김민수가 휴게음식점 종업원을 소개해 달라고 하자 김세아(여, 25세)를 종업원으로 소개해 주면서 사실은 위 김세라는 선급금이 필요없다고 하였는데도 선급금으로 ○○만원을 지급해야 종업원을 구할 수 있다고 허위의 구인조건을 제시하였다.

3) 신문사항

- 직업소개사업을 하고 있는가
- 언제부터 어디에서 하고 있는가
- 행정관청으로부터 영업허가를 받았는가
- 김민수로부터 종업원 소개를 부탁받은 일이 있는가
- 언제 누구를 소개시켜 주었는가
- 어떤 조건으로 소개시켜 주었나
- 종업원 김세라는 구인조건이 무엇이었나
- 김세라 요구하는데로 소개시켜 주었는가
- 왜 허위의 구인조건을 김민수에게 제시하였나

■ 판례 ■ **甲이 방문판매회사의 판매대리인을 모집할 의도로 허위구인광고를 한 경우**

[1] 직업안정법 제34조 제1항 소정의 '근로자모집을 하는 자나 이에 종사하는 자'의 의미

직업안정법 제4조 제6호에 의하면, "모집"이란 근로자를 고용하고자 하는 자가 취직하고자 하는 자에게 피용자가 되도록 권유하거나 다른 사람으로 하여금 권유하게 하는 것을 말하고 있고, 직업안정법은 근로자의 직업안정을 도모하는 데 그 목적을 두고 있음에 비추어 보면, 같은 법 제34조 제1항에서 금지하는 허위구인광고 등의 행위자로 되어 처벌될 수 있는 '근로자모집을 하는 자나 이에 종사하는 자'에 해당하기 위해서는 그가 모집하는 근로자가 종속적인 관계에서 사용자에게 근로를 제공할 의무를 지고 대가를 얻는 자여야만 할 것이고, 이 때의 근로자는 근로기준법상의 근로자와 그 의미가 같다고 보아야 한다.

[2] 근로기준법상의 근로자에 해당하는지 여부의 판단 기준

근로기준법상의 근로자에 해당하는지 여부는 그 계약이 민법상의 고용계약이든 또는 도급계약이든 그 계약의 형식에 관계없이 그 실질에 있어 근로자가 사업 또는 사업장에 임금을 목적으로 종속적인 관계에서 사용자에게 근로를 제공하였는지 여부에 따라 결정되는 것이고, 여기서 종속적인 관계가 있는지 여부를 판단함에 있어서는 업무의 내용이 사용자에 의하여 정하여지고 취업규칙 · 복무규정 · 인사규정 등의 적용을 받으며 업무수행 과정에 있어서도 사용자로부터 구체적이고 직접적인 지휘 · 감독을 받는지 여부, 사용자에 의하여 근무시간과 근무장소가 지정되고 이에 구속을 받는지 여부, 근로자 스스로가 제3자를 고용하여 업무를 대행케 하는 등 업무의 대체성 유무, 비품 · 원자재 · 작업도구 등의 소유관계, 보수가 근로 자체의 대상적(對償的) 성격을 갖고 있는지 여부와 기본급이나 고정급이 정하여져 있는지 여부 및 근로소득세의 원천징수 여부 등 보수에 관한 사항, 근로제공관계의 계속성과 사용자에의 전속성의 유무와 정도, 사회보장제도에 관한 법령 등 다른 법령에 의하여 근로자로서의 지위를 인정받는지 여부, 양 당사자의 경제 · 사회적 조건 등 당사자 사이의 관계 전반에 나타나는 사정을 종합적으로 고려하여 판단하여야 한다.

[3] 甲의 행위가 직업안정법에 위반되는지 여부(소극)

방문판매회사의 판매대리인은 근로기준법상의 근로자가 아니므로 판매대리인을 모집할 의도로 허위구인광고를 한 자는 직업안정법상의 근로자모집을 하는 자나 이에 종사하는 자에 해당하지 아니하여 허위구인광고에 따른 직업안정법위반죄의 죄책을 지지 않는다(대법원 2002.7.12. 선고 2001도5995 판결).

6. 음란행위 목적 근로자모집

1) 적용법조 : 제46조 제1항 제2호, 청소년보호법 제55조, 제30조 제1호 ☞ 공소시효 10년

2) 범죄사실 기재례

> 1. 청소년보호법 위반
>   누구든지 영리를 목적으로 청소년으로 하여금 신체적인 접촉 또는 은밀한 부분의 노출 등 성적 접대행위를 하게 하여서는 아니된다.
>   그럼에도 불구하고 피의자는 20○○. ○. ○.경부터 20○○. ○. ○.경까지 사이에 ○○에 있는 건물 2층에서 '○○'라는 상호로 속칭 '○○'을 운영하면서 위 매장을 찾아온 손님 성명불상자들로부터 1시간에 7만 원, 35분에 4만 원을 받고 청소년인 갑(여, 17세)에게 위 손님들에게 키스와 애무를 하고, 위 손님들이 자위하도록 하였다.
>   이로써 피의자는 영리를 목적으로 청소년인 갑에게 성적 접대행위를 하게하였다.
> 2. 직업안정법 위반
> 누구든지 음란한 행위가 이루어지는 업무에 취업하게 할 목적으로 근로자 모집을 하여서는 아니된다.
>   그럼에도 불구하고 피의자는 20○○. ○. ○.경부터 20○○. ○. ○.경까지 사이에 ○○에서 전항 기재와 같이 음란한 행위를 하게 할 목적으로 갑 등 여종업원 약 ○○명을 모집하였다.

I. 개념정의

제2조(정의) 이 법에서 사용하는 용어의 뜻은 다음과 같다.
1. "옥외집회"란 천장이 없거나 사방이 폐쇄되지 아니한 장소에서 여는 집회를 말한다.
2. "시위"란 여러 사람이 공동의 목적을 가지고 도로, 광장, 공원 등 일반인이 자유로이 통행할 수 있는 장소를 행진하거나 위력(威力) 또는 기세(氣勢)를 보여, 불특정한 여러 사람의 의견에 영향을 주거나 제압(制壓)을 가하는 행위를 말한다.
3. "주최자(主催者)"란 자기 이름으로 자기 책임 아래 집회나 시위를 여는 사람이나 단체를 말한다. 주최자는 주관자(主管者)를 따로 두어 집회 또는 시위의 실행을 맡아 관리하도록 위임할 수 있다. 이 경우 주관자는 그 위임의 범위 안에서 주최자로 본다.
4. "질서유지인"이란 주최자가 자신을 보좌하여 집회 또는 시위의 질서를 유지하게 할 목적으로 임명한 자를 말한다.
5. "질서유지선"이란 관할 경찰서장이나 시·도경찰청장이 적법한 집회 및 시위를 보호하고 질서 유지나 원활한 교통 소통을 위하여 집회 또는 시위의 장소나 행진 구간을 일정하게 구획하여 설정한 띠, 방책(防柵), 차선(車線) 등의 경계 표지(標識)를 말한다.
6. "경찰관서"란 국가경찰관서를 말한다

■ 판례 ■ 　야간의 옥외집회·시위

[1] 집회및시위에관한법률제2조 제2호 소정의'시위'의 개념요소

"시위"는 그 문리(文理)와 개정연혁에 비추어 다수인이 공동목적을 가지고 ① 도로·광장·공원 등 공중이 자유로이 통행할 수 있는 장소를 진행함으로써 불특정다수인의 의견에 영향을 주거나 제압을 가하는 행위와 ② 위력 또는 기세를 보여 불특정다수인의 의견에 영향을 주거나 제압을 가하는 행위를 말한다고 풀이되므로, 위 ②의 경우에는 "공중이 자유로이 통행할 수 있는 장소"라는 장소적 제한개념은 시위라는 개념의 요소라고 볼 수 없다.

[2] 위 법 제2조 제1호가 "공중이 자유로이 통행할 수 있는 장소"라는 장소적 제한개념을 추가하지 않은 것이 평등원칙이나 집회의 자유의 본질을 침해한 것인지 여부(소극)

옥외집회의 정의규정인 위 법 제2조 제1호가 시위에서와 같은 "공중이 자유로이 통행할 수 있는 장소"라는 장소적 제한개념을 추가하지 않은 것은 합리적인 이유가 있다고 인정되고 그것이 집회(특히 옥외집회)의 주최자를 시위의 주최자보다 합리적 이유 없이 불리하게 차별한 것이라든가 또는 옥외집회의 개념을 너무 넓게 규정하여 집회의 자유의 본질적 내용을 침해하였거나 그것을 필요 이상으로 과도하게 제한하였다고는 볼 수 없다.

[3] 야간의 옥외집회·시위를 원칙적으로 금지한 위 법 제10조가 집회의 자유의 본질을 침해한 것인지 여부

야간의 옥외집회·시위라는 특수한 상황조건으로 인하여 기본권제한입법의 목적원리가 강화될 수밖에 없는 논리적 측면에서 현행 집회및시위에관한법률 제10조가 과거처럼 어떠한 경우에도 야간의 옥외집회·시위를 일률적으로 금지하지 아니하고 집회의 성격상 부득이한 경우에는 일정한 조

건을 붙여 일출시간 전, 일몰시간 후의 옥외집회를 허용할 수 있는 단서규정을 두고 있는 점, 이 단서규정에 따른 야간 옥외집회의 허용 여부는 헌법이념 및 조리상 관할 경찰관서장의 편의재량 사항 아니고 기속재량사항이라고 해석되는 점, 학문·예술·체육·종교·의식·친목·오락 등에 관한 집회에는 이러한 금지규정이 적용되지 않을 뿐만 아니라 야간이라도 옥내집회는 일반적으로 허용되는 점을 고려할 때, 야간의 옥외집회·시위의 금지에 관한 위 법 제10조의 규정이 집회의 자유의 본질적 내용을 침해한 것이라고 볼 수 없다(헌법재판소 1994.4.28. 91헌바14 전원재판부).

■ 판례 ■ 대학생들에 의하여 학교 강당에서 개최 중이던 토론회에 참석하려던 피고인들이 학교 당국과 경찰의 정문출입 봉쇄로 뜻을 이루지 못하게 되자, 학교당국과 경찰에 항의하는 의미로 위 집회에 참석하려던 다른 사람들과 함께 피고인들의 선창으로 즉석에서 즉흥적으로 약 20분간의 단시간 내에 그 당시 일반적으로 성행하던 구호와 노래를 제창한 경우, 피고인들이 사전 신고의무가 있는 옥외집회 또는 시위의 "주최자"인지 여부(소극)

집회및시위에관한법률 제6조 제1항에 의하여 사전 신고의무가 있는 옥외집회 또는 시위의 "주최 자"라 함은 자기 명의로 자기 책임아래 집회 또는 시위를 개최하는 사람 또는 단체를 말하는 것 인바, 피고인들이 범국민대토론회에 참석하려고 2시간 가까이 노력하였으나 학교당국과 경찰의 정문출입 봉쇄로 뜻을 이루지 못하게 되자, 심한 모멸감으로 격분하여 학교당국과 경찰에 항의하 는 의미로, 위 집회에 참석하려던 다른 사람들과 함께 즉석에서 즉흥적으로 약 20분간의 단시간 내에 그 당시 일반적으로 성행하던 구호와 노래를 제창하였을 뿐이라면, 위 시위가 사전에 피고인 들에 의하여 계획되고 조직된 것이 아니고, 다만 피고인들이 위와 같은 경위로 우연히 위 대학교 정문 앞에 모이게 된 다른 사람들과 함께 즉석에서 즉흥적으로 학교당국과 경찰의 제지에 대한 항의의 의미로 위와 같이 시위를 하게 된 것인 만큼, 비록 그 시위에서의 구호나 노래가 피고인들 의 선창에 의하여 제창되었다고 하더라도, 그와 같은 사실만으로는 피고인들이 위 시위의 주최자 라고는 볼 수 없다고 할 것이므로 피고인들이 옥외집회 또는 시위를 주최하고자 하는 자로서 같 은 법 제6조 제1항의 규정에 위반하여 집회 또는 시위를 주최하였다고 할 수 없다(대법원 1991.4.9. 선고 90도2435 판결).

II. 벌 칙

제22조(벌칙) ① 제3조제1항 또는 제2항을 위반한 자는 3년 이하의 징역 또는 300만원 이하의 벌금에 처한다. 다 만, 군인·검사 또는 경찰관이 제3조제1항 또는 제2항을 위반한 경우에는 5년 이하의 징역에 처한다.
② 제5조제1항 또는 제6조제1항을 위반하거나 제8조에 따라 금지를 통고한 집회 또는 시위를 주최한 자는 2년 이 하의 징역 또는 200만원 이하의 벌금에 처한다.
③ 제5조제2항 또는 제16조제4항을 위반한 자는 1년 이하의 징역 또는 100만원 이하의 벌금에 처한다.
④ 그 사실을 알면서 제5조제1항을 위반한 집회 또는 시위에 참가한 자는 6개월 이하의 징역 또는 50만원 이하의 벌금·구류 또는 과료에 처한다.
제23조(벌칙) 제10조 본문 또는 제11조를 위반한 자, 제12조에 따른 금지를 위반한 자는 다음 각 호의 구분에 따라 처벌한다.
1. 주최자는 1년 이하의 징역 또는 100만원 이하의 벌금
2. 질서유지인은 6개월 이하의 징역 또는 50만원 이하의 벌금·구류 또는 과료
3. 그 사실을 알면서 참가한 자는 50만원 이하의 벌금·구류 또는 과료

제24조(벌칙) 다음 각 호의 어느 하나에 해당하는 자는 6개월 이하의 징역 또는 50만원 이하의 벌금·구류 또는 과료에 처한다.

1. 제4조에 따라 주최자 또는 질서유지인이 참가를 배제했는데도 그 집회 또는 시위에 참가한 자
2. 제6조제1항에 따른 신고를 거짓으로 하고 집회 또는 시위를 개최한 자
3. 제13조에 따라 설정한 질서유지선을 경찰관의 경고에도 불구하고 정당한 사유 없이 상당 시간 침범하거나 손괴·은닉·이동 또는 제거하거나 그 밖의 방법으로 그 효용을 해친 자
4. 제14조제2항에 따른 명령을 위반하거나 필요한 조치를 거부·방해한 자
5. 제16조제5항, 제17조제2항, 제18조제2항 또는 제20조제2항을 위반한 자

제25조(단체의 대표자에 대한 벌칙 적용) 단체가 집회 또는 시위를 주최하는 경우에는 이 법의 벌칙 적용에서 그 대표자를 주최자로 본다.

Ⅲ. 범죄사실

1. 평화적인 집회·시위의 방해

1) 적용법조 : 제22조 제1항, 제3조 제1항 ☞ 공소시효 5년

제3조(집회 및 시위의 방해 금지) ① 누구든지 폭행, 협박, 그 밖의 방법으로 평화적인 집회 또는 시위를 방해하거나 질서를 문란하게 하여서는 아니 된다.
② 누구든지 폭행, 협박, 그 밖의 방법으로 집회 또는 시위의 주최자나 질서유지인의 이 법의 규정에 따른 임무 수행을 방해하여서는 아니 된다.

2) 범죄사실 기재례

누구든지 폭행·협박 그 밖의 방법으로 평화적인 집회 또는 시위를 방해하거나 질서를 어지럽게 하여서는 아니된다.

그럼에도 불구하고 피의자는 20○○. ○. ○. 14:00경부터 ○○에서 ★단체가 ○○경찰서장에게 집회신고를 마치고 ○○내용으로 100여 명이 평화집회를 하는 것을 보고 "★단체는 국가를 파멸하는 행동을 자행하는 단체이다. 이런 단체를 그대로 두어서는 국가가 망할 수 있다"라고 외치면서 주최자인 홍길동의 멱살을 잡아 흔들고 미리 준비한 계란 30여 개를 집회 군중들에게 던지는 등의 방법으로 평화집회를 방해하였다.

3) 신문사항

- ○○단체 소속원인가
- ○○단체는 어떠한 단체인가
- 피의자는 이 단체에서 어떤 역할을 하고 있는가
- ★단체가 집회하는 것을 알고 있는가
- 언제 어디에서 어떤 집회를 하는 것으로 알고 있는가
- ○○단체가 하는 집회를 방해한 일이 있는가
- 언제 어떠한 방법으로 방해하였는가

- 왜 이 단체의 집회를 방해하였는가
- ★단체의 집회는 평화집회라는 것을 알고 있느냐
- 피의자가 사용한 계란은 언제 어디에서 구했는가
- 피의자의 이런 행위를 ○○단체의 지시에 의한 것인가

■ **판례** ■ **집회및시위에관한법률 제3조 제1항 제4호에 해당하는 집회 및 시위의 판단기준**

집회및시위에관한법률은 민주사회에서 평화적인 집회나 시위를 보호함은 물론 공공의 안녕질서를 유지함에 그 근본정신이 있다 할 것이고 공공의 안녕질서를 파괴하고 사회적 혼란을 야기시킬 정도의 우려가 있으면 현저히 사회적 불안을 야기시킬 우려가 있는 집회 또는 시위에 해당되고 이는 집회 시위의 장소, 목적, 태양, 내용 등 모든 정황을 종합하여 판단하여야 한다(대법원 1988.2.9. 선고 86도2663 판결).

2. 불법집회 · 시위

1) 적용법조 : 제22조 제2항, 제5조 제1항 제2호 ☞ 공소시효 5년

> 제5조(집회 및 시위의 금지) ① 누구든지 다음 각 호의 어느 하나에 해당하는 집회나 시위를 주최하여서는 아니된다.
> 1. 헌법재판소의 결정에 따라 해산된 정당의 목적을 달성하기 위한 집회 또는 시위
> 2. 집단적인 폭행, 협박, 손괴(損壞), 방화 등으로 공공의 안녕 질서에 직접적인 위협을 끼칠 것이 명백한 집회 또는 시위
> ② 누구든지 제1항에 따라 금지된 집회 또는 시위를 할 것을 선전하거나 선동하여서는 아니 된다.

2) 범죄사실 기재례

> 피의자는 ○○택시노조 조합의 위원장으로서 누구든지 집단적인 폭행 · 협박 · 손괴 · 방화 등으로 공공의 안녕질서에 직접적인 위협을 가할 것이 명백한 집회 또는 시위를 주최하여서는 아니된다.
>
> 그럼에도 불구하고 피의자는 20○○. ○. ○. 13:00경부터 16:30경까지 ○○에서 임금인상을 받아들여 주지 않는다는 이유로 조합원 100여 명과 같이 주최자로서 집단적으로 위 택시회사를 점거하여 업무를 마비시키기 위해 노조원들 각자에게 약 ○○크기의 몽둥이를 소지하게 한 후 "악덕사장 나와라. 나오지 않으면 회사를 쳐부수겠다" 라고 구호를 외치면서 농성하였다.
>
> 이때 위 택시회사 사무원 홍길동 등 10여 명이 이를 제지하자 조합원들로 하여금 위 홍길동 등 사무원 10명을 소지하고 있던 몽둥이를 휘두르면서 회사로 진입하게 하여 회사사무실에 있던 컴퓨터 등 집기를 손괴하도록 하는 등 불법집회를 주최하였다.

✱ 정을 알면서 위 불법집회에 참가한 자는 제19조 제4항에 따라 처벌(6월이하의 징역 또는 50만원이하의 벌금 · 구류 또는 과료)

3) 신문사항
- ○○택시 노조위원장인가
- 노조원은 모두 몇 명인가

- 임금문제와 관련 집회·시위를 한 일이 있는가
- 언제 어디에서 하였는가
- 모두 몇 명이 참여하였는가
- 이에 대한 집회신고를 하였는가
- 어떤 내용의 집회·시위였는가
- 주최자와 참가자는
- 어떠한 방법으로 집회 및 시위를 하였나(시위 도구등)
- 회사 사무원을 폭행한 일이 있는가
- 어떤 방법으로 누가 폭행하였는가
- 누가 이런 지시를 하였는가
- 회사사무실 집기는 누가 손괴하였는가
- 어떤 방법으로 하였는가
- 누구의 지시에 따라 이런 행위를 하였는가
- 이런 행위가 불법 집회·시위라는 것을 알고 있는가
- 평화적인 방법으로 해결할 수 는 없었는가

■ 판례 ■ **집회 및 시위가 집회및시위에관한법률 제5조 제1항 제2호에 해당할 경우, 집회 및 시위의 장소가 대학교 구내인 경우에 같은 법 제19조 제2항 및 제4항을 적용할 수 있는지 여부(적극)**
집회및시위에관한법률 제5조 제1항 제2호 가 정하는 집단적인 폭행, 협박 등으로 공공의 안녕질서에 직접적인 위협을 가할 것이 명백한 집회 및 시위라고 판단되는 경우, 그 집회 및 시위의 장소가 대학교 구내라 할지라도 같은 법 제19조 제2항 및 제4항 의 적용을 면할 수 없다(대법원 2003.5.13. 선고 2003도604 판결).

■ 판례 ■ **40여 명이 하천부지에서 과격한 내용의 구호나 노래 또는 다중의 위력을 통한 폭행이나 협박 없이 한 시위가 제5조 제1항 제2호 소정의 시위에 해당하는지 여부(소극)**
시위가, 참가인원이 40여 명에 불과하고, 그 장소가 하천부지로서 교통소통이나 일반인의 생활에 아무런 지장을 주지 않는 곳이며, 또한 시위 당시의 구호나 노래의 내용 등에 과격한 면이 보이지 않고 달리 다중의 위력을 통한 폭행이나 협박이 없었던 점에 비추어, 집회및시위에관한법률 제5조 제1항 제2호 소정의 공공의 안녕질서에 직접적인 위협을 가할 것이 명백한 시위에 해당하지 아니한다(대법원 1991.11.26. 선고 91도2440 판결).

■ 판례 ■ **선박건조자재운반용으로 도크에 고정되어 82m 높이에 설치되어 있으며 약 10평 정도 되는 방실 등이 있고 평소 그 운전을 위해 1, 2명의 직원이 근무하며 인가자 이외의 출입이 금지되는 "골리앗크레인"에 출입통제를 위해 출입문이 잠긴 채 간수인이 없었다 하여도 피고인 등 70명 정도의 근로자가 함께 위 "골리앗크레인"에 들어가서 농성한 경우**
[1] 건조물 침입죄에 해당하는지 여부(적극)
선박건조자재운반용으로 도크에 고정되어 82m 높이에 설치되어 있으며 약 10평 정도되는 방실

등이 있고 평소 그 운전을 위해 1, 2명의 직원이 근무하며 인가자 이외의 출입이 금지되는 "골리앗크레인"에 출입통제를 위해 출입문이 잠긴 채 간수인이 없었다 하여도 피고인 등 70명 정도의 근로자가 함께 위 "골리앗크레인"에 들어가서 농성을 하였다면, 피고인 등이 다중의 위력을 보여 간수하는 건조물에 침입한 것이다.

[2] 집회및시위에관한법률 제5조 제1항 제2호 위반여부(적극)

피고인이 위 "1"항과 같이 약 70명의 근로자들과 함께 위 골리앗크레인에 들어가 플래카드를 내걸고 시위농성에 돌입하고 크레인 안에 상황실을 설치 운영하여 회사 밖에서 투석, 화염병시위를 전개하고 있는 야전지휘부와 무전기로 수시로 연락하면서 경찰력진입에 대비하여 화염병, 볼트등을 준비하고 일부 근로자들이 그 아래쪽에 있는 위 회사경비원 등을 향해 볼트 등을 투척하여 경비원 1명에게 상처를 입히는 등의 행위를 하였다면 집회및시위에관한법률 제5조 제1항 제2호에 해당한다(대법원 1991.6.11. 선고 91도753 판결).

■ 판례 ■ **피고인이 100여명의 학생들과 함께 화염병, 쇠파이프 등을 들고 시위를 하면서 전경을 체포하려고 한 경우, 시위에 해당하는지 여부(적극)**

피고인이 100여명의 학생들과 함께 화염병, 쇠파이프 등을 들고 구호를 외치면서 시위를 하고 전경들을 체포하려고 했다면 이는 집회및시위에관한법률 제5조 제1항 제2호 소정의 '집단적인 협박 등의 행위로 인하여 공공의 안녕질서에 직접적인 위협을 가한 것이 명백한 시위'에 해당한다(대법원 1990.7.24. 선고 90도470 판결).

■ 판례 ■ **시위에 동원된 인원이 수백명 이상의 다수이고 그 수단이나 방법에 있어서 미리 준비하여 소지하고 있던 돌과 화염병을 던지고 쇠파이프와 각목을 휘두르며 구호를 외치면서 행진하는 등 비평화적인 방법을 사용하는 외에, 파출소를 습격하여 화염병을 던지고 부근에 있던 전경들을 체포한 경우**

위와 같은 시위는 집회및시위에관한법률 제5조 제1항 제2호에서 규정한 집단적인 폭행, 협박, 손괴, 방화 등으로 공공의 안녕질서에 직접적인 위협을 가할 것이 명백한 시위에 해당한다 할 것이고, 위 시위의 목적, 사전준비상황, 그 진행과정, 그 시위의 방법 등에 비추어 볼 때 시위를 주최하거나 이에 참가한 피고인들로서는 집단적인 폭행이나 손괴 등의 행위를 의도하였거나 쉽사리 예상할 수 있었다고 보아야 할 것이다(대법원 1990.6.22. 선고 90도767 판결).

■ 판례 ■ **피고인이 공공의 안녕질서에 직접적인 위협을 끼칠 것이 명백하다는 등의 이유로 금지통고된 집회를 주최하였다는 집회 및 시위에 관한 법률 위반 공소사실로 기소되었는데, 선행 사건에서 위 집회와 그 이후 계속된 폭력적인 시위에 참가하였다는 이른바 질서위협 집회 및 시위 참가로 인한 같은 법 위반죄 등으로 유죄 확정판결을 받은 사안**

피고인이 공공의 안녕질서에 직접적인 위협을 끼칠 것이 명백하다는 등의 이유로 금지통고된 집회를 주최하였다는 집회 및 시위에 관한 법률(이하 '집시법'이라고 한다) 위반 공소사실로 기소되었는데, 선행 사건에서 위 집회와 그 이후 계속된 폭력적인 시위에 참가하였다는 이른바 질서위협 집회 및 시위 참가로 인한 집시법 위반죄 등으로 유죄 확정판결(이하 '선행 확정판결'이라고 한다)을 받은 사안에서, 위 공소사실과 선행 확정판결의 공소사실은 집회의 '주최'와 '참가'라는 점에서 차이가 있으나, 같은 일시, 장소에서 있었던 위 집회를 대상으로 하는 점에서 범행일시와 장소가 동일한 점, 집회 또는 시위의 주최자는 '자기 이름으로 자기 책임 아래 집회나 시위를 여는 사람이나 단체'를 말하므로(집시법 제2조 제3호), 이와 같은 집회나 시위에 뜻을 같이하여 단순히 참가하였음에 불과한 참가자는 주최자와는 구별되고, 집회 또는 시위의 주최자가 동일한 집회 또는 시위의 참가자도 되는 경우란 개념적으로 상정하기 어려워 동일한 집회를 주최하고 참가하는 행위는 서로 양립할 수 없는 관계에 있는 점, 금지통고된 집회 주최로 인한 집시법 위반죄(위 공소사실)와 질서위협 집회 참가로 인한 집시법 위반죄(선행 확정판결의 공소사실)는 모두 공공의 안녕질서 등을 보호법익으로 하는 점에서 각 행위에 따른 피해법익 역시 본질적으로 다르지 않은 점 등 사회적인 사실관계와 규범적 요소를 아울러 고려하면, 위 공소사실과 선행 확정판결의 공소사실은 기본적 사실관계가 동일한 것으로 평가할 수 있는데도, 이와 달리 보아 위 공소사실을 유죄로 인정한 원심판단에 공소사실이나 범죄사실의 동일성 여부, 일사부재리의 효력에 관한 법리오해의 잘못이 있다.(대법원 2017.8.23. 선고, 2015도11679, 판결)

3. 미신고 옥외집회

1) 적용법조 : 제22조 제2항, 제6조 제1항　☞　공소시효 5년

> 제6조(옥외집회 및 시위의 신고 등) ① 옥외집회나 시위를 주최하려는 자는 그에 관한 다음 각 호의 사항 모두를 적은 신고서를 옥외집회나 시위를 시작하기 720시간 전부터 48시간 전에 관할 경찰서장에게 제출하여야 한다. 다만, 옥외집회 또는 시위 장소가 두 곳 이상의 경찰서의 관할에 속하는 경우에는 관할 시·도경찰청장에게 제출하여야 하고, 두 곳 이상의 시·도경찰청 관할에 속하는 경우에는 주최지를 관할하는 시·도경찰청장에게 제출하여야 한다.
> 1. 목적
> 2. 일시(필요한 시간을 포함한다)
> 3. 장소
> 4. 주최자(단체인 경우에는 그 대표자를 포함한다), 연락책임자, 질서유지인에 관한 다음 각 목의 사항
>   가. 주소　　　　　　나. 성명　　　　　　다. 직업　　　　　라. 연락처
> 5. 참가 예정인 단체와 인원
> 6. 시위의 경우 그 방법(진로와 약도를 포함한다)
> ② 관할 경찰서장 또는 시·도경찰청장(이하 "관할경찰관서장"이라 한다)은 제1항에 따른 신고서를 접수하면 신고자에게 접수 일시를 적은 접수증을 즉시 내주어야 한다.
> ③ 주최자는 제1항에 따라 신고한 옥외집회 또는 시위를 하지 아니하게 된 경우에는 신고서에 적힌 집회 일시 24시간 전에 그 철회사유 등을 적은 철회신고서를 관할경찰관서장에게 제출하여야 한다.
> ④ 제3항에 따라 철회신고서를 받은 관할경찰관서장은 제8조제3항에 따라 금지 통고를 한 집회나 시위가 있는 경우에는 그 금지 통고를 받은 주최자에게 제3항에 따른 사실을 즉시 알려야 한다.
> ⑤ 제4항에 따라 통지를 받은 주최자는 그 금지 통고된 집회 또는 시위를 최초에 신고한 대로 개최할 수 있다. 다만, 금지 통고 등으로 시기를 놓친 경우에는 일시를 새로 정하여 집회 또는 시위를 시작하기 24시간 전에 관할 경찰관서장에게 신고서를 제출하고 집회 또는 시위를 개최할 수 있다.
>
> ※ 시행령(대통령령)
>
> 제2조(시위방법) 「집회 및 시위에 관한 법률」(이하 "법"이라 한다) 제6조제1항제6호에 따른 시위방법은 다음 각 호의 사항을 말한다.
> 1. 시위의 대형
> 2. 차량, 확성기, 입간판, 그 밖에 주장을 표시한 시설물의 이용 여부와 그 수
> 3. 구호 제창의 여부
> 4. 진로(출발지, 경유지, 중간 행사지, 도착지 등)
> 5. 약도(시위행진의 진행방향을 도면으로 표시한 것)
> 6. 차도·보도·교차로의 통행방법
> 7. 그 밖에 시위방법과 관련되는 사항

2) 범죄사실 기재례

[기재례1] 미신고 쌀수입 반대시위

피의자는 수입쌀 반대를 위한 모임의 ○○○위원장으로서, 옥외집회를 할 때는 집회 720시간 전부터 48시간 전에 일정한 요건을 갖춘 신고서를 관할경찰서장에게 신고를 하여야 한다.

그럼에도 불구하고 피의자는 20○○. ○. ○. ○○:○○경부터 같은 날 ○○:○○경까지 ○○도청 앞에서 신고없이 같은 회원 30여 명과 같이 "○○" 방법으로 옥외집회를 하였다.

[기재례2] 미신고 화물연대 시위(형법 제185조(일반교통방해)·제314조 제1항(업무방해), 집회 및시위에관한법률 제19조 제2항·제6조 제1항(미신고 집회))

피의자는 속칭 지입차주들을 회원으로 하여 결성된 "전국운송하역노동조합 화물 운송특수고용노동자연대 ○○지부 극동분회 분회장이다.

가. 집회 및 시위에 관한 법률 위반

옥회집회 또는 시위를 주최하고자 하는 자는 그 목적, 일시, 장소 등을 기재한 신고서를 서면으로 옥회집회 또는 시위의 720시간 전부터 48시간 전에 관할경찰서장에게 제출하여야 한다.

그럼에도 불구하고 피의자는 20○○. 3. 7. 09:50경부터 ○○앞길에서 지입차주 20여 명과 함께 피의자 소유의 ○○980아1568호 트레일러 등 차량 20대를 주차시킨 채 차량의 출입을 막고 "단체협약 체결하라"는 등의 현수막을 게시한 채 "투쟁" 등의 구호를 외쳐 신고되지 아니한 집회를 개최하였다.

나. 업무방해, 일반교통방해

피의자는 20○○. 3. 7. 09:50경부터 20○○. ○. ○. 14:20경까지 지입차주 40여 명과 함께 ○○전자 제1공장 정문과 서문 앞 왕복 6차로의 길에 차량을 1열로 주차해 놓고 출입문 앞에도 트레일러 등을 주차하여 놓아 위 차로와 ○○전자 사이에 통행하지 못하게 하고, 지입차주들이 4~5명씩 교대로 무리를 이루어 차량이 통행하지 못하도록 출입문을 지키면서 화물을 운송하려는 운전자들에게 욕설과 폭언을 하면서 트레일러의 공장진입을 막았다.

이로써 피의자들은 위력으로 피해자 ○○컨테이너의 화물 운송업무를 방해함과 동시에 육로를 가로막아 교통을 방해하였다.

3) 신문사항

- 피의자는 옥외집회와 시위를 한 일이 있는가
- 언제 어디에서 하였나
- 주최자와 참가자는
- 참석자들에게 언제 어떤 방법으로 참석통지를 하였나
- 무엇 때문에 집회 시위를 하였나(주제등)
- ○○경찰서에 신고하였나
- 어떠한 방법으로 집회 및 시위를 하였나(시위 도구등)
- 집회 참석인원은 몇 명인가
- 왜 신고없이 하였나

- 경찰의 해산명령을 받았나
- 해산명령을 받고 해산하였는가
- 왜 해산하지 않았나

■ 판례 ■　　300여 단체의 대표들이 공동대표를 겸하고 있는 한미FTA저지범국민운동본부의 집회

원심이 그 채택 증거에 의하여 한미FTA저지범국민운동본부는 300여 개 단체의 5,000여 명이 참석한 가운데 "한미FTA저지 제3차 범국민 총궐기대회"를 개최한 사실, 민주노총의 위원장인 공소외인 등 300여 개 단체의 대표들은 모두 위 본부의 공동대표를 겸한 사실, 당시 위 본부의 집행위원장이 수배 중이어서 사회를 볼 사람이 없게 되자 가장 많은 인원이 참가한 민주노총에서 사회를 맡기로 한 사실, 이에 따라 민주노총의 부위원장인 피고인 1이 위 집회의 사회를 본 사실 등을 인정한 뒤, 위 집회의 사회자는 실질적으로 위 집회를 주도하는 지위에 있고, 참가 인원이 가장 많은 민주노총의 간부로서 위 집회를 사회한 피고인 1은 위 집회 당시 위 본부의 공동대표인 공소외인 등과 공모하여 위 집회를 주최한 것으로 볼 수 있다고 판단하여 피고인 1의 구 집회 및 시위에 관한 법률 위반(미신고옥외집회주최)의 점을 유죄로 처단한 제1심판결을 유지한 조치는 정당하고, 피고인 1이 상고이유로 주장하는 바와 같은 법리오해 등의 위법이 없다(대법원 2008.6.26. 선고 2007도6188 판결).

■ 판례 ■　　시위자들이 신고되지 아니한 방법으로 시위를 한 경우

[1] 신고사항에 미비점이 있거나 신고의 범위를 일탈하였다는 이유로 사전신고된 옥외집회 또는 시위를 해산·저지할 수 있는지 여부(한정 소극)

구 집회및시위에관한법률하에서는 옥외집회 또는 시위가 그 신고사항에 미비점이 있었다거나 신고의 범위를 일탈하였다고 하더라도 그 신고내용과 동일성이 유지되어 있는 한 신고를 하지 아니한 것이라고 볼 수는 없으므로, 관할 경찰관서장으로서는 단순히 신고사항에 미비점이 있었다거나 신고의 범위를 일탈하였다는 이유만으로 곧바로 당해 옥외집회 또는 시위 자체를 해산하거나 저지하여서는 아니될 것이고, 옥외집회 또는 시위 당시의 구체적인 상황에 비추어 볼 때 옥외집회 또는 시위의 신고사항 미비점이나 신고범위 일탈로 인하여 타인의 법익 기타 공공의 안녕질서에 대하여 직접적인 위험이 초래된 경우에 비로소 그 위험의 방지·제거에 적합한 제한조치를 취할 수 있되, 그 조치는 법령에 의하여 허용되는 범위 내에서 필요한 최소한도에 그쳐야 할 것이다.

[2] 시위자들이 죄수복 형태의 옷을 집단적으로 착용하고 포승으로 신체를 결박한 채 행진하려는 것이 사전신고의 대상인지 여부(적극)

양심수를 시민들에게 알리기 위한 것이라는 시위목적에 비추어, 시위자들이 죄수복 형태의 옷을 집단적으로 착용하고 포승으로 신체를 결박한 채 행진하려는 것은 집회및시위에관한법률 제6조 제1항 및 같은법시행령 제2조에 규정된 시위의 방법과 관련되는 사항으로 사전 신고의 대상이 된다(대법원 2001.10.9. 선고 98다20929 판결).

■ 판례 ■　　집회 및 시위에 관한 법률상 집회의 사전 금지 또는 제한이 허용될 수 있는 경우 및 실제 이루어진 집회가 당초 신고 내용과 달리 타인의 법익이나 공공의 안녕질서에 직접적이고 명백한 위험을 초래하지 않은 경우, 사전에 금지통고된 집회라는 이유만으로 해산을 명하고 이에 불응하였다고 하여 처벌할 수 있는지 여부(소극)

[1] 집회 및 시위에 관한 법률(이하 '집시법'이라 한다)상 일정한 경우 집회의 자유가 사전 금지 또는 제한

된다 하더라도 이는 다른 중요한 법익의 보호를 위하여 반드시 필요한 경우에 한하여 정당화되는 것이며, 특히 집회의 금지와 해산은 원칙적으로 공공의 안녕질서에 대한 직접적인 위협이 명백하게 존재하는 경우에 한하여 허용될 수 있고, 집회의 자유를 보다 적게 제한하는 다른 수단, 예컨대 시위 참가자수의 제한, 시위 대상과의 거리 제한, 시위 방법, 시기, 소요시간의 제한 등 조건을 붙여 집회를 허용하는 가능성을 모두 소진한 후에 비로소 고려될 수 있는 최종적인 수단이다. 따라서 사전 금지 또는 제한된 집회라 하더라도 실제 이루어진 집회가 당초 신고 내용과 달리 평화롭게 개최되거나 집회 규모를 축소하여 이루어지는 등 타인의 법익 침해나 기타 공공의 안녕질서에 대하여 직접적이고 명백한 위험을 초래하지 않은 경우에는 이에 대하여 사전 금지 또는 제한을 위반하여 집회를 한 점을 들어 처벌하는 것 이외에 더 나아가 이에 대한 해산을 명하고 이에 불응하였다 하여 처벌할 수는 없다.

[2] 피고인들이 금지통고된 옥외집회를 진행하면서 자진 해산명령을 받고도 지체없이 해산하지 아니하였다고 하여 집회 및 시위에 관한 법률 위반으로 기소된 사안

이 사건 집회 및 동종의 집회가 개최된 기간, 집회 장소 주변 거주자들의 피해 정도 및 항의 수준, 동종 집회에 대한 제한 및 금지조치의 경과, 이 사건 집회의 실제 진행상황 등을 종합하면, 이 사건 집회가 집시법 제8조 제3항 제1호에서 정하는 '사생활의 평온을 뚜렷하게 해칠 우려가 있는 경우'에 해당된다고 판단하여 이를 사전에 금지통고한 것은 적법하고, 실제 이루어진 이 사건 집회 역시 당초 신고 내용과 달리 평화롭게 개최되는 등 타인의 법익 침해나 기타 공공의 안녕질서에 대하여 직접적이고 명백한 위험을 초래하지 않은 경우로 볼 수 없으므로, 원심이 이 사건 집회가 사전에 금지통고된 집회라는 이유만으로 해산을 명할 수 있다고 전제한 부분은 적절하지 아니하나, 해산명령을 적법한 것으로 보고 이에 불응한 피고인들에게 유죄를 인정한 원심판단의 결론은 정당하다(대법원 2011.10.13.선고 2009도13846 판결).

■ 판례 ■ 피고인이 특정 인터넷카페 회원 10여 명과 함께 불특정 다수의 시민들이 지나는 장소에서 퍼포먼스(Performance) 형태의 플래시 몹(flash mob) 방식으로 노조설립신고 반려 규탄 모임을 진행함으로써 집회 및 시위에 관한 법률상 미신고 옥외집회를 개최하였다는 내용으로 기소된 사안

위 모임의 주된 목적, 일시, 장소, 방법, 참여인원, 참여자의 행위 태양, 진행 내용 및 소요시간 등 제반 사정에 비추어 볼 때 집시법 제15조에 의하여 신고의무의 적용이 배제되는 오락 또는 예술 등에 관한 집회라고 볼 수 없고, 그 실질에 있어서 정부의 청년실업 문제 정책을 규탄하는 등 주장하고자 하는 정치·사회적 구호를 대외적으로 널리 알리려는 의도하에 개최된 집시법 제2조 제호의 옥외집회에 해당하여 집시법 제6조 제1항에서 정한 사전신고의 대상이 된다(대법원 2013.3.28. 선고 2011도2393 판결).

■ 판례 ■ 피고인등 10인이 고용보장 등의 주장 내용이 담긴 피켓을 들고 다른 2~4인은 그 옆에 서 있는 방법으로 수회에 걸쳐 미신고 옥외시위를 공모, 공동주최한 경우

[1] 구 집회 및 시위에 관한 법률상 '시위'의 의미 및 다수인이 일정 장소에 모여 행한 특정 행위가 같은 법 제6조 제1항의 신고대상인 시위에 해당하는지 판단하는 기준

구 집회 및 시위에 관한 법률(2007. 5. 11. 법률 제8424호로 전부 개정되기 전의 것, 이하 '집시법'이라 한다) 제2조 제2호에 의하면 '시위'는 다수인이 공동목적을 가지고 도로·광장·공원 등 공중이 자유로이 통행할 수 있는 장소를 진행하거나 위력 또는 기세를 보여 불특정 다수인의 의견에 영향을 주거나 제압을 가하는 행위를 의미하는데, 다수인이 일정한 장소에 모여 행한 특정 행위가 공동의 목적을 가진 집단적 의사표현의 일환으로 이루어진 것으로 집시법 제6조 제1항의 신고대상인 시위에 해당하는지는, 행위의 태양 및 참가 인원 등 객관적 측면과 아울러 그들 사이

의 내적인 유대 관계 등 주관적 측면을 종합하여 전체적으로 그 행위를 다수인이 위력 또는 기세를 보여 불특정 다수인의 의견에 영향을 주거나 제압을 가하는 행위로 볼 수 있는지에 따라 평가하여야 한다.

[2] 구 집회 및 시위에 관한 법률상 시위 '주최자'의 의미 및 미신고 옥외집회 또는 시위 주최행위에 대한 공모공동정범 성립 여부(적극)

구 집회 및 시위에 관한 법률(2007. 5. 11. 법률 제8424호로 전부 개정되기 전의 것, 이하 '집시법'이라 한다) 제2조 제3호에 의하면 '주최자'는 자기 명의로 자기 책임 아래 집회 또는 시위를 개최하는 사람 또는 단체를 의미하는 것으로, 집시법 제6조 제1항에 따라 사전신고를 요하는 시위의 주최자는 시위를 주창하여 개최하거나 이를 주도하는 자 또는 시위를 계획하고 조직하여 실행에 옮긴 자를 의미하는데, 미신고 옥외집회 또는 시위의 주최에 관하여 공동가공의 의사와 공동의사에 기한 기능적 행위지배를 통하여 그 실행을 공모한 자는 비록 구체적 실행행위에 직접 관여하지 아니하였더라도 다른 공범자의 미신고 옥외집회 또는 시위의 주최행위에 대하여 공모공동정범으로서의 죄책을 면할 수 없다.

[3] 피고인들 등 10인이 갑 주식회사 정문 앞 등에서 1인은 고용보장 등의 주장 내용이 담긴 피켓을 들고 다른 2`~4인은 그 옆에 서 있는 방법으로 수회에 걸쳐 미신고 옥외시위를 공모, 공동주최하였다는 취지로 기소된 사안에서, 구 집회 및 시위에 관한 법률에 규정된 신고대상인 시위 및 그 주최행위에 해당하지 않는다고 보아 전부 무죄로 인정한 원심판결에 법리오해 등의 잘못이 있다고 한 사례

갑 주식회사의 협력업체 소속 근로자인 피고인들을 비롯한 10인이 갑 회사 정문 앞 등에서 1인은 고용보장 등의 주장 내용이 담긴 피켓을 들고 다른 2~4인은 그 옆에 서 있는 방법으로 6일간 총 17회에 걸쳐 미신고 옥외시위를 공모, 공동주최하였다는 취지로 기소된 사안에서, 위 각 행위는 다수인이 공동목적을 가지고 한 곳에 모여 사전 계획한 역할 분담에 따라 다수의 위력 또는 기세를 보여 피켓에 기재된 주장 내용을 갑 회사 및 협력업체 임직원을 비롯한 불특정 다수인에게 전달함으로써 그들의 의견에 영향을 미치는 행위로서 구 집회 및 시위에 관한 법률(2007. 5. 11. 법률 제8424호로 전부 개정되기 전의 것, 이하 '집시법'이라 한다)의 신고대상인 옥외시위에 해당한다고 보기에 충분하고, 피켓을 직접 든 1인 외에 그 주변에 있는 사람들이 별도로 구호를 외치거나 전단을 배포하는 등의 행위를 하지 않았다는 형식적 이유만으로 신고대상이 되지 아니하는 이른바 '1인 시위'에 해당한다고 볼 수 없으며, 위 각 행위에 대한 공동가공의 의사와 공동의사에 기한 기능적 행위지배가 인정되는 피고인들에게는 구체적 실행행위에 직접 관여하였는지와 관계없이 공모공동정범에 의한 주최자로서 책임을 물을 수 있는데도, 이와 달리 위 각 행위가 집시법에 규정된 시위 및 그 주최행위에 해당하지 않는다고 보아 전부 무죄로 인정한 원심판결에 법리오해 또는 심리미진의 잘못이 있다고 한 사례.(대법원 2011.9.29. 선고 2009도2821 판결)

■ 판례 ■ 구 집회 및 시위에 관한 법률상 보장 및 규제의 대상이 되는 '집회'의 의미 및 2인이 모인 집회가 위 법의 규제 대상이 되는지 여부(적극)

구 집회 및 시위에 관한 법률(2007. 5. 11. 법률 제8424호로 전부 개정되기 전의 것)에 의하여 보장 및 규제의 대상이 되는 집회란 '특정 또는 불특정 다수인이 공동의 의견을 형성하여 이를 대외적으로 표명할 목적 아래 일시적으로 일정한 장소에 모이는 것'을 말하고, 모이는 장소나 사람의 다과에 제한이 있을 수 없으므로, 2인이 모인 집회도 위 법의 규제 대상이 된다고 보아야 한다.(대법원 2012.5.24. 선고 2010도11381 판결)

4. 미신고 야간 옥외집회

1) 적용법조 : 제22조 제2항, 제6조 제1항, 제23조 제1호, 제10조 ☞ 공소시효 5년

> 제10조(옥외집회와 시위의 금지 시간) 누구든지 해가 뜨기 전이나 해가 진 후에는 옥외집회 또는 시위를 하여서는 아니 된다. 다만, 집회의 성격상 부득이하여 주최자가 질서유지인을 두고 미리 신고한 경우에는 관할경찰관서장은 질서 유지를 위한 조건을 붙여 해가 뜨기 전이나 해가 진 후에도 옥외집회를 허용할 수 있다.

2) 범죄사실 기재례

> 피의자는 ○○에 있는 ○○주식회사의 생산직 근로자로서 20○○. ○. ○.부터 위 회사 노동조합의 위원장으로 활동하는 사람이다. 옥외집회나 시위를 주최하려는 자는 그에 관한 목적, 일시장소 등을 적은 신고서를 옥외집회나 시위를 시작하기 720시간 전부터 48시간 전에 관할 경찰서장에게 제출하여야 하고, 누구든지 해가 뜨기 전이나 해가 진 후에는 옥외집회 또는 시위를 하여서는 아니 된다.
> 그럼에도 불구하고 피의자는 20○○. ○. ○. 위 회사가 근로자인 홍길동, 김길동, 박길동 등을 원 근무부서인 생산부에서 대기실로 전보하는 인사발령을 하자 이를 노조탄압이라고 주장하면서 甲, 乙, 丙, 丁 등과 공모하여, 위 같은 날 20:30경부터 다음 날 04:00까지 위 회사의 사장 최민수가 거주하는 ○○아파트 301동으로 노조원 20여 명을 이끌고 가 그 출입구에서 최민수를 지칭하면서 "노동자 탄압철회, 부당인사 철회" 등의 구호를 외치는 등의 방법으로 옥외집회를 주최하였다.

3) 신문사항

- 피의자는 옥외집회와 시위를 한 일이 있는가
- 언제 어디에서 하였나
- 주최자와 참가자는
- 참석자들에게 언제 어떤 방법으로 참석통지를 하였나
- 무엇 때문에 집회 시위를 하였나(주제 등)
- ○○경찰서에 신고하였나
- 어떠한 방법으로 집회 및 시위를 하였나(시위 도구 등)
- 집회 참석인원은 몇 명인가
- 왜 신고없이 하였나

5. 질서유지선 침범

1) 적용법조 : 제24조 제3호, 제13조 제1항 ☞ 공소시효 5년

> 제13조(질서유지선의 설정) ① 제6조제1항에 따른 신고를 받은 관할경찰관서장은 집회 및 시위의 보호와 공공의 질서 유지를 위하여 필요하다고 인정하면 최소한의 범위를 정하여 질서유지선을 설정할 수 있다.
> ② 제1항에 따라 경찰관서장이 질서유지선을 설정할 때에는 주최자 또는 연락책임자에게 이를 알려야 한다.

2) 범죄사실 기재례

> 피의자는 ○○택시노동조합의 위원장으로서 20○○. ○. ○. ○○경찰서장에게 옥외집회시위신고를 마치고 20○○. ○. ○. ○○에서 ○○내용의 집회시위를 하는 주최자이다.
> ○○경찰서장은 집회·시위의 보호와 공공의 질서유지를 위하여 필요하다고 인정 주최자에게 고지하고 질서유지선을 설정하였다.
> 그럼에도 불구하고 피의자는 위 같은 날 14:00경 ○○경찰서 소속 현장 경찰책임자인 경감 이호기로부터 질서유지선을 침범하지 말라는 경고에도 불구하고 정당한 이유없이 소지하고 있던 가위와 면도칼을 이용하여 자르는 방법으로 그 효용을 해하였다.

3) 신문사항
- ○○택시 노조위원장인가
- 노조원은 모두 몇 명인가
- 집회·시위를 한 일이 있는가
- 언제 어디에서 하였는가
- 모두 몇 명이 참여하였는가
- 이에 대한 집회신고를 하였는가
- 어떤 내용의 집회·시위였는가
- 주최자와 참가자는
- 어떠한 방법으로 집회 및 시위를 하였나(시위 도구등)
- ○○경찰서장으로부터 질서유지선 설정고지를 받은 일이 있는가
- 언제 어떤 방법으로 고지 받았는가
- 현장 경찰책임자로부터 질서유지선을 침범하거나 손괴하는 등 그 효용을 해하지 말라는 경고를 받은 일이 있는가
- 이를 이행하였는가
- 어떤 방법으로 훼손하였는가
- 누가 훼손하였는가(누구의 지시)
- 왜 훼손하였는가

4) 폴리스라인 침범행위 관련 법률검토

경찰관의 경고에도 불구하고 정당한 이유없이 질서유지선을 상당시간 침범하거나 손괴·은 익·이동 또는 제거하거나 기타 방법으로 그 효용을 해한 자

- 집시법 제21조 4호, 제12조의 2(질서유지선의 설정)
- 6월이하의 징역 또는 50만원이하의 벌금·구류 또는 과료

폴리스라인을 침범, 직무를 집행하는 공무원에 대하여 폭행 또는 협박

- 형법 제136조(공무집행방해)
- 5년이하의 징역 또는 1천만원 이하의 벌금

폴리스라인을 침범, 단체 또는 다중의 위력을 보이거나 위험한 물건을 휴대하여 공무집행방해

- 형법 제144조(특수공무방해)
- 7년 6월이하의 징역 또는 1천5백만원 이하의 벌금

단체 또는 다중의 위력을 보이거나 위험한 물건을 휴대하여 공무집행방해, 공무원 상해 또 는 공무원 사망

- 상해 : 3년 이상의 유기징역
- 사망 : 무기 또는 5년 이상의 징역

■ 판례 ■   경찰관을 배치하는 방법으로 설정된 질서유지선

[1] 집회 및 시위에 관한 법률상 질서유지선이 집회 및 시위의 보호와 공공의 질서 유지를 위하여 필요하다고 인정되고 같은 법 시행령 제3조 제1항에서 정한 사유에 해당하는 경우, 집회 또는 시위의 장소 안에도 이를 설정할 수 있는지 여부(적극) 및 이때 그 질서유지선은 집회 및 시위의 보호와 공공의 질서 유지를 위하여 필요하다고 인정되는 최소한의 범위를 정하여 설정되어야 하는지 여부(적극) / 경찰관들이 집회 또는 시위가 이루어지는 장소의 외곽이나 그 장소 안에서 줄지어 서는 등의 방법으로 사실상 질서유지선의 역할을 수행하는 경우, 같은 법상 질서유지선에 해당하는지 여부(소극)

집회 및 시위에 관한 법률(이하 '집시법'이라 한다) 제2조 제5호는 "질서유지선이란 관할 경찰서장이나 시·도경찰청장이 적법한 집회 및 시위를 보호하고 질서유지나 원활한 교통 소통을 위하여 집회 또는 시위의 장소나 행진 구간을 일정하게 구획하여 설정한 띠, 방책, 차선 등의 경계표지를 말한다."라고 규정하고 있다. 또한 집시법 제13조 제1항은 "관할 경찰관서장은 집회 및 시위의 보호와 공공의 질서 유지를 위하여 필요하다고 인정하면 최소한의 범위를 정하여 질서유지선을 설정할 수 있다."라고 규정하고 있고, 위 규정의 위임에 따른 집시법 시행령 제13조 제1항은 그 각호에서 질서유지선을 설정할 수 있는 경우를 열거하고 있다. 한편 집시법 제24조 제3호는 집시법 제13조에 따라 설정된 질서유지선을 정당한 사유 없이 상당 시간 침범하거나 손괴·은닉·이동 또는 제거하거나 그 밖의 방법으로 그 효용을 해친 사람을 처벌하도록 규정하고 있다. 위와 같은 질서유지선의 설정에 관한 집시법 및 집시법 시행령의 관련 규정에 비추어 볼 때, 집시법에서 정한 질서유지선은 집회 및 시위의 보호와 공공의 질서 유지를 위하여 필요하다고 인정되는 경우로서 집시법 시행령 제13조 제1항에서 정한 사유에 해당한다면 반드시 집회 또는 시위가 이루어지는 장소 외곽의 경계지역뿐만 아니라 집회 또는 시위의 장소 안에도 설정할 수 있다고 봄이 타당하나, 이러한 경우에도 그 질서

유지선은 집회 및 시위의 보호와 공공의 질서 유지를 위하여 필요하다고 인정되는 최소한의 범위를 정하여 설정되어야 하고, 질서유지선이 위 범위를 벗어나 설정되었다면 이는 집시법 제13조 제1항에 위반되어 적법하다고 할 수 없다. 또한 위와 같은 집시법상 질서유지선의 정의 및 질서유지선의 침범 등 행위에 대한 처벌규정의 문언과 취지에 비추어 보면, 질서유지선은 띠, 방책, 차선 등과 같이 경계표지로 기능할 수 있는 물건 또는 도로교통법상 안전표지라고 봄이 타당하므로, 경찰관들이 집회 또는 시위가 이루어지는 장소의 외곽이나 그 장소 안에서 줄지어 서는 등의 방법으로 사실상 질서유지선의 역할을 수행한다고 하더라도 이를 가리켜 집시법에서 정한 질서유지선이라고 할 수는 없다.

[2] 옥외집회 또는 시위의 장소에 질서유지를 위한 경찰관 출입이 허용되는 범위(=집회 및 시위의 보호와 공공의 질서유지를 위하여 필요하다고 인정되는 최소한의 범위) / 경찰관들이 집회 및 시위에 관한 법률상 질서유지선에 해당하지 아니한다는 이유로 집회 또는 시위의 장소에 출입하거나 그 장소 안에 머무르는 경찰관들의 행위가 곧바로 위법하게 되는지 여부(소극) 및 같은 법 제19조에 의한 출입에 해당하는 경우, 적법한 공무집행으로 볼 수 있는지 여부(적극)

집시법 제19조 제1항은 "경찰관은 집회 또는 시위의 주최자에게 알리고 그 집회 또는 시위의 장소에 정복을 입고 출입할 수 있다. 다만 옥내집회 장소에 출입하는 것은 직무집행을 위하여 긴급한 경우에만 할 수 있다."라고 규정하고, 같은 조 제2항은 "집회나 시위의 주최자, 질서유지인 또는 장소관리자는 질서를 유지하기 위한 경찰관의 직무집행에 협조하여야 한다."라고 규정함으로써, 집회 또는 시위의 장소에 질서유지를 위한 경찰관 출입을 허용하고 있다. 집시법 제19조가 옥외집회 또는 시위의 장소에 질서유지를 위한 경찰관 출입 요건으로 주최자에 대한 고지, 정복 착용만을 정하고 있지만, 집회의 자유가 가지는 헌법적 가치와 기능, 집회 및 시위의 권리 보장과 공공의 안녕질서의 조화라는 집시법의 입법목적 등에 비추어 보면, 질서유지선 설정에 관한 규정을 준용하여 옥외집회 또는 시위의 장소에 질서유지를 위한 경찰관 출입 역시 집회 및 시위의 보호와 공공의 질서유지를 위하여 필요한 경우 최소한의 범위로 이루어져야 할 것이다. 따라서 경찰관들이 집시법상 질서유지선에 해당하지 아니한다고 하여 집회 또는 시위의 장소에 출입하거나 그 장소 안에 머무르는 경찰관들의 행위를 곧바로 위법하다고 할 것은 아니고, 집시법 제19조에 의한 출입에 해당하는 경우라면 적법한 공무집행으로 볼 수 있을 것이다.

[3] 경찰관을 배치하는 방법으로 설정된 질서유지선이 집회 및 시위에 관한 법률상 질서유지선에 해당하는지 여부(소극) / 질서유지선 효용침해로 인한 집회 및 시위에 관한 법률 제24조 제3호 위반죄는 그 대상인 같은 법 제2조 제5호에 해당하는 질서유지선이 같은 법 제13조에 따라 적법하게 설정된 경우에 한하여 성립하는지 여부(적극)

집시법 제2조 제5호가 정의하는 질서유지선은 띠, 방책, 차선 등 물건 또는 도로교통법상 안전표지로 설정된 경계표지를 말하므로, 경찰관을 배치하는 방법으로 설정된 질서유지선은 집시법상 질서유지선에 해당하지 아니한다. 집시법 제13조 제1항은 "관할 경찰관서장은 집회 및 시위의 보호와 공공의 질서 유지를 위하여 필요하다고 인정하면 최소한의 범위를 정하여 질서유지선을 설정할 수 있다."라고 규정하고 있고, 같은 조 제2항은 "제1항에 따라 경찰관서장이 질서유지선을 설정할 때에는 주최자 또는 연락책임자에게 이를 알려야 한다."라고 규정하고 있으며, 집시법 제24조 제3호는 "제13조에 따라 설정된 질서유지선을 정당한 사유 없이 상당 시간 침범하거나 손괴·은닉·이동 또는 제거하거나 그 밖의 방법으로 그 효용을 해친 사람"을 처벌하도록 규정하고 있다. 따라서 집시법 제24조 제3호의 질서유지선 효용침해로 인한 집시법위반죄는 그 대상인 집시법 제2조 제5호에 해당하는 질서유지선이 집시법 제13조에 따라 적법하게 설정된 경우에 한하여 성립하고, 위법하게 설정된 집시법상 질서유지선에 대하여는 위와 같이 효용을 해치는 행위를 하였더라도 위 죄를 구성하지 아니한다. (대법원 2019. 1. 10. 선고, 2016도21311, 판결)

6. 기준 초과 확성기 사용

1) 적용법조 : 제24조 제4호, 제14조 제2항　☞　공소시효 5년

제14조(확성기등 사용의 제한) ① 집회 또는 시위의 주최자는 확성기, 북, 징, 꽹과리 등의 기계·기구(이하 이 조에서 "확성기등"이라 한다)를 사용하여 타인에게 심각한 피해를 주는 소음으로서 대통령령으로 정하는 기준을 위반하는 소음을 발생시켜서는 아니 된다.
② 관할경찰관서장은 집회 또는 시위의 주최자가 제1항에 따른 기준을 초과하는 소음을 발생시켜 타인에게 피해를 주는 경우에는 그 기준 이하의 소음 유지 또는 확성기등의 사용 중지를 명하거나 확성기등의 일시보관 등 필요한 조치를 할 수 있다.

2) 범죄사실 기재례

　　피의자는 ○○택시노동조합의 위원장으로서 20○○. ○. ○. ○○경찰서장에게 옥외집회시위 신고를 마치고 20○○. ○. ○. ○○에서 ○○내용의 집회시위를 하는 주최자이다. 집회 또는 시위의 주최자는 확성기, 북, 징, 꽹과리 등의 기계·기구를 사용하여 타인에게 심각한 피해를 주는 소음으로써 대통령령으로 정하는 기준을 위반하는 소음을 발생시켜서는 아니 된다.
　　그럼에도 불구하고 피의자는 위 같은 날 14:00경 ○○경찰서장으로부터 그 지역은 주거지역으로 기준 이하(65dB)의 소음유지 또는 확성기 등의 사용중지를 명받고도 정당한 이유없이 그 기준치를 초과한 90dB 이상의 상태로 확성기를 사용하여 확성기 등 사용제한을 위반하였다.

3) 신문사항

- ○○택시 노조위원장인가
- 노조원은 모두 몇 명인가
- 임금문제와 관련 집회·시위를 한 일이 있는가
- 언제 어디에서 하였는가
- 모두 몇 명이 참여하였는가
- 이에 대한 집회신고를 하였는가
- 어떤 내용의 집회·시위였는가
- 주최자와 참가자는
- 어떠한 방법으로 집회 및 시위를 하였나(시위 도구등)
- ○○경찰서장으로부터 확성기 소음기준치 유지 또는 사용중지 명을 받은 일이 있는가
- 언제 어떤 방법으로 이런 명을 받았는가
- 필요한 조치를 취하였는가
- 왜 필요조치를 취하지 않았는가
- 피의자는 그 소음이 어느 정도라고 생각하는가
- 당시 경찰측에서 측정한 내용을 확인하였는가

- 확인할 때 소음측정치가 얼마이던가
- 그럼 기준치인 65dB를 초과하였는데도 왜 조치를 취하여 않았는가

4) 소음 제한규정 위반 시(법 제14조)

기준 이하의 소음유지 명령을 위반하거나 확성기 등의 사용중지·일시보관 등의 필요한 조치를 거부·방해하였을 경우 [별표2] <개정 2023. 10. 17.>

〈확성기등의 소음기준(시행령 제14조)〉 [단위: dB(A)]

소음도 구분		대상 지역	시간대		
			주간 (07:00~해지기 전)	야간 (해진 후~24:00)	심야 (00:00~07:00)
대상소음도	등가소음도 (Leq)	주거지역, 학교, 종합병원	65 이하	60 이하	55 이하
		공공도서관	65 이하	60 이하	
		그 밖의 지역	75 이하	65 이하	
	최고소음도 (Lmax)	주거지역, 학교, 종합병원	85 이하	80 이하	75 이하
		공공도서관	85 이하	80 이하	
		그 밖의 지역	95 이하		

비고
1. 확성기등의 소음은 관할 경찰서장(현장 경찰공무원)이 측정한다.
2. 소음 측정 장소는 피해자가 위치한 건물의 외벽에서 소음원 방향으로 1 ~ 3.5m 떨어진 지점으로 하되, 소음도가 높을 것으로 예상되는 지점의 지면 위 1.2 ~ 1.5m 높이에서 측정한다. 다만, 주된 건물의 경비 등을 위하여 사용되는 부속 건물, 광장·공원이나 도로상의 영업시설물, 공원의 관리사무소 등은 소음 측정 장소에서 제외한다.
3. 제2호의 장소에서 확성기등의 대상소음이 있을 때 측정한 소음도를 측정소음도로 하고, 같은 장소에서 확성기등의 대상소음이 없을 때 5분간 측정한 소음도를 배경소음도로 한다.
4. 측정소음도가 배경소음도보다 10dB 이상 크면 배경소음의 보정 없이 측정소음도를 대상소음도로 하고, 측정소음도가 배경소음도보다 3.0 ~ 9.9dB 차이로 크면 아래 표의 보정치에 따라 측정소음도에서 배경소음을 보정한 소음도를 대상소음도로 하며, 측정소음도가 배경소음도보다 3dB 미만으로 크면 다시 한 번 측정소음도를 측정하고, 다시 측정하여도 3dB 미만으로 크면 확성기등의 소음으로 보지 아니한다.
5. 등가소음도는 10분간(소음 발생 시간이 10분 이내인 경우에는 그 발생 시간 동안을 말한다) 측정한다. 다만, 다음 각 목에 해당하는 대상 지역의 경우에는 등가소음도를 5분간(소음 발생 시간이 5분 이내인 경우에는 그 발생 시간 동안을 말한다) 측정한다.
  가. 주거지역, 학교, 종합병원
  나. 공공도서관
6. 최고소음도는 확성기등의 대상소음에 대해 매 측정 시 발생된 소음도 중 가장 높은 소음도를 측정하며, 동일한 집회·시위에서 측정된 최고소음도가 1시간 내에 3회 이상 위 표의 최고소음도 기준을 초과한 경우 소음기준을 위반한 것으로 본다. 다만, 다음 각 목에 해당하는 대상 지역의 경우에는 1시간 내에 2회 이상 위 표의 최고소음도 기준을 초과한 경우 소음기준을 위반한 것으로 본다.
  가. 주거지역, 학교, 종합병원
  나. 공공도서관
7. 다음 각 목에 해당하는 행사(중앙행정기관이 개최하는 행사만 해당한다)의 진행에 영향을 미치는 소음에

대해서는 그 행사의 개최시간에 한정하여 위 표의 주거지역의 소음기준을 적용한다.
   가. 「국경일에 관한 법률」 제2조에 따른 국경일의 행사
   나. 「각종 기념일 등에 관한 규정」 별표에 따른 각종 기념일 중 주관 부처가 국가보훈처인 기념일의 행사
8. 그 밖에 소음의 측정방법 등에 관한 사항은 「환경분야 시험 · 검사 등에 관한 법률」 제6조제1항제2호에
   따른 소음 및 진동 분야 환경오염공정시험기준 중 생활소음 기준에 따른다.

7. 신고한 범위를 벗어나는 행위

1) 적용법조 : 제22조 제3항, 제16조 제4항 제3호, 형법 제185조 ☞ 공소시효 10년

제16조(주최자의 준수 사항) ④ 집회 또는 시위의 주최자는 다음 각 호의 어느 하나에 해당하는 행위를 하여서는
아니 된다.
   3. 신고한 목적, 일시, 장소, 방법 등의 범위를 뚜렷이 벗어나는 행위

2) 범죄사실 기재례

피의자 甲은 2000. ○. ○.경 ○○에 있는 ○○동 ○○세대 주민들로 결성된 ○○환경 이주대책
위원회의 위원장, 피의자 乙은 2000. ○. ○.경부터 2000. ○. ○.경까지 위 환경대책위원회 투
쟁국장, 대변인 등으로 활동하였고, 피의자 丙은 위 환경대책위원회 홍보국장 및 운영위원이다.
   피의자들은 '○○아파트 인근 항만시설, 환경오염시설 및 교통량 증가로 주거환경이 악화되
어 정신적, 육체적 피해를 보고 있다'라고 주장하며 활동하던 중, 위 환경대책위원회 여성국장
인 정○○ 등과 공모하였다.
   피의자들은 2000. ○. ○. 11:00경부터 ○○에 있는 ○○주식회사 정문 앞 인도 등에서, 주
민 300여 명이 참가한 가운데, '유해환경업체 이전 촉구집회'를 개최하면서, ○○경찰서에
신고한 집회내용은 ○○아파트 후문에서 위 물류센터 정문 앞을 경유하여 ○○부두 정문까지
인도와 하위 1개 차로를 이용하여 평화적으로 왕복 행진하고 플래카드, 피켓, 방송 차량 등을
준비하여 유해업체 이전, 이주대책 등을 촉구하는 주민들의 의사를 표현하는 것이었다.
   그럼에도 피의자들은 같은 날 11:40경 주민 ○○여명과 함께 위 물류센터 정문 앞 도로 편도 3
개 차로를 점거한 상태에서 '○○는 이전하라. ○○화학 냄새나 못 살겠다. 이전계획이 없으면
○○○아파트를 매입하라' 라는 취지의 선동적인 구호를 외치거나 방송 차량으로 노동가요를 틀고,
같은 날 12:00경부터 13:00경까지 주민들과 함께 위 ○○물류센터 정문 앞 전체 차로를 점거하고,
같은 날 13:00경부터 다시 편도 2개 차로를 점거하여 집회를 진행하는 등 집회를 공동으로 주도
한 주최자들로서 집회신고 시 신고한 장소 · 방법 등 그 범위를 현저히 일탈하는 행위를 하고, 같
은 날 12:00경부터 13:00경까지 차량의 통행이 불가능하도록 하여 교통을 방해하였다.

■ 판례 ■ 납골당 설치 반대를 목적으로 한 옥외집회와 시위를 주최하면서 신고하지 아니한 상
여 · 만장 등을 사용한 경우
[1] 옥외집회 또는 시위가 "신고한 범위를 현저히 일탈하는 행위"에 해당하는지 여부의 판단 기준 및 방법
그 집회 또는 시위가 신고에 의해 예상되는 범위를 현저히 일탈하여 신고제도의 목적 달성을 심
히 곤란하게 하였는지 여부에 의하여 가려야 한다. 또한, 이를 판단할 때에는 집회 · 시위의 자유
가 헌법상 보장된 국민의 기본권이라는 점, 집회 등의 주최자로서는 사전에 그 진행방법의 세부적

인 사항까지 모두 예상하여 빠짐없이 신고하기 어려운 면이 있을 뿐 아니라 그 진행과정에서 방법의 변경이 불가피한 경우 등도 있을 수 있는 점 등을 염두에 두고, 신고내용과 실제 상황을 구체적·개별적으로 비교하여 살펴본 다음 이를 전체적·종합적으로 평가하여 판단하여야 한다.

[2] 위의 사안은 구 집회 및 시위에 관한 법률 제14조 제4항 제3호에서 정한 "신고한 범위를 현저히 일탈한 행위"에 해당하지 않는다(대법원 2008.10.23. 선고 2008도3974 판결)

■ 판례 ■   신고의 동일성 여부 판단방법

[1] 옥외집회가 사전신고의 범위를 벗어난 경우, 이미 신고된 것과 동일성이 유지되는지 여부의 판단 방법

신고 후 개최한 옥외집회 또는 시위가 신고의 범위를 벗어남에 따라, 신고된 옥외집회 또는 시위와 동일성이 여전히 유지되는 상황인지 아니면 동일성이 인정되는 정도를 벗어나 신고를 하지 아니한 옥외집회 또는 시위로 보아야 하는지가 문제된 때에는, 헌법 제21조 제2항이 "집회에 대한 허가는 인정되지 아니한다"고 선언한 취지 및 신고에 의하여 옥외집회 또는 시위의 성격과 규모 등을 미리 파악함으로써 적법한 옥외집회 또는 시위를 보호하는 한편, 그로 인한 공공의 안녕질서에 대한 위험을 미리 예방하는 등 공공의 안녕질서를 함께 유지하기 위한 조치를 마련하고자 하는 신고제도의 취지뿐만 아니라, 구 집회 및 시위에 관한 법률(2006. 2. 21. 법률 제7849호로 개정되기 전의 것) 제3조 및 제4조에서 집회 또는 시위의 주최자가 의도하고자 하는 집회 또는 시위가 방해받지 않도록 보호하는 한편, 제14조 및 제15조로 집회 또는 시위에 주최자 내지 주최자를 보좌하게 하기 위하여 임명된 질서유지인에게 집회 또는 시위에 있어서의 질서를 유지할 의무를 부과하고 있는 사실, 아울러 제16조에서 집회 또는 시위에 참가하는 자로 하여금 주최자 및 질서유지인의 질서유지를 위한 지시에 따라야 할 의무를 부과하는 등 집회 또는 시위와 그 주최자는 밀접불가분의 관계에 있는 점 등을 염두에 두고, 문제가 된 옥외집회 또는 시위에 관하여 당초 주최자가 신고한 앞서 본 여러 가지 사항 등과 현실로 개최된 옥외집회 또는 시위의 실제 상황을 구체적·개별적으로 비교하여 살펴본 다음, 이를 전체적·종합적으로 평가하여 동일성이 인정되는지를 판단하여야 한다.

[2] 옥외집회나 시위를 신고한 주최자가 신고한 범위를 현저히 일탈하는 행위에 이른 경우, 이를 신고 없이 옥외집회나 시위를 개최한 것으로 보기 위한 요건

옥외집회 또는 시위를 신고한 주최자가 그 주도 아래 행사를 진행하는 과정에서 신고한 목적·일시·장소·방법 등의 범위를 현저히 일탈하는 행위에 이르렀다고 하더라도, 이를 신고 없이 옥외집회 또는 시위를 주최한 행위로 볼 수는 없고, 처음부터 옥외집회 또는 시위가 신고된 것과 다른 주최자나 참가단체 등의 주도 아래 신고된 것과는 다른 내용으로 진행되거나, 또는 처음에는 신고한 주최자가 주도하여 옥외집회 또는 시위를 진행하였지만 중간에 주최자나 참가단체 등이 교체되고 이들의 주도 아래 신고된 것과는 다른 내용의 옥외집회 또는 시위로 변경되었음에도 불구하고, 이미 이루어진 옥외집회 또는 시위의 신고를 명목상의 구실로 내세워 옥외집회 또는 시위를 계속하는 등의 경우에는 그 주최 행위를 '신고 없이 옥외집회 또는 시위를 주최한 행위'로 보아 처벌할 수 있다(대법원 2008.7.10. 선고 2006도9471 판결).

8. 미신고 집회 참가자의 해산명령 위반

1) 적용법조 : 제24조 제5호, 제20조 제2항, 제1항 제3호 ☞ 공소시효 5년

제20조(집회 또는 시위의 해산) ② 집회 또는 시위가 제1항에 따른 해산 명령을 받았을 때에는 모든 참가자는 지체 없이 해산하여야 한다.
③ 제1항에 따른 자진 해산의 요청과 해산 명령의 고지(告知) 등에 필요한 사항은 대통령령으로 정한다.

※ 시행령(대통령령)
제17조(집회 또는 시위의 자진 해산의 요청 등) 법 제20조에 따라 집회 또는 시위를 해산시키려는 때에는 관할 경찰관서장 또는 관할 경찰관서장으로부터 권한을 부여받은 국가경찰공무원은 다음 각 호의 순서에 따라야 한다. 다만, 법 제20조제1항제1호ㆍ제2호 또는 제4호에 해당하는 집회ㆍ시위의 경우와 주최자ㆍ주관자ㆍ연락책임자 및 질서유지인이 집회 또는 시위 장소에 없는 경우에는 종결 선언의 요청을 생략할 수 있다.
1. 종결 선언의 요청
   주최자에게 집회 또는 시위의 종결 선언을 요청하되, 주최자의 소재를 알 수 없는 경우에는 주관자ㆍ연락책임자 또는 질서유지인을 통하여 종결 선언을 요청할 수 있다.
2. 자진 해산의 요청
   제1호의 종결 선언 요청에 따르지 아니하거나 종결 선언에도 불구하고 집회 또는 시위의 참가자들이 집회 또는 시위를 계속하는 경우에는 직접 참가자들에 대하여 자진 해산할 것을 요청한다.
3. 해산명령 및 직접 해산
   제2호에 따른 자진 해산 요청에 따르지 아니하는 경우에는 세 번 이상 자진 해산할 것을 명령하고, 참가자들이 해산명령에도 불구하고 해산하지 아니하면 직접 해산시킬 수 있다.

2) 범죄사실 기재례

> 피의자는 수입쌀 반대를 위한 모임의 ○○농민회 주최로 20○○. ○. ○. ○○:○○경부터 같은 날 ○○:○○경까지 ○○도청 앞에서 신고없이 같은 회원 30여 명과 같이 "○○○" 방법으로 하는 옥외집회에 참석하여 ○○경찰서장으로부터 3회 이상 해산명령을 받았다.
> 이런 경우 모든 참가자는 지체없이 퇴거하여야 한다.
> 그럼에도 불구하고 피의자는 같은 날 ○○:○○까지 해산하지 아니하였다.

3) 신문사항
- 피의자는 옥외집회와 시위를 한 일이 있는가
- 언제 어디에서 하였나
- 주최자와 참가자는
- 누구로부터 참가지시를 받고 참가하였는가
- 무엇 때문에 집회 시위를 하였나(주제등)
- ○○경찰서에 신고하였는지 알고 있는가
- 어떠한 방법으로 집회 및 시위를 하였나(시위 도구등)
- 집회 참석인원은 몇 명인가
- 경찰의 해산명령을 받았나

－ 해산명령을 받고 해산하였는가

　　－ 왜 해산하지 않았나

■ 판례 ■　　관할경찰관서장으로부터 권한을 부여받은 경찰관이 '자진해산'을 요청한다는 용어를 사용하지 않았으나, 스스로 해산할 것을 설득하거나 요구하였고 그로부터 상당한 시간이 흐른 후 해산명령을 한 경우

[1] '자진해산의 요청'의 의미

여기서 해산명령 이전에 자진해산할 것을 요청하도록 한 입법 취지에 비추어 볼 때, 반드시 '자진해산'이라는 용어를 사용하여 요청할 필요는 없고, 그 때 해산을 요청하는 언행 중에 스스로 해산하도록 청하는 취지가 포함되어 있으면 된다.

[2] 해산명령 이전에 자진해산할 것을 요청한 경우에 해당하는지 여부(적극)

집회신고시간을 넘어 일몰시간 후의 집회 및 시위에 대하여 관할경찰관서장으로부터 권한을 부여받은 경찰관이 비록 '자진해산'을 요청한다는 용어를 사용하지 않았다고 하더라도 스스로 해산할 것을 설득하거나 요구하였고 그로부터 상당한 시간이 흐른 후 해산명령을 하였으므로 집회및시위에관한법률 및 같은법시행령에 따라 해산명령이전에 자진해산할 것을 요청한 경우에 해당한다(대법원 2000.11.24. 선고 2000도2172 판결).

제115장 채권의 공정한 추심에 관한 법률

Ⅰ. 개념정의 및 다른 법률과의 관계

1. 개념정의

제1조(목적) 이 법은 채권추심자가 권리를 남용하거나 불법적인 방법으로 채권추심을 하는 것을 방지하여 공정한 채권추심 풍토를 조성하고 채권자의 정당한 권리행사를 보장하면서 채무자의 인간다운 삶과 평온한 생활을 보호함을 목적으로 한다.

제2조(정의) 이 법에서 사용하는 용어의 뜻은 다음과 같다.

1. "채권추심자"란 다음 각 목의 어느 하나에 해당하는 자를 말한다.
   - 가. 「대부업 등의 등록 및 금융이용자 보호에 관한 법률」에 따른 대부업자, 대부중개업자, 대부업의 등록을 하지 아니하고 사실상 대부업을 영위하는 자, 여신금융기관 및 이들로부터 대부계약에 따른 채권을 양도받거나 재양도 받은 자
   - 나. 가목에 규정된 자 외의 금전대여 채권자 및 그로부터 채권을 양도받거나 재양도 받은 자
   - 다. 「상법」에 따른 상행위로 생긴 금전채권을 양도받거나 재양도 받은 자
   - 라. 금전이나 그 밖의 경제적 이익을 대가로 받거나 받기로 약속하고 타인의 채권을 추심하는 자(채권추심을 목적으로 채권의 양수를 가장한 자를 포함한다)
   - 마. 가목부터 라목까지에 규정된 자들을 위하여 고용, 도급, 위임 등 원인을 불문하고 채권추심을 하는 자
2. "채무자"란 채무를 변제할 의무가 있거나 채권추심자로부터 채무를 변제할 의무가 있는 것으로 주장되는 자연인(보증인을 포함한다)을 말한다.
3. "관계인"이란 채무자와 동거하거나 생계를 같이 하는 자, 채무자의 친족, 채무자가 근무하는 장소에 함께 근무하는 자를 말한다.
4. "채권추심"이란 채무자에 대한 소재파악 및 재산조사, 채권에 대한 변제 요구, 채무자로부터 변제 수령 등 채권의 만족을 얻기 위한 일체의 행위를 말한다.
5. "개인정보"란 「개인정보 보호법」 제2조제1호의 개인정보를 말한다.
6. "신용정보"란 「신용정보의 이용 및 보호에 관한 법률」 제2조제1호의 신용정보를 말한다.

2. 다른 법률과의 관계

제4조(다른 법률과의 관계) 채권추심에 관하여 다른 법률에 특별한 규정이 있는 경우를 제외하고는 이 법에서 정하는 바에 따른다.

제15조(벌칙) ① 제9조제1호를 위반하여 채무자 또는 관계인을 폭행·협박·체포 또는 감금하거나 그에게 위계나 위력을 사용하여 채권추심행위를 한 자는 5년 이하의 징역 또는 5천만원 이하의 벌금에 처한다.
② 다음 각 호의 어느 하나에 해당하는 자는 3년 이하의 징역 또는 3천만원 이하의 벌금에 처한다.
  1. 제8조의4를 위반하여 변호사가 아니면서 채권추심과 관련하여 소송행위를 한 자
  2. 제9조제2호부터 제7호까지를 위반한 자
  3. 제10조제1항을 위반하여 채무자 또는 관계인의 신용정보나 개인정보를 누설하거나 채권추심의 목적 외로 이용한 자
  4. 제11조제1호를 위반하여 채권을 추심하는 의사를 표시한 자
③ 다음 각 호의 어느 하나에 해당하는 자는 1년 이하의 징역 또는 1천만원 이하의 벌금에 처한다.
  1. 제8조의3제1항을 위반한 자
  2. 제11조제2호를 위반하여 말·글·음향·영상·물건, 그 밖의 표지를 사용한 자
제16조(양벌규정) 법인의 대표자나 법인 또는 개인의 대리인, 사용인, 그 밖의 종업원이 그 법인 또는 개인의 업무에 관하여 제15조의 위반행위를 하면 그 행위자를 벌하는 외에 그 법인 또는 개인에게도 해당 조문의 벌금형을 과(科)한다. 다만, 법인 또는 개인이 그 위반행위를 방지하기 위하여 해당 업무에 관하여 상당한 주의와 감독을 게을리하지 아니한 경우에는 그러하지 아니하다.

III. 범죄사실

1. 채무자 협박

1) **적용법조** : 제15조 제1항, 제9조 제1호 제15조 제2항 제1호, 제9조 제6호

제9조(폭행·협박 등의 금지) 채권추심자는 채권추심과 관련하여 다음 각 호의 어느 하나에 해당하는 행위를 하여서는 아니 된다.
  1. 채무자 또는 관계인을 폭행·협박·체포 또는 감금하거나 그에게 위계나 위력을 사용하는 행위
  2. 정당한 사유 없이 반복적으로 또는 야간(오후 9시 이후부터 다음 날 오전 8시까지를 말한다. 이하 같다)에 채무자나 관계인을 방문함으로써 공포심이나 불안감을 유발하여 사생활 또는 업무의 평온을 심하게 해치는 행위
  3. 정당한 사유 없이 반복적으로 또는 야간에 전화하는 등 말·글·음향·영상 또는 물건을 채무자나 관계인에게 도달하게 함으로써 공포심이나 불안감을 유발하여 사생활 또는 업무의 평온을 심하게 해치는 행위
  4. 채무자 외의 사람(제2조제2호에도 불구하고 보증인을 포함한다)에게 채무에 관한 거짓 사실을 알리는 행위
  5. 채무자 또는 관계인에게 금전의 차용이나 그 밖의 이와 유사한 방법으로 채무의 변제자금을 마련할 것을 강요함으로써 공포심이나 불안감을 유발하여 사생활 또는 업무의 평온을 심하게 해치는 행위
  6. 채무를 변제할 법률상 의무가 없는 채무자 외의 사람에게 채무자를 대신하여 채무를 변제할 것을 반복적으로 요구함으로써 공포심이나 불안감을 유발하여 사생활 또는 업무의 평온을 심하게 해치는 행위

2) 범죄사실 기재례

[기재례1] 채무자 협박 : 제15조 제1항, 제9조 제1호　☞　공소시효 7년

> 피의자는 20○○. ○. ○. ○○시장에게 등록(제○○호)한 후 ○○에서 "한중대부"라는
> 상호로 대부업을 하는 사람으로서, 20○○. ○. ○. 피해자 홍길동에게 1개월을 기한으로 ○
> ○만원을 빌려주었으나 이를 받지 못한 채권추심 사람이다.
> 　채권 추심자는 채권추심과 관련하여 채무자 또는 관계인을 폭행·협박·체포 또는 감금하
> 거나 그에게 위계나 위력을 사용하는 행위를 하여서는 아니 된다.
> 　그럼에도 불구하고 피의자는 20○○. ○. ○. 09:00경 ○○에 있는 피해자가 다니고 있는
> 직장인 ○○회사를 찾아가 빌려 간 돈을 변제약속일에 갚지 않는다는 이유로 피해자에게
> "돈을 갚지 않으면 더 이상 직장을 다니지 못하게 하겠다"라고 협박하였다.

[기재례2] 채무자 협박 : 제15조 제2항, 제9조 제3호　☞　공소시효 5년

> 채권추심자는 채권추심과 관련하여 정당한 사유 없이 반복적으로 또는 야간에 전화하는 등
> 말·글·음향·영상 또는 물건을 채무자나 관계인에게 도달하게 함으로써 공포심이나
> 불안감을 유발하여 사생활 또는 업무의 평온을 심하게 해치는 행위를 하여서는 아니 된다.
> 　피의자는 20○○. ○. ○.경부터 20○○. ○. ○.경까지 사이에 을로부터 소개받은 피해자
> 갑(여,65세)에게 수회에 걸쳐 합계 ○○만 원 상당을 대부해 주면서 제한이자를 초과하여 이
> 자를 수취하여 오던 중 피해자가 경기부진 등으로 원금과 이자를 제때 지급하지 못하며 미
> 루자 20○○. ○. ○.14:00경 불상지에서 피의자의 휴대전화(번호)를 이용하여 피해자에게 "
> ○○"라는 내용의 문자메시지를 전송하였다.
> 　피의자는 이를 비롯하여 그 무렵부터 20○○. ○. ○.10:00경까지 별지 범죄일람표 기재와
> 같이 총 ○○회에 걸쳐 반복적으로 채무자인 피해자에게 문자메시지를 도달하게 함으로써 공
> 포심이나 불안감을 유발하여 사생활 또는 업무의 평온을 심하게 해치는 행위를 하였다.

[기재례3] 채무자 외의 자 협박 : 제15조 제2항 제2호, 제9조 제6호　☞　공소시효 5년

> 피의자는 20○○. ○. ○. ○○시장에게 등록(제○○호)한 후 ○○에서 "한중대부"라는
> 상호로 대부업을 하는 사람으로서, 20○○. ○. ○. 피해자 홍길동에게 1개월을 기한으로 ○
> ○만원을 빌려주었으나 이를 받지 못한 채권추심 사람이다.
> 　채권 추심자는 채권추심과 관련하여 채무를 변제할 법률상 의무가 없는 채무자 외의 사람
> 에게 채무자를 대신하여 채무를 변제할 것을 반복적으로 요구함으로써 공포심이나 불안감을
> 유발하여 사생활 또는 업무의 평온을 심하게 해치는 행위를 하여서는 아니 된다.
> 　그럼에도 불구하고 피의자는 20○○. ○. ○. 09:00경 ○○에 있는 홍길동이 다니고 있는
> 직장인 ○○회사를 찾아가 빌려 간 돈을 변제약속일에 갚지 않는다는 이유로 직장 상사인
> 피해자 乙에게 '홍길동이 돈을 빌려 가 이를 갚지 않고 있으니까 상사인 당신이 대신 갚아
> 주든지 아니면 홍길동을 직장에서 자르라'라고 하는 등 그의 관계인 업무의 평온을 심히
> 해치는 행위를 하였다.

3) 신문사항

- 피의자는 현재 어떠한 업을 하고 있는가
- 언제부터 어디에서 이러한 대부업을 하고 있나
- 등록은 하였는가(등록일, 번호, 등록관청 등)
- 업소의 규모(사무실면적, 종업원 수)
- 어떠한 방법으로 하는가
- 홍길동에게 돈을 빌려준 일이 있는가
- 언제 얼마를 어떠한 조건으로 빌려주었나
- 빌려준 돈을 받았는가
- 받지 못하여 어떻게 하였는가
- 언제 어디로 찾아 갔는가
- 그곳은 어떻게 알고 찾아갔는가
- 찾아가서 누구에게 어떻게 하였나(협박 방법)
- 그곳에는 누가 있던가
- 폭행이나 협박이외 다른 방법이 없었는가
- 왜 그런 행위를 하였나

■ 판례 ■　대부업체 직원이 대출금을 회수하기 위하여 채무자의 휴대전화로 수백 회에 이르는 전화공세를 한 것이 업무방해죄를 구성하는지 여부(적극)

대부업체 직원이 대출금을 회수하기 위하여 소액의 지연이자를 문제삼아 법적 조치를 거론하면서 소규모 간판업자인 채무자의 휴대전화로 수백 회에 이르는 전화공세를 한 것이 사회통념상 허용 한도를 벗어난 채권추심행위로서 채무자의 간판업 업무가 방해되는 결과를 초래할 위험이 있어 업무방해죄를 구성한다(대법원 2005.5.27. 선고 2004도8447 판결).

2. 법정이자율 제한위반 및 불법 채권추심행위

1) 적용법조

"가항" : 대부업법 제19조 제2항 제3호, 제8조 제1항 ☞ 공소시효 5년

"나항" : 채권추심법 제15조 제1항, 제9조 제2호 ☞ 공소시효 7년

2) 범죄사실 기재례

피의자는 甲에 의해 20○○. ○. ○. ○○시장에 등록(제○○호)된 '○○대부'라는 상호의 대부업 사무실 종업원이다.

가. 대부업의 등록 및 금융이용자 보호에 관한 법률 위반

피의자는 20○○. ○. ○. ○○에 있는 '○○치과' 맞은편 길에 정차한 피의자 소유 승용차 안에서 乙에게 ○○만원을 대부하기로 하였다. 피의자는 위 대부와 관련하여 ○○○만원에서 선이자 명목으로 ○○만원, 3일치 일수금 명목으로 ○○만원 등 ○○만원을 공제한 ○○만원을 준 후 ○○일 동안 매일 ○○만원의 일수를 찍게 하였다.

이로써 피의자는 ○○일 동안 원금을 포함하여 ○○만원을 받기로 하여 법정이자율 제한을 위반하는 연 ○○%의 이자를 받기로 하고 乙에게 돈을 대부하여 그 약정원리금을 지급받았다.

나. 채권의 공정한 추심에 관한 법률 위반

피의자는 20○○. ○. ○. 13:00경 ○○에 있는 위 乙의 직장인 '○○'에 찾아가 그곳 직원들에게 乙의 소재 등을 문의하였다. 피의자는 이를 전해 들은 乙에게 전화로 "내일 돈을 입금하겠다"라는 말을 듣고, "내일 안 갚으면 집으로 찾아가서 다 말하겠다. 집에 찾아가면 좋은 꼴 못 볼 거다"라는 문자 메시지를 보내 위 乙을 협박하였다.

그리하여 피의자는 채권을 추심함에 있어서 정당한 사유없이 채무자 또는 그의 관계인을 방문하고 협박하였다.

3. 채권 추심자의 개인정보 누설

1) 적용법조 : 제15조 제2항 제3호, 제10조 제1항 ☞ 공소시효 5년

> 제10조(개인정보의 누설 금지 등) ① 채권추심자는 채권발생이나 채권추심과 관련하여 알게 된 채무자 또는 관계인의 신용정보나 개인정보를 누설하거나 채권추심의 목적 외로 이용하여서는 아니 된다.
> ② 채권추심자가 다른 법률에 따라 신용정보나 개인정보를 제공하는 경우는 제1항에 따른 누설 또는 이용으로 보지 아니한다.

2) 범죄사실 기재례

> 피의자는 20○○. ○. ○. ○○시장에게 등록(제○○호)한 후 ○○에서 "한중대부"라는 상호로 대부업을 하는 채권추심자이다.
> 채권추심자는 채권 발생이나 채권추심과 관련하여 알게 된 채무자 또는 관계인의 신용정보나 개인정보를 누설하거나 채권추심의 목적 외로 이용하여서는 아니 된다.
> 그럼에도 불구하고 피의자는 20○○. ○. ○. 09:00경 위 피의자 사무실에서 홍길동에게 ○○만원을 빌려주면서 알게 된 홍길동의 전화번호와 이메일 주소 등 개인정보를 20○○. ○. ○.경 인터넷 쇼핑몰을 하는 甲에게 ○○조건으로 제공하여 누설하는 등 별지 범죄일람표의 내용과 같이 총 ○○명의 개인정보를 누설하였다.

3) 신문사항

- 피의자는 현재 어떠한 업을 하고 있는가
- 언제부터 어디에서 이러한 대부업을 하고 있나
- 등록은 하였는가(등록일, 번호, 등록관청 등)
- 업소의 규모(사무실면적, 종업원 수)
- 어떠한 방법으로 하는가
- 주로 누구를 상대로 하는가
- 홍길동에게 돈을 빌려준 일이 있는가
- 홍길동의 개인정보를 다른 사람에게 제공하여 누설한 일이 있는가
- 언제 어디에서 누구에게 제공하였는가
- 어떤 조건으로 제공하였는가
- 어떤 개인정보를 제공하였나
- 어떤 방법으로 제공하였나
- 무엇 때문에 제공하였는가
- 어디에 사용될 것이라는 것을 알고 제공하였는가

4. 존재하지 아니한 채권추심 의사표시

1) 적용법조 : 제15조 제2항 제4호, 제11조 제1호 ☞ 공소시효 5년

제11조(거짓 표시의 금지 등) 채권추심자는 채권추심과 관련하여 채무자 또는 관계인에게 다음 각 호의 어느 하나에 해당하는 행위를 하여서는 아니 된다.
1. 무효이거나 존재하지 아니한 채권을 추심하는 의사를 표시하는 행위
2. 법원, 검찰청, 그 밖의 국가기관에 의한 행위로 오인할 수 있는 말·글·음향·영상·물건, 그 밖의 표지를 사용하는 행위
3. 채권추심에 관한 법률적 권한이나 지위를 거짓으로 표시하는 행위
4. 채권추심에 관한 민사상 또는 형사상 법적인 절차가 진행되고 있지 아니함에도 그러한 절차가 진행되고 있다고 거짓으로 표시하는 행위
5. 채권추심을 위하여 다른 사람이나 단체의 명칭을 무단으로 사용하는 행위

2) 범죄사실 기재례

피의자는 20○○. ○. ○. ○○시장에게 등록(제○○호)한 후 ○○에서 "한중대부"라는 상호로 대부업을 하는 채권추심자로 20○○. ○. ○. 피해자 홍길동에게 1개월을 기한으로 ○○만원을 빌려주었다가 20○○. ○. ○. 모두 변제받았기 때문에 채권이 존재하지 아니하다.
채권추심자는 채권추심과 관련하여 채무자 또는 관계인에게 무효이거나 존재하지 아니한 채권을 추심하는 의사를 표시하는 행위를 하여서는 아니 된다.
그럼에도 불구하고 피의자는 20○○. ○. ○. 위 홍길동의 주소지인 ○○에 ○○내용으로 우편물을 발송하여 존재하지 아니한 채권을 추심하는 의사를 표시하였다.

3) 신문사항
- 피의자는 현재 어떠한 업을 하고 있는가
- 언제부터 어디에서 이러한 대부업을 하고 있나
- 등록은 하였는가(등록일, 번호, 등록관청 등)
- 업소의 규모(사무실면적, 종업원 수)
- 어떠한 방법으로 하는가
- 홍길동에게 돈을 빌려준 일이 있는가
- 언제 얼마를 어떠한 조건으로 빌려주었나
- 변제받았는가
- 언제 어디에서 변제받았는가
- 그럼 홍길동에게 더 이상의 채권이 존재하지 않는다는 것인가
- 홍길동에게 채무를 변제하라는 우편물을 발송한 일이 있는가
- 언제 어디로 발송하였나
- 어떤 내용의 우편물인가
- 채권이 없으면서 무엇 때문에 변제하라는 내용의 우편물을 발송하였는가

5. 국가기관 명의 이용 채권추심행위

1) 적용법조 : 제15조 제3항 제2호, 제11조 제2호 ☞ 공소시효 5년

2) 범죄사실 기재례

> 피의자는 20○○. ○. ○. ○○시장에게 등록(제○○호)한 후 ○○에서 "한중대부"라는 상호로 대부업을 하는 채권추심자로서, 20○○. ○. ○. 피해자 홍길동에게 1개월을 기한으로 ○○만원을 빌려주었으나 이를 받지 못한 채권추심 자이다.
> 채권추심자는 채권추심과 관련하여 법원, 검찰청, 그 밖의 국가기관에 의한 행위로 오인할 수 있는 말·글·음향·영상·물건, 그 밖의 표지를 사용하는 행위를 하여서는 아니 된다.
> 그럼에도 불구하고 피의자는 20○○. ○. ○. 홍길동이 빌려 간 돈을 변제약속일에 갚지 않는다는 이유로 홍길동의 주소지인 ○○에 '채권추심, 20○○. ○. ○. 강제집행예정, ○○법원…' 내용의 우편물을 발송하여 마치 법원의 행위로 오인할 수 있게 하였다.

3) 신문사항

- 피의자는 현재 어떠한 업을 하고 있는가
- 언제부터 어디에서 이러한 대부업을 하고 있나
- 등록은 하였는가(등록일, 번호, 등록관청 등)
- 업소의 규모(사무실면적, 종업원 수)
- 홍길동에게 돈을 빌려준 일이 있는가
- 언제 얼마를 어떠한 조건으로 빌려주었나
- 변제받았는가
- 홍길동에게 채무를 변제하라는 우편물을 발송한 일이 있는가
- 언제 어디로 발송하였나
- 어떤 내용의 우편물인가
- 왜 국가기관으로 오인할 수 있는 내용으로 표시하였는가

제 116 장　청소년 보호법

I. 개념정의

제2조(정의) 이 법에서 사용하는 용어의 뜻은 다음과 같다.
1. "청소년"이란 만 19세 미만인 사람을 말한다. 다만, 만 19세가 되는 해의 1월 1일을 맞이한 사람은 제외한다.
2. "매체물"이란 다음 각 목의 어느 하나에 해당하는 것을 말한다.
　　가. 「영화 및 비디오물의 진흥에 관한 법률」에 따른 영화 및 비디오물
　　나. 「게임산업진흥에 관한 법률」에 따른 게임물
　　다. 「음악산업진흥에 관한 법률」에 따른 음반, 음악파일, 음악영상물 및 음악영상파일
　　라. 「공연법」에 따른 공연(국악공연은 제외한다)
　　마. 「전기통신사업법」에 따른 전기통신을 통한 부호·문언·음향 또는 영상정보
　　바. 「방송법」에 따른 방송프로그램(보도 방송프로그램은 제외한다)
　　사. 「신문 등의 진흥에 관한 법률」에 따른 일반일간신문(주로 보도·논평 및 여론을 전파하는 기사는 제외한다), 특수일간신문(경제·산업·과학·종교 분야는 제외한다), 일반주간신문(정치·경제 분야는 제외한다), 특수주간신문(경제·산업·과학·시사·종교 분야는 제외한다), 인터넷신문(주로 정치·경제·사회에 관한 보도·논평 및 여론을 전파하는 신문은 제외한다) 및 인터넷뉴스서비스
　　아. 「잡지 등 정기간행물의 진흥에 관한 법률」에 따른 잡지(정치·경제·사회·시사·산업·과학·종교 분야는 제외한다), 정보간행물, 전자간행물 및 그 밖의 간행물
　　자. 「출판문화산업 진흥법」에 따른 간행물, 전자출판물 및 외국간행물(사목 및 아목에 해당하는 매체물은 제외한다)
　　차. 「옥외광고물 등 관리법」에 따른 옥외광고물과 가목부터 자목까지의 매체물에 수록·게재·전시되거나 그 밖의 방법으로 포함된 상업적 광고선전물
　　카. 그 밖에 청소년의 정신적·신체적 건강을 해칠 우려가 있어 대통령령으로 정하는 매체물
3. "청소년유해매체물"이란 다음 각 목의 어느 하나에 해당하는 것을 말한다.
　　가. 제7조제1항 본문 및 제11조에 따라 청소년보호위원회가 청소년에게 유해한 것으로 결정하거나 확인하여 여성가족부장관이 고시한 매체물
　　나. 제7조제1항 단서 및 제11조에 따라 각 심의기관이 청소년에게 유해한 것으로 심의하거나 확인하여 여성가족부장관이 고시한 매체물
4. "청소년유해약물등"이란 청소년에게 유해한 것으로 인정되는 다음 가목의 약물(이하 "청소년유해약물"이라 한다)과 청소년에게 유해한 것으로 인정되는 다음 나목의 물건(이하 "청소년유해물건"이라 한다)을 말한다.
　　가. 청소년유해약물
　　　　1) 「주세법」에 따른 주류
　　　　2) 「담배사업법」에 따른 담배
　　　　3) 「마약류 관리에 관한 법률」에 따른 마약류
　　　　4) 「유해화학물질 관리법」에 따른 환각물질
　　　　5) 그 밖에 중추신경에 작용하여 습관성, 중독성, 내성 등을 유발하여 인체에 유해하게 작용할 수 있는 약물 등 청소년의 사용을 제한하지 아니하면 청소년의 심신을 심각하게 손상시킬 우려가 있는 약물로서 대통령령으로 정하는 기준에 따라 관계 기관의 의견을 들어 제36조에 따른 청소년보호위원회(이하 "청소년보호위원회"라 한다)가 결정하고 여성가족부장관이 고시한 것

나. 청소년유해물건

　　1) 청소년에게 음란한 행위를 조장하는 성기구 등 청소년의 사용을 제한하지 아니하면 청소년의 심신을 심각하게 손상시킬 우려가 있는 성 관련 물건으로서 대통령령으로 정하는 기준에 따라 청소년보호위원회가 결정하고 여성가족부장관이 고시한 것

　　2) 청소년에게 음란성·포악성·잔인성·사행성 등을 조장하는 완구류 등 청소년의 사용을 제한하지 아니하면 청소년의 심신을 심각하게 손상시킬 우려가 있는 물건으로서 대통령령으로 정하는 기준에 따라 청소년보호위원회가 결정하고 여성가족부장관이 고시한 것

　　3) 청소년유해약물과 유사한 형태의 제품으로 청소년의 사용을 제한하지 아니하면 청소년의 청소년유해약물 이용습관을 심각하게 조장할 우려가 있는 물건으로서 대통령령으로 정하는 기준에 따라 청소년보호위원회가 결정하고 여성가족부장관이 고시한 것

5. "청소년유해업소"란 청소년의 출입과 고용이 청소년에게 유해한 것으로 인정되는 다음 가목의 업소(이하 "청소년 출입·고용금지업소"라 한다)와 청소년의 출입은 가능하나 고용이 청소년에게 유해한 것으로 인정되는 다음 나목의 업소(이하 "청소년고용금지업소"라 한다)를 말한다. 이 경우 업소의 구분은 그 업소가 영업을 할 때 다른 법령에 따라 요구되는 허가·인가·등록·신고 등의 여부와 관계없이 실제로 이루어지고 있는 영업행위를 기준으로 한다.

　가. 청소년 출입·고용금지업소

　　1) 「게임산업진흥에 관한 법률」에 따른 일반게임제공업 및 복합유통게임제공업 중 대통령령으로 정하는 것

　　2) 「사행행위 등 규제 및 처벌 특례법」에 따른 사행행위영업

　　3) 「식품위생법」에 따른 식품접객업 중 대통령령으로 정하는 것

　　4) 「영화 및 비디오물의 진흥에 관한 법률」에 따른 비디오물감상실업 및 제한관람가비디오물소극장업

　　5) 「음악산업진흥에 관한 법률」에 따른 노래연습장업 중 대통령령으로 정하는 것

　　6) 「체육시설의 설치·이용에 관한 법률」에 따른 무도학원업 및 무도장업

　　7) 전기통신설비를 갖추고 불특정한 사람들 사이의 음성대화 또는 화상대화를 매개하는 것을 주된 목적으로 하는 영업. 다만, 「전기통신사업법」 등 다른 법률에 따라 통신을 매개하는 영업은 제외한다.

　　8) 불특정한 사람 사이의 신체적인 접촉 또는 은밀한 부분의 노출 등 성적 행위가 이루어지거나 이와 유사한 행위가 이루어질 우려가 있는 서비스를 제공하는 영업으로서 청소년보호위원회가 결정하고 여성가족부장관이 고시한 것

　　9) 청소년유해매체물 및 청소년유해약물등을 제작·생산·유통하는 영업 등 청소년의 출입과 고용이 청소년에게 유해하다고 인정되는 영업으로서 대통령령으로 정하는 기준에 따라 청소년보호위원회가 결정하고 여성가족부장관이 고시한 것

　　10) 「한국마사회법」 제6조제2항에 따른 장외발매소(경마가 개최되는 날에 한정한다)

　　11) 「경륜·경정법」 제9조제2항에 따른 장외매장

　나. 청소년고용금지업소

　　1) 「게임산업진흥에 관한 법률」에 따른 청소년게임제공업 및 인터넷컴퓨터게임시설제공업

　　2) 「공중위생관리법」에 따른 숙박업, 목욕장업, 이용업 중 대통령령으로 정하는 것

　　3) 「식품위생법」에 따른 식품접객업 중 대통령령으로 정하는 것

　　4) 「영화 및 비디오물의 진흥에 관한 법률」에 따른 비디오물소극장업

　　5) 「유해화학물질 관리법」에 따른 유독물영업. 다만, 유독물 사용과 직접 관련이 없는 영업으로서 대통령령으로 정하는 영업은 제외한다.

　　6) 회비 등을 받거나 유료로 만화를 빌려 주는 만화대여업

　　7) 청소년유해매체물 및 청소년유해약물등을 제작·생산·유통하는 영업 등 청소년의 고용이 청소년에게 유해하다고 인정되는 영업으로서 대통령령으로 정하는 기준에 따라 청소년보호위원회가 결정하고 여성가족부장관이 고시한 것

6. "유통"이란 매체물 또는 약물 등을 판매·대여·배포·방송·공연·상영·전시·진열·광고하거나 시청 또는 이용하도록 제공하는 행위와 이러한 목적으로 매체물 또는 약물 등을 인쇄·복제 또는 수입하는 행위를 말한다.

7. "청소년폭력·학대"란 폭력이나 학대를 통하여 청소년에게 신체적·정신적 피해를 발생하게 하는 행위를 말한다.

8. "청소년유해환경"이란 청소년유해매체물, 청소년유해약물등, 청소년유해업소 및 청소년폭력·학대를 말한다.

제55조(벌칙) 제30조제1호의 위반행위를 한 자는 1년 이상 10년 이하의 징역에 처한다.

제56조(벌칙) 제30조제2호 또는 제3호의 위반행위를 한 자는 10년 이하의 징역에 처한다.

제57조(벌칙) 제30조제4호부터 제6호까지의 위반행위를 한 자는 5년 이하의 징역에 처한다.

제58조(벌칙) 다음 각 호의 어느 하나에 해당하는 자는 3년 이하의 징역 또는 3천만원 이하의 벌금에 처한다.

1. 영리를 목적으로 제16조제1항을 위반하여 청소년에게 청소년유해매체물을 판매·대여·배포하거나 시청·관람·이용하도록 제공한 자

2. 영리를 목적으로 제22조를 위반하여 청소년을 대상으로 청소년유해매체물을 유통하게 한 자

3. 제28조제1항을 위반하여 청소년에게 제2조제4호가목4)·5)의 청소년유해약물 또는 같은 호 나목1)·2)의 청소년유해물건을 판매·대여·배포(자동기계장치·무인판매장치·통신장치를 통하여 판매·대여·배포한 경우를 포함한다)한 자

4. 제29조제1항을 위반하여 청소년을 청소년유해업소에 고용한 자

5. 제30조제7호부터 제9호까지의 위반행위를 한 자

6. 제44조제1항을 위반하여 청소년유해매체물 또는 청소년유해약물등을 수거하지 아니한 자

제59조(벌칙) 다음 각 호의 어느 하나에 해당하는 자는 2년 이하의 징역 또는 2천만원 이하의 벌금에 처한다.

1. 제13조제1항 및 제28조제8항을 위반하여 청소년유해매체물 또는 청소년유해약물등에 청소년유해표시를 하지 아니한 자

2. 제14조(제28조제10항에서 준용하는 경우를 포함한다)를 위반하여 청소년유해매체물 또는 청소년유해약물등을 포장하지 아니한 자

3. 제18조를 위반하여 청소년유해매체물을 방송한 자

4. 제19조제1항을 위반하여 청소년유해매체물로서 제2조제2호차목에 해당하는 매체물 중 「옥외광고물 등의 관리와 옥외광고산업 진흥에 관한 법률」에 따른 옥외광고물을 청소년 출입·고용금지업소 외의 업소나 일반인들이 통행하는 장소에 공공연하게 설치·부착 또는 배포한 자 또는 상업적 광고선전물을 청소년의 접근을 제한하는 기능이 없는 컴퓨터 통신을 통하여 설치·부착 또는 배포한 자

5. 삭제 〈2021. 12. 7.〉

6. 제28조제1항을 위반하여 청소년에게 제2조제4호가목1)·2)의 청소년유해약물 또는 같은 호 나목3)의 청소년유해물건을 판매·대여·배포(자동기계장치·무인판매장치·통신장치를 통하여 판매·대여·배포한 경우를 포함한다)하거나 영리를 목적으로 무상 제공한 자

7. 제28조제2항을 위반하여 청소년의 의뢰를 받아 제2조제4호가목1)·2)의 청소년유해약물을 구입하여 청소년에게 제공한 자

7의2. 영리를 목적으로 제28조제3항을 위반하여 청소년에게 청소년유해약물등을 구매하게 한 자

7의3. 제28조제5항을 위반하여 주류등의 판매·대여·배포를 금지하는 내용을 표시하지 아니한 자

8. 제29조제2항을 위반하여 청소년을 청소년 출입·고용금지업소에 출입시킨 자

9. 제29조제6항을 위반하여 청소년유해업소에 청소년의 출입과 고용을 제한하는 내용을 표시하지 아니한 자

제60조(벌칙) 제15조(제28조제10항에서 준용하는 경우를 포함한다)를 위반하여 청소년유해매체물이나 청소년유해약물등의 청소년유해표시 또는 포장을 훼손한 자는 500만원 이하의 벌금에 처한다.

제61조(벌칙) ① 제34조의2제5항을 위반하여 직무상 알게 된 비밀을 누설한 사람은 2년 이하의 징역 또는 2천만원 이하의 벌금에 처한다.

② 제43조를 위반하여 관계 공무원의 검사 및 조사를 거부·방해 또는 기피한 사람은 300만원 이하의 벌금에 처한다.

제62조(양벌규정) 법인의 대표자나 법인 또는 개인의 대리인, 사용인, 그 밖의 종업원이 그 법인 또는 개인의 업무에 관하여 제55조부터 제57조까지의 어느 하나에 해당하는 위반행위를 하면 그 행위자를 벌하는 외에 그 법인 또는 개인을 5천만원 이하의 벌금에 처하고, 제58조부터 제61조까지의 어느 하나에 해당하는 위반행위를 하면 그 행위자를 벌하는 외에 그 법인 또는 개인에게도 해당 조문의 벌금형을 과(科)한다.

III. 범죄사실

1. 영리목적 청소년 유해매체물 대여

1) 적용법조 : 제58조 제1호, 제16조 제1항 ☞ 공소시효 5년

제16조(판매 금지 등) ① 청소년유해매체물로서 대통령령으로 정하는 매체물을 판매·대여·배포하거나 시청·관람·이용하도록 제공하려는 자는 그 상대방의 나이 및 본인 여부를 확인하여야 하고, 청소년에게 판매·대여·배포하거나 시청·관람·이용하도록 제공하여서는 아니 된다.
② 제13조에 따라 청소년유해표시를 하여야 할 매체물은 청소년유해표시가 되지 아니한 상태로 판매나 대여를 위하여 전시하거나 진열하여서는 아니 된다.
③ 제14조에 따라 포장을 하여야 할 매체물은 포장을 하지 아니한 상태로 판매나 대여를 위하여 전시하거나 진열하여서는 아니 된다.
④ 제1항에 따른 상대방의 나이 및 본인 여부의 확인방법, 그 밖에 청소년유해매체물의 판매 금지 등에 필요한 사항은 대통령령으로 정한다.

2) 범죄사실 기재례

피의자는 ○○에서 '24시비디오대여'라는 상호로 비디오판매·대여업을 하는 사람으로서, 청소년유해매체물로서 대통령령으로 정하는 매체물을 판매·대여·배포하거나 시청·관람·이용하도록 제공하려는 자는 그 상대방의 나이 및 본인 여부를 확인하여야 하고, 청소년에게 판매·대여·배포하거나 시청·관람·이용하도록 제공하여서는 아니 된다.

그럼에도 불구하고 피의자는 20○○. ○. ○. 위 비디오점에서 청소년인 홍길동(17세)에게 영리를 목적으로 청소년 유해표시가 된 매체물인 '빨간마후라'라는 제목의 비디오를 ○○원을 받고 대여하였다.

3) 신문사항

- 비디오 대여점을 하고 있는가
- 청소년 유해 비디오도 취급하고 있는가
- 청소년인 홍길동에게 비디오를 대여한 일이 있는가
- 언제 어떠한 비디오를 대여하였나
- 얼마를 받고 대여하였나
- 빨간마후라는 청소년 유해매체인가
- 홍길동의 연령을 확인하였나
- 연령을 확인하지도 않고 유해매체물을 대여 하였다는 것인가

■ 판례 ■ 비디오물감상실업자 甲이 18세 이상 19세 미만의 청소년을 비디오물감상실에 출입시킨 경우

[1] 甲의 행위가 청소년보호법에 위반되는지 여부(적극)

구 청소년보호법(2001.5.24. 법률 제6479호로 개정되기 전의 것, 이하 '법'이라고 한다) 제2조

제1호는 청소년이라 함은 19세 미만의 자를 말한다고 규정하고 있고, 제5호 (가)목 (2)는 청소년출입금지업소의 하나로 음반·비디오물및게임물에관한법률에 의한 비디오물감상실업을 규정하고 있으며, 제6조는 이 법은 청소년유해환경의 규제에 관한 형사처벌에 있어서는 다른 법률에 우선하여 적용한다고 규정하고 있으므로, 비디오물감상실업자가 18세 이상 19세 미만의 청소년을 비디오물감상실에 출입시킨 경우에는 법 제51조 제7호, 제24조 제2항의 청소년보호법위반죄가 성립한다.

[2] 18세 미만자를 연소자로 규정한 구 음반·비디오물및게임물에관한법률 및 같은법시행령의 규정이 청소년보호법위반 행위에 대한 예외규정에 해당하는지 여부(소극)

구 청소년보호법(2001.5.24. 법률 제6479호로 개정되기 전의 것, 이하 '법'이라고 한다) 제24조 제3항이 제2항의 규정에 불구하고 청소년이 친권자 등을 동반할 때에는 대통령령이 정하는 바에 따라 출입하게 할 수 있다고 규정하고 있고, 법시행령(2001.8.25. 대통령령 제17350호로 개정되기 전의 것) 제19조가 법 제24조 제2항 및 제3항의 규정에 의하여 다른 법령에서 청소년이 친권자 등을 동반할 경우 출입이 허용되는 경우 기타 다른 법령에서 청소년 출입에 관하여 특별한 규정을 두고 있는 경우에는 당해 법령이 정하는 바에 의한다고 규정하고 있으며, 구 음반·비디오물및게임물에관한법률(2001.5.24. 법률 제6473호로 전문 개정되기 전의 것) 제8조 제3호, 제5호, 같은법시행령(2001.10.20. 대통령령 제17395호로 전문 개정되기 전의 것) 제14조 [별표 1] 제2호 (다)목 등이 18세 미만의 자를 연소자로 규정하면서 비디오물감상실업자가 포함되는 유통관련업자의 준수사항 중의 하나로 출입자의 연령을 확인하여 연소자의 출입을 금지하도록 하고 출입문에는 "18세 미만 출입금지"라는 표시를 부착하여야 한다고 규정하고 있다고 하더라도, 법 제24조 제3항의 규정내용에 비추어 위 음반·비디오물및게임물에관한법률 및 같은법시행령의 규정을 다른 법령이 청소년보호법위반 행위에 대한 예외사유로서 청소년의 출입을 허용한 특별한 규정에 해당한다고 볼 수는 없다(대법원 2002.5.17. 선고 2001도4077 판결).

2. 광고선전물 배포

1) 적용법조 : 제59조 제4호, 제19조 제1항 제2호 ☞ 공소시효 5년

> 제19조(광고선전 제한) ① 청소년유해매체물로서 제2조제2호차목에 해당하는 매체물 중 「옥외광고물 등의 관리와 옥외광고산업 진흥에 관한 법률」에 따른 옥외광고물을 다음 각 호의 어느 하나에 해당하는 장소에 공공연하게 설치·부착 또는 배포하여서는 아니 되며, 상업적 광고선전물을 청소년의 접근을 제한하는 기능이 없는 컴퓨터 통신을 통하여 설치·부착 또는 배포하여서도 아니 된다.
> 1. 청소년 출입·고용금지업소 외의 업소
> 2. 일반인들이 통행하는 장소

2) 범죄사실 기재례

> 피의자는 ○○에서 "★★유흥주점"이라는 상호로 청소년유해업소를 경영하는 사람이다.
> 누구든지 청소년유해매체물인 광고선전물을 일반인들이 통행하는 장소에 배포하여서는 아니 된다.
> 그럼에도 불구하고 피의자는 20○○. ○. ○. 21:30경 ○○ 앞길 등에서 피의자가 운영하는 위 유흥주점의 약도, 전화번호 등이 기재된 광고전단을 배포하였다.

3) 신문사항

- 광고선전물을 배포한 사실이 있는가
- 언제 어디에 배포하였는가
- 어떤 방법으로 배포하였는가
- 어떤 내용의 광고선전물인가
- 이 광고선전물은 언제 어디에서 인쇄하였는가
- 누구의 지시에 따라 이렇게 배포하였는가
- 어떤 조건으로 배포하게 되었는가
- 배포장소가 일반인들의 통행이 많은 곳이라는 것을 알고 있는가
- 그 광고선전물의 내용이 청소년에게 유해하다는 생각을 하지 않았는가

3. 청소년 유해약물 판매 · 대여

1) 적용법조 : 다음 각 유형별 ☞ 공소시효 5년

> 제28조(청소년유해약물등의 판매 · 대여 등의 금지) ① 누구든지 청소년을 대상으로 청소년유해약물등을 판매 · 대여 · 배포(자동기계장치 · 무인판매장치 · 통신장치를 통하여 판매 · 대여 · 배포하는 경우를 포함한다)하거나 무상으로 제공하여서는 아니 된다. 다만 교육 · 실험 또는 치료를 위한 경우로서 대통령령으로 정하는 경우는 예외로 한다.
> ② 누구든지 청소년의 의뢰를 받아 청소년유해약물등을 구입하여 청소년에게 제공하여서는 아니 된다.
> ③ 누구든지 청소년에게 권유 · 유인 · 강요하여 청소년유해약물등을 구매하게 하여서는 아니 된다.
> ④ 청소년유해약물등을 판매 · 대여 · 배포하고자 하는 자는 그 상대방의 나이 및 본인 여부를 확인하여야 한다.
> ⑤ 다음 각 호의 어느 하나에 해당하는 자가 청소년유해약물 중 주류나 담배(이하 "주류등"이라 한다)를 판매 · 대여 · 배포하는 경우 그 업소(자동기계장치 · 무인판매장치를 포함한다)에 청소년을 대상으로 주류등의 판매 · 대여 · 배포를 금지하는 내용을 표시하여야 한다. 다만, 청소년 출입 · 고용금지업소는 제외한다.
> 1. 「주세법」에 따른 주류소매업의 영업자
> 2. 「담배사업법」에 따른 담배소매업의 영업자
> 3. 그 밖에 대통령령으로 정하는 업소의 영업자

2) 범죄사실 기재례

[기재례1] 담배(술) 판매행위 (제59조 제6호, 제28조 제1항)

> 피의자는 ○○시 조례동 ○번지에서 "○○○" 라는 상호로 편의점을 경영하는 사람이다.
> 누구든지 청소년을 대상으로 하여 청소년유해약물등을 판매 · 대여 · 배포하여서는 아니 된다.
> 그럼에도 불구하고 피의자는 20○○. ○. ○. 위 편의점에서 청소년인 ○○○(17세)에게 연령을 확인하지도 않고 청소년 유해약물인 담배 디시 2갑(술 ○○㎖ 1병)을 ○○원에 판매하였다.

[기재례2] 영리 목적 무상 제공 (제59조 제6호, 제28조 제1항)

> 피의자는 ○○에서 "★★식당" 이라는 상호로 일반음식점을 경영하는 사람이다.
> 누구든지 청소년을 대상으로 청소년유해약물등을 판매 · 대여 · 배포(자동기계장치 · 무인판매장치 · 통신장치를 통하여 판매 · 대여 · 배포하는 경우를 포함한다)하거나 무상으로 제공하여서는 아니 된다.
> 그럼에도 불구하고 피의자는 20○○. ○. ○. 21:30경 위 식당을 찾은 청소년인 홍길동(남, 17세)에게 "이번에 식당을 개업하였는데 친구들을 많이 데려오면 잘 해주겠다"라며 영리를 목적으로 ○○㎖ 소주 2병을 무상으로 제공하였다.

[기재례3] 청소년 의뢰 때문에 제공 (제59조 제7호, 제28조 제2항)

> 누구든지 청소년의 의뢰를 받아 청소년유해약물등을 구입하여 청소년에게 제공하여서는 아니 된다.
> 그럼에도 불구하고 피의자는 20○○. ○. ○. 21:30경 ○○앞길에서 청소년인 홍길동(남, 17세)이 앞에 있는 슈퍼에서 ○○담배 1갑을 사달라는 의뢰를 받고 청소년유해약물인 담배 1갑을 구입하여 제공하였다.

3) 신문사항

- 비디오 대여점
- 피의자는 현재 어떠한 일을 하고 있나요.
- 청소년에게 담배(술)를 판매하다 적발된 일이 있나요.
  이때 단속 당시 피의자가 작성한 시인서 등을 보여주며
- 이러한 내용이 사실인가요.
- 왜 청소년에게 이러한 담배를 판매하였나요.
- 사전에 주민등록증을 확인하여 청소년 여부를 확인하지 왜 확인하지 않았나
- 피의자가 운영하는 가게의 규모는 어느 정도인가요.
- 전에도 이와 같은 단속을 당한 일이 있나요.

■ 판례 ■　청소년을 동반한 성년자에게 술을 판매한 경우, '청소년에게 주류를 판매하는 행위'에 해당하는지 여부(한정 적극)

청소년을 포함한 일행이 함께 음식점에 들어와 술을 주문하였고, 청소년도 일행과 함께 술을 마실 것이 예상되는 상황에서 그 일행에게 술을 판매하였으며, 실제로 청소년이 일행과 함께 그 술을 마셨다면, 이는 청소년보호법 제51조 제8호 소정의 '청소년에게 주류를 판매하는 행위'에 해당되며, 이 경우 성년자인 일행이 술을 주문하거나 술값을 계산하였다 하여 달리 볼 것은 아니다(대법원 2004.9.24. 선고 2004도3999 판결).

■ 판례 ■　음식점 운영자가 술을 내어 놓을 당시에는 성년자들만이 있었으나 나중에 청소년이 합석하여 술을 마신 경우, '청소년에게 술을 판매하는 행위'에 해당하는지 여부(한정 소극)

음식점을 운영하는 사람이 그 음식점에 들어온 사람들에게 술을 내어 놓을 당시에는 성년자들만이 있었고 그들끼리만 술을 마시다가 나중에 청소년이 들어와서 합석하게 된 경우에는, 처음부터 음식점 운영자가 나중에 그렇게 청소년이 합석하리라는 것을 예견할 만한 사정이 있었거나, 청소년이 합석한 후에 이를 인식하면서 추가로 술을 내어 준 경우가 아닌 이상, 나중에 합석한 청소년이 남아 있던 술을 일부 마셨다고 하더라도 음식점 운영자는 청소년보호법 제51조 제8호에 규정된 '청소년에게 술을 판매하는 행위'를 하였다고는 할 수 없고, 이 같은 법리는 음식점 운영자가 나중에 합석한 청소년에게 술을 따라 마실 술잔을 내주었다 하여 달리 볼 것은 아니다(대법원 2002.1.11. 선고 2001도6032 판결).

■ 판례 ■　청소년보호법상 법정대리인의 동의를 받은 미성년자에 대한 술 판매행위가 허용되는지 여부(소극)

구 청소년보호법은 일반 사법인 민법과는 다른 차원에서 청소년에게 유해한 매체물과 약물 등이 청소년에게 유통되는 것과 청소년이 유해한 업소에 출입하는 것 등을 규제함으로써 청소년을 유해한 각종 사회환경으로부터 보호·구제하고 나아가 이들을 건전한 인격체로 성장할 수 있도록 함을 그 목적으로 하여 제정된 법으로서, 그 제2조에서 18세 미만의 자를 청소년으로 정의하고 술을 청소년유해약물의 하나로 규정하면서, 제26조 제1항에서는 누구든지 청소년을 대상으로 하여 청소년유해약물 등을 판매·대여·배포하여서는 아니된다고 규정하고, 제51조 제8호에서 위 규정에 위반하여 청소년에게 술이나 담배를 판매한 자를 처벌하도록 규정하고 있는바, 위와 같은 위

법의 입법 취지와 목적 및 규정 내용 등에 비추어 볼 때, 18세 미만의 청소년에게 술을 판매함에 있어서 가사 그의 민법상 법정대리인의 동의를 받았다고 하더라도 그러한 사정만으로 위 행위가 정당화될 수는 없다(대법원 1999. 7.13. 선고 99도2151 판결).

■ 판례 ■   청소년보호법 제51조 제8호에 정한 '청소년에게 술을 판매하는 행위'에 해당하기 위한 요건 및 음식점 운영자가 술을 내어 놓을 당시에는 성년자들만이 자리에 앉아 술을 마시다가 나중에 청소년이 합석하여 술을 마신 경우 청소년보호법 제51조 제8호에 정한 '청소년에게 술을 판매하는 행위'에 해당하는지 여부(한정 소극)

[1] 사실관계

(음식점 상호 생략) 이라는 상호로 일반음식점을 운영하는 피고인이 2008. 1. 27. 01:20경 위 음식점에서 손님으로 온 청소년인 공소외 1(17세, 여) 외 3명의 신분증을 확인하지 않고 참이슬소주 2병, 2,000cc 생맥주 2개, 안주 1개 합계 26,400원 상당을 판매하였다.

[2] 판결요지

공소외 1과 함께 아르바이트를 하여 서로 아는 사이인 공소외 2, 3, 4, 5 등이 먼저 위 음식점에 들어와 위와 같이 참이슬소주 2병, 2,000cc 생맥주 2개 등을 주문하여 놓고 마시다가, 문자메시지를 보내 위 공소외 1을 부른 사실, 이에 위 공소외 1이 위 음식점으로 와서 합석한 다음, 종업원에게 술잔을 더 달라고 하여 위 공소외 2 등과 함께 술을 마신 사실 등을 알 수 있으나, 거기에서 나아가 위 공소외 1이 합석한 이후에 술을 더 주문하였다거나 피고인 또는 그 종업원이 처음에 술을 주문받을 당시에 나중에 위 공소외 1이 합석하리라는 것을 예견하였다는 등의 사정을 인정할 만한 자료는 찾아볼 수 없고, 한편 위 공소외 2는 1989. 3. 6.생으로서 청소년이 아니며 공소외 3, 4, 5 등이 청소년이라고 단정할 만한 자료 또한 찾아 볼 수 없다.

이러한 사실관계를 앞서 본 법리에 비추어 볼 때, 피고인이 위 공소외 1에게 술 등의 주류를 판매하였다고는 할 수 없고, 달리 이를 인정할 증거가 없으며, 위 공소외 2 등이 청소년이라고 단정할 증거가 없는 이상 피고인이 그들에게 주류를 판매한 것을 가리켜 청소년에게 주류를 판매한 것이라고도 할 수 없다고 할 것이다.(대법원 2009.4.9. 선고 2008도11282 판결)

4. 청소년 유해업소 고용

1) 적용법조 : 제58조 제4호, 제29조 제1항 ☞ 공소시효 5년

> **제29조(청소년 고용 금지 및 출입 제한 등)** ① 청소년유해업소의 업주는 청소년을 고용하여서는 아니 된다. 청소년유해업소의 업주가 종업원을 고용하려면 미리 나이를 확인하여야 한다.
> ② 청소년 출입·고용금지업소의 업주와 종사자는 출입자의 나이를 확인하여 청소년이 그 업소에 출입하지 못하게 하여야 한다.

2) 범죄사실 기재례

[기재례1] 청소년 유흥업소(단란주점) 단순고용

> 피의자는 ○○구청장으로부터 단란주점 영업허가(제○○호)를 받고 ○○에 있는 지하 1층 60㎡에서 "★★단란주점" 이라는 상호로 청소년유해업소를 경영하는 사람이다.
> 청소년유해업소의 업주는 종업원을 고용하고자 하는 때에는 그 연령을 확인하여야 하며, 청소년을 고용하여서는 아니 된다.
> 그럼에도 불구하고 피의자는 20○○. ○. ○. 경부터 20○○. ○. ○. 경까지 위 단란주점에서 "교차로광고지"의 구인광고를 보고 찾아온 청소년인 홍길녀(17세, 여)를 위 단란주점의 종업원으로 고용하였다.

[기재례2] 티켓다방 청소년고용

> 피의자는 ○○에서 "신속다방" 이라는 상호로 휴게음식점업을 경영하는 자로, 영업장을 벗어나 다류 등을 배달·판매하게 하면서 소요시간에 따라 대가를 받는 청소년유해업소인 속칭 티켓다방의 업주로서 청소년을 고용하여서는 아니 된다.
> 그럼에도 불구하고 피의자는 20○○. ○. ○. 경부터 20○○. ○. ○. 경까지 사이에 위 다방에서 청소년인 최사라(여 17세)를 매상의 40퍼센트를 급여로 지불키로 하고 위 다방 종업원으로 고용하여 영업장을 벗어나 차를 배달·판매하게 하여 시간비로 1시간에 ○○만원씩 수수하였다.

3) 신문사항

- 피의자는 어떠한 사업을 하고 있는가
- 피의자가 운영하고 있는 노래연습장은 청소년 유해업소가 맞는가
- 피의자 업소에 청소년을 고용한 일이 있는가
- 언제부터 언제까지 누구를 고용하였나
- 고용당시 연령을 확인하였나
- 어떠한 조건으로 고용하였나
- 고용하여 그 청소년으로 하여금 어떠한 일을 하도록 하였나
- 왜 청소년을 유해업소에 고용하였나

4) 청소년유해업소의 범위(시행령)

제5조(청소년 출입 · 고용금지업소의 범위) ① 법 제2조제5호가목1)에서 "대통령령으로 정하는 것"이란 다음 각 호의 어느 하나에 해당하는 영업을 말한다.
1. 일반게임제공업
2. 복합유통게임제공업. 다만, 둘 이상의 업종(1개의 기기에서 게임, 노래연습, 영화감상 등 다양한 콘텐츠를 제공하는 경우는 제외한다)을 같은 장소에서 영업하는 경우로서 제1호의 업소 및 법 제2조제5호가목2)부터 9)까지의 청소년 출입 · 고용금지업소가 포함되지 아니한 업소는 청소년의 출입을 허용한다.
② 법 제2조제5호가목3)에서 "대통령령으로 정하는 것"이란 단란주점영업 및 유흥주점영업을 말한다.
③ 법 제2조제5호가목5)에서 "대통령령으로 정하는 것"이란 노래연습장업을 말한다. 다만, 청소년실을 갖춘 노래연습장업의 경우에는 청소년실에 한정하여 청소년의 출입을 허용한다.
④ 법 제2조제5호가목9)에서 "청소년의 출입과 고용이 청소년에게 유해하다고 인정되는 영업으로서 대통령령으로 정하는 기준"이란 다음 각 호의 어느 하나에 해당하는 것을 말한다.
1. 영업의 형태나 목적이 주로 성인을 대상으로 한 술 · 노래 · 춤의 제공 등 유흥접객행위가 이루어지는 영업일 것
2. 주로 성인용의 매체물을 유통하는 영업일 것
3. 청소년유해매체물 · 청소년유해약물등을 제작 · 생산 · 유통하는 영업 중 청소년의 출입 · 고용이 청소년의 심신발달에 장애를 초래할 우려가 있는 영업일 것

제6조(청소년고용금지업소의 범위) ① 법 제2조제5호나목2)에서 "대통령령으로 정하는 것"이란 다음 각 호의 어느 하나에 해당하는 영업을 말한다.
1. 숙박업. 다만, 가목부터 다목까지의 규정에 따른 숙박업은 제외하며, 라목 및 마목에 따른 숙박업의 경우에는 「산업현장 일학습병행 지원에 관한 법률」 제3조제4호에 따른 학습근로계약을 체결하여 청소년을 고용하거나 「직업교육훈련 촉진법」 제2조제7호에 따른 현장실습을 실시한 업소에서 해당 현장실습을 받은 청소년을 고용하는 경우에 한정하여 제외한다.
   가. 「관광진흥법」 제3조제1항제2호나목에 따른 휴양 콘도미니엄업
   나. 「국제회의산업 육성에 관한 법률」을 적용받는 숙박시설에 의한 숙박업
   다. 「농어촌정비법」을 적용받는 숙박시설에 의한 숙박업
   라. 「제주특별자치도 설치 및 국제자유도시 조성을 위한 특별법」 제251조에 따른 휴양펜션업
   마. 「관광진흥법」을 적용받는 숙박시설에 의한 숙박업(가목은 제외한다)
2. 목욕장업 중 안마실을 설치하여 영업을 하거나 개별실(個別室)로 구획하여 하는 영업
3. 이용업. 다만, 다른 법령에 따라 취업이 금지되지 아니한 남자 청소년을 고용하는 경우는 제외한다.
② 법 제2조제5호나목3)에서 "대통령령으로 정하는 것"이란 다음 각 호의 어느 하나에 해당하는 영업을 말한다.
1. 휴게음식점영업으로서 주로 차 종류를 조리 · 판매하는 영업 중 종업원에게 영업장을 벗어나 차 종류 등을 배달 · 판매하게 하면서 소요 시간에 따라 대가를 받게 하거나 이를 조장 또는 묵인하는 형태로 운영되는 영업
2. 일반음식점영업 중 음식류의 조리 · 판매보다는 주로 주류의 조리 · 판매를 목적으로 하는 소주방 · 호프 · 카페 등의 형태로 운영되는 영업
③ 법 제2조제5호나목5)에서 "대통령령으로 정하는 영업"이란 「화학물질관리법」 제27조제5호에 따른 유해화학물질 사용업 중 유해화학물질을 직접 사용하지 아니하는 장소에서 이루어지는 영업을 말한다.
④ 법 제2조제5호나목7)에서 "대통령령으로 정하는 기준"이란 다음 각 호의 어느 하나에 해당하는 것을 말한다.
1. 청소년유해매체물 또는 청소년유해약물등을 제작 · 생산 · 유통하는 영업으로서 청소년이 고용되어 근로할 경우에 청소년유해매체물 또는 청소년유해약물등에 쉽게 접촉되어 고용 청소년의 건전한 심신발달에 장애를 초래할 우려가 있는 영업일 것
2. 외관상 영업행위가 성인 · 청소년 모두를 대상으로 하지만 성인 대상의 영업이 이루어짐으로써 고용 청소년에게 유해한 근로행위를 요구할 것이 우려되는 영업일 것

청소년유해업소인 유흥주점의 업주가 종업원을 고용할 때 대상자의 연령을 확인하여야 하는 의무의 내용

청소년 보호법의 입법목적 등에 비추어 볼 때, 유흥주점과 같은 청소년유해업소의 업주에게는 청소년 보호를 위하여 청소년을 당해 업소에 고용하여서는 아니 될 매우 엄중한 책임이 부여되어 있으므로, 유흥주점의 업주가 당해 유흥업소에 종업원을 고용할 때에는 주민등록증이나 이에 유사한 정도로 연령에 관한 공적 증명력이 있는 증거에 의하여 대상자의 연령을 확인하여야 하고, 만일 대상자가 제시한 주민등록증상의 사진과 실물이 다르다는 의심이 들면 청소년이 자신의 신분과 연령을 감추고 유흥업소 취업을 감행하는 사례가 적지 않은 유흥업계의 취약한 고용실태 등에 비추어 볼 때, 업주로서는 주민등록증상의 사진과 실물을 자세히 대조하거나 주민등록증상의 주소 또는 주민등록번호를 외워보도록 하는 등 추가적인 연령확인조치를 취하여야 할 의무가 있다(대법원 2013.9.27. 선고, 2013도8385 판결).

■ 판례 ■ **일반음식점 영업허가를 받은 업소가 실제로는 주로 주류를 조리·판매하는 영업행위를 한 경우**

[1] 청소년보호법이 주로 주류의 조리·판매를 목적으로 하는 영업을 청소년고용금지업소로 규정한 취지

청소년보호법이 '일반음식점 영업 중 음식류의 조리·판매보다는 주로 주류의 조리·판매를 목적으로 하는 소주방·호프·카페 등의 영업형태로 운영되는 영업'을 청소년고용금지업소의 하나로 규정하고 있는 이유는 그러한 업소에 청소년이 고용되어 근로할 경우 주류에 쉽게 접촉되어 고용청소년의 건전한 심신발달에 장애를 유발할 우려가 있고 또한 고용청소년에게 유해한 근로행위의 요구가 우려되므로 이를 방지하기 위한 데 있다.

[2] 일반음식점 영업허가를 받은 업소가 실제로는 주로 주류를 조리·판매하는 영업행위를 한 경우, 청소년보호법상의 청소년고용금지업소에 해당하는지 여부(적극) 및 주간에는 주로 음식류를, 야간에는 주로 주류를 조리·판매하는 형태의 영업행위를 한 경우, 청소년보호법상의 청소년고용금지업소에 해당하는지 여부(한정 적극)

음식류를 조리·판매하면서 식사와 함께 부수적으로 음주행위가 허용되는 영업을 하겠다면서 식품위생법상의 일반음식점 영업허가를 받은 업소라고 하더라도 실제로는 음식류의 조리·판매보다는 주로 주류를 조리·판매하는 영업행위가 이루어지고 있는 경우에는 청소년보호법상의 청소년고용금지업소에 해당하며, 나아가 일반음식점의 실제의 영업형태 중에서는 주간에는 주로 음식류를 조리·판매하고 야간에는 주로 주류를 조리·판매하는 형태도 있을 수 있는데, 이러한 경우 음식류의 조리·판매보다는 주로 주류를 조리·판매하는 야간의 영업형태에 있어서의 그 업소는 위 청소년보호법의 입법취지에 비추어 볼 때 청소년보호법상의 청소년고용금지업소에 해당한다(대법원 2004.2.12. 선고 2003도6282 판결).

■ 판례 ■ **청소년보호법상 '고용'의 의미와 고용금지의 성립여부 및 범의 판단기준**

[1] 청소년보호법 제24조 제1항, 제50조 제2호에서 '고용'의 의미 및 청소년고용금지 위반죄의 성립 여부와 범의의 판단 기준

청소년보호법 제24조 제1항은 '청소년유해업소의 업주는 청소년을 고용하여서는 아니된다'고 규정하고, 같은 법 제50조 제2호는 '제24조 제1항의 규정에 위반하여 청소년을 유해업소에 고용한 자를 3년 이하의 징역 또는 2,000만 원 이하의 벌금에 처한다'고 규정하고 있다. 이 때 '고용'이란 당사자 일방이 상대방에 대하여 노무를 제공할 것을 약정하고 상대방은 이에 대하여 보수를 지급할 것을 약정하는 계약으로서(민법 제655조), 민법상의 다른 전형계약과 마찬가지로 당사자의 합의만으로 성립하고 특별한 방식을 요하지 아니하며 묵시적인 의사의 합치에 의하여도

성립할 수 있다. 한편 청소년고용 금지의무 위반행위는 일반적으로 고용이 노무의 제공이라는 계속적 상태를 요구한다는 점에서 계속범의 실질을 가지는 것으로서 청소년에 대한 고용을 중단하지 않는 한 가벌적 위법상태가 지속되므로, 그 위반죄의 성립 여부 및 범의는 청소년 고용이 지속된 기간을 전체적으로 고려하여 판단하여야 한다.

[2] 청소년유해업소의 업주는 청소년을 고용하여서는 아니됨에도 피고인이 자신이 운영하는 유흥주점에 청소년인 갑(17세)을 종업원으로 고용하였다는 청소년보호법 위반의 공소사실에 대하여, 업주인 피고인이 갑을 직접 고용하였다고 볼 수 없고 위 주점의 지배인이 갑을 고용한 것으로 보일 뿐이라는 이유로 피고인에게 무죄를 선고한 원심판결에 같은 법 제24조의 '고용'의 해석 및 그 적용에 관한 법리오해의 위법이 있다고 한 사례.(대법원 2011.1.13. 선고 2010도10029 판결)

5. 청소년 유해업소 출입

1) 적용법조 : 제59조 제8호, 제29조 제2항   ☞ 공소시효 5년

제29조(청소년 고용 금지 및 출입 제한 등) ② 청소년 출입·고용금지업소의 업주와 종사자는 출입자의 나이를 확인하여 청소년이 그 업소에 출입하지 못하게 하여야 한다.
④ 청소년유해소의 업주와 종사자는 제1항부터 제3항까지에 따른 나이 확인을 위하여 필요한 경우 주민등록증이나 그 밖에 나이를 확인할 수 있는 증표(이하 이 항에서 "증표"라 한다)의 제시를 요구할 수 있으며, 증표 제시를 요구받고도 정당한 사유 없이 증표를 제시하지 아니하는 사람에게는 그 업소의 출입을 제한할 수 있다.

2) 범죄사실 기재례

[기재례1] 유흥주점(단란주점)에 청소년 출입허용

피의자는 ○○에서 "○○" 상호로 유흥주점업을 하는 사람이다.
청소년출입·고용금지업소의 업주 및 종사자는 출입자의 연령을 확인하여 청소년이 당해 업소에 출입하거나 이용하지 못하게 하여야 한다.
그럼에도 불구하고 피의자는 20○○. ○. ○. 위 업소에 청소년인 홍길녀(17세, 여)와 그 일행 3명을 출입시켰다.

[기재례2] 주로 주류를 판매하는 일반음식점에 청소년 출입허용

피의자는 ○○에서 "○○" 상호로 일반음식점영업 신고를 받았으나 음식류의 조리·판매보다는 주로 주류의 조리·판매를 목적으로 하는 소주방·호프·카페 등의 영업 형태로 운영되는 영업을 하여 청소년의 출입과 고용이 금지되는 청소년 위해업소이다.
청소년의 청소년출입·고용금지업소의 업주 및 종사자는 출입자의 연령을 확인하여 청소년이 당해 업소에 출입하거나 이용하지 못하게 하여야 한다.
그럼에도 불구하고 피의자는 20○○. ○. ○. 위 업소에 청소년인 홍길녀(17세, 여)와 그 일행 3명을 출입시켰다.

3) 신문사항

- 유흥주점업을 하고 있는가
- 언제부터 어디에서 하는가

- 규모는 어느 정도인가(면적, 상호, 종업원 수 등)
- 홍길녀를 업소에 출입시킨 일이 있는가
- 언제 어떻게 출입시켰는가
- 홍길녀의 연령을 확인하였나
- 어떤 방법으로 연령을 확인하였나
- 청소년이라는 것을 알고도 출입시켰는가

■ **판례** ■ **청소년보호법 제24조 제2항 소정의 '출입'의 의미**

구 청소년보호법은 청소년이 유해한 업소에 출입하는 것을 규제하는 등으로 그들이 건전한 인격체로 성장할 수 있도록 한다는 입법목적을 달성하기 위하여 청소년출입·고용금지업소의 업주로 하여금 당해 업소에 청소년을 출입하거나 이용하지 못하게 하도록 규정하고, 나아가 위 규정의 실효성을 확보하기 위하여 이를 위반한 업주를 처벌하는 규정까지 두고 있는바, 위에서 본 같은 법의 입법목적과 이를 달성하기 위한 제 규정들을 둔 취지, 그리고 제24조 제2항이 유해업소의 출입과 이용을 병렬적으로 규제하고 있는 입법형식을 취하고 있는 점 등 제반 사정에 비추어 볼 때, 같은 법 제24조 제2항의 '출입'은 '이용'과는 별개의 개념으로서 위 규정에 의하여 금지되는 '출입'은 청소년이 유해업소의 시설을 이용하기 위한 것인지를 묻지 아니하고 청소년이 법령이 허용하는 경우 이외에 유해업소의 시설에 출입하는 행위 일체를 의미한다(대법원 2002.6.14. 선고 2002도651 판결).

■ **판례** ■ **구 풍속영업의규제에관한법률시행령 제5조 제6호 소정의 청소년이 동반하여 노래연습장에 출입할 수 있는 '18세 이상의 보호자'의 의미 및 그 판단 기준**

청소년보호법 및 구 풍속영업의규제에관한법률(1999. 2. 8. 법률 제5925호로 개정되기 전의 것)의 입법 취지와 노래연습장의 청소년에 미치는 유해성의 정도에 비추어 볼 때, 구 풍속영업의규제에관한법률시행령(1999. 6. 30. 대통령령 제16435호로 개정되기 전의 것) 제5조 제6호에서 규정하는 청소년이 동반하여 노래연습장에 출입할 수 있는 18세 이상의 보호자라 함은, 노래연습장이라는 공간적·시간적 범위 내에서 친권자를 대신하여 동반한 청소년을 유해한 환경으로부터 보호·계도할 수 있는 정도의 의사와 능력을 갖춘 18세 이상의 자를 뜻한다고 해석함이 상당하고, 이러한 자격을 갖추었는지 여부는 노래연습장에 동반하여 출입하는 청소년과 보호자의 의사뿐만 아니라, 청소년과 그를 동반한 보호자의 각 연령 및 그들 사이의 관계, 동반하여 노래연습장에 출입하게 된 경위 등을 종합하여 객관적으로 판단하여야 한다(대법원 2001. 7.13. 선고 2000도3720 판결).

6. 청소년의 출입과 고용제한 표시 미부착

1) 적용법조 : 제59조 제9호, 제29조 제6항 ☞ 공소시효 5년

제29조(청소년 고용 금지 및 출입 제한 등) ⑥ 청소년유해업소의 업주와 종사자는 그 업소에 대통령령으로 정하는 바에 따라 청소년의 출입과 고용을 제한하는 내용을 표시하여야 한다.
※ 시행령
제28조(청소년 출입·고용 제한 표시) 법 제29조제5항에 따라 청소년 출입·고용금지업소(청소년실을 갖춘 노래연습장업소를 제외한다)의 업주 및 종사자는 해당 업소의 출입구 중 가장 잘 보이는 곳에 별표 8에 따른 방법으로 청소년의 출입·이용과 고용을 제한하는 내용의 표지를 부착하여야 한다.

2) 범죄사실 기재례

> 피의자는 ○○구청장으로부터 유흥주점 영업허가(제○○호)를 받고 ○○에 있는 지하 1층 60㎡에서 "★★유흥주점"이라는 상호로 청소년유해업소를 경영하는 사람이다.
> 청소년유해업소의 업주와 종사자는 그 업소에 대통령령으로 정하는 바에 따라 청소년의 출입과 고용을 제한하는 내용을 표시하여야 한다.
> 그럼에도 불구하고 피의자는 20○○. ○. ○. 경부터 20○○. ○. ○. 경까지 위 유흥주점 출입구에 청소년의 출입과 고용을 제한하는 내용의 표시를 하지 아니하였다.

3) 신문사항

- 유흥주점업을 하고 있는가
- 언제부터 어디에서 하는가
- 영업허가를 받았는가
- 규모는 어느 정도인가(면적, 상호, 종업원 수 등)
- 청소년 출입과 고용이 가능한 업소인가
- 청소년의 출입과 고용을 제한하는 표시를 하였는가
- 왜 이러한 표시를 하지 않았는가

7. 청소년 유해행위

1) 적용법조 : 다음 각 유형별

제30조(청소년유해행위의 금지) 누구든지 청소년에게 다음 각 호의 어느 하나에 해당하는 행위를 하여서는 아니 된다.
1. 영리를 목적으로 청소년으로 하여금 신체적인 접촉 또는 은밀한 부분의 노출 등 성적 접대행위를 하게 하거나 이러한 행위를 알선·매개하는 행위
2. 영리를 목적으로 청소년으로 하여금 손님과 함께 술을 마시거나 노래 또는 춤 등으로 손님의 유흥을 돋우는 접객행위를 하게 하거나 이러한 행위를 알선·매개하는 행위
3. 영리나 흥행을 목적으로 청소년에게 음란한 행위를 하게 하는 행위
4. 영리나 흥행을 목적으로 청소년의 장애나 기형 등의 모습을 일반인들에게 관람시키는 행위
5. 청소년에게 구걸을 시키거나 청소년을 이용하여 구걸하는 행위
6. 청소년을 학대하는 행위
7. 영리를 목적으로 청소년으로 하여금 거리에서 손님을 유인하는 행위를 하게 하는 행위
8. 청소년을 남녀 혼숙하게 하는 등 풍기를 문란하게 하는 영업행위를 하거나 이를 목적으로 장소를 제공하는 행위
9. 주로 차 종류를 조리·판매하는 업소에서 청소년으로 하여금 영업장을 벗어나 차 종류를 배달하는 행위를 하게 하거나 이를 조장하거나 묵인하는 행위

2) 범죄사실 기재례

[기재례1] 성적 접대행위 (제55조, 제30조 제1호 ☞ 공소시효 10년)

> 누구든지 영리를 목적으로 청소년으로 하여금 신체적인 접촉 또는 은밀한 부분의 노출 등 성적 접대행위를 하게 하여서는 아니 된다.
> 그럼에도 불구하고 피의자는 20○○. ○. ○.경부터 20○○. ○. ○.경까지 사이에 ○○에 있는 건물 지하에서 '○○'라는 상호로 속칭 '○○'을 운영하면서 위 업소를 찾아온 손님 성명불상자들로부터 1시간에 10만 원, 30분에 5만 원을 받고 청소년인 甲(여, 17세)으로 하여금 위 손님들에게 키스와 애무를 하고, 위 손님들이 자위하도록 하였다.
> 이로써 피의자는 영리를 목적으로 청소년인 甲으로 하여금 성적 접대행위를 하게하였다.

[기재례2] 청소년 유흥업소 고용 후 접객행위 (제56조, 제30조 제2호 ☞ 공소시효 10년)

> 누구든지 영리를 목적으로 청소년으로 하여금 손님과 함께 술을 마시거나 노래 또는 춤 등으로 손님의 유흥을 돋구는 접객행위를 하게 하거나 이러한 행위를 알선·매개하는 행위를 하여서는 아니 된다.
> 그럼에도 불구하고 피의자는 20○○. ○. ○. 23:00경 '전항'과 같이 고용된 청소년인 홍길녀로 하여금 위 업소 손님으로 찾아온 甲 등 일행 3명을 상대로 접객행위를 하게 하였다.
> 이로써 피의자는 청소년을 유해업소에 고용하여 접객행위를 하게 하였다.

[기재례3] 청소년에게 구걸하게 하는 행위 (제57조, 제30조 제5호 ☞ 공소시효 7년)

> 누구든지 청소년에게 구걸을 시키거나 청소년을 이용하여 구걸하는 행위를 하게 하여서는 아니 된다.
> 그럼에도 불구하고 피의자는 200○. ○. ○. ○○:○○경부터 ○○:○○경까지 ○○역 앞 길에서 청소년인 홍길동(남, 11세)에게 구걸하도록 강요하여 그로 하여금 지나가는 행인들에게 구걸을 시켰다.
> ※ 청소년(9세~18세)의 경우 적용하며 아동복지법(18세 미만)과 경합할 경우 청소년 보호법을 우선 적용한다.

[기재례4] 청소년에 이성혼숙 장소제공 (제58조 제5호, 제30조 제8호 ☞ 공소시효 5년)

> 피의자는 ○○에서 "카누모텔"이라는 상호로 숙박업에 종사하는 사람이다.
> 누구든지 청소년에 대하여 이성혼숙을 하게 하는 등 풍기를 문란하게 하는 영업행위를 하거나 그를 목적으로 장소를 제공하는 행위를 하여서는 아니 된다.
> 그럼에도 불구하고 피의자는 200○. ○. ○. ○○:○○경부터 익일 ○○:○○까지 위 모텔 304호실에 이성청소년인 홍길동(남, 16세)과 김○○(여, 15세)를 혼숙하게 하였다.

[기재례5] 청소년에 이성혼숙 장소제공 (제58조 제5호, 제30조 제8호 ☞ 공소시효 5년)

> 누구든지 청소년에 대하여 이성혼숙을 하게 하는 등 풍기를 문란하게 하는 영업행위를 하거나 그를 목적으로 장소를 제공하는 행위를 하여서는 아니 된다.
> 그럼에도 불구하고 피의자는 200○. ○. ○. ○○동 116-4에 있는 피의자 경영의 낙원장여관 208호실에 청소년인 甲(남, 당시 17세)과 乙(여, 당시 17세)이 함께 들어가 머물도록 함으로써 청소년에 대하여 이성혼숙을 하게 하였다.

[기재례6] 청소년 종업원에게 다류 배달 (제58조 제5호, 제30조 제9호 ☞ 공소시효 5년)

> 피의자는 ○○○에서 약산다방이라는 상호로 휴게음식점업을 하는 자로, 청소년인 종업원에게 영업소를 벗어나 다류 등을 배달하게 하여 판매하는 행위를 하여서는 아니 된다.
> 그럼에도 불구하고 피의자는 200○. ○. ○. 청소년인 이보라(여, 18세)를 종업원으로 고용하여 ○○○에 녹차 2잔, 커피 4잔 등 다류를 배달하게 하였다.

3) 신문사항

○ 다류 배달행위
- 휴게음식점을 하고 있는가
- 영업신고를 하였는가(신고일자 등)
- 규모는 어느 정도인가
- 청소년을 종업원으로 고용한 일이 있는가
- 언제 누구를 어떤 조건으로 고용하였는가

- 이 청소년에게 다류를 배달하도록 한 일이 있는가

- 언제 어디에 배달하도록 하였나

- 어떻게 배달하도록 하였나

- 청소년에게 이런 행위를 하도록 한 것에 대해 어떻게 생각하는가

✱ 청소년으로 하여금 다류를 배달하게 하는 등 속칭 티켓영업을 한 경우만 처벌하였으나 식품위생법시행규칙개정(2003.8.18)에 따라 청소년으로 하여금 단순 배달하게 하는 행위도 식품위생법상 영업자 준수사항위반의 처벌규정이 있으므로, 청소년보호법과는 상상적 경합관계임

○ 혼숙행위

- 숙박영업을 하고 있는가

- 언제부터 어디에서 하고 있는가

- 그 규모는 어느 정도인가

- 청소년에 대해 이선혼숙을 하도록 한 일이 있는가

- 언제 몇 호실에 투숙하게 하였는가

- 이들이 청소년이라는 것을 알고 있었는가

- 주민등록증등 신분증을 확인하지 않았는가

- 숙박업주로서 당연히 신분증을 보고 연령을 확인해야 하는 것이 아닌가

■ 판례 ■　　숙박업소의 피용인이 이성 청소년을 혼숙하도록 한 경우

[1] 청소년보호법 제26조의2 제8호 소정의 '청소년 이성혼숙'의 의미

청소년보호법 제26조의2 제8호는 누구든지 "청소년에 대하여 이성혼숙을 하게 하는 등 풍기를 문란하게 하는 영업행위를 하거나 그를 목적으로 장소를 제공하는 행위"를 하여서는 아니 된다고 규정하고 있는바, 위 법률의 입법 취지가 청소년을 각종 유해행위로부터 보호함으로써 청소년이 건전한 인격체로 성장할 수 있도록 하기 위한 것인 점 등을 감안하면, 위 법문이 규정하는 '이성혼숙'은 남녀 중 일방이 청소년이면 족하고, 반드시 남녀 쌍방이 청소년임을 요하는 것은 아니다.

[2] 청소년보호법 제26조의2 제8호가 명확성의 원칙에 반하여 실질적 죄형법정주의에 반하는지 여부(소극)

청소년보호법 제26조의2 제8호 소정의 "풍기를 문란하게 하는 영업행위를 하거나 그를 목적으로 장소를 제공하는 행위"의 의미는 청소년보호법의 입법 취지, 입법연혁, 규정형식에 비추어 볼 때 "청소년이 건전한 인격체로 성장하는 것을 침해하는 영업행위 또는 그를 목적으로 장소를 제공하는 행위"를 의미하는 것으로 보아야 할 것이고, 그 구체적인 예가 바로 위 규정에 열거된 "청소년에 대하여 이성혼숙을 하게 하거나 그를 목적으로 장소를 제공하는 행위" 등이라고 보이는바, 이는 건전한 상식과 통상적인 법감정을 통하여 판단할 수 있고, 구체적인 사건에서는 법관의 보충적인 해석을 통하여 그 규범내용이 확정될 수 있는 개념이라 할 것이어서 위 법률조항은 명확성의 원칙에 반하지 아니하여 실질적 죄형법정주의에도 반하지 아니한다(대법원 2003.12.26. 선고 2003도5980 판결).

▪ 판례 ▪ 이성혼숙을 하려는 자가 청소년이라고 의심할 만한 사정이 있는 경우 여관업주가 취하여야 할 조치

여관업을 하는 사람으로서는 이성혼숙을 하려는 사람들의 겉모습이나 차림새 등에서 청소년이라고 의심할 만한 사정이 있는 때에는 신분증이나 다른 확실한 방법으로 청소년인지 여부를 확인하고 청소년이 아닌 것으로 확인된 경우에만 이성혼숙을 허용하여야 한다(대법원 2002.10.8. 선고 2002도4282 판결).

▪ 판례 ▪ 공중위생법상의 '미성년 남녀의 혼숙'의 의미

공중위생법 제12조 제2항 제1호 (나)목은 미성년 남녀가 같은 객실에 투숙하지 못하도록 함으로써 미성년자의 순결과 선량한 풍속을 보호하려는 데 그 취지가 있으므로 같은 법조 소정의 '미성년 남녀의 혼숙'이라 함은 미성년 남녀가 같은 객실에 들어가 상당한 시간 동안 함께 지내는 것을 말하고, 반드시 성관계를 전제로 밤을 지새는 것에 한정할 것은 아니다(대법원 1996.3.26. 선고 95누13227 판결).

▪ 판례 ▪ 청소년 유해업소의 업주나 종업원은 유흥접객행위를 행할 자의 연령을 확인할 의무가 있는지 여부(적극)

청소년보호법 제26조의2 제2호는 누구든지 '영리를 목적으로 청소년으로 하여금 손님과 함께 술을 마시거나 노래 또는 춤 등으로 손님의 유흥을 돋구는 접객행위를 하게 하거나 이러한 행위를 알선하는 행위'를 하여서는 아니 된다고 규정하고 있는바, 위 법률의 입법 취지가 청소년을 유해행위를 포함한 각종 유해환경으로부터 보호함으로써 청소년이 건전한 인격체로 성장할 수 있도록 하기 위한 것인 점 등을 감안하면, 비록 청소년으로 하여금 유흥접객행위를 하게 하는 행위에 대하여 같은 법 제24조 제2항, 같은 법 시행령 제20조 제1항과 같은 연령확인의무가 명문으로 규정되어 있지 않다고 하더라도, 청소년 유해업소인 유흥주점의 업주나 종업원으로서는 유흥접객행위를 행할 자의 외모나 차림 등에 의하여 청소년이라고 의심할 만한 사정이 있는 때에는 신분증이나 기타 확실한 방법에 의하여 청소년인지 여부를 확인하고 청소년이 아닌 것으로 확인된 경우에만 접객행위를 하게 하여야 할 것이다.(대법원 2007.9.6. 선고 2007도5637 판결)

제 117 장 체육시설의 설치·이용에 관한 법률

Ⅰ. 개념정의

제2조(정의) 이 법에서 사용하는 용어의 뜻은 다음과 같다.
1. "체육시설"이란 체육 활동에 지속적으로 이용되는 시설(정보처리 기술이나 기계장치를 이용한 가상의 운동경기 환경에서 실제 운동경기를 하는 것처럼 체험하는 시설을 포함한다. 다만, 「게임산업진흥에 관한 법률」 제2조제1호에 따른 게임물은 제외한다)과 그 부대시설을 말한다.
2. "체육시설업"이란 영리를 목적으로 체육시설을 설치·경영하거나 체육시설을 이용한 교습행위를 제공하는 업(業)을 말한다.
3. "체육시설업자"란 제19조제1항·제2항 또는 제20조에 따라 체육시설업을 등록하거나 신고한 자를 말한다.
4. "회원"이란 1년 이상의 기간을 정하여 체육시설업의 시설 또는 그 시설을 활용한 교습행위를 일반이용자보다 유리한 조건으로 우선적으로 이용하기로 체육시설업자(제12조에 따른 사업계획 승인을 받은 자를 포함한다)와 약정한 자를 말한다.
5. "일반이용자"란 1년 미만의 일정 기간을 정하여 체육시설의 이용 또는 그 시설을 활용한 교습행위의 대가(이하 "이용료"라 한다)를 내고 체육시설을 이용하거나 그 시설을 활용한 교습을 받기로 체육시설업자와 약정한 사람을 말한다.

〈체육시설업의 종류(제10조)〉

등록 체육시설업	골프장업(회원제 골프장업, 비회원제 골프장업), 스키장업, 자동차경주장업
신고 체육시설업	요트장업, 조정장업, 카누장업, 빙상장업, 승마장업, 종합체육시설업, 수영장업, 체육도장업, 골프연습장업, 체력단련장업, 당구장업, 썰매장업, 무도학원업, 무도장업, 야구장업, 가상체험 체육시설업, 체육교습업, 인공암벽장업

Ⅱ. 벌 칙

제38조(벌칙) ① 다음 각 호의 어느 하나에 해당하는 자는 3년 이하의 징역 또는 3천만원 이하의 벌금에 처한다.
1. 제12조에 따른 사업계획의 승인을 받지 아니하고 등록 체육시설업의 시설을 설치한 자
2. 제19조제1항 또는 제2항에 따른 등록(변경등록은 제외한다)을 하지 아니하고 체육시설업의 영업을 한 자
② 다음 각 호의 어느 하나에 해당하는 자는 1년 이하의 징역 또는 1천만원 이하의 벌금에 처한다.
1. 제20조제1항에 따른 신고(변경신고는 제외한다)를 하지 아니하고 체육시설업(문화체육관광부령으로 정하는 소규모 업종은 제외한다)의 영업을 한 자
1의2. 제21조의2제2항을 위반하여 예약한 체육시설 이용권등을 부정판매한 자
2. 제24조제1항에 따른 안전·위생 기준을 위반한 자
3. 제32조제2항에 따른 영업 폐쇄명령 또는 정지명령을 받고 그 체육시설업(제1호에 따라 문화체육관광부령으로 정하는 소규모 업종은 제외한다)의 영업을 한 자
제39조(양벌규정) 생 략

Ⅲ. 범죄사실

1. 미등록 체육시설업(골프장)

1) **적용법조** : 제38조 제1항 제2호, 제19조 제1항 ☞ 공소시효 5년

> 제19조(체육시설업의 등록) ① 제12조에 따른 사업계획의 승인을 받은 자가 제11조에 따른 시설을 갖춘 때에는 영업을 시작하기 전에 대통령령으로 정하는 바에 따라 시·도지사에게 그 체육시설업의 등록을 하여야 한다. 등록 사항(문화체육관광부령으로 정하는 경미한 등록 사항을 제외한다)을 변경하려는 때에도 또한 같다.
> ② 시·도지사는 골프장업 또는 스키장업에 대한 사업계획의 승인을 받은 자가 그 승인을 받은 사업시설 중 대통령령으로 정하는 규모 이상의 시설을 갖추었을 때에는 제1항에도 불구하고 문화체육관광부령으로 정하는 기간에 나머지 시설을 갖출 것을 조건으로 그 체육시설업을 등록하게 할 수 있다.

2) **범죄사실 기재례**

> 피의자는 ○○에서 미니골프라는 상호로 골프장을 경영하는 사람으로, 골프장영업을 시작하기 전에 대통령령으로 정하는 바에 따라 시·도지사에게 그 체육시설업의 등록을 하여야 한다.
> 그럼에도 불구하고 피의자는 20○○. ○. ○. 경부터 20○○. ○. ○.경까지 사이에 위 장소에서 등록없이 홍길동외 ○○명의 회원을 모집하여 회비 명목으로 월 ○○만원씩 받고 골프장업을 하였다.

3) **신문사항**
   - 골프장업을 하고 있는가
   - 언제부터 어디에서 하고 있는가
   - 그 시설 규모는 어느 정도인가
   - 사업계획의 승인을 얻었는가
   - 언제 어떠한 사업계획에 대한 승인을 얻었는가
   - 골프장은 언제 완공하였는가
   - 영업개시 전에 행정관청에 등록하였는가
   - 등록없이 하였다는 것인가
   - 왜 등록없이 하였나
   - 모집한 회원은 어느 정도 되는가
   - 이들로부터 회비는 얼마를 받고 있는가

2. 미신고 체육시설업

1) 적용법조 : 제38조 제2항 제1호, 제20조 제1항 ☞ 공소시효 5년

> 제20조(체육시설업의 신고) ① 제10조제1항제2호에 따른 체육시설업을 하려는 자는 제11조에 따른 시설을 갖추어 문화체육관광부령으로 정하는 바에 따라 특별자치도지사·시장·군수 또는 구청장에게 신고하여야 한다. 신고 사항을 변경하려는 때에도 또한 같다.

2) 범죄사실 기재례

> 피의자는 ○○에서 청룡체육관이라는 상호로 태권도장을 경영하는 사람이다. 체육시설업을 하려는 자는 시설을 갖추어 문화체육관광부령으로 정하는 바에 따라 시장·군수 또는 구청장에게 신고하여야 한다.
> 그럼에도 불구하고 피의자는 20○○. ○. ○. 경부터 20○○. ○. ○.경까지 사이에 위 장소에서 홍길동외 ○○명의 수강생으로부터 수강료 명목으로 월 ○○만원씩을 받고 태권도의 이론 및 실기를 가르침으로써 신고없이 체육도장업을 영위하였다.

3) 신문사항

- 피의자는 어디서 어떠한 사업을 하고 있는가
- 체육관의 규모는(상호, 면적, 종업원 수 등)
- ○○군수에게 체육시설업 신고를 하였나
- 언제부터 언제까지 하였나
- 누구를 상대로 영업하였나
- 수강생은 총 몇 명 정도이며 이들에게 월 얼마의 수강료를 받았나
- 어떠한 사항을 가르쳤나
- 왜 신고를 하지 않고 이러한 행위를 하였나

■ 판례 ■ 댄스교습소가 체육시설의 설치·이용에 관한 법률에 의한 신고의무가 면제되는 경우에 해당되는지 여부(소극)

피고인이 운영한 댄스교습소는 체육시설의 설치·이용에 관한 법률에 의한 신고의무가 면제되는 경우에 해당하지 아니하므로, 피고인이 관할관청에 신고하지 아니하고 댄스교습소를 운영한 것은 체육시설의설치·이용에관한법률위반에 해당한다(대법원 2005.12.23. 선고 2005도6870 판결).

■ 판례 ■ 체육시설의설치·이용에관한법률상의 신고체육시설업에 있어서 신고의 법적 성질과 무신고 영업의 판단 기준

체육시설의설치·이용에관한법률 제10조, 제11조, 제22조, 같은법시행규칙 제8조 및 제25조의 각 규정에 의하면, 체육시설업은 등록체육시설업과 신고체육시설업으로 나누어지고, 당구장업과 같은 신고체육시설업을 하고자 하는 자는 체육시설업의 종류별로 같은법시행규칙이 정하는 해당 시설을 갖추어 소정의 양식에 따라 신고서를 제출하는 방식으로 시·도지사에 신고하도록 규정하고 있으

므로, 소정의 시설을 갖추지 못한 체육시설업의 신고는 부적법한 것으로 그 수리가 거부될 수밖에 없고 그러한 상태에서 신고체육시설업의 영업행위를 계속하는 것은 무신고 영업행위에 해당할 것이지만, 이에 반하여 적법한 요건을 갖춘 신고의 경우에는 행정청의 수리처분 등 별단의 조처를 기다릴 필요 없이 그 접수시에 신고로서의 효력이 발생하는 것이므로 그 수리가 거부되었다고 하여 무신고 영업이 되는 것은 아니다(대법원 1998.4.24. 선고 97도3121 판결).

■ 판례 ■ 　체육시설의설치 이용에관한법률 제18조에 의한 행정청에 대한 신고에 행정청의 수리행위를 요하는지 여부(소극)

행정청에 대한 신고는 일정한 법률사실 또는 법률관계에 관하여 관계행정청에 일방적으로 통고를 하는 것을 뜻하는 것으로서 법에 별도의 규정이 있거나 다른 특별한 사정이 없는 한 행정청에 대한 통고로서 그치는 것이고 그에 대한 행정청의 반사적 결정을 기다릴 필요가 없는 것이므로, 체육시설의설치·이용에관한법률 제18조에 의한 변경신고서는 그 신고 자체가 위법하거나 그 신고에 무효사유가 없는 한 이것이 도지사에게 제출하여 접수된 때에 신고가 있었다고 볼 것이고, 도지사의 수리행위가 있어야만 신고가 있었다고 볼 것은 아니다(대법원 1993.7.6. 자 93마635 결정).

■ 판례 ■ 　체육시설의설치이용에관한법률에 따른 골프연습장업의 신고요건을 갖춘 자는 연습장을 설치하려는 건물이 무허가 건물인 경우라도 적법한 신고를 할 수 있는지 여부(소극)

구 건축법(1991.5.31. 법률 제4381호로 전문 개정되기 전의 것)과 체육시설의설치·이용에관한법률은 입법목적, 규정사항, 적용범위 등을 서로 달리하고 있어서 골프연습장의 설치에 관하여 체육시설의설치·이용에관한법률이 건축법에 우선하여 배타적으로 적용되는 관계에 있다고 해석되지 아니하므로 체육시설의설치·이용에관한법률에 따른 골프연습장의 신고요건을 갖춘 자 할지라도 골프연습장을 설치하려는 건물이 건축법상 무허가 건물이라면 적법한 신고를 할 수 없다(대법원 1993.4.27. 선고 93누1374 판결).

■ 판례 ■ 　체육시설의설치이용에관한법률 시행 전부터 볼링장을 경영한 자가 같은 법부칙 제3조 제3항 소정의 기간 내에 제5조 소정의 시설, 설비기준 중 안전관리 및 위생기준을 갖추어 한 체육시설업신고를 행정청이 볼링장이 위치한 건물이 무허가건물이라는 이유로 수리하지 아니한 경우 위 신고의 효력 유무(적극)

체육시설의설치이용에관한법률이 시행되기 전부터 볼링장을 경영한 자로서는 같은 법 부칙 제3조 제3항에 따라 시행일로부터 6월 이내에 같은 법 제5조소정의 시설, 설비기준 중 안전관리 및 위생기준만을 갖추어 체육시설업으로 신고하였으면 그 신고는 적법하고, 위 볼링장이 위치한 건물이 무허가건물이 아니어야 한다는 것은 위 안전관리 및 위생기준과는 직접적인 관계가 없으므로, 행정청이 위 건물이 무허가건물이어서 건축법에 위반된다는 이유로 위 신고를 수리하지 아니하고 신고서를 반려하였다고 하더라도, 위 신고는 행정청의 수리처분 등 별도의 조치를 기다릴 것 없이 같은 법 제8조와 부칙 제3조제3항에 의한 신고로서 유효하다(대법원 1992.9.22. 선고 92도1839 판결).

■ 판례 ■ 　체육시설의설치·이용에관한법률과 학교보건법의 관계

학교보건법과 체육시설의설치이용에관한법률은 그 입법목적, 규정사항, 적용범위 등을 서로 달리하고 있어서 당구장의 설치에 관하여 체육시설의설치·이용에관한법률이 학교보건법에 우선하여 배타적으로 적용되는 관계에 있다고는 해석되지 아니하므로 체육시설의설치·이용에관한법률에 따른 당구장업의 신고요건을 갖춘 자 할지라도 학교보건법 제5조 소정의 학교환경 위생정화구역 내에서는 같은 법 제6조에 의한 별도 요건을 충족하지 아니하는 한 적법한 신고를 할 수 없다고 보아야 한다(대법원 1991.7.12. 선고 90누8350 판결).

3. 안전 · 위생기준위반

1) 적용법조 : 제38조 제2항 제2호, 제24조 제1항 ☞ 공소시효 5년

> **제24조(안전 · 위생 기준)** ① 체육시설업자는 이용자가 체육시설을 안전하고 쾌적하게 이용할 수 있도록 안전관리요원 배치와 임무, 수질 관리 및 보호 장구의 구비(具備) 등 문화체육관광부령으로 정하는 안전 · 위생 기준을 지켜야 한다.
> ② 체육시설업의 시설을 이용하는 자는 제1항의 안전 · 위생 기준에 따른 보호 장구를 착용하여야 한다.
> ③ 체육시설업자는 체육시설업의 시설을 이용하는 자가 제2항의 보호 장구 착용 의무를 준수하지 아니한 경우에는 그 체육시설 이용을 거절하거나 중지하게 할 수 있다.

2) 범죄사실 기재례

> 피의자는 ○○에서 ○○수영장이라는 상호로 수영장업을 하는 체육시설업자이다. 체육시설업자는 이용자가 체육시설을 안전하고 쾌적하게 이용할 수 있도록 안전관리요원배치 · 수질관리 및 보호장구의 구비 등 안전 · 위생기준을 준수하여야 한다.
> 그럼에도 불구하고 피의자는 20○○. ○. ○.부터 20○○. ○. ○. 까지 사이에 안전관리요원을 배치하지 아니하여 안전 · 위생기준을 위반하였다.

3) 신문사항

- 수영장업을 하고 있는가
- 언제부터 어디에서 하고 있는가
- 행정관청에 영업신고는 하였는가
- 규모는 어느 정도인가(면적, 종업원수 등)
- 회원은 몇 명 정도인가
- 안전관리요원을 배치하고 있는가
- 언제부터 언제까지 배치하지 않았는가
- 왜 배치하지 않았나

4. 폐쇄명령(정지명령) 위반 영업행위

1) 적용법조 : 제38조 제2항 제3호, 제32조 제2항 ☞ 공소시효 5년

제32조(등록취소 등) ① 시·도지사는 등록 체육시설업자가 제19조제2항에 따른 등록조건을 정당한 사유 없이 이행하지 아니하면 그 등록을 취소하여야 한다.

② 시·도지사, 시장·군수 또는 구청장은 체육시설업자가 다음 각 호의 어느 하나에 해당하면 그 등록취소 또는 영업 폐쇄명령을 하거나 6개월 이내의 기간을 정하여 영업정지를 명할 수 있다.

1. 제4조의5제3항에 따른 시설물의 보수·보강 등 필요한 조치에 대한 이행 및 시정 명령을 준수하지 아니한 경우
2. 제14조에 따른 대중형 골프장의 병설 또는 대중형 골프장 조성비의 예치 의무의 전부 또는 일부를 이행하지 아니한 경우
3. 거짓이나 그 밖의 부정한 방법으로 제19조제1항·제2항 또는 제20조에 따른 체육시설업의 등록이나 신고를 한 경우
4. 제19조제1항 후단 또는 제20조제2항에 따라 변경등록이나 변경신고를 하지 아니한 경우
4의2. 제24조의2제1항을 위반하여 자료를 제출하지 아니하거나 허위로 제출한 경우 또는 관계 공무원의 출입·검사를 거부·방해 또는 기피한 경우
5. 영업정지 처분을 받고 그 기간에 영업을 한 경우
6. 제30조에 따른 시정명령을 받고 이를 이행하지 아니한 경우
7. 「도로교통법」 제53조제3항을 위반하여 어린이통학버스(같은 법 제52조에 따른 어린이통학버스 신고를 하지 아니한 경우를 포함한다)에 보호자를 함께 태우지 아니한 채 어린이통학버스 운행 중 발생한 교통사고로 해당 어린이통학버스에 탑승(승하차를 포함한다)한 어린이가 사망하거나 신체에 문화체육관광부령으로 정하는 중상해를 입은 경우

2) 범죄사실 기재례

> 피의자는 ○○에서 ○○상호로 골프장업을 경영하는 사람으로, 20○○. ○. ○. 비회원제 골프장조성비의 예치의무 전부를 이행하지 아니하여 ○○도지사로부터 20○○. ○. ○.부터 20○○. ○. ○. 까지 영업의 정지명령을 받았다.
>
> 그럼에도 불구하고 피의자는 위 명령을 위반하여 20○○. ○. ○.부터 20○○. ○. ○. 까지 영업을 계속하였다.

3) 신문사항

- 골프장업을 하고 있는가
- 언제부터 어디에서 하고 있는가
- 규모는 어느 정도인가
- 영업등록은 되었는가
- 영업정지 명령을 받은 일이 있는가
- 언제부터 언제까지 누구로부터 받았는가
- 무엇 때문에 정지명령을 받았는가
- 위 기간 영업을 하였는가
- 왜 정지기간 중 영업을 하게 되었는가

Ⅰ. 개념정의

제2조(정의) ① 이 법에서 "총포"란 권총, 소총, 기관총, 포, 엽총, 금속성 탄알이나 가스 등을 쏠 수 있는 장약총포(裝藥銃砲), 공기총(가스를 이용하는 것을 포함한다. 이하 같다) 및 총포신 · 기관부 등 그 부품(이하 "부품"이라 한다)으로서 대통령령으로 정하는 것을 말한다.

② 이 법에서 "도검"이란 칼날의 길이가 15㎠ 이상인 칼 · 검 · 창 · 치도(雉刀) · 비수 등으로서 성질상 흉기로 쓰이는 것과 칼날의 길이가 15㎠ 미만이라 할지라도 흉기로 사용될 위험성이 뚜렷한 것 중에서 대통령령으로 정하는 것을 말한다.

③ 이 법에서 "화약류"란 다음 각 호의 화약, 폭약 및 화공품(화공품: 화약 및 폭약을 써서 만든 공작물을 말한다. 이하 같다)을 말한다.

1. 화약
   가. 흑색화약 또는 질산염을 주성분으로 하는 화약
   나. 무연화약 또는 질산에스테르를 주성분으로 하는 화약
   다. 그 밖에 가목 및 나목의 화약과 비슷한 추진적 폭발에 사용될 수 있는 것으로서 대통령령으로 정하는 것

2. 폭약
   가. 뇌홍(雷汞) · 아지화연 · 로단염류 · 테트라센 등의 기폭제
   나. 초안폭약, 염소산칼리폭약, 카리트, 그 밖에 질산염 · 염소산염 또는 과염소산염을 주성분으로 하는 폭약
   다. 니트로글리세린, 니트로글리콜, 그 밖에 폭약으로 사용되는 질산에스테르
   라. 다이너마이트, 그 밖에 질산에스테르를 주성분으로 하는 폭약
   마. 폭발에 쓰이는 트리니트로벤젠, 트리니트로톨루엔, 피크린산, 트리니트로클로로벤젠, 테트릴, 트리니트로아니졸, 핵사니트로디페닐아민, 트리메틸렌트리니트라민, 펜트리트, 그 밖에 니트로기 3 이상이 들어 있는 니트로화합물과 이들을 주성분으로 하는 폭약
   바. 액체산소폭약, 그 밖의 액체폭약
   사. 그 밖에 가목부터 바목까지의 폭약과 비슷한 파괴적 폭발에 사용될 수 있는 것으로서 대통령령으로 정하는 것

3. 화공품
   가. 공업용뇌관 · 전기뇌관 · 비전기뇌관 · 전자뇌관 · 총용뇌관 · 신호뇌관 및 그 밖에 대통령령으로 정하는 뇌관류(시그널튜브 등 부품류를 포함한다)
   나. 실탄(實彈)(산탄을 포함한다. 이하 같다) 및 공포탄(空砲彈)   다. 신관 및 화관
   라. 도폭선, 미진동파쇄기, 도화선 및 전기도화선   마. 신호염관, 신호화전 및 신호용 화공품
   바. 시동약(始動藥)   사. 꽃불
   아. 장난감용 꽃불 등으로서 행정안전부령으로 정하는 것   자. 자동차 긴급신호용 불꽃신호기
   차. 자동차 에어백용 가스발생기
   카. 그 밖에 화약이나 폭약을 사용한 화공품으로 대통령령으로 정하는 것

④ 이 법에서 "분사기"란 사람의 활동을 일시적으로 곤란하게 하는 최루(催淚) 또는 질식 등을 유발하는 작용제를 분사할 수 있는 기기로서 대통령령으로 정하는 것을 말한다.

⑤ 이 법에서 "전자충격기"란 사람의 활동을 일시적으로 곤란하게 하거나 인명(人命)에 위해(危害)를 주는 전류를 방류할 수 있는 기기로서 대통령령으로 정하는 것을 말한다.

⑥ 이 법에서 "석궁"이란 활과 총의 원리를 이용하여 화살 등의 물체를 발사하여 인명에 위해를 줄 수 있는 것으로

서 대통령령으로 정하는 것을 말한다.

⑦ 이 법에서 "식별표지"란 총포에 제조시기, 제조자명, 제조장소 또는 국가, 일련번호 등을 확인하기 쉽게 표시하는 기호, 숫자, 문자 등으로서 행정안전부령으로 정하는 것을 말한다.

■ 판례 ■ **개머리가 없는 구명신호총이 총포·도검·화약류등단속법 소정의 총에 해당하는지 여부(적극)**

총포·도검·화약류등단속법 제2조 제1항에 의하면 이 법에서 '총포'라 함은 권총·소총·기관총·포·엽총 그 밖의 금속성 탄알이나 가스 등을 쏠 수 있는 장약총포와 공기총(압축가스를 이용하는 것을 포함한다) 중에서 대통령령으로 정하는 것을 말한다고 규정하고 있고, 같은법의 위임에 따라 제정된 같은법시행령 제3조 제1항 제1호 (차)목 (2)에 의하면 '구명신호총'도 법 제2조 제1항 소정의 '총'에 해당하는 것으로 명백하게 규정하고 있으므로, 같은법시행규칙 제2조 제1항 제1호의 취지는 총의 구조로서 총열, 기관부, 노리쇠뭉치, 방아틀뭉치 및 개머리의 전부 또는 일부로 구성되어 법 제2조 제1항의 금속성 탄알이나 가스 등을 쏠 수 있는 장약총포와 공기총으로서의 성능을 갖춘 것이면 되고 반드시 그 구성 부분 전부를 갖출 것을 요하는 것은 아니다. 따라서 개머리가 없는 구명신호총은 총포·도검·화약류등단속법 소정의 총에 해당한다(대법원 1996.11.8. 선고 96도1995 판결).

■ 판례 ■ **칼날 부분에 날이 서 있지 아니하고 칼끝 부분도 둥글게 처리되어 있는 진검 유사의 도검이 총포·도검·화약류등단속법 소정의 도검에 해당하는지 여부(소극)**

총포·도검·화약류등단속법 제2조 제2항, 같은법시행령 제4조 제1항, 제2항 [별표 1], 제3항의 규정들과 도(刀)는 베기에 편리한 날이 한 쪽에만 있는 무기이고, 검(劍)은 찌르기에 편리한 쌍날의 무기를 의미하므로 도검의 성질은 베고 찌르는 것이라는 점을 종합하여 보면, 같은 법 제2조 제2항 소정의 도검은 그 규격이나 형태에 있어서 같은법시행령 제4조 제2항 [별표 1]의 형태를 갖추고, 흉기로 사용될 위험성이 있는 '베기'나 '찌르기'가 가능한 도검의 성질을 가진 것을 의미한다고 할 것이고, 같은법시행령 제4조 제3항의 '칼이 둥글고 날이 서 있지 아니하여'라는 표현은 '찌르기'나 '베기'가 불가능하다는 의미로서 이러한 경우에는 흉기로 사용될 위험성이 없는 도검으로 보아 같은 법 제2조 제2항 소정의 도검에서 제외한다는 취지이다. 따라서 칼날 부분에 날이 서 있지 아니하고 칼끝 부분도 둥글게 처리되어 있는 진검 유사의 도검은 베기 또는 찌르기가 불가능하므로 흉기로 사용될 위험성이 없어 총포·도검·화약류등단속법 제2조 제2항 소정의 도검에 해당하지 않는다(대법원 2001.4.24. 선고 2000도4689 판결).

■ 판례 ■ **손도끼가 총포·도검·화약류등단속법 소정의 도검에 해당하는지 여부(소극)**

총포·도검·화약류등단속법시행령 제4조 제1항 제10호는 같은 법 제2조 제2항 후단의 규정에 따라 같은법시행령 제4조 제1항 제1호 내지 제9호 소정의 도검류의 형태를 갖추었으나 칼날의 길이가 15㎝ 미만인 것 중에서 칼날의 길이가 6㎝ 이상이고 흉기로 사용될 수 있는 위험성이 뚜렷이 있는 것을 도검의 종류의 하나로 규정하고 있다고 보아야 할 것이므로, 손도끼는 같은 법 소정의 도검에 해당하지 않음이 분명하다(대법원 1999.5.14. 선고 99도337 판결).

■ 판례 ■ **나무자루(길이 37cm)에 도끼날(가로 14cm, 세로 10cm)이 끼워진 손도끼와 칼날(길이 7.3cm)과 칼자루(길이 9.5cm)로 이루어진 주머니칼이 도검에 해당하는지 여부(소극)**

나무자루(길이 37cm)에 도끼날(가로 14cm, 세로 10cm)이 끼워진 손도끼와칼날(길이 7.3cm)과 칼자루(길이 9.5cm)로 이루어진 주머니칼이 총포 도검 화약류등단속법 소정의 도검에 해당하지 아니한다(대법원 1993. 7.27. 선고 93도1502 판결).

제70조(벌칙) ① 다음 각 호의 어느 하나에 해당하는 자는 3년 이상 15년 이하의 징역 또는 3천만원 이상 1억원 이하의 벌금에 처한다.

  1. 수출하기 위한 목적으로 제3조제4항에 따라 구조 및 성능기준을 적용하지 아니하고 제조된 총포(권총 · 소총 · 기관총 · 포 · 엽총 · 공기총만 해당한다)를 국내에 판매하거나 유출시킨 자

  2. 총포(권총 · 소총 · 기관총 · 포 · 엽총 · 공기총만 해당한다)에 관하여 제4조제1항 · 제3항, 제6조제1항 · 제2항, 제9조제1항 또는 제12조제1항을 위반한 자

② 제1항의 죄의 미수범은 처벌한다.

제70조의2(벌칙) ① 다음 각 호의 어느 하나에 해당하는 자는 10년 이하의 징역 또는 5천만원 이하의 벌금에 처한다.

  1. 수출하기 위한 목적으로 제3조제4항에 따라 구조 및 성능기준을 적용하지 아니하고 제조된 총포(권총 · 소총 · 기관총 · 포 · 엽총 · 공기총은 제외한다) · 도검 · 화약류 · 분사기 · 전자충격기 또는 석궁을 국내에 판매하거나 유출시킨 자

  2. 총포(권총 · 소총 · 기관총 · 포 · 엽총 · 공기총은 제외한다) 및 화약류에 관하여 제4조제1항 · 제3항, 제6조제1항 · 제2항, 제9조제1항 또는 제12조제1항 · 제2항을 위반한 자

  3. 제12조제3항(총포만 해당한다)을 위반한 자

② 제1항의 죄의 미수범은 처벌한다.

제70조의3(상습범) 총포에 관하여 상습적으로 제70조 및 제70조의2의 죄를 범한 자는 그 죄에 정한 형의 2분의 1까지 가중한다.

제71조(벌칙) 다음 각 호의 어느 하나에 해당하는 자는 5년 이하의 징역 또는 1천만원 이하의 벌금에 처한다.

  1. 제4조제2항 · 제3항(도검 · 분사기 · 전자충격기 · 석궁만 해당한다), 제6조제1항(도검 · 분사기 · 전자충격기 · 석궁만 해당한다) · 제2항(도검 · 분사기 · 전자충격기 · 석궁만 해당한다), 제6조의2제1항 · 제2항, 제9조제2항 또는 제12조제1항(도검 · 분사기 · 전자충격기 · 석궁만 해당한다) · 제2항(분사기 · 전자충격기만 해당한다) · 제3항(도검 · 분사기 · 전자충격기 · 석궁만 해당한다)을 위반한 자

  1의2. 제14조의2제1항에 따라 총포와 그 실탄 또는 공포탄을 지정하는 곳에 보관하지 아니한 자

  2. 제18조제1항 또는 제2항을 위반한 자

  3. 제21조제1항 · 제3항 · 제4항 또는 제5항을 위반한 자

  4. 제31조제1항을 위반하여 안전상의 감독업무를 게을리 한 자

  5. 제45조제1항 단서 또는 제2항에 따른 영업정지명령 또는 사용정지명령을 위반한 자

  6. 제47조제1항에 따른 명령 또는 조치를 위반하거나 같은 조 제2항에 따른 보관명령을 위반한 자

  7. 제69조제1항을 위반하여 총포를 제작하거나 식별표지에 관한 정보를 제공하지 아니한 사람

  8. 총포의 식별표지를 조작하거나, 불법적으로 삭제, 제거 또는 변경한 사람

제72조(벌칙) 다음 각 호의 어느 하나에 해당하는 자는 3년 이하의 징역 또는 700만원 이하의 벌금에 처한다.

  1. 제8조, 제19조, 제24조제1항 · 제2항, 제25조제1항 · 제5항, 제27조제1항, 제32조제1항, 제34조제1항 · 제2항, 제36조, 제38조제1항 · 제4항, 제40조제1항 또는 제43조를 위반한 자

  1의2. 제8조의2를 위반하여 총포 · 화약류의 제조 방법이나 설계도 등의 정보를 인터넷 등 정보통신망에 게시 · 유포한 사람

  2. 제18조제4항 또는 제26조제4항에 따른 기술상의 기준이나 지시에 따르지 아니한 자

  3. 제27조제3항 또는 제32조제3항에 따른 명령을 위반한 자

  3의2. 제35조제3항 또는 제6항에 따른 총포의 보관 명령을 위반한 자

  4. 제41조 또는 제42조제7항을 위반한 자

  5. 제42조제1항 또는 제5항을 위반한 총포 · 분사기 · 전자충격기 · 석궁의 제조업자 · 수입자 또는 판매업자

  6. 제44조제1항에 따른 출입 또는 검사를 거부 · 기피 또는 방해하거나 거짓 진술을 한 자

  7. 거짓이나 그 밖의 옳지 못한 방법으로 이 법에 따른 허가 또는 면허를 받은 자

제73조(벌칙) 다음 각 호의 어느 하나에 해당하는 자는 2년 이하의 징역 또는 500만원 이하의 벌금에 처한다.

1. 제4조의2제3항(제6조의3 및 제25조의2에 따라 준용되는 경우를 포함한다), 제11조제1항·제2항, 제17조제2항·제4항, 제31조제2항 또는 제37조제1항·제2항을 위반한 자

1의2. 제20조제1항을 위반하여 총포의 폐기 신청을 하지 아니하고 총포를 폐기한 자

2. 제20조제5항에 따른 기술상의 기준을 위반하여 화약류를 폐기한 자

3. 제23조를 위반한 자

4. 제26조제1항, 제35조제1항(총포만 해당한다)에 따른 신고를 하지 아니하거나 거짓으로 신고를 한 자

제76조(양벌규정) 법인의 대표자나 법인 또는 개인의 대리인, 사용인, 그 밖의 종업원이 그 법인 또는 개인의 업무에 관하여 제70조, 제70조의2, 제70조의3, 제71조부터 제73조까지의 어느 하나에 해당하는 위반행위를 하면 그 행위자를 벌하는 외에 그 법인 또는 개인에게도 해당 조문의 벌금형을 과(科)한다. 다만, 법인 또는 개인이 그 위반행위를 방지하기 위하여 해당 업무에 관하여 상당한 주의와 감독을 게을리하지 아니한 경우에는 그러하지 아니하다.

Ⅲ. 범죄사실

1. 총포의 무허가 수입

1) 적용법조 : 제70조 제1항 제2호, 제9조 제1항 ☞ 공소시효 10년

제9조(수출입의 허가 등) ① 총포·화약류를 수출 또는 수입하려는 자는 행정안전부령으로 정하는 바에 따라 수출 또는 수입하려는 때마다 관련 증명서류 등을 경찰청장에게 제출하고 경찰청장의 허가를 받아야 한다. 이 경우 경찰청장은 수출 허가를 하기 전에 수입국이 수입 허가 등을 하였는지 여부 및 경유국이 동의하였는지 여부 등을 확인하여야 한다.

② 도검·분사기·전자충격기·석궁을 수출 또는 수입하려는 자는 행정안전부령으로 정하는 바에 따라 수출 또는 수입하려는 때마다 주된 사업장의 소재지를 관할하는 시·도경찰청장의 허가를 받아야 한다.

2) 범죄사실 기재례

[기재례1] 허가없이 중국제 석궁 반입

총포·화약류를 수출 또는 수입하려는 자는 행정안전부령으로 정하는 바에 따라 수출 또는 수입하려는 때마다 관련 증명서류 등을 경찰청장에게 제출하고 경찰청장의 허가를 받아야 한다.

그럼에도 불구하고 피의자는 허가없이 20○○. ○. ○. 중국에서 중국제 석궁 1정(시가 한화○○원 상당)을 인천국제공항을 통해 입국하면서 들여왔다.

[기재례2] 허가없이 권총과 실탄을 특송화물로 발송

총포·화약류를 수출·수입 또는 소지하고자 하는 사람은 경찰청장의 허가를 받아야 하는데 피의자는 총포 수입 및 그 소지 허가를 받은 사실이 없었다.

피의자는 20○○. ○. ○.무렵 타이왕국 치앙라이주에 있는 甲의 집에서 휴대용 세차기를 분해하여 그 안에 미합중국 스미스앤드웨슨(Smith & Wesson)사 제조 리볼버 권총 1정과 실탄 42발을 보이지 않게 넣어 두었다. 피의자는 같은 날 甲의 집 부근에 있는 우체국에서 위와 같이 권총과 실탄이 숨겨져 있는 자동차 청소기를 피의자가 평소 알고 지내던 甲의 주거지로 특송화물로 발송 의뢰하였다.

피의자는 20○○. ○. ○.무렵 ○○에 사는 甲의 집에서 이전에 甲이 미리 받아 둔 위 권총과 실탄 42정을 집배원으로부터 받았다. 이로써 피의자는 허가 없이 총포를 수입하였다.

3) 신문사항

- 총포사를 운영하는가
- 중국에 다녀온 일이 있는가
- 다녀오면서 총포를 구입해 왔는가
- 언제 어떤 총포를 구입했는가
- 얼마에 구입하였나
- 경찰청장의 허가를 받았는가
- 왜 허가를 받지 않았는가
- 무엇 때문에 구입하였나

2. 모의총포의 제조 · 판매행위

1) 적용법조 : 제73조 제1호, 제11조 제1항   ☞   공소시효 5년

제11조(모의총포의 제조 · 판매 · 소지의 금지) ① 누구든지 총포와 아주 비슷하게 보이는 것으로서 대통령령으로 정하는 것[이하 "모의총포"(模擬銃砲)라 한다]을 제조 · 판매 또는 소지하여서는 아니 된다. 다만, 수출하기 위한 목적인 경우에는 그러하지 아니하다.

※ 시행령(대통령령)

(별표5의2) 모의총포 등의 기준(제13조제1항 및 제2항 관련)

법 제11조제1항에 따른 모의총포는 다음 각 목의 어느 하나에 해당하는 것을 말한다.

가. 금속 또는 금속 외의 소재로 만들어진 것으로서 모양이 총포와 아주 비슷하여 범죄에 악용될 소지가 현저한 것
나. 금속 또는 금속 외의 소재로 만들어진 것으로서 금속 또는 금속 외의 재질로 된 물체를 발사하거나 소리 · 불꽃을 내는 것 중 다음의 어느 하나에 해당하여 인명 · 신체상 위해를 가할 우려가 있는 것
  1) 발사하는 물체(이하 "발사체"라 한다)의 크기가 지름 5.7밀리미터 미만인 것
  2) 발사체의 무게가 0.2그램을 초과하는 것
  3) 발사된 발사체의 운동에너지(파괴력)가 0.02킬로그램미터를 초과하는 것
  4) 발사체의 앞부분이 둥글게 처리되지 아니하여 예리한 것
  5) 순간 폭발음이 90데시벨을 초과하거나 가연성의 불꽃을 내는 것

2) 범죄사실 기재례

[기재례1]

> 누구든지 총포와 아주 비슷하게 보이는 것으로서 대통령령으로 정하는 것(이하 모의총포)을 제조 · 판매 또는 소지하여서는 아니된다.
> 그럼에도 불구하고, 피의자는 20○○. ○. ○.경 인터넷 중고나라에서 불상자로부터 베레타M9 모의 권총 1정을 구입하여 소지하던 중, 20○○. ○. ○. 20:00경 ○○에서 파워 브레이크가 제거되어 성능을 높게 향상시킨 총포와 아주 비슷하게 보이는 모의 권총(베레타M9) 1정을 인터넷 카페인 중고나라를 통해 ○○만원에 판매하려고 하였다.

> 누구든지 총포와 아주 비슷하게 보이는 것으로서 대통령령이 정하는 것을 제조·판매 또
> 는 소지하지 못한다.
> 그럼에도 불구하고 피의자는 20○○. ○. ○. 경부터 20○○. ○. ○. 사이 ○○에 있는 피
> 의자가 운영한 ○○완구점에서 총포와 구별하기 곤란한 ○○을 진열해 놓고 판매하였다.

3) 신문사항

- 무슨 일을 하고 있는가
- 모의총포류도 취급하고 있는가
- 모의 총포인 ○○를 판매목적으로 진열한 일이 있는가
- 언제 누구로부터 구입하였는기
- 총포와 비슷하다고 생각하지 않는가
- 누구를 상대로 판매하는가
- 개당 가격은 얼마인가

3. 허가없이 총포 소지

1) 적용법조 : 제70조 제1항 제2호, 제12조 제1항 ☞ 공소시효 10년

제12조(총포·도검·화약류·분사기·전자충격기·석궁의 소지허가) ① 제10조 각호의 1에 해당되지 아니하는
사람이 총포·도검·화약류·분사기·전자충격기·석궁을 소지하고자 하는 때에는 행정안전부령이 정하는 바에 의
하여 총포의 경우에는 주소지를 관할하는 시·도경찰청장의, 도검·화약류·분사기 및 전자충격기·석궁의 경우에
는 주소지를 관할하는 경찰서장의 허가를 각각 받아야 한다. 다만, 제호 및 제2호의 총포 소지허가를 받으려는
경우에는 신청인의 정신질환 또는 성격장애 등을 확인할 수 있도록 행정안전부령으로 정하는 서류를 허가관청에
제출하여야 한다.
1. 총포(제2호에서 정하는 것은 제외한다): 주소지를 관할하는 시·도경찰청장
2. 총포 중 엽총·가스발사총·공기총·마취총·도살총·산업용총·구난구명총 또는 그 부품: 주소지를 관할하는 경찰서장
3. 도검·화약류·분사기·전자충격기 및 석궁: 주소지를 관할하는 경찰서장

---

2) 범죄사실 기재례

[기재례1] 고기총 불법소지 (제70조 제1항 제2호, 제12조 제1항 제2호) ☞ 공소시효 10년

> 총포 중 엽총·가스발사총·공기총·마취총·도살총·산업용총·구난구명총 또는 그 부품
> 을 소지하고자 하는 때에는 주소를 관할하는 경찰서장의 허가를 받아야 한다.
> 그럼에도 불구하고 피의자는 20○○. ○. ○. 홍길동에게 중고 ○○공기총 1정(제조번호 :
> 0000호)과 실탄 30발을 ○○만원에 구입한 다음 그 무렵부터 20○○. ○. ○.경까지 허가없
> 이 소지하였다.

[기재례2] 도검 불법소지 (**형법 제284조, 제283조 제1항, 총포법** 제71조 제1호, 제12조 제1항)

☞ 공소시효 7년

가. 특수협박

피의자는 20○○. ○. ○. 21:00경 피해자 갑(남, 50세)이 운영하는 ○○에 있는 '○○' 앞 노상에 ○○승용차를 주차하였는데 피해자가 피의자에게 영업에 방해가 되니 차량을 이동시켜 달라고 요구하자 화가 났다.

이에 피고인은 피해자에게 "왜 내차만 가지고 그러느냐, 에이 씨팔, 짜증나는 일도 많은데 오늘 한번 끝까지 가보자."라고 말하며 왼쪽 호주머니에서 위험한 물건인 재크나이프(총 길이 20cm, 날 길이 10cm)를 꺼낸 다음 그 칼날을 펴서 피해자를 향해 겨누는 등 마치 피해자의 신체에 위해를 가할 것처럼 행동하였다.

이로써 피고인은 위험한 물건을 휴대하여 피해자를 협박하였다.

나. 총포 · 도검 · 화약류 등의 안전관리에 관한 법률 위반

누구든지 칼날의 길이가 6cm를 초과하는 재크나이프를 소지하고자 하는 때에는 주소지를 관할하는 경찰서장의 허가를 받아야 한다.

그럼에도 피의자는 피의자의 주소지를 관할하는 ○○경찰서장의 허가를 받지 않은 상태로 위 항 기재와 같이 칼날의 길이가 10cm인 재크나이프를 소지하였다.

[기재례3] 전자충격기 불법소지 (제70조의2 제1항 제2호, 제12조 제1항) ☞ 공소시효 10년

누구든지 총포 · 도검 · 화약류 · 분사기 · 전자충격기 · 석궁을 소지하려는 경우에는 행정안전부령으로 정하는 바에 따라 허가를 받아야 한다.

그럼에도 불구하고 피의자는 20○○. ○. ○. ○○경찰서장으로부터 홍길동이 소지 허가를 받은 전자충격기(제조번호 ○○, 명칭 ○○)를 위 홍길동으로부터 건네받아 20○○. ○. ○.경부터 20○○. ○. ○. 21:45경까지 사이에, 피의자가 운행하는 ○○승용차에 싣고 다녀 관할 관청의 허가를 받지 아니한 채 위 전자충격기를 소지하였다.

3) 신문사항

- 피의자는 공기총을 소지하고 있는가
- 어떠한 종류의 공기총인가(총종, 총번 등)
- 언제 어디서 구입하였나(구입가격 등)
- 소지허가를 받았나
- 이를 사용한 일이 있는가
- 왜 소지허가 없이 소지하였나
- 그동안 총기보관은 누가 어떻게 하였나
- 현재 그 총은 어떻게 하였나

■ 판례 ■   사격연맹 사무국장이 일반인들이 단지 공기권총을 구입·소지할 목적으로 사격선수
등록신청을 하는 정을 잘 알면서도 선수등록확인증을 발급함으로써 이들로 하여금 공기권총 소지
허가를 받을 수 있도록 한 경우, '거짓이나 그 밖의 옳지 못한 방법으로' 총포소지허가를 받은
경우에 해당하는지 여부(적극)

서울특별시 사격연맹 사무국장인 피고인은 원칙적으로 소지가 불허된 공기권총을 사격선수에 대
하여는 예외적으로 소지를 허용하는 관련 법령이나 소관 부서인 경찰의 업무지침을 이용하여 선
수로서 활동할 능력이나 의사가 없는 일반인들이 단지 호기심에서나 기타 선수로서의 활동과는
무관한 의도로 공기권총을 구입하여 소지하고자 한다는 사정을 잘 알면서도, 선수로서의 활동능력
이나 의사의 점에 대한 확인이나 심사를 거치지 아니한 채 총포판매상을 통하여 접수되는 등록신
청을 아무런 제한 없이 받아들이고 선수등록확인증을 발급하여, 서울을 비롯한 전국 각 지역에 거
주하는 공소외인들로 하여금 그 선수등록확인증에 기하여 관할 경찰서장으로부터 공기권총 소지
허가를 받게 하였음을 알 수 있는바, 이는 피고인이 공기권총을 판매하고 선수등록 및 소지허가신
청절차를 대행한 총포판매상 및 그 구입자들과 공모하여 총포·도검·화약류등단속법 제72조 제7
호소정의 '거짓이나 그 밖의 옳지 못한 방법으로' 총포소지허가를 받은 경우에 해당한다 할 것
이다(대법원 2003.7.25. 선고 2002도6006 판결).

■ 판례 ■   총포·도검·화약류 등 단속법령의 해석상 사격용 공기총을 사격경기용이 아닌 수렵
이나 유해조수구제용으로 소지하더라도, 소지허가를 받으려면 사격선수확인증을 제출하여야 하는지
여부(적극) 및 사격용 공기총을 사격용 공기총이 아닌 것처럼 가장하여 사격선수확인증을 첨부하지
않고 소지허가를 받은 행위가 거짓이나 그 밖의 옳지 못한 방법으로 총포 소지허가를 받은 경우에
해당하는지 여부(적극)

총포·도검·화약류 등 단속법(이하 '법'이라고 한다) 제12조 제1항, 제3항, 총포·도검·화약류
등 단속법 시행령(이하 '시행령'이라고 한다) 제14조 제1항 제2호, 구 총포·도검·화약류 등 단
속법 시행규칙(2011. 2. 22. 행정안전부령 제196호로 일부 개정되기 전의 것, 이하 '시행규칙'이
라고 한다) 제21조 제1항을 종합하여 보면, 총포 등의 소지허가의 범위, 즉 어떠한 경우에 소지허가
를 받아야 하는 것인지에 대하여는 시행령이 법 제12조 제3항의 수권을 받아 총포 등의 종류 및
용도별로 정하고, 소지허가의 구체적인 요건에 대하여는 시행규칙이 법 제12조 제1항의 수권에 따
라 규정한 것이라고 보아야 한다. 그리고 위 시행규칙처럼 행정규칙에서 법령의 수권에 의하여 법
령을 보충하는 사항을 정한 경우에는 행정규칙도 근거 법령의 규정과 결합하여 대외적으로 구속력
이 있는 법규명령으로서의 성질과 효력을 가진다. 한편 총포의 종류를 정하고 있는 시행령 제3조는
공기총을 엽총용 공기총과 사격용 공기총으로 구분하고 있고, 시행규칙 제21조 제4항 제3호는 총포
등의 소지허가 시 첨부서류의 하나로 '사격선수확인증(사격경기용 총포를 소지하는 경우에 한한
다)'을 규정하고 있으므로, 사격용 공기총에 대한 소지허가를 받기 위해서는 사격선수확인증을 제
출하여야 한다고 해석함이 타당하다. 결국 시행령 제14조 제1항 제2호의 규정상 사격용 공기총을
사격경기용이 아닌 수렵이나 유해조수구제용으로 소지하는 것이 가능하다고 하더라도, 그 소지허가
를 받으려면 시행규칙이 정한 바에 따라 사격선수확인증을 제출하여야 하므로, 그 자격요건을 갖추
지 않았으면서도 마치 그 총기가 사격용 공기총이 아닌 것처럼 가장하여 사격선수확인증을 첨부하
지 않고 소지허가 신청을 하여 허가를 받았다면, 이는 거짓이나 그 밖의 옳지 못한 방법으로 총포
소지허가를 받은 경우에 해당한다. (대법원 2012.4.26. 선고 2011도17812 판결).

4. 총포 등의 휴대·운반·사용 및 개조 등의 제한위반

1) 적용법조 : 제73조 제1호, 제17조   ☞ 공소시효 5년

> 제17조(총포·도검·분사기·전자충격기·석궁의 휴대·운반·사용 및 개조 등의 제한) ① 제12조 또는 제14조에 따라 총포·도검·분사기·전자충격기·석궁의 소지허가를 받은 자는 허가받은 용도에 사용하기 위한 경우와 그 밖에 정당한 사유가 있는 경우 외에는 그 총포(총포의 실탄 또는 공포탄을 포함한다)·도검·분사기·전자충격기·석궁을 지니거나 운반하여서는 아니 된다.
> ② 제12조 또는 제14조에 따라 총포·도검·분사기·전자충격기·석궁의 소지허가를 받은 자는 허가받은 용도나 그 밖에 정당한 사유가 있는 경우 외에는 그 총포·도검·분사기·전자충격기·석궁을 사용하여서는 아니 된다.
> ③ 제12조 또는 제14조에 따라 총포의 소지허가를 받은 자는 그 총포를 총집에 넣거나 포장하여 보관·휴대 또는 운반하여야 하며, 보관·휴대 또는 운반 시 그 총포에 실탄이나 공포탄을 장전하여서는 아니 된다.
> ④ 제12조 또는 제14조에 따라 총포의 소지허가를 받은 자는 총포의 성능을 변경하기 위하여 그 총포를 임의로 개조하여서는 아니 된다.

2) 범죄사실 기재례

[기재례1] 허가받은 용도 이외에 총포사용(제73조 제1호, 제17조 제2항)

> 피의자는 20○○. ○. ○. ○○경찰서장으로부터 호신용으로 분사기의 소지 허가를 받은 자로, 분사기의 소지 허가를 받은 자는 허가받은 용도 외에는 사용하여서는 아니 된다.
> 그럼에도 불구하고 피의자는 20○○. ○. ○. 20:00경 ○○에서 홍길동과 말다툼을 하던 중 소지하고 있던 위 분사기를 발사함으로써 허가받은 용도 외에 분사기를 사용하였다.

[기재례2] 총기의 개조(제73조 제1호, 제17조 제4항)

> 피의자는 ○○경찰서장으로부터 총포소지허가를 받아 ○○공기총 1정(제조번호 제○○호)을 소지하는 사람으로서, 총포의 소지허가를 받은 사람은 그 총포의 성능을 변경하기 위하여 임의로 개조하여서는 아니된다.
> 그럼에도 불구하고 피의자는 20○○. ○. ○.경 ○○에 있는 피의자의 집에서 공기총에 사격선수용 22실탄을 장전하여 쓸 수 있도록 위 공기총의 캐드라지 3개를 ○○방법으로 개조하였다.

3) 신문사항

- 분사기를 소지하고 있는가
- 소지허가를 받았는가(허가일, 번호, 종류 등)
- 어떤 용도로 사용하기 위해 사용허가를 받았는가
- 허가 받은 용도 외에 사용한 일이 있는가
- 언제 어디에서 어떤 용도로 사용하였는가
- 왜 용도외에 사용하였는가

5. 기준량 초과 화약사용

1) 적용법조

가 : 제72조 제2호, 제18조 제4항 ☞ 공소시효 5년

나 : 제72조 제1호, 제27조 제1항 ☞ 공소시효 5년

제18조(화약류의 사용) ④ 화약류의 발파와 연소는 대통령령이 정하는 기술상의 기준에 따라야 한다.

제27조(화약류제조보안책임자 및 화약류관리보안책임자의 선임) ① 화약류 제조업자는 화약류제조보안책임자와 화약류관리보안책임자를, 화약류 판매업자, 화약류저장소설치자 및 대통령령으로 정하는 수량 이상의 화약류사용자는 화약류관리보안책임자를 제28조에 따른 면허를 받은 사람 중에서 각각 선임하여야 한다.

※ 시행령(대통령령)

제53조(화약류관리보안책임자를 선임하여야 할 화약류 사용자) 법 제27조제1항의 규정에 의하여 화약류 관리보안책임자를 선임하여야 할 화약류사용자는 화약 또는 폭약을 1월에 50킬로그램이상 사용하거나 6월이상 계속 사용하는 사람으로 한다.

[별표 16] 화약류관리보안책임자의 선임기준(제55조관련) 〈개정 1996.6.20〉

구 분	저장 또는 사용합계량	관리보안책임자의 자격
화약류저장소(꽃불류저장소 · 장난감용 꽃불류저장소 및 도화선저장소를 제외)의 설치자	연중 40톤 이상의 폭약	1급 화약류제조보안책임자 면허취득자
	연중 40톤 미만의 폭약	2급 또는 1급 화약류관리보안책임자 면허취득자
꽃불류저장소 · 장난감용 꽃불류저장소 및 도화선저장소의 설치자		2급 또는 1급화약류관리보안책임자 면허취득자
사용자	월중 2톤 이상의 화약 또는 폭약	1급 화약류관리보안책임자 면허취득자
	월중 50킬로그램 이상 2톤 미만의 화약 또는 폭약	2급 또는 1급 화약류관리보안책임자 면허취득자
	월중 50킬로그램 미만이나 6월 이상 장기 사용시	3급 · 2급 또는 1급 화약류관리보안책임자 면허취득자

비고 : 사용자는 화약류사용장소마다 관리보안책임자를 선임하여야 한다. 다만, 화약류사용장소가 2개소 이상인 경우에 있어 그 화약류사용장소의 상호간의 거리 및 화약류의 사용량으로 보아 1인으로 가능하거나 그 화약류사용장소의 수보다 적은 수의 관리책임자로서 관리할 수 있을 경우에는 예외로 하되, 밤낮을 계속하여 작업하는 사용장소에는 2인 이상의 관리보안책임자를 선임하여야 한다.

2) 범죄사실 기재례

> 피의자 홍길동은 ○○시 · 도경찰청장으로부터 2급 화약류 관리 보안책임자 자격증을 취득하여 주식회사 ○○건설에 화약류 관리 보안책임자로 선임되어 화약의 보관, 발파, 연소 등 관리업무에 종사하는 사람이다.
>
> 가. 피의자는 20○○. ○. ○. 경 ○○에 있는 주식회사 ○○건설에서 시공 중인 ○○건설 공사 현장에서 화약 300㎏ 이상의 대발파를 하려면 1급 화약류 관리 보안책임자가 계획하고 작업하여야 함에도 불구하고 그가 직접 화약 356㎏과 뇌관을 화공에 장약하고 전기를 이용 대발파를 하여 기술상의 기준을 위반하는 등 별지 범죄일람표와 같이 총 ○○회에 걸쳐 대발파의 기술상 기준을 위반하였다.
>
> 나. 피의자는 20○○. ○. ○. 부터 20○○. ○. ○.까지 사이에 위 장소에서 월(月)중 2톤 이상의 화약을 사용하려면 1급 화약류 관리 보안책임자가 선임되어야 함에도 불구하고, 위 기간에 3톤의 화약을 사용하였다.

3) 신문사항

- 화약류 관리 보안책임자 자격이 있는가
- 자격증의 종류는
- 언제 어디에서 취득하였는가
- 어느 회사의 보안관리책임자로 선임되었는가
- 언제 선임되었는가
- 어떤 화약관리업무를 하는가
- 화약을 사용한 일이 있는가
- 언제 어디에서 얼마의 량을 사용하였나
- 피의자가 월 사용할 수 있는 량은 어느 정도인가
- 이를 준수하였나
- 왜 초과하여 사용하였는가

6. 허가없이 화약류 양도 · 양수

1) 적용법조 : 제71조 제3호, 제21조 제1항 ☞ 공소시효 7년

> **제21조(양도 · 양수 등의 제한)** ① 화약류를 양도하거나 양수하려는 자는 행정안전부령으로 정하는 바에 따라 그 주소지 또는 화약류의 사용장소를 관할하는 경찰서장의 허가를 받아야 한다. 다만, 다음 각 호의 어느 하나에 해당하는 경우에는 그러하지 아니하다.
> 1. 제조업자가 제조할 목적으로 화약류를 양수하거나 제조한 화약류를 양도하는 경우
> 2. 판매업자가 판매할 목적으로 화약류를 양도하거나 양수하는 경우
> 3. 화약류의 수출입허가를 받은 자가 그 수출입과 관련하여 화약류를 양도하거나 양수하는 경우
> 4. 총포의 소지허가를 받은 자가 수렵 또는 사격을 하기 위하여 대통령령으로 정하는 수량 이하의 화약류를 양수하는 경우(제6조제2항 단서에 따라 총포 판매업자로부터 양수하는 경우만 해당한다)
> 5. 「광업법」에 따라 광물을 채굴하는 자가 그 광물의 채굴을 목적으로 대통령령으로 정하는 수량 이하의 화약류를 양수하는 경우
> 6. 화약류의 제조업 · 판매업 또는 화약류 저장소를 양도하거나 양수하는 경우
> ③ 화약류의 제조업자, 판매업자 또는 수입허가를 받은 자는 제1항 본문에 따라 양수허가를 받은 자와 제1항 단서에 따라 양수허가를 받지 아니하여도 되는 자 외의 자에게 화약류를 양도하여서는 아니 되며, 누구든지 제조업자, 판매업자 또는 수입허가를 받은 자와 제1항 본문에 따라 양도허가를 받은 자 외의 자로부터 화약류를 양수하여서는 아니 된다.

2) 범죄사실 기재례

> 화약류를 양도하거나 양수하려는 자는 행정안전부령으로 정하는 바에 따라 그 주소지 또는 화약류의 사용장소를 관할하는 경찰서장의 허가를 받아야 한다.
> 가. 피의자 甲
> 피의자는 200○. ○. ○. ○○:○○경 ○○에 있는 피의자의 집에서 허가없이 화약류 양도허가를 받지 아니한 피의자 乙로부터 화약류인 22실탄 50발을 ○○만원에 매수하여 이를 양수하였다.
> 나. 피의자 乙
> 피의자는 위와 같은 일시장소에서 허가없이 피의자가 1개월 전에 미군인 제임스 빈으로부터 건네받아 보관 중이던 화약류인 22실탄 50발을 위 피의자 甲에게 ○○만원에 매도하여 이를 양도하였다.

3) 매수자 신문사항

- 화약류를 구입한 일이 있는가
- 어떤 화약류인가
- 언제 누구로부터 구입하였나
- 얼마나 구입하였나
- 양수허가를 받았는가
- 무엇 때문에 구입하였나
- 총기를 소지하고 있는가
- 구입한 실탄은 어디에 사용하였나

4) 매도자 신문사항

- 甲을 알고 있는가
- 甲에게 화약류인 실탄을 매도한 일이 있는가
- 언제 어떤 실탄을 팔았나
- 어느 정도를 얼마에 팔았나
- 어떻게 甲에게 이를 팔게되었나
- 양도허가를 받았나
- 피의자는 이 실탄을 언제 어디에서 구하였나
- 그 당시 무엇 때문에 구했나
- 구입할 당시 양수허가는 받았는가

7. 무허가자에게 총기 대여

1) 적용법조 : 제71조 제3호, 제21조 제5항 ☞ 공소시효 7년

> 제21조(양도·양수등의 제한) ⑤ 총포·도검·분사기·전자충격기·석궁의 제조업자, 판매업자, 수출입허가를 받은 자 및 소지허가를 받은 자는 총포·도검·분사기·전자충격기·석궁을 다른 자에게 빌려주어서는 아니 되며, 다른 자로부터 그것을 빌려서도 아니 된다.

2) 범죄사실 기재례

[기재례1] 공기총 대여

> 피의자는 20○○. ○. ○. ○○경찰서장으로부터 총포소지허가를 받아 공기총(총기번호 : ○○호)을 소지하는 사람으로서, 20○○. ○. ○. ○○:○○경 ○○에 있는 피의자의 집에서 총포소지허가를 받지 아니한 홍길동에게 ○○○ 일대의 야산에서 사냥하도록 위 공기총을 빌려주었다.

[기재례2] 전자충격기 대여행위

> 총포·도검·분사기·전자충격기·석궁의 제조업자, 판매업자, 수출입허가를 받은 자 및 소지허가를 받은 자는 총포·도검·분사기·전자충격기·석궁을 다른 자에게 빌려주어서는 아니 되며, 다른 자로부터 그것을 빌려서도 아니 된다.
> 가. 피의자 甲
> 피의자는 20○○. ○. ○. ○○에서 피의자 乙로부터 그가 ○○경찰서장으로부터 허가받아 소지하고 있는 전자충격기(한국○○제조, 제조번호 ○○)를 빌렸다.
> 나. 피의자 乙
> 피의자는 20○○. ○. ○. ○○에서 그가 ○○경찰서장으로부터 허가받아 소지하고 있는 위 전자충격기를 위 피의자 甲에게 빌려주었다.

3) 신문사항

- 피의자는 민유 총포를 소지하고 있는가
- 어떠한 총포인가(총종, 총번)
- 소지허가는 받았나요(소지허가관서, 허가일 등)
- 위 총기를 다른 사람에게 빌려 준 일이 있는가
- 언제 어디에서 빌려 주었나
- 누구에게 빌려 주었나
- 무엇 때문에 빌려 주었나
- 홍길동(빌린 자)은 소지 허가가 있는가
- 홍길동은 피의자에게 총기를 빌려 어디에 사용한다고 하던가

■ 판례 ■   **총포소지허가 없는 미성년자에게 실탄을 장전한 공기총을 빌려 주어 오발사고가 난 경우 빌려준 자에게 손해배상책임이 있는지 여부(적극)**

공기총소유자가 미성년자로서 총포소지허가도 없는 자에게 실탄을 장전한 채 별다른 안전교육도 시키지 아니하고 공기총을 빌려 주어, 위 미성년자와 그의 동료들이 아무렇게나 위 공기총을 다루도록 방치하였다면 이는 공기총오발사고 발생의 한 원인이 되었다고 할 것이므로 그로 인한 손해를 배상할 책임이 있다(대법원 1993.9.24. 선고 93다27246 판결).

■ 판례 ■   **제21조 제5항에서 정한 '빌려준다'는 것의 의미 및 같은 법에서 말하는 '소지'의 의미**

'빌려 준다'는 것은 양도 외에 반환을 예정하고 해당 총포·도검·분사기·전자충격기·석궁을 소지하여서는 아니되는 사람으로 하여금 이를 소지하게 하는 행위를 의미한다. 그리고 '총포등단속법'에서 말하는 '소지'란 위 법에 정한 물건의 보관에 관하여 실력지배관계를 가지는 것을 말한다(대법원 2014.9.25. 선고, 2014도3507 판결).

8. 발견 · 습득의 신고불이행

1) 적용법조 : 제73조 제3호, 제23조 ☞ 공소시효 5년

제23조(발견 · 습득의 신고 등) 누구든지 유실(遺失) · 매몰(埋沒) 또는 정당하게 관리되고 있지 아니하는 총포 · 도검 · 화약류 · 분사기 · 전자충격기 · 석궁이라고 인정되는 물건을 발견하거나 습득하였을 때에는 24시간 이내에 가까운 경찰관서에 신고하여야 하며, 경찰공무원(의무경찰을 포함한다)의 지시 없이 이를 만지거나 옮기거나 두들기거나 해체하여서는 아니 된다.

2) 범죄사실 기재례

누구든지 유실 · 매몰 또는 정당하게 관리되고 있지 아니하는 총포 · 도검 · 화약류 · 분사기 · 전자충격기 · 석궁이라고 인정되는 물건을 발견하거나 습득한 경우에는 24시간 이내에 가까운 국가경찰관서에 신고하여야 하며, 국가경찰 공무원의 지시 없이 이를 만지거나 옮기거나 두들기거나 해체하여서는 아니 된다.

그럼에도 불구하고 피의자는 20○○. ○. ○. ○○:○○경 ○○에 있는 피의자 밭에서 경작 중에 폭발물인 ○○을 습득하여 이를 관할 경찰서장에게 신고하지 아니하고 위 피의자의 집에 보관하였다.

3) 신문사항

- 폭발물을 습득한 일이 있는가
- 언제 어디에서 습득하였나
- 어떤 폭발물을 습득하였는가
- 어떻게 습득하게 되었는가
- 이를 경찰관서에 신고하였나
- 왜 신고하지 않았는가
- 현재 그 폭발물은 어떻게 보관하고 있는가

9. 무허가 화약류저장소설치

1) 적용법조 : 제72조 제1호, 제25조 제1항 ☞ 공소시효 5년

제25조(화약류저장소 설치허가) ① 화약류저장소를 설치하려는 자는 대통령령으로 정하는 화약류저장소의 종류
별 구분에 따라 그 설치하려는 곳을 관할하는 시·도경찰청장 또는 경찰서장의 허가를 받아야 한다. 화약류저장
소의 위치·구조·설비를 변경하려는 경우에도 또한 같다.
② 시·도경찰청장 또는 경찰서장은 제1항에 따른 허가신청을 받은 경우에 그 저장소의 구조·위치 및 설비가 대통
령령으로 정하는 기준에 적합하지 아니할 때에는 화약류저장소의 설치를 허가하여서는 아니 된다.

※ 시행령(대통령령)

제28조(화약류저장소의 종류) ① 법 제25조제1항의 규정에 의한 화약류저장소의 종별 구분은 다음과 같이 하되,
제1호·제2호·제4호 내지 제8호의 저장소는 시·도경찰청장의 허가를, 제3호 및 제9호의 저장소는 경찰서장의
허가를 받아 설치한다.

1. 1급저장소	2. 2급저장소	3. 3급저장소
4. 수중저장소	5. 실탄저장소	6. 꽃불류저장소
7. 장난감용 꽃불류저장소	8. 도화선저장소	9. 간이저장소

② 2급저장소는 일시적인 토목공사를 하거나 그 밖의 일정한 기간의 공사를 하는 사람이 그 공사에 사용하기 위하
여 화약류를 저장하고자 하는 때에 한하여 이를 설치할 수 있다.

2) 범죄사실 기재례

　　피의자는 ○○토건의 대표이사로 ○○에서 방파제 공사를 하면서 이에 필요한 토석 채취
를 위해 인근 야산에서 토석을 채취하는 공사를 함에 있어 일정한 기간의 공사에 필요한 화
약을 사용하기 위해 2급 저장소를 설치하기 위해서는 그곳을 관할하는 시·도경찰청장의 허
가를 받아야 한다.
　　그럼에도 불구하고 피의자는 20○○. ○. ○. 경부터 20○○. ○. ○. 경까지 사이에 ○○
에 있는 사무실 창고에 화약 ○○kg, 뇌관 ○○개를 저장하였다.

3) 신문사항

- ○○토건 대표이사인가
- 화약류를 저장한 일이 있는가
- 언제부터 언제까지 저장하였나
- 어디에 저장하였나
- 어떤 화약류를 저장하였나
- 어디에 사용하기 위해 저장하였나
- 그 화약류는 어디에서 구입하였는가
- 저장소 허가를 받았는가
- 왜 허가를 받지 않고 저장하였나

■ 판례 ■　　농지 위에 화약류 저장소를 설치하여 화약류 판매업을 영위할 목적으로 화약류 판매업 및 저장소 설치 허가를 신청한 경우

[1] 농지 위에 화약류 저장소를 설치하여 화약류 판매업을 영위할 목적으로 화약류 판매업 및 저장소 설치 허가를 신청한 경우 허가권자의 재량범위

총포·도검·화약류등단속법상 화약류 판매업 및 저장소 설치 허가는 성질상 일반적 금지에 대한 해제에 불과하므로 허가권자는 허가신청이 법에서 정한 요건을 구비한 때에는 허가하여야 하고 관계 법규에서 정하는 제한사유 이외의 사유를 들어 허가신청을 거부할 수 없으므로, 농지 위에 화약류 저장소를 설치하여 화약류 판매업을 영위할 목적으로 화약류 판매업 및 저장소 설치 허가를 신청한 경우에 허가권자로서는 당해 농지를 화약류 판매업소 등으로 전용하는 것이 관계 법령에 의하여 절대적으로 금지되어 있거나, 이미 당해 농지에 관하여 적법한 농지전용 불허가 처분이 있는 등 당해 농지에 화약류 판매업소 및 저장소를 설치하는 것이 객관적으로 불가능한 것이 명백하다고 인정되는 경우가 아닌 한 총포·도검·화약류등단속법에 규정된 허가요건에 따라 심사하여 그 허가 여부를 결정하여야 하고, 당해 농지의 전용허가가 농지의보전및이용에관한법률 등 관계 법률에 의하여 가능한지 여부에 따라 그 허가 여부를 결정하는 것은 허용되지 않는다.

[2] 경찰청 예규인 총포·도검·화약류등에관한사무취급규칙의 법적 성질

경찰청 예규인 총포·도검·화약류등에관한사무취급규칙은 화약류 판매업 허가 신청을 처리함에 있어 판매업소 설치장소가 국토이용관리법 등 현행 법령의 규정에 적합한지 여부를 시장 등에게 의뢰하여 조사하도록 규정하고 있는바, 위 예규는 그 내용이나 성질에 비추어 법규로서의 효력이 없는 행정청 내부의 사무처리준칙일 뿐이므로 이에 따른 처분의 적법 여부는 관련 법규의 규정과 취지에 따라 별도로 판단하여야 한다(대법원 1996.6.28. 선고 96누3036 판결).

10. 화약류관리보안책임자의 안전상 감독의무 해태

1) 적용법조 : 제71조 제4호, 제31조 제1항 ☞ 공소시효 7년

제31조(화약류제조보안책임자 및 화약류관리보안책임자의 의무 등) ① 화약류제조보안책임자는 화약류의 제조작업에 관한 사항을 주관하고, 화약류관리보안책임자는 화약류의 취급(제조는 제외한다) 전반에 관한 사항을 주관하며, 각각 대통령령으로 정하는 안전상의 감독업무를 성실히 수행하여야 한다.
② 화약류를 취급하는 사람은 화약류제조보안책임자 및 화약류관리보안책임자의 안전상의 지시 감독에 따라야 한다.

※ 시행령(대통령령)

제57조(화약류관리보안책임자의 감독업무) ① 화약류관리보안책임자는 법 제31조제1항의 규정에 의하여 화약류관리에 관한 다음 각호의 감독업무를 수행하여야 한다.
1. 제조시설의 위치·구조·설비 또는 제조하는 화약류의 종류·제조방법등이 법 제4조제1항의 규정에 의한 허가를 받지 아니하고 변경되는 일이 없도록 할 것
2. 제조시설 및 제조방법이 제8조 및 제9조의 기준에 적합하고 또한 적합하게 유지되도록 할 것
3. 법 제38조의 규정에 의한 위해예방규정의 작성과 그 준수상황을 지도·감독할 것
4. 법 제39조의 규정에 의한 안전교육의 계획과 그 실시상황을 지도·감독할 것
5. 법 제40조의 규정에 의한 정기안전점검의 계획과 그 실시상황을 지도·감독할 것
6. 장부의 기재 및 보고내용을 확인·감독할 것
7. 법 제24조·법 제33조·법 제36조 및 법 제37조의 규정이 준수될 수 있도록 지도·감독할 것

2) 범죄사실 기재례

> 피의자는 ○○건설(주) ○○공사현장의 화약관리 보안책임자로서, 인근의 화재 그 밖의 사정으로 위험상태에 있거나, 화약류의 안전도에 이상이 있는 때에는 응급조치를 지휘하여야 할 감독업무가 있다.
> 피의자는 200○. ○. ○. 11:00경 위 작업현장에서 암반발파작업을 하기 위하여 다이너마이트와 초안폭약 ○○kg, 전기뇌관 ○○개를 이용 발파작업을 준비하게 되었으면 주위의 화기를 철저히 단속하는 등 안전상의 감독업무를 성실히 수행하여야 한다.
> 그럼에도 불구하고 피의자는 이를 게을리한 채 작업을 진행하여 인부들이 추위를 녹이기 위해 일시 피워 놓은 모닥불의 불꽃이 튀어 옆에 보관 중이던 전기뇌관이 장전된 다이너마이트에 연쇄적으로 폭발하여 뇌관설치작업을 하던 인부 홍길동을 사망하게 하였다.

3) 신문사항

- 화약관리 보안책임자인가
- 어느 공사현장에서 일하고 있는가
- 어떤 공사현장인가
- 언제부터 어느 정도의 화약류를 사용하고 있는가
- 화약류 사용허가는 받았는가(기간 등)
- 화약류 사용중 안전사고가 발생한 일이 있는가
- 언제 어떤 사고가 발생하였는가

- 당시의 날씨는 어떠하였는가

- 폭약 등과 인부들이 불을 피워 놓은 곳까지 거리는 어느정도였나

- 그 당시 피의자는 어디에서 무엇을 하고 있었는가

- 당시 위험이 예상되지 않았는가

- 바람은 어느 방향으로 불고 있었나

- 그렇다면 위험하다고 볼 수 있는 것이 아닌가

- 안전을 위해 취한 조치가 무엇인가

- 홍길동의 사고를 방지할 수는 없었나

■ 판례 ■   화약류 보관책임자가 화약류취급자격 있는 광부에게 발파 및 천공작업을 지시하면서 작업에 입회 감독하지 아니한 경우, 총포도검화약류 등 단속법 제31조 제1항의 위반여부(소극)

화약류관리보관책임자가 광산보안법 제10조 제1항 단서, 동법시행규칙 제72조 소정의 화약류취급에 관한 보안교육을 이수하여 화약류취급자격이 있는 광부에게 굴진 막장에서의 발파 및 천공작업을 지시하면서 동 발파작업에 입회 감독하지 아니하였다 하여도 화약류관리보관책임자로서의 안전상의 감독업무를 게을리하였다고 할 수 없다(대법원 1990.9.25. 선고 90도1482 판결).

I. 개념정의 및 다른 법률과의 관계

1. 개념정의

제2조(정의) 이 법에서 사용하는 용어의 뜻은 다음과 같다.
1. "가축"이란 소, 말, 양(염소 등 산양을 포함한다. 이하 같다), 돼지(사육하는 멧돼지를 포함한다. 이하 같다), 닭, 오리, 그 밖에 식용(食用)을 목적으로 하는 동물로서 대통령령으로 정하는 동물을 말한다.
2. "축산물"이란 식육·포장육·원유(原乳)·식용란(食用卵)·식육가공품·유가공품·알가공품을 말한다.
3. "식육(食肉)"이란 식용을 목적으로 하는 가축의 지육(枝肉), 정육(精肉), 내장, 그 밖의 부분을 말한다.
4. "포장육"이란 판매(불특정다수인에게 무료로 제공하는 경우를 포함한다. 이하 같다)를 목적으로 식육을 절단[세절(細切) 또는 분쇄(粉碎)를 포함한다]하여 포장한 상태로 냉장하거나 냉동한 것으로서 화학적 합성품 등의 첨가물이나 다른 식품을 첨가하지 아니한 것을 말한다.
5. "원유"란 판매 또는 판매를 위한 처리·가공을 목적으로 하는 착유(搾乳) 상태의 우유와 양유(羊乳)를 말한다.
6. "식용란"이란 식용을 목적으로 하는 가축의 알로서 총리령으로 정하는 것을 말한다.
7. "집유(集乳)"란 원유를 수집, 여과, 냉각 또는 저장하는 것을 말한다.
8. "식육가공품"이란 판매를 목적으로 하는 햄류, 소시지류, 베이컨류, 건조저장육류, 양념육류, 그 밖에 식육을 원료로 하여 가공한 것으로서 대통령령으로 정하는 것을 말한다.
9. "유가공품"이란 판매를 목적으로 하는 우유류, 저지방우유류, 분유류, 조제유류, 발효유류, 버터류, 치즈류, 그 밖에 원유 등을 원료로 하여 가공한 것으로서 대통령령으로 정하는 것을 말한다.
10. "알가공품"이란 판매를 목적으로 하는 난황액(卵黃液), 난백액(卵白液), 전란분(全卵粉), 그 밖에 알을 원료로 하여 가공한 것으로서 대통령령으로 정하는 것을 말한다.
11. "작업장"이란 도축장, 집유장, 축산물가공장, 식육포장처리장 또는 축산물보관장을 말한다.
12. "기립불능(起立不能)"이란 일어서거나 걷지 못하는 증상을 말한다.
13. "축산물가공품이력추적관리"란 축산물가공품(식육가공품, 유가공품 및 알가공품을 말한다. 이하 같다)을 가공단계부터 판매단계까지 단계별로 정보를 기록·관리하여 그 축산물가공품의 안전성 등에 문제가 발생할 경우 그 축산물가공품의 이력을 추적하여 원인을 규명하고 필요한 조치를 할 수 있도록 관리하는 것을 말한다.

※ 시행령(대통령령)
제2조(가축의 범위등) ① 축산물위생관리법(이하 "법"이라 한다) 제2조제1호에서 "대통령령으로 정하는 동물"이란 다음 각 호의 동물을 말한다. [전문개정 2010.11.19]
1. 사슴　　　2. 토끼　　　3. 칠면조　　　4. 거위　　　5. 메추리　　　6. 꿩　　　7. 당나귀
② 법 제2조제8호에서 "대통령령으로 정하는 것"이란 다음 각 호의 것을 말한다.
1. 분쇄가공육제품(식육을 주원료로 하여 세절(細切) 또는 분쇄하여 가공한 햄버거패티·미트볼·돈가스 등을 말한다)
2. 갈비가공품
3. 식육추출가공품(식육을 원료로 하여 물로 추출한 것 또는 이에 그 식육이나 식품·식품첨가물을 가하여 가공한 것을 말한다)
4. 식용 우지(쇠기름)
5. 식용 돈지(돼지기름)

③ 법 제2조제9호에서 "대통령령으로 정하는 것"이란 다음 각 호의 것을 말한다.
   1. 유당분해우유   1의2. 유당분해우유   2. 가공유류   3. 산양유
   4. 버터유류   5. 농축유류   6. 유크림류   7. 유청류
   8. 유당   9. 유단백 가수분해 식품   10. 삭제 〈2016.7.26〉
   11. 아이스크림류(원유 또는 유가공품을 주원료로 하여 이에 다른 식품 또는 식품첨가물을 첨가한 후 냉동·경화한 것을 말한다)
   12. 아이스크림분말류(원유 또는 유가공품을 주원료로 하여 이에 다른 식품 또는 식품첨가물을 첨가한 후 건조·분말화한 것으로서 물을 넣어 냉동시키면 아이스크림류가 되는 것을 말한다)
   13. 아이스크림믹스류(원유 또는 유가공품을 주원료로 하여 이에 다른 식품 또는 식품첨가물을 첨가하여 혼합한 후 살균 또는 멸균한 액체형태의 제품으로서 냉동시키면 아이스크림류가 되는 것을 말한다)
④ 법 제2조제10호에서 "대통령령으로 정하는 것"이란 다음 각 호의 것을 말한다.
   1. 전란액   2. 난황분   3. 난백분
   4. 알가열성형제품   5. 염지란   6. 피단

2. 다른 법률과의 관계

제3조(다른 법률과의 관계) 축산물에 관하여 이 법에 규정이 있는 경우를 제외하고는 「식품위생법」에 따른다.

Ⅱ. 벌 칙

제45조(벌칙) ① 다음 각 호의 어느 하나에 해당하는 자는 10년 이하의 징역 또는 1억원 이하의 벌금에 처한다.
   1. 제7조제1항을 위반하여 허가받은 작업장이 아닌 곳에서 가축을 도살·처리한 자
   2. 제7조제5항을 위반하여 가축을 도살·처리하여 식용으로 사용하거나 판매한 자
   3. 제10조를 위반하여 가축 또는 식육에 대한 부정행위를 한 자
   4. 제11조제1항을 위반하여 가축에 대한 검사관의 검사를 받지 아니한 자
   5. 제15조의2제1항에 따른 금지 조치를 위반하여 축산물을 수입·판매하거나 판매할 목적으로 가공·포장·보관·운반 또는 진열한 자
   6. 제22조제1항을 위반하여 영업허가를 받지 아니하거나 제22조제2항을 위반하여 변경허가를 받지 아니하고 영업을 한 자
   7. 제33조제1항을 위반하여 축산물을 판매하거나 판매할 목적으로 처리·가공·포장·사용·수입·보관·운반 또는 진열한 자
② 제1항제6호의2, 제7호의 죄로 금고 이상의 형을 선고받고 그 형이 확정된 후 5년 이내에 다시 제1항제6호의2, 제7호의 죄를 범한 자는 1년 이상 10년 이하의 징역에 처한다. 이 경우 그 해당 축산물을 판매한 때에는 그 판매금액의 4배 이상 10배 이하에 해당하는 벌금을 병과한다.
③ 다음 각 호의 어느 하나에 해당하는 자는 5년 이하의 징역 또는 5천만원 이하의 벌금에 처한다.
   1. 제31조의2제1항을 위반하여 회수 또는 회수에 필요한 조치를 하지 아니한 자
   2. 〈삭제 2019.3.14.〉
④ 다음 각 호의 어느 하나에 해당하는 자는 3년 이하의 징역 또는 3천만원 이하의 벌금에 처한다..
   1. 거짓이나 그 밖의 부정한 방법으로 제4조제3항에 따른 인정을 받은 자
   1의2. 제4조제6항을 위반하여 가축의 도살·처리, 집유, 축산물의 가공·포장·보존 또는 유통을 한 자
   2. 제4조제7항을 위반하여 축산물을 판매하거나 판매할 목적으로 보관·운반 또는 진열한 자
   3. 제5조제2항을 위반하여 그 규격 등에 적합하지 아니한 용기등을 사용한 자

4. 제7조제1항을 위반하여 허가받은 작업장이 아닌 곳에서 집유하거나 축산물을 가공, 포장 또는 보관한 자

4의2. 제9조제3항을 위반하여 안전관리인증기준을 지키지 아니한 자

5. 제12조제1항 또는 제2항을 위반하여 식육에 대한 검사관의 검사를 받지 아니하거나 집유하는 원유에 대하여 검사관 또는 책임수의사의 검사를 받지 아니한 자

5의2. 제12조제7항을 위반하여 보고를 하지 아니한 자

6. 6의2. 삭제 〈2015.2.3〉

7. 제17조를 위반하여 미검사품을 작업장 밖으로 반출한 자

8. 제18조를 위반하여 검사에 불합격한 가축 또는 축산물을 처리한 자

9. 삭제 〈2013.7.30〉

10. 제27조제1항부터 제3항까지의 규정에 따른 명령을 위반한 자

11. 제31조제2항제1호부터 제4호까지, 제5호의2,제5호의3 또는 제6호를 위반하여 영업자 및 그 종업원이 준수하여야 할 사항을 준수하지 아니한 자. 다만, 총리령으로 정하는 경미한 사항을 준수하지 아니한 자는 제외한다.

12. 제31조제2항제5호를 위반하여 거래명세서를 발급하지 아니하거나 거짓으로 발급한 자

13. 제31조제2항제5호를 위반하여 거래내역서를 작성·보관하지 아니하거나 거짓으로 작성한 자

14. 제31조의3제1항 각 호 외의 부분 단서를 위반하여 등록하지 아니한 자

15. 제36조제1항·제2항 또는 제37조제1항에 따른 명령을 위반한 자

16. 제40조의2제4항을 위반하여 검사에 불합격한 동물 등을 처리한 자

⑤ 다음 각 호의 어느 하나에 해당하는 자는 2년 이하의 징역 또는 3천만원 이하의 벌금에 처한다.

1. 제7조제9항을 위반하여 거짓으로 합격표시를 한 자

1의2. 제13조제3항을 위반하여 책임수의사를 지정하지 아니한 자

2. 제13조제4항을 위반하여 책임수의사의 업무를 방해하거나 정당한 사유 없이 책임수의사의 요청을 거부한 자

3. 제16조를 위반하여 축산물의 합격표시를 하지 아니하거나 거짓으로 합격표시를 한 자

4. 제38조제2항에 따른 게시문 또는 봉인을 제거하거나 손상한 자

⑥ 다음 각 호의 어느 하나에 해당하는 자는 1년 이하의 징역 또는 1천만원 이하의 벌금에 처한다.

1. 2. 〈삭제 2019.3.13.〉

3. 제11조제3항을 위반하여 검사를 거부·방해하거나 기피한 자

4. 제12조제3항 또는 제4항을 위반하여 검사를 하지 아니하거나 거짓으로 검사를 한 자

4의2. 제12조의2제2항을 위반하여 거래명세서를 발급하지 아니하거나 거짓으로 발급한 자

5. 제19조제1항·제2항 또는 제36조제1항에 따른 검사·출입·수거·압류·폐기 조치를 거부·방해하거나 기피한 자

6. 제19조제1항을 위반하여 보고를 하지 아니하거나 거짓으로 보고를 한 자

7. 제21조제1항에 따른 기준 또는 제22조제4항에 따른 조건을 위반한 자

8. 제22조제5항을 위반하여 신고를 하지 아니한 자

9. 제24조제1항을 위반하여 신고를 하지 아니한 자

10. 제26조제3항을 위반하여 신고를 하지 아니한 자

11. 제31조의6제1항을 위반하여 소비자로부터 이물 발견의 신고를 받고 이를 거짓으로 보고한 자

11의2. 이물의 발견을 거짓으로 신고한 자

12. 제38조제1항에 따른 영업소의 폐쇄조치를 거부·방해하거나 기피한 자

⑦ 제1항부터 제5항까지의 경우 징역과 벌금을 병과(倂科)할 수 있다.

제46조(양벌규정) 법인의 대표자나 법인 또는 개인의 대리인, 사용인, 그 밖의 종업원이 그 법인 또는 개인의 업무에 관하여 제45조의 위반행위를 하면 그 행위자를 벌하는 외에 그 법인 또는 개인에게도 해당 조문의 벌금형을 과(科)한다. 다만, 법인 또는 개인이 그 위반행위를 방지하기 위하여 해당 업무에 관하여 상당한 주의와 감독을 게을리하지 아니한 경우에는 그러하지 아니하다.

III. 범죄사실

1. 부정한 방법으로 중량 또는 용량을 늘리는 행위

1) 적용법조 : 제45조 제1항 제3호, 제10조 ☞ 공소시효 7년

> 제10조(부정행위의 금지) 누구든지 가축에게 강제로 물을 먹이거나 식육에 물을 주입하는 등 부정한 방법으로 중량 또는 용량을 늘리는 행위를 하여서는 아니 된다.

2) 범죄사실 기재례

> 누구든지 가축에게 강제로 물을 먹이거나 식육에 물을 주입하는 등 부정한 방법으로 중량 또는 용량을 늘리는 행위를 하여서는 아니 된다.
>
> 그럼에도 불구하고 피의자는 20○○. ○. ○. ○○:○○ 경 위 축사에서 2년생 한우 2마리의 입을 강제로 벌리게 한 후 강압 수도 파이프를 그 목 속에 집어넣어 20ℓ 가량의 물을 강제로 먹임으로써 그 중량을 늘렸다.

3) 신문사항

- 피의자는 축산업을 하고 있는가
- 어디에서 어떠한 축산업을 하고 있는가(규모등)
- 식용용으로 사용하기 위한 비육우를 반출한 일이 있는가
- 이러한 반출 비육우에 강제로 물을 먹인 일이 있는가
- 언제 어디서 어떠한 방법으로 물을 먹였나
- 몇 두의 비육우에 이러한 행위를 하였나
- 무엇 때문에 이러한 행위를 하였나
- 당시 사용한 도구는 어떻게 하였는가

2. 미검사품 반출

1) 적용법조 : 제45조 제4항 제7호, 제17조 ☞ 공소시효 5년

제17조(미검사품의 반출금지) 영업자는 제12조에 따른 검사를 받지 아니한 축산물(이하 "미검사품"이라 한다)을 작업장 밖으로 반출하여서는 아니 된다.

제12조(축산물의 검사) ① 제21조제1항에 따른 도축업의 영업자는 작업장에서 처리하는 식육에 대하여 검사관의 검사를 받아야 한다.

2) 범죄사실 기재례

> 피의자는 ○○에서 한우 식육점을 경영하는 자로, 검사를 받지 아니한 축산물을 작업장 밖으로 반출하여서는 아니 된다.
> 그럼에도 불구하고 피의자는 20○○. ○. ○. 11:00경 ○○에 있는 도축장에서 도축한 소고기 ○○㎏을 도축검사원의 검사를 받지 아니하고 판매를 목적으로 작업장 밖으로 반출하였다.

3) 신문사항

- 식육점을 운영하고 있는가
- 언제부터 어디에서 하고 있는가
- 규모는 어느 정도인가
- 판매하고 있는 축산물은 누구로부터 구입하고 있는가
- 검사받지 아니한 축산물을 반출한 일이 있는가
- 언제 어떠한 축산물을 반출하였는가
- 무엇 때문에 반출하였는가
- 반출한 축산물은 어느 정도이며 어떻게 하였는가
- 왜 이런 행위를 하였는가

3. 무허가 도축

1) 적용법조 : 제45조 제1항 제6호, 제22조 제1항 ☞ 공소시효 10년

제22조(영업의 허가) ① 제21조제1항제1호부터 제3호까지 및 제3호의2에 따른 도축업·집유업·축산물가공업 또는 식용란선별포장업의 영업을 하려는 자는 총리령으로 정하는 바에 따라 작업장별로 시·도지사의 허가를 받아야 하고, 같은 항 제4호에 따른 식육포장처리업 또는 같은 항 제5호에 따른 축산물보관업의 영업을 하려는 자는 총리령으로 정하는 바에 따라 작업장별로 특별자치시장·특별자치도지사·시장·군수·구청장의 허가를 받아야 한다.

2) 범죄사실 기재례

[기재례1] 돼지 도축

도축업을 하려는 자는 관할 관청의 허가를 받아야 한다.
그럼에도 불구하고 피의자는 20○○. ○. ○. ○○:○○경 ○○에 있는 피의자의 집에서 설날 사용할 목적으로 허가를 받지 아니하고 가축인 돼지 생체 90kg짜리 1마리를 도축하였다.

[기재례2] 닭 도축

피의자는 ○○에서 약 ○○㎡ 축사 1동에 토종닭 300마리, 육계 1,000마리를 사육하면서, ○○호 2.5톤 냉동탑차, 8㎡ 크기의 냉동창고 2개, 탈모기 1대 등 시설을 갖추고 ○○축산이라는 상호로 양계장을 운영하는 사람이다.
누구든지 축산물 도축업을 하려는 자는 작업장별로 관할관청의 허가를 받아야 한다.
그럼에도 불구하고 피의자는 영업허가를 받지 아니하고, 20○○. ○. ○.경부터 20○○. ○. ○.경까지 ○○에서 약 ○○㎡ 규모의 영업장에 냉동고, 케이지(닭장) ○○칸, 탈모기 1대 등의 시설을 갖추고 업소를 찾아오는 이름을 모르는 손님들에게 닭, 토끼 등을 도축·판매하여 월 평균 ○○만 원 상당의 매출을 올리는 축산물 도축업 영업을 하였다.

[기재례3] 염소 도축

도축업을 하려는 자는 관할 관청의 허가를 받아야 한다.
피의자는 관할 관청의 허가를 받지 아니한 채 20○○. ○. ○.경 ○○에서 전기침 등을 사용하여 염소 1마리를 도축하여 거래처에 판매한 것을 비롯하여 그때부터 20○○. ○. ○.경까지 염소 ○○마리를 각 별지 범죄일람표 기재와 같이 도축하여 판매함으로써 무허가 도축업을 하였다.

3) 신문사항

- 피의자는 가축을 도살한 일이 있는가
- 언제 어디에서 하였나
- 작업장의 규모와 시설은
- 어떠한 가축을 어떤 방법으로 도살하였나
- 그 곳이 허가받은 작업장인가
- 왜 허가받지 않은 작업장에서 가축을 도살하였나
- 도살한 가축은 어떻게 하였나

■ **판례** ■ **조산한 송아지가 수축(獸畜)에 해당하는지 여부(적극)**

조산한 송아지 일지라도 축산물가공처리법에서 말하는 獸畜(수축)에 해당한다(대법원 1982.9.28. 선고 82도567 판결).

■ **판례** ■ **도축장 이외의 장소에서 도살이 허용되는 경우에도 도살한 가축의 처리는 도축장에서 행하여야 하는지 여부(적극)**

축산물가공처리법(이하 '법'이라 한다) 제7조 제1항 본문은 '가축의 도살·처리, 집유, 축산물의 가공·포장 및 보관은 법 제22조 제1항의 규정에 의하여 허가를 받은 작업장에서 행하여야 한다'고 정하고 있는바, 이에 대한 예외로서 같은 항 단서 제1호는 '부상·난산·산욕마비·급성고창증 등으로 인하여 가축을 즉시 도살하여야 할 불가피한 사유가 있는 경우'에는 허가받은 작업장(이하 '도축장'이라 한다) 이외의 장소에서도 도살을 행할 수 있다고 규정하고 있으나, 위 규정에 의하여 도축장 이외의 장소에서 가축을 도살하는 것이 허용된 경우라도 도살한 가축의 처리는 여전히 도축장에서 행하여야 하는 것이고, 이를 도축장 이외의 장소에서 행하는 것은 법 제7조 제1항 본문에 의하여 허용되지 않는다 할 것이다(대법원 2006.11.23. 선고 2006도6650 판결).

4. 미신고 축산물판매업

1) 적용법조 : 제45조 제6항 제9호, 제24조 제1항 ☞ 공소시효 5년

> 제24조(영업의 신고) ① 제21조제1항제6호, 제7호, 제7호의2, 제8호에 따른 영업을 하려는 자는 총리령으로 정하는 바에 따라 제21조제1항에 따른 시설을 갖추고 특별자치도지사·시장·군수·구청장에게 신고하여야 한다.
> ② 제1항에 따라 신고를 한 자가 그 영업을 휴업, 재개업 또는 폐업하거나 신고한 내용을 변경하려는 경우에는 총리령으로 정하는 바에 따라 식품의약품안전처장 또는 특별자치도지사·시장·군수·구청장에게 신고하여야 한다.

2) 범죄사실 기재례

> 피의자는 축산물판매업에 종사하는 사람으로서, 축산물판매업을 하고자 하는 자는 시설을 갖추어 관할 행정관청(시장·군수·구청장)에 신고하여야 한다.
> 그럼에도 불구하고 피의자는 20○○. ○. 중순경부터 20○○. ○. ○. 까지 신고없이 ○○에 있는 앞 부지 약 30㎡의 규모의 철 파이프 기둥 비닐하우스에 냉장고 1대를 설치하고 불특정다수인에게 하루 평균 약 ○○만원 상당의 식육 부산물인 돼지머리를 판매하는 등 축산물판매업을 영위하였다.

3) 신문사항

- 축산물판매업을 하고 있는가
- 언제부터 언제까지 어디에서 하고 있는가
- 어떤 축산물을 판매하는가
- 누구를 상대로 하는가
- 규모는(평수, 시설 등)
- 1일 매상은 어느 정도인가
- 행정관청에 영업신고를 하였는가
- 왜 신고없이 이런 행위를 하였나

5. 합격표시 없는 축산물 판매

1) 적용법조 : 제45조 제1항 제7호, 제33조 제1항 제6호 ☞ 공소시효 7년

제33조(판매 등의 금지) ① 다음 각 호의 어느 하나에 해당하는 축산물은 판매하거나 판매할 목적으로 처리·가공·포장·사용·수입·보관·운반 또는 진열하지 못한다. 다만, 식품의약품안전처장이 정하는 기준에 적합한 경우에는 그러하지 아니하다.
1. 썩었거나 상한 것으로서 인체의 건강을 해칠 우려가 있는 것
2. 유독·유해물질이 들어 있거나 묻어 있는 것 또는 그 우려가 있는 것
3. 병원성미생물에 의하여 오염되었거나 그 우려가 있는 것
4. 불결하거나 다른 물질이 혼입 또는 첨가되었거나 그 밖의 사유로 인체의 건강을 해칠 우려가 있는 것
5. 수입이 금지된 것을 수입하거나 「수입식품안전관리 특별법」 제20조제1항에 따라 수입신고를 하여야 하는 경우에 신고하지 아니하고 수입한 것
6. 제16조에 따른 합격표시가 되어 있지 아니한 것
7. 제22조제1항 및 제2항에 따라 허가를 받아야 하는 경우 또는 제24조제1항에 따라 신고를 하여야 하는 경우에 허가를 받지 아니하거나 신고하지 아니한 자가 처리·가공 또는 제조한 것
8. 해당 축산물에 표시된 소비기한이 지난 축산물
9. 제33조의2제2항에 따라 판매 등이 금지된 것
제16조(합격표시) 검사관·책임수의사 또는 영업자는 제12조에 따라 검사한 결과 검사에 합격한 축산물(원유는 제외한다)에 대하여는 총리령으로 정하는 바에 따라 합격표시를 하여야 한다.

2) 범죄사실 기재례

> 피의자는 ○○에서 "아침정육점"을 경영하는 사람이다. 영업자 등은 검사에 합격한 축산물에 합격표시가 되어 있지 아니한 축산물을 판매하거나 판매할 목적으로 처리·가공·사용·수입·보관·운반 또는 진열하지 못한다.
> 그럼에도 불구하고 피의자는 20○○. ○. ○. ○○:○○경 ○○에 있는 남도도축장에서 도축한 돼지고기 50㎏을 도축검사원이 발급하는 도축검사증명서(반출증명서)를 교부받지 아니하고, ㎏당 ○○원에 매입, 판매의 목적으로 피의자가 경영하는 위 정육점 냉동실에 진열하였다.

3) 신문사항

- 정육점을 운영하고 있는가
- 언제부터 어디에서 하고 있는가
- 규모는 어느 정도인가
- 판매하고 있는 축산물은 누구로부터 구입하고 있는가
- 합격표시가 되지 않은 축산물을 판매한 일이 있는가
- 언제 어떠한 축산물을 판매하였는가
- 누구에게 어느 정도를 판매하였나
- 왜 합격표시 없는 축산물을 판매하였는가

■ 판례 ■ 살모넬라균이나 크렙실라균과 같은 병원성 미생물이 검출된 잡육을 일반인들에게 조리용 원료로 판매한 경우, 축산물가공처리법 제33조 제1항 제3호 규정 위반으로 처벌할 수 있는지 여부(소극)

원칙적으로 식육에서는 식중독균이 검출되어서는 안되지만, 예외적으로 제조·가공용 원료로 공급되는 식육의 경우에는 식중독균이 검출되어도 농림부장관이 고시한 축산물의 가공기준 및 성분규격에 부적합한 것은 아니고, 위 축산물의 가공기준 및 성분규격의 취지가 제조·가공용 원료는 어차피 미생물 제어 공정을 통하여 미생물이 사멸될 것을 염두에 두고 식중독균이 검출되더라도 이를 허용하는 것이라면, 일반인들에게 조리용 원료로 판매한 잡육에서 검출된 크렙실라균, 살모넬라균이 공장 등지에서 이루어지는 미생물 제어 공정뿐만 아니라, 일반 가정에서의 가열 조리 과정만 거치더라도 모두 사멸될 것으로 보이는 이상, 제조·가공용 원료뿐만 아니라, 조리용 원료에서 위 균들이 검출되었다 하더라도 이는 축산물의 가공기준 및 성분규격에 적합한 것으로 봄이 상당하다고 보아, 이를 판매하였다는 사정만으로는 제33조 제1항 제3호 규정 위반으로 처벌할 수 없다(서울중앙지법 2004.12.2. 선고 2004노933 판결).

Ⅰ. 개념정의

제2조(정의) 이 법에서 사용하는 용어의 뜻은 다음 각 호와 같다.
1. "토양오염"이란 사업활동이나 그 밖의 사람의 활동에 따라 토양이 오염되는 것으로서 사람의 건강·재산이나 환경에 피해를 주는 상태를 말한다.
2. "토양오염물질"이란 토양오염의 원인이 되는 물질로서 환경부령이 정하는 것을 말한다.
3. "토양오염관리대상시설"이란 토양오염물질의 생산·운반·저장·취급·가공 또는 처리 등으로 토양을 오염시킬 우려가 있는 시설·장치·건물·구축물(構築物) 및 그 밖에 환경부령으로 정하는 것을 말한다.
4. "특정토양오염관리대상시설"이란 토양을 현저하게 오염시킬 우려가 있는 토양오염관리대상시설로서 환경부령으로 정하는 것을 말한다.
5. "토양정화"란 생물학적 또는 물리적·화학적 처리 등의 방법으로 토양 중 오염물질을 감소·제거하거나 토양 중의 오염물질에 의한 위해를 완화하는 것을 말한다.
6. "토양정밀조사"란 제4조의2에 따른 우려기준을 넘거나 넘을 가능성이 크다고 판단되는 지역에 대하여 오염물질의 종류, 오염의 정도 및 범위 등을 환경부령이 정하는 바에 따라 조사하는 것을 말한다.
7. "토양정화업"이란 토양정화를 수행하는 업(業)을 말한다.

Ⅱ. 벌칙 및 특별법

1. 벌 칙

제28조(벌칙) 제19조제1항에 따른 실시명령을 이행하지 아니한 자나 실시명령을 받고 같은 조 제2항에 따른 승인을 받지 아니하고 오염토양 개선사업을 한 자는 5년 이하의 징역 또는 5천만원 이하의 벌금에 처한다.

제29조(벌칙) 다음 각 호의 어느 하나에 해당하는 자는 2년 이하의 징역 또는 2천만원 이하의 벌금에 처한다.
1. 제11조제3항 또는 제14조제1항에 따른 정화 조치명령을 이행하지 아니한 자
2. 제14조제3항에 따른 특정토양오염관리대상시설의 사용 중지명령을 이행하지 아니한 자
3. 제15조제3항에 따른 명령을 이행하지 아니한 자
4. 제15조의3제2항을 위반하여 오염토양의 정화를 위탁한 자
5. 제15조의4제1호를 위반하여 오염토양을 버리거나 매립한 자
6. 제21조제3항에 따른 토양오염물질의 제거 또는 시설의 철거 등의 명령을 이행하지 아니한 자
7. 제23조의2제1항에 따른 지정을 받지 아니하고 토양관련전문기관의 업무를 한 자
8. 제23조의7제1항에 따른 등록을 하지 아니하고 토양정화업을 한 자

제30조(벌칙) 다음 각호의 어느 하나에 해당하는 자는 1년 이하의 징역 또는 1천만원 이하의 벌금에 처한다.
1. 고의 또는 중대한 과실로 제10조의2제3항에 따른 항목·방법 및 절차를 위반하여 토양환경평가를 사실과 다르게 한 자
1의2. 제11조제1항을 위반하여 생산·운반·저장·취급·가공 또는 처리하는 과정에서 토양오염물질을 누출·유출한 사실을 신고하지 아니한 자

1의3. 고의 또는 중대한 과실로 제11조제3항, 제14조제1항 또는 제15조제1항에 따른 토양정밀조사를 부실하게 하여 제15조의6제4항 단서에 따른 정화과정에 대한 검증 대상의 규모 미만으로 오염 규모가 축소되도록 한 자

2. 제12조제1항 전단의 규정에 의한 신고를 하지 아니하고 특정토양오염관리대상시설을 설치하거나 허위로 신고한 자

3. 제12조제3항의 규정을 위반하여 토양오염방지시설을 설치하지 아니한 자

4. 제14조제1항의 규정에 의한 방지시설의 설치 또는 개선에 관한 명령을 이행하지 아니한 자

5. 제15조의3제1항의 규정을 위반하여 오염토양을 정화한 자

6. 제15조의3제3항의 규정을 위반하여 오염이 발생한 당해 부지 및 토양정화업자가 보유한 시설이 아닌 장소로 오염토양을 반출하여 정화한 자

7. 제15조의3제4항의 규정을 위반하여 오염토양에 다른 토양을 섞어서 오염농도를 낮춘 자

8. 제15조의4제2호의 규정을 위반하여 오염토양을 누출 또는 유출시킨 자

9. 제15조의6제1항의 규정을 위반하여 토양관련전문기관에 의한 검증을 하게 아니한 자

10. 고의 또는 중대한 과실로 제15조의6제4항의 규정에 의한 검증의 절차·내용 및 방법을 지키지 아니하여 오염토양을 정화기준 이내로 처리되지 아니하게 한 자

11. 삭제 〈2010.5.25〉

12. 제21조제2항의 규정을 위반하여 대책지역안에서 시설을 설치한 자

13. 속임수 그 밖의 부정한 방법으로 토양관련전문기관의 지정을 받거나 토양정화업의 등록을 한 자

14. 제23조의4의 규정을 위반하여 다른 자에게 자기의 명의를 사용하여 토양관련전문기관의 업무를 하게 하거나 지정서를 다른 자에게 빌려준 자

15. 제23조의9제1항의 규정을 위반하여 다른 자에게 자기의 성명 또는 상호를 사용하여 토양정화업을 하게 하거나 등록증을 다른 자에게 빌려준 자

16. 제23조의9제2항의 규정을 위반하여 도급받은 토양정화공사를 일괄하여 하도급한 자

17. 제26조의2제2항에 따른 공무원의 출입·검사를 거부·방해 또는 기피한 자

제31조(양벌규정) 법인의 대표자나 법인 또는 개인의 대리인, 사용인, 그 밖의 종업원이 그 법인 또는 개인의 업무에 관하여 제28조부터 제30조까지의 어느 하나에 해당하는 위반행위를 하면 그 행위자를 벌하는 외에 그 법인 또는 개인에게도 해당 조문의 벌금형을 과(科)한다. 다만, 법인 또는 개인이 그 위반행위를 방지하기 위하여 해당 업무에 관하여 상당한 주의와 감독을 게을리하지 아니한 경우에는 그러하지 아니하다.

2. 환경범죄 등의 단속 및 가중처벌에 관한 법률

제3조(오염물질 불법배출의 가중처벌) ① 오염물질을 불법배출함으로써 사람의 생명이나 신체에 위해를 끼치거나 상수원을 오염시킴으로써 먹는 물의 사용에 위험을 끼친 자는 3년 이상의 유기징역에 처한다.

② 제1항의 죄를 범하여 사람을 죽거나 다치게 한 자는 무기 또는 5년 이상의 유기징역에 처한다.

③ 오염물질을 불법배출한 자로서 다음 각 호의 어느 하나에 해당하거나 「물환경보전법」 제15조제1항제4호를 위반한 자로서 제3호에 해당하는 자는 1년 이상 7년 이하의 징역에 처한다.

1. 농업, 축산업, 임업 또는 원예업에 이용되는 $300m^2$ 이상의 토지를 해당 용도로 이용할 수 없게 한 자

2. 바다, 하천, 호소(湖沼) 또는 지하수를 별표 1에서 정하는 규모 및 기준 이상으로 오염시킨 자

3. 어패류를 별표 2에서 정하는 규모 이상으로 집단폐사(集團斃死)에 이르게 한 자

제5조(과실범) ① 업무상 과실 또는 중대한 과실로 제3조제1항의 죄를 범한 자는 7년 이하의 징역 또는 1억원 이하의 벌금에 처한다.

② 업무상 과실 또는 중대한 과실로 제3조제2항 또는 제4조제3항의 죄를 범한 자는 10년 이하의 징역 또는 1억5천만원 이하의 벌금에 처한다.

③ 업무상 과실 또는 중대한 과실로 제3조제3항의 죄를 범한 자는 3년 이하의 징역 또는 3천만원 이하의 벌금에 처한다.

Ⅲ. 범죄사실

1. 토양정화명령 불이행

1) 적용법조 : 제29조 제1호, 제11조 제3항, 제2항 ☞ 공소시효 5년

제11조(토양오염의 신고 등) ① 다음 각 호의 어느 하나에 해당하는 경우에는 지체 없이 관할 특별자치시장·특별
자치도지사·시장·군수·구청장에게 신고하여야 한다.
1. 토양오염물질을 생산·운반·저장·취급·가공 또는 처리하는 자가 그 과정에서 토양오염물질을 누출·유출한 경우
2. 토양오염관리대상시설을 소유·점유 또는 운영하는 자가 그 소유·점유 또는 운영 중인 토양오염관리대상시설이
설치되어 있는 부지 또는 그 주변지역의 토양이 오염된 사실을 발견한 경우
3. 토지의 소유자 또는 점유자가 그 소유 또는 점유 중인 토지가 오염된 사실을 발견한 경우
② 특별자치시장·특별자치도지사·시장·군수·구청장은 제1항에 따른 신고를 받거나, 토양오염물질이 누출·유출된 사
실을 발견하거나 그 밖에 토양오염이 발생한 사실을 알게 된 경우에는 소속 공무원으로 하여금 해당 토지에 출
입하여 오염 원인과 오염도에 관한 조사를 하게 할 수 있다.
③ 제2항의 조사를 한 결과 오염도가 우려기준을 넘는 토양(이하 "오염토양"이라 한다)에 대하여는 대통령령으로
정하는 바에 따라 기간을 정하여 정화책임자에게 토양관련전문기관에 의한 토양정밀조사의 실시, 오염토양의 정
화 조치를 할 것을 명할 수 있다.

2) 범죄사실 기재례

[기재례1]

> 오염토양에 대하여 관할관청으로부터 기간을 정하여 정화 조치명령을 받은 정화책임자는
> 위 명령을 이행하여야 한다. 피의자는 20○○. ○. ○. ○○에 있는 토지에서 지하수개발을
> 위해 관정을 뚫다가 송유관을 파손하여 토양에 토양오염물질인 TPH, 벤젠, 자일렌 등이 함
> 유된 석유를 누출시킴으로써 토양오염을 발생시켰다.
> 피의자는 20○○. ○. ○. ○○시청 ○○과 사무실에서 정해진 기간(20○○. ○. ○.~20○○.
> ○. ○.) 내에 위 오염토지에 대한 정화조치를 하라는 취지의 ○○시장 명의의 '오염토양정화
> 명령서'를 수령하였음에도, 정당한 사유 없이 위 기간 내에 조치명령을 이행하지 아니하였다.

[기재례2]

> 피의자는 ○○에 있는 토지 소유자이다. 토양오염원인자는 정화 조치를 할 것을 명받은 때
> 에는 정화 조치명령을 이행하여야 한다.
> 그럼에도 불구하고, 피의자는 위 토지에 대하여 20○○. ○. ○.부터 20○○. ○. ○.까지
> ○○시로부터 오염토양정화 조치명령을 받았음에도 정화 조치명령을 이행하지 않았다.

■ 판례 ■ **피고인이 자기 소유의 토지에 대하여 관할 시장으로부터 오염토양정화 조치명령(정화
명령)을 받았음에도 이를 이행하지 않았다고 하여 토양환경보전법 위반으로 기소된 사안**

구 토양환경보전법 제10조의3 제3항(종전법의 오염원인자 조항)이 구 토양환경보전법 제10조의4
(구법의 오염원인자 조항)로 개정되면서 양 조항의 동일성이 그내로 유지되고 있다고 보기 어려우
므로, 종전법의 오염원인자 조항에 관한 헌법재판소 헌법불합치결정의 효력이 구법의 오염원인자
조항에까지 미친다고 본 원심판단은 타당하지 않으나, 구법의 오염원인자 조항이 죄형법정주의에

서 도출되는 책임주의에 반한다는 반성적 고려로 2014. 3. 24. 법률 제12522호로 개정된 토양환경보전법 제10조의4(개정법의 정화책임자 조항)는 정화책임자에 대한 책임 한계를 설정하고 정화조치명령 우선순위를 두도록 하였는데, 토양오염을 직접 발생시키지 않은 토지소유자에 불과한 피고인보다 우선적으로 정화명령의 대상이 되는 토양오염을 직접 발생시킨 자 등에 대해 정화명령을 할 수 없었다는 점을 인정할 수 없으므로, 공소사실을 무죄로 판단한 원심의 결론은 정당하다. (대법원 2021. 1. 14., 선고, 2017도11533, 판결)

2. 미신고 특정토양오염관리대상시설 설치

1) 적용법조 : 제30조 제2호, 제12조 제1항 ☞ 공소시효 5년

제12조(특정토양오염관리대상시설의 신고 등) ① 특정토양오염관리대상시설을 설치하려는 자는 대통령령으로 정하는 바에 따라 그 시설의 내용과 제3항에 따른 토양오염방지시설의 설치계획을 관할 특별자치도지사·시장·군수·구청장에게 신고하여야 한다. 신고한 사항 중 환경부령으로 정하는 내용을 변경(특정토양오염관리대상시설의 폐쇄를 포함한다)할 때에도 또한 같다.
② 「위험물안전관리법」 및 「유해화학물질 관리법」 과 그 밖에 환경부령으로 정하는 법령에 따라 특정토양오염관리대상시설의 설치에 관한 허가를 받거나 등록을 한 경우에는 제1항에 따른 신고를 한 것으로 본다. 이 경우 허가 또는 등록기관의 장은 환경부령으로 정하는 토양오염방지시설에 관한 서류를 첨부하여 그 사실을 그 특정토양오염관리대상시설이 설치된 지역을 관할하는 특별자치도지사·시장·군수·구청장에게 통보하여야 한다.
③ 특정토양오염관리대상시설의 설치자(그 시설을 운영하는 자를 포함한다. 이하 같다)는 대통령령으로 정하는 바에 따라 토양오염을 방지하기 위한 시설(이하 "토양오염방지시설"이라 한다)을 설치하고 적정하게 유지·관리하여야 한다.

2) 범죄사실 기재례

특정토양오염관리대상시설을 설치하고자 하는 자는 대통령령이 정하는 바에 따라 당해 시설의 내용과 토양오염방지시설의 설치계획을 관할 시장·군수·구청장에게 신고하여야 한다.
그럼에도 불구하고 피의자는 20○○. ○. ○.경 ○○에 신고없이 특정토양오염관리대상시설인 ○○을 설치하였다.

3) 신문사항

- 특정토양오염관리대상시설을 설치한 일이 있는가
- 언제 어디에 설치하였나
- 어떤 시설을 설치하였나
- 그 규모는 어느 정도인가
- 무엇 때문에 이런 시설을 설치하였나
- 행정기관에 설치 신고를 하였나
- 왜 신고없이 설치하였나

3. 오염토양의 오염지역 밖에서 정화

1) 적용법조 : 제30조 제6호, 제15조의3 제3항 ☞ 공소시효 5년

제15조의3(오염토양의 정화) ① 오염토양은 대통령령으로 정하는 정화기준 및 정화방법에 따라 정화하여야 한다.
② 오염토양은 토양정화업자(제3항 단서에 따라 오염토양을 반출하여 정화하는 경우에는 제23조의7제1항에 따라 반입하여 정화하는 시설을 등록한 토양정화업자를 말한다)에게 위탁하여 정화하여야 한다. 다만, 유기용제류(유기용제류)에 의한 오염토양 등 대통령령으로 정하는 종류와 규모에 해당하는 오염토양은 오염원인자가 직접 정화할 수 있다.
③ 오염토양을 정화할 때에는 오염이 발생한 해당 부지에서 정화하여야 한다. 다만, 부지의 협소 등 환경부령으로 정하는 불가피한 사유로 당해 그 부지에서 오염토양의 정화가 곤란한 경우에는 토양정화업자가 보유한 시설(제23조의7제1항에 따라 오염토양을 반입하여 정화하기 위하여 등록한 시설을 말한다)로 환경부령으로 정하는 바에 따라 반출하여 정화할 수 있다.
④ 제3항 단서에 따라 오염토양을 반출하여 정화하려는 자는 환경부령으로 정하는 바에 따라 오염토양반출정화계획서를 관할 특별자치도지사 · 시장 · 군수 · 구청장에게 제출하여 적정통보를 받아야 한다. 제5항에 따라 적정통보를 받은 오염토양반출정화계획 중 환경부령으로 정하는 중요 사항을 변경하려는 때에도 또한 같다.

2) 범죄사실 기재례

> 피의자는 ○○에서 "여수토양정화"라는 상호로 토양정화업을 하는 사람으로서 오염토양을 정화하는 경우에는 오염이 발생한 당해 부지안에서 정화하여야 한다.
> 그럼에도 불구하고 피의자는 20○○. ○. ○.경 홍길동 소유 임야의 오염지역인 ○○에서 오염토양 약 ○○톤을 정화하기 위해 피의자의 차량(차량번호)을 이용하여 당해 부지가 아닌 ○○로 반출하여 정화하였다.

3) 신문사항

- 토양정화업을 하고 있는가(정화업 등록일자 등)
- 언제부터 어디에서 하고 있는가
- 사업규모는 어느 정도인가
- 오염토양을 정화한 일이 있는가
- 어떤 오염토양을 정화하였는가
- 어디에서 정화하였나
- 오염발생부지에서 정화하였나
- 왜 다른 부지에서 정화하였나
- 불가피한 사유라도 있었는가
- 어떤 방법으로 반출하였나
- 어느 정도의 량을 반출하였나

4. 오염토양 투기

1) 적용법조 : 제29조 제5호, 제15조의4 제1호 ☞ 공소시효 5년

제15조의4(오염토양의 투기 금지 등) 누구든지 다음 각 호의 어느 하나에 해당하는 행위를 하여서는 아니 된다.
1. 오염토양을 버리거나 매립하는 행위
2. 보관, 운반 및 정화 등의 과정에서 오염토양을 누출·유출하는 행위
3. 정화가 완료된 토양을 그 토양에 적용된 것보다 엄격한 우려기준이 적용되는 지역의 토양에 사용하는 행위

2) 범죄사실 기재례

　　누구든지 오염토양을 버리거나 보관·운반 및 정화 등의 과정에서 오염토양을 누출·유출하는 행위를 하여서는 아니된다.
　　그럼에도 불구하고 피의자는 20○○. ○. ○.경 ○○에서 오염토양 약 ○○톤을 피의자 소유 차량(차량번호)을 이용하여 ○○에 버렸다.

3) 신문사항

　　- 오염토양을 버린 일이 있는가
　　- 언제 어디에 있는 오염토양이였나
　　- 어떤 오염토양인가
　　- 어디에 버렸는가
　　- 어떤 방법으로 버렸는가
　　- 어느 정도의 량인가
　　- 왜 정화하지 않고 버렸는가

5. 대책지역 안에 오염물질배출시설 설치

1) 적용법조 : 제30조 제12호, 제21조 제2항 ☞ 공소시효 5년

제21조(행위제한) ② 누구든지 대책지역에서는 그 지정 목적을 해할 우려가 있다고 인정되는 대통령령으로 정하는 시설을 설치하여서는 아니 된다.

③ 특별자치도지사 · 시장 · 군수 · 구청장은 제1항 및 제2항에 따른 행위 또는 시설의 설치로 인하여 토양이 오염되었거나 오염될 우려가 있다고 인정하는 경우에는 해당 행위자 또는 시설의 설치자에게 토양오염물질의 제거나 시설의 철거 등을 명할 수 있다.

제17조(토양보전대책지역의 지정) ① 환경부장관은 대책기준을 넘는 지역이나 제2항에 따라 특별자치도지사 · 시장 · 군수 · 구청장이 요청하는 지역에 대하여는 관계 중앙행정기관의 장 및 관할 시 · 도지사와 협의하여 토양보전대책지역(이하 "대책지역"이라 한다)으로 지정할 수 있다. 다만, 대통령령으로 정하는 경우에 해당하는 지역에 대하여는 대책지역으로 지정하여야 한다.

※ 시행령(대통령령)

제12조 (토양보전대책지역의 지정) ① 법 제17조제1항 단서에서 "대통령령이 정하는 경우에 해당하는 지역"이라 함은 다음 각 호와 같다.

1. 재배작물중 오염물질함량이 「식품위생법」 제7조의 규정에 의한 중금속잔류허용기준(이하 "중금속잔류허용기준"이라 한다)을 초과한 면적이 1만㎡ 이상인 농경지

2. 중금속 · 유류 등 토양오염물질에 의하여 토양 · 지하수 등이 복합적으로 오염되어 사람의 건강에 피해를 주거나 환경상의 위해가 있어 특별한 대책이 필요한 지역

제16조(대책지역안에서의 시설설치 제한) 법 제21조제2항에서 "대책지역안에서 그 지정목적을 해할 우려가 있다고 인정되는 대통령령이 정하는 시설"이라 함은 대책지역 지정의 주요원인이 된 오염물질을 배출하는 시설, 오염물질이 함유된 원료를 사용하는 시설 또는 오염물질이 함유된 제품을 생산하는 시설을 말한다.

2) 범죄사실 기재례

> 누구든지 대책지역 안에서는 그 지정목적을 해할 우려가 있다고 인정되는 오염물질을 배출하는 시설 등을 설치하여서는 아니 된다.
> 그럼에도 불구하고 피의자는 20○○. ○. ○.경 대책지역인 ○○에 오염물질을 배출하는 ○○의 시설을 설치하였다.

3) 신문사항

- 오염물질 배출시설을 설치한 일이 있는가
- 언제 어디에 설치하였는가
- 어떤 배출시설을 설치하였나 (시행령 제16조에 해당하는 지 여부 확인)
- 그 지역이 대책지역이라는 것을 알고 있는가
- 왜 그곳에 설치하였나

6. 무등록 토양정화업

1) 적용법조 : 제29조 제8호, 제23조의7 제1항 ☞ 공소시효 5년

제23조의7(토양정화업의 등록 등) ① 토양정화업을 하려는 자는 대통령령으로 정하는 바에 따라 시설(제15조의3 제3항 단서에 따라 오염토양을 반출하여 정화하는 경우에는 이를 반입하여 정화하는 시설을 포함한다), 장비 및 기술인력 등을 갖추어 시도지사에게 등록하여야 한다. 등록한 사항 중 대통령령으로 정하는 사항을 변경할 때에도 또한 같다.

2) 범죄사실 기재례

토양정화업을 하려는 자는 대통령령으로 정하는 바에 따라 시설, 장비 및 기술인력 등을 갖추어 시도지사에게 등록하여야 한다.
그럼에도 불구하고 피의자는 20○○. ○. ○.경부터 ○○에 '○○' 시설을 갖추고 홍길동의 ○○에 있는 토양을 정화해주고 ○○만원을 받는 등 20○○. ○. ○.경까지 월 약 ○○만원의 수입을 올리는 토양정화업을 하였다.

3) 신문사항

- 토양정화업을 하고 있는가
- 언제부터 어디에서 하고 있는가
- 어떤 시설을 설치하였나
- 사업규모는 어느 정도인가
- 누구를 상대로 정화업을 하였나
- 정화업 등록을 하였는가
- 왜 등록없이 정화업을 하였나
- 월 수입은 어느 정도인가

7. 토양정화업 등록증 대여

1) 적용법조 : 제30조 제15호, 제23조의9 제1항 ☞ 공소시효 5년

제23조의9(토양정화업자의 준수사항) ① 토양정화업자는 다른 자에게 자기의 성명 또는 상호를 사용하여 토양정화업을 하게 하거나 등록증을 다른 자에게 빌려 주어서는 아니 된다.
② 토양정화업자는 토양정화를 위하여 도급받은 공사(이하 "토양정화공사"라 한다)를 일괄하여 하도급거나 토양정화공사 중 토양정화와 직접 관련되는 공사로서 대통령령으로 정하는 공사를 하도급하여서는 아니 된다. 다만, 천재지변 등 대통령령으로 정하는 불가피한 사유가 발생하였을 경우에는 그러하지 아니하다.

2) 범죄사실 기재례

> 피의자는 20○○. ○. ○. 환경부장관으로부터 "여수토양정화"라는 상호로 토양정화업 등록을 한 사람이다. 토양정화업자는 다른 자에게 자기의 성명 또는 상호를 이용하여 토양정화업을 하게 하거나 등록증을 다른 자에게 빌려주어서는 아니 된다.
>
> 그럼에도 불구하고 피의자는 20○○. ○. ○.경 홍길동에게 월 ○○만원을 받는 조건으로 토양정화업 등록증을 빌려줘 토양정화업자의 준수사항을 위반하였다.

3) 신문사항

- 토양정화업을 하고 있는가(정화업 등록일자 등)
- 언제부터 어디에서 하고 있는가
- 사업규모는 어느 정도인가
- 토양정화업을 직접하고 있는가
- 토양정화업 등록증을 다른 사람에게 빌려준 일이 있는가
- 언제부터 누구에게 빌려주었는가
- 어떤 조건으로 빌려주었나
- 무엇 때문에 빌려 달라고 하던가
- 이를 빌려간 홍길동은 피의자 명의의 등록증으로 정화업을 하였는가

제 121 장   통신비밀보호법

I. 개념정의

제2조(정의) 이 법에서 사용하는 용어의 정의는 다음과 같다.
1. "통신"이라 함은 우편물 및 전기통신을 말한다.
2. "우편물"이라 함은 우편법에 의한 통상우편물과 소포우편물을 말한다.
3. "전기통신"이라 함은 전화·전자우편·회원제정보서비스·모사전송·무선호출 등과 같이 유선·무선·광선 및 기타의 전자적 방식에 의하여 모든 종류의 음향·문언·부호 또는 영상을 송신하거나 수신하는 것을 말한다.
4. "당사자"라 함은 우편물의 발송인과 수취인, 전기통신의 송신인과 수신인을 말한다.
5. "내국인"이라 함은 대한민국의 통치권이 사실상 행사되고 있는 지역에 주소 또는 거소를 두고 있는 대한민국 국민을 말한다.
6. "검열"이라 함은 우편물에 대하여 당사자의 동의없이 이를 개봉하거나 기타의 방법으로 그 내용을 지득 또는 채록하거나 유치하는 것을 말한다.
7. "감청"이라 함은 전기통신에 대하여 당사자의 동의없이 전자장치·기계장치등을 사용하여 통신의 음향·문언·부호·영상을 청취·공독하여 그 내용을 지득 또는 채록하거나 전기통신의 송·수신을 방해하는 것을 말한다.
8. "감청설비"라 함은 대화 또는 전기통신의 감청에 사용될 수 있는 전자장치·기계장치 기타 설비를 말한다. 다만, 전기통신 기기·기구 또는 그 부품으로서 일반적으로 사용되는 것 및 청각교정을 위한 보청기 또는 이와 유사한 용도로 일반적으로 사용되는 것 중에서, 대통령령이 정하는 것은 제외한다.
8의2. '불법감청설비탐지'라 함은 이 법의 규정에 의하지 아니하고 행하는 감청 또는 대화의 청취에 사용되는 설비를 탐지하는 것을 말한다.
9. "전자우편"이라 함은 컴퓨터 통신망을 통해서 메시지를 전송하는 것 또는 전송된 메시지를 말한다.
10. "회원제정보서비스"라 함은 특정의 회원이나 계약자에게 제공하는 정보서비스 또는 그와 같은 네트워크의 방식을 말한다.
11. "통신사실확인자료"라 함은 다음 각목의 어느 하나에 해당하는 전기통신사실에 관한 자료를 말한다.
    가. 가입자의 전기통신일시
    나. 전기통신개시·종료시간
    다. 발·착신 통신번호 등 상대방의 가입자번호
    라. 사용도수
    마. 컴퓨터통신 또는 인터넷의 사용자가 전기통신역무를 이용한 사실에 관한 컴퓨터통신 또는 인터넷의 로그기록자료
    바. 정보통신망에 접속된 정보통신기기의 위치를 확인할 수 있는 발신기지국의 위치추적자료
    사. 컴퓨터통신 또는 인터넷의 사용자가 정보통신망에 접속하기 위하여 사용하는 정보통신기기의 위치를 확인할 수 있는 접속지의 추적자료
12. '단말기기 고유번호'라 함은 이동통신사업자와 이용계약이 체결된 개인의 이동전화 단말기기에 부여된 전자적 고유번호를 말한다.

Ⅱ. 벌칙 및 통신제한조치로 취득한 자료의 사용제한

1. 벌 칙

제16조(벌칙) ① 다음 각 호의 어느 하나에 해당하는 자는 1년 이상 10년 이하의 징역과 5년 이하의 자격정지에 처한다.
1. 제3조의 규정에 위반하여 우편물의 검열 또는 전기통신의 감청을 하거나 공개되지 아니한 타인간의 대화를 녹음 또는 청취한 자
2. 제1호에 따라 알게 된 통신 또는 대화의 내용을 공개하거나 누설한 자
② 다음 각 호의 어느 하나에 해당하는 자는 10년 이하의 징역에 처한다.
1. 제9조제2항의 규정에 위반하여 통신제한조치허가서 또는 긴급감청서등의 표지의 사본을 교부하지 아니하고 통신 제한조치의 집행을 위탁하거나 집행에 관한 협조를 요청한 자 또는 통신제한조치허가서 또는 긴급감청서등의 표 지의 사본을 교부받지 아니하고 위탁받은 통신제한조치를 집행하거나 통신제한조치의 집행에 관하여 협조한 자
2. 제11조제1항(제14조제2항의 규정에 의하여 적용하는 경우 및 제13조의5의 규정에 의하여 준용되는 경우를 포 함한다)의 규정에 위반한 자
③ 제11조제2항(제13조의5의 규정에 의하여 준용되는 경우를 포함한다)의 규정에 위반한 자는 7년 이하의 징역에 처한다.
④ 제11조제3항(제14조제2항의 규정에 의하여 적용하는 경우 및 제13조의5의 규정에 의하여 준용되는 경우를 포 함한다)의 규정에 위반한 자는 5년 이하의 징역에 처한다.

제17조(벌칙) ① 다음 각 호의 어느 하나에 해당하는 자는 5년 이하의 징역 또는 3천만원 이하의 벌금에 처한다.
1. 제9조제2항의 규정에 위반하여 통신제한조치허가서 또는 긴급감청서등의 표지의 사본을 보존하지 아니한 자
2. 제9조제3항(제14조제2항의 규정에 의하여 적용하는 경우를 포함한다)의 규정에 위반하여 대장을 비치하지 아니한 자
3. 제9조제4항의 규정에 위반하여 통신제한조치허가서 또는 긴급감청서등에 기재된 통신제한조치 대상자의 전 화번호 등을 확인하지 아니하거나 전기통신에 사용되는 비밀번호를 누설한 자
4. 제10조제1항의 규정에 위반하여 인가를 받지 아니하고 감청설비를 제조·수입·판매·배포·소지·사용하거나 이를 위한 광고를 한 자
5. 제10조제3항 또는 제4항의 규정에 위반하여 감청설비의 인가대장을 작성 또는 비치하지 아니한 자
5의2. 제10조의3제1항의 규정에 의한 등록을 하지 아니하거나 거짓으로 등록하여 불법감청설비탐지업을 한 자
② 다음 각호의 어느 하나에 해당하는 자는 3년 이하의 징역 또는 1천만원 이하의 벌금에 처한다.
1. 제3조제3항의 규정을 위반하여 단말기기 고유번호를 제공하거나 제공받은 자
2. 제8조제2항 후단 또는 제9항 후단의 규정에 위반하여 긴급통신제한조치를 즉시 중지하지 아니한 자
3. 제9조의2(제14조제2항의 규정에 의하여 적용하는 경우를 포함한다)의 규정에 위반하여 통신제한조치의 집행 에 관한 통지를 하지 아니한 자
4. 제13조제7항을 위반하여 통신사실확인자료제공 현황등을 과학기술정보통신부장관에게 보고하지 아니하였거 나 관련자료를 비치하지 아니한 자

제18조(미수범) 제16조 및 제17조에 규정된 죄의 미수범은 처벌한다.

2. 통신제한조치로 취득한 자료의 사용제한 및 자료관리

제12조(통신제한조치로 취득한 자료의 사용제한) 제9조의 규정에 의한 통신제한조치의 집행으로 인하여 취득된 우편물 또는 그 내용과 전기통신의 내용은 다음 각호의 경우외에는 사용할 수 없다.
 1. 통신제한조치의 목적이 된 제5조제1항에 규정된 범죄나 이와 관련되는 범죄를 수사·소추하거나 그 범죄를 예방하기 위하여 사용하는 경우
 2. 제1호의 범죄로 인한 징계절차에 사용하는 경우
 3. 통신의 당사자가 제기하는 손해배상소송에서 사용하는 경우
 4. 기타 다른 법률의 규정에 의하여 사용하는 경우
제12조의2(범죄수사를 위하여 인터넷 회선에 대한 통신제한조치로 취득한 자료의 관리) ① 검사는 인터넷 회선을 통하여 송신·수신하는 전기통신을 대상으로 제6조 또는 제8조(제5조제1항의 요건에 해당하는 사람에 대한 긴급통신제한조치에 한정한다)에 따른 통신제한조치를 집행한 경우 그 전기통신을 제12조제1호에 따라 사용하거나 사용을 위하여 보관(이하 이 조에서 "보관등"이라 한다)하고자 하는 때에는 집행종료일부터 14일 이내에 보관등이 필요한 전기통신을 선별하여 통신제한조치를 허가한 법원에 보관등의 승인을 청구하여야 한다.
② 사법경찰관은 인터넷 회선을 통하여 송신·수신하는 전기통신을 대상으로 제6조 또는 제8조(제5조제1항의 요건에 해당하는 사람에 대한 긴급통신제한조치에 한정한다)에 따른 통신제한조치를 집행한 경우 그 전기통신의 보관등을 하고자 하는 때에는 집행종료일부터 14일 이내에 보관등이 필요한 전기통신을 선별하여 검사에게 보관등의 승인을 신청하고, 검사는 신청일부터 7일 이내에 통신제한조치를 허가한 법원에 그 승인을 청구할 수 있다.
③ 제1항 및 제2항에 따른 승인청구는 통신제한조치의 집행 경위, 취득한 결과의 요지, 보관등이 필요한 이유를 기재한 서면으로 하여야 하며, 다음 각 호의 서류를 첨부하여야 한다.
 1. 청구이유에 대한 소명자료
 2. 보관등이 필요한 전기통신의 목록
 3. 보관등이 필요한 전기통신. 다만, 일정 용량의 파일 단위로 분할하는 등 적절한 방법으로 정보저장매체에 저장·봉인하여 제출하여야 한다.
④ 법원은 청구가 이유 있다고 인정하는 경우에는 보관등을 승인하고 이를 증명하는 서류(이하 이 조에서 "승인서"라 한다)를 발부하며, 청구가 이유 없다고 인정하는 경우에는 청구를 기각하고 이를 청구인에게 통지한다.
⑤ 검사 또는 사법경찰관은 제1항에 따른 청구나 제2항에 따른 신청을 하지 아니하는 경우에는 집행종료일부터 14일(검사가 사법경찰관의 신청을 기각한 경우에는 그 날부터 7일) 이내에 통신제한조치로 취득한 전기통신을 폐기하여야 하고, 법원에 승인청구를 한 경우(취득한 전기통신의 일부에 대해서만 청구한 경우를 포함한다)에는 제4항에 따라 법원으로부터 승인서를 발부받거나 청구기각의 통지를 받은 날부터 7일 이내에 승인을 받지 못한 전기통신을 폐기하여야 한다.
⑥ 검사 또는 사법경찰관은 제5항에 따라 통신제한조치로 취득한 전기통신을 폐기한 때에는 폐기의 이유와 범위 및 일시 등을 기재한 폐기결과보고서를 작성하여 피의자의 수사기록 또는 피내사자의 내사사건기록에 첨부하고, 폐기일부터 7일 이내에 통신제한조치를 허가한 법원에 송부하여야 한다. [본조신설 2020. 3. 24.]

■ 판례 ■ **통신제한조치로 취득한 자료의 사용 제한**

甲의 국가보안법위반죄에 대한 증거의 수집을 위하여 발부된 통신제한조치허가서에 의하여 피고인과 乙 사이 또는 피고인과 丙 사이의 통화내용을 감청하여 작성한 녹취서는 위 통신제한조치의 목적이 된 甲의 국가보안법위반죄나 그와 관련된 범죄를 위하여 사용되어야 한다(대법원 2002.10.22. 선고 2000도5461 판결).

III. 범죄사실

1. 전기통신의 감청 등

1) 적용법조 : 제16조 제1항 제1호, 제3조 제1항 ☞ 공소시효 10년

> 제3조(통신 및 대화비밀의 보호) ① 누구든지 이 법과 형사소송법 또는 군사법원법의 규정에 의하지 아니하고는 우편물의 검열·전기통신의 감청 또는 통신사실확인자료의 제공을 하거나 공개되지 아니한 타인간의 대화를 녹음 또는 청취하지 못한다.

2) 범죄사실 기재례

[기재례1] 감청행위

> 누구든지 통신비밀보호법 등 법률의 규정에 의하지 아니하고는 우편물의 검열·전기통신의 감청 또는 통신사실확인자료의 제공을 하거나 공개되지 아니한 타인 간의 대화를 녹음 또는 청취할 수 없다.
>
> 그럼에도 불구하고 피의자는 200○. ○. ○. ○○에 있는 한국도로공사 ○○지사옆 ○○ 주식회사 기사대기용 컨테이너 안에서, 피의자가 한국도로공사 ○○지사 통신실에서 가지고 나온 무선전화기(V.H.F.) 1대를 그 사용 연한이 지나 무선전파감시국으로부터 사용인가가 취소된 정을 잘 알면서도 200○. ○. ○.까지 위 장소에 비치하여 소지하였다.

[기재례2] 119구급차 무전 도청

> 누구든지 통신비밀보호법 등 법률의 규정에 의하지 아니하고는 우편물의 검열·전기통신의 감청 또는 통신사실확인자료의 제공을 하거나 공개되지 아니한 타인 간의 대화를 녹음 또는 청취할 수 없다.
>
> 그럼에도 불구하고 피의자들은 피의자 乙의 스타렉스 응급차량 뒷좌석 실내등 안쪽에 119 소방본부의 무전 주파수를 입력한 무전기를 은닉하는 방법으로 감청장치를 설치하고 위 차량에서 119 소방본부의 응급 무전을 불법 감청하여 서로 그 내용을 TRS 폰으로 연락하되, 피의자 乙은 ○○에 있는 ○○부근에서 대기하고, 피의자 甲은 ○○에 있는 ○○에서 대기하다가 감청 후 가까운 곳에서 대기하던 자가 신속히 출동하여 사고사 등 외인사의 시신을 선점, 장례식장에 이송해 주고 그 대가를 받아 수익금을 반분하기로 공모하였다.
>
> 그 후 피의자 乙은 200○. ○. ○. 19:00경 ○○에 있는 ○○앞 도로에 주차한 위 스타렉스 응급차량 안에서 차량 내부에 설치된 무전기를 이용하여 119 소방본부에서 송출한 응급 및 구조지령을 청취하였다.
>
> 또한, 피의자 甲은 200○. ○. ○. 14:00경 ○○에 있는 ○○앞 도로에 주차된 위 스타렉스 응급차량 안에서 차량 내부에 설치된 무전기를 이용하여 119 소방본부에서 송출한 응급 및 구조지령을 청취하였다.
>
> 이로써 피의자들은 공모하여 법률의 규정에 의하지 아니하고 전기통신을 각 감청하였다.

[기재례3] 타인 간 대화 녹음

　누구든지 통신비밀보호법 등 법률의 규정에 의하지 아니하고는 우편물의 검열ㆍ전기통신의 감청 또는 통신사실확인자료의 제공을 하거나 공개되지 아니한 타인 간의 대화를 녹음 또는 청취할 수 없다.

　그럼에도 불구하고 피의자는 20○○. ○. ○. ○○:○○경 ○○에 있는 ○○아파트 상가 내 피의자가 경영하는 이용원에서 경쟁업체를 공중위생법위반죄로 고발하는 데 사용할 목적으로 홍길동으로 하여금 같은 상가내 동우미용실 甲에게 전화를 걸어 "귓불을 뚫어 주느냐"는 용건으로 통화하게 한 다음 그 내용을 녹음함으로써 공개되지 아니한 타인 간의 대화를 녹음하였다.

[기재례4] 불륜 장소 증거확보를 위한 감청

　누구든지 통신비밀보호법과 형사소송법 또는 군사법원법의 규정에 의하지 아니하고는 우편물의 검열ㆍ전기통신의 감청 또는 통신사실확인자료의 제공을 하거나 공개되지 아니한 타인 간의 대화를 녹음 또는 청취하지 못한다.

　그럼에도 불구하고 피의자는 20○○.○.○.경 ○○에 있는 피의자의 집에서 남편의 부정행위를 의심하여 그 증거를 확보하고자 USB 모양의 구형 녹음기를 위 원룸 싱크대 개수대에 넣어두는 방법으로 20○○.○.○.경 피의자의 남편과 부정행위 상대방인 갑이 피의자의 집에서 나눈 대화내용을 녹음하고, 20○○.○.○.경 위 피의자의 집에서 위와 같은 경위로 재차 위 원룸 싱크대 위에 USB 모양의 신형 녹음기를 두는 방법으로 20○○.○.○.경 피의자의 남편과 갑이 피의자의 집에서 나눈 대화내용을 녹음하였다.

　피의자는 그 후 위 갑을 상대로 위자료 청구의 소를 제기하였고, 20○○.○.○.경 위 갑의 부정행위 가담 사실을 입증하기 위한 증거로 위 대화 녹음파일을 서증으로 제출하였다.

　이로써 피의자는 공개되지 아니한 타인 간의 대화내용을 녹음하고, 이에 따라 알게 된 대화의 내용을 민사소송에 제출함으로써 공개하였다.

[기재례5] 택시기사의 승객 대화 내용 녹음 공개

　누구든지 통신비밀보호법과 형사소송법 또는 군사법원법의 규정에 의하지 아니하고는 공개되지 아니한 타인간의 대화를 녹음 또는 청취하지 못하고, 위와 같이 녹음 또는 청취한 대화를 공개하거나 누설하여서는 아니 된다.

　그럼에도 피의자는 개인택시 기사이자 인터넷 개인방송 ○○의 운영자로서, 20○○. ○. ○. 04:30경부터 04:55경까지 위 택시에 설치한 캠 카메라와 무선통신 에그를 이용하여 승객 甲, 乙 동의 없이 이들의 대화내용을 자신이 운영하는 위 A 방송에 실시간으로 전송하여 불특정 다수의 시청자에게 공개하였다.

[기재례6] 도청장치를 이용한 대화청취

> 누구든지 도청장비를 이용하여 타인 간의 대화를 청취하여서는 아니된다.
> 그럼에도 불구하고 피의자는 20○○. ○. ○.경 ○○에 있는 피의자의 ○○주식회사 기사대기용 컨테이너박스 안에서 한국도로공사 ○○지사의 내부의 통화내용을 청취하기 위하여 무선기를 설치한 다음 20○○. ○. ○.까지 한국도로공사 ○○지사의 순찰차량, 상황실, 119구조대간의 무선통화내역을 청취하여 사고장소 및 사고내역을 확인하고, ○○주식회사 소속 차량을 사고현장으로 보내 견인하여 막대한 영업수익을 올리는 등 타인 간의 대화를 청취하였다.

3) 신문사항

 - 타인 간의 대화 내용을 청취한 일이 있는가
 - 언제 어떠한 대화내용을 청취하였는가
 - 어디에서 청취하였는가
 - 이렇게 대화내용을 청취하기 위해 어떤 장치와 시설을 준비하였는가
 - 어떤 방법으로 청취하였는가
 - 무엇 때문에 청취하였나
 - 이렇게 대화내용을 청취하여 어떻게 하였는가

■ **판례** ■ '전기통신의 감청'의 의미

[1] 사실관계

> 甲은 피해자들의 휴대전화를 복제하여 그 복제한 휴대전화로 실시간 위치확인 회원제정보서비스에 가입한 후 자신의 휴대전화번호는 친구번호로 등록하고는, 자신이 가입한 "실시간 위치확인" 회원제정보서비스에 의하여 수신되는 피해자들의 위치정보를 자신의 휴대전화 또는 인터넷서비스를 통해 제공받았다.

[2] 판결요지

가. 통신비밀보호법 제3조 제1항이 금지하고 있는 '전기통신의 감청'의 의미

통신비밀보호법 제3조 제1항이 금지하고 있는 전기통신의 감청이란 전기통신에 대하여 그 당사자인 송신인과 수신인이 아닌 제3자가 당사자의 동의를 받지 않고 전자장치 등을 이용하여 통신의 음향·문언·부호·영상을 청취·공독하여 그 내용을 지득하는 등의 행위를 하는 것을 의미한다.

나. 甲의 죄책

비록 피고인이 피해자들의 휴대전화 위치정보를 제공받기 위해서는 피해자들도 실시간 위치확인 회원제정보서비스에 가입하여 자신의 위치정보를 타인에게 제공하도록 허락하는 것이 요구되고 이를 위해 피고인이 피해자들의 휴대전화를 복제하여 그 복제한 휴대전화로 실시간 위치확인 회원제정보서비스에 가입한 후 자신의 휴대전화번호를 친구번호로 등록하는 등 기망적인 수단을 사용하기는 했지만, 피고인이 제공받은 피해자들의 위치정보는 피고인 자신이 가입한 실시간 위치확인 회원제정보서비스에 의한 것으로 그 정보통신의 수신인은 피고인 자신이고, 피고인을 '전기통신의 감청'의 주체인 제3자라고 볼 수 없으므로, 피고인의 행위는 '전기통신의 감청'에 해당한다고 볼 수 없다(대법원 2008.1.18. 선고 2006도1513 판결).

■ 판례 ■ 3인 간의 대화에 있어서 그 중 한 사람이 그 대화를 녹음하는 경우에 통신비밀보호법 제3조 제1항에 위배되는지 여부(소극)

통신비밀보호법 제3조 제1항이 "공개되지 아니한 타인간의 대화를 녹음 또는 청취하지 못한다"라고 정한 것은, 대화에 원래부터 참여하지 않는 제3자가 그 대화를 하는 타인들 간의 발언을 녹음해서는 아니 된다는 취지이다. 3인 간의 대화에 있어서 그 중 한 사람이 그 대화를 녹음하는 경우에 다른 두 사람의 발언은 그 녹음자에 대한 관계에서 '타인 간의 대화'라고 할 수 없으므로, 이와 같은 녹음행위가 통신비밀보호법 제3조 제1항에 위배된다고 볼 수는 없다(대법원 2006.10.12. 선고 2006도4981 판결).

■ 판례 ■ 렉카 회사가 무전기를 이용하여 한국도로공사의 상황실과 순찰차간의 무선전화통화를 청취한 경우

[1] 원래 송수신이 가능한 무전기를 송신이 가능하지 않도록 마이크를 떼어내고 비치한 경우, 구 통신비밀보호법시행령 제3조 제8호에 규정된 감청설비제외대상에 해당하는지 여부(소극)

통신비밀보호법 제2조 제8호 및 구 통신비밀보호법시행령(2002. 3. 25. 대통령령 제17548호로 개정되기 전의 것) 제3조 제8호의 규정에서 감청설비제외대상으로 하고 있는 것은 수신전용무선기기임을 전제로 하고 있음은 명백한데, 한국도로공사 상황실과 순찰차간에 순찰상황 보고 등의 통신목적으로 사용된 송수신이 가능한 무전기는 당초에 수신전용무선기기로 제작된 것이 아니고, 비록 위 무전기가 설치될 당시 송신이 가능하지 않도록 마이크를 떼어버렸다고 하더라도 언제든지 다시 마이크를 부착하여 송신이 가능한 이상 달리 볼 것이 아니므로 위 무전기는 수신전용무선기기가 아니라고 할 것이어서 구 통신비밀보호법시행령 제3조 제8호에 규정된 감청설비제외대상에 해당한다고 할 수 없다.

[2] 무전기와 같은 무선전화기를 이용한 통화가 '타인간의 대화'에 포함되는지 여부(소극)

통신비밀보호법에서는 그 규율의 대상을 통신과 대화로 분류하고 그 중 통신을 다시 우편물과 전기통신으로 나눈 다음, 그 제2조 제3호로 "전기통신"이라 함은 유선·무선·광선 및 기타의 전자적 방식에 의하여 모든 종류의 음향·문언·부호 또는 영상을 송신하거나 수신하는 것을 말한다고 규정하고 있는바, 무전기와 같은 무선전화기를 이용한 통화가 위 법에서 규정하고 있는 전기통신에 해당함은 전화통화의 성질 및 위 규정 내용에 비추어 명백하므로 이를 같은 법 제3조 제1항 소정의 '타인간의 대화'에 포함된다고 할 수 없다.

[3] 렉카 회사가 무전기를 이용하여 한국도로공사의 상황실과 순찰차간의 무선전화통화를 청취한 경우 통신비밀보호법상의 감청에 해당하는지 여부(적극)

렉카 회사가 무전기를 이용하여 한국도로공사의 상황실과 순찰차간의 무선전화통화를 청취한 경우 무전기를 설치함에 있어 한국도로공사의 정당한 계통을 밟은 결재가 있었던 것이 아닌 이상 전기통신의 당사자인 한국도로공사의 동의가 있었다고는 볼 수 없으므로 통신비밀보호법상의 감청에 해당한다(대법원 2003.11. 13. 선고 2001도6213 판결).

■ 판례 ■ 제3자가 전화통화자 중 일방만의 동의를 얻어 통화내용을 녹음한 경우, 전기통신감청에 해당하는지 여부(적극)

구 통신비밀보호법(2001.12.29. 법률 제6546호로 개정되기 전의 것)에서는 그 규율의 대상을 통신과 대화로 분류하고 그 중 통신을 다시 우편물과 전기통신으로 나눈 다음, 동법 제2조 제3호로 '전

기통신'이라 함은 유선·무선·광선 및 기타의 전자적 방식에 의하여 모든 종류의 음향·문언·부호 또는 영상을 송신하거나 수신하는 것을 말한다고 규정하고 있는바, 전화통화가 위 법에서 규정하고 있는 전기통신에 해당함은 전화통화의 성질 및 위 규정 내용에 비추어 명백하므로 이를 동법 제3조 제1항소정의 '타인간의 대화'에 포함시킬 수는 없고, 나아가, 동법 제2조 제7호가 규정한 '전기통신의 감청'은 그 전호의 '우편물의 검열' 규정과 아울러 고찰할 때 제3자가 전기통신의 당사자인 송신인과 수신인의 동의를 받지 아니하고 같은 호 소정의 각 행위를 하는 것만을 말한다고 풀이함이 상당하다고 할 것이므로, 전기통신에 해당하는 전화통화 당사자의 일방이 상대방 모르게 통화내용을 녹음(위 법에는 '채록'이라고 규정한다)하는 것은 여기의 감청에 해당하지 아니하지만(따라서 전화통화 당사자의 일방이 상대방 몰래 통화내용을 녹음하더라도, 대화 당사자 일방이 상대방 모르게 그 대화내용을 녹음한 경우와 마찬가지로 동법 제3조 제1항위반이 되지 아니한다), 제3자의 경우는 설령 전화통화 당사자 일방의 동의를 받고 그 통화내용을 녹음하였다 하더라도 그 상대방의 동의가 없었던 이상, 사생활 및 통신의 불가침을 국민의 기본권의 하나로 선언하고 있는 헌법규정과 통신비밀의 보호와 통신의 자유신장을 목적으로 제정된 통신비밀보호법의 취지에 비추어 이는 동법 제3조 제1항위반이 된다고 해석하여야 할 것이다(이 점은 제3자가 공개되지 아니한 타인간의 대화를 녹음한 경우에도 마찬가지이다)(대법원 2002.10.8. 선고 2002도123 판결).

■ 판례 ■ 통신비밀보호법상 '감청'의 의미 및 이미 수신이 완료된 전기통신 내용을 지득하는 등의 행위도 이에 포함되는지 여부(소극)

통신비밀보호법 제2조 제3호 및 제7호에 의하면 같은 법상 '감청'은 전자적 방식에 의하여 모든 종류의 음향·문언·부호 또는 영상을 송신하거나 수신하는 전기통신에 대하여 당사자의 동의 없이 전자장치·기계장치 등을 사용하여 통신의 음향·문언·부호·영상을 청취·공독하여 그 내용을 지득 또는 채록하거나 전기통신의 송·수신을 방해하는 것을 말한다. 그런데 해당 규정의 문언이 송신하거나 수신하는 전기통신 행위를 감청의 대상으로 규정하고 있을 뿐 송·수신이 완료되어 보관 중인 전기통신 내용은 대상으로 규정하지 않은 점, 일반적으로 감청은 다른 사람의 대화나 통신 내용을 몰래 엿듣는 행위를 의미하는 점 등을 고려하여 보면, 통신비밀보호법상 '감청'이란 대상이 되는 전기통신의 송·수신과 동시에 이루어지는 경우만을 의미하고, 이미 수신이 완료된 전기통신의 내용을 지득하는 등의 행위는 포함되지 않는다.(대법원 2012.10.25. 선고 2012도4644 판결)

■ 판례 ■ 불법 감청·녹음에 관여하지 아니한 언론기관이 이를 공개한 경우 정당행위 여부

[1] 불법 감청·녹음 등에 관여하지 아니한 언론기관이 그 통신 또는 대화 내용을 보도하여 공개하는 행위가 형법 제20조의 정당행위에 해당하기 위한 요건 및 공개행위의 주체가 언론기관이나 그 종사자 아닌 사람인 경우에도 동일한 법리가 적용되는지 여부(적극)

불법 감청·녹음 등에 관여하지 아니한 언론기관이 그 통신 또는 대화 내용을 보도하여 공개하는 행위가 형법 제20조의 정당행위에 해당하기 위하여는, 첫째, 그 보도의 목적이 불법 감청·녹음 등의 범죄가 저질러졌다는 사실 자체를 고발하기 위한 것으로 그 과정에서 불가피하게 통신 또는 대화의 내용을 공개할 수밖에 없는 경우이거나, 불법 감청·녹음 등에 의하여 수집된 통신 또는 대화의 내용이 이를 공개하지 아니하면 공중의 생명·신체·재산 기타 공익에 대한 중대한 침해가 발생할 가능성이 현저한 경우 등과 같이 비상한 공적 관심의 대상이 되는 경우에 해당하여야 하고, 둘째, 언론기관이 불법 감청·녹음 등의 결과물을 취득함에 있어 위법한 방법을 사용하거나 적극적·주도적으로 관여하여서는 아니되며, 셋째, 그 보도가 불법 감청·녹음 등의 사실을 고발

하거나 비상한 공적 관심사항을 알리기 위한 목적을 달성하는 데 필요한 부분에 한정되는 등 통신비밀의 침해를 최소화하는 방법으로 이루어져야 하고, 넷째, 그 내용을 보도함으로써 얻어지는 이익 및 가치가 통신비밀의 보호에 의하여 달성되는 이익 및 가치를 초과하여야 한다. 이러한 법리는 불법 감청·녹음 등에 의하여 수집된 통신 또는 대화 내용의 공개가 관계되는 한, 그 공개행위의 주체가 언론기관이나 그 종사자 아닌 사람인 경우에도 마찬가지로 적용된다.

[2] 국회의원인 피고인이, 구 국가안전기획부 내 정보수집팀이 대기업 고위관계자와 중앙일간지 사주 간의 사적 대화를 불법 녹음한 자료를 입수한 후 그 대화내용과, 위 대기업으로부터 이른바 떡값 명목의 금품을 수수하였다는 검사들의 실명이 게재된 보도자료를 작성하여 자신의 인터넷 홈페이지에 게재한 경우

피고인이 국가기관의 불법 녹음 자체를 고발하기 위하여 불가피하게 위 녹음 자료에 담겨 있던 대화 내용을 공개한 것이 아니고, 위 대화가 피고인의 공개행위시로부터 8년 전에 이루어져 이를 공개하지 아니하면 공익에 대한 중대한 침해가 발생할 가능성이 현저한 경우로서 비상한 공적 관심의 대상이 되는 경우에 해당한다고 보기 어려우며, 전파성이 강한 인터넷 매체를 이용하여 불법 녹음된 대화의 상세한 내용과 관련 당사자의 실명을 그대로 공개하여 방법의 상당성을 결여하였고, 위 게재행위와 관련된 사정을 종합하여 볼 때 위 게재에 의하여 얻어지는 이익 및 가치가 통신비밀이 유지됨으로써 얻어지는 이익 및 가치를 초월한다고 볼 수 없으므로, 피고인이 위 녹음 자료를 취득하는 과정에 위법이 없었더라도 위 행위는 형법 제20조의 정당행위에 해당한다고 볼 수 없는데도, 이와 달리 본 원심판단에 법리오해의 위법이 있다.(대법원 2011.5.13. 선고 2009도14442 판결)

■ 판례 ■　골프장 운영업체가 예약전용 전화선에 녹취시스템을 설치하여 예약담당직원과 고객 간의 골프장 예약에 관한 통화내용을 녹취한 행위

통신비밀보호법 위반죄에 해당하지 않는다(대법원 2008.10.23. 선고, 2008도1237 판결)

■ 판례 ■　통신비밀보호법상 '전기통신의 감청'의 의미 및 전화통화 당사자의 일방이 상대방 모르게 통화 내용을 녹음하는 행위가 이에 해당하는지 여부(소극) / 제3자가 전화통화 당사자 중 일방만의 동의를 받고 통화 내용을 녹음한 행위가 '전기통신의 감청'에 해당하는지 여부(적극) 및 이러한 불법감청에 의하여 녹음된 전화통화 내용의 증거능력 유무(소극)

원심은 2010. 9. 8.자 녹음파일의 대화당사자는 피고인 2와 공소외 1, 공소외 2이고, 당시 공소외 1과 공소외 2가 위 3인 간의 대화를 녹음하였다고 인정하여, 위 녹음파일은 통신비밀보호법 제3조 제1항에서 규정한 '타인 간의 대화'를 녹음한 경우에 해당하지 않고, 이들이 공소외 3의 권유 또는 지시에 따라 녹음을 하였다고 하더라도 공소외 2와 공소외 1이 녹음의 주체이므로 제3자의 녹음행위로 볼 수 없다고 판단하였다. 원심판결 이유를 위 법리와 적법하게 채택된 증거에 비추어 살펴보면, 이 부분 원심의 판단에 '타인 간의 대화'에 관한 법리를 오해한 위법이 없다.

(가) 원심은 다음과 같은 이유로 2010. 9. 9.자 통화 내용 녹음파일의 증거능력을 인정하였다. 공소외 1과 공소외 2가 피고인 1과의 통화 내용을 녹음하기로 합의한 후 공소외 1이 스피커폰으로 피고인 1과 통화하고 공소외 2가 옆에서 이를 녹음하였으므로 녹음을 하는 사실행위는 공소외 2가 하였다고 하더라도 위 녹음에 대하여 독립된 경제적 이해를 가지는 대화당사자인 공소외 1이 녹음의 주체로서의 지위를 상실하는 것은 아니다. 따라서 위 대화는 통신비밀보호법 제3조 제1항에서 규정한 '타인 간의 대화'에 해당하지 않는다.

(나) 그러나 앞서 본 법리와 기록에 비추어 살펴보면, 2010. 9. 9.자 전화통화는 피고인 1과 공소외 1 사이에 이루어진 것이므로 전화통화의 당사자는 피고인 1과 공소외 1이고, 공소외 2는 위 전화통화에

있어서 제3자에 해당한다. 따라서 공소외 2가 전화통화 당사자 일방인 공소외 1의 동의를 받고 그 통화 내용을 녹음하였다고 하더라도 전화통화 상대방인 피고인 1의 동의가 없었던 이상 공소외 2가 이들 간의 전화통화 내용을 녹음한 행위는 통신비밀보호법 제3조 제1항에 위반한 '전기통신의 감청'에 해당하여 제4조에 의하여 그 녹음파일은 재판절차에서 증거로 사용할 수 없다. 피고인 1이 제1심에서 위 녹음파일 및 이를 채록한 녹취록에 대하여 증거동의를 하였다 하더라도 마찬가지이다.

(다) 따라서 원심이 2010. 9. 9.자 녹음파일 및 그 녹취록의 증거능력을 인정한 것은 피고인 1이 상고이유로 지적하는 바와 같이 잘못이다. 그러나 기록에 의하여 살펴보면 원심이 적법하게 채택한 나머지 증거들에 의하더라도 피고인 1에 대한 공소사실을 인정하기에 충분하다. 결국 원심이 피고인 1에 대한 공소사실을 유죄로 인정한 것은 정당하므로, 원심의 위와 같은 잘못은 판결 결과에 영향이 없다.(대법원 2019. 3. 14. 선고, 2015도1900, 판결)

■ 판례 ■ 통신비밀보호법 제14조 제1항의 금지를 위반하는 행위는 같은 법 제3조 제1항 위반행위에 해당하여 같은 법 제16조 제1항 제1호의 처벌대상이 되는지 여부(원칙적 적극) / 통신비밀보호법 제3조 제1항이 공개되지 않은 타인 간의 대화를 녹음 또는 청취하지 못하도록 한 취지 / 대화에 원래부터 참여하지 않는 제3자가 일반 공중이 알 수 있도록 공개되지 않은 타인 간의 발언을 녹음하거나 전자장치 또는 기계적 수단을 이용하여 청취하는 것이 통신비밀보호법 제3조 제1항에 위반되는지 여부(원칙적 적극) / 통신비밀보호법상 '공개되지 않았다.'는 것을 판단하는 방법

통신비밀보호법은 공개되지 않은 타인 간의 대화에 관하여 다음과 같이 정하고 있다. 누구든지 이 법과 형사소송법 또는 군사법원법의 규정에 의하지 않고는 공개되지 않은 타인 간의 대화를 녹음하거나 청취하지 못하고(제3조 제1항), 위와 같이 금지하는 청취행위는 전자장치 또는 기계적 수단을 이용한 경우로 제한된다(제14조 제1항). 그리고 제3조의 규정을 위반하여 공개되지 않은 타인 간의 대화를 녹음 또는 청취한 자(제1호)와 제1호에 의하여 지득한 대화의 내용을 공개하거나 누설한 자(제2호)는 제16조 제1항에 따라 처벌받는다.

위와 같은 통신비밀보호법의 내용과 형식, 통신비밀보호법이 공개되지 않은 타인 간의 대화에 관한 녹음 또는 청취에 대하여 제3조 제1항에서 일반적으로 이를 금지하고 있는데도 제14조 제1항에서 구체화하여 금지되는 행위를 제한하고 있는 입법 취지와 체계 등에 비추어 보면, 통신비밀보호법 제14조 제1항의 금지를 위반하는 행위는 통신비밀보호법과 형사소송법 또는 군사법원법의 규정에 따른 것이라는 등의 특별한 사정이 없는 한, 제3조 제1항 위반행위에 해당하여 제16조 제1항 제1호의 처벌대상이 된다고 해석해야 한다.

통신비밀보호법 제3조 제1항이 공개되지 않은 타인 간의 대화를 녹음 또는 청취하지 못하도록 한 것은, 대화에 원래부터 참여하지 않는 제3자가 대화를 하는 타인 간의 발언을 녹음하거나 청취해서는 안 된다는 취지이다. 따라서 대화에 원래부터 참여하지 않는 제3자가 일반 공중이 알 수 있도록 공개되지 않은 타인 간의 발언을 녹음하거나 전자장치 또는 기계적 수단을 이용하여 청취하는 것은 특별한 사정이 없는 한 제3조 제1항에 위반된다. '공개되지 않았다.'는 것은 반드시 비밀과 동일한 의미는 아니고, 구체적으로 공개된 것인지는 발언자의 의사와 기대, 대화의 내용과 목적, 상대방의 수, 장소의 성격과 규모, 출입의 통제 정도, 청중의 자격 제한 등 객관적인 상황을 종합적으로 고려하여 판단해야 한다. (대법원 2022. 8. 31. 선고 2020도1007 판결)

2. 공무원의 통신제한조치에 관한 사항 누설

1) 적용법조 : 제16조 제2항 제2호, 제11조 제1항 ☞ 공소시효 10년

> **제11조(비밀준수의 의무)** ① 통신제한조치의 허가·집행·통보 및 각종 서류작성 등에 관여한 공무원 또는 그 직에 있었던 자는 직무상 알게 된 통신제한조치에 관한 사항을 외부에 공개하거나 누설하여서는 아니 된다.
> ② 통신제한조치에 관여한 통신기관의 직원 또는 그 직에 있었던 자는 통신제한조치에 관한 사항을 외부에 공개하거나 누설하여서는 아니 된다.
> ③ 제1항 및 제2항에 규정된 자 외 누구든지 이 법에 따른 통신제한조치로 알게 된 내용을 이 법에 따라 사용하는 경우 외에는 이를 외부에 공개하거나 누설하여서는 아니 된다.

2) 범죄사실 기재례

> 피의자는 ○○통신회사에서 통신제한조치에 관한 업무를 취급하고 있는 사람이다.
> 통신제한조치에 관여한 통신기관의 직원 또는 그 직에 있었던 자는 통신제한조치에 관한 사항을 외부에 공개하거나 누설하여서는 아니 된다.
> 그럼에도 불구하고 피의자는 20○○. ○. ○. ○○경찰서 수사과 경위 이호기로부터 홍길동에 대한 전화 감청의뢰를 받아 이를 취급하면서 알게 된 위 홍길동에 대한 ○○내용을 20○○. ○. ○. ○○에서 김길동에게 말하여 누설하였다.

3) 신문사항

- 어떤 일을 하는가
- 어떤 통신회사에 근무하는가
- 그곳에서 어떤 일을 하는가
- 통신제한조치 업무를 어떻게 취급하는가
- ○○경찰서 경찰관으로부터 감청의뢰를 받은 일이 있느냐
- 언제 누구로부터 어떤 내용의 의뢰를 받았나
- 그때 알게 된 내용을 타인에게 누설한 일이 있는가
- 언제 누구에게 알려주었나
- 어떤 내용인가
- 어떻게 알려주었나
- 왜 알려주었나

3. 전기통신에 사용되는 비밀번호 누설 : 제17조 제1항 제3호, 제9조 제4항 ☞ 공소시효 7년

> 제9조(통신제한조치의 집행) ① 제6조 내지 제8조의 통신제한조치는 이를 청구 또는 신청한 검사·사법경찰관 또는 정보수사기관의 장이 집행한다. 이 경우 체신관서 기타 관련기관등(이하 "통신기관등"이라 한다)에 그 집행을 위탁하거나 집행에 관한 협조를 요청할 수 있다.
> ② 통신제한조치의 집행을 위탁하거나 집행에 관한 협조를 요청하는 자는 통신기관등에 통신제한조치허가서(제7조 제1항제2호의 경우에는 대통령의 승인서를 말한다. 이하 이 조, 제16조제2항제1호 및 제17조제1항제1호·제3호에서 같다) 또는 긴급감청서등의 표지의 사본을 교부하여야 하며, 이를 위탁받거나 이에 관한 협조요청을 받은 자는 통신제한조치허가서 또는 긴급감청서등의 표지 사본을 대통령령이 정하는 기간동안 보존하여야 한다.
> ③ 통신제한조치를 집행하는 자와 이를 위탁받거나 이에 관한 협조요청을 받은 자는 당해 통신제한조치를 청구한 목적과 그 집행 또는 협조일시 및 대상을 기재한 대장을 대통령령이 정하는 기간동안 비치하여야 한다.
> ④ 통신기관등은 통신제한조치허가서 또는 긴급감청서등에 기재된 통신제한조치 대상자의 전화번호 등이 사실과 일치하지 않을 경우에는 그 집행을 거부할 수 있으며, 어떠한 경우에도 전기통신에 사용되는 비밀번호를 누설할 수 없다.

■ 판례 ■   통신비밀보호법 제9조 제1항 후문 등에서 통신기관 등에 대한 집행위탁이나 협조요청 및 대장 비치의무 등을 규정하고 있는 취지 / '대화의 녹음·청취'를 집행주체가 제3자에게 집행을 위탁하거나 그로부터 협조를 받아 할 수 있는 경우 및 이때 통신기관 등이 아닌 일반 사인에게 대장을 작성하여 비치할 의무가 있는지 여부(소극)

제9조 제1항 후문 등에서 체신관서 기타 관련기관 등(이하 '통신기관 등')에 대한 집행위탁이나 협조요청 및 대장 비치의무 등을 규정하고 있는 것은 우편물의 검열 또는 전기통신의 감청(이하 '통신제한조치')의 경우 해당 우편이나 전기통신의 역무를 담당하는 통신기관 등의 협조가 없이는 사실상 집행이 불가능하다는 점 등을 고려하여 검사·사법경찰관 또는 정보수사기관의 장(이하 '집행주체')이 통신기관 등에 집행을 위탁하거나 집행에 관한 협조를 요청할 수 있음을 명확히 하는 한편 통신기관 등으로 하여금 대장을 작성하여 비치하도록 함으로써 사후 통제를 할 수 있도록 한 취지이다. 한편 '대화의 녹음·청취'에 관하여 통신비밀보호법 제14조 제2항은 통신비밀보호법 제9조 제1항 전문을 적용하여 집행주체가 집행한다고 규정하면서도, 통신기관 등에 대한 집행위탁이나 협조요청에 관한 같은 법 제9조 제1항 후문을 적용하지 않고 있으나, 이는 '대화의 녹음·청취'의 경우 통신제한조치와 달리 통신기관의 업무와 관련이 적다는 점을 고려한 것일 뿐이므로, 반드시 집행주체가 '대화의 녹음·청취'를 직접 수행하여야 하는 것은 아니다. 따라서 집행주체가 제3자의 도움을 받지 않고서는 '대화의 녹음·청취'가 사실상 불가능하거나 곤란한 사정이 있는 경우에는 비례의 원칙에 위배되지 않는 한 제3자에게 집행을 위탁하거나 그로부터 협조를 받아 '대화의 녹음·청취'를 할 수 있다고 봄이 타당하고, 그 경우 통신기관 등이 아닌 일반 사인에게 대장을 작성하여 비치할 의무가 있다고 볼 것은 아니다. (대법원 2015.01.22. 선고 2014도10978 전원합의체 판결)

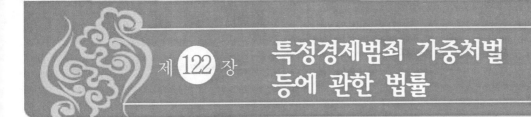

제 122 장

특정경제범죄 가중처벌 등에 관한 법률

Ⅰ. 개념정의

제2조(정의) 이 법에서 사용하는 용어의 뜻은 다음과 같다.

1. "금융회사등"이란 다음 각 목의 어느 하나에 해당하는 것을 말한다.
   가. 「한국은행법」에 따른 한국은행, 「금융위원회의 설치 등에 관한 법률」에 따른 금융감독원 및 「은행법」이나 그 밖의 법률에 따른 은행
   나. 「자본시장과 금융투자업에 관한 법률」에 따른 투자매매업자, 투자중개업자, 집합투자업자, 신탁업자, 증권금융회사 및 종합금융회사
   다. 「상호저축은행법」에 따른 상호저축은행과 그 중앙회
   라. 「농업협동조합법」에 따른 조합과 농협은행
   마. 「수산업협동조합법」에 따른 조합과 수협은행
   바. 「신용협동조합법」에 따른 신용협동조합과 그 중앙회
   사. 「새마을금고법」에 따른 새마을금고와 그 연합회
   아. 「보험업법」에 따른 보험업을 경영하는 자
   자. 「신용보증기금법」에 따른 신용보증기금
   차. 「기술보증기금법」에 따른 기술보증기금
   카. 그 밖에 가목부터 차목까지의 기관과 같거나 유사한 업무를 하는 기관으로서 대통령령으로 정하는 기관
2. "저축"이란 다음 각 목의 어느 하나에 해당하는 것을 금융회사등에 예입(預入), 납입(納入) 또는 신탁(信託)하거나 금융회사등으로부터 수령(受領) 또는 매입(買入)하는 것을 말한다.
   가. 예금, 적금, 부금(賦金), 계금(?金) 및 신탁재산
   나. 주식, 채권, 수익증권, 어음, 수표 및 채무증서
   다. 보험료
   라. 그 밖에 가목부터 다목까지의 규정에 준하는 것으로서 대통령령으로 정하는 것
3. "대출등"이란 금융회사등이 취급하는 대출, 채무의 보증 또는 인수(引受), 급부(給付), 채권 또는 어음의 할인이나 그 밖에 이에 준하는 것으로서 대통령령으로 정하는 것을 말한다.

※ 시행령
제3조(감독기관의 감독업무에 종사하는 자의 범위) 법 제12조제2항에 따른 감독기관의 감독업무에 종사하는 사람은 다음 각 호의 어느 하나에 해당하는 기관의 임·직원으로서 소관 금융회사등에 대한 감사 또는 검사의 직무(일시적인 감사 또는 검사의 직무의 경우를 포함한다)에 종사하는 사람 및 그 직무를 관장하는 상급자와 해당 감독기관의 장으로 한다.

1. 「금융위원회의 설치 등에 관한 법률」에 따른 금융감독원
2. 「상호저축은행법」에 따른 상호저축은행중앙회
3. 「농업협동조합법」에 따른 농업협동조합중앙회
4. 「수산업협동조합법」에 따른 수산업협동조합중앙회
5. 「신용협동조합법」에 따른 신용협동조합중앙회
6. 「새마을금고법」에 따른 새마을금고중앙회

1. 벌 칙

제3조(특정재산범죄의 가중처벌)

제4조(재산국외도피의 죄)

제5조(수재 등의 죄)

제6조(증재 등의 죄)

제7조(알선수재의 죄)

제8조(사금융 알선 등의 죄)

제9조(저축 관련 부당행위의 죄)

제10조 (몰수추징)

제11조(무인가 단기금융업의 가중처벌)

2. 죄명표

법조문	죄명표시	
제3조 중 사기의 경우	특정경제범죄 가중처벌 등에 관한 법률 위반(사기)	
제3조 중 공갈의 경우	〃	(공갈)
제3조 중 횡령의 경우	〃	(횡령)
제3조 중 배임의 경우	〃	(배임)
제4조	〃	(재산국외도피)
제5조	〃	(수재등)
제6조	〃	(증재등)
제7조	〃	(알선수재)
제8조	〃	(사금융알선등)
제9조	〃	(저축관련부당행위)
제11조	〃	(무인가단기금융업)
제12조	〃	(보고의무)
제14조	〃	(취업제한등)

Ⅲ. 범죄사실

1. 사기, 공갈, (업무상)횡령 · 배임

1) 적용법조 : 제3조 ☞ 공소시효 10년

> 제3조(특정재산범죄의 가중처벌) ① 「형법」 제347조(사기), 제347조의2(컴퓨터등 사용사기), 제350조(공갈), 제350조의2(특수공갈), 제351조(제347조, 제347조의2, 제350조 및 제350조의2의 상습범만 해당한다), 제355조(횡령 · 배임) 또는 제356조(업무상의 횡령과 배임)의 죄를 범한 사람은 그 범죄행위로 인하여 취득하거나 제3자로 하여금 취득하게 한 재물 또는 재산상 이익의 가액(이하 이 조에서 "이득액"이라 한다)이 5억원 이상일 때에는 다음 각 호의 구분에 따라 가중처벌한다.
> 1. 이득액이 50억원 이상일 때: 무기 또는 5년 이상의 징역
> 2. 이득액이 5억원 이상 50억원 미만일 때: 3년 이상의 유기징역
> ② 제1항의 경우 이득액 이하에 상당하는 벌금을 병과(併科)할 수 있다.

2) 범죄사실 기재례

[기재례1] 사기

> 피의자는 20○○. 3. 28. 피해자 홍길동을 무한책임사원으로 대표사원, 피의자는 형식상 유한책임사원으로 한 ○○합자회사를 설립하여 같은 날 위 회사 명의로 백화점을 경락받은 후, 위 피해자가 피의자에게 그 경락대금 61억 원 중 50억 원은 백화점 건물과 대지를 담보로 ○○은행, ○○은행 등으로부터 대출받았고, 11억 원은 자신이 직접 조달한 것이니 11억 원에 백화점을 인수해가라고 하자, 사실은 백화점 인수대금을 줄 의사가 전혀 없었다.
> 그럼에도 불구하고 피의자는 20○○. ○. ○.경 ○○에 있는 ○○다방에서 피해자에게 백화점을 6억 원에 인수하겠으니 회사의 자본금 ○○만 원의 지분양도서에 서명하고 대표사원 직인을 넘겨달라고 거짓말을 하였다.
> 피의자는 이에 속은 피해자로 하여금 즉시 그 자리에서 회사 지분양도서에 서명 날인케 하여 지분 전체를 양수하고 대표사원 직인을 넘겨받아 회사의 실질적인 대표사원이 됨으로써, 회사의 유일한 재산인 백화점 건물과 대지 시가 약 160억 원 상당(감정가 6억 원)에 대한 권리를 취득하여 같은 액수만큼의 재산상 이득을 취득하였다.

[기재례2] 공갈

> 피의자 甲은 폭력조직 '칠성파'의 두목, 피의자 乙은 조직원으로 공모 공동하여, 20○○. 9. 20. 20:00경 ○○에서 피의자 乙이 '신20세기파' 조직원인 丙을 살해한 사건을 소재로 제작된 영화 '(영화명 ○○)'의 감독인 공○○에게 돈을 주지 않으면 위해를 가할 것이라고 협박하였다. 피의자는 이에 겁을 먹은 위 공○○를 통하여 위 영화의 제작사 대표인 피해자 A와 투자사 대표인 피해자 B를 협박하여 공○○로 하여금 피해자들로부터 합계 ○○억 2천만 원을 교부받게 한 다음 그 중 ○○억 원을 공○○로부터 교부받았다.

[기재례3] 횡령

> 피의자는 ○○전자 ○○지점장으로 위 지점 경리자금의 관리출납 등 제반 업무를 전담하는 사람이다.
>
> 피의자는 20○○. ○. 초순경부터 20○○. ○. ○. 까지 별첨 범죄일람표의 내용과 같이 판매대금 중 ○○만원을 "○○○" 명목으로 사용 소비하여 횡령하였다.

3) 신문사항(횡령)

- 피해자와 어떠한 관계인가
- 피해자 회사에는 언제 입사하였으며 어떠한 일을 하고 있는가
- 보험료를 수금하여 회사에 불입하지 않은 일이 있나
- 그 일시와 금액은
- 어떠한 보험금 이었나
- 보험료 수금업무는 언제부터 언제까지 하였나요
- 수금한 보험료는 어떠한 방법으로 장부정리를 하였나
- 그날그날 수금한 보험금은 어떠한 방법으로 처리하였나
- 회사에 납입하지 않은 보험료는 언제부터 언제까지 수금한 돈인가요
- 제때에 납입하지 않은 이유는 무엇인가
- 납입하지 않은 보험료는 어떻게 하였나
- 횡령한 보험금은 어떻게 하였나
- 왜 이런 짓을 하였나

■ **판례** ■　부동산을 편취한 경우에 특정경제범죄 가중처벌 등에 관한 법률 제3조의 적용을 전제로 그 부동산의 가액을 산정함에 있어, 부동산의 시가 상당액에서 근저당권 등에 의한 부담에 상당하는 금액을 공제하여야 하는지 여부(적극)

[1] 형법 제347조의 사기죄는 사람을 기망하여 재물의 교부를 받거나 재산상의 이익을 취득하거나 제3자로 하여금 재물의 교부를 받게 하거나 재산상의 이익을 취득하게 함으로써 성립하고, 그 교부받은 재물이나 재산상 이익의 가액이 얼마인지는 문제되지 아니하는 데 비하여, 사기로 인한 특정경제범죄 가중처벌 등에 관한 법률 위반죄에 있어서는 편취한 재물이나 재산상 이익의 가액이 5억 원 이상 또는 50억 원 이상이라는 것이 범죄 구성요건의 일부로 되어 있고 그 가액에 따라 그 죄에 대한 형벌도 가중되어 있으므로, 이를 적용함에 있어서는 편취한 재물이나 재산상 이익의 가액을 엄격하고 신중하게 산정함으로써, 범죄와 형벌 사이에 적정한 균형이 이루어져야 한다는 죄형균형 원칙이나 형벌은 책임에 기초하고 그 책임에 비례하여야 한다는 책임주의 원칙이 훼손되지 않도록 유의하여야 한다.

[2] 따라서 사람을 기망하여 부동산의 소유권을 이전받거나 제3자로 하여금 이전받게 함으로써 이를 편취한 경우에 특정경제범죄 가중처벌 등에 관한 법률 제3조의 적용을 전제로 하여 그 부동산의 가액을 산정함에 있어서는, 그 부동산에 아무런 부담이 없는 때에는 그 부동산의 시가 상당액이 곧 그 가액이라고 볼 것이지만, 그 부동산에 근저당권설정등기가 경료되어 있거나 압류 또는 가압류 등이 이루어져 있는 때에는 특별한 사정

이 없는 한 아무런 부담이 없는 상태에서의 그 부동산의 시가 상당액에서 근저당권의 채권최고액 범위 내에서의 피담보채권액, 압류에 걸린 집행채권액, 가압류에 걸린 청구금액 범위 내에서의 피보전채권액 등을 뺀 실제의 교환가치를 그 부동산의 가액으로 보아야 한다(대법원 2007.4.19. 선고 2005도7288 전원합의체 판결).

■ 판례 ■   **회사가 행한 대출의 실질이 자금의 이동 없는 서류상의 채무자 변경에 불과하고 실질적인 담보력에 변화가 없는 경우, 그 대출행위가 배임죄를 구성하는지 여부(원칙적 소극)**

배임죄가 성립하기 위해서는 행위자의 임무위배행위로 인하여 본인에게 재산상 손해가 발생 또는 발생할 염려가 있어야 하는 것인바, 회사가 행한 대출의 실질이 자금 이동 없는 서류상의 채무자 변경에 불과하고 실질적인 담보력에 변화가 없어 이로 인하여 대출 채권을 회수하지 못할 위험이 발생하였거나 발생할 염려가 생긴 것이 아니라면 그 대출행위는 배임죄를 구성한다고 볼 수 없다(대법원 2007.6.1. 선고 2006도1813 판결).

■ 판례 ■   **주식회사의 임원이나 회계책임자가 회사의 주식을 매입하여 대주주가 되려고 하는 주식매수인에게 미리 대주주대여금 명목으로 회사자금을 교부하여 주식매수대금으로 지급하게 하는 행위가 업무상배임죄에 해당하는지 여부(원칙적 적극)**

주식회사의 임원이나 회계책임자가 당해 회사의 주식을 매수하여 대주주가 되려고 하는 자에게 미리 대주주대여금 명목으로 회사자금을 교부하여 그 돈으로 주식매수대금을 지급하게 하는 행위는 대주주가 되려는 자의 개인적인 이익을 도모하고 회사의 부실을 초래하는 것으로서, 그 대여행위가 회사의 이익을 위한 것임이 명백하고 회사 내부의 정상적인 의사결정절차를 거쳤으며 그로 인하여 회사의 자금운용에 아무런 어려움이 발생하지 않을 뿐만 아니라 대여금 회수를 위한 충분한 담보도 확보되어 있다는 등의 특별한 사정이 없는 한 업무상배임죄(경우에 따라서는 업무상횡령죄)에 해당하고, 또 그와 같은 방법으로 회사의 대주주가 된 자가 회사 임원 등의 배임행위를 교사하거나 배임행위의 전 과정에 관여하는 등으로 적극 가담한 경우에는 업무상배임죄의 공동정범이 된다(대법원 2007.2.8. 선고 2006도483 판결).

■ 판례 ■   **甲이 원금 및 수익금을 제대로 지불하여 줄 의사나 능력 없이 편취범행으로 교부받은 투자금을 피해자들에게 반환하였다가 다시 그 돈을 재투자받는 방식으로 계속적으로 투자금을 수수한 경우**

[1] 특정경제범죄 가중처벌 등에 관한 법률 제3조 제1항에서 말하는 '이득액'의 의미

사기죄는 기망으로 인한 재물의 교부가 있으면 바로 성립하고, 특정경제범죄 가중처벌 등에 관한 법률 제3조 제1항 소정의 '이득액'이란 거기에 열거된 범죄행위로 인하여 취득하거나 제3자로 하여금 취득하게 한 불법영득의 대상이 된 재물이나 재산상 이익의 가액 합계이지 궁극적으로 그와 같은 이득이 실현되었는지 여부는 영향이 없다.

[2] 특정경제범죄 가중처벌 등에 관한 법률 제3조 제1항에서의 이득액의 산정 방법

피고인이 원금 및 수익금을 제대로 지불하여 줄 의사나 능력 없이 피해자들로부터 투자금을 교부받아 이를 편취하였다면 그 투자금을 교부받을 때마다 각별로 사기죄가 성립하는 것이므로, 교부받은 투자금을 피해자들에게 반환하였다가 다시 그 돈을 재투자받는 방식으로 계속적으로 투자금을 수수하였다면 그 각 편취범행으로 교부받은 투자금의 합계액이 특정경제범죄 가중처벌 등에 관한 법률 제3조 제1항 소정의 이득액이 되는 것이지, 반환한 원금 및 수익금을 공제하여 이득액을 산정해야 하는 것은 아니다(대법원 2006.5. 26. 선고 2006도1614 판결).

■ 판례 ■   **상대방을 기망하여 부당하게 저가로 재물을 매수함으로써 편취한 경우, 재물 가액의 평가방법**

상대방을 기망하여 부당하게 저가로 재물을 매수함으로써 편취한 경우, 특별한 사정이 없는 한 그 재물의 가액은 기망행위의 결과 실제로 지급된 가격이 아니라 기망행위가 없었더라면 지급하였을 가격 혹은 시가에 의하여 평가하여야 할 것이므로, 피해자를 기망하여 유류를 공급받으면서 실제로 지급한 면세유 가격, 즉 세금과 공과금 등이 모두 공제된 가격이 아니라, 그것이 모두 합산된 일반 시중가격을 기준으로 편취된 재물인 유류의 가액을 평가하여 이득액을 산정하여야 한다(대법원 2006.3.10. 선고 2005도9387 판결).

■ 판례 ■   **사기죄 등 재산범죄에서 일정기간 반복하여 행하여진 각 범행이 포괄일죄로 되기 위한 요건 및 포괄일죄가 되는지 판단할 때 고려하여야 할 사항 / 범의의 단일성과 계속성을 판단하는 기준**

사기죄 등 재산범죄에서 동일한 피해자에 대하여 단일하고 계속된 범의하에 동종의 범행을 일정기간 반복하여 행한 경우에는 각 범행은 통틀어 포괄일죄가 될 수 있다. 다만 각 범행이 포괄일죄가 되느냐 경합범이 되느냐는 그에 따라 피해액을 기준으로 가중처벌을 하도록 하는 특별법이 적용되는지 등이 달라질 뿐 아니라 양형 판단 및 공소시효와 기판력에 이르기까지 피고인에게 중대한 영향을 미치게 되므로 매우 신중하게 판단하여야 한다. 특히 범의의 단일성과 계속성은 개별 범행의 방법과 태양, 범행의 동기, 각 범행 사이의 시간적 간격, 그리고 동일한 기회 내지 관계를 이용하는 상황이 지속되는 가운데 후속 범행이 있었는지, 즉 범의의 단절이나 갱신이 있었다고 볼 만한 사정이 있는지 등을 세밀하게 살펴 논리와 경험칙에 근거하여 합리적으로 판단하여야 한다. (대법원 2016.10.27. 선고, 2016도11318, 판결)

■ 판례 ■   **금융기관이 거래처에 대출금을 새로 교부한 경우에, 업무상배임죄의 손해발생의 위험성 여부(적극)**

금융기관이 거래처의 기존 대출금의 원리금으로 상환되도록 약정된 새로운 대출금을 실제로 거래처에게 교부한 경우, 거래처가 그 대출금을 임의로 처분할 수 없다거나 그 밖에 어떠한 이유로든 그 대출금이 기존 대출금의 원리금으로 상환될 수밖에 없다는 등의 특별한 사정이 없다면 이와 같은 대출로 인하여 금융기관에 손해가 발생할 위험성이 있다고 보아야 한다(대법원 2003.10.10. 2003도3516 판결).

■ 판례 ■   **타인을 위하여 백지어음을 보관하던 중 함부로 담보로 제공하였다가 나중에 22억여 원의 피담보 채무를 변제하고 위 백지어음을 회수한 경우 특경법 3조 1항 2호를 적용할 수 있는지 여부(소극)**

타인을 위하여 백지어음을 보관하던 중 함부로 담보로 제공하였다가 나중에 22억여 원의 피담보 채무를 변제하고 위 백지어음을 회수한 경우 위 백지어음이 22억 여 원의 가치가 있으므로 특경법 3조 1항 2호를 적용할 수 없다(대법원 2003.6.24. 선고 2003도1456 판결).

■ 판례 ■   **농협중앙회의 보증, 대출 업무가 부회장의 전결로 처리되고 회장이 직접 결재를 한 바 없더라도 회장이 부회장에게 대출 압력을 가한 경우 배임죄의 성립여부(적극)**

농협중앙회장의 보증과 대출의 경우 신용사업을 담당하는 부회장의 전결로 처리되고 회장은 이에 대하여 최종결재를 한 바 없음이 인정되지만, 중앙회를 대표하고 중앙회의 업무를 총괄하며 총회의 동의를 얻어 부회장을 임명할 권한을 가진 농협중앙회장이 실무자들로부터 지급보증이 불가능하다는 보고를 받은 이후에도 부회장을 비롯한 실무자들에게 농협중앙회에 손해를 입게 할 수 있는 지급보증을 실행하도록 압력을 가하였다면 배임죄의 죄책을 면할 수 없다(대법원 2003.4.8. 선고 2002도6020 판결).

■ 판례 ■ '이득액'의 의미 및 피해자를 기망하여 재물을 편취한 후 그 반환을 회피할 목적으로 현실적인 자금의 수수 없이 기존 차입 원리금을 새로이 투자하는 형식을 취한 경우, 별도의 사기죄가 성립하는지 여부(소극)

특정경제범죄가중처벌등에관한법률 제3조 제1항의 이득액은 범죄행위로 인하여 취득한 실질적인 이득의 합산액을 뜻하고, 사기죄는 기망으로 인한 재물의 교부가 있으면 바로 성립하고, 그 후 피해자를 기망하여 편취한 재물의 반환을 회피할 목적으로 현실적인 자금의 수수 없이 이미 있던 차입원리금을 주식 구입자금 또는 신규 차입금에 새로이 투자하는 형식을 취하였다 하더라도 이는 새로운 법익을 침해하는 것이 아니어서 별도의 죄를 구성하지 아니한다(대법원 2001.7.24. 선고 2001도2196 판결).

■ 판례 ■ 피해자를 기망하여 재물을 편취한 후 그 반환을 회피할 목적으로 현실적인 자금의 수수 없이 기존 차입원리금을 새로이 투자하는 형식을 취한 경우, 별도의 사기죄가 성립하는지 여부(소극)

재물편취를 내용으로 하는 사기죄에 있어서는 기망으로 인한 재물교부가 있으면 그 자체로써 피해자의 재산침해가 되어 이로써 곧 사기죄가 성립하고, 그 후 피해자를 기망하여 편취한 재물의 반환을 회피할 목적으로 현실적인 자금의 수수 없이 기존 차입원리금을 새로이 투자하는 형식을 취하였다 하더라도 이는 새로운 법익을 침해하는 것이 아니므로 별도로 사기죄를 구성하지 않는다(대법원 2000.11.10. 선고 2000도3483 판결).

■ 판례 ■ 부당외상거래행위에 의한 업무상배임죄가 성립하는 경우, 손해액의 범위(= 외상거래대금 전액) 및 위 외상거래대금을 제3자가 취득한 경우, 특정경제범죄가중처벌등에관한법률 제3조 소정의 '제3자로 하여금 취득하게 한 재산상 이익의 가액'의 범위(= 외상거래대금 전액)

배임죄는 현실적인 재산상 손해액이 확정될 필요까지는 없고 단지 재산상 권리의 실행을 불가능하게 할 염려 있는 상태 또는 손해 발생의 위험이 있는 경우에 바로 성립되는 위태범이므로 피고인이 그 업무상 임무에 위배하여 부당한 외상 거래행위를 함으로써 업무상 배임죄가 성립하는 경우, 담보물의 가치를 초과하여 외상 거래한 금액이나 실제로 회수가 불가능하게 된 외상거래 금액만이 아니라 재산상 권리의 실행이 불가능하게 될 염려가 있거나 손해 발생의 위험이 있는 외상 거래대금 전액을 그 손해액으로 보아야 하고, 그것을 제3자가 취득한 경우에는 그 전액을 특정경제범죄가중처벌등에관한법률 제3조에 규정된 제3자로 하여금 취득하게 한 재산상 이익의 가액에 해당하는 것으로 보아야 할 것이다(대법원 2000.4.11. 선고 99도334 판결).

■ 판례 ■ 친족상도례에 관한 형법 규정은 특정경제범죄가중처벌등에관한법률 제3조 제1항 위반죄에도 적용되는지 여부(적극)

형법 제354조, 제328조의 규정을 종합하면, 직계혈족, 배우자, 동거친족, 호주, 가족 또는 그 배우자 간의 사기 및 사기미수의 각 죄는 그 형을 면제하여야 하고, 그 외의 친족 간에는 고소가 있어야 공소를 제기할 수 있으며, 또한 형법상 사기죄의 성질은 특정경제범죄가중처벌등에관한법률 제3조 제1항에 의해 가중처벌되는 경우에도 그대로 유지되고, 특별법인 특정경제범죄가중처벌등에관한법률에 친족상도례에 관한 형법 제354조, 제328조의 적용을 배제한다는 명시적인 규정이 없으므로, 형법 제354조는 특정경제범죄가중처벌등에관한법률 제3조 제1항 위반죄에도 그대로 적용된다(대법원 2000.10.13. 선고 99오1 판결).

2. 재산국외도피

1) 적용법조 : 제4조 제1항 ☞ 공소시효 10년

> **제4조(재산국외도피의 죄)** ① 법령을 위반하여 대한민국 또는 대한민국국민의 재산을 국외로 이동하거나 국내로 반입하여야 할 재산을 국외에서 은닉 또는 처분하여 도피시켰을 때에는 1년 이상의 유기징역 또는 해당 범죄행위의 목적물 가액(이하 이 조에서 "도피액"이라 한다)의 2배 이상 10배 이하에 상당하는 벌금에 처한다.

2) 범죄사실 기재례

[기재례1] 허위로 수입하여 수출한 것처럼 재산국외 도피

피의자는 20○○. 5.경 서울 ○○에 있는 甲 사무실에서, 사실은 甲회사가 ○○에 있는 갑 회사로부터 석유정제시설을 수입하여 독립국가연합 ○○공화국에 있는 골드 스팍(Gold Spark) 회사에 수출한 사실이 없었다.

그러나 피의자는 마치 이를 수입하여 다시 수출하는 것처럼 수출입계약서, 선하증권 등 관계서류를 허위로 작성한 다음, 국내 은행을 통해 외국은행에 수입신용장을 개설하고 국내 은행직원으로 하여금 그 외국은행에 개설된 갑의 계좌로 수입대금 명목으로 미화를 송금하기로 하였는데, 이는 거주자와 비거주 간의 채권 발생과 관련이 없는 지급으로 한국은행 총재의 허가를 받아야 한다.

그럼에도 불구하고 피의자는 20○○. ○. ○. ○○은행을 통해 미국 ○○은행에 수입신용장을 개설한 다음, 한국은행 총재의 허가 없이 20○○. ○. ○. 위 은행직원으로 하여금 ○○은행에 개설된 갑 회사 계좌로 수입대금 명목으로 미화 ○○달러를 송금하도록 한 것을 비롯하여 그때부터 20○○. 6. 11.까지 사이에 같은 방법으로 10회에 걸쳐 갑 회사 계좌로 합계 미화 ○○달러를 송금함으로써 법령에 위반하여 재산을 해외로 도피하였다.

[기재례2] 타인 명의를 이용하여 재산 도피

피의자는 20○○. ○. ○.경 甲 주식회사 명의로 한국은행 총재로부터 해외투자허가(투자금액 미화 165,000불)를 받아 그 허가조건에 따른 토지구매비로서 미화 90,000불을 송금하였으면 이로써 토지를 구입하고 그 사실을 입증할 수 있는 관련 증빙서류를 첨부하여 위 은행에 보고한 후 나머지 투자허가금액인 미화 75,000불의 범위에서 송금할 수 있다.

그럼에도 불구하고 피의자는 위 허가를 기화로 피의자가 경영하던 목장과 임야 등 국내재산을 처분하여 국외로 도피시킬 목적으로, 20○○. ○. ○.경 미국 일리노이주 퍼스트 스테이트 은행(FIRST STATE BANK OF HAVARD)에 피의자 및 피의자의 처 乙명의로 예금구좌를 개설한 후 20○○. ○. ○. 위 구좌로 미화 7,500불을 송금한 것을 비롯하여 그 시경부터 20○○. ○. ○.까지 사이에 별지 송금내역서 기재와 같이 총 50회에 걸쳐 피의자 및 乙 등 이웃주민과 친지 10명의 명의로 송금자 명의를 분산시켜 피의자가 국내에서 조달한 합계 3억 5,000만원을 한국외환은행 각 지점에서 미화 합계 310,000불로 환전하여 위 구좌로 송금하는 방법으로 대한민국의 재산을 국외에 이동하여 도피시켰다.

■ **판례** ■ 　국내회사가 수출대금을 외국의 유령회사 명의로 개설한 비밀예금계좌에 예금한 후 다시 외국의 피고인 명의 계좌로 수출대금을 이전한 경우

[1] 재산 국외도 피 죄를 규정한 특정경제범죄 가중처벌 등에 관한 법률 제4조 제1항에서 말하는 '국내에 반입하여야 할 대한민국 또는 대한민국 국민의 재산' 및 '재산의 은닉'의 의미

위 규정의 　'국내에 반입하여야 할 재산'이라 함은 법령에 의하여 거주자가 국내에 반입하여야 할 의무를 부담하는 대한민국 또는 대한민국 국민의 재산을 의미한다.

[2] 죄책

외국의 유령회사 명의의 예금계약을 피고인 또는 국내회사의 행위로 보아 위 행위는 특정경제범죄 가중처벌 등에 관한 법률 제4조 제1항 재산국외도피죄의 구성요건에 해당한다(대법원 2008.2. 15. 선고 2006도7881 판결).

■ **판례** ■ 　특정경제범죄 가중처벌 등에 관한 법률 제4조 제1항에서 정한 '법령'의 의미(=외국환 관리에 관한 법률과 법규명령) 및 '대외무역법'이 위 법령에 포함되는지 여부(적극)

제4조 제1항의 '법령을 위반하여'에서의 '법령'은 '외국환 관리에 관한 법률과 법규명령'을 의미하는데, 대외무역법에 따른 물품의 수출·수입대금의 결제가 결국 외국환에 의하여 이루어지는 점, '외화 도피 목적의 수출입 가격 조작'을 금지하는 대외무역법 제43조의 경우 그 자체로 외국환의 거래 및 국외 이동이 예정되어 있는 점, 제4조 제1항의 '법령'은 입법 취지 등을 고려할 때 법령의 형식적 명칭과 목적이 어떠한지를 가리지 않고 국내 재산의 국외로의 이동을 규율·관리하는 법령을 모두 포함하는 취지로 볼 수 있는 점 등을 종합할 때, 대외무역법도 위 법령에 포함된다(대법원 2015.05.29. 선고 2013도3295 판결).

■ **판례** ■ 　법인의 종업원인 피고인이 그 법인의 업무에 관하여 다른 공범자들과 함께 법인 소유 재산을 국외로 도피시킨 경우

[1] 약 3년 10개월 동안에 43회에 걸쳐 저지른 재산국외도피행위의 죄수(= 포괄1죄)

피고인 등이 저지른 수차례의 재산국외도피행위가 약 3년 10개월 동안 43회에 걸쳐 피고인 갑 회사 소유의 케냐국 소재 호텔 재건축자금을 마련할 목적으로 피고인 乙이 책임자로 있던 회사의 동경사무소에서 해외거주 고객으로부터 회사가 운영하는 국내 소재 호텔 카지노의 이용자금을 외화로 받아 이를 인편으로 회사의 홍콩사무소로 보낸 다음 그 곳에서 은행을 통하여 케냐국에 송금하는 방법으로 행하여졌다면, 이는 동일인들이 동일한 목적을 가지고 단일하고 동일하며 계속적인 범의하에 동일한 수단과 방법을 통하여 동일범죄의 구성요건에 해당하는 행위를 계속적으로 실행한 것이어서 그 모두를 포괄1죄로 봄이 상당하다.

[2] 법인의 종업원인 피고인이 그 법인의 업무에 관하여 다른 공범자들과 함께 국외로 도피시킨 법인 소유 재산을 피고인으로부터 추징할 수 있는지 여부

항의 피고인 乙에 대한 추징은 특정경제범죄가중처벌등에관한법률 제10조 제3항, 제1항에 의한 것으로서 형법상의 몰수, 추징과는 달리 범죄로 인한 이득의 박탈을 목적으로 한 것이라기보다는 재산국외도피사범에 대한 징벌의 도를 강화하여 범행대상인 재산을 필요적으로 몰수하고 그 몰수가 불능인 때에는 그 가액을 납부하게 하는 징벌적 성질의 처분이라고 봄이 상당하므로 그 도피재산이 피고인 乙이 아닌 '가'항 회사의 소유라거나 피고인 乙이 이를 점유하지 아니하고 그로 인하여 이득을 취한 바가 없다고 하더라도 추징할 수 있다(대법원 1995.3.10. 선고 94도1075 판결).

3. 금융기관 임직원의 금품수수

1) 적용법조 : 제5조 ☞ 공소시효 7년

제5조(수재 등의 죄) ① 금융회사등의 임직원이 그 직무에 관하여 금품이나 그 밖의 이익을 수수(收受), 요구 또는 약속하였을 때에는 5년 이하의 징역 또는 10년 이하의 자격정지에 처한다.
② 금융회사등의 임직원이 그 직무에 관하여 부정한 청탁을 받고 제3자에게 금품이나 그 밖의 이익을 공여(供與)하게 하거나 공여하게 할 것을 요구 또는 약속하였을 때에는 제1항과 같은 형에 처한다.
③ 금융회사등의 임직원이 그 지위를 이용하여 소속 금융회사등 또는 다른 금융회사등의 임직원의 직무에 속하는 사항의 알선에 관하여 금품이나 그 밖의 이익을 수수, 요구 또는 약속하였을 때에는 제1항과 같은 형에 처한다.
④ 제1항부터 제3항까지의 경우에 수수, 요구 또는 약속한 금품이나 그 밖의 이익의 가액(이하 이 조에서 "수수액"이라 한다)이 3천만원 이상일 때에는 다음 각 호의 구분에 따라 가중처벌한다.
　1. 수수액이 1억원 이상일 때: 무기 또는 10년 이상의 징역
　2. 수수액이 5천만원 이상 1억원 미만일 때 : 7년 이상의 유기징역
　3. 수수액이 3천만원 이상 5천만원 미만일 때 : 5년 이상의 유기징역
⑤ 제1항부터 제4항까지의 경우에 수수액의 2배 이상 5배 이하의 벌금을 병과한다.
제6조(증재 등의 죄) ① 제5조에 따른 금품이나 그 밖의 이익을 약속, 공여 또는 공여의 의사를 표시한 사람은 5년 이하의 징역 또는 3천만원 이하의 벌금에 처한다.
② 제1항의 행위에 제공할 목적으로 제3자에게 금품을 교부하거나 그 정황을 알면서 교부받은 사람은 제1항과 같은 형에 처한다.

2) 범죄사실 기재례

[기재례1] 수출금융지원을 받는데 협조해 달라는 청탁을 받고 사례금 수수

　피의자는 20○○. ○. ○.부터 20○○. ○. ○.까지 ○○은행 제1지점 외환계 대리로 근무하다가 그 이후 위 은행 제2지점의 대리로 있던 사람으로서 금융기관의 임직원이 그 직무에 관하여 금품 기타 이익을 수수·요구 또는 약속할 수 없다.
　그럼에도 불구하고 피의자는 20○○. ○. ○. ○○에서 제1지점에서는 수출금융업무를 취급하여 오던 중 홍길동으로부터 그동안 수출금융을 용이하게 받을 수 있도록 해 주어 감사하다는 뜻과 앞으로 서류상 또는 절차상의 미비점이 있더라도 형식만 갖추어 오면 수출금융지원을 받는데 협조해 달라는 취지의 부정한 청탁을 받고 그 사례금 조로 ○○만원을 교부받았다.

[기재례2] 제3자에 대한 금품 공여

　피의자 乙은 ○○에 있는 농협은행 ○○지점의 ○○직에 있는 금융기관의 임원이다. 금융기관의 임직원이 그 직무에 관하여 부정한 청탁을 받고 제3자에게 금품 기타 이익을 공여하게 하거나 공여하게 한 것을 요구 또는 약속할 수 없다.
　그럼에도 불구하고 피의자는 20○○. ○. ○.경 위 지점에서, 피의자 甲으로부터 丙주식회사를 인수하려고 하니 대출을 도와달라."는 말을 듣고 피의자 甲에게 "A주식회사 대표 홍길동 명의로 대출을 해주었으나 이자가 연체되어 어려움을 겪고 있다."라고 말하여 피의자 甲으로 하여금 연체된 이자를 납부할 마음을 먹게 하고, 20○○. ○. ○. 피의자 甲이 丙주식회사 대표이사 B 명의로 신청한 ○○만 원의 기업여신 대출을 실행한 후 피의자 甲으로 하여금 그 자리에서 농협은행에 대한 A주식회사의 연체이자 ○○만원을 납부하게 하여 금융기관의 임직원이 그 직무에 관하여 부정한 청탁을 받고 농협은행에 금품을 공여하였다.

■ 판례 ■   범죄행위로 취득한 주식의 가액추징

[1] 제5조 제항에 정한 '금융기관의 임·직원이 직무에 관하여' 및 '이익'의 의미

특정경제범죄가중처벌등에관한법률 제5조 제1항 소정의 '금융기관 임·직원이 직무에 관하여'라 함은 금융기관의 임·직원이 그 지위에 수반하여 취급하는 일체의 사무를 말하는 것으로서, 그 권한에 속하는 직무행위뿐만 아니라, 그와 밀접한 관계가 있는 사무 및 그와 관련하여 사실상 처리하고 있는 사무도 포함되는 한편, 같은 법 제5조 제1항 소정의 '이익'이란 금전, 물품 기타의 재산적 이익뿐만 아니라, 사람의 수요나 욕망을 충족시키기에 족한 일체의 유형, 무형의 이익을 포함하는 것이고, 투기적 사업에 참여할 기회를 얻는 것도 이에 해당한다고 보아야 할 것이며, 이처럼 투기적 사업에 참여하는 기회를 얻는 이익의 경우에는 그로 말미암아 예상되는 이익의 크기를 확정할 수 없거나 그 후의 경제사정의 변동 등으로 말미암아 처음의 예상과는 달리 그 사업에 참여하여 아무런 이득을 얻지 못한 경우라 할지라도 죄의 성립에는 아무런 영향이 없다.

[2] 범죄행위로 취득한 주식의 판결 선고시의 주가뿐만 아니라, 그 처분가액을 정확히 알 수 없는 경우, 추징가액

피고인이 범죄행위로 취득한 주식이, 판결 선고 전에 그 발행회사가 다른 회사에 합병됨으로써 판결 선고시의 주가를 알 수 없을 뿐만 아니라, 무상증자 받은 주식과 다시 매입한 주식까지 섞어서 처분되어 그 처분가액을 정확히 알 수 없는 경우, 주식의 시가가 가장 낮을 때를 기준으로 산정한 가액을 추징하여야 한다고 한 원심의 판단을 수긍한 사례

[3] 범죄행위로 취득한 주식의 가액을 추징하는 경우, 주식의 취득대가를 추징금액에서 공제하여야 하는지 여부(소극)

범죄행위로 인하여 물건을 취득하면서 그 대가를 지급하였다고 하더라도 범죄행위로 취득한 것은 물건 자체이고 이는 몰수되어야 할 것이나, 이미 처분되어 없다면 그 가액 상당을 추징할 것이고, 그 가액에서 이를 취득하기 위한 대가로 지급한 금원을 뺀 나머지를 추징해야 하는 것은 아니다(대법원 2005.7.15. 선고 2003도4293 판결).

■ 판례 ■   금융기관의 임직원인 甲이 그 지위를 이용하여 금융기관으로부터 자금을 대출받아 이를 타인에게 대여한 후 그로부터 대여금에 대한 이자 또는 사례금을 수수한 경우

[1] 특정경제범죄가중처벌등에관한법률 제5조의 입법취지

금융기관 임·직원이 직무와 관련하여 금품을 수수한 행위 등을 처벌하는 특정경제범죄가중처벌등에관한법률 제5조의 입법취지는 금융기관은 특별법령에 의하여 설립되고 그 사업 내지 업무가 공공적 성격을 지니고 있어 국가의 경제정책과 국민경제에 중대한 영향을 미치기 때문에 그 임·직원에 대하여 일반 공무원과 마찬가지로 엄격한 청렴의무를 부과하여 그 직무의 불가매수성을 확보하고자 하는 데 있다.

[2] '금융기관 임·직원이 직무에 관하여'의 의미

특정경제범죄가중처벌등에관한법률 제5조 제1항 소정의 '금융기관 임·직원이 직무에 관하여'라 함은 금융기관의 임·직원이 그 지위에 수반하여 취급하는 일체의 사무를 말하는 것으로서, 그 권한에 속하는 직무행위뿐만 아니라 그와 밀접한 관계가 있는 사무 및 그와 관련하여 사실상 처리하고 있는 사무도 포함되지만, 그렇다고 금융기관 임·직원이 개인적인 지위에서 취급하는 사무까지 이에 포함된다고 할 수는 없다.

[3] 甲의 행위가 특정경제범죄가중처벌등에관한법률 제5조 제1항 소정의 수재죄에 해당하는지 여부(소극)

금융기관의 임직원이 그 지위를 이용하여 금융기관으로부터 자금을 대출받아 이를 타인에게 대여한 후 그로부터 대여금에 대한 이자 또는 사례금을 수수한 행위는 특정경제범죄가중처벌등에관한법률 제5조 제1항 소정의 수재죄에 해당하지 않는다(대법원 2000.2.22. 선고 99도4942 판결).

4. 알선수재

1) 적용법조 : 제7조 ☞ 공소시효 7년

> 제7조(알선수재의 죄) 금융회사등의 임직원의 직무에 속하는 사항의 알선에 관하여 금품이나 그 밖의 이익을 수수, 요구 또는 약속한 사람 또는 제3자에게 이를 공여하게 하거나 공여하게 할 것을 요구 또는 약속한 사람은 5년 이하의 징역 또는 5천만원 이하의 벌금에 처한다.

2) 범죄사실 기재례

[기재례1] 은행대출 빙자 알선수수료 수수

> 피의자는 20○○. 11. 하순경 ○○에 있는 ○○사우나에서, 홍길동으로부터 "○○시 ○○동 땅을 매입하여 상가를 지으려고 하는데 땅 매수에 필요한 잔금이 부족하다. 은행권에서 대출을 받아 달라"는 부탁을 받고 "○○은행이 공격적으로 사업자금 대출을 해 주니 ○○은행에서 대출을 받아 주겠다"라고 승낙한 후 20○○. ○. ○. ○○에 있는 ○○앞에서 위 홍길동으로부터 대출 알선수수료 명목으로 ○○만 원권 자기앞수표 3장 합계 ○○만원을 교부받아 금융기관 임직원의 직무에 속한 사항의 알선에 관하여 금품을 수수하였다.

[기재례2] 수표개설 알선 빙자 금품수수

> 피의자는 ○○에서 국민투자라는 상호로 사채업에 종사하는 사람이다.
> 피의자는 ○○시내 일간지인 매일신문 등에 "가계수표 개설알선, 어음할인"이라는 취지의 광고를 게재하여 정상적인 방법으로 가계수표의 발급이 어려운 사업자들로부터 가계, 당좌개설이나 약속어음의 할인 등을 의뢰받아 그 할인 및 알선의 대가로 일정한 수수료를 받기로 마음먹었다.
> 피의자는 20○○. ○. ○.경 위 국민투자 사무실에서 위 신문광고를 보고 찾아온 甲으로부터 가계수표발급을 의뢰받고 甲으로부터 주민등록증과 도장을 건네받아 동인 명의로 ○○은행 ○○동 지점에 예금통장을 개설하고 그 통장에 일정 금원을 입출금하여 가계수표 개설요건에 맞는 것으로 거래실적을 작출하는 방법으로 가계수표의 발급을 알선하여 주고 그 수수료 명목으로 甲으로부터 ○○만 원을 받았다.
> 피의자는 이를 비롯하여 별지 범죄일람표 기재와 같이 위와 같은 방법으로 위 은행 등으로부터 가계수표발급을 알선하여 주고 그 수수료 명목으로 ○○만 원을 받았다. 이로써 피의자는 금융기관 직원의 직무에 속한 사항의 알선에 관하여 금품을 수수하였다.

■ **판례** ■　**甲이 투자자에게 금융기관으로부터 주식을 매수할 수 있도록 알선하여 주는 대가로 투자자로부터 돈을 받은 경우**

[1] 특정경제범죄 가중처벌 등에 관한 법률 제7조의 알선수재죄에 있어서 '금융기관의 임·직원의 직무' 및 '알선'의 의미

'금융기관의 임·직원의 직무'라 함은 금융기관의 임·직원이 그 지위에 수반하여 취급하는 일체의 사무를 말하는 것으로서, 그 권한에 속하는 직무행위뿐만 아니라 이와 밀접한 관계가 있는 경우와 그 직무와 관련하여 사실상 처리하고 있는 행위까지도 모두 포함되고, 또한 그 직무가 금

융기관의 신용사업 내지 주된 사업과 관련된 것인지, 그 외의 사업과 관련된 것인지 구별할 것은 아니며, '알선'이라 함은 '일정한 사항에 관하여 어떤 사람과 그 상대방의 사이에 서서 중개하거나 편의를 도모하는 것'을 의미하므로, 어떤 사람이 청탁한 취지를 상대방에게 전하거나 그 사람을 대신하여 스스로 상대방에게 청탁을 하는 행위도 '알선'행위에 해당하고, 정당한 직무행위를 대상으로 하는 경우에도 이에 포함되며, 반드시 알선의뢰인이 먼저 능동적으로 제안하는 경우에만 성립하는 것이 아니라 알선행위자가 미리 물색, 협상한 거래를 제안받고 그 대가의 지급을 수락하는 방식으로도 행하여질 수 있다.

[2] 甲의 행위가 알선수재죄에 해당하는지 여부(적극)

투자자에게 금융기관으로부터 주식을 매수할 수 있도록 알선하여 주는 대가로 투자자로부터 돈을 받은 경우, 금융기관이 투자자보다 먼저 주식 거래의 알선을 의뢰하였더라도 특정경제범죄 가중처벌 등에 관한 법률 제7조의 알선수재죄에 해당한다(대법원 2006.7.13. 선고 2006도1341 판결).

■ **판례** ■   **알선수재죄에서 알선과 금품 기타 이익 사이에 대가관계가 있는지 여부의 판단 기준**

알선수재죄에서 알선과 금품 기타 이익 사이에 대가관계가 있는지 여부는 당해 알선의 내용, 알선자와 이익제공자 간에 특수한 사적인 친분관계가 존재하는지 여부, 이익의 다과, 이익을 수수한 경위와 시기 등의 제반 사정을 참작하여 결정하여야 하고, 알선과 금품 기타 이익 사이에 전체적·포괄적으로 대가관계가 있으면 족하다(대법원 2002.12.24. 선고 2002도5296 판결).

■ **판례** ■   **甲 주식회사 대표이사인 피고인이 금융기관에 청탁하여 乙 주식회사가 대출을 받을 수 있도록 알선행위를 하고 그 대가로 용역대금 명목의 수수료를 甲 회사 계좌를 통해 송금받아 특정경제범죄 가중처벌 등에 관한 법률 위반(알선수재)죄가 인정된 사안**

피고인이 甲 회사의 대표이사로서 같은 법 제7조에 해당하는 행위를 하고 당해 행위로 인한 대가로 수수료를 받았다면, 수수료에 대한 권리가 甲 회사에 귀속된다 하더라도 행위자인 피고인으로부터 수수료로 받은 금품을 몰수 또는 그 가액을 추징할 수 있으므로, 피고인이 개인적으로 실제 사용한 금품이 없더라도 마찬가지라고 본 원심판단을 정당하다.(대법원 2015. 1. 15., 선고, 2012도7571, 판결)

5. 사금융 알선

1) 적용법조 : 제8조 ☞ 공소시효 7년

제8조(사금융 알선 등의 죄) 금융회사등의 임직원이 그 지위를 이용하여 자기의 이익 또는 소속 금융회사등 외의 제3자의 이익을 위하여 자기의 계산으로 또는 소속 금융회사등 외의 제3자의 계산으로 금전의 대부, 채무의 보증 또는 인수를 하거나 이를 알선하였을 때에는 7년 이하의 징역 또는 7천만원 이하의 벌금에 처한다.

2) 범죄사실 기재례

[기재례1] 은행직원의 비정상 대출행위

> 피의자는 ○○은행의 상무이사 겸 ○○영업본부장으로서 20○○. ○. 하순경 위 은행 ○○영업본부장실에서, 위 은행과 계속 거래를 해 오고 있었고 여신한도가 초과되어 더 이상 정상적인 대출을 받을 수 없던 피의자 丙으로부터 은행대출 형식으로 사업자금을 빌려주면 월 1푼 5리의 이자를 주겠다는 요청을 받았다.
> 피의자는 즉석에서 1억 원을, 그 무렵 피의자의 주거지에서 추가로 사업자금 명목으로 ○○만 원을 각 대부해 준 다음 그 무렵 위 ○○영업본부장실에서 ○○만 원에 대한 3개월간의 이자 ○○만 원 상당을 수령하였다.
> 이로써 피의자는 금융기관의 임직원이 그 지위를 이용 자기의 이익을 위하여 자기의 계산으로 금전을 대부하였다.

[기재례2] 자기의 지위를 이용하여 가족 명의로 대출 알선

> 피의자는 특정경제범죄 가중처벌 등에 관한 법률 제2조 제1호 소정의 금융기관인 ○○양봉축산업 협동조합지소장으로 근무하면서 위 지소의 예금 및 대출업무를 총괄하였다.
> 피의자는 20○○. ○. ○. 위 지소에서 사업자금을 대출받으려다 담보가 부족하여 대출받지 못한 甲으로부터 조합 대출금 이자보다 훨씬 높은 월 3%의 이자를 줄 테니 알아서 자금을 마련하여 대여해 달라는 부탁을 받았다.
> 피의자는 위 지소의 지소장인 자신의 지위를 이용하여 위 지소에서 연 ○○%의 이율로 자금을 대출받아 그 자금을 甲에게 월 ○○%의 이율로 대여해 주고 그 이자차액을 자신의 이익으로 삼을 생각을 하고, 당시 조합 규정상 1인에 대한 대출 한도가 ○○천만 원으로 제한되어 있었지만, 지소장인 자신의 지위를 이용하여 자신 및 그의 처, 동서, 처형과 위 지소의 부하직원 등의 명의를 빌려 합계 ○○만 원을 위 지소로부터 대출받고 그가 개인적으로 가지고 있던 ○○만 원을 이에 더하여 합계 ○○만 원을 그의 개인 명의로 甲에게 월 ○○%의 이율로 6개월간 대여하고 그 이자 명목으로 합계 ○○만 원을 수수하였다.
> 이로써 피의자는 금융기관 임직원으로서 그 지위를 이용하여 자기의 이익을 위하여 자기의 계산으로 금전을 대부하였다.

■ **판례** ■ 특정경제범죄 가중처벌 등에 관한 법률 제8조에 규정된 죄 중 금전대부죄에서 '금융기관의 임·직원이 그 지위를 이용하여 금전의 대부'를 한다 함의 의미 및 그 판단 기준

특정경제범죄 가중처벌 등에 관한 법률 제8조에 규정된 죄 중 금전대부죄는 금융기관의 임·직원

이 그 지위를 이용하여 금전의 대부를 함으로써 성립되는 것이고, 여기서 '그 지위를 이용하여 금전의 대부'를 한다 함은, 금융기관의 임·직원의 지위에 있지 않았더라면 불가능하였거나 곤란하였을 금전의 대부행위가 금융기관의 임·직원의 지위에 있음으로 말미암아 가능하게 되거나 일반인에 비하여 용이하게 되었다는 사정이 존재하는 경우를 의미한다고 할 것이고, 그와 같은 사정의 존재 여부는, 그 임·직원이 대부자금을 소속 금융기관에 예치되거나 예치될 자금으로부터 쉽게 대출받거나 유용함으로써 마련하였는지 여부, 자금의 대여 또는 차용을 원하는 사람을 물색하여 선정함에 있어서 소속 금융기관 고객과의 거래관계로부터 도움이 있었는지 여부 및 소속 금융기관이 가진 고객에 관한 정보나 기타 유형·무형의 자산을 당해 대부거래의 성립에 이용하였는지 여부 등을 종합하여 당해 대부행위에 가벌성이 있는지 여부를 판단함에 의하여 정하여야 할 것이다(대법원 2006.11.24. 선고 2006도60 판결).

■ 판례 ■   은행 지점장이 거래처의 제3자에 대한 차용금채무를 보증한 것이 사금융알선등의 죄에 해당하는지 여부(적극)

은행 지점장의 지위에 있음을 기화로 은행의 공신력을 사적으로 이용하여 거래처의 이익을 위하여 거래처의 제3자에 대한 차용금채무를 보증한 것은 특정경제범죄가중처벌등에관한법률 제8조 소정의 사금융알선등의 죄를 구성한다(대법원 1997.5.30. 선고 95도531 판결).

6. 저축 관련 부당행위

1) 적용법조 : 제9조 ☞ 공소시효 7년

> **제9조(저축 관련 부당행위의 죄)** ① 저축을 하는 사람 또는 저축을 중개하는 사람이 금융회사등의 임직원으로부터 그 저축에 관하여 법령 또는 약관이나 그 밖에 이에 준하는 금융회사등의 규정에 따라 정하여진 이자, 복금(福金), 보험금, 배당금, 보수 외에 어떤 명목으로든 금품이나 그 밖의 이익을 수수하거나 제3자에게 공여하게 하였을 때에는 5년 이하의 징역 또는 5천만원 이하의 벌금에 처한다.
> ② 저축을 하는 사람이 그 저축과 관련하여 그 저축을 중개하는 자 또는 그 저축과 관계없는 제3자에게 금융회사등으로부터 대출등을 받게 하였을 때 또는 저축을 중개하는 사람이 그 저축과 관련하여 금융회사등으로부터 대출등을 받거나 그 저축과 관계없는 제3자에게 대출등을 받게 하였을 때에는 제1항과 같은 형에 처한다.
> ③ 금융회사등의 임직원이 제1항 또는 제2항에 규정된 금품이나 그 밖의 이익을 공여하거나 대출등을 하였을 때에는 제1항 또는 제2항과 같은 형에 처한다.
> ④ 제1항부터 제3항까지의 경우 징역과 벌금을 병과할 수 있다.
> ⑤ 금융회사등의 임직원이 소속 금융회사등의 업무에 관하여 제3항의 위반행위를 하면 그 행위자를 벌하는 외에 그 소속 금융회사등에도 같은 항의 벌금형을 과(科)한다. 다만, 소속 금융회사등이 그 위반행위를 방지하기 위하여 해당 업무에 관하여 상당한 주의와 감독을 게을리하지 아니한 경우에는 그러하지 아니하다.

2) 범죄사실 기재례

> 피의자는 ○○에 있는 ○○상호신용금고의 대표이사이던 甲으로부터 예금유치 부탁을 받은 사채중개인 홍길동이 피의자에게 위 금고에 예금하면 정해진 이자 외에 따로 사채금리를 보전해 주는 이른바 '차금 수수료'를 받을 수 있으니 사채를 조달하여 예금해달라는 제의를 하자 이에 응하였다.
> 피의자는 200○. ○. ○. 위 금고에 ○○만원을 ○○개월간 예금하고 위 홍길동의 지시를 받은 위 금고 직원 ○○○으로부터 위 금고의 약관 등에서 정한 이자 외에 별도로 차금 수수료 명목으로 ○○만원을 교부받았다.
> 피의자는 이를 비롯하여 총 ○○회에 걸쳐 합계 ○○만원을 위 금고에 예금하고 같은 방법으로 차금 수수료 명목으로 합계 ○○만원을 교부받았다.
> 이로써 피의자는 저축하는 자가 금융기관의 임직원으로부터 당해 저축에 관하여 법령 또는 약관 기타 이에 준하는 금융기관의 규정에 정해진 이자 외의 금품을 수수하였다.

■ **판례** ■　　보험계약자가 보험회사와의 사이에 보험계약상의 급부와 별도로 특별한 이익을 제공받기로 하는 이면계약을 체결하고 추가로 돈을 지급받은 경우

[1] 특정경제범죄 가중처벌 등에 관한 법률 제9조 제1항에 정해진 "저축을 하는 자"의 의미

특정경제범죄 가중처벌 등에 관한 법률 제9조의 입법 취지를 감안하면, 같은 조 제1항에 정해진 "저축을 하는 자"에는 사법상 법률효과가 귀속되는 '저축의 주체'가 아니라고 하더라도, '저축과 관련된 행위를 한 자'도 포함되고, 그러한 자가 금융기관 임직원들의 유치 활동의 대상이 되어 당해 저축과 관련하여 특별한 이익을 수수하였다면 그 구성요건에 해당된다고 할 것이며, 이러한 해석이 "저축을 하는 자"라는 문언의 의미 한계를 넘어선 해석은 아니므로 죄형법정주의에 위반된 해석이라고 할 수도 없다.

[2] 저축을 하는 자가 금융기관 임직원이 공여한 특별한 이익을 수수한 경우, 특정경제범죄 가중처벌 등에 관한 법률 제9조 제1항 위반죄에 해당하는지 여부(적극)

저축을 하는 자가 금융기관 임직원이 공여한 특별한 이익을 수수하였다면 그 임직원이 금융기관의 기관이나 대리인으로서 금융기관 소유의 금품을 건넨 것이든 아니면 임직원 개인으로서 자기 소유의 금품을 건넨 것이든 관계없이 특정경제범죄 가중처벌 등에 관한 법률 제9조 제1항의 구성요건에 해당된다고 해석하여야 한다.

[3] 甲의 죄책

특정경제범죄 가중처벌 등에 관한 법률 제9조 제1항에 정해진 '이익'을 수수한 것에 해당한다(대법원 2006.3.9. 선고 2003도6733 판결).

■ 판례 ■　사채업자인 피고인이 사채를 조달하여 금융기관에 예금하고 정해진 이자 외에 이른바 '차금수수료'를 수수한 경우, 범의 인정여부(소극)

사채업자인 피고인이 사채를 조달하여 금융기관에 예금하고 정해진 이자 외에 별도로 이른바 '차금수수료'를 수수하였다는 공소사실에 대하여, 차금수수료가 당해 금융기관으로부터 지급됨을 알고 있었다고 봄이 상당함에도 불구하고 이를 알지 못하였다고 범의를 부인하는 피고인의 주장을 받아들여 무죄를 선고한 원심판결을 파기한 사례(대법원 2003.1.24. 선고 2002도5191 판결).

■ 판례 ■　특정경제범죄가중처벌등에관한법률 소정의 저축관련부당행위의 죄의 성립 요건 및 저축을 하는 자가 당해 저축과 관련하여 금융기관과 맺은 계약의 유·무효가 위 저축관련부당행위죄의 성립 여부를 좌우하는지 여부(소극)

형법 제16조에 자기가 행한 행위가 법령에 의하여 죄가 되지 아니한 것으로 오인한 행위는 그 오인에 정당한 이유가 있는 때에 한하여 벌하지 아니한다고 규정하고 있는 것은 단순한 법률의 부지를 말하는 것이 아니고 일반적으로 범죄가 되는 경우이지만 자기의 특수한 경우에는 법령에 의하여 허용된 행위로서 죄가 되지 아니한다고 그릇 인식하고 그와 같이 그릇 인식함에 정당한 이유가 있는 경우에는 벌하지 않는다는 취지이다(대법원 2001. 6. 29. 선고 99도5026 판결).

7. 무인가 단기금융업

1) 적용법조 : 제11조 ☞ 공소시효 10년

제11조(무인가 단기금융업의 가중처벌) ① 「자본시장과 금융투자업에 관한 법률」제444조제22호(단기금융업무만 해당한다)의 죄를 범한 사람은 그 영업으로 인하여 취득한 이자, 할인 및 수입료 또는 그 밖의 수수료의 금액 (이하 이 조에서 "수수료액"이라 한다)이 연 1억원 이상일 때에는 다음 각 호의 구분에 따라 가중처벌한다.
　1. 수수료액이 연 10억원 이상일 때: 3년 이상의 유기징역
　2. 수수료액이 연 1억원 이상 10억원 미만일 때: 1년 이상의 유기징역
② 제1항의 경우에 취득한 수수료액의 100분의 10 이상 수수료액 이하에 상당하는 벌금을 병과한다.

※ **자본시장과 금융투자업에 관한 법률**
제444조(벌칙) 다음 각 호의 어느 하나에 해당하는 자는 5년 이하의 징역 또는 2억원 이하의 벌금에 처한다.
　22. … 제360조제1항을 위반하여 인가를 받지 아니하고 해당 업무를 영위한 자
제360조(금융기관의 단기금융업무) ① 1년 이내에서 대통령령으로 정하는 기간 이내에 만기가 도래하는 어음의 발행·할인·매매·중개·인수 및 보증업무와 그 부대업무(附帶業務)로서 대통령령으로 정하는 업무(이하 "단기 금융업무"라 한다)를 영위하려는 자는 금융위원회의 인가를 받아야 한다.

---

2) 범죄사실 기재례

> 　피의자는 ○○에서 ○○금융업이라는 상호로 금융업을 하는 자로 종합금융업을 영위하고 자 하는 자는 금융위원회의 인가를 받아야 한다.
> 　그럼에도 불구하고 피의자는 20○○. ○. ○.부터 20○○. ○. ○.까지 만기가 6개월 이내인 약속어음 ○○장 액면 합계 ○○만원 상당을 ○○만원에 할인하여 매입한 다음 그 중 ○○장 액면 합계 ○○만원 상당을 ○○만원에 매도하는 방법으로 어음을 할인·매매하여 그 기간 매입이자 ○○만원, 순이익 ○○만원의 수입을 올리는 무인가 단기금융업을 영위하였다.

■ **판례** ■　　종합금융회사에관한법률 제7조 제1항 제1호의 위임에 따라 금융감독위원회가 정하는 '기 간'의 법적 성질(= 법규명령) 및 금융감독위원회가 위 기간을 정하지 않거나 정하였더라도 일반에게 고시·공고하지 않은 경우, 무인가로 단기금융업무를 영위한 행위를 처벌할 수 있는지 여부(소극)

종합금융회사에관한법률 제28조 제1항 제1호의2는 같은 법 제3조의2 제1항의 규정에 의한 인가를 받지 아니하고 '단기금융업무'를 영위한 자를 3년 이하의 징역 또는 2천만 원 이하의 벌금에 처한 다고 규정하고 있고, 한편 같은 법 제2조 제1호의2, 제7조 제1항 제1호, 제8호는 여기의 '단기금융 업무'를 '1년의 범위 내에서 금융감독위원회가 정하는 기간 내에 만기가 도래하는 어음 및 대통령 령이 정하는 채무증서의 발행·할인·매매·중개·인수 및 보증 등의 업무 및 이에 부대하는 업 무로서 금융감독위원회가 정하는 업무'에 한하는 것으로 규정함으로써 얼마 이내에 만기가 도래 하는 어음을 단기금융업무의 대상으로 할 것인지에 관하여 구체적인 범위를 정하는 권한을 금융 감독위원회에 위임하고 있는바, 같은 법의 위임에 의하여 금융감독위원회가 하는 위 기간의 정함 은 단기금융업무의 범위에 관한 같은 법의 규정 내용을 실질적으로 보충하는 기능을 지니면서 그 와 결합하여 대외적으로 구속력을 가지는 법규명령의 성질을 가지는 것으로서 이는 공고문서의 형태로 일반에게 고시 또는 공고되어야 비로소 효력이 생기는 것이므로, 금융감독위원회가 이를 정하지 아니하였거나 정하였다고 하더라도 일반에게 고시 또는 공고하지 아니하였다면 어음 등의 발행·할인·매매·중개·인수 및 보증 등의 업무를 한 사람을 인가 없이 단기금융업무를 영위하 였다는 사유로 형사처벌할 수는 없다(대법원 2000.4.21. 선고 99도5355 선고 판결).

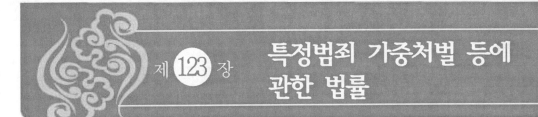

제 123 장

특정범죄 가중처벌 등에 관한 법률

1. 벌 칙

제2조(뇌물죄의 가중처벌) – 3천만원, 5천만원, 1억원 이상 시

제3조(알선수재) – 공무원의 직무에 속한 사항의 알선에 관하여

제4조(뇌물죄 적용대상의 확대) – 간부직원

제4조의2(체포 · 감금등의 가중처벌) – 치사상 시

제4조의3(공무상 비밀누설의 가중처벌) – 국회법 제54조의2 제2항 위반

제5조(국고 등 손실) – 국고 또는 지방자치단체의 손실이 1억원 이상

제5조의2(약취 · 유인죄의 가중처벌) – 13세 미만 미성년자

제5조의3(도주차량운전자의 가중처벌) – 치사상

제5조의4(상습강도 · 절도죄 등의 가중처벌) – 5명 이상 공동 상습 등

제5조의5(강도상해 등 재범자의 가중처벌) – 3년내 재범

제5조의9(보복범죄의 가중처벌 등) – 형법 제250조제1항, 제257제1항, 제260조1항, 제276조제1항, 제283조제1항

제5조의10(운행 중인 자동차 운전자에 대한 폭행 등의 가중처벌) – 운행 중, 일시정차 중 폭행

제5조의11(위험운전치사상) – 음주, 약물상태에서 치상

제5조의12(도주선박의 선장 또는 승무원에 대한 가중처벌) – 선장 또는 승무원의 구조하지 않고 도피

제5조의13(어린이 보호구역에서 어린이 치사상의 가중처벌)

제6조(관세법위반행위의 가중처벌) – 물품가액이 3천만원 이상

제8조(조세포탈의 가중처벌) – 포탈세액등이 연간 5억원 이상

제8조의2(세금계산서 교부의무위반) – 공급가액이 30억 이상

제9조(산림자원의조성및관리에관한법률위반행위의 가중처벌) – 원산지가액이 1천만원, 훼손면적 5천㎡ 이상

제11조(마약사범의 가중처벌) – 가액이 500만원 이상

제12조(외국인을 위한 탈법행위)

제14조(무고죄) – 이 법에 규정된 죄에 대하여 형법 제156조에 규정된 죄를 범한 자

제15조(특수직무유기) – 범죄수사의 직무에 종사하는 공무원

2. 목 적

제1조(목적) 이 법은 「형법」, 「관세법」, 「조세범 처벌법」, 「지방세기본법」, 「산림자원의 조성 및 관리에 관한 법률」 및 「마약류관리에 관한 법률」에 규정된 특정범죄에 대한 가중처벌 등을 규정함으로써 건전한 사회질서의 유지와 국민경제의 발전에 이바지함을 목적으로 한다.

3. 죄명표

법조문	죄명표시
제2조	특정범죄 가중처벌 등에 관한 법률 위반(뇌물)
제3조	〃 　　　(알선수재)
제4조의2중 체포, 감금의 경우	〃 　　　(체포, 감금)
제4조의2중 독직폭행, 가혹행위의 경우	〃 　　　(독직폭행, 가혹행위)
제4조의 3중 공무상비밀누설	〃 　　　(공무상비밀누설)
제5조	〃 　　　(국고등 손실)
제5조의 2	〃(13세미만약취·유인영리약취·유인등)
제5조의3 제1항 제1호	〃 　　　(도주치사)
제5조의3 제1항 제2호	〃 　　　(도주치상)
제5조의3 제2항 제1호	〃 　　　(유기도주치사)
제5조의3 제2항 제2호	〃 　　　(유기도주치상)
제5조의 4중 절도의 경우	〃 　　　(절도)
제5조의 4중 강도의 경우	〃 　　　(강도)
제5조의 4중 장물에 관한죄의 경우	〃 　　　(장물)
제5조의 5	〃 　　　(강도상해등재범)
제5조의 8	〃 　　　(범죄단체조직)
제5조의9 중 살인의 경우	〃 　　　(보복살인등)
제5조의9 중 상해의 경우	〃 　　　(보복상해등)
제5조의9 중 폭행의 경우	〃 　　　(보복폭행등)
제5조의9 중 체포, 감금의 경우	〃 　　　〔보복(체포등, 감금등)〕
제5조의9 중 협박의 경우	〃 　　　(보복협박등)
제5조의9 제4항	〃 　　　(면담강요등)
제5조의 10	〃 　　　(운전자폭행등)
제5조의11 중 치사의 경우	〃 　　　(위험운전치사)
제5조의11 중 치상의 경우	〃 　　　(위험운전치상)
제5조의 12	〃 　　　(선박교통사고도주)
제5조의13 중 치사의 경우	〃 　　　(어린이보호구역치사)
제5조의13 중 치상의 경우	〃 　　　(어린이보호구역치사)
제6조	〃 　　　(관세)
제8조	〃 　　　(조세)
제8조의 2	〃 　　　(허위세금계산서교부등)
제9조	〃 　　　(산림)
제11조(마약류관리에관한법률 제2조제2호의 '마약' 관련)	〃 　　　(마약)
제11조(마약류관리에관한법률 제2조제4호의 향정신성의약품 관련)	〃 　　　(향정)
제12조	〃 　　　(외국인을위한재산취득)
제14조	〃 　　　(무고)
제15조	〃 　　　(특수직무유기)

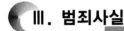

Ⅱ. 소추에 관한 특례

제16조(소추에 관한 특례) 제6조 및 제8조의 죄에 대한 공소에는 고소 또는 고발을 요하지 아니한다.

Ⅲ. 범죄사실

1. 뇌물수수

1) 적용법조 : 제2조 ☞ 공소시효 : 제1호(15년), 제2, 3호(7년)

제2조(뇌물죄의 가중처벌) ① 「형법」 제129조·제130조 또는 제132조에 규정된 죄를 범한 사람은 그 수수·요구 또는 약속한 뇌물의 가액(이하 이 조에서 "수뢰액"이라 한다)에 따라 다음 각 호와 같이 가중처벌한다.
  1. 수뢰액이 1억원 이상인 경우에는 무기 또는 10년 이상의 징역에 처한다.
  2. 수뢰액이 5천만원 이상 1억원 미만인 경우에는 7년 이상의 유기징역에 처한다.
  3. 수뢰액이 3천만원 이상 5천만원 미만인 경우에는 5년 이상의 유기징역에 처한다.
② 「형법」 제129조·제130조 또는 제132조에 규정된 죄를 범한 사람은 그 죄에 대하여 정한 형(제1항의 경우를 포함한다)에 수뢰액의 2배 이상 5배 이하의 벌금을 병과(倂科)한다.

2) 범죄사실 기재례

> 피의자는 20○○. ○.경부터 20○○. ○.경까지 사이에 중앙약사심의위원회 신약분과위원회 독성평가소분과위원, 진단용의약품소분과위원 등의 지위에 있었다.
> 피의자는 20○○. ○. ○.경 ○○에서 甲 제약회사 사장 乙로부터 '甲 제약회사 및 그 모회사 등 관계회사의 의약품에 대하여 중앙약사심의위원회 심의 시 잘 봐달라.'라는 취지의 부탁을 받고 20○○. ○. ○.경부터 20○○. ○. ○.까지 총 6회에 걸쳐 합계 ○○만원을 그 직무와 관련하여 뇌물을 수수하였다.

■ **판례** ■   공정거래위원회 위원장인 甲이 이동통신회사가 속한 그룹의 구조조정본부장으로부터 당해 이동통신회사의 기업결합심사에 대하여 선처를 부탁받으면서 특정 사찰에의 시주를 요청하여 시주금을 제공케 한 경우

[1] 제3자 뇌물공여죄에 있어서 '부정한 청탁'의 의미

형법 제130조의 제3자 뇌물공여죄에 있어서 '부정한 청탁'이라 함은, 그 청탁이 위법하거나 부당한 직무집행을 내용으로 하는 경우는 물론, 비록 청탁의 대상이 된 직무집행 그 자체는 위법·부당한 것이 아니라 하더라도 당해 직무집행을 어떤 대가관계와 연결시켜 그 직무집행에 관한 대가의 교부를 내용으로 하는 청탁이라면 이는 의연 '부정한 청탁'에 해당한다고 보아야 한다.

[2] 형법 제130조 뇌물죄에 있어서의 뇌물성

형법 제130조 뇌물죄에 있어서의 뇌물성은 형법 제129조 뇌물죄에 있어서와 마찬가지로 직무와의 관련성이 있으면 인정되는 것이고, 그 뇌물을 받는 제3자가 뇌물임을 인식할 것을 요하지 아니하며, 그 뇌물을 제3자에게 공여하게 한 동기를 묻지 아니하므로, 어떤 금품이 공무원의 직무행위와 관련하여 교부된 것이라면 그것이 시주의 형식으로 교부되었고 또 불심에서 우러나온 것이라 하더라도 뇌물임을 면할 수 없다.

[3] 甲에게 제3자 뇌물수수죄가 성립하는지 여부(적극)

공정거래위원회 위원장인 피고인이 이동통신회사가 속한 그룹의 구조조정본부장으로부터 당해 이동통신회사의 기업결합심사에 대하여 선처를 부탁받으면서 특정 사찰에의 시주를 요청하여 시주금을 제공케 한 경우, 그 부탁한 직무가 피고인의 재량권한 내에 속하더라도 형법 제130조에 정한 '부정한 청탁'에 해당하고, 위 시주는 기업결합심사와 관련되어 이루어진 것이므로 제3자뇌물수수의 죄책이 인정된다(대법원 2006.6. 15. 선고 2004도3424 판결).

■ 판례 ■ 재무본부 자금부장인 甲이 거래상대방 업체로부터 골프운동 경비, 호텔투숙비, 차량이용료 상당의 이익을 받은 경우

[1] 뇌물죄에 있어서 수뢰자로 지목된 자가 수뢰사실을 시종일관 부인하고 있고 이를 뒷받침할 금융자료 등 물증이 없는 경우, 증뢰자의 진술만으로 유죄를 인정하기 위한 요건

뇌물죄에 있어서 수뢰자로 지목된 피고인이 수뢰사실을 시종일관 부인하고 있고 이를 뒷받침할 금융자료 등 물증이 없는 경우에 증뢰자의 진술만으로 유죄를 인정하기 위하여는 증뢰자의 진술이 증거능력이 있어야 함은 물론 합리적인 의심을 배제할 만한 신빙성이 있어야 하고, 신빙성이 있는지 여부를 판단함에 있어서는 그 진술내용 자체의 합리성, 객관적 상당성, 전후의 일관성 등 뿐만 아니라 그의 인간됨, 그 진술로 얻게 되는 이해관계 유무 등도 아울러 살펴보아야 한다.

[2] 공무원이 얻은 이익이 직무와 대가관계가 있는 부당한 이익으로서 뇌물에 해당하는지 여부의 판단 기준

공무원이 얻은 어떤 이익이 직무와 대가관계가 있는 부당한 이익으로서 뇌물에 해당하는지 여부는 그 공무원의 직무내용, 직무와 이익제공자와의 관계, 쌍방간에 특수한 사적 친분관계가 존재하는지 여부, 이익의 다과, 이익을 수수한 경위와 시기 등 모든 사정을 참작하여 결정되어야 하고, 뇌물죄가 직무집행의 공정과 이에 대한 사회의 신뢰를 그 보호법익으로 하고 있음에 비추어 공무원이 그 이익을 수수하는 것으로 인하여 사회 일반으로부터 직무집행의 공정성을 의심받게 되는지 여부도 뇌물죄의 성부를 판단함에 있어서의 중요한 판단 기준이 된다.

[3] 甲이 받은 이익이 뇌물에 해당하는지 여부(적극)

피고인이 거래상대방 업체로부터 수수한 골프운동 경비, 호텔투숙비, 차량이용료 상당의 이익은 직무와 관련한 뇌물에 해당한다(대법원 2005.9.29. 선고 2005도4411 판결).

■ 판례 ■ 부하직원으로부터 승진 청탁과 함께 돈을 교부받았다가 나중에 반환한 경우

부하직원으로부터 승진 청탁과 함께 돈을 교부받았다가 나중에 반환한 경우, 그 돈은 뇌물로서 영득할 의사가 있었다고 인정된다(대법원 2001.10.12. 선고 2001도3579 판결).

■ 판례 ■ 피고인이 특정범죄가중처벌등에관한법률 제4조에 의하여 공무원으로 의제되는 정부관리기업체의 간부직원의 지위에 있으면서 그 직무와 관련하여 금원을 교부받았다는 것으로 기소된 것을 공소장변경 없이, 피고인이 한국도로공사법 제13조의3, 제12조의2에 의하여 공무원으로 의제되는 기업체의 임·직원의 지위에 있으면서, 피고인이 종전에 특정범죄가중처벌등에관한법률 제4조에 의하여 공무원으로 의제되는 정부관리기업체의 간부직원의 지위에 있을 당시에 담당하였던 직무와 관련하여 금원을 교부받았다는 것이라고 인정할 수 있는지 여부(소극)

피고인이 특정범죄가중처벌등에관한법률 제4조에 의하여 공무원으로 의제되는 정부관리기업체의 간부직원인 한국도로공사 건설사업소장의 지위에 있으면서 그 직무와 관련하여 금원을 교부받았다는 공소사실에, 피고인이 같은 법 제4조에 의하여 공무원으로 의제되는 정부관리기업체의 간부

직원이 아니라 한국도로공사법 제13조의3, 제12조의2에 의하여 공무원으로 의제되는 기업체의 임·직원(고속도로관리공단 토목상무)의 지위에 있으면서, 피고인이 종전에 특정범죄가중처벌등에 관한법률 제4조에 의하여 공무원으로 의제되는 한국도로공사 건설사업소장의 지위에 있을 당시에 담당하였던 직무와 관련하여 금원을 교부받았다는 취지의 공소사실이 포함된 것으로는 볼 수 없 으므로, 피고인이 위 금품을 교부받은 것이 설령 한국도로공사법 제13조의3, 제12조의2, 형법 제 129조 제1항에 해당할 수 있다고 하더라도 법원으로서는 공소장변경이 되지 않는 한 후자의 점에 관하여까지 적극적으로 심판할 수 없을 것이어서, 원심이 그 점에 관하여 심판하지 않은 것이 위 법하다고는 할 수 없다(대법원 2001.2.9. 선고 2000도5358 판결).

■ 판례 ■   **농지개량조합의 비간부직원이 농지개량조합의 전무(간주직원)와 함께 뇌물을 수수한 경우**

[1] 특정범죄가중처벌등에관한법률 제2조 제1항 소정의 '수뢰액'은 공범자 전원의 수뢰액을 합한 금액을 기준 으로 하여야 하는지 여부(적극)

수인이 공동하여 뇌물수수죄를 범한 경우에 공범자는 자기의 수뢰액뿐만 아니라 다른 공범자의 수뢰액에 대하여도 그 죄책을 면할 수 없는 것이므로, 특정범죄가중처벌등에관한법률 제2조 제1항 의 적용 여부를 가리는 수뢰액을 정함에 있어서는 그 공범자 전원의 수뢰액을 합한 금액을 기준 으로 하여야 할 것이고, 각 공범자들이 실제로 취득한 금액이나 분배받기로 한 금액을 기준으로 할 것이 아니다.

[2] 특정범죄가중처벌등에관한법률 제4조 제2항, 같은법시행령 제3조 제1호 소정의 정부관리기업체의 간부직 원이 아닌 직원도 다른 간부직원과 함께 뇌물수수죄의 공동정범이 될 수 있는지 여부(적극)

[3] 특정범죄가중처벌등에관한법률 제4조 제1항의 규정 취지

특정범죄가중처벌등에관한법률 제4조 제1항은 형법 제129조 내지 제132조의 적용에 있어서 뇌물 죄의 적용대상을 원래 공무원이 아닌 정부관리기업체의 간부직원에게로 확대 적용한다는 것으로 서, 정부관리기업체의 간부직원이 그 직무에 관하여 형법 제129조 내지 제132조의 죄를 범하였을 때에는 그 죄가 성립하는 것으로 하여 그 각 법조의 특정범죄가중처벌등에관한법률을 적용한다는 뜻임은 문언상 명백하다(대법원 1999.8. 20. 선고 99도1557 판결).

2. 알선수재

1) 적용법조 : 제3조　☞　공소시효 7년

제3조(알선수재) 공무원의 직무에 속한 사항의 알선에 관하여 금품이나 이익을 수수·요구 또는 약속한 사람은 5년 이하의 징역 또는 1천만원 이하의 벌금에 처한다.

2) 범죄사실 기재례

피의자는 20○○. ○.경 ○○에 있는 실반주점에서 피의자와 평소 친분이 있는 서울시장이나 부시장에게 청탁하여 삼풍백화점 붕괴사고 이후 주식회사 ○○건설산업으로부터 재산관리처분 권한을 위임받아 서울시에서 매각 입찰을 추진 중이던 ○○에 있는 여미지 식물원을 甲주식회사에서 수의계약으로 매입할 수 있도록 해 달라는 취지의 부탁과 함께 乙 주식회사의 사장 甲으로부터 甲 주식회사의 대표이사 乙이 제공하는 ○○만 원을 교부받아 공무원의 직무에 속한 사항의 알선에 관하여 금품을 수수하였다.

■ 판례 ■　　세무사가 세무대리를 맡은 사건의 해결을 위하여 공무원에게 청탁·알선한다는 명목으로 금품을 수수한 경우, 특정범죄 가중처벌 등에 관한 법률 제3조의 알선수재죄가 성립하는지 여부(적극)

특정범죄 가중처벌 등에 관한 법률 제3조는 그 행위주체에 제한을 두고 있지 않은바, 세무사가 자신이 세무대리를 맡은 사건의 해결을 위하여 공무원에게 청탁·알선한다는 명목으로 금품을 수수한 경우에도 특정범죄 가중처벌 등에 관한 법률 제3조의 알선수재죄가 성립한다(대법원 2007.6.29. 선고 2006도5817 판결).

■ 판례 ■　　정식으로 법률사건을 수임한 변호사의 금품 등의 수수행위

[1] 알선행위자가 아닌 제3자가 청탁 또는 알선행위의 대가인 금품 등을 단순히 전달한 것에 불과한 경우, 특정범죄 가중처벌 등에 관한 법률에서 정한 알선수재죄 혹은 구 변호사법 제90조 제1호 위반죄가 성립할 수 있는지 여부(소극)

공무원의 직무에 속한 사항의 알선에 관하여 금품 등을 수수함으로써 성립하는 특정범죄 가중처벌 등에 관한 법률 제3조의 알선수재죄와 공무원이 취급하는 사건 또는 사무에 관하여 청탁 또는 알선을 한다는 명목으로 금품·향응 기타 이익을 받는 등의 행위를 하는 경우에 성립하는 구 변호사법(2000. 1. 28. 법률 제6207호로 전문 개정되기 전의 것) 제90조 제1호 위반죄에서, 위 금품 등은 어디까지나 위와 같은 청탁 혹은 알선행위의 대가라는 명목으로 수수되어야 하므로, 알선행위자가 아닌 제3자가 그 대가인 금품 기타 이익을 중간에서 전달한 것에 불과한 경우에는 그 제3자가 알선행위자와 공동가공의 의사를 가지고 전달행위를 하여 실행행위에 관여한 것으로 평가할 수 있는 경우는 별론으로 하고 그 자체만으로는 특정범죄 가중처벌 등에 관한 법률 제3조가 정하는 알선수재죄의 구성요건에 해당하지 아니하며, 공무원이 취급하는 사건 또는 사무에 관한 청탁 의뢰를 받고 청탁 상대방인 공무원에게 제공할 금품을 받아 그 공무원에게 단순히 전달한 경우에는 구 변호사법 제90조 제1호 위반죄가 성립할 수 없다.

[2] 청탁할 공무원에게 영향력 등을 행사할 수 있는 중간인물을 통하여 청탁·알선해 준다는 명목으로 금품 등을 수수한 경우에 특정범죄 가중처벌 등에 관한 법률에서 정한 알선수재죄 혹은 구 변호사법 제90조 제1호 위반죄가 성립하기 위한 요건

금품수수의 명목이 단지 알선행위를 할 사람을 소개시켜 준다는 것으로 국한되는 경우에는 특정범죄 가중처벌 등에 관한 법률 제3조 혹은 구 변호사법(2000. 1. 28. 법률 제6207호로 전문 개정되기 전의 것) 제90조 제1호 위반죄가 성립하지 아니하지만, 반드시 담당 공무원을 구체적으로 특정하여 그에게 직접 청탁·알선할 것을 금품수수의 명목으로 하여야만 성립되는 것이 아니라, 청탁할 공무원을 구체적으로 특정하지 아니한 경우는 물론 영향력 등을 행사할 수 있는 중간인물을 통하여 청탁·알선해준다는 명목으로 금품 등을 수수한 경우에도 특정범죄 가중처벌 등에 관한 법률 제3조 혹은 구 변호사법 제90조 제1호 위반죄가 성립할 수 있으며, 금품 수수의 명목이 된 청탁·알선의 상대방은 구체적으로 특정될 필요는 없다 하더라도 최종적으로는 공무원일 것을 요하고 또 청탁·알선의 대상이 그의 직무에 속한 사항이거나 그가 취급하는 사건 또는 사무에 해당하여야 하지만, 중간인물은 반드시 공무원일 필요는 없고 공무원이라 하더라도 청탁·알선의 대상이 반드시 그의 직무에 속하여야 하는 것은 아니다.

[3] 정식으로 법률사건을 수임한 변호사의 금품 등의 수수행위가 특정범죄 가중처벌 등에 관한 법률에서 정한 알선수재죄 및 구 변호사법 제90조 제1호 위반죄를 구성하는 경우

변호사 지위의 공공성과 직무범위의 포괄성에 비추어 볼 때, 특정범죄 가중처벌 등에 관한 법률 제3조 및 구 변호사법(2000. 1. 28. 법률 제6207호로 전문 개정되기 전의 것) 제90조 제1호의 규정은 변호사가 그 위임의 취지에 따라 수행하는 적법한 청탁이나 알선행위까지 처벌대상으로 한 규정이라고는 볼 수 없고, 정식으로 법률사건을 의뢰받은 변호사의 경우, 사건의 해결을 위한 접대나 향응, 뇌물의 제공 등 이른바 공공성을 지닌 법률전문직으로서의 정상적인 활동이라고 보기 어려운 방법을 내세워 의뢰인의 청탁 취지를 공무원에게 전하거나 의뢰인을 대신하여 스스로 공무원에게 청탁을 하는 행위 등을 한다는 명목으로 금품 등을 받거나 받을 것을 약속하는 등, 금품 등의 수수의 명목이 변호사의 지위 및 직무범위와 무관하다고 평가할 수 있는 경우에 한하여 특정범죄 가중처벌 등에 관한 법률 제3조 및 구 변호사법 제90조 제1호 위반죄가 성립한다(대법원 2007.6.28. 선고 2002도3600 판결).

■ **판례** ■ 리스차량으로 리스회사 명의로 등록되어 있는 자동차를 피고인에게 뇌물로 제공하였으나, 피고인이 그 자동차에 대해 실질적 처분권이 없는 경우

[1] 알선수뢰죄에 있어서 '공무원이 그 지위를 이용하여'와 '다른 공무원의 직무에 속한 사항의 알선행위'의 의미

알선수뢰죄는 공무원이 그 지위를 이용하여 다른 공무원의 직무에 속한 사항의 알선에 관하여 뇌물을 수수, 요구 또는 약속하는 것을 그 성립요건으로 하고 있고, 여기서 '공무원이 그 지위를 이용하여'라 함은 친구, 친족관계 등 사적인 관계를 이용하는 경우에는 이에 해당한다고 할 수 없으나, 다른 공무원이 취급하는 사무의 처리에 법률상이거나 사실상으로 영향을 줄 수 있는 관계에 있는 공무원이 그 지위를 이용하는 경우에는 이에 해당하고, 그 사이에 상하관계, 협동관계, 감독권한 등의 특수한 관계가 있음을 요하지 않는다고 할 것이고, '다른 공무원의 직무에 속한 사항의 알선행위'는 그 공무원의 직무에 속하는 사항에 관한 것이면 되는 것이지 그것이 반드시 부정행위라거나 그 직무에 관하여 결재권한이나 최종 결정권한을 갖고 있어야 하는 것이 아니다.

[2] 자동차를 뇌물로 수수하였다고 하기 위해서는 수뢰자가 그 법률상 소유권을 취득하여야 하는지 여부(소극)

자동차를 뇌물로 제공한 경우 자동차등록원부에 뇌물수수자가 그 소유자로 등록되지 않았다고 하더라도 자동차의 사실상 소유자로서 자동차에 대한 실질적인 사용 및 처분권한이 있다면 자동차 자체를 뇌물로 취득한 것으로 보아야 한다.

[3] 뇌물로 제공되었다는 자동차에 대하여 피고인에게 실질적 처분권한이 있다고 할 수 없는 경우 자동차 자체를 뇌물로 수수한 것으로 볼 수 있는지 여부(소극)

피고인에게 뇌물로 제공되었다는 자동차는 리스차량으로 리스회사 명의로 등록되어 있는 점, 피고인이 처분승낙서, 권리확인서 등 원하는 경우 소유권이전을 할 수 있는 서류를 소지하고 있지도 아니한 점, 리스계약상 리스계약이 기간만료 또는 리스료 연체로 종료되어 리스회사에서 위 승용차의 반환을 구하는 경우 피고인은 이에 응할 수밖에 없다고 보이는 점 등에 비추어 볼 때 피고인에게 위 승용차에 대한 실질적 처분권한이 있다고 할 수 없어 자동차 자체를 뇌물로 수수한 것으로 볼 수 없다(대법원 2006.4.27. 선고 2006도735 판결).

■ 판례 ■ 공여자와 수수자가 막연한 기대감 속에 금품 등을 교부·수수하였을 뿐 구체적으로 도와달라거나 특정한 부탁을 한 사실이 없는 경우 알선수재죄의 성립여부(소극)

특정범죄가중처벌등에관한법률 제3조에서 말하는 공무원의 직무에 속하는 사항의 알선에 관하여 금품이나 이익을 수수한다 함은 공무원의 직무에 속한 사항을 알선한다는 명목으로 금품 등을 수수하는 행위로서, 반드시 알선의 상대방인 공무원이나 그 직무의 내용이 구체적으로 특정될 필요까지는 없다 할 것이지만, 알선수재죄가 성립하기 위하여는 알선할 사항이 공무원의 직무에 속하는 사항이고, 금품 등 수수의 명목이 그 사항의 알선에 관련된 것임이 어느 정도 구체적으로 나타나야 하고, 단지 금품 등을 공여하는 자가 금품 등을 수수하는 자에게 잘 보이면 그로부터 어떤 도움을 받을 수 있다거나 손해를 입을 염려가 없다는 정도의 막연한 기대감 속에 금품 등을 교부하고, 금품 등을 수수하는 자 역시 공여자가 그러한 기대감을 가지고 금품 등을 교부하는 것이라고 짐작하면서 이를 수수하였다는 정도의 사정만으로는 알선수재죄가 성립한다고 볼 수 없다. 따라서 공여자와 수수자가 막연한 기대감 속에 금품 등을 교부·수수하였을 뿐 구체적으로 도와달라거나 특정한 부탁을 한 사실이 없다면 알선수재죄가 성립하지 않는다(대법원 2004.11.12. 선고 2004도5655 판결).

■ 판례 ■ 도지사에 입후보한 甲이 은행장으로부터 은행의 퇴출을 막아달라는 청탁을 받고 그 알선활동비 명목으로 돈을 수수한 경우

[1] 알선수재죄에 있어서 피고인이 금품 등을 수수한 사실을 인정하면서도 범의를 부인하는 경우의 입증 방법

알선수재죄는 '공무원의 직무에 속한 사항을 알선한다는 명목'으로 '금품 등을 수수'함으로써 성립하고 '공무원의 직무에 속한 사항을 알선한다는 명목'으로 수수하였다는 범의는 범죄사실을 구성하는 것으로서 이를 인정하기 위해서는 엄격한 증명이 요구되지만, 피고인이 '금품 등을 수수'한 사실을 인정하면서도 범의를 부인하는 경우에는, 이러한 주관적 요소로 되는 사실은 사물의 성질상 범의와 상당한 관련성이 있는 간접 사실을 증명하는 방법에 의하여 이를 입증할 수밖에 없고, 무엇이 상당한 관련성이 있는 간접 사실에 해당할 것인가는 정상적인 경험칙에 바탕을 두고 치밀한 관찰력이나 분석력에 의하여 사실의 연결상태를 합리적으로 판단하는 방법에 의하여야 한다.

[2] 甲에게 알선수재의 범의를 인정할 수 있는지 여부(적극)

도지사에 입후보한 피고인이 은행장으로부터 은행의 퇴출을 막아달라는 청탁을 받고 그 알선활동비 명목으로 돈을 수수하였다는 공소사실에 대하여 선거자금으로만 인식하고 수수하였다고 주장하여 알선수재의 범의를 부인하였으나, 그 범의를 자백한 피고인의 검찰에서의 일부진술에다가 기타 정황증거를 종합하여보면 피고인의 알선수재 범의를 인정할 수 있다(대법원 2002.3.12. 선고 2001도2064 판결).

　　제3자가 알선행위자의 알선행위에 대한 공동가공의 의사 없이 알선의뢰자로부터 금품을 받아 알선행위자에게 전달한 것만으로 알선수재죄가 성립하는지 여부(소극)

특정범죄가중처벌등에관한법률 제3조가 정하는 알선수재죄가 성립하려면 알선을 의뢰한 사람과 알선의 상대방이 될 수 있는 공무원 사이를 중개한다는 명목으로 금품 기타 이익을 수수·요구 또는 약속하는 행위가 있어야 하고, 알선을 의뢰한 사람과 알선의 상대방이 될 수 있는 공무원 사이를 중개한다는 명목으로 금품 기타 이익을 수수하는 사람(이하 알선행위자라고 한다) 이외의 제3자가 알선을 의뢰한 사람으로부터 금품을 받아 알선행위자에게 이를 전달하는 행위를 하였다면 그 제3자가 알선행위자의 그와 같은 행위에 대하여 공동가공의 의사를 가지고 그와 같은 전달행위를 하여 이를 특정범죄가중처벌등에관한법률 제3조가 정하는 알선수재죄의 실행행위에 관여한 것으로 평가할 수 있는 경우는 별론으로 하고, 제3자가 그와 같은 공동가공의 의사 없이 위와 같은 금품 기타 이익을 중간에서 전달한 경우에는 그 자체만으로는 특정범죄가중처벌등에관한법률 제3조가 정하는 알선수재죄의 구성요건에 해당한다고 할 수 없다(대법원 1999.5.11. 선고 99도963 판결).

※ 뇌물죄 적용대상의 확대

> 제4조(뇌물죄 적용대상의 확대) ① 다음 각 호의 어느 하나에 해당하는 기관 또는 단체로서 대통령령으로 정하는 기관 또는 단체의 간부직원은 「형법」 제129조부터 제132조까지의 규정을 적용할 때에는 공무원으로 본다.
> 1. 국가 또는 지방자치단체가 직접 또는 간접으로 자본금의 2분의 1 이상을 출자하였거나 출연금·보조금 등 그 재정지원의 규모가 그 기관 또는 단체 기본재산의 2분의 1 이상인 기관 또는 단체
> 2. 국민경제 및 산업에 중대한 영향을 미치고 있고 업무의 공공성(公共性)이 현저하여 국가 또는 지방자치단체가 법령에서 정하는 바에 따라 지도·감독하거나 주주권의 행사 등을 통하여 중요 사업의 결정 및 임원의 임면(任免) 등 운영 전반에 관하여 실질적인 지배력을 행사하고 있는 기관 또는 단체
> ② 제1항의 간부직원의 범위는 제1항의 기관 또는 단체의 설립목적, 자산, 직원의 규모 및 해당 직원의 구체적인 업무 등을 고려하여 대통령령으로 정한다.
> ※ 시행령
> 제3조(간부직원의 범위) 법 제4조제2항에 따른 기관 또는 단체의 간부직원의 범위는 다음 각 호와 같다. 다만, 다른 법령에 따라 공무원 또는 공무원에 준하는 신분을 가지는 경우에는 그 법령의 적용을 배제하지 아니한다.
> 1. 제2조제1호부터 제40호까지, 제45호 및 제46호의 기관 또는 단체와 농업협동조합중앙회, 수산업협동조합중앙회 및 산림조합중앙회의 임원과 과장대리급(과장대리급제가 없는 기관 또는 단체는 과장급) 이상의 직원
> 2. 한국방송공사, 지역농업협동조합, 지역축산업협동조합, 품목별·업종별협동조합 및 품목조합연합회(「농업협동조합법」에 따라 설립된 것을 말한다), 지구별수산업협동조합, 업종별수산업협동조합, 수산물가공수산업협동조합, 지역산림조합 및 품목별·업종별산림조합의 임원

■ 판례 ■　　농협중앙회 간부를 뇌물죄의 적용에서 공무원으로 의제할 수 있는지 여부(적극)

농협중앙회는 국민경제 및 산업에 중대한 영향을 미치고 있고 업무의 공공성이 현저하여 국가가 법령이 정하는 바에 따른 지도·감독을 통하여 그 운영 전반에 관하여 실질적인 지배력을 행사하고 있는 기업체로서 특가법 제4조 제1항 제2호 소정의 정부관리기업체에 해당한다고 보기에 충분하다(대법원 2007.11.30. 선고 2007도6556).

■ **판례** ■　형법상 뇌물죄의 적용에 있어서 지방공사와 지방공단의 직원을 공무원으로 본다고 규정한 지방공기업법 제83조가 위헌인지 여부(소극) 및 이 때 간부직원만을 공무원으로 보아야 하는지 여부(소극)

형법 제129조 내지 제132조의 적용에 있어서 지방공사와 지방공단의 직원까지 공무원으로 본다고 규정한 지방공기업법 제83조는 헌법 제11조 제1항, 제37조 제2항등에 위반된다고 볼 수 없고, 또한 지방공기업법 제83조의 명문의 규정에 반하여 지방공사와 지방공단의 직원을 특정범죄가중처벌등에관한법률 제4조 제1항소정의 간부직원, 즉 과장대리급 이상의 직원으로 한정하여 해석할 수도 없다(대법원 2002.7.26. 선고 2001도6721 선고).

■ **판례** ■　특정범죄가중처벌등에관한법률 제4조 제2항, 같은법시행령 제3조 제1호 소정의 정부관리기업체의 간부직원이 아닌 직원도 다른 간부직원과 함께 뇌물수수죄의 공동정범이 될 수 있는지 여부(적극)

특정범죄가중처벌등에관한법률 제4조 제2항, 같은법시행령 제3조 제1호 소정의 정부관리기업체의 간부직원이 아닌 직원도 다른 간부직원인 직원과 함께 뇌물수수죄의 공동정범이 될 수 있다(대법원 1999.8.20. 선고 99도1557 선고).

■ **판례** ■　특정범죄가중처벌등에관한법률 제4조의 규정취지 및 같은 조 제1항소정의 "정부관리기업체" 해당 여부의 판단기준

정부관리기업체의 간부직원을 뇌물죄의 적용에 있어서 공무원으로 의제하는 특정범죄가중처벌등에관한법률 제4조의 규정취지는, 정부가 소유·지배하는 공공적 성격이 강한 기업체는 국가정책과 국민경제에 중대한 영향을 미치기 때문에 그 간부직원에 대하여 일반 공무원과 마찬가지로 엄격한 청렴의무를 부과하여 그 직무의 불가매수성을 확보하고자 하는 데 있다고 할 것이므로, 어떤 기업체가 같은 법 제4조 제1항소정의 "정부관리기업체"에 해당하는지의 여부는 정부가 납입자본금의 5할 이상을 출자하였는가 아닌가와 같은 소유 개념만으로 판단하여서는 아니되고, 그 소유 개념과 더불어 그 기업의 공공성 및 정부의 지배력 등을 종합하여 판단하여야 한다(대법원 1994.12.27. 선고 94도618 선고).

■ **판례** ■　한국전력공사의 일반직원급 직원이 과장대리의 일을 맡고 있더라도 특정범죄가중처벌등에관한법률 제2조의 뇌물수수죄의 주체가 될 수 없다고 본 사례

한국전력공사는 그 직원의 직급을 처장급, 부처장급, 부장급, 과장급, 일반직원급, 기능원급 등으로 분류하고 있고, 특정범죄가중처벌등에관한법률시행령 제3조 제1호가 한국전력공사 등의 임원과 과장대리급 이상의 직원을 공무원으로 보도록 되어 있으며 여기서 말하는 과장대리급 또는 과장급 이상의 직원이라 함은 직급을 기준으로 하여 과장대리 또는 과장과 동급이거나 그 이상의 직원을 말하는 것이므로, 위 공사의 일반직원급에 재직하면서 과장대리의 일을 맡고 있는 자는 정부관리기업체의 간부직원이 아니어서 뇌물수수죄의 주체가 될 수 없다.(대법원 1993.12.28. 선고 93도2164 선고)

3. 독직폭행

1) 적용법조 : 제4조의2 제1항 ☞ 공소시효 제1항(10년), 제2항(15년)

> 제4조의2(체포·감금 등의 가중처벌) ① 「형법」 제124조·제125조에 규정된 죄를 범하여 사람을 상해(傷害)에 이르게 한 경우에는 1년 이상의 유기징역에 처한다.
> ② 「형법」 제124조·제125조에 규정된 죄를 범하여 사람을 사망에 이르게 한 경우에는 무기 또는 3년 이상의 징역에 처한다.

2) 범죄사실 기재례

> 피의자 甲은 ○○경찰서 형사과 강력○○팀 소속 경감으로서 인신구속에 관한 직무를 하는 사람이고, 피의자 乙은 경사로 위 강력팀 소속 경찰관이며 피의자 甲의 지시를 받아 인신구속에 관한 직무를 보조하는 사람들이다.
> 위 강력○○팀 경찰관들은 20○○. ○. ○. ○○:○○경 ○○에서 피해자 A(44세)를 특정범죄 가중처벌 등에 관한 법률 위반(절도) 등의 혐의로 체포하여 피의자로 조사하게 되었다.
> 피의자들은 같은 날 ○○:○○경 ○○경찰서 강력○○팀 사무실에서, 피해자가 범행을 부인하며 공범에 대하여 묵비권을 행사한다는 이유로, 피해자를 의자에 앉힌 다음, 피의자 乙은 피해자의 수갑을 뒤로 채우고, 피의자 甲은 손으로 피해자의 머리를 눌러 자신의 허벅지 사이에 끼워 움직이지 못하게 한 다음, 뒤로 수갑 채워진 피해자의 양팔을 잡아 등 위로 꺾어 올려 어깨 부위 등에 고통을 가하고, 피해자가 고통을 못 이겨 비명을 지르자 수건으로 피해자의 입을 막은 후 계속하여 위와 같은 방법으로 수회 양팔을 꺾어 올리고, 팔꿈치로 피해자의 등 부위를 수회 내리찍었다.
> 이로써 피의자들은 공모하여, 인신구속에 관한 직무를 행함에 당하여 형사피의자인 피해자에게 폭행을 가하였다.

■ 판례 ■ 즉결심판 피의자를 강제로 경찰서 보호실에 유치시키는 것이 불법감금죄에 해당하는지 여부(적극)

[1] 경찰서 내에서의 심리적, 무형적 장애에 의한 감금행위의 성부(적극)

감금죄에 있어서의 감금행위는 사람으로 하여금 일정한 장소 밖으로 나가지 못하도록 하여 신체의 자유를 제한하는 행위를 가리키는 것이고, 그 방법은 반드시 물리적, 유형적 장애를 사용하는 경우뿐만 아니라 심리적, 무형적 장애에 의하는 경우도 포함되는 것이므로, 설사 그 장소가 경찰서 내 대기실로서 일반인과 면회인 및 경찰관이 수시로 출입하는 곳이고 여닫이 문만 열면 나갈 수 있도록 된 구조라 하여도 경찰서 밖으로 나가지 못하도록 그 신체의 자유를 제한하는 유형, 무형의 억압이 있었다면 이는 감금에 해당한다.

[2] 즉결심판 피의자를 강제로 경찰서 보호실에 유치시키는 것이 불법감금죄에 해당하는지 여부(적극)

형사소송법이나 경찰관직무집행법 등의 법률에 정하여진 구금 또는 보호유치 요건에 의하지 아니하고는 즉결심판 피의자라는 사유만으로 피의자를 구금, 유치할 수 있는 아무런 법률상 근거가 없고, 경찰 업무상 그러한 관행이나 지침이 있었다 하더라도 이로써 원칙적으로 금지되어 있는 인신구속을 행할 수 있는 근거로 할 수 없으므로, 즉결심판 피의자의 정당한 귀가요청을 거절한 채 다음날 즉결심판법정이 열릴 때까지 피의자를 경찰서 보호실에 강제유치시키려고 함으로써 피의자를 경찰서 내 즉결피의자 대기실에 10-20분 동안 있게 한 행위는 형법 제124조 제1항의 불법감금죄에 해당하고, 이로 인하여 피의자를 보호실에 밀어넣으려는 과정에서 상해를 입게 하였다면 제4조의2 제1항 위반죄에 해당한다.(대법원 1997. 6. 13., 선고, 97도877, 판결)

■ **판례** ■　피해자의 머리를 잡아 욕조의 물속으로 누르게 될 경우 질식현상 등에 대한 예견 가능성의 유무

양손을 뒤로 결박당하고 양발목마저 결박당한 피해자의 양쪽 팔, 다리, 머리 등을 밀어누름으로써 피해자의 얼굴을 욕조의 물속으로 강제로 찍어누르는 가혹행위를 반복할 때에 욕조의 구조나 신체구조상 피해자의 목 부분이 욕조의 턱에 눌릴 수 있고 더구나 물속으로 들어가지 않으려고 반사적으로 반항하는 피해자의 행동을 제압하기 위하여 강하게 피해자의 머리를 잡아 물속으로 누르게 될 경우에는 위 욕조의 턱에 피해자의 목부분이 눌려 질식현상 등의 치명적인 결과를 가져올 수 있다는 것은 우리의 경험칙상 어렵지 않게 예견할 수 있다.(대법원 1988. 2. 23., 선고, 87도2358, 판결)

4. 국고 등 손실

1) 적용법조 : 제5조 ☞ 공소시효 : 제1호(15년), 제2호(10년)

> 제5조(국고 등 손실) 「회계관계직원 등의 책임에 관한 법률」 제2조제1호·제2호 또는 제4호(제1호 또는 제2호에 규정된 사람의 보조자로서 그 회계사무의 일부를 처리하는 사람만 해당한다)에 규정된 사람이 국고(國庫) 또는 지방자치단체에 손실을 입힐 것을 알면서 그 직무에 관하여 「형법」 제355조의 죄를 범한 경우에는 다음 각 호의 구분에 따라 가중처벌한다.
> 1. 국고 또는 지방자치단체의 손실이 5억원 이상인 경우에는 무기 또는 5년 이상의 징역에 처한다.
> 2. 국고 또는 지방자치단체의 손실이 1억원 이상 5억원 미만인 경우에는 3년 이상의 유기징역에 처한다.

2) 범죄사실 기재례

> 피의자는 개발부담금 부과업무를 담당하던 ○○군청 지적과 공무원(행정직 ○급)이다.
> 피의자는 200○. ○. ○. 위 군청 지적과장 乙로 하여금 甲주식회사와 乙주식회사에 각각 그 개발부담금을 결정·부과함에 있어 ○○○내용과 같이 과대 계산된 사토 물량으로 인한 공사비용을 개발비용으로 인정하게 함으로써 위 회사들에게 합계 ○○만원 상당의 개발부담금 부과를 면하게 하여 위 금액 상당의 이익을 주고 국가 및 지방자치단체에 같은 금액 상당의 손해를 가하였다.

■ 판례 ■ **특정범죄가중처벌등에관한법률 제5조 소정의 국고등손실죄의 성립 요건**

특정범죄가중처벌등에관한법률 제5조에 규정된 국고등손실죄는 회계관계직원등의책임에관한법률 제2조 제1호·제2호 또는 제4호(제1호 또는 제2호에 규정된 자의 보조자로서 그 회계사무의 일부를 처리하는 자에 한한다)에 규정된 자가 국고 또는 지방자치단체에 손실을 미칠 것을 인식하고 그 직무에 관하여 형법 제355조의 죄를 범한 때에 성립하는 것으로서, 국가 또는 지방자치단체의 회계관계 사무를 처리하는 자로서의 임무에 위배하는 행위를 한다는 점과 이로 인하여 자기 또는 제3자가 이익을 취득하고 국고 또는 지방자치단체에 손해를 미친다는 점에 관한 인식 내지 의사를 필요로 하므로, 회계관계 직원이 관계 법령에 따르지 아니한 사무처리를 하였다고 하더라도 국가 또는 지방자치단체의 이익을 위하여 사무를 처리한 때에는 위 국고등손실죄는 성립하지 아니한다(대법원 1999.6.22. 선고 99도208 판결).

■ 판례 ■ **배임에 의한 국고손실죄의 공동정범인 공무원이 다른 공범으로부터 그 범행에 의하여 취득한 금원의 일부를 받은 경우, 뇌물수수죄의 성부(소극)**

특정범죄가중처벌등에관한법률 제5조 소정의 배임에 의한 국고손실죄의 공동정범인 공무원이 다른 공범으로부터 그 범행에 의하여 취득한 금원의 일부를 받은 경우, 그 금원의 성격은 그 성질이 공동정범들 사이의 내부적 이익분배에 불과한 것이고 별도로 뇌물수수죄(사후수뢰죄)에 해당하지 않는다.(대법원 1997.2.25, 선고, 94도3346, 판결)

5. 약취유인 · 미성년자간음 · 미성년자유인

1) 적용법조 : 제5조의2, 형법 제287조 ☞ 공소시효

제5조의2(약취ˋ · 유인죄의 가중처벌) ① 13세 미만의 미성년자에 대하여 「형법」 제287조의 죄를 범한 사람은 그 약취(略取) 또는 유인(誘引)의 목적에 따라 다음 각 호와 같이 가중처벌한다.

  1. 약취 또는 유인한 미성년자의 부모나 그 밖에 그 미성년자의 안전을 염려하는 사람의 우려를 이용하여 재물이나 재산상의 이익을 취득할 목적인 경우에는 무기 또는 5년 이상의 징역에 처한다.

  2. 약취 또는 유인한 미성년자를 살해할 목적인 경우에는 사형, 무기 또는 7년 이상의 징역에 처한다.

② 13세 미만의 미성년자에 대하여 「형법」 제287조의 죄를 범한 사람이 다음 각 호의 어느 하나에 해당하는 행위를 한 경우에는 다음 각 호와 같이 가중처벌한다.

  1. 약취 또는 유인한 미성년자의 부모나 그 밖에 그 미성년자의 안전을 염려하는 사람의 우려를 이용하여 재물이나 재산상의 이익을 취득하거나 이를 요구한 경우에는 무기 또는 10년 이상의 징역에 처한다.

  2. 약취 또는 유인한 미성년자를 살해한 경우에는 사형 또는 무기징역에 처한다.

  3. 약취 또는 유인한 미성년자를 폭행 · 상해 · 감금 또는 유기(遺棄)하거나 그 미성년자에게 가혹한 행위를 한 경우에는 무기 또는 5년 이상의 징역에 처한다.

  4. 제3호의 죄를 범하여 미성년자를 사망에 이르게 한 경우에는 사형, 무기 또는 7년 이상의 징역에 처한다.

③ 제1항 또는 제2항의 죄를 범한 사람을 방조(幇助)하여 약취 또는 유인된 미성년자를 은닉하거나 그 밖의 방법으로 귀가하지 못하게 한 사람은 5년 이상의 유기징역에 처한다.

④ 「형법」 제288조 · 제289조 또는 제292조제1항의 죄를 범한 사람은 무기 또는 5년 이상의 징역에 처한다.

⑤ 상습적으로 제4항의 죄를 범한 사람은 그 죄에 대하여 정한 형의 2분의 1까지 가중한다.

⑥ 제1항 · 제2항(제2항제4호는 제외한다) 및 제4항에 규정된 죄의 미수범은 처벌한다.

⑦ 제1항부터 제3항까지 및 제6항의 죄를 범한 사람을 은닉하거나 도피하게 한 사람은 3년 이상 25년 이하의 징역에 처한다.

⑧ 제1항 또는 제2항제1호 · 제2호의 죄를 범할 목적으로 예비하거나 음모한 사람은 1년 이상 10년 이하의 징역에 처한다.

---

2) 범죄사실 기재례

  피의자는 '○○○' 잡지사의 기획실장으로 근무하면서 사진모델로 응모하여 알게 된 甲녀(여, 16세)가 가족들의 반대에도 불구하고 모델이나 영화배우로 활동하기를 원한다는 사실을 알고 있었다.

  가. 피의자는 20○○. 4. 13. 14:30경 甲녀를 모델이나 영화배우로 활동하게 할 의사나 능력을 갖추고 있지 아니함에도 甲녀에게 "내가 알고 있는 영화사 사람에게 너의 사진을 보여 주니 좋은 반응을 보였다. 그쪽에서 너의 사진을 원하니 만나서 사진을 찍어야겠다. ○○여관으로 나와라." 라고 속였다.

  피의자는 그 날 15:00경 ○○에 있는 ○○여관방에서 甲녀를 만나 그에게 "우선 사진을 찍고 그 사진을 영화사로 보내자. 영화배우가 될 수 있도록 도와주겠다." 라고 속여 甲녀의 나체사진을 찍은 후 귀가시켰다가, 20○○. ○. ○. 오후에 전화로 甲녀에게 "그 사진을 영화사 사람에게 보여 주었더니 올해 5월에 영화 한 편을 만드는데 조연급으로 출연시켜도 되겠다고 오케이를 하였다.

  그러니 내일 오후 4시에 ○○여관방에서 만나자." 라고 甲녀를 속여 그로 하여금 다음날 15:30경 ○○에 있는 집을 떠나 16:00경 위 ○○여관으로 오게 한 다음 그곳에서 甲녀에게

"우선 할 일이 있으니 ○○로 가자. 내일 서울로 보내주겠다."라고 속여 그때부터 20○○. ○. ○. 02:00경까지 ○○에 있는 피의자의 자취방 등지로 甲녀를 데리고 다녀 미성년자를 유인하였다.

나. 피의자는 20○○. ○. ○. 02:00경 피의자의 차량에 甲녀를 태우고 20○○. ○. ○. 04:00경 ○○에 있는 피의자의 형인 丁소유 빈집의 방으로 데리고 가 甲녀를 유인하였다.

피의자는 그곳에서 甲녀에게 "모델이 되려면 이 정도는 참아야 한다."고 말하면서 甲녀의 옷을 벗기려다가 甲녀가 두 손으로 가슴을 가린 채 옷을 붙잡고 발을 구르고 소리를 지르면서 반항하자 주먹으로 얼굴을 때릴 듯한 태도를 보이며 "야, 네가 더 힘이 세냐, 내가 더 힘이 세냐. 나를 그렇게 못 믿느냐."라고 말하면서 甲녀를 넘어뜨린 다음 甲녀의 몸을 짓누른 채 옷을 모두 벗기고, 甲녀가 이불을 안고 웅크리자 "여기 집에는 아무도 없다. 약을 써 보아야 아무 소용이 없다."라고 말하면서 상체로 甲녀의 가슴을 누르고 왼팔로는 甲녀의 목을 감고, 발로 甲녀의 양다리를 벌리고 오른손의 손가락을 甲녀의 질에 집어넣고, 그 손가락으로 甲녀의 음부를 할퀴고 1회 간음하여 위계 및 위력을 행사하여 미성년자인 甲녀를 간음하고, 유인한 미성년자에게 가혹한 행위를 가하였다.

■ 판례 ■ 　미성년자 약취 후 재물을 요구하였으나 취득하지는 못한 경우, 특정범죄 가중처벌 등에 관한 법률 제5조의2 제2항 제1호의 '재물요구죄'가 아닌 같은 조 제6항의 '재물취득 미수죄'로도 기소할 수 있는지 여부(적극)

영리약취·유인등에 관한 특정범죄 가중처벌 등에 관한 법률 제5조의2 제2항 제1호는 '취득'과 '요구'를 별도의 행위태양으로 규정하고 있으므로, 미성년자를 약취한 자가 그 부모에게 재물을 요구하였으나 취득하지 못한 경우 검사는 이를 '재물요구죄'로 기소할 수 있음은 물론, '재물취득'의 점을 중시하여 '재물취득 미수죄'로 기소할 수도 있다(대법원 2008.7.10. 선고 2008도3747 판결)

■ 판례 ■ 　미성년자를 약취한 후 강간 목적으로 상해 등을 가하고 나아가 강간 및 살인미수를 범한 경우, 약취한 미성년자에 대한 상해 등으로 인한 특정범죄 가중처벌 등에 관한 법률 위반죄와 미성년자에 대한 강간 및 살인미수행위로 인한 성폭력범죄의 처벌 등에 관한 특례법 위반죄의 죄수 관계(=실체적 경합범)

미성년자인 피해자를 약취한 후에 강간을 목적으로 피해자에게 가혹한 행위 및 상해를 가하고 나아가 그 피해자에 대한 강간 및 살인미수를 범하였다면, 이에 대하여는 약취한 미성년자에 대한 상해 등으로 인한 특정범죄 가중처벌 등에 관한 법률 위반죄 및 미성년자인 피해자에 대한 강간 및 살인미수행위로 인한 성폭력범죄의 처벌 등에 관한 특례법 위반죄가 각 성립하고, 설령 상해의 결과가 피해자에 대한 강간 및 살인미수행위 과정에서 발생한 것이라 하더라도 위 각 죄는 서로 형법 제37조 전단의 실체적 경합범 관계에 있다.(대법원 2014. 2. 27. 선고, 2013도12301 판결)

6. 교통사고 후 도주 (도주차량)

1) 적용법조 : 제5조의3 ☞ 공소시효

제5조의3(도주차량 운전자의 가중처벌) ① 「「도로교통법」 제2조의 자동차, 원동기장치자전거 및 「건설기계관리법」 제26조제1항 단서에 따른 건설기계 외의 건설기계(이하 "자동차등"이라 한다)의 교통으로 인하여 「형법」 제268조의 죄를 범한 해당 자동차등의 운전자(이하 "사고운전자"라 한다)가 피해자를 구호(救護)하는 등 「도로교통법」 제54조제1항에 따른 조치를 하지 아니하고 도주한 경우에는 다음 각 호의 구분에 따라 가중처벌한다.
  1. 피해자를 사망에 이르게 하고 도주하거나, 도주 후에 피해자가 사망한 경우에는 무기 또는 5년 이상의 징역에 처한다.
  2. 피해자를 상해에 이르게 한 경우에는 1년 이상의 유기징역 또는 500만원 이상 3천만원 이하의 벌금에 처한다.
② 사고운전자가 피해자를 사고 장소로부터 옮겨 유기하고 도주한 경우에는 다음 각 호의 구분에 따라 가중처벌한다.
  1. 피해자를 사망에 이르게 하고 도주하거나, 도주 후에 피해자가 사망한 경우에는 사형, 무기 또는 5년 이상의 징역에 처한다.
  2. 피해자를 상해에 이르게 한 경우에는 3년 이상의 유기징역에 처한다.

2) 범죄사실 기재례

피의자는 (차량번호, 차종) 승용차를 운전하는 업무에 종사하는 사람이다.

피의자는 200○. ○. ○. 01:00경 위 승용차를 운전하여 ○○앞 도로를 ○○ 방면에서 ○○ 방면으로 시속 약 ○○km로 진행하였다. 마침 전방에 자전거를 탄 피해자 甲(30세)이 비틀거리며 진행하고 있는 것을 발견하였으므로 이러면 자동차의 운전업무에 종사하는 피의자에게는 피해자의 동태를 잘 살피고 경음기 등으로 신호를 보내면서 안전하게 운전하여 사고를 미리 방지하여야 할 업무상 주의의무가 있었다.

그럼에도 피의자는 이를 게을리한 채 그대로 진행하다가 피해자가 도로 중앙 부근으로 진입하여 오는 것을 뒤늦게 발견하고 그때야 이를 피하고자 급제동 조치를 취하였으나, 그 조치가 미흡하여 위 승용차 앞범퍼로 위 자전거 뒷바퀴를 들이받아 피해자를 땅에 넘어지게 하였다.

피의자는 위와 같은 업무상 과실로 피해자에게 약 ○○주간의 치료를 요하는 두개골골절 등의 상해를 입게 하였음에도 곧 정차하여 피해자를 구호하는 등의 조치를 취하지 아니하고 그대로 도주하였다.

3) 신문사항

- 자동차 운전면허가 있는가
- 어떤 차를 운전하였는가
- 위 차량을 운전하다 사고를 낸 일이 있는가
- 언제 어디에서 사고를 냈는가
- 사고 내용은
- 피해자의 어느 부분을 부디쳤는가
- 사고 후 어떤 조치를 하였는가
- 왜 이런 사고가 발생하였다고 생각하는가
- 어떻게 검거되었는가

- 왜 사후 조치를 취하지 않았는가
- 종합보험에 가입되어 있는가

■ 판례 ■   사고 운전자가 피해자를 구호하는 등 도로교통법 제50조 제1항에 의한 조치를 취할 필요가 있었다고 인정되지 아니하는 경우, 특정범죄 가중처벌 등에 관한 법률 제5조의3 제1항 위반죄로 처벌할 수 있는지 여부(소극)

특정범죄 가중처벌 등에 관한 법률 제5조의3 제1항의 도주차량 운전자의 가중처벌에 관한 규정은 교통의 안전이라는 공공의 이익을 보호함과 아울러 교통사고로 사상을 당한 피해자의 생명·신체의 안전이라는 개인적 법익을 보호하기 위하여 제정된 것이므로, 그 입법 취지와 보호법익에 비추어 볼 때, 사고의 경위와 내용, 피해자의 상해의 부위와 정도, 사고 운전자의 과실 정도, 사고 운전자와 피해자의 나이와 성별, 사고 후의 정황 등을 종합적으로 고려하여 사고 운전자가 실제로 피해자를 구호하는 등 도로교통법 제50조 제1항에 의한 조치를 취할 필요가 있었다고 인정되지 아니하는 경우에는 사고 운전자가 피해자를 구호하는 등 도로교통법 제50조 제1항에 규정된 의무를 이행하기 이전에 사고현장을 이탈하였더라도 특정범죄 가중처벌 등에 관한 법률 제5조의3 제1항 위반죄로는 처벌할 수 없다(대법원 2007.4.12. 선고 2007도828 판결).

■ 판례 ■   허위신고를 한 경우

[1] 사고 운전자가 교통사고 현장에서 경찰관에게 동승자가 사고차량의 운전자라고 진술하거나 그에게 같은 내용의 허위신고를 하도록 하였더라도, 사고 직후 피해자가 병원으로 후송될 때까지 사고장소를 이탈하지 아니한 채 경찰관에게 위 차량이 가해차량임을 밝히고 경찰관의 요구에 따라 동승자와 함께 조사를 받기 위해 경찰 지구대로 동행한 경우

비록 피고인이 교통사고 현장에서 출동한 119 구조대원 및 경찰관에게 이 사건 차량의 동승자인 공소외인이 위 차량의 운전자인 것으로 진술하거나 그녀로 하여금 그와 같이 허위신고하도록 하였다고 하더라도, 피고인은 사고 직후 피해자가 119 구급차량에 의하여 병원으로 후송될 때까지 사고장소를 이탈하지 아니하였고, 출동한 경찰관에게 이 사건 차량이 가해차량임을 명백히 밝혔으며, 피해자 후송조치를 마친 후 사고현장에서 위 경찰관의 요구에 따라 공소외인과 함께 조사를 받기 위해 경찰 지구대로 동행한 점 등 제반 사정에 비추어, 피고인이 피해자를 구호하는 등의 의무를 이행하기 전에 도주의 범의를 가지고 사고현장을 이탈하였다고 볼 수는 없다 하겠다.

[2] 사고 운전자가 사고로 손괴된 피해자의 오토바이에 대한 조치를 직접 취하지 않았더라도 사고현장을 떠나기 전에 이미 구조대원 등 다른 사람이 위 오토바이를 치워 교통상 위해가 될 만한 다른 사정이 없었던 경우, 구 도로교통법 제106조 위반죄로 처벌할 수 없다(대법원 2007.10.11. 선고 2007도1738 판결).

■ 판례 ■   교통사고를 야기한 甲이 가해차량을 운전하여 사고 현장으로부터 약 400m 이동하여 정차한 경우

[1] 구 특정범죄가중처벌 등에 관한 법률 제5조의3 제1항의 '피해자를 구호하는 등 도로교통법 제50조 제1항의 규정에 의한 조치를 취하지 아니하고 도주한 때' 및 구 도로교통법 제50조 제1항의 교통사고 후 운전자 등이 즉시 정차하여야 할 의무의 의미

구 특정범죄 가중처벌 등에 관한 법률(2005.5.31. 법률 제7545호로 개정되기 전의 것) 제5조의3 제1항 소정의 '피해자를 구호하는 등 도로교통법 제50조 제1항의 규정에 의한 조치를 취하지 아니하고 도주한 때'라 함은, 사고 운전자가 사고로 인하여 피해자가 사상을 당한 사실을 인식하였음에도 불구

하고 피해자를 구호하는 등 도로교통법 제50조 제1항에 규정된 의무를 이행하기 전에 사고현장을 이탈하여 사고를 낸 자가 누구인지 확정할 수 없는 상태를 초래하는 경우를 말하고, 구 도로교통법 (2005.5.31. 법률 제7545호로 전문 개정되기 전의 것) 제50조 제1항의 교통사고 후 운전자 등이 즉시 정차하여야 할 의무라 함은, 곧바로 정차함으로써 부수적으로 교통의 위험이 초래되는 등의 사정이 없는 한 즉시 정차하여야 할 의무를 말한다.

[2] 甲에게 도주의 범의가 인정되는지 여부(소극)

교통사고로 인하여 피고인이 받았을 충격의 정도, 사고 후 불가항력적으로 반대차선으로 밀려 역주행하다가 2차 사고까지 일으키게 된 정황, 정주행 차선으로 돌아온 후에도 후발사고의 위험이 없는 마땅한 주차 공간을 찾기 어려운 도로여건, 피고인이 스스로 정차한 후 개인택시조합 직원에게 사고처리를 부탁하는 전화를 마칠 무렵 경찰관이 도착한 사정 등에 비추어, 피고인이 교통사고 후 비록 가해차량을 운전하여 사고 현장으로부터 약 400m 이동하여 정차한 사실은 인정되나 이는 불가피한 것으로 볼 여지가 있고, 이로 인하여 피고인이 구 도로교통법(2005.5.31. 법률 제7545호로 전문 개정되기 전의 것) 제50조 제1항의 규정에 의한 조치를 제대로 이행하지 못하였다고 하더라도 피고인에게 도주의 범의가 있었다고 보기는 어렵다(대법원 2006.9.28. 선고 2006도3441 판결).

■ 판례 ■ 　사고 운전자 甲이 피해자를 병원에 후송하여 치료를 받게 하는 등의 구호조치는 취하였으나, 피해자 등이 사고 운전자의 신원을 쉽게 확인할 수 없는 상태에서 피해자 등에게 자신의 신원을 밝히기 아니한 채 병원을 이탈한 경우

[1] 특정범죄 가중처벌 등에 관한 법률 제5조의3 제1항에서 정한 '피해자를 구호하는 등 도로교통법 제50조 제1항의 규정에 의한 조치를 취하지 아니하고 도주한 때'의 의미

'특정범죄 가중처벌 등에 관한 법률' 제5조의3 제1항에 정하여진 '피해자를 구호하는 등 도로교통법 제50조 제1항의 규정에 의한 조치를 취하지 아니하고 도주한 때'라고 함은 사고운전자가 사고로 인하여 피해자가 사상을 당한 사실을 인식하였음에도 불구하고 '도로교통법 제50조 제1항의 규정에 의한 조치'를 취하지 아니하고 사고장소를 이탈하여 사고를 낸 사람이 누구인지 확정될 수 없는 상태를 초래하는 경우를 말하므로, 위 '도로교통법 제50조 제1항의 규정에 의한 조치'에는 피해자나 경찰관 등 교통사고와 관계있는 사람에게 사고운전자의 신원을 밝히는 것도 포함된다.

[2] 甲이 '도로교통법 제50조 제1항의 규정에 의한 조치'를 모두 취하였다고 볼 수 있는지 여부(소극)

사고 운전자가 피해자를 병원에 후송하여 치료를 받게 하는 등의 구호조치는 취하였다고 하더라도, 피해자 등이 사고 운전자의 신원을 쉽게 확인할 수 없는 상태에서 피해자 등에게 자신의 신원을 밝히기 아니한 채 병원을 이탈하였다면 '도로교통법 제50조 제1항의 규정에 의한 조치'를 모두 취하였다고 볼 수 없다(대법원 2006.1.26. 선고 2005도8264 판결).

■ 판례 ■ 　사고 운전자가 사고 목격자에게 단순히 사고처리를 부탁만 하고 구호조치가 이루어지기 전에 사고현장을 이탈한 사안에서 도로교통법 제50조 제1항에 규정된 조치를 취하였다고 볼 수 있는지 여부(소극)

사고 운전자가 사고로 인하여 피해자가 사상을 당한 사실을 인식하였음에도 불구하고 피해자를 구호하는 등 도로교통법 제50조 제1항에 규정된 의무를 이행하기 이전에 사고현장을 이탈하였다면, 사고 운전자가 사고현장을 이탈하기 전에 피해자에 대하여 자신의 신원을 확인할 수 있는 자료를 제공하여 주었다고 하더라도, '피해자를 구호하는 등 도로교통법 제50조 제1항의 규정에 의한 조치를 취하지 아니하고 도주한 때'에 해당한다 할 것이며, 한편 위 피해자 구호조치는 반드시 사고 운전자 본인이 직접 할 필요는 없고, 자신의 지배하에 있는 자를 통하여 하거나, 현장

을 이탈하기 전에 타인이 먼저 구호조치를 하여도 무방하다고 할 것이나, 사고 운전자가 사고를 목격한 사람에게 단순히 사고를 처리해 줄 것을 부탁만 하고 실제로 피해자에 대한 병원이송 등 구호조치가 이루어지기 전에 사고현장을 이탈한 경우라면, 특별한 사정이 없는 이상, 사고 운전자는 사고현장을 이탈하기 전에 피해자를 구호하는 등 도로교통법 제50조 제1항에 규정된 조치를 취하였다고 볼 수 없다(대법원 2005.12.9. 선고 2005도5981 판결).

■ 판례 ■   인식의 정도

사고운전자가 사고로 인하여 피해자가 사상을 당한 사실을 인식하였음에도 불구하고, 곧 정차하여 피해자를 구호하는 등 필요한 조치를 이행하기 이전에 사고현장을 이탈하여 사고를 낸 자가 누구인지 확정될 수 없는 상태를 초래하는 경우, 이는 특정범죄 가중처벌 등에 관한 법률 제5조의3 제1항 소정의 '곧 정차하여 사상자를 구호하는 등 도로교통법 제50조 제1항의 규정에 의한 조치를 취하지 아니하고 도주한 때'에 해당한다고 할 것이고, 이러한 경우 사고로 인하여 피해자가 사상을 당한 사실에 대한 인식의 정도는 반드시 확정적임을 요하지 아니하고 미필적으로라도 인식하면 족하다(대법원 2005.9.30. 선고 2005도2654 판결).

■ 판례 ■   사고 운전자가 피해자를 구호하는 등 도로교통법 제50조 제1항에 의한 조치를 취할 필요가 있었다고 인정되지 아니하는 경우, 특정범죄 가중처벌 등에 관한 법률 제5조의3 제1항 위반죄로 처벌할 수 있는지 여부(소극)

특정범죄 가중처벌 등에 관한 법률 제5조의3 도주차량 운전자의 가중처벌에 관한 규정의 입법 취지와 그 보호법익 등에 비추어 볼 때, 사고의 경위와 내용, 피해자의 나이와 그 상해의 부위 및 정도, 사고 뒤의 정황 등을 종합적으로 고려하여 사고 운전자가 실제로 피해자를 구호하는 등 도로교통법 제50조 제1항의 규정에 따른 조치를 취할 필요가 있었다고 인정되지 아니하는 때에는 사고 운전자가 피해자를 구호하는 등의 조치를 취하지 아니하고 사고장소를 떠났다고 하더라도 특정범죄 가중처벌 등에 관한 법률 제5조의3 제1항 위반죄가 되지 아니한다(대법원 2005.9.30. 선고 2005도4383 판결).

■ 판례 ■   교회 주차장에서 사고차량 운전자 甲이 사고차량의 운행 중 피해자에게 상해를 입히고도 구호조치 없이 도주한 경우

[1] 특정범죄가중처벌등에관한법률 제5조의3 도주차량죄의 입법 취지와 보호법익 및 위 규정에서의 교통사고를 도로교통법이 정하는 도로에서의 교통사고에 제한하여야 하는지 여부(소극)

특정범죄가중처벌등에관한법률 제5조의3 소정의 도주차량운전자에 대한 가중처벌규정은 자신의 과실로 교통사고를 야기한 운전자가 그 사고로 사상을 당한 피해자를 구호하는 등의 조치를 취하지 아니하고 도주하는 행위에 강한 윤리적 비난가능성이 있음을 감안하여 이를 가중처벌함으로써 교통의 안전이라는 공공의 이익의 보호뿐만 아니라 교통사고로 사상을 당한 피해자의 생명·신체의 안전이라는 개인적 법익을 보호하고자 함에도 그 입법 취지와 보호법익이 있다고 보아야 할 것인바, 위와 같은 규정의 입법취지에 비추어 볼 때 여기에서 말하는 차의 교통으로 인한 업무상과실치사상의 사고를 도로교통법이 정하는 도로에서의 교통사고의 경우로 제한하여 새겨야 할 아무런 근거가 없다.

[2] 甲의 행위가 특정범죄가중처벌등에관한법률 제5조의3 제1항에 위반되는지 여부(적극)

교회 주차장에서 사고차량 운전자가 사고차량의 운행 중 피해자에게 상해를 입히고도 구호조치 없이 도주한 행위에 대하여 특정범죄가중처벌등에관한법률 제5조의3 제1항을 적용한 조치를 정당하다(대법원 2004. 8.30. 선고 2004도3600 판결).

▪ 판례 ▪   자동차를 주차한 후 하차하기 위하여 운전석 문을 열다가 피해자에게 상해를 입히고 도주한 경우(도주차량 운전자에 해당)

특정범죄 가중처벌 등에 관한 법률 제5조의3 제1항에서 정하는 도주차량 운전자에 대한 가중처벌 규정은 자신의 과실로 교통사고를 야기한 운전자가 그 사고로 사상을 당한 피해자를 구호하는 등의 조치를 취하지 아니하고 도주하는 행위에 강한 윤리적 비난가능성이 있음을 감안하여 이를 가중처벌함으로써 교통의 안전이라는 공공의 이익의 보호뿐만 아니라 교통사고로 사상을 당한 피해자의 생명·신체의 안전이라는 개인적 법익을 보호하고자 함에도 그 입법 취지와 보호법익이 있는 점 등에 비추어 보면, 도로변에 자동차를 주차한 후 하차하기 위하여 운전석 문을 열다가 마침 후방에서 진행하여 오던 피해자 운전 자전거의 핸들 부분을 위 운전석 문으로 충격하고, 그로 인하여 넘어진 피해자에게 상해를 입게 하고도 아무런 구호조치 없이 현장에서 이탈하였다면, 위 법률 제5조의3 제1항 소정의 도주차량 운전자, 즉 자동차의 교통으로 인하여 사람을 다치게 하고도 구호조치 없이 도주한 경우에 해당한다(대법원 2010. 4. 29. 선고 2010도1920판결).

▪ 판례 ▪   교통사고로 인하여 피해자가 입은 요추부 통증이 굳이 치료할 필요가 없이 자연적으로 치유될 수 있는 것으로서 '상해'에 해당한다고 볼 수 없는 경우에 도주운전죄를 구성하는지 여부(소극)

특정범죄가중처벌등에관한법률 제5조의3 제1항이 정하는 '피해자를 구호하는 등 도로교통법 제50조 제1항에 의한 조치를 취하지 아니하고 도주한 때'라고 함은 사고운전자가 사고로 인하여 피해자가 사상을 당한 사실을 인식하였음에도 불구하고, 피해자를 구호하는 등 도로교통법 제50조 제1항에 규정된 의무를 이행하기 이전에 사고현장을 이탈하여 사고를 낸 자가 누구인지 확정할 수 없는 상태를 초래하는 경우를 말하는 것이므로, 위 도주운전죄가 성립하려면 피해자에게 사상의 결과가 발생하여야 하고, 생명·신체에 대한 단순한 위험에 그치거나 형법 제257조 제1항에 규정된 '상해'로 평가될 수 없을 정도의 극히 하찮은 상처로서 굳이 치료할 필요가 없는 것이어서 그로 인하여 건강상태를 침해하였다고 보기 어려운 경우에는 위 죄가 성립하지 않는다. 따라서 교통사고로 인하여 피해자가 입은 요추부 통증이 굳이 치료할 필요가 없이 자연적으로 치유될 수 있는 것으로서 '상해'에 해당한다고 볼 수 없는 경우에는 특정범죄가중처벌등에관한법률 제5조의3 제1항 소정의 도주운전죄를 구성하지 아니한다(대법원 2000.2.25. 선고 99도3910 판결).

▪ 판례 ▪   특정범죄가중처벌등에관한법률 제5조의3 제1항 위반죄와 도로교통법 제106조 소정의 죄가 고의범인지 여부(적극)

제5조의3 제1항 위반죄는 사람을 사상에 이르게 한 사실을 인식하고 도주한 경우에 성립하는 고의범이고, 도로교통법 제50조 제1항을 위반하였을 때에 성립하는 같은 법 제106조 소정의 죄도 그 행위의 주체가 차의 교통으로 인하여 사람을 사상하거나 물건을 손괴한 운전자 및 그 밖의 승무원으로서 제5조의3 제1항 위반죄와 마찬가지로 사람을 사상하거나 물건을 손괴한 사실을 인식할 것을 필요로 하는 고의범에 해당한다(대법원 1999.11.12. 선고 99도3140 판결).

▪ 판례 ▪   '피해자를 구호하는 등 도로교통법 제50조 제1항의 규정에 의한 조치를 취하지 아니하고 도주한 때'의 의미

특정범죄가중처벌등에관한법률 제5조의3 제1항 소정의 '피해자를 구호하는 등 도로교통법 제50조 제1항의 규정에 의한 조치를 취하지 아니하고 도주한 때'라 함은 사고운전자가 사고로 인하여 피해자가 사상을 당한 사실을 인식하였음에도 불구하고, 피해자를 구호하는 등 도로교통법 제50조 제1항에 규정된 의무를 이행하기 전에 사고장소를 이탈하여 사고야기자로서 확정될 수 없는 상태를 초래하는 경우를 말한다(대법원 1999.4.13. 선고 98도3315 판결).

■ 판례 ■　전동킥보드와 같은 개인형 이동장치가 구 「특정범죄 가중처벌 등에 관한 법률」 제5조의11 제1항의 '원동기장치자전거'에 해당하는지 여부

구 특정범죄 가중처벌 등에 관한 법률(2022. 12. 27. 법률 제19104호로 개정되기 전의 것, 이하 '구 특정범죄가중법'이라 한다) 제5조의3 제1항, 제5조의11 제1항은 음주 또는 약물의 영향으로 정상적인 운전이 곤란한 상태에서 도로교통법 제2조에 규정된 자동차 또는 원동기장치자전거를 운전하여 사람을 상해에 이르게 한 사람을 처벌하도록 규정하고 있다. 구 도로교통법(2020. 6. 9. 법률 제17371호로 개정되기 전의 것, 이하 '구 도로교통법'이라 한다) 제2조 제19호 (나)목은 '배기량 50시시 미만(전기를 동력으로 하는 경우에는 정격출력 0.59킬로와트 미만)의 원동기를 단 차(자전거 이용 활성화에 관한 법률 제2조 제1호의2에 따른 전기자전거는 제외한다)'를 원동기장치자전거 중 일부로 규정하였고, 전동킥보드는 위 규정에 따라 원동기장치자전거에 해당하였다. 그런데 구 도로교통법이 2020. 6. 9. 법률 제17371호로 개정되어 2020. 12. 10. 개정 도로교통법이 시행되면서 제2조 제19호의2 및 제21호의2에서 전동킥보드와 같은 "개인형 이동장치"와 이를 포함하는 "자전거 등"에 관한 정의규정을 신설하였다. 이에 따라 개인형 이동장치는 개정 도로교통법 제2조 제21호의 "자동차 등"이 아닌 같은 조 제21호의2의 "자전거 등"에 해당하게 되었다.

그러나 개정 도로교통법 제2조 제19호의2는 "개인형 이동장치"란 제19호 (나)목의 원동기장치자전거 중 시속 25킬로미터 이상으로 운행할 경우 전동기가 작동하지 아니하고 차체 중량이 30킬로그램 미만인 것으로서 행정안전부령으로 정하는 것을 말한다고 규정함으로써 그 문언상 원동기장치자전거 내에 개인형 이동장치가 포함되어 있음을 알 수 있다. 또한 개정 도로교통법 제17조 제1항, 제50조 제3항 등 여러 규정을 보더라도 개인형 이동장치가 원동기장치자전거 내에 포함됨을 전제로 이를 위 각 규정의 적용 대상에서 제외하는 방식을 취하고 있고, 개정 도로교통법 제13조의2, 제15조의2 등 기존의 자전거의 통행방법 등에 관한 규정에 개인형 이동장치까지 포함하도록 정하고 있다. 이러한 점을 고려하면 전동킥보드와 같은 개인형 이동장치는 원동기장치자전거와는 다른 별개의 개념이 아니라 원동기장치자전거에 포함되고, 다만 개정 도로교통법은 통행방법 등에 관하여 개인형 이동장치를 자전거에 준하여 규율하면서 입법기술상의 편의를 위해 이를 "자전거 등"으로 분류하였다고 보는 것이 타당하다.

이러한 개정 도로교통법의 문언·내용·체계에다가 도로교통법 및 특정범죄가중법의 입법 목적과 보호법익, 전동킥보드와 같은 개인형 이동장치에 대한 특정범죄가중법상의 규율 및 처벌의 필요성 등을 고려해 보면, 구 특정범죄가중법 제5조의11 제1항에서의 '원동기장치자전거'에는 전동킥보드와 같은 개인형 이동장치도 포함된다고 판단되고, 비록 개정 도로교통법이 전동킥보드와 같은 개인형 이동장치에 관한 규정을 신설하면서 이를 "자동차 등"이 아닌 "자전거 등"으로 분류하였다고 하여 이를 형법 제1조 제2항의 '범죄 후 법률이 변경되어 그 행위가 범죄를 구성하지 아니하게 된 경우'라고 볼 수는 없다.(대법원 2023. 6. 29. 선고 2022도13430 판결)

■ 판례사례 ■　[도주에 해당하는 사례]

(1) 교통사고를 일으킨 다음 사고현장 부근에 정차하였으나 경찰관의 조사에 대하여 사고사실을 부인하고 사고현장에서 피해자에 대한 구호조치를 취하지 아니한 채 목격자인 양 행동한 경

우(대법원 1999.11.12. 선고 99도3781 판결)

(2) 교통사고 야기자가 피해자를 병원에 데려다 준 다음 피해자나 병원 측에 아무런 인적사항을 알리지 않고 병원을 떠났다가 경찰이 피해자가 적어 놓은 차량번호를 조회하여 신원을 확인하고 연락을 취하자 2시간쯤 후에 파출소에 출석한 경우(대법원 1999.12.7. 선고 99도2869 판결)

(3) 사고운전자가 사고로 인하여 피해자가 사상을 당한 사실을 인식하였음에도 불구하고, 곧 정차하여 피해자를 구호하는 등 필요한 조치를 이행하기 이전에 사고현장을 이탈하여 사고를 낸 자가 누구인지 확정될 수 없는 상태를 초래하는 경우(대법원 2005.9.30. 선고 2005도2654 판결)

(4) 피고인이 교통사고를 낸 후 피해자들을 자신의 차량에 태우고 근처에 있는 병원으로 데리고 간 다음, 그 병원 접수창구 의자에 피해자들을 앉힌 후 접수직원에게 교통사고 피해자들이라고 말하고, 피해자들이 치료를 받기 위하여 의자에 앉아 대기하고 있는 사이에 병원 밖으로 나가 도주하였고, 피해자들의 상태는 2주 또는 3주의 치료를 요하는 뇌진탕, 염좌상 정도로 그 후 병원측의 안내로 치료를 받은 경우(대법원 1997.11.28. 선고 97도2475 판결)

■ **판례사례** ■ [도주에 해당하지 아니하는 사례]

(1) 목격자로 행세하기는 하였으나, 도주의 범의를 가지고 사고현장을 이탈하는 적극적인 행동을 하지 않은 경우(대법원 2004.6.10. 선고 2003도5138 판결)

(2) 사고운전자인 피고인 자신이 부상을 입고 경찰에 의하여 병원에 후송되어 치료를 받던 도중 아무 말 없이 병원에서 나와 경찰에 연락을 취하지 아니한 경우(대법원 1999.4.13. 선고 98도3315 판결)

(3) 다방종업원인 운전자가 사고 후 즉시 피해자를 병원으로 후송한 다음 다방으로 돌아와서 주인에게 사고 사실을 알리고 파출소에 교통사고 신고를 한 후 자진 출석하여 조사를 받았고 운전자의 일행이 운전자를 대신하여 그들의 인적사항을 피해자에게 알린 경우(대법원 2000.5.12. 선고 2000도1038 판결)

(4) 신호대기를 위하여 정차하고 있다가 브레이크 페달에서 발이 떨어져 차가 서행하면서 앞차의 범퍼를 경미하게 충격하자 사고차량 운전자와 동승자가 피해자에게 사과를 한 후 피해자가 양해를 한 것으로 오인하고 현장을 떠났고, 피해자의 상해와 피해차량의 손괴가 외견상 쉽게 알 수 있는 것이 아닌 경우(대법원 1999.11.12. 선고 99도3140 판결)

(5) 사고 택시의 운전자가 피해자를 구호하여 병원에 후송한 후 피해자에게 직접 자신의 신원사항을 밝히지 않고 경찰관에게 주민등록번호 중 한 자리의 숫자를 사실과 달리 불러 주고 병원을 떠났으나, 그 후 스스로 병원에 연락하여 사고 택시의 자동차등록번호와 택시공제조합에서 치료비를 부담할 것임을 통지한 경우(대법원 2006.1.26. 선고 2005도7325 판결)

(6) 사고운전자가 교통사고 후 피해자를 병원으로 후송하여 치료를 받게 하고 병원에서 피해자의 가족들에게 자신의 인적사항을 알려주었다면, 비록 경찰관서에 자신이 사고운전자임을 신고하지 아니하고 동료 운전기사로 하여금 그가 사고운전자인 것으로 신고하게 한 경우 ⇨ 사고를 낸 자가 누구인지 확정될 수 없는 상태를 초래하였다고 볼 수 없으므로(대법원 2002.2.8. 선고 2001도4771 판결)

7. 상습절도

1) 적용법조 : 제5조의4 ☞ 공소시효 15년

제5조의4(상습 강도·절도죄 등의 가중처벌) ① 삭제 〈2016.1.6〉

② 5명 이상이 공동하여 상습적으로 「형법」 제329조부터 제331조까지의 죄 또는 그 미수죄를 범한 사람은 2년 이상 20년 이하의 징역에 처한다.

③ ④ 삭제 〈2016.1.6〉

⑤ 「형법」 제329조부터 제331조까지, 제333조부터 제336조까지 및 제340조·제362조의 죄 또는 그 미수죄로 세 번 이상 징역형을 받은 사람이 다시 이들 죄를 범하여 누범(累犯)으로 처벌하는 경우에는 다음 각 호의 구분에 따라 가중처벌한다.

1. 「형법」 제329조부터 제331조까지의 죄(미수범을 포함한다)를 범한 경우에는 2년 이상 20년 이하의 징역에 처한다.

2. 「형법」 제333조부터 제336조까지의 죄 및 제340조제1항의 죄(미수범을 포함한다)를 범한 경우에는 무기 또는 10년 이상의 징역에 처한다.

3. 「형법」 제362조의 죄를 범한 경우에는 2년 이상 20년 이하의 징역에 처한다.

⑥ 상습적으로 「형법」 제329조부터 제331조까지의 죄나 그 미수죄 또는 제2항의 죄로 두 번 이상 실형을 선고받고 그 집행이 끝나거나 면제된 후 3년 이내에 다시 상습적으로 「형법」 제329조부터 제331조까지의 죄나 그 미수죄 또는 제2항의 죄를 범한 경우에는 3년 이상 25년 이하의 징역에 처한다.

2) 범죄사실 기재례

[기재례1] 상습으로 날치기

피의자는 20○○. ○. ○. ○○지방법원에서 특수절도죄로 징역 1년에 집행유예 2년을 선고받고 같은 날 그 판결이 확정되어 현재 그 유예기간에 있다. 그 외에도 20○○. ○. ○. ○○지방법원에서 절도죄로 징역 3년을 선고받는 등 절도죄로 총 세 번 이상 징역형을 받았다.

피의자는 20○○. ○. ○.15:00경 ○○에 있는 ○○백화점 앞길에서 그곳을 지나가던 피해자 甲에게 오토바이를 타고 접근하였다.

피의자는 피해자의 어깨에 걸치고 있던 피해자 소유인 현금 ○○만 원이 들어있는 시가 ○○만 원 상당의 핸드백 1개를 낚아채어 가 상습으로 절취하였다.

[기재례2] 상습으로 주거침입 절도

피의자는 20○○. ○. ○. ○○지방법원에서 절도죄로 징역 1년을 선고받고, 20○○. ○. ○. ○○지방법원에서 특수절도죄로 징역 2년을 선고받아 20○○. ○. ○. ○○교도소에서 그 최종형의 집행을 종료하는 등 절도, 특수절도죄로 모두 5회의 징역형을 선고받았다.

가. 피의자는 20○○. ○. ○. 23:00경 ○○에 있는 피해자 甲의 집에 열린 대문으로 침입하여 안방 장롱 서랍 속에 넣어 둔 피해자 소유인 현금 ○○만원을 절취하였다.

나. 피의자는 기소중지 처분을 받은 (또는 이미 기소되어 처벌을 받은) 乙과 합동하여 20○○. ○. ○. 23:30경 ○○에 있는 피해자 丙의 집에 함께 침입하여 乙은 거실에서 망을 보고, 피의자는 안방에 들어가 문갑 서랍 속에 넣어 둔 피해자 소유인 현금 ○○만원, 가계수표용지 2장 등 시가 합계 ○○만원 상당의 물건들을 가지고 나와 절취하였다.

3) 신문사항

- 남의 물건을 훔친 일이 있느냐
- 언제 어디에 있는 물건을 훔쳤나
- 그 날짜를 범행일로 정한 이유는
- 왜 그 장소를 택하였으며 그 장소와 어떤 관계가 있는가.
- 그 장소에 어떤 방법으로 어디로부터 들어갔던가
- 그곳에 들어갈 때 사용한 용구는 무엇인가
- 그 도구를 그것을 어떻게 사용하면서 들어갔나.
- 그 용구는 어디에서 구했나
- 피해자 집에 들어갔을 때 피해자 가족들은 무엇을 하고 있던가
- 들어가서 나올 때까지 행동은
- 물건을 어떤 방법으로 골랐나
- 물건을 가지고 올 때 특별한 행동을 한 일이 있나
- 피해품이 있는 장소를 어떻게 알게 되었나
- 피의자가 가지고 간 물건의 종류와 수량, 가격은
- 피해품은 무엇으로 어떻게 운반했나
- 피해자 집에서 물건을 가지고 가는데 얼마나 시간이 걸렸나
- 피의자가 가지고온 물건은 누구의 것인가.
- 물건을 가져와서 어떻게 하려고 가지고 왔던가.
- 가지고 간 물건은 어떻게 하였는가.
- 가지고 간 물건은 언제, 어디서, 누구에게 어떻게 처분했나.
- 물건을 처분해 달라고 부탁한 사람은 누구이며 평소 거래가 있었나.
- 가져간 물건은 얼마를 받고 팔았으며 피해자 몰래 가지고 온 것이라고 말했나
- 물건의 주인과는 어떤 관계인가.
- 같이 훔친 ○○○와는 어떤 관계인가.(공범이 있을 경우)
- 물건을 산 사람과는 어떤 관계인가.
- 물건을 가져올 때 생리기간은 아니었나(여자의 경우)

■ 판례 ■　강도예비죄와 상습강도죄의 죄수

특정범죄가중처벌등에관한법률 제5조의4 제3항에 규정된 상습강도죄를 범한 범인이 그 범행 외에 상습적인 강도의 목적으로 강도예비를 하였다가 강도에 이르지 아니하고 강도예비에 그친 경우에도 그것이 강도상습성의 발현이라고 보여지는 경우에는 강도예비행위는 상습강도죄에 흡수되어 위 법조에 규정된 상습강도죄의 1죄만을 구성하고 상습강도죄와 별개로 강도예비죄를 구성하지 않는다(대법원 2003.3.28. 선고 2003도665 판결).

■ 판례 ■　　특정범죄가중처벌 등에 관한 법률 제5조의4 제5항 위반죄를 범한 절도범인이 그 범행수단으로 주간에 주거침입을 한 경우의 죄수(= 실체적 경합)

특정범죄가중처벌 등에 관한 법률 제5조의4 제5항은 범죄경력과 누범가중에 해당함을 요건으로 하는 반면, 같은 조 제1항은 상습성을 요건으로 하고 있어 그 요건이 서로 다르다. 또한, 형법 제330조의 야간주거침입절도죄 및 제331조 제1항의 손괴특수절도죄를 제외하고 일반적으로 주거침입은 절도죄의 구성요건이 아니므로, 절도범인이 그 범행수단으로 주거침입을 한 경우에 그 주거침입행위는 절도죄에 흡수되지 아니하고 별개로 주거침입죄를 구성하여 절도죄와는 실체적 경합의 관계에 서는 것이 원칙이다. 따라서 주간에 주거에 침입하여 절도함으로써 특정범죄가중처벌 등에 관한 법률 제5조의4 제5항 위반죄가 성립하는 경우, 별도로 형법 제319조의 주거침입죄를 구성한다(대법원 2008.11.27. 선고 2008도7820 판결)

■ 판례 ■　　2016. 1. 6. 법률 제13717호로 개정·시행된 특정범죄 가중처벌 등에 관한 법률 제5조의4 제5항 제1호가 형법 제35조(누범)와는 별개로 새로운 구성요건을 창설한 것인지 여부(적극) 및 위 처벌 규정에 정한 형에 다시 형법 제35조의 누범가중한 형기범위 내에서 처단형을 정하여야 하는지 여부(적극)

2016. 1. 6. 법률 제13717호로 개정·시행된 특정범죄 가중처벌 등에 관한 법률 제5조의4 제5항은 "형법 제329조부터 제331조까지, 제333조부터 제336조까지 및 제340조·제362조의 죄 또는 그 미수죄로 세 번 이상 징역형을 받은 사람이 다시 이들 죄를 범하여 누범으로 처벌하는 경우에는 다음 각호의 구분에 따라 가중처벌한다."라고 규정하면서, 같은 항 제1호(이하 '처벌 규정'이라고 한다)는 '형법 제329조부터 제331조까지의 죄(미수범을 포함한다)를 범한 경우에는 2년 이상 20년 이하의 징역에 처한다'고 규정하고 있다. 처벌 규정은 입법 취지가 반복적으로 범행을 저지르는 절도 사범에 관한 법정형을 강화하기 위한 데 있고, 조문의 체계가 일정한 구성요건을 규정하는 형식으로 되어 있으며, 적용요건이나 효과도 형법 제35조와 달리 규정되어 있다. 이러한 처벌 규정의 입법 취지, 형식 및 형법 제35조와의 차이점 등에 비추어 보면, 처벌 규정은 형법 제35조(누범) 규정과는 별개로 '형법 제329조부터 제331조까지의 죄(미수범 포함)를 범하여 세 번 이상 징역형을 받은 사람이 그 누범 기간 중에 다시 해당 범죄를 저지른 경우에 형법보다 무거운 법정형으로 처벌한다'는 내용의 새로운 구성요건을 창설한 것으로 해석해야 한다. 따라서 처벌 규정에 정한 형에 다시 형법 제35조의 누범가중한 형기범위 내에서 처단형을 정하여야 한다.(대법원 2020. 5. 14. 선고, 2019도18947, 판결)

■ 판례 ■　　징역형의 집행유예를 선고한 판결이 확정된 후 선고의 실효 또는 취소 없이 유예기간을 경과함에 따라 형 선고의 효력이 소멸되어 그 확정판결이 특정범죄 가중처벌 등에 관한 법률 제5조의4 제5항에서 정한 '징역형'에 해당하지 않음에도, 위 확정판결에 적용된 형벌 규정에 대한 위헌결정 취지에 따른 재심판결에서 다시 징역형의 집행유예가 선고·확정된 후 유예기간이 경과되지 않은 경우, 위 재심판결이 위 조항에서 정한 '징역형'에 포함되는지 여부(소극)

특정범죄 가중처벌 등에 관한 법률(이하 '특정범죄가중법'이라 한다) 제5조의4 제5항은 "형법 제329조부터 제331조까지, 제333조부터 제336조까지 및 제340조·제362조의 죄 또는 그 미수죄로 세 번 이상 징역형을 받은 사람이 다시 이들 죄를 범하여 누범으로 처벌하는 경우에는 다음 각호의 구분에 따라 가중처벌한다."라고 규정하고, 같은 항 제1호는 "형법 제329조부터 제331조까지의 죄(미수범을 포함한다)를 범한 경우에는 2년 이상 20년 이하의 징역에 처한다."라고 규정한다. 징역형의 집행유예를 선고한 판결이 확정된 후 선고의 실효 또는 취소 없이 유예기간을 경과함에 따라 형 선고의 효력이 소멸되어 그 확정판결이 특정범죄가중법 제5조의4 제5항에서 정한 "징역형"에 해당하지 않음에도, 위 확정판결에 적용된 형벌 규정에 대한 위헌결정 취지에 따른 재심판결에서 다시 징역형의 집행유예가 선고·확정된 후 유예기간이 경과되지 않은 경우라면, 특정범죄가중법 제5조의4 제5항의 입법 취지에 비추어 위 재심판결은 위 조항에서 정한 "징역형"에 포함되지 아니한다. 그 이유는 다음과 같다.

특정범죄가중법 제5조의4 제5항 제1호는 동종 범행으로 세 번 이상 징역형을 받은 사람이 다시 누범기간 내에 범한 절도 범행의 불법성과 비난가능성을 무겁게 평가하여 징벌의 강도를 높여 범죄를 예방하여야 한다는 형사정책적 판단에 따른 것으로, 반복적으로 범행을 저지르는 절도범에 관한 법정형을 강화하기 위하여 새로운 구성요건을 창설한 것이다.

그런데 형의 집행을 유예하는 판결을 선고받아 선고의 실효 또는 취소 없이 유예기간을 도과함에 따라 특정범죄가중법 제5조의4 제5항의 구성요건인 "징역형"에 해당하지 않게 되었음에도, 그 확정판결에 적용된 형벌 규정에 대한 위헌결정에 따른 재심절차에서 다시 징역형의 집행유예가 선고되었다는 우연한 사정변경만으로 위 조항의 구성요건에 해당한다거나 그 입법 취지에 저촉되는 불법성·비난가능성이 새로 발생하였다고 볼 수는 없다.

만일 특정범죄가중법 제5조의4 제5항의 구성요건에 포함되지 않던 징역형의 집행유예 전과가 재심절차를 거쳤다는 이유만으로 특정범죄가중법 제5조의4 제5항의 "징역형"을 받은 경우에 포함된다면, 헌법에 위반된 형벌 규정으로 처벌받은 피고인으로 하여금 재심청구권의 행사를 위축시키게 되거나 검사의 청구로 인하여 재심절차가 개시된 피고인에게 예상치 못한 부당한 결과를 초래하게 될 것이고, 이로 인해 위헌 법령이 적용된 부당한 상태를 사실상 존속시키거나 이를 강제하게 될 여지도 있다. (대법원 2022. 7. 28., 선고, 2020도13705, 판결)

8. 보복범죄

1) 적용법조 : 제5조의9 제2항, 제1항, 형법 제○○조 ☞ 공소시효 10년

> **제5조의9(보복범죄의 가중처벌 등)** ① 자기 또는 타인의 형사사건의 수사 또는 재판과 관련하여 고소·고발 등 수사단서의 제공, 진술, 증언 또는 자료제출에 대한 보복의 목적으로 「형법」 제250조제1항의 죄를 범한 사람은 사형, 무기 또는 10년 이상의 징역에 처한다. 고소·고발 등 수사단서의 제공, 진술, 증언 또는 자료제출을 하지 못하게 하거나 고소·고발을 취소하게 하거나 거짓으로 진술·증언·자료제출을 하게 할 목적인 경우에도 또한 같다.
> ② 제1항과 같은 목적으로 「형법」 제257조제1항·제260조제1항·제276조제1항 또는 제283조제1항의 죄를 범한 사람은 1년 이상의 유기징역에 처한다.
> ③ 제2항의 죄 중 「형법」 제257조제1항·제260조제1항 또는 제276조제1항의 죄를 범하여 사람을 사망에 이르게 한 경우에는 무기 또는 3년 이상의 징역에 처한다.
> ④ 자기 또는 타인의 형사사건의 수사 또는 재판과 관련하여 필요한 사실을 알고 있는 사람 또는 그 친족에게 정당한 사유 없이 면담을 강요하거나 위력(威力)을 행사한 사람은 3년 이하의 징역 또는 300만원 이하의 벌금에 처한다.

2) 범죄사실 기재례

[기재례1] 보복 상해 (1) : 제5조의9 제2항, 제1항, 형법 제257조 제1항

> 피의자는 200○. ○. ○. 10:00경 ○○에 있는 ○○앞에서 동료인 甲과 함께 각각 오토바이를 타고 명함 크기의 대출홍보용 전단을 상가 입구 등에 뿌리고 있었다.
> 이것을 본 환경미화원인 피해자 乙(50세)이 오토바이를 가로막고 이를 제지하다가, 부근에 순찰차가 다가오자 "이 사람들 단속하라"라고 말하자 미처 도망가지 못한 甲이 경찰관으로부터 경범죄로 단속되어 범칙금납부고지서를 발부받았다.
> 피의자는 그 무렵 청소를 하던 피해자를 다시 발견하자, 위와 같이 甲이 단속된 것과 관련하여 보복의 목적으로, 자신이 타고 있던 오토바이로 피해자 쪽으로 돌진하여 오른쪽 정강이 부분을 부딪쳐 넘어지게 함으로써 피해자에게 약 2주 동안의 치료가 필요한 우측슬부 염좌 및 찰과상 등을 가하였다.

[기재례2] 보복 상해 (2) : 제5조의9 제2항, 제1항, 형법 제257조 제1항

> 피의자는 200○. ○. ○. ○○지방법원에서 폭력행위등처벌에관한법률위반죄로 벌금 ○○만원의 약식명령을 받아 200○. ○. ○. 그 명령이 확정된 일이 있다.
> 피의자는 200○. ○. ○. 17:40경 ○○에 있는 피해자 甲(여, 67세) 운영의 포장마차에서 술을 마시던 중 과거 피해자에게 상해를 가하였다가 피해자의 신고로 조사를 받고 법원으로부터 벌금 ○○만원을 선고받은 것에 대하여 앙심을 품고, 피해자에게 "네가 신고하여 벌금을 물게 되었으니 보복하겠다."라고 하면서 피해자의 멱살을 잡아 흔들어 넘어뜨린 후 그곳에 있던 소주병 및 그릇을 집어 던져 가슴에 맞게 함으로써 피해자에게 약 2주간의 치료를 요하는 전흉부 좌상 등을 가하였다.

[기재례3] 보복 협박 : 제5조의9 제2항, 제1항, 형법 제283조 제1항

> 피의자는 20○○.○.○ 18:42경 ○○에 있는 ○○ 건물 입구에 있는 공중전화에서, 피해자가 피의자의 위 각 범행을 신고하지 못하게 할 목적으로 피해자에게 전화하여 ˝돈 100만 원은 꼭 보일러실에 넣어두어라. 경찰에 신고하면 가만두지 않겠다. 알몸 사진을 인터넷에 올리겠다.˝라고 말하여 피해자를 협박하였다.

■ **판례** ■   **특정범죄가중처벌등에관한법률 제5조의9 제2항에 해당하는 범죄에 대하여 형법 제283조 제3항(반의사불벌규정)이 적용되는지 여부(소극)**

특정범죄가중처벌등에관한법률 제5조의9 제2항은 피해자가 범죄행위로 피해를 당하고도 보복이 두려워 신고를 하지 못하거나 신고 후의 피해자를 보호하기 위하여 협박죄의 구성요건에 형사사건의 재판 또는 수사와 관련된 특정한 목적이라는 주관적 요소를 추가하고 그 법정형을 협박죄보다 무겁게 규정한 것으로서, 위 법조에 해당하는 행위에 대하여 단순협박죄나 단순존속협박죄에 적용되는 형법 제283조 제3항이 적용될 여지가 없다(대법원 1998.5.8. 선고 98도631 선고 판결).

■ **판례** ■   **'보복의 목적'의 의미 및 판단 기준**

[1] 특정범죄가중처벌등에관한법률 제5조의9 제2항 소정의 '보복의 목적'의 의미 및 판단 기준

특정범죄가중처벌등에관한법률 제5조의9 제2항 은 피해자가 범죄행위로 피해를 당하고도 보복이 두려워 신고를 하지 못하거나 신고 후의 피해자를 보호하기 위하여 상해죄의 구성요건에 형사사건의 재판 또는 수사와 관련된 특정한 목적이라는 주관적 요소를 추가하고 그 법정형을 상해죄보다 무겁게 규정한 것으로서 고의 외에 초과주관적 위법요소인 보복의 목적을 범죄성립요건으로 하는 목적범임은 그 법문상 명백하고, 그 목적에 대하여는 적극적 의욕이나 확정적 인식임을 요하지 아니하고 미필적 인식이 있으면 족하다고 할 것이나, 그 목적이 있었는지 여부는 피고인의 나이, 직업 등 개인적인 요소, 범행의 동기 및 경위와 수단·방법, 행위의 내용과 태양, 피해자와의 인적관계 등 여러 사정을 종합하여 사회통념에 비추어 합리적으로 판단하여야 한다.

[2] 피고인이 보복의 목적으로 피해자에게 상해를 가한 것으로 볼 수 없다고 한 사례

피고인이 피해자 운영의 포장마차에서 술을 마시던 중 술에 취하자 과거 피고인이 벌금을 선고받은 것이 피해자 때문이라는 생각이 들어 억울하다고 생각한 나머지 화가 나 우발적으로 피해자에게 상해를 가한 것이므로, 피고인이 보복의 목적으로 피해자에게 상해를 가한 것으로 볼 수 없다(대구지법 2001.2.14. 선고 2000고합786 선고 판결).

9. 운행 중인 자동차 운전자 폭행

1) 적용법조 : 제5조의10 제1항 ☞ 공소시효 5년

> 제5조의10(운행 중인 자동차 운전자에 대한 폭행 등의 가중처벌) ① 운행 중(「여객자동차 운수사업법」 제2조 제3호에 따른 여객자동차운송사업을 위하여 사용되는 자동차를 운행하는 중 운전자가 여객의 승차·하차 등을 위하여 일시 정차한 경우를 포함한다)인 자동차의 운전자를 폭행하거나 협박한 사람은 5년 이하의 징역 또는 2 천만원 이하의 벌금에 처한다.
> ② 제1항의 죄를 범하여 사람을 상해에 이르게 한 경우에는 3년 이상의 유기징역에 처하고, 사망에 이르게 한 경우에는 무기 또는 5년 이상의 징역에 처한다.

2) 범죄사실 기재례

[기재례1] 택시 운전자 폭행

> 피의자는 20○○. 12. 27. 00:45경 술에 취한 상태로 ○○에 있는 ○○오거리에서 갑(36 세)이 운전하는 (차량번호) 택시에 탑승한 후 차 안에서 갑자기 "너 우리 집도 모르느냐?" 라고 말하면서 손바닥으로 갑의 얼굴을 1회 때리고 운전석 쪽으로 넘어가 주먹으로 얼굴을 여러 차례 때려 갑에게 약 14일간의 치료를 요하는 경추의 염좌 및 긴장 등의 상해를 가하 였다.

[기재례2] 버스 운전자 폭행

> 피의자는 20○○. 8. 26. 22:25경 ○○에서, 피해자 갑(59세)이 운전하는 ○○교통 소속의 (차량번호) 104번 시내버스에 강아지를 안고 승차하였다는 이유로 피해자가 버스에서 내리라 고 하자 화가 나 "이 개새끼들, 104번 회사 새끼들"이라고 욕을 하고 지갑을 쥔 손으로 운전석에 앉아있는 피해자의 머리를 1회 때렸다.
> 이로써 피의자는 운행 중인 자동차의 운전자인 피해자를 폭행하였다.

[기재례3] 운행 중인 시내버스 운전자 폭행

> 피의자는 20○○. ○. ○. 20:30경 피해자 甲이 운전하는 (차량번호) 시내버스의 운전석 뒷좌석에 앉아 타고 가던 중 ○○버스정류장 앞 도로에 이르러 피해자에게 자신이 통화 중 이던 휴대전화기를 건네주며 전화를 받으라고 요구하였다.
> 이때 피해자가 "지금은 운전 중이라 전화를 받을 수 없다"라고 말하며 거절을 하자, 자 리에서 일어나 운전석 쪽으로 다가가 손바닥으로 피해자의 얼굴 및 머리를 수회 때려 폭행 하였다.
> 이로 인하여 피의자는 피해자에게 약 21일간의 치료를 요하는 안면부 좌상 등을 입게 함 으로써 운행 중인 자동차의 운전자인 피해자를 폭행하여 상해에 이르게 하였다.

3) 신문사항

- 택시를 승차한 일이 있는가
- 언제 어디에서 승차하여 어디까지 가려고 하였는가
- 택시 운전자를 폭행한 일이 있는가
- 언제 어디에서 폭행하였는가
- 어떻게 때렸는가
- 무엇 때문에 때렸는가
- 당시 택시가 운행 중이었는가
- 그럼 운행중인 택시 운전자를 폭행(협박)하였다는 것인가

■ **판례** ■ 제5조의10 제1항, 제2항의 규정취지 및 위 규정에서 정한 죄의 법적 성격 / 운행 중인 자동차의 운전자를 폭행하거나 협박하여 운전자나 승객 또는 보행자 등을 상해나 사망에 이르게 한 경우, 같은 법 제5조의10 제2항의 구성요건을 충족하는지 여부(적극)

특정범죄 가중처벌 등에 관한 법률(이하 '특정범죄가중법'이라 한다) 제5조의10 제1항, 제2항은 운행 중인 자동차의 운전자를 폭행하거나 협박하여 운전자나 승객 또는 보행자 등의 안전을 위협하는 행위를 엄중하게 처벌함으로써 교통질서를 확립하고 시민의 안전을 도모하려는 목적에서 특정범죄가중법이 2007. 1. 3. 법률 제8169호로 개정되면서 신설된 것이다. 법 해석의 법리에 따라 법률에 사용된 문언의 통상적인 의미에 기초를 두고 입법 취지와 목적, 보호법익 등을 함께 고려하여 살펴보면, 특정범죄가중법 제5조의10의 죄는 제1항, 제2항 모두 운행 중인 자동차의 운전자를 대상으로 하는 범행이 교통질서와 시민의 안전 등 공공의 안전에 대한 위험을 초래할 수 있다고 보아 이를 가중처벌하는 이른바 추상적 위험범에 해당하고, 그중 제2항은 제1항의 죄를 범하여 사람을 상해나 사망이라는 중한 결과에 이르게 한 경우 제1항에 정한 형보다 중한 형으로 처벌하는 결과적 가중범 규정으로 해석할 수 있다. 따라서 운행 중인 자동차의 운전자를 폭행하거나 협박하여 운전자나 승객 또는 보행자 등을 상해나 사망에 이르게 하였다면 이로써 특정범죄가중법 제5조의10 제2항의 구성요건을 충족한다.(대법원 2015. 3. 26., 선고, 2014도13345, 판결)

■ **판례** ■ 제5조의10에서 정한 '자동차'가 도로교통법상 자동차를 의미하는지 여부

[1] 특정범죄 가중처벌 등에 관한 법률 제5조의10에서 정한 '자동차'가 도로교통법상 자동차를 의미하는지 여부(적극) 및 도로교통법상 원동기장치자전거가 '자동차'에 포함되는지 여부(소극)

특정범죄 가중처벌 등에 관한 법률(이하 '특정범죄가중법'이라 한다) 제5조의10 제1항은 "운행 중(여객자동차 운수사업법 제2조 제3호에 따른 여객자동차운송사업을 위하여 사용되는 자동차를 운행하는 중 운전자가 여객의 승차·하차 등을 위하여 일시 정차한 경우를 포함한다)인 자동차의 운전자를 폭행하거나 협박한 사람은 5년 이하의 징역 또는 2천만 원 이하의 벌금에 처한다.", 제2항은 "제1항의 죄를 범하여 사람을 상해에 이르게 한 경우에는 3년 이상의 유기징역에 처하고, 사망에 이르게 한 경우에는 무기 또는 5년 이상의 징역에 처한다."라고 규정하여 운행 중인 자동차의 운전자를 폭행·협박하거나 이로 인하여 상해 또는 사망에 이르게 한 경우를 가중처벌하고 있다. 특정범죄가중법 제5조의10의 문언 형식, 입법 취지 및 보호법익, 특정범죄가중법상 다른 자동차 등 관련 범죄의 가중처벌 규정과의 체계적 해석 등을 종합하면, 특정범죄가중법 제5조의10의

'자동차'는 도로교통법상의 자동차를 의미하고 도로교통법상 원동기장치자전거는 '자동차'에 포함되지 않는다.

[2] 자동차관리법과 도로교통법이 '자동차'의 범위를 달리 정한 취지 / 특정범죄 가중처벌 등에 관한 법률 제5조의10의 입법 취지 및 이러한 입법 취지는 자동차관리법보다 도로교통법의 입법 취지에 더 부합하는지 여부(적극)

자동차관리법 제2조 제1호, 제3조 제1항은 '자동차'의 범위에 모든 이륜자동차가 포함되는 것으로 규정하고, 도로교통법 제2조 제18호 (가)목 단서, 제19호는 자동차관리법 제3조에 정한 이륜자동차 중 원동기장치자전거, 즉 '배기량 125cc 이하(전기를 동력으로 하는 경우에는 최고정격출력 11kW 이하)의 이륜자동차'는 '자동차'의 범위에서 제외한다고 규정하고 있다. 이와 같이 자동차관리법과 도로교통법이 '자동차'의 범위를 달리 정한 것은 자동차관리법은 자동차의 등록, 안전기준 등에 관한 사항을 정하여 자동차를 효율적으로 관리하고 자동차의 성능 및 안전을 확보하는 것을 목적으로 하는 데 비하여 도로교통법은 도로에서 일어나는 교통상의 모든 위험과 장해를 방지하고 제거하여 안전하고 원활한 교통을 확보하는 것을 목적으로 하여 입법 목적이 서로 다르기 때문이다. 특정범죄 가중처벌 등에 관한 법률 제5조의10은 운행 중인 자동차의 운전자를 상대로 폭력 등을 행사하여 운전자나 승객 또는 보행자 등의 안전을 위협하는 행위를 엄중하게 처벌함으로써 교통질서를 확립하고 시민의 안전을 도모하기 위한 것이다. 이와 같은 입법 취지는, 자동차관리법의 입법 취지보다는 도로에서 일어나는 교통상의 모든 위험과 장해를 방지하고 제거하여 안전하고 원활한 교통을 확보하는 것을 목적으로 하는 도로교통법의 입법 취지에 가장 부합한다. (대법원 2022. 4. 28., 선고, 2022도1013, 판결)

10. 위험운전 치사상

1) 적용법조 : 제5조의11 ☞ 공소시효 15년

> 제5조의11(위험운전 치사상) 음주 또는 약물의 영향으로 정상적인 운전이 곤란한 상태에서 자동차등을 운전하여 사람을 상해에 이르게 한 사람은 1년 이상 15년 이하의 징역 또는 1천만원 이상 3천만원 이하의 벌금에 처하고, 사망에 이르게 한 사람은 무기 또는 3년 이상의 징역에 처한다.

2) 범죄사실 기재례

[기재례1] 음주운전으로 연쇄 추돌사고

> 피의자는 20○○. 02. 18. 02:40경 혈중알코올농도 불상의 술에 취한 상태로 정상적인 운전이 곤란한 상태에서 ○○사거리를 ○○방면에서 ○○방면으로 진행 중 신호대기 중이던 피해자 갑(50세)의 (차량번호) ○○승용차 뒷부분을 들이받아, 위 승용차가 앞으로 밀리며 피해자 을(30세)의 (차량번호) ○○차량 뒷부분을 연쇄 추돌하였다.
> 이로 인하여 피해자 을에게 약 4주간의 치료를 요하는 경추부추간판탈출증 등, 피해자 갑에게 약 3주간의 치료를 요하는 기타추간판장애 등의 상해를 입게 하였다.

[기재례2] 음주운전으로 자전거를 타고 가는 피해자 충격

> 피의자는 (차량번호, 차종) 운전업무에 종사하는 사람이다.
> 피의자는 20○○. ○. ○. 00:30경 혈중알코올농도 0.145%의 술에 취한 상태로 위 차량을 운전하고 ○○앞길을 ○○쪽에서 ○○방면으로 진행하였는바, 운전업무에 종사하는 사람으로서는 항상 맑은 정신상태에서 앞을 잘 살피고 운행하여 사고를 미리 막아야 할 업무상 주의의무가 있었다.
> 그럼에도 불구하고 술에 취하여 이를 게을리한 채 ○○한 과실로 같은 방향으로 자전거를 타고 가던 피해자 홍길동에게 전치 2주간의 우대퇴부좌상등을 입게 하였다.

[기재례3] 음주 후 보행자 충격

> 피의자는(차량번호, 차종) 운전업무에 종사하는 사람이다.
> 피의자는 20○○. ○. ○. 03:50경 혈중알코올농도 0.108%의 술에 취한 상태에서 위 승용차를 운전하여 ○○앞길을 ○○방면에서 ○○방면으로 진행하면서 차량 정지신호를 위반하고 진행한 업무상 과실로 보행자 신호에 따라 횡단보도를 건너는 피해자 홍길동(35세)을 피의자 차량 앞범퍼 부분으로 들이받아 피해자로 하여금 약 8주간의 치료를 요하는 오른쪽 견갑골 골절상 등을 입게 하였다.

3) 신문사항

- 자동차를 소유하고 있는가
- 언제 구입하였으며 차량번호는
- 면허는 취득하였는가
- 술에 취한 상태에서 운전한 일 있는가

- 언제 어디에서 운전하였나

- 언제 어디에서 먹었나

- 어떤 술을 얼마만큼 먹었나

- 음주 후 바로 운전하였는가

- 위와 같이 운전하다 교통사고를 낸 일이 있는가

- 어떤 사고를 냈는가

- 차량수리비는 배상해 주었는가

- 언제 어디에서 음주 측정을 하였는가

- 측정결과 음주수치는 어느 정도인가

  이때 피의자가 음주측정 후 서명한 주취운전자음주측정서를 보여주며

- 이러한 내용이 맞는가

- 왜 음주운전을 하였는가

■ **판례** ■

[1] 특정범죄가중처벌 등에 관한 법률상 '위험운전치사상죄'와 도로교통법상 '업무상과실 재물손괴죄'의 죄수관계(=상상적 경합)

음주 또는 약물의 영향으로 정상적인 운전이 곤란한 상태에서 자동차를 운전하여 사람을 상해에 이르게 함과 동시에 다른 사람의 재물을 손괴한 때에는 특정범죄가중처벌 등에 관한 법률 위반 (위험운전치사상)죄 외에 업무상과실 재물손괴로 인한 도로교통법 위반죄가 성립하고, 위 두 죄는 1개의 운전행위로 인한 것으로서 상상적 경합관계에 있다.

[2] 자동차 운전면허 없이 술에 취하여 정상적인 운전이 곤란한 상태에서 차량을 운전하던 중 전방에 신호대기로 정차해 있던 화물차의 뒷부분을 들이받아 그 화물차가 밀리면서 그 앞에 정차해 있던 다른 화물차를 들이받도록 함으로써, 피해자에게 상해를 입게 함과 동시에 위 각 화물차를 손괴한 경우

자동차 운전면허 없이 술에 취하여 정상적인 운전이 곤란한 상태에서 차량을 운전하던 중 전방에 신호대기로 정차해 있던 화물차의 뒷부분을 들이받아 그 화물차가 밀리면서 그 앞에 정차해 있던 다른 화물차를 들이받도록 함으로써, 피해자에게 상해를 입게 함과 동시에 위 각 화물차를 손괴하였다는 공소사실에 대하여, 유죄로 인정되는 각 범죄 중 도로교통법 위반(음주운전)죄와 도로교통법 위반(무면허운전)죄 상호간만 상상적 경합관계에 있고 특정범죄가중처벌 등에 관한 법률 위반 (위험운전치사상)죄와 각 업무상과실 재물손괴로 인한 도로교통법 위반죄는 실체적 경합관계라고 본 원심판결에 죄수관계에 관한 법리를 오해한 위법이 있다.(대법원 2010. 1. 14., 선고, 2009도 10845, 판결)

11. 어린이 보호구역에서 어린이 치사상

1) 적용법조 : 제5조의13 ☞ 공소시효 10년

제5조의13(어린이 보호구역에서 어린이 치사상의 가중처벌) 자동차등의 운전자가 「도로교통법」 제12조제3항에 따른 어린이 보호구역에서 같은 조 제1항에 따른 조치를 준수하고 어린이의 안전에 유의하면서 운전하여야 할 의무를 위반하여 어린이(13세 미만인 사람을 말한다. 이하 같다)에게 「교통사고처리 특례법」 제3조제1항의 죄를 범한 경우에는 다음 각 호의 구분에 따라 가중처벌한다.
1. 어린이를 사망에 이르게 한 경우에는 무기 또는 3년 이상의 징역에 처한다.
2. 어린이를 상해에 이르게 한 경우에는 1년 이상 15년 이하의 징역 또는 500만원 이상 3천만원 이하의 벌금에 처한다.

※ 도로교통법

제12조(어린이 보호구역의 지정 및 관리) ① 시장등은 교통사고의 위험으로부터 어린이를 보호하기 위하여 필요하다고 인정하는 경우에는 다음 각 호의 어느 하나에 해당하는 시설의 주변도로 가운데 일정 구간을 어린이 보호구역으로 지정하여 자동차등과 노면전차의 통행속도를 시속 30킬로미터 이내로 제한할 수 있다.
1. 「유아교육법」 제2조에 따른 유치원, 「초·중등교육법」 제38조 및 제55조에 따른 초등학교 또는 특수학교
2. 「영유아보육법」 제10조에 따른 어린이집 가운데 행정안전부령으로 정하는 어린이집
3. 「학원의 설립·운영 및 과외교습에 관한 법률」 제2조에 따른 학원 가운데 행정안전부령으로 정하는 학원
4. 「초·중등교육법」 제60조의2 또는 제60조의3에 따른 외국인학교 또는 대안학교, 「제주특별자치도 설치 및 국제자유도시 조성을 위한 특별법」 제223조에 따른 국제학교 및 「경제자유구역 및 제주국제자유도시의 외국교육기관 설립·운영에 관한 특별법」 제2조제2호에 따른 외국교육기관 중 유치원·초등학교 교과과정이 있는 학교
② 제1항에 따른 어린이 보호구역의 지정절차 및 기준 등에 관하여 필요한 사항은 교육부, 행정안전부 및 국토교통부의 공동부령으로 정한다.
③ 차마 또는 노면전차의 운전자는 어린이 보호구역에서 제1항에 따른 조치를 준수하고 어린이의 안전에 유의하면서 운행하여야 한다.
④ 시·도경찰청장, 경찰서장 또는 시장등은 제3항을 위반하는 행위 등의 단속을 위하여 어린이 보호구역의 도로 중에서 행정안전부령으로 정하는 곳에 우선적으로 제4조의2에 따른 무인 교통단속용 장비를 설치하여야 한다.
⑤ 시장등은 제1항에 따라 지정한 어린이 보호구역에 어린이의 안전을 위하여 다음 각 호에 따른 시설 또는 장비를 우선적으로 설치하거나 관할 도로관리청에 해당 시설 또는 장비의 설치를 요청하여야 한다.
1. 어린이 보호구역으로 지정한 시설의 주 출입문과 가장 가까운 거리에 있는 간선도로상 횡단보도의 신호기
2. 속도 제한 및 횡단보도에 관한 안전표지
3. 「도로법」 제2조제2호에 따른 도로의 부속물 중 과속방지시설 및 차마의 미끄럼을 방지하기 위한 시설
4. 그 밖에 교육부, 행정안전부 및 국토교통부의 공동부령으로 정하는 시설 또는 장비

---

2) 범죄사실 기재례

> 피의자는(차량번호, 차종) 운전하는 사람이다.
> 피의자는 20○○. ○. ○. 10:00경 업무로서 위 승용차를 운전하여 ○○에 있는 어린이 보호구역을 주행하게 되었다. 그곳은 어린이 보호구역으로 어린이를 보호하는 데 필요한 조치를 위하고 어린이의 안전에 유의하면서 운행하여야 할 업무상 주의의무가 있었다.
> 그럼에도 이를 게을리 채 앞서 위 보호구역을 보행하고 있던 어린이인 피해자 홍길동(11세, 여)의 우측 엉덩이 부분을 피의자 운전의 차 왼쪽 앞범퍼 부분으로 과실로 들이받아 도로에 넘어지게 하여 그 충격으로 피해자에게 약 2주간의 치료를 요하는 두부좌상을 입게 하였다.

12. 조세포탈

1) 적용법조 : 제8조 제1항 ☞ 공소시효 : 제1호(15년), 제2호(10년)

> **제8조(조세 포탈의 가중처벌)** ① 「조세범 처벌법」 제3조제1항, 제4조 및 제5조, 「지방세기본법」 제102조제1항에 규정된 죄를 범한 사람은 다음 각 호의 구분에 따라 가중처벌한다.
> 1. 포탈하거나 환급받은 세액 또는 징수하지 아니하거나 납부하지 아니한 세액(이하 "포탈세액등"이라 한다)이 연간 10억원 이상인 경우에는 무기 또는 5년 이상의 징역에 처한다.
> 2. 포탈세액등이 연간 5억원 이상 10억원 미만인 경우에는 3년 이상의 유기징역에 처한다.
> ② 제1항의 경우에는 그 포탈세액등의 2배 이상 5배 이하에 상당하는 벌금을 병과한다.

2) 범죄사실 기재례

[기재례1] 허위의 도급계약서를 작성 부가가치세를 환급받은 경우

> 피의자는 20○○. ○. ○. 사업자등록을 하고 ○○에 있는 상가건물의 임대업을 경영하면서, 사실은 ○○주식회사로부터 일반건설업 면허를 대여받아 위 건물을 직접 시공하였다.
> 그럼에도 불구하고 피의자는 위 건물을 위 회사가 시공한 것처럼 허위의 도급계약서를 작성하고, 위 회사로부터 세금계산서 1건 ○○만원(공급가액)을 교부받은 후 이를 이용하여 20○○. ○. ○.경 ○○에 있는 ○○세무서 부가가치세과에서 20○○년도 월별조기환급신고서를 제출하여 이에 속은 ○○세무서장으로부터 20○○. ○. ○.경 위 ○○만원에 대한 환급세액 ○○만원을 교부받아 부정한 방법으로 부가가치세 ○○만원을 환급받았다.

[기재례2] 회계장부 미기재 및 미신고에 의한 조세포탈

> 가. 피의자는 ○○주식회사가 20○○. ○.경 홍길동으로부터 매수한 ○○에 있는 답 ○○ ㎡를 20○○. ○. ○. ○○건설 주식회사에 전매하고 거래차익금 ○○억 원을 받고도 이를 회계장부에 계상하지 아니하는 부정한 방법으로 법인세 ○○억원과 특별부가세 ○○억원을 합한 ○○억원의 조세를 포탈하였다.
> 나. 피의자는 위 ○○억 원을 피의자 개인이 가져가 근로소득이 발생하였음에도 불구하고 이에 상당하는 소득세 ○○만원을 20○○. ○. ○.까지 신고하지 아니하여 포탈하였다.

■ **판례** ■ **특정범죄 가중처벌 등에 관한 법률 제8조 제1항에서 말하는 '연간 포탈세액 등'의 의미**

특정범죄 가중처벌 등에 관한 법률 제8조 제1항에서 말하는 '연간 포탈세액 등'은 각 세목의 과세기간 등에 관계없이 각 연도별(1. 1.부터 12. 31.까지)로 포탈한 또는 부정 환급받은 모든 세액을 합산한 금액을 의미한다(대법원 2007.2.15. 선고 2005도9546 전원합의체 판결).

■ **판례** ■ **공동사업자들 중 일부가 다른 공동사업자들의 대리인 지위에서 그들에게 귀속될 소득세까지 포탈한 경우**

[1] 공동사업자들 중 일부가 다른 공동사업자들의 대리인 지위에서 그들에게 귀속될 소득세까지 포탈한 경우 형사상 책임의 범위

공동사업자들 중 일부가 다른 공동사업자들의 대리인 지위에서 그들에게 귀속될 소득세까지 포탈

하였다면 공동사업자들의 소득세 전액을 포탈한 형사상 책임을 져야 한다.

[2] 제8조 제1항의 적용에 있어서 납세의무자로서 포탈한 세액과 조세범처벌법 제3조의 행위자로서 포탈한 세액을 합산할 것인지 여부(적극)

조세범처벌법 제9조 제1항 소정의 조세포탈범의 범죄주체는 같은 조항에 의한 납세의무자와 같은 법 제3조 소정의 법인의 대표자, 법인 또는 개인의 대리인, 사용인, 기타의 종업원 등 행위자라 할 것이고, 연간 포탈세액이 일정액 이상에 달하는 경우를 구성요건으로 하고 있는 특정범죄가중처벌등에관한법률 제8조 제1항의 규정은 이러한 조세포탈범을 가중처벌하기 위한 규정이므로, 같은 조항의 적용에 있어서는 납세의무자로서 포탈한 세액과 조세범처벌법 제3조 소정의 행위자로서 포탈한 세액을 모두 합산하여 그 적용 여부를 판단하여야 한다(대법원 2005.5.12. 선고 2004도7141 판결).

■ 판례 ■ 부외자산인 차명주식을 법인의 장부에 기재하면서 그에 상응하는 현금이 매입대금으로 지출된 것처럼 허위기장하고, 이를 비자금 관리계좌인 차명계좌에 입금하여 관리한 경우

[1] 법인세 포탈죄의 성립요건

법인세는 법인의 소득에 대하여 과세하는 조세, 즉 법인소득세이고, 법인세의 과세표준이 되는 소득은 각 사업연도를 단위로 계산하는 것이므로, 사기 기타 부정한 행위로써 특정 사업연도의 법인세를 포탈하였다고 하기 위해서는 당해 사업연도의 익금을 누락 혹은 과소계상하거나 가공손금을 계상 혹은 손금을 과다계상함으로써 그 사업연도의 소득금액을 줄이는 부정한 행위를 하고 나아가 무신고 또는 과소신고한 경우여야 한다.

[2] 부외자산인 차명주식을 법인의 장부에 기재하면서 그에 상응하는 현금이 매입대금으로 지출된 것처럼 허위기장하고, 이를 비자금 관리계좌인 차명계좌에 입금하여 관리하는 경우, 법인세 포탈죄의 성립 여부(소극)

법인이 이전부터 보유하고 있던 차명주식 등 부외자산을 당해 사업연도에 이르러 비로소 법인의 회계장부에 계상하면서 마치 이를 그 해에 새로 매수하는 것처럼 회계처리하는 방법으로 금원을 인출하여 법인의 비자금 관리계좌에 입금함으로써 동액 상당의 현금자산을 법인의 회계장부 밖으로 유출하였더라도, 그 현금자산 유출은 법인의 당해 사업연도 법인세의 과세표준이 되는 소득에 아무런 영향을 미치지 않았으므로, 당해 사업연도 법인세를 포탈한 것에 해당하지 않는다(대법원 2005.1.14. 선고 2002도5411 판결).

■ 판례 ■ 제1기분(1996.1.1.부터 같은 해 6.30.까지) 및 제2기분(1996.7.1.부터 같은 해 12.31.까지) 부가가치세 포탈과 1996년도 분 법인세 포탈의 관계

피고인 주식회사의 1996년도분 부가가치세 중 제1기분(1996.1.1.부터 같은 해 6.30.까지) 부가가치세 포탈은 그 신고·납부기한인 1996.7.25.이 경과함으로써, 제2기분(1996.7.1.부터 같은 해 12.31.까지) 부가가치세 포탈은 그 신고·납부기한인 1997.1.25.이 경과함으로써 각 기수에 이르고, 피고인 주식회사의 1996년도 분 법인세 포탈은 그 신고·납부기한인 1997.3.31.이 경과함으로써 기수에 이른다고 할 것이므로, 피고인 주식회사의 1996년도분 부가가치세 포탈은 제1기분과 제2기분 별로 각각 별개의 죄가 성립하고, 그 중 제1기분 부가가치세 포탈은 제2기분 부가가치세 포탈 및 1996년도 법인세의 포탈과는 그 연도를 달리하여, 위 1996년도 분 법인세 및 부가가치세 포탈 전부를 포괄하여 특정범죄가중처벌등에관한법률 제8조 제1항 위반죄로 처벌할 수 없다(대법원 2002.7.23. 선고 2000도746 판결).

■ 판례 ■ **甲이 관세를 포탈할 목적으로 수입 물품의 수량과 가격이 낮게 기재된 계약서를 첨부하여 수입예정 물량 전부에 대한 과세가격 사전심사를 신청함으로써 과세가격을 허위로 신고하고 이에 따른 과세가격 사전심사서를 미리 받아 둔 경우**

관세법 제9조의2 제1항에 의하면 관세의 납부의무자는 수입신고를 하는 때에 대통령령이 정하는 바에 따라 세관장에게 당해 물품의 가격에 대한 신고를 하여야 하지만, 같은 법 제9조의15는 납세신고를 하여야 할 자가 과세가격결정의 기초가 되는 사항에 관하여 의문이 있는 경우에는 가격신고 전에 대통령령이 정하는 서류를 갖추어 관세청장 또는 세관장에게 미리 심사하여 줄 것을 신청할 수 있고, 세관장은 관세의 납세의무자가 위 사전심사서에 의하여 납세신고를 한 경우에 당해 납세의무자와 사전심사 신청인이 일치하고 수입신고된 물품 및 과세가격신고가 사전심사서상의 내용과 동일하다고 인정되는 때에는 대통령령이 정하는 특별한 사유가 없는 한 사전심사서의 내용에 따라 과세가격을 결정하도록 규정하고 있으므로, 관세를 포탈할 목적으로 수입할 물품의 수량과 가격이 낮게 기재된 계약서를 첨부하여 수입예정 물량 전부에 대한 과세가격 사전심사를 신청함으로써 과세가격을 허위로 신고하고 이에 따른 과세가격 사전심사서를 미리 받아 두는 행위는 관세포탈죄의 실현을 위한 외부적인 준비행위에 해당한다(대법원 1999.4.9. 선고 99도424 판결).

■ 판례 ■ **차명계좌를 이용하여 자금을 은닉한 경우**

[1] 차명계좌를 이용한 자금은닉 행위가 조세범처벌법 제9조 소정의 '사기 기타 부정한 행위'에 해당되는지 여부(한정 적극)

일반적으로 다른 사람 명의의 예금계좌를 빌려 예금하였다 하여 그 차명계좌 이용행위 한 가지만으로써 구체적 행위의 동기, 경위 등 정황을 떠나 어느 경우에나 적극적 소득은닉 행위가 된다고 단정할 것은 아니라 할 것이나, 과세대상의 미신고나 과소신고와 아울러 장부상의 허위기장 행위, 수표 등 지급수단의 교환반복행위 기타의 은닉행위가 곁들여져 있다거나, 차명계좌의 예입에 의한 은닉행위에 있어서도 여러 곳의 차명계좌에 분산 입금한다거나 순차 다른 차명계좌에의 입금을 반복하거나 단 1회의 예입이라도 그 명의자와의 특수한 관계 때문에 은닉의 효과가 현저해지는 등으로 적극적 은닉의도가 나타나는 사정이 덧붙여진 경우에는 조세의 부과징수를 불능 또는 현저히 곤란하게 만든 것으로 인정할 수 있다.

[2] 조세포탈죄가 목적범인지 여부(소극) 및 조세포탈죄에 있어서 범의의 내용

사기 기타 부정한 행위로 조세를 포탈함으로써 성립하는 조세포탈범은 고의범이지 목적범은 아니므로 피고인에게 조세를 회피하거나 포탈할 목적까지 가질 것을 요하는 것이 아니며, 이러한 조세포탈죄에 있어서 범의가 있다고 함은 납세의무를 지는 사람이 자기의 행위가 사기 기타 부정한 행위에 해당하는 것을 인식하고 그 행위로 인하여 조세포탈의 결과가 발생한다는 사실을 인식하면서 부정행위를 감행하거나 하려고 하는 것이다.

[3] 정치자금 성격의 활동비 수수를 조세포탈죄로 처벌할 수 있는지 여부(적극)

정치자금 성격의 활동비 지원에 대하여 이를 증여 또는 이자로 보고 전례 없이 증여세 또는 종합소득세를 부과하면서 조세포탈죄로 처벌하는 경우에는 수사기관으로서는 금품이 수수된 목적과 경위에 관한 실체적 진실을 밝혀내기보다는 적용하기 용이한 조세포탈죄를 적용 처단함으로써 자의적인 법운용이 이루어질 가능성이 있을 뿐만 아니라, 알선의 대가인 활동비에 대하여는 법정형이 낮은 알선수재죄로 처벌하고 알선의 대가가 아닌 활동비에 대하여는 법정형이 높은 조세포탈죄로 처벌하는 결과가 초래된다고 하더라도, 알선수재죄와 조세포탈죄는 각각 구성요건을 달리하

는 것으로서 각 죄의 법정형을 어떻게 정할 것인지 여부는 입법정책의 문제이므로, 위와 같은 각 사유는 어느 것도 위의 범죄의 성립을 조각할 사유라 할 수 없다(대법원 1999.4.9. 선고 98도667 판결).

■ 판례 ■   1인의 원천징수의무자가 수인의 납세의무자와 공모하여 조세를 포탈한 경우

원천징수의무자가 정당한 이유 없이 납세의무자로부터 원천징수세액을 징수하지 아니하거나 또는 그 징수한 세액을 납부하지 아니하는 행위 자체가 처벌대상으로 되는 조세범처벌법 제11조 소정의 범죄는 같은 법 제9조 제1항 제3호가 규정하는 이른바 협의의 조세포탈범과는 명백히 구분되는 것이나, 그렇다고 하여 원천징수의무자는 언제나 위와 같은 조세범처벌법 제11조 소정의 범죄에 대하여만 그 주체가 될 수 있을 뿐 납세의무자의 조세포탈범행에 대한 공범이 될 수 없는 것은 아니라 할 것이고, 또 원천징수의무자가 납세의무자와의 약정으로 원천징수세액을 원천징수의무자 자신이 부담하기로 약정한 바 있다고 하여 그러한 경우에는 언제나 조세범처벌법 제11조의 범죄만 성립될 수 있을 뿐 납세의무자의 조세포탈에 대한 공범이 성립될 수 없다고 할 수는 없다. 또한 조세범처벌법 제9조 제1항 소정의 '사기 기타 부정한 행위'라는 것은 조세의 부과와 징수를 불가능하게 하거나 현저히 곤란하게 하는 위계 기타 부정한 적극적인 행위를 말하고 다른 어떤 행위를 수반함이 없이 단순히 세법상의 신고를 하지 아니하거나 허위의 신고를 함에 그치는 것은 여기에 해당하지 아니하나, 적극적으로 허위의 2중 계약서 등을 작성·사용한 경우에는 조세범처벌법 제9조 제1항 소정의 '사기 또는 부정한 방법'을 사용한 것이다(대법원 1998.5.8. 선고 97도2429 판결).

■ 판례 ■   피고인 등이 공모하여 유사 체육진흥투표권을 발행·판매하는 사설 스포츠 도박 인터넷사이트를 개설·운영하면서 매출액을 관할 세무서에 신고하지 않는 방법으로 부가가치세를 포탈한 경우

피고인 등이 공모하여 유사 체육진흥투표권을 발행·판매하는 사설 스포츠 도박 인터넷사이트를 개설·운영하면서 매출액을 관할 세무서에 신고하지 않는 방법으로 부가가치세를 포탈하였다고 하여 특정범죄 가중처벌 등에 관한 법률 위반으로 기소된 사안에서, 피고인은 유사 체육진흥투표권을 발행·판매하고, 판매대금 중 일부를 재원으로 운동경기 결과를 맞춘 이들에게 당첨금을 지급하는 방식으로 인터넷사이트를 운영한 점, 유사 체육진흥투표권을 구매한 사람들과 사이에 직접 재물을 걸고 도박에 참여한 것이 아니라 유사 체육진흥투표권을 발행·판매하면서 이에 대한 대가를 지급받았을 뿐이고, 유사 체육진흥투표권을 구매한 사람들 사이에서만 운동경기 결과라는 우연에 의하여 재물의 득실이 결정된 점 등에 비추어 보면, 피고인은 유사 체육진흥투표권을 발행·판매함으로써 구매자들에게 당첨금을 지급받을 수 있는 기회를 부여하고 그에 대한 대가를 지급받은 것이므로 부가가치세 과세대상 거래에 해당한다.(대법원 2017.4.7. 선고, 2016도19704, 판결)

13. 허위세금계산서 교부

1) 적용법조 : 제8조의2 제1항 ☞ 공소시효 10년

> 제8조의2(세금계산서 교부의무 위반 등의 가중처벌) ① 영리를 목적으로 「조세범 처벌법」 제10조제3항 및 제
> 4항 전단의 죄를 범한 사람은 다음 각 호의 구분에 따라 가중처벌한다.
> 1. 세금계산서 및 계산서에 기재된 공급가액이나 매출처별세금계산서합계표·매입처별세금계산서합계표에 기재된
>   공급가액 또는 매출·매입금액의 합계액(이하 이 조에서 "공급가액등의 합계액"이라 한다)이 50억원 이상인
>   경우에는 3년 이상의 유기징역에 처한다.
> 2. 공급가액등의 합계액이 30억원 이상 50억원 미만인 경우에는 1년 이상의 유기징역에 처한다.

2) 범죄사실 기재례

> 피의자는 ○○에 있는 ○○주식회사의 대표자인바 매입세액공제를 받을 목적으로 허위의 매입처별 세금계산서합계표를 작성하여 세무서에 제출하기로 마음먹었다.
> 피의자는 200○. ○. ○.위 사무실에서 ○○주식회사 대한 200○년 제2기 부가가치세 확정신고를 함에 있어 사실은 ○○으로부터 물품을 공급받은 사실이 없음에도 불구하고 ○○으로부터 세금계산서 총 ○○장 공급가액 합계 ○○원 상당의 물품을 공급받은 것처럼 매입처별 세금계산서합계표를 거짓으로 기재하여 이를 세무서에 제출하였다.
> 이로써 피의자는 영리를 목적으로 재화 또는 용역을 공급받지 아니하고 매입금액 합계 ○○원 규모의 매입처별 세금계산서합계표를 거짓으로 기재하여 이를 정부에 제출하였다.

■ **판례** ■ **조세범 처벌법 제10조 제3항의 각 위반행위에 대하여 특정범죄 가중처벌 등에 관한 법률 제8조의2 제1항 위반의 포괄일죄가 성립하기 위한 요건**

특정범죄 가중처벌 등에 관한 법률 제8조의2 제1항은 영리의 목적과 세금계산서 및 계산서에 기재된 공급가액이나 매출처별세금계산서합계표·매입처별세금계산서합계표에 기재된 공급가액 또는 매출·매입금액(이하 '공급가액등'이라 한다)의 합계액이 일정액 이상이라는 가중사유를 구성요건화하여 조세범 처벌법 제10조 제3항 위반과 합쳐서 하나의 범죄유형으로 정하고 공급가액 등의 합계액에 따라 구분하여 법정형을 정하고 있음에 비추어 보면, 조세범 처벌법 제10조 제3항의 각 위반행위가 영리를 목적으로 단일하고 계속된 범의 아래 일정기간 계속하여 행해지고 그 행위들 사이에 시간적·장소적 연관성이 있으며 범행의 방법 간에도 동일성이 인정되는 등 하나의 특정범죄 가중처벌 등에 관한 법률 제8조의2 제1항 위반행위로 평가될 수 있고, 그 행위들에 해당하는 문서에 기재된 공급가액등을 모두 합산한 금액이 위 조항에 정한 금액에 해당하면, 그 행위들에 대하여 포괄하여 위 조항 위반의 1죄가 성립될 수 있다. (대법원 2018. 10. 25., 선고, 2018도9810, 판결)

■ **판례** ■ **특정범죄 가중처벌 등에 관한 법률 제8조의2에서 영리를 목적으로 구 조세범 처벌법 제10조 제3항의 죄를 범한 사람에 대하여 세금계산서에 기재된 '공급가액 등의 합계액'에 따라 가중처벌하는 규정을 별도로 마련한 취지 / 부가가치세법상 세금계산서는 이를 발급하는 사업자와 발급받는 사업자 모두에게 부가가치세 과세자료가 되는지 여부(적극) / 재화 또는 용역을 공급하는 사업자로서 허위 세금계산서를 발급하는 한편, 다른 별개의 사업자로서 실제로는 재화나 용역을 공급받지 않으면서 위 허위 세금계산서를 발급받은 경우, 특정범죄 가중처벌 등에 관한 법률 제8조**

의2 제1항 각호 및 제2항에서 정한 '공급가액 등의 합계액'을 산정할 때에는 발급하는 사업자로 서의 공급가액과 발급받는 사업자로서의 공급가액을 합산하여야 하는지 여부(적극)

구 조세범 처벌법(2018. 12. 31. 법률 제16108호로 개정되기 전의 것, 이하 같다) 제10조 제3항 제1 호에 따르면, '재화 또는 용역을 공급하지 아니하거나 공급받지 아니하고 부가가치세법에 따른 세금계산서를 발급하거나 발급받은 행위'를 한 사람은 3년 이하의 징역 또는 그 세금계산서에 기재된 공급가액에 부가가치세의 세율을 적용하여 계산한 세액의 3배 이하에 상당하는 벌금에 처 한다. 그런데 특정범죄 가중처벌 등에 관한 법률(이하 '특정범죄가중법'이라고 한다) 제8조의2 는 영리를 목적으로 구 조세범 처벌법 제10조 제3항의 죄를 범한 사람은 세금계산서에 기재된 공 급가액 등을 합산하여 그 합계액이 50억 원 이상인 경우에는 3년 이상의 유기징역에 처하고, 합 계액이 30억 원 이상 50억 원 미만인 경우에는 1년 이상의 유기징역에 처하며, 합계액에 부가가 치세의 세율을 적용하여 계산한 세액의 2배 이상 5배 이하의 벌금을 병과한다고 규정하고 있다. 이러한 가중처벌 규정이 특정범죄가중법에 별도로 마련된 이유는 세금계산서 수수질서를 확립하 여 궁극적으로 근거과세와 공평과세를 실현하기 위한 것이다.

한편 부가가치세법은 부가가치세의 납세의무자를 '사업자'로 정하고, 사업자는 사업장마다 사업 자등록을 하도록 하며, 납부세액의 계산에 관하여는 이른바 전단계세액공제법을 채택하고 있으므 로(제3조, 제8조 제1항, 제37조), 세금계산서는 이를 발급하는 사업자와 발급받는 사업자 모두에게 부가가치세 과세자료가 된다.

이러한 부가가치세법 규정의 내용, 특정범죄가중법 제8조의2의 문언과 입법 취지, 구 조세범 처벌 법 제10조 제3항 제1호가 세금계산서를 발급한 사람과 발급받은 사람을 모두 처벌하고 있는 점 등을 종합하여 보면, 피고인이 재화 또는 용역을 공급하는 사업자로서 허위 세금계산서를 발급하 는 한편, 다른 별개의 사업자로서 실제로는 재화나 용역을 공급받지 않으면서 위 허위 세금계산서 를 발급받은 경우, 특정범죄가중법 제8조의2 제1항 각호 및 제2항에서 정한 공급가액 등의 합계 액을 산정할 때에는 발급하는 사업자로서의 공급가액과 발급받는 사업자로서의 공급가액을 합산 하는 것이 타당하다. (대법원 2020. 2. 13., 선고, 2019도12842, 판결)

14. 무허가 입목벌채

1) 적용법조 : 제9조 제1항 제1호 ☞ 공소시효 15년

> 제9조(「산림자원의 조성 및 관리에 관한 법률」 등 위반행위의 가중처벌) ① 「산림자원의 조성 및 관리에 관한 법률」 제73조 및 제74조에 규정된 죄를 범한 사람은 다음 각 호의 구분에 따라 가중처벌한다.
> 1. 임산물(林産物)의 원산지 가격이 1억원 이상이거나 산림 훼손면적이 5만㎡ 이상인 경우에는 3년 이상 25년 이하의 징역에 처한다.
> 2. 임산물의 원산지 가격이 1천만원 이상 1억원 미만이거나 산림 훼손면적이 5천㎡ 이상 5만㎡ 미만인 경우에는 2년 이상 20년 이하의 징역에 처한다.

2) 범죄사실 기재례

> 피의자 甲은 ○○주식회사의 대표이사이고, 피의자 ○○주식회사는 골재생산판매업 등을 사업목적으로 하는 법인이다.
> 가. 피의자 甲
> 피의자는 20○○. 6.경부터 20○○. 7.경까지 관할관청의 허가를 받지 않고 ○○에 있는 임야○○㎡ 중 ○○㎡(별지 구적평면도 ①, ②, ③ 부분)에서 그곳에 자라는 약 40년 내지 100년생 때죽나무 등 약 ○○그루를 굴착기와 기계톱 등을 이용하여 벌채하거나 굴취하여 산림을 훼손하였다.
> 나. 피의자 ○○주식회사
> 피의자는 위와 같은 각 일시, 장소에서 대표이사인 피의자 甲이 피의자의 업무에 관하여 전항과 같이 위반행위를 하게하였다.

■ 판례 ■ **특정범죄가중처벌등에관한법률 제9조 제1항 소정의 임산물의 "원산지가액"산출방법**

특정범죄가중처벌등에관한법률 제9조 제1항 소정의 임산물의 "원산지가액"이란 임산물이 굴취 채취 등에 의하여 산림에서 분리되기 전에 산림 내에 원상태로 있을 당시의 가격을 뜻하므로, 임산물의 시중거래시가에서 채취 운반비 기타 임산물 생산에 소요되는 부대경비 등과 임산물 생산업자의 적정한 기업이익을 공제하여 산출할 수 있다(대법원 1995.3.10. 선고 94도3398 판결).

15. 특수직무유기

1) 적용법조 : 제15조 ☞ 공소시효 10년

> 제15조(특수직무유기) 범죄 수사의 직무에 종사하는 공무원이 이 법에 규정된 죄를 범한 사람을 인지하고 그 직무를 유기한 경우에는 1년 이상의 유기징역에 처한다.

2) 범죄사실 기재례

> 피의자는 ○○군청 산림과에 근무하는 ○○직 7급으로 산림관련법 위반의 범죄수사에 종사하는 공무원(○○직, ○급)이다.
>
> 피의자는 20○○. ○. ○. 경 ○○에 거주하는 홍길동이 ○○에서 임산물의 원산지 가액 1,000만원 상당의 소나무를 절취하여 이에 대해 산림자원의조성및관리에관한법률위반으로 단속 인지하고도 사건무마조건으로 ○○청탁을 받고 이를 묵살하여 그 직무를 유기하였다.

3) 신문사항

- 공무원인가
- 어느 기관 어느 부서에 근무하는가
- 사법경찰관리로서 범죄수사업무에 종사하는가
- 구체적으로 맡은 업무가 무엇인가
- 홍길동을 ○○법위반으로 단속한 일이 있는가
- 언제 어디에서 단속하였는가
- 어떤 위반 사항을 단속하였나
- 단속하여 어떤 조사를 하였나
- 범죄인지를 하였는가
- 범죄인지한 사건은 어떻게 처리하였나
- 어떤 조건으로 사건무마를 하였나
- 어떤 청탁을 누구로부터 받았는가

■ 판례 ■   **특정범죄가중처벌등에관한법률 제15조(특수직무유기) 규정의 성질**

특정범죄가중처벌등에관한법률 제15조(특수직무유기)는 형법 제122조의 직무유기죄와는 달리 새로운 범죄유형을 정하고 그에 대한 법정형을 규정한 것이라고 할 것이다.(대법원 1984.7.24. 선고 84도705 판결).

■ 판례 ■   **인지 및 직무를 유기한 때의 의미**

[1] 특수직무유기죄의 구성요건 중 '인지'의 의미

특정범죄 가중처벌 등에 관한 법률상의 특수직무유기죄는 범죄수사의 직무에 종사하는 공무원이 같은 법에 규정된 죄를 범한 사람을 '인지'하고 직무를 유기할 것을 구성요건으로 하고 있으므로, 본죄가 성립하기 위해서는 범죄수사의 직무에 종사하는 공무원이 같은 법에 규정된 죄를 범한 자임을 명백히 인식하고 그에 대하여 수사를 개시할 수 있을 정도의 단계에 이르러야 하고, 단순히 확인되지 않은 제보 등에 의하여 이러한 죄를 범하였을 수도 있다는 의심을 품은 것만으로는 위 법에서 규정하고 있는 '인지'가 있었다고 할 수 없다.

[2] 직무유기죄에서 '직무를 유기한 때'의 의미 및 특수직무유기죄의 경우에도 동일한 법리가 적용되는지 여부(적극)

직무유기죄에서 '직무를 유기한 때'란 공무원이 법령, 내규 등에 의한 추상적 충근의무를 태만히 하는 일체의 경우를 이르는 것이 아니고 직장의 무단이탈, 직무의 의식적인 포기 등과 같이 그것이 국가의 기능을 저해하며 국민에게 피해를 야기시킬 가능성이 있는 경우를 말하는 것으로서, 이는 특정범죄 가중처벌 등에 관한 법률 제15조에서 정한 특수직무유기죄의 경우에도 마찬가지이다.

[3] 해군본부 고등검찰부장인 피고인이 甲의 구 특정범죄 가중처벌 등에 관한 법률 위반(알선수재)의 범죄 혐의사실을 인지하고도 정당한 이유 없이 직무를 유기한 경우

검찰이 제출한 증거만으로는 피고인이 甲의 범죄 혐의사실을 실제로 알았다거나 그러고도 구체적으로 직무를 회피하여 수사하지 않았다고 단정할 수 없고, 비록 피고인이 甲의 범죄 혐의사실을 사건이첩이나 인지보고서를 작성하는 등 방법으로 신속, 적절하게 수사하지 않았더라도 특가법 위반(특수직무유기)죄에 해당한다고 할 수 없다.(대법원 2011. 7. 28. 선고, 2011도1739, 판결)

제 124 장 폐기물관리법

Ⅰ. 개념정의 및 적용범위와 특별법 관련

1. 개념정의

제2조(정의) 이 법에서 사용하는 용어의 뜻은 다음과 같다.
1. "폐기물"이란 쓰레기, 연소재(燃燒滓), 오니(汚泥), 폐유(廢油), 폐산(廢酸), 폐알칼리 및 동물의 사체(死體) 등으로서 사람의 생활이나 사업활동에 필요하지 아니하게 된 물질을 말한다.
2. "생활폐기물"이란 사업장폐기물 외의 폐기물을 말한다.
3. "사업장폐기물"이란 「대기환경보전법」, 「물질환경보전법」 또는 「소음·진동규제법」에 따라 배출시설을 설치·운영하는 사업장이나 그 밖에 대통령령으로 정하는 사업장에서 발생하는 폐기물을 말한다.
4. "지정폐기물"이란 사업장폐기물 중 폐유·폐산 등 주변 환경을 오염시킬 수 있거나 의료폐기물(醫療廢棄物) 등 인체에 위해(危害)를 줄 수 있는 해로운 물질로서 대통령령으로 정하는 폐기물을 말한다.

[별표 1] 지정폐기물의 종류(제3조 관련, 개정 2021.3.9.)

1. 특정시설에서 발생되는 폐기물
   가. 폐합성 고분자화합물
      1) 폐합성 수지(고체상태의 것은 제외한다)   2) 폐합성 고무(고체상태의 것은 제외한다)
   나. 오니류(수분함량이 95퍼센트 미만이거나 고형물함량이 5퍼센트 이상인 것으로 한정한다)
      1) 폐수처리 오니(환경부령으로 정하는 물질을 함유한 것으로 환경부장관이 고시한 시설에서 발생되는 것으로 한정한다)
      2) 공정 오니(환경부령으로 정하는 물질을 함유한 것으로 환경부장관이 고시한 시설에서 발생되는 것으로 한정한다)
   다. 폐농약(농약의 제조·판매업소에서 발생되는 것으로 한정한다)
2. 부식성 폐기물
   가. 폐산(액체상태의 폐기물로서 수소이온 농도지수가 2.0 이하인 것으로 한정한다)
   나. 폐알칼리(액체상태의 폐기물로서 수소이온 농도지수가 12.5 이상인 것으로 한정하며, 수산화칼륨 및 수산화나트륨을 포함한다)
3. 유해물질함유 폐기물(환경부령으로 정하는 물질을 함유한 것으로 한정한다)
   가. 광재(鑛滓)[철광 원석의 사용으로 인한 고로(高爐)슬래그(slag)는 제외한다]
   나. 분진(대기오염 방지시설에서 포집된 것으로 한정하되, 소각시설에서 발생되는 것은 제외한다)
   다. 폐주물사 및 샌드블라스트 폐사(廢砂)   라. 폐내화물(廢耐火物) 및 재벌구이 전에 유약을 바른 도자기 조각
   마. 소각재   바. 안정화 또는 고형화·고화 처리물   사. 폐촉매
   아. 폐흡착제 및 폐흡수제[광물유·동물유 및 식물유(폐식용유(식용을 목적으로 식품 재료와 원료를 제조·조리·가공하는 과정, 식용유를 유통·사용하는 과정 또는 음식물류 폐기물을 재활용하는 과정에서 발생하는 기름을 말한다. 이하 같다)는 제외한다]의 정제에 사용된 폐토사(廢土砂)를 포함한다]
4. 폐유기용제
   가. 할로겐족(환경부령으로 정하는 물질 또는 이를 함유한 물질로 한정한다)
   나. 그 밖의 폐유기용제(가목 외의 유기용제를 말한다)
5. 폐페인트 및 폐래커(다음 각 목의 것을 포함한다)
   가. 페인트 및 래커와 유기용제가 혼합된 것으로서 페인트 및 래커 제조업, 용적 5세㎡ 이상 또는 동력 3마력 이상의 도장(塗裝)시설, 폐기물을 재활용하는 시설에서 발생되는 것
   나. 페인트 보관용기에 남아 있는 페인트를 제거하기 위하여 유기용제와 혼합된 것

다. 폐페인트 용기[용기 안에 남아 있는 페인트가 건조되어 있고, 그 잔존량이 용기 바닥에서 6밀리미터를 넘지 아니하는 것은 제외한다]

6. 폐유[기름성분을 5퍼센트 이상 함유한 것을 포함하며, 폴리클로리네이티드비페닐(PCBs)함유 폐기물, 폐식용유와 그 잔재물, 폐흡착제 및 폐흡수제는 제외한다]

7. 폐석면
가. 건조고형물의 함량을 기준으로 하여 석면이 1퍼센트 이상 함유된 제품·설비(뿜칠로 사용된 것은 포함한다) 등의 해체·제거 시 발생되는 것
나. 슬레이트 등 고형화된 석면 제품 등의 연마·절단·가공 공정에서 발생된 부스러기 및 연마·절단·가공 시설의 집진기에서 모아진 분진
다. 석면의 제거작업에 사용된 바닥비닐시트(뿜칠로 사용된 석면의 해체·제거작업에 사용된 경우에는 모든 비닐시트)·방진마스크·작업복 등

8. 폴리클로리네이티드비페닐 함유 폐기물
가. 액체상태의 것(1리터당 2밀리그램 이상 함유한 것으로 한정한다)
나. 액체상태 외의 것(용출액 1리터당 0.003밀리그램 이상 함유한 것으로 한정한다)

9. 폐유독물질[「화학물질관리법」 제2조제2호의 유독물질을 폐기하는 경우로 한정하되, 제1호다목의 폐농약(농약의 제조·판매업소에서 발생되는 것으로 한정한다), 제2호의 부식성 폐기물, 제4호의 폐유기용제, 제8호의 폴리클로리네이티드비페닐 함유 폐기물 및 제11호의 수은폐기물은 제외한다]

10. 의료폐기물(환경부령으로 정하는 의료기관이나 시험·검사 기관 등에서 발생되는 것으로 한정한다)

10의2. 천연방사성제품폐기물[「생활주변방사선 안전관리법」 제2조제4호에 따른 가공제품 중 같은 법 제15조제1항에 따른 안전기준에 적합하지 않은 제품으로서 방사능 농도가 그램당 10베크렐 미만인 폐기물을 말한다. 이 경우 가공제품으로부터 천연방사성핵종(天然放射性核種)을 포함하지 않은 부분을 분리할 수 있는 때에는 그 부분을 제외한다]

11. 수은폐기물
가. 수은함유폐기물[수은과 그 화합물을 함유한 폐램프(폐형광등은 제외한다), 폐계측기기(온도계, 혈압계, 체온계 등), 폐전지 및 그 밖의 환경부장관이 고시하는 폐제품을 말한다]
나. 수은구성폐기물(수은함유폐기물로부터 분리한 수은 및 그 화합물로 한정한다)
다. 수은함유폐기물 처리잔재물(수은함유폐기물을 처리하는 과정에서 발생되는 것과 폐형광등을 재활용하는 과정에서 발생되는 것을 포함하되, 「환경분야 시험·검사 등에 관한 법률」 제6조제1항제7호에 따라 환경부장관이 고시한 폐기물 분야에 대한 환경오염공정시험기준에 따른 용출시험 결과 용출액 1리터당 0.005밀리그램 이상의 수은 및 그 화합물이 함유된 것으로 한정한다)

12. 그 밖에 주변환경을 오염시킬 수 있는 유해한 물질로서 환경부장관이 정하여 고시하는 물질

5. "의료폐기물"이란 보건·의료기관, 동물병원, 시험·검사기관 등에서 배출되는 폐기물 중 인체에 감염 등 위해를 줄 우려가 있는 폐기물과 인체 조직 등 적출물(摘出物), 실험 동물의 사체 등 보건·환경보호상 특별한 관리가 필요하다고 인정되는 폐기물로서 대통령령으로 정하는 폐기물을 말한다.

[별표 2] 의료폐기물의 종류(제4조 관련) <개정 2019. 10. 29.>

1. 격리의료폐기물 : 「감염병의 예방 및 관리에 관한 법률」 제2조제1호의 감염병으로부터 타인을 보호하기 위하여 격리된 사람에 대한 의료행위에서 발생한 일체의 폐기물
2. 위해의료폐기물
가. 조직물류폐기물 : 인체 또는 동물의 조직·장기·기관·신체의 일부, 동물의 사체, 혈액·고름 및 혈액생성물(혈청, 혈장, 혈액제제)
나. 병리계폐기물 : 시험·검사 등에 사용된 배양액, 배양용기, 보관균주, 폐시험관, 슬라이드, 커버글라스, 폐배지, 폐장갑
다. 손상성폐기물 : 주사바늘, 봉합바늘, 수술용 칼날, 한방침, 치과용침, 파손된 유리재질의 시험기구
라. 생물·화학폐기물 : 폐백신, 폐항암제, 폐화학치료제
마. 혈액오염폐기물 : 폐혈액백, 혈액투석 시 사용된 폐기물, 그 밖에 혈액이 유출될 정도로 포함되어 있어 특별한 관리가 필요한 폐기물
3. 일반의료폐기물 : 혈액·체액·분비물·배설물이 함유되어 있는 탈지면, 붕대, 거즈, 일회용 기저귀, 생리대, 일회용 주사기, 수액세트

5의2. "의료폐기물 전용용기"란 의료폐기물로 인한 감염 등의 위해 방지를 위하여 의료폐기물을 넣어 수집·운반 또는 보관에 사용하는 용기를 말한다.

5의3. "처리"란 폐기물의 수집, 운반, 보관, 재활용, 처분을 말한다.

6. "처분"이란 폐기물의 소각(燒却)·중화(中和)·파쇄(破碎)·고형화(固形化) 등의 중간처분과 매립하거나 해역(海域)으로 배출하는 등의 최종처분을 말한다.

7. "재활용"이란 다음 각 목의 어느 하나에 해당하는 활동을 말한다.
   가. 폐기물을 재사용·재생이용하거나 재사용·재생이용할 수 있는 상태로 만드는 활동
   나. 폐기물로부터 「에너지법」 제2조제1호에 따른 에너지를 회수하거나 회수할 수 있는 상태로 만들거나 폐기물을 연료로 사용하는 활동으로서 환경부령으로 정하는 활동

8. "폐기물처리시설"이란 폐기물의 중간처분시설, 최종처분시설 및 재활용시설로서 대통령령으로 정하는 시설을 말한다.

9. "폐기물감량화시설"이란 생산 공정에서 발생하는 폐기물의 양을 줄이고, 사업장 내 재활용을 통하여 폐기물 배출을 최소화하는 시설로서 대통령령으로 정하는 시설을 말한다.

※ 시행령(대통령령)

제2조(사업장의 범위) 법 제2조제3호에서 "기타 대통령령이 정하는 사업장"이라 함은 다음 각호의 1에 해당하는 사업장을 말한다.

1. 「물환경보전법」 제48조제1항에 따라 공공폐수처리시설을 설치·운영하는 사업장
2. 「하수도법」 제2조제9호에 따른 공공하수처리시설을 설치·운영하는 사업장
3. 「하수도법」 제2조제11호에 따른 분뇨처리시설을 설치·운영하는 사업장
4. 「가축분뇨의 관리 및 이용에 관한 법률」 제24조에 따른 공공처리시설
5. 법 제29조제2항에 따른 폐기물처리시설(법 제25조제3항에 따라 폐기물처리업의 허가를 받은 자가 설치하는 시설을 포함한다)을 설치·운영하는 사업장
6. 법 제2조제4호에 따른 지정폐기물을 배출하는 사업장
7. 폐기물을 1일 평균 300킬로그램 이상 배출하는 사업장
8. 「건설산업기본법」 제2조제4호에 따른 건설공사로 폐기물을 5톤(공사를 착공할 때부터 마칠 때까지 발생되는 폐기물의 양을 말한다)이상 배출하는 사업장
9. 일련의 공사(제8호에 따른 건설공사는 제외한다) 또는 작업으로 폐기물을 5톤(공사를 착공하거나 작업을 시작할 때부터 마칠 때까지 발생하는 폐기물의 양을 말한다)이상 배출하는 사업장

■ 판례 ■　당해 사업장의 사업활동에 필요하지 아니하게 된 물질이 재활용 원료로 공급되는 경우, 폐기물관리법상의 폐기물에 해당하는지 여부(적극)

폐기물관리법(이하 '법'이라 한다) 제2조 제1호는 폐기물을 '쓰레기·연소재·오니(汚泥)·폐유·폐산·폐알칼리·동물의 사체 등으로서 사람의 생활이나 사업활동에 필요하지 아니하게 된 물질'로 정의하고 있는바, 자연환경 및 생활환경에 중대한 영향을 미칠 우려가 있는 폐기물의 배출을 엄격히 규제하여 환경보전과 국민생활의 질적 향상을 도모하려는 법의 취지에 비추어 사업장에서 배출되는 위와 같은 물질이 당해 사업장의 사업활동에 필요하지 아니하게 된 이상 그 물질은 법에서 말하는 폐기물에 해당한다고 보아야 하며, 당해 사업장에서 폐기된 물질이 재활용 원료로 공급된다고 해서 폐기물로서의 성질을 상실한다거나 사업장폐기물배출자의 신고의무가 없어진다고 볼 것이 아니다. 같은 취지에서 원심이 횡배수관 관로준설공사를 시행한 후 발생한 토사(이하 '이 사건 토사'라 한다)가 법 제2조 제1호에서 정하는 폐기물에 해당하고, 설령 피고인들이 이 사건 토사를 유실된 고속도로의 법면 보수공사에 사용하려 하였다 하더라도 폐기물로서의 성질을 상실하지 않는다고 판단한 것은 정당하고, 거기에 법에서 정하고 있는 폐기물에 관한 법리를 오해한 위법이 있다고 할 수 없다(대법원 2006.5.11. 선고 2006도631 판결).

■ 판례 ■ 당해 사업장의 사업활동에 필요하지 않게 된 물질이 재활용의 원료로 공급된다는 사정만으로, 폐기물관리법상의 폐기물로서의 성질을 상실하는지 여부(소극)

폐기물관리법 제2조 제1호는 "폐기물"이라 함은 쓰레기·연소재·오니·폐유·폐산·폐알카리·동물의 사체 등으로써 사람의 생활이나 사업활동에 필요하지 아니하게 된 물질을 말한다고 규정하고 있어, 당해 사업장의 사업활동에 필요하지 아니하게 된 물질은 비록 그 물질이 재활용의 원료로 공급된다는 사정만으로는 폐기물로서의 성질을 상실하지 않는다(대법원 2003.2.28. 선고 2002도6081 판결).

■ 판례 ■ 물질을 공급받는 자가 이를 파쇄, 선별, 풍화, 혼합 및 숙성의 방법으로 가공한 후 완제품을 생산하는 경우, 폐기물관리법상의 폐기물로서의 속성을 상실하는지 여부(적극)

"폐기물"이라 함은 쓰레기·연소재·오니·폐유·폐산·폐알카리·동물의 사체 등으로서 사람의 생활이나 사업활동에 필요하지 아니하게 된 물질을 말한다고 규정하고 있어, 당해 사업장의 사업활동에 필요하지 아니하게된 물질은 비록 그 물질이 재활용의 원료로 공급된다는 사정만으로는 폐기물로서의 성질을 상실하지는 않는다고 할 것이나(대법원 2001도70 판결 참조), 그 물질을 공급받는 자가 이를 파쇄, 선별, 풍화, 혼합 및 숙성의 방법으로 가공한 후 완제품을 생산하는 경우에 있어서는 그 물질을 공급받는 자의 의사, 그 물질의 성상 등에 비추어 아직 완제품에 이르지 않았다고 하더라도 위와 같은 가공과정을 거쳐 객관적으로 사람의 생활이나 사업활동에 필요하다고 사회통념상 승인될 정도에 이르렀다면 그 물질은 그때부터는 폐기물로서의 속성을 잃고 완제품생산을 위한 원료물질로 바뀌었다고 할 것이어서 그 물질을 가리켜 사업활동에 필요하지 않게 된 폐기된 물질 즉 폐기물에 해당한다고 볼 수 는 없다(대법원 2002.12.26. 선고 2002도3116 판결).

■ 판례 ■ 당해 사업장의 사업활동에 필요하지 아니하게 된 물질이 재활용 원료로 공급되는 경우, 구 폐기물관리법상의 폐기물에 해당하는지 여부(적극)

자연환경 및 생활환경에 중대한 영향을 미칠 우려가 있는 폐기물의 배출을 엄격히 규제하여 환경보전과 국민생활의 질적 향상을 도모하려는 구 폐기물관리법(1999. 12. 31. 법률 제6096호로 개정되기 전의 것)의 취지에 비추어 같은 법 제2조 제1호, 제24조 제2항, 제25조 제1항, 제44조의2의 규정들의 내용을 종합하여 보면, 사업장에서 배출되는 쓰레기·연소재·오니·폐유·폐산·폐알카리·동물의 사체 등의 물질이 당해 사업장의 사업활동에 필요하지 아니하게 된 이상은 그 물질은 구 폐기물관리법에서 말하는 폐기물에 해당한다고 보아야 하며, 당해 사업장에서 폐기된 물질이 재활용 원료로 공급된다고 해서 폐기물로서의 성질을 상실한다거나 사업장폐기물배출자의 신고의무가 없어진다고 볼 것이 아니다(대법원 2001.6.1. 선고 2001도70 판결).

■ 판례 ■ 식용에 사용하려는 '살아 있는 토끼'가 구 폐기물관리법(1991.3.8. 법률 제4363호로 개정되기 이전의 것) 제2조 제1호, 제3호 소정의 폐기물 또는 산업폐기물에 해당하는지 여부

식용에 사용하려는 '살아 있는 토끼'가 구 폐기물관리법(1991.3.8. 법률 제4363호로 개정되기 이전의 것) 제2조 제3호 소정의 산업폐기물을 규정한 같은법시행규칙(1987.5.30. 보건사회부령 제802호) 제2조 의 규정에 비추어 그 해당될 개연성이 있는 항목은 같은 규칙 별표 1의 2목 가 (4)에 규정된 '동식물성 고형잔재물' 뿐이지만 그 문리해석이나 산업폐기물의 처리기준과 방법을 정한 같은 규칙 제12조가 살아 있는 동물의 처리기준과 방법에 관하여는 규정하고 있지 아니한

점에 비추어 보면 이에 해당되지 아니할 뿐만 아니라 행정형벌 법규의 경우에는 법문의 엄격한 해석이 요구된다는 점을 고려할 때 그 규제의 필요성만으로 이를 포함시키는 해석은 용인할 수 없으므로 '살아 있는 토끼'는 같은 법 제2조 제3호 소정의 산업폐기물이 아니라 하겠고, 또 같은법 제2조 제1호의 폐기물의 정의에 관한 규정에 비추어 그것이 설사 발열성실험을 마친 것으로서 위생상 또는 감정상 식용에 적합한 것이 아니라 할지라도 위 규정 소정의 폐기물에도 해당되지 않는다(대법원 1992.2.14. 선고 91도792 판결).

■ 판례 ■   甲이 산업폐기물로 하천을 매립하여 고수부지를 조성한 경우

[1] 오래된 빌딩을 부순 벽돌조각 등의 폐기물이 산업폐기물인 건축물폐재류인지 여부

오래된 빌딩을 부순 벽돌조각, 돌조각, 타일조각, 콘크리이트 덩어리, 나무조각, 비닐조각, 스티로플조각 등의 폐기물은 산업폐기물인 건축물폐재류임이 명백하다.

[2] 건축물폐재류 중에 8할 가량의 사토가 섞여 있는 경우 '산업폐기물의 처리를 업으로 한 자'에 해당하는지

피고인들이 처리한 건축물폐재류 중에 8할 가량의 사토가 섞여 있었다고 하더라도, 피고인들이 업으로 처리한 건축물폐재류의 배출량이 1일 평균 50킬로그램을 초과한 이상, 피고인들이 폐기물관리법 제43조 제1항 제6호 소정의 허가를 받지 아니하고 산업폐기물의 처리를 업으로 한 자에 해당하는 것이므로 원심이 피고인들이 처리한 건축물폐재류의 배출량을 정확하게 특정하지 아니하였다고 하여 원심판결에 심리미진, 사실오인 또는 폐기물관리법에 관한 법리오해의 위법이 있다고 볼 수 없다(대법원 1990.9.14. 선고 90도1348 판결).

■ 판례 ■   비료생산공장의 원료저장탱크에서 유출되어 생산 목적에 사용할 수 없게 된 액체비료가 구 폐기물관리법 제2조 제1호의 폐기물에 해당한다(대법원 2009.1.30. 선고 2008도8971 판결).

2. 적용범위

제3조(적용범위) ① 이 법은 다음 각 호의 어느 하나에 해당하는 물질에 대하여는 적용하지 아니한다.
  1. 「원자력안전법」에 따른 방사성 물질과 이로 인하여 오염된 물질
  2. 용기에 들어 있지 아니한 기체상태의 물질
  3. 수질 및 수생태계 보전에 관한 법률에 따른 수질 오염 방지시설에 유입되거나 공공 수역(水域)으로 배출되는 폐수
  4. 「가축분뇨의 관리 및 이용에 관한 법률」에 따른 가축분뇨
  5. 「하수도법」에 따른 하수·분뇨
  6. 「가축전염병예방법」 제22조제2항, 제23조, 제33조 및 제44조가 적용되는 가축의 사체, 오염 물건, 수입 금지 물건 및 검역 불합격품
  7. 「수산생물질병 관리법」 제17조제2항, 제18조, 제25조제1항 각 호 및 제34조제1항이 적용되는 수산동물의 사체, 오염된 시설 또는 물건, 수입금지물건 및 검역 불합격품
  8. 「군수품관리법」 제13조의2에 따라 폐기되는 탄약
  9. 「동물보호법」 제69조제1항에 따른 동물장묘업의 허가를 받은 자가 설치·운영하는 동물장묘시설에서 처리되는 동물의 사체
② 이 법에 따른 폐기물의 해역 배출은 「해양폐기물 및 해양오염퇴적물 관리법」으로 정하는 바에 따른다.
③ 「수산부산물 재활용 촉진에 관한 법률」에 따른 수산부산물이 다른 폐기물과 혼합된 경우에는 이 법을 적용하고, 다른 폐기물과 혼합되지 않아 수산부산물만 배출·수집·운반·재활용하는 경우에는 이 법을 적용하지 아니한다.

3. 특별법 관련

가. 건설폐기물의 재활용촉진에 관한 법률

제3조 (다른 법률과의 관계) ① 이 법 중 건설폐기물의 친환경적인 처리와 재활용 촉진에 관한 사항은 이 법을 다른 법률에 우선하여 적용하고, 이 법에 규정되지 아니한 사항은 관계 법률의 규정을 적용한다.

나. 방사성폐기물 관리법

제3조(다른 법률과의 관계) 방사성폐기물 관리에 관하여 다른 법률에 특별한 규정이 있는 경우 외에는 이 법으로 정하는 바에 따른다.

다. 환경범죄 등의 단속 및 가중처벌에 관한 법률

제7조(폐기물 불법처리의 가중처벌) 단체 또는 집단의 구성원으로서 영리를 목적으로 「폐기물관리법」 제63조의 죄를 범한 자는 2년 이상 10년 이하의 징역과 폐기물을 버리거나 매립함으로 인하여 취득한 가액의 2배 이상 10배 이하에 해당하는 벌금을 병과한다.

라. 해양폐기물 및 해양오염퇴적물 관리법

제3조(적용범위) ① 이 법은 다음 각 호의 해역·수역(제12조에 따른 해안폐기물의 수거에 관하여는 바닷가를 포함한다. 이하 같다)에서의 해양폐기물 및 해양오염퇴적물 관리에 관하여 적용한다.
  1. 「영해 및 접속수역법」에 따른 영해·내수 및 대통령령으로 정하는 해역
  2. 「배타적 경제수역 및 대륙붕에 관한 법률」 제2조에 따른 배타적 경제수역
② 제1항 각 호의 해역·수역에서의 해양폐기물 및 해양오염퇴적물의 처리는 이 법에서 규정하고 있는 경우를 제외하고는 「폐기물관리법」, 「물환경보전법」, 「하수도법」 및 「가축분뇨의 관리 및 이용에 관한 법률」에서 정하는 바에 따른다.
③ 제1항 각 호의 해역·수역 외에서의 해양폐기물 및 해양오염퇴적물의 처리는 「폐기물관리법」에서 정하는 바에 따른다.

마. 폐기물의 국가 간 이동 및 그 처리에 관한 법률

제3조(적용 범위) ① 이 법은 「원자력안전법」 제2조제5호에 따른 방사성물질 및 이에 의하여 오염된 물질에 대해서는 적용하지 아니한다.
② 이 법은 「해양폐기물 및 해양오염퇴적물 관리법」 및 「해양환경관리법」에 따른 해역(海域) 배출 폐기물과 선박의 항행(航行)에 따라 배출되는 폐기물에 대해서는 적용하지 아니한다.

◖ II. 벌 칙

제63조(벌칙) 다음 각 호의 어느 하나에 해당하는 자는 7년 이하의 징역이나 7천만원 이하의 벌금에 처한다. 이 경우 징역형과 벌금형은 병과(倂科)할 수 있다.
  1. 제8조제1항을 위반하여 사업장폐기물을 버린 자
  2. 제8조제2항을 위반하여 사업장폐기물을 매립하거나 소각한 자

3. 제13조의3제3항을 위반하여 폐기물의 재활용에 대한 승인을 받지 아니하고 폐기물을 재활용한 자

제64조(벌칙) 다음 각 호의 어느 하나에 해당하는 자는 5년 이하의 징역이나 5천만원 이하의 벌금에 처한다.

1. 제13조의3제6항에 따라 승인이 취소되었음에도 불구하고 폐기물을 계속 재활용한 자
2. 거짓이나 그 밖의 부정한 방법으로 제13조의4제1항에 따른 재활용환경성평가기관으로 지정 또는 변경지정을 받은 자
3. 제13조의4제1항에 따른 지정을 받지 아니하고 재활용환경성평가를 한 자
4. 제14조제7항에 따라 대행계약을 체결하지 아니하고 종량제 봉투등을 제작·유통한 자
5. 제25조제3항에 따른 허가를 받지 아니하고 폐기물처리업을 한 자
6. 거짓이나 그 밖의 부정한 방법으로 제25조제3항에 따른 폐기물처리업 허가를 받은 자
7. 제25조의2제1항에 따른 등록을 하지 아니하고 전용용기를 제조한 자
8. 거짓이나 그 밖의 부정한 방법으로 제25조의2제1항에 따른 전용용기 제조업 등록을 한 자

8의2. 제25조의3제1항에 따른 적합성확인을 받지 아니하고 폐기물처리업을 계속한 자

8의3. 거짓이나 그 밖의 부정한 방법으로 제25조의3제1항에 따른 적합성확인을 받은 자

9. 제31조제5항에 따른 폐쇄명령을 이행하지 아니한 자

제65조(벌칙) 다음 각 호의 어느 하나에 해당하는 자는 3년 이하의 징역이나 3천만원 이하의 벌금에 처한다. 다만, 제1호, 제6호 및 제11호의 경우 징역형과 벌금형은 병과할 수 있다.

1. 제13조나 제24조의3제4항을 위반하여 폐기물을 매립한 자
2. 제13조의3제3항을 위반하여 거짓이나 그 밖의 부정한 방법으로 재활용환경성평가서를 작성하여 환경부장관에게 제출한 자
3. 제13조의4제2항을 위반하여 변경지정을 받지 아니하고 중요사항을 변경한 자
4. 제13조의4제4항을 위반하여 다른 자에게 자기의 명의나 상호를 사용하여 재활용환경성평가를 하게 하거나 재활용환경성평가기관 지정서를 다른 자에게 빌려준 자
5. 다른 자의 명의나 상호를 사용하여 재활용환경성평가를 하거나 재활용환경성평가기관 지정서를 빌린 자
6. 제15조의2제3항을 위반하여 사업장폐기물 중 음식물류 폐기물을 수집·운반 또는 재활용한 자
7. 거짓이나 그 밖의 부정한 방법으로 폐기물분석전문기관으로 지정을 받거나 변경지정을 받은 자
8. 제17조의2제1항 또는 제3항에 따른 지정 또는 변경지정을 받지 아니하고 폐기물분석전문기관의 업무를 한 자
9. 제17조의5제2항에 따른 업무정지기간 중 폐기물 시험·분석 업무를 한 폐기물분석전문기관
10. 고의로 사실과 다른 내용의 폐기물분석결과서를 발급한 폐기물분석전문기관
11. 제18조제1항을 위반하여 사업장폐기물을 처리한 자
12. 13. 삭제 〈2017.4.18〉
14. 제25조제11항에 따른 변경허가를 받지 아니하고 폐기물처리업의 허가사항을 변경한 자
15. 제25조의2제4항을 위반하여 검사를 받지 아니한 자
16. 제27조에 따른 영업정지 기간에 영업을 한 자
17. 제27조의2제2항에 따른 영업정지 기간에 영업을 한 자
18. 제29조제2항을 위반하여 승인을 받지 아니하고 폐기물처리시설을 설치한 자
19. 제30조제1항부터 제3항까지의 규정을 위반하여 검사를 받지 아니하거나 적합 판정을 받지 아니하고 폐기물처리시설을 사용한 자

19의2. 거짓이나 그 밖의 부정한 방법으로 제30조의2제1항에 따른 폐기물처리시설 검사기관으로 지정 또는 변경지정을 받은 자

19의3. 제30조의2제1항에 따른 폐기물처리시설 검사기관으로 지정을 받지 아니하고 폐기물처리시설을 검사한 자

20. 제31조제4항에 따른 개선명령을 이행하지 아니하거나 사용중지 명령을 위반한 자
21. 제39조의2, 제39조의3 또는 제40조제2항·제3항·제4항제1호에 따른 명령을 이행하지 아니한 자
22. 제47조제4항에 따른 조치명령을 이행하지 아니한 자

22의2. 제47조의2제1항에 따른 반입정지명령을 이행하지 아니한 자

23. 제48조에 따른 조치명령을 이행하지 아니한 자
24. 제50조제1항 후단을 위반하여 검사를 받지 아니하거나 적합 판정을 받지 아니하고 폐기물을 매립하는 시설의 사용을 끝내거나 시설을 폐쇄한 자
25. 제50조제2항에 따른 개선명령을 이행하지 아니한 자
26. 제50조제4항을 위반하여 정기검사를 받지 아니한 자

27. 제50조제5항에 따른 시정명령을 이행하지 아니한 자

제66조(벌칙) 다음 각 호의 어느 하나에 해당하는 자는 2년 이하의 징역이나 2천만원 이하의 벌금에 처한다.

1. 제13조, 제13조의2 또는 제24조의3제4항을 위반하여 폐기물을 처리한 자(제65조제1호의 경우는 제외한다)

1의2. 제13조의3제5항에 따른 승인 조건을 위반하여 폐기물을 재활용한 자

1의3. 제13조의5제5항에 따른 조치명령을 이행하지 아니한 자

2. 제24조의2제1항이나 제46조제1항을 위반하여 신고를 하지 아니하거나 허위로 신고를 한 자

3. 삭제 〈2007.8.3.〉

3의2. 제14조의5제2항을 위반하여 안전기준을 준수하지 아니한 자

3의3. 제15조의2제3항, 제5항 또는 제17조제1항제3호에 따른 기준 및 절차를 준수하지 아니하고 위탁 또는 확인하는 등 필요한 조치를 취하지 아니한 자

4. 제17조제3항에 따른 확인 또는 제17조제4항(제1호에 따른 상호의 변경은 제외한다)에 따른 변경확인을 받지 아니하거나 확인·변경확인을 받은 내용과 다르게 지정폐기물을 배출·운반 또는 처리한 자

4의2. 제17조의3제1항을 위반하여 다른 자에게 자기의 성명이나 상호를 사용하여 폐기물의 시험·분석 업무를 하게 하거나 지정서를 다른 자에게 빌려 준 폐기물분석전문기관

4의3. 중대한 과실로 사실과 다른 내용의 폐기물분석결과서를 발급한 폐기물분석전문기관

4의4. 제18조제3항을 위반하여 폐기물의 인계·인수에 관한 사항과 폐기물관리현장정보를 입력하지 아니하거나 거짓으로 입력한 자

5. 삭제 〈2015.1.20〉

6. 제25조제5항에 따른 업종 구분과 영업 내용의 범위를 벗어나는 영업을 한 자

7. 제25조제7항의 조건을 위반한 자

8. 제25조제8항을 위반하여 다른 사람에게 자기의 성명이나 상호를 사용하여 폐기물을 처리하게 하거나 그 허가증을 다른 사람에게 빌려준 자

9. 제25조제9항에 따른 준수사항을 지키지 아니한 자. 다만, 제25조제9항제5호에 해당하는 경우에는 고의 또는 중과실인 경우에 한정한다.

9의2. 제25조의2제1항에 따른 변경등록을 하지 아니하거나 거짓으로 변경등록하고 등록한 사항을 변경한 자

9의3. 제25조의2제5항을 위반하여 다른 사람에게 자기의 성명이나 상호를 사용하여 전용용기를 제조하게 하거나 등록증을 다른 사람에게 빌려준 자

9의4. 제25조의2제6항을 위반하여 제25조의2제3항에 따른 기준에 적합하지 아니한 전용용기를 유통시킨 자

10. 제29조제1항을 위반하여 설치가 금지되는 폐기물 소각시설을 설치·운영한 자

11. 제29조제2항을 위반하여 신고를 하지 아니하고 폐기물처리시설을 설치한 자

12. 제29조제3항에 따른 변경승인을 받지 아니하고 승인받은 사항을 변경한 자

12의2. 제30조의2제2항을 위반하여 변경지정을 받지 아니하고 중요사항을 변경한 자

12의3. 제30조의2제3항을 위반하여 거짓이나 그 밖의 부정한 방법으로 폐기물처리시설 검사결과서를 발급한 자

12의4. 제30조의2제4항을 위반하여 다른 자에게 자기의 명의나 상호를 사용하여 폐기물처리시설 검사를 하게 하거나 폐기물처리시설 검사기관 지정서를 빌려준 자

12의5. 다른 자의 명의나 상호를 사용하여 폐기물처리시설 검사를 하거나 폐기물처리시설 검사기관 지정서를 빌린 자

13. 제31조제1항에 따른 관리기준에 적합하지 아니하게 폐기물처리시설을 유지·관리하여 주변환경을 오염시킨 자

14. 제31조제7항에 따른 측정이나 조사명령을 이행하지 아니한 자

15. 16. 삭제 〈2010.7.23.〉

17. 제36조제3항을 위반하여 장부기록사항을 전자정보프로그램에 입력하지 아니하거나 거짓으로 입력한 자

18. 제39조제1항에 따른 보고를 하지 아니하거나 거짓 보고를 한 자

19. 제39조제1항에 따른 출입·검사를 거부·방해 또는 기피한 자

제67조(양벌규정) 법인의 대표자나 법인 또는 개인의 대리인, 사용인, 그 밖의 종업원이 그 법인 또는 개인의 업무에 관하여 제63조부터 제66조까지의 어느 하나에 해당하는 위반행위를 하면 그 행위자를 벌하는 외에 그 법인 또는 개인에게도 해당 조문의 벌금형을 과(科)한다. 다만, 법인 또는 개인이 그 위반행위를 방지하기 위하여 해당 업무에 관하여 상당한 주의와 감독을 게을리하지 아니한 경우에는 그러하지 아니하다.

1. 사업장폐기물 투기 · 매립

1) 적용법조 : 제63조 제1호, 제8조 제2항, 제1항 ☞ 공소시효 7년

> 제8조(폐기물의 투기 금지 등) ① 누구든지 특별자치시장, 특별자치도지사, 시장 · 군수 · 구청장이나 공원 · 도로 등 시설의 관리자가 폐기물의 수집을 위하여 마련한 장소나 설비 외의 장소에 폐기물을 버리거나, 특별자치시, 특별자치도, 시 · 군 · 구의 조례로 정하는 방법 또는 공원 · 도로 등 시설의 관리자가 지정한 방법을 따르지 아니하고 생활폐기물을 버려서는 아니 된다.
> ② 누구든지 이 법에 따라 허가 또는 승인을 받거나 신고한 폐기물처리시설이 아닌 곳에서 폐기물을 매립하거나 소각하여서는 아니 된다. 다만, 제14조제1항 단서에 따른 지역에서 해당 특별자치시, 특별자치도, 시 · 군 · 구의 조례로 정하는 바에 따라 소각하는 경우에는 그러하지 아니하다.
> ③ 특별자치시장, 특별자치도지사, 시장 · 군수 · 구청장은 토지나 건물의 소유자 · 점유자 또는 관리자가 제7조제2항에 따라 청결을 유지하지 아니하면 해당 지방자치단체의 조례에 따라 필요한 조치를 명할 수 있다.

2) 범죄사실 기재례

[기재례1] 생활 쓰레기 매립장에 불법매립

> 피의자 甲 주식회사는 폐기물 중간처리 및 폐기물 수집, 운반업을 목적으로 하는 법인, 피의자 乙은 위 회사의 대표이사이다. 누구든지 이 법에 따라 허가 또는 승인을 받거나 신고한 폐기물처리시설이 아닌 곳에서 폐기물을 매립하거나 소각하여서는 아니 된다.
> 가. 피의자 乙
> 피의자는 20○○. ○. 경부터 20○○. ○. ○.까지 ○○에서 발생한 사업장폐기물 및 수집한 폐기물로서 소각 또는 매립되어야 할 폐기물을 ○○에 있는 생활 쓰레기 매립장에 불법매립하였다.
> 나. 피의자 甲 주식회사
> 피의자는 그의 업무에 관하여 사용인인 위 피의자 乙이 위와 같은 위반행위를 하였다.

[기재례2] 불법야적

> 피의자는 ○○에서 주식회사 ○○환경이라는 상호로 폐기물 중간처리업, 폐기물 수집 및 산업용 건설자재생산업 등에 종사하는 자다. 건설폐기물을 수집 · 운반하는 자는 건설폐기물을 수집 · 운반하는 차량에 건설폐기물을 수집 · 운반하는 차량임을 표시하고 수집 · 운반증을 부착하여야 하고, 건설폐기물을 적정하게 처리 보관할 수 있는 장소 외의 장소로 운반하지 아니하여야 한다.
> 그럼에도 불구하고 피의자는 20○○. 6. 6. ○○에 있는 ○○지구 배수성 포장공사' 현장에서 ○○호 등 덤프트럭 3대를 운행 폐아스콘을 운반하면서 "폐기물수집 · 운반증 (임시차량)을 부착하지 아니하고 폐아스콘을 적재 인근 도로상 주차장에 ○○여 톤을 불법으로 야적하여 처리기준을 위반하였다.

3) 신문사항

- 폐기물처리업을 하고 있는가
- 어떤 종류의 폐기물처리업인가
- 영업허가를 받았는가
- 언제 누구로부터 받았는가
- 사업 규모는 어느 정도인가
- 허가 받은 장소 이외에 폐기물을 매립한 일이 있는가
- 언제 어떤 폐기물을 매립하였나
- 어디에 매립하였나
- 무엇 때문에 그곳에 매립하게 되었나

✽ 건설폐기물의재활용촉진에관한법률 제63조 제1호, 제13조 제1항

■ 판례 ■ **폐기물관리법에서 규정한 '법에 의하여 허가를 받은 매립시설'의 범위**

구 폐기물관리법(2002. 1. 26. 법률 제6627호로 개정되기 전의 것) 제7조 제2항에서 '법에 의하여 허가를 받은 매립시설'이라 함은 허가권자로부터 허가를 받은 위치 및 면적, 규모, 형태의 당해 시설을 의미하는 것이므로, 허가를 받은 매립시설이라도 변경허가를 받음이 없이 제방을 증·개축하거나 기타의 방법으로 매립면적을 확장하여 매립용량을 증가시켰다면, 그 확장된 부분은 위 법조항에서 말하는 적법한 매립시설에 포함될 수 없다 할 것이다. 그리고 폐기물 처리업자가 허가 없이 제방을 증개축하는 등의 방법으로 매립면적을 불법 확장하여 매립용량을 증가시키는 행위를 한 경우에는 그 행정절차 위반 자체를 이유로 법 제60조 제4호에 의하여 처벌되는 것이 당연하고, 그와 같은 행위를 한 자가 더 나아가 그 확장된 부분 즉 허가받은 매립시설 외의 곳에 폐기물을 매립한 경우에는 법 제60조 제4호에 의해 처벌되는 죄 외에 법 제58조의 2에 의해 처벌되는 죄도 성립되어 양죄가 실체적 경합관계에 있는 것으로 보아야 할 것이다(대법원 2006.1.26. 선고 2005도7281).

■ 판례 ■ **폐기물중간처리업자가 자신이 경영하는 공장 옆 부지에 수거한 오니를 적치하고 그 위에 흙을 덮은 후 나무를 심은 행위가 폐기물관리법상 금지되는 '매립'에 해당하는지 여부**

폐기물중간처리업자가 자신이 경영하는 공장 옆 부지에 수거한 오니를 적치하고 그 위에 흙을 덮은 후 나무를 심은 행위는 폐기물관리법상 금지되는 '매립'에 해당한다(대법원 2003.2.28. 선고 2002도6081 판결).

2. 폐기물의 처리기준 위반

1) 적용법조 : 제66조 제1호, 제13조 제1항 ☞ 공소시효 5년

> 제13조(폐기물의 처리 기준 등) ① 누구든지 폐기물을 처리하려는 자는 대통령령으로 정하는 기준과 방법을 따라야 한다. 다만, 제3조의2에 따른 폐기물의 재활용 원칙 및 준수사항에 따라 재활용을 하기 쉬운 상태로 만든 폐기물(이하 "중간가공 폐기물"이라 한다)에 대하여는 완화된 처리기준과 방법을 대통령령으로 따로 정할 수 있다.

2) 범죄사실 기재례 [폐기물의 매립]

> 건설폐지류를 성토재·보조기층재·도로기층재 또는 복토재로 재활용하고자 하는 경우에는 그 최대직경이 100㎜ 이하가 되도록 하여야 한다.
> 그럼에도 불구하고 피의자는 20○○. ○. ○.경 ○○에 있는 고삼제1가도교 공사현장에서 공사구간 내 기존구조물을 철거하면서 발생한 폐기물인 폐아스콘과 폐콘크리트 등 혼합물 약 ○○톤을 성토용으로 재활용하면서 그 최대지름이 100㎜ 이상 된 상태로 매립한 것을 비롯하여 20○○. ○. ○.경 ○○에 있는 고삼교 공사현장에서 폐아스콘과 폐콘크리트 등 혼합물 약 ○○톤 등 합계 약 ○○톤을 같은 방법으로 매립하였다.

■ **판례** ■ 원심이 환경관련 법령이 규정하고 있는 오염물질 등의 배출 여부 및 성토용으로 재활용한 건설폐재류가 폐기물관리법 시행규칙이 규정하고 있는 기준에 위반하여 처리되었는지 여부 등을 구체적으로 심리하지 아니한 채 폐기물관리법위반의 공소사실을 유죄로 인정한 경우

[1] 폐기물관리법 제61조 제1호 위반행위로 처벌하기 위한 요건

환경정책기본법은 제3조 제3호에서 '환경오염'이라 함은 사업 활동 기타 사람의 활동에 따라 발생하는 대기오염, 수질오염, 토양오염, 해양오염, 방사능오염, 소음·진동, 악취, 일조방해 등으로서 사람의 건강이나 환경에 피해를 주는 상태를 말한다고 규정하는 한편, 제10조에서 정부는 국민의 건강을 보호하고 쾌적한 환경을 조성하기 위하여 환경기준을 설정하여야 하고 그 환경기준은 대통령령으로 정한다고 규정하고 있고, 그 위임을 받은 법 시행령 [별표 1] '환경기준'에서 대기, 소음, 수질의 항목별 기준을 규정하고 있으며, 대기환경보전법, 수질환경보전법, 토양환경보전법, 해양오염방지법 및 각 시행규칙 등에서는 대기, 수질, 토양, 해양 등의 오염물질을 구체적으로 규정하고 있으므로, 폐기물을 그 보관·처리 등의 기준 및 방법에 위반하여 보관·처리함으로써 주변 환경을 오염시켰다고 인정하여 폐기물관리법 제61조 제1호 위반행위로 처벌하기 위하여는, 폐기물의 보관·처리 등 기준 및 방법에 위반한 보관·처리행위로 인하여 위와 같은 환경관련 법령이 규정하고 있는 오염물질이 배출되거나 그로 인하여 사람의 건강이나 환경에 피해를 주는 정도에 이르러야 할 것이고, 이에 이르지 못한 경우라면 폐기물관리법 제63조 제1항 제1호에 의하여 과태료에 처할 수 있을 뿐 제61조 제1호에 의하여 처벌할 수는 없다.

[2] 위의 경우 원심의 조치가 위법한지 여부(적극)

환경관련 법령이 규정하고 있는 오염물질 등의 배출 여부 등을 심리하지 아니한 채 폐목재 방치로 인한 폐기물관리법위반의 공소사실을 유죄로 인정한 원심의 조치 및 성토용으로 재활용한 건설폐재류가 폐기물관리법 시행규칙이 규정하고 있는 기준에 위반하여 처리되었는지 여부 등을 구체적으로 심리하지 아니한 채 건설폐재류 매립으로 인한 폐기물관리법위반의 공소사실을 유죄로 인정한 원심의 조치는 위법하다(대법원 2005.12.8. 선고 2004도4150 판결).

3. 사업장폐기물을 처리업자 외의 자에게 위탁처리

1) 적용법조 : 제65조 제11호, 제18조 제1항 ☞ 공소시효 5년

제18조(사업장폐기물의 처리) ① 사업장폐기물배출자는 그의 사업장에서 발생하는 폐기물을 스스로 처리하거나 제25조제3항에 따른 폐기물처리업의 허가를 받은 자, 폐기물처리 신고자, 제4조나 제5조에 따른 폐기물처리시설을 설치·운영하는 자, 「건설폐기물의 재활용촉진에 관한 법률」 제21조에 따라 건설폐기물 처리업의 허가를 받은 자 또는 「해양폐기물 및 해양오염퇴적물 관리법」 제19조제1항제1호에 따라 폐기물 해양 배출업의 등록을 한 자에게 위탁하여 처리하여야 한다.

2) 범죄사실 기재례

피의자는 ○○에서 플라스틱제품의 제조업 등을 하는 "일등프라스틱"을 경영하는 사람이다. 사업장폐기물배출자는 사업장에서 발생하는 사업장폐기물을 스스로 처리하거나 허가받은 처리업자에게 위탁하여 처리하여야 한다.

그럼에도 불구하고 피의자는 20○○. ○. ○. 경부터 20○○. ○. ○.경까지 사이에 공장에서 발생한 사업장폐기물 중 폐비닐과 폐플라스틱 등 폐합성수지류 약 50톤을 허가받지 아니하고 폐기물처리업을 영위하는 (주)경호폐기물처리에 위탁하여 위 회사로 하여금 처리하게 하였다.

3) 신문사항

- 어떤 영업을 하고 있는가
- 사업 규모는 어느 정도인가
- 사업장 폐기물이 발생하는가
- 그 폐기물이 어느 정도인가(1일 평균 또는 월 평균)
- 그 폐기물 처리를 어떻게 하고 있는가
- (주)경호폐기물처리회사가 폐기물 처리업 허가를 받은 곳인가
- 왜 허가없는 회사에 처리를 위탁하였나

4. 무허가 폐기물처리업 영위

1) 적용법조 : 제64조 제5호, 제25조 제3항 ☞ 공소시효 7년

> 제25조(폐기물처리업) ① 폐기물의 수집·운반, 재활용 또는 처분을 업(이하 "폐기물처리업"이라 한다)으로 하려는 자(음식물류 폐기물을 제외한 생활폐기물을 재활용하려는 자와 폐기물처리 신고자는 제외한다)는 환경부령으로 정하는 바에 따라 지정폐기물을 대상으로 하는 경우에는 폐기물 처리 사업계획서를 환경부장관에게 제출하고, 그 밖의 폐기물을 대상으로 하는 경우에는 시·도지사에게 제출하여야 한다. 환경부령으로 정하는 중요 사항을 변경하려는 때에도 또한 같다.
> ② 환경부장관이나 시·도지사는 제1항에 따라 제출된 폐기물 처리사업계획서를 다음 각 호의 사항에 관하여 검토한 후 그 적합 여부를 폐기물처리사업계획서를 제출한 자에게 통보하여야 한다.
> 　1. 폐기물처리업 허가를 받으려는 자(법인의 경우에는 임원을 포함한다)가 제26조에 따른 결격사유에 해당하는지 여부
> 　2. 폐기물처리시설의 입지 등이 다른 법률에 저촉되는지 여부
> 　3. 폐기물처리사업계획서상의 시설·장비와 기술능력이 제3항에 따른 허가기준에 맞는지 여부
> 　4. 폐기물처리시설의 설치·운영으로 「수도법」 제7조에 따른 상수원보호구역의 수질이 악화되거나 「환경정책기본법」 제12조에 따른 환경기준의 유지가 곤란하게 되는 등 사람의 건강이나 주변 환경에 영향을 미치는지 여부
> ③ 제2항에 따라 적합통보를 받은 자는 그 통보를 받은 날부터 2년(제5항제1호에 따른 폐기물 수집·운반업의 경우에는 6개월, 폐기물처리업 중 소각시설과 매립시설의 설치가 필요한 경우에는 3년) 이내에 환경부령으로 정하는 기준에 따른 시설·장비 및 기술능력을 갖추어 업종, 영업대상 폐기물 및 처리분야별로 지정폐기물을 대상으로 하는 경우에는 환경부장관의, 그 밖의 폐기물을 대상으로 하는 경우에는 시·도지사의 허가를 받아야 한다. 이 경우 환경부장관 또는 시·도지사는 제2항에 따라 적합통보를 받은 자가 그 적합통보를 받은 사업계획에 따라 시설·장비 및 기술인력 등의 요건을 갖추어 허가신청을 한 때에는 지체 없이 허가하여야 한다.

2) 범죄사실 기재례

> 피의자는 ○○에서 ○○에 종사하는 사람으로서 관할관청의 허가 없이, 20○○. 1. 20.경부터 20○○. ○. ○.경까지 피의자 경영의 위 사업장에서 약 ○○톤의 ○○폐기물을 수거하여 소각처리하는 폐기물처리업을 영위하였다.

3) 신문사항

- 어떤 영업을 하고 있는가
- 사업 규모는 어느 정도인가
- 사업장 폐기물이 발생하는가
- 그 폐기물이 어느 정도인가(1일 평균 또는 월 평균)
- 그 폐기물 처리를 어떻게 하고 있는가
- (주)경호폐기물처리회사가 폐기물 처리업 허가를 받은 곳인가
- 왜 허가없는 회사에 처리를 위탁하였나

■ 판례 ■　폐기물중간처리업 허가를 받은 자가 그 전문처리분야인 폐기물의 재활용처리는 하지 않고 폐기물중간처리방법 중의 하나인 소각처리만을 한 것이 무허가로 폐기물처리업을 한 경우에 해당하는지 여부(소극)

폐기물중간처리업 허가를 받은 피고인이 그 전문처리분야인 폐기물의 재활용처리는 하지 않고 폐기물중간처리방법 중의 하나인 소각처리만을 하였다고 하여 이를 폐기물관리법 제59조 제1호 소정의 허가를 받지 않고 폐기물처리업을 한 경우에 해당한다고 볼 수는 없다(2004.10.28. 선고 2004도1529 판결).

■ **판례** ■ **현행 폐기물관리법상 건축폐재류를 건축부지 조성공사장에 공급하여 성토용으로 재활용하게 하는 자가 신설된 폐기물재생처리업의 허가를 요하는지 여부(소극)**

1995.8.4. 개정된 폐기물관리법은 제26조 제2항 제4호에서 폐기물재생처리업을 허가대상인 폐기물처리업의 하나로 신설하였고, 구법 제31조 제1항에 해당하는 신법 제44조의2 제1항은 신고대상을 "다른 사람의 폐기물로서 환경부령이 정하는 폐기물을 원료·재료·연료 등으로 재생처리(재생처리를 목적으로 하는 수집·운반을 포함한다)하고자 하는 자"로 제한하여 규정하게 됨에 따라 폐기물재생처리를 하고자 하는 자는 경우에 따라서 허가를 받거나 신고를 하여야 하고, 재활용도 중간처리를 거치는 재생처리로 개정되었고, 한편 같은법시행규칙 제46조는 건설폐재류를 지정폐기물이 아닌 폐합성수지, 폐합성섬유 등과 함께 신법 제44조의2 제1항 소정의 재생처리신고대상 폐기물로 규정하고 있는바, 건축폐재류를 건축부지 조성공사장에 공급하여 성토용으로 재활용하게 하는 자에게 필요한 것은 신법 제26조 제2항 소정의 "폐기물최종처리업"의 영업허가가 아니라 원칙적으로 신법 제44조의2의 규정에 따라 환경부령이 정하는 시설·장비를 갖춘 신고가 필요할 뿐이다(대법원 1997.11.28. 선고 97도2031 판결).

■ **판례** ■ **구 폐기물관리법상 폐기물을 재활용하고자 하는 자가 재활용신고 외에 별도로 일반폐기물처리업 허가를 요하는지 여부(소극)**

구 폐기물관리법(1992.12.8. 법률 제4539호로 개정되기 전의 것) 제31조 제1항, 제2항, 제2조 제8호의 규정상 폐기물을 재활용하고자 하는 자는 재활용 대상품목 및 방법을 적법하게 신고하기만 하면 되고, 그 외에 따로 일반폐기물 또는 특정폐기물 처리업자의 자격을 갖추어야 하는 등의 제한은 없으며, 재활용에는 재이용도 포함되므로 재활용을 위하여 반드시 재처리 단계를 거쳐야 하는 것도 아니다. 따라서 피고인이 재활용신고 내용에 따라 기층복토용 또는 매립용으로 제강 슬래그를 공급하여 그 용도에 사용한 것이라면 이는 재활용신고에 따른 재활용으로 적법하고, 재활용신고와는 별도로 일반폐기물처리업 허가를 받을 필요는 없다(대법원 1996.10.17. 선고 94도2865 전원합의체 판결).

■ **판례** ■ **구 폐기물관리법상 폐기물을 무단투기하는 등의 방법으로 처리하는 경우 처리업 허가를 받아야 하는지 여부(적극)**

구 폐기물관리법(1995.8.4. 법률 제4970호로 개정되기 전의 것)의 관계 규정을 종합하여 보면, 일정한 폐기물을 재활용(재활용을 목적으로 하는 수집, 운반 또는 처리를 포함한다)하고자 하는 자는 동법 소정의 신고를 함으로써 충분하고 따로 일반폐기물 또는 특정폐기물의 처리업 허가를 받아야 하는 것이 아니고, 폐기물을 무단투기하는 등의 방법으로 처리하는 등 이를 재활용이라고 볼 수 없는 경우에는 동법에 따른 폐기물 처리업 허가를 받아야 한다(대법원 1996.6.11. 선고 95도3130 판결).

■ **판례** ■ **오염토양의 폐기물 여부**

[1] '오염토양'이 구 폐기물관리법의 규율 대상인 '폐기물'에 해당하는지 여부(소극)

구 폐기물관리법(2007. 4. 11. 법률 제8371호로 전부 개정되기 전의 것, 이하 '구 폐기물관리법'이라 한다)과 구 폐기물관리법 시행령(2007. 9. 6. 대통령령 제20244호로 전부 개정되기 전의 것),

건설폐기물의 재활용촉진에 관한 법률과 그 시행령 및 토양환경보전법의 각 규정을 종합하면, 토양은 폐기물 기타 오염물질에 의하여 오염될 수 있는 대상일 뿐 오염토양이라 하여 동산으로서 '물질'인 폐기물에 해당한다고 할 수 없고, 나아가 오염토양은 법령상 절차에 따른 정화 대상이 될 뿐 법령상 금지되거나 그와 배치되는 개념인 투기나 폐기 대상이 된다고 할 수 없다. 따라서 오염토양 자체의 규율에 관하여는 '사람의 생활이나 사업 활동에 필요하지 아니하게 된 물질'의 처리를 목적으로 하는 구 폐기물관리법에서 처리를 위한 별도의 근거 규정을 두고 있지 아니한 이상 구 폐기물관리법의 규정은 성질상 적용될 수 없고, 이는 오염토양이 구 폐기물관리법상의 폐기물이나 구성요소인 오염물질과 섞인 상태로 되어 있다거나 그 부분 오염토양이 정화작업 등의 목적으로 해당 부지에서 반출되어 동산인 '물질'의 상태를 일시 갖추게 되었더라도 마찬가지이다.

[2] 피고인들이 오염된 토사를 처리하면서 구 폐기물관리법에서 정한 폐기물 처리절차를 위반하였다는 내용으로 기소된 사안

'오염토양'이 구 폐기물관리법의 규율 대상인 폐기물로 처리될 수 있는 것을 전제로, 구 폐기물관리법상 지정폐기물에 해당하는 오염물질이 법정기준치 이상 함유되어 있어 오염토양에 해당하는 위 토지가 구 폐기물관리법에 따른 처리 대상이 된다는 이유로 위 공소사실을 유죄로 인정한 원심판단에 적용 법률을 오해한 위법이 있다.(대법원 2011.5.26. 선고, 2008도2907, 판결)

■ **판례** ■ **폐기물처리업 허가를 받은 자'에 이미 허가를 받은 기존의 폐기물처리업을 양수하여 그 권리·의무의 승계를 신고하는 자도 포함되는지 여부**

[1] 폐기물관리법 제64조 제6호에서 정한 '거짓이나 그 밖의 부정한 방법으로 제25조 제3항에 따른 폐기물처리업 허가를 받은 자'에 이미 허가를 받은 기존의 폐기물처리업을 양수하여 그 권리·의무의 승계를 신고하는 자도 포함되는지 여부(소극)

폐기물관리법 제64조 제6호에서 정하고 있는 "거짓이나 그 밖의 부정한 방법으로 제25조 제3항에 따른 폐기물처리업 허가를 받은 자"란 폐기물처리업 허가를 신규 취득하는 과정에서 부정한 방법을 동원한 자만을 가리키는 것이지, 이미 허가를 받은 기존의 폐기물처리업을 양수하여 그 권리·의무의 승계를 신고하는 자까지 포함하는 것이라고 볼 수는 없다.

[2] 피고인이 甲 주식회사로부터 이미 허가받은 기존의 폐기물 종합재활용업을 양수하여 관할 시장에게 그 권리·의무의 승계를 신고하는 방법으로 거짓이나 그 밖의 부정한 방법으로 폐기물처리업 허가를 받았다고 하여 폐기물관리법 위반으로 기소된 사안

피고인은 폐기물처리업 허가를 신규로 취득한 자가 아니라 이미 허가를 받은 기존의 폐기물처리업을 양수하여 그 권리·의무의 승계를 신고한 자에 불과하여 폐기물관리법 제64조 제6호 위반죄로 처벌할 수 없다는 이유로, 이와 달리 폐기물관리법 제25조 제3항의 폐기물처리업 허가를 받은 자에 그 권리·의무를 승계한 양수인도 포함된다고 보아 유죄를 인정한 원심의 판단에 폐기물관리법 제64조 제6호의 해석에 관한 법리를 오해한 잘못이 있다.(대법원 2019. 8. 14. 선고, 2019도3653, 판결)

5. 미승인 폐기물처리시설 설치

1) 적용법조 : 제66조 제11호, 제29조 제2항 ☞ 공소시효 5년

> **제29조(폐기물처리시설의 설치)** ① 폐기물처리시설은 환경부령으로 정하는 기준에 맞게 설치하되, 환경부령으로 정하는 규모 미만의 폐기물 소각 시설을 설치·운영하여서는 아니 된다.
> ② 제25조제3항에 따른 폐기물처리업의 허가를 받았거나 받으려는 자 외의 자가 폐기물처리시설을 설치하려면 환경부장관의 승인을 받아야 한다. 다만, 제1호의 폐기물처리시설을 설치하는 경우는 제외하며, 제2호의 폐기물처리시설을 설치하려면 환경부장관에게 신고하여야 한다.
> 　1. 학교·연구기관 등 환경부령으로 정하는 자가 환경부령으로 정하는 바에 따라 시험·연구목적으로 설치·운영하는 폐기물처리시설
> 　2. 환경부령으로 정하는 규모의 폐기물처리시설
> ③ 제2항의 경우에 승인을 받았거나 신고한 사항 중 환경부령으로 정하는 중요사항을 변경하려면 각각 변경승인을 받거나 변경신고를 하여야 한다.
> ④ 폐기물처리시설을 설치하는 자는 그 설치공사를 끝낸 후 그 시설의 사용을 시작하려면 다음 각 호의 구분에 따라 해당 행정기관의 장에게 신고하여야 한다.
> 　1. 폐기물처리업자가 설치한 폐기물처리시설의 경우 : 제25조제3항에 따른 허가관청
> 　2. 제1호 외의 폐기물처리시설의 경우 : 제29조제2항에 따른 승인관청 또는 신고관청

2) 범죄사실 기재례

> 　폐기물처리업의 허가를 받았거나 받으려는 자 외의 자가 폐기물처리시설을 설치하려면 환경부장관의 승인을 받아야 한다.
> 　그럼에도 불구하고 피의자는 20○○. ○. ○. ○○에 있는 피의자 소유 잡종지 ○○㎡에서 굴착기를 사용하여 깊이 3m 너비 6m 깊이로 파고 그곳에 폐기물을 매립하는 방법으로 1일 평균 10톤의 생활폐기물을 매립하는 폐기물처리장을 설치하였다.

3) 신문사항

- 폐기물처리장을 설치한 일이 있는가
- 언제 어디에 설치하였는가
- 어떤 방법으로 설치하였는가
- 그 규모는 어느 정도인가
- 무엇 때문에 설치하였는가
- 어떤 폐기물을 취급하는가
- 행정기관의 설치승인을 받았는가
- 왜 승인없이 이런 시설을 설치하였는가

■ **판례** ■ 폐기물처리업체가 소각대상 폐기물을 선별하여 일부만을 소각처리업체로 운반·소각 처리하고 나머지는 사설매립장에 매립하는 방법으로 처리한 다음 위 소각처리업체로부터는 물량 전체를 소각 처리한 것처럼 작성하기로 한 폐기물간이인계서

[1] 폐기물관리법 제61조 제3호에 정한 폐기물간이인계서 허위작성죄의 주체

폐기물간이인계서의 허위작성죄는 제25조 제4항의 규정에 의한 폐기물간이인계서의 작성의무가 있는 사람이 그 의무를 위반하여 폐기물간이인계서를 허위로 작성한 경우에 성립하는 것이고, 폐기물간이인계서의 작성의무는 폐기물을 배출·운반 또는 처리할 때에 발생한다고 할 것이므로, 실제로 폐기물을 배출·운반 또는 처리하지 아니하여 폐기물간이인계서를 작성할 의무가 없는 경우라면, 처리비를 편취할 목적으로 마치 폐기물을 배출·운반 또는 처리한 것처럼 폐기물간이인계서를 허위로 작성하였다고 하더라도 위 허위작성죄는 성립하지 않는다고 할 것이다.

[2] 위 폐기물간이인계서가 허위 내용의 폐기물간이인계서에 해당하는지 여부(적극)

폐기물처리업체가 소각대상 폐기물을 선별하여 일부만을 소각처리업체로 운반·소각 처리하고 나머지는 사설매립장에 매립하는 방법으로 처리한 다음 위 소각처리업체로부터는 물량 전체를 소각 처리한 것처럼 작성하기로 한 폐기물간이인계서는 허위 내용의 폐기물간이인계서에 해당한다(대법원 2006.5.25. 선고 2006도641 판결).

6. 신고없이 폐기물 재활용

1) 적용법조 : 제66조 제2호, 제46조 제1항 ☞ 공소시효 5년

제46조(폐기물 처리 신고) ① 다음 각 호의 어느 하나에 해당하는 자는 환경부령으로 정하는 기준에 따른 시설·장비를 갖추어 시·도지사에게 신고하여야 한다.
  1. 동·식물성 잔재물 등의 폐기물을 자신의 농경지에 퇴비로 사용하는 등의 방법으로 재활용하는 자로서 환경부령으로 정하는 자
  2. 폐지, 고철 등 환경부령으로 정하는 폐기물을 수집·운반하거나 환경부령으로 정하는 방법으로 재활용하는 자로서 사업장 규모 등이 환경부령으로 정하는 기준에 해당하는 자
  3. 폐타이어, 폐가전제품 등 환경부령으로 정하는 폐기물을 수집·운반하는 자

---

2) 범죄사실 기재례

> 　사업장폐기물을 재활용하려면 ○○도지사에게 그 대상품목 및 방법 등을 신고하여야 한다.
> 　그럼에도 불구하고 피의자는 20○○. ○. 초순경부터 20○○. ○. ○.까지의 사이에 ○○에 있는 ○○공장에서 신고없이 홍길동으로부터 드럼당 ○○만원에 구입한 폐유 20톤을 위 공장의 화로를 가열하는 연료로 사용함으로써 사업장폐기물을 재활용하였다.

3) 신문사항

  - 피의자는 어디서 어떠한 일을 하고 있는가
  - 위 회사는 어떠한 회사인가(업종, 생산품목 등)
  - 사업장 폐기물을 재활용한 일이 있는가

- 어떠한 폐기물을 재활용하였나
- 이러한 폐유는 언제부터 누구에게 어떠한 방법으로 구입하였나
- 어떠한 방법으로 재활용하였는가
- 언제부터 언제까지 어느 정도의 폐유를 재활용하였나
- 이러한 폐유 재활용에 대해 도지사에게 신고를 하였나
- 왜 신고를 하지 않고 재활용하였나

■ 판례 ■   폐기물처리업체가 소각대상 폐기물을 선별하여 일부만을 소각처리업체로 운반 · 소각 처리하고 나머지는 사설매립장에 매립하는 방법으로 처리한 다음 위 소각처리업체로부터는 물량 전체를 소각 처리한 것처럼 작성하기로 한 경우

[1] 폐기물관리법 제61조 제3호에 정한 폐기물간이인계서 허위작성죄의 주체

폐기물간이인계서의 허위작성죄는 제25조 제4항의 규정에 의한 폐기물간이인계서의 작성의무가 있는 사람이 그 의무를 위반하여 폐기물간이인계서를 허위로 작성한 경우에 성립하는 것이고, 폐기물간이인계서의 작성의무는 폐기물을 배출 · 운반 또는 처리할 때에 발생한다고 할 것이므로, 실제로 폐기물을 배출 · 운반 또는 처리하지 아니하여 폐기물간이인계서를 작성할 의무가 없는 경우라면, 처리비를 편취할 목적으로 마치 폐기물을 배출 · 운반 또는 처리한 것처럼 폐기물간이인계서를 허위로 작성하였다고 하더라도 위 허위작성죄는 성립하지 않는다고 할 것이다.

[2] 위 폐기물간이인계서가 허위 내용의 폐기물간이인계서에 해당하는지 여부(적극)

폐기물처리업체가 소각대상 폐기물을 선별하여 일부만을 소각처리업체로 운반 · 소각 처리하고 나머지는 사설매립장에 매립하는 방법으로 처리한 다음 위 소각처리업체로부터는 물량 전체를 소각 처리한 것처럼 작성하기로 한 폐기물간이인계서는 허위 내용의 폐기물간이인계서에 해당한다(대법원 2006.5.25. 선고 2006도641 판결).

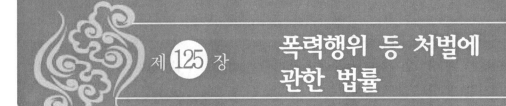

제 125 장 폭력행위 등 처벌에 관한 법률

I. 벌칙 및 특별법

1. 벌 칙

제2조(폭행등)	제3조(집단적 폭행등)
제4조(단체등의 구성 · 활동)	제5조(단체등의 이용 · 지원)
제6조(미수범)	제7조(우범자)
제8조(정당방위등)	제9조(사법경찰관리의 직무유기)
제10조(사법경찰관리의 행정적 책임)	

2. 특별법 (성매매알선등행위의처벌에관한법률)

제22조(범죄단체의 가중처벌) 제18조 또는 제19조에 규정된 범죄를 목적으로 단체 또는 집단을 구성하거나 그러한 단체 또는 집단에 가입한 자는 폭력행위등처벌에관한법률 제4조의 예에 의하여 처벌한다.

II. 범죄사실

1. 2인 이상 폭행 등

제2조(폭행 등) ① 삭제 〈2016.1.6.〉
② 2명 이상이 공동하여 다음 각 호의 죄를 범한 사람은 「형법」 각 해당 조항에서 정한 형의 2분의 1까지 가중한다.
  1. 「형법」 제260조제1항(폭행), 제283조제1항(협박), 제319조(주거침입, 퇴거불응) 또는 제366조(재물손괴 등)의 죄
  2. 「형법」 제260조제2항(존속폭행), 제276조제1항(체포, 감금), 제283조제2항(존속협박) 또는 제324조제1항(강요)의 죄
  3. 「형법」 제257조제1항(상해)·제2항(존속상해), 제276조제2항(존속체포, 존속감금) 또는 제350조(공갈)의 죄
③ 이 법(「형법」 각 해당 조항 및 각 해당 조항의 상습범, 특수범, 상습특수범, 각 해당 조항의 상습범의 미수범, 특수범의 미수범, 상습특수범의 미수범을 포함한다)을 위반하여 2회 이상 징역형을 받은 사람이 다시 제2항 각 호에 규정된 죄를 범하여 누범(累犯)으로 처벌할 경우에는 다음 각 호의 구분에 따라 가중처벌한다.
  1. 제2항제1호에 규정된 죄를 범한 사람: 7년 이하의 징역
  2. 제2항제2호에 규정된 죄를 범한 사람: 1년 이상 12년 이하의 징역
  3. 제2항제3호에 규정된 죄를 범한 사람: 2년 이상 20년 이하의 징역
④ 제2항과 제3항의 경우에는 「형법」 제260조제3항 및 제283조제3항을 적용하지 아니한다.

가. 법조해석

1) 본 법의 적용을 받는 형법상의 범죄

- 상해, 폭행, 체포·감금, 협박, 주거침입·퇴거불응, 강요, 공갈, 재물손괴 등 8개 범죄

2) "2인 이상 공동하여"

- 여러 사람이 동일 장소에서 동일 기회에 상호 다른 자의 범행을 인식하고 이를 이용하여 범행을 하는 경우를 말한다.
- 여기서 공동이란 시간적·장소적 협동을 의미한다. 2인 이상의 공동의 경우를 무겁게 벌하는 이유는 2인 이상이 공동하여 범하는 때에는 일반에 대한 위험성이 커지고, 집단범죄가 되어 피해자에 대한 구체적 위험도 증가한다는데 있다.

■ 판례 ■ '2인 이상이 공동하여 죄를 범한 때'의 의미

폭력행위등처벌에관한법률 제2조 제2항의 '2인 이상이 공동하여 제1항의 죄를 범한 때'라고 함은 그 수인간에 소위 공범관계가 존재하는 것을 요건으로 하고, 수인이 동일 장소에서 동일 기회에 상호 다른 자의 범행을 인식하고 이를 이용하여 범행을 한 경우임을 요한다(대법원 1998.3.10. 선고 98도70 판결).

■ 판례 ■ 부실공사 관련 기사에 대한 해당 업체의 반박광고가 있음에도 반복 기사가 나간 상태에서, 그 신문사 사주 및 광고국장이 그 업체 대표이사에게 감정이 격앙되어 있는 기자들의 분위기를 전하는 방식으로 자사 신문에 사과광고를 게재토록 하면서 과다 광고료를 받은 경우

신문사 사주 및 광고국장 사이에 광고료 갈취에 대한 사전모의는 없었으나 암묵적인 의사연락에 의한 공범관계가 존재하고, 동일 장소에서 동일 기회에 상호 다른 자의 범행을 인식하고 이를 이용한 경우에 해당하므로, 신문사 사주 및 광고국장의 행위는 폭력행위등처벌에관한법률 제2조 제2항의 "2인 이상이 공동하여 공갈죄를 범한 때"에 해당한다(대법원 1997.2.14. 선고 96도1959 판결).

3) 제4항

- 형법상의 단순폭행, 단순협박죄가 피해자의 명시한 의사에 반하여 기소할 수 없는 반의사불벌죄인데 대한 특별규정이라고 하겠다.

■ 판례 ■ 흉기를 휴대하여 저지른 폭력행위의 범행이 흉기 등을 휴대하지 않은 폭력행위의 범행과 사이에 폭력행위등처벌에관한법률 제2조 제1항 소정의 상습폭력죄의 포괄일죄의 관계에 있는지 여부(소극)

상습적으로 흉기 또는 위험한 물건을 휴대하여 폭력행위등처벌에관한법률 제2조 제1항에 열거된 죄를 범한 자에 대하여는 같은 법 제3조 제3항에서 무기 또는 7년 이상의 징역에 처하도록 별도로 규정하고 있으므로, 흉기를 휴대하여 저지른 원심 판시 폭력행위의 각 범행이 흉기 등을 휴대하지 않은 범행들로서 원심에서 면소가 선고된 원심 판시 각 공소사실과 사이에 같은 법 제2조 제1항 소정의 상습폭력죄의 포괄일죄의 관계에 있는 것으로 볼 수는 없다(대법원 2001.11.30. 선고 2001도5657 판결).

나. 범죄사실 기재

[기재례1] 2인이 1인을 폭행한 경우

1) **적용법조** : 제2조 제2항 제1호, 형법 제260조 제1항 ☞ 공소시효 10년

2) **범죄사실 기재례**

> 피의자들은 20○○. ○. ○. 21 : 00경 ○○에 있는 ○○커피숍에서 화장실을 가기 위하여 밖으로 나온 피의자 丙과 때마침 위 회장실에서 나오던 피해자 홍길동이 째려보았다는 이유로 말다툼을 하다가 위 피의자 丙은 피해자 얼굴 부위를 손바닥으로 1회 때리고 이에 가세하여 피의자 甲은 피해자의 멱살을 잡고 피의자 乙은 주먹으로 피해자의 가슴 부위를 2~3회가량 때렸다.
> 이로써 피의자들은 공동하여 피해자 홍길동을 폭행하였다.

[기재례2] 2인 이상 공갈

1) **적용법조** : 제2조 제2항 제3호, 형법 제350조 ☞ 공소시효 10년

2) **범죄사실 기재례**

> 피의자들은 20○○. 11. 5. 10:00경 ○○에 있는 "쇼파모텔"에서 피해자 정주리(36세, 여)가 내연 남자의 차를 타고 나오는 것을 발견 불륜관계로 판단 피의자 甲이 운전하는 (차량번호)를 이용하여 동 차량을 미행하여 피해자가 집으로 들어가는 것을 확인하고 甲이 우편함에서 전화 요금청구서 1부를 절취하여 피해자의 집 전화번호를 알아낸 후, 피의자 乙이 공중전화를 이용 10여 회에 걸쳐 피해자에게 불륜 사실을 폭로하겠다고 겁을 주었다.
> 피의자들은 이처럼 공동하여 피해자를 공갈하여 이에 겁을 먹은 피해자로부터 20○○. ○. ○. ○○에서 돈 ○○만원을 교부받았다.

2. 집단적 폭행 등

제3조(집단적 폭행 등) ① 삭제 〈2016.1.6.〉 ② 삭제 〈2006.3.24.〉
③ 삭제 〈2016.1.6.〉
④ 이 법(「형법」 각 해당 조항 및 각 해당 조항의 상습범, 특수범, 상습특수범, 각 해당 조항의 상습범의 미수범, 특수범의 미수범, 상습특수범의 미수범을 포함한다)을 위반하여 2회 이상 징역형을 받은 사람이 다시 다음 각 호의 죄를 범하여 누범으로 처벌할 경우에는 다음 각 호의 구분에 따라 가중처벌한다.
  1. 「형법」 제261조(특수폭행)(제260조제1항의 죄를 범한 경우에 한정한다), 제284조(특수협박)(제283조제1항의 죄를 범한 경우에 한정한다), 제320조(특수주거침입) 또는 제369조제1항(특수손괴)의 죄: 1년 이상 12년 이하의 징역
  2. 「형법」 제261조(특수폭행)(제260조제2항의 죄를 범한 경우에 한정한다), 제278조(특수체포, 특수감금)(제276조제1항의 죄를 범한 경우에 한정한다), 제284조(특수협박)(제283조제2항의 죄를 범한 경우에 한정한다) 또는 제324조제2항(강요)의 죄: 2년 이상 20년 이하의 징역
  3. 「형법」 제258조의2제1항(특수상해), 제278조(특수체포, 특수감금)(제276조제2항의 죄를 범한 경우에 한정한다) 또는 제350조의2(특수공갈)의 죄: 3년 이상 25년 이하의 징역

※ 형 법
제258조의2(특수상해) ① 단체 또는 다중의 위력을 보이거나 위험한 물건을 휴대하여 제257조제1항 또는 제2항의 죄를 범한 때에는 1년 이상 10년 이하의 징역에 처한다.
② 단체 또는 다중의 위력을 보이거나 위험한 물건을 휴대하여 제258조의 죄를 범한 때에는 2년 이상 20년 이하의 징역에 처한다.
③ 제1항의 미수범은 처벌한다.

가. 법조해석

1) "단체"

– 공동목적을 가진 다수인의 계속적 조직적인 결합체를 말한다. 공동목적은 반드시 불법할 것을 요하지 않는다. 따라서 범죄를 목적으로 하는 불법단체 뿐만 아니라 법인, 노동조합, 정당 기타 사회단체도 여기에 포함된다.

– 단체의 구성원은 그 위력을 보일 정도로 다수인 이어야 한다. 단체의 구성원이 같은 곳에 집결되어 있을 필요는 없다. 소집 또는 연락에 의하여 집합할 가능성이 있으면 족하다. 일시적으로 시위를 할 목적으로 조직된 결합체도 단체에 해당된다는 견해가 있으나, 단체는 어느 정도의 계속성을 가질 것을 요하므로 이러한 경우는 다중에 해당된다고 할 것이다.

2) "다중"

– 단체를 이루지 못한 다수인의 집합을 말한다. 집합자 사이에 공동목적이 있거나, 계속적인 조직체로 구성되어 있음을 요하지 않는다. 다만 일시적 결합체인 경우에는 다수인이 같은 곳에 집결되어 있을 것이 요구된다 하겠다.

– 구성원의 수에는 제한이 없으며, 소요죄에 있어서와 같이 일정한 지방의 평온을 해할 정도에 이를 필요도 없다. 집단적 위력을 보일 수 있는 정도면 족하다.

3) "위력"

- 사람의 의사를 제압함에 족한 세력을 말한다. 위력은 유형력에 의하든 무형력에 의하든 묻지 않는다. "위력으로써"라 함은 실제로 존재하는 단체 또는 다중을 이용하는 것도 포함된다고 하겠다. 이 점이 형법 제261조의 특수폭행죄에서의 "위력을 보이거나"라는 것과 다른 점이다.
- 본 법은 형법상의 특수폭행죄의 경우와는 달리 존재하지 않는 단체나 다중을 가장하여 행위 하는 것도 동일하게 처벌한다.

■ 판례   '다중의 위력'의 의미

폭력행위 등 처벌에 관한 법률 제3조 제1항 소정의 '다중'이라 함은 단체를 이루지 못한 다수인의 집합을 말하는 것으로, 이는 결국 집단적 위력을 보일 정도의 다수 혹은 그에 의해 압력을 느끼게 해 불안을 줄 정도의 다수를 의미한다 할 것이고, 다중의 '위력'이라 함은 다중의 형태로 집결한 다수 인원으로 사람의 의사를 제압하기에 족한 세력을 지칭하는 것으로서 그 인원수가 다수에 해당하는가는 행위 당시의 여러 사정을 참작하여 결정하여야 할 것이며, 이 경우 상대방의 의사가 현실적으로 제압될 것을 요하지는 않는다고 할 것이지만 상대방의 의사를 제압할 만한 세력을 인식시킬 정도는 되어야 한다(대법원 2006.2.10. 선고 2005도174 판결).

■ 판례   폭력행위등처벌에관한법률위반 사건의 피해자가 제1심판결 선고 후에 처벌을 희망하지 아니하는 의사표시를 한 경우

[1] 폭력행위등처벌에관한법률 제3조 제1항을 적용하기 위하여는 그 범죄로 인하여 사회질서를 문란하게 하거나 사회적 불안을 조성하는 것을 요건으로 하는지 여부(소극)

현행 폭력행위등처벌에관한법률 제1조는 '이 법은 집단적, 상습적 또는 야간에 폭력행위 등을 자행하는 자 등을 처벌함을 목적으로 한다.'고 규정하고 있으므로, 같은 법 제2조 제2항의 규정은 같은 조 제1항에 열거된 죄의 하나를 야간에 범하거나 또는 2인 이상이 공동으로 범한 경우에 적용되고, 또한 같은 법 제3조 제1항은 단체나 다중의 위력으로써 또는 단체나 집단을 가장하여 위력을 보임으로써 또는 흉기 기타 위험한 물건을 휴대하고 같은 법 제2조 제1항에 열거된 죄의 하나를 범한 경우에 적용되는바, 위와 같은 범죄로 인하여 사회질서를 문란하게 하거나 사회적 불안을 조성하는 것은 그 요건이 아니다.

[2] 폭력행위등처벌에관한법률위반 사건의 피해자가 제1심판결 선고 후에 한 처벌을 희망하지 아니하는 의사표시가 효력을 갖는지 여부(소극)

형사소송법 제232조 제3항, 제1항의 규정에 의하면, 피해자의 명시한 의사에 반하여 죄를 논할 수 없는 사건에서 처벌을 희망하는 의사표시의 철회 또는 처벌을 희망하지 아니하는 의사표시는 제1심판결 선고 시까지 할 수 있는 것이고, 그 후의 의사표시는 효력이 없다(대법원 2000.9.29. 선고 2000도2953 판결).

4) "흉기"

- 사람의 살상이나 재물의 손괴를 목적으로 제작되고 또 그 목적을 달성하는데 적합한 물건을 의미한다.

5) "위험한 물건"

- 그 제조의 목적을 불문하고 그 물건의 객관적 성질과 사용방법에 따라서는 사람을 살상할 수 있는 물건을 말한다. 위험한 물건이냐의 여부를 결정함에 있어서는 물건의 객관적 성질만을 기준으로 할 것이 아니라, 물건의 성질과 그 사용방법을 종합하여 구체적인 경우에 사회통념에 따라 판단하여야 한다.
- 반드시 기계적으로 작용하는 물건임을 요하지 않고 화학물질이나 동물도 포함된다.
- 대법원 은 면도칼, 안전면도용 칼날, 파리약 유리병, 마요네스병, 드라이버, 쪽가위도 위험한 물건에 해당한다고 하고 있다.

6) "휴대한다"

- 소지 즉 몸에 지니는 것을 의미한다. 반드시 범행 이전부터 몸에 지니고 있어야 할 것을 요하지 않고 범행현장에서 이를 소지하는 경우도 포함한다.
- 판례도 "반드시 몸에 지니고 다닌다는 것만을 뜻한다고 할 수 없고 범행현장에서 범행에 사용할 의도 아래 이를 소지하거나 몸에 지니는 경우도 포함한다"고 판시하고 있다.

■ 판례 ■ **범행 현장에서 범행에 사용하려는 의도로 흉기 등 위험한 물건을 소지하거나 몸에 지닌 경우, 피해자가 이를 인식하지 못하였거나 실제 범행에 사용하지 아니더라도 폭력행위 등 처벌에 관한 법률 제3조 제1항에 정한 '휴대'에 해당하는지 여부(적극)**

폭력행위 등 처벌에 관한 법률의 목적과 그 제3조 제1항의 규정 취지에 비추어 보면, 같은 법 제3조 제1항 소정의 '흉기 기타 위험한 물건을 휴대하여 그 죄를 범한 자'란 범행현장에서 '사용하려는 의도' 아래 흉기 기타 위험한 물건을 소지하거나 몸에 지니는 경우를 가리키는 것이고 (대법원 1990.4.24. 선고 90도401 판결 참조), 그 범행과는 전혀 무관하게 우연히 이를 소지하게 된 경우까지를 포함하는 것은 아니라 할 것이나, 범행 현장에서 범행에 사용하려는 의도 아래 흉기 등 위험한 물건을 소지하거나 몸에 지닌 이상 그 사실을 피해자가 인식하거나 실제로 범행에 사용하였을 것까지 요구되는 것은 아니라 할 것이다(대법원 2007.3.30. 선고 2007도914 판결).

■ 판례 ■ **'위험한 물건' 및 '휴대'의 의미**

폭력행위등처벌에관한법률 제3조 제1항에 있어서 '위험한 물건'이라 함은 흉기는 아니라고 하더라도 널리 사람의 생명, 신체에 해를 가하는 데 사용할 수 있는 일체의 물건을 포함한다고 풀이할 것이므로, 본래 살상용·파괴용으로 만들어진 것뿐만 아니라 다른 목적으로 만들어진 칼, 가위, 유리병, 각종 공구, 자동차 등은 물론 화학약품 또는 사주된 동물 등도 그것이 사람의 생명·신체에 해를 가하는 데 사용되었다면 본조의 '위험한 물건'이라 할 것이며, 한편 이러한 물건을 '휴대하여'라는 말은 소지뿐만 아니라 널리 이용한다는 뜻도 포함하고 있다(대법원 2002.9.6. 선고 2002도2812 판결).

나. 범죄사실 기재

[기재례1] 흉기 등을 소지하고 폭행

1) 적용법조 : 제3조 제4항 제1호, 형법 제261조 ☞ 공소시효 10년

2) 범죄사실 기재례

> 피의자는 20○○. ○. ○. ○○법원에서 폭력행위등처벌에관한법률위반으로 징역 1년을 선고받는 등 같은 법 위반으로 모두 3회의 징역형을 선고받은 사실이 있는 사람이다.
>
> 피의자는 20○○. ○. ○. ○○:○○경 ○○에 있는 ○○주점에서 술을 마시던 중 옆 좌석에서 술을 먹고 있던 피해자 홍길동이 일행들과 큰소리로 노래를 부른다는 이유로 위험한 물건인 빈 맥주병(크기)을 집어 들어 위 피해자의 머리부위를 3회 내리쳐 폭행하였다.

[기재례2] 특수존속상해

1) 적용법조 : 제3조 제4항 제3호, 형법 제258조의2, 제257조 제2항 ☞ 공소시효 10년

2) 범죄사실 기재례

> 피의자는 20○○. ○. ○. ○○법원에서 폭력행위등처벌에관한법률위반으로 징역 1년을 선고받는 등 같은 법 위반으로 모두 3회의 징역형을 선고받은 사실이 있는 사람이다.
>
> 피의자는 20○○. 4. 4. 21:00경 ○○에 있는 피의자의 집에서 시어머니인 정혜자와 말다툼을 하다가 시아버지인 피해자 홍사덕(65세)이 시어머니의 편을 들어 나무란다는 이유로 안방에 있던 위험한 물건인 방망이(길이 약 60㎠)를 들고 동인의 어깨 부분을 때려 약 2주간의 치료를 요하는 좌완부좌상 등의 상해를 가하였다.

다. 신문사항

1) 범죄일시와 장소

  − 피의자는 언제 어디에서 싸웠나

2) 범행동기

  − 싸움을 한(상해를 가한)동기는 무엇인가

3) 흉기 등 사용관계

  − 피의자가 사용한 흉기는

  − 흉기는 어디에서 구했나

4) 범행상황

  − 상해를 입힌(싸움) 경위는

- 흉기를 가지고 피해자에게 상해(폭행)을 가한 부위는
- 싸운 후 흉기는 어떻게 하였나

5) 범의
- 피해자를 상해(폭행)함으로서 상해를 입는다고 생각하였나
- 피해자를 상해(폭행)함으로서 사망할지 모른다고 생각해 본 일이 있나

6) 공범관계
- 같이 싸운(폭행) 사람이 있나요. 그 사람은 어디에 사는 누구인가
- 사전에 피해자를 상해(폭행)할 것을 상의하였나
- 상해를 가할 때(싸울 때)의 각자 한 행동은

7) 피해회복
- 피의자가 가한 상처로 인해 피해자가 어디에 어느 정도의 상처를 입었나
- 피해자에 대해 치료를 하여주거나 치료비를 준 사실이 있나
- 피해 배상을 하여주거나 합의한 사실이 있나

8) 심신상태
- 피의자는 무슨 병을 앓은 일이 있으며 병원에서 치료받은 일이 있는가
- 주량은 얼마나 되고 범행 당일 어디에서 얼마나 술을 먹었는가

9) 단체조직의 여부
- 피의자 등이 조직한 단체 및 집단의 명칭은
- 단체 및 집단의 조직일시 및 장소는
- 단체 및 집단의 지휘자 등 간부와 구성원을 말하고 피의자의 직책은
- 동 단체 및 집단의 행동강령은
- 동 단체 및 집단의 운영자금조달 방법과 구성원에 대한 생활비 지원방법

■ 판례 ■ **자동차를 이용하여 타인의 자동차를 손괴한 행위**

위험한 물건을 휴대하고 다른 사람의 재물을 손괴하면 상대방이 그 위험한 물건의 존재를 인식하지 못하였거나 그 위험한 물건의 사용으로 생명 또는 신체에 위해를 입지 아니하였다고 하더라도 폭력행위등처벌에관한법률 제3조 제1항 위반죄가 성립하므로, 피고인이 위험한 물건인 자동차를 이용하여 다른 사람의 자동차 2대를 손괴한 이상, 그 자동차의 소유자 등이 실제로 해를 입거나 해를 입을 만한 위치에 있지 아니하였다고 하더라도 폭력행위등처벌에관한법률 제3조 제1항 위반죄가 성립한다(대법원 2003.1.24. 선고 2002도5783 판결).

■ 판례 ■ **형법 제320조와 폭력행위등처벌에관한법률 제3조 제1항의 관계**

단체나 다중의 위력으로써 또는 흉기 기타 위험한 물건을 휴대하여 형법 제319조의 죄를 범한 자

를 처벌하는 폭력행위등처벌에관한법률 제3조 제1항의 규정은 형법 제320조에 대한 특별규정이다 (대법원 1998.5. 12. 선고 98도662 판결).

■ 판례 ■ **수인이 흉기를 휴대하여 타인의 건조물에 침입하기로 공모한 후 일부만이 건조물에 들어간 경우, 특수주거침입죄의 구성요건인 '흉기휴대' 여부를 직접 건조물에 들어간 범인을 기준으로 결정하는지 여부(적극)**

폭력행위등처벌에관한법률 제3조 제1항, 제2조 제1항, 형법 제319조 제1항소정의 특수주거침입죄는 흉기 기타 위험한 물건을 휴대하여 타인의 주거나건조물 등에 침입함으로써 성립하는 범죄이므로, 수인이 흉기를 휴대하여 타인의 건조물에 침입하기로 공모한 후 그중 일부는 밖에서 망을 보고 나머지일부만이 건조물 안으로 들어갔을 경우에 있어서 특수주거침입죄의 구성요건이 충족되었다고 볼 수 있는지의 여부는 직접 건조물에 들어간 범인을 기준으로 하여 그 범인이 흉기를 휴대하였다고 볼 수 있느냐의 여부에 따라 결정되어야 한다(대법원 1994.10.11. 선고 94도1991 판결).

■ 판례 ■ **위험한 물건을 자기가 기거하는 장소에 보관한 것만으로 "휴대"에 해당하는지 여부(소극)**

폭력행위등처벌에관한법률 제7조에서 말하는 위험한 물건의 "휴대"라 함은 범죄현장에서 사용할 의도 아래 위험한 물건을 몸 또는 몸 가까이에 소지하는 것을 말하는 것이고, 자기가 기거하는 장소에 보관하였다는 것만으로는 위 법조에서 말하는 위험한 물건의 휴대라고 할 수 없다(대법원 1992.5.12. 선고 92도381 판결).

■ 판례 ■ **장검 1개를 피고인의 집에 보관한 것이 위험한 물건의 '휴대'에 해당하는지 여부(소극)**

구 폭력행위등처벌에관한법률(법률 제4294호로 개정되기 전의 것) 제7조에서 말하는 위험한 물건의 '휴대'라 함은 범행현장에서 사용할 의도 아래 위험한 물건을 몸 또는 몸 가까이에 소지하는 것을 말한다 할 것이므로, 장검 1개를 피고인의 집에 보관하였다는 것만으로는 위 법조에서 말하는 위험한 물건의 휴대라고 할 수 없다(대법원 1991.4.9. 선고 91도427 판결).

■ 판례 ■ **장칼 2개를 피고인의 아파트에 보관한 것이 위험한 물건의 "휴대"에 해당하는지 여부(소극)**

폭력행위등처벌에관한법률 제7조에서 말하는 위험한 물건의 "휴대"라고 함은 범행현장에서 사용할 의도 아래 위험한 물건을 몸 또는 몸 가까이에 소지하는것을 말하는 것이므로 장칼 2개 등의 위험한 물건들을 피고인의 아파트에 보관하였다는 것만으로는 위 법조에서 말하는 위험한 물건의 휴대라고 할 수는 없다(대법원 1990.11.13. 선고 90도2170 판결).

■ 판례 ■ **흉기의 우연한 소지가 '휴대'에 해당하는지 여부(소극)**

폭력행위등의 목적과 그 제3조 제1항의 규정취지에 비추어 보면 같은 법 제3조 제1항 소정의 "흉기 기타 위험한 물건을 휴대하여 그 죄를 범한 자"란 범행현장에서 그 범행에 사용하려는 의도아래 흉기를 소지하거나 몸에 지니는 경우를 가리키는 것이지 그 범행과는 전혀 무관하게 우연히 이를 소지하게 된 경우까지를 포함하는 것은 아니다(대법원 1990.4.24. 선고 90도401 판결).

■ 판례 ■ **칼의 자루부분으로 피해자의 머리를 가볍게친 행위가 폭력행위등처벌에관한법률 제3조 제1항에 해당되는지 여부(소극)**

폭력행위등처벌에관한법률 제3조 제1항 소정의 위험한 물건의 위험성 여부는 구체적인 사인에 따라서 사회통념에 비추어 그 물건을 사용하면 그 상대방이나 제3자가 곧 위험성을 느낄 수 있으리라고 인정되는 물건인가의 여부에 따라 이를 판단하여야 할 것인바, 피해자가 먼저 식칼을 들고 나와 피고인을 찌르려다가 피고인이 이를 저지하기 위하여 그 칼을 뺏은 다음 피해자를 훈계하면서 위 칼의 칼자루 부분으로 피해자의 머리를 가볍게 쳤을 뿐이라면 피해자가 위험성을 느꼈으리라고는 할 수 없다(대법원 1989.12. 22. 선고 89도1570 판결).

■ 판례 ■   폭력행위시 과도를 호주머니 속에 지니고 있던 경우 위험한 물건의 휴대에 해당하는지 여부(적극)

피고인이 이 사건 폭력행위 당시 판시 과도를 범행 현장에서 호주머니 속에 지니고 있었던 이상 이는 위험한 물건을 휴대한 경우로서 폭력행위등 처벌에관한법률 제3조 제1항 소정의 죄에 해당한다(대법원 1984. 4.10. 선고 84도353 판결).

■ 판례 ■   정당한 이유없이 폭력범죄에 공용될 우려가 있는 흉기를 휴대하고 있는 사실만으로 폭력행위등처벌에관한법률 제7조에 해당하는지 여부(적극)

정당한 이유없이 폭력범죄에 공용될 우려가 있는 흉기를 휴대하고 있었다면 다른 구체적인 범죄행위가 없다 하더라도 그 휴대행위 자체에 의하여 폭력행위등처벌에관한법률 제7조에 규정한 죄의 구성요건을 충족한다(대법원 1987.1.20. 선고 86도2396 판결).

■ 판례 ■   "드라이버"와 폭력행위등처벌에관한법률 제7조 소정의 위험한 물건

피고인이 옷소매속에 숨겨 휴대하고 있었던 길이 30센티미터의 공구(드라이버)는 폭력행위등처벌에관한법률 제7조 소정의 위험한 물건에 해당한다(대법원 1984.2.14. 선고 83도3165 판결).

■ 판례 ■   폭력행위등처벌에관한법률 제7조의 의미

폭력행위등처벌에관한법률 제7조의 규정은 흉기 기타 위험한 물건을 소지하고 있다는 사실만으로 폭력행위등처벌에관한법률에 규정된 범죄에 공용될 우려가 있는 것으로 추정된다는 의미는 아니다(대법원 1983. 9.13. 선고 83도1323 판결).

■ 판례사례 ■   [위험한 물건에 해당하는 사례]

(1) 공기총
   실탄이 장전되지 아니한 공기총도 '위험한 물건'에 해당한다(대법원 2002.11.26. 선고 2002도4586 판결).
(2) 빈 양주병
   빈 양주병이 폭력행위등처벌에관한법률 제3조 제1항의 '위험한 물건'에 해당한다(대법원 1997.2. 25. 선고 96도3411 판결).
(3) 세멘벽돌
   세멘벽돌은 폭력행위등처벌에관한법률 제3항 제1항 소정의 위험한 물건에 해당한다(대법원 1990. 1.23. 선고 89도2273 판결).
(4) 돌
   직경 10cm 가량의 돌은 폭력행위등처벌에관한법률 제3조 제1항 소정의 '위험한 물건'에 해당한다(대법원 1995.11.24. 선고 95도2282 판결).
(5) 곡괭이자루
   피고인이 이 사건 범행에 사용한 곡괭이자루는 폭력행위등처벌에관한법률 제3조 제1항 소정의 위험한 물건에 해당한다(대법원 1990.1.25. 선고 89도2245 판결).
(6) 깨진 맥주병, 항아리조각, 부러뜨린 걸레자루

깨진 맥주병, 항아리조각, 부러뜨린 걸레자루 등은 폭력행위등처벌에관한법률 제3조 제1항의 '위험한 물건'에 해당한다(대법원 1990.6.12. 선고 90도859 판결).

(7) 야전삽

삽날 길이 21cm 가량의 야전삽은 폭력행위등처벌에관한법률 제3조 제1항 소정의 '흉기 기타 위험한 물건'에 해당한다(대법원 2001.11.30. 선고 2001도5268 판결).

(8) 농약과 당구큐대

피해자에게 농약을 먹이려 하고 당구큐대로 폭행한 경우, 농약과 당구큐대는 폭력행위등처벌에관한법률 제3조 제1항 소정의 위험한 물건에 해당한다(대법원 2002.9.6. 선고 2002도2812 판결).

(9) 드라이버

피고인이 옷소매속에 숨겨 휴대하고 있었던 길이 30센치미터의 공구(드라이버)는 폭력행위등처벌에관한법률의 위험한 물건에 해당한다(대법원 1984.2.14. 선고 83도3165, 83감도526 판결).

(10) 의자와 당구 큐대

피고인이 의자와 당구 큐대를 사용하여 피해자를 폭행한 방법에 비추어 볼 때 의자와 당구 큐대는 폭력행위등처벌에관한법률 제3조 제1항 소정의 '위험한 물건'에 해당한다(대법원 1997.2.25. 선고 96도3346 판결).

(11) 승용차

견인료납부를 요구하는 교통관리직원을 승용차의 앞범퍼 부분으로 들이받아 폭행한 경우 ,승용차는 폭력행위등처벌에관한법률 제3조 제 1항의 소정의 '위험한 물건'에 해당한다(대법원 1997.5.30. 선고 97도597 판결).

(12) 가위

양복점에서 재단용으로 사용하는 가위는 이를 범행의 도구로 사용할 때에는 능히 사람 을 살상할 수 있는 위험한 물건이므로 폭력행위등처벌에관한법률 제3조 제1항 소정의 흉기에 해당한다(대법원 1985.3.26. 선고 85도157 판결).

(13) 갈쿠리

쌀가마등을 운반하는데 사용되는 갈쿠리는 그 모양이나 용도에 비추어 사람을 해칠 수 있는 것으로서 이를 사용하면 상대방이 곧 위험성을 느낄 수 있는 것이므로 이는 폭력행위등처벌에 관한 법률 제3조 제1항에서 규정한 위험한 물건에 해당한다(대법원 1986.8.19. 선고 86도960 판결).

(14) 쇠파이프와 각목

새벽에 인적이 없는 야산에서 폭력조직의 선배가 나이 어린 후배들을 집합시켜 엎드리게 한 다음 길이 150cm, 지름 7cm의 쇠파이프와 길이 100cm, 굵기 4cm 내지 5cm의 각목으로 엉덩이와 허벅지 부분을 1인당 70대씩 때려 피멍이 들게 한 경우, 그 쇠파이프와 각목은 폭력행위등처벌에관한법률 제3조 제1항 소정의 '위험한 물건'에 해당한다(대법원 1999.11.9. 선고 99도4146 판결).

(15) 마이오네즈 병

마이오네즈병은 이로써 사람을 구타하거나 깨어진 부분으로 찌른다면 생명신체에 해를 끼칠 수 있어 사람을 해할 목적으로 이를 들고 대하면 그 상대방이나 일반 제3자가 위험성을 느낄 수 있음은 경험칙에 속한다 할 것이므로 마이오네즈병을 들고 구타하는 행위는 폭력행위등처벌에관한법률 제3조 제1항 소정의 "위험한 물건"을 휴대한 경우에 해당한다 할 것이다(대법원 1984.6.12. 선고 84도647 판결).

3. 단체 등의 구성·활동 및 단체 등의 이용·지원

제4조(단체 등의 구성·활동) ① 이 법에 규정된 범죄를 목적으로 하는 단체 또는 집단을 구성하거나 그러한 단체 또는 집단에 가입하거나 그 구성원으로 활동한 사람은 다음 각 호의 구분에 따라 처벌한다.
1. 수괴(首魁): 사형, 무기 또는 10년 이상의 징역
2. 간부: 무기 또는 7년 이상의 징역
3. 수괴·간부 외의 사람: 2년 이상의 유기징역
② 제1항의 단체 또는 집단을 구성하거나 그러한 단체 또는 집단에 가입한 사람이 단체 또는 집단의 위력을 과시하거나 단체 또는 집단의 존속·유지를 위하여 다음 각 호의 어느 하나에 해당하는 죄를 범하였을 때에는 그 죄에 대한 형의 장기(長期) 및 단기(短期)의 2분의 1까지 가중한다.
1. 형법에 따른 죄 중 다음 각 목의 죄
가. 형법 제8장 공무방해에 관한 죄 중 제136조(공무집행방해), 제141조(공용서류 등의 무효, 공용물의 파괴)의 죄
나. 형법 제24장 살인의 죄 중 제250조제1항(살인), 제252조(촉탁, 승낙에 의한 살인 등), 제253조(위계 등에 의한 촉탁살인 등), 제255조(예비, 음모)의 죄
다. 형법 제34장 신용, 업무와 경매에 관한 죄 중 제314조(업무방해), 제315조(경매, 입찰의 방해)의 죄
라. 형법 제38장 절도와 강도의 죄 중 제333조(강도), 제334조(특수강도), 제335조(준강도), 제336조(인질강도), 제337조(강도상해, 치상), 제339조(강도강간), 제340조제1항(해상강도)·제2항(해상강도상해 또는 치상), 제341조(상습범), 제343조(예비, 음모)의 죄
2. 제2조 또는 제3조의 죄(「형법」 각 해당 조항의 상습범, 특수범, 상습특수범을 포함한다)
③ 타인에게 제1항의 단체 또는 집단에 가입할 것을 강요하거나 권유한 사람은 2년 이상의 유기징역에 처한다.
④ 제1항의 단체 또는 집단을 구성하거나 그러한 단체 또는 집단에 가입하여 그 단체 또는 집단의 존속·유지를 위하여 금품을 모집한 사람은 3년 이상의 유기징역에 처한다.
제5조(단체 등의 이용·지원) ① 제4조제1항의 단체 또는 집단을 이용하여 이 법이나 그 밖의 형벌 법규에 규정된 죄를 범하게 한 사람은 그 죄에 대한 형의 장기 및 단기의 2분의 1까지 가중한다.
② 제4조제1항의 단체 또는 집단을 구성하거나 그러한 단체 또는 집단에 가입하지 아니한 사람이 그러한 단체 또는 집단의 구성·유지를 위하여 자금을 제공하였을 때에는 3년 이상의 유기징역에 처한다.

가. 법조해석

1) 제4조와 제5조의 성격

제4조와 제5조의 규정들은 형법 제115조(범죄단체의 조직)에 대한 특별규정이다.

2) "단체"

– 다수인이 본 법에 규정된 범죄를 수행한다는 공동목적 아래 이루어진 계속적인 결합체를 말한다. 따라서 본 죄의 단체라 하기 위하여는 단체를 주도하는 최소한도의 통솔체제를 갖추고 있을 것을 요한다.

3) "집단"

– 단체에서와 같이 계속적일 필요는 없고, 본 법에 규정된 범죄를 수행한다는 목적 아래 다수자가 동시에 동일장소에 집합되어 있고, 그 조직의 형태가 수괴, 간부, 가입자를 구분할 수 있을 정도의 다수인의 결합체를 말한다.

4) "수괴"

– 단체를 조직·지휘·통솔하는 자를 말하며 반드시 1인일 필요는 없다. 따라서 전국적 규모의 조직이라면 그 수괴의 수는 여러 명이 될 수도 있다.

5) "간부"

– 조직에 있어서 다수인의 전부 또는 일부를 지휘하는 자를 말한다. 형법과 달리 단체나 집단을 이용하는 행위도 처벌하고 있다.

나. 범죄사실 기재

1) 적용법조 : 제4조 제1항 ☞ 공소시효(수괴 15년, 간부 10년, 기타 7년)

2) 범죄사실 기재례

> 피의자들은 공모하여, 19○○년경부터 甲을 두목으로 구성되어 활동하여 온 동성로파가 20○○년경 乙이 두목으로 지명되는 과정의 분파 움직임과 간부급의 구속 등에 따라 조직통솔력이 약화한 틈을 이용하여 20○○년 초경부터 소위 봉덕동계를 주축으로 경제건달이라는 새로운 조직폭력개념을 도입하여 새로운 동성로파를 결성하기로 마음먹었다.
>
> 피의자들은 기존의 조직 선배들을 배제하고 소위 신천동계를 몰아내며 새로운 조직원들을 받아들여 조직을 정비하면서 피의자 A의 시대가 왔다는 말을 퍼뜨리는 과정을 거쳐 20○○년 말경부터 피의자 A가 사실상 두목으로 행세하다가 20○○. ○.경에 출소한 乙에게 협박하여 반강제적인 승낙을 받아 20○○. ○. 가든호텔 지하 나이트클럽에서 조직원 150여 명이 참석한 가운데 피의자 A가 乙의 후계자로 지명되는 절차를 거쳐 두목으로 취임하였다.
>
> 피의자들은 20○○년 여름부터 가족동반 단합대회, 하계 및 동계 단합대회, 송년회, 식사모임 등으로 조직을 공고히 한 다음, 활동영역을 종전의 동성로 일대에서 ○○시 내 모든 지역으로 확장하고, ○○시의 콜박스파 등 다른 지역의 폭력조직과 연계 활동을 강화하고, 선배에게 인사하고 조직 내부의 일을 외부에 누설하지 아니하며 조직을 탈퇴하면 보복한다는 등의 조직폭력배들의 불문율을 행동강령으로 삼고, 삐삐 또는 휴대폰을 이용하여 각종 지시를 하고 하부조직원은 이에 복종하는 지휘·통솔체계를 확립함으로써 피의자들은 수괴, 간부 및 행동대원으로 갈취 등을 목적으로 한 폭력단체인 신동성로파를 구성하였다.

3) 신문사항

– 조직의 이름은 무엇인가

– 왜 그렇게 불리고 있는 가

– ○○파는 언제 어디서 모여서 만든 것인가

– ○○파를 결성한(가입한) 목적이나 동기가 있었나

– ○○파가 무엇을 하는 단체로 알고 있는가

– ○○파가 그런 폭력을 행사하는 단체인 것을 알면서도 결성(가입)하였다는 것인가

- 당시 참석자는 누구누구였나
- 현재 조직의 규모는 어느 정도 인가
- 모든 조직원의 이름과 그 들의 직업은
- 이들의 조직에서의 각 직책은
- 새로운 조직원이 가입할 때 환영식이나 특별한 의식이 있는가
- 그럼 어떤 형식으로 가입하는가
- 생활을 하면서 선배를 만나면 어떻게 하는가
- 선배와 대화를 할 때 말투는 어떠한 식으로 하는가
- 특별히 그렇게 하는 이유가 있나
- 그외 선·후배간에 지켜야할 예절이나 규칙은
- 거리에 타지역 폭력배들이 들어오면 어떻게 하는가
- 타 폭력조직과 충돌은 자주 있는가
- 그럴 때는 어떻게 대처하는가
- 생활을 하다가 그만두는 조직원도 있는가
- 그만둔 조직원에게 특별히 가하는 벌칙은
- 어떤 식으로 보복을 하는가
- 조직원끼리 합숙을 하거나 단합을 위하여 특별히 하는 운동이 있나
- 주로 언제 어디에 모여서 하는가
- 조직원들끼리 모여 회식이나 식사를 같이 한 경우도 있는가
- 그 시기와 장소는
- 주로 어떤 대화를 하는가
- 그에 대한 비용은 누가 어떻게 부담하는가
- 조직원들 합숙도 하는가
- 주로 어디에서 하고 있는가
- 그에 대한 비용은 얼마정도이며 누가 부담하는가
- 이런 비용은 누가 어떤 식으로 조달하는가
- 조직원들의 수입원은 무엇인가
- 조직원들을 단체로 동원한 일이 있는가
- 당시 동원된 조직원이 누구 누구인가
- 무엇 때문에 동원되었나
- 동원에 따른 대가는

- 동원되어 그곳에서 무엇을 하였는가
- 충돌은 없었는가
- 그 외 또 다른 곳에 동원된 적은 있는가

■ 판례 ■ 　구 폭력행위 등 처벌에 관한 법률 제4조에 정한 단체 등의 구성죄에서 공소장에 기재된 범죄의 일시가 아닌 어느 일시를 범죄단체를 구성한 일시로 인정하여 유죄로 처벌할 수 있는지 여부(소극) 및 단체의 구성·가입 시기의 판단 방법

구 폭력행위 등 처벌에 관한 법률(1990.12.31. 법률 제4294호로 개정되기 전의 것) 제4조 소정의 단체 등의 구성죄는 같은 법에 규정된 범죄를 목적으로 한 단체 또는 집단을 구성함으로써 즉시 성립·완성되는 즉시범이므로 범죄성립과 동시에 공소시효가 진행되는 것이고, 한편 범죄단체를 구성한 일시는 범죄사실을 특정하는 중요한 요건일 뿐만 아니라, 범죄에 대한 공소시효가 완성되었는지 여부를 결정짓는 요소이므로 피고인이 범죄단체의 구성원으로 활동한 사실이 인정된다 하더라도 공소장에 기재된 일시에 범죄단체를 구성한 사실이 인정되지 않는 한 공소장에 기재된 범죄의 일시가 아닌 어느 일시를 피고인이 범죄단체를 구성한 일시로 인정하여 유죄로 처벌하는 것은 허용될 수 없다고 보아야 할 것이나, 다른 한편, 범죄단체의 구성·가입행위 자체는 엄격한 증명을 요하는 범죄의 구성요건이라 하더라도, 그 행위의 성질상 외부에서 알아보기 어려운 상태에서 극비리에 행하여지는 것이 통례이고, 일단 구성원이 된 경우에는 그 탈퇴가 자유롭지 못할 뿐 아니라, 이탈자에 대한 잔학한 보복이 자행되는 경우가 많아서 이에 대한 직접적인 물적 증거나 증인의 존재를 기대하기가 극히 어려우므로, 그 단체의 구성·가입 시기는 특별한 사정이 없는 한 구성원들의 인적관계, 평소의 행동 태양, 구성원들에 의하여 행해진 범법행위의 발전과정 등 여러 가지 간접증거들을 종합하여 정상적인 경험칙에 따라 그 행위가 있었다고 볼 수 있는 시기를 합리적으로 판단하여 이를 인정할 수 있는 것이고, 또 그 범죄단체는 다양한 형태로 성립·존속할 수 있는 것으로서 정형을 요하는 것이 아닌 이상 그 구성·가입이 반드시 단체의 명칭이나 강령이 명확하게 존재하고 단체 결성식이나 가입식과 같은 특별한 절차가 있어야만 성립되는 것은 아니다(대법원 2005.9.9. 선고 2005도3857 판결).

■ 판례 ■ 　폭력행위등처벌에관한법률 제4조가 규정한 '범죄단체'의 의미

폭력행위등처벌에관한법률 제4조 소정의 범죄단체는 같은 법 소정의 범죄를 한다는 공동목적하에 특정 다수인에 의하여 이루어진 계속적이고도 최소한의 통솔체제를 갖춘 조직화된 결합체를 의미한다 할 것이므로, 특정 다수인에 의하여 이루어진 계속적이고 통솔체제를 갖춘 조직화된 결합체라 하더라도 그 구성원이 같은 법 소정의 범죄에 대한 공동목적을 갖고 있지 아니하는 한 그 단체를 같은 법 소정의 범죄단체로 볼 수는 없다(대법원 2004.7.8. 선고 2004도2009 판결).

■ 판례 ■ 　'수괴'의 의미 및 범죄단체의 배후에서 또는 중간 간부를 통하여 조직활동을 지휘하는 자가 위 '수괴'에 해당하는지 여부(적극)

폭력행위등처벌에관한법률 제4조 제1항 제1호에서 말하는 '수괴'라 함은 그 범죄단체의 우두머리로 단체의 활동을 지휘·통솔하는 자를 가리키는 것으로서 전면에서 단체구성원의 통솔을 직접 담당하지 않더라도, 배후에서 일체의 조직활동을 지휘하거나 또는 말단조직원을 지휘·통솔하는 중간 간부를 통하여 조직활동을 지휘하는 자도 여기에서 말하는 수괴에 해당하며, 범죄단체의 말단 조직원이 중간 간부로부터 지휘·통솔을 받음으로써 실제 두목이 누구인지를 알지 못하는 수도 있고,

설사 두목을 알고 있다 하여도 조직의 생리상 그 사실을 쉽사리 발설하지 않으리라는 점은 추측할 수 있는 일이다(대법원 2001.6.29. 선고 2001도1049 판결).

■ 판례 ■ **폭력행위 등 처벌에 관한 법률 제4조 제1항에서의 '활동'의 의미**

'활동'이라 함은 범죄단체 또는 집단의 내부 규율 및 통솔체계에 따른 조직적, 집단적 의사 결정에 의하여 행하는 범죄단체 또는 집단의 존속유지를 지향하는 적극적인 행위로서 그 기여의 정도가 폭력행위 등 처벌에 관한 법률 제4조 제3항, 제4항에 규정된 행위에 준하는 것을 의미한다. 그리고 특정한 행위가 범죄단체 또는 집단의 구성원으로서의 '활동'에 해당하는지 여부는 당해 행위가 행해진 일시, 장소 및 그 내용, 그 행위가 이루어지게 된 동기 및 경위, 목적, 의사 결정자와 실행 행위자 사이의 관계 및 그 의사의 전달 과정 등의 구체적인 사정을 종합하여 실질적으로 판단하여야 할 것인바, 다수의 구성원이 관여되었다고 하더라도 범죄단체 또는 집단의 존속유지를 목적으로 하는 조직적, 집단적 의사결정에 의한 것이 아니거나, 범죄단체 또는 집단의 수괴나 간부 등 상위 구성원으로부터 모임에 참가하라는 등의 지시나 명령을 소극적으로 받고 이에 단순히 응하는데 그친 경우, 구성원 사이의 사적이고 의례적인 회식이나 경조사 모임 등을 개최하거나 참석하는 경우 등은 '활동'에 해당한다고 볼 수 없다(대법원 2009. 9. 10. 선고 2008도10177판결).

■ 판례 ■ **제4조 제1항의 입법 취지 및 위 조항에서 말하는 '범죄단체 구성원으로서의 활동'의 의미 / 범죄단체를 구성하거나 이에 가입한 자가 더 나아가 구성원으로 활동하는 경우, '범죄단체의 구성이나 가입'과 '범죄단체 구성원으로서의 활동' 사이의 죄수관계(=포괄일죄)**

이는 구체적인 범죄행위의 실행 여부를 불문하고 범죄행위에 대한 예비·음모의 성격이 있는 범죄단체의 생성 및 존속 자체를 막으려는 데 입법 취지가 있다. 또한 위 조항에서 말하는 범죄단체 구성원으로서의 활동이란 범죄단체의 내부 규율 및 통솔 체계에 따른 조직적·집단적 의사 결정에 기초하여 행하는 범죄단체의 존속·유지를 지향하는 적극적인 행위를 일컫는다. 그런데 범죄단체의 구성이나 가입은 범죄행위의 실행 여부와 관계없이 범죄단체 구성원으로서의 활동을 예정하는 것이고, 범죄단체 구성원으로서의 활동은 범죄단체의 구성이나 가입을 당연히 전제로 하는 것이므로, 양자는 모두 범죄단체의 생성 및 존속·유지를 도모하는, 범죄행위에 대한 일련의 예비·음모 과정에 해당한다는 점에서 범의의 단일성과 계속성을 인정할 수 있을 뿐만 아니라 피해법익도 다르지 않다. 따라서 이는 포괄일죄의 관계에 있다(대법원 2015.09.10. 선고 2015도7081 판결).

4. 미수범

> 제6조(미수범) 제2조, 제3조, 제4조제2항[「형법」 제136조, 제255조, 제314조, 제315조, 제335조, 제337조(강도치상의 죄에 한정한다), 제340조제2항(해상강도치상의 죄에 한정한다) 또는 제343조의 죄를 범한 경우는 제외한다] 및 제5조의 미수범은 처벌한다.

- 형법은 폭행죄에 대하여 미수범 처벌규정을 두고 있지 않으나, 본 법에서는 미수범 처벌규정을 두고 있다. 그러나 폭행죄는 대체로 형식범으로 분류되고 있으며, 미수를 생각하기 어렵다.
- 형법은 준강도(형법 제335조)에 대한 미수범 처벌규정(형법 제342조)을 두고 있는데 반하여 본 법에서는 준강도(형법 제335조)에 대하여 미수범 처벌규정을 두고 있지 않다. 본 조에 준강도의 미수범을 처벌하지 않도록 규정한 것은 입법의 오류로 보여진다.

5. 우범자

> 제7조(우범자) 정당한 이유 없이 이 법에 규정된 범죄에 공용(供用)될 우려가 있는 흉기나 그 밖의 위험한 물건을 휴대하거나 제공 또는 알선한 사람은 3년 이하의 징역 또는 300만원 이하의 벌금에 처한다.

가. 법조해석

1) 성 격

본 규정은 타 형사법에서 볼 수 없는 범죄 예방적 성격을 내포한 특수한 처벌규정이다.

2) "본 법에 규정된 범죄"

- 제2조, 제3조에 게재된 범죄를 말한다.

3) "범죄에 공용될 우려"

- 우려가 있는지 여부에 대한 판단 기준은 구체적 사안에 따라 상이할 것이나 적어도 본 법에 규정된 범죄에 공하게 된다는 긴박성, 개연성을 갖추어야 하며, 그것이 객관적으로 인식될 수 있는 상태여야 할 것이다.

4) "알선"

- 흉기 등을 취득·매매·양여·보관 등을 매개하거나 주선하는 것을 말한다.

5) "정당한 이유 없이"

- 흉기 등을 소지, 휴대, 제공, 알선할 법률상의 권한이나 자격없이라는 뜻이다.

나. 범죄사실 기재

1) 적용법조 : 제7조 ☞ 공소시효 5년

2) 범죄사실 기재례

> 가. 피의자는 20○○. ○. ○. 15:00경 서울 중구 남대문시장 상호불상 상점에서 폭력범죄에 공용될 우려가 있는 흉기인 회칼 1자루를 구입하여 마분지와 테이프로 칼집을 만들어 정당한 이유 없이 피의자 소유의 승용차(차량번호)에 싣고 다녀 휴대하였다.
> 나. 피의자는 20○○. ○. ○.경 서울 동대문구 청량리 부근 상호를 알 수 없는 식당에서 홍길동으로부터 폭력범죄에 공용될 우려가 있는 흉기인 도검(길이 46cm)과 사제폭탄 2개를 교부받아서 다님으로써 정당한 이유 없이 이를 휴대하였다.

■ **판례** ■   **우범자 규정의 법적 범위**

[1] 폭력행위 등 처벌에 관한 법률 제7조에서 말하는 '이 법에 규정된 범죄'가 '폭력행위 등 처벌에 관한 법률에 규정된 범죄'만을 의미하는지 여부(적극)

종래에 헌법재판소는 특정범죄 가중처벌 등에 관한 법률의 일부 가중처벌 규정에 대하여 형법과 같은 기본법과 동일한 구성요건을 규정하면서도 법정형만 상향한 것은 형벌체계의 정당성과 균형을 잃어 헌법의 기본원리에 위배되고 평등의 원칙에 위반된다는 이유로 위헌결정을 내렸고, 2015. 9. 24.에도 흉기 기타 위험한 물건을 휴대하여 형법상 폭행죄, 협박죄, 재물손괴죄를 범한 사람을 가중처벌하는 구 폭력행위 등 처벌에 관한 법률(2006. 3. 24. 법률 제7891호로 개정되고, 2014. 12. 30. 법률 제12896호로 개정되기 전의 것) 제3조 제1항 중 "흉기 기타 위험한 물건을 휴대하여 형법 제260조 제1항(폭행), 제283조 제1항(협박), 제366조(재물손괴등)의 죄를 범한 자"에 관한 부분과 구 폭력행위 등 처벌에 관한 법률(2014. 12. 30. 법률 제12896호로 개정된 것) 제3조 제1항 중 "흉기 기타 위험한 물건을 휴대하여 형법 제260조 제1항(폭행), 제283조 제1항(협박), 제366조(재물손괴등)의 죄를 범한 자"에 관한 부분에 대해서도 같은 이유로 위헌이라고 결정하였다.

이러한 헌법재판소의 위헌결정 취지에 따라 위헌결정 대상조항 및 이와 유사한 가중처벌 규정을 둔 조항을 정비하기 위하여 2016. 1. 6. 법률 제13718호로 폭력행위 등 처벌에 관한 법률(이하 '폭력행위처벌법'이라 한다)이 일부 개정되어 같은 날 시행되었는데, 주요내용은 상습폭행 등 상습폭력범죄에 대한 가중처벌 규정인 구 폭력행위처벌법 제2조 제1항과, 흉기휴대폭행 등 특수폭력범죄에 대한 가중처벌 규정인 구 폭력행위처벌법 제3조 제1항 및 제3항을 각 삭제하고, 이러한 삭제에 따라 공동폭력범죄의 가중처벌 규정과 누범 가중처벌 규정인 구 폭력행위처벌법 제2조 제2항, 제3항 및 제3조 제4항을 정비하는 것이었고, 이로써 기존의 집단 또는 상습 및 특수폭력범죄 등은 기본법인 형법의 각 해당 조항으로만 처벌될 뿐 더 이상 폭력행위처벌법에 따라 처벌할 수 없게 되었다.

그리고 폭력행위처벌법 제7조는 "정당한 이유 없이 이 법에 규정된 범죄에 공용될 우려가 있는 흉기나 그 밖의 위험한 물건을 휴대하거나 제공 또는 알선한 사람은 3년 이하의 징역 또는 300만 원 이하의 벌금에 처한다."라고 규정하고 있는데, 위 조항은 집단 또는 상습 및 특수폭력범죄 등을 저지를 우려가 있는 사람을 처벌함으로써 공공의 안녕과 질서를 유지하기 위한 규정으로 법률 제정 시부터 현재까지 실질적인 내용의 변경 없이 그대로 유지되어 왔고, 이러한 폭력행위처벌법위반(우범자)죄는 대상범죄인 '이 법에 규정된 범죄'의 예비죄로서의 성격을 지니고 있다.

이러한 형벌규정 해석에 관한 일반적인 법리와 폭력행위처벌법의 개정경위와 내용, 폭력행위처벌법 제7조의 입법 취지와 문언의 체계, 폭력행위처벌법위반(우범자)죄의 성격과 성립요건 등을 종합하여 보면, 폭력행위처벌법 제7조에서 말하는 '이 법에 규정된 범죄'란 '폭력행위처벌법에 규정된 범죄'만을 의미한다고 해석함이 타당하다.

[2] 폭력행위 등 처벌에 관한 법률 제7조에서 말하는 위험한 물건의 '휴대'의 의미 / 정당한 이유 없이 같은 법에 규정된 범죄에 공용될 우려가 있는 흉기를 휴대하고 있었다는 사실만으로 같은 법 위반(우범자)죄의 구성요건을 충족하는지 여부(적극) 및 흉기나 그 밖의 위험한 물건을 소지하고 있다는 사실만으로 같은 법에 규정된 범죄에 공용될 우려가 있는 것으로 추정되는지 여부(소극) / 피고인이 같은 법에 규정된 범죄에 공용될 우려가 있는 흉기나 그 밖의 위험한 물건을 휴대하였다는 점에 대한 증명책임 소재(=검사)

폭력행위 등 처벌에 관한 법률(이하 '폭력행위처벌법'이라 한다) 제7조에서 말하는 위험한 물건의 '휴대'란 범죄현장에서 사용할 의도 아래 위험한 물건을 몸 또는 몸 가까이에 소지하는 것을 말하고, 정당한 이유 없이 폭력행위처벌법에 규정된 범죄에 공용될 우려가 있는 흉기를 휴대하고 있었다면 다른 구체적인 범죄행위가 없더라도 그 휴대행위 자체에 의하여 폭력행위처벌법위반(우범자)죄의 구성요건을 충족하는 것이지만, 흉기나 그 밖의 위험한 물건을 소지하고 있다는 사실만으로 폭력행위처벌법에 규정된 범죄에 공용될 우려가 있는 것으로 추정된다고 볼 수는 없다. 그리고 형사재판에서 공소가 제기된 범죄의 구성요건을 이루는 사실에 대한 증명책임은 검사에게 있다. 따라서 피고인이 폭력행위처벌법에 규정된 범죄에 공용될 우려가 있는 흉기나 그 밖의 위험한 물건을 휴대하였다는 점은 검사가 증명하여야 한다.(대법원 2017.9.21. 선고, 2017도7687, 판결)

6. 정당방위

> 제8조(정당방위등) ① 이 법에 규정된 죄를 범한 사람이 흉기나 그 밖의 위험한 물건 등으로 사람에게 위해(危害)를 가하거나 가하려 할 때 이를 예방하거나 방위(防衛)하기 위하여 한 행위는 벌하지 아니한다.
> ② 제1항의 경우에 방위 행위가 그 정도를 초과한 때에는 그 형을 감경한다.
> ③ 제2항의 경우에 그 행위가 야간이나 그 밖의 불안한 상태에서 공포·경악·흥분 또는 당황으로 인한 행위인 때에는 벌하지 아니한다.

본 법은 형법의 특별법으로써 본 법에 형법상의 이론을 배제하는 규정을 두고 있지 않은 한 일반적인 형법상의 이론은 그대로 적용된다고 할 것이다.

7. 사법경찰관리의 직무유기

> 제9조(사법경찰관리의 직무유기) ① 사법경찰관리(司法警察官吏)로서 이 법에 규정된 죄를 범한 사람을 수사하지 아니하거나 범인을 알면서 체포하지 아니하거나 수사상 정보를 누설하여 범인의 도주를 용이하게 한 사람은 1년 이상의 유기징역에 처한다.
> ② 뇌물을 수수(收受), 요구 또는 약속하고 제1항의 죄를 범한 사람은 2년 이상의 유기징역에 처한다.

형법상 직무유기죄 및 뇌물죄에 대한 특칙규정을 본 법에 두면서 가중처벌하고 있다.

제 126 장 표시 · 광고의 공정화에 관한 법률

I. 개념정의

제2조(정의) 법에서 사용하는 용어의 뜻은 다음과 같다.
1. 표시"란 사업자 또는 사업자단체(이하 "사업자등"이라 한다)가 상품 또는 용역(이하 "상품등"이라 한다)에 관한 다음 각 목의 어느 하나에 해당하는 사항을 소비자에게 알리기 위하여 상품의 용기 · 포장(첨부물과 및 내용물을 포함한다), 사업장 등의 게시물 또는 상품권 · 회원권 · 분양권 등 상품등에 관한 권리를 나타내는 증서에 쓰거나 붙인 문자 · 도형과 상품의 특성을 나타내는 용기 · 포장을 말한다.
   가. 자기 또는 다른 사업자등에 관한 사항
   나. 자기 또는 다른 사업자등의 상품등의 내용 · 거래조건 기타 그 거래에 관한 사항
2. "광고"란 사업자등이 상품등에 관한 제1호 각 목의 어느 하나에 해당하는 사항을 「신문 등의 진흥에 관한 법률」 제2조제1호 및 제2호에 따른 신문 · 인터넷신문, 「잡지 등 정기간행물의 진흥에 관한 법률」 제2조제1호에 따른 정기간행물, 「방송법」 제2조제1호에 따른 방송, 「전기통신기본법」 제2조제1호에 따른 전기통신, 그 밖에 대통령령으로 정하는 방법으로 소비자에게 널리 알리거나 제시하는 것을 말한다.
3. "사업자"란 「독점규제 및 공정거래에 관한 법률」 제2조제1호에 따른 사업자를 말한다
4. "사업자단체"란 「독점규제 및 공정거래에 관한 법률」 제2조제4호에 따른 사업자단체를 말한다.
5. "소비자"란 사업자등이 생산하거나 제공하는 상품등을 사용하거나 이용하는 자를 말한다.

II. 벌 칙

제17조(벌칙) 다음 각 호의 어느 하나에 해당하는 자는 2년 이하의 징역 또는 1억5천만원 이하의 벌금에 처한다
1. 제3조제1항을 위반하여 부당한 표시 · 광고 행위를 하거나 다른 사업자등으로 하여금 하게 한 사업자등
2. 제6조제3항 또는 제7조제1항에 따른 명령에 따르지 아니한 자

제18조(벌칙) 제12조를 위반하여 직무상 알게 된 사업자등의 비밀을 누설하거나 이 법 시행을 위한 목적 외의 용도로 이용한 사람은 2년 이하의 징역 또는 2천만원 이하의 벌금에 처한다.

제19조(양벌규정) 법인(법인격 없는 단체를 포함한다. 이하 이 조에서 같다)의 대표자나 법인 또는 개인의 대리인, 사용인, 그 밖의 종업원이 그 법인 또는 개인의 업무에 관하여 제17조의 위반행위를 하면 그 행위자를 벌하는 외에 그 법인 또는 개인에게도 해당 조문의 벌금형을 과(科)한다. 다만, 법인 또는 개인이 그 위반행위를 방지하기 위하여 해당 업무에 관하여 상당한 주의와 감독을 게을리하지 아니한 경우에는 그러하지 아니하다.

Ⅲ. 범죄사실

1. 상품에 대한 허위표시

1) 적용법조 : 제17조 제1호, 제3조 제1항 제 호 ☞ 공소시효 5년

> 제3조(부당한 표시·광고행위의 금지) ① 사업자등은 소비자를 속이거나 소비자로 하여금 잘못 알게 할 우려가 있는 표시·광고행위로서 공정한 거래질서를 해칠 우려가 있는 다음 각 호의 행위를 하거나 다른 사업자등으로 하여금 하게 하여서는 아니 된다.
> 1. 거짓·과장의 표시·광고
> 2. 기만적인 표시·광고
> 3. 부당하게 비교하는 표시·광고
> 4. 비방적인 표시·광고

2) 범죄사실 기재례

> 사업자 등은 소비자를 속이거나 소비자로 하여금 잘못 알게 할 우려가 있는 표시·광고행위로서 공정한 거래질서를 저해할 우려가 있는 허위·과장의 표시·광고를 하여서는 아니된다.
> 그럼에도 불구하고 피의자는 20○○. ○. ○.부터 20○○. ○. ○.까지 사이에 피의자의 위 공장에서 생산한 ○○제품에 대해 ○○라고 부당한 표시·광고행위를 하였다.

3) 신문사항
- 제조업을 하고 있는가
- 언제부터 어디에서 하고 있는가
- 어떤 물건을 생산하는가
- 규모는 어느 정도인가
- ○○물건에 대해 광고를 한 일이 있는가
- 어떤 내용으로 광고하였나
- 이런 내용이 모두 사실인가
- 왜 이런 부당한 표시광고행위를 하였나

✽ "사업자"란 제조업, 서비스업, 기타 사업을 행하는 자를 말한다. 사업자의 이익을 위한 행위를 하는 임원·종업원·대리인 기타의 자는 사업자단체에 관한 규정의 적용에 있어서는 이를 사업자로 본다(독점규제및공정거래에관한법류 제2조 제1항).

■ 판례 ■ 표시·광고의공정화에관한법률 제3조 제1항 제1호에서 정한 허위·과장의 광고의 의미 및 그 판단 기준

법 제3조 제1항 제1호에서 말하는 허위·과장의 광고는 사실과 다르게 광고하거나 사실을 지나치게 부풀려 광고하여 소비자를 속이거나 소비자로 하여금 잘못 알게 할 우려가 있는 광고행위로서 공정한 거래질서를 저해할 우려가 있는 광고를 말하고, 광고가 소비자를 속이거나 소비자로 하여

금 잘못 알게 할 우려가 있는지는 보통의 주의력을 가진 일반 소비자가 당해 광고를 받아들이는 전체적·궁극적 인상을 기준으로 하여 객관적으로 판단되어야 한다(대법원 2005.2.18. 선고 2003두8203 판결).

■ 판례 ■ 사이버몰 운영자가 입점업체의 광고행위에 대하여 그 주체로서 표시·광고의 공정화에 관한 법률 제3조, 제7조 제1항에 의한 행정적 책임을 지는지 여부(소극)

사이버몰 운영자가 입점업체의 광고행위에 대하여 입점업체와 공동으로 또는 입점업체와 독립하여 광고행위의 주체로서 행정적 책임을 지는지 여부는 사이버몰 운영자와 입점업체 사이의 거래약정의 내용, 사이버몰 운영자의 사이버몰 이용약관의 내용, 문제된 광고에 관하여 사이버몰 운영자와 입점업체가 수행한 역할과 관여 정도, 광고의 구체적 내용은 물론 광고행위의 주체에 대한 소비자의 오인가능성 등을 종합하여 구체적·개별적으로 판단하여야 한다. 따라서 사이버몰 운영자가 입점업체의 광고행위에 대하여 그 주체로서 표시·광고의 공정화에 관한 법률 제3조, 제7조 제1항에 의한 행정적 책임을 진다고 볼 수 없다(대법원 2005.12.22. 선고 2003두8296 판결).

■ 판례 ■ 학원 가맹점사업자 모집을 위한 학원가맹점모집광고와 외국어학원 유치부 신입생 모집을 위한 학원유치부모집광고에 대한 소비자의 오인성 여부 판단 기준

어느 광고가 특정 소비자를 대상으로 하는 경우에는 그 오인성 여부는 보통의 주의력을 가진 특정 소비자가 그 광고를 받아들이는 전체적인 인상을 기준으로 판단하여야 하는 것이므로, 학원 가맹점사업자의 모집을 목적으로 한 학원가맹점모집광고의 오인성 여부는 보통의 주의력을 가진 학원 가맹희망자들을, 외국어학원 유치부 신입생의 모집을 목적으로 한 학원유치부모집광고의 오인성 여부는 보통의 주의력을 가진 4−7세 아동의 학부모들을 각각 기준으로 하여 그들이 광고를 받아들이는 전체적인 인상을 기준으로 판단하여야 한다(대법원 2003.4.11. 선고 2002두806 판결).

2. 비밀누설

1) 적용법조 : 제18조, 제12조 ☞ 공소시효 5년

> 제12조(비밀엄수의 의무) 이 법에 따른 직무에 종사하거나 종사하였던 공정거래위원회의 위원·공무원 또는 그 직(職)에 있었던 사람은 직무상 알게 된 사업자등의 비밀을 누설하거나 이 법 시행을 위한 목적 외의 용도로 이용하여서는 아니 된다.

2) 범죄사실 기재례

> 이 법에 의한 직무에 종사하거나 종사한 공정거래위원회의 위원·공무원 또는 그 직에 있었던 자는 그 직무상 알게 된 사업자 등의 비밀을 누설하거나 이 법의 시행을 위한 목적 외의 용도로 이를 이용하여서는 아니된다.
>
> 그럼에도 불구하고 피의자는 20○○. ○. ○. ○○에서 ○○과 관련 직무상 알게 된 ○○ 비밀을 20○○. ○. ○. ○○에서 홍길동에게 말하여 누설하였다.

3) 신문사항
- 피의자는 어디에 근무하고 있는가
- 어떠한 업무를 수행하는가
- ○○업무를 취급한 일이 있는가
- 언제 어디에서 무엇 때문에 취급하였나
- 이와 관련 직무상 알게 된 비밀을 누설한 일이 있는가
- 어떤 비밀이였나
- 언제 어디에서 누구에게 누설하였나
- 어떤 조건으로 그에게 누설하였나
- 왜 그랬는가

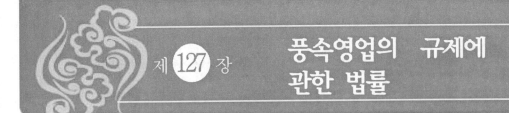

I. 풍속영업의 범위 및 위반사항 통보

1. 풍속영업의 범위

제2조(풍속영업의 범위) 이 법에서 "풍속영업"이란 다음 각 호의 어느 하나에 해당하는 영업을 말한다.
1. 「게임산업진흥에 관한 법률」 제2조제6호에 따른 게임제공업 및 같은 법 제2조제8호에 따른 복합유통게임제 공업
2. 「영화 및 비디오물의 진흥에 관한 법률」 제2조제16호가목에 따른 비디오물감상실업
3. 「음악산업진흥에 관한 법률」 제2조제13호에 따른 노래연습장업
4. 「공중위생관리법」 제2조제1항제2호부터 제4호까지의 규정에 따른 숙박업, 목욕장업(沐浴場業), 이용업(理容 業) 중 대통령령으로 정하는 것
5. 「식품위생법」 제36조제1항제3호에 따른 식품접객업 중 대통령령으로 정하는 것
6. 「체육시설의 설치·이용에 관한 법률」 제10조제1항제2호에 따른 무도학원업 및 무도장업
7. 그 밖에 선량한 풍속을 해치거나 청소년의 건전한 성장을 저해할 우려가 있는 영업으로 대통령령으로 정하는 것

※ 시행령(대통령령)
제2조(풍속영업의 범위) 「풍속영업의 규제에 관한 법률」 (이하 "법"이라 한다) 제2조제5호 및 제7호에 따른 풍속 영업의 범위는 다음과 같다.
1. 법 제2조제5호에서 "식품접객업 중 대통령령으로 정하는 것"이란 「식품위생법 시행령」 제21조제8호다목에 따른 단란주점영업 및 같은 호 라목에 따른 유흥주점영업을 말한다.
2. 법 제2조제7호에서 "그 밖에 선량한 풍속을 해치거나 청소년의 건전한 성장을 저해할 우려가 있는 영업으로 대통령령으로 정하는 것"이란 「청소년보호법」 제2조제5호가목(6)에 따른 청소년 출입·고용금지업소에서의 영 업을 말한다.

2. 위반사항의 통보

제6조(위반사항의 통보 등) ① 경찰서장은 풍속영업자나 대통령령으로 정하는 종사자가 제3조를 위반하면 그 사 실을 허가관청에 알리고 과세에 필요한 자료를 국세청장에게 통보하여야 한다.
② 제1항에 따른 통보를 받은 허가관청은 그 내용에 따라 허가취소·영업정지·시설개수 명령 등 필요한 행정처분 을 한 후 그 결과를 경찰서장에게 알려야 한다.
③ 경찰청장 및 지방자치단체의 장은 제2항에 따른 행정처분을 받은 풍속영업소에 관한 정보를 공유하기 위하여 정보공유시스템을 구축·운영하여야 한다.

Ⅱ. 벌 칙

제10조(벌칙) ① 제3조제1호를 위반하여 풍속영업소에서 성매매알선등행위를 한 자는 3년 이하의 징역 또는 3천만 원 이하의 벌금에 처한다.

② 제3조제2호부터 제4호까지의 규정을 위반하여 음란행위를 하게 하는 등 풍속영업소에서 준수할 사항을 지키지 아니한 자는 3년 이하의 징역 또는 2천만원 이하의 벌금에 처한다.

제12조(양벌규정) 법인의 대표자나 법인 또는 개인의 대리인, 사용인, 그 밖의 종업원이 그 법인 또는 개인의 업무에 관하여 제10조의 위반행위를 하면 그 행위자를 벌하는 외에 그 법인 또는 개인에게도 해당 조문의 벌금형을 과(科)한다. 다만, 법인 또는 개인이 그 위반행위를 방지하기 위하여 해당 업무에 관하여 상당한 주의와 감독을 게을리하지 아니한 경우에는 그러하지 아니하다.

Ⅲ. 범죄사실

1. 숙박업자의 음란비디오물 관람하게 한 경우

1) 적용법조 : 제10조 제2항, 제3조 제3호 ☞ 공소시효 5년

제3조(준수 사항) 풍속영업을 하는 자(허가나 인가를 받지 아니하거나 등록이나 신고를 하지 아니하고 풍속영업을 하는 자를 포함한다. 이하 "풍속영업자"라 한다) 및 대통령령으로 정하는 종사자는 풍속영업을 하는 장소(이하 "풍속영업소"라 한다)에서 다음 각 호의 행위를 하여서는 아니 된다.
1. 「성매매알선 등 행위의 처벌에 관한 법률」 제2조제1항제2호에 따른 성매매알선등행위
2. 음란행위를 하게 하거나 이를 알선 또는 제공하는 행위
3. 음란한 문서·도화(圖畵)·영화·음반·비디오물, 그 밖의 음란한 물건에 대한 다음 각 목의 행위
　가. 반포(頒布)·판매·대여하거나 이를 하게 하는 행위
　나. 관람·열람하게 하는 행위
　다. 반포·판매·대여·관람·열람의 목적으로 진열하거나 보관하는 행위
4. 도박이나 그 밖의 사행(射倖)행위를 하게 하는 행위

2) 범죄사실 기재례

[기재례1] 음란비디오 상영 (제3조 제3호 나목)

　　피의자는 ○○에서 홍콩여관을 경영하는 풍속영업자이다.
　　풍속영업소에서 음란한 문서·도화(圖畵)·영화·음반·비디오물, 그 밖의 음란한 물건을 관람·열람하게 하는 등의 행위를 하여서는 아니 된다.
　　피의자는 20○○. ○. ○. ○○:○○경 위 여관의 내실에서 그곳에 설치된 비디오기에 일본 남녀가 전라의 상태에서 성교하는 장면 등이 묘사된 "홍콩 꽃나비"라는 제목의 음란비디오물을 녹화하여 위 여관의 각 객실에 설치된 텔레비전 수상기에 방영하게 함으로써 위 여관 108호실에 투숙한 홍길동을 비롯하여 투숙객 30여 명이 이를 관람하게 하였다.

[기재례2] 일본위성 성인채널 (제3조 제3호 나목)

> 피의자는 20○○. ○. ○.부터 ○○에서 ○○모텔이라는 상호로 여관업을 하고 있다.
> 　풍속영업을 영위하는 자는 풍속영업소에서 음란한 문서·도화(圖畵)·영화·음반·비디오물, 그 밖의 음란한 물건을 관람·열람하게 하는 등의 행위를 하여서는 아니 된다.
> 　그럼에도 불구하고 피의자는 20○○. ○. ○.경부터 20○○. ○. ○.경까지 위 모텔의 객실에 일본위성 성인채널을 시청할 수 있는 유료위성 성인방송 타이머 기계를 텔레비전과 연결하여 설치한 후 투숙객으로 하여금 ○○원을 투입하면 남녀의 적나라한 성교 장면이 묘사된 음란한 영상을 관람할 수 있게 하여 풍속영업자의 준수사항을 위반하였다.

3) 신문사항

- 피의자는 풍속영업자인가
- 언제부터 어디에서 어떠한 영업을 하고 있는가(영업사항 조사)
- 투숙객들에게 음란비디오를 방영한 일이 있는가
- 언제 어떤 음란비디오를 방영하였나
- 음란비디오 내용을 알고 있는가
- 어떤 방법으로 방영하였나
- 이러한 음란비디오는 언제 어디에서 구입하였나
- 무엇 때문에 이런 비디오를 방영하였나
- 당시 투숙객은 몇 명 정도 였는가

■ **판례** ■ 　**모텔에 동영상 파일 재생장치인 디빅 플레이어(DivX Player)를 설치하고 투숙객에게 그 비밀번호를 가르쳐 주어 저장된 음란 동영상을 관람하게 한 경우**

[1] 풍속영업의 규제에 관한 법률 제3조 제2호가 규정하는 '비디오물'의 의미
비디오물이란 영화 및 비디오물의 진흥에 관한 법률 제2조 제12호가 규정하는 비디오물, 즉 연속적인 영상이 테이프 또는 디스크 등의 디지털 매체나 장치에 담긴 저작물로서 기계·전기·전자 또는 통신장치에 의하여 재생하여 볼 수 있거나 보고 들을 수 있도록 제작된 것을 말한다. 따라서 게임산업진흥에 관한 법률 제2조 제1호의 규정에 의한 게임물과 컴퓨터프로그램에 의한 것(영화가 수록되어 있지 아니한 것에 한한다)은 제외하는 것으로 해석하는 것이 상당하다.

[2] 위의 사안이 음란한 비디오물을 풍속영업소에서 관람하게 한 행위에 해당하는지 여부(적극)
이는 풍속영업의 규제에 관한 법률 제3조 제2호가 금지하고 있는 음란한 비디오물을 풍속영업소에서 관람하게 한 행위에 해당한다(대법원 2008.8.21. 선고 2008도3975 판결).

■ **판례** ■ 　**유흥주점 여종업원들이 웃옷을 벗고 브래지어만 착용하거나 치마를 허벅지가 다 드러나도록 걷어 올리고 가슴이 보일 정도로 어깨끈을 밑으로 내린 채 손님을 접대한 경우**

[1] 제3조 제1호 에 정한 '음란행위'의 의미 및 풍속영업소에서 이루어진 행위가 형사처벌의 대상이 되는 '음란행위'에 해당하기 위한 요건
'음란행위'란 성욕을 자극하거나 흥분 또는 만족시키는 행위로서 일반인의 정상적인 성적 수치심을 해치고 선량한 성적 도의관념에 반하는 것을 의미하는바, '음란'이라는 개념이 사회와 시

대적 변화에 따라 변동하는 상대적이고도 유동적인 것이며, 음란성에 관한 논의는 자연스럽게 형성·발전되어 온 사회 일반의 성적 도덕관념이나 윤리관념 및 문화적 사조와 직결되고 아울러 개인의 사생활이나 행복추구권 및 다양성과도 깊이 연관되는 문제로서 국가형벌권이 지나치게 적극적으로 개입하기에 적절한 분야가 아니라는 점 등에 비추어 볼 때, 풍속영업을 영위하는 장소에서 이루어진 행위가 형사처벌의 대상이 되는 '음란행위'에 해당한다고 하려면 당해 풍속영업의 종류, 허가받은 영업의 형태, 이용자의 연령 제한이나 장소의 공개 여부, 신체노출로 인한 음란행위에서는 그 시간과 장소, 노출 부위와 방법 및 정도, 그 동기와 경위 등을 종합적으로 고려하여, 그것이 단순히 일반인에게 부끄러운 느낌이나 불쾌감을 준다는 정도를 넘어서서 사회적으로 유해한 영향을 끼칠 위험성이 있다고 평가할 수 있을 정도로 노골적인 방법에 의하여 성적 부위를 노출하거나 성적 행위를 표현한 것으로서, 사회 평균인의 입장에서 성욕을 자극하여 성적 흥분을 유발하고 정상적인 성적 수치심을 해하였다고 평가될 수 있어야 한다.

[2] 위의 행위가 음란행위에 해당하는지 여부(적극)

위 종업원들의 행위와 노출 정도가 형사법상 규제의 대상으로 삼을 만큼 사회적으로 유해한 영향을 끼칠 위험성이 있다고 평가할 수 있을 정도로 노골적인 방법에 의하여 성적 부위를 노출하거나 성적 행위를 표현한 것이라고 단정하기에 부족하다는 이유로, 구 풍속영업의 규제에 관한 법률 제3조 제1호에 정한 '음란행위'에 해당한다(대법원 2009.2.26. 선고 2006도3119 판결)

■ 판례 ■ 음란행위 '알선' 및 '음란행위'의 의미

[1] 풍속영업의 규제에 관한 법률 제3조 제2호에서 정한 음란행위 '알선' 및 '음란행위'의 의미 / 풍속영업을 하는 자의 행위가 '음란행위의 알선'에 해당하는지 판단하는 기준

풍속영업의 규제에 관한 법률(이하 '풍속영업규제법'이라고 한다) 제3조 제2호는 풍속영업을 하는 자에 대하여 '음란행위를 알선하는 행위'를 금지하고 있다. 여기에서 음란행위를 '알선'하였다고 함은 풍속영업을 하는 자가 음란행위를 하려는 당사자 사이에 서서 이를 중개하거나 편의를 도모하는 것을 의미한다. 따라서 음란행위의 '알선'이 되기 위하여 반드시 그 알선에 의하여 음란행위를 하려는 당사자가 실제로 음란행위를 하여야만 하는 것은 아니고, 음란행위를 하려는 당사자들의 의사를 연결하여 더 이상 알선자의 개입이 없더라도 당사자 사이에 음란행위에 이를 수 있을 정도의 주선행위만 있으면 족하다. 한편 풍속영업규제법 제3조 제2호에서 규정하고 있는 '음란행위'란 성욕을 자극하거나 흥분 또는 만족시키는 행위로서 일반인의 정상적인 성적 수치심을 해치고 선량한 성적 도의관념에 반하는 것을 의미한다. 따라서 풍속영업을 하는 자의 행위가 '음란행위의 알선'에 해당하는지 여부는 당해 풍속영업의 종류, 허가받은 영업의 형태, 이용자의 연령 제한이나 장소의 공개 여부, 신체노출 등의 경우 그 시간과 장소, 노출 부위와 방법 및 정도, 그 동기와 경위 등을 종합적으로 고려하여, 사회 평균인의 입장에서 성욕을 자극하여 성적 흥분을 유발하고 정상적인 성적 수치심을 해하였다고 평가될 수 있는 행위, 즉 '음란행위'를 앞서의 법리에서 제시한 바와 같이 '알선'하였다고 볼 수 있는지를 기준으로 판단하여야 한다.

[2] 유흥주점의 업주인 피고인 甲과 종업원인 피고인 乙이 공모하여, 위 주점에 여성용 원피스를 비치해 두고 여성종업원들로 하여금 그곳을 찾아온 남자 손님 3명에게 이를 제공하여 갈아입게 한 다음 접객행위를 하도록 하는 방법으로 음란행위를 알선하였다고 하여 풍속영업의 규제에 관한 법률 위반으로 기소된 사안

풍속영업에 해당하는 유흥주점영업은 유흥종사자를 두거나 유흥시설을 설치할 수 있고 손님이 노래를 부르거나 춤을 추는 행위가 허용되는 영업인데, 이때 유흥종사자란 손님과 함께 술을 마시거나 노래 또는 춤으로 손님의 유흥을 돋우는 부녀자를 말하는 점(식품위생법 시행령 제21조, 제22

조), 피고인들의 영업방식 자체가 유흥주점의 일반적 영업방식으로 보기 어려운 매우 이례적인 것인 점, 특히 여성종업원들은 남자 손님들을 대면하자 곧 여성용 원피스로 갈아입게 하였는데 이는 그 재질이 얇고 미끄러운 소재로 만들어졌을 뿐만 아니라 남성이 입는 경우에도 여유 공간이 남을 정도로 사이즈가 크고 헐렁한 형태로서 남자 손님 3명 중 2명은 속옷을 모두 벗은 채 여성용 원피스를 입은 것을 보면, 단순히 노래와 춤으로 유흥을 즐기기 위한 하나의 방편이라고 보기 어렵고, 남자 손님과 여성종업원이 함께 있었던 방이 폐쇄된 공간이라는 점까지 함께 고려하면, 정상적인 성적 수치심을 무뎌지게 하고 성적 흥분을 의식적으로 유발하고자 한 방식으로 볼 여지가 큰 점, 위와 같은 일련의 과정에다가 남자 손님들이 여성종업원들과 만난 지 채 1시간도 되지 않은 시점에 이루어진 경찰관들의 단속 당시의 현장 상황 등에 비추어 보면, 피고인들이 여성종업원들에게 따르게 한 위와 같은 영업방식이나 행위는 결국 피고인들의 추가 개입이 없더라도 남자 손님들의 성욕을 자극하여 성적 흥분을 유발함으로써 여성종업원들과 음란행위로 나아갈 수 있도록 편의를 도모한 주선행위라고 평가함에 부족함이 없는 점을 종합하면, 피고인들은 풍속영업을 하는 자가 준수하여야 할 금지규범을 어기고 유흥주점의 남자 손님들과 여성종업원들 사이에 서서 음란행위를 알선하였다고 평가함이 타당하다는 이유로, 이와 달리 보아 공소사실을 무죄로 판단한 원심판결에 풍속영업규제법 제3조 제2호에서 정한 음란행위의 알선 등에 관한 법리를 오해한 잘못이 있다. (대법원 2020. 4. 29., 선고, 2017도16995, 판결)

■ 판례 ■ 나이트클럽의 운영자 피고인 甲, 연예부장 피고인 乙, 남성무용수 피고인 丙이 공모하여 클럽 내에서 성행위를 묘사하는 공연을 하는 등 음란행위 영업을 하여 풍속영업의 규제에 관한 법률 위반으로 기소되었는데, 당시 경찰관들이 클럽에 출입하여 피고인 丙의 공연을 촬영한 영상물 및 이를 캡처한 영상사진이 증거로 제출된 사안

나이트클럽(이하 '클럽'이라 한다)의 운영자 피고인 甲, 연예부장 피고인 乙, 남성무용수 피고인 丙이 공모하여 클럽 내에서 성행위를 묘사하는 공연을 하는 등 음란행위 영업을 하여 풍속영업의 규제에 관한 법률 위반으로 기소되었는데, 당시 경찰관들이 클럽에 출입하여 피고인 丙의 공연을 촬영한 영상물 및 이를 캡처한 영상사진이 증거로 제출된 사안에서, 경찰관들은 국민신문고 인터넷사이트에 '클럽에서 남성무용수의 음란한 나체쇼가 계속되고 있다.'는 민원이 제기되자 그에 관한 증거수집을 목적으로 클럽에 출입한 점, 클럽은 영업시간 중에는 출입자격 등의 제한 없이 성인이라면 누구나 출입이 가능한 일반적으로 개방되어 있는 장소인 점, 경찰관들은 클럽의 영업시간 중에 손님들이 이용하는 출입문을 통과하여 출입하였고, 출입 과정에서 보안요원 등에게 제지를 받거나 보안요원이 자리를 비운 때를 노려 몰래 들어가는 등 특별한 사정이 발견되지 않는 점, 피고인 丙은 클럽 내 무대에서 성행위를 묘사하는 장면이 포함된 공연을 하였고, 경찰관들은 다른 손님들과 함께 객석에 앉아 공연을 보면서 불특정 다수의 손님들에게 공개된 피고인 丙의 모습을 촬영한 점에 비추어 보면, 위 촬영물은 경찰관들이 피고인들에 대한 범죄 혐의가 포착된 상태에서 클럽 내에서의 음란행위 영업에 관한 증거를 보전하기 위하여, 불특정 다수에게 공개된 장소인 클럽에 통상적인 방법으로 출입하여 손님들에게 공개된 모습을 촬영한 것이므로, 영장 없이 촬영이 이루어졌더라도 위 촬영물과 이를 캡처한 영상사진은 증거능력이 인정된다는 이유로, 이와 달리 보아 피고인들에 대한 공소사실을 무죄로 판단한 원심판결에 수사기관 촬영물의 증거능력에 관한 법리오해의 잘못이 있다.(대법원 2023. 4. 27. 선고 2018도8161 판결)

2. 성매매 및 음란행위 알선(성매매법 제19조 제2항 제1호 참고)

1) **적용법조** : 제10조 제1항, 제3조 제1호 ☞ 공소시효 5년

2) **범죄사실 기재례**

[기재례1] 숙박업자의 성매매알선행위

> 피의자는 ○○에 있는 풍속영업소인 ○○모텔의 숙박업소 업주이다. 풍속영업소에서 「성매매 알선 등 행위의 처벌에 관한 법률」 호의 규정에 따른 성매매알선 등 행위를 하여서는 아니 된다.
> 그럼에도 불구하고 피의자는 20○○. ○. ○. 22:00경 위 여관에서 피의자가 데리고 온 성매매녀 김삼순(22세)이 그곳을 찾은 투숙객 홍길동과 성매매행위를 하게 하고 그녀가 화대조로 받은 ○○원 중에서 ○○원을 알선 대가로 받는 등 그때부터 20○○. ○. ○.까지 ○○회에 걸쳐 불특정 투숙객들과 성매매행위를 하게 하고 그때마다 ○○만원을 받는 방법으로 성매매행위를 알선하였다.

[기재례2] 증기탕업자의 음란행위 알선

> 피의자는 ○○에서 ○○증기탕이란 상호로 특수목욕장업을 경영하는 풍속영업자이다.
> 피의자는 20○○. ○. ○.부터 20○○. ○. ○.까지 사이에 위 목욕장에서 종업원인 홍길녀(여, 22세) 등 3명을 고용하여 위 업소를 찾는 불특정 다수의 남성을 상대로 위 종업원들이 알몸으로 손님을 마사지하면서 젖가슴과 음부 등으로 손님들의 성기 부위를 자극하여 흥분시켜 음란행위를 하게 하고 그 대가로 1명의 손님으로부터 ○○만원을 받아 그 중 ○만원을 착복하는 방법으로 월평균 ○○만원의 부당이득을 취득하였다.

3) **신문사항(성매매녀 알선)**
   - 피의자는 ○○모텔 종업원인가
   - 언제부터 언제까지 근무하고 있는가
   - 위 여관 규모와 시설
   - 종업원은 모두 몇 명 근무하고 있나
   - 위 여관에서 무슨 일을 하고 있나
   - 풍속업소라는 사실을 아는가
   - 홍길동이 위 여관을 찾아와 성매매녀를 찾은 일이 있는가
   - 그때가 언제인가
   - 성매매녀를 소개시켜 주었나
   - 어떤 성매매녀를 소개시켜주었는가
   - 그 대가로 얼마를 요구하였으며 얼마를 받았는가
   - 성매매녀 김삼순은 어디에 살고 있는가
   - 언제부터 위 여관에서 성매매녀를 소개하여 주었나

3. 음란행위

1) 적용법조 : 제10조 제2항, 제3조 제2호 ☞ 공소시효 5년

2) 범죄사실 기재례

[기재례1] 숙박업소에서 음란행위

> 풍속영업을 하는 자 및 대통령령으로 정하는 종사자는 풍속영업을 하는 장소에서 음란행위를 하게 하거나 이를 알선 또는 제공하는 행위를 하여서는 아니 된다.
>
> 그럼에도 불구하고, 피의자는 20○○.8.3. ○○에서 ○○펜션이라는 상호로 숙박업을 영위하면서, 성적 부위를 클로즈업하여 촬영한 사진으로 홍보 영상을 만들어 게시하고, 여성들의 경우 연회비를 면제하는 등의 방법으로 불특정 다수의 남녀를 회원으로 모집하여 위 장소에 함께 숙박하게 하고, 숙박하는 사람들로 하여금 남녀를 불문하고 성기를 모두 노출한 채 나체로 배드민턴, 일광욕, 물놀이, 캠프파이어, 식사 등을 하게 하였다.
> 이로써 피의자는 풍속영업을 하는 장소에서 음란행위를 하게 하였다.

[기재례2] 숙박업소에서 위성 성인채널 유료 제공

> 피의자는 20○○.○.○. 경부터 20○○.○.○.경까지 ○○에서 피의자가 운영하는 ○○모텔의 객실에 일본 위성 성인채널을 시청할 수 있는 유료 위성 성인방송타이머 기계를 텔레비전과 연결하여 설치한 후 투숙객에게 ○○원을 투입하면 남녀의 적나라한 성교 장면이 묘사된 음란성 영상을 관람할 수 있게 하여 풍속영업자의 준수사항을 위반하였다.

3) 신문사항

- 피의자는 풍속영업자인가
- 언제부터 어디에서 어떠한 영업을 하고 있는가(영업사항 조사)
- 투숙객들의 복장은
- 투숙객들의 숙박형태는
- 투숙객들에 대한 숙박비는
- 투숙객들에게 언제 어떠한 방법으로 영업홍보를 하였는가
- 이러한 영업형태를 투숙객들도 알고 있었는가
- 풍속영업자로서 이러한 행위에 대해 어떻게 생각하는가

■ 판례 ■   음란행위 '알선' 및 '음란행위'의 의미

[1] 풍속영업의 규제에 관한 법률 제3조 제2호에서 정한 음란행위 '알선' 및 '음란행위'의 의미 / 풍속영업을 하는 자의 행위가 '음란행위의 알선'에 해당하는지 판단하는 기준

풍속영업의 규제에 관한 법률(이하 '풍속영업규제법'이라고 한다) 제3조 제2호는 풍속영업을 하는 자에 대하여 '음란행위를 알선하는 행위'를 금지하고 있다. 여기에서 음란행위를 '알선'하였다고 함은 풍속영업을 하는 자가 음란행위를 하려는 당사자 사이에 서서 이를 중개하거나 편의

를 도모하는 것을 의미한다. 따라서 음란행위의 '알선'이 되기 위하여 반드시 그 알선에 의하여 음란행위를 하려는 당사자가 실제로 음란행위를 하여야만 하는 것은 아니고, 음란행위를 하려는 당사자들의 의사를 연결하여 더 이상 알선자의 개입이 없더라도 당사자 사이에 음란행위에 이를 수 있을 정도의 주선행위만 있으면 족하다. 한편 풍속영업규제법 제3조 제2호에서 규정하고 있는 '음란행위'란 성욕을 자극하거나 흥분 또는 만족시키는 행위로서 일반인의 정상적인 성적 수치심을 해치고 선량한 성적 도의관념에 반하는 것을 의미한다. 따라서 풍속영업을 하는 자의 행위가 '음란행위의 알선'에 해당하는지 여부는 당해 풍속영업의 종류, 허가받은 영업의 형태, 이용자의 연령 제한이나 장소의 공개 여부, 신체노출 등의 경우 그 시간과 장소, 노출 부위와 방법 및 정도, 그 동기와 경위 등을 종합적으로 고려하여, 사회 평균인의 입장에서 성욕을 자극하여 성적 흥분을 유발하고 정상적인 성적 수치심을 해하였다고 평가될 수 있는 행위, 즉 '음란행위'를 앞서의 법리에서 제시한 바와 같이 '알선'하였다고 볼 수 있는지를 기준으로 판단하여야 한다.

[2] 유흥주점의 업주인 피고인 甲과 종업원인 피고인 乙이 공모하여, 위 주점에 여성용 원피스를 비치해 두고 여성종업원들로 하여금 그곳을 찾아온 남자 손님 3명에게 이를 제공하여 갈아입게 한 다음 접객행위를 하도록 하는 방법으로 음란행위를 알선하였다고 하여 풍속영업의 규제에 관한 법률 위반으로 기소된 사안

풍속영업에 해당하는 유흥주점영업은 유흥종사자를 두거나 유흥시설을 설치할 수 있고 손님이 노래를 부르거나 춤을 추는 행위가 허용되는 영업인데, 이때 유흥종사자란 손님과 함께 술을 마시거나 노래 또는 춤으로 손님의 유흥을 돕는 부녀자를 말하는 점(식품위생법 시행령 제21조, 제22조), 피고인들의 영업방식 자체가 유흥주점의 일반적 영업방식으로 보기 어려운 매우 이례적인 것인 점, 특히 여성종업원들은 남자 손님들을 대면하자 곧 여성용 원피스로 갈아입게 하였는데 이는 그 재질이 얇고 미끄러운 소재로 만들어졌을 뿐만 아니라 남성이 입는 경우에도 여유 공간이 남을 정도로 사이즈가 크고 헐렁한 형태로서 남자 손님 3명 중 2명은 속옷을 모두 벗은 채 여성용 원피스를 입은 것을 보면, 단순히 노래와 춤으로 유흥을 즐기기 위한 하나의 방편이라고 보기 어렵고, 남자 손님과 여성종업원이 함께 있었던 방이 폐쇄된 공간이라는 점까지 함께 고려하면, 정상적인 성적 수치심을 무뎌지게 하고 성적 흥분을 의식적으로 유발하고자 한 방식으로 볼 여지가 큰 점, 위와 같은 일련의 과정에다가 남자 손님들이 여성종업원들과 만난 지 채 1시간도 되지 않은 시점에 이루어진 경찰관들의 단속 당시의 현장 상황 등에 비추어 보면, 피고인들이 여성종업원들에게 따르게 한 위와 같은 영업방식이나 행위는 결국 피고인들의 추가 개입이 없더라도 남자 손님들의 성욕을 자극하여 성적 흥분을 유발함으로써 여성종업원들과 음란행위로 나아갈 수 있도록 편의를 도모한 주선행위라고 평가함에 부족함이 없는 점을 종합하면, 피고인들은 풍속영업을 하는 자가 준수하여야 할 금지규범을 어기고 유흥주점의 남자 손님들과 여성종업원들 사이에 서서 음란행위를 알선하였다고 평가함이 타당하다는 이유로, 이와 달리 보아 공소사실을 무죄로 판단한 원심판결에 풍속영업규제법 제3조 제2호에서 정한 음란행위의 알선 등에 관한 법리를 오해한 잘못이 있다. (대법원 2020. 4. 29. 선고, 2017도16995, 판결)

4. 업소에서 도박행위

1) 적용법조 : 제10조 제2항, 제3조 제4호 ☞ 공소시효 5년

2) 범죄사실 기재례

> 피의자는 ○○에서 ○○모텔이라는 상호로 여관업을 경영하는 풍속영업자이다.
>
> 풍속영업소에서 도박 기타 사행행위를 하게 하여서는 아니 된다.
>
> 그럼에도 불구하고 피의자는 20○○. ○. ○. ○○:○○경 위 여관 제○○호 객실에 투숙한 피의자 홍길동외 4명이 고스톱을 할 테니 화투 한 목을 달라고 말하면서 만일 단속이 나오면 전화기를 이용하여 신호를 넣어달라고 부탁하고 팁으로 ○○만원을 주자 위 홍길동 등이 도박을 한다는 사실을 알면서도 위 홍길동 등에게 화투를 제공하는 등으로 협력함으로써 위 홍길동 등이 1점당 ○○원짜리의 속칭 "고스톱"이라는 도박을 하게 하였다.

3) 신문사항

- 피의자는 풍속영업자인가
- 언제부터 어디에서 어떠한 영업을 하고 있는가(영업사항 조사)
- 투숙객들에게 화투놀이를 할 수 있도록 한 일이 있는가
- 언제 투숙한 자들인가
- 이들에게 어떻게 화투를 하도록 하였나
- 피의자는 이들에게 화투를 주거 어떠한 대가를 받았나
- 그들은 어떠한 화투놀이를 하였나
- 풍속영업자로서 이러한 행위에 대해 어떻게 생각하는가

■ **판례** ■ **풍속영업자가 풍속영업소에서 일시 오락 정도에 불과한 도박을 하게 한 경우, 풍속영업의규제에관한법률 제3조 제3호 위반죄로 처벌할 수 있는지 여부(소극)**

풍속영업자가 풍속영업소에서 도박을 하게 한 때에는 그것이 일시 오락 정도에 불과하여 형법상 도박죄로 처벌할 수 없는 경우에도 풍속영업자의 준수사항 위반을 처벌하는 풍속영업의규제에관한법률 제10조 제1항, 제3조 제3호의 구성요건 해당성이 있다고 할 것이나, 어떤 행위가 법규정의 문언상 일단 범죄 구성요건에 해당된다고 보이는 경우에도, 그것이 정상적인 생활형태의 하나로서 역사적으로 생성된 사회생활 질서의 범위 안에 있는 것이라고 생각되는 경우에는 사회상규에 위배되지 아니하는 행위로서 그 위법성이 조각되어 처벌할 수 없다(대법원 2004.4.9. 선고 2003도6351 판결).

제 128 장 하 천 법

I. 개념정의

제2조(정의) 이 법에서 사용하는 용어의 정의는 다음과 같다.
1. "하천"이라 함은 지표면에 내린 빗물 등이 모여 흐르는 물길로서 공공의 이해와 밀접한 관계가 있어 제7조제 2항 및 제3항에 따라 국가하천 또는 지방하천으로 지정된 것을 말하며, 하천구역과 하천시설을 포함한다.
2. "하천구역"이라 함은 제10조제1항에 따라 결정된 토지의 구역을 말한다.
3. "하천시설"이라 함은 하천의 기능을 보전하고 효용을 증진하며 홍수피해를 줄이기 위하여 설치하는 다음 각 목의 시설을 말한다. 다만, 하천관리청이 아닌 자가 설치한 시설에 관하여는 하천관리청이 해당 시설을 하천 시설로 관리하기 위하여 그 시설을 설치한 자의 동의를 얻은 것에 한정한다.
   가. 제방·호안(護岸)·수제(水制) 등 물길의 안정을 위한 시설
   나. 댐·하구둑(「방조제관리법」에 따라 설치한 방조제를 포함한다)·홍수조절지·저류지·지하하천·방수로·배수 펌프장(「농어촌정비법」에 따른 농업생산기반시설인 배수장과 「하수도법」에 따른 하수를 배제(排除) 하기 위하여 설치한 펌프장은 제외한다)·수문(水門) 등 하천수위의 조절을 위한 시설
   다. 운하·안벽(岸壁)·물양장(物揚場)·선착장·갑문 등 선박의 운항과 관련된 시설
   라. 그 밖에 대통령령으로 정하는 시설
4. "하천관리청"이라 함은 하천에 관한 계획의 수립과 하천의 지정·사용 및 보전 등을 하는 환경부장관, 특별시 장·광역시장·특별자치시장·도지사·특별자치도지사(이하 "시·도지사"라 한다)를 말한다.
5. "하천공사"라 함은 하천의 기능을 높이거나 자연성을 보전·회복하기 위하여 하천의 신설·증설·개량·보수 및 복원 등을 하는 공사를 말한다.
6. "유지·보수"라 함은 하천의 기능이 정상적으로 유지될 수 있도록 실시하는 점검·정비 등의 활동을 말한다.
7. "수문(水文)조사시설"이라 함은 물의 순환에 관한 자료를 수집하기 위한 시설 및 홍수발생의 예보를 위한 시 설로서 대통령령으로 정하는 시설을 말한다.
8. "하천수"라 함은 하천의 지표면에 흐르거나 하천 바닥에 스며들어 흐르는 물 또는 하천에 저장되어 있는 물 을 말한다.

II. 벌 칙

제93조(벌칙) 정당한 사유 없이 하천시설을 이전 또는 손괴하여 공공의 피해를 발생시키거나 치수에 장해를 일으 킨 자는 10년 이하의 징역 또는 1억원 이하의 벌금에 처한다.
제94조(벌칙) 다음 각 호의 어느 하나에 해당하는 자는 5년 이하의 징역 또는 5천만원 이하의 벌금에 처한다.
1. 제14조제5항에 따른 환경부장관의 조치명령을 이행하지 아니한 자
2. 제33조제1항제5호를 위반하여 토석·모래·자갈을 채취하게 하거나 채취한 자
3. 제39조제1항에 따른 시설을 설치하지 아니한 자
제95조(벌칙) 다음 각 호의 어느 하나에 해당하는 자는 2년 이하의 징역 또는 2천만원 이하의 벌금에 처한다.
1. 제14조제2항에 따른 관리규정의 승인을 얻지 아니하고 하천시설의 운영을 개시한 자

2. 삭제 〈2017.1.17〉
3. 제30조제1항 본문을 위반하여 허가를 받지 아니하고 하천공사를 하거나 하천의 유지·보수를 한 자
4. 거짓이나 그 밖의 부정한 방법으로 제30조제1항 본문, 제33조제1항 또는 제50조제1항에 따른 허가를 받은 자
5. 제33조제1항(제5호는 제외한다)을 위반하여 허가를 받지 아니하고 하천을 점용한 자
6. 제39조제2항에 따른 관리기술자를 두지 아니한 자
7. 삭제 〈2017.1.17〉
8. 제46조(제6호 및 제7호는 제외한다)를 위반하여 하천에 관한 금지행위를 한 자
9. 제50조제1항을 위반하여 허가를 받지 아니하고 하천수를 사용한 자
10. 제69조 또는 제70조에 따른 하천관리청의 명령을 위반한 자
제96조(벌칙) 다음 각 호의 어느 하나에 해당하는 자는 1년 이하의 징역 또는 1천만원 이하의 벌금에 처한다.
1. 하천점용허가를 받아 점용하고 있는 토지 또는 시설을 제33조제5항에 따른 하천관리청의 승인을 받지 아니하고 다른 사람에게 임대하거나 전대한 자
2. 제38조제1항 본문에 따른 허가를 받지 아니하고 같은 항 각 호의 어느 하나를 행한 자
3. 거짓이나 그 밖의 부정한 방법으로 제38조제1항 또는 제75조제3항 단서에 따른 허가를 받은 자
4. 제41조제2항에 따른 환경부장관 또는 하천관리청의 명령을 위반한 자
5. 제47조제1항에 따른 하천의 사용금지 또는 사용제한을 위반하여 하천을 사용한 자
6. 제72조제2항에 따른 하천관리원의 명령을 위반한 자
7. 삭제 〈2009.4.1〉
8. 관할 시장·군수 또는 구청장의 허가를 받지 아니하고 제75조제3항 본문에 따른 행위를 한 자
제97조(양벌규정) 법인의 대표자나 법인 또는 개인의 대리인·사용인 그 밖의 종업원이 그 법인 또는 개인의 업무에 관하여 제93조부터 제96조까지의 위반행위를 한 때에는 행위자를 벌하는 외에 그 법인 또는 개인에 대하여도 각 해당 조의 벌금형을 과(科)한다. 다만, 법인 또는 개인이 그 위반행위를 방지하기 위하여 그 업무에 관하여 상당한 주의와 감독을 게을리하지 아니한 때에는 그러하지 아니하다.

Ⅲ. 소하천정비법과의 관계

제2조(정의) 이 법에서 사용하는 용어의 정의는 다음과 같다.
1. "소하천"이라 함은 하천법의 적용 또는 준용을 받지 아니하는 하천으로서 제3조의 규정에 의하여 그 명칭과 구간이 지정·고시된 것을 말한다.
2. "소하천구역"이란 제3조 의 3 에 따라 결정·고시된 구역을 말한다.
3. "소하천 시설"이란 소하천의 이용·관리를 위하여 설치하는 다음 각 목의 시설을 말한다.
  가. 제방(堤防),호안(護岸)등 물길의 안정을 위한 시설
  나. 보(洑), 수문(水門), 배수펌프장 [제방에 수문 등이 설치되어 소하천과 일체(一體)로 관리할 필요가 있는 시설만을 말한다], 저수지 ,저류지 등 소하천 수위의 조절을 위한 시설
  다. 그 밖에 대통령령으로 정하는 시설
4. "소하천 등 정비"란 다음 각 목의 어느 하나에 해당하는 것의 신설·개축 또는 준설(浚渫)·보수 등에 관한 공사를 말한다.
  가. 소하천
  나. 소하천구역
  다. 소하천시설
  라. 제4조에 따라 지정·고시된 소하천 예정지(이하 "소하천 예정지"라 한다)

Ⅳ. 범죄사실

1. 하천부속물을 이전·손괴

1) **적용법조** : 제93조 ☞ 공소시효 10년

2) **범죄사실 기재례**

> 정당한 사유 없이 하천시설을 이전 또는 손괴하여 공공의 피해를 발생시키거나 치수에 장해를 일으키는 행위를 하여서는 아니된다.
>
> 그럼에도 불구하고 피의자는 20○○. ○. ○. ○○:○○경부터 같은 날 ○○:○○경까지 사이에 ○○에 있는 ○○도지사가 관리하는 지방 1급 하천인 "보성천" 제방에서 그 제방에 차량이 통행할 수 있도록 도로를 만들어 골재 등을 운반하려고 굴착기 등을 사용하여 길이 10m, 폭 3m가량의 도로 두 곳을 만들어 하천부속물인 제방을 손괴하였다.

3) **신문사항**

- 피의자는 하천부속물을 손괴한 일이 있는가
- 언제 어디에 있는 하천인가
- 이 하천은 누가 관리하고 있는지 알고 있는가
- 어떠한 방법으로 손괴하였나(사용한 장비, 인원 등)
- 어느 정도 손괴하였나
- 무엇 때문에 손괴하였나
- 원상복구를 하였는가

2. 무허가 토석 채취 행위

1) 적용법조 : 제94조 제2호, 제33조 제1항 제5호 ☞ 공소시효 7년

제33조(하천의 점용허가 등) ① 하천구역 안에서 다음 각 호의 어느 하나에 해당하는 행위를 하려는 자는 대통령령으로 정하는 바에 따라 하천관리청의 허가를 받아야 한다. 허가받은 사항 중 대통령령으로 정하는 중요한 사항을 변경하려는 경우에도 또한 같다.
1. 토지의 점용
2. 하천시설의 점용
3. 공작물의 신축 · 개축 · 변경
4. 토지의 굴착 · 성토 · 절토, 그 밖의 토지의 형질변경
5. 토석 · 모래 · 자갈의 채취
6. 그 밖에 하천의 보전 · 관리에 장애가 될 수 있는 행위로서 대통령령으로 정하는 행위

2) 범죄사실 기재례

[기재례1] 제94조 제2호, 제33조 제1항 제5호 ☞ 공소시효 7년

하천구역 안에서 토석 · 모래 · 자갈의 채취하려는 자는 하천관리청의 허가를 받아야 한다. 그럼에도 불구하고 피의자는 20○○. ○. ○. 경 허가없이 ○○에 있는 지방 2급 하천인 남대천 변에서 4톤 트럭으로 위 하천구역 내에 있는 자연석 500㎥를 반출함으로써 토석을 채취하였다.

[기재례2] 제95조 제5호, 제33조 제1항 제1호(토지점용), 하천법 제95조 제5호, 제33조 제1항 제3호(공작물 신축) ☞ 공소시효 5년

하천구역 안에서 토지의 점용 또는 공작물의 신축·개축·변경을 하려는 자는 대통령령으로 정하는 바에 따라 하천관리청의 허가를 받아야 한다. 그럼에도 불구하고, 피의자는 허가를 받지 아니한 채 20○○. ○. ○.경부터 ○○부터 ○○까지 걸쳐 있는 국가하천인 ○○강 하류 하천구역 안에서 고기잡이와 조개채취에 필요한 어구 등을 보관할 목적으로 합판과 천막으로 구성된 가건물(면적 : ○○㎡)을 신축하여 이용함으로써 그 무렵부터 20○○. ○. ○.까지 위 하천구역 내 토지를 점용하였다.

3) 신문사항

- 피의자는 하천에서 토석을 채취한 일이 있는가
- 언제 어디에 있는 하천에서
- 그 하천은 누가 관리하고 있는지 알고 있는가
- 어떤 토석을 채취하였나
- 어디에 사용하기 위해 채취하였나
- 하천관리청(국가 또는 시 · 도지사)의 허가를 받았나
- 왜 허가를 받지 않고 채취하였나
- 채취한 산출물은 어떻게 하였나

3. 허가없이 하천점용 행위

1) 적용법조 : 제95조 제5호, 제33조 제1항 제1호 ☞ 공소시효 5년

2) 범죄사실 기재례

[기재례1] 선박이용 건조작업

> 하천구역 안에서 토지를 점용하려는 자는 하천관리청의 허가를 받아야 한다.
> 그럼에도 불구하고 피의자는 20○○. ○. ○. 경부터 20○○. ○. ○. 경까지 허가없이 ○
> ○에 있는 디들강의 하천구역 약 150㎡에서 10톤 규모의 준설선 1척과 5톤 규모의 부선 1척
> 의 건조작업을 계속함으로써 하천구역 내의 토지를 점용하였다.

[기재례2] 차량이용 기념품 판매

> 누구든지 하천구역 안에서 토지의 점용 등을 하고자 하면 관리청의 허가를 받아야 한다.
> 그럼에도 불구하고 피의자는 20○○. ○. ○.경부터 20○○. ○. ○.경까지 허가없이 ○○
> 시 ○○면 ○○리 ○○번지 하천구역 부지를 무단점용하여 (차량번호) 포터 화물차량을 주차
> 하고 차량 적재함에 모래시계 등 기념품을 진열하고, 이를 판매하였다.

■ **판례** ■ 무허가 하천제방축조행위를 구 하천법 제81조 제2호, 제25조 제1항(현행법 제33조 제1항)에 의율한 조치의 당부

관리청의 허가없이 금강 하천구역에 제방을 축조하는 등 하천내의 토지의 성토 및 형상을 변경한 소위에 관하여 하천법 제81조 제2호, 제25조 제1항(현행법 제33조 제1항)에 의율 처단한 것은 정당하다(대법원 1984.7.10. 선고 84도867 판결).

■ **판례** ■ 교량신설공사의 현장소장이 하천을 굴착함에 있어서 하천점용허가를 받아야 하는지 여부(소극)

교량신설 및 석축을 하는 하천공사를 도급받은 공소외 회사의 공사현장소장인 피고인이 위 공사를 함에 있어서는 하천을 굴착점용하지 않을 수 없고 그 점용허가는 공사시행자인 시가 얻어야할 것이며, 동 공사에 예상되는 유수나 용수의 제거방법에 관하여 공사설계예산서에는 물막기, 물푸기 공법을 시사하고 있으나 예산의 범위내에서는 배수로설치 공법을 병용하고 있음이 건축계의일반적인 동향일 뿐 아니라 피고인은 동 배수로설치공법을 병용함에 있어 사전에 본공사 현장감독의 승인을 받았고 굴착한 장소가 위 공사구역내이라면 피고인이 동 굴착에 관하여 하천점용허가를 받아야 할 의무가 없다(대법원 1983.11.8. 선고 82도902 판결).

■ **판례** ■ 토석 사력 기타 하천산출율의 채취와 하천점용

하천법 제25조에서는 하천을 점용하는 자는 관리청의 허가를 받도록 규정하여 하천관리의 적정을 기하고자 한 것으로서 동법 제25조 제1항 및 제4항 동법시행령 제18조의 규정취지를 종합하면 동법 제25조 제1항에서 열거한 8개의 행위는 하천점용의 전형적인 예를 열거한 것으로 볼 수 있고 따라서 동법 제25조 제1항 제6호에서 규정한 하천에서 토석. 사력 기타 대통령령이 정하는 하천산출물의 채취도 하천점용에 해당한다고 보아야 할 것이다(대법원 1974.2.12. 선고 73도3068 판결).

4. 하천구역 안 토지의 형질변경

1) 적용법조 : 제95조 제5호, 제33조 제1항 제4호 ☞ 공소시효 5년

2) 범죄사실 기재례

> 하천구역 안에서 토지의 굴착·성토·절토 기타 토지의 형질변경을 하고자 할 때는 하천 관리청의 허가를 받아야 한다.
> 그럼에도 불구하고 피의자는 200○. ○. ○. 경 허가없이 ○○에 있는 지방 1급 하천인 ○○천의 하천구역 안에 농지조성을 위해 언덕 쪽의 물 흐름을 막은 다음 하천구역 ○○㎡ 를 굴착기 등으로 둑을 쌓고 토사로 농지조성작업을 하여 밭을 만드는 등으로 하천구역 내 토지의 형질을 변경하였다.

3) 신문사항

- 어떤 일을 하고 있는가
- 하천에 농지를 조성한 일이 있는가
- 언제 어디에 있는 하천인가
- 어떤 방법으로 조성하였는가(장비 사용 등)
- 어느 정도 하였나(조성 면적 등)
- 하천 부지라는 것을 알고 있는가
- 하천 점용허가를 받았나
- 하천 형질변경을 받았나
- 무엇 때문에 이런 행위를 하였나

5. 하천에 벌목을 버리는 행위

1) 적용법조 : 제95조 제8호, 제46조 제3호 ☞ 공소시효 5년

> **제46조(하천 안에서의 금지행위)** 누구든지 정당한 사유 없이 하천에서 다음 각 호의 어느 하나에 해당하는 행위를 하여서는 아니 된다.
> 1. 하천의 유수를 가두어 두거나 그 방향을 변경하는 행위
> 2. 하천시설을 망가뜨리거나 망가뜨릴 우려가 있는 행위
> 3. 토석 또는 벌목된 나무토막 등을 버리는 행위
> 4. 하천의 흐름에 영향을 미치는 부유물이나 장애물을 버리는 행위
> 5. 하천을 복개하는 행위. 다만, 하천기본계획에서 정하는 경우로서 도로의 교량을 설치하는 경우는 제외한다.

2) 범죄사실 기재례

> 누구든지 정당한 사유 없이 하천에 토석 또는 벌목된 나무토막 등을 버리는 행위를 하여서는 아니 된다.
> 그럼에도 불구하고 피의자는 20○○. ○. ○. 경 ○○에서 소나무 가지치기를 한 후 그 나뭇가지 약 ○○kg을 인근 ○○하천에 버렸다.

3) 신문사항

- 어떤 일을 하고 있는가
- 소나무 가지치기를 일이 있는가
- 언제 어디에 있는 소나무 가지치기를 하였는가
- 이렇게 가지치기한 나무토막은 어떻게 하였나
- 언제 어디에 있는 하천에 버렸는가
- 그 양이 어느 정도인가
- 왜 하천에 버렸는가

6. 하천관리청의 명령위반

1) 적용법조 : 제95조 제10호, 제69조 제1항 제1호, 제33조 ☞ 공소시효 5년

제69조(법령위반자 등에 대한 처분 등) ① 하천관리청(제46조제6호에 따른 금지행위 위반에 관한 처분 등의 경우에는 시·도지사를 말한다. 이하 제95조제10호에서 같다)은 다음 각 호의 어느 하나에 해당하는 경우에는 이 법에 따른 허가 또는 승인의 취소·변경, 그 효력의 정지, 공사 및 그 밖의 행위의 중지, 공작물 또는 물건의 개축·변경·이전·제거의 조치를 명하거나 그 밖에 필요한 처분을 할 수 있다.
1. 제6조·제14조·제30조·제33조·제38조·제43조·제46조부터 제48조까지·제50조·제52조·제53조 또는 같은 조에 따른 명령이나 이에 따른 처분을 위반한 경우
---

2) 범죄사실 기재례

> 피의자는 하천법이 정한 바에 따른 점용허가 등을 받지 아니한 채 20○○. ○. ○.경 ○○강 하천구역인 ○○에서부터 ○○까지 사이에 ○○ 등을 이용하여 ○○㎡ 규모의 ○○용 창고를 설치하였다.
> 이에 ○○강 하천관리청인 ○○청장이 20○○. ○. ○.부터 20○○. ○. ○.까지 사이에 ○○회에 걸쳐 피의자에게 위 불법시설물의 철거를 명하였으나, 피의자는 이를 이행하지 아니하였다.
> 이로써, 피의자는 하천관리청의 명령을 위반하였다.

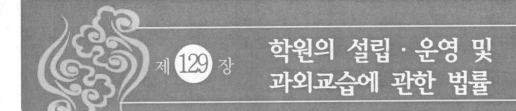

I. 개념정의

제2조(정의) 이 법에서 사용하는 용어의 뜻은 다음과 같다.
1. "학원"이란 사인(私人)이 대통령령으로 정하는 수 이상의 학습자 또는 불특정다수의 학습자에게 30일 이상의 교습과정(교습과정의 반복으로 교습일수가 30일 이상이 되는 경우를 포함한다. 이하 같다)에 따라 지식·기술(기능을 포함한다. 이하 같다)·예능을 교습(상급학교 진학에 필요한 컨설팅 등 지도를 하는 경우와 정보통신기술 등을 활용하여 원격으로 교습하는 경우를 포함한다. 이하 같다)하거나 30일 이상 학습장소로 제공되는 시설을 말한다. 다만, 다음 각 목의 어느 하나에 해당하는 시설은 제외한다.
  가. 「유아교육법」, 「초·중등교육법」, 「고등교육법」, 그 밖의 법령에 따른 학교
  나. 도서관·박물관 및 과학관
  다. 사업장 등의 시설로서 소속 직원의 연수를 위한 시설
  라. 「평생교육법」에 따라 인가·등록·신고 또는 보고된 평생교육시설
  마. 「근로자직업능력 개발법」에 따른 직업능력개발훈련시설이나 그 밖에 평생교육에 관한 다른 법률에 따라 설치된 시설
  바. 「도로교통법」에 따른 자동차운전학원
  사. 「주택법」 제2조제3호에 따른 공동주택에 거주하는 자가 공동으로 관리하는 시설로서 「공동주택관리법」 제14조에 따른 입주자대표회의의 의결을 통하여 영리를 목적으로 하지 아니하고 입주민을 위한 교육을 하기 위하여 설치하거나 사용하는 시설
2. "교습소"란 제4호에 따른 과외교습을 하는 시설로서 학원 및 제1호 각 목의 시설이 아닌 시설을 말한다.
3. "개인과외교습자"란 다음 각 목의 시설에서 교습비등을 받고 과외교습을 하는 자를 말한다.
  가. 학습자의 주거지 또는 교습자의 주거지로서 「건축법」 제2조제2항에 따른 단독주택 또는 공동주택
  나. 제1호사목에 따른 시설
4. "과외교습"이란 초등학교·중학교·고등학교 또는 이에 준하는 학교의 학생이나 학교 입학 또는 학력 인정에 관한 검정을 위한 시험 준비생에게 지식·기술·예능을 교습하는 행위를 말한다. 다만, 다음 각 목의 어느 하나에 해당하는 행위는 제외한다.
  가. 제1호가목부터 바목까지의 시설에서 그 설치목적에 따라 행하는 교습행위
  나. 같은 등록기준지 내의 친족이 하는 교습행위
  다. 대통령령으로 정하는 봉사활동에 속하는 교습행위
5. "학습자"란 다음 각 목의 자를 말한다.
  가. 학원이나 교습소에서 교습을 받는 자
  나. 30일 이상 학습장소로 제공되는 시설을 이용하는 자
  다. 개인과외교습자로부터 교습을 받는 자
6. "교습비등"이란 학습자가 다음 각 목의 자에게 교습이나 학습장소 이용의 대가로 납부하는 수강료·이용료 또는 교습료 등(이하 "교습비"라 한다)과 그 외에 추가로 납부하는 모든 경비(이하 "기타경비"라 한다)를 말한다.
  가. 학원을 설립·운영하는 자(이하 "학원설립·운영자"라 한다)
  나. 교습소를 설립·운영하는 자(이하 "교습자"라 한다)
  다. 개인과외교습자

※ 시행령(대통령령)
제2조(정의등) ① 이 영에서 사용하는 용어의 정의는 다음과 같다.
1. "계열"이란 서로 유사하거나 관련이 있는 교습과정의 집합을 말한다.

2. "교습과정"이란 학원에서 교습하는 교습과목의 집합을 말한다.

3. "교습과목"이란 교습하는 단위 교과를 말한다.

4. "독서실"이란 학습장소로 제공되는 학원인 시설을 말한다.

② 「학원의 설립·운영 및 과외교습에 관한 법률」(이하 "법"이라 한다) 제2조제1호에서 "대통령령으로 정하는 수"란 같은 시간에 교습을 받거나 학습장소로 이용할 수 있는 인원 10명(「장애인 등에 대한 특수교육법」 제15조제1항 각 호의 어느 하나에 해당하는 장애가 있는 사람을 대상으로 하는 경우는 1명)을 말한다

제2조의2(원격교습의 범위) 삭제 〈2021. 6. 1.〉

제3조(과외교습에 해당하지 아니하는 교습행위)

① 법 제2조제4호다목에서 "대통령령으로 정하는 봉사활동에 속하는 교습행위"란 다음 각 호의 어느 하나에 해당하는 교습행위를 말한다.

1. 근로청소년에 대한 교습행위

2. 장애인의 재활을 위한 교습행위

3. 그 밖에 교육과학기술부령으로 정하는 봉사활동에 속하는 교습행위

■ 판례 ■ 구 학원의 설립·운영 및 과외교습에 관한 법률에서 정한 '교습소'의 학습자에 초등학교 취학 전의 유아가 포함되는지 여부(소극)

구 학원의 설립·운영 및 과외교습에 관한 법률(2011. 7. 25. 법률 제10916호로 개정되기 전의 것, 이하 '구 학원법'이라 한다)은 제2조 제2호에서 '교습소'란 제4호에 따른 과외교습을 하는 시설로서 학원이 아닌 시설을 말한다고 규정하고, 같은 조 제4호에서 '과외교습'이란 초등학교·중학교·고등학교 또는 이에 준하는 학교의 학생이나 학교 입학 또는 학력 인정에 관한 검정을 위한 시험 준비생에게 지식·기술·예능을 교습하는 행위를 말한다고 규정하고 있다. 이러한 법령의 내용에 의하면, 구 학원법에서 정하는 '과외교습'의 대상자에는 초등학교 취학 전의 유아가 제외됨이 분명하므로, '과외교습'을 전제로 하고 있는 '교습소'의 학습자에는 초등학교 취학 전의 유아가 포함되지 아니한다.(대법원 2013.12.26. 선고, 2012도1268, 판결)

■ 판례 ■ 스터디카페가 「학원의 설립·운영 및 과외교습에 관한 법률」(이하 '학원법')상 등록을 요하는 독서실인지

[1] '30일 이상 학습장소로 제공되는 시설인 독서실'이 학원의 설립·운영 및 과외교습에 관한 법률상 등록 대상인 학원에 해당하는지 판단하는 방법

학원의 설립·운영 및 과외교습에 관한 법령의 규정 체계와 입법 연혁, '학원'과 '독서실'을 구분하는 타 법령의 규정, 학원(學院)의 사전적 의미 및 학원의 설립·운영 및 과외교습에 관한 법률(이하 '학원법'이라 한다)의 입법 목적 등을 종합적으로 고려하면, '30일 이상 학습장소로 제공되는 시설인 독서실'이 학원법상 등록 대상인 학원에 해당하는지는 그 기능이나 목적이 '지식·기술·예능을 교습하는 시설'에 준할 정도에 이르러야 하는바, 당해 시설의 이용 목적이 학습으로 제한되거나 관리자가 학습 이외의 목적을 위한 이용을 금지하는지, 당해 시설의 구조·비품 등이 주로 학습 환경 조성에 맞추어져 있는지, 학습 이외의 목적으로 이용되는 공간·시설의 존부와 면적, 제공되는 서비스의 내용, 이용자들의 대금 지급 방식과 이용 목적, 그 밖의 이용 실태 등을 종합적으로 고려하여 엄격하게 해석하여야 한다.

[2] 피고인이 학원의 설립·운영 및 과외교습에 관한 법률 제6조 제1항에 따른 등록을 하지 않은 채 학원에 해당하는 독서실인 스터디카페를 운영하였다는 이유로 학원의 설립·운영 및 과외교습에 관한 법률 위반으로 기소된 사안

위 스터디카페 중 '스터디존'의 경우 좌석별로 칸막이가 설치된 책상과 의자가 배치되어 있고, 이용자가 지정한 좌석에 대한 요금을 결제하면 일정 시간 그 좌석을 독점적으로 이용할 수 있다는 측면에서 독서실과 유사한 측면이 있기는 하나, 위 스터디카페에는 '스터디존' 외에도 컴퓨터를 사용할 수 있는 'PC존', 소모임 등을 할 수 있는 '스터디룸'은 물론, 이용자들이 커피나 구운 계란 등 간식을 구매하여 취식할 수 있는 공간도 존재하는 점, 위 스터디카페의 이용 목적이 '학습'으로 제한되어 있다거나 피고인이 위 스터디카페에서 학습 외의 활동을 금지하였다고 볼 자료가 없어, 손님들이 개인적인 업무 처리나 여가시간 활용 등을 위해 '스터디존'을 이용하는 것도 가능했을 것으로 보이는 점, 위 스터디카페의 홍보 전단지에도 '편안하고 쾌적한 분위기'를 강조하면서 '고등학생·대학생, 취업준비생 외에 일반인에게도 시간제로 공간 대여를 하고 소모임 등을 위해 스터디룸을 대여한다.'는 취지로 기재되어 있으며, 실제 여성들이 소모임을 위해 위 스터디룸을 이용한 경우도 있는 것으로 보이는 점 등을 종합하면, 위 스터디카페는 학원법 제2조 제1호가 규정한 '30일 이상 학습장소로 제공되는 시설'에 해당한다고 보기 어려우므로, 이와 달리 본 원심판결에 법리오해의 잘못이 있다.(대법원 2023. 2. 2. 선고 2021도16198 판결)

II. 벌 칙

제22조(벌칙) ① 다음 각 호의 어느 하나에 해당하는 자는 1년 이하의 징역 또는 1천만원 이하의 벌금에 처한다.
　1. 제6조에 따른 등록을 하지 아니하고 학원을 설립·운영한 자
　2. 거짓이나 그 밖의 부정한 방법으로 제6조에 따른 등록을 한 자
　3. 제14조제1항에 따른 신고를 하지 아니하고 교습소를 설립·운영하거나 거짓이나 그 밖의 부정한 방법으로 신고하고 교습소를 설립·운영한 자
　4. 제14조의2제1항에 따른 신고를 하지 아니하거나 거짓이나 그 밖의 부정한 방법으로 신고하고 과외교습을 한 자
② 제3조를 위반하여 과외교습을 한 자는 1년 이하의 금고 또는 1천만원 이하의 벌금에 처한다.
③ 제19조제2항 각 호에 따른 간판이나 그 밖의 표지물의 제거 또는 시설물의 설치를 거부·방해 또는 기피하거나 게시문을 허락받지 아니하고 제거하거나 못쓰게 만든 자는 200만원 이하의 벌금에 처한다.

1. 교원의 과외교습행위

1) 적용법조 : 제22조 제2항, 제3조 ☞ 공소시효 5년

> 제3조(교원의 과외교습 제한) 「초·중등교육법」 제2조, 「고등교육법」 제2조, 그 밖의 법률에 따라 설립된 학교에 소속된 교원(「고등교육법」 제14조제2항에 따른 강사는 제외한다)은 과외교습을 하여서는 아니 된다.

2) 범죄사실 기재례

> 피의자는 ○○에 있는 일등고등학교 수학 담당 교원이다. 초·중등교육법 제2조, 고등교육법 제2조, 그 밖의 법률에 따라 설립된 학교에 소속된 교원은 과외 교습을 하여서는 아니된다.
> 그럼에도 불구하고 피의자는 20○○. ○. ○.경부터 20○○. ○. ○.경까지 사이에 ○○에서 위 고등학교 2학년에 재학 중인 홍길동에게 매일 ○○:○○경부터 ○○:○○경까지 ○시간씩 매월 ○○만원의 보수를 받고 수학 과목의 과외 교습을 하였다.

3) 신문사항

- 피의자는 학교교사인가
- 어느 학교에서 어느 과목을 가르치는가
- 홍길동을 알고 있는가
- 홍길동에게 과외교습을 한 일이 있는가
- 그 장소는
- 언제부터 언제까지 어떤 과목을 교습하였는가
- 어떠한 조건으로(수강료 등)
- 이러한 교습을 위해 준비한 교습시설 및 설비는
- 교사로서 왜 이러한 행위를 하였나

2. 무등록 학원설립

1) 적용법조 : 제22조 제1항 제1호, 제6조 제1항 ☞ 공소시효 5년

> 제6조(학원 설립·운영의 등록) ① 학원을 설립·운영하려는 자는 제8조에 따른 시설과 설비를 갖추어 대통령령
> 으로 정하는 바에 따라 설립자의 인적사항, 교습과정, 강사명단, 교습비등, 시설·설비 등을 학원설립·운영등록
> 신청서에 기재하여 교육감에게 등록하여야 한다. 등록한 사항 중 교습과정, 강사명단, 교습비등, 그 밖에 대통령
> 령으로 정하는 사항을 변경하려는 경우에도 또한 같다. Ⅱ
> ② 숙박시설을 갖춘 학교교과교습학원의 등록은 대통령령으로 정하는 범위에서 관할 지역의 교육여건과 수강생의
> 안전 및 숙박시설의 필요성 등을 고려하여 시·도의 조례로 정하는 기준에 맞는 경우에만 할 수 있다.

2) 범죄사실 기재례

> 피의자는 ○○에서 "○○검정고시원"이라는 상호로 학원을 운영하는 사람이다. 학원을 설립·운
> 영하려는 자는 시설과 설비를 갖추어 대통령령으로 정하는 바에 따라 교육감에게 등록하여야 한다.
> 그럼에도 불구하고 피의자는 20○○. ○. 초순경부터 20○○. ○. ○.까지 사이에 위 장소
> 2층 약 ○○㎡ 강의실 1동에 좌석 ○○석을 설치해 놓고 최기동 등 ○○명에게 월 수강료
> ○○만원씩을 받고 중등 검정고시교습을 하는 학원을 영위하였다.

3) 신문사항

- 피의자는 어디에서 어떠한 일을 하고 있는가
- 피의자가 운영하고 있는 학원의 규모는(면적, 시설, 종업원 수 등)
- 교습과목과 강사는
- ○○교육청에 등록하였는가
- 등록없이 영업한 기간은
- 누구를 상대로 얼마의 수강료를 받았는가
- 월 평균 수입은
- 왜 등록을 하지 않고 영업을 하였나

✱ "학원"이란 사인이 10인 이상의 학습자에게 30일이상의 교습과정(교습과정의 반복으로 교습일
  수가 30일이상이 되는 경우를 포함)에 따라 지식·기술(기능을 포함)·예능을 교습하거나, 30일
  이상 학습장소로 제공되는 시설

■ 판례 ■ 　　甲이 등록하지 아니하고 사교춤인 지터벅(속칭 지루박)을 교습한 경우

[1] 학원의설립·운영및과외교습에관한법률 제2조 제1호가 정한 '학원'의 의미

학원의설립·운영및과외교습에관한법률 제2조 제1호는, '학원'이라 함은 사인이 대통령령이 정하
는 수 이상의 학습자에게 30일 이상의 교습과정(교습과정의 반복으로 교습일수가 30일 이상이 되
는 경우를 포함)에 따라 지식·기술(기능을 포함)·예능을 교습하거나 30일 이상 학습장소로 제공
되는 시설을 말한다고 규정하고 있고, 같은법시행령 제2조 제2항은, 법 제2조 제1호에서 '대통령
령이 정하는 수 이상'이라 함은 같은 시간에 교습을 받거나 학습장소로 이용할 수 있는 인원이 10

인 이상인 경우를 말한다고 규정하고 있는바, 여기서 '같은 시간에 교습을 받거나 학습장소로 이용할 수 있는 인원이 10인 이상인 경우'라 함은, 그 시설규모, 학습내용 등에 비추어 같은 시간에 10인 이상을 교습할 수 있는 시설을 갖추고 있는 것을 말하는 것으로 반드시 같은 시간에 10인 이상이 현실적으로 교습을 받는 것을 요건으로 하는 것은 아니며, '교습과정의 반복으로 교습일수가 30일 이상이 되는 경우'라 함은 교습과정 자체가 30일 이상으로 짜여져 있지 않더라도 동일하거나 동종 또는 유사한 교습과정의 반복으로 교습일수가 현실적으로 30일 이상이 되는 경우를 말하는 것으로 비록 특정인마다의 교습일수가 30일 미만일지라도 다수인에게 현실적으로 반복하여 교습한 교습일수의 합계가 30일 이상이면 반복교습의 요건을 충족하는 것으로 보아야 한다.

[2] 사교춤인 지터벅(속칭 지루박)을 교습하는 무도교습장이 학원의설립·운영및과외교습에관한법률의 적용 대상이 되는 '학원'에 해당하는지 여부

피고인이 체육시설의설치·이용에관한법률 제10조 제1항 제2호, 제2항, 같은법시행령 제7조 [별표 2]의 제9호 소정의 '국제표준무도(볼룸댄스)'에 해당하지 않는 사교춤을 교습한 경우라도 그 시설 및 교습방법이 같은 시간에 10인 이상을 교습할 수 있는 무도교습장 시설을 갖추고, 다수인에게 30일 이상 현실적으로 반복하여 사교춤을 교습한 것으로써 학원의설립·운영및과외교습에관한법률 제2조 제1호, 같은법시행령 제2조 제2항 소정의 '학원'에 해당하는 이상 위 법령 소정의 학원설립등록을 갖추지 아니하고 영업을 하였다면 위 법령 위반이 되고 체육시설의설치·이용에관한법률 제10조 제1항 제2호에서 무도학원업을 신고체육시설업으로 규정하고 있다고 하여 달리 볼 것은 아니다(대법원 2004.12.10. 선고 2004도6717 판결).

■ 판례 ■ 제6조에 의한 등록대상이 되는 학원이 같은법시행령(1999.5.10. 대통령령 제16294호로 개정되기 전의 것) 제5조 제1항 [별표 1] 소정의 교습과정을 가르치거나 그 교습과목의 학습장소로 제공된 시설만을 의미하는 것인지 여부

학원의설립·운영에관한법률 소정의 '학원'이란 사인이 대통령령이 정하는 수 이상의 학습자에게 30일 이상의 교습과정에 따라 지식·기술(기능을 포함한다)·예능을 교습하거나, 30일 이상 학습장소로 제공되는 시설로서(같은 법 제2조 제1호), 학원을 설립·운영하고자 하는 자는 일정한 시설 및 설비를 갖추어 대통령령이 정하는 바에 따라 교육감에게 등록을 하여야 하는데(같은 법 제6조), 학원의 설립 및 운영 등 등록절차에 관하여 규정한 학원의설립·운영에관한법률시행령(1999.5.10. 대통령령 제16294호로 개정되기 전의 것) 제5조 제1항은 같은 법 제6조의 규정에 의한 학원 설립·운영의 등록은 [별표 1]의 규정에 의한 교습과정별로 하여야 한다고 규정한 다음, [별표 1]에서 각 교습과정을 분야별 및 계열별로 분류하여 열거하고, 같은법시행령 제5조 제2항 제2호, 제3항 제3호는 '등록신청서' 및 첨부서류인 '원칙'에 교습과정을 기재하도록 규정하고 있는바, 위와 같은 학원의 설립·운영의 등록에 관한 같은 법 및 같은법시행령의 규정에 따르면 같은 법의 등록대상이 되는 학원은 시행령 [별표 1]에 정하여진 교습과정을 가르치거나 위 교습과목의 학습장소로 제공된 시설만을 의미하는 것으로 제한하여 해석함이 상당하다(대법원 2001.2.23. 선고 99도1172 판결).

■ 판례 ■ 甲이 한국무도교육협회로부터 학원설립인가를 받을 필요가 없다고 한 검찰의 무혐의 결정내용을 통지받고 인가를 받지 않고 사교춤 교습소를 운영한 경우

[1] 강사 없이 혼자 교습행위를 한 학원의 설립·운영자가 같은 법 제2조 제1항 소정의 "사인"에 해당하는지 여부(적극)

법 제2조 제1항 소정의 "사인"에는 학원을 설립·운영하는 사람도 포함되는 것이므로 학원의 설립·운영자가 강사 없이 혼자 교습하였다고 하더라도 위 법조 소정의 "사인"에 해당한다.

[2] 무도장을 체육시설로서가 아니라 예능에 속하는 사교춤의 교습시설로서 설치·운영한 경우 학원의설립·운영에관한법률 제5조 제1항의 등록을 요하는 학원을 설립·운영한 것이 되는지 여부(적극)

무도장을 체육시설의설치·이용에관한법률 제4조 제1항 제2호, 같은법시행령 제3조 소정의 체육시설로서 설치·운영한 것이 아니라 예능에 속하는 사교춤의 교습시설로서 설치·운영한 경우 학원의설립·운영에관한법률 제5조 제1항의 등록을 요하는 학원을 설립·운영한 것이 된다.

[3] 甲이 설립·운영한 시설이 등록대상인지 여부

피고인이 속한 사단법인 한국무도교육협회가 주무관청에 등록되었다 하여도 피고인이 설립·운영한 시설이 학원의설립·운영에관한법률 제5조 제1항 소정의 학원에 해당하면 따로 같은 법조에 의한 등록을 하여야 한다.

[4] 무도교습시설을 설립·운영하고자 하는 자는 학원의설립·운영에관한법률의 규정에 의하여 등록할 필요가 없이 풍속영업의규제에관한법률에 의하여 관할 경찰서장에게 신고하면 족한지 여부(소극)

풍속영업의규제에관한법률 제2조 제5호, 같은법시행령 제2조 제4호 (다)목에 의하면 같은 법의 적용을 받는 풍속영업에서 학원의설립·운영에관한법률 제5조 제1항 제호의 규정에 의한 학원업은 제외되어 있으므로, 무도교습시설을 설립·운영하고자 하는 자는 학원의설립·운영에관한법률의 규정에 의하여 등록할 필요가 없이 풍속영업의규제에 관한 법률에 의하여 관할 경찰서장에게 신고하면 족하다고 할 수 없다.

[5] 甲의 행위가 법률의 착오에 해당하는지 여부

피고인이 한국무도교육협회의 정관에 따라 무도교습소를 운영하였고, 위 협회가 소속회원을 교육함에 있어서는 학원설립인가를 받을 필요가 없다고 한 검찰의 무혐의결정내용을 통지받은 사실만으로 피고인이 인가를 받지 않고 교습소를 운영한 것이 법률의 착오에 해당한다고 볼 수 없다(대법원 1992.8.18. 선고 92도1140 판결).

■ 판례 ■ 학원의 설립·운영 및 과외교습에 관한 법률상 등록 대상이 되는 '학원'의 의미 / 유아나 장애인을 대상으로 교습하는 학원을 제외한 같은 법상 학원에 해당하는 경우, 2011. 7. 25. 개정된 같은 법이 시행된 후에는 초·중등교육법 제2조에 따른 학교의 학생을 대상으로 지식·기술(기능을 포함한다)·예능을 교습하기만 하면 학교교육과정을 교습하지 아니하더라도 학원의 설립·운영 및 과외교습에 관한 법률상 등록 대상이 되는지 여부(적극)

학원의 설립·운영 및 과외교습에 관한 법률(2011. 7. 25. 법률 제10916호로 개정된 것, 이하 '학원법'이라 한다) 제2조 제1호, 제6조, 학원의 설립·운영 및 과외교습에 관한 법률 시행령(2011. 10. 25. 대통령령 제23250호로 개정된 것, 이하 '학원법 시행령'이라 한다) 제3조의3 제1항, 제2항, 제5조 제2항 제3호, 제3항 제3호의 규정 내용에 따르면, 학원법의 등록 대상이 되는 학원은 학원법 시행령 [별표 2]에 정하여진 교습과정 내지 그와 유사하거나 그에 포함된 교습과정을 가르치거나 위 교습과목의 학습장소로 제공된 시설만을 의미하는 것으로 제한하여 해석함이 타당하다.

위 법리와 2011. 7. 25. 개정된 학원법 제2조의2 제1항 제1호, 2011. 10. 25. 개정된 학원법 시행령 [별표 2] 등 규정의 개정 경과 및 내용·취지에 따라 살펴보면, 유아나 장애인을 대상으로 교습하는 학원을 제외한 학원법 소정의 학원, 즉 '30일 이상의 교습과정에 따라 지식·기술(기능을 포함한다, 이하 같다)·예능을 교습하거나 학습장소로 제공되는 시설'이라는 조건을 충족하는 경우, 2011. 7. 25. 학원법이 개정되기 전에는 초·중등교육법 제23조에 따른 학교교육과정을 교습하여야만 '학교교과교습학원'의 범주에 포함되어 학원법상 등록의 대상이 되었으나, 2011. 7. 25. 개정된 학원법이 시행된 후에는 초·중등교육법 제2조에 따른 학교의 학생을 대상으로 지식·기술·예능을 교습하기만 하면 학교교육과정을 교습하지 아니하더라도 '기타분야 기타계열'의 '학교교과교습학원'에 포함되어 학원법상 등록의 대상이 되었다고 보아야 한다.(대법원 2017.2.9. 선고, 2014도13280, 판결)

3. 미신고 교습소 설립 · 운영

1) 적용법조 : 제22조 제1항 제3호, 제14조 제1항 ☞ 공소시효 5년

> 제14조(교습소 설립 · 운영의 신고 등) ① 교습소를 설립 · 운영하려는 자는 대통령령으로 정하는 바에 따라 신고자 및 교습자의 인적사항, 교습소의 명칭 및 위치, 교습과목, 교습비등을 교습소설립 · 운영신고서에 기재하여 교육감에게 신고하여야 한다. 신고한 사항 중 교습자의 인적사항, 교습소의 명칭 및 위치, 교습과목, 교습비등, 그 밖에 대통령령으로 정하는 사항을 변경하려는 경우에도 또한 같다.

2) 범죄사실 기재례

[기재례1] 피아노교습소 운영

> 피의자는 ○○에서 ○○피아노교습소라는 상호로 교습소를 운영하는 사람이다. 교습소를 설립 · 운영하려는 자는 대통령령으로 정하는 바에 따라 교육감에게 신고하여야 한다.
> 그럼에도 불구하고 피의자는 20○○. ○. 초순경부터 20○○. ○. ○. 까지 사이에 위 장소 2층 약 ○○㎡에 피아노 3대를 설치해 놓고 최기동 등 5명에게 월 수강료 ○○만원씩을 받고 피아노교습을 하는 교습소를 운영하였다.

[기재례2] 전통공예교습소 운영

> 교습소를 설립·운영하려는 자는 대통령령으로 정하는 바에 따라 교육감에게 신고하여야 한다.
> 그럼에도 피의자는 관할 교육지원청에 신고를 하지 아니하고 20○○. ○. ○.경부터 20○○. ○. ○.경까지 ○○에 ○○상가건물 3층 ○○㎡의 강의실에 책상 2개, 의자 10개를 설치해 놓고 ○○이라는 상호로 초등학생 ○○명, 일반인 ○○명에게 월 수강료 ○○~○○원을 받고 한지 전통공예교습을 운영하였다.

3) 신문사항

- 피의자는 어디에서 어떠한 일을 하고 있는가
- 피의자가 운영하고 있는 교습소의 규모는(면적, 시설, 종업원 수 등)
- 무엇을 교습하는 거
- ○○교육청에 신고하였는가
- 누구를 상대로 얼마의 수강료를 받았는가
- 월 평균 수입은
- 왜 신고 하지 않고 영업을 하였나

■ 판례 ■ **구 학원의 설립 · 운영 및 과외교습에 관한 법률에서 정한 '교습소'의 학습자에 초등학교 취학 전의 유아가 포함되는지 여부(소극)**

구 학원의 설립 · 운영 및 과외교습에 관한 법률(2011. 7. 25. 법률 제10916호로 개정되기 전의 것, 이하 '구 학원법'이라 한다)은 제2조 제2호에서 '교습소'란 제4호에 따른 과외교습을 하는 시설로서 학원이 아닌 시설을 말한다고 규정하고, 같은 조 제4호에서 '과외교습'이란 초등학교·중학교·고등학교 또는 이에 준하는 학교의 학생이나 학교 입학 또는 학력 인정에 관한 검정을 위한 시험 준비생에게 지식·기술·예능을 교습하는 행위를 말한다고 규정하고 있다. 이러한 법령의 내용에 의하면, 구 학원법에서 정하는 '과외교습'의 대상자에는 초등학교 취학 전의 유아가 제외됨이 분명하므로, '과외교습'을 전제로 하고 있는 '교습소'의 학습자에는 초등학교 취학 전의 유아가 포함되지 아니한다(대법원 2013.12.26. 선고, 2012도1268, 판결).

4. 미신고 개인과외 교습행위

1) 적용법조 : 제22조 제1항 제4호, 제14조의2 제1항 ☞ 공소시효 5년

> 제14조의2(개인과외교습자의 신고 등) ① 개인과외교습을 하려는 자는 대통령령으로 정하는 바에 따라 주소지 관할 교육감에게 교습자의 인적 사항, 교습과목, 교습장소 및 교습비등을 신고하여야 한다. 신고한 사항 중 대통령령으로 정하는 사항을 변경하려는 경우에도 또한 같다. 다만, 「고등교육법」 제2조 또는 개별 법률에 따라 설립된 대학(대학원을 포함한다) 및 이에 준하는 학교에 재적(在籍) 중인 학생(휴학생은 제외한다)은 그러하지 아니하다.

2) 범죄사실 기재례

> 피의자는 ○○대학에 다니고 있는 학생이다. 개인과외 교습을 하려는 자는 주소지 관할 교육감에게 교습자의 인적사항, 교습과목, 교습장소 및 교습료를 신고하여야 한다.
> 그럼에도 불구하고 피의자는 20○○. ○. ○.경부터 20○○. ○. ○.경까지 사이에 ○○에서 신고없이 ○○고등학교 2학년에 재학 중인 홍길동에게 매일 ○○:○○경부터 ○○:○○경까지 ○시간씩 월 ○○만원의 보수를 받고 수학 과목의 과외 교습을 하였다.

3) 신문사항

- 홍길동을 알고 있는가
- 홍길동에게 과외교습을 한 일이 있는가
- 언제부터 언제까지 어떤 과목을 교습하였는가
- 어디에서 하였는가
- 어떠한 조건으로(수강료 등)
- 이러한 교습을 위해 준비한 교습시설 및 설비는
- 개인과외교습 신고를 하였는가
- 왜 신고없이 이러한 행위를 하였나

Ⅰ. 개념정의

제2조(정의) 이 법에서 사용하는 용어의 뜻은 다음과 같다.

1. "화물자동차"란 「자동차관리법」 제3조에 따른 화물자동차 및 특수자동차로서 국토교통부령으로 정하는 자동차를 말한다.

2. "화물자동차 운수사업"이란 화물자동차 운송사업, 화물자동차 운송주선사업 및 화물자동차 운송가맹사업을 말한다.

3. "화물자동차 운송사업"이란 다른 사람의 요구에 응하여 화물자동차를 사용하여 화물을 유상으로 운송하는 사업을 말한다. 이 경우 화주(貨主)가 화물자동차에 함께 탈 때의 화물은 중량, 용적, 형상 등이 여객자동차 운송사업용 자동차에 싣기 부적합한 것으로서 그 기준과 대상차량 등은 국토교통부령으로 정한다.

4. "화물자동차 운송주선사업"이란 다른 사람의 요구에 응하여 유상으로 화물운송계약을 중개·대리하거나 화물자동차 운송사업 또는 화물자동차 운송가맹사업을 경영하는 자의 화물 운송수단을 이용하여 자기 명의와 계산으로 화물을 운송하는 사업(화물이 이사화물인 경우에는 포장 및 보관 등 부대서비스를 함께 제공하는 사업을 포함한다)을 말한다.

5. "화물자동차 운송가맹사업"이란 다른 사람의 요구에 응하여 자기 화물자동차를 사용하여 유상으로 화물을 운송하거나 화물정보망(인터넷 홈페이지 및 이동통신단말장치에서 사용되는 응용프로그램을 포함한다. 이하 같다)을 통하여 소속 화물자동차 운송가맹점(제3조제3항에 따른 운송사업자 및 제40조제1항에 따라 화물자동차 운송사업의 경영의 일부를 위탁받은 사람인 운송가맹점을 말한다)에 의뢰하여 화물을 운송하게 하는 사업을 말한다.

6. "화물자동차 운송가맹사업자"란 제29조제1항에 따라 화물자동차 운송가맹사업의 허가를 받은 자를 말한다.

7. "화물자동차 운송가맹점"이란 화물자동차 운송가맹사업자(이하 "운송가맹사업자"라 한다)의 운송가맹점으로 가입한 자로서 다음 각 목의 어느 하나에 해당하는 자를 말한다.

   가. 운송가맹사업자의 화물정보망을 이용하여 운송 화물을 운송하는 제3조제3항에 따른 운송사업자

   나. 운송가맹사업자의 화물운송계약을 중개·대리하는 제24조제2항에 따른 운송주선사업자

   다. 운송가맹사업자의 화물정보망을 이용하여 운송 화물을 운송하는 자로서 제40조제1항에 따라 화물자동차 운송사업의 경영의 일부를 위탁받은 사람. 다만, 경영의 일부를 위탁한 운송사업자가 화물자동차 운송가맹점으로 가입한 경우는 제외한다.

7의2. "영업소"란 주사무소 외의 장소에서 다음 각 목의 어느 하나에 해당하는 사업을 영위하는 곳을 말한다.

   가. 제3조제1항에 따라 화물자동차 운송사업의 허가를 받은 자 또는 화물자동차 운송가맹사업자가 화물자동차를 배치하여 그 지역의 화물을 운송하는 사업

   나. 제24조제1항에 따라 화물자동차 운송주선사업의 허가를 받은 자가 화물 운송을 주선하는 사업

8. "운수종사자"란 화물자동차의 운전자, 화물의 운송 또는 운송주선에 관한 사무를 취급하는 사무원 및 이를 보조하는 보조원, 그 밖에 화물자동차 운수사업에 종사하는 자를 말한다.

9. "공영차고지"란 화물자동차 운수사업에 제공되는 차고지로서 다음 각 목의 어느 하나에 해당하는 자가 설치한 것을 말한다.

   가. 특별시장·광역시장·특별자치시장·도지사·특별자치도지사(이하 "시·도지사"라 한다)

   나. 시장·군수·구청장(자치구의 구청장을 말한다. 이하 같다)

   다. 「공공기관의 운영에 관한 법률」에 따른 공공기관 중 대통령령으로 정하는 공공기관

   라. 「지방공기업법」에 따른 지방공사

10. "화물자동차 휴게소"란 화물자동차의 운전자가 화물의 운송 중 휴식을 취하거나 화물의 하역(荷役)을 위하여 대기할 수 있도록 「도로법」에 따른 도로 등 화물의 운송경로나 「물류시설의 개발 및 운영에 관한 법률」에 따른 물류시설 등 물류거점에 휴게시설과 차량의 주차·정비·주유(注油) 등 화물운송에 필요한 기능을 제공하기 위하여 건설하는 시설물을 말한다.

11. "화물차주"란 화물을 직접 운송하는 자로서 다음 각 목의 어느 하나에 해당하는 자를 말한다.
    가. 제3조제1항제2호에 따라 개인화물자동차 운송사업의 허가를 받은 자(이하 "개인 운송사업자"라 한다)
    나. 제40조제1항에 따라 경영의 일부를 위탁받은 사람(이하 "위·수탁차주"라 한다)
12. "화물자동차 안전운송원가"란 화물차주에 대한 적정한 운임의 보장을 통하여 과로, 과속, 과적 운행을 방지하는 등 교통안전을 확보하기 위하여 화주, 운송사업자, 운송주선사업자 등이 화물운송의 운임을 산정할 때에 참고할 수 있는 운송원가로서 제5조의2에 따른 화물자동차 안전운임위원회의 심의·의결을 거쳐 제5조의4에 따라 국토교통부장관이 공표한 원가를 말한다.
13. "화물자동차 안전운임"이란 화물차주에 대한 적정한 운임의 보장을 통하여 과로, 과속, 과적 운행을 방지하는 등 교통안전을 확보하기 위하여 필요한 최소한의 운임으로서 제2호에 따른 화물자동차 안전운송원가에 적정 이윤을 더하여 제5조의2에 따른 화물자동차 안전운임위원회의 심의·의결을 거쳐 제5조의4에 따라 국토교통부장관이 공표한 운임을 말하며 다음 각 목으로 구분한다.
    가. 화물자동차 안전운송운임: 화주가 제3조제3항에 따른 운송사업자, 제24조제2항에 따른 운송주선사업자 및 운송가맹사업자(이하 "운수사업자"라 한다) 또는 화물차주에게 지급하여야 하는 최소한의 운임
    나. 화물자동차 안전위탁운임: 운수사업자가 화물차주에게 지급하여야 하는 최소한의 운임

II. 벌 칙

제66조(벌칙) 다음 각 호의 어느 하나에 해당하는 자는 5년 이하의 징역 또는 2천만원 이하의 벌금에 처한다.
1. 제11조제20항(제33조에서 준용하는 경우를 포함한다)에 따른 필요한 조치를 하지 아니하여 사람을 상해(傷害) 또는 사망에 이르게 한 운송사업자
2. 제12조제1항제8호(제33조에서 준용하는 경우를 포함한다)를 위반하여 제11조제20항에 따른 조치를 하지 아니하고 화물자동차를 운행하여 사람을 상해(傷害) 또는 사망에 이르게 한 운수종사자

제66조의2(벌칙) 다음 각 호의 어느 하나에 해당하는 자는 3년 이하의 징역 또는 3천만원 이하의 벌금에 처한다.
1. 제14조제4항(제33조에서 준용하는 경우를 포함한다)을 위반한 자
2. 거짓이나 부정한 방법으로 제43조제2항 또는 제3항에 따른 보조금을 교부받은 자
3. 제44조의2제1항제1호부터 제5호까지의 어느 하나에 해당하는 행위에 가담하였거나 이를 공모한 주유업자등

제67조(벌칙) 다음 각 호의 어느 하나에 해당하는 자는 2년 이하의 징역 또는 2천만원 이하의 벌금에 처한다.
1. 제3조제1항 또는 제3항에 따른 허가를 받지 아니하거나 거짓이나 그 밖의 부정한 방법으로 허가를 받고 화물자동차 운송사업을 경영한 자
1의2. 제5조의5제4항을 위반하여 서로 부정한 금품을 주고받은 자
2. 제11조제4항(제33조에서 준용하는 경우 포함)을 위반하여 자동차관리사업자와 부정한 금품을 주고 받은 운송사업자
3. 제12조제1항제4호(제33조에서 준용하는 경우 포함)를 위반하여 자동차관리사업자와 부정한 금품을 주고 받은 운수종사자
3의2. 제13조제5호 및 제7호에 따른 개선명령을 이행하지 아니한 자
3의3. 제16조제9항을 위반하여 사업을 양도한 자
4. 제24조제1항에 따른 허가를 받지 아니하거나 거짓이나 그 밖의 부정한 방법으로 허가를 받고 화물자동차 운송주선사업을 경영한 자
5. 제25조(제33조에서 준용하는 경우를 포함한다)에 따른 명의이용 금지 의무를 위반한 자
6. 제29조제1항 또는 제2항에 따른 허가를 받지 아니하거나 거짓이나 그 밖의 부정한 방법으로 허가를 받고 화물자동차 운송가맹사업을 경영한 자
6의2. 제47조의4에 따른 화물운송실적관리시스템의 정보를 변경, 삭제하거나 그 밖의 방법으로 이용할 수 없게 한 자 또는 권한 없이 정보를 검색, 복제하거나 그 밖의 방법으로 이용한 자

6의3. 제47조의5를 위반하여 직무와 관련하여 알게 된 화물운송실적관리자료를 다른 사람에게 제공 또는 누설하거나 그 목적 외의 용도로 사용한 자

7. 제56조를 위반하여 자가용 화물자동차를 유상으로 화물운송용으로 제공하거나 임대한 자[법률 제15602호 (2018.4.17) 부칙 제2조의 규정에 의하여 이 조 제1호의2는 2022년 12월 31일까지 유효함]

제68조(벌칙) 다음 각 호의 어느 하나에 해당하는 자는 1년 이하의 징역 또는 1천만원 이하의 벌금에 처한다.

1. 제8조제3항을 위반하여 다른 사람에게 자신의 화물운송 종사자격증을 빌려 준 사람
2. 제8조제4항을 위반하여 다른 사람의 화물운송 종사자격증을 빌린 사람
3. 제8조제5항을 위반하여 같은 조 제3항 또는 제4항에서 금지하는 행위를 알선한 사람

제69조(양벌규정) ① 법인의 대표자, 대리인, 사용인, 그 밖의 종업원이 그 법인의 업무에 관하여 제67조의 위반행위를 하면 그 행위자를 벌할 뿐만 아니라 그 법인에도 해당 조문의 벌금형을 과(科)한다. 다만, 법인이 그 위반행위를 방지하기 위하여 해당 업무에 관하여 상당한 주의와 감독을 게을리하지 아니한 때에는 그러하지 아니하다.

② 개인의 대리인, 사용인, 그 밖의 종업원이 그 개인의 업무에 관하여 제67조의 위반행위를 하면 그 행위자를 벌할 뿐만 아니라 그 개인에게도 해당 조문의 벌금형을 과한다. 다만, 개인이 그 위반행위를 방지하기 위하여 해당 업무에 관하여 상당한 주의와 감독을 게을리하지 아니한 때에는 그러하지 아니하다.

Ⅲ. 범죄사실

1. 무허가 화물자동차운송사업

1) 적용법조 : 제67조 제1호, 제3조 제1항 ☞ 공소시효 5년

제3조(화물자동차 운송사업의 허가 등) ① 화물자동차 운송사업을 경영하려는 자는 국토교통부령으로 정하는 바에 따라 국토교통부장관의 허가를 받아야 한다.
② 제29조제1항에 따라 화물자동차 운송가맹사업의 허가를 받은 자는 제1항에 따른 허가를 받지 아니한다.

2) 범죄사실 기재례

피의자는 (차량번호) 화물자동차 소유자이다. 화물자동차 운송사업을 경영하려는 자는 국토교통부령이 정하는 바에 따라 국토교통부장관의 허가를 받아야 한다.

그럼에도 불구하고 피의자는 20○○. ○. ○. 경부터 20○○. ○. ○. 경까지 사이에 허가 없이 ○○에 있는 피의자 주거지에서 신속운반용달이라는 상호로 생활정보지 "아침시장"에 이삿짐운반광고를 내는 방법으로 홍길동 등 20여명으로부터 1회 운송료 ○○만원을 받고 ○○등지로 이삿짐을 운송해 주는 등 화물자동차운송사업을 영위하였다.

3) 신문사항

- 화물자동차를 소유하고 있는가
- 차량번호와 차종은
- 위 차량을 이용하여 화물운송사업을 한 일이 있는가
- 언제부터 언제까지 하였는가
- 회사 규모는 어느 정도인가(사무실 면적, 지권 수 등)

- 어떤 방법으로 누구를 상대로 하였나
- 행정관청에 운송사업 등록을 하였는가
- 운송료는 얼마씩 받았는가
- 월 수입은 어느 정도였는가
- 왜 등록없이 이런 행위를 하였나

■ 판례 ■ 구 자동차운수사업법 제4조에 의하여 화물자동차 운송사업면허를 받은 자가 그 사업계획을 변경하는 경우, 구 화물자동차운수사업법 부칙 제2조와 상관없이 같은 법 제3조 제2항에 따라 등록하는 것으로 족한지 여부(적극)

구 화물자동차운수사업법(1997.12.13. 법률 제5448호로 개정되기 전의 것) 제3조 제1항, 제2항, 부칙 제2조, 제4조 제1항, 구 자동차운수사업법(1997.12.13. 법률 제5448호 여객자동차운수사업법으로 전문 개정되기 전의 것) 제4조 등의 규정과 그 밖에 관계 법 규정의 내용을 종합하면, 화물자동차운수사업법의 제정에 의하여 구 자동차운수사업법 제4조 및 제13조에서 규정한 화물자동차운수사업의 면허제가 등록제로 전환된 것으로 보이는바, 같은 법 제4조에 의한 화물자동차 운송사업면허를 받은 자는 구 화물자동차운수사업법 시행으로 인하여 새로 등록할 필요 없이 같은 법 부칙 제4조 제1항에 의하여 같은 법 제3조 제1항에 의한 운송사업자 등록을 마친 자로 보게 되는 것이므로, 등록된 운송사업자로서 그 사업계획을 변경하려는 경우에도 같은 법 부칙 제2조의 규정과는 상관없이 역시 같은 법 제3조 제2항에 의하여 등록을 하여야 하고, 또 그것으로 족하다(대법원 1999.4.9. 선고 99두1281 판결).

■ 판례 ■ 화물자동차운수사업법시행규칙이 2001.7.4. 건설교통부령 제288호로 개정된 후 화물자동차를 새로이 화물자동차운송사업을 위한 사업용으로 자동차등록을 할 수 있는지 여부

[1] 구 화물자동차운수사업법 제2조 제1호에 규정된 화물자동차에 해당되지 않는 자동차를 화물자동차운송사업을 위한 사업용으로 자동차등록을 할 수 있는지 여부(소극)

구 화물자동차운수사업법(2002.8.26. 법률 제6731호로 개정되기 전의 것) 제2조 제1호는 같은 법상의 '화물자동차'에 대하여 "자동차관리법 제3조의 규정에 의한 화물자동차 및 특수자동차로서 건설교통부령이 정하는 자동차를 말한다."고 정의하고 있는바, 같은 조 제3호 및 자동차등록령 제17조 제9호의 각 규정 등에 비추어 보면, 같은 법 제2조 제1호의 규정에 의한 화물자동차에 해당되지 않는 자동차는 화물자동차운송사업에 사용할 수 없고, 그에 따라 그러한 자동차는 화물자동차운송사업을 위한 사업용으로 자동차등록을 할 수 없다.

[2] 화물자동차운수사업법시행규칙이 2001.7.4. 건설교통부령 제288호로 개정된 후에 화물적재장치의 바닥면적이 승차장치의 바닥면적보다 넓지 아니한 밴형 화물자동차를 화물자동차운송사업을 위한 사업용으로 자동차등록을 할 수 있는지 여부(소극)

구 화물자동차운수사업법시행규칙(2001.7.4. 건설교통부령 제288호로 개정되기 전의 것) 제3조의 개정 취지 및 부칙 제2항의 규정 취지와 관련 규정에 비추어 보면, 부칙 제2항 소정의 '화물자동차운송사업의 등록신청'은 화물자동차운송사업의 신규등록 신청뿐만 아니라 화물자동차의 증차로 인한 화물자동차운송사업 등록사항의 변경등록 신청 및 화물자동차의 교체로 인한 화물자동차운송사업 등록사항의 변경신고 신청을 포괄하는 것으로 해석함이 상당하고, 따라서 위 시행규칙

의 개정 후에는 화물적재장치의 바닥면적이 승차장치의 바닥면적보다 넓지 아니한 밴형 화물자동차를 새로이 화물자동차운송사업에 사용할 수는 없고, 그에 따라 그러한 밴형 화물자동차를 새로이 화물자동차운송사업을 위한 사업용으로 자동차등록을 할 수는 없다(대법원 2004.6.11. 선고 2002두12892 판결).

2. 무허가 화물자동차운송 주선사업

1) 적용법조 : 제67조 제4호, 제24조 제1항 ☞ 공소시효 5년

> **제24조(화물자동차 운송주선사업의 허가 등)** ① 화물자동차 운송주선사업을 경영하려는 자는 국토교통부령으로 정하는 바에 따라 국토교통부장관의 허가를 받아야 한다. 다만, 제29조제1항에 따라 화물자동차 운송가맹사업의 허가를 받은 자는 허가를 받지 아니한다.

2) 범죄사실 기재례

> 피의자는 ○○에서 '○○익스프레스'라는 상호로 포장이사 등 화물자동차 운송주선사업을 하는 사람이다.
> 화물자동차 운송주선사업을 경영하려는 자는 국토교통부령으로 정하는 바에 따라 국토교통부장관의 허가를 받아야 한다.
> 그럼에도 불구하고 피의자는 허가를 받지 아니하고 20○○. 9. 14.경 위 ○○익스프레스 사무실에서 화주 甲 포장이사 등 부대 서비스 비용 명목으로 ○○만 원을 받고 ○○에서 ○○까지 (차량번호 생략) 등 화물차량 3대를 이용하여 포장, 운송 등 부대 서비스를 제공하는 방법으로 화물자동차운송주선사업을 하였다.

■ **판례** ■   화물자동차 운송사업자나 운송주선사업자가 고유의 사업을 영위하면서 이사화물의 포장 및 부대서비스 등 용역을 제공하는 것이 위법한지 여부(소극) 및 화물자동차 운송사업자가 스스로 인부 등을 고용하여 이사화물의 포장 및 부대서비스 등 용역을 제공하고 자기가 보유한 영업용 화물자동차로 운송을 하는 것이 무허가로 운송주선사업을 한 것인지 여부(소극)

구 화물자동차 운수사업법(2013. 3. 23. 법률 제11690호로 개정되기 전의 것, 이하 '화물자동차법'이라 한다) 제2조 제3호, 제4호, 제3조 제4항, 제24조 제3항, 화물자동차 운수사업법 시행령(이하 '시행령'이라 한다) 제3조, 제9조, 화물자동차 운수사업법 시행규칙(이하 '시행규칙'이라 한다) 제13조 [별표 1], 제38조 [별표 4]와 화물자동차 운수사업의 체계 등을 종합하면, 화물자동차 운송사업(이하 '운송사업'이라 한다)과 화물자동차 운송주선사업(이하 '운송주선사업'이라 한다)은 용어 그대로 각각 화물자동차에 의한 화물(이사화물을 포함)의 운송사업과 운송주선사업을 고유의 업무영역으로 하여 나누어져 있으므로, 운송사업자가 운송주선사업을 영위하거나 운송주선사업자가 운송사업을 영위하면 무허가 행위에 해당하지만, 화물자동차 운수사업에 부대하여 이루어지는 사업, 특히 '이사화물의 포장 및 부대서비스 등 용역'(이하 '이사화물 부대용역'이라 한다)을 제공하는 것은 운송사업자나 운송주선사업자 어느 쪽에 배타적으로 속하는 업무라고 볼 근거는 없다. 시행령 제9조가 운송주선사업의 종류로서 '이사화물 운송주선사업'을 규정하고 업무 내용을 '이사화물을 취급(포장 및 보관 등 부대서비스 포함)하는 주선사업'이라고 규

정하고 있지만, 이를 이사화물 부대용역은 운송주선사업자만이 할 수 있는 배타적 업무영역을 정한 것이라고 한다면, 이는 운송주선사업의 '종류'를 대통령령으로 정하도록 한 화물자동차법 제24조 제3항의 위임 범위를 넘는 것으로서 그 효력이 문제 된다. 따라서 시행령 제9조의 규정은 이사화물 운송주선사업과 일반화물 운송주선사업의 업무 특성의 차이를 고려하여 시행규칙에서 허가기준을 각기 달리 정할 목적으로 사업허가의 종류를 구분한 것일 뿐이고 이사화물 부대사업을 운송주선사업의 배타적 사업영역으로 규정한 취지는 아니라고 법률합치적으로 해석할 것이다. 같은 맥락에서 화물자동차법 제2조 제4호에서 운송주선사업을 정의하면서 '화물자동차 운송사업을 경영하는 자의 화물운송수단을 이용하여 자기 명의와 계산으로 화물을 운송하는 사업'을 사업 내용으로 규정한 것도 운송주선사업자가 화주와 화물 운송계약을 체결한 운송인의 지위에서 다른 운송사업자를 물색하여 화물의 운송을 하도록 하면서 전체 운송계약의 이행은 주선사업자의 명의와 계산으로 하는 것을 의미한다. 그렇지 않고 운송주선사업자는 운송사업 허가 없이도 자기 소유의 화물자동차를 이용하여 운송사업을 할 수 있다고 해석하면, 운송사업과 운송주선사업의 허가기준을 다르게 규정하고 있는 법체계에 맞지 아니하기 때문이다.

이와 같이 볼 때, 운송사업이나 운송주선사업의 허가를 받지 않은 자가 화주와 운송계약을 체결하고 운송사업자를 계약의 이행보조자로 이용하는 것은 운송주선사업의 영역에 속하는 것이므로 위법하고, 마찬가지로 운송사업자가 다른 운송사업자의 화물자동차를 이용하여 화물운송을 하도록 하는 경우에도 운송주선사업에 해당하여 위법이 될 수 있다. 그러나 운송사업자나 운송주선사업자가 고유의 사업을 영위하면서 이사화물 부대사업에 관한 용역을 제공하는 것은 어느 것이나 위법하다고 볼 수 없고, 따라서 운송사업자가 스스로 인부 등을 고용하여 이사화물 부대사업 용역을 제공하고 자기가 보유한 영업용 화물자동차로 운송을 하는 것은 운송사업의 업무영역에 속하는 사업을 하는 것일 뿐 무허가로 운송주선사업을 한 것은 아니다.(대법원 2016. 6. 9. 선고, 2013도13743, 판결)

3. 운송주선사업자의 명의대여

1) 적용법조 : 제67조 제5호, 제25조 ☞ 공소시효 5년

> 제25조(운송주선사업자의 명의이용 금지) 운송주선사업자는 자기 명의로 다른 사람에게 화물자동차 운송주선사업을 경영하게 할 수 없다.

✽ "운송주선사업"이란 타인의 수요에 응하여 유상으로 화물운송계약을 중개·대리하거나 화물자동차운송사업 또는 화물자동차운송가맹사업을 경영하는 자의 화물운송수단을 이용하여 자기의 명의와 계산으로 화물을 운송하는 사업을 말한다.

2) 범죄사실 기재례

> 피의자는 ○○에서 ○○운송주선사업을 운영하는 사람으로서 운송주선사업자는 자기 명의로 다른 사람에게 화물자동차 운송주선사업을 경영하게 할 수 없다.
> 그럼에도 불구하고 피의자는 20○○. ○. ○. 경 피의자 회사 명의를 피의자 乙에게 ○○만원을 받고 대여하여 乙로 하여금 피의자 회사 명의로 운송주선사업을 영위하도록 하였다.

3) 신문사항

- 운송주선사업자 명의가 있는가
- 언제 취득하였는가
- 규모는 어느 정도인가
- 이러한 명의를 다른 사람에게 대여한 일이 있는가
- 누구에게 대여하였는가
- 언제 어떤 조건으로 대여하였는가
- 왜 이러한 행위를 하였는가

4. 자가용 화물자동차의 유상 운송

1) 적용법조 : 제67조 제7호, 제56조 ☞ 공소시효 5년

> 제56조(유상운송의 금지) 자가용 화물자동차의 소유자 또는 사용자는 자가용 화물자동차를 유상(그 자동차의 운행에 필요한 경비를 포함한다)으로 화물운송용으로 제공하거나 임대하여서는 아니 된다. 다만, 국토교통부령으로 정하는 사유에 해당되는 경우로서 시·도지사의 허가를 받으면 화물운송용으로 제공하거나 임대할 수 있다.

2) 범죄사실 기재례

> 피의자는 (차량번호) 자가용 화물차의 소유자이다. 자가용 화물자동차의 소유자 또는 사용자는 자가용 화물자동차를 유상으로 화물 운송용에 제공하거나 임대하여서는 아니 된다.
> 그럼에도 불구하고 피의자는 20○○. ○. ○. ○○:○○경 ○○에 있는 역전시장에서 위 차량에 홍길동의 채소를 ○○○까지 실어다 주고 운임 명목으로 ○○만원을 받아 자가용 화물차를 유상으로 운송용에 제공하였다.

3) 신문사항

- 피의자는 자가용 화물자동차를 소유하고 있는가
- 차종과 차량번호는
- 위 차량을 이용하여 유상운송을 한 일이 있는가
- 언제 어디서 어디까지 하였나
- 어떠한 내용의 유상운송을 하였나
- 어떻게 이러한 운송을 하게 되었나
- 어떠한 조건으로 하였나(운임 등)
- 왜 이러한 행위를 하였나

■ **판례** ■ 　자가용화물자동차 소유자의 유상운송행위의 상대방을, 자가용화물자동차 소유자의 유상운송행위를 금지하는 화물자동차 운수사업법 위반죄의 공범으로 처벌할 수 있는지 여부(소극)

구 화물자동차 운수사업법(2002.8.26. 법률 제6731호로 개정되기 전의 것) 제48조 제4호, 제39조에 의하여 처벌되는 행위인, 자가용화물자동차의 소유자가 유상으로 화물을 운송하는 행위를 함에 있어서는, 자가용화물자동차의 소유자에게 대가를 지급하고 화물의 운송이라는 용역을 제공받는 상대방의 행위의 존재가 반드시 필요하고, 따라서 자가용화물자동차의 소유자에게 대가를 지급하고 의뢰하여 화물의 운송이라는 용역을 제공받는 상대방의 행위가 있을 것으로 당연히 예상되는 바, 이와 같이 자가용화물자동차 소유자의 유상운송이라는 범죄가 성립하는 데 당연히 예상될 뿐만 아니라 위와 같은 범죄의 성립에 없어서는 아니 되는 상대방의 행위를 따로 처벌하는 규정이 없는 이상, 그 입법 취지에 비추어 볼 때, 자가용화물자동차의 소유자에게 대가를 지급하고 운송을 의뢰하여 화물운송이라는 용역을 제공받은 상대방의 행위가, 자가용화물자동차 소유자와의 관계에서, 일반적인 형법 총칙상의 공모, 교사 또는 방조에 해당된다고 하더라도 자가용화물자동차 소유자의 유상운송행위의 상대방을 자가용화물자동차 소유자의 유상운송행위의 공범으로 처벌할 수 없다(대법원 2005.11.25. 선고 2004도8819 판결).

■ **판례** ■ 　구 화물자동차 운수사업법 제48조 제4호, 제39조의 처벌대상인 '자가용화물자동차를 유상으로 화물운송용에 제공하거나 임대하는 행위'의 의미

위 법은 화물의 원활한 운송을 도모함으로써 공공복리의 증진에 기여함을 목적으로 하고 있고(법 제1조), '화물자동차 운수사업'이란 화물자동차 운송사업, 화물자동차 운송주선사업 및 화물자동차 운송가맹사업만을 의미하는 것이어서(법 제2조 제2항) 화물자동차 대여사업은 이에 포함되지 않을 뿐 아니라, 여객자동차 운수사업법 제30조와 그 시행규칙 제67조에서도 화물자동차는 자동차대여사업에 사용할 수 있는 자동차의 범위에 포함되어 있지 않은 점, 화물의 원활한 운송 및 공공복리의 증진이라는 화물자동차 운수사업법의 목적 및 이를 달성하기 위해 국내 물류운송시장의 건전한 발전과 그 과정의 왜곡을 방지하고자 하는 위 규정들의 취지, 그 밖에 관련 법률의 체계와 상호관계 및 화물자동차 운수사업과 관련된 입법정책 등을 종합해 보면, 법 제48조 제4호, 제39조의 처벌대상이 되는 '자가용화물자동차를 유상으로 화물운송용에 제공하거나 임대하는 행위'란 자가용화물자동차를 '유상으로 화물운송용에 제공하는 행위'와 '임대하는 행위'를 의미한다고 보아야 한다.(대법원 2011.4.14. 선고 2008도6693 판결)

제 131 장 화학물질관리법

I. 개념정의

제2조(정의) 이 법에서 사용하는 용어의 뜻은 다음과 같다.
1. "화학물질"이란 원소 · 화합물 및 그에 인위적인 반응을 일으켜 얻어진 물질과 자연 상태에서 존재하는 물질을 화학적으로 변형시키거나 추출 또는 정제한 것을 말한다.
2. "유독물질"이란 유해성(有害性)이 있는 화학물질로서 대통령령으로 정하는 기준에 따라 환경부장관이 정하여 고시한 것을 말한다.
3. "허가물질"이란 위해성(危害性)이 있다고 우려되는 화학물질로서 환경부장관의 허가를 받아 제조, 수입, 사용하도록 환경부장관이 관계 중앙행정기관의 장과의 협의와 「화학물질의 등록 및 평가 등에 관한 법률」 제7조에 따른 화학물질평가위원회의 심의를 거쳐 고시한 것을 말한다.
4. "제한물질"이란 특정 용도로 사용되는 경우 위해성이 크다고 인정되는 화학물질로서 그 용도로의 제조, 수입, 판매, 보관 · 저장, 운반 또는 사용을 금지하기 위하여 환경부장관이 관계 중앙행정기관의 장과의 협의와 「화학물질의 등록 및 평가 등에 관한 법률」 제7조에 따른 화학물질평가위원회의 심의를 거쳐 고시한 것을 말한다.
5. "금지물질"이란 위해성이 크다고 인정되는 화학물질로서 모든 용도로의 제조, 수입, 판매, 보관 · 저장, 운반 또는 사용을 금지하기 위하여 환경부장관이 관계 중앙행정기관의 장과의 협의와 「화학물질의 등록 및 평가 등에 관한 법률」 제7조에 따른 화학물질평가위원회의 심의를 거쳐 고시한 것을 말한다.
6. "사고대비물질"이란 화학물질 중에서 급성독성(急性毒性) · 폭발성 등이 강하여 화학사고의 발생 가능성이 높거나 화학사고가 발생한 경우에 그 피해 규모가 클 것으로 우려되는 화학물질로서 화학사고 대비가 필요하다고 인정하여 제39조에 따라 환경부장관이 지정 · 고시한 화학물질을 말한다.
7. "유해화학물질"이란 유독물질, 허가물질, 제한물질 또는 금지물질, 사고대비물질, 그 밖에 유해성 또는 위해성이 있거나 그러할 우려가 있는 화학물질을 말한다.
8. "유해화학물질 영업"이란 유해화학물질 중 허가물질 및 금지물질을 제외한 나머지 물질에 대한 영업을 말한다.
9. "유해성"이란 화학물질의 독성 등 사람의 건강이나 환경에 좋지 아니한 영향을 미치는 화학물질 고유의 성질을 말한다.
10. "위해성"이란 유해성이 있는 화학물질이 노출되는 경우 사람의 건강이나 환경에 피해를 줄 수 있는 정도를 말한다.
11. "취급시설"이란 화학물질을 제조, 보관 · 저장, 운반(항공기 · 선박 · 철도를 이용한 운반은 제외한다) 또는 사용하는 시설이나 설비를 말한다.
12. "취급"이란 화학물질을 제조, 수입, 판매, 보관 · 저장, 운반 또는 사용하는 것을 말한다.
13. "화학사고"란 시설의 교체 등 작업 시 작업자의 과실, 시설 결함 · 노후화, 자연재해, 운송사고 등으로 인하여 화학물질이 사람이나 환경에 유출 · 누출되어 발생하는 모든의 상황을 말한다.

1. 벌 칙

제57조(벌칙) 업무상 과실 또는 중과실로 화학사고를 일으켜 사람을 사상(死傷)에 이르게 한 자는 10년 이하의 금고나 2억원 이하의 벌금에 처한다.

제58조(벌칙) 다음 각 호의 어느 하나에 해당하는 자는 5년 이하의 징역 또는 1억원 이하의 벌금에 처한다.

1. 제17조제1항에 따른 유해화학물질 취급의 중지명령을 위반하여 그 취급을 중지하지 아니한 자
2. 제18조제1항 본문을 위반하여 금지물질을 취급한 자
2의2. 제18조제4항을 위반하여 제한물질을 취급한 자
3. 제19조를 위반하여 허가를 받지 아니하거나 거짓으로 허가를 받고 허가물질을 제조·수입·사용한 자
3의2. 제23조제1항 및 제4항에 따른 화학사고예방관리계획서를 제출하지 아니하거나 거짓으로 제출한 자
3의3. 제23조의2제1항을 위반하여 화학사고예방관리계획서를 이행하지 아니한 자
3의4. 제23조의3을 위반하여 화학사고예방관리계획서를 고지하지 아니한 자
4. 제28조에 따른 유해화학물질 영업허가를 받지 아니하거나 거짓으로 허가를 받고 유해화학물질을 영업 또는 취급한 자
5. 제34조제1항을 위반하여 사업장의 잔여 유해화학물질을 처분하지 아니한 자
6. 제40조를 위반하여 사고대비물질의 관리기준을 지키지 아니한 자
7. 제46조제1항에 따른 피해의 최소화 및 제거 조치, 복구조치 명령을 이행하지 아니한 자

제59조(벌칙) 다음 각 호의 어느 하나에 해당하는 자는 3년 이하의 징역 또는 5천만원 이하의 벌금에 처한다.

1. 제13조를 위반하여 유해화학물질 취급기준을 지키지 아니한 자
2. 제14조제1항을 위반하여 개인보호장구를 착용하지 아니한 자
3. 제15조제1항을 위반하여 유해화학물질 취급량을 초과하여 진열·보관하거나 같은 조 제2항을 위반하여 보관·저장시설을 보유하지 아니하고 유해화학물질을 진열·보관한 자
4. 제16조제1항 및 제2항에 따른 유해화학물질에 관한 표시를 하지 아니한 자
5. 제20조제1항에 따른 제한물질의 수입허가를 받지 아니하거나 거짓으로 수입허가를 받고 수입한 자
6. 제22조를 위반하여 환각물질을 섭취·흡입하거나 이러한 목적으로 소지한 자 또는 환각물질을 섭취하거나 흡입하려는 자에게 그 사실을 알면서 이를 판매 또는 제공한 자
7. 제24조제5항에 따른 안전진단결과보고서를 제출하지 아니하거나 거짓으로 제출하고 취급시설을 설치·운영한 자
8. 제24조제6항에 따라 적합 판정을 받지 아니하고 취급시설을 설치·운영한 자
9. 제25조에 따른 개선명령 또는 가동중지 명령을 이행하지 아니한 자
10. 제26조제1항을 위반하여 취급시설 및 장비 등을 점검하지 아니하거나 그 결과를 5년간 기록·비치하지 아니한 자
10의2. 제34조제1항 본문을 위반하여 유해화학물질의 취급중단 및 휴업·폐업 시 조치를 하지 아니한 자
11. 제34조제3항에 따른 휴업·폐업 전에 조치명령을 이행하지 아니한 자
12. 제44조의2제2항을 위반하여 가동중지명령을 받은 화학물질 취급시설의 가동을 즉시 중단하지 아니하거나 가동중지명령이 해제되기 전에 해당 화학물질 취급시설을 가동한 자

제60조(벌칙) 제43조제2항에 따라 즉시 신고를 하지 아니한 자는 2년 이하의 징역 또는 1억원 이하의 벌금에 처한다.

제61조(벌칙) 다음 각 호의 어느 하나에 해당하는 자는 1년 이하의 징역 또는 3천만원 이하의 벌금에 처한다.

1. 제19조제5항에 따른 허가조건을 이행하지 하지 아니한 자
2. 제20조제2항에 따른 유독물질 수입신고를 하지 아니하거나 거짓으로 신고하고 수입한 자
3. 제21조제1항 전단에 따른 제한물질의 수출승인을 받지 아니하거나 거짓으로 승인을 받고 수출한 자
3의2. 제23조제3항에 따른 변경된 화학사고예방관리계획서를 제출하지 아니하거나 거짓으로 제출한 자.
3의3. 제23조제7항에 따른 화학사고예방관리계획서를 수정·보완하여 제출하지 아니한 자
3의4. 제23조의2제3항에 따른 시정명령 등에 따르지 아니한 자

4. 제28조제5항 전단에 따른 유해화학물질 영업의 변경허가를 받지 아니하거나 거짓으로 변경허가를 받고 영업을 한 자

5. 제29조의3에 따른 유해화학물질에 해당하는 시험용·연구용·검사용 시약의 판매업 신고를 하지 아니하거나 거짓으로 신고한 자

제62조(벌칙) 다음 각 호의 어느 하나에 해당하는 자는 6개월 이하의 징역 또는 500만원 이하의 벌금에 처한다.

1. 제18조제1항 단서를 위반하여 금지물질의 제조·수입·판매 허가를 받지 아니하거나 거짓으로 허가를 받은 자

2. 제18조제2항에 따른 변경허가를 받지 아니하거나 거짓으로 변경허가를 받고 금지물질을 수입한 자

3. 제21조제1항 후단에 따른 제한물질·금지물질의 수출에 대한 변경승인을 받지 아니하거나 거짓으로 변경승인을 받아 수출한 자

4. 제28조의2를 위반하여 구매자의 실명·연령 확인 또는 본인 인증을 거치지 아니하고 유해화학물질을 판매한 자

제63조(양벌규정) 법인의 대표자나 법인 또는 개인의 대리인, 사용인, 그 밖의 종업원이 그 법인 또는 개인의 업무에 관하여 제57조부터 제62조까지의 어느 하나에 해당하는 위반행위를 하면 그 행위자를 벌하는 외에 그 법인 또는 개인에게도 해당 조문의 벌금형을 과(科)한다. 다만, 법인 또는 개인이 그 위반행위를 방지하기 위하여 해당 업무에 관하여 상당한 주의와 감독을 게을리하지 아니한 경우에는 그러하지 아니하다.

2. 죄명표

죄 명	죄명표시
제43조 제1항	화학물질관리법 위반 (환각물질흡입)
기타	화학물질관리법 위반

III. 범죄사실

1. 유해물질 상차 시 관리책임자 불참

1) 적용법조 : 제59조 제1호, 제13조 제4호 ☞ 공소시효 5년

제13조(유해화학물질 취급기준) 누구든지 유해화학물질을 취급하는 경우에는 다음 각 호의 유해화학물질 취급기준을 지켜야 한다.
1. 유해화학물질 취급시설이 본래의 성능을 발휘할 수 있도록 적절하게 유지·관리할 것
2. 유해화학물질의 취급과정에서 안전사고가 발생하지 아니하도록 예방대책을 강구하고, 화학사고가 발생하면 응급조치를 할 수 있는 방재장비(防災裝備)와 약품을 갖추어 둘 것
3. 유해화학물질을 보관·저장하는 경우 종류가 다른 유해화학물질을 혼합하여 보관·저장하지 말 것
4. 유해화학물질을 차에 싣거나 내릴 때나 다른 유해화학물질 취급시설로 옮길 때에는 해당 유해화학물질 운반자·작업자 외에 제32조에 따른 유해화학물질관리자 또는 유해화학물질관리자가 지정하는 제33조제1항에 따른 유해화학물질 안전교육을 받은 자가 참여하도록 할 것
5. 유해화학물질을 운반하는 사람은 제32조에 따른 유해화학물질관리자 또는 제33조제1항에 따른 유해화학물질 안전교육을 받은 사람일 것
6. 그 밖에 제1호부터 제5호까지의 규정에 준하는 사항으로서 유해화학물질의 안전관리를 위하여 필요하다고 인정하여 환경부령으로 정하는 사항

2) 범죄사실 기재례

피의자 甲은 피의자 乙 주식회사의 환경 안전 담당 과장이자 유해화학물질관리자이다.
누구든지 유해화학물질을 차에 싣거나 내릴 때나 다른 유해화학물질 취급시설로 옮길 때는 해당 유해화학물질 운반자·작업자 외에 유해화학물질 안전교육을 받은 자가 참여하도록 하여야 한다.
가. 피의자 甲
피의자는 20○○. ○. ○. 10:00경 ○○에 있는 피의자 乙 주식회사에서 저장 탱크에 보관하고 있던 유해화학물질인 ○○을 (차량번호) 25톤 탱크로리 차량에 펌프를 이용하여 옮겨 실을 때 참여하지 아니하여 유해화학물질 취급기준을 지키지 아니하였다.
나. 피의자 乙 주식회사
위 피의자 甲이 피의자의 업무에 관하여 위와 같이 위반행위를 하였다.

3) 신문사항

- 유해화학물질 관리자인가
- 유해화학물질을 운반하기 위해 차량에 실은 일이 있는가
- 언제 어디에서 어떤 유해확학물을 실었는가
- 어떤 차량에 무엇 때문에 실었는가
- 이러한 작업을 할 때 참여하였는가
- 왜 참여하지 않았는가

2. 유독물질 표시의무 위반

1) 적용법조 : 제59조 제4호, 제16조 제1항 ☞ 공소시효 5년

제16조(유해화학물질의 표시 등) ① 유해화학물질을 취급하는 자는 해당 유해화학물질의 용기나 포장에 다음 각
호의 사항이 포함되어 있는 유해화학물질에 관한 표시를 하여야 한다. 제조하거나 수입된 유해화학물질을 소량
으로 나누어 판매하려는 경우에도 또한 같다.
1. 명칭: 유해화학물질의 이름이나 제품의 이름 등에 관한 정보
2. 그림문자: 유해성의 내용을 나타내는 그림
3. 신호어: 유해성의 정도에 따라 위험 또는 경고로 표시하는 문구
4. 유해 · 위험 문구: 유해성을 알리는 문구
5. 예방조치 문구: 부적절한 저장 · 취급 등으로 인한 유해성을 막거나 최소화하기 위한 조치를 나타내는 문구
6. 공급자정보: 제조자 또는 공급자의 이름(법인인 경우에는 명칭을 말한다) · 전화번호 · 주소 등에 관한 정보
7. 국제연합번호: 유해위험물질 및 제품의 국제적 운송보호를 위하여 국제연합이 지정한 물질분류번호

2) 범죄사실 기재례

피의자 甲은 ○○에서 도료 및 안료제조판매업을 목적으로 하는 乙주식회사의 이사로서
위 회사의 작업 책임자, 피의자 乙주식회사는 화공약품 등을 취급하는 법인이다.
유독물영업자 및 유독물수입자는 유독물을 제조하거나 수입하면 그 용기나 포장에 해당
유독물에 관한 표시를 하여야 한다.
가. 피의자 甲
피의자는 200○. ○. ○. 경부터 200○. ○. ○.경까지 사이 위 회사에서 유독물인 ○○
약 3톤을 저장 탱크에 보관하면서 유독물에 관한 표시를 하지 아니하였다.
나. 피의자 乙주식회사
위 피의자 甲이 피의자의 업무에 관하여 위와 같이 위반행위를 하였다.

3) 신문사항

- 유독물영업자인가

- 어떤 유독물을 취급하고 있는가

- 회사의 규모는

- 제조하고 있는 유독물의 종류와 그 양은

- 어떤 방법으로 이러한 유독물을 저장하고 있는가

- 이들 유독물에 관한 표시를 하였는가

- 왜 표시를 하지 않았는가

3. 환각물질의 흡입

1) 적용법조 : 제59조 제6호, 제22조 제1항 ☞ 공소시효 5년

> 제22조(환각물질의 흡입 등의 금지) ① 누구든지 흥분·환각 또는 마취의 작용을 일으키는 화학물질로서 대통령령으로 정하는 물질(이하 "환각물질"이라 한다)을 섭취 또는 흡입하거나 이러한 목적으로 소지하여서는 아니 된다.
> ② 누구든지 환각물질을 섭취하거나 흡입하려는 사람에게 그 사실을 알면서도 이를 판매하거나 제공하여서는 아니 된다.

2) 범죄사실 기재례

[기재례1] 공업용 접착제 흡입

> 누구든지 흥분·환각 또는 마취의 작용을 일으키는 화학물질로써 대통령령으로 정하는 물질을 섭취 또는 흡입하거나 이러한 목적으로 소지하여서는 아니 된다.
> 그럼에도 불구하고 피의자들은 20○○. ○. ○. ○○:○○경 ○○에 있는 피의자 甲의 자취방에서 환각물질인 톨루엔이 함유된 공업용 접착제를 비닐봉지에 짜 넣은 다음 그 입구에 코를 대고 번갈아 가며 접착제를 들이마시는 방법으로 약 20분 동안 이를 흡입하였다.

[기재례2] 부탄가스 흡입

> 누구든지 흥분·환각 또는 마취의 작용을 일으키는 화학물질로써 대통령령으로 정하는 물질을 섭취 또는 흡입하거나 이러한 목적으로 소지하여서는 아니 된다.
> 그럼에도 불구하고 피의자는 20○○. ○. ○. 21:00경 ○○에 있는 갑이 운영하는 ○○ 호프집에서 그곳에 있던 '○○' 부탄가스 2통을 차례로 수건으로 감싼 후 주입구에 치아를 대고 눌러 분사되는 가스를 입으로 들이마시는 방법으로 환각물질을 흡입하였다.

3) 환각물질

> ※ **시행령(대통령령)**
> **제11조(환각물질)** 법 제22조제1항에서 "대통령령으로 정하는 물질"이란 다음 각 호의 어느 하나에 해당하는 물질을 말한다.
> 1. 톨루엔, 초산에틸 또는 메틸알코올
> 2. 제1호의 물질이 들어 있는 시너(도료의 점도를 감소시키기 위하여 사용되는 유기용제를 말한다), 접착제, 풍선류 또는 도료
> 3. 부탄가스
> 4. 아산화질소(의료용으로 사용되는 경우는 제외한다)

4) 신문사항

- 피의자는 환각물질을 흡입한 일이 있는가
- 어떠한 환각물질을 흡입하였나
- 언제 어디서 흡입하였나
- 어떠한 방법으로 흡입
- 누구와 같이

- 흡입후 정신상태가 어떠하던가
- 흡입한 환각물질을 언제 어디서 구하였나
- 흡입하고 남은 것은 어떻게 하였나

5) 환각물질 사범 수사 시 감정상 유의사항

① 접착제를 짜 넣은 비닐봉지 및 잔여 접착제 압수
- 접착제 등 환각물질과 이를 짜 넣어 흡입한 비닐봉지를 증거물로 반드시 압수
- 피의자의 승낙을 받아 뇨 10cc이상을 채취하여 압수한 증거물과 같이 국과수에 감정 의뢰하여 톨루엔 검출여부 등 감정
- 감정의뢰시 압수물과 채취한 뇨를 같이 포장할 경우 접착제성분이 뇨에 흡수되어 감정결과가 부정확할 수 있으므로 뇨는 반드시 유리로 된 용기를 사용할 것

② 증거품을 압수하였다고 소변을 감정하지 않은 것은 잘못

③ 압수한 증거품에 대해서는 감정에 앞서 반드시 사진촬영 후 기록에 첨부할 것

■ 판례 ■　유해화학물질관리법 제35조 제1항 및 유해화학물질관리법시행령 제22조의 규정이 법치주의 및 죄형법정주의에 위반되는지 여부(소극)

유해화학물질관리법 제35조 제1항에서 금지하는 환각물질을 구체적으로 명확하게 규정하지 아니하고 다만 그 성질에 관하여 '흥분·환각 또는 마취의 작용을 일으키는 유해화학물질로서 대통령령이 정하는 물질'로 그 한계를 설정하여 놓고, 같은법시행령 제22조에서 이를 구체적으로 규정하게 한 취지는 과학 기술의 급격한 발전으로 말미암아 흥분·환각 또는 마취의 작용을 일으키는 유해화학물질이 수시로 생겨나기 때문에 이에 신속하게 대처하려는 데에 있으므로, 위임의 한계를 벗어난 것으로 볼 수 없고, 한편 그러한 환각물질은 누구에게나 그 섭취 또는 흡입행위 자체가 금지됨이 마땅하므로, 일반적으로 술을 마시는 행위 자체가 금지된 것이 아니라 주취상태에서의 자동차 운전행위만이 금지되는 도로교통법상의 주취상태를 판정하는 혈중알코올농도와 같이 그 섭취 기준을 따로 정할 필요가 있다고 할 수 없으므로, 같은 법 제35조 제1항의 '섭취 또는 흡입'의 개념이 추상적이고 불명확하다거나 지나치게 광범위하다고 볼 수도 없다(대법원 2000. 10.27. 선고 2000도4187 판결).

■ 판례 ■　고시의 변경에 따른 형의 변경이 가벌성 소멸의 경우에 해당되는지 여부(소극)

유해화학물질관리법 제6조 제1항의 신고대상에서 제외되는 화학물질에 관한 환경처 고시의 변경이, 법률이념의 변천으로 종래의 규정에 따른 처벌 자체가 부당하다는 반성적 고려에서 비롯된 것이라기보다는 통관절차의 간소화와 통관업무부담의 경감 등 그때 그때의 특수한 필요에 대처하기 위한 조치에 따른 것이므로, 고시가 변경되기 이전에 범하여진 위반행위에 대한 가벌성이 소멸되는 것은 아니다(대법원 1994.4.12. 선고 94도221 판결).

4. 무허가 유해화학물질 영업

1) 적용법조 : 제58조 제4호, 제28조 제1항 ☞ 공소시효 7년

제28조(유해화학물질 영업허가) ① 유해화학물질 영업을 하려는 자는 환경부령으로 정하는 바에 따라 사업장마다 사전에 다음 각 호의 서류를 제출하여야 한다.
1. 유해화학물질 취급시설의 설치·운영에 관하여 제23조제5항에 따라 적합통보를 받은 화학사고예방관리계획서
2. 유해화학물질 취급시설에 관하여 제24조제6항에 따라 적합 판정을 받은 검사결과서
② 제1항에 따른 서류를 제출한 자는 환경부령으로 정하는 기준에 맞는 유해화학물질별 취급시설·장비 및 기술인력을 갖추어 사업장마다 제27조 각 호의 영업 구분에 따라 환경부장관의 허가를 받아야 한다.
③ 제1항에 따라 서류를 제출한 자는 환경부령으로 정하는 기간 내에 환경부장관의 허가를 받아야 한다. 이 경우 환경부장관은 해당 유해화학물질 취급에 적정한 관리를 위하여 필요한 조건을 붙일 수 있다.
④ 환경부장관은 유해화학물질 영업을 하려는 자가 제1항에 따른 서류제출과 제2항에 따른 취급시설·장비 및 기술인력 등의 요건을 갖추어 허가신청을 할 때에는 지체 없이 허가하여야 한다. 다만, 환경부령으로 정하는 중요 사항이 변경된 경우에는 그러하지 아니하다.
⑤ 제4항에 따른 유해화학물질 영업허가를 받은 자가 허가받은 사항 중 환경부령으로 정하는 중요 사항을 변경하려면 변경허가를 받아야 하고, 그 밖의 사항을 변경하려면 변경신고를 하여야 한다. 이 경우 변경허가나 변경신고의 절차는 환경부령으로 정한다.
⑦ 환경부장관은 제3항에 따른 허가 또는 제5항에 따른 변경허가를 하거나 같은 항에 따른 변경신고를 수리한 경우에는 그 사항을 환경부령으로 정하는 바에 따라 유해화학물질 취급시설의 소재지를 관할하는 소방관서의 장에게 알려야 한다.

2) 범죄사실 기재례

[기재례1] 무허가 유독물판매업

> 피의자는 ○○에서 ○○화학이라는 상호로 유독물판매업에 종사하는 사람으로서 유독물을 판매하는 영업을 하기 위해서는 환경부령이 정하는 바에 의하여 시설·장비·기술인력 등의 요건을 갖추어 환경부장관의 허가를 받아야 한다.
> 그럼에도 불구하고 피의자는 20○○. ○. ○.부터 20○○. ○. ○. 까지 위 업소에서 허가 없이 유독물인 ○○과 ○○ 등 월 ○○원 상당을 판매하여 유독물판매업을 하였다.

[기재례2] 유독물인 사이안화칼륨 판매

> 피의자는 환경부장관에게 유독물판매업 등록을 하지 아니하고, 20○○. 8. 중순경 ○○에 있는 ○○철물점에서, 인터넷상의 '화공 약품'이란 사이트에서 알게 된 성명을 알 수 없는 자로부터 사이안화칼륨(속칭 청산가리) 1kg을 ○○원에 구입한 뒤 불특정 다수인을 상대로 4g당 ○○원에 판매하기로 마음먹었다.
> 피의자는 20○○. 9. 하순 18:00경 ○○에 있는 ○○역 앞 육교계단에서, 성명을 알 수 없는 자(남, 30대 중반)에게 사이안화칼륨 4g을 ○○원을 받고 판매한 것을 비롯하여 그때부터 20○○. 12. 27. 18:00경까지 사이에 별지 범죄일람표 기재와 같이 3회에 걸쳐 총 12g의 사이안화칼륨 ○○원 상당을 판매하였다.

[기재례3] 인터넷카페를 통해 유독물 판매 자살방조(가항 – 형법 제252조 제2항, 제1항)

가. 자살방조

피의자는 20○○. ○. ○.경 인터넷카페에 속칭 자살사이트를 개설한 뒤 이를 운영하여 오던 중 20○○. ○. ○.경 위 인터넷카페에서 위 카페 회원인 피해자 홍길녀와 채팅을 하는 과정에서 피해자로부터 '동네 선배들이 괴롭혀 살고 싶지 않다, 죽고 싶다'라는 말과 함께 청산 칼륨(속칭 청산가리)을 구해달라는 부탁을 받은 바 있어 피해자가 자살할 생각으로 청산 칼륨을 구입하려 한다는 정을 알면서도 이를 도와줄 생각이었다.

피의자는 20○○. ○. ○. 16:00경 ○○에 있는 ○○모텔 2층 호실을 알 수 없는 방에서 피해자에게 필름 통에 담긴 청산 칼륨 25g 상당을 ○○만원을 받고 판매하여 피해자가 같은 날 22:30경 ○○아파트에서 위 청산 칼륨을 먹고 같은 날 22:57경 사망하게 하여 피해자의 자살을 방조하였다.

나. 화학물질관리법 위반

유독물영업을 하고자 하는 자는 환경부령이 정하는 시설을 갖추고 등록을 하여야 한다.

그럼에도 불구하고 피의자는 20○○. ○. ○.경 성명을 알 수 없는 자로부터 구입한 청산 칼륨 중 약 25g을 '가항' 기재와 같이 피해자에게 ○○만원을 받고 판매하고 나머지 청산 칼륨을 불특정다수에게 판매하기 위하여 소지, 보관하는 등 유독물판매업을 하였다.

[기재례4] 거짓으로 영업허가 취득

유독물영업을 하고자 하는 자는 환경부령이 정하는 시설을 갖추고 등록을 하여야 하며 거짓으로 허가를 받아 영업하여서는 아니 된다.

그럼에도 불구하고 피의자는 20○○. ○. ○. ○○군수에게 위 장소에서 톨루엔, 메틸알콜, 크실렌 등 각 40,000ℓ 용량의 저장시설의 제조업을 함에 있어서 실질적으로는 모든 영업을 피의자 본인이 직접 하여야 함에도 본인은 신용불량으로 영업허가 신청을 할 수 없다는 이유로 甲을 신청인으로 하여 거짓으로 영업허가 신청을 한 후 그때부터 20○○. ○. ○.까지 ○○한 유독물제조업을 하였다.

3) 신문사항(미등록)

- 유독물을 판매하고 있는가
- 어디에서 하고 있으며 그 규모는
- 언제부터 언제까지 하였나
- 어떤 유독물 판매를 하였는가
- 누구를 상대로 판매업을 하였나
- 영업허가를 받았는가
- 왜 허가없이 하였나
- 월 매출은 어느 정도였는가

■ 판례 ■　유해화학물질 관리법상 '취급제한물질'을 금지된 특정용도 이외 용도로 제조 · 수입 등을 하는 영업을 하려는 경우, 같은 법 제34조 제1항 본문에서 정한 환경부장관의 허가를 받아야 하는지 여부(적극)

유해화학물질 관리법 제34조 제1항이 정한 취급제한물질영업의 허가와 관련하여, 유해화학물질 관리법은 특정용도로의 제조 · 수입 등이 금지되는 취급제한물질의 경우 금지하고 있는 특정용도로의 제조 · 수입 등의 영업 자체가 허용될 수 없는 것이어서 이는 허가의 여지가 없는 것으로 하고, 금지하고 있는 특정용도 이외 용도로의 제조 · 수입 등의 영업만이 허가를 통하여 허용되는 것으로 정하고 있다고 봄이 상당하다. 따라서 취급제한물질을 금지된 특정용도 이외 용도로 제조 · 수입 등을 하는 영업을 하려는 이는 유해화학물질 관리법 제34조 제1항 본문이 정한 환경부장관의 허가를 받아야 한다(대법원 2013.9.12. 선고, 2012도15043, 판결)

5. 실명확인 없이 유해화학물질 통신판매 행위

1) 적용법조 : 제62조 제4호, 제28조의2 제1항 제1호, 제27조 제2호 ☞ 공소시효 5년

> 제28조의2(유해화학물질 통신판매) ① 다음 각 호의 어느 하나에 해당하는 자가 「전자상거래 등에서의 소비자
> 보호에 관한 법률」에 따른 통신판매를 하는 경우 구매자에 대한 실명·연령 확인 및 본인 인증을 거쳐야 한다.
> 1. 제27조제2호에 따른 유해화학물질 판매업을 하는 자
> 2. 제29조제2호에 따른 유해화학물질에 해당하는 시험용·연구용·검사용 시약을 그 목적으로 판매하는 자
> ② 제1항에 따른 구매자에 대한 실명·연령 확인 및 본인 인증에 필요한 사항은 환경부령으로 정한다.

2) 범죄사실 기재례

> 　피의자 甲은 ○○에서 200○. ○. ○.부터 「전자상거래 등에서의 소비자보호에 관한 법
> 률」에 따른 통신판매를 하는 사람이다.
> 　통신판매를 이용 유해 화학물질을 판매할 경우 구매자에 대한 실명·연령 확인 및 본인
> 인증을 거쳐야 한다.
> 　그럼에도 불구하고 피의자는 200○. ○. ○. 피의자가 운영하는 인터넷 구매사이트인 ○
> ○를 이용하여 갑으로부터 유해 화학물질인 ○○을 ○○원에 구매신청을 받고 구매자의 실
> 명·연령 확인 또는 본인 인증을 거치지 아니하고 유해 화학물질을 판매하였다.

3) 신문사항
- 유독물을 판매하고 있는가
- 어떤 방법으로 판매하는가
- 통신판매 영업허가를 받았는가
- 어디에서 하고 있으며 그 규모는
- 언제부터 언제까지 하였나
- 어떤 유독물 판매를 하였는가
- 누구를 상대로 판매업을 하였나
- 유해화학물질을 통신판매할 경우 실명확인을 하는가
- 어떤 방법으로 하는가
- 갑에게 유해화학물질을 판매한 사실이 있는가
- 언제 어떤 물질을 어떤 방법으로 판매하였는가
- 실명확인을 하였는가
- 왜 실명확인없이 판매 행위를 하였는가
- 월 매출은 어느 정도였는가

I. 개념정의

제2조(정의) 이 법에서 사용하는 용어의 뜻은 다음과 같다.
1. "오염물질"이란 다음 각 목의 어느 하나에 해당하는 물질을 말한다.
    가. 「대기환경보전법」 제2조제1호에 따른 대기오염물질
    나. 「물환경보전법」 제2조제7호에 따른 수질오염물질
    다. 「토양환경보전법」 제2조제2호에 따른 토양오염물질
    라. 「유해화학물질 관리법」 제2조제3호에 따른 유독물
    마. 「하수도법」 제2조제1호·제2호에 따른 오수(汚水)·분뇨 또는 「가축분뇨의 관리 및 이용에 관한 법률」 제2조제2호에 따른 가축분뇨
    바. 「폐기물관리법」 제2조제1호에 따른 폐기물
    사. 「농약관리법」 제2조제1호 및 제3호에 따른 농약 및 원제(原劑)
2. "불법배출"이란 다음 각 목의 어느 하나에 해당하는 행위(제5호가목 또는 나목의 불법배출시설을 운영하는 사업자가 하는 가목 또는 나목의 행위를 포함한다)를 말한다.
    가. 「대기환경보전법」 제31조제1항제1호, 제2호 또는 제5호에 해당하는 행위
    나. 「물환경보전법」 제15조제1항제1호 또는 제38조제1항 및 같은 조 제2항 각 호의 어느 하나에 해당하는 행위
    다. 「폐기물관리법」 제8조제1항 또는 제2항을 위반하여 사업장폐기물을 버리거나 매립(埋立)하는 행위
    라. 「폐기물관리법」 제13조에 따른 기준과 방법에 적합하지 아니하게 폐기물을 매립하거나 수집, 운반, 보관 또는 처리하여 주변 환경을 오염시키는 행위
    마. 「폐기물관리법」 제31조제1항에 따른 관리기준에 적합하지 아니하게 폐기물처리시설을 유지·관리하여 주변 환경을 오염시키는 행위
    바. 「하수도법」 제19조제2항, 제39조제1항, 제43조제2항 또는 「가축분뇨의 관리 및 이용에 관한 법률」 제17조제1항, 제25조제1항을 위반하는 행위
    사. 「수질 및 수생태계 보전에 관한 법률」 제15조제1항제2호 또는 제4호를 위반하는 행위
    아. 「유해화학물질 관리법」 제24조에 따른 유독물 관리기준에 적합하지 아니하게 유독물을 관리함으로써 유독물을 배출·누출하는 행위
    자. 「대기환경보전법」 제16조 또는 제29조제3항에 따른 기준을 초과하여 오염물질을 배출하는 행위
    차. 「물환경보전법」 제32조에 따른 기준을 초과하여 오염물질을 배출하는 행위
    카. 「하수도법」 제7조 또는 「가축분뇨의 관리 및 이용에 관한 법률」 제13조에 따른 기준을 초과하여 오염물질을 배출하는 행위
    타. 「환경오염시설의 통합관리에 관한 법률」 제21조제1항제1호가목·나목, 같은 항 제2호 또는 제3호에 해당하는 행위
3. "배출시설"이란 다음 각 목의 어느 하나에 해당하는 시설을 말한다.
    가. 「대기환경보전법」 제2조제11호에 따른 대기오염물질배출시설
    나. 「물환경보전법」 제2조제10호에 따른 폐수배출시설 또는 같은 조 제11호에 따른 폐수무방류배출시설
    다. 「폐기물관리법」 제2조제8호에 따른 폐기물처리시설
    라. 「가축분뇨의 관리 및 이용에 관한 법률」 제2조제3호에 따른 배출시설
    마. 「토양환경보전법」 제2조제4호에 따른 특정토양오염관리대상시설
4. "영업"이란 다음 각 목의 어느 하나에 해당하는 업(業)을 말한다.

가. 「물환경보전법」 제62조제1항에 따른 폐수처리업

나. 「유해화학물질 관리법」 제20조제1항 각 호의 어느 하나에 해당하는 영업 또는 같은 법 제34조제1항 각
호 및 같은 조 제2항 단서의 어느 하나에 해당하는 영업

다. 「폐기물관리법」 제25조제5항에 따른 폐기물처리업

라. 「하수도법」 제45조제1항, 제53조제1항에 따른 분뇨수집 · 운반업, 개인하수처리시설관리업 또는 「가축분
뇨의 관리 및 이용에 관한 법률」 제28조제2항에 따른 가축분뇨관련영업

마. 「체육시설의 설치 · 이용에 관한 법률」 제10조제1항제1호에 따른 골프장업 또는 스키장업

바. 「식품위생법」 제36조제1항제3호에 따른 식품접객업

사. 「공중위생관리법」 제2조제1항제2호에 따른 숙박업

아. 「관광진흥법」 제3조제1항제2호에 따른 관광숙박업

자. 「골재채취법」 제2조제1항제3호에 따른 골재채취업

5. "불법배출시설"이란 다음 각 목의 어느 하나에 해당하는 시설을 말한다.

가. 제3호 각 목의 법률에 따라 허가 또는 승인을 받거나 신고를 하여야 하는 배출시설로서 허가 또는 승인
을 받지 아니하거나 신고를 하지 아니하고 오염물질을 배출하는 배출시설

나. 제3호 각 목의 법률에 따라 허가 또는 승인이 취소 또는 정지되거나 폐쇄명령을 받은 후 오염물질을 배
출하는 배출시설

다. 제4호 각 목의 법률에 따른 허가를 받지 아니하거나 등록 또는 신고를 하지 아니하고 영업을 하는 건물
이나 그 밖의 시설물

라. 제4호 각 목의 법률에 따라 허가가 취소 또는 정지되거나 폐쇄명령을 받은 후 영업을 하는 건물이나 그
밖의 시설물

마. 법률에 따라 배출시설의 설치가 금지된 지역에 설치된 배출시설 또는 영업이 금지된 지역에서 영업을 하
는 건물이나 그 밖의 시설물

바. 「대기환경보전법」 제31조제1항제2호, 「물환경보전법」 제38조제1항제1호 · 제2호, 같은 조 제2항 각 호의
어느 하나 또는 「가축분뇨의 관리 및 이용에 관한 법률」 제17조제1항제1호 · 제2호에 따른 시설

6. "사업자"란 배출시설이나 불법배출시설을 설치 · 운영하는 자 또는 영업을 하는 자를 말한다.

7. "환경보호지역"이란 다음 각 목의 어느 하나에 해당하는 지역, 구역 또는 섬을 말한다.

가. 「환경정책기본법」 제38조에 따라 지정 · 고시된 특별대책지역

나. 「자연환경보전법」 제2조제12호에 따른 생태 · 경관보전지역, 같은 조 제13호에 따른 자연유보지역 또는 같
은 법 제23조 및 제24조에 따라 지정 · 고시된 시 · 도 생태 · 경관보전지역

다. 「독도 등 도서지역의 생태계보전에 관한 특별법」 제4조에 따라 지정 · 고시된 특정도서(特定島嶼)

라. 「자연공원법」 제2조제1호에 따른 자연공원

마. 「수도법」 제7조에 따라 지정 · 공고된 상수원보호구역

바. 「습지보전법」 제8조에 따라 지정 · 고시된 습지보호지역

사. 「야생생물 보호 및 관리에 관한 법률」 제27조에 따라 지정된 야생생물 특별보호구역 및 같은 법 제33조
에 따라 지정된 야생생물 보호구역

아. 「한강수계 상수원수질개선 및 주민지원 등에 관한 법률」 제4조에 따라 지정 · 고시된 수변구역(水邊區域)

자. 「낙동강수계 물관리 및 주민지원 등에 관한 법률」 제4조에 따라 지정 · 고시된 수변구역

차. 「금강수계 물관리 및 주민지원 등에 관한 법률」 제4조에 따라 지정 · 고시된 수변구역

카. 「영산강 · 섬진강수계 물관리 및 주민지원 등에 관한 법률」 제4조에 따라 지정 · 고시된 수변구역

8. "환경법위반행위"란 다음 각 목의 어느 하나에 해당하는 행위를 말한다.

가. 제3조부터 제9조까지의 규정에 해당하는 행위

나. 「대기환경보전법」 제43조제1항을 위반하여 비산먼지의 발생을 억제하기 위한 시설을 설치하지 아니하거
나 필요한 조치를 하지 아니한 행위. 다만, 시멘트 · 석탄 · 토사(土砂) · 사료 · 곡물 및 고철의 분체(粉體) 상태
물질을 운송한 경우는 제외한다.

다. 「폐기물관리법」 제8조제1항 또는 제2항을 위반하여 생활폐기물을 버리거나 매립 또는 소각하는 행위

II. 벌 칙

제3조(오염물질 불법배출의 가중처벌)

제4조(환경보호지역 오염행위등의 가중처벌)

제5조(과실범) ① 업무상 과실 또는 중대한 과실로 제3조제1항의 죄를 범한 자는 7년 이하의 징역 또는 1억원 이하의 벌금에 처한다.

② 업무상 과실 또는 중대한 과실로 제3조제2항 또는 제4조제3항의 죄를 범한 자는 10년 이하의 징역 또는 1억5천만원 이하의 벌금에 처한다.

③ 업무상 과실 또는 중대한 과실로 제3조제3항의 죄를 범한 자는 3년 이하의 징역 또는 3천만원 이하의 벌금에 처한다.

제6조(멸종위기야생동 · 식물의 포획 등의 가중처벌)

제7조(폐기물불법처리의 가중처벌)단체 또는 집단의 구성원으로서 영리를 목적으로 「폐기물관리법」 제63조의 죄를 범한 자는 2년 이상 10년 이하의 징역과 폐기물을 버리거나 매립함으로 인하여 취득한 가액의 2배 이상 10배 이하에 해당하는 벌금을 병과한다.

제8조(누범의 가중)

제9조(명령 불이행자에 대한 처벌 등) ① 제13조제1항에 따른 명령(철거명령은 제외한다)을 위반한 자는 5년 이하의 징역에 처한다.

② 제13조제1항에 따른 철거명령을 위반한 자 또는 제13조제4항에 따라 설치된 표지판을 제거 · 훼손한 자는 2년 이하의 징역 또는 2천만원 이하의 벌금에 처한다.

제10조(양벌규정) 법인의 대표자나 법인 또는 개인의 대리인, 사용인, 그 밖의 종업원이 그 법인 또는 개인의 업무에 관하여 제5조부터 제7조까지의 어느 하나에 해당하는 위반행위를 하면 그 행위자를 벌하는 외에 그 법인 또는 개인에게도 해당 조문의 벌금형을 과(科)한다. 다만, 법인 또는 개인이 그 위반행위를 방지하기 위하여 해당 업무에 관하여 상당한 주의와 감독을 게을리하지 아니하였을 경우에는 그러하지 아니하다.

III. 범죄사실

1. 오염물질 불법배출행위

1) 적용법조 : 제3조 ☞ 공소시효 10년(제1항), 15년(제2항), 7년(제3항)

제3조(오염물질 불법배출의 가중처벌) ① 오염물질을 불법배출함으로써 사람의 생명이나 신체에 위해를 끼치거나 상수원을 오염시킴으로써 먹는 물의 사용에 위험을 끼친 자는 3년 이상 15년 이하의 유기징역에 처한다.

② 제1항의 죄를 범하여 사람을 죽거나 다치게 한 자는 무기 또는 5년 이상의 유기징역에 처한다.

③ 오염물질을 불법배출한 자로서 다음 각 호의 어느 하나에 해당하거나 「물환경보전법」 제15조제1항제4호를 위반한 자로서 제3호에 해당하는 자는 1년 이상 7년 이하의 징역에 처한다.

1. 농업, 축산업, 임업 또는 원예업에 이용되는 300㎡ 이상의 토지를 해당 용도로 이용할 수 없게 한 자

2. 바다, 하천, 호소(湖沼) 또는 지하수를 별표 1에서 정하는 규모 및 기준 이상으로 오염시킨 자

3. 어패류를 별표 2에서 정하는 규모 이상으로 집단폐사(集團斃死)에 이르게 한 자

2) 범죄사실 기재례

오염물질을 불법배출함으로써 공중의 생명 또는 신체에 위험을 발생시키거나 상수원오염을 초래하여 공중의 식수사용에 위험을 발생시키는 행위를 하여서는 아니 된다.
그럼에도 불구하고 피의자는 환경부장관으로부터 폐수배출시설설치 허가를 받지 아니하고 20○○. ○. ○.경부터 20○○. ○. ○.경까지 피의자 운영의 나염가공업체인 '피포인트' 사업장에 나염제조시설 4대 등을 갖추고 나염의류제조 등 조업을 하는 과정에서 발생한 폐수를 특정수질유해물질인 구리화합물(Cu)이 함유되어 있는 상태 등으로 1일 평균 ○○ℓ 씩 사업장 내 하수관을 통하여 무단으로 오염물질을 불법배출함으로써 공중의 생명 또는 신체에 위험을 발생하게 하였다.

✽ 공중의 생명 또는 신체에 위험을 발생시키거나 상수원오염을 초래하여 공중의 식수사용에 위험을 발생시킨 경우는 특별법인 환경범죄의단속에관한특별조치법을 적용하고 그러지 않을 경우 각(수질, 토양, 대기) 환경보전법을 적용한다.

2. 행정처분 등 명령위반 : 제9조 제1항, 제13조 제1항 ☞ 공소시효 7년

제13조(행정처분 등) ① 환경부장관은 불법배출시설의 소유자 또는 점유자에게 해당 시설의 사용중지, 철거 또는 폐쇄를 명할 수 있다.

3. 환경보호구역 오염행위

제4조(환경보호지역 오염행위 등의 가중처벌) ① 환경보호지역에서 제3조제1항부터 제3항까지의 죄를 범한 자에 대하여는 해당 형(刑)의 2분의 1까지 가중할 수 있다.
② 환경보호지역에서 「자연환경보전법」 제15조제1항제2호(「자연환경보전법」 제22조제2항에서 준용하는 경우를 포함한다), 「독도 등 도서지역의 생태계보전에 관한 특별법」 제8조제1항제3호, 「자연공원법」 제23조제1항제3호(공원구역 중 공원자연보존지구와 공원자연환경지구의 경우만 해당한다), 「습지보전법」 제13조제1항제1호 또는 「수도법」 제7조제4항제3호를 위반하여 토지를 300㎡ 이상 형질변경한 자는 2년 이상 15년 이하의 유기징역에 처한다.
③ 오염물질을 불법배출하거나 제2항의 죄를 범하여 환경보호지역을 그 설정 또는 지정의 목적을 상실하게 할 정도에 이르게 한 자는 5년 이상의 유기징역에 처한다.

4. 멸종위기야생동식물의 포획

제6조(멸종위기 야생생물의 포획 등의 가중처벌) 매매를 목적으로 「야생생물 보호 및 관리에 관한 법률」 제67조, 제68조제1항제1호부터 제3호까지 또는 제69조제1항제1호의 죄를 범한 자는 같은 법 각 해당 조에서 정한 징역과 매매로 인하여 취득하였거나 취득할 수 있는 가액(價額)의 2배 이상 10배 이하에 해당하는 벌금을 병과(倂科)한다

제 133 장 후천성면역결핍증 예방법

I. 개념정의

제2조(정의) 이 법에서 사용하는 용어의 뜻은 다음과 같다.
  1. "감염인"이란 인체면역결핍바이러스에 감염된 사람을 말한다.
  2. "후천성면역결핍증환자"란 감염인 중 대통령령으로 정하는 후천성면역결핍증 특유의 임상증상이 나타난 사람을 말한다.
※ 시행령(대통령령)
제2조(임상증상) 법 제2조제2호에서 "대통령령으로 정하는 후천성면역결핍증 특유의 임상증상"이란 세포면역기능에 결함이 있고, 주폐포자충폐렴(住肺胞子蟲肺炎), 결핵 등의 기회감염 또는 기회질환이 있는 경우를 말한다.

II. 벌 칙

제25조(벌칙) 다음 각 호의 어느 하나에 해당하는 사람은 3년 이하의 징역에 처한다.
  1. 제9조제3항을 위반하여 혈액·수입 혈액제제·장기·조직·정액 또는 매개체를 유통·판매하거나 사용한 사람
  2. 제19조를 위반하여 전파매개행위를 한 사람
제26조(벌칙) 다음 각 호의 어느 하나에 해당하는 자는 3년 이하의 징역 또는 1천만원 이하의 벌금에 처한다.
  1. 제7조를 위반하여 비밀을 누설한 사람
  2. 제9조제1항 또는 제2항을 위반하여 검사를 하지 아니한 자
  3. 제18조제2항을 위반하여 감염인을 해당 업소에 종사하도록 한 자
제27조(벌칙) 다음 각 호의 어느 하나에 해당하는 자는 1년 이하의 징역 또는 300만원 이하의 벌금에 처한다.
  1. 제5조를 위반하여 신고를 하지 아니하거나 거짓으로 신고를 한 자
  2. 제8조에 따른 검진 또는 제10조에 따른 역학조사에 응하지 아니한 사람
  3. 제8조의2제1항 및 제2항을 위반하여 검진 결과를 통보하거나 같은 조 제3항을 위반하여 검진결과서 제출을 요구한 자
  4. 제15조제1항에 따른 치료 및 보호조치에 응하지 아니한 사람
  5. 제18조제1항을 위반하여 취업이 제한되는 업소에 종사한 사람 또는 같은 조 제2항을 위반하여 검진을 받지 아니한 사람을 해당 업소에 종사하도록 한 자
제28조(양벌규정) 법인의 대표자나 법인 또는 개인의 대리인, 사용인, 그 밖의 종업원이 그 법인 또는 개인의 업무에 관하여 제26조 또는 제27조의 위반행위를 하면 그 행위자를 벌하는 외에 그 법인 또는 개인에게도 해당 조문의 벌금형을 과(科)하고, 제25조제1호의 위반행위를 하면 그 행위자를 벌하는 외에 그 법인 또는 개인을 2천만원 이하의 벌금에 처한다. 다만, 법인 또는 개인이 그 위반행위를 방지하기 위하여 해당 업무에 관하여 상당한 주의와 감독을 게을리하지 아니한 경우에는 그러하지 아니하다.

Ⅲ. 범죄사실

1. 비밀누설금지

1) 적용법조 : 제26조 제1호, 제7조 제1호 ☞ 공소시효 5년

> **제7조(비밀 누설 금지)** 다음 각 호의 어느 하나에 해당하는 사람은 이 법 또는 이 법에 따른 명령이나 다른 법령에서 정하고 있는 경우 또는 본인의 동의가 있는 경우를 제외하고는 재직 중에는 물론 퇴직 후에도 감염인에 대하여 업무상 알게 된 비밀을 누설하여서는 아니 된다.
> 1. 국가 또는 지방자치단체에서 후천성면역결핍증의 예방·관리와 감염인의 보호·지원에 관한 사무에 종사하는 사람
> 2. 감염인의 진단·검안·진료 및 간호에 참여한 사람
> 3. 감염인에 관한 기록을 유지·관리하는 사람

2) 범죄사실 기재례

[기재례1] 의사의 직무상 알게 된 비밀누설

> 피의자는 ○○에 있는 '○○이비인후과'를 운영하는 의사이다.
> 후천성면역결핍증에 대한 감염인의 진단·검안·진료 및 간호에 참여한 자는 재직 중에는 물론 퇴직 후에도 감염인에 대하여 업무상 알게 된 비밀을 누설하여서는 아니 된다.
> 그럼에도 불구하고, 피의자는 20○○. ○. ○.경 위 병원에 편도선염, 비중격만곡증 등의 진료를 의뢰하며 찾아온 갑에 대하여 편도수술 전 검사 중 하나인 혈액검사를 하였고, 그 결과 갑에 대한 HIV(후천성면역결핍증) 수치가 높다는 검사결과가 나오게 되었다.
> 피의자는 정확한 검사를 위하여 수술을 미루던 중, 20○○. ○. ○.경 최초 갑에 대한 진료의뢰서를 발부하였던 '△△이비인후과'를 운영하는 의사인 을에게 전화하여 "갑이 ○○이비인후과에서 수술 전 검사를 받았는데 HIV수치가 높게 나와서 부득이 수술을 연기해야 되는 상황이 되었다. A는 수술을 다른 곳에서 받겠다며 돌아갔는데 최초에 진료의뢰서를 △△이비인후과에서 떼어 다시 찾아갈 수도 있으니 알고 있어라"고 알려주는 등 갑의 후천성면역결핍증 감염 사실을 을에게 누설하였다.

[기재례2] 보건소 직원의 비밀누설

> 피의자는 ○○○보건소에서 후천성면역결핍증의 예방·관리와 감염인의 보호·지원에 관한 사무에 종사하는 사람이다.
> 법령으로 정하고 있는 경우 또는 본인의 동의가 있는 경우를 제외하고는 재직 중에는 물론 퇴직 후에도 감염인에 대하여 업무상 알게 된 비밀을 누설하여서는 아니 된다.
> 그럼에도 불구하고 피의자는 20○○. ○. ○. 위 보건소에서 후천성면역결핍증 검사와 관련 홍길녀(여, 28세)가 후천성면역결핍증에 감염되었다는 것을 알고 20○○. ○. ○. ○○에서 동료직원인 최민자 등에게 말하여 누설하였다.

3) 신문사항

    – 피의자는 어디에 근무하고 있는가

    – 어떠한 업무를 수행하는가

    – 홍길녀를 알고 있는가

    – 위 홍길녀가 후천성면역결핍증에 감염된 것을 알고 있는가

    – 언제 어디에서 어떻게 알게 되었나

    – 이러한 사실을 누설한 일이 있나

    – 언제 어디에서 누구에게 누설하였나

    – 피의자의 행위로 홍길녀는 어떠한 피해를 보았는지 알고 있는가

2. 감염인의 성행위

1) 적용법조 : 제25조 제2호, 제19조 제1호 ☞ 공소시효 5년

> **제19조(전파매개행위의 금지)** 감염인은 혈액 또는 체액을 통하여 다른 사람에게 전파매개행위를 하여서는 아니 된
> 다.

2) 범죄사실 기재례

> 피의자는 20○○. ○. ○. 후천성면역결핍증환자 판정을 받은 사람이다.
> 감염인은 혈액 또는 체액을 통하여 다른 사람에게 전파매개행위를 하여서는 아니 된다.
> 그럼에도 불구하고 피의자는 20○○. ○. ○. ○○:○○경 ○○에서 홍길동과 콘돔의 사용
> 없이 성행위를 하는 등 전파매개행위를 하였다.

  ✽ 피해자가 감염되었을 경우 형법 제257조제2항(중상해)으로도 처벌할 수 있을 것임

3) 신문사항

    – 피의자는 후천성면역결핍증환자인가

    – 언제 어디서 판정을 받았나

    – 처음 어떻게 감염되었나

    – 홍길동과 성행위를 한 일이 있는가

    – 언제 어디서 하였나

    – 어떻게 하게 되었나

    – 어떠한 조건으로(성매매여부 확인)

    – 감염의 예방조치를 하고 성행위를 하였나(콘돔사용 여부)

    – 홍길동에게 전염되었나(중상해 처벌)

    – 홍길동 이외 다른 사람과도 성행위를 한 일이 있는가

    – 감염자로서 왜 이러한 행위를 하게 되었나

3. 감염인의 취업제한 위반

1) 적용법조 : 제27조 제5호, 제18조 제1항   ☞   공소시효 5년

제18조(취업의 제한) ① 감염인은 제8조제1항에 따라 그 종사자가 정기검진을 받아야 하는 업소에 종사할 수 없다.
② 제8조제1항에 따른 업소를 경영하는 자는 감염인 또는 검진을 받지 아니한 사람을 그 업소에 종사하게 하여서
   는 아니 된다.
제8조(검진) ① 질병관리청장, 특별시장·광역시장·특별자치시장·도지사 또는 특별자치도지사(이하 "시·도지사"
   라 한다), 시장·군수·구청장은 공중(公衆)과 접촉이 많은 업소에 종사하는 사람으로서 제2항에 따른 검진 대상
   이 되는 사람에 대하여 후천성면역결핍증에 관한 정기검진 또는 수시검진을 하여야 한다.

※ 감염병의 예방 및 관리에 관한 법률
제19조(건강진단) 성매개감염병의 예방을 위하여 종사자의 건강진단이 필요한 직업으로 보건복지부령으로 정하는
   직업에 종사하는 자와 성매개감염병에 감염되어 그 전염을 매개할 상당한 우려가 있다고 시장·군수·구청장이
   인정한 자는 보건복지부령으로 정하는 바에 따라 성매개감염병에 관한 건강진단을 받아야 한다.

2) 범죄사실 기재례

[기재례1] 감염인의 업소 종사(제27조 제5호, 제18조 제1항)

> 피의자는 20○○. ○. ○. 후천성면역결핍증환자 판정을 받은 사람으로서 정기검진을 받아
> 야 하는 업소에 종사할 수 없다.
> 그럼에도 불구하고 피의자는 20○○. ○. ○.부터 20○○. ○. ○.까지 ○○○에 있는 취업
> 이 제한되는 ○○○업소 종업원으로 종사하였다.

[기재례2] 미검진자의 업소 고용(제27조 제5호, 제18조 제2항)

※ 감염인의 업소 고용 : 제26조 제3호, 제18조 제2항

> 피의자는 ○○에서 "○○카페"라는 상호로 휴게음식점업을 하는 사람이다. 감염인 또는
> 검진을 받지 아니한 자를 그 업소에 종사하게 하여서는 아니된다.
> 그럼에도 불구하고 피의자는 20○○. ○. ○.경부터 20○○. ○. ○.경까지 위 업소에 검진
> 을 받지 아니한 ○○○(여, 28세)를 고용하여 종사하게 하였다.

3) 신문사항

- 언제부터 어디에서 휴게음식점 영업을 하고 있는가
- 규모는 어느 정도인가요.
- 후천성면역결핍증 감염자를 종업원으로 고용하여 종사하게 하다 단속 당한 일이 있는가
   이때 단속 당시 피의자가 작성한 시인서 등을 보여 주며
- 이러한 내용이 사실인가요.
- 언제부터 후천성면역결핍증에 걸렸는가
- 처음부터 후천성면역결핍증 감염자라는 것을 알고 고용하였다는 것인가
- 왜 이러한 종업원을 종사하게 하였나요.

4) 성매개감염병 및 후천성면역결핍증 건강진단대상자 및 건강진단 항목 및 횟수

> ※ 성매개감염병 및 후천성면역결핍증 건강진단규칙
> **제3조(정기 건강진단)** 「감염병의 예방 및 관리에 관한 법률」 제19조, 「후천성면역결핍증 예방법」 제8조제2항제2호 및 같은 법 시행령 제10조에 따라 성매개감염병 및 후천성면역결핍증에 관한 건강진단을 받아야 하는 직업에 종사하는 사람과 그 진단 항목 및 횟수는 별표와 같다.

[별표] 〈개정 2021. 7. 19.〉

성매개감염병 및 후천성면역결핍증 건강진단 대상자와 건강진단 항목 및 회수

성매개감염병 및 후천성면역결핍증 건강진단 대상자	건강진단 항목 및 횟수		
	매독검사	HIV검사	그 밖의 성매개감염병 검사
1. 「청소년보호법 시행령」 제6조제2항제1호에 따른 영업소의 여성종업원	1회/6개월	1회/6개월	1회/6개월
2. 「식품위생법 시행령」 제22조제1항에 따른 유흥접객원	1회/3개월	1회/6개월	1회/3개월
3. 「안마사에 관한 규칙」 제6조에 따른 안마시술소의 종업원	1회/3개월	1회/6개월	1회/3개월
4. 특별자치도지사ㆍ시장ㆍ군수ㆍ구청장이 불특정 다수를 대상으로 성매개감염병 및 후천성면역결핍증을 감염시킬 우려가 있는 행위를 한다고 인정하는 영업장에 종사하는 사람	1회/3개월	1회/6개월	1회/3개월

부 록

공소장 및 불기소장에 기재할 죄명에 관한 예규

[시행 2023. 1. 18.]

1. 형법 죄명표시

가. 각칙 관련 죄명표시

형법죄명표(별표 1)에 의한다.

나. 총칙 관련 죄명표시

1) 미수·예비·음모의 경우에는 위 형법죄명표에 의한다.

2) 공동정범·간접정범의 경우에는 정범의 죄명과 동일한 형법각칙 표시 각 본조 해당죄명으로 한다.

3) 공범(교사 또는 방조)의 경우에는 형법각칙 표시 각 본조 해당죄명 다음에 교사 또는 방조를 추가하여 표시한다.

2. 군형법 죄명표시

가. 각칙 관련 죄명표시

군형법 죄명표(별표 2)에 의한다.

나. 총칙관련 죄명표시

1) 미수·예비·음모의 경우에는 위 군형법 죄명표에 의한다.

2) 공동정범·간접정범의 경우에는 정범의 죄명과 동일한 군형법 각칙표시 각 본조 해당 죄명으로 한다.

3) 공범(교사 또는 방조)의 경우에는 군형법 각칙표시 각본조 해당 죄명 다음에 교사 또는 방조를 추가로 표시한다.

3. 특정범죄가중처벌등에관한법률위반 사건 죄명 표시

가. 정범·기수·미수·예비·음모의 경우에는 특정범죄가중처벌등에관한법률위반사건 죄명표(별표 3)에 의한다.

나. 공범(교사 또는 방조)의 경우에는「위 법률위반(구분 표시죄명)교사 또는 위 법률위반(구분 표시죄명)방조」로 표시한다.

4. 특정경제범죄가중처벌등에관한법률위반사건 죄명표시

가. 정범·기수·미수의 경우에는 특정경제범죄가중처벌등에관한법률위반사건 죄명표(별표 4)에 의한다.

나. 공범(교사 또는 방조)의 경우에는 「위 법률위반(구분 표시죄명)교사 또는 위 법률위반(구분 표시죄명)방조」로 표시한다.

5. 공연법, 국가보안법, 보건범죄단속에관한특별조치법, 성폭력범죄의처벌등에관한특례법, 성폭력방지및피해자보호등에관한법률, 수산업법, 화학물질관리법, 도로교통법, 마약류관리에관한법률, 폭력행위등처벌에관한법률, 성매매알선등행위의처벌에관한법률, 아동·청소년의성보호에관한법률, 정보통신망이용촉진및보호등에관한법률, 부정경쟁방지및영업비밀보호에관한법률, 국민체육진흥법, 한국마사회법, 아동학대범죄의처벌등에관한특례법, 아동복지법, 발달장애인권리보장및지원에관한법률, 교통사고처리특례법, 중대재해처벌등에관한법률 각 위반사건 죄명표시

가. 정범·기수·미수·예비·음모의 경우에는 별표5에 의한다.

나. 공범(교사 또는 방조)의 경우에는 「위 법률 위반(구분 표시죄명)교사 또는 법률위반(구분 표시죄명)방조」로 표시한다.

6. 기타 특별법 위반사건 죄명표시

가. 원 칙

「……법 위반」으로 표시한다.

나. 공범·미수

1) 공범에 관한 특별규정이 있을 경우에는「……법 위반」으로 표시하고, 특별규정이 없을 경우에는「……법 위반 교사 또는 ……법 위반 방조」로 표시한다.

2) 미수에 관하여는「…법 위반」으로 표시한다.

특정범죄 가중처벌 등에 관한 법률

법 조 문	죄명표시
제2조	특정범죄 가중처벌 등에 관한 법률 위반(뇌물)
제3조	〃 (알선수재)
제4조의2중 체포, 감금의 경우	〃 (체포, 감금)
제4조의2중 독직폭행, 가혹행위의 경우	〃 (독직폭행, 가혹행위)
제4조의 3중 공무상비밀누설	〃 (공무상비밀누설)
제5조	〃 (국고등 손실)
제5조의 2	〃 (13세미만약취 · 유인 영리약취 · 유인등)
제5조의3 제1항 제1호	〃 (도주치사)
제5조의3 제1항 제2호	〃 (도주치상)
제5조의3 제2항 제1호	〃 (유기도주치사)
제5조의3 제2항 제2호	〃 (유기도주치상)
제5조의 4중 절도의 경우	〃 (절도)
제5조의 4중 강도의 경우	〃 (강도)
제5조의 4중 장물에 관한죄의 경우	〃 (장물)
제5조의 5	〃 (강도상해등재범)
제5조의 8	〃 (범죄단체조직)
제5조의9 중 살인의 경우	〃 (보복살인등)
제5조의9 중 상해의 경우	〃 (보복상해등)
제5조의9 중 폭행의 경우	〃 (보복폭행등)
제5조의9 중 체포, 감금의 경우	〃 〔보복(체포등,감금등)〕
제5조의9 중 협박의 경우	〃 (보복협박등)
제5조의9 제4항	〃 (면담강요등)
제5조의 10	〃 (운전자폭행등)
제5조의11 중 치사의 경우	〃 (위험운전치사)
제5조의11 중 치상의 경우	〃 (위험운전치상)
제5조의 12	〃 (선박교통사고도주)
제5조의13 중 치사의 경우	〃 (어린이보호구역치사)
제5조의13 중 치상의 경우	〃 (어린이보호구역치사)
제6조	〃 (관세)
제8조	〃 (조세)
제8조의 2	〃 (허위세금계산서교부등)
제9조	〃 (산림)
제11조(마약류관리에관한법률 제2조제2호의 마약 관련)	〃 (마약)
제11조(마약류관리에관한법률 제2조제4호의 향정신성의약품 관련)	〃 (향정)
제12조	〃 (외국인을위한재산취득)
제14조	〃 (무고)
제15조	〃 (특수직무유기)

특정경제범죄 가중처벌 등에 관한 법률

법 조 문	죄 명 표 시
제3조중 사기의 경우	특정경제범죄 가중처벌 등에 관한 법률 위반(사기)
제3조중 공갈의 경우	〃 (공갈)
제3조중 횡령의 경우	〃 (횡령)
제3조중 배임의 경우	〃 (배임)
제4조	〃 (재산국외도피)
제5조	〃 (수재등)
제6조	〃 (증재등)
제7조	〃 (알선수재)
제8조	〃 (사금융알선등)
제9조	〃 (저축관련부당행위)
제11조	〃 (무인가단기금융업)
제12조	〃 (보고의무)
제14조	〃 (취업제한등)

[별표 5]

1. 공 연 법

법 조 문	죄 명 표 시
제5조 제2항	공연법 위반(선전물)
그외	공연법 위반

※ 제5조 제2항위반의 경우에만 "(선전물)" 표시

2. 국가보안법

법 조 문	죄 명 표 시
제3조	국가보안법 위반(반국가단체의구성등)
제4조(제1항 제2호 간첩 제외)	〃 (목적수행)
제4조 제1항 제2호	〃 (간첩)
제5조	〃 (자진지원 · 금품수수)
제6조 제1항	〃 (잠입 · 탈출)
제6조 제2항	〃 (특수잠입 · 탈출)
제7조(제3항 제외)	〃 (찬양 · 고무등)
제7조 제3항	〃 (이적단체의구성등)
제8조	〃 (회합 · 통신등)
제9조	〃 (편의제공)
제10조	〃 (불고지)
제11조	〃 (특수직무유기)
제12조	〃 (무고 · 날조)

3. 보건범죄단속에 관한 특별조치법

법 조 문	죄 명 표 시
제2조	보건범죄단속에관한특별조치법 위반(부정식품제조등)
제3조	〃 (부정의약품제조등)
제4조	〃 (부정유독물제조등)
제5조	〃 (부정의료업자)
제9조 제2항	〃 (허위정보제공)

4. 성폭력범죄의 처벌 등에 관한 특례법

법 조 문	죄 명 표 시
제3조 제1항	〔〔주거침입, 절도)(강간, 유사강간, 강제추행, 준강간, 준유사강간, 준강제추행)〕
제3조 제2항	〔특수강도(강간, 유사강간, 강제추행, 준강간, 준유사강간, 준강제추행)〕
제4조 제1항	(특수강간)
제4조 제2항	(특수강제추행)
제4조 제3항	〔특수(준강간, 준강제추행)〕
제5조 제1항	(친족관계에의한강간)
제5조 제2항	(친족관계에의한강제추행)
제5조 제3항	〔친족관계에의한(준강간, 준강제추행)〕
제6조 제1항	(장애인강간)
제2항	(장애인유사성행위)
제3항	(장애인강제추행)
제4항	장애인(준강간, 준유사성행위, 준강제추행)〕
제5항	(장애인위계등간음)
제6항	(장애인위계등추행)
제7항	(장애인피보호자간음)
제7조 제1항	(13세미만미성년자강간)
제2항	(13세미만미성년자유사성행위)
제3항	(13세미만미성년자강제추행)
제4항	〔13세미만미성년자(준강간, 준유사성행위, 준강제추행)〕
제5항	〔13세미만미성년자위계등(간음, 추행)〕
제8조	강간등(상해, 치상)〕
제9조	〔강간등(살인, 치사)〕
제10조	(업무상위력등에의한추행)
제11조	(공중밀집장소에서의추행)
제12조	(성적목적다중이용장소침입)
제13조	(통신매체이용음란)
제14조 제1,2,3항	(카메라등이용촬영 · 반포등)
제14조 제4항	(카메라등이용촬영물소지등)
제14조 제5항	(상습카메라등이용촬영 · 반포등)
제14조의2제1,2,3항	(허위영상물편집 · 반포등)
제14조의2제4항	(상습허위영상물편집 · 반포등)
제14조의3제1항	(촬영물등이용협박)
제14조의3제2항	(촬영물등이용강요)
제14조의3제3항	[상습(촬영물등이용협박, 촬영물등이용강요)]
제15조의2	[(제3조 내지 제7조 각 죄명)(예비, 음모)]
제50조	(비밀준수등)
그 외	성폭력범죄의처벌등에관한특례법위반

5. 성폭력방지 및 피해자보호 등에 관한 법률

법 조 문	죄 명 표 시
제36조 제1항	성폭력방지및피해자보호등에관한법률위반(피해자해고등)
제36조 제2항 제1호	성폭력방지및피해자보호등에관한법률위반(상담소등설치)
제36조 제2항 제2호	〃 　　　　　　(폐지명령등)
제36조 제2항 제3호	〃 　　　　　　(영리목적운영금지)
제36조 제2항 제4호	〃 　　　　　　(비밀엄수)

6. 수산업법

법 조 문	죄 명 표 시
제36조 제1항 제2호, 제3호	수산업법 위반(월선조업)
그외	수산업법 위반

※ 제34조 제1항 제2호, 제3호위반의 경우에만 "(월선조업)" 표시

7. 화학물질 관리법

법 조 문	죄 명 표 시
제43조 제1항	화학물질 관리법 위반(환각물질흡입)
그외	화학물질 관리법 위반

8. 음반 · 비디오물및게임물에관한법률

※ 2006. 4. 28. 법률 제7943호에 의하여 「음반 · 비디오물및게임물에관한법률」 폐지
※ 「영화 및 비디오물의 진흥에 관한 법률」, 「음악산업진흥에 관한 법률」, 「게임산업진흥에 관한 법률」
　　사건의 경우에는 죄명을 세분화하지 아니함

9. 도로교통법

법 조 문	죄 명 표 시
제43조	도로교통법 위반(무면허운전)
제44조 제1항	〃 (음주운전)
제44조 제2항	〃 (음주측정거부)
제46조	〃 (공동위험행위)
제54조 제1항	〃 (사고후미조치)
그외	도로교통법 위반

10. 마약류관리에 관한 법률

법 조 문	죄 명 표 시
제2조 제2호의 '마약' 관련	마약류관리에관한법률위반(마약)
제2조 제4호의 '향정신성의약품' 관련	〃 (향정)
제2조 제5호의 '대마' 관련	〃 (대마)

11. 성매매알선 등 행위의 처벌에 관한 법률

법 조 문	죄 명 표 시
제18조	성매매알선등행위의처벌에관한법률위반(성매매강요등)
제19조	성매매알선등행위의처벌에관한법률위반(성매매알선등)
제20조	성매매알선등행위의처벌에관한법률위반(성매매광고)
제21조 제1항 중 아동·청소년의성보호에 관한법률 제26조 제1항이 적용되는 경우	성매매알선등행위의처벌에관한법률위반(아동·청소년)
그 외의 제21조 제1항	성매매알선등행위의처벌에관한법률위반(성매매)

※ 그 외에는 성매매알선등행위의처벌에관한법률위반으로 표시

12. 폭력행위 등 처벌에 관한 법률

법 조 문	죄 명 표 시
제2조 제1항	삭 제
제2조 제2항	폭력행위 등 처벌에 관한 법률위반 〔공동(폭행, 협박, 주거침입, 퇴거불응, 재물손괴등, 존속폭행, 체포, 감금, 존속협박, 강요, 상해, 존속상해, 존속체포, 존속감금, 공갈)〕
제2조 제2항	폭력행위등처벌에관한법률위반 〔상습(폭행, 협박, 주거침입, 퇴거불응, 재물손괴등, 존속폭행, 체포, 감금, 존속협박, 강요, 상해, 존속상해, 존속체포, 존속감금, 공갈)〕
제3조 제1항	삭 제
제3조 제2항	삭 제
제3조 제3항	삭 제
제3조 제4항	폭력행위등처벌에관한법률위반 〔상습특수(폭행, 협박, 주거침입, 퇴거불응, 재물손괴등, 존속폭행, 체포, 감금, 존속협박, 강요, 상해, 존속상해, 존속체포, 존속감금, 공갈)〕
제4조 제1항	폭력행위등 처벌에 관한 법률위반(단체등의구성 · 활동)
제4조 제2항제1호	폭력행위등 처벌에 관한 법률위반【단체등의(공무집행방해, 공용(서류, 물건, 전자기록등)(손상, 은닉, 무효), 공용(건조물, 선박, 기차, 항공기) 파괴, 살인, (촉탁, 승낙)살인, (위계, 위력)(촉탁, 승낙)살인, (위계, 위력)자살결의, (살인, 위계촉탁살인, 위계승낙살인, 위력촉탁살인, 위력승낙살인, 위계자살결의, 위력자살결의)(예비, 음모), 업무방해, (컴퓨터등손괴, 전자기록등손괴, 컴퓨터등장애)업무방해, (경매, 입찰)방해, 강도, 특수강도, 준강도, 준특수강도, 인질강도, 강도(상해, 치상), 강도강간, 해상강도, 해상강도(상해, 치상), 상습(강도, 특수강도, 인질강도, 해상강도), 강도(예비, 음모)】
제4조 제2항제2호	폭력행위등 처벌에 관한 법률위반【단체등의(상습, 공동, 집단 · 흉기등, 상습집단 · 흉기등)(폭행, 협박, 주거침입, 퇴거불응, 재물손괴등, 존속폭행, 체포, 감금, 존속협박, 강요, 상해, 존속상해, 존속체포, 존속감금, 공갈)】
제5조	폭력행위등 처벌에 관한 법률위반(단체등의이용 · 지원)
제7조	폭력행위등 처벌에 관한 법률위반(우범자)
제9조	폭력행위등 처벌에 관한 법률위반(직무유기)

※ 폭력행위등 처벌에 관한 법률 제6조 : 해당 기수죄명 다음에 '미수' 표시하지 아니함

13. 아동·청소년의 성보호에 관한 법률

법 조 문	죄 명 표 시
제7조 제1항	아동·청소년의성보호에관한법률위반(강간)
제2항	아동·청소년의성보호에관한법률위반(유사성행위)
제3항	아동·청소년의성보호에관한법률위반(강제추행)
제4항	아동·청소년의성보호에관한법률위반(준강간, 준유사성행위, 준강제추행)
제5항	아동·청소년의성보호에관한법률위반【위계등(간음, 추행)】
제7조의2	아동·청소년의성보호에관한법률위반[(제7조 각항의 각 죄명)(예비, 음모)]
제8조 제1항	아동·청소년의성보호에관한법률위반(장애인간음)
제8조 제2항	아동·청소년의성보호에관한법률위반(장애인추행)
제8조의2 제1항	아동·청소년의성보호에관한법률위반(16세미만아동·청소년간음)
제8조의2 제2항	아동·청소년의성보호에관한법률위반(16세미만아동·청소년추행)
제9조	아동·청소년의성보호에관한법률위반【강간등(상해, 치상)】
제10조	아동·청소년의성보호에관한법률위반【강간등(살인, 치사)】
제11조 제5항	아동·청소년의성보호에관한법률위반(성착취물소지)
제11조 제7항	아동·청소년의성보호에관한법률위반(상습성착취물제작·배포등)
그 외의 11조	아동·청소년의성보호에관한법률위반(성착취물제작·배포등)
제12조	아동·청소년의성보호에관한법률위반(매매)
제13조	아동·청소년의성보호에관한법률위반(성매수등)
제14조	아동·청소년의성보호에관한법률위반(강요행위등)
제15조	아동·청소년의성보호에관한법률위반(알선영업행위등)
제16조	아동·청소년의성보호에관한법률위반(합의강요)
제17조 제1항	아동·청소년의성보호에관한법률위반(음란물온라인서비스제공)
제31조	아동·청소년의성보호에관한법률위반(비밀누설)
그 외	아동·청소년의성보호에관한법률위반

14. 정보통신망 이용촉진 및 정보보호 등에 관한 법률

법 조 문	죄 명 표 시
제70조 제1항, 제2항	정보통신망 이용촉진 및 정보보호 등에 관한 법률 위반(명예훼손)
제71조 제1항 제3,5호	정보통신망 이용촉진 및 정보보호 등에 관한 법률 위반(개인정보누설등)
제71조 제1항 제9, 10, 11호, 제72조 제1항 제1호	정보통신망 이용촉진 및 정보보호 등에 관한 법률 위반(정보통신망침해등)
제74조 제1항 제2호	정보통신망 이용촉진 및 정보보호 등에 관한 법률 위반(음란물유포)
그 외	정보통신망 이용촉진 및 정보보호 등에 관한 법률 위반

15. 부정경쟁방지 및 영업비밀보호에 관한 법률

법 조 문	죄 명 표 시
제18조 제1항	부정경쟁방지 및 영업비밀보호에 관한 법률 위반(영업비밀국외누설등)
제18조 제2항	부정경쟁방지 및 영업비밀보호에 관한 법률 위반(영업비밀누설등)
제18조 제3항	부정경쟁방지 및 영업비밀보호에 관한 법률 위반

16. 국민체육진흥법

법 조 문	죄 명 표 시
제47조 제2호	국민체육진흥법 위반(도박개장등)
제48조 제3호	국민체육진흥법 위반(도박등)
제48조 제4호	국민체육진흥법 위반(도박개장등)
그 외	국민체육진흥법 위반

17. 한국마사회법

법 조 문	죄 명 표 시
제50조 제1항 제1호, 제51조 제9호, 제53조 제1호	한국마사회법 위반(도박개장등)
제50조 제1항 제2호, 제51조 제8호	한국마사회법 위반(도박등)
그외	한국마사회법 위반

18. 아동학대범죄의 처벌 등에 관한 특례법

법 조 문	죄 명 표 시
제4조 제1항	아동학대범죄의 처벌 등에 관한 특례법 위반(아동학대살해)
제4조 제2항	〃 (아동학대치사)
제5조	〃 (아동학대중상해)
제6조	〃 〔상습(제2조 제4호 가목 내지 카목의 각 죄명)〕
제7조	〃 (아동복지시설 종사자 등의 아동학대 가중처벌)
제59조 제1항, 제2항	〃 (보호처분 등의 불이행)
제59조 제3항	〃 (이수명령 불이행)
제60조	〃 (피해자 등에 대한 강요행위)
제61조 제1항	〃 〔(폭행, 협박)업무수행 등 방해〕
제2항	〃 《(단체다중의 위력, 위험한 물건 휴대)업무수행 등 방해》
제3항	〃 〔업무수행 등 방해(치상, 치사)〕
제62조 제1항	〃 (비밀엄수의무위반)
제2항	〃 (아동학대신고인의 인적사항 공개 및 보도행위)
제3항	〃 (보도금지의무위반)
그외	아동학대범죄의 처벌 등에 관한 특례법 위반

19. 아동복지법

법 조 문	죄 명 표 시
제71조 제1항 제1호	아동복지법 위반(아동매매)
제1의2호	〃 (아동에 대한 음행강요·매개·성희롱 등)
제2호	〃 (아동학대, 아동유기·방임, 장애아동관람, 구걸강요·이용행위)
제3호	〃 (양육알선금품취득, 아동금품유용)
제4호	〃 (곡예강요행위, 제3자인도행위)
제71조 제2항 제3호	〃 (무신고 아동복지시설 설치)
제4호	〃 (허위서류작성 아동복지시설 종사자 자격취득)
제5호	〃 (시설폐쇄명령위반)
제6호	〃 (아동복지업무종사자 비밀누설)
제7호	〃 (조사거부·방해 등)
제72조	〃 〔상습(제71조 제1항 각호 각 죄명)〕
그외	아동복지법 위반

※ 아동복지법 제73조 : 해당 기수 죄명 다음에 '미수' 표시하지 아니함

20. 발달장애인 권리보장 및 지원에 관한 법률

법 조 문	죄 명 표 시
제42조	발달장애인 권리보장 및 지원에 관한 법률 위반

21. 교통사고처리특례법

법 조 문	죄 명 표 시
제3조 중 치사의 경우	교통사고처리특례법위반(치사)
제3조 중 치상의 경우	〃 (치상)
그 외	교통사고처리특례법위반

22. 중대재해 처벌 등에 관한 법률

법 조 문	죄 명 표 시
제6조 제1항	중대재해처벌등에관한법률위반(산업재해치사)
제6조 제2항	중대재해처벌등에관한법률위반(산업재해치상)
제10조 제1항	중대재해처벌등에관한법률위반(시민재해치사)
제10조 제2항	중대재해처벌등에관한법률위반(시민재해치상)

수사실무총서 등대지기 Ⅲ (2024년판)
형사특별법　　　저자 / 박태곤

profile

주요약력

- 1980. 4. 경찰공무원 임용
- 전남청 수사직무학교 교관(2000년~2007년)
- 경찰청 제1회 전문수사관 인증취득(금융·경제범죄)
- 前 순천서 수사과장, 형사과장(경정)
- 前 여수서 수사과장, 형사과장
- 前 목포서 형사과장, 수사과장
- 前 전남경찰청 지능범죄수사대장
- 前 광양서 수사과장
- 前 청암대학교 외래교수
- 現 전남경찰청 경찰수사심의위원
- 現 뉴에덴행정사사무소 대표

주요저서

- 수사서류 작성과 요령(등대지기 Ⅰ)
- 형법(등대지기 Ⅱ)
- 여성·청소년범죄(등대지기 Ⅳ)
- 형법판례집(등대지기 Ⅴ)
- 형법판례실무사례집(등대지기 Ⅵ)
- 요양보호사국가시험 요약집 및 문제집

개정7판 발행 2024년 02월 10일 / 초판 발행 2018년 3월 10일
저자 : 박태곤 / 발행인 : 김현호 / 발행처 : 법문북스
주소 : 서울 구로구 경인로 54길 4
전화 : (02) 2636-2911~2 / FAX (02) 2636-3012
homepage : www.lawb.co.kr
ISBN : 979-11-93350-27-0(93360)
가격 : **180,000원**